DICTIONNAIRE DE POCHE

FRANÇAIS / ARABE

Par Mitri Elias

قاموس الياس الجيب

فرنسي / عربي

تأليف مترى الياس

1, Kenisset El Rum El Kathulik St., Daher, Cairo, Egypt
Tel: (202) 25903756 - (202) 25939544 Fax: (202) 25880091
www.eliaspublishing.com

Printed and bound in Egypt by
Elias Modern Press
73-75 Amman St., Ain Shams East - Cairo
Tel: (202) 22981735 - (202) 22985715 Fax: (202) 22980736

Hard cover: Deposit No. 1558/1995
ISBN 977-5028-71-x

Soft cover: Deposit No. 22240/2006
ISBN 977-304-198-0

PRÉFACE

Malgré son volume réduit ce lexique possède un riche vocabulaire choisi avec le plus grand soin. De nombreux exemples font ressortir, outre les sens divers des mots, les modifications particulières que ces mots subissent selon la manière dont ils sont employés, le tout rendu par les termes arabes les plus usités.

Ce dictionnaire de poche est destiné plus spécialement aux étudiants et nous espérons qu'il comblera une véritable lacune car, oserons-nous dire, pour une étude du français vraiment profitable, it faut un dictionnaire dans ce genre.

Nous serons heureux de recevoir toute observation que les lecteurs voudraient bien nous adresser.

مقدمة

هذا المعجم صغيراً فى حجمه ولكنه كبير فى مادته ، حافل بالمصطلحات ، خالٍ من الكلمات المهجورة ، لينفسح المجال لاثبات المفردات الحية المُستحدثة والتعبيرات الفرنسية الدارجة ، كما حوى كثيراً من الأمثلة والصور تقريباً للمعنى.

La prononciation اللفظ

في اللغة الفرنسية أصوات غريبة عنا يستحيل شرحها بالكتابة فيجب أن تطلب من شخص يتقنها، أن يلفظها لك - ونخص بالذكر الحروف (leur) eu, (une) u ، والحروف الأنفية.

وسنذكر هنا باختصار بعض النقاط الأساسية فننصح بالرجوع إليها.

لتسهيل النطق تقسم الكلمة إلى مقاطع - والمقطع هو مجموعة الحروف التي ننطق بها معاً، أي بصوت واحد - والكلمة تتفاوت مقاطعها من مقطع واحد إلى خمسة مقاطع -pro'fes'seur, trans'port, par, la

كل مقطع مكون من حرف علة -(أو حروف علة مجتمعة في صوت واحد).

اجمالياً اول مقطع ينتهي بحرف علة، وثاني مقطع يبدأ بحرف ساكن مثل mai'son, voi'tu're, cou'teau . في الكلمات من مقطع واحد مثل se, de, ce, ne حرف e يلفظ - ولكن في المقاطع الأخيرة في **كلمات تزيد عن مقطع واحد** مثل de, ce, ne حيث حرف e الصامت (أي بدون حركة عليه) هو حرف العلة الوحيد (في المقطع) - فهو لا يلفظ : mi'ne, tas'se, ma'la'de, pla'ce

الحروف الساكنة - وهي كل الحروف بخلاف حروف العلة - لا تلفظ عادة في آخر الكلمة، بخلاف الحروف C F L R وهي موجودة في كلمة chou'fleur (قرنبيط)، فانها تلفظ، باستثناء كلمات معدودة مثل tronc, tabac تابا، ترُن - حيث حرف c الأخير لا يلفظ وكذا حرف r الأخير إذا سبقه e لا يلفظ : مثل parler بَرْلِه، fermer فِرْمِه وفي كلمات قليلة يلفظ حرف الـ s أو الـ x الذي في آخرها مثل : vis ڤيس، fils فِيس، lynx لَنْكْس، sphinx سْفَنْكْس - حيث s و x يلفظان.

الحروف الساكنة التي في آخر الكلمة والتي يعقبها كلمة تبدأ بحرف علة أو h صامتة (أي ليس لها صوت) تلفظ لوصل الكلمتين في

اللفظ : les hommes ، لِـزَمّ ، petit oiseau ، پِـيتِـي تْـوازو،
وفى حالة وصل الكلمات حرف s يلفظ z وحرف d يلفظ t :
vend-il ? فَـن تِـيل ، plus aride پْـلِي زارِيدْ

حروف العلة y, u, o, i, e هي بمثابة الحركات عندنا ـ مع المد في اللفظ ـ فهي تحرك الحروف الساكنة ـ فحرف a للفتح و o للضم على درجتين والباقي للكسر على أربع أصوات وهاك بيان بأصوات حروف العلة :

كالألف فى «خيار» أو الفتحة فى «عَـدَسْ»
a آ
eau, au, o كالواو فى «نوم»
é, er, ez, (etc.) كالكسرة فى «غارِق . إنقاذ»
è, ê, ai, ay, ei وكالياء في «سيل . خير» في اللهجة العامية
ou كالواو فى «فول»
e, eu(leur), œ يلفظ كالكسرة ولكن بضم الشفتين وتفخيم
i, y كالياء فى «إيران ، فيل»
(J'ai eu) eu, u
مثل i ولكن ممتلئة وبتدوير الشفتين

وقد تكون حروف العلة انفية ، أي انها تلفظ من الأنف ، وذلك إذا تلاها حرف m او n ولكن إذا تلا حرف m او n حرف علة آخر ، أو كان حرف m أو n مزدوجاً ـ فحرف العلة لا يكون انفياً ـ اي ان m أو n يلفظان من الفم ـ فيكون لفظهما واضحاً كالميم والنون ـ fin تلفظ فَـن من الأنف كما يلفظها الأخن (الأخنف) ولكن fine تلفظ فِـين (مثل مورفين) لأن بعد الـ n حرف علة ـ و ennemi تلفظ إنِـمِي وليس آنمي لأن حرف الـ n مضاعف.

الأصوات الأنفية اربعة :

e, a الأنفيان لهما نفس الصوت وعليه en, em, an, am تلفظ آن،ـ باخراج صوت عميق من الأنف كما يلفظ الأخن بين الفتحة والضمة، اقرب الى الفتحة ـ ampoule انْ بُول ، temps طَن anglais آنْجْلِه ، engrais آنْجْر ، tango ، طَنْجو .

y, i يلفظان آنَ باخراج صوت خفيف من الأنف اى بغنة خفيفة وليس بصوت أنفي ممتلىء مثل an و en ومجموعات الحروف الآتية إذا لفظت انفية تأخذ نفس الصوت ein, eim, ain, aim, yn, ym, in, im vin فَن ، frien فْرَن ، train تْرَن ، certain سيرتَن ، Egyptien إجِيبْسْيَن ، lyncher لَنْشِه ، sphinx سفَنْكس ، lynx لَنْكس .

u يلفظ أنفياً أن مثل in ولكن بميل قليل للكسر ـ un اَن ، lundi لِنْدِي ، juin جْوَن .

o يلفظ أنفياً أُن أى ضمة خفيفة أنفية ـ son سُن ، comte كُن ت ، loin لْوَن ـ om و on لهما نفس اللفظ أنفياً
في حالة نطق الحرف أنفياً لا فارق بين m و n في اللفظ .

الكلمات اللاتينية تحتفظ بلفظها الأصلي مثل sanatorium سَناتورْيُم

توجيهات

التأنيث: لايضاح مؤنث النعوت والأسماء الفرنسية تركت بياضاً بين أصل الكلمة ومشتقاتها. فالجزء الذي بعد البياض تحل محله - فى حالة التأنيث - الحروف التى بعد الكلمة - مثل :

fondat eur, rice porteu r, se fauti f, ve secret, ète

اي ان مؤنث fondateur هو fondatrice وقس على هذا.

وإذا لم يوجد بياض بين الحروف فصيغة التأنيث تكون باضافة الحرف او الحروف التى بعد الشولة (اي علامة الوقف هذه «,») إلى آخر الكلمة مثل : muet,te long,ue joli,e

اي ان مؤنث هذه الكلمات هو muette, longue, jolie

وفى حالة التغير الكلى ذكرنا صيغة المؤنث بالكامل بعد المذكر :

beau (*m*), belle (*f*) sec (*m*), sèche (*f*)

الترجمة العربية دائمـــاً فى صيغة المذكر فاذا كانت الكلمة الفرنسية المراد ترجمتها مؤنثة قطبعاً يجب ان تكون الترجمة العربية فى صيغة المؤنث وهذه متروكة للقارىء.

الأفعال: جمهرة الأفعال الفرنسية تنتهى بـ er فى صيغة المصدر ، وهى قياسيـــة ، وكذلك الأفعال المنتهيــة بـ ir واسم فاعلها ينتهى بـ issant مثل finissant = finir . وأما التى تنتهى بـ ir ولكن اسم الفاعل لا ينتهى بـ issant مثل partant = partir فهى غير قياسية . وكذلك جميع الأفعال المنتهية بـ oir او re مثل : recevoir و vendre ، تشز عن مثيلاتها فى تصاريفها فى بعض الصيغ والأزمنة.

وقد أدرجنا فى آخر المعجم نماذج من تصاريف الأفعال القياسية كما أدرجنا تصريف فعلى المساعدة être و avoir ليرجع إليها القارىء عند الحاجة ، ومن اراد التوسع فليرجع إلى قاموسنا «الحديث».

abréviations — اختصارات

a	*adjectif*	نعت
ad	*adverbe*	ظرف
con	*conjonction*	حرف عطف
f	*nom féminin*	اسم مؤنث
inv	*invariable*	لا يتغير
lc	*locution*	تعبير . عبارة
m	*nom masculin*	اسم مذكر
n	*nom*	اسم
per	*personne ou personnel*	شخص او شخصى
pl	*pluriel*	صيغة جمع
pr	*pronom ou pronominal*	ضمير او ضميرى
pré	*préposition*	حرف جر
préf	*préfixe*	بادئة او اداة تصدير
s	*singulier*	مفرد
v	*verbe*	فعل
v3	*verbe irrégulier*	فعل غير قياسى ، شاذ
V	*voir*	انظر
—	*répétition*	إعادة للكلمة السابقة
[ ]	*prononciation*	اللفظ
✿	*changement de signification*	تغيير المعنى
//	*continuation de la traduction du mot précedent*	الكلام على يمين هذا الفاصل تابعا للكلمة السابقة
*h		النجمة على حرف h* للدلالة على انه غير صامت اى يلفظ كالهاء
ç		العلامة تحت حرف ç تدل على انه يلفظ س
é		حرف é عليه هذه العلامة يلفظ دائما وهو بمثابة كسرة

A

à, *pr* في . ل . إلى . ب . عند . على

abaissement, *m* خَفْض ٭ هُبُوط . إنخفاض ٭ إنحطاط . مَهانة

abaisser, *v* خَفَّض . وطَّأ . حَدَّر ٭ اذلّ . دَوَّخ . أحنى ، [أبسِه]

s'—, *vp* هَبَط ٭ انحَطّ . تَذَلَّل . إنحنى

abalourdir, *v* أثقَل (العقل أو الحركة)

abandon, *m* تَرْك . هَجْر . تَخْلِيَة

— **de biens** الوفاء بالتخلي

abandonné,e, *n* مُهْمَل . مَهْجور

abandonnement, *m* تَنازُل عن ٭ تخلية

abandonner, *v* تَرَك . هَجَر ٭ أهمل

— **ses droits** تنازل عن حقوقه

s'—, *vp* إستَسْلَم لِ

abasourdir, *v* أذْهَل ٭ أدْهَش

abatage, *m* قَطْع الأشْجار ٭ هَدْم . إسْقاط ٭ قَتْل أو ذَبْح الحيوانات

abâtardissement, *m* تَهْجين . فَساد او تغيّر الأصْل

abatis, *m* أنْقاض . حُطام . رَدْم ٭ سَقَط . كَرْش . عفشة الحيوان أو الطير (معلاق)

abat-jour, *m* مِشْكاة ٭ عاكسة الضوء . غطاء المصباح . أباجور ٭ منور

abattement, *m* ضَعْف . إنحطاط القوى . خَوَر ٭ يأس ٭ فتور

abattoir, *m* مَذْبح . مَسْلَخ . (سلخانة)

abattre, *v3* هَدَم ٭ ألقى أرضاً ٭ أكْمَد . فَتَّر ٭ اقتلع ٭ صَرَع . ذَبَح

— **une maison** هدم منزلا

— **un arbre** اقتلع . اسقط شجرة

— **du gibier** اصطاد

— **ses cartes** كشف ورقه

s'—, *vp* خَمَد نشاطه . انكسر قلبه

— **sur** إنقض على . سقط ورَفّ (الطير على الشجرة)

abattu,e, *a* متهدم . خَرِب ٭ فاتر الهمة

abbaye, *f* دَيْر (ج . أديرة) [أَبِيي]

abbé, *m* قِس . راهب ٭ رئيس دَيْر

abbesse, *f* رئيسة دَيْر (ج . رئيسات)

abcès, *m* دُمَّل . خُرَّاج [أبسه]

abdication, *f* تَنازُل عن الملك ٭ إعتزال

abdiquer, *v* تَنازَل عن الملك أو السُّلْطة ٭ تنزّل عن [أبدِيكه]

abdomen, *m* بَطْن (ج . بطون)

abécédaire, *m* كتاب ألف باء ٭ كتاب مبادئ القراءة

abeille, *f* نَحلة ٭ نَحْل

aberration, *f* ارتباك . تيه . اضطراب الفكر ٭ انعكاس النور ٭ ضلال

abhorrer, *v* كَرِه . مَقَت

abîme, *m* هاوية . لُجّة . وَهدة . هُوّة

abîmer, *v* أتلف . عَطّل ٭ وَرَّط

s'—, *vp* تَلِف . فَسَد . تَعَطَّل

abject,e, *a* دَنيء . مَرذول [أبجِكت]

abjection, *f* حَقارة . دَناءة

abjuration, *f* جُحود . كُفْران ٭ مروق

abjurer, *v* إرتَدّ عن . جَحَد

ablation, *f* بتر. إستئصال
ablution, *f* غَسْل. وَضُوء. غسيل
abnégation, *f* الزُّهد ☆ الكفر بالذات
aboi, *m* [آبْـوا] (عوي) نُباح. نباج
aux —s في ضيق شديد. في حالة يأس
aboiement, **aboiment**, *m* نُباح
abolir, *v* [آبليرْ] أبطل. ألغى. فسخ
abolissement, *m* }
abolition, *f* } إلغاء. فسخ. إبْطال
abominable, *a* مَكروه. ممقوت. شنيع
abominablement, *ad* بمقت. بشناعة. بشكل مُستهجن
abomination, *f* كره. مقت. إستهجان
abondamment, *ad* بغزارة. بوفرة. بكثرة وكثيراً
abondance, *f* غزارة. وَفرة. رَخاء
abondant, e, *a* وَافِر. غَزِير. جَزيل
abonder, *v* كَثُرَ. غَزُرَ ☆ فاض
abonné, e, *n* مُشترِك. صاحب الاشتراك
abonnement, *m* إشتراك
(للجرائد والملاهي والقطارات وما شابه)
abonner, *v* أجر لحساب غيره
s' — à.... إشترك في. أخذ إشتراكاً
abord, *m* [آبـر] دُنُوّ. قُرب ☆ مُقابلة. مواجهة. وصول ☆ دخول
—s, *m.pl* الضواحي
d' —, tout d'— أولاً. ابتداء
de prime —, dès l'— لأول وهلة. بداهة
abordable, *a* سَهْل الوُصول إليه

abordage, *m* وصول إلى ☆ مُصادمة بين مركبين ☆ هجوم على مركب وتسلقها
aborder, *v* وَصَل. رَسا ☆ دَنا من. اقترب ☆ صَدَم (مركب) ☆ هجم على المركب
— une question فتح أو بحث موضوعاً
aborigène, *a et n* بَلدي. أصيل. ابن الوطن
abortif, ve, *a* [ابورتيف] مُجهض. ما يُسبّب الاجهاض ☆ طرح. جنين ساقط قبل أوانه
aboutir, *v* أفضى. أدّى. آل. وَصَل
aboutissement, *m* نتيجة ☆ إتِّصال
aboyer, *v* [آبْـوَيـه] عَوى. نَبَح
abrégé, *m* مُجْمَل. وَجيز. ملخّص. وَجازة
abrègement, *m* إختِصار. إيجاز
abréger, *v* إختَصَرَ. أوْجَز
abreuver, *v* رَوى. سقى ☆ نقع ☆ غمر
abreuvoir, *m* مَوْرِد. مَسقى ☆ منهل. حوض ماء لشرب الحيوانات (ج) حياض وأحواض
abréviation, *f* إختِصار. إيجاز
abri, *m* مأوَى. مَخبأ. مَلْجأ. كَنف
à l'— في حمى. في مأمن
abricot, *m* [آبْرِكو] مِشْمِش
abriter, *v* آوى. ألجأ
s'— *vp* إلتجأ إلى. لاذَ. إحتمى. إعتصم
abrogation, *f* إلغاء. فسخ. إبْطال
abroger, *v* أبْطَلَ. ألغى. نقضَ
abrupt, e, *a* وَعِر ☆ فُجائي ☆ منقطِع فجأة ☆ جاف (للطباع)
abruti, e, *a et n* خامل. بَليد ☆ مخبول

abrutir, *v* خَبَل ٭وَحَّش . ضَرّى

s' —, *vp* ضَرِىَ ٭ إنخبل

abrutissement, *m* خمول . ضعف في العقل ٭وحشيّة . توحُّش

absence, *f* غِياب . فِقدان . إنعدام

absent, e, *a et n* غائب . غَيْر موْجود

absenter (s'), *vp* تغيَّب . غاب

absinthe, *f* شِيح . أفسَنتين (نبات) ٭شراب مُسكر شديد [ابْسَنْت]

absolu,e, *a* مُطْلَق ٭قاطِع

absolument, *ad* مُطلقاً . حَتماً

absolution, *f* تزكية ٭تبْرِئة ٭ غُفْران

absorbant, e, *a et m* مُنَشِّف . شارِب . مُمتَص ٭ شاغِف . شاغِل البال

absorber, *v* شَرِبَ . إمتَصَّ . نَشَّف . بَلَع ٭ شَغَل البال

s' — إضمَحَل . تلاشى ٭فني في ٭غرق ٭انشغل

absorption, *f* إمتصاص . إبتلاع إندِماج . تفاني في

absoudre, *v* ✗ غَفَر ٭أحل ٭برّأ

absoute, *f* صَلاة المَوْتى . جنّاز

abstenir (s'), *v* ✗ إمتنع . كفَّ أو أمسك عن

abstention, *f* إمتِناع عن التصويت

abstinence, *f* إمتناع . إمساك عن ٭ زُهْد . إنقطاع (في ما يتعلق بالأكل)

abstraire, *v* ✗ جَرَّد

abstrait, e, *a* مُجَرَّد . مَعنوى ٭شارد الفكر

absurde, *a* سَخيف . غير معقول . مُستحيل

absurdité, *f* إستحالة . سَخافة . ضِد العقل

abus, *m* سُوء إستعمال . إنتهاك ٭إفراط

— de confiance خيانة الأمانة

abuser, *vn* أفْرَط . تجاوز الحد . غلا . أسْرَف . أساء الاستعمال . عبث

s'—, *vp* إنخَدَع . اغترّ (انغشّ)

abusif, ve, *a* مخالِف الشرع ٭مُفْرط

abusivement, *ad* بسوء استعمال . بإفراط

Abyssinie, *f* الحبشة . اثيوبيا [أبِيسِيني]

acacia, *m* صَنْط . قتنة . طلح . لَبَخ

académicien, *m* عُضو في مَجمَع عُلماء

académie, *f* مجمع عُلماء أو أدباء (اكاديميا)

— de danse مدرسة رقص

L'— de langue arabe مجمع اللغة العربية

académique, *a* مُختص بمجمع العُلماء

acajou, *m* مغنى . كابلي . مهوجن (نوع خشب)

acariâtre, *a* جاف الطبع . مُشاكِس

accablant,e, *a* مُتعِب . مُضنِك . مُضْنٍ

accablement, *m* تعب . عَناء . عجز

accabler, *v* أرهق . أعيا ٭حمَّل فوق الطاقة

accalmie, *f* فترة سُكون ٭هجوع مؤقت

accaparement, *m* حُكْرة . إلتزام

accaparer, *v* إحتكر . حاز [اكاپار]

accapareur, se, *a et n* مُحتَكِر . مُسْتَحْوِذ على سلعة لاحتكارها ٭طمَّاع

accéder, *v* قَبِل . إرتضى [اكسيد]

accélérateur, rice, *a* مُعَجِّل . مُسرِّع

—, *m* هذَّاف . آلة لزيادة سُرعة المحركات

accélération, *f* إستعجال . إسراع

accélérer, *v* عَجَّل. زاد السُّرعة. حَثّ

accent, *m* لَهْجَة. لَفظ ¤ شَكْل. حَرَكة

accentuation, *f* تَحريك. تَشكيل ¤ تَشديد. تفخيم

accentuer, *v* حَرَّك. شَكَّل ¤ شدَّد

acceptable, *a* مَقبول. مُرْضٍ

acceptation, *f* رِضى. تَسليم. قُبول

accepter, *v* قَبِل. رَضِي. إرْتَضى

acception, *f* مُراعاة ¤ مَعْنى (ج) مَعانٍ

accès, *m* دُخول. مَدْخَل ¤ دَوْر. عارِض. نَوْبَة

accessible, *a* سَهْل الوُصُول إليه

accessoire, *a et m* إضافي. تابع. لاحِق

— s, *pl.* قِطَع إضافية. قطع غيار

accident, *m* حادِث. عارِض ¤ نكبة ¤ حادثة

par — مصادفة. اتفاقا. عرضا

— du travail اصابات العمل

accidenté, e, *a* غير ممهد. كثير العثرات

accidentellement, *ad* عَرَضياً. إتفاقا. بالمصادفة

accise, *f* ضَريبة الانتاج [أكْسِيز]

acclamation, *f* تَهليل. هُتاف. دُعاء ل

acclamer, *v* هَلَّل. هَتَف [أكْلامِه]

acclimatation, *f* تبلُّد. تعويد على مناخ أو بَلَد

jardin d'— // حديقة الحيوانات

acclimater, *v* أقلم. عوَّد مناخ الاقليم

s'—, *vp* تعوَّد المناخ

accolade, *f* مُصافحة. مُعانقة. عِناق

accommodant, e, *a* مُتَساهِل. لَيِّن

accommodement, *m* مُصالحة. مُوافقة ¤ تَدْبير

accommoder, *v* دَبَّر. نَظَّم ¤ صالَح. سالَم ¤ طَبَخ. هَيَّأ الطعام

s'—, *vp* انْبَسَط. ارتاح ¤ ارتضى

accompagnement, *m* مُرافقة. مُماشاة. إستصحاب ¤ متابعة الغناء

accompagner, *v* رافَق. صَحِب. لَزِم ¤ أرفق مع ¤ ساوَق المُغنّي بالآلات.

accompli, e, *a* كامِل. تام ¤ مُنْجَز

accomplir, *v* كَمَّل. أتَمّ. أنجز

accomplissement, *m* تَتميم. إنجاز

accord, *m* إتفاق ¤ موافقة. مطابقة ¤ ميثاق ¤ وفاق

nous sommes d'— // نحن متفقون

accordage, *m* دَوْزَنة. ضبط الآلات الوترية

accordéon, *m* آلة موسيقية بطريقة المنفاخ

accorder, *v* مَنَح. أعطى. رَخَّص

— un instrument دَوْزَن. ضَبَط. وفّق آلة موسيقية

s'—, *vp* تعارَف. تآلف ¤ وافَق

accort, e, *a* سَلِس. نَبيه. جاذِب

accoster, *v* دَنا. تقرَّب من

accouchée, *f* نَفْساء (والدة)

accouchement, *m* وِلادة. وَضْع. نِفاس

accoucher, *v* وَلَد. وَضَع [أكُوشِه]

accoucheur, *m*, se, *f* طبيب مُوَلِّد ¤ داية. قابلة. مُوَلِّدة

accouder (s'), *vp* إتَّكأ. إسْتَنَد

accoudoir, *m* مُتَّكأ. مِرْفَق. مسند

accouplement, *m* تزاوج. مواصلة
accoupler, *v* زاوج. زوّج. قرن
s'—, *vp* تزاوجا. ازدوجا
accourcir, *v* قصّر. أوجز. اختصر
accourcissement, *m* تقصير. إختصار
accourir, *v* جرى. أسرع ٭ بادر. هرع
accoutrement, *m* رداء. بزّة ٭ سخرية
accoutrer, *v* هندم. ألبس. جهّز
s'—, *vp* تزيّا بزي غير مألوف
accoutumance, *f* عادة. ديدن
accoutumé, e, *a* متعوّد. معتاد
accoutumer, *v* عوّد. آلف
s'—, *vp* تعوّد. ألف. أدمن
accréditer, *v* فتح إعتماد. وصّى ٭ نسب إلى
accroc, *m* شرط. خزق ٭ عائق. عرقلة ٭ بقعة
accrocher, *v* علّق. شبك. أمسك
s'— à, *vp* تعلّق. تمسّك بـ. نشب في
accroire, *v* موّه. إدّعى ٭ أوهم
accroissement, *m* نموّ. تكاثر
accroître, *v* ثمّر. أنمى. زاد. كبّر. نما
s'—, *vp* نما. تكاثر. إزداد
accroupi, e, *a* محتبٍ. متربع. جالس القرفصاء [أكروبي]
accroupir (s'), *vp* برك. تقرفص. حبى. اقعى
accroupissement, *m* بروك. تربع. ربوض. جثو. قرفصاء
accrue, *f* تزايد. إمتداد

accueil, *m* إستقبال. ملاقاة
bon — ترحاب. إكرام الوفادة
accueillir, *v* قابل. إستقبل ٭ رحّب ٭ تقبّل
accul, *m* زقاق. سدّ. عطفة غير نافذة
acculer, *v* أحشر. ضيّق على. حصر

accumulateur, *m* بطارية كهرباء

—, rice, *a et n* مجمّع ٭ مدّخر
accumulation, *f* تجمّع وجمع. تراكم
accumuler, *v* كوّم. كدّس
s'—, *vp* تكوّم. تكدّس. تجمّع
accusable, *a* قابل للشكوى. موضع اتهام
accusateur, *m*, rice, *f* شاكٍ. مشتكٍ ٭ مدّعٍ. متّهِم. موجه التهمة
accusatif, *m* مفعول به (في النحو)
accusation, *f* تهمة ٭ شكاية. شكوى
accusé, e, *n* متّهَم. مشكوّ. مدّعى عليه
— de réception إفادة بالتسلم
accuser, *v* شكا. اتهم. إدّعى على ٭ لام. عيّر. فنّد ٭ أفشى. أذاع ٭ دلّ
— réception افاد بالتسلم أو الوصول
s'— de, *vp* إعترف. أقرّ بـ
acerbe, *a* حامض. حرّيف. مرّ
langage — لغة أو لهجة حادة ولاذعة
acéré, e, *a et n* فولاذي. صلب
acétate, *m* خلات. ملح الحامض
acétique, *a* خلّيك. خلّي. حمض الخل

acétylène, *m* غاز شديد الاشتعال والنور
achalandage, *m* تربية الزبون ☆ الزبائن
achalandé, e, *a* كثير الزبون . محل رائج
acharné, e, *a* عنيد . هائج [آشَرْنِي ⓐ]
combat — حرب طاحنة . صراع شديد
acharnement, *m* عناد . تعصب . حماسة
acharner, *v* هيج . أغاظ . حرض
s'—, *vpr* تعلق بـ . عند . انصب على
— aux études عاكف على الدرس
achat, *m* شروة ☆ عملية الشراء . شراء
faire des —s عمل مشتروات (بضع)
acheminement, *m* خطوة للأمام
acheminer (s') مشى إلى . توجه نحو
acheter, *v* إشترى . ابتاع [آشتي ⓐ]
— à bon compte إشترى بثمن بخس
acheteur, *m*, se, *f* مشتر . شار . مبتاع
achevé, e, *a* تام . منته . كامل . منجز
achèvement, *m* إتمام . إكمال . إنهاء
achever, *v* أنجز . أتم . أنهى . أكمل
☆ قتل . أجهز على (جريح)
achoppement, *m* عثرة . عقبة
pierre d'— حجر عثرة
acide, *a* حامض . مز . ماض
—, *m* حمض . حامض
acidification, *f* تحمض
acidité, *f* حموضة
acidulé, e, *a* ذو طعم حامض . مز . محمض
aciduler, *v* حمض . جعله حامضا
acier, *m* فولاذ . صلب
aciérage, *m* تحويل الحديد إلى صلب

aciérie, *f* معمل لصنع الصلب . مصنع فولاذ
acné, *f* أكنه . حب الشباب
acolyte, *m* رفيق ☆ مساعد ☆ شماس . قندلفت
acompte, *m* دفعة على الحساب . قسط
acoquiner, *v* رغب . شوق . سبى العقل
s'—, *vpr* تولع . تعلق بـ
acoustique, *f* مختص بالسمع . علم السماع [آكوستيك]
tuyau — ☆ البوق للتكلم بين مكان وآخر
cornet — ⟶ بوق للاذن ⟶ يستعمله الصم
acquéreur, *m*, se, *f* مشتر . مكتسب
acquérir, *v* نال . اكتسب . حصل على . حاز
acquiescement, *m* قبول . رضاء
acquiescer, *v* أذعن . رضي
acquis, e, *a* مقتبس . مكتسب . إكتسابي
acquisition, *f* كسب . إقتناء . تحصيل
acquit, *m* تبرئة ☆ مخالصة . إيصال
par — de conscience تبرئة للذمة
pour — تكتب على القوائم (الفواتير) عند السداد
acquittement, *m* تبرئة . براءة ☆ مخالصة
acquitter, *v* سدد . سوى ☆ برأ ☆ وفى
s'—, *vpr* أقام بواجبه . أوفى ما عليه
âcre, *a* حريف . حاد . قارس . لاذع . حامز
âcreté, *f* حرافة . حمازة [آكرتيه ⓐ]
acrimonie, *f* حدة ☆ حرافة ☆ فظاظة
acrimonieux, se, *a* حريف ☆ حاد ☆ شكس ☆ لاذع
acrobate, *n* بهلوان [آكروبات]

acte, *m* صَنيع. عَمَل ٭ فَصْل تشخيصي ٭ حُجَّة. عَقْد ٭ فَتْوَى ٭ مأثرة [أَكْت]
— authentique صك شرعي. وَثيقة (ج) وثائق
— de charite عمل خيري
acteur, *m*, rice, *f* مُشَخِّص. مُمَثِّل ٭ عامِلٌ. فاعِلٌ [أَكْتِر - أَكْتْرِيس]
actif, ve, *a* نَشيط. مُجْتَهِد. كدود ٭ فعّال
verbe — فِعْل متعد. مبني للمعلوم
—, *m* الموجودات (اصطلاح تجاري)
action, *f* حَرَكة ٭ دَعوى ٭ فِعْل. عَمَل. حَدَث ٭ مَعْرَكة ٭ سَهْم مالي. حِصَّة [أكسيون]
— de grace شكر. حمد
mettre en — حرك. سير
actionnaire, *n* مُساهِم. صاحِب أسْهُم
actionner, *v* حاكم. رَفَعَ دَعْوَى ٭ حَرَّك
activement, *ad* بِحُمية. بِسُرعة. بهمة
activer, *v* حَثَّ. استنهض. أعْجَلَ. نَشَّطَ
activité, *f* نَشاط. هِمَّة. نَشاط
actualité, *f* حالِيَّة. الأمر الحاضر
les — s, *pl* الحوادث الحالية. الوقائع الراهنة
actuel, le, *a* رَاهِنٌ. حَقيقي. واقعي ٭ حالي
actuellement, *ad* حالياً. في الحاضِر. الآن. حالاً
acuite, *f* [أكويتِه] حِدَّة. مَضاء
adage, *m* قَوْل مأثور. مَثَل سائر
adaptation, *f* مُوافقة. مُطابَقة. ملاءمة
adapter, *v* وَفَّق. طَبَّق. ناسَب
s'— طابَق. كَيَّف نفسه طبق الحالة لبوسها
addition, *f* جَمْع ٭ زيادة. إضافة ٭ حساب
l' — قائمة (قاتورة). مجموع المطلوب (النوتة)

additionnel, le, *a* إضافي ٭ زائد
additionner, *v* جَمَع ٭ زادَ على. أضافَ
adepte, *n* تابع. مُشايع لِ. مُنْخَرِط في
adéquat, e, *a* مناسب. كامِل. مستوفٍ
adhérence, *f* اِتِّحاد. اِلْتِحام. التصاق
adhérent, e, *a* تابع ٭ مشايع ٭ مُلْتَصِق
adhérer, *v* اِلتصقَ. اِلْتَحَمَ ٭ ثبت على
adhésion, *f* إتحاد. اِلْتِحام ٭ رضي. موافقة
adieu, *m* وَدَاع (استودعك الله)
adjacent, e, *a* مُلاصِق. مُجاوِر. مُتاخِم
adjectif, *m* نَعْت. صِفَة
adjoindre, *v3* ضَمَّ. لصقَ. أضَافَ إلى
adjoint, *m* مُعاوِن. مُساعِد. نائِب
adjonction, *f* إضافة. ضَمّ
adjudant, *m* (صول في الجيش) معاون. مساعد ٭
adjudicataire, *n* الراسي عليه المناقصة
adjudicateur, *m*, rice, *f* مُرْسِي أو حَكَم المزاد أو المناقصة
adjudication, *f* مُناقَصَة. مزايدة.
adjuger, *v* رسَّى المزاد والمناقصة ٭ حَكَمَ. قَضى بِ.
adjuration, *f* رَجاء حار ٭ تعويذ. عَمَل تعويذة. عَزِيمَة
adjurer, *v* ناشد ٭ عَوَّذ
admettre, *v3* اِفترض ٭ قَبِل. سَلَّم بِ
administrateur, *m*, rice, *f* مُدير.
— délégué رئيس ادارة // مدير مفوض
administratif, ve, *a* إداري. مَصْلَحي

administration, *f* إدارة. مَصْلَحَة٭مَنْح
administrer, *v* ساس. دَبَّر. أدار ٭ناوَل. قدّم٭أعطى
admirable, *a* باهِر. عَجيب. شائِق. بَديع
admirateur, *m*, rice, *f* مُتَعَشِّق. مُعجَب. مُعجِب
admiration, *f* أعجاب. إستحسان
admirer, *v* أُعجِبَ بـ. دَهِش [أدْمِير]
admissibilité, *f* إحتمال القَبُول
admissible, *a* مُحتَمَل. مَعْقُول. مَقْبُول
admission, *f* قَبُول٭دُخُول. إدْخَال
admonestation, *f* تَوبيخ. تَبكيت. تأنيب
admonester, *v* وَبَّخ. لام
admonition, *f* تَحذير. تَنْبيه٭تَعْنيف
adolescence, *f* مُراهَقَة. شَبُوبيَّة
adolescent, e, *n* شاب. مُراهِق. يافع
Adonis, *m* المفترّ بجماله وهندامه٭جَمِيل
adonné, e, *a* مستَسلِم لـ. مُدْمِن
adonner (s'), *vp* إنصَبّ. عَكَف على. ولع بـ
adopté, e, *n et a* متَّخَذ٭مختار. متبنّى
adopter, *v* تَبَنَّى٭إختار٭إتَّخَذ
adoptif, ve, *a* مُتَبَنِّي. بالتبني٭مُنتَخَب
adoption, *f* تَبَنّ٭إختيار. إتِّخاذ
adorable, *a* يُعْبَد٭يُعْشَق [أدُرابْل]
adorateur, *m*, rice, *f* عابِد٭عاشِق. مولَع بـ
adoration, *f* عِبادة. سُجُود٭هُيام
adorer, *v* عَبَد٭أحبّ لدرجة العبادة
adosser, *v* سَنَد. ظَهَّر (الصك)
s' —, *vp* إستَنَد. اتّكأ على
adouoir, *v* حَلَّى٭ليَّن٭صَقَل. نعَّم
— les souffrances خفف. لطف الآلام
adoucissant, e, *a* مُرَطِّب. مُلَطِّف
adoucissement, *m* تخفيف. تَسْكين. تليين. تلطيف
adresse, *f* عُنوان٭مَهارة. حِذق
adresser, *v* أرسَل. بَعَث. عَنْوَن
— la parole à خاطب. وجه الكلام لـ
s' — à, *vp* قَصَد. تقدّم إلى
adroit, e, *a* ماهِر. حاذِق. (شاطر)
adroitement, *a* بخفة. بحَذاقة. بمَهارة
adulateur, *m*, rice, *f* مُداهِن. متملّق
adulation, *f* تَمَلّق. مداهَنة
aduler, *v* مَلَّق. مالَق. داهَن (مسح جوخ)
adulte, *n et a* بالِغ. راشِد
adultération, *f* تَزوير٭غِش
adultère, *m et a* زِنا. فِسْق٭زانٍ
adultérer, *v* غَشّ. زَيَّف. زَوَّر. حَرَّف
ad valorem بقدر القيمة
advenir, *v* حَصَل بغتة. حَدَث بدون قصد
advienne que pourra مَهْما حَدَث. مَهْما تأتى
adverbe, *m* ظَرْف زمان أو مكان (في الأجرومية) [أدْفِرْب]
adversaire, *m* خَصْم. غَرِيم
adverse, *a* ضِد. عَكس٭الخصم

adversité, *f* شِدّة. ضرّاء. مُصيبة

aérage, *m* / aération, *f* تَهْوِية. تعْريض للهواء

aéré, e, *a* [أيِرِ] مهوّى. طَلْق الهواء

aérer, *v* [—] هَوَّى. عَرَّض للهواء

aérien, ne, *a* [أيْرِيَن] هَوائي. جَوّي

aérodrome, *m* مَطار . ميدان الطيران [أيْرودْروم]

aérodynamique, *f et a* عِلْم خَواص الغازات والهواء ☆ إنسيابي

forme — شكل إنسيابى (اى المعطى أقل مقاومة للهواء)

سيارة انسيابية الشكل

aérolithe, *m* رجْمٌ. نَيْزك. حَجَر ساقط من الجو [ايِروليِسْت]

aéronaute, *n* مُسَافِر في مُنْطاد. راكِب الهوَاء [ايْرُنوت]

aéronautique, *f et a* فَن الملاحة الجوّية ☆ ما يختص بالطيران

aéroplane, *m* طيّارة. طائرة

aérostat, *m* [أيرُسْتا] مُنْطاد. (بالون)

affabilité, *f* بَشاشَة. لُطْف

affable, *a* وَدُود. لَطيف. (زوق)، بشوش

affadir, *v* نبّط ☆ مَسَخ ☆ قَرَّف

affadissement, *m* مَساخَة. تفاهة ☆ قرف

affaiblir, *v* أضْعَف. أوْهَن. أسْقَم

affaiblissant, e, *a* مُضْعِف. مُسْقِم

affaiblissement, *m* ضُعْف. إنحطاط القوى

affaire, *f* شُغْل. أمر. مَصْلَحَة ☆ (لُقْطة)

— de cœur مسألة غرامية

embarras d' —s ارتباك. عرقلة. ورطة

homme d' —s رجل شغل ☆ وسيط

tirer d' — خلص. انتشل

j'ai votre — عندى طلبك

affairé, e, *a* [أفّرِ] مَشْغُول. مُنْهَمِك

affaissement, *m* هبُوط. سقوط. خَسْف ☆ ضُعف. إنحطاط [أَفِسْمَن]

affaisser, *v* هبَط. خَفَّض. أضعَف

s'— إنحطّت قواه. هبط. همد. خار. وهن

affaler (s'), *v* هبط. خار

affamé, e, *a et n* جائع

affamer, *v* جَوَّع. أجاع

affectation, *f* تَصَنُّع. تَظاهُر. تَكلُّف ☆ تخصيص. تَعْيِين

affecté, e, *a* مُتَصَنِّع. مُتظاهر ☆ حَزِين. متأثر

affecter, *v* تصَنَّع. تَظاهَر. تَكلّف ☆ اِسْتَعْمَل بكثرة

s' — تأثَّر. اِغتمّ. حَزن. اِكتأب

affection, *f* مودّة. انعطاف. حُبّ. وِدّ. كلف. مَيْل ☆ دَاء. عِلّة

affectionner, *v* ودّ. أحَبّ. مال إلى. كلف بـ

affectueusement, *ad* بوداد. بمحبة

affectueux, se, *a* وَدُود. مُحِبّ. عطوف

afférent, e, *a* خاص بـ. متعلق بـ. تابع الى

affermage, *m* تأجير (الأراضى فقط)

affermir, *v* أيّد ☆ وَطَّد. ثبّت

affermissement, *m* تثبيت. تمكين

affichage, *m* تعليق أو لصق الاعلانات ٭ تظاهر
affiche, *f* إعلان . إعلام حائط
afficher, *v* علّق إعلاناً ٭ تظاهر بـ
s'— إستجلب الأنظار . أعلن عن نفسه
affidavit, *m* إقرار كتابي بقسم . يمين كتابية
affidé, e, *n et a*. . وكيل سرّي ٭ موال . حليف ٭ أمين . مؤتمن . موضع ثقة
affilage, *m* شحذ . سن
affilé, e, *a* مسنون . حادّ . ماض
d'affilée بدون توقيف . (على طول)
affiler, *v* سنّ . حدّ . شحذ . أسل
affileur, *m* سنان . شحاذ
affiliation, *f* إنضمام لجمعية أو جماعة . إشتراك
affilié, e, *n et a* مشترك . عضو في جمعية
affilier, *v* ضمّ . أشرك . ألحق بـ
affinage, affinement, *m* } تكرير . تنقية . تصفية
affiner, *v* كرّر . نقّى . ٭ نعّم
affinité, *f* تقارب ٭ مجانسة . مناسبة
affirmatif, ve, *a* تأكيدي . ايجابي . اثباتي
affirmation, *f* تأكيد . تصديق ٭ تأييد
affirmativement, *ad* بالايجاب . بالتأييد
affirmer, *v* أثبت . جزم . أكّد
affixe, *m* حرف أو مقطع يضاف إلى أول أو آخر الكلمة
afflictif, ve, *a* مكرب ٭ مؤلم . مبرح (قصاص بدني)

affliction, *f* غمّ . حزن . شجن . أسى
affligé, e, حزين . مغموم . مهموم
affligeant, e, *a* محزن . مكرب . مبرح
affliger, *v* أحزن . هم . غمّ ٭ ضايق
afflouage, *m* تعويم السفن الغارقة
affluence, *f* إزدحام ٭ إقبال ٭ غزارة
affluent, e, *a* منسكب . منصب
—, *m* فرع نهر أو ترعة . رافد (ج . روافد)
affluer, *v* إنصبّ في ٭ إزدحم [ا فليو]
afflux, *m* جريان . إندفاع (سائل في الجسم)
affolé, e, *a et n* مذعر ٭ منشغف . وله
affolement, *m* إنذعار ٭ وله . انشغاف
affoler, *v* جنن . ذعر . وله
s'— إنذعر . أضاع صوابه أو رشده
affranchi, e, *n et a*. حرّ . طليق ٭ عتيق . معتوق ٭ معفى ٭ ملم بالأمور
lettre —e خطاب خالص أجرة البريد
affranchir, *v*. حرّر . أطلق ٭ خلّص . نجّى ٭ دفع الرسوم [افرنشير]
— un esclave أعتق العبد
— une lettre خلّص على الرسالة
s' —, *vr* تحرّر . تخلّص من
affranchissement, *m* تخليص ٭ اعتاق
affre, *f* حالة فزع شديد . خوف
les —s de la mort أهوال الموت . غمرات الموت
affrètement, *m* إستئجار مركب
affréter, *v* اكترى أو أجر سفينة
affréteur, *m* مستأجر السفينة
affreusement, *ad* ببشاعة . بشناعة . بفظاعة

affreux, se, *a* مُرهِب. مخيف ٭ بشِع
affriander, *v* شهّى. جبّب
affriolant, e, *a* جاذِب . مغرٍ
affront, *m* إهانة. إخجال ٭ فضيحة. عار. هتيكة . اهانة عَلَنية
affronter, *v* اقتحم ٭ جرُؤ ٭ واجه
— les perils خاض الأخطار
affublement, *m* لِبس هَزْلي، غَريب
affubler, *v* لفّ . ألبَس لباساً غريباً
s'— لبسَ. تلفّف (بشكل هَزْلي) ٭ اتخذ
affusion, *f* سَكْب. صبّ الماء
affût, *m* مِرصاد الصائد ٭ قنْدق أو ركيزة المدفع [اِرفي]
être à l'— بالمرصاد. مراقب الفرصة
affûter, *v* سَنّ. شحذ ٭ نصب المدفع
afin de, — que, *cn.pr* حتى. لكي. لأجل
afistoler, *v* ألبَس بأناقة
s'—, *vp* لَبس وتزيّن
agaçant, e, *a* مُزعِج. مُضايق ٭ مُضرِّس الأسنان
agacé, e مزعَج. متضايق
agacement, *m* تنكيد. مُضايقة. غَيْظ
des nerfs — تهيج الأعصاب
des dents — صرير الأسنان (ضرس)
agacer, *v* أزعَجَ. أقلق. نكّد. ضايق ٭ أضرس ٭ أثار. هيّج ٭ حثّ
agacerie, *f* إغواء. إغراء. استمالة. جذب النظر [اَجاسِري]
agaillardir, *v* نشّط. قوّى. شجّع. أدخل المرح
age, *m* سِنّ. عُمر ٭ دَوْر. عصر. جيل. طور ٭ كِبَر ٭ سِن الرشد [آج]
— de pierre العصر الحجري
moyen — العصور الوسطى
doyen d' — الاكبرسنا
d'un certain — متقدم في العمر. مسن
âgé, e, *a* مُتقدم في السن ٭ مُسِنّ [آجِه]
— de (vingt ans) سنه (عشرون عاماً)
agence, *f* توكيل. وكالة [آجَنْس]
agencement, *m* ترتيب ٭ أدوات الدكان
agenda, *m* مُفكرة. يومية (اجندا)
agénésique, *a* عِنين. عاجز عن التناسُل
agenouillement, *m* رُكوع. جثو
agenouiller (s'), *v* ركع. جثا ٭ برك
agent, *m* وكيل. نائب ٭ فاعِل. مُحرِّك ٭ عامِل ٭ مَندوب. وَسيط [آجَن]
— de change سمسار بورصة
— de police شرطي. نفر بوليس (شاويش)
— d'affaires وكيل اشغال
agglomération, *f* كردسة. تكوّم ٭ تجمّع. تكردس. حشر [اَجْلوميراسيون]
agglomérer, *v* كوّم. ركّم. كدّس ٭ كتل
s'— تجمّع. تراكم. تكوّم
aggravant, e, *a* مُجسِّم. مكبِّر. مُعظِّم. مُزيد الخُطورة
aggravation, *f* تجسيم. تكبير. تعظيم. تشديد. تفاقم
aggraver, *v* شدّد. زاد ٭ هوّل. كبّر
agile, *a* خفيف الحركة. نشيط. رَشيق
agilement, *ad* بسُرعة. برشاقة. بخفة ونشاط
agilité, *f* سُرعة. نشاط. رَشاقة. خِفّة
agio, *m* صِرافة. فَرق قيمة العُملة [اَجيو]
agiorno, *a* تنوير باهر كضوء النهار

agir, *v* فعل َ ❊ تصرَّف . سلك ❊ اقام قضية

agissant, e, *a* فعّال . مؤثّر ❊ عمّال وعامل . شغّال ❊ ناجح [آجيسن]

agissement, *m* تصرُّف . سُلوك

agitateur, *m* مُهيج . محرّك الفتنة . مُثير

agitation, *f* حَرَكة ❊ قلق ❊ اِضْطِراب ❊ تهْييج . فتنة [آجيْتاسيون]

agité, e, *a* مُضْطرب . هائج . قَلِق . متحرك . ثائر [آجيْتِه]

agiter, *v* رهج . هَيّج ❊ حرّك . رَجّ . هزّ . أقلق . اثار [—]

agneau, *m* حَمَل . خَرُوف [انْيو]

agonie, *f* نَزْع . سَكْرَة الموت ❊ كرب . حشرة

agonisant, e, *a et m* مُنازع . مُشْرِف على الموت . مُدْنِف . مُحْتَضِر

agoniser, *v* دَنِفَ . نازع . أشرف على الموت

agrafe, *f* كبشة . إبزيم . مشبك . بُكلة [آجْراف]

— à pression

كبسول أو ابزيم بالضغط

agrafer, *v* شبك . زرّر . شدّ بإبزيم . بكّل

agraire, *a* مُتَعلِّق بالأراضي الزراعية

loi — قانون تقسيم الأراضي بالسوية

agrandir, *v* كبّر . عظّم ❊ وسّع ❊ زاد ❊ رفع [آجرنْديـر]

s'—, *vpr* عَظُمَ . ازداد . اِتّسع

agrandissement, *m* تكبير ❊ تعظيم

agréable, *a* ممتع . سار . مُرْضٍ . شهي

agréablement, *ad* بسرور . بانبساط . بقبول . بلطف . بلذة

agréé, *m* محام ❊ مَقْبول . مُعْتَمَد [آجْرِه]

agréer, *v* قَبِلَ . رَضِيَ . اِعتمد

agrégation, *f* اِجْتِماع . اِنضمام . اِشتراك

agrégé, e, *n* مُنْضَم . مُلحَق . مُشترك . أستاذ شرف

agréger, *v* أَلْحَقَ . ضمّ [آجْرِجِه]

agrément, *m* قَبُول . موافقة ❊ لذة ❊ اِنشراح . سُرور ❊ زخرفة . زينة [آجْرِمَن]

agrémenter, *v* زَخرف . زيّن ❊ حلّى

agresseur, *m* معتد . باغ . متهجم . بادئ بالشر [آجْرِسّر]

agressif, ve, *a* عدائي تهجمي ❊ افترائي . بغي

agression, *f* اِعتداء . مُبادأة بالشر

agreste, *a* رِيفي . بَرّي . وَحْشي . خَشن

agricole, *a* زراعي . مختص بالزراعة

agriculteur, *m* فلاح . مزارع

agriculture, *f* زراعة . فِلاحة

agripper, *v* قبض بتلهف . امسك بـ . (قفش) . اختطف (نتش) [آجْرِيپِه]

s'— تعلق بـ (تشعبط) . تمسك بـ

agronome, *m* عالم بفن الزراعة . مُتَعلّم الزراعة [آجْرُونوم]

expert — خبير زراعي

agronomie, *f* فن الزراعة [— مِي]

agronomique, *a* متعلق بالأعمال الزراعية

agroupement, *m* جَمْع ❊ تجمع . تكويم ❊ رَهط . جمهرة

aguerri,e, *a* مُجَرَّب . متعوّدك ٭متعود ومتمرن على القتال [اَجِرِيّ]

aguerrir, *v* دَرَّب ومَرَّن على الحَرْب . عَوَّد على الشدّة والجهاد [اَجِرِيْر]

aguets, *m. pl* مَكْمَن . مَرْصَد . كَمِين ٭ مُراقَبَة [آجِـه]

aux — واقف بالمرصاد

aguichant,e, *a* غاوٍ . مغرٍ . جذّاب

aguicher, *v* أغرى . أغوى . جَذَب . اِستمال

ahuri,e, *a et n* مرتعب . وجل ٭مندهش (مبلوع) . مُنذهل

ahurir, *v* خبّل ٭ أدْهَش ٭ أخاف

ahurissement, *m* خَبَل . وَهَل ٭ دَهْش ٭ اِرتباك [آهِيْر يسْمَن]

aide, *n* مُساعَدَة . مَعُونَة أو عَوْن

— de camp, *m* ياور . رئيس الحرس

— assistant, *n* مساعد . معاون

aider, *v* ساعَد . أعان . عاضَد . أسعَف

s'entr'aider تعاون . تعاضد

aïeul, e, *n* جَدّ (ج . جدود وأجداد)

aieux, *m.pl.* جُدود . أسلاف

aigle, *m* عُقاب . نَسْر (ج . نسور)

aiglon,ne, *n* فَرْخ العقاب . فَرْخ النسر

aigre, *a et m* حامِض . مُزّ . حادّ . لذّاع

— doux,ce تهكم

aigrefin, *m* ماركو . خبيث ٭ محتال . (او نُطْجي) ٭ فظ

aigrelet, te, *a* مائل للحموضة . مُحَمّض

aigrement, *ad* بحِدّة . بخشونة . بحرافة

aigrette, *f*  قنبرة . شوشة ٭ غرة . عُفرية أو تاج الطير ٭ أبو قردان أبيض . دنكلة . طائر كالبلشون

aigreur, *f* حُمُوضة ٭ غَيْظ

aigrir, *v* حَمَّض . خَلَّل ٭ أغاظ ٭ حَمَّض

aigu, ë, *a* حادّ . مَسْنُون . ماض ٭ مصرصع (للصوت) [اِجِيّ]

douleur —e مؤلم . موجع . حاد

maladie —e مرض وافد . سريع

angle — زاوية حادة

aiguière, *f* إبريق

aiguille, *f* إبْرَة . مِخْيَط ٭ عقرب ساعة

— d'emballage مسلة . مثبر (لخياطة الخيش الخ)

— de montre عقرب الساعة

— de ch.de fer الحائل . مفتاح

— à tricoter صنارة . ابرة حياكة أو جدل (كروشه)

aiguilleur, *m* المحوِّل . مُفتَحجي (لسكة الحديد) [اِجْوِيْر]

aiguillier, *m* مثبرة . مثبار . (ابّارة) عُلبة الابر [ـ يِه]

aiguillon, *m* مِنْخاس . مِهْماز ٭ زبان

— des insectes شوكة . حُمَة . (زبانة العقرب)

aiguillonner, *v* نخس . وَخَز ٭ حَثّ . اِستنهض . حَرَّض [اِجْوِيْيُنِه]

aiguisage *ou* aiguisement, *m* سَنّ . شَحْذ . تحديد [ـ زاج]

aiguiser, *v* سَنّ . شَحَذ . أرهف . أسل . جلخ [اِجِيز]

— l'apétit فتح الشهية

aiguiseur, *m* سَنّان . شَحّاذ

aiguisoir, *m* مِسَن . مِشْحَذة

ail, *m* [آيْ] تُوم . ثُوم
aile, *f* جَناح (ج. اجنحة)
battre des —s رَفْرَفَ (الطير)
ailleurs, *ad* في جهة اخرى . خلاف هذا المكان
d'— فضلاً عن ذلك
aimable, *a* [إِمابْل] لطيف . أنيس . وَدُود
aimant, *m* مَغْنَطِيس . حَجَر — ٭ جاذب
—, e, *a* [إِمَنْ - سْت] مُحِبّ
aimanter, *v* مَغْنَطَ
aimé, e, *a* [إِمـه] مَحْبُوب
aimer, *v* أَحَبَّ . وَدَّ ٭ عَشِقَ . هام بـ
— mieux آثر . فضل . اختار
s'— (les uns les autres) تحابوا . توادوا
aine, *f* [إِن] أُرْبِيَة . خِنّ الوَرِكِ . حالِب
aîné, e, *n et a* بِكْر . كَبِير الاخوة
aînesse, *f* بُكُورِيَّة . بكرِيَّة
ainsi, *ad* هَكَذا . كَذا . كَذَلِكَ ٭ إِذَنْ
—que, *l. cn* كذا . كما . مثلما
air, *m* هَواء . جَوّ ٭ فَضاء ٭ لحن (ج. الحان)
— (manière) ظاهِر . هَيْئَة . سمت . شكل
— de musique نَغْمَة . لحن
plein — الهواء الطلق . الخلاء
prendre l'— شم الهواء . تنزه
se donner des —s تعاظم . أزهى واستكبر
airain, *m* [إِرَن] نُحاس أَصْفَر
avoir un front d'— قليل الحياء . سليط . صفيق
aire, *f* [إِرْ] بيدر . جرن
—de l'aigle عش النسر (وكر الطيور الكاسرة)
aisance, *f*. رَخاء . رَفاهَة . سَعة عَيش
حَبرة ٭ سُهولة
lieux d' —s مرحاض . بيت راحة . كنيف
aise, *f* [إِز] فَرَح . حُبُور ٭ سَعَة . راحَة
se mettre à l'— أخذ راحته
aisé, e, *a* سَهْل . متيسر . هَيِّن
٭ ذو سَعَة . ذو رَخاء
aisément, *ad* بسهولة . بسعة . بدون عَناء
aisselle, *f* إِبْط (ج. آباط)
ajouré, *V.* jours
ajourer, *v* [أَجُورِ] خَرَّم . خَسَّل (في الخياطة)
ajourné, e, *a et n* مؤجَّل
ajournement, *m* تأجيل . تأخير
ajourner, *v* أَجَّل . أَخَّر . أَرْجأ
ajouté, *m* ذيل للكتابة (حاشية) . إضافه
ajouter, *v* أضاف . ضَمّ إلى ٭ صَدَّق
ajustage, *m* تركيب . توْضيب . ضَبْط . إحكام
ajustement, *m* إتقان . ضَبْط ٭ زِينَة
ajuster, *v* ضَبَطَ . رَكَّبَ ٭ زَيَّن . ظَرَّف
s'—, *vp* تَطابَق
ajusteur, *m*. بَرَّاد . خَرَّاط
alaise, *f* وُصْلَة ٭ ملاية توضع تحت المَرْضَى
٭ رِباط من الخيزران
alambic, *m* كَرَكَة . انبيق
آلة تقطير وتكرير
alanguir, *V.* languir
s'— إِسترخى . ضعف . ذَبُل . فترت همته
alarmant, e, *a* مُزْعِج . مُرْعِب . مُنْذِر
alarme, *f* [أَلَرْم] إنذار بالخطر
alarmer, *v* أَرْعَبَ . خَوَّف . أقلق . أنذر
s'—, *vp* تخوَّف . إضطرب . قَلِقَ
albanais, e, *n et a* الباني . ارناؤوطي
albâtre, *m* مَرْمَر أبيض . رُخام شفّاف
albatros, *m* القادوس . طير البحار الجنوبية

albinos, *n et a* أبْرَص. أبهق. مخطوف اللون. أبيض البَشَرة والشعر
Albion, *f* اسم قديم لانكلترا
album, *m* مُجلد لحفظ الصوَر. البوم [آلبُم]
albumine, *f* زُلال البومين
albumineux, se, *a* زلالى
alcali, *m* قِلى. ملح القلى. مادة مضادة للحوامض. اشنان
alcaline, *a et m* قلوي. له خصائص قلوية
alcarrazas, *m* قُلّة. بَرادية
alchimie, *f* كيميا تحويل المعادن
alchimiste, *m* كيميائي (يشتغل بتحويل المعادن إلى ذهب أو بأطالة الحياة)
alcool, *m* كُحول. سِبرتو. رُوح الخمر
alcoolique, *n* سِكّير. مُدْمِن
—, *a* كُحولي. محتوٍ على كحول
alcoolisme, *m* التَسَمُّم بالخمر. شُرب الخمر
alcôve, *f* مُخدَع النَوم. مَضْجَع. خَلْوة
aléa, *m* مصادَفة. بَخْت. نَصيب. قَدْر
aléatoire, *a* تحت لعل وعسى. تحت الربح والخسارة [آلياتوار]
alêne, *f* مِخْرَز. مِثقَب [آلِين]
alentour, *ad* حَوْل. بجوار (حوالي)
—s, *m.pl* الجوار. الأطراف. الأراضي المجاوره
Alep, *m* حلب (بلده كبيرة في سوريا)
alerte, *a* نَشيط. يقِظ. خفيف الحركة
—, *f* تنبيه. نِداء. إنذار ٭ فزع

alerter, *v* انذر بالخطر. نبّه
alester, *v* خفّف الحمل
alexandrin, e, *n et a* إسكندري (من الاسكندرية) ٭ شعر من اثنى عشر مقطع
alezan, e, *n et a* أشْقَر. أصْهب
alfa, *m* حلفا. نبات افريقي يصنع منه ورق وخلافه
algèbre, *f* عِلم الجبر. جَبْر [آلْجِبْر]
algébrique, *a* مختص بعلم الجبر. جبْري
Algérie, *f* المغرب. بلاد الجزائر
algérien, ne, *n et a* مَغربي
algorithme, *m* طريقة حِسابية بالجبر
algue, *f* نبات مائي
alias, *V.* autrement إسم آخر. إسم مستعار ٭ بنوع آخر
alibi, *m* وجود المتهم في غير مكان الجريمة [آلِيبي]
aliénabilité, *f* جواز التصرّف بالشيء. امكان انتقال الملكية
aliénable, *a* جائز التصرف به. مُمكن انتقال ملكيته. قابل التحويل من يد لأخرى
aliénation, *f* خَبْل. خلل عقلي ٭ بَيْع. تنازل عن حق
aliéné, e, *n et a* مجنون. مختل العقل ٭ مِلْك منتقل لشخص آخر
maison d'—s مستشفى الأمراض العقلية
aliéner, *v* أبْعَد. نفّر ٭ باع. أعطى أو تنازل عن ملكه لشخص آخر [آلْيِنِه]
aliéniste, *m* طبيب أمراض عقلية
alignée, *f* على خط التنظيم. على الحذاء
alignement, *m* صَفّ. تخطيط ٭ خطّ التنظيم. مساواة
aligner, *v* صَفّ. خطّط. رتّب على خط التنظيم. ساوى // s'— اصْطَفّ

aliment, *m* غذاء. قوت. أكل
alimentaire, *a* غذائي. مختص بالأغذية
alimentation, *f* تغذية
alimenter, *v* غذّى. أقات
alinéa, *m* أوّل الفقرة. أول كلام (في الطباعة)
alité, e, *pt* طريح أو ملازم الفراش
aliter, *v* ألزم الفراش
s'—, *vp* لزم الفراش
allaitement, *m* إرضاع. الرضاعة
allaiter, *v* أرضع
alléchant,e, *a* مطمع. مغر. جاذب
allécher, *v* جذب. اغرى. أطمع
allée, *f* رواق. دهليز. طرقة. ممشى. مشاية ☆ ذهاب
allégation, *f* حجة. تعليل ☆ رواية. ذكر. شاهد ☆ إدعاء. زعم
allège, *f* صندل لتفريغ وشحن البضائع ☆ جلسة الشباك ☆ عربة القاطرة
allégeance, *f* أمانة. إخلاص
serment d'—, *m* يمين الولاء. يمين الخضوع
allégement, *m* تخفيف
alléger, *v* خفف عن
allégorie, *f* مجاز. تمثيل. رمز. إستعارة. كناية
allégorique, *a* رمزي. تمثيلي. مجازي. إستعاري

(رمز للعدالة)

allègre, *a* مرح. رشيق. نشيط

allégresse, *f* بهجة. سرور. فرح. مرح
allégro. *ad* سريع (في الموسيقى)
alléguer, *v* ذكر. روى. أورد. شاهد ☆ احتج. تعلل
alléluia, *m* هليلويا. الحمد لله (كلمة عبرية للدلالة على السرور)
allemand, e, *n et a* ألماني
l —, *m* اللغة الألمانية
aller, *v3* ذهب. انطلق ☆ تحرك ☆ وصل
— à توجه إلى
— aux voix صوت. اخذ الأصوات
— bon train مشى جيداً ☆ أحواله جيدة
— à tâtons تلمس. تحسس
— bien à, — à, لاءم. ناسب. وافق. لبق
se laisser — أهمل نفسه. خضع لـ
s'en — ادلف. راح. ذهب ☆ توفى
s'en — en fumée ذهب هباء منثوراً. ذهب ادراج الرياح
va-t'en! (غور) إذهب
aller, *m* ذهاب. رواح
— et retour ذهاب واياب
alliage, *m* امتزاج. اتحاد المعادن ☆ مزيج
alliance, *f* إتحاد. معاهدة. محالفة ☆ مصاهرة. قران
allié, e, *a et n* حليف. معاهد ☆ صهر. نسيب
allier, *v* مزج. خلط
s'—, *vp* إتحد. إتفق مع ☆ ناسب. صاهر
alligator, *m* تمساح أميركا الجنوبية
allocation, *f* جعل. راتب. مكافأة
allocution, *f* خطبة قصيرة. خطاب مختصر
allonge, *f* وصلة. وصلة تطويل

allongé, e, a مُتَمَدِّد
allongement, m إطالة ٭ بَسْط ٭ تَعْوِيق
allonger, v طَوَّل. مَدَّ. أطالَ ٭ بَسَط. مَطَّ
s'—, vp إستطال. طال. امتدَّ. تمدَّد
allouer, v عيَّن أو ربط مبلغاً لـ
allumage, m إشعال. إيقاد
allumer, v أشعَل. أوقد ٭ هَيَّج. حمَّس
allumette, f عُود ثِقاب. كبريتة
allure, f جَرْيَة. مَشْيَة ٭ سيرة. مَسْلَك
allusif, ve, a تلميحي. تنويهي
allusion, f إشارة. كناية. المَاع
alluvion, f غرين. طَمْي. راسب رملي أو طباشيري تجرفه المياه
almanach, m تَقْوِيم ٭ روزنامة. تقويم فلكي
almée, f رَاقِصة شرقيّة
aloi, m عيار ٭ مزية. خصلة
alors, ad حينئذ. إذ ذاك. إذن
alouette, f قُنْبُرَة (عُصْفُور)
alourdir, v أثقل. ثقَّل
alourdissement, m تثقيل أو تثاقُل
aloyau, m لَحْم بقري من الورك
alpaca ou alpaga, m صوف الألباكا
alphabet, m حُروف الهجاء
alphabétique, a مُرتَّب على الحروف الهجائية. هجائي
alpiniste, n مولع بتسلق جبال الألب (في اوربا الوسطى) أو الجبال عموماً

altérable, a قابل الفساد والتغيُّر
altérant, e, m et a مُظمِي. مُعطِش ٭ مُفسِد. مُحَرِّف
altération, f ظمأ. عَطَش ٭ تَعْدِيل. تَبْدِيل ٭ إفْسَاد
— de la santé انحراف الصحة
— des monnaies تزييف العملة
— de la voix تهدج أو اضطراب الصوت
altercation, f مشاحنة. مناظرة عنيفة
altérer, v غيَّر. بدَّل ٭ أفسد ٭ غشّ. زوَّر. زيَّف ٭ عطَّش ٭ أضعف
s'—, vp تغيَّر ٭ تهدَّج ٭ إعتلَّ
alternant, e, a بالتناوب. بالتعاقب
cultures —es زراعة بالمناوبة، — بالتتالي
alternatif, ve, a مُتَعاقِب
— ve, f خيار بين شيئين
courant, — m تيار كهربائي متتال
alternativement, ad بالمناوبة. بالتعاقب
alterner, v ناوَب. تناوب. تعاقب. تتالى
altesse, f سُمُو. فخامة (لقب الأمراء)
altier, ère, a مُتعاظِم. مُتشامخ. مترفع
altitude, f عُلُوّ. ارتفاع عن سطح البحر
alto, m عالٍ. مرتفع ٭ آلة موسيقية نحاسية
altruisme, m محبة الغير. ضد حب الذات
altruiste, n et a محب للآخرين
alumelle, f نصلة السيف أو المدية
aluminium, m مَعْدِن الألومنيوم
alumnat, m المبتدئون في بعض الجمعيات
alun, m حَجَر الشَّبّ. شبّة. شَبّ
alvéole, m بَيْت النحل. نُخْرُوبة. خلية

a.m. قبل الظهر (تستعمل في الكتابة فقط)
amabilité, f لطافة. رقة. ظرف. لطف
amadou, m صوفان (شراق)
amadouement, m ملاطفة. تملق. مراءاة (مسح جوخ) مداهنة. نفاق
amadouer, v لاطف. داري ◊ تملق
amaigrir, v أنحل. رقّع. أنحف ◊ أقحل
s'—, v/r هزل. نحل. نحف
amaigrissant, e, a مهزل. منحيف. مرقع
amaigrissement, m هزال. نحول
amalgamation, f مزج المعدن بالزئبق. ملغمة ◊ إندماج
amalgame, m ملغم. خليط. معدن مخلوط بالزئبق
amalgamer, v ملغم ◊ ضم. وحد. ادمج
amande, f لوز
amant, e, n عاشق. مغرم. محب
amarrage, m ربط المركب ◊ رسو
amarre, f قلس. حبل المركب
amarrer, v ربط المركب
amas, m كومة. كتلة. عرمة
amasser, v كوّم. لمّ. كدس. جمع
s'—, v/r تجمع ◊ تراكم. تكادس
amateur, m غاو. هاو. مولع بـ. راغب في
amazone, f إمرأة مترجلة ◊ فارسة
ambages, f. pl مراوغة. محاولة في الكلام
ambassade, f سفارة ◊ دار السفارة
ambassadeur, m سفير (ج. سفراء). رسول ◊ معتمد سياسي
ambassadrice, f رسولة ◊ سفيرة أو قرينة السفير
ambiance, f وسط
ambigu, m سفرة باردة (بوفيه) طعام بارد
ambigu, ë, a مبهم. ملتبس. غامض
ambiguïté, f غموض. إبهام. التباس
ambitieu x, se, net a طماح. محب للشهرة. طالب المعالي. طموح
ambition, f طموح. طلب العلى. حب الرفعة
ambitionner, v طمح. رام. إبتغى
amble, m رهو. رهونة
ambre, m كهرمان. كهرباء. عنبر. ند
ambré, e, a برائحة أو لون العنبر
ambulance, f نقالة. مستشفى متنقل. عربة أو سيارة لنقل المصابين [أمبيلنس]
ambulant, e, a متنقل. سائر. دوار
marchand — بائع متجول (سريح)
ambustion, f كي بالنار (في الجراحة)
âme, f [آم] نفس. روح. نسمة ◊ شخص
rendre l'— أسلم الروح
amélioration, f إصلاح. تحسين. تحسّن
améliorer, v [اَمِليور] حسّن. أصلح
s'—, v/r تحسّن. تقدّم
amen آمين (كلمة عبرية معناها فليكن)

aménagement, *m* تدبير. ترتيب. تنظيم
aménager, *v* دَبَّر. رَتَّب. هيأ. أعد
amende, *f* [أَمَنْدْ] غرامة نقدية
—honorable ترضية أدبية. اعتراف علني بالذنب
amendement, *m* تَصْليح. تحسين
amender, *v* أصْلَح. حَسَّن ✡ أصلح الأرض
s'—, *vr* صلح. تهذب. تقوم
amener, *v* جاء أو أتى بـ. جَلَب. قاد. أحضر
aménité, *f* طَرافة ✡ لطافة. رِقّة. أُنس
amenuiser, *v* صَغَّر. جَعَل الشيء دقيقاً
amer, ère, *a* مُرّ. عَفِص ✡ مُحْزِن. أليم
—, *m* شَراب مُرّ ✡ علامات ثابتة في البحر
amèrement, *ad* بمرارة
américain, e, *a et n* أميركي. أميركاني
amertume, *f* مَرارة ✡ حَسْرة. غَمّ. مضاضة
ameublement, *m* أثاث. مفروشات.
امتعة (موبليات) ✡ تأثيث [أَمِبْلَمَن]
ameutement, *m* هياج. ثورة
✡ جمع الكلاب للصيد
ameuter, *v* هَيَّج. أثار
s'—, *vr* [سَمِيتِه] ثار. هاج. افتتن
ami, e, *n et a* [أَمِي] صَديق. صاحِب
amiable, *a* [أَمْيَبْل] وَدُود ✡ مُحِب
à l'— بالتراضي ✡ حُبياً. بالحسنى. سلمياً
amiante, *f* كتان صَخْري. حَجَر الفتيلة
(مادة معدنية تحتمل النار)
amibe, *f* أميبا. مُتَسَمّورة. حيوان أولي
مجهري ذو خلية واحدة يتوالد بالانقسام الذاتي
amical, e (aux), *a* حُبّي. وِداديّ. ودّي
amicalement, *ad* بوداد. بصداقة
amidon, *f* [أَميدُن] نَشاء
amidonnage, *m* [—ناج] تَنْشِيَة
amidonner, *v* [—نِه] نَشّى
amincir, *v* رَقَّق. جعل رقيقاً. دَقَّق
amiral, *m* أميرال. أمير البحر. قائد الاسطول
amirauté, *f* أميرالية. إمارة البحر.
مَرْكز (ديوان) البَحْرِيّة. القيادة البحرية
amitié, *f* [أَمِيتِيه] صَداقة. أُلفة. مَحَبّة
Ammon إله الشَّمْس عِنْد قُدَماء المصريين
ammoniaque, *f* [أمونياك] نُشادِر
amnésie, *f* [أَمنِزي] فُقدان الذاكرة
amnistie, *f* عَفْو عام. عفو شامِل. ودّ
amnistier, *v* عفا عفواً عاماً. أعطى الأمان
amodiateur, *m* مُستأجر. مؤجر (أراضي)
amodier, *v* أجّر أراضي
amoindrir, *v* قَلَّل. خَفَّف. خَفَّض
amollir, *v* ليَّن. طرّى. رخّى. مرّن
s'— ✡ أنّث. خنّث // لان. إسترخى
amollissement, *m* لِين. رَخاوة. مرونة
amonceler, *v* كَوَّم. رَكَم. كَدَّس
[أَمُونْسِلِه] ✡ كتل، كردس
amoncellement, *m* تكدس. تكوم. تجمع
amont, *m* [أَمُن] اتجاه إلى أعالي النهر
amoral, e (aux), *a* مُخالِف للأدب
amorce, *f* طُعْم (للسمك) ✡ ذخيرة (للبندقية)
amorcer, *v* [أَمُورسِه] طَعَّم ✡ لَقَّم

amorphe, *a* شاذ. غير منتظم الشكل ☆عديم التبلور [أَمُورْفْ]
amortir, *v* خَفَّفَ. أخمد. أضعف
— une dette إستهلك الدين
amortissable, *a* مستهلك. قابل للاستهلاك
amortissement, *m* إستهلاك☆تخفيف
amour, *m* [أَمُورْ] حُبّ. محبة. عشق. غرام
— propre عزة النفس. كرامة
amouracher, (s'), *vpr* عَشِقَ. هَوِيَ شغف حباً. تعلق بـ
amourette, *f* عشق قصير الأمد ☆مشروب كحولي كالعرق مصنوع من اليانسون
amoureusement, *ad* بدلَه. بحب بشغف
amoureux, se, *a et n* مُحِب. عاشِق. مُغْرَم
amovible, *a* قابل للنسخ والتغيير. غير ثابت
ampère, *m* وحدة لقياس التيار الكهربائي
amphibie, *n et a* كل حيوان يعيش في البر والبحر. بَرْمائيات. القوازب
amphibologie, *f* كلام ذو معانٍ مختلفة ☆ابهام. تَوْرِيَة (في النطق)
amphigouri, *m* هذر☆ كتابة أو كلام ملتبس
amphithéâtre, *m* مُدَرَّج. بناء مستدير لمشاهدة الألعاب☆اعلا المرسح
amphitryon, *m* صاحِب الضيافة. مُضِيف. آدِب. رَبّ المنزل
amphore, *f* اناء كالجرّة المستطيلة
ample, *a* رَحْب. مُتَّسِع. وَاسِع
amplement, *ad* بِسَعَة. برحابة. بوفرة
ampleur, *f* سَعَة. اتساع. رحابة. رحب
ampliatif, ve, *a* نُسْخَة طِبق الأصل ☆مكبر
amplificateur, rice, *a et m* مُعَظِّم
amplification, *f* تعظيم. تكبير. تقوية. إنشهاب. إطناب. مغالاة
amplifier, *v* وَسَّع. كَبَّر. عظّم (بالكلام)
amplitude, *f* [أَنبْلِيتِيدْ] سَعَة ☆ مَدَى
ampoule, *f* تورم ☆ نبيبة
— électrique مصباح كهربائي
amputation, *f* بَتْر. قَطْع عُضْو. جَذْم
amputer, *v* بَتَرَ. حَذَفَ. قطع عضواً. جَذَم
amulette, *f* تَميمة. تعويذة (حِجاب)
amunitionner, *v* مَوَّن. أمد بالذخيرة
amusant, e, *a* مُسَلٍّ. مُلْهٍ. مُبْهِج
amusement, *m* تَسْلِيَة. لهو. لِعْب☆هوية
amuser, *v* [أَمِيزْ] سَلَّى. أَلْهَى
s'—, *vpr* تَسَلَّى. تلاهَى (إنبسط)
s' — de qn هزأ ب. سخر به لعب
amusette, *f* تسلية. تلاهي. لُعْبَة. الهوة
amygdale, *f* لَوْزَة (الحلق) . بنات الآذان [أَمِيجدال]
amygdalite, *f* إلتهاب اللوزتين
an, *m* [أَن] سَنَة. عام. حَوْل
anachorète, *m* ناسِك. (زاهِد)
analectes, *m.pl* مجموعة منتخبات
analgésique *ou* analgique, *a et m* مُفْقِد الحاسية. مفقد الشعور بالألم. مزيل للألم
analogie, *f* تناسُب. مماثلة. مضارعة
analogue, *a* مُناسِب. مُجانِس. مشابه. مماثل
analyse, *f* تحليل☆إعراب☆تلخيص
analyser, *v* حَلَّل☆أعْرَب. ردالشيء لأصله

anarchie, *f* [آنَرْشِي] فَوْضى
anarchiste, *n et a* فَوْضَوِيّ. عدو الحكومة
anathème, *m* [آناتِم] لعنة. حِرْم
anatomie, *f* [آناتومي] عِلْم التشريح. تَشْرِيح
ancestral, e (aux) *a* تابع للاسلاف. غابر
ancêtres, *m.pl* [أنْسِتْر] أسلاف. أجداد
anchois, *m* أنشوجه. صَنْف سردين مملح
ancien, ne, *a* قَدِيم. عَتيق * مُزْمِن * غابر
— s, *m pl* [آنسيين — يِين] القدماء
anciennement, *ad* سابقًا. كان * قديمًا
ancienneté, *f* قِدَم. أقدمية
ancrage, *m* مكان رسو السفن
ancre, *f* [آنكر] مِرْساة. هِلْب. انْجَر
ancré, e, *a* [أنكرِ] راسية
ancrer, *v* رَسى. ألقى المرساة
Andalousie, *f* الأندلس. مقاطعة فى اسبانيا
andante, *ad* بتمهل. باعتدال (فى الموسيقى)
andouille, *f* مصران خنزير محشي. مبار
âne, *m*, ânesse, *f* حمار. أتان
anéantir, *v* [أنيَنْتِيْر] أباد. أفنى. لاشى
anéantissement, *m* إبادة. إفناء. ملاشاة. اعدام
anecdote, *f* نادرة. حِكاية * نكتة قصيرة
anémie, *f* فَقْر الدم. أنيميا
anémique, *a* فقير الدم. ضعيف الدم
ânerie, *f* غَباوة * غلطة فظيعة
anesthésie, *f* تخدير. ازالة الحاسية
— locale تخدير موضعي

anesthésier, *v* خَدَّر. ازال الحس
anfractuosité, *f* إعوجاج. إلتواء
ange, *m* [آنْج] مَلاك. مَلَك
angélique, *f* [أنْجِلِيك] نبات عطر الرائحة
—, *a* ملائكي. شبيه بالملائكة. سماوي
angélus, *m* جرس التبشير * صلوة
angine, *f* [أنْجِين] مرض الذبحة الخانقة
— de poitrine التهاب الزور // ذبحة صدرية
anglais, e, *n et a* [أنجليه] انجليزى
l'—, *m* اللغة الانجليزية
à l'—e انسحب بسكوت. بدون توديع
angle, *m* زاوية (ج زوايا)
— aigu زاوية حادة
Angleterre, *f* انكلترا. بلاد الانكليز
anglican, e, *n et a* انجليكاني. مختص بالكنيسة الأسقفية الانكليزية او تابع لها
anglo, *a* إنجليزي (نعت)
anglophile, *n et a* مُحِبّ للانكليز
angoissant, e *a* مُكرب. مُغِمّ
angoisse, *f* كرب. غَمّ. ضِيق * عذاب
Angora, *n et a* انقرة (عاصمة تركيا)
chat — قط انجورا الطويل الشعر
anguille, *f* حنكليس (سمك نهرى كالثعبان)
angulaire, *a* زاوي. ذو زوايا أو أركان. كثير الزوايا * اساس
pierre — حجر الزاوية
anhélation, *f* تلهث. سرعة التنفس
anicroche, *f* عائق. مانع. عثرة
ânier, *m* حَمّار
aniline, *f* نِفْتة. صباغ زيتى
animadversion, *f* لَوْم. إنتقاد. عَذْل

animal,e,(aux) *m et a* حَيَوان.بَهيم
•مايتعلق بالحيوان•حيواني
animalité, *f* حَيَوانيَّة.بَهيميَّة
animateur,rice, *a et n* مُنْعِش.مُنشط
animation, *f* إنتعاش.حَياة. نشاط. حركة
animé,e, *a* حَيّ.عائش•محتد•به حركة
dessins — s رسوم متحركة
animer, *v* أنْعَش.نَشَّط.أحْيَا
•شَجَّع.حَضّ•اثار.هَيَّج
s'— إنْتَعَش. تشجّع. تقوّى. تحرك
animosité, *f* بُغْض.شَحْناء.عِداء.حِقد
anis, *m* يانسون.انيسون
anisette, *f* أنيزت (مشروب من اليانسون)
ankylosé, e, *a* متشنج المفاصل
annales, *f. pl* تَوارِيخ.أخبار تاريخيَّة
anneau, *m* حَلَقة.خاتم•دبلة•زردة
•دائرة.طوق [أنو]
année, *f* عام.سَنَة.حَوْل [آنيه]
l'année passée (ou dernière) السنة الماضية
annelé,e, *a* حَلقي.على شكل حَلقات
annexe, *f et a* مُلحَق ذيل•فرع
annexer, *v* ألحق.ضمّ.أضاف
annexion, *f* إلحاق.ضمّ.إضافة.
استيلاء على
annihilation, *f* مَحْو.إفناء.إبادَة
anniversaire, *a* سَنَوي
—, *m* عيد سَنَوي (ج.أعياد)
annonce, *f* إعلان.إخبار.إنباء.إذاعة
les petites —s الاعلانات الصحفية الصغيرة
annoncer, *v* أخْبَرَ.أنبأ.أعلن.نشر.اذاع
Annonciation, *f* بشارة.عيد البشارة
annotation, *f* شَرْح.حاشِية.تفسير.تعليق
annoter, *v* شَرَح.حَشّى.أشَّرعلى
.علّق على.أشار الى
annuaire, *m* دَليل.كتاب سنوي بأسماء
وعناوين السكان ومعلومات عنهم
annuel, le, *a* سَنَوي.عامي.حَوْلي
annuité, *f* قِسْط سَنَوي.فرض أو
رَاتِب سَنَوي
annulaire, *a* مُسْتَدير.على شكل حَلَقَة
—, *m* البنصر.اصبع الخاتم (الرابع من اليد)
annulation, *f* إلغاء.فسخ.إبطال
annulé,e, *a* ملغى.مفسوخ.منقوض
annuler, *v* ألغى.فَسَخ.ابطل.نقض
anoblir, *v* شرّف.رفع قدر.عَظَّم
رفع الى مرتبة النبلاء
anodin,e, *m et a* دواء مُسكن•
مُسكن.مخفف.مُلطِّف
anomal,e,(aux), *a* شاذ.غير قياسي
anomalie, *f* شُذوذ.خروج عن المألوف
ânon, *m* جَحْش.وَلد الحمار
anonymat, *m* غفل الاسم
anonyme, *a et m* مجهول الاسم
lettre — خال من الامضاء •خطاب من مجهول
société — شركة لأشخاص كثيرة.شركة مساهمة
anormal,e,(aux), *a* غير عادي.مخالف
القاعدة.شاذ

anse, *f* قبضة أو مقبض. ممسك. أذن. يده خليج صغير
antagonisme, *m* خصومة. عداوة. مقاومة. خلاف. مضاداة
antagoniste, *n et a* خصم مقاوم. معارض
antan, *m* الزمان الغابر
antarctique, *a* جنوبي. مختص بالمنطقة الجنوبية
antécédemment, *ad* سابقاً. قبلاً. آنفاً
antécédent, e, *a* سابق. متقدم
—s, *m.pl* سابقة. سوابق ¤ سالفة
antenne, *f* سارية. آرية (للمذيع. الراديو) . قارية (في الملاحة) . السلك الهوائي [أنتين]
antérieur, e, *a* سابق. مقدم. سالف. أمامي
antérieurement, *ad* قبلاً. سابقاً. آنفاً
antériorité, *f* أولية. قدم. أسبقية
anthrax, *m* جمرة. فرخ جمر (دمل كبير)
anthropophage, *n et a* آكل لحوم البشر
anti, *préfixe* ضد. مضاد. مقاوم ¤ قبل
antichambre, *f* مدخل. غرفة إنتظار
anticipation, *f* توقع. إنتظار ¤ تقديم
par — سلفاً. لمعجلا. مقدماً
anticipé, e, *a* مقدماً. سلفاً
anticiper, *v* توقع. إنتظر ¤ قدم. سبق
anticlerical, e(aux) *a et n* ضد الكهنوت
antidote, *m* ترياق السموم. ضد السم
antienne, *f* أنتيفونا. تسبيحة. نشيد
antilope, *f* نوع من الغزال. تيتل. رئم
antipathie, *f* نفور. كراهية. تنافر (ثقل دم)
antipathique, *a* سمج. ثقيل. منفر
antiphlogistique, *a et m* مضاد أو مسكن للالتهاب
antipode, *m* متقاطر. جهة من الأرض مقابلة لجهة اخرى من الكرة الأرضية، وسكانها، (مصر يقابلها كندا مثلا) ¤ الآراء او الاحساسات المتضادة أو المخالفة
antiquaille, *f* أنتيكا او شيء عتيق بدون قيمة. عادية
antiquaire, *m* عالم بالآثار القديمة ¤ بائع عاديات (أنتيكة) . جامع آثار أو بائعها
antique, *a* قديم. عتيق جداً. أثري
antiquité, *f* عاديات. آثار قديمة. أنتيكة ¤ الأجيال الخالية القديمة. العصور القديمة
antirépublicain, e, *n et a* ضد الجمهورية
antisémite, *n* ضد اليهود. ضد الجنس السامي
antisepsie, *f* تطهير. تعقيم
antiseptique, *a et m* مطهر. معقم
antithèse, *f* تقابل. تناقض. مقابلة. طباق (في البديع)
antitoxine, *f* الترياق للتسمم الذاتي. مضاد للتسمم
antonyme, *m* كلمة مضادة لأخرى (كالقبح والجمال)
antre, *m* مغارة. كهف
anuiter (s'), *v* أدركه الليل. (مسى)
anus, *m* شرج. باب البدن. است. دبر
anxiété, *f* قلق. إنشغال الفكر. هم. ضجر
anxieusement, *ad* بقلق. بتلهف. بضجر
anxieux, se, *a* قلق. مهموم. مشغول الفكر
aorte, *f* الأبهر. الشريان الأورطي

août, *m* شهر أغسطس. آب
apache, *m* وبش. ج (أوباش). متشرد
apaisement, *m* تهدئة. تسكين
apaiser, *v* هدّأ. أخمد. سكّن
s'—, *vpr* هدأ. سكن
apanage, *m* حصة. إقطاع. نصيب
apathie, *f* خمول. بلادة. جمود. فتور
apatite, *f* فوسفات الجير الطبيعية (سماد)
apepsie, *f* عسر الهضم. سوء الهضم
apercevable, *a* مشاهد. محسوس. مدرك
apercevoir, *v 3* لمح. رأى. لاحظ
s'—, *vpr* شعر. أحس
aperçu, *m* لمحة. نظرة. ملخص. مختصر
apéritif, ve, *m et a* مشروب جالب للشهية
à peu près, *l. ad, m* نحو. تقريباً. بالتقريب
aphasie, *f* حبسة. شل قوة النطق. تعذر الكلام
aphone, *a* ليس له صوت. معدوم الصوت
aphorisme, *m* خلاصة. مبدأ (حكمة)
aphrodisiaque, *a et m* مهيّج للشهوة
Aphrodite, *f* أفروديت. (الاهة الحب والجمال عند قدماء اليونان)
aphte, *m* بثور لؤلؤية في الفم. أفت
apiculteur, *m* مربي النحل
apiculture, *f* نحالة. تربية النحل
Apis أبيس. العجل المقدس معبود قدماء المصريين
apitoyer, *v* حنّن (ألان قلبه)
s'— تحنّن وحنّ. أشفق على. رقّ قلبه

aplanir, *v* مهّد. ذلّل. سطّح. عبّد
aplanissement, *m* تسهيل. تمهيد. تعبيد (الطرق). تسوية الأرض
aplatir, *v* رقّق. بسط (بطط)
s'—, *vpr* ترقق. إنبسط. تذلل
aplatissement, *m* ترقيق. بسط. دناءة
aplomb, *m* إعتدال. عمودية. إنتصاب. رزانة. ضبط النفس
d'— عمودياً. رأسياً
apocryphe, *a et m* مشكوك فيه. مبهم
les evangiles —s الأناجيل المزيفة
apogée, *m* أوج. ذروة. أعلى درجة. أقصى بعد بين القمر والأرض
Apollon, *m* أبولو (الاه عند قدماء الرومان واليونان رمز للجمال والرجولة والفنون والنور)
apologie, *f* تبرير. تقريظ. إعتذار
apologue, *m* مثل. حكاية بمغزى
apoplexie, *f* داء السكتة. نقطة
apostasie, *f* جحد. كفر (إرتداد عن الدين أو المبدأ). جحود
apostasier, *v* جحد. كفر. إرتد عن الدين
apostat, *m* كافر. جاحد. مارق
apostème, *m* خراج. دمّل
aposter, *v* وضع كميناً أو وقف بالمرصاد
à posteriori, *lc. ad* الحكم بالقرينة (الاستدلال عن العلة من المعلول)
apostille, *f* حاشية. ذيل (على الهامش)
apostolat, *m* كرسي رسولي. حوارية. رسولية
apostolique, *a* رسولي

apostrophe, f علامة حذف ...... أو اختصار ٭ تأنيب. تبكيت
mis en — منادى
apostropher, v خاطب ٭ وبخ
apothéose, f تأليه. تمجيد. تعظيم
apothicaire, m صيدلي. أجزائي. عطار
apôtre, m رسول. حواري
apparaître, v3 ظهر. لاح. بدا. تراءى
apparat, m (فخفخة) أبهة. زينة. عظمة
appareil, m آلة. عدة ٭ جهاز ٭ تفيرة
— photographique ضهادة // آلة تصوير
appareillage, m تجهيز. إستعداد للسفر
appareillement, m أزواج ٭ (وضع زوجين من الماشية للشغل تحت نير واحد)
appareiller, v أزوج. وفق أشياء متشابهة ٭ إستعد للقيام. رفع المرساة
apparemment, ad حسب الظاهر. على ما يظهر
apparence, f مظهر. الظاهر
هيئة. منظر ٭ إحتمال. امكان
il ne faut pas se fier aux — s (لا يجب الحكم على الظواهر)
apparent, e a ظاهر. واضح. بين
جلي ٭ مموه. مصطنع ٭ عظيم
apparenté, e, a ذو نسب أو علاقة بـ ٭ سليل. من أصل
apparenter, v زوج. أدخل في قرابة
s'—, vp صاهر
apparier, v أزوج. ألف. قرن
apparition, f ظهور ٭ شبح. خيال. رؤيا
appartement, m. مسكن. دور. شقة
— à louer الشقة للايجار // محل للسكن

appartenant, e تابع لـ. متعلق أو مختص بـ
appartenir, v3 خص. إختص. تعلق بـ ٭ إنتمى الى
appât, طعم ٭ جاذبية. فتنة
appâter, v ألقى شركا. اغرى ٭ اعلف (زقم) الطير. أطعم الطفل أو العليل
appauvrir, v أفقر. أحوج. أعوز
s'—, vp إفتقر. إحتاج
appauvrissement, m فقر. حاجة. عوز
appeau, m صفارة لاجتذاب الطيور
appel, m دعاء. نداء ٭ إستئناف ٭ طلب للخدمة العسكرية (الجهادية)
cour d'— محكمة الاستئناف
appelant, e, n مستأنف
appeler, v إستدعى ٭ دعا. نادى ٭ سمى ٭ أسمى ٭ إستأنف ٭ طلب الشهادة
s'—, vp دعي. سمي ٭ تنادى
appendice, m زائدة. ذيل. ملحق
appendicite, f المصران الأعور (التهاب الزائدة الدودية)
appendre, v3 علق. ناط
appesantir, v ثقل. أبهظ. زاد ثقلاً
s'—, vp ثقل ٭ أسهب في الكلام
appesantissement, m ثقل ٭ ركود ٭ استرخاء
appétence, f شهوة. ميل غريزي
appétissant, e, a مشه. شهي. مشحذ للقابلية
appétit, m شهية. قابلية الطعام وغيره
applaudir, v صفق إستحسانا. هلل ٭ إستحسن

applaudissement, *m* تصفيق (تهليل لاظهار الاستحسان)

applicable, *a* مُطابق ✡ مُناسب مُمكن استعماله أو تطبيقه

application, *f* إهتمام. مثابرة ✡ تطبيق ✡ إستعمال

applique, *f* تعليقة. حلية ✡ تحفة حائط

appliquer, *v* طبّق ✡ ركب. وضع. لصق ✡ انصب ✡ إستعمل

s'— إجتهد. إعتنى. عكف على ✡ إختص بنفسه. طبق الشيء على شخصه

appoint, *m* تكملة. بقية. كسور

appointements, *m pl* راتب. أجر (ماهية)

appointer, *v* حدّد. دبّب ✡ عيّن راتباً

apport, *m* مايؤتى به في شركة

apporter, *v* جلب. أحضر ✡ قدّم ✡ أتى بـ

apposer, *v* وضع. حطّ. أمضى

— sa signature وقع بامضائه

— les scellés وضع الأختام

apposition, *f* وضع

appréciable, *a* ذو قيمة ✡ يشعر به. يمكن تقديره

appréciation, *f* معرفة قدر الشيء. تقدير ✡ إعزاز ✡ إستحسان

apprécier, *v* قدّر. عرف قدر الشيء. اعتبر ✡ أحبّ

appréhender, *v* قبض على. ضبط ✡ حذر. خاف

appréhension, *f* خوف. خشية. وهم. توقع الشر

apprendre أخبر. أنبأ ✡ تعلّم. إقتبس ✡ علّم. لقّن

— **la nouvelle** علم الخبر

— par cœur تعلم على ظهر القلب. — غيباً

apprenti, e, *n* تلميذ في صناعة. تحت التمرين (إشراق). صبي (في مهنة)

apprentissage, *m* تعلّم صناعة. مدة التلمذة أو التمرين

apprêt, *m* تجهيز. تهيئة. إعداد ✡ تسهيل

apprêté, e, *a* متكلف. متصنع (ضد طبيعي) ✡ جاهز. معد (موضب)

apprêter, *v* حضّر. جهّز. أعدّ ✡ هيّأ الطعام

s'—, *vp* إستعد. تهيأ لـ. تحضّر

apprêteur, se, *n et a* رسّام على الزجاج ✡ متمّم (العامل الذي يجهز الشيء ويتمه)

apprivoisé, e, *a* يدي. مستأنس. داجن

apprivoiser, *v* ألف. أنّس. دجّن

s'—, *vp* أنس. ألف. إستأنس

approbateur, rice, *n et a* مُستصوب. مُستحسن [آپروباتور]

approbation, *f* إستحسان ✡ رضى. موافقة ✡ تصديق

approche, *f* إقتراب. دنوّ ✡ تقدّم إلى

les —s de la ville أطراف البلدة. الضواحي

approcher, *v* قرّب. أدنى من. أزلف

s'— *vp* دنا. ناهز. تقرّب (إلى أو من)

approfondir, *v* عمّق. غوّط

s'—, *vp* تعمّق. تبحّر في

appropriation, *f* إستيلاء. تملك ✡ توافق

approprié,e, *a* موافق. مناسب. لائق
approprier, *v* مَلَّكَ ✡ وَفَّقَ وَوَافَقَ
s'—, *vp* إستولى. تملك بوضع اليد ✡ خصَّص
approuver, *v* أقرَّ. رَضِيَ ✡ صادَقَ على
approvisionnement, *m* تموين ✡ ميرة
approvisionner, *v* مَوَّنَ. زَوَّدَ
s'—, *vp* تموَّن. إدَّخر. تزوَّد
approximatif, ve, *a* تقريبي. حَوالي
approximativement, *ad* تقريباً. بوجه التقريب
appui, *m* مُساعدة. عَضد. عَون. تأييد ✡ نقطة إرتكاز. دِعامة. مسند
à l'— de تأييداً لـ
appuyer, *v* ساعَدَ. أسْنَدَ. عَضَدَ. أيَّدَ. شدَّ ✡ ألحَّ ✡ ضغطَ على
s'— إستند. إتّكأ ✡ إتكل على. إعتمد
âpre, *a*. خَشِن. شرس ✡ شَرِه. نهِم ✡ طماع ✡ لاذع ✡ حرّيف. مُرّ
après, *pr* بَعْد. ثم. خلف. بعد أن. عن ✡ بحسب. بموجب. على إثْر. غبَّ
il est toujours — moi دائماً مضطهدني
ils sont — (ماسكين فيه) قائمون بالعمل فيه
nous n'attendons pas — lui إننا في غنى عنه
crier — qn. زعق له. صرخ أو تذمر منه
soupirer — qc. يتمنى شيئاً
d'— بحسب. بمقتضى. بموجب. عن
— quoi ثم. أما بعد
— tout مهما كان. فضلاً عن ذلك
après coup بعد فوات الأوان. هيهات
après-demain, *ad et m* بعد غد
après que, *cn* بعدما. بعد أن
âpreté, *f* خشونة. شراسة ✡ حموضة ✡ وعورة
a priori, lc. ad على البديهة
à-propos, *V*. propos
apte, *a*. قابل. عرضة ✡ أهل لـ. صالح لـ
aptitude, *f* إستعداد. لياقة. أهلية. كفاءة
apurer, *v* صَفَّى. صَحَّحَ
— un compte صفَّى الحساب نهائياً
aquarelle, *f* صورة أو تصوير بألوان تذاب بالماء (بدل الزيت). رسم بألوان مائية
aquarelliste, *n* رسّام بالدهان المذاب بالماء
aquarium, *m* حوض لتربية الأسماك والنباتات المائية وعرضها للفرجة
aquatique, *a* مائي. مختص بالماء. يعيش في الماء
aqueduc, *m* مجرى أو قناة تمر على قناطر مرتفعة
aqueux, se, *a* مائي. له خاصية الماء
aquilin, e, *a* أقنى. معقوف ✡ نسريّ. عقابي
arabe, *n et a* عربي. بدوي. إبن عرب
l'—, *m* اللغة العربية
arabesque, *f et a* نقش عربي. أرابسك ✡ على الطراز العربي
Arabie, *f* بلاد العرب. شبه جزيرة العرب عاصمتها مكة
arabique, *a* عربي. من بلاد العرب (تطلق على الاشياء)
arabisme, *m* تعبير عربي //
arable, *a* صالح للفلاحة. زراعي. ممكن حرثه
arachide, *f* شجرة الفول السوداني

arachnéen, ne, *a* عنكبوتي (تقال أيضاً للأشياء الرفيعة جداً)

arachnides, *m.pl* عناكب. من الفصيلة العنكبوتية

araignée, *f* عنكبوت. عنكب

toile d'— نسيج العنكبوت

araser, *v* ساوى البناء. عدّل. مهّد

aratoire, *a* زراعي. تابع للفلاحة

arbitrage, *m* تحكيم ☆ (العملية الراجحة في البورصة) ☆ حكم عرفي

arbitraire, *m et a* إختياري ☆ جائر. ظالم. استبدادي. تعسفي

arbitre, *m* حَكَم. مُحَكَّم ☆ وسيط ☆ قاضي عرفي. فيصل

arbitrer, *v* توسّط. حكّم

arborer, *v* نصب. رفع. أقام

arborale, *a* شجريّ. مختص بالشجر

arboriculture, *f* زراعة الأشجار

arbre, *m* شجرة

— généalogique الأجداد. شجرة النسب

arbrisseau, *m* شُجَيرة.

arbuste, *m* شجرة صغيرة

arc, *m* قوس ☆ جزء من الدائرة

— de triomphe قوس النصر

Jeanne d'Arc جان دارك. بطلة افرنسية حاربت الانكليز

arcade, *f* ممر تحت قناطر. رواق. بواكي

arc-boutant, *m* زافرة. قائمة

عقد . ساند

arc-bouter *v* دعم. سند

سند العقد

arc-en-ciel, *m* قوس قزح

archaïque, *a* مبتذل. مهجور لتقدمه

arche, *f* عقد. قوس. قنطرة. عين

arche de Noe, *f* (فلك) سفينة نوح

archéologie, *f* علم الآثار. علم العاديات

archéologique, *a* مختص بالأثريات

archéologue, *m* عالم في العاديات أي الآثار

archer, *m* نبّال. رامي السهام ☆ برج الرامي

archet, *m* قوس كمنجة ☆ مثقب. سنبك

archétype, *m* النموذج. المثال الأصلي

archevêché, *m* أبرشية ☆ عيار // ☆ مقر رئيس الأساقفة

archevêque, *m* رئيس أساقفة. مطران

archi, *préfixe* أداة تصدير (تعطي الكلمة فكرة منتهى الدرجة)

Archimède أرخميدس. رياضي ومخترع شهير (قبل المسيح) أول من إكتشف طريقة القلاووظ والتروس وأشياء اخرى كثيرة والثقل النوعي للأشياء قياساً على المياه

vis d'— بارم مائي. طنبور لرفع الماء المصري

archipel, *m* مجموعة جزر. ارخبيل

architecte, *m* مهندس معماري ☆ — بناء

architectural, e, (aux), *a* معماري. مختص بهندسة البناء

architecture, *f* فن المعمار. هندسة البناء

archives, *f. pl* سجلات. قيودات ☆ دار المحفوظات (دفترخانة). أرشيف

archiviste, *m* أمين المحفوظات. دفتردار

arçon, *m* قَرَبوس السرج☼قوس المنجد. مِنبض. كِرْبال

arçonner, *v* نَجَّدَ. نفَضَ الصوف أو القطن☼ندف

arctique, *a* شمالي من منطقة القطب الشمالي

ardemment, *ad* بحرارة. بِحُميَّة. بتلهف وشوق. برغبة

ardent,e, *a* حارّ. أجّاج. مُضطَرِم. حادّ. شديد☼نشيط. ذو حمية☼أحمر

ardeur, *f* حرارة☼حماس☼شوق ☼غيرة. حُميا ☼ وهج

avec — بحماسة وحمية. بنشاط

ardoise, *f* أردواز. صَبُّورة. لوح حجر ☼حجر أزرق (لتغطية الأسطحة)

ardu, e, *a* شاق. متعب. عسر☼صعب

are, *m* مساحة. وحدة قياسية للأرض الزراعية (١٠٠ متر مربع)

aréage, *m* قياس الأرض بهذه الوحدة

aréfaction, *f* تجفيف☼يبوسة. جفاف

arénacé,e, *a* رَمْلِيّ

arène, *f* مَيدان للألعاب الرياضية أو المصارعات☼رَمل

aréole, *f* هالة حمراء تحيط الالتهاب☼كلف ☼فراغ بين خيوط النسيج

aréomètre, *m* ميزان الثقل النوعي للسوائل

arête, *f* حَسَكة أو شوشة السنابل ☼ سفا ☼غرة☼ فقرة سمك. شوكة ☼قرنة. زاوية بارزة (في البناء)

argent, *m* فضة. لُجَين☼ نقد. مال. نقود. فلوس☼عملة. نقدية

noce d'— العيد الفضي للزواج

— comptant نقداً. فوراً

être court d'— تنقصه الفلوس. تعوزه النقود

être cousu d'— في يسر. (غني)

argenté,e, *a* مُفضَّض. مكسو بالفضة مطلي بالفضة☼في يسار

argenter, *v* فضَّضَ. موّه أو طلى بالفضة

argenterie, *f* فِضّيات أو أواني فِضّية

argenteur, *m* || مفضض

Argentine, *f* جمهورية الأرجنتين بأمريكا الجنوبية عاصمتها بنوس ايرس

argenture, *f* تفضيض ☼الطلي الفضي

argile, *f* طُفال. صَلْصال. طين الفخّار. خَزَف

argileux,se, *a* طفالي. خَزَفي. صَلصالي

argot, *m* لغة سرية بين اللصوص وامثالهم (سِيم)☼لغة اصطلاحية

argoter, *v* قلّم الأغصان اليابسة (شمّل)

argousin, *m* مراقب المساجين.

arguer, *v* برهن. استنتج☼جادل☼عارض

— de faux ادعى التزوير

argument, *m* مجادلة. مناظرة☼حوار ☼برهان. حجة☼ملخص

argumentation, *f* مُناظرة. مُباحثة. مُحاوَرة. نقاش

argumenter, *v* حاوَر

aride, *a* قاحل. مُجدب. شراقي

aridité, *f* قحولة. جدب. يبوسة. قيظ ☼ عقم

arien, ne, *n et a* آري. آريوسي ☼ من الجنس الآري

aristocrate, *n et a* ارستقراطي. عِظامي او متحزب للارستقراطية

aristocratie, *f*. ارستقراطية. عُلوية. عِظامية ٭ طبقة الأعيان والأشراف
aristocratique, *a* ارستقراطي. عظامي
Aristote أرسطوطاليس. فيلسوف يوناني
arithméticien, ne, *n* عالم بالحسابات. مُعلّم حساب ٭ حاسِب. حِسابي
arithmétique, *f et a* عِلم الحساب
arithmétiquement, *ad* حِسابياً
arlequin, *m* مُهَرِّج. مُضحِك
armateur, *m* سَفّان. صاحِب السُفُن. باني أو مُجهز المراكب
armature, *f* تصليبة من حديد ٭ هيكل حديدي لجهاز ميكانيكي ٭ طبلة الدينامو
arme, *f* سِلاح ٭ أقسام الجيش المختلفة
— blanche السلاح الأبيض
— à feu السلاح الناري
quitter les — s ترك الجيش او الخدمة العسكرية
faire ses premières — s بدأ بعمل تجاربه الاولى
port d' — رخصة. اذن. اجازة لحمل السلاح
maître-d — معلم أو مدرب الشيش
passer par les — قتل. ضرب بالرصاص
armé, e, *a et m* مُسَلّح. شاكي السِّلاح
à main — é بقوة السلاح
armée, *f* جَيْش. عَسْكَر. جُنْد
— de mer et de terre جيوش البحر والبر
armement, *m* تَسْليح ٭ اُهْبَة الحرب ٭ تجهيز العساكر أو السَفينة بالسلاح
arménien, e, *n et a* أرمني ٭ اللغة الأرمنية
armer, *v* سَلَّح. جَنَّد ٭ قَوّى. دعَم
armistice, *m* هُدْنة حَرْبية. مُهادَنة
armoire, *f* خِزانة. دولاب
— à glace خزانة بمرآة. دولاب

armoiries, *f. pl* علائم الشرف. شِعار (للأشخاص أو البلدان)
armure, *f* درع. عُدّة الأسلحة. شِكّة
armurerie, *f* صِناعة أو تجارة الأسلحة ٭ مَصْنَع أسلحة
armurier, *m* صانع الأسلحة أو بائعها. غندقجي
aromate, *m* طِيب. عِطْر
aromatique, *a* عِطْري
aromatiser, *v* عَطَّر. طَيَّب
arome, *m* رائحة عطرية. شذا. عَرْف
l'— du café نكهة // النكهة القهوة
arpentage, *m* مِساحة. قياس الأرض
arpenter, *v* قاسَ. مَسَح الأراضي ٭ أسْرَع
arqué, e, *a* مقوس. مَحْني كالقوس
arquebuse, *f* قَرَبينة. بُندقية من طراز قديم
arrachage *ou* arrachement, *m* نَزْع ٭ قلع. إقتلاع ٭ خَلْع
arrache-pied, (d') بدون انقطاع
arracher, *v* قَلَع. نَزَع ٭ خلع ٭ إنتزع
s'—, *vp* تخلص من
on se l'arrache يتخاطفونه. عليه إقبال عَظيم
arrangé, e, *a* مُرَتَّب. مُنظَّم
arrangeant, e, *a* سهل المعاملة. مجامل. مرح
arrangement, *m* تَسْوية ٭ تَرتيب ٭ تدبير ٭ مصالحة
arranger, *v* رَتَّب. نظَّم ٭ وفَّق. سَوّى ٭ دبَّر. هَندم ٭ غَبن ٭ أصلح
s'—, *vp* أصْلَح شأنه أو هندامه
arrérages, *m. pl* بقايا. مُتأخرات
arrestation, *f* إلقاء القبض ٭ ايقاف

arrêt, *m* حُكم ٭ قرار ٭ إنقطاع. وُقوف ٭ حَجَر
— **facultatif** مَوْقِف إختيارى
maison d'— سجن
mandat d'— تفويض بالقاء القبض

arrêté, *m* قَرار. اتفاق ٭ أمر إداري
— de compte رَبْط الحساب

arrêter, *v* ضَبَط. ألقى القَبْض عَلَى ٭ أوْقف ٭ إستوقف ٭ حجز. عطل
— **un compte** اوقف. سدد أو رصد حساباً
s'— أبطأ. تأخّر. توقّف. وَقّف

arrhes, *f.pl* عرْبُون. تأمين. رهن

arrière, *m et a* مُؤَخّر. وَراء. خلف. مؤخر
— !, en — ! إلى الوراء ! تراجع !
vent — ريح من الخلف (فى الملاحة)
en — متأخر. وراء. فى الخلف

arrière-bouche, (*pl.* arr-bouches) حَلق
— boutique, *f* القسم الداخلى من الدكان
— cour, *f* حوش صغير كمنور
— cousin, e, *n* ابن ابن العم أو العمة
— garde, *m* مؤخر العساكر. ساقة الجيش
— goût, *m* طعم ثانى. الطعم الباقى فى الفم
— pensée, *f* نية خفية. فكرة بسوء نية. سريرة
— petit-fils, *m* (*pl.*-petits fils) ابن الحفيد
— saison, *f* آخر الخريف. آخر فصل
— train, *m* الجزء الخلفى من الحيوان. مؤخر ٭ العجلتان المؤخرتان من العربة

arriéré,e, *m et a* متأخر ٭ بقية دين

arrimer, *v* ستّف شحنة المركب

arrivée, *f* وُصُول. قدوم ٭ مجيء. اليان. ميعاد أو مكان الوصول ٭ وقوع الحدث

arriver, *v* وَصَل. قَدِم. أقبل. أتى ٭ حَدَث. حَصَل ٭ توصل
— **a ses fins** نال. توصل لمرامه

arriviste, *n et a.* من يريد النجاح بأي ثمن أو واسطة

arrogance, *f* عُجْب. كبرياء. عجرفة. وقاحة

arrogant,e, *a* مُتَعَجْرِف. مُتكبّر. وقح

arroger,(s), *vp* إنتحل. إدّعى بغير حق. نَسَب لنفسه

arrondir, *v* دَوّر ٭ كبّر. زاد في
— un chiffre كمّل على كسور العدد (جعله عشرة بدل تسعة مثلاً). رفع الكسور من عدد

arrondissement, *m* دَائِرَة. حَيّ. قِسْم ٭ تدوير

arrosage, *m* رَيّ. سقاية. رَشّ

arroser, *v* رَوَى. سَقى ٭ رَشّ ٭ نَضَح. (سقسق الطعام)

arrosion, *f* تآكل. قرض

arrosoir, *m* رشّاشة. مِسْقاة. مِرَشّة

arsenal, *m* دار الأسلحة أو السلاح. ترسانة ٭ ورشة لبناء وتسليح السفن الحربية

arsénic, *m* الزرنيخ (سُمّ الفار)

art, *m* فنّ. صناعة ٭ مهارة
ouvrage d'— تحفة فنية
beaux —s الفنون الجميلة

artère, *f* شِرْيان ٭ طريق كبير ومهم

artériel,le, *a* شرياني مختص بشرايين الجسم

artériole, *f* شُرْيان صَغير

artériosclérose, *f* تيبّس الشَرايين. تصلّب الشَرايين

artérite, *f* إلتهاب الشرايين. إلتهاب شرياني

artésien,ne, *a* إرتوازيّ
puit — بئر إرتوازي

arthrite, *f* إلتهاب المفاصل. رثية. داء النقرس

arthritique, *a et n* مفصلي. نقرسي ٭ المصاب بمرض النقرس

artichaut, *m* خُرشوف

article, *m* صَنْف. نوع ٭مادة. بند٭بضاعة٭ مفصل (لبات أو حشرة)٭فصل مقال. لبنة٭اداة التعريف

à l' — de la mort على وشك الموت

— de fond مقالة رئيسة

—s de ménage أدوات منزلية

faire l'— اطرى وحسن في الشيء. نمق

articulaire, *a* مَفْصِلي

articulation, *f* عقدة. مَفْصِل ٭ نُطْق. لَفْظ

articulé,e, *a* ذُو مَفصل٭واضح اللفظ

articuler, *v* نطق أو تلفظ بوضوح ٭فَصَّل. جمل له مفاصل٭بوّب

artifice, *m* فن. صِناعة٭مكر. حيلة٭تصنع

feux d'— ألعاب نارية. صواريخ. أسهم نارية

artificiel,le, *a* صِناعي. مَصْنوع. مصطنع٭مُقَلِّد

artificiellement, *ad* صناعياً (ضد طبيعياً)

artificieusement, *ad* بخداع. بمكر

artillerie, *f* مِدْفَعية. طوبجية. عساكر المدافع

artilleur, *m* مِدْفَعي. طُوبجي. قيم المدافع

artisan, *m* صاحب صَنعة أو حِرْفة (أُسْطى). صانِع٭مؤلف أو مُسَبِّب شيء

artison, *m* عُثّة. سوسة

artiste, *n* فنّان٭مثّال٭رسّام. ممثل ٭ماهر في صناعته

artistement, *ad* بفن. بذوق. بصناعة

artistique, *a* حرفي. صناعي٭فني. بذوق ومهارة فنية

aryen,ne, *a* آري٭اللغة الآرية

as, *f* الآس. وَرَقة لعب عليها بنط واحد

as, *m* بَطَل

asbeste, *m* حَجَر أو حصا الفتيلة. مادة لا تحترق. اسبستوس

ascendance, *f* الأجداد. السلف ٭طلوع. صُعود. إرتقاء

ascendant, *m* سُلْطة. نُفُوذ. سيادة

—s, *pl.* الأسلاف. الجدود

—,e, *a* مُرْتَقٍ. صاعد. تَصاعُدي

avoir de l'— sur qn. له تأثير أو نفوذ على شخص

ascenseur, *m* مِصْعَد (آلة رافعة)

ascension, *f* صُعُود. إرتقاء٭تسلّق

l'— عيد الصعود (صعود المسيح)

ascète, *n* زاهد. ناسك

ascétique, *a* نُسْكي. تَقَشُّفي. زُهْدي

ascétisme, *m* تَنَسُّك. تقشُّف. زهد

asepsie, *f* تعقيم

aseptique, *a* معقَّم. خال من الجراثيم

asexué,e, *ou* **asexuel,le**, *a* خنثى ٭لا تزاوجي. ليس له جنس

asiatique, *n et a* أسْيَوي

Asie, *f* آسيا. إحدى القارات الخمسة

—Mineure آسيا الصغرى. بر الاناضول

asile, *m* مَلْجأ. حِمى. ملاذ٭تكية

aspect, *m* مَنْظَر. هيئة. طلعة. مظهر

asperge, *f* هليون. إسبراجوس. اسفراغ. جُنجُل كشك ألما

asperger, *v* رَشّ٭ذر. انضح

asperité, *f* خُشُونة. صَلابة☼فَظاظة
aspersion, *f* رَش. نَضْح. ذر
aspersoir, *m* مرشّة. رشّاشة
asphalte, *m* اسفلت. حُمر. قار. قفر اليهود
asphalter, *v* زَفت. قيّر. رَصَف بالأسفلت
asphyxiant,e, *a* خانق (مُفطِس)
asphyxie, *f* إختناق. إحتباس التنفس
asphyxié,e, *a et n* مختنق ومخنوق
asphyxier, *v* خنق (فطّس)
s'—, *vp* خنق نفسه☼إختنق
aspic, *m* صِل. أفعى. ثعبان سام ☼لحمة أو سمك بارد مع الجلاتين
aspirail, *m* منفس. فتحة للهواء في الأفران وماشابهها
aspirant,e, *neta* طامح إلى ☼ شافط
—, *m* طالب في المدارس الحربية☼صف ضابط بحري☼متخرج حديثاً من المدرسة البحرية ☼ مقدم طلب 
aspirateur,*m* شفاطة ميكانيكية ☼طلمبة☼مضخة☼شفاطة تراب كهربية
aspiration, *f* شفط. شم. استنشاق. سحب الهواء ☼بغية. رغبة. طموح. توق النفس الى العلا
aspirer, *v* رغب. بغى☼شفط. سحب الهواء. استنشق
"h" aspiré هاء تلفظ
assagir, *v* عقل. رزن
s'—, *vp* تعقل
assaillant,e,*neta* مهاجم. مقتحم☼معتد
assaillir, *v3* هاجم. أغار أو حمل على. اقتحم. تعدى على☼ضايق. لاحق
assainir, *v* جعل صحياً. أصح. اصلح.
assainissement, *m* إصلاح. جعل الشيء صحياً☼ تطهير. تنظيف
assaisonnement, *m* تتبيل. تطييب. (تحديق) أو تمليح☼تنميق
assaisonner, *v* تبّل وتوبل. حيّق. أعطى النكهة. طعّم. لذّذ. وضع التوابل
assassin, *m* قاتل. سفّاح. سافك الدم
—,e, *a* مايقتل. قاتل
assassinant,e, *a* مُضجر. مُزهق
assassinat,*m* إغتيال. قتل. فتك
assassiner, *v* إغتال. قتل. فتك بـ ☼أزعج. أضجر [آساسينْ]
assaut, *m* غارة. هجوم. حملة☼مباراة
assèchement,*m* تجفيف☼نزح
assécher, *v* جفّف. نشف. صرف المياه. نزح
assemblage, *m* إجتماع. جمع. تجمهر. حشد☼تعشيق (في النجارة) تركيب
assemblée, *f* إجتماع. جمعية. حفل. محفل. مجمع. جماعة
assembler, *v* جمع. حشد☼ عشق (في النجارة)☼ رصّ. وضّب وجمع (في الطباعة)
s'—, *vp* إجتمع. التأم. إحتشد
asséner, *v* ضرب☼لطش. لطم
assentiment, *m* موافقة. قبول. رضى. مصادقة
asseoir, *v* أجلس. أقعد☼رتب☼ثبت
s'—, *vp* جلس. قعد
assermenté, e, *a* حالف اليمين
assermenter, *v* حلّف اليمين. إستحلف
assertion, *f* تأكيد. توكيد. زعم☼إثبات

asservir, *v* إستعبد. سَخر
asservissement, *m* إسترقاق. تعبيد ✡عُبوديّة. رِق
assesseur, *m et a* قاضٍ مُساعد ✡مساعد
assez, *ad* كَفَى (بس). كفاية. كافٍ
assidu, e, *a* مُثابِر. مُداوم. مُواظِب
assiduité, *f* مُواظبة. مُثابرة ✡ملاحقة
assidûment, *ad* بمواظبة. باستمرار
assiégé, e, *a et n* مُحاصَر. تحت الحصار
assiégeant, e, *a et n* حاصِر. مُحاصِر
assiéger, *v* حاصَر. حَصَر. إكتنف
assiette, *f* صَحْن. طبق. صُحَيفة ✡حالة ✡قعدة // صحن غويط
— creuse
— anglaise لحوم مستوية باردة
il n'est pas dans son — متوعك (مش على بعضه)
pique — طفيلي
assignation, *f* عِلم طلب. طلب حضور للمحكمة ✡إعلام قضائي ✡موعد حوالة ✡حصر مبلغ لدفعه
assigner, *v* طلب شخصاً للظهور أمام المحكمة. أعلن قضائياً ✡عَيَّن. يَيَّن. خَصَّص. حَدَّد
assimilable, *a* ممكن هَضْمه وتحويله إلى انسجة حية
assimilation, *f* مُقارنة. تشبيه. مقابلة ✡تمثيل الطعام
assimiler, *v* ماثَلَ. ساوى. قارن. تمثل
assis, e, *a* قاعِد. جالِس ✡وطيد. مَتين
assise, *f* صَفّ من الحجارة. مِدْماك. طَبقة. دكة
cour d'—s. *pl* محكمة الجنايات العليا
assistance, *f* حُضور. الحاضرون ✡مُساعدة ✡اسعاف ✡نظارة
— judiciaire معافاة من الرسوم القضائية
assistant, e, *n et a* حاضِر. شاهِد أو مُشاهِد ✡مُساعِد. مُعاوِن
— s, *m. pl.* الحضور. المجتمعون
assisté, e, *n* معاف من الرسوم القضائية ✡آخذ إعانة
assister, *v* حَضَر ✡شاهَد ✡ساعَد. عاوَن
association, *f* شَرِكة. جمعيّة ✡إجتماع
— des idées تداعي أو تلاحق أو تواصل الأفكار
associé, e, *n* شَريك ✡رَفيق
— gérant شريك عامل
associer, *v* أشرك. شارَك
s'— *vp* شارَك. تشارَك. إشترك. تضامن
assoiffé, e, *a* متعطش. متحرق لِـ
assoler, *v* زرع بالترتيب (لاراحة التربة)
assombrir, *v* عَتَّم. أظلَم ✡كدّر
s'—, *vp* تجهم. أظلم. اغتم. تكدّر
assommant, e, *a* مضجر. مُمِل
assommer, *v* ضرَب بشدة (لغاية الموت أو فقدان الشعور) ✡أزهق. أضجَر. أزعج
assommoir, *m* طرف هراوة مثقلة بالرصاص ✡فخ ✡خمارة
assomption, *f* فرض أو إفتراض. إدعاء ✡صعود العذراء
assonance, *f* تقفية. سجع. تجنيس
assonant, e, *a* مُقفى. مُسجع
assorti, e, *a* مُلائم. مناسِب ✡متنوع
magasin bien — دكان بها أصناف كثيرة
assortiment, *m* مطابقة. ملاءمة. مناسبة ✡تصنيفه (تشكيلة). مجموعة
assortir, *v* ناسَب. جنس. وفق. شكل
— un magasin أعطونها يلزم من البضائع للدكان

assoupir, *v* نمّس. أنام ☆ أخمد. سكن
s'— تناعس. غفل. غفى ☆ خمد
assoupissement, *m* غفوة.
سنة. سبات. منام (تعسيلة) ◦ غفلة
assouplir. *v* ليّن. طرّى
assouplissement, *m* تليين. تطرية
assourdir, *v* أصمّ ☆ أخفت ☆ أكمد
assourdissant, e, *a* مُصم
assourdissement, *m* إصمام أو صمم.
طرش
assouvir, *v* أشبع ☆ أفعم ☆ أروى غلّه
s'—, *vp* تشفّى ☆ شبع ☆ أروى غليله
assouvissement, *m* إشباع ☆ شبع.
إرواء الغليل
assujettir *ou* **assujétir**, *v* أخضع.
أذلّ أدخل تحت سلطة ☆ ثبّت. وطّد
s'— تحمّل. رضخ. أدخل نفسه تحت سلطة
assujettissement, *m* قهر. إخضاع
☆ إذعان. إمتثال ◦ إلتزام. إرتباط
assumer, *v* أخذ على نفسه. تحمّل
assurance, *f* وعد. تأكيد ☆ ضمان
☆ تأمين (سيكورتاه) ◦ أمن. ثقة ◦ جرأة
— **sur la vie** التأمين على الحياة
— **coutre les accidents** تأمين ضد الحوادث
— **tous risques** تأمين ضد جميع الأخطار
assuré, e, *a* أكيد ☆ مضمون. مكفول
—, *n* (مسوكر) مؤمَّن
assurément, *ad* بالتأكيد. بلا شك ◦ حقاً
assurer, *v* أكّد. ضمن ☆ أمّن
(سوكر) ☆ وطّد [أسّير]
s'— تأكّد. ضمن ☆ أمّن على حياته
— **d'un coupable** قبض على مجرم

assureur, *m* ضامن ☆ مؤمّن (مسوكر)
astérie, *f* سمك نجم البحر. النجم
astérisque, *m* ✡ هذه العلامة
◦ نجمة في الطباعة
astéroïde, *m* نجيمة. سيّار صغير ☆ نيزك
asthmatique, *a et n* ضيّق النفس.
بَهير. مصاب بمرض الربو
asthme, *m* رَبْو. ضيق النفس. بُهر
asticot, *m* دود اللحم. دود يستعمل طعم لصيد الأسماك
astiquage, *m* تلميع ☆ جلاء. صقل
astiquer, *v* لمّع. جلى. صقل. فرك
astragale, *m* عرقوب (ب) الرِّجل. العظم
الناشز عن مفصل القدم ◦ شجر صمغي ◦ إفريز للعامود
astral, e (aux), *a* كوكبي. نجمي
astre, *m* نجم. كوكب (ج. كواكب)
astreindre, *v3* كلّف. ألزم. أجبر. ربط
s'—, *vp* تكلّف ☆ ألزم ذاته. قيّد نفسه
astringent, e, *a et m* قابض. دواء قابض
astrologie, *f* علم التنجيم. معرفة الغيب
بواسطة النجوم (يازرجي)
astronome, *m* فلكي. مشتغل بعلم الفلك
astronomie, *f* علم الفلك. علم الهيئة
astronomique, *a* فلكي. مختص بعلم الهيئة
chiffre — عدد هائل. رقم كبير جداً
astuce, *f* حيلة. دهاء. مكر. خُبث
astucieux, se, *a* ماكر أو مكّار
atavisme, *m* الرجوع إلى الأصل الخلقي
الوراثي ☆ رجعة. ردّة
atelier, *m* مُحترَف. محل شغل المصور
أو المثال. ورشة. معمل. مصنع. محل التشغيل
— **de couture** محل الخياطة
chef d'— رئيس العمال. مقدم

aterinoiement, *m* تأجيل. مماطلة

atermoyer, *v* مهَّل. وأمهَل. طوَّل. مدَّ ٭ماطل ٭تأخَّر

athée, *n et a* زنديق. كافِر. ناكِر وجود الله. مُلحِد

athéisme, *m* عدم الاعتقاد بالله ٭ كُفر. إلحاد

Athènes, *f* أثينا. عاصِمة بلاد اليونان

athlète, *m* رياضي. مُصارِع. قوي الجسم بالرياضة

athlétique, *a* مختص بالرياضة البدنية ٭صِنديد. ذو عضلات قوية

athlétisme, *m* الألعاب أو التمرينات الرياضية. الرياضة [أتلِتيزم]

atlas, *m* مجموعة خرائط جغرافية ٭ نسيج حريري «أطلس». ديباج

atmosphère, *f* الهواء الجوي. جوّ. هواء

atmosphérique, *a* هوائي. جوّي

atome, *m* ذرّة. دقيقة. الجوهر الفرد. هباء. أصغر جزء من المادة

atomique, *a* ذرّي. مختص بالذرات أو الدقائق. هبائي

atone, *a* غائر. بدون حياة (للنظر) ٭واهِن

atour, *m* زينة. حلية

atout, *m* ورقة رابحة ٭ورقة اللون المنتخب في بعض ألعاب الورق فيكون لها الأفضلية ٭شجاعة

atoxique, *a* خال من السم. غير مسم

atrabilaire, *a et n.* سوداوي. نكِد. مصاب بالسوداء

âtre, *m* وجاق. موقد. كانون

atroce, *a* شنيع. فظيع. قاس جداً

atrocement, *ad* بشراسة. بفظاعة

atrocité, *f* إثم فظيع. فاحشة. فظاعة

atrophie, *f* ضمور. هزال. توقف النمو

attabler, s', *vp* جلس إلى المائدة

attache, *f* رباط. قيد. ممسك ٭رابطة. تعلق. تمسك. رغبة ٭مقاطع أو مفاصل

— métallique ممسك

ou papier ورق

port d'— جبرفا السفينة

attaché, *m* ملحق. مندوب أو كاتب في سفارة

— militaire ملحق عسكري

—,e, *a* مرتبط. مقيد ٭مولع ب. محب ل

attachement, *m* تعلق. مثابرة ٭وداد. حب ٭ حساب المقاول اليومي

attacher, *v* ألصق. وصل. ألحق. أرفق. ضم إلى ٭علّق ٭ربط. قيّد

s'— *vp* تعلق ب ٭ربط نفسه ٭لاحق

attaque, *f* هجوم. حملة. غارة. كرة ٭نوبة. دور (في الطب)

être d'— متأهب. في حالة جيدة ٭حاذق

attaquer, *v* هجم. حمل على ٭قاضى ٭قرض

attarder, *v* أخّر. عوّق. أرجأ

s'— *vp* تأخر. تعوّق

atteindre, *v3* حصّل. أدرك ٭ نال. وصل إلى. بلغ ٭أصاب

atteint,e, *a* مصاب ٭متهم

atteinte, *f* إصابة. أذى ٭نوبة ٭وصول. لحوق ٭بلوغ. نوال

porter — à آذى. ألحق ضرر ل

attelage, *m* دواب مشدودة معاً إلى عربة أو محراث

attenant,e, *a* مجاور. ملاصق. متصل ب

attendant, (en), *l.pr* في غضون ذلك

en — que في هذه الأثناء // ريثما. إلى أن

attendre, *v3* إنتظر. اصطبر. تمهل
s'—, *vp* توقع. تحسب
attendrir, *v* طرّى. ليّن ٭ عطف
s'—, *vp* رقّ أو رثى ل. ترفّق ٭ رطب
attendrissement, *m* حنان. عطف
attendu, *pr* بالنظر إلى من. حيث. بناء على
attentat, *m* تعدّي. محاولة إعتداء. مؤامرة
— à la pudeur إنتهاك حرمة الآداب
attentatoire, *a* جنائيّ. إعتدائي ٭ مضرّ
attente, *f* إنتظار. أناة. توقع ٭ تربّص
salle d'— غرفة الانتظار. إستراحة
attenter, *v* تعدّى. تهجّم على. تجاسر
— à ses jours حاول الانتحار
attentif, ve, *a* ملتفت. منتبه ٭ مصغ
attention, *f* إلتفات. إنتباه ٭ إصغاء
٭ رعاية. لطف. عناية
— aux pick pockets احترس من النشالين
attentivement, *ad* بالتفات. بتيقظ
atténuant, e, *a* مخفف. ملطف ٭ مرقق
circonstances —es ظروف مخففة (للجريمة)
atténuation, *f* تخفيف. إضعاف ٭ إماعة. ترقيق
atténuer, *v* خفّف. لطّف ٭ رقّق. لين
atterrer, *v* صرع ٭ كرب. كدر. أرعب. ذعر
atterrir, *v* هبط أو وصل للأرض
atterrissage, *m* رسوّ. هبوط للأرض
attestation, *f* شهادة. إثبات. إقرار
attester, *v* قرّر. أثبت. شهد على صحة أمر ٭ أشهد
attiédir, *v* فتّر. لطّف الحرارة. برّد

attifer, *v* زيّن. حلّى. زخرف
s'—, *vp* تزيّن. تحلّى. تزخرف
attirail, *m* عدّة. أدوات أو آلات. مهمات ٭ عفش غير ضروري ٭ ما يقصد به التظاهر
attirant, e, *a* جاذب. فتّان ٭ مشوّق
attirer, *v* جذب. إجتذب ٭ إستمال. خلب
attisage *ou* **attisement**, *m* إضرام
attiser, *v* أشعل. أضرم. سعّر. أجّج
attisoir, *m* مسعر
attitré, e, *a* مفوّض. ذو صفة
attitude, *f* حالة. هيئة. موقف
attouchement, *m* لمس. مسّ. ملامسة
attractif, ve, *a* جاذب. خالب ٭ مشوّق
attraction, *f* جذب. إستمالة ٭ حيلة ٭ فصل ملهي أو مسلّي
—s, *f.pl* الملاهي
attrait, *m* ميل. جاذب. إنشغاف
—s, *pl* منظر خارجي خلاّب. جواذب (المرأة)
attrape, *f* فخ. أحبولة. مصيدة ٭ خدعة
— nigaud حيلة يخدع بها البلهاء. خدعة
attraper, *v* صاد. أوقع في الفخ. أمسك ٭ لحق. أدرك ٭ غشّ. غرّ ٭ لام
— une maladie مرض. أخذ مرضاً
— la manière de qn قلّد
attrayant, e, *a* جاذب. جذّاب. فاتن
attribuer, *v* نسب أو عزى إلى ٭ خصّ وخصّص
s'—, *vp* نسب أو أسند لنفسه. إدّعى
attribut, *m* سجية. ملكة. خاصة. صفة ٭ خبر (في النحو)
attributaire, *n* من يعود إليه شيء أو ورثة
attribution, *f* نسبة. تخصيص. تعيين ٭ خاصية. مزية ٭ إختصاص

attrister, *v* أحزن.أشجى.كدّر
s'—, *vp* حزن.إغتمّ
attroupement, *m* تجمّع.حشد•جمهرة رعاع
attrouper, *v* جمّع.حشد.لمّ
s'—, *vp* تألّب.احتشد
au, aux, *ar* (à le, à les إختصار) إلى.لـ.
aubain, *m* أجنبي.نزيل قاطن فى البلد
aubaine, *f* نعمة☆حظ.نصيب•صدفة سعيدة
aube, *f* الفجر.طلوع النهار☆ابتداء
auberge, *f* فندق.خان.نزل
aubergine, *f* ← باذنجان
aubregiste, *n* صاحب الفندق أو الخان
aubin, *m* فندق // خبب • كانتر
aucun, e, *a et pro* ولا واحد.لا أحد.
مامن أحد☆بدون أحد•أحد
— n'est content de son sort لا أحد قانع بنصيبه
—s frais بدون مصاريف //
aucunement, *ad* البتة.أصلاً
audace, *f* جرأة.وقحة.جسارة
audacieusement, *ad* بجرأة.بجسارة
audacieux, se, *n et a* جريء•متهجم☆
جسور (ضد خجول وهائب).
au deçà, au dedans, *V.* deçà, dedans
au dehors, au delà, *V.* dehors, delà
au-dessous, *ad* أقل.تحت.مادون
au-dessus, *ad* أعلا.مافوق.أعلى أو أكثر من
au-devant, *ad* امام.قدّام.قبل.لقاء
audience, *f* مجلس.جلسة☆إجتماع☆حفلة
•مقابلة.مواجهة•مثول
salle d'— قاعة الجلسة أو المرافعة
auditeur, rice, *n* سامع.مستمع
•مراقب حسابات.فاحص أو مراجع حسابات
auditif, ve, *a* سماعي.سمعي.
متعلق بالسمع أو الاذن
audition, *f* إستماع☆سمع (الشهود)☆فحص
الحسابات•جلسة تجربة للمثلين قبل إستخدامهم
auditoire, *m* السامعون☆المجتمعين لاستماع
وعظة، خطبة، تمثيل، محاكمة وماشابه
auge, *f* معلف.مذود☆حوض
•وعاء لحمل المونة•قادوس
auget, *m*, augette, *f* مزود صغير
•قادوس ساقية•درج أو إناء لأكل العصفور
augmentation, *f* إزدياد.تكاثر.نماء
augmenter, *v* كثّر.أنمى.زوّد
s'—, *vp* زاد وازداد.كثر
augure, *m* فأل.تبشير☆عرّاف.فاتح البخت
de mauvais — فأل شؤم.نذير شر.تطيّر
bon — فأل خير.بشارة.خير
augurer, *v* تكهّن☆تفاءل☆تطيّر.تشاءم
auguste, *a* جليل.مهيب.رفيع المقام
aujourd'hui, *ad* هذا اليوم (النهارده)
•اليوم.الآن
—il y a quinze jours مثل هذا اليوم منذ اسبوعين
d'— en huit بعد اسبوع //
des — إبتداء من الآن.منذ اليوم
aumaille, *f et a* ماشية كبيرة ذات قرون
aumône, *f* صدقة.حسنة
aumônier, *m* خوري.راع.مرشد جمعية
aune, *f* ذراع.باع (قياس بطل إستعماله)
— *ou* aulne, *m* شجرة الحور الرومي.حور
auparavant, *ad* قبلاً.سابقاً.قبل ذلك
auprès, *ad* بجانب.قرب.لدى.بجوار
excuser qn — d'un autre إعتذر عن شخص لآخر
auquel (à lequel) *V.* lequel ||

auréole, *f* هالة. إكليل أنوار. شعاع هالي
auréolé, e, *a* متوج بإكليل نور
— de gloire مكلل بالفخار
auriculaire, *a* سمعي. أذني. مختص بالأذن
—, *m* الخنصر. أصبع اليد الصغير
aurifère, *a* يحتوي ذهباً. مذهب
aurifier, *v* حشى السن بالذهب
aurore, *f* شفق. فجر. سحر
— boréale ٭ نور الفجر // الشفق الشمالي
auscultation, *f* التسمع على الصدر لفحصه
ausculter, *v* تسمع. فحص بالتسمع
auspice, *m* فال نذير. علامة ٭ رعاية. عناية
sous d'heureux —s طالع حسن
aussi, *ad* أيضاً. كذلك. مثل. بقدر ٭ لأجل ذلك. لهذا ٭ فضلاً عن
— bien que مثل
aussitôt, *ad* حالاً. في الحال. على الفور
— que, *l.cn* حالما. عندما
austère, *a* عبوس. قاس. صارم
austérité, *f* خشونة. زهد. صرامة. تقشف
austral, e, als, *ou* **aux**, *a* جنوبي
autan, *m* ريح جنوبية شديدة. عاصف
autant, *ad* بمقدار ما. بقدر ذلك
d'— بالمثل. مثل هكذا. كذلك
d'— plus فضلا عن ذلك. زيادة
d'— que كما. بالنسبة. نظراً
une fois — نفس المقدار ثانياً
— dire مقصودك. تريد القول أن
autel, *m* محراب. هيكل. مذبح (كنائسي)
auteur, *m* مؤلف. مصنف
droit d'— منشئ ٭ مسبب // حقوق المؤلف
— du crime مرتكب الجريمة

authenticité, *f* صحة. حقيقة
authentique, *a* أصلي. حقيقي. صحيح ٭ موثوق به ٭ رسمي. معتمد. شرعي ٭ مصدق عليه
authentiquer, *v* أثبت صحته. وقع وختم
auto, *pr* ذاتي. بذاته ٭ سابقة تعطى هنا المعنى
—, *n* سيارة. اتومبيل (إختصار اتوموبيل)
autobiographie, *f* ترجمة حياة (اي سيرة) الكاتب بقلمه
autobus, *m* سيارة للأمة أو عامة اومنيبس
autocar, *m* سيارة كبيرة للسياحة
autochtone. *n et a* سكان البلاد الأصليون
autoclave, *m et a* قدر معدني للطبخ محكم الاقفال ٭ آلة لتطهير وتعقيم عددا لجراحة والضمادات الخ بضغط البخار ٭ ضابط حركته
autocrate, *m* حاكم مطلق أو مستبد ٭ مستبد
autocratie, *f* حكم مطلق. إستبداد بالسلطة ٭ حكومة الفرد
autodafé, *m* الاعدام بالحرق
autodrome, *m* ميدان سباق السيارات
autodynamique, *a* مايتم بذاته
autogène, *a* كائن من نفسه ٭ (منه فيه)
soudure —, *f* لحام المعادن (بطريقة منه فيه)
autographe, *a et m* خط المؤلف. الخط الأصلي
automate, *m* تمثال متحرك بآلة ٭ شخص ثقيل الفهم
automatique, *a* ذاتي الحركة. متحرك بذاته ٭ آلي
mouvement — حركة ميكانيكية (من نفسها)
automatiquement, *ad* من ذاته. بذاته. يتحرك بطريقة ميكانيكية
automnal, e, (aux), *a* خريفي
automne, *n* الخريف. فصل الخريف

automobile, *n et a* سيارة ٭ ذاتي الحركة
automobilisme, *m* الرياضة بواسطة السيارات ٭ بناء السيارات ٭ سيارة
automobiliste, *n* راكب السيارة (اي سائقها)
automoteur, rice, *a* ذاتي الحركة. يتحرك من ذاته
autonome, *a* مستقل
autonomie, *f* حكم ذاتي ٭ حكومة إستقلالية
autoplastie, *f* رم. ترقيع الجزء العاطل بقطع أو سلخ قطعة له من الجسم نفسه (في الجراحة)
autopsie, *f* تشريح الجثة لفحصها
autopsier, *v* شرح
autorisation, *f* إذن. تفويض. تصريح ٭ اباحة ٭ اجازة. رخصة
autoriser, *v* منح سلطة. أذن. رخص. صرح. فوض الى ٭ جعله شرعياً
s'— منح لنفسه السلطة. إستند الى. أخذ تفويض
autoritaire, *n et a* متحكم. محب التسلط أو السلطة. مستبد
autorité, *f* سلطة. سلطان. سطوة. حكم ٭ ثقة. يوثق بقوله. مستند. مرجع
d'— بالقوة. باستعمال أقصى السلطة
autosuggestion, *f* الايعاز أو الإستهواء الذاتي
autour, *ad* حول. من كل جهة. حوالي
autovaccin, *m* اللقاح الذاتي
autre, *a* آخر. غير واحد. سوى
à d'—s ! ليس على هذا ! (لا ينطلي عليّ)
autrefois, *ad* في مامضى. قديماً
autrement, *ad* بوجه آخر ٭ وإلا
autre part في مكان آخر
d'— فضلاً عن هذا. وخلاف هذا
Autriche, *f* النمسا
autrichien, ne, *n et a* نمساوي
autruche, *f* نعامة
autrui, *pro* الغير. الآخرون
auvent, *m* كنة. ظلة ← سقيفة على مدخل البيوت أو النوافذ
aux (= à les)
auxdits, auxdites ماقبل
auxiliaire, *a* ملحق. اضافي. مساعد
—, *n* مساعد. منجد. نصير
avachi,e, *a* مترهل. رخو ٭ خائر
avachir (s'), *v* ترهل. إسترخى
aval, *m* كفالة ٭ جهة إنحدار النهر
avalaison *ou* **avalasse**, *f* سيل
avalanche, *f* جرف متساقط. إنهيار الجليد من الجبال بكميات عظيمة
avalement, *m*, *V.* **deglutition** بلع
avaler, *v* بلع ٭ ازدرد ٭ صدق ٭ سار مع التيار
— *ou* **avaliser** ضمن. كفل. ظهر
avance, *f* قرض. سلفة. دفعة مقدماً ٭ سبق. تقدم ٭ مسافة التقدم ٭ خارجة (في البناء)
d' —, par — من الآن. مقدماً. سلفاً
en —, à l'— مبكر. قبل الميعاد (ضد متأخر)
faire des —s عمل مقدمات أو تمهيدات
avancé, e, *a* متقدم ٭ معطى مقدماً ٭ منتن (للحوم)
avancement, *m* نجاح. ترقي ٭ تقدم أو تقديم
avancer, *v* عجل. سبق. قدم ٭ سلف. أقرض ٭ دفع مقدماً
— son départ قدم سفره
— la montre قدم الساعة (ضد أخر)
s'— تقدم ٭ سبق. نجح ٭ نما
avanie, *f* إهانة. تهمة (بهدلة)

avant, *pp ou ad* قبل. امام ✿ سابقاً. قبلا
—, *m* (du bateau) مقدم المركب. الجزء الأمامي
en — مقابل. امام ✿ إلى الإمام!
aller de l'— دائماً الى الامام
avantage, *m* منفعة. طائل. فائدة.
مَصْلَحَة ✿ ميزة أو إمتياز. أفضلية
avantager, *v* فَضَّل. مَيَّز
avantageusement, *ad* بفائدة. بأرجحية
avantageu x, se, *a* رَاجح. مُفيد.
مربح ✿ ملائم ✿ ممتاز
avant-bras, *m* ساعِد (زند)
avant-garde, *f* مُقدمة الجيوش. طَليعة
avant-goût, *m* تَذَوُّق ✿ تَوَقُّع اللذة
avant-hier, *ad* أوّل من أمس. اول البارحة
avant-midi, *m* قبل الظهر. ضُحى
avant-poste, *m* نقطة متقدمة.
مركز طليعة الجيش
avant-première, *f* جلسة خاصة للنقاد
والصحافة وذوى الحيثيات قبل الافتتاح أو العرض
avant-propos, *m* دِيباجة. فاتِحة. مُقدّمة
avant-scène, *f* صَدْر المَسْرَح ✿ أقرب خلوة
(لوج) للمَسْرَح
avare, *a et n* خسيس ✿ شَحيح. بَخيل
avariable, *a* قابل للعطب أو التلف
avarice, *f* بُخل. شُحّ مرضيّ
avaricieu x, se, *n* بخيل فى التافه والصغائر
avarie, *f* عطب. عَيْب. تلف ✿ ضرر
avarié, e, *a* مَعطوب ✿ فاسد ✿ مُعطّل
avarier, *v* أتلف. عَطب. أضرّ
s'—, *vp* تلف. فَسَد ✿ تعطّل
avatar, *m* تناسُخ ✿ تحوّل ✿ تبدل. تقلب
avé *ou* ave Maria, *m* السلام الملائكي
صَلوة للعذراء.

avec, *pre* مع ✿ وَ ✿ صُحبَة ✿ بِـ
discerner le mal d'— le bien يَعرف الطالح
من الصالح أو الشر من الخير
avenant, *m* عَقد تغيير فى بوليصة السيكورتاه
avenant, e, *a* مَليح. جَذّاب. ظَريف
à l'— مناسب. موافق. معادل
manière —e اسلوب جذاب
avènement, *m* حُصول حادث ✿ إرتقاء
l'— du roi à la couronne إرتقاء العرش.
الصعود على السدة الملوكية
avenir, *m* مُسْتَقبل. آت ✿ بَخت
à l'— فى المستقبل. من الآن فصاعد
aventure, *f* نادِرة ✿ غريبة. حادث
✿ مُخاطَرة ✿ مفاجئة. مُصادفة. مغامَرة
dire la bonne — عرافة. تنجيم. كشف الحظ
aventurer, *v* عَرّض للخطر. خاطَر
s'— خاطَر بنفسه. جازَف
aventuri er, ère, *n* لا تُعرف صفة معيشته
✿ جَوّاب. مُغامِر
avenue, *f* شارع مُتسع ✿ نَهْج
avéré, e, *a* مُثبت. مُحقّق
avérer, *v* أكّد. حَقّق
à verse, *l. ad* بقوة وغزارة (تقال للمطر)
averse, *f* مَطر مُفاجئ. رَشّة (أو رخة) قوية
aversion, *f* كراهة. نُفور. إشمئزاز
avertisseu r, se, *a et n* مُنذر. مُنبّه
avertir, *v* أعْلَم. أخْبَر ✿ نبّه. أنذر
avertissement, *m* إنْذار. تنْبيه. تحذير
aveu, *m* إعتراف. إقرار. موافقة
aveuglant, e, *a* يبهر البصر. مزغلل.
مُعْمي النظر أو البصيرة. حاسر
aveugle, *n et a* أعمَى. ضَرير ✿ غير متبصر
obeissance — طاعة عمياء

aveuglement, *m* عَمى. فقد النظر أو الهدى
aveuglément, *ad* بلا تبصّر. بغَباوة
aveugler, *v* عَمّى. أعمى. (بهر البصر)٠عتم. أعمى القلب
aveuglette, à l', على العمياني. بغير هدى
aveulissement, *m* ضعف العزيمة
aviateur, rice, *n* طيّار
aviation, *f* الطيران. ركوب الهواء
aviculteur, *m* مربي الطيور والدواجن
aviculture, *f* تربية الطيور
avide, *a* طمّاع. شره٠مشتاق. متلهف
avidement, *ad* بشراهة. بجشع. بشهوة
avidité, *f* طمع. جشع. شراهة
avilir, *v* رذّل. أذلّ٠حقر. ابخس
s'— ترذل. ذل وتذلل
avion, *m* طيارة. طائرة [أَفْيون]
par avion بالطائرة
aviron, *m* مجداف
avis, *m* رأي٠إخطار. إشعار. تنبيه ٠إعلام. إعلان٠نصح. مشورة. نصيحة
— contraire رأي مخالف
je suis de votre — انني من فكرك. موافق
j'ai changé d'— غيرت فكري
— au lecteur تمهيد. مقدمة صغيرة
— de reception اعلام أو إعلان بالاستلام
avisé, e, *a* عاقل. مطّلع على. ملمّ بـ
aviser, *v* أخطر. أعلم. لمح٠نصح
s'— خطر في باله. ارتأى
aviso, *m* سفينة حربية صغيرة [أفيزو]
avitaillement, *m* تموين. تقديم أو تحضير
avitailler, *v* المؤنة // زوّد. مان أو موّن
aviver, *v* قوّى. أنعش. أحيى. ألهب. أجج. حمّى٠لمّع. صقل. جلا

avocat, e, *n* محام. وكيل دعاوي٠شفيع
— général, *m* مدعي عمومي. نائب الحكومة
avoine, *f* شوفان. خرطال. قرطم. زمير
avoir, *v* حصل. ملك. صار عنده. تملك. اقتنى. احرز٠فعل الملكية او الملك
avoir, *m* ملك٠ممتلكات. ٠منه في الحسابات (مقابل صفحة دمنه)
— faim جاع // اصول
— fort à faire امامه صعوبات
— honte استحى. اختشى
—raison, // —raison de عنده حق // تغلب على
avoisinant, e, *a* مجاور. ملاصق
avoisiner, *v* جاور. قارب٠لاصق
avortement, *m* إجهاض. إسقاط الجنين
— d'un projet ٠خيبة. حبوط أو خيبة المشروع
avorter, *v* سقطت. طرحت٠خاب. لم ينجح
faire — اسقط امرأة حبلى٠أخفق المشروع
avorton, *m* سقط. طرح. جهيض
avoué, *m* وكيل دعاوي [أَفْوِيّ]
avouer, *v* أقر. إعترف. صرّح. وافق
s'— vaincu أقر بانخذاله
avril, *m* شهر إبريل (نيسان) [أفْريل]
avulsion, *f* خلع. إستئصال (في الجراحة)
axe, *m* محور. قطب. مدار٠جزع
axiome, *m* حقيقة مقررة. بديهيات. قاعدة
ayant cause, *m* المحول إليه الحق. المخول
ayant droit, *m* صاحب الحق أو له حق في شيء [أيَنْ دِرْوا]
azote, *m* أزوت. نيتروجين (الغاز المعدم الحياة في الكيميا)
azur, *m* أزرق سماوي٠اسمانجوني. لازورد٠جلد. زرقة السماء [أزير]
azuré, e, *a* سماوي. سمنجوني
azyme, *a et m* بدون خميرة. خبز أو رقاق غير مخمر. فطير [أزيم]

B

baba, *m* حَلْوَى أشبه بعش الغراب ٭ منذهل
babil *ou* **babillage**, *m* . هتهتة . ثرثرة . كثرة الكلام . هذرمة . تلتلة
babiller, *v* هـذر . هَذَى
babiole, *f* شيء تافه ٭ ألعوبة
bâbord, *m* الجانب الأيسر من السفينة
babouche, *f* بلغة . خُفّ . مَرْكُوب ٭ مداس
babouin, *m* قرد كبير (ميمون) ٭ بثرة على الشفة
bac, *m* معدية . مِعْبَر ٭ سطل خشب
baccalauréat, *m* دَرَجَة البكالوريا
bâche, *f* غطاء من خيش مُشرَّب بالقار أو من قماش القلوع ٭ حوض ٭ بناء زجاجي لوقاية النبات
bachelier, **ère**, *n* حائز على براءة البكالوريا
— es lettres بكالوريوس قسم أدبي
— es sciences بكالوريوس علوم
bachique, *a* خَمري . مُختَص بالخمر
bachot, *m* زورق . قارب ٭ بكالورية
bacille, *m* باشلوس . الأنبوبيات (كائن مجهري أحادي الخلية)
bâclage, *m* (تلصيم) . إنهاء الشيء كيفما يتفق
bâcler, *v* رَتَّب المراكب في المرفأ ٭ لصَّم الشغل . رَمَّق ٭ قفل بمترس
bactéricide, *m* قاتل للجراثيم أو المكروب
bactérie, *f*, *V.* microbe مكروب
badaud, **e**, *n et a* مغفّل (على نياته)
badigeonnage, *m* تبييض . رش الجدران بالجير ٭ دهان ، مس بمركب طبّي
badigeonner, *v* بيّض (طرش) ٭ دهن مرخ
badin, **e**, *n et a* مزّاح . لعُوب
—**e**, *f* عصا رفيعة ومرنة
badinage, *m* مـزاح . هزار . هَزْل . دعابة
bafouer, *v* إستهزأ ب . بهدل . رَذَّل
bafouillage, *m* هز ر . كلام غير متزن
bafouiller, *v* تمتم . هس . تلعثم
bâfrer, *v* أكل بنهم . أكل بكثرة
bagage, *m* أمتعة . (عفش السفر)
plier — هرب ٭ مات
mettre aux — خلص على العفش
bagarre, *f* جَلَبَة ٭ (خناقة) . مُشاجرة
bagatelle, *f* تُرَّهة . شيء تافه . لا يؤبه به . صَغيرة
Bagdad, *f* بغداد عاصمة العراق
bagne, *m* سِجْن . ليمان
bagnole, *f* سيارة قديمة ورديئة ٭ غرفة قذرة
bague, *f* خاتم ٭ حلقة
baguette, *f* عَصا رَفيعة . قضيب
bahut, *m* → صُنْدوق (يستعمل كخزانة)
baie, *f* جون ٭ خليج ٭ حبة ٭ فتحة في حائط
baignade, *f* [بنياد] استحمام
baigner, *v* أحم ٭ بلّل وتبلّل ٭ غطّس
se — اغتسل . استحم
baigneur, **se**, *n* مُستحَم . مغتسل
baignoire, *f* ابزن . مغطس . مغسل (بتّية) ٭ خلوة (لوج) في الصف الأرضي [بنوار]
bail, *m* (*pl.* baux) عَقْد إيجار . (أيجارة)
bâillement, *m* تثاؤب . فغر الفم

bâiller, *v* [بَيِّيه] تثاءب ٭ اعطى
bayer aux corneilles احدق ببلادة
bâilleur, resse, *n* [بَيِّير] مؤجر
— **de fonds** مقدم رأس المال ٭ مُقرض
bâillon, *m* كمامة . ما يسد الفم . مقلة
bâillonner, *v* كمّ . كمم
bain, *m* [بَن] حمام
— **marie** ماء ساخن يضع فيه الاناء المحتوي على ما يراد تسخينه
— **turc** // حمام بخار
baïonnette, *f* سنكة . حربة
Baïram, *m* [بَيْرام] عيد الأضحى
baiser, *v* [بِزِ] قبّل . لثم ٭ باس ٭ واصل
—, *m* لثمة . قُبلة
— **de Judas** قبلة الخائن المنافق
baisse, *f* [بيس] خفض . هُبوط . نزول
baisser, *v* خفّض . حطّ . أسدل
— **pavillon** خضع
se — [(ه)بيسّ] [(ه)سِ] إنحنى . تطأطأ
baissier, *m* مضارب على النزول في البورصة
bal, *m* [بال] حفلة رقص . مرقص (بالو)
— **masqué** حفلة رقص تنكرية
balade, *f* [بالاد] فسحة . نزهة
balader (se), *v* تفسح . تنزه
baladeuse, *f* عربة يد ٭ عربة تقطرها سيارة
balafre, *f* ندبة . جدرة . أثر التحام الجرح في الوجه
balai, *m* [بالِ] مكنسة . (مقشة) ٭ مجموعة سلوك نحاسية في مولد كهربائي
balance, *f* ميزان ٭ توازن ٭ توازن الحسابات ٭ برج الميزان [بالانس]

— **romaine** قبان ٭ ميزان القبان
V. **bascule** →
balancement, *m* تمرجح . تمايل ٭ تردد
balancer, *v* وازن . عدل ٭ وصد (الحساب) ٭ رمى . ألقى ٭ رنح . هز ٭ تردد
se — تمرجح ٭ تخطر . ماس وتبختر
balancier, *m* رقاص الساعة (أو آلة بخارية)
balançoire, *f* ارجوحة ٭ خدعة

balayage, *m* كنس ٭ طرد
balayer, *v* كنس ٭ جرف . اكتسح
balayeur, se, *n* كنّاس
balayures, *f.pl* كناسة . زبالة
balbutiement, *m* تمتمة . لعثمة . تلجلج
balbutier, *v* تمتم . همهم . تلعثم
balcon, *m* شرفة (ترسينة . بالكون)
baldaquin, *m* مظلة . قبة أو قبة فوق سرير أو عرش أو منبر [بَلْدَاكَن]
baleine, *f* حوت ٭ قطع حديد (وما شابه) داخل مشد السيدات لاعطائه الصلابة
baliverne, *f* هذر . هذيان . هراء
Balkans البلقان أي رومانيا وبلغاريا ويوغوسلافيا والبانيا وتركيا واليونان

ballade, f [بالاد] قصة شعرية ✿ مديحة

balle, f كُرة. طابة ✿ رَصاصة ✿ بالة. طرد

— ou bale, f حُزمة // قشرة الحبوب

enfant de la — المزاول مهنة والده

ballerine [بالِرين] راقصة محترفة الرقص

ballet, m رَقص تمثيلي. رقص الراقصات معاً

ballon, m منطاد. (بلون) ✿ كرة قدم [بالون]

ballonné, e, a منتفخ

ballot, m بالة صغيرة. طرد ✿ أحمق

ballottage, m تعادل الأصوات (في الانتخابات)

ballottement, m ارتجاج. هز

ballotter, v تقاذف. هز واهتز ✿ أعاد التصويت

balnéaire, a للاستحمام أو للحمامات

ville — محطة أو بلدة حمامات

balourd, e, n et a ثقيل الظل والفهم

balsamique, a بلسمي. شاف

baluchon, m بقجة. ربطة هدوم

balustrade, f درابزين

bambin, e, n طِفل

bambou, m غاب هندي. خيزران

ban, m إعلان عن زواج ✿ إعلام ✿ تصفيق بطريقة خاصة ✿ نفي

envoyer ou mettre au — طرد. تخلص من

en rupture de — عاصي الأوامر. متمرد

banal, e (aux), a عامي. عادي ✿ تافه

banalité, f عامية. ابتذالية. زقاقية

banane, f [بانان] مَوْز

bananier, m شجرة الموز. موزة

banc, m بنك. مقعد [بَنْ] ✿ دِكة. مَصْطبة

— de sables كثيب. كومة رمل. جرف

— de harengs سرب أو فوج سمك (رنجة)

— des accusés قفص الاتهام في المحكمة

— de corail كومة مرجان. شعب مرجاني

baucal, e, (pl. als) a et n معوج الساقين

bandage, m ضِمادة. لِفافة. رباط

— herniaire الحزمة للفتق

bande, f رباط. لفافة ✿ زمرة. جماعة ✿ فرقة

— du billard جوالب (حرف) البليارد

— de voleurs عصابة أو عصبة لصوص (منسر)

bandeau, m عِصابة الرأس أو العين (عصبة)

bander, v عَصَب. غطّى العينين ✿ ضمد ✿ إنتعظ

bandit, m لِص. قاطع طريق

banlieue, f ضاحية. ربض. نواحي المدينة

banne, f غطاء للبضائع. مظلة ✿ عربة لنقل الفحم

banni, e, a et n منفيّ. مطرود. طريد

bannière, f. بيرق (بَنْديرة) سنجق. علم ✿ حزب

bannir, v أقصى. نفى. طرد

banque, f بنك. مَصْرف

banqueroute, f إفلاس. تفليس

banqueroutier, ère, n مُفلس. مكسور

banquet, m وليمة. مأدبة

banquette, f دِكة. مقعد خشب

banquier, ère, n صَرّاف. صيرفي. (بنكير) صاحب مصرف. ممول

banquise, f طبقة جليد عائمة. طافية

baptême, *m* عماد. تنصير. معمودية
baptiser, *v* نصّر. عمّد
baquet, *m* سَطل. قادوس
bar, *m* حانة. خمارة ٭ سمك لوت ٭ وحدة ضغط الهواء
—**man,** *m* ندل الحان أو القائم بها
—**maid,** *f* نادلة الحان
baragouin, *m* رَطانة. برطمة
baraque, *f* كوخ. طارمة. تخشيبة. عشة
baraquement, *m* قشلاق
baratte, *f* المِمْخَضة. المخاضة ٭ إربج
baratter, *v* مخض اللبن. خض اللبن
barbare, *a et n* همجي. غير متمدن. متوحش ٭ أعجمي
—**s,** *m.pl* قوم متوحشين. همج
barbarie, *f* توحّش. همجية. بربرية
barbe, *f* لحية. ذقن
— **de-capucin,** *f* شيكوريا برية مرة للسلطات
la — ! كفى لقد أرهقتنا
barbeau, *m* سمك بوري
barbelé, e, *a* مشوّك. مُسنن
fil de fer — سلك شائك
barbiche, *f* لحية صغيرة (سكسوكة)
barbier, *m* مُزيّن. حلاق
barboter, *v* توحّل. خاض في الوحل (بربط) ٭ تلعثم ٭ سرق. نشل
barboteuse, *f* نشّالة ٭ عاهرة ٭ (مريلة) للأطفال ٭ آلة للغسيل
barbouiller, *v* لخبط. لطخ. دهن أو كتب بلا اتقان
barbu, e, *a* ملتح. ذو لحية
—**e,** *f* سمك بحري لذيذ الطعم شبيه بالترسة

barême *ou* **barrème,** *m* جدول لمساعدة الحاسب. عادٍ. حاسب
baril, *m* برميل
barioler, *v* رقش. دهن بألوان كثيرة وغير متجانسة. بَرْقش
baromètre, *m* ميزان ثقل الهواء. بارومتر
baroque, *a* غريب. شاذ. (ملخبط)
barque, *f* قارب. مركب صغير ٭ (فلوكة)
barrage, *m* سَد. حاجز. قنطرة. خزان
barre, *f* قضيب أو قطعة حديد أو خشب مستطيلة ٭ دفة. قبضة الدفة
— **(d'une porte)** متراس (ترباس)
— **(du tribunal)** فاصل بين هيئة المحكمة والجمهور
— **(trait de plume)** خط. شحط. شطب
— **fixe** عارضتين مثبتتين في الارض وفوقهما عارضة ثابتة للتعلق بها للتمرين العضلات وتقويتها
— **parallèles** عارضتين متقابلتين
barré, e, *a* مَسْدود. مقفول ٭ مشطوب
dent —e سن في جذره نتوء (ضرس بجذر فارش)
barreau, *m* هيئة المحامين وحرفتهم أو مكانهم في المحكمة ٭ قضيب صغير
barrer, *v* سَدّ. أقام حاجزاً ٭ قفل ٭ شحط. شطب ٭ أمسك الدفة
— **un cheque** *V.* **cheque**
barricade, *f* متراس ٭ حاجز. مانع
barricader, *v* أقام متراساً ٭ سَدّ
se — تحصن خلف متراس أو حاجز
barrière, *f, a* سد. حاجز ٭ حائل. عائق ٭ حدود. مدخل المدينة
barrique, *f* برميل كبير
baryton, *a et m* صوت بين رفيع وتخين ٭ لصاحب هذا الصوت ٭ آلة موسيقية

bas, basse, *a* واطيء. منخفض ☆دنيء. سافل. وضيع
- en bas في الأسفل. تحت
- là bas هناك. هنالك
- à bas ! ليسقط !
- mettre bas وضعت (تقال عن الحيوان)
- bas prix عن بخس
- au bas mot على الأقل. (بالميت)
- faire main basse sur qc نهب. سلب
- avoir la vue basse ضعيف النظر. متهب
- ici-bas في عالمنا هذا

bas, *m* جورب (جوارب نساء) ☆سفل. أسفل
- — bleu امرأة كاتبة نحريرة

basane, *f* تحور. جلد غنم مدبوغ

bascule, *f* قبان. رميزان طبلية ☆أرجوحة

base, *f* قاعدة ☆أسفل. قرار ☆أصل. أساس ☆سند. دعمة

baser, *v* أسس. بنى على
- se — اعتمد على. تأسس على. اركن الى

bas-fond, *m* مكان قليل الغور ☆ارض منخفضة ◦ (تطلق أيضاً على أماكن إجتماع السفلة)

basilic, *m* ريحان. حبق ☆عظاية اميركية

basoche, *f* رجال القضاء.

bas-relief, *m* نقش بارز. نقش ناتيء

basse, *f* صوت أو نغم واطي أو عميق جداً ☆صاحب هذا الصوت ☆ آلة موسيقية

basse cour, *f* مسرح أو حوش للدجاج. قن. حظيره الدواجن

bassement, *m* بدناءة. بخسة

bassesse, *f* دناءة. سفالة

basset, *m* كلب قصير القوائم

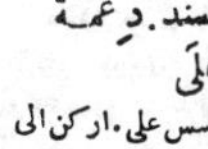

bassin, *m* حوض ☆طس أو طست ابزن (بتية) ◦ قصعة ◦ كفة ◦ البلاد التي يرويها نهر ◦ الدائرة العظمية عند خرزة الظهر
- — (d'un port) قسم من المرفأ لوقوف السفن. حوض

bassiner, *v* سخن الفراش ☆كمد. وضع كمادات ☆نضح. رش

bassinoire, *m* مدفئة للفراش. آلة كالمكوى لتسخين الفراش

bastonnade, *f* علقة. ضرب بالعصى

bas-ventre, *m* البطن السفلى. الخثلة

bât, *m* سرج الدواب

bataille, *f* معركة. قتال. موقعة
- champ de —, *m* ميدان الحرب أو المعركة

batailleur, se, *a et n* ميال للقتال. محرب ☆مقاتل. محارب

bataillon, *m* كتيبة (أورطة. طابور)

bâtard, e, *n et a* نغل. ابن زنا. غير شرعي ◦ مجنس. هجين. غير أصيل. كاذب ◦ نوع خط

bateau, *m* السفن على أنواعها
- — à vapeur سفينة بخارية. باخرة
- — lavoir مغسل عائم. مركب ثابت للغسيل
- monter un — غرر

batelier, ère, *n* نوتي. ملاح. مراكبي

bâti, *m* سراجة. شراجة (شلالة) ◦ خيط السراجة

bâtiment, *m* بناية. عمارة ☆سفن

bâtir, *v* بنى. عمر. شيد ☆ سرج الثوب

bâtisse, *f* بناء. عمارة ☆بناء بغدادلي

bâton, *m* عصا
- mettre des —s dans les roues عرقل. وضع عقبات
- — de vieillesse من يرعى أو يتكفل بكهل
- à —s rompus مراراً وتكراراً. جملة مرات

bâtonnet, *m* مسطرة مربعة ٭ قضيب صغير
bâtonnier, *m* نقيب المحامين
battage, *m* دِراسة. دَق الحنطة ٭ فشر
battant, *m* مِصراع (الباب) ٭ مِضرب (الجرس). احد شقى الباب (ضرفة)
battement, *m* ضَرْب. قَرْع
— du cœur دق أو خفقان القلب
— des mains تصفيق
batterie, *f* بَطارِيّة. مَدْفَعية ٭ شجار. عنيف
— éléctrique *V.* accumulateur بطارية كهربائية
— de cuisine أدوات الطبخ أي الحلل والأوعية
batteuse, *f* نَوْرَج. دراسة
battoir, *m* مِدَق. مِطْرقة ٭ يَدْضخمة
battre, *v3* ضَرَب ٭ قرَع. دَق ٭ نَبَض
— (vaincre) غلب. قهر. تغلب على
— la monnaie سك. دق أو ضرب العملة
— les cartes لخبط ورق اللعب
— en retraite انهزم. تقهقر. ولى هاربا
— le record ضرب الرقم القياسي
— le pavé الذهاب والجيء بدون غاية
— le blé دَرَس الحنطة
se —, *vpr* تضارب. تقاتل. اقتتل
battu, e, *a* مضروب ٭ مهزوم
routes *ou* sentiers —s طريق مطروق. مدروس بالاقدام
battue, *m* حَمْلة لمطاردة الصيد أو المجرم
baudet, *m* حِمار ٭ جحش ٭ جاهل
baume, *m* بلْسَم ٭ مَرهم ٭ ريحان ٭ عزاء
bavard, e, *n et a* ثرثار. كثير الكلام
bavardage, *m* ثَرْثرة ٭ مُسامرة
bavarder, *v* تحادث ٭ تسامر ٭ ثرثر. اكثر الكلام
bave, *f* لُعاب. رِيالة ٭ عبارة مقت وكره
baver, *v* رال. سال لعابه ٭ شتم أو آلم أدبياً
bavette, *f* إتب. مريلة. صدرية الطفل ٭ شريحة من لحم البقر ٭ حديث
baveux, se, *a* (ملخبط) سائل اللعاب ٭ مهذار
bavure, *f* نَدبة أو أثر متخلف عن القالب (الأم) على الشيء المسْبوك
bayer, *v* فغر فمه. تثاءب ٭ تلهف ٭ بهت
bazar, *m* سُوق. (بازار)
bazarder, *v* تخلص من شيء. باع كايتأتى ٭ ساوم
béant, e, *a* فاغِر الفم. شاغر ٭ متثائب
gouffre — حفرة أو هوة مفتوحة (فاغرة)
béat, e, *a et n* تقي ٭ متظاهر بالتقوى ٭ مكرس ٭ ساكن. هادىء
béatification, *f* تطويب. تكريس
béatitude, *f* غِبطة. سعادة. نعيم دائم
beau, (bel. *devant une voyelle*), belle, *a* جَميل. بهي. مَليح ٭ عظيم
bel homme رجل جميل bel effort مجهود حسن
le — monde الارستقراطية. الطبقة العليا
le — sexe الجنس اللطيف
il fait — الطقس جميل
j'ai — faire مهما عملت بدون جدوى. عبث
bel et bien تماماً. كلية
il l'a échappé belle نجا بأعجوبة
dans des beaux draps في مأزق حرج. في ورطة
de plus belle بازدياد. من كثير لأكثر
la belle الدور (البرتيتة) الفاصلة بين المقامرين
beau, *m* ماهو جميل
beaucoup, *ad* كثيراً. جداً ٭ بغزارة
de — بكثرة ٭ شتان
beau-fils, *m*, (*pl.* beaux fils) صِهر. زوج الابنة ٭ إبن الزوج أو الزوجة (من زواج سالف)
beau-frère, *m* سِلف. أخو الزوج او الزوجة ٭ صِهر. زوج الأخت. نسيب

beau-père, *m* حَمْو. ابو الزوج او الزوجة ¤ راب. زوج الأم
beauté, *f* جَمال. بَهاء. حُسْن
beaux-arts, *m. pl* الفنون الجميلة
beaux-parents, *m.pl* والد الزوج أو الزوجة
bébé, *m* طِفْل. رَضيع
bec, *m* مِنقار. بوز ¤ بلبلة ¤ مُقْبِض
bécane, *f* دراجة (بسكليت)
bécasse, *f*
bécasseau, *m*
bécassine, *f*
دَجاجة الأرض. حِمار الحجل ¤ الشُنقب (بكاسين) وهي طيور شهية اللحم
bec-d'ane *ou* bédane, *m* مُحفار.
مِنقار. مِنْحَت. ازميل
bec-de-cane, *m* قُبْضة الباب
bêche, *f* مِجرفة. فأس. معول
bêcher, *v* عَزَق. قلب الأرض
حَفَر ¤ إنتقد بعنف ¤ تكلم في حق شخص
béchique, *a et m* أدوية ضد السعال
bécot, *m* قُبلة ¤ تصغير قبلة
bécquée *ou* béquée, *f* إرضاع ¤ أكل ¤ ملء منقار الطير من الأكل لزقم فراخه
becqueter, *v* أكل ¤ نقر ¤ تعانق
bedaine, *f*, bedon, *m* كَرِش. بطن ضخمة
bedeau, *m* قوّاس الكَنيسة

Bédouin,e, *n* بدوي (ج. بدو)
beffroi, *m* قبة جرس الكنيسة. برج فيه جرس
bégaiement *ou* bégayement, *m* تأتأة. رُتّة. تمتمة. لَكَن
bégayer, *v* تهته. لكِن. تلجلج. رتّ
bègue *ou* bégayeur, se, *n et a* تهتاه. ألكن
béguin, *m* وَلَع. كلف ¤ طاقية أطفال
beige, *a* أسمر ¤ لون الصوف الطبيعي
beignet, *m* لقمة القاضي. زلابية. عجين مقلي
bêlement, *m* صوت الغنم. ثغاء. تواج
belette, *f* ابن عرس. عرسة
belge, *n et a* بلجيكي. من بلجيكا
bellâtre, *n et a* جميل ولكن بدون جاذب ¤ معتقد بنفسه الجمال
belle-de-nuit, *f* شب الليل (نبات)
belle-fille, *f* ابنة الزوج أو الزوجة ¤ كنة. زوجة الابن
belles-lettres, *f.pl* الأدب. العلوم الأدبية
belle-mère, *f* حماة ¤ زوجة الأب الثانية
belle-sœur, *f* أخت الزوج أو الزوجة ¤ زَوجة الأخ ¤ كنة ¤ امرأة السلف
belligérant, e, *a* et *n* مُحارب
belliqueux, se مُحب الحرب ¤ شرس
bénédiction, *f* بركة ¤ مباركة. خير. نعمة
donner la — مباركة. منح البركة

bénéfice, *m* ربح☆نفع. ثمرة

— net صافي الربح أو الربح الصافي

sous — d'inventaire تحت التحري والبحث

bénéficiaire, *n e t a* مستفيد ☆ المنتفع من وقف

bénéficier, *v* إنتفع. إستفاد من☆افاد

benêt, *a et m* أهبل. أبله. غبي

bénévole, *a* مائل إلى الرضى☆غير مكره

bénin, gne, *a* حليم. رؤوف☆غير خطير

mal — مرض غير مخطر. مرض بسيط

bénir, *v* بارك. كرس. قدس

benjamin, *m* أصغر الأولاد☆العزيز المدلل

benjoin, *m* بخور جاوى. لبان جاوه

béquille, *f* عكاز

bercail, *m* (*n'a pas de pluriel*)
حظيرة. زرب☆ العائلة. البيئة

berceau, *m* مهد

bercelonnette, *f* مهد هزاز ☆ ارجوحه ☆ سرير

bercement, *m* مرجحة. ترجح

bercer, *v* هدهد. هز برفق☆علل ☆ هيم

berceuse, *f* كرسي أو مهد هزاز☆غناء لتنويم الأطفال. تهويد

béret, *m* غطاء للرأس (كالطاقية)

balai, *m* جرف ترعة. ضفة نهر

berger, ère, *n* راع

—, *f* مقعد (كرسي) ظهره مبطن بوسادة

bergerie, *f* حظيرة الغنم. زريبة

berlue, *f* غشاوة على البصر

berne, *f* إستهزاء☆لعبة التنطيط على ملائة

pavillon en — عاصمة سويسرا راية منكوسة

besace, *f* جراب. مزود. خرج

besogne, *f* عمل. شغل

abattre de la — أنجز شغلاً كثيراً

aller vite en — إرتمى على الشغل حالاً

besogner, *v* إشتغل. قام بعمل

besogneux, se, *a et n* في فاقة. معتاز

besoin, *m* عوز. فقر☆حاجة

avoir — de في حاجة الى. يلزمه كذا

dans le — في شدة الحاجة

au — إذا لزم الحال

—s, *pl.* مقتضيات الحياة

bestial, e (aux), *a* بهيمي. حيواني

bestialement, *ad* بكيفية بهيمية. بوحشية

bestialité, *f* بهيمية. وحشية. حيوانية

bestiaux, *m.pl* قطيع. ماشية

bestiole, *f* حيوان صغير

bétail, *m* (*pl. bestiaux*) مواش. بهائم. سوام

gros — الخيل والبغال والحمير والبقر والخراف. دابة

bête, *f* دابة. حيوان☆ أحمق. غبي

— de somme الحيوانات التي تحمل الأثقال

— noire الشخص المكروه جداً. عدو لدود

— féroce وحش كاسر

bêtement, *ad* بحماقة. بغباوة

bêtise, *f* غباوة. خرقة. حماقة

béton, *m* خرسانة (بيتون) خليط من رمل وجير وزلط وماء

— armé أسمنت مدكوك على هيكل معدني

betterave, *f* بنجر

beuglement, *m* خوار. جئير. (نعير)
beugler, *v* خار. عجّ
beurre, *m* زبْد (سمن. مَسْلي)
— noir زبدة تذاب فى النار حتى تسود
bévue, *f* خطأ. غلطة
Beyrouth, *m* بيروت عاصمة لبنان
bi *ou* **bis**, préf. صلة تعيين معناها مرتان أومزدوج. تكرار أو إعادة
biais, *m* إنحراف. وَرْب
bibelot, *m* آنية زخرفة. حلية. دمى
biberon, *m* رَضّاعة ✡ سكير
bible, *f* تَوْراة. الكتاب المقدس
bibliographe, *m* مُتَضَلّع فى معرفة الكتب والمطبوعات والمخطوطات
bibliophile, *n* مولع بالكتب
bibliothèque, *f* خِزانة الكتب ✡دار الكتب ✡مجموعة كتب
— tournante دولاب الكتب
biblique, *a* خاص بالتوراة
bicéphale, *a et n* ذو رأسين
biceps, *m* العضلة ذات الرأسين عند الكتف
avoir du — قوي
biche, *f* انثى الأيل ✡إمرأة لعوب ✡عاهرة
bicolore, *a* ذو لونين مزدوج اللون
bicoque, *f* بلدة صغيرة ✡بيت حقير (عشة). كوخ ✡ مكان غير محصن
bidet, *m* وعاء مستطيل له كرسي تستعمله النساء للغسل. حوض الاستنجاء
bidon, *m* صفيحة ✡ بَطن

bielle, *f* قطعة من الآلة توصّل الحركة
bien, *m* مَنْفَعة ✡ممتلكات. ثروة ✡خير. صلاح
—s libres (*pl*) أملاك حرة
—s immeubles عقارات
—s meubles منقولات
faire du — يعمل الخير. ينفع. يفيد
périr corps et biens باد بالكلية
bien, *ad* جيداً. حسن. مليح ✡ كثيراً
il se porte — فى صحة جيدة
— des fois جملة مرات. كثيراً
très — جيداً (عال)
— que مع أن. وان ولو أن
si — que بحيث
il y a — deux ans منذ سنتين تقريباً
— vu حائز على الرضا. ينظر اليه بعطف
bien-aimé, e, *a et n* المحبوب
bienfaisance, *f* إحسان. عمل الخير
bien-être, *m* رَاحة. رفاهية. غبطة
bienfaisant, e, *a* مُفيد. نافع (أو ناجع) ✡كريم. مُحسن. جوّاد
bienfait, *m* مَبرة. معروف. جميل ✡نفع
bienfaiteur, *m*, rice, *f* محسن. فاعل الخير
bien-fonds, *m* عَقار. مِلك
bienheureux, se, *a et n* سعيد ✡طوباوي
bienséance, *f* لياقة. أدب. لباقة
bienséant, e, *a* ما يليق عمله أو قوله
bientôt, *ad* عن قريب. قريباً
à — سنتقابل قريباً. الى الملتقى
bienveillance, *f* عطف. رِفق
bienveillant, e, *a* عطوف
bienvenu, e, *a et n* على الرحب والسعة
souhaiter la bienvenue يهنئ بسلامة الوصول

bière, *f* بيرة. جِعَة ☆ تابوت. ناووس
— **frappée** بيرة مثلجة شديدة البرودة
biffer, *v* شَطَبَ. مَحَى. ضَرَبَ عَلَى
bifurcation, *f* مفرق
bigame, *a et n* ضِرّ. ضُفْر
bigamie, *f* إضرار أو مضارة. التزوج بامرأتين
bigarré, e, *a* بألوان أو أشكال غير متجانسة. مُبَرْقَش
bigle, *n et a* أَحْوَل ☆ حَوَل
bigot, e, *a et n* رَفضي. مُترفض. متطرف
—, *m* مرفشة. مجرفه بشعبتين (فى الزراعه)
bigoudi, *m* قِطع معدنية لتجعيد الشعر
bihebdomadaire, *a* يظهر مرتين في الاسبوع. نصف اسبوعي
bijou, *m* جَوْهَرَة. حِلية
bijouterie, *f* مجوهرات ☆ محل بيع الجوهرات أو صياغتها
bijoutier, ère, *n* صائغ. جوهرجي او جَوْهَري
bilan, *m* ميزانية
bile, *f* صَفراء ☆ داء الصفراء ☆ نكد
se faire de — كَدَر. هم ‖ تكدر. تنكد. كرب
bilieux, se, *n et a* صَفراوي ☆ سوداوي
billiard, *m* بِلياردو
bille, *f* كُرَة ☆ (بِلية) ☆ قطعة خشب خام

billet, *m* بطاقة. رُقعة ☆ سند بالدفع
— **doux** خطاب حب. رقعه غراميه
billion, *m* ألف مليون. مليار (بِلْيون)
billon, *m* الخردة. العملة المسكوكة من النحاس أو البرونز
billot, *m* وَضَم (خشبة الجزار التى يقطع عليها اللحم) ☆ نطع
bimbelot, *m* ألعوبه
bimbeloterie, *f* تجارة اللعب
bimensuel, le, *a* نصف شهري
binette, *f* فاس للعزيق. مِعزقة لفلاحة البساتين ☆ (سحنة)
binocle, *m* عوينات. نظّارة
biographe, *m* كاتب حياة مشاهير الرجال
biographie, *f* سيرة او تاريخ حياة
biologie, *f* عِلْم الأحياء (أي درس مظاهر الحياة فى الحيوان والنبات)
biologique, *a* احيائي (مَنسوب إلى علم الأحياء)
biplan, *m* طيارة ذات سطحين
bis, e, *a* أسمر
bis مَرّة ثانية. مرتين
—, *m* إعادة. تكرار [كمان] عندما يطلب المشاهدون التكرار
bisaïeul, e, *n* أبو أو أم الجد أو الجدة
biscornu, e, *a* ذو قرنين ☆ غريب شاذ
biscuit, *m* كعك خفيف ناشف. بقسماط

bise, *f* رِيح شَمالي. رِيح بارد. صفصاف ٥ قبلة

biseauté, e, *a* مَشطوف ٥ كارت عليه علامات للغش

biseauter, *v* شَطَفَ ٥ غَش في اللعب

bison, *m* بَقَر وَحْشي أمريكي. السُن

bisquer, *v* إغتاظ

faire — أغاظ

bissection, *f* شَطْر. تَنصيف

bissextil, e, *a* كبيس

année —e سنة كبيس (أي ٣٦٦ يوماً)

bistouri, *m* مِشْرَط

bistre, *n et a* صُدأ ٥ لَوْن بُني قاتم

[bistrot], *m* صاحب الخمارة

bitume, *m* حُمَر. قَفر. قِير. زفت معدني

bizarre, *a et m* غريب الأطوار. غير عادي أو مألوف. شاذ

bizarrerie, *f* غَرابة الأطوار. خَبل (هوس)

blafard, e, *a* (مصفر) كلب أغبر. باهت

blague, *f* كَذب. فشر (هجص) ٥ كيس الدخان ٥ أكذوبة للمزاح

blaguer, *v* مزح

blaireau, *m* فرشاة للحلاقة أو التذهيب ٥ عناق الأرض (حيوان)

blâmable, *a* ملوم. مستحق اللوم

blâme, *m* تأنيب. تبكيت. ذم. توبيخ

blâmer, *v* أنّب. عَنّف. لام

blanc, he, *a* أبيض ٥ غير متسخ

—, *m* اللون الأبيض

bonnet — et — bonnet متماثل. متطابق

de but en— فجأة

— d'Espagne طباشير

— d'œuf زلال البيض

— de poulet (سفينة). بياض الفراخ

— comme neige بريء. لاغبار عليه

magasin de — دكان البياضات

blanc-bec, *m* (*pl.* blancs-becs) غِرّ أو غرير

blanchâtre, *a* مائل إلى البياض

blancheur, *f* بَياض

blanchir, *v* بيّض ٥ ابيض ٥ قصر الأقمشة ٥ أزال عنه التهمة ٥ أرفض مرض الزهري

blanchissage, *m* غَسْل أو تنظيف. غسيل ومكوى ٥ تكرير السكر ٥ قصارة الأقمشة

blanchisseur, se, *n* غَسّال ومكوجي

blanc-manger, *m* كريمة كالبلوظة

blanc-seing, *m* التوقيع على بياض

blasé, e, *a* سَؤوم. ملول

blaser, *v* ملّ. سَئِم وأسأم. اضجر

blason, *m* شِعار النسب

blasphème, *m* تجديف

blasphémer, *v* جَدّف

blatte, *f* صرصر. صُرْصار

blé, *m* قَمح. حِنْطة

blêmir, *v* شحب. اصفر لونه

bléser, *v* لثغ

blessant, e, *a* جارح

blessé, e, *a et n* مجروح. جريح

blesser, *v* جَرَح. آذى. ضر

se —, *vp* إنجرح

blessure, *f* جُرْح. قَرح. كَلْم

blête ou blette, *f* سَاق
bleu, e, *a et m* أزرق٭غَشيم
peur —e فزع.رعب.خوف شديد
— ciel سماوي.ازرق فاتح.لبني
bleuâtre, *a* (مزرق)مائل الى الزرقة
blindage, *m* تصفيح.تدريع
blinder, *v* صَفَّح. دَرَّع
bloc, *m* كُتْلة
en — بالجملة.دفعة واحدة
blocage, *m* دَبْش.حَجَر نقادة
٭حرف مقلوب(فى الطباعه)
bloc-notes, *m* (*pl*. blocs-notes)
إضمامة(بلوكنوت)
blocus, *m* حصار.محاصرة
blond, e, *a et n* أشْقر.أصْهب
—, *m* شُقْرة
bloquer [بلوكِ ⓐ] حصر.حاصر٭قفل
blottir, (se), *v* تكبكب٭جثم
blouse, *f* دُرّاعة.قميص٭فُوطَة بأكمام
bluff, *m* إيهام.خُدْعة.ختل (بلف)
bluffeur, se, *a et n* خادع
.مخاتل(بلفجى) 
boa, *m* بُوَاء.ثعبان كبير
bobine, *f* بَكرة٭مكب
[بوبين] غزل.رأس
bocal, *m* (*pl*. bocaux)
(برطمان) إناء زجاجى واسع الفوهة 
bocard, *m* آلة لسحق المعادن
bock, *m* (شوب)قدح بيرة
[bocson ou boxon] ماخور

bœuf, *m* [بِقْف] ثَوْر. بَقَر
prendre un — غضب.ثار ثائره
bohème, *m* من يعيش ليومه.بوهيمي
—, *f* طائفه النور (الغجر)
bohémien, ne, *n* بوهيمي.(غجري)
boire, *v* شرب // نوري
—, *m* شُرْب.مَشْرَب
bois, *m* [بْوا] خشب٭غابة.حُرش
— dur مجرم.معتاد الاجرام.مجرم بالفطرة
boisage, *m* أشغال الخشب أو النجارة
٭زراعة الأشجار [بوازاج]
boisé, e, *a* [بْوازِ] مشجر٭مغشى بالخشب
boiser, *v* غرس الأشجار٭كسّى بالخشب
٭تغطية جدران الغرف بالخشب [بْوازِ]
boiserie, *f* شغل الخشب.نجارة
boisson, *f* [بواسُن] شراب أو مَشْروب
boîte, *f* [بْوات] صُنْدوق.عُلْبة
— aux lettres صندوق البريد.صندوق
— de nuit الخطابات // حانة أو ملهى ليلي
boiter, *v* [بْواتِ ⓐ] عَرِج
boiteux, se, *a et n* أعْرَج 
bol, *m* [بُل] زُبْدِيَة.سلطانية صغيرة
bolchevick, *m* شيوعي.بولشفي
bolchevisme, *m* شيوعية.
الاشتراكية المتطرفة.بلشفية
boléro, *m* رَقصة اسبانية
٭لباس أو قبعة للسيدات
bolide, *m* شهاب. نَيْزَك
bombance, *f* قصف.لهو ولعب.تعييد

bombardement, *m* إطلاق القنابل . ضرب بالمدافع
— aerien إلقاء القنابل من الطيارات
bombarder, *v* ألق القنابل على . ضرب بالمدافع
bombe, *f* قنبلة (بُمبة) ٭ بَسْط فرقشة
faire la — مرح . (تهييص)
bombé, e, *a* مُنتفخ . بارز . (مقبقب) ٭ أحدب
bon, ne, *a* جيد . حسن
— sens بديهة
— ne foi حسن النية . استقامة
a quoi — ما الفائدة أو المنفعة! . لماذا!
il fait — الطقس صحو . الطقس جميل
les — s comptes font les — s amis الدقة في الحساب تحفظ الأصحاب
bon ! حسناً //
de — ne heure ! مبكر (بدرى)
à la — ne heure! الحمدلله ! حال! . أخيراً!
tenir — ثبت . قاوم
de — cœur من كل قلبي أو جوانحي
sentir — طيب الرائحة
— à rien لا يصلح لشيء
faire — ne chair عاش بدون تقتير
bon, *m* صك ٭ إيصال ٭ إذن ٭ خير . صَلاح
— de livraison أمر تسليم . إذن تسليم
— à tirer يطبع . أمر بالطبع
— de faveur تذكرة مجانية أو بثمن مخفض
bonasse, *m* ساذج
bonbon, *m* حُلوى (باستيلية وماشابه)
bonbonnière, *f* وعاء مُزخرف للحلوى
bond, *m* قفزة . وَثبة . طَفرة
faire un — قفز
bondé, e, *a* ملآن . مزدحم
bondir, *v* وثب . قفز . نط . طَفَر
bonheur, *m* سَعادة ٭ سَعْد . حَظ
par — من حسن الحظ
porter — جلب الحظ
bonhomie, *f* بَساطة . سَذاجة
bonhomme, *m* (*pl.* bons hommes) بسيط . سذج . (على نياته) ٭ رضى الأخلاق
boni, *m* ربح . ما فاض عن المصروف المقدر
bonification, *f* إصلاح ٭ خصم . تخفيض
boniment, *m* كلام معسول . كلام منمق
bonjour, *m* نهارك سعيد . أسعدت صباحاً
bonne, *f* خادمة
— à tout faire خادمة المنزل . خادمة عمومية
— pâte طيب . أبيض السريرة
bonnet, *m* طاقية
bonneterie, *f* محل بيع الجوارب وحاجات الخياطة وماشابه ٭ خردوات
bonnetier, ère, *n* بائع الخردوات
bonsoir, *m* ليلة سعيدة
bonté, *f* طِيبة . حلم
— divine ! يا أرحم الراحمين
bookmaker من يقبل مراهنات على السبق
bord, *m* طَرَف . حافة . جرف . شفا
— (rivage) شاطئ . شط . ضفة
bordée, *f* طلقات جملة مدافع معاً ٭ مدافع جانب السفينة
[bordel], *m* ماخور (كرخانة) . بيت للبغاء
border, *v* احاط ٭ عمل حافة (كنار) ٭ حَدّ ٭ اقترب من الشاطئ
bordereau, *m* حافظة . قائمة . كشف . مَلَفّ
bordure, *m* حافة . حَرْف (كنار)
boréal, e (aux), *a* شمالي . شفقي
borgne, *a et n* أعْوَر (ج . عور)

bornage, *m* تعيين الحدود. وضع الحدود
borne, *f* علامة الحد
borné, e ضَيّق. محْدُود
•ضيق النظر. (صغير العقل)
borner, *v* حَدّ د. حصر•حدّ. تخم
bosquet, *m* غَيْضَة
bosse, *f* حدبة. أتب•سنم • ورم. نتؤ
elle a la- de la grandeur عندها نفخة العظمة
bossu, e, *a et n* احدب (مؤتب)
bot, e (أو اليد) قصير الرجل. مشوه القدم
botanique, *f* عِلم النبات
—, *a* نَباتي
botaniste, *n* عالم بالنبات
botte, *f* حُزمَة. رَبطة• جزمة طويلة
botter le derrière de qn. رفس. دفع شخص بحذائه
[botter], *v* وافق. طابق المرام•اتفق
bottier, *m* جزماتي. صانع الأحذية
bottin, *m* دَليل (كتاب)
bottine, *f* حِذاء نصفي. جزمه مكشوفة للنساء
bouc, *m* تَيس
— émissaire• شخص يحمل خطايا أو أغلاط غيره
boucan, *m* جَلَبة. ضَوضاء. ضَجّة
boucanage, *m* تَدخين الأسماك واللحوم
bouchage, *m* سَدّ
bouche, *f* فم•فوهة•خور
bouchée, *f* لُقمة
boucher, *v* سَدّ

boucher, ère, *n* جَزّار. قصّاب
boucherie, *f* محل بيع اللحم•مجزرة. مذبحة [بُوشِري]
bouchon, *m* سِدادة. صمامة
— de liège فلينة الزجاجه
boucle, *f* قُرط•ازيم. (بكلة)
— de cheveux خصلة شعر
boucler, *v* شَبّك. (بكّل) •قبض أو قفل على
— une affaire أنهى أو عقد بيعة أو شغلة
bouclier, *m* تُرس. مِجَن. درع
Boudha, *m* بُوذا. مؤسس البوذية
bouder, *m* حَرَد. بَوّز•قاطع
boudeu r, se, *a et n* حارد. عابس
boudin, *m* مصران محشو دم ودهن
boudoir, *m* مَخدَع. خَلوة
boue, *f* وَحل. طِين
bouée, *f* ← شمندورة لإرشاد السفن
boueux, se, *a* وَحِل. متوحل
bouffée, *f* فَوحَة. هَبّة. نفحة
bouffer, *v* أكل بنهم. إلتهم
bouffi, e, *a* منتفخ•(منفوخ). متعاظم
bouffon, ne, *a* هَزلي. (مسخرة).
—, *m* (مسخرة) ماجِن// مهرّج. مضحك
bouge, *m* مَسكن قذر•حجرة صغيرة
bougeoir, *m* شمعدان
bouger, *v* تحرّك
bougie, *f* شمعة•مجس. مسطرة (في الطب) •وحدة قوة النور

bouillabaisse, *f* سمك مسلوق بالبهار والثوم
bouillant, e, *a* غال . فائر
bouilleur, *m* مُقطر العرق أو الكونياك ٭ مرجل . غلاية (قزان)
bouilli, *m* لحم بقرى مسلوق
bouillie, *f* خبز منقوع بلبن أو بماء (لبة) ٭ لب . لباب . رب الورق
bouillir, *v* غلى ٭ سلق . إنسلق ٭ أرغى وأزبد
bouilloire, *f* غلاية (تنكة) . (بكرج)
bouillon, *m* مرق . حساء . مسلوقه ٭ مسمط ٭ فقاعه ٭ فوره ٭ الكتب أو الجرائد الغير مباعه
— en tablette حساء متجمد يذاب فى الماء
— gras مرقة اللحم
prendre le — تحمل خسارة ٭ جرع ماء البحر (أثناء الإستحمام)
bouillonnement, *m* فوران . غلى . غليان . جيشان
bouillonner, *v* غلى . فار
bouillotte, *f* → دفاءة . مدفأة (كيس أو إناء معدنى داخله ماء غال للتدفئة)
boulanger, ère, *n* فران . خباز . بائع الخبز ٭ عفريت
boulangerie, *f* مخبز . فرن ٭ مكان بيع الخبز
boule, *f* كرة . جسم مستدير ٭ ورقة إقتراع
perdre la — اضاع رشده . اختلط
—s, *f.p l.* لعبة بكرة ثقيلة تقذف باليد على هدف
boulet, *m* كلة المدفع . كرة حديد
boulette, *f* كفتة ٭ كرة صغيرة ٭ غلطة
boulevard, *m* شارع متسع به أشجار
bouleversement, *m* إنقلاب

bouleverser, *v* قلب
boulon, *m* مسمار (قلاووظ) كبير بصمولة
boulot, *m* شغل . عمل
[boulotter], *v* أكل
bouquet, *m* باقة زهر . (صحبة) ٭ حزمة ٭ خاتمة
c'est le — أحسن الموجود ٭ أحسن شىء ٭ الادهى // نكهة
— (du vin)
bouquin, *m* كتاب ٭ كتاب قديم أو مستعمل
bouquiniste, *n* بائع كتب عتيقة
bourbe, *f* وحل . طين
bourde, *f* كذبة . خدعة
bourdon, *m* ناقوس . جرس كبير ٭ يعسوب ٭ نط (فى الطباعة)
bourdonnement, *m* طنين ٭ أزيز
bourdonner, *v* دندن . طنطن (زن)
bourg, *m* قصبة . بندر . مركز
bourgade, *f* بندر صغير ٭ كفر . ضيعة
bourgeois, e, *n* شخص متيسر (ساكن المدن)
bourgeoisie, *f* الطبقة الوسطى
(زر . كم)
bourgeon, *m* برعم الزهرة أو الغصن
bourgeonner, *v* زرر . افرخ . برعم
bourgogne, *m* (vin) نبيذ أحمر ممتاز
bourrade, *f* رد أو قول قاس وجارح وجيز
bourrasque, *f* زوبعة . عاصفة قوية وسريعة الزوال (فسية عفريت) ٭ [كبسه]

bourre, *f* سقاطة الصوف ٭ مشقة حرير (بوبتى) ٭ ليف النخل ٭ حشوة ٭ فضلة.

bourreau, *m* جلاّد
— des cœurs فاتن. سالب اللب. محطم القلوب
— d'argent مسرف

bourrée, *f* رقصة ريفية. دركلة

bourrer, *v* حشى. بطّن ٭ أكل بكثرة
— de coups أوسع ضرباً
se —, *vp* أكل بجشع. طفح. إمتلأ

bourrique, *f* حمارة. اتان

bourriquet, *m* مهر ٭ جحش ٭ عربة يد ٭ ملوى

bourru, e, *n et a* غليظ. فظ ٭ غير كامل التخمير

bourse, *f* كيس ٭ صفن ٭ البورصة ٭ نفقات التلميذ التى تدفعها الحكومة أو من هبة
— des Valeurs سوق الأوراق المالية
sans — délier بدون دفع شيء
faire — commune الاشتراك في الصرف

boursier, ère, *m* مضارب أو مشتغل في البورصة ٭ تلميذ يتعلم على نفقة الحكومه أو من هبه

boursiller, *v* إشترك في الصرف مع آخرين

boursouflé, e منتفخ ٭ مدّع. متظاهر

bousculade, *m* تزاحم. تدافع بشدة

bousculer, *v* دفع بقوة. قلب ٭ (شقلب)

bouse, *f* جلة. براز البقر. روس

bousillage, *m* بناء بالطين والقش أو باللبن بدون دقة

boussole, *f* بوصلة.
إبرة مغناطيسية
perdre la — أضاع رشده
تخبط على غير هدى.

bout, *m* طرف. نهاية ٭ عقب ٭ قطع صغيرة ٭ حلمة
à — portant لامس السلاح الهدف ٭ عن كثب
il est à — أعيته الحيل
venir à — de تغلب على

boutade, *f* نزوة (هفة)

boute-en-train, *m* ماجن. فكه. جلول يبث المرح والبسط في الاجتماعات

bouteille, *f* زجاجة. قنينة (قزازة)
aimer la — أحب الخمرة

boutique, *f* دكان. حانوت

boutiquier, ère, *m* صاحب الدكان

bouton, *m* زر ٭ (كم) ٭ برعوم ٭ دملة. بثرة ٭ (أكرة)

boutonner, *v* برعم. زرّ ٭ زرر. أدخل الزر في العروة

boutonnière, *f* عروة (ج. عرا)

bouts-rimés, *m. pl* سجع. جناس

bouture, *f* قسيلة. عقلة. شتلة (في الزراعة)

bovine, *a. f* جنس البقر. مختص بالبقر

boxe, *f* ملاكمة ٭ مربط الحصان

boxer, *v* لاكم

boxeur, se, *n* ملاكم

boyau, *m* معى. مصران ٭ وتر

boycottage, *m* مقاطعة

boycotter, *v* قاطع. اضرب عن

boy-scout, *m* كشاف. جوال. رواد. (عن الانكليزية)

bracelet, *m* سوار. دملج

braconnage, *m* الصيد في أرض الغير بدون إذن. مخالفة قوانين الصيد

braconnier, ère, *n* سارِق الصيد. صائد في أرْض غَيره

brai, *m* قلفونية. قطران

braillard, e, *n et a* كثير الصراخ. عجّاج

brailler, *v* صَرخ. زعق. عج. صاح (جعر)

braiment, *m* نهيق

braire, *v3* نهق

braise, *f* جَمرة. قبسة. جُذوة. بَصوة

braiser, *v* طَبخ علَى نار هادئة وفي اناء مقفل. (دمّس)

braisière *f* كانون. مجمرة. موقد

bran, *m* نشارة. نخالة ✡ براز

brancard, *m* نقالة يد للموتى أو الجرحى ✡ مَحفّة

branche, *f* غُصْن. فَرْع. شعْبة

branchement, *m* الماسورة الفرعية المرتبطة بالماسورة الرئيسية

brancher, *v* عَلّق أو ربط بفرع ✡ إستقر أو جثم على الغصن ✡ ربط أو وصل بـ

branchies, *f. pl* خَياشيم السمك (نغشوش)

brandir, *v* لوّح بالشيء رفعه وحركه قبل أن يضرب به

brandon, *m* شُعْلة ✡ مِشْعَل

branle-bas, *m* إستعداد السفن للقتال

branlement, *m* إرتجاج. هز ✡ تداعي

branler, *v* إهتز وهزّ

braquement, *m* تَصْويب

braquer, *v* وَجّه. صَوّب

bras, *m* ذِراع

à — raccourcis بكل قوة. بغاية العزم

à — le corps بمنتصف الجسم

— dessus — dessous متأبطين

avoir le — long ذو نفوذ وسلطة. طويل الباع

braser, *v* لحام معدنين باضافة معدن ثالث مائع

brasero, *m* منقل. دفّاءة ✡ (وجاق)

brasier, *m* أتون. نار فحم وهاج

brassard, *m* شريط من قماش يُرْبط علَى الذراع كعلامة أو للحداد. زند

brasse, *f* قياس بحري يعادل متر و ٦٢ سنتي ✡ باع ✡ شجة. طريقة سباحة

brasserie, *f* معمل الجعة أو محل شربها. (بيرة)

brasseur, se, *n* صانع الجعة أو بائعها بالجملة

— d'affaires من يدير أشغال كثيرة

brassière, *f* قماط يُشَدّ به الصغير

bravache, *m et a* متظاهر بالشجاعة

bravade, *f* تحدي ✡ تهديد بازدراء. تبجح ✡ شجاعة ظاهرية

brave, *m et a* شجاع. باسل

— homme رجل طيب. رجل صالح سليم الطوية

homme — رجل شجاع. مقدام. جريء

bravement, *m* بشجاعة.بشهامة
braver, *v* لم يبال بـ ٭ اجترأ على. ازدرى. تحدى
bravo, *m et int.* عافاك. لله درك . أحسنت امرحى ٭ قاتل مؤجر
bravoure, *f* شجاعة. بسالة
brebis, *f* نعجة. شاة
qui se fait — le loup le mange من لم يستذئب (أو من استنعج) أكلته الذئاب
brèche, *f* ثلمة. ثغرة. شق ٭ حز
brèche-dent, *n* أثرم. أهتم. فاقد الأسنان الأمامية
bredouille, *f* غلب صيامي ٭ خيبة
revenir — رجع بخفي حنين
bredouiller, *v* مغمغ. تهته
bref, ève, *a* موجز
—, *adv* بالاختصار
—, *m* منشور باباوي
brème, *f* ابرميس (شيلبة) سمك نهري
Brésil, *m* البرازيل أعظم جمهوريات أمريكا الجنوبية ٭ خشب أحمر للصباغة
bretelle, *f* حمالة بنطلون. حمالة
breton, ne, *n et a* ينتمي إلى مقاطعة بريتانيا في فرنسا
breuvage, *m* شراب. مشروب
brevet, *m* براءة. رخصة. إذن ٭ اختراع مسجل ٭ رتبة شرف عسكرية
breveté, e مسجل. مأخوذ به براءة امتياز
breveter, *v* سجل الاختراع
bréviaire, *m* كتاب الفروض ٭ الفرض : الصلاة المفروضة (في الكهنوت)
bribe, *f* كسرة خبز كبيرة
—, *f. pl.* فتات. كسور صغيرة ٭ جزء صغير من أي شيء
bric-à-brac, *m* أشياء مختلفة ٭ طرف. كشكول. نثريات. من كل صنف
bricole, *f* شغل تافه قليل الربح ٭ صدرية الحصان
bricoler, *v* اشتغل بأشياء منوعة تافهة
bride, *f* لجام. (صرع). عنان ٭ وصلة حديد
lâcher la — ترك الحبل على غاربه
brider, *v* لجم. ألجم ٭ كبح. (شكم) ٭ كتف (الدجاجة)
bridge, *m* لعبة ورق ٭ كوبري. بريدج (في طب الأسنان)
bridon, *m* شكيمة. قنطرمة
brièvement, *ad* بإيجاز ٭ بالاختصار
brièveté, *f* قصر. اختصار. إيجاز
brigade, *f* فرقة. لواء (بلوك) ٭ جماعة . شلة عمال تحت رئيس
brigadier, *m* اونباشي سواري ٭ جاويش (في البوليس)
brigand, *m* قاطع طريق. لص
brigandage, *m* قطع الطرق. لصوصية
briguer, *v* جد. سعى في طلب شيء
brillamment, *ad* ببهاء ٭ بتفوق
brillant, e, *a* لامع. متلألىء. متألق
—, *m* لمعان. رونق ٭ الماس (برلنتي)
briller, *v* لمع. تلألأ. برق

brimade, *f* تجربة التلامذة زملائهم الجدد
brin, *m* قشة ٭ قليل من
brindille, *f* عُسلوج (لبلوب). غصن صغير
brio, *m* حماسة. حمية
brioche, *f* فطيرة حلوى. قرص
brique, *f* قالب طوب. طوبة. قرميدة ٭ لون الطوب الأحمر
briquet, *m* → ولاعة سجاير. قداحة. زند
briqueterie, *f* مصنع طوب. معمل قرميد
bris, *m* كسرة. قطعة مكسورة ٭ كسر
brise, *f* نسمة
brisé, e, *a* مكسور. محطم. مهشم
brise-bise, *m* ستارة على الجزء الأسفل من النافذة
brise-glace, *m* سفينة لتحطيم الثلوج
brise-jet, *m* كمامة الحنفيات لخفض اندفاع المياه
brise-lames, *m* رصيف خارجي لكسر قوة الأمواج
brisement, *m* تحطيم. تكسير ٭ كسر
briser, *v* كسر. حطم ٭ فض ٭ أتعب
se — تحطم. إنكسر. إنفض. تهشم
bristol, *m* ورق مقوى فاخر للطباعة
britannique, *a et n* بريطاني
broc, *m* ابريق. دلاء. جرة ٭ سفود
brocantage, *m* تجارة في أشياء متنوعة. (كانتو)
brocante, *f* تجارة (السكانتو) ٭ خاتم
brocanteur, se, *m* تاجر أشياء متنوعة في الغالب مستعملة (بيع وشراء ومبادلة)

brocard, *m* تهكم. عبارات لاذعة ٭ مصنع لسحن المعادن الخام ٭ مثل عامي
brochage, *m* تغليف بسيط (تغليف الدفاتر مثلا)
broche, *f* سيخ. سفود ٭ حلية نساء. مشبك ٭ إبرة لطريز
à la — *ou* brochée مشوى بالسيخ (كالكباب)
brocher, *v* خاط أو شبك بالسلك أوراق كتاب وغلفها بورق ٭ أنجز بسرعة. رمق (كلفت)
brochet, *f* سمك الكراكي. القشر
brochure, *f* ربط الأوراق أو خياطتها معا ٭ كتيب صغير. كراسة. نبذة
broder, *v* طرز. فوف. وشى. رقم ٭ فخم. غالى ٭ [كتب]
broderie, *f* تطريز. زركشة. تفويف. شغل الإبرة (برودري) ٭ تفخيم. مبالغة

brodeur, se, *n et a* مطرز. موشي. دابج
broiement, *m* سحق. دق. سحن
bronche, *f* مجرى أو شعبة قصبة الرئة
broncher, *v* عثر. كبا ٭ تحرك
bronchite, *f* نزلة شعبية. إلتهاب الشعب
bronze, *m* (برونز). قلز. مرشب. شبهان. مزيج من نحاس وقصدير وتوتيا
bronzé, e, *a* بلون البرنز أو النحاس الأصفر ٭ محمر بحرارة الشمس. مسقور. ملفوح
brosse, *f* فرشاة
— à dents فرشاة أسنان
— à habits فرشاة ثياب

brosser, *v* نفض الغبار بالفرشاة ٭ تغلب على

brouette, *f* عربة يد بعجلة واحدة

brouhoha, *m* جلبة. ضجيج. هرج ومرج

brouillard, *m* ضباب (شبورة) ٭ دفتر التسويد (خرطوش) في الحسابات ٭ نشاف

brouille, *f* مشاجرة. نزاع. خلاف. خصام

brouiller, *v* طسم. لخبط ٭ خاصم أو تخاصم ٭ تدهلم

—des œufs خفق البيض

brouillon, *m* تسويدة أو مسودة

brossailles, *f. pl* عوسج. عليق

brousse, *f* ادغال ٭ الخلاء. الفلح

brouter, *v* أكل. قطع النبات

broyer, *v* سحق. هرس. سحن. دق

bru, *f* كنة. زوجة الابن

bruine, *f* رذاذ. مطر خفيف. بغشة. نخة

bruissement, *m* دوي ٭ هدير. خرير. لجب. حفيف. زفزفة

bruit, *m* ضجة. ضوضاء ٭ صوت. حس ٭ اشاعة. خبر ٭ سمعة ٭ مشاحنة

un faux — إشاعة كاذبة

brûlant,e, *a* محرق. كاو. حار ٭ متلهف ٭ مشتعل. متقد

brûle-parfums, *m* مبخرة. مجمرة البخور

brûle-pourpoint (à) فجأة. على بغتة ٭ عن كثب

brûler, *v* أحرق. شيط ٭ اشتعل. ضرم. اكتوى

— de l'encens devant qn. داهن (مسح جوخ)

— les étapes بدون وقوف على المواقف

— ses vaisseaux بدون رجعة

se —, *vp* احترق. اكتوى

— la cervelle إنتحر. أطلق الرصاص على رأسه

brûlure, *f* حرق. كي. لذعة ٭ سمط

brumal, e, *a* شتوي. شتائي

brume, *f* ضباب كثيف. غمام. سديم. طل

brumeux se, *a* مضبب. كثير الضباب. دامس. (ضد صحو)

brun, e, *a* أسمر ٭ قاتم ٭ بني

—e, *f* الغروب. غسق ٭ إمرأة سمراء أو سوداء الشعر

—, *m* سمرة. إسمرار. قتمة ٭ رجل أسمر

brunâtre, *a* ضارب إلى السمرة. مسمر

brunet, te, *a et n* ذو أو ذات سمرة خفيفة

brunir, *v* صير أو صار أسمر ٭ صقل

brunissage, *m* جلاء. صقل

brusque, *a* فظ. عنيف ٭ مفاجئ ٭ مباغت

brusquement, *ad* فجأة ٭ بفظاظة

brusquer, *v* تغالظ. تخشن على. أغلظ في القول ٭ عاجل. تعجل واستعجل في أمر

brut, e, *a* غليظ. فظ. وحش ٭ (خام) غير مشغول أو مصقول

poids — وزن قائم. وزن البضاعة بأوعيتها

brutal, e, *a* شرس. فظ. خشن الطبع

brutalement, *ad* بعنف. بشراسة

brutalité, *f* شراسة خشونة الطبع ٭ عمل وحشي

brute, *f* وحش. حيوان أو شبيه بالحيوان

Bruxelles, *f* بروكسل عاصمة بلجيكا

bruyant, e, *a* كثير الضوضاء. مضج

buanderie, *f* مكان غسيل الثياب. مغسل
buccal, e (aux), *a* فَوْهِيّ. فَمِيّ
buche, *f* قطعة حطب (مهيأة للنار). حطبة
bûcher, *m* كومة حطب ✡ مخزن الحطب
bucheron, ne. *n* حَطَّاب. قاطع الأشجار
budget, *m* ميزانية ✡ برنامج
budgétaire, *a* مختصّ بالميزانية
buée, *f* بخار. بواخ ✡ ماء القلي
buffet, *m* خزانة لأدوات المائدة (بوفيه) ✡ مقصف ✡ مطعم أو قهوة في محطات السكك الحديدية
buffle, *m*, **sse**, *f* فحل جاموس. جاموس ✡ جلد الجاموس أو البقر
buissson, *m* دغَل. أيكة ✡ عَوسَج
faire l'école buissonnière التنزه بدل الذهاب إلى المدرسة
bulbe, *m* نتوء. بروز. بثر. جَدرة ✡ بصلة (في النبات) ✡ نخاع (في الطب)
bulle, *f* فقّاعة (بقلولة) ✡ بثرة. بقبوقة. حبب. (فقفوقة) ✡ براءة أو منشور بابوي ✡ الختم الملصق على صك أو السند نفسه المختوم
—, *m* **(papier)** وَرق خشن أسمر. (خردق)
bulletin, *m* أخبار يوميّة. نشرة أو بيان أو تقرير ✡ ورقة تصويت ✡ إيصال أو تذكرة العفش
buraliste, *n* صاحب مكتب ✡ كاتب ✡ دكان لبيع طوابع البريد والدخان
burat, *m* لبّاد ✡ قماش الرايات
bure, *f m* قماش صوفي خشن. مسح ✡ قماش بوبر ✡ مَدْخَل أو بئر المنجم
bureau, *m* مَكْتَب. قلم ✡ مكتبة. مائدة كتابة
— de tabacs حانوت بيع السجاير والدخان
— de placement مكتب الاستخدام (مخدم)
bureaucrate, *m* كاتب. موظف كتابي

bureaucratie, *f* الاشتغال بالكتابة ✡ إدارة ونظام المكاتب ✡ تقيد أعمى بالتعليمات
burette, *f* إبريق. قنينة ✡ مزيتة الدراجات ✡ وجه
burin, *m* محفر. إزميل. منحت
burlesque, *a* et *m* مُضحك (مسخن) ✡ مجون. هزل
buse, *f* باز. صقر. شاهين ✡ إنسان بليد. غبي ✡ كوة الطاحون ✡ برج ✡ (بلين)
busqué, e, *a* معقوف. مُحدّب
buste, *m* صُورة أو تمثال نصفي. نصف الانسان الأعلى. كَنَف
but, *m* غرَض. غاية. أرب ✡ هدف. مرمى
de — en blanc فجأة. بدون سابق انذار
buter, *v* صدم ✡ اشتدّ. ارتكن على ✡ دعَم ✡ أصاب الهدف ✡ اصرّ على ✡ رمى إلى
butin, *m* غنيمة. سلب ✡ جائزة. مكسب
butor, *n* غليظ وفظّ ✡ العجّاج (طائر من الجوارح)
butte, *f* تل. كثيب. اكمة
être en — à عرضة أو معرض لِ
buvable, *a* يُشْرَب. قابل للشرب. سائغ
buvard, *a et m* نشّاف أو نشّاش ✡ ورق نشّاف ✡ نشّافة
buvette, *f* خمّارة. محل بيع المشروبات ✡ بُوفِيه ✡ مشرب
buveur, se, *n* شرّيب. محب الشرب ✡ سكّير ✡ شارب
buvoter, *v* مصّ. رشف. احتسى
byzantin, e النسق البيزنطي. من القسطنطينية

C

c' [سا] ce إختصار
ça هذا
çà, ad هنا
— et là هنا وهناك
cabale, f سِحْر. مخاطبة الأرواح
. دسيسة. فتنة. مؤامرة. عيشة. جماعة
cabaler. v كادَ. دسَّ
cabalistique, a خفي. سرّي. سحري
caban, m بُرنس. عباءة بكبوت للبس في المطر
cabane, f خُص. عُشّة. كوخ
○ حجرة. جحر. خلوة
cabanon, m غرفة سِجْن ضيقة (زنزانة)
○ خصيص. عشة صغيرة
cabaret, m حانة. خان ○ مَطعم لحم وملهى
وَخمّارة ○ طقم المشروبات ○ طبق (صينية)
cabaretier, ère, n خمّار (خمرجي)
cabestan, m ملوة (ملوينة) رافعة الاثقال (ونش. عيار) آلة تدار لرفع الاثقال كما طر السفينة وغيره
ارغاط آلة لجر الأثقال وشد الحبال أو لرفع المرساة
cabine, f قمرة. حُجْرة في السفينة
○ كشك. غرفة الاستحمام على البحر
— téléphonique غرفة المخابرات التليفونية
cabinet, m حُجْرة. مقصورة ○ خزانة
○ مكتب ○ مجلس الوزراء
— de toilette غرفة الزينة أو اللبس ○ كنيف
— d'aisance ou les cabinets مرحاض
— particulier مقصورة

câble, m حبل سميك أو أسلاك ضخمة
— (de navire) قلس. مرسة
— télégraphique سلك البرق (البحري)
câblé, m مفتول ○ دبارة سميكة (كردون)
câbler, v فتل. جمع حبال لعملها حبل واحد
○ أرسل تلغرافاً. أبرق
câblogramme, m رسالة برقية (تلغراف)
caboche, f رأس كبير ○ مسمار كبير الرأس
cabochon, m مسمار نحاسي. برأس مزخرف
○ حجارة كريمه مصقولة ولكن غير مقصوصه
cabosser, v (طعج) بعج. رضرض ○ تورم
cabotage, m تشطيط. اي السفر
(بحراً) قرب الشاطي ○ السفر القصير
○ سفن البضائع المتنقلة بين موانيء القطر
caboter, v شطّط. سار قرب الشاطيء
. أبحر بالقرب من السواحل
caboteur ou cabotier, m et a
سفينة تسافر بالقرب من الشواطيء ○ بحار
cabotin, e, n ممثل. نقال ○ مشخص
غير متقن
cabotinage, m حِرْفة الممثل المتنقل
○ تمثيل رديء
cabrer (se), vp قنطر الحصان أي وقف
على رجليه ○ إحتد. اغتاظ ○ رفع هامته. شب
cabri, m جدي (صغير الماعز)
cabriole, f قفزة رشيقة وصعبة.
لطة مع دوران الجسم على بعضه. (شقلبه)
cabrioler, v وثب (على الشكل المذكور)
cabriolet, m حنطور. سيارة أو عربة
caca, m خيفة غالباً بفطاء || براز الطفل
cacahuète f فول سوداني

cacao, *m* لوزهندي (كاكاو) يستعمل في عمل الشكولاتة
cachalot, *m* حوت كبير ضار
cache, *f* مخبأة. مخبأ
cache-cache, *m* لعبة الغماية (الكيكة)
cache-nez, *m* لثام. نقاب. خمار. وشاح واق للوجه والعنق من البرد
cache-pot, *m* غطاء أصيص الزهور
cache-poussière, *m* رداء خارجي يقي من التراب. معطف سفر
cacher, *v* خبأ. أخفى. حجب. ستر. كتم
se — *vp* تخبأ. إختفى. توارى. إختدر. كمن
cachet, *m* طابع. مهر. بصمة. خاتم. ختم؛ رونق خاص. صفة؛ برشامة؛ أجر.
un — d'Aspirine قرص اسبيرين
lettre de — أمر سام. فرمان
cacheter, *v* ختم؛ وقع على. مهر. بصم؛ أغلق الظرف. لصق.
cachette, *f* مخبأ. مخبيء. (خباية)
en — خفية
cachot, *m* حبس مظلم أو ضيق. مطبقة. جب. (حاصل). زنزانة
cachotterie, *f* تكلف الكتمة. تكتم
cachottier, ère, *a et n* دهاني. متكلف الكتمة. كاتم أسرار غير خطيرة
cacographie, *f* تركيب الكلام غلطاً حتى يصلحه الطالب؛ رداءة الخط أو التهجئة
cacophonie, *f* عدم توافق أو تناسب الأنغام. تنافر الأصوات

cactus *ou* cactier, *m* صبار. صبارة. تين بشوكه
c.a.d. (c'est à dire) اي المقصود من هذا
cadastral, e, *a* تاريخي. متعلق بمساحة الأملاك
cadastre, *m* تقويم أملاك البلد وقيمتها
cadastrer, *v* مسح الأراضي والأملاك
cadavéreux, se, *a* جيفي. رممي. متعلق بالجيفة أو الرمة.
teint — لون شاحب كلون الأموات
cadavérique جيفي. مختص بالرمة
cadavre, *m* جثة. جيفة. رمة
cadeau, *m* هدية. عطا. نفحة. بقشيش. هبة. حلوان.
faire un — نفح. وهب. أعطى
cadenas, *m* قفل
cadence, *f* الوقت. وزن الشعر الايقاع؛ توافق. انسجام جملة أصوات أو حركات؛ مهلة مضبوطة ومجسمة في آخر مقطع موسيقي
marcher en — مشى بخطوات موزونة
aller en — تبع النغمة (او النوتة)
cadet, te, *a et n* أصغر الإثنين. ثاني الأولاد. الأخ او الابن الأصغر؛ تلميذ حربي *m*. —
branche cadette نسل الولد الثاني
cadran, *m* ميناء وجه الساعة أو العداد
— solaire ساعة شمسية (يعرف بها الوقت من الظل)
cadrat, *m* مربع في الطباعة
cadre, *m* إطار. برواز؛ جدول المستخدمين. (كادر)؛ هيكل؛ نواة؛ محيط.

cadrer, *v* ثبت في الوظيفة. ادمج في الهيئة ٥ وافق وتوافق مع
caduc, que, *a* مُقْعَد. عاجز. هَرِم. متداع للسقوط ٥ باطل. لاغ
leg — هبة فاسدة شكلاً
caducité *f* شيخوخة. هَرَم ٥ سقوط
cafard, m صُرصُور (صرصار) ٥ الأفكار السوداء ٥ مُراءٍ
avoir le — مكروب
cafarder, *v* تلصّص. وَشى. فتَن
café, m مَقهى (قهوة). حانة ٥ بُنّ ٥ قهوة
—, *a* بنى. لون البن
— chantant, *V.* café concert قهوة غناء
— crème *ou* — au lait قهوة بالبن
— viennois قهوة بالسكر والقشدة
— moulu, *ou* en poudre بن مطحون
café-concert, *m* (*pl.* cafés coucerts) قَهْوَة مَغْنَى. مَقهى للغناء والموسيقى والتمثيل الهزلي
caféier *ou* **cafier**, *m* شَجَرَة البُنّ
caféière, *f* مَزْرَعة البُنّ
caféine, مادة الكافيين في البُنّ. اس القهوة
cafetier, ère, *n* صَاحِب المَقهى (قَهْوَجي)
cafetière, *f* ابريق أو مغلاة القهوة. تنكة. بكرج ٥ [الرأس]
cage, *f* قفص ٥ مِصْعَد (في المناجم)
— d'escalier بئر السلم
mettre en — حبس أو وضع في قفص
cagnard, e, *a et n* كَسْلان لا يحب العمل
cagneux, se, *a* أَفْحَج. مفرطح الساقين
cagnotte, *f* سُحْت. رَسْم يأخذه محل المقامرة على اللعب ٥ اناء أو درج لنقود الكاليوت

cagot, e, *a et n* مُراءٍ. يظهر التعبّد
cagoterie *f* شِدة التعبد برياء. إظهار شِدّة التقوى. مُراءاة
cagoule, *f* عباءة بوصاوص. غطاء للرأس به ثقبين
cahier, m كُراسة. دفتر
— de papier à cigarettes دفتر ورق سجاير
— des charges دفتر الشروط. قائمة المناقصة
— de doléances تقرير شكاوى
cahin — caha كيفما كان ٥ بين الحسن والسيء
cahot, m رَجّة العجلة. هَزّة
caille, *f* طَير السُّمّان. فِرّي. سَلوَى
caillé, *m* (lait —) لَبن رائب. خاثر.
— *V.* Yaourt رثيئة. روب/(زبادي). ماست
—, e, *a* جامد. منعقد
caillebotter, *v* راب. جَبَّن
caillement *ou* **caillage**, *m* تعقد. تجمد
cailler, *v* رَوَّب. جَمّد. خَثّر. جَبّن. عقد
se — خثر. راب. تجبّن ٥ تجمّد ٥ انعقد
caillot, m جُلطة. سَاخة ٥ دَم متجمّد
caillou, m حَصَاة. زلطة. صَوّانة طوبة ٥ الرأس ٥ شطفة
cailloutage, m بِناء بحصى. (تزليط)
cailloutis, m حصَى. رَضراض ٥ تزليط
caïman, m تمساح امريكاني
Caire, le, m القاهرة. عاصمة مصر
caisse, *f* صُندوق ٥ خزينة ٥ محل الصرف
— d'épargne صندوق التوفير
— (livre de —) دفتر الصندوق
— de retraite صندوق المتقاعدين أو المعاش
grosse — طبل. طبلة كبيرة
sauver la caisse ضرب بنقود الخزينة

caissier, ère, *n* صرّاف. أمين الصندوق
caisson, *m* صندوق (جبخانة) ذخيرة المدفع ٭ صندوق كبيرة عربة مقفولة لنقل المؤونة والمهمات
cajoler, *v* تملّق. لاطف. إحتال على
cajoleur, se, *n* متملق. مداهن
cal (*pl.* cals) الدشبذ. ندبة العظام المكسورة بعد جبرها. ثفن وثفونة
câlage, *m* رباط بالخوابير ٭ توطئة
calaisson, *m* القسم الغائص من المركب في الماء (بحسب الحمولة) ٭ إنغمار
calambar, *ou* calambour, *m* عود
calamine, *f* حجر التوتيا. كربونات الزنك
calamite, *f* حجر مغناطيس. ميعة
calamité, *f* مصيبة عامة. نكبة. كارثة
calamiteux, se, *a* كثير البلايا (كزمن الحروب والقحط وماشابه)
calandrage, *m* صقل. جندرة. تنعيم
calandre, *f* سوس (القمح) ٭ مصقلة. جندرة. آلة لصقل الأقمشة أو الورق ٭ قنبرة (طير)
calandrer, *v* صقل. جندر
calcaire, *a et m* حجر الجير. حجر الكلس ٭ جيري. جصي. كلسي
calcination, *f* تكليس. التحويل إلى كلس أو تكلس. تجيير
calciner, *v* كلس. جير. حوّل إلى كلس ٭ حمّص ٭ أحرق. فكك بالحرارة
se — تكلس. تجير. تحول إلى كلس أي جير ٭ إحترق ٭ تجفف
calcium, *m* كلس. معدن الجير
calcul, *m* حصاة في المثانة ٭ إحتساب. محاسبة. عدّ. حساب
— différentiel حساب التفاضل
— intégral حساب التكامل
faire son — عمل حسابه
calculateur, rice, *n et a* حاسب. (حسيب). ماهر في الحساب. عاد. محص
calculé, e, *a* محسوب معدود ٭ عمد. قصداً
calculer, *v* عدّ. حسب. إحتسب. أحصى ٭ قدّر. خمّن
machine à — الآلة الحاسبة
cale, *f* عنبر المركب. كلا. خدم ٭ قسم من المرفأ مخصص لتصليح المراكب ٭ خابور. خشبة للسند ٭ قاع السفينة
— de construction حاووز الترميم. عمره
calé, e علم. عارف ٭ نازل ٭ حيثية ٭ مثبّت
calebasse, *f* قرعة ٭ طرطب ٭ بوتقة
calèche, *f* عربة خفيفة مكشوفة (كاليش)
caleçon, *m* لباس. سروال (كلسون)
caléfaction, *f* تسخين
calembour, *m* نكتة. (قافية) ٭ قلب معنى الكلمة ٭ لغز ٭ جناس
calembouriste, *n* المغرم بالنكتة
calendes, *f.pl.* الأيام الأولى من الشهر
calendrier, *m* نتيجة. تقويم. مظهر الأيام والشهور. رزنامة
calepin, *m* مفكرة. مذكرة. دفتر صغير للجيب

caler, *v* نَزَّل القلوع أو خفَّضها ٭ انغمست السَّفينة في الماء ٭ ثبَّت. أسند به عامة. وطد

calfater, *v* قَلْفَط. جَلْفَط. قَلفَ

calfeutrage *ou* calfeutrement, *m* سد الشقوق أو المنافذ. سدّ الخلل. تلبيد

calfeutrer, *v* حَبَّك. سدّ الشقوق أو المنافذ. سدّ الخلل

se —, *vp* تحفظ من البرد ٭ قعد في المنزل

calibrage *ou* calibrement, *m* تعيين العيار. قياس سَعَة. تعيير

calibre, *m* عِيار. قياس أو سَعَة أنبوب. قُطر ماسورة البندقيَّة. قطر الفوهة. حَجْم ٭ قالب ٭ مقياس

calibrer, *v* عَيَّن العيار. عاير. حدّد سعة الانبوب أو الفوهة

calice, *m* كأس ٭ بُرعمة

— (des fleurs) كم (الزهور). برعمة. قنب

boire le — تجرع المر

calicot, *m* بَفتة سمراء. خام ٭ مستخدم في دكان

califat, *m* الخِلافة

calife, *m* خَليفة

califourchon (à) مُفَرشح. مفشِّخ (كراكب الخيل مثلاً). منفرج الرجلين

câlin, e, *a et n* (مدلَّع) مُدَلِّل. متغنج

câlinerie, *f* دَلع. دلال. غنج

calleux, se, *a* مُندمِل. مُكَلْكِل. مُتصلِّب. جاس. كانِب

mains calleuses أيدي مقشفة

calligraphe, *m* خطّاط ٭ مُعَلِّم خط

calligraphie, *f* عِلم الخط. علم الخط أو اسلوبه أو حسنه [كاليجرافى]

callosité, *f* تَمَجُّر. اندمال. كلكلة أو تصلّب الجلد. جُساة [كالوزيتيه]

calmant, e, *a et m* مُسَكِّن. مُهدّئ ٭ دواء مُسَكِّن

calme, *a* هادئ. ساكن. رَزين

—, *m* هُدُوء. سُكون. رَصانة

calmer, *v* سَكَّن. هدّأ. أخمد

se —, *vp* سَكَن. هدأ. اِسْتَكن

calomniateur, rice, *n* مُفترٍ. نَمّام

calomnie, *f* نَميمة. وشاية. بُهْتان. تُهمة باطِلة. ثلب. فِرْيَة وافتراء

calomnier, *v* نَمَّ. اتهم باطلاً. بهت. وَشى بـ.. افترى على. ثلب. قذف

calomnieusement, *adv* افتراءً بنميمة

calomnieux, se, *a* ذو نميمة. اِفترائي

caloricité, *f* طبيعة إنبعاث الحرارة من الأجسام الحيَّة. حَرارة غريزيَّة

calorie, *f* وحدة (قياس) الحرارة. كلورى

calorifère, *m et a* كانون لتدفئة الغرف. آلة لجر الحرارة إلى الغرف ٭ ناقل الحرارة ومولدها

calorifique, *a* مُسخِّن. يُعْطي الحرارة

calorique, *m* مَنبت الحرارة ٭ الحرارة

— spécifique حرارة نوعية

calotte, *f* طربوش. طاقية. عِراقية ٭ قبة (في البناء) ٭ لطمة أو صفعة ٭ قسيس

— céleste القبة الزرقاء. القبة السماوية

calquage, *m* نقل الرسم على ورق شفّاف وماشابه

calque, *m* رَسم منقول على وَرَق شَفّاف ٭رسومات تنقل بعد بلها وفركها ه تقليد أعمى
papier — ورق نقل. ورق شفاف
calquer, *v* نقل الرسم على وَرَق شفّاف ٭اِقتدَى. تمثّل بـ
calvaire, *m* أكمة أو إرتفاع منصوب عليه صَليب ٭ألم معنوي
le — جبَل الجُلجلة (أي الجماجم) بقرب القدس
calvitie, *f* صَلَع. فقد شعر الرأس
camarade, *n* رَفيق. صَاحِب
camaraderie, *f* الـفة. مُصَاحبة
camard, e, *a et n* أفْطس. اختم
la —e, *f* الموت
cambiste, *m* صَرّاف. سمسار سندات مالية
cambouis, *m* شَحْم أو زيت مسوّد من الاحتكاك في العدد. كلع الدناجل
cambrer, *v* أحنَى. قوّس. عَطَف ٭قبي
se —, *vpr* إنحَنَى. تقوّس. إنعَطف
cambriolage, *m* سَرقَة ٭حادثة سرقة
cambrioler, *v* سَرَق (منزل أو دكان)
cambrioleur, se, *n* لِص. حَرامي. سارق
cambrouse, *f* الريف
cambrure, *f* إنحناء. تقَوّس. عِوَج
cambuse, *f* كرار السفينة. محل المؤونة ٭مطعم ومشرب للعساكر أو العمال ٭حانة
came, *f* سن الطارة أو القفل. محارة. قِمّة
camée, *m* حجَر ثمين أو صَدفة عليها نقوش ٭حجر فص العقرب
caméléon, *m* حَرباء أو حرباية. بربختى ٭
—, *a* متغير اللون. متقلب بحسب الظروف

camelot, *m* عنقاش. عبّك. قماش صُوفي ٭بائع البضائع الرديئة أو الغير المتقنة
camelote, *f* بضاعة دون. سقط المتاع. عُفاشة. قلامة
caméra, *m* غرفة ٭آلة للتصوير الشمسي
camérier, *m* حاجب البابا. خادم غرفة البابا أو الكردينال
camérière *ou* caméristе, *f* وصيفة ٭خادمة (كمريرة)
camerlingue, *m* القائم بأعمال البابا في غيابه
camion, *m* سيارة أو عرَبة نقل ٭دبوس صغير ٭اناء لاذابة البوية
camionnage, *m* النقل بالسيارة أو بالعربات ٭اجرة النقل
camionneur, *m* سائق سيارة أو عربة النقل
camisole, *f* صُدْرَة. صَدرية (صديري نسائي)
— de force سترة لتكتيف المجانين أو المسجونين الهائجين
camomille, *f* بابونج. اُقحوَان. حبق البقر
camouflement, *m* تنكر
camoufler, *v* تنَكّر. غيّر شكله ٭اخفَى
camouflet, *m* إهانة. نفخة نَفَس دُخان كثيف في وَجْه شخص بقصد الاهانة
camp, *m* مُعَسْكر. محَلّة. مخيم ٭مركز الجيش المعسكر
ficher le — وَلى الأدبار
— volant معسكر موقت ٭الجوالة ٭النور الرحالة أو مضرب خيامهم
lit de — سرير نقالي. سرير خفيف وصغير
— de vacances مخيم العطلة

campagnard, e, *n et a* فلاّح. قَرَوِي. رِيفي ٭ جلف

campagne, *f* الريف ٭ الحقول والمزارع ٭ حملة. محاربة. مدة الحرب

rase — في وسط الريف. بعيداً عن المدن. في الخلا
en — في حركة. منهمك ٭ متغيب عن البيت
tenir la — قاوم العدو
— sucrière موسم السكر

campagnol, *m* فأر الحقل. فار الغيط

campanile, *m* بُرْج مكشوف داخله اجراس أو ساعة كبيرة (خلاف قبة الكنائس)

campanulé, e, *a* جَرَسي الشكل

campé, e, *a* مُعَسكر أو مخيم ٭ ثابت. وطيد

campement, *m* مضرب خيام. محلة. مُعَسْكَر ٭ ضرب الخيام

camper, *v* عَسْكَر ٭ خَيَّم. أقام في خيمة. حَل الرحال ٭ وضع. حَطّ ٭ ترك فجأة

se — وقف أمام أو قعد بازدراء ٭ إستقر

camphre, *m* كافور

camping, *m* محلة أو مضرب خيام ٭ قافلة متنزهين ٭ جولان ومبيت في الخلاء

campos, *m* رَاحة. عطلة أو اجازة

camus, e, *a et n* أفْطَس. افطس الأنف. اُخشم ٭ من خاب ظنه ٭ متحيّر

canaille, *f* نَذْل. وَغد. رِزل ٭ من السوقة. من الأوباش أو الرعاع

canal, *m* قَناة ٭ تُرعة. مجرى ٭ مَصْرَف ٭ ممر ٭ ماسورة ٭ شريان. وعاء دموي

— maritime قناة بين بحرين (كقنال السويس)

canalisation, *f* تقنية. حفر الترع أو المصارف

canaliser, *v* حفر الترع. عمل اقنية ٭ رَكّز. جمع الى مركز واحد

canapé, *m* أريكة. مَقْعد. ديوان (كنبة)

sur — لحوم مقدمة على العيش المحمر

canard, *m* ذكر البط. بَط. ٭ خبر كاذب. ٭ مشين ٭ صوت مصرصر أو خارج عن النغمة ٭ جريدة ٭ قطعة سكر مغمسة في قهوة او كونياك

canari, *m* الهزار. عُصْفور كناريا

canasson, *m* حِصان عجوز. بجير

cancan, *m* نقل الكلام. قال وقيل. نميمة ٭ ضجة ٭ رقصة فرنساوية خلعة

cancanier, ère, *a et n* مُحِب القيل والقال. بَذّار. (موقع) ٭ ثرثار

cancer, *m* دَاء السرطان ٭ بُرْج السرطان

cancéreux, se, *a* سَرَطاني

cancre, *m* سَرَطان بحري (سَلْطعون. أبو جلامبو) ٭ تلميذ بليد ٭ شحيح

candélabre, *m* ثريا. شمعدان كبير مُشعّب

candeur, *m* سَلامة النيّة. صَراحة. بياض القلب

candi, *m* سُكّر نبات. قَند ٭ فاكهة مُسَكَّرة ٭

—, e, *a* مسكر. محفوظ في السكر المتبلور. مقند

candidat, *m* طالب ٭ مرشح الانتخاب ٭ متقدم الى وظيفة أو للامتحان

candidature, *f* تَرشيح ٭ طلب ٭ تقديم الى وظيفة

candide, *a et n* مُخلص. سَليم الطَّوية
candidement, *ad* بسلامة نيّة
candir (se) تسكّر ٭ تحوّل إلى سكر مبلور
faire — مُكرر // سكر. لبس سكر مبلور
candisation, *f* تحويل السكر إلى سكر مبلور ٭ تغطية الفواكه المحفوظة بالسكر النبات
cane, *f* بَطّة. انثى البَط
caner, *v* جَبُنَ. خاف ٭ مشى كالبطة
caneton, *m* فرخ البَط
canette, *f* بَطة صغيرة ٭ مكيال للبيرة ٭ شوب كبير ٭ ملف خيط المكوك أو الوشيعة ٭ بلية اللعب
canevas, *m* خَيْش. جنفيص. مسح ٭ قماش القلوع ٭ تصميم رَسْم ٭ منهاج
caniche, *n* كلب صغير. كلب رومي
caniculaire, *a* مختص بزمن الحر الشديد. قيظي ٭ مختص بنجمة الشعرى اليمانية
canicule, *f* أيام الحر الشديد ٭ أيام الشعرى ٭ كوكبة الشعري اليمانية
canif, *m* مطوة. مُدية. مبراة
coup de canif dans le contrat خيانة الزوجية
canin, e, *a* كلبي. مختص بالكلاب
—es, *f. pl.* أنياب
caniveau, *m* مجرى قناة ٭ حَجَر منحوت لتصريف المياه. عتبة الرصيف
cannage, *m* كسي المقاعد بالخيزران أو القش ٭ القاعدة الخيزران ٭ فتل
cannaie, *f* مقصبة. محل مغروس فيه غاب أو قصب

canne, *f* عصا ٭ قصب. غاب
— à sucre قصب السكر
canneler, *v* ضلّع. نقش خطوطاً. خدّد
cannelle, *f* قرفة. دارصيني. سليخة
—, *ou* cannette حنفية برميل. سدادة برميل. بزبوز ٭ بلبل ٭ سطام
cannelure, *f* خطوط منقوشة. ضلوع في العواميد ٭ خطوط محفورة
canner, *v* كسى مقعد الكرسي بالخيزران
cannibale, *n et a* إنسان يأكل لحم البشر
canoe, *m* زورق
canon, *m* مِدْفَع ٭ خط ثلث ٭ مكيال للنبيذ ٭ شريعة ٭ جدول
— de l'église قوانين الكنيسة
— du mors شكيمة اللجام
— de fusil ماسورة أو انبوبة البندقية
canonique, *a* حسب الشريعة الكنائسية
canonisation, *f* إدراج في صف القديسين. تقديس الأبرار
canoniser, *m* ادرج في أو ضم إلى عداد القديسين. قدّس الأموات
canoniste, *m* عالم بقوانين الكنيسة
canonnade, *f* ضَرْب المدافع. إطلاق المدافع
canonner, *v* ضرب بالمدافع
canonnier, *m* طوبجي. مِدفعي
canonnière, *f* مرمى المدفع. المكان الذى تطلق منه المدافع ٭ مركب حربي صغير. سفينة مدفعية
canot, *m* زورق. قارب
—automobile *ou* — à vapeur رقاص. قارب بخاري

canotage, *m* ركوب القوارب ٭ تهذيف
faire du — (*ou* canoter) قيادة القوارب والتجذيف. تريض في فلوكة
canotier, *m* صاحب زورق ٭ قوارب أو مراكبي ٭ قبعة قش 
cantaloup, *m* قاوون. بطيخ اصفر
cantate, *f* أغنية. موال
cantatrice, *f* مغنية. قينة (عالمة)
canter, *m* خبب. جري معتدل للخيل
cantharide, *f et a* ذباب هندي. ذراح
cantine, *f* حانة ومطعم للعساكر أو المدارس وماشابه. كانتين ٭ صندوق للسفر ٭ صندوق يحتوي على أواني المائدة
cantinier, ère, *n* صاحب الكانتين
cantique, *m* ترتيلة ٭ تسبيحة. مزمور
— des cantiques نشيد الأناشيد أو الانشاد
canton, *m* إقليم. مقاطعة. ولاية
cantonal ,e, *a* إقليمي. مختص بالمقاطعة
cantonnement, *m* إنزال الجنود في المساكن ٭ محط أو محطة عسكر. مضرب خيام العساكر أثناء السفر ٭ ثواء
cantonner, *v* أنزل الجنود في المنازل. عسكر ٭ إنفرد بنفسه. تحصن
se — أقام لوحده ٭ إنفرد في مقاطعة. تحصن
cantonnier, *m* مرمم الطرق. (عسكري دريسه) ٭ عامل الاشاره
canule, *f* أنبوب المحقنة. ماسورة الحقنة ٭ حنفية. بزال (للانبوبة)

caoutchouc, *m* مطاط. كاوتشوك
cap, *m* رأس ٭ أرض داخلة في بحر. طنف ٭ مقدم السفينة
de pied en cap من القدم للرأس
Cap de Bonne Espérance رأس الرجا الصالح
capable, *a* أهل ل. قادر أو مقتدر على. كفؤ. ماهر. حاذق ٭ راشد (في القضاء)
capacité, *f* سعة. طاقة. قابلية ٭ حمولة أو حمول ٭ كفاءة. أهلية ٭ رشد ٭ كيل
cape, *f* حرملة. دثار الكتفين ٭ قلع الصاري الكبير
rire sous — ضحك في سره
roman de — et d'épée روايات الفروسية
capeline, *f* غطاء للرأس والعنق
capillaire, *a* شعري ٭ رفيع ودقيق
—, *m* كزبرة. شعر الجبار (نبات)
vaisseaux — أوعية شعرية (دقيقة)
capillarité, *f* الجاذبية الشعرية ٭ دقة الثقب أو حالة الأنابيب الشعرية
capitaine, *m* قبطان. ربان. رئيس مركب ٭ يوزباشي ٭ رئيس. قائد زمرة
capital, *m* رأسمال. رأس مال. أصل المال
capitaux étrangers رؤوس أموال أجنبية
capital, e, *a* رئيسي. أصلي. مهم. الأخص
peine —e عقوبة الاعدام
capitale, *f* عاصمة. حاضرة. قصبة
lettre — حرف كبير (كحرف التاج)
capitaliser, *v* إستثمر ٭ جمع مالا ٭ حول إلى رأس مال ٭ مول. اضاف الفوائد إلى رأس مال
capitalisme, *m* رأسمالية. رأسمالية فردية

capitaliste, m رأسمالي. صاحب عمل . صاحب رأس مال. مالي ✩ مُمَوِّل

capiteux, se, a مُسَبِّب الدُّوَار. مدوخ نبيذ قوي. — مدير بالرأس. مثمل
vin —

capitonnage, m عمل الغرز في التنجيد . كسمير

capitonner, v بَطَّن بالقطن أو غيره . حشا ثم قطب. مسمر بالغرزة

capitulaire, a مختص بمجمع رهباني أو بالامتيازات

capitulation, f تسليم بشروط (في الحرب) . شروط أو معاهدة التسليم ✩ إستسلام شروط بين دولة واخرى أو حزبان
les —s الامتيازات. الامتيازات الأجنبية
— de conscience اخلال بالذمة

capituler, v عاهد أو عاقد العدو في تسليم البلد. سلم تحت شروط ✩ رضخ. إستسلم

capon, ne, n et a مُراءٍ ✩ جبان. نذل

caporal, m (أنباشي). قائد عشرة ✩ صنف دخان رخيص

caporalisme, m تحكم الجيش في السياسة

capot, a et m خارئب ✩ خجل ✩ اخرق . سخيف ✩ (مرس) في لعب الورق. من لم يكسب قطعياً في اللعبة (صيامي) ✩ كبود

capot, m غطاء للأشياء في المراكب ✩ مَعْطف له غطاء للرأس ✩ الغطاء المعدني لمو لد السيارات

capote, f (كبود) ✩ كساء طويل ✩ غطاء العربة (كبوت) ✩ لعبة صايمه
— anglaise كساء من مطاط للقضيب

capoter, v كَبَّ. كفأ ✩ إنقلبت السفينة او السيارة أو الطائرة ✩ غطى السيارة بكبود

câpre, f كَبَر. قبّار (نبات)

caprice, m مُراد دون داع. هوى . (هفة). رغبة شديدة وقتية. نزوة. نزعة

capricieux, se, a et n تابع هواه . مُدَلَّل (مدلع) هوائي أو هَوَوِيّ. متقلب الأطوار و الأميال

capricorne, m برج الجدي ✩ جُعَل

capsulaire, a مُجَوَّف. مُسْتَدِير و أجوف . حقيي. حرزي

capsule, f سفينة ✩ كم. وعاء بعض النباتات . غدقة. قرن ✩ كبسولة الخرطوشة ✩ وعاء. سفنة . عفاص اي غطاء معدني لرأس الزجاجات ✩ اناء مستدير للاستنشاق ✩ قبعة
— du cotonnier جوزة شجرة القطن

captage, m التقاط. تحصُّل على ✩ حبس

captation, f إغراء. استمالة. إغواء . طلة. تحايُل ✩ إلتقاط

capter, v رَشَي. بَرْطل ✩ إستمال. خلب . تحصل على التقط ✩ حوَّل أو جذب الى غرضه

captieusement, ad غُرُوراً. بتضليل

captif, ve, n et a أسير. سبي. محبوس
ballon — منطاد مقيد. بالون مربوط

captivant, e, a سالِب العقل. خالب . فاتن. ساب. ساحر. متيِّم

captiver, v حبس. أسر ✩ سَبَى. فتن
— l'attention استحوذ على. استرعى الانتباه

captivité, f أسْر. سَبْي ✩ رِق. عُبُودية

capture, *f* أَسْر . سَلْب ٭ غَنيمة

capturer, *v* سَبَى . أَسَر ٭ قبض على . مَسَكَ

capuchon, *m* طرطور . قلنوسة . قباء (طنبوشة) . المدخنة ٭ غطاء . رأس

capucin, *m* كبوشي . راهب

barbe de — كبوشي // [illegible]

capucine, *f* نبات الحُرف . أبو خنجر . عُصَيفره . رشاد ٭ راهبة متسولة

caque, *f* برميل السردين أو السمك المملّح

caquet, *m* صَوت الدجاج أو الوز . قرق . قوق ٭ لقلقة الكلام . (لمك)

caqueter, *v* قاق . قرق . نق ٭ ثرثر . أكثر من القيل والقال

car, *c et m* إذ أنه . لأن . فإنه . بما أن ٭ عربة

carabine, *f* غدّارة . قرابينة . بندقية صغيرة

carabiné, e, *a* عنيف . مُفرط ٭ مشحن

caracol, *m* مخفر (قرقول) . قسم

caracole, *f* دورة تصفية لليمين أو اليسار

— du cheval خيولة . تلعيب الخيل . دوران الخيل

escalier en — سلم لولبي . سلم دائر أو حلزوني

caractère, *m* طَبْع وطبيعة . سجيّة . شيمة ٭ نوع . جنس ٭ وَسم . شمة ٭ مركز ٭ خط ٭ حرف ٭ صِفة (في القضاء)

— d'algébre رمز جبري

— spécifique صفة نوعية

— d'imprimerie حرف . حروف الطباعة

— lisible خط واضح

bon — حسن الاخلاق

beaux —s خط جميل أو حروف جميلة

il a du — عنده عزيمة أو قوة إرادة

mauvais — رديء الطبع

caractériser, *v* بيّن وأبان . عرّف . عيّن . وصف . ميّز

caractéristique, *a et f* بياني . تعريفي . نعتي ٭ صفة خاصّة أو مميّزة . طابع

carafe, *f* قنينة . زجاجة يسكب منها ٭ دورق زجاجي

carafon, *m* قنينينة . قنينة صغيرة . بنورة أو ما تحويه

caraïte, *m* يهودي من القرائين (أي الذين لا يعرفون غير التوراة) . قرّائي

caramboler, *v* ضرب ضربة تصيب كرتي البليار دو . عمل كرمبول ٭ تصادم . تشقلب

caramel, *m* سكر مذوّب بالنار ٭ حلاوة

carapace, *f* درقة أو غطاء السلحفاة . الطبقة القاسية التي تحمي الحيوانات القشرية

carat, *m* قيراط (وزن للأحجار الكريمة أو عيار للذهب) ٭ زخرف

caravane, *f* ركب . قافلة . كروان

caravanséraï (*oul*), *m* خان . فندق لمبيت القوافل ٭ مكان يؤمه اناس من أجناس متباينة

carbone, *m* فحم . (كربون) أو غاز الفحم

papier — ورق كربون أو مفحم

carbonifère, *a* كثير الفحم . أرض محتوية على معدن فحم . ذو فحم ٭ للفحم

carbonique, *a* كربوني . فحمي

carbonisation, *f* تفحيم . تفحم

carboniser, *v* صيّر فحماً أو جمرة . فحّم

se — صار فحماً . تفحّم . تحوّل إلى فحم

carburateur, *m* مبخر . مخزن لخلط الهواء والبنزين (كربوراتور السيارة)

carburation, *f* إتحاد الكربون بالمعادن
carcan, *m* غلّ ٭ حِصان رديء
carcasse, *f* هيكل الحيوان. قَفَص. عِظام الجثة ٭ هَيكل أو (تقفيصة) للأشياء أي ما يبنى عليه
— (d'un navire) هيكل السفينة ألواح مركب
cardage, *m* نِدافة. تمشيق الصوف
cardamome, *f* قاقُلّي. حَبّ الهال (حبهان)
carde, *f* مِمشقة. مُشْط. قَوس المنجد. مِحلاج. مِنْدَف.
carder, *v* مشق أو مشط الصوف. ندَف ٭ خربش
cardeur, se, *n* مُشط. نقاش الصوف. مُنَجِّد. ندَّاف. حَلّاج
—se, *f* مِحْلَجة. مِحلج
cardiaque, *n et a* مُتعلّق بالقلب. قلبي. فؤادي (في التشريح) ٭ دواء مقوٍ للقلب ٭ شخص عليل الفؤاد ٭ نبات ذنب الأسد
cardinal, e, *a* أصليّ. أولي. رئيسي
nombre — عدد أصلي
les point cardinaux الخوافق. الجهات الأربع الأصلية (الشرق والغرب والجنوب والشمال)
cardinal, *m* كَردينال. حبر
cardite, *f* اِلتهاب القلب (أي عضلاته) ٭ محارة
carême, *m* الصَّوْم الكبير. صَوْم الأرْبعين. صيام. إمساك
carènage, *m* ترميم اسفل المركب. تعمير
carence, *f* إفلاس. نفاض
carêne, *f* طَبقة المركب السُّفلى. قرنية (ترابل أو هراب المركب)

caressant, e, *a* مُدال. ملاطِف
caresse, *f* تدْليل. مُلاطفة وتلطف. تحبب. مُداعبة ٭ مُعانقة ٭ تَعلق (محلسة)
caresser, *v* دَلَّلَ. لاطف. عزّز. داعب ٭ ربّت (هَشَّك الطفل) ٭ مالق (تحلس)
cargaison, *f* حمولة. شَحنة. وَسْق
cargo, *m* مَرْكَب // سفينة بضائع
carguer, *v* طوَى القلوع ٭ مالَ
cari, *m* بهار الكركم. كارِي
caricature, *f* صُورة هزْلية أو إستهزائية
caricaturiste, *m* مُصَور صور هزلية أو إستهزائية . كاريكاتوري
carie, *f* تَسَوُّس الأسنان أو العظام. رِمّة. رَم. نخر. تفتت ٭ تسويس القمح ٭ تعفن الشَّجَر ٭ أرضَة. سُوس. عُث
carier, *v* (se) تفتت. تَسَوَّس. تَنخِر
carillon, *m* مُوسيقَى الأجْراس. قَرْع الأجراس عَلَى وزن ٭ إيقاع ٭ جلبَة. لغَط
carillonnement, *m* طَنين الأجْراس
carillonner, *v* قَرَع الجرَس بحدَّة ٭ شخلل
carlingue, *f* المكان المعد للركاب في الطائرات
carmélite, *f* رَاهب من دير الكرمل بفلسطين
carmin, *m et a* حُمْرة قانيَة. قرمزي. أحمر دودي ٭ لعل. المادة الحمراء في دودة القرمز
carnage, *m* ملْحَمة. مَذبحة. تقتيل ٭ أشلاء
carnassier, ère, *a* جارح. ضار. آكل اللحوم. كاسِر
—s, *m. pl* الضواري. الكواسر كالسباع

carnassière, *f* خريطة أو جراب الصياد

carnation, *f* لون البشرة. لون لحمي

carnaval, *m* مرفع. عيد المرافع
٭(مسخرة. مسخة)

carne, *f* حَرْف. ركن ٭ قُرنة ٭ لحم ردي٫

carnet, *m* دفتر مذكرات صغير (نوتة) مفكرة

— de chèques دفتر شيكات

carnivore, *a* آكل اللحوم. كاسر

carotide, *f et a* الشريان الوداجى أو
السُّباتي ٭ وداجي. سباتي

carotte, *f* جَزَر. جَزَرَة ٭ مكر. اِحتيال
للتحصل على نقود

carotter, *v* (نصب). اِحتال على

carotteur, se, *n* نَصّاب (مقص أو لطجي)

carpe, *m* رسغ اليد. عظام الرسغ

—, *f* سَمك بُلطى. شَبوط. قنومة

faire la — غشى عليه

carpette, *f* ⟵ بساط
. سجادة رخيصة للغرف

carquois, *m* جُعبة. كنانة

carre, *f* جُزء البدلة من الخصر ومافوق
٭ قمة أو قعر القبعة ٭ مقدم (بوز) الحذاء
٭ الظهر والعنق ٭ حدّ

carré, e, *a* مُرَبَّع ٭ صَريح ومخلص

partie — جمعية أو حفلة مؤلفة من رجلين وامرأتين

carré, *m* رَسْم مُرَبَّع ٭ قطعة أرض مربعة ٭ مقاس
جاير ٭ وقوف العساكر على هيئة مربع لصد العدو

— (d'un nombre) مجذور. عدد مربع

racine —e جذر. مربع أو تربيعي

— des officiers سجن الضباط

tête —e صلب الرأى

mètre — متر مربع

carreau, *m* بلاط ٭ تربيعة
٭ ديناري
٭ صاعقة

— (de brique) آجرة مربعة. قرميد

— (de verre) لوح زجاج (قزاز)

— (de tailleur) مكواة الخياط

tomber sur le — سقط على الأرض

carrefour, *m* مَشْرَع. مَفرِق أو
مُفْتَرَق الطُرُق ٭ طريق مُزْدَحِم

language de — لغة الأوباش والسوقة

carrelage, *m* تبليط ٭ تربيعة

carreler, *v* رَصَفَ ٭ رقّع الأحذية

carrelet, *m* مِشْبَر خيش. إبرة سروجي
٭ شبكة مربعة ٭ سمك بحري صغير ٭ مسطرة ٭ مصفى

carreleur, *m* مُبَلِّط ٭ إسكاف متجول

carrément بتربيع. مُربَّعاً ٭ بلا خجل
. بصراحة // رفض بتاتاً il refusa —

carrer, *v* رَبَّع. جعل شيئاً مربعاً ٭ ضَرَب
عدداً في مثله

se — تبختر. تزاهى ٭ أخذ راحته ٭ اِختنق

carrier, *m* قالِع الحجارة ٭ صاحب المحجر

carrière, *f* محجر. مقطع. مقلع الحجارة
٭ حرفة. صناعة ٭ مجرى الحياة ٭ ميدان. مرماح

carrossable, *a* مُمْكن مرور العربات
أو السيارات عليه. طريق مُعبَّد

carrosse, *m* عربة فاخرة بأربعة دواليب

carrosserie, *f* صِناعة العربات ٭ ورشة
عربات ٭ جسم، هيكل أو تقفيصة العربة
أو السيّارة

carrossier, m صانع العربات الفاخرة ✪ صانع تقفيصة السيارات

carrousel, m ميدان. ملعب خيل أو هواره

carrure, f عرْض الأكتاف

cartable, m حافظة. وَرَق للرسومات ✪ محفظة لكتب التلميذ

carte, f بطاقة ورق مقوّى رَقيق ✪ قائمة المأكولات في المطاعم ✪ خريطه

— d'électeur تذكرة المنتخب

— de visite بطاقة زيارة

— postale بطاقة بريد

—s à jouer ورق اللعب (كتشينة)

Jeu de — شدة كارت

— géographique خريطة. خارطة جغرافية

— blanche تفويض مطلق

— d'identité تذكرة شخصية

brouiller les —s اوقع النزاع ✪ فت الورق

battre les —s لخبط الورق (فت)

dîner à la — تعشى بالصحن. تعشى حسب الطلب

tirer les — فتح البخت

voir le dessous des —s عالم بالامور. مضطلع

cartel, m شركات متحدة. اتفاق بين تجار ✪ اتفاق على تبادل اسرى ✪ طلب للمقاتلة

cartilage, m غُرْضوف. غُضْروف (قرقوشه) ✪ خيشوم (تخشيش الأنف)

cartomancie, f فتح البخت بورَق اللعب

cartomancien, ne, n عرّاف. فاتح البخت بورَق اللعب

carton, m ورَق مقوى (كارتون) ✪ علبة (للقبعة) // محفظة رسم

— de dessin محفظة رسم

— paille ورق مقوى رخيص من التبن

cartonnage, m صنع الورق المقوى ✪ شد أو تغليف الكتب بالكارتون

cartouche, f ظرف. خرطوش. فشكة

cartouche, m إطار ✪ طغرة

cartouchière, f حزام أو حمالة الخرطوش

carvi, m كروياء. كَمّون أرمني

cas, m حادث. عارض ✪ حال. ظرف ✪ مسألة

en ce — والحالة هذه، إن كان الأمر كذلك

en tout — على كل حال، كيفما اتفق

faire — de عبّر. قدر الشيء حق قدره

le — échéant عند الاقتضاء

— fortuit حادث قهري

c'est le — ou jamais ذاك موقعه وإلا فلا

casanier, ère, n داريّ. ملازم البيت

casaque, f عباءة للسيدات واسعة الأكمام جداً ✪ (سترة الجوكي) ✪ صاكو

cascade, f مسقط ماء. سَلسَل. شَلّال ✪ انحدار الماء وتسلسله

— de rire قهقهة

cascader, v سقط بتسلسل ✪ عبث. عاش عيشة مضطربة

case, f بَيت صغير. كخروب ✪ مربع الضامه ✪ خانة الطاولة ✪ عين. تقسيمة

caséification ou caséation, f تجبين

casemate, f وقاء أو درع المدافع ✪ ملجأ مَسقوف في الاستحكامات ✪ حبس ✪ مرحاض

caser, v أجلَس. أقام. وضع ✪ رَتّب. رَصّ. نظّم ✪ خدَم. وظّف

se — جلس ✪ استقام. استقرّ. توظف

caserne, f ثُكنة. دار العساكر (قشلاق)

casernement, *m* النزول أو الاقامة في الثكنات ¤ مجموع بنايات القشلاق

caserner, *v* أنزل (أو نزلت) العساكر في الثكنة ¤ بيت التلامذة

casier, *m* خزانة ذات طبقات ¤ عيون لصف الأوراق وغيرها ¤ مروقة

— judiciaire دفتر الشخصية . صحيفة السوابق

casino, *m* مَلْهًى . مَقْصَف . (كازينو)

casque, *m* خُوذَة . مِغفرة . بَيْضَة

— contre le gaz خوذة واقية من الغازات الخانقة

casquer, *v* دفع . كَمّ

casquette, *f* طاقية بحافة أو قونس . غطاء للرأس . قبيعة (كسكيت) ¤ خسارة القمار

cassable, *a* قابل للكسر ¤ ممكن فسخه

cassant, e, *a* سريع الكسر ¤ لهجة قارصة

cassation, *f* إبطال قانوني . إلغاء . تكسير ¤ عقوبة عسكرية

cour de — محكمة النقض والابرام

casse, *f* تكسير ¤ الكسر (الشيء المكسور) ¤ صندوق حروف الطباعة ¤ فتنة (نبات)

casse-cou, *m* عاثور . معطب . مهلكة ¤ مجازف

cassement, *m* تكسير . كَسْر

— de tête تعب أو وجع رأس . (دوشة دماغ)

casse-noisette, *m* كسّارة النقل ← . مِرْضاخ . مراط

casser, *v* حَطم . كَسَر . هشم ¤ عزل وعزّل ¤ أبْطل وبطّل . فَسَخ . ألْغَى

— du sucre تكلم في حق الناس

— la gueule ضرب . قتل . (خرشم)

— la croute أكل . غير ريقه

— sa pipe مات

casserole, *f* ← طنجرة . حلّة بيد . كسارولة

casse-tête, *m* عَصًا قَصيرَة في طَرفها رَصاص ¤ شُغْل عقلي مُنهك ¤ ضَوْضاء

— chinois حظورة ¤ لعبة تركيب القطع

cassette, *f* عُلبة النقود أو الحلي . خزينة صغيرة . صُندوقه ¤ خزينة الخاصة الملكية

cassis, *m* شَرَاب كالعنبري من الوشنة ¤ ريباس أسود . عنب الثعلب ¤ مرصد ¤ منزه

cassolette, *f* مِبْخَرة . حُقّة طِيب

cassonade, *f* سُكّر أصْفَر . سُكّر خام

cassoulet, *m* يخني فاصوليا بيضا مع لحوم . طاجن فاصوليا

cassure, *f* مَكْسر . مكان الكسْر ¤ فُتات (فتافيت)

castagnette, *f* صَنْج ← (ساجات) . مِصْفَقَة

caste, *f* طائفة . شيعة . طَبقة ¤ سلالة . جنس

castel, *m* قَصْر ¤ قلعة

castor, *m* حَيوَان كالقندس والسمور

castration, *f* خِصاء . (تطويش)

castrer, *v* خَصَى . (طوّش) . شَظَف

casualité, *f* حادثة . عارض . طارىء ¤ مصادفة . إتفاق [كَزْوالِيتِه]

casuel, le, *a et n* عميل عرضي (غير مستديم) ¤ عرضي . بالمصادفة ¤ فجائي . طارىء ¤ احتمالي ¤ ظهورات

—, *m* عَلاوة . أجرة إضافية

casuiste, *m* حَلاّل مَشاكل الذمّة

casuistique, *f* مُخْتَص بالفتاوي الشرعيّة

catachrèse, *f* إستعارة. لَحْن في اللغة

cataclysme, *m* طوفان. فيضان

catacombes, *f.pl* قبور تحت الأرض. سَراديب الأموات. دَيماس

catafalque, *m* نعش أو قبر مُزيَّن

catalectes, *m. pl* مُقتطفات. كشكول

catalepsie, *f* داء الثبوت. تخشُّب. جمود

catalogue, *m* برنامج ٭قائمة. جَريدة الكتب. فِهرس ٭تَسْمِيره. (كتالوج)

cataloguer, *v* بَوَّب ٭أَدْرَج في القائمة

cataplasme, *m* وضيعة. لزقة. (حراقة. لبخة)

catapulte, *f* منجنيق. عرَّادة

cataracte, *f* شَلّال. جندل. إنحدار ماء نهر من بين صخور ٭كثافة غشاء العين أو اظلام العدسة. ساد

catarrhe, *m* زُكام وزُكمة. نَزلة ٭إلتهاب الغشاء المخاطي [كاتار]

catastrophe, *f* مُصيبة. نكبة. نازلة

catéchisme, *m* تعليم الديانة المسيحية

livre de — كتاب تعليم الديانة المسيحية

catégorie, *f* باب ٭صِنف. طبقة. مَرْتبة. فِئة ٭جِنس. فَصيلة. نوع

catégorique, *a* شافٍ ٭مُناسِب. سَديد. قاطِع. باتّ ٭حتمي. جزمي ٭صريح

cathédrale, *f* أبرشية. كنيسة أسقفية. كنيسة مطران. (كاتيدرال)

catholicisme, *m* المذهب الكاثوليكي. الكثلكة.

catholique, *n et a* كاثوليكي

cela n'est pas — هذا موضع ريبة أو شك

cati, *m et a* طَريقة تلميع الأنسجة وشدها مضغوطة

catimini (en) سراً. في الخفاء. خلسة

catir, *v* صقل نسيجاً. أعطى اللمعية للقماش

catissage, *m* صَقْل. تلميع النُسُج

cauchemar, *m* كابوس. ضاغوط. جثام

causalité, *f* فاعلية. علة سببية

cause, *f* سَبَب. مُوجب. باعِث. داع ٭دَعْوى. قضية ٭غرض. مَصْلَحة

être hors de — خارج عن الدعوى (في القضاء)

à — de لأجل. بسبب. بشأن

donner gain de — حكم في صالح

causer, *v* سَبَّب. تسبَّب. أحدث ٭حادَث. خاطب. فاوض

— avec qn, (et non *à* qn) تحادث مع شخص

causerie, *f* حَديث. محادثة. تكلم

causette, *f* حَديث قصير. مكالمة وديَّة

causeur, se مُحب المُحادثة ٭مُسبِّب

causticité, *f* لَذْع. لَسْع ٭لذع القول. هجو

caustique, *a et n* لاذِع. أكّال. كاوٍ ٭هجائي. لذّاع. هاج وهجّاء

cautère, *m* دَواء أو آلة كاوية ٭كَيَّة ٭(حمصة) (في الطب) [كوتر]

cautérisation, *f* كَيّ. كَوي

cautériser, *v* كَوَى. وَسَم [كوتريز]

caution, *f* ضَمان وكَفالة. قَبالة. ذِمَّة ٭ضامن وضمين. كافل. كفيل [كوشيون]

— judiciaire كفالة

il est sujet à — لا يعتمد عليه

cautionnement, *m* ضمان. كفالة. رهن

cautionner, *v* ضمن. كفل

cavalcade, *f* ركب. ركاب. موكب . خيالة

cavale, *f* حجر. فرس أو فرسة ٭ هرب

cavalerie, *f* (سواري) خيالة. فرسان.

cavalier, *m* (سواري) خيال. راكب.

cavalier, ère, *a* مختال // فارس.

cave, *f* قبو للنبيذ والمؤونة ٭ سرب.

—, *a* غائر // أجوف. كهف

caveau, *m* [كاڤو] قبو

caver, *v* [كَڤِه] جوف. قعر

se —, *vp* تجوف. تقعر ٭ أفلس

caverne, *f* مغار. مغارة كبيرة. كهف

caverneux, se, *a* كثير الكهوف . كهفي ٭ ذو خلايا أو كهوف أو تخاريب

caviar, *m* (خبياري) نوع من البطارخ

cavité, *f* حفرة. جوف. تجويف. ثلمة

ce, cet,(*m*),**cette**,(*f*),**ces**,(*pl.m et f*) *a et pr.d* ذا. هذا. هذه. هؤلاء ٭ ما

céans, *ad* [سِيَن] في داخل هذا

maitre de — رب البيت. صاحب الحفلة

ceci, *pr.d* هذا الشيء

cécité, *f* [سِيسِيتِه] عمى

céder, *v* [سِيدِ] تنزل عن. تخلى عن ومن ٭ خضع . أذعن لـ. سلم

— sous le poids ارتخى. انقطع. هبط

— son fonds du commerce باع متجره

cédille, *f* ç علامة توضع تحت حرف للدلالة على انه يلفظ س بدل ك

cèdre, *m* (شجر عظيم الارتفاع) أرز أو ارز لبنان

cédule, *f* إتفاقية ٭ اذن الاستشهاد (في الشرع) ٭ درجات الضرائب

ceindre, *v3* [سَنْدْرَ] حدق. أحدق. أحاط واحتاط ٭ عصب ٭ نطق. حزم

ceintrage, *m* تطويق. تحزيم

ceinture, *f* حزام. زنار ٭ نطاق ٭ اطار

mettre la — الحرمان من شيء

cela, *pr.d* [سِلا] هذا. ذاك. ذلك

célébration, *f* إحتفال. إقامة عيد

célèbre, *a* شهير. مشهور. ذائع الصيت

célébrer, *v* أقام احتفال. إحتفل ٭ مجد. عظم

— la messe أقام القداس. قدس

célébrité, *f* صيت. شهرة ٭ شخص شهير

celer, *v* واري. خفى. كتم

célerie, كرفس

célérité, *f* سرعة. عجلة

céleste, *a* سماوي ٭ الهي. علوي

célibat, *m* [سِلِيبا] عزوبة. تبتل

célibataire, *n et a* أعزب. عزب

cellier, *m* بيت المؤونة. (كرار) النبيذ

cellulaire, *a* خلوي. ذو خلايا

cellule, *f* [سِلِيل] حجرة صغيرة ٭ خلية ٭ حبس منفرد. زنزانة ٭ صومعة

cellulose, *f* مادة عبارة عن الجزء الصلب في النبات

celui, (*m*), **celle**, (*f*) الذي. التي

ceux, (*m. pl* **celles** (*f.pl.*) هؤلاء.

cémentation, *f* سِقاية المعادِن

cendre, *f* رَماد ٭ رُفات الميت ٭ جَمرة

cendré, e, *a* رَماديّ اللون أو المادة

cendrée, *f* (رَشّ). رَصاص صَغير

cendrier, *m* مِنْفَضة. (طَقطوقه)

cène, *f* العَشاء الربّاني

cénotaphe, *m* قبر فارغ يبقى ذكراً لميت مدفون في مكان آخر

cens, *m* إحْصَاء. تعداد ٭ حكر

censé, e, *a* مَظنون. مُنْتَظر منه. مَحْسوب كأنه. مفروض [سَنْسِه]

censeur, *m* مُراقِب. رَقيب ٭ مُنتقد

censurable, *a* يَسْتَحِق اللوم أو العزْل

censure, *f* مُراقَبة ٭ انتقاد. توبيخ. ذم

censurer, *v* رَاقب ٭ انتقد. وَبّخ. لام

cent, *a* مائة (تكتب بصيغة الجمع اذا سبقها عدد وتضاعفت وليس بعدها عدد مثلاً : [سَن]

Trois cent cinquante. Trois cents

cinq pour — (5 %) خمسة في المائة

centaine, *f* مِقدار مئة. حَوالى المئة

par — بالمئات. بكثرة

centaure, *m* [سَنْتور] العيُّوف (نجم) ٭ قنطورس (حيَوان خرافي)

centenaire, *n et a* عمره مائة سنه. مئوي

fête — يوبيل أو مائة سنة

centésimal, e, *a* مُقسّم الى مائة جزء

centième, *m* [سَنْتْيِم] المائة

—, *a* جُزء من المائه

centigrade, *a* ذو مائة درَجة. سنتيغراد. الترمومتر المئيني

centigramme, *m* سَنْتيغرام. جُزء من المائة من الجرام

centime, *m* سَنتيم. جزء من المائه من الفرنك

centimètre, *m* سَنتيمتر. جزء من المائة من المتر

centipède, *m* أم أربع وأربعين. حريش

central, e, *a* مَرْكَزي ٭ وَسَطي مُتوَسِّط ٭ رَئيسي

centraliser, *v* جمع. ضَمّ. أجمع إلى مَرْكَز. رَكّز. جمع أو تجمع في نقطة واحدة

centre, *m* مَركَز. وَسَط. قَلْب. مِحْوَر

— de gravité مركز الثقل

centrifuge, *a* مُبْعِد عن المركز أو الوسط

centripète, *a* مُقرّب للمَركز (في الطبيعيات)

centuple, *m et a* مِئة ضِعف

cep, *m* دالية. شتلة عنَب. جَفْن

cépage, *m* كَرْم العنب

cependant, *ad* في هذه الأثناء. في غضون هذا [سِپَنْدَن]

—, *cn* مع ذلك. غير أن. والحال

céphalique, *a* رَأسي. مختص بالرأس

céramique, *f* صناعة الفَخّار (أو آلية الطين المحروق)

—, *a* ما يتعلق بصناعة الفخار والصيني. فخاري. خزفي

céraste, *m* حيّة قرناء

cerceau, *m* طَوْق ٭ طارة
cerclage, *m* تَطْوِيق ٭ تطويق البراميل
cercle, *m* دَائِرة . طَوْق . حَلَقَة . نَدْوة ٭ مُحِيط . وسَط ٭ نادٍ . (كلُوب) ٭ قسم
cercler, *v* طَوَّق ٭ أحاط من جميع النواحي ٭ أدار . دَوَّر
cercueil, *m* تَابُوت . نَعْش
céréales, *f. pl* غلال . حُبُوب
cérébral, e, *a* مُخِّي . دِماغِي . مختص بالمخ
cérémonial, e, *a* تَشْرِيفِي . رَسْمِي
—, *m* طَقْس . عادة رسميات . تقاليد
cérémonie, *f* حَفْلة ٭ شَعائر
maître des —s تشريفاتي . رئيس التشريفات
sans — بدون تكلف او تكليف
cérémonieusement, *ad* رَسْمِيًّا ٭ باحتفال
cérémonieux, se, *a* كثير التكليف
cerf, *m* أَيِّل . وَعِل
cerfeuil, *m* كزبرة (نبات)
cerf-volant, *m* طيّارة (من ورق) ٭ نوع من الخنافس . ابو مقص
cerise, *f* كَرَز . كريز
cerisier, *m* شجرة الكرز
cerne, *m* دائرة زرقاء تحت العين . ذبلان . هالة
cerner, *v* أحاط . أحْدَق بـ . حاصَر
certain, e, *a* أكيد . لاشك فيه ٭ بعض . ما
—, *m* مُؤَكّد . يَقِين [سِرْتَن]

certainement, *ad* بلاشك . يقيناً
certes, *ad* حقاً . (طبعاً) . بالتأكيد
certificat, *m* شهادة . اجازة [سِرْتِيفِيكَا]
certifier, *v* أكّد . حقّق ٭ شهد . أقرّ
certitude, *f* تأكيد . يقين [سِرْتِيتِيد]
cérumen, *m* صِمَلاخ . أُف . افراز الأذن
céruse, *f* إسفيداج . إسبيداج . رصاص أبيض . معجون أبيض للآلات
cerveau, *m* مُخّ . دِماغ ٭ عَقْل . ذِهْن
— brulé طائش
se brûler le — إنتحر باطلاق الرصاص على دماغه
cervelet, *m* // مُخَيْخ
cervelle, *f* دِماغ . نخاع ٭ مُخّ [سِرْفِل]
se creuser la — (ou le cerveau) أجهد عقله
césar, *m* قَيْصَر [سِزَار]
cessation, *f* إبطال . زَوَال ٭ توَقّف
cesse, *f* sans — بلا إنقطاع . دائماً
cesser, *v* كفّ . ابطل ٭ توقف . إنقطع
cessibilité, *f* إمكان إنتقال ملكية الشيء
cession, *f* تحويل . تَنَازُل ٭ تنحي أو تخلٍّ من ٭ بيع دين أو حق
cessionnaire, *n* مُتنازَل اليه . محوَّل اليه
cet, cette, *V* ce هذا
cétacé, e, *a* من فَصِيلة الحيتان البحرية
—s, *m. pl* الحيوانات الكبيرة ذات الثدي
câble, *f* حَبل تخين لرفع الأثقال . جُمَل (سَلَبَة) . (حَبل قنب أو بَلَنج)
chacal, *m* (*pl.* chacals) إبن آوى . واوى
chacun, e, *pr* كل . كُل واحد [شَاكَن]
— pour soi كل واحد لنفسه

chagrin, e, *a* مغموم. محزون. حزين
—, *m* غمّ. كدر. أسف. حزن. همّ
cuir — جلد محبب. جلد مشغول (شجران)
chagrinant, e, *a* محزن. مكدّر
chagriner, *v* أغمّ. كدّر. أحزن
se —, *vp* إنغمّ. تكدّر
chahut, *m* جلبة ٭ شغب. هوشة ٭ رقص مبتذل
chahuter, *v* خانق. أحدث شغب ٭ زاحم
chainage, *m* المقاس بالزنجير
chaine, *f* سلسلة. زنجير ٭ قيد ٭ سياق
— de montagnes سلسلة جبال
— d'un tissu لحمة النسيج. مدة. سداة
chainette, *f* سلسلة صغيرة ورفيعة
chainon, *m* حلقة. زردة
chair, *f* [بشر] لحم
— morte الجلد المائت
— de poule رعبة. هول. خوف شديد ٭ جلد مقشعر
— blanche اللحوم البيضاء (كالفراخ والعجول)
en — et en os الشخص بنفسه لحم ودم
chaire, *f* منبر ٭ كرسي الخطيب أو الواعظ ٭ رتبة أو مركز الأستاذ المدرس
— de droit أستاذية الحقوق
chaise, *f* كرسي. مقعد بظهر بدون مساند لليد ٭ إطار (في النجارة) ٭ عربة خفيفة صغيرة
— longue كرسي مستطيل للتمدد
— pliante (*ou* brisée) كرسي طي
— électrique كرسي الاعدام بالكهرباء في أميركا
— à bascule كرسي هزاز
— à porteur كرسي تختروان

chaisier, ère, *n* صانع الكراسي
chaland, *m* صندل. ماعون لنقل شحنة السفينة
—, e, *n* زبون. مشتر. عميل
chalcographe, *m* حفار. نقاش معادن
châle, *m* شال
chalet, *m* كوخ. تخشيبة
chaleur, *f* حرارة. سخونة
en — حائل. طالب الجماع (للحيوانات)
chaleureux, se, *a* حام. ذو حرارة. حار
châlit, *m* ألواح السرير ٭ سرير
challenge, *f* تحد. مناهدة ٭ مراهنة ٭ مباراة (في الرياضة)
chaloupe, *f* فلوكة. زورق طويل
chalumeau, *m* أنبوبة النفخ. بوري ٭ ساق القمح ٭ قصبة. قشة مجوفة ٭ مصاصة ٭ ناي. صفارة ٭ اسطوانة
chalut, *m* شبكة للصيد أو للبحث عن الغرق
chamailler, *v* تشاجر. تنازع. تخانق
chamarrure, *f* زركشة. تزويق
chambranle, *m* إفريز الباب او الشباك وماشابه ٭ رف دفاءة حائط أو إفريزها
chambre, *f* غرفة. حجرة. مخدع
— noire الغرفة السوداء (لتحميض الصور)
— des deputés مجلس النواب
— garnie (*ou* meublée) غرفة مفروشة
garder la — لم يخرج من الغرفة
chambré, e, *a* مدفأ قليلا (للنبيذ)
chambrée, *f* جماعة ينامون سوية
chambrer, *v* دفأ المشروب ٭ لازم الغرفة ٭ سكن في نفس الغرفة ٭ تآلفوا

chambrette, *f* حُجَيْرة. غُرْفة صغيرة
chambrière, *f* خادِمة. وَصِيفَة. (كربرة)☆سَوْط طَوِيل. كرباج.
chameau, *m* جَمَل. إبل☆شخص ثقيل
chamelier, *m* جَمّال. سائق البعير
chamelle, *f* ناقة (ج. نُوق)
chamois, *m* تيتل. قُرْميد. تيس بَرّي. حيوان كالغزال☆جلد التيتل.
—, *n et a* لَون أصفر فاقع أو برتقالي مصفر
champ, *m* حَقْل. غيط (خَلَى)☆مَدَى
— de repos المقابر
— de bataille ساحة القتال
— de courses ميدان السباق
sur — (industrie) على الحرف
prendre la clef des —s هرب. فر. الطلق
à tout bout de champ في كل ساعة. كل دقيقة
sur-le-champ حالا. في الحال
champagne, *m* شامبانيا
champêtre, *a* ريفي. فلاحي
champignon, *m* فطر. عيش الغراب.
champion, *m* بَطَل☆مبارز. مناضل☆حامي
championnat, *m* بُطولة☆أسْبَقِيّة
chançard, e, *n et a* مبخت. حسن الحظ
chance, *f* بَخت. حَظ. نصيب
chancelant, e, *a* مُزَعزَع. مترجرج☆غير ثابت☆متردد.
chanceler, *v* تَزَعْزَع. خار. ترنح☆تحيّر
chancelier, *m* قاضي أو رئيس قضاة☆حامل ختم الملك☆وزير.
chancellerie, *f* مكتب رئيس القضاة
chanceux, se, *a* محظوظ. موفق☆غير أكيد (الأشياء)
chancir, *v* بدأ يتعفن. زنخ. تَمّس
chancissure, *f* تعفُّن. كرَج
chancre, *m* القُرْح الزُهْرِيه الصلبه (شانكر)☆آفة زراعية. القُلاع
chancreux, se, *n et a* من نوع القرح الزهرية☆مُصاب بالقرح
chandail, *m* قميص بدون أزرار. جازة. صدرية صوف برقبة.
chandelier, *m* شمعدان☆شماع
chandelle, *f* شمعة (ج. شُموع)
chanfreiner, *v* شطر أو شطف حد الزاوية
change, *m* مبادلة☆صرف☆بورصة☆قطع
agent de — سمسار أوراق (مالية)
lettre de — سفتجة (كمبيالة)
changeant, e, *a* مُتقلّب. متلوّن
changement, *m* تغيير. تبدّل
changer, *v* غيّر. بادَل. قايَض
se —, *vp* تغيّر
changeur, *m* مغيّر العُملة. صرّاف
chanoine, *m* كاهن (قانوني)
chanson, *f* أغنية☆تغريد☆ترتيل
repeter la même — على وتر واحد
chansonnette, *f* أُغْنِية صغيرة. مَوّال
chansonnier, ère, *n* مؤلف أغاني
chant, *m* غِناء [شَن]
chantage, *m* النصب بالتهديد بالفضيحة☆مجرى. بلاعة☆رشاشة

chantepleure, *f* قمع طويل فيه ثقوب ٭ مزراب

chanter, *v* غنّى ٭ رتّل ٭ غرّد

faire — qn تحصل على النقود بالتهديد بالفضيحة

pain à — خبز فطير . عيش فطير

chanteur, se, *n* مغنٍ

chantier, *m* فناء . حوش ٭ (ورشة) . محل العمل // حوض بناء السفن — maritime

chantonner, *v* دندن . نغّم

chantre, *m* مُرَتِّل

chanvre, *m* قِنّب . تيل ٭ ساري ٭ مسطرة ٭ تيل شعر . قنّب مشغول

chaos, *m* فضاء . فلا ٭ اختباط (لخبطة)

chapeau, *m* قبّعة . بُرنيطة

chapelain, *m* قِس . راعٍ لمعبد خاص

chapelet, *m* سُبحة . مِسبَحة ٭ حبل قواديس الساقية ٭ رصاص الشبكة

chapelier, ère, *n* صانع القبع أو بائعها

chapelle, *f* مَعبد . كنيسة صغيرة

— ardente مصباح النعش

chapellerie, *f* محل تجارة أو صِناعة القبعات

chapelure, *f* قِشرة خبز مبشورة . أنبطة

chaperon, *m* غماء . غطاء للرأس

—, ne, *n* رفيق ليراقب السلوك . قهرمان

chaperonner, *v* رافق أشخاصاً صَوناً لسمعتهم . راقب وصان ٭ طنّف

chapiteau, *m* تاج العمود ٭ قمّة ٭ إطار ٭ طربوش الصاروخ ٭ رأس الانبيق

chapitre, *m* باب . فصل ٭ سورة ٭ اصحاح ٭ موضوع ٭ مجمع رهبان

avoir voix aux — له صالح أو صوت في المسألة

chapitrer, *v* وبّخ . أنّب . عنّف

chapon, *m* دِيك مخصي ومُسمّن ٭ ثريد . عصيدة ٭ (قشفة) خبز مفروك بالثوم

chaque, *a* كُل

char, *m* عربة . عجلة ٭ مركبة قتال

charabia, *m* رَطانة . بَرطمة

charade, *f* لغز . أحجية . حزّورة

charançon, *m* سُوس الحبوب

charbon, *m* فحم ٭ جمرة خبيثة

— de bois فحم الخشب . (فحم بلدي)

— de terre فحم حجري . فحم معدني

être sur le — على نار . على أحر من الجمر

charbonnage, *m* تعدين . صِناعة استخراج الفحم

charbonneux, se, *a* فحمي . كالفحم ٭ كثير الفحم ٭ من نوع فرخ جمر (في الطب)

charbonnier, ère, *n* صانع الفحم أو بائعه

—, *m* فحام // سفينة فحم . مركب لنقل الفحم

chabonnière, *f* مَكمورة . المكان الذي يحرق فيه الحطب للتفحيم . مشحرة

charcuter, *v* فرم . قطع اللحوم . هرس

charcuterie, *f* محل بيع لحم الخنزير والمقانق وما شابه

charcutier, ère, *n* جزّار أو بائع لحم الخنزير (المستوى)

chardon, *m* عوسج . عكول . شوك الدواب (نبات شائك) ٭ حسك

chardonneret, *m* حسّون . عصفور مغرد

charge, *f* ضريبة ٭ وظيفة . إكثار ٭ مبالغة ٭ نفقة ٭ مواد مثبتة للجريمة ٭ تهمة ٭ عناية . رعاية ٭ حمل ٭ وسقة . شحنة مركب ٭ ثقل . ضيق
— électrique شحنة كهربائية
— (de soldats) هجمة . هجوم . مهاجمة
— du fusil تعميرة البندقية . حشوة
revenir à la — حاول من جديد . اعادة المحاولة
être à — de qn عبء أو ثقل على أحد
à ma — على نفقتي أو مسئوليتي أو عهدتي

chargé, e ملآن . معبى ٭ محشو . مزدحم ٭ محشور ٭ من تسلم عبئاً
une lettre — e رسالة مؤمن عليها ، مسجلة
— de cours أستاذ مساعد . محاضر
— d'affaires القائم بأعمال . نائب سفير دولي
le temps est — الطقس مظلم أو مغيم

chargement, *m* حمولة . شحنة . وسقة ٭ الشحن . التحميل ٭ شحن البطاريات بالكهرباء

charger, *v* حمل . شحن ٭ حشا . عمر (البندقية) ٭ عبى . ملا (البطارية) ٭ أمن (الخطاب) ٭ كلف . وكل ٭ هجم ٭ بالغ

se —, *vp* تكلف . أخذ على ذاته . التزم

chargeur, *m* شاحن ٭ صاحب سفن ٭ من أو ما يقوم بتعبئة السلاح الناري

chariot, *m* عربة متينة لنقل البضائع

charitable, *a* محسن . خير

charité, *f* إحسان . صدقة . بر . رأفة

charivari, *m* غوغاء . جلبة . أصوات متنافرة

charlatan, *m* دجال . مشعوذ

charlatanisme, *m* (أو انطه) تدجيل . خلابة . شعوذة ٭ تهجيص

charmant, e, *a* ظريف . جاذب . فتان

charme, *m* جاذب . فتنة . لطف . حسن ٭ بهجة . لذة ٭ سحر . طلسم ٭ شجر طويل
rompre le — أفسد السحر والفتنة

charmer, *v* أخذ بمجامع القلوب . سبى . فتن ٭ سحر . رقى

charmeur, se, *n* فاتن . سابي الألباب
— de serpent حاوي . من يلاعب الحيات . ساحر

charnel, le, *a* جسداني ٭ شهواني
désirs — s شهوات الجسد ، رغبات تناسلية

charnellement, *ad* جسدانياً ٭ شهوانياً

charnier, *m* محل عظام الموتى (خشخانة) ٭ مكان يحفظ فيه اللحم

charnière, *f* مفصلة

charnu, e, *a* بدين . ملحم . لحيم . كثير اللحم

charnure, *f* لحم . بدانة

charogne, *f* جيفة . رمة ٭ لفظة سباب

charpente, *f* تقفيصة . إطار . برواز خشبي ٭ نسق ٭ هيكل الجسم أو العمارة

charpenterie, *f* نجارة

charpentier, *m* نجار عمارة

charpie, *f* نسالة . خرقة
vêtement en — هدوم مهرية

charretier, ère, *n* سائق عربة النقل

charrette, *f* (كارو) عربة نقل
— à bras عربة يد

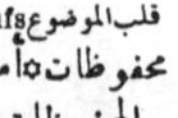

charrier, *v* عبى . حمل ٭ نقل بالعربة ٭ تهكم

charroi, *m* أجرة العربة ٭ نقل بالعربة

charrue, *f* محراث
mettre la — devant les bœufs قلب الموضوع

chartrier, *m* محفوظات ٭ أمين المحفوظات و مكان حفظها

chas, *m* عين الابرة . سم الخياط ٭ غراء

chasse, *f* قنص. صَيْد ٭ مُطارَدة
en — طالب التعثير
châsse, *f* صندوق المخلفات ٭ عَين ٭ قبضة
chasse-mouches, *m* مِنَشّة
chasser, *v* قنص. صاد ٭ إصطاد ٭ طارد ٭ طرد ٭ نَش ٭ بدّل في الرقص
chasseur, se, *n et a* صائد. قانِص
vaisseau — طرّاد. سفينة طرادة
chassie, *f* رَمَص. غُمَاص. قذاة
châssis, *m* إطار. طَوق. بِرواز. شباك. شاسي ٭ كرانيش الوسط (في التنجيد)
قاعدة أو هيكل السيارات. بما فيه الآلات

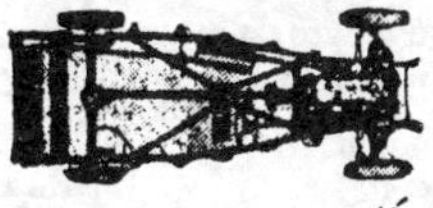

chaste, *a* عفيف. طاهر
chasteté, *f* عِفّة. طهارة النفس. عِصمة
faire vœu de — ترهّب
chasuble بَدْلَة القداس ٭ زخارف الكنيسة
chat, *n* قِط. هِرّ
appeler un — un — قال للأعور أعور في عينه
être comme chien et — دائماً في خناق معاً
— musqué قط الزبد. سنور
— coupé قط مطوش. مخصي
châtaigne, *f* أبو فروة. كستنة
châtain, *m et a.m* أكلف. كلف. لون أبو فروة. كستاني
château, *m* قصر. صرح
— fort حصن. قلعة. قصر مسلح
— en Espagne أماني. قصر في الهواء
châtelain, e, *n* صاحب القصر. قائد الصرح
châtelet, *m* قصر صغير. قُصَيْر
chat-huant, *m* بُومَة
châtier, *v* عاقب. هذّب ٭ نقّح
châtiment, *m* عِقاب. تأديب
chatoiment, *m* كبّ الألوان وتألقها
chaton, *m* قط صغير ٭ فص ٭ سبل مذكر
chatouillement, *m* زغزغة. نغمشة
chatouiller, *v* دغدغ. زغزغ. (غيّر)
— l'apetit فتح الشهية
— l'oreille أطرب. أبهج
chatouilleux, se, *a* غاير. يتزغزغ بسهولة ٭ سريع الانفعال
chatoyant, e, *a* لامع. كابب في بعضه ٭ برّاق
chatoyer, *v* لمع. كبّ في بعضه. تلألأ
châtrer, *v* خصى. طوّش [شَتَر]
chatterie, *f* مُداهنة
chaud, e, *a* حارّ. ساخن. حام [سُخن]
cela ne fait ni — ni froid هذا لا يؤثر
il fait — الدنيا حَر. الطقس حَر
chaudement, *ad* بحرارة. بسخونة ٭ بحماس ٭ فوراً [شُوُدْ مَن]
chaude-pisse, *f* سَيَلان. حُرقة البول
chaud-froid, *m* طيور باردة
attraper un — أخذ برداً
chaudière, *f* غلاية. قزان. دست. مِرجل ٭ خلقين
— du coq مطبخ السفينة
chaudron, *m* دست. قزان ٭ نرجس المرور
chaudronnerie, *f* صناعة النحاس وتجارته

chaudronnier, ère, *n* نحّاس
chauffage, *m* تسخين. تدفئة
—central تدفئة فى جميع الغرف
chauffe-bain, *m* مسخّنة الحمام
chauffer, *v* سخّن. حمّى. دفّى ٭ ضايق ٭ ساق
se —, *vr* حمى. تدفأ. سخن
chauffeur, *m* سوّاق. وقّاد. سائق
chauffeuse, *f* سائقة ٭ مقعد للجلوس قرب النار
chauffoir, *m* مكان الاستدفاء
chaufour, *m* آتون لصنع الجير. مجيرة
chaulage, *m* تسميد أو رش بالجير
chaume, *m* قش. فصلة الزرع ٭ عشة
chaumer, *v* قلع أو قطع القش
chaumière, *f* عشة. كوخ. خص
chausse, *f* سروال ٭ وشاح ٭ قماش للترشيح على شكل قمع ٭ مجرور
chaussée, *f* جسر. رصيف. حاجز ٭ فم الطاحونة ٭ وسط الشارع
rez-de-chaussée الدور الأرضى
ponts et chaussées كبارى وجسور
chausse-pied, *m* لباسة. لباس الأحذية
chausser, *v* نعل. جورب. لبس أو ألبس الحذاء أو الجوارب [تشميس]
se — لبس الحذاء أو الجورب. إحتذى
chaussette, *f* جوارب رجالي. كالسة
chausson, *m* مزد. (بنتوفله). شبشب
chaussure, *f* حذاء. جزمة
trouver — à son pied وجد الموافق
chauve, *a* أصلع (م. صلعاء)

chauve-souris, *f* خفاش. وطواط. سمسمة
chauvin, e, *n* وطني غيور ٭ محب الحرب
chauvinisme, *m* تولع بالوطنية والقتال لها
chaux, *f* كلس. جير. جص
— vive جير حي. جمور
lait de — ماء الجير
chavirement, *m* إنقلاب
chavirer, *v* إنقلب. إنقلبت السفينة
chef, *m* رئيس. مقدم. زعيم. قائد ٭ رأس ٭ رئيس الطهاة ٭ نقيب
— d'accusation وجه التهمة
chef-d'œuvre, *m* تحفة. طرفة
chef-lieu, *m* قصبة. عاصمة. بندر. مركز
chemin, *m* طريق. سبيل
— de fer سكة حديدية
— battu طريق مطروق
— de la croix طريق الآلام. أسباب الصليب
le mauvais — طريق الضلال
faire du chemin ترقى. تقدم
chemineau, *m* لكاة. متسكع
cheminée, *f* مدخنة (ج مداخن)
— (pour chauffer) مدفأ للغرف. مدفائة
cheminer, *v* مشى. سار
cheminot, *m* عامل السكة الحديدية
chemise, *f* قميص ٭ ملف [تشميز]
— (dossier) دوسيه. حافظة لأوراق القضايا
chemiserie, *f* مصنع قمصان. دكان للأقمصة
chemisette, *f* جلباب. عنترى. قميص نسائي
chemisier, ère, *n* خياط قمصان أو بائعها
chenapan, *m* شقي ٭ (معتر) ٭ صعلوك

chêne, *m* شَجَرَة القَرْو. خشب القرو

chêneau, *m* مجرى الميزاب

chènevis, *m* شَنارق. بذرة القنب

chenille, *f* دودة ٭دودة القز

auto— دبابة

chenu, e, *a* شايب. شائب (م. شائبة)

cheptel, *m* مُشاركة المواشي

chèque, *m* تحويل. شيك. صك. إذن

— barré شك مضروب، غير قابل التحويل (لتقييده على الحساب)

— au porteur تحويل يدفع لحامله

cher, ère, *a* غال. عزيز (ج. أعزاء)

chercher, *v* فتش. بحث ٭اجتهد. سعى

— (un objet perdu) تفقد. افتقد

— midi à quatorze heures عقد الأمر. التبس

— femme سعى في الزواج

— dispute طلب الخناق. شاكل

— une place سعى في وظيفة

— un medecin احضر طبيباً

chère, *f* وجه ٭ترحاب. ضيافة ٭ اكلة

aimer la bonne — احب الأكل الفاخر

faire grande — اسرف

chèrement, *ad* بثمن غال ٭باعزاز. بمعزة

cheri, e, *a et n* عزيز. معزوز. حبيب

chérir, *v* أعزَّ. دَلَّل

cherté, *f* غلاء

chérubin, *m* كروب. شاروبيم ٭ملاك

mon —! ٭طفل جميل // ياحبيبي

chervi *ou* chervis, *m* كراوية

chétif, ve, *a* هزيل. ضئيل. ضعيف

cheval, *m* حصان. جواد

être à — رابح على أي حال. ملك الربع

à — sur les principes رجل مبادئ

c'est son — de bataille هذا مايضارب به

fièvre de — حمى شديدة

mettre une somme à — راهن على غرتين بالتساوي

— vapeur حصان بخاري

jeu de petits chevaux لعبة قمار كالروليت

cheval de retour مجرم ذو سوابق

chevaleresque, *a* كرامي. نبيل

chevalerie, *f* سيادة ٭فروسة

chevalet, *m* حمار خشب. اثافى — الرسام. قائمة

chevalier, *m et a* فارس ٭شريف. سيد ٭رتبة شرف // نصاب. افاق

— d'industrie نصاب. افاق

chevalière, *f* خاتم عريض ٭زوجة الشريف

chevaline, *a. f* جنس الخيل

boucherie — محل جزارة الخيل

chevauchée, *f* جوالان. مشوار

chevaucher, *v* خيل

chevelu, e, *a* غزير الشعر

chevelure, *f* شعر الرأس

chevet, *m* مخدة. وسادة ٭رأس السرير

cheveu, *m* شعرة

cheville, *f* مسمار. خابور. وتد ٭كاحل القدم. كعب ٭مدار الأمر. المحرك

cheviller, *v* سمر بخوابير. وتد

chèvre, *f* معزة. عنزة ٭آلة لرفع الأثقال

chevreau, *m* جدي. صغير الماعز

chevrefeuille, *m* زهر العسل. ياسمين بري

chevreuil, *m* تيس بري. وعل ٭لحم غزال

chevrier, ère, *n* معاز. راعي الماعز

chevron, *m* مربنة. رافدة. دعامة ٭شريطة (شارة توضع على الذراع في الجندية)

chevrotant, e, *a* مُرْتَجِف. صَوْتٌ مُرْتَجِف
chevrotement, *m* إرتجاف الصوت
chevrotin, *m* جلد جَدْي مَدْبوغ
chevrotine, *f* خَرْدَشة. رش كبير
chez, *prè* عند. لدى. لَدُنْ
chialler, *v* بكى. إنتحب
chic, *m* انيق ٭ظريف. لطيف
chicane, chicanerie, *f* مُماحكة. نزاع
chicaner, *v* ماحك. نازع
chicaneur, se, *n et a* مماحِك. محب النزاع
chiche, *a* شحيح. قليل ٭بخيل
chichi, *m* مَظاهِر. غاغه. اغراء
chicorée, *f* شيكوريا. سريس. هِندباء
chicot, *m* جذم. جذمار ٭فرْخ شجرة
٭شجَرة البندق الهندي
— d'une dent بقية السن المكسور
chicotin, *m* صَبِر. مرارة الحنظل
chien, ne, *n* كَلْبٌ (ج. كلاب)
— de garde كَلْب عقَر
entre — et loup في الدغيشة. عند الغروب
vivre comme chien et chat عاش في خصام مستمر
— de fusil زناد
— enragé كلب مصاب بالصرَع
elle a du chien منظرها أنيق. رشيقة
chiendent, *m* عِرْق النجيل (نبات)
chier, *v* غاط. تغوّط. خَرى
chiffon, *m* خِرْقة. (شَرْمُوطه)
٭قماش رَديء ٭رجل خائر العزيمة
— de papier قصاصة ورق
vieux — كهنة. خرقة
— (tissu) قماش رخو
parler — تكلم عن الملابس والموضة

chiffonné, e, *a* مذعبل. مجعد. (مطعج)
chiffonner, *v* زَعّل. جرَح إحساسات
٭ذعبل. دبل ٭لمّ الكُهْنة
chiffonnier, ère, *n* لمّام أو بيّاع كُهْنة، اسمال، (روبابكيا) ٭دولاب هدوم واطي
chiffrage, *m* ترقيم
chiffre, *m* رَقم. عَدَد ٭رمز. إصطلاح
chiffrer, *v* نمّر ٭كتَب بلغة إصطلاحية
chignon, *m* قفا ٭ذؤبة الشعر المجمع فوق الرأس
chimère, *f et a* غرور. أماني واهية ٭فراشة
chimérique, *a* وَهْمي. خيالي. مُستحيل
chimie, *f* كيمياء
chimique, *a* كيماويّ
produits —s منتجات كيماوية
chimiquement, *ad* كيماوياً
chimiste, *m* كيماوي
chimpanzé, *m* رَجُل الغاب
. شيمبانزي
chinage, *m* توشية. صَبْغة ٭شغلة ٭إنتقاد
chinchilla, *m* نوع من السنجاب له فرو جميل
chiné, e, *a* كثير الألوان ٭موشّى
Chine, *f* الصين
encre de — حبر صيني
chiner, *v* وَشّى ٭مازح ٭انتقد
chinois, e, *n et a* صيني
ombres —es خيال الظل
chinoiserie, *f* بدع الصين ٭عرقلات
chiourme, *f* زمرة المساجين ٭لوماني
chiper, *v* سَرَق. نشل ٭دبغ ٭وقع في هوا

chipie, *f* امرأة مكروهة
chipolata, *m* يخني بصل ٭ نقانق قصيرة
chipoter, *v* فاصل ٭ توسوس ٭ تناقش في شيء
chique, *f* مضغة ٭ قرادة
macher une — مضغ فضلة تبغ
couper la — à qn أخرسه . أسكته
chiqué, e, *m et a* تقليد . غير حقيقي ٭ ظريف
chiquenaude, *f* نجر . نقف . نقرة بالظفر
chiquer, *v* مضغ ٭ تظاهر بشيء ٭ أكل ٭ ضرب //
tabac à — دخان مضغ . مضغة
chirographaire, *a* بخط اليد
créancier — دائن بموجب مستند
chiromancie, *f* علم قراءة الكف
chiromancien, ne, *n* عالم بقراءة اليد
chirurgical, e, *a* جراحي . مختص بالعمليات الجراحية
chirurgie, *f* الجراحة . الطب الجراحي
chirurgien, ne, *n* جرّاح . طبيب جرّاح
chiste, *m* كيس . غدة
chloroforme, *m* كلوروفورم . مبنج
chloroformiser, *v* نوّم . بنّج . خدّر
chlorure de sodium, *m* ملح الطعام
choc, *m* صدمة . لطمة . هزّة ٭ (خضة)
le — des intérêts تباين المصالح
chocolat, *m* شكولاته
il est — وحلان . في حيص بيص
chœur, *m* [كر] خورس . جوق مرنمين
chanter en — أو مغنيين // غنوا معاً
choir, *v* 3 وقع . سقط
choisi, e, *a* منتخب ٭ فاخر ٭ خيرة . صفوة
morceaux —s مقتطفات . ملح

choisir, *v* انتخب . اختار . انتقى
choix, *m* اختيار . انتقاء ٭ نخبة . خيرة
cholérique, *n* مصاب بالهيضة . مهاض
—, *a* شكس . حاد الطبع ٭ صفراوي
chômage, *m* بطالة . عطلة
chômer, *v* بطّل . خلى من الشغل
chômeur, se, *n et a* خالي شغل . عاطل
chope, *f* كوبة . كباية بيرة ٭ — . كأس للجعة . شوب
chopine, *f* نصف قنينة . نصف زجاجة
chopper, *v* عثر . زل قدمه
choquant, e, *a* مكدّر . مفجع ٭ مقرف ٭ عيب ٭ جارح . مؤلم للنفس [تنوكن]
choquer, *v* صدم . لطم ٭ هزّ . رجّ ٭ أغاظ ٭ جرح الاحساس ٭ (خضّ) . أفزع
— l'oreille مجّ السمع
choral, e, *a* مختص لخدمة الترتيل ٭ موسيقاني //
société —e جمعية موسيقية
des —s, *m* (*pl.* chorals) تراتيل . تراتيم
chorégraphie, *f* فن الرقص
choriste, *n* مغني في الخورس . من جوقة المرنمين
chorographie, *f* فن وصف البلاد
chose, *f* شيء (ج. أشياء)
rester tout — انذهل . اندهش ٭ زعلان
bien des —s à votre frère *ou* chez vous بلغ تحياتي لشقيقكم أو لأهل بيتكم
chou, *m* كرنب ٭ فطيرة محشية
— farci كرنب محشي
mon petit — يا عزيزي . يا روحي
— de Bruxelles كراب قزم . كرنب صغير الحجم
chouan, *m* بومة ٭ من حزب الملكية
choucroute, *f* كرنب مسلوق

chouette, *f* بُومة ٭ مَصَّاصة ٭ جميل . حسن
chou-fleur, *m* قَرْنَبِيط 
choyer, *v* دَلَّل
chrême, *m* الميرون . الزيت المقدس
chretien, ne, *n et a* مَسِيحيّ . نصراني
Christ (le), *m* المسيح
christianiser, *v* نَصَّر
christianisme, *m* النصرانية . الدين المسيحي
chromate, *m* مِلْح حمض الزرنيخ
chrome, *m* مَعدن الكروم (للصباغة)
chromique, *a* زَرنيخي
chromo, *m et préf.* صُورة ملونة ٭ لون
chromolithographie, *f* الطبع بالألوان عن الحجر
chromotypographie *ou* chromotypie, *f* طبع بالألوان
chronique, *f* حَوَادِث . الحوادث الحاضرة
—, *a* مُزْمِن . مُتأصل (في الطب)
chroniqueur, *m* مؤرخ . مُحَرِّر الأخبار
chronologie, *f* عِلم التواريخ وتقويمها
chronologiste, *m* مؤرخ . معلم التاريخ
chronomètre, *m* ساعة مَضْبوطة . كرونومتر
chrysalide, *f* شُرفة . اسروع . دودة حديثة ٭ جوزة الحرير 
chrysanthème, *m* اقحوان . زهرة اللؤلؤ
chuchotement, *m* وَشوشة هَمْس

chuchoter, *v* وَشْوَش . هَمَس
chuintement, *m* لثغ
chut ! هُسّ . اخرس . اسْكُت ! . صَه !
chute, *f* [شيت] وُقُوع . سُقوط
— d'eau مَسقط ماء
— des reins اسفل الظهر
— du ministère سقوط الوزارة
— du jour الغروب . غروب الشمس
chyle, *m* كيلوس . مستحلب الطعام المهضوم
Chypre, *f* قُبْرُص
ci, *ad* هَذا . هُنا
ci-joint,e, *ou* ci-inclus,e مُرفق مع هذا
ci-devant آنفاً . السابقون . سابقاً
ci-gît un tel هنا ضريح فلان
comme ci-dessus شرح ما قبله
ci-dessous أدناه
ci-contre حذاء . تلقاء
comme ci comme ça من داعلى دا
cibiche *ou* cibige, *f* سِيجارة
cible, *f* هَدَف . مَرْمَى
ciboire, *m* حُق القربان
ciboule, *m* بَصَل أخضر صَغير
cicatrice, *f* ندبة . أثر جُرح
cicatrisation, *f* اندمال . التحام
cicatriser, *v* دَمَّل . قطب الجرح
se — إندَمَل . التحم . التأم
cicerone, *m* دَليل . مُرْشِد
cidre, *m* خَمْر . عَصِير التفاح
— mousseux شراب التفاح الفوار
ciel, *m* سَماء
cierge, *m* شمعة ٭ شمعة إسكندراني
cigale, *f* صَرَّار . صرصور ٭ شاعر

cigare, *m* سيجار

cigarette, *f* سيجارة. لفافة تبغ

cigogne, *f* أبو مغازل. أبو عنز. لقلق

ciguë, *f* شوكران ◦ نبات مخدر

cil, *m* هدب. رمش. شعر الأجفان

ciller, *v* رمش. غاض

cime, *f* قمة. طرطوفة

ciment, *m* ملاط. أسمنت. جبس مائي أو افرنكي

— armé أسمنت مسلح (أي يتخلله سلوك)

cimenter, *v* حبّس بالأسمنت ☼ ألصق

— l'amitié وطد الصداقة. عزز المحبة

cimetière, *m* تُرَب. مَدفن. قرافة

cimier, *m* زينة. لباس الرأس ☼ لحمة الحربة (العجز) في البقر

cincenelle, *f* اللبان. حبل لجر المراكب

cinéma, *ou* cinématographe, *m* الصور المتحركة. سينما ◦ آلة عرض الصور المتحركة

— parlant صور متحركة ناطقة

cinématographier, *v* التقط (أي صوّر) الصور المتحركة

cinématographique. *a* سينماتوغرافي

cinéraire, *a* رمادي. متعلق بالرماد أو منه

cinération, *f* حريق ☼ ترميد. حرق الموتى

cinglage, *m* طرق الحديد ☼ سير المركب في اليوم ☼ ربط ☼ ضرب. جلد

cinglant, e, *a* ممشوق. لاذع

cinglé, e, *a* أبله. (مهفوف) ☼ ممشوق

cingler, *v* جلد. ساط ◦ طرق الحديد ◦ اقلع. اندفع امام الريح ◦ هجا. سلق (بالكلام القارص)

cinname, *ou* cinnamome, *m* شجرة القرفة. الدارصيني

cinq, *a et m* خمسة (م. خمس)

cinquantaine, *m* خمسون. مقدار خمسين

cinquante, *a* خمسون

cinquantenaire, *m et a* عيد الخمسون

un homme — رجل ابن الخمسين. خمسيني

cinquantième, *m* الخمسون

cinquième, *a* خامس

—, *m* خُمْس. جزء من خمسة

—, *f* الفصل أو السنة الخامسة (في التعليم الثانوي)

il habite au — يسكن الدور الخامس

cinquièmement, *ad* خامساً

cintrage, *m* نطاق ☼ وثاق ☼ تقويس

cintre, *m* عُبوة. عقد. قوس ◦ شماعة

cintrer, *v* عقد البناء ☼ حنى. قوّس

cirage, *m* بويه. طلاء. دهان (ورنيش)

— des parquets مسح أرضية الغرف بالشمع

— des souliers الاسكندراني // مسح الأحذية

circompolaire, *ad* مجاور القطب

circoncire, *v* 3 طاهر. ختن

circoncis, e, *a* مُطاهَر. مختون

circoncision, *f* طهور. طهارة. ختان

circonférence, *f* محيط. دائرة

circonflexe, *a* علامة لمد صوت الحرف

circonscription, *f* قسم. دائرة اختصاص ◦ محيط

circonscrire, *v* 3 أحاط. حدّد. تخم

circonscrit, e, *a* مُحيط. مَحْصُور. محدود
circonspect, e, *a* حَذِر. يَقِظ
circonspection, *f* إحتراس. تيقظ. حذر
circonstance, *f* ظَرْف. فُرصَة ٭عارض. واقعة
—s atténuantes ظروف مخففة للجريمة
circonvenir, *v* إحتال على. غش. خدع ٭أحاط. حف
circonvolution, *f* تلافيف. دَوْرَة حَوْل النقطة المركزية
circuit, *m* لفّة. دائر. مُحيط
circulaire, *a* دائري. على شكل دائرة
—, *f* ٭دوري منشور. نشرة
circulation, *f* مُرور. سير٭دَوَران
— du sang جريان أو دوران الدم
— des monnaies رواج النقد. تداول
circulatoire, *a* دَوْري
circuler, *v* سار. مَشَى. جال٭إنتشر. ذاع
circumnavigation, *f* طَوَاف حول الأرض
cire, *f* شَمْع عَسَل
— à cacheter شمع أحمر. شمع الختم
cirer, *v* مَسَح٭طلى بالشمع. شمّع
cireur, se, *n* (بويجي). مَسَّاح الأحْذية (أو الأرضيه الخشب)
ciron, *m* عُثّة. ميكروب
cirque, *m* سيرك. مَلْعَب بهلوان٭ميدان
cirrus, *m* سَحابَة بشكل خيوط مُتشبكة ٭طخرور٭سلك نباتي
cisailles, *f.pl* مِقَصّ المعادن. مِقراض
cisaillement, *m* قَرْض. قص المعادن
ciseau, *m* مِقص٭قلفاط حَديد ٭مقراض
— (de menuisier) ازميل
— (de sculpteur) منقاش
— (de maçon) اسفين
ciseler, *v* نَقَش. حفر. نقر. فرّغ
ciselure, *f* حفر. النقش. الترصيع
cisoires, *f.pl* مِقَص النحاس أو الصياغ
citadelle, *f* قلعة. حِصْن
citadin, e, *n et a* إبن بَلد. حضري. بلدي
citation, *f* اعلان حضور إلى المحكمة (علم طلب)٭استشهاد. مرجع. إقتباس
cité, *f* بَلدَة. مَدينة
le droit de — حق الوطنيّة
— ouvrière أماكن العمّال
citer, *v* طَلَب للحضور أمام المحكمة ٭إستشهد. اقتبس. نقل عن٭ذكر
citerne, *f* صَهْريج أو مستودع مياه ٭حوض. بئر
cithare, *f* قيثارة. آلة موسيقية وترية قديمة
citoyen, ne, *n* إبن بلد. وَطَني. مواطن
citron, *m* لَيْمُون٭ليموني
citronnade, *f* لَيْمُوناده. شَراب الليمون
citronnelle, *f* تُرنجان. بقلة الاترجية
citronnier, *m* شُجَرة اللّيْمُون
citrouille, *f* قَرْع. يَقْطين
civet, *m* يخني (الأرانب على الأكثر)
civette, *f* الزبَّاد. قِط الزبَّاد٭زَبَده٭ثوم
civière, *f* محفّة. مَحمل. حمّالة ، نقّالة للجرحى والمرضى وما شاكل٭مصفى٭عربة يد

civil, m مَدَني. أهليّ. ملكي (غير عسكري)
—, e, a مُهَذَّب. أنيس
code — قانون مدني
partie —e المدعي أو النائب العام. مدعٍ بحق مدني
droits civils الحقوق المدنية
civilement, ad مَدَنياً ☼ بأدب ورقّة
civilisation, f حضارة. مدنية. تمدن ☼ تهذيب. تمدين
civilisé, e, a متمدّن. مهذّب
civiliser, v مدّن. هذّب
civilité, f أدب. لُطْف. مجاملة
—s, f.pl إكرام. تحية وإحترام
civique, a وطنيّ. مدني. أهلي
droits —s حقوق وطنيّة
civisme, m غيرة وطنية. حبّ الوطن
clabaudage, m نُباح الكلاب ☼ صياح
clabauder, v نبح ☼ صَخِب ☼ زرّ
claie, f حصيرة من صَفصاف. وشيع ☼ غربال
clair, e, a رائق ☼ مُضيء. نيّر. صاف ☼ سهل الفهم ☼ رقيق. خفيف ☼ شفّاف ☼ فاتح. غير كامد. ناصع ☼ واضح. ظاهر
argent — نقد
termes —s الفاظ صريحة
— de lune ضوء القمر
clairement, ad جليّاً. صريحاً. بوضوح
claire-voie, f منوَر. منفذ في الدور الأرضي. ممر بدرابزين
clairière, f بقعة في غابة لا شجر فيها ☼ فرجة في النسيج

clairon, m بُوق. نافور. بوري
claironner, v ضرب النفير
clairsemé, e, a منثور ☼ زرع متشتت
clairvoyance, f بعد النظر. بصيرة. ذكاء
clairvoyant, e, a بصير. بعيد النظر
clamer, v نادى. صاح ☼ سمّى ☼ كلف بالحضور
clameur, f جلبة. صخب. صياح
clan, m قبيلة. عشيرة
clandestin, e, a خفيّ. مستتر. مخبوء
clandestinement, ad سرّاً. خفية
clapet, m بلف. فوهة المرجل ☼ رغى
clapette, f قبقاب
clapier, m وكر الأرانب ☼ بورة صديدية
clapir, v صات الأرنب
se —, vp تخبّأ في وكره
clapotage, clapotement, ou clapotis, m هدير. قصيف. تلاطم الأمواج
claque, f ضربة بالكف. صفعة. لطمة
claqué, e, a مصفوق ☼ مكسور
claquement, m صفق. لطم. إصطكاك ☼ فرقعة
claquer, v صفق. صفع بيديه ☼ إصطكت أسنانه ☼ مات
claqueur, m شخص مأجور للتصفيق. (مطيباتي)
clarification, f ترديف. تصفية
clarifier, v روّق. صفّى

clarinette, *f* زُمّارة. صَفّارَة
clarté, *f* ضَوْء. نور☆جلاء. وضوح . شفافة☆نضارة
classe, *f* فَصْل. صَفّ. فِرقة☆صَنْف. طبقة. درجة☆فصيلة
la basse — طبقة الرعاع. العامة
rentrée des —s دخول المدارس
classement, *m* تَرتيب. تصفيف
classer ou classifier, *v* رتَّب
classer une affaire وضع جانباً
classeur, *m* دوسيه. محفظة. فهرس أوراق
classification, *f* تصنيف. ترتيب. فرز
classique مَدْرَسي. عِلمي. حسب القواعد
auteur — مؤلف لغوي
claudication, *f* عَرَج
clause, *f* شَرْط. بَنْد (ج. شروط، بنود)
— tacite شرط ضمني
claustral, e, *a* دَيْريّ. مختص بالأديرة
clavaire, *f* حَجَر عَتَبَة. دَسْتور العَقْد
clavecin, *m* سنطير☆مسكن ضباط البحرية
clavelé, e, *a* مجدَّر
clavette, *f* خابور. مِسمار كَبير
clavicule, *f* تَرْقُوَة. العظم المقدم من الكتف☆مفتاح صغير
clavier, *m* صف أسنان البيانو☆علبة مفاتيح
clayonnage, *m* سندة. صَفّ أخشاب وأوتاد لمنع انهيار التراب
clef ou clé, *f* مِفتاح (ج. مفاتيح)
— anglaise مفتاح انكليزي. زرديه
— à écrou مفتاح الصواميل
fermer à — أوصد. قفل بمفتاح
mettre la — sous la porte عزّل خفية
prendre la — des champs هرب

clémence, *f* حِلْم. رَحْمَة. حَنان
clément, e, *a* حَنون. رَؤوف
clenche ou clenchette, *f* سُقّاطَة
cleptomanie, *f* غِيّة أو داء السرقة
clerc, *m* كاتب محامي☆شماس
clergé, *m* إكليروس. آل الكَهَنوت
clérical, e, *a* كَهنوتي. مختص بالاكليروس
les cléricaux أشياع القسس
cléricalisme, *m* التشيّع للقسس
clic-clac, *m* فَرْقَعة. طَقطقة السوط
cliché, *m* اكليشه☆الأم. الأصل
client, e, *n* عَميل (زبون)
clientèle, *f* عُملاء. زبائن أو زُبُن ☆شهرة المحل
clignement, *m* غمز. غمزة. غـمْض☆خزر
cligner, *v* غمز. لمز بالعين☆نظر خلسة
clignoter, *v* خَزَر. رَمش بعينه كثيراً
climat, *m* مَناخ. (طقس). جو. هواء☆إقليم
climatérique ou climatique إقليمي
climax, *m* أقصى حالة. ذُروة☆تدرج
clin-d'œil, *m* لمحة عين. لحظة
clinique, *f et a* مُستوصف. عِيادة. محل إستشارة ومعالجة طبية☆سريري
clinquant, *m* لامع. برّاق☆صفيحة لامعة
clique, *f* جماعة أشقياء. عُصبة. زمرة أو باش
cliquet, *m* لِسان توقيف. حَوّاش الترس

cliquetis, *m* قعقعة.خشخشة. صلصلة
clisse, *f* حصير لتصفية الماء من الجبن ¤قش يلف حول الزجاجة. بقوطي ¤جبيرة (في الطب)
clitoris, *m* بظر
clivage, *m* تشقق. تفلق¤تفليق
cloaque, *m* بالوعة¤مستنقع ماء قذر
clochard, e (*V.* vagabond)
cloche, *f* جرس. ناقوس ¤بقبقة. نقطة ¤غطاء زجاجي شبيه بالجرس
— à plongeur جهاز الغواصين
manches — اكمام على شكل جرس
cloche-pied (à), *l.adv* حجلان. حجلاً
clocher, *m* برج للأجراس. قبة
clocher, *v* عرج. حجل¤أصابه خلل ¤وضع تحت غطاء زجاجي
clochette, *f* جرس صغير. جلجال¤جيب
cloison, *f* حاجز¤فاصل¤طبلة القفل. صمام
cloisonner, *v* فصل بحاجز
cloitre, *m* دير. رواق دير¤حياة الأديرة
cloîtrer, *v* حبس في دير أو خلافه. الزم بالترهب
clopiner, *v* عرج قليلا. حجل
cloporte, *m* حمار قبان (حشرة)
clore, *v* حوط. سور. سيج¤سد ¤تمم. أكمل. أنهى¤قفل. رصد
— un marché أنهى شروة
clos, *m* مزرعة أو حديقة حولها سياج أو حائط. حظيرة
—, e, *a* مسيج. مسور¤مسدود¤مغلق
à huis — مرافعة أو جلسة سرية
clôture, *f* حائط. سياج. سور¤تتميم¤انتهاء
— d'un compte رصد أو قفل الحساب

clôturer, *v* سيج. احاط بسور¤قفل
— les débats قفل المرافعة
clou, *m* مسمار¤بثرة. دمل
un — chasse l'autre لا يفل الحديد سوى الحديد
— de girofle كبش قرنفل
mettre au — qc رهن. استلف على شيء
— à crochet مسامير بشنكل
river un — برشم مسماراً
ne vaut pas un — لا يساوي بصلة
le — de la soirée (النمرة) الرئيسية
clouage, *m* تسمير. دق المسامير
clouer, *v* مسمر. سمر
la maladie le cloua au lit الزمه المرض الفراش
se — لزق. تسمر
clouté, e, *a* عليه مسامير. مرصع بالمسامير
clouterie, *f* مصنع أو تجارة المسامير
clovisse, *f* جندفلي
clown, *m* بهلوان. مهرج
club, *m* نادٍ. ندوة. كلوب
clysoir, *m* أنبوب الحقنة الشرجية
clystère, *m* حقنة شرجية
coaccusé, e, *n* مشترك في التهمة
coactif, ve, *a* جبري. قهري. قسري
coaction, *f* اغتصاب. قهر. جبر
coadjuvant, e, *a* مساعد. معين
coagulable, *a* قابل التجمد
coagulateur, rice, *a* مجمد. مخثر. عاقد
coagulation تجميد. تخثير. إنعقاد
coaguler, *v* جمد. خثر
se — راب. جمد. عقد
coagulum, *m* كتلة دم جامدة¤روبة

coalescence, *f* تجمّع. التحام. إمتزاج

coaliser, (se), *v* تحالف. تحزّب. إتحد مع

coalition, *f* حزب. عُصْبَة ٥ إتحاد . تضافر ٥ تحزب ٥ إمتزاج . تحالف

coaltar, *m* قطران الفحم الحجري

coassement, *m* نقيق الضفادع

coasser, *v* نقّ. نقنق

coassocié,e, *n* شريك. صاحب حصّة

coauteur, *m* مشترك بالتأليف ٥ مشترك في الجريمة

cobalt, *m* حجر الزرنيخ // (يستخرج منه صباغ أزرق)

cobaye, *m* خنزير الهند. الأرنب الرومي

cobra, *m* الصل المصري . الناشر. كوبرا

cocagne, *f* زمن الحظ والسرور

pays de — أرض النعيم

cocaïnomanie, *f* الافراط في تعاطي الكوكايين

cocarde, *f* شارة. علامة. وردة من حرير

cocasse, *a* مضحك. غريب

cocaution, *f* ضامن ثان (في القضاء)

coccinelle, *f* أبو العيد — السيدة. ارقط

coccyx, *m* عصعص. أصل الذنب

coche, *m* عربة سفر ٥ مركب نقل ٥ قطر

—, *f* حز. فرض. فل ٥ خنزيرة

cochenille, *f* دودة القرمز ٥ ترمز . لون قرمزي

cocher, *m* (عربجي) حوذي. سائق العربة

cochère, *a.f* لأجل المركبات للعربات

porte — مدخل للعربات. بوابة. ممر

cochet *ou* cochelet, *m* ديك صغير. فروج

cochléaire حلزوني. حلزوني الشكل

cochon, *m* خنزير. حلّوف

— de lait خنزير رضيع. خنوص

—, ne, *a* قذر. نجس. خنزيري. (فلاتي)

cochonnerie, *f* قذارة. موبقات. نجاسة

cocktail, *m* مزيج من مشروبات روحية

coco, *m* (noix de coco) جوز هندي ٥ كوكايين

cocon, *m* شرنقة. جوزة القز. فيلقة

soie de — حرير خام. إبريسم

cocontractant, e, *n et a* شريك المتعاقد

cocotier, *m* شجرة جوز الهند

cocotte, *f* عاهرة ٥ حلّة من زهر ٥ فرخة ٥ إلتهاب أطراف الجفن

coction, *f* طبخ. نضج ٥ هضم

cocu, *m* ديّوث. مقرّن. من تخونه إمرأته (معرص)

code, *m* قانون. مجموع الشرائع //

— civil القانون المدني

— pénal قانون العقوبات

— d'instruction criminelle قانون تحقيق الجنايات

— de procédure (civile et commerciale) قانون المرافعات (في المواد المدنية والتجارية)

— du Statut Personnel قانون الأحوال الشخصية

codebiteur, rice, *n* متضامن في الدين

codétenteur, rice, *n* مشترك بوضع اليد

co-détenu, e, *m* مقبوض عليه مع آخر

codex, *m* قانون تركيب الأدوية. اقرباذين

codicille, *m* مُلحق الوصيَّة
codonataire, *n* مُشْتَرِك في الهبة
coéducation, *f* التعليم المختلط (الذكور والاناث معاً)
coefficient, *m* مُساعِد. مُعاون ٭ عامِل . أحد العوامل . مكرِّر
coercible, *a* قابل القهر أو الجبر ٭ ممكن حصره
coercitif, ve جَبْري . قهري (في القضاء)
coercition, *f* إجْبار . قسْر . إكراه
cœur, *m* قَلْب . فؤاد ٭ لُبّ ٭ طويّة ٭ كوبه (في الكارت) 
par — عن ظهر القلب
de bon — بطيبة نفس . بكل ارتياح
à contre — كرهاً . غصباً
mal au — دوخة . غثيان . دوار . ميل للقيء
— d'artichaut متقلب . قلب الخرشوف
avoir le — gros حزن . كئب
cœxister, *v* عاصَر . عاش أو وُجد في ذات الوقت
coffin, *m* تابوت الموتى . نعش
coffre, *m* صُنْدُوق 
coffre-fort, *m* خزانة حديدية ٭ عربة المساجين 
coffrer, *v* سَجَنَ . حَبَس
coffret, *m* صندوق صغير . صندوقة . علبة الحلي
cognac, *m* كونياك . عرق النبيذ
cognation, *f* مُصاهرة . قرابة رحم (من الأم)
cogner, *v* دَقّ ٭ لطم . لكم . ضَرَب ٭ صَدَم ٭ قرع [كُنْيَك]
se —, *vp* إلتطم . انخبط . تصادمَ
cohabitation, *f* الاقامة سويّة . مُساكنة
cohabiter, *v* سَكن سوية . ساكَنَ
cohérence, *f* إلتصاق . إلتحام . إلتحاق
cohérent, e, *a* مُلتحِم . مُلتحِق
cohéritier, ère, *n* مُشْتَرِك في إرث
cohésion, *f* تماسُك . إلتصاق . إتحاد
cohibant, e فاصِل . فارق
cohobation, *f* تكرار التقطير
cohorte, *f* شَرْذمة . جَمْهرة . زمرة . حَشْد
cohue, *f* شَغَب . إجتماع بضوضاء . إزْدحام . زحمة . زِحام
coi, coite, *a* ساكِت . صامِت . مُطْرق
coiffe, *f* تسْريحة أو عِصابة النساء
coiffer, *v* سرَّح . مَشَط . وَزيَّن ٭ ألبس الرأس 
— la Ste. Catherine بلغت ٢٤ سنة بدون زواج
coiffeur, se, *n* مُزيِّن . حلاق
coiffure, *f* تسْريحة . هِنْدام الرأس . عمارة
coin, *m* رُكن . زاوية ٭ دمغة ٭ إسفين
petit — مرحاض
coincer, *v* ثبَّت بالخوابير ٭ أحْرَج ٭ سفن
se —, *vp* إمتسك ٭ إنحرج . إنقرط
coïncidence, *f* إتفاق ٭ مُطابقة ٭ صُدفة
coïncider, *v* إتفق . تصادَف ٭ طبَّق
coïnculpé, e, *n* متهم مع آخر . مشترك في التهمة
coïng, *m* سفرجل 
coïon, *m* مخنث ٭ نذل
coir, *m* ليف جوز الهند أو الحبال المجدولة منه

coït, *m* جماع. نكاح

cojouissance, *f* إشتراك في التمتع

coke, *m* فحم كوك (أي الفحم المقطر نازه)

col, *m* رقبة ○ طوق ○ ياقة ○ عنق

— de montagne فج

— de la matrice عنق الرحم (ام الولد)

faux — ياقة منفصلة (ياقة عيرة)

colade, *f* ممانقة. إحتضان

colégataire, *m* موصى له مع آخرين

coléoptère, *a et m* ذو أجنحة غمدية (كالخنافس) ○ جُعَل

colère, *f* غَضَب. غَيْظ. حِدّة ○ هيجان

—, *ou* colérique, *a* غَضُوب. حاد الطبع

se mettre en — إغتاظ. إستشاط غضباً

coléreux, se, *n et a* سَريع الغضب. غضوب. شَكِس

colibri, *m* الطائر الطنّان. طائر ضئيل

colifichet, *m* تُرّهة. شيء طفيف. تافلة

colimaçon, *m* قَوْقعة. حلزون

colin, *m* سمك فاخر شهي

colin-maillard, *m* لعبة الاستغماية

colique, *f* مغص. زُحار

— néphrétique مغص كلوي

colis, *m* طَرْد. رِزْمة. رَبْطة. حزمة

collaborateur, rice, *n* شريك في العمل. مُساعِد. مُعاضِد. معاوِن

collaboration, *f* إشتراك في العمل. مزاولة

collaborer, *v* إشترك في العمل. ساعد. زامل

collage, *m* تغرية. إلصاق ○ ترويق الخمر ○ مرافقة (بدون زواج)

collant, e, *a* لاصِق

collapsus, *m* تدهور. سُقوط. إنهيار

collatéral, e, *a* قرابة غير عَصَبيّة. قرابة فَرْعية. كلالة ○ مجاز. جانب ○ مُلْحق تكميلي

collation, *f* أكلة خفيفة. وقعة. فطور (ترويقة) ○ مقابلة. مقارنة

colle, *f* لصوق. عجينة للصق كالنشاء ○ صَمْغ ○ غراء

forte — غراء. شراس

collecte, *f* لَمّة. جباية نقود لِعَمَل خيْري

collecteur, *m* مَصْرَف أو مجرور عمومي ○ مُحَصِّل. جابٍ

— d'ondes آرية

collectif, ve, *a* مُتجمِّع ○ إجمالي ○ جامع

—, *m* إسم الجمع

collection, *f* مجموعة. (تشكيلة) ○ جَمْع. رَتَل ○ تحصيل

collectionner, *v* جَمَّع

collectionneur, se, *n* جامع. صاحب مجموعة. هاوي الجمع

collectivisme, *m* إلغاء الملك الشخصي. مشاعية

collège, *m* كلية. مدرسة كبيرة ○ مجمع

collégial, e, *a* مختص بمدرسة كلية

collégien, ne, *n* تلميذ مدرسة كلية

collègue, *m* زميل. رَصيف

coller, *v* أَلْصَق. صَمَّغ. غَرّى ○ روّق الخمر ○ صفع ○ وضع ○ اسكت. ربك. خبل

se —, *v pr* إلتصق. لزق

collerette, *f* ياقة صغيرة للنساء أو للأولاد ٭ شفر ٭ ثنية (المواسير) ٭ قنّابة (الزهر)
collet, *m* طَوْق ٭ ياقة ٭ شَرَك. فخ [كُولِه]
un — monté متصنع ٭ مدعي الغيرة على الأخلاق
colleur, *m* لاصِق. لزّاق ٭ مُمتحن خاص
مُعجز التلامذة ٭ مُعلِّق ورق الحيطان والاعلانات ٭ (غلباوي. هجّاص)
collier, *m* عِقد. قِلادة. كُرْدان ٭ طوق ٭ رقبة الحصان أو الحمار [كُولْيِه]
colline, *f* تلّ. كثيب. رابية
collision, *f* مُصادمة. إرتطام. إصطدام تلاطم. تصادُم
collocation, *f* ترتيب دَرَجات الدائنين ٭ تنظيم. ترتيب
bordereau de — إذن صرف المستحق للمداين
colloque, *m* مكالمة. مشافهة محاورة
colloquer, *v* رتّب دَرَجات الدائنين (في القضاء) ٭ باع ٭ وضع ٭ سامر
collusion, *f* تواطوء شخصين أو حِزبين ضد ثالث (في القضاء)
collusoire, *a* تواطؤي. غشي
collutoire, *m* مضمضة. دواء للثة
collyre, *m* قطرة للعين
— sec كُحل. شِيَّم
colmatage, *m* تَنْيِيل. تغطية الأرض بالطمي. تطمية
colocataire, *m* مُستأجر مع آخرين
colombage, *m* هَيكل من قوائم ٭ صفّ عواميد للبنا بالأحجار (أو المونة)
colombe, *f* حَمامة ٭ عَمُود
colombier, *m* بُرْج الحمام ٭ وَرَق جايِر ٭ دور علوي
colombine, *f* زبل الحمام. براز الطيور الداجنة ٭ نبات العائق ٭ صمغ الملك
colomnaire, *a* عمودي. على شكل عامود
colon, *m* مزارع ساكن المستعمرات ٭ مُستعمِر. مُهاجر
colonel, *m* أمير آلاي. كولونيل
—le, *f* زَوجة الميرالاي
colonial, e, *a* إستعماري. مُختص بالمستعمرات ٭ مُهاجر
produits coloniaux محصولات المستعمرات
colonie, *f* مُستعمَرة ٭ سُكان المستعمرة ٭ جالية. نُزلاء ٭ جماعة مُهاجرين
— d'abeilles قفير نحل
colonisateur, rice, *n* مُستعمِر. مُستوطِن أو مؤسس المستعمرات. نزيل
colonisation, *f* إستعمار. تعمير المستعمرات
coloniser, *v* إستعمر. أنشأ مهجراً. عمّر أو إستوطن البلاد
colonade, *f* صفّ أعمدة. رِواق. (بواكي)
colonne, *f* عمود : دعامة ٭ أُسطوانة ٭ نهر. حقل. خانة. جدول
— d'armée فرقة. كتيبة. طابور
— vertébrale عمود فقري
colonnette, *f* عَمُود صَغير
colophane, *f* قلفونية. صمغ البطم
coloquinte, *f* علقم. حنظل (نبات مر)

colorant, e, *a et m* مُلَوِّن. خاضِب
coloration, *f* تَلْوين. تلوُّن. صَبْغ
coloré, e, *a* مُلَوَّن. بالألوان ٭ كثير الألوان
colorer, *v* لَوَّن. خَضَب. صَبَغ
coloriage, *m* تلوين (في التصوير)
coloris, *m* تلوين ٭ لمعان الألوان ٭ لَون
colorisation, *f* تلوين. تلوُّن
coloriste, *n* مُلَوِّن. ماهر في التلوين
colossal, e, *a* ضَخْم. عظيم الجثة. جسيم
colosse, *m* شخص جَسيم ٭ تِمثال ٭ عِملاق
colportage, *m* التنقل بالبضائع لبيعها. المناداة على السلع. (سَرحان. تسبب)
colporter, *v* تنقل (سرح) لبضاعة لبيعها. باع بالمناداة. دَلَّل على
— une nouvelle اشاع. نقل الخبر
colporteur, *m* بائع مُتنقل (دوار. متسبب. سريح) ٭ ناقل الخبر. مُشيع
coltiner, *v* شال. حمل عبيء
colza, *m* سَلْجَم. كرنب يستخرج من بزره زيت
coma, *m* غَيْبُوبة. إغماء. بُحران
comateux, se في حال الغيبوبة ٭ نعسان
combat, *m* مَعْرَكة. واقعة. كِفاح. قِتال
— singulier مُبارزة. مقاتلة فردية
combattant, *m* مُقاتِل. محارِب. مكافح
combatif, ve, مُعارِك. محبّ القتال. شرس
combattre, *v* 3 قاتل. حارَب. كافح. قاوم
combien, *ad* كَم. إلى أي حدّ
à — estimez-vous ça ! بكم تقدرون هذا؟
combinaison, *f* تدبير. ترتيب. حِساب ٭ إستنباط ٭ إتحاد كيماوي. مزيج ٭ ضم. توحيد ٭ قميص وسروال نسائي معاً
combiné, e, *a* موضّب. مرتّب ٭ مُشترك ٭ ممزوج. مُركّب
combiner, *v* رَتَّب. دَبَّر. أوْجَد وَسيلة ٭ إستنبط ٭ مزج ٭ جمع. وَفَّق
comble, *m* أوج. غاية قصوى. منتهى الـ ٭ فيضان الكيل. طفاح. طفف ٭ جلون. الطبقة العليا من البيت ٭ تخشيبة السقف
—, *a* ملآن. (متلتل). طافح
de fond en — راس على عقب. بالكلية
pour — de malheur ولزيادة الهمّ. ولمنتهى النحس
comblement, *a* رَدْم ٭ تراكم ٭ نيل المرام
combler, *v* رَدَم. ملأ ٭ غمر بالاحسان ٭ كوم
— les vœux نال المرام. قضى الوطر
— le déficit غطّى العجز
combustible, *a* قابل الالتهاب ٭ سريعه
—, *m* وَقيد. وَقُود. (حطب وفحم وماشابه)
combustion, *f* إحتراق ٭ إشتعال ٭ نار
comédie, *f* كوميدي. تمثيل هَزْلي ٭ مضحكة
jouer la — تصنع. مكر // ٭ تصنّع
comédien, ne, *n* مُمثل. مُشخص ٭ مراء
comestible, *a* ما يؤكل. صالح للأكل
—, *m* مأكول
—s, *m. pl* مأكولات. أطعمة
comète, *f* مذنب ٭ نجم بذنب

comique, *a* مضحك. هزلي. فكاهي
—, *m* مهرج. مضحك. ماجن
comité, *m* لجنة ٭ جمعية. مجلس
— exécutif لجنة تنفيذية
commandant, *m* بكباشي ٭ قائد. حاكم. قومندان. حكمدار
—, *a* مطل أو مشرف على ٭ آمر. حاكم
commande, *f* طلب. (طلبية) ٭ وصاية على شيء
de — إلزامي. محتم. مفروض
maladie de — عارض
sur — تحت أو عند الطلب
commandement, *m* تنبيه. إنذار ٭ أمر ٭ وصايا ٭ قيادة. سلطة. حكم ٭ إنذار عقاري
les dix —s العشر وصايا
— d'armée قيادة الجيش
commander, *v* أمر ٭ طلب. أوصى على شيء ٭ أشرف على. أطل ٭ حكم على. تولى ٭ قاد
— à ses passions قمع شهواته
commandeur, *m* أمير. كوماندور
—de la legion d'honneur حامل وسام جوقة الشرف
commanditaire, *n et a* شريك موص ٭ شريك برأس المال ٭ مساهم. مشارك
commandite, *f* توصية
société en — شركة توصية. شركة مساهمة بمسئولية محدودة
commanditer, *v* قدم رأس مال. أمد بالمال. مول. أوصى
comme, *ad* كـ. كيف. مثل. نظير. شبه ٭ حيث. من حيث. بحسبما. بما أن
— ci — cela بين وبين
— quoi بأي كيفية
— si كأن
— il faut كما يجب. معتبر
c'est tout — مثل بعضه. نفس الشيء
commémoratif, ve, *a* تذكاري
commémoration تذكار ٭ إحياء ذكرى
commémorer, *v* ذكر. تذكره أحيا ذكر
commencement, *m* بدء. بداءة
au — في الأول ٭ أولاً. في أول الأمر
commencer, *v* بدأ. إبتدأ. شرع في. باشر
commensurable ممكن قياسه ٭ متعادل في القياس. متناسب
comment, *ad* كيف
— allez-vous (إزيك). كيف حالك
le —, *m* الكيفية
commentaire, *m* شرح. تأويل ٭ تعليق
commentateur, *m* مفسر. معقب
commenter, *v* شرح. فسر. علق على
il aime à — يحب التأويل
commérage, *m* التكلم في حق الناس
commerçant, e, *n* تاجر
—, e, *a* تجاري
rue —e شارع تجاري (أي فيه حركة بيع وشراء)
commerce, *m* تجارة. معاملات ٭ متجر ٭ مباشرة. مخالطة. مواصلة
etre dans le — تاجر. يشتغل في التجارة
— de gros تجارة الجملة
commercial, e, *a* تجاري
commère, *f* عرابة. اشبينة. أم في العماد ٭ فضولي. لقلاق (للرجل). زلزة (للمرأة)
une bonne — إمرأة طيبة

commettant, *m* ناخب ٭ منظّم. مكوّن ٭ موكل ٭ جوهري. أصلي ٭ جزء

commettre, *v* اقترف. ارتكب. جنى على ٭ عهد الى. فوّض ٭ استودع

— un huissier عين محضراً

comminatoire, *a* إرهابي. تهديدي

commis, *m* كاتب. كاتب حسابات

— voyageur مستخدم متجول (يسافر لعرض وبيع البضائع)

commisération, *f* حنو. شفقة

commissaire, *m* نائب. وكيل ٭ مأمور ٭ مبعوث. مندوب سياسي. عضو قومسيون

— du bord أمين حسابات السفينة

— de police مأمور البوليس

— priseur بائع بالمزاد. دلال ٭ مثمن

haut — مندوب سامي

commissariat, *m* إدارة ٭ قسم البوليس ٭ إدارة التعيينات والأقوات (في الجيش) ٭ إنتداب

commission, *f* مأمورية. عمل ٭ عمولة. جعالة (سمسرة) ٭ لجنة ٭ تفويض. وكالة

— d'enquête لجنة تحقيق

en — لأجل البيع. بالعمولة

il est allé en — ذهب في مأمورية

commissionnaire, *m* وكيل بالعمولة (قومسيونجي) ٭ رسول ساعٍ (مرسال)

commissionner, *v* عهد أو فوّض إلى

commissoire, *a* ملزم. مقيّد

commode, *a* مريح. موافق ٭ رحب ٭ نافع

—, *f* دولاب ملابس صغير (كومودينو)

commodité, *f* مادة ٭ سلعة. متاع ٭ موافقة. راحة ٭ بيت راحة

commotion, *f* هياج. إضطراب ٭ صدمة. رجة. رجفة

— cérébrale رجة المخ

commuable, *a* قابل التعديل أو التخفيف ٭ مبدل

commuer, *v* عدّل. خفّف ٭ قايض. بادل. إستبدل ٭ فدى

commun, e, *a* عمومي. مشترك. مشاع. شائع ٭ إعتيادي. مألوف ٭ دون. حقير. عامي ٭ سواء

l'intérêt — الصالح العام

peu — غريب. خارج عن العادي

d'un — accord إتفاقاً

communal, e, *a* خاص بعامة الشعب ٭ مختص بأبرشية

communauté, *f* الجمهور ٭ جالية ٭ جماعة. شركة ٭ طائفة. ملّة ٭ وسط. مجتمع

— de biens شيوعية الأموال

commune, *f* مقاطعة ٭ الشعب. العامة ٭ دائرة البيعة أو الأبرشية

communément, *ad* عموماً ٭ غالباً ما

communiant, e, *n* متناول أو مشترك في العشاء الرباني

communicatif, ve, *a* موصّل. ناقل ٭ محب العشرة ٭ مذياع. لا يكتم السر

communication, *f* إختلاط ٭ خبرة ٭ تبليغ. أخبار ٭ مراسلة ٭ ايصال. إتصال

ministère de —s وزارة المواصلات

— de pièces إطلاع على الأوراق

— téléphonique مخابرة أو محادثة تليفونية

communier, *v* تناول العشاء الرباني ٭اتحد بالروح
communion, *f* شركة. اتحاد. وحدة ٭تناول العشاء الرباني
— de sentiments وفق تام
communiqué, *m* بلاغ. منشور. اعلام رسمي
communiquer, *v* أطلع. عرّف. أعلم ٭وصّل ٭عدى. تفشى ٭ اتصل بـ
communisme, *m* الشيوعية ٭مشاعة
communiste, *n et a* شيوعي ٭اشتراكي متطرف. ٭مالك بالمشاع. شريك مشاع
commutateur, *m* سويتش . محوّل كهربي
commutation, *f* استبدال ابدال القصاص أو تخفيفه ٭ فدية
commuter, *v* عدّل. خفف ٭قايض. بادل
compact, e, *a* كثيف. مكتنز ٭مختصر ٭محكم. مُدمّج ٭ ميثاق
compagne, *f* رفيقة. زميلة ٭زوجة
compagnie, *f* رفقة. صحبة ٭شركة ٭ طائفة
— des soldats فرقة جنود. (بلوك بيادة)
— de discipline فرقة تأديب
de — جميعاً. سوية
fausser — تغيّب. لم يحضر ٭انسحب
et — (& Cie.) وشركاه او وشركاهم
compagnon, *m* رفيق. زميل. عشير
comparable, *a* قابل المقارنة أو المماثلة
comparaison, *f* مقابلة. مقارنة. تشبيه
— d'écritures مضاهاة الخط
sans — بلا تشبيه. بدون تشبيه. انعدام المناسبة

comparaître, *vз* حضر أمام (المحكمة)
mandat de — ou comparution أمر بالحضور
comparatif, ve, *a* مقارن. مقابل. تشبيهي
—, *m* صفة التفضيل. أفعل التفضيل
comparativement, *a* بالنسبة. نسبياً
comparer, *v* قابل. ضاهى. قارن. وازن
comparse, *n* القائم بدور تافه ٭حاضر
compartiment, *m* خلوة في القطار وما شابه. ديوان ٭قسم ٭خانة. عين
comparution, *f* حضور. مثول (في القضاء)
compas, *m* ٭٭ برجل. بيكار. بركار ٭بوصلة. ابرة الملاح
compassion, *f* شفقة. رحمة. رأفة
compatibilité, *f* موافقة. ملايمة. مطابقة
— d'humeurs توافق الطباع
compatible, *a* موافق. مطابق ٭قابل
caractère — مرونة الطبع. لين العريكة
compatir, *vn* شفق. رأف. رثي لـ
compatissant, e, *a* شفوق. راثٍ
compatriote, *n* وطني. مواطن. ابن بلد واحد (بلدية)
compendium, *m* إختصار. إيجاز ٭خلاصة
compensateur, rice تعويضي. معادل
compensation, *f* تعويض. مكافأة ٭الحكم بالمصاريف على الخصمين ٭معادلة ٭مقابل. عوض ٭صلة ٭مقاصة
compensatoire, *a* معوض
compenser, *v* عدّل. أعاض ٭قاصّ

compère, m اشبين. كفيل ٭ متواطئ ٭ شريك المحتال ٭ خل. صاحب ٭ لقلاق. ثرثار
joyeux — ابن حظ
compère-loriot, m دمل صغير على الجفن. شحاذ العين
compétence, f اختصاص. حق ٭ أهلية. جدارة. وسع
compétent, e, a صاحب الاختصاص. من له الحق (في القضاء) ٭ ذو أهلية. ذو خبرة
compétiteur, rice, n منافس ٭ مبار
compétition, f مباراة. مسابقة. مضاربة. منافسة
compilateur, rice, n جامع. مصنف. مؤلف
complainte, f مرثاة. نياح ٭ شكوى. تظلم
complaire, v3 جارى. أرضى. أعجب
se —, vpr أعجب بنفسه ٭ انسر
complaisance, f مراعاة. مسايرة. مراضاة. ملاطفة ٭ محاباة. مجاملة
complaisant, e, a ملاطف. مجار. مجامل
complément, m تكملة. تمام ٭ مكمل
— direct مفعول به
— d'un verbe مفعول
— d'un nom مضاف إليه
complémentaire, a مكمل. متمم ٭ ملحق ٭ تتميمي. ختامي. تكميلي
complet, ète, a كامل. تام
—, m بدلة (طقم)
complètement تكملة. تتميم ٭ كلية. تماما
complèter, v أنجز. أكمل. تمم
complétif, ve, a تكميلي. تتميمي
complexe, a مركب. غير مفرد ٭ معقد
homme — رجل متناقض
complexion, f مزاج ٭ بنية. جبلة. تركيب الجسد (في الطب)
complexité, f إشتباك. تعقيد ٭ حيرة
complication, f تعقيد ٭ مضاعفة
—s politiques إرتباكات سياسية
complice, n et a مشترك بالجناية. مواطئ
complicité, f إشتراك في جريمة. تواطؤ
complies, f.pl مدايح الغروب. صلوات قبل النوم
compliment, m تحية. مدح ٭ تهنئة
sans — بدون مديح أو تملق
complimenter, v هنى ٭ أثنى على. مدح ٭ حيى [كُنْبليمَنْتِ(٩)]
complimenteur, se, n مبالغ في المديح
compliqué, e, a معقد. معضل
compliquer, v عرقل. ابك أو أربك
se —, vpr تعقد. تلبك ٭ تضاعف
complot, m مؤامرة. دسيسة
comploter, v تآمر. دس. كاد. تعصب
comploteur, m مؤامر. مدبر المكائد
componction, f تأنيب. وخز الضمير
comportement, m سلوك. سير
comporter, v ناسب. طابق ٭ سمح. وافق. إحتمل ٭ استوجب. إقتضى
se —, vpr سلك. تصرف

composé, e, *a et n* مُركّب. خليط مؤلف
l'air — متجهم الوجه (مقلوب السحنة)
mot — كلمة مركبة من كلمتين أو أكثر
composer, *v* صَنّف. ألّف. ركّب
se — صفّ. جمع (الحروف) // تركّب
compositeur, rice, *n* جامع أحرف الطباعة. صفّاف. (جمّيع) ◦ مؤلف أو مُصَنِّف مُوسيقى ◦ وَسيط. حكم (في القضاء)
composition, *f* تركيب. مُركّب ◦ إنشاء. تصنيف. تأليف ◦ تشكيل (الحكمة) ◦ إمتحان كِتابي ◦ اتفاق. توفيق بين
la — des forces تحويل القوى الى محصلة
accord de — إنسجام التصميم
compost, *m* سبلة. سماد بلدي
compote, *f* فاكهة مَسْلوقة. مُرَبّى
compotier, *m* اناء للفاكهة المطبوخة أو المربى
compréhensible, *a* مَفهوم. قابل الادراك
comprehensif, ve, *a* شامِل. جامِع ◦ كثير المعنى ◦ موجز ◦ مُدرِك. فهيم ◦ متسع
compréhension, *f* إدْراك. فَهْم. عَقل ◦ شمول ◦ إتساع
comprendre, *vz* فَهِمَ. أدْرَك ◦ شَمِل. حَوَى. تضَمّن
se faire — أفهم مراده
compresse, *f* كادة. لفافة. رِفادَة
compresseur, *m* كابس. ضاغِط ◦ مكبس ◦ مِعْصَرَة
compression, *f* ضَغْط. كَبْس. عَصْر
comprimé, e, *a* مَضغُوط. مَكبُوس

—, *m* قُرْص
comprimer, *v* ضَغَط. كبَس ◦ كظم ◦ أخمَد. منَع. حجز ◦ حصَر
compris, e, *a* ضِمْن ◦ مفهوم
y — بما فيه
compromettant, e, *a* ذو شبهه. مُعَرِّض لخَطَر. مُعرِّض لفضيحَة
compromettre, *v* عَرّض للخَطَر ◦ أوقع تحت الشبهة. أذى
se —, *vpr* تعرّض للشك
compromis, *m* مَشبُوه. متهم ◦ صك التحكيم ◦ تراضٍ. إتفاق
compromissaire, *m* حَكَم. مُحَكِّم
compromission, *f* تلويث
compromissionnaire, *a* تحكيمي
comptabiliaire, *a* حِسابي
comptabilité, *f* مسك الدفاتر. الحسابات
comptable, *m* كاتب الحسابات. (محاسبجي). كاتب
comptage, *m* عَدّ
comptant, *m et ad* نقدٌ. فوراً
paiement au — الدفع حالاً. نقداً. بالنقد
compte, *m* حِساب. حِسْبة ◦ أهمية
— d'apothicaire حسبة معقدة أو مشكوك فيها
— courant حساب جار
tenir — مسك حساباً
se rendre — تحقق
au — لحساب
à bon — بسعر مهاود. ثمن رخيص
à — تقسيط. على الحساب
compte-gouttes, *m* قَطّارة. نَقّاطة. عدادة النقط

compte-rendu, *m* بيان. إيضاح. تقرير

compter, *v* حَسِبَ. عَدَّ ٥ عزم على. قصد

— sur إتكل على أو إعتمد على

sans — بدون حساب

compteur, *m* عَدّاد. عادّ. حَسيب

comptoir, *m* مَصْرِف. بَنْك. محل تجاري ٥ مِنْضَدة. قصبة. طاولة ٥ فرع. قسم

compulser, *v* كشف. بحث في أو عن

compulsif, ve, *a* قاهر // راجع.

compulsoire, *m* ٥ كشف على سجل أو غيره الاطلاع على أوراق رسمية بأمر المحكمة.

comput, *m* حساب الأعياد ٥ تقويم ديني

comte, sse, *n* كونت. نبيل (لقب شرف)

comté, *m* ولاية ٥ أملاك النبيل

concassé, e, *a* مَدشوش. مُكسَّر

concasser, *v* (دشن). جَرش. كسّر

concave, *m* مجوف. أجوف. مُقعَّر

concéder, *v* منح. تنزّل عن. قبل بـ

concentration, *f* جَمْع في. تجمع ٥ تركيز ٥ تكثيف ٥ تلخيص ٥ جمع. ضمّ ٥ إنضمام.

concentrer, *v* جَمَعَ. حصر ٥ وجّه إلى نقطة واحدة ٥ ضمّ. لخص. إستخلص ٥ كثّف. ركّز ٥ كظم

concentrique, *a* متّحد المركز ٥ مركزي

concept, *m* تصوّر. ظن ٥ إدراك

conception, *f* حمل. حَبَل ٥ رأي ٥ ادراك. فهم

concernant بصدد. بخصوص. فيما يخص

concerner, *v* خص. تعلق بـ. عنى

concert, *m* جَوْقة. فِرقة ٥ حفلة موسيقية ٥ إتحاد. إتفاق

de — بإتفاق. بإتحاد

concerter, *v* دبّر. شاور. تداول مع

concertiste, *n* أحد أفراد الجوقة

concosseur, *m et a* مانح

concession, *f* إمتياز. ترخيص ٥ سماح

concessionnaire, *m* صاحب الامتياز. من رُخّص له. مُلتزم.

concevoir, *v a* حَبلت. حملت ٥ ادرك إستوعب.

conchoïde, *f* محاري (في البناء). عمودي

concierge, *n* بوّاب. حاجب

conciergerie, *f* بوابة ومحل البوّاب

concile, *m* مجمع أساقفة ٥ مجلس

conciliable, *a* قابل المطابقة. قابل الاتحاد مع

conciliabule, *m* مؤامرة. تواطؤ. تآمر

conciliant, e, *a* متساهل. مُصالح. سمح ٥ مصلح بين. موفِّق

conciliateur, rice, *a et n* مصلح. مُوفِّق. مُصالح.

conciliation, *f* إصْلاح. توفيق بين. مُصالحة ٥ تطابُق.

conciliatoire, *a* صُلحي

concilier, *v* وفّق بين. أصْلَحَ. صالح

se —, *v. p.* حاز. نال. كسب

concis, e, *a* وَجيز. موجز. مختصر

concision, *f* حَصْر المعنى. إيجاز الكلام. إقتضاب.

concitoyen, ne, *n* ابن البلد. مُوَاطِن
conclave, *m* مجمع الكرادلة لانتخاب البابا ٭ اجتماع سري
concluant, e, *a* قاطِع. مُقنِع. باتّ
conclure, *v* 3 خَتَم. أنهى. أنجز ٭ إستدلّ. إستنتج ٭ ظنّ
— (un marché) بتّ في الأمر ٭ فض. عقد. امضى
conclusif, ve, *a* مقنع. دال على نتيجة ٭ نهائي. جازِم
conclusion, *f* خاتمة. نِهاية ٭ حَيثيات ٭ نَتيجَة. خُلاصَة ٭ إبرام. عقد إتفاق
concoction, *f* هَضْم الأغذِية. طبخ ٭ تدْبير. إختراع
concombre, *m* قِثاء. خيار
concomitant, e, *a* مُعاصِر. مقارِن
concordance, *f* مُطابقة. مُوَافقة ٭ إتفاق. وفاق ٭ إجماع
concordant, e, *a* مُطابِق. مُلائم ٭ وفقي
concordat, *m* إتفاق التفليسة. كنكوردا تو ٭ عَهْد ٭ إتفاقية بين البابا وحكومة
— préventif صُلح احتياطي
concordataire, *n et a* مُتعاقد. مُتصالح
concorde, *f* مُطابقة ٭ ودّ. الفة ٭ وفاق. إتحاد. وئام. تفاهم
concorder, *v* إتّفق مع. توافق ٭ طابق
concourant, e, *a* مُوافق. متفق ٭ معاون ٭ مُشارك ٭ مُلازم. مُصاحب ٭ متقاطع
concourir, *v* 3 سابق على. زاحَم. ضارب ٭ وافق ٭ شارَك في العمل. ساهم. قبل. رضى
concours, *m* إتحاد. مُشارَكة ٭ مُساعدَة. مُعاونة ٭ قبول ٭ ازدحام ٭ مُباراة. مُسابقة
concret, ète, *a* جامِد. مَعْقود ٭ مُتحَجّر أو مُتصلّب ٭ ثابت. مقرر
nom — اسم عين
concrétion, *f* جُمود ٭ تعقّد. تَصَلُّب
concubinage, *m* معاشرَة. مُساكنة إمرأة غير شرعية. تَسَرِّي. استسرار
concubine, *f* مَحظية. رَفيقة. سُرِيّة
concupiscence, *f* شَهْوَة. غُلمة. نَزعة للملاذ المحرمة
concurremment, *ad* مَعًا. باتفاق. سَوِيّة
concurrence, *f* مُضاربة. مُباراة. مُزاحمة. مُنافَسَة ٭ مجاراة. مُساواة في الحقوق
jusqu' à — de لغاية كذا. إلى حد
concurrencer, *v* نَافَس. زاحَم
concurrent, e. *n* مُضارِب. مُزاحِم. مُبارٍ. مُسابِق. مُنافِس [كُنْكِيرَن]
concussion, *f* ابتزاز. إختلاس مال الحكومة او الجُمهور. رَشْوَة
concussionnaire, *a et n* مُختلِس. سارِق مال الحكومة. مُرْتَشٍ
condamine, *f* طين زراعة. طين حلو
condamnable, *a* يمكن الحكم عليه ٭ مَذموم. مُسْتَوْجِب اللوم أو العقاب
condamnation, *f* حُكْم بالادانة. دَينونَة ٭ ذمّ. لَوْم ٭ عقاب
— contradictoire حُكْم مُواجهة. حكم حضوري

condamné, e, *n* محكوم عليه ٥ مقضي عليه ٥ مَذموم

porte — باب مَسْدُود

condamner, *v* دان. حكمَ. قضى على ٥ نفى ٥ إستنكر. حَرّم ٥ سَدّ ٥ ذمّ ٥ أدان.

condensabilité, *f* قابلية الكثافة

condensateur, *m* مكثِّف. جهاز تكثيف الكهرباء أو البخار

condensation, *f* تجميد. تكثيف. تركيز ٥ جمود. كثافة ٥ تلخيص.

condensé, e مُكثَّف. مركز ٥ ملخص

condenser, *v* جمّد. كثّف. لخّص

condenseur, *m* (كندنسة). وعاء لتحويل البخار إلى ماء. مُكثّف ٥ عدسة

condenseuse, *f* جهاز التكثيف

condescendance, *f* مُراعاة. تلطف. تفضّل. تنزّل

condescendre, *v3* رَاعَى. إنقاد. تنزل ٥ إرتضى ٥ تواضع

condiment, *m* تابِل. إدام بهار أو فلفل وما شابه

condisciple, *m* رَفيق في الدراسة. قرن

condit, *m* (مُرَبى). حلوى

condition, *f* شَرْط. إلتزام. فرض ٥ رُتبة. طبقة ٥ أصل. نسب ٥ صِفة ضرورية ٥ حالة. شأن. دأب. طبيعة. حال ٥ لازمة

acheter à — اشترى بشرط الارجاع
en bonne — في حالة جيدة
sans — بدون شرط أو ارتباط
à — que بشرط أن
— tacite شرط ضمني
— de droit ركن قانوني

conditionné, e, *a* تام. كامل الصِفات. مُحكم. مستوفٍ ٥ تحت شرط.

air— مكيّف الهواء

conditionnel, le, *a* شَرطي. على شريطة. على أن ٥ إحتياطي.

conditionnement, *m* تكييف ٥ تجفيف

conditionner, *v* أتقن. أحكم ٥ اصطنع شيئاً ٥ جفّف الأنسجة ٥ إشترط

condoléance, *f* تعزية. مُواساة. سلوان

condor, *m* طائر كبير من فصيلة العقاب

conducteur, rice, *n* مُوصِل ٥ دليل. هادٍ. مدبر ٥ سائق. سوّاق ٥ مقدم فعلة.

conductibilité, *f* قابلية نقل أو توصيل الكهرباء أو الحرارة

conduire, *v3* قاد واقتاد. أرشد. دلّ على ٥ اوْصَل. وَصَّل ٥ دبّر. أدار ٥ سيّر. ساق. قاد. أدار ٥ قلّم.

il ne sait pas conduire لا يحسن القيادة

se —, *vp* سَلك. تصرّف

conduit, *m* قناة. (ماسُورة)

conduite, *f* سُلوك. تصرّف. سِيرة ٥ إدارة ٥ قَوْد. قيادة ٥ توصيل. إيصال

— intérieure سيارة يجلس فيها سائقها مع الركاب
— d'eau مجرى. قناة ماء
acheter une — إستقام

cône, *m* مخروط ٥ كوز

en — ou cône, e مخروطي الشكل ٥ قطع مخروطي

confection, *f* إصطناع . عَمَل . صُنْع
la — الملابس الجاهزة
confectionner, *v* صَنَع . عمل . اتمّ
confédération, *f* ولايات متحدة أو مُتحالفة ٭ تعاهد بين دول . محالفة . عصبة
confédéré, e, *n et a* حَليف . متحالف
conférence, *f* مؤتمر . مجتمع ٭ مُفاوَضة مُداولة ٭ عظة . إرشاد ٭ إنعام . منح ٭ مُراجعة ٭ مُحاضرة [كُنْفِرَنْس]
conférencier, ère, *n* خَطيب . مُحاضِر
conférer, *v* تَشاوَر . تفاوَض ٭ أعطى . منح . قلّد ٭ قابل . راجع
confesse, *f* إعتراف
confesser, *v* عَرَّف . قَرَّر وأقرّ
se —, *vpr* إعترف . أقرّ
confesseur, *m* مُعَرِّف . مُرْشِد ٭ مُقِرّ [كُنْفِيسَر]
confession, *f* إعتِراف . إقْرار
sous le sceau de la — بشرط الكتمان
confessionnel, le إيماني . متعلق بالاعتراف
confetti, *m* وَرَق مُسْتَدير صَغير يُنْثَر في المرافع . جُزازة
confiance, *f* ثِقة . إمانة . إئتمان ٭ توكل
confiant, e, *a* وَاثِق . مؤتمن ومُستأمِن
confidemment, *ad* تحت السِر . مُسارة ٭ بالأمانة
confidence, *f* مُسارَّة . سِر . كِتمان
confident, e, *n* أمين السِرّ . مَوْضع ثقة
confidentiel, le, *a* سِرّي ٭ خصوصي
confidentiellement, *ad* سِرًّا . مُسارَّة
confier, *v* إستَوْدَع عِند . أمّن . سَلّم الى
— un secret إستكتم . إستودع سرًّا
— (une affaire) فوّض الى . وكّل . ولّى
se — sur إتكل على . وثق بـ
configurer, *v* رَسَم . صَوّر . شكّل . صاغ
confinement, *m* متاخمة ٭ إقتصار
confiner, *v* تاخَم . جاوَر . حدّ ٭ أقصى . نفى ٭ حصر . حبس
se —, *vpr* إعتَزَل . إنفرد . تنحّى
confins, *m.pl* حُدود . تخوم
aux — de la terre إلى أقصى المعمورة
confire, *v3* عمل مربى . سكّر
— dans le vinaigre خلل . كبس بالخل
— une peau نقع . بلل قطعة جلد
confirmatif, ve, *a* تأكيدي . مؤيد
confirmation, *f* تأكيد . تثبيت . تصديق ٭ تقرير ٭ تقوية ٭ سر الميرون
confirmé, e, *a* مؤيد . مثبت
confirmer, *v* أكد . أيّد . ثبّت . وافق على . قرّر ٭ شجّع . قوّى
confiscation, *f* ضَبْط . حَجْز . مُصادرة . إستصفاء
confiserie, *f* مَصْنَع حلوى أو محل بيعها
confiseur, se, *n* حلواني . صانع أو بائع الحلوى
confisquer, *v* صادَر . ضبَط . إستصفى . حجز . استباح أو ضبط ممتلكات للحكومة
confit, e, *a* محفوظ في الخل او السكر ٭ مُسكّر ٭ مخلل ٭ مكبوس بالملح

confiture, *f* مُرَبّى.حُلْوَى.رُبّ .فوا كه مطبوخه بالسكر

conflagration, *f* إحتراق.إشتعال .إضطرام.حَرِيقة

conflit, *m* نِزاع.نِضال. صِراع.شقاق ٥تصادُم.تعارُض٥مَعْرَكة.مُشاجَرة

confluence, *f* إنصباب٥إختلاط ٥إجتماع نهرين

confluent, e, *a* مختلط.متماس.صابٌّ في.متلاقٍ مع

—, *m* مَصَبّ.مُلتقى النهرين٥إجتماع.مُلتقى

confluer, *v* إختلط.إجتمع في. إنصبّ في

confondre, *v* مرج.خلط.لم يميز بين ٥احبط.أعجز٥أفحم.أسكت.أبكم ٥ربك٥أدهش٥أخجل.أخزى

se — إختلط.إمتزج بـ٥خجل.خزي ٥بهت.دهش

— en excuses أكثر الاعتذار

confondu, e, *a* مُرتبك.مُتحيّر٥مُبهم

conformation, *f* تركيب.تكوين.بنية ٥هيئة٥إتفاق.مطابقة٥توفيق.تطبيق

vice de — عَيْب.نقص في التركيب

conforme, *a* مُطابِق.موافق٥مثيل.شبيه

pour copie — صُورة طبق الأصل

conformément, *ad* حَسَب.طِبقاً.بموجب

conformer, *v* ناسب.طابق ٥وافق على٥كوّن.جبل

se —, *vp* إمتثل.خضع لـ.عمل بموجب ٥وافق على٥طابق

conformiste, *n et* مُتبع الهدى.مقتدٍ

conformité, *f* مُطابقة.مُوافقة٥إمتثال

confort, *m* راحة.رفاهة.رغد.لين العيش.خفض٥عون.رباغة

confortable, *a* مُريح.جالب الرفاهة .رغيد.رحب

confortablement, *a* براحة.برفاهة

confortant,e, *ou* confortatif, ve مقوٍّ

confortation, *f* تقوية.شدّ

confraternel, le, *a* أخوي.أخائي

confrère, *m* رَصِيف.تِرْب.نِد٥زميل

confrérie, *f* (اخوية) إخاء.أخوة .جمعية.طريقة دينية

confrontation, *f* مُجابهة.مُواجهة.مقابلة بين الشهود٥مضاهاة

confronter, *v* واجه.قابل٥قايس بين.ضاهى

confus, e, *a* مختلط.بلا ترتيب٥مُبهَم .ملتبس٥حقوق مجتمعة في شخص واحد (في القضاء) ٥خجِل.مُستحٍ ٥مرتبك.محتار

confusément, *ad* بارتباك.بتشويش

confusion, *f* إرتباك.حيرة.إلتباس .تشويش٥إتحاد الذمة (في التجارة)٥خجل.خزية

en — بوفرة.بكثرة غير مرتبة

confusionner, *v* أخجل

confutation, *f* نقض.تفنيد.دحض

congé, *m* أجازة.مسامحة.عطلة٥اذن.سماح

prendre — إستأذن بالانصراف.ودع

donner — اطلق من خدمة.رفت٥اخلى الطرف ٥اعطى اجازة او عطلة (بطل)

congédier, *v* صَرَف.أنهى.فَضّ ✡رفَت.عزَل
congélable, *a* قابل التجمّد أو التجلّد
congélateur, *m* آلة التبريد الصناعي
congélation, *f* تجليد.تجمّد.تخثر.تثلج
congeler, *v* جلّد.جمّد.خثّر
se — *vr* جَمُدَ.تجلّد.خثِر.تجمّد
congément, *m* خلو طرف
congénère, *a* مثيل.نظير✡مجانس .من جنس أو نوع واحد
congénital, e, *a* خِلقي.منذ الولادة
congestif, ve, *a* إحتقاني
congestion, *f* إحتقان✡إزدحام
congestionner, *v* إحتقن✡حقن✡تزاحم .زحم.ركم
conglomérer, *v* كدّس.كتّل.جمع
conglutiner, *v* أدبق.ألزق.ألصق
congratulation, *f* تهنئة.تبريك
congratuler, *v* هنّأ.قدّم التهاني
congre, *m* ثعبان البحر .جرى.حنكليس
congréganiste, *n et a* عضو جمعية أخاء
congrégation, *f* أخويّة✡جمعيّة.إجتماع .محفل✡طائفة✡مذهب
congrès, *m* مجتمع.مؤتمر.مجلس .إجتماع نواب أو معتمدي دول✡جماع
congression, *f* تمشير
congressiste, *n* عضو في مؤتمر
congru, e, *a* مستوفٍ.كاف✡مجانس ✡مطابق.موافق.مناسب
congruité, *ou* congruence, *f* استيفاء✡مطابقة✡تناسب.مجانسة
conique, *a* مخروطي الشكل✡صنوبري
conjecture, *f* تخمين.ظنّ.حدس
conjecturer, *v* خمّن.حزر.قدّر .حدس
conjoindre, *v3* أضاف أو ضمّ إلى.قرن .أشرك✡أرفق.وصل
conjoint, e, *a* متّصل.مقترن.متّحد
—, *m* الزوج أو الزوجة
legs — وصية (لعدة أشخاص)
conjointement بالاتحاد.بالاشتراك✡معاً
conjonctif, ve, *a* موصل.رابط ✡حرف عطف.عاطف
conjonction, *f* حرف عطف.عاطف✡ضم ✡إلتحام.إلتصاق✡إلتقاء✡إتحاد.قران
conjonctive, *f* الملتحمة.جلاق أو باطن العين
conjoncture, *f* فرصة.مصادفة ✡ضائقة.شدّة
conjugaison, *f* تصريف الفعل✡جمع .تأليف✡إنضمام.إقتران
conjugal, e, *a* مختص بالزواج.قراني
conjugué, e, *a* منصرف✡مقترن
conjuguer, *v* صرّف الفعل
conjurateur, rice, *a* معزّم.مؤامر

conjuration, *f* تعزيم.عزيمة. رُقية ¤مناشدة. تضرّع ¤دسيسة.مكيدة ¤تجنب

conjuré,e, *a et n* صاحب دسيسة. متعصّب. مؤتمر به.

conjurer, *v* ناشد. توسّل الى. تضرّع ¤ عزّم. استعمل الرقية والسحر ¤ حزّب. تحزّب ¤ تخلص من. تجنّب

conjureur, *m* مشعوذ. ساحر ¤ فاتن

connaissance, *f* شعور ¤ علم. معرفة. دراية ¤ إختصاص ¤ صاحب. (معرفة)

—, *pl.* دراية. خبرة. معارف

parler en — de cause تكلم عن علم بالشيء

faire *ou* lier — avec qn تعرف الى شخص

prendre — d'une chose علم بما فيه. اطلع على الشيء

sans — مغمى عليه. فاقد الشعور

connaissement, *m* حافظة تصدير. بوليصة

connaisseur, se, *n* خبير. ذو خبرة. ذو معرفة من أولى الخبرة

connaître, *v3* علم. عرف. أدرك. درى بـ. ألمّ ¤ تعارف مع. عاشر

il ne se connait pas تاه عن نفسه

il ne s'y connait pas لا يفهم في هذا

connecteur, *m* وُصلة ¤ موصل. رابط

connexe, *a* مقرون. مقترن ¤ مرتبط

connexion, *f* صلة. إنضمام. إتصال ¤ قرابة

connexité مناسبة ¤ إرتباط ¤ إنضمام القضيتين

connivence, *f* تواطؤ ¤ محاباة ¤ تغاض ¤ تستر

conniver, *v* أغضى أو تغاضى عن ¤ حابى ¤ تستّر على ¤ شارك. تواطأ

connu, e, *a* معروف. شهير. معلوم

conoïde, *m et a* مخروطي الشكل

le — elleptique المخروطي الناقص

conque, *f* صدف. ودع ¤ صوان أو صحن الاذن

conquérant,e, *a et n* فاتح. غاز. مظفر

conquérir, *v7* تغلب على. إنتصر. قهر. دوّخ [كُنْكِرِير]

conquête, *f* نصر. فتوح. غلبة. قهر. إخضاع ¤ فتح. غزو

faire des —s إستمال النساء

conquis, e, *a* مغلوب. مقهور

consacrant, e, *a et m* مقدّس. راسم

consacré, e, *a* مكرّس. منذور

consacrer, *v* حبس على. خصّص. وقف ¤ قدّس. كرّس

se —, *vp* تفرّغ. انقطع لـ. كرّس ذاته

consanguin, e, *n et a* قريب من الأب. من العصب (كالاخوة)

conscience, *f* ضمير. ذمّة. طوية ¤ إدراك

la liberté de — حرية الاعتقاد

par acquit de — تبرئة للذمة

consciencieusement, *ad* بذمّة

consciencieux, se, *a* حي الضمير. (ذو ذمة). منصف ¤ مدقق

conscient, e, *a* مستيقظ. مستفيق. مدرك [كُنْسيِيَن. ـسِت]

conscriptible, *a* صالح للخدمة العسكرية

conscription, *f* تجنيد. القرعة العسكرية ¤ تسجيل ¤ إكتتاب

conscrit, *m* مطلوب للجندية. (نفر قرعة)

consécration, f وَقف. تكريس. تخصيص☆(تدشين). تَقدِيس. رِسَامه

consécutif, ve, a مُتتابع. مُتوالٍ ☆مُتسَلسِل. مُتعاقِب

consécution, f تَعاقُب

consécutivement, ad بالتتابع. بالتسلسل

conseil, m نَصِيحَة. مَشُورَة. رَأي ☆مُؤتمَر. مَجلِس شُورَى

— des ministres مجلس الوزراء

— municipal مجلس بلدي

— provincial مجلس قروي

conseiller, m مُستَشار☆فَقيه ☆عُضو مَجلِس الشُّورى

—, v نَصَح. أشارَ عَلَى

conseilleur, se, n ناصِح. مُشير. رَائِد

consensuel, le, a عُرفي. شروط عُرفية. رضائي

consensus, m اتفاق. اشتراك. عِلاقة

consentant, e, a راضٍ بـ. قابل

consentement, m قبول. رِضى. موافقة

consentir, vz قَبِلَ. رَضِيَ. وَافَق عَلَى

conséquemment تتابعاً. بناء على ذلك. إذاً

conséquence, f نَتيجَة. عاقبة☆تَبعَة. مَغبة☆تأثير. أهمية. خَطَر

sans — بدون أهمية

en — فاذاً. من ثم. وعليه

conséquent, e, a et m ناتج أو ناجم عن ☆تابع. لاحِق☆التالي

par — بناء عليه

conservataire صاحِب الحيازة. ذُو اليَد

conservateur, rice, n et a أمين ☆مُحافِظ☆حافِظ. واقٍ

le — du musée أمين المتحف

le parti — حزب المحافظين

conservatif, ve, a et n حافِظ. واقٍ ☆محافِظ على القديم☆كَبُوت

conservation, f حِفظ. صَوْن. وقاية

conservatoire, f مَعْهَد مُوسِيقَى

—, a تحفظي

conserve, f مأكولات محفُوظَة. مأكولات العلب☆مُرَبّى

de — معاً. سَوِية

conserver, v حَفِظ. وَقَى. صَان☆حَفِظ المأكولات

se — بَقِيَ في صحته. حافظ على صحته☆حُفِظ

considérable, a جَسيم. عَظيم. كَبير ☆مستحق الاعتبار

considérablement لدرجة عظيمة. كثيراً

considérant, m أسباب الحكم. حيثيَّات

considération, f إعتبار☆امعان فكر ☆إحترام☆عوض. مقابل☆باعث. سبب

prendre en — راعَى☆راعى بعين الأهمية

en — de نظراً إلى

considerer, v إعتبَرَ. حسب☆رَاعَى ☆تأمل. تبصَّر أو نظر في

se —, vp عَدَّ نفسه. اعتبر أو حسب نفسه

consignataire, m المسلَّم اليه. مُستَودَع

consignation, f تَسْليم. استيداع. إيداع

en — تحت التسليم

consigne, f أوامر. تعليمات ¤ كلمة المرور ¤ حجز. منع عن الخروج ¤ مخزن الأمانات (في المحطات) ¤ أمانة
consigné, e, a مُودع. مُسلَّم إلى
consigner, v أودع. سلّم. إستأمن على ¤ ارسل الى ¤ خصّص ¤ منع من الخروج ¤ أورد ذكر
consistance, f كثافة. قوام. جود ¤ صلابة ¤ ثبات ¤ تركيب ¤ نوع
consistant, e, a جامد. صلب ¤ ثابت ¤ مشتمل على
consister, v إشتمل على ¤ تكوّن من ¤ دام
consistoire, m مجمع كنسي اوديني. مجلس ملي
consœur, f زميلة. رصيفة
consolant, e, a مسل. معزّ. مواس
consolateur, rice, n et a مسل. جابر. معز. مقيل العثرة
consolation, f سلوى. عزاء. مؤاساة. تأسية. تعزية
console, f (كابولي) مِسْنَد. دعامة. ¤ صُفّة. مِنْضَدة
consoler, v عزّى. أسّى. وآسى. سلّى
consolidation, f تقوية. تثبيت ¤ تجميد. ضم. توحيد
consolider, v قوّى. عزّز. ثبّت ¤ جمّع. وحّد (الديون) ¤ احكم ¤ نظّم ¤ جمّد
— une dette ربط مبلغ لسداد دين
consommateur, rice, n مستهلك
consommation, f مشروب أو مأكول (في المنتديات العامة) ¤ إستهلاك. إنفاق ¤ مقطوعية ¤ تتمة. إنجاز
la — du mariage الدخول بالزوجة
la — est obligatoire المشروب (أي الطلب) إجباري
consommé, m مَرَق. خلاصة اللحم المسلوق
—, e, a مستهلك. مُنْفَق ¤ مرتكب
habilité —e مهارة تامة
consommer, v إستهلك. إستنفد ¤ تمم. انهى
consomptif, ve مُمحِق. مفن. (في الطب)
consomption, f تحرّق. فناء. بلى ¤ داء السل
consonance, f لحن. موافقة الأصوات ¤ تجنيس. سجع
consonne, f حرف صامت أو ساكن
consorts, m. pl رفقاء. شركاء
prince ou roi — consort زوج الملكة الحاكمة
consortium, m شركة. كنسورتيوم
conspect ou conspectus, m منظر عام
conspirateur, rice, n et a متآمر. مؤآمر. أحد المتآمرين
conspiration, f مؤآمرة ¤ مكيدة
conspirer, v تآمر. إئتمر. إتحد على شر
conspuer, v(بهدل) أذل. أهان علناً.
constable, m شرطي. (بوليس). كنستبل
constamment, ad على الدوام. دائماً
constance, f ثبات. جَلَد. مثابرة ¤ وفاء
constant, e, a ثابت. لا يتغير ¤ وفي
constat, m معاينة
constatation, f تأكيد. إثبات ¤ معاينة

constater, *v* حقّق أو تحقّق من. تأكّد. بحث. تحرّى ٭ عاين ٭ أثبت ٭ دلّ على
constellation, *f* تجمّع نجوم. برْج ٫ كوكبة. دارة ٭ صورة سماوية
consternation, *f* ذعْر. إنذهال. خبل
consterné, e, *a* مثقل بالغم. يائس ٭ مذعور
consterner, *v* أحزن.. خلع القلب. ذعّر
constipant, e, *a* ممسك. قابض للبطن
constipation, *f* قبْض. إنقباض البطن أو الأمعاء. إمساك
constipé, e, *a* عنده إمساك أو كتام
constiper, *v* كتم. قبض البطن. امسك
constituant, e, *a* مكوّن. مؤلف ٭ مركّب ٭ موكّل
aliments —s أغذية مقوية أو ضرورية
constitué, e, *a* منظّم. مشكل. مؤلف. كائن
bien — صحيح البنية. معافى. سليم
constituer, *v* أقام. جعل. عيّن. فوّض ٭ حبس ٭ شكّل. ألّف. نظّم. ركّب
se — prisonnier سلّم نفسه للأسر أو السجن
constitutif, ve, *a* مكوّن ٭ أساسي. جوهري. من ذات الشيء ٭ منظم. مرتّب
constitution, *f* مزاج. فطرة ٭ بنية. تكوين ٭ تركيب. تأسيس ٭ تعيين ٭ قانون أساسي ٭ دستور ٭ مرتب
— de Wakfs وقف. أصل الوقف
constitutionnel, le, *a* دستوري ٭ أساسي ٭ قانوني ٭ خلقي
constitutionnellement, *ad* دستورياً

constriction, *f* عصْر. ضمّ. شدّ. إنقباض. توتّر. تقلّص
constringent, e عاصر. ضاغط. مضمّ
constructeur, *m et a* بانٍ. بنّاء. مشيّد. منشي
construction, *f* بناء. عمارة. تشييد ٭ بنية ٭ تركيب ٭ إنشاء. صنع
— en liteaux بناء بغدادلي
construire, *v* بنى. شيّد ٭ ركّب أو أنشأ
consubstantiel, le له ولآخر جوهر واحد
consul, *m* قنصل. وكيل دولة
consulaire, *a* قنصلي
consulat, *m* قنصلية. (قنصلاتو)
consultatif, ve, *a* إستشاري. شوري
consultation, *f* مشورة. إستشارة. تشاور ٭ (قنصلتو). مشاورة. شورى
consulter, *v* شاور. إستشار ٭ تشاور مع ٭ راجع. بحث في
consumer, *v* إستهلك. افنى. محق ٭ اضنى
contact, *m* ملامسة. مماسة. تماس ٭ اتصال
contagieux, se, *a* معْدٍ. سارٍ
contagion, *f* عدْوى. سريان
contagionner, *v* أعدى. أعد
contagiosité, *f* عدْوى ٭ إنتقال العدوى
contaminable قابل للاصابة بالوباء أو التلوث
contamination, *f* تلويث. تدنيس ٭ إصابة بالعدوى
contaminer, *v* لوّث. أعدى. نجّس

conte, *m* حكاية. قصة. خرافة. نادرة
— de fées حكايات الجن. اسطورة
contemplateur, rice, *n* متأمل
contemplation, *f* مشاهدة. تأمل
contempler, *v* شاهد. نظر. تأمل
contemporain, e, *a et n* معاصر . ترب ٥ في زمن واحد
contempteur, rice, *n* محتقر. مزدر
contenance, *f* سعة ٥ مساحة ٥ مظهر . هيئة. محيا ٥ ثبات
perdre — اضطرب. خزي. إرتبك
contenant, e, *a et m* محتو. مشتمل . حاو على
contendant, e, *a et n* منازع ٥ متنافس
contenir, *v 3* حوى. تضمن. شمل . إحتوى على ٥ حبس. ردع
se —, *vp* تمالك نفسه. ردع ذاته
content, e, *a* مبسوط. مسرور. منشرح . مغتبط ٥ راض . قانع [كنتن - ـت]
contentement, *m* سرور. إنبساط . إنشراح ٥ إكتفاء. رضا
contenter, *v* سر. راضى وأرضى
se —, *vp* إكتفى. قنع واقتنع. قبل. رضي بـ
contentieux, se, *a* مجادل. متنازع فيه ٥ متعلق بالقضايا. قضائي
le — de l'état قلم قضايا الحكومة
contention, *f* مجهود. جهد ٥ جدال ٥ نزاع
contenu, *m* محتويات مضمون. فحوى

conter, *v* قص. حدث. حكى. روى
contestable قابل الجدل. فيه ريب. عليه نزاع
contestant, e, *a et n* منازع. منافس
contestation, *f* نزاع. خصام. جدال . مقاومة // sans — بغير معارضة
conteste, *f* نزاع. مقاومة. خصومة
contester, *v* نازع. قاوم ٥ عارض. أنكر
conteur, se, *n* راو. محدث. مخبر. حاكي
contexte, *m* قرينة. علاقة ٥ متن
contigu, ë, *a* مجاور. ملاحق. متصل بـ
contiguïté, *f* ملاصقة. تجاور. إلتصاق
continence, *f* ضبط النفس عن الشهوات . تورع. إمساك عن. عفة. زهد
continent, e, *a* زاهد. عفيف
continent, *m* قارة ٥ يبس
continental, e قاري ٥ اوربي (بدون الكلترا)
contingent, e, *a* قسم. حصة ٥ طارئ ٥ محتمل
—, *m* جيش المساعدة. فرقة جنود ٥ نصيب مقاطعة معينة من الضرائب
continu, e مداوم. متصل. مطرد. مستمر
continuation, *f* مداومة. إستمرار
continuel, le, *a* متواصل. دائم. مستمر
continuellement, *ad* دائما. بلا إنقطاع
continuer, *v* داوم. واظب. واصل ٥ مد. طول ٥ أبقى. ثبت
continuité, *f* إتصال. دوام. استمرار

continûment, *ad* بلاانقطاع. بمداومة

contorsion, *f* التواء. إعوجاج. تشنّج ٭ الأعصاب ٭ لمص. تصعّر

contorsionner, *v* لوى. عوّج. عقف ٭ لعّب وجهه

contour, *m* حول الشيء. مدار. دوران. حدّ أو محيط الشكل ٭ إستدارة ٭ دائرة. قطب ٭ (لفّة). حيلة

contournement, *m* إحاطة. إلتفاف حول

contourner, *v* دار حول. أحاط ٭ دوّر ٭ رسم دائرة الشيء

contractant, e, *a et n* مشارط. متعاقد. متعاهد

contracter, *v* شارط. عقد. تعهّد. تعاقد
— une dette استدان. اقترض
— une habitude اعتاد. الف. تعود
— le front قطب وجهه

se — إنقبض. تكمش. تقلص. تشنج

contraction, *f* إنقباض. تقلص. إنكماش ٭ تشنج ٭ إقتضاب ٭ مشارطة. عقد

contractuel, le بموجب شرط. واقع بشرط

contracture, *f* تصلب. تخشب

contradicteur, *m* مناقض. مضاد. معارض. مخالف

contradiction, *f* مخالفة. تناقض. معارضة

contradictoire مضاد. نقيض ٭ حضوري
jugement — حكم حضوري. بحضور الأخصام

contradictoirement, *ad* بتناقض. بالضد. خلافاً ٭ بعد سماع الخصم

contraignant, e, *a* قابل الاجبار. ممكن اكراهه ٭ جبري. ملزم

contraindre, *v* أجبر. أكره. ألزم. غصب

contraint, e, *a* مجبور. غصبي. مضغوط عليه

contrainte, *f* إكراه. قسر ٭ ضيقة. شدّة ٭ جبر النفس
— par corps إلقاء القبض على
sans — بدون ضغط أي تأثير. بحرية. طواعية

contraire, *a et m* نقيض. مخالف. مضاد ٭ العكس. ضد
au — بالعكس. بالضد

contrairement بمخالفة. بالعكس. بالضد

contrariant, e, *a et n* معارض. مضاد ٭ مكدر. منكد

contrarier, *v* عارض. خالف ٭ كدّر

contrariété, *f* ممارضة. تخالف. مماكسة ٭ عائق ٭ إستياء. مضايقة

contraste, *m* تباين. تضاد. عكس

contraster, *v* خالف. تباين. ضادّ. تناقض

contrat, *m* عقد. إتفاق كتابي. صك. قبالة. كونتراتو

contravention, *f* مخالفة ٭ تعدٍ

contre, *m* ضد ٭ مقابل. قرب ٭ على. تجاه. حذاء. تلقاء
ci-contre
— les regles ضد الأصول

contre-accusation, *f* نفي التهمة باتهام المدعي

contre-amiral, *m* الثالث من أمراء البحر

contre-attaque, *f* هجوم المدافعين

contre-balancer, *v* عادَلَ. وازَى. وازَنَ بَيْنَ.
contrebande, *f* مَمْنُوع من الحكومة. محظور ٭ بضائع مهرّبة ٭ تهريب
contrebandier, ère, *n* مُهَرِّب
contrebasse, *f* كمنجة كبيرة. نوى
contre-bouter *ou* contre-buter سَنَدَ البناء. دَعَمَ. ركَزَ
contrecarrer, *v* عارَضَ. ضادَّ. قاوَمَ
contre-charge, *f* ثقالة
contre-charme, *m* سِحْر مُبْطِل آخَر
contre-cœur (à) كُرْهاً. رَغْماً. قَسْراً
contre-coup, *m* إرْتِداد الصَدْمَة. رَجْعَة. رَدّة ٭ عاقبة
contre-défense, *f* دفاع احتياطي
contre-digue, *f* حاجز داعم لآخر
contredire, *v* ناقض. خطّأ. كذّب
se —, *vpr* ناقض ذاته. تناقض
contredisant, e مُحِب المعارضة أو التخطئة
contredit, *m* رَدّ ٭ مناقضة ٭ مُعارضة
sans — لا محالة. لا ريب. لا خلاف فيه
contrée, *f* ناحية. بُقعة. جِهَة. قُطْر
contre-expertise, *f* تعيين خُبَراء آخرين لتحقيق تقرير خبراء سابقين
contrefaçon, *f* تقليد. تزوير ٭ نسخة مقلدة
contrefacteur, *n* مُقلِّد. مُزوِّر. مزيف
contrefaire, *v3* قلّد. زوّر ٭ حذا
contrefait, e, *a* مُقلَّد. مزوّر ٭ ممسوخ الهيئة. مُشَنَّع
contrefort, *m* دعامة. سَنَدَه بطانة حِذاء
contre-indication, *f* عدم استعمال علاج ما في حالات مرضية خاصة
contre-jour, *m* عكس الضوء. نور معاكس
contre-lettre, *f* إتفاقية ضد العقد
contremaitre, sse, *n* رَئيس عُمّال أو وَرْشة. مُقَدَّم فعلة
contre-mandat, *m* توكيل مُلغٍ لآخر
contremarche, *f* الرجوع على الأعقاب
— d'un escalier قايمة السلم
contremarque, *f* تعليمة أو تأشيرة
— (de théatre) ورقة الخروج الموقت
contre-mur, *m* بغلة. (دعامة) الحائط
contre-ordre, *m* أمر مُخالف ٭ عدم النظام
contre-partie, *f* صُورَة الدفاتر ٭ مُعادلة. مُطابقة.
contrepoids, *m* ثُقالة
contre-poil, *m* بعكس إتجاه الشعر
contre-poison, *m* ضد السّم. ترياق
contre-saison, *f* غير الاوان
contreseing, *m* توقيع الوزير المختص
contre-sens, *m* عَكس
contre-signer, *m* أشر ٭ صدّق على امضاء
contretemps, *m* عائق. نايبة. مانع
contre-torpilleur, *m* حرّاقة. سَفينة حربية صغيرة ضد زوارق اللغم
contre-valeur, *f* مقابل القيمة

contrevenant, e, *n* مخالف. مُرْتَكِب
contrevenir, *v* خالف // مُخالفة
contribuable, *n et a* مُمَوِّل
من يدفع الضرائب . دافع الضرائب
contribuer, *v* دفع المال ٭ ساهَمَ. إشترك
contributeur, rice, *n* مُساعِد. مُساهِم
contributif, ve, *a* عَونِي ٭ مُساعِد
contribution, *f* عَوايد. ضَرِيبَة ٭ حِصَّة ٭ إمداد. اعانة. مُساعَدة
—s directes الأموال المقررة
contristant, e مُحزِن. باعث على الحزن
contrit, e, *a* مُنْسَحِق القَلْب ٭ نادِم
contrition, *f* إنْسِحاق القَلْب ٭ نَدَم
contrôlable, *a* مُمكن مُراقبته أو ضَبْطه
contrôle, *m* تفتيش. مُراجَعة ٭ إدارة
contrôler, *v* راقَب ٭ فَتَّش ٭ دَمَغ ٭ ساس. أدار
contrôleur, se, *n* مُراقِب. مُفَتِّش ٭ تذكرجي (كسارِي) ٭ دامغ ٭ مُدَبِّر
controuver, *v* إختلَق. لَفَّق
controverse, *f* مُناقَضة. خِلاف
contumace, *f* عِناد
jugement par — حُكم غيابي
contus, e, *a* مَرْضُوض
contusion, *f* رَضّ ٭ هَرْس. سَحْن ٭ كدمة
contusionner, *v* رَضَّ
convaincre, *v3* أقنَعَ
convaincu, e, *n et a* مُقْتَنِع
— de crime مثبوت عليه جناية

convalescence, *f* نَقاهة. دور النقاهة
convalescent, e, *n et a* ناقِه
convenable, *a* مُوَافِق. لايق. لائق
convenablement, *ad* بطريقة لايقة
convenance, *f* تَناسُب. توافُق. لياقة
convenant, e, *a* مُوافِق. مُناسِب
convenir, *v3* إتفق
il convient يليق. يوافق
convention, *f* إتفاق. عَهْد. مُشارَطة
conventionnel, le, *a* إتفاقي
convergence, *f* إجتماع
convergent, e, *a* مُتجَمِّع. متحد الاتجاه
idées —es آراء متقاربة
converger, *v* تجَمَّع. مال إلى نقطة واحدة
conversation, *f* مُحادثة. حَدِيث
converse, *a et f* مَعْكُوس. مَقْلُوب
converser, *v* تحادَث. تحدث أو تكلم مع
conversible, *a* قابل للقَلْب أو التغيير
conversion, *f* تَحْوِيل. تَغْيِير. إستبدال
converti, e, *n et a* مُرْتَدّ
convertible, *a* قابل التحويل. جائز الاستبدال ٭ دَوَّار
convertir, *v* صَيَّر. حَوَّل ٭ ردّ. أهْدَى
convertissement, *m* تحويل
convexe, *a* مُحَدَّب. مُسَنَّم. مُقَبَّب
convexité, *f* تحدُّب. تسنُّم. تقبُّب
conviction, *f* إعْتِقاد. تحقُّق ٭ عَقِيدة

convié, e, *n* مَدْعوّ
convier, *v* دَعا. كلّف للحضور. (عزم)
convive, *n* مَدْعو. نَديم (مَعْزوم)
convocateur, rice, *n et a* باعِث الدعوى أو طلب الحضور
convocation, *f* دَعْوَة للاجتماع. استدعاء
convoi, *m* رَكْب. خفر للحراسة اثناء التنقل ◊ جنازة. مأتم ◊ قِطار أو قافلة
convoiter, *v* اِشْتَهى. تمنى. طمِع. بَغى
convoitise, *f* رَغْبَة. اشتهاء. طمع
convol, *m* التزوج ثانياً أو ثالثاً
convoler, *v* تَزَوَّج مرة أخرى
convoquer, *v* اِسْتَدعى. جمع. دَعا
convoyer, *v* رافَق للحراسة
convulser, *v* ارتعش. تشنج. تلوّى
convulsion, *f* تقلّص. رَعْشَة. تشنّج
convulsivement, *ad* بتقلّص. برَعْشَة
coopérateur, rice, *n et a* مُشارك في العَمَل. مُساعِد ◊ عضو جمعية تعاونية
coopératif, ve, *a et f* تَعاوني ◊ نقابة تعاون
coopérer, *v* ساعَد. عَمِل مع. عاوَن. ساهَم أو شارك في العَمَل
coordonné, e, *a* مُرَتَّب. مُنَسَّق ◊ مماثِل في الدرجة
coordonnées, *f.pl* أبْعاد احداثيّة
coordonner, *v* رَتَّب. نَسَّق. نَظَّم. وَفَّق أو سَوَّى بين

copain, *m* رَفيق. نِد. صاحِب
copeau, *m* نُشارَة. نفاوة النجارة
copie, *f* صُورَة. نُسْخَة ◊ ورق اجابة
copier, *v* نَسَخ. نقل ◊ قلّد
copieusement, *ad* بِغزارة. بِوَفْرَة
copieux, se, *a* وافِر. غَزير. فيّاض
copiste, *n* نَسّاخ. ناسِخ. مُبَيِّض. ناقِل
copte, *n et a* قِبْطي ◊ قِبط
copulation, *f* مزاوجة الحيوانات. تسافد
copyright, *m* حقوق النسخ. حق التأليف. حقوق اعادة الطبع
coq, *m* ديك ◊ طباخ الباخرة
coque, *f* قِشْرَة البَيْض ◊ فيلجة. شرنقة الحرير ◊ (قصعة) جُدران أو جسم المركب
œufs à la — بيض نمبرشت (برشت)
coquelicot, *m* خَشخاش برّي
coqueluche, *f* شَهْقَة. سُعال دِيكي
il est la — des femmes فاتن النساء
coquet, te, *a et n* غَنِج. (غندور) ◊ ظريف. أنيق
coquetier, *m* ظَرْف البيض ◊ بائع الدجاج والبيض
coquette, *f* (غندورة). أنيقة ◊ امرأة كثيرة الدلال والغنج
coquetterie, *f* (غَنْدَرَة) ◊ دَلال. غُنْج
coquillage, *m* وَدَع. صَدَف
coquille, *f* مَحارَة. صَدَفَة. قشرة ◊ غلط صف (في الطباعة)
coquin, e, *n* لئيم. خبيث ◊ نذل

cor, *m* بُوق. ناقور ٭ عين سمكة. (كالو)
— de chasse بوق الصيد
— au pied عين السمكة. (كالو)
à cor et à cri بشدة 
corail, *m* (*pl.* coraux) مرجانة (ج. مَرْجان) ||
— des jardins فلفل أحمر
Corau, (le), *m* القرآن 
corbeau, *m* غُراب ٭ حانوتي
corbeille, *f* سَبَت. سلّة ٭ حلقة البورصة
corbillard, *m* عَرَبَة الموتى ٭ فرخ الغراب 
cordage, *m* حَبْل. حبال
corde, *f* وَتر ٭ حَبْل. سَلبة ٭ دُبارة
la corde au cou الأغلال في الأعناق
meriter la corde استاهل الشنق
— du pendu. حبل المشنوق (جالب للبخت)
cordeler, *v* فتَل. جدَل كالحبل
cordelière, *f* شريط من حرير يستعمل لحزام
cordelle, *f* لبان. حَبْل لجر المراكب
corder, *v* فتل الحبل
cordial, e, *a* ودادي ٭ مُنْعِش (في الطب)
cordialement, *ad* باخلاص. بمودة
cordialité, *f* إخلاص. مودّة
cordier, *m* حَبّال. بائع أو صانع الحبال
cordon, *m* قيطان. شريط مبروم ٭ نطاق عساكر. صَفّ
grand — وسام درجة أولى
— bleu طباخ أو طباخة ماهرة
— sanitaire حجر أو نطاق صحي
— des monnaies زنجير العملة

cordonnerie, *f* محل صنع الأحذية أو بيعها
cordonnet, *m* فتلة أو شريط رفيع ٭ زنجير المسكوكات
cordonnier, *m* صانع أحذِية أو بائعها
coreligionnaire, *n* من دين واحد
coriace, *a* متجلد. يابس كالجلد
coriandre, *f* كُزْبَرَة. جُلْجُلان 
corne, *f* قرن ٭ حافر ٭ بوق ٭ ثنية ورق ٭ لباسة الأحذية
cornée, *f* قرنية أو شحمة العين 
cornemuse, *f* مزمار بقربة
cornet, *m* قُمْع. قُرْطاس ٭ نفير. بوري. بُوق 
corniche, *f* إفريز. رفراف. كورنيش
cornichon, *m* مخلل. (قُبّار. طُرْشي)
cornu, e, *a* ذو قرون
corollaire, *m* بُرْهان. دَليل ٭ نتيجة في (الحساب). تابعة
corporation, *f* هَيْئة. طائفة أهل حِرْفة
corporel, le, *a* جسدي. بدني ٭ مادي
corps, *m* جَسَد. جسم. بدن ٭ هيئة ٭ قوام. كثافة ٭ حجم
— d'armée فيلق. جيش
— du délit مايدل على الجناية. أهم أركان الجريمة
— diplomatique معتمدو الدول
— morts وتد تربط به مرساة السفن
— de logis سلاملك. جزء منفصل في بناية
à son — défendant مكرهاً
— céleste نجم
n'avoir rien dans le — لم يأكل شيئاً
corpulence, *f* بدانة. ضخامة الجسم. سمنة
corpulent, e, *a* بَدين. رَضراض ٭ ضخم الجسم

correct, e, a مَضْبوط. صَحيح ✿ لائِق
correctement, ad بضَبْط. بدقّة. بأصول
correcteur, m مُصَحِح. ضابِط. مُنَقِّح
correctif, ve, m et a مُلطِف. مليّن
correction, f تَصحيح. تَنْقيح. ضَبْط ✿ تأديب ✿ صِحَّة
correctionnel, le, a تأديبي. إصْلاحِي
tribunal — محكمة الجنح
corrélation, f إرْتباط ✿ عِلاقة. صِلة
correspondance, f مُراسَلة. مُكاتَبة ✿ مُطابَقة ✿ عِلاقة ✿ عَرَبات السَّفَر قديماً
correspondant, e, n et a مُراسِل. مُكاتِب ✿ مُطابِق. مُلائِم
correspondre, v³ كاتَب. راسَل ✿ طابَق
corridor, m طُرْقة. مَمْشى. دهليز. مَمَر
corriger, v أصْلَح. صَحَّح. ضَبط ✿ أدَّب. هَذَّب. قاص ✿ لَطَّف
se — تأدَّب. هَذَّب نَفْسه. أصلح غلطه
corrigible, a قابل التهذيب. قابل الإصلاح او التصحيح
corroboration, f تَصْديق عَلى قول آخر
corroder, v نَخَرَ. أكل. أذاب. قَرض
corrompre, v³ أفْسَد. أتلف ✿ رَشا. بَرطل ✿ حَرَّف. غَيَّر
corrompu, e, a فاسِد. تلف ✿ مُرْتَشٍ
corrosif, ve, a et m أكّال. قارِض. ناخر
corrosion, f تأكُّل. بَلو. تَصدّئة
corroyage, m دِباغة ✿ لحام
corruptible, a قابِل الفَسَاد ✿ سهل الارتشاء
corruption, f فَساد. عَفَن ✿ رَشْوَة
corsage, m (عنتري). صدري ✿ خَصْر. قَدّ
corsaire, m قرصان. لص بحري ✿ سفينة القراصنة
corser, v قَوّى. شَدَّد
corset, m صَدْريّة. مِشَدّ. كورسيه. (بوستو)
corsetier, ère, n صانع المشدَّات
cortège, m مَوْكِب. حَفْل ✿ مَعِيَّة
cortical, e, a قِشْري
corvée, f سُخْرَة. كُلْفَة
corvette, f نَقيرة. طَراد. سَفينة حَرْبيَّة صَغيرة ✿ حَرَّاقة ✿ مَرْكَب مخابرة
coryza, m زكام (رَشْح)
cosmétique, a et m دهان لتلميع الشعر
cosmique, a كوني. مختص بالعالم او المخلوقات ✿ عالمي. مختص بالنظام الشمسي
cosmopolite, m سائح. مُتجول ✿ شائع الوطن يعد كل أرض وطناً له. محب جميع البلدان. دولي
cosse, f قِشْرة. غِمْد ✿ سُوسة ✿ كسل. انعدام الهمة
cossu, e, a كثير القُشور ✿ مُقرَّن
— d'argent ثري. غني
costaud, a et n قوي. ضَخْم (فتوة)
costume, m لِبْس. حُلَّة (طَقْم. بَدْلَة)
costumier, m بائع ملابس للمسارح. بائع أزياء

côte, *f* ضِلع ٭ جانِب ٭ عُلُو ٭ شاطِئ ٭
— (de bourse) سِعر. تسعيرة
coté, *m* جانِب ٭ جِهَة ٭ صَوْب ٭ حِزْب
à — de بجانب. الى جانب. بقرب
mettre de — ادخر. وفّره. أهمل. ألقى جانباً
de — منحرف. مائل
coteau, *m* سَفح الرابية. تلّ صغير
cotelette, *f* ضِلع (كوستليته)
coter, *v* سَعّر. عيّن أو ذكر سعراً
coterie, *f* عُصْبَة. حِزب. صُحْبَة
cotier, ère, *a* شاطِئي. ساحِلي
cotillon, *m* نِطاق. نُقبة. تنورة (جونلة) ٭ رقص متغير الأوضاع ومصحوب بألعاب
cotisation, *f* رَسْم. فريضة ٭ إكتتاب ٭ إشتراك ٭ تقدير. تثمين
cotiser, *v* فرض ٭ إكتتب
coton, *m* قُطن
— hydrophile قطن معقم. قطن طبى
— égrené قطن محلوج. قطن شعر
— filé خيط قطن
cotonnade, *f* أقمشة ٭ منسوجات قطنية
cotonnier, *m* شجرة القُطن
cotonnier, ère, *a* قُطني
côtoyer, *v* تنزّه. سار بجانب الشاطئ ٭ تنطّ
cou, *ou* col, *m* عُنق. رَقَبة. جِيد
couardise, *f* جُبْن. نَذالة
couche, *f* طَبَقة. قِشرة ٭ مَضجَع. مَرقَد ٭ فِراش ٭ وِلادة. وَضع ٭ دَهن. طلي
fausse — إسقاط. طرح

coucher, *vn* تمدد. رَقد. اضطجع ٭ نام
—, *m* نَوم. رُقاد ٭ غروب. أفول الشمس
couchette, *f* فرشة أو فراش. مرقد. مضجع
couci-couci, *lc. ad* بَيْن بَيْن
coude, *m* كوع. مِرفق. زاوِية
coudoyer, *v* دفع او لمس بكوعه
coudre, *v3* خاط. خيّط. حاك
machine à — آلة حياكة. (ماكنة خياطة)
couenne, *f* وَجه ٭ جِلد خنزير مطروق ٭ غشاء. قشرة كاذبة
coulage, *m* جَريان. سَريان ٭ تمضية ٭ سَبْك. صَبّ ٭ غَرق ٭ رَشح
coulant, e, *a* جارٍ. سائِل ٭ لَيِّن. سَهْل
couler, *v* خرّ. سال ٭ صَبّ ٭ غرِق ٭ أغرق. غطّس ٭ مضى ٭ رشح. نضح
couleur, *f* لَوْن. صِبغة ٭ عَلَم
couleuvre, *f* حَيّة. أفعى. ثُعبان
coulisse, *f* مجرى ٭ خلف المسرح. الكواليس
— (de bourse) محل السماسرة غير الرسميين
coulissier, *m* سمسار بورصة
couloir, *m* مَمشى. دهليز. رواق
couloire, *f* مِصْفاة
coup, *m* ضَرْبة. لطمة ٭ طعنة ٭ مرّة. دفعة
— d'air نزلة. لفحة هواء
— de grace الضربة القاضية
— de foudre الحب من اول نظرة ٭ صعقة
— de soleil ضربة شمس. رعن
— d'œil نظرة. لمحة. التفاتة ٭ منظر
— de théâtre تغيير فجائي
— d'état ثورة. خدعة سياسية

— de feu عيار ناري . طلقة
— de maitre شغل متقن (دقة معلم)
— de tête عمل يأس ٭ هوسة
sur le — حالاً
tout à — بغتة أو غفلة
— sur — بلا انقطاع . بتواتر
sans — férir بدون عراك او مقاومة
— de main مساعدة ٭ مفاجأة . هجمة ٭ مخاطرة
boire un — شرب كأس خمر
à — sûr بلا شك . من كل بد . مؤكد

coupable, *m* مذنب . جانٍ . مجرم ٭ منكر

coupant,e, *a et m* باتر . جازم ٭ حدّ . حرف

coupe, *f* كأس . قدح . كوب ٭ قطع
— (d'habit) تفصيل . تفصيلة . شكل
— papier قطاعة ورق الكتب
— de cheveux تحذيف الشعر . قص الشعر

coupé, *m* عربة أو سيّارة صغيرة مقفولة
—, e, *a* مقطوع
vin — نبيذ مخلوط بالماء

coupe-gorge, *m* مهلكة

coupe-jarret, *m* قاطع طريق

couper, *v* قطع . قص ٭ فصل
— un animal خصى حيواناً
— le chemin à qn سد الطريق
— les cartes قطع ورق اللعب
pour — court للاقتصار
se —, *vp* انجرح ٭ تقاطع
ça m'a coupé les jambes تخلخلت ركبي

couperet, *m* ساطور . شاطور

coupeur, se, *n* (مقصدار) . مفصل الثياب ٭ خياط

couple, *m* زوج . جوز

coupler, *v* أزوج . قرن . شفع

couplet, *m* مقطع . دور او بيت غناء

coupoir, *m* مقص ٭ مخرطة

coupole, *f* قبة

coupon, *m* فضلة قماش . كوبون ٭ تذكرة ٭ قسيمة . بطاقة

coupure, *f* جرح . خدش . قطع ٭ خداع

cour, *f* فسحة . حوش . فناء ٭ مجلس
— du roi بلاط . حاشية . معية الملك
— d'appel محكمة الاستئناف
faire la — à une femme تحبب أو غازل امرأة

courage, *m* شجاعة . بسالة ٭ عزم . همة

courageux, se, *a* شجاع . جريء . مقدام ٭ محب العمل

couramment, *ad* بسهولة . بسرعة ٭ عادياً

courant, e, *a* الجاري . الحالي ٭ جار ٭ دارج . عادي [كورنت]

courant, *m* تيار . مجرى
— continu تيار متواصل (كهربائي)
— alternatif تيار متقطع (كهربائي)
au — مطلع . ملم
dans le — du mois في بحر الشهر

courbature, *f* تيبس . تشنج . تكسير الجسم

courbe, *f et a* منحنى . أعوج ٭ منحن

courber, *v* أحنى . عوج . حقف
se —, *vp* انحنى . طأطأ

courbette, *f* خشوع . تذلل . طأطأة . التغالي في الاحترام

courbure, *f* اعوجاج . انحناء . تقوس

coureur, se, *n* عداء . سريع الجري . جراي ٭ سائس ٭ (فلاتي . زير النساء)

courge, *f* كوسى . يقطين . قرع

courir, *v3* ركض . جرى ٭ ذاع . شاع

couronne, *f* تاج . إكليل ٭ شوشة

— d'une dent الجزء الظاهر من السن ٭ غطاء معدني للسن

couronnement, *m* تتويج . تكليل

couronner, *v* توّج . كلّل . ولّى

courrier, *m* ساعٍ . رسول ٭ بريد . بوسطة

— aerien البريد الجوي

courroie, *f* سير جلد

courroucer, *v* أغضب . أسخط

courroux, *m* غضب . سخط

cours, *m* سير . دوران ٭ سعر

— d'eau مجرى ماء . غدير أو ترعة

— (de bourse) سعر

— (étude) درس

avoir — راج

donner — à ses larmes سكب الدموع

course, *f* جري . ركض . عدو ٭ سباق ٭ مباراة ٭ مشوار . مأمورية ٭ سير الزمن

court, e, *a et ad* قصير ٭ بغتة

courtage, *m* سمسرة . دلالة

courtaud, e *a et n* قصير القامة وبدين ٭ مستخدم صغير

courtauder, *v* قطع آذان الحيوان وذيله

court-circuit, *m* تماس . احتكاك التيارات

courtier, *m* سمسار . دلال

courtisan, *m* جليس الملك ٭ مُمالق

courtisane, *f* عاهرة

courtiser, *v* داهن . ملق . تحبّب لـ.

courtois, e, *a* لطيف . أنيس

courtoisement, *ad* بلطف ورقة

courtoisie, *f* لطف . رقة . أدب المجاملة

cousin, e, *n* ابن عم . ابن عمة ٭ ابن خال . ابن خالة (ج . أبناء ، بنات العم أو الخال الخ) [كوزن - زين]

coussin, *m* مخدة . وسادة

coussinet, *m* مخدة صغيرة ٭ كرسي ٭ ميشرة لقمة (في الميكانيك)

coût, *m* ثمن . قيمة . كلفة . تكاليف

couteau, *m* سكين . مدية

coutelas, *m* خنجر ٭ ساطور . سكين كبير للمطبخ

coutelier, ère, *n* سكاكيني . صانع أو بائع الآلات القاطعة

coutellerie مصنع أو تجارة الآلات القاطعة

coûter, *v* كلّف

coûteux, se, *a* غالٍ . مكلف . كبير الثمن

coutre, *m* سكين المحراث ٭ بلطة لشق الخشب

coutume, *f* عادة . عرف

coutumier, ère, *a* عادي ٭ معتاد

couture, *f* خياطة ٭ ندبة (غرزة)

battus à plate — هزموا شر هزيمة

couturier, ère, *n* خياط

couvaison حضانة . ترقيد ٭ إبان الترقيد

couvée, *f* إفراخ ٭ فقس . ترقيد

couvent, *m* دير . صومعة

couver, *v* حضن. رقد على البيض
— des yeux نظر بقوة ورغبة
couvercle, *m* غطاء
couvert, *m* محل موق. ملجأ. مسكن
— (de table) طقم مائدة الأكل. (سفرة)
vendre à — باع شيئاً موجوداً
—, e, *a* مغطى. مستور
couverture, *f* غطاء ٭ حرام (بطانية) ٭ غلاف ٭ تغطية ٭ ما يضمن وفاء الدين
couveuse, *f* قرقة. رقاد. حاضنة البيض
— artificielle حاضنة صناعية. معمل كتاكيت
couvre-chef, *m* غطاء للرأس. قبعة
couvre-feu, *m* نوبة النوم (في العسكرية)
couvre-lit, *m* غطاء السرير الخارجي
couvre-pied, *m* لحاف
couvreur, *m* مسقف (مسقفاتي)
couvrir, *v3* غطى ٭ حمى ٭ نزا. سفد
se —, *vp* تغطى ٭ أظلم (الجو)
crabe, *m* سرطان. سلطعون. (أبو جلمبو) 
crachat, *m* بصاق. تفة
crachement, *m* بصق
cracher, *v* بصق. تف. بزق
crachoir, *m* مبصقة
craie, *f* [كريي] طباشير
craindre, *v3* خاف. خشي
crainte, *f* خوف. خشية. رعب
craintif, ve, *a* خائف. هلع. جبان

cramoisi, e, *a et n* قرمزي. أحمر ٭ قرمز
crampe, *f* شلل. تشنج وقتي. إعتقال العضل
crampon, *m* كلاب. خطاف ٭ فضولي
cramponner, *v* علق ٭ ضايق
se — تعلق بـ. تمسك. تشبث
cran, *m* سن دولاب. فرض. (ترس) ٭ شجاعة 
crâne, *m* جمجمة. قحف
—, *a* جسور. مقدام 
cranerie, *f* جسارة ٭ وقاحة
craneur, se, *n* متظاهر بالشجاعة. وقح
crapaud, *m* ضفدع سام
crapule, *f* نذل. وغد
craque, *f* كذبة بيضاء. (خرطة)
craquement, *m* طقطقة. قرقعة
craquer, *v* [كراكِه] طقطق. قرقع
crasse, *f* وسخ. قذارة ٭ خساسة. شح
crasseux, se, *a* قذر. وسخ
cratère, *m* فوهة بركان
cravache, *f* كرباج. سوط
cravate, *f* رباط الرقبة. (عباغ). كرافته [كراڤات]
crayon, *m* قلم ٭ قلم رصاص
créance, *f* دين. ذمة ٭ إعتماد
—douteuse دين هالك
créancier, ère, *n* دائن. مدين
créateur, rice, *n et a* خالق. مبدع. منشئ ٭ مبتدع. محدث. مبتكر
création, *f* إنشاء. خلقة. ابتكار. إيجاد

créature, *f* خليقة. بَرِيـّة ٭ شخص ممقوت

crèche, *f* مِـذْوَد. مِـعْلف

crédit, *m* إِعتبار. نفوذ. صيت ٭ إِعتماد

— (*ou* cr.) له (في الحسابات). أصول

à — بالدين. شكك ؛ بالأجل [كِرْدِي]

créditer, *v* قيّد لحساب [— تِه]

créditeur, *m* الدائن. المقيد له [— تُر]

crédo, *m* قانون الايمان

crédule, *a* سريع التصديق

crédulité, *f* سذاجة. سُرعة التصديق

creér, *v* خلق. أبدع. أنشأ. أحدث

crémaillère, *f* ممسكة أو حلقة تعليق الدست

pendre la— احتفل بالمسكن الجديد

crémation, *f* حرق جثث الموتى

crème, *f* قشطة. قشدة. كريمة ٭ زُبد

crémerie, *f* مصنع أو معمل القشدة ٭ دكان لبيع مُنتجات اللبن

créneau, *m* شُرْفة. مرماية. متراس طابية

créneler, *v* بنى متراساً ٭ عمل أسنان العجلة ٭ زنجر العُمْلة

créole, *n* مُولّد أبيض. أوربي مُولود في المستعمرات ٭ خِلاسي

crêpe, *m* نوع من الأقمشة. كريشة ٭ فطير

crépi, *m* مُونة

crépir, *v* ليّس أو طيّن الحائط

crépitation, *f* فرقعة. طقطقة

crépu, e, *a* مُجعّد (أكرت) الشعر

crepuscule, *m* شفق. غسق

crescendo, *m* ارتفاع الصوت تدريجياً

cresson جرجير حلو. قرة حارقة ٭ رُشاد

crête, *f* عُرف الديك ٭ شنف ٭ قمة

crétin, *m* أبله. عديم الادراك ٭ شقي

creusage *ou* creusement, *m* حفر. تحفر

creuser, *v* حفر. حفر. نكش. بحث

creuset, *m* بُوتقة. بودقة

creux, se, *a* فارغ. أجوف

creux, *m* فراغ. تجويف. حُفرة

crevasse, *f* شق. ثلمة. صدع. نقرة

crever, *v* مات. نفق (الحيوانات) ٭ إنفجر. إنفزر ٭ إنفلق

— les yeux قلع العيون

crevette, *f* جمبري ٭ برغوث البحر ٭ اربيان

cri, *m* صُراخ. صِياح ٭ نِداء

le dernier— آخر زي (موضه)

criard, e, *a* صخاب ٭ مُصرصر

couleur —e لون فاقع. (مزهزه)

criblage, *m* غربلة

crible, *m* غربال. مُنخل

cribler, *v* غربل ٭ خرم

— de dettes أغرق في الدين

cric, *m* آلة لرفع الأثقال ٭ عِفريتة. كريك

cri-cri, *m* صرصور

criée, *f* دلالة. مُناداة. بيع بالمزاد

crier, *v* صرخ. صاح ٭ دلّل. نادى على البضاعة في المزادات

crieur, *m* دلال. منادٍ في بيع بالمزاد ٭ مُؤذن

crime, *m* جناية. جريرة. جريمة. إثم
criminel, le, *n et a* مجرم ٭ جنائي
crin, *m* شعر الخيل
crinière, *f* عُفْرة. عُرْف. لِبْدة
crique, *f* جون. خليج
criquet, *m* جُندب. جراد صغير
crise, *f* بحران ٭ أزمة. شدة
crispation, *f* تقلّص. انقباض. تشنج
crisper, *v* (كمّش). سبّب الانقباض ٭ قلّص ٭ لوى. فتل
se — تقبّض. تشنّج. تكرّش. تقلّص
crisser, *v* صرّ. صرّف. (زمّق)
cristal, *m* بلّور. بلُّور
cristallin, e, *a* بلّوري. شفّاف
cristalliser, *v* بلّور ٭ جمّد. صلّب
se —, *vpr* تبلّر. جمد. تبلور
criterium, *m* قسطاس. ميزان ٭ عيار. مقياس
critiquable قابل الانتقاد. مستحق النقد
critique, *f* انتقاد. نقد ٭ تنديد
—, *m* كاتب منتقد. ناقد ٭ نحرير
—, *a* حرج. خطير ٭ تنديدي. إنتقاضي
age — سن الكهولة. سن اليأس
critiquer, *v* إنتقد ٭ عاب. ندّد بـ
critiqueur, *m* منتقد. ناقد. محب الانتقاد
croassement, *m* نقيق الضفادع ٭ نعب أو نعيق الغراب
croc, *m* ناب. سن أحجن ٭ عقافة. كُلاب بشوكة من حديد لتعليق اللحم وما شاكل
croc-en-jambe, *m* (مقلب). شنكلة
crochet, *m* شنكل. خطاف ٭ صنّارة. إبرة التطريز ٭ ناب (الحيوانات) ٭ لفة في طريق ٭ رباط معدني للأسنان ٭ عقافة ٭ نشّاشة. آلة فتح الأقفال ٭ حلية
être sur les —s de qn عاش على نفقة آخر
crochu, e, *a* معوّج كالكلاب. أعقف ٭ ميال للسرقة. (يده خفيفة)
crocodile, *m* تمساح (ج. تماسيح)
croire *v3* صدّق. آمن. إعتقد ٭ ظنّ
se —, *vpr* إعتبر نفسه. ظن ذاته
croisade, *f* الحرب الصليبية. جهاد
croisé, e, *a* على شكل صليب. متقاطع
croisé, *m* صليبي // مجنس. هجين ٭
croisée, *f* شبّاك. نافذة ٭ مفرق الطرق
croisement, *m* تقابل ٭ عبور ٭ اسفاد تلاقح مختلط. تهجين ٭ تقاطع
croiser, *v* قابل. لاقى ٭ تقاطع ٭ سطّر ٭ شبّك ٭ ألغى. شطب ٭ عبر. قطع ٭ اسفد. أزوج أجناس مختلفة من الحيوان
— en mer جال في البحر
se —, *vpr* تلاقى. تقابل ٭ تقاطع ٭ تكتّف
— les bras تكتف ٭ اضرب عن العمل
croiseur, *m* طرّاد. سفينة طوّافة
croisière, *f* طواف. تجوّال في البحر
croissance, *f* نمو. تكاثر ٭ نبت. بلوغ
croissant, *m* هلال ٭ شقّ القمر (فطير)
—, e, *a* نام. متكاثر. متزايد
croître, *v3* نما. زاد. كثر

croix, *f* صَليب
— gammée صليب أعقف
— (décoration) وسام
croque-mitaine, *m* غُول. بُعْبُع
croque-mort, *m* حانوتي. حَمّال الموتى
croquer, *v* قضم. قرش. التهم ✡ طقطق ✡ رَسَم بسرعة
croquis, *m* رَسم نظري. رَسْم مُسَوَّدة. كروكي. رسم تخطيطي
crosse, *f* عُكاز. صولجان الأسقف ✡ قَندَق. ركازة. خشب البندقية. كرناف
crotale, *m* ذات الأجراس. حيّة سامة
crotte, *f* وَحْل. طِين ✡ بَعر. زِبل. جِلّة
crottin, *m* رَوْث. زبلة. (جِلّة)
croulement, *m* سُقوط. هُبوط. إنهيار
crouler, *v* سَقط. هَبط. إنهدّ ✡ تفتّت
croup, *m* خُناق. مَرض ذَبحة الزور
croupe, *f* كَفَل الفرس. مؤخر. مأكمة. عجز
croupier, *m* القائم بادارة اللاعب على موائد القمار
croupion, *m* عُصْ. آلية. عَجْب
croupir, *v* فسِد. أسَنَ. إسْتَنقع. رَكد
croupissement, *m* أسْن. أجن. رُكود
croustillant, e, *a* مُقرمَش. لاشف وهاش
croûte, *f* قِشْرة ✡ (قشفة) ✡ كِسْرة خُبز
casser la — أكل كسرة. تَصبّر
croûton, *m* فتاة (فتافيت). كسرة خبز صغيرة
croyance, *f* إعتقاد. عَقيدة. إيمان ✡ دِين
croyant, e, *n* مُعتقِد. مُؤمِن
cru, *m* كمية النمو ✡ حصاد العنب ✡ جنس النبيذ
— du vin نبيذ عنب المقاطعة
—, e, *a* غير ناضِج. فِج ✡ نَيء. غير مستوٍ ✡ خام ✡ لغة فاحِشة
cruauté, *f* قَساوة. عدم شفقة. قسوة
cruche, *f* جَرّة. بَلاّص. دَن. قِدرة
cruchon, *m* جَرّة أو بلاّص صغير. إبريق
crucifiement *ou* crucifiment, *m* صَلْب. تَعليق على الصليب
crucifier, *v* صَلَب. سمّر على الصليب
crucifix, *m* الصليب ✡ صَليب وعليه صُورة المسيح
crudité, *f* فَجاجة. نيوءة ✡ عدم تهذيب الألفاظ
crue, *f* فيضان. طوفان. إزدياد
cruel, le, *a* قاس. عَديم الشفقة
cruellement, *ad* بقساوة. بغلظة. بقسوة
crûment, *ad* بلا مُداراة أو تهذيب
crustacés, *m.pl* الحيوانات والأسماك ذات القِشرة الصّلبة (كالجنبري)
crypte, *f* ناؤوس. قبو أو سرداب تحت كنيسة
cu, *m* إسْت. عَجُز (لفظة سباب)
cubage, *m* تكعيب. قياس المكعبات
cube, *m* مُكعّب. نَرْد
cuber, *v* كَعّب. حوّل إلى مكعب أو قاسه
cubique, *a* شكل مُكعّب ✡ مُكعّب
cueillage, *m* جَني. قطف الأثمار

cueillette, *f* قطف. حصاد ٥ محصول

cueilleur, se, *n* جانٍ. حَصّاد

cueillir, *v*3 جَنَى. حَصَدَ. قَطَفَ

cuiller, *ou* cuillère, *f* مِلْعقة

cuillerée, *f* مِلْء مِلعقة. لُعقه

cuir, *m* جلد مدبوغ ٥ مِشعذ
(قايش) ٥ عثرة لسان. زلة. لحن

— chevelu جلد الرأس. الجلد الذي ينمو عليه الشعر

cuirasse, *f* درع. زَرد. دَرَقة. تُرس

cuirassé, *m* مُدَرَّعة. سَفينة مُدرعة

—, e, *a* مُدَرَّع. مُصَفَّح. مَكسو بالحديد

cuire, *v*3 طَبَخ. طهى. سَوّى ٥ كوى
٥ خبز ٥ حرق (الطوب) ٥ تلهف ٥ الم ٥ الطبخ

il vous en cuira ستتوجع لأجلها. ستندم

cuisant, e مُؤلم. وَخّاز. كاوٍ ٥ سهل الطبخ

cuisine, *f* مَطبَخ ٥ الطبيخ

cuisiner, *v* طَبَخَ. طهى. أعدّ الطعام

cuisinier, ère, *n* طاهٍ. طبّاخ

cuisinière, *f* فرن. وابور الطبخ بالفحم

cuisse, *f* فخذ ٥ (ورك) ٥ (خربة)

cuisson, *f* طَبخ. تهيئة الطعام. طهى ٥ لسْع

cuistre, *m* دَنيء. وغد. لئيم

cuite, *f* حَرْق الطوب أو الخرق ٥ طَبْخ
الشراب ٥ سُكر. نشوان ٥ طبخة

cuivre, *m* نحاس

cuivré, e, *a* نُحاسِيّ. نحاسِي اللون

cuivrer, *v* طلى أو غشى بالنحاس. نحّس

cul, *m* دُبر. است. كفل. عجز. مؤخراي شيء

— de jatte كسيح. مقعد. مكسح

— de sac زقاق غير نافذ. عطفة مسدودة

culbute, *f* إنقلاب. (شَقلبة. شقلباظ)

culbuter, *v* قلب. أوقع. (شقلب)

se — إنقلب رأساً على عقب. (تشقلب). كبا

culinaire, *a* متعلق بالطبخ. مايختص بالطعام او المطبخ

culminant, e, *a* أَوْج. ذُرْوَة. درجة الارتفاع العليا

culminer, *v* تكبد النجم. تكبدت الشمس ٥ بلغ أعلى ارتفاع

culot, *m* عَقب ٥ جُرأة. وَقاحة ٥ الدخان المتبقي في قعر البيبة ٥ أصغر الأولاد.
(آخر العنقود) ٥ الجزء المعدني أو قعر بعض الأشياء

— (de fonderie) راسب المعادن. ثفل

culotte, *f* لباس. بيرْوَال ٥ كفل
(خربة) ٥ خسارة قمار كبيرة

culpabilité, *f* ذَنب. جناية ٥ ادانة ٥ خطأ

culte, *m* عِبادة ٥ شعائر أو طقوس دينية

cultivable, *a* قابل للزراعة. يُزْرَع

cultivateur, rice, *n* مُزارِع. فلاح

cultivé, e, *a* مَزْروع ٥ مُثقف. مُهذّب

cultiver, *v* زَرَع. فلَح ٥ ثقف ٥ رَبّى

culture, *f* زِراعة. فلاحة ٥ تربية ٥ ثقافة

— physique تمرينات رياضية

cumul, *m* — de peines ضم العقوبات

cumuler, *v* جَمَعَ الوظائف. جمّع
cupide, *a* طمّاع. جَشِع
cupidité, *f* طَمَع. جَشَع
cupidon, *m* إلاه أو ملاك الحب ❊ صنف كرا ملا
curable, *a* ممكن شفائه ❊ قابل التطهير
أي ازالة الأتربة الراسبة في قاع الترع والمرافىء
curage, *m* تطهير. نزح. تنظيف
curatelle, *f* وصاية. قوامة. حِراسة
curateur, rice, *n* وَصيّ. وَكيل تركة. وليّ. ناظر وَقْف.
curatif, ve, *a* شِفائي ❊ عِلاجي. دَوائي
cure, *f* عِلاج. إستشفاء مداواة بشيء واحده م
curé, *m* خوري. قسيس
cure-dent, *m* سلاكة الأسنان. سِواك. خِلالة. [ركيو ضن]
curer, *v* طَهّر. نزح. نظّف
curetage, *m* كحت. حَك (في الجراحة)
curieusement, *ad* بفضولية ❊ بغرابة
curieux, se, *a et m* فضوليّ. حِشَري. مُحب الاطلاع على كل شيء ❊ عَجيب. غريب
curiosité, *f* فُضول ❊ تحفة. طُرْفَة
cursif, ve, *a et f* جار ❊ منحن ❊ خط رقعة
curviligne, *a* رَسْم مُنحن ❊ ذو خطوط منحنية أو منقوسة
cutané, e جِلْدي. مختص بالجلد. بَشَري
cuvage, *m* مدة التخمّر ❊ إختمار العنب
cuve, *f* خابية. دَن. وعاء كبير لتخمير العنب ❊ قصعة. حَوْض. دست. طِشت

cuveler, *v* دعم. سند الآبار. بطّن
cuver, *v* إختمر
— le vin نام غلا. نام لهضم الخمر
cuvette, *f* طَشت. طَست. مِركن
cuvier, *m* مِركن. طشت أو دست الغسيل
cycle, *m* دورة. دَوْر. مُدّة من الزمن ترجع بعدها الأجرام الفلكية إلى ما كانت عليه ❊ فلك ❊ عصر. جِيْل ❊ درّاجة ❊ ذو عجل
cyclisme, *m* ركوب الدرّاجات ❊ مايختص بالعجل
cycliste, *n* رَاكِب الدراجة. رَاكب العجلة
cyclone, *m* عاصِفة. زَوْبعة. إعصار
cyclope, *m* عملاق خرافي ذو عين واحدة في جبهته
cygne, *m* أوز عِراقي ❊ بجعة ❊ برج الطائر (في علم الفلك)
cylindre, *m* أسطوانة. عَمُود (شلندر) ❊ شوبك حليج
cylindrique, *a* أسطواني. عموديّ
cymbale, *f* صنج (آلة موسيقية)
cynique, *a et m* خَليع. فاجِر ❊ تهكمي ❊ تشنج كلبي (في الطب)
cyniquement, *ad* بسخرية. بتهكم ❊ بقلة حياء
cynisme, *m* قلة حياء. خلاعة ❊ وَقاحة
cyprès, *m* سَرْو
Czar, *m* (césar قيصر (تحريف

D

dactylo, *n et a* كاتب على الآلة ٭ إشبعي
dactylographie, *f* الكتابة على الآلة الكاتبة
dague, *f* خنجر. مِدْيَة
daigner, *v* تفضّل. تكرّم. تنازل
daim, *m*; **daine,** *f* ظبي. غزال
dalle, *f* بلاطة. تربيعة ٭ لوحة القبر
daller, *v* بلّط. فرش بالبلاط
Damas, *m* دمشق ٭ قماش أو سيف موشى
damasquiné, e معرق بالذهب أو الفضة
damassé, e موشى. مزخرف بالنقوش ٭ قماش حريري مشجر
dame, *f* سيّدة ٭ ضامة
— **de trèfle** بنت السباتى (فى الكارت)
— **de compagnie** رفيقة. نديمة
dame ! أجل !
jeu de dames لعبة الضامة
damier, *m* الضامة
damnable مستحق الهلاك ٭ لعين. محرّم
damnation, *f* هلاك. عذاب جهنم
damner, *v* أهلك ٭ لعن
dancing, *m* مرقص عام
dandiner, *v* ماس. تخطر. تهادى. دلف
danger, *m* خطر (ج. أخطار)
dangereux, se, *a* مخطر. خطر
danois, e, *n et a* دانمرقي. من الدانمرك
dans, *prép* في. ب.
— **une heure** بعد ساعة
dansant, e, *a* راقص. رقّاص
danse, *f* رقص
danser, *v* رقص
danseur, se *n* راقص. رقّاص
dard, *m* زُبانة. حمة ٭ سهم. نبلة. رمح
darder, *v* رشق. رمى
dartre, *f* قوباء. قوبة. حزازة
data, *m.pl* معلومات. مدلولات. مفروضات
date, *f* تاريخ ٭ زمن
— **certaine** تاريخ ثابت. تاريخ مسجل فى المحاكم
dater, *v* أرّخ. وضع تاريخاً
à — de ce jour منذ اليوم. اعتباراً من اليوم
datte, *f* بلح. بلحة
dattier, *m* نخلة. شجرة البلح
datura, *m* داتورة. طاطوره. بنج
daube, *f* لحم مكمورة. مالحة
dauber, *v* لكم ٭ هجا ٭ كر. ملّل ٭ شوى رويداً مع منع التبخر. سبّك. جز
dauphin, *m* درفيل. دلفين
—, **ne,** *n* لقب ولي عهد فرنسا سابقاً
daurade, *f* مرجان. سمك مرجان
davantage, *ad* أكثر. زيادة. زيادة عن ذلك
davier, *m* قمطة. مرسة ٭ كلاب ٭ ملقط (لخلع الأسنان)
d' : هي de لحقها حرف متحرك
de enfant بدل d'enfant

de, *prép.* مِن. عن
une tasse de café فنجان قهوة
la journée de demain يوم غد
service de nuit خدمة ليليه
parler d'un ton menaçant تكلم بصوت التهديد // défense de fumer ممنوع الدخين
de, dé, dès, *préf.* سابقة معناها نفى أو عكس أو منع
dé, *m* كشتبان. قمع الخياطة ¤ زهر اللعب
déambuler, *v* تنزه. تجول
débâcle, *f* ذوبان. إنحلال الثلج ¤ كسح ¤ إنقلاب الحال. تدهور ¤ كارثة
déballage, *m* فك الطرود. حل الحزوم ¤ البضائع الرخيصة المعروضة فى أماكن وقتية
débandade, *f* (à la) خلط ملط. شغب
débander, *v* فك. حل الرباط أو العمامة ¤ أرخى ¤ توتر ¤ فرق. شتت
débarbouillage, *m* تنظيف. غسل الوجه أو الظاهر من الجسم
débarbouiller, *v* نظف. مسح أو نظف
se —, *vr* غسل وجهه. تنظف
débarcadère, *m* مرسى. إسكلة. رصيف
debardeur, *a et m* مفرغ. حمال ميناء. مفرغ البضائع أو دليل السفن (شيال. عتال)
débarquement, *m* مرسى للمراكب ¤ النزول من المراكب ¤ تفريغ البضائع من المركب
débarquer, *v* نزل أو أنزل من المركب. فرغ. أخرج البضائع من المركب أو العربة
débarras, *m* تخلص. تملص. إستراحة
chambre de — حاصل. كرار // العتاق.
débarrasser, *v* خلص من ¤ أخلى. أفرغ
se — تخلص من. تملص. (انعتق)
débat, *m* أخذ ورد. نزاع
—, *pl.* مناقشة. جدال (فى السياسة أو الشئون العمومية) ¤ مرافعة (فى القضاء)
débâtir, *v* فك الشلالة ¤ هدم
débattre, *v3* جادل. حاج. ناقش ¤ فاصل
se —*vr* حاول التخلص. تنازع ¤ تناقش
débauchage, *m* إغواء العمال. إغراء العمال على ترك العمل ¤ إستغناء عن عمال
débauche, *f* فسق. فجور. دعارة
débauché, e, *n et a* فاجر. فاسق
débaucher, *v* أفسد. عود على الفسق ¤ صرف أو نهى العمال عن عملهم
débet, *m* رصيد الحساب. باقي الحساب
débile, *a* ضعيف. نحيف. واهن
débilté, *f* وهن. ضعف. هزال
débine, *f* إفلاس. فقر. ضيقة. عوز
débiner, *v* ذهب. إنفلت ¤ ذم. حقر
débit, *m* مبيع ¤ رواج. نفاق ¤ كمية التصريف ¤ دكان بيع التجزئة (القطاعي) ¤ تسميع. إلقاء ¤ من. خصوم (فى الحسابات) ¤ المطلوب منه
débitant, e بياع بالتجزئة. بائع (قطاعي)
débiter, *v* باع ¤ إستنفد ¤ قيد على ¤ جعل مديناً ¤ سمع ¤ فصل ¤ أذاع
— des mensonges قال أكاذيب
débiteur, rice, *n et a* مدين. المطلوب منه ¤ بائع بالتجزئة

déblai, m حفر. نخر. ازالة التراب ٥ انقاض
déblayement, m رفع التراب أو الأنقاض
déblayer, v شال الأنقاض. مهد. سلك
débloquer, v رفع الحصار أو الحذر
déboire, m فشل. خيبة ٥ غم ٥ قرف
déboiser, v قطع الأشجار. أزال الغابات
déboiter, v خلع. ملخ. فك. فصل
débonder, v سال. طفح ٥ فتح السدادة
débonnaire, n et a حليم. لين العريكة
débord, m فيضان سائل. سيلان ٥ حد العملة
débordant, e, a طافح. دهاق. طام
débordé, e, a طافح. فائض
débordement, m طفوح ٥ طغيان
. فيضان ٥ فرط ٥ فجور
déborder, v طفح. فاض. طما. غمر ٥ نتأ
. برز ٥ ثنى جناح العدو
débouché, m منفذ. مخرج. مصب ٥ محل
أو سوق لتصريف البضائع. مصرف
—, e a مفتوح
déboucher, v فتح السدادة ٥ سلك
se —, vp انصب في ٥ انفرج
débourber, v أزال أو أخرج من الوحل
٥ غسل معدنا أو خاما
débourrer, v نكت أو فرغ حشو الغليون
او المشاقة ٥ سلك المشط ٥ هذب
débours, ou déboursé, m مصروف
déboursement, m نفقة. مصروف
٥ دفع. صرف

débourser, v صرف. دفع. انفق
débout, ad واقف. منتصب. قائم
vent — ريح معاكس. ريح من المقدم
un argument qui ne tient pas — دليل ساقط
débouté, e, a مرفوض
déboutement, m رفض الدعوى
. الحكم بعدم صحة الدعوى
déboutonner, v فك الأزرار
débraillé, e, a عديم الهندام. متحشف
. باذ. (مرهدل) ٥ قليل الحشمة
débrailler (se), vp تحشف. ترهدل
٥ كشف عن جسمه. عرى صدره
débrayage, m توقيف الحركة بعدم
تعشيق تروس حركة السيارة
débrayer, v عطل الحركة. فصل تروس
الحركة عن بعضها ٥ شق أو حز (في الجراحة)
débris, m. بقية ٥ أنقاض. حطام. ردم
débrouillard, e شملال (شملول). مدردح
débrouillement, m تسليك ٥ توضيح
débrouiller, v حل. سلك. وضح
se —, vp انحل ٥ تخلص
débusquer, v طرد. هزم. عزل
début, m بدء. إبتداء. مطلع
débutant, e, n مبتدئ. بادئ ٥ غر
débuter, v بدأ. ابتدأ. شرع في. إفتتح
deçà من هذا الجانب. من هذه الجهة
décacheter, v فتح أو فض الختم. فتح
(الخطاب)

décade, *f* عَشرة ٭ عَقد

décadence, *f* اِنحِطاط. خَراب. تأخُّر

décalcomanie, *f* نقل الرَسْم الملون ٭ورق طبع

décaler, *v* رفع التوطئة ٭ أضاع الموازنة

décalogue, *m* الوصايا العشر

décalquage *ou* décalque, *m*
نقل الرَسْم. نسخ شفاف ٭ وَرَق شفاف للرسم

décalquer نقل الرسم. نسخ على الشفاف

décampement, *m* حَل الوطاد. رَحيل

décamper, *v* رَحل. نزح. إرتحل. ولّى

décanat, *m* شياخة. رياسة

décanter, *v* صَفى. فصَل سائلاً

décapitation, *f* قطع الرأس. ضَرْب العنق

décapiter, *v* اطاح. قطع الرأس

décatir, *v* كمّد. ازال لمعة النسيج

décauville (chemin de fer) سِكة حديد ضيّقة نقالى. ديكوفيل

décavé, e مُفلِس. منفَض ٭ خسْران

décaver, *v* كسب مال إحدى المقامرين. افلسه فى اللعب

décéder, *v* توفى. مات

décèlement, *m* كشف. إظهار. افشاء

déceler, *v* أفشى. اذاع. أظهر

décembre, *m* ديسمبر. كانون أول

décemment, *ad* بحشمة ٭ بلياقة

décence, *f* حِشمة. لياقة. تأدُّب. إحتشام

décennal, e مُدّة عشر سنوات ٭ عَقْدِي

décent, e, *a* محتشِم ٭ لائق. مُناسِب

décentralisation, *f* فصل عن المركز. عدم الاعتماد الكلي على المركز

deception, *f* غرور. خدع ٭ خيبة أمل

décerner, *f* قاصَص. حكم. أمَر ٭ منح

décès, *m* وَفاة. مَوْت طبيعى

décevant, e, *a* غارٌ. غشّاش. خدّاع

décevoir, *v3* غرّ. غشّ. ختل. اضلّ

déchainement, *m* فك القيد. إطلاق ٭ هيجان. ثوران. إحتدام

déchainer, *v* حَل القيد. سيّب. اطاق ٭ هيّج. أثار. حرّك

déchanter, *v* غيّر لهجته. خفف من غلوائه ٭ خالفه

décharge, *f* اخلاء طرف ٭ مصْرَف. مَنفذ للمياه ٭ تفريغ الشحن ٭ تخفيف ٭ سَيَلان ٭ إطلاق جملة عيارات نارية معاً

— électrique تفريغ شحنة كهربية
donner — خلص. أعفى
temoins à — شهود النفى
—s d'une maison مرافق المنزل

déchargement, *m* تفريغ. تنزيل الحِمل

décharger, *v* فرّغ الشحْن. نزّل الوَسْق او الحمل ٭ أطلق مقذوف ناري ٭ فرّغ البُندقية ٭ أخلى طرفه ٭ برّأ ساحة المتهم ٭ خفّف. خفّض ٭ اعفى ٭ انجد

déchargeur, *m* مُفرّغ ٭ (عتّال)

décharné, e, *a* عارٍ عن اللحم ٭ هزيل

décharner, *v* جرّد اللحم عن العظم ٭ نحل

déchaumage, *m* حِراثة خفيفة. برش. فك. سَلَف الأرض البور ٭ نزع جُذامة النباتات من الأرض

déchaussé, e, *a* حاف ٭ مكشوف الجذور
déchausser, *v* حَفَّى. خلع الحذاء أو الجورب ٭ جرد الأسنان من اللثة ٭ كشف أو عرّى جذر أو بناء
déchéance, *f* سُقوط الحق (في القضاء) ٭ إنحطاط. تأخر. إنحلال [دِشِيَنس]
déchet, *m* نقص وزن أو كيل ٭ خسارة. تلف ٭ فضلات. بقايا [دِشِه]
déchevelé, e, *a* شَعِث. منكوش الشعر
déchiffrement, *m* قراءة الخط الغير واضح أو الاصطلاحي
déchiffrer, *v* قرأ الخط الغير واضح. حَلّ الجفر أو الشفرة ٭ تفرّس
— les notes de musique فك أو قرأ خطوط الموسيقى
déchiqueter, *v* مزّق. فسّخ. قطع
déchirage, *m* أخشاب السُفُن المفككة ٭ فكّ أخشاب السُفُن وماشابه
déchirant, e, *a* مُبْرِح. مُؤثر ٭ ممزق
déchirement, *m* مزق. قطع. شرط ٭ تأثر. إنفطار الكبد
déchirer, *v* مزّق. قطع ٭ فكّ السفينة
déchirure, *f* مزق. خزق. شرط
déchoir, *v3* إنحطّ. هبط. سقط ٭ زاغت السفينة عن الطريق
déchu, e, *a* مُنحط. ساقط. نازل عن قيمته
décidément, *m* حتماً. من كل بد
décider, *v* عزم. قرّر. بتّ. صمّم
décimal, e, *a* عُشرى. أعشاري
—e, *f* كسر أعشاري

décimer, *v* قتل واحداً من عشرة ٭ قتل بكثرة
décimètre, *m* عُشر المتر
décisif, ve, *a* قطعي. نهائي. باتّ
décision, *f* قرار. حُكم ٭ تصميم. عزم
déclamation, *f* خطابة. انشاد. شذوة شتم
déclamer, *v* خطب. أنشد. هذا
déclaration, *f* قرار. تصريح. إعلان. إشعار. إعلام ٭ إشهار حرب أو إفلاس
— sous serment عين كتابي
déclarer, *v* أقرّ. أشهر. أعلم. صرّح
se — بان. ظهر. إنكشف ٭ عرض نفسه
déclassé, e, *a et n* في غير موضعه ٭ معزول من مكانه
déclasser, *v* غيّر الترتيب ٭ نفى واحداً من بين اقرانه
se —, *v.r* خرج من ترتيبه أو وسطه
déclenche, *f* جهاز فاصل بين عِدد الآلة
déclencher, *v* فصل
déclic, *m* تكتكة ٭ نابض. ضابط. مسّاكة التروس
déclin, *m* نقص. زوال. هبوط
déclinaison, *f* إعراب. تصريف ٭ الانحراف عن خط الاستواء. ميل
décliner, *v* إنحرف. حاد ٭ إنحط. آل إلى الزوال ٭ انكر ٭ رفض. أبى ٭ صرّف. عرّب اسماً ٭ اجتنب. تنحى
— son nom ذكر اسمه
déclivité, *f* إنحدار. إنحراف. أُحدور
déclouer, *v* خلع. فكّ. نزع المسامير
décocher, *v* رمى. رشق وأرشق

décoction, *f* غلي اعشاب وخلاصتها
décoiffer, *v* كشف الرأس ¤ شعّث (لكش) أو حل الشعر
décoller, *v* فك الغراء ¤ قطع الرأس
l'avion n'a pas pu — لم تستطع الطائرة أن تطير
se —, *vr* إنحل . إنفك
décolleter, *v* كشف العنق والأكتاف
décoloration, *f* زوال اللون
décombrer, *v* نزع الردم. أزال ما يُزحم
décombres, *m. pl* ردم. خربة. الفاضل
décommander, *v* ألغى الطلب. أبطل
décomposé, e, *a* منحل ¤ فاسد
décomposer, *v* حل. حلل. فكك ¤ أفسد ¤ فرّق حروف الطباعة
se —, *vr* إنحل ¤ فسد. انفسد
décomposition, *f* حل ¤ فساد. تعفن
décomprimer, *v* منع أو خفف الضغط
décompte, *m* خصم. إسقاط. تنزه إنخداع
décompter, *v* خصم. حذف. أسقط من
déconcerter, *v* بلبل. شوّش النغم ¤ أبطل المقاصد ¤ حيّر. أقلق ¤ أغم
se —, *vr* قلق. تحيّر. إضطرب
déconfire, *v* هزم. غلب
déconfiture, *f* فشل ¤ كسرة. هزيمة
déconseiller, *v* صرفه عن عزم
déconsidération, *f* فقد الحظوة
décontenancer, *v* شوّش. اعدم العزم
déconvenue, *f* خيبة الأمل

décor, *m* زينة. منظر [دِكُر]
décorateur, *m* مزخرف. مزوق
décoratif, ve, *a* مزخرف. زخرفي
décoration, *f* زخرفة. تزيين. تزويق ¤ زينة. زخرف ¤ وسام. نيشان
décoré, e, *a et n* حامل وسام شرف ¤ مزيّن. مزخرف
décorer, *v* جمّل. زخرف. زوّق ¤ قلّد وسام شرف
décorticage, *m*; décortication, *f* نزع القشرة عن الحبوب. تقشير
décortiquer, *v* نزع القشرة. قشّر ضرب (الارز)
décorum, *m* (n'a pas de pluriel) لياقة. أدب ظاهر. لباقة
découcher, *v* بات خارج بيته
découdre, *v3* فتق. فتّق
se — إنفتق. تفتّق. إنحلت خياطته
découlement, *m* جريان. سيلان
découler, *v* جرى. سال شيئاً فشيئاً ¤ صدر. نتج من [دِكُولِه]
découpage, *m* قطع. قص. جز
découper, *v* جزّ. قص. قطع
découpoir, *m*, *ou* découpeuse, *f* مقد. مقطع. مقص ¤ منقب ¤ اصطمبة
découpure, *f* تجزئة. قص. تقطيع ¤ جذاذة. قصاصة [دِكُوپيِر]
découragement, *m* قنط. إنحلال العزم

découragerr, v أخمد نشاطه. قنّطه

se —, v/r قنط. فترت همته. يئس

décousu, e, a بلا رباط أو وصلة. مفتوق

décousure, f فتق. تفتيق

découvert, e, a ظاهر ٭ مكشوف الرأس أو البدن [دكوفرت]

—, m مكشوف. عجز (اصطلاح مالي)

à — على المكشوف٭ بلا تغطية

découverte, f إكتشاف ٭ إختراع

découvrir, v3 كشف ٭ استكشف. استنبط ٭ أظهر ٭ أطلع. وقف على

décrassement, m تنظيف. ازالة الأوحال

décrasser, v غسل الوسخ. أزال الأقذار

décréditer, v ثلم الصيت. قدح في العرض

décrépit, e, a مضني. هرم ٭ ساقط البياض

décrépiter, v طشطش. تكتك

décrépitude, f هرم. قحول. كهولة

décret, m أمر. حكم. قضاء. مرسوم

décréter, v أمر. قضى. أصدر أمراً عالياً

décri, m خسارة حسن الصيت ٭ نقص قيمة

décrier, v ثلم عرضه. فضح. هتك

décrire, v3 رسم. صوّر. وصف. شرح

décrocher, v فكّ. نزّل المعلق

se —, v/r انفكّ. انفصل

décroissance, f; } نقص. هبوط

décroissement, m } . نزول

décroitre, v3 نقص. هبط. تناقص

décrotter, v مسح. نظّف من الوحل

décrotteur, se, n مسّاح الأحذية

décrottoir, m ممسحة الأحذية

décrue, f نزول الفيضان

déçu, e, a خائب الظن ٭ منفوش

décuple, m et a عشرة أضعاف. ازدياد

dédaigner, v إحتقر. ازدرى

dédaigneusement باحتقار. باستخفاف

dédaigneux, se, n et a مزدر. محتقر. غير مبال ٭ إحتقاري. إزدرائي

dédain, m إزدراء. إستخفاف. إحتقار

dédale, m تيه. مضلة. تشعب الطرق ٭ ورطة. حيرة ٭ مضيق

dedans, ad داخلاً. ضمناً. داخل. في

mettre qn — خدع. غر. غش

dédicace, f تقديم. إهداء مؤلف ٭ تدشين. تكريس

dédicatoire, a رسالة التقدمة أو الإهداء

dédier, v قدّم. أهدى كتاباً ٭ دشّن

dédire, v3 خطّأ. ناقض. كذّب

dédit, m رجوع عن القول. نقض. إنكار

dédommagement, m تعويض

dédommager, v عاض. أعاض وعوّض

dédoublement, m نزع البطانة ٭ انفصال الى اثنين ٭ تعدّد

déduction, f خصم. تخفيض. حذف. إسقاط ٭ برهان. إستنتاج. إستدلال

déduire, *v3* خصم. نزّل من. حذف. أسقط. طرح ٭ استخرج من. استنتج.

déesse, *f* الإلهة (عند الوثنيين). آلهة

défaillance, *f* ضعف. عجز. خور ٭ غشيان ٭ غياب

défaillant, e, *a et n* عاجز. منهوك العزم ٭ ناقص ٭ غائب

défaillir, *v3* عدم. نقص ٭ خمدت قوته. خارت قواه. ضعف ٭ غشي. أغمي عليه ٭ غاب. تغيب (في القضاء)

défaire, *v3* نقض ٭ هزم. فك. فتق

se —, *vr* إنفك ٭ تخلص من ٭ ترك

défait, e, *a* محلول. سائب ٭ غائر. شاحب

défaite, *f* كسرة. هزيمة

défalquer, *v* حذف. أسقط. خصم

défaut, *m* شائبة. عيب. نقيصة ٭ عدم الشيء ٭ غياب ٭ نقص. قلة

à — de عوضاً عن او من. بدلا

défaveur, *f* زوال الحظوة. عدم رضى

défavorable, *a* غير ملائم. منافض

défectation, *f* تغوط. تبرز

défectif, ve, *a* ناقص

défection, *f* ترك الحزب أو التخلي عنه

défectueux, se, *a* ناقص. معاب. معيب

défectuosité, *f* عيب. نقص. عدم اتقان

défendeur, resse, *n* مدافع. مدعى عليه

défendre, *v3* حمى ٭ دافع عن ٭ حرم ٭ منع عن ومن. نهى.

se —, *vr* دافع عن نفسه

défendu, e, *a* ممنوع

défense, *f* مدافعة. حماية ٭ تحريم. منع ٭ حصانة. استحكامات ٭ ناب

—s, *pl.* بعض الحيوانات (كالفيل والخنزير البري)

défenseur, *m* حام. مدافع. نصير

défensif, ve, *a* دفاعي

déférence, *f* إعتبار. إكرام. رعاية

déférer, *v* منح. سلم ٭ حول. أحال

— un serment كلف اليمين

déferler, *v* نشر القلوع ٭ تدفق الموج على الشاطئ

défi, *m* دعوة للجدال أو القتال. تحد

défiance, *f* تحذر. قلة ثقة

défiancer, *v* حل الخطوبة

défiant, e, *a* حذر. مترتيب. ظنون

déficit, *m* عجز. نقص

déficitaire, *a* ناقص. عاجز

défier, *v* دعا للجدال أو القتال. تحدى

se —, *vr* احترس. تحرز

défigurer, *v* شوه. سمج

défilé, *m* مرور جنود أمام قائد ٭ مضيق

défilement, *m* مرور بالتتابع

défiler, *v* تتابع. توالى. مر واحد بعد آخر

défini, e ال التعريف ٭ محدد. معين

définir, *v* حد. عين ٭ شرح. عرف

définitif, ve, *a* بات. جازم. قاطع. نهائي
definition, *f* حدّ وتحديد. تعريف
définitivement, *ad* نهائياً. بتاتاً. قطعياً
déflagration, *f* إنفجار
déflorer, *v* أزال بهاء الشيء ٭ فضّ البكارة
défoncer, *v* شقّ أرضاً. نزع ماسفل. نقب. أزال القعر ٭ خرق. كسّر
déformation, *f* تشويه. تشميج
déformer, *v* شوّه. قبّح. شمّج
se —, *vr* تشوّه
défraichir, *v* أزال رونق الشيء وجدته
défrayer, *v* قام أو وفى بالنفقة. تحمّل ٭ أصبح أحدوثة
défrichement, *m* تنقية الأرض وإحيائها
défroncer, *v* بسط جبينه (عكس قطب)
défroque, *f* ماخلّف الراهب من أمتعة ٭ ثياب رثة بالية
défroqué, e خالع الثوب الرهباني (شالح)
défunt, e, *a et n* مرحوم. متوفي. فقيد
dégagé, e, *a* مطلوق العنان. غير مرتبك ٭ خالي. طليق
dégagement, *m* تخليص. إطلاق ٭ خلاص. تخلّص. خلو طرف ٭ منفذ
dégager, *v* خلّص واستخلص ٭ أخلى. فرّغ ٭ خلّص من رهن ٭ البعث منه رائحة
se —, *vr* تخلّص. تملّص. إنفلت من
dégarnir, *v* عرّى وأعرى من. جرّد
dégat, *m* تلف. خسارة

dégel, *m* ذوبان الثلج. إنحلال الجليد
dégenération, *f* تلف. فساد النوع
dégénérer, *v* تلف. فسد أصله. إنحط
déglutition, *f* بلع. إبتلاع. إزدراد
dégoiser, *v* أكثر الكلام. أتعب حنجرته
dégonflement, *m* إزالة الإنتفاخ
dégonfler, *v* أزال الإنتفاخ. فشّ
se —, *vr* إنفشّ ٭ رجع عن غلوائه
dégorgement, *m* فتح. تفريغ. تسليك. إزالة الإمتلاء
dégorger, *v* فرّغ أو سلّك. أزال الإمتلاء
dégourdi, e نشيط. (ملحلح). شمرى
dégourdir, *v* حرّك. نشّط. (لحلح)
dégourdissement, *m* إنتعاش
dégoût, *m* تقزّز. إشمئزاز. نفور
dégoûtant, e, *a* مقرف. كريه
dégoûté, e, *a* ماقت. مشمئز. (قرفان)
dégoûter, *v* كرّه. (قرّف). قزّزت منه النفس
dégoutter, *v* رشح. قطر (نقّط)
dégradant, e, *a* مهين. مخز. مذلّ
dégradation, *f* خلع. عزل من منصب ٭ ذلّة ٭ عطب ٭ تقهقر ٭ تجريد
dégrader, *v* أقال من وظيفة. خلع من منصب ٭ أنزل. نزّل ٭ ذلّل ٭ أتلف
dégrafer, *v* حلّ الأزرار. فكّ المشبك
dégraissage, *m* تنظيف ٭ إزالة الشحم الزائد ٭ قصر النسج

dégraisser, *v* أزال ما فرط من الشحم أو الدهن ✪ قصر (القماش)
dégraisseur, se, *n* قصار. غسال ✪ (مشحماتى)
degré, *m* درجة. مرتبة ✪ درجة. سلم
  par — درجة فدرجة. بالتدريج
dégrèvement, *m* تنقيص. خفض الضرائب أو إزالتها
dégrever, *v* نقص الجباية أو أزالها
dégringoler, *v* تدهور. تدحرج
dégrisement, *m* إزالة السكر. زوال النشوة
dégriser, *v* أزال سكره. أفاق
dégrossir, *v* دقق. رقق. صغر
déguenillé, e, *a* بال. خلق. رث الثياب
déguerpir, *v* فر. هرب. أخلى المكان قسرا ✪ رفع اليد. أخلى // متنكر
déguisé, e, *a* متنكر
déguisement, *m* تنكر ✪ إخفاء الحقيقة
déguiser, *v* نكر. أخفى
  se —, *vpr* تنكر. تخفى
dégustateur, rice, *n* متذوق. ذائق
dégustation, *f* ذوق الشراب أو الطعام. مذاق. ملطة ✪ إستهلاك
déguster, *v* ذاق. تذوق. إرتشف
déhanchement, *m* إنخلاع الوركين. تشخلع. هز الأرداف
dehors, *ad et m* خارج. خارجا. (برا) ✪ الظاهر // ظواهر خداعة
  des — trompeurs ظواهر خداعة
déifier, *v* ألّه. رفع إلى مقام الإله
déjà, *ad* سابقا. قبلا ✪ الآن

déjection, *f* تغوط ✪ براز
déjeuner *ou* **déjeuné**, *m* غداء ✪ فطور
  petit — فطور. أكلة الصباح
déjeuner, *v* تغدى ✪ فطر
déjouer, *v* أحبط. أبطل. عاكس
déjuger, *v* رجع عن قوله أو حكمه
delà, *pré* وراء الشيء. أبعد منه ✪ من تلك الجهة
  au — أكثر. بعد
délabrer, *v* خرق. مزق ✪ أتلف. هدم
délacer, *v* حل الرباط
délai, *m* مدة. أجل. مهلة ✪ عطل. تأخر
délaissé, e, متروك. مهمل. مهجور
délaissement, *m* ترك. إهمال. هجران ✪ حال المتروك
délaisser, *v* ترك. أهمل ✪ تنازل عن
délassement, *m* راحة. إستراحة
délasser, *v* أراح. سلى. نزه
délation, *f* وشاية. سعاية. نقل الكلام
délayage *ou* **délayement**, *m* حل
délayer, *v* حل. ذوب. أذاب. حلل
délectable, *a* لذيذ. سائغ
délectation, *f* لذة. تلذذ
délégation, *f* توكيل. تفويض. إنتداب ✪ وفد. بعثة
délégué, e, *n* منتدب. مفوض. مندوب
déléguer, *v* أوفد. إنتدب. فوض. وكل
délester, *v* خفف حملا ✪ أزال حصى الرصف
délétère, *a* ضار. قتال. مهلك. وبيل

délibération, *f* مُداوَلة ٭ تروٍ ٭ حزْم
délibéré, *m* المداولة. مداولة القضاة
—, e, *a et n* عَنْ عَمْد. قَصْدِي ٭ حازِم
délibérément, *ad* بعزْم ٭ عَمْداً ٭ بتروٍ
délibérer, *v* تَداوَل. إئتمر ٭ تَروّى
délicat, e دقيق. رَقيق ٭ سَريع العطب
délicatement, *ad* بلطف ورقة. بخفة
délicatesse, *f* لطافة. رِقّة ٭ ضُعْف (نزاكة) ٭ لطف
delices, *f.pl* رفاهية. مَلاذ. اللذات. بسط
délicieux, se, *a* لذيذ. سائغ ٭ سارّ
délictueux, se, *a* إجْرامِيّ. موجب للجنحة
délié, e, *a* محلول. طليق. سائب ٭ رفيع
délier, *v* حلّ ٭ فكّ
délimitation, *f* تحْديد. تعيين ٭ حَصْر
délinquant, e, *n* مُذنِب. مجنح
délirant, e, *n et a* هاذٍ. هارف ٭ مختلط العقل. مجنون
délire, *m* هَذَيان. (خطرفة) ٭ بُحْران
délirer, *vn* هرف. هَذى. تاه عقله
délit, *m* [دِلي] جُنْحَة. مخالفة ٭ إساءة
délivrance, *f* خَلاص. تخْليص. إنْقاذ ٭ تسْليم ٭ ولادة [دِلِيڤْرَنْسْ]
délivrer, *v* أنقذ. انجد. نجّى ٭ سَلّم
déloger, *v* زَحْزَح. أزاح ٭ عزّل ٭ طرَد
déloyal, e, *a* خَسيس. غير مخلص. خائن
déloyauté, *f* خِسّة. غَدْر. خِيانه
déluge, *m* [دِلِيج] طُوفان. فَيضان
déluré, e, *a* (مدردح) لبيب. يَقِظ
délurer, *v* [دِلِير] دَرْدَح. حَنّكَ
démagogie, *f* قِيادَة الأهالي. سياسة التحبّب للشعب ٭ زعامة الشعب
démailler, *v* نَسّل. فَكّ خيوط النسيج
démailloter, *v* فكّ من القِماط
demain, *ad* [دِمَن] غداً. باكراً
— en huit مثل باكر الاسبوع القادم
demande, *f* طَلَب. إلتماس ٭ سُؤال
demandé, e, *a* مَطْلوب. مَرْغُوب
demander, *v* طَلَب ٭ سأل ٭ إسْتَخْبَر ٭ دعى
demandeur, resse, *n* مُدعي. مدعٍ
demandeur, se, *n* طالِب ٭ سائل
démangeaison, *f* أكلان. حِكّة ٭ لهفة
démanger, *v* حسّ بالأكلان. أكّل ٭ (رعى)
démanteler, *v* دَمّر. عَطّل ٭ جرّد
démantibuler, *v* كَسّر. خلّع. عطّل
démarcation, *f* تحديد. تعيين الحدود ٭ تخطيط ٭ حد
démarche, *f* مِشْيَة ٭ مَسْعَى ٭ خطوة ٭ إجْراآت ٭ سَيْر [دِمارش]
démarquer, *v* أزال العلامة
démarrage, *m* قيام القطار أو السّيارة وماشابه ٭ رَفع السفينة المرساة
démarrer, *v* قام. سافر. اقلع. إنطلق
démasquer, *v* كشف. ازال القناع ٭ فضح
démêlé, *m* نِزاع. خِصام

démêler, *v* سَلَّكَ ٭ وَضَّحَ ٭ حَلَّ
démembrement, *m* تجزئة ٭ بَتر
démembrer, *v* جزّأ. فسخ. حلّ أوصاله ٭ بتر أعضاءً
déménagement, *m* (تعزيل). (عزال). نقل. إنتقال. رحيل.
déménager, *v* (عزّل). إنتقل ٭ جنّ
déménageur, *m* (معزّل). ناقل الأثاث
démence, *f* جنون. إختلال عقلي. عته
tomber en — عته. جن. اختل عقله
démener (se), *v/r* كدّ. كدح. تعنّى ٭ هاج. كافح. ضجّ
dément, e, *n* معتوه. مجنون. مختل العقل
démenti, *m* تكذيب ٭ إخفاق. فشل
démentir, *v3* كذّب ٭ أنكر
démérite, *m* قصور. عيب ٭ عدم إستحقاق
démesuré, e, *a* مفرط. مطرف. متجاوز الحد
démesurément, *ad* بافراط. بغير اعتدال
démettre, *v3* خلع ٭ أقال. عزل ٭ رفض
se — اسقط الدعوى // اعتزل. تنحى
demeurant, e, *m et a* مقيم. قاطن
au — باقي // والحاصل
demeure, *f* مسكن. مأوى ٭ مهلة
mise en — تكليف رسمي
demeurer, *v* أقام. سكن ٭ ظلّ. بقي
demi, e, *a et m* نصف ٭ مكيال للنبيذ
la —e, (*f*) النصف. نصف ساعة
demi-frère, *m* أخ من الأب أو الأم. أخ غير شقيق.

demi-jour, *m* غبش. نور الغسق. نور ضعيف
demi-mot (à) بالاشارة. إيماء. بالتلميح
demi-pensionnaire, *m* نصف داخلية
demi-sang, *m* نصف حر. نصف ونصف
démission, *f* إستعفاء. استقالة ٭ تنازل
démissionnaire, *n et a* مستعف
démissionner, *v* إستعفى. إستقال. إعتزل
demi-tour, *m* نصف دورة أو دوران
démocrate, *a et n* جمهوري. منتصر لسلطة الشعب. ديمقراطي
démocratie, *f* حكومة الجمهور. ديموقراطية. سلطة الجمهور.
démocratique, *a* شعبي. جمهوري
démodé, e, *a* مهجور. بطل زيه. مضى وقته
demoiselle, *f* آنسة. فتاة ٭ منداله. مطرقة
— de magasin عاملة في دكان. وقافة.
démolir, *v* هدّ. خرّب. هدم
démolition, *f* هدد. هدم. تقويض
—s, *pl* الأنقاض. الردم
démon, *m* إبليس. عفريت. مارد
démoniaque, *a et n* مجنون ٭ ذو جنة (عليه عفريت).
démonstratif, ve, *a* إيضاحي. برهاني ٭ وصفي. بياني ٭ إشاري
adjectif — صفة اشارية. إسم اشارة
démonstration, *f* إثبات. إظهار. بيان ٭ برهان ٭ مظاهرة. تظاهر
— d'amitié تودد. إظهار صداقة

démontable, *a* ممكن فكه
démontage, *m* فك. تفكيك
démonté, e, *a* مفكوك ٭ ثائر. ثائر
démonter, *v* أوقع. أنزل عن ركوبة ٭ فك (آلة) ٭ أثار غضب ٭ عطل البطارية
démontrer, *v* أوضح. برهن. بين
démoralisant, e, *a* مثبط
démoraliser, *v* أفسد الآداب ٭ وهن العزيمة ٭ ثبط أو ثبط العزم
démordre, *v3* سيب العضة او المسكة
démunir, *v* جرد من الذخيرة أو النقود
dénaturalisation, *f* حرمان الانتماء. افتقاد الجنسية.
dénaturation, *f* إفساد أصل الشيء. تغيير طبيعته.
dénaturé, e مخبوص. غير طبيعي ٭ وحشي
enfant — ولد فاسد
dénaturer, *v* غير واقعة. مسخ. حرف ٭ إستبدل. غير طبيعة الشيء
dendrite, *f* حجر مشجر ٭ شجر متحجر
dénégation, *f* إنكار. جحود
dengue, *f* حمى اجامية. دنجة
déni, *m* إنكار ٭ إمتناع عن واجب
dénicher, *v* عثر على. كشف عن. وجد ٭ إستخرج من العش
denier, *m* دينار. فلس. نقود
— à dieu هبة. وهبة (حلاوة) ٭ عربون ٭ صدقة
dénier, *v* انكر. رفض ٭ إمتنع (عن الحكم)

dénigrement, *m* قدح. ثلب ٭ تحقير
dénigrer, *v* قدح. ثلب. حط من قدر. عاب
dénombrement, *m* إحصاء. تعداد. سرد
dénombrer, *v* احصى. عد. سرد. عدد
dénomination, *f* تسمية
dénommer, *v* سمى. دعا. لقب ٭ عين الاسم
dénoncer, *v* أبلغ. اخبر ٭ فضح أمره ٭ بلغ عنه. شكى ٭ أعلن بانتهاء الاتفاق
dénonciateur, rice, *n* مخبر. مبلغ. واش ٭ معلن
dénonciation, *f* فضح ٭ إبلاغ ٭ تشهير ٭ إنذار // إعلان حرب
— de guerre
dénotation, *f* تأشير ٭ إشعار ٭ علامة
dénouement *ou* dénoûment, *m* حل (عقدة). فك ٭ ختام ٭ نتيجة
dénouer, *v* حل. فك ٭ كشف. اوضح ٭ تكلم. إنطلق لسانه
— une liaison قطع علاقاته
— une pièce ختم رواية
denrée, *f* مواد غذائية. ميرة. حاصلات
dense, *a* كثيف ٭ غليظ. مكتظ
densité, *f* كثافة ٭ وفرة ٭ الثقل النوعي
dent, *f* سن
— de lait ١ رواضع
— canine ٢ ناب
— de sagesse ٣ ضرس العقل. ناجذة
— de roue; — d'engrenage سن الدولاب. ترس
avoir mal aux —s وجعته اسنانه
avoir une — contre qn له ثأر عند شخص
être sur les —s تعب
faire ses —s سنن. طلعت أو ظهرت أسنانه

dentaire, *a* مختص بالأسنان
denté, e, *a* ذو أسنان ٭ مُشَرْشَر. مُحزَّز
dentelé, e, *a* مُشَرْشَر. مُسَنَّن. محزز
denteler, *v* شَرْشَرَ. شَرْشَرَ. جعَلَهُ على شكل أسنان
dentelle, *f* بَرْتِيم. شبكة. قيطان. دَنْتَلّة
dentier, *m*. طَقْم أسنان. طاقِم أسنان صِناعية
dentifrice, *m et a* مَسْحُوق أو مَعْجُون لتنظيف الأسنان. سَنُون
dentiste, *m* طَبيب أسنان
dentition, *f* تَسْنِين ٭ تركيب أو ترتيب الأسنان
dénuder, *v* عرّى. جرّد أو تجرّد
dénué, e, *a* مُجَرَّد. عارٍ عن. خالٍ من
dénuement عَوَز. فاقة. حاجة. حِرْمان
dénuer, *v* جَرَّد من
déodorisation, *f* إزالة الرائحة
dépareiller, *v* جَنَّس. خالف بين شيئين
livres dépareillés كتب غير كاملة الأجزاء
déparer, *v* شَوَّه ٭ جَرَّد
déparier, *v* أفْرَد ٭ أزال فَرْداً من زوج
départ, *m* سَفَر. تِرحال. قيام. رَحيل
départager, *v* أبْطَلَ تعادُل الأصوات بعمل أغلبية

département, *m* إدارة: (قلم. مَصْلحة) ٭ فَرْع. قِسْم ٭ مُديرية. إقليم. مقاطعة
départemental, e, *a* إداري ٭ إقليمي ٭ مختص بمصلحة أو قلم
départir, *v3* فَرَّق. قَسَّم. وَزَّع بين
se —, *v/r* تنازَل. ترك. اخلى
dépasser, *v* تجاوَز. زاد عن. فاق. سَبَق
dépavage, *m* تقليع البلاط
dépaysé, e, *a* مُتغرِّب
dépecer, *v* فسَّخ. جزّأ. قطَّع ٭ كسر مركب
dépêche, *f* بَرْقية. تلغراف ٭ رسالة
dépêcher, *v* شَهَّل. عَجَّل. انجز ٭ أرْسَل. بعث
se —, *v/r* استَعْجَل. أسرَع
dépeigner, *v* نكش الشعر
dépeindre, *v3* وَصَف ٭ نقش
dépendance, *f* ارتباط ٭ ولاية تابعة لأخرى
—s, *pl* مُلحقات. توابع ٭ مخلقات المنزل
dépendre, *v3* أنْزَل شيئاً معلقاً ٭ تبع. تعلق بـ ٭ خضع لـ. توقف على
dépens, *m. pl* المصاريف. مصاريف القضية
aux — de على نفقة. على حساب ٭ عالة على
dépense, *f* مَصْروف. تكاليف. نفقة ٭ المنصرف. المستهلك ٭ كيلار. (كرار)
faire les —s قام بالمصاريف
— d'entretien مصاريف الصيانة
dépenser, *v* صَرَف. أنفق
dépensier, ère, مُسْرِف. مبذر

déperdition, *f* فقد. ضياع. تبديد
déperir, *v* سَقِمَ. فقد القوى شيئاً فشيئاً. ذبل
dépêtrer, *v* خلّص من ورطة. انقذ
dépeupler, *v* أقفر من السُّكان
dépiécement *ou* dépiéçage, *m* تقطيع. تكسير. تفكيك
dépilation, *f* نَتْف (الشعر)
dépilatoire, *a et m* ناتف ◦ نورة. مزيل الشعر
dépiler, *v* نتف. مرط. أزال الشَّعْر
dépister, *v* عثر على الأثر. تقصّص
dépit, *m* غم. قهر. كيد. غيظ
en — de رغماً عن. نكاية في
dépiter, *v* إحتقر ◦ غمّ أو اغتمّ. انكى
déplacé, e, *a* منقول ◦ في غير موضعه ◦ غير لائق
déplacement, *m* إنتقال. تنقل ◦ تحويل
déplacer, *v* نقل. حوّل. رحّل من محله
se —, *vp* تنقل. إنتقل
déplaire, *v3* إستقبح ◦ اغاظ
ne vous déplaise لا مؤاخذة
se —, *vp* سئم. لم يعجب. ضجر
déplaisant, e, *a* كريه. ممقوت. بغيض
déplaisir, *m* كراهة. تكدر. زعل
déplier, *v* فرد ◦ فرش. نشر ◦ فضّ
lettre dépliée خطاب مفضوض
déploiement *ou* déploiment, *m* نشر. بسط ◦ عرض ◦ فتح. تنشر
déplorable, *a* يؤسف له ◦ حقير ◦ قبيح ◦ رث
déplorer, *v* أسف. ندب. رثى. حزن على
déployer, *v* فرد. نشر ◦ أبدى. أظهر
— ses jambes كر هارباً
déplumer, *v* نتف الريش
— (qn) نتف ريشه. بمعنى أخذ ماله
dépopulariser, *v* جفى. اعدمه عطف الناس
dépopulation, *f* اقواء. إقفار البلد من سكانه
déport, *m* مهلة ◦ تحرج النفس ◦ ملحق ◦ ضريبة التأجيل (في البورصة)
déportation, *f* تسفير ◦ نفي. طرد
déporté, e, *n* منفي
déportements, *m. pl* سلوك سيء
déporter, *v* نفى. طرد. أبعد
déposant, e, *a et m* شاهد ◦ مودع. وادع الشيء
déposer, *v* حطّ. وضع ◦ أودع ◦ شهد بـ. قرر ◦ رسب ◦ عزل
— une plainte قدم شكوى
— son bilan قدم دفاتره. توقف عن الدفع
dépositaire, *n* امين. مودع عنده. مستودع
déposition, *f* عزل ◦ تعزيل ◦ حط. وضع ◦ إقرار. شهادة
faire une — أدى شهادة
déposséder, *v* نزع امواله ◦ سلب
dépot, *m* تأمين ◦ وديعة. أمانة ◦ رسوب. راسب ◦ مستودع. مخزن ◦ إيداع
mandat de — أمر بالحبس
en — أمانة للبيع. بضاعة ترد في حالة عدم بيعها
dépouille, *f* جلد ◦ غلة فواكه أو حبوب ◦ مخلفات المتوفي // رفات الميت
— mortelle
—s, *pl* غنائم. اسلاب

dépouillement, *m* سَلْخ. تجريد ٭ نزاهة. زُهْد ٭ فحص. مراجعة
— d'un riche نهب غني
— d'un scrutin احصاء الأصوات
dépouiller, *v* سَلَخ ٭ سَلَب ٭ شَلَّح. جَرَّد ٭ (قلَّش) ٭ فحص
il depouilla le courrier قرا البريد (البوسته)
dépourvu, e, *a* مُعْدَم. مجرد من
au — على حين غفلة
dépravation, *f* فَساد (الأخلاق). فُجور
dépravé, e. *a* فاسِد الأخلاق. ساقِط
dépraver, *v* أفْسَد أغْوَى
dépréciation, *f* بَخس. نقص. هُبوط القيمة ٭ (هرش) ٭ إستِحقار
déprécier, *v* بَخَس. نَقَّص القيمة ٭ حَقَّر أو إستَحقَر ٭ إستهلك الثمن
dépression, *f* نُقرة ٭ إنخفاض ٭ ضَغْط ٭ كَساد. رُكود ٭ كآبة. إنقباض النَّفْس
déprimé, e, *a* خائِر النفس. مُكتَئِب
dépuceler, *v* ازال البكارة
depuis, *prép* مُنذ. من
absent — longtemps غائب منذ زمن طويل
— la gare jusqu' à là من المحطه إلى هناك
je ne l'ai pas vu — لم اراه من قبل
dépuratif, ve, *a et m* مروِّق. مُصَفٍّ. مُنَقٍّ. مُنَظِّف
députation, *f* مفوضون. إرْسالية. نيابة. وَفد ٭ بَعْث. إيفاد. تفويض
député, *m* نائِب. رَسُول. مُفَوَّض. معتمد
députer, *v* أناب. بعث سفيراً أو نائباً. اوْفَد. إنتَدَب
déraciner, *v* استأصل. اجتَثّ. جَذَّر

déraillement, *m* خروج القطار عن الخط
dérailler, *v* خَرَج أو اخْرَج عن السكة أو الخط الحديدي
déraison, *f* غَباوَة. جَهْل. هَذَر
déraisonner, *v* خَرَّف. خَرِف. هذى
dérangement, *m* إختلال. تَشْويش. عدم النِظام ٭ إزْعاج. تَعطيل
— (du corps) إسهال
déranger, *v* عَطَّل ٭ أتعب. ضايَق ٭ شَوَّش. رَبك
avoir l'esprit derange إختل عقله
dérapage, *m* زحلقة. إنزلاق
déraper, *v* إنزلق من الجنب. ساب
dératé, e, *n* مَرِح
derechef, *ad* من جديد. ثاني مَرَّة. ثانية
déréglé, e, *a* غير منتظم. مختل ٭ فاسِق
dérèglement, *m* عدَم إنتظام ٭ إسهال ٭ دَعارَة
dérégler, *v* أخَلّ. اوْقَع الاختلال في
se — إختَلّ. ضاع نِظامه
dérider, *v* بَسَط. اسرّ ٭ أزال الغُضُون
dérision, *f* سُخْرِيَة. هُزء. ضُحكة
dérisoire, *a* سُخْرِي. إستهزائي
dérivatif, ve, *a et m* محوِّل ٭ اشتقاق ٭ كلمة مشتقة
dérivation, *f* إنحِراف ٭ تحويل. إحادة ٭ إشتِقاق ٭ إستخراج. إستِنتاج ٭ أصْل
dérive, *f* إنعِطاف ٭ حَيَدان كمشي عن طريقه
aller en — سار على غير هدى

dériver, *v* حوّل. أحاد ٠ أزال البرشمة
se — اشتق أو تفرع من ٠ سار مع التيار ٠ انحرف عن مجراه أو طريقه
dermatologie, *f* علم أمراض الجلد. علم البشرة
dermatologiste, *m* عالم بأمراض الجلد. طبيب الأمراض الجلدية (أو للتناسلية)
derme, *m* ادمة. جلد
dernier, ère, *a et n* آخر. الأخير
en — lieu أخيراً. في الآخر
l'année dernière العام الماضي
dernièrement, *ad* أخيراً. من عهد قريب
dernier-né, *m* آخر الأولاد. آخر العنقود
dérobé, e, *a* مسروق. مختلس ٠ محجوب. خفي. سري
dérober, *v* إختلس. سرق ٠ إسترق ٠ خبأ. أخفى
— la vue أحجب النظر
se — توارى. إختفى ٠ غاب. انسل. فرّ
dérogation, *f* مخالفة. نقض لشريعة أو عقد
dérogatoire, *a* مخالف ٠ إستثنائي
déroger, *v* خالف ٠ ثلم الصيت
— aux droits de qn تعدى على حقوق إنسان
déroidir *ou* déraidir, *v* ليّن. ألان
dérouiller, *v* جلا الصدأ ٠ هذّب. حنّك
dérouler, *v* فرد. نشر. بسط ٠ شرح
le fait s'est déroulé ici حصلت الواقعة هنا
déroutant, e, *a* مُحيّر
déroute, *f* هزيمة. إنهزام ٠ إندمار
dérouter, *v* اضل. توه ٠ حيّر
derrière, *prép et ad* خلف. وراء ٠ بعد
—, *m* عجز. عجيزة. كفل. (طيز)

des, *art*, (de les اختصار) اداة التعريف
dès, *prép et préf.* من. منذ
— à présent منذ اليوم. من الآن
— que حالما. بمجرده حيث إن. بما أن
dès lors منذ ذلك الحين
désabonnement, *m* إبطال الاشتراك
désabuser, *v* أزال غلطه. أوضح الحقيقة
désaccord, *m* شقاق. إختلاف. نزاع ٠ شذوذ
désaccorder, *v* أتلف ٠ أوجب الشقاق
se — اضاع الانسجام // نفر صوته
désaccoutumer, *v* أبطل العادة
désaffecter, *v* زوال تخصيص عين معينة للمنافع العامة
désagréable, *a* كريه. غير مقبول
désagrégation, *f* تفتت. تجزؤ ٠ فك
désagrément, *m* كريهة. مكرهة
désalterant, e, *a* مُرو. مبرد الغليل
désalterer, *v* أروى. روى. انقع غلته
désapparier, *v* جنّس
désappointement, *m* خيبة الأمل
désappointer أخاب. خيّب. أخلف الظن
désapprobation, *f* إستهجان. لوم. عدم استحسان
désappropriation, *f* نزع الملكية ٠ تخل عن الملك
désapproprier, *v* نزع الملك
désapprouver, *v* إستقبح. إستهجن
désarçonner, *v* أوقع من المطية ٠ حير
désarmement, *m* تجريد ٠ نزع السلاح ٠ تقليل الجيش. إبطال التسليح

désarmer جرّد عن السلاح. نزع سلاحه
— sa colère أطفأ غضبه
se — أطلق الجنود لبيوتهم. أوقف الحرب ٥ أبطل التسليح
désarroi, m إضطراب. إرتباك
désarticulation, f إنفصال المفصل ٥ بتر المفاصل
désarticuler, v خلع أوصاله
désassembler, v فصل. فكّ
désassocier, v فضّ الشركة
désassortir, v شكّل. فصل بين المتشابهات
désastre, m نكبة. كارثة. مصيبة
désastreux, se, a مخرّب. منكب
désavantage, m ضرر. خسارة ٥ عجز ٥ عدم تساو أو نفع
désavantager, v آذى. خسّر ٥ أزال المزية
désavantageux, se, a غير موافق
désaveu, m جحود. إنكار ٥ إستدراك ٥ تنصّل
désavouer, v جحد. أنكر ٥ تبرأ من
desceller, v نزع الخاتم (فك الختم)
descendance, f نسل. ذرية. أصل. محتد
descendant, e, a et n نازل ٥ ذرية. سليل
descendre, v3 نزل. انحدر ٥ حلّ. سكن في ٥ اسقط
descente, f نزول ٥ انتقال (المحكمة) ٥ منحدر ٥ غارة ساحلية ٥ البوبه (ماسورة) تصريف المياه

— de lit سجادة مثابة سرير
— (police) هجمة. كبسة
description, f وصف
désemballer, v فك البضايع. فتح الحزم (الطرود)
désembarquer, v أنزل من المركب
se — فرّغ الشحنة // خرج من المركب
désemparer, v برح. هجر ٥ خرّب
sans — بغير إنقطاع
désemplir, v فرّغ. خفّف من الامتلاء
désenchantement, m فك السّحر ٥ فقد الغرور ٥ عدم الرضى
désenchanter, v فك السّحر ٥ أزال الغرور
désencombrer, v أزال الأنقاض
désenflure, f زوال الانتفاخ. خُموص
desengager, v فك التعهد أو الرهن ٥ أبطل دعوى ٥ حرّر. حلّ أو خلّص من
désennuyer, v فرّج الهم
désenrayer, v أطلق. أزال العقبة
désensabler, v أخرج من الرمل
désensevelir, v نبش
désensorceler, v فك السّحر
désenthousiasmer, v ثبط العزيمة
déséquilibré, e, a et n معتوه ٥ فاقد التوازن [دِزِكيلِيبرِ]
déséquilibrer, v أضاع توازن
désert, e, a خاوٍ. قفر
—, m صحراء. بادية

déserter, *v* هَرَبَ. هَجَرَ. فَرَّ
déserteur, *m* هارِب مِن العسكريَّة ٥ فار
désertion, *f* هَرَب ٥ هجر. ترك ٥ خِيانة
désertique, *a* صحراوي
désespéré, e, *a et n* قاطِع الرَّجاء. قانط
désespérer, *v* يَئِسَ. قَنَطَ ٥ قطع الأمل
désespoir, *m* يأس. قُنُوط. قطع الرجاء
en — de cause كآخر حل
déshabillé, e, *a* خالع مَلابسه
—, *m* ملابس النساء الداخلية. فضلت. شعار
déshabiller, *v* قلَّع. عرَّى. كشف
se — خلع ثيابه. تعرَّى
déshabituer, *v* ابطل العادة
déshérence, *f* عَدَم وجود وَارِث
déshérité, e, *n et a* ممنوع من الميراث
déshériter, *v* حَرَمَ من حق الأرث
déshonnêteté, *f* خِيانة. غِش ٥ قلة أدب
déshonneur, *m* خِزْي. عار. هَوان
déshonorer, *v* فضح. هتك الحرمة. شان
— un chéque *ou* traite رفض دفع حوالة مالية
se —, *vp* إنهتك. إنفضح
desiderata, *m* بُغْيَة ٥ لازِم. مَطلوب
désignation, *f* بَيان ٥ تعيين. تمييز ٥ تَسْمِيَة. إسْم. لقب ٥ دلالة
désigner, *v* بَيَّنَ ٥ عَيَّنَ. دَلَّ على. أشار الى. خَصَّصَ
désillusion, *f* زَوال الغرور. خَيْبة أمل
désillusionner, *v* أزال الوَهْم والأمل الكاذِب. أزال الحُلْم

désinculper, *v* بَرَّأ. أبرأ
désinence, *f* عجز الكلمة ٥ سَجْع
désinfectant, e, *a et m* مُزيل العفونة ٥ مُطَهِّر. مُضادّ للفسادِ أو التعفُّن.
désinfecter, *v* طَهَّرَ. أزال العفونة
désinfection, *f* تطهير. قتل الميكروبات المضرة
désintéressé, e, *a* خالٍ عن الغَرَض. ليس له مَصْلحة.
désintéressement, *m* خُلو غرض. نزاهة
désintéresser, *v* أرْضَى شَخْص بشيء. اترك منفعة ما
se —, *vp* زال اهتمامه أو عِلاقته بشيء
désinvolture, *f* رَشاقة
désir, *m* إرادَة. رَغْبَة. مَرام ٥ شَهْوَة
désirable, *a* مَرْغوب فيه. مَطلوب. شَهِيّ
désiré, e, *a et n* مَرغوب. مراد. مُشتهى
désirer, *v* إشتهى. رام. وَدَّ. رَغِبَ في
se faire — شوق الناس إليه
laisser à — ناقص. غير مرض
désistement, *m* تَنازُل
désister (se), *vpr* تَنازَل. كَفَّ عَن
désobéir, *v* عَصِيَ. تَمَرَّد ٥ خالَف
désobéissance, *f* عدم الطاعة. عِصْيان
désobéissant, e, *a et n* عاصٍ. عاقّ
désobligeant, e, *a et n* عَديم المجاملة
désœuvré, e, *a et n* فاضي. بَطَّال. خالٍ من العَمَل. عاطِل
désœuvrement, *m* بَطالة. عَدَم العمل
désolant, e, *a* محزن. مُكدر
désolation, *f* حُزن. وَحشة ٥ دَمار

désolé, e, *a* حزين. آسِف ٭ مُوحِش
désoler, *v* كَدَّر ٭ خرَّب. دمَّر. أقفر
désopiler, *v* أزال الإنسداد ٭ أطرب. فرَّح
désordonné, e, *a et n* عديم الترتيب ٭ غير منتظم. مُشوَّش
désordre, *m* تشويش. عدم ترتيب ٭ إختلال او إضطراب النِّظام ٭ إعتلال
désorganisation, *f* فساد. إنحلال. تلف ٭ خلل. إرتباك. فوضى ٭ إفساد النظام
désorganiser, *v* أخلَّ بالنِّظام أو أفسده. شوَّش
désorienté, e, *a* مُحتار
désorienter, *v* أضلَّ. حيَّر ٭ أفقده معرفة وجهته
désormais, *ad* من الآن فصاعداً
désosser, *v* أخرج العِظام. (شقَّ اللحم)
despote, *m* مُستبدّ. ظالم. عاتٍ
despotique, *a* إستبدادي. جائر
despotisme, *m* حكم إستبدادي أو مطلق
desquels, desquelles, *V.* lequel الذين منهم
dessaisir, *v* تنازل عن. سلم
dessalé, e, *a* منقوع من الملح. أزيل ملحه ٭ رجل محنك ٭ امرأة فاجرة أو معركة
dessèchement, *m* تجفيف ٭ جفاف
dessecher, *v* جفَّف ٭ نشَّف. قسَّى
dessein, *m* قصد. تدبير. تصميم. غرض
à — عمداً. بالقصد
desserrer, *v* حلَّ (بجمع) أرخى. ليَّن
dessert, *m* نُقْل (عيش) ٭ الحلوى أو الفاكهة (التحلية) أو ما يقدم قرب الانتهاء من الطعام
desservir, *v3* رفع الأطباق عن المائدة ٭ أوصل. خدم. عمل الواصله بين ٭ ضايق
dessin, *m* رَسْم. تصميم ٭ خِطه
dessinateur, rice, *n* رسَّام. مُصوِّر. واضع التصميم
dessiner, *v* رسم. عمل تصميم
dessoler, *v* غيَّر ترتيب الزراعة ٭ رهص
dessouder, *v* فكَّ اللحام
dessouler, *v* أفاق. فوَّق من السُّكر
dessous, *ad* تحت ٭ تحتاني ٭ أقل من
—, *m* ظهر ٭ داخلي ٭ باطن. بواطن الأمور
— de plat ما يوضع على المائدة تحت الحلل
ci-dessous ادناه
regarder en — خاوص. استرق النظر
regarder par — (من تحت) نظر من الأسفل
les — (lingerie) ملابس النساء الداخلية
dessus, *ad et m* أعلى ٭ فوق
la dessus على ذلك
ci-dessus آنفاً. أعلاه
sens — dessous مقلوب. (فوقاني تحتاني)
par-dessus من فوق ٭ زيادة عن ذلك
prendre le — إنتصر
destin, *m* قدر. مُقدَّر. نصيب. قِسْمة
destinataire, *n* المُرسَل إليه
destination, *f* مكان الوصول. مَصير ٭ تخصيص. تعيين ٭ غاية. قصد
arriver à — وصل الى المحل المقصود
destinée, *f* مُقدَّر. مكتوب. قضى وقدر
destiner, *v* خصَّص. عيَّن ٭ اتاح
destituer, *v* عزل. جرَّد من

destructeur, rice, *a et n* مخرب. هادِم
destruction, *f* تخريب. هَدْم ٭ إعدام
. إبادة ٭ خراب. دَمار ٭ إتلاف
désuet, ète, *a* بَطل إسْتِعماله
désuétude, *f* إندثار. عدم إستعمال
désuni, e منفصل. مُتفرق ٭ غير متفق
un ménage — أسْرة او منزل لا يسوده الوئام
désunion, *f* تفرّق. إنفصال ٭ عدم الوئام
désunir, *v* فرّق. فصَل. أفرز
détachage, *m* حَلّ ٭ إزالة البُقع
détaché, e, *a* مَفصُول. سَايب ٭ مُتقطِّع
détachement, *m* فصْل. عزْل. تفريق
٭ حَلّ. فكّ ٭ بَعض. جُزء ٭ فرقة. فصيلة
détacher, *v* فكّ. سَيّب. حَلّ ٭ فصَل
. مَيَّز ٭ أزال البقع ٭ حوّل (النظر)
détail, *m* معلومات. تفاصيل ٭ قطاعي
c'est un — هذا أمر طفيف
au — بالتجزئة. بالمفرق (بالقطاعي) ٭ بالتفصيل
détaillant, e, *a et n* تاجر تجزئة
. تاجر قطاعي. (مُتسبب)
détailler, *v* باع بالقطاعي أو بالتجزئة
٭ فصّل. ذكر بالتفصيل. أسْهب
détaler, *v* لَمّ البضاعة ٭ فرّ. جرَى
détective, *m* مخبر. بُوليس سرّي
déteindre, *v* 3 تغيّر أو زال لونه. بهت
٭ غيّر اللون. (جرب). حال لونه
dételer, *v* حَلّ ٭ تصوف. هجر الملذات
détendre, *v*3 أرْخى ٭ استراح
détenir, *v*3 استحْوَز ٭ حجز. أخّر ٭ سَجَن

détente, *f* ٭ تَراخٍ. إسْتِكانة
٭ زِناد ٭ راحة
dure à la — حريص جداً على المال
détenteur, rice, *a et n* حائز ٭ حاجز
détention, *f* حيازة ٭ حَبس ٭ توقيف. حجز
détenu, e, *n et a* مَسْجُون. مَوْقُوف
détérioration, *f* تلف. عَطب ٭ إفساد
détériorer, *v* تلِف. فسَد ٭ أتلف
déterminable, *a* ممكن تقديره
déterminant, e موجب. باعث ٭ حاسِم
déterminatif, ve, *a* سببي ٭ بياني محدد
détermination, *f* تعريف. تحديد
٭ عَزم. تصميم ٭ حَزْم
déterminé, e, *n et a* محْدُود. مُعيّن
٭ مُصمّم. حازِم
déterminer, *v* عَيّن. حَدّد. وَضّح
٭ سَبّب ٭ بَعث على
déterrement, *m* نَبْش. إخراج المدفون
déterrer, *v* نَبَش. أخْرَج ٭ كشف. فضح
détestable, *a* مكروه. تمجه النفس بغيض
détester, *v* كرِه. أبغض. مقت. عاف
détonation, *f* فرْقعة. إنفجار
détoner, *v* فرْقع. فجر
détordre, *v*3 فرد. بَسط
détour, *m* عطف. مُنعطف. عوج. عطفة
détourné, e, *a* حائد ٭ مختلس
sens — مجاز
détournement, *m* إلتفات ٭ إختلاس
— des mineurs خطف القصر
détourner, *v* حادَ. عَطف ٭ إختلس
— son visage إلتفت. أدار وجهه. حوّل رأسه

détraqué, e, *a et n* تلف. خرب ٥ مجنون
détraquer, *v* خسّر. خرّب. عطّل
détremper, *v* ذوّب ٥ ازال سقية الفولاذ
détresse, *f* ضيق. كرب ٥ خطر
signal de — إستغاثة. إشارة خطر
détriment, *m* ضرر. خسارة
à mon — على حسابي ، أي في غير مصلحتي
détritus, *m* فضلات. بواقي ٥ عفاء
détroit, *m* بوغاز. ممر. مضيق
détrôner, *v* أنزل عن عرش الملك. خلع
détroussement, *m* تنزيل ٥ سرقة
détruire, *v3* دمّر. هدم. أتلف. أباد
dette, *f* دين. قرض. ذمّة
—s criardes نهايير. ديون عديدة وصغيرة
— d'honneur دين القمار
payer sa — à la société اعدم
deuil, *m* حداد. حزن ٥ ثياب الحداد
porter le — لبس الحداد // سلاب
en — حاد. محد. سالب
deux, *a. num.* إثنان
deuxième, *a et m* ثاني ٥ الطابق التالي
deuxièmement, *a* ثانياً
dévaliser, *v* (قشط). جرّد من النقود
devancer, *v* سبق. تقدّم
devant, *prép. et ad* تجاه. أمام. ازاء
—, *m* وجهة. الجزء الأمامي ٥ مقدم
prendre les —s سبق
aller au — استقبل
par-devant notaire على يد كاتب العقود
par — من الأمام. من قدام ٥ في حضرة. عند. لدى
devanture, *f* واجهة. صدر الدكان

dévastation, *f* تخريب. تدمير. إقفار
dévaster, *v* خرّب. دمّر
déveine, *f* خسارة. نحس. عدم توفيق
développement, *m* نمو. إزدياد. تقدم
٥ نضج ٥ ترويج ٥ تحسين ٥ إذاعة. نشر
— de photos تحميض الصور
développer, *v* كشف. نشر. شرح
٥ اوادّ. وطّد. انمى. رقى ٥ حمّض
الشريط الفوتوغرافي ٥ صار. تحول الى
devenir, *v3* صار. آل الى. اصبح
dévergondage, *m* فجور
devers, *prép* ناحية
par — لدى. امام. عند
par — soi في سره. امام ضميره
devers, e, *a et m* مائل
déversement, *m* فيضان. إنسكاب ٥ ميل
déverser, *v* صبّ
dévêtir, *v3* قلّع. جرّد من الملابس. عرّى
dévêtissement, *m* خلع الثياب ٥ ترك
déviation, *f* مروق. حيد. انحراف ٥ زلة
dévider, *v* حلّ الغزل. سلّك ٥ وضّع
٥ عمل الخيط اكراً
dévidoir, *m* بكرة. آلة لف الخيط 
dévier, *v* مرق. انحرف
٥ حاد عن طريقه
devin, eresse, *n* منجّم. فاتح البخت
deviner, *v* حزر. فسّر. عرف الغيب
devinette, *f* أحجية. لغز. (حزورة)
dévis, *m* مقايسة. شروط. تقدير

dévisager, *v* تفرّس فيه. تعرّف وجهه ٭ خربش الوجه
devise, *f* شعار. رمز
déviser, *v* قسّم ٭ عمل مقايسة ٭ وضّح ٭ هزّر. مازح
dévisser, *v* فك المسمار ٭ أصاب بعاهة
dévoilement, *m* سفور. حسور ٭ معرفة
dévoiler, *v* كشف. هتك ٭ أزال النقاب
devoir, *v3* أدان. تداين. وجب على
—, *m* واجب. فرض
dévolu, e, *a et m* إنتقل إلى. آل إلى
jeter son dévolu sur qn اختاره
dévolution, *f* تحوّل. إنتقال. أيلولة. تفويض ٭ حق التوظف في إقطاع
dévorant, e, *a* مفترس ٭ أكّال ٭ أجاج
dévorer, *v* إلتهم. إفترس. أكل بنهم. رعب
— des yeux حملق
la fièvre le dévore تنهشه الحمى
dévot, e, *n et a* عابد. ناسك. متديّن
dévotion, *f* عبادة. تقوى. تنسك ٭ إخلاص ٭ ولاء ٭ تخصيص. تكريس
dévoué, e, *a et n* مخلص. مكرّس ذاته
dévouement, *m* إخلاص ٭ نذر
dévouer, *v* خصّص. وقف ٭ وهب ٭ لعن
se —, *vpr* نذر نفسه. تكرّس لـ.
dévoyé, e, *a et n* ضال. تائه ٭ غير متواز
dévoyer, *v* أضلّ
— une cheminée ميّل مدخنة
dextérité, *f* مهارة

dextre, *a* يمين. أيمن. الجهة اليمنى
diabète, *m* بول سكري. مرض السكر
diabetique, *a et n* مختص بالبول السكري ٭ مصاب بالبول السكري
diable, *m* شيطان. عفريت ٭ علبة العفريت ٭ حلاجة  ٭ نقالة
beauté du — جمال الصغر
diablesse, *f* عفريتة. شيطانة
un pauvre diable رجل مسكين
diabolique, *a* شيطاني
diacre, *m* شماس إنجيلي 
diadème, *m* تاج. إكليل ٭ حلية ثمينة للرأس
diagnostic, *m* تشخيص المرض ٭ وصف
diagnostiquer, *v* شخّص المرض
diagonal, e, *a* (مورّب). منحرف 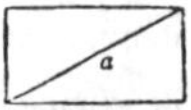
—e, *f* خط الزاوية ٭ قطر المربع. جار من زاوية إلى أخرى مقابلة لها
diagramme, *m* رسم هندسي أو رياضي
dialecte, *m* لهجة. لسان. لغة محلية
dialogue, *m* مكالمة. محادثة. محاورة
diamant, *m* ماس. ألماس
diamantaire, *a et m* تاجر الماس أو مركبه 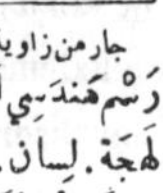
diamétral, e, *a* قطري ٭ مختص بقطر الدائرة
diamètre, *m* قطر الدائرة. قطر

diapason, *m* آلة يعرف بها مقام أو حدة الصوت ¤ مقام، سعة، مدى الصوت
diaphane, *a* شفيف. شفاف
diaphragme, *m* حاجز النور ¤ الحجاب الحاجز (في الطب) ¤ طبلة الفونوغراف او التلفون 
diarrhée, *f* إسهال. ذرب (مشيان بطن)
diathèse, *f* قابلية الجسم لمرض ما
dictamen, *m* ايحاء. إلهام. حديث النفس
dictaphone, *m* آلة التلقين. ديكتافون
dictateur, *m* حاكم مطلق. مستبد بالأمر. متصرف. عاهل. صاحب الأمر والنهي
dictature, *f* الحكم المطلق ¤ منصب الحاكم المطلق
dictée, *f* املاء ¤ تلقين. تملية
dicter, *v* أملى. نص. لقن
diction, *f* نطق. منطق ¤ الالقاء. اسلوب
dictionnaire, *m* قاموس. معجم
dicton, *m* قول مأثور. مثل سائر
diète, *f* مجمع قومي عام ¤ حمية. الامتناع عن الأكل أو الاقتصار على أصناف منه ¤ طعام المرضى. غذاء الحمية
mettre à la — اطعم بترتيب أو طعام خاص
dieu, *m* الله ¤ إله. رب
à — ne plaise! حاشا. معاذ الله
jurer ses grands dieux حلف الايمان المغلظة
diffamant, e, *a* ثالب للصيت. مشنع. قاذف
diffamateur, *m* ثلاب. فاضح. قاذف
diffamation, *f* ثلب. قدح. تشهير ¤ افتراء
diffamatoire, *a* ثالبي. تشنيعي. قاذفي
diffamer, *v* ثلب. شنع. قذف. شهر بـ
différement, *ad* خلافاً لـ. بطريقة مختلفة
différence, *f* فرق. بون. تفاوت
différencier, *v* ميز. فرق بين. فصل عن
différend, *m* خلاف. خصام. منازعة
différent, e, *a* مختلف. متفاوت. متميز
différentiel, le, *a* تفاضلي. تبايني. خلافي
calcul — et intégral حساب التفاضل والتكامل
différer, *v* أجل. أخر
se — تأجل. تأخر ¤ اختلف عن. تباين
difficile, *a* صعب. عسير. شاق. عصيب
homme — رجل صعب ارضائه. متعب
faire le — تعزز. تبطر
difficilement, *ad* بصعوبة. بعناء. بمشقة
difficulté, *f* صعوبة. مشكلة. عسر. ضيقة ¤ عائق. مانع
difformation, *f* تشويه
difforme, *a* شنيع. مشوه. ممسوخ
difformer, *v* شوه. مسخ ¤ عوه
difformité, *f* تشوه. شناعة. عدم تناسق ¤ شذوذ ¤ عاهة
diffraction, *f* انكسار الضوء. انحراف أو تشعع الأشعة. زيغ
diffus, e, *a* مسهب. ضاف ¤ منتشر
diffuser, *v* نشر. وزع ¤ أذاع ¤ أشع ¤ افاض ¤ صب
diffusion, *f* إنتشار. توزيع. سريان ¤ انعطاف أو تكسر النور ¤ إسهاب. إطالة
poste de — محطة إذاعة (الراديو)

digérer, *v* هضم
digeste, *m* مجموع فتاوى. مجموعة قوانين مدنية
digestible, *a* ممكن هضمه. سهل الهضم
digestif, ve, *a et m* هاضم. مُهضِم
digestion, *f* هضم ¤ نقع ¤ استواء (الورم)
digital, e, *a* إصبعي
digitaline, *f* عنصر نبات الكشاتبين (يستعمل سند القلب)
digne, *a* أهل. ذو اهلية. مستحق. جدير ¤ فاضل ¤ وقور ¤ لائق. مناسب
dignement, *ad* كاينبغي. باعتبار
dignitaire, *m* صاحب رتبة. صاحب مقام رفيع. موظف كبير
dignité, *f* كرامة. عزة نفس ¤ رفعة قيمة. وقار ¤ رتبة. مقام
digression, *f* انحراف. إستطراد. خروج عن الموضوع
digue, *f* سد. حاجز. جسر
dilapidation, *f* تبذير. اسراف ¤ اضمحلال
dilapider, *v* بذر. بدد
dilatation, *f* بسط. تمديد ¤ تمدد
dilater, *v* بسط. مدد. وسع
— le cœur شرح الصدر
se —, *vp* تمدد. إنبسط. إتسع
dilemme, *m* برهان ذو حدين. قضية فاصلة ¤ ورطة. معضلة
dilettante, *m* مولع بالفنون الجميلة. هاوٍ (غاوي). متيم
diligemment, *ad* بسرعة بنشاط. بهمة
diligence, *f* سرعة. نشاط. جد ¤ ملاحقة الدعوى (في القضاء) ¤ مركبة سفر كبيرة

diligent, e, *a et n* سريع. نشيط. مجتهد
diluer, *v* رقق. خفف أو حل بالماء
diluvien, ne, *a* طوفاني. سيلي
dimanche, *m* يوم الأحد
dîme, *f* عشر (ضريبة العشر قديماً). عشور
dimension, *f* سعة. حجم. قياس. بعد
diminuer, *v* صغر. قلل. خفض. نقص
se —, *vp* تناقص. قل
diminutif, ve, *m et a* إسم التصغير ¤ مصغر ¤ صغير. حقير ¤ تصغيري
diminution, *f* خفض. نقص. نزول ¤ تقليل. تصغير. تنقيص
dinde, *f* دجاج هندي. فرخة رومي و حبشي
dindon, *m* ديك رومي ¤ أبله
le — de la farce الاضحوكة
dîner, *v* تعشى ¤ تغدى ¤ تناول العشاء
dîner *ou* dîné, *m* عشاء أو غداء وبالأخص أكلة المساء
dînette, *f* أكلة خفيفة ¤ مأدبة أطفال
diocèse, *f* أسقفية. أبرشية
diphterie, *f* خناق. دفتريا
diphtongue, *f* إندغام حرفي علة (إتحاد حرفين من حروف العلة الفرنسية)
diplomate, *m* سياسي ¤ ملحق سياسي
diplomatie, *f* سياسة
diplomatique سياسي. مختص بالأمور الدولية
diplôme, *m* براءة ¤ دبلوم. شهادة عالية
diplômé, e, *a et n* حائز البراءة أو الشهادة القانونية. حائز على دبلوم

dire, v3 قال. تكلم ٭ رَوَى. قصَّ ٭ عنى
— sa pensée قال فكره
— la bonne aventure فتح الفال
on dit يقال
ne savoir que dire تحير في الجواب. لم يحر جواباً
on dirait un prince يظنه الواحد أميراً
trouver à dire آخذ. عاب. تذمر
c'est tout dite (ou dit) غاية القول
il n'y a pas à dire هذا أمر مسلم. لاخلاف فيه
ce n'est pas pour dire لا لأجل الافتخار !
se — ادَّعى بـ ٭ قال في نفسه
dire, m قَوْل ٭ إدعاء (في القضاء)
direct, e مُسْتَقيم. مُباشِر ٭ قَويم ٭ طوالي
action —e دعوى مباشرة
directement, ad رأساً. مباشرة. بلا واسطة ٭ في خط مُسْتَقيم. (دغري ٭ على طول) ٭ حالاً
directeur, rice, n مُدير
— de conscience مُرشد. معلم ذمة
direction, f إدارة. تَدْبير. قِيادَة. إرْشاد ٭ تَوْجيه. تَصْويب ٭ صَوْب. ناحِيَة. اِتجاه. جهة ٭ قوّاد السيارات. دِيرِ كسيون
dirigeable, a يسير تبع إرادة راكبه
—, m منطاد. مُسَيَّر

dirigeant, e, a et n حاكم. مُدير
diriger, v وَجَّه ٭ قاد. هَدى الى ٭ أرْشَدَ ٭ أدار. دَبَّر. رأس ٭ وَجَّه. صَوَّب
se — قَصَد. نحا. توجّه إلى
dirimant, e, a مُبْطِل. مُوْجب للفسخ
discernemt, m تمييز. فراسة. بَصيرة
discerner, v مَيَّز بَيْن. فرق ٭ أبْصَر. فَطِن الى ٭ أدْرَك. [دِيْسِرْنِه]

disciple, m تِلْميذ. حَواري. تابع
disciplinaire, a تأديبي. تهذيبي ٭ نِظامي
discipline, f تأدب ٭ تربية. تهذيب. تدريب على اطاعة الأوامر واتباع القوانين ٭ ترتيب. نظام ٭ سَوْط
discipliner, v أدَّب. رَبّى. هَذّب ٭ نظَّم. رَتَّب. عَوَّد على النِّظام والطاعة
discontinu, e, a منقطع. غير متواصل
discontinuation, f إنقِطاع. إبطال. تَرك. عدم استمرار ٭ توقيف التنفيذ (في القضاء)
discontinuer, v إنقطع أو أقلع عن ٭ زال ٭ قطع أو أوقف السيْر
disconvenir, v3 لم يوافق أو يناسِب
discord, m شِقاق ٭ شاذ (في الموسيقى)
discordance, f إختلاف. عَدَم المطابقة ٭ شذوذ. تنافُر الأصْوات أو الطباع
discordant, e, a شاذ. عادم المطابقة أو المناسبة. مختلف. مُتنافر النغمات
discorde, f إختلاف. شِقاق. فِتْنَة
discorder, v تخالف. نفر. شَذَّ عن النغم
discourir, v3 وَعَظ في. حاضَر ٭ فاض. حادَث باسهاب. تحدَّث
discours, m خُطبة. محاضرة ٭ كلام حديث
discourtois, e, a خشن. قليل الأدب. سمج
discréditer, v اضاع او نزع الحظوة أو الثقة. قلل اعتباره ٭ شان. عاب ٭ كذَّب
discret, ète, a كتوم. أمين سِرّ ٭ رَزين. فَطِن. مُتَرَوّ. مُتَحَذِّر
discrètement, ad بِرَزانة. بِرَصانة. بفِطْنة ٭ سِرّاً. بطريقة سرية. بحذر

discrétion, *f* رَصانة. حِرص ٭ تمييز ٭ كِتمان. حِفظ السِّر
à — تحت الطلب. حسب الغرض. بمقدار ما يريد
se mettre à la — de qn فوض أمره لإنسان
discrétionnaire, *a* إختياري
disculpation, *f* تبرئة. تزكية. تبرير
disculper, *v* برّأ. برّر. زكّى
discussion, *f* مُباحثة. مُحاوَرة. مُحاجّة. مناقشة. جدال ٭ مُشاجرة
discutable قابل الاعتراض أو الأخذ والرد
discuter, *v* ناقش. باحث. جادل ٭ ماحك
disert, e, *a* فصيح. لَسِن. مِنطيق
disette, *f* جَدْب. قحط. مجاعة ٭ عوز
diseur, se, *a et n* مُحدِّث. قائل
— de bonne aventure فاتح البخت. عرّاف
disgrâce, *f* زوال الحظوة. خِزْي. عار
disgracié, e, *a* فاقد الحظوة. مَطرود. محروم ٭ (معيوب). مُشوَّه. قبيح
disgracier, *v* شان. عاب. سخط عليه
disgracieux, se, *a* بلا ظرافة. مَعيب. شنيع. عديم اللطف. غير رشيق
disjoindre, *v3* فصل. فسخ. فكّ
disjonction, *f* فك. فصل ٭ إنفصال
dislocation, *f* خلع. إنفكاك العظم ٭ تشتت
disloquer, *v* فسخ. فكّ. خلع. ملخ
disparaître, *v3* إختفى. غاب. توارى عن البصر. زال. تلاشى. إضمحلّ
disparate, *a et f* متباين. متناقض. مخالف. مُغاير
disparition, *f* إختفاء. غياب. توار

dispendieux, se, *a* غالٍ. كثير الكلفة
dispensaire, *m* صَيدلية. (أجزاخانة) مجانية أو خيرية ٭ مُستوصَف
dispensataire, *n et a* مُوزَّع عليه
dispensateur, rice, *n* مفرِّق. مُوزِّع
dispensation, *f* تفريق. توزيع. تقسيم ٭ إدارة ٭ إجازة. حِلّ (كنائسي)
dispense, *f* مُعافاة ٭ رُخصة الاعفاء
dispenser, *v* قسَّم. فرَّق على ٭ إستثنى. سامح في ٭ اعفى من. منح. اباح
dispersement, *m* تشتُّت ٭ تشتيت
disperser, *v* شتَّت. نثر. فرَّق. قشع
se — *vp* تبدَّد. تفرَّق. تشتَّت
dispersion, *f* تبديد. تفرّق. تشتيت ٭ تحليل النور إلى ألوانه المختلفة الأصلية
disponible, *a et m* تحت اليد. متهيّئ ٭ حاضر ٭ زائد عن اللزوم. جائز التفرق فيه
dispos, *a et m* نشيط. رشيق. خفيف
disposer, *v* رتَّب. نظَّم. نسَّق ٭ حرَّض. امال إلى ٭ أعدَّ لكذا. هيَّأ
— de ses bien تصرف في ماله
l'article dispose تقضي المادة
se —, *vp* تأهَّب. إستعدَّ ل
dispositif, *m* نصّ. حيثيات الحكم
disposition, *f* ترتيب. تنظيم ٭ وَصيّة ٭ مَيل إلى ٭ قصد. نية
—s, *pl* إستعداد ٭ تجهيز ٭ نصّ احكام ٭ حال المزاج
la — du corps استعداد الجسم
à votre — تحت تصرفك

disproportion, *f* عَدَم مُناسبة او تناسُب . تفاوُت . تبايُن
disproportionné, e, *a* مُتفاوت . غير مُناسِب أو متساوٍ . بدون تَسَق
dispute, *f* جَدَل . خِصام . نِزاع
chercher — بحث على شكل
disputer, *v* جادَل . نازَعَ ✲ سابَق . بارَى
se — شاجر . خاصم ✲ تخاصَم . تشاجَر
disputeur, se, *n* خَصُوم (شُكَلي)
disqualification, *f* حرْم من صِفة
disqualifier, *v* حَرَم أو جرّد من صِفَة ✲ جعله غير صالح أو لائق
disque, *m* قُرْص . دائِرة . إطار . اِسطوانة ✲ عيْن أو قُرْص أو وَجْه الشَّمْس أو القمَر ✲ حَلَقة تُرمى عَلى وَتد للتريّض . لعبة الاثار ✲ مِحوَل . سيافور
dissection, *f* تشريح . تَقْطيع . تبْضِيع
dissemblable, *a* مُتباين . غير مشابه
disséminer, *v* فرّق . نثر . بخثر . شتّت
dissension, *f* شِقاق . نِزاع ✲ فِتْنة
dissentiment, *m* خِلاف . تنافُر . إختلاف في الرأي أو العَواطِف
disséquer, *v* شرّح . فَصّل ✲ قطع . بضّع
disserter, *v* بحث . تكلّم في مَبْحث . باحث
dissidence, *f* إنشِقاق . خِلاف في الرأي
dissident, e, *n et a* مخالِف . مُنْشق
dissimilaire, *a* غير مُتشابه . مُختلِف عن
dissimilarité, *ou* dissimilitude, *f* عَدَم المشابهة
dissimulation, *f* رِياء ✲ كتمان . إخفاء
dissimuler, *v* أخفى . ستَر . كتم ما في ضميره ✲ تصنّع . تظاهر بكذا
dissipation, *f* إسْراف . تبذير ✲ تبديد ✲ إنقشاع . تشتيت ✲ إنغماس في الملذات
dissiper, *v* بدّد . قشع ✲ بعثَر . مزّق . أسْرَف
dissoluble, *a* قابل الذوبان أو الانحلال
dissolution, *f* إنحِلال . إنفكاك ✲ تبطيل . حَلّ . تَصْفية ✲ إذابة . ذوبان ✲ فِسْق . فَساد ✲ إزالة . إبادة
la — du marriage فسخ الزواج
dissolvant, e, *a et m* مُحَلِّل . مُذوِّب
dissonance, *f* تنافُر . شذود . عدَم الموافقة في الألحان أو الأصوات
dissonant, e, *a* مُخالِف . شاذ . مُتنافِر
dissoudre, *v*3 حَلّ . ذوّب . أذاب ✲ نقض . فسخ ✲ فضّ (إجتماع)
se — إنْحلّ . تصفّى ✲ إنفضّ ✲ هلك
dissous, te, *a* مَحْلُول . ذايب ✲ مُنفسِخ
dissuader, *v* ردّ أو أقنع بالعدول عن
distance, *f* مسافَة . بُعْد ✲ فرْق ✲ مُدة
distancer, *v* فات . فاق . سبَق ✲ أبعد
distant, e, *a* بعيد . على مسافة
distendre, *v*3 مدّ . شدّ ✲ نفخ
distillateur, *m* مُقَطِّر . (خارج) مُشتغل بالتقطير
distillation, *f* ترْشيح . تقطير . استخراج
distiller, *v* قطّر . إستخْرَج . رشّح

distillerie, *f* معمل تقطير

distinct, e, *a* مُمَيَّز. مُمْتاز ٭واضح. جلي ٭ مختلف

distinctement, *ad* بوضوح. جلياً

distinctif, ve, *a* فارز. مُمَيِّز ٭ مُنْفَصِل

distinction, *f* تمييز. بيان ٭ تفضيل ٭ رِفعة ٭ وَجاهَة ٭ فرْق. جلاء. إيضاح

distingué, e, *a* ممتاز. مُمَيَّز ٭ ظَاهِر

distinguer, *v* مَيَّز. أدرك الفرْق ٭ فرَّق. فصَل

se — إمتاز. إشتهر

distordre, *v3* عَوَّج. لَوَى. حَرَّف

distorsion, *f* إلتواء. إعوجاج. تشويه

distraction, *f* سَهْو. تَشتت الأفكار ٭ لَهو تَسْلية ٭ فَصل ٭ إستبعاد (في القضاء)

distraire, *v3* صَرَف او ألْهَى الفِكْر ٭ فصل ٭ أنسَى. اشغل عن ٭ إستبعد ٭ إختلس

— une somme إستعمل مبلغ في غير محله

se —, *v/r* تَسَلَّى. تشاغَل عن ٭ إنفصل

distrait, e, *a* ساهٍ. مُشتت البال ٭ منفصل

distrayant, e, *a* مُلْهٍ

distribuer, *v* قَسَّم. وَزَّع. فرَّق

distributeur, *m* مُوَزِّع

distribution, *f* تَوْزِيع. تفْرِيق ٭ تَقْسِيم

district, *m* مَنْطقة. مُقاطعة. مركز. إقليم. قِسْم. دائِرَة. جِهَة

dit, *m* قَوْل مأثور

dit, e, *a* مُلقب. مُسَمَّي. مَدْعو. يُقال له

sus-dit, ci-dessus ou ci-devant — الموى إليه. المشار اليه. المشهور بـ

le dit sieur السيد المذكور

diurétique, *a et m* مُدِرّ للبول

diurne, *a* نَهاريّ. مايحدث في النهار ٭ يومي

divagation, *f* جَوَلان. هُيام ٭ هَذَر ٭ تنقل من مَوْضِع الى آخر ٭ شُرود. خَرَف

divaguer, *v* هَام. جَال ٭ شَرَد. حاد ٭ خرج عن مَوْضوع الكلام

divan, *m* دِيوان. مُتَّكأ. مقعد (كنبة) ٭ مجلس

divergence, *f* تَباعُد. إختلاف الإتجاه أو الآراء ٭ تفرُّع

diverger, *v* تَباعَدَ. إنحرف ٭ تشعَّب

divers, e, *a* مختلف. مُتنوع. عِدَّة

—, *pl* «أشياء» شَتَّى. مُتنوِّعات

diversement, *ad* بتنوُّع. بأنواع مُختلفة

diversion, *f* مشاغلة. تسلية. لَهْو. إلهاء ٭ تعلل. تشاغُل

faire — شغل. الهى. تلاهى

diversité, *f* تَنَوُّع. إخْتِلاف

divertir, *v* شَغَل. صرف عن ٭ الهى. سلَّى

se —, *v/r* تَسَلَّى. تنزه. إنشرح

divertissant, e, *a* مُسَلٍّ. مُلهٍ. سار

divertissement, *m* إنْبِساط. تَسْلية. لَهْو ٭ تبديد

dividende, *m* حِصَّة. نَصِيب. سَهْم ٭ فائِدة. رِبْح ٭ المَقْسوم (حِساب)

divin, e, *m et a* إلَهي. مُتعلِّق بالآله ٭ سامٍ. باهِر. بَديع ٭ عَرَّاف

divinateur, rice, *a et n* مُنجِّم

divination, *f* عِرافة. كِهانة. تنجيم

diviniser, *v* ألَّه. رَفَع إلى مَقام الآله

divinité, *f* ألوهيّة ¤ الاهة
divis, *m* قِسْمَة. مُقسَّم. غير مُشاع (في القضاء)
divisé, e, *a* مُقسَّم. مُفرَّق. مُنقسم
diviser, *v* قَسَّمَ. فرَّقَ. جزَّأ
¤ فرَّق بين ¤ فصَل ¤ قسَّمَ
se —, *v/r* تقسَّم. تجزَّأ ¤ إختلف
diviseur, *m* مَقْسوم عليه. القاسِم
divisibilité, *f* قابلية الانقسام أو التجزُّؤ
divisible, *a* قابل الانقسام. ممكن تجزئته
division, *f* قِسْمَة في الحِساب ¤ تجزئة
. تفريق ¤ فاصِل ¤ قِسْم. جُزْء ¤ فِتْنَة
. إختلاف ¤ فِرقة. فيلق
divisionnaire, *a et m* إقليمي ¤ فرط
¤ قِطع صَغيرة من العملة. (فَكّة) ¤ فريق
¤ تقسيمي. تجزئي
divorce, *m* طلاق
divorcé, e, *n* مُطلَّق. طالِق
divorcer, *v* طلَّق. سَرَّح
divulgation, *f* بَثّ. إذاعة. إشاعة
. تعميم. نَشْر. إفشاء ¤ إنتشار. شُيُوع
divulger, *v* أفشى. أذاع. نشر. أشاع
dix, *a* عَشَرة. عَشْر
—, *m* (le dix du mois) اليوم العاشر من الشهر
dix-huit. *a et m* ثمانية عشر
dix-huitième, *a et n* الثامن عشر
dixième, *a* عاشر
—, *m* عُشْر
dixièmement, *ad* عاشِراً
dizaine, *f* قدر عشرة ¤ عَشَرات

docile, *a* طائع. ليِّن العَريكة. وَديع
docilité, *f* خضوع. سُهولة الانقياد ووداعة
dock, *m* مَرفأ. حَوْض السُّفُن ¤ مَخْزَن
فَسيح لبضاعة التجارة البحرية
docte, *a* عالِم. عَلاَّمة ¤ علمي
docteur, *m* (Dr.) عَلاَّمة. عالم. جهبذ
— (en médicine) طبيب. حكيم. دكتور
doctorat, *m* العَلاَّمة. شَهادة العالِمية
. دَرَجة أو رُتْبَة (الدكتوريّة)
doctoresse, *f* طَبيبَة
doctrine, *f* مَذْهَب. رَأي. تَعليم. عَقيدة
document, *m* مُسْتَنَد. حُجَّة. سَنَد
. وَثيقة. وَرَقة
documentaire كتابيّ ¤ ثقافي. تعليمي
documentation, *f* إلمام بموضوع. تضلّع بـ
dodu, e, *a* سَمين. مكتنز. رَضراض
dogmatisme, *m* جزْم. تحكّم ¤ ادعاء
¤ مَذْهَب اليقين. عِلْم المنطق
dogme, *m* عقيدة. تعليم. قاعِدة
doigt, *m* أُصْبُع (ج. اصابع)
petit — خِنْصَر. الاصبع الصغرى
savoir sur le bout du — عرف أو حفظ جيداً
être servi au — et à l'œil خدم بالعين والرأس
doigté, *m* نَقْر آلات الطرب. لِعْب
بالأصابع ¤ مَقدرة. خِفّة يد
doigtier, *m*
أصبع قُفاز
. غطاء الاصبع
doit, *m* المطلوب من. منه. مَدين. خصوم
dol, *m* غِش. تدليس. خُدعة ¤ طبلة

doléance, *f* شكوى. تظلم

dolent, e, *a* شاك. نادب. مكتئب

dollar, *m* ريال أمريكاني. دولار

domaine, *m* ملك. عقار. اراض ٥ ضيعة
tomber dans le — public صار ملك عامة الناس
être du — de وكان من إختصاص

dôme, *m* قبة

domestication, *f* إستئناس ٥ تدجين. تأنيس

domesticité, *f* خدمة. خدامة. حالة الخدمة ٥ خدم. حشم ٥ تجوي. تآلف . إستئناس ٥ الأمور المنزلية

domestique, *a* بيتي. داجن. مستأنس ٥ بيتي. داخلي. أهلي [دومستيك]
—, *n* خادم (ج. خدم وخدام)

domicile, *m* مقر. مسكن. محل إقامة

dominant, e, *a* متسلط. سائد. غالب ٥ شائع ٥ مشرف على [دومينن]

dominateur, rice, *n et a* قاهر. غالب. حاكم متسلط [دوميناتر - ترِيس]

domination, *f* تسلط. حكم. إمارة. سيادة

dominer *v* تحكم في. تسلط. ساد. قهر ٥ أشرف. أطل. فاق. علا على. ناف
se — *vpr* تسلط على أمياله. تملك نفسه

dominion, *m* مستعمرة مستقلة

domino, *m* لعبة الدومينو أو قطعها ٥ لبس تنكر يلبس في المراقص والمرافع ٥ غطاء للعين المتنكر ٥ الشخص المتنكر

dommage, *m* خسارة. ضرر. تلف
c'est — !, quel — ! يا للخسارة
dommages-intérêts عطل واضرار. تعويض عن العطل والضرر (في القضاء)

dompter, *v* أخضع. قهر. ذلل. قمع. كبح ٥ راض. روض (الحيوانات) [دُنْتِه]
se —, *vpr* تملك نفسه. قهر أمياله

dompteur, *m* رائض. مروض ٥ قامع

don, *m* هبة. هدية. منحة ٥ موهبة

donataire, *m* معطى. الممنوح له

donateur, rice, *n* واهب. معط. مانح

donation, *f* عطية. هبة. هدية. منحة

donc, *conj* إذاً. والحالة هذه. بناء عليه
allons — ! (بلاش كلام فارغ)

donjon, *m* مشرف. برج. حصن

donne, *f* تفريقة (في لعب الورق)

donné, e, *a* موهوب. معطى
dans un temps — في زمن معلوم
c'est — هذا رخيص جداً. بتراب الفلوس

donnée, *f* معلوم ٥ مفروض

donner, *v* وهب. أعطى. منح ٥ أثمر ٥ سبب. احدث ٥ شرف
— lieu à فتح باباً ل
— sur qc. اطل على. اشرف
— contre حطم. عثر. صادم
— à penser سبب الهم
— dans un piège وقع في الفخ
ne savoir ou donner de la tête تحير
se —, *vpr* أباح عرضه. سلم نفسه
— beaucoup de peine أجهد أو كلف نفسه
— *ou* s'en — au cœur joie تمتع
— la mort قتل نفسه

donneur, se, *n* معط. مانح

dont, *prép* ممن. الذي منه. من ذلك. مما
ce — il s'agit المراد. المقصود

daurade *ou* dorade سمك مرجان. دنيس

doré, e, *a* مُذهَب. مَطلي بالذهب. ذهَبي
jeunesse dorée اولاد الذوات
dorénavant, *ad* من الآن وصاعِداً
dorer, *v* ذهَّبَ. طلَى بالذهَب. موَّه
doreur, se, *n* مُذهِّب
dorloter, *v* دَلَّلَ. لاطفَ. (دلَّع)
dormant, e, رَاقِد. نائم ❊ حَلق (فى البناء) ❊ حَلقة السريحة. اطار النافذة ❊ راكِد
dormir, *v3* نام. رقَد
dormitif, ve, *a et m* مُنَوِّم
dorsal, e, *a* ظَهْرِيّ. صُلْبِي. فقاري
dortoir, *m* محل النوم. مَرْقَد (عَنبر نوم فى المدارس)
dorure, *f* تَذهيب. تَمْويه. ذهَب مَطلي
dos, *m* ظَهْر. مَتْن. صُلْب ❊ كَعْب الكتاب
— d'ane شكل جملون. مسنم
le chat fait le gros — تسنَّم القط
j'en ai plein le — تضايقت منه ألفامي
dosage, *m* تقدير ❊ مقدار أو تقدير الجرعة
dose, *f* جرعة. كمية دواء تؤخذ فى المرة الواحدة
dossier, *m* ظَهْر أو مَتكأ الكرسي ❊ ملف. سِجِل. دُوسيه. إضبارَة.
— sommaire قضية جزئية
dot, *f* بائنة. مَهْر. (دُوتَه). جهاز. صَداق
dotation, *f* إمْهار. تجهيز ❊ وَقْف
doter, *v* جَهَّزَ. أمْهَرَ. نَقَّطَ ❊ وَقَفَ. أوْقَف على ❊ أنعم على. مَنَح
douaire, *m* إرث المرأة من زوجها. مؤخر الصداق. مؤجل
douairière, *a et f* ارملة متمتعة بصداقها ❊ وَريثة. وارثة المؤجل ❊ عَجُوز
douane, *f* جُمْرُك
douanier, ère, *a et m* جُمركي ❊ مَنْدُوب الجمرك. موظف الجمرك
doublage, *m* عَمَل شريط سينمائي من آخر بلغة أخرى. إقتباس
double, *a* مُضاعف. مُزْدوج. ثنائي. مُثنى
—, *m* نائِب مُشَخِّص ❊ صُورَة أو نُسْخَة ثانية. شاهِدَة ❊ ضِعْف ❊ مَثيل ❊ (بقفه)
doublé, e, *a* مُضاعف ❊ ذو قِشرة ذهبيَّة ❊ مُبَطَّن
doubler, *v* ضَاعَف. ثنَى. شفع ❊ بَطَّنَ. أبْطَن ❊ كسَى ❊ سَبَق ❊ جاز. عَدَّى.
— un acteur حل محل الممثل
— un cap عبر رأساً أي اجتازها أو خرج منها
doublure, *f* بِطانَة
douceâtre, *a* ماسِخ ❊ مائل إلى الحلاوة. حَلاوة بدون فكاهة.
doucement, *ad* بهدوء. بلُطف. برِفْق
— !, *int* على مَهلك. رُوَيداً
doucereux, se, *a* تملق. ذو لطف متصنع ❊ حلو غير لذيذ
doucette, *f* خُضار شبيه بالرجله ❊ مَبْرَد
douceur, *f* عُذوبَة ❊ حَلاوة ❊ لُطف
—s, *pl* حَلَويات. مُربيات. حَلْوَى
la douceur de la peau نعومة الجلد

douche, *f* مِنْطَل. مِنْضحة. مرشّة. رشّاشة. دوش
doué, e, *a* ذو. مُحلى. حائز على
douer, *v* جمّل. حلّى. من على
douille, *f* فشكة (خرطوش) فارغة ⚬ ماسورة وصل ⚬ نحاسة المصباح
douillet, te, *a et n* طريء. ناعم ⚬ قليل الاحتمال. بَضّ
douleur, *f* ألم. وجع ⚬ حزن
elle est dans les —s اتاها الطلق
douloureusement بتوجع. بألم ⚬ بحسرة
douloureux, se مُوجع. مؤلم ⚬ محزن
doute, *m* شك. ريب. شبهة
sans — بلا شك. بلا ريب
douter, *vn* شك في. إرتاب ⚬ خوّن
se —, *vp* ظنّ. خمّن ⚬ حدثه قلبه
douteux, se, *a* مشكوك فيه. مُريب ⚬ غير مؤكد
douve, *f* خشب البرميل ⚬ دودة الكبد (في الطب) ⚬ حفرة لتصريف مياه المطر
doux, ce, *a* حلو. عذب ⚬ ناعم ⚬ أملس ⚬ وديع ⚬ لطيف
eau douce ماء عذب. ماء شرب
propos doux تغزل
douzaine, *f* دستة. دزينة. إثناعشر
douze, *a* اثناعشر. اثنتاعشرة
douzieme, *a* ثاني عشر (م. ثانية عشرة)
—, *m* جزء من اثني عشر
doyen, ne, *n* عميد. الأكبر في السن أو الأقدم في المركز بالنسبة لأقرانه
draconien, ne, *a* ظالم. جوري. إعتسافي
dragage, *m* تطهير. إزالة الأوحال من القنى
dragée, *f* ملبسة. ملبّس ⚬ رش
petite — رش رفيع
tenir la — haute à qn. أغاره. حنّسه
dragon, *m* تنين. حية الأساطير الهائلة ⚬ برج الحوت (فلك) ⚬ سواري
drague, *f* مسلفة. مجرفة ينزع بها الرمل ⚬ كراكة ⚬ شبكة لصيد المحار
draguer, *v* طهر. نزح بالكراكة. جرف. اجترف الرمل ⚬ صاد المحار
dragueur, se, *n* سواق الكراكة
drain, *m* رشاح. قناة تصفية. مصرف
drainage, *m* عملية أو نظام المصارف والمجاري. تصريف المياه ⚬ إصلاح الأرض بالتصفية
drainer, *v* نزح أو صرف المياه. استنزف
dramatique, *a* محزن ⚬ تشخيص ⚬ تمثيلي. روائي. مسرحي
dramatiser, *v* فجع. عمل فاجعة من حادث بسيط ⚬ ألف رواية تمثيلية ⚬ رتب رواية
dramatiste, *m* مؤلف روايات تمثيلية
drame, *m* واقعة محزنة. مأساة ⚬ فاجعة ⚬ قصة أو رواية تمثيلية. دراما
drap, *m* جوخ (ج. أجواخ) ⚬ ملاية سرير
— de lit ملاية السرير. شرشف
— mortuaire كفن ⚬ بساط الرحمة
il est dans de beaux —s حالته تعسة

drapeau, m رَاية . عَلَم

draper, v لفّ أو فرش بالجوخ دثر . غطى . لبّس

draperie, f مَصْنَع جوخ أو محل بيعه

drapier, m تاجر جوخ أو صانعه . تاجر الأقمشة الصوفية . بزّاز

drastique, m et a مُسْهِل شديد . شربة ☆ شديد المفعول . فعّال . عنيف

dressage, m تعليم . تهذيب ☆ ترويض . تطويع الحيوانات ☆ تصليح

dressé, e, a منصوب ☆ مُدَرَّب

dresser, v أقام . نصب . رفع ☆ طبّع ☆ روّض ☆ علّم . هذّب . درّب ☆ رسم . خطّط ☆ حرّر . دوّن ☆ رتّب ☆ ضمّد أو غيّر على الجرح ورَبطه

se — انتصب ☆ وقف (شعره) ☆ تطبع . تدرب

dresseur, m مُعلّم . مروض

dressoir, m خزانة ☆ دولاب أدوات غرفة الأكل . خِوان . صِوان

drilles, f.pl خلقان . كهنة

drogman, m ترجمان ☆ دليل للسيّاح

drogue, f عقار . دواء ☆ مُخدّر

droguer, v أكثر من الأدوية ☆ حقن أو أعطى مُخدّر ☆ زيّف . غشّ

droguerie, f عقاقير . عطارة ☆ تجارة العطارة (بيع العقاقير الطبية المجهزة) . مخزن أدوية

droguiste, m عطّار . تاجر العقاقير

pharmacien — اجزائي . صيدلي

droit, m حق ☆ شريعة . قانون ☆ رسم . عوائد ☆ فقه ☆ عدل

— d'auteur حق التأليف
— civil القانون المدني
— canon القانون الكنسي
— coutumier قانون العرف . عوائد البلد
— acquis حقوق مكتسبة
docteur en — دكتور ، استاذ في الحقوق
à qui de droit الى صاحب الحق
de plein droit حتما

droit, e, a مُستقيم ☆ سويّ ☆ مُنتصب

tiens-toi droit إعتدل (لا تقوّس ظهرك)

droite, f اليمين ☆ يُمنى

droiture, f عدل . إستقامة . قوام . صواب

drôle, a et m دعِب . مُضحِك . مجوني ☆ غريب ☆ عجيب ☆ وغد . فاجر

drôlement, ad بنوع مُضحِك أو غريب

drôlesse, f إمرأة فاجرة

dromadaire, m بعير . هجين ☆ جمل سريع الجري

dru, e قوي ☆ كثيف . غزير

Druse, n دُرزي

du, art. m.s pour de le مِن . من الـ

dû, due, a مطلوب . مُستحق

en acte en due forme عقد محرر حسب الاصول

dû, m حق ☆ واجب

dualité, f ثنائية . ازدواج . تثنية . مضاعفة

dubitation, f شكّ . إرتياب

duc, m دُوق . لقب أول الأشراف

duché, m دُوقية . إيالة الدوق . ولاية

duchesse, *f* دوقة ٭ نوع من الكمثرى

ducroire, *m* عمولة. ضمان الدفع

ductile, *a* ليّن. سهل الالتواء. مَرِن ٭ قابل الانطراق (المعادن) ٭ لين العريكة.

duel, *m* براز. مُبارَزَة ٭ مثنّى. تثنية.

duelliste, *m* محب المبارزة ٭ مُبارِز

dulcinée, *f* رَفيقة. مَعْشُوقَة

dûment, *ad* بحسب الأصول. كالواجب

dune, *f* تل رَمْل. كثيب. كومة رَمْل على شاطىء البَحْر

duo, *m* اثنان. دَوْر يغنيه إثنان أو قطعة مُوسيقيَّة يعزفها إثنان

dupe, *f* غَرير. غُمر. مَخدوع

duper, *v* غَشّ. غَبْن. خَدَع. إحتال على

duperie, *f* غِشّ. تغرير. مخاتلة

duplicata, *m* صُورَة أو نُسْخَة ثانية. شاهدة ٭ مَزْدُوج ٭ مَثيل ٭ من صُورَتين.

duplicité, *f* نِفاق. تَدْليس. مُداهَنَة ٭ كون الشيء مُضاعفاً

duquel (*ab.* de lequel) الذي منه. من ذلك

dur, e, *a* صُلْب. جامِد. يابس ٭ خَشِن ٭ صارِم. قاس ٭ شاق. مُتْعِب. عصيب

dur d'oreille ثقيل السمع. اصم

œuf — بيضة جامدة (مسلوقة)

être — à la détente كان بخيلا

durable, *a* دَائم. باقٍ ٭ مَتين. يحتمل

durant, *prép* مُدَّة. في وَقت. في غضون

durcir, *v* جَمَّد. يَبَّس. جَلَّد. خَشَّن

durcissement, *m* تَصَلُّب. خُشُونَة

durée, *f* مُدَّة. وَقْت ٭ بَقاء. إستدامة

durement, *ad* بصَلابة. بقساوة. بخشونة

durer, *v* بَقِيَ. دام. إسْتَمَرَّ ٭ أَزْمَنَ. طال

faire — اطال

dureté, *f* صَلابة. يُبُوسة. خُشُونة ٭ قساوَة. عَدَم رَحْمة ٭ تجمّد. جودة (في الطب)

— de ventre إمساك. قَبْض الامعاء

temps durs اوقات عصيبة. شدة

durillon, *m* تَعَجُّر. تكلّكل. كنب. ثؤلول ٭ ورم جلدي ٭ عقده (في الرخام)

duvet, *m* زَغَب. دَبَب. زئبر (وبر)

oreiller de — مخدة من ريش

dynamie, *f* وِحْدَة قياس القُوَّة المحرِّكة

dynamique, *f et a* عِلم القُوَى المحرِّكة أو فعل القوى الطبيعيَّة. ديناميكا ٭ زخمي. مختص بقوة الحركة ٭ مُوازنة

centre — مركز التحرك

dynamite, *f* ديناميت. نسّاف

dynamo, *m* مُوَلِّد كهربائي. دينامو

dynamomètre, *m* مِقياس أو ميزان القُوَّة ٭ مِقوَى

dynastie, *f* السُّلالَة الملكية. دَوْلة. خِلافة

dynastique, *a* دَوْلي. بيتي. من الاسْرَة

dysentérie, *f* زَحير. زُحار. دیسنتاريا

dyspepsie, *f* عُسْر الهضْم. تخمة. ديسبيسي

dysurie, *f* عُسْر البَوْل

E

eau, *f* ماء . يم ☼ نورانية حجر ماس
— courante ماء جار
— trouble ماء عكر
— minérale ماء معدني
— thérmale ماء معدني حار
— potable *ou* douce ماء شرب . ماء عذب
— dormante *ou* croupissante ماء راكد
— bénite ماء مبارك ، مقدس او مصلى عليه
— fraiche ماء بارده ماء زلال
il est tout en — مبتل بالعرق (عرقان)
l'— en vient à la bouche جرى الريق
eaux gazeuses مياه غازية
entre deux eaux نصف فائق (من سكرة)
aller aux eaux قصد الحمامات

eau-de-vie, *f* مَشْرُوب كحولي حلو . عَرَقي

eau-forte, *f* ماء الفضة أو النار . حامض نتريك مخفف ☼ رسم محفور على المعادن

ébahir (s'), *vr* حارَ . بُهِت . دَهِش

ébahissement, *m* دَهَش . إندهال

ébarber, *v* كشط . نظف المعادن بعد السبك ☼ نظّف . قص الورق الزائد من الكتاب ☼ ساوى ☼ نتف

ébats, *m.pl.* مَرح . رتع . لَعب . لَهْو

ébattre (s'), *vr* لها . لَعِبَ . رتع

ébauche, *f* تَصْميم . مُسَوّدَة . رسم تحضيري

ébaucher, *v* عَمِل تَصميم ☼ خطّط . ابتدأ ☼ أعطى او صوّر . رَسَم . سَوّد

ébène, *f* خشب الابنوس . خشب أسود قاس
cheveux d'— شَعْر اسْود فَحمي ، حالك السواد

ébéniste, *m* نَجّار . نجار دقيق ☼ نجار الأثاث (الموبيليات) . نجار خشب الأبنوس

ébénisterie, *f* وَرْشة نجارة دقيقة . نجارة الأثاث ☼ مُوبْليات

éblouir, *v* بَهَر . خَطَف البَصَر ☼ غرّ

éblouissant, e يبْهر البصر . مُتألق . فاتِن
blancheur —e بياض لامع

éblouissement, *m* جَهَر . انبهار البصر من شدة النور . سَدَر (زغللة) ☼ افتتان

ébonite, *f* مطاط صُلْب شديد السّواد

éborgner, *v* عوّر ☼ لفح او قرض البراغم الزائدة

éboulement, *m* سُقُوط . إنهيار . إنخساف الأرض . تَقْويض

ébouler (s'), *vr* هارَ . سَقط . إنهار

ébouriffer, *v* (نكش) . أشْعث . شوّش

ébrancher, *v* شذّب . قلّم

ébranlement, *m* رَجّ . زَعْزَعة . زَلزلة
— de la raison اهتزاز العقل . خبل

ébranler, *v* زَعْزع . رَجّ
s'—, *vr* تَزعْزع . تزلزل . ارْتجّ ☼ استنمى

ébrécher, *v* ثغَرَ . ثلم . شرَم

ébriété, *f* ثمل . سُكر

ébruiter, *v* أذاعَ . شهر . أشاع . أفشى

ébullition, *f* غَلَيان . فَوَران

écaille, *f* قِشْر . قشرة ☼ سَفَط . فلس ☼ باغة

écailler, *v* قَشّرَ . قشّر

écarlate, *f et a* لون القرمز . ارجواني

écarquiller, *v* حَملق (فنجر العين) ☼ فرشح

écart, *m* إبتعاد . إنحراف ☼ فرق ☼ شطط ☼ انعطاف
à l'— على جانب . على حدة
le grand — فحج . اكبر (فشخة) ممكنة

écarteler, *v* جزّأ.مزق(اربعةأجزاء).فسخ
écartement, *m* إبعاد ٥ إبتعاد.إنفصال
écarter, *v* فرز.فصل ٥ أبعد ٥ إجتنب
— les jambes فرشخ . باعد بين قدميه
ecchymose, *f* كدمة.إنسكاب الدم تحت الجلد
ecclésiastique, *a et m* كنسي.قسيس
écervelé, e, *a et n* طائش(أطير أومطيور)
échafaud, *m* (صقالة) تخت ٥ مشنقة
échafaudage, *m* نصب الصقالات
تجهيز. تدبير ٥ صقالة
تخشيبة. تصليبه
échalas, *m* وتيد
٥ مشحط أو ممساك الكرم ٥ طويل وهزيل
échalote, *f* ضرب من الثوم كالبصل الأخضر
échancrer, *v* قور . قطع على شكل نصف دائرة
échange, *m* تبديل. تعويض. مغايرة
مقايضة. تبادل ٥ عوض ٥ مبادلة
roue d' — ترس تغيير الحركة
en — le بدلامن. عوضاًعن
échanger, *v* بدل . ابدل. اعتاض عن
أو من ٥ بادل. غاير. قايض
éhantillon, *m* عينة. مسطرة. نموذج
éhantillonnage, *m* تصنيف ٥ عينة
échappement, *m* ضابط الحركة. طرز ٥ إفلات
échapper, *v* فر. فلت
أفلت ٥ نجا. سلم ٥ سال ٥ أضاع
son nom m'échappe اسمه تائه عن فكري

écharde, *f* شوكة او اي شيء يدخل الجسم
écharnure, *f* بشارة. جرادة
écharpe, *f* وشاح. وسام. نطاق ٥ علاقة ذراع
٥ قماش من حرير تضعه النساء على اكتافهن
il porte le bras en — رابط ذراعه في رقبته
écharper, *v* هشم ٥ كسر. ونأ ٥ مشق
échasse, *f* ركيزة
échassier, *a et m* رقيق الساقين ٥ طير طويل الساقين
échaudage, *m* طرش دهان. رش الجدران بالجير
échaudé, e, *m et a* ضرب من المعجنات ٥ ملسوع من شيء
échauder, *v* سمط. سلق أو غسل بالماء الحار
٥ انكوى. لسع ٥ نقع في ماء الجير
échauffant, e, *a* مسبب الحرارة. ملهب
مهيج. مسخن ٥ يمسك البطن
échauffement, *m* تحمية. تسخين ٥ حمو
سخونة ٥ مرض السيلان ٥ إمساك
échauffer, *v* هيج . اغضب. حمى
— les oreilles نور. خوت. دوش
s'— فار. حمي. سخن ٥ إحتد. تنشط
échauffourée, *f* مجازفة خائبة ٥ وقيعة
مناوشة.
échauler, *v* // مسبخ بالجير
échéance, *f* إستحقاق ٥ أجل لدفع الدين
. ميعاد الدفع
échéancier, *m* دفتر الاستحقاقات
échéant, e, *a* حال. مستحق الدفع
le cas — عند الاقتضا. لو إستدعى الحال لذلك
échec, *m* كسرة. حبوط . فشل

échecs, *m.pl* شطرنج
échelle, *f* مرقاة . سُلّم نقّالي ۰ إسكلة ۰ تعريفة . مقياس
— (d'une carte) مقياس الخريطة
échelon, *m* درجة . سُلّمة
échelonnement, *m* تدريج ۰ تقسيط
échelonner, *v* صفّ على درجات ۰ قسّط
écheniller, *v* نقّى الأشجار من الدود
écheveau, *m* كُبّة . (شلّة) . كرارية . مكب . ربطة خيط
échevelé, e, *a* شعث . منتفش الشعر . منكوش
danse — e رقص ملخبط
écheveler, *v* نكش الشعر . اشعث
échine, *f* صُلب . فقار الظهر
échiner, *v* كسر الظهر ۰ أعيى
échiquier, *m* رقعة الشطرنج
billets de l' — سندات على المالية
écho, *m* صدى . ردّة
— de Paris أخبار أو حوادث باريس
échoir, *v* 3 حدث . وقع لـ . إستحقّ ۰ ناب ۰ حان أجله
échoppe, *f* حانوت من خشب . تخشيبة ۰ منقاش
échouement, *m* تشحيط . نشب السفينة في الرمل . رسوب ۰ إخفاق
l' — d'une démarche حبوط المسعى
échouer, *v* إندفع على الشاطئ ۰ صدم الرمل . جنحت . شحطت السفينة ۰ خاب . أخفق
échu, e, *a* مستحق الدفع
part — e نصيب . نايب

éclaboussement, *m* لطخ ۰ تلويث
éclabousser, *v* لطخ . لوث . طرطش
éclaboussure, *f* لطوخ . تطرطيش
éclair, *m* برق . سنى . وميض ۰ فطير
éclairage, *m* إنارة . تنوير . إضاءة
éclaircie, *f* جانب من السماء غير مضبب ۰ خلاء . فرجة بين أشجار الغابات
éclaircir, *v* روّق . صفّى ۰ خفّ . خفّف ۰ قلّل ۰ بيّن . أوضح . جلّى
s'— *vpr* راق ۰ إستفهم ۰ ماع ۰ انجلى
éclaircissement, *m* بيان . إيضاح . جلي ۰ خف (الزراعة)
éclairé, e, *a* عالم . خبير . عارف (متنور) ۰ منوّر . مضاء
éclairer, *v* أضاء . نوّر . أنار ۰ فطّن . أفهم ۰ برق السماء ۰ أبرز النقود (في القمار)
— l'ennemi كشف العدو
éclaireur, *m* رائد . كشاف ۰ طليعة ۰ مركب كشافة
éclanche, *f* كتف الخاروف . زند
éclat, *m* شظية . كسرة ۰ ضجيج ۰ حلاء . سنى . ضياء . لمعان ۰ بهاء
— de rire قهقهة . كر
action d' — مفخرة . مأثرة
éclatant, e, *a* زاهر . ساطع . نضير ۰ طنان ۰ مبين
éclatement, *m* إنفجار . إنفقاع . فرقعة . تفرتيك

éclater, *v* إنفجر. فرقع ٭ إنشدخ ٭ إنفقع. (طقّ) ٭ ظهر بغتةً ٭ برق ٭ انبرق. لمع. زهي ٭ حدّ. غضب ٭ صعق
— l'émail قشر المينا // قصف. القصف.

éclipse, *m* كسوف الشمس ٭ خسوف او كسوف القمر

éclipser, *v* خسف. كسف ٭ غطى على. اذوى

s'—, *vpr* إختفى. كسف. خسف. غاب

éclisse, *f* جبارة ٭ قدة ٭ بلبخة ٭ بقوطي ٭ سقيفة

écloppé, e, *n et a* أعرج. كسيح

éclore, *v3* فرّخ. أفرخ. نقف (فقس) ٭ تفتح ٭ بزغ. لاح ٭ برز. نشأ

éclosion, *f* إنفلاق البيض عن الفروخ. نقف. (فقس) ٭ تفتّح الأزهار

écluse, *f* سدّ للماء في قناة. هويس

écœurant, e, *a* مقرف ٭ مملّ

écœurer, *v* قرّف. أغمّ

école, *f* مدرسة ٭ مذهب ٭ طريقة ٭ غلطة
— primaire مدرسة ابتدائية
— secondaire مدرسة ثانوية
— normale مدرسة المعلمين
— polytechnique مدرسة الهندسة

écolier, ère, *n et a* تلميذ. طالب ٭ مدرسي (ج تلاميذ وتلامذة، طلبة وطلاب)

éconduire, *v3* أبعد. صرف بلطف ٭ طرد

économat, *m* منصب الحولي. وكالة الخرج ٭ مخزن ادوات المكاتب ٭ توريدات

économe, *m et a* حولي. وكيل الخرج او التوريدات ٭ مقتصد. مقتّر (موفر)
— séquestre امين شرعي //

économie, *f* توفير. إقتصاد ٭ تدبير او إدارة النفقات
—s, *pl.* مال مدّخر ٭ نظام
— de bouts de chandelles توفير فارغ
— du corps النظام البدن

économique, *a* إقتصاديّ ٭ تدبيري

économiser, *v* إقتصد. قتّر. وفّر

économiste, *m* مقتصد سياسي

écorce, *f* قشر. جرادة. قلف. قشرة

écorcer, *v* جرّد. قشّر. قلّف

écorcher, *v* سلخ. جلف. سحج ٭ خدش ٭ أعجم الكلام

écorchure, *f* جلفة. جرح سطحي. جلطة

écornifier, *v* تطفّل

écornure, *f* شظفة ٭ خدش

écossais, e, *a et n* إسكتلندي

écosser, *v* قشّر. فتح سنفة. فرّط

écot, *m* حصّة يجب دفعها. فريضة

écoulement, *m* جري. سيحان ٭ تصريف

écouler, *v* صرف. صرف ٭ صفّى

s'—, *vpr* جرى. سال ٭ فات. مضى

écourter, *v* قصر. قصّر ٭ اختصر ٭ قطع ذنب أو اذان الحيوان. صلّم

écoute, *f* مكان الاستراق. موضع التسمّع او الاستماع. مسمع ٭ شاغول
être aux —s استرق السمع. إستمع

écouter, *v* سمع. اصغى. استمع ٭ طاوع
— aux portes (تصنت) تنصت على الأبواب
écran, *m* حاجز للنار ٭ دريئة. ساتر (دروة) ٭ الشاشة البيضاء أو الستار الفضي. شاشة السينما
écrasant, e, *a* ساحق. هارس. داهس
écrasement, *m* سحق. دهس
écraser, *v* هرس. دهس. سحق. داس ٭ ثقل. اتعب ٭ انتصر على ٭ عصر
écremage, *m* أخذ القشدة من اللبن
écremer, *v* قشط. مخض. تزبد ٭ نزع قشدة اللبن ٭ أضاف إليه قشدة
écrevisse, *f* سرطان. برغوث البحر. جنبري 
écrier (s'), *v* صرخ. هتف. صاح
écrin, *m* علبة للجواهر والأشياء الثمينة. درج. سفط
écrire, *v* كتب ٭ راسل ٭ ألف. صنف
machine à — آلة كاتبة
écrit, *m* سند. صك ٭ كتاب. مكتوب
écrit, e, *a* مكتوب. محرر
c'est écrit مكتوب. مقدر
en écrit كتابة
écriteau, x, *m* إعلان بالكتابة. يافطة. لوحة مكتوبة. لافتة
écriture, *f* كتابة. خط (ج خطوط)
—s, *pl* حسابات. (في التجارة). تحريرات
écrivain, *m* كاتب ٭ مؤلف
— public كاتب عمومي (عرضحالجي)

écrou, *m* صامولة. ثقب البرغي أو اللولب (قطعة الحديد التي يدخل فيها القلاووز)
écrouer, *v* قيد في دفتر السجن. سجن
écroulement, *m* سقوط. تدهور. هبوط
écrouler (s'), *vpr* إنهد. إنهار. تقوض
écru, e, *a* خام. قماش غير مشغول أو مبيض
écu, *m* دينار أو درهم
écueil, *m* صخر (في البحر) ٭ حجر معثرة. مهلكة
écuelle, *f* سلطانية. صحيفة. زبدية (قصعة)
écume, *f* رغوة. زبد ٭ سفلة القوم
— de mer طلع أو حجر البحر
écumer, *v* رغا. أزبد. ريم
écumoire, *f* مرغاة. مطفحة. كفكيرة. كبشة. (مقصوصة)
écurer, *v* جلا ٭ نزح 
écureuil, *m* سنجاب
écureur, se, *n* مبيض (النحاس وماشابه) ٭ نازح الآبار
écurie, *f* إصطبل. زرب. حظيرة
écusson, *m* ترس عليه طغراء أو شعار الشرف ٭ أرمة ٭ برعمة مع قشرتها ٭ عقدة. عجرة
écuyer, *m* حامل السلاح ٭ معلم الفروسية ٭ فارس ٭ مأمور اسطبلات ٭ صغار النبلاء
écuyère, *f* فارسة. امرأة تركب الخيل
éczéma, *m* إكزيما. مرض جلدي
Eden, *m* جنة عدن. فردوس

édenté, e, *a* أثرم. ادرد. عديم الأسنان
édenter, *v* ثرم. هتم. قلع الأسنان
édicter, *v* أمر. رسم. سن
édifiant, e, *a* موجب العبرة. مقتدى به
édification, *f* بناء. بنيان. تشييد ☆ قدوة. نموذج صالح. مثال
édifice, *m* بناء. عمارة (ج. أبنية ، عمارات)
édifier, *f* بنى. شيد. أنشأ ☆ أفاد. أعلم ☆ إجتذبه إلى الفضيلة. اعطى قدوة صالحة
édile, *m* عضو بلدية ☆ مدير الأبنية والمسارح
édit, *m* أمر. براءة. مرسوم
éditer, *v* نشر. طبع كتاب أو باشر طبعه
éditeur, *m* ناشر. طابع على نفقته
édition, *f* نشر. طباعة ونشر ☆ طبعة
une nouvelle — طبعة حديثة
édredon, *m* زغب. ريش ☆ لحاف من زغب أو ريش
éducateur, rice, *n* مرب. مهذب
éducation, *f* تعليم. تهذيب. تربية
éduquer, *v* ربى. ادب. هذب
éfaufiler, *v* سل. (نثل). سحب خيط من نسيج
effaçable قابل الامحاق أو المحو. ممكن شطبه
effaçage ou effacement, *m* محو. مسح
il aime l'effacement يحب العزلة
effacer, *v* اطمس. درس. محا. مسح ☆ فاق
s'—, *vp* توارى. إختفى. إحتجب
effarement, *m* ذعر. دله. شدة. فزع
effarer, *v* ارعب. أشده. أفزع
effarouchement, *m* نفور. فزع
effaroucher, *v* نفر. جفل. شرد
effectif, ve, *a* كائن. حقيقي. (عين) ☆ مؤثر
—, *m* عدد العساكر. كمية الجيش
effectivement حقاً وحقيقة. فعلاً
effectuer, *v* أتم. أجرى. أنجز. نفذ
— un paiement دفع
efféminé, e, *a et n* متأنث. خنث. مخنث
effervescence, *f* غليان. فوران ☆ جيشان. هيجان. ثوران
effervescent, e, *a* فائر. هائج
effet, *m* مفعول. تأثير. فعل ☆ غرض ☆ مسبب ☆ وثيقة. سفتجه. سند (كمبيالة)
à cet — لأجل ذلك
en — حقاً. حقيقة
effets, *m.pl* أمتعة (حوائج) ☆ أثاث. منقولات
effeuiller, *v* جرد من الورق ☆ عبل
s'—, *vp* سقط ورقه. اعبلت الشجرة
efficace, *a* نجيع. فعال. يؤثر. ناجع
efficacement, *m* بنفاذ. بطريقة فعالة
efficacité, *f* قوة. فاعلة. تأثير
efficient, e, *a* فاعلة. علة. مؤثر
effigie, *f* صورة. تمثال. صورة الملك على النقود
effilage, *m* تفتيل. تنسيل
effilé, e ضامر. ممشوق ☆ قارص ☆ منسل

effiler, *v* فَتق. فكّ. فسخ. نسّل. نشّل
effiloche *ou* effiloque, *f* نسالة الحرير
efflanqué, e, *a* نحيف هزيل
effleurer, *v* لمس. مسّ خفيفاً. جلف ¤ جنى ازهاره
efflorescence, *f* إزهار. تزهّر النبات ¤ طفح (في الطب)
effluve, *m* تصاعدات (في الطب)
— électrique سيلان كهربائي
effondrement, *m* سقوط. هبوط. انهيار
effondrer, *v* كسّر. هدم ¤ عمّق الحرث
s'— انكسر. سقط. هبط. انخسف
effondrilles, *f. pl.* عكر. رواسب (ثفل)
efforcer (s'), *v* بذل وسعه. جدّ. جدّ في. سعى لـ. اجتهد. اجهد نفسه
effort, *m* جهد. مجهود. سعي. كدّ
effraction *ou* effracture, *f* تكسير. كسر. ثقب // سرقة بكسر
vol avec — سرقة بكسر
effrayant, e, *a* مرعب. مخيف. مفزع
effrayer, *v* خوّف. ذعر. أرعب. هال
effréné, e, *a* جامح. مطلق العنان
effritement, *m* تفتّت ¤ ضعف الأرض
effroi, *m* خوف. ذعر. رعب. فزع
effronté, e خالع العذار. سفيه. وقح
effrontément, *ad* بلا حياء. بوقاحة
effronterie, *f* عدم الحياء. قحة. سفه
effroyable, *a* مخيف. مفزع
effusion, *f* إندفاق. تسكّب وانسكاب. صبّ وانصباب ¤ إنتشار ¤ سفك
— de cœur انفتاح اي انشراح القلب
— de sang سفك دم. اهراق دماء
égal, e, *a* موازٍ. مساوٍ. معادل ¤ سهل. متساوٍ ¤ بلا تغيير ¤ سواء. على حد سواء
le pouls est — النبض معتدل. نبض منتظم
—, e, *n* قرن. ندّ (ج. قرناء)
également, *ad* بالتساوي. سواء. ايضاً
—, *m* مساواة. معادلة. موازنة
égaler, *v* ساوى. عادل. ماثل ¤ وازن. وازى ¤ عدّل
égalisation, *f* تسوية. تعديل أو معادلة بين
égaliser, *v* ساوى بين. عادل بين ¤ سوّى
égalité, *f* مساواة. تساوٍ. موازنة
— d'humeur اعتدال المزاج
égard, *m* مراعاة. إلتفات. إعتبار. إكرام
avoir des —s, *ou* avoir — à راعى
par — pour مراعاةً لـ
en — à بناءً على. اعتباراً لـ
à l' — de بخصوص. مما يتعلق بـ. بالنسبة الى
à cet — من قبل ذلك. عن هذا الخصوص
à tous— على كل وجه
égaré, e, *a* تائه. ضال. شارد ¤ ضائع
regard — نظر شارد
égarement, *m* تيه. ضلال. (توهان) ¤ إختلال العقل ¤ غواية. شرود
égarer, *v* أتاه. شرّد. أضاع ¤ أضلّ. غرر. اغوى ¤ ضلّ. تاه ¤ فقد
égayer, *v* ابهج. بسط. سرّ. فرّح ¤ غسل
— les arbres قلم الاشجار
égide, *f* ترس. درع ¤ حماية. كنف
église, *f* كنيسة. بيعة ¤ السلطة الدينية

égoïsme, *m* اثرة. محبة الذات (انانية)
égoïste, *n et a* محب ذاته. أناني. ذو اثرة
égorgement, *m* ذبح. نحر
égorger, *v* ذبح. نحر. جزر
égosiller (s'), *v* بح صوته من الصياح
égotisme, *m* غرور. مدح النفس
égout, *m* مجرى. بالوعة. ميزاب. مجرور
tout à l' — مواصلة بالمجارى
égoutter, *v* قطر وتقطر. نضح
(نقط) ✿ قطع اللبن أي ازال مائه. صفى
égouttoir شبكة أو صفة للتقطير. مصفى
égrainage, *m V.* égrenage حليج
égratigner, *v* جلف. خدش الجلد. خمش
égratignure, *f* خدش. جلفة. خربشة
égrenage, *m* فرك الحب. درس ودراسة الغلة // حلج او حليج القطن
— de coton
égrener *v* حلج ✿ فرك. فرط. درس
égrillard, e, *a* طروب. يقظ. نشط
✿ حر. جرئ ✿ غير محتشم فى كلامه
égruger, *v* دق. سحق. جرش. سحن
Egypte, *f* مصر. القطر المصري
Haute — الوجه القبلى
égyptien, ne, *n et a* مصري
égyptologue, *n* عالم بالآثار المصرية
éhonté, e, *a et n* خالع العذار
. عادم الحياء. سفيه. وقح
éjaculation, *f* قذف المني. دفق
éjection, *f* إبراز. إفراز. دفق. قذف
élaborer, *v* دبر عمل بتؤدة. أعد فرز
élaguer, *v* قلم الأشجار. قضب
. شذب ✿ اقتضب
élan, *m* وثبة. نزقة. إندفاع. فزة ✿ وعل
élancé, e, *a* ممشوق. أهيف. رشيق
. باسق
élancement, *m* وخز. ألم نخسي. نقحان
(في الطب) ✿ إنقضاض. وثوب
élancer (s'), *v* وثب. إنقض على. اندفع
— en bas ✿ نقز. وخز (ان) // هوى
élargir, *v* وسع. عرض. كبر ✿ أفرج
élargissement, *m* توسيع. تكبير
✿ إطلاق سبيل. عتق
élasticité, *f* لدونة. مرونة. خاصة الامتطاط
élastique, *a* مرن. متمطط. لين. لدن
—, *f* مطاط. (لستيك)
électeur, *m* منتخب. ناخب. له حق الانتخاب
élection, *f* إنتخاب. إختيار ✿ زمن الانتخاب
— de domicile اتخاذ محل مختار (فى القضاء)
électoral, e, *a* انتخابي. مختص بالانتخابات
électricien, *m et a* كهربائي
. كهربي. مشتغل بالكهربا
électricité, *f* كهربا. كهربائية
électrification, *f* كهربة. تسيير بالكهربا
électrique, *a* كهربائي
chemin de fer — سكة حديد كهربائية
electrisation, *f* كهربة ✿ تكهرب
électrisé, e, *a* مكهرب
électriser, *v* كهرب

électro. *préf* كَهْرَبِي
électro-aimant, *m* ⟵ كهربائية مغناطيسية
électrochimie, *f* عِلْم الكيمياء الكهربائي
électrocution, *f* الأعدام بالكهربا
électrode, *f* قُطْب كهربي. لاحب
électrographe رِسْم سَمَة كَهْرَبِيَّة
électrolyser, *v* حلل بالكهربا
électromagnetisme, *m* المغنطيسية الكهربية
électromètre, *m* ميزان الضغط الكهربائي أو القوة الكهربية
électromoteur, *m* محرك كهربائي
électron, *m* ومضة. كُهَيْرِب. كهربائية سلبية
électroscope, *m* مِخبار أو كاشف كهربائي. (بندول)
électrotherapie, *f* العلاج الكهربائي. المعالجة بالكهربا
élégamment, *ad* برشاقة. بكياسة
élégance, *f* رَشاقة. ظَرف ☆ إناقة
élégant, e, *a et n* أنيق. رَشيق
élégie, *f* مِرْثاة. رِثاء. نُدبة
élément, *m* عُنصُر. مادة ☆ جَوْهَر ☆ مَبدأ. أساس ☆ صِفة. خاصة
dans son — في محيطه أو بيئته
élémentaire, *a* أولي. ابتدائي ☆ أصلي. أساسي ☆ عنصري
éléphant, *m* فيل
éléphantiasis, *f* داء الفيل (ورم جلدى)

élevage, *m* تربية الحيوانات. توليدها (قنية)
élévation, *f* إرتفاع. عُلُو ☆ رَفْع. تعلية
élève, *m* تِلْميذ. طالب (أو طالبة)
une bonne — تلميذة مجتهدة
élevé, e, *a* مُرتفع. عالٍ. سامٍ ☆ غالٍ
mal — سيء التربية. قليل الأدب
bien — مهذب
élever, *v* رَفَع. علّى ☆ أقام. شيّد ☆ نصَب ☆ عظّم ☆ رقّى ☆ هذّب. ثقّف
—des enfants, des animaux ربى
s'— à بلغ
s'— ارتفع
éleveur, se, *n* قان. مُربي الحيوانات
élider, *v* حَذَف. قطع. جَبّ
éligibilité, *f* قابلية الانتخاب
éligible, *a* لائق للانتخاب ☆ لائق
élimination, *f* حَذْف. إسقاط ☆ إفراز. طَرْد السموم (في الطب) ☆ استبعاد. إبعاد
éliminer, *v* حَذَف. أسقط. استبعد. أقصى. تخلص من ☆ فرز
élire, *v3* إنتخب. اختار
élision, *f* حَذف حَرْف. إدغام. تَرْخيم
élite, *f* صَفوة. نُخبة ☆ زَهْرَة القوم. خيرة
élixir, *m* إكسير. روح
elle, *pron. f* (*fém.* de lui) *pl.* elles هيَ. ضمير شخص مفرد مؤنث غائب (ج. هنّ)
d'elle-même من تلقاء نفسها
éllipse, *f* تقدير. إضمار ☆ حذف ☆ ⟵ إهليلج. بيضاوي

élliptique, *a* تقديري. انحرافي ☼ إهليلج. بيضي الشكل ☼ محذوف منه
élocution, *f* كلام. نطق. حُسْن الإلقاء
éloge, *m* مَدْح. ثناء. إطناب. تقريظ
élogieux, se, *a* مَدْحي. ثنائي. مطرى
éloigné, e بَعيد. قصي. شاسع ☼ مطرود. منفى
éloignement, *m* بُعْد ☼ إبعاد. اقصاء
éloigner, *v* أبعد
éloquemment *ad* بفصاحة. ببلاغة. ببطلاقة لسان
éloquence, *f* فصاحة. حُسْن البَيان
éloquent, e بليغ. فصيح. منطيق. لَسِن
élu, e, *n* مُنْتَخَب. مختار. مُصطفى
élucidation, *f* إيضاح. بَيان. تَفْسِير
élucider, *v* أوْضَحَ. بيَّن. شرَح
éluder, *v* راغ. تملص. أفلت من ☼ ابتعد عن. تنحّى. تجنّب
émaciation, *f* هُزال. ضنى. نحول
émail, *m* مِيناء. طلاء خزفي ثمين
émailler, *v* طلى بالميناء ☼ زخرف
émanation, *f* إنبثاق. انبعاث ☼ فوَحان
émancipation, *f* عتق. تحرير. إطلاق الحرية ☼ بلوغ الرشد
émanciper, *v* حرَّر. أطلقَ. أعتق ☼ رفع الحجر عن القاصر
s'—, *vp* تحرّر
émaner, *v* إنبعث. نشأ. إنبثق ☼ فاح

émargement, *m* تعليق على الهامش ☼ صرف الراتب (الماهية)
— d'un compte توقيع على حساب. امضاء
émarger, *v* علّق على الهامش ☼ شطب
embabouiner, *v* تملق. راوض. (أكل عقله)
emballage, *m* رَزْم. حَزْم. لفّ
emballer, *v* حزَم. رزَم. ربَط. لفّ
s'—, *vp* طلع خلقه. استشاط ☼ تحمّس
emballeur, *m* رزّام. حازم البضائع
un — مُعبي // مخادع
embarcadère, *m* اسكلة. رَصيف لرسو السفن أو قطار. موردة
embarcation, *f* زَوْرَق. معدية ☼ بداءة خط حديدي ☼ مُباشرة عمل
embargo, *m* منع. حجر ☼ توقيف سفينة عن السَفَر. مأمر. مصادرة
embarquement, *m* النزول في المراكب. إبحار ☼ شحن. وسق
embarquer, *v* ركب أو نزل إلى السفينة
s'—, *vp* أبحَر. ركِب البحر. نزل في المركب
embarras, *m* حيرة. إرتباك ☼ ازدحام
faire des — تكبر. تعجرف
— de choix اختيار محير (لكثرة المعروض)
embarrassant, e, *a* محيّر. مُرْبك
embarrassé, e, *a* مُرتبك. حائر ☼ مُتلبّك
embarrasser, *v* ربك. خبّل (لحم). ضايق. زحم
embauchage, *m* تخديم. إستئجار أنفار. تشغيل. إستخدام

embaucher, *v* خَدَّمَ عُمّال. إستأجر الفارّ

embauchoir, *m* قالب لتوسيع الأحذية (فورمة)

embaumement, *m* تحنيط. (تصبير)

embaumer, *v* حَنَّط. (صَبَّر) ٭ عَطَّر

embellir, *v* حَسَّن. جَمَّل. زَيَّن. نمَّق

embellissement, *m* تجميل. تزويق

embêtant, e, *a* مُزْعِج. مُضايق

embêter, *v* أَزْعَجَ. ضايق. أضجر

s'—, *vp* تضايق. انزعج. ضجر

emblaver, *v* بذر القمح أو حَبّ آخر

emblée (d'), دَفعة واحِدة. كرّة واحدة

emblème, *m* رَمْز. شِعار ٭ شيء رمزي

emboitage, *ou* emboitement, *m* إندماج. تعشّق

emboiter, *v* ادمَج. عَشَّقَ. جمع. بيّت

— le pas تبع خطوات ٭ تقلد

embolie, *f* سدادة دموية (في الطب)

embonpoint, *m* سِمنة. (نصاحة) بدانة

embouchure, *f* فوهة. فم ٭ مبسم (بزبوز) ٭ مَصَبّ نهر.

embouquer, *v* دخل في مضيق

embourber, *v* اربك. وحّل. مرّغ

embourrer, *V.* rembourrer حشى

embout, *m* كعب العصا. زُجّ

embouteillage, *m* ملو الزجاج ٭ ازدحام

embouteiller, *v* عبّى القزايز ٭ زحم

emboutissage, *m* خرط. طرق المعادن

embranchement, *m* مُلتقى طريق. تفرع طرق ٭ شُعْبة ٭ مَفرق ٭ مواصلة. تحويلة

embrancher, *v* فرّع الطريق أو الخطوط ٭ وصل بـ

s'—, *vp* تشعّب

embrasement, *m* حريق كبير ٭ اشتعال

embraser, *v* أضرَم. أوقد. أشعل

embrassade, *f* إحتِضان. حَضْن. معانقة

embrasse, *f* رِباط سِتارة

embrassement, *m* معانقة. تقبيل

embrasser, *v* عانق. قبّل. لثم ٭ ضم لصدره ٭ حضن (عبط) ٭ أحاط. احْدَق ٭ حوى ٭ شمل ٭ ألم بـ ٭ اعتنق مَذهب

embrasure, *f* كوة لفوهة المدفع ٭ مزغل ٭ مزلقة الشباك ٭ فتحة باب

embrayage وصل التروس ٭ شبك التروس. تحويل الحركة

embrayer, *v* شبك أو وصل التروس ببعضها. حوّل الحركة

embrocher, *v* سفّد. شكّ في السيخ

embrouillé, e, *a* معرقل. معقد. مشوش

embrouiller, *v* شوّش على. لخبط. أربك

s'— تشوّش. تبلبل. إرْتبك. إنخبل

embroussaillé, e, *a* مُغطى بالأدغال. مدغل ٭ كثّ ٭ متلبد.

embrumer (s'), *vp* أظلم. عتّم. أضبّ

embrun, *m* مغيّم. مغطى بالضباب ٭ رشّة. (طرطشة) الأمواج

embryon, m جَنين (في اوائل الحمل) (ج.اجنة) ✿ جرثومة ✿ طَلع (النبات)
embûche, f مَكيدة. فَخّ. احبولة
embuscade, f كمين. مرصاد ✿ جنود كامنون
embusquer, v كمن. رَصَد. ترَبّص
émender, v أصلح. هذّب. عدّل
émeraude, f زُمرُّد
émergent, e, a بارز. منبثق ✿ طارئ
émerger, v بَرَزَ عن وجه الماء. بزغ. طلع من
émeri, m صَنفره. سنباذج. سَفَن
bouché à l'— مسدود بأحكام ✿ ثقيل الفهم
papier (ou toile) — ورق صنفره
émérite, a متقاعد و حافظ لقب وظيفته
buveur — ✿ شرق ✿ محنك // سكرى قرارى
émersion, f طفو. انجلاء. خروج عن سطح الماء
émerveillement, m عُجب. تعجّب
émerveiller, v أدهش. أذهل. أعجب
émetique, a et m مقيء. مُسبّب القيء
émetteur, n et a.m مصدر ✿ باعث الاذاعة
émettre, v3 اصدر. اخرج ✿ نبث . اعرب عن ✿ بعث. انبعث منه
émeute, f فتنة. هيجان. شغب. ثورة
émeutier, ère, n et a محرّك الهيجان
émiettement, m فت. تفتيت. كسر
émigrant, e, n مُهاجر. راحِل. نازح
émigration, f مُهاجرة. جلاء عن الوطن
émigré, e, n et a مُهاجر. راحِل. مُنتزح
émigrer, v هاجر. رحل عن وطنه. نزح

émincer, v رقّق. شقّق. قطع قطعاً صغيرة
éminence, f سُمُوّ. رفعة ✿ مرتفع. رابية
son — لِيافة (المطران أو الكردينال الخ)
éminent, e سام. رفيع الشأن ✿ عالٍ ✿ مرتفع.
émir, m // أمير
émissaire, m مرسل. مبعوث ✿ جاسوس ✿ مخرج
émission, f إصدار. صدور. ترويج ✿ إنبثاق (في الطبيعيات) ✿ نطق ✿ إذاعة
l' — d'un vœu ابداء طلب
—(de titres) اصدار السندات
prix d' — سعر الاصدار
les—s de la radio اذاعات الراديو
emmagasinage, m تخزين ✿ ارضيّة
emmagasiner, v خزّن. وَضع في المخزن. استودع
emmailloter, v قَمّط. قَمَّط . لَفّ الطفل بالقماط [إمَيْشَ ⓐ]
emmêler, v عرقل. عقّد. لخبط. خلّط
emménagement, m نقل اثاث البيت ✿ تعزيل ✿ تستيف. ترتيب فرش البيت ✿ محلات الاقامة والنوم في السفن
emmener, v ذهب بـ. أخذ معه ✿ اوصل
emmenotter, v قيّد. غلّ. صفّد
emmerder, v لوّث بالبراز ✿ ضايق
emmieller, v عسّل ✿ حلّى ✿ ضايق
emmitonner, v لف بشيء لين. صرّ ✿ تملّق
emmitoufler, v غطّى. ستر. أخفى ✿ ألبس فروة
émoi, m وجل. قلق. رُعب ✿ تهيّج

émollient, e, *a* مُلَيِّن. مُرَطِّب
—, *m* دهان ضد الالتهابات الجلدية
émolument, *m* دَخل. ايراد. ربع
—s, *pl* رَاتِب. جُعل. أتعاب. ماهية
émonder, *v* شَذَّب. قضب. قلّم الأشجار ٭ قشر اللوز
émotion, *f* اضطراب. تأثر. انفعال ٭ جزع ٭ عاطفة
émotionnable, *a* سَرِيع التأثر
émotionner, *v* أثّر. حرّك
s'—, *vp* تأثر. انفعل. اضطرب
émotter, *v* دحا. زحف الطين. كسر القلقيل
émoulage, *m* سَنّ. شحذ
émoussé, e ثالم. غير حاد ٭ ثقيل الفهم
émousser, *v* ثلّم أو غلّظ الحدّ (تلّم)
s'—, *vp* كلّ. تعب. ضعف ٭ تثلم
émoustillant, e, *a* مشرح. (مفرفش)
émoustiller, *v* بسط. أبهج. أنعش
émouvant, e, *a* مُؤثر. محرك العواطف
émouvoir, *v3* حرّك ٭ استحثّ. أثار. استفزّ ٭ أقاق
empaillage *ou* empaillement, *m* كساء أو حشو الكراسي بالقش
— des animaux تصبير الحيوانات، حشوها بالتبن
empailler, *v* حشا بالتبن. صبّر ٭ كسا أو حشا بالقش
empailleur, se, *n* مُصَبِّر ٭ مُقشّش
empaler, *v* وضع على الخازوق. خوزق

empan, *m* شِبر. (٢٣ سنتيمتر تقريباً)
empanacher, *v* زيّن بالريش. راش
empaquetage, *m* رَزم. حزم. صرّ
empaqueter, *v* لفّ. صرّ. حزم. رزم
emparer (s') أخذ. إستولى على قسراً
empâtement, *m* تَعجُّن. تدبّق. لزوجة ٭ عي اللسان ٭ حوش الصوت
— (des volailles) تسمين الطيور
empêchement, *m* عَائق. مانع. شاغل
empêcher, *v* مَنَع. عاق
empeigne, *f* وَجه الحذاء ٭ رقعة
empereur, *m* أمبراطور. عاهل. قيصر. سلطان
empesé, e, *a* مُتمسك بالرسميات ٭ منشى
empeser, *v* نَشّى القماش ٭ صمّغ
empester, *v* أزعج برائحة كريهة
empêtrer, *v* عرقل. ورّط. شبّك
s'— تورّط. تعرقل
emphase, *f* إطناب. عُجب. (طنطنة)
emphatique, *a* طرماذ. مبالغ. منتفش بالعظمة. مغالى. مُفخّم. مُشدّد
emphytéose, *f* الحكر. ايجار أو حق التمتع لمدة طويلة
empiéter, *v* إعتدى أو جار على ٭ جاوز
empiffrer, (s') امتلأ طعاماً. بَشم
empiler, *v* كوّم. ستّف ٭ ربط في الخيط
empire, *m* امبراطورية. مملكة. سلطنة. دَولة ٭ سلطة. تسلط. نفوذ. سيادة
empirer, *v* تفاقم. زاد سوءاً

empirisme, *m* تجريب. طب الركة. التطبيب بالاختبار والتجربة.
emplacement, *m* مكان. موضع. موقع
emplâtre, *m* لزقة. لصقة (لبخة) ٭ صفعة
emplette, *f* شروة. مشتريات. شراء
faire des —s تسوق. إبتياع. تبضيع
emplir, *v* ملأ. أفعم
emploi, *m* إستعمال ٭ تصرف ٭ وظيفة. خدمة. عمل
employé, e, *n et a* مستخدم. موظف. أجير ٭ مستعمل في
employer, *v* خدم. وظف. إستخدم ٭ إستعمل. تصرف في
s'— كد. بذل جهده ٭ استخدم. إستعمل
empocher, *v* وضع في جيبه ٭ تناول
empoignant, e, *a* مؤثر. محرك العواطف
empoigner, *v* قبض. أمسك. كمش
s'—, *vp* تماسكوا. تشاجروا
empois, *m* رسراس ٭ نشاء
empoisonnement, *m* تسمم. تسميم
empoisonner, *v* سم. سمم. دس السم
— la maison أنتن البيت
s'—, *vp* تسمم. سم نفسه
empoisonneur, se, *n et a* مسمم
empoisser, *v* زفت ٭ لوث. (لغمط)
emporté, e حاد الطبع ٭ غضوب (خلقي) محتد
emportement, *m* حدة ٭ غضب. استشاطة.
emporte-pièce, *m* ← مثقب. مقطع. زنبة صلب.
emporter, *v* شال. أخذ معه. ذهب ب ٭ خطف ٭ جرف ٭ فاقا ٭ حصل على
— (une place) فتح عنوة. إستولى على
s'— غضب. استشاط. إحتد ٭ انشال
empreindre, *v*3 طبع. دمغ. وسم
empreinte, *f* طبع. ختم. بصمة. سمة
— digitale بصمة الأصابع، أثرها
— en creux نقش. حفر. نقش مجوف
empressé, e, *a et n* مبادر ٭ مراع
empressement, *m* إستعجال. مبادرة ٭ مسارعة لإرضاء. غيرة
empresser (s') أسرع. بادر. هرول. حف
emprisonnement, *m* سجن. حبس
— cellulaire حبس الانفراد. زنزانة
emprisonner, *v* حبس. سجن. حصر
emprunt, *m* قرض. سلفة ٭ إقتراض
esprit d'— عقل اكتسابي
emprunter, *v* اقترض. إستلف. إستعار
emprunteur, se, *n* مستعير. مديون. مقترض (مستلف) ٭ كثير الاقتراض.
empuantir, *v* انتن. بعث منه روائح كريهة
s'—, *vp* أنتن. دفر. خبثت ريحه
ému, e, *a* مضطرب. منفعل. متأثر ٭ متحرك
émulation, *f* مباراة. منافسة ٭ غيرة
émule, *n et a* مزاحم. منافس. مناظر في عمل طيب. صاحب غيرة
emulsion, *f* مستحلب
en, *prép.* في. ب. من. ك. الى
— haut اعلا
— vue عور الانظار ٭ حتى. لكي
aujourd'hui—huit نفس اليوم الاسبوع القادم
s'habiller — turc تزيا بزي الترك
vous parlez — soldat تتكلم بصفة عسكري
aller — France ذهب الى فرنسا

en, *pron. relatif* (ضمير الموصول) منه. عنه
il — est venu جاء من هذا المكان
avez-vous de l'argent? هل معك نقود؟
j'en ai نعم عندي
enamourer (s'), *v* عشق. أحب
encadré, e, *a* محاط بأطار. (مبروز)
encadrement, *m* احاطة بأطار ☆ إطار
encadrer, *v* أطر. بروز. أحاط بـ ☆ عيّن . نظّم. قيّد في الجندية أو في هيئة الموظفين
les arbres encadrent le jardin الأشجار محيطة بالبستان
encadreur, *m* صانع الاطر (البراويز)
encaisse, *f* مبلغ نقد في الصندوق
encaissement, *m* قبض. تحصيل ☆ وضع في صناديق ☆ وطوءة (الأرض)
encaisser, *v* حصّل. قبض ☆ وضع في صندوق ☆ تلقى لكمات ☆ علّى الضفاف
encaisseur, *m* محصّل. (تحصيلجي)
encan, *m* مزاد. بيع بالدلالة
encaquer, *v* عبأ في برميل ☆ كدّس
encastrement, *m* تعشيق. إدماج الخشب. ضم ☆ إنضمام (تعشّق) ☆ ترصيع
encaustique, *f* دهان للأثاث. شمع لمسح الأرضية الخشب. ورنيش
encaustiquer, *v* مسح بالطلاء الشمعي
enceindre, *v3* أحاط. اكتنف. طوّق
enceinte, *a.f* حامل. حبلى
—, *f* سور. نطاق ☆ حوش. حظيرة ☆ دائرة. مشتملات. مدار. محيط
encens, *m* بخور. لبان
encensement, *m* تبخير ☆ مدح
encenser, *v* بخّر
encensoir, *m* مبخرة. مجمرة بخور
enchaînement, *m* سياق. إرتباط. تسلسل ☆ إعتقال ☆ تقييد
enchainer سلسل. قيّد. أوثق ☆ وصل
enchanté, e مسرور. متهلل ☆ مسحور
enchantement, *m* سرور. إبتهاج ☆ رقية. سحر ☆ إفتتان
par — بسهولة أو سرعة متناهية
enchanter, *v* سرّ. بسط. سلب اللب. سحر
enchanteur, resse, *n et a* جاذب. فتان ☆ راق. ساحر. فاتن
enchâsser, *v* ركّب. رصّع. صاغ ☆ لبّس ☆ أدخل ☆ حفظ كذخيرة
enchère, *f* مزاد. دلالة. مزايدة
vente aux —s publiques بيع بالمزاد العلني
folle — مزاد ثان على حساب الراسي عليه المزاد الاول
enchérir, *v* زايد. زيّد. عرض ثمناً ☆ وضع في المزاد. دلّل ☆ غلا. ارتفع
enchérissement, *m* مزايدة. زيادة في الثمن. غلاء
enchérisseur, *m* مزايد. (مزوّد) في الثمن. عارض الثمن
enchevalement, *m* تسنيد (في البناء)
enchevêtrement, *m* تشبك. تعقيد
enclave, *f* ارض محاطة بأرض الغير
enclaver, *v* حفّ. أحاط بـ ☆ أدمج
enclin, e, *a* منحن إلى. ميّال إلى ☆ منحن
enclore, *v* حظر. حوّط. سيّج. سوّر ☆ صوّن ☆ حوى

enclos, *m* مَكان مُحوَّط ٭ حظيرة . حَوْش ٭ سُور . نِطاق 
enclume, *f* سَندان ← اوسندال
encoche, *f* حَزّ . فرضة ٭ حديدة الاسكافى
encoffrer وَضَع فى صندوق . أوعى ٭ سَجَن
encoignure, *f* رُكن . زاوية . قُرنة
encollage, *m* تغرية او تغطية بالغراء ٭ غراء رَخو
encolure, *f* رَقَبة الفَرَس ٭ فتحة الرقبة ٭ هيئة
encombrant, e, *a* زاحِم . عائق . ساد
encombre, *m* مانِع . عائق
sans — بالسلامة . بغير عرقلة
encombrement, *m* زَحمة . إزدحام ٭ سَدّ . ثقلة . عائق
encombrer, *v* زحَم . سَدّ . رَدَم
encontre de (a l') ضد . عَكس
encorbellement, *m* تختبوش . بناء بارز راكز على دعائم
encore, *ad* أيضاً . ثانية ٭ إستعادة ٭ بعد . للآن (كان) . مرة أخرى .
encouragement تَشجيع . حَضّ . تجرئة
encourager, *v* شَجَّع . جَرّأ ٭ حَضّ
encourir, *v* 3 إستوجب . إستحق . تجشم . تعرض لـ . تصدّى ٭ أصيب بـ . وقع في
encrassement, *m* وَسَخ . وَساخة ٭ تجمع الأوساخ
encrasser, *v* أدرَن . وَسَّخ . جمع الأوساخ
encre, *f* حِبر . مَداد
encrier, *m* دَواة . محبرة
encroûtement, *m* تقشُّر . تكون قشور
encroûter, *v* كسى بقشرة . غشى ٭ طبّس (ليّس) أو ملط الحائط ٭ يبس . انكسى بقشرة . تصلّب . صدأ . كلح ٭ اعتم عقله
encyclique, *a* منشور بابوي . رسالة عامة
encyclopédie, *f* دائرة معارف . موسوعة . مَعلمة . انسيكلو بيديا
endemique مَرض متوطن أو مستوطن
endenter, *v* حَزّ . حزّز . جعله ذا أسنان ٭ عشّق بعضه
endetté, e, *a* مَدين . مديون
endetter, *v* دَاينه . حمّله ديناً . جعله مديوناً
s'—, *vp* إستدان
endiablé, e, شيطاني ٭ به روح شريرة (متعفرت) ٭ بسرعة فائقة
endimanche, e, *a* مزيّن . مهندم
endive, *f* هندباء . خضار مستطيل ومر
endocrine, *a f* افرازها باطني
endoctriner, *v* وَعَظ . ارشد . تلمذ
endolori, e. *a* مُتألم . مُتوجّع
endommagement, *m* اضرار . تَلَف
endommager, *v* أضرّ . أتلف . آذى
endormir, *v* 3 أرقد . نوّم . نعّس ٭ أخمَد
endos *ou* endossement, *m* تظهير . تحويل . (جيرو) ٭ توقيع على ظهر السند
endosser, *v* ظهّر . حوّل ٭ لبس . تسربل . وضع على ظهره ٭ اخذ على عاتقه
endosseur, *m* مُظهّر . محوّل صكاً
endroit, *m* مكان ٭ وَجه . (وش) القماش
enduire, *v* 3 طلى . دهن ٭ ليّس البناء

enduit, m دِهان. طِلاء ٭ بطانة. لياسة
endurci, e, a et n جافٍ. قاس ٭ مجرم ٭ محنك
endurcir, v قَسَّى ٭ خَشَّن ٭ شَدَّد
s'—, vp إخشوشن. تقسّى ٭ قسا قلبه
endurer, v إحتمل. صَبر على ٭ قاسى. كابد
énergie, f عزم. قوة. هِمّة ٭ مجهود
—électrique قوة كهربية
énergique, a نشيط. قوي ٭ فعّال
énergiquement, ad بقوة. بنشاط. بهمة
énergumène, m (مَسكون). ذو جنة
من اعتراه لمم ٭ أرعن.
énervement, m خَبَل. وهن ٭ تهيج
الأعصاب. زنف. (نرفسة)
énerver, v أوْهَن. ثبّط. أضعف
٭ (نرفس). هيّج العصب. أزنف
enfance, f طفولية. صِغَر. طُفولة
enfant, n وَلد ٭ طِفل
bon — رجل أو ولد طيب
— naturel ابن غير شرعي. ابن زنا
un — de six ans طفل عمره ست سنوات
enfantement, m وِلادة. وَضع
enfanter, v وَلَد. وضع. أنتج ٭ سبّب
enfantillage, m أعمال صبيانية. ولدنه
enfantin, e, a طِفلي. صبياني
enfariner, v رش عليه الدقيق
enfer, m جهنم. جحيم
enfermé, e, a مُغلَق ٭ محصور. محبوس
—, m رائحة ما قفل عنه الهواء

enfermer, v حَبَس. حَجَر ٭ أحاط ٭ أخفى
٭ أوصد // s'—, vp إختلى. إنفرد
enferrer, v طعن
enfilade, f صف غُرَف بجانب بعض
٭ صَفّ ٭ سياق. تلاحُق.
enfiler, v (لضم). أدخل الخيط أو السلك في
٭ ثقب ٭ إرتدى. لبس ٭ ازدرد
enfin, ad أخيراً. الحاصل. في آخر الأمر
enflammé, e, a مُشتعِل ٭ مُلتهب
enflammer, v ألهب. أشعل. أضرم
enflé, e, a مُنتفِخ. مُتورِّم مُتضخِّم (منفوخ)
enfler, v نفخ. ملأ بالهواء. ورّم
٭ ضخّم // إنتفخ ٭ تورم. نتأ s'—
enflure, f إنتفاخ. وَرَم. تضخم
enfoncement, m قعر. قاع. غور ٭ خرق
٭ دفع. تغريز ٭ فرجة. تجويف ٭ ساحة خلف
البيت ٭ ارضية الصورة ٭ المنظر الخلفي
enfoncer, v خرق. كسر. دق. خسف
٭ أدخل. غرز. غوّص ٭ خلع (الباب)
s'— تغرّز. نشب. تعمق. غار ٭ توغّل
enfouir, v دفن. طمر. خبأ
enfouissement, m دفن. طمر
enfourcher, v ركب. فرشخ على. عفضج
٭ ثقب عذراة
enfreindre, v3 خالف. تعدّى. نقض
enfuir(s'), v3 فرّ. هرب ٭ رشح. خرّ ٭ انهزم
enfumer, v دخّن ٭ سوّد بالدخان
engagé, e a مُرتبط ٭ مرهون
—, m عسكري متطوع. مُتطوع

engagement, *m* تعهّد. وَعْد. إرْتباط ¤ رَهْن شيء ¤ واقعة. معركة ¤ إستخدام
engager, *v* رَهَن ¤ جَنَّد ¤ دَعا. حَثّ ¤ ابتدأ القتال ¤ خَدَّم. إسْتَخْدَمَ
s'— تعهد. إرتبط ¤ تجنّد ¤ إنخرط في
engainer, *v* أغْمَدَ. غلّف ¤ أدْخَل في جرابه
engeance, *f* جنس. أصل ¤ ذُرّيّة. نسل
engelure, *f* شَرَث. قَشَب. (قشف). تورّم الأطراف من البرد
engendrer, *v* وَلَّد. خَلَّف ¤ سَبَّب
engin, *m* أورث. // آلة. أداة. جهاز
englober, *v* ضمّ الى. جمع
engloutir, *v* بلع. إبتلع ¤ بدّد
engloutissement, *m* بلع. إبتلاع
engluer, *v* دبّق. غرّا ¤ أوقع في شرك
engorgement, *m* إحتقان. إنسداد ¤ ازدحام
engorger, *v* سدّ ¤ زحم
s'—, *vpr* غص. انسد. احتقن ¤ ازدحم
engouement *ou* engoûment, *m* غرام. إنشغاف. وَلَه ¤ إمتلاء بالدم. سدد
engouer, *v* شغف. سلب العقل ¤ سد الحلق
engouffrer, *v* عمّق. غوّص. ألقى في وهده. غرّق في ¤ بلع
s'—, *vpr* غار. غاص. تورّط
engourdir, *v* خدّر
engourdissement خَدَر. خُمول. خُمود
engrais, *m* سماد. سباخ
engraissement *ou* engraissage, *m* تسمين ¤ سمنة ¤ تسبيخ

engraisser, *v* سَمَّن ¤ عَلَف ¤ سَبَّخ
engrenage, *m* عجلة مُسَنَّنة. ترس ¤ تَشَبُّك. إشتباك ¤ تَوْصِيلة
engrener, *v* تدخّل في. تعشّق أو تشبّك ¤ إندمج ¤ وصل بالتروس
engueuler, *v* شتم
enguirlander, *v* طوّق بالزهور
enhardir, *v* جَرَّأ. جَسَّر (جرع). شجّع
énigmatique, *a* لغزي. مُعمّي. غامض
énigme, *f* لُغْز. مُعَمّى. أحْجيّة
enivrement, *m* سُكر. ثمل. نَشْوة
enivrer, *v* أسْكَرَ ¤ أفرح
s'—, *vpr* سَكِر. ثمِل. نَشِيَ
enjambée, *f* (فشخة). خُطْوة
enjamber, *v* (فشخ) تخطى. خطا خُطى كبيرة ¤
enjeu, x, *m* رأس مال اللعب. رِهان
enjoindre, *v3* أوصى. فرض. أمر
enjôler, *v* داهن. مالق
enjôleur, se, *n et a* مُداهِن. مُتَمَلِّق
enjoliver, *v* زَيَّن. زَخْرَف. جَمَّل
enjoué, e, *a* فرح. بشوش. مرح. فَكِه
enjouement, *m* بَشاشة. سُرور. دعابة
enlacement, *m* إشتباك. إحتباك ¤ تحبيك. تدميج
enlacer, *v* شَبَّك. حَبَّك ¤ طوّق
enlaidir, *v* شَوَّه. شنّع. بَشّع. قبّح
s'—, *vpr* تشوّه. تبشّع. قَبُح

enlaidissement تَشْوِيه. تَشْنيع ٭ قُبْح
enlèvement, *m* خطف. سَلْب ٭ شيل
enlevé ! ! تحت الصفقة // رَفع. قلع.
cela enlève la bouche هذا يحرق الفم
enlever, *v* خَطِف. سَلَب ٭ شال. رَفع ٭ مَحى ٭ نزع. قلع
enlisement, *m* تورّط ٭ إبتلاع
enluminer, *v* زَوّق. لوّن (زهزه). ورّد
ennemi, e, *n* عَدُوّ. غَريم. خَصْم
ennoblir, *v* شَرّف. رفع قَدْره. كَرّم
ennui, *m* مَلَل. ضجر. سَآمة ٭ كدر
ennuyant, e, *a* ممل ٭ مكدر. مُضايق
ennuyer, *v* مَلّل. أضْجَر. ضَايق. كَدّر
s'—, *vp* سئم. تضجّر. تكدّر
énoncé, *m* بَيان. إيضاح. ما يُراد بيانه
énonciation, *f* شرح. بَيان. تعبير. إعلان ٭ عِبارة. نُطق. مَنطوق
énorgueillir, *v* عَظّم. كَبّر
s'—, *vp* تكبّر ٭ فاخر. تباهى. تاه عجبا
énorme, *a* جسيم. عظيم. ضخم. مفرط
énormément بكثرة. بضخم. بافراط
énormité, *f* جَسامة. ضخم ٭ فاحشة
enquérir (s'), *v* بَحَث. استقصى. استفهم عن
enquête, *f* بَحْث. تحقيق. إستقصاء
enquêteur, *m* باحث. مُحقّق. مُسْتقص
enraciner, *v* مَكّن. قَوّى. أصّل. مَدّ
s'—, *vp* تأصّل. تمكّن. رسخ. تأسس
enragé, e, *a* كَلِب (كلبان). مسعر ٭ حَنِق. ساخط. محتد
enrager, *v* كَلِب ٭ إغتاظ من. جنّ ٭ أغاظ. هيّج. اسخط
enrayer وَقّف أو أعاق الدوران ٭ عرّقل
enrayure, *f* جهاز يمنع دَوَران الدولاب (العجلة) ٭ عرق المحراث
enregistrement, *m* تسْجيل. قيد. تدوين
enregistrer, *v* سَجّل. قيّد. دوّن
enregistreur, *a et m* مُسَجّل العُقود. كاتب القيود الرسمية ٭ آلة التقييد. مُقيّدة
enrhumer, *v* أزكم. زَكّم
s'—, *vp* زُكِم. أصابه زكام. (رشّح)
enrichir, *v* أغنى ٭ موّل ٭ حلّى
s'—, *vp* إغتنى. اثرى
enrichissement, إثراء. إغتناء. اغناء
enrôlement, *m* تقييد. تعيين ٭ تسجيل ٭ تجنيد
enrôler, *v* قيّد. عيّن ٭ قيّد في الجدول
s'—, *vp* دَخل في العَسْكرية. تجنّد
enroué, e, *a* أجش أبح. (مبحوح)
enrouement, *m* بَحّة. بحح. جَشّة
enrouer, s', *vp* بَحّ
enrouiller, s', *vp* صَدّى. لحقه الصداء
enrouler, *v* لَفّ. طوى. أدار. برم
ensabler, *v* شحّط. أنشب أو نشب في الرمال
s'—, *vp* ملأ بالرمال // نشب في الرمل
ensanglanter, *v* أدْمى. خَضّب بالدم
enseigne, *f* لوحة الاسم. (يفطة). لافتة ٭ إشارة ٭ علم ٭ حامل الراية
— de vaisseau ملازم بحرية
être logé à la même — في الهوى سوا

enseignement, *m* تعليم. إرشاد ✡ درس
enseigner, *v* علّم. أرْشد. عرّف
ensemble, *m* جُمْلة. كلية ✡ مجموع الأجزاء
و اتفاقها ✡ إنسجام ✡ فستان ومعطف من نوعه
—, *ad* معاً. سَوية. جملةً ✡ في آن واحد
ensemencer, *v* بذر التقاوي. زرع ✡ نشر
enserrer, *v* خزن. حفظ ✡ طوّق
✡ وَضع النباتات في مُستنبت لوقايتها
ensevelir, *v* دفن. وارى ✡ كفّن ✡ اخفى
s'— توارى. إختنق. إختلى. دفن نفسه
ensevelissement, *m* تكفين. دفْن
ensoleillé, e, *a* مُشمس. شامس
ensorcelant, e, *a* ساحِر. فاتن
ensorceler, *v* سَحر. فتن. رَقى. سبى العقل
ensuite ثمّ. بالتالي. بعد ذلك. عقيب الـ
ensuivre (s'), v^3 أنتج. تحصّل. تبع. نشأ عن
entacher, *v* لوّث. لطّخ. بقّع. شاب
entaille, *f* شقّ. فرْض. حزّ ✡ جرح سكين
entailler, *v* شقّ. حزّ. حزّز. خدّد
entamer, *v* قطع من ✡ بدأ. شرع في
✡ قطع القطعة الاولى
entassement, *m* تكويم. حشد ✡ كوم
entasser, *v* كدّس. ستّف. كوّم
s'— زحم // تكوّم. تراكم. تزاحم
ente, *f* طُعم. مطعوم. غصن مُطعّم
[أَنْتْ] ✡ يد الفرشاة
entendeur, *m* سامِع. مُستمِع. مُصْغٍ
à bon — salut اللبيب بالاشارة يفهم

entendre, v^3 سَمِع. أصغى إلى ✡ فهم
. ادرك. ألمّ ✡ عني ✡ اذعن
s'—, *vp* إتفق مع. تفاهم ✡ سمعوا بعضهم
entendu, e, *a* مسموع ✡ مفهوم. متّفق عليه
c'est — // مفهوم ✡ اتفقنا ✡ مُلِمّ
bien — من المعلوم. من المفهوم. بلاشك
entente, *f* إتفاق ✡ تأويل ✡ معنى. إدراك
— cordiale إتفاق ودي. تفاهم حبي
entériner, *v* صادق رسمياً على عقد ✡ اثبت
enterite, *f* إلتهاب الأمعاء. نزلة معوية
enterrement, *m* حفلة دفن. جنازة
✡ دفن. قبر. مواراة في التراب
enterrer, *v* دفن. قبر. لحد. وارى التراب
✡ خبا. طمر ✡ عاش بعد الميت
s'—, *vp* إنفرد. إختلى. دفن نفسه
en-tête, *m* عُنوان. عُلوان. (ترويسة)
entêté, e, *a et n* عنيد. صُلب الرأي. حرون
entêtement, *m* عِناد. مُكابرة. صلابة الرأي
entêter, *v* أحدث دواراً في الرأس. (دوّخ)
s'—, *vp* كابر. عاند. تصلّب برأيه. أصرّ
enthousiasme, *m* حميّة. حماس. غيرة
enthousiaste, *n et a* متحمس. مولع بـ
enticlrer, s', *vp* تعلّق. تشبّث. تمسّك
entier, ère, *a* تام. كامل. تمام
—, *m* عدد صحيح ✡ سالم. صحيح
entièrement كاملاً. تماماً. بأسره. برمته
entité, *f* ذاتية. جوهر. كوْن. وحدة. كيان
entomologie, *f* عِلم الحشرات

entonner, *v* إبتدأ بلحن ٭ ملأ البرميل .سكب

entonnoir, *m* ← قمع

entorse, *f* فك. إلتواء القدم. (فكشه) المفاصل. • جزع

entortillement, *m* فتل. برم

entortiller, *v* فتل. برم. لفّ

s'—, *vp* إلتفّ على. تعقد. تلوّى

entourage, *m* اتباع. بطانة. حاشية

entourer, *v* أحدق. أحاط. شمل. حفّ

entr'acte, *m* فترة بين المشاهد. إستراحة (في التشخيص وما شابه)

entr'aider (s'), *vp* تعاون. تساعد

entrailles, *f. pl.* أحشاء. إمعاء. جوف ٭ بطن. رحم ٭ شعور

entr'aimer (s'), *v* تحابوا. تبادلوا الحب

entrain, *m* نشاط. مرح. جذل. روح. حياة. حرارة. حماس. همة

entrainant, e, *a* باعث الحماس الشعوري

entrainement, *m* إنجذاب. ميل ٭ تضمير الخيل. ترويض ٭ مران. تمرين

entrainer, *v* جذب. إستمال ٭ ضمّر

entraineur, *m* ممرّن. روّاض. مضمر

entrave, *f* عائق. مانع ← ٭ اباض. قيد. شكال

entraver, *v* عاق ٭ قيّد

entre, *prép* بين. ما بين

— nous فيما بيننا ٭ السر لا يتعدّانا

— deux vins نصف صحوة. نصف سكرة

entre-bâillé, e, *a* مفتوح قليلاً. (مردود)

entrecôte, *m* قطعة لحم من بين الأضلاع

entrecoupé, e, *a* مقطوع ٭ كلام متقطع

entre-déchirer (s'), *v* فتك بعضهم ببعض

entrée, *f* دخول ٭ مدخل. مكان الدخول ٭ أجرة الدخول ٭ ما يقدم من الأكل قبل الصنف الرئيسي ٭ بداية ٭ أثاث المدخل

— (en matière) إفتتاح. إستهلال الخطاب

droit d'— ضريبة الجمرك. ضريبة الدخول

entrefaites, *f. pl* أثناء. غضون. خلال

sur ces *ou* dans ces — في أثناء ذلك

entre-filet, *m* نبذة (في جريدة)

entregent, *m* حصافة. لباقة

entrelacement, *m* تضافر. شبك واشتباك. حبك. مخاصرة

entrelacer, *v* حبك. شبك. ضفر. جدل

s'— إحتبك. تشبك ٭ تخاصروا. تضافروا

entrelarder, *v* حشى بالدهن أو الشحم. حشر

entremets, *m* طعام حلو أو مملح يتخلل الأصناف الرئيسية

entremetteur, se, *n* وسيط. سمسار ٭ قواد. ديوث

entremettre (s'), *v*[3] توسط. تدخل بين

entremise, *f* وساطة. توسط بين. تدخل

entreposer, *v* أودع في مخزن ٭ خزن في الجمرك

entrepositaire, *m* مخزّن. صاحب البضاعة المخزونة. مستودع

entrepôt, *m* مخزن ٭ مستودع جمركي

entreprenant, e جريء. مقدام

entreprendre, *v*[3] باشر. شرع في ٭ اقدم على

entrepreneur, se, *n* مُباشر ٥ مُقاول
.مُلتزم.مُتكفل.مُباشر أعمال.متعهد
entreprise, *f* مَشروع.عمل.مُكافلة
٥ مُباشرة.شروع ٥ مُقاولة ٥ شركة
entrer, *v* دخل.حشّ في ٥ قيّد.دوّن
faire — ادخل
entre-regarder(s'), *v* تبادلوا النظرات
entresol, *m* دور فوق الدور الأرضي (دور مسروق)
entre-temps برهة بين عملين.فترة.أثناء
entretenir, *v3* حفظ.رعى.صان ٥ اطعم
.موّن ٥ خاطب.حادث ٥ نادم ٥ قام بنفقة
s'— حفظ ٥ تماسك ٥ تحادث.تسامر
٥ تفاوض ٥ قام بنفقة نفسه
femme entretenue رفيقة.حظية
entretien, *m* صيانة.إبقاء.حفظ
٥ محادثة.مقابلة ٥ حديث
entretoise, *f* قفيز.عارضة.رباط
entre-tuer (s'), *vpr* تذابحوا.تقاتلوا
entrevoir, *v3* لمح.لحظ.رأى قليلاً
s'— *vpr* تقابلوا // رأى فرأى.سبق ٥ خال
entrevue, *f* مقابلة.مواجهة
entr'ouvert,e, *a* (مردود) مفتوح قليلاً ٥
(أو موروب) ٥ فغر (الفم وغيره)
entr'ouvrir, *v3* (ردّ الباب ٥ فتح قليلاً
s'— *vpr* ٥ فغر وماشابه) // انفتح قليلاً
énumérateur, *m* عدّاد
énumération, *f* عدّ.تعداد.سرد

énumérer, *v* عدّد.احصى.سرد
envahir, *v* إستولى على.غزا.إجتاح
envahissement, *m* غزو.غارة.طغي
envahisseur, *m* غاز.مغير.فاتح ٥ معتد
enveloppe, *f* غلاف.ظرف
.مغلّف ٥ غشاء.لفافة.كساء
enveloppé, e, *a* ملفوف.مربوط
.محزوم ٥ محاطب ٥ مؤرط
envelopper, *v* غطّى.غشّى ٥ لفّ
.غلّف (ظرف)
envenimer, *v* سمّم.سمّم ٥ ألهب الجرح
s'— *vpr* تقيّح.التهب.قاح ٥ اشتد.تفاقم
envergure, *f* عرض السفينة ٥ قياس جناحي
الطير المفرودة ٥ اتساع.وفرة.طول قارية القلع
envers, *prép* نحو ٥ الى.نظر الى.بخصوص
—, *m* ظهر أو قفا النسيج
à l'— على القفا.بالمقلوب ٥ بالعكس
envie, *f* حسد ٥ رغبة.شوق ٥ وحمة
envier, *v* حسد.غار من ٥ رغب في.اشتهى
ما لغيره
envieux, se, *a et n* حاسد.حسود
environ, *ad* بالقرب من.نحو ٥ زهاء
environs, *m.pl* جوار.ضواحي المدينة
envisager, *v* واجه.نظر في.تطلّع
.تفرّس في ٥ حسب
envoi, *m* بعث.إرسال ٥ رسالة.طرد
envoler (s'), *vpr* طار ٥ زال.اختفى
envoûtement, *m* التمثيل بدمية رمزاً
إلى عدو.نوع من السحر

envoûter, *v* عمل تعويذة. رَقا
envoyé, *m* رَسول. مَبْعوث. مُعْتَمَد
envoyer, *v3* بَعَث. أرسل إلى
— chercher طلب. أرسَل في طلب. استدعَى
envoyeur, *m* راسِل. مُصدِر. مُرْسِل
épagneul, e كلب اسبانيولي ، طويل الشَعْر والأذنين
epais, se, *a* سميك. غليظ ☼ كثيف
épaisseur, *f* سِمك. ثِخَن. كثافة ☼ جرم
l'— d'un sirop إنعقاد الشراب
épaissir, *v* ثخن. كثّف. سمّك
épanchement, *m* إنسكاب. تدفّق
épancher, *v* سكَب. صَبّ. تدفّق
s'—, *vp* فاض ☼ كاشف بما في سريرته
épandre, *v* نثر. نَشَر ☼ افاض . نزف
s'— تدفق. ساح. فاض ☼ إنتشر. إنتثر
épanoui, e, *a* مفتّح ☼ منشرح
épanouir, s'*vp* تفتّح (الزهر) ☼ إنشرح
épanouissement, *m* تفتيح. إنشراح
épargne, *f* توفير. إقتصاد. إدّخار
épargner, *v* وَفّر ☼ رَفق بـ
éparpiller, *v* بعثر. شتّت ☼ نشر
épars, e, *a* مُبعثر. مُشتت ☼ (منكوش)
épatant, e جداً مُدهش. جَميل وموافق
épaté, e أفطس الأنف ☼ مُندهش
épater, *v* أدهش. أعجب ☼ كسّر رجل السكأس ☼ بطّط
épaule, *f* كتف
donner un coup d'— à qn. ساعد أحداً
hausser ou lever les —s هزّ اكتافه
épauler, *v* وَضَع على الكِتف ☼ خلع كِتف حيوان ☼ ساعَد
— un fusil حكم البندقية على الكتف
épaulette, *f* كتافية (اسبليطه)
épave, *f* بقايا. حطام. أنقاض ضالة
épée, *f* سيف. حسام
épeler, *v* هَجّى. تهجّى
épellation, *f* تهْجية. هِجاء
éperdument بوله. بولع شديد
éperon, *m* مِهماز. منخس ☼ محرّك
éperonner, *v* نخس ☼ حثّ. إستفزّ ☼ همز. غمز بالمهماز
épervier, *m* باشِق. باز ☼ شبكة
éphèbe, *m* مُراهِق
éphémère, *a* يومي ☼ زائل
éphémerides, *f. pl* نتيجة. تقويم
épi, *m* سُنبل. سُنبلة. سَبَلة
épice, *f* بهار ☼ مفوهات
pain d'— كعك الزنجبيل
épicé, e, *a* متبل. مفوه ☼ قارص
épicer, *v* تبّل. طيّب البهارات
épicerie, *f* بدالة. بقالة
épicier, ère, *m* بدّال. بقّال
épidémie, *f* وَباء

épiderme, بَشَرَة.طبقة الجلد الخارجية
épier, *v* راقب.رصد.تربّص لِـ
— l'occasion إنتهز الفرصة
épieu, *m* حَرْبَة
épiglotte, *f* لِسان المِزمار.لهاة
épigramme, *f* مَقطع شعري بمغزى ✿ سُخرية.تهكم ✿ هجو ✿ نكتة
épigraphe كتابة منقوشة ✿ عبارة مقتبسة
épilation, *f* نتف.إزالة الشعر
épilatoire ناتِف ✿ مُزيل الشعر.(نورة)
épilepsie, *f* صَرْع (مرض)
épileptique, *a et n* صَرْعي ✿ (مصروع).مُصاب بالصَرْع.صَريع
épiler, *v* نتف.مرط.أزال الشعر
épilogue, *m* خاتمة.ختام
épinard, *m* اسبانخ.سَبانخ
épine, *f* شَوْك.شوكة ✿ أمر مؤلم ✿ صعوبة
l'— dorsale الشوك الظهري.العامود الفقري
être sur des —s كان على شوك.قلق
épineux, se, *a* شائك.مشوك ✿ معقد
épingle, *f* دَبّوس.مِشبَك
— de nourrice *ou* anglaise دبوس انكليزي
— à cheveux دبوس بقفل // فرشينة
— à linge مشبك غسيل
épingler, *v* شَبَك بدبوس
Epiphanie, *f* الغطاس.التجلي.عيد الظهور
épique, *a* حماسي.قصائد بطولة
épiscopal, e, *a* أسقفي
épiscopat, *m* أسقفية.مقام المطران
épisode, *m* حادث عارضي ✿ وقائع ✿ قصة استطرادية
épistolaire, *a et n* إنشائي.رسائلي
épitaphe, *f* عبارة مكتوبة على ضريح
épitre, *f* رسالة خاصة
epizootie, *f* مرض وبائي في الحيوانات
éploré, e, *a* باكٍ.حزين.كئيب
épluchage *ou* épluchement, *m* تقشير ✿ تنقية.تنظيف
éplucher قشّر ✿ نقّى.نظّف 
éponge, *f* إسفنجة.سفنج
éponger, *v* نشّف ✿ مسح بأسفنجة
épopée, *f* أشعار فروسية
époque, *f* تاريخ.عصر.زمان
épouffer (s'), *v* قهقه.ضحك بشدة ✿ هرب
epouiller, *v* فلى.نقى
épousailles, *f.pl* حفلة الزفاف
épouse, *f* زوجة.عقيلة.قرينة
épouser, *v* زوّج.أقرن ✿ تزوج
épousseter, *v* نفّض.أزال الغبار
épouventable, *a* رهيب.مُرعِب.مخيف
épouvantail, *m* شكل مرعب لإخافة الطيور.شاخص.ناتور ✿ شبح للتخويف
épouvante, *f* رُعب.رجفة.ذعر.هلع
épouvanter, *v* أرعب.أرهب.خوّف
époux, *m* زوج.بعل.قرين
éprendre (s'), *v* عشق.تولع بـ

épreuve, *f* إمتحان. تجربة. إختبار ✿ مسودة (بروفة) ✿ مصيبة. محنة

épris, e, *a* مُوَلَّع. عاشِق. مَشْغُوف

éprouver, *v* إِخْتَبَرَ. جَرَّبَ

épuisé, e, *a* مَنْهُوك ✿ فارِغ ✿ مُسْتَنْفَد

épuisement نزع ✿ اضمحلال ✿ ضعف

épuiser, *v* انهك ✿ أفرغ ✿ نزح ✿ نزف

épuisette, *f* شبكة لصيد السمك الصغير

épuration *ou* épurement تنقية. تصفية

épurer, *v* نقّى. صفّى ✿ هذّب ✿ طهّر

équateur, *m* خط الاستواء

équation, *f* مُعادلة. نسبة «جبرية»

équatorial, e, *a* إستوائي. إعتدالي. مختص بخط الاستواء

équerre, *f* مُثلث ✿ زاوية معلقة

équilibre, *m* موازنة. مُعادلة. توازن

équilibrer, *v* وازَنَ. عادَلَ

équilibriste, *n* بهلوان. البان

équipage, *m* حاشية. معية ✿ نوتية المركب. بحارة ✿ مهمات. عتاد

— de voiture خيول العربة

équipe, *f* (طقم) فعلة. فرقة عمال ✿ دريسة

équipée, *f* مجهز. مهيء ✿ طيش. نزق

équipement, *m* تجهيز. إعداد ✿ مهمات لوازم. أمتعة. جهاز. طاقم

équiper, *v* عدّ. أثث. جهز

équitable, *a* عادِل. حق. منصِف

équitation, *f* ركوب الخيل. فروسية

équité, *f* عَدْل. إنصاف

équivalent,e, *a* مُساوٍ. مُوازٍ. مُعادِل

équivoque, *a et f* مُبْهَم. مُلتبِس ✿ ذو معانٍ كثيرة

éradication, *f* إستئصال

érafler, *v* كشط. سلخ. خدش

éraflure, *f* سلخ. جلفة. خدش. جلطة

ère, *f* تاريخ. عصر. عهد

érection, *f* إقامة. تشييد ✿ انتصاب

éreinter, *v* كلّ. أعيا. اضنك. أنهك

érésipèle, *m* حمرة. التهاب الجلد

ergot, *m* ظلف. ظفر ✿ مرض يصيب النباتات

ergoter شاحن. جادل ✿ قطع الأطراف اليابسة

ériger, *v* شاد. نصب. أقام. شيّد

ermitage, *m* صومعة. معزل

ermite, *m* زاهد. مُعتزل. ناسك

érosion, *f* تأكل. قرض

érotique, *a* عشقي. غزلي

errant, e, *a* تائه. شارد ✿ متجول

errata, *m.pl* بيان غلط كتاب. الخطأ والصواب

erratum, *m* غلطة في كتاب

errer, *v* شرد. تاه. هام. سار على غير قصد ✿ زاغ (البصر) ✿ ضل العقل ✿ غلط

erreur, *f* غلطة. خطأ. غلط

erroné, e, *a* مغلوط. غلط. خطأ. غالط

érudit, e, *a et m* متبحر. علامة. فقيه

érudition, *f* تبحر. سعة العلم

éruption, *f* طفح. شق. تبثر ✿ فوران

ès (*dim. de* " en les ") في.ال
es lettres في الأدب. في الآداب
es sciences في العلوم
escabeau, *m* كرسي مطبخ. كرسي خشب بلا ظهر
escadre, *f* اسطول. عمارة
escadrille, *f* فرقة سفن حربية خفيفة. اسطول صغير. سرب جوي أو بحري
escadron, *m* اورطة. بلوك سواري
escalade, *f* تسلق. تسوّر
escalader, *v* تسوّر. تسلق
escale, *f* أسكلة
faire — وقفت (الباخرة) على
escalier سلم ثابت [إسكالية]
— tournant ou en spirale سلم حلزوني. سلم لولبي
— de service سلم الخدم
escalope, *m* شرحة. شريحة لحم عجالي
escamotage, *m* تطيير. خطف. مواراة
escamoter, *v* طيّر شيئاً. وارى
escapade, *f* فلتة. هرب
escargot, *m* حلزون. قوقعة. بزّاق
escarmouche, *f* مناوشة. مشاغبة
escarpin, *m* سور. استحكامات ✡ قاتل ✡ حذاء مكشوف. خف
escarole, *f* سريس. نوع من الشيكوريا
escarpé, e جرف. وعر. ذو منحدر راسي
escarpolette, *f* مارجوحة

escient, *m* (à bon —) بعلم. بمعرفة
esclandre, *m* جرسة. فضيحة
esclavage, *m* رق. عبودية
esclave, *n* عبد. رقيق. أسير. امة. سرية
escompte, *m* خصم. إسقاط. قطع حطيطة
escompter, *v* خصم. قطع. أسقط. توقع
— sa jeunesse صرف شبابه
escorte, *f* حرس. خفر
escorter, *v* حرس. خفر
escouade, *f* شرذمة. كوكبة. زمرة
escrime, *f* مبارزة. علم السلاح
escrimer, *v* بارز. ضرب بالسيف. سايف
s'— جد سدًا. اجتهد على غير طائل
escrimeur, *m* مبارز
escroc, *m* مختلس غشاش. نصاب
escroquer, *v* نصب. إحتال. اختلس
escroquerie, *f* نصب. إحتيال
esculape, *m* رب الطب، نابغة فيه. نطامى
espace, *m* فسح. فضا ✡ مسافة ✡ رحبة
— (de temps) مدة. امد. مقدار. زمن
espacer, *v* أفسح. وسّع. فرق ✡ ترك بياضاً
espadon, *m* سيف عريض ✡ صفيحة ✡ سمك ابو منقار
espadrille, *f* حذاء من قماش (جزمة حبل)
espagnol, e, *n et a* اسباني
l'—, *m* اللغة الأسبانية

espagnolette, *f* عِـرباض. مرتاج . ترباس بقبضة
espèce, *f* نتاج. نَوْع. فصيلة
— sonnantes عملة نقدية. نقود
espèce d'imbécile ! يا(حتة)مغفل!
espérance, *f* أمَل. (عَشم) ☆ مِيراث
espérer, *v* أمَل. رَجا. تمشَّم. عَشَم
espiègle, *m et a* لَعُوب. (خابوص)
espièglerie, *f* دِعابة. حركات اللعوب. شيطنة
espion, ne, *n* جاسوس
espionnage, *m* جاسوسيّة. تجسُّس
espionner, *v* تجسَّس
esplanade, *f* ساحَة. فَناء. رحبة ٭ منطقة
espoir, *m* أمَل. رَجاء
esprit, *m* روح. نفس ☆ عقل ☆ معنى
les esprits الأرواح (شياطين أو ملائكة)
— de recherche دأب البحث
— borné *ou* étroit عقل ضيّق أو قاصر
trait d'— نكتة
faire de l'— نكّت
présence d'— حضور الذهن
gens d'— أصحاب العقول الراجحة
un — faible إنسان ضعيف الارادة
un — d'espirt ابله. عبيط
esquinter, *v* كسّر. خرّب ☆ أنهَك. أتعَب
esquisse, *f* رَسْم. مسودة . تخطيط ٭ نبذة
esquisser, *v* خطّط. عمل تسويدة الرسم
esquiver, *v* خلى. تخلّص من . جنّب
s'— تسحّب. انسرَق. فلّ. فلت
essai, *m* تجربة ☆ نبذة . محاولة. اختبار
à l'— تحت التجربة
essais historiques رسائل أو نبذ تاريخية
essaim, *m* قفير نحل

essanger, *v* نقع الغسيل الوسخ
essayage, *m* تجربة ☆ قياس الملابس
essayer, *v* جرّب. إختبَرَ
essayiste, *m* صاحِب رِسالة. مُحرر
essence, *f* بنزين ☆ رُوْح. ذات. خُلاصة . جَوْهر ☆ عِطْر (ج. عطور)
essentiel, le, *a* جَوهَري. أصْلي ☆ مَفروض ☆ مهم. ضَروري
essieu, *m* كُرسي محْوَر العجلة ☆ ثاني فقرة العنق
essor, *m* تحفّز. انطلاق
prendre son — انطلق. تحفز للطيران
essouffler, *v* ألهث. ضيّق نفسه
s'—, *vp* لَهَثَ. ضاق نَفَسه. انبهَر. نَهَج
essuie-mains, *m* فُوطة. مِنشَفَة يَد
essuyage, *m* تنشيف ☆ مَسْح. تنظيف
essuyer, *v* مَسَح. نشّف ☆ كابَد. تحمّل
— un danger اقتحم خطراً
est, *m* شَرْق
estacade, *f* محويطة بقوائم. حاجز مدبب في الماء
estafette, *f* ساعي. ساعي تلغراف
estafilade, *f* قَطْع. جُرْح سِكين
estaminet, *m* خمارة. مَقهى. قهوة
estampe, *f* صُورة مطبوعة
estamper, *v* خدَع. غش. اِحتال أو ضحك على
estampillage, *m* دمغ
estampille, *f* دَمْغة. طَبعة ☆ عَلامة
estampiller, *v* دمَغ. بصم. طبَع ☆ علّم
ester, *v* ترافع
esthétique, *f* عِلْم الجمال. فلسَفة الفن
—, *a* مستظرف. مايتعلق بالجمال

estimateur, *m* مُقدِّر. مُثمِّن
estimation, *f* تقدير
estime, *f* إحترام. إعتبار. وَقار
estimer, *v* قَدَّر. ثمَّن ٭ إحترم. وَقَّر ٭ظن
s'— heureux // اعدّ نفسه سعيداً
estival, e, *a* صَيفي
estiver, *v* صَيَّف ٭ شَتَّف
estivant, estiveur مصطاف
estoc, *m* ساق أو جذع النبات
estocade, *f* طعنة٭هجمة فجائية
estomac, *m* مِعْدَة ٭ كِرش ٭جراء
Il a son — dans ses talons شديد الجوع
estomaquer, *v* فاجأ بما لا يَسُر
estompe, *f* محدلة. قلم ورق لتظليل او تسويد الرسم
estomper, *v* // ظلل الرسم
estrade, *f* منصة. منبر. مِصطبة٭طريق
battre l'— إستكشف
estragon, *m* طرخون. نَبات سَلَطات
estropié, e, *a* مُكسَّح. كسيح ٭ ابتر
mot — كلمة محرفة
estuaire, *m* مصَب نَهْر. فم خليج٭ بركة سمك
et, *conj.* == & و (حرف عطف)
étable, *m* آخور. (اصطبل). مَربَط٭زَريبة
établi, *m* جَبْأة. خِوان النجار وصانع الأقفال وما شابه
établir, *v* أسَّس. أنشأ. أقام٭مكَّن. وَطَّد ٭رَتَّب. سَن
s'— توطَّد. تمكن. استقرّ٭إشتغل لحسابه
établissement, *m* تشييد٭إنشاء. تعيين٭ منشأة. مُؤسَسَة. مَتْجَر٭مَصْلَحة
étage, *m* دَوْر. طبقة. طابق
étagère, *f* خِزانة رُفوف
étai, *m* دعامة. سندة. دِعمة
étain, *m* صَفيح ٭ قصدير ٭ تنك
étalage, *m* عَرْض. بَسْط البضائع٭البضائع المعروضة. مَعرض البضائع٭ ابهة٭تظاهر
étalagiste, *n* عارِض البضائع. من يقوم بترتيب البضاعة المعروضة في واجهة الدكاكين
étaler, *v* عرَض. بسَط. نشَر. فرَّش
s'— *vp*. إنبسَط. تمدد ٭ تَظاهَر. تفاخَر
étalon, *m* عِيار. ميزان. مِقياس ٭ وَحْدَة القياس٭أصل. قاعدة ٭ فَحل. حصان طلوقة
étamage, *m* تبييض النحاس، طليه بالقصدير
étamer, *v* بَيَّض النُحاس. بطن بالقصدير
étameur, *n* مُبَيِّض النحاس
étamine, *f* سداة. عضو التذكير (في النبات) ٭قماش التصفية. شاش٭منخل٭امتحان صعب
étampe, *f* مِثقاب
étanche, *a* لا ينفذه الماء. مَسيك. اصم
étancher, *v* منع السيلان. أوقف النزف. نشَّف ٭ رَوَى الظمأ. شفى غليله
— le sang قطع الدم. أوقف النزيف
étançon, *m* دِعامة. سَندة. ركيزة
étang, *m* مستنقع. بركة
étape, *f* مَرحلة. محطة. مَوْقف ٭ المسافة بين المراحل ٭ سُوق

état, *m* حال. حالة. شأن ٭ حرفة. مهنة ٭ كشف. قائمة ٭ حكومة. دولة
Etats-Unis d'Amérique الولايات المتحدة
remettre en — أصلح. ازال الخلل
être dans tous les —s متكدر. مرتبك
homme d'— رجل سياسي
état-major, *m* أركان حرب
étau, *m* ملزمة (منجلة) 
étayage, étayement *ou* étaiement, *m* تسنيد
étayer, *v* سند. دعم. صلب
etc., *abr. de* et cœtera الخ. الى آخره. هلم جرا
été, *m* صيف [(ة) إتى]
éteignoir, *m* مطفأة. قمع الاطفاء [إتنوار]
éteindre, *v* أطفأ ٭ أباد. أفنى ٭ خفف
s'—, *vp* إنقرض. تلاشى ٭ انطفأ ٭ مات
éteint, e, *a* منطفئ ٭ منقرض. مندرس
étendage, *m* حبال نشر الغسيل وخلافه ٭ مكان التنشيف
étendard, *m* بيرق. علم. لواء
étendoir, *m* منشر
étendre, *v* نشر. فرش ٭ فرد ٭ مد. بسط ٭ وسع. طول. مط ٭ أشاع
— d'eau مزج بالماء
s'—, *vp* إمتد. إنتشر ٭ أسهب. إسترسل
— à terre إستلقى او إنبطح
étendu, e, *a* واسع. رحب ٭ منتشر ٭ ممتد ٭ مفرود. منشور ٭ ممزوج بالماء
étendue, *f* مدى. اتساع ٭ مدة. برهة
dans toute son — على مدى
éternel, le, *a* أبدي. أزلي. دائم. خالد
éternellement, *ad* دائماً. أبداً. على الدوام
éternité, *f* أبدية. سرمدية. خلود الآخرة
éternuement *ou* éternûment, *m* عطاس. عطس
éternuer, *v* عطس // عطس
éteule, *f* جذامة الحنطة وغيرها (اعقابها المتروكة في الأرض بعد الحصاد)
éther, *m* اثير. (مخدر) ٭ الهواء الأصفى. اثير ٭ سائل طيار
éthériser, *v* خدر بالاثير ٭ مزج بالاثير
Ethiopie, *f* بلاد الحبشة. اثيوبيا
éthiopien, ne, *n et a* حبشي
éthique, *a et f* أدبي. أخلاقي ٭ الفلسفة الأدبية
ethnologie, *f* اصول السلالات البشرية وتمييزاتها
éthologie *ou* éthographie, *f* علم الأخلاق وتكوينها
éthopée, *f* شرح في العوائد والأخلاق
étiage, *m* زمن التحاريق. تحريق. ادنى مستوى لمياه الأنهر
étincelant, e براق. متلألئ ٭ ذو شرر
étinceler, *v* لمع. برق. تلألأ ٭ تطاير شرره
étincelle, *f* شرارة
étiolement, *m* يبوسة. ذبول ٭ سقم. هزال
étioler, *v* ذوى. اذوى. اذبل النبات من حجب الضوء او الهواء
s'— ذوى. ذبل ٭ انسقم كذا. انخطف لونه
étiologie, *f* بحث في الأسباب والعلل
étique, *a* هزيل. ضعيف. مسقم ٭ مسلول

étiqueter, *v* عَنْوَنَ.وَضع بطاقة

étiquette, *f* بطاقة.عُنوان☆عِلمُ السلوك.آداب المعاشرة.آداب الرسميات.مرعيات

étirage, *m* مط.سحب السلك

étirer, *v* مَط.بسط☆شدّ السلك☆بشر الجلد

s'— عطّط.تمدد.تمطع

étisie, *f* هُزال شديد

étoffe, *f* نسيج.قماش☆مادة.قوة أو ميل طبيعي

étoile, *f* نجم.نجمة.كَوكَب☆مُشخصة عظيمة.كوكب☆حظ☆غُرّة

— de la légion d'honneur وسام

coucher à la belle — نام في العراء أو الخلاء

— filante تلحف السماء // شهاب

né sous une mauvaise — مولود سيء الحظ

étoilé,e, *a* مُرَصّع بالنجوم.مكوكب

étonnant, e, *a* عجيب.مُدهِش.محيِّر

étonnement, *m* تعجّب.دهشة.إنذهال

étonner, *v* أدهش.أذهل

s'— إندهش.إنذهل.إستغرب.إستعجب

étouffant, e, *a* خانق.مُضيق النفس

étouffée, *f* الطبخ في آنية مُحكَمة القفل

étouffement, *m* (تفطيس)إختِناق☆خَنْق☆إخماد☆ضيق النفس.غصص

étouffer, *v* خَنق.(فطّس).ضيق نفسه

étoupe, *f* نسالة حبل القنب.دسار.مُشاقة الكتان.كتيت (استوبه)

étourderie, *f* طيش.خِفّة.نزاقة

étourdi, e, *a* نَزِق.طائش☆دائخ

étourdir, *v* دَوّخ.أدار رأسه☆أذهل

— la douleur هدأ الألم

étourdissant, e, *a* (مدوخ).مذهل.مُدهش☆مُصِم.مصدع.مسبب دُوارا

étourdissement, *m* دُوار.دوخة☆ذهول

étourneau, *m* زُرْزُور.الحليش

étrange, *a* غريب.خارق العاده

étrangement, *ad* بنوع غريب.بشذوذ

étranger, ère, *a et n* اجنبي.غريب.دخيل☆طارِىء

à l' — في الخارج(خارج البلاد)

étrangeté, *f* غرابة

étranglé,e, *a* مختنق.مخنوق☆مضغوط

étranglement خنق.غصاص.إختناق

étrangler, *v* خنق☆غص

étrape, *f* (شرشرة) مِنجل صغير لحصد جُذامة الحنطة وغيرها

étrave, *f* مقدم السفينة.مرنحة

être, *v* 3 كان.وُجِدَ

en — là لهذه الدرجة.وصلت لكذا!

j'y suis فهمتك

je suis des vôtres سأكون منكم.سأندمج إليكم

il n'en est rien لم يكن شيء من هذا

être de moitié تقاسم بالنصف.مناصفة

je suis à vous تحت امرك

où en êtes-vous ? الى أين وصلت أو وصلتم ؟

je n'y suis pour personne لن أقابل أحدا مطلقا

j'en suis pour mes frais اضعت مصاريفي

je me suis promené تنزهت

il est de justice من العدل.العدل يقضي

je n'y suis pour rien لم يكن لي يد في ذلك

soit ! فليكن كذلك // est-ce que ? هل ؟

être, *m* كَون.وُجود☆كائن

bien-être راحة☆رغد العيش.رفاهية

étreindre, *v* 3 ضم.ضغط.زمّ☆عانق

étreinte, *f* حضنة. عناق. مُمانقة
étrenne, *f* هَدِية وبالأخص هدية رأس السَنَة. (عيدية) ٭ (استفتاح). أول بيعة
étrenner, *v* إستفتح. عمل اول بيعة أو أوّل استعمال لشيء ما ٭ أعطى عيديه
etrier, *m* رِكاب السرج 
étrille, *f* مِحَسّة. محكة الخيل
étriller, *v* حس. طمّر ٭ نضف الحصان بالمحكة
étriper, *v* نزَع المصارين والأحشاء
étriqué, e, *a* ضَيِّق أو ناقِص. (مُحزّق)
étroit, e, *a* ضيق ٭ حرج. محصور ٭ قليل العرض (كِنِز)
amitié —e صداقة وثيقة
à l'— بفقر
étroitement بضيق ٭ عن كثب ٭ بشدّ
étroitesse, *f* ضيّق ٭ حراجة ٭ قلة ذكاء
étude, *f* درس. مُطالعة. بحث. مُراجعة ٭ مَكْتَب ٭ غرفة المطالعة (في المدارس)
— (en peinture) اشكال انموذجية. اكادمية
à l'— تحت النظر. تحت البحث
—s, *pl* العلوم المدرسية
étudiant, e, *n* تلميذ. طالب. دارس
étudié, e, *a* مَصْنوع بدقة ٭ مُتصنِّع
étudier, *v* درَس. طالع ٭ تعلّم ٭ تأمّل في
étui, *m* غِلاف. بَيت. غِمد. قراب
étuve, *f* حَمَّام بخار. عَرّاق ٭ فرْن التجفيف أو التطهير ٭ مخنق الشرانق
étuver, *v* طَبَخ في آنية مقفولة. كمّر
étymologiste, *m* لغاني. لُغوي. أصولي. باحث في متن اللغة. عالم باشتقاق الكلام

eunuque, *m* خَصي. آغا. طواشي
euphémisme, *m* تلميح. ملاطفة التعابير. حسن التعبير
euphonie, *f* رَخْم. ترخيم الصوت ٭ عذوبة المنطق
Europe, *f* أُورُبا
européaniser, *v* عَوَّد على العوائد الاوروبية. فَرنج
europeen, ne, *n et a* أُورُبّي. إفرنجي
eustache, *m* سكين بيد خشب
eux, *pr. pers. m.pl. de* lui هُم
entre — بينهم
évacuation, *f* بَراز ٭ إبراز ٭ إفراغ ٭ إخلاء. جلاء ٭ إستفراغ
évacuer, *v* فرّغ. أخْلَى ٭ تبرّز
évadé, e, *a et n* هارِب. فار
évader (s'), *vp* هرب. فرّ. أفلت
évagation, *f* شرود الفِكْر ٭ لهو
évaluation, *f* تثمين. تَسْعير ٭ تقدير
évaluer, *v* ثمّن. قوَّم. قدّر. سَعَّر
évangélique, *a* تَبْشيري. إنجيلي
évangéliste, *m* إنجيلي. مُبشِر بالانجيل
évangile, *m* الانجيل ٭ بشارة
évanoui, e مغمى أو مغشى عليه ٭ متلاش
évanouir (s'), *v* غُشِي. غمي عليه ٭ تلاشى
évanouissement, *m* إغماء. غَشية. غشيان ٭ زوال
évaporation, *f* تصاعُد البُخار. تبخر ٭ طَيْش. خِفّة عقل

évaporé, e, *a* مُتبَخّر ٭ خفيف. تَئِق
évaporer, *v* بخر. صَعّد. حَوّل إلى بخار
s'—, *vp* صار بخاراً. تبخر ٭ إضمحلّ . تبدد ٭ طاش. تشدّق
évaser, *v* وَسّع الفتحة. فَرطح ٭ وَسّع
évasif, ve, *a* تملصي. للتخلص ٭ مراوغ
évasion, *f* إنسِلال. هَرَب. تخلّص. تملّص
évasivement, *ad* تملصاً. بمراوغة
Eve, *f* حَوّاء
évêché, *m* أُسقفيّة. دار الأسقف
éveil, *m* تنبيه. إيقاظ ٭ تيقّظ. نَهْضَة
en — متحذر. محترس. متنبه
donner l'— انذر. نبه بالخطر
éveillé, e, *a* يَقِظ. مُتيقّظ. نُشْطة. لمع
éveiller, *v* أيقظ ٭ حثّ. نشّط
évènement, *m* حادثة. عارض. حادث
évent, *m* هواء طلق ٭ منفس ٭ حادث
éventail, *m* مِروَحة
éventé, e, *a* مهوّى. مُروّح ٭ طائش ٭ (بايخ. ماسخ)
éventer, *v* عرّض للهواء. هوّى. مروّح ٭ فسد بالهواء ٭ ذرّ الحنطة ٭ كشف. احبط
s'—, *vp* انكشف ٭ فاح ٭ استهوى ٭ تمروح
éventrer, *v* بعج. شقّ البطن
éventualité, *f* إحتمال ٭ طارئ ٭ عاقبة
éventuel, le طارئ ٭ احتمالي ٭ مترتب على
évêque, *m* مُطران. أسقف
évertuer (s'), *v* بذل وسعه. اجتهد. حاول
éviction, *f* نزع الملكية
évidemment, *ad* جلياً. واضحاً. بداهةً

évidence, *f* جلاء. وُضوح. بَداهة
se mettre en — تظاهر. أظهر نفسه
se rendre à l'— أذعن للبداهة
évident, e, *a* بديهي ٭ بيّن. جليّ ٭ صريح. ظاهر. واضح
évider, *v* جوّف. نحت. فرّغ. قوّر
évidoir, *m* مِنحت ٭ مِثقاب. (مقورة)
évier, *m* بَلّوعة المطبخ. حوض غسيل الأواني
évincer, *v* حرم من حق. نزع الملكية ٭ ابعد
évitable, *a* ممكن تجنّبه
évitement, *m* تجنُّب ٭ قضيب المخزن (في السكة الحديد)
éviter, *v* تجنب. تحاشى ٭ خلص. نجا
s'—, *vp* تجانبوا أو تحاشوا بعضهم
évocateur, rice, *a et m* مذكّر
évocation, *f* إستدعاء. إحضار ٭ تعزيم ٭ تحضير
évoluer, *v* عمل حركة ٭ تطوّر ٭ تقلّب
évolution, *f* إنبثاق. نشوء ٭ تطوّر ٭ تحوّل ٭ حركة عسكرية. مُناورة
évoquer, *v* استدعى ٭ عزّم ٭ أثار
— un souvenir ذكره استعاد ذكرى
— un procès نقل الدعوى من محكمة إلى اخرى
évulsion, *f* نزع. قلع. إستئصال
ex, *préf* سابقة معناها «سابقاً. قبلاً»
exacerbation, *f* شدّة المرض. تفاقم
exact, e, *a* مُحكَم. مضبوط ٭ محافظ على الوقت
exactement, *ad* تماماً. بالضبط ٭ بدقة
exaction, *f* إغتصاب. جور. إبتزاز ٭ مطالبة. تحتيم
exactitude, *f* إحكام، ضبط. دقة. صحّة

éxagérateur, rice / ou exagéreur, se — *n et a* — مبالغ. مُغالٍ
exagération, *f* — مُبالغة. مُغالاة. إفراط. غلو
exagéré, e, *a* — مُبالَغ فيه. متجاوز الحد
exagérer, *v* — بالغ. أغرق. غالَى
exaltation, *f* — تمجيد. تعظيم ٭ ارْتِفاع الصليب ٭ تهور
exalté, e, *a* — مُتحمس لشيء لدرجة الهوس
exalter, *v* — أطرأ. عظَّم ٭ إستفزَّ. حرَّك
examen, *m* — إمتحان. فحص
examinateur, rice, *n et a* — مُمتحن. فاحِص
examiner, *v* — امتحن. بحث. فحص ٭ اختبر
exaspération, *f* — سخْط. حنق ٭ إشتداد ٭ إهاجة. إثارة
exaspérer, *v* — أغاظ. هيَّج. اسخط ٭ زود الألم
exaucement, *m* — إستجابة
exaucer, *v* — أجاب. إستجاب. إستمع لِـ
excavation, *f* — حفر. تقعير. نقب ٭ حُفْرَة. جورة
excaver, *v* — حَفَر. إحتفر. نقب
excédent, *m* — زائد. فاضِل. زيادة. فائض
excéder, *v* — جاوَز الحد. أفرط ٭ أربَى. زادَ. فاض ٭ أتعب. اعيا
excellence, *f* — جودة. حسن ٭ سمو
par — — فائق
son — (S.E.) — صاحب السعادة، العزة أو المعالي
excellent, e, *a* — جَيِّد. حَسَن جداً ٭ فائق. مُمتاز

exceller, *v* — سما. فاق. جاد ٭ برع
excentricité, *f* — غرابة الأطوار ٭ إنحراف عن المركز
excentrique — خارج، مُنْحَرِف عن المركز او القاعدة ٭ غريب الأطوار. شاذ
excepté, *a et prép* — مُسْتَثنى ٭ ما لم. ماعدا
excepter, *v* — إستثنى. اخرج
exception, *f* — إستثناء ٭ شاذ
exceptionnel, le — إستثنائي. شذوذي
exceptionnellement, *ad* — إستثنائياً
excès, *m* — إفراط ٭ زيادة. فرق ٭ تعدٍ
les — de table — إسراف. الافراط في المأكل
dans l'— *ou* à l'— — للغاية
excessif, ve, *a* — زائد. مُفرط. مُتجاوز الحد
excessivement, *ad* — بافراط ٭ كثير جداً
exciper, *v* — تمسك أو إستند على استثناء
excipient, *m* — اسواغ. صوغ. مذيب للدواء
excise, *f* — مكتب العوايد ٭ عوائد المصنوعات
excision, *f* — إستئصال
excitant, e, *a* — محرِّض. محث ٭ منبه. مهيج
excitateur, rice, *a et m* — مُحرِّض. مُهيج ٭ موصل عازل (في الكهربا)
excitation, *f* — حَث. تحريض. حَض ٭ هياج. هيجان. تنبيه
exciter, *v* — حَث. إستحث. حض. حرض. حمل على ٭ أهاج. أثار. هيَّج
exclamation, *f* — تعجب. هتاف دال على التعجب أو الفرح أو النداء
point d'— — علامة التعجب « ! »
exclamer (s'), *vp* — هَتف. صاح تعجباً

exclure, *vt* إستبعد. حرم. منع ٥ استثنى
exclusif, ve, *a* خصوصي. ملك خاص ٥ مانع
exclusivité, *f* خصوصية. إحتكار
excommunication, *f* إحرام. جرم
excommunier, *v* حرم. أحرم
excrément, *m* غائط. براز. خراء. روث
excrétion, *f* خروج المواد. إفراز ٥ براز
les —s الافرازات. المبرزات
excroissance, *f* زائدة فطرية. غدة
excursion, *f* نزهة. سياحة قصيرة. رحلة ٥ جولة ٥ غارة ٥ شرود
excursionniste, *a et n* متنزه. مرتاد
excusable, *a* يعذر. قابل المعذرة أو أهل لها
excuse, *f* عذر. معذرة ٥ حجة. إعتذار
excuser, *v* عذر ٥ برر. سامح. غفر
s'—, *vp* إعتذر ٥ برر نفسه
exécrable, *a* كريه. ممقوت
exécration, *f* كره. إستنكاف ٥ لعن
exécrer, *v* لعن. دعا على ٥ كره. مقت
exécuter, *v* أنفذ. أنجز ٥ أعدم ٥ عزف
exécuteur, rice, *n* منفذ. مجرى الأمر ٥ جلاد
— de hautes œuvres جلاد
exécutif, ve, *a* اجرائي. تنفيذي ٥ اداري
—, *m* السلطة التنفيذية
exécution, *f* إنجاز. تنفيذ ٥ إعدام
exécutoire واجب التنفيذ ٥ اعلان التنفيذ
exemplaire, *a* انموذجي ٥ قدوة. عبرة
—, *m* نسخة ٥ انموذج
exemple, *m* أسوة. قدوة. عبرة ٥ مثل ٥ نموذج
par —! عجبا!
par — مثلا
à l'— de اقتداء بـ
exempt, e, *a* خال من. معصوم. معاف
exempter, *v* أعفى من. استثنى ٥ سلم من
exemption, *f* مسامحة. إستثناء. معافاة ٥ عصمة عن
exercer, *v* درب. مرن على ٥ باشر. مارس
— ses droits استعمل حقوقه
— une action sur أثر على
s'—, *vp* تمرن على
exercice, *m* تمرين. تدريب ٥ فرض ٥ رياضة ٥ عمل. مباشرة. ممارسة. فعل
—s écrits تمرينات تحريرية
dans l'— de ses fonctions اثناء تأديته وظيفته
exfoliation, *f* تقشير. تقشر. تفلس
exhalaison, *f* بخار او غازات او رائحة متصاعدة من جسم
des —s fétides تصاعدات كريهة
exhalation, *f* زفير ٥ فوحان. تصاعد الابخرة. تبخر
exhaler, *v* عبق. فاح. سطعت رائحته
exhaussement, *m* إرتفاع. علو
exhausser, *v* رفع. علا ٥ سما
exhiber, *v* أظهر. أبرز. عرض
s'—, *vp* ظهر او تظاهر. اورى نفسه
exhibition, *f* إظهار. عرض. إبراز ٥ معرض
exhilirant, e, *a* مضحك. مفرح
exhortation, *f* حض ٥ وعظ. نصح

exhorter, *v* أَحثَّ ٭ حرَّض ٭ نَصَح
exhumation, *f* إخراج الجثث من القبر. إستخراج المدفون
exhumer, *v* اخرَج من القبر. نَبَش
exigeant, e, *a* طلاّب. كثير المطالب. دقيق
exigence, *f* دأب المتطلّب وطلباته ٭ لزوم. ضرورة. مطلب
exiger, *v* إستلزم. إقتضى ٭ تطلّب ٭ تشدد في طلب
exigu, e, *a* صَغير. طَفيف. زهيد
exiguïté, *f* صِغَر. قِلّة. ضيق
exil, *m* نفي ٭ مَنْفى
exilé, e, *a et n* نَفي. منفي. مُبْعَد
exiler, *v* نفى. غرَّب. ابعد. افرد
s'—, *vp* تغرَّب ٭ انفرد. نفى نفسه
existant, e, *a* كائن. مَوْجُود
existence, *f* وجود ٭ حياة. عَيش
exister, *v* كان. وُجد ٭ عاش ٭ بقي
exode, *m* رَحيل. سَفَر للخارج ٭ سِفر الخروج
exonération, *f* مُعافاة. حَلّ. إعفاء
exonérer, *v* عافَى. حل من ٭ ازال ثقلة الرسوم
exorbitant, e, *a* فادح. متجاوز الحد. باهظ
exorciser, *v* عوَّز. عزَّم على. رَقى
exotique, *a* أجنَبي. (براني). غريب. مجلوب
expansible, *a* قابل الانبساط. قابل التمدد
expansif, ve, *a* مبيح بدخلة قلبه ٭ قابل للتمدد
expansion, *f* إمتداد. تمدد ٭ اظهار ما في القلب
expatriation, *f* إقصاء عن الوطن. تغرب
expatrier, *v* نفى. غرَّب. أهجَر وَطنه
s'—, *vp* هاجَر. تغرَّب. هَجَر وَطنه
expectative, *f* إنتظار. تَوقّع
expectorer, *v* تنخّع. تنخَّم. نفث البلغم
expédient, *m* مَخلص. ذَريعة. حِيلة
qui vit d' — محتال
expédier, *v* بَعث. أرسَل. شحَن ٭ عجَّل. أنجَز. (شهَّل) ٭ نسخ
expéditeur, rice, *v* مُرْسِل. راسِل. مُصَدِّر. شاحِن
expéditif, ve, *a* عاجِل. سَريع. (شهل)
expédition, *f* بَعْث. إرْسال. شَحن ٭ إنجاز. (تشهيل). تعجيل ٭ صورة او شاهدة من ورقة رسمية ٭ تجريدة. غزوة
les —s إرساليات. بعثات
expéditionnaire, *m et a* مُرسِل ٭ نسّاخ ٭ تبع الغازي أو الحملة
expérience, *f* تجربة. إختبار ٭ حُنْكة. دِراية. خُبرة
expérimental, e, *a* تجريبي. اختباري
expérimentation, *f* تجريب
expérimenté, e, *a* مجرِّب. ذو خبرة. محنك
expérimenter, *v* جرَّب. بَلا. خَبَر. إختبر
expert, e, *m et a* خَبير ٭ أهل خِبْرة ٭ ماهر
— comptable مراجع أو فاحِص حِسابات
expertise, *f* فَحْص. مُعاينة. اجرآات
faire une — عين أهل خبرة // أهل خبرة
expertiser, *v* عيَّن أهل خِبرة. فَحص
expiation, *f* تكفير. إستغفار. كَفّارة

expiatoire, *a* إستغفاري. مكفر

expier, *v* استغفر. كفّر عن ٥وفى عن ذنب

expirant, e, *a* مُنتهٍ أجله ٥ مُحتَضِر

expiration, *f* تمام المدّة. إنتهاء. إنقضاء ٥ زفير

expirer, *v* مات. فاضت روحه. قضى أجله ٥ انقضى. انتهى أجله أو ميعاده

explication, *f* شرح. تفسير. إيضاح

explicite, *a* صريح. ظاهِر. واضِح ٥ قاطِع

explicitement, *ad* صريحاً. بوضوح ٥ بنوع بات

expliquer, *v* شرح. بيّن السبب. فسّر

exploit, *m* مأثرة. صنيع. مفخرة

— d'huissier إعلان على يد محضر

exploitant, *n et a.m* مشغل. صاحب العمل. مستثمر أو مستغِل ٥ معلن

exploitation, *f* تعدين ٥ تشغيل. إستثمار ٥ إستغلال. جر مغنم

— d'un homme إستغلال. نهب أو سحر شخص

exploiter, *v* حرث. عدّن ٥ إستثمر ٥ أدار ٥ شغل ٥ إستغل

explorateur, rice, *n* رائد. مستكشف

exploration, *f* رَوْد. كشف مجاهل البلاد. جَوْب ٥ سبر (في الطب)

explorer, *v* راد. جاب. نقّب. إستكشف ٥ سبر الجرح

exploser, *v* فجر. إنفجر. تفرقع

explosible, *a* قابل الالتهاب. قابل الفرقعة

explosif, ve, *a et m* مفرقع. منفجر ٥ مفرقعات. مادّة متفرقعة

explosion, *f* فرقعة. إنفجار. تفجر. تفرقع

exponentiel, le ذو أس متغيّر. أسي

exportateur, *m* مُصدِّر. تاجر صادرات

exportation, *f* تصدير. إصدار البضائع للخارج ٥ الصادِر

exporter, *v* أرسل للخارج. أصدر. سفر

exposant, e, *n* عارض. مُقدِم العريضة ٥ عارض البضائع

—, *m* الأس. دليل القوة (في الجبر)

exposé, *m* بيان. وقائع ٥ قصة مفصلة

—, e, *a* معرّض ٥ معروض. مُواجِه

exposer, *v* عرض. أرى ٥ بيّن ٥ عرض لـ

s' — au danger عرض نفسه للخطر

exposition, *f* عرض. إستعراض ٥ معرض ٥ بيان. شرح

exprès, *ad* مخصوص. عمداً

express, *m* السريع. قطار اكسبريس

expressément صريح. بكلام واضح ٥ حتماً

défense expresse ممنوع قطعاً

expressif, ve بليغ. شديد التعبير. ناطِق

expression, *f* عبارة. لفظ ٥ تعبير ٥ بيان ما في النفس ٥ عصر

l'— des yeux إعراب العيون. نطق العيون

exprimer, *v* عصر ٥ بيّن. أظهر. ابدى ٥ عبّر عن. أوضح ٥ عنى بالقول ٥ فاه

expropriation, *f* نزع ملكية العقار

exproprier, *v* نزع الملكية

expulser, *v* طرد. نفى. أخرج

expulsion, *f* إقصاء. إخراج. طرد. نفي

expurger, *v* تقنع.اصلح.هذب.طهر
exquis, e, *a* لذيذ.لطيف
exsangue, *a* منزوف.فاقد الدم
extase, *f* فرط السرور ¤ ذهول
extasier (s'), *vp* دهش.اندهل.فتن
extensible, *a* ممكن بسطه.قابل التمدد
extension, *f* بسط.مد ¤ تعميم ¤ اتساع ¤ نمو.تمدد ¤ مدى ¤ مقدار
par — بطريق التوسع
exténuation, *f* نحول.ضعف .خور
exténuer, *v* أضعف.أضنى.أسقم.أنهك
s'—, *vi* نحل.شحب.هزل
extérieur, e, *a* خارج.خارجي.ظاهري
—, *m* الخارج.الظاهر ¤ هيئة
à l'— من الخارج.ظاهراً ¤ في الخارج
extérieurement ظاهرياً.سطحياً.خارجاً
exterminateur, rice, *a et m* مبيد ¤ مهلك.متأصل
extermination, *f* إستئصال.إبادة.إفناء
exterminer, *v* استأصل.أباد.أفنى
externat, *m* مدرسة خارجية
— d'hopital عيادة مستشفى خارجية
externe, *a* خارجي.ظاهر
—, *n* تلميذ خارجي ¤ طالب طب يساعد في المستشفيات
extincteur, rice, *a* مفني.مبيد ¤ مطفئ
—, *m* (d'incendie) مطفاة.آلة لاطفاء الحرائق فيها سائل كيماوي
extinction, *f* إطفاء ¤ انطفاء ¤ إبادة .ملاشاة.انقراض

extirpation, *f* إستئصال.قلع ¤ إبادة
extirper, *v* إستأصل.قلع.أزال.أباد
extorquer, *v* إغتصب.سلب.نهب. بلص
extorsion, *f* اغتصاب.إكراه. إبتزاز
extra, *m* علاوة.إضافي ¤ عال جداً.ممتاز
extraction, *f* إستخلاص ¤ إستخراج ¤ قلع ¤ نسب.أصل
extradition, *f* تسليم مجرم لحاكمه الشرعي
extra-fin, e, *a* نفيس.فاخر.ممتاز
extra-fort, *m* شريط.كوردون مبطط
extraire, *v* 3 استخرج ¤ استخلص ¤ إستقطر ¤ اخرج.اقتلع ¤ اختار.
extrait, e, *m et a* خلاصة ¤ نبذة ¤ مستخرج
— de naissance شهادة ميلاد
extraordinaire غير إعتيادي ¤ فوق العادة
extravagance, *f* هوس.عمل ضد الصواب ¤ إسراف .تبذير
extravagant, e, *n et* مهوس ¤ مفرط
extrême, *a* آخر.أقصى.اشد ¤ مفرط .تطرفي // طرف.منتهى ¤ ضد
—, *m*
les —s se touchent قد يجتمع النقيضان
extrêmement, *ad* جداً.للغاية
extrême-onction مسحة المرض الأخيرة
extrémiste, *n* متطرف.متذمت
extrémité, *f* طرف.حد.نهاية
exubérance, *f* فيض.حيوية.غزارة
exubérant, e, *a* زاخر.فائض.وافر النمو
exultation, *f* إبتهاج.جذل

F

fable, *f* أُحْدُوثة. أسطورة. حِكاية. خرافة

fabricant, *m* صاحِب مَصْنَع. مُستصنِع ☆ صانِع

fabricateur, rice, *n* مُلفِّق. مزوّر. مختلق

fabrication, *f* صِناعة. عمل شيء. صنّع

fabrique, *f* مَصْنَع. وَرْشة. معمل

fabriquer, *v* صَنَع ☆ إختلق. زاف. لفّق

fabuleux, se, *a* خُرافي. عجيب. مهول

fabuliste, *m* مُؤلف الحكايات. مُصنِّف القصص الخرافية.

façade, *f* وجهة. واجهة. مُقدَّم

face, *f* وَجْه. مُحيا (وش) ☆ مسطح

la — s'allonge تجهم. كشر. عبس. تقطب

— à — مواجهة. وجهاً لوجه

faire — قام بـ ☆ واجه

en — تجاه. امام. قبالة

à la — de على مشهد

face-à-main, *m* نظارة بيد

facétie, *f* فكاهة. أُضحوكة. هَزْل. مُزاح

facétieux, se, *a et n* فكه. مضحك. مسخن

fâcher, *v* زَعَّل. غاظ. أغضب

se — غَضِب. أخذ على خاطره. إنغاظ

fâcheux, se, *a* مُكدِّر ☆ عَبُوس ☆ مُزعج

—, *m* رَذل. ثقيل. فظ ☆ مُضايق

facial, e, *a* وَجْهِيّ. مُتعلق بالوَجْه

facies, *m* هَيئة. سحنة. شكل الوجه. تقاطيع

facile, *a* هيِّن. سَهْل ☆ سَلِس

facilement, *ad* بسهولة

facilité, *f* تسهيل. تيسير ☆ سهولة ☆ سَلَس. سُلوسة

—s, *pl.* // تسهيلات

faciliter, *v* سَهَّل. يَسَّر. مَهَّد

façon, *f* صُنْع. صَنْعة ☆ تفصيل ☆ منوال. كيفية. نمط

la — (du tailleur) أُجرة الخياطة

sans — بغير كلفة. برفع التكليف

sans autres — *ou* sans plus de — حالاً

de *ou* de telle — que, de — à بحيث أن

faconde, *f* طلاقة أو ذلاقة اللسان

façonner, *v* صَنَع ☆ صاغ. طبّع على

façonnier, ère, *n et a* متمسك بالرسميات

fac-similé, *m* نقل بالضبط. شبه خط. صورة طبق الأصل. شاهدة

factage, *m* نَقْل. مَشال. اجرة المشال

facteur, *m* سَاعي ☆ عَميل ☆ حَمَّال ☆ صانِع. فاعِل ☆ عامِل. أصْل الحاصِل (في الرياضيات)

factice, *a* مُصطنع. إصطناعي ☆ مقلد. تكلفي

faction, *f* حِزْب. عصبة ☆ حَرَس. خفر

factum, *m* مُذكرة الدَّعْوَى

facture, *f* فَاتُورَة. كَشْف الحِساب. بَيان أو قائمة المطلوب.

facultatif, ve, *a* إختياري

faculté, *f* خاصّة. إمتياز. قُوَّة. قُدْرة. حَق ☆ مَدْرَسَة. كُلية ☆ جماعة أساتذة.

la — de droit كلية الحقوق

— intellectuelle قوى عقلية

fadaise, *f* هُراء. عَبَث. هلس ☆ كلام سقيم

fade, *a* مَسِيخ. تَفه. بلا طَعْم. (ماسخ)

couleur — لَوْن خفيف. غير بهيج. (باهت)

fadeur, *f* تتفه. عدم طعم أو طلاوة
fagot, *m* حزمة حطب. ربطة عيدان
faible, *a* ضعيف. واهن ٭ قائم ٭ ميل خاص
— d'esprit ضعيف العقل. معتوه
il a un — pour يميل الى. عنده ميل لـ
le point *ou* le coté — نقطة الضعف
faiblement, *ad* بضعف. بوهن
faiblesse, *f* ضعف ٭ ركاكة ٭ إغماء ٭ ميل إلى
faiblir, *v* خار. ضعف. سقيم
faïence, *f* صيني. فخار. خزف مطلي. قيشاني
failli, e, *n* مفلس
faillible, *a* قابل للغلط. غير معصوم
faillir, *v3* أخطأ. زل ٭ قصر في ٭ أخفق ٭ أفلس ٭ غاب. زال ٭ كاد. أوشك
il a failli tomber كاد أن يقع
faillite, *f* تفليسة. إفلاس
— frauduleuse تفليسة بالتدليس
faim, *f* جوع. خواء. سغب
— de loup جوع شديد // avoir — جاع
fainéant,e تنبل. كسلان. لا يحب العمل. قعدة
fainéantise, *f* تراخ. عدم العمل. كسل
faire, *v3* فعل. عمل ٭ خلق ٭ صاغ ٭ إشتغل بـ
— le malade تظاهر بالمرض
— de pied غازل برجله
— des petits ولدت. وضعت
— le difficile تعزز. تصعب
— les cartes خلط أو فتّ ورق اللعب
— croire أوهم. موه
— la vie عرح. (هيص) ٭ تعاهر المرأة
— savoir, *ou* — part أخطر. عرف. بلغ
— droit إعتمد. قبل
— la main مرن اليد
— l'admiration اعجب
— voile سافر. أقلع
— l'article إمتدح بضاعته
— l'amour جامع. واصل
— loi صار قانوناً
— de la bile تنكد. زعل
se — vieux عجز. هرم
se — à l'esclavage تعود على العبودية
il se fait rare ندر. قل
n'avoir que — إستغنى عن ٭ كان من العبث
le navire fit eau. دخلت المياه السفينة
chemin faisant اثناء السير
il fait chaud حر. الطقس حر
il fit dans le lit تغوط في الفراش
grand bien vous fasse جزاك الله خيراً
cet enfant fait ses dents هذا الولد يسنن
il ne fait que sortir خرج الآن فقط
il ne fait que jouer لا ينفك او ينقطع عن اللعب
faisable, *a* ممكن عمله
faisan, *m* الدراج. ديك بري. درج
faisandé, e, *a* بايت (ضد طازج) ٭ متعفن
faisander, *v* بيّت (فسد أو لم يفسد) ٭ اغب
faisceau, *m* حزمة
faiseur, se, *n* صانع. فاعل. صناع
un — d'embarras عقدي. معرقل
faiseuse d'ange داية تسقط الجنين
fait, e, *a* مصنوع
— à معتاد. ممرن على
fait à ravir *ou* au moule بديع الجمال
mal — غير محكم
fait, *m* فعل. واقعة. حادث. عمل
prendre qn sur le — ضبطه متلبساً
prendre — et cause pour qn أخذ بناصر. عضد
aller *ou* venir au — دخل في الموضوع
au — وفي الواقع ٭ وآخرتها! ٭ في الموضوع
en — de فيما يتعلق. فيما يختص
faite, *m* قمة. رأس. تعريمة ٭ أوج. ذروة
fait-tout, *m*, حلة. برمة. وعاء للأكل

faix, *m* ثِقل. حِمل. عِبء ☆ خلاص الجنين

fakir *ou* **faquir**, *m* — ساحِر أو مُتسوِّل أو ناسِك هِنْدِي (درويش)

falaise, *f* مُجتمع صخور على شاطئ البحر. صقع أو حافة الجبل

fallacieux, se, *a* غَشّاش. خَدّاع. غرار

falloir, *v 3* لَزِم. وَجَب

comme il faut كما يجب

il s'en faut de beaucoup شتان. يلزم كثير

il faut يلزم. كما يجب

falsificateur, rice, *n et a* مُقلِّد ☆ مزيف. مُزوِر. مُلفق

falsification, *f* تَقليد. تزييف ☆ غش

falsifier, *v* زَوَّر. زَيَّف (قلّد) ☆ غَشّ

famé, e, *a* مَشْهور. ذائع الصيت

famélique, *a* مُتَضَوِّر جُوعاً. ساغِب

fameux, se, *a* مَشْهور. شائع الصيت

familial, e, *a* عائلي. متعلق بالاسرة

familiariser, *v* آلف. آنّس. عَوّد على

se —. *vp* إعتاد. آلف. أنس

familiarité, *f* رَفع كلفة. إعتياد ☆ دالّة

familier, ère, *a et m* أنيس. مألوف

les familiers d'une maison من يترددون على بيت

familièrement بلا تكاف. بدالة ☆ باعتياد

famille, *f* أسرة. عائلة. أهْل. آل. بيت ☆ طائفة. جنس. فصيلة ☆ سلالة. نسب

en — مع اهل بيته

famine, *f* مجاعة. جَدْب. قحط

fanal, *m* فانُوس السفينة ☆ مِصباح للاشارات. مَنارة

fanatique, *n et a* مُتَعَصِّب ☆ تعصُّبي

fanatisme, *m* تعصُّب

fanchon, *f* خمار. مِنْديل يُغطي الرأس

fané, e, *a* ذابِل. ذاوٍ

faner, (se), *v* ذَبُل. ذَوَى

fanfare, *f* جوقة موسيقية

fanfaron, ne, *a* مبالغ. نفّاج ☆ فَشّار

fanfaronnade, *f* إدعاء. (فشر). نفج

fange, *f* وَحْل. طِين. حَمْأة

fanion, *m* بَيْرق صَغير ☆ زعنفة الحوت

fanon, *m* لُغد. غبغب البقر ☆ ثنة الدابة

fantaisie, *f* نَزْوة ☆ كيف. هَوى. خاطر ☆ تصور. تخيل ☆ لحن موسيقي منعش

fantaisiste, *a et n* تابع أمياله (أبو كيفه) ☆ غريب الأطوار ☆ مبتكر

fantasia, *f* تلعيب الخيل. مهرجان

fantasmagorie, *f* خيال الظل ☆ ايهام

fantasque, *a* متقلب. كُلّب. تابع هواه ☆ خارِق العادة ☆ خيالي

fantassin, *m* عَسْكَري مشاة. بيادة

fantastique, *a* خَيالِيّ

fantoche, *m et a* — (كراكوز. قرقوز)

fantôme, *m* خيال. طيف. شَبَح

faquin, *m* رَجل سافِط

farandole, *f* رَقْص ريفي

farce, *f* دُعابة. نسكتة. مماجنة. امزوحة. لقس ٭ حَشوة. حشو (من لحم أو خضار) وماشابه
farceur, se, *n* نسكتي. ماجن. مُداعب. لَقِس
farci, e, *a* // مَحْشو. مَمْلوء
farcir, *v* حَشا. مَلأ
fard, *m* خِضاب. غُمرة. عَنَم (الجمع أعنام). دِمام. مَساحيق التجميل. تَزويق. (حُمرة)
fardé, e, *a* مُزَوّق. مخضب. مخمّر
fardeau, *m* حمل. ثِقل. عِبء
farder, *v* خَضّب. دَهن بمساحيق التجمل. مرتك. طلا ٭ لفّق • زوّق
farfouiller, *v* نَبَش. (نكش)
farine, *f* دَقيق. طَحين
— lactée دقيق اللبن
farineux, se, *a* دقيقي ٭ نشائي. مجَبّر
farniente, *m* تَروّح. رَاحَة. كسَل
farouche, *a* جَفول. نافِر. متوحّش (ضِدأنيس)
regard — // نظرة شرسة
fascicule, *m* كَرّاس. جُزء من كِتاب. مَلزمة ٭ حزمه (في الصيدلية)
fascinant, e / fascinateur, rice, *a et n* سَاحِر
fascination, *f* سِحْر. إنسحار. إفتتان
fasciner, *v* جَذَبَ إلى. سَحَرَ. خلبَ اللُّب
fascisme, *m* فاشيزم ، مَذهب حكامي (أوتوقراطي) لمقاومة الشيوعية
fascist, e, *n et a* فاشِسْتي. عُضو أو مُشايع لمبدأ الفاشيزم
faste, *m et a* أبهة. جاه. زهو. عظَمة
—s, *m pl* تَواريخ. سِجلات
fastidieux, se, *a* مُمِل. مضجر (بايخ)
fastueux, se, *a* ذو بهرج. مايعمل بابهة
fat, *n et a* مُعجَب بنفسه. مُختال. أحمق
fatal, e *a, (pl.)* s مَحتوم. مُقدّر ٭ نحس. مَشؤوم ٭ مميت • محتم
fatalement, *ad* بقضاء. محتوم. حتماً
fatalisme, *m* الاعتقاد بالقضاء والقدر
fataliste, *f* من مَذهب القدر أو الجبرية
fatalité, *f* قَدَر محتوم. قضاء وقدر ٭ شؤم
fatidique, *a* جَبري. كاشف ما في القدر
fatigant, e, *a* مُتعِب. شاق ٭ مُضجِر
fatigue, *f* تعَب. مشقة. عَناء • عياء
fatigué, e, *a* مُتعَب. كال
fatiguer, *v* أتعَب. أعيا ٭ أزعج
se —, *vp* تعب ٭ ملّ. ضجر. كلّ
fatras, *m* أشياء مختلفة ٭ (عفشة). عفاشة
fatuité, *f* إختيال. حماقة. عُجب
faubourg, *m* ضاحية. ربض. أطراف المدينة
fauché, e, *a* مسكين. معدم
faucher, *v* حَصَد. حَش
faucille, *f* مِنجَل ←
مِحَشّة. مِجَز. مِحصَد
faucon, *m* شاهين. باز. صقر ←
faufilage, *m* سِراجة. شِلالة
شِراجة. خِياطة متباعدة
faufiler, *v* سَرّج. شَلّل
se — تداخَل. تغلغل // تحشّر ٭

faune, *m* ملاكة الغابة. إلاه الحقول
—, *f* حيوانات (خاصة ببلاد أو زمن)
faussaire, *n* مزوّر. ملفّق. مزيّف
faussement, *ad* بهتاناً. زوراً. كذباً
fausser, *v* حرّف. زوّر. عوّج ٭ شذّ
— compagnie ملص. إنسل أو فلت من رفقه
— une clef ذهب خلسة // لوى مفتاحاً
fausset, *m* صوت رأسي. صوت حاد خارق (مصرصع) ٭ نغم غير طبيعي ٭ سطام. خابور
fausseté, *f* بهتان. كذب. زور. مراءات
faute, *f* خطأ. غلطة. خطيئة. ذنب ٭ قلة. نقص ٭ تقصير
— de في حالة عدم وجود
sans — لا بد. لامحالة
fauter, *v* غلط. زلّ
fauteuil, *m* تكأة. مقعد ذو مساند
fauteur, rice, *n* محرّض على جريمة
fautif, ve, *a* مذنب. محقوق ٭ مغلوط
fauve, *a* لون الخشف. أشقر. أسمر باصفرار
—, *m* حيوان متوحش
fauvette, *f* الدبوثة. العصفور المغني
faux, *m* تزوير ٭ بهتان. كذب
—, *f* منجل. مجز. محصد
faux, sse, *a et n* مزيّف. غير حقيقي ٭ استعاري. (عيرة) ٭ نافر. مخالف الايقاع ٭ خائن ٭ مغلوط
idée fausse فكرة غير سديدة
faux-col, *m* ياقة
faux-fuyant, *m* مهرب. مخرج. حجة
— monnayeur, *m* مزيف العملة
— pli تجعد. طية في غير محلها
— frais مصروف عرضي. مصروفات نثرية
— pas زلة. كبوة. عثرة
faveur, *f* حظوة. إعتبار. مراعاة ٭ منة. جميل. معروف. فضل
à la — de l'obscurité تحت ستر الظلام
en — de لمصلحة (فلان أو كذا). لأمره
favorable, *a* موافق. ملائم ٭ مشجع
favori, te, *a et n* نديم. عزيز. محبوب
—, *m* لحية الوجنتين
favoriser, *v* بدى. افضل. استخصّ
favorite, *f* حظية الملوك وما شابه ٭ احب امرأة
favoritisme, *m* محاباة. (محسوبية)
fayot *ou* fayol, *m* فاصوليا
fébrile حمّي. آت من الحمى ٭ محموم ٭ مضطرب
fébrilement, *ad* بتهيج واضطراب
fécal, e, *a* غائطي. برازي. ثفلي
fèces, *f.pl* فضلات. ثفل. رسوب ٭ براز
fécond, e, *a* كثير الولادة. مخصب. مثمر
fécondation, *f* لقح. تلقيح ٭ خصب
féconder, *a* لقّح ٭ حبّل ٭ جعل مخصباً
fécondité, *f* خصب. إثمار. كثرة الولادة
fécule, *f* دقيق الازهار او الحبوب

fédéral, e, *a* تحالفي. إتحادي
fédération, *f* إتحاد. تعاهد ٥ إقطاعية
fée, *f* جِنية. تابعة. حورية. سِعْلاة
féerie, *f* جنّي ٭ صناعة الجنية. عمل الجن. منظر جميل أخاذ
féerique, *a* اخاذ. خلاب. ساحر اللب
feindre, *v3* تظاهر ب. اظهر غير ما يضمر
feint, e, *a* تظاهري. تصنعي. غير حقيقي
feinte, *f* إختلاق. خدعة ٭ مزلقان (في البناء)
fêlé, e, *a* مشدوخ. مشقوق ٥ (مشعور)
fêler, *v* شدخ. شق ٭ صدع (شرخ)
félicitation, *f* تهنئة. تبريك. (مباركة)
félicité, *f* هناء ٥ سعادة. غبطة
féliciter, *v* هنأ. (بارك). قدم التهاني
félin, e, *a* هري. فصيلة القطط ٭ خائن. ماكر ٭ رشيق
felonie, *f* غدر. خيانة. جريمة كبرى
fêlure, *f* شدخ. شق. صدع
femelle, *f et a* انثى (تطلق غالباً على الحيوانات)
féminin, e, *a et m* أنثى ٭ أنثوي ٭ مؤنث. نسائي. نسوي
féminisme, *m* مبدأ مساواة المرأة بالرجل. سحر المرأة أو الانوثية
féministe, *n et a* على مبدأ مساواة المرأة بالرجل في الحقوق [فمينيست]
femme, *f* امرأة. مرأة ٭ زوجة
— de chambre خادمة. (كمريرا). وصيفة
femmelette, *f* إمرأة ضعيفة ٭ رجل خائر العزيمة
fémur, *m* كرمة الفخذ. عظم الفخذ
fenaison, *f* حصد الدريس أو الحشيش المجفف. حش العلف
fendiller (se), *v* تشقق
fendre, *v3* شق. فلق. شرخ
fendu, e, *a* مشقوق. مفلوق ٭ مشدوق
fenêtre, *f* نافذة. شباك
fente, *f* شق. فلق. شرخ ٭ شطر التركة
feuton *ou* fanton, *m* قضبان حديد مربعة ٭ خابور ٭ حزام المدخنة
féodal, e, *a* إقطاعي. منسوب للقرون الوسطى
féodalité, *f* إقطاعية. حكم الأمراء. نظام الالتزامات // حديد
fer, *m* 
— à friser مكواة الشعر
— à repasser مكواة الملابس
— à cheval حدوة. نعلة
— forgé حديد مسبوك
par le — et le feu بالسيف والنار
mettre aux —s قيد. سجن. كبل بالحديد
ferblanc, *m* صفيح. تنك. قصدير
ferblanterie, *f* بضائع صفيحية
ferblantier, *n et a.m* بائع البضائع القصديرية او الصفيحية ٭ سمكري
ferié, e, *a* يوم عطلة. يوم عيد
férir (sans coup —) بدون مقاومة. بسهولة
ferler, *v* طوى القلوع. لف
fermage, *m* إيجار زراعي. إيجار الأطيان

ferme, *f* مزرعة. عزبة ٥ تقفيصة او
تمثال الجمالون ٥ إستئجار ٥
—, *a* ثابت. قوي ٥ راسخ ٥ جامد ٥ قطعي
fermé, e, *a* مغلق. مقفول. مقفول
fermement, *ad* بشدة. بقوة. بحزم
ferment, *m* خمير. خميرة ٥ محرك القلاقل
fermentation, *f* إختمار. تخمر ٥ ثوران
fermenter, *v* إختمر ٥ هاج
fermer, *v* أغلق. قفل ٥ سد ٥ سور
— les yeux تغاضى. غض النظر ٥ قفل العيون
fermeté, *f* حزم. ثبات ٥ صلابة
— de caractère قوة ارادة. حزم
fermeture, *f* إغلاق. إقفال ٥ سد
٥ ربط. تثبيت (في التجارة)
—éclaire عبس سحاب
fermier, ère, *n* مزارع ٥ صاحب أطيان
fermoir, *m* ٥ ملتزم // مشبك. قفل
féroce, *a* ضار. مفترس. وحشي ٥ شرس
férocité, *f* توحش. ضراوة. شراسة
ferraille, *f* حديد قراضة أو خردة
ferrailler, *v* تقارع بالسيف. بارز (بفشمنة)
ferré, e, *a* محذو. منعول ٥ مكسو بالحديد
٥ متضلع. خبير في
ferreux, se, *a* حديدوز. محتو على حديد
ferronnerie, *f* ورشة حديد ٥ تجارة الحدائد
ferronier, ère, *n* بائع حدائد
ferrure, *f* أشياء حديدية ٥ حدوة. تطبيقة
fertile, *a* مخصب. مثمر

fertilisation, *f* تسميد. إخصاب
fertiliser, *v* خصب. أصلح
fertilité, *f* خصب. غزارة. خصوبة
férule, *f* كف العروس (نبات) ٥ عصا
fervent, e, *a* مضطرم في العبادة. ملتهب
ferveur, *f* حمية. حرارة (في العبادة أو الحب)
fesse, *f* كفل. ردف
fessée, *f* ضرب على الكفل
festin, *m* وليمة. مأدبة
festival, *m* (*pl*—s) حفلة موسيقية كبرى
feston, *m* نقش مزهر. (كشكش). (ركامة)
festoyer, *v* رحب به. أولم ٥ عيد
fête, *f* عيد
fêter, *v* عيد. إحتفل بـ
fétiche, *m* بارُوكه. حرز ٥ حيوان مولّه
fétide, *a* منتن. خن. آسن. مسخم
fétidité, *f* نتانة. خمة
fétu, *m* عصافة. قشة ٥ زهيد. تافه
feu, *m* نار ٥ حريق ٥ حرارة ٥ لمعان. بريق
coup de — طلق ناري
— d'artifice ألعاب نارية. صواريخ ٥ اسهم نارية
— follet ضوء كاذب أو خادع ٥ نور فوسفوري
— de paille نار سريعة الانطفاء. نار الزحفتين
faire — اطلق مقذوف ناري
faire du — أوقد ناراً
visage en — وجه ساخن ملتهب
feu, e, *a* مرحوم. متوفي
feudataire, *n et a* إقطاعي

feuillage, *m* وَرَق الشجَر او النباتات
feuille, *f* ورق ¤ صفيحة. لوح ¤ فَرْخ. طليحة ¤ صحيفة
— de route مراحل الجيش أو العسكري. تذكرة خط السير
— de vigne //اوَرق عنب
— volante ورقة (سايبة) غير مربوطة
— d'audience صحيفة الجلسة
feuillée, *f* ورق شجر (تعريشة) ¤ مظلة من أوراق الشجر
feuillet, *m* صحيفة. قرطاس. ورقة كتاب اي وجهين ¤ مَلزمة
feuilleter, *v* تصفح. طالع. قلّب الصفحات ¤ رقق (العجين)
feuilleton, *m* رواية بذيل جريدة. رواية متسلسلة
feutre, *m* لبّاد. لبد
fève, *f* فول
février, *m* شهر فبراير. شباط
fez, *m* طربوش ¤ بلدة فاس (في مراكش)
fi ! أف. تفاً!
faire — de qc احتقر شيئاً. أفّ
fiacre, *n* عربة ركوب. مَرْكَبة ¤ اسم قديس
fiançailles, *f* خطبة. عقد الخطبة (خطوبة)
fiancé, e, *n* خطيب. خاطب. مَخطوب
fiancer, *v* خطب. عقد خِطبة على
fiasco, *m* خيبة. فشل ¤ (فشيشة)
fiasque, *f* زجاجة كبيرة محاطة بالقش (فياسكو) ¤ دَمجانة
fibre, *f* ليف. نسيج ¤ خيط أو عِرق ¤ وَتَر

fibreux, se, *a* ليفي. ذو الياف. ليفين
fibrome, *m* وَرَم ليفي
ficelé, e, *a* مَرْبوط. مَحزوم ¤ لابس ¤ منقمط
ficeler, *v* ربط بخيط (دوبارة). حزم
ficelle, *f* (دوبارة). خيط قِنب ¤ دهاء
tenir les —s مسك قيادة الأمور
fiche, *f* قسيمة. جزازة. بطاقة ¤ (فيشة. ماركة) ¤ رُزة. خابور. وتد ¤ شوكة
— de consolation زوادة. ترضية
ficher, se, *vp* إستهزأ بـ ¤ ارتمى
je m'en fiche لا أبالي (على جزمتي)
fichez-moi la paix إخسوء عني
fichu, *m* مِنديل للعنق. شال صغير مثلث
fichu, e, *a* هالك (رايح في داهية) ¤ لابس
mal — متوعك. عليل ¤ مترهل
fictif, ve وَهمي. خيالي ¤ صوري. مُلفق
fiction, *f* وَهم. تخيّل ¤ رواية. قصة خيالية
fictivement, *ad* صورياً
fidéicommis, *m* وديعة. وصيّة للغير
fidéjussion, *f* كِفالة. ضمانة
fidèle, *a et n* صديق. وفي ¤ صادق. مضبوط
—s, *m. pl* المؤمنون
fidèlement, *ad* بوفاء ¤ بالدقة. بالضبط
fidélité, *f* وَفاء. أمانة ¤ صحة. حقيقة
fiduciaire, *a* مُكلف بتوصيل هبة. تأميني
circulation — التعامل بالورق || معهود له
fief, *m* إقطاعة. التزام (أرض)
fiel, *m* صفراء. مرارة ¤ حقد. غل

fiente, *f* روث. زبل ٭ (جِلّة). جلّ

fier, ère, *a et n* فخور. مُتَياه ٭ متكبر ٭ أنوف. أبيّ

fier (se), *v* ركن الى. وثق به. إعتمدَ على

fièrement, *ad* بتشامخ. بخيلاء. باعتزاز

fierté, *f* عجب ٭ عزة نفس ٭ عتو ٭ فخر

fièvre, *f* حمّى. سُخونة

avoir une — de cheval عنده حمّى شديدة

la — du jeu التولع أو الغرام بالقمار

— pernicieuse حمى خبيثة

— étique حمى الدق ٭ داء السل

fièvreusement, *ad* بحمّى

fièvreux, se, *a et n* محموم. ساخن ٭ مُضطرب ٭ مُسبّب الحمى

fifre, *m* زمارة. مزمار. ناي صغير. سلمية

figaro, *m* مُزيّن. حلاق

figer, *v* (se — جمد) أجمد. عقّد

figue, *f* تينة. تين

— de Barbarie تين بشوك ٭ صبير

moitié — moitié raisin نصف جد ونصف هزل

figuier, *m* شجرة التين

figurant, e, *n et a* مشخص غير متكلم. ممثل دور تافه ٭ رمزي. ظهورات ٭ كمبارس

figuration, *f* تصوّر ٭ تشبيه. تصوير ٭ تشكيل ٭ مجاز. استعارة

figure, *f* شكل ٭ سيما. وجه ٭ صورة ٭ رمز. مجاز ٭ رقم

faire bonne — (بيّض وجهه) ظهر بمظهر حسن

—s symboliques اشكال رمزية. رموز

figuré, e, *a* مجازي. إستعاري. تشبيهي ٭ مُشكل. مُصوّر // في المجاز **au —**

figurer, *v* رسمَ. صوّر. شخّص. شبّه ٭ رمز ٭ ظهر. بان

se — تخيّل. تصوّر. توهّم. خيّل له

figurine, *f* تمثال صغير. صُويرة. دُمية

fil, *m* خيط. سلك ٭ حدّ. حرف ٭ تسلسل. سياق الأمور

— métallique سلك

— d'or قصب

— à plomb ميزان البنا

— de l'eau جرى أو جريان الماء. تيار

donner du — à retordre وعس. أو واه الغلب

de — en aiguille من موضوع لآخر. سياق

filage, *m* غزل. فتل ٭ إقتفاء الأثر

filament, *m* ليفة خيطية

—s des plantes ألياف النباتات

filasse, *f* مجموع ألياف من قنب أو كتان مُعدة للغزل. مشاقه

filateur, *m* صاحب معمل الغزل. غزّال

filature, *f* غزل ٭ مصنع غزل ٭ إقتفاء أثر

file, *f* صف. رتل

en — indien مشوا او زحفوا واحد وراء الآخر

à la — واحد وراء الآخر. بالتعاقب

filé, *m* خيط غزل ٭ سلك مخايش

filer, *v* غزل. فتل ٭ حلّ ٭ هرب. إنسل ٭ إنطلق ٭ إقتفى اثر ٭ فلوظ ٭ لزج

— le parfait amour تغزل. سعد بالحب

filet, *m* شبكة ٭ خيط رفيع ٭ أحبولة ٭ خط أو نقوش ٭ كيس

— (de bœuf) سفلة بقري. لحم الظهر. فيلتو

— (de hareng) رنجه منزوع عظمها ٭ جزلة

— de vinaigre رشة خل
— (de la langue) عصبة اللسان
un bon coup de — صيدة عظيمة

fileur, se, *n* غزّال

filial, e, *a* بنوي . إبني

filiale, *f* فرع

filiation, *f* إنتساب إلى . إرتباط ٭ تتابع ٭ سياق ٭ بنوة .

filière, *f* آلة تصنع بها السلوك . آلة لعمل القلاووز . كفّة ٭ عرق منجم ٭ إذن تسليم

filigrame, *m* مصوغات مخرّمة . كمرجفت أو جفتشي ٭ علامة فى نسيج الورق . دمغة مائية

fille, *f* إبنة . بنت . فتاة

— d'amour *ou* publique عاهرة . بنت الهوى
— d'honneur وصيفة ملكة ٭ خادمة شرف
— mère بنت والدة فى الحرام

fillette, *f* بنيّة . بنت صغيرة . صبيّة

filleul, e, *n* إبن او إبنة فى العماد . فليون أو فليونة .

film, *m* شريط . فيلم . ورق التصوير الشمسي ٭ غشاوة ٭ قشرة أو غشاء

filon, *m* عرق معدن (فى المناجم) . ركز

filou, *m* مختلس . نشّال . نصّاب

fils, *m* إبن . ولد . نجل

— de ses œuvres عصامي . مرتق بجده واجتهاده

filtrage, *m* تصفية . ترشيح

filtration, *f* رشح . تقطير ٭ ترشيح . نشع

filtre, *m* الراشح . مرشح . راووق

— magique معجون العشق . شراب الحب (نوع من السحر)

filtrer, *v* رشح . روّق . صفّى . قطّر

fin, *f* ختام . آخر . أمد . نهاية ٭ غرض . غاية

— de non-recevoir رفض سماع الدعوى
—s civiles مطالب مدنية

fin, e, *a* دقيق . رقيق ٭ رفيع ٭ ناعم ٭ نبيه . ذكي ٭ لطيف . عال ٭ قاطع . حاد

—es herbes رياحين ٭ احرار البقول
taille fine قوام رشيق
il a l'oreille —e حاد السمع

final,e (*pl.* finals). *a* آخر . أخير . نهائي

—e, *f* خاتمة . آخر الكلمة ٭ آخر مباراة

finalement, *ad* أخيراً

finance, *f* مالية

financer. *v* موّل . قدّم رأس المال

financier, ère, *a* مالي . متعلق بالأمور المالية

—, *m* مالي . (بنكير) . اخصائي بادارة المالية

finaud, e, *n et a* ماكر

fine, *f* كونياك

finesse, *f* دقة . رقة . لطافة . نعومة ٭ حذق ٭ مهارة . سعة . حسن الحيلة أو دهاء الحيلة .

fini, e, *a et m* تام . مكمّل ٭ محدّد ٭ منهي . زائل ٭ متقن ٭ إتقان . صقل

voleur — حرامي قرارى

finir, *v* اتم . ختم . أكمل . أنجز ٭ كفّ عن ٭ زال . إنتهى

finissage, *m* تهذيب

finisseur, se مقمم . مهذب . ناهي . صقال

finition, *f* تحديد . تعريف

fiole, *f* قنينة . قارورة

firmament, *m* فلك . جلد . القبّة الزرقاء

firme, *f* شركة أو بيت تجاري

fisc, m مَالِيّة الحكومة. خِزانة الدولة ☼ إدارة الضرائب [فِيسك]
fiscal, e, a يخص بيت المال. ضَرائبي
fiscalité, f نِظام الضرائب
fissure, f صدع في حائط ☼ تشقق ☼ شرخ
fistule, f نَاسُور. قرح
fixage, m تثبيت. تركيز الصور أو الألوان
fixatif, ve, a et m مُثبت. مُركز
fixation, f تثبيت. تمكين. تركيز ☼ تحديد
fixe, a ثابت. مُسْتَقِر ☼ مُقَرَّر. مَعْلوم
—, m الجزء الثابت من الراتب ☼ مَعْدِن لا يتغير كالذهب
fixement, ad بنظر محدق. بثبات
fixer, v ثبت. مكن ☼ عين. حدد ☼ شخص. أحدق بنظره
se —, vpr إستقر في. أقام ☼ أقر رأيه
fixité, f ثبات. رُسُوخ ☼ صَلابة. جُمود
flaccidité, f لين. رخوصة ☼ تَرَهُّل
flacon, m قنينة. زجاجة صغيرة. قمقم
flagellation, f جَلْد. سَوْط
flageller, v جَلَد. ساط. ضَرَب بالسياط
flageoler, v إرتخت مفاصله. تلخلخت أو ترخرخت ساقاه
flageolet, m فاصوليا بيضاء ☼ لوبية خضراء ☼ مزمار. صفارة
flagrant, e, a في حال العَمَل ☼ واضح
en — délit متلبساً بالجريمة. بعملته
flair, m شم (الكلب) ☼ حذاقة
flairer, v شم. إستروح. إشتم ☼ شعرب
flamant, m الدَوّاس نحم. (بشروش). ابوهب
flambant, e, a وهاج. لامع. مشتعل ☼ برّاق. متقد
— neuf قشيب. جديد (لنج)
flambé, e, a خرب. هالك. أفلس ☼ تبخر
flambeau, m مشعل. شعلة ☼ قنديل
flambée, f نار صغيرة للتدفئة. رَاكية
flamber, v أشعل. إشتعل. ألهب. صَلا. أشاط. حمّص
flamberge, f سيف
flamboyant, e وهاج. برّاق
flamme, f لهيب. سعير ☼ حمية ☼ هيام
flan, m معجون من بيض ولبن وسكر
flanc, m جنب. خاصرة. كتف. صفح ☼ جناح الجيش ☼ أحشاء. حضن
être sur le — طريح الفراش. مستلقى
le — d'une montagne سفح الجبل
flancher, v إرتخى. خضع. أذعن ☼ هبط
flanelle, f فانيلا أو فانلة. نسيج صوفي ناعم
flaner, v تمشى. تلكأ. تنزه ☼ سار بدون وجهة لاضاعة الوقت. تسكع

flânerie, *f* تمشّ٫ . تنزه (تلكم) . طواف

flâneur, se, *n* متنزه . متلكم . لكاع . متمش . متجول . ساكع

flanquer, *v* ضرب . رفس ✿ قذف أو ألقى ✿ بني على جانب الشيء

flaque, *f* بركة . مستنقع

flasque, *a* (مرهرط) رخو . مترهل . خرع

flatter, *v* اطرى . تملق . داجى ✿ دلّل ✿ لاطف ✿ جمّل ✿ أرضى . تماشق

se —, *vpr* علّل نفسه ✿ أعجب بنفسه

flatterie, *f* مداهنة . تمليق ✿ إطراء

flatteur, se, *n et a* متملق . مداهن ✿ مطر . مادح

flatuosité, *f* ارياح بطنية . تطبل البطن بالغازات

fléau, *m* داهية . كارثة ✿ وباء ✿ مدقة الحنطة ✿ سيخ بوابة ✿ قب . ذراع الميزان ✿ مطرقه

flèche, *f* سهم . نشابة ✿ أعلى قبة الجرس أو المدنة ✿ عريش العربة ✿ دهن جانب الخنزير

fléchir, *v* لوى . ثنى . احنى ✿ ليّن ولان . اذعن لين

flegmatique, *a* بلغمي ✿ بارد . عديم المبالاة

flegme, *m* بلغم ✿ هدوء . برودة . عدم حماس او إهتمام

flème ou flemme, *f* كسل . تكاسل

flétrir, *v* أذبل وذبل . نشف . أذوى

se —, *vpr* تدنس ✿ كبا . ذبل // هتك

flétrissure, *f* عيب . عار ✿ وصمة ✿ كبو

fleur, *f* زهرة . نوارة ✿ زبدة . نخبة ✿ بكارة

— de-lis زهرة الزنبق ✿ شعار فرنسى قديم

— de l'âge شرخ الشباب . ريعان الشباب

à — على سطح . على وجه

Eau de — d'oranger ماء الزهر

fleuret, *m* سيف رفيع ✿ صغول (شيش) . مربع النصل

fleurette, *f* زهيرة . زهرة صغيرة ✿ غزل . كلام ظرافة

fleuri, e, *a* زاهر . مزهر ✿ موشى بالزهور ✿ نضير // visage — وجه محبب

fleurir, *v* أزهر . زهر . نوّر ✿ أينع ✿ نجح ✿ ترعرع ✿ زين بالأزهار . زخرف

fleurissant, e, *a* مزهر . زاهر

fleuriste, *n et a* بائع أزهار ✿ محب الزهور أو زارعها أو راسمها

fleuve, *m* نهر

flexible, *a* لين . رخص ✿ دمث

flexion, *f* إنثناء . إنحناء . لين ✿ لوي

flibustier, *m* سلاب . لص . نصاب

flirt, *m* مغازلة . تدال ✿ لعوب . مغناج

flirter, *v* غازل . (ناغش)

flirteur, *m* مغازل ✿ مغناج

—se, *f* إمرأة غنجة أو شكلة . لعوب

floche, *f* شوشة . تعليقة حرير للزينة . حرير محلول ✿ خيش ✿ سقاطة الصوف

flocon, *m* رضاب . كبة ثلج ✿ سعيخة قطن ✿ ندفة

floraison ou fleuraison, f إزهار
floral, e زَهري // تفتح الأزهار.
flore, f مجموع نباتات بلد الخاص بها
floriculture, f زِراعة الزهور
florissant, e مزدهر. زاهر. نضير ◦ ناجح
flot, m مَوْجَة ◦ مياه ◦ مد البحر
mettre un commerçant à — أنقذ مركز التاجر
flottaison (ligne de –) خط العوم
flottant, e, a طاف. عائم ◦ مُسْترسِل
assurance —e تأمين الأشياء المجهولة
marchandise —e بضائع فى الطريق
flotte, f أسْطول. عمارة بحرية
flotter, v طفا. عام ◦ تراوح. تقلب
flotteur, m عوّامة
flottille, f عمارة مراكب أو أسْطول صغير
flou, e, a رَقيق ◦ مُهتز. مُوَّج
fluctuation, f تراوح. تقلب. تموّج. تردّد
fluctuer, v تقلّب. تغيّر
fluet, te, a نحيف. رقيق. أهيف
flueurs, ou fleurs, f.pl حيض. طمث
fluide, a et m سائِل. مائع ◦ جاذب. تيار (سيال)
fluidité, f سائلية. مائعية
fluorescence, f تلوّن الضوء. تشمع
flûte, f مِزمار. ناي
fluvial, e, a نهري
flux, m مد البحر ◦ سيلان ◦ نزيف

fluxion, f نزلة ◦ تورم قيحى
fœtus, m جَنين (في أواخِر الحمل)
foi, f إيمان ◦ ثقة ◦ اعتقاد. دين
la mauvaise — سوء النية
ajouter ou prêter — اعتقد
faire — de قرر. شهد على. أكد
foie, m كبد
foin, m دريس. تبن. علف
foire, f مُولد ◦ سُوق ◦ موسم ◦ إسهال
fois, f مرة. تارة. دَفْعة
par — أحياناً
une — que بمجرد
une — فى يوم. مرة
à la — جملة. معاً. سوية. دفعة واحدة
foison, f غزارة. وفور. كثرة. زيادة
foisonner, v فاض. غزُر. وفر. كثر
folâtre, a folichon, m مَرح. طائش
folie, f جُنون. حماقة. رعونة ◦ غرام
—s, pl سُوء التصرف أو السُّلوك
la folie de grandeur هوس التظاهر
folio, m ورقة دفتر. فرخ. صحيفة الحساب
foliotage ترقيم أى تنمير الدفاتر والصحائف
folklore, m طقوس وتقاليد البلد
folle, a.f., V. fou مجنونة
follement, ad بجنون. بحماقة
follet, te, a ماجن ◦ مجنون ◦ دَعِب
poil — زغب. و.و
follicule, m غمد. حق ◦ جراب ◦ فرنقة

fomentation, *f* كماد حار ٭ تحريك. تهييج

fomenter, *v* كمد. وضع كمادات حارة ٭ حرك. هيج

foncé, e, *a* (غامق). قاتم. معتم

foncer, *v* ركب قعر. قعر ٭ أعتم اللون ٭ غمق ٭ إنقض على. هجم

foncier, ère, *a* عقاري

foncièrement, *ad* تماماً. في الحقيقة. للغاية

fonction, *f* وظيفة

fonctionnaire, *n* موظف. مستخدم

fonctionnement, *m* تأدية العمل. سير

fonctionner, *v* تحرك. دار. سار

fond, *m* غور. قعر ٭ سفلة. قاع

couler à — غرق
à — تماما
au — في الحقيقة. في باطن الأمر

fondamental, e, *a* أساسي. أصلي. جوهري

fondant, e, *a et m* ذائب. سائغ ٭ صنف حلو كالبستيليا ٭ كثير العصارة

fondateur, rice بانٍ. مؤسس. منشئ ٭ واقف // part de — حصة تأسيس

fondation, *f* أساس. أصل. تأسيس ٭ وقف ٭ مؤسسة. مبرة. منشأة

fondé, e, *a* مؤسس ٭ مبني على أساس

— de pouvoir, *m* وكيل. مندوب مفوض
bien — صحيح. حقيقي

fondement, *m* أس. دعمه ٭ أصل ٭ باعث ٭ شرج ٭ أساس

fonder, *v* أسس. أوجد

fonderie, *f* مسبك المعادن ٭ سباكة

fondeur, *n et a.m* سباك

fondre, *v3* سبك. صب ٭ صهر. أذاب ٭ سيح // se —, *vpr* ذاب (ساح)

— en larmes سكب الدموع. ذرفت دموعه
— sur انقض على. هجم. وثب على

fondrière, *f* مستنقع. بركة وحول ٭ شق

fonds, *m* مال. بضاعة ٭ ارض. عقار

— de commerce شهرة المحل ٭ محل تجارة
— publics اموال الدولة
les — secrets المصاريف السرية

fondu, e. *a* ذائب ٭ مسبوك

fongus, *m* فطر. لحم نافر. تورم اسفنجي

fontaine, *f* ينبوع. عين ٭ (فسقية). نوفرة

— publique سبيل. حنفية عمومية ٭ صنبور

fonte, *f* سيحان. ذوبان ٭ سبك. إذابة ٭ زهر. حديد مسبوك

— (de fer)

fonts, *m* جرن، حوض المعمودية

football, *m* ← كرة القدم

for, *m* (for intérieur) ضمير

forain, e, *a et m* غريب ٭ متنقل. دوار ٭ تاجر متجول في الأسواق وما شابه

forban, *m* لص بحري. قرصان

forçat, *m* مسجون بالليمان. محكوم عليه بالأشغال الشاقة

force, *f* قوة. شدة ٭ إغتصاب. قهر ٭ طاقة ٭ تأثير // — de gens كثير من الناس

— motrice قوة محركة
— majeure قضاء وقدر. سبب قهري
— armée قوة عسكرية. القوة المسلحة
— de chose jugée قوة الأحكام النهائية
à — de من كثرة. من فرط ما

forcé, e, *a* متكلف ¤ مرغم. مغصوب
travaux —s أشغال شاقة ¤ قهري //
forcement, *ad* حتماً. جبراً. اضطراراً
forcément, *m* إغتصاب. إجبار. إكراه
forcené, e, *n et a* مجنون. محتد ¤ منذهل
forceps, *m* ملقط الولادة (الحديدة)
forcer, *v* أجبر. ألزم ¤ قهر. أخذ عنوة
— les lignes اخترق الصفوف
— les sens تكلف المعنى
— la main جبر. ضغط على أكره
forces, *f.pl* مقص كبير. مجز ¤ جند
forclusion, *f* سقوط الحق
forer, *v* ثقب. خرق
forestier, ère, *a et m* متعلق بالغابات
غابي ¤ موظف في ما له علاقة بالغابات.
foret, *m* مثقب (خرامة). (بريمة)
forêt, *f* غابة. حرش. حرج. أجمة
forfaire, *v* 3 أجرم. قصر في. أخل بالشرف
forfait, *m* تزوير ¤ سقوط الحق ¤ جريمة
à — بالمقاولة. بالمجازفة // مقاولة ¤ ذنب.
forfaitaire, *a* جزافي
forfaiture, *f* خيانة. غدر. اخلال بالشرف
forge, *f* كور ¤ مكان الحدادة
forgé, e, *a* مطروق. مشغول ¤ مفترى
forger, *v* طرق. حدد ¤ اختلق ¤ زور
forgeron, *m* حداد
forjet, *m* نتوء. بروز (في حائط)
formaliser (se), *vp* تكدر. إغتاظ
(أخذ على خاطره)

formaliste, *n et a* محب التكليف. مدقق
مراعي الاصول.
formalité, *f* إجراآت. رسوم ¤ عوائد
آداب مألوفة ¤ عمل شكلي ¤ إجراء شكلي.
format, *m* حجم. (قطع)
formation, *f* تكوين. تأسيس
¤ جماعة مؤلفة من ¤ تكون
forme, *f* شكل. صورة ¤ قالب ¤ طريقة
en — في أحسن حالة ¤ حسب الاصول
pour la — شكلاً. لحفظ الظواهر (برّ وعتب)
formé, e, *a* مكون ¤ بالغ ¤ مثقف
formel, le, *a* صريح. قطعي. معين
formellement, *ad* قطعياً. قطعاً
former, *v* أنشأ. كون ¤ كيف ¤ درب
se — تشكل. تكون ¤ تهذب
formication, *f* تنميل. نمل. تخدير
formidable, *a* جسيم. هائل. عظيم. رهيب
formulaire, *m* مجموعة صيغ أو وصفات
أو قوانين أعمال
— pharmaceutique أقرباذين
formule, *f* شكل. قاعدة ¤ صورة. صيغة
¤ تذكرة طبية ¤ معادلة (رياضية او كيماوية)
¤ عبارة. إصطلاح
— différentielle قاعدة تفاضلية
— exécutoire الصيغة التنفيذية
formuler, *v* أوضح ¤ بين القاعدة
fornication, *f* زناء. فحشاء. فسق
forniquer, *v* زنى. فسق. جامع بالحرام
fort, e, *a* قوي. شديد ¤ متين ¤ منيع
¤ ضخم ¤ كثير. جداً
haleine forte رائحة فم كريهة

fort, m (طابية) حصن. معقل ٭ عش. وكر
— fortement, ad بشدة. جداً. بقوة
forteresse, f حصن. قلعة
fortifiant, e, a et m مُقوٍ. مُشَدِّد
fortification, f تحصين ٭ حِصْن (استحكام)
fortifier, v حَصَّن. مَنَّع، قوّى. شدّد
fortitude, f جَلَد. ثبات عَزْم
fortuit, e, a عَرَضِي. إتفاقي
cas — حادث فجائى
fortuitement, ad عَرَضاً. إتفاقاً. مُصَادَفَةً
fortune, f حَظ. بَخْت ٭ ثَرْوَة ٭ مَقام. مَرتبة ٭ مُصادفة
à la — du pot الموجود. على ما قسم
faire — اغتنى. اثرى
fortuné, e, a سَعيد الحظّ. موفق ٭ غَنِي
forum, m سَاحَة المداولة ٭ محكمة
forure, f ثَقب. خَرْق (خَرْم)
fosse, f حفرة. جب ٭ ضَرِيح. لَحْد
— (d'aisances) خزان المرحاض. مجرور
— commune حفرة للأموات. مقبرة عامة
fossé, m قناة تصريف ٭ خَنْدَق دَائِرِي
fossette, f حفرة صغيره ٭ غمازة. غار. طبع الحُسْن. تجويف (في الذقن)
fossile, m et a أحفوري. حفري. مايوجد مطموراً في الأرض كالفحم و بقايا الحيوانات القديمة ٭ مُتحجِّر
fossoyeur, n et a حَفَّار مقابر. لَحَّاد

fou (ou fol), m, folle, f مجنون
—, a طائش. جنوني
—, m (طائر) مريخ (في الشطرنج) ٭ الأطيش
— du roi مضحك الملك
— rire ضحك غير ممكن ايقافه
un monde — زحام شديد
succès — نجاح عظيم
foudre, f صاعِقة
coup de — الحب من أول نظرة
foudroiement, m صعق
foudroyant, e, a صاعِق
foudroyer, v صعق ٭ دمّر بالقنابل
fouet, m سَوْط. كرباج
fouetté, e, a مَضْرُوب ٭ مخفوق ٭ مسبح
fouetter, v جلد. ساط. ضرب بالسوط
fougère, f نبات السَرخس. خنشار
fougue, f حِدّة. حُميا. ثوران. حماس. نزق
fougueux, se, a شَديد الحمية. مُنْدَفِع
fouille, f حَفر. تنقيب. نبش الدفائن ٭ حفائر
fouiller, v نبش المدفون. نقب ٭ فتّش
fouillis, m بدون ترتيب. لخبطة. خَليط
fouine, f دَلق. نمس. نوع من الخطاف ٭ غطاس ٭ ابن مبرد. شنصر. مِـذراة
fouiner, f اختفى ٭ تدخّل فيما لا يعنيه
fouir, v فَجر
foulage, m كبس. دوس ٭ تبييض القماش
foulard, m نسيج حَرِيري خفيف ٭ منديل العنق ٭ وشاح. مئزر

foule, *f* جمع.جم.حفل.زحام.حشد ✡ جمهور ✡ جلة . بكثرة . افواجاً
en — افواجاً
foulée, *f* وطاء القدم ✡ خطوة.دوسة
fouler, *v* داس.ضغط.درس.وطیء ✡ قصر ✡ هرس . لبّد
se — le bras ملخ.لوى الذراع.ترضرض
foulon, *m* قصّار.مبيض الأقمشة.لبّاد
foulure, *f* فكشة.خلع.رض ✡ تلبيد (الصوف) ✡ قصر ✡ (قصع).إلتواء
four, *m* فرن.آتون ✡ مخبز ✡ عدم نجاح . فشل ✡ غلطة
petits —s كعك صغير
fourbe, *n et a* خبيث.ماكر
fourbir, *v* مسح.جلا.صقل
fourbu, e, *a* يعرج ✡ هدان.تعبان
fourche, *f* مذراة.مدراة ✡ شعبة
fourcher, *v* فرّع ✡ تشعّب
la langue fourch زلف اللسان
fourchette, *f* شوكة
— d'Adam الأصابع
fourchu, e ذو شعب.متفرّع ✡ مشقوق
fourgon, *m* عربة لنقل الأمتعة وما شابه ✡ محراك.مسعر.باشكور ✡ سينة
fourmi, *m* نملة
fourmilière قرية نمل.وكر نمل وما شابه
fourmiller, *v* كثر.غزر ✡ نمّل
Ye pied me fourmille رجلي نملت
fournaise, *f* اتون.مستوقد ✡ سعير
fourneau, *m* فرن.مستوقد.كانون.(وجاق)
haut — فرن صهر المعادن.مسبك

fourni, e, *a* ممون ✡ كثيف.مكتظ
fournir, *v* أمدّ.أورد.قدّم.زود
fournisseur, se, *n* مورّد.ملتزم.متعهد
fourniture, *f* توريدات.مهمات ✡ توريد
—(de tailleur) كلفة الأثواب
—s de bureau أدوات أو لوازم المكاتب
fourrage, *m* علف.عليق.كلأ
fourrager, *v* خرب ✡ دشتا(دشّت) ✡ راد.لمّ العلف.جمع التبن ✡ كلأ.رعى
fourré, e, *a et m* محشي ✡ مبطن بفروة ✡ منحش . منحشر ✡ أجم.مشجر.دغل .مكان مغض ✡ ضربة غير قانونية في المبارزة
fourreau, *m* غمد.قراب.غلافه.جفن
fourrer, *v* أدخل.دسّ.(دحش).حشا ✡ بطّن بفروة ✡ كسى بالقشرة
se —, *vr* إندسّ.تدخل.إنحشر
fourreur, *m* فرّاء.بائع أو مشتغل بالفراء
fourrier, *m* رائد الجيش ✡ أمين البلوك (شفخانة)
fourrière, *f* حظيرة أو زريبة للحيوانات الشاردة
fourrure, *f* فراء.فرو.فروة
fourvoyer, *v* أضلّ.ضيّع.اتاه
foyer, *m* مستوقد.وجاق.كانون ✡ مركز .محور ✡ دار.وطن.مأوى ✡ بيت الداء ✡ بؤرة ✡ نقطة إتضاح المرئي في العدسة ✡ نقطه ابتداء او تلاقي الأشعة
— (de machine) موقد.بيت النار
frac, *m* رداء (بدلة) رسمية سوداء.فراك
fracas, *m* فرقعة.صوت الكسر ✡ ضجة

fracasser, *v* كسّر. شجّ. حطّم

fraction, *f* كَسْر ٭ جُزْء. قسم. شظية ٭ تجزئة. كسر

— ordinaire كَسْر إعتيادي

— décimale كسر إعشاري أو عشري

fractionnaire كَسْري. كسوري ٭ جزئي

fracture, *f* كَسْر. شجّة. تكسير بشدة

fracturer, *v* كسّر. شجّ

fragile هَشّ. سَريع الكَسْر أو العطب

fragilité, *f* قابلية الانعطاب او الانكسار

fragment, *m* قطعة. كِسْرة. قُتامة. حُطامة

fragrance, *f* شَذا. أريج. عَرف. رائحة ذكية.

frai, *m* بَيْض أو بَطارخ السَّمك. صُعقر ٭ صِغار السمك. شره. تناسل السمك

fraîchement حَديثاً. مُنْذ قليل ٭ ببرودة

fraicheur, *f* طراوة. برد معتدل ٭ برودة أو رطوبة ٭ طزاجة. جدّة ٭ نضارة

fraichir, *v* برد (الطقس) ٭ اشتد (الريح)

frais, che, *a* طازج. (طازه). حديث ٭ بارد. بليل ٭ مرتاح ٭ نضير

prendre le — استنشق النسيم

frais, *m.pl* مصاريف. تكاليف. نفقات

faire les — دار عليه الكلام ٭ صرف

faire ses — غطّى مصاريفه

fraise, *f* ⟶ فريز. فراوْله. توت افرنجي أو أرضي ٭ وَجْنة

fraisil, *m* رماد الفحم الحجري. سِن

framboise, *f* ⟶ عليق أحمر. توت شوكي

franc, *m* فرنك. عملة افرنسية ٭ فرنج

franc, he, *a* حر. صَريح. صادِق ٭ معفى من

— *ou* **franco de port** خالِص أجرة النقل

un — charlatan نصّاب عام

part franche حِصّة خالصة

français, e, *n et a* فرنسي. فرنساوي

le —, *m* اللغة الفرنسية

France, *f* فرنسا

franchement, *ad et m* بحرية. صَريحاً. بلامُوارَبة ٭ خالٍ ٭ تخطي

franchir, *v* جاز. تجاوز. قطع. عبر

franchise, *f* صَراحة. حرية الكلام ٭ صدق الطوية ٭ إعفاء من الضرائب ٭ رُخْصة. حُرّية ٭ حق الانتخاب ٭ حمى. حماية.

— **douanière** إعفاء من الرسوم الجمركية

franc-maçon, *m* ماسوني. بَنّاء حُر

franc-maçonnique, *a* ماسوني. مُتعلّق بجمعية الماسون أو الأخوية الماسونية

franco- «سابقة معناها» فرنسي

franco, *ad* بدون مصاريف. خالص الاجرة. خالي المصاريف

— à bord *ou* bord خالص الاجرة حتى ظهر الباخرة

francophile, *a et n* فرنسي الأميال

franc-parler, *m* حُرية الكلام

franc-tireur, *m* جندي متطوع غير نظامي

frange, *f* سجف. خمل. هُدب. خرج. شرابة (شراشيب).

frauquette, (à la bonne —) بدون تكليف

frappé, e, *a* مضروب ○ مبرَّد. مثلج ○ مفجوع. مُصاب

frapper, *v* ضرَب. قرع. صفق ○ أصاب ○ برَّد. ثلَّج. صقَّع ○ أثَّر في ○ أدهش ○ سَك. ضرَب العُملة

fraternel, le, *a* أخويّ. إخائي

fraternellement, *ad* بإخاء. أخوياً

fraterniser, *v* آخى. تآخى مع

fraternité, *f* أخوَّة. إخاء ○ جمعيَّة. معشَر

fraude, *f* نصْب. تدليس. تهريب. غش

frauder, *v* غشّ. إختلَس. زوَّر

fraudeur, se, *n et a* مُزوِّر. مهرِّب. غشاش

frauduleux, se, *n et a* غشاش ○ تزويري. بغش. تدليس

frayer, *v* فتَح طريقاً. طرق. سلك ○ جنّط

frayeur, *f* فزَع. خوْف. رعبة. رعب

fredaine, *f* طيش. جهالة

fredonnement, *m* دندنة. تنغيم. زنّ

fredonner, *v* دَنْدَن. هود. تمتم بالغناء

frégate, *f* مَركب حربي قديماً. فرقاطة ○ مدرعة صغيرة ○ طائر كبير

frein, *m* كَبَّاحة. فرملة ○ سبنسة ○ عنان. لجام ○ رَدْع. مَنْع ○ رادِع

mettre un — ردع

freiner, *v* كبح. فرمَل ○ خفض السُرعَة

frelater, *v* غش. خلط (زغل). زيَّف

frêle, *a* نحيف. ضعيف ○ هش

freluche, *f* شُرَّابة. طرَّة. شوشة حرير

freluquet شاب خفيف وطائش لا يؤبه له

frémir, *v* إرتعش. إرتعد. رجف

— de colère إحتدم غضباً

frémissement, *m* إرتعاش. إرتجاف. إقشعرار ○ حفيف

frêne, *m* شَجَرة لِسان العصفور. دردار. زهرة الغابة.

frénésie, *f* جُنُون. هذاء ○ إحتدام. حُميا

frénétique, *a* متهيج ○ مَجْنُون. جنوني

fréquemment, *ad* مراراً. بتواتر. بكثرة

fréquence, *f* تكرر. تواتر. كثرة. ترداد

haute — مجرى التواتر العالى

fréquent, e, *a* مُتكرِّر. كثير الوقوع

fréquentation معاشرة. اختلاط. تردّد. مرافقة

mauvaise — إخوان السوء

fréquenter, *v* آلف. عاشر. تردَّد إلى

frère, *m* أخ. شقيق ○ راهب

— germain شقيق. اخ لأب وأم

— consanguin اخ من الأب

— utérin اخ من الأم

— de lait اخ بالرضاعة. بزى

fresque, *f* تصوير على الحائط

fressure, *f* معلاق عفش الذبيحة مثل الكبد والقلب وغيرها

fret, *m* إستئجار مركب لتسفيرها ○ أُجرة نقل البضائع أو السفينة. نول ○ عوائد الميناء

fréter, *v* شحن.وسق ٭ أكرى أو أجر مركب
fréteur, *n et a.m* مَن يُؤجر مَركباً
frétillement, *m* تنطط. إختباط. تحرك . ترعص (تلعبيط)
frétiller, *v* إختبط. تلوى. ترعّص ٭ تلهف
fretin, *m* صغار السمك. سمك صغير ٭ عُفاشة. شيء تافه
friand, e, *a et n.* لذيذ ٭ محب لـ. شهي
friandise, *f* تذوق. ميل للمأكولات اللذيذة
— **s**, *f.pl* حلواء. حلويات. حِلْوَى
fricassée, *f* لحم مفروم محمر مع الصلصه. يخني
friche, *f* أرْض بور. أرض متروكة بلا زرع
frichti *ou* **fricot**, *m* يخني باللحم ٭ طبيخ
friction, *f* دلك. فرْك. تدليك ٭ إحتكاك
frictionner, *v* فرك. دَلّك. رَطّل
frigidaire, *m* ثلاّجة وصانعة للثلج
frigidité, *f* بُرودة ٭ عنانة. إنحلال
frigorifier, *v* برّد. جلد. صان بالبرودة
frigorifique, *a* مُبَرّد. محدث برداً
appareil — جهاز التبريد
frileux, se صَرد. سَريع التأثر من البرد
frime, *f* تقليد ٭ حيلة ٭ مظهر
frimousse, *f* سحنة. وجه ٭ وجه جميل وصغير
fringale, *f* لهفة مفاجئة للطعام (هفيان)
friper, *v* جعّد. ثنّى. دهك. أبلى
friperie, *f* أشياء عتيقة بالية. (روبافيكيا) ٭ تجارة الأثاث والملابس المستعملة
fripier, ère, *n et a* بائع ملابس مستعملة. عتق
fripon, ne, *a et n* مُحتال. خَبيث. ماكر
fripouille, *f et a* وَغْد. لئيم. وبش
frire, *vs* قلى. (حمّر)
aller vous faire — إذهب في داهية
frisage, *m* تجعيد
frise, *f* إفريز. (كورنيش). طنف
frisé, e, *a* مجعّد. مموّج
friser, *v* جعّد. موّج ٭ مَسّ. كاد يلمس
elle frise la quarantaine قاربت سن الأربعين
frisson, *m* قشعريرة. رجفة ٭ بردية
frissonnement, *m* قشعرة. برد
frissonner, *v* إقشعر بدنه. ارتجف
frit, e, *a* مَقْلو أي (محَمّر) . مقلي
il est — هلك أو هرب
friture, *f* قلي. (تحمير) ٭ زيت أو سمن القليه
— de poisson سمك مقلي
frivole, *a* طائش ٭ زهيد. طفيف
frivolité, *f* خفة. طيش ٭ تفاهة
froc, *m* ثوب الراهب
froid, *m* بَرْد. صقيع ٭ فتور
froid, e, *a* بارد
n'avoir pas — aux yeux جريء. مقدام
froidement, *ad* ببرود. بفتور ٭ بسكينة
froideur, *f* برودة ٭ برود
froissement, *m* رضرضة. (كدم) ٭ تجعّد. (دعبلة). غضون

froisser, *v* رض. رضرض ٭ مس الاحساسات ٭ جَعَّد. (ضعج)

frôlement, *m* لمس. إحتكاك خفيف. مس

frôler, *v* إحتك خفيفاً. لمس بالكاد. مسّ

fromage, *m* جُبْن. جُبنة

— de couchon هلام ٭ مفرومة الخنزير

froment, *m* حِنْطة. قمح

fronce, *f* قطبة. عقدة ٭ كرمشة ٭ طية. ثنية

froncer, *v* قبض. قطب. عبس ٭ كشكش

froncement, *m* تقطيب الوجْه. انقباض. عبوسة ٭ كشكشة ٭ كرمشة

frondaison, *f* زمن نبت وَرَق الشجر. توريق ٭ ورق النباتات

fronde, *f* مِقلاع. محذفة ٭ رباط (جراحة)

front, *m* جَبين. جَبْهة ٭ وَجْه أو صَدر الجيش. مُقدّم ٭ خَط النار ٭ وقاحة. جراءة

frontière, *f* حد. حُدود. تخُوم

frontispice, *m* واجِهَة (في البناء) ٭ عنوان مُبروَز أو صورة في صَدْر كِتاب

fronton, *m* رأس الواجهة. زخرف على مدخل العمارات

frottement, *m* إحتكاك ٭ دعك. مسح بالفرك

frotter, *v* دعك. حك. فرك ٭ ضرب

se —, *vpr* احتك بـ ٭ حك أو دلك نفسه

frou-frou, *m* خشخشة الثياب. حفيف

froussard, e, *n* جَبان. (خوّاف)

fructification, *f* إثمار. تكوين الثمر

fructifier, *v* أثمر. اغلّ ٭ جعله مثمراً

fructueux, se مُثمر. مُنتج ٭ مُربح

frugal, e (*pl.* s *ou* aux) متقشف. قانع بالأكل البسيط. إقتصادي ٭ زاهِد

frugalité, *f* تَقَشُّف. قناعة. زُهد بالمأكل. بساطة المأكل

fruit, *m* فاكِهة. ثمَر ٭ مَنفعة. فائدة ٭ نَتيجة

— defendu ما حرم. ما مُنع عنه

—s de mer حيوانات البحر الصدفية الصغيرة

fruitier, ère, *a et n* منتج الفاكِهة ٭ بائع الفواكه. فكهاني

frusquin, *m* ثَرْوَة. ما يملك الشخص ٭ ثِياب

frustrer, *v* هضَم أو حَرَم من حَق. غبن

fugace, *a* قَصِير العُمْر. طيّار. سريع الزوال

fugitif, ve, *n et a* هارِب. شارِد ٭ لاجيء ٭ سَريع الزوال. مار

fugue, *f* فلتة ٭ اعادَة اللحن (في الموسيقى)

fuir, *v*³ هَرَب. فرّ ٭ إجتنب ٭ خرّ. سال

fuite, *f* فِرار. هرب ٭ ثقب. نضح ٭ إنسراب

fulgurant, e, *a* مُبرِق. ذو وميض

fulminer, *v* تفرقع. انفجر ٭ قصف. رعد

fumage, *m* تَشْميد. تَسْبيخ ٭ تدخين. تعريض للدخان ٭ تذهيب الفضة

fumant, e, *a* مدخِن. داخِن

— de colère مستشيط غضباً. متقد غيظاً

fumé, e, *a* مُدَخَّن ٭ مسمد ٭ مقدد

fumée, *f* دخان. دَخَن ٭ بخار

—s d'alcool تصاعدات الخمر. نشوة

fumer, *v* دَخَّن التبغ ٭ سَبَّخ. سمّد ٭ تصاعد منه الدخان

— le poisson نشف السمك بتعريضه للدخان

fumerie مَحْشَشَة. مَحل شُرْب الأفيون أو الحشيش

fumet, n شذا. طيب. رائحة ◦ ريح الطريدة
fumeur, se, n مُدَخِّن. شارب الدخان (التبغ)
fumeux, se داخن. مدخن. كثير الدخان
fumier, m سماد. سبلة ✿ اقذار. زبالة
fumigation, f تبخير. تهبيل (في الطب)
fumiste ماجن ◦ مداخني. صنعته المداخن
fumisterie, f صناعة المداخن وتجارتها ✿ سخرية ✿ شعوذة. تعمية
fumoir غرفة التدخين ◦ مكان تدخين اللحوم
fumure, f كمية من السماد ✿ طمر السباخ ◦ تسميد
funambule, n بهلوان. راقص على الحبل
funèbre كئيب ◦ جنائزي
funérailles, f.p جنازة. مأتم. حفلة الدفن
funéraire, a جنائزي. مختص بالمآتم
funeste, a نحس. مشؤوم ✿ مهلك. مميت
funiculaire, m سكة حديد للأماكن العالية
fur, m, (au fur et à mesure) أوّل بأوّل
furet, m إبن مقرض. حيوان يشبه إبن عرس ✿ اسم لعبة ◦ رجل حشري
fureur, f غضب. ثورة. هياج ✿ إحتدام // حمية.
faire — تفشى بشدة. إشتهر
furibond, e, n et a هائج. غضبان
furie, f غضب عظيم. هيجان شديد
furieusement, ad بغضب شديد. بحدة
furieux, se هائج. متميز غيظاً ◦ شرس. ضار

furoncle, m دمل. بثرة. حبة. خراج
furtif, ve, a خلسة. خفي. سري ◦ مسترق
furtivement, ad خلسة. خفية. سرقة
fusain, m فحم التصوير ◦ صورة بالفحم الخشب
fuseau, m مردن مغزل. مبرم
fusée, f سهم ناري. صاروخ ✿ ملوة المغزل ◦ بدن العامود ✿ فتيل المفرقعات. صاهرة
fuselage, m جسم أو هيكل الطيارات
fuselé, e. a رشيق ✿ مخروطي الشكل. مستدق الطرف
fuser, v طشطش. تكتك ✿ ذاب بالحرارة ✿ ساح ✿ مزج
fusil, m بندقية ✿ زناد ✿ حديدة للشحذ
fusillade, f إطلاق البنادق
fusiller, v ضرب بالرصاص ◦ اعدم بالرصاص
fusion, f صهر. إذابة بالحرارة ✿ إتحاد
fusionner, v ضم. مدمج. وحد ◦ إدمج
fustigation, f ضرب بالسوط. جلد
fustiger, v ساط ✿ خاط. شلالة. ضرب
fût, m برميل. دن ◦ خشب البندقية أو الفارة
futaille, f شجر عال ✿ غابة أشجار باسقة
futile, a سخيف. عديم النفع أو القيمة
futilité, f سخافة. عبث. تفاهة
futur, e, a مستقبل. قادم
—, e خطيب أو خطيبة. الزوج المتيدم
—, m مضارع. صيغة المستقبل
fuyard, e, a et n هارب. منهزم. فرّار

G

gache, *f* رَزَّة ٭ مصوَّلة ٭ مصطرين ٭ قفيز (نقب لسان القفل)
gacher, *v* صَوَّل. عجن الملاط أي المونة. جبل الطين ٭ خبص. رَمَّق. بعثر
— les prix غشّر الأثمان. باع بثمن بخس
gachette, *f* تتك. لسان البندقية ٭ لولب القفل
gacheur, *n et a.m* فاعل. جبال أو مجّان المونة ٭ مخرب ٭ مسرف ٭ بائع بثمن أقل. خافض الثمن عن غيره
gachis, *m* ملاط. مونة ٭ مَوحل ٭ إختلاط. بعثرة (لخبطة) ٭ ورطة ٭ خبيص
gade, *m* سَمك القُدّ
gadone, *f* سباخ من مواد برازية وزبالة المنازل
gaffe, *f* غَلْطة ٭ خطّاف. مدرى
gaffer, *v* غلط ٭ عَلَّق بالخطاف
gaga, *n et a* خَرْفان
gage, *m* رَهْن (مع حق الاستعمال للمرتهن). رهن حيازي ٭ شاهد. كفالة ٭ رهن امارة (في التضاحيك المنزلية)
— d'amitié عربون المحبة
homme à — أجير
—s, *pl* اجور. راتب الخدم
gager, *v* راهن ٭ أعطى راتب لخادم
gageure, *f* مُراهنة. مشارطة ٭ الرهان نفسه
gagiste, *m* عامل ظهورات. أجير ٭ مرتهن
gagnant, e, *n et a* رَابح
gagne-pain, *m. in* حرفة أو آلة الارتزاق
gagner, *v* كسب. ربح. استفاد ٭ استمال ٭ رشا ٭ فلح، تقدم ٭ بلغ. وصل إلى
— sa vie كسب معاشه
— les champs وصل للحقول
la faim me gagne ابتدأت أجوع
gai, e, *a* مرح. جَذِل. فرح. منشرح ٭ بَهيج. مبهج. سار. (مفرفش) ٭ نشوان
couleur —e لون زاه، ساطع أو خفيف
gaiement, *ad* بِمَرح. بِفَرح
gaieté, *f* مرح. إنشراح (فرفشة). بسط
de — de cœur بطيب خاطر. من تلقاء نفسه
gaillard, e, *a* مَرِح ٭ جَريء. جسور
—, e, *n* قوي ٭ كبير الجسم مفتول العضل. عتريس ٭ سليم البنية
gaillard, *m* سطح المركب المقدم أو المؤخر
gain, *m* مكسب. ربح. كسب
— net صافي الربح
avoir — de cause ربح القضية
gaine, *f* غِمد. قِرَاب ٭ غلاف. جراب (في التشريح) ٭ مشدّ أو حزام مطّاط
gala, *m* إحتفال. عيد. مُهْرَجان. وَليمة
habits de — الملابس الرسمية
galalithe, *f* طنخ
galamment, *ad* بلُطف. برقة. بلباقة
galant, e, *a* ظَريف. لَطيف. مجيد ٭ شهم ٭ سَخِي ٭ متغزل [جالَن]
—, *m* عاشق. عشيق
un vert — مرماح ٭ عجوز متغزل
galanterie, *f* شَهامة. لطف ٭ غزل

galbe, *m* تقاطيع رشيقة ٭ جلبة(فى البناء)
gale, *f* جَرَب
galère, *f* شانية. سفينة تقاد بالمقاذيف وبالشراع قديماً ٭ صاجين محكوم عليهم بالتقذيف فيها
—s, *f.pl.* عقاب التقذيف قديماً ٭ لومان. الأشغال الشاقة
galerie, *f* رواق. ممشى. طرقه ٭ أعلى المرسح ٭ الحضور. الأشخاص الحاضرين الملعب ٭ مجموعة أو معرض تحف وأشياء ثمينة ٭ كرنيش // مرداب (fortifications) —
—de tableaux مَعْرض لوحات فنية
galerien, *m* مَسْجُون بالومان. ملومَن
galet, *m* حصاة. حصى. زلط ٭ عجلة صغيرة ٭ لوحة الخلط ٭ لوحة صف الحروف
galette, *f* فطيرة. رقاق ٭ فلوس
galeux, se, *a* أجْرَب. جَربان. به حكة
galimatias, *m* سفسفة. خلط كلام ٭ شيء غير واضح
galle, *f* عَفص. غُدَّة فى النبات
gallicisme, *m* إصطلاح فى اللغة الفرنسية. تعبير فرنسي.
gallon, *m* حوالى ٤ ½ لتر
galoche حذاء يلبس فوق الحذاء الأصلى
galon, *m* شريط من قصب او حرير ٭ شعار رتبة عسكرية
galop, *m* رَمح. عَدو
galoper, *v* قَمَّص ٭ رقص الجمل ٭ عدا. جرى عدواً ٭ ضايق
galopin, *m* صبي وقح ٭ ساع صغير السن

galvanisation, *f* طلاء أو تلبيس الحديد بالتوتيا بالكهربا. تلبيس المعادن بالكهرباء
gambade, *f* وَثْبة. نطة. قفزة. طفرة
gambader *v* أبز. تنطط. قفز. وثب
gamelle, *f* قصعة. (قروانة)
gamin, e, *n* صَبي. (عيّل) ٭ ولد شقي. دعلج
gaminerie, *f* شقاوة. صبينة. دعلجة
gamme, *f* سُلَّم الأنغام ٭ الشيء بأكمله
ganache, *f* فك الفرس الأسفل ٭ بليد
gandin, *m* شاب كثير التأنق ثقيل الروح
ganglion, *m* عُقدة. غُدة لمفاوية
gangrène, *f* آكلة. غنغرينا. قرح. نغل الجرح.
gangrener (se), *vr* نغل. تقرح. غنغر
ganguette, *f* مَقْهَى أو قَهْوَة خلوية
ganse, *f* قيطان قصب او حرير. خيط للتزيين. بريم
gant, *m* قُفّاز. (جوانتي). كف
jeter le — طلب للمبارزة
ne pas mettre des —s التكلم بصراحة
cela me va comme un — هذا يوافقنى
gantelet قفاز حديد ٭ كفوف كبيرة
ganter, *v* ألبس الكفوف أو القفافيز
gantier, ère, *m* بائع أو صانع القفافيز

garage, *m* مخزن أو حظيرة السيارات
○ خط يقف عليه القطار لفتح الطريق لآخر
garance, *f* فوّة (نبات يستعمل فى الصباغة)
garant, e, *n et a* ضامن . كفيل
—, *m* ضمانة . كفالة
— solidaire متضامن
garanti, e, *a* مضمون
—e, *f* ضمانة . ضمان . كفالة
garantir, *v* ضمن . كفل ○ صان . وقى
se —, *vp* إحتمى . توقى . إجتنب . حذر
garçon, *m* صبي . غلام . فتى ○ أعزب ○ أجير
— de café ندل . خادم المقهى او المطعم
— d'honneur وكيل او شاهد العريس . اشبين
garçonnet, *m* غلام صغير (عيل)
garçonnière, *f* منزل العازب
garde, *f* حراسة ○ حفظ . صيانة
○ حرس ○ ممرضة ○ بطانة الكتاب
— judiciaire حراسة قضائية حضانة قانونية
— de l'épée قبضة أو مقبض السيف
monter la — خفر . حرس
garde, *m* حارس . رقيب . خفير
— des sceaux وزير العدل . أمين الأختام
garde-barrière, *n* حارس حواجز
السكة الحديدية . خفير المزلقان
garde-boue, *m* رفرف العجل
. واق من الوحل
garde-chiourme, *m* سجان (فى اللومان)
garde-côte, *n et a m* خفر السواحل
○ خفير السواحل
garde-feu, *m* (*inv.*) حاجز لنار الموقد
garde-champêtre حارس زراعة . ناطور
garde-malade, *n* ممرض
أو ممرضة . (عرجى)
garde-manger, *m* نملية
. خزانة المؤنة
garde-meuble, *m* محل تخزين الأثاث
garder, *v* حفظ . حافظ على ○ صان ○ حرس
— le lit رقد . لازم الفراش
— à vue راقب
— sous clef اوصد
se —, *vp* إجتنب . تجنب . تحفظ من
garde-robe, *f* خزانة الملابس . صيوان
○ فوطة . (مريول) ○ مرحاض
garde-robes, *f.pl* البراز . غائط
gardeur, se, *n* راع . كلاف مواشي
gardien, ne, *n* حارس . خفير ○ أمين
○ بوّاب || بوليس
— de la paix بوليس
— de nuit غفير
gardiennage, *m* حراسة ○ وقاية . صيانة
gargariser (se), *vp* غرغر . تمضمض
gargarisme, *m* غرغرة . مخضة . مضمضة
○ ما يغرغر به . سائل للغرغرة . غرور
gare ! *ou* — à vous! حذار! إياك! حاسب!
gare, *f* محطة
sans crier — بدون سبق إنذار
garenne, *f* وكر الأرانب البرية
garer, *v* أدخل المخزن ○ أدخل المركب الملجأ
○ جرّج . ركن السيارة ○ وقى
se —, *vp* توقى . احترس ○ تخزن
gargote, *f* مطعم حقير

gargouille, *f* مِيزاب. مِيزراب
gargouiller, *v* قرْقَر. كَرْكَر
gargouillement كَركَبة البطن
gargouillette *ou* **gargoulette**, *f* ← قُلّة
gargousse, *f* ظرْف (فشكة) المدفع أو أي آلة نارية. عيار
garnement, *m* شقي (معتّر). خليع
garni, e, *a* مفروش. مهيأ. مجهز بما يلزم
—, *m* منزل أو غرفة مفروشة للايجار
garnir, *v* فرَش. جهّز (وَضّب) ✿ ملأ
— une robe كلّف الثوب
— un plat de viande حفّ أو هيأ طبق لحم بخضارات وما شابه
garnison, *f* حامية. مستقر الحرس
garniture, *f* فرش المحل ✿ زينة. حلية ✿ (تحبيشة) ✿ كافة
— de boutons طقم زراير
garrot, *m* كاهل الفرس ∘ آلة لضغط الشرايين
garrotter, *v* شدّ وثاقه. قيّد. كتّف
gars, *m* شاب. (جدع)
gasconnade, *f* طرمذة. إدعاء. (فشرة)
gaspillage, *m* تبديد. تبذير. إسراف
gaspiller, *v* بدّد. أسرف. بعزق
gaspilleur, se, *a et n* مبذر. مسرف
gastrique, *a* معدي. مختص بالمعدة
embarras — تلبك معدي
gastronome, *m* خبير في فن المأكولات

gastronomie, *f* فن المأكولات الفاخرة. ترف. التأنق في الأكل والشرب
gastronomique مختص بالتأنق في المآكل. قصوفي
gâté, e, *a* تالف. معفن. فاسد ✿ مدلل
gateau, *m* كعكة. قرص حلواء (بسطة)
gâte-métier, *m* مُرَخّص. مخسر الصنعة. مشتغل بأقل ربح
gâter, *v* أتلف. أفسد ✿ رفّه. دلّل
gâterie تدليل. (تدليع). إفراط في الحنو
gâte-sauce, *m* (*inv.*) طباخ غشيم ✿ مساعد الطاهي (مرماتون)
gateux, se, *a et n* معتوه ✿ من يبرز على نفسه
gauche, *a* غشيم. مرتبك. أخرق ✿ شمالي
—, *f* يَسار. يسرة. شمال ✿ اليد اليسرى ∘ حزب اليسار // على اليسار أو الشمال — à
gauchement (بغشم) بتلبك. بارتباك
gaucher, ère, *n* أعسر. أيسر (أشول)
gaufre, *f* قرص عسل ✿ رقاق
gaufrer, *v* طبع. بصم (على نسيج أو جلد). قرص
gaufrette, *f* رقاقة
gaule, *f* خطّاف. عصا طويلة كالمدرة ✿ بوصة الصيد
gaver, *v* زقّ الطير ✿ أفعم. أبشم. أجفر
se — طفح. إمتلأ طعاماً (تبرشم)
gavroche, *a et n* عامي. سوقي ∘ إبن بلد

gaz, *m* غاز ٭ بخار
— lacrymogène الغاز المبكي، المدر للدمع
— asphixiant غاز خانق
gaze, *f* شف (كريشة) ٭ شاش الجراحة
gazé, e من استنشق الغازه ملطف. مستور
gazelle, *f* غزال. غزالة. ظبية. ظبي
gazer, *v* نجح. سار على ما يرام
gazette جريدة ٭ غطى بشاش
gazeux, se غازي ٭ فوار
gazeuse, *f* قازوزة
gazon, *m* حشيش. خضرة. عشب. جازون
gazouillement *ou* gazouillis, *m* تغريد. مناغاة. زقزقة
gazouiller, *v* غرد. زقزق. زرزر ٭ فتل
geai, *m* أبو زريق. غراب الزرع. قيق
géant, e جبار. عملاق. كبير الجسم او العقل
gecko, *m* (بُرْص). سام ابرص. بَرَص
geindre, *v3* أنَّ. (عَنَّ). تأوه ٭ ناح
gel, *m* جليد. صقيع ٭ وقت الجليد
gélatine, *f* هلام. جيلاتينا. (بلوظة)
gelée, *f* جليد. صقيع ٭ مربى. قريس ٭ مرق أو عصير مختر. كشك الماظ. بلوظة
geler, *v* جمد. جلد ٭ آذى النبات بالصر
géminé, e, *a* مكرر. معاد ثانياً. مزدوج
gémir, *v* أنَّ. ناح. تنهد. تأوه ٭ زمجر
gémissement, *m* أنين. تأوه. نياح
gemme, *f* كافة أنواع الحجارة الكريمة ٭ ملح معدني متبلور ٭ برعم. زر
gemmer, *v* برعمة الشجرة. زرَّرت ٭ رصع بالجواهر
gênant, e مضايق ٭ مكدر. مثقل. مربك
gencive, *f* لِثة. لحم الأسنان
gendarme, *m* عسكري. شرطي. بوليس
gendarmer (se), *v* غضب. ثار ٭ قاوم
gendarmerie, *f* البوليس. الشرطة ٭ مركز رجال الأمن. الحرس الاداري
gendre, *m* صِهر. ختن. زوج الابنة
gêne, *f* ضيقة. شدة ٭ ضيق الحال. ضنك
il est sans — قليل الأدب
gêné, e, *a* متضايق ٭ محتاج الى نقود
généalogie, *f* سلسلة النسب
généalogique نسبي. سلسلي. مختص بالأنساب
géner, *v* ضايق. ثقَّل. زحم. عاق
ne vous genez pas لا تبال
général, e, *a* عام. عمومي
en — بوجه عام. عموماً
général, *m* قائد جيش. فريق. لواء
généralement, *ad* على الأطلاق. غالباً
généralisation, *f* تعميم في الكلام
généraliser, *v* شمل. عمَّ. اطلق
généralissime القائد العام. القائد الأعلى
généralité, *f* عموم ٭ عمومية. اكثرية
générateur, rice, *a* مولِّد. منتج
—, *m* مرجل. قزان ٭ مولِّد
génération, *f* ذرية. تسل ٭ جنس ٭ المعاصرون ٭ قرن. جيل ٭ تولُّد

généreusement بكرم. بسخاء. بمروءة
généreux, se, *a* كريم. سخي ◊ شهم
vin — خمر قوي
générique, *a* جنسي. نوعي
générosité, *f* كرم. سخاء. شهامة. جود
Génèse, *f* سفر التكوين. تولد عنصري
génésique, *a* توليدي. تكويني. تناسلي
genêt, *m* رتم. لزان. وزال (نبات)
génial, e, *a* نبوغي ◊ لطيف ◊ طبيعي
genie, *m* عبقري ◊ نبوغ. عبقرية. لوذعية
. تابع ◊ القرين. الروح المتسيطرة على
أفعال الشخص ◊ هندسة (في الحربية)
◊ نزعة. ميل ◊ مميزات. صفة خاصة
genièvre, *m* حب العرعر. عرعر
génisse, *f* عجلة بقر. (شبه)
génital, e, *a* تناسلي. متعلق بأعضاء التناسل
génitif, *m* جر. خفض. حالة المضاف اليه
genou, x, *m* ركبة
genouillère, *f* ركبية ◊ مفصلة
genre, *m* جنس. نوع. شكل. صنف. طريقة
gens, *m.pl* ناس. جمهور ◊ خدم. اتباع
. أصحاب أو أهل الـ. جماعة ◊ قوم. رجال
— de lettres أرباب الأقلام. الكتاب
— de mer بحارة. ملاحون. رجال البحر
— **de maison** خدمة المنزل (كالخدم والبواب)
gent, *f* جنس. قوم. نسل. فصيلة
gentiane, جنطيانا. العشبة المرة
gentil, *m* وثني ◊ غريب

gentil, le, *a* لطيف. ظريف ◊ شريف
gentilhomme, *m* شريف. نسيب. نبيل
gentillesse, *f* ظرافة. لطف. رقة
gentiment, *m* بلطف. بظرف. برقة
génuflexion, *f* ركوع ◊ ركعة. جنو
géodésie, *f* علم قياس مساحة الكرة الأرضية وهيئتها
géographe, *m* جغرافي. عالم بالجغرافية
géographie, *f* جغرافية. علم تخطيط الأرض
geôle, *f* سجن. محبس
geolier, *m* سجان. بواب السجن
géologie, *f* علم معادن الأرض وطبقاتها وتكوينها. علم الهلك
géologue, *m* عالم بطبقات الأرض
géométrie, *f* علم الهندسة. المساحة
géométrique, *a* هندسي. متعلق بالهندسة
gérance ادارة. وكالة. نيابة
géranium, *m* إبرة الراعي. نبات الخبيزة الأفريكية
gérant, e, *n* مدير ◊ وكيل. نائب
gerbe, *f* حزمة. ضمة. باقة أو ما شابه
gerboise, *f* يربوع (حيوان صغير). فار نطاط
gerce, *f* عثة. دودة. سوس
gercer, *v* شقق. فلق. شرخ. صدع
gercure, *f* تشقق (تقشف). ثرث
gérer, *v* دبر. أدار. ساس

germain, e قريب لَحًّا أي من الدرجة الاولى
germaniser, v صَيَّر ألمانيا. جَرْمَن
germe, m جُرْثومة. نُطفة. بذر ✡ لُقاح ✡ أصل
germer, v نبت. برز. زرع ✡ نشأ
gésier, m حوصلة. قانصة. معدة الطير
gesse, f جلبان (نبات)
geste, m إيماء. إشارة. رمز. حركة
—s, m,pl. مآثر. مفاخر
gesticulation, f تحريك. تشوير. اكثار الحركات عند التكلّم. تشوير بالاشارة
gesticuler, v كثّر الحركات (شبّر)
gestion, f إدارة. وكالة
— de portefeuille إدارة القراطيس المالية
geyser, m نبع ماء سخن. حمّة. شبابة
gibbon, m قرد طويل ⟵ الأذرع
gibecière, f شنطة التلامذة. خريطة ✡ كيس. جراب. مخلاة
giberne, f جراب الخرطوش (جربندية)
gibet, m مشنقة
gibier, m صيدة. الحيوانات المصادة. طريدة
— de potence قنيصة // منشرد. مجرم
giboulée, f زخه (رخة). مطر معه برد
giboyeux, se, a أرض كثيرة الصيد
gibus, m ⟵ قبعة عالية للرسميات ممكن تطبيقها
gicler, v إنبجس. نفر. سال
gifle, f صفعة. (قلم. كف)
gifler, v صفع. لطم بالكف على الخد
gigantesque, a جسيم. ضخم. هائل
gigolo, m معشق. شاب متبرج تصرف عليه النساء
gigot, m فخذ الخروف ✡ أكمام فستان مقببة عند الأكتاف ✡ ساقا الحصان الخلفية
gigoter, v حرّك ساقيه باستمرار
gilet, m صديرية (صديري) ⟵ صُدرة. صدرية
— de flanelle شعار. فانلا. قميص داخلي (عنتري)
gingas, m قماش المراتب
gingembre زنجبيل. جنزبيل
ginger-beer, m شراب الزنجبيل
giorno (à) تنوير ساطع كضوء النهار
gipsy نَوَر. غجر (اسم النور في بلاد الانجليز)
girafe, f ⟵ زرافة
girande, f باقة سواريخ. فسقية نارية ✡ رشاشة دوارة. مجموعة لوافير ماء
giratoire, a دوار. دائري. حركة دائرة
girofle, m قرنفل
clou de — كبش قرنفل. زهرة قرنفل
giroflée, f مَنْثُور (مَنْتُور)
giron, n حِجْر. حِضْن
girouette, f دوّارة هواء ⟵ لتدل على مهب الريح ✡ شخص هوائي. متقلب
gisant, e, a طريح. ممدد. ممدود. مضطجع

gisement, m مَرْكز المعادن ٭ كتلة معادن
git (ci) هُنا راقد. هنا أو هذا ضريح الـ
gitane, m نَوَر. غجر
gîte, m مأوَى. وكر. حجر. جُحْر
— à la noix لحمة موزه عجالى
givre, m جليد. صَقيع ٭ ثعبان
glabre, a أجْرَد. أملط. أمْرَد. مَلِس
glaçage, m صَقْل الورَق أو الملابس المكواة. إماهة وَجْه المأكولات ٭ تثليج
glace, f ثلج ٭ مِرآة ٭ مثلجات (دندرمه) . قريس. حليب أو شربات مثلوج
rompre la — فتح الحديث. رفع التكليف
prendre une — أخذ (دندرمه)
glacé, e, f مثلَّج ٭ شديد البرودة ٭ لامع
glacer, v جمّد. قرَّس. برَّد ٭ لمَّع. صقل
glacerie, f معْمَل أو محل بيع ثلج أو قريس أي مثلجات أو مرائي أو زجاج
glaceur, m صَقَّال. مَن صنعته صقل القماش أو الورق
glaceux, se, a مخدوش. به عيب (تطلق على الاحجار الكريمة)
glacial, e (pl. avec s) جليدي. ثلجي
glacier, m بائع او صانع المثلجات. ثلاج ٭ حلوانى ٭ كومة ثلج فوق جبل
glacière, f (ثلاجة). مثلجة
glacis, m إنحدار. منحدر. مزلقان ٭ دهان لتلميع الألوان الكابية
glaçon, m قطعة جليد. عِضرس
gladiator, m مصارع. منازل
glaire زلال ٭ مخاط
glaise, f طفل . طين خزافى. صلصال
glaive, m سَيف
glanage, m لمّ السُّبُل المتبقية بعد الحصاد
gland, m ثمرة أو جوزة البلوط أو السنديان ٭ زر أو شرابة للزركشة ٭ حشفة
glande, f غدة. عُقدة
glandulaire, a غُدِّي الشكل
glandule, f غدة صغيرة. غديدة
glane, f ربطة سنبل ملتقطة ٭ حزمة صغيرة
glaner, v لقط الجذامة. التقط فضلات الحصّادين. (عفّر)
glaneur, se لقاط. لمّام السبل وما شابه
glanure, f جُذامة. لقاطة سبل (عفارة)
glapir, v عوَى. نبَح
glas, m دقة حزن. دقّ الجرس حزناً
glèbe, f أرض. تربة
glène, f حُفْرة عِنابية اي تجويف في عظم يبيت فيه عظم آخر
glissade زلقة. زحلقة. إنزلاق. زحلاقة
glissant, e مزحلق. زلج. زلق ٭ زالق
glissement, m تزحلق. زلج
glisser, v زلج. (تزحلق). زلّت قدمه ٭ أدخل في ٭ همس ٭ ولج
— sur une question لم يطل شرحه
glissière, f حافظ أو ضابط المجرى

global, e, *a* بالاجمال. إجمالي

globe, *m* كُرَة ٭ غطاء زجاجي للمصباح وخلافه

— **oculaire** مقلة. كرة العين

— *ou* — **terrestre** الكرة الأرضية

globe-trotter طواف. جوّاب. رائد

globulaire, *a* مُسْتَدِير. كروي

globule, *m* كُرَيّة. كُرَيْرة. كرة صغيرة ٭ فقلولة

globuleux, se, *a* كَرَوي. مكبّب

gloire, *f* مجد. فخر ٭ بهاء ٭ هالة القداسة

glorieux, se, *a* جليل. ممجد ٭ فخور

glorification, *f* تمجيد. تعظيم. تبجيل

glorifier, *v* مجّد. بجّل. عظّم

se — افتخر. تفاخر بـ. اعتز. تمجد. فخر

glose, *f* تفسير. شرح. تعليق. حاشية

gloser, *v* علّق على. شرح ٭ خطأ. نقد

glossaire, *m* مُعجم. قاموس لشرح الكلمات المتقادمة العويصة

glossite, *f* إلتهاب اللسان

glotte, *f* فتحة لسان المزمار. فتحة الحلقوم

glouglou, *m* بقبقة. خرير الماء ٭ جعجعة

gloussement, *m* نقنقة الدجاجة. نقيق. قرق. قوق

glousser, *v* نقنق. نق. قرقت الدجاجة

glouteron, *m* أرقطيون. راعي الحمام (نبات شائك)

glouton, ne, *a et n* نهيم. شره. بطين. أكول

gloutonnement, *ad* بشره. بنهم

gloutonnerie, *f* شراهة. بطنة (نجمة)

glu, *f* دبق. مخيط (مادة لزجة لصيد العصافير)

gluant, e, *a* لزج. دبق. غروي

gluau, *m* غصن مدبق ٭ مكيدة

glucose, *f* سكر العنب أو النشاء

gluer, *v* دبّق. دهن بالدبق

gluten, *m* مادة غروية مغذية في الحبوب

glutineux, se, *a* لزج. دبق. غروي

gnome, *m* جن قزم ٭ قزم (حارس الكنز)

gnomide, *f* جنية قزمة

go (tout de) بحرقة. اختياراً ٭ حالاً

gobbe *ou* **gobe,** *f* كفتة لتسميم الحيوانات او لتسمين الدجاج

gobelet, *m* قدح. كوب. طاس. كأس

gobe-mouches, *m* شورب. عصفور آكل الذباب ٭ ساذج

gober, *v* بلع. إزدرد ٭ صدّق ٭ أحبّ

godet, *m* فنجان. صحن رسم ٭ قادوس ٭ ثنية او قبب

godiche, *n et a* غبي. أخرق ٭ (متخبل)

godille, *f* مقذاف قصير. مقذاف خلفي

godronner, *v* شرشر. ضلع ٭ جدل. ضفر

goéland, *m* النورس

goélette, *f* مركب ذو صاريين (سكولية) ٭ خطاف البحر (طير)

goémon, *f* حول او قش البحر
goguenard, e, *a et n* ساخر . مستهزىء
goguette إنبساط ٥ حكاية أونكتة سارة
goinfre, *m* شره . دني
goitre, *m* غوتر . تضخم الغُدَّة الدرقيّة
golf, *m* لعبة الجولف ←
golfe, *m* خليج
gommage, *m* تصميغ
gomme, *f* صمغ ٥ مِمحاة
— élastique مطاط
gomme-gutte الصمغ النفطي
gommé, e, *a* مصمغ
gommer, *v* صَمَّغ . لزق
gommier, *m* الأشجار المنتجة للصمغ
gond, *m* رزة أو عقب الباب . محور
gondole, *f* زورق مستطيل . قارب فنيسى
gonflé, e, *a* منتفخ . وَارِم . مَنْفُوخ
gonflement, *m* نفخ ٥ ورم . انتفاخ
gonfler, *v* نفخ . ملأ هواء ٥ وَرَّم
se —, *vp* إنتفخ ٥ تورّم . تقبّب . (انتفش)
gong, *m* صطبلة من نحاس تستعمل كجرس
gonorrhée, *f* سَيَلان مخاطي ٥ مرض السيلان
goret, *m* خِنّوص . خنزير صغير ٥ مكنسة
gorge, *f* حلق . (زور) ٥ مضيق ٥ نحر . جيد
gorge-de-pigeon *a. inv et m* لون عُنق الحمام . مُتلوّن كقوس قزح

gorgée, *f* جَرْعَة . شَفْطَة
gorger, *v* أشبع . أفعم . أبشم
gorille, *m* غوريلا ٥ غول . بعام
gosier, *m* حَلْق . حلقوم
gosse, *n* ولد (عيل) ٥ صبية ٥ امرأة
gothique, *a* غوطي . طراز غوطي
abcdefghijklmn
caractères — s الحروف الغوطية ABCDEFGH
gouache, *f* رسم بارز
goudron, *m* قطران . قار أو قير . خضخاض
goudronner قطرَن (زفّت) طلي بالقطران
gouffre, *m* هاوية . وهده ٥ دوّامة بحر
goujat, *m* وبش . معطر ٥ صبي بنّا ٥ خادم الجيش
goujon, *m* بسارية . بوري ٥ وصلة حديد
goule, *f* غول
goulet, *m* بوغاز . مدخل مينا ضيق
goulot, *m* عنق زجاجة وما شابه
goulotte ميزاب لتصريف مياه الأسطحة
goulûment, *ad* بِشَراهة . ببطنة
goupille, *f* مشبك أو تيلة حديد . وصلة
goupillon, *m* مِرشة الماء المقدس ٥ فرشاة تنظيف المدافع أو القناني
gourd, e, *a* متخدر . منشل . فاقد الشعور من البرد ٥ مغفل . أخرق . أبله
gourde, *f* قرعة . يقطينة ٥ (زمزمية) وعاء ماء يُحمل ٥ اداوة

gourdin, *m* عصاة قصيرة غليظة. هراوة
goure, *f* عقاقير مغشوشة ٥ غِش
gourmade, *f* لكزة. لكمة. غمزة
gourmand, e, *n* شَره. أكول. متشهٍّ
gourmander, *v* بكَّت أنَّب ٥ قمع
gourmandise, *f* شَراهة. نهامة. بطنة
gourme, *f* قوبة صفراء ٥ مرَض السراجة او السقاوة
gourmé, e, *a* جاف. جدى. متكلف شكل خطير
gourmet, *m* مختر ف. سليم الذوق او خبير في الأكل والشراب
gourmette, *f* حَكمة. قرطمة أو سلسلة اللجام
gousse, *f* كِم. وعاء أي قشرة البذور
— d'ail قرن // فص أو سن ثوم.
— de coton جوزة قطن
gousset, *m* سِفنة. قرنة جيب الصدرة او جيب السروال الصغير ٥ نقرة الابط ٥ نفاجة. وصلة في إبط قميص
avoir le — vide خالي الوفاض. مفلس
goût, *m* طعم. مذاق. لذة ٥ تمييز. ذوق ٥ ذوق سليم ٥ ميل. رغبة
prendre — a une chose أحب. مال إلى
avoir bon — لذيذ الطعم ٥ حسن الذوق
goûter, *v* ذاق. إستطعم ٥ إلتذ بـ. تذوَّق ٥ استحسن ٥ (تمعرن أو تصبَّر) ٥ اضف اصيلاً [جوتـه]
goûter, *m* (عصرونية، تصبيرة أو تصبيرة) أكلة خفيفة بعد الظهر. لمجة.
goutte, *f* نقطة. قطرة ٥ نِقرس داء الملوك او المفاصل.
— militaire سيلان أبيض مزمن
goutte, *ad* الأقل من الشيء. قليل جداً أو مطلقاً
n'y voir — // لم يبصر
goutteux se, *n et a* مُصاب بداء النقرس ٥ نقرسي
gouttière, *f* ميزاب. (مزراب) ٥ طرف 
gouvernail, *m* دفة المراكب. سكان
gouvernant, e, *a et m* متسلط على ٥ حاكم
—e, *f* مربية أولاد. قهرمانة ٥ قيمة. مدبرة شؤون البيت. عازب او مُقعد.
gouverne, *f* طريقة. تدبير. مرشد
pour votre — للمعلومية
gouvernement, *m* حكومة ٥ إدارة. تدبير ٥ حكم. ولاية الحكم.
gouvernemental, e, *a* حكومي. متعلق بالحكومة.
gouverner حكم. تولى على ٥ دبَّر. ساس
— un navire سير. مسك الدفة
gouverneur, *m* حاكم. وال. متصرف ٥ محافظ ٥ مدير ٥ مأمور مركز
gouvernorat, *m* محافظة. ديوان المحافظ ٥ ولاية
goyave, *f* جوافة (فاكهة)
grabat, *m* حصيرة. فراش من قش أو فراش حقير

grabuge, *m* ضوضاء. عِراك. صخب

grace, *f* ظَرافة. لطافة ٥ اناقة. جمال. إنسجام ٥ فضل. منّة ٥ سماح. عفو ٥ نعمة. رحمة. عناية ربانية. فيض

— à Dieu بنعمة الله. والحمد لله

bonnes —s رعاية. عناية ٥ وصال. حظوة

l'an de — السنة الميلادية

de mauvaise — رغماً. كرهاً

de — ! ارجوك. اتضرع اليك

coup de — الضربة القاضية

demander en — طلب منة

graces, *f.pl* صلاة المائدة. حمد. شكران

actions de —s التشكر لله. حمد

gracier, *v* عفا عن. غفر لِ

gracieusement بلطف. برشاقة ٥ مجاناً

gracieux, se, *a* لطيف. ظريف ٥ منسجم. رشيق. أنيق

à titre — إحساناً. بدون مقابل

gracilité, *f* نحافة. رشاقة. رقة

gradation, *f* تدرج. تدريج. تتابع

grade, *m* رتبة. درجة. مرتبة

gradé, *a et m* صاحب درجة بسيطة في الجيش

gradin, *m* درجة. سُلمة. مَرقى ٥ دكاك موضونة [جْرادَن]

graduation, *f* تقسيم إلى درجات

gradué, e, *a et m* مقسوم إلى درجات. مقسم. مدرّج ٥ حائز على درجة

graduel, le, *a* تدريجي

graduellement, *ad* بالتدريج. تدريجياً

graduer, *v* درّج. قسم درجات. وضن ٥ أعطى درجة أو مرتبة

se faire — نال درجة ٥ ترق

graffite, *m* رَسم باليد قديم على الأبنية الأثرية

graillon, *m* رائحة شحم أو لحم محروق ٥ فضلات المائدة

grain, *m* حبة ٥ ثؤلولة ٥ نذر. ذرة ٥ هيجان البحر. ريح عاصف [جْرَن]

— (poids) قمحة

— de beauté شامة. خال

poulet de — دجاجة موتقة أي مرباتها على الحبوب

un — de folie نغزة //

graine, *f* بزر. بذر. بذرة. حب ٥ شرانق

une — بذرة. حبة

monter en — عنست (المرأة) ٥ شاخ (الزرع)

mauvaise — شخص غير محمود

grainetier, ère, *ou* grainier, ère, *n et a* بائع البزور. بزّار

graissage, *m* تشحيم. وَضع شحم على الآلات لمنع الاحتكاك

graisse, *f* دهن. شحم. دسم. ودك

prendre de la سمن

graisser, *v* شحّم ٥ دسّم

— la patte à qn رشى ٥ بقشش

graisseux, se, *a* شحمي. دهني. مُدهن

graminées, *f.pl.* الفصيلة النجيلية

grammaire, *f* اجرومية. غراماطيق. قواعد اللغة. عِلم الصَرف والنحو

grammatical, e, *a* غراماطيقي. متعلق بقواعد اللغة. نحوي

gramme, *m* غرام. ثلث درهم ١٥٫٤٣٢ من القمحة. واحد من ألف من الكيلو

grand, e, *a* كبير. عظيم ٭ جسيم ٭ طويل. مرتفع ٭ بالغ. كبير. راشد
homme — رجل طويل القامة
— homme رجل عظيم. سام
— air الهواء الطلق. الخلاء
— jour رائعة النهار. نور الشمس القوي
une grand' messe قداس سلمن. قداس كبير
—, *m* راشد ٭ نبيل ٭ سيد. عظيم
en — بفخامة ٭ على وجه كبير
photographie en — صورة كل أي كاملة
les —es vacances عطلة الصيف
grand' croix, *f* وسام درجة أولى فرنسي
Grande-Bretagne, *f* بريطانيا العظمى
grandement, *ad* بفخامة. بعظم ٭ بسعة
grandeur, *f* عظم. سيادة. رفعة. جاه. سمو ٭ طول
grandiloquence, *f* إستعمال عبارات التفخيم
grandiose, *a et m* عظيم. مهيب. فخم
grandir, *v* كبر. نما. استطال. علا ٭ طول. كبر
grandissime, *a* عظيم جداً أو كبير جداً
grand-livre, *m* (*pl.* —s —s) دفتر الأستاذ
grand'mère, *f* (*pl.* grand'meres) جدة (ست)
grand-papa *ou* **grand-père,** *m* جد
grand-parents, *m pl* الجد والجدة وأخ واخت الجد والجدة. الأسلاف
grange, *f* مخزن الغلال قبل درسها هرى. جرن. صومعة
granit, *m* صوان. حجر سماقي. غرانيت
granité, e, *a et m* محبب ٭ قريس جرانيتا (نوع من المثلجات)
granitique, *a* صواني. غرانيتي. سماقي
granivore, *a et n* آكل الحبوب (في علم الحيوان)
granulaire, *a* محبب. حبيبي. (مبرغل)
granulation, *f* تحبيب. جعل الشيء حبوباً
— des yeux تحبيب العيون // حثر
granule, *m* حبيبة. حبة صغيرة ٭ هشامة
granulé, e, *a* محبب. حثر. حبيبي
granuler, *v* حبب ٭ خشن
granuleu x, se, *a* ذو حبوب. محبب
graphique مختص بالتمثيل الخطي. متعلق بفن الرسم والتصوير أو الكتابة والخط
—, *m* رسم او تخطيط بياني خطوط تشرح سير آلة
graphite, *m* اسرب. هبا رصاصي. معدن الرصاص الأسود
graphologie, *f* فن معرفة طباع الانسان من خطه
graphomètre, *m* آلة هندسية لقياس الزوايا
grappe, *f* عنقود
grapiller, *v* جمع فضلات الحصاد (عفر ٭ رمم)
grappin, *m* كلاب. مخطاف
gras, se, *a* سمين. شحمي. دسم مدهن ٭ غليظ. مكتظ

bouillon — مرق. حساء اللحم

—, *m* الدسم. الشحْم. دهن ۞ الجزء اللحيم ۞ الغذاء باللحم. الزفر

faire — تزفر. أكل اللحم

parler — لفظ حرف الراء مشدداً أو كالغين

gras-double, *m* كرْشة الخروف أو الثور

grasse-matinée, *f* التضحي. النوْم لساعة متأخرة

grassement, *ad* بغزارة. بسخاء

grasseyement, *m* لثغ. لفظ الراء كالغين

grassouillet, te, *a* لحيم. ربيل. مليءٌ

graticuler, *v* تقسيم رسْم الى مربعات لتصغيره

gratification, *f* مُكافئة. عطيّة. منحة

gratifier, *v* كافأ. تفضل على. أنعم

gratin, *m* ما يلصق بالمقلاة من الطبيخ ۞ الأكل المكسو بالأنيطة (أي بشارة الخبز) أو جبن مفروم ومنضج في الفرن ۞ الطبقة المتزاهية. الذوات

gratiole, *f* حشيشة الزوفاء. ثغام

gratis, *ad* مجاناً. بلا مُقابل

gratitude, *f* شكران. عِرفان الجميل. إمتنان

grattage, *m* كشْط. كحط. حك

gratte, *f* مقشط ۞ إمتراش. ما يؤخذ من شيء بدون عِلم صاحبه ۞ جرب

gratte-ciel, *m* صرْح. ناطحات السماء

gratelle, *f* حكة. جرب خفيف. أكلان

gratte-papier, *m* ناسخ. كاتب ۞ كاتب رَدي.. بكيء

gratter, *v* حكّ. (هرش) ۞ كشط. حت ۞ محا ۞ اشتغل ۞ إمترش

— du pied نبش

grattoir, *m* محكة. كشط. مكشط ۞ عُقابية. مِقشط

gratuit, e, *a* مجاناً. بدون مقابل

gratuité, *f* المجانية

gratuitement, *ad* مجاناً (بلاش)

grave, *a* خطير. هام ۞ مُهلك. عضال ۞ وقور. رزين

—, *m* نوع من النبيذ الأبيض ۞ صوت ثخين

son — صوت غليظ، مفخم، عميق

— (en physique) ثقيل. باهظ

gravé, e, *a* محفور. منقوش

gravelle, *f* داء الحصاة. رمْل بُولي

gravement, *ad* مع خطر ۞ بوقار. برصانة ۞ بصوت فخم

graver, *v* نقش. حفر

graveur, *m* نقاش. حفار

gravier, *m* حصى

gravir, *v* تسلق. تعمشق. (تشعبط). صعد

gravitation, *f* جاذبية. قوة تجاذب المادة. جذب

gravité, *f* خطورة. أهمية ۞ وقار. هيْبة. رزانة ۞ ثقل ۞ جاذبية الأرض أو الثقل ۞ ضخامة (الصوت)

graviter, *v* ركز. إنجذب. مال نحو مركز الأرض

gravois ou **gravats**, *m.pl.* دقشوم. بقايا الجبس المستعمل ۞ بقايا الهدم الصغيرة. ردش

gravure, *f* صورة مطبوعة او محفورة ۞ نقش. صناعة الحفْر

gré, *m* رضى. خاطر. مراد. مشيئة. رغبة
bon — mal — طوعاً أو كرهاً
savoir bon — حمد. شكر. امتن
plein — اختياراً. طوعاً
de — à — بالاتفاق. حبياً
grec, *m*, **grecque**, *f et a* يوناني. رومي
Grèce, *f* (la) بلاد اليونان
gredin, e, *n* رجل دون. وغد
gréement *ou* **grément**, *m* أدوات أو جهاز المركب
gréer, *v* جهز المركب (بالقلاع وماشابه)
greffe, *m* قلم كتّاب المحكمة
greffe, *f* تطعيم. طعم (في النبات) ✿ تركيب عضو بدل آخر (في الحيوان)
greffer, *v* طعّم (النبات)
greffier, *m* كاتب الوقائع. كاتب المحكمة. مسجل العقود. موثق
greffoir, *m* مقراض. سكين التطعيم
grège, *a. f* حرير خام. قز
grégorien, ne, *a* غريغوري. تقويم وتراتيب كنسية وضع البابا غريغوريوس الأول
grêle, *a* دقيق. رفيع. رقيق
grêle, *f* برد
grêlé, e, *a* مجدر. منقر ✿ أضره البرد
greler, *v* برّدت السماء. سقط برد ✿ أتلفه البرد
grelot, *m* جلجل. جرس صغير ✿ (خشخشية)
grelotter, *v* قفقف. ارتعش من البرد
grenade, *f* رمان. رمانة ✿ قنبلة يدوية
grenadier, *m* شجرة الرمان ✿ عسكري فرقة الجريناديه ✿ قاذف القنابل
grenadine, *f* شراب الرمان ✿ نوع من الحرير
grenaille, *f* خردق. رش. حبوب معدنية ✿ نفاية الحنطة
grenat عقيق. حجر سيلان ✿ لون عنابي
grener, *v* حبّب. أخرج بذراً ✿ حبّب اي برغل الجلد او الورق او المعدن
grênetier, ère, *n* بزّار. بائع البذور
grenier, *m* هري. حاصل. مخزن غلال ✿ سماوة. أعلى طبقة في البيت تحت السقف المسنم (طقيسي)
grenouille, *f* ضفدع
grenu, e مبزار. كثير البزر ✿ محبّب
gres, *m* حجر رملي ✿ فخار ✿ حجر مسن
grésil, *m* شفشاف. برد دقيق صلب ✿ زجاج مسحوق
grève, *f* ساحل رملي وحصوي. شط. رملة ✿ إضراب عن. إعتصاب
grever, *v* فرض ضرائب. حمّل. ثقّل ✿ أضرّ. جار على
gréviste, *n* مضرب
gribouillage خربشة. رسم أو خط رديء
gribouillis, *m* خط غير واضح. تبجج
grief, *m* شكوى. مظلمة. ضيم
grièvement, *ad* للغاية. بخطورة. بأهمية
griffade, *f* خبطة مخلب. خربشة
griffe, *f* مخلب. ظلف. برثن ✿ ختم
montrer les —s هدد
—s d'asperge جذور الهليون
griffer, *v* خدش. نشب اظفره (خربش)

griffon, m كلب قاسي الشعر طويله ↔ بِنّارة سمك مزدوجة ❊ بجمة. رَخَم (طائر كالنسر) ❊ حيوان خرافي برأس وأجنحة نسر وجسم سبع

griffonnage, m تَبجُ. خَرْبَشة. خط او رسم غير واضح (شخبطة)

griffonner, v تَبَجَ. كتب أو رسم بغير إتقان (شخبط)

grignoter, v قضم. قرض. قرقش

gril, m مِشْواة ↔ مُصْبع (. شواية. شكارة) ❊ حاجز من قضبان متباعدة

grillade, f لحم مشوي. شواء ❊ كبده وكلاوي مقلية أو مشوية

grillage, m تحميص. شواء ❊ تشمويط وبر الأنسجة. تشرّر ❊ وشيعة. شعرية. شباك حديد على المنافذ ❊ اطار. تقفيصة (في البناء)

grillager, سوّر ❊ وضع عليه قضبان. وشع

grille, f وشيعة. حاجز أو شعرية من قضبان حديد. سُور (درابزين) حديد ❊ باظ. مصبع الفرن

griller, v شوى. حمّص (قمّر) ❊ وضع شعرية أو وشيعة أي قضبانا على النافذة ❊ دخّن ❊ فتن على ❊ حبس ❊ اشتهى. تاق إلى

grillon, m صُرصُر. قيوط

grimace, f عجو. تلعيب الوجه ❊ تكشير. تقطيب الوجه. لَمْص. تصَعّر

grimacer, v عجا. لعّب الوجه أي زواه وأماله. لمص ❊ كرمش. ضعج ❊ تدلل

grime, m دور شخص هرم وسخيف (في المسارح) ❊ ممثل هذا الدور ❊ تلميذ ردىء

grimer (se), vp غضن وجهه صناعيا

grimoire, m كتاب السحر. كتابة صعبة القراءة. طلسم ❊ خطاب او كتاب مبهم

grimper, v تسلّق. تعمشق. (تشعبط). تعرّش النبات

grincement, m صرير. صريف

grincer, v صرّ. صرّف. حرّق (الأسنان)

grincheux, se شرس. معاند. سيء الخلق

grippe, f جريب. انفلونزا. نزلة صدرية وبائية ❊ نفور. كراهة

grippé, e مُصاب بالنزلة الصدرية الأنفلونزا

gripper, v أنشب فيه مخالبه ❊ قبض ❊ اختطف ❊ لصق. تمسك بقوة ❊ إنقبض. تجعّد

grippe-sou, m بخيل وَدنيء

gris, e, a رمادي. سنجابي ❊ أشمط

temps — طقس بارد ومضب

faire grise mine عبس

—, m اللون الرمادي

grisâtre, a يميل إلى الرمادي

griser, v أنشى. أسكر. خدّر بالسكر

griserie, f نشوة

grison, ne, a رمادي ❊ شايب. أشمط

grisonner, v ابيض شعره. وخطه الشيب

grisou, m غاز ملتهب (يوجد في المناجم

grive, f الدُّج ❊ طائر مغرد لحمه شهي ❊ دجاج بري

griveler, *v* (نصب). سحت. خلب في المعاملة
grivois, e, *n et a* متطرف أي غير متحرج في ألفاظه. جريء ٭ ممراح. فكه ٭ فاحش
grog, *m* مشروب كولي ساخن. خمر ممزوجة بالماء والسكر والليمون
grognard, e, *n* كثير التذمر والشكوى
grognement نخير. قبوع الخنزير ٭ همهمه
grogner, *v* قبع. نخر ٭ تزمر. دمدم. مرمر
grognon, *n et a* متزمر. دائم الشكوى
groin, *m* خرطوم الخنزير أي خطمه
grommeler, *v* تذمر. هتمل. دمدم
grondement, *m* زمجرة. زئير ٭ قصف. هزيم
gronder, *v* زجر. وبخ. أنب ٭ هدر. زمجر
le canon gronde دوى المدفع
gronderie, *f* توبيخ. تأنيب
gros, se, *a* غليظ. ثخين. جسيم. ضخم. كبير ٭ حامل. حبلى
en — et au détail بالجملة والقطاعي
— mots كلام سب أو كلام مكشوف
— temps نوء. عاصفة
le cœur — قلب حزين. شجين
— se mer بحر هائج. نوء
gros, *m* الأكبر أو الرئيسي ٭ سائب. غير محزوم ٭ الجملة
faire le — de la besogne عمل الشاق من الشغلة
gros, *ad* كثير ٭ قوي
groseille عنب الثعلب أو الديب. ريباس
grosse, *f* ١٤٤ رزمة (اثناعشر دستة) (اروسه) ٭ خط ثلث ٭ نسخة الحكم الأصلية. النسخة التنفيذية

grossesse, *f* حمل. حبل
grosseur, *f* سمك. ضخامة ٭ ورم صغير
grossier, ère, *a* خشن. جاف ٭ غليظ. فظ. بذيء ٭ غير متقن الصناعة
grossièrement, *ad* بفظاظة. بخشونة
grossièreté, *f* خشونة. فظاظة. غلظة
grossir, *v* جسم. غلظ. عظم. ثخن
grosso modo بدون تدقيق. بوجه اجمالي
grotesque, *a et m* سخري ٭ غريب أو قبيح الشكل
grotte, *f* كهف. مغارة. جبلاية
grouillement, *m* تحرك الأشياء بعضها على بعض ٭ تصلصل امعاء
grouiller, *v* تحرك. كركر (كركب) ٭ تزاحم ٭ استعجل
groupe, *m* جملة. كومة ٭ رهط. فئة. جمعية. جوقة. فرقة. جماعة. جمهرة [جروب]
groupement, *m* تكويم. تجميع ٭ حشد. جمع. جماعة. جمهرة
grouper, *v* كوم. جمع
gruau, *m* جريش. دشيشة. برغل
grue, *f* رهو. كركي (طائر) ٭ عيار ٭ ونش. آلة لرفع الأثقال ٭ عاهرة. مومس
faire le pied de — انتظر
gruger, *v* سحق. دش ٭ خدع ٭ قضم ٭ بلع
grumeau, *m* جلطة. قطعة من مائع جامد. علقة ٭ كتلة
— de lait || روبة
grumeler (se), *vpr* راب. تكتل

guano, *m* جُوانو. زَرق طيور يستعمل كسَماد طبيعي
gué, *m* مخَاضة. مِعبر
guéer, *v* خاض ٭ غسَل فى الماء الجارِي
guelte, *f* عمولة المستخدم على البيع
guenille, *f* خلَق. أسمال بالية. خرقة
guenon, *f* قرد ٭ قِردة. أنثى القرد
guépard, *m* شكيمة. فهد
guêpe, *f* دَبُّور. زُنبُور
guêpier, *m* وَكْر زَنابير
guère, *ad* قليلاً. نادِراً. قلما
guéret, *m* ارض محروثة بدون تقاوِي. أرض برش.
guéridon, *m* مائدة وَسَط. منضدة مستديرة ذات ثلاث أرجل.
guerille, *f* مُناوشة حَرْبية
guérir, *v* شفى. أبرأ. عافَى
guérison, *f* شفاء. برء. تعافٍ
guérissable, *a* ممكن شِفاؤه
guérisseur, *m et a* من يُداوي بدون إجازة طَبيب. شافٍ 
guerite, *f* الطارمة ← تخشيبة للحارِس و (الديدبان) ٭ مرقب. قطرة ٭ مقعد بغطاء.
guerre, *f* [جرٌ] حَرْب
à la — comme à la — الضرورة لها أحكام
— civile *ou* intestinale حرب اهلية
— sainte حرب دينية. جهاد
de — lasse اقر بعجزه

guerrier, ère, *a* حَربي. جهادي ٭ محارب
—, *m* [جرْيِهْ] مُحارِب. مُقاتِل
guerroyer, *v* حارَب
guet, *m* تَرَقُّب. تَرَصُّد ٭ دورية. طوف. عسس سابقاً. [جِهْ]
guet-apens, *m* كَمِين. مرصد ٭ تَرَبُّص
guêtre, *f* طماق. غطاء من لباد للساق والحذاء
guetter, *v* تَرَقَّب. تَرَصَّد. كمن. تَرَبَّص
guetteur, *m* مُراقِب. رَاصِد
gueulard, e, *n et a* صَيَّاح. صَخَّاب ٭ جَهُوري الصوْت
—, *m* مِذياع. بوق (فى البحرية) ٭ فوهة المسبك
gueule, *f* حَنَك بعض الحيوانات والأسماك والدبابات الكبيرة. خطم. خشم ٭ فوهة. فتحة ٭ وَجْه ٭ حَلْق
les — cassées مشوهو الحرب
gueuler, *v* صَخب. صرَخ. زَعق
gueuleton, *m* أكلة شَيِّقة
gueuse, *f* زَهْرة حديد خام ٭ سبيكة ٭ قالب
gueux, se, *n* صُعْلوك ٭ متسول ٭ وَغد 
gui, *m* مقساق. شجَر الدبق. عنم ٭ بَرْد قارِص.
guichet, *m* شُبَّاك للتوزيع او الاستلام
— (théâtre) شباك التذاكر فى المراسح ٭ فتحة فى باب او حائط
guide, *m* دَليل. مُرْشد. مُدَبِّر
—, *f* عنان. سرع. زِمام

guider, *v* دَلّ . هَدَى . أرْشَد . قاد
guidon, *m* مُوَجِّه الدَرّاجة . جيدون ✿ عَلَم . بيرق ✿ نُقْطَة الميشان فى البُنْدقية . (الدبانه) 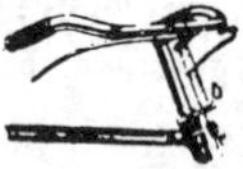
guignard, e, *n et a* مَشْؤُم . مَنْحُوس
guigne, *f* نَحْس . قِلَّة حَظّ ✿ نوع من الكرز
guigner, *v* نظر من العين . إسترق النظر
guignol, *m* قره قوز 
guignon, *m* نَحْس . شُؤْم
guillaume, *m* فارَة نَقْش . فارة الافريز (فى النجارة)
guillemet, *m* هِلالان يُوضَعان فى أول وآخر قول مَنْقُول ، مَحكي أو مَرْوِي « »
guilleret, te, *a* طَرُوب . مبتهج ✿ فاحش
guillochage, *m* نَقْش خُطُوط مُتَناسِقَة التزيين
guillochis, *n* بنقش خطوط متشابكة أو متوازية
guillotine, *f* مِقْصَلَة ✿ مقطع وَرَق ✿ شباك شيش 
guillotiner, *v* قطع الرأس بالمقصلة . قصل
guimauve, *f* خطمي (ختمية)
guimpe, *f* وشاح ✿ صدرية
guindé, e متصنع ✿ متعاظم . مُفَخّم
guinder, *v* رفع ثقلاً بآلة رافعة ✿ تصنع ✿ تصنع . تظاهر بـ

guinguette, *f* حان . حانة . مَقْهى صَغير فى خارج البلد [جَنْجِيت]
guipure, *f* تخريم (دنتلا) متسعة الشبكة
guirlande, *f* اكْليل أو حَبْل من خضرة او زهور
guise, *f* طريقة أُسلوب . سمت . نمط منوال
en — de عوض . بدل من
guitare, *f* قيثارة . عُود . طُنبور 
guitariste عواد . لاعِب بالقيثارة
gustation, *f* الذوق . التذوق
gutta-percha, *f* جوتابيركا . صمغ سُوماترا كالمطاط
guttural, e, *a* حَلْقِي . حُنجري
guzla, *f* ربابه . آلة موسيقية بوتر واحد
gymnase, *m* جيمناز . مكان الرياضة البدنية
gymnaste, *m* مُعلّم الرياضة او مُحْتَرِفها
gymnastique, *a* رياضي . جُبازي
—, *f* (جنباز) رياضة الجسم . التدريب الرياضي
gymnique, *f* رِياضي . فن المصارعة أو الرياضة
gymnote, *m* سَمك مكهرب
gynécée خدر . حريم ✿ عضو التأنيث فى النبات
gynécologie, *f* أمْراض النساء
gypaète, *m* رَخمة . طير كاسِر كَبير
gypse, *m* جبس . جص
gyromètre, *m* مِقْياس سُرعة الدَوَران
gyroscope دوّارة . آلة لتثبت دوران الأرض

H

حَرْف H في الفرنسية يلفظ أحياناً كالهاء أي حرفاً ناطقاً مثل les héros [لِـ ⓗ هيرُ] وأحياناً يكون حرف صامت اي لا يلفظ مثل les hommes [لِـ ⓗ زُمّ] ولذا وضعنا علامة * قبل الحرف الناطق

habile, a حاذِق. فَطِن. ماهِر. بارِع ✿ صاحب أهلية (في القضاء) [أَبِيل]
habilité, f مهارَة. لياقة ✿ اهلية التصرّف
habiliter, v أهَّل. جعلَه أهلاً لِـ
habillage, m تردِية. إكساء ✿ تنظيف. تهيئة الحيوانات لطهيها
habillement, m مَلْبُوسات. كِسْوَة. لِباس ✿ إكساء [أَبِيمَن]
habillé, e مَكْسُو. لابِس ✿ مُرْتَدٍ ثياباً لاستقبال
habiller, v كَسا. ألْبَسَ ✿ هيأ اللحوم للطهي
— une illustration وضع كلام لصُورة
s'— ارتدى. لَبِس [أَبِي يِـ ⓗ]
habilleur, se, n المُزَيّ (أي من يُلبِس المشخصين). ماشِط او ماشِطَة
habit, m بَدْلة. حُلّة. رِداء. هِنْدام ✿ طقم ✿ بدلة رسميّة
prendre l'— ترهب
l' — ne fait pas le moine لا تحكم على الظواهر
habitable, a صالِح للسكنى. يُسْكَن
habitant, e, n ساكِن. مُقيم في. قاطِن
habitat مَنبت ✿ حُلة. مأوى. مَوْطِن
habitation, f سَكن ✿ مَسْكِن. مَقرّ. مثوى
habité, e, a مَعْمُور. مَسْكُون
habiter, v سكنَ. أقام. قطن
habitude, f عادة. دأب. دَيدَن
habitué, e, n مُعود ✿ مُعتاد على محل
un — de la maison زبون // المتردد على المنزل
habituel, le, a عادِي. مُعتاد. إعتيادِي
habituellement, ad إعتيادياً. عادَةً
habituer, v عوَّد [أَبِيتْيُويِـ ⓗ]
s'—, vp تعوَّد. أعتاد. تطبَّع. ألف
*hableur, se, n et a نفّاج. طِرْماذ (فشّار. هجّاص)
*hache, f بَلْطَة. فأس
*haché, e, a مَفْرُوم ✿ مقتضب. مَبْتُور (اسلوب) [هاش]
*hacher, v فرَم. قطّع ✿ هشَّم ✿ خطّط. شعّع
— les mots قضم كلامه
— (avec le crayon) ظلل. خطط. غطّى بخطوط
*hachette, f قادوم. بَلطَة صغيرة
*hache-viande, m فرّامة. مِفراة لحم
*hachis, m لحم مفروم. حَشْوَة ✿ أكل مصنوع من لحم مفروم [هاشِي]
*hachoir m شاطور ✿ سكين الفرم ✿ عكدة أي خشبة الفرم [هاشوار]
*hachure, f تشعيع أو تظليل بخطوط
*hagard, e, a زائغ. تائِه ✿ وَحشِي

*haie, f سِياج. وَشيمة ¤ صَف
— vive سياج من النباتات الشائكة
course de — سباق الحواجز
*haillon, m خَلَقة. خِرقة ¤ ثَوْب رَث وَبال [هَيُّون]
*haine, f حِقد. بُغض. كَراهة. مَقْت
*haineusement, ad بكَراهة. حقداً
*haineux, se حاقِد. حَقُود. مُبْغِض
*haïr, v3 أبغض. حقد. كرِه
*haïssable, a مُسْتَحِق المقت. مَكرُوه
*halage, m جَرّ المراكب بالليان أي سحبها بالحبل
*hâle, m سُفعة. لَفح. (شرد) ¤ لون البشرة المحروق من الشمس أو الريح الحار. سمار
*hâlé, e, a مَسْفُوع. مَلفُوح. ملوّح
haleine, f نَفَس. نَسمة ¤ هَبَّة رِيح
reprendre — استراح
ouvrage de longue — عمل يفتقر الى طيلة
tenir en — حذر. يقظان. منتبه
halenée, f نفخة. دخنة. نفثه
*haler, v جَرّ. سَحَب
*hâler, v سفع. لفح. حرق
*haletant, e, a لاهِث. ناهِج
*halètement, m نهج. لهث
*haleter, v لهث. نهج
*hall, m صَحْن الدار. بَهو. قاعة ¤ (فسحة)
*halle, f سُوق
*hallebarde, f رُمْح برأس بَلطة ¤ حَربة
*hallier, m دغل. اجمة. ايكة ¤ حارس أو تاجر في السُّوق [هَلْيِه]
hallucination, f هَذَيان. تخريف. مرسام. لوث. ضغث أحلام ¤ إختلاط العقل
halluciné, e, n et a هاذٍ. مسرسم. مخرِّف
*halo, m هالة ¤ دارة القمر ¤ طفاوة الشمس
*halte, f مَرْحَل. وَقفة. مَحَطّة ¤ إستراحة
haltère, m ثُقّالة. ثقل الأثقال (دمبل). كرتا حديد للتمرين
*hamac, m أُرْجُوحة للنوم. فراش مُعَلّق

*hameau, m كَفر. عِزبة. قرية صغيرة
hameçon, m صِنّارة. شِص
mordre à l'— اغترّ بالظواهر
*hampe, f يَد الفَرشاة ¤ عُود الرُّمح او صارية الراية ¤ ورك (لحم بقر) ¤ ساق او جزع نبات مُزهر
*hanche, f وِرْك. أعلى الفخذ ¤ حَرْقفة. رِدف ¤ كشح السفينة
*handicap, m مُوازنة. تعديل بين الضعيف والقوي ¤ سباق تشترك فيه جياد من كل سن ودرجة. هنديكاب
*handicaper, v عَرْقَل ¤ أثقل ¤ وازن
*hangar, m عَنبَر. سَقيفة ¤ حظيرة الطيارات. مخزن
*hanneton, m خُنفُساء. جُعَل والجمع جِعلان ¤ اخرق

*hanté, e, a مَسْكون بالأرواح. محضور
*hanter, v لازم. تردّد بكثرة. إنتاب
؞ تسلط عليه فكرة مزعجة ؞ سكنه الجن
*hantise, f مخالطة. مُعاشرة. مُلازمة
؞ إستيلاء فكرة أو رُوح شريرة
*happe, f طَوْق. رباط حديد. وَرْدَة
؞ بيت محور العجلة. جلبة ؞ كاشة السباك
— de chaudière اذن القذان
*happeau, m فَخ العصافير
*happer, v قبض بحنكه (لقم). نهش
؞ خطف بسرعة. نتش ؞ إلتصق
*hara-kiri, m الإنتحار بشق البطن
*harangue, f خطبة. خِطابة ؞ كلام ممل
*haranguer, v خَطَب
*haras, m حريسة الخيل. اسطبل. محل
توليد وتربية الخيل. اخور. قنية جياد
*harassé, e, a تعْبان. ناصب. مُتعَب
*harasser, v أتعَب. أعنَى. أضجر
*harceler, v ضايق. أزعج. أعيا
*harde, f سرب. قطيع حيوانات
وَحْشيّة ؞ سير او رباط لقطر الكلاب
*hardes, f.pl. ملابس. عفش. حوائج
*hardi, e, a جَسُور. جَرِيء ؞ وَقح
*hardiesse, f جُرأة. إقدام ؞ وَقاحة
؞ إستهتار ؞ مجازفة.
*hardiment, ad بجرأة. بجسارة ؞ بوقاحة
*hareng, m رنجة. سمك بحرى كالبوري
— saur رنجة حمراء أو مقددة

*hargneux, se, a كشير. حرون. شكس
*haricot, m لُوبيا. فاصُوليا
—s verts فاصوليا خضراء
harmonie, f عِلم قواعِد الألحان أو وزن الأنغام ؞ تآلُف الأنغام ؞ نِظام ؞ نسق . إنسجام. إتفاق ؞ مَفْصِل مُتّحِد
mettre en — وفق
— directe ألحان أصلية
traité d'— رسالة في الألحان
harmonieusement, ad باتفاق. بانسجام
harmonieux, se, a مَوْزون. مؤتلف النغم. مطرب ؞ منظوم. متناسق. منسجم
harmonique, a وفاقي. نظامي ؞ لحني
notes —s مقامات تدريجية
harmoniser, v وَفّق. نظم ؞ لحّن
harmoniste, m ملحّن ؞ موفق الألوان
harmonium, m ارغُن صغير
*harnacher, v طقم. اسرج
شدعلى الخيل عدتها ؞ ألبس لبسا غريبا
*harnais, m سلاح. شِكّة
؞ طقم أو عُدة حصان
— de voiture كسوة عربة
blanchir sous le — أمضى عمره تحت السلاح 
*harpe, f قيثار
pincer de la — ضرب على القيثار
*harpeau, m خطاف. كلاب
*harpie, f طائر خرافي برأس امرأة
؞ جشع ؞ امرأة شريرة ؞ طائر كالعقاب

*harpon, m حَرْبَة لصيد السَّمَك الكبير ٭ كوع حديد
*harponner, v رَشَق الحوت بالحربة ٭ أمسك
*hasard, m صِدْفة ٭ مُجَازَفَة
à tout — مهما حصل ٭ بلا قصد
corriger le — ساعد الحظ . غش في اللعب
au — بلا تبصر
*hasardé, e, a مخاطَر به
*hasarder, v غامَر . جازَف . عَرّض للخطر
*hasardeux, se مُخاطِر . مُجازِف ٭ مُخْطِر
*hâte, f سُرْعَة . عَجَلة . لهفة
en — على عجل . بسرعة
*hâter, v عَجّل . أسْرَع . بادَر (شهّل)
*hâtif, ve, a بَدْرِي . مُبكر . مَعْمُول بسرعة
*hâtivement, ad بسُرْعَة . بلهفة . مبكاراً . قبل الأوان
*hauban, m حَبْل الصاري (بحري)
*hausse, f إرْتِفاع . صُعُود
jouer à la — ضارَب للصعود
*haussement, m تَعْلِيَة ٭ غلاء
hausser, v رَفَع . علّى ٭ غلا ٭ ارتفع
se — sur une chaise وقف على كرسي . اعتلى
*haussier, m مُضارِب عَلَى التحسين
*haut, e, a عالٍ . مُرْتَفِع ٭ غالٍ ٭ سامٍ
— la main بسُلطة
—e estime فائق الاحترام
la Haute Egypte الوجه القبلي . الصعيد
la mer est —e البحر نوء
*haut, m إرْتِفاع . رِفْعَة ٭ قِمّة
en — فوق
*hautain, e, a متكبر . مُتَعَاظم ٭ أنوف
*hautesse, f سُمُوّ . عَظَمة . جَلالة
*hauteur, f إرْتفاع . عُلو ٭ تل ٭ تشامخ . كبرياء ٭ سُمُوّ
sur la — على المرتفع
il est à la — ابن بجدتها
*haut-le-cœur, m غَثَيان . قَرَف
*haut-le-corps, m وَثْبة ٭ رَدّة . دفع أعلى الجسم للخلف فجأة بحركة غير ارادية
*havre, m ميناء . مرسى
*havresac, m جِرَاب . كيس . مِخْلَة . خريطة . غرارة
hebdomadaire, a أُسْبُوعِيّ
un — جريدة اسبوعية
hébergement, m إيواء
héberger, v أضاف . آوى
hébété, e, a et n أبله . مبلوع . مشدوه
hébètement, m بَلَه . بهامة . شَدَه
hébraïque, a ما له عِلاقة باليهود
hébreu, a.m عِبْرانِي . يَهُودِي . عِبْرِي
—, m اللغة العبرانية
hecatombe, f مَذْبَحة . مَلْحمة ٭ قربان مئوي من الحيوان
hectare, m هكتار . فدان فرنسي (عشرة آلاف متر مربع)
hectique, a دهاكة . حُمّى الدق . حُمّى السقام . حُمّى بطيئة
hectolitre, m (abr. hl) مِئة لتر
hectowatt, m (abr. hW) مِئة وات

hédéracé, e, a لبلابي. حِلبلابي
hégémonie, f زعامة. سيادة. قيادة
hégire, f هجرة. السنة الهجرية
*hein ! ou heim ماذا ! إهم
hélas ! وا أسفاه. يا لهفي. آه
*héler, v نادى. دعا
hélianthe, m زهر الشمس 
hélice, f (رفاس). داسِر. خط لولبي ٭ حلزون. (بريمة) 
hélicon, m آلة موسيقية نحاسية
hélicoptère, m طيارة ترتفع أفقياً ذات مروحة أفقية. حوامة 
héliographie, f فن الحفر الشمسي ٭ وصف الشمس
hélioscope, m منظار الشمس
héliostat, m عاكس وضابط أشعة الشمس ٭ التلغراف الشمسي
héliotrope, m تنوم. إكرار. عباد الشمس
hélix, m تاج أو كفاف أو صحن الأذن
héllénique, a يوناني. رومي
helvétique, a سويسري. ما يتعلق بسويسرا

hématite, f حجر السرف. خماهان. حجر الدم
hématose, f تحويل الدم من وريدي الى شرياني
hémicycle, f نصف دائرة. مصطبة للمتفرجين على شكل نصف دائرة
hémisphère, m نصف كرة ٭ نصف الكرة الأرضية
hémistiche, m مصراع. شطر من بيت شعر
hémoglobine, f مادة تلوين الدم. يحمور
hémorragie, f نزيف. سيلان دم
hémorroïdal, e, باسوري
hémorroïdes, f.pl. بواسير
hémostatique, a et m قاطع نزيف الدم
*hénné, m حناء. حِنة
*hennir, v صهل
*hennissement, m صهيل الخيل
hépatique, a كبدي. متعلق بالكبد أو يشبهه
hépatite, f إلتهاب الكبد ٭ حجر الكبد
heptagone, m مسبع. ذو سبعة أضلاع
héraldique, a شعائري. شعاري
*héraut, m بشير، بشير بالحرب ٭ البلبل
— d'armes حربي شريف طالب المعالي
herbacé, e, a نباتي. عشبي. حشيشي
herbage, m حشائش. أعشاب. كلأ ٭ نجع ٭ مرعى دائم
herbager, v رعى. ربع. سرح الماشية لترعى

herbe, *f* عُشْب. كَلأ. (حَشيش). خضرة
— potagère خضر الطبخ ٭ أعشاب صالحة للأكل
— officinales *ou* médicales أعشاب طبية
potage aux —s شربة خضار
fines —s بقول التطييب (التحديق) كالبقدونس والبصل الأخضر
avocat en — محام تحت التمرين
blé en — قمح أخضر أو غير ناضج
couper l'— sous le pied de qn قطع رزقه
herbeux, se, *a* عَشيب. مُعْشِب
herbivore, *m et a* آكل العُشب. يَعيش على الأعشاب
herboriste, *n* عَشّاب. عالم أو تاجر بالأعشاب الطبية
hercule, *m* هِرْقل. جبّار ٭ الراقص (الفلك)
herculéen, ne, *a* هِرَقليّ. جبّار ٭ عظيم
*hère, *m* صعلوك ٭ مِسْكين
héréditaire, *a* وراثي. إرثي ٭ مَوْروث
hérédité, *f* وراثة الصفات ٭ حق الوراثة ٭ إرث // تركة موقوفة
— jacente
hérésie, *f* إلحاد ٭ بِدْعة دينيّة
hérétique, *a et n* إلحادي. ضلالي ٭ ملحد
*hérissé, e, *a* مُنتفش ٭ مُحرَّب (كالقنفذ)
— de difficultés محفوف بالصعوبات
cheveux —s شعر واقف او شائك
*hérisser, *v* نفش. أوقف ٭ حرّب. شاك
*hérisson, *m* قنفذ ٭ شخص متوحش
— de mer ريتسا. قنفذ البحر
héritage, *m* تركة. إرث. ميراث [إرِيتاج]

hériter, *v* وَرِثَ
héritier, ère, *n* وارث. وريث
hermaphrodite, *m et a* خُنْثَى
herméneutique, *a* تفسيري. شَرْحي
— *f*, عِلم او فن تفسير النصوص القديمة
hermétique, *a* مُحْكَم السَّدّ. كَتيم
hermétiquement, *ad* مَسْدوداً باحكام
hermine, *f* قاقم. السَّمّور الأبيض ٭ جلد القاقم ٭ فروة ثمينة
une robe d'— برامة من الدنس//
herminette *ou* erminette قادوم. بُلْطة
*herniaire, *a* فَتقي. فِتاقي
*hernie, *f* فِتاق. فَتْق [هِرْني]
héroïne, *f* ذات بُطولة. بَطلة رواية
héroïque, *a* بَطَلي. باسِل. حَماسي. إقدامي
hèroiquement, *ad* بشهامة. ببطولة
héroïsme, *m* بَسالة. فروسية. شهامة. بطولة
*héron, *m* البَلَشون. المالك الحزين
*héros, *m* بَطَل. صِنْديد
herpes, *m* قوباء [إرْبِس]
*herse, *f* زحّافة. مسلفة ٭ متراس البوابة ٭ ثريا. شمعدان بفروع ٭ آلة مط الجلود
*herser, *v* زَحّف. أَسْلَف. مهد الأرض
hésitation, *f* تَردُّد. تراوُح
hésiter, *v* تَردّد. توقّف [إزيتِه]
hétéroclite, *a* شاذ. غير قياسي

hétérodoxe, *a* هرطوقي. مخالف الدين
hétérogène, *a* غير متجانس. مختلف الجنس
*hètre, *m* زان. شجر أو خشب الزان
heure, *f* [اِوْرْ] ساعة ٭ وقت
quelle – est-il ? كم الساعة
à la bonne — الحمد لله اخيراً
de bonne — بدري
vue l' – avancée نظراً لضيق الوقت
tout à l'— فوراً. حالاً. في برهة
il est arrivé à l'— حضر في الوقت تماماً
voiture à l'— عربة مؤجرة بالساعة
heureusement, *ad* لحسن الحظ ٭ سعيداً
heureux, se, *a* سعيد ٭ راضٍ
c'est bien — الحمد لله
choix — اختيار موفق
avoir la main —e حلت بيده البركة
*heurt, *m* [هِرْ] صدمة. كدمة
*heurter, *v* صدم. لطم ٭ خالف
se —, *vp* عثر. تعثر. اِصطدم بـ
***heurtoir**, *m* صدخ. سقاطة أو مطرقة الباب ٭ مِقرعة ٭ طاسة التصادم في سكة الحديد
hexagone, *m* مُسدس الأضلاع والزوايا
hiatus, *m* تعاقب حرفا علة ٭ هُوّة ٭ ثغرة. فضاء ٭ نقص [اِياتِيس]
hibernal, e, *a* شتائي. شتوي
***hibou**, *m* (*pl.*—x) بومة ٭ أم قويق [هِيبُو] 
***hic**, *m* [هيك] عقدة. مشكل
*hideur, *f* بشاعة. سماجة. قبح
***hideux**, se, *a* بشع. شنيع. قبيح ٭ مرعب
*hie, *f* [هي] مندالة، عسكرية أو مدنية

hier, *ad* البارحة. أمس
il est né d'— غ. ر. ابن البارحة
*hiérarchie, *f* حكومة أو سلطة كهنوتية أو مدنية أو عسكرية ٭ مرتبة كهنوتية
hiératique, *a* كهنوتي. مختص بالكهنة
hiéroglyphe, *m* هيروغليفي. النقش أو الخط المصري 
écriture — كتابة هيروغليفية مختزلة
— linéaires كتابات مقدسة رمزية
*high-life, *m* عيشة علية الناس. ترف
hilarité, *f* بسط. ابتهاج. ضحك
hindou, e, *n et a* هندي. هندوسي
hippique, *a* فرسي. خيلي
Hippocrate, *m* أبوقراط
hippodrome, *m* مَلعب الخيل. مرماح. ميدان سِباق
hippopotame, *m* جاموس أو فرس البحر (سِيِّد قِشْطة)
hirondelle, *f* سنونو ٭ عصفور الجنة. خطاف 
hirsute, *a* هلب ٭ أشعر (مشعراني) ٭ غليظ
hispanique, *a* إسباني. إسبانيولي
*hisser, *v* رفع. سحب لفوق ٭ صفر
histoire, *f* تاريخ ٭ أسطورة. حكاية
— de rire على سبيل الضحك
c'est toute une — هذا امر يطول شرحه
je n'aime pas les —s لا احب المشاكل
historien, *m* مؤرخ ٭ صاحب القصة

historiette, *f* اشطورة.احدوثة
historique, *a* تاريخي. مختص بالتاريخ
—, *m* أصل. بيان. تاريخ
un — de l'affaire أصل المسألة
l'— des plantes تاريخ النبات
hiver, *m* شتاء
l'— des ans الشيخوخة
hivernage, *m* شتوية ¤ تشتية ¤ ملجأ للسفن في الطقس الرديء
hivernal, e, *a* شتوي. شتاني
hiverner, *v* شتّى. مضى الشتاء في
*hoc, *m* حق. رزق. نصيب
ad — لهذا الخصوص. لذلك
*hoche, *f* حز. خرطة ¤ علامة
*hochement, *m* هز. هز الرأس
*hocher, *v* هز ¤ حز
*hochet, *m* شخشيخة ¤ لعبة ¤ حلية
hoir, *m* وارث // ¤ شيء زهيد [وار]
*Hollande, *f* هولاندة ¤ جبنة فلمنك ¤ بطاطس مستطيل ¤ قماش شديد الرفع
holocauste, *m* فدى. ذبيحة تحرق بأكلها
holographe, *a*, *V*. olographe بخط اليد
*homard, *m* سرطان بحري كبير. كركند
*home, *m* بيت ¤ وطن
homicide, *n* قاتل انسان
—, *m* قتل الانسان
—, *a* قتّال. قاتل
hommage, *m* إخلاص. إحترام. إكرام
homme, *m* رجل ¤ إنسان
— du monde زول. زوق. يعرف الواجبات
— de peine *ou* de corvée فاعل. عامل مياومة
— de robe قاض
— de paille رجل صوري
les —s البشر. الناس. العالم ¤ الأنفار. الرجالة
le Fils le l'Homme المسيح
les derniers des —s أرذل الرجال
homogène, *a* متجانس
milieu — وسط متماثل
homologie, *f* تشابه ¤ تماثل
homologué, e, *a* مصدّق عليه
homonyme, *n et a* سَمِيّ ¤ جناس كلمة متجانسة مع اخرى لفظاً ومختلفة معنى
—, *m* أشخاص متشابهة الاسم
*hongrois, e, *n et a* مجري. هنغاري
honnête, *a* أمين. شريف ¤ صادق
condition — حالة متوسطة
honnêtement, *ad* بشرف. بأمانة. باستقامة
honnêteté, *f* أمانة. شرف. إستقامة ¤ لياقة. حشمة. نزاهة
honneur, *m* عرض ¤ شرف
jouer pour l'— لعب بدون فلوس
faire les —s de la maison حيا الضيوف
faire — au manger أكل بشهية ¤ أكل بعتوة
dette d'honneur دين مقامرة
honorabilité, *f* شرف. اعتبار
honorable, *a* محترم. شريف
honoraire, *a* شرفي
membre — عضو شرف
—s, *m pl* اتعاب. راتب محام أو طبيب
honorer, *v* شرّف. كرّم. بجّل
— sa signature أوفى دينه

honorifique, *a* شرفي. فخري
•**honte**, *f* خَجَل. حَياء ٭ عار. فضيحة
avoir — إستحى
•**honteusement**, *ad* بعار. بخزي
•**honteux**, **se**, *a* خجل. مستح ٭ موجب العار. مخجل. حَسِيي
hôpital, *m* مُستَشفى. مصح
•**hoquet**, *m* (زغطة). شهقة. فواق
horaire, *a* ميقاتي
—, *m* جَدْوَل مَوَاعِيد. أوقات مُعينة
•**horde**, *f* زُمرة. عشيرة. جماعة٭(منصر)
horizon, *m* أُفُق
horizontal, **e**, *a* أفقي. مُسطَّح
horloge, *f* سَاعة حائط. ساعة دقاقة
horloger, **ère**, *n* سَاعاتي
horlogerie, *f* مَصْنَع او تجارة سَاعات
hormis, *prép* إلا. سوى. ما عدا
horoscope, *m* طالع. كشف الطوالع
horreur, *f* فزع. رُعب ٭ كراهة. اشمئزاز ٭ شناعة. فظاعة. هَوْل
horrible, *a* فظيع. شنيع. بشع
horripiler, *v* رعب. افزع. ارهب. أرعب
•**hors**, *ad* خارجاً عن ٭ ما عدا
— ligne ممتاز. خارق العادة
— de prix غال جداً
— de cause خارج عن الموضوع أو الدعوى
— concours خارج عن المباراة ٭ مجلى. ممتاز
•**hors-d'œuvre**, *m* مقدمات الطعام. كواخ. مُشهيات [هُرْدِ ڤْرْ]

horticulteur, *m* بُستاني. زارع الحدائق
horticulture, *f* عِلم فِلاحة البساتين
exposition d'— معرض الزهور
hospice, *m* مضيفة أو مأوى. تكية
— des vieillards ملجأ أو دار العجزة
hospitalier, **ère**, *n et a* مِضياف. مقرالخ ٭ ماله علاقة بالمستشفيات أو الملاجئ.
sœur hospitalière راهبة ممرضة
hospitaliser, *v* ضاف ٭ ادخل مأوى أو مُستشفى [أُسْپِيتَالِيزِ]
hospitalité, *f* إيواء. قِرى الخ ٭ حسن الضيافة
hostie, *f* (برشانة). خبز الذبيحة. القربان المقدس ٭ ضحية. ذبيحة
hostile, *a* خصمي. عِدائي. مُناصِب
hostilité, *f* عداوة. مُعاداة ٭ خصومة
suspension d'— هدنة
hôte, **sse**, *n* مُضيف. رب البيت ٭ ضَيف
hôtel, *m* نُزُل. فندق. (لوكاندة) ٭ قصر
— de ville دار البلدية. سراى الحكومة. محافظة
— de vente دار المزادات
hôtelier, **ère**, *a et n* نُزلي. فُندقي ٭ قيِّم او صاحِب النُزُل (اي اللوكاندة)
hôtellerie, *f* فندق ٭ مثوى ٭ مضيفة
houblon, *m* حشيشة الدينار. زهر الجُل
•**houe**, *f* فاس. مجرفة. معزقة
•**houille**, *f* فحم حجري
— blanche القوة المائية
•**houillère**, *f* منجم فحم
•**houle**, *f* عوج البحر. إضطراب الأمواج

*houleux, se, a كثير الأمواج
*houppe, f شرابة للزركشة ٭ شوشة ٭ فرشة لذر البودرة على الوجه
*houppette, f شريبة٭زرارة.بودرة صغيرة
*hourder, v لبس البغدادلي بالجبس
*hourra ou *hurrah, m هتاف.تهليل
*housse, f كيس الوسادة ٭ غطاء فراش أو سرج
— d'une valise غطاء الشنطة
— du divan غطاء الديوان
*houssine, f عصا لتنفيض الفراش. نفاضة
*houx, m شجرة آس بري. شجرة شرابة الراعي
*hublot, m كوة في جانب السفينة. منور . طاقة السفن
*huer, v صاح او صفر للاستهزاء
huile, f زيت
— de foie de morue زيت كبد الحوت
— de table زيت سمك // زيت الطعام.
— de sésame سيرج.زيت او دهن السمسم
— de lin زيت حار.زيت بزر الكتان
— de ricin زيت خروع
huiler, v زيت. دهن بالزيت
*huilerie, f معصرة زيت ٭ مخزن زيوت
huileux, se, a زيتي ٭ دهني
huilier, m مزيتة ٭ زيات
—, n et a.m إناء الخل والزيت وما شابه
huis, m باب
— clos مرافعة سرية. جلسة سرية

huissier, m محضر ٭ حاجب
*huit, a ثمانية. ثمان
—, m الثامن
*huitaine, f حوالي ثمانية ٭ مدة ثمانية أيام
à — بعد اسبوع. تأجلت اسبوع
*huitième, a ثامن
—, m ثمن. جزء من ثمانية أجزاء
huître, f محار. جندفلي كبير. استريديا
*hum ! إحم //
humain, e, a بشري. إنساني ٭ ذو شفقة
—s, pl. الناس. البشر. بنو آدم
humanitaire, a بشري. إنساني
—, n et a شفوق. محب الانسانية
humanité, f إنسانية. بشرية ٭ الجنس البشري ٭ حنو. شفقة
humble, a ذليل. متواضع ٭ حقير
humblement, ad بتواضع. بانكسار
humectation, f ترطيب. تندية. تبليل
*humer, v رشف. حسا. شفط ٭ تشمم
— l'air استنشق الهواء
humeur, f خلط ٭ مزاج. خلق. طبع
avec — بنكد. بتبرم
bonne — بشاشة. سرور
elle est de mauvaise — منحرفة المزاج
humide, a رطب. ندي. مبلل
yeux —s عيون مغرورقة
humidité, f رطوبة. نداوة. ثرى
humiliation, f ذل. هوان ٭ تحقير. إذلال
humilier, v أذل. أهان. احتقر
s'—, vr تذلل. تمسكن. تصاغر

humilité, f خضوع.ضعة.خشوع٭تذلل
humoriste, n كاتب هزلي.ماجن ٭ اخلاطي
humoristique, a فكه مضحك٠هزلي
humour, m فكاهة.دعابة.مجون
humus, m دُبال.مواد عضوية منحلة في التراب ٭ طينة.ارض دسمة
*huppe, f هدهد٭شوشة.قنبرة.
*huppé, e, a ذو قنبرة ٭ معتبر ذو مكانة.
*hure, f رأس حيوان مذبوح
*hurlement, m نباح.عواء.صريخ.ولولة
*hurler, v نبح.عوى ٭ ولول.صرخ
hurluberlu, m طائش.خفيف العقل
*hussard, m عسكري سواري.فارس
*hutte, f كوخ.عشة.خص
hyacinthe, f خزامي٭حجر يماني.ياقوت
hybride مولد من جنسين.مختلط المولد
hydraulique, f علم سير المياه ورفعها
—, a مائي.متعلق أو متحرك بالماء
hydre, f افعوان خرافي٭حيوان مائي
hydroplane, ou hydravion, m طيارة مائية
hydrodynamique, f, a علم السوائل وضغطها وحركتها.مختص القوة المائية
hydro-électrique, a مختص بتوليد الكهرباء من القوة المائية
hydrofuge, a et m دافع الرطوبة
hydrogène, m غاز مولد للماء.إيدروجين
hydrologie, f علم خصائص المياه ونواميسها
hydromel, m ماء العسل.شراب العسل
hydromètre, m مقياس الثقل النوعي للسوائل أو الجوامد
hydrophile, a يتقبل المياه اى يتشربها بسهولة
hydropisie, f استسقاء.ارتشاح مائية الدم في الجسم // استقاء زقي اى بطني — ascite
hydroplane, m وثابة.سفينة تسير على سطح الماء ومحركها (رفاسها) فوق الماء
hydrothérapie, f معالجة بالماء
hyène, f ضبع
hygiène, f قانون الصحة ٠علم حفظ الصحة.
hygiénique, a صحي.متعلق بحفظ الصحة ٭ حافظ الصحة
hygromètre, m مقياس الرطوبة
hymen ou hymenée, m عرس.زيجة ٭ غشاء البكارة
hymne, m تسبيحة.مديح.نشيد
— national النشيد أو اللحن الوطني
hyperbole, f مبالغة.غلو.تعظيم.إغراق ٭ خط هذلولي وهو أحد قطع المخروط

hypertrophie, *f* نمو مفرط. تضخم نَسيج عضْو
hypnose, *f* نوم مغنطيسي أو غير طبيعي
hypnotique, *a et m* مختص بالتنويم ¤ دواء منوم [إبْنوتيك]
hypnotiser, *v* نَوَّم تنويماً مغنطيسياً
hypnotiseur, *m* مُنَوِّم
hypnotisme, *m* التنويم أو الاستهواء المغناطيسى
hypocondrie, *f* سَوْداء. وَسْواس. وهم بالمرض
hypocrisie, *f* خُبْث. مُداهنة. نِفاق
hypocrite, *n et a* منافق. ذو وجهين ¤ ريائي
hypodermique, *a* تحت الجلد
hypogée, *m* خشخاشة. ناووس. بناء تحت الأرض
hypostase, *f* أقنوم. شَخْص ¤ جوهر. أس
hypothécaire, *a* المرهون إليه العقار
hypothèque, *f* رَهْن عقاري
hypothéquer, *v* رهن بضمان عقار ¤ رهن
hypothèse, *f* فَرْض. نَظَرية
hypothétique فرضي. نظري. افتراضي
hystérie, *f* هستيريا (مرض عصبي) ¤ اختناق الرحِم
hystérique, *a* عصبي. تشنّجي
—, *n et a* مُصاب بالهستريا
hystéroptose, *f* سُقوط الرحِم

I

I. واحد (في الارقام الرومانية)
ibis, *m* أبو قِردان مِصْر. ابو حنش
iceberg, *m*. جَبَل جليد عائم. طافية
ichneumon, *m* نِمْس ¤ حشرة باربعة أجنحة
ichor, *m* دَم مُقَيَّح. صَديد مائي. غثيثة
ichtyolithe, *f* سمك متحجّر ¤ حُفريات عليها آثار أسماك
ichtyologie, *f* علم الأسماك وطبائعها
ichtyophage, *m et a* آكل السَّمك
ici, *ad* هُنا. هَهُنا
ici-bas في هذا العالم
icone, *f* ايقونة. صورة قديس. نصمة
iconographie, *f* عِلْم الصُّوَر ¤ مجموعة صور مشاهير الرجال
ictère, *m* يرقان. صَفَر
idéal, e, *a* خيالي. تصوري ¤ عقلي مثالي
—, *m* (*pl.* —s *ou* idéaux) المثل الأعلى. مثال الكمال ¤ امتثال
idéaliser, *v* تمثّل او تصوّر الشيء بهيئة كاملة
idéalisme, *m* تصور. تخيل ¤ كمال. أمثلية ¤ المذهب التصوري اي لا مادي

idéaliste, *n* خيالي. عائش في عالم الخيال
idée, *f* فِكْرَةٌ. رأي. صُورَة ذهنية
idem, *ad* مثله. شَرْحُه. شَـرْح ما قبله
identification, *f* تحقيق الذاتيّة. إثبات حقيقة الشيء
identifier, *v* أثبت الشخصيّة. حقق ذاتية الشخص
identique بذاته. بعينه ☆ متماثل ☆ مُطابق
identité, *f* حقيقة. ذاتية. شخصية ☆ مماثلة. مُطابقة ☆ وحْدَة
idéographie, *f* الكتابة الرمزية أو التصويرية
idéologie, *f* فن البحث في الأفكار والتصورات
idiome, *m* إصْطلاح. أسْلوب أو تعبير خصوصي ☆ لهجة. لغة
idiot, e, *n et a* أبله. مُعتوه. غَـبِيّ
idiotie, *f* بلاهة. عَتَه. (عَباطة)
idiotisme, *m* اِصطلاح. تعبير اِصْطِلاحيّ
idolâtre, *a et n* وثني ☆ مُغْرم. مُتَيَّم
idole, *f* صَنَم. وَثَن. مَعْبُود ☆ مَعْشوق
idylle, *f* نَشيد الرعاة ☆ حُب ساذج
ignition, *f* اشتعال. توقد
ignoble, *a* سافِل. دَني ء. خَسِيس ☆ كريه
ignominie, *f* فَضيحَة. عار. خِزْي
ignorance, *f* جَهْل. عَدم مَعْرفة ☆ غَباوة
ignorant, e, *a et n* جاهِل. عديم المعرفة ☆ أُمّي ☆ غَبي. ساذج ☆ غير مطلع على
ignorer, *v* جَهِلَ ☆ تجاهَلَ
il (*pl.* ils) هُوَ (الجمع هُم) ضمير الغائب المذكر

ile, *f* جَزيرة
iliaque, *a* حَرْقَفي. خاصِري
illégal, e, *a* غير قانوني. حرام
illégalement ضِد الشرْع. بطريقة محرمة
illégalité, *f* مُخالفة الشريعة. عَدم جواز
illégitime, *a* غير شرعي أو قانوني ☆ نَغل
illettré, e, *a* أُمّيّ. يجهل القراءة والكتابة. غير مُتعلم
illicite, *a* مُحرَّم. مَحْظور. ممنوع شَرْعاً
illico, *ad* حالاً
illimité, e, *a* غير محدود. مطلق
illisible, *a* غير مَقْروء. غير واضح. لا يمكن قراءته
illogique, *a* مضاد للصواب. غير معقول
illumination, *f* تنوير ☆ زِينَة بالأنوار ☆ وَحْي
illuminer أنار العقل ☆ زَيَّن بالنُّور ☆ ألهم
illusion, *f* غرور. توهُّم ☆ ظاهِرَة كاذبة
illusionner, *v* أغرّ. أوْهَم
illusoire, *a* غَرّار. خادع ☆ وَهْمي
illustration, *f* شُهرة. إجلال ☆ رَسْم ☆ تَصْوير ☆ صورة بيانية. شرح
illustre, *a* شَهير. مَجيد ☆ عالم
illustrer, *v* شَرَّف. أشهر ☆ صَوَّر. رسم ☆ أوضح ☆ وضع صُور في كِتاب
ilot, *m* جَزيرة صَغيرة
image, *f* صُورَة. رَسْم
imager, *v* صَوَّر. حشا بالرسوم أو الأمثال

imagerie, *f* محل بيع الصور أو إصطناعها ٭ صور ٭ وصف واضح كالتصوير
imaginaire, *a* وهمي . خيالي . تصوري
imaginatif, ve, *a* متخيل
imagination, *f* وهم . تخيل ٭ مخيلة
imaginer, *v* تخيل . تصور . توهم ٭ ابتدع
imbécile, *n et a* أبله . سخيف . مائق
imbécilité, *f* بلاهة . ضعف العقل . غباوة
imberbe, *a* أمرد . بدون ذقن ٭ صغير السن
imbiber, *v* نقع . بل . شرب
imbrication, *f* تراكب . إطفاف شيء فوق آخر كترتيب قشر السمك
imbroglio, *m* بلبلة . لخبطة . تشوش
imbu, e, *a* ملآن . متشرب
imitable يقلد ٭ قابل الاقتداء به
imitateur, rice, *n et a* مقلد
imitation, *f* تقليد ٭ إقتداء . مشابهة
imiter, *v* قلد ٭ اقتدى بـ
immaculé,e, *a* غير مدنس . بلا عيب . نقي
immanquablement, *ad* ضرورة . حتماً
immatériel, le, *a* مجرد عن المادة . لامادي
immatriculation, *f* تقييد . تسجيل ٭ مسجل
immatricule, *f* سجل رسمي ٭ التسجيل فيه
immatriculer, *v* قيد . سجل
immédiat,e, *a* متلاحق . مباشر ٭ سريع
immédiatement, *ad* حالاً . مباشرة
immémorial,e سابق كل عهد او تاريخ
immense, *a* شاسع ٭ غير محدود
immensité, *f* سعة . عظم ٭ إتساع غير محدود
immerger, *v* غمر . أغرق . غطس . غاص
immersion, *f* تغطيس . غط . تغريق
immeuble, *m* بناية . عمارة . عقار . ملك
—, *a* ثابت . لا ينقل (في القضاء)
immigrant,e, *n et a* مستوطن . مهاجر
immigration, *f* توطن
immigrer, *v* إستوطن بلداً
imminence, *f* قرب الخطر . الاشراف على
imminent, e, *a* قريب الحصول . مهدد
immiscer (s'), *v* تدخل . إندس في . تحشر
immixtion, *f* مداخلة . إمتزاج . تحشر
immobile, *a* ساكن . ثابت . لايتحرك من مكانه
immobilier, ère, *a* ثابت . ملك غير منتقل . عقاري
immobilisation, *f* تثبيت . وقف . إعدام الحركة ٭ عدم الحركة . سكون
immobiliser, *v* ثبت ٭ أوقف
immobilisme, *m* عكوف . رجعية
immobilité, *f* ثبات . عدم حركة . جمود
immodération, *f* إفراط . تطرف
immodéré, e, *a* متجاوز الحد . مفرط
immodérément, *ad* بافراط . بغير إعتدال
immodeste, *a* قليل الحياء . غير محتشم
immodestie, *f* عدم حشمة . قلة حياء

immolation, *f* تقديم الضَّحِيَّة. تقريب القُرْبان ٭ ذبح. قتل
immoler, *v* ضَحَّى. قدَّم كذبيحة. قرَّب
immonde, *a* نَجِس. دَنِس. رَجس
immondice, *f* قذارة. وَسَخ. رَجَس
immoral, e, *a* فاسِق. فاحِش. خَليع ٭ غير أدَبي. مُخِل بالآداب [إيمورال]
immoralité فَساد الآداب. فجور. فحش
immortalité, *f* خلود. دَوام. عدم الموت
immortel, le, *a* خالد. دائم. باقٍ
immuable, *a* ثابت. غير متغيِّر
immuniser, *v* حَصَّن ضِد مَرَض. مَنَّع
immunité, *f* إعفاء من الضرائب أو الواجبات. إمتياز ٭ مَناعة. حَصانة
impair, e, *a* فَرْد. مُفْرَد
impalpable, *a* لا يُدرَك باللمس. دقيق جداً ٭ غير محسوس
impardonnable, *a* لا يُغفر. لا يصفح عنه
imparfait, e, *a* ناقِص. غير كامِل
—, *m* الماضي الناقص
imparité, *f* فَرديَّة. تفاوت. عَدَم تَساوٍ
impartial,e, *a* خالي غرَض. عَديم المحاباة
impartialement, بعدم محاباة. بإنصاف
impartialité, *f* عدم محاباة. قِسط
impartir, *v* مَنح. سَمح. أعطى
impasse, *f* زقاق مَسْدود. عطفة. دَرْب
être dans une — ٭ مزنق // تحرَّج مركزه
impassibilité, *f* عَدَم الاحساس أو التأثر
impassible, *a* عَديم الاحساس. غير متأثر
impatiemment *ad* جَزعاً. بفروغ صَبْر
impatience, *f* قَلَق. قلة صَبْر. نَفاذ الصَبر
impatient, e, *a* عَديم الصَبْر. قَلِق
impatienter, *v* أقلق. أعْدَم الصَبْر
s'—, *v/r* قَلِقَ. جَزِع. قَلَّ صَبْره
impayable نفيس. لا يثمن ٭ مُضحك. سخري
impayé, e, *a* غير مَدْفوع. لم يُدْفَع
impeccable,*a* مَعْصُوم. خالٍ من العيُوب
impénétrable, *a* لا يمكن إختراقه. كَتُوم ٭ لا يُدرَك
impénitence, *f* إغراق في المعصية. عَدَم التوبة
impénitent, e, *a et n* غير تائب أو نادِم
impératif, ve, *a* أمري
—, *m* أمْر. صِيغة الأمر أو الطلب
impérativement, *ad* بأمر. حتماً
impératrice, *f* امبراطورة. سُلْطانة
imperceptible, *a* غير محسوس ٭ دقيق جداً. غير مدرك ٭ غير ظاهر
imperfection, *f* نقيصة. عدم الكمال
impérial,e, *a* مُلوكي. شاهاني. امبراطوري
impériale, *f* قُبَّة سَطح العربة ٭ ذقن صغيرة
impérieusement, *ad* بإمارة. بغطرسة
impérieux, se, *a* متجبر. غطريس ٭ لا يقاوم. ملح // صاحب إمارة — homme
impérissable, *a* خالد. لا يفنى

impéritie, *f* خيبة. عدم مقدرة
imperméable, *a* أصم. كتيم. لا ينفذه سائل
—, *m* مِمْطَف لا يمتص الماء (بلطو مطر)
impermutable, *a* غير متقايض
impersonnel, le, *a* معمم. غير خاص
modes impersonnels صيغ الغائب المجهول
impertinence, *f* وقاحة. سلاطة
impertinent, e, *n et a* وقح. قليل الأدب
imperturbable, *a* غير مضطرب. رزين
impétrer, *v* نال. حصّل على
impétueux, se, *a* شديد. دافع ٭ متهور. مندفع. حاد الطبع
impétuosité, *f* شدّة. حدّة ٭ إندفاع
impie, *n et a* ملحد. كافر. فاجر ٭ عاق
impiété, *f* كفر. إلحاد ٭ قلّة ورع
impitoyable, *a* عديم الشفقة
impitoyablement, *ad* بلا رحمة
implacable, *a* لا يخمد ٭ حقود
implanter, *v* غرس ٭ أدخل
s'—, *vp* رسخ. تغرز في
implication, *f* توريط ٭ تورّط ٭ تناقض
implicite, *a* ضمني. مضمر
implicitement, *ad* ضمناً. مضمراً
impliqué, e, *a* مورّط. مشتبك ٭ مفهوم ضمناً
impliquer, *v* ورّط ٭ شبك. ضمّن
implorer, *v* تضرّع. إبتهل. إستعطف
impoli, e, *a et a* فظ. قليل الأدب. سفيه
impoliment, *ad* بوقاحة. بقلة أدب
impolitesse, *f* سفه. وقاحة. قلة أدب
impolitique, *a* سوء سياسة
impondérable, *a* لا وزن له. غير قابل للوزن
impopulaire, *a* غير محبوب أو مقبول لدى الجمهور
importance, *f* أهمية. شأن
d'— بشدة. بقوة. كثيراً
important, e, *a* مهم. خطير
importateur, rice, *n et a* مستورد
importation, *f* إستيراد. جلب
—s الواردات (نقيض الصادرات)
importer, *v* إستورد. جلب. أدخل ٭ أهمّ
qu'importe ? ماذا يهم !
n'importe مهما يكن
cela importe peu هذا ليس له أهمية
importun, e, *a et n* لحوح. لاج ٭ ثقيل
importuner, *v* ضايق. تثاقل على
imposable, *a* ممكن تقرير ضريبة عليه
imposant, e, *a* موجب الاحترام. مهيب
imposé, e, *a* مقرّر ٭ مفروض عليه ضريبة
imposer, *v* رتّب ضريبة. فرض. أجبر
— silence ألزم السكوت
en — أوهم
imposition, *f* فرض. رسم ٭ ضريبة ٭ إلزام ٭ رمي الصحائف اى ترتيبها للطبع
impossibilité, *f* إستحالة. محال
impossible, *a et m* مستحيل

imposteur, *m* دَجّال
imposture, *f* خُدْعَة. دَجَل. تَدْجِيل
impôt, *m* ضَرِيبة. خَراج. عَوَائِد [أَنْبُو]
— **foncier** أموال مقررة
— **général sur le revenu** ضريبة الدخل او الايراد
impotence, *f* عَجْز. وَهَن ٭ عُنَّة
impotent, e, *a et n* عاجز ٭ عِنِّين
impraticable غير مُمكِن إستعماله. وعر
imprécation, *f* لعنة
imprécision, *f* عَدَم التدقيق أو الضَبْط
imprégner, *v* شَرَّب. خَلط ٭ لقَّح
s'—, *vp* تَشَرَّب
imprénable, *a* مَنيع. مُمْتَنَع أَخْذه
impresario, *m* مدير مَسْرَح. رئيس جوقة
imprescriptible, *a* غير ساقط بالمدة الطويلة
impression, *f* ضَغْط ٭ طَبْع ٭ طَبْعَة ٭ تأثير
impressionable, *a* سَريع التأثر أو الانفعال
impressionner, *v* أثَّر
imprévoyance, *f* غَفْلَة. عَدَم التَبَصُّر
imprévoyant, e, *a* غافِل. عَديم التبصُّر
imprévu, e, *a* فُجائي. غير مُنتظر
—, *m* طارِيء
imprimé, *m* كِتاب مَطْبوع ٭ قماش موشى
les —s المطبوعات
imprimer, *v* طَبَع
— (**des étoffes**) وشى
— **le mouvement** وصَّل الحركة

imprimerie, *f* مَطْبَعة. دارُ الطباعة ٭ فَنّ الطَبْع
imprimeur, *m et a* طَابِع. طَبَّاع
improbabilité, *f* عَدم إحتمال الوقوع
improbable, *a* عَديم الاحتمال
improbateur, rice, *a* مستقبح. غير موافق
improbation, *f* إستقباح. رَفْض
improbité, *f* عدَم الاستقامَة
improductif, ve, *a* عَقيم. عاقِر. غير مُثْمر
impromptu, *ad* فَوْراً. على الفور. إرتجالا
—, *m* قِطْعة شِعْر إرتجالي
—, *aj.inv.* بديهي. بدون سابق إستعداد
impropre, *a* مخالف للمقام. غير صالح او مناسب
improvisateur, rice, *n* مستنبط
improvisation, *f* إرتجال. إبتداه
improviser, *v* إرتجل. بَدَه. إبْتَدَه
improviste (à l'), *lc.ad* فجأة. بَغتة
imprudemment, *ad* بدون تبصُّر أو فطنة
imprudence, *f* عَدَم التبَصُّر. قِلّة حَذَر
imprudent, e, *n et a* عديم التبصُّر
impubère, *n et a* مُراهِق
impudence, *f* وَقاحَة. سَفاهَة
impudent, e, *n et a* وَقِح. سَليط
impudeur, *f* قِلّة حَياء. خلع العذار
impudicité, *f* فِسْق. فُجور

impudique, a فاسق. فاجر. فاحش
impuissance, f عجز. عنانة. خور
impuissant, e, a et n عنين. محلول ٭ عاجز
impulsif, ve, a دافع. محرض. محرك
—, ve, n من تسيطر عليه عواطفه
impulsion, f دفعة ٭ دفع. زخم
impunément, ad بدون عاقبة سيئة
impuni, e, a غير معاقب
impunité, f عدم القصاص. حصانة
impur, e, a نجس. دنس ٭ غير نقي
impureté, f نجاسة. فساد. دنس ٭ عدم نقاء ٭ قذارة
les —s du corps فضلات أو افرازات الجسم
imputation, f عزو. تهمة ٭ تسديد. خصم
imputer, v عزا. نسب الى. إتهم بـ. ألصق بـ ٭ حسب أو خصم. إستنزل
imputrescible غير قابل التعفن. لا يفسد
in-, préf. سابقة معناها «لا أو غير أو عدم أو في أو داخل»
inabordable صعب المأخذ. لا يوصل إليه
inabrité, e, a بغير مأوى. لا مأوى له
inacceptable, a غير مقبول
inaccessible, a منيع. صعب المنال
inaccordable, a لا يمنح. لا يسمح به
inaccoutumé, e, a غير معتاد. غير مألوف ٭ فوق العادة
inachevé, e, a غير تام. غير مستكمل
inactif, ve, a بطيء الحركة أو عديمها. ساكن ٭ متوان
inaction, f سكون الحركة. جمود ٭ توان
inactivité, f تكاسل. بطالة في العمل ٭ عدم حركة. عدم النشاط
inadmissible, a غير مقبول. غير مسلم به
inadvertance سهو. عدم إنتباه. إهمال
inaliénable, a غير قابل المزج ٭ لا تنتقل ملكيته. ممتنع البيع
inaltérable, a ثابت. غير قابل الفساد
inamical, e, a غير حبي. غير ودي
inamovible, a لا يعزل. ثابت
inanimé, e, a بلا روح. لا حياة فيه
inanité, f فراغ ٭ تفاهة. عبث. بطل
inanition, f خور. سقوط القوة من الجوع
inaperçu, e, a غير ملحوظ. خفي عن النظر
inappétence, f فقد القابلية
inapplicable, a لا يمكن تطبيقه على
inapplication, f عدم التطبيق أو الانطباق ٭ تهاون. عدم إجتهاد
inappréciable لا يثمن. لا يقوم ٭ زهيد
inapte, a ليس كفوءاً أو أهلاً
inaptitude, f عدم استعداد أو مقدرة
inarticulé, e, a غير ملفوظ ٭ عديم المفاصل
inassermenté, e, a غير حالف اليمين
inassouvi, e, a غير شابع. غير متشف
inattaquable, a منيع. حصين. لا ينال
inattendu, e, a غير منتظر. طارىء

inattention, *f* شتات عقل. سهو
inauguration, *f* إفتتاح
inaugurer, *v* إفتتح رسمياً. (دشّن)
inavouable, *a* لا يمكن الاقرار به
incalculable, *a* لا يحصى. غير معدود
incandescence, *f* توهّج. تأجّج
☼ نور أبيض متولد من الحرارة
incandescent, e أبيض من الحرارة
☼ متأجج. مضطرم. وهّاج
incantation, *f* تعزيم. رقية
incapable غير قادر. عاجز ☼ عديم الأهلية
incapacité, *f* عدم كفاية. عجز. عدم قدرة
incarcération حبس ☼ إختناق (في الجراحة
incarcérer, *v* سجن. حبس
incarnat, e, *a et m* لحمي أو وردي اللون
☼ اللون اللحمي
incarnation, *f* تأنس. تجسّد ☼ تلحّم
. تكوّن لحم
incarné, e, *a* متجسّد
ongle — ظفر مغروز في اللحم
incartade, *f* شتيمة. قذف ☼ حماقة
incassable, *a* لا ينكسر
incendiaire, *n et a* مهيج. محرك فتن
☼ مضرم. محرق. بتعمد
bombe — قنبلة محرقة
incendie, *m* حريق. (حريقة)
incendié, e, *a et n* محروق ☼ منكوب الحريقة
incendier, *v* أحرق. أشعل. أضرم ☼ هدل
incertain غير محقق. تحت الشك ☼ متقلب

incertitude, *f* ريب. شك ☼ تردد
incessamment, *ad* بلا إنقطاع
. على الدوام ☼ حالاً أو قريباً
incessant متوال. دائم. غير منقطع ☼ ملح
inceste, *m* مضاجعة المحارم. الفسق
بالأهل المحرم الزواج بهن
incidemment, *ad* عرضياً
incidence, *f* وجهة الالتقاء. إتجاه الوقوع
angle d'— ضمنى // زاوية سقوط
incident, e, *a* عارض. حشو ☼ عبارة معترضة
☼ فرعي ☼ ساقط على مسطح
incident, *m* حادثة. عارض. حادث ☼ مسألة
فرعية. معارضة. إشكال (في القضاء)
incinération, *f* تحويل إلى رماد بالحرق
l' — des morts حرق الأموات
incinérer, *v* حرق. حوّل إلى رماد
inciser, *v* شق. شطر. حزّ
incisif, ve, *a* قاطع. بتّار ☼ حزّاز ☼ محال
—, *n et a.f* القواطع. الأسنان الأمامية
incision, *f* شق. تشريط ☼ حزّ ☼ قطع
incitation, *f* إغراء. تهييج. إثارة
inciter, *v* حرّض. حمل على. إستفز
incivile, *a* غير لائق. مغاير للآداب
incivilisé, e, *a* غير متمدن. همجي
incivique, *a* مخالف للوطنية
inclémence, *f* قلة رحمة. عدم شفقة
inclinaison, *f* ميل. انحراف ☼ رغبة
inclination, *f* رغبة ☼ إتجاه. ميل
إنعطاف

incliner, *v* عطف. أمال. حنى
s'—, *vp* إنحنى. انعطف. مال إلى
inclus, e, *a* ضمن. طي. داخل
incoercible, *a* لا يقهر ٭ لا يحبس
incognito, *ad et m* بتخف ٭ متنكر ٭ بصفة غير رسمية. خفية
incohérence, *f* عدم تناسق أو إتساق ٭ تقطع الكلام. علسطة. عدم إتصال
incohérent, e, *a* غير متصل ٭ متنافر
incolore, *a* لا لون له. عديم اللون
incomber, *v* إرتكن على
incombustible, *a* غير قابل الاحتراق
incommensurable, *a* خارج عن القياس. لا يمكن تطبيقه على
incommodant, e, *a* مزعج. مثقل
incommode, *f* متعب ٭ شاق ٭ غير مريح
incommodé, e, *a* متضايق. متوعك
incommoder, *v* أتعب. ضايق. ثقل على
incommodité, *f* تعب. إنزعاج. ثقل
incommutable, *a* لا يستبدل أو ينزع
incomparable, *a* فريد. منقطع المثيل
incompatibilité, *f* تناف. عدم إمتزاج
incompatible, *a* مناف. نافر. مخالف
incompétence, *f* عدم الاختصاص (في القضاء) ٭ عدم أهلية أو مقدرة
incompétent, e, *a* غير كفوء. غير أهل ٭ عديم الاختصاص [أنكنبيتن]
incomplet, ète, *a* ناقص. غير كامل أو تام

incompréhensible لا يدرك. غير مفهوم
incompris, e, *n et a* غير مفهوم
inconcevable غير مدرك. يفوق التصور
inconciliable, *a* غير قابل الصلح
inconduite, *f* سوء تصرف. سلوك ردي
inconfortable, *a* متعب. غير مريح
incongru, e, *a* مناقض لأداب السلوك. غير لائق أو ملائم
inconnu, e, *a* مجهول. مبهم. غير معروف
—, *m* المجهول. الخفي. ما في الغيب
—, e, *n* غريب. شخص غير معروف
—e, *f* المجهول (في الرياضة)
inconscience, *f* عدم ادراك. عدم إنتباه
inconscient, e, *a* عديم الادراك. غافل
inconséquence, *f* عدم إرتباط
inconséquent, e متناقض. مناقض لذاته. بدون رابطة [أنكنسيكون]
inconsidération, *f* عدم تفكير. طيش
inconsistance, *f* عدم ثبات ٭ تناقض
inconsolable, *a* لا عزاء له
inconstance, *f* عدم ثبات. تقلب. خفة
inconstant, e, *n et a* متقلب. قليل الثبات
inconstitutionnel, le, *a* مغاير لقوانين الشورى. مخالف لدستور الدولة
incontestable, *a* غير قابل المنازعة
incontestablement, *ad* بلا خلاف
incontesté, e, *a* مسلم به. غير متنازع فيه. لا يقبل الجدال

incontinence, *f* تهتك. فجور
¤ عدم إمكان حجز البول. سلس البول
incontinent, e, *a et n* داعر. منهمك
في الشهوات // في الحال. حالاً —, *ad*
inconvenance, *f* عدم لياقة او مناسبة
inconvenant, e, *a* غير لائق. غير موافق
inconvénient, *m* مانع. عارض. محذور
inconvertible *ou* لا يتحوّل. غير
inconvertissable, *a* قابل التحويل
incorporation, *f* إلحاق. إدخال. ضمّ
incorporel, le, *a* غير متجسّم
. غير جسدي ¤ معنوي. لامادي
incorrect, e, *a* خطأ. مغلوط. غير مضبوط
. غير صحيح ¤ غير لائق [أنكرِّكتْ]
incorrigible غير قابل الاصلاح لا يقوّم
incorruptible لا يُرْتَشى ¤ غير قابل الفساد
incrédule قليل التصديق ¤ غير مؤمن
incrimination, *f* تهمة. شبهة
incriminer, *v* اتهم. اوقع تحت الشبهة
incroyable, *a* لا يُصدّق. فوق العقل
incroyance, *f* عدم الايمان ¤ عدم التصديق
incrustation, *f* ترصيع. تفشية. تصفيح
¤ قشرة. طبقة ¤ تقشّر. ترصّع
incruster, *v* رصّع. لبّس بقشرة
incubateur, rice, *n et a* حاضن صناعي
incubation, *f* حِضان. رخم. نقس
. حضانة البيض أو الجراثيم

inculpation, *f* إتهام
inculpé, e, *n et a* متّهم
inculper, *v* [أنكيبلپه] اتّهم
inculquer, *v* رسّخ في العقل. ألقى في الذهن
inculte, *a* بور. غير مزروع ¤ غير مهذّب
incultivable, *a* لا يُزرع ¤ أرض بور
incurable, *a* عضال. ليس له دواء
incurie, *f* إهمال. عدم إهتمام. عدم تعقّل
incursion, *f* غزو. غارة. إغارة
incurver, *v* لوى إلى الداخل. عقف. حنى
Inde, *f* [أند] الهند
indécence, *f* قلّة حياء أو حشمة ¤ فحش
indécent, e, *a* فاحش. مناف للآداب
indéchiffrable, *a* غير مقروء. غير مفهوم
indéchirable, *a* لا يمزّق
indécis, e, *a* متحيّر. متردّد ¤ غير بات
indécision, *f* حيرة. إرتياب. تردّد
indéclinable, *a* لا ينصرف. مبني
indéfendable, *a* لا يُدافع عنه ¤ لا يبرر
indéfini, e, *a* غير محدود او معيّن. مبهم
indéfiniment, *ad* من غير تحديد. مطلقاً
indéfinissable لا يمكن وصفه أو تعريفه
indélébile, *a* لا يمحى. ثابت. لا يندرس
indélibéré, e, *a* عمل بدون العام بصر
indélicat, e, *a* سمج. قليل اللياقة
indélicatesse, *f* عدم لطف. سماجة

indémaillable, *a* لا تنقطع خيوطه
indemne, *a* [اندِمْن] سالم
indemniser, *v* عَوَّض من الضرر. ضمن
indemnité, *f* تعويض الضَرَر ◊ غرامه ◊ مُكافأة
indéniable, *a* غير قابل الانكار. لا يُجحد
indépendamment, *ad* بلا ارتباط ◊ فضلاً عن. ما عدا. مُجرداً عن
indépendance, *f* حرّية. إستقلال
indépendant, e, *a et n* حُرّ. مُستقِل ◊ غير متعلّق بـ ◊ قائم بذاته [أندِپَنْدَن]
indescriptible, *a* لا يوصف. لا يشرح
indestructible غير قابل الاتلاف ◊ لا يفنى
indétermination, *f* عدم تحديد أو تعيين ◊ حيرة. تردد
indéterminé, e, *a* غير معيَّن ◊ متردّد
index, *m* فهرس ◊ قائمة الكتب المحرمة ◊ السبابة
mettre à l'— حرم. منع //
indicateur, rice, *a* مخبر. مُرشد
—, *m* دليل ◊ مُخبر. مُرشد البوليس ◊ مؤشر
indicatif, ve, *a* دال على. دليلي
—, *m* الصيغة الدليلية [أندِيكاتيف]
indication, *f* تعليمات ◊ دلالة. بيان. إشارة
indice, *m* إمارة. دليل. علامة
indicible, *a* صعب البيان. لا يعبر النطق عنه
indien, ne, *n et a* هِنْدي [أنديَن]
indifféremment, *ad* بدون فرق. على السواء ◊ بغير اكتراث
indifférence, *f* عدم تمييز أو اكتراث

indifférent, e, *a* لا فرق فيه ◊ بلا غرض
—, e, *n* غير مُكترث أو ميّال
choses —es امور تافهة. لا طائل تحتها
indigence, *f* فقر. إحتياج. فاقة. عَوَز
certificat d'— شهادة فقر
indigène, *n et a* بلدي. وطني. إبن البلاد. أهلي ◊ محلي [أنديجين]
tribunal — محكمة أهلية
indigent, e, *n et a* فقير. محتاج
indigeste, *a* عسر الهضم
indigestion, *f* عُسْر هَضم. تخمة
indignation, *f* سُخط. حَنَق
indigne, *a* غير جدير ◊ رَديء ◊ قبيح
indignité, *f* عَيْب. دناءة ◊ عدم استحقاق
indigo, *m* نيلة. نيل (مادة زرقاء للصباغة)
indiquer, *v* دلّ على. أومأ إلى. بيّن
indirect, e, *a* منحرف. غير مستقيم
indirectement, *ad* بانحراف. بطريق غير مستقيم ◊ بغير مباشرة. بوساطة
indiscipline, *f* عدم الانقياد أو النظام
indiscipliné, e قليل الطاعة. سيء النظام
indiscret, ète, *a et n* غير كتوم السر. مِذياع ◊ غير خفي ◊ تطفلي
indiscrétion, *f* عدم حفظ السر ◊ قلة تبصر. طيش ◊ فضولية
sans — بدون فضول
indiscutable, *a* غير قابل المجادلة فيه
indispensable, *a* لازِم. ضروري. لا غِنى عنه

indisponible غير جائز أو ممكن التصرف فيه
indisposé, e, a منحرف المزاج
. متوعك ◦ غضبان ◦ غير ميال
indisposer, v أزعج ◦ أمرض ◦ نفر من
indisposition, f توعك المزاج ◦ إزعاج
◦ كدر ◦ نفور [أنديسبوزيسيون]
indissoluble, a غير ذائب. لا ينحل
indistinct, e, a غير واضح أو مميز. مبهم
indistinctement ad بدون فرق أو تمييز
◦ بدون جلاء. بغموض [ـ تنكتمن]
individu, m فرد. شخص. نفر. نفس
soigner son — اعتنى بنفسه
individuel, le, a شخصي. فردي. ذاتي
individuellement فرداً. شخصياً. بالذات
indivis, e, a غير منقسم. مشاع
indivisible, a لا ينقسم. لا يتجزأ. مشاع
Indochine الهند الصينية
indocile صعب القياد. عنيد. صعب المراس
indocilité, f عصيان. عناد. جموح
indolemment برخاوة. ببلادة. بتوان
indolence, f كسل. تراخ ◦ عدم وجع
indolent, e, a et n بليد. متراخ
[أندلن] ◦ غير مؤلم (في الطب)
indomptable, a et n لا يطبع ◦ لا يقمع
indompté, e, a غير مروض ◦ غير مذلل
indu, e, a ضد القانون ◦ في غير محله
◦ غير واجب اداؤه
heure —e ساعة غير موافقة. وقت غير لائق

indubitable, a أكيد. يقيني. لا شك فيه
inducteur, rice, a et m منتج
induction, f قياس. نتيجة. إستدلال
◦ تيار ناتج. تهييج في الكهرباء
induire, v أغرى. حرض. غوى ◦ إستنتج
— en erreur أضل. غش
indulgence, f تسامح. تساهل. إعفاء
◦ إنهماك. إنغماس [أنديلجنس]
indulgent, e, a سموح. متغاض ◦ منغمس
indûment, ad بدون أو ضد الحق
induration, f صلابة ◦ تصلب. تيبس
industrie, f صناعة. حرفة ◦ مهارة
industriel, le, a صناعي. متعلق بالصناعة
—, m صاحب صناعة أو مصنع
industrieux, se, a نشيط. حاذق
inébranlable, a لا يتزعزع. ثابت
inédit, e, لم يسبق طبعه. غير مطبوع
ineffable, a لا يوصف ◦ لا ينطق به
ineffaçable. a لا يمحى. غير قابل المحو
inefficace, a غير فعال. عديم التأثير. عقيم
inefficacité, f عدم تأثير
inégal, e, a غير متساو ◦ غير معتدل
inégalité, f عدم تساو. عدم مساواة
inélégant, e, a غير أنيق أو كيس
inéligible, a لا ينتخب. غير ممكن انتخابه
inéluctable, a لا يقاوم. لا يصد. محتم
inénarrable, a لا يشرح. غير ممكن سرده

inepte, a غبي. أخرق. سَخيف ¤ غير كفء
inépuisable لا يَفْنَى. لا يفرغ. لا ينضب
inéquitable, a عديم الإنصاف. غير عادل
inerte, a ساكن. غير متحرك. هامِد
inertie, f جمود. سُكون. عدم حركة. خمود
inespéré, e, a غير مرجي. غير مأمول
inestimable, a لا يقوَّم. يفوق التثمين أو التقدير. لا يقدَّر بثمن
inévitable, a مُحتَّم. لا مفر منه
inexact, e, a غير مضبوط. غير صحيح
inexcusable, a لا يُعْذَر. لا يُغتفر
inexécutable, a غير ممكن إجراؤه
inexécution, f عدم القيام بالشروط. عدم الوفاء أو التنفيذ.
inexercé, e, a غير مُمرَّن أو مجرَّب. غشيم
inexistance, f عدم وجود
inexorable, a لا يرحم. قاسي القلب
inexpérience, f عدم خبرة. غرارة
inexpérimenté, e, a غير مدرَّب. عديم الاختبار. (غشيم)
inexpiable, a لا يكفر عنه. لا يقبل الصفح
inexpié, e, a لم يوف عنه
inexplicable, a غير قابل التفسير
inexploitable, a لا يمكن استغلاله أو إدارته
inexploré, e, a غير مطروق ¤ لم يكتشفه أحد. غير مستكشف أو مكشوف. مجهول
inexplosible, a غير قابل الانفجار
inexprimable, a لا يوصف. لا يعبَّر. يعجز اللسان عن وصفه أو النطق به.
inexpugnable, a منيع. صعب المأخذ
inextensible, a غير قابل الامتداد
in extenso بطوله. بالحرف الواحد
inextinguible, a لا ينطفىء. لا يخمد
inextricable, a لا يحل. معقد
infaillibilité, f عِصْمة. تنزُّه عن الخطأ ¤ يقين. تأكيد [أنفاييبيليتِه]
infaillible, a محقق حدوثه ¤ معصوم من الخطأ
infailliblement, ad يقيناً. من كل بد
infaisable, a صعب الاجراء. ممتنع عمله
infamant, e, a فاضح. هاتك. مخل بالشرف
infâme مهتوك. منفضح. مرذول. شنيع
infamie, f عار. فضيحة ¤ قباحة السيرة
infantérie, f العساكر المشاة: (بيادة)
infanticide, m قتل الأطفال
infantile, a طفلي. مختص بالأطفال
infatiguable, a لا يكل. لا يتعب
infatuation, f افتتان. شغف. وَلَع
infatuer, v فتن. شغف. سلب العقل
infécond, e, a عقيم. غير مخصب. مجدب
infécondité, f جدب. قحل
infect, e, a عفن. منتن. كريه
infectant, e, a معفن. مسوّىء
infecter, v أفسد. عفّن. أنتن ¤ أصاب بالعدوى [أنفكته]

infectieux, se, *a* مُعْدٍ. منتقل بالعدوى
infection, *f* نَتَانة. رائحة كريهة ◇ عفونة ◇ فساد ◇ عدوى [أنفكسيون]
inférer, *v* إستنتج. إستخلص ◇ إستدل على
inférieur, e, *a* أدنى. أحط. أقل. دون
qualité —e نوع رديء
les —s المرؤوسون
infériorité, *f* دونية. سفلية. حِطة. دناءة النوع. إنحطاط [أنفريُريتِه]
infernal, e, *a* [أنفِرنال] جَهَنَّمِي
infertile غير خصيب او مثمر
infester, *v* أغار على. غزا ◇ إنتاب. إبتلى ◇ ضايق
infidèle, *a et n* خائن. ناكث العهد ◇ كافر
infidélité, *f* خيانة. عدم وفاء ◇ كفر
infiltration, *f* إرتشاح المياه. (نشع) تقطر
infiltrer, *v* رشح. نفذ. (نشع). إرتشح
s'—, *vp* ترشح. تدخل في. نفذ. تقطر
infime [أنفيم] دنيء
infini, e, *a* غير متناهٍ أو محدود. سرمدي. يفوق الحصر
à l'— الى ما لا ينتهى
infiniment كثيراً جداً. فوق الحد. بلا نهاية. للغاية
infinité, *f* اللانهاية. اللاحصرية ◇ أبدية
infinitésimal, e, *a* دقيق جداً فلا يحسب
infinitif, ve, *a* غير محدود ◇ مصدري
—, *m* صيغة المصدر
infirmation, *f* إبطال. نقض. إلغاء
infirme, *n et a* عاجز. مقعد. ذو عاهة
infirmer, *v* عجّز ◇ طعن في ◇ ألغى
infirmerie, *f* مكان المعالجة
infirmier, ère, *n* ممرض (تمرجي)
infirmité, *f* عاهة. علة. ضعف ◇ خلل
inflammable, *a* قابل الالتهاب. سريع الاشتعال
inflammation, *f* إلتهاب. إشتعال ◇ إلهاب. إشعال ◇ إحتدام
inflammatoire, *a* إلتهابي. ملهب. مهيج
inflation, *f* إنتفاخ. تورّم [أنفلاسيون]
inflexible, *a* لا يلين. لا ينثني ◇ عنيد ◇ لا ينصرف. جامد ◇ صليب
inflexion, *f* إمالة. حني ◇ تصريف ◇ ميل
— de la voix تغيير الصوت
infliger فرض ضريبة ◇ اوقع قصاصاً ◇ بلى
inflorescence إزهار. تزهير. هيئة الزهر
influence, *f* تأثير. نفوذ. سطوة
influencer, *v* أثّر في. أقنع. إستمال
influent, e, *a* ذو نفوذ او سلطة. مؤثر
influer, *v* أثّر في. عمل في [أنفلوِ]
informateur, rice, *n* مبلّغ. مخبر ◇ وقاع (فتان) ◇ شاك
information, *f* خبر. نبأ. بلاغ ◇ معلومية ◇ تبليغ ◇ بحث. تحقيق (في القضاء)
informe, *a* بدون اسلوب. لا هيئة له
informer, *v* أخبر ◇ بلّغ. أعلم بـ ◇ حقق
s' —, *vp* إستعلم. استفهم. تحرّى

infortune, *f* مُصيبة. داهية. سوء بخت
infortuné, e, *n et a* تَعيس. مَنكود الحظ
infracteur, *m* مُخالف. ناكِث العَهْد
infraction, *f* نَقض القَوانين. نكث عهد ٭ كَسْر
infranchissable, *a* غير ممكن إجتيازه
infréquenté, e, *a* غير مَطْرُوق. مَهجُور
infructueux, se, *a* غير مُثمِر
infus, e, *a* فِطري. غريزي ٭ مُلهَم. موحى
infuser, *v* نقع في. شَرَّب. أشرَب. حَقن
laisser — le thé ترك الشاي يَخرط
infusion, *f* نقاعة. مَنْقوع ٭ إشْرَاب. نَقْع. خَرْط
— de tilleul نقيع أو منقوع الزيزفون (تليو)
ingénier (s'), *vr* تفنن. إحتال. تحايل
ingénieur, *m* مُهَندِس [أنجنيّر]
ingénieux, se, *a* حاذق. بارع. ماهِر
ingéniosité, *f* حِذق. لَوْذعيّة ٭ تفنّن
ingénu, e, *a et n* ساذِج. بَسيط. خالِص النيّة ٭ حُرّ [أنجنيّ]
ingérence, *f* مُداخلة. تعرّض
ingestion, *f* بلع. تدخيل. إبتلاع
ingouvernable, *a* غير مُمكن حكمه
ingrat, e, *n et a* ناكِر جَميل. جاحِد المَعْرُوف. عَقوق ٭ عَقيم ٭ قبيح. صَعْب
role — دور عقوق. دور لا تقدر صعوبته
ingratitude, *f* نُكْران الجميل. كُنود
ingravissable, *a* غير مُمكن تَسلّقه
ingrédient, *m* عنصُر. جَوْهر ٭ مادّة التركيب الأصْليّة [أنجرْدْيَن]
inguérissable, *a* عُضال. لا دَواء له
ingurgiter, *v* إبتلع. شَرِب
inhabile, *a* غير ماهِر او كفؤ
inhabitable, *a* غير مُمكِن سكناه
inhabité, e, *a* غير مَسْكون
inhalation, *f* إسْتِنْشاق ٭ تنفّس ٭ شَهيق (ضِدّ زَفير) [إنهالاسيون]
inhérent, e, *a* مُلازم. متحِد. مُلتصق
inhiber, *v* نَهى. مَنَع. رَدَع. صَدّ
inhospitalier, ère, *a* غير كريم. لا يكرم الضيف ٭ قاحِل
inhumain, e, *a* غليظ القلب. قاس. عَديم الانسانية [إنيمَن]
inhumation, *f* قَبر. دَفن
inhumer, *v* دَفَن. لحد. قبر [إنيمِه]
inimaginable, *a* مُسْتَحيل التَصوُّر
inimitable, *a* لا يُضاهى. لا مَثيل له
inimitié, *f* عَداوة. كراهة
ininflammable, *a* غير قابل الالتهاب
inintelligible, *a* غير مَفهوم. غامِض
inintentionnellement, *ad* بلا تعمد
ininterrompu, e, *a* مُتّصِل. مُتواصل. غير مُقاطع عليه [إنْنِترُونبيّ]
iniquité, *f* جَوْر. ظلم. عَسْف ٭ إثم
initial, e (*pl.* —s), *a* أوّل. بَدء ٭ بدائي. أوّلي. أصْلي [إنيسْيال]
—e, *f* الحرف الأول من إسم أو كلمة

initialer, *a* وَقَّعَ بالحروف الأولى من الاسم
initiation, *f* تعليم الأصول أو الأوليات
* إدخال * إشراك في السر [إينيسياسيون]
initiative, *f* مُبادأة. إستهلال * إبتدائي
* إبتكار
prendre l'— تقدم أو تبدأ على غيره في عمل شيء
initié, e, *a et* مُطلع على الأسرار. مُلم
initier, *v* اعلم بـ أو اطلع على أوليات العلم
أو الفن * درّب * أدخل * أشرك في الأسرار
injecté, e, *a* محقون. محتقن [أنجكتي]
injecter, *v* حقن * أدخل. أولج
s'—, *v/r* إحمرّ من إحتقان الدم
injection, *f* حُقنة * حَقن * إدخال
. تسريب * إحتقان
injonction, *f* إيعاز * توصية. تنبيه. أمر
injure, *f* ضرر * إهانة. سب [أنجير]
injurier, *v* أساء إلى * شتم. سبّ. أهان
injurieux, se, *a* مؤذٍ * مُهين. ناب
injuste, *a et m* غير عادل. جائر. ظالم
injustice, *f* جور. ظلم
injustifié, e, *a* غير مثبوت. بلا مُبرر
innavigable, *a* لا يَصلح لسير السفن
inné, e, *a* غريزي. فطري [إينيه]
innocemment, *ad* بسلامة قلب
innocence, *f* طهارة * براءة * سذاجة
* عدم أذية [إينوسنس]
innocent, e, *a* سليم النية. ساذج * لا يؤذي
* بريء. غير مذنب * على نياته. عبيط
innocenter, *v* برّأ. برّر
innocuité, *f* عدم المضرة
innombrable لا يُعد ولا يُحصى. عديد
innomé, e, *a* لا إسم له. غير مُسمّى
innommable, *a* لا يُسمّى. غير مُسمّى
innovateur, rice مخترع البدع. مبتكر
innovation, *f* إبتداع. إبتكار * بدعة
innover, *v* إبتدع. أتى بجديد. بدّل
inobservation, *f* عدم القيام بالارتباطات
inoccupé, e, *a* شاغر. خالٍ. فاضٍ
inoculation, *f* تطعيم. تلقيح
inoculer, *v* طعّم. لقّح
inodore, *a* لا رائحة له. عديم الرائحة
inoffensif, ve غير ضار. غير مؤذٍ أو مسيء
inofficiel, le, *a* غير رسمي * مُجحف. محرم (في القضاء)
inofficieux, se لا عمل له * بلا مراعاة للواجب
inondation, *f* فيضان. طوفان * فيض
inondé, e, *a et n* مغمور * غريق
inonder, *v* فاض على. غمر. أغرق
inopérable لا يُمكن إجراء عملية له
inopérant, e عديم التأثير. بلا فائدة. لا عمل له
inopiné, e باغت. غير مظنون. مفاجيء
inopportun, e, *a* في غير وقته أو محله
inorganique غير عضوي. غير آلي. جماد
inoubliable, *a* غير ممكن نسيانه. لا ينسى
inouï, e, *a* لم يسمع مثله. غير مسموع به

inoxydable, *a* لا يصدأ. غير مُتأكسد
in pace, *m*, *inv.* في أمان الله. في سلام
inqualifiable, *a* مذموم جداً. شنيع
inquiet, ète, *a* قلق. مضطرب البال
inquiétant, e, *a* مُقلق. شاغل البال
inquiéter, *v* أقلق. أشغل الفكر
s'—, *vp* قلق. إضطرب. إشتغل فكره
inquiétude, *f* قلق، بلبال. إشتغال الفكر
inquisition, *f* مُراقبة ○ تحقيق. فحص ○ ديوان التفتيش [أنكزيسيون]
insaisissable لا يُمسك. غير ممكن قبضه ○ لا يفهم. لا يُدرك ○ غير جائز إلقاء الحجز عليه
insalubrité, *f* وَبالة. إضرار بالصحة. وخامة
insanité, *f* عُتْه. إختلال العقل
insatiable, *a* شَره. جَشِع [أنسَسْيَبْل]
insciemment عن غير علم. بدون اطلاع
inscription, *f* تسجيل. تدوين ○ عنوان ○ إسم ○ خط. كتابة ○ نقش. حفر
— en faux دعوى بالتزوير ○ إنكار
inscrire, v^3 سجّل. دوّن. قيّد ○ رسم
s'—, *vp* إكتتب. قيّد إسمه
inscrit, e, *a* مكتوب. مُقيّد. مُسجّل
hexagone — مسدس مرسوم داخل دائرة
— maritime, *m* بحار مقيد في سجل الدولة
inscrutable غامض. فهمه محال. مكنون
insécable لا يمكن تقسيمه أو تقطيعه
insecte, *m* حشرة. دُوَيبّة. هامّة
insecticide, *m et a* قاتل الحشرات
insectivore آكل الهوام أو الحشرات
insécurité, *f* خطر. عدم أمن
insensé, e, *n* غبي. عديم الاحساس أو العقل
insensibiliser, *v* افقد الاحساس. خدّر
insensibilité, *f* عدم الحساسة. فقدان الشعور. جمود
insensible, *a* لا يتأثر ○ فاقد الاحساس أو الشعور ○ غير محسوس
insensiblement بطريقة غير محسوسة
inséparable, *a* غير منفصل. مُلازم
insérer, *v* أدخل. أدرج. أدمج. (حشر)
insermenté, *a.m* غير حالف
insertion, *f* إدخال. إدماج ○ درج
inserviable, *a* قليل المروءة
insidieusement, *ad* بحيلة. بمكر
insidieux, se غرّار. مكّار. غدّار. موقع في احبولة
insigne, *a* عظيم. جليل. مُعتبر
—, *m* علامة. شعار
insignifiance, *f* عدم معنى ○ عدم أهمية
insignifiant, e, *a* بلا معنى ○ لا يعتد به. طفيف لا يذكر. تافه [أنسِنيفيَن]
insimulé, e, *a* غير متصنّع
insinuation, *f* تلميح. لمز ○ إيعاز. تلقين. دس ○ إدماج. إدخال ○ خلابة
insinuer, *v* لمّح. أوعز ○ لقّن ○ أدخل خلسة أو بخفة ○ سجّل
s'—, *vp* تطرّق. تسلّل إلى

insipide, *a* تفه. بلا طَعْم. مَسِيخ ¤ غَث
insipidité, *f* تفاهَة. مَساخة
.عدَم طعم أو حلاوة
insistance, *f* إصرار. تشديد. لجاجة
insister, *v* أصَرّ على. شَدّد فى. ألحّ
— sur أطال الشرح ¤ تمسك بِ
insociable, *a* نَفُور. لا يُعَاشر
.لا يحب المعاشرة
insolation, *f* تشميس ¤ لفحة شمس
insolemment, *ad* بِوَقاحة. بِقلة أدَب
insolence, *f* وَقاحة. قِحة. سَلاطة ¤ عتو
insolent, e, *n et a* سَفيه. وَقِح ¤ مُهين
¤ متصلِف [أنسولَن]
insolite خارق العادة. غير إعتيادي. شاذ
insoluble لا يَذُوب ¤ لا يمكن تفسيره
insolvabilité, *f* إعْسار. إفلاس
insolvable, *a et n* مُعْسر. مفلس
.عديم الاقتدار على الدفع
insomnie, *f* أرَق. سُهاد [أنسُمْنِي]
insondable لا يُجس. لا يسبر له غور
insouciance, *f* عدم إكتراث. طيش
insouciant, e, *a et n* غير مُكْتَرِث
insoucieux, se, *a* خالٍ من الهم
.خلي البال ¤ عديم المبالاة
insoumis, e, *a et m* غير خاضع ¤ متمرد
insoumission, *f* عِصيان. عدم الانقياد
insoupçonnable, *a* غير محتمل الشبهة
insoutenable لا يطاق ¤ لا يمكن المدافعة عنه

inspecter, *v* لاحظ. فتّش. رَاقب
inspecteur, rice, *n* مُراقِب. مُفتش
inspection, *f* تفتيش. مُراقبه. فحص
inspirateur, rice, *a et n* مُلهِم
.موحٍ ¤ مساعد للتنفس. شهيق
inspiration, *f* إلهام. وحي ¤ إستنشاق
inspiré, e, *a et n* مُسْتنشق ¤ مُلْهَم
.مُوْحى أو مُوْعَز إليه [أنسپير]
inspirer, *v* أدْخَل الهَواء فى الصَّدْر
.شهق ¤ أوحَى إلى. ألهم ¤ حَثّ
s'—, *vp* أُلهِم. إستمد الايحاء من
instabilité, *f* تقلب. عَدَم ثبات
instable, *a* مُتقلِب. غير ثابت. مُتَزَعْزِع
installation, *f* وَضْع. تَنْصِيب. إجلاس
¤ تركيب ¤ إقرار. توطين ¤ جهاز مُرَكّب
— sanitaire أدوات صحية
installer, *v* أقرّ. أجلَس. نَصّب ¤ ركّب
أو وَضَع أو رَتّب . أعَدّ
s'— أقام. إستقرّ. حَلّ ¤ إستوى. جلس
instamment بلجاجة. بالحاح ¤ على الفور
instance, *f* إلحاح. لجاجة ¤ إبتدائي
¤ مُرافعة ¤ دَعْوى
tribunal du 1ere. — محكمة أول درجة
instant, *m* لحظة. حين. (بُرهة)
instantané, e, *a* سريع الانقضاء
.لحظي ¤ فجائي [أنستَنْتَنِه]
—, *m* صُورَة مأخوذة فى جزء من الثانية
instantanément حالاً. بلحظة. سَريعاً

instar de (à l') على طريقة أو منوال
instauration, *f* تأسيس. إقامة. تشييد
instigateur, rice, *n* محرض. مغر
instigation, *f* إغراء. حض. تحريض
instiller نقّط. قطّر ¤ بثّ فيه أشرب
instinct, *m* فطرة. غريزة. سليقة. ميل طبيعي [أنستن]
instinctif, ve فطري. غريزي. بالسليقة
instinctivement غريزياً. بالهام الطبيعة
instituer, *v* نصب. عيّن ¤ أسّس ¤ سنّ
s'—, *vp* أقام نفسه. جعل ذاته
institut, *m* معهد ¤ جمعية ¤ طريقة. نظام
instituteur, rice, *n* معلّم. مؤدب أطفال ¤ منشئ. واضع. مؤسس
institution, *f* نظام. قانون. وضع ¤ إنشاء. ترتيب ¤ مؤسسة ¤ مدرسة. معهد علم
— de tribunal تشكيل المحكمة
— d'héritier تعيين الوارث
instructeur, *a et m* معلّم. مدرّس ومدرّب ¤ محقق [أنستريكتر]
instructif, ve مهذّب. مثقف ¤ تعليمي
instruction, *f* تعليم. تثقيف. دراسة ¤ علم ¤ مواد التعليم ¤ معلومات ¤ تحقيق
— professionnelle تعليم صناعي
— publique *ou* Ministère de l'— وزارة المعارف
— criminelle تحقيق جنائي
—s, *f.pl* (تعليمات). أوامر. ارشادات
instruire, *v3* علّم. أدّب. ثقّف ¤ بلّغ. عرّف ¤ حقق
s'— تعلّم. تثقّف. تدرّب على ¤ تحقّق
instruit, e, *a* متعلم. مثقف ¤ دارٍ بـ. عنده علم
un procès — دعوى محققة
instrument, *m* أداة. آلة. عُدّة ¤ وسيلة. واسطة [أنسترومن]
— authentique عقد رسمي
—s aratoires عدد زراعية
instrumentaire, *a* عقدي
acte — حجة
témoin — شاهد العقد
instrumental, e, *a* موصل إلى. وسيلة ¤ ذو آلات. آلي [ـستال]
compositeur — مصنف لآلات الطرب
instrumenter, *v* أجرى إجراآت قانونية ¤ كتب موسيقى الآلات. لحّن
insu, *m* عدم إطلاع أو علم بشيء
insubmersible لا يغرق. غير ممكن غمره
insubordination, *f* تمرّد. مقاومة. عصيان. عدم طاعة
insubordonné, e متمرد. غير طائع
insuccès, *m* خيبة. فشل. عدم نجاح
insuffisamment, *ad* بدون كفاية
insuffisance, *f* عجز. نقص. عدم كفاية أو أهلية
insuffisant, e غير كاف
insuffler, *v* نفخ. نفث
insulaire, *n et a* جزري. جزائري
insulte, *f* شتيمة. سب. إهانة
insulter, *v* أهان. شتم. سبّ

insulteur, *m* شاتم. قاذف
insupportable, *a* لا يُحتَمَل. لا يُطاق
personne — شخص ثقيل. رزيل
insurgé, e, *a et n* ثائر. مُتمرّد، عاصٍ
insurmontable, *a* لا يُذلَّل. لا يُغلَب
insurrection, *f* عِصيان. تمرّد. ثورة
intact, e, *a* سَليم. غير ممسُوس. كامِل
reputation —e شهرة نقية
intangible, *a* لا يُمَس. لا يلمس
intarissable, *a* لا يفرغ. لا ينزف
intégral, e, *a* كامِل. تام
calcul — حساب التكامل
intégralement, *ad* تماماً. بالتمام
intégre, *a* مُنصِف. مُستقيم. لا يرتشى
intégrité, *f* إستقامة. إنصاف. نزاهة
☆ كمال ☆ تمام. كون الشي، كاملاً
intellect, *m* قوّة الفهم. لُب
intellectuel, le, *a et n* (*pl.* —s)
ذِهني. عَقلي ☆ مولع بأشغال عقلية
sens —s حواس مدركة، النظر والسمع
intelligence, *f* فهم. إدراك ☆ ذكاء
☆ مُواطئة ☆ علاقة
être d'— avec توافق مع
intelligent, e, *a* ذكي. فطن. لَبيب
intelligible, *a* مفهوم. سَهل الادراك
intempérance, *f* إفراط. شراهة ☆ بذاءة
intempérie, *f* تغيُّر فى الهواء. عَدَم
إنتظام الفصُول
intempestif, ve, *a* في غير وقته

intenable لا يحتمل ☆ لا يسع ☆ وهين
intendance, *f* وكالة. إدارة
intendant, e, *n* وَكيل. مُدير ☆ رئيس الخدم
intense, intensif, ve, *a* شديد
intensifier, *v* شدّد
intensité, *f* شدّة. حِدّة. قوّة
intenter, *v* أقام دعوَى عَلَى
intention, *f* نِيّة. قصْد [أنتنسيون]
intentionné, e ذو نيّة
mal — سَيء النيّة
intentionnellement, *ad* عَمداً. قَصْداً
inter, *prép.* سابقة معناها «بين. ما بين»
intercalaire كبيس ☆ مُضاف. داخِل
jour — يوم كبيس. يوم الفترة أو إضافى
intercaler, *v* كبَس. أضاف يوم
☆ أدخل بين. أضاف الى. أدج. حشر
intercéder, *v* شفع. توسّل لأجْل آخر
intercepter, *v* حَجز ☆ حَجَب ☆ قطع عَلَى
إعترض طريقه ☆ إستولَى خِلسة. اغتال
interception, *f* حَجْز ☆ حجب ☆ إنقِطاع
intercession, *f* شفاعة. توسل الصفح
. وساطة
interchangeable, *a* قابل التبديل
intercurrent, e معترض ☆ عارضى (فى الطب)
intercutané, e, *a* بين الجلد والعظم
interdiction, *f* منع. تحريم ☆ حَجْر
— de séjour تحريم الاقامة فى جهة
interdire, *v* منَع. حَرّم. نهى ☆ حجر عَلَى

interdit, e, *a* ممنوع. منهى عنه ⁕ مذهول
—, *m* محجور عليه ⁕ حرمان
intéressant, e, *a* مهم. موجب الاعتناء به ⁕ ممتع // position ou état — حالة الحمل
intéressé, e, *a et n* منتفع ⁕ صاحب عرض. له مصلحة أو علاقة ⁕ طماع ⁕ متهم
intéresser, *v* أشرك في ⁕ أهم. رغب. استمال // — le jeu لعب بنقود
s'—, *v/r* إهتم بـ ⁕ إنتفع
intérêt, *m* مصلحة. صالح. نفع ⁕ فائدة. ربا ⁕ إهتمام. رغبة [انتِرِ]
— composé فائدة مركبة أي فائدة الأصل و الفائدة
l'— commun النفع العام. المصلحة العامة
interférence تظايم. تعتيم عند تلاقي اشعتان
intérieur, e, *a* باطني. داخل
—, *m* داخل البلاد ⁕ الجزء الداخل ⁕ المنزل الخاص ⁕ عيشة الفرد الداخلية
l'— d'une personne داخلية منزل انسان
intérieurement, *ad* داخلاً. في الداخل
intérim, *m* خلال. مدة النيابة الوقتية. فترة قيام شخص بعمل صاحب الشأن
par — مؤقت. وقتي
intérimaire, *a et n* وقتي. فتري. نائب
interjection, *f* همة. نداء. صوت التعجب
— d'appel استئناف دعوى
interjeter, *v* أستأنف (في القضاء)
interligne, *m* فسحة بين الأسطر
—, *f* رقيقة. فاصل في الأسطر (في الطباعة)
interlinéaire محشور أو محشي بين السطور

interlocuteur, rice, *n* كليم. مكالم. مخاطب. متكلم. متحادث
interlocution, *f* مخاطبة. مكالمة. محادثة
arret d'— قرار تمهيدي
interlocutoire, *m* حكم تمهيدي
interlope, *a et n* مهرب. ممنوع. تجارة ممنوعة ⁕ مشبوه
interloquer, *v* حير. ربك ⁕ أصدر حكماً تمهيدياً
intermède, *m* ألعاب تجرى بين فصول التمثيل وما شابه ⁕ فاصل وصل. واسطة. وصلة
intermédiaire, *a* كائن بين شيئين. متوسط ⁕ فتري
—, *m* وسيط. واسطة. سمسار
interminable, *a* لا آخر ولا حد له. بدون نهاية ⁕ ممل
intermission, *f* إنقطاع ⁕ فترة
intermittance, *f* تقطع. عدم دوام
intermittant, e متقطع. غير متواصل أو دائم ⁕ متناوب
intransigeance, *f* عدم تنازل عن
internat, *m* مدرسة داخلية ⁕ وظيفة طلبة الطب في المستشفى
international, e دولي. مشترك بين الامم
—e, *f* نشيد الحزب الاشتراكي المتطرف في فرنسا ⁕ جمعية العمال الدولية
interne, *a* داخلي. داخل. باطني
—, *n* طالب طب مقيم في المستشفى ⁕ تلميذ داخلي [انترن]

interné, e, *a et n* محجور
internement حجز. حَجْز فى مَكان
interner, *v* إعتقلَ. حجَر. حبَس. ألزم بالسكنى فى مكان
interpellation, *f* إستجواب ٭ إستفهام
interpeller, *v* إسْتَجْوَبَ ٭ إسْتَفْهَمَ
interpolation, *f* حَشْوٌ. إلحاق. دَسّ
interposer, *v* وضع بين. وَسَّط
s'— توَسَّط. دخَل بين. تدخَّل. إعترَض
interposition, *f* توَسُّط. دخول بين. إعتراض ٭ تحشير
interprétation, *f* تفْسِير. شَرْح. تَرْجمَة
interprète, *n* مُترجِم. ترجُمان. شارِح. مُفَسِّر [أَنتِرپْرِت]
— de nos sentiments مُعَبِّر عن عَواطفنا
interpréter, *v* فَسَّر. تَرجَم. شَرَح ٭ أوَّل
interrogateur, rice, *a et n* مُسْتجْوِب. مُسْتَنْطِق ٭ سائل. مُسْتَفهِم
interrogation, *f* إستفهام. سُؤال ٭ إستجواب [أَنتِرّوجاسيون]
interrogatoire, *m* إستجواب. إستنطاق. مزوج أي أسئلة وأجوبة ٭ محضر الاستجواب
interroger, *v* إستَنْطَقَ ٭ سأل. إسْتَفْهَمَ
interrompre, *v3* قاطَعَ أو قطَع عليه الكلام ٭ (عطّل). أعاق ٭ أوقف وضع اليد
interrupteur, rice, *a et n* مُقاطِع ٭ معترض ٭ معطل
—, *m* مِفْتاح كهربا

interruption, *f* انقطاع. توقف ٭ مُقاطعَة الكَلام أو العمَل. إعاقة. تَعْطِيل
intersection, *f* تقاطُع خَطَّين ٭ نقطَة التقاطُع او الملتقى
intervalle, *m* مَسافَة ٭ مُدّة. فترة ٭ عُطلة ٭ تخلّل أو خِلال ٭ تدْريج (فى الموسيقى)
dans l'— فى غضون. فى اثناء. فى مسافة
sans — بدون انقطاع
intervenant, e, *n et a* شَخْص ثالث داخِل فى الدَعْوى ٭ طارئ
intervenir, *v3* توَسَّط بين. تدَخَّل ٭ دخل خصماً ثالثاً
intervention, *f* تداخل. توَسُّط. تخلّل
non — عدَم التدخل
intervertir, *v* قلب. عَكس النِظام
interview, *f* مُواجهَة. مُقابلَة. مُحادثة
intestat, *a et n* بدون وَصِيّة. بلا وصية
intestin, *m* أمعاء. مُصْران [أنتِستَن]
intestin, e, *a* باطِني. داخِلي ٭ معي
intestinal, e, *a* مِعوي. مختص بالأمعاء
vers intestinaux ديدان الأمعاء
intimation, *f* اعلام ٭ إنذار. أمْر. نهي
l'— de l'ordre ابلاغ الامر رسمي //
intime, *a* صميم. ودي ٭ داخلي. باطن ٭ خاص
ami — خِل. صَديق وفى او لصيق
intimé, e, *a et n* مُبلَّغ ٭ مُسْتأنَف عليه
intimement, *ad* باطناً. داخلاً. قاصراً على الاخصاء ٭ باخلاص. بود
intimer, *v* أمر. عرَّف ٭ أنذر. أعلن رسمياً
intimidation, *f* تخويف. إرهاب

intimider خوّف. هدّد. أرهب. أخجل
intimité, *f* باطن. داخلية ☆ إخلاص. ألفة
intitulé, *m* عنوان. تسمية. ترويسة
—, e, *a* معنون. مسمّى
intituler, *v* عنون. سمّى
s'—, *v/r* لقّب نفسه. تلقّب
intolérable, *a* لا يطاق. لا يحتمل
intolérance, *f* قلة احتمال ☆ عدم قبول أو تحمل ☆ عدم تسامح. تعصب
intolérant, e, *n et a* قليل التحمّل ☆ صارم. مترفّض. لا يُسامح
intonation, *f* تلحين. تجويد. تنعيم ☆ لحن
intoxicant, e, *a* مسمم
intoxication, *f* تسمّم
intraitable, *a* نافر. وحشي. صعب المعاملة
intransigeance, *f* عدم تنازل عن الحقوق. مرث [أنترنسيچنس]
intransigeant, e, *a et a* مرث. لا يتنازل عن حقوقه [ـــ چن]
intransitif, ve, *a* لازم. غير متعد
intransportable, *a* غير ممكن نقله
intrépide باسل. شديد البأس. مقدام
intrigant, e, *n et a* دسّاس. مدبر مكائد
intrigue, *f* دسيسة. مكيدة ☆ سياق أو مدار الرواية [أنتريج]
intriguer, *v* حيّر. ربك. شغل الفكر ☆ دسّ على [ـــ جه]
intrinsèque خاص. ذاتي. جوهري أو أصلي

valeur — القيمة الأصلية. قدر
introducteur, rice, *n* معرّف. مقدم. مدخل
introductif, ve, *a* تقديمي. تعريفي
introduction, *f* إدخال ☆ إيراد. جلب ☆ تعريف. تقدمة ☆ تمهيد. مقدمة ☆ درس تحضيري
introduire, *v 3* أدخل ☆ أورده عرّف
s'—, *vp* دخل. أدخل نفسه
— une demande قدم طلباً
intromission, *f* دخول. ولوج ☆ إيلاج
introniser, *v* أقام. نصب. أجلس على كرسي الملك أو ما شابه
introuvable, *a* لا يوجد. لم يوقف له على أثر
intrus, e, *n et a* دخيل. مختلس. معتد
intrusion, *f* تطفل. تهجّم ☆ اعتداء. تعد
intuitif, ve, *a et n* بديهي. وجداني ☆ حضوري. شهودي [أنتويتيف]
intuition, *f* بديهة. سرعة إدراك ☆ بصيرة النفس. وجدان. لقانة
inusable, *a* لا يبلى. لا يفنى
inusité, e غير مستعمل. غير دارج أو مألوف
inutile, *a et n* غير نافع. عقيم
inutilement, *ad* بدون جدوى. عبثاً
inutilisable لا ينتفع به. لا يصلح للاستعمال
inutilite, *f* عدم منفعة. قلة فائدة
invaincu, e, *a* لم يغلب. لم يقهر
invalidation, *f* إبطال. فسخ ☆ فساد

invalide, *a* عاجز. غير سليم. عليل ٭ غير قانوني. باطل [أنفاليد]
invalider, *v* ألغى. فسخ. افسد. نقض
invalidité, *f* بطلان. فساد ٭ ضعف
invariable, *a* ثابت. غير متغير. مبني
mot — كلمة ممنوعة من الصرف، غير منصرفه
invasion, *f* غارة. حملة. غزوة ٭ غزو
invective, *f* إغارة // مسبة. قدح
invendable, *a* غير قابل البيع. لا يباع
invendu, e, *a et m* لم يبع. باق بلا بيع. غير مباع ٭ مُر تجع [أنفندي]
inventaire, *m* جرد. قائمة جرد البضائع أو الموجودات [أنفنتير]
inventer, *v* إخترع. استنبط. إبتكر
inventeur, rice, *n et a* مخترع
inventif, ve اختراعي ٭ مستنبط
invention *f* اختراع. ابتداع. اكتشاف ٭ مُخترَع [أنفنسيون]
pure — إختلاق محض. افتراء
inventorier *v* جرد
invérifiable *a* غير ممكن التحقق منه
inverse مقلوب. معكوس ٭ عكس. ضد
inversement, *ad* بالعكس
inverser, *v* عكس
inversion, *f* إنعكاس ٭ انحراف ٭ قلب. عكس. [أنفرسيون]
invertebré, e, *a et m* لا فقري. حيوان بدون عامود فقري
invertir, *v* عكس. قلب ٭ حوّل
investigateur, rice, *n et a* باحث. فاحص. [أنفستيجاتر]
investigation, *f* بحث. فحص
investir, *v* حاصر. أحاط ٭ قلّد. ولّى
investissement, *m* محاصرة. احاطة
investiture, *f* تقليد. تولية. تنصيب
invétéré, e, *a* مزمن. قديم. عريق
invétérer (s'), *v* أزمن. تعتق. تمكّن
invincible, *a* لا يقهر. لا يقاوم. منيع
inviolabilité, *f* حرمة. عدم قابلية الانتهاك
inviolable حرم. محرم. غير قابل الانتهاك
invisible, *a* غير منظور. خفي
invitation, *f* دعوة [أنفيتاسيون]
invité, e, *m* مدعو. ضيف. معزوم
inviter, *v* دعا. (عزم) ٭ حرّض
invocation, *f* إستدعاء. دعاء. إستمداد
invocatoire, *a* دعائي
involontaire, *a* ضد الارادة. غير مقصود
involontairement, *ad* جبراً. ضد الخاطر ٭ خطأ.
involution, *f* تعقيد ٭ ملفوف إلى الداخل
invoquer, *v* إستدعى. استمد ٭ دعا
invraisemblable, *a et m* بعيد عن التصديق ٭ غير محتمل الوقوع
invraisemblance, *f* عدم الاحتمال
invulnérable, *a* لا يجرح. لا يمكن اصابته

iranien, ne, *n et a* ايراني
irascible سريع الغضب. شكس. شرس
iris, *m* سوسن ٭ قوس قزح
٭ الوان قوس قزح [ايريس]
irisé, e, *a* بألوان قوس القزح
ironie, *f* باستهزاء. إزدراء. تهكم. سخرية
ironique, *a* تهكمي. هزئي [إيرونيك]
ironiquement, *ad* باستهزاء. بتهكم
irradiation, *f* سطوع. إنتشار الأشعة
٭ (شعشعة). تشمع
irraisonnable, *a* عديم العقل. مفرط
irréalisable لا يتم لا يجرى. لا يتحقق
irrecevable, *a* مرفوض
irréconciliable, *a* غير قابل الصلح
irrécouvrable, *a* لا يمكن تحصيله
irréel, le, *a* غير حقيقي
irréfléchi, e غير مقدر العواقب. نزق
irréformable لا يلغى. لا ينقص. لا يعدل
irréfutable, *a* غير ممكن رفضه أو تفنيده
. غير قابل الاعتراض
irrégularité, *f* عدم نظام. مخالفة للقاعدة
irrégulier, ère مغاير للقانون. مخالف
للقواعد ٭ شاذ. غير قياسي ٭ غير منتظم
avoir des traits —s له تقاطيع غير منتظمة
irrégulièrement, *ad* بشذوذ. بمخالفة
القانون أو القاعدة. بغير إنتظام
irréligieux, se مخالف للدين ٭ بلا دين

irréparable, *a* لا يعوض ٭ لا يرمم
irrépréhensible, *a* غير ملوم
irrépressible لا يردع. لا يقهر. لا يقمع
irréprochable لا عيب فيه ٭ غير قابل الطعن
irrésistible, *a* لا يقاوم. قهار
irrésolu, e, *a* متردد. حائر ٭ غير محلول
irrespectueux, se, *a* قليل الاحترام
irrespirable لا يصلح للتنفس أو الاستنشاق
irresponsable غير مسئول. خال المسئولية
irrévérencieux, se
ou **irrévérent, e,** *a* قليل الاحترام
irrévocable محتوم لا يقبل النقض. لا مرد له
irrévocablement, *a* من كل بد. بتاتاً
irrigable, *a* ممكن ريه. مسقاوي
irriagteur, *f* محقن. حقنة ٭ رشاشة
irrigation, *f* ري. سقي. إرواء ٭ حقن
irrigatoire, *a* خاص بالري
irriguer, *v* سقى. روى [إيريجه]
irritant, e مهيج. محرك ٭ مبطل ٭ حريف
irritation, *f* إثارة ٭ تهييج. حدة ٭ إلتهاب
irriter, *v* اغاظ ٭ هيج. أسخط ٭ ألهب
irroration, *f* تندية
irruption, *f* غارة. حملة. غزوة ٭ طفح
Isis, *f* إلاهة الطبيعة عند قدماء المصريين
isocèle *ou* **isoscèle** متساوي الضلعين
isogone, *a* متساوي الزوايا
isolant, e, *a* عازل ٭ غير ناقل الكهربائية

isolateur,rice, *a* عازل ←
isolation عزل ٭ اعتزال. انفراد
isolé, *a et n* منفرد. منعزل
isolement, *m* إنفراد. وحدة ٭ عزل
isolément, *ad* على حدة. فرداً فرداً
isoler, *v* أفرد. عزل. فصل
s'—, *vp* إنفرد. إعتزل
isomère ذو تركيب واحد. متناسب التركيب
israélite, *n et a* إسرائيلي. يهودي
issu,e, *a* منتسب إلى. متفرع او متولد من
issue, *f* منفذ. مخرج ٭ عاقبة. ختام
isthme, *m* برزخ. مضيق
italien, ne, *n et a* إيطالي. طلياني
l'—, *m* اللغة الايطالية
italique, *a et m* خط طباعة مائل
itinéraire, [إيتينيرر] طريق
—, *m* ترتيب السير. خط السير
itou, *ad* بالمثل
ivoire, *m* [إيڤوار] عاج
un cou d'— جيد أو عنق أبيض كالعاج
ivraie, *f* دنقة. زوان. حوصل. حشالة
ivre, *a* [إيڤر] سكران. ثمل. نشوان
— mort شديد السكر. سكران طينة
ivresse, *f* [—رس] سكر. ثمل. نشوة
ivrogne, *m et a* سكير. مدمن الخمر
ivrognerie, *f* سكر. ادمان السكر
ivrognesse, *f* إمرأة سكيرة
ixode, *m* قراد. طلح. قرض

J

jabot, *m* [چابو] حوصلة
jacasser, *v* رغى. ترثر ٭ زقزق. عقعق
jacent, e مال أو تركة غير معلوم صاحبها
jachère, *f* أرض مرتاحة من الزراعة ٭ إراحة الأرض
jacquet, *m* طاولة لعب ↑. نرد ٭ سنجاب [چاكِه]
jade, *m* حجر اليشم
jadis, *ad* سابقاً ٭ في قديم الزمن. سالفاً
jaguar, *m* النمر الأميركي
jaillir, *v* بجس. نبع. إنفجر. تدفق واندفق
jaillissement, *m* إنفجار. تدفق
jais, *m* كهرمان أسود. سبج
jalon, *m* شاخص. قطع خشب أو حديد تغرز في الأرض لتخطيطها
jalonner, *v* وضع او غرس شواخص اي علامات التخطيط
jalousement, بغيرة
jalouser, *v* غار
jalousie, *f* غيرة. حسد [چالوزي] ٭ شعرية شباك ←
jaloux, se غيور. حاسد. حسود
jamais [چامِه] ابداً. بتة
à — إلى الأبد
jambe, *f* [چنب] ساق
cela lui fait une belle — لافائدة له في ذلك

jambière, *f* طاق.ساقية. تزلك
jambon, *m* فخذ خنزير مملح [جَنبُن]
janissaire, *m* إنكشاري (قواص. يسقجى)
jante, *f* ابسيط، احدى قطع خشب العجلة
janvier, *m* يناير. كانون ثاني [چنفييِ]
Japon *ou* Nippon, *m* يابان [چاپُن]
jappement. *m* نباح، عواء
japper, *v* نبح. عوى
jaquette, *f* سترة. جاكتة
jardin, *m* حديقة. بستان
— potager جنينة خضارات
jetter une pierre dans le — de qn لقح. لمح
jardinage, *m* فلاحة البساتين
jardinier, ère, *n et a* جنائني. بستاني
☆ متعلق بالبساتين [جَرْدِينيِه]
jardinière, *f* اثاث زخرفة عليه زرع
☆ طبخة خضراوات مختلفة ☆ عربة
jargon, *m* لغة محرفة. رطانة
☆ لغة أجنبية غير مفهومة
jarre, *f* جرة. دن (بلاص)
jarret, *m* أبض. مأبض. معطف
الساق أي الحفرة التى وراء الركبة ☆ عرقوب
— de veau موزة عجالي
jarretelle, *f* حمالة الأجربة
jarretière, *f* حمالة أجربة
النساء. رباط الساق
jars, *m* ذكر الأوز
jaser, *v* ثرثر. هذى. سقسق
. تكلم في حق
jasmin, *m* ياسمين [چاسْمَن]

jauge, *f* عيار ☆ مقياس فراغ السفينة
او تقدير حمولتها
jauger, *v* عاير. قدّر. قاس
jaunâtre, *a* ضارب إلى الصفرة. مصفر
jaune, *a* أصفر [چون]
—, *m* اللون الأصفر
— d'œuf, *m* صفار البيض. ح البيض
jaunir, *v* إصفر. مال إلى الصفرة
☆ صيّر أصفر
jaunisse, *f* يرقان (في الطب)
jaunissement, *m* إصفرار
javelot, *m* مزراق. حربة. نشابة. رمح
jazz, *m* موسيقى الچاز
je, *pron pers.* انا (ضمير المتكلم)
jérémiade, *f* نحيب. مرثاة. مرثية
jersey, *m* صوف ناعم ☆ قميص صوف
Jérusalem أورشليم. بيت المقدس. القدس
Jésus *ou* Jésus-Christ, *m* يسوع
أو يسوع المسيح (تكتب مختصرة J.C.
jet, *m* رمي ☆ رمية. رشقة ☆ صب. سبك
— de lumière شعاعة نور
— d'eau فوار. نفورة (فسقية) ☆ البجاس الماء
jetée, *f* رصيف. مرطم (في البحر)
jeter, *v* رمى. ألقى. طرح
se — ارتمى. إنطرح ☆ إقتحم
— sur انقض على
jeton, *m* حجر لعب. فشاط [چِتُن]
— de présence أتعاب. أجر
jeu, x, *m* لعب ☆ لعبة ☆ لعب. براح
— de hasard قمار // ☆ طقم كامل من شيء
— de mots هزل. تنكيت

jeudi, m الخميس. يوم الخميس [جِدِي]
— Saint خميس العهد
jeun (à) على الريق ٭ صائم [چَن]
jeune, n et a صغير السن [چِن]
— homme شاب
— fille فتاة. صبية. آنسة
jeûne, m صِيام. صَوْم
jeûner, v صام
jeunesse, f شباب. شبيبة. صبا
jeûneur, se, n صائم
jiu-jitsu, m فَن المصارعة اليابانية
joaillerie, f مجوهرات. جَواهر
joaillier, ère, n et a جوهري
jockey, m رَاكب خيل سباق محترف
joie, f فرح. سرور [چوا]
joindre, v3 جمع. ضم. وصل. ألحق
٭ ادرك. لحق ٭ قرن. أزوج
se — التحق بـ. انضمَّ إلى. شارك
joint, e, a مضاف إلى. ملتحق
٭ مضموم. ملحوم. ملتصق. متحد
ci-joint, e مرفق مع هذا. طيه
joint, m مفصل٭ وصلة. لحام٭ خط الالتحام
٭ فراغ الالتحام [چوَن]
trouver le — عرف من أين يؤكل الكتف
jointure, f مَفصِل ٭ لحام. وصلة
joli, e, a ظريف. لطيف (حلو)
il est dans un — état في حالة يرثى لها
jonc, m خيزران. أسل
joncher, v بذر. نثر. بسط. فرش

jonction, f اجتماع. اتصال ٭ ملتقى
. نقطة الاتصال [چنكسيون]
jongler, v لعِبَ. لعب بخفة اليد
jongleur, m من يعمل ألعاب
٭ خِفة يد. حاوٍ. مَشْعوذ
joue, f خد. وجنة ٭ جنب السفينة
coucher en — صوب. لشن على
jouée, f سمك الحائط
عند فتحات الأبواب والنوافذ
jouer, v لعب ٭ قامر
٭ شخَّص. لعب دوراً ٭ عزف [چوِ]
se — (تلخلخ)٭ إستهتر ٭ استهزأ. سخر بـ
jouet, m ألعوبة. لُعبة ٭ سُخرية [چوِ]
joueur, se, n et a مقامر ٭ لاعب
٭ عازِف ٭ كثير اللعب. لعوب (لعي)
joug, m نير [چو]
jouir, v تلذذ. تمتع. تنعم ٭ وضع اليد
. تمتع بـ (في القضاء) ٭ شبق. غلم
jouissance, f تمتع. لذة ٭ الانتفاع
. وضع اليد (في القضاء)
jouisseur, se, n et a طالب اللذات
joujou, m (pl.—x) لُعْبة. ألعوبة
jour, m يوم. نهار٭ نور. ضياء٭ طاقة
petit — طلوع الشمس // فتحة.
donner le — ولد
journal, m جَريدة ٭ يومية. دفتر جرنال
journalier, ère, a يومي
—, m عامل مياومة. فاعل. شغال باليومية
journalisme, m صحافة

journaliste, *m* صحافي . صَحَفي
journée, *f* نَهار . يوم
journellement, *ad* يَومياً . كل يوم
joute, *f* مُطاعنة . مُبارزة
jouteur, *m* مُبارِز . مطاعن
jouvenceau, *m* شاب . مراهق
jovial,e (*pl.*—s *ou* — aux) طروب
joyau, *m* حُلي . مصاغ . مجوهرات
joyeusement, *ad* بفرح . بجذل . بابتهاج
joyeux, se, *a* مسرور . فَرِح . مبتهج
jubilation, *f* اِنشراح . طرب ٭ هتاف
jubilé, *m* يوم فرح ٭ يوبيل . عيد خمسيني
jubiler, *v* اِبتهج . تهلل فرحاً
jucher, *v* جثم . قعد . إستوى على
juchoir, *m* خشبة تجثم عليها الدجاج
judaïque, *a* يهودي
judas, *m* يهوذا ٭ خائن ٭ منور
judiciaire, *a* قضائي
judicieux, se, *a* صائب
juge, *m* [چيج] قاضٍ ٭ حكم
— de paix قاضي صلح
— d'instruction قاضي تحقيق
jugement, *m* حكم ٭ محاكمة ٭ رأي
— dérnier يوم الدينونة . يوم الحشر
— contradictoire حكم حضوري أي
— par défaut بحضور الاخصام // حكم غيابي
juger, *v* حكم . قضى ٭ ارتأى
juif, ve, *n et a* يهودي . إسرائيلي
juillet, *m* [چويِّه] يوليو . تموز
28 – fête nationale يوم ٢٣ يوليو عيد وطني
juin, *m* [چوَن] يونيو . حزيران

jujube, *f* عُنّاب . (ثمر حلو)
jumeau, lle, *a et n* توأم
jumelles, *f.pl.* ⟶ نظارة مزدوجة للابعاد
jument, *m* فرس . حجر . انثى الخيل
jungle, *m* دَغل . غابة متلبدة . دبسه
jupe, *f* النصف الأسفل من الفستان
jupon, *m* تنورة . جونيله
juré, *m* محلّف . عضو في مجلس شورى المحكمة
ennemi — خصم او عدو ألد
jurer, *v* اقسم . حلف اليمين ٭ جدف
juridiction, *f* إختصاص . ولاة . سلطة شرعية او قضائية . حق الحكم ٭ قضاء
juridique, *a* شرعي . قانوني . قضائي
jurisconsulte, *m* فقيه . مفتٍ . متشرع
jurisprudence, *f* علم الفقه . علم الشريعة
juriste, *m* فقيه . عالم بالشريعة . محام مدني ٭ طالب حقوق
juron, *m* سبة . مسبة //
jury, *m* محلّفون . حكم ٭ أعضاء مجلس شوري الجنايات ٭ لجنة تحكيم
jus, *m* [چي] عُصارة . عصير
jusque, *ou* jusques الى . حتى . الى حدّ
juste, *a* عادل . منصف ٭ مضبوط ٭ محكم ٭ حق
habit — بدلة ضيقة //
—, *m* [چيِسْت] حقاني ٭ عدل . حق
—, *ad* باحكام . بالضبط
comme de — طبعاً . حقاً
au — تماماً
tout — بالكاد
Il chante — يغني حسب الاصول

justesse, f اتقان. ضبط. صحة
justice, f [جِيْسْتِيس] عدل ۞ القضاء
— sommaire القضايا الجزئية
justificatif, ve, a مبرر. مسوغ ۞ مؤيد
justification, f تأييد. تسويغ. تبرير
justifier, v سَوَّغ. بَرَّر. زكّى
se — ۞ بَرْهَن على // تَبَرَّأ نفسه
jute, m جوت. نبات القنب أو خيوطه أو نسيجها
juteux, se, a كثير العصارة. ريان
juvénile, صبياني. شبابي. خاص بالاحداث
juxtaposition, f تلاحُم. إتصال ۞ رَصّ. وضع الاشياء بجانب بعضها

K

kaki, m et a كاكي، نسيج قطني أصفر
kangourou, ou kanguroo, m قَنقر، حيوان له كيس تحت بطنه لحمل صغاره
kermesse, f مهرجان. حفلة. إحتفال
kilo, p. et m سابقة معناها «ألف» ۞ كيلو
kimono, m عباءة يابانية. كيمونو. إتاب ثوب كالعباءة تلبسه المرأة في البيت
kindergarten, m روضة الأطفال
kiosque, m (كشك). جوسق. مرقب
Kosher كَشير، طعام محلل بحسب شريعة اليهود
krach, m إفلاس. كارثة مالية
Kremlin, m قلعة وقصر مقر السلطة في روسيا
kyste, m دمل. بثرة. كيست

L

£ جنيه إنكليزي
L. ٥٠ في الارقام الرومانية
la, art. f. sing ال، أداة التعريف للمؤنث المفرد
la fenêtre النافذة
là, ad هُناك. إلى هناك ۞ ثَمّ
d'ici là من الآن الى ذلك الوقت
là dessus على ذلك ۞ بناءً عليه
là-bas هناك
labeur, m عَمَل. شُغل ۞ جِدّ. كَدّ
labial, e, a شَفَوي. متعلق بالشفة. شُفري
laboratoire, m مَعْمَل. معمل كيماوي أو علمي. مُختَبَر [لابوراتوار]
laborieusement, ad بكد. بجهد. بعناء
laborieux, se, a et n شاق. مُتعب ۞ مثابر. شغال مجتهد. مُجِيد
labour, m [لابور] حَرْث. فِلاحة
labourage, m حِراثة. فِلاحة
labourer, v حَرَث
laboureur, n et a. m حارث. فلّاح
— de la mer مراكبي. بحّار
laboureuse, f محْرَاث بخاري
labre, m شَفَة الهوام
labyrinthe, m تيه. بربي. مَتاهة ۞ معضلة. مشكلة ۞ تجويف الاذن
lac, m [لاك] بُحَيْرة
dans le — هالك. في ورطة أو ضيقة
lacération, f تمزيق. مَزْق. تقطيع

lacérer, *v* مزّق. (شرمط). مزّع
lacet, *m* بَريم. كوردون. قيطان. شريط مفتول ✿ ربق [لاسِه]
— des chaussures رباط الحذاء
lâche, *a et m* رخو. غير محتك ✿ جبان. نذل
lâché, e, *a* غير محكم الصنع ✿ فالت ✿ راخ
lâchement, *ad* بجبن. بنذالة ✿ برخاوة
lâcher, *v* سَيَّب. أفلت. أرخى. حل
— pied رجع إلى الوراء. تقهقر
lâcheté, *f* جُبْن. جَبانة. نذالة
lacis, *m* شبكة
laconique, *a* مقتضب. موجز. مختصر مفيد
laconisme, *m* إيجاز. إختصار
lacrymal, e دمْعي. مختص بالدموع أو غددها
lacrymogène, *a* مُدرّ الدمع
lacs, *m* شريط أو قيطان ✿ شنيطة. رباط بعقده محلولة ✿ فخ. مصيدة
lactation, *f* رِضاعة ✿ إفراز اللبن
lacté, e, *a* لبَني. مثل اللبن
lactigène, *a* مُدرّ اللبن
lactique, *a* لبني. حامض لبنيك. مختص باللبن
lacune, *f* فَراغ. ثغرة. فجوة [لاكين]
lacustre, *a* عائش أو متعلق بالبحيرات
ladre, *a et n* مصاب بالبرص ✿ خنزير أبرص ✿ بخيل. دني. دون
lagon, *m ou* **lagune**, *f* مستنقع أو بحيرة ماء مالح قرب البحر

lai, e, *a et n* علماني ✿ مساعد في الرهبنة ولكن غير معد للترهب
laid, e, *a* شنيع. كريه المنظر. بَشِع [له]
laideron, *f* إمرأة قبيحة الشكل
laideur, *f* قُبْح. بشاعة. شَناعة. دُمامة
laie, *f* خِنزيرة بريّة. انثى الخنزير البري ✿ ممر ضيق في غابة ✿ فأس أو بلطة الحجار
lainage, *m* مَنْسوجات أو بضائع صوفية
laine, *f* [لين] صُوف
jambes de — سيقان هزيلة
lainerie, *f* محل نسيج الأصواف أو محل بيعها ✿ بضائع صوف ✿ مكان جز الغنم
laineux, se صوف. كثير الصوف ✿ صوفي
lainier, ère, *n et a* صانع المنسوجات الصوفية. صوّاف ✿ صُوفي
laïque, *a et n* عالمي. عَلماني، أي غير كهنوتي. أهلي [لاييك]
lais رَواسِب. طمي ✿ أشجار صغيرة احتياطية
laisse *f* مِقْوَد. سير أو سلسلة للكلاب والخيل
laisser, *v* ترك. أبقى ✿ أودع ✿ أهمل
— à désirer إحتاج إلى اتقان
laisser-aller, *m* عدم إعتناء أو إكتراث
— faire سمح ✿ لم يتدخل. ترك للامور مجراها
laissez-passer, *m. inv.* تذكرة مرور
lait, *m* [له] لبن. حليب
— caillé لبن خاثر. لبن رائب. لبن زبادي
— d'amende مستحلب اللوز
— condensé لبن مركز. لبن العلب
petit lait مصل الحليب

laitage, *m* البان ومنتجاتها (كالجبن)
laiterie, *f* معمل ألبان ◊ محل بيع اللبن
laiteux, se, *a* لبني
laitier, ère, *n et a* بائع اللبن. لبّان
laitière, *f* حلوب. بقرة حلاّبة. حالبه
laiton, *m* نحاس أصفر
laitue, *f* خس. خس سلطة (لتوجه)
lamaneur, *m* رئيس البوغاز ، دليل السفن في الموانى
lambeau, *m* قطعة. شريحة ◊ هتامة ◊ خلقة. مِـزقـة. خِرقة [لَمبو]
lambris, *m* كسوة. بطانة أو تصفيح ◊ سقف أو حائط منقوش أو مكسو برخام أو مذهب
lame, *f* نصل ◊ شفرة ◊ صفيحة ◊ موجة
— de rasoir شفرة. سلاح الموس
lamé, e, *a* مقزز ◊ مخيش
lamentable, *a* محزن. مشجٍ. يرثى له
lamentation, *f* شكوى. أنين. نياح
lamenter (se), *v* شكا. ناح. انتحب
laminage, *m* تصفيح المعادن اى جعلها صفائح أو رقائق ◊ لف
laminer, *v* صفّح. جعل صفائح. طرّق المعدن. رقق
laminoir, *m* آلة التصفيح أو الترقيق
lampadaire, *m* شمعدان. حامل مشعل
lampe, *f* مِصباح (لمبة) سراج. قنديل
— de radio صمامة الجهاز اللاسلكى

lampion, *m* سراج. مصباح صغير
lance, *f* رمح. حربة. مِـزراق
— de tuyau d'arrosage بزبوز. بوري
lancement, *m* إنزال السفينة إلى الماء
— d'un journal ظهور جريدة جديدة
— d'un article تعريف بضاعة جديدة. إشهار
lance-pierres, *m* نبلة. مقلاع
lancer, *v* ألقى. رمى ◊ أنزل السفينة ◊ رشق
— une marque عرف الصنف. أدخل السوق
lancette, *f* مِشرط. مِبضع
lancier, *m* رمّاح. خيال مزراقى ◊ اسم رقصة
lande, *f* أرض بور. سُبروت
langage, *m* لهجة. لغة. لسان ◊ نطق. عبارة. اسلوب [لَنجاج]
— des fleurs لغة الزهور ، التعبير بواسطة الزهور
lange, *m* لفافة. قماط. حزام
langoureux, se, *a* بطرف ذابل. فاتر
langouste, *f* كركند. نوع سرطان بحري لذيذ الطعم 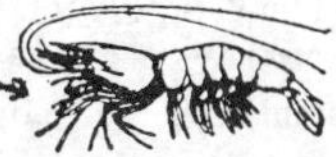
langue, *f* [لَنج] لغة ◊ لِسان
— vivante لغة حية. لغة شائعة
langue de chat, *f* فطير (بسكويت) خفيف
je donne ma — aux chiens (ou chats) تغلب حمارى. لا اعرف حل اللغز
languette, *f* زائدة لسانية ◊ لسان التعشيق (فى النجارة)

languour, f نحول. ذبول. إنعطاط القوى
languide, a ضعيف. واهن. فاتر الهمة
languir, v [لَنجير] ذبل. ضنى. استرخى
languissant, e, a ذابل. سقيم
languissement, m فتور. استرخاء ✡ حنين. ضنى
lanière, f سير جلد. قِدة
lanterne, f فانوس ←
—magique فانوس سحرى. خيال الظل.
— vénitienne فانوس ← من ورق ملون
lanternier, m صانع فوانيس. فوانيسي
laper, v ولغ. لحس. لمق
lapidaire, a et m حجري ✡ جوهري ✡ مركب او مبردخ الحجارة الكريمة
style — اسلوب نقش على الأحجار
lapidation, f رجم. عقوبة الرجم بالحجارة
lapider, v رجم. قتل بالحجارة
lapin, e, n [لاپن] ارنب
poser un — اعطى ميعاد لا يحضر فيه
lapinière, f محل تربية الأرانب ✡ قفص الأرانب
laps, m برهة. مدة. حصة من الزمن
lapsus linguæ فلتة. زلقة او زلة لسان
laquais, m [لاكه] تابع. خادم. سفسير
laque, f لاكيه. محلول صمغ اللك بالكحول
laquer, v صقل او دهن باللاك (ورنش)

larcin, m إختلاس. سرقة. سلب
lard, m [لار] شحم و بالأخص شحم الخنزير
larder, v شك او غرس قطع شحم صغيرة فى اللحمة ✡ عمل فيه ثقوب عميقة
lardon, m قطعة شحم صغيرة ✡ تهكم
large, a عريض. واسع. فسيح ✡ كريم
—, m بعيد عن الشاطىء. طمطام. وسط او عرض البحر.
largement, ad بسعة. بسخاء
largesse, f نعمة. سخاء. جود
largeur, f [لَرجِر] عرض. سعة
larguer, v حل القلوع
larme, f دمعة ✡ مقدار قليل
—s de crocodile دموع النفاق. رياء
larmoiement ou larmoiment تدمع
larmoyant, e, a باكٍ. مجر الدموع
larmoyer, v بكى. دمع. سكب الدمع
larmoyeur, se, n et a بكيء
larron, nesse, n لص. نصّاب ✡ طى فى ورقة الطباعة
larve, f دودة فى طورها بين النقف و التفريش
larves, f. pl. اشباح الموتى
laryngite, f إلتهاب الحنجرة
larynx, m [لارنكس] الحنجرة
las, se, a [لا] تعب. عي. ضجر. سئم
lascif, ve, a شهواني. مائل الى الشهوات الجنسية او محركها
lascivement, ad بشهوة جنسية

lascivité, *f* مَيْل إلى الشهوات. شبق
lasser, *v* أتعب. أعيا. أمل. أزعج
se —, *vp* ضجر. سئم. كلّ
lassitude, *f* عياء. ملل. تعب
lasso, *m* حبل يلقى بمهارة على الخيل أو الثيران البرية فيلتف حول عنقها
latent, e, *a* خفي. مستتر. غير ظاهر
latéral, e, *a* جانبي. كائن إلى جانب
latin, e, *n et a* [لاتَن] لاتيني
—, *m* اللغة اللاتينية
je perd mon latin لم ادرك شيء
latitude, *f* امتداد. سعة ☆ حرية تصرّف ☆ عَرْض (في الجغرافية)
latrie, *f* عبادة
latrines, *f.pl.* مِرْحاض. مُسْتَرَاح. كنيف
lattis, *m* تقفيصة بغدادلي
laudatif, ve, *a* مديحي. تقريظي. ثنائي
lauréat, e, *n* حائز على اكليل السباق. فائز
laurier, *m* غار. شجرة الغار ☆ فوز
lavable, *a* يُغسَل. قابل الغسل
lavabo, *m* حوض تشطيف. مِغسل

lavage, *m* غسيل. غسل
lavande, *f* خزام. خزامي. ناردين
lavandière, *f* غسّالة
lavatory, *m* مكان الاغتسال. مِرْحاض
lave, *f* مادة بركانية. سائل بركاني
lavement, *m* حقنة. إدخال سائل في المستقيم
laver, *v* غَسَل
se —, *vp* إغتسل. توضأ
laveur, se, *n* غسّال
lavis, *m* تلوين الرسم
lavoir, *m* [لاڤوار] مَغْسل ثياب
lavure, *f* ماء غسيل الصحون
laxatif, ve, *a et m* ملين. مسهل خفيف
layette, *f* قماط. لفافة الطفل
lazaret, *m* محجر. كورنتينة
L.E. (livre égyptienne) جنيه مصري
le, *art.m.*, la, *art.f.*, les, pour le *pl. m. et f.*, أل، أداة التعريف للتعيين
le livre, la chambre,
les livres, les chambres
le, la, *pl.* les, *pron.* هو. هي. هم. هن، ضمير الغائب للدلالة على الاسم من حيث التذكير والتأنيث والجمع والأفراد
lé, *m* عرض القماش
lécher, *v* [لِيشِه] لحس. لعق
leçon, *f* [لِسُن] درس ☆ امثولة
lecteur, rice, *n* قارئ. مُطالِع ☆ محاضر
lecture, *f* قراءة. مطالعة
légal, e, *a* [لِيجال] قانوني. شرعي
légalement, *ad* شرعياً. قانونياً

légalisation, *f* تصديق قانوني. تسجيل
légaliser, *v* صَدَّق على. سَجَّل
légalité, *f* قانونية. شرعيّة
légat, *m* قاصِد رَسُولي. نائب البابا
légataire, *n* وارِث بوَصِيّة. مُوصى له
— universel الموصى له بكامل ما يمتلك الموصي
légation, *f* بَعثة ٥ مُفَوضية. سِفارة
hotel de la — دار المفوضية
lège, *a* فارغة الصابورة. بدون شحن
légendaire, *a et n* خُرافي. تَصَوري
légende, *f* حِكاية. أُسْطُورة
٥ كاتِب الأساطير ٥ كتاب اقاصيص
— de cartes de géogr تفسير الرموز (في الخرط)
— des monnaies كتابة المسكوكات
léger, ère, *a* [لِيجِه] خفيف
femme légère امرأة متبزلة
légèrement, *ad* بخفة ٥ بطيش
légèreté, *f* خِفّة. طيش
légion, *f* جوقة. طُغمة ٥ عدد كبير
— étrangère فرقة المتطوعين الأجانب
— d'honneur وسام «جوقة الشرف»
légionnaire. *m* عَسْكَري في فرقة المتطوعين
législateur, rice, *n et a* شارع
. واضع الشرائع. مشرّع
législatif, ve, *a* قانوني. شَرْعي. تشريعي
conseil — مجلس شورى القوانين
législation, *f* سَن الشرائع. وَضع
القوانين ٥ قوانين. نظامات ٥ تشريع
législature, *f* أرباب الشريعة ٥ مُدة مجلس
أرباب الشريعة

légiste, *m* فقيه. مشرّع. قانوني
légitimation, *f* تصديق شَرعي
légitime, *a* شَرْعي. قانوني. حَق
—, *f* الزوجة الشرعية ٥ حصة الولد الشرعية
légitimement, *ad* شرعاً. حلالاً
légitimer, *v* حلّل ٥ صيّره شَرْعِياً
légitimité, *f* شَرْعيّة. قانونية
legs, *m* وَصيّة. هبة بموجب وصية
leguer, *v* وَصّى. ترك ميراثاً لـ
. خلف بوصية
légume, *m* خضراوات. بقول. خضر
grosse — الطبقة الغنية أو السادة
légumier, ère خضري ٥ وعاء الخضار
légumineux, se قرني. من الفصيلة القرنية
lemme, *m* فَرْض تمهيدي
٥ قضية عارضة لاثبات غيرها
lendemain, *m* غداً. الغد. اليوم التالى
lénitif, ve, *a et m* مُلطّف. مليّن
lent, e, *a* بَطيء الحركة. مُتمهّل
lente, *f* صِيبان. صُوابة. بيض القمْل
lentement, *ad* على مَهْل. رويداً. الهوينا
lenteur, *f* بطء. مهلة. توان
lentille, *f* عَدَس ٥ عَدَسة ٥ نبات مائي صغير
—s, *f. pl* نمش // ٥ عدسة مكبرة
léonin, e, *a* عَقْد أسَدي أي فائدته لأحد
الفريقين دون الآخر (في القضاء)
léopard, *m* فَهْد
. أبرد. نمر ارقط

lèpre, *f* [لِپر] بَرَص . جُذام
lépreux, se, *n et a* أَبْرَص . مَجْزوم
léproserie, *f* مُسْتَشْفى البَرَص
lequel, (*pl.* lesquels), laquelle, (*pl.* lesquelles), *pron*
الذي . التي ⚬ أي . من هو . أي هو
lèse, *a f* كلمة تعطي معنى «ضرر أو تآمر»
— majesté خيانة الملك أو الحكومة
lésé, e, *a* مَضرور . مثلوم
lésiner, *v* بخل . شحّ . قتّر
lésion, *f* مَضرّة . أذى ⚬ غبن فاحش
⚬ جرح . ثلم في أنسجة الأعضاء [لزيون]
lessivage, *m* غَسْل
lessive, *f* غسيل ⚬ الثياب التي تغسل ⚬ ماء الغلي . غسالة . ماء وبوتاسا لنقع (تبويش) الغسيل
lessiveuse, *f* اناء لغلي الغسيل . غلاّية أو ⟵ غسالة ميكانيكية 
lest, *m* صابورة المركب أو المنطاد وهو ما يوضع لتثقيلهما عند فراغهما من الشحن
sur — خال من الشحن
lestage, *m* تَصْبير المركب أو المنطاد ⚬ أي شحن الصابورة
leste, *a* خفيف . سَريع
lestement, *ad* بخفة
léthargie, *f* سُبات . نَوْم مُسْتَغرق ⚬ تسبخ ⚬ فتور . تراخ
léthargique, *a* سُباتي . في حال السُبات
léthifère قتّال . مميت // أي النوم العميق

lettre, *f* رِسالة . خِطاب . جَواب . مكتوب ⚬ حرف هجائي ⚬ حرف طباعة
— de cachet أمر ملكي بالسجن أو النفي
— morte مهمل . سقطت قيمته
— de voiture بوليسة شحن
— de change سفتجة . كمبيالة
— de crédit خطاب اعتماد
à la — حرفياً . بالحرف الواحد
en toutes —s بالكامل . بدون اختصار
les —s ou les belles-lettres الآداب . المعارف
lettré,e, *a et n* مُتعلّم . أديب . مُثقّف
lettrine, *f* حَرْف تَرْويسة ⚬ حرف صغير لمراجعة الهوامش
leu, *m* (à la queue leu leu) وَاحِد وَراء الآخر . رَتَل
leur, *pro. per. pl.* [لِير] لهم . لهن
je la leur donne أعطيها لهم
—, *a. poss.* هم . هن
leur livre كتابهم
un de leurs أحد أقاربهم
leurrer, *v* أغرّ . أغوى
levain, *m* خميرة
levant, *m* المشرق . مَطلع الشمس ⚬ سواحل البحر الأبيض شرق فرنسا وإيطاليا ⚬ الشرق كازمير والشرق الأدنى
levantin, e, *n et a* شرقي ⚬ من الشرق
levé, e, *a* مَرفوع . واقف
—,*m*, *V.* lever شُروق . بزوغ
au pied — بدون تحضير
levée, *f* رَفْع ⚬ قِيام ⚬ جباية ⚬ ثَوْرة ⚬ جسر ⚬ لم الرسائل (في البريد)
— d'un siège رفع الحصار
— des impôts تحصيل الضرائب
— des troupes تجنيد

lever, *v* رفع ٭ جمع. لم ٭ انهض
— l'ancre رفع المرساة. أقلع
— un plan رسم. أخذ رسم
— la séance فض الجلسة
se — وقف. نهض ٭ صحا. قام من النوم

lever, *m* قيام. نهوض. رفع
des astres إشراق. بزوغ

levier, *m* عتلة ← رافعة. مشغل (ملاوينة).
— de montre يد الساعة
— de pointage رافعة التحرير (أي التنشين)

levraut, *m* أرنب بري صغير. خرنق

lèvre, *f* شفة ٭ حافة (في الجراحة) ٭ شفرة

lévrier, *m* كلب سلاقي أو سلوقي

levure, *f* رغوة الجعة ٭ رغوة التخمير ٭ خميرة

lexicologie, *f* فقه اللغة. فن الألفاظ واشتقاقها ومعانيها

lexique, *m* معجم. كتاب مفردات اللغة ٭ قاموس مختصر

lézard, *m* ٭ حرباء. عسطاية. ضب. سحلية.

lézarde, *f* شق. ثلمة في حائط. صدع في بناء

lézardé, e, *a* مشقوق. مصدوع. متصدع

lézarder (se), *v* إنشق. إنثلم (الحائط)

liais, *m* حجر رملي كلسي للبناء

liaison, *f* وصل. ادغام ٭ وصله. رباط ٭ صلة. إرتباط ٭ مماشرة. علاقة

liane, *f* عُلّيق. نبات معرش

liant, e لين ٭ وديع. دمث ٭ مرونة

liard, *m* عملة زهيدة القيمة جداً

liasse, *f* ملف. حزمة ورق. ربطة

Liban, *m* لبنان. جبل لبنان [لِيبَن]

libanais, e, *n et a* لبناني

libation, *f* صب. سكب. إراقة ٭ شرب
—s, *f.pl.* معاقرة الخمر. تعاطي الخمر

libelle, *m* كتاب هجو. رسالة قدح وتشهير

libellé, *m* تحرير (في القضاء)

libeller, *v* دوّن. حرّر عقد قانونياً

libellule, *f* النبين. فراشة تأكل البرغش

liber القشرة الداخلية أو الحية في النبات

libéra, *m.inv.* صلاة الأموات

libéral, e, *a et n* حرّ. صادق ٭ مستقل الرأي. حرّ الفكر ٭ كريم. جوّاد
profession —e مهنة حرة
partie —e حزب الأحرار

libéralisme, *m* حرية المشرب. ديموقراطية

libéralité, *f* سخاء. جود ٭ منحة. سخية

libérateur, rice مخلص. منج. محرر

libération, *f* تخليص ٭ تحرير ٭ إعتاق ٭ إطلاق ٭ إخلاء طرف. تسديد.
— du service militaire إعفاء من العسكرية

liberé, e معتوق. منقذ. مطلق سراحه

libérer, *v* حرّر. أعتق ٭ أطلق سبيل

liberté, *f* حرية. إستقلال. إعتاق ٭ سهولة ٭ طلاقة ٭ جرأة. جسارة ٭ خيار. إختيار
— des droits أهلية التصرف
prendre trop de —s تطاول. وقح

libertin,e,*n et a* فاسِق. مُعتر. خالع العذار
libertinage, *m* فِسْق. خَلاعَة
libidineux, se غليم. محب الشهوات. شَبق
libraire, *n* [ليبْرِر] بائع كُتُب. كُتْبي
librairie, *f* دار. (ج مكتبات) مَكتبة الكُتب ٥ تجارة الكتب
libre, *a* حر. غير مُقيَّد ٥ مُسْتَقِل ٥ غير مَشغول. خالٍ (فاضي) ٥ مُعفى ٥ جَري ء. سَفيه ٥ إباحي
— arbitre, *m* حرية التصرف والاختيار
— échange, *m* تجارة حرة. حرية الجمارك
— penseur, *m* غير متقيد بديانة. دهري
entrée — غير دين // الدخول مباح. مجاني
place — مكان خال (غير مشغول)
espace — فضاء
librement, *ad* بحرية. اختياراً
Libye, *f* ليبية. ليبيا (في شمال افريقيا)
lice, *f* مِيدان. مساحة محاطة بحاجز ٥ درابزين. حاجز ٥ أنثى كلب الصيد
entrer en — دخل في نزاع أو مناقشات
licence, *f* إجازة. شهادة ٥ اباحة ٥ رُخصة ٥ سَفاهَة ٥ درجة بعد البكالوريا وقبل الدكتوراه ٥ تسامُح. إستثناء شِعري
licencié, e, *m* حائز على الليسانس
licenciement, *m* رَفْت. عَزْل
licencier, *v* رَفت. أطلق. عَزل. سَرَّح
licencieux, se, *a* متهور ٥ خليع. داعِر
licet, *m* إذن. اجازة. رُخصة
lichen, *m* حَشيشة البَحْر. حزازة. نبات السيبة المجوز ٥ حزاز جِلدي
licite, *a* جائز. مُباح. حَلال. قانوني
licorne, *f* حَيوان خُرافي
— de mer البحر. حوت بقرن طويل ابو قرن. كركون
licol ou licou, *m* رَسَن. مِقود. قياد البهائم
lie, *f* راسِب. عكارة. ثفل ٥ أوباش. رَعاع
lié, e, *a* مَربوط. مقيد ٥ سميك (للصلصة)
liège, *m* فلين ٥ نوع من شجر السنديان
lien, *m* [لِيَن] رباط. قيد. وثاق. رابطة
lier, *v* [لِيِه] رَبَط. قيَّد ٥ وَصَل
— commerce avec qn. عاشر
— la sauce سمك أو كثف الصلصة
— conversation تبادل الحديث
se — عاشَرَ. صاحَب ٥ ارتبط. تقيَّد
lierre, *m* لبلاب. عصب
lieu, *m* مكان. موضع. محل ٥ وَسَط. بيت ٥ دور
— d'aisances مرحاض
au — de بدلاً من. عوضاً عن
en dernier — في آخر الأمر
Lieux saints فلسطين
saint — الكنيسة
avoir — حصل. تم
lieue, *f* فرسخ. مقاس طولي مختلف القياس
lieutenant, *m* ملازم ٥ وكيل. نائب
— colonel ٥ مساعد // قائمقام
lieux, *m.pl.* محل الواقعة أو الحادِثة
lièvre, *m* أرنب بري
ligament, *m* رباط. قيد

ligature, *f* رباط (للأوعية الدموية) ٭ رَبط ٭ حَرْفين مَدْموجين (في الطباعة)
lignage, *m* أصل. نسب. نسل
ligne, *f* خط ٭ سطر
— à plomb ميزان البناء
— à pecher صنارة أو خيط الصنارة
— de mire خط النيشان
— de flottaison ou de charge خط الانغماس (في الملاحة)
hors — لا يضارع //
à la — أول كلام. من أول السطر
pecher à la — صاد بالصنارة
liguée, *f* نسْل. ذرية. سلاله ٭ سلسلة نسب
ligoter, *v* ربط ربطاً شديداً. قيّد
ligue, *f* عُصْبة. جمعية. تحالف. حزب
liguer, *v* حزّب. تآمر. ألّف عصبة
se — ترابطوا ٭ اتحدوا. ألفوا عصبة
lilas, *m* زَرْلخت. لَيلق (زهرة)
liliacées, *f.pl.* الفصيلة الزنبقية
lilliputien,ne, *a* صغير الحجم جداً. قزم
limace, *f* بزاقة ٭ البارم المائي. حيوان رخو
limaçon, *m* قوقعة. حلزون.
escalier en — سلم حلزوني
limaille, *f* بُرَادة. نفاية المعدن
limande, *f* سمك بحري يشبه سمك موسى
limbe, *m* طَرَف. ذيل ٭ حافّة. حرف
lime, *f* مبرد [لِيم]
— batarde مبرد خشن
limer, *v* برَد. سَحل
limeur, *m* برّاد
limier, *m* كلب صيد كبير ٭ مخبر بوليس
liminaire, *a* إستهلالي. إفتتاحي
limitation, *f* تحديد. حصر. تعيين
limite, *f* حَدّ. تُخم ٭ نهاية
limité,e, *a* محدود. مُعيّن ٭ محصور. ضيق
limiter, *v* حَدّ. حدّد. عيّن. تخم
limitrophe, *a* مُتاخِم. متصل بالحدود
limon, *m* طِين. وَحْل. طمي ٭ طَفل ٭ ليمون ٭ عَريش العربة ٭ تخذ السُلَّم. جَلْسة
limonade, *f* ليمونادة. شَراب الليمون
limonadier, ère, *n* بائع الليمونادة
limonier, *m* ليمونة. شجرة الليمون
limonière, *f* عريش عربة ٭ عربة بعريشين
limousine, *f* سَيّارة مُقفلة ٭ عباءة. كبود من صوف [ليمُوزِين]
limpide, *a* قَراح. صافٍ. نقي. رائق
limpidité, *f* صَفاء. نَقاوَة
limure, *f* برد ٭ برادة. نفاية المعادن
lin, *m* نبات الكتان. أبق.
toile de — تيل
linaire, *f* نبات كالكتان
linceul, *m* كفن. ملاية
linçoir, *n* عارضة السقف
linéaire خطوطي ٭ طولي

linéament, *m* تخطيط رَسْم ٭ تصميم
linge, *m* قماش من كِتّان أو تيل أو قطن ٭ بياضات . مفضلات . ملابس داخلية وملايات وفوط وما شابه [لَنْج]
linger, ère, *n et a* بائع أو مخزن يجي البياضات
lingerie, *f* بَياضات ٭ مَنسوجات كِتّانيّة . محل بيع أو مخزن البياضات
lingot, *m* [لَنجو] سَبيكة
lingual, e لِساني . مختص باللسان أو الكلام
linguiste, *m* لُغَوي . عالم بلغات كثيرة
linguistique, *f et a* فن المقابلة بين اللغات ٭ لغوي
liniment, *m* دَلوك . مَروخ . دِهان للتدليك
linoleum, *m* مشمَّع لفرَاش الأرض
linon, *m* تيل رفيع كالشاش
linot, te, *n* ⟵ زقيقة . طفيفحة . (طائر صغير) 
tête de —te شخص طائش . غير رزين
linotype, *f* آلة جمع حُروف الطباعة
linteau, *m* عتَبة فوقانية . ساكف
lion, ne, *n* لَيْث . سَبْع . أسَد (الانثى لبوة) ٭ بُرج الأسَد (في الفلك) ٭ هندباء برية (نبات)
— marin سبع البحر . حيوان مائي كعجل البحر
la part du — أكبر حصة . النصيب الأوفر
lionceau, *m* شِبْل
lippe, *f* الشفَة السُفْلَى الشديدة النتوء والغلظة (شفتورة)

lippée, *f* لقمة
franche — اكلة عظيمة مجانية
lippu, e, *a* غَليظ الشفاه (كالزنوج)
liquation, *f* تَشْييح . صَهر مَعْدَنين لفصلها
liquéfaction, *f* تذويب . إماعة . إسالة
liquéfier, *v* ذوّب . حلّ . أماع . سَيَّل
se —, *vr* ذاب . انحلّ
liquette, *f* قميص . سروال
liqueur, *f* مَشْرُوب رَوْحي حلو (كالعنبرى)
liquidateur, *n* مُصَفٍ . مأمور التصفية
liquidation, *f* تَصْفية (في التجارة)
— judiciaire تصفية إجبارية
liquide, *a* [لِيكِيد] سائِل . مائع
argent — نقود جاهزة . نقدية
—, *m* سائِل
liquider, *v* صَفّى الحسابات أو البضاعة أو الأشغال
liquidite, *f* سُيولة . مَيْع . ميُوعة
lire, *f* فرنك إيطالي
lire, *v3* قرأ . طالع
lis, *m* [لِيس] زنبق . سَوْسَن
teint de — ناصع البياض
fleur de lys شعار فرنسي قديم
liséré شريط . (كوردون كينار ٭ خط
liserer, *v* غطى حَرْف الملابس بالشريط
liseur, se, *n* قارئ . مطالع
liseuse, *f* رِداء مَنزلي للصباح ٭ مكتب قديم ٭ غطاء من جلد للكتب
lisible, *a* وَاضِح . مَقروء . سَهْل القراءة

lisiblement, *ad* بنوع مقروء. بوضوح

lisière, *f* حَرْف. (كِنار). طَرْف القماش. (زيج) ٭ طرف. تخم. نهاية

lisse, *a* مَصْقول. أملس. ناعِم

lisser, *v* صَقَل ٭ مَلَّس

liste, *f* قائمة. جَدْوَل. بَيان. كَشْف

— civile خزينة الخاصة الملكية. راتب ملكي

lit, *m* [لِيـ] فِرَاش. سَرِير ٭ مَهْد ٭ زَوَاج

— cage ou lit de camp سرير نقالي

— d'un fleuve مجرى أو قاع النهر

être au lit de mort على وشك الموت

enfants du premier — أولاد من زواج سابق

litanies, *f.pl.* طلبة أو صَلاة تكرّر مِرارًا

litanie, *f.sing.* إسهاب ممل

literie, *f* ادوات السرير. فرش النوم ولوازمه

lithographie, *f* طَبْع عَلَى الحَجَر ٭ مِطبعة حَجَر

lithographique مَطْبُوع عَلَى مِطبعة حجر

lithotomie, *f* عملية إستخراج الحصاة من المثانة

litière, *f* مِحَفّة. هودج. تختروان ٭ قش يفرش لرقاد الخيل. سبلة

litigant, e, *a* مُتقاضٍ. مترافِع

litige, *m* [لِيتِيج] خِصام. نِزاع. خِلاف

litigieux, se, *a* خصامي. متنازع فيه. واقع عليه النزاع

litre, *m* لِتر. مكيال السائلات

littéraire, *a* أدَبي. عِلْمي. بَياني

littéralement حَرفيًا. بالمعنى اللفظي أو الحرفي

littérateur, *m* أديب. عالم بالبيان. كاتب

littérature, *f* أدب. عِلم الآداب. عِلْم البيان ٭ المؤلفات. كتب الأدب

littoral, e, *a* سَاحلي

littoral, *m* سَاحِل. شاطِئ البَحْر

liturgie, *f* الطقوس الدينية

livide, *a* أدكن. أغبَر. كاب. كدر. شاحب

lividité, *f* دُكْنة. زُرقة. إغبرار. كباوة

livraison, *f* تَسْليم. تَوزيع ٭ كراس. ملزمة

livre, *m* [لِيڤْرْ] كِتاب

— de compte دفتر حسابات

— de bord يومية السفينة

— de caisse دفتر الصندوق

livre, *f* جُنَيْه ٭ ليبرة. نِصْف كيلو. رطل

livrée, *f* كُسْوَة أو حلة خصوصيّة للخَدَم

livrer, *v* سَلَّم. وَزَّع

— une bataille قاتل. نازل

se — سَلَّم نفسه

livret, *m* دَفتر. كرّاس. كُتَيِّب

livreur, se, *n et a* مُوَزِّع. مُسَلِّم

lobe, *m* فَصّ. فَلقة الرئة وغيرها ٭ شحمة (أي حلمة الاذن)

local, e, *a* [لوكال] محلّي. مَوْضعي. مَكاني

—, *m* (*pl.* locaux) مَكان. محل

localement, *ad* محليًا. مَركزيًا

localiser, *v* رَكَّز. حصر في مكان معروف

se —, *vp* إنحصر (الداء) في جهة واحدة

localité, *f* جهة. مَنْطِقة

locataire, *n* [لوكاتِر] مستأجر. ساكن

locatif, ve, *a* ايجاري ٭ مكاني. ظرفي

location, *f* تأجير. إكتراء. إستئجار
loch, *m* لوك. مقياس سرعة السفينة
locomoteur, rice, *a* حركي. محرك
muscles — الأعصاب المحركة // مختص بالحركة
locomotif,ve, *a* متحرك. متنقل. تحريكي
locomotive, *f* قاطرة
locomotion, *f* تحرك. تنقل من مكان إلى آخر
locuste, *f* جرادة. جراد
locution, *f* نطق. عبارة. تعبير
lof, *m* جانب السفينة من جهة الريح
logarithme, *m* لوغاريتمة. علم أنساب العدد (في الرياضة)
loge, *f* لوج. مقصورة. خلوة في المسرح ✿ كوخ
— de concierge مسكن أو كشك البواب
— de francs-maçons محفل
logé, e, *a* ساكن. نازل في. مقيم
logement, *m* مسكن. مأوى. محل سكن
loger, *v* [لوجه] اسكن. آوى
logique, *f* المنطق. علم المنطق ✿ صواب
logique, *a* منطقي. متعلق بالمنطق ✿ معقول
logiquement, *ad* منطقياً. عقلياً
logis, *m* [لوجي] مسكن. منزل. بيت
loi, *f* [لوا] قانون. شريعة
— martiale أحكام عرفية
— de jungle حكم الاقوى
loin, *ad* [لوان] بعيد. بعيداً
lointain, e, *a* بعيد. قصي. شاسع
—, *m* [لوانتن] بعد. تباعد
loisible, *a* [لوازيبل] ممكن. جائز. مباح
loisir, *m* [لوازير] فراغ. خلو. وقت الفراغ
à — على مهل. براحة
lombago, *m* ألم قطني. رماتزم في القطن. ظهار
lombaire, *a* قطني. صلبي (في التشريح)
lombric, *m* دودة الأرض
Londres, *f* لندن
long,ue, *a*(grand,e يقال للأشخاص) طويل
à la longue على ممر الأيام. مع التمادي
de long main منذ مدة. من مدة
le long de على طول. على جانب أو حافة
au long بإسهاب. مفصلا
longe, *f* قيد. رباط. زمام
longer, *v* [لنجه] مشى بجانب. حاذى
— la côte شطط. سار بجانب الشاطىء
longévité, *f* طول العمر. إمتداد الأجل
longitude, *f* خط الطول (في الجغرافية)
longtemps, *ad* مدة طويلة. زمن مديد
longuement, *ad* ملياً. طويلاً
longuerine, *ou* longrine, *f*
longueur *f*, طول. امتداد ✿ بطء
longue-vue, *f* منظار للمسافات البعيدة. تلسكوب صغير
lopin, *m* قطعة. شطر (أرض)
loquace, *a* كثير الكلام
loquacité, *f* ثرثرة
loque, *f* قطعة. خرقة. لباس مهلهل
loquet, *m* درباس. سقاطة الباب. مزلاج
lorgner, *v* نظر بطرف خفي. خزر ✿ طمع في ✿ حدق بالنظارة

lorgnette, *f* ⟵ نَظّارة المسارح

lorgnon, *m* ⟵ نَظّارة. (عوينات)

loriot, *m* صفارية. تُبُشْتَر. عُصفور ذهبي الريش.

lors, *ad* [لور] حينئذ. وَقتئذ

— de sa visite أثناء أو حين زيارته

— de حينما. عندما

dès — منذ. من ذلك الزمن

lorsque, *conj.* [لورسْك] لمّا. عند ما

losange, *m* ⟵ شكل مُعيَّن. شَطرنج (في الهندسة). ٭ قُرْص سُكّري (سَنبوسك)

lot, *m* نصيب. جائزة ٭ حِصّة ٭ جُزء ٭ كَمّية

le gros — جائزة الياتصيب الكبرى

loterie, *f* [لوتري] يانصيب

lotion, *f* لوسيون. غُسل مَوْضِعي ٭ غَسول

lotionner, *v* تَوَضّأ. إغتسل. غَسَل

lotir, *v* [لوتير] قَسَّم. جَزّأ

lotissement, *m* تقسيم. تجزئة ٭ قِسْم. جزء

loto, *m* لعبة قمار

lotus ou lotos, *m* ⟵ عرائس النيل. بشنين

louable, *a* محمود. ممدوح. حَميد

louage, *m* كِراء. إستئجار

de — بالاجرة. أجر

louange, *f* تمجيد. تقريظ. ثناء. مديح

louche, *f* (كَبْشة) مِغرَفة ⟵

—, *a et m* أحوَل. اشوَس ٭ مُشتَبَه فيه. (وش شُبْهة)

loucher, *v* تَمَنّى ٭ صار أحول ٭ حَوِلَ

loucheur, se, *n* أحول // تشهى.

loué, e, *a* محمود. ممدوح ٭ مستأجر. مؤجر

louer, *v* حمد. مدح ٭ إستأجر أو أجّر

loueur, se, *n* مادح. شاكر ٭ مؤجر

louis, *m* (٢٠ فرنك ذهب) بنتو. ليرة فرنسية

loulou, *m* [لولو] كلب صغير طويل الشعر

loup, *m* [لو] ذئب

tête de — (balai) مقشة طويلة. راس العبد. معساف

pas de — خطوات غير مسموعة

⟵ قناع المراقص

un vieux — de mer بحار أو بحري عجوز

faim de — جوع شديد

entre chien et — الغروب. غروب الشمس

loupe, *f* نظارة. مِجْهر ٭ [لوپ] ⟵ مكبرة. عدسة ٭ ورم دُهني

loup-garou, *m* فظ. رَجُل ٭ جِنّ

lourd, e, *a* [لوز] كثيف ٭ ثقيل

lourdaud, e, *a et n* ثقيل الدم.

lourdeur, *f* ثِقل

loustic, *m* مهرّج. مزّاح. مُسخن

loutre, *f* ⟵ كلب الماء

louve, *f* ذئبة. أنثى الذئب ٭ عيار. قرصه حديدة لرفع الاثقال.

louveteau, *m* جَرْو الذِئْب ٥ ابن البنا الحر
louvoyer, *v* عَرَّجَ. لفّ ٥ حاوَر
loyal, e, *a* [لويال] صادِق. وَفي. شَريف
loyalement, *ad* بصدق. بأمانة. باخلاص
loyauté, *f* امانة. إخلاص. صِدق
loyer *m* [لْوَيِيّه] ايجار. أُجرة (البيت)
lubie, *f* هَوى. لمم. (كيف)
lubricité, *f* شَهوة. فِسق. شبق
lubrifiant, e, *a et m* زَيت أو شَحم لتزييت الآلات. مُزَلِّق
lubrification, *f* تَزْييت. دهن. تزليق
lubrifier, *v* زَيَّت. شَحَّم. دهن. ندّى
lubrique, *a* شَهواني. فاسق. شبق
lucane, *m* خنفسة قرنا. ابو مقص
lucarne, *f* كوّة. منور. طاقة
lucide مُضيء. واضِح. نيّر.
lucidité, *f* صحو. وضوح.
Lucifer, *m* ملك الجن ٥ كَوْكَب الفَجْر
luciole, *f* حَباحب. دُودة برّاقة
lucratif, ve, *a* مُرْبِح. مُكْسِب
lucre, *m* رِبح. مَكْسَب. فائدة
luette, *f* غلصمة (في التشريح) ٥ لهاة
lueur, *f* بَريق. ضوء. لمعان
une — d'espoir بصيص من أمل
lugubre, *a* مُفجع. محزن (حَزَيْني) ٥ مُغم
lui, *pron. pers.* هُ. هو ٥ له
lui-même هو نفسه. عينه. ذاته
dites-lui قولوا له
luire, *v* 3 لمع. تلألأ. ابرق. ومض
luisant, e, *a* لامع. مُضيء. مُتلألئ
lumbago, *m V.* lombago ألم القَطَن
lumière, *f* نُور. ضوء (ج أنوار، أضواء)
lumignon, *m* . فتيلة
luminaire, *m* مِصْباح ٥ منار ٥ أنوار ٥ نظر
lumineux, se, *a* مُنير. مُضيء. لامع
luminosité, *f* لمعية. ضياء (نورانية)
lunaire, *a* قمري
lunaison, *f* دورة القمر. شَهْر قمَري
lunatique, *a et n* مجنون ٥ قمري. مقمر
lundi, *m* [لَندِي] يوم الاثنين
lune, *f* [لِيْن] قمر ٥ العجز. الخلف
demander la — طلب المستحيل
clair de — ضوء القمر
— de miel شهر العسل. أول شهر الزواج
luné, e, *a* قمري (الشكل)
être bien — طاب نفساً
lunetier *ou* **lunettier**, *n et a.m* صانع العوينات. نظاراتي
lunette, *f* نَظّارة ٥ منور
lunule, *f* قمير. قمر صغير
lupin, *m* تُرْمُس
lupus, *m* قرّاض. الذئب الأكال. مرض جلدي أكال

lurette, *f* (il y a belle —) مُنذ زمن قديم
luridité, *f* بهتان اللون. إمتقاع
luron, ne, *n* ابن حظ (فرايحي)
lustrage, *m* صقل. تلميع ☆ دهن باللوسترو
lustration, *f* تطهير
lustre, *m* ثريا. نجفة ☆ رونق. لمعة ☆ مدة خمس سنوات
lustrer, *v* صقل. لمّع
lustreur, *n et a.m* صقّال. مُلمِّع
lut, *m* طين. طفل. طين الحكمة
luter, *v* ليّس و
luth, *m* عود. طنبور
luthérien, ne, *n et a* لوتيري. برتستنتي
luthier, *m* صانع الأعواد. عوّاد
lutin, *m* عفريت. شيطان ☆ لعوب
—, e, *a* خبيث. ماجن. لعوب. دعب
lutiner, *v* غاظ. ضايق بالمداعبة. كايد
lutrin, *m* قرّاية. كرسي المصحف
lutte, *f*. كفاح. صراع. نضال. مُصارعة. منازعة
lutter, *v* صارع ☆ نافس
lutteur, *m* مصارع. مُنازل. مُبارز
luxation, *f* خلع. فك
luxe, *m* فخفخة. زخرفة ☆ رفاه. ترف

luxer, *v* ملخ. خلع. فك. قصع
luxueusement, *ad.* بفخامة. بترف
luxueux, se, *a* فاخر. مُترف
luxure, *f* غلمة. شهوة. شبق. فسق
luxuriance, *f* غزارة. خصب. فرط النمو
luxuriant, e غزير. كثير. وافر. كثيف
luxurieux, se فسيق. زانٍ. شهواني
luzerne, *f* برسيم
lycée, *m* [ليسِه] مُدرسة
lycéen, ne, *n* تلميذ
lymphatique, *a et n* ليمفاوي
lymphe, *f* ليمفا. مصل الدم ☆ سائل شفاف
lynchage, *m* قبض الجمهور على مجرم ومعاقبته
lyncher, *v* عاقب بدون قانون
lynx, *m* [لَنكس] وشق. حيوان كالفهد. نمس
yeux de — حاد البصر

lyre, *f* قيثارة. رَباب
lyrique, *a* غنائي. موسيقي
—, *m* [لِيريك] مُنشِد
lyrisme, *m* أسلوب شعري ☆ حماسة شاعر غنائي ☆ قريحة فيّاضة

M

M. *abré. de* Monsieur *ou* Mètre
M. ١٠٠٠
macabre, *a* موتى.مقبري
macadamiser, *v* زَلَّط. رَصَفَ الطريق بالحصى. حصَبَ الأرض
macaroni, *m* مَكرونة أو مكرونة
macédoine, *f* طعام مؤلف من خضروات مختلفة
macératé *ou* macéré, *m* مَنْقوع
macération, *f* نقع. تعطيش ٭ تقشف
macérer, *v* نقع. مقر ٭ غطس فى الماء ليهترى
se — *v/p* تقشف. قهر نفسه. تصوف
mache, *f* نوع من خضار السلطة كالرجلة
machefer, *m* نُفاية الفحم والحديد
mâcher, *v* [ماشِه] مضغ
machiavélique, *a* إحتيالي. غدري. خَدّاع ٭ إستبدادي
machin, e, *a* عِلّان. فُلان ٭ شيء. (بتاع)
machinal, e, *a* آلي. مُتعلِّق بالآلات ٭ بدون تفكر [ماشينال]
machinalement بدون إدراك أو تروٍ
machinateur, *n et a.m* مدبّر المكائد
machination, *f* تدبير دسائس. كيد. دس
machine *f* [ماشين] آلة. عُدّة
— à écrire آلة الكتابة
la — ronde الكرة الأرضية
faire machine en arrière تقهقر. رجع للخلف
machiner, *v* كادَلَه. دسّ الدسائس
machinerie, *f* صناعة الآلات ومصنعها ٭ مكان الآلات فى البواخر والمصانع ٭ اجزاء الآلات وتركيبها
machinisme, *m* صناعة الآلات
machiniste, *m* ميكانيكي. صانع أو مركب أو خبير بالآلات
— de théâtre مركب ومدير آلات المسرح لتغيير المناظر وما شابه
— (conducteur) سواق وابور
mâchoire, *f* [ماشوار] فَكّ
mâchonner, *v* مضغ مَضْغاً خفيفاً. دغدغ ٭ تمتم. مغمغ الكلام
mâchure, *f* المكان المنحول. مكان قطع القماش ٭ مكان الكدمة. الفعصة
maçon, *m* [ماسون] بَنّاء ٭ بَنّا حُرّ
franc-maçon. ماسُوني. بنّاء حر
maçonnage, *m* بِناء. بُنيان
maçonnerie, *f* بناء. بنيان ٭ كار البناية
maçonnique, *a* اخائي. ماسُوني
macre, *f* ابو دقيق ٭ ابو فروة الماء
macrobie, *f* طول الحياة. تعمير
maculage *ou* maculation, *f* تسويد. تغطية أو دمث. تلطيخ. تبقيع
macule, *f* بقعة. لطخة ٭ كلف ٭ ورق مبقع
maculer, *v* لطخ. طمث. بقّع ٭ طبع مسودة ٭ وسّخ ورق
madame, *f* سَيّدة. عقيلة. امرأة متزوجة

madéfaction, *f* ترطيب. تندية. تبليل
madeleine, *f* فطير خفيف ٥ فاكهة صيفي ٥ تائبة. نادمة
mademoiselle, *f* آنسة. بنت. غير متزوجة
madone, *f* صورة او تمثال مريم العذراء
madrier, *m* لوح خشب ثخين. لاطه
madrigal, *m* أرجوزة أو أنشودة غزلية
madrure, *f* عروق الخشب. رقط
maestro, *m* موسيقار. معلم أو رئيس جوق موسيقى
mafflu, e, *a* أفجم. غليظ الشدق أو الخدود
magasin, *m* محل تجاري. دكان. مخزن
magasinage, *m* تخزين ٥ اجرة التخزين
magasinier, *m* أمين المخزن. مخزنجي
magazine, *m* مجلة
mage, *m* | [ماج] مجوسي ٥ أعظم
magicien, ne, *n* ساحر
magie, *f* | [ماجي] سحر. رقوة
— blanche شعوذة
— noire سحر شيطاني
magique, *a* [ماجيك] سحري
magisme, *m* مجوسية. عبادة النار أو الشمس أو العنو
magister, *m* معلم في قرية
magistral, e, *a* مختص بصاحب امر ٥ فعال ٥ عظيم // دواء موقت — remède
magistrat, *m* قاض. حاكم. مأمور قضائي
magistrature, *f* اهل القضاء. مأمورية القضاء أو وظيفة القضاء

magnanime, *a* عالي الهمة. شريف. شهم
magnanimité, *f* شمم. شهامة
magnat, *m* قطب ٥ كبير. عظيم
magnétique, *a* مغنطيسي. جاذب
magnétiser, *v* مغنط ٥ نوم تنويم مغنطيسي ٥ جذب [مانيتيزر]
magnétiseur, *m* منيم ٥ ممغنط
magnétisme, *m* مغناطيسية. مغنطة ٥ استهواء // الجاذبية الجسدية — animal
magnéto, *f* مولد كهربائي بالمغناطيس. مانيتو [منيتو]
magnificence, *f* فخامة. أبهة. عظمة
magnifier, *v* [منيفيك] فخم. عظم
magnifique, *a* فخيم. جميل
magot, *m* المال المقتصد ٥ نسناس ٥ شكل قبيح أو غير طبيعي
mahometan, e, *a et n* مسلم. محمدي
mai, *m* [مي] مايو. أيار
maigre, *a* [ميجر] نحيف مهزول ٥ صيامي
maigrelet, te, *a* نحيف. هزيل
maigrement, *a* ببخل. بشح
maigreur, *f* نحافة. نحول
maigrir, *v* ضعف. هزل. انتحف
maille, *f* شبكة. غرزة. عروة. حلقة. عين
cotte de — زرد. زردية
avoir — à partir avec qn تخاصم مع انسان
maillet, *m* دقاق. مدقة خشب. مدق
maillon, *m* زردة. حلقة زنجير

maillot m [ميّو] قماط . ملفة الطفل
— de bain سروال الاستحمام والسباحة . مئتب
— (de danseuse) لباس يكسى الجسم تماماً
main, f [مَن] يد ٭ خط
en — propre خاص . شخصياً . ليده
en — tierce بطرف أجنبي
il est léger de — سريع الى الضرب
faire — basse نهب . سلب
n'y pas aller de — morte اوجع بالضرب
demander la — d'une fille طلبها للزواج
tendre la — سأل . شحذ
en venir aux —s تضارب . تقاتل
à — armée عنوة
sous main سراً . خفاءً
il a la main عليه الدور (فى لعب الورق)
forcer la — à qn اجبر
se preter la — تعاون
donner la — الفق ٭ نجد
une — de papier فريدة ورق ٢٥ فرخ
haut la — بسلطة
changer de — تغير مالكه
un coup de — غارة فجائية
j'en mettrais ma — au feu انى متأكد تماماً
— courante دفتر التسويد ٭ رفرف الدرابزين
main-d'œuvre, f يد عاملة . صناعة ٭ اجرة العمل . جُعالة
main-forte, f مَعُونة . مساعدة بالقوة
mainlevée, f رفع الحجز (في القضاء)
mainmise, f وضع اليد بلا حق شرعي ٭ عتق
mainmorte, f وقف . أموال مرصدة
maint, e, a [مَن ـ مَنت] عديد . كثير
maintenance, [مَنتِننس] بقاء
maintenant, ad [مَنتِنَن] الآن
maintenir, v مكّن . ثبّت ٭ أيّد
se — دام . بقي . استقام
maintenue, f تثبيت . تأييد

maintien, m هيئة ٭ حفظ . صيانة
maire, m [مير] عمدة . محافظ
mairie, f ديوان المركز . دار الحكومة
mais, conj [مِه] لكن . إنما
un — اعتراض
maïs, m [مايس] ذرة
maison, f بيت ٭ محل تجاري
— de commerce محل تجاري
— d'arrèt حبس . سجن
— de santé مستشفى
— garnie فندق
maisonée, f آل البيت
maisonnette, f بيت صغير
maitre, m مُعلّم ٭ رئيس ٭ مولى . سيد ٭ استاذ . محامي [مِتر]
— des cérémonies رئيس التشريفات
— d'hôtel رئيس السفرجية . رئيس خدم المائدة
— des hautes-œuvres جلاد (عشماوى)
maitresse, f سيدة ٭ مالكة . صاحبة السيادة ٭ معلمة ٭ رفيقة . معشوقة . خليلة
maitrise, f سيادة ٭ ضبط النفس
maitriser, v تسلط على . اخضع
se — تمالك . ملك نفسه
majesté, f [ماجِستِه] جلالة . عظمة
majestueusement, ad بجلال . بعظمة
majestueux, se, a جليل . مهيب
majeur, e, a راشد . بالغ ٭ مهم
— partie القسم الأكبر
major, m بكباشي . رئيس ألف . ضابط كبير إداري ٭ طبيب الجيش
majoration, f تعلية الأثمان ٭ زيادة عن

majordome, *m* كبير الخدم عند العظماء
majorer, *v* [ماچور] علّى الثمن
majorité, *f* سِنّ الرُشد. سِن البلوغ أو المراهقة ☼ سَواد. اغلبية. اكثرية
majuscule, *a et f* حَرف أفرنكي كبير. حَرف التاج
mal, e, *a* [مال] رَدي ☼ طالح
mal, *m* ألم. وَجَع ☼ داء ☼ ضرر
— **du pays** الحنين للوطن
— **de tête** صداع
— **de mer** دوار البحر. دوخة
malacie, *f* رَخاوة. إرتخاء ☼ رَغبة في أكل كل شيء. رَمْرَمة [مالاسِي]
malacozaires, *m.pl.* الحيوانات الرخوة
malactique, *a* مُلين. مُرطِب
malade, *n et a* مَريض. سَقيم. عَليل
maladie, *f* [مالادِي] مَرَض. داء. عِلّة
maladif, ve, *a* سَقيم. عَليل. دَنِف
maladrerie, *f* مُسْتشفى البرَص
maladresse, *f* عدم حَذاقة. خُرق
maladroit, e, *a et n* غير ماهر. اخرق
malaga, *m* نبيذ أحمر شديد الحلاوة
malaise, *m* توعّك. إنحراف مَزاج
malaisé, e, *a* صَعب. عسِر. غير مريح
malandrin, *m* [مالَنْدرَن] لِص
malappris,e, *a et n* قليل الأدب. وقح
mal-à-propos بلا مُناسبَة
malavisé, e, *a et n* قليل الفطنة
malaxage, *m ou* malaxation, *f* عَجين المونة ☼ تليين. ترخية
malaxer, *v* رَخى. ليّن
malbâti, e, *a et n* سَيء التركيب
malchance *ou* malechance, *f* نحس
maldonne, *f* غلط في تفريق وَرَق اللعب
mâle, *a* [مال] مُذكّر
—, *m* ذَكَر
malédiction, *f* لَعْنة
maléfice, *m* مُضرّ. سحر مؤذٍ. أذية
maléfique, *a* ذو تأثير سَيء
malencombre, *m* ضيقة. ارتباك. وَرْطة
malencontre, *f* حادِث مُزعِج. نكبة
malencontreux, se, *a* مَنْحوس. مَشؤوم ☼ مُضِر [مالَكُنْتْرُ]
mal-en-point, *lo. ad* في حالة رَديئة
malentendu, *m* غلط. سُوء فَهْم أو تفاهُم
malévole, *a* سَيء النيّة
malfaisance ارتكاب سوء استعمال الوظيفة
malfaisant, e, *a et n* مؤذٍ
malfait, e, *a* سيء الصنعة ☼ مُعاب
malfaiteur, rice, *n* شرير. شقي
malfamé, e, *a* قبيح الصيت. مَذموم
malgracieux, se, *a et n* خشِن. فَظ
malgré, *prép.* [مَلْجْرِ] رَغماً عن
malhabile, *a* غير ماهر. غشيم
malhabilité, *f* عدم مهارة أو حذق

malheur, *m* شؤم ٭ مُصيبة . نَكبة
malheureusement, *ad* لِسُوء الحظ
malheureux, se, *a et n* تَعِيس. بَائِس ٭ قليل البخت
malhonnête, *a et n* قَلِيل الذمة ٭ قَلِيل الأدَب [مالونِت]
malhonnêtement, *ad* بدَنَائة ٭ بدُون شَرف أو ذمة
malhonnêteté, *f* عدَم الصِدق ٭ قلة أدب
malice, *f* خُبْث. نِكاية. سُوء قصْد
malicieusement, *ad* بِسُوء نية ٭ بقصد المعاكسة والمداعبة
malicieux, se, *a et n* خَبيث
malignité, *f* خَبَاثة. سُوء نية
malin, gne, *a et n* مكير. خبيث ٭ مؤذٍ
fièvre maligne حُمى خبيثة
malingre, *a* نحيف. ضعيف. سقيم
malintentionné, e, *et n* سيء القصد
malle, *f* حَقيبة كبيرة
faire ses —s ربط عفشه. إستعد للسفر
malléable, *a* قابل الانطراق أو المط
malléole, *f* كاحل. كعب
malletier, *m* صانع الحقائب
mallette, *f* صُندوق صَغير. حَقيبة يد
malmener, *v* بهدل
malodorant, e, *a* كريه الرائحة
malotru, e, *n et a* قليل الأدب
malpeigné, e قليل الهندام (مبهدل) ٭ شعث الشعر

malplaisant, e, *a et n* غير مسِرّ
malpropre, *a et n* قذر. وسخ
malpropreté, *f* قذارة. وسخ
malsain, e, *a* مضر. مؤذٍ
malséance, *f* مخالفة الآداب أو اللياقة
malséant, e, *a* غير لائق
malsonnant, e, *a* يجفه السمع ٭ بذيء
maltais, e, *n et a* مالطي
maltôte, *f* مال غير قانوني ٭ ضريبة اعتسافية
maltraiter, *v* بهدل. اساء معاملة
malveillance, *f* سُوء طوية
malveillant, e سيء القصد. رديء النية
malversation, *f* إختلاس ٭ خيانة في الوظيفة
maman, *f* أم. وَالِدَة
mamelle, *f* ثَدي. ز. ضرع
mamelon, *m* حَلَمة الثدي
mammaire, *a* ثَديي. متعلق بالثدي
mammifère, *a* ثَديي. ذُو ثدي
—s, *m.pl.* لبون. من ذوات الثدي
mammouth, *m* مام. فيل ضخم منقرض
manant, *m* فظ. قليل التربية ٭ فلاّح
manche, *m* يَد. مِقبض
—, *f* كُم. ردن. جزء في البريدج ٭ خرطوم
c'est une autre paire de —s هذا أمر آخر
manchette, *f* كُم ٭ حاشية
manchon, *m* فَرْوَة لليدين ٭ قالب لصب الزجاج ٭ جلبة

manchot, e, *a et n* أكتع.اشل . بيد واحدة ¤ الأكتع (طائر)
mandant, *m* موكّل
mandarin, e حاكم صيني وما يتعلق به
mandarine يوسف افندي. يوسفندي
mandat, *m* وكالة. تفويض ¤ إذن دفع . حوالة ¤ مأمورية [مَندا]
— de comparution علم طلب. اعلان حضور
— d'arrêt امر بالقاء القبض
— de dépôt أمر بالسجن
mandataire, *m* وكيل مفوّض
mandat-poste, *m* حوالة بَريد
mandement, *m* إعلام. أمر. مَنْشور
mander, *v* أمر بالحضور ¤ أخبَرَ. أنبأ
mandibule, *f* عَظْم الفَك السُّفْلي
mandoline, *f* ← ماندولينا
mandrille, *m* رَبّاح. قِرد ضَخم
mandrin مثقب حَدّادي ¤ مِدَك
manège, *m* ترويض الخيل ¤ ملعب . مِضمار ¤ حِيلة ¤ مُرجيحة كبيرة
manette, *f* قبضة
mangeable, *a* صالح للأكل
mangeaille, *f* طَعام بعض الحيوانات
mangeoire, *f* مِزْوَد. مِعْلَف
manger, *v* أكَلَ ¤ نخَرَ [مَنچِه]
—, *m* الأكل
mange-tout, *n et a* فاصوليا خضراء ¤ بعزاق. مسرف

mangeur, se, *n* أكول (أكّيل) ¤ من يأكل
mangouste, *f* ← نمس
mangue, *f* ¤ ثمرة المانجوسة . منجا
manguier, *m* شَجَرة المنجا
maniable, *a* لَيِّن. سَهْل الاستعمال
maniaque, *a et n* مَهْوُوس. مَعْتوه
manicure, *V.* manucure مُهَذِّب الأظافر
manie, *f* هَوَس. جِنّة
maniement, *m* إدارة. استعمال ¤ جَسّ
manier, *v* جَسّ. لمس ¤ استعمل ¤ أدار . صَرف الأمر [مَنْيِه]
manière, *f* نَمَط. أُسْلوب
maniéré, e, *a* متصنّع. متكلّف
manifestant, e, *n* مُتظاهِر
manifestation, *f* إظهار. تظاهُر ¤ مظاهَرة [مانِيفِسْتاسيون]
manifeste, *a* ظاهِر. واضح
—, *m* بَيان الشحْن. مانيفستو ¤ مَنْشور عمومي
manifester, *v* أظهَرَ. أوضَحَ. جاهَرَ بكذا
se — اِتضح. ظَهَر. بان
manigance, *f* دسيسة
manipulateur, rice, *n* من يعمل شيء باليد
—, *m* ← جهاز كهربائي تلغرافي
manipulation, *f* تركيب الشغل باليد. الشغل باليد

manipuler, *v* وكّب، لخبط، عجن، ادار أو امسك باليد

manivelle, *f* ⟵ ذِراع محرّك. ملاوينة

manne, *f* المنّ. منّ ٭ سَلّة. قفة كبيرة

mannequin, *m* شَخْص من خشب أو شمع ٭ صنم. تمثال ملابس ⟵ ٭ شخص يرتدي الملابس لعرضها

manœuvre, *f* طريقة سير آلة ٭ مُناورة ٭ حِيلة // —, *m* عامِل. فاعِل

manœuvrer, *v* عمل مُناورة ٭ أدار

manœuvrier, *n et a.m* ماهِر فى المناورة

manoir, *m* قصْر. صرْح

manquant, e, *n et a* ناقص

manque, *m* نقص. حاجة. قلة

manquement, *m* نقص ٭ مخالفة

manquer, *v* نقص ٭ غاب ٭ قصر. أخطا ٭ فاته الشيء // أخل بكلامه — de parole

mansarde, *f* حجرة الجلون، أي التي تحت الجلون فى أعلى البناء، أو نافذة فيه

mansuétude, *f* وداعة. لطف. رِقّة

mante, *f* بُرْنس نسائي بدون اكمام ٭ حشرة من فصيلة الجراد. فرس النبي

manteau, *m* معطف السيدات ٭ غطاء

mantelet, *m* بُرْنس نسائي قصير

mantille, *f* (شال). طَرْحة. وشاح

manucure, *n* مُدرِّم الأظافر. مجمل الأيدي

—, *f* تدريم الأظافر

manuel, le, *a* يَدَوي

—, *m* كِتاب صغير مختصر قواعد فن أو علم [مَنِيوِل]

manufacture, *f* مَصْنع. معمل كبير

manuscrit, *m* كتاب خطي ٭ النسخة الأصلية من كتاب

manutention, *f* إدارة ٭ محل عمل بعض البضائع باليد ٭ مخبز الجيش

mappemonde, *f* خريطة الكرة الأرضية

maquereau, *m* سمك بحْري ٭ قواد. وسيط لِنساء [مَكرو]

maquette, *f* تصْميم مُصغّر لتمثال وماشابه

maquignon, ne, *n* تاجر خيل

maquillage, *m* دهان الوجْه [مَكياج]

maquille, *f* تعليم ورق اللعب للغش

maquiller, *v* دهن الوجه ٭ طمث ٭ غش

maquis *ou* makis, *m* دغل (فى كورسيكا)

marabout, *m* أبو سُعن (طائر) ٭ شيخ طريقة. مرابط ٭ مقام

maraicher, ère, *n* خاص بزراعة المستنقعات

marais, *m* مُسْتنقع [ماريه]

marasme, *m* نحول. ضعف. هزال عام ٭ هبوط. ركود ٭ كساد [مارَسْم]

marâtre, *f* اِمرأة الأب ٭ أم شرسة

marauder, *v* نهب. سَلَب المأكولات أو الحصول
marbre, *m* رُخام ٭ مائدة الصَف (في الطباعة)
marbré, e, *a* مُعَرَّق. مجزع
marbrer, *v* لوَّن بلون الرُّخام. عَرَّق
marbier, ère, *a et m* رُخاماتي. مرخم
marbrure, *f* هيئة الرخام. مجزع
marc, *m* ثُفْل الفواكه المعصورة ٭ مَشْرُوب كحولي [مار]
— du café طحل القهوة
marcassin, *m* خِنّوص. خنزير بري صغير
marcescence, *f* ذبول الزهور
marchand, e, *n et a* تاجر. بائع ٭ تجاري ٭ سعر التجارة [مارشَن]
marchandage, *m* مُساوَمَة
marchander, *v* سَاوَم. فاصَلَ
marchandeur, se, *n* مُفاصِل. مُساوِم
marchandise, *f* بضاعة. سِلَع
marche, *f* مَشْي. سَيْر ٭ مرحلة ٭ مارش. سَلام. لحن السير (في الموسيقى)
— d'un escalier درجة سلم
marché, *m* سُوق ٭ عقد بيع. مبايعة
bon — رخيص
par dessus le — فوق البيعة. هدية مع المباع
marchepied, *m* سُلمة. دَرَجَة سُلَّم. سُلَّم عَرَبة
marcher, *v* مَشَى. سَار. قبل. وافق ٭ انخدع ٭ قبلت الوصال
—, *m* [مارشِه] المشي. السير

marcheur, se, *n et a* ماشٍ. محب المشي
vieux — عجوز وملاحق النساء
marcottage, *m* غرْس. ترقيد أشجار
mardi, *m* [ماردِي] يوم الثلاثاء
— gras آخر أيام المرافع (الكرنفال)
mare, *f* مُسْتَنقع
marécage, *m* مستنقع ٭ أرض موحلة
marécageux, se, *a* مُستنقع. بطيحي
maréchal, e, *n* مُشير. مارشال
— ferrant بيطار (حدواتي)
— des logis جاويش سواري
maréchaussée, *f* البوليس
marée, *f* مَدّ أو جزر البَحْر ٭ سمك طازج
marge, *f* [مَرج] هامِش ٭ حافة. كينار
margelle, *f* خرزة أو حلقة البير
margeur, se, *n* رامي الورق (الطباعة) ٭ آلة الرمي
marginal, e هامِشي. على الداير أو الهامش
marginer, *v* جعل له حاشية. ذيَّل
marguerite, *f* مرغريت. زهرة اللؤلؤ
marguillier, *m* وكيل الكنيسة ٭ عُضو مجلس إدارة مصنع
mari, *m* [ماري] زَوْج. قَرين
mariage, *m* زيجة. قران ٭ مناسبة. توفيق
— civil زواج مدني (ليس في الكنيسة)
— de la main gauche مرافقة بلا زواج

marié, e, *a et n* [ماريِ] مُتزوّج
marier, *v* أزْوَج. زَوَّج ٭ ضَمَّ شيئين ٭ وفّق
marie-salope, *f* ماعُونة أو صَنْدل الكراكة
marieur, se, *n et a* وَسيط زواج
marin, e, *a* [مارَن] بحري
—, *m* بحَّار. مَلَّاح
marinade, *f* صَلْصَة التخليل أو التمليح او اللحم المنقوع فيها
marinage, *m* تمليح
marine, *f* [مارِين] بحرية ٭ أُسْطُول
— marchande أسطول تجارى
mariné, e, *a* مملح أو مخلل
mariner, *v* كبْس اللحوم بالملح أو الخل
marinier, ère, *a* بَحْري. مايتعلق بالبحر
—, *m* ملّاح. نوتي
mariole *ou* mariolle, *f* وَجْه قديس ٭ صُورة قِديس
marionnette, *f* كراكوز
marital, e مختص بالزواج
maritalement, *ad* زَوْجيا
maritime, *a* بحري. مختص بالملاحة ٭ على البَحْر
marjolaine, *f* سُماق ٭ مَرْدَقوش (نبات)
mark, *m* مَارْك. عُمْلَة ألمانية
marlou, *m* قوّاد. بلطجي ٭ وَغْد
marmaille, *f* أولاد صِغار
marmelade, *f* مُرَبى

marmite, *f* قِدر. حلّة. شارة امرأة القوّاد
marmiton, *m* مُساعد الطاهي. مَرْمَتُون
marmoréen, ne, *a* مَرْمَري. رخامي
marmot, *m* وَلد ٭ صُورة شنيعة
marmotte, *f* غُرير (حيوان قارض) ٭ طِفلة
marmotter, *v* دَمْدَم. تمتم
marocain, e, *n et a* مَراكشي
maroquin, *m* جلد سختيان. جلد ماعِز مَدْبُوغ [مارُكَن]
papier — ورَق على شكل الجلد السختيان
maroquinerie, *f* مَصنوعات الجلود كالحقائب والمحافظ ٭ مدبغة السختيان
marotte, *f* عَصاة المجانين ٭ رأس من خَشَب أو وَرَق ٭ كل ما تدله به الانسان
maroufle, *m* وَغْد ٭ غليظ. خشِن
—, *f* غِراء شديد
marquage, *m* تأشير. تَعْليم [مَركاج]
marque, *f* عَلامَة (ماركة). إشارة. سِمة
— de fabrique *ou* — deposée علامة أو ماركة مسجلة [مارك]
marqué, e عليه علامة. مَوْسوم. مُعلَّم
marquer, *v* [ماركِ] عَلَّم. وَسَم. أشَّر
marqueter, *v* نَقَّط. رَقَّش
marqueterie, *f* ما صنِع من خشب أو رخام ملون ٭ تلبيس الخشب بالصَّدَف أو العاج وغيره
marquis, *m* ماركيز
—e, *f* رفراف. مظلة ٭ إمرأة المركيز
marraine, *f* [مارِن] شبينة. عَرّابة

marron, *m* أبو فروة. كستنة ٭ بني
—s glacés أبو فروة مسكرة
—, *aj. inv.* لون بني فاتح. كستاني
marron, ne, *a et n* لطمة في الوجه ٭ مشتغل بدون قانون ٭ كتاب ممنوع ٭ حيوان أليف شارد [مارُّن]
marronnier, *m* شجرة أبو فروة
mars, *m* شهر مارس. آذار
Mars, *m* مارس، اله الحرب ٭ كوكب المريخ
marseillais, e, *n et a* من مارسيليا ٭ مسباليز
Marseillaise, *f* النشيد القومي الفرنسي
marsouin, *m* خنزير البحر. سمك يونس ٭ شخص رذيل، قذره عسكري المستعمرات
marsupial, e, *a* ركيبي، جرابي
marteau, *m* مطرقة. قدوم. ميدق
marteau-pilon, *m* مطرقة ميكانيكية كبيرة
marteler, *v* طرق. دق
martelet, *m* شاكوش صغير. مدقة صغيرة
martial, e, *a* حربي. عسكري [مرسيال]
martin-pêcheur, *m* غطاس. أكال السمك. طائر السمك
martinet, *m* سوط. كرباج [مرتينه]
martingale, *f* سلبند. سير بين اللجام والسرج ٭ مضاعفة الرهان على التوالي
martre, *f*, *V:* marte صمور
martyr, e, *n* شهيد. ضحية مبدأ [مرتير]
martyre, *m* استشهاد. موت الشهادة

martyriser, *v* عذب. جعله شهيداً
marxisme, *m* مبدأ ماركس الاشتراكي
mascarade, *f* مسخرة [مسكاراد]
mascotte, *f* جلابة السعد. باروكة
masculin, e مذكر ٭ رجولي ٭ ذكري
masque, *m* وجه مستعار. نقاب. قناع
masqué, e مقنع. متنكر ٭ محجوب
masquer, *v* برقع. ألبسه وجهاً مستعاراً ٭ حجب. غطى [مسكه]
massacrant, e, *a* نكد. شكس ٭ قاتل
massacre, *m* مذبحة. ملحمة
massacrer, *v* ذبح. قتل ٭ أفسد
massage, *m* تدليك. دلك. تكبيس
masse, *f* كتلة. جملة ٭ كومة ٭ جمهور ٭ مطرقة كبيرة. مرزبة
en — جملة. معاً
masser, *v* دلك ٭ جمع. كوم. حشد
massette, *f* مدقة ٭ نبات ذيل الهر
masseur, se, *n* دلاك. ممسد. مدلك
massif, ve, *a* غليظ. ضخم ٭ ملآن. صب
—, *m* مجموع أشجار. دغل
massue, *f* دبوس. هراوة
mastic, *m* مصطكاء ٭ معجون. ملاط
masticage, *m* معجنة [مستيكاج]
mastication, *f* مضغ. علك
mastiquer, *v* مضغ ٭ سد بالمعجون. معجن
mastoc, *m* ثقيل الدم [مستك]

mastroquet, *m* بائع خمر. صاحب خمارة
masure, *f* طلل. خربة. مكان مُتهدِّم
mat, e, *a* كامِد. غير لامع أو متألق
—, *m* [مات] شاه مات (في الشطرنج)
mât, *m* [ما] صَارِي
matadore, *m* مُبارز الثيران
٭ذو مكانة في وسطه
matamore, *m* مُدعٍ بالشجاعة. طرماذ
match, *m* مباراة. مُصارعة رياضية
matelas, *m* حشية (مرتبة. فرشة)
matelassier, ère, *n* مُنجِّد
matelassure, *f* حَشْوة التنجيد
matelot, *m* [ماتلو] بَحّار ٭نوتي
mater, *v* غلب بالشطرنج ٭قهر. أذلّ ٭كمّد
mater dolorosa حَسْرة الأم
matérialiser, *v* جعله مادياً
matérialisme, *m* مَذهب الماديين
matérialiste مادي ٭تابع مذهب الماديين
matériaux, *m.pl* مَواد. مُهمات. لوازم
matériel, le, *a* ماديّ ٭ جَسَدي
٭ محسوس ٭ جوهري. ضروري
—, *m* [ماتِرِيل] مَواد. أدوات (مُهمات)
maternel, le, *a* أمَوِي. يختص بالأم
maternellement, *ad* أميّاً. والدياً
maternité, *f* أمومة ٭مُستشفى الولادة
mathématicien, ne, *n* عالم بالرياضيات
mathématique, *f* العلوم الرياضيّة
—, *a* [ماتِماتيك] رِياضي. حِسابي
mathématiqement, *ad* حَسَب الأصول الرياضية. حِسابياً ٭بغاية الضبط
matière, *f* مادّة ٭سَبَب ٭موضوع ٭براز
—s premières مواد خام. مواد غفل
en — de بشأن. في ما يتعلق
— purulente صديد. قيح
entrer en — دخل في الموضوع
matin, *m* صَباح. سَحَر. صُبْح
mâtin, *m* كلب خفر كبير. عفراس
matinal, e, *a* مُبكر. مبدّر. صباحي
matinée, *f* صبيحة. صحوة. صباح
[ماتينِه] ٭ حفلة العصر أو النهار
matines, *f.pl.* صَلاة السَّحَر
matir, *v* أزال اللمعان. اكبى
matois, e, *a et n* خبيث. مَكّار. ماكر
matou, *m* قِطّ. هِرّ. سِنّور
matraque, *f* مِطرقة
matrice, *f* رَحم. بيت الولد ٭قالب. أم
[مَتريس] ٭عيار ٭دفتر العوائد
matricide, *n et a* قاتل الأم
matricule, *f* سِجل. دفتر قيد الأسماء
matriculer, *v* دوّن. قيّد. كَتَب في سِجل
matrimonial, e, *a* زَواجي. مختص بالزواج
matrone, *f* قابلة. داية. مولدة ٭ست
maturation, *f* إنضاج. بلوغ نضوج
mâture, *f* صَواري المركب وتركيبها
maturité, *f* نضج. استواء ٭بلوغ ٭كهولة
maudire, *v3* [مودير] لعن. سبّ
maudit, e, *a et n* [مودي] مَلعون

maugréer, *v* تذمّر. سَخط. همهم

maure, *ou* maresque, *n et a* مغربي

mausolée, *m* مَقام. ضريح. مَزار

maussade, *a* عَبوس. قطوب الوجه

mauvais, e, *a*[موفِه] رَديء. سَيِّئ

mauve, *m et a*[موف] لون بَنَفسجي زاهٍ

—, *f* خبيزة. خطميه ٭ نورس. زمج

maxillaire, *a* فكّي

maxime, *f* مَبدأ. مَثَل. قاعِدَة. حِكمَة

maximum, *m* أعلى دَرَجة. غاية. مُنتَهى

mazéage, *m* تكرير الظَّهر (في الحدادة)

mazette, *f* حِصان رديء ٭ أخرق. غشيم

mécanicien, ne, *n* سوّاق ٭ ميكانيكي

mécanique, *f* عِلم الميكانيكيات أو الحِيَل

—, *a* آلي. ميكانيكي. متعلق بالآلات ٭ كالا لة

mécaniquement, *ad* بطريقة ميكانيكية

mécanisme, *m* تركيب ميكانيكي ٭ مجموع الآلات

mécène, *m* مُشجّع الأدب والفن والعِلم

méchage, *m* وَضع الفتيل

méchamment, *ad* بخبث. بأذية

méchanceté, *f* رداءة. شر. ميل الشر

méchant, e, *a*[مِشَن] شِرّير. مُؤذٍ

mèche, *f* فتيلة ٭ خصلة جديلة شَعر

— de vilebrequin بنطة. رأس المثقب ٭ بريمة لا نهاية

méchef, *m* اذى. مضرة

mécompte, *m* غلط حِساب ٭ خيبة أمل [مِكُنت]

méconnaissable, *a* متغيّر. لا يُعرَف

méconnaitre, *v*3 أنكر. رفض ٭ جَحَد

mécontent, e, *a* مُتكدّر. زَعلان

mécontentement, *m* عَدم رِضى. تأفّف

mécontenter, *v* لم يُرضِ

mécréant, e, *a et n* كافِر

médaille, *f* وِسام. نيشان. نوط

le revers de la — الناحية السيئة من الشيء

médaillon, *m* ايقونة او وسام كبير الحجم ٭ حِليَة للجيد [مِدَيُن]

médecin, *m*[مِدسَن] حَكيم. طبيب

médecine, *f* طِب. حِكمَة ٭ دَواء

médecine légale, *f* الطب الشرعي

médian, e, *a* وَسَطي. وسط. مارق الوسط

médiat, e, *a* مُرتَبط بواسطة غيره

médiateur, rice, *n* وَسيط. موفِق

médiation, *f* وِساطة. توسّط. شَفاعة

médical, e, *a* طِبّي. مختص بصناعة الطب

médicament, *m*[مِدِيكامَن] دَواء

médicamentation *ou* médication, *f* مُداواة. مُعالجة

medicinal, e, *a* طِبي. دَوائي

médico-légal, e, *a* متعلق بالطب الشرعي

médiéval, e, *a* مختص بالعصور الوسطى

medinette, *f* صانعة او عاملة في مخزن

médiocre, *a et n* متوسّط، بين الجودة والرداءة (نوعاً) ٭ دون المتوسط

médiocrité, *f* حالة او دَرَجة متوسّطة ٭ بين وبين ٭ دون المستوى المتوسط

médire, *v*3 قدح. ثلب. نمّ. طعن في

médisance, *f* قدح. نميمة. ثلب. قـدح
médisant, e, *n et a* ثلاب. نمام. مغتاب
méditation, *f* ترو. تأمل. تفكر
avec — بسابق اصرار
méditer, *v* تفكر. تأمل. تروّى
Méditerranée, *f* البَحْر المتوسط. البحر الأبيض المتوسط
mediterranéen, ne ماله علاقة بالبحر الأبيض المتوسط
médium, *m* وَسيط ٭ مُتوَسِّط ٭ وَسيلة ٭ مُوَصِّل الأرواح. وَسيط روحي
médius, *m* اصبع اليد الأوسط، الوسطى
médullaire, *a* نخاعي. مخي
méduse, *f* مَدُوسة. فرْج أو قريص البَحْر
méduser, *v* صَعق من الدهشة. شل الحركة من الانذهال
méfait, *m* إساءة. سيئة. اذى. أذية
méfiance, *f* عدم ثقة. ريبة [مِفيَنس]
méfiant, e, *a et n* غيرواثق. متخوف من
méfier (se), *v* إرتاب. شكّ في
mégalithe, *m* حجارة ضخمة أثرية
mégarde, *f* غفلة. سَهو. قِلّة إنتباه
par — سهواً [مِجَرْد]
mégère, *f* إمرأة شرسة شكسة. فاجرة
mégir *ou* mégisser, *v* دبغ الجلود
mégot, *m* [ميجو] عقب سجارة
méhariste, *n et a.m* هجّان
meilleur, e, *a* [ميّر] أحسن. أفضل
méjuger, *v* أخطأ في حكم أو في رأي

mélancolie, *f* داء السوداء ٭ كآبة
mélancolique, *a* سوداوي. كئيب. غامّ. مصاب بالماليخوليا
mélange, *m* خليط. مزيج ٭ خلْط
mélanger, *v* [مِلَنْجِه] خلط. مزج
mélasse, *f* عسل اسود. دبس ٭ ورطة
mélé, e, *a* [مِلِه] خليط. مختلط
mélée, *f* [—] مَلْحمة. معركة. عراك
méler, *v* [—] مزج. خلط
se —, *v.p* [سِ —] تدخل. إنحشر
méli-mélo, *m* مَزيج. خبيصة. خليط
mélilot, *m* الحندقوق. غُصن البان. نفل
mélisse, *f* بقلة الضب. مليسة. بلسان. ريحان
mélodie, *f* رَخامة الألحان. نَغَم. لحن
mélodieux, se مُطرِب. رخيم. موسيقي
mélodiste, *m* مُلَحِّن
mélodrame, *m* رواية تتخللها مفاجآت مؤثرة أو ألحان ٭ رواية محزنة ملحنة
mélomane, *n et a* هائم بالموسيقى
melon, *m* [مِلَن] شَمّام. قاوون ٭ قبعة
— d'eau بطيخ
mélopée, *f* غِناء أو صوت موسيقي يُرافق القاء خطاب ٭ قواعد أو فن الغناء
membrane, *f* [مَمْبران] غشاء ٭ نسيج
membre, *m* عُضو (من جسم أو من مجتمع)
— viril عُضو التذكير. القضيب
membru, e, *a* كبير الأعضاء أو غليظها
membrure, *f* مجموع الأعضاء ٭ ضلوع السفينة

même, a [مِم] نفس. عين. ذات
—, ad أيضاً. حتى
de — كذلك. أيضاً
de — que مثل. كما
à — كفؤ. قادر
mémento, m مفكرة. تذكرة. تفكرة
mémoire, f ذاكرة. حافظة ✿ تذكار
ذِكر. ذِكرى [مِموار].
—, m عريضة (عرضحال). مذكرة
✿ كشف أتعاب أو مصاريف
mémoires, f.pl. ترجمة حياة ✿ تقرير. بيان
mémorable, a مستحق الذكر. مشهود
mémorandum, m مفكرة. مذكرة
✿ بيان سياسي إجمالي
mémorial, m مذكرة ✿ تقرير رسمي
mémorisation, f حفظ. إستظهار
menace, f [مِناس] تهديد. وعيد
menacer, v هدّد. خوّف. توعّد
ménage, m عائلة. بيت ✿ تدبير المنزل
articles de — اللوازم البيتية
ménagement, m رعاية. مداراة
ménager, v داري. راعى ✿ إقتصد
ménager, ère, a مدبر. مقتصد
✿ حاذق في تدبير البيت [مِناچِه]
—ère, f مدبرة امور البيت ✿ آلية لحمل الملح والفلفل والزيت، الخ
ménagerie, f مكان لحفظ الوحوش
✿ مجموعة حيوانات متنقلة للعرض

mendiant, e, n متسول. شحاذ. سائل
mendicité, f تسوّل. شحاذة. إستعطاء
mendier تسوّل. إستجدى. طلب صدقة
menée, f مكيدة. دسيسة
mener, v أوصل. قاد ✿ أدار ✿ سلك
meneur, se, n محرك الفتن ✿ من يقود
méningite, f إلتهاب السحايا
(غشاء المخ والحبل الشوكي) [مِنِنچيت]
ménopause, f إنقطاع الحيض. سن اليأس
menotte, f يد صغيرة. يد طفل
—s, f.pl. قيود. وثاق لليدين (كلبش).
menotter, v قيّد. صفّد. غلّ يديه
menstrues, f.pl. طمث. حيض
mensonge, m كذب. كذبة. اكذوبة
mensonger, ère, a كاذب
mensualité, f شهرية. ما يدفع شهرياً
mensuel, le, a [مَنسُول] شهري
mensuellement, ad شهرياً
mensurable, a ممكن قياسه
mental, e, a [مَنتال] عقلي. ذهني
mentalement, ad عقلياً. ذهنياً
mentalité, f عقلية. عقل
menteur, se, n et a كاذب. كذّاب
menthe, f [مَنت] نعناع

mention, f ذِكر. تنويه ٭ تنويه باستحقاق
mentionné, e, a مَذْكور. سابق ذِكرُه
mentionner, v ذَكَرَ. أَوْرَدَ. أشار إلى
mentir, v 3 كَذَبَ. افكَ [مَنتمير]
menton, m ذَقن (لا يقصد بها شعر الذقن)
menu, e, a دَقيق. صَغير [مِينُي]
—s plaisirs مصروف جيب (شبرقة)
menu, m بيان ألوان الطعام (لستة) قائمة طعام ٭ تفصيل
menuiserie, f نجارة. اشغال النِجارَة
menuisier, n et a.m نَجّار
méphistisme, m عُفونة. تصاعدات وبائية
méprendre (se), v 3 غلط. انغشّ
mépris, m إحتقار. إزدراء [مِپري]
au — de رغماً عن. بدون التفات الى
méprisable, a مُستحق الاحتقار. ذليل
méprise, f غلط. سَهْو. خطأ
mépriser, v احْتَقَرَ. اذلّ. رذل
se —, vr احتقر نفسه
mer, f بحر [مِير]
mercanti, m تاجر متجوّل
mercantile, a تِجاري
mercenaire, a et n بالأُجْرَة. لأجل الربح ٭ أجير. عامِل بالاجرة ٭ جندي مرتزق
mercerie, f خُرْدَة. تجارة الخردوات ولوازم الخياطة (كالجوارب ورباط الساق وماشابه)
merci, f رَحْمة
à la — de عُرضة. تحت رحمة الـ

merci, m شكر
— ! اشكرك. مَمنُون
mercier, ère, n خُرْدجي. بائع السلع الصغيرة ٭ بزاز
mercredi, m يوم الأربعاء
mercure, m زئبق ٭ عطارد (كوكب) ٭ هرمز، رسول الآلهة واله التجارة والبلاغة
mercurial, e, f قائمة أسعار السُوق ٭ خطبة إفتتاح ٭ توبيخ ٭ حشيشة اللبن
merde, f خراء. غائط [مِرْد]
mère, f أُم ٭ والدة ٭ قالِب، أم [مِير]
— perle صدف. عرق لؤلؤ
langue — لغة المولد. لغة اصلية
belle — حماة
fille — والدة غير متزوجة. والدة سفاحاً
grand'mère جدة. ست
méridien, m دائرة نِصف النهار ٭ الهاجِرة ٭ الساعة الشمسية ٭ ذروة
—, a ظهري. هاجري
—, f الخط الهاجِري
méridional, e, a et n جَنُوبي. قبلي ٭ من سكان جنوبي فرنسا. من صعيد فرنسا
mérite, m إستحقاق. اهلية. مزية. جدارة
mériter, v إستأهل. إستحقّ
méritoire, a مُستحق التقدير. أهل للأجر
merlan, m سَمك بحري، بَياض
merle, m شَحْرُور (عُصْفُور صَغير)
merlin, m مِطرقة. بلطة ٭ حبل رفيع (لنسة)
merluche, f سَمك غير مُملح. سمك مُقدَّد

merveille, *f* [مِرْوِفِي] آية. تحفة. معجزة
à — حسناً جداً. بَدِيع
merveilleux, se, *a* عجيب. مُدهِش
mes, *pl. de* mon, ma أداة الملكية (الجمع)
mésalliance, *f* زَواج غير مُناسِب كزواج الأشراف بالصعاليك
mésange, *f* سِن المنجل (عصفور صَغِير مُغَرِّد يقتات بالدود)
mésaventure, *f* حادِث مُزْعِج
mesdames, *f.pl.* سَيِّداتي ٥ سَيِّدات
mésestimer, *v* إستخف. إحتقر
mésintelligence, *f* شِقاق. عَدَم وِفاق
mésinterpréter, *v* حَرَّف
mesmérisme, *m* مذهب التنويم المغنطيسي. الجاذبية الحيوانية
mesquin, e, *a* حقير. دُون. شحيح
mesquinerie, *f* خساسة. شحّ
mess, *m* ميس. محل أكل الضباط
message, *m* [مِساج] رِسالة
messager ère, *n* رَسُول. ساعٍ
—, *m* طائر جارح يقتات الثعابين والجرذان
messagerie, *f* وكالة أو إدارة عربات سفر
— maritime وكالة أو إدارة بواخر
messe, *f* قداس
messire, *m* سَيِّد. شَرِيف
Messie, *m* المسيح. المخلّص

mesurage, *m* قياس، كيل، مسح الأرض
mesure, *f* مِقياس. كَيل. عيار ٥ تَدبير ٥ حيطة ٥ إجراء ٥ حد.
— (en musique) وزن. اصول. عروض
sur — تفصيل
à — que *ou* à fur et à — حسبما. بقدر ما
outre — بافراط. خارج عن الحدود
mesuré, e مَوْزُون. متزن، مكيل، مقاس
mesurer, *v* وَزَنَ، قاس، كال. عايَرَ
se — avec اختبر قوته مع ٥ تقارع
mesureur, *m* كيّال. قيّاس
mésusage, *m* سُوْء إستعمال أو تصرُّف
métairie, *f* عزبة ٥ أرض زراعة مؤجرة على شرط مقاسمة المحصول مع المالك
métal, *m* [مِتال] مَعْدِن
métallifère, *a* محتوٍ على مَعْدِن أو ينتج معدناً
métallique, *a* مَعْدِني. متعلق بالمادن. مثل المعدن ومنه [مِتالِيك]
métalloïde, *a et m* شِبه معدني
métallurgie, *f* تعدين. إستخراج أو تشغيل المعادن
métallurgique, *a* مختص باستخراج المعادِن أو صِناعتها [مِتالُيرْچِي]
métallurgiste, *m* عالم بالمعادن
métaphysique, *f* عِلم العقليات. علم ما وراء الطبيعة. عِلم النظر الجدلي أو الإلاهي
métaplasme, *m* تبديل أو تحريف. إشتقاق (في النحو)
métastase, *f* إنتقال أو تغيير محل المرض
métatarse, *m* مِشْط القَدَم

métathèse, *f* تَبديل . إِبدال ◦ تبدُّل

métayage, *m* مشاركة صاحِب الأرض للمزارع في المحصول

meteil, *m* بغيته. خليط من قمح وجاودار

métempsycose, *f* تقمص. تناسخ الأرواح

météore, *m* ظاهِرة جوّيّة. حادِث جوّي ◦ شِهاب. نَيزك

météorite, *f* رَجْم صَغير. حَجَر نيزكي

météorologique, *a* مختص بالظواهِر الجويّة أو رَصْدها

station — محطة الارصاد الجوية

métèque, *m* [مِتِيك] أَجْنَبي

méthode, *f* [مِتود] طَريقة. أسلوب

méthodique, *a* مرتّب. أُصولي. مُنتظِم

méthodiquement, *a* بموجب قاعِدة. بحسَب الأُصُول.

méticuleusement, *ad* بتدقيق شديد

méticuleux, se, *a* مُدقِّق. متوسوس

métier, *m* صَنْعة. حِرْفة. مِهْنة ◦ آلة

— de tisserand نول

— à égrener le coton دولاب حليج القطن

métis, se, *a et n* مولّد. مَوْلود من جِنسين مختلفين

métonymie, *f* كِناية. تلميح. رَمْز

métrage, *m* قياس بالمتر

métrique مِتري. مختص بالقياس ◦ قياسي

métrite, *f* [مِتْرِيت] إلتهاب الرحم

métrologie فن الموازين والمكاييل والمقاييس

métrologique, *a* مُختص بالموازين والمكاييل والمقاييس

métronome, *m* مُوَقِّت ⟵ سُرعة الموسيقي. الرقاص الموسيقي.

métropole, *f* عاصِمة ◦ كرسي مطرنة

métropolitain, e مُختص بالعاصمة أو من سكانها ◦ مطراني [مِتروبولِيتَن]

mets, *m* [مِه] طَعام. صَنف أكل

metteur, *m* مُرَكِّب الحجارة الكريمة ◦ واضع

— en scène مدير المسرح

— en pages موضّب. مرتب (في الطباعة)

mettre, *v* وضَع. حَط ◦ فرَض ◦ صَرَف

— la table أعد المائدة. فرش السفرة

— de coté وضع جانباً. إقتصد

— la main à la pâte إشتغل. شمر عن ساعد الجد

— qn. au pied du mur احرج

— à mort امات. اعدم

— dehors طرد. اخرج

— à jour قيد المتأخر

— bas وضعت

— fin انهى. انجز

mettez que إفرض بأن

se —, *vp* جلس ◦ بدأ. شرَع

— à la diète إحتمى في أكله

— en colère غضب

— à son aise أخذ حريته (تفرع)

— en frais عمل مصاريف

— en tête تصور. اصره ترأس

s'y — إجتهد

meuble, *a* سَهل الحراثة ◦ سايب

biens —s منقولات

—, *m* اثاث. (موبيليا). فراش

meubler, *v* اثث. فرش
meule, *f* رحى. حجر الطاحونة ٭ كومة قش
meunerie, *f* حرفة الطحان
meurtre, *m* قتل. ذبح إنسان
meurtrier, *m* قاتل
meurtrier ère, *a et n* مبيد. مهلك
meurtrière, *f* مرمى. مرماية ، الكرة التي تطلق منها القنابل
meurtrir, *v* رض. رضرض
meurtrissure, *f* رضة. كدح. كدم
meute, *f* سرب كلاب صيد ٭ حرب
mévente, *f* مبيع بخسارة ٭ توقف البيع
mezzanine, *f* دور مسروق ٭ طاقة صغيرة
miasme, *m* تصاعدات نتنة. ابخرة عفنة
miaulement, *m* مواء. نونوه
miauler, *v* ماء ، صوت القط. موى
mi-carême, *f* نصف الصيام. خميس ثالث اسبوع الصيام
mi-chemin (à) في منتصف الطريق
micmac, *m* دسيسة
micr *ou* micro سابقة معناها ٭ دقيق أو صغير ،
microbe, *m* ميكروب. جرثومة مجهرية
microbicide, *a* قاتل الميكروبات
microbien, ne, *a* جرثومي. مكروبي
microbiologie, *f* علم الجراثيم
micrologie, *f* فن وصف الأشياء التي يتعذر رؤيتها بالعين المجردة ٭ حك الأصواف
micromètre, *m* مقياس المسافات الدقيقة

micron, *m* جزء من الالف من المليمتر
microphone, *m* جهاز لنقل أو تكبير الأصوات. سماعة
microscope, *m* مجهر. نظارة معظمة للأشياء الدقيقة جداً. ميكروسكوب
microscopique, *a* مجهري. ميكروسكوبي صغير جداً لا يرى بالعين المجردة
microzoaire, *m* كائن ميكروسكوبي. نقاعة
miction, *f* تبويل. تبول
midi, *m* الظهر. بلوغ النهار النصف
il est de — من صعيد فرنسا أي جنوبها ٭ فشار
mie, *f* لب. لباب الخبز ٭ (فتفوتة) ٭ حبيبة
miel, *m* [مييل] عسل. شهد
mielleux, se, *a* عسلي. ممعسول
mien, ne, *a. poss.* خاص بي. ملكي
les —s, *m.pl* أهلي. قومي
miette, *f* فتات الخبز ٭ قطعة صغيرة من شيء
mieux, *ad* [ميىه] أحسن. أفضل
au — أحسن ما يمكن
mignardise, *f* ظرافة. لطف. خفة
mignon, ne ظريف. لطيف. صغير ولطيف
—, *m* نديم أو معشوق الملك أو الأمير
migraine, *f* صداع نصفي ٭ صداع
migrateur, rice رحال. مهاجر. نازح
oiseaux —s الضوارب. الطيور القواطع
migration, *f* مهاجرة. نزوح
mijouter, *v* قلى على نار خفيفة. سبك

mil, V. mille الف ◦ دُخن . ذره
milan, m باشق حِدأة ◦ بلدصناعي ايطالي
milice, f عَسكَرِيَّة . جندية
milicien, m جُنْدي . عَسكري
milieu, m [ميليه] وَسَط ◦ عشرة . بيئة
militaire, a [ميليتر] عَسكَري . حَرْبي
—, m عَسكَري . نفر
militairement, ad عَسْكَرِياً
militant, e, a et n مُحارب . مُجاهد
militarisme, m الروح الحربية
militariste, a et n من أنصار المذهب الحربي
militer, v حارَب . جاهَد
mille, m et a [ميل] الف
dix mille hommes عشرة آلاف رجل
في التواريخ المسيحية تكتب mil مثل
l'exposition de mil neuf cent
millénaire, a ألفي . ذو ألف سَنة
—, m ألف سنة . عشرة قرون
mille-patte, m حريش . أم أربعة وأربعين
millésime, m تاريخ سكة عملة أو وسام أو نصب
millet ou mil, m ذرة عُويجة . دُخن
. اذرة بيضاء ◦ ورم في الجفن ◦ بثور جلدية
milliaire, m et a علامة تدل على عَدَد
الأميال ◦ مِثل بذر الدخن (في الطب)
milliard, m مِليار . الف مَليون
milliardaire, n et a عَظيم الثروة
millième, a [ميليم] الألف
—, m جُزء وَاحِد مِن ألف ◦ مَليم
millier, m [ميليه] ألف . حوالي ألف

millimètre, m مِلي . جزء من ألف من المتر
million, m مَليون . ألف ألف
millionnaire, n et a صَاحِب ملايين
mime, m تمثيل تقليدي صامت ◦ مقلس
mimer, m تكلم بالاشارة ◦ قلّد . لمص
mimique, a et f ايمائي ◦ تمثيل بالاشارة
mimosa, m الست المستحية ◦ نبات السنط
minaret m [ميناره] مِئْذنة . مِئْذَنة
minauderie, f دلال . غنج
mince, a [مَنس] رَفيع . رقيق . نحيف
— alors ! أعوذ بالله
mincer, v قَطع قطعاً صَغيرة
mine, f مَنجم ◦ سِحنة . سيماء . هَيئة ◦ لغم
ne pas payer de — منظره غير جاذب
avoir bonne — تظهر عليه الصحة
— (de crayon) رصاص القلم
— (de poudre) لغم
miner, v لغم ◦ قوّض . افنى
minerai, m مَعْدِن خام
minéral, m مَعْدِن
minéral, e, a [مينرال] مَعْدِني
minéralogiste, m عالم بالمعادِن
minet, te, n قِط صَغير
Minerve, f الاهة الحِكْمَة والفنون
mineur, n et a.m مشتغل في المنجم ◦ لغام
mineur, e, a et n قاصِر . غير راشد
miniature, f تصوير مصغر ◦ صورة صغيرة
على عاج أو مثيله
minier, ère, a مُتعَلِق بالمناجِم

minima الحد الأدنى
minimum, *m* الأقل. المقدار الأدنى
minime, *a* [مِنِيم] قليل. طفيف. ضئيل
ministère, *m* وزارة ٭ وساطة ٭ مهمة
— public النيابة أو وظيفة المدعي العمومي
— des Affaires Etrangères وزارة الخارجية
ministériel, le, *a* وزاري
ministre, *m* وزير
— (de religion) كاهن. قسيس
— plénipotentiaire معتمد سياسي مفوض
— sans portefeuille وزير بلا وزارة
minois, *m* وجه لطيف لطفل أو إمرأة
minoratif, ve, *a et* ملين. مسهل خفيف
minorité, *f* اقلية ٭ قصور. عدم بلوغ
minoterie, *f* مطحنة. طاحونة
minuit, *m* [مِينوِي] نصف الليل
minuscule, *f* الصغير من الأحرف
—, *a* [مِينِيسْكِيل] صغير جداً
minute, *f* دقيقة ٭ تسويدة. مسودة ٭ نسخة أصلية لحكم أو عقد [مِينِيت]
minuter, *v* عمل مسودة ٭ نوى. فكر في
minutieusement بتدقيق كلي. بدقة
minutieux, se, *a* مدقق ٭ دقيق
mioche, *n* طفل
mirabelle, *f* قراصية. برقوق
miracle, *m* [مِيرَكْل] أعجوبة. معجزة
miraculeusement, *ad* بأعجوبة
miraculeux, se, *a* أعجوبي. فائق الطبيعة
mirage, *m* [مِيراج] سراب ٭ أمل وهمي

mire, *f* نقطة النيشان. هدف ٭ سن الخنزير
mirer, *v* حدق. صوب. نشن
— les œufs نظر البيض لمعرفة طزاجته. خوص
mirifique, *a* [مِيرِيفِيك] خلاب ٭ عجائبي
mirobolant, e, *a* مدهش. عجيب
miroir, *m* [مِيرْوار] مرآة
miroiter, *v* لعلع. لمع. برق ٭ أبرق
miroiterie, *f* مصنع المرايا
misaine, *f* الصاري المقدم
misanthrope, *a et n* يكره الناس. يبغض الجنس البشري [مِيزانْتروپ]
misanthropie, *f* كره البشر
mise, *f* [مِيز] رأس مال. مبلغ يقامر به
— en demeure تكليف. تحتيم
— en train تجهيز ٭ تشغيل
— en scène ترتيب التشخيص ومناظر الرواية
— en vente عرض للبيع ٭ بيع شهرة
— en cause ادخال في قضية
— à pied رفت
— au point ضبط
— élégante لبس أنيق (شياكة)
miser, *v* راهن على
misérable, *a* فقير. صعلوك. حقير. بائس
misérablement, *ad* بحقارة. بفقر
misère, *f* تعاسة ٭ فاقة. فقر ٭ شيء تافه
faire des —s عاكس. ضايق
miséricorde, *f* شفقة. رحمة
miséricordieux, se, *a et n* رحيم
misogyne, *n et a* كاره النساء
missel, *m* كتاب القداس

mission, *f* رِسالة. بَعْثة. إرساليّة ٭مأمورية [مِيسْيُن]
missionnaire, *m* مُرْسَل. رَسُول
missive, *n et a f* رِسالة. خِطاب. تحرير
mistral, *m* ريح شمالية غَرْبية قويّة
mitaine, *f* قُفاز بلا أصابع
mite, *f* [مِيت] عُثّة
miteux, se, *a* بائِس ٭مدمّع أو معمص
mitigation, *f* تلطيف. تخفيف. تسكين
mitiger, *v* لطّف. خفّف. سكّن
mitonner, *v* تسبك أي استوى على مهل
mitoyen, ne, *a* مُتَوَسِّط. مشترك بين اثنين
mitraille, *f* رَشّة المدفَع. مبرنبذ
mitrailler, *v* رَمى بالقنابل. أطلق القَنابل
mitrailleuse, *f* مَدْفع رَشّاش. مِترايوز
mitre, *f* ←← تاج أسْقف . بُرطل ٭ رأس المَدْخنة
mitron, *m* صبي الفرن أو الحلواني
mi-voix (à) بصوت خافت
mixte, *a* مختلط. خليط
mixtion, *f* خلط . مزج
mixture, *f* خلط. مزج ٭ مخلوط. خليط
MM., *abrév. de* Messieurs
Mme., *abrév. de* Madame
mnémonique, *a et f* فكري . متعلق أو مساعد للذاكرة
mobile, *a* [موبيل] متحرك ٭ متنقل
—, *m* [—] سبب. باعث

mobiliaire ينقل. منقول. خاص بالمنقولات
mobilier, ère, *a* خاص بالمنقول
—, *m* اثاث. فرش ٭منقولات (في القضاء)
mobilisable, *a* ممكن تجنيده أو جمعه
mobilisation, *f* تجنيد. تعبئة
mobiliser, *v* جَنّد. عَبأ الجنود ٭ جمع
mobilité حركة. تحرّك ٭ قابلية التحرك
moca *ou* moka, *m* .بن يمني
moche رديء (اصطلاح عامي) ٭حر.بر معزول
modalité, *f* كيفية. طريقة
mode, *f* زي. آخر طِراز. ذوق العصر. (مودة) . نَمَط [مود]
à la — (على المودة) أي مطابق للزى أو الذوق الحديث
bœuf — // يخني جزر بالحمة
mode, *m* كيفية ٭ كيف ٭ صيغة
— d'emploi طريقة الاستعمال
modes, *f.pl.* قبعات السيدات
modelage, *m* عمل القوالب أو النماذج ٭ تكييف
modèle, *m* انموذج. اورنيك ٭ تمثال . شكل ٭ قدوة ٭ قالب [مودِل]
— déposé نموذج مسجل
modeler, *v* عمل قالب ٭ كيّف. صاغ
modeleur, *m* مكيّف. صَواغ ٭مَثّال . نحّات. صانع تماثيل
modérateur, rice, *n et a* سائس. مدبر ٭ مُعدّل. ملطف ٭ جهاز لضبط حركة الآلات
modération, *f* تخفيف. تلطيف ٭ إعتدال
modéré, e, *a et n* مُعتدِل. مُتَوَسِّط . غير مُفرط ٭ مُلَطّف

modérément, *ad* باعتدال
modérer, *v* عدّل. لطّف
moderne حديث. عصري ٭ متبع بدع عصره
modernisation, *f* تجديد. تجدّد
moderniser, *v* جدّده ٭ جعل على ذوق عصره
modernisme, *m* حب التجديد
moderniste, *n et a* عصري ٭ محب التجديد
modeste, *a et n* متواضع ٭ زهيد
modestement بتواضع. بدون فخفخة
modestie, *f* إحتشام. بساطة ٭ تواضع
modicité, *f* قلّة
modificateur, rice, *a et m* مغيّر
modificatif, ve, *a* تعديلي. تحويري
modification, *f* تغيير. تعديل. تحوير
modifier, *v* غيّر. حوّر. عدّل
modique, *a* قليل. جزئي. نزر
modiste, *n et a.f* صانعة أو بائعة قبّعات النساء ٭ صناعة قبّعات السيدات
modulation, *f* نغمة. تغيير الصوت
module, *m* متوسّط قطر العمود ٭ كل ما يستعمل للقياس
moduler, *v* وزن اللحن
moelle, *f* [موال] نخاع. مخ ٭ لبّ
— épinière نخاع شوكي
moelleux, se مملوء نخاعاً ٭ ناعم. ليّن
—, *m* [موالِ@] نعومة. ليونة ٭ رقة
moellon, *m* دبش. حجر غير منحوت

mœurs, *f.pl* أخلاق. عادات ٭ آداب
moi, *pr. pers. s.* [مْوا] أنا
sur — عليّ ٭ معي. عندي
moignon, *m* قُص، طرف العضو المبتور ٭ جذل
moindre, *a et m* أصغر. أقل كمية أو قيمة
moine, *m* [موان] راهب
moineau, *m* [ـــ نو] عصفور دوري
moins, *ad* [مْوَن] أقل. أنقص
à — que ان لم. إلا ان
à — de الا. ان. لكن
du —, au — لا اقل من. على الأقل
—, *m* (le moins) الأقل. اقل ما يمكن
moins-value, *f* نقص في الثمن
moirure, *f* تموج. لمعان
mois, *m* [موا] شهر
moisi, e, *a* [موازي] ممفن. متعطّن
—, *m* عفن. عطن
moisir, *v* [ـــ زير] تعفّن. تعطّن. عطّن
moisissure, *f* عفونة. عطن
moisson, *f* [مواسّن] حصاد. محصول
moissonage, *m* حصاد. حصْد
moissonner, *v* حصد. جمع
moissonneur, se, *n* حاصد. حصّاد
—se, *f* حصادة. آلة الحصاد. ضمامة
moite, *a* [موات] ند. رطب. متبلل
moiteur, *f* بلل. نداوة. رطوبة
moitié, *f* [مواتْيِه] نصف
être de — شركة مناصفة
ma — نصفي ٭ زوجتي أو زوجي

moitir, *v* ندّى
mol, molle, *V.* mou رَخو
molaire, *a* ضِرْسي. مُتعلِّق بالضروس
—, *f* ضِرْس. طاحِنة
môle, *m* مَرْطَم. رَصيف لكسْر الأمواج في الموانئ
—, *f* جَنين كاذب //
moléculaire, *a* جزئي. دقي. ذَرّي
molécule, *f* جزء دقيق. ذرّة جوهر فرد
molesquine, *f* مشمَّع. قماش مشمع
molestation, *f* إرْهاق. تكدير
molette, *f* مدقة ◦ مِصْقلة ◦ جرن السَحْق
mollement, *ad* بِرَخاوة. بلين ◦ بتساهُل
mollesse, *f* رَخاوة
mollet, *m* سُمانة الساق. بَطة الساق
mollet, te, *a* طري. رَخو. وَثير
molletière, *f* الشين
molleton, *m* لحاف ◦ كاستور
mollir, *v* لان. ارتخى ◦ ليّن ◦ تساهَل
mollusques, *m. pl* الحيوانات الرَخْوة أو الصدفية. اللافقرية
molosse, *m* كلب حِراسة كبير ◦ وطواط
môme, *f* وَلد صَغير. (عَيِّل)
moment, *m* آن. لحظة. وقت قصير
momentané, e, *a* وَقتي. مؤقت
momtanément, *ad* مؤقتاً. وَقتيًا
momie, *f* [مُومِيّ] مُوميا. جُثة محنطة
momification, *f* تحنيط. تصْبير

momifier, *v* حنّط. صَبّر
mon, *a.per.m.s*, (ma.*f.s.*, لي. ي. لنا,
mes, *pl. m et f* صفة الملك للمتكلم الفرد
monacal, e رَهْباني. نُسكي
monade, *f* الجوهر الفرد الحي ◦ عنصر احادي الذرات
monarchie, *f* حُكومة ملكية
monarchisme, *m* المبادىء أو الحزب الملكي
monarchiste, *n* من حزب الملكية. مبايع
monarque, *m* مَلك. سُلطان. عاهِل
monastère, *m* دَيْر. صَوْمَعة
monastique, *a* رَهْباني. نُسْكي. دَيْري
monceau, *m* [مَن سو] كتلة. كومة
mondain, e, *a* [مُنْدَن] دُنْيوي. عالمي
femme — إمرأة متبعة التقاليد العالمية. سيدة صالونات. سيدة مجتمع
une demie — // بغي
mondanité, *f* دنيوية. عالميه ◦ تقاليد الظهور
monde, *m* [مُنْد] عالم. دنيا ◦ اناس. خلق
un — fou زحام شديد
nouveau — اميركا
l'autre — بالآخرة. العالم الأخير
grand — طبقة الأعيان. الذوات
demi — مشبوهو السيرة
femme du — إمرأة تعرف واجبات المعاشرة الراقية. سيدة مجتمع
monder, *v* [مَن د] قشّر. كشط. نقّى
mondial, e, *a* عالمي. في كل الدنيا
monétaire, *a* نَقدي. مختص بالعُملة
moniteur, rice, *n* ناصِح. مُرْشد
monition, *f* تنبيه (في القانون الكنسي)

monnaie, *f* [مونِه] فكّة ٥ نقود. عُمْلة
petite — فكّة. عملة صغيرة
monnayage, *m* دَق العُمْلة. ضَرْب السِّكّة
mono, *préf.* سابقة معناها «واحد. أحادي»
monochrome, *a* ذو لون واحِد
monocle, *a* ذو عَين واحِدة
—, *m* نظارة لعَين واحِدَة (للعياقة)
monocorde أحادِي الوتر. ذو وتر واحِد
monogame من لا يتزوج إلا بامرأة واحدة
— (en botanique) أحادى النوع (فى النبات)
monogramme, *m* كِتابة مشتبكة ببعضها. طغراء (طُرّة). إسم مُتداخل الأحرف
monogyne أحادِي عُضو التأنيث (النبات)
monolithe, *m* حَجَر قِطعة واحِدة و(كمسلة فرعون وما شابه)
monologue, *m* مَنلوج. زجل القائي ٥ مناجاة
menoman, e, *a et n* مجنون، مَهووس بشي واحد او فكرة ثابتة
monopole, *m* إحتكار. إلتزام
monopoliser, *v* احتكر
monosyllabe, *m et a* ذو مَقطع واحِد
monotone, *a* مُمل. على نغم واحِد
monotonie, *f* مَلل. تكرار على وتيرة واحدة
monseigneur, *m* سَيِّدنا. مولانا ٥ غبطة
— *ou* pince — قرصة. آلة لفتح الكوالين
monsieur, *m* (*pl*, messieurs) سيد. سيدي
monstre, *m* وَحْش ٥ مهول. جَسيم
— marin حوت // ٥ مَشْخوط. مَمْسوخ
monstrueux, se وَحْشي ٥ هائل ٥ ممسوخ
mostruosité, *f* مسخة. غرابة في الخلقة
mont, *m* جَبَل. طود. تل ٥ محل تسْليف
promettre —s et merveilles كثير الوعود
par —s et par vaux متفرقين بكل جهة
mont-de-piété بنك التسليف بالرهونات
montage, *m* تَرْكيب ٥ رَفْع ٥ فوران
montagnard, e, *a et n* جَبلي
montagne, *f* [مُنتَنّي] جَبَل
montagneux, se, *a* كثير الجبال. جبلي
montant, *m* جانِب. عارِضة ٥ قيمة
— (total) مبلغ. قيمة. جملة. مقدار
— (d'une porte) قائمة. قطعة رأسية لعظام الباب
montant, e, *a* [مُنتَن] صَاعِد. طالِع
monte-charge, *m* عَيّار الأحمال
montée, *f* طلعة. صُعود ٥ ارتفاع العامود
— de l'escalier او العقد // درج السلم
monter, *v* [مُنْتِه] صعد. ارتفع ٥ تسلّق
— à cheval ركب. امتطى الخيل
— la garde وقف فى الخفر. التزم النوبتشية
— une horlage دوّر الساعة
— les pièces d'une machine ركب. جهز
— une maison اثث ٥ اسس
— la tête à qn هيج
votre compte se monte à... بلغ حسابك كذا
monteur, se, *n* مُرَكِّب
monticule, *m* تايل. كومة. رابية
montre, *f* ساعة جيب ٥ عرض ٥ بسط ٥ واجهة او اناء للعرض
— à reveil منبه. ساعة منبه
— bracelet ساعة يد
en — ظاهر ٥ معروض فى فترينة المحل
faire — تباهى ٥ اظهر

montrer, *v* أورى. أظهر. أري ٭ عَرَض
— les dents كشر عن أنيابه
— la porte à qn طرد
se —, *vpr* ظهر. بيـن نفسه
monture, *f* ركوبة. مطية ٭ قاعدة ٭ تركيبة ٭ ترصيع [مُن تِيبر]
— d'un fusil كرنافة. خشب البندقية
monument, *m* نصب. أثر للتذكار ٭ ضريح (مقام) [مُنيمَن]
monumental, e فخم عظيم ٭ نصبي. اثري
moquer (se), *vpr* هزء. تهكم. سخر
moquerie, *f* سخرية. إستهزاء. تهكم
moqueur, se, *n et a* متهكم. مستهزئ
morailles, *f.pl.* زيار. (لواشة البيطار)
moral, e, *a* أدبي. أخلاقي ٭ معنوي. مجاز
—, *m* القوة المعنوية. الحالة النفسية
remonter le — أذهب الكدر ٭ شدد أو شجع
morale, *f* حكمة. مغزى أدبي ٭ علم الأخلاق ٭ عظة ٭ توبيخ
moralement أدبياً. أخلاقياً ٭ معنوياً
moralisation, *f* تهذيب الأخلاق
moraliser, *v* هذب الأخلاق. أدب
moraliste, *n et a* كاتب أخلاقي. مؤلف في الأخلاق والآداب [مورالِيست]
moralité, *f* مغزى أدبي. إستنتاج تهذيبي
morbide, *a* مرضي. وبيل [مُربِيد]
morbifique, *a* مسقم. مسبب المرض
morceau, *m* قطعة [مورسو]
morceler, *v* قطع. جزأ
morcellement, *m* تجزئة. تقسيم
mordacité قرص. لذع. كيفعل المادة الأكالة
mordant, e, *a* أكال. قارص ٭ عضاض ٭ لاسع ٭ لاذع. كاو [مُردَن]
style — أسلوب قارص. تهكمي
mordant, *m* ورنيش لتثبيت الذهب ٭ مثبت ألوان الأقمشة ٭ آكل. أكال ٭ حد السلاح (قوة القطع) ٭ تهكم
mordicus, *ad* بعناد. رغماً. بعزم
mordiller, *v* قرض. قضم ٭ عض عضاً خفيفاً
mordoré, e, *a et m* أسمر ذهبي
mordre, v^3 عض. نهش ٭ لسع. لدغ ٭ نخر
— la poussière قتل في معركة ٭ طرح أرضاً
— à l'hameçon اغتر. وقع في الشبكة
More, Moresque, *V.* Maure مغربي
morelle, *f* عنب الثعلب ٭ (نبات ست الحسن)
morfil, *m* شعرة أو ذبذبة سن السكين أو الموس ٭ سن فيل غير مشغول
morfondre (se), *v3* شعر بقشعريرة من البرد ٭ تضجر. مل من الانتظار
morganatique, *a* زواج برنس بامرأة من العامة بدون تخويلها حق السلطة
morgue, *f* معرض الجثث المجهولة ٭ خيلاء
moribond, e, *a et n* محتضر. مشرف على الموت
moricaud, e, *a* شديد السمار ٭ خلاسي
morillon, *m* عنب اسود ٭ بط صغير
—s, *m.pl.* زمرد خام
mormon, e, *n et a* مرموني، من شيعة المرمون الأمريكية التي تجيز تعدد الزوجات

morne, *a* عابس. منقبض. نكِد
morose, *a* كئيب. مَهْموم. حَزين
Morphée, *f* إله الأحلام والنوم
dans les bras de — نائم
morpion, *m* قمل. قملة العانة [مُربيون]
mors, *m* لقمة اللجام. حَكمة. جزء من اللجام المار في حنك الحصان. شكيمة
morse, *m* عِجل أو فرس البحر
morsure, *f* لذعة. عضّة
mort, e, *a* مَيّت. مائِت
mort, *f* مَوت. وفاة [مور]
— civile مَوت مَدني. فقد الحقوق المدنية
— aux rats سم الفار. طُعم الفار
mortaise, *f* تجويف. نقْر
mortalité, *f* ممات. فناء. مَوت ☆ وَفيات
mortel, le فان. غير خالد ☆ مميت. قتّال
mortels (les), *m.pl* البشر. الجنس البشري
mortellement, *ad* مميت. مخطر ☆ بشدة
morte-saison, *f* مَوسِم خامل. موسم البطالة ☆ أبان ركود السوق
mort-gage, *m* رَهن راجع ريعه للمرتهن
mortier, *m* ملاط (مُونة) ☆ هاون. جُرن ☆ مَدفع الهاون ☆ طاقية قضاة المحاكم العليا
mortifiant, e, *a* مُخجل. كاسف ☆ مُذِلّ
mortification, *f* إماتة ☆ إماتة النفس ☆ إهانة. غم. خزي
mortifier, *v* أمات (كسر نفسه) ☆ أذلّ ☆ أو كبح الشهوات الجسدية ☆ ليّن
mort-né, e, *a* مَولود مَيت
mortuaire, *a* مختص بالأموات. جنازي
maison — بيت الميت. بيت الجنازة
drap — بساط الرحمة
morue, *f* سمك القد [مورِي]
— fraiche سمك القد طازج أي غير مملح
— verte *ou* sèche سمك بكلا مقدد
morve, *f* سقاوة. ذنانه. مرض يعتري الخيل
mosaïque, *f* فسيفساء. نقوش بحجارة صغيرة ملونة // —, *a* مَوسَوي
mosquée, *f* جامع. مسجد [مُسْكِه]
mot, *m* كلمة [مُ]
— d'ordre سر الليل
gros — كلمة قبيحة
à —s converts بالتلميح
il a le dernier — بيده الحل والربط
moteur, *m* مُحرِّك. قاطِرة. موتور
moteur, tice, *a* محرّك
motif, *m* باعث. سَبَب. داعٍ [موتيف]
motion, *f* حَركة. تحريك ☆ رأي
motiver أورَد الأسباب. سَبَّب. علّل
motocyclette دَرّاجة بمحرك او بخارية
motocycliste, *n* رَاكِب الموتوسيكل
motte, *f* مَدَرة. قلقيلة. قطعة طين متماسكة ☆ رابية. كوم ☆ جلة. مِسكة
— de beurre ربطة زبدة. كتلة من الزبد
mou, *ou* mol, *a.m* molle, *a.f* ليّن. رخو. مَلِس. طَري [مُو. مُل]
temps — طقس حر وممطر

mouchard, m جاسوس. بوليس سري ٭ صورة

mouche, f ذبابة. ذبانة
٭ خال. طابع حسن على الوجه
٭ جاسوس. مخبر ٭ طفيل
٭ نقطة وسط الهدف [مُوش]

— vésicatoire حراقة. ذبابة هندية

—s volantes خيالات او ذباب طائر أمام الرائي بعد النظر الى نور ساطع

— (de fleuret) زر الشيش. بكرة في رأس الشيش حتى لا يجرح

faire — أصاب نقطة الهدف (في التصويب)

prendre la — اغتاظ

fine — داهية. شخص حاذق

pattes de — (écriture) خط رفيع وردي،

bateau — رفاص نهري

moucher, v مخط ٭ ادب. أهان ٭ تجسس

— une chandelle قطف أي قص فتيل الشمعة

moucheron, m برغشة. بعوضة
. ناموسة صغيرة ٭ زهرة الشمعة

moucheté, e, a أبقع. مرقش ٭ منقط
. منقش ٭ طرف مبرعم

moucheter, v رسم بقع. نقط القماش
٭ تنقيط. نقط مرسومة على النسيج

— un fleuret وضع غطاء او عقب لطرف الشيش

moucheture, f تنقيط. نقش. رقط
(على الحيوانات) ٭ تشريط في (في الجراحة)

mouchoir, m منديل. محرمة

mouchure, f مخطة ٭ قطفة فتيل الشمعة

moudre, v3 طحن. سحن

moue, f تكشير. (قلب البوز) (تبويزة)
. تشزر. مط الشفتين اشمئزازاً [مُو]

faire la — برم أو عوج وجهه استنكافاً. صعر

mouette, f النورس. زمج البحر

moufle, f عيار. عدة بكرات متصلة ببعضها
٭ جرارة. آلة لرفع الأثقال

mouflon, m نوع من الغنم ٭ مغديل

mouillage, m بل ٭ مرفأ ٭ رمي المرساة

mouiller, v بل ٭ أضاف ماء للخمر للغش
٭ رسى. ألقى المرساة [مُويِّه]

moulage, m صوغ ٭ سبك. صب في
القالب ٭ طحن. جرش

moule, m قالب. اورنيك. (أم) [مُول]

—, f أم الخلول كبيرة. بلح البحر
(حيوان بحري صدفي رخو)

mouler, v صب في قالب. سبك

moulin, m طاحونة. مطحنة [مُولَن]

— à vent طاحونة هواء

moulinage, m طحن [مُولِيناج]

mouliner, v حل الحرير. برم ٭ رغى. ثرثر

moulinet, f طاحونة صغيرة. رحى

moulu, e, مطحون. مسحوق. مصحون

moulure, f حلية. زخرفة. نقش

mourant, e, n et a منازع. محتضر

mourir, v3 مات. قضى نحبه. توفي

faire — à petit feu عذب

— au champ d'honneur قتل في الحرب

mousquet, m بندقية بفتيل كانت تستعمل قديماً

mousquetaire فارس من حرس الملك

mousqueton, m قرابينه. غدارة ٭ ابزيم

mousse, f رغوة. زبد ٭ طحلب. اشنة

—, m تلميذ بحري. صبي بحار

mousseline, f موسلين. موصلي. شاش

mousser, *v* — رَغا. أزبد
mousseux, se — ذو رَغْوة. مُزْبد. فوّار
mousson, *f* — تيّار أو ريح الموسم
moustache, *f* — شَنَب. شارِب [مُوسْتاش]
moustachu, e — أشنب. ذو شارب كثيف
moustiquaire, *f* — ناموسيّة [سِرتيكر]
moustique, *m* — ناموسة. بَعوضة
moût, *m* — عَصير العنب. عَصير غير مختمر
moutard, *m* — صَبي. (عيّل)
moutarde, *f* — خرْدل. نبات أو حَبّ أو مَسْحُوق أو عجينة الخردل. مستاردة
moutardier, *m* — أناء الخرْدل. حُق المسطاردة
mouton, *n* — خروف ◊ لحم ضأن ◊ مخبر . بوليس سري ◊ مرزبة. مندالة [مُوتُن]
moutonner, *v* — لبّد. جعّد ◊ رَغا . أزبد ◊ تجبّس
mouture, *f* — طَحْن. هَرْس ◊ أجْرة الطحان
mouvance, *f* — تعلق أو حق اقطاعية
mouvant, e, *a* — مُتحرِّك ◊ خايف
mouvement, *m* — حَرَكة. تحرك ◊ ثورة
mouvementé, e — متقلب. كثير الحركة
mouvoir, *v3* — حرّك. هزّ ◊ تحرك
moyen, *m* — واسطة. وَسيلة. طريقة ◊ متوسط [موين]
avoir les --s de — قادر. عنده قدرة على
au — de — بواسطة

moyen-âge, *m* — العُصور الوُسطى
moyen, ne, *a* — وَسط. مُتوسِّط. معتدل
moyenne, *f* — متوسّط
en — — في المتوسط
moyeu, *m* — قُب الدولاب أي بطيخة العجلة ◊ صَفار البيض. مُسْح ◊ مربة أباميا
muable, *a* — متغير. متقلب
mucilage, *m* — لُعاب. مخاط النبات . مادة رَغوية في النبات ◊ سائل صَمْغي
mucosité, *f* — مادة مخاطية. نخامة
mucus, *m* — مُخاط [ميكيس]
mue, *f* — نسُول. تغير الشعر أو الريش. تحيير
muer, *v* — نسل. بدّل. غير الشعر أو الريش
— sa voix — خشن أو غير صوته
muet, te, *a et n* — أخْرَس. أبكم. صامت
mufle, *m* — بوز الحيوان كالثور والأسد ◊ شخص سمج
mugir, *v* — عجّ. خار. زأر ◊ هدر
mugissement, *m* — خوار. عَجيج. زئير. هَدير. قصيف
muguet, *m* — سوسن (نبات) ◊ مرض القلاع
muire, *f* — ماء مالح. ماء الآبار المالح
mulâtre, sse, *n et a* — مُولّد. خلاسي. ولد من والدين أحدهم أسْوَد والآخر أبْيَض
mule, *f* — خُف [ميل] — شبشب. بابوج ◊ بغلة
mulet, *m* — بغل. ذكر البغلة ◊ سمك بوري

mulot, m فأر الغيط . يربوع
multi, *préf.* سابقة معناها « كثير . متعدد »
multicolore, *a* كثير الألوان
multiforme, *a* كثير الأشكال
multipare, *a* كثير الأولاد . ولود
multiple, *a* كثير العدد . عديد . متعدد
—, *m* حاصل الضرب . مكرر العدد ¤ المضاعف المشترك
muitiplicande, *m* المضروب فيه
multiplicateur, *m* آلة ضرب الأرقام ¤ المضروب فيه
multiplication, *f* ضرب الأرقام ¤ تكاثر ¤ تكثير
table de — جدول الضرب
multiplicité, *f* كثرة . وفرة . تعدد
multiplier, *v* ضرب . ضرّب عدداً في آخر ¤ اكثر
se — تكاثر . تضاعف
multitude, *f* كثرة ¤ جمهور . حشد
municipal, e بلدي . مختص بالمجالس البلدية
municipalité, *f* مجلس بلدي . بلدية
munificence, *f* كرم . سخاء . جود
munir, *v* هيأ . جهّز . موّن . ذخّر . زوّد
se —, *vp* تمون . تجهز . تأهب . تزوّد
munition, *f* ذخيرة ¤ مؤونة . ميرة
munitionnaire, *m* مأمور لوازم حربية

muqueuse, *f* [ميكز] الغشاء المخاطي
muqueux, se, *a* مخاطي
mur, *m* [ميّر] حائط . جدار
— mitoyen حائط مشترك (بين جارين)
mettre qn. au pied du — احرج . (زنق)
mûre, e, *a* مستوٍ . يانع . ناضج
murage, *m* بناء حائط ¤ سد بالبناء
muraille, *f* سور مرتفع . حائط ضخم
—s, *pl.* إستحكامات . متاريس
mûre, *f* [ميّر] توت . توتة
muré, e, *a* مسدود ¤ مسوّر بحائط
murement, *ad* بتمعن . بروادة . بتروٍ
murer, *v* سد ¤ سوّر . احاط بجدار ¤ حبس
mûrir, *v* نضج . طاب ¤ سوّى . انضج
murmure, *m* خرير . هدير ¤ دوي ¤ دمدمة
murmurer, *v* همس ¤ دمدم . تذمر ¤ هدر
musc, *m* [ميسك] مسك ¤ قط الزباد
muscade, *f* جوزة الطيب
muscat, *m* عنب أو كمثرى أو نبيذ مسكي
muscle, *m* عضلة . عضل
musclé, e عضِل . غليظ العضل . عضيل
musculaire, *a* عضلي
musculeux, se, *a* ضليع . معضل . كثير أو شديد العضل ¤ قوي
muse, *f* إحدى عرائس الشعر والأدب . تابعة ¤ قريحة الشاعر
museau, *m* خطم . بوز الحيوان أي فمه وأنفه
musée, *m* متحف . دار آثار أو تحف
museler, *v* كمّ . كمّم

muselière, *f* مسكامة

musellement, *m* تكميم

muserolle, *f* حكمة . رشمة

musette, *f* زمارة ¤ ألحان
زمارة القربة ¤ مخلاة ¤ جراب

bal — مرقص موسيقى الاكرديون ¤ مرقص مشبوه

muséum, *m* متحف أو معرض الآثار

musical, e, *a* [مِيزِيكال] موسيقي

musicien, ne موسيقي . آلاتي . موسيقار

musique, *f* موسيقى . علم الموسيقى

musoir, *m* بغلة أي حالة امامية . رأس الحاجز

musqué, e, *a* ذو رائحة مسكية

musulman, e, *n et a* مسلم ¤ إسلامي

mutation, *f* تحويل . تغيير ¤ تقلب . تبدل

mutilation, *f* جدع . بتر ¤ تشويه

mutilé, e مقطوع العضو . اجدع ¤ مشوّه

mutiler, *v* جدع . بتر . قطع عضوا . شوّه

mutin, e, *a* متمرد . عاص ¤ عنيد ¤ ثائر

mutiner (se), *vp* تمرد . ثار ¤ غضب

mutinerie, *f* عصيان . تمرد . فتنه

mutisme, *m* [مِيتِيزْم] بكم . خرس . صمت

mutualité, *f* تشارك ¤ تبادل النفع

mutuel, le, *a* مشترك . متشارك . متبادل

le — *ou* pari mutuel مكان المراهنة
la — e des employés تعاون أو نقابة المستخدمين

mutuellement, *ad* بالتبادل . بالاشتراك

. بالمعاونة . بعضنا بعضاً

mygale, *f* عنكوبة . رتيلة

myologie, *f* مبحث العضلات . ميولوغيا

myope, *n* [مِيوپ] أحسر . قصير النظر

myosotis, *m* اذان الفار (نبات)

myriade, *f* عشرة آلاف أو عدد غير محصى

myriapode, *m* كثير الأرجل . حشرة كأم أربعة وأربعين

myrrhe, *f* مُر

myrte, *m* آس . ريحان ¤ حب الآس

mystère, *m* [مِيسْتِير] سر

mystérieusement, *ad* بالسر . سراً . خفية

mystérieux, se, *a* سري . خفي . غامض

mysticisme, *m* تصوف . مذهب الحلول

mysticité, *f* زيادة التعبد ¤ التصوف

mystificateur, rice, *n* مشعبذ . مزعبر

mystification, *f* شعوذة . تعمية . تحيير

mystifier, *v* شعوذ . عمل ملعوباً على ¤ حيّر

mystique, *a et n* رمزي . غامض ¤ صوفي

mythe, *m* أسطورة . خرافة . تخيل

mythique, *a* خيالي . اختلاقي ¤ أساطيري

mythologie, *f* علم أساطير أو اديان الأقدمين

mythologique ميتولوجي . مختص بعلم الخرافات الوثنية القديمة ¤ خرافي

mythologiste, *ou* mythologue, *m* عالم بالأساطير القديمة

N

nabab, *m* أمير هِنْدِي ٭ رَجُل عَظِيم الثَّراء

nabot, e, *n* قَصِير القامَة (قُزْعَة)

nacelle, *f* زورق ٭ سبت المنطاد أو البلون

nacre, *f* صَدَف. عِرْق اللؤلؤ [نَكْر]

nacré, e, *a* صَدَفِي. لونه أو شكله كالصدف

nadir, *m* النظير. النُقْطَة المقابلة للسَمْت

nævus, *m* وَحْمَة

nage, *f* [ناج] عَوْم. سِباحَة / en — عرقان

nageoire, *f* زعنفة السمك ٭ عَوّامة

nager, *v* [ناجِه] عام. سَبَح. طَفا

nageur, se, *n* سَبّاح. عَوّام

naguère *ou* naguères من زمن قريب

naïade, *f* جِنّيَّة الماء. آلهة الأنهر والينابيع

naïf, ve, *a et n* ساذِج. غِرّ. سَلِيم الطويّة

nain, e, *n et a* قزم. (مسخوط. قزعة)

naissance, *f.* ميلاد. مَوْلِد ٭ مَسْقط الرأس ٭ حسب. أصل ٭ منشأ. مبدأ

naître, *v* وُلِد. خلق ٭ نبت ٭ تولد. صدر

naïvement, *ad* بسذاجة. ببساطة

naïveté, *f* بَساطة. سَذاجة. صَفاء قَلْب

nanti, e, *a* حائز

nantir, *v* رَهَن. أعْطَى رَهْناً ٭ حوز

se — أخذ رَهْناً. إسترهن ٭ تجهز بـ

nantissement, *m* رهن

napel, *m* خانق الذئب (نبات)

naphte, *m* نفط. زيت معدني سريع الالتهاب

nappe, *f* سِماط. غطاء المائدة أي الخوان (مفرش السفرة) // — d'eau بركة ماء

napperon, *m* سِماط صغير. غطاء مائدة صغيرة (فوطة)

narcisse, *m* نرجس //

narcotine, *f* نركوتين. مادة مخدرة

narcotique, *a et m* مُخَدِّر

narcotisme, *f* تخدير. تنويم

narguer, *v* هزأ. إحتقر. سَخِر. إستهزأ

narguilé, *m* نَرْجيلة. شيشة

narine, *f* مِنْخر. فتحة الأنف. خَيْشُوم

narquois, e, *a* [نَرْكوا] مُسْتَهزئ. ساخِر

narrateur, rice, *n* حاكٍ. راوٍ. قاص

narratif, ve, *a* نقلي. روائي. حديثي

narration, *f* رِواية. قِصّة. خَبَر ٭ أخبار. سَرْد ٭ تنميق قِصّة من حادث

narrer, *v* رَوَى. قَصَّ. حَدَّث. أخبر. سَرَد

nasal, e أنفي. مختص بالأنف أو الخياشيم ٭ أخنّ // fosses nasaux غرف أنفية

naseau, *m* منخر. خيشوم. فتحة أنف البهائم [نازو]

nasillard, e, *a* أخنف. أخن. أغن. صادر من الأنف [نازِيّار]

nasillement, *m* خنخنة. غُنّة

nasiller, *v* تكلم من الأنف. خَنّ. خمخم

nasilleur, se, *n* أخنف. متكلم من الأنف

nasse, *f* مصيدة ٭ شبكة للسمك أو العصافير
natal, e, *a* ميلادي. مَوْلديّ. وَطَني
natalité, *f* نِسبة المواليد السَنَويّة إلى عدَد السكان ٭ مواليد
natation, *f* [ناتاسيون] عَوْم. سِباحَة
natif, ve, *a* مَولود في. أصله من ٭ غريزي
nation, *f* [ناسيون] أمّة. شَعْب
national, e, *a* أهلي. وَطَني. قَوْمي
nationaliser, *v* جعَله تابع للأمّة
nationalisme, *m* وَطَنية. شَعْبية. قَوميّة
nationaliste, *a et n* وَطَني. قَوْمي
nationalité, *f* جِنْسيّة. قَوْميّة
nativité, *f* مَوْلد ٭ عيد ميلاد المسيح أو بعض القديسين
natte, *f* ضَفيرَة شَعْر ٭ جَديلة ٭ حَصِيرَة
natter, *v* ضَفّر. جدّل
nattier, ère, *n* صانِع أو بائع الحُصْر
naturalisation, *f* تجنس. إدخال في الجنسية
naturalisé, *a et n* متجنس
naturaliser, *v* أدخل في الجنسية. منح الجنسية
nattier, ère, *n* صانع أو بائع الحصر
naturalisation, *f* تجنس. إدخال في الجنسية
naturalisé, *a et n* متجنس
naturaliser, *v* أدخل في الجنسية. منح الجنسية
naturalisme, *m* طبيعية ٭ مذهب الطبيعيين ٭ تقليد الطبيعة

naturaliste, *m* عالم بالطبيعيات او بالتاريخ الطبيعي
nature, *f* [ناتِير] طَبيعَة
— morte جثة ٭ الطبيعة الجامدة (في التصوير)
payer en — دفع من ذات الشيء. عيناً
omellette — عجة من بيض لا غير
des objets de toute — أشياء من كل نوع
naturel, le, *a* طبيعي ٭ خلقي. غريزي
parties naturelles أعضاء التناسل
enfant — إبن غير شرعي. ابن حرام. دعيّ
—, *m* طبْع
naturellement بالطبع. طَبعاً. طبيعياً
naufrage, *m* [نوفراج] غِرق سَفينة
naufragé, e, *a et n* غَريق
naulage, *m* أجْرَة شَحْن
nauséabond, e كريهة الرائحة. مُقرف
nausée, *f* جيشان. غثيان (لعيان) تقزز
nautique, *a* بحري. مختص بسلك البحار
naval, e (*pl.* — als), *a* بحري. مختص بالملاحة أو السفن [ناقال]
navet, *m* لفت. لفتة. سلجم
navette, *f* وشيعة. مكوك ٭ حُقّ البَخُور ٭ سلجم وزيته
faire la — أكثر من الذهاب والإياب
navigable, *a* يصلح للملاحة اي سير السفن
navigateur, *m et a* ملاّح. روّاد البحار. رحّالة [نافيجاتير]
navigation, *f* مِلاحة
— aérienne الطَيران. سلك الهواء
naviguer, *v* أبحر. سافر بحراً ٭ قاد سفينة

naville, *f* مجرى صغير للريّ. جَدول
navire, *m* سَفينة. مَركب
—citerne مَرْكَب صهريج . ناقلة السوائل
navrant, e, *a* مُفجع. جارح القلب
navrer, *v* فَجَع. أحْزَن
nazi, e, *n et a* إشتراكي وَطني ألماني
N.B., *V.* Nota لاحِظ جيّداً
ne, *ad. de négation* لا. ليس
je ne saurais vous dire لا يمكنني أن أخبرك
ne dites pas لا تقل
il n'est pas là ليس هناك أو ليس موجوداً
né, e, *a* [نِه] مَوْلود ٭ إسم المولود
néanmoins, *conj.* ومع هذا. إلا أن
néant, *m* [نيَن] عَدَم فَناء. لا شيء
nébuleux, se, *a* مُكفهر ٭ داكن
٭ مُضِب (مغيّم) تحجبه الغيوم ٭ مهتم. موسوس
—se, *f* الكواكب الداكنة
nécessaire, *a* ضَروري. لازِم
—, *m* كفاف النفس. الضروري
٭ صُندوق لوازم [نِسّيسر]
— de voyage حقيبة لوازم السفر
nécessairement, *ad* حتماً. من كل بد
nécessité, *f* حاجة. إحتياج. ضَرورة
nécessiter اقتضى. استوجب. أحْوَج
nécessiteux, se, *a* محتاج
nécrologie, *f* ترجمة حياة ٭ سجل وَفيات
nécromancie, *f* إستحضار أرْواح
الموتى ٭ تعزيم. مَنْدَل
nécromancien, ne, *n et a* مُستحضِر
الأموات. عَرّاف. ساحِر
nécropole, *f* قرافة. مقبرة ٭ مدينة القبور
nécrose, *f* نخرة. تنخر العظام أي بلاؤها
nectar, *m* شَراب الآلهة ٭ رَحيق
. سلسبيل ٭ عسَل الأزهار [نِكتار]
nef, *f* [نِف] سَفينة ٭ صحن الكنيسة
néfaste, *a* نحس. شُؤْم
nèfle, *f* مشملة. زعرور (إشملا)
négateur, rice, *n et a* جاحِد. ناكر
négatif, ve, *a* سَلبي. إنكاري. نفيي
épreuve — تجربة صورة شمسية يظهر فيها الأبيض محل الأسود والأسود مكان الأبيض
—ve, *f* عِبارة نافية أو سلبية
particule négative حرف نَفي
négation, *f* سَلْب. إنكار
négativement, *ad* سَلْباً. سَلْبياً
négligé, *m* بدون هَندمة أو تصليح
وتزيين ٭ فضلة. تخفيفة. لباس للبيت
(مهردل)
négligé, e, *a* مُهْمَل. مَهْجور
négligeable, *a* ممكن إهماله ٭ تافه
négligence, *f* إهمال. تهامل
négligent, e, *a et n* مُهمِل
négliger, *v* اهمل. تهاون. تغافل عن
se —, *v pr* تهامَل في نفسه. أهمل ذاته
négoce شُغْلة ٭ تجارة ٭ مَسْعى. معاملة
négociable قابل التعامل. يمكن تداوله
billet — ٭ يباع ويشترى // سند ممكن تحويله
négociant, e, *n* [نِجوسْيَن] تاجر

négociateur, rice, *n* مفاوض
.مَندوب فى مُفاوضة ✲ محول. خاصم
négociation, *f* مُفاوضة. مخابرة. مُداولة
✲ خصْم أو تحويل الأوراق المالية
négocier, *v* تاجر. تعامل ✲ حوّل. خصم
nègre, *m* رَجل أسْوَد. زنجي
négresse, *f* زنجيّة
négrillon, ne, *n* زنجي صَغير
négus, *m* نجاشي. ملك الحبشة
neige, *f* [نيج] ثلج طبيعي
neiger, *f* أثلجت السّماء أي أمطرت ثلجاً
neigeux, se مُغطّى بالثلج ✲ أبيض كالثلج
nénies, *f.pl* ندب. نواح. مرثاة على نغمة محزنة
nénufar *ou* nenuphar, *m* حَوْذان
ابيض. عَرائس النيل. بشنين (نبات مائى)
néo, *pré.* سابقة معناها «حديث. جديد»
néographe مستحدث في قواعد الكتابة
néologie, *f* توليد كلمات جديدة. تجديد لغوي
néologisme, *m* إستعمال كلمات أو معان
جديدة ✲ لفظة أو مَعنىً جديد
néologue *ou* neologiste, *m* مستحدث
الألفاظ، مستعمل ألفاظ جديدة بكثرة
néophobie, *f* كره التجديد و بالأخص فى اللغة
néophyte, *n* حَديث فى ديانة أو عقيدة
néphralgie, *f* ألم كلوي. مغص كلوي
néphrétique, *a* كلوي
néphrite, *f* التهاب الكلى
Neptune, *m* إلـه البحر ✲ السيّار نبتون

nerf, *m* [نيْر] عصب ✲ وَتر
— de bœuf كرباج
avoir ses —s طلع خلقه. محتد
donner sur les —s هيج الأعصاب. ازعج
néroli, *m* عِطر أو زَيْت الزهر
nerveusement, *ad* بحالة عصبية. بحدة
nerveux, se, *a* عصَبي ✲ مزاج عَصَبي
أي سَريع الانفعال ✲ ذو أعصاب
✲ مضطرب. فى حالة عصبية (منرفس)
nervin, *n et a.m* دَواء للأعصاب
nervosité, *f* عصَبية. تهيّج عصَبي
. حالة عصبية. إنفعال
nervure, *f* زَخرَفة (فى النجارة) ✲ عَصَب أو
عِرق النبات أو الحشَرات ✲ تفرع ✲ حبا كة
(فى التجليد)
net, te خالص. صاف ✲ نقي ✲ واضح ✲ سليم
poids — الوزن الصافي (أي بدون وزن الوعاء)
montant — صافي المبلغ
nettement, *ad* صافياً ✲ جلياً ✲ سَليماً
netteté, *f* نظافة ✲ وُضوح. جلو. جلاء
nettoiement *ou* nettoyage, *m*
تَنْظِيف ✲ تنقية [نِتْوَمَن - نِتْوَيَاج]
netttoyer, *v* نظّف
nettoyeur, se, *n* مُنَظِّف
neuf, *a. num.* [نَف] تِسع. تسعة
nous sommes le — اليوم ٩ فى الشهر
neuf, ve, *a* جَديد. حَديث العهد
faire maison neuve جدّد الخدم
qu'est ce qu'il y a de —? ما الخبر. ماذا جد؟
neurasthénie, *f* ضُعْف الأعصاب
لاعتلال النخاع الشوكي ✲ كآبة. سوداء

neurasthénique, a نورستيني. سودوي
neurologie, *f* عِلْم الأعصاب
neutralisation, *f* تعادُل. حيادة. تَعْديل
neutraliser, *v* عادل ٭ جعَل على الحياد
neutralité, *f* حَياد ٭ تعادُل
neutre, *a et m* محايد ٭ لازِم
verbe — فعل لازم
neuvaine, *f* تساعية. تسعة أيام عبادة
neuvième, *a et m* تاسع
la — (classe) الفصل التاسع
neveu, *m* ابن الأخ أو ابن الأخت ٭ حَفيد
petit — ابن ابن الأخ او الأخت
névralgie, *f* ألم عَصَبي
névralgique, *a* مُختص بألم الأعصاب
névrite, *f* إلتهاب العصَب
névrologie, *f* مَبحث الأعصاب
névropathie, *f* اختلال الأعصاب
névrose, *f* إعتلال عصَبي. عصبانية
nez, *m* [نِـه] أنف
pied de — حركة إستهزاء
frotter son — تدخل فى ما لا يعنيه
ni [نـي] لا. ولا
— bon — mauvais لا طيب ولا رديء
niais, e [نيـه] عَبيط. أبله. بسيط
niaiserie, *f* بلاهة. غباوة. بساطة
niche, *f* بَيْت أو حُجْرة الكلب ٭ مَلْعُوب. مقلب للضحك ٭ تجويف أو كوة في حائط لوضع تمثال
nichée, *f* حضنة. فقسة. أفراخ طير ٭ سلالة
nicher, *v* عَشَّش. وكّر
se — *v/r* إعتزل. إنفرد
nichet, *m* بيضة القش. رَقوبة. بيضة جلب
nichoir, *m* محضن. قفص لتعشيش الطيور
nichon, *m* نهد
nickeler, *v* طلى بالنيكل أي بمعدن أبيض
nicotine, *f* نيكوتين. دخانين. خُلاصة التبغ السامّة
nid, *m* [نـي] وكر. عُش. قن
nidoreux, se, *a* منتن. معفن
nièce, *f* ابنة الأخ أو ابنة الأخت
petite — بنت ابن الأخ أو بنت بنت الأخت أو الأخ
nielle, *f* نَبات طفيلي. حَبة البركة ٭ مرَض الحميرة. آفة الحبوب. سوداء. يرقان
—, *m* حفر أو مينا سوداء على مَعْدِن
nieller, *v* حَلّى بنقش، حفر أو ميناء ٭ اتلف باليرقان
nier, *v* [نيّيه] أنكر
nigaud, e, *n et a* أبله. أهْبل. مُغفّل
nihilisme, *m* مذهب الهلست. عَدَمية
nihiliste نهلستي. عدَمي ٭ غير مؤمن بشيء
nilomètre, *m* مقياس النيل
nimbe, *m* هالة. إكليل نور
nimbus, *m* مُزنة. سحابة كبيرة قاتمة. غيمة مطر
nippe, *f* ثياب ٭ كُهنة. ثياب بالية

Nippon, *m* ياباني ⚬ اليابان
nique, *f* [نيك] إشارة سخرية. هز الرأس
faire la — هز الرأس استهزاءً
nitouche, *f* (sainte) متظاهر بالسذاجة
nitrate, *m* نترات. ملح حامض النتريك
— d'argent نترات الفضة. سائل حجر جهنم
nitrogène, *m* نتروجين. أزوت . مولد ملح البارود
nivéal, e, *a* جليدي. ينمو فى الثلج
niveau, *m* مُسْتَوى ⚬ ميزان الاستواء
— d'eau ميزان مياه. القادن المائي
— de la mer سطح البحر
à votre — عساوالك
niveler, *v* وزن. عدل. ساوى. سوى
nivellement, *m* وَزْن. تَسْوية
— de la terre تمهيد. تعبيد ⚬ تقصيب
No. (*abrév de* numero) رَقَم (نمرة)
nobiliaire, *a* شرفي. حسبي. فخري
particule — علامة الشرف
noble, *a et n* شريف. نبيل ⚬ شهم
— d'extraction مدعى الشرف. شريف مجهول
noblement بنبل. بشرف نفس. بشهامة
noblesse, *f* شرف. حسب ⚬ شهامة. نبالة
— oblige ما يقتضيه المركز
noce, *f* فرح ⚬ زَفة. عِرْس ⚬ زَواج
faire la — عمل تفريحاً. مرح ⚬ باعت عرضها
n'être pas à la — غير مبتهج
—s, *f.pl.* [نوس] زواج
— d'argent (25 ans) افراح الفضة، كل ٢٥ سنة
secondes —s ثانى زواجه
noceur, se ابن حظ. منكب عَلَى الملاهي
nocher, *m* معداوي. مركبي. رئيس مركب
nocif, ve, *a* [نوسيف] مؤذ. مضر
noctambule, *n et a* عساس. يسرح الليل
noctuelle, *f* حشرة ليلية. ابو دقيق
nocturne, *a* ليلي، يفتح أو يتجول فى الليل (كالوطواط) [نكتيرن]
—, *m* موال. قطعة موسيقية مؤثرة ⚬ صلاة الليل
nocuité, *f* أذية. مضرة. وبالة
nodosité, *f* تعقيد ⚬ عُقَد ⚬ غدة. تبزز
nodus, *m* تعجر. عقدة. تعقد
Noé, *m* نوح
Noël, *m* عيد الميلاد. عيد ولادة المسيح
nœud, *m* عقدة ⚬ ربطة الرقبة ⚬ مسافة ١ ⚬ متر أو مسافة ميل (فى الملاحة) ⚬ غُدة. تعقد. عصموصة (بز)
— coulant انشوطة. عقدة وشنيطة. ربقة
— du bois بز الخشب
noir, e, *a* اَسْوَد ⚬ داجن ⚬ سَكْرَان
ma bête —e كريهتي. جنونتي
pain — عيش سن
beurre — زبدة مسودة من السخونة
petit — فنجان قهوة
un — زنجي
— de fumée سخام. هباب
noirâtre, *a* ادكن. مائل الى السواد
noirceur, *f* سَواد. حلكة
noircir, *v* [نوارسير] سَوَّد ⚬ اسوَدّ ⚬ ثلب
noircissement, *m* تسويد
noise, *f* [نواز] خصام. خناق
chercher — جرّ شكل. عاكس

noisetier, *m* شجرة البندق
noisetite, *f* بُنْدُقة
noix, *f* [نَوْا] جوز. جَوْزَة (عين جمل) [نُوا]
— de coco جوزة الهند
gite à la — بيت الموزة. موزة (في الجزار)
un truc à la — شيء هلس
nolis, *m* نولون. أجرة نقل أو أجرة مركب
noliser, *v* أجرَّ سفينة
nom, *m* [نُنْ] اسم ☆ شهرة. صيت [نُنْ]
— propre اسم علم. اسم خاص
— commun اسم نكرة. اسم عام
— de plume اسم منتحل او مستعار للكتابة
— de guerre اسم منتحل للتنكر
— de famille لقب
nomade من أهل البادية بدوي. رَحّال
nombre, *m* عَدَد. رَقم ☆ كمية
au — de *ou* du — de في عدد. في زمرة
sans — لا يحصَى. جم
en — بكثرة ☆ في العدد المطلوب
— d'écoles عدة مدارس
— ordinal عدد مشتق. عدد ترتيبي
— abstrait عدد غير مسمى. عدد مبهم
— concret عدد مسمى. عدد اسم
nombreux, se, *a* عَديد. كثير. متعدد
nombril, *m* [نُنْبرِيّ] سُرَّة (البطن) [نُنْبرِيّ]
nomenclature, *f* فرائد اللغة. مُفردات ☆ اصطلاحات ☆ قائمة
nominal, e, *a* إسمي. بالاسم فقط
nominalement, *ad* إسمياً. إعتبارياً
nominataire, *a* مُعيَّن. مُسَمَّى
nominatif, *m* إسمي ☆ الفاعل، حالة الرفع
nomination, *f* تعيين. تسمية

nommé, e مُسَمّى. مذكور. معين. مدعو
nommer, *v* سَمّى ☆ كنى ☆ عيَّن
se —, *vp* تسمى
nommément بنوع خصوصي ☆ بتعيين الاسم
non, *ad* [نُن] لا. كلا (اداة نفي) [نُن]
— seulement ليس فقط
ni moi — plus ولا انا
non-activité, *f* إستيداع
nonagénaire, *a* تسعيني. ابن التسعين
nonce, *m* قاصِد رَسولي. وكيل البابا
nonchalament, *ad* بتهامُل. بتهاون
nonchalance, *f* تهامُل. عدَم اكتراث
nonchalant, e *a et n* متهامل. متراخ
nonciature, *f* وكالة أو سفارة باباوية
non-combattant, *n et a.m* غير محارب
non-conducteur, rice, *a* غير موَصِّل
non-exécution, *f* عدم تنفيذ
non-existance, *f* عدم. عدم وجود
non-intervention, *f* عدَم الوساطة. عدم التدخل
non-jouissance, *f* عدَم التمتع. حِرمان. عَدَم الانتفاع
non-lieu, *m* عدَم وجود وَجْه للدعوَى. صَرف النظر. انتفاء السبب
nonne, *m* راهبة ☆ نوع من العَصافير
nonobstant, *prép.* ولو. رغماً عن
— que ولو أن
nonobstant, e, *a* غير مانِع

non-payement, m عدم الدَفع. عدم ايفاء
non-recevoir, m عَدَم إستلام
fin de — دفع بعدم جواز سماع الدعوى
non-réclamation, f عدم المطالبة
non-réussite, f خَيْبة. عدَم نجاح. فشل
non-sens, m هُراء. كلام فارغ. عدم المعنى
nopal, m شَجَرة تين شوكي
nord, m et a [نُر] شمال. بَحَري
perdre le — ضَلّ
nord-est, m شمال شرقي
noria, f ساقية. ناعُورَة
normal, e, a طبيعي ◊ مُنتظم. عادي ◊ بحسب القاعدة ◊ عَمُودي. راسي
état — حالة طبيعية. حالة عادية
école — e مدرسة المعلمين
normalement طبيعيًّا. إعتياديًّا ◊ قياسيًّا
norme, f قاعِدَة. أصْل. مِقياس
nos, a. poss. لنا. يخصنا (نعت الملكية للمذكر والمؤنث)//
— livres كتبنا
nosologie, f عِلْم الأمراض
nostalgie, f آبابة ◦ الحنين الى الوطن
nostalgique ضفني. متعلّق بالحنين للوطن
notable وجيه ◊ يستحق الذكر ◊ ظاهر
les — s الأعيان. العمد
notablement على الخصوص ◊ بوجاهة
notaire, m محرر أو مُسَجِّل عُقود رسمي. كاتب او مسجّل شَرعي. مُوَثِّق [نوتِر]
par devant — على يد كاتب العقود الشرعي

notamment, ad خصوصاً. على الأخص
notarié, e محرر امام كاتب العقود الشرعي
notation, f تأشير. تعليم. رمز ◊ تلحين
note, f مذكرة. مفكِرة ◊ مَلحوظة ◊ حاشية ◊ تعليق ◊ كشف حِساب ◊ أرقام تدل على المقدرة ◊ فاتورة ◊ نوتة (موسيقى)
fausse — نشوز
changer de — غيرّ اللهجة
noter, v لاحَظ ◊ أشر ◊ أخذ مذكرة ◊ لحّن
notice, f بَيان. نَشْرة ◊ خلاصة ◊ اعلان
notification, f إعلان. تبليغ رسمي. إشعار
notifier, v [نوتيفيه] أعلَن. أبلغ. اعلم
notion, f رأي. مَعْرِفة. إطلاع ◊ مَبادئ
— s de physique مبادىء الطبيعة
notoire, a [نوتوار] مَشهور. شائع
notoriété, f شيوع. شُهْرة
notre, a poss. (pl. nos) نا. لنا
— voisine جارتنا
nôtre, pron. poss. متاعنا. تبعنا. خاصتنا
les — s اتباعنا. اهلنا
nouage, m رَبْط. عَقْد
noue, f أرض رطبة اومرعي. ارض سبخ ◊ ميزاب
— de comble مكان اجتماع أو إلتحام الجالون
noué, e, a [نوِي] مَعْقُود
enfant — طفل كسيح
nouer, v عقد. رَبط بعقدة. عمل انشوطة
— amitié اصطحب. ربط إلفة
noueux, se, a (مبزز) مُعقّد. كثير العقد.

nougat, m [نوجا] جوزية. حلاوة
nouilles, f.pl. معكرونة مبططة
. مكرونة شريط ٭ أخرق (لحمة)
nourrain, m صغار السمك يوضع في البحيرات لتنمية السمك فيها
nourri, e, a متغذ. آكل ٭ مرضع
fusillade bien —e طلقات متتابعة
logé et — مع الأكل والمسكن
nourrice, f مرضعة. حاضنة
mettre un enfant en — وضع طفل عند مرضع
les mois de — اشهر الرضاعة
nourricier, ère حلاب ٭ حاضن ٭ مقيت
nourrir, v غذى. أطعم ٭ ربى. عال
— l'espoir علل نفسه
se —, v.pr اقتات. تغذى
nourrissant, e, a مغذ
nourrisson, m رضيع. ربيب
nourriture, f قوت. غذاء. أكل. طعام
nous, pron. pers [نو] نحن
— autres اما نحن. نحن
il — a répondu رد علينا
nouvelle, a.f جديد. حديث. مستحدث
nouvel an رأس السنة
nouveau-né, e, n et a مولود حديث
nouveauté, f جدة. حداثة ٭ بدعة
. طرفة. شيء جديد [نوڤوتـ]
magasin de —s دكان الأقمشة المستحدثة
nouvelle, f خبر. نبأ ٭ رواية وجيزة
demander des —s إستفسر عن الصحة
nouvellement, ad حديثاً. منذ عهد قريب
nouvelliste, m محرر الأخبار
novale, f أرض جاهزة للزراعة أو ضريبتها
novateur, rice, n مجدد. مبتكر. مبدع
novation, f إستبدال سهم أو دين بغيره
novembre, m شهر نوفمبر. تشرين ثاني
novice, n مستجد. مبتدىء ٭ غر. غشيم
٭ بحار تحت التمرين ٭ محضر للرهبنة
noyade, f تغريق
noyau, m [نويُ] نواة
noyé, e, a et n غريق ٭ مغمور
noyer, v [نويه] أغرق. غرّق
se —, v.pr غرق
noyer, m شجرة الجوز ٭ خشب جوز
nu, e, a [نو] عار. عريان. مجرد
les nu-pieds الحفاة
—, m العراء. منظر أو صورة اشخاص عراه
nue-propriété, f رقبة. ملك الرقبة
ملك ينتفع به غير مالكه
nuage, m [نواج] سحابة. غيم ٭ غشاوة
nuageux, se مغيم. مضب ٭ عابس
nuance, f تفاوت في نفس اللون ٭ تنوع
الألوان ٭ فرق طفيف ٭ لون خفيف ٭ لون
nuancer, v ناسب. سجم ٭ نوع اللون. نمق
nubien, ne, n et a نوبي
nubecule, f سحابة على قرنية العين
nubile, a بالغ. مدرك. صالح للزواج
nubilité, f إدراك. بلوغ. قابلية الزواج
nucléus, m نواة. جزء البذرة الحي

nudisme, *m* مَذهب العُراء
nudiste, *n* تابع اومتحزب لمذهب العُراء
nudité, *f* تجرد. عراء. عُري ٭ عورة
nue, *f* [نِيُ] سَحابة. غَيم
tomber des —s إندهش. إنذهل ٭ اتى بغتة
porter qn aux nues عظمه. طلعه للسماء
nuée, *f* سَحابة ٭ فوج. سرب
une — de sauterelles رجل من الجراد
nuer, *v* ناسب أو نسّق الألوان. لوّن. نقش
nuire, *v* 3 [نُوِير] أضرّ. ضايق. أساء
nuisible, *a* مُضِر. مؤذٍ. مجحف
nuit, *f* [نُوِي] ليلة. ليل
— blanche ليلة بدون نوم. سهاد
les —s des temps في العصور الغابرة
nuitamment, *ad* ليلاً. في الليل
nul, le لا. لا احد ٭ لاغٍ. باطل. صِفر
nullement, *ad* أصلاً. أبداً. قطعاً
nullité, *f* بُطلان ٭ لا قيمة له. غير كفوء
numéraire, *a* قيمة العملة الرسمية
pierres — أعلام من الأحجار
—, *m* العُملة. النقود
numéral, e, *a* عَدَدي
numérateur, *m* بَسْط. بَسْط الكَسْر
(في الحساب) ٭ آلة الترقيم. نمّارة
le — et le dénominateur البسط والمقام
numératif, ve, *a et m* عَدَدي
numération, *f* تعداد. عدّ ٭ العدية اللفظية
numérique, *a* عَدَدي
force — قوة الكثرة. التفوق العددي
numériquement, *ad* عددياً. عدداً
numéro, *m* [نِيمِرو] رقم. عدد (نمرة)
— d'ordre رقم متسلسل
— 100 بيت الراحة
cet homme est un — هذا رجل شاذ الأطوار
numérotage où numération, *f* ترقيم
numéroter, *v* رَقّم (نمّر). عَدّ
numismate, *m* خبير بالنقود والمداليات القديمة
numismatique متعلّق بالمسكوكات القديمة
—, *f* عِلْم المسكوكات القديمة
nuncupation, *f* توريث شرعي شفهي
nuptial, e, *a* عُرْسي. زيجي. زواجي
nuque, *f* [نِيك] قفا
nutation, *f* إهتزاز الرأس ٭ اهتزاز. ميسان
nutritif, ve, *a* غذائي. مُغَذٍ. مُقيت
nutrition, *f* غِذاء. تغذية. تغذٍ
nutritivité, *f* غِذائية. القيمة الغذائية
nyctage, *m* شب الليل (نبات)
nyctale, *f* ام قويق
nyctalopie, *f* ضعف النظر في الضوء
القوي. خَفَش. العمى النهاري. جُهرة
nyctéribies, *f.pl* الحشرات الخفافيش
nymphe, *f* حُور. حُورية. جنّية
٭ حشرة حديثة. يرقة. حوراء. يسروع
nymphéacées, *f.pl* نباتات او زهور مائية. بشنينية
nymphée, *f* حوذان أبيض (نبات)
nymphomanie, *f* هَيجان الشفرين
nymphotomie, *f* طهارة. قطع الشفرين الصغيرين

O

% في المائة
oasis, *f* واحة . أرض خصبة في وسط صحراء
obéir, *v* أطاع . امتثل . اذعن
obéissance, *f* طاعة . خضوع
obéissant, e, *a* طائع . مطيع
obélisque, *m* مسلة
obérer, *v* ثقل بالديون . حمل ديونا
obèse, *a et n* مفرط السمنة . مكرش . لحيم . شحيم . بدين
obésité, *f* ربالة . كثرة السمنة
obituaire, *a.m et n* مأتمي ✡ سجل الموتى
objecter, *v* اعترض على . مانع . عارض
objectif, ve, *a* موضوعي ✡ ظاهر . مرئي
verre — العدسة المرئية . نظارة مرئية
—, *m* غرض ✡ غرضي . ناحية زجاج النظارة الموجهة للأشياء . العدسة الايجابية
objection, *f* إعتراض . مانع
objet, *m* شيء ✡ مادة . جسم ✡ موضوع ✡ مأرب ✡ هدف . مطمح الأنظار ✡ سبب
— d'art آلية فنية . تحف . نفائس
oblation, *f* تقدمة . قربان ✡ تقديم العبادة
obligataire, *n* صاحب تعهد ✡ حامل السند
obligation, *f* منة . ممنونية . مديونية ✡ واجب . فرض . تعهد ✡ سند . وثيقة
—s à lots سندات ذات فائدة محددة وجوائز
obligatoire, *a* اجباري . إلزامي 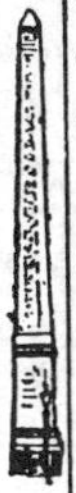
obligé, e, *a* ملزم . مرغم . مضطر ✡ ممتن . شاكر ✡ متعهد بوفاء دين
—, e, *n*
obligeance, *f* مروءة . إمتنان . شكر
obligeant, e, *a* صاحب معروف . مفضال
obliger, *v* أجبر . ألزم ✡ صنع جميلا مع . اولاه منة // فرض على نفسه
s'— *vp*
oblique, *a* مائل . منحرف . وارب . زائغ
obliquement, *ad* بميل . بانحراف
obliquer, *v* مال . انحرف . مشى بميل
oblitérateur, rice, *a* مطمس . ممح
oblitération, *f* طمس . محي ✡ (تبويظ)
obliterer, *v* طمس ✡ محا ✡ بوظ ✡ سد
— un organe أزال عضواً
oblong, ue, *a* [أبلنج] مستطيل . مطاول
obole, *f* فلس . عملة قليلة القيمة
obscène, *a* [أبسين] فاحش . قبيح
obscénité, *f* فحشاء . هجر . قباحة
obscur, e, *a* مظلم . معتم ✡ غير جلي ✡ غامض ✡ خامل الذكر [أبسكير]
obscurcir, *v* أظلم . أعتم ✡ عمى ✡ ابهم
obscurcissement إظلام (تعتيم) ✡ التباس
obscurité, *f* ظلام . دجنة ✡ غموض
— de naissance وضاعة الأصل
obsécration, *f* تضرع . طلب معونة الله
obsédant, e, *adj* [أبسدن] ملح . لحوج
obséder, *v* ضايق بالملازمة . ألح
obsèques, *f.pl* جنازة . حفلة الدفن
obséquieux, se كثير المراعاة والتزلف

obséquiosité, *f* مُسايرة. مجاملة (محاسنة)

observance, *f* مراعاة القانون أو الأوامر

observateur, rice, *n et a* مُراقب .مُلاحِظ ٭ مُرَاعٍ ٭ راصِد

observation, *f* رعاية القوانين٭ملاحظة .اعتراض ٭ مراقبة مشاهدة ٭ رصد

observatoire, *m* مَرْصَد. مَرقَب

observer, *v* رَاقَب. أَمْعَن النظر٭راعى ٭ رصد ٭ قدم ملاحظة ٭ رأى. لاحَظ

obsesseur, *m* مُلازم. مضايق بالملاحقة

obsession, *f* مُضايقة. مُلاحقة. وسوسة

obsolète, *a* مبتذَل. مَهْجُور ٭ خامِل

obstacle, *m* مانِع. عقَبة. عائق. حائل

obstétrique, *f et a* فنّ التوليد .علم القِبالة ٭ خاص بالولادة

obstination, *f* عِناد. مكابرة. تشبّث

obstiné, e, *a* عنيد. مكابر. صلب الرأي

obstinément, *ad* بعناد. بتشبث

obstiner, (s'), *v* عاند. أصرّ. كابر

obstruction, *f* إنسداد. سدّ. عائق

obstrué, e مَسْدُود

obstruer, *v* سَدّ. صدّ. منَع. عاق

obtempérer, *v* خضَع لـ. أطاع

obtenir, *v* [أُبْتِنِير] نال. بلَغ. حاز

obtention, *f* إحراز. نَيل. حصُول على

obturation, *f* سَطم. إنسداد. سَد

— des dents حشو الأسنان

obtus, e, *a* منفرج. مفتوح٭غير وَاضِح

esprit — عقل غليظ غير ثاقب

obus, *m* [أُبِيّ] قنبلة

obusier, *m* هوِن .مدفع قصير و شديد .مَدفع حصار

obvenir, *v 3* آل إلى الحكومة

obvier, *v* تدارك. تلافى. توقّ

occasion, *f* فرصة. مناسبة ٭فرصة تخفيض أثمان [أوكازيُن]

d'occasion مستعمل. غير جديد٭لقطة

à l'— عند الاقتضاء

à l'— de بمناسبة

occasionnel, le, *a* مسبب ٭ عَرَضي

occasionnellement مُصادفة. أحياناً

occasionner, *v* سَبّب. أوجَب. احدث

occident, *m* غرْب. مَغرِب٭الممالك الغربية

occidental, e, *a* غَرْبي ٭ إفرنجي

occiput, *m* قذال. مُؤَخَر الجمجمة

occire, *v* أمات. قتل

occlusion, *f* انسداد

occulte, *a* خفي. مستتر ٭ سحري

science — علم السحر والكيميا والتنجيم

occultisme, *m* علوم سرية كمخاطبة الأرواح والسحر والكيمياء وقراءة الطوالع

occupant, e, *a et n* شاغل. محتل .مُقيم ٭ وَاضع اليد أولا (في القضاء)

occupation, *f* حِرفة٭عمل. شغل ٭ إحتلال ٭ إستيلاء. وضع اليد

armée d'— جيش الاحتلال

occupé, e, *a* [أُكيبِيه] مَشْغُول

occuper, *v* شغَلَ. شغّل. ملاء٭وضع يده

— arbitrairement إغتصب // (في الحقوق)

je m'occupe de vous مهتم بأمرك

occurrence, *f* صدفة. فرصة
océan, *m* [أُشْيَن] محيط. اوقيانوس
— Pacifique المحيط الهادى
océanique. *a* محيطي. اوقيانوسي
océanographie, *f* درس البحار
ocelle, *m* عُيَيْنة (كعين الحشرات البسيطة) ✡ نقطة كالعين
ocelot, *m* قط النمر. الببر المكسيكي
ocre, *f* مغرة. قهرة. قاوه. تراب أحمر حديدي
oct, octa سابقة معناها ثمانية أو مثمن
octant, *m* آلة قياس الكواكب وتباعدها ✡ ٤٥ درجة بين كوكبين ✡ ثمن الدائرة
octave, *f* ثمانية أيام بعد العيد أو ثامن يوم ✡ اللحن الثامن او الثمانية ألحان
octobre, *m* اكتوبر. تشرين الأول
octogénaire, *n et a* ابن ثمانين
octogone, *m et a* مثمن الزوايا ✡ ذو ثمان زوايا وجوانب
octroi, *m* مكس. ضرائب بلدية. عوائد دخولية.
octroyer, *v* أنعم على. منح. اجاز
oculaire, *a* عياناً. عيني. معاينة
temoin — شاهد عيان
oculiste, *n et a* طبيب عيون
odalisque, *f* جارية ✡ من نساء الحريم
ode, *f* قصيدة. أنشودة. اغنية
odéon, *m* قاعة الطرب او الموسيق
odeur, *f* [أُدِر] رائحة
Il n'est pas en — de sainteté (وش شبهة)

odieusement, *ad* بشناعة. بمقت
odieux, se, *a* [أُدْيُ] مبغض. كريه
odomètre, *m* عداد المسافة. مقياس المسافات التي قطعت
odontalgie, *f* وجع الأسنان العصبي
odorant, e, *a* ذو رائحة. عطري. أرج
odorat, *m* [أُدورا] شم. حاسية الشم
odoriférant, e, *a* ذكي الرائحة
odyssée, *f* قصة. وقائع ✡ حوادث (هوميروس)
œil, *m* (*pl.* yeux) عين ✡ ثقب
se mettre le doigt dans l'— انغش
tourner de l'— مات
œil de perdrix, *m* كالو. عين سمكة
mauvais — لامّه. عين مصيبة بالسوء
ça crève les yeux هذا ظاهر جداً
à vue d'— بلمح البصر ✡ بالنظر
à l'— مجاناً ✡ شكك
faire de l'— (بصبص) رمق بعين الغرام
— en coulisse نظرة حب ومفاتحة. لحظ
— de-bœuf طاقة. قمرية
œillade, *f* غمزة. نظرة. لمحة. إشارة بالعين
œillère, *f* فنجان أو كأس لغسيل العين ✡ حاجب نظر الخيل الجانبي ✡ ناب
œillet, *m* [أُيِّ] قرنفل ✡ عروة
œilleton, *m* فرخ. فنن ✡ ترقيدة
œnologie, *f* مبحث في صناعة الخمر
œsophage, *m* المريء. قناة تمر فيها الأطعمة
œstre, *m* حشرة البهائم
œuf, *m* [أُف] بيضة
— mollet, *ou* — à la coque بيضة برشت
— sur le plat بيض مقلي

œuvre, f عَمَل. صُنْع ٭ تأليف [إِقْوْرْ]
bonnes --s حسنات. الأعمال المبرورة
— (d'un auteur) مؤلف. مصنف
offensant, e, a مُهين. مكدِّر [أُفَنْسَن]
offense, f إهانة. تكدير. اساءة
offenser, v أهان. جرح احساس. كدَّر
s' — vpr اغتاظ. تأثر (أخذ على خاطره)
offenseur, m مكدر. مهين. مسبب الاساءة
offensif, ve a هجومي ٭ مؤذٍ. مُهاجِم. مُزعج
offensive, f هُجوم. مُهاجمة [أُفِينْسِيف]
offerte, f, offertoire, m صلاة التقدمة
office, m واجب. فرض ٭ مكتب ٭ مركز. وظيفة ٭ خِدمة ٭ قداس صلاة.
bon — مساعدة. معاونة
d'— رأساً. من تلقاء نفسه
—, f. قِسم من البيت مخصّص للوازم الأكل. مرافق الدار.
officiant, n et a m مقدِّس. محتفل بالقداس
officiel, le, a رسمي [أُوفِيسْيِل]
officiellement, ad رسمياً
officier, v قدَّس. قام بالخدمة الدينية
officier, m ضابط ٭ مُوَظَّف [أُفِيسْيِه]
— de la légion d'honneur حامل وسام الشرف
officieux, se, a مُتعرِّض لشئون غيره (حشري) ٭ شِبْه رَسْمي
officinal, e طبي. يدخل في تركيب الأدوية
officine, f معمل الصيدليات ٭ محل التجارب العلمية
offrande, f تقدمة. قربان. كفارة
offrant, n et a.m العارض ٭ المزايد. مُقدم عطاء.
au plus — بيع بالمزاد أو بالدلالة. لأكبر عطاء
offre, f عَطاء. تقدمة. عَرْض
— réelle عرض الدين عرضاً رسمياً من المدين لدائنه
offrir, v3 عرَض. قدّم. اهدى ٭ قدّم عطاء. اعطى ثمناً. [أُفْرِير]
s'— aux regards vpr تعرض للأنظار
offusquer, v غطّى. حجّب
s'—, vpr تأثر. اغتاظ
ogive, f عقد ستيني. مثل العقد القوطي.
ogre, m, ogresse, f غُول
ohm. وحدة المقاومة الكهربائية. أُوم
oie, f [وا] اوزة. وَزّة ٭ مُغفَّل
oignon ou ognon, m بَصَل. بَصَلَة
—s verts بصل أخضر
aux petits oignons عال. جيد جداً
oindre, v3 مسح بالزيت. دَهن. ضَمخ
oing, m [وَن] شَحْم
oint, a et m مسيح. مَدْهُون. مَرْشُوم
oiseau, m عُصْفور. طائر ٭ ماعون (قارب) لحمل المونة ٭ شَخْص [وازو]
— de proie طير جارح
— domestique طير داجن
— de mauvaise augure وجه نحس
à vol d'— في خط مستقيم
oiseau-mouche, m الطائر الطنّان
oiselet, m عصفور صغير. فرخ. حمكة
oiselier, m بائع عصافير. مربي طيور

oiselierie, *f* محل بيع العصافير أو تربيتها
oiseux, se, *a* بطّال. كسول ٭ لا فائدة له
discussion oiseuse مجادلة فارغة
oisif, ve, *a* غير مُشْتَغِل. عاطِل. كسول
vie oisive عيشة بطالة
oisillon, *m* فَرْخ نَبَتَ ريشه. فروج ٭ طائر صغير
oisiveté, *f* بطالة. فضوة. فراغ
oison, *m* فرخ الأوز ٭ عديم الذكاء. عبيط
okapi, *m* حيوان كالغزال من فصيلة الزرافة
oléacées, *f.pl* الفصيلة الزيتونية اي الأشجار التي يُسْتخرج منها الزيت
oléandre, *m* دفل. نبات وَرْد الحمار
oléifère, *a* فيه زيت. يستخرج منه زيت
olfaction, *f* شمّ. حاسّة الشم
oliban, *m* لُبان. (لادن). كندر
oligarchie, *f* دولة إستئثار. حكومة بعض الخاصة
oligiste, *m et a* اكسيد الحديد الطبيعي
olivaie, *f* حقل أشجار الزيتون
olivaire, *a* زيتوني
olivâtre, *ou* **olivaté, e** لون زيتوني. ضارب للزيتوني
olive, *f* زيتون. زيتونة ٭ لون زيتوني
oliverie, *f* معصرة. معصرة الزيتون
olivier, *m* شجرة الزيتون [أوليفيه ®]
branche d'— غصن زيتون (وهو رمز السلام)
ollaire, *a* حجر ليّن. حجر طري

olographe, *a* وصيّة محررة بخط الموصي
olympiade, *f* مدّة أربع سنين بين حفلات الألعاب الاولمبية عند اليونان قديماً
olympique اولمبي، نسبة الى الألعاب الاولمبية
ombilic, *m* سرة. سرة البطن
ombrage, *m* ظِل. فيء ٭ ريبة
ombragé, e, *a* مُظال. ظليل
ombrager, *v* ظلّل ٭ عتّم ٭ ستر
ombrageux, se, *a* جبان. هلع ٭ شكاك. متريب ٭ جفول [أُمبْراجِه ®]
ombre, *f* ظِل ٭ شبح. خيال ٭ كنف
—s chinoises خيال الظل. الفانوس السحري
mettre un voleur à l'— حبس لص
ombré, e, *a* مُظلّل
ombrelle, *f* مِظلة. شمسية
ombrer, *v* اعطى الظل لصورة. ظلّل
ombreux, se, *a* مُظِل ٭ ظليل
ombromanie, *f* تشبيح. عمل أشباح بظل اليد
omelette, *f* عجة. عُجّة البيض
— baveuse عجة لينة
omettre, *v* 3 ترك. نسي. أهمل. اغفل
omission, *f* سهو. نسيان. غفل. إسقاط
omnibus, *m* امنوبيس سيارة عامة. عامة
train — قطار لام (قشاش) يقف في جميع المحطات
omnipotent, e, *a* كلي القدرة والسلطة
omniscience, *f* العلم بكل امر. المعرفة الكلية المنسوبة لله

omnivore يأكل من كل شيء أي النبات واللحم
omophage, n et a آكل اللحمة النيئة
omoplate, f عَظْم الكتف. عَظْم اللوح
on, pro. [أَنْ] هم ضمير الغائب المجهول
dit يقال
dit — على ما يقال
onagre, m حمار بري. حمار الوحْش
once, f أوقية ٭ مقدار صغير ٭ شناري ، نوع صغير من الفهد
oncial, e, a همايوني. خط همايوني
oncle, m عم او خال ٭ مُسَلِّف على رَهْن
— paternel عم [أنْكل]
— maternel خال
Oncle Sam رَمْز الأمة الأمريكية
onction, f مَسْح ٭ مُسْحة ٭ دهان. مروخ
extrème — المسحة بالزيت أو المناولة قبل الموت
onctueux, se, a دُهْني ٭ مَرهمي ٭ مُؤَثِّر
onctuosité, f ملمس دُهني، دهنية
ondatra, m فأرة الزبد
onde, f [أنْد] مَوْجة ٭ الماء
— s courtes أمواج قصيرة (فى اللاسلكي)
ondée, f زخة. (رخه). شؤبوب. مطر خفيف
ondin, e, n جنية الماء
ondoiement تموج. تماوج ٭ العماد الوقتي
ondoyant, e, a متماوج. متموج ٭ متخطر
ondoyer, v ماج. ماس ٭ رشم الطفل
ondulation, f [أُنْدِيلاسيون] تموج. تماوج
— de cheveux تمويج الشعر
ondulatoire تموجي. موجي (فى الطبيعيات)
ondulé, e, a مموج. متموج. مائج ٭ مدرج
onduler, v [أونديلِه] موّج ٭ جعّد
onduleux, se, a مموج
onéraire, a قائم بعمل اي متحمل أعبائه
onéreux, se, a باهظ. مكلف ٭ ثقيل. متعب
à titre — بعوض. بمقابل
onglade, f الظفر الداخل في اللحم
ongle, m [أنْجل] ظُفْر ٭ حافِر
—s en deuil اظافر قذرة
—incarné. ظفر داخل فى اللحم
onglée, f تثلج الأصابع من البرد
onglet, m قطعة قماش او ورق مخاطة في كتاب لتثبيت صحائف إضافية ٭ حُفرة في سلاح مطواة أو موس لتسهيل فتحه
onguent, m مرهم. دهان. مروخ
ongulé, e, a حافري. ذو حافر
onomatologie, f علم الاسماء
onomatopée, f موافقة اللفظة للجنس المسمّى بها أي تسميته بحسب صوته. لفظ الصوت (مثلاً glouglou لتدفق الماء)
ontologie, f علم الكائنات وحقيقتها
onyx جزْع معرّق. عقيق يماني (حجر كريم)
onze, a احد عشر. احدى عشر
— cent ألف ومائة
—, m, le — du mois اليوم الحادي عشر
onzième, a et n الحادي عشر
oolithe, m الكلس البطارخي
opacité, f غباشة. كثافة. عدم شفافة
opale, f عين الهر. حجر كريم كثير الألوان

opalin, e لبني اللون.متألق على ألوان حجر عين الهر
opaque, a غير شفـاف. كثيف. غـبش
opéra, m مسرح الأوبر االتمثيل بالغناء ✿ رواية (مأساة) ملحنة
opérateur, m جرّاح ✿ القائم بالعمل
opération, f عملية ✿ عمل. إجراء
— chirurgicale جراحة. عملية جراحية
opératoire عملي. طريقة العمل (في الجراحة)
opéré, e, a مَعْمُول له عملية ✿ أُجري
opérer, v عمل عملية ✿صنع. فعل ✿ أثّر
s'—, vp حدث. تم. جرى. حصل
operette, f رواية (غير مفجعة) .ملحنة أو نصف ملحنة [اوپيرِت]
opes, m طاقة الجسر. حفرة في حائط لادخال عمود خشب أو سندة الصقالة
ophidien, ne, a متعلق بالأفاعي أويشابهها
—s, m.pl. طائفة الحيات عموماً
ophtalmie, f رمد. إلتهاب العين
ophtalmique, a رمدي ✿ مختص بالعين
ophtalmologie, f طب العيون
opiacé, e, a افيوني. محتو على افيون
opiat, m مستحضر أو معجون أفيوني ✿ معجون. لعوق
opimes, a f.pl غنم عظيم ✿ جثة قائد الأعداء
opiner, v إرتأى. أعطى رأيه
opiniâtre, a عنيد ✿ عضال ✿ لجوج
opiniâtreté, f عناد. تشبث. مكابرة

opinion, f [اوپينيُن] رأي. فكر
opium, m أفيون. صمغ الخشخاش
opothérapie, f العلاج بملخص أعضاء حيوانية
opportun, e, a في الوقت المناسب. في محله
opportunément بمناسبة. في وقته أو محله
opportunisme إنتهاز الفرص أو تحينها
opportuniste مداور. نفعي. مغتنم الفرص
opportunité, f ملاءمة. مناسبة. فرصة
opposé, e, a et m مضاد. ضد ✿ نقيض ✿ عكس ✿ مقابل.
opposer, v عارض. قاوم ✿ قابل. واجه
s'—, vp تصدّى. خالف. اعترض
opposite, m معاكس. مضاد
à l'— امام. تجاه. ازاء
opposition, f إستقبال (في الفلك) ✿ حجز ✿ معارضة. مقاومة. اعتراض ✿ تقابل. تضاد
il a mis — au paiement إعترض على الدفع
oppresser, v ضايق. ضيّق على ✿ جار
oppresseur, m ظالم. جائر. طاغ
oppressif, ve, a جوري. عسفي
oppression, f جور. ظلم ✿ حصر ✿ عسر ✿ ضيق نفس أو ضيق صدر.
opprimé, e, a et n مظلوم. مسيم
opprimer, v ظلم. جار. اعتسف ✿ ضايق
opprobre, m عار. فضيحة. خزي
optatif, ve, a إختياري. يدل على الرغبة
—, m صيغة التمني

opter, *v* إختار. إنتخب
opticien, *m* نظاراتي. بائع أو صانع الآلات البصرية ¤ عارف بعلم النظر
optime, *a* في غاية الجودة
optimisme, *m* تيمن. تفاؤل بالخير
optimiste, *n et a* متفائل. مستبشر. يحسن الظن بسير الأمور ¤ تفاؤلي
option, *f* إختيار ¤ حق الخيار ¤ عطاء
optique, *a* بصري. نظري ¤ عيني
—, *f* [اوپتيك] علم البصر أو الضوء
opulence, *f* يسر. رغد العيش. سعة
opulent, e, *a* موسر. صاحب ثروة
opuscule, *m* نبذة. رسالة. كراسة
or, *m* [أر] ذهب
une pièce d'— عملة ذهبية. قطعة نقود ذهبية
une affaire d'— مسألة رابحة
fil d'— قصب ذهبي. خيط قصبي. خيط ذهب
paillettes d'— تبر
— fin فضة مذهبة
or, *conj* والحالة هذه. بما أن. الا أن
oracle, *m* وحي. هاتف. إعلان الآلهة ¤ صاحب الوحي أو الوسيط ¤ حكيم. علام ¤ محراب
orage, *m* عاصفة. زوبعة ¤ هيجان
orageux, se, *a* عاصف. زوبعي ¤ هائج. صخب. عجاج [اوراجه]
oraison, *f* دعاء. صلاة ¤ خطبة. مقال
— funèbre تأبين. مرثاة. رثاء
oral, e, *a* شفهي. لفظي ¤ مختص بالفم
orange, *f* [اورنج] برتقالة. برتقال
— amère نارنج. نارنجة
eau de fleur d'— *ou* d'oranger ماء الزهر
—, *m et a* اللون البرتقالي
orangeade, *f* شراب عصير البرتقال
orangeat, *m* [اورنجا] مربى البرتقال
oranger, *m* [اورنجه] شجرة البرتقال
orang-outan, *ou* ourang-outang, *m* (*pl*. orangs-outans) اورانجوتن. رباح. قرد كبير بدون ذنب
orateur, *m* [اوراتر] خطيب
oratoire, *a* خطابي. متعلق بالخطابة أو الخطيب
—, *m* مصلى. مسجد. زاوية الصلاة
orbe, *m* فلك. مدار. خطة سير الكواكب في دورانها ¤ كرة
—, *a* حائط بدون نوافذ أو فتحات
coup — لطمة شديدة لا تترك أثر
orbicole, *a* منتشر في كافة أنحاء المعمورة
orbite, *f* محجر. حجاج أي تجويف العين ¤ مدار (في الفلك)
orchestral, e, *a* مختص بتخت موسيقى
orchestration, *f* ترتيب آلات الموسيقى بحسب الألحان
orchestre, *m* جوقة أو تخت موسيقى
— de nations مجمع الامم
fauteuil d'— مقعد قريب للموسيقى
orchestrer, *v* رتب قطعة موسيقية حتى تلعبها الجوقة بمختلف آلاتها
orchidées, *f.pl* نباتات الفصيلة السحلبية
une orchidée زراوندة. نبات السحلب

orchite, *f* اِلتهاب الخصي

ordinaire, *a* عادي. عمومي. دارج ✡ ردي‌ء. بذي‌ء [أُرْدِينِير]

—, *m* (de la table) المائدة العادية أو الطعام العادي ✡ المعتاد

ordinairement اعتيادياً. غالباً. عادةً

ordinal, e صِفَة أو عدد ترتيبي (مثل اول)

ordination, *f* رسم. اعطاء الدرجات الاكليريكية. تنصيب

ordonnance, *f* ترتيب. نظام ✡ أمر ✡ تذكرة طبية ✡ امر احالة الأخصام على المحكمة ✡ مراسلة. جندي في خدمة ضابط كبير

officier d'— ضابط مواصلة. ياور القائد

ordonnancer, *v* أمر أو أذن بدفع مبلغ

ordonnateur, rice, *n* مدبر. مرتب ✡ آمر // امر بصرف مبلغ

— d'une somme

ordonné, e, *a* منظم. مرتب ✡ مأمور به

ordonner, *v* رتّب. نظّم ✡ رسم. رقّى إلى الدرجات الكهنوتية ✡ امر بالدفع ✡ تصرف

ordre, *m* ترتيب ✡ نظام ✡ نسق ✡ أمر. طلب ✡ طبقة. هيئة ✡ طغمة ✡ رسم. تكريس

billet à — سند تحت الاذن. كمبيالة

mot d'— سر الليل. كلمة التعارف

— du jour موضع البحث

porter un militaire à l'— du jour الثناء على عسكري علناً

bâtonnier de l'— نقيب المحامين

troubler l'— احدث شغباً. اخلّ بالنظام

de premier — من أول درجة

— religieux رهبانية. طائفة دينية

ordurier, ère, *a* مفحش. بذي‌ء

orée, *f* حافة. تخم

oreille, *f* أذن ✡ سمع ✡ طية في صحيفة كتاب

— de charrue ريشة المحراث. جناح السكة

— d'âne طرطور من ورق

se faire tirer l'— قبل بتغصب أو بصعوبة

oreiller, *m* مخدة سرير. وسادة

oreillons, *m.pl* ورم أو التهاب نكفي. ابو كعيب [اورِيُّن]

orémus, *m* دعاء للصلاة ✡ صلاة

ores, ors *ou* ore, *ad* في الحال

d'ore et déjà من الآن

orfèvre, *m* ذهبي أو فضي ✡ صانع أو بائع فضيات أو مصوغات ✡ صائغ

orfèvrerie, *f* صياغة ✡ مصوغات. أوانٍ من معادن ثمينة وتجارتها

orfraie, *f* عقاب بحري. انوق

organe, *m* عضو. جارحة ✡ صوت ✡ آلة. وسيلة ✡ جريدة [اورجان]

organique, *a* عضوي. آلي ✡ أساس نظامي

loi — قانون. نظام أساسي [اورجانيك]

organisateur, rice, *n et a* منظِّم

organisation, *f* ترتيب. تشكيل ✡ نِظام ✡ تنظيم ✡ هيئة. جمعية

organisé, e, *a* مرتب. منظّم

organiser, *v* رتب. دبر. نظّم ✡ أوجد

s'—, *vp* إنتظم

organisme, *m* مجموع أعضاء. الجسد ✡ تركيب. بنية ✡ هيئة. جسم

organiste, *n* عازف على الارغن

orgasme, *m* تلبيه عضوي. تهيج

orge, *f* [أُرْجْ] شعير

orgeat, *m* شراب أو مستحلب اللوز أو الشعير
orgelet, *m* شحاذ العين. شعيرة. دمل الجفن
orgie, *f* افراط في السكر والأكل والشهوات. لهوٌ خليع [أُرْجِي]
orgue, (*m.* au *s.* et *f.* au *pl.*) أرغن • آلة طرب هوائية شكلها كالبيانو [أُرْج]
— de Barberie ارغن نقالى يدار بذراع محرك
orgueil, *m* كبرياء. تشامخ. اعجاب النفس
orgueilleux, se, *a* متكبر. متشامخ
orient, *m* شرق. مَشْرِق ¤ البلاد الشرقية
Extrème Orient الشرق الأقصى كالهند والصين
Proche — الشرق الأدنى (كفلسطين والشام)
le Grand — محفل الشرق الأعظم (الماسوني)
— des perles لمعان اللآلئ
oriental, e, *a et n* شرقي [أُرْيَنْتَال]
orientaliser, *v* عوّد على طباع الشرقيين
orientalisme, *m* عادات الشرقيين ¤ ما يتعلق بالشرق من عادات ومعارف
orientaliste, *m* مستشرق. عالم بأحوال الشرق وعلومه ¤ متضلع في اللغات الشرقية
orientation, *f* الاتجاه نحو الشرق. معرفة القبلة ¤ اهتداء أو تعرف الطريق أو وجهة السير ¤ توجيه القلوع إلى الريح
orienter, *v* وَجَّه ¤ هدى. ارشد ¤ عرّض القلوع للريح ¤ وَاجه الشرق
s'—, *vpr* اهتدى ¤ تعرف جهة الشرق
orifice, *m* فتحة. فوهة
oriflamme, *f* عَلَم. رَاية
originaire, *a et n* أصْلُه من. آتٍ أو متأتٍ من. منتسب إلى
original, e, *a* أصلي، مُبْتَكر
—, e, *n* غريب. مخالف المألوف. شخص شاذ الأطوار. فُوَيت
—, *m* أصل. نسخة أو نص أصلي. مسودة
originalité, *f* شذوذ. خروج عن القياس ¤ أصل. أصلية ¤ إبتكار. طَرَافَة
origine, *f* أصل. منشأ ¤ نسب
dès l'— منذ البدء
originel, le, *a* أصلي. بدئي. فطري
péché — الخطيئة الأصلية
orillon, *m* ريشة المحراث ¤ مقبض
oripeau, *m* صفائح نحاس لامعة كالذهب ¤ قصب كذاب. خيوط معدنية برّاقة ¤ نسيج مزركش بالبهرجان ¤ (ترتر) ¤ بهرجان ¤ أثواب بالية [أُورِيپُو]
orle, *m* خوصة. خط بارز في تاج العَمُود ¤ دائرة فوهة بركان
orme, *m* شجرة الدردار. شجرة كبيرة مظللة
ornement, *m* زينة. حِلية. زُخرف
ornemental, e زخرفي. متعلق بالزخرفة لأجل الزينة
plante — نبات زينة
ornementation, *f* ترويق. زخرفة
ornementer, orner, *v* حلّى. زخرف
ornière, *f* جُرة. أثر مرور دُولاب العربة في الأرض. اخدود
l' — de la routine اتباع العادة
ornithologie, *f* عِلم الطيور
orphelin, e, *n* يتيم [أورْفلَن]
orphelinat مأوى الأيتام. ملجأ اليتامى
orphéon, *m* جمعية غناء

orpiment *ou* **orpin**, *m* رَهج باصفر
orque, *f* دلفين. درفيل
orseille, *f* طحلب او شيبة الصباغة
orteil, *m* اصبع الرِّجْل ٭ إبهام القدم
gros — إبهام الرجل
ortho سابقة معناها« مستقيم. قويم»
orthodoxe, *a* صحيح المعتقد. ارثوذكسي ٭ مستقيم الرأي
—, *n* ارثوذكسي. تابع المذهب الارثوذكسي
orthodoxie, *f* ارثوذكسية. استقامة الرأي في الديانة [أُرتودُكْسِي]
orthoépie, *f* ضبط اللفظ أي نطق مفردات اللغة
orthogonal, e عمودي. عمادي. رأسي
orthographe, *f* تهجئة. ضبط الكتابة اي التهجئة. ضبط طريقة تركيب الكلمات
orthographique كتابي. املائي. هجائي ٭ عامودي ٭ واجهي [أُرتوجرافِيك]
orthologie, *f* فن ضبط الكلام. متن في النحو
orthopédie, *f* فن تقويم الاعوجاج أو معالجة العاهات (في الجراحة)
orthopédiste, *a et n* طبيب يتعاطى فن تقويم الاعوجاج. جرّاح مجبر
ortie, *f* انجرة. حشيشة القراص ٭ نجيرة مشوكة
ortolan, *m* بلبل الشعير. عصفور صغير سمين
orvale, *f* مريمية (نبات)
orvet, *m* ثعبان غير سام
orviétan, *m* ترياق ٭ عقاقير الدجالين
oryctologie, *f* مبحث الفحريات
os, *m* [أُس] عَظمة. عَظم
oscillation خطران. تراوح (مرجحة)
osciller, *v* خطر. تراوح. تذبذب
osé, e, *a* جري. جسور
oseille, *f* حمّاض. (حميض) .نبات حامض ٭ نقود [أُزَي]
oser, *v* [أُزِ] تجاسر. تجرأ على. أقدم على
oseraie, *f* مكان ينمو فيه الصفصاف
osier, *m* صفصاف. خيزران. عيدان لصنع السلال وماشابه // كرسي خيزران
chaise en —
ossature, *f* هيكل العظام ٭ هيكل
osseine, *f* الغشاء الهلامي في العظم
osselet, *m* عظم صغير. عُظَيْمَة ٭ كعب. لعبة العاشق
ossements, *m* عظام الميت. مجموعة عظام
osseux, se, *a* عظمي ٭ ضخم العظام
ossuaire, *m* محل يجمع فيه عظام الموتى ٭ مستودع عظام
ostensible, *a* ظاهر للعيان. جلي. باد
ostensoir معرض وشعاع القربان المقدس
ostentation, *f* تباه. مفاخرة. تظاهر
ostéologie, *f* عِلم العظام وتركيبها ووظيفتها
ostéomalacie, *f* مرض إرتخاء العظام
ostracé, e, *a* محاري. من الحيوانات الصدفية
ostriculture, *f* تربية المحار
otage, *m* رهينة حربية
otalgie, *f* ألم أذني
otarie, *f* قندس. كلب البحر 
ôter, *v* نزع. رفع

otite, *f* إلتهاب الاذن.نوع من الحشرات
ottoman, e, *n et a* عُثماني
ou, *conj* [أُو] أو.إما.أم
où, *ad* [أُو] أين.أنّى.حيثما.إلى أين
d'— il suit وعليه.يستنتج من ذلك
ouaille, *f* نعجة.شاة ٭ رعية
ouate, *f* [وات] قطن مندوف
ouater, *v* حشا أو بطن بالقطن أو الصوف المندوف
oubli, *m* نِسْيان.سَهْو
oublie, *f* ـــ حلاوة مبرومة . فَطير كالقرطاس.
oublier, *v* نسي.سهى.سلا
oubliettes, *f.pl* جُب.مطبق . سجن تحت الأرض أو مظلم.
oublieux, se, *a* كثير النسيان
ouest, *m* [وِستْ] غَرْب.مَغْرِب
oui, *part, affirm.* (أَيْوَه) نعم.أجل.
oui-dire, *m* إشاعة بالسمع.نقولات
ouïe, *f* السَّمع.حاسة السمع
ouïes, *f.pl* خيشوم.خياشيم السمك.نخشوش
ouïr, *v* سمع ٭ إستجاب.قبل
ouistiti, *m* قِرْد صَغير طَويل الذنب
ouragan, *m* زوبعة.عاصفة شديدة.أعصار
ourdir, *v* مَد خُيوط النسيج.نسج . حاك.أسدى ٭ دس.هيأ شراً.
ourler, *v* كفف.كفّ.خاط حاشية الثوب
ourlet, *m* كفافة.هُدب.حاشية.كفافة . خياطة حاشية الثوب. [أورلِه]

ours, *m* [أُورْس] دُب
— mal léché رجل فظ.سيء الخلق
il vit comme un — يعيش في وحدة
ourse, دُبّة
oursin, *m* ريقسا.توتيا أو قنفذ البحر
ourson, *m* جبيس.دب صغير.جرو الدب
outarde, *f* حباري حُبرج (طائر)
outil, *m* [أُوتِي] أداة.عُدة.آلة
outillage, *m* مجموع آلات أو أدوات
outillé, e, *a* مُستعد.كامل العُدَد
outillement, *m* تدويد بالعدد.تطقيم
outiller, *v* جهَّز بالآلات
outrage, *m* [أُوتْراج] اهانة.هَتك
outrageant, e مهين.شائن
outrager, *v* اهان.رَذل.شان
outrageux, se, *a* مهين
outrance, *f* افراط.خروج عن الحد
à — بافراط.بمنتهى الطاقة.للغاية
outre, *f* [أُوتْر] قِرْبة.جِلف
outre, *prép* غير.زيادة.عدا.فضلا عن
passer — صرف النظر عن
outré, e مُفرط.متجاوز الحد٭مقهور.متاز
outrecuidance, *f* تعجرف.تشامُخ
outremer, *m* لون ازرق سماوي.لازورد
outre-mer, *lc.ad* ما وَراء البحار
outrepasser, *v* تجاوز.جاوز.فات الحد
outrer, *v* بالغ.تجاوَز الحد
outsider, *m* غير منتظر رِبحه
ouvert, e, *a* [أُوڤِر] مَفتوح

ouvertement, *ad* علانيةً. بالمفتوح
ouverture, *f* إفتتاح. فتح ٭ فتحة. مَنْفَذ
ouvrable (jour —) يوم عمل
ouvrage, *m* عمل. شغل٭ صناعة ٭ تأليف
. تصنيف ٭ قطعة مصنوعة [اُوڤراج]
— type استحكامات // مُصَنَّف
sac à — كيس لاشغال الابرة كالتطريز وماشابه
ouvragé, e *ou* ouvré, *a* مَشْغُول
(غير خام) ٭ كثير الرسوم (غير سادة)
ouvreur, se, *n* مُرْشِد. من يُجلس
الناس في المسارح وما شابه ٭ فاتح
ouvrier, ère, *m* عامل. فاعل. صانع
ouvrir, *v3* [اُوڤرير] فتح. افتتح
ouvroir, *m* [اُوڤرْوار] مَشْغَل
ovaire, *m* المبيض ٭ عضو التأنيث في النبات
ovale, *a* بَيْضي. بَيْضَويّ ٭ اهليلجي.
ovariotomie استئصال المبيض (في الجراحة)
ovarite, *f* التهاب المبيض
ovation, *f* إحتفاء. ترحيب. إستقبال
[اُڤاسيون] باظهار الابتهاج
ove, *m* حلية على شكل بيضة (في زخرفة البناء)
ovides, *m.pl.* فصيلة الغنم
ovine, *f* غنمي. ضاني. جنس الغنم
ovipore, *n et a* بَيوض. تلد بفقس بيضها
ovoïde, *a* بيضي الشكل
ovule, *m* بويضة. جرثومة البذرة. بُذَيْرَة
oxydable, *a* قابل التأكسد. يتأكسد
oxyde, *m* أكسيد ٭ صَدأ
oxyder, (s') صدى، علاه الصدأ. صدئ
oxygène, *m* اوكسيجين أو غاز الاكسيجين
. أصل الحوامض. احدى مولدى الماء والهواء
oxygone ذو زوايا حادة. مثلث حاد الزوايا
oxyphonie, *f* (صرصعة) حِدّة الصوت
ozène, *m* نتانة الأنف من قرحة
ozonateur, *m* آلة لتنظيف الهواء
بتشبيعه بالاوزون

P

pacage, *m* مَرْعى
pachyderme, *a* غليظ الجلد
—s, *m.pl* الحيوانات الصفيقة الجلد كالفيل
pacificateur, rice, *n et a* صانع
السلام. مُصالح
pacification, *f* تهدئة ٭ اعادة السّلام
pacifier, *v* هَدأ. سكّن ٭ أصلح بين
٭ أعاد الأمن. نشر السلم
pacifique هادئ. ساكن ٭ سلمي
. مُسالم ٭ محب السلام [پاسيفيك]
possesseur — واضع اليد بدون منازعة
pacifiquement سلمياً. بسلام. بسكينة
pacotille, *f* سلعة دنيئة أو قليلة القيمة
٭ ما أخذه معه المسافر أو النوتي من بضاعة
pacquage, *m* تستيف السمك في البراميل
pacte, *m* ميثاق. إتفاق. مُعاهدة. عهد
pactiser, *v* حالف. عاهد. عمل ميثاقاً
pagaïe, *ou* pagaille لهوجة. استعجال
en pagaye بدون ترتيب. بلهوجة او هرولة

paganisme, m عبادة الأوثان. وثنية
page, f [پاچ] صفحة. وجه. صحيفة
être à la — عالم بالشيء (مدردح)
—, m غلام نبيل خادم أو وصيف ملك أو أمير
pagination, f ترقيم. تنمير صفحات
paginer, v رقّم. (نمّر). صفّح
pagne, m تنّورة. فوطة. ازار
pagode, f معبد هندي أو صيني
paie, f, V. paye راتب
paiement, m دفعة ◦ دفع. وفاء. إداء
païen, ne, a et n وثني. أمي
paillard, e وضيع. على البلاطه ◦ فاجر
paillasse, f فرشة من قش أو تبن ◦ مهرج
paillasson, m ممسحة الأقدام
حصيرة العتبة ◦ حصير [پيّاسّن]
paille, f قش. تبن ◦ خلة أو فرجة في معدن
homme de — رجل مسخر. رجل بدون قيمة أو
chapeau de — شرف// قبعة من الخوص
sur la — في فقر مدقع
feu de — نار الهشيم. نار سريعة الانطفاء
pailler, m شونة تبن ◦ عرمة تبن
pailler, v كسى بالتبن
— une chaise كسى كرسياً بالقش
pailleté, e, a مشغول بالترتر
paillette, f تبر الأنهر ◦ ترترة. قطع صغيرة
من معدن أو زجاج تلصق على القماش
pailleur, se, n تبّان (علاّف)
◦ كاسي الكراسي
pailleux, se, a ذو خال ◦ تبني
paillon, m ترترة ◦ غطاء كيس قش للزجاجة
◦ حلقة سلسلة نحاس ◦ فويه. نحاس ملون
ومصقول يستعمل في الجواهر التقليد
pain, m [پَن] خبز. عيش ◦ رغيف
— à cacheter برشام للختم
— de sucre ou savon قالب سكر أو صابون
pair, esse, n (سابقاً) عظيم. عين. نائب
◦ عضو مجلس اللوردات في انكلترا
les —s ecclésiastique أعيان القسس
pair, e, a [پير] زوجي. مزدوج. شفع
— et impair زوج وفرد
—, m ند. قرين. مثيل
sans — بدون مثيل
il est hors du — فاق أقرانه
de — سواء. بالتساوي
aller de — اقترن
au — بالسعر الأصلي
au dessus du — زائد عن القيمة الأصلية
paire, f [پير] زوج (جوز) ◦ شفع
— de pigeons زوج حمام ◦ حمامتان
une — d'amis صديقان
le deux font la — وافق شن طبقاً
une — de ciseaux مقص
paisible, a هادىء. ساكن ◦ مسالم
paisiblement, ad بسكون. بهدوء
paisson, f رعي المواشي ◦ ما ترعاه المواشي
كالبرسيم والحشيش
paître, v3 رعى ◦ أرعى
envoyer — طرد
paix, f [پِه] سلام ◦ صلح. سلم
pal, m خازوق ◦ سنبك ◦ فاصل ◦ مضرب
palabre, f خطابة بحركات
palace, m فندق فخم. لوكاندة درجة أولى
paladin, m رجل ذو نخوة. شهم ◦ جوّال

palais, *m* قصر. سَراي ٭ سقف الحلق ٭ حاسية الذوق [پالِـ]
— de justice دار المحكمة. العدلية
style de — إنشاء أو اسلوب المحاكم
palan, *m* عيّار. بلنكو (عفريتة)
palangre, *ou* palancre, *f* حبل السنار
palanque, *f* متراس خشب
palanquin, *m* مِحَفّة. هَوْدَج (تختروان)
palastre, *ou* palâtre ظرف الـكيلون
palatal, e, *a* حلقي، حروف حنكية أو شجرية. مثل ش
palatin, e, *a* شَريف تابع للبلاط الملكي
palatinat, *m* منصب الشريف فى البلاط ٭ ولاية. اقطاعية
palatine, *f* بليرنية. شال فَرْو للكتف
pale, *f* بوابة الحوض أو السد ٭ كفة أو سيف المقذاف أي الجزء الذى ينغمس فى الماء
pâle, *a* شاحِب أو ممتقع اللون ٭ مصفر
vert — أخضر فاتح أو فاقع
palée, *f* بناء على خوازيق
palefrenier, *m* سايس. خادم الخيل
palefroi, *m* حِصان ركوب فى المواكب
paléographie, *f* فن معرفة الكتابة القديمة
paléolithique مختص بالعصر الحجري
paléontologie, *f* عِلم الحيوانات والأشجار القديمة المتحجرة
Palestine, *f* فلسطين [پالِسْتِين]
palestre, *f* ميدان أو مدرسة الألعاب الرياضية ٭ مصارعة

palet, *m* نَـبلٌ. قرص معدني أو حجري للرماية ٭ لعبة الظث
paletot, *m* بالطو. مِعْطف
palette, *f* لوحة ألوان المصور ٭ طاسة ٭ أجنحة دولاب السفينة أو الطاحونة

palétuvier, *m* أم الشعور (شجرة)
pâleur, *f* صُفرة. إصفرار اللون. شحوب
palier, *m* بسطة. صحن السلم أو الدرج
palimpseste, *m* طلس. رَق عتيق
palingénésie, *f* إسترداد الحياة ٭ تجدد
palinodie, *f* إستدراك. رجوع عن قول
pâlir, *v* اصفرّ. شحب لونه. اُمتـقِـع
palis, *m* سِياج أو حاجز من أوتاد اي مخازق. حسيكة ٭ خوازيق الحواجز
palissade, *m* سياج من أوتاد. حائط من مخازق (خوازيق). سور خشبي
palissage, *m* شحط. ربط الفروع على حائط
palissandre, *m* باليسندر. خشب أسود
palladium, *m* مَعْدِن أبيض ٭ ملاذ. حِرْز الأمان [پالاديوم]
palliatif, ve, *a* ذو تأثير وقتي أو غير كامل
—, *m* مسكِن وقتي. شفاء جزئي
palliation, *f* تمويه. ستر ٭ تسكين وقتي
pallier, *v* مَوَّه. أخفَى ٭ سكّن. خفّف
pallium, *m* طيلسان المطارنة
palmaire, *a* راحي. كفي

palmarès, *m* كشف الجوائز
palmature, *f* إلتحام الأصابع
palme, *f* سعفة . جريدة . خوص . غصن نخل
remporter la — حاز قصب السبق . فاز
—s académiques أوسمة أوجوائز للكتاب أو العلماء
palme, *m* شبر
palmé, e, *a* كفي . على شكل يد مفتوحة
pied — قدم غشائي أو مكفف (كرجل الاوز)
palmette, *f* تعريشة ☼ بهزرة . عضيدة ☼ خوصة
palmier, *m* نخلة . نخيل
palmipèdes, *m.pl* ذوغشائي بين أصابع . مكفف الأصابع
palmiste, *m* نخلة قزعة ☼ فوفل ☼ شحرور ☼ فار النخيل
palmite, *m* جمار . قلب شجرة النخل
palombe *ou* palone, *f* حمام بري
palonnier, *m* عارضة الجرار (في العربة)
palot, te كامد . متغير اللون . مصفر قليلا
palpable, *a* محسوس
palpation, *f* جس . لمس . مس
palpe, *f* شوارب
palper, *v* [پَلپِـ⊙] لمس . جس
— de l'argent قبض نقوداً
palpitant, e, *a* خافق . مرتجف . مختلج
palpitation, *f* خفقان . اختلاج
palpiter, *v* خفق . اختلج . تبعرص
paludéen, ne مستنقعي . بركي . بطائحي
paludier, *m* زراع المستنقعات

palustre, *a* مستنقعي . بطائحي
pamé, e, *a* مغشى عليه (مسخسخ)
pâmer, se, *vn* غشي عليه . اغمي عليه
pâmoison, *f* [پاموازُن] إغماء . غشيان
pampa, *f* روضة . براري جنوب أمريكا
pampe, *f* ورق القمح والشعير
pamphlet, *m* رسالة هجو ☼ كراسة . نبذة . كتيب [پَنفلِـ⊙]
pan, *m* ذيل ☼ شقة ☼ جانب من ☼ وجهة
— de robe حفة من ثوب . حذل (مستدار الذيل)
panacée, *f* دواء كل الأمراض
panaché, e, *a* مشكل . ملون
glace —e قريص بجنس مع بعضه
panacher, *v* ريش ☼ لون . شكل ☼ زين بريش [پانانِشـ⊙]
panama, *m* برنيطة خوص خفيف مرن
panaris, *m* [پاناري] دحاس . داحس
pancarte, *f* اعلان (يافطة) . لوحة . كتابة تعلق لالفات نظر . لافتة
pancréas, *m* باب مرقد الكلاوي . البوق ☼ غدة خلف المعدة مسهلة لهضم الدهن
panda, *m* قط جبلي هندي
pandectes, *f.pl.* مجموع فتاوي قديمة العهد ☼ شرائع ☼ قاموس الطب
pandemonium, *f* مجمع العفاريت ☼ عاصمة جهنم ☼ مكان الأشرار
pané, e مغموس بالخبز المبشور (الانيطه)
cotelettes —es كستليتة مغطاة ببشارة الخبز ومحمرة

panegyrique, m اطراء. تقريظ. تأبين

paner, v غطى ببشارة الخبز (الانبطه)

pangermanisme, m اتحاد الأجناس الألمانية

panic, m ذرة بيضاء. دخن [پانيك]

panier, m سلة. سبت [پنيـه]

panier à salade عربة المسجونين

panification, f تعجين الدقيق. عمل الخبز

panifier, v خبز. عجن. عمل الخبز

panique, f et a فزع أو رعب بلا داع

panlexique, m قاموس عام بمتن اللغة

panne, f نسيج وابر. تحمله. توقف مباغة بسبب طارئ [پان]

être en — (بلط) توقف في أثناء السير

panneau, m لوح. صفح ماطور. شرك. شبكة. اللباده. لوحة [پانو]

— d'une porte سيار أو حشو الباب

panneton, m لسان المفتاح أو الترباس

panorama, m رسم الأشياء أو تصويرها في دائرة. منظر عام من علو

pansage, m سياسة أو تطمير الخيل أي تضميدها [پنساچ]

panse, f كرش. بطن

pansement, m تضميد الجرح. ضمادة

panser, v ضمد الجرح // غبار.

panslavisme, m إلتئام العناصر السلافية

pantalon, m بنطلون. سروال

— (de femme) لباس [پنتلن]

pantelant, e مختلج

panteler, v اختلج

panthéisme, m مذهب القائلين أن الاله الواحد إنما هو كل الكائنات

panthéiste, a et n تابع لهذا المذهب

Panthéon, m ضريح العظماء في فرنسا

panthère, f ببر. فهد

pantin, m صورة انسان تتحرك اعضاؤه بخيط. كراكوز [پنتن]

pantographe, m آلة لنقل الصور

pantois, e, a مندهش [پنتوا]

pantomime, m مشخص أو راو بالإيماء لا بالصوت [پانتوميم]

—, f الرواية او التشخيص بالايماء

pantoufle, f بابوج (بندفلي. شبشب. خف)

paon, ne, n طاووس

papa, m أبي. بابا

papal, e بابوي. باباوي

papauté, f بابوية. رئاسة البابا.

papavéracées, f.pl الفصيلة الخشخاشية (في النبات)

pape, m البابا. الحبر الأعظم [پاپ]

paperasse, f أوراق لا لزوم لها. ورق مثل عدمه.

paperasser, *v* تصفح او رتب اوراق لا فائدة منها
paperasserie, *f* أوراق بدون قيمة
papeterie, *f* مصنع ورق. وراقة. تجارة ورق وأدوات المكاتب
papetier, ère, *n* وَرّاق. صانع أو بائع الورق أو أدوات الكتابة
papier, *m* [پَپْيِه] ورق ∘ جريدة
— timbré ورق دمغة. ورق مدموغ
— peint ورق الحيطان
— de verre ورق صنفرة
— monnaie عملة ورق
— buvard ورق نشاش أو نشاف
— volant ورقة سايبة
—s, *m.pl.* جواز أو ورق شخصية ٭ مستندات
papille, *f* حَلَمَة
papillon, *m* فراشة
—s noirs أفكار سيئة أو سوداء
papillotage, *m* لف الشعر بالورَق لتجعيده ٭ رمش ٭ تزغليل. تعب النظر من الأشياء البراقة
papillote, *f* ورقة يلف بها الشعر لتجعيده ٭ ملبس ملفوف بورق ٭ ورق مدهون بالزبدة
avoir les yeux en — ذو عيون نواعس
papilloter, *v* لفّ الشعر أو الملبس أو اللحم بالورق ٭ رمش ٭ زغلل
papisme, *m* بابوية. تشيع للبابا
papiste, *n* باباوي. من حزب البابا
papouille, *f* [پاپوي] تحسيس. زغزغة
papyrus, *m* بَردي. ورق البردي
Pâque *ou* Pâques, *m* عيد الفصح. عيد القيامة [پاك]
— (des juifs) عيد الخروج من مصر
—s fleuries احد الشعانين
paquebot, *m* باخرة كبيرة لنقل الركاب والبريد والبضائع [پَكبُو]
pâquerette, *f* زهر الاقحوان الأبيض
paquet, *m* حزمة. ربطة. صُرّة. رزمة ٭ ربطة اسطر (فى الطباعة) ٭ شخص ثقيل أو قليل الذوق فى ملابسه [پاكِه]
faire ses —s جمع عزاله أو عفشه
paquetage, *m* صرّ. عمل ربط. رزم
paqueteur, se, *n* حازم. عامل اللف
par, *pre.* من. من طرف. بـ ٭ بواسطة [پار]
— en bas من تحت. من أسفل
— force قهراً. بالقوة
— ici من هنا
de — بأمر. من طرف أو قبل
para, *m* بارة. فضه. ربع مليم
parabole, *f* مثل. تشبيه
— (en géom.) خط منحنى. خط شلجمي
parabolique مجازي. رمزي. إستعاري
paracentèse, *f* بزل
parachèvement, *m* تكملة. اتمام
parachever, *v* كمّل. تمم. أنهى
parachute, *m* مظلة النجاه
—— مظلة الهبوط
parachutiste, *m* جندى المظلات
parade, *f* ٭ تباه ٭ تصنع ٭ عرض
— (d'escrime) مدافعة // تلعيب الجياد
lit de — فراش الموت

parader, *v* العَب الجوَاد٠تباهى . اختال

paradigme, *m* صيغة التصريف . مثال . قياس . وزن

paradis, *m* [پارادي] فِردوس . جنّة

paradoxal, e, *a* متناقض الظاهر . مخالف للفير . غير مألوف [پارادوكسال]

paradoxe, *m* رأي غريب . بدعة . رأي مغاير للرأي العام

parafe *ou* paraphe, *m* إمضاء [پاراف]

parage, *m* جهة . ناحية ٠ منطقة ٠ أصل

paragraphe, *m* فقرة . بَنْد . باب . فَصْل

paraître, *v3* بدا . ظهر . بان . تراءى ٠ نُشِرَ

parallèle, *m* مقارنة . مقابلة ٠ دائرة موازية لخط الاستواء

—, *a* متواز . مُوازٍ

—, *f* خط موازٍ لآخر ٠ خندق بمترس

paralogisme, *m* قياس فاسد . مغالطة

paralysé, e, *a et n* مفلوج . مَشْلُول

paralyser, *v* شلّ ٠ عجّز . أوقف حركته

paralysie, *f* شلل . فالج [پاراليزي]

paralytique, *a et n* مَفْلُوج . مَشْلُول

parapet, *m* حاجز ٠ رأس السور . رفراف ٠ إفريز . متراس . دروة

paraphrase, *f* شرح مطوَّل . تأويل

parapluie, *m* مَطَرِيَّة . مظلَّة . واقية من المطر . شَمْسِيَّة [پاراپلوي]

parasite, *m et a* طُفَيل . وغل . راشن

plante — نبات طفيلي أي نام على غيره

parasiticide, *a et m* قاتل الطفيليات

parasitique, *a* طفيلي . سفلاقي

parasol, *m* مِظلة كبيرة للحدائق وما شابه

paratonnerre, *m* حديدة الصاعقة

paravant, *m* دريئة . حجاب

parc, *m* بستان . حديقة عامة ٠ مكان لوقوف المركبات

— de bestiaux زريبة . حظيرة

— aux huitres محل تربية الجندفلي

parcage, *m* وضع المواشي في الزريبة . توقيف المركبة وتركها لحين الرجوع

parcelle, *f* جزء صغير . قطعة

parce que, *lc.con.* لأنّ . من حيث

parchemin, *m* رق . سحا . جلد أبيض للكتابة ٠ ورق فاخر

visage de — وجه أصفر مجعد

—s (titre de noblesse) كتابة مثبتة للحسب

parcheminé, e, *a* على شكل الرق

parcimonie, *f* شح . إفراط في التقتير

parcimonieux, se, *a* شحيح . خسيس

parcourir, *v3* جال . طاف . جاب ٠ فحص بسرعة

— un livre طالع . تصفح

parcours, *m* مسافة . مسير . جوب

pardessus, *m* معطف (بالطو) للرجال

pardon, *m* [پردُن] غفران . عفو

— ! سامحني . لا مؤاخذة

pardonnable, *a* يُغتفر . مستحق العفو

pardonner, *v* عفا عن . غفر . سامح . رحم

paré, e, *a* مزين . مزخرف ٠ مجهز

bal — ليلة راقصة بملابس السهرة

pareil, le, *a* شبيه . نظير . مماثل . مثيل

la —le, *f* النظير . البدل . المثل

pareillement, *ad* كذلك. بالمثل

parement, *m* حلية. زخرفة ٭ تزيين ٭ حلية في اكمام ثوب ٭ واجهة ظاهرة (في البناء) ٭ احجار الرصيف ٭ غطاء واجهة المذبح

parent, e, *n* قريب. من الأهل

—s, *pl.* [پارَن] الوالدان. الأبوان

parenté, *f* قرابة. نسب. أصرة ٭ الأهل

parenthèse, *f* جملة معترضة ٭ قوس أو هلال للجملة المعترضة ( )

entre — [پَرَنْتِز] بين قوسين

parer, *v* زيَّن. زوَّق ٭ وقى من. حمى

— (en escrime) صد. دفع. حاش الضربة

se —, *vp* تزيَّن. تزوق ٭ توق. تفادى

paresse, *f* [پارِس] كسل. خمول

paresser, *v* تكاسل

paresseux, se, *a et n* كسلان (تنْبَل)

parfaire, *v* 3 تمَّم. كمَّل

parfait, e كامل ٭ في غاية الاتقان ٭ صحيح

—, *m* (en grammaire) الماضي التام

parfaitement, *ad* باحكام. باتقان ٭ تماماً

parfiler, *v* فكَّ خيوط النسيج الثمين. نسل

parfois, *ad* [پَرفوا] أحياناً. طوراً

parfum, *m* رائحة ذكية ٭ طيب. عطر

parfumé, e, *a* عاطر. ذو رائحة ذكية

parfumer, *v* عطَّر. ضمخ بالطيب

se —, *vp* تعطَّرَ. تطيَّب

parfumerie, *f* عِطارة. معمل أو محل تجارة العطور او الطيوب

parfumeur, se, *n et a* صانع أو تاجر عطور. عَطَّار. بائع الروائح العطرية

pari, *m* [پارِي] رِهان. مُراهنة

paria, *m* صعلوك هندي. من الرعاع

parier, *v* [پَريِه] راهن ٭ ولَّف

parieur, se, *n* مراهن

parité, *f* مشابهة. مماثلة ٭ مساواة. موازنة

parjure, *m* يمين زور ٭ نكث اليمين

—, *n et a* حانث أو ناقض يمينه

parjurer *ou* se —, *v* حلف باطلاً

parlant, e [پَرْلَن] متكلم. ناطق

film — anglais شريط ناطق باللغة الانكليزية

portrait — صورة ناطقة

parlé, e ناطق. لفظي ٭ دارج

parlement, *m* بَرْلمان. مجلس نواب. ندوة

parlementaire, *a* نيابي. برلماني

parlementer, *v* تفاوض في امر الصلح أو في شروط التسليم

parler, *v* [پَرلِه] تكلَّم. قال. فاه. تحدَّث

— mal de qn ذم. تكلم في حق

parler, *m* التكلم

le — de la Haute Egypte لهجة الصعايدة

parleur, se, *n et a* ثرثار. كثير الكلام

haut — متكلم ٭ // مكبر الصوت

parloir, *m* قاعة الاستقبال في المدارس والأديرة

parmi, *prep.* بين. فيما بين. وسط الـ

parodie, *f* تحريف. تقليد سخري في الكلام او الشعر [پارودِي]

paroi, f جدار. حاجز من حيطان ٭ السطح الداخلي لبلوعاء ٭ حاجز أو فاصل
paroisse, f رعية ٭ قرية يخدمها خوري ٭ كنيسة الخوري [پَرْواس]
paroissial, e مختص بالخورانية أو الرعية
paroissien, ne, n ابن الرعية
—, m كتاب صلوات
parole, f كلمة. لفظة ٭ نُطْق [پارول]
— d'honneur كلام شرف
paroli, m رهان يتضاعف
parolier, m مؤلف كلام قطعة موسيقية
parotide, f النكفة. بنت الاذن
paroxysme, m فوران وهو أقصى ما تصل إليه شدة الألم ٭ وصول الشهوات الى اشد درجة ٭ إحتداد الـ
le — de la colère حدّة الغضب
parpaing, m حَجَر دستور أو زاوية. رباط
parquer, v بيَّتَ. حَظَّرَ
parquet, m أرضية مخشبة او خشب الأرضية ٭ النيابة او المدعي العمومي أو المكان المخصص له ٭ حلقة المحكمة أو البورصة
parrain, m اشبين. عراب. شبين [پارَن]
parricide, m قتل الوالدين او الاقارب
main — يد قاتل أبيه او أمه
parsemer, v بثر. بعثر
part, f حِصة. قسم. نصيب ٭ مكان [پار]
de la — من طرف. من قبل
prendre — شارك
quelque — في محل ما ٭ في بيت الراحة
prendre une chose en bonne — أوّل خيراً
à — على جانب. على انفراده. عدا. ما عدا
la — du lion حصة القوى. الحصة الكبيرة
faire lit à — إنعزل في فراش بمفرده

partage مقاسمة. تقسيم ٭ قِسمة. محاصاة
— à l'amiable قسمة التراضي
partager, v قسّم. فرّق ٭ تقاسم
se —, v/r تقاسم ٭ إنقسم
partance, f ترحال. السفر. القيام
en — مستعد للرحيل. على أهبة السفر
partant, conj. بناء عليه. فاذاً. من ثم
—, m الراحل. المنصرف
partenaire, n شريك في اللعب أو الرقص
parterre, m روضة. حديقة زهور
— (de théâtre) ساحة المسرح؛ المقاعد الخلفية فيها الجالسين فيها ٭ الصالة
parti, m حزب. فريق ٭ تصميم. إعتماد [پَرتي]
— pris عناد
prendre son — قبل. قنع
prendre — contre qn. خاصم. تحزب ضد
tirer — استفاد. انتفع
trouver un bon — عثر على زواجه عظيمة
partiaire مشارك. مزارع بالشركة ٭ ذو حصة
partial, e, a محاب (متغرض) ٭ جزئي
participation, f مشاركة. مساهمة. مقاسمة
participe, m (présent) اسم الفاعل
— passé اسم المفعول به
participer, v تشارك. جعل له حصة. إشترك في
particularité, f خاصيّة. خاصة
particule, f جزء صغير ٭ حرف. اداة الكلام
particulier, ère, a مخصوص. خاص. خصوصي ٭ غريب. فريد
en — على انفراده خاصة
—, m فرد. احد الأفراد. انسان
particulièrement, ad خصوصاً

partie, *f* [پَرتي] جزء. قسم ٭ جهة. قطر
— civile مدعى بالحقوق المدنية
— défaillante خصم غائب
— de jeu برتيتة. دور لعب
— adverse خصم
— contractante متعاقد. متعاهد. مشارط
— belligérante محارب. مباشر الحرب
—s naturelles عورة
— de plaisir شلة حظ
comptabilité en — double حساب دوبيا

partiel, le, *a* جزئي ٭ جزء الحاصل ٭ جزء

partir, *v*3 سافر ٭ ذهب ٭ خصّص. قسّم
à — de من. منذ. من تاريخ

partisan, *n* مائل الى. متحزب. مُناصر

partition, *f* قسمة. تقسيم ٭ فاصل ٭ رواية

partout, *ad* [پارتو] في كل مكان

parturition, *f* نتاج. ولادة الحيوان. وضع

parure, *f* زينة. حِلية ٭ مجموع حلي السيدات
٭ طقم حلي ٭ طقم ملابس نساء داخلية [پارير]

parvenir, *v*3 وَصَل الى. بَلغ

parvenu, e, *n* حديث نعمة. محدث

pas, *m* [پا] قدم. خطوة
avoir le — ترأس. تصدر
salle de — perdus فسحة
faux — زلة. عثرة

pas, *ad. de nég.* لا. ما. لم. لن

passable, *a* محتمل. متوسط. مَقبُول

passade, *f* غيبة وقتية ٭ مرور

passage, *m* مرور. عبور ٭ ممر. منفذ
٭ دهليز ٭ حق المرور في ملك الغير ٭ سفر
البحر ومدته ٭ فقرة. قطعة. نص ٭ إنتقال
— à niveau [پَسّاج] مزلقان
de — مار. عابر

passager, ère, *a et n* زائل ٭ مار. عابر
وقتي // —, *m* مسافر. راكب سفينة.

passant, e, *n et a* مار. عابر طريق
rue — e شارع كثير المرور // مطروق ٭

passation, *f* كتابة شروط. تحرير عقد

passe, *f* عبور الطيور ٭ مضيق ٭ تغليس
maison de — بيت بغاء غير رسمي // (في التنويم)

passé, e, *a* سالف. ماضٍ

—, *m* الماضي. الزمن الغابر ٭ صيغة الماضي
le — défini الماضي التام

—, *prép.* بعد

passée, *f* زمن مرور الطيور

passement, *m* (قيطان). بريم مزخرف
٭ شريط من خيوط ذهب وحرير وما شابه لتزيين
الاثاث والملابس

passementerie, *f* صناعة أو بيع البريم

passe-partout, *m* اطار. برواز من ورق
٭ مفتاح عمومي. قلابة

passe-passe, *m* ألعاب خِفّة يد. شعوذه

passeport, *m* جواز. تذكرة مرور

passer, *v* مر. مضى ٭ زبل. بهت ٭ صفّى
— en revue [پاسِه] استعرض. عرض
— en compte قيد في الحساب
— outre جاوز
— pour إعتبر. احتسب. عد
— la soupe صفى الحساء

passereau, *m* عصفور دوري

passerelle, *f* قنطرة. معبر. سلم الباخرة

passe-temps, *m* تسلية. تقطيع وقت

passible, *a* حسّاس ٭ مستوجب

passif, ve غير عامل. غير مقاوم ٭ سَلبي. مفعول فيه ٭ مبنى للمجهول (فى الأجرومية)
obeissance —ve طاعة عمياء
—, m الذمم المطلوبة. ديون ٭ صيغة المجهول
passion, f آلام. عذاب ٭ شهوة. ميل. هوى. عاطفة. كلف. وله. ولع عظيم
passionnel, le, a غرامي. عاطفي
passionner, v حرك الرغبة. شوّق
se — إستهوى // تولع. هام. إفتتن بـ.
passivement, ad بلا فعل. باستكانة ٭ تأثراً. إنفعالاً ٭ بمعنى المجهول (أجرومية)
passivité, جمود. قصور. إستكانة
passoire, f (مصفى) ٭ مصفاة [پَسوار]
pastel, m مِرقم. قلم ملوّن للتصوير
pastèque, f [پستِك] بطيخ
pasteur, m [پَستِير] قسيس ٭ راعٍ
pasteurisation, f تعقيم على طريقة باستور
pastiche, m تقليد ٭ عربة عمومية
pastille, f قرص سكري (باستيلية) ٭ معجون للتبخير [پاسْتِي]
pastoral, e, a رعائي. مختص بالرعاة ٭ مختص برعوية كنيسة ٭ خلوي. ريفي
patate, f بطاطة ٭ بطاطس
patauger, v مشى في الطين. توحّل
pâte, f عجين ٭ لصوق (ليقة) ٭ معجون ٭ طبيعة. جبلة. فطرة [پات]
— épilatoire نورة. معجون لنتف الشعر
— dentifrice معجون لتنظيف الأسنان
—s alimentaires معجنات كالمكرونة والشعرية

pâté, m سنبوسكة. فطيرة ٭ بقعة حبر على ورق
— de foie لحم كبد وز مفروم
— de maisons مجموع بيوت. هدفه
patelin, m بلد ٭ مسقط الرأس
patent, e, a صريح. واضح [پاطَن]
patente, f رخصة ٭ ضريبة على الرخصة ٭ الشهادة الصحية التى تعطى للمراكب المسافرة
patenté, e, n et a صاحب الرخصة ٭ مأخوذ به براءة إمتياز
patenter, v سجل الاختراع. أخذ به تصريح
Pater, m الصلاة الربانية. (أبانا الذى...)
patère, f شنكل ستار ٭ شِجاب. تعليقة
paternel, le, a أبوي. والدي
paternité, f أبوّة
pateux, se, a عجيني. معجن
pathétique, a مؤثر. محرك العواطف
pathogène, a مكوّن للأمراض
pathologie, f باتولوغيا. علم الأمراض
patiemment, ad بصبْر. بطول روح
patience, f [پَسيَنْس] صبر. اناة. تجلد
patient, e, a صبور. جلود. حليم
—, e, n مريض ٭ المحتمل عملية ٭ محكوم عليه بالاعدام
patienter, v صَبّر. تأنى
patin, m قبقاب للتزحلق
patinage, m إزلاق على الجليد أو على أرض ٭ مكان الزحلقة. زُحلوقة

patiner, *v* تزحلق بالقبقاب الحديدي
patineur, se متزحلق بقبقاب الازلاق
pâtir, *v* قاسى. كابد ٭ أفسد
pâtisserie, *f* حلاوة ٭ مصنع الحلوى ومكان بيعها ٭ الفطائر
pâtissier, ère, *n et a* حَلواني
patois, *m* [پَتوا] لغة. لهجة اقليمية
patraque, *f* آلة مخربة أو فاسدة
pâtre, *m* راعٍ
patriarcal, e بطريركي ٭ مختص بالآباء الأولين
patriarcat, *m* بَطريركية. بطرياركية
patriarche, *m* بطرك. بطريرك ٭ حبر
patrie, *f* [پَتْري] وَطَن
patrimoine, *m* تركة الابوين. مال مَوْروث من الآباء ٭ مورد ٭ ذمة مالية
patrimonial, e, *a* مورث من الوالدين
patriote, *n et a* محب الوطن. وَطَنِيّ
patriotique, *a* وطني. مُتعلق بحب الوطن
patriotisme, *m* غَيْرة وَطَنيّة. حُبّ الوطن
patron, ne رئيس. صاحب محل ٭ شفيع
patron, *m* [پَتْرُن] نموذج. مِثال
patronage, *m* رعاية. شفاعة ٭ مدرسة خيرية
patronal, e, *a* مختص. بالقديس. شفيع الـ
fête —e عيد القديس الشفيع
patronner, *v* حَمى. اخذ تحت رعايته
patronesse, *f* آخذة تحت رعايتها. شفيعة
patrouille, *f* دَوْريّة. طَوْف. دورة عَسَس
patte, *f* رِجْل أو كَف الحيوان ٭ قائمة
— de velours كف ناعمة كيد القط الخافي أظافره
patte d'oie, *f* كرمشة قرب العين
pâturage, *m* مَرعَى. كلأ. مرتع
pâture, *f* أكْل. غذاء البهائم ٭ فريسة
paume, *f* [پُم] رَاحَة اليد. كف
jeu de — لعب الكرة
paupérisme, *m* حالة الفقر. الفاقة
paupière, *f* [پوپْيير] جَفن
pause, *f* [پُز] وَقف. رَكزة. وَقفة
pauvre, *a et n* فقير. مسكين ٭ ركيك
pauvreté, *f* [پوفْرِتِه] فقر. فاقة
pavage, *m* [پاڤاج] تبليط ٭ بلاط
pavaner (se), *v* تبختر. تخطر. ماس
pavé, *m* بلاطة. حجر التبليط ٭ الطريق
être sur le — على البلاطة. في احتياج
battre le — جال فارغاً أي بدون مرمى
pavement, *m* تبليط
paver, *v* بلّط. بلط. رصف. مهد
paveur, *n et a.m* مبلّط. بالِط
pavillon, *m* فُسطاط. سُرادق. صيوان ٭ كشك. بيت في بستان ٭ بيرق. علَم
pavoisement, *m* زينة بالبيارق
pavoiser, *v* [پاڤوازِ] زيّن بالأعلام
pavot, *m* خشخاش. أبو النوم
payable مُستحق الدفع
payant, e بالاجره ٭ دافع
paye *ou* **paie**, *f* رَاتب
payement دَفْع ٭ دُفْعة

payer, *v* [ⓐ پِيِيرِ] دفع. أدّى
— d'audace اظهر جرأة أو جسارة
— de mine ذو هيئة. حسن الهيئة
— de retour قابله بعادفعه. عامله بالمثل
se —, *vp* أخذ حقه مما عنده ٭ اكتفى
pays, *m* بلاد. قطر ٭ وَطن. مَسْقط الرأس أو سكانه [پِيِي]
paysage, *m* بقعة٭منظر ريفي. منظر بري
paysagiste, *n* مُصَوِّر المناظر الريفية
paysan, ne, *n* [پِيِزَن] فلّاح. قرَوِي
péage, *m* رَسْم المرُور. مكس
peau, *f* [پُو] جِلْد ٭ بَشرة ٭ قِشْرة
peausserie, *f* تجارَة أو دباغة الجلود
peccadille, *f* زَلة صَغيرة. هَفْوة عَثْرة
pêche, *f* خوخة. خَوخ ٭ صَيْد السمك
— à la ligne صيد بالسنارة
péché, *m* [ⓐ پِشِ] خطيئة. إثم. ذَنْب
pécher, *v* أثم. أخطأ. أذنب
pêcher, *v* [—] إصطاد السَّمك
pêcherie, *f* محل صيد الأسماك. منصب
pécheur, *m*; pécheresse, *f* آثِم
pêcheur, se, *n et a* صائد سمك ٭ مُتعلّق بصيد السمك [پِشِر]
pectoral, e, *a* صَدري ٭ نافع للصَّدْر
péculat, *m* إختلاس أموال الحكومة
pécule, *m* المقتّر من المال. الذخيره. قنوة
pécuniaire, *a* نقدي. مالي
pédagogie, *f* عِلْم التربية. تعليم الأطفال
pédagogue, *m* معلم الصغار
pédale, *f* يَد تدوير آلة ما. دوّاسة
pédaler, *v* أدار الدرّاجة (البسكليت)
pédant, e, *n et a* مُعلّم أطفال و ٭ مُدّعِي العِلْم. متقعّر [پِدَن]
pédéraste, *m* لوطي
pédestre تمثال وَاقف. واقف على الرجلين
pédicure, *m* متعاطي طِب الأرجل
pègre, *f* طغمة اللصوص. جمعية لصوص
peignage, *m* تنفيش. تمشيط الصوف والكتان
peigne, *m* مُشط
peigner, *v* [ⓐ پِنيِ] سَرّح. مَشّط
peignoir, *m* نشير. برنس. مئزر. بنوار
peindre, *v3* رَسَم. صَوّر ٭ وصَف ٭ نقش
peine, *f* قصاص ٭ هم. زعل ٭ جهد
— capitale القصاص بالموت. عقوبة الاعدام
sous — تحت خطر العقاب
faire — شق على
est en — متحير
à — بالكاد ٭ بشق النفس ٭ من هنيهة
homme de — اجير. فاعل
peiner أتعب ٭ أحزن. كدّ ٭ كدّ. كدح
peint, e, *a* مُصَوَّر. مَدْهون
peintre, *m* رَسَّام. مُصوِّر ٭ نقاش. دهّان
— en batiment نقاش بيوت
peinture, *f* الدهْن أو التصوير ٭ نقش ٭ صُورة رَسْم يَد [پِنتير]
pelade, *f* ثعلبة. مرض سقوط الشعر
laine — صوف خليط

pelage, *f* لون شعر الحيوانات
—, *m* تقشير. سلخ
pelé, e, *a* مجرَّد. مقشر. منتوف. امعط
pêle-mêle, *m* بلا نظام. خلط بلط
peler, *v* جرد. نتف. ابشر. قشر. شذب
se —, *vpr* انسلخ. تقشر
pèlerin, e, *n* سائح أو زائر. حاج
pèlerinage, *m* حج. سياحة. مزار. مكان الحج
pèlerine, *f* حرملة. غطاء الكتف. بلرينة
pélican, *m* بجع. كلابة
pelisse, *f* مشلح. مبطن بفرو وخلافه
pelle, *f* مجرفة. جاروف
pelleterie, *f* صناعة الفراء وتجارتها
pelletier, ère, *n* فراء
pellicule, *f* جلد أو قشر رقيق. قشور جلدية. قشرة الرأس. فلم التصوير الشمسي
pelotage, *m* كب. لف الخيط على المكب. مداعبة باللمس [پلوتاج]
pelote, *f* كرة أو لفة غزل. (كرارية). مغرز الابرة والدبابيس
faire sa — حوش. جمع مالا
peloter, *v* كب. لف على المكب. داعب
peloton, *m* مكب. كرة. كرارية
— de soldats بلوك. كوكبة. فرقة عسكر

pelouse, *f* خضرة. أرض خضيرة. أي مزروعة خضرة [پلوز]
pelu, e, *a* أشعر. أزب. ذو شعر أو وبر
peluche, *f* قطيفة. نسيج ذو وبر
pelure, *f* قشارة. قشر [پليُر]
pénal, e, *a* تأديبي. جنائي. عقابي
pénalité, *f* جزاء. عقوبة. معاقبة
pénates, *m.pl.* آلهة البيت. بيت. وطن
penaud, e, *a* حيران. خجل [پنو]
penchant, e, *ou* penché, e, *a* مائل
—, *m* انعطاف. ميل. منحدر. مهبط. افول
pencher, *v* مال. انحنى. انعطف [پنشه]
pendaison, *f* شنق [پندزن]
pendant, e, *a* متدل. متعلق. متدلدل
procès — دعوى معلقة. تحت المرافعة
pendant, *m* حمالة السيف. قرط. حلق. المثيل. النظير [پندن]
pendant, *prép.* حين. في أثناء
— que بينما. بين أن
pendeloque, *f* خرقة متدلية. حجر كريم متدل من قرط أو بلور متدل من ثريا
pendentif, *m* عليقة [بندنتيف]
pendiller, *v* تدلى. تهدل. تعلق
pendre, *v* 3 علق. شنق
pendu, *a et n* مدلى. معلق. مشنوق
pendule, *m* رقاص الساعة. ثقل مترجح
pendule, *f* ساعة كبيرة. ساعة حائط

pendulette, *f* ساعة حائط صغيرة
pêne, *m* لسان قفل
pénétration, *f* دخول. اختراق ✡ فراسة
pénétrer, *v* نفذ. دخل ✡ خرق ✡ أدرك
pénible, *a* متعب. شاق ✡ مكدر
péniblement, *ad* بتعب. بعناء
péniche, *f* [پنيش] زورق
pénisule, *f* شبه جزيرة. أرض يحيطها البحر من ثلاث جهات
pénis, *m* القضيب //
pénitence, *f* توبة. ندامة ✡ عقاب
pénitencier, *m* سجن ✡ الكاهن المفوض بغفران الخطايا
pénitent, e, *a et n* تائب. نادم ✡ معترف
pénitentiaire, *a* خاص باصلاح المجرمين
administration — مصلحة السجون
pennage, *m* ريش الجناحين ✡ ريش الجوارح
penne, *f* قادمة. ريش ذنب الطير وجوانحه
pénombre, *f* ظليل. ظل كاشف. دغمة
pensant, e, *a* عاقل. ناطق ✡ معتقد. مفتكر أن
pensée, *f* فكر. فكرة. خاطر ✡ رأي ✡ ذهن. عقل ✡ زهرة الثالوث. پانسيه
penser, *v* خطر في باله. افتكر. تذكر ✡ تأمل. تفكر في ✡ ظن. حسب [پنسِه]
penseur, se, *n et a* فكير. كثير التأمل
libre — اباحي. القائل بحرية الدين. حر الأفكار
pensif, ve, *a* كثير التفكر. مشغول البال

pension, *f* معاش ✡ اجرة الأكل والسكنى ✡ مثوي. نزل للاقامة الطويلة. بنسيون ✡ مدرسة داخلية
— alimentaire نفقة //
pensionnaire, *n* طالب داخلي ✡ مؤجر غرفة في منزل ✡ متقاعد. ذو معاش
pensionnat, *m* مدرسة داخلية
pensionner, *v* عين له معاشا
pensum, *m* قصاص تلميذ
pentagone, *a et n* مخمس الزوايا والأضلاع
pente, *f* انحدار ✡ ميل ✡ برفع ستارة السرير
Pentecôte, *f* عيد العنصرة أو الخمسين
pénurie, *f* عدم أو نقص الـ. احتياج الى. قحط
pépie, *f* خانوق الطيور ✡ عطش
pépin, *m* [پپن] بزر. حب ✡ شمسية
pépinière, *f* أغراس. شتلات ✡ مغرس ✡ مشتل ✡ مكان تحضير النشىء
pépite, *f* ركاز. كتلة من معدن ثمين (كالذهب)
perçage, *m* ثقب
perçant, e, *a* خارق. ثاقب ✡ مصرصر. حاد
perce, *f* مثقب
percement, *m* ثقب. خرق. نقب
— d'une rue فتح طريق
percepts, *f.pl.* حواس
percepteur, *m* محصل الضرائب
perceptible, *a* حسي. يدرك بالمشاعر أو العقل. يشعر به ✡ ممكن أو مستحق قبضه
perception, *f* تحصيل. جباية الضرائب ✡ شعور. حس. إدراك

percer, *v* ثقب. نقب ٭ بان. ظهر ٭ انشق ٭ أفلح // فقأ. فتح دمل — un abcès

percevable مدرك ٭ مستحق التحصيل

percevoir, *v3* نال. حصل. قبض. أدرك

perche, *f* نوع من السمك النهري ٭ خشبة طويلة ورفيعة مدرة. قصبة

percher, *v* [پرشه] جثم. حط

se —, *vpr* وقف على شيء عال

perchoir, *m* مجثم الطائر. محط ٭ دور فوقاني

perclus, e, *a* كسيح ٭ مفلوج

percolateur, *m* غلاية قهوة كبيرة. مرشح

perçu, e متحصل. مقبوض

percussion, *f* ضربة. نقرة ٭ ضرب

percuter, *v* ضرب ٭ فحص بالقرع

percuteur, *m* إبرة. مسمار. مقرع الزناد

perdant, e, *n et a* خاسر (خسران)

perdition, *f* تبدد. دمار ٭ مهلكة. هلاك أبدي

perdre, *v3* أضاع. فقد ٭ خسر ٭ نقص ثمناً أو قيمة ٭ أهلك

— la boule, — la tête طار عقله. أضاع صوابه

se —, *vpr* ضاع. فقد ٭ تاه. ضل

perdreau, *m* سلك. فرخ حجل

perdrix, *f* حجل

perdu, e, *a* مفقود ٭ تالف. هالك

à corp — بعنف

père, *m* [پير] أب. والد

les —s de l'Eglise أئمة الكنيسة

les —s conscrits اعضاء مجلس الشيوخ

— nourricier راب. أب بالتربية. متكفل

pérégrination, *f* تغرب. سفر بعيد

péremptoire خاص ببطلان الدعوى ٭ فاصل

pérennité, *f* استدامة

perfection, *f* كمال. جودة. إتقان

perfectionnement, *m* إتقان. إحكام

perfectionner, *v* أتقن. أحكم. كمل

perfide, *n et a* خادع. خائن. غدار. غدري

perfidie, *f* خداع. غدر

perforatrice, *f* مثقب. (خرامة)

perforation, *f* ثقب. تخريم

perforer, *v* [پرفوره] ثقب. خرم

péricarde, *f* غشاء القلب. تامور

péricarpe, *m* غشاء البزرة. سنفة

péricliter, *v* وقع في خطر. تقوض

péricrâne, *m* سمحاق الرأس

périgée, *m* اقرب بعد من سيارة إلى الأرض

péril, *m* [پريل] خطر

périlleux, se, *a* خطر. مخطر

périmé, e, *a* باطل. ساقط

période, *f* مدة دورة نجم على محوره ٭ برهة. مدة ٭ حقب. زمان. عصر ٭ أبان. أمد ٭ فترة ٭ اوج [پريود]

périodique, *a* دوري. دائري

—, *m* مجلة أو جريدة تظهر في مواعيد محددة

péripétie, *f* تحول. تقلب الأحوال والأمور ٭ حوادث هامة ٭ نهاية رواية

périphrase, *f* دورة في الكلام. حزلقة. لغو

périr, *v* [پريير] بادَ. هلك. فني
périscope, *m* مِنْظار الغَوّاصات. مِرقب
périssoire, *f* فلوكة، قايق
péritoine هـرب. غلاف الأمعاء الحاطي
péritonite, *f* التهاب البريتون (غلاف الأحشاء)
perlaire, *a* لؤلؤي. على شكل اللؤلؤ أو صدفه
perle, *f* لُؤْلُؤ ٭ لؤلؤة. جَوْهَرة. دُرّة
— de verre [پرول] خرزة
perlé, e ملألأ. مُرَصَّع باللؤلؤ ٭ جيد للغاية
orge —e شعير مقشور
sucre — سكر معقود
perler, *v* [پرلي] قشّر ٭ عقّد
permanence, *f* بقاء. دَوام. إستمرار
permanent, e, *a* دائم. مُسْتمِر
perméable, *a* قابل الرشح. نَضّاح
permettre, *v* أذِن أو رَخّص لـ. أجاز
se —, *vpr* إجترأ. سمح لنفسه. إستباح
permis, e, *a* جائز. مُباح. مَسْمُوح
permis, *m* رُخْصَة ٭ تذكرة مرور. إذن
permission, *f* إذْن. إجازة. رُخْصة. تصريح [پرميسيون]
permissionnaire, *n* حامِل رُخصة ٭ صاحِب إجازة (بالأخص الجنود)
permutation, *f* إعلال ٭ تبديل
permuter, *v* [پرميتي] بادَل. بَدّل
pernicieux, se, *a* مؤذ. مضر. خبيث
péroraison, *f* خاتمة الكلام
pérorer, *v* أطنب. خطب أو وعظ بإسهاب
perpendiculaire, *a* عَمودي. قائم
perpétration, *f* اجرام. اجترام. ارتكاب
perpétrer, *v* أجْرَم. ارتكب
perpétuation, *f* تأييد. إبقاء. إدامَة
perpétuel, le, *a* دائم. أبدي. متوالٍ
perpétuer, *v* خلّد. أدام ٭ أطال بقاء
perpétuité, *f* خلود. أبدية. دوام الشيء
à — إلى الأبد. مؤبداً
perplexe حائر. مُضطرب البال ٭ محيّر
perplexité, *f* حَيْرة. تردد
perquisition, *f* بَحث أو فحص مدقق. تفتيش. تنقيب [پركيزيسيون]
perquisitionner, *v* فتّش
perron, *m* دَرَجات ذات سَطْح (بسطة). سُلم المدخل
perroquet, *m* ببغاء ٭ (بوالفنجو) صاري
perruche, *f* دُرّة. أنثى الببغاء ٭ ببغاء صغير
mat de — صاري القلع الصغير في مؤخرة المركب
perruque, *f* [پريك] شَعْر مُسْتعار
perruquier, ère, *n* صانِع الشَّعْر المستعار
persan, e, *n et a* إيراني. عَجَمي. فارِسي
persécuté, e, *n et a* مُضْطهد
persécuter, *v* جار على. اضطهد ٭ لاحق
persécuteur, rice, *n et a* جائر. مضطهد

persécution, *f* جَوْر. إضطهاد
persévérance, *f* ثبات. صَبْر. مُداوَمَة
persévérant, e ثابت. مُواظِب ٭ دائم
persévérer, *v* ثبت على. ثابر. واظَب على
persienne, *f* درفة أو ـــ شباك برّاني. شماسة
persiflage, *m* تهكم. هزء
persifler, *v* سخر. هزء به أو من. تهكم
persil, *m* [پِرْسِي] بقدونس
persillade, *f* اقزاح. بقدونسية. تحبيشة ٭ لحمة بقري بالخل والزيت والبقدونس
persistance, *f* بَقاء. دَوام. ثَبات
persistant, e, *a* مُصِرّ. لحوح. مُسْتَديم
persister, *v* داوَم. أصرّ
personnage, *m* شَخص ذو اعتبار. شخصيّة بارزة ٭ شخص مقلده بطل الرواية
personnalisme, *m* أنانية
personnalité, *f* ذاتية. شَخْصية ٭ أنانية
personne, *f* إنسان، شَخص. نَفْس ٭ لا أحد. ولا واحد (للنفي)
— civile شخص مدني اى معتبر قضائياً
première — (en gram) المتكلم (ضمائر المتكلم) مثل «انا ونحن»
seconde — المخاطب مثل «انت»
troisième — الغائب مثل «هي. هو. هم»
personnel, le, *a* خاص. شخصي
homme — محب ذاته
—, *m* [پِرْسونيل] مُوظفو محل تجاري أو قلم ٭ جماعة الخدم
personnellement, *ad* شخصياً. بالذات
personnification, *f* تشخيص ٭ إنطاق
personnifier, *v* نسب إلى شيء النطق وعَواطف البَشَر. شخّص. انطق «فلاناً»
perspective, *f* فن ترسم أو تصور الأشياء بحسب رؤية العين. عِلم المرئيات ٭ المنظور ٭ ما يأمله او ما يخشاه الشخص
avoir en — توقع. انتظر. جعل نصب عينيه
perspicace, *a* حاذِق. ذكي. بَصير
perspicacité, *f* حَذاقة. فِطنة
perspicuité, *f* جَلاء الاسلوب أو الفكرة
perspiration, *f* ترشيح
persuader, *v* اقنع. حَمَل على
persuasif, ve, *a* مُقنِع ٭ قادر على الاقناع
persuation اعتقاد. اقتناع. تيقّن ٭ اقناع
perte, *f* خَسارَة. ضياع ٭ نزيف. سيلان
— blanche سَيلان أبيض
pertinence, *f* مُناسبة ٭ تعلّق بالدعْوى
perturbateur, rice. *n et* مخل بالنظام
perturbation, *f* إضطراب (في الجسم)
pervenche, *f* قضاب. نبات جميل الزهر
pervers, e, *a* [پِرڤِر] فاسِد
perversion, *f* فَساد ٭ إنقلاب
perversité, *f* [پِرڤِرسيتِه] فَساد
pervertir, *v* [پِرڤِرتير] أفسَد
pesade, *f* شبوب. وثب
pesage, *m* وَزْن ٭ مكان الوزن في السباق

pesamment, *ad* بثقل ٭ ببطء. بتثاقل
pesant, e, *a et m* [پِزَن] ثقيل ٭ وزن
pesanteur, *f* ثِقل
— spécifique ثِقل نوعي
pesée, *f* [پِزِ] وَزْنة ٭ وزن
pèse-lettre, *m* ميزان الخطابات
peser, *v* وَزَن ٭ ثقل ٭ ثقل وثقل
peseur, se, *n* وازن (قباني). معاير
peson, *m* ميزان. ميزان زنبرك
pessimisme, *m* تشاؤم. تقدير السوء
pessimiste, *n et a* متشائم ٭ تشاؤمي
peste, *f* [پِسْت] طاعون. وباء
pester, *v* [پِسْتِه] تخلقن. تزربن
pestilentiel, le, *a* مُعد ٭ مصاب بالطاعون
pet, *m* [پِه] ضرطة (جبيص)، ضراط
pet-de-nonne لقمة القاضي
pétale, *m* وَرَقة الزهرة. ورقة تويجية
[پِتال] . نورية
pétard, *m* ساروخ ٭ فشكة. بمبة
٭ دوي شديد ٭ خبر له طنه ورنه
péter *ou* peter, *v* ضرط ٭ طقطق ٭ فرقع
pétiller, *v* طشطش. طقطق ٭ لمع. تلألأ
pétiole, *m* ذنيب. عنق أو ذنب
ورق النبات. سويقة
petit, e, *a* صغير ٭ قصير ٭ صغير السن
—es heures ساعات متأخرة من الليل
le — monde أصاغر الناس او الرعاع ٭ الأطفال
petite vérole جدري
il fait la petite bouche تظاهر بالاباء
être aux petits soins اعتنى كثيراً بانسان
petitesse, *f* دناءة ٭ وضاعة ٭ قِصَر

petit-fils ابن الابن ٭ ابن البنت. حفيد
petit-gris, *m* سنجاب
pétition, *f* [پِتِيسْيُن] عريضة
pétitionnaire, *n* مقدم العريضة. ملتمس
petit-lait, *m* شرش. مصل اللبن
pétitoire, *m et a* طلب أو دعوى ملكية
petits-enfants أولاد الابن أو البنت
pétri, e, *a* معجون ٭ ملآن
pétrification, *f* تحجر. تحجير. استحجار
pétrifier, *v* حجّر ٭ أذهل. صعق
pétrin, *m* ماجور. ماعون العجين ٭ ورطة
être dans le — إحتاس. في ضيقة
pétrir, *v* [پِترير] عجن
pétrole, *m* نفط (جاز أو غاز). زيت البترول
pétrolerie, *f* مصنع جاز ٭ معمل تكرير النفط
pétrolier, ère نفطي. غازي. متعلق بالغاز
un pétrolier (سفينة) ناقلة بترول
pétrolifère, *a* يحوي أو يعطي نفطاً
pétulance, *f* طيش. نزق. بطر
pétunia شجيرة الدخان. نبات من الفصيلة
peu, *ad* (شوية). قليل. نتفة // التبغية
—, *m* [پِه] القليل. يسير
un — قليل. يسيراً. (شوية)
ni — ni prou لا قليل ولا كثير
à — près تقريباً. بالتقريب
peuplade, *f* [پِپْلاد] قوم. عشيرة
peuple, *m* أمة. شعب. اناس ٭ العامة
peupler, *v* عمر. ملاء بالسكان
peuplier, *m* حور. شجر الحور

peur, *f* [پير] خوف. فزع . رعب

peureux, se, *a* خائف. خواف. وجل

peut-être, *lc.ad* ربما. لعل. يمكن

phalange, *f* كتيبة. شرذمة عسكر . جحفل ٭ سُلامى (عظيمات الأصابع)

phalène, *f* فراشة الليل

pharaonique فرعوني. مختص بالفراعنة

phare, *m* منارة. فنار٭مصباح السيارة القوي ٭ مرشد [فار]

pharmaceutique, *a* أقرباذيني. مختص بتركيب الأدوية [فرماسثيك]

produits —s مستحضرات طبية

pharmacie, *f* صيدلية. (اجزخانة) ٭ صيدلة. علم الأدوية وتركيبها

pharmacien, ne, *n* صيدلي. أجزجي

pharmacopée, *f* قانون تركيب الأدوية. اقرباذين [فرماكوپه]

pharyngite, *f* إلتهاب البلعوم أو الحلقوم

pharynx *m* البلعوم . القناة بين الحنك والمرئ

phase مظهر. وجه٭طور. دور. مرحلة

phénoménal, e, *a* ظاهري٭فريد. عجيب

phenomène, *m* ظاهرة طبيعية. حادث عجيب

philanthrope, *m* محب خير الناس. خيّر

philatélisme جمع أو دراسة طوابع البريد

philatéliste, *n* جامع طوابع البريد

philharmonique محب الطرب أو الموسيقى

philippine, *f* لعبة (بدس) [فيليپين]

philologie, *f* فقه اللغة. علم اللغات

philosophe, *m* فيلسوف (ج. فلاسفة)

philosophie, *f* فلسفة. حكمة

philosophique, *a* فلسفي

philosophisme فلسفة أباحية. فلسفة كاذبة

philtre, *m* معجون العشق. سراب يولد الحب

phlébite, *f* إلتهاب وريدي [فْلِبيت]

phlegme, *m* بلغم ٭ عدم إكتراث

phlegmon, *m* إلتهاب موضعي حاد

phobie, *f* خوف. كراهة. إشمئزاز

phonétique *ou* phonique, *a* صوتي

phonographe, *m* فونوجراف. الحاكي

phoque, *m* كلب البحر

phosphore, *m* فسفور ٭ كبريت. جوهر يضيء في الظلمة مستخرج من العظام

phosphorescence, *f* تألق. ضياء ٭إضاءة جسم في الظلمة بدون إشتعال أو حرارة

phosphorescent, e مضيء. متألق بلا حرارة

photo, *f* صورة شمسية ٭ تصوير شمسي

photogénique, *a* يظهر جيداً في التصوير

photographe, *m* مصور بالفتوغرافيا أي التصوير الشمسي [فوتوچراف]

photographie, *f* تصوير شمسي. فوتغرافيا

photographique متعلق بالتصوير الشمسي

phrase, *f* جملة. عبارة (ج. جمل ، عبارات)

phraséologie, *f* تركيب الجمل

phtisie, *f* [فتيزي] السل. داء الصدر

— galopante سل مستعجل

phtisique, *a et n* مصاب بداء السل. مسلول

physicien, ne, *n* عالم في الطبيعة. طبيعي

physiologie, *f* علم الأعضاء. علم وظائف الأعضاء. دراسة الحياة وارتباطها بنظام الأجهزة

physiologiste, *m* عالم بوظائف الأعضاء
physionomie, *f* عِلْم الفراسة ٭ محيا . سحنة . سيماء [فِيزْيونومِي]
physionomiste, *n et a* عالم بالفراسة
physique, *a* مادي . جسدي . طبيعي
—, *f* عِلْم الطبيعيات . الفلسفة الطبيعية
—, *m* بنية . تركيب الجسم ٭ المادي
culture — تمرين بدني
beau — جسم جميل
piailler, *v* زعق . صوّت ٭ صرصع
pianiste, *n* عازف أو صانع البيان
piano, *m* [پيانو] بيان . بيانو . مِعْزف
piastre, *f* غرش . قرش (ج . قروش)
pic, *m* معول [پيك] (أزمة بسنة) ٭ ذراع
— de montagne قنة . قنّة
— (oiseau) أبو منقار . الشرشنق
à pic عموديا . رأسيا
picotement, *m* وَخْز . نقز . شكشكة
picoter, *v* وخز . نَخز . شك ٭ نقر (نقنق) ٭ التقط . قطف ٭ التقط الحب
pie, *f* عقعق
—, ابلق . أبيض ملطخ باسود . ابقع ٭ خيري
œuvre — عمل خيري . عمل مبرة
pièce, *f* قطعة ٭ غرفة
— de vin [پْيِيس] برميل نبيذ كبير
— de drap بسطوية جوخ . ثوب
— d'eau بحيرة . بركة ٭ فسقية . حوض
— de rechange قطع بدل . قطع غيار
— justificative مستند . مستندات
— de monnaie قطعة نقود
— de théatre رواية ٭ مسرحية
tailler en pièces مزقه . قطعه اربا اربا
pied, *m* [پْيِه] رجل . قدم ٭ مقطع
— plat رجل مبططة . تسطح القدم
— marin رجل ثابتة في البحر أي شخص لا يصيبه دوار
— de nez اشارة استهزاء
— à terre شقة أو دور أرضي ٭ إستراحة . منزل وقتي
— bot أعوج القدم
— (mesure de longueur) قدم
— de chèvre عتله . رافعة للأثقال
— de biche آلة لخلع جذور الاسنان أو المسامير
— à coulisse مقياس السمك أو الثخانة
— du mur جذر أو قاعدة الحائط
— de salade سلاطة . (رأس سلطة)
— s de mouton كوارع ضاني
faire du — غازل برجله
il danse comme un — يرقص رديئا جدا
à — على الأقدام . سار ماشيا
sur ce — là على هذا المعدل
mettre un ouvrier à — اوقف عامل عن العمل
armée sur — جيش تحت السلاح
d'arrache — بدون انقطاع
piédestal, *m* قاعدة عمود او تمثال . ركيزة
piège, *m* [پْيِيج] فخ ٭ شرك ٭ مصيدة
pierre, *f* [پْيِير] حجر ٭ حجارة ٭ أحجار
— à fusil صوان ٭ قداحة
— à briquet حجر ولاعة
— de taille حجر منحوت
— lithographique حجر طباعة
— ponce حجر هش ٭ حجر خفان
— de touche حجر محك
— précieuse ou fine حجر كريم ٭ جوهرة
— de la vessie حصاة المثانة ٭ بحصة . حصوة
— infernale حجر جهنم ٭ نترات الفضة المحمدة
— cilicieuse حجر رملي
— argileuse حجر طفلي أو دلفاني
— philosophale حجر الفلاسفة أو الكيمياء

pierreries, *f.pl.* حجارة كريمة ¤ جواهر
pierreux, se كثير الحجارة ¤ متحجّر
pierrot, *m* العصفور الدوري
—— ¤ مهرج. مضحك
piété تقوى. عبادة ¤ حب ورع
piétinement, *m* دهس
piétiner, *v* وطىء. داس ¤ ضرب الأرض برجله
piéton, *m* راجل. رجالة. ماش
(ج. مشاة). سائر على قدميه
piètre, *a* مسكين. صعلوك. حقير ¤ فقير
pieu, *m* وتد (خازوق)
pieuvre, *f* أخطبوط
—— دول. سرطان
حيوان بحرى له ثمانية اذرع
pieux, se, *n* تقي. ديّن. ورع
piffrer (se), *vp* حشى بطنه طعاماً
pigeon, *m* حمامة. حمام
— voyageur الحمام الزاجل
pigeonneau, *m* فرخ الحمام. زغلول
pigeonnier, *m* برج حمام. عمراد
pigment, *m* مادة ملونة في الجسم. صباغ
pignon, *m* حائط
الجملون. قاعدة السقف
¤ ترس. دولاب صغير
مسنن ¤ نواة أو حب
الصنوبر
pilage, *m* دق. سحق
pilaire, *a* [پيلير] شعري

pilau ou pilaf, *m* ارز مفلفل
pile, *f* جسر. دعامة جسر
بغلة. كتف وسطى للقنطرة
. ركمة. نضد (ج. انضاد) ¤ كوم [پيل]
— électrique العامود الكهربائي. بطارية
— (côté opposé à face) قفا. ناحية النقشة
piler, *v* [پيله] دق. سحق. هرس. سحن
pileur, se, *n et a* دقاق. سحّاق. سحان
pilier, *m* —— عمود. قائمة
pilifère حامل للشعر. له شعر
pillage, *m* سلب ¤ غارة
pillard, e, *a et n* نهاب
. ناهب. سلّاب ¤ غاز
piller, *v* [پيله] نهب. سلب ¤ غزا
pilon, *m* يد الهاون. جدلة ¤ لاطه. مدقة كبيرة
pilonnage, *m* دق. سحن ¤ دق الأوتاد
pilot, *m* وتد. ركيزة. دعامة ¤ كومة ملح
pilotage, *m* دق. وضع أوتاد بالماء
¤ رئاسة المركب أو إدارتها في المرفاء أو
الأماكن الخطرة ¤ قيادة الطائرات
pilote, *m* رئيس البوغاز ¤ مدير. مرشد
¤ طيار. ربان الطائرة [پيلوت]
piloter, *v* دق. غرز ¤ قاد المركب
عند دخولها وخروجها في المرفأ والأماكن الخطرة
¤ قاد الطائرة ¤ أرشد. هدى [پيلوته]
pilotin, *m* تلميذ يتعلم إدارة المركب
pilotis, *m* مجموعة أوتاد أو ركائز
pilule, *f* حب. حبة (ج. حبوب، حبات)
avaler la — إغتر ¤ صمم على شيء مضايق
— la pilule حلّى له العمل
piment, *m* [پيمن] فلفل احمر او اخضر

pin, *m* شجرة الصنوبر. صنوبر [پن]

pinacle, *m* قبة مرتفعة في أعلى البناء

pinard نبيذ // لعبة ورق

pince, *f* طرف حافر الفرس. مُشبك * خنصرة. خياطة لتحكيم القياس * عتله. قرصة * ماشة. مسّاكة. ملقط. منتاش (ماشك). كلابة

— a dissection جفت التشريح

pincé, e مقروص. منقور * واقع في جب

style — اسلوب مفخفخ

taille — قد مخنصر

pinceau, *m* فُرْشاة. فُرْشة تصوير أو دهن. مِرقاش

pincée, *f* قبصة. نتفة

pincement, *m* تقضيب الغصون * قرص * قرصة

pince-nez, *m* نظارة تشبك بالأنف

pincer, *v* قرص. ضغط * فاجأ * قبض على. مسك * قضب الغصون [پنسه]

— de luth ضرب العود

se faire — انقفش. انمسك

pincette, *f* ماشه. ملقط (ماشك). كلابة

pinçon, *m* أثر القرص (تنويته)

pingouin, *m* الطير الأكتع. الغلموت

pingre, *m* بخيل

pinière حرش صنوبر

pinson, *m* برقش. شرشور. طائر الدُج

pintade, *f* دجاج سوداني أو حبشي. غرغر

pioche, *f* مِحْفر. معول. فاس [پيوش]

piocher, *v* نكش. عزق * جد في العمل

pion, *m* حجر دامه. قشاط طاولة

pionnier, *m* ممهد الطريق للعسكر * مقدام * رائد (ج. روّاد)

pipe, *f* غليون. [پيپ] پيپه. شبق * برميل كبير

casser sa — مات

pipée, *f* صيد الطيور بالدبق واجتذابهم بتقليد اصواتهم

pipéracées, *f.pl.* الفصيلة الفلفلية

pipeur, se, *n* غشّاش. خدّاع في اللعب

pipi, *m* تبويل * بول

piquant, e, *a* لاذع. ناخس. قارص * حرّيف // sauce —te دمعة حريفة

pique, *f* حربة. رمح * نكاية

—, *m* بستوني. أحد ألوان ورق اللعب السوداء [پيك]

piqué, e, *a* مقروص * مقروص. ملسوع. ملدوغ * منبت. مكفّف * مخبول

vin — نبيذ محمّض. نبيذ ابتدأ يتخلل

pique-assiette, *m* ضيفن. طفيلي

pique-nique نزهة طويلة وأكلة في الخلاء

piquer, *v* شك. وخز * قرص. لدغ. لسع * خرّم * كفّف. نبّت. ضرب * غاظ

— des deux اسرع * جد. اهتم

— au vif اغاظ

— de l'ail dans la viande غرز ثوم في اللحمة

— une tête سقط على رأسه. طبّ برأسه

— une crise de nerfs تملكه العصبي

se — إغتاظ ٥ تحمس. تباهى ٥ شاك
— d'honneur اظهر مراعاة لشرفه
piquet, m شرزمة عسكر ٥ وتد. خابور
يغرز في الأرض ٥ عقوبة الوقوف في المدارس
piqueter, v رسم طريقاً أو خطاً بصف
الأوتاد في الأرض ٥ علّم بنقط متباعدة
piqueur, m قائد كلاب الصيد ٥ نحات حجارة
٥ خادم خيّال. خادم راكب [پيكير]
piqueur, se, n خياط جلد وخلافه
piqure, f شكة. قرصه ٥ درزه. غـرْزة
— (d'un insecte) لسعة. لدغة. قرصة
— (d'épingle) وخزة أو شكة دبوس
pirate, m لص البحر. أحد قرصان البحر
piraterie, f قرصنة. نهب. سلب المراكب
pire, a أكثر شراً. أردىء. أسوأ [پير]
pirouette, f برمة. دورة. لفة كاملة على
رجل واحدة ٥ (شقلبه) ٥ فُـرّيرة
homme — رجل مذبذب
pis, ad (au pis aller أردأ ما يكون ٥ (بالميت
—, m ضرع. بز ٥ صدر [پي]
pisciculture, f تربية الأسماك
piscine, f حوض. بركة للسباحة
٥ جرن المعمودية [پيسين]
pisse, f بول. شخة [پيس]
pissement, m بول. بوال ٥ تبويل
pissenlit, m هندباء برية. خضار سلاطة
manger des —s par la racine دفن. مات
pisser, v بال [پيسه]
pissoir, m مبولة. مكان يبول فيه
pistache, f فستق ٥ لون أخضر فاتح

piste, f أثر. اثار القدم. دعس ٥ حلقة
— de patinage المكان المخصص للزحلقة
pistil, m عضو التأنيث. مُـتأبِّـر (في النبات)
مكان البز من الزهر

pistolet, m طبنجه
— . فرد. غداره
٥ مسطر المنحنيات
— de dessinateur مِسْطرة
piston, m مكبس. كباس. مدك
للطلمبة وغيرها ٥ محسوبية
cornet à piston بوري في
الآلات الموسيقية. نفير بمفاتيح
fusil à piston بارودة بمدك
اي تحشى من فمها
pistonner, v سَنَد. عَضَد
pitance, f جرايه. معاش يومي
piteusement, ad بهيئة محزنة. بنوع مبك
piteux, se, a محزن. مبكٍ. مغم
pitié, f أسف. حزن. رأفة. رحمة
piton, m — رزّه [پيتُن]
pitoyable, a يُرثى له. مبك. محزن
. مستوجب البكاء أو الرحمة [پيتوايابل]
pitre, m مشعبذ. مزعبر
pittoresque, a بهي ٥ لائق أن يرسم أو يصور
pituite, f بلغم ٥ مخاط. نخامه [پيتويت]
pivoine, f عود الصليب. ورد الحمير
pivot, m محْوَر. مَدار ٥ قطب. عقب وسكرجه
pivoter, v دار. برم على محوره أو مداره
placage, m تركيب قشرة ٥ قشرة خشب
. ابلاكاج [پلاكاج]

placard, m دولاب في حائط ٭ إعلان .لوحة عليها إعلان ٭ تاج الباب ٭ مسودة
placarder, v لصق اعلاناً
place, n et f محل . مكان عرض للنظّارة ٭ ميدان . ساحة ٭ رتبة . وظيفة [پلاس]
— d'armes ساحة العرض العسكري
— forte حصن ٭ مدينة او مكان محصن
perdre sa — رفت ٭ اضاع محله
faire la — (سمسر) عرض البضاعة على السوق
avoir de crédit sur la — اعتمد عند التجار
sur — حاضر . جاهز
placé, e, a مَوْضُوع ٭ مُوَظَّف
argent — نقود شغالة ٭ نقود مودوعة بالأرباح
mal — في غير موضعه ٭ في محل رديء
placement, m إستخدام ٭ مركز . وضع
— d'argent تشغيل النقود . مبلغ مستثمر
bureau de — مكتب تخديم
placenta, m مشيمة (في النبات والحيوان) ٭ خلاص الجنين [پلاسَنتا]
placer, m منجم ذهب . راسب يحوي ذهباً
placer, v وضع في مركز ٭ خدم ٭ وظّف ٭ باع لحساب الغير [پلاسِه]
— sa confiance أودع ثقته
— de l'argent شغل نقوداً . سلّف نقوداً بفائدة
— des denrées باع مأكولات
se — توظف ٭ وجد لنفسه محلاً أو عملاً
placet, m طلب تحديد جلسة ٭ عريضة
placeur, se, n ورن مخادم ٭ مُجلس اي مرشد للمقاعد ٭ وسيط بيع [پلاسِر]
placide, v هادىء . رابط الجاش ٭ مسالم
placidité, f هُدوء . رصانة
placier, ère, n سمسار البيع . وسيط عارض بضائع الغير [پلاسْيه]
plafond, m سقف ٭ أعلى ارتفاع تبلغه الطائرة
plafonnage, m تسقيف
plafonnier, m نجفة كهرباء لاصقة بالسقف
plage, f ساحل . شاطىء . . پلاج ٭ قطر
plagiaire, n et a منتحل تآليف الغير
plaidant, e مُترافِع . مُرافع ٭ مُتقاضٍ
plaider, v ترافع ٭ دافع عن [پلِده]
— la cause دافع عن . حاج . حامى
plaideur, se, n مترافع
les plaideurs الأخصام ٭ المترافعون
plaidoirie, f مُرافعة . مُدافعة عن ٭ دعوى ٭ المرافعة . دفاع
plaie, f قرح ٭ وباء ٭ جائحة . ضربة
plaignant, e, n شاكٍ . متظلم ٭ المدعي
la partie — e المبلغ ٭ المدعي . المتشكي (في القضاء)
plain, e, a مستوٍ . مسطح
de plain-pied بدون صعوبة
plaindre, v3 شفق . رثى لـ [پلَنْدْر]
se — شكا . إشتكى إلى أو تشكى من
plaine, f واد . سهل . مهد [پلِن]
plainte, f شكوى ٭ رثاء [پلَنْت]
plaintif, ve, a نحيبي ٭ من دأبه التشكي
plaire, v3 أعجب . أرضى [پلِر]
s'il vous plait من فضلك
je me plais ici يسرني الاقامة هنا
à Dieu ne plaise que حاشى . لاسمح الله
plaisamment, aa هزلياً ٭ بطريقة مسرة
plaisance, f نزهة [پلِزَنس]
Yacht de — يخت نزهة
un lieu de — محل نزهة . متنزه

plaisant, e, *n et a* دَعِب ◦ سخري ◦ فكه ◦ مسل . مسر [پليزَن]
histoire plaisante قصة فكاهية ◦ حكاية مسرة
le — الناحية الهزلية ◦ مزاح . هازل
plaisanter, *v* هزل . مزح (هزر)
plaisanterie, *f* مُزاح . هزل . تنكيت
plaisantin, *m* مِهزار . مزّاح . هازل
plaisir, *m* لذة . سُرور ◦ حظ ◦ شهوة
le bon — الكيف . هوى
faire — خدم . صنع معروفاً ◦ ارضى
avec grand — على العين والرأس
les plaisirs التفاريح ◦ الشهوات
amour des plaisirs حب الشهوات والملذات
fait à — مختلق . مصطنع
plamer, *v* نقع الجلود . نظف الجلد بالجير
plan, *m* رسم ◦ خريطة ◦ سطح ◦ تصميم
— de campagne تصميم أو خطط الحرب
le — de la ville رسم المدينة . خريطة
plan, e, *a* مسطح ومتساو . سَوي
planche, *f* لوح خشب ◦ صفيحة للنقش
— de salut الوسيلة الأخيرة للتخلص من خطر
faire la — عام على ظهره بدون حركة
monter sur les —s صعد على المسرح . شخّص
une — de persil حوض مزروع بقدونس
plancher, *m* سقف بين الأدوار ◦ أرضية ◦ أرضية خشب [پلنشه]
— de frise أرضية خشب مشغول
suspendre un lustre au — علق نجفة في السقف
plane, *f* مصقل أو مسحل ذو مقبضين . سكينة الصقل (بوزجينا)
plané, *a.m* طيران بدون رفرفة . صف
planer, *v* إستعدل ◦ نعّم . سحج ◦ جلا ◦ صف الطير أي بسط جناحيه بدون تحريكهما . حلق ◦ نظر من أعلى ◦ ارتفع . ساد على
le milan plane الحدأة تصف أي تحوم
machine à planer آلة الاستعدال . مصقلة
planétaire كوكبي . خاص بالسيارات
planète, *f* كوكب سيّار [پلانيت]
— inférieure سيارة سفلى قريبة للشمس
marchand de planètes بياع ورق البخت
planeur, *m* طراق الفضه . صقال . جال ◦ طيارة بدون محرك تطير مدة قصيرة
— en cuivre طراق النحاس
plantage, *m* غرس . زرع [پلنتاج]
plantation, *f* زرع . غرس ◦ مزروعة ◦ مشتل
une — de canne à sucre مزرعة أو غيط قصب
plante, *f* نبات . غرس . عشب (ج . اعشاب)
— du pied باطن القدم ◦ أخمص القدم
jardin des plantes جنينة النباتات
planté, e, *a* مغروس . مزروع ◦ منصوب
planter, *v* زرع . غرس [پلنته]
— sa tente نصب خيمته
— un terrain de vignes غرس أرضاً كرماً
il se planta sur mon passage تصدر لي
planteur مزارع ◦ صاحب مزرعة في مستعمرة
planton, *m* مراسله ◦ عسكري مراسلة
plantureux, se, *a* غزير . فيّاض . وافر
planure, *f* نجارة . نشارة [پلانيير]
plaque, *f* لوحة . صفيحة . شارة [پلاك]
— de portefaix صفيحة نمرة أو رخصة الشيال
— sensible لوح زجاج حساس
plaqué, *m* معدن مصفح بذهب أو فضة
plaquer, *a* لصق قشرة . صفح ◦ هجر . ترك
— de l'or ألبس قشرة ذهب

plasma, m السائل الدموي او مصل الدم

plastique, a قابل الجبْل أو التشكيل. مصور ٭ ما يخص جبْل الخلقة أو الجسم ٭ مادة البلاستيك

art — فن الجبل أو تصوير الأشكال

chirurgie — الجراحة الترقيعية او التقويميّة

—, f صناعة جبْل الأشكال ٭ هيئة المرأة في مختلف الأوضاع

plastron, m صُدرة ٭ وجه قميص ٭ هزأة

— d'escrime صدرة من جلد

plat, e, a مبطط. مفرطح. منبسط

— personnage شخص دني. لا أهلية له (لطع)

avoir le ventre — خوى من الجوع

calme — شدة هدوء البحر

cheveux —s شعر مسترسل او سبط أي غير مجعد

à — او معقوص // على الأرض ٭ كلياً

à — ventre منبطح على وجهه. متمدد على الأرض

battu à —e couture منهزم. منكسر تماماً

plat, m [پْلا] صحفة. صحن كبير. طبق

— de balance كفة الميزان

le — du sabre صفح أو عرض السيف

faire tout un — عمل ضجة لشيء تافه

un — de viande صحن لحمة

mettre les petits —s dans les grands اضاف بكرم عظيم // أكلة لذيذة

un bon —

plat-bord, m حرف أو حافة السفينة ٭ خشب ضخم وعريض على دائر السفينة

plateau, m صينية ٭ طبق للتقديم ٭ سهل عال. نجد. هضبة ٭ كفة الميزان ٭ مكان التصوير السينمائي. مصطبة

plate-forme, f منصة ٭ رصيف (بسطة) ٭ طوار ٭ سطح بيْت مسطح

platement, ad ببرودة ٭ بالفتوح. بصراحة

platine, m معدن ثمين. بلاتين ذهب أبيض

—, f نحاسة المطبعة ٭ جهاز الزناد ٭ غطاء القفل المثقوب. شمسية القفل

platitude, f سماجة. سخافة

platonique, a أفلاطوني. عذري. مجرد

amour — عشق طاهر. هوى عذري

Platon, m أفلاطون ٭ فيلسوف اغريقي

plâtras جير (بياض) ساقط من الحيطان

plâtre, m جبس ٭ جص. لياط

plâtrière, f مجبس. جباسة. فرن أو محجر جبس

plausible, a محتمل. معقول. مَقبُول

plèbe, f رَعاع القوم. السُوقة. العامة

plébéien, ne, a et n من العامه أو السوقة

plébiscite, m إستفتاء عام ٭ إعلان من الشعب

pléiade, f ثريا وهي الكواكب السبع الكائنة في عنق الثور ٭ جماعة شعراء أو مشاهير

pleiger, v ضمن. كفل

plein, e, a ملآن. ممتلئ ٭ زاخر. مَلِي

—e (en parlant des bêtes) حامل

plein pouvoir توكيل مطلق. سلطة تامة

en plein jour في ضحى النهار. في رابعة النهار

pleine action معمان الحركة أو ابان العمل

tout plein جداً. كثيراً

—, m الملء أو المملوء

en — في الوسط ٭ في الصميم

pleinier, ère, a كلي. عام ٭ تام. كامل

plénipotentiaire, a مُطلق التفويض

— m (ministre —) وزير مُفوّض

plénitude, f زيادة. إفراط ٭ امتلاء. تمام

— de droits كامل الحقوق (في القضاء)

pleur, m [پْلِر] بكاء

—s, m.pl. دموع

pleure-misère, n يشكو دائماً العسر

pleurer, v بكى. ناح ٭ ندب ٭ تأسف على

pleurésie, *f* ذات الجنب. اِلتهاب البليورا

pleurnicher, *v* تباكى. تظاهر بالبكاء

pleuvoir, *v* أمطرت السماء. هطل أو نزل المطر

plèvre, *f* بلورا. غشاء مصلى يغشي الرئتين

pli, *m* طيّه. غَـرة. ثنيٌ. غضن (ج. غضون)
[پْلِي] ٭ كسر منثن في ثوب

— de correspondance ظرف. غلاف. مغلف

prendre un mauvais — إعتاد عادة سيئة

pliage, *m* [پْلِيَاج] طي. لف. ثني

pliant, e, *a* طاوٍ ٭ يطوى. ينثني. طوي

chaise —e كرسي قابل الطوي أي ينطوي

—, *m* مقعد يطوى و بدون ظهر أو مساند

plié, e, *a* مطوي. ملفوف٭ ممطوف

plier, *v* طوى. ثني ٭ لفّ. طبّق

— bagage حزم. ربط عفشه

se — إنثنى ٭ خضع لـ

plissé, *m* شغل الطي

plissé, e, *a* مطوي. مثنيّ. به طيّات

jupe —e نقبة (تنورة) كلها طيات

plisser, *v* طوى. ثنى. عمل ثنايا أو طيّات

ploc, *m* بقايا جوخ ٭ شعر البقر أو العنز أو الكلاب

plomb, *m* [پْلُن] رَصاص

— de chasse رش

sommeil de — نوم عميق

à plomb عمودياً

mettre à — أوقف ٭ أعدل. أصح. صحح

plombage, *m* ترصيص ٭ حشو (الأسنان)

plomber, *v* رصّص

— les dents حشا الأسنان أي رممها

plombier, *m* مشتغل بالرصاص ٭ سمكري

plongeon, *m* غطس، غوّص ٭ غطاسة

faire le plongeon غطس. غاص // (طير)

plonger, *v* [پْلونچ] غطس. غطّس

plongeur, se, *n* غطاس. غوّاص
٭ غاسل الصحون في المطاعم

ployer, *v* [پْلوَيِ] لوى. عطف. ثنى

pluie, *f* [پْلوِي] مَطر (ج. أمطار)

plumage, *m* مجموع ريش الطير

plumard, *m* سَرير ٭ مقشة ريش

plumasserie, *f* صناعة و تجارة الريش

plume, *f* ريشه. ريش ٭ ريشه الكتابة ٭ قلم

une belle — حسن الكتابة أو الانشاء

plumeau, *m* ريشة تنفيض

plumer, *v* نتف الريش

plumeux, se, *a* ريشي
٭ مغطى بالريش

plumier, *m* مِقلمة. علبة الأقلام

plumitif, *m* مسودة الحكم ٭ كاتب حقير

plupart (la), *f* أغلب. أكثر الـ ٭ الأكثر

pluralité, *f* أكثرية ٭ كثرة. وَفْرة

pluriel, le, *a* جمعي ٭ دال على الجمع

—, *m* [پْلِيرِيل] جمع

— régulier جمع سالم

plus, *m* [پْلِيس] أكثر ٭ زيد ٭ كمية زائدة

—, *ad* زيادة. علاوة. زِد على ذلك

—que أزيد. أكثر من

plus ou moins تقريباً. أقل أو أكثر. إلى حد ما

d'autant — و على الخصوص

à — forte raison كم بالحري

non — لا هذا و لا ذاك

ni — ni moins لا أقل و لا أكثر. لا أخذ و لا رد

il ne travaille — توقف عن العمل. لا يشتغل

plusieurs, *a.pl.f et m* كثيرين. عِدة
plus-que-parfait. *m* الماضي الأتم
plus-value, *f* زيادة قيمة
plutôt, *ad* أولى. أجدر. أحرى. خير من
pluvieux, **se** مُمْطر. كثير المطر ٭ مطري
p.m. بعد الظهر
pneu *ou* **pneumatique**, *m* اطار ٭ كاوتش (طبان المجلة).
٭ رَسائل مستعجلة مرسلة في أنابيب
pneumatique, *a* مفرغ الهواء
—, *f* عِلْم خصائص الهواء والغازات
pneumonie, *f* إلتهاب رِئوي. ذات الرئة
poche, *f* [پوش] جيب ٭ كيس. غرلرة
argent de — مصروف الجيب (شبرقة)
pocher, *v* كسّر البيض في الماء ٭ ورم من قرصة أو ضربة ٭ رسم بسرعة
pochette, *f* جَيب صغير ٭ منديل للزينة
podagre, *f* نِقرس القدم. داء مفاصل القدم
—, *n et a* مُصاب أو متعلق بنقرس القدم
poêle, *m* بساط الرحمة ٭ غطاء النعش. كفن
موقد. تنور (وجاق). مدفأة
poêle, *f* مقلى. مقلاة [پوال]
poème, *m* قصيدة. شعر
poésie, *f* شِعْر ٭ قصيدة ٭ نظم الشعر عِلْم العروض أو القريض [پوزي]
poète, *m*; **poétesse**, *f* شاعر. شاعرة
poétique, *a* شِعْري. نظمي [پوإتيك]
poids, *m* ثقل ٭ وزن ٭ عيار [پوا]
poignant, **e**, *a* مؤلم. حاد. مؤثر
poignard, *m* خنجر (ج. خناجر)
poignarder, *v* قتل بالخنجر ٭ طعن ٭ جرح أو قتل بالسكين.
poigne, *f* قوة الزند او القبضة
le gouverneur a de la — الحاكم ذو بأس
poignée, *f* قبضة. حفنة ٭ أكرة. مقبض. يد
— de mains مصافحة اليد. تصافح
une — de gens حفنة أو كبشة ناس. بضعة
poignet, *m* قبضة اليد. معصم. رُسغ ٭ اسورة. كُم [پوَنيه]
poil, *m* زغب. شعر البدن ٭ لون الحيوان
— follet وبر
il a un — dans la main كسول
à — عريان
poilu, **e**, *a* أزب. أشعر. كثير الشعر
—, *m* عسكري فرنسي [پوالي]
poinçon, *m* منحت. مخرز. مثقاب (سنبك) ٭ ختم الدمغة ٭ قالب. أم
poinçonner, *v* دمغ
poindre, *v3* نخز. وخز ٭ ظهر. بزغ. انفلق
poing, *m* قبضة اليد. اليد المطبقة
coup de poing لطمة يد (بونيه)
point, *m* نقطة ٭ نغزة ٭ غرزة ٭ قطبة ٭ درجة ٭ بند (في الطباعة) ٭ موضوع [پوَن]
— de côté ألم الجنب
— d'appui مسند. نقطة استناد
— d'interrogation «؟» علامة استفهام
— d'exclamation «!» علامة التعجب

— de vue مقصد. نقطة النظر ٭ منظر
— à résoudre مبحث. مسألة
points cardinaux جهات أصلية
partie en cent points بركيتة لغاية مائة
mettre au point ضبط بالدقة
à point بوقته. في حينه ٭ مستوى كما يجب
sur le point على وشك. على أهبة. أشرف على
au point du jour سحراً. عند الفجر
mal en point في حالة رديئة
au dernier point في غاية ٭ جداً
mettre les —s sur les i دقق. شرح بتفصيل

point, *ad* [پْوَن] أبداً. لا. لم. أصلاً

pointage, *m* تأشير ٭ تصويب. تسديد

pointe, *f* سن. حد. حرف ٭ مسمار دقيق ٭ نكتة ٭ نغزة ٭ رأس. طرف ٭ قمة
— de l'épée حد السيف
— du jour شق الفجر. طلوع الضوء. تبلج الصبح
sur la — du pied على طرف رجله
en — مدبب. مسنن

pointer, *v* أشر. علّم ٭ ضرب بحد الـ ٭ صوّب. سدد ٭ بزغ. ظهر. انشق ٭ نقط ٭ طار. حلق ٭ سن. دبب. اسل

pointeur, *m* مصوب (منشن). مسدد ٭ مؤشر ٭ فراز [پْوَنْتِير]

pointillage, *m* تنقيط ٭ بقع. نقط

pointille, *f* [پْوَنْتِيْشْ] مشاحنة تافهة

pointillé, e, *a* منقط

pointiller, *v* نقط. نقّط

pointu, e ذو حرف أو حد حاد. مُدبّب

pointure, *f* ابرة الطابع ٭ مقاس الحذاء أو القفاز [پْوَنْتِير]

poire, *f* [پْوَار] كمثري ٭ حقنة يد من جلد ٭ غِر ٭ سهل الانخداع ٭ رأس ٭ سحنة

poire à poudre علبة البارود

poireau, *m* [پْوَارُو] كرات أبو شوشة
faire le poireau ou poiroter إنتظر

poirée, *f* سلق

pois, *m* [پْوَا] حمص ٭ بسلة. بازلاء
petit pois بسلة خضراء. بسلة
pois de senteur زهر البسلة الخضراء البرية
pois chiche حمص
pois de cautère حمصة

poison, *m* [پْوَازُن] سُم

poissard, e, *a et n* سوقي ٭ منحوس

poisser طلى بالزفت. زفّت ٭ لطخ بشيء لازج

poisseux, se, *a* زفتي. مزفّت ٭ لزج

poisson, *m* [پْوَاسُن] سمك (ج. أسماك)
poisson salé ملوحة. سمك مملح
poisson d'avril كذبة ابريل

poissonnerie, *f* حلقة سمك، سوق سمك

poissonneux, se, *a* كثير السمك

poissonnier, ère, *n* سمّاك. بائع سمك

poitrail, *m* صدر الفرس ٭ رقابية السرج

poitrinaire, *a et n* مسلول. مصدور

poitrine, *f* [پْوَاتْرِين] صدر

poivrade, *f* صلصة بهارات وزيت وخل

poivre, *m* [پْوَفْر] فلفل
poivre de la Jamaïque كبابة صيني
barbe poivre et sel ذقن وخطها البياض

poivrer, *v* تبّل بالفلفل. فلفل

poivrier, *m* شجرة الفلفل ٭ مبهرة

poix, *f* [پْوَا] زفت
poix résine, *f* راتنج

polaire, *a* [پْوَلِير] قطبي

polarisation, *f* زيغان الضوء . و ، استقطاب . تقطيب (في علم الطبيعة)
pôle, *m* [پول] قطب
— nord, boréal *ou* arctique القطب الشمالي
— sud, austral *ou* antarctique القطب الجنوبي
—s magnétiques قطبا المغنطيس
polémique, *f* مناقشة . جدال قلمي
poli, e, *a* مَصقول . مجلو ☆ مهذب . مؤدب
poli, *m* [پولي] لمعان . صقلة . بردخة
police, *f* بُوليس . شُرطي ☆ شرطة . ضابطة ☆ عقد ☆ بوليصة . ورقة الشحن
— d'assurance بوليصة أي عقد السيكورتاه
— (en imprimerie) تشكيلة حروف
la — secrète البوليس السري
salle de — سجن الجنود
policer, *v* ضبط . نظَّم الادارة ☆ هذَّب
polichinelle, *m* كراكوز . مُضحك
policier, ère, *a* [پوليسيه] بوليسي
poliment, *ad* [پوليمَن] بأدب . برقة
polir, *v* [پولير] صقل . جلا ☆ هذَّب
polissage, *m* صقل المعادن والحجارة . بردخة . جلو [پوليساچ]
polisseur, se, *n* صَقَّال . جَلاَّء
polisson, ne داعِر . فاجر . لعوب . ماجن
polissonnerie, *f* قلة حشمه ☆ رذالة
politesse, *f* أدب ☆ لطف . كياسة . تأدب
politicien, ne, *n* سياسي . ذو دهاء
politique, *f* [پوليتيك] سياسة
— *a et n* سياسي . اداري ☆ سياسي . محنك

pollen, *m* طلع . لقاح ☆ حبوب اللقاح
pollicitation, *f* تعهد أو عرض منوقف على قبول الطرف الآخر
polluer, *v* دَنَّس . لَوَّث . نَجَّس
pollution, *f* تنجيس . تدنيس . تلويث
— nocturne إستنوام . إستحلام
poltron, ne, *a et n* جَبان . أجبس
poltronnerie, *f* جبن . نذالة
polychrome كثير الألوان (عن الرسومات)
polyclinique, *f* مُستوصَف (عِيادة) لمختلف الأمراض
polygame, *n* مُضر ☆ كثير الأزواج
plante — نبات يحمل زهراً مؤنثاً ومذكراً معاً
polygamie, *f* ضِر . تعدد الزوجات أو الأزواج [پوليجامي]
polyglotte, *a* مؤلفات مكتوبة بلغات عديدة // عالم بلغات كثيرة
—, *n*
polygonal, e, *a* كثير الزوايا والأضلاع
polymorphe كثير الأشكال أو الهيئات
polype, *m* سَرطان ☆ وَرم لحمي ليفي يتفشى في الأغشية المخاطية في الأنف والزور
polytechnicien, *m* طالب أو متخرج من مدرسة الهندسة والمدفعية
école polytechnique مدرسة المهندسين
polythéisme, *m* شِرْك . القول بتعدد الاله
pommade, *f* [پوماد] مَرْهم . دُهن
pomme, *f* [پوم] تفاح . تُفاحة ☆ راس
— de pin كوز صنوبر
— d'amour طماطم . بندورة . قوطه

— de terre بطاطس
— d'Adam تفاحة آدم. حرقدة. عقدة الحنجور
se sucer la — تعانق
tomber dans les — غشي أو اغمي عليه
il a pommé خاب. لم ينجح
pommeau, m تومة. قبضة السيف
pommelé, e لون قرو شي. مرقط. مدنّر
pommelle, f مصفاة البلاعة أو للماسورة
* مسمار محور العربة
pommette, f وجنة. أعلى الخد. العظم الوجني * تفيحة * رمانة. حلية على شكل تفاحة * قطعة معدنية في طرف الفرد
pommier, m شجرة تفاح [پمْيِه]
pompe, f طلمبة مضخة * منفاخ * أبهة. فخفخة [پُنْپ] 
— d'incendie مضخة الحريق
— funèbre جنازة. موكب الجنازة
pomper, v نزح أو فرغ الماء * شفط. سحب
pompeux, se فاخر. دال على الابهة والعظمة
éloge pompeux اطناب بالمدح
pompier, m عسكري منظم لاطفاء الحرائق. اطفائي. رجل المطافيء
pompon, m شرابة. خصلة حرير أو صوف
pomponner, v, se لبس بعناية. تبرج
ponce, f حجر خفان أو خفاف. رخفة
poncer, v جلى. مسح بالحجر الخفاف أو النشفة
ponction, f وخز. خرم * بذل. بط
ponctionner, v بط. بزل * اجرى عملية البزل
ponctualité, f دقة. التدقيق في مراعاة الوقت وحفظ المواعيد
ponctuation, f ترقيم. وضع النقط. تشكيل * علامات الوقف والابتداء.
ponctuel, le مضبوط. محافظ على المواعيد
ponctuer, v نقط. شكل * وضع علامات الوقف بين الجمل [پُنْكْتِيِه]
pondérable, a يوزن. له وزن أو ثقل
pondération, f موازنة
pondérer, v عدل. وازن
pondeuse, a et n بيوض. بائض * كثيرة الولادة. ولود
pondre, v باض
pont, m قنطرة. كوبرى
— tournant جسر متحرك اي يفتح
— dormant جسر ثابت
— levis جسر يرفع ويخفض
— de navire ظهر سفينة
— aux ânes امر سهل الفهم، لا يخفى على أحد
ponte, f تبييض. زمن البيض
pontife, m حبر. كاهن * رئيس الكنيسه
Le Souverain Pontife البابا. الحبر الأعظم
pontificat, m كهنوت * باباوية * سلطة باباوية
ponton, m جسر عائم اي على قوارب
pope, m كاهن ارثوذوكسي روسي
poplité, e, a مأبضي (في التشريح)
popote, f طبخ. أكل
populace, f العامة. السوقة. الرعاع
populaire, a شعبي * مألوف أو محبوب من الشعب * دارج. عامي [پوپيلير]

popularariser, *v* أذاع. أشاع. روّج. عمّم
se — إستمال قلب الناس ✿ ذاع. (راج)
popularité, *f* شهرة. شيوع لدى الجمهور
population, *f* أهل أو سكان بلد ✿ الشعب
populeux, se, *a* كثير السكان. آهل
porc, *m* [پور] خنزير. لحم الخنزير
porcelaine, *f* صيني. خزف قيشاني
porcelet, *m* خنزير صغير
porc-epic, *m* ← قنفذ كبير. دُلدُل

porche, *m* رُواق. دهليز مسقف. طُنُف
porcherie, *f* زريبه الخنازير ✿ مكان قذر
pore, *m* منفذ. مسمّة، واحدة مسام الجلد
poreux, se, *a* مسامي. ذو مسام
pornographe, *f* مؤلفات خليعة
port, *m* مَرفأ. مينا. مرسى ✿ ملجأ
[پور] ✿ حمل ✿ أجرة النقل
arriver à bon — وصل سالماً
— d'armes اذن لحمل السلاح
— ouvert مرفأ مباح
franc de — خالص أجرة النقل
portable, *a* يحمل. ممكن حمله
portail, *m* بوابة كبيرة. مدخل مزخرف
portant, e, *a* حامل
bien portant ذو صحة جيدة
portatif, ve يُنقل. ممكن حمله. (نقّالي)
porte, *f* [پورت] باب. مدخل ✿ بوابة
mettre qn à la — طرد إنساناً
écouter aux —s تسمّع على الأبواب
heurter à la — قصد
mettre les clefs sous la — تسحب من بيته

porte-avion, *m* حاملة الطائرات
porte-bannière, *n* حامل العلم أو الشعار
porte-bonheur, *m* مجلب البخت. بروكه
porte-charge, *m* مَصْعَد الأثقال
porte-cigares, *m* عُلبة السيكار
porte-clefs, *m* سَجّان ✿ محفظة المفاتيح
porte-crayon, *m* مقبض قلم رصاص
porte-croix حامل الصليب في الحفلات
portée, *f* نتاج الحضنة الواحدة. فقسة
— (de la vue) مدى البصر
— (de canon) مرمى. مدى
— (d'esprit) قوة الادراك أو الفهم. طاقة
à la — de la main في متناول اليد
porte-enseigne, *m* حامل العلم
portefaix, *m* حمّال. عتّال. (شيّال)
portefeuille, *m* ← محفظة أوراق للجيب. قمطر
— du ministre منصب او وظيفة الوزير

— (effets publics) أوراق مالية
— de commerce محفظة الأوراق التجارية
porte-flambeau, *m* حامل المشعل
porte-malheur, *m* جالب نحس. طيرة
porte-manteau, *m* مِشجب. حمّالة (شماعة)، شنكل ✿ حقيبة من قماش
porte-mine, *m* قلم رصاص معدني
porte-monnaie, *m* كيس دراهم
porte-parole, *m* لسان القوم
porte-plume, *m* ريشة. يد أو مسكة الريشة
porte-plume reservoir قلم حبر // ...نه)

porter, *v* حمل ٭ نقل ٭ جلب ٭ تحمل ٭ لبس
— (mère, femelle) حملت
— en terre دفن . قبر . وارى التراب
— interêt à quelqu'un أحب صالح أحد
— la barbe ارخى لحيته
— fruit أثمر . أغل
— les armes سلح بالسلاح ٭ حمل السلاح
— le deuil حزن . حد . لبس الحداد
— le joug خضع
— malheur نحس . جلب النحس . شأم
— prejudice أضر بـ . اجحف بصوالح أحد
— tout le poids باشر الأشغال وحده
— aux nues زادق المدح . تغالى
— plainte قدم شكوى
— à compte قيد على الحساب
— un coup à طعن ٭ أضر
— sur lui حمل معه
se — mal اعتل
se — aux secours اسرع لنجدة
se — garant تكفل بـ . ضمن
le coup a porté أصاب المرمى
elle porte une robe courte ترتدي ثوباً قصيراً
elle porte mon nom تحمل اسمي

porteur, se, *n* حامل ٭ حمّال

porte-voix, *m* بوق يعظم وينقل الصوت

portier, ère, *n* بواب . حاجب

portière, *f* ستار الباب ٭ باب العربة

portion, *f* حصّة . نصيب ٭ جُزء
une — de riz طبق اى ملء الصحن من الارز

portique, *m* رواق . دِهليز مكشوف بين أعمدة ٭ كُنة أو طنف الباب

portrait, *m* صُورة ٭ شبه ٭ وَصْف

portraitiste مصور الهيئة . راسم ٭ واصف

pose, *f* وضع ٭ تركيب ٭ وقفة . وَضعة

posément, *ad* برزانة

poser, *v* وَضَع . حطّ ٭ تصنّع وقفة أو وَضعاً
— pour un artiste جعل نفسه انموذجاً لرسام
— une question سأل . القى سؤالاً

poseur, se, *n* متظاهر . مدعٍ ٭ واضع

positif, ve, *a* أكيد . يقيني ٭ محسُوس
quantité —ve كمية ايجابية (في الجبر)
fluide — السيال الموجب
signe — + علامة الايجاب (اي الاضافة)

position, *f* مركز ٭ موقف ٭ مقام ٭ حالة . وَضع ٭ مَوْقع ٭ وَظيفة

positivement بكل تأكيد ٭ ايجابياً

possédé, *n et a* مَسْكون . ممسوس

posseder, *v* ملك . حاز . احرز . امتلك

possesseur, *m* واضع اليد . حائز . مالك

possessif, *n et a.m* الضمير المضاف اليه أو المجرور ٭ مِلكي

possession, *f* ملك . تملك ٭ حيازة ٭ تمتع
prendre — تملك . وضع اليد

possessoire تملكي ٭ حق وضع اليد

possibilité, *f* امكان . استطاعة . احتمال

possible, *a* ممكن . مستطاع ٭ محتمل
le plus tôt possible بأسرع وقت
le moins — أقل ما يمكن

postal, e, *a* [پوستال] بريدي

poste, *f* بريد (بوسطة) ٭ منصب ٭ وَظيفة ٭ مكان . مَوقع ٭ محط . مَركز .
— restante تحفظ للتسليم من مكتب البريد . ينتظر بشباك البريد
— de police مركز بوليس
— avancée محطة متقدمة اي في الخطوط الأمامية
— d'observation مرصد . نقطة مراقبة
— émetteur محطة اذاعة
— récepteur محطة إستقبال

poster, *v* أقام. وضع في ◊ خدم
se — ◊ ارسل بالبريد // أقام ◊ لبد. كمن
postérieur, e, *a* مؤخر. لاحق ◊ خلفي
— , *m* كفل. أرداف. عجز. الخلف
postérité, *f* نسل. خلف. ذرية ◊ الاعقاب
la — الخلف // الأجيال الآتية
posthume, *a* مولود بعد موت أبيه ◊ طبع أو نشر بعد موت مؤلفه
postiche, *a et m* مصنع. (عيرة)
—, *f* ◊ زخرفة اصطناعية // طوجة
postillon, *m* سائق عربة البريد ◊ حوذي ممتط أحد خيول العربة
post-mortem, *m* بعد الموت
post-scriptum, *m. inv.* حاشية. ذيل
postulant, e, *n* طالب. مقدم الطلب
posture, *f* قعدة. وضع ◊ وقفة أو موقف
pot, *m* [پو] اناء. وعاء. قدر ◊ إبريق ◊ حق ◊ ركوة (تنكة) ◊ (برطمان)
pot-au-feu, *m* حساء كرلب مع اللحم
pot-de-vin, *m* حلوان. وهبة
pot pourri, *m* كشكول. رقص أو موسيقى. خليط ◊ مجموعة نبذ مختلفة
decouvrir le pot كشف المكيدة أو السر
à la fortune du pot كما يقسم. (على ما قسم)
payer les pots cassés تحمل عواقب الأمر
potable ممكن شربه. صالح للشرب. يشرب
potage, *m* (شوربة). حساء. ثريد. سليقة
potager, jardin —, *m* بستان خضر وفواكه
potager, ère, *a* يؤكل. ما يطبخ
plantes —ères خضر ◊ بقول
poteau, *m* عماد. وتد. سارية ◊ عضادة
—x télégraphiques أعمدة للتلغراف
— indicateur لوحة الارشاد. صدة
— de départ نقطة أي مكان القيام
potelé, e (ملظاظ) سمين. ممتلىء الجسم.
potence, *f* [پوتنس] مشنقة
potentiel, le ممكن أن يكون ◊ بطيء
éneregie — le الجهد أو المجهود المكتسب
— , *m* القوة الكهربية في جسم. جهد ◊ أمكانية. طاقة [پوتنسيل]
poterie, *f* فخار. خزف ◊ صناعة أو مصنع فخار. فاخورة ◊ مصنوعات فخارية
— de métal أواني أكل معدنية
poterne, *f* باب سري أو خفي في الحصون
potier, *m* خزاف. فخاري
potin, *m* نحاس أصفر ◊ ضجة ◊ ثرثرة
potion, *f* جرعة أو الشربة من دواء للشرب
potiron, *m* [پتيرن] قرع
pou, *m* [پو] قمل ◊ قملة ◊ قراد ◊ ارضة
pouce, *m* إبهام ◊ قيراط. عقدة إصبع. بوصة ◊ مقدار قليل جداً [پوس]
manger sur les —s لج. تصبر
poudre, *f* مسحوق. ذرور. تراب. (بودره). المسحوق من كل شيء ◊ بارود
— de toilette غمنة (بودرة). مسحوق الزينة
en — مسحون. ناعم. مسحوق
jeter de la — aux yeux خدع. عمى. غر
poudrer, *v* ذر أو نثر الذرور على
se — بدرت. وضعت البودرة على..
poudreux, se, *a* مغبر. مغفر
poudrier, *m* مرملة ◊ علبة البودره
poudrerie, *f* مصنع بارود
poudrière مخزن البارود ◊ علبة البودرة

pouf, *m* [پوف] مقعد بدون مساند
pouffer, *v* [پوف] قهقه . ضحك
pouilleux, se, *a et n* مُقمل . قَمِل
poulailler, خُن الدجاج حظيرة الدواجن ٭ أماكن أعلى المسارح ٭ بائع الدجاج
poulain, *m* [پولن] مُهر (ج. أمهار)
poularde, *f* دَجاجة صغيرة السن مسمنة
poule, *f* [پول] دَجاجة . فَرخة ٭ مومس
— mouillée شخص لحمة، قليل العزم
poulet, *m* فرّوج ٭ رسالة غرامية
pouliche, *f* مهرة . فِلوة . فرس صغيرة السن
poulie, *f* بَكَره . جَرّارة
poulinière فرس للولادة
poulpe (حيوان بحري) صيدج
pouls, *m* [پول] نبض
tater les pouls à qn. عجم عوده
poumon, *m* [پومن] الرئة
poupe, *f* مُؤخر السفينة
poupée, *f* [پوپه] عَرُوسَة . دُمْيَة
pouponnière, *f* قاعة الأطفال الصغار
pour, *prép.* لأجل . لكي ٭ بدلاً عن ٭ بالنيابة ٭ من خصوص ٭ بوساطة
pourboire, *m* وَهْبة . حُلوان (بقشيش)
pourceau, *m* [پورسو] خِنزير . خنوص
pour-cent, *m* في المئة كذا
pourcentage, *m* خصم أو عمولة على المئة ٭ مُعدل مئوي [پورسنتاج]
pourchasser, *v* طارَد . لاحق
pourlecher, *v* لحِس أطراف الشيء
se — تلمظ . مرّ بلسانه على شفتيه

pourparler, *m* مفاوضة
pourpier, *m* رجلة (نبات)
pourpre, *f* ارجوان ٭ رمز السلطة والرفعة
—, *m* اللون الأرجواني . أحمر قاتم ٭ فرفير . بقع حمراء على الجلد (مرض)
—, *a* أرجواني . احمر قاتم
pourquoi, *conj. ad* لماذا . لما . لأي سبب
le —, *m* السَّبَب . الباعِث
pourri, e, *a* عفن ٭ مُهتَر ٭ فاسد
temps — طقس غير صحي ٭ زمن فساد
pourrir, *v* عفن . فسد عفين ٭ أفسد
pourriture, *f* عفونة . هريان . نتانة
poursuite, *f* ملاحقة . اتباع . مُطاردة
— judiciaire مقاضاة
poursuivi, e, *a* مطارد ٭ مدعى عليه
poursuivre, *v3* طارَد . لاحق ٭ سعى ٭ اضطهد ٭ تابع . استمر . تتبّع
— par devant la justice رفع قضية
pourtant, *ad* مع هذا . ومع ذلك
pourtour, *m* (كنار) محيط . دائر الشيء
pourvoi, *m* استئناف
— en grâce طلب العفو أو تخفيف الحكم
pourvoir, *v3* قدّم اللازم ٭ هيأ . زوّد
se — تزود بما يلزم
— en cassation رفع نقضاً وابراماً
pourvoyeur, se, *n* ميّار . مقدم اللوازم
pourvu que, *lc. conj.* بشرط أن
pousse, *f* عسلوج . غصين . فرخ ٭ ربو الخيل
poussée, *f* [پوسه] دَفْعَة ٭ دفع

pousser, *v* دفع . (زقّ) ¤ نبت . أفرخ ¤ عَجَّل ¤ رَوَّج ¤ حثّ . حمل على
— à bout أضاع الصبر
poussif, ve, *a* ضَيِّق النَّفَس
poussière, *f* تراب . غبار . عَفَر
poussiéreux, se, *a* مثل التراب ¤ كثير التراب أو الغبار [پوسْيِر]
poussin, *m* كتكوت . فرخ
poutre, *f* كتلة . برطوم . جسر . عرق خشب
poutrelle, *f* دعامة أو كتلة صغيرة
pouvoir, *v3* قدر . استطاع
pouvoir, *m* قُدْرَة . إستطاعة . قوّة . طاقة ¤ سطوة . سيادة ¤ تفويض
fondé de — وكيل . قائم مقام . عضو مجلس
pleins —s سلطة مطلقة . وكالة عامة
p. p. (par procuration) بتفويض
prairie, *f* مرج . مرعًى . براري
praline, *f* لوز ملبس بسكر
praticien, ne, *n* ممارس . متمرّن
pratiquant, e متمم واجباته الدينية
pratique, *f* ممارسة . تمرن . تجربة . خبرة عملية ¤ عادة ¤ معاشرة استعمال
pratique, *a* اجرائي . عملي (غير نظري) ¤ سهل العمل به [پْرَاتِيك]
pratiquer, *v* مارس . تمرن . استعمل
— un chemin ¤ عاشر // فتح طريقاً
pré, *m* مرج . مرعًى
préalable, *a* سابق . متقدم
au préalable أولاً . بادىء بدء
préambule, *m* مقدمة . ديباجة
préau, *m* ساحة سجن أو دير ¤ فناء مظلل
prébende, *f* إيراد وقف ديني
précaire, *a* غير ثابت . مزعزع [پْرِكِير]
précaution, *f* تحفظ . إحتراس . احتياط
précédemment, *ad* مُقدماً . قبلاً . سابقاً
précédent, e, *a* سابق . مُتقدِّم
—, *m* سابقة
précéder, *v* تقدم . سَبَق ¤ حدث قبل
précepte, *m* سُنّة . ناموس . فرض . قاعدة
précepteur, rice, *n* مُعلِّم . مُؤدب . مُربٍ
prêche, *m* وعظة البروتستان
prêcher, *v* بَشَّر . وَعَظ
prêcheur, se, *n* واعظ . محب النصح
précieusement بأعزاز . بأوفر الاعتناء
précieux, se, *a* ثمين . نفيس ¤ عزيز
pierre —se حجر كريم
style — اسلوب مصطنع أي فيه تكلف وحذلقة
préciosité, *f* تصنّع . تكلف . حذلقة
précipice, *m* وَهْدَة . هاوية . هُوَّة ¤ جرف ¤ صقع الجبل [پْرِسِيپِيس]
précipitamment بعجلة . باندفاع . بتسرع
précipitation, *f* عَجَلة . تسرّع . تهور ¤ ترسيب . رسوب
avec — بسرعة شديدة
précipité, e, *a* سريع . عاجل . مُعجَّل (بكرشة) ¤ منحدر
—, *m* راسب . رسوب . دردى (في الكيميا)

précipiter, *v* ألقى. طرح في عمق. دهور ٭ ورّط ٭ رسّب ٭ أسرع. عجّل
se — تدهور٭رمى أو طرح نفسه٭رسب
— sur هجم على
précis, *m* مختصر . ملخّص . خلاصة
précis, e, *a* مدقق . محكم . مضبوط٭معيّن
préciser, *v* حدّد. بيّن. دقّق ٭ عيّن
précision, *f* دقة . إحكام. ضبط. تدقيق
précité, e, *a* المشار اليه. المتقدم ذكره
précoce ناضج قبل الأوان. سابق أوانه
enfant — ولد بالغ قبل الوقت أو نابغ العقل بالنسبة لعمره
hiver — شتاء مبكر
précocité, *f* بلوغ او نضج قبل الأوان
préconçu, e, *a* متخيل سلفاً
préconiser, *v* أثبت أهلية المنتخب ٭أطرى. اطنب في مدح
précurseur, *m et a* بشير. دليل ماسيأتي
prédécesseur, *m* سابق. سالف
prédestiné, e (مكتوب له) مقدّر. مختار
prédestiner, *v* إختار منذ الأزل. قضى وقدر
prédétermination, *f* قضاء سابق . تحتيم او تقدير سابق
prédicateur, rice, *n* واعظ. مرشد
prédiction, *f* نبوءة. إخبار بالمستقبل
prédilection, *f* ميل إلى. تفضيل
prédire, *v* 3 نبأ. أنبأ
predisposer, *v* هيأ. سبق فرتب أو أعدّ
prédisposition, *f* إستعداد. ميل فطري
prédominant, e, *a* متسلّط. سائد
prédominer, *v* تسلّط. تغلب على
prééminence, *f* عظمة. رفعة الشان
prééminent, e, *a* أفضل. متفوق. مميز
préemption, *f* الشفعة. حق التملك بالشفعة
préétablir, *v* عيّن قبلاً
préexistence, *f* سبق. وجود الشيء قبلا
préface, *f* مقدّمة. إستهلال [پرفاس]
préfectoral, e, *a* متعلق بالوالي أو المدير
préfecture, *f* مديرية. ولاية. إيالة ٭ إدارة ٭ المديرية أو المقاطعة
— de police مركز البوليس اي الضابطة
préférable, *a* أفضل. أميز. أحرى. أحب
préféré, e, *a* مرجّح. مفضل. ممتاز
préférence, *f* أفضلية. تفضيل. خيار
préférer, *v* فضّل. آثر على. ميّز
préfet, *m* والٍ. حاكم. مدير ٭ مدبّر
— de police رئيس البوليس
préfixe, *m* سابقة . مقطع يسبق الكلمة
préhension, *f* قبض. مسك ٭ إدراك
préhistorique, *a* قبل التاريخ
préjudice, *m* ضرر. خسارة. اذى. حيف
sans — de بغير مساس بالمصلحة أو الحق
préjudiciable, *a* مضر. مؤذٍ. مجحف
préjudicier, *v* أضرّ. أوقع الضرر. آذى
préjugé, *m* حكم سابق قياسي ٭ وهم. زعم باطل ٭ رأي او تخوف يؤثر على الحكم

préjuger, *v* حكم بدون شرف أو بحث. حكم مقدماً ظن . توهم [پرجيچِه]

prélasser (se), *vpr* أخذ راحته (تفرع)

prélat, *m* حبر . اسقف . مُدَبِّر الكنيسة

prélèvement, *m* أخذ جزء من مبلغ

prélever, *v* قبض جزءاً من مبلغ على الحساب

préliminaire, *a* إبتدائي . تمهيدي

prélude, *m* مُقَدّمة . دليل . فاتحة ¤ ضبط النغمة أو الآلة (دوزنة) . مَطْلَع موسيق (تَوْشيح) ¤ تقسيم (في الموسيقى)

préluder, *v* بَدأ . مهد . افتتح . إستهل

prématuré, e, *a* قبل أوانه . مُبْتَسَر

prématurité بلوغ أو نضج قبل الأوان

préméditation, *f* تروٍ . تبصّر في الأمْر قبل إجرائه ¤ تعمّد . إصرار

prémédité, e بترو . من روية ¤ عمْدي

préméditer اصرّ . تعمّد . قصد . أضمر

prémices, *f.pl* باكورة . أول نتاج الاثمار

premier, ère, *a* أول (ج . اولون م أولى)

—, *f* عَرْض رواية لأول مرة [پرْمْيِيِر] ¤ الدرجة الأولى في قطار او باخرة

—, *m* أول دور (في بيت) الطابق الأول

—, e, *n* الممثل (أو الممثلة) الذي يقوم بالأدوار المهمة أو الغرامية ¤ رئيس

premièrement, *ad* أولاً . بداءة . بدء

prémisse مُقدمة البرهان . قضيتا القياس

prendre, *v3* أخذ . مسك . قبض

— les armes تقلد السلاح

— la clef des champs هرب . فر

— à temoin أشهد . إستشهد

— sur soi أخذ على عهدته

— le voile ترهب

— fait et cause تدخل

— qn. pour un autre ظن . إحتسب

— l'air شم الهواء . تفسح في الهواء الطلق

— possession وضع يده . إستلم

— congé ودّع . فارق . إنسحب

— en cachette سرق . اختلس

— de force أخذ بالقوة

— des forces تقوى

— des mesures إحتاط

— les devants سبق . تقدم

— le dessus فاز . غلب

— du temps أخذ مهلة . أخذ وقت طويل

se — تعلق بـ ¤ ألقى اللوم على ¤ تجمد

s'en prendre à qn. de آخذ أو عاتب أو لام على

s'y prendre mal لم يعرف ¤ اساء استعمال

prénom, *m* اسم العلم يُذكر قبل الاسْم . الاسْم (ليس اللقب) [پْرِنُن]

prénommé, e, *n et a* المذكور سابقاً

prénommer, *v* لقب . سمّى . دعا . سبق فسمى

prénotion, *f* معرفة ناقصة ¤ فكرة غريزية

préoccupation مشغولية . إنشغال البال

préoccuper, *v* أقلق . شغل البال

préparateur, rice, *n* مجهز . محضر

préparatifs, *m.pl.* إستعدادات

préparation, *f* إستعداد . تأهب أو تهيؤ ¤ تركيب أو مُركب ¤ تحضير . تركيب الأدوية ¤ تجهيز . تهيئة . إعداد . تمهيد

préparatoire, *a* تجهيزي . إعدادي

jugement — حكم تحضيري

préparer, *v* اعد . جهز . هيأ

— les voies مهد . سهل الطريق

prépondérance, *f* رُجوح. رُجحان

prépondérant, e راجح. فائق قوةً أو نفوذاً أو وزناً [پْرِپُنْدِرَن]

préposé, e, *n* موكل. مولّى. مترئّس

préposer *v* رأس. وَلّى. أقام. فوّض

préposition, *f* حرف جر

prépuce, *m* قُلفة. غُلفة القضيب

prérogative, *f* إمتياز ٭ مَزيّة

près, *ad* [پْرِ] بجانب. بالقرب من

à cela — ما عدا

à peu — تقريبا

de — عن او من قريب

serrer de — ضايق. لاحق

présage, *m* فأل. دلالة على المستقبل ٭ تفاؤل

bon — نذير سعد

présager, *v* تفاءل ٭ دلّ على حدوث الشيء

presbyte, *a et n* طويل النَّظر. لا يَرى جيداً إلا من بعيد. يَرى عن بُعْد

presbytérien, ne, *n et a* بروتستانتي مشيخي. تابع للكنيسة المشيخية

prescience, *f* بَصيرة ٭ عِلم بالمستقبل

prescription, *f* وصفة او تذكرة الطبيب ٭ أمْر. تعليمات يجب اتباعها ٭ سقوط الحق بمضي الوقت ٭ تملك بوضع اليد مدة طويلة

prescrire, *v*3 أمَر بـ. فرض ٭ وصَف علاجاً ٭ عيَّن. قرر ٭ إكتسب حقاً بمضي المدة

préséance, *f* حَق التقدّم أو التصدر

présence, *f* حضرة. وجود. حضور

— d'esprit سرعة الخاطر. حضور الذهن

présent, e, *a* حاضر. مَوْجود. كائن في

présent, *m* هدية. تقدمة ٭ حاضر. موجود ٭ الوقت الحاضر ٭ صيغة الحاضر. المضارع

à — // الآن

présentable, *a* يُهْدى. يَصْلُح للتقدمة. أهل ليعرض أو يُقدّم [پْرِزَنتابْل]

présentation, *f* تَقْديم. تقدمة. عَرْض ٭ إهداء

payable à — // تدفع عند الاطلاع

présentement, *ad* حالاً. توّاً. الآن

présenter, *v* أهدى. قدّم الى ٭ ناول ٭ أظهر. عَرض. أبدى

— quelqu'un عرّف أحداً. قدمه

— les armes سلّم برفع السلاح

se — إتفق. حدَث ٭ حضر. تقدّم إلى

préservatif, ve, *a* ذو قوّة واقية

—, *m* واق ٭ كبود الذكر. تلبيسة

préservation, *f* حفظ. إستبقاء. وقاية

préserver, *v* صان. وقى. حَفِظ

présidence, *f* رئاسة. زَعامة. رياسة ٭ كرسي أو منصب أو مدة الرئاسة

président, *m* رَئيس. زعيم. إمام

présidente, *f* رئيسة. زعيمة ٭ زوجة الرئيس

présidentiel, le مختص بالرئاسة أو الرئيس

présider, *v* ترأس. تولّى. تصدّر في

présomptif, ve, *a* وَريث أو وَلي العهد ٭ مُنتظر اي تخميني [پْرِزُنْپْتِيف]

présomption, *f* افتراض. حَدْس ٭ زهو

présomptueux, se, *n et a* مُدَّعٍ. معجب بنفسه ٭ أدعائي ٭ تخميني

presque, *ad* [پْرِسْكْ] تقريباً. كأنْ

presqu'ile, *f* [پْرِسْكِيل] شبه جزيرة

pressage, m [پرساج] كبس. ضغط
pressant, e ضاغط. معجل. مهم. مُلِحّ
presse, f مكبس. مِعْصَرَة. مَطبعة
مطبوعات. الصحافة. الجرائد
عجلة. عدم صبر. زحام. جمهرة
il a bonne — يكتب في صالحه
bureau de la — قلم المطبوعات
sous presse تحت الطبع
pressé, e, a مضغوط. محزوم. عاجل
مستعجل. مستعجل. معصور
— de questions مضيّق عليه
pressentiment, m حدس. شعور
داخلي. خالج. هاجس [پرِسَنتِيمَن]
pressentir, v3 حدّثه او حسّ قلبه بـ
presser, v كبس. ضغط على. عصر
ضايق. لاحق. استعجل. حثّ. زحم
pression, f ضغط. كبس. عصر
pressis, m عصارة
pressoir, m مِعْصَرَة. مِعْصَر
pressurage, m عصر. عصارة العنب
pressurer, v عصر
prestance, f هيئة وقار أو شجاعة
[پرِستَنس]. وجاهة الهيئة
prestation, f تقديم. حلفان اليمين
ضريبة الطرق
preste, a سريع. رشيق
prestesse, f رشاقة. سرعة الحركة
prestidigitateur, m مشعوذ. مشعبذ
prestidigitation, f شعبذة. شعوذة
ألعاب سحرية (جلا جلا).

prestige, m سحر. هيبة. وهم متسلط
على الأفكار أو تأثيره. نفوذ
présumer, v ظن. فرض
presure, f إنفحة. عصير النفحة لتجبين اللبن
prêt, m تسليف. سلفة. قرض. إعارة
prêt, e, a متأهب. جاهز. مستعد
على وشك [پرِه]
prétendant, e, n طالب الشيء
—, m [پرِتَنْضَن] مطالب بعرش
— en mariage خاطب. طالب الزواج بـ
prétendre, v^3 ادعى. زعم. طالب بـ
طامع الى. رجا. تظاهر أو تصنّع كذا
تعلل. احتج
prétendu, e, a إدعائي. زعمي. كاذب
prétentieux, se, a et n إدعائي
متظاهر. مغرور بنفسه. مدّعٍ. دعي
prétention, f إدعاء. مطلب. غرور
كبرياء. أمل. عشم. رجاء [پرِتَنسيون]
prêter, v سلّف. أعار. أمدّ. أقرض
— secours ou — l'épaule انجد. ساعد
— l'oreille أعار السمع. اصغى. استمع لـ
— la main à une chose ساهم. شارك في شيء
— serment قسم. حلف اليمين
— une faute à... نسب غلطة
— foi صدق. امن
— à la critique اعطى سبباً للانتقاد
— le flanc اعطى للغير مأخذاً عليه
l'étoffe prête هذا القماش امتد (عكس انكمش)
se — [سِه پرِته] رضي. قبل. اقترض
se — aux circonstances لبس لكل حالة لبوسها
prétérit, m الفعل الماضي. حالة الماضي

prêteur, se, *n et a* مُسَلِّف. مُقْرِض
prétexte, *m* عُذْر. حُجَّة [پْرِتِكْسْتْ]
prétexter, *v* تعلّل. إعْتذر
pretre, *m* كاهِن. قسيس. قِس (قساوسة)
prêtresse, *f* كاهنة
preuve, *f* بُرْهان. حُجَّة. دَليل ¤ بروفة
la — de l'addition ميزان الجمع
preux, *n et a.m* شُجاع. باسِل
prévaloir, *v3* فاق. إمتاز [پْرِڤَلْوار]
se — إفتخر. تباهى ¤ تمسّك
prévarication, *f* خِيانة. حِنث
prévenance, *f* رِعاية. حُسْن إلتفات
prévenant, e, *a* مُراعٍ. مُبادِئ
بالمعروف ¤ أنيس. لطيف الأخلاق
une figure —e وجه بشوش أو جذاب
prévenir, *v3* سَبَق. تقدم على ¤ أخبر. أعْلَمَ
بأمر قبل حدوثه ¤ مهّد ¤ عاق. منع ¤ توقع
— une faute توق غلطة
— ses parents أخطر أقاربه
préventif, ve, *a* واق. مانع. تحفظي
prison préventive السجن الاحتياطى
prévention, *f* تقدير. تخمين ¤ حالة
الملاحق قضائياً ¤ مدة السجن قبل المحاكمة
droit de — حق الأسبقية
préventivement, *ad* مسبقاً أو إحتياطياً
détenu — مسجون قبل الحكم
prévenu, e, *a* مَسبوق ¤ أُعلم. حُذِّرَ
. أُنذر ¤ ذو أغراض ¤ مستعد أو مائل لـ
Il est — contre moi متهم // مضطهدني ¤
—, e, *n* مُتَّهَم

prévision, *f* تخمين. حدس. تقدير
¤ إدراك الشيء قبل حدوثه [پْرِڤيزْيُن]
prévoir, *v3* أدرك الأمر قبل وقوعه
. نظر إليه وإلى عواقبه مقدماً [پْرِڤْوار]
prévot, *m* حاكم أو مدير ¤ شاه بندر
¤ ضابط بوليس فى الجيش [پْرِڤو]
prévoyance, *f* بصيرة. فطنة ¤ إحتياط
. عمل حساب المستقبل. توقع
prévoyant, e, *a* بصير. ناظر للعواقب
prévu, e, *a* منتظر. متوقع [پْرِڤِي]
prier, *v* صَلّى. تضرع. إبتهل إلى ¤ توسل
— quelqu'un التمس. سأل. توسل إلى إنسان
— pour qn تشفع أو صلى لأجله
se faire — قبل بعد الحاح. تدلل
prière, *f* صَلاة. تضرُّع ¤ طلب. رَجاء
. إلتماس [پْرِيِّر]
prieur, e, *n* رَئيس دَيْر. رئيسة دَيْر
prima donna, *f* المغنية الأولى فى المسرح
primage, *m* مكافئة لقبطان المركب
primaire, *a* أولي ¤ ابتدائي. تحضيري
école — مدرسة إبتدائية
primat, *m* رَئيس أساقفة أقاليم
primauté, *f* أولية. تقدُّم [پْرِيموتِه]
prime, *f* مكافئة. مُساعَدة مالية من
الحكومة لعمل ما ¤ نفحة أو هدية للمشترى
أو المشترك ¤ زيادة ثمن قرطاس مالي
في البورصة عن ثمنه الاولي ¤ فرق قيمة
¤ صوف نقي ¤ وقت صلاة الفجر
— d'assurance قسط التأمين
faire — ساد

prime-abord (de), *lc. ad* بادى . فى الأول

primé, e حاصِل على جائزة ✿ مَسْبوق

primer, *v* تَصَدَّر ✿ سَبَق . بَرز علَى . فاق

prime-sautier, ère مُنْدَفِع . سَريع العَزْم

primeur, *f* [پْرِيمِر] أولي . باكورة

— des fruits *ou* legumes باكورة الأثمار أو الخضر أو ما ظهر منها قبل أوانه (بشاير)

primevère, *f* زَهْر الربيع

primitif, ve, *a* أَصْلي . أولي ✿ علَى البديهة

mot — الأسماء أو الأفعال المشتق منها . كلمة أصلية

couleurs —ves الوان أصلية . الوان قوس القزح

primordial, e بدئي . إبتدائي . أوَّلي

prince, *m* [پْرِنْس] أمير ✿ أوَّل أو سَيِّد الـ

— de sang نَسْل العائلة الملكية . من آل الملك

être bon — مُسالِم . رَضِي الأخلاق

princesse, *f* أميرة

aux frais de la — على حساب الحكومة

princier, ère, *a* أميري ✿ فخم

principal, e, *a* الأكثر إعتباراً . الأهم

somme principale راس مال . المبلغ الأصلي

principal, *m* أَصْل . جُل أو مَصْدَر الأمْر . المهم ✿ مُدِير مَدْرَسَة تبع بلَدِيّة ✿ أوَّل الموظفين [پْرَنْسِيپال]

principalement, *ad* ولاسيَّما . بالأخص

principauté, *f* إمارَة . رئاسة . ولاية

principe, *m* بَدْء . بَداءة ✿ مَبْدأ . سُنَّة ✿ أَصْل . أساس . قاعِدَة [پْرَنْسِيپ]

personne sans — خالع العذار . سيء السيرة

—s, *m, pl.* أصوليات ✿ مَبادىء

printanier, ère, *a* ربيعي

printemps, *m* [پْرَنْتَن] الربيع

priorité, *f* أولية . سَبق . قِدَم

pris, e, *a* [پْرِي] مأخُوذ مِن . مُسْتَعار

— de fièvre محموم

prise, *f* المسك . القَبض ✿ الفتح . الاستيلاء ✿ غنيمة . مغنم ✿ مأخذ ✿ قُبضة . نتفة [پْرِيز]

— de possession تملك . وضع اليد ✿ إستلام وظيفة

— de corps قبض على شخص بأمر القاضي

— à partie مخاصمة القضاء

— d'eau بربخ . فم قناة

— de bec خناقة كلام

— de tabac قبصة أو أخذة سعوط . شمة نشوق

donner — امكن من . تعرض لـ

ne pas trouver de — لم يجد مأخذاً

lâcher — افلت . اطلق . كف عن مسك

être aux —s فى نضال مع

priser, *v* قدَّر . قوَّم . ثمَّن

— du tabac استنشق أو شم السعوط

priseur, se, *n* مُثَمِّن . مُقَدِّر . مقوم ✿ شَمَّام

prisme, *m* مَنْشور ✿ محلل الأشعة

prison, *f* [پْرِيزُن] سِجن . حَبْس

— préventive سجن إحتياطي

prisonnier, ère, *n et a* سَجين ✿ أسير

privation, *f* حِرْمان . مَنْع من ✿ إمتناع

privauté, *f* دالّة . حُرِّية كبيرة مع شَخْص

privé, e مَمْنُوع . مَحْرُوم من ✿ خاص . خُصُوصي

vie —e العيشة الداخلية ✿ عيشة منفردة

conseil — مجلس خصوصي

acte sous seing privé عقد عرفي

priver, *v* مَنَع . سَلَب . نَزَع . حَرَم

se — إمتنع عن ومن . احرم نفسه من

privilège, *m* ميزة . إمتياز . حق خاص
privilégié, e, منعم عليه ٭ ممتاز . مميز
privilégier, *v* ميز . أنعم على
prix, *m* [پرِي] ثمن . قيمة . قدر . سعر ٭ جائزة
de — ذو قيمة كبيرة
— de revient, coûtant الثمن الأسلي . ثمن الشراء أو التكاليف
— fixe ثمن محدد
— courant السعر الجاري
hors de — ثمين ٭ غالي الثمن . سعر فاحش
à tout — بأي ثمن كان
probabilité, *f* إحتمال . رجحان
probable, *a* ممكن . محتمل
probant, e, *a* مؤكد . مثبت
probe, *a* مستقيم . صالح
problème, *m* مسألة . مشكل . معضلة
— d'arithmétique عملية أو مسألة حسابية
procédé, *m* طريقة . نمط . تصرف
bon — معروف . حسن الصنيع
procéder, *v* باشر أو مارس الأمر كذا ٭ تأتى من . صدر عن ٭ سلك أو تصرف ٭ إتخذ إجراآت قانونية ضد
procédure, *f* طريقة الاجراآت في المحاكم
code de — قانون المرافعات
sans autre forme de — بدون أي إجراء آخر
procès, *m* [پروسِه] قضية . دعوى
procession, *f* موكب . زياح . تطواف
procès-verbal, *m* محضر . صورة الدعوى أو الواقع . تقرير الأمر الكتابي
prochain, *m* [پروشَن] جار . قريب
—, e, *a* قريب . قادم . آت . مقبل
prochainement, *ad* [پروشِنمَن] قريباً
proche, *a* قريب . بالقرب من . بقرب
— parent نسيب
les —s, *m. pl* الأهل . الأقرباء . ذو القرابة
proclamateur, rice, *n* مناد . معلن
proclamation, *f* إشهار إعلان . بلاغ
proclamer, *v* نادى . أعلن . أذاع
proconsul, *m* والٍ عند الرومان ٭ مستبد
procréation, *f* خلق . توليد . تناسل
procréer, *v* خلق . ولد . خلف . انتج
procuration, *f* تفويض . وكالة ٭ حصول على
procurer, *v* حصل . نال . أنال
procureur, *m* [پروكيرر] وكيل . نائب
— général نائب عمومي . مدعي عمومي
procureuse, *f* [پروكيرز] إمرأة النائب ٭ قوادة . وسيطة الفحشاء
prodigalité, *f* تبذير . إسراف ٭ إعطاء بسخاء
prodige, *m* آية . أعجوبة . معجزة
prodigieux, se, *a* عجيبي . فوق العادة
prodigue, *a et n* مبذر . مسرف . مبدد
l'enfant — الابن الضال (اي المعتز)
prodiguer, *v* [پروديگه] أسرف . بذر . بدد ٭ أجزل العطاء . جاد بـ
prodrome, *m* مقدمة ٭ نذير المرض
producteur, rice, *n et a* [پروديكتير] منتج . صانع ٭ مولد
productif, ve, *a* مثمر . مغل . منتج
production, *f* [پروديكسيُن] انتاج . محصول . غلة ٭ إثمار . إنتاج ٭ إظهار

produire, *v*[3] أنتج. أغل. أثمر ☼ أتى بربح ☼ صنع ☼ أبرز. أظهر ☼ سبب. تسبب به
— des pièces قدم أوراقاً
— (un ouvrage) ألف. صنف
produit, *m* دخل. غلة. نتاج ☼ حاصل
—s chimiques متحصلات، منتجات كيماوية
—s de beauté مستحضرات التجميل
— net دخل صاف
proéminent, e, *a* بارز. مرتفع. نافر
profanateur, rice, *n et a* مدنس
profanation, *f* تنجيس. تدنيس. امتهان
profane دنس ☼ دنيوي. عالمي. ملحد
profaner, *v* دنس. نجس [پروفانه]
profectif, ve, *a* ملك موروث. تلاد
proférer, *v* فاه. لفظ. نطق. تكلم
profès, esse, *a et n* ناذر الرهبنة
professer, *v* إعترف. أقر. أعلن إيمانه أو إعتقاده ☼ تعاطى. مارس ☼ درس. علم
professeur, *m* معلم. أستاذ. مدرس
profession, *f* وظيفة. مهنة. صنعة ☼ نذر نذور الرهبانية ☼ عقيدة ☼ إقرار. إعتراف
— libre مهنة حرة
— de foi إعتراف. إقرار بديانة
professionnel, le, *a* متعلق بمهنة أو حرفة. فني. إخصائي [پروفسيونل]
école — مدرسة صناعية
—, le, *n* محترف. مشتغل أو اختصاصي بمهنة
professorat, *m* استاذية
profil, *m* صورة جانبية. رسم الوجه (أو غيره) من جانب ☼ جانبيه ☼. منظر الشيء من الجنب
profiler, *v* صور جانباً من شيء. رسم منظر جانبي [پروفيله]
profit, *m* كسب. فائدة. ربح. منفعة
profits et pertes الأرباح والخسائر
au profit de لصالح فلان
mettre à profit إستفاد من كذا. إستغل
profitable, *a* رابح. مفيد. مجد. نافع
profiter, *v* إستفاد. إغتنم. إكتسب ☼ أتى بربح ☼ أجدى. نفع [پروفيته]
profiteur, se, *n et a* منتهز الفرص ليربح من كل شيء [پروفيتر]
profond, e, *a* عميق. بعيد القعر ☼ صعب إدراكه. عويص [پروفن]
douleur profonde ألم شديد
respect profond إحترام أو إكرام بالغ
profondément, *ad* عميقاً. بعمق
profondeur, *f* عمق. قعارة (ج. أعماق)
pro forma شكلاً
profus, e, *a* غزير. جزيل
profusion, *f* إفراط. تبذير. كثرة
progéniture, *f* عقب. نسل. سلالة
programme, *m* برنامج. بيان. منهج
progrès, *m* تقدم. نجاح ☼ سير [پروجر]
progresser, *v* ترقى. إرتقى. نجح ☼ تقدم
progressif, ve, *a* متزايد. متقدم. متدرج
progression, *f* تقدم. إقبال ☼ تدرج ☼. تتابع. توال ☼ نسبة (حسابية أو هندسية)
progressivement, *ad* تدريجاً. بالتدريج

prohibé, e, *a* مُحرّم. ممنوع. مَنهيّ عنه
prohiber, *v* حرّم. منع. نهى عن
prohibitif, ve, *a* تحريمي. مانع. محظّر
prohibition, *f* تحريم. مَنْع. تحظير
proie, *f* [پْروا] فريسة. صَيْد ٥ غنيمة
oiseau de — طير كاسر. طير جارح
être en — à كان فريسة لـ
projecteur, *m* آلة لالقاء أو تصويب النور
projectile, *m* قذيفة. رجم. مقذوف
projection, *f* قذف. رَمْي ٥ إلقاء اشعة أو صُوَر نورية على ستار. عرض ٥ مسقط
— vertical مسقط رأسي
— d'un film عرض شريط (فيلم) صور متحركة
projet, *m* نية. قصد ٥ مشروع ٥ تصميم
projeter, *v* قذف. دفع. رمى بعيداً ٥ أبرز ٥ أضمر في نفسه أن. عزم على. نوى
se — بدا. ظهر. برز. نتأ
prolégomènes, *m. pl* مقدمة تمهيدية
prolétaire, *n* الطبقة العاملة أو أحد عامة الشعب. صُعلوك. فقير
prolétariat, *m* عامة الشعب. الطبقة العاملة. طبقة العمال اي الذين يعيشون بكدّهم.
prolétarien, ne مختصّ بالطبقة العاملة
prolifération, *f* التوالد بالانقسام ٥ التكاثر الخضري (في النبات)
prolifique, *a* مخصب. مثمر ٥ ولود
prolixe مسهب. مطوّل ٥ كثير الكلام
prologue, *m* مقدمة. فاتحة. إستهلال. تمهيد

prolongation, *f* تطويل. إطالة. مدّ
prolongement, *m* إمتداد. إطالة. تطويل
— d'une rue إطالة شارع ٥ تطويل شارع
prolonger, *v* أطال. طوّل. مدّ
se — طال. إمتد. أزمن
promemoria, *le. lat* على سبيل التذكار
promenade, *f* نُزْهَة. متنزه. (فسحة). رياضة. جولان. تمشٍ ٥ مكان النزهة
promener نزّه. (فسّح). جوّل. مشّى
se — تنزّه. تفسّح. تمشّى. شمّ الهواء.
promeneur, se, *n* متنزّه. مفسح. الجائل بأحد ٥ متنزه. جائل [پْرومِنر]
promenoir, *m* ممشى. رواق (في مسرح)
promesse, *f* وَعْد. تعهُّد. عهد ٥ موعد
prometteur, se, *n* مُماطِل. كثير الوعد
promettre, *v*18 وَعَد. تعهّد به ٥ يُرجى منه ٥ دلّ على حدوث شيء [پْرومِتْر]
se —, *vp* تعشم ٥ وعد نفسه. عزم
promis, e, *a* [پْرومي] موعود به
la terre promise [پْروميز] أرض الميعاد
—, e, *a* مخطوب
promiscuité, *f* إختلاط. تشويش
promoteur, rice *m* المحرك الأول لأمر. محرض ٥ مروّج [پْروموتر / ـتريس]
promotion, *f* ترقية. ترقٍ ٥ تولية. تنصيب
promouvoir, *v*3 رقّى أو قلّد منصباً
prompt, e سريع الحدوث. خفيف الحركة

promptitude, *f* سُرْعَة. خِفّة ٭ بداهَة
promulgation, *f* إشهار. إعلان رَسْمي
prôner, *v* بالغ في المديح. أطنَبَ ٭ ألقَ
عِظة ٭ ضايق بارشاداته أو تأنيبه
pronom, *m* ضمير. الضمير (في النحو)
— démonstratif ضمير اشاري. اسم الاشارة
— possessif ضمير الملك. ضمير مجرور
— relatif ضمير موصول. الاسم الموصول
pronominal, e, *a* ضميري. متعلق بالضمير
verbe — فعل يصرف مع ضمير الفاعل
prononcé, e, *a* ملفوظ ٭ واضح جداً
—, *m* منطوق أو نطق الحكم // ظاهِر.
prononcer, *v* نطق. لفظ ٭ أظهرَ مراده
٭ حكم بـ. نطق بالحكم [پرونونسه]
prononciation, *f* لَفْظ. تلفّظ. نُطق
pronostic, *m* تَخْمين. ظن ٭ تقدير
٭ إشارة. دَلالة يرجم بها [پرونوستيك]
pronostiquer, *v* خمن. رجم بـ
propagande, *f* نَشْرُ الدعوة. دعاية
propagandiste, *n et a* من يقوم
بالدعاية لشيء ما. ناشر الدعوة
propagateur, rice, *a et n* مُشْهِر
. مذيع. ناشر ٭ مُوَلِّد. مكثر [پروپاجاتر]
propagation تكاثر. توالد ٭ سريان. تفشي
. انتشار
propager, *v* كثّر. // أنمى بالتناسل ٭ أذاع. نشر. بثّ
se — تكاثر. تناسل ٭ عمّ. فشا. ذاع
propension, *f* ميل. انجذاب ٭ نزوع

prophète, *m*, prophétesse, *f* نبيّ
prophétie, *f* [پروفسي] نُبوّة. نُبوءة
prophétique, *a* [پروفِتيك] نبوي
prophétiser, *v* تنبأ. أنبأ بـ
prophylaxie, *f* عِلم الوقاية من المرض
propice موافق ٭ مساعِد. ملائم. مناسب
proportion, *f* نسبة. تناسُب ٭ حَجم
٭ نسبة حسابية أو هندسيه ٭ مُعادلة
hors — بغير تناسُب [پروپورسيون]
proportionné, e, *a* مُتناسِب. مُنْسَجم
proportionnel, le, *a* نِسْبي. متناسِب
proportionner, *v* ناسَبَ. عادَل. وَفّق
propos, *m* قَوْل. حَديث. كَلام ٭ لغو ٭ قصْد
à propos, *lc. ad* ملائم. في محله أو وقته
mal à propos, *lc. ad* في غير محله أو وقته
de propos délibéré, *lc. ad* عمداً وتعمداً
à propos de, *lc. prép* بخصوص. بمناسبة الـ
proposer, *v* عرَض. اقترَح. ارتأى
se — قصَد. صمم النية ٭ قدّم أو عرض نفسه لـ
proposition, *f* عَرْض. اقتراح. رأي
٭ قَصْد ٭ جُملة خبرية. المسند والمسند اليه
(في الاجرومية) ٭ قضيّة. عملية (في الرياضة)
propre, *a* نظيف. نقي ٭ خاص. مختص
— à متعلق بـ // ينفع او يصلح لـ.
livrer en main — تسلم له بالذات
écrire de sa — main كتب بخط يده
un — à rien خائب
nom — إسم علم
—, *m* خاصة. ملك ٭ صفة ذاتية
le — et le figuré الحقيقة والمجاز
ses —s paroles كلماته بالضبط
savoir une ferme en — عزبة ملكه الخاص
c'est du —! عَمْلة سوداء

propremement بنظافة ٭ كما يجب ٭ في الواقع
l'Afrique — dite افريقيا الحقيقية
propreté, *f* [پْرُوپْرِتِه] نظافة
propriétaire, *n* مَالِك. صَاحِب الشيء
propriété خاصية. مزية. صفة ذاتية. خاصة ٭ مُلك. مِلك ٭ متاع. عقار أو بناء
— littéraire حقوق المؤلف
— indivise المشاع ٭ الملك المشاع
propulseur, *n et a. m* دافِع. طارِد. مسَيِّر. دافِير ٭ رقّاص
propulsion, *f* دَفْع إلى الأمام. طرد
prorata, *m* نسبة. حِصّة
au — بنسبة. على قدر أو مقدار الـ
prorogation, *f* تأخير. إطالة المدة ٭ تعطيل مؤقت ٭ توقيف أو تأجيل مجلس النواب
prosaïque, *a* نثري ٭ زقاقي. ركيك. عادي
proscription, *f* حُكم صارِم كالنفي بلا مُحاكمة ٭ إبطال. إزالة. إلغاء
proscrire, *v3* قاصص بدون محاكمة ٭ إبطل
proscrit, *n et a* محكوم عليه بلا مرافعة. منفي ٭ ملغى. مبطل [پْرُوسْكْرِي]
prose, *f* [پْرُوز] نثر. كلام عادي
— rimée سجع. كلام مقفّى
prosodie عَروض. عِلم العروض. القوافي
prospecter, *v* بحث عن المعادن. نقب
prospecteur, *m* القائم بفحص الأرض للبحث عن المعادن. نَقّاب. منقب
prospection, *f* بحث عن المعادن
prospectus, *m* نشرة. بيان. إعلان. دليل

prospère ناجح. مقبل. موفّق. موسِر
prospérer, *v* أفلح. نجح وأنجح. أيسَرَ
prospérité, *f* رَخاء. فلاح. إقبال ٭ يُسْر
prostatite, *f* إلتهاب غدة البروستاتا. إلتهاب البروستاتا (غدة فوق المثانة)
prosternation, *f*, ou prosternement, *m* سجود. ركوع. انبطاح
prosterner, *v* أخضع لـ. اركع. بطح
se — إنحنى. ركع. خرّ ساجداً
prosthèse اضافة حرف ٭ ترقيع (في الجراحة)
prostituée, *f* بَغي. عاهِرة. مُومِس
prostitution, *f* بغاء ٭ عَهارة. بيع العِرْض ٭ انحطاط شرف ٭ تدنيس
prostration, *f* وَهن ٭ سجود. إنبطاح
prostyle, *m* رواق واجهة بأعمدة
protagoniste, *m* بَطَل الرواية. الممثل الرئيسي ٭ المحرك الأول للأمر
prote, *n* مُدير أو مُراقب أو مصحح مطبعة
protecteur, rice, *a et n* صَائن. واقٍ. حامي ٭ مظاهر لـ ٭ متكفل بامرأة
protection, *f* حِماية. صيانة. وقاية
protectionnisme, *m* صيانة التجارة والصناعة المحلية بفرض ضرائب على الوارد
protectorat, *m* حماية دولية. إنتداب ٭ بلد تحت الحماية [پْرُوتِكْتُورَا]
protégé, e, *n* محتمٍ. محتمي. مصون. (حماية). تحت حماية شخص أو دولة
protéger, *v* حَمَى. صَان. وَقَى ٭ دافع عن

protestant, e, *a et n* محتج *بروتستانتي. تابع شريعة لوثر [پْرُوتِسْتَنْ]

protestataire, *n et a* معترض

protestation, *f* إعتراض. إحتجاج * عمل برتستو أي محضر رفض الدفع

— d'amitié إشهاد. تأكيد الصداقة

protester, *v* إعترض. أكد. وعد * أقام الحجة. إحتج ضدّ. حفظ حقه رسمياً

— une traite عمل محضر بأن القبالة (الكمبيالة) لم تدفع عند الاستحقاق * أشهد

— d'incompétence دفع بعدم الاختصاص

protêt, *m* برتستو. تقرير بعدم دفع قبالة

prothèse, *f* جراحة الترقيع أي إصلاح او اعاضة العضو التالف او المشوه

protocolaire, *a* حسب البروتوكول

protocole, *m* مجموع صور المقودات الشرعية * قواعد السلوك في الحفلات الرسمية * المصطلح الشريف * سجل جلسات مؤتمر دولي. مضبطة [پْرُوتُوكُول]

les regles du — diplomatique قواعد مراعاة المقامات الدولية. العرف السياسي

protoplasma, *m* مادة زلالية أصلية تتكون منها خلية الاجسام النباتية والحيوانية. المادة الحيوية

prototype, *m* مثال. أصل. النموذج الأصلي

protozoaires, *m. pl* البسائط الحيوانية الحيوانات الأولية أو السفلية (الوحيدة الخلية)

protubérance, *f* نتوء. بروز * سنام. حدبة

protubérant, e بارز. ناتئ * متحدب

protuteur, rice, *n* نائب الوصي. ولي

proue, *f* مقدم المركب [پْرُوْ]

prouesse, *f* إقدام. عمل الشجاع [پْرُوِسْ]

prouver, *v* أثبت. برهن

provenance, *f* وارد. مستجلب * أصل

proverbe, *m* مَثَل. قول مأثور [پْرُوِڤِرْبْ]

proverbial, e, *a* مَثَلي. مضروب به المثل

providence, *f* العناية الالهية * الله

providentiel, le, *a* بالعناية الالهية

provin, *m* شتلة. ترقيدة من دالية أو شجرة فاكهة

province, *f* مديرية. إقليم. مقاطعة * ريف

provincial, e, *a* مختص بالمديرية * قروي. إقليمي //

—, e, *n* قروي. فلاح

— (supérieur réligieux) رئيس رهباني

proviseur, *m* مدير كلية [پْرُوڤِيزِرْ]

provision, *f* مبلغ مقابل الوفاء أي لضمان الوفاء * تغطية * شرط. نص * إحتياط

— alimentaire *ou* de bouche زاد. مؤنة

par provision, *ad* موقتا

faire ses —s ابتاع ما يلزمه من حاجيات المعيشة

provisoire, *a* وقتي. إلى حين. مؤقت

—, *m* ظهورات، اي غير ثابت

provisoirement, *ad* وقتياً. مُؤقتاً

provocateur, rice, *a et n* محرض

provocation, *f* تحريض. تحريش

provoquer, *v* حرّض. حرّك. إستفز. أثار. هيّج * سبّب

proximité, *f* قرب. مجاورة. جوار

prudemment بحكمة. بتدبير. بفطنة. بحذر
prudence, f فطنة. نظر في العواقب
prudent, e, a فَطِن. متحذر. حَذِر
pruderie, f تظاهر بالحشمة. خَفَارة
prune, f برقوقة. برقوق. اجاص (خوخ)
pour des —s لأجل شيء تافه
pruneau, m قراصيا. برقوق ناشف
prunelle, f الحدقة. بؤبؤ العين
prurigo, m الهرش. الحكة (مرض جلدي)
— mitis حكاك أو تهرش خفيف
prurit, m اكلان. حكة ٭ غلمة
P.S. (Post Scriptum) ملحوظة. حاشية
psalmiste, m مؤلف المزامير ٭ داوود النبي
psalmodie, f ترنيم. ترتيل ٭ قراءة أو غناء على نغم واحد
psaume, m [پْسوم] مزمور. زبور
psautier, m كتاب المزامير ٭ سبحة كبيرة
pseudo, pr سابقة معناها: كاذب أو منتحل
pseudonyme, a et m إسم مستعار
psora ou psore, f إسم أمراض جلدية بثرية أو قوبية كالجرب والدرنة
psoriasis, m الصدفية. قوباء صدفية
— des ongles تصدف الأظافر
psyché, f مرآة متحركة. مرآة اللبس
psychiatre, m حكيم الامراض العقلية
psychique روحي. عقلي. مختص بالنفس
psychologie, f [پْسِيكولوجِي] عِلْم النفس
psychologique متعلق بعلم النفس والقوى العاقلة (اي بالمظاهر النفسية أو العقلية). نفساني
moment — وقت الزلة. الوقت المناسب
psychose, f [پْسِيكوز] أمراض عقلية
ptoléméen, ne, a بطليموسي. مختص بالبطالسة // ارتخاء (في الطب)
ptôse, f
puanteur, f نتانة. رائحة كريهة. صُنان
pubère, a et n [پِيبِير] بالغ. مُدْرِك
puberté, f سن البلوغ. إدراك. حُلم
pubescent, e ازغب. ذو زغب (في النبات)
pubis, m [پِيبِيس] العانة
poil des — شعر العانة
public, publique, a عُمومي. عام
Ministère public النيابة العمومية
voie publique شارع عمومي. طريق عام
ordre public نظام الضبط والربط
fille — مومس
—, m العامة. الناس. الجمهور. العموم
en public امام الجميع. جهاراً
publication, f نشر. إعلان. إذاعة. إشهار
—s illustrées مطبوعات مصورة أو منشورات
publiciste, m كاتب سياسي أو أدبي
publicité, f إعْلان. إشْهار. نَشْر
publier, v نَشَر. أعلن. أذاع
publiquement, ad جهاراً. علناً
puce, f [پِيس] برغوث (ج. براغيث)
pucelage, m [پِيسْلاج] بكارة
puceau, pucelle, n et a بتول. بكر
puceron, m قمل الدجاج ٭ مَن. حشرة النبات
pudeur, f حياء. خجل. إحتشام. ماء الوجه
pudibond, e, a et n خَجُول. حيي
pudicité, f عفاف. حياء

pudique, *a* [پـِيُدِيك] عفيف. محتشم
puer, *v* [پـِيُو] انتن. اسن. آجن
puériculture, *f* رعاية النسل والطفل
puéril, e, *a* صبوي. طفلي ¤ واهي. باطل
puerpéral, e, *a* نفاسي. مختص بالنفاس
pugilat, *m* ملاكمة
pugiliste, *m* ملاكم
puis, *ad* [پْوِي] ثم. بعد
puisage, puisement, *m* إستقاء. غرف. نزح
puisard, *m* بلاعة. بئر التصريف. مَصْرف
puiser, *v* إستقى. غرف. نزح. إغترف
— une idée إقتبس فكرة
puisque, *con.* بما أن. حيث. لأن
puissamment, *ad* بقوة. بعزم. باقتدار
puissance, *f* قُدْرَة. قُوَّة. إقتدار ¤ سُلطة. سُلْطان ¤ تأثير [پْوِيسَنس]
— (état) دولة. حكومة. مملكة
en — de son père تحت ولاية أبيه
puissant, e, *a* قدير. ذو سلطه ¤ فعّال
puits, *m* بئر ¤ جب (ج. آبار. جباب)
— artésien بئر إرتوازي
pulluler, *v* تكاثر ¤ إنتشر. كثر
pulmonaire, *a* رئوي. مختص بالرئة
pulpe, *f* لُب. شَحْم الثمر ¤ رُبّ الورق
— des doigts انملة الأصابع
pulpeux, se لبي. مجبني ¤ لحيم. شحيم (للنبات)
pulsation, *f* نبضان. ضرب النبض. خفق
la — du son إهتزاز الصوت

pulvérisateur *m* رشاشة. بخاخة ¤ هون. آلة السحق. مِسْحَنَة
pulvérisation, *m* سحق. سحن
— de l'eau ج. رش الماء
pulvériser, *v* سحق. نعّم ¤ رشرش سائل
pulvérulent, e, *a* مغبر. مترب. منطى بالتراب ¤ ترابي. دقيقي
puma, *m* قط وحشي امريكي. سبع الجبل
pumicin, *m* زيت النخل
punaise, *f* بقة ¤ دبوس أو مسمار رسم
punaisie, *f* نتانة الأنف
punir, *v* قاصص. ادب. عاقب. جازى
punissable مستوجب التأديب أو العقاب
punition, *f* قصاص. عقاب. عقوبة ¤ تأديب
pupille, *n* يتيم قاصر ¤ متبنى
— de la nation يتيم تربيه الأمة
—, *f* حدقة العين. بؤبؤ
pupitre, *m* قرّاءة. مقرأ
pur, e, *a* [پِيُر] نقي. طاهر ¤ خالص. صاف. بحت
—, *m* رجل مخلص لمبادئه
pur et simple خالص. بنوع بسيط
en pure perte هدراً
purée عصيدة الخضار او البقول. بوره
pureté, *f* نقاوة. طهارة. صفاء ¤ نقاء
purgatif, ve, *a et m* مسهل. ملين
purgation, *f* تنظيف المعدة بواسطة الشربة ¤ تنقية ¤ دواء مسهل [پِيرجاسيون]
purgatoire, *a* [پِيرْجاتْوار] مُطَهِّر

purgatoire, *m* مكان العذاب ٭ مَطْهر (مكان تطهير النفس بعد الموت)[پِيرْجاتْوار]
purge, *f* (شربه). مُسهل. مشو ٭ تطهير
purger, *v* طَهَّر. نَظَّف ٭ أعطى شَرْبة أي مُسهل قوي ٭ خلص من ٭ تخلص من
— **une condamnation** تمم مدة السجن
se — أخذ شربة. إستمشى ٭ صار نقياً
purification, *f* تنقية. تطهير
purifier, *v* [پِيرِيفْيِه④] نَقَّى. طَهَّر
purin, *m* سَماد سائل. مِياه التسبيخ
purisme, *m* إفراط التدقيق في اللغة. إعجاز
puritain,e, *n* متظاهر بالصرامة في اتباع قوانين السلوك او الدين وماشابه. حنبلي
purpura, *m* بقع حمراء على الجلد
pur-sang, *a et n* [پِيرْسَن] أصيل
purulence, *f* تقيح. تولد الصَّديد
purulent, e قَيْحِي. صَدِيدي ٭ مُقيِّح
pus, *m* [پِي] قَيْح. صَديد ٭ مِدَّة
pusillanime هَيَّاب. جَبان. يأفوف
pustule, *f* بَثْرة. نَفْطة (فقفوقة)
putain, *f* [پِيتَن] مومس. بغي. عاهرة
putatif, ve, *a* مفروض. مظنون
putois, *m* [پِيتْوا] ظربان. ظربلع. فار الخيل. العرسه المنتنه ٭ عرشة
rire comme un — ضحك بعبط
putréfaction, *f* تعفن. فَساد. نَتَن
putréfié, e عَفِن. مُتعفِّن. منتن ٭ نَخِر
putrifier, *v* [پِيتْرِيفْيِه④] عفَّن. أفسد
se — تعفن. دَبَّ فيه الفساد. عَفِنَ
putride, *a* [پِيتْرِيد] عفن. منتن. آسِن
putridité, *f* نتانة. عفن. فساد
pygmée, *m* قزم. حندل (قزعة) من ليام ليام
pyjama, *m* مبذلة. (پيجاما) لباس داخلي
pylône, *m* بوّابة. مدخل الهيا كل المصرية ٭ برج خشبي مؤقت ٭ شكل عواميد للزخرفة
pylore, *m* البواب. الفتحة اليمنى للمعدة
pyoculture, *f* توليد القيح. تربية الصديد
pyorrhée, *f* تقيح اللثة. حَفَر
pyramidal, e هرمي. هرمي الشكل
pyramide, *f* [پِيرامِيد] هرَم. اهرام
—**s de Guizeh** اهرام الجيزة
pyrétique, *a et m* حُمّي. خاص بالحميات ٭ دَواء ضِد الحمى
pyrique ناري. متعلق بالسواريخ النارية
pyrolatrie, *f* عِبادة النار
pyrologie, *f* مبحث في الحرارة
pyromètre, *m* مِقياس الحرارة الشديدة. مقياس وديقه
pyrophore, *m* حامل الحرارة. وَقّاد
pyrotechnie, *f* عمل الأسهم النارية ٭ صِناعة المقذوفات النارية
pyrotique, *a* مُحرِق. كاوٍ
pyroxène, *m* مَعْدِن بركاني
python, *m* تنين. حَيّة كبيرة غير مُسِمّة
pyurie, *f* بَول صَديدي

Q

quadragénaire, *a* et *n* أربعيني ✿ عمره أربعون سنة [كدْراجينير]

quadragésimal خاص بالصوم الاربعيني

quadrangulaire, *a* مُرَبَّع الجوانب

quadrant, *m* رُبع محيط الدائرة [كدْرَن]

quadrature تربيع الدائرة ✿ نقش. علم الجبر

quadriennal, e, *a* يَعُود كل أرْبَع سَنَوات ✿ لمدة أربع سنوات

quadrilatère, *a* شكل مُرَبَّع الأضلاع

quadrillage, *m* شبه مربع // ترابيع. رَسْم مربعات متلاصقة. (ضامات)

quadrille, *m* رقصة الكادريل. فرنسج ✿ كوكبة فرسان [كادْرِيّ]

quadrillé, e, *a* ذُو تَرَابيع. مكعب

quadrimoteur, *m* ذو أرْبع محركات

quadrupède, *m et a* رُباعي الأرْجُل. من ذَوات الأربع [كدرِيبيد]

quadruple, *m et a* أرْبَعة أضْعاف

quai, *m* [كيه] رَصيف

qualificatif, ve وَصْفي ✿ نَعْتي ✿ صيغة

qualification, *f* نعت. وَصْف ✿ صِفة ✿ مُؤهلات ✿ إنتقاد (في القضاء)

qualifié, e, *a* ذُو هَيْئة أو صِفة أو أهلية ✿ جدير ✿ مَوْصُوف [كاليفيه]

qualifier, *va* نَعَت. وصَف ✿ لقبه أو كناه ✿ أهّل. اكسب الصِّفات اللازمة

se —, *vp* وَصَف ذاته ✿ لَقَّب نفسه

qualité, *f* صِفَة ✿ كيفية. خاصة. نَوْع. صَنْف ✿ صِفة. شأن (في القضاء) [كاليتِه]

gens de qualité اولو الحسب والنسب. ارباب المقامات

en qualité de // بصفة

quand, *conj.* عِندما ✿ حينما ✿ لمّا [كَن]

— ?, *ad.* (avec interrogation) متى ؟ في أيّ وقت؟

jusqu'a quand ? // إلى مَتَى ؟

quand même وإن ✿ ولو كان. ولو

quant à, *lc. prép.* أما من جِهَة. أو من خصوص ✿ نظراً إلى [كَن تا]

quantitatif, ve مِقْداري. كَمّي

quantité, *f* كَمية ✿ قَدْر. مِقْدار ✿ كثير من. مِقْدار كبير ✿ كَمّ [كَنْتيتِه]

quantum, *m* المقدار ✿ وحدة لنشاط ذرية

quarantaine, *f* أرْبعون ونحوه ✿ كورنتينة. محجر صِحّي ✿ منثور

quarante, *a* [كارَنت] أرْبعون

quarantenaire, *a* كورنتيني ✿ متعلق بالحجر الصحّي ✿ يستمر أربعون سنة

—, *m* مكان تمضية مدة الحجر

—, *n* شخص تحت الحجر الصحي

quarantième, *a et n* الأربعون

—, *m* جزء من اربعين. واحد من أربعين

quart, *m* رُبع ✿ حارس السفينة. نوبة الحراسة أو المراقبة في السفينة (نوبتشية) ✿ قدح من صَفيح يسع ربع لتر تقريباً

un — d'heure ربع ساعة

le — d'heure de Rabelais وقت وفاء الدين

un — de vin ربع لتر نبيذ

être de — عليه نوبة الرقابة

quarteron, ne, *n* خلاسي. مُوَلَّد من أب أبيض وأم سَوْداء أو بالعكس

quartier, *m* حَيّ ٭ رُبْع بعض الأشياء ٭ قِطعة او قِسم ٭ عفو. أمان ٭ إمهال ٭ محل إقامة [كارتييه]

— (d'une ville) حي. حاره. منطقة

— général مركز القيادة العليا. محل أركان الحرب

— de descendance طبقات النسب

demander — إستَرحم. طلب العفو أو الأمان

dernier — de la lune ربع القمر الأخير

quartier-maître, *m* عَريف أو نائب عريف في البحرية. مُدير الدفة (دومانجي)

quarto, *a* [كوارتو] رابعاً

—, *ou* in-quarto, *m* في قَطْع الربع .فرخ مطوي عَلَى أربعة ٭ ربع الفرخ

quartz, *m* مَرْو. صَوّان شفاف. مُتَبَلوِر

quasi *ou* quasiment تقريباً. كأنْ. مِثل

quatorze, *a* أربعة عَشر. أربع عشرة

le —, *m* اليوم الرابع عشر

quatorzième, *a.m* رَابع عَشر

—, *m* الجزء الرابع عَشر

quatre, *a* [كَتْر] أربعة. أربَع ٭ رابع

se mettre en — افرغ جهده. لم يأل جهداً

faire le diable à — عربد

marchait à — (كالحيوانات) مشى على أربع

—, *m* اليوم الرابع ٭ رقم أربعة

quatre-saisons, marchande de — بياعة خضر وفاكهة على عربة يد

quatre-vingtième, *a et n* الثمانون

quatre-vingts, *a.num.* ثمانون

quatre-vingt (تكتب) إذا جاء بعدها رقم آخر مثل quatre vingt-un [كَتْرڤَن]

quatrième, *a.num.* رابع

—, *n* [كَتْرِيِم] الرابع

—, *m* الدور الرابع

—, *f* الصف أو الفرقة الرابعة من الدارسين

quatuor, *m* قطعة موسيقية تعزف أو تلقى بأربعة أصوات. رُباعي ٭ فرقة من أربع موسيقيين أو مغنيين ٭ اربع آلات طرب

quayage, *m* رَسْم أو عوائد رَصيف

que, *pron* [كِهْ] الذى. التي ٭ من. ما

la leçon — j'étudie الدرس الذي اطالعه

qu'il parte à l'intsant ليذهب حالاً

— dites vous ? هل ممكن ؟ ماذا تقول ؟

qu'est ce — ce ? ماذا ؟

il ne sait — faire لا يعرف ماذا يفعل

que, *ad* ماشاء الله ٭ آه ! كم !

— le Seigneur est bon ! ما أكثر رحمة الله

que, *con* كيف. كم. متى. ماذا. حتى. أن

afin — حتى

quel, le, *a* [كِل] أي. أية. أيا

quelle heure est-il ? الساعة كام ؟

quel malheur ! وامصيبتاه. يا ويلاه !

quelconque, *a* أيا كان ٭ مهما كان ٭ تافه

livre — كتاب سقيم أو سفيه

quel que, quelle que أيا كان. أية كانت

quels que soient les dangers, affrontez-les bravement مهما كانت الأخطار قابلها بشجاعة

quelque, *a* أحد أو بعض (على وجه الابهام أو التقريب) ٭ عدد قليل [كِلْك]

quelques personnes pensent que... بعض الناس يظنون أن

quelque chose شيء //

—, *ad* تقريباً. حوالي. نحو

quelquefois, *ad* بَعْض الأحْيان.أحْيانًا

quelqu'un, e, *pr.* (*pl.* quelques-uns, quelques-unes) أحَد. بَعْض

quémander, *v* توسّل بلجاجه

qu'en-dira-t-on, *m* القيل والقال

quenotte, *f* سِنّ الطفل

quenouille, *f* ✦ عِرناس .مغزل.مكب ✿ شجرة مهزبة على شكل المكب

querelle, *f* مُشاجرة . شِجار ✿ (خِناق). خِصام.نِزاع

quereller, *v* شاجَر ✿ قاتَل ✿ خاصَم

se — تشاجر . تخاصم مع . تنازع

querelleur, se, *n et a* مُشاجر.شرس

quérir, *v* طلَبه فتّش علَى

envoyer — بعث طالباً الـ

questeur أمين الصندوق . وكيل الخرج

question, *f* سؤال ✿ مسألة تحت البحث .مبحث ✿ صدد . موضوع الكلام ✿ معارضة

— (torture) تعذيب . عذاب . دهق

dont il est question تحت المباحثه والمداوله

en question المذكور . المشار إليه

questionnaire, *m* مجموعة سؤالات في مادة ✿ جلاّد

questionner, *v* سأل. إستفهم ✿ إستجوب

quête بحث . تفتيش ✿ طلب ✿ لمّ صَدَقات ✿ لمّة . صدقة

se mettre en — بحث عن

faire une — جمع صدقات . عمل لمه

queter, *v* جمع الصدقة ✿ بحث عن

quêteur, se, *n et a* جامع وطالِب الصَّدَقات . لمّام ✿ باحِث [كِتَر]

queue, *f* ذيل . ذنَب ✿ رَتل من الناس أو العربات [كُ]

— d'arronde تعشيق ✦ .(عاشق ومعشوق)

— d'une poêle يد المقلاة

— de billard عصاة البليارد

en —, à la — في الآخر .من خلف . من وراء

tirer le diable par la — تعيش بصعوبه . كد

à la queue leu leu واحد وراء الآخر

queue de morue, *f* فرشاة مسطحة ✿ بدلة الرسميات

qui, *pron.* الذى . التي ✿ في . أى

— que ce soit أيا كان . من ما كان

— est là ? من ؟ من أنت ؟

voilà — me convient هذا ما يوافقني

quiconque, *pron.* كل من . أيا كان ✿ كائناً من كان . أي شخص

quidam, *m* أحد . فلان

quiescent, e, *a* ساكِن . صامِت

quiet, ète, *a* هادِئ . مستكن . ساكِت

quiétude, *f* طمأنينة. فراغ بال ✿ هدوء ✿ سكينة ✿ راحة [كِيتِيد]

quille خشبة في قعر المركب . هراب أو ترابل

— (jeu des quilles) كيل ✦ . لعبة رماية

quincaille, *f* خردة . فلذّات

quincaillerie, *f* حدائد . بضاعة خردة . ادوات حديدية أو نحاسية ومحل بيعها

quincaillier بائع الحدائد ✿ الأواني المعدنية

quinine, *f* [كِينِين] كينا . (دواء الحمى)

quinquagénaire, *a et n* خمسوني . ابن خمسين . في العقد الخامس من عمره

quinquennal, e, *a* يمكث خمس سنين . حادث كل خمس سنين [كِنْكِنال]
quintal, *m* قنطار
quinte, *f* احتداد . احتدام ¤ خمس ورقات
— (de toux) نوبة سعال // من لون واحد
quintessence, *f* زُبدة . خلاصة . رُوْح
quintuple, *a* خمسة أضعاف . خمس مرار
quinzaine, *a* نحو خمسة عشر ¤ أسبوعان
quinze, *a* خمسة عشر . خمس عشرة
—, *m* الخامس عشر [كَنْز]
quiproquo, *m* غلط . خطأ
quittance, *f* مخالصة . إقرار كتابي بوصول المبلغ . صك التخالص . إيصال
quitte *a* خالِص . بَرِيء الذمة أو خالص من دَين أو مسئولية [كِيت]
— à *ou* — pour خالص بشرط
quitter, *v* فارَق . هجر ¤ ترك . كفَّ عن
— le monde نسك . ترهب
se — تفرَّقا وافترقا . فارق بعضهما بعضاً
qui vive, *interj* من هناك . من ذاك ؟
—, *m* تيقظ . إنتباه . ترقُّب
quoi, *pron* الأمر الذي ¤ اي شيء . ما
— faisant في أثناء عمل
— qu'il arrive مهما جرى . مهما حصل
à — bon ما الفائدة
de — ما يلزم لـ
sans — وإلا
—, *int.* ماذا !
quoique, *con* وان . ولو أن . مع أن
quolibet, *m* مزاح أو تنكيت ثقيل
quorum, *m* العدد الكافي لانعقاد الجلسة
quote-part, *f* نَصيب . حِصَّة نسبية
quotidien, ne, *a* يَومي . في كل يوم ¤ عادي
—, *m* جريدة يومية [كوتِيدْيَن]
quotient, *m* خارج القِسْمَة (في الحساب)
quotité, *f* مقدار الحصة ¤ حصة معينة . نسبة العدد المعدود
impôt de — ضَريبة بحسب الثروة

R

rabâcher, *v* ترثر . هذى . كرر أقواله لاضجره
rabâcheur, se, *n* ثرثار . لقلاق . مُمِيل
rabais, *m* نقص بالثمن . نُزالة . تخفيض
rabaissement, *m* خفض . تنقيص
rabaisser, *v* خَفَض . نزَّل . وطَّأ ¤ أرخص ¤ إنحطَّ [رابِيسِه]
rabat, *m* زيق . قبَّة الثوب . ياقه
rabat-joie, *m* مُكدِّر الصَّفو . مانع السرور
rabatteur, *m* ناجش (في الصيد) ¤ مُساوِم
rabattre, *v* نزَّل . حطَّ عن ¤ خفَّف ¤ سام ¤ أرخص . هَبط وأهْبَط ¤ نقّص . قلّل
— le caquet ألجمه . أسكته
— le collet ثنى الياقة
— le gibier بحش الصيد أي وجهه لناحية
rabattu, e, *a* نازل . ساقِط ¤ مُنْحَط
rabbin, *m* حاخام . رَبَّان [رابَن]
rabbinat, *m* مَنْصب الحاخام [رابِينا]
rabiot, *m* فضلة
rabique, *a* كلبيّ . خاص بداء الكلب
rablé, e, *a* قوي الصلب ¤ سمين الحَرْبة

rabonnir, *v* حسَّنَ. جوَّد. أجاد

rabot, *m* مِنْحَت . فارة [رابو]

raboter, *v* نحت. مسح بالمنجر أو الفارة

raboteuse, *f* فارة ميكانيكية. مِسْحج

raboteux, se, *a* معقّد. خشن ✿ وعر

rabougrissement, *m* عدم نمو. قصاعة

rabouter *ou* **raboutir**, *v* خاط طرفاً بطرف. وصل ✿ جمع قطعتي حديد بوصلة. لفق

rabrouer, *v* عنّف. زجر

racaille, *f* أوباش. رعاع الناس. حثالة

raccommodage, *m* ترميم. تقطيب. ترقيع

raccommodement, *m* مصالحة

raccommoder, *v* صلّح. رقّع. رمّ. رفا (قطب) ✿ صالح. وفق. رتق

se — تصالح. توافق ✿ رُقِع. تلام. ترم

raccomodeur, se, *n* مُرقِّع. مصلح

raccord, *m* ضم. لصق والتصاق ✿ تقطيب البياض [راكور]

— pour tuyaux جلبة توصيل ماسورتين

raccordement, *m* اضمام. إلصاق. تقطيب

voie de — طريق توصيل القاطرات

raccorder, *v* ضمّ. ألصق. ألحم. وصّل

raccourci, e, *a* مقصور. مقصّر. مختصر

à bras —s بكل قوته

—, *m* مجمل. مختصر ✿ (تخريمة)

en raccourci أي طريق مستعجلة // باختصار

raccourcir, *v* قصّر ✿ اختصر ✿ قصُر ✿ انكمش. تناقص [ركورسير]

raccourcissement, *m* تقصير. تناقص. إختصار. إنكماش ✿ قصر

raccroc, *m* صدفة. اتفاق. رمية من غير رام

raccrocher, *v* علّق ثانية ✿ استرجع ✿ أصاب عرضاً ✿ تحصّل على [ركروشه]

— le téléphone قفل التلفون. علق السماعة

se — تعلّق ثانية ✿ تمسك. تشبط ✿ تعوّض

race, *f* جنس. سلالة. نسل ✿ أصل

être de — تأثل

rachat, *m* شراء ثان. إسترداد المباع ✿ فداء

le — d'une pension إستبدال معاش

racheter, *v* إستخلص. إسترد. إشترى ثانية ✿ افتدى. فدى [راشته]

rachis, *m* العمود الفقاري ✿ عنق ورق النباتات

rachitique, *a et n* مكسح. حنبل. كسيح

rachitisme, *m* كساح. كساح الأطفال

racine, *f* جذر. شرش ✿ منشأ [راسين]

prendre — تأثل (شرش)

Racine كاتب فرنسي مؤلف مآسي

raclage, *m* قشر. كشط. عزق. (حت)

raclée, *f* علقة ✿ عزق خفيف أي نكش

flanquer une — ضرب. لكم

racler, *v* قشط. حتّ. جرد. بشر

— le gosier شرخ الزور

raclure, *f* حكاكة. سحاية. كشاطة. قشارة

racolage, *m* جمع الناس إلى الجندية بحيل

racontage *ou* **racontar**, *m* رغي ✿ إخبار. أحدوثة [ركنتاج]

raconter, *v* أخبر. حكى. نقل. روى. قص

raconteur, se, n مخبر. راو . ناقل الحديث
racornir, v قَسَّى. صَلَّب. خشَّن
rade, f خليج (جون). خور. مرسى
radeau, m [رادو] رَمَث
rader, v أرْسَى المركب
radiateur, m مشع ✿ مدفأة ✿ خبزّان التبريد. رديتور السيارة
radiation, f تألق. اشعاع. تشمع ✿ شطب
radical, e, a جذري. أصلي ✿ جوهري. أساسي ✿ خاتي. فطري ✿ كلي. تام ✿ متطرف (في السياسة) [راديكال]
mot — كلمة مشتق منها غيرها
signe — علامة الجذر (وهى هذه √)
quantité —e كمية جذرية. جذر اصم
—, m جَذْر. أصْل. كلمة أصلية غير مشتقة ✿ من حزب المتطرفين ✿ أصل (في الكيمياء)
radicalement أصلاً. كُلِّيَّة. أساساً
radicalisme, m مذهب التطرّف
radicelle, f جُذَير. شِرش شَعْري. عِرْق صغير
radicule, f ليفه جَذرية. جُذير. سُوَيقة. شرش
radier, v [رَدْيِه] شطب. محا ✿ شعّ
radieux, se, a مُشِع. مُشعشع. ذو أشعة. مُنير ✿ فرح. مبتهج ✿ بهي. وضّاء
radio, m جهاز لاسلكي. رادبو. مذياع
radiodiagnostic, m تشخيص بالأشعة
radiographie, f صُوْرَة بالأشعة النافذة ✿ التصوير بأشعة رانتجن. مِشعاعيّ
radiographier, v صوّر بالأشعة النافذة (أي التي تخترق الأجسام وتظهر ما وراءها)
radioscopie, f فحص الأجسام بالأشعة
radiothérapie, f المعالجة بالأشعة
radis, m [رادِي] فجل
radius, m الزند الأعلى. كاع. العظم الوحشي
radotage, m خرف. خلط. هذر. تخريف
radoter, v [رادوته] خرّف. خلط. هذى
radoub, m ترميم السفينة. جَلْفطة
radoucir, v سَكّن. لطّف. خفّف. ليّن
rafale, f جافلة. هَبة ريح. ريح عاصِفة
raffermir, v ثبّت. وَطد. قوّى
se — إستقرّ. توطد. تمكن
raffermissement, m إستقرار. توطيد
raffinage, m ترويق. تصفية. (تكرير)
raffiné, e مصفى. منقى (مكرر) ✿ دقيق. ناعِم ✿ ذو دهاء ✿ مهذب. ذو رقة
raffinement, m دَهاء. مَهارة ✿ مغالاة في الدقة والتدقيق أو في عمل شيء ✿ تنعم
raffiner, v رَوّق. صَفّى. نَقّى (كَرّر) ✿ نعّم ✿ دقّق. تغالى [رافينه]
raffinerie, f مصنع تكرير. محل التصفية
— de sucre معمل تكرير السكر
raffineur, se, a et n مكرر. مُصَفّ
raffoler, v كلف. هام. ولع به. تيم
raffut, m جلبة (دوشة)
raffûter, v سَنّ. حدّد
rafistoler, v رقّع. رمّ. أصلح

rafle, *f* عرموش. عُنقود لا عِنَب عليه ٥ كبسة بوليس ٥ شبكة صيد ٥ أخذ الكل
rafler, *v* خَطَفَ. أخذ كل شيء بسرعة
rafraichir, *v* برَّدَ. (رطَّب) وَبَرَّد ٥ رَطَّبَ ٥ أصْلَحَ ٥ أراح. قوّى.
— la mémoire جدد ذكر الـ
se — ترطب. استراح
— les cheveux قص الشعر
rafraichissant, e, *a* مُبرِّد. مُرَطِّب
rafraichissement, *m* تبريد. ترطيب ٥ تليين البطن ٥ إعادة الرونق أو النضرة
— de la couleur تنضير اللون
—s, *m. pl* مبردات. مرطبات أو مثلجات
ragaillardir, *v* قوى. شد القلب
rage, *f* داء الكَلَب. كَلَب ٥ حَنَق. غَضَب (كيد). تهيج. غيظ. [راج]
— (de dents) ألم حاد. لبع
faire — تفشي بسرعة. اشتهر
rager, *v* [راجِـ⑧] غَضَبَ
rageur, se, *a* غضبان
rageusement, *ad* بغيظ
raglan, *m* مِعطف
ragoût, *m* طبخة متبلة (يخنة. يخني)
ragoûtant, e, *a* محرك القابلية. لذيذ
ragréer, *v* تمم اصلاح الشيء. رَمَّم (شطب)
raid, *m* [رِد] غارة. حملة. غزوة
raide, *a* متوتر. مشدود. صلب. متصلب
raideur, *f* توتر. صلابة. تشدد ٥ عنف
raidir, *v* شَدَّ. وتَّر. شدَّد وتشدد
se — [رِدِيرِ⑧ سِ] توتر. صلب. تصلَّب

raie خط. سَطْر ٥ سمك الرعاد ترسي الشكل. سَفَن. لياء
— des cheveux فرق الشعر. مفرق
rail, *m* [رَاي] قضيب سكة الحديد وما شابه
railler, *v* [رَيّ⑧] إستهزأ أو هزأ بـ
raillerie, *f* إستهزاء. سخرية
railleur, se متهكم. هُزَأَة ٥ هزلي
rainure, *f* خط. فرضة في طول خشبة ٥ مجرى
rais, *m* [رِ] شُعاع
— d'une roue برمق العجلة
raisin, *m* [رِزَن] عِنَب
— sec زبيب
grand — ورق جاير
raisiné, *m* [رِزِينِه⑧] دِبْس. صَقَر
raison, *f* عقل. رُشْد. إدراك ٥ سبب. داع ٥ حق. صواب ٥ أساس
— d'être [رِزون] علة الوجود
— sociale عنوان الشركة
age de — سن التمييز. سن الادراك
perdre la — جن. ضاع عقله
avoir — صدق. أصاب
mettre à la raison التصر على
plus que de — زيادة عن اللزوم
à plus forte — بالأحرى. بالحرى. بأقوى حجة
se faire — soi-même أخذ حقه بالقوة بنفسه
en — de نظراً الى. بحسب
à — de بسعر كذا. بواقع
raisonnable, *a et n* عاقل. رشيد. مناسب
prix — ثمن لائق. سعر معتدل أو معقول
raisonnement, *m* تعقل. إدراك ٥ فكر. تفكير ٥ إثبات القول بالبراهين. برهنة
raisonner, *v* حقق. برهن عقلياً ٥ أتى ببراهين ٥ حث على التصرف الصواب

raja, *ou* rajah, *m* [رَاجا] امير هندي
rajeunir, *v* جَدَّد شباب الـ. أنعش
rajeunissant, e مجدِّد الشباب والنضرة
rajeunissement, *m* تجدد الشباب. تجديد
rajouter, *v* [راجوتِـه] أضاف ثانيةً
rajustement, *m* جَبْر. رَتْق. إصلاح ✿ تجبير. صَلاح [راجيستمَن]
rajuster, *v* أصْلَحَ. رَمَّم ساوى✿عاير
se — أصلح أثوابه. رَقَّصها
rajusteur, *a* معايرجي أي الذي يعاير. معاير
râle, *m* [رآل] سِمان الماء
râle *ou* râlement, *m* حشرجة. شهيق
ralentir, *v* [رالَنتير] تمهّل✿عوّق أعاق
ralentissement, *m* تبطئة. إرخاء. تباطؤ. تعويق ✿ بُطء. تمهّل. فتور. تَراخ
râler, *v* [رالـه] حشرج. شهق. غطّ
ralliement *ou* ralliment لمّ. ضم. تأليب ✿ تجمع. إلتئام. تألب ✿ مكان لمّ العساكر
rallir, *v* ألب. ضم ما كان متفرقاً. لمَّ
rallonge, *f* [رالُنج] وصلة. تطويلة
rallonger, *v* وصل. طوّل
rallumer, *v* سَعَّر. أشعل ثانية. أضرم
ramage, *m* تغريد. صياح الطير. صداح ✿ كلام لا معنىً له ✿ غصن [راماج]
ramas, *m* [راما] لامة. عفشة✿أوباش. رعاع
ramassage, *m* لمّ. جمع. تكويم
ramassé, e, *a* ملقوط. ملموم✿ متجمّع. مضموم✿ متقبّض. متلبد ✿ ربعة. مكتل
ramasser, *v* لمّ. جمع. لقط والتقط ألب. تجمّع. إلتأم. تألّب
se — ✿ إنضم على بعضه. إنقبض. تلبّد. قبع
ramasseur, se, *n* لام. جماع
ramassis, *m* [راماسي] خليط. لامة
rame, *f* مقذاف✿سند. عود لسند النباتات
— de papier رزمة ورق (٥٠٠ أو ٤٨٠ فرخ)
rameau, *m* [رامو] غُصْن. فرْع صغير. فنن ✿ شعبة // فرع الجبل
— d'une montagne
Dimanche des Rameaux أحد الشعانين
ramée, *f* شجن. أغصان مُلتفّة ومُشتبكة ✿ حطَب ✿ غُصْن [رامِـه]
ramender, *v* سَبّخ الأرض ثانية ✿ أصْلَح الشبكة ✿ أعاد التذهيب✿أعاد صباغ القماش
ramener, *v* رجّع وأرْجع. أعاد✿أتى بـ. أحْضَر. جَلَب ✿ جَدّد [رامنِـه]
ramer, *v* قذف. جدّف. جذّف ✿ دعم. أسند النبات بالقلال اي قوائم [رامِه]
rameur, se, *n* قذّاف. جاذف وجدّاف
rameux, se ذو أغصان. متشعب. متفرع
ramier, *m* حَمام بريّ. حمام بُرجي. ورشان
ramification, *f* شعبة✿تفرّع. تشعّب
ramifier (se), *v* تشعّب. تفرّع. إنقسم الى
ramollir, *v* أرخى. ليّن. طرّى
se — [راموليـر سِـه] إرتخى. تلين
ramollissement, *m* لين. ليونة
ramoner, *v* نظف الداخنة أو المدخنة
ramoneur, *m* منظف أو مسلك المداخن

rampant, e, *a* حابٍ. زاحِف. داب
arc rampant [رَنْپَن] عقد مائل
rampe, *f* [رَنْب] قِسْم من الدرَج. عَتَبة ٭درابزين سُلّم ٭منحدر. حدر. مَيل (دُحْدِيرة)
— du théâtre النور الأمامي للمرسح
boule de — رمانة الدرابزين
ramper, *v* حَبا. زحف. دَبّ ٭ تذلّل
ramure, *f* مجموع أغصان الشجرة. شعبة
— (bois du cerf) قرنا الأيل
rancart, *m* (mettre au —) نبذ. وضع على جانب
rance, *a* زَنِخ. (مزنخ). ذو زُهمة. مُخِمّ
—, *m* زُهْم. زَنَخ. قنم. خَمّة. سناخة
rancher, *m* سُلّم
rancidité *ou* rancissure, *f* زَنَخ. كون الشيء مزنخاً
rancir, *v* ازنخ. لخن. فسد الطعم والرائحة
rancœur, *f* [رَنكـُر] غِل. حقد. ضغينة
rançon, *f* [رَنسُن] فداء. فدية
rançonnement, *m* فداء. مطالبة بدل الشيء
rançonner, *v* بلص. طلب فدية. طلا
rançonneur, se, *n* ظالم. سالب. بالص
rancune, *f* [رَنكين] حقد. ضغينة
sans — بدون زعل أو ضغينة
rancuneux, se, *ou* rancunier, ère, *n et a* حَسِد. حقود. ضاغن
randonnée, *f* شوط. مشوار. رحلة
rang, *m* صف. سطر ٭طبقة ٭مرتبة. مقام. منزلة //
faux — [رَن] فراغ التسقيف

rangé, e, *a* مُرَتّب. منسق. مصفوف ٭موضوع في محله [رَنجِه]
homme — صاحب ترتيب ٭رجل ترك الهلس
rangée, *f* صَف // تعقل.
ranger, *v* رَتّب. نسق. نظم ٭ صفّ ٭زوى. جعل في ناحية [رَنجِه]
se — ترتب. تنسق ٭ اصطف. صاف ٭تنحى. وسع المحل أو الطريق لـ ٭ عقل
— du parti de تحزب مع. انضم لـ
ranimer, *v* أنعش ٭ هيّج. أيقظ ٭شجّع. نشط
— le feu سعّر النار
— la couleur أنضر. زهّى اللون
se — إنتعش. تشجع ٭عاد إلى الحياة ٭هاج
rapace, *a* مفترس. نهم ٭ طمّاع
rapacité, *f* شراهة. جشع. تنهم. الميل إلى السلب والنهب
râpage, *m* تبشير. تقطيع بالمبشرة
rapaiser, *v* هدّى. سكن ثانية
rapatriement, *m* عَوْد. رجوع إلى الوطن
rapatrier, *v* أعاد. أرجع إلى الوطن ٭صالح. وافق بين [راپتريِه]
se — آب. عاد إلى الوطن ٭تسالم. تصالح
râpe, *f* مبشرة. مِحكّ ٭ مبرد خشابي لصف دائرة
râpé, e, *a* مبشور. محكوك
râper, *v* [راپِه] بشر (برش)
son habit se — بلي ثوبه
rapetasser, *v* رقع ترقيعاً ضخماً ٭ صحح
rapetissement, *m* تصغير. تقصير

rapetisser, *v* صَغَّر وصَغَّر . قصَّر
raphia, *m* نوع من النَخْل وَليفه
rapiat, e, *a et n* نَهِم . بخيل
rapide, *a* [رابيد] سريع . عجول
pente — منحدر . حديرة
—, *m* سَيل مياه أو تيار سريع . منحدر أو تيار النهر . سبَّاق (قطار أسرع من الاكسبريس)
rapidement, *ad* سَريعاً . بسرعة . بعجلة
rapidité, *f* سُرعة . عَجَلة
rapiècement *ou* **rapiéçage,** *m* ترقيع
rapiécer, *v* رَقَّع ورَقَّع
rapiéceter, *v* رقع أو رم بقطع صغيرة
rapière, *f* سيف طويل . شيش . سَيف الطعن
rappareiller, *v* أجْوَز . اضاف إلى شيء قبله . قَرَن . صنف
rapparier, *v* زوّج ☆ قارَن
rappel, *m* إسترجاع . إعادة ☆ تذكير
lettre de — خطاب إستعجال أو إستدعاء
— de compte فرق حساب
rappeler, *v* دَعا ثانية ☆ إستدعى ☆ أستعاد ☆ قال من ☆ نبه . انذر [رابيليه]
— à la vie أحيى . أعاد إلى الحياة
— à la question رجع إلى موضوع البحث
rappliquer, *v* طبَّق ثانياً ☆ رجع ☆ حضر
rapport, *m* إستحضار ☆ دخل . حاصل ☆ إخبار . تفصيل حادث . رواية ☆ شكوى ☆ تقرير ☆ بيان ، شرح ☆ علاقة ☆ نسبة . صلة ☆ معاملة ☆ تناسب ☆ تجشي . تكريع [رابور]
bon rapport ائتلاف . مصاحبة ☆ ريع جيد
par — نظراً إلى . من جهة . بخصوص
maison de — بيت للايراد ليس لسكن الشخص
— d'examen تقرير فحص
— d'expert تقرير خبير
rapporter, *v* نقل ثانية . رجَّع . ردّ . أعاد . أرجع إلى محله ☆ لمَّ ☆ عزا أو نسب إلى ☆ انتج . أعطى ثمرة ☆ اخبر بما سمع . نقل ☆ رجيع إلى
— (sur le papier) نقل . نسخ
— (une décision) الغى قراراً
— (comparer) قارن . وازن
se — تعلَّق بـ . إختصّ ☆ طابَق ☆ إعتمد
— à qu سلم أو فوض الأمر إلى . إتكل عليه فيه
rapporteur, se, *n et a* ساع ☆ ناقل أخبار . (قتّان) ☆ دبوب . نمّام . واش ☆ شارح الدعوى . مُلخِص
—, *m* منقلة هندسية
rapprochement, *m* دنو . قُرب . إقتراب ☆ مُقابلة . مُقايسة ☆ مُصالحة . تقرّب ☆ تقليم ☆ تركيز (كيميا)
rapprocher, *v* قرَّب ثانية . دنّى . أزلف ☆ قابل //
se — تقرب . اقترب
rapprovisionner, *v* زوّد ثانية
rapsodie, *ou* **rhapsodie,** *f* نخبة من قصيدة هوميروس ☆ مجموع نبذ مختلفة
rapt, *m* [رَبْت] خطف . إغتصاب . سَلب
râpure, *f* حُكاكة . بشارة
raquette, *f* آلة لرمي الكرة . مِضرَب الكرة [راكيت]
rare, *a* نادر . عَزيز أو قليل الوجود
raréfaction, *f* تَرقيق . بَسْط . تلطيف ☆ تمدد . خِفة

raréfier, *v* خفّف. رقّق. قلل كثافة المادة
rarement, *ad* نادراً. قليلاً. قلّ ما. قلما
rareté, *f* قِلّة وجود أو وقوع. ندور. ندرة ✿ نادرة. غريبة ✿ تحفة. طرفة
ras, e, *a* [را] محلوق. محفوف. مملوط ✿ أملس. أجرد ✿ تام. جمام
— e campagne برية. خلاء. فلاة
au — de l'eau في مستوى الماء
mesure — كيل مطفف اي ملآن إلى أصباره
chien à poil — كلب قصير الشعر
rasade, *f* كأس. طافح. قدح مطفف اي ملآن
rasant, e مار أو سائر بالقرب ✿ مضايق
rasement, *m* حلق ✿ هدم
raser, *v* حلق. سبد الشعر ✿ مرّ بجانب أو بقرب ✿ دمّر. هدم ✿ ضايق [راز]
il nous rase ضايقنا
se — حلق ذقنه أي وجهه (تزيّن)
raseur, se, *n* رزيل. مضايق ✿ حلّاق
rasoir, *m* موس. موسى ✿ ثقيل الدم ✿ (شمّاط) [رازوار]
— mécanique محلق: مكنة حلاقة
rassasiement, *m* شبع
rassasier, *v* أشبع ✿ أمتع ✿ شفى غليله
— ses yeux متّع أنظاره
se — شبع. رتع [سِـ ه راسزيـِـ ه]
rassemblement, *m* جمع. حشد. لمّ ✿ حفل. تحشد. تجمع
rassembler, *v* جمع. حشد. ألّب ✿ جيّش. جنّد ✿ رتّب. نظّم
se — تجمّع. التأم. تضام. ألّب ✿ إحتشد
rassis, e, *a* بائت ✿ رزين. هادئ ✿
pain — [راسي] خبز بائت. ناشف
rassortiment, *m* تشكيل البضاعة ✿ تصنيف بضاعة جديدة
rassortir, *v* شكّل البضاعة ✿ صنّف
rassurant, e مسكّن الروع. مطمئن
rassurer, *v* سكّن الروع. (طمّن)
se — إطمأن. أمن. طابت نفسه
rat, *m* [را] فأر كبير. جرذ ✿ شخص ثقيل
— de cave دبارة مشمعة للاضائة ✿ مكاس. عشار
— d'hotel لص الفنادق
mort aux —s سم فار. رهج
ratatiné, e متقلص. متشمص (مكرنش)
rate, *f* طحال ✿ فأرة. (جرذونة)
raté, *m* طلقة لم تنطلق ✿ فنان أو كاتب خائب
raté, é, *a* مخطئ. غير مصاب. لم يفلح
râteau, *m* [راتو] مشط لتمشيط الأرض ✿ جاروف. مجرفة. مدمّة (هوجن)
ratel, *m* أبو كمب. ظربان. آكل العسل
râteler, *v* جرف أو مشط الأرض
râtelier, *m* معلف. مذود ✿ تماليق ✿ أو رف للسلاح أو لعدة النجارة ✿ طقم أسنان ✿ أسنان الفكين [راتـِـليـِـ ه]
rater, *v* خاب ✿ لم يطلق أو لم يصب الهدف
— le train [راتِـ ه] أضاع القطار
ratier, *n et a.m* كلب يصطاد الفيران
ratière, *f* مصيدة الفار

ratification, *f* تصديق. توقيع بالقبول. مصادقة ٭ صك القبول
ratifier, *v* رضي بـ. أمضى (صدّق على)
ratinage, *m* تجعيد فتلة القماش. تحبحب
ration, *f* وظيفة (اي جراية). حصّة أو راتب الجندي أو السجين أي ما يجري عليه يومياً من الأطعمة [راسيون]
— d'un cheval علافة. عليف وجبة الحصان
rationaliste معتقد بكفاية العقل دون الوحي
rationnel, le, *a* مطابق للعقل. منطقي
rationner, *v* أحصّ. وزّع (الجراية) أو العلف. وظف على أو حدد الاستهلاك. جراية
ratisser, *v* سلف. جرف
ratissoire, *f* مجرفة. مشط الأرض. مدمّة [راتيسوار]
ratissure, *f* كناسة الأرض
raton, *m* فأر صغير ٭ فطير بالجبن ٭ حيوان كاسر صغير
rattacher, *v* علّق ثانيةً ٭ أوصل بـ. ربط
rattraper, *v* أدرك. لحق ٭ قبض او أمسك ثانية ٭ أوقعه ثانية بالفخ
se — [راترابه] كسب ما كان خسره
rature, *f* طلس. شطب الكتابة. شطبة
raturer, *v* طلس. كشط. شطب. ضرب على
rauque, *a* أجش. (مبحوح او جرش) . باح. صاحل [روك]
ravage, *m* [راڤاج] تلف. خراب
ravager, *v* خرب. أتلف. أضرّ ٭ عاث
ravageur, *m* متلف. مخرب
ravalement, *m* تلبيس. تطين. تجبيس
ravaler, *v* بلع ثانية ٭ ليس. جبّس ٭ حقر
ravaudage ou ravauderie, *f* ترقيع الخرق ٭ ترترة ٭ جلفطة
ravauder, *v* رفأ. رقع. رتق (قطب) الخرق ٭ أهان. إحتقر بالكلام ٭ أصلح. رمم ٭ ترتر
rave, *f* // لفت. سلجم
ravi, e, *a* مفتون. منجذب. مختطف بالروح ٭ مخطوف. مسلوب. مسبي ٭ مسرور
ravigoter, *v* أنعش. شدّ القوة ٭ فتح الشهية
ravilir, *v* [راڤيلير] حقّر. ذلل
ravin, *m* [راڤن] لهب. وادٍ ضيق. خور
ravine, *f* سيل ماء. جراف. مجرى سيل
raviner, *v* أضرّ أو خرب الحقول بالسيل
ravioli, *m.pl* معكرونة. مكرونة
ravir, *v* خطف. سلب. سبي ٭ حرم. أخذ من ٭ سلب القلب. سحر [راڤير]
à ravir, *l.c.ad* بنوع عجيب ٭ على الوجه الأكمل
raviser (se), *v* رجع عن رأيه
ravissant, e خاطف. سالب ٭ ساحر. آخذ بمجامع القلب. مدهش البصر
un homme ravissant رجل ظريف ٭ خلاب
ravissement, *m* خطف. إغتصاب ٭ إستغراق في التأمل. إختطاف الروح ٭ دهش. طرب [راڤيسمون]
ravisseur, se, *n et a* ساب. سالب
ravitaillement, *m* تموين. تجهيز. تزويد

ravitailler, *v* زوّد. موّن. جهز بالمؤنة
se — تمون. تزود. تجهز. امتاد
raviver, *v* أضرم٭هيّج. أيقظ٭(زهّى)
se — اضطرم (النار) ٭ غفر (الجرح)
٭ تيقظ. هاج. تقوى
ravoir, *v3* [رافوار] حصّل. استرجع
rayé, e (مقلم). مسطّر. مخطط٭مشطوب
. مطلوس. مضروب عليه ٭ مششخن
l'affaire est — du rôle شطبة القضية من جدول القضايا
arme — // سلاح مششخن
rayement, *m* تخطيط. تقليم ٭ محو
rayer, *v* خط. خطط (قلّم. سطّر)
٭ طلس. شطب. محا. ضرب على ٭ شرخ
rayon, *m* شعّة. شعاع ٭ قسم ٭ رف
. لوح. صفّة ٭ خط المحراث في الأرض
dans le — de في محور أو دائرة [ريّن]
— d'une roue برمق. شعاع الدولاب أي العجلة
— X ou — Rœntgen الأشعة النافذة
— de blanc راتجن // قسم البياضات
— de miel طرم. قرص عسل. شهد
— du circle نصف قطر الدائرة. خط من المركز إلى الدائرة
— ultra violet الأشعة فوق البنفسجية
l'os du — عظمة الكعبرة
rayonnant, e, *a* مشعّ. ذو أشعة
٭ متهلل. مبتهج فرحاً
rayonner, *v* برزت منه أشعة. أشع. شعّ
٭ تلألأ ٭ ركّب رفوفاً ٭ خطّط
rayure, *f* تخطيط. تقليم القماش٭ شكل خطوط النسيج ٭ خط على جسم صلب ٭ شعب
raz ou ras, *m* مجرى مياه بحريه سريع
raz de marée فوران ماء البحر بشدة وبعنف

razzia, *f* غارة. غزو. غزوة
réabonner, *v* إشترك ثانية
réactif, ve, *a* يرد تأثير الفعل. عاكس فعل
—, *m* تفاعلي (في الكيمياء)
réaction, *f* رد الفعل ٭ مقاومة. رجعة
. ارتكاس ٭ تراجع ٭ تفاعل (في الكيمياء)
réactionnaire, *a et n* رجعي. متمسك بالقديم. من حزب الرجعيين
réaffirmer, *v* أكّد ثانية. كرر التأكيد
réagir, *v* قاوم الفعل. عاكس الفعل. ردع
. عكس فعل الجسد ٭ قاوم. ضاد ٭ أثر
réalisable, *a* ممكن إجراؤه. ممكن تحصيله
réalisation, *f* إجراء. عمل. تتميم. إنهاء
٭ نيل ٭ تحقيق. ثبوت ٭ تصفية
— d'une fortune تحصيل غنى
réaliser, *v* حقّق. نال. أتمّ. أنفذ. انجز
٭ حصّل ٭ حول إلى نقود اي أموال عينية
se — تحقق. تمّ. جرى [سه رياليز]
réalisme, *m* المذهب الحسي. القول بحقيقة الأشياء العالمية
réaliste, *a et n* متشيع للمذهب الحسي
poète — شعر طبيعي
réalité, *f* حقيقة. عينية. حقيقة الشيء. واقع
. الكائن أو الموجود حقاً [رياليته]
réapparition, *f* ظهور من جديد
réappeler, *v* نادى أو استدعى ثانية
réarmement, *m* تجهيز ثانية للحرب. تسلح
réarmer, *v* سلح ثانية للحرب ٭ جدد السلاح
rebaisser, *v* حط او نزّل دفعة ثانية

rébarbatif, ve, *a* جاهم. عابس. قاطب
— mots *s* ألفاظ غليظة [رِ بارْ باتيف]
rebâtir, *v* بنى ثانية ✿ شلّ. شلل. شرج
rebattre, *v3* ضرب أو دقّ أو طرق ثانية
— les oreilles كرر الدق//مج السمع.
rebelle, *a et n* عاص. متمرد. ثائر
rebeller (se), *v* شقّ عصا الطاعة. تمرّد
rébellion, *f* تمرد. ثورة
rebiffer (se), *v* تمرّد. عقّ. عصى
reboisement, *m* غرس الأشجار ثانية
rebond, *m* ردة. قفزة ثانية (من كرة وماشابه) ✿ قفزة للخاف [رِ بُن]
rebondi, e, *a* ذو سمانة. لحيم
rebondir, *v* نطّ. طار بعد مسّ الأرض
rebord, *m* حافة. طرف ✿ ثني. حاشية. هُدْب. كُفّة [رِ بور]
rebouillir, *v3* غلى أو سلق ثانية
rebours, *m* عكس ميل الشعر ✿ قفا الثوب ✿ الخلاف. العكس [رِ بور]
à rebours بالعكس. بالقفا (بالمقلوب)
rebouter, *v* جبّر ✿ مشط
rebroussement, *m* عكس أو قلب الشعر ✿ إنعكاس [رِ روسْمَن]
rebrousse poil (à) بعكس ميل الشعر
rebrousser, *v* عكس. قلب ✿ تقهقر
— chemin رجع الى الوراء. نكص على عقبيه
rébut, *m* حثالة. سقط. نفاية ✿ طرد ✿ رفض. رجوع (في البريد) [رِ بي]
mettre au — ركن ✿ رمى في الزبالة
rebutant, e, *a* كريه. موجب النفور

rebuter, *v* ردّ بجفاء. صدّ. رفض ✿ إسترذل ✿ نفر. إستثقل أو ملّ من
recacheter, *v* ختم من جديد
récalcitrant, e, *a* عنود. عاص. مقاوم
récapitulation إجمال أو تلخيص. موجز
récapituler, *v* أجمل القول. لخّص الشرح
recel, *m* تخبئة الشيء المسروق [رِ سِل]
receler, *v* خبأ. أخفى شيء مسروق. أخفى
receleur, se, *n* قابل أو خافي الشيء المسروق. لنيف. لنيفة [رِ سِلِر]
récemment, *ad* منذ قليل. حديثاً
recensement, *m* إحصاء. تعداد النفوس
recenseur, *m* مأمور الأحصاء أو التعداد
récent, e [رِ سَن] حديث. قريب العهد
recepage, *m* تقضيب. تقليم الأشجار ✿ حش
récépissé, *m* قسيمة. إيصال. علم خبر
réceptacle, *m* مجتمع. محل إجتماع ✿ حوض ✿ القرص أو الحامل الزهري.
récepteur, *m* جهاز الاستقبال ج اجهزة ✿ سماعة
réception, *f* تسلّم ✿ قبول ✿ إستقبال ✿ إدخال أو إشراك ✿ إلتقاط (في اللاسلكي)
accuser — أشعر أو أعلم. أعطى إيصالاً
salle de — قاعة الاستقبال
réceptionnaire, *a* مأمور الوارد. مستلم
recette, *f* إيراد. دخل. المقبوض ✿ وصفة
receveur, se, *n* جاب. محصل. مستلم ✿ كومساري ✿ مستقبل ✿ مستودع
recevoir, *v3* قبل ✿ تسلّم. تناول ✿ إستقبل
fin de non recevoir رفض الطلب

rechange, m معد للتغير. مهيأ ليبدل منه بغيره ٭تغييرة ٭رجوع. تبديل. تحويل لم يقبض

— f. قطعة غيار او بدل [رشنج]

rechargement التحميل ثانية ٭وثق جديد

— d'une arme à feu حشو آلة نارية دفعة ثانية

recharger, v حمل أو أوسق ثانية ٭حشا

— l'ennemi هجم. حمل ثانية على العدو. طارد

réchaud, m كانون. موقد. دفاءة (منقل) ٭بريموس. وابور جاز [رشو]

réchauffage, m تسخين

réchauffé, e, a مسخن ٭غير طازج

réchauffer, v سخن. دفأ

se — تدفأ من البرد [رشوفه]

rêche, a خشن ٭قابض (مقلحف الفم)

recherche, f تفتيش. تفقد. بحث ٭البحث عن السوابق ٭زيادة أو إفراط في الاعتناء. اناقة

sans — بدون تكليف أو إعتناء غير عادي

recherché, e مرغوب. مطلوب كثيراً. عزيز

— par la police يبحث عنه البوليس

rechercher, v فتش. بحث. تفقد ٭سعى

rechigner, v قطب وجهه. عبس. بسر. بوز

rechute, f نكس. انتكاس. هيضة ٭سقوط ثانٍ [رشيت]

récidiver, v عاد. رجع. آب إلى الخطأ. كرر الجرم [رسيديفه]

récidiviste, n ذو سابقة. مجرم عائد. معتاد الاجرام.

récif, m صخر تحت وجه البحر. حشفة. شعب

récipé, m وصفة طبيب

récipient, m إناء. وعاء للسوائل وما شابه

réciprocité, f تبادل المعاملة. مبادلة. الأخذ والعطاء ٭تفاعل

réciproque, a متبادل. مبادل. مشترك

réciproquement, ad بالتبادل. بمبادلة

récit, m قصة. حكاية. رواية [رسي]

récitation, f القاء. تلاوة. تسميع المحفوظ

réciter, v سمع ٭تلا. قرأ على الغائب ٭سرد. نقل الحديث [رسيته]

— des vers أنشد الشعر. ألقى

réclamation, f طلب. مطالبة به ٭مضادة. إحتجاج. [ركلاماسيون]

réclame, f إعلان [ركلام]

en — للشهرة

réclamer, v طالب. طلب رد الحق أو الشيء ٭عارض ٭إلتمس ٭إستدعى

reclus, e, n عاكف. منزوٍ ٭متنسك

reclusion, f عزلة. إنزواء. إعتكاف. تفرد ٭حبس

reclusionnaire, n محكوم عليه بالسجن

récognition, f معرفة. تذكر أمور سابقة ٭قبول ٭إقرار. إعتراف

recoiffer(se), v أصلح او أصلحت زينة رأسها ٭لبس القبعة

recoin, m زاوية. قرنة. خلوة [ركوان]

récolement, m تحقيق على الشهود ٭جرد

récoler إستطلع الشهود على شهاداتهم ٭جرد

recoller, *v* ألصق بالغراء. لزقَ ثانية
se — اصق ثانية
récolte, *f* حِصاد. غلّة ✡ حَصْد. إجتناء
vendre la — sur pied باع المحصول على أمه
récolter, *v* حَصَّل. جَنى. حَصَد. إستغل
recommandable, *a* يوصى به ✡ فاضل. مكرم ✡ مَوْصُوف.
recommandation, *f* توصية ✡ نصيحة ✡ تسجيل خطابات
recommandé,e, *a* مُوَصّىً او مؤمن عليه. مُسَجَّل. (مسوكر) [ر كُمَنْد]
recommander, *v* أوْصَى بـ وعلى. نصح بـ. تشفع في ✡ سَجَّل // سجل خطاباً
— une lettre
se — فَوَّض أمره إلى ✡ إستشهد بـ
recommandeur, *m* موص
recommencement, *m* مراجعة. إعادة. بدء من جديد
recommencer, *v* أعاد. كرر. إبتدأ ثانيةً
a — من أول وجديد [ر كومَنْسِ ه]
récompense, *f* مكافأة. جائزة. أجر. جزاء
en — بدلاً أو عوضاً عن [ر كُنبَنس]
récompenser, *v* كافأ. جازى. عوض من
recomposer, *v* ركّب ثانية ✡ ألّف ثانية
recompter, *v* حسب. عدّ ثانية
réconciliateur, rice, *n* مُوَفِّق بين
réconciliation, *f* إصلاح أو توفيق بين ✡ مصالحة. تصالح. مسالمة. صُلْح
réconcilier, *v* أصلح. وفّق بين
se — تصالح ✡ صالح. رضيَ عن

reconduire, *v3* أوصل. شيّع ✡ ردّ ✡ طرد
réconfort, *m* تعزية. تسلية [ر كُنفور]
réconforter, *v* قوّى. شدّد. أنعش
se — تقوى. إنتعش. تعزى ✡ تسلى
reconnaissable, *a* سهل معرفته
reconnaissance, *f* الاعتراف بالجميل ✡ إستطلاع. إستكشاف. رَود. تعرف ✡ إعتراف. إقرار. وثيقة
— des lieux معرفة الأمكنة
reconnaissant,e, *a* عارف الجميل. شاكر
reconnaitre, *v3* عرف. تحقق من ✡ إقر أو سلّم بكذا ✡ عرف الأمكنة ✡ إستطلع. راد
se — تعرف إلى // عرف ذاته ✡ تعارفا ✡ أفاق من غشيته ✡ أقر بذنبه
reconquérir, *v3* إستولى. إستملك ثانيةً
reconstituant, e, *a* et *m* معيد القوى
reconstituer, *v* اعاد ترتيب. رتّب ثانية
reconstitution, *f* اعادة ترتيب
reconstruire, *v3* أعاد بناء
recopier [ر كُبْيِ ه] نسخ. نقل ثانية
record, *m* عمل عظيم. رقم قياسي ✡ سجل
battre le — فاق من سبقه. ضرب الرقم العالي
recorriger, *v* اعاد التصحيح
recors, *m* [ر كور] مساعد المحضر
recoucher, *v* رقد أو نام ثانية
recoudre, *v3* خاط ثانيةً. أعاد الخياطة
recoupe, *f* ثاني قطفة الدقيق ✡ نحاتة ✡ قصاقيص القماش. فضلة

recouper, *v* قطع. جزّأ ثانية ✿ فصّل ثانية
recourir, *v3* عاد يركض ✿ لجأ إلى
— à la ruse إستعمل المكر
— en cassation رفع نقضاً وابراماً
recours, *m* إلتجأ. عوذ ✿ حيلة ✿ رجوع
— contre les endosseurs رجوع على المحولين
— en grâce طلب العفو
avoir — à التجأ الى
— contre la déclaration de la commission إستئناف قرار اللجنة
recouvrement, *m* تغطية ✿ إسترداد ✿ تحصيل. قبض ✿ تعافٍ ✿ شفاء
recouvrer, *v* حصل على. إستوفى. قبض ✿ إستردّ ✿ شفي. تعافى
recouvrir, *v3* ستر. غطّى [ر. كوفرير]
récréance, *f* إنتفاع مؤقت
récréatif, ve, *a* مفرح. مبهج. مله. مسر
récréation, *f* تنزه. انعاش. تسلية ✿ وقت الاستراحة أو التنزه. فسحة. ترويح
récréer, *v* سلّى. روّح النفس
récrément ورد. وساخة. إفرازات داخلية
récrier (se), *v* صاح أو صرخ مندهشاً
récrimination, *f* معاتبة. ملاومة. رد التهمة بمثلها. مهاترة
récriminer, *v* إتهم. رد على الشكوى بأخرى
récrire, *v3* كتب ثانية [ر. كريز]
recroître, *v3* نبت ثانية
recroqueviller (se), *v* تقلص. إنكمش
recrudescence, *f* هيضة. إنتكاس. عود المرض ✿ إنتقاض الجرح
recrue, *f* تجنيد جديد ✿ جندي جديد. رديف
la — العساكر المستجدة و [ر. كري]
recrutement, *m* جمع أنفار للجيش. قرعة
recruter, *v* جمع أنفار للعسكرية. جنّد
— des abonnés تحصل على مشتركين
rectangle, *m* مستطيل. مسطح قائم الزوايا
rectangulaire, *a* قائم الزوايا أو الزاوية
recteur, *m* رئيس مدرسة عالية ✿ قسيس
rectificatif, ve تصحيحي. مصلح. معدل
rectification, *f* إصلاح. تعديل. تقويم ✿ (تسكرير) تقطير. تصفية
— de la déclaration تصحيح الاقرار
rectifier, *v* (كرّر) صفّى ✿ عدّل. قوّم. أصلح
se — تصلّح. تقوم. تعدّل
rectiligne, *a* مستقيم الخطوط ✿ محدود بخطوط مستقيمة
rectitude, *f* سداد رأي ✿ إستقامة الخط
recto, *m* أول صفحة. الصحيفة اليمنى
rectum, *m* مُعَشاة. «المعي» المستقيم. منتهى القناة الهضمية [ر. كتم]
reçu, *m* إيصال. وصل. علم خبر. كتابة إقرار بوصول شيء [ر. سي]
reçu, e, *a* مقبول ✿ محصل. مقبوض
recueil, *m* مجموعة. مجموع ✿ ديوان [ر. كي]
recueillement, *m* جمع. لم. ضم ✿ حصر الفكر. جمع الحواس
recueillir, *v3* قطف. جمع. جنى. ضم
— une succession ورث
se — تأمل. جمع حواسه وأفكاره

recul, m رجعة. رجوع إلى الوراء (كشكشة)
reculade, f تقهقر. رجوع إلى الوراء
reculé, e, a بعيد. قصي ✲ مؤجل
reculement, m إدبار. تقهقر. نكوص
reculer, v أرجع. دفع إلى الوراء ✲ أبعد ✲ أجّل. أخر ✲ رجع. عاد إلى الوراء
تراجع. تقهقر ✲ وسع دائرة ملك
reculons (à) بالقهقرة. تقهقراً. إلى الوراء
récupérer, v استجم ✲ استحصل. حصل. استرجع. استعاض
récurage, m تنظيف. جلاء ✲ تبييض النحاس
récurrence, f رجوع. انتياب. تكرار
récusable, a ممكن رفضه
récusation طلب رد قاض عن نظر دعوى. عدم قبول قاض أو شاهد الخ ✲ رد الهيئة
récuser, v رفض. رد بعدم قبول قاض أو شاهد أو خبير أو ما شابه
se — أبى التحكم في أو الشهادة على
rédacteur, rice, n محرر. مؤلف. كاتب
rédacteur en chef رئيس التحرير
rédaction, f تحرير. تأليف. إنشاء. ✲ طائفة المحررين ✲ مكتب التحرير
reddition, f تسليم المحلات المحاصرة ✲ رد. إرجاع الشيء لصاحبه
— de comptes إداء حساب. تقديم الحسابات
redemander, v طلب ثانية. أعاد الطلب
rédempteur, rice, n et a مخلص. فاد
rédemption, f خلاص. فداء ✲ استرداد
redescendre, v3 نزل. هبط ثانية
redevable مديون. باق عليه ✲ ممنون
redevance, f ما يلزم دفعه في أوقات معينة
redevenir, v3 عاد كما كان. صار
redevoir, v3 بقي عليه. بقي مديوناً لـ
rédhibition, f حق إلغاء البيع في العيب الخفي. حق الرجوع على البائع
rédiger, v حرر. أنشأ [ردينجه]
redire, v3 أعاد القول ✲ نقل عن ✲ لام
trouver à — رأى عيباً في. نقد
redondance, f مبالغة أو حشو في الكلام
redonner, v أعطى ثانية ✲ أعاد إلى
se — سلم نفسه ثانية إلى. عاد إلى
— aux affaires عاد لمعاطاة الأشغال
redoubler, v ثنى. كرر ✲ بطن. جدد البطانة ✲ ضاعف. زاد ✲ ازداد ✲ اشتد
Il a — sa classe أعاد سنته الدراسية
redoutable, a مخيف. مريع. هائل
redoute, f متراس. مترس. معقل ✲ مرقص
redouter, v خاف. هاب. خشي
redressé, e, a مقوم. معدل. منتصب
redressement, m تقويم. تعديل. إصلاح ✲ استقامة ✲ تأديب [ردرسمن]
— financier إنتعاش اقتصادي
redresser, v قوم. عدل ✲ أصلح. جبر
se — تقوم. أصلح نفسه. رفع هامته ✲ انتصب
réductible, a ممكن تقليله ✲ يرد لأصله
réduction, f تنقيص. تخفيض. تصغير. تنزيل. إسقاط ✲ ترخيص الثمن ✲ إخضاع. قمع

réduire, *v3* ردّ الخلع . جبّر ¤ صغّر . قلّل ¤ خفض . نقّص ¤ أخضع . غلب ¤ حوّل إلى . صيّر [ر دْ و ير]
— une fraction حوّل وبدل الكسر
— au silence اجبر على السكوت
— en poudre سحن . سحق
— à la misère افقر
se — خفض . نقص ¤ آل ¤ إنقمع
— en acte إستحال إلى حيز الفعل
réduit, *m* خلوة . عُزلة . محل مُظلم في بيت
reduit,e, *a* مصغر . مستحال إلى . مقتصر على
réédification, *f* تجديد البناء . تشييد جديد
réel, le, *a* حقيقي . صحيح . واقعي [ر ييل]
droits réels حقوق عينية
réélection, *f* إعادة أو تجديد الانتخاب
réélire, *v* إنتخب ثانية . أعاد إنتخاب
réellement, *ad* حقيقة . حقاً . في الواقع
saisir — حجز عقاراً [ر يلمن]
réengager, *v* إرتبط ثانية . رهن ثانية
se — تكفل . تعهد ثانية . إلتحق ثانية بالجيش
réexpédier, *v* صدّر ثانية . أرسل ثانية
réfaction, *f* تنزيل ضريبة الجمرك من ثمن البضاعة التالفة [ر فكسيون]
refaire, *v3* أعاد عمل ¤ أصلح . رمّ
on l'a refait خدعوه . غشوه
se — نقه . صح ¤ ربح ما كان خسره
refaucher, *v* حش مرة ثانية
réfection, *f* إعادة بناء ¤ إعادة عمل ¤ نقيمة
réfectoire, *m* (سفرخانة) . محل الأكل (في المدارس والأديرة)

refend, *m* [ر فن] شق . فلق . فصل
mur de refend حائط قاطع أو قطوع . فاصل
référé, *m* قضية مستعجلة
juge des —s قاضي الأمور المستعجلة
référence, *f* إشارة . إيعاز . نسب . نسبة ¤ شهادة ¤ إستشهاد ¤ مرجع . مستند
référendaire شارح أو ملخص دعوى ¤ فاحص
référendum, *m* إستفتاء الشعب ¤ خطاب من سفير إلى دولته بطلب تعليمات
référer, *v* أسند إلى . عزى ¤ كتب عرض حال ¤ إستشهد بـ ¤ احال على ¤ عني . قصد
se — سلم إلى . نقل عن أو إستند إلى
refermer, *v* أغلق ثانية ¤ ضم (الجرح)
réfléchi, e, *a* معكوس . مردود ¤ رزين . متعقل ¤ مفعول بانتباه . ممعن النظر فيه
verbe — فعل يصرف مع ضمير الفاعل
réfléchir, *v* عكس . ردّ ¤ تأمل . تفكّر في
se — إنعكس . تكسر . إرتد ¤ إنتهى
réflecteur, *m et a* اداة عكس النور أو الحرارة ¤ عاكس النور
reflet, *m* إنعكاس . إنكسار النور . نور مردود أو منعكس [ر فله]
refleter, *v* عكس . ردّ
réflexe, *a et m* صادر عن الانعكاس
action — حركة انعكاسية عصبية بدون ارادة
réflexion, *f* رجعة الصدمة ¤ إنعكاس . إرتداد النور أو الصوت ¤ فكرة . تأمل ¤ ملاحظة ¤ تفكر [ر فلكسيون]
angle de — زاوية الانعكاس
sans — بدون تروٍ

refluer, v جزر. رجع لمجراه أو الى الوراء

reflux, m جزر البحر ٭ إنحسار. إرتداد

refonte, f صَبّ. اعادة السبك

réformateur, rice, n مجدّد النظام. مصلح

réformation, f تنظيم. تهذيب ٭ تعديل

réforme, f تنظيم ٭ تعديل ٭ إصلاح. تقويم . تهذيب ٭ إستيداع ٭ تعديل ديني

réformé, e, a صار تعديله. مهذب ٭ متقاعد أو على الاستيداع ٭ غير لائق للخدمة

la religion —e الديانة البروتستانتية

officier — ضابط مطلوق سراحه من الجندية

reformer, v نظّم. رتّب ثانية. جمع او كوّن من جديد [رِفورْميه]

réformer, v أصلح ٭ هذب ٭ عزل عن العمل

— un jugement عدل قراراً أو حكماً

— un officier رفت ضابطاً لعدم لياقته

se — إرتدع. إصطلح. تهذب

refouler, v ردّ. أرجع إلى الوراء. كبت

réfractaire, a et m جموح. عاصٍ متمرد ٭ هارب من العسكرية

prêtre — شالح. كاهن شالح ثوب الاكليروس

brique — قرميد ناري. طوب نار.

— au feu لا يذوب بالنار

réfraction, f إنحراف أو كسر الأشعة

refrain, m قرار (مذهب). ردّة أو ترجيع في الغناء. دور [رِفرَن]

refréner, v [رِفرِنيه] قهر. قمع

réfrigérant, e, a مبرّد ٭ مثبط الحرارة

—, m برّادة. جهاز أو وعاء التبريد الصناعي

réfrigération, f تبريد شديد. تجليد

réfrigérer, v برّد. ثلّج ٭ خفّف الحرارة

réfringence, f قابلية كسر النور أو عكسه

refrognement ou renfrognement, m عبوسة. تقطيب الوجه

refrogner ou renfrogner, v عبّس

refroidir, v برد وبرّد ٭ أخمد ٭ قتل

se — برد ٭ خمدت حميته [رِفرْوادِيرْ]

refroidissement, m برودة. برد. تبريد ٭ خمود. فتور ٭ إنحراف الصحة من البرد

refuge, m مأوى. ملجأ ٭ ملاذ ٭ سند ٭ حجّة. مهرب [رِفيج]

réfugié, e, a et n مهاجر ٭ لاجئ. مستجير

réfugier (se), v إلتجأ أو إستأمن إلى

refus, m رفض. ردّ. عدم قبول [رِفي]

refuser, v رفض. لم يقبل. أبى ٭ منع

se — إمتنع. منع أو حرم نفسه عن شيء

réfutable ممكن دحضه أو نقضه. يُفند

réfuter, v دحض. نقض. فنّد ٭ ردّ

regagner, v ربح بعد الخسارة ٭ إسترد

— sa maison عاد إلى بيته [رِجَنييه]

regaillardir, v شدد العزم. انعش

regain, m ما ينبت من الأعشاب بعد الحصاد // رجوع الصبا

— de jeunesse

régal, m وليمة ٭ اللذيذ من الأطعمة ٭ لذة

un — pour les yeux متعة النظر [رِجال]

régaler, v مهّد. سهّل . ساوى ٭ متّع . سلّى . ادب. أولم [رِجَلِيه]

se — أكل ما طاب. أكل بلذة

regard, m نظرة ٭ نَظَر ٭ ثقب. فتحة ٭ عناية / فوهة المجرور أو البالوعة — d'égoût
en regard, lc. ad [رجار] تلقاء. مقابل
regarder, v نظر. أبصر ٭ تطلّع ٭ عدّ ٭ حسب ٭ واجه. وازى ٭ لاحظ. راعى
— de mauvais œil نظر شزراً
cela ne vous regarde pas هذا لا يعنيك
ne pas — à la dépense لم يبال بالمصروف
se — حسب أو احتسب نفسه كذا ٭ نظر نفسه ٭ نظروا لبعضهم
— dans un miroir نظر ذاته بالمرآة
régate, f سباق الزوارق أو القوارب
regel, m جليد جديد. عودة التليج
régence, f رفادة. وصاية. نيابة المُلْك. الوصاية عن الملك ٭ مركز نائب الملك
régénérateur, rice, a مجدّد. مُعيد
régénération, f تكوّن أو تولّد ثانية ٭ تجديد. إصلاح ٭ تجدد القلب. احياء
— des tissus تجديد الأنسجة
régénérer, v أوجد. كوّن ثانية ٭ جدد ٭ اصلح. أعاد. أحيا
se — تجدّد ٭ تصلح ٭ تولد. تكون
régent, e, a et n راقد. نائب الملك. وصي
régicide, m قتل الملوك ٭ قاتِل الملك
régie, f إدارة ٭ إدارة الضرائب أو الاحتكار
les — des tabacs إدارة حصر الدخان
mettre en — اشتغل على ذمة الحكومة
regimber, v رفس ٭ عـنـد
régime, m تدبير الأكل. مزورة. حمية ٭ نظام ٭ إدارة شروط المهر في عقد الزواج
— de la communauté قسمة المال بالتساوي
— hypothécaire اصول الرهونات العقارية
— de bananier سباطة موز
— (en gram.) مفعول به ٭ مضاف اليه
— (système de gouvernement) نوع سياسة البلد أو نظامه. حكم. اسلوب الحكم
régiment, m آلاي. فرقة عسكرية. سرية ٭ عدد كبير // جريدة. كتيبة
— de cavalerie
région, f إقليم. ناحية. بقعة. قُطر. صُقع ٭ طبقة (جوية أو بحرية) [رجيون]
régional, e, a إقليمي. خاص بالجهة
régir, v حكم. ساس. ادار ٭ عمل في
la loi qui nous régit القانون الساري علينا
regisseur, m مدير. سائس. نائب الملك
— de théâtre مدير المسرح. مرتب التشخيص
— d'une ferme وكيل زراعة
registre, m قيد. دفتر. سجل. وصْر
— de commerce سجل تجاري
réglage, m [رجلاج] ضبط
— du papier تسطير الورق
règle, f مسطرة. قِدة ٭ قاعدة. قياس
— (statut) [رجل] قانون. أمر. لائحة
— à coulisse مطمر
en règle على الاصول. وفقاً للقانون
il est de — من المتبع. من الاصول
elle a ses — s حائض
réglé, e, a مخطط ٭ منتهى منه ٭ محتوم ٭ محدود ٭ مضبوط ٭ متعقل. حسن السلوك
règlement, m تدبير. تنظيم. تحديد ٭ لائحة. قانون. نظام [رجلمن]
— de compte تسديد حساب
— des impots تسوية الضريبة
réglementaire, a قانوني. نظامي. رسمي ٭ خاص باللوائح [رجلمنتير]

réglementation ترتيب.وضع القوانين
réglementer, *v* نظم.رتّب بقوانين
régler, *v* حتم ☆ سطّر . خطّط (مسطر)
☆ نظّم . أدار حسب القانون ☆ وفى . سدّد
— une montre [رحله] ضبط الساعة
— un différend ساوى أو ازال الاختلاف
— un compte دفع أو رصد حساباً . سوّى
réglisse, *f* [رجلِيس] عِرْق سُوس
jus de — رُبّ سُوس
réglure, *f* تسطير . تسطير
régnant, e سائد ☆ مالك . على كرسي الملك
règne, *m* مُلك . حُكم . سلطان . حكومة
. مُدّة الجلوس على عرش الملك . عهد
le — animal المملكة الحيوانية
régner [رنيه] ملك على . تولى ☆ ساد
— dans le cœur ملك القلب . تملك الفؤاد
— sur حكم على
regorgement, *m* إمتلاء . طفح . فيض
regorger, *v* إندفق . طفح . فاض
— d'habitants غُمِصَ بالسكان
regrat, *m* بيع بالمفرق
régression, *f* نكوص . إرتداد . تقهقر
regret, *m* اسف . حسرة ☆ تأسّف
à — [رجرِ] ضد الخاطر . كرهاً . بأسف
regrettable يؤسف له . واجب التندم عليه
regretter, *v* تأسّف . ندم على . أسف
régularisation, *f* تنظيم . ترتيب . تسوية
— d'un compte تسوية الحساب
régulariser, *v* نظّم . وفّق . سوّى . ضبط
se — صار بحسب القانون . إنتظم
régularité, *f* إنتظام ☆ ترتيب . ضبط . نظام

☆ إنسجام ☆ إتباع القوانين . قانونية
— de la conduite إستقامة . حسن السيرة
— d'un acte صحة العقد
régulateur, rice, *a et n* منظم . ضابط
—, *m* رقاص (الساعة) ☆ يد باب النفس
régulier, ère معتدل . منظم . قانوني
(مضبوط) ☆ قياسي ☆ منتظم ☆ نظامي
traits —s [رجيليه] ملامح متناسقة
verbe — فعل قياسي
régulièrement, *ad* بانتظام . بضبط
. قياسياً ☆ بحسب القانون
régurgitation, *f* قلس . معود الأطعمة من الفم
réhabilitation, *f* ردّ الشرف أو الحقوق
réhabiliter, *v* أعاد إليه حقوقه ☆ ردّ الشرف
— un mariage أو الاعتبار // صحح الزواج
se — رجع إلى ما كان عليه من الحقوق
والشرف والصيت . إسترد إعتباره
rehausser, *v* علّى . رفع ☆ رقّى
— les ombres شبع ظلال الرسم
se — إرتفع ☆ إستطال
réimprimer, *v* اعاد الطبع . طبع ثانية
rein, *m* [رَن] كُلْيَة . كُلْوَة
—s, *m.pl* حقو . صُلب . أسفل سلسلة الفقار
mal aux —s وجع الظهر أو الحقو
reine, *f* ملكة . سلطانة ☆ زوجة ملك
— mère [رِن] والدة الملك
réinstallation, *f* اعادة الجلوس ☆ اعادة
ترتيب وتجهيز بيت أو دكان وما شابه
réintégrer, *v* أرجع . أعاد الى المرء
منصبه أو ملكه ☆ أعاد الشيء إلى موضعه
— sa domicile رجع إلى بيته أو مقره

réitération, *f* تكرار . إعادة
réitérer, *v* رَدَّد . كرَّر . أعاد فعل
rejet, *m* [رِجِـه] رَد . رفض . نبذ . طرْح
— du contribuable رفض الممول
— de l'action رفض الدعوى
— de recours رفض الطعن
rejeter, *v* طَرَحَ . رَمَى . ألقى ثانية ✿ رَفَضَ
— (rendre par la bouche) استفرغ . تقيأ
rejeton, *m* فَرْع . فرخ . شكيره نسل . ذرية
rejoindre, *v* 3 جمع . ضم . ألف بين ✿ لحق بـ
rejouer, *v* جدد اللعب . لَعِبَ ثانيةً
réjoui, e, *a* [رِجْوِي] فَرِح . مَسْرور
réjouir, *v* 3 [رِجْوِير] أفرَح . سَرّ
se — إنسر . إرتاح . إبتهج
réjouissance, *f* فرَح . ابتهاج . طرب
relâche, *m* توقف عن العمل . بطالة أو راحة
sans —, *ad* وقتية // بدون إنقطاع . بغير توان
—, *f* [رِلاش] إرساء وَقتي في ميناء
relâchement, *m* تكاسُل . إسترخاء
✿ إرتخاء ✿ إستراحة ✿ إطلاق سراح
— du ventre لين البطن
relâcher, *v* أرْخَى . أراح ✿ إرْتَخَى
✿ ليَّن البطن ✿ أطلق . أعتق ✿ أرْسَى وَقتياً
relais, *m* رباط (غيار) . بدلٌ ✿ خيل
البَدَلات ✿ مربط ✿ محطة . مرحلة
. مَوْقف ✿ توصيلة (في اللاسلكي)
relancer, *v* رمى ثانيةً ✿ عَنَّف
relaps, e راجع إلى المرطقه أو الاثم
relater, *v* نقل . روَى عَن . قَصَّ ✿ إنتمى إلى

relateur, *m* راوٍ . ناقل . مخبر
relatif, ve, *a* متعلق . منسوب إلى . نسبي
pronom — ضمير الموصول
générosité —ve كرم نسبي . كرم على قدر الحال
relation, *f* [رِلاسْيون] تعلّق . عِلاقة
. نسبة ✿ موصول ✿ نسبي ✿ سرد . رواية
relativement, *ad* بالنسبة إلى . نسبيًّا
relaxation, *f* إطلاق ✿ إرتخاء . تراخٍ
relaxer, *v* أفرَج عن ✿ أرخى . تراخى
relayer [رِلَيِّيه] غيَّر . بدَّل . تعاقب
relégation, *f* إبعاد . إقصاء
reléguer, *v* [رِلِجِيه] أبعد . نفى
se — إنفرد . إبتعد
relent, *m* خم . عفن . لتن اللحم . فوحان
relevé, *m* خلاصة . ملخص ✿ كشف الحساب
relevé, e, *a* [رِلِڤِيه] مَرْفوع . وَاقف
goût — شماخة الطعم
— du serment معاف من اليمين
relèvement, *m* إنهاض ✿ رفع ✿ بيان
relever, *v* رفَع . علَّى ✿ أنهض . أقام
✿ لاحظ ✿ قوَّى ✿ تعلق بـ . إنتسب إلى
. تبع ✿ عافى ✿ شفى ✿ صوَّر . أخذ الهيئة
— la couleur زهى أو أزهر أو (زهزه) اللون
— un sentinelle غير الديدبان او الحارس
— un mot إلتقد كلمة
se — قام ✿ وقف ✿ إعتدل ✿ نهض
✿ تناوب . تغاير ✿ إسترد ✿ إستجم
relié, e, *a* مجلَّد ✿ محزوم ثانية
relief, *m* [رِلْيِيف] بارِز . نافِر ✿ بروز
caractères en — حروف بارزة
—s, *m. pl* بقايا المائدة ✿ فضالة

relier, *v* جَلَّدَ ٭ رَبَطَ ثانية. وَصَل. حَزَم
se — إرتبط. تعلّق [رِلْيِه]
relieur, se, *a et n* مُجلِّد كُتب. مجلداتي
religieux, se, *a* دِينيّ ٭ تقيّ
—, *m* راهب ٭ قِسّ [رِلِجْيُه]
religieuse, *f* راهبة
religion, *f* دِيانة. دِين. مِلَّة. مُعْتَقَد
reliquaire, *m* بيت الذخائر. صندوق مخلفات
reliquat, *m* رَصِيد حِساب. باقٍ [رِلِيكا]
reliquataire, *m* مَدِين. باقٍ عليه رَصِيد
relique, *f* حِجاب. مخلف [رِلِيك]
les —s de... مخلفات...
relire أعاد مطالعة. قرأ ثانية [رِلِير]
reliure, *f* تجليد [رِلْيُور]
relocation, *f* تجديد الايجاره تأجير جديد
relouer, *v* أجَّرَ من بَطنه ٭ جدّد الايجار
reluire, *v 3* لمع. برق. أضاء [رِلْوِير]
reluisant, e, *a* لامع. ساطع. مشعشع
reluquer, *v* نظر بطرف العين. غمز. لحظ
remaillage, *m* رفي
— des bas رفي الجوارب
remailler, *v* رفى. أصلح شبكة النسيج
remaniement تحريك ٭ تبديل ٭ توضيب
remanier, *v* حَرَّكَ ثانية ٭ دَبَّر. حَوَّر
remarier, se, تَزَوَّجَ ثانية
remarquable, *a* فائق ٭ مشهور ٭ مَرْمُوق
remarque, *f* ملاحَظة. تنبيه [رِمارك]
remarquer, *v* لاحظ. شاهد ٭ علّم ثانية
se faire — لفت النظر. جلب الأنظار إليه

remballer, *v* رزم. حزم ثانية
rembarquer, *v* اركب البحر أو أبحر ثانية
se — وسق ثانية // ابحر ثانية ٭
remblai, *m* رديم. تراب الردم. ردم
remboitement, *m* تجبير
rembourré, e, *a* محشو. منجّد
rembourrer, *v* حَشا. ملأ [رَنْبُورِه]
remboursable ممكن دفعه ٭ تسترد قيمته
remboursement, *m* دفع. سداد
contre — الدفع عند التسليم. محول عليه
rembourser *v* صرف. ردّ ما دُفع
rembrunir, *v* صَيَّره أسمر. عتَّم ٭ كدَّر
remède, *m* دَواء. عِلاج [رِمِيد]
— de bonne femme وَصْفَة علم الركة
remédier, *v* عالج. داوى ٭ تلافى. استدرك
remémoratif, ve, *a* مجدد الذكرى
remémorer, *v* جدّدَ الذكرى. ذكَّر
remerciement, *m* تشكُّر. شُكر
remercier, *v* تشكَّر. شَكَر
— un employé استغنى عن موظف. رفت
réméré, *m* بَيع وفائي. بيع وفاء
remesurer, *v* قاس أو كال ثانية
remettre, *v3* أعاد الشيء إلى مكانه. وضع
٭ رَجَّع ٭ أجَّل ٭ سلَّم ٭ أعاد إلى العافيه.
— un os cassé جبر
— au lendemain ارجأ للغد
— une lettre سلم خطاباً
se — عاد إلى حيث كان ٭ شفي
٭ إستعاض ٭ رجع لعمل شيء
— à qn. سلم نفسه إلى
— d'une alarme هدئ روعه

réminiscence, *f* ذكرى. خاطر. ذكر

remis, e, *a* مؤجل ¤ مسلم ¤ مردود ¤ شفي ¤ هدي ٔ روعه [رِمِي]

remise, *f* تسليم ¤ تأجيل ¤ خفض. تنزيل ¤ مخزن ¤ عربخانة. حظيرة [رِمِيز]

remiser, *v* وضع العربة في العربخانة ¤ خزن. بيّت ¤ كرّر الدفعة [رِمِيزِ]

remisier, *m* وسيط سمسار البورصة. جلاّب

rémisible, *a* قابل العفو والمغفرة

rémission, *f* سماح ¤ تناقص. هجوع

rémittence, *f* تردد (في الطب)

remmaillage, *m*, *V.* remaillage رفي

remontage, *m* صعود أو السير بعكس التيار

— de l'eau-de-vie زيادة عيار الكحول

remonte, *f* صعود. طلوع

— (de la cavalerie) سلاح ركائب الجيش

remonter, *v* صعد أو ركب ثانية ¤ جدد ¤ أو حسّن أو أنعش [رِمُنْتِه]

— sur l'eau عام على سطح الماء. طفا

— un courant صعد التيار

— le courage قوى العزم

— une imprimerie فتح مطبعه

— des pièces ركب آلة ميكانيكيه

— une montre ملأ أو دور ساعة

— dans l'histoire تعمق في التاريخ

se — تقوى. إنتعش ¤ جدد الركوبة

remontoir, *m* الدوّار. آلة لتدوير الساعة

remontrance, *f* تحذير. إنذار

remords, *m* [رِمور] توبيخ الضمير. ندم

remorquage, *m* قطر أو سحب السفينة

remorque, *f* قطر السفينة ¤ حبل القطر

à la remorque [رِمورْك] مقطور. متقادلٍ

remorquer, *v* قطر. سحب. قاد

remorqueur, se, *n* قاطر. مركب أو باخرة أو قاطرة جرّارة. رفاص لقطر المراكب

remoulade, *f* صلصة خردل. صلصة حريفة

rémouleur, se, *n* شحاذ. سنّان

remous, *m* تلاطم المياه. دوران أو إضطراب المياه خلف السفينة ¤ دردور. دوّامة

rempaillage, *m* حشو بالقش ثانية

rempailleur, se, *n* مجدد قش الكراسي

remparer (se), *v* إستولى ثانية ¤ تحصن

rempart, *m* سور. متراس ¤ حصن. كنف

remplaçant, e, *n* عوض. بدل. نائب

remplacement, *m* إبدال. تبديل

remplacer, *v* أقام مقام. حل محل. خلف. عوّض ¤ ردّ. ارجع [رَنبلاسِه]

remplir, *v* [رَنبلِير] ملأ ¤ وفى

remplissage, *m* تعبئة. ملو ¤ حشو

remployer, *v* إستعمل ثانية

remporter, *v* أخذ ثانية ¤ رجّع ¤ نال

— la victoire ظفر. فاز

— avec soi أخذ معه

remuant, e, *a* كثير الحركة

remue-ménage, تنقيل الأثاث. كركبة. هرج ومرج

remuer, *v* حرّك. قلقل. هزّ ¤ نقل

— un champ عزق. قلب. لقب غيطاً

— ciel et terre سعى كثيراً

— la foule هيج. إستفز

se — [رِمُيِه] تحرك ¤ ثار

remugle, *m* رائحة الخباء أو الخزين . خمة

rémunérateur, ice, *a* مُكسِب

rémunération, *f* مكافاة . جزاء ٭ أتعاب ٭ عوض [رِمِيـنِيراسيون]

rémunérer, *v* كافأ . جازى . أعاض

renâcler, *v* شخر . نخر . مج

renaissance, *f el a* تجدد . نشوء من جديد . إنتعاش ٭ بعث ٭ ولادة ثانية ٭ نهضة

Renaissance عصر النهضة أو الاصلاح في اوروبا حوالي القرن الخامس والسادس عشر ٭ طراز القرن الخامس عشر

renaitre, *v3* وُلِدَ وَنَشأ ثانية . إنبعث

— **à la vie** عادت إليه قواه . تعافى

rénal, e, *a* كلوي . خاص بالكلى

renard, *m* ثعلب ٭ مكار . صاحب حيل

rencaisser, *v* قبض مبلغ ثانية ٭ رد للخزينة ٭ وضع في الصندوق ٭ نقل النبات إلى صناديق

renchérir, *v* غلى السعر . زاد الثمن ٭ غالى

renchérissement, *m* إرتفاع أو رفع الاسعار

rencontre, *f* مقابلة . لقاء ٭ مصادفة ٭ مباراة . نزال // roue de — عجلة الرفاص

rencontrer, *v* لاقى . إلتقى . قابل ٭ صادف

se — تلاقى . إلتقى ٭ تقابل مع ٭ عثر على

rendement, *m* غلة . محصول . ايراد

rendez-vous, *m* موعد . ميعاد . تواعد الحضور أو الالتقاء بمحل ٭ ملتقى . ملقى

rendormir, *v3* أنام ثانية

rendre, *v3* أدى ٭ أعاد . رد ٭ إستفرغ . قاء . لفظ ٭ صير . جعل ٭ شرح ٭ أغل . أثمر ٭ سلم ٭ صير

— **les honneurs** أكرم . أدى التعظيمات

— **visite** زار

— **gorge** ارجع . رد الشيء لصاحبه

— **à qn. sa parole** حل انسان من وعده

— **service** عمل معروف لـ . أحسن الى

— **grâce** شكر له . تشكر . حمد

— **la pareille** قابل بالمثل

— **la santé** شفى . أبرأه ٭ استرد صحته

— **les armes** سلم نفسه . اقر بغلبته

— **justice** اجرى العداله ٭ عدل

— **des comptes** قدم الحساب

se — أصبح . صار ٭ خضع . أذعن لـ . إستسلم // — **compte** أدرك . تنبه

rendu, e, *a* مردود . مرتجع ٭ متعب ٭ ظاهر

rendurcir, *v* قسى . صلب . خشن

rêne, *f* زمام . عنان . سير اللجام

renégat, e, *n* جاحد . مرتد

rénette كفة . سكين البيطار ٭ أداة للتأشير

renfermé, e, *a* مقفول عليه ٭ كامن

— *m* خمومة . زهمة أو عفن . رائحة المكان الذي لم يتجدد هواؤه [رَنفِيرْمِـ]

renfermer, *v* قفل ٭ حصر ٭ أخفى ٭ حوى . تضمن . شمل ٭ وضع مع أو ضمن

se — إختلى . إنفرد

— **en soi-même** حصر فكره . جمع حواسه

renfler, *v* نفخ ٭ كبر جرم الـ

se — انتفخ . تقبب (نفش)

renflouer, *v* عوم السفينة ثانية

renforcé, e, *a* مقوّى.مشدد.موطد
renforcement *ou* renforçage, *m* تقوية.تشديد.تمكين ✿ تمكن.تقو
renforcer, *v* قوّى.شدّد.أيّد.مكّن
renformis, *m* ترميم البناء بدون هدمه
renfort, *m*[رَنْفور] نجدة.مدد.عون
renfrogné, *V*, refrogné عبس
rengager, *v* رهن أو ارتبط ثانية
se — تعهد.كفل ثانية ✿ التحق بالجيش ثانية
rengaine, *f* تكرار ممل
rengorger (se), *v* إنتفخ.غطرس
rengraisser, *v* سمن ثانية ✿ علف ثانية
reniement, *m* [رِنِيمَن] إنكار
renier[رِنْيِه] أنكر معرفة شخص
reniflement, *m* شمشمة.نشق.تنشق
renifler, *v* نشق.شمشم ✿ شمّ ✿ قاوم
rénitence, *f* صلابة
renne, *m* الرن.حيوان من جنس الايل
renom[رِنُن] صيت.سمعة.إسم.شهرة
renommé, e, *a* زائع الصيت.ذو شهرة
renommée, *f* شهرة.سمعة.ذكر
bonne — طيب الذكر.حسن السمعة
renoncement, *m* تنزل أو عدول عن
renoncer, *v* تنزّل عن ✿ عدل ✿ ترك
renonciation, *f* ترك طلب.تنزل عن
renouer, *v*[رِنُوِ] عقد.ربط ثانية
renouvelable ممكن تجديده.قابل التجديد

renouveler, *v* جدّد.أجدّ ✿ بدّل.غيّر
se — تجدد
renouvellement, *m* تجديد.إعادة
renovation, *f* تجديد
renseignement, *m* إستعلام.إفادة
[رَنسِنْيِمَن] أعلم.أفاد.أخبر.دلّ على
—s provisoires بيانات إضافية
renseigner, *v* أعلم.أفاد.أخبر.دلّ على
se — إستعلم.إستخبر.إستفهم
rente, *f* [رَنْت] حاصل.إيراد.دخل
renter, *v* عيّن راتباً.عين دخلاً لـ
rentier, ère, *v* ذو دخل أو ايراد
.عائش من ايراده اي بدون عمل
rentraiture, *f* رفي.خياطة غير ظاهرة
rentrée, *f*[رَنْتْرِ] عودة.رجوع
✿ قبض النقود المسلفة أو المنصرفة ✿ دخول
rentrer, *v* رجع.عاد إلى ✿ دخل.ولج
.إنخرط ✿ أدخل في ✿ تحصل.قبض
— en charge رجع الى وظيفته
— en grâce نال العفو ✿ دخل في خاطر أحد
— dans son droit حصل على حقه
renverse (à la) على قفاه.على ظهره
renversé, e, *a* مقلوب.معكوس
renversement, *m* عكس.نكس
.قلب ✿ انقلاب.إنعكاس
renverser قلب ✿ طرح.اسقط ✿ عكس
se — سقط على ظهره.وقع.انقلب.تنكس
renvoi, *m* إعادة.إرجاع ✿ طرد.عزل
✿ تأجيل ✿ تكريع.تجشي ✿ صدّ ✿ احالة
— (dans un livre)[رَنْفْوا] حاشية.إشارة

renvoyé, e, *a* مرفوت ٭ مردود ٭ مؤجل

renvoyer, *v3* رَدَّ . أعاد . رَجَّع . أرسل ثانية ٭ طرد . رفت ٭ رفض . ابي قبول ٭ أجَّل . أخَّر [رَنْفُوَيِه]

— un accusé برأ ساحة متهم

réoccuper, *v* إحتل ثانية [رِاُكُيِبِه]

réorganiser, *v* رَتَّب . نظَّم ثانية

réouverture, *f* تجديد الفتح . إفتتاح ثانٍ

repaire, *m* مأوى أو ملتقى اللصوص

— (de bêtes féroces) جعر أو عرين

repaître, *v3* رقع ٭ رقَّع . قات . أطعم . غذّى ٭ علّل بالآمال

répandre, *v3* أذاع . أشاع ٭ فرّق ٭ ذر . رشّ ٭ دفّق . سكب . نثر

— le sang هرق أو سفك الدم

— le trouble ألقى الهيجان

— une odeur فاح . عبق . أرج

se — شاع ٭ ذاع . فشا ٭ عبق ٭ اندفق

— en louanges أسهب في المدح // سال

répandu, e, *a* منتشر ٭ مسفوك . مسكوب

réparable, *a* قابل الاصلاح او التعويض

reparaître, *v3* ظهر ، بان ثانية

réparateur, rice, *a et n* مُصْلِح . مرمم

réparation, *f* إصلاح . ترميم ٭ تصليح ٭ ترقيع ٭ تعويض [رِپَارَسْيُون]

réparer, *v* أصلح . رمَّ ٭ قوّى . أعاد الى حاله ٭ عوض ٭ تدارك . محا . تلافى

se — [رِپَارِ] تصلح . رتق . تلاءم

repartie, *f* جواب سريع . جواب بديهي

repartir, *v3* ذهب ٭ جاوب ، ردّ بديهياً ٭ أو سافر ثانية [رِپَارْتِير]

répartir, *v3* قسّم . وزّع . فرّق

répartition, *f* توزيع . تقسيم

repas, *m* [رِپَا] وجبة . أكلة . وقعة ٭ وليمة

repassage, *m* مرور من جديد . العبور ثانية ٭ سن . شحذ ٭ كي الثياب وما شابه

repasser, *v* عاد ٭ مرّ ثانيةً ٭ شحذ . سنّ ٭ كوى [رِپَاسِه]

repasseur, se, *n* كواء . (مكوجي)

—, *m* سنّان . شحّاذ

repatrier, *v* أرجع إلى الوطن

repêcher, *v* إصطاد أو إلتقط من الماء . انقذ

repeindre, *v3* صوّر أو دهن ثانيةً

repentir, *m* [رِپَانْتِير] توبة . ندم

repentir (se), *v3* تاب . ندم

répercussion, *f* ردّ . انعكاس ٭ رجوع الى الباطن . انكماش (في الطب)

répercuter, *v* عكس . ردّ النور او الحرارة أو الصوت ٭ ردع . رجّع . قبض (في الطب)

repère, *m* علامة . إشارة ٭ علامات على القطع لسهولة تركيبها . إشارات للارشاد

point de — علامة . إشارة للاهتداء ، نقطة الموازنة

repérer, *v* وضع علامات للتعرف على شيء ٭ عثر على مكان أو مخبأ الشيء ٭ وازن

répertoire, *m* فهرس . جدول ٭ بيان الأدوار ٭ كراسة بالحروف الأبجدية

répéter, *v* أعاد. كرر ☆ ذاكر (الدرس)
— la leçon راجع الدرس
se — تكرر
répétition, *f* تكرار. إعادة. مُراجعة
☆ عمل تجربة (فى التشخيص) ☆ مذاكرة
montre à — [رِبِتِيسيون] ساعة دقاقة
repeupler, *v* عمّر المكان ثانية
répit, *m* [رِبِي] مهلة. راحة وقتية. تنفس
replacer, *v* أعاد الشيء إلى محله ☆ عوض
replet, ète, *a* سمين. دحداح
repli, *m* ثنية مندوجة. طيّة. مضاعفة
☆ خبايا (القلب) ☆ خفايا الطبيعة [رِبْلِي]
repliement, *m* تنيٌ. طوي. تطبيق
replier, *v* [رِبْلِييه] ثني. طوى ثانية
se — تثنى. انطوى ☆ رجع الى الوراء
☆ تقهقر (الجيش)
réplique, *f* [رِبلِيك] جواب. رد
répliquer, *v* ردّ الجواب. اجاب
replonger, *v* غطّس ثانيةً ☆ غاص ثانيةً
répondant, *m* كافل. ضامن ☆ مُمتَحن
répondre, *v3* ردّ. أجاب. جاوب ☆ كفل
ضمن ☆ طابق. وافق
réponse, *f* [رِبنس] ردّ. جواب. اجابة
report, *m* تابع ما قبله. نقل الحاصل
الحاصل المنقول. نقل رقم ☆ تسليف نقود
علَى أوراق مالية ☆ دفع الفرق ما بين المشترى
والمبيع ☆ مشترى أوراق مالية لميعاد معين
reporter, *v* رَجّع. أعاد إلى محله ☆ نقل إلى
☆ سلّف علَى أوراق ☆ دفع الفرق

— un compte تبع ما قبله. رحل الحساب
— le total نقل ما قبله لما بعد // نقل المجموع
se — تذكّر ما مضى ☆ أرجع إلى. إستند علَى
repos, *m* [رِبو] راحة ☆ سكينة ☆ نوم
fusil au — بندقية زنادها نازل أو راقد
reposer, *v* [رِبوز] أراح ☆ إستراح ☆ نام
— sur تأسس علي. إستند إلى. إعتمد علَى
— (un liquide) رسب. روق
se — إستراح ☆ إستقر ☆ إتكل علَى
reposoir, *m* إستراحة. مكان للراحة
repoussant, e منفر. دافع ☆ كريه المنظر
repoussé, *a et m* نقش بارز بالطرق
repousser, *v* دفع. ردّ. صدّ ☆ قرّف. نفّر
— une demande رفض طلباً
— (en botanique) (فرّع) فرّخ أو لبت ثانية
répréhension, *f* لَوْم. مَذمّة
reprendre, *v3* أخذ ثانيةً ☆ عاد ثانية
☆ رَجع إلى عمل ☆ إسترجع
— le dessus فاز. كسب
— ses forces تعافى. صح
— un chemin عاد الى الطريق ذاته
— le travail رجع الى شغله. استأنف عمله
— haleine تنفس. أخذ راحة
le commerce reprend راجت التجارة
se — رجع عن قوله. استدرك ☆ تملك نفسه
représaille, *f* أخذ الثأر. مقابلة الشر بمثله
représentant, *m* نائب ☆ وكيل. ممثل
représentation, *f* إظهار. بيان. عرض
☆ إحتجاج ☆ تمثيل [رِبْرِزَنتَاسيون]
— théâtrale تشخيص. تمثيل. عرض
— d'une fabrique توكيل مصنع
frais de — مصاريف غير عادية أي التى يصرفها
أرباب السلك السياسي في التظاهرات الرسمية

représenter, *v* قدّم ثانية ٭ صوّر ٭ مثّل ٭ وصف. شرح. عبّر عن ٭ توكل عن ذو ٭ قام مقام. ناب عن. أشار إلى. كان رمز لـ
il représente bien, ذو هيبة. ذو وقار. وقر
se — تصور في ذهنه ٭ حضر أو تقدم او عاد ثانية ٭ تشخص ٭ تذكر ٭ دلّ على
repressir, ve, *a* زاجر. رادع
répression, *f* ردع. قمع. منع ٭ معاقبة
réprimande, *f* زجر. تعنيف. تأنيب
réprimander, *v* [رپرِيمَنْدِ] وبّخ
réprimer, *v* ردع. قمع. كبح ٭ منع ٭ كظم
repris, e, *a* مأخوذ ثانية. مسترجع
— de justice, *m* ذو سوابق. معتاد الاجرام
reprisage, *m* رَفْي. رتق المنسوجات
reprise, *f* رجعة. كرّة ٭ رجوع إلى ٭ رتق. ترقيعة ٭ ترميم ٭ إسترداد ٭ الأخذ. القبض ثانية ٭ مرجع. مذهب (في الغناء)
l'eau va par — الماء مرفوع من آلة لاخرى
à plusieurs —s مرة بعد مرة. تكراراً
repriser, *v* رقّع القماش ٭ إستنشق المطوس
elle reprise les bas ترفو الجوارب
réprobation, *f* إستهجان ٭ نبذ ٭ تعنيف
reproche, *m* تعيير ٭ عتاب. تبكيت
sans — [رپروش] لا عيب فيه
reprocher, *v* عيّر ٭ لام. أنب على
reproducteur, rice, *a* مُولِّد ٭ منبت. مخرج
reproduction, *f* ولادة. إنتاج. تناسل. توالد ٭ إحداث، إيجاد، إصطناع ثانية ٭ نسخ ٭ نسق ٭ صورة طبق الأصل
reproduire, *v3* أنسل. أنتج. خلّف ٭ أوجد. أحدث أو كوّن ثانية ٭ أظهر ثانية. أبان ٭ قلّد ٭ نبت وأنبت ٭ نسخ
se — حدث ثانية ٭ تكاثر. تناسل. توالد
réprouvé, e, *n et a* ملعون ٭ مرذول
reprouver, *v* رذّل. رفض. إستهجن
reptile, *a* [رپْتِيل] زاحف. دبّاب
—, *m* دبّابة. زحّافة. هامّة ٭ أفعى ٭ لئيم
—s, *m. pl* الزواحف. الحيوانات الزحافة
repu, e, *a* [رِپِي] شبعان
républicain, e, *a et n* جمهوري
republier, *v* نشر ثانية
république, *f* [رِپِبْلِيك] جمهورية
la — de fourmis عشيرة النمل
la — des lettres جمهرة الأدباء أي أرباب القلم
répudiation, *f* [رِپِيدْياسْيون] طلاق ٭ تنازل. رفض الارث أو الهبة
répudier, *v* رفض أو تنازل ٭ طلّق
répugnance, *f* إشمئزاز. نفور. تقزز
répugnant, e ممقوت. تعافه النفس ٭ مغاير
répugner, *v* خالف. ناقض ٭ كرّه في. قزّ
répulsif, ve, *a* طارد. دافع. راد
répulsion, *f* درء. دفع ٭ نفور. إشمئزاز
réputation, *f* صيت. سمعة. شهرة. مشهور
réputé, e, *a* ذائع الصيت. مشتهر
réputer, (se), *v* عدّ نفسه ٭ إشتهر بـ
requérant, e الطالب. مقدم العريضة
requerir, *v3* طلب شرعاً. إستدعى ٭ أنذر. ألزم ٭ إلتمس. قدّم طلباً أمام المحكمة

requête, f عرض حال. عَريضة ٭ رَجاء
— civile [رِكِيت] إلتماس إعادة النظر
à la — de . . . بناء على طلب . . .
requiem, m صَلاة للموتى. جنَّاز
requin, m ارش. قرش. كلب البحر
requis, e, a [رِكِي] مطلوب. لازم
requisition, f طلب رَسمي أوشرعي. أمر الحكومةوالحاكم ٭ سُخْرة. تَسْخير. إجبار الأهالي على تقدِيم لَوازِم الجيش وماشابه في أوقات الحرب ٭ أقوال النيابة ٭ إسترداد
— de paiement طلب صرف مبلغ
— orale مرافعة شفاهية
réquisitionner, v سخر ٭ إستَوْلى على
réquisitoire, m محضر الاتهام ٭ مرافعة
rescapé, e, n et a نَاجٍ من خطر
rescinder, v أبطل عقداً أو حكماً
rescision, f إبطال. إلغاء ٭ بتر. إستئصال
rescousse, f هجمة جديدة
rescription, f تحويل
rescrit, m أمر عالٍ. نطق سام. براءة
réseau, m [رِزو] شبكة
— de chemin de fer مجموع خطوط السكك الحديدية
réservation, f // حفظ الحق
réserve, f إستثناء. حفظ الحق ٭ احتياطي ٭ تحفظ. تحوُّط ٭ ذخر. ذخيرة
sans — بدون تحفظ ٭ بدون تحديد الثمن الأساسي
avec — بتحفظ // en — محفوظ لوقت اللزوم
— d'indemnité إحتياطي تعويضات العمال
réservé, e رزين أو كتوم ٭ محجوز. محفوظ
fauteuil — مقعد برقم ٭ مقعد محجوز

réserver, v حفظ. صان. إدخر. أبقى
— une place حجز محلاً
se — إستبقى. حفظ لنفسه ٭ أبقى نفسه لوقت آخر
réserviste, m رديف. عسكري رديف
réservoir, m خزّان. حَوض ٭ مستودع
résidence, f مقرّ. محل الاقامة. مَسْكن ٭ دار المندوب السامي
résident, m معتمد. مندوب سياسي
résident, e, a ساكِن. قاطِن. مقيم
résider, v أقام. سكن. قطن
résidu, m باقي. فضلة ٭ راسب ٭ ثُفْل
résignant, m متنازل
résignataire, m متنازل إليه
résignation, f إستعفاء. إستقالة ٭ إستسلام. توكل ٭ تنازُل
résigner, v تنازل ٭ إستَعْفَى
se — [رِزِنْيِه] توكل. إستسلم
résilier, v [رِزِلْيِه] فسَخ ٭ أقال
résine, f راتينج ٭ صمغ الصنوبر. قلفونيه
résistance, f مقاومة ٭ تحمل. متانة ٭ صلابة // مقاومة سلبية
— passive
plat de — الصنف الرئيسي في الأكلة
résistant, e, a مُقاوم ٭ متين. يتحمَّل
résister, v قاوَم ٭ تحمَّل. مَتَن
résolu, e, a عزوم. حازِم ٭ عازم على ٭ مصمم ٭ متحلل أو ملغي [رِزولِي]
résolution, f بت. جزم ٭ حل. إنحلال ٭ تحليل ٭ فسخ ٭ عزم. قصد. تصميم
resolutoire, a فسخي
résolvant, e, a et m محلِّل. ملاش

résonance, *f* رَنين. دَوِي. رَجْعُ الصدى او الصوت ٭ إستجابة الرنين (فى اللاسلكي)
résonnement, *m* دَوِيّ . رَنين. طَنين
resonner, *v* [رِسونِه] دقّ . قرَع ثانية
résonner, *v* رَجَّع الصَوْت٭رَنّ . دَوّى
résoudre, *v3* حَلّ ٭ أذاب ٭ بتّ ٭ ألغى
un problème difficile à — معضلة
se — عَزَمَ علَى. عمد لـ ٭ إستحال الى
respect, *m* إحترام . إعتبار ٭ وُجهة
sous divers — [رِسْپِه] من جملة وجوه
respectabilité, *f* إحترام . وَقار. إعتبار
respectable محترم. مستوجب الاحترام
nombre — مستحق الاعتبار // عدد وافر.
respecter, *v* بَجَّل . إحترم٭هاب. راعى
se — [رِسپِكتِه] إحتشم . حفظ مركزه
respectif, ve, *a* خصوصي. خاص
. كل ما يخصه ٭ مختص بـ ٭ نسبي
respectivement, *ad* بالنسبة إلى كل منهم
respectueux, se مُحْتَرِم ٭ إحترامي
respirable, *a* ممكن شمّه . يصلُح للتنفس
respiration, *f* تنفس. تنسّم ٭ نفَس
respiratoire, *a* تنفّسي. مختص بالتنفس
respirer, *v* تنفّس. تنسم. إستنشق٭ دَلّ على٭ أخذ نفسه . إستراح [رسپيره]
resplendir, *v* تلألأ . تألق بها
responsabilité, *f* مَسئولِيّة. ملزوميّة
responsable, *a* مسؤول ٭ ضامن
ressaisir, *v* أخذ. تملّك أو أمسك ثانية
se — [رِسزِيرِ] تملّك نفسه

ressemblance, *f* شبه. مشابهة. مماثلة
ressemblant, e, *a* مشابه. مجانس. شبيه
ressembler, *v* شابه. ماثَل . ضاهى
se — [رِسَنبلِه] تشابه « مع »
ressemelage, *m* تجديد النعل
ressemeler, *v* جدّد نعل الحِذاء
ressentiment, *m* شعور جديد بألم أو ضغينة
ressentir, *v3* أثّرت فيه الاهانة. إستاء من . تأذى ٭ شعر . أحسّ .
resserrement, *m* تضييق. إنقباض
resserrer, *v* شدّد ٭ ضَيّق ٭ حصر
resservir, *v3* قدّم ثانية ٭ إستعمل ثانية
ressort, *m* زنبرك. لولب ٭ مرونة ٭ إمتداد ولا يقوما يختص بها ٭ وسيلة ٭ دائرة إختصاص 
de son — من إختصاصه
juger en dernier — حكم حكماً لايقبل مراجعة
faire jouer tous ses —s إستعمل كافة الوسائل
ressortir, *v3* خرج ثانية ٭ برز. نتأ ٭ ظهر ٭ أوضح. وَضَح ٭ إتضح ٭ كان من إختصاص
il ressort de cela يتضح من ذلك
ressource, *f* حيلة. وسيلة ٭ ثروة. قوة مالية
sans —s باب رزق // صفر اليدين ٭ عديم الحيلة
homme de — واسع الحيلة . داهية
ressouvenir (se), *v3* تذكّر
ressusciter, *v* بعث. أحيا. نشر ٭ إنبعث
restant, e, *a* et *m* باقٍ . بقية. فضلة
restaurant, e [رستورَن] مقوٍ. مَريٍ
—, *m* مَطعَم. لوكندة أكل

restaurateur, rice, *n* مرمم . راتق . جابر . مُصلح // صاحب مَطْعَم
—, *m*
restauration, *f* جبر . رتق . اصلاح . ترميم ٭ تجديد . إحياء . إعادة الشيء إلى حاله
restaurer, *v* جبّر . رمّم ٭ جدّد ٭ قوّى
— un roi أعاد ملكاً إلى الملك
reste, *m* [ِرِست] باقي الـ . بقية . فضلة
au —, du — فضلاً عن ذلك . ولكن . ومع ذلك
être en — متأخر
donner son — à qn. أدبه
et le — وغير ذلك . وَهَلُم جرّاً
de beau — أثر الجمال
— s, *m.pl.* رُفات . عِظَام الناس
rester, *v* بقى . تبقى . فضل ٭ إستمر . مكث
en — là وقف عند . إقتصر على
restituer, *v* ردّ . أرجع ٭ أصلح . صحّح
restitution, *f* ردّ . إرجاع الشيء لصاحبه أو إلى اصله ٭ إصلاح . إحياء
restitutoire, *a* إستردادي
restreindre, *v3* حصر . قصر
se — قنع أو إكتفى بـ . إقتصر على
restrictif, ve, *a* حاصر . مقيد . قاصر
restriction, *f* شرط مقيد ٭ حصر . تقييد
sans — بلا قيد أو شرط . مطلقاً
restringent, e, *a et m* قابض . حاصر
résultat, *m* [رزيلتا] نتيجة . حاصل
résulter, *v* حصل . نشأ . نتج عن ٭ انتج
résumé, *m* مختصر . موجز . خلاصة . فحوى
en — بالايجاز . بالخلاصة
résumer, *v* إختصر . أوجز . لخّص
résurrection, *f* بعث . قيامة ٭ يوم البعث
rétablir, *v* جدّد . أصلح . أعاد ٭ أسّس ثانية
se — عاد إلى حالة حسنة ٭ شُفي ٭ أنشأ أو اتخذ تجارة من جديد . أقام ثانية
rétablissement, *m* إصلاح . إعادة . تجديد ٭ قيام من مرض . نقه ٭ إعادة
rétameur, *n et a m* مُبيّض النحاس
retaper, *v* صلّح . رمّم ٭ جدّد
retard, *m* [رِتار] تأخر . إبطاء . تأخير
en — متأخر
retardataire, *n et a* متأخر . بطيء
retardement, *m* تأخير . تعوّق . مُماطلة
retarder, *v* أخّر . بطّأ . أجّل ٭ تأخّر
retenir, *v3* ضبط . أمسك ٭ أبقى . حفظ عنده ٭ حجز . اشغل ٭ عاق ٭ حفظ . إستذكر
— l'attention أبقى في ذهنه // استلفت النظر
— une place حجز محلاً
se — تمالك أو ردع نفسه
rétention, *f* إحتباس . حصر ٭ حفظ
— d'urine حصر أو إحتباس البول
droit de — حق وضع اليد
rétentissement, *m* دويّ . طنطنه . رنين ٭ قصف (الرعد)
retenu, e, *a* معتدل ٭ مضبوط . ممسوك ٭ مسنود ٭ تحت اليد ٭ متعقل [رِتِني]
homme — رجل رزين
retenue, *f* إعتدال . عدم تهور ٭ منع تلميذ عن التنزه ٭ ما يخصم من أجر وما شابه ٭ إستقطاع ٭ حفظ . إستبقاء
en — معاقب . محبوس
avec — باحتشام . برزانة 
réticence, *f* إخفا قول
réticule, *f* مشبنة . حقيبة يد ٭ شبكة شعر
rétif, ve حرون ٭ عنود //

rétine, *f* شبكة العين. غشاء العين الباطني
retiré, e مسحوب. مجرور ٭ معتزل. منفرد
مبتعد عن الناس ٭ ناسك. زاهد.
— d'affaires منسحب من التجارة وما شابه
lieu — مكان منعزل
retirer, *v* جرّ أو سحب ثانية ٭ أخرج
أو استمدّ من // — une lettre استلم خطاباً
— sa parole سحب وعده
se — انسحب. ابتعد. راح ٭ تخلّى عن
٭ استقال ٭ تقلّص. تقبّض [رتيرِ]
retomber, *v* سقط ثانية. هبط. وقع
—dans l'oubli صار في زوايا النسيان ثانية
cheveux qui retombent شعر مسترسل
retordre, *v3* برم أو فتل ثانية ٭ عصر
donner du fil à — à qn. سبب له مصاعب
rétorquer, *v* أفحم. عكس البرهان على مجادله
retors, e, *m et a* مبروم. مفتول ٭ مكّار
rétorsion, *f* عكس البرهان على صاحبه
retouche, *f* تنقيح أو تهذيب [رتوش]
retoucher, *v* لمس. مسّ ثانية ٭ أصلح
العيوب. نقّح. هذّب [رتوشيه]
retour, *m* رجوع. عود ٭ رجوع
تحويل لم يدفع ٭ تعويض في المرتجع [رتور]
— d'âge سن اليأس ٭ انقطاع الحيض
— sur soi-même تروٍ. فحص الضمير
par du — courrier مع أول بريد. برجوع البريد
billet de — تذكرة اياب او رجوع
payer de — ردّ. تبادل العواطف
le — de la fortune انقلاب الدهر
retourner, *v* أرجع. أعاد ٭ قلب ٭ عاد
— un habit قلب. عكس ثوب
— la tête التفت إلى ورائه
se — تلفت لغير جهة ٭ انعكس ٭ تقلب
retracer, *v* خطّ، رسم ثانية ٭ وصف
. قصّ. صوّر. روى
rétracter, *v* استدرك القول ٭ انكمش
se — استدرك. رجع عن قول
retrait, *m* استرجاع ٭ سحب ٭ انسحاب
retraite, *f* ملجأ. ملاذ. مأوى ٭ انهزام
. قهقرة. انسحاب ٭ اعتكاف. عزلة
٭ معاش. جراية. راتب المتقاعد ٭ خلوة
la mise à la — إحالة على المعاش. تقاعد
retraité, e, *a et m* محال على المعاش. متقاعد
retrancher, *v* حذف. قطع. جزم ٭ أسقط
. استبعد ٭ قصّ ٭ خندق. حصن بمتاريس
rétréci, e, *a* مضيق. (كاشش)
rétrécir, *v* ضيّق ٭ ضاق [رترسير]
rétrécissement تضييق ٭ ضيق. تقلص
rétribuer, *v* كافأ. جازى [رتريبيو]
rétribution, *f* مجازاة. أجرة. جعالة
. أجر // —s ايعاب
retro-, *prép* سابقة معناها خلفي أو إلى الوراء
rétroactif, ve, *a* رجعي. فاعل في السابق
. مؤثر على الماضي. رجعي الأثر
rétrocéder, *v* أرجع. ردّ التحويل. تنازل
rétrograder, *v* تقهقر. رجع إلى الوراء
. انتكس ٭ نزّل درجة (في الجيش)
rétrospectif, ve, *a* راجع إلى الماضي
vue —ve يسري على الماضي // النظر إلى الماضي

retrousser, *v* رفع. شمّر. كفت
retrouver, *v* وَجَد ثانية. لقي. عثر عَلَى
se — عَرَف نَفْسه ٭ وُجد
٭ إهتدَى إلى الطريق ٭ تلاقى ثانية
rets, *m* [ر] شبكة لصيد الطيور والسمك
réunion, *f* إتحاد. إئتلاف. جمع بين. ضم
٭ جمع الشمل ٭ حفل. إجتماع. حفلة
réunir, *v* [ر يـنـيـر] جمع. ضمّ. وفق
se— إتحد. انضم. إلتأم
réussir, *v* [ر يسير] نجح. أفلح
réussite, *f* نجاح. توفيق ٭ فتح بخت
faire une — فتح البخت
revanche, *f* ثار. انتقام. مقابلة الشيء بمثله
[رِ فَنش] ٭ تطبيق. دور ثانٍ في اللعب
donner la — أعطى فرصة للأخذ بالثأر
rêvasserie, *f* أحلام مختلفة ٭ كثرة التخيلات
rêve, *m* [ر ف] حُلْم. مَنام
revêche, *a* صُلب. جامد ٭ فظ. شرس
vin — نبيذ ردىء الطعم. غاض
réveil, *m* إستيقاظ. إنتباه
[رِ فِي] ٭ يقظة
réveille-matin, *m* منبه. ساعة دقاقة ٭ ديك
réveiller نبه. ايقظ ٭ نشط
se — إستيقظ. إنتبه ٭ فاق من غفلته
réveillon, *m* سحور. أكلة نصف الليل
— de Noël أكلة بعد قداس الميلاد الليلي
révélateur, rice, *n* دال. كاشف
révélation, *f* كشف ٭ إلهام ٭ إقرار
. إجهار. إفشاء. وحي. إذاعة. إعلان
la — divine الكلام المنزل. الوحي الرباني. رؤيا
révéler, *v* أظهَر. أفشَى. أذاع ٭ أوحَى
se — ظهرت صفاته. إنكشف
revenant, *m* طَيف. خَيال. شبح
revenant, e, *a* رَاجع. عائد ٭ مستحب
revendeur, se, *n* بائع. تاجر (متسبب)
revendication, *f* طلب إسترداد
action en — (en jurisp.) دعوى الاسترداد
revendiquer, *v* طلب إسترداد
— son droit طالب بحقه. رجَع عَلَى
revendre, *v3* باع ثانية. باع الشيء المشترى
revenir, *v3* جاء ثانية. عاد ٭ نكث. نقض
— à soi ٭ جشأ // فاق لنفسه. صحا
— sur ses pas رجع من حيث أتى
— à l'esprit خطر في البال. خلج الفكر. تذكر
faire — la viande حمر اللحم
je n'en reviens pas لم أزل مستغرباً
l'ail revient [رِ فِنيِير] الثوم يكرع
cela me revient à une livre يتكلف على جنيها
revenu, *m* [رِ فْنِيّ] دخل. ايراد ٭ غلة
rêver, *v* حَلَم. رأى في المنام ٭ سرح عقله
٭ تأمل ٭ توهم. تصور ٭ تمنى. عَلّل نَفْسه
réverbération, *f* إنعكاس النور أو الحرارة
réverbère, *m* مرآة عاكسة
٭ منوار. فانوس الشارع
réverbérer عكس أو إنعكس
reverdir, *v* النور // خضر ٭ تخضر
révérence, *f* إحترام. تبجيل. تحية باحناء
الرأس أو الانحناء أو ثني الركبة
tirer sa — حيى وانصرف ٭ انحنى امام انسان

révérencieux, se, *a* تبجيلي . خضوعي . إحترامي . مبالغ في الاحترام
révérend, e, *a et n* مبجل . محترم . موقر
révérer, *v* بجّل . كرّم . وقّر
rêverie, *f* تأمل . تخيُّل . تفكر ¤ هاجس
revers, *m* قفا . ظهر ¤ ثنية للخارج . قلابة
— de fortune نحس . نكبة . إنقلاب الدهر
le — de la main ظهر اليد [ر ڤِر]
réversion, *f* حق الاسترجاع ¤ رُقبى
revêtement, *m* طلوع الشعر أو الريش على الجلد ¤ تغطية ¤ إزار الحائط . وزرة
revêtir, *v*3 ألبس ثانية . كسى ¤ غطّى ¤ منح ¤ قلّد ¤ طلى ¤ وقّع . أمضى
reveur, se, *a* متخيل . حالم [ر ڤِير]
revirement, *m* رجوع . إنقلاب ¤ قلب ¤ تحويل من حساب إلى آخر
— de fonds تسديد بواسطة التحويل
reviser, *v* راجع ثانية . أعاد الفحص . نقّح
revision, *f* إعادة نظر . مراجعة
conseil de révision مجلس القرعة العسكرية
revivre, *v*3 حي ثانية . تجدّد ¤ أحي
le vernis fait—la couleur الورنيش يجلي اللون
révocation, *f* إبطال . فسخ . إلغاء ¤ عزل
révocatoire, *a* ملغ . إلغائي . ناقض
revoir, *v*3 أبصر . نظر . رأى ثانية ¤ نقّح . فحص ثانية . راجع النظر [ر ڤوار]
au — إلى الملتقى القريب . نرى وجهكم في خير
à — إلى اللقاء // تحت المراجعة
révoltant, e, مثير . منكّد . مكيد . منغص . مهيج
révolte, *f* ثورة . عصيان . تمرد [ر ڤُلْت]

révolté, e, *n* عاص . ثائر . متمرد
révolter, *v* هيّج . حرّض على العصيان أو الثورة ¤ نفّر من . كرّه في [ر ڤلْتِه]
se — هاج . ثار . عصي ¤ إشمأز أو نفر من
révolu, e, *a* تمم دورته في الفلك . تام . منته
révolution, *f* ¤ دوران مركزي . دورة ¤ إنقلاب ¤ هيجان ¤ ثورة [ر ڤولِيسْيُون]
révolutionnaire, *a et n* إنقلابي . تقلبي ¤ ثوري ¤ ثوروي . حاث على قلب النظام
révolutionner, *v* فتن . هيّج أحدث انقلاباً أو ثورة . قلب النظام 
revolver, *m* مسدّس [ر ڤولْڤير]
révoquer, *v* عزل . أقال ¤ أبطل . نقض
revue, *f* إعادة النظر . فحص ¤ مجلة ¤ عرض ¤ إستعراض ¤ عرض المناظر في المسارح
nous sommes de — [ر ڤِي] لتقابل ثانية
revulsif, ve, *a et m* مصرف . محوّل الداء عن جهة (كالحرّاقة)
rez-de-chaussée, *m. in* الدور الأرضي . طبقة البيت السفلى [ر د شوسِه]
rhapsodie, *f* مقتطفات . خلط
rhéostat, *m* مقاومة متغيرة ¤ ملف المقاومة المتغيرة
rhétorique, *f* علم البيان والمعاني . البلاغة والفصاحة ¤ رسالة في البيان ¤ مدرسة أو فصل البيان [ر تور يك]
figures de — محسنات بديعية
rhinite, *f* إلتهاب غشاء الأنف المخاطي

rhinocéros, m خرتيت ٠كركدّن ٠وحيدالقرن

rhinoplastie, f تَرْقيع أو رمّ الأنف

rhombe, m معيّن . لوزنجي الشكل شبيهبالمين . متوازي الاضلاع

rhomboïde, m

rhubarbe, f راوند

rhumatisme, m داء المفاصل . رثية

rhume, m [ر يّم] برد ٭ أخذ . سعال . زكام
— dè cerveau وَرْشحْ أنفي // زكام

riant, e [ر يّـن] باسم . ضاحك . ضحوك

ribambelle, f كثرة . جملة

ribaud, e, n et a فاحش . فاسق . شبق

ricaner [ريكانـِ] ضحك تهكماً . أهنف

ricaneur, se, n مستهزئ . ضاحك على

richard, e, n متموّل . مثر . كثير الثروة

riche, a et m غني . متمول ٭ ثمين . فاخر
langue — [ر يشِ] لغة متسعة

richement, ad بغنى ٭ بفخامة

richesse, f غِناء . ثروة ٭ غزارة ٭ دسامة
— du sol خصب الأرض . غنى التربة
—s, f.pl. أموال عظيمة
— excessive ثروة فاحشة

richissime ذوغنى عظيم . كثير الثروة . مترب

ricin, m خروع . نبات زيت الخروع

ricocher, v إرتد أثر صدمة

ricochet, m قفزة أو قفز . صدمة . رَدَّة (الشيء مقذوف) ٭ تسلسل

rictus m كشرة (تكشير عن الأسنان)

ride, f [ر يد] تجعد . غضن

ridé, e, a [ر يدِ] مجعد . مغضن . مكرنش

rideau, m ستارة . حجاب ٭ ستار المسرح

rider, v جعّد . كرمش

se — تجعد . تكرش (كرمش)

ridicule [ر يدِ يكيّل] هزئي . سخري
—, m هزءة . سخرية . أضحوكة ٭ هزأة
tomber dans le — أصبح هزأة

ridiculiser إزدرى . هزأ بـ . جعله أضحوكة

rien, pron. ind. لاشيء . البته . عدم
ça ne fait — [ر يـن] لابأس (معلهش)
—, m لا شيء ٭ قلاقة . شيء تافه أقل شيء
pour — مجاناً أو بثمن بخس ٭ بلا سبب
de — من لا شيء ٭ العفو
en moins de — كلمح البصر . حالاً
bon à — لا يصلح لشيء ما

rieur, se, n et a ضحوك . ضاحك . هازل

rigide, a [ر يجيد] قاس . صلب

rigidité, f توتر . صرامة . صلابة

rigole, f قناة . مجرى لتصريف المياه ٭ مشتل ٭ حفرة أساس

rigorisme, m تدقيق . صرامة . صلابة

rigoriste, n et a صارم . مدقق

rigoureusement ad بتشديد . بدقة

rigoureux, se, a قاس . صارم ٭ دقيق

rigueur, f قساوة . شدة ٭ مشقة . صعوبة
[ر يجـر] ٭ تدقيق . تشديد
à la — إذا كان ولا بد ٭ بتدقيق
de — واجب . لازم . لا بد عنه . محتم

rime, f قافية . سجع . شعر ٭ سجعة ٭ إنسجام

rimé, e, *a* [رِيمِـه] مسجَّع . منظوم

rimeur, *m* سَجَّاع . سَاجِع

rinçage, *m* رَحْض . غَسْل الشيء بِرَجّ الماء فيه . تشطيف ✿ مَضمضة [رَنْسَاج]

rincer, *v* مَضْمَض ✿ شَطَف . غَسَل

ripaille, *f* أكلة مُشبِعة

ripe, *f* محك . محكّة

riposte, *f* رَدّ . جواب سَريع أو بديهي

riposter, *v* رَدّ بسرعة ✿ هجم بعد الدفاع

rire, *v3* [رِير] ضَحِك

— jaune ضحك ضحكة صفراوية أو مغتصبة

— sous cape ضحكة خفية

se — إستهزأ ب . أو لم يعبأ ب . سخر من

rire, *m* [رِير] ضِحْك . ضِحْكة

fou — ضحك غير ممكن قهره

ris, *m* محك ✿ طية قلع ✿ حلويات (في الجزارة)

— de veau [رِي] حلويات عجَّالي . لوزة العجل

risée, *f* قهقهة إستهزائية . سخرية . مضحكة

il était la — de tous كان اضحوكة الجميع

risible, *a* مضحك . مثير الضحك

risque, *m* [رِيسْك] خَطَر

à mes —s et périls تحت مسئوليتي

risquer, *v* خاطَر . عَرَّض للخطر . جازف

se — إستهدف لـ . تعرض للخطر أو الخسارة

rissoler, *v* حَمَّر (اللحْم)

ristourne, *f* إسترجاع ✿ مرتجع . رد تجاري

rite, *m* طقس . شعيرة ✿ سُنَّة . مذهب

rituel, *m* كتاب الطقوس أو الفرائض

—, le, *a* طَقسي . فَرْضي

rivage, *m* [رِيفَاج] شاطئ . ساحل . ضفة

rival, e, *a et n* مزاحم . منافس

sans — [رِيفَال] لا مثيل له . لا يزاحم

rivaliser, *v* سابَقَ . زاحمَ . نافَسَ

rivalité, *f* منافسة . مناظرة . مزاحمة . مباراة

rive, *f* [رِيف] شاطئ . ساحل . شط

rivé, e, *a* مبشم . مُبَرشَم . مبجَّن

river, *v* برشم . لوى أو بطط طرف المسمار

riverain, e, *a et n* ساكن على الشاطئ

rivet, *m* مسمار برشام . مسمار تبشيم

rivière, *f* [رِيفْيِير] نهر . نبع

— de diamant عقد من الماس

rivure, *f ou* rivement, *m* برشمة . بشمة

rixe, *f* [رِيكْس] مشاجرة . قتال

riz, *m* [رِي] أرُزّ . رُزّ

rizière, *f* حقل أرز . أرض مزروعة أرز

rob, *m* دِبْس . عُصارة ثمر كثيفة . رُبّ

robe, *f* ثوب . رداء ✿ حُلّة . كسوة رسمية ✿ قفطان أو فستان [رُوب]

— de chambre جبة أو قفطان للبيت . مبذل

— d'avocat رداء أسود يلبسه المحامي عند المرافعة

— de chevaux لون الخيل

gens de — رجال القضاء ومدرسو القانون

pomme de terre en — de chambre بطاطس مسلوق بقشره

robinet, *m* [رُوبِينِه] حنفية . صنبور

robuste قويّ . شديد

roc, *m* [رُوك] صخر . صخرة

rocaille, *f* حصى . حجارة صغيرة . محار أو ودع

roche, *f* [روش] صَخْر . صَخْرَة
de vieille — اثيل . من أصل شريف
cristal de — بلور صخري . مهى
rocher, *m* صَخْرَة ٥ عضم الصخرة
rochet, *m* كتونه . قيص الكاهن
roue à — [روشِ] ترس أو دولاب مسنن
rocheux, se, *a* صَخري . محجّر . ذو صخور
rococo, *m et a.inv.* شيء بطل إستعماله ٥ نقش أو تطريز على شكل حصى
roder, *v* [رودِ] حكّ . دلك . برد . بردخة
rôder, *v* طاف . جال . حام حوّل
rôdeur, se, *n* طوّاف . جوّال . دوّار
rodomont, *m* (فشّار) نفّاج . طرماذ
rogatoire, *a* إستشاري . إلتماسي
commission — إنابة قضائية
rognage, *ou* rognement, *m* تقليم
rogne, *f* جرَب
rogner, *v* [رُنيِ] قلّم . قرض . قصقص
rognon, *m* [رُنيون] كلية . كلوة
rognure, *f* قلامة . قصاصة . قذاذة
rogue, *a* [رُج] تيّاه . جفّاخ (متنطز)
cheval — حصان كاذب
roi, *m* [رْوا] ملك ٥ شاه (في الشطرنج)
roide, *V.* raide صلب . قاس
roideur, *f* صَلابة . قساوة . شدّة
rôle, *m* كشف . قائمة . جدول ٥ دور ٥ سجل دافعوا لضرائب ٥ قيد المعارضات ٥ قائمة الدعاوى على حسب ترتيبها
—(d'un acteur) دور الشخص في المسرح
à tour de — بالدور . بالترتيب

jouer un grand — لعب دوراً عظيماً
romain, e, *a et n* روماني ٥ خط واقف
chiffres — s حروف ترمز لأرقام (V=٥ و X=١٠)
romaine, *f* قبّان . ميزان قبان ٥ خس سلاطة
roman, *m* [رومين] قصّة . رواية تخيلية [رومَن]
romance, *f* موّال . قصيدة . نشيد غزل
romancier, ère, *n* مؤلف روايات
romanesque [رومانيسك] تخيلي . خيالي
romantique, *a* شبيه بالروايات . رومانتيكي
romarin, *m* حصالبان . إكليل الجبل
rompre, *v3* كسّر . حطم . قطع . فصم . حلّ . فسخ . نقض ٥ شوّش
— avec qn. تخاصم مع شخص
— la glace مهّد العقبات الاولى
— les rangs فك الصفوف ٥ ترك
— un homme aux affaires مرّنه على التجارة
à tout rompre بكل عنف
rompu, e, *a* مكسور . محطم . مهشم
nombre — عدد كسر
travailler à bâtons — s إشتغل بتقطع
ronce, *f* عليق . عوسج . شجر شائك
rond, *m* دائرة ٥ دورة ٥ حلقة فوطة المائدة ٥ قطع على شكل دائرة ٥ سكران [رُن]
rond, e, *a* مستدير . كروي ٥ ممتلىء الجسم
chiffre — عدد بدون كسور . عدد كامل
être rond en affaires مقدام وصريح في المعاملة
rond-de-cuir, *m* كاتب
ronde, *f* دورية . عسس ٥ كتابة مستديرة ٥ غناء مصحوب برقص اجماعي [رُند]
à la ronde, *ad* بالدور ٥ على دائر مدار للجميع

rondelet, te مستدير. سمين. ممتلئ الجسم
rondelle, f وَرْدَة. حَلْقة. دوَيرة
rondement, ad بصراحة ☆ بهمة
rondeur, f استدارة. كروية ☆ امتلاء
rond-point, m ساحة مستديرة ملتقى الطرق
ronflement, m شخير. غطيط
ronfler, v [رُنفْلِه] شَخَر. غطّ. نخر
ronger, v قرض. أنخر. أكل
se — تأكّل ☆ تندم. عض الأنامل ندماً
rongeur, se, a قرّاض. أكّال
—s, m.pl. القوارض. الحيوانات القارضة
ronron, m [رُنْرُنْ] هرير أو قرّ الهر
roquette, f [رُوكيت] جرجير
rosacées, f. pl الفصيلة الورْدِية
rosaire, m سبحة كبيرة ☆ صلوات التسبحة
rose, f [روز] وَرْدَة
— m اللون الوردي
— , a أحمر وَرْدِي. وردي
decouvrir le pot aux —s اكتشف سر المسألة
rosé, e, a [روزِ] مُوَرّد. (نبتة)
roseau, m [روزو] قصبة. بوصة. (غاب)
rosée, f [روزِ] ندى. طل
roseraie, f جنينة وَرْد
rosette, f أنشوطة. (فيونكة) ☆ شارة تدل على أن حاملها من جوقة الشرف ☆ جهاز سرعة الساعة ☆ طباشير أحمر ☆ حبر أحمر ☆ رشيد
diamant à — الماس فلمنك

rosier, m [روزْيِه] شجيرة الوَرْد
rosière, f فتاة مشهود لها بالعفة
rosse, f et a حصان أو شخص رَدِي.
rosser, v ضرب
rossignol, m. عندليب. بلبل ☆ آلة لفتح الأقفال [روسِينيول] ☆ بضاعة كاسدة. لا تباع
rotation, f دوران. حركة دائرة ☆ مناوبة ☆ ترافص ☆ ترتيب الزراعة
roter, v تكرع. تجشأ. تدشّى
rôti, m [روتِي] لحم محمر. لحم مشوي. روستو
rotin, m [روتَن] خيزران
rôtir, v شوى. حمّر ☆ حمّص ☆ انشوى
rôtissage, m شي. تحمير. تحميص
rotisserie, f مطعم الشواء كبابجي
rôtisseur, se, n شوّاء اللحم. كبابجي
rôtissoire, f (شيكارة) مِشْوَاة. مُصبع
rotonde, f قبة ☆ كشك مستدير. قرية
rotule, f رضفة. داغصة. صابونة الركبة
roture, f عامية. سوقية ☆ عامة الشعب
roturier, ère, a et n عامي. حقير الأصل
rouage, m مجموع دواليب الآلة
— (administratif) سلسلة عمل. دولاب العمل
rouan, m أشهب. لون أسمر. كميت
roucoulement, m نوح الحمام. هدير
roue, f دولاب. عجلة ☆ طارة ☆ ترس ☆ عذراء (آلة تعذيب) [رو]
— de gouvernail دولاب الدفة. طارة التوجيه
mettre des bâtons dans les —s عاق. عرقل

roué, e, *a et n* مكار. داهية ٭ معذب

rouer, *v* عذَّب على الآلة ٭ لف الحبل على شكل

— **de coups** مستدير // ضرب ضرباً شديداً

rouge, *a* أَحْمَر. لَوْن أَحْمَر. قِرْمِزي

—, *m* اللون الأَحْمَر ٭ أَحْمَر التخضيب

حمرة. غمره. دهان الوجه او الشفاه [رُوج]

rougeâtre, *a* ضَارِب إلى الحمرة

rougeaud, e, *a et n* أَحْمَر الوَجْه

rougegorge, *m* أبو الحن. عصفور أحمر الصدر

rougeole, *f* حصبة

rouget, *m* سَمك سلطان ابراهيم. بَرْبُوني

rougeur, *f* حمرة. احمرار // مرض خنازير

rougir, *v* حَمَّرَ ٭ احْمَرَّ. خجلَ [رُجِير]

rouille, *f* صداء ٭ جنزار ٭ قشب [رُوي]

rouillé, e, *a* صدي. مصدي . صادي ٭

blé — قمح مصاب بآفة . ميروق

rouiller, *v* صدأ . صَدِئ

rouillure, *f* صَدَأ. أكسيد المادن

٭ يرقان القمح

roulage, *m* دَحْرَجَة ٭ لف ٭ نقل

roulant, e مدَحْرِج ٭ سَائر عَلى عَجَل

materiel — ٭ مسالك ٭ شغال // عربات النقل

feu — نار دائمة

fonds —**s** [رولَن] نقود جاهزة للتداول

porte —**e** باب داخل في حائط . باب على عَجَل

roulé, e, *a* مدَحْرَج ٭ ملفوف ٭ مقبون

rouleau, *m* لفة. ملف ٭ رزمة ٭ إسطوانة

٭ مَحالة. مِدحاة ٭ بكرة (شَوْبَق. شوبك)

مِطلة. نَشَّابة

— **d'imprimerie** محبرة. سيلندر للتحبير

— **d'argent** دراهم ملفوفة على شكل اصبع

il est à bout du — فرغت جعبته

roulement, *m* دحرجه. تدحرج

— **de fonds** تداول النقود

— **du tonnerre** قصيف الرعد. هزيم الرعد

rouler, *v* دحرج ٭ تدهوره سافر على عجلات

٭ طوى ٭ لف ٭ برم ٭ خدع. غشّ

— **sur l'or** [رولِه] تنعم . تيسرت أحواله

roulette, *f* دُولاب صَغير ٭ الرولت (لعبة قمار)

roulis, *m* اِضْطراب السفينة من جانب إلى آخر

roupiller, *v* نَام نوماً خفيفاً . نام أو نعس

rousseur, *f* شُقْرَة . اِشقرار ٭ نمش

taches de — نمش . كلف

roussi, *m* رَائحة الشموطة ٭ جلد حور مسكوبي

route, *f* [رُوت] طَريق . سَبيل . نهج

— **nationale** طريق عام . طريق سلطانية

faire fausse — ضل ٭ حاد عن السبيل

feuille de — تذكرة طريق (مانيفستو السفر)

en — في أو على الطريق

routier, ère, *a* طرقي . خاص بالسكة

carte —**e** خريطة الطرق

—, *m* دَليل مَسالك البحار ٭ دليل الطرُق

vieux — رجل مجرب . (مقرَّم)

routine, *f* سياقة . نَمَطيّة . وتيرة واحدة

par — ٭ عادة // كالآلة، بتأثير التكرار

routinier, ère, *n et a* لا يتحوّل

عن الإجراءات المتبعة [روتينِيه]

roux, rousse, *a et n* اصْهَب . أمغر . احمر

faire un roux [رو] حمّر (في الطبخ)

femme rousse صهباء . امرأة حمراء شعر الرأس

royal, e, *a* [رويال] مَلَكي . ملُوكي

royalisme, *m* الحزب الملكي. الملكية
royaliste, *a et n* تابع الحزب الملكي
royaume, *m* مملكة. سَلْطَنَة ٭ ملكوت
royauté, *f* مُلْك. سَلطَنَة. ملوكية
ruade, *f* لبطة. رَفسة
ruban, *f* [رِيبَن] شريط
rubis, *m* [رِيبِي] ياقوت ٭ ياقوته
— sur l'ongle بالضبط
rubrique, *f* ترويسة. عنوان. باب ٭ سُنة ٭ أسلوب ٭ مُغرة ٭ طباشير أحمر [رِيبْرِيك]
ruche, *f* خلية. قفير النحل ٭ شريط قماش للزينة
rucher, *m* محل الخليه. مكان بيت النحل
rude, *a* [رِيد] خَشِن. قاس ٭ شاق. وعر
rudement, *ad* بقساوة. بخشونة ٭ بشدّة
rudesse, *f* خشونة ٭ عُنف ٭ فظاظة
rudiment, *m* مَبْدأ. أصْل. قاعِدة. أساس
rudimentaire أوّلي. إعدادي. اِبتدائي
rudoiment *ou* rudoyement, *m* تَوْبيخ
rudoyer, *v* وَبّخ. عَنّف ٭ عامل بالجفاء
rue, *f* [رِي] شارِع. طَريق
ruée, *f* [—و] هَجْمة. تدفق. زَحْمة
ruelle, *f* [—ول] حارَة. زُقاق. دَرْب
ruer, *v* [رِيو] لبط. رفس ٭ أطبق عَلَى
se — هجَم. اِنقضّ. اِندفع
rugir, *v* [رِيجِير] زأر. هدَر
rugissement زئير
rugosité, *f* خشونة. غلظة
rugueux, se, *a* خَشِن. غَليظ
ruine, *f* خَراب. دمار ٭ ردم. أنقاض
ruiner, *v* هدم. خرّب. أتلَف ٭ أفقَر. أعوز
se — افلس. خَرب بَيْته. تخرّب
ruineux, se, *a* مُدمّر. مُخرِب. مُتْلِف
ruisseau, *m* مجرى ماء. جَدْوَل
ruisseler, *v* سال. جَرى. تقطّر. نقّط
rumeur, *f* شائعة. إشاعة ٭ لغط. ضوضاء
la — publique [رِيمِر] الرأي العام
ruminant, e, *a* مجتر. (مشتر)
—s, *m.pl* المجترات. الحيوانات المجترة
ruminer, *v* [رِيمِينِه] اجترّ. (اشتر) ٭
rupture, *f* كَسْر. قَطْع. تهشّم ٭ فَتْق ٭ مزق ٭ قطع العلائق ٭ شِقاق
rural, e, *a* [رِيرال] رِيفي. خَلويّ
ruse, *f* [رِيز] حِيلة. خداع أو خُدْعَة
rusé, e مكار. خبيث. داهية. واسع الحيلة
ruser, *v* [رِيزِه] راغ. مكر. خادع
Russe, *n et a* [رِيس] روسي
rusticité, *f* خشونة. غلاظة
rustique, *a* خَلَويّ. رِيفي. قَرَويّ
style — [رِيسْتِيك] طراز ريفي
rustre, *m et a* خَشِن. فظ. (جَمْس). ريفي
rut [رِيت] نزو. غلمة. زمن التعشير في الحيوانات
rutilant, e, *a* أحمر لامع ٭ ناصع. بهي
rythme, *m* [رِيتْم] اِتّزان. وَزْن. نَظْم
rythmique, *a* مَوْزون. مَنْظوم. مُقفّى

S

sa, *V.* son صفة الملكية للغائب الفرد

sabbat, *m* سبت. سابع أيام الاسبوع ٭ اليوم الديني المخصص للراحة (عند اليهود) ٭ ضجة. جلبة ٭ جمع من السحرة [سابا]

sabir, *m* خليط من لغات

sable, *m* رَمل

sabler, *v* رَمَّل. فرّش بالرمْل ٭ شرِب ٭ سكب في قالب رملي [سَبلِه]

— du champagne شرب الشمبانيا

sablerie, *f* مَسابك الرمل

sableux, se, *a* رَمْلي. رمالي. مخلوط برمل

sablier, *m* مِرْملة ٭ ساعة رَمْلية

sablière, *f* رَمْلَة. مأخذ الرمْل ٭ عارضة التصقيف ٭ مَدْاَدَة

sablon, *m* رمْل ناعم [سَبْلُن]

sablonneux, se, *a* كثير الرمْل

sabord, *m* مزغل. طاقة المدفع أو الشحن في مركب

sabot, *m* سنبك، حافر ٭ حِذاء خَشَبي. قَبقاب ٭ دُوّامة. نحلة تدار بالكرباج [سابو]

sabotage, *m* مماكسة في الشغل من العمال ٭ صناعة القباقيب

saboter, *v* قرقع بالقبقاب ٭ لعب بالنحلة ٭ ركّب رؤوس أو كعوب حديدية ٭ لهوج (كلفت) الشغل ٭ أضر العمل بسوء نية

saboteur, se, *n* مخرب [illegible] ٭ مكلفت الشغل

sabre, *m* سَيف

sabrer, *v* ساف. ضرب بالسيف ٭ رمق. لهوج الشغل (كلفته)

sac, *m* كيس. جراب. خريطة ٭ زكيبة. جوال. جوالق. مخلة

— de sable كيس رمل أو ملء كيس رمل

— à main حقيبة. شنطة يد. مثبنة [ساك]

— à ouvrage كيس الخياطة

— de penitence مِسح. خيش لبس التكفير

mettre la ville à — نهب المدينة

l'affaire est dans le — مأمول نجاح الأمر

vider son — أفرغ ما في قلبه

homme de — et de corde مجرم

saccade, *f* رجة. هزّة ٭ وقفة. شكمة

par — بتقطع ٭ بين كر وفر [ساكاد]

saccader, *v* شكم ٭ رَجّ [ساكاده]

— un cheval وكز الحصان بهز لجامه

saccagement, *m* نهب. سلب

saccager, *v* سلب. نهب ٭ نتف

saccharine, *f* مادة السكرين ٭ شكر الفحم الحجري [ساكارين]

sacerdoce, *m* قسوسة. كهانة

sacerdotal, e, *a* خاص بالكهنوت. كهنوتي

sachée, *f* ملء كيس أو زكيبة [ساشيه]

sachet, *m* كيس صغير. ظبية [—]

— d'odeurs جؤنة أو حجاب طيوب

sacoche, *f* خُرْج ٭ محفظة ٭ مخلة السرج

sacramentaire, *m* كتاب الشعائر

sacre, *m* مَسْح ٭ رسامة [سَكر]

sacré, e ممسوح ٭ مقدس. مكرس

sacrement, *m* سر القربان المقدس

sacrifice, *m* تضحية ٭ ضحية. قربان

sacrifier, *v* ضحّى بـ. قرّب ٭ حرم نفسه
se — ضحّى بنفسه. بذل نفسه
sacrilège, *m* إنتهاك الحرمات. تدنيس
—, *a et n* منتهك القدسيات. تدنيسي
sacripant, *m* شرس. عِرْبيد. وغد
sacristain, *m* أمين الأمتعة، قندلفت الكنيسة
sacristie, *f* غرفة أوخزنة الأمتعة المقدسة
sacrum, *m* عَظمة المَجُز. قِبٌ. عُجْب
sadique من تتنبه قواه التناسلية بالقسوة
safran, *m* زعفران. جساد. كركم
sagace, *a* [ساجاس] بصير. حاذق. فطين
sagacité, *f* لقانة. فطانة. فراسة. حذاقة
sage, *m et a* [ساج] حكيم. عاقل ٭ هادئ
(غير عفريت). حسن السلوك ٭ صوابي
sage-femme, *f* مولدة. قابلة (داية)
sagement, *ad* [سـَمـَن] بحكمة ٭ بهداوة
sagesse, *f* تعقل. حكمة ٭ رزانة
sagou, *m* دَقيق النخل ٭ نخلة الدقيق
saignant, e [سينيـَن] دام. سائل الدم
viande —e لحم رشراش. لحم مشوي خفيف
saignée, *f* فِصاد. أخذ الدم ٭ مفصد. محل
الفصد ٭ الدم الجاري من القصاد ٭ مجرى
لتصريف المياه ٭ حز أو غضن في الذراع
saigner, *v* فصد. فتح عرقه ٭ سال أو نزف
دمه ٭ صرّف الماء ٭ تكبد مصاريف باهظة
— du nez [سينيه] رعف دمه
saillant, e, *a* [سايـَن] بارز. ناشز. ناتئ
saillie, *f* ملحة. نكتة ٭ تعشير. تنطيط
٭ وثب. نط ٭ بروز. قرنة. طنف [سايي]

saillir, *v* برز. نتأ ٭ إنبجس. دفق ٭ كام
sain, e [سـَن] صحيح. سليم. مريء. صحي
saindoux, *m* دهن الخنزير (مذوّب). شحم
saint, e, *a et n* مقدس ٭ طاهر ٭ قديس
l'Ecriture —e [سـَنت] الكتاب المقدس
Saint-Esprit, *m* الروح القدس
sainte-nitouche, *f* متظاهر بالطهارة
sainteté, *f* قداسة. طهارة ٭ تقديس
saint-père, *m* البابا
saint-siège, *m* مقر البابا أو الرئاسة
الكهنوتية الكاثوليكية
saisi, e, *a* مقبوض أو ممسوك أو محجوز عليه
٭ مشوّح بالنار
— d une affaire اختص بالدعوى
— de froid اخذته بردية او قفة. تقفقف
saisi, *m* مقبوض عليه ٭ المحجوز عليه
saisie, *f* [سيزي] حجز
saisir, *v* حجز ٭ قبض. أمسك بـ بقوة
٭ فهم. أدرك ٭ ربط. حزم (في البحرية)
٭ أدهش أو أفزع ٭ خوّل. جعل من اختصاص
— un tribunal رفع دعوى أمام محكمة
— une occasion [سيزير] انتهز فرصة
faire — la viande شوّى اللحم
se — أختص بـ ٭ تأثر ٭ قبض، استولى
saisissable, *a* ممكن حجزه أو مسكه
saisissant, *m* الحاجز. الموقع الحجز
saisissement, *m* قبض
— du froid قرصه البرد. تأثر من البرد. خصر
— du cœur انقباض القلب. تأثر النفس

saison, f [سيزُن] فَصْل ❊ مَوْسم
morte — زمن عطلة أو ركوض
l'arrière — اواخر الخريف
saisonnier, ère, a فصولي. خاص بالفصول
salade, f [سالاد] سلاطة. سلطة
— russe لخبطة. خلط ❊ سلطة مع بيض وسمك
saladier, m سُلطانية السلاطة
salage, m تمليح
salaire, m [ساليِر] أجرة. أجر. رَاتب
salaison, f تمليح ❊ الشيء المملح. مملحات
salant, a. m et m ملاحة ❊ ملاح
salarié, e, أجير. مؤجَّر. صاحب راتب
sale, a [سال] قذِر. وسخ ❊ مناف للأدب
salé, m [ساليه] لحم خنزير مملح
petit — لحم الخنزير المملح حديثاً
salé, e, a [—] مملّح ❊ مالح ❊ باهِظ
amende —e غرامة فاحشة
femme —e إمرأة حدقة
conversation —e محادثة ظريفة ❊ حديث مكشوف
saler, v [—] مَلّح ❊ حَدّق. حَيّق
— les clients سلخ (شمط) الزبن
saleté, f [سَلْتِه] قذارة. وَساخة
salière, f مملحة. ملاحة
saligaud, e, salaud قذر. نتن ❊ لئيم
salin, e, a [سالَن] مِلحي. مالح. ذو ملح
— m ملاّحة. مستنقعات يستخرج منها الملح
les corps —s الاملاح
saline, f ملاّحة. مأخذ أو معمل الملح
❊ ملاّحة جبلية ❊ ملوحة. سمك مملح
salir, v [سالِير] وَسخ. دنّس
salissant, e, a موسخ ❊ سريع الاتساخ

salive, f [ساليف] لعاب. ريق. رُضاب
salle, f غرفة. بهو. قاعة. حجرة الاستقبال
— d'attente [سال] غرفة الانتظار في المحطات
— de police حبس
— de spectacle قاعة العرض
salon, m بهو. صالون. قاعة ❊ ندوة
— de peinture [سالُن] معرض الصور
— de coiffure مزين. صالون حلاقة
salope, f رَعبل. امرأة قذرة. قحبة
saloperie, f قذارة. قِلة حياء ❊ بضاعة دون
salopette, f مريلة. مِيْئزر
salpêtre, m ملح البارود ❊ بارود المدافع
salpingite [سلبَنجيت] إلتهاب المبيض
salsepareille, f عشبة. الحشيشة المغربية
saltimbanque, m مشعبذ. مهرج متنقل
salubre, a صحي. مرئي
salubrité, f مرأة. ملاءمة للصحة
— publique صحة عمومية
saluer, v [سالِيِي] حيّى. سلّم على
salut, m نجاة. خلاص ❊ سلام. تحية
armée de — ❊ صلاة المغرب // جيش الخلاص
salutaire, a شاف. نافع ❊ مفيد ❊ خلاصي
salutation [—تاسيون] تسليم ❊ تحية. سَلام
salvage, m تخليص من الغرق
salve, f [سَلْف] إطلاق المدافع معاً
— d'applaudissements تصفيق من الجميع
tirer par — اطلق المدافع بالتتابع
samedi, m [سامدِي] سبت. يوم السبت
— saint سبت النور
sanatorium m [ساناتوريُم] مصحة

sanctificateur, rice, *a et n* مقدِس
sanctification, *f* تَقْدِيس. إقامة الشعائر
sanctifier, *v* قدَّس. طَهَّر
— le dimanche حفظ، قدّس يوم الأحد
sanction, *f* تصديق ٭ تثبيت شريعة ٭ عقاب
sanctionner, *v* أثبت. أقرّ ٭ استحسن
sanctuaire, *m* محراب ٭ قدس الأقداس (عند اليهود) ٭ حرم
sandale, *f* نعل. صندل ٭ صندل ←
مركب نقل.
sandwich, *m* ← مشطور (سندويتش)
sang, *m* [سَن] دم
faire du mauvais — زعل. تكدر
— bleu دم ملوكي. دم النبلاء
sang-froid, *m* ربط الجأش
sanglant, e دامٍ. مضرج بالدماء ٭ مدمٍ
sangle, *f* حِزام. منطقة ٭ حية
lit de — عنجريب
sangler, *v* حزم. بطَّن ٭ ساط. جلد
sanglier, *m* ← خنزير وحشي. حلوف
sanglot, *m* زفرة. زفير. سنجلو
sangloter, *v* إنتحب. زفر. نحب
sangsue, *f* ← علقة. سلمة. دودة تمص الدم [سَنسِي]
sanguin, e, *a* [سَنجَن] دَمَوي
sanguinaire, *a* سفاك. دَمَوي
sanguine, *f* حجر الدم ٭ دمام ٭ برتقال بدمه [سَنجِين]

sanie, *f* قيح القروح. مِهل
sanitaire, *a* [سانِيتِير] صحي
sans, *prép.* [سَن] بدون. بغير. بلا
— cesse من كل بد
— quoi وإلا
sanscrit, *m* لغة هندية قديمة
sans-façon, *m* بدون تكليف. بغير كلفة
sans-gêne, *m* عدم التكليف
sansonnet, *m* زرزور. خليش (طائر)
sans-souci, *m* عابث. خليّ البال ٭ خلو البال
santé, *f* [سَن تِيه] صحة
maison de — مستشفى مجاذيب خاص
à votre — ! في نخبك. في صحتك
saoul, e, *a* [سُو] سكران. ثمل. مخمور
sape, *f* منجلة ٭ حفرة لهدم حائط
— d'un mur عرقبة الحائط
saper, *v* عرقب. إستأصل. هدّ
— le trèfle حش البرسيم
sapeur-pompier, *m* من رجال المطافئ
saphir, *m* صفير. ياقوت أزرق
sapidité, *f* طعم
sapin, *m* شَجَر أو خَشَب الشوح. تنوب [سابَن] ٭ عربة اجرة ٭ لحد
saporifique, *a* يعطي طَعْم. ملذذ
sarcasme, *m* تهكم. سُخْرية
sarcastique, *a* سُخري. تهكمي
sarcelle, *f* حذف. شرشير (بط برِّي)
sarcler, *v* إستأصل الحشائش الطفيلية

sarcome, *m* وَرَم لحمي

sarcophage, *m* ناووس ←← تابوت من حَجَر [سَركوفاج]

sarcopte, *m* قلة. قلة الجَرَب

sardine, *f* ←← سَرْدِين . سَرْدِينَة . صَحْناة.

sardonien, ne, *ou* **sardonique** صفراوي . تَكلّفي ~ ضحك صَفراوي

sarrasin, *m* حنطة سَوداء ٥ شرقي مسلم

sarrette *ou* **serrette**, *f* أقحوان

sarriette, *f* سعتر

sas, *m* مُنخل ٥ غربال . مهزة ٥ حوض الهويس

sasser, *v* غربل ٥ عبّر مركب في الهويس

Satan, *m* [ساتَن] شَيطان . اِبليس

satanique, *a* شَيطاني

satellite, *m* تابع ٥ قمر . نجيمة تدور حول سيار

satiété, *f* شَبَع . اِكتظاظ (طفح) ٥ تقزز

jusqu'à la — لغاية المضايقة

satin, *m* [ساتَن] أطلس (ساتينيه)

peau de — جلد ناعم

satire, *f* أهجوة . هجاء ٥ ديوان هَجْو

satirique, *a* [ساتِيريك] هجوي

pièce — قطعة انتقادية أو هجوية

—, *m* هاج . كاتب إنتقادي

satisfaction, *f* رضى . سرور ٥ تعويض

il a obtenu — نال مطلبه

satisfaire, *v* أرضى ٥ أعجب . سَرّ

satisfaisant, e, *a* مُرضٍ ٥ سارّ

satisfait, e راضٍ . مُقتنع ٥ مَسْرور

saturation, *f* تشبُّع . إشباع . تَشريب

saturer, *v* [ساتِيرِ] أشبَع . شرَّب

Saturne, *m* زُحَل (سَيَّار) ٥ إله الزَّمان

satyre, *m* صرماح . داعر ٥ شخص خرافي نصفه الأعلى بَشر والأسفل ماعز

sauce, *f* (صاصة) . مَرَق التوابل . دمعة [صوس]

saucière, *f* ماعون الدمعة . ←← محبشة

saucisse, *f* ←← سجق . لقانق (معى محشو لحم) [سوسِيس]

saucisson, *m* ←← خلع . سَلامه

sauf, *pre* [سوف] بدون ٥ ما خلا . إلا

— erreur et omission ماعدا الخطأ والسهو

sauf, ve, *a* سالم . صَحيح

sain et sauf صاغ سليم

sauf-conduit, *m* تصريح مرور . جواز سفر

saugrenu, e, *a* هز

saule, *m* [صول] صِفصاف . صفصافة

—s pleureures صفصاف رومي مرخي الفروع

saumâtre, *a* ماج . زُعاق . كماء البحر

saumon, *m* [سومُن] حُوت سُليمان

saumure, *f* ماء التمليح

saupoudrer, *v* رَشّ. ذرّ
saur *ou* sor, *a* مملّح ومقدّد. مدخّن
sauriens, *m.pl* ضباب. فصيلة السّحالي
saut, *m* [سو] قفز. وثب ¤ قفزة
— de lit رداء داخلي
— de carpe (شقلبة)
sauté, e [سوتِـ] محمّر. مقلى ¤ منطوط
saute-mouton, *m* وثب. لعبة النطة
sauter, *v* قفز
وثب. طفر ¤ أغفل (نط)
— aux yeux وضح. بان. ظهر للعيان
faire — une forteresse نسف قلعة
faire — au beurre حمّر بالزبدة
sauterelle, *f* جرادة
sauterie, *f* رقص. حفلة راقصة صغيرة
sautiller, *v* حجل. تنطط. قفز قفزات صغيرة
sautoir, *m* سلسلة عنق للزينة ¤ تصليبة
sauvage, *n et a* همجي ¤ متوحّش. برّي ¤ موحشي ¤ عنيف ¤ جفول. نفور
sauvagement, *ad* بعنف. بوحشية
sauvagerie, *f* وحشة. توحّش
sauvegarde, *f* حماية
sauvegarder, *v* حمى. وقى
sauver, *v* نجّى. أنقذ. خلّص
se — [سَوِڤـ] هرب. فلت. تخلّص
sauvetage, *m* تخليص. تنجية
sauveur, *m* مخلّص. منقذ. منج
savamment, *ad* بمعرفة. بدراية
savane, *f* سهل عشب. سبسب
savant, e, *m et n* [سافَن] عالم. علاّم
savate, *f* حذاء ¤ نعل بال ¤ مصارعة بالرفس
savetier, *m* إسكاف. مرقع الأحذية
saveur, *f* طعم. نكهة
savoir, *v* عرف. درى
savoir gré تشكر لـ
savoir, *m* [سافوار] معرفة. علم
savoir-faire, *m* مهارة. دراية. حذق
savoir-vivre, *m* آداب السلوك
savon, *m* صابون. غاسول ¤ تعنيف
— noir [سافُن] صابون سائل
savonnage, *m* تصبين. غسل بالصابون
savonner, *v* غسل بالصابون. صبّن
[ساڤونِـ] ¤ زجر. عنف
savonnerie, *f* مصبنة. مصنع صابون
savonnette, *f* صابونة معطرة صغيرة
savourer, *v* تلذّذ. تذوّق
savoureux, se, *a* له طعم. قدي. لذيذ
saxatile, *a* صخري. يعيش في الصخور
saxophone, *m* آلة موسيقية كالنفير
sbire, *m* شرطي
scabieux, se, *a* جربي. مشابه للجرب
scabreux, se وعر
scalpel, *m* مبضع. مشرط

scalper, *v* سَلخ جلدة الرأس
scandale, *m* فضيحة. جُرْسَة. هَتيكة
scandaleux, se, *a* فاضِح. شائن
scandaliser, *v* فضح. هَتك ٥ صدم شعور
scander قطّع. وزن الشِّعْر
scaphandrier, *m* غوّاص
scarabée, *m* جُعَل (والجمع جِعلان) ٥ جِران. خنفسة
scarification, *f* تَشْريط الجلد. بَزْغ
scarifier, *v* شَرَّط الجِلْد. بَزَغ
scarlatine, *f* الحُمَّى القِرمزيّة. حمّى حصبيّة
sceau *ou* scel, *m* خاتم. طابع ٥ ختم
mettre le — à ختم. أنهى ٥ وضع الأختام
scélérat, e, *a et n* أثيم. شرير. شقي
scellage, *m* ختم ٥ قفل بأحكام
scellement, *m* تحبيش بالجبس
sceller ختم ٥ حَبَّش بالملاط ٥ سد باحكام
scénario, *m* ترتيب التشخيص ومناظر الرواية او الفيلم
scénariste, *m* مرتب مواقف الفِلم (اللقطات)
scène, *f* مَسْرَح ٥ منظر ٥ جُرْسَة. شِجار
faire une — جرّس. تشاجر أمام الناس
mettre en — رتّب مشاهد الرواية أو السينما
— de ménage مشاجرة زوجية
sceptique, *n* مُرْتاب. مُريب. مشكك
sceptre, *m* صَوْلجان. قَضِيب السُّلطة
schéma رسم خطيّ. رسم إجمالي لآلة أو لشيء ما. نهج [شما]

schisme, *m* إنشقاق. شِقاق. إنفصال
sciage, *m* نشر [سِيَّاج]
sciatique عِرْق النسا ٥ وَرِكي
scie, *f* منشار [سِي]
sciemment عمداً. عن علم
science, *f* عِلم
scientifique عِلْمي [سْيَنتِيفِيك]
scier, *v* نَشَر [سِيِيه]
scierie, *f* وَرْشة نَشْر. منشر
scinder, *v* جزّأ
scintillant, e, *a* وَامِض. بَرّاق
scion, *m* عُسْلوج. غُصْن غض
scission, *f* إنشقاق. شِقاق [سِيسْيون]
scissionnaire, *n et a* مُنْشَق
sciure, *f* نِشارة
scléreux, se, *a* ليفي
sclérose, *f* تَصلُّب. تيبّس
scolaire, *a* مَدْرَسي [سْكولير]
scolastique, *a* مَدْرَسي. تَعْليمي
scolopendre, *f* كف النِسْر. النبات العقربي ٥ أم أربعة وأربعين
scorbut داء الأسقربوط. حفر. داء البشرة
scorfule, *f* داء الخنازير
score, *m* عدد الاصابات (في المباريات)
scorie, *f* رغوة أو خبث المعادن. غُذابة
scorpion, *m* عَقرَب ٥ برج العقرب (فلك)

scribe, m كاتِب
scrupule, m شك. تشكُّك. وَسْواس ✿ تدقيق ✿ قيراط [سْكرِيپِيل]
scrupuleusement, ad بغاية الدقة
scruter, v دَقَّقَ النَّظَرَ في. تَفَحَّصَ
scrutin, m إقْتراع. إعطاء الصوت بورقة أو كُرة
sculpter, v [سْكِيلْتِ] نقش. نحت
sculpteur, m مَثَّال. نَحَّات. صانع التماثيل
sculpture, f نحاتة. صناعة نَحْتِ التماثيل وما شابه ✿ نَحْت. نقش
séance, f [سَيَنْس] جَلسة. مجلس
— tenante في الحال
séant, e, a منعقد ✿ لائق. مناسب
se mettre sur son — جلس
séau, m [سو] دلو. جردل. سطل
sébacé, e, a دُهْني. شَحْمي
sec, sèche, a جاف. ناشف ✿ بخيل
pain sec [سِك پِيش] عيش حاف. قفار
—, m جفاف. جاف
—, ad عنيف. حادّ ✿ قابض
boire — شرب بكثرة وبدون مزج المشروب بماء
sécant, e, a قاطع
—e, f خط قاطع آخر
sécateur, m مقص التقليم أو التقضيب
sécession, f إنشقاق. إنفصال
séchage, m تجفيف. تنشيف
sèche *ou* seiche, f أم الحبر 
sèchement في الجفاف ✿ بجفاء

sécher, v جَفَّف ✿ جفَّ
sécheresse, f جَفاف ✿ قحط ✿ فظاظة
séchoir, m منشر. مكان التنشيف
second, e, a [سِكُن] ثانٍ
de —e main مستعمل
—, e, n الثاني في الترتيب
—, m الدور أو الطابق الثاني من بيت
mon— مساعدي ✿ ثاني مقطع الكلمة (في الأحاجي)—
en second, lc.ad تحت الرئيس ✿ في المحل الثاني
secondaire, a ثانوي ✿ غير مهم
seconde, f ثانية. جزء من ستين من الدقيقة
seconder, v [سِكُنْدِ] ساعَدَ. أعانَ
secouer, v رَجَّ. هَزَّ. هزهز
secourir, v3 أنجد. غاث. أمدَّ
secours, m مساعدة. عون. نجدة. امداد
au — ! [سِكوور] ! — المدد، الغوث، إلحقوني
secousse, f هزّة. رجّة. زلزلة ✿ إهتزاز
secret, ète, a سِرّي. خَفِي
secret, m [سِكر] سِرّ. خافِيَة
secrétaire, m (سكرتير) كاتِم سِرّ. مساعِد
— d'état وزير
secretariat, m وظيفة أمين السر أو مكتبه (سكرتارية)
secrètement, ad سِرًا. خفية. في السر
sécreter, v أفرزَ ✿ رشَحَ
sécrétion, f إفراز. ترشح. رَشْح
sectaire, m تابع بدعة أو شيعة
secte, f مَذهب. شيعة. أهل مذهب أو رأي

secteur, *m* قطعة من دائرة . قطاع الدائرة
☆ دائرة مركز ☆ آلة رصد [سيكتير]
section, *f* قسم ☆ فصل ☆ قطع ☆ تقاطع
sectionner, *v* قسّم . جزّأ . قطع
séculaire, *a* جيلي ☆ قديم العهد . عتيق
sécularisation, *f* جعل الكنسي عالمياً
securité, *f* أمن . طمأنينة ☆ ضمان
sédatif, ve, *a et m* مُلطِّف . مُسكِّن
sedentaire, *a* مُلازم الجلوس . قعود
(كالكتّاب) ☆ لا يميل للحركة والخروج
sédiment, *m* راسب . ثُفل . (عكارة)
sédition, *f* عصيان . فتنة . ثورة . شغب
séducteur, rice, *n* مُضلِّل . غرّار . فاتن
séduction, *f* تغرير . إغواء ☆ فتنة . جاذبية
séduire, *v* ② غوى . أغرى ☆ فتن . سلب القلب
séduisant, e, *a* فاتن . ساحر اللب . مُغر
segment, *m* جزء . قطعة
seigle, *m* جاودار (نوع من القمح)
seigneur, *m* مولى . سيّد . رب ☆ أمير
sein, *m* [سَن] ثدي . نهد ☆ حضن ☆ جوف
seing, *m*, blanc-seing إمضاء على بياض
seize, *a* [سِيز] ستة عشر . ست عشرة ١٦
séjour, *m* مكث . إقامة ☆ مسكن . مقام . مثوى
séjourner, *v* [سيجورنه] مكث . أقام . قطن
sel, *m* [سِيل] ملح . مصلح
sélection, *f* [سيليكسيون] نخبة
sélectionner, *v* نقّى . إنتخب . إختار
selle, *f* سرج . بردعة ☆ مقعد ☆ غائط . براز
aller à la — [سِيل] غاط . برز
en — ممتطياً جواده ☆ ثابتاً في وظيفته
sellette, *f* كرسي صغير ☆ ركيزة . حامل
sellier, *n et a*, *m* سروجي . صانع السروج
selon, *prép* [سِيلُن] بحسب . بقدر ☆ تبعاً
semaille, *f* تقاوي . بزر ☆ زرع . زراعة
semaine, *f* أسبوع ☆ أجرة عمل الأسبوع
— sainte الجمعة الكبيرة السابقة لأحد الفصح
semaphore, *m* ملوّحة (سيمافور)
. دليل سكة الحديد أو السفن
semblable, *a* شبيه . مضاه . مماثل
semblant, *m* هيئة . ظاهر الحال . تظاهر
sembler [سَنبليه] ① ظهر . تراءى . بدا
si bon lui semble كما يتراءى له
semelle, *f* نعل
semence, *f* بذر . تقاوي ☆ نطفة . مني
semer, *v* [سِمِيه] ① بذر . نثر . زرع
— la terreur خوّف . ألقى الرعب
semestre, *m* نصف السنة . ستة أشهر
semestriel, le, *a* نصف سنوي
semeur, se, *n* بذّار . باذر ☆ مذيع
semi-, *préf* سابقة معناها « نصف أو شبه »
sémillance, *f* نشاط . مرح
séminaire, *m* مدرسة اكليريكية وطلبتها
[سيمينير] ☆ مدراس
séminariste, *m* طالب العلوم الاكليريكية
semis, *m* بذر ☆ مشتل ☆ أرض مبذورة

semoir, *m* مِبذَرَة. آلة لبذر الحبُوب
semonce, *f* توبيخ
semoule, *f* نوع من البرغل. جَرِيش
sénat, *m* [سِينا] مجلس الشيوخ
sénateur, *m* عضو مجلس الشيوخ. شيخ
sénile, *a* ضعف الشيخوخة. شَيخُوخي
sens, *m* ناحية. وجهة ¤ حاسّة ¤ قوة التمييز ¤ معنى // تمييز. عقل. رشد
— commun العقل الراشد. الذوق السليم
bon —
ça n'a pas de — [سَنس] هذا لا معنى له
perdre le — أضاع الرشد. فقد الاحساس
rue — unique طريق للسير باتجاه واحد
sens dessus dessous رأساً على عقب
sensation, *f* إحساس. حس. شعور ¤ تأثر
faire — أثار ضجة
sensationnel, le مثير العواطف. محرّك
sensibilité, *f* حِس. قوة الادراك بالحواس. حَساسية ¤ رقة القلب
sensible سَريع التأثر ¤ دقيق الشعور. حَسّاس ¤ حي. محسوس ¤ مؤثر في
sensiblement بطريقة محسوسة ¤ بفطنة
sensualite, *f* حب اللذات الجسدية
sensuel, le, *a et* [سَنسُوِل] شهواني
sentence, *f* حُكم. قضاء ¤ حِكمة. مثل
senteur, *m* رائحة
sentier, *m* ممر ضيق في الحقول
sentiment, *m* شعور. عاطفة ¤ حنان
[سَنتِيمَن] mes meilleurs —s أطيب شعوري
sentimental, e عاطفي ¤ هيامي ¤ خيالي
sentimentalité, *f* حنو. عاطفة

sentinelle, *f* حَرس. ديدبان. حارس
sentir, *v3* حَسّ. شعر ¤ شم ¤ فاح
— bon شذى
je ne puis pas le — اكرهه. استثقله
faire — افهم. شدد على
se — [سِه سَنتِير] شعر. أحس
il ne se sent pas bien متوعك المزاج
séparation, *f* إفتراق ¤ تفريق ¤ فاصل
séparément, *ad* فرداً فرداً. منفصلاً
séparer, *v* [سِيبارِ] فرّق. فصل ¤ أفرز
sépia, *f* أم الحبر ¤ لون بني
sept, *a* [سِت] (VII-7) سَبْعَة
—, *m* اليوم السابع من الشهر
septembre, *m* سبتمبر. أيلول
septentrional, e, *a* شمالي
septieme, *a et n* [سِتيِيم] سابع
—, *m* سُبع
le — ciel اوج السعادة. النعيم
septique, *a* مسبب تعفن ¤ عفن
septuagénaire, *n et a* ابن سبعين سنة
sépulcre, *m* جدث. ضريح. لحد
sepulture, *f* دفن. رمس ¤ قبر
séquelle, *f* تابع. ملحق. ذيل
séquestration, *f* تعيين حارس قضائي على الهين. حراسة ¤ عزل. إفراد
séquestre, *m* حراسة قضائية ¤ مال المحجور أو المحبوس ¤ حارس قضائي. امين شرعي
[سَكِيستر]
séquestrer, *v* حجر. حبس. حجز
— le coton عيّن حارساً قضائياً على القطن

sérail, *m* (سراية) قصر . السَّراي الملكية
serein, e, *a* صاف . صحو . رَصين ✿ بشوش
serein, *m* سدى . طَلّ . ندى الليل
sérénade, *f* أنشودة ليلية غرامية
sérénité, *f* صَحْو . صَفاء . روق ✿ رَزانة
sereux, se, *a* مصلي . مائي
serf, ve, *n* رقيق . عبد الأرض
sergent, *m* [سَرجَن] عريف . چاويش
sériciculture, *f* صناعة الحرير أو تربية الدودة
série, *f* [سِري] سِلسلة . سِياق ✿ صَف ✿ مجموعة
en — بالجملة
sérieusement, *ad* بجد ✿ برزانة
sérieux, se رَزين . رَصين ✿ مُهم . ذو أهمية
—, *m* [سِريُه] رَزانة . رَصانة ✿ أهمية
serin, *m* طير صَغير مغرد . النمّار
seringue, *f* مِحْقن . محقنة
serment, *m* [سِرمَن] حلف . يمين
sermon, *m* وَعظة . خِطاب ✿ تأنيب . توبيخ [سِرمُن]
sermonner, *v* وَبّخ . عَنّف
sérosité, *f* مصالة . مائية
serpe, *f* مِحَش . منجل
serpent, *m* [سِربَن] ثعبان . حَيّة
serpenter, *v* تمارَج . تثنى . تمعّج
serpentin, *m* أنبوب الانبيق ✿ ماسورة التلاجة الملتفة ✿ شريط ورَق ملون [سِربَنتَن]
serpentine, *f* حجَر الحية ✿ عُشب طبي
serpolet, *m* نمّام (نبات عطري) . صعتر
serre *f* ضغطة ✿ عَصْرة ✿ مسكة ✿ دفيئة ✿ مستنبت زجاجي لوقاية النباتات ✿ مخلب
serré, e, *a* مندمج ✿ مشدود ✿ ضيّق
jouer — [سِرِ] لعب باحتراس
serrement, *m* ضغط . شد . تضييق . انقباض
serrer, *v* شَدّ ✿ ضَيّق ✿ زنق . ضغط
serrure, *f* غلق . (كالون) . مِغلاق . قفل
serrurier, *m* صانع الاقفال او مصلحها
sertir, *v* [سِرتير] ركّب . رَصع
sérum, *m* مَصْل ✿ (شِيرش)
servant, *a.m* [سِرفَن] خادِم
servante, *f* خادِمَة . أجيرة (خدّامة)
serviable مِفضال . خدوم . خادم اخوانه
service, *m* خِدْمَة ✿ نفع . فائدة ✿ جميل ✿ معروف ✿ طاقم ✿ قداس [سِرفيس]
— de la comptabilité قسم الحسابات
— de table أدوات المائدة . طاقم السفرة
— militaire خدمة عسكرية
escalier de — سلم الخدم والباعة
je suis de — علي النوبة
serviette فوطة . منشفة ✿ محفظة
— hygienique أوراق كبيرة // فوطة لدم الطمث
servile, *a* رِقي . استعبادي . ذليل
servilement, *ad* بدناءة ✿ حرفياً . تقليدياً
servir, *v3* خدَم ✿ نفع . افاد . سدّ مسد
— le repas [سِرفير] قدّم الطعام
se — أخذ بنفسه ✿ تناول من ✿ استعمل
serviteur, *m* [سِرفيتِر] خادِم
servitude, *f* رِق . عبودية ✿ ارتفاق

sésame, *m* [سيزام] سِمْسِم
session, *f* جَلسة ٭ دَوْر. دورة
séton, *m* فَتيلة. خِزام
seuil, *m* [سُي] عَتَبة
seul, le, *a* [سُل] فَرْد ٭ وَحِيد. مُنفَرِد
seulement [سُلْمَن] وإنما ٭ لا غير. فقط
seve, *f* عُصارة أو ماء النبات ٭ نخوة
sévère, *a* [سِيفِر] شَديد. صَارِم
sévèrement, *ad* صَارِماً. بشدة. بقسْوَة
sévérité, *f* شِدَّة. سورة ٭ صَرامة
sévices, *m.pl* سوء معاملة
sévir, *v* [سِيفِير] عامَل بشدّة ٭ تفشى
sevrage, *m* فطم. فطام ٭ إفطام
sevrer, *v* [سِفْرِ] حَسَم ٭ فَصَل ٭ فطم
sexagénaire, *m et a* إبن ستين سَنَة
sexe, *m* [سِكْس] جنس
le beau — *ou* le — faible النساء
sextant, *m*
مِقياس زَوايا
سُدْس محيط الدائرة
sexuel, le, *a* [سِكْسُوِل] جِنسي. تناسُلي
seyant, e, *a* [سِيَن] مُناسِب. لائِق
si, *conj* إن كان. هَل ٭ لو ٭ إن. إذا
—, *ad* [سي] نعم ٭ هكذا ٭ مَهما
si bien que بحيث ان
sibylle, *f* عَرّافة

sic, *ad* [سيك] هَكذا
siccatif, ve, *a et m* مُجَفِّف
sidération, *f* تأثير الأرض ٭ تبويق ٭ إنصعاق
٭ تأثير النجوم على حظ الناس
sidérurgie, *f* صِناعة الحديد
siècle, *m* دَهْر. عَصْر ٭ حُقب ٭ جيل. قَرن ٭
siège, *m* حِصار ٭ مقر. مَرْكَز. كُرْسي. مَقعد
siéger [سْيِيجِ] ٭ انعقد ٭ تَزعم ٭ أقام بـ
sien, ne, *a.pos.* خاص به ٭ ذووه ٭ متاعه
les siens [سْيَن] أهله. أنسباؤه
sieste, *f* [سْيِيسْت] نوم الظهر. قيلولة
sieur, *m* سَيِّد
sifflement, *m* إستهجان ٭ صَفير. تَصْفير
ممثل أو خطيب أو مغني
siffler [سِيفْلِه] فَح ٭ صَفَّر
sifflet, *m* إستقباح بالصفير ٭ صَفّارة
— d'alarme [سِيفْلِه] صفارة الانذار
couper le — قطع الرقبة
signal, *m* إشارة متفق عليها ٭ دَليل. إشارة
signalé, e, *a* مَوصوف. مُعتبر. مَشهور
signalement, *m* وَصف. تشبيه
signaler, *v* أخبر. نَصَّ. دَلّ على. أشار
se — [سِه سِينْيالِه] برز. اشتهر
signataire, *n et a* مُمَضٍ. مُوقِع
signature [سِينْياتِير] تَوقيع. إمضاء
signe, *m* شارَة. سمة. إشارة. عَلامة
signer [سِينيِه] مَهَر. وقّع على. أمضى
se — رسم إشارة الصليب. صَلَّب

signet, *m* شريط في الكتاب كعلامة
significatif, ve, *a* ذُو مَعْنَى. مبيّن المعنى
signification, *f* مَعْنًى ✻ إعلان بواسطة محضر
signifier, *v* أعلَن ✻ عنى ✻ دلّ على
silence, *m* [سيلَنس] شُكُوت. صَمْت
silencieux, se, *a* ساكِت. صامِت
✻ مُسْكِت. كاتم أو خافِت الصَوْت ✻ بدون حس
silex, *m* صَوّانة. قدّاحة. حَجَر صَوّان
silhouette, *f* طائف. شبح. رَسم دائرة
ظِل الجِسْم. صورة خَيال الشيء. خَيال
sillage, *m* أثَر سَيْر السفينة. شنيار. جرّة
sillon, *m* أخدود. خَط المحراث. تلم. جرّة
sillonner, *v* خَطط. خَطّ. شَقّ ✻ مخر
silo, *m* مَطمورة. هري. حفرة تخزين الغلال
. صومعة حبوب
similaire, *a* مماثل. شبيه
similarité, *f* تماثُل. مُشابَهَة
similitude, *f* شبَه ✻ تَشابُه. مُجانَسَة
simoun, *m* سَموم. رِيح صَحراوية حارة
simple, *a* بَسيط ✻ مُجرَّد ✻ مُفرَد
simplement فقط ✻ ببساطة. بلاتصنع أو تشك
purement et — بدون شرط
simplicité, *f* [سَنبْليسيتِه] بساطة
simplification, *f* تسهيل. تبسيط ✻ ايجاز
simplifier, *v* بَسّط. سَهّل ✻ أوْجز
simulacre, *m* تمثال. صورة
simulateur. rice, *n* متصنّع

simuler, *v* تَصنّع. تظاهر بـ. ادّعَى
simultanément معاً. في آن واحد. سَويّة
Sinaï (le) طور سينا. جَبَل سِيناء
sinapisme, *m* رِضاب. حراقة أو لزقة خردل
sincère, *a* [سَنسير] مُخلص. صادِق
sincèrement, *ad* بإخلاص. بصدق
sincérité, *f* خُلوص النية. إخلاص. صدق
— d'un acte صِحة العقد
sinécure, *f* وظيفة براتب بلا عَمَل
singe, *m* [سَنج] قِرد
monnaie de — غمز بالوجه ✻ الدفع بوعود باطلة
singer, *v* [سَنجيه] قلّد. لص
singerie, *f* تقليد القرود ✻ حركات مضحكة
singularité, *f* غَرابَة ✻ إنْفِراد ✻ ميزة
singulier, ère, *a* مستغرب في بابه. فريد
combat — ✻ خُصوصي // مصارعة بين شخصين
—, *m* الفرد. المفرد. صيغة المفرَد
sinistre, *a* شُؤم. نَحْس. مَشْؤوم
—, *m* حَريق ✻ نَكْبَة ماديّة
sinistré, e, *a et n* منكوب
sinon, *con* [سينُن] وإلا. غير أن
sinueux, se, *a* مُتَعرّج. مُنْحَنٍ. مُلتوٍ
sinuosité, *f* تمعج. إنْعراج. التواء
sinus, *m* جيب. تجويف
sioniste, *n et a* صَهْيوني
siphon, *m* مَثعب. سيفون.
ركبة الماسورة ✻ مَص. مَصّاصة
sire, *m* ✻ زجاجة سيفون // سيّده مولاي

sirène, *f* غادة فتانة. غانية ❊ بنت الماء. خيلان. جنيّة ❊ صفارة بخارية ❊ ورواز
une voix de — صَوْت جميل
— d'alarme صفارة الانذار [سيرِن]
sirop, *m* [سيرو] شراب
siroter, *v* رَشف. مَصّ
sis, e, *a* [سيي] كائن
sismographe, *m* مِقياس الزلزلة
site, *f* [سيت] مَنْظر ❊ مَوْقع. مَوْضع
sitôt, *ad* [سيتو] عاجلاً. بهذه السُّرعة
— que بمجرد. حالما
situation, *f* حالة ❊ مَوْقع. وَضْع ❊ مَرْكز
situer, *v* وضع في محل كذا. حَصر مَوْضعه
six, *a* [سيي] سِتة. سِت
—, *m* [سيس] رقم سِتة ❊ اليوم السادس
sixième, *a* سادس
—, *m* سُدْس
sketch, *m* تمثيلية قصيرة
ski, *m* [شكي] حذاء التزحلق أو التزحلق على الجليد
sobre, *a* قَنُوع. رَشيد. مُعتدل
sobriété, *f* تعقل ❊ حشمة ❊ إعتدال
sobriquet, *m* كنية. لقب ❊ إسم مُسْتعار
soc [سُك] سِكة. حَديدة أي سِن المحراث
sociable, *a* أنيس. حَسن المعاشرة
social, e, *a* إجتماعي. مُتعلق بالهيئة الاجتماعية
socialisme, *m* [سوسْيال] الإشتراكية
socialiste, *n et a* إشتراكي
sociétaire, *n et a* شَريك ❊ عُضْو
société, *f* جَمعية. جَماعة. مَعْشر ❊ شَركة ❊ مُعاشرة. صحبة. رفقة ❊ مجتمع [سوسْيِتِ]
— anonyme شركة مساهمة محدودة
sociologie, *f* عِلم الإجتماع. عِلم إصلاح الناس
socle, *m* قاعِدة
socque, *m* قبقاب
sodomie, *f* لواط
sœur, *f* [سِر] أخت ❊ رَاهبة
sofa *ou* sopha, *m* أريكة (ديوان). صُفة
soi, *pro per* نفسه
sur — معه
l'amour de — [سْوَى] حب الذات
chez — في منزله
soi-disant, *a* مُدَّعٍ ❊ مَقول عنه. على قوله
soie, *f* [سْوَى] حَرير. خزّ
soierie, *f* حَراير. تجارة أو مَصْنع حَرير
—s, *f. pl.* مَنسوجات حَريرية. حَراير
soif, *f* [سْوَف] عطش. ظَمأ
soigné, e, *a* [سْوَنيِه] مُعتنى به. متقن
soigner, *v* إعتنى. اهتم بـ ❊ أتقن ❊ عالج
se — رَاعى نفسه ❊ عالج نفسه. تعالج
soigneusement, *ad* باعتناء. بعناية
soigneux, se, *a et n* مُعتنٍ. صاحب ترتيب
soin, *m* [سْوَن] عناية. إعتناء. مُراعاة
aux bons —s de طرف فلان
soir, *m* [سْوار] مساء ❊ مغرب

soirée [سْوارِ] سَهْرَة. عشية ☆ حفلة الليل
soit, ad [سْوَ] فليكن. سواء
ainsi-soit-il آمين. ليكن كذلك
—, conj امّا. او
soixantaine, f ستون ونحو ستين
sol, m [سُل] أرض. تربة
solaire, a شمسي
soldat, m [سولدا] عَسْكري. جُنْدي
solde, f [سولد] أجْرَة. مرتب
—, m باقي. رصيد
pour — de tout compte مخالصة نهائية
—s بيع تصفية
solder, v سَدّد. دَفَع ☆ أجَّر ☆ صَفّى
sole, f سمك موسى ☆ حافر
solécisme, m خطأ. غلط في النحو أو الصرف
soleil, m [سولَيي] شمس
solennel, le, a مَشْهُود. مُهيب ☆ عَلَني
solennellement, ad باحتفال ☆ بمهابة
solennité, f إحتفال ☆ اشهاد. هيبة
solfège, m قراءة الألحان. تمرين على النوتة
solidaire, a [سوليدِر] متضامن
solidarité, f تضامُن. تكافُل
solide, a جامد. صُلْب ☆ مَتين ☆ ثابت
—, m مجسّم. مُصْمَت. جامد
solidement, ad [سوليدْمَن] بمتانة
solidifier, v جمّد ☆ ثبّت
solidité, f مَتانة ☆ جودة. صَلابة ☆ تضامُن
soliloque, m هس. مناجاة الانسان نفسه. نجْوَى
soliste, n من يغني أو يمثل أو يعزف بمفرده
solitaire, a متوحد. مُنْفَرِد ☆ مُقْفِر
—, m مُعتكف. ناسِك ☆ فص الماس
مركب لوحده ☆ حلية من حَجَر واحِد
solitude, f وَحْدة. عُزلة ☆ مكان قفر
sollicitation, f تَوَسُّل. إلحاح. سَعْي ☆ حَث
solliciter, v إلتمس. ألح. طلَب. إستعْطَف
solliciteur, se, n مُلْتَمِس. طالِب شيء
sollicitude, f اهتمام زائد. رعاية
solo, m نغمة الآلة الواحدة أو الصوت المفرد
[سولو] غُصْن (في الموسيقى)
soluble, a قابِل الذوبان. يذوب
solution, f حَل ☆ انحلال ☆ شيء محلول
solvabilité, f يَسار. مَقدرة على الدَّفْع
solvable, a قادِر على الدَّفْع ☆ ممكن حَلّه
sombre, a عتم. مُعتِم ☆ قاتِم ☆ كئيب
sombrer, v غرق. غطس ☆ برش في الزراعة
sommaire, a مجمل. مُختصَر. مُوجَز
juge — [سُمير] قاضي جزئي
—, m مختصر. خُلاصَة
sommation, f أمر. تنبيه رسمي أو شرعي
somme, f مَبْلَغ. قيمة ☆ حاصِل. مجموع ☆ حمل
—toute on en — بالاختصار. قصارى الكلام
—, m إغفاءة. نعاس. هُجُوع. نوم. غفوة
sommeil, m [سومَيّ] نوم. سُبات
sommeiller, v نعس. غفا ☆ تناوم
sommelier, ère, n كيلارجي ☆
[سومِلييه] أمين مخازن المؤونة

sommer, *v* [سومِـ⑧] أنذر. أمَر ٥ استدعى ٥ تعدى
sommet, *m* [سومِـ] قِمّة. ذروة. أوْج
sommier, *m* مَرْتَبة مُلْسَة ٥ حِصان للقل 
— **élastique** مرتبة سلك. مرتبة بلولب
sommité, *f* ذروة. قُلة. رأس
les —s de la finance أعاظم رجال المال
somnambule, *n* متروبص. يمشي أثناء النوم
somnifère, *a et m* مُنوّم ٥ مخدّر
somnolent, e, *a* نعاسي ٥ ناعِس. خامِد
somnoler, *v* نعس. نَعوّس. غفا. تهوم
somptuaire, *a* مختص بتدبير المصروف
somptueusement, *ad* بترف. ببذخ
somptueux, se, *a* فخم. فاخر. زاهٍ
son, sa, ses, *a. poss* نُعوت الملكية
son père, sa mère, والده. والدته أو والدتها
ses parents ٥ والديه أو والداها
son, *m* [سُن] صَوْت. رَنّة ٥ رَدّة. نخالة
sondage, *m* سَبْر (النور) ٥ جَسّ
sonde, *f* خيط لسبر غور البحر ٥ مجَسّ
sonder, *v* سبر النور. رجَس ٥ جس
. أدخل الميل. قسطر ٥ إستجس. إستقصى
songe, *m* [سُنج] حُلم. رؤيا
— **creux,** *m* مهوس. صاحب أوهام
songer, *v* ظنّ ٥ نوى. فكر بـ ٥ حلم
sonnet, *m* [سونِـ⑧] قصيدة من ١٤ بيت
sonnant, e, *a* [سونـن] رَنّان. دَقّاق
midi — في آذان الظهر. في الظهر تماماً
espèces —es نقد. نقود

sonner, *v* [سونِـ] دَق. رَنّ ٥ بَوّق. نقر
sonnerie, *f* آلات دَق. أجراس
[سونِري] ٥ أصوات أجراس
sonnette, *f* جَرَس صَغير. جلجل
sonore, *a* رَنّان. طَنّان ٥ جَهُوري
onde — موجة رنانة. موجة صوتية
sonorité, *f* طنطنة. رَنين. رنانية
sophisme, *m* سَفْسَطَة. مُغالَطة. قياس فاسد
soporatif, soporifique مُنوّم ٥ مخدر
soprano, *m* أعلى صَوْت رَفيع والمغنى
[سوپرانو] صاحِب هذا الصَّوت
sorbet, *m* شَرْبات. شراب مُثلّج ٥ قريص
sorcellerie, *f* سِحْر. رقية. عِرافة
sorcier, ère, *n et a* ساحِر ٥ فاتن
sordide, *a* قذر. وسخ ٥ شَديد البُخْل
sornette, *f* خُنزعبل. تُرهة. كلام فارغ
sort, *m* قدر. نصيب. بخت ٥ رُقية أو
[سور] تعويذة للاضرار بشخص
tirer au — سحب القرعة. اقترع
le — est jeté قضي الامر
sortable, *a* مُناسِب. موفق. لائق
sorte, *f* نَوْع. جنس. شَكْل. كَيفيّة
de la — كذا. بهذه الكيفية
de — que بحيث ان
sortie, *f* مَنفذ. مخرج ٥ خروج ٥ غَضب
sortilège, *m* سِحْر. إضرار بوساطة السِّحْر
sortir, *v3* خرج. طلع ٥ أخرَج. أبرز
S. O. S. رسالة استغاثة

sosie, *f* [سوزي] شبه. شبيه. مثيل
sot, te, *n et a* [سو] أحمق. مغفل
sottise, *f* [سوتيز] حماقة. غباوة. سخف
sou, *m* الجزء العشرون من الفرنك ☆ نقود
soubassement, *m* أسفل الحائط. أساس
soubresaut, *m* طفرة. نطة فجائية. قفزة ☆ إرتجاف ☆ إنفعال فجائي
soubrette, *f* خادمة
souche, *f* كعب. قسيمة شيك أو إيصال وماشابه ☆ أصل ☆ أرومة. (قرمة) ☆ جذع . جذمور الشجرة ☆ أحمق [سوش]
de vieille — عريق
souci, *m* أقحوان أصفر ☆ إهتمام. عناية ☆ هم. غم. وسواس [سوسي]
soucier (se), *v* إهتم بـ. إكترث لـ
soucieux, se مهتم. مكترث ☆ منشغل البال
soucoupe, *f* صحيفة. صحن الفنجان. (ظرف) ما يوضع تحت الفنجان. طبق الفنجال
soudain, e, *a* [سودن] بغتة. مفاجىء
soudaineté, *f* فجائية. مفاجأة
soude, *f* أشنان. قلي ☆ ملح القلي. صودا
souder, *v* [سودِ] لحم
soudoyer, *v* إستأجر ☆ برطل. رشى
soudure, *f* لحام. إلتحام ☆ موضع اللحام
souffle, *m* نفثة. نسمة. روح ☆ هبة. نفس ☆ نفخة
retenir son — // كتم نفسه
souffler, *v* نفخ ☆ هب ☆ لقن ☆ همس
— la chandelle أطفأ الشمعة بالنفخ
— une chose (طير. لطش شيء)

soufflet, *m* منفاخ ☆ كبوت العربة ☆ صفعة (كف)
souffleur, se, *n* نافخ ☆ ملقن
souffrance, *f* ألم. وجع
affaire en — أمر موقوف. أمر متعلق
souffrant, e مريض ☆ متوجع ☆ متحمل
souffre-douleur, *m* مسخر. ملهد. مصرف مصائب الغير. سخرية. تيس المغفرة
souffreteux, se متوجع. مريض ☆ محتاج
souffrir, *v3* تكبد ☆ قاسى. توجع ☆ تساهل
soufre, *m* كبريت ☆ كبريت العامود
souhait, *m* [سوه] تمن. دعاء. أمنية
à — وفق المرام
souhaiter, *v* [سوتِه] تمنى. دعا. رام
souiller, *v* دنس. نجس. لوث
souillure, *f* دنس. شائبة ☆ وسخ. لطخة
soûl, e, *a* سكران ☆ شبعان. بشم. ممتلىء
—, *m* [سو] ملء الجوف. ملء النفس
ton — قدر إمكانك. بشبع
soulagement, *m* تخفيف. تفريج ☆ راحة
soulager, *v* خفف. أراح ☆ قلل الحمل
soûlard, e, *n* [سولار] سكير
soûler, *v* أسكر ☆ أشبع. أترع
se — [سِ سوله] سكر ☆ شبع من
soulèvement, *m* رفع. إنهاض ☆ هيجان ☆ فتنة ☆ تمرد
— du cœur // غثيان. تقزز
soulever, *v* رفع ☆ هيج. أثار. أفتن
— une question طلب البحث عن مسألة

soulier, *m* حِذاء

souligner, *v* رسم خطاً تحت كتابة لاظهار أهميتها [سو ليني]

soumettre, *v* عرض. قدّم ◊ أخضع ◊ ألزم

se — خضع. إنقاد. قبل

soumis, e, *a* خاضع. منقاد ◊ مقدم ◊ مُعطى ◊ رَضِيَ

soumission, *f* رضوخ ◊ تسليم ◊ عطاء

soumissionaire, *m* مُقدِّم العطاء او الطالب

soupape, *f* صِمام. صمامة. مخرج (بلف)

soupçon, *n* شك. ريبة ◊ قليل من شيء

soupçonner, *v* ظن. شكّ. اتهم

soupe, *f* [سوپ] ثريد. حساء (شوربة)

— populaire مَطعم شعبي

soupente, *f* غرفة مُحوزة. صندرة. صحارة

souper ou soupé, *m* عشاء. عَشاء السهرة [سوپه]

souper, *v* تعشى. تناول العشاء ◊ ملّ من شيء

soupeser, *v* رَطّل. وزن. رجح باليد

soupière, *f* سلطانية. وعاء الشربة او الحساء

soupir, *m* [سو پير] تنهد ◊ تلهف

soupirail, *m* مَنفس. فتحة لمرور الهواء

soupirer, *v* تنهد ◊ تأوّه ◊ تاق. حنّ إلى

souple, *a* مَرِن. لدن ◊ رشيق ◊ لين العريكة

souplesse, *f* لين. مرونة ◊ سلاسة

source, *f* عين. ينبوع. منبع ◊ مورد

de bonne — مصدر // من مصدر موثوق به

sourcil, *m* [سو رسي] حاجب العين

sourciller, *v* حرّك الحواجب ◊ عبس

sourd, e, *n* أصم. أطرش ◊ غير رنّان

sourdine, *f* [سو رد] // مخفض الصوت

en — بالسكت. خفية. سراً

sourd-muet, *m*, sourde-muette, *f* أصم أبكم (أطرش أخرس)

souriant, e [سو ريان] باسِم ◊ بَشوش

souricière, *f* مصيدة فيران ◊ فخ بوليس

sourire, *v* [سو رير] تبسّم. بَشّ. إبتسم

sourire ou souris, *m* تبسُّم ◊ إبتسامة

souris, *f* [سو ري] فأر (صغير)

sournois, e, *n et a* كَتيم. مُوارٍ (تحتاني)

sous, *prép.* [سو] تحت ◊ في زمان

— prétexte بحجة

— peu قريباً. بعد قليل

— presse تحت الطبع

— pression على أهبة القيام

sous-bail, *m* إيجار من الباطن

souscripteur, *m* مُكتتب. مُشترك ◊ متبرع

souscription, *f* إكتتاب. إشتراك ◊ تبرع

souscrire, *v* إكتتب. ساهم ◊ تبرع

— un billet وقّع على سند

sous-cutané, e, *a* تحت الجلد

sous-directeur, rice, *n* وكيل

sous-entendu, *m* مضمّن. مضمر. مفهوم

sous lieutenant, *m* ملازم ثانٍ

sous-location, *f* إيجار من باطن

sous-louer, *v* أجّر من باطن

sous-main, *m* قطر (نشافة) المكتب

sous-marin, *m* [سو مارن] غوّاصة

sous-officier, *m* صَف ضابِط . ضابط صف
sous préfecture, *f* مَرْكَز
sous-secrétaire (d'Etat) وكيل وزارة
sous-seing, *m* عقد عرفي
soussigné, e, *a* موَقّع إسمه أدْناه
sous sol, *m* سِرْداب . بَدرون [سوسُل]
sous-titre, *m* فَصْل . عُنوان ثانوي
soustraction, *f* طرْح ◊ إختلاس
soustraire, *v3* طَرَح ◊ خَلّص . أنجى ◊ إختلس
se — تخلص . تملص من
sous-traiter, *v* قاوَل مِن الباطِن
sous-verre, *m* إطار من وَرَق
soutane, *f* ثوب الكاهن . رُسْتامية (قباز)
soute, *f* مخزَن في بَطن المركب
souteneur, se, *n* مُدافِع . معضد
—, *m* قوّاد (معرّص)
soutenir, *v3* تحمّل . قاسى ◊ حافَظ علَى ◊ ساعَد ◊ سَنَد . دَعَم ◊ أكّد
souterrain, *m* نفق . سرداب
soutien, *m* سند . دعا ◊ سبب
. سنه للصدر . مشد أو سند النهود . سو تين
soutirer, *v* رَوّق ◊ سرق أو تحصل بمهارة
souvenir, *m* ذكرى ◊ تذكار
souvenir (se), *v3* تذكر [سوفنير]
souvent, *ad* غالباً . كثيراً [سوڤن]
souverain, e, *a* سائد . سام ◊ مطلق
—, e, *n* حاكم . أمير البلاد . ملك

souveraineté, *f* سِيادة . سُلطان
soviétique, *a* روسي (بلشفي)
soyeux, se, *a* حَريري ◊ ناعم . رَخِص
spacieux, se, *a* فسيح . رَحب . متسع
spadassin, *m* سَيّاف . سائف
spasme, *m* إختلاج . تشنج ◊ رَعشة الجماع
spécial, e [سْپِسْيال] خاص . خُصوصي
spécialement, خصوصاً . خاصّةً . بالأخص
spécialisation, *f* تخصص . تخصيص
spécialiste, *n et a* إختصاصي . متخصص . اخصائي [سْپِسْياليست]
spécialité, *f* دَواء جاهِز . مُستَحضَرات طبية ◊ خصوصية . خاصّة [سپسياليتيه]
spécieux, se بظاهر الحق فقط . تمويهاً
spécification, *f* تخصيص . تعيين . تبيين
spécifier, *v* خَصّص النوع . عَيّن . وَضح
spécifique, *a* نَوْعي ◊ مُعيّن النوع
—, *m* دواء شاف [سْپِسيفيك]
spécimen, *m et a* عينة . نموذج . لمعة
spectacle, *m* مَنظَر . فرجة . مَشهَد . عَرْض
spectateur, rice, *m* متفرّج . شاهِد عيان
spectre, *m* خَيال . شبح . طَيف
spectroscope, *m* مِطياف . مجلاة الأشباح
spéculateur, rice, *n* مُضارِب
spéculation, *f* مُضاربة
spéculer, *v* ضارَب [سْپِكيليه]

speculum, m مِنظار طبي

sperme, m مني. نطفة

sphère, f فلك. كرة ✩ دائرة العمل او النفوذ [سْفِر]

sphérique, a كروي

sphinx, m أبو الهول

spiral, e, a حلزوني. لولبي [سْپِيرال]

spirite, m محضر الأرواح [سْپِيرِيت]

spiritisme, m تحضير أو مخاطبة الأرواح

spirituel, le, a روحاني. مختص بالروح ✩ معنوي ✩ فطين ✩ مليح النكتة. ظريف

spiritueux, se, a روحي. كحولي

splendeur, f بهاء. جلال. رونق

splendide باهر. مُفتخر [سْپلَندِيد]

spoliation, f سلب. إغتصاب. نهب

spongieux, se, a إسفنجي. مثل الاسفنج

spontané, e, a من تلقاء النفس. غريزي

sport, m [سْپور] رياضة

sportif, ve, a et n [—تيف] رياضي

squale, m قرش. سمك القرش. كلب البحر

squameux, se, a قشري الشكل. حرشوفي

square, m جنينة صغيرة في ميدان. ميدان

squelette, f هيكل عظام ✩ قفص سفينة أو ما شابه [سْكِلِيت]

stabilité, f متانة. ثبات. قرار. إستقرار

stable, a مستقر. ثابت

stade, m ميدان. ملعب. مضمار

stage, m إقامة مقررة ✩ مدة تمرين [سْتاج]

stagiaire, n et a تحت التمرين [—جِير]

stagnant, e, a راكد. رَاقِد. سَاكِن

stagnation, f كساد ✩ ركود. سكون

stalactite, f رَاسِب كلسي متحجر مُدَلّى من سقوف بعض المغاور

stalle, f كرسي. مقعد في مسرح أو كنيسة

stance, f دور. بيت (شعر)

stand, m موقف ✩ قاعدة. منصة

station, f محطة. موقف [سْتَاسيون]

stationnaire, a ثابت. واقف

stationnement, m وقوف. وقف

stationner, v وقف. توقف ✩ أوقف. أركز

statique, f et a علم إنسجام أو إعتدال الأجسام. موازنة [سْتاتِيك]

statistique, f تقويم. إحصاء

statuaire, m نحات. مثال. صانع التماثيل

statue, f [سْتاتِي] تمثال. نصب

statuer, v سنّ. بتّ. جزم. رسم

statuette, f تمثال صغير

statu quo, m الحالة الراهنة. الحالة التي بها

stature, f قد. قوام. قامة

statut, m [سْتاتِي] لائحة. قانون

—s réels قوانين عينيه

sténographe, n مختزل [ستينوجراف]

sténographie, *f* إختزال. كتابة مختزلة

stentor, *m* قوي الصوت. ذو صوت ضخم

steppe, *m ou f* أرض بور. براري

stéréoscope, *m* مشباح. نظارة مجسمة للصور المزدوجة

stérile [ستريل] جدب ☆ عقيم ☆ عاقر

stérilisation, *f* تعقيم من الجراثيم. تطهير

stériliser, *v* أعقم. عقّم. طهّر

stérilité, *f* جدب. محل ☆ عقم. عقر

sterling, *m* [ستِرلن] جنيه إنكليزي

stigmate, *m* ندب. أثر. أثر جرح ☆ وصمة

— de maïs شوشة الذرة

stigmatiser, *v* وشم. كوى ☆ وصم

stimulant, e, *a* منبه ☆ محث. منشط

—, *m* محرك // منبه. مقوٍ. محرك

stimulation, *f* حث. تحريض ☆ تنبيه

stimuler, *v* حث. حض. حرك ☆ نبه

stipulation, *f* شرط. تعاقد

stipuler, *v* [ستيپيلِه] اشترط. شرط

stock, *m* بضاعة في المخزن. بضاعة حاضرة

stoïque, *a* تجلدي. شديد العزم

stomachique دواء مقوي المعدة ☆ معدي

stopper, *v* [ستوپِه] رفى ☆ وقف

stoppeur, se, *n et a* رفّا

store, *m* [ستور] ستارة تخفض وترفع

strangulation, *f* خنق ☆ إختناق

strapontin كرسي إحتياطي في المسارح

stratagème, *m* حيلة. خدعة

stratégie, *f* علم الحركات العسكرية

stratégique, *a* مختص بالحركات العسكرية

stratification, *f* ترتيب طبقة على طبقة

strict, e, *a* مدقق. موجب ☆ صارم

strictement, *ad* بتدقيق. بالدقة

strident, e, *a* ذو صوت حاد. صرصر. صارّ

strié, e, *a* مخطط. مضلع

strophe, *f* بيت. دور. قطعة قصيدة

structure, *f* بنية ☆ هيئة البنيان ☆ تركيب

stuc, *m* معجون المرمر. ملاط من كلس ورخام

studieux, se, *a* مجتهد. محب الدرس

stupéfaction, *f* وهل. ذهول. دهش

stupéfiant, e, *a et m* مدهش. محير ☆ مخدر [ستيپيفيَن]

stupéfier, *v* خبّل. أذهل ☆ خدّر

stupeur, *f* حيرة. إنذهال ☆ غشيه

stupide, *a* [ستيپيد] غبي. بليد. أبله

stupidité, *f* غباوة. حمق. بلادة. غباء

style, *m* أسلوب. نمط ☆ قلم ☆ يراع. إنشاء [ستيل]

— moderne طراز حديث

styler, *v* هذّب. درّب. ثقف

stylet, *m* [ستيليه] خنجر ☆ مسبر

stylo, *m* [ستيلو] قلم حبر

su, *m* au — [سي] بمعرفة. بعلومية

suaire, *m* [سوِر] كفن

suave, *a* [سواف] عذب. حلو

subalterne, *a et n* مَرْؤُوس
subdivision, *f* تجزؤ. إنقسام. تجزئة
subir, *v* [سِيبِير] تحمَّل. عانى. قاسى
subit, e, *a* [سِيبِي] مفاجئ. فجائي
subitement, *ad* بغتة. فجأة
subjectif, ve, *a* شخصي. ذاتي
voix —ve صيغة الفاعل
subjonctif, ve, *a* تمني. ربطي. تماقي
—, *m* صيغة الشرط أو التعلّق. نصْب الفعل
subjuguer, *v* اخضع. قهر
sublime, *a* سام. سَني. رفيع. مُعْجز
sublimé [سِيبْلِيمِ] مُصَعَّد ٭ سُليماني
submerger, *v* غمر. أغرق ٭ إغتمر
submersible, *a et m* غطاس. ممكن غمره
submersion, *f* غرق. إغتمار. فيض
subordonné, e مَرْؤُوس. مَأمُور. مرتبط
subordonner, *v* أخضع ٭ جعله متعلقاً بـ
suborner, *v* بَرْطَل. رَشا. أغرى
subreptice مُحَصَّل بالكذب والخداع
subrogation, *f* ابدال ٭ إنابة
حلول شخص محل آخر كدائن
subroger, *v* أقام مقام. أناب ٭ أبدل بـ
subséquemment, *ad* فيما بعد. لاحقاً
subséquent, e, *a* لاحق. آتٍ بعد. تالٍ
subside, *m* إعانة. مدد ٭ ضريبة
subsidiaire, *a* ثانوي ٭ إحتياطي
subsistance, *f* رزق. مَعاش. قوت. مؤونة
subsister, *v* بقي. دام ٭ عاش. إقتات

substance, *f* جَوْهر. ذات. كُنه ٭ مادّة
substantiel, le جوهري ٭ مُقيت. مغذ
٭ مادي ٭ وافر [سِيبْسْتَنْسْيِل]
substantif, ve, *a* يدل على الوجود
—, *m* إسم. الاسم والموصوف والمنعوت
substituer, *v* أقام مقام. أناب عَن ٭ أبدل
substitut, *m* نائب ٭ وكيل النائب العمومي
substitution, *f* إنابة ٭ إبدال. تعويض
subterfuge, *m* حِيلة. حُجّة. مفر. مَهْرب
subtil, e, *a* رَقيق. دَقيق. لَطيف ٭ حاد
[سِيبْتِيل] ٭ فطين. ذو دهاء
subtiliser, *v* دَقّق ٭ لَطّف ٭ نشل
subvenir, *v3* دَبّر ٭ أعان
subvention, *f* إعانة. مساعدة مالية
subventionner, *v* سَاعد. أمد بمال
snbversif, ve, *a* متلف. خارب ٭ قالب
subversion, *f* إتلاف. إنخساف. قلب
suc, *m* [سِيك] رُب. عَصير. عصارة
succéder, *v* تبع. ردف. عقب. خلف
se — [سِ سِيكْسِيدِ] تعاقب
succès, *m* [سِيكْسِ] نجاح. توفيق
successeur, *m* خلف. خَليفة ٭ وَارِث
successif, ve, *a* متتابع. متوالٍ
succession, *f* تتابع. تعاقُب ٭ إرث
successivement, *ad* بالتتابُع. بالتوالي
succinct, e, *a* مختصر. وَجيز

succion, f رشف.مص
succomber, v سقط.زلّ.وقع تحت الحمل ¤ غُلِبَ [سِيكُنبِيه]
succulent, e, a كثير الرُّبّ.ريّان
succursale, f فرع [سِيكِيرسال]
sucer [سِيسِيه] رَشف.مَصّ.امتصّ
suçon, m [سِيسُن] مَصّة ¤ أثر المصّة
sucre, m [سِيكر] سُكَّر
sucré, e, a [سِيكره] مُحلّى بسُكَّر.حُلو
sucrer, v [سِيكره] حَلّى بسكّر
sucrerie, f [سِكرري] معمل سكّر
—s, f. pl حلواء.حلوى.حلويات
sucrier, m سُكّريّة.وعاء السكر
sud, m et a [سِيد] جنوب ¤ جنوبي.قبلي
sudorifique, a et m معرِّق
suer, v رَشح.نضح ¤ عرق ¤ تعب
sueur, f [سِيوُر] عرق ¤ رشح
suffire, v3 كفى.وفى بالحاجة
se — كفى نفسه
suffisamment, ad كافياً.بمقدار كافٍ
suffisance, f إكتفاء.كفاية
suffisant, e, a [سِيفِيزَن] كافٍ
suffixe, m كاسعة.مقطع أو حرف موصول بكلمة
suffocation, f إختناق.غصص
suffoquer, v خنق.فطّس ¤ إختنق.غصّ
suffrage, m رأي.صوت ¤ رضى.قبول
suggérer, v أوعز.ألقى في ذهن ¤ اقترح
suggestion, f إيعاز ¤ إيحاء ¤ رأي
suicide [سُوِيسِيد] إنتحار ¤ قاتل نفسه
suicider (se), v إنتحر.قتل نفسه
suie, f هباب.(شحبار).سَواد الدخان
suif, m [سُويف] شحم الغنم.دهن
suint, m شحم.دهن ¤ ريم
suinter, v مَصَل.نضّ.رشح.نضح
suisse, m [سُوِيس] حاجب ¤ سويسري
suisse, (en —) لِوَحْدِه.بدون مشاركة أحد
suite, f أتباع.حَشم.حاشية ¤ التالي.الباقي
tout de — حالاً // تتمة ¤ سياق ¤ نتيجة
sans — غير مرتبط أو مساق ¤ بدون نتيجة أو عاقبة
dans la — فيما بعد
à la — [سُوِيت] عقب.بعد
donner — à نفذ ¤ إهتم بـ
suivant, prép بمقتضى.على حسب الـ ¤ بمقدار [سُوِيفَن]
suivant, e, a آتٍ.قادم.تالٍ
—s, m. pl. تبع.حشم
suiveur, m ملاحق.متعقب
suivi, e متبوع.ملاحق ¤ متواصل.مستتلى
suivre, v3 تبع.لاحق.لحق ¤ سلك أو عمل بموجب ¤ قلّد ¤ كان تالياً.أتى بعد
— de تأتى.نتج من
à — البقية تأتى
faire — ou à — يلاحق.يرسل إليه الخطاب إلى حيث يذهب
se — تتابع.ترادف.تلاحق.اطّرد
sujet, te [سِيجِه] عرضة لـ ¤ مائل إلى
—, te, n خاضع.مأمور.كائن تحت أمر
un — local من رعايا الحكومة المحلية

sujet, *m* مَوْضُوع . مَبْحث ✡ داعٍ . باعث
✡ فاعل (في الأجرومية) ✡ رعية
au — de [سِيجِه] بخصوص
sulfureux, se, *a* كِبْرِيتي
summum, *m* أعْلَى دَرَجة . أَوْج
superbe [سِيپِرب] فاخر . فخم . بديع
supercherie, *f* حيلة . خدعة
superfétation, *f* حشو . تطويل في الكلام
superficie, *f* مساحة . مُسَطح . سَطح . الظاهر
superficiel, le, *a* سَطْحي . ظاهري
superfin, e, *a* نفيس . فاخر
superflu, e, *a* زائد . فائض ✡ غير لازم
—, *m* [سِيپِرفلي] زيادة . فضلة
supérieur, e, *a* أعْلَى . فوقاني ✡ أفضل
—, e, *n* اسمى . سامٍ // رَئيس
supériorité, *f* تفَوُّق ✡ رياسة
superlatif, ve, *a* تفضِيلي ✡ فاخر . بَديع
superposer, *v* نضد . وضعه على غيره طبقات
superstitieux, se ذو إعتقادات باطلة
[سْتِيسْيِه] متطير . وَهْمي . خزعبلي
superstition, *f* تطير أو تَفَوُّل
إعتقاد باطل . خرافة . وَسْوَسَة
supplanter, *v* أخذ او اختلس محل آخر
suppléant, e, *a et n* بدَل . عِوَض . نائب
suppléer, *v* ناب عَن أو حَلّ محل ✡ أغْنَى عَن
supplément, *m* مُلْحَق . تابع . تكملة
supplémentaire إضافي . مُلحَق . متمم
supplétif, ve, *a* مُتَمِّم . مكمل
supplication, *f* إبتهال . تضرُّع . توسُّل
supplice, *m* عَذاب . ألَم ✡ عقوبة
supplicié, e, *n* مُعاقَب بالقتل
supplicier, *v* قتل شرعاً . أعدم ✡ مثّل بـ
supplier, *v* [سِيپْلِيِه] إبتهل . تضرَّع
supplique, *f* عَرِيضة . عَرضحال ✡ إسترحام
support, *m* سَنَد . دِعامة . مِسند . مرتكز
supportable, *a* مطاق . ممكن إحتماله
supporter, *v* سَنَدَ . عَضَدَ ✡ عانَى
. قاسَى . تحمَّل ✡ تسامح . إحتمل
supposer, *v* إفترض . ظنَّ . خمَّن
suppositif, ve, *a* فَرْضي . تخميني
suppositoire, *m* فَرْزَجة للمستقيم . تحميلة
supposition, *f* إفتراض . فرض
suppôt, *m* [سِيپو] خادم مُساعِد للشر . معين
suppression, *f* إبطال . إلغاء . حَذف
supprimer, *v* [سِيپْرِيمِه] أبْطَل . أزال
suppuration, *f* سَيْل القيح . قيح . تقيح
supputer, *v* حَسَبَ . عَدَّ
suprématie, *f* سيادة . تفوُّق
suprême, *a* [سِيپْرِم] عَظِيم . فائق
suprême, *m* (كالسفينة) نواعم الفراخ
sur, *prép* [سِير] على . فوق ✡ إلى جهة
revenir sur ses pas رَجع من حيث أتى
sur, e, *a* [سِير] حامض
sûr, e, *a* [سِير] يقين . مُؤكد ✡ مأمون

surabondance, f فَيْض. غزارة. كَثْرة
suranné, e مُبْطَل بعد سنة أو بزوال زمانه
surcharge, f حِمل زائد ٭ أجرة إضافية
surcharger, v [سير شارجيه] أثقل ٭ أضاف على الحمل أو الأجرة ٭ بهظ
surchauffer, v [سير شوفيه] حَمَّى
surcroit, f [سر كروا] زيادة. رِبْح
surdité, f [سير ديتيه] صَمَم. طَرَش
sureau, m خَمَان. بيلسان. سيسبان
surélever, v إرتفع ٭ غلى
sûrement بلا خطر ٭ أكيداً. بلا شك
surenchérir, v عَلَّى في المزاد
sûreté, f أمن. أمان ٭ ضمان ٭ ملاذ
surexciter, v هَيَّج
surface, f مُسَطّح. مِساحة. سَطْح وَجْه
surfaire, v3 غالَى. أغْلَى. زَوَّد. تغالَى
surfaix, m حزام. وثاق. حقب. سير الأحمال
surgir, v ظهر. برز. نبع. دفق ٭ صدر من
surhausser, v عَلَّى أو أغْلَى
surhumain, e, a فائق قدرة البشر
surimposer, v فَرَض ضَرائب جديدة
surintendant, m ناظِر
surir, v حَمَّض
surjet, m شرج. تشريج. تلفيق. كفافة
surlendemain, m اليوم الثالث. بعد الغد
surmenage, m نصب. إجهاد. إرهاق
surmener [سير منيه] أتعب. أعيا
surmonter, v قهر. تغلب على ٭ وقف على أو فوق. إعتلَى [سير مونتيه]
surnager, v طَفا. عام
surnaturel, e, a فائق أو خارق الطبيعة
surnom [سير نون] كنوة. لَقَب. كنية
surnombre, m زِيادة عَدَد
surnommer, v كَنَى. لَقَّب
surnuméraire, a زائد على العدد المحدود
—, m مستخدم لا أجْرَة له بعد
surpasser, v فاق. ناف. أناف على ٭ برع
se — تفوّق على أعماله السابقة
surplomber, v مال ٭ زاد على
surplus, m زيادة. مال زائد. اضافي. بقية
au — [سير پلي] ولكن. وغير ذلك
surprenant, e, a محيّر. مُدْهِش. غريب
surprendre, v3 باغت. فاجأ ٭ حيّر. أدهش
surprise, f مفاجأة ٭ حيرة. دهشة
— party [سير پريز] زيارة مفاجأة
surproduction, f تضخّم الانتاج
sursaut, m [سيرسو] رَجْفة. رَجْفة
sursauter, v إنفزع. طفر. إنتفض
surseoir, v3 أجّل. توقف أو أوقف
sursis, m [سير سي] إيقاف. تأجيل
avec — مع إيقاف التنفيذ
surtaxe, f رَسم إضافي. ضَريبة إضافية
surtaxer, v فَرَض ضَرائب مُفْرطة
surtout, m ثوب فوقاني. عطاف ٭ جبباء ٭ مدعة //
—, ad لا سيما. بالأخص

surveillance, *f* مُراقبة. هيمنة
surveillant, e, *n* مُلاحِظ. حارِس. رَقيب [سِيَرْ ڤِيَنْ]
surveiller, *v* رَاقب. ناظَر. لاَحظ
survenir, *v3* أتَى. طَرَأ. حَدث بغتةً ☆ دَهَم
survivant, e, *n et a* باقٍ بعد موت آخر
survivre, *v3* تخلف. بقي. عاش بعد غيره
sus, *prép* [سِيْس] على
en — زيادة. علاوة
susceptibilité, *f* حَساسية. سُرعة الشُعور
susceptible حَسَّاس. سَريع الانفعال ☆ قابل لـ
susciter, *v* سَبَّب. أحدث
susdit, e, *n et a* المذكور أعلاه
susmentionné, e, *a* آنِف الذكر
suspect, e, *a et m* ذو شبهة. مَشكوك فيه
suspendre, *v3* أوقف. أرجأ ☆ عَلَّق
suspens, *a*, en — متردد ☆ معلق. موقوف
suspension, *f* تأجيل. تأخير ☆ توقيف
☆ تعليق. تدلية ☆ وَقف [سيسپنسيون]
suspensoir, *m* كِيس الصفن [— سْوار]
susurrement, *m* همس
suture, *f* تدريز. درز. خياطة ☆ حوص
suzerain, e, *n et a* صاحب إخاذة. والي
svelte, *a* ممولوء // وَشيق. ممشوق
sveltesse, *f* رَشاقة
sycomore, *m* جُمَّيز. جيزة. تين الجميز
syllabaire, *m* كتاب الهجاء
syllabe, *f* مقطع هجائي. جزء كلمة

syllogisme, *m* جَدَل. قياس منطقي
☆ نتيجة منطقية
sylvestre, *a* نابت في الغابات. غابي. حَرَشي
symbole, *m* رَمز. إشارة [سَنبول]
symbolique, *a* رمزي. كنائي [— لِيك]
symétrie, *f* تَناسُق. تَناسُب. نَسَق. تماثُل
symétrique, *a* تعادلي. متناسب التركيب أو الأجزاء. متماثل [سِيمِتريك]
sympathie, *f* جاذبية. عطف. مَيل طبيعي ☆ إشتراك بالعواطف والاحساس [سَنپاتي]
sympathique, *a* جذّاب ☆ إنجذابي
encre — مداد للكتابة السرية. حبر أبيض
sympathiser, *v* عَطف على. شَعَر مع
symphonie, *f* نغم. تلحين. إيقاع. إتساق الأصوات وتآلفها مع الوحدة الموسيقية الكاملة
symptôme, *m* دَليل. إشارة. عَرَض. عارِض [سَنْتوم]
synagogue, *f* كَنيس. مَعبَد اليهود
synchronique, *a* معاصِر. موافِق. حادث في ذات الوقت
syncope, *f* غشية. إغماء ☆ حَذف حَرف من قلب كلمة ☆ وصل (في الموسيقى)
syndic, *m* مأمور التصفية. وكيل الديانة
syndicalisme, *m* النقابية. مذهب اشتراكي
syndicat, *m* نِقابة ☆ إتحاد أصحاب رؤوس الأموال [سَنديكا]
syndiquer, *v* جمع أولي الشأن. كوّن نقابة
se — تعاون. إشترك. تعصّب
synode, *m* مجمع رؤساء طائفة دينية (سينودس)

synonyme, *m et a* مترادِف. مُرادِف

synoptique إجالي. ممكن الاحاطة به بنظرة

syntaxe, *f* تركيب الكلام ٭ عِلْم أو كِتاب الاعراب والنحو

synthèse, *f* أُسْلوب أو بحث تركيبي ٭ تركيب. تأليف ٭ جمع الأجزاء المتفرقة

synthétique, *a* تركيبي. تأليفي. إجالي. صِناعي. مركب كيماوياً.

syphilis, *m* مَرَض الزُهْري. (تشويش)

syphilitique, *n et a* مُصاب بالزُهْري ٭ خاص بالزهري [سِيفِلِيتِيك]

systématique, *a* قياسي. منهاجي. بترتيب

système, *m* طَريقة. أُسْلوب ٭ مجموع أقيسة وقَواعِد ٭ مَنْهج ٭ جَهاز أو نِظام

— métrique النظام المتري أو العشري

le — nerveux الجهاز العصبي [سِيسْتِم]

systole, *f* حركة إنقباض القلب وتقلص الشريانات (لطرد الدم)

T

tabac, *m* تبغ. دُخّان ٭ تمباك. طباق

— à priser سعوط. نشوق [تابا]

tabatière, *f* حُقّة السعوط ٭ العجز

tabernacle, *m* مظلة ٭ خيمة الاجتماع

table, *f* خوان (ترابيزة) ٭ مائدة. سماط ٭ سُفرة ٭ جَدْوَل. منضدة

— des matières فهرس

— de nuit خزانة صغيرة بجانب السرير

— d'hôte مائدة الطعام العمومية في الفنادق

— de multiplication جدول الضرب

tableau, *m* مُصَوَّرة. رَسْم. صورة ٭ وَصف. بَيان ٭ جَدْوَل ٭ لوح أسْوَد للكتابة. تَخته. مَسْبورة [تَبْلو]

— d'affiches لوحة الاعلانات

— x vivants أشخاص تتخذ شكل صور أو تماثيل معروفة

— à l'huile صورة زيتية

tablette, *f* دف. صفيحة. قرص ٭ رف

— de chocolat قالب شوكولاته

tablier, *m* بِذلة. ميدعة. مئزر. فوطة وسط

— d'enfant مريلة

rendre son — استعفى

tabouret, *m* مَقْعَد. كرسي بدون مَسْنَد [تابورِ]

tac, *m* جَرَب الأغنام والكلاب وخلافهم

tache, *f* [تاش] بقع. بقعة ٭ عيب

— s de rousseur نمش

tâche, *f* فرض. عَمَل مُعَيَّن. طَريحة

tacher, *v* [تاشِه] بقع. وَسَّخ

tâcher, *v* بذَل وَسعه. اجتهد في. حاول

tacheron, *m* متعهِّد بالمقاولة

tacheter, *v* نَقَّط. بَرْقَش. بَقَّع

tacite, *a* مُضْمَر. مُضَمَّن. ضِمني

taciturne [تاسِيتِيرْن] صَموت. سَكوت

tact, *m* ذَوْق سَليم. لباقة ٭ حاسّة اللَّمْس

tactique, *f* فَن الحَرْب ٭ حيلة. طريقة التصرف

— *a* مختص بالحركات الحربية [تَكْتِيك]

taie, *f* [تِي] بيت المخدة ٭ غشاوة في العين

taillade, *f* شَرط. فلقة بالطول ٭ خدش

taillader, *v* شرط. شرَّح ٭ قطع بالطول

taille, *f* [تاي] تفصيل ✿ شذب. تقليم . تهذيب الشجر ✿ بري أو برية القلم ✿ نحت. قطع (الحجر) ✿ خصر أو قوام
de grande — طويل القامة
taille-crayon, *m* مبراة. برّاية القلم
tailler, *v* شذب. قضب ✿ نحت ✿ برى . اقتط ✿ فصّل [تييره]
tailleur, *m* خيّاط ✿ شاذب الشجر
— de pierres نحّات. حجّار
taillis, *m* غابة. أجمة للتخشيب
taire, *v3* سكت. صمت ✿ أصمت ✿ كتم
talent, *m* [طالن] نبوغ. أهلية. موهبة. المعية
talentueux, se, *a* موهوب. لوذعي. ألمعيّ
talion, *m* شريعة المثل بالمثل، العين بالعين والسن بالسن [تاليون]
talisman, *m* تميمة. طلسم
Talmud, *m* مجموعة شرائع وسنن اليهود
taloche, *f* صفعة ✿ محارة
talon, *m* [تالن] عقب. كعب 
— d'un reçu قسيمة الوصل
avoir l'estomac dans les — s قرصه الجوع
talonner, *v* تتبع. عقب. اقتفى ✿ لاحق
talus, *m* انحدار. منحدر. ميل ✿ عرج عقبي
tamarin, *m* [تامارن] تمر هندي
tambour, *m* طبل. طبلة ✿ طبّال ✿ منسج. نول ✿ طنبوشة الطار [تمبور]
sans — ni trompette سراً
— major رئيس الطبالين
— de basque ← دف. طار 
tambourin, *m* طبيلة. نقارة
tamis, *m* [تامي] منخل

tamiser, *v* [ز] نخل
tampon, *m* سداد. صمام ✿ كتلة صغيرة من قماش أو قطن للمسح وما شابه [تنپون] مصد السكة الحديد. طاسة التصادم
— de choc
tamponner, *v* سطم أو سد. صمد بالسداد ✿ صدم ✿ جبّر ✿ وضع الفتيل في الجرح
tan, *m* عيطان. قشر البلوط. مسحوق للدبغ من البقم
tançer, *v* بكّت
tandem, *m* دراجة لراكبين احدهما خلف الآخر ✿ مركبة بجوادان مترادفان 
tandis que, *lc. conj* بينما ✿ بدل أن
tangage, *m* تمايل مركب من مقدمه إلى مؤخره. مور
tangente, *f* مماس الدائرة ← . خط مماس دائرة 
tangible, *a* يلمس. محسوس
tanière, *f* جحر. كناس. وجر الوحوش
tank, *m* دبابة
tanner, *v* دبغ
tannerie, *f* مدبغة 
tant, *ad* [طن] بمقدار كذا ✿ كثيراً
— pour cent كذا في المئة. نسبة مئوية
— que ما دام
— pis يا للخسارة !
— s'en faut بعيداً عن الوقوع
tantale (supplice de —) (تحنيس) . مكايدة. كوضع طعام شهي أمام جائع وعدم تمكينه منه

tante, *f* عمة أو خالة ٭ مخنث ٭ بنك الرهونات
tantinet, *m* قليل (شُوَيَّة)
tantôt, *ad* عن قريب ٭ منذ قليل ٭ طوراً
taon, *m* شعرانة. ذباب الماشية
tapage, *m* جلبة. صخب. ضوضاء. ضجة [تاباج]
tapageur, se, *n et a* صخّاب. معربد
tape, *m* ضربة باليد ٭ سداد. صمام
taper, *v* ضرب باليد أو الكف ٭ إستلف
— à l'œil اعجب. لفت النظر [تابيـ]
— sur la machine كتب على الآلة الكاتبة
tapinois (en), *lc.ad* على السكت
tapir, *m* حلوف وحشي. أبو زلومة
tapis, *m* سجاد. طنفسة. سَجّادة [تابِي]
— vert بساط ثمين // طاولة القمار
— persan بساط عجمي. سجاد طويل الوبر
mettre sur le — طرح على بساط البحث
tapisser, *v* فرش. غطى بالمفروشات. كسى
— les murs غطى الجدران بورق أو بساط وما شابه
tapisserie, *f* رجيزة ٭ رجائز. قماش الفرش أو التنجيد ٭ وشي. قماش مزركش ٭ عمل الأبسطة
tapissier, ère, *n* منجد المفروشات وتوابعها
tapoter, *v* ربّت (طبطب) [تابوتِـ]
taquin, e, *a et n* مُماكس ٭ مناغش
taquiner [تا كينـ] عاكس ٭ داعب
tarare, *m* ذرّاية. آلة التذرية والغربلة
tard, *ad* بعد الوقت. تأخراً. متأخر [تار]
plus — فيما بعد
tarder, *v* تأخر. أبطأ. تبطأ ٭ أخّر
tardif, ve متأخر ٭ بطيء [تارديف]
tare, *f* وزن الفارغ. الوزن المطروح ٭ عيب
tarentule, *f* شبث. رُتَيلا. عنكب كبير
targette, مزلاج ٭ ترباس
targuer (se), *v* تباهى. افتخر
tarif, *m* تعريفة. قائمة أسعار. تسعيرة [تاريف]
tarir, *v* نزح. نزف ونزف. نضب
tarissement, *m* نضوب. نزف. نزح
tarots, *m.pl.* نوع من ورق اللعب ٭ اسم لعبة
tarse, *f* رسغ القدم
tarte, *f* قرص من المعجنات المسكرة
tartine, *f* شطيرة. شطرة خبز عليها زبد
tartre, *m* دردي أو عكر الخمر ٭ ملح الطرطير ٭ قلح الأسنان. طرامة
tartufe, *m* منافق
tas, *m* [تا] ركام. كومة. كدس. كوم
tasse, *f* [تاس] طاس. قدح
— à café فنجانة
tasser, *v* [تاسـ] ركم. كوّم. كدّس
se — تجمع. تركم. إنكبس
tâter, *v* مس. حس ٭ جرّب ٭ ذاق
— le terrain إمتحن. تجسس
tâtonnement, *m* تحسس. تلمس ٭ تردد
tâtonner, *v* تحسس. تجسس في الظلام
tâtons (à), *lc.ad* تحسساً ٭ عمياناً ٭ بتردد
tatouage, *m* وشم. دق
tatouer, *v* [تاتو] وشم. دق على الجلد
taudis, *m* كوخ. بيت لا ترتيب فيه
taupe, *f* خلد
taureau, *m* ثور

taux, *m* [تو] سعر ٭ معدل الفائدة ٭ ربى
taverne, *f* خان . خمّارة . فندق
taxation, *f* تقدير أتعاب الدعوى ٭ فرض ضرائب
taxe, *f* [تَكْس] ضريبة ٭ قيمة الأتعاب
taxer, *v* فرض ضريبة على ٭ سَعَّر ٭ أتهم بـ ٭ قدر الأتعاب [تَكْسِه]
taximètre, *m* عدّاد الأجرة أو المسافات
technicien, ne, *n* خبير . فنّي
technique, *a* فنّي . إصطلاحي
—, *f* إصطلاحات فنية . إصطلاح وضعي لفن
technologie, *f* إصطلاحات فن أو علم أو مهنة ٭ بحث في الفنون عموماً ٭ علم الصنائع
Te Deum, *m* تسبيحة الشكر لله
tégument, *m* غشاء . غطاء ٭ أدمة
teigne, *f* حَلَمة . سوس . عُثّة . قرادة ٭ قرع . قراع ٭ قوباء . سعفة
teindre, *v3* صبغ . لوّن . خضب
teint, *m* صبغة . نوع أو لون الصبغ ٭ لون الوجه
teinte, *f* صبغ . شكل الصبغ أو اللون ٭ ظاهر الـ ٭ تلوين [تَنْت]
teinture, *f* [تنتير] صبغ . صبغة ٭ لون
teinturerie, *f* مصبغة ٭ صباغة
teinturier, ère, *n et a* صابغ . صَبّاغ
tel, le, *a* [تِل] مثلما هو . بعينه ٭ كما
un — ou une — le فلان أو فلانة
télégramme, *m* برقية
télégraphe, *m* برق . تلغراف
télégraphie, *f* — **sans fil** اللاسلكي
télégraphier, *v* أبرق . أرسل رسالة برقية
télégraphique, *a* تلغرافي . برقي
télégraphiste, *n* عامل التلغراف أو البرق
télémètre, *m* مقياس الأبعاد . قِسنوي
télépathie, *f* تبادل الشعور أو الشعور مع الغير عن بعد [تِلِپاتي]
téléphone, *m* تليفون
téléphotographie *f* تصوير عن بعد ٭ نقل الصور في الجو بالكهرباء
téléphoner, *v* تكلّم بالتليفون
télescope, *m* مرصد ٭ نظارة الأبعاد [تلسكوب]
télescopique لا يُرى إلا بنظارة مكبرة (تلسكوب)
télévision, *f* الرؤية عن بُعد . مباصرة . تشبيح . تِلِفِيزيون
tellement حتى أن ٭ على قدر ذلك ٭ كثيراً
téméraire, *a et n* جريء . جسور ٭ متهور
témérité, *f* جرأة . جَسارة . تهوّر
témoignage, *m* شهادة ٭ دلالة على
témoigner [تِمْوَنْيِه] شهد ٭ أظهر
témoin, *m* [تِموَن] شاهد
— à charge شاهد إثبات
tempe, *f* [تَنْب] صُدغ
tempérament, *m* مِزاج . طبع ٭ تلطيف
tempérance, *f* إعتدال ٭ ضبط النفس
température, *f* حال الحرارة . حالة الجو أو الهواء . مُناخ ٭ درجة الحرارة
tempéré, e, *a* مُعتدل ٭ مُتوسّط
tempérer, *v* عدّل . لطف

tempête, *f* [تَنبِيت] زوبعة. نوء. عاصفة

tempêter, *v* رَعد. عصف. أرغى. صَخِب

temple, *m* [تنپل] مسجد. معبد. هيكل

— de Thémis محكمة

— maçonnique محفل ماسوني

temporaire, *a* [تَنپورِير] وقتي. زمني. حيني

temporairement وقتياً. حينياً. مؤقتاً

temporel, **le** زمني ✿ جسدي ✿ دنيوي

temporiser, *v* تمهل ✿ أجل ✿ دارمع الزمن

temps, *m* [طَن] وقت ✿ (طقس) حال الجو ✿ زمن

en — voulu *ou* à — في وقته

de — en — من وقت لآخر. بعض الأحيان

mauvais — جو (مناخ) رديء

tenace, *a* [تِناس] متماسك بعضه. لاصق. لزج ✿ متصلب الرأي. مُصر

tenacité, *f* لزوجة. تماسك ✿ عناد ✿ متانة

tenaille, *f* [تِناي] كماشة. كلبتان

tenancier, **ère**, *n* مدبر ✿ صاحب

tendance, *f* ميل. اتجاه إلى. نزعة

tender, *m* صهريج. عربة القاطرة

tendon, *m* وتر او طرف العضلة. عرقوب

tendre, *v3* شدّ. مطّ. أوتر ✿ بسط. فرش ✿ اتجه إلى //

— un piège نصب فخ

tendre, *a* رقيق. حنون ✿ طري. رخص

tendrement, *ad* بحنو. برقة. بحنان

tendresse, *f* حنان. حنو ✿ ليونة. رخص

tendron, *m* فرخ الشجر ✿ فرقوشة

tendu, **e** [تَندي] مشدود. متوتر. موتر

ténèbres, *f* دُجى. دجية. ظلمات. دياجير

ange des — شيطان

ténébreux, **se** مُظلم. مكفهر

teneur, *f* فحوى. مضمون. منطوق. نص

ténia *ou* **tænia**, *m* الدودة الوحيدة

tenir, *v3* قبض. أمسك باليد ✿ تملك. حاز ✿ وسع. حوى ✿ أخذ او ورث من ✿ تعلق بـ

— sa parole قام بوعده. وفى

— la comptabilité مسك الحسابات او الدفاتر

je tenais à vous voir كنت مصمم على رؤياك

le marché se tient le.... تقام السوق يوم

— de qn أخذ عنه. شابهه

tenon, *m* ذكر. لسان

ténor, *m* [تِنور] الصوت المثلث. صوت بين الأعلى والأسفل وصاحب هذا الصوت

les ténors de ... أئمة الـ ...

tension, *f* توتر ✿ شد ✿ قوة الشد او التمطيط

— (artérielle) ضغط (دم)

tentacule, *m* مجاس. لامسة. ملمس. قرن ✿ عضو الحس في الحشرات والسمك وغيرها

tentateur, **rice**, *n* مغو. غاو

tentation, *f* إغواء. تجربة. شهوة. إغراء

tentative, *f* تجربة. محاولة

— de crime شروع في جناية

tente, *f* [تَنت] خيمة

tenter, *v* جرب. بلا ✿ غوى. فتن ✿ سول أو وسوس لـ ✿ شوق الى ✿ خيم

tenture, *f* فراش. بساط. ديباج

tenu, **e**, *a* مرتب. منظم ✿ ممسوك

— à *ou* — de ملتزم بـ

ténu, **e**, *a* [تِني] دقيق. رقيق

tenue, *f* مدة جلسة ✿ هندام. هيئة ✿ مسكة

— des livres مسك الدفاتر

— de ville كسوة معتادة. لبس عادي

téralologie, *f* عِلم عجائب المخلوقات
tergiverser, *v* حاوَل. تعلل. راوَغ
terme, *m* أجَل. ميعاد. شرط ٭ قسط
حد. مَدى ٭ عِبارة. اصطلاح ٭ الايجار
mettre un — à وضع حداً لـ
vente à — بيع بالميعاد (شكك)
je suis en bon — avec النى على وفاق مع
terminaison, *f* آخر. نهاية ٭ إنهاء ٭ انتهاء
terminal, e, *a* كائن فى آخر. نهائى
terminer, *v* أنهى ٭ حدَّد ٭ إنقضى
terminologie, *f* الاصطلاحات الفنية
اصطلاحات خاصة بعلم أو فن أو صناعة
terminus, *m* نهاية الطريق. آخر الخط
termite, *m* [تِـرمِيت] أرضة. نمل أبيض
terne, *a* غابر. أغبر. كامد. كابٍ
ternir, *v* أكبى. قتَّم لون الـ ٭ لوَّث. عاب
se — كَمِد. أغبر ٭ زالت سمعته ٭ إنثلم صيته
ternissure, *f* كَبو. غُبرة. كَمَد
terrain, *m* [تِـرَّن] أرض. بقعة
gagner du — تقدم
terrasse, *f* سطح ٭ شرفة. مصطبة (تراسينة)
terrassement, *m* نقل التراب وركمه
terrasser, *v* طرح أرضاً. جندل ٭ مكن بتراب
terre, *f* أرض ٭ تراب. ثرى ٭ البسيطة ٭ قطر
terreau, *m* جِلة. زِبل مُترَّب. دَمال
terre plein, *m* سطح
terrestre, *a* أرضي. ترابي ٭ عالمي
terreur, *f* خوف. رعب. هول
terrible, *a* مخيف. مفزع. مريع
terrier, *m* جُحر. مكو ٭ كلب صيد
terrifier, *v* [تِـرِيفـيـهْ] خوَّف. أفزع
terrine, *f* إناء من خزف. برمة
territoire, *m* [تِـريتْـوار] إقليم. منطقة. أرض تملكه أو ولاية
territorial, e إقليمي. مختص بقاطعة أو جهة
terroir, *m* تربة. طين. ارض
goût de — نكهة الأرض فى بقعة معينة
terroriser, *v* أرهب. أفزع روَّع
terrorisme, *m* إفزاع. إرهاب
tertio, *ad* [تِـرسْـيو] ثالثاً
tertre, *m* أكمة. تل
test, *m* صدف. صدفة ٭ غشاء البذرة
testament, *m* [تِستامَن] وصية
le nouveau — العهد الجديد. الانجيل
testamentaire, *a* مختص بالوصية
testateur, rice, *n* موصٍ. الموصي
tétanos, *m* كزاز. توتر مؤلم في العضل
tête, *f* [تِـيت] رأس
il a perdu la tête طاش صوابه
— de loup مِسحولة. (رأس العبد)
tenir — قاوم
en —, à la — فى الرأس. فى أول
faire la — بوَّز
tête-à-tête, *m* محادثة على انفراد. مسارة. خلوة ٭ فرداً مع فرد
tétée, *f* رضعة
téter, *v* [تِـتِـيه] رضع
tetin, *m* [تِتَن] حلمة الثدي
téton, *m* [تِتُن] ز. ثدي. نهد
tétragone, *a* et *m* مسطح رباعي

têtu, e [تِتِي] متصلب الرأي. عنيد
texte, m نص. متن. عبارة
textile, a منسوج ✪ نسيج ✪ نسيجي
textuaire كتاب النصوص ✪ متن. اصل
textuel, le, a نصّي. متني. حرفي
textuellement ad بحسب النص. حرفياً
texture, f نوع الحياكة. كيفية تركيب النسيج ✪ تركيب أجزاء جسم. نسيج
thaumaturge, m صانع المعجزات
thé, m [تِه] شاي
théatral, e, a مسرحي. خاص بالمسارح
théâtre, m مسرح. دار التمثيل. ملعب. ماهى ✪ مجال. ميدان
théière, f ابريق الشاي. برّاد. بكرك
théisme الايمان بوجود الله ونفي الوحي
thème, m مبحث. موضوع ✪ ترجمة
théocratie, f حكم إلهي. حكومة رجال الدين
théologie, f عِلْم اللاهوت
théorème نظرية، قضية يطلب اثباتها بالبرهان
théorie, f نظرية. مذهب علمي ✪ علم (ضد عمل) [تيوري]
théorique نظرى. علمي ✪ تصوري. لا عملي
théosophie, f التصوف. مذهب الاتصال بالله
thérapie, f مداواة الأمراض ✪ علم المعالجة
thériaque, f ترياق. درياق (ضد السم)
thermal, e, a ماء معدني حار. حَمّة
thermes, m. pl. حمّامات عامة عند الرومان
thermique [تِرميك] مختص بالحرارة
thermogénie, f توليد الحرارة
thermomètre, m ميزان أو مقياس الحرارة. قسحر
thésauriser, v جمع مالاً. إدخر
thèse, f مبحث. قضية يراد إثباتها ✪ مقالة تطرح للحصول على لقب علمى. رسالة. بحث
thon, m تون. تنة. سمك كبيرة
thorax, m زقوة. الصلبة الصدرية
thym, m صعتر. نبات حريف طيب الرائحة
thyroïde درقي. الغدة الدرقية في مقدم العنق
tibia, m العظم الانسي من عظمي الساق. القصبة
tic [تيك] رجفة. رعشة العضل. تقلص وقتي
ticket, m [تِيكِه] تذكرة
tiède, a [تْيِد] فاتر. دافيء
tiédeur, f فتور
tiédir, v فتر ✪ فتّر
tien, ne, a, poss. لك. خاصتك. متاعك
les —s [تْيَن] أهلك. ذوو قرابتك
tierce, f آخر تجربة (بروفة) قبل الطبع ✪ ثلاث ورقات لعب متتابعة من نفس اللون
tiers, ce, a ثالث. خارج عن الخصومة
tiers, m [تْيِير] ثالث ✪ ثلث
tige, f [تيج] ساق. جذع. ترويج
tignasse, f شعر مستعار ✪ شعر منكوش أو متلبد
tigre, sse, n ببر. نمر مخطط

tigré, e, a أنمر . كلون أو شكل جلد النمر
tilleul, m زيزفون . شجرة التليا . (تليو)
timbale, f [تـنبال] ← نقـارة . نوع من الطبول ☆ كوب من معدن ☆ حلّة أو قالب
timbre, m جرس ☆ صوت الجرس أو الانسان . رنة ☆ علامة على الورق ☆ ختم طابع ☆ تبرة
— dateur ← ختم تاريخ
—, ou — poste طابع بريد
— quittance طابع دمغة
timbré, e موسوم ☆ مدموغ ☆ خفيف العقل . خالص الضريبة [تـنبْر]
timbrer, v وصم . دمغ . ختم . لصق طابعاً
timide, a مستح . خجل . حيي
timidemeut, ad بحياء ☆ بخشية
timidité, f حياء . خجل ☆ وجل . خشية
timocratie, f حكومة الأغنياء
timon, m عَريش . جرار العجلة ☆ مقبض الدفة . زمام [تِـيمُـون]
timonier, m مدير الدفة (دومانجي)
timoré, e, a ورع . متخوف من الخطية
tinctorial, e, a خضابي . صابغ . مادة صابغة // دَن
tine, f
tintamarre, m جلبة . هرجٌ ومرجٌ
tintement, m رنة . طنين . دوي . ذبذبة
tinter, v دق . أطنّ ☆ رَن . طن ☆ دوى
tique, f قُـراد

tir, m رماية . اطلاق المقذوفات الناريه ضرب النار ☆ محل الرمي أو الرماية [تِـيرْ]
tirage, m سحب . جر ☆ طبع ☆ حل كبب الحرير
— au sort [تِـيراج] اقتراع
tiraillement, m الجذب أو الجر بتواتر
— de l'estomac جرجرة // وجع المعدة
tirailler, v جذب . جر ☆ اطلق النار بتواتر
tirailleur, m قوّاس ☆ مناوش
tirant, m شريط أو رباط الكيس ☆ مقدار غوص المركب ☆ مسّاكة الحذاء
tiré, e, a مشدود ☆ شاحب اللون . متعب
— de مستخرج أو مستخلص من
être — à quatre épingles حسن الهندام
—, m مسحوب عليه (في التجارة)
tire-bouchon, m ← بريمة . برغي . بيزال . فتّاحة الزجاجات
tire-bouton, m زرّار . شنكل الزرار
tire-d'aile, m طيران سريع . سفر الطير
à — على جناح السرعة
tire-ligne, m مِـسْطار
tirelire, f [تِـيرْلِـير] حُـصّالة نقود
tire-point ou tire-pointe, m مِخراز
tirer, v [تِـير] سَحب . جَذب . جرّ . شَـد ☆ استخلص . استخرج ☆ أطلق ☆ طبع
— une ligne رسم سطراً
— à la fin اوشك ان ينتهي
se — تخلص
tiret, m خط قصير
tireur, se, n ساحب ☆ مطلِق . رام
tiroir, m [تِـيرْوار] دُرْج

tisane, *f* [تيزان] مغلي . نقاعة منقوع ساخن
tison, *m* [تِيزن] جذوة . بصة
tissage, *m* [تِيساج] نسج . حَوك . حياكة
tisser, *v* [تِيسِه] نسج . حبك . حاك
tisserand, tisseur, *m* نَسَّاج . حائك
tissu, *m* [تِيسِي] نَسيج . قماش
tissure, *f* حياكة . سداة . لحمة
titanesque *ou* titanique جبار . هائل
titillation, *f* دغدغة . نغمشة
titiller, *v* دغدغ . زغزغ (نغمش)
titrage, *m* [تِيتِرَاج] تعيير
titre, *m* لقب ☆ عنوان ☆ صفة ☆ حق
[تِيتر] ☆ سنَد . سَهْم . وَرَقة مالية
à — de باسم أو بصفة . من باب الـ
— de vente حجة البيع
—s au porteur أسْهم لحامله
à juste — باستحقاق
titré, e, *a* صاحب لقب ☆ ملقب ☆ مميَّز
titrer, *v* [تِيتْر] لقّب ☆ عاير
tituber, *v* تمايَل . ترنَّح . تطوح . ماد
titulaire, *n* صاحِب حق أو لقب أو وظيفة
toast, *m* شُرب نَخب شخص
[توسْت] ☆ شريحة عيش محمص (مقمر)
toboggan, *m* مزلقان
toc *m* [تُك] نحاس ☆ مزيف ☆ جواهر تقليد
tocsin, *m* دَق الجرَس بتواتر للايقاظ
[تُكسَن] ☆ جرس الخطَر
toge, *f* شملة . عباءة القضاة والمحامين وما شابه
tohu-bohu, *m* عدم الترتيب ☆ هرج ومرج
toi, *pr. pers.* [تْوا] أنتَ أو أنتِ

toile, *f* تيل . نسيج قنب وغيره ☆ قماش ☆ صورة
— d'araignée [تْوال] نسيج العنكبوت
— cirée مشمع
toilette, *f* زِي ☆ تبرج ☆ زِينة
☆ تسريحة . خوان التزيين
☆ مِرحاض [تْوالِت]
toiser, *v* [تْوازِ] قاس
toison, *f* [تْوازُن] جَزّة . جُزازَة
toit, *m* [تْوا] سَقف ☆ سَطح
toiture, *f* سقيفة . ما يركب منه السقف أو السطح
tôle, *f* صاج . حديد صفائح ☆ حبس
tolérable مُطاق . ممكن الصبر عليه ☆ معتدل
tolérance, *f* مُسامحة في أو ب . تساهُل
☆ اباحة ☆ تحمل . طاقة ☆ طول اناة
tolérer, *v* إحتمل . تسامَح في ☆ أباح
tomate, *f* قوطة . طماطم . بندورة
tombe, *f* [تُنْب] قبر ☆ حجر أو شاهدة القبر
tombeau, *m* [تُنبو] مدفن . ضريح . تربة . قبر
tombée, *f* عند جنوح النهار ☆ وقوع . سقوط
tomber, *v* [تُنْبِه] سقط . وَقع ☆ هبط
— tel jour حدث أو وقع يوم كذا
— d'accord إتفقوا (أو إتفقا)
elle est tombée malade مرضت
tombereau, *m* عربة نقل أتربة . عربة صندوق
tombola, *f* لعبة الأرقام (طنبلة) . يانصيب
tome, *m* جزء من كتاب
ton, ta, tes, *a. poss.* أداة الملكية
ton, *m* صوت . مَقام الصوت . نبرة ☆ لهجة
bon — [تُن] ذوق سليم
tondeur, se, *n* جَزّاز . قَصاص . جلام
—se, *f* آلة قص الشعر ☆ قصاصة الحشيش

tondre, *v3* قص. جز. جلم

tonifier, *v* قوى [تُنِيفِيه]

tonique, *a et m* مقوٍ ◊ محي

tonnage, *m* حمولة ◊ تعيير الحمولة

tonne, *f* طن (ألف كيلو)

tonneau, *m* برميل

tonnelier, *m* صانع البراميل

tonnelle, *f* تعريشة في بستان ممشى مغطى بالخضرة. تكعيبة ◊ شبكة

tonner, *v* قصف. ارتجز. ارعد ◊ دوى

tonnerre, *m* رَعْد ◊ صاعِقة

tonsure, *f* إكليل الاكليروس. حَلْق رقة الرأس عند الدخول في صَف الاكليروس

tonte *ou* tondaison, *f* جز ◊ جزازة

tonture, *f* جَز الجوخ ◊ وبر الجوخ المجزوز

topaze, *f* [توپاز] ياقوت أصْفَر. زبَرْجَد

topique, *a et m* مَوْضِعي. محلّي ◊ متعلق رأسا بالموضوع ◊ صَدَد. مَدار [تُوپيك]

topographie, *f* وَصْف. رَسْم بلَد. تخطيط مفصل لمكان معين [توپوجرافي]

toquade *ou* tocade, *f* نقْزة عقل ◊ غيّة ◊ هَفّة. تعلّق وَقتي

toque, *f* قلنوسة أو طقية القاضي ◊ قبعة صغيرة بدون حافة

toqué, e خرِف. مَهْبول. مسلوب العقل

torche, *f* [تُرش] مَشْعَل. شُعْلة

torcher, *v* مَسَح. نشّف ◊ لهوَج (كَلْفَت)

torchon, *m* [تُرشُن] خرقة. (شرموطة)

— brulé نزاع بين زوجين

tordant, e [تُردَن] مفطس من الضحك

tordre, *v3* [تُرضْر] برَم. فتَل ◊ لوَى

se — تلوى. إلتوى. إعوج

toréador, *m* مُبارِز الثيران الراجل

tornade, *f* زَوْبعة شَديدة

torpeur, *f* خَدَر. ركود. خمود. فتور

torpille, *f* نسّاف بحرى. طوربيد ◊ سمك رعاش أو رعّاد [تور پي]

torpiller, *v* نسفَ. ضرب بالطوربيد

torpilleur, *m* نَسّافة. سَفينة الطوربيد

torréfier, *v* حمس. حمّص. جفّف بالنار

torrent, *m* [تورَن] سَيل. عُباب. يَعْبوب

torrentiel, le, *a* سَيلي. جحافي. عَرَمْرَم

torrentueux, se زاخِر. دافِق. مُتَدَفِّق

torride, *a* شَديد الحرارَة ◊ مُتلظٍّ

tors, e, *a* مَفْتول. حَلَزوني ◊ أعوَج. مَلْوي

torsade, *f* [تُرْساد] سِجف مبروم

torse, *m* جذعة. جسم إنسان أو تمثال بلا رأس أو أعضاء

torsion, *f* بَرْم. فتْل ◊ إنعقاف. إلتواء

tort, *m* حقوقية. خطاء ◊ أذى. خسارة

a — [تُر] ضد الصواب. ضد الحق

à — et à travers خبط عشواء. بلا تعقل أو تمييز

torticolis, *m* تشنّج العُنق. إلتواء العنْق

tortiller, *v* [تُرتِييه] برَم. فتَل. لوَى

se — تلوّى

tortionnaire, *a* تعذيبي. عذابي
—, *m* [تُرسيونِر] جلاّد
tortu, e, *a* أعوج. أعقف. مُلتو
tortue, *f* سلحفاة
tortuer, *v* عوّج
tortueux, se, *a* متعرّج. ملتو. اعوج
torture, *f* عذاب. أذية ¤ تعذيب
torturer, *v* عذّب. آذى. آلم. ضايق
tôt, *ad* حالاً. عن قريب ¤ مبكراً. مُبكر [تو]
trop — قبل الأوان
au plus tôt في اقرب وقت
total, e, *a* [توتال] إجمالي ¤ تام. كامل. كُلّي
—, *m* جملة. مجموع. حاصل الجمع ¤ نتيجة
totalement, *ad* تماماً. كليةً. برمّته
totalisation, *f* جمع
totalisateur *ou* **totaliseur**, *m* آلة الجمع
totalité, *f* الجملة. الكل والكلية. كافة. مجموع
touchant, e, *a* مؤثر. مثير الحنان ¤ لامس
—, *prép* [توشَن] بخصوص
touche, *f* إصابة ¤ إمتحان المعادن بالمحك ¤ محك ¤ ملمس (صوابع) البيان ¤ مقبض العود ¤ هيئة
pierre de — محك. حجر المحك. مصداق
toucher, *v* لمس. مسّ ¤ أدرك ¤ قبض ¤ تسلّم ¤ إتصل أو التصق بـ ¤ أصاب ¤ أثّر أو عمل في القلب [توشِه]
— ses appointements قبض راتبه
touches du bois المس خشب لتفادي العين
toucher, *m* حاسة الحس أو اللمس. المس
touffe, *f* باقة. حزمة ¤ قنبرة. شوشة
touffu, e [توفِي] متلبّد ¤ كثيف. خميل
toujours, *ad* [توجور] دائماً
toupet, *m* خصلة شعر. ذوابة ¤ عجرفة ¤ صداغة (تلامة)
toupie, *f* نحلة. فرّارة
tour, *f* برج ¤ رخ (في الشطرنج)
—, *m* دورة ¤ دور ¤ جولة. سياحة ¤ مخرطة ¤ دور ¤ محيط ¤ حيلة. مكر ¤ فعل بطل. عمل صعب [تور]
parler à son — تكلم في دوره
à — de bras بقوة الذراع. بكل قوة
à — de role بالدور. بالنوبة
tourbillon, *m* زوبعة (فسية عفريت)
tourelle, *f* بُريج. برج صغير
tourie, *f* دمجانة
tourisme, *m* سياحة
touriste, *n* [توريسْت] سائح. جوّال
tourment, *m* [تورمَن] ألم. وجع. عذاب
tourmente, *f* زوبعة. عاصفة
tourmenter, *v* عذّب. آلم. أزعج
tournage, *m* [تورناج] خرط
tournant, e, *a* دائر. دوّار ¤ حلزوني
—, *m* [تورنَن] منعطف. عطفة. ملف
tourné, e مدوّر. مبرم. مخروط ¤ فسد. (قطع)
bien — حسن الخلقة. منسجم ¤ مصنوع جيد
— vers متجه إلى
tournée, *f* جول. سير. جولة. رحلة ¤ مرور
c'est ma — هذا دوري في الدفع
tourner, *v* خرط. برم ¤ أدار ¤ دار ¤ دبّر ¤ قلب أو انقلب ¤ عطف
— la tête لوى رأسه ¤ سلب عقله
— s. v. p [تورنِه] اقلب الصفحة من فضلك

tournesol عبّاد الشمس
tourneur, *m* خرّاط
tournevis, *m* مفك
tourniquet, *m* باب دوّار لمرور وعدّ الناس ✿ ضاغطة الشرايين ✿ *m* لعبة كاروليت ✿ سلوى
tournoi, *m* برجاس. مباراة ✿ مباراة في التطاعن [تورنوا]
tournoiement, *m* جول. دوران
tournoyer, *v* دار. برم. حام ✿ وارب. حاول
tournure, *f* وجه الأمر ✿ خلقة. هيئة ✿ تركيب الكلام ✿ لقة
tourte, *f* (تورتة) فطيرة ✿ ساذج أو غبي [تورت]
tourteau, *m* ✿ رغيف كبير مستدير ✿ كسب
tourtereau, *m* فرخ اليمام
tourterelle, *f* يمامة. قمرية
tous, *a*, (*pl.* de tout) أجمعون. الجميع
Toussaint, *f* (La —) عيد جميع القديسين
tousser, *v* سعل (كح) ✿ تنحنح
tout, toute, *a* (*pl.* tous) كل. جميع
tout le monde كل الناس
tous les jours كل يوم
à toute — بأقصى سرعة
—, *m* مجموع. كل
du tout قطعياً
—, *ad* [تو] كلية
— à coup بغتة. فجأة
— à fait تماماً
— de suite حالاً

tout fait جاهز
tout à l'egout, *m* توصيل للمجاري
toutefois, *ad* [توتفوا] ومع ذلك
toutou, *m* كلب
toux, *f* [تو] سعال. كحة
toxicologie, *f* علم السموم وخصائصها
toxine, *f* مادة سمية. طحشين
toxique, *m* et *a* سم ✿ سمي. سام
trac, *m*, *ou* trouille, *f* خوف. وجل
tracas [تراكا] (خوتة) هم. قلق .
tracasser, *v* أزعج. نكد. ثقل على
tracasserie, *f* إضطراب ✿ نكاية (خوتة).
trace, *f* [تراس] أثر. جرة
tracé, *m* تحديد. تصوير
tracer, *v* خطط. رسم ✿ إقتفى الأثر
— le chemin دل على الطريق. أرشد
trachée, *f* قصبة الحلق. انبوب قصبة الرئة
tracteur, *m* جرارة آلة قطر
traction, *f* جذب. سحب (قطر)
tradition, *f* رواية. نقل عن ✿ تقليد. سنة ✿ عرف ✿ تسليم. إعطاء (في القضاء).
traditionaliste مراعي التقاليد. تقليدي
traditionnel, le, *a* تقليدي. سني ✿ عرفي ✿ سماعي. نقلي [ترادیسیونیل].
traducteur, *m* [تراديكتير] مترجم
traduction, *f* ترجمة. نقل
traduire, *v3* ترجم ✿ عبر عن ✿ قاضى
trafic, *m* حركة التجارة ✿ حركة المرور أو النقل ✿ تجارة محرمة [ترافيك]

trafiquant [ـ فِيكَن] تاجر. متجِر
trafiquer [ـ فِيكِه] تاجر. إتجر. تامل
trafiqueur, se, *n et a* متجر في أشياء ممنوعة او حقيرة [ـ فِيكِر]
tragédie, *f* مأساة. فاجعة. رواية محزنة
tragédien, ne *n* مشخص. ممثل روايات محزنة أو مؤلفها [تراجِدْيَن]
tragique, *a* مُفْجِع. محزِن ٭ مختص بالمأساة
trahir, *v* خانَ. غدَرَ. نكث عهده ٭ فضح. أظهر
trahison, *f* خِيانة. غدْر [تراهِيزُن]
train, *m* قِطار السكة الحديدية ٭ جرية. عدو ٭ سلوك. مَعيشة. أُسلوب ٭ ضَوْضاء ٭ مُؤخّر الحِصان ٭ مجرى. سِياق ٭ حَشَم. خدَم
aller bon — [تْرَن] ركض. اسرع
mettre en — une affaire مشّى الأمر
il était en — de parler كان يتكلم
trainant, e مسترسل ٭ منسحب ٭ صاحِب
traine, *f* جَرّ. سَحْب ٭ ذيل. رَفل
traineau, *m* مَرْكبة بلا عجل للجليد. مزلجة
trainée, *f* سحابة. شلشول. رَفل
trainer, *v* جَرّ. سحَب ٭ مهل في. أجّل ٭ إسترسَل ٭ توانى ٭ تأخر إجراؤه
traire, *v3* حَلَبَ [تْرِر]
trait, *m* ميزة. عَلامة ٭ حَرْبة. سَهم ٭ خط قصير ٭ مجر العجلة ٭ بلعة. جرعة. لمضة [تْرِ]
tout d'un—, d'un— دفعة واحدة
d'un — de plume بجرة قلم
— d'esprit نكتة
— d'union وصلة. خط بين كلمتين
—s, *pl.* سيماء. تقاطيع الوَجْه

traitant, *m* [ترِطَن] مُعالج
traite, *f* مَرْحلة. مسير ٭ إتجار ٭ قبالة. وَثيقة. سفتجة. (كمبيالة) [تْرِتْ]
la — des blanche الرقيق الأبيض
traité, *m* بحث أو نبذة في ٭ عقْد أو إتفاق بين دول. مُعاهدة [تْرِتِه]
— d'algèbre رسالة فى الجبر
traitement, *m* مُعاملة ٭ راتِب. ماهية ٭ مداواة. مُعالجة. عِلاج [تْرِتْمَن]
traiter, *m* سلك. تصرف. عامل كذا ٭ عالج. داوى ٭ أولم [تْرِتِه]
traiteur, *m* طَبّاخ. شَوّاء. صاحِب مَطْعم
traitre, sse, *n et a* خائن. غادِر
traitrise, *f* غَدْر. خيانة
trajectoire, *f* خط سير المقذوف
trajet, *f* [تراجِه] مَسير. مَسافة
trame, *f* لحمة النسيج. لُحْمة ٭ دَسيسة
tramer, *v* ألحم. نيّر ٭ دَسّ. كادَ. دَبَّر
tramontane, *f* وجهة الشمال ٭ ريح بحري ٭ نجمة قطبية
tranchant, e, *a* باتر. حاد. قاطِع ٭ حاسم
—, *m* حَدّ. حَرْف [تْرَنْشَن]
tranche, *f* شَريحة. قِطعة ٭ حافة الكتاب
— dorée حرف مذهّب [تْرَنْش]
tranchée, *f* خَندق. أخدود
trancher, *v* شطَر. قطَع ٭ بتّ. جزم
tranchet, *m* إزميل. شفرة. مِقدّ
tranquille ساكِن. هادِيء. مطمئن

tranquillement, *ad* بهدوء ✿ براحة بال
tranquilliser, *v* سكّن روّع . هدّأ
tranquillité, *f* ركون . سكون . هدوء ✿ راحة البال . طمأنينة [ترنكيليتِه]
transaction, *f* ✿ عملية تجارية ✿ صفقة تعاقد . اتفاق . معاملة [ترنسا كسيون]
transatlantique, *m et a* عابرة المحيط . باخرة قاطعة المحيط ✿ وراء المحيط
transborder, *v* نقل من مركب الى آخر
transbordeur, *n et a m* نقّالة
transcendant, e, *a* سام . فائق
transcripteur ناسخ . ناقل الشيء المكتوب
transcription, *f* نسخ . نقل ✿ نسخة
transcrire, *v3* نسخ . نقل ✿ سجّل
transe, *f* رجفة . خوف . ذعر . رعبة
transférer, *v* نقل . حوّل . احال
transfert, *m* نقل . تحويل . ترحيل ✿ تنازل
transfiguration, *f* تغيّر الهيئة انقلاب الشكل ✿ تجلٍ [ترنسفيجيراسيون]
transfigurer, *v* غيّر وجه أو هيئة الـ
se — تجلّى ✿ تغيّر شكله
transformateur, rice, *a et n* محوّل ✿ مغير الشكل ✿ محول أو معدل التيار الكهربائي
transformation, *f* تبدّل . تحويل . قلب الشكل أو الهيئة [—فورماسيون]
transformer, *v* بدّل أو غيّر الشكل
transfuge, *m* مرتدّ ✿ جندي هارب
transfuser, *v* حوّل . صفق او اصفق ✿ افرغ إناء إلى آخر . نقل الدم من شخص إلى آخر
transfusion, *f* كلت . تفريغ من إناء إلى آخر . نقل . تحويل [ترنسفيزيون]
— du sang نقل الدم من عروق شخص إلى آخر
transgression, *f* عصيان . مخالفة . تعدٍ
transi, e مرتعد الفرائص (من برد أو خوف)
transiger, *v* اتفق . تساهل . تسالم . تواطق في
transir, *v* أرعد فرائصه ✿ قرّص [—سير]
transit, *m* مرور . (ترانسيت) . اجتياز
transitif, ve متعدٍ (ضد لازم) في النحو
transition, *f* انتقال . تحوّل . انقلاب
transitoire, *a* وقتي ✿ قصير المدّة
translucide, *a* نصف شفاف ✿ نيّر ✿ ينفذه النور ولكن غير ممكن رؤية ما وراءه
—, *n* له قدرة كشف الحجاب
transmetteur, *n et a m* ناقل . مرسل ✿ جهاز الاذاعة او الارسال في اللاسلكي والبرق
transmettre, *v3* أرسل . نقل . اوصل ✿ حوّل . ترك . أفضى به الى . سلّم
transmigration, *f* رحلة . ارتحال . نزوح . ترحال . مهاجرة ✿ تناسخ الأرواح
transmission, *f* انتقال . تخلية . ترك ✿ نقل ✿ تسليم . توصيل ✿ إذاعة (في اللاسلكي)
transmutation, *f* حوول . حول . تحول . تغيير الطبيعة
transparaitre, *v3* شفّ
transparence, *f* شفف . شفوف . شفافية
transparent, *e* شفاف [ترنسپارَن]
transpiration, *f* عرق ✿ رشح . نضح
transpirer, *v* عرق ✿ رشح . انتضح ✿ نضح ✿ شاع ✿ بان [ترنسپيرِه]

transplanter, *v* شتل او نقل الزرع ✡ نقل

transport, *m* نقل ✡ اجرة النقل ✡ فورة ✡ تهيج ✡ شدة التأثر. خفة الفرح [ترنسپور]

transportation, *f* نقل ✡ نفي. إبعاد

transporter, *v* نقل ✡ استفز ✡ أطرب

se — [ترنسپورتيه] إنتقل إلى

transposer, *v* نقل. بدل مكان الشيء

transsuder, *v* رشح. نضح ✡ تحلب

transversal, e, *a* معترض. منحرف. عرضي

transvider *ou* transvaser, *v* فرّغ

trapèze, *m*

المنحرف

مربع منحرف

أرجوحة التريض (عقلة)

trapezoïde *ou* trapézoidal, e, *a* شبيه بالمنحرف

trappe, *f* فخ. أغوية. مصيدة ✡ باب سقف. باب جب. باب قلاب أو مسحور

trappeur, *m* صياد الحيوانات لفروها

trapu, e, *a* ربعة. مكتل. قصير وغليظ

traquenard, *m* احبولة. فخ. مصيدة

traquer, *v* حاش. طارد ✡ أثار الصيد

travail, *m* (*pl.* travaux) عمل. شغل. كد ✡ مخاض // أشغال شاقة

travaux forcés أشغال شاقة

nombreux travaux ابحاث عديدة [ترافاي]

travaillé, e, *a* مشغول. غير بسيط أو خام

travailler, *v* جد. إشتغل. عمل ✡ اختمر ✡ شغل. اجهد ✡ فلع. عزق ✡ نحت

la fièvre le travaille تنهكه الحمى

travailleur, se, *a* عامل. شغال ✡ مجد

travers, *m* عرض ✡ انحراف ✡ شذوذ. هوائية

à — في خلال. بين. وسط [ترافير]

de — بالمقلوب. عكساً

en — بالعرض. عرضاً

regarder de — زغر. نظر شذراً

à tort et à — بدون تمييز. بلا تعقل

au chemin de — تخريعة. أقرب الطرق

traverser, *v* إجتاز. جاز. عبر ✡ نفذ

traversin, *m* وسادة. مخدة مستطيلة

traversal, e, *a* عرضي. بالعرض [سال]

traverse, *f* عرضة. خشبة. عارضة ✡ مقرب. قلنكة ✡ عائق مانع

traversée, *f* سفر في البحر ✡ عبور. تعدية

travesti, e, *a* متنكر

—, *m* تنكر. لباس التنكر

travestir, *v* تنكر. لبس لباس الجنس الآخر أو شخص آخر. نكّر. لص

trébucher, *v* عثر. زل. كبا

trébuchet, *m* فخ للطيور ✡ ميزان النقود

trèfle, *m* برسيم. نفل ✡ سباتي (في ورق اللعب) ✡ حلية معمارية

treillage, *m* تشبيك العوارض ✡ تعريشة

treille, *f* مساك. تكعيبة. عريش ✡ كرم معرش [ترِيي]

treillis, *m* شعرية. عوارض خشبية رقيقة مشبكة. زرب

treize, *a* [ترِيز] ثلاثة عشر. ثلاث عشرة

—, *m* اليوم الثالث عشر من الشهر

trèizième, *a et n* [—زيِيم] ثالث عشر

trèma, *m* نقطتان. علامة توضع على بعض الحروف المتحركة مثل « ï »
tremblement, *m* إرتجاف. إرتعاش
— de terre زلزلة. هزة. رعشة
trembler, *v* رجف. إرتعش ٭ تزلزل
tremblote, *f* رعشة من برد أو خوف
trembloter, *v* رجف خفيفاً
trémie, *f* قادوس الطاحونة
trémoussement, *m* تحرّك. تهزز
trémousser, *v* تحرّك. ترجرج. تقلقل
trempe, *f* سقاية. قوة المسقى ٭ بنية. جبلة
tremper, *v* بلّ. بلّل. غمس ٭ نقع [تْرَنْبِيه] ٭ اشترك في. له يد في
trempette, *f* ثريدة عيش منقوع
tremplin, *m* لوحة القفز. منططة
trentaine, *f* عدد الثلاثين او نحوه
trente, *a* [تْرَنْت] ثلاثون
trentenaire, *a* ثلاثوني
trépanation, *f* ثقب القحف (عظم الرأس) بمنشار مخصوص [تْرِبانَاسيون]
trépas, *m* [تْرِبا] موت
trépasser, *v* [-باسِيه] مات. توفى
trépidation, *f* إرتجاج ٭ رجّة. هزة
trépied, *m* أثفية ٭ مشجب. ركيزة توضع عليها أواني الطبخ ⟶ ٭ ركيزة بثلاث قوائم
trépigner, *v* دبدب. عرقص ٭ وطأ [تْرِبِينْيِيه]

très, *ad* [تْرِ] جداً. للغاية
trésor, *m* كنز ٭ ذخيرة ٭ مالية الدولة. خزينة
— public [-زور] دخل المملكة. خزينة الدولة
trésorerie, *f* بيت مال الدولة. المالية ٭ الخزينة
trésorier, *m* أمين الخزينة. وكيل المال. أمين الصندوق [تْرِزورْيِيه]
tressage, *m* [تْرِسَّاج] جدل
tressaillement, *m* تخلج. اختلاج. رعش
tressaillir, *v* إختلج. إرتعش
tressauter, *v* فزع ٭ نطّ
tresse, *f* ضفيرة ٭ جديلة ٭ غديرة . ذؤابة ٭ خصلة شعر
tresser, *v* جدل. ضفر. فتل ٭ عقص. عكف
tréteau, *m* جحش ⟶ خشب أو حديد ٭ ما يرفع عليه التخت (تصليبة) ٭ منصة . —x مسرح حقير. مسرح نقالي
treuil, *m* ملوى (عيار أو خنزيرة) ⟶ . آلة لرفع الأثقال تدار باليد
trêve, *f* هدنة
tri- *préf.* سابقة معناها « ثلاثي أو ثلاثة »
triage, *m* إنتخاب. تنقية. إختيار ٭ نقد. فرز
triangle, *m* ⟶ مثلث. مثلث الزوايا والأضلاع ٭ ناقوس. مثلث (آلة موسيقية)
triangulaire ذو ثلاث زوايا ٭ بشكل المثلث
tribord, *m* ميمنة. يمنى المركب

tribu, m قبيلة.سبط.عشيرة [تْـرِ يْـبيـو]
tribulation, f خَـطب. شِدّة.ضيقة.محنة
tribun, m محام عن الشعب.لسان الأمة
tribunal, m محكمة [~ بـرِيْـنال]
— de justice sommaire محكمة جزئية
— correctionnel محكمة الجنح
tribune, f مِـنبر * منصة أو دكة للحاضرين
tribut, m جزية.إتاوة.خراج.تقدمة
tributaire, a et m دافع الجزية * ملتزم بـ
* نهر يصب في أكبر منه.ساعدة
triceps, m عضلة ثلاثية الرؤوس
tricher, v غش في اللعب [تْـرِيْـشِـه]
tricheur, se, n غشّاش في اللعب
trichromie, f الطبع بثلاثة ألوان
tricoises, f.pl. كلابة البيطار
tricolore مثلث الألوان [تْـرِيكولور]
tricot, m تطريز.حياكة.أقمشة مطرزة
* نسيج الصوف بالابرة [تْـرِيكو]
tricoter, v طرز.نسج.جدل [~ تِـه]
tricoteur, se, n حائك.زارد.مطرز
—se, f آلة التطريز أو الحياكة
trictrac, m الطاولة.لعبة النرد [تْـرِيكْـتْـراك]
tricycle, m دراجة بثلاث عجلات
trident, m خطاف ذو ثلاث شوكات * رمح بثلاث شعب
trier, v فرز.إختار.إنتخب.نقى * نقد
trieur, se, n فرّاز
— , m آلة الفرز أو التغربيل
—se, f آلة فرز الصوف

trifouiller, v نكش (دعبس)
trigonométrie, f حساب مساحة المثلثات
trilatéral, e, a مثلث الأضلاع
trimbaler, v نقل من جهة إلى أخرى.جرجر
trimer, v كدّ.إشتغل كثيراً * مشى
trimestre, m مدة ثلاثة أشهر.رُبع السنة
* راتب أو ايجار يدفع كل ثلاثة أشهر
trimestriel, le, a جارٍ كل ثلاثة أشهر
tringle, f قضيب حديد.سيخ الستار
trinité, f الثالوث الأقدس (إتحاد ثلاثة في واحد)
trinquer دق أو لطم القدح بالقدح.شرب في نخب * الضرب [تْـرَنْـكِـه]
trio, m جوق ثلاثة * ثلاثة معاً * ثلاثة (باعتبارهم كشيء واحد) [تْـرِيو]
triomphal, e, a ظفري.إنتصاري
triomphe, m فوز.إنتصار.نصر
triompher, v إنتصر أو تغلب على
tripaille, f عفشة.كروش
tripartition, f تقسيم مثالثة
tripe, f سقط.كرش الطبخ (كرشة)
triperie, f مسمط.محل الكراشاتية
tripier, ère, n كرشاتي بائع الكرشة
triple, a et m ثلاثي.مثلث * ثلاثة أضعاف
tripler, v صار أو جعل ثلاثة أضعاف
triplicata, m ثلاث صور.ثالث نسخة
Tripoli, m طرابلس
tri-porteur ou triporteur, m دراجة نقل بصندوق وثلاث عجلات

tripot, m [تـريبو] محل قمار غير شريف
tripoter, v خلط . خبص (لخبط) . عجن
trique, f [تـريك] هراوة . دبوس . مطرقة
trisaïeul, e, n جدّ الجد أو جد الجدة
triste, a حزين . مكتئب . كئيب ٭ محزن
— individu شخص غير محمود
tristesse, f حزن . شجب . غمّ . كآبة
triturer, v دق . سحق
trivial, e, a مبتذل . عامي ٭ سخيف . تافه
trivialité, f زقاقية . عامية ٭ سخافة . حقارة
troc, m, V. troque [تـرك] مبادلة
troglodyte, m ساكن الكهف ٭ زرزور ملوكي . عصفور صغير
trogne, f وجه السكير ٭ وجه سمج
trognon, m لب . قلب ٭ نواة ٭ رأس
trois, a, n [تـروا] ثلاث . ثلاثة
troisième, a et n ثالث
—, ou trois, m اليوم الثالث من الشهر
troisièmement, ad ثالثاً
trolley, m عربة مهندس السكة الحديد ٭ عربة مكسحة ٭ بكرة إتصال ذراع الترام بسلك الكهرباء ٭ عربة معلقة
trombe, f [تـرنب] زوبعة . إعصار
trombone, m مزمار . صور (بوري طويل)
trompe, f بوق . صور ٭ خرطوم . (زلومة)
trompe-l'œil, m سراب
tromper, v خلب . خدع . غشّ ٭ خان
se — [ستـرنبه] غلط . ضل . أخطأ

tromperie, f ختل . خديعة . غش
trompeter, v أذاع بالنفير ٭ نفخ في البوق
trompette, f [تـرنبيت] بوق . نفير
trompeur, se, a et n خاتل . خداع . غاش ٭ خائن مخادع [تـرنبير]
tronc, m جذع . جيذل . ساق . قرمة ٭ صندوق الصدقات أو النذور [تـرن]
tronçon, m [ترسن] شقة . قطعة . كسرة
trône, m [ترن] أريكة . عرش
trôner [ترونه] جلس على العرش . تولى
tronquer, v حذف . قطع شيئاً من . قطم
trop, m زيد . زيادة على الواجب . فرط
—, a [تـرو] بإفراط . كثيراً . أكثر من اللازم
trophée, m تذكار نصر أو صيد ٭ سلب ٭ مجموع أسلحة لذكر انتصار [تروفه]
tropical, e, a إستوائي . مختص بالمنطقة الحارة
tropique, m نقطة أو دائرة الانقلاب ٭ المدار الاستوائي [تروبيك]
les —s المنطقة الاستوائية أو الحارة
trop-plein, m طفاح . فيض
troque, f [تـرك] مقايضة . مبادلة البضائع
troquer, v بادل . قايض . باع معاونة
trot, m [ترو] خب . خبب . غار . رهونة
trotte, f مشوار . مسافة قطعها الراكب أو الماشي
trotter, v خبّ ٭ عدا ٭ مشى
trottin, m تلميذة خياطة ٭ مرسال [تـروتن]
trottinette, f مشاية دراجة للأطفال

trottoir, m [تْروتوار] رصيف الشارع . جانب الطريق . طِوار . إفريز
trou, m [تْرُو] نقب ✿ حفره
trouble ou truble, f ←→ شبكة لصيد السمك
trouble, m بَلْبلة . تَشْويش . اِضطراب
—, a عاكِر . كَدِر . رَنِق
—s, m. pl. ثَوْرة . هَيَجان
trouble-fête, m. inv. معكّر الأفراح
troubler, v كدَّر . عكّر ✿ بلبل . أخلّ . شَوَّش ✿ أزعج ✿ أثّر [تْروُبْلِه]
se — تكدَّر . تعكَّر ✿ اِضْطَرب ✿ اِنْفَعل
trouée, f خرق . فتح ✿ فتحة . شرم . ممر
trouer, v [تْروُ] خَرَق . ثَقَب
trouille, f [تْروُي] خَوْف
troupe, f جَماعة . زُمْرة ✿ جَوْقة . فَوْج ✿ سِرْب ✿ فرقة ✿ جند . جيش [تْروُپ]
troupeau, m [تروُبو] قطيع
troupier, m [تروپيه] جُنْدي
trousse, f عدة ✿ رزمة أشياء ✿ عدة الجراحة
avoir les soldats à ses —s الفتنه العساكر
trousseau, m [تْروُسو] حزمة
— de clefs ربطة مفاتيح
le — de la mariée جهاز العروسة . جهاز
trousser, v جمع . حزم . رزم ✿ رفع الثياب . شمَّر ✿ جهَّز [—سِه]
— un dinde كتَّف ديكاً رومياً (في الطباخة)
trouvaille, f [—ڤاي] لقطة . لقية
trouver, v وجد . اِخترع . اِبتدع ✿ حسب
se — كان في . وجد
elle s'est trouvée mal احست بتوعك

truc, n [تْرِيك] طريقة . حيلة ✿ مَلعوب
trucage ou truquage, m تحايل
truchement, m ترجمان
truelle, f مسطار . مالج . محارة
truffe, f [تْرِيف] كم . كمأة . نبات الرعد
truffer, v حشا أو طبخ بالكمأة
truie, f خنزيرة
truite, f سمك نهري (نقط)
truquer, v [تْرِيكِه] غش
T. S. F. تلغراف لاسِلكي
t.s.v.p. انظر بعده . في الصفحة التالية
tsar ou czar, m قيصر
tu, toi, te, pro. pers. sing. انت . ضمائر المخاطب المفرد الشخصية [تِي]
tub, m [تِيب] طست عميق . نصف برميل
tube, m [—] أنبوب ✿ بوق (في التشريح)
tubercule, m عُقدة . عجرة . دَرَنة ✿ حدبة
tuberculeux, se, a ذو بثور أو غدد . درني ✿ متدرّن [تِيبِيرْكيلُه]
tubérculose, f التدرُّن ✿ سُل دَرَني
tubéreuse, f زنبق طرابلسي . سوسن
tudesque, a [تِيدسْك] الماني
tuer, v [تِيِه] قتل . أهلك
se —, قُتِل
tuerie, f [تِيرِي] مذبحة
tue-tête (à —) بزعيق . بصوت عالٍ
tuile, f آجرة . قرميد (طوبة) ✿ كارثة . مصيبة
tulipe, f خزامى . السوسن المعمم . سنبل

tulle, *m* [تِبّل] تُـل . نَسيج رقيق . شِـف

tuméfaction, *f* تورم . انتفاخ . (نفنفة)

tuméfier, *v* سبَّب النفخة . ورَّم ✡ ورمَ

tumeur, *v* خراج . دمَّل . ورم (طلوع)

tumulte, *m* جلبة . شغب . ضجـة . صخب

tumultueux, se, *a* ضجّـاج . حادث بجلبة

tunage, *m*, *ou* **tune**, *f* سد

tunique, *f* قميص ✡ ثوب كهنوتي ◦ غشاء . صفاق

tunnel, *m* نفق

turban, *m* عمرة . عِمامة

turbine, *f* ساقية . طارَة (طربين)

turbot, *m* سَمك الترس . ترسة

turbulence, *f* طيش . شقاوَة ✡ هياج

turbulent, e, *a* طائِش . صَخب ◦ شكس

turc, turque, *n et a* [تِـيُرك] تركي

turf, *m* خميلة أو خضير . أرض مكسوة بالعشب ✡ حَلْبة سِباق الخيل أو ما يتعلّق بالسباق

turgescence, *f* إِنتفاخ . ورَم

turpitude, *f* شَناعَة . فَظاعَة . فحشا . ✡ دَناءَة

turquoise, *f* [تِـير كـوّاز] فَيْروز

tutélaire, *a* حارِس . حافِظ . أمين

tutelle, *f* وصاية . وكالة القاصر . ولاية

tuteur, rice, *n* وَصِي . قَيّـم . وَكيل القاصر

tutoiement *ou* **tutoiment**, *m* إِستعمال الضمير المفرد «أنتَ أو أنتِ» في المخاطبة

tutoyer, *v* خاطب بصيغة المفرد بدون كلفة

tuyau, *m* [تِيـّو] انبوبة (ماسورة) ◦ معلومات سرية أو خصوصية

tuyautage, *m* مواسير . أنابيب ◦ تركيب المواسير ✡ تجعيد (كشكشة)

tuyauterie, *f* أنابيب . مواسير ◦ مصنع أنابيب

tympan, *m* صماخ ✡ طبلة الاذن . ترس التعشيق ✡ بُرنُت (طنبور) في الطباعة

tympanon, *m* سنطير (آلة موسيقية)

type, *m* نموذج . شَكْل ✡ صورة أصلية ◦ رمز ◦ شخص ◦ شخص غريب المنظر أو الأطوار

typhique, *a* تيفوسي

typique, *a* [تِيپِيك] رَمزي ✡ شكل نموذجي أو أصلي . مُطابق للأصْل

typhon, *m* أعْصَار . زَوْبعة

typochromie, *f* الطبع بألوان مختلفة

typographe, *m* طابع . طبّاع حُروف

typographie, *f* [تِيپوجرافِي] فَن الطباعة بالحروف

typographique, *a* طباعي . مختص بالطباعة

tyran, *m* [تِـيرَن] طَاغِية . باغٍ . جَبّار

tyrannie, *f* بغي . جَور . إِستبداد . طغيان

tyrannique, *a* جوري . تعسفي . عاتٍ

tyranniser, *v* طغا . جار على . إِستبد

tzigane *ou* **tsigane**, *n et a* [تْزِيجان] غَجَر ✡ غَجَري . نوري

U

ubiquité, *f* كلية الحضور. صفة الموجود في كل مكان

ulcération, *f* تقرّح. غَبَر. نغل

ulcère, *m* [إيلسير] قرحة. خراج دائم

ulcéré, e, *a* متقرّح. مقروح

ulcérer, *v* اقرح ✲ أوغر صدره

ultérieur, e, *a* لاحق. تالٍ. جارٍ بعد

ultérieurement, *ad* فيما بعد. بعده. تاليا

ultimatum, *m* بلاغ أخير. إنذار نهائي

ultime, *a* [إيلتيم] نهائي. أخير. يأتي بعد

ultra مفرط. متغال «وراء» بعد من أو فوق

ultra-libéral, e, *a et n* متغالٍ في الحرية

ultra-violet, te وَراء أو فوق البنفسجي

ululer *ou* hululer, *v* عَوّل ✲ وَلول

un, une, *a. num.* أحد. واحد أو إحدى

un, *m* العدد (١). واحد

un, une, *art. indéf* أداة تعريف غير محددة

la rose est une fleur الوردة زهرة

l'un l'autre بعضهما بعضا

unanime, *a* متفق عليه ✲ مُجْمَع عليه. باتفاق الآراء. إجماعي [إينانيم]

unanimité, *f* إتفاق الرأي. إجماع على

uni, e, *a* ملحق. مَوْصُول ✲ مُسْتوٍ ✲ أملس. متحد ✲ سَوِيّ [إيني]

une famille — أسرة متحدة أي تعيش في وئام

—, *m* سادة. من لون واحد

unicolore, *a* ذو لون واحد

unième, *a* واحد

le vingt et — jour اليوم الواحد وعشرون

unification [إينيفيكاسيون] توحيد

unifier [إينيفييه] وَحَّد. جعله واحدا

uniflore, *a* ذو زهرة واحدة

uniforme, *a* على نمط واحد. متساوي ✲ متشابه الشكل ✲ متسق [ـفورم]

—, *m* لبس المنصب أو المقام. زي أو بدلة رسمية ✲ كسوة عسكرية

uniformité, *f* تساوٍ ✲ تشابه ✲ تناسُق

unilatéral, e, *a* احادي الجهة ✲ ملزم لأحد الطرفين

union, *f* إتحاد ✲ وفاق. وئام ✲ إجتماع. التصاق. انضمام ✲ زواج [إينيون]

unionisme, *m* مذهب الاتحاد

unique, *a* فريد. فرد ✲ فذ. عديم النظير

uniquement, *ad* فقط. مجرداً عن غيره ✲ ليس إلا [إينيكمان]

unir, *v* جمع. ضمّ. قرن. وصل ✲ وفق بين ✲ سهّل. سوّى. وحّد [إينير]

s'— التصق. التحم ✲ اتحد. تآلف ✲ انضم إلى

unisexuel, le, *ou* unisexué, e, *a* احادي الجنس. مذكر ومؤنث معاً (في النبات)

unisson, *m* ائتلاف. مطابقة الأصوات ✲ إيقاع. إتحاد الأنغام [إينيسون]

à l'— بصوت واحد. معاً

unitaire, *a et m* [إينيتير] موحد

unité, *f* وحدة ✲ العدد الواحد ✲ إتفاق

les —s [ـتي] الآحاد // الأجزاء

unitif, ve, *a* ضام. موحد

univers, *m* [ـفير] عالم. كون. البسيطة

universalité, *f* عموم. عمومية. اجماعية

universel, le, *a* عام. شامل عمومى

universitaire, *a* خاص بالجامعة

—, *m* أستاذ في المدرسة الجامعة

université, *f* جامعة. مَدْرَسة عامة أو كلية

uranographie, *f* فن رسم الخرائط الفلكية

urbain, e, *a* [اِيرْ بَن] مَدَني. حَضري

urbanité, *f* تمدّن. رقة. دَماثة

urée, [اِيرِ] (يوريا). أصل البوْل. بولين

urémie, *f* تَسَمُّم بَولي. الشحان البول في الدم

uretère, *m* الحالب. قناة البول الداخلية

urètre *m* المجرى. قناة البول

urgence, *f* عجلة. استعجال ٭ لزوم. ضرورة

urgent, e [اِيرجَن] مستعجل. ضروري

urinaire, *a* [اِيرِينِير] بَوْلي

urinal, *m* [ـنال] اناء للتبويل في الفراش

urination, *f* تبَوُّل

urine, *f* [اِيرِين] بَوْل (الجمع أبوال)

uriner, *v* [اِيرِينِه] بال (بوَّل)

urinoir, *m* [ـنوار] مَبْوَلة

urique (acide —) حمض بوليك

[اِيرِيك] الحامض البولي.

urne, *f* [اِيرْن] جرة. قارورة. قمقم

— électorale صُندوق الانتخابات

— cinéraire قارورة رماد من يدفنون حرقاً

ursin, e, *a* دبي. من جنس الدباب

U.R.S.S. اتحاد الجمهوريات الاشتراكية السوفيتية

urticaire, *f* [اِيرْتيكير] بثري. طفح الجري. الجرية (مرض جلدى)

urtication, *f* تحمير. تهييج البشرة

us, *m. pl* عوائد. عـرف. تقاليد

usable, *a* قابل الفناء أو التلف ٭ يمكن إستعماله

usage, *m* عادة. عُرْف ٭ إستعمال. إستخدام ٭ إستهلاك ٭ تصرُّف. تمتع ٭ خبرة. إختبار [اِيزاج]

hors d'— بطل إستعماله

consacré *ou* admis par l'— عرفي

usagé, e, *a* مُسْتَعمل (اي غير جديد)

usager, ère, *a et n* خاص للاستعمال ٭ صاحب حق الاستعمال [اِيزاجِه]

usance, *f* عـرف. عادة ٭ مُهلة الدفع

usé, e, *a* بال. رث. سمل ٭ إبتذالي. مطروق

user, *v* أبلى. أتلف. أفنى. إستهلك ٭ وَهن ٭ أضنى ٭ إستعمل. تصرف ٭ تمتع ب.

s'— [سيزِه] أخلق. رث. اهترى

user, *m* [اِيزِ] مُدّة الاستعمال

usine, *f* [اِيزِين] مَصْنَع. مَعْمَل

usinier, ère, *n et a* صاحِب مَصْنَع ٭ متعلق بالمصانع [ـزِينيِه]

usité, e, *a* مألوف. مُسْتَعمل. إعتيادي

mot — كلمة اصطلاحية

ustensile, *m* أداة. ماعون. اناء. وعاء

ustion, *f* حَرْق. كي

usucapion, *f* تملك بوضع اليد ٭ حكر

usuel, le مُتداوَل. مستعمل عادةً. إعتيادي. متعارف. مألوف. شائع.

langage — لغة دارجة

usufruit, *m* حق الانتفاع أو التصرف بدخل من ملك غيره. إستثمار

usufruitier, ère, *n et a* منتفع بالريع . صاحب حق الانتفاع

usuraire, *a* ربوي . رباني . متعلق بالربا الفاحش

usure, *f* ربا . فائدة ٭ فنى . بِلى . ضمور

usurier, ère, *n* [ايزريه] مُرابٍ

usurpateur, rice, *n* مغتصِب

usurpation, *f* إغتصاب (السلطة او المنصب)

usurper, *v* إغتصبَ . سلب . خلس

utérin, e [ايتيرَن] من جهة الأم . رحمي

frère — أخ من الأم فقط

utérus, *m* رحم . بيت الوِلْد

utile, *a* [ايتيل] مفيد . نافع

—, *m* النافع . النفع

utilement, *ad* بمنفعة . بطريقة مجدية

utilisable ممكن إستعماله . صالح للاستعمال

utilisation, *f* إنتفاع . إستعمال

utiliser, *v* إستَعمَلَ . إستفاد من . إنتفع بـ

utilitaire, *a et n* ذو مَنْفَعة . منفعي ٭ يعتقد بأن النفع غاية الفضيلة

utilité, *f* جَدْوَى . طائل . عائدة . نفع . فائدة

utopie, *f* تدبير أو نظام خيالي . تصوّري . منوى الكمال [ايتوبي]

utopiste, *m* طالب المحال . مبتدع نظام خيالي

uvée, *f* الغشاء العيني

uvule, *f* [ايڤيل] غلصمة . لهاة الحَلْق

V

V. رقم روماني = ٥

vacance, *f* [ڤاكَنس] خلو . فراغ

—s, *pl.* عطلة . (أجازة) . بطالة

vacant, e, *a* [ڤاكَن] خالٍ . غير مشغول (شاغر) ٭ شاغر . فارغ . خاوٍ

vacarme, *n* [ڤاكَرْم] ضجة . ضجيج

vacation, *f* [ڤاكاسيون] خلو

vaccin, *m* [ڤكسَن] لُقَاح . طُعْم . مادة التطعيم المرضي . مَصْل

vaccinateur, *n et a. m* مُطَعِّم . مُلقِّح

vaccination, *f* تَلْقيح . تطعيم بمادة

vaccine, *f* [ڤكسين] جُدَرِي البقر

vacciner, *v* لقح بالجدري أو غيره

vache, *f* [ڤاش] بقرة ٭ امرأة ساقطة ٭ طقس رديء

vacher, ère, *n* بقَّار . راعي البقر

vacherie, *f* زريبة

vaciller, *v* تراوَح . تذبذب ٭ ترنح . تمايل

vacuité, *f* خُلو . فراغ . هواء

vacuum, *m* فراغ . خلو من الهواء أو أي مادة

vade-mecum, *m* كِتاب الجيب ٭ السمير الصامت ٭ ما يحمل معه المرء

va-et-vient, *m* حركة . مرواح ومجيء (رجل)

vagabond, e, *a et m* [ڤاجابون] مُتشرد

vagabonder, *v* [ـبوندِ] تشرد

vagin, *m* [ڤاجَن] المهبل

vague, *f* [ڤاج] مَوْجَة
vague, *a* غامِض. مُبْهَم. غير صَرِيح
vaguement, *ad* بغموض. بغير وضوح
vaguer, *v* [ـ جـه] سرح. طاش. جال
vaillance, *f* بسالة. بأس. شجاعة
vaillant, *m* [ڤيـن] بطل. باسِل. شَهْم
vain, e, *a* [ڤـن] باطِل. عَبَث ٭ مَغْرُور
vaincre, *v3* غلب. قهر. تغلّب على. هزم
vaincu, e, *a* [ڤـنكيـ] مَغْلُوب. مَقْهُور
vainement, *ad* [ڤـينـمـن] عَبَثاً. سُدًى
vainqueur, *m et a* مَنْصُور. غالِب
vaisseau, *m* سَفِينة ٭ وِعاء. إناء ٭ عروق
— de guerre بارجة. سفينة حربية [ڤيسو]
— x artériels اوعية شريانية
vaisselier, *m* دُولاب الأواني. صِوان
vaisselle, *f* آنية الأكل كالصحون وما شابه
val, *m* [ڤال] وادٍ. وهدة
valable, *a* صَحِيح. مَعْمُول به شرعاً
valence, *f* قوة التكافؤ أو الالفة الكيماوية
valériane, *f* [ڤالـريان] حَشِيشَة الهِر. فُو
valet, *m* [ڤالـه] خادِم للرجال (شماشيرجي) ٭ وَصِيف ٭ أعْرَج (في لعب الورق)
valeur, *f* قِيمَة. ثمن ٭ أهمية. قدر ٭ أوراق ذات قيمة (كالأسهم المالية وما شابه)
collier de — [ڤالـر] عقد ثمين
— déclarée قيمة مبينة
mettre en — إستغل
valeureux, se, *a* [ـ ر] مِقدام. باسِل
valide, *a* صَحِيح. شرعي. قانوني ٭ متين. سليم
valider, *v* أثبت شرعياً. صادق على الأمر رسمياً
validité, *f* حُجِّيَّة. قانونية. ثُبوت رَسْمي
valise, *f* [ڤالـيز] حَقِيبة (شنطة)
faire ses —s أعد حقائبه
vallée, *f* وادٍ. مُنفرَج بين سِلْسِلة جبال
vallon, *m* بَطْن الوادِي أو وادٍ صغير بين تلّين
valoir, *v3* [ڤالـواز] ساوى
à — تحت الحساب
faire — أظهر. بيّن
valse, *f* الفالز. رَقْصة الدوران
value, *f* [ڤالي] قِيمة
plus-value زيادة القيمة
valve, *f* صِمام ٭ صِفْق (ضباب). مِصْراع
vampire, *m* نَزَّافة. الوَطْواط المصّاص. خُفّاش كبير ٭ مُمْتَص الدماء. مُبتزّ ٭ الغول المصّاص. علوق [ڤانـپير]
van, *m* مِذرى. مقحفة. منسف ٭ عربة لنقل كبيرة
vandale, *m* مخرب الآثار والتحف القديمة
vanille, *f* خَرُّوب عِطري أمريكي. ڤانيلا
vanité, *f* زَهْو. غُرور. عُجْب. خُيَلاء
vaniteux, se, *n et a* متباه. متنطرف
vannage, *m* تذرية الحنطة وغيرها. نسف
vanne, *f* باب حَوْض أو هَوِيس أو خزان ٭ فتحة قنطرة أو مَصْرِف أو سد. ربخ
vanner, *v* نسف القمح. ذرّى. نخل
vantail, *m* [ڤـن تاي] دَرْفة. مِصْراع
vantard, e, *n et a* جَخّاف. فخور. طرماز
vantardise, *f* إفتخار
vanter, *v* إفتخر. مَدَح. أطرى
se — [ڤـن ته] تفاخر. تباهى. جخف

vapeur, *f* [ڤاپِـر] بخار (نفس)
أبخرة. تصاعدات. رياح سوداوية —s
vapeur, *m* (وابور) باخرة. سفينة بخارية
vaporeux, se, *a* بخاري
متبخر. طيار ٭ هوائي
vaporisateur, *m* مبخة
رشاشة ٭ مبخرة.
vaporisation, *f* تبخر ٭ تبخير
vaporiser, *v* بخر. حول الى بخار. صعد
vaquer, *v* [ڤاكـِه] تعطل ٭ خلا. خوى
— à ses affaires التفت الى شغله. قام بعمله
varaigne, *f* هويس الملاحة. فتحة ماء البحر
varech *ou* varec, *m* قش. حمول البحر
vareuse, *f* مريلة. عنتري ٭ ستري (سترة)
من مشمع ٭ بذلة للشغل وما شابه
variable, *a* متغير. متبدل
variant, e, *a* متغير
variante, *f* رواية مختلفة. صورة مغايرة
variation, *f* تباين. تنوع ٭ فرق ٭ تغيير
varice, *f* دوالي. تمدد أو تورم الأوردة
varicelle, *f* جدري الدجاج أو الماء
. حماق. جدري خفيف
varié, e, *a* [ڤَرْيِه] مختلف. متنوع
varier, *v* نوع. غير ٭ تغير ٭ تباين
variété, *f* نوع. ضرب. صنف ٭ إختلاف
[ڤَرْيِتِه] تنوع ٭ تنويع. تشكيل.
variole, *f* [ڤَرْيول] جدري
variolé e, *n et a* مجدور. مجدر

varíqueux, se مختص بتورم الأوردة
دوالي [ڤاريكـِه].
varlope, *f* فارة كبيرة
vasculaire *ou* vasculeux, se وعائي
٭ مختص بالأوعية الدموية
vase, *f* [ڤاز] حماة. وحل
vase, *m* وعاء. إناء
— *ou* — de fleurs زهرية
— de nuit قصرية
vaseux, se وحلي ٭ مجبول
vasistas, *m* خوخة. باب
فتحة في باب أو نافذة تغلق.
وتفتح ٭ ستار العربات
vaso-moteur, rice, *a et m* محرك
الأوعية. أعصاب محركة
vasque, *f* [ڤَسْك] فسقية. حوض النافورة
vassal, e, *a et n* تابع. إقطاعي. موالي
vaste, *a* فسيح. متسع. رحب
Vatican, *m* بلاط البابا
vaudeville, *m* تمثيل مختلف ٭ تمثيل هزلي
vau-l'eau(à), *lc. ad.* منحدراً. منجرفاً
مع التيار ٭ منهزم. لم يفلح
vaurien, ne, *n et a* صعلوك ٭ رجل سوء
vautour, *m* رخمة. نسر ٭ غراب أو جشع
vautrer (se), *v* [ڤوتـْرِه] تمرغ
veau, *m* [ڤو] عجل ٭ لحم العجل
vedette, *f* طليعة ٭ ديدبان ٭ نافضة
. سفينة إستطلاع صغيرة ٭ كوكب. ممثل بارز
en — بشكل ظاهر

végétal,e,*n et a* نبات. شجر ٭ نباتي

végétarien,ne يأكل الأطعمة النباتية فقط

végétarisme *ou* végétalisme, *m* التغذي بالخضر

végétation, *f* خضار. خضرة. نبات ٭ نمو النبات ٭ نمو أو تضخم. (لحمية)

végéter, *v* نبت. نما. برض ٭ عاش خاملاً

véhémence, *f* حميا. حدة. سورة

véhément, e, *a* حام. عنيف. حاد

véhicule, *m* مركبة. عربة. سيارة ٭ حامل ناقل

veille, *f* سهر ٭ عشية. أمسية

la — عشية اليوم ٭ أمس

à la — de على وشك. على أهبة

veillée, *f* سهرة. جماعة أناس ساهرين

veiller, *v* سهر ٭ حرس. راقب ٭ إعتنى بـ

veilleur, se, *n* ساهر ٭ حارس في الليل

veilleuse, *f* قراية ٭ قنديل

veinard, e, *n* [ڤينار] مبخت

veine, *f* عرق ٭ وريد ٭ بخت

veineux, se, *a* كثير العروق. معرق ٭ (مجزع) ٭ وريدي

veinule, *f* وريد صغير

vélin, *m* رق عجالي. المدبوغ والرقيق من جلد العجال. قضيم. جلد أو ورق يشبه الرق

velléité, *f* إرادة غير ثابتة

vélo, *m* دراجة

vélocimane, *m* لعبة أطفال حصان على عجل

vélocipède, *m* دراجة من طراز قديم ٭ دراجة

vélocité, *f* سرعة. سرعة السير أو التحرك

vélodrome, *m* مضمار الدراجات

velours, *m* [ڤلور] مخمل. قطيفة

jouer sur le — راهن بالربح فقط

velouté, e, *a* شبيه بالمخمل. مخلي ٭ ناعم

velu, e, *a* [ڤلي] أزب. أشعر

venaison, *f* [ڤنزون] لحم الصيد

vénal, e يباع ويشترى ٭ مرتش. يقبل البرطيل [ڤنال]

valeur — e قيمة تجارية

vénalité, *f* كون الشي يباع ويشترى ٭ برطلة. بيع الذمة

venant, e, *a et m* آت. مقبل

à tout — [ڤنن] القاصي والداني

vendable, *a* ممكن بيعه

vendange, *f* جني العنب ٭ العنب المقطوف

— s, *f. pl* [ڤندنج] زمن جني العنب

vendanger, *v* جنى. قطف العنب

vendangeur, se, *n* جاني أو قاطف العنب

vendetta, *f* ثأر. أخذ بالثأر. إنتقام

vendeur, se, *n* [ڤندر] بائع

vendre, *v3* باع ٭ خان

vendredi, *m* جمعة. يوم الجمعة

— saint [ڤندردي] يوم الجمعة الحزينة

vendu, e, *a* [ڤندي] مباع

venelle, *f* درب. حارة

vénéneux, se, *a* سام. نبات سام

vénérable, *a* مُوَقر . محترم . وَقور
vénération, *f* تَبْجيل . إحترام . توقير
vénérer, *v* كرَّم . أكْرَم . بجَّل
vénérien, ne, *a* تناسُلي . مُختَصّ بأعضاء التّناسُل [فِنِرِيَن]
vengeance, *f* ثار . إنتقام [فَنجَنْس]
venger, *v* أخذ الثأر . إنتقم [فَنجِه]
vengeur, resse, *n et a* مُنتَقِم
véniel, le, *a* غير مُميت ✻ بَسِيط . خفيف
venimeux, se, *a* سامّ . حَيَوان سام
venin, *m* سُمّ ✻ أذى ✻ غِل [فِنَن]
venir, *v3* أتى . أقبلَ . حدثَ [فِنير]
faire — أحضر
en — à آل أو أفضى إلى
vent, *m* رِيح . هَواء [فَن]
lacher un — ريح . ضرط
vente, *f* بَيْع [فَنْت]
— aux enchères بيع بالمزاد
— à la pièce بيع بالقطعة
venter, *v* هَبَّت الرِيح [فَنْتِه]
venteux, se, *a* مولد الريح ✻ كثير الأرياح
ventilateur, *m* مِرْوَحة . مِهواة ✻ مَنفَس
ventilation, *f* تروُّح . تَهوية . تجديد الهواء
ventiler, *v* هَوَّى . رَوَّح [ـ تيلِه]
ventosité, *f* إنتفاخ المعى بالرياح
ventouse, *f* مِحْجم . (كاس هوا) ✻ منفس
ventre, *m* بَطْن
se serrer le — صبر على الجوع
ventrée, *f* نتاج . ملو البطن
ventricule, *m* بُطين . تجويف صغير
ventriloque, *n et a* مُقامِق . مُتكلِّم كأن صوته يخرج من بطنه [فَنتْرِيلوك]
ventru, e, *a* بَطِن . (مكرش)
venu, e, *a et n* آت . قادِم
soyez le bièn — أهلاً وسهلاً . على الرحب
venue, *f* مَجيئة . أتيان . قدوم . مَجيء
allées et —s مساعٍ . رواح وجيء
Vénus, *f* الزُّهَرة . كَوكَب الصُبْح ✻ رَبَّة العِشْق والجمال [فِنيس]
vêpres, *f. pl.* صَلاة العَصْر
ver, *m* [فِير] دُودَة
— luisant حُباحِب . قطرب . سراب الليل
— à soie دودة القز
— solitaire الدودة الوحيدة
tirer le — du nez إستدرج في الحديث
véracité, *f* صِدْق . حَقيقة الـ
véranda, *m* مُشْرَف . خرجة . شُرْفة واسِعَة (بلكون كبير) . فِرَنْدَه
verbal, e, *a* شَفاهي . شَفَهِي [فِربال]
verbalement, *ad* مُشافهة . شفاهياً
verbaliser, *v* حَرَّر مَحضراً . كَتَب بيان أو وقائع الدَعْوى [ـ باليزِ]
verbe, *m* فِعل ✻ صَوْت المرء [فِرب]
il a le — haut ذو صوت جهوري
— défectif فعل شاذ
verbeux, se, *a* كثير الكلام
verbiage, *m* كثرة الكلام . لَغْط (غلبة)
ver-coquin, *m* دُودة الكرم ✻ دوخة الغنم سببها دودة
verdâtre, *a* ضارب إلى الخضرة

verdet, *m* صَدأ. جِنْزار ٭ مَرَض الذرة

verdeur, *f* ماء النَبَات ٭ فَجَاجَة. عَدَم النضج ٭ حُموضَة ٭ ريعان الشبان وعنفوانه

verdict رأى. حكم المحلفين [ڤِرْ دِيكت]

verdier, *m* حسّون. الخضيري

verdir, *v* خَضّر ٭ اخضرّ. نضر

verdoyant, e, *a* خاضِب. مخضِر. نَضِر

verdoyer, *v* إِخْضَرّ [ڤِرْدْوَيّ(ه)]

verdure, *f* خُضْرَة. خُضَر ٭ خميلة ٭ نضرة

verdurier, ère, *n* خُضَرِي. بائع خضر

vereux, se, *a* مُدَوَّد. دائِد. مسوس ٭ ذو عَيْب خفي ٭ غير مأمُون أو مَضْمُون

verge, *f* قَضيب. عَصاة ٭ عُضْو التَذْكير

verger بُسْتان. حَديقة فاكِهة [ڤِرْجِي(ه)]

vergetures, *f. pl.* تشقّق الجِلد

verglas, *m* جَليد. صَقيع دَقيق. ماء المطر متجمّد على الأرض [ڤِرْجْلا]

vergogne, *f* خَجَل. خِزْى

sans — قليل الحياء

vergue, *f* قارِية. دَقَل (فى الملاحة)

véridique صادِق في القول ٭ حَقيقي. واقِعي

vérificateur, *n et a* مُراجِع. محقق

vérification, *f* مُراجَعة. بَحْث. فَحْص

vérifier, *v* راجَع. حقق. بحث عن حقيقة الشيء

j'ai verifié le compte راجعت الحساب

verin, *m* آلة رَفْع الأثقال. عفريتة [ڤِرَن]

véritable, *a* حَقيقي. أكيد

vérité, *f* حقيقة. صحة [ڤِرِيتِ(ه)]

verjus, *m* حِصْرِم ٭ عَصير الحِصْرِم

vermeil, le أحْمَر مدمي. عَقيقي. قِرْمِزِي

—, *m* فِضّة مُذَهّبة

vermicelle, *f* شِعْريّة. إطريَة. مُفَتّلة

vermicide, *m et a* قاتِل الدُود

vermiculaire, *a* شَبيه بالدِيدان

vermifuge, *m* دَواء طارِد أو قاتِل الدِيدان

vermillon, *m* سَيْلَقون. زِنْجَفْر ٭ لون قرمزي

vermine, *f* حَشَرَة. هامّة كالقمل والبراغيث والبق وغيرها ٭ حيوانات مُؤْذية كالفار وأمثاله

vermivore, *a* آكِل الحشَرات

vermoulu, e, *a* مسَوّس. ناخِر ٭ رَميم

vernaculaire, *a* وَطَني. بَلَدِي

vernal, e, *a* رَبيعي

verni, e, *a et n* مُبَرْنَق ٭ مُبْخَت

vernir, *v* بَرْنَق. طَلى بالبوية (الورنيش). لَمَّع

vernis, *m* بَرْنَقي. وَرْنيش. طَلاء التلميع ٭ ظاهر الـ [ڤِرْنِي]

vernissage, *m* برنقة. طلى بالورنيش ٭ اليوم السابق لافتتاح مَعرض صُوَر

vernisseur, *n et a*, *m* مُبَرْنِق. طالي بالوَرْنيش [ڤِرْنِيسِر]

vérole (petite —), *f* جِدْري

véronique, *f* شِيح. لبلاب المجوس. لاطيني

verrat, *m* خِنزير ذَكَر. حَلُوف

verre, *m* [ڤِر] زجاج ٭ كباية. كُوب ٭ ملء القدح أو الكأس

verrerie, *f* مَعْمَل الزجاج أو صِناعته ٭ آنية زجاجيّة [ڤِـرِ دِرِي]
verroterie, *f* خَرَز
verrou, *m* مرتاج. مِزلاج. ترباس [ڤِـرو] sous les —s محبوس
verrouiller, *v* تَرْبَس. أغلق بالمِزْلاج
verrue, *f* ثؤلول. ثعل (سنطة). زائدة جلدية
verruqueux, se, *a* كثير الثآليل والبثور
vers, *m* [ڤِـر] شِعْر ٭ بَيْت شِعْر
vers, *prép.* اِلى جهة. باتجاه. نَحْو ٭ لدى. عند ٭ زُهاء. قُرْب
versant, *m* [ڤِـر سَن] منحدر. سفح
versatile طائش. متقلّب. مُذبذب ٭ مِعلاج
verse, *f* اِنبطاح الزَرْع
a — وابل. هطل
versé, e مَسْكوب ٭ مُتبحّر. خَبير. مُدَرّب
versement, *m* دَفْع ٭ دَفْعَة ٭ قِسْط
verser, *v* صَبّ. دَفق ٭ دفع. أودَع ٭ اِنْسَطح أو اِنبطح الزرْع [ڤِـر سِـه]
la voiture à versé انقلبت أو سقطت السيارة
verset, *m* [ڤِـر سِـه] آية
versicolore, *a* مختلف الألوان
versifier, *v* نظمَ الشِعْر
version, *f* تَرْجمة. نقل ٭ رِواية ٭ تَحْويل [ڤِـر سْـيون]
verso [ڤِـرسو] ظَهْر. قفا. ظَهْر الصحيفة
vert, e, *a* أخْضَر ٭ غض ٭ فج. غير ناضج
une —e réprimande زجر عنيف
vert, *m* [ڤِـر] اللون الأخْضَر
vert-de-gris, *m* جِنْزار. صَدأ النحاس

vertébral, e [ڤِـر تِـبْـرَال] فَقاري. فقري
vertebre, *f* فِقْرَة. خرزَة الظَهْر
vertebré, e, *a* ذو فقرات. فِقْري
—s, *mp* الحيوانات الفقرية. الفقاريّات
vertement, *ad* بشِدّة. بقوّة. بتعنيف
vertical, e عَمُودي. قائم. مُنْتَصِب
verticalement [—مَـن] عَمُودياً. رأسياً
vertige, *m* [ڤِـر تِـيج] دُوار. دَوخ. دَوْخَة
vertigineux, se دُواريّ. مرنح. مُدوّخ
vertu, *f* فضيلة ٭ عِفّة ٭ مِيزة. خاصيّة [ڤِـر تِـي] en — de بموجب. بمقتضى الـ
vertueux, se, *a* عفيف. بارّ. صَالح. فاضِل
verve, *f* حَماس. حُميا ٭ قَريحة
verveine, *f* رَعْي الحمام. لويزا. فرفحين
vesce, *f* كشني. كرسنة مزروعة. جلبان
vésicatoire, *m* [ڤِـزيكاتْـوار] حَرّاقة
vésiculaire, *a* حُوَيْصلي. شبه الحوصلة
vésicule, *f* حويصلة. جِراب. وِعاء صَغير
vesou, *m* [ڤِـزو] عَصير القصب
vespasienne, *f* مَبْوَلَة
vesse, *f* فسية ٭ خَوْف
vessie, *f* مَثانة ٭ حُوَيْصَلة ٭ نافجة ٭ نَفْطة
vestale, *f* بتول. عَذراء ٭ شديدة العِفّة
veste, *f* سُتْرة. كِساء خارجي لأعلى الجسم
vestiaire, *m* صِوان الثياب. مكان إيداع الملابس في الملاهي وما شابه [ڤِـسْتـيـيـر]
vestibule, *m* دِهْليز. رِواق ٭ مَمَر

vestige [ﭬستيج] أثر شيء بائد. بقية
les — d'une ville أطلال مدينة
vestimentaire, a خاص بالملابس
veston, m سترة قصيرة (جاكته)
vêtement, m [ﭬتمن] ثوب. كساء
vétéran, m قديم في الجندية أو في خدمة
vétérinaire بيطري. مختص بتطبيب المواشي
—, m بيطار. طبيب الحيوان
vétille, f شيء تافه. ترهة
vétir, v [ﭬتير] كسا. لبس. ألبس
veto, m حق الرفض. عدم التقرير
vêture, f دخول الرهبنة. ترهب
veuf, m et a. m [ﭬف] أرمل
veuve, f et a f [ﭬف] أرملة
veule, n et a ضعيف. (هايف)
veuvage, m [ﭬفاج] ترمل
vexant, e, a [ﭬكسن] مكدر. مغيظ
vexation, f إعنات. تنكيد. إغاظة
vexer, v [ﭬكسه] كدر. أعنت. كاد
via, m [ﭬيا] عن طريق. بطريق
viable, a يمكنه أن يعيش. قابل للحياة
viaduc, m قنطرة على أعمدة مرتفعة
viager, ère, a دائم مدى الحياة
—, m [ﭬياجه] إيراد مدة الحياة
viande, f [ﭬيند] لحم (لحمة)
viatique, m نفقات السفر. زاد السفر
— des malades مناولة المحتضر
vibrant, e, a نابس. متهزز ✡ متذبذب
vibration, f تهزز. إهتزاز. خطران ✡ نز
vibrer, v إهتز. هز ✡ خطر ✡ نز «الوتر»
vicaire, m نائب. وكيل ✡ قسيس
vice, m آفة. عيب ✡ رذيلة. عادة قبيحة
vice, part. [ﭬيس] بدل. عوض او نائب
vice-amiral, m وكيل أمير البحر . نائب اميرال
vice-consul, m نائب القنصل. وكيل قنصل
vice-président, m نائب رئيس
vice-roi, m نائب الملك. رافد ✡ حاكم
vice versa, lc. ad والعكس بالعكس
vicier, v عاب. أتلف. أفسد ✡ فسخ. أبطل
vicieux, se, a فاسد ✡ ناقص. معيوب
✡ مجنة. لحن ✡ خليع. فاسق [ﭬيسيه]
vicinal, e مجاور. طريق تتصل بها القرى
vicissitude, f تقلب. تبدل. تحول
les —s du temps ظروف الدهر . تقلبات الزمن
victime, f ضحية. ذبيحة ✡ مجني عليه. فريسة
victoire, f [ﭬيكتوار] ظفر. نصر. فوز
victorieux, se, a منتصر. ظافر
victuaille, f مأكولات. ميرة. أطعمة
vidage, m تفريغ ✡ نزح
vidange, f [ﭬيدنج] إنزاح. نزح
—s, f. pl. أقذار بيت الراحة
vide, a [ﭬيد] فارغ. صفر. خاو
—, m فراغ. فضاء. خلاء
faire le — autour de lui أحدث فراغاً حوله
vider, v [ﭬيده] أخلى. فرغ
— le poulet طلع مصارين الفرخة
se — خلا. فرغ

vie, *f* حياة.معيشة ٭ عمر.مدّة الحياة ٭ رُجية. حرارة. نشاط ٭ معاش ٭ عيشة ٭ سلوك. تصرّف ٭ ترجمة.سيرة [ڤـي]
— de bohème عدم الاكتراث بالغد
vieillard, *m* [ڤـيـيـار] شيخ. عجوز
vieillerie, *f* أشياء عتيقة
vieillesse, *f* شيخوخة. هرم. كبر. شيب
vieillir, *v* تقدّم في السن (شاخ). كبر. هرم ٭ بطل. فات زمانه ٭ شيّب. أعجز
vieillissement, *m* كبر
vieillot, te, *a* ظاهر عليه العجز
vielle, *f* طنبور. آلة موسيق
vierge, *f et a* بتول. بكر. عذراء ٭ خام
La Sainte Vierge العذراء.أم يسوع المسيح
vieux, vieil, *a.m et n*, مسن. متقدّم في السن ٭ قديم. مزمن
vieille, *a.f et n*
un vieil arbre شجرة قديمة
vieille fille بنت عانس. لقلة
écoute mon vieux اسمع يا صاحبي
vieux, *m* [ڤـيـه] القديم
vif, *a.m*, vive, *a.f* نشيط ٭ حيّ ٭ حاد
rouge vif [ڤـيف] أحمر ناضر
de vive force قسراً. بالقوة
de vive voix مشافهة
—, *m* لحم فيه حياة. لحم حسّاس ٭ حيّ
vif-argent, *m* [ڤـيف آرجن] زيبق
vigie, *f* مراقب البحر ليلاً ٭ رقيب السفينة ٭ مرصد. مرقب [ڤـيجي]
vigilance, *f* حذر. تيقظ. انتباه
vigilant, e [ڤـيجيلن] يقظ. حذر
vigile, *f* (يرمون) سهرة او ليلة العيد
vigne, *f* كرم. شجرة العنب. دالية
dans les —s du seigneur ثمل. نشوان
vigneron, ne, *n* زارع العنب. كرّام
vignette, *f* صورة. نقشة صغيرة. حلية كتاب
vignoble, *m* حقل كروم. غيط عنب
vigoureusement بشدّة ٭ بهمة ٭ بحزم
vigoureux, se, *a* شديد. قوي ٭ حازم
vigueur, *f* [ڤيجر] نشاط. قوّة. شدّة
loi en — قانون جار، معمول به
vil, e, *a* [ڤـيل] نجس. دون. دني
vilain, e, *a* خسيس. قبيح. نذل. ردي [ڤـيلن]
vilebrequin, *m* مثقب برغي. مثقب يدار باليد. خرّامة (ملف)
vilenie, *f* دنيئة. رذيلة ٭ خسة. شح
villa, *f* طرز. بيت منفرد ضمن حديقة
village, *m* [ڤـيلاج] ضيعة. قرية. دسكرة
villageois, e, *n et a* [—وا] قروي
ville, *f* [ڤـيل] مدينة. بلد
villégiature, *f* سكنى الأماكن الخلوية للنزهة. التصييف [—لجياتير]
vin, *m* [ڤـن] نبيذ ٭ خمر
— mousseux نبيذ فوّار (كالشمبانيا)
vinaigre, *m* [ڤـينيجر] خل
vinaigrette, *f* صلصة خل وزيت وملح
vindicatif, ve, *a* حقود
vindicte, *f* عقاب. معاقبة المجرم
vingt, *a.n* [ڤـن] عشرون

vingtaine [ـــتين] مِقْدار عِشْرين تَقْريباً
vingtième, a.n um. العشرون. العشرين
—, m [ـــتييم] واحِد من عِشْرين
vinicole [ڤينيكول] مُخْتص بزرع الكَرْم
viol, m [ڤيول] إغتِصاب. فَضْح. هَتْك
violateur, rice, n مُتَعَدٍ ¤ هاتِك عِرْض
violation, f إِنتهاك. تَعَدٍ
violâtre ou violacé, e ضارِب للبنفسجي
viole, f آلة موسيقية مثل الكمنجة أكبر منها
violemment, ad بِشِدَّة. بِعُنْف ¤ قَسْراً
violence, f شِدَّة. عُنْف ¤ قَسْر
violent, e [ـــلَن] شَديد. عَنيف ¤ هائج
violenter, v غصب. قسر. إعتسف. هَتك
violer, v تَعَدَّى على. نَقَضَ ¤ دَنَّس ¤ إغتصَب ¤ هَتَك عِرْض [ڤيولِه]
violet, te, a [ـــلِه] بَنَفْسجي اللون
violet, m اللون البنفسجي
violette, f بنفسج (زهر)
violon, m [ـــلُن] كمنجة. كمان
violoncelle, m كَمَان كبير على الأرض (آلة طرب)
violoniste, n عازف على الكمان (الكمنجة)
vipère, f [ڤيپير] أفعى سامّة. حَنَش
virage, m تدوير. تغيير الاتجاه. حودة ¤ تدويرة ¤ تغيير اللون [ڤيراج]
virago, f إمرأة مُسْتَرْجِلانيَّة، كالرَّجُل
virement, m [ڤيرمَن] إدارة. تحويل

virer, v (حَوَّد) دَوَّر. دار. حال إلى ¤ غيَّر اللون ¤ حوَّل الحِساب [ڤير]
vireux, se, a مُؤْذٍ. سام ¤ كريه الرائحة
virginal, e, a بكري. بتولي. عُذْري
virginité, f بكارة. بكورية
virgule, f علامة وَقْف كواو «و». شولة
viril, e, a رَجُلي. مُسْتَكْمِل صفات الرجولة. خاص بالرَّجُل [ڤيريل]
virilité, f رجوليّة. رجولة ¤ قوّة التذكير
virole, f حَلقة حَديد. جلبة. طوق
virtuel, le, a مُضْمَر. فرضي. قادر ولكن غير فعّال. في حيز القوة [ڤيرتُول]
virtuose, n فَنّان. ماهر في الفنون الجميلة
virulence, f سامية. تسمّم. قوة السم
virulent, e زُعاف. سام ¤ وبيل ¤ غِل
virus, m سُم يحدث المرض. لِقاح ميكروبي ¤ سام. سُم نوعي ¤ مَصْل واق [ڤيروس]
vis, f مِسْمار لَوْلَبي. بُرْغي (مِسمار الأوُوظ أو برمه) ¤ رَقَبة
visa, m [ڤيزا] تأشيرة على جواز السفر
visage, m [ڤيزاج] وَجْه. مُحَيّا. طَلْعة
vis-à-vis قبالة. حذاء. تجاهاً. أمام
viscère, m حَشَى (مُفْرَد أحشاء). معي
viscosité, f [ڤيسكوزيته] لزوجة
visée, f [ڤيز] قَصْد. مَرْمى
viser, v سَدَّد. صَوَّب المرمى إلى ¤ قصد. نوى. طمح إلى ¤ أشّر على (جواز سفر) ¤ أشّر بالاطلاع [ڤيزِ]

viseur, m ضابط الاتجاه في آلة التصوير
visibilité, f كون الشيء منظوراً. وضوح
visible, a منظور. مرئي. ظاهر. منظور
visiblement, ad ظاهراً. عياناً. بوضوح
visière, f قونس. حافة الخوذة. رفرف القبعة
vision, f بصر. رؤية. خيال. شبح. تخيل
visite, f زيارة ✿ عيادة (الطبيب) [ڤيزيت]
visiter, v زار ✿ إفتقد. عادَ (المريض) [ڤيزيتِه]
visiteur, se, n زائر [ڤيزيتِـر]
vison حيوان أميركي ذو فرو ثمين [ڤيزُن]
visqueux, se, a لزج. دابق
visser, v ضبط بالبراغي. ربط بمسمار لولبي
visuel, le, a نظري. بصري [ڤيزوِل]
vital, e, a حيوي. جوهري [ڤيتال]
vitalité, f قوة الحياة. حيوية
vite, a ad سريع. سريعاً [ڤيت]
vitesse, f سرعة. عجلة [ڤيتِس]
viticulture, f زراعة الكروم
vitrage, m تركيب الزجاج ✿ مجموع زجاج نوافذ بيت وما شابه [ڤيتراج]
vitrail, m زجاج كنائس ✿ زجاج ملون
vitre, m زجاج شباك. لوح زجاج (قزاز)
vitré, e, a زجاجي. ذو زجاج [ڤيتـرِ]
vitreux, se, a شبيه بالزجاج (مقزز)
vitrier, m زجاجي. بائع أو مركب أو صانع الزجاج (قزازي) [ڤيترِيِه]
vitrine, f واجهة الدكان الزجاجية [ڤيترين]

vitriol, m شب يماني. زاج. كبريتات
vivace, a طويل العمر ✿ سريع. بحياة
vivacité, f نشاط. حيوية ✿ حدة. احتداد ✿ خفة الروح. حبرة [ڤيڤاسيتِه]
vivandier, ère, n بائع المأكولات للجند
vivant, e, a حي. عائش [ڤيڤَن]
du — de... في زمان أو عصر
vive!, int. vivat! الهتاف بلفظة يعيش
vivement بحمية. بنشاط. بشدة ✿ بقوة
viveur, se, n محب التمتع بلذات الحياة
vivier, m حوض لتربية السمك
vivifier, v أحيا. حيّا. أنعش
vivipare ولود. تلد أجنة حية (ضد بيوض)
vivisection, f تشريح حيوان حي للعلم
vivre, v3 عاش. حيي ✿ بقي. دام ✿ عاش من. إقتات بـ ✿ سار. سلك. كذا
vivre, m, — s الطعام. القوت. مؤونة
vocabulaire, m كتاب مفردات لغة (قاموس). مجموعة كلمات [ڤوكابيلير]
un exercise de — تمرين في مفردات اللغة
vocal, e, a صوتي. مختص بالصوت ✿ ملفوظ. له صوت [ڤوكال]
musique —e موسيقى بالنشيد. غناء
vocatif نداء ✿ صيغة المنادى [ڤوكاتيف]
vocation, f ميل إلى ✿ دعوة الرب
vocifèrations, f. pl. صخب. ضجة. زعيق
vociférer صخب. ضج. صاح [ڤوسيفِرِه]
vœu, m نذر ✿ أمنية [ڤـو]
vogue, f شيوع (مودة) ✿ إعتبار [ڤوج]

voguer, *v* سار بقوة المقاذيف ٭ سافر بحراً
voici, *pré* هو ذا . هاهو
me — لبيك . هاءنذا
voie, *f* [ڤـوا] طريق ٭ مسلك ٭ طريقة
—s urinaires المسالك البولية
par la — بوساطة . بواسطة
ferrée سكة حديد
mettre sur la — هدى
— lactée المجرى . ضرب التبان (فى الفلك)
— d'eau نقب . شق فى سفينة
—s de fait ضرب . سوء معاملة
voilà, *pré* [ـــلا] هاك . هو ذا . هاهو
la — هذه هى !
voile, *m* حجاب . ستر . غطاء ٭ إزار
[ڤوال] خمار . برقع . طرحة
prendre le — ترهبت
voile, *f* قلع . شراع
voilé, e, *a* محجوب . ملثم ٭ معتم . أغبش
regard — نظر مغشى
voiler, *v* [ڤـوالـه] حجب . برقع . ستر
se — تحجب . تستر . تبرقعت المرأة
voilette قماش رفيع شفاف لتغطية الوجه
voilier, *m* صانع القلوع ومرقعها
[ڤوالـيه] ٭ مركب شراعي
voir, *v3* [ڤـوار] أبصر . رأى . شاهد . نظر
— le jour ولد . خلق
je vous vois venir اعرف نيتك
voire, *ad* [ڤوار] حتى الـ . أيضاً
voirie, *f* [ڤواري] إدارة الطرق . تنظيم
voisin, e, *n et a* [ڤـوازن] جار ٭ قريب
voisinage, *m* الأماكن المجاورة
[ڤوازيناج] ٭ الجيران (جيرة) ٭ قرب
voisiner, *v* زار جيرانه ٭ جاور
voiturage, *m* نقل بالعربات
voiture, *f* عربة . مركبة ٭ سيارة
— de place [ڤـواتيـر] عربة أجرة
voiturier, *m* صاحب أو سائق العربة
voix, *f* [ڤوا] صوت
vol, *m* طير . طيران ٭ سرقة ٭ الشيء المسروق
[ڤول] ٭ سرب . رف (طيور)
au — على الطاير
à — d'oiseau على خط مستقيم
volage [ڤولاج] هوائي . متقلب . طائش
volaille, *f* طيور داجنة [ڤولاي]
volant, *m* لعبة الڤولن 
— ٭ هدب أو حاشية
الثوب ٭ طابة ٭ جناح
الطاحون ٭ (حدافة) . عجلة سير الآلة
au — [ڤولـن] فى محل السواقة
volant, e, *a* يطير ٭ طائر ٭ ممكن نقله
volatil, e, *a* طيار . متصعد . متبخر
volatile, *m* طائر . طير داجن ٭ مجنح
volatilisation, *f* تحويل مادة إلى بخار
volatiliser حول إلى بخار . صعد ٭ تبخر
volcan, *m* [ڤولكـن] بركان . جبل ناري
volcanique, *a* [ڤولـكانيك] بركاني
volée, *f* طير . طيران ٭ فوج ٭ ضربات
[ڤولـه] متواترة ٭ إطلاق بندقية
voler, *v* [ڤولـه] طار ٭ حلق ٭ سرق
volet, *m* مصراع . شيش . درفة الشباك
voleur, se, *n* [ڤولـر] سارق . لص
— de grand chemin قاطع طريق

volière, *f* حظيرة للطيور. بيت طيور
volition, *f* إرادة. حرية الاختيار
volontaire, *a* إختياري ✿ عنيد. متصلب الرأي // متطوع [فولنتير]
—, *m*
volontairement, *a* إختياراً. عن رضا
volontariat, *m* التطوع
volonté, *f* [فولونتِه] إرادة
à — عند أو على الطلب. كما يراد
volontiers, *ad* بحسن الرضى. بطيبة خاطر
volt, *m* وحدة القوة الكهربائية الحركية
voltage, *m* قوة التيار الكهربائي الحركية أو المستمرة [فولتاج]
volte-face, *f* تلفت ✿ تغيير المبدأ أو المذهب
faire — à l'enemi رجع أو كر على العدو
voltige, *f* حبال البهلوان ✿ المشي على الحبل
voltiger, *v* مشى على الحبل ✿ حام. رفرف ✿ نط ✿ دار راكباً [فولتيجِه]
voltmètre, *m* مقياس قوة التيار الكهربائي
volubile, *a* ملتف. عصي (في النبات)
volubilité ذلاقة اللسان ✿ سهولة الحركة
volume, *m* حجم. تخانة ✿ جرم ✿ كتاب. مجلد // في جزئين en deux —s [فوليم]
volumineux, se, *a* ضخم. جريم
volupté, *f* لذة. شهوانية ✿ شبق
voluptueux, se شهواني ✿ محب اللذات
volute, *f* حلزون. (لفافة) وهي حلية معمارية ✿ ملتف. لوايي
vomer, *m* الميكعة. عظم الميكعة
vomique (noix —) جوز القيء
vomir, *v* [ڤومير] إستفرغ. قاء. لفظ
vomissement, *m* قيء. إستفراغ
vomitif, ve, *a* et *m* مقيء
vorace, *a* [ڤوراس] شره. نهم
voracité, *f* [—سيتِه] نهم. شراهة
votant, e صاحب صوت أو رأي. ناخب
vote, *m* [ڤوت] رأي. صوت (في إنتخاب)
voter, *v* [ڤوتِه] أعطى رأيه أو صوته
votif, ve [—تيف] نذري. مقدم من نذر
votre, *a. poss* (*pl.* vos) لك
— livre كتابكم (أو كتابك)
vôtre, *a qual.* [ڤوتر] لك
le — متاعك
—s, *m. pl.* ذوو قرابتك
vous avez fait des —s عملت ملعوب
vouer, *v* [ڤُو] وقف. نذر. كرس
se — زهد. تنسك. كرس نفسه
vouloir, *v3* أراد. رام ✿ تطلب. إقتضى
en — à qn. أبغضه. حقد عليه
—, *m* [ڤُولْوار] إرادة. مشيئة
vous, *pr. pers* [ڤُو] أنتم ✿ أنتن (انت)
— deux أنتما. كلاكما
voussoir *ou* vousseau, *m* (صنجة) [ڤوسوار] حجر العقد 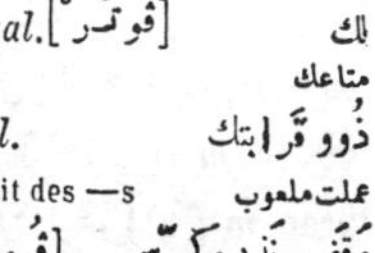
voûte, *f* عقد. قبة. قبو [ڤوت]
voûté, e, *a* معقود. أحدب. أقوس. مقوس

Voûter, *v* [ڤُوتِ] عقد. قبّب. قنطر
se — تحدّب. انحنى. تقوّس
vouvoyer, *v* خاطَب بالتعظيم ✡ خاطب بصيغة الجمع كقولك ✡ كتبتم بدل كتبت
voyage, *m* [ڤُوَاياج] رِحْلة. سَفَر ✡ سِياحة
voyager, *v* رحل. سافر ✡ ساح
voyageur, se, *n* رَحّال ✡ رَاحِل . جَوّاب. سائح. مُسَافِر [ـ جِير]
voyant, e, *a* ناظِر. يمكنه النَّظر ✡ زاهٍ
couleur —e [ـ يَن] لون زاه
—, e, *n* عالِم الغيب. صاحِب رؤية. نبي
voyelle, *f* حَرْف عِلّة ✡ متحرك ✡ مُصوّت
a, e, i, o, u, y حروف العلة الفرنسية
voyeur, *m* مُشاهِد ✡ مَن يكتفي بالمشاهدة
voyou, *m* [ـ يُو] مِن الأوْباش
vrac, *m* [ڤْرَاك] سَائِب. غير مَحْزُوم
vrai, e, *a*, *m* [ڤْرِ] حقيقي ✡ الحقيقة
vraiment, *ad* حقيقةً. الحقيقي. حقاً
vraisemblable مُحتمل. قَريب من الصدْق
vraisemblance تَخْميناً. بوجه الاحتمال
vrille, *f* مخرز. مِثْقاب. بُرْغي
vu, e, *a* مُشاهد. مبصَر
bien — منظور اليه بعين الرضى
— le jugement بعد الاطلاع على الحكم
—, *pr* نظراً لِ ✡ بناءً على. من أجل
— la difficulté نظراً للصعوبة
—, *m* [ڤِي] إطلاع. نظر
au — et su de tous علناً. علانية. أمام الجميع

vu que, *lc. con.* بحيث أن
vue, *f* البصَر. النَّظَر ✡ قوّة البصَر ✡ العين ✡ رُؤية. مشاهدة ✡ مشهد. منظر. صورة ✡ رأي ✡ مراد. مرام
avoir — sur يطل على //
à perte de — على مدى النظر. على مرأى البصَر
en — معروض للمشاهدة
garder à — [ڤِي] راقب
payable à — تدفع عند الطلب
double *ou* seconde — بصيرة
à — d'œil بطريقة ظاهرة. على مرأى البصر
en — de لأجل. بقصد الـ ✡ من حيث
je la connais de — أعرفها شكلا
vulcanite, *f* مَطاط مجوهر أي مقسي بالكبريت [ڤِيلْكانيت]
vulgaire, *a* عامِي. دارِج. سوقي ✡ دني ✡ زقاقي ✡ مُبْتَذَل [ڤِيلْجير]
vulgarisateur, rice, *n* مُعمّم
vulgarisation, *f* تعْميم الشيء
vulgariser, جَعَله دارِجاً. عمّم إستعمال الشيء وجعله شائعاً أو مُبْتذلاً [ـ جارِيز]
vulgarité, *f* غَلاظة. فظاظة. دَناءة ✡ عاميّة
vulnérabilité, *f* قابلية الانثلام
vulnérable, *a* يُجْرَح. قابل للانجراح أو العطب أو الانتقاد
ville — مدينة سهل الهجوم عليها
vulnéraire, *a* نافِع للجُروح أو الاصابة ✡ دواء دامل ✡ مشروب كحولي قوي
—, *f* حشيشة الجُرْح أو الذهب
vulve, *f* [ڤِيلْڤ] الفرج
vulvite, *f* [ـ ڤِيت] إلتهاب الفرج

W

wagon, m [قاجُن] عَرَبَة سِكّة حَدِيد
wagon de marchandise عربة البضائع
wagon-lit عربة نوم (في القطار)
wagonnette f [واجِنِت] عَرَبة مكشوفة
wallon, m لَهْجَة فرنسيّة شائعة في بلجيكا
warrant, m إذن. أمْر ✿ وَصْل البضائع في المستوْدَعات (البوندِد) [وارَنْت]
wattman, m [وَتْمَن] سَوّاق (الترام)
W. C., m مِرْحاض. مُسْتَراح

X

X عَشَرَة (في الأرقام الرومانية)
X فلان
Madame X الست فلانة
xéno,- سابقة معناها « غريب أو دخيل »
xérophtalmie, f رَمَد جاف
xylographie, f فن النقش على الخشب
xylophage, m et a حشرات الخشب. قارِض الخشب
xylophone, m آلة موسيقيّة خشبيّة

Y

y, ad هُنا أو هُناك
je l'y ai vu رأيته هناك
y, pro. pers. له. بها او به. فيها
il y a يوجد. فيه أو فيها
ne vous y fiez pas لا تثق به
yacht, m [يَكت] يخت. سفينة للنزهة
yaourt, m لبن زبادي
Yankee, n أميركي. أحد سكان الولايات المتحدة
yard, m ياردة (٤ر٩١ سنتيمتر)
yatagan يطقان. سَيْف مُحَدَّب ذو حَدَّين
yearling, m حَوْلي. حِصان إبن سَنَة
yen, m [يِن] عُمْلة يابانية
yeux, m. pl., (pl. de œil) عيون
les yeux [لِزْيِوْ] youdi يهودي
yucca, m إبرة آدم. نبات من نوع الصبّار

Z

zèbre, m حمار الزرد. حمار عتّابي
zébré, e, a مُخطَّط. مقلَّم
zèle, m [زِل] نشاط. حمية
zélé, e, a et n مُجتهد. مُتحمِّس. غيور
zenith, m [زِنِيت] سَمْت ✿ أوْج
zéphire ou zéphir, m النسيم. ريح غربية
zepplin, m بلون مصفح مُنطاد مُسيَّر
zéro, m صِفْر ✿ نُقْطة ✿ لا شيء
zeste, m قشرة ✿ شيء تافه
Zeus رَب الأرباب (عند قدماء الاغريق)
zézayer, v لثغ (لدغ)
zibeline, f سمور وفروته
zigzag, m [زيجزاج] مُتعرِّج. متعوّج
zigzaguer, v [زيجزاجِه] تعرّج. تمعّج
zinc, m زنك. توتيا. خارصين ✿ حمارة
collyre de — [زَنك] قطرة التوتيا المعدنية
zincographe حفّار. صانع الأكليشهات
zingari, m غجري. نوري
zizanie, f شقاق ✿ زوان (نبات)
zodiaque, m [زودياك] مِنْطَقة البُروج. زيج

zona *ou* **zoster** المنطقية ، مرَض جلدي
zone, *f* [زون] منطقة. دائرة
zoographie, *f* وصف الحيوانات أو رسمها
zoolâtrie, *f* عبادة الحيوانات
zoolithe *ou* **zoolite,** *m* حيوان متحجّر
zoologie, *f* [زولوجي] علم الحيوان
zoologique حيواني ☆ مختص بعلم الحيوان
zoologue *ou* **zoologiste** عالم بالحيوان
zoonomie, *f* فسيولوجيا حيوانية. علم وظائف الحيوان.
zoophytes, *m* حيوانات نباتية. العريجات. حيوانات تشبه النبات كالاسفنج
zootechnie, *f* علم تربية الحيوانات
zootomie, *f* تشريح الحيوانات
zouave, *m* زواوي. جندي بلباس أهل الجزائر ومراكش
zut !, *int* إخرس // [زيت]
— **alors** زفت
zygoma, *m* [زيجوما] العظم الوجني
zymologie, *f* مبحث التخمر. علم الاختمار
zymotechnie, *f* فن التخمر
zythum, *m* بوزة مصرية. جعة قدماء المصريين

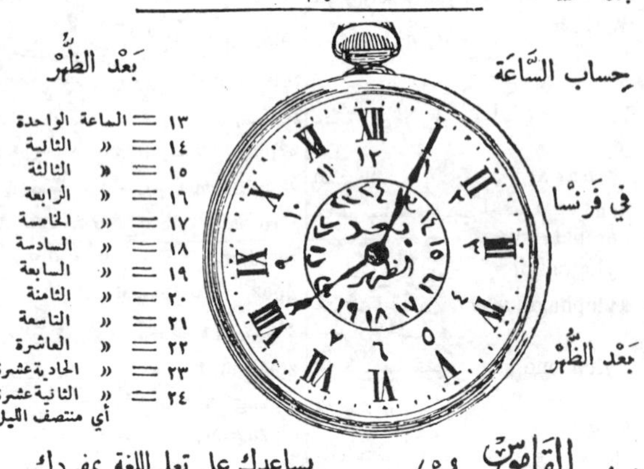

حساب السّاعة
في فرنسا
بعد الظّهر
بعد الظّهر
١٣ = الساعة الواحدة
١٤ = » الثانية
١٥ = » الثالثة
١٦ = » الرابعة
١٧ = » الخامسة
١٨ = » السادسة
١٩ = » السابعة
٢٠ = » الثامنة
٢١ = » التاسعة
٢٢ = » العاشرة
٢٣ = » الحادية عشرة
٢٤ = » الثانية عشرة
أي منتصف الليل

تصريف الأفعال الفرنسية

تعميماً للفائدة نذكر هنا أن الفعل نوعان :

متعد transitif (actif) (له مفعول به)

Le verbe transitif a un complément d'objet :

Le chien *garde* la maison

ولازم intransitif (ليس له مفعول)

L'intransitif n'a pas un complément d'objet :

Le poisson *nage* – Le temps *passe* vite

ذكرنا فى صفحة التوجيهات فى أول القاموس بأن الأفعال المنتهية بـ er قياسية ، ولكن أفعال aller و envoyer و aboyer تشذ فى تصريفها عن فعل chanter المعطى فى الصفحة التالية كنموذج فعل قياسى ـ ولهذا أدرجناها فى هذه الصفحة ـ ولم نذكر فعل aboyer لأنه يصرف مثل envoyer :

N° 6	INFINITIF Présent **ALLER** . Passé *Être allé*		PARTICIPE Présent **Allant**	(يصرف مع الفعل المساعد Être فقط فى الأزمنة المركبة)	PARTICIPE Passé **Allé** . (composé) *Étant allé*	
PRÉSENT						
Indicatif	je vais	tu vas	il va	nous allons	vous allez	ils vont
Subjonctif	que j'aille	que tu ailles	qu'il aille	que n. allions	que v. alliez	qu'ils aillent
PASSÉ						
Imparfait	j'allais	tu allais	il allait	n. allions	vous alliez	ils allaient
Simple	j'allai	. allas	. alla	. allâmes	. allâtes	. allèrent
FUTUR	j'irai	tu iras	il ira	nous irons	vous irez	ils iront
CONDITIONNEL	j'irais	. irais	. irait	irions	iriez	. iraient
IMPÉRATIF	———	va !	qu'il aille	allons !	allez !	qu'ils aillent !

N° 7	INFINITIF **ENVOYER** *Avoir envoyé. Être envoyé*	PARTICIPE Prés. **Envoyant**		PARTICIPE Passé **Envoyé** . *Étant envoyé* *Ayant envoyé*		
PRÉSENT						
Indicatif	j'envoie	tu envoies	il envoie	nous envoyons	vous envoyez	ils envoient
Subjonctif	que j'envoie	q tu . .	qu'il .	q. n. envoyions	q. v. envoyiez	qu'ils .
PASSÉ						
Imparfait	j'envoyais	tu envoyais	il envoyait	nous envoyions	vous envoyiez	ils envoyaient
Simple	j'envoyai	. envoyas	. envoya	, envoyâmes	. envoyâtes	. envoyèrent
FUTUR	j'enverrai	tu enverras	il enverra	nous enverrons	vous enverrez	ils enverront
CONDITIONNEL	j'enverrais	. enverrais	. enverrait	. enverrions	enverriez	. enverraient
IMPÉRATIF	———	envoie !		envoyons !	envoyez !	

INFINITIF Présent **CHANTER** مصدر
Passé Avoir chanté

PARTICIPE Présent Chantant

Passé simple, Chanté Part. Passé composé, Ayant chanté

INDICATIF		SUBJONCTIF
Présent	*Passé composé*	*Present*
Je chante	J' ai chanté	Que je chante
Tu chantes	Tu as chanté	Que tu chantes
Il ou elle chante	Il a chanté	Qu' il chante
Nous chantons	N. avons chanté	Que nous chantions
Vous chantez	V. avez chanté	Que vous chantiez
Ils ou elles chantent	Ils ont chanté	Qu' ils chantent
Imparfait	*Plus-que-parfait*	*Passé*
Je chantais	J' avais chanté	Que j' aie chanté
Tu chantais	Tu avais chanté	Que tu aies chanté
Il chantait	Il avait chanté	Qu' il ait chanté
Nous chantions	N. avions chanté	Que n. ayons chanté
Vous chantiez	V. aviez chanté	Que v. ayez chanté
Ils chantaient	Ils avaient chanté	Qu' ils aient chanté
Passé simple	*Passé antérieur*	*Imparfait*
Je chantai	J' eus chanté	Que je chantasse
Tu chantas	Tu eus chanté	Que tu chantasses
Il chanta	Il eut chanté	Qu' il chantât
Nous chantâmes	N. eûmes chanté	Que n. chantassions
Vous chantâtes	V. eûtes chanté	Que v. chantassiez
Ils chantèrent	Ils eurent chanté	Qu' ils chantassent
Futur simple	*Futur antérieur*	*Plus-que-parfait*
Je chanterai	J' aurai chanté	Que j' eusse chanté
Tu chanteras	Tu auras chanté	Que tu eusses chanté
Il chantera	Il aura chanté	Qu' il eût chanté
Nous chanterons	N. aurons chanté	Que n. eussions chanté
Vous chanterez	V. aurez chanté	Que v. eussiez chanté
Ils chanteront	Ils auront chanté	Qu' ils eussent chanté

CONDITIONNEL		IMPERATIF
Présent	*Passé*	*Présent*
Je chanterais	J' aurais chanté	
Tu chanterais	Tu aurais chanté	Chante
Il chanterait	Il aurait chanté	
Nous chanterions	N. aurions chanté	Chantons
Vous chanteriez	V. auriez chanté	Chantez
Ils chanteraient	Ils auraient chanté	

INFINITIF Présent **FINIR** مصدر
" Passé Avoir fini
PARTICIPE Présent Finissant اسم الفاعل
" Passé simple, Fini, Composé, Ayant fini اسم المفعول

INDICATIF		SUBJONCTIF
Présent	*Passé composé*	*Présent*
Je finis	J' ai fini	Que je finisse
Tu finis	Tu as fini	Que tu finisses
Il finit	Il a fini	Qu' il finisse
Nous finissons	Nous avons fini	Que nous finissions
Vous finissez	Vous avez fini	Que vous finissiey
Ils finissent	Ils ont fini	Qu' ils finissent
Imparfait	*Plus-que-parfait*	*Passé*
Je finissais	J' avais fini	Que j' aie fini
Tu finissais	Tu avais fini	Que tu aies fini
Il finissait	Il avait fini	Qu' il ait fini
Nous finissions	Nous avions fini	Que nous ayons fini
Vous finissiez	Vous aviez fini	Que vous ayez fini
Ils finissaient	Ils avaient fini	Qu' ils aient fini
Passé simple	*Passé antérieur*	*Imparfait*
Je finis	J' eus fini	Que je finisse
Tu finis	Tu eus fini	Que tu finisses
Il finit	Il eut fini	Qu' il finît
Nous finîmes	Nous eûmes fini	Que nous finissions
Vous finîtes	Vous eûtes fini	Que vous finissiez
Ils finirent	Ils eurent fini	Qu' ils finissent
Futur simple	*Futur antérieur*	*Plus-que-parfait*
Je finirai	J' aurai fini	Que j' eusse fini
Tu finiras	Tu auras fini	Que tu eusses fini
Il finira	Il aura fini	Qu' il eût fini
Nous finirons	Nous aurons fini	Que n. eussions fini
Vous finirez	Vous aurez fini	Que v. eussiez fini
Ils finiront	Ils auront fini	Qu' ils eussent fini

CONDITIONNEL		IMPERATIF
Présent	*Passé*	*Présent*
Je finirais	J' aurais fini	
Tu finirais	Tu aurais fini	
Il finirait	Il aurait fini	Finis
Nous finirions	Nous aurions fini	Finissons
Vous finiriez	Vous auriez fini	
Ils finiraient	Ils auraient fini	Finissez

بيان بالانتهاءات التى تضاف للأصل عند تصريف فعل منته بـ ER —
الأصل هو الجزء الباقي بعد حذف ER من الآخر — (المصدر FUMER الأصل FUM)

اسم الفاعل	المتعلق الناقص	المتعلق الحاضر	الأمر	الحاضر
PARTICIPE *Présent*	*Subjonctif*		*Impératif*	*Présent*
	fumasse	fume		Je fume
fumant	—asses	—es	fume	Tu es
	—ât	—e		Il —e
PARTICIPE *Passé*	—assions	—ions	fumons	Nous —ons
fumé	—assiez	—iez	fumez	Vous —ez
	—assent	—ent		Ils —ent

الشرطي	الماضي الناقص	الماضي البسيط	المستقبل
Conditionnel	*Imparfait*	*Passé simple*	*Futur*
fum*erais*	fumais	fumai	Je fum*erai*
—*erais*	—ais	—as	Tu —*eras*
—*erait*	—ait	—a	Il —*era*
—*erions*	—ions	—âmes	Nous —*erons*
—*eriez*	—iez	—âtes	Vous —*erez*
—*eraient*	—aient	—èrent	Ils —*eront*

فعل قياسى (يصرف مثل FINIR) المصدر AGIR نحذف IR فيكون الأصل AG

الشرطي	الماضى الناقص	الأمر	الحاضر
ag*irais*	ag*issais*		J' agis
—*irais*	—*issais*	agis	Tu agis
—*irait*	—*issait*		Il agit
—*irions*	—*issions*	agissons	N. agissons
—*iriez*	—*issiez*	agissez	V. agissez
—*iraient*	—*issaient*		Ils agissent

اسم الفاعل	المتعلق الحاضر	المتعلق الناقص	المستقبل	الماضى البسيط
	agisse	agisse	ag*irai*	J' agis
agissant	—isses	—isses	—*iras*	Tu —is
اسم المفعول	—isse	—ît	—*ira*	Il —it
	—issions	—issions	—*irons*	N. —îmes
agi	—issiez	—issiez	—*irez*	V. —îtes
	—issent	—issent	—*iront*	Ils —irent

Modèle de Conjugaison à la Voix Pronominale

INFINITIF Présent **SE LAVER** مصدر
,, Passé S'être lavé

PARTICIPE Présent : Se lavant اسم الفاعل
,, Passé simple: Lavé, P.Passé composé: S'étant lavé اسم المفعول

INDICATIF		CONDITIONNEL
Présent	*Passé composé*	*Présent*
Je me lave	Je me suis lavé	Je me laverais
Tu te laves	Tu t' es lavé	Tu te laverais
Il se lave	Il s' est lavé	Il se laverait
N. nous lavons	N. n. sommes lavés	Nous nous laverions
V. vous lavez	V. v. êtes lavés	Vous vous laveriez
Ils se lavent	Ils se sont lavés	Ils se laveraient
Imparfait	*Plus-que-parfait*	*Passé*
Je me lavais	Je m'étais lavé	Je me serais lavé
Tu te lavais	Tu t' étais lavé	Tu te serais lavé
Il se lavait	Il s' était lavé	Il se serait lavé
N. n. lavions	N. n. étions lavés	Nous n. serions lavés
V. v. laviez	V. v. étiez lavés	Vous v. seriez lavés
Ils se lavaient	Ils s' étaient lavés	Ils se seraient lavés
		SUBJONCTIF
Passé simple	*Passé antérieur*	*Présent*
Je me lavai	Je me fus lavé	Que je me lave
Tu te lavas	Tu te fus lavé	Que tu te laves
Il se lava	Il se fut lavè	Qu' il se lave
N. n. lavâmes	N. n. fûmes lavés	Que nous nous lavions
V. v. lavâtes	V. v. fûtes lavés	Que vous vous laviez
Ils se lavèrent	Ils se furent lavés	Qu' ils se lavent
Futur simple	*Futur antérieur*	*Passé*
Je me laverai	Je me serai lavé	Que je me sois lavé
Tu te laveras	Tu te seras lavé	Que tu te sois lavé
Il se lavera	Il se sera lavé	Qu' il se soit lavé
N. n. laverons	N. n. serons lavés	Qne n. n. soyons lavés
V. v. laverz	V. v. serez lavés	Que v. v. soyez lavés
Ils se laveront	Ils se seront laves	Qu' ils se soient lavés

IMPERATIF *Présent* : Lave-toi. Lavons-nous. Lavez-vous

Verbe Auxiliaire AVOIR فعل الملك المساعد

Infinitif Présent. AVOIR للمصدر الحال الملك
Passé avoir eu الماضي بعد ان ملك

Participe Présent. Ayant اسم الفاعل مالك
Passé. EU. ayant eu اسم المفعول مملوك

INDICATIF *Présent* المثبت [الحاضر]

جيه	J'ai	(انا) عندي. لي. املك
تي أ	Tu as	(انت) عندك. لك
إيل أ	Il a	(هو) عنده
نوزافون	Nous avons	(نحن) عندنا. لنا
ووزافه	Vous avez	(انتم) عندكم. لكم
إيل زون	Ils ont	(هم) عندهم

Imparfait [ماضي ناقص]

جافه	J'avais	كان عندي. كان لي
تي افه	Tu avais	« عندك. « لك
إيل افه	Il avait	« عنده. « له
نوزافيون	Nous avions	« عندنا. « لنا
فوزافييه	Vous aviez	« عندكم. « لكم
إيل زافه	Ils avaient	« عندهم. « لهم

Passé simple [ماضي بسيط]

جيي	J'eus	ملكتُ
تي إي	Tu eus	ملكتَ
إيل إي	Il eut	ملك
نوزيم	Nous eûmes	ملكنا
فوزيت	Vous eûtes	ملكتم
إيل زير	Ils eurent	ملكوا

Passé composé [ماضي مركب]

جه إي	J'ai eu	ملكتُ
تي ا زي	Tu as eu	ملكتَ
إيل ا إي	Il a eu	ملك
نوزافون زي	Nous avons eu	ملكنا
فوزافه زي	Vous avez eu	ملكتم
إيل زون تي	Ils ont eu	ملكوا

Passé antérieur [ماضي سابق]

جيي زي	J'eus eu	كنت ملكتُ
تي إي إي	Tu eus »	« ملكتَ
ايل إي تي	Il eut »	كان ملك
نوزيم زي	Nous eûmes eu	كنا ملكنا
فوزيت »	Vous eûtes »	كنتم ملكتم
إيل زير تي	Ils eurent »	كانوا ملكوا

Plus-que-parfait [ماضي اتم]

جافه زي	J'avais eu	كنتُ ملكتُ
تي افه زي	Tu avais eu	« ملكتَ
إيل افه تي	Il avait eu	كان ملك
نوزافيون زي	Nous avions eu	كنا ملكنا
فوزافييه زي	Vous aviez eu	كنتم ملكتم
إيل زافه تي	Ils avaient eu	كانوا ملكوا

Futur simple [مستقبل بسيط]

جوره	J'aurai	سأملك
تي اورا	Tu auras	ستملك
إيل »	Il aura	سيملك
نوزورون	Nous aurons	سنملك
فوزوره	Vous aurez	ستملكون
ايل زورون	Ils auront	سيملكون

Futur Antérieur [مستقبل سابق]

جوره إي	J'aurai eu	اكون ملكت
تي اورازي	Tu auras eu	تكون ملكت
إيل اورا إي	Il aura eu	يكون ملك
نوزورون زي	Nous aurons eu	نكون ملكنا
فوزوره زي	Vous aurez eu	تكونون ملكتم
ايل زورون تي	Ils auront eu	يكونون ملكوا

CONDITIONNEL *Présent* شرطي [حاضر او مستقبل]

جوره	J'aurais	سأملك. املك. لكنت املك
تي اوره	Tu aurais	ستملك. تملك
إيل »	Il aurait	سيملك يملك
نوزوريون	Nous aurions	سنملك نملك
فوزوريه	Vous auriez	ستملكون. تملكون
إيل زوره	Ils auraient	سيملكون. يملكون

Passé [شرطي ماضي]

جوره زي	J'aurais eu	اكون ملكت. لكنت ملكت
تي اوره »	Tu aurais eu	تكون ملكت
ايل اوره تي	Il aurait eu	يكون ملك
نوزوريون زي	Nous aurions eu	نكون ملكنا
فوزوريه »	Vous auriez eu	تكونون ملكتم
ايل زوره تي	Ils auraient eu	يكونون ملكوا

IMPERATIF الامر [حاضر ومستقبل]

إي	Aie	املك. ليكن عندك
إيون	Ayons	لنملك. « عندنا
اييه	Ayez	تملكوا « عندكم

SUBJONCTIF *Présent* المتعلق [الحاضر]

كه جيي	Que j'aie	أملك. لأملك
» تي اي	Que tu aies	تملك. لتملك
كيل إي	Qu'il ait	يملك. ليملك
كه نوزايون	Que nous ayons	نملك. لنملك
» فوزاييه	Que vous ayez	تملكوا. لتملكوا
كيل زي	Qu'ils aient	يملكوا. ليملكوا

Passé [المتعلق الماضي]

كه جيه إي	Que j'aie eu	ليتني ملكت. ان اكون قد ملكت
» تي إي زي	Que tu aies eu	ليتك ملكت
كيل إي تي	Qu'il ait eu	ليته ملك
كه نوزايون زي	Que nous ayons eu	ليتنا ملكنا
» فوزاييه زي	Que vous ayez eu	ليتكم ملكتم
كيل زي تي	Qu'ils aient eu	ليتهم ملكوا

Verbe Auxiliaire ÊTRE فعل الكينونة المساعد

Infinitif Présent, ÊTRE — المصدر الحال
Passé, avoir été — » الماضى

Participe Présent, étant — اسم الفاعل كائن
Passé, été, ayant été — اسم المفعول كان

INDICATIF Présent — المثبت [الحاضر]

Prononciation	Français	Arabe
ج سوري	Je suis	انا اكون
تيه	Tu es	انت تكون
ايل ايه	Il (ou elle) est	هو يكون
نوسوم	Nous sommes	نحن نكون
فوزت	Vous êtes	انتم تكونون
ايلسن	Ils (ou elles) sont	هم يكونون

Imparfait — [ماضي ناقص]

Prononciation	Français	Arabe
جيتيه	J'étais	كنت
تي ايتيه	Tu étais	كنت
ايل ايتيه	Il était	كان
نوزيتين	Nous étions	كنا
فوزيتيه	Vous étiez	كنتم
ايلزيتيه	Ils étaient	كانوا

Passé simple — [ماضي تام بسيط]

Prononciation	Français	Arabe
ج في	Je fus	كنت. صرت
تي في	Tu »	كنت. صرت
ايل في	Il fut	كان. صار
نوفيم	Nous fûme	كنا. صرنا
فوفيت	Vous fûtes	كنتم. صرتم
ايل فير	Ils furent	كانوا. صاروا

Passé composé — [ماضي مركب] (غير محدود)

Prononciation	Français	Arabe
جيه ايتيه	J'ai été	كنت
تي آ زيتيه	Tu as été	كنت
ايلا ايتيه	Il a été	كان
نوزافونزيتيه	Nous avons été	كنا
فوزافيه زيتيه	Vous avez été	كنتم
ايلزونتيتيه	Ils ont été	كانوا

Plus-que-parfait — [الماضى الأتم]

Prononciation	Français	Arabe
جافيه زيتيه	J'avais été	كنت. قدكنت. صرت
تي افيه زيتيه	Tu avais été	كنت. قدكنت. صرت
ايل افيه تيتيه	Il avait été	كان. قدكان. صار
نوزافيونزيتيه	Nous avions été	كنا. قدكنا. صرنا
فوزافيه زيتيه	Vous aviez été	كنتم. قدكنتم. صرتم
ايلزافيتيتيه	Ils avaient été	كانوا. قدكانو. صارو

Passé antérieur — [ماضى سابق]

Prononciation	Français	Arabe
جي ايتيه	J'eus été	كنت
تي اي »	Tu eus été	كنت
ايل اي تيتيه	Il eut été	كان
نوزيمزيتيه	Nous eûmes été	كنا
فوزيت »	Vous eûtes été	كنتم
ايلزيرتيتيه	Ils eurent été	كانوا

Futur simple — [مستقبل بسيط]

Prononciation	Français	Arabe
ج سيره	Je serai	ساكون
تي سيرا	Tu seras	ستكون
ايل سيرا	Il sera	سيكون
نوسيرن	Nous serons	ستكون
فوسيره	Vous serez	ستكونون
ايل سيرن	Ils seront	سيكونون

Futur antérieur — [مستقبل سابق]

Prononciation	Français	Arabe
جوره ايتيه	J'aurai été	كنت اكون
تي اورازيتيه	Tu auras été	كنت تكون. كنت صرت
ايل اورا ايتيه	Il aura été	كان تكون. يكون صار
نوزورن زيتيه	Nous aurons été	كنا نكون
فوزوره زيتيه	Vous aurez été	كنتم تكونون
ايلزورن تيتيه	Ils auront été	كانوا يكونون

CONDITIONNEL Présent — الشرطى [الحاضر]

Prononciation	Français	Arabe
ج سيره	Je serais	أكون. لكنت. لصرت
تي »	Tu serais	تكون
ايل »	Il serait	يكون
نوسريون	Nous serions	كنا نكون. لكنا لصرنا
فوسريه	Vous seriez	ستكونون. تكونون
ايل سيره	Ils seraient	سيكونون. يكونون

Passé — [الماضى]

Prononciation	Français	Arabe
جوره زيتيه	J'aurais été	كنت اكون. لكنت صرت
تي اوره »	tu aurais été	كنت تكون. لكنت صرت
ايل اوره تيتيه	Il aurait été	كان يكون. لكان صار
نوزوريونزيتيه	Nous aurions été	كنا نكون. لكنا صرنا
فوزوريه »	Vous auriez été	كنتم تكونون. لكنتم صرتم
ايلزوره تيتيه	Ils auraient été	كانوا يكونون

IMPERATIF Présent — الامرى

Prononciation	Français	Arabe
سوا	Sois	كن
سوايون	Soyons	لنكن
سوايه	Soyez	كونوا

SUBJONCTIF Présent — المصدرى [الحاضر]

Prononciation	Français	Arabe
ك ج سوا	Que je sois	أن اكون
ك تي »	Que tu sois	» تكون
كيل »	Qu'il soit	» يكون
ك نوسوايون	Que nous soyons	» نكون
ك فوسوايه	Que vous soyez	» تكونوا
كيل سوا	Qu'ils soient	» يكونوا

Passé — [الماضى]

Prononciation	Français	Arabe
ك جيه ايتيه	Que j'ai été	ليتني كنت. انى كنت
ك تي ايزيتيه	Que tu aies été	ليتك كنت
كيل اي تيتيه	Qu'il ait été	ليته كان
ك نوزايونزيتيه	Que nous ayons été	ليتنا كنا
ك فوزايه »	Que vous ayez été	ليتكم كنتم
كيلزي تيتيه	Qu'ils aient été	ليتهم كانوا

استعمال فعلى الملك AVOIR والكينونة ÊTRE المساعدين (فى الأزمنة المركبة)

١) فعل الملك AVOIR يستعمل لتصريف فعلى الملك والكينونة

Nous avons *eu*. (verbe avoir) Nous avons *été* (verbe être)

٢) جميع الأفعال المتعدية أي التى لها مفعول به يقع عليه الفعل : **verbes transitifs**

J'*ai* mangé du pain

٣) أغلب الأفعال اللازمة أي التى بدون مفعول به **verbes intransitifs**

J'*ai* parlé. J'*ai* marché pendant trois heures. Ils *ont* vécu heureux

فعل الكينونة ÊTRE يستعمل لتصريف

١) جميع الأفعال المنعكسة (ذات الضميرين) **verbes pronominaux**

Je me *suis* levé tard. Je me *suis* lavé

٢) جميع الأفعال المبنية للمجهول أي التى حذف فاعلها **verbes passifs**

Je *suis* aimé. Cette maison a *été* construite en quatre mois.

٣) بعض أفعال لازمة أهمها الأفعال الآتية وأغلب مشتقاتها :

aller, arriver, décéder, *descendre*, *entrer*, *monter*, mourir, naitre, partir, *passer*, rester, *retourner*, *sortir*, tomber, venir, revenir, etc.

[الافعال المائلة وأغلب مشتقاتها تصرف أيضاً مع فعل AVOIR]

[Je *suis monté* par l'ascenceur (avec être)
Le portour *a monté* les bagages (avec avoir)]

Modèle de conjugaison INTERROGATIVE

INDICATIF	*Présent*		*Passé composé*	
Est-ce-que	je chante ?	Est-ce que	j'ai	chanté ?
ou	chanté-je ?	*ou*	ai-je	chanté ?
	chantes-tu?		as-tu	chanté ?
	chante-t-il ?		a-t-il	chanté ?
* Samir	chante-t-il ?	* Samir	a-t-ll	chanté ?
	chantons-nous?		avons-nous	chanté ?
	chantez-vous ?		avez-vous	chanté ?
	chantent-ils ?		ont-ils	chanté ?
*Les acteurs	chantent-ils ?	*Les acteurs	ont-ils	chanté ?

Conjugaison INTERROGATIVE-NÉGATIVE

Est-ce que	je ne chante pas?		Est-ce que	je n'ai pas		chanté?
ou	ne chanté-je	„	*ou*	n'ai-je	„	chanté?
	,, chantes-tu	„		n'a tu	„	chanté?
	,, chante-t-il	„		n'a-t-il	„	chanté?
* Samir	,, chante-t-il	„	* Samir	n'a-t-il	„	chanté?
	,, chantons-nous	„		n'avons-n.	„	chanté?
	,, chantez-vous	„		n'avez-v.	„	chanté?
	,, chantent-ils	„		n'ont-ils	„	chanté?
*Les acteurs ne	,, ,,	„	Les acteurs	,,	„	chanté?

Les modes:
Infinitif
Participe
Impératif
Subjonctif
n'ont pas de forme interrogative, ni interrogative-négative

* فى الاستفهام اذا كان الفاعل اسماً ظاهراً فانه لا يأتى بعد الفعل كالضمير بل يبقى مكانه فى اول الجملة ويؤتى بعد الفعل بضمير الغائب (مذكراً أو مؤنثاً حسب جنس الفاعل)

الأزمنة المركبة هى اسم مفعول (participe passé) الفعل المطلوب بعد الفعل المساعد فى تصاريفه المختلفة

ELIAS

DICTIONNAIRE DE POCHE

ARABE / FRANÇAIS

Par Mitri Elias

قاموس الياس الجيب

عربي / فرنسي

تأليف مترى الياس

مقدمـــة

هذا المعجم صغيرًا فى حجمه ولكنه كبير فى مادته، حافل بالمصطلحات والصور، خال من الكلمات المهجورة، يحدد المعانى المختلفة للكلمة العربية المطلوبة ويفسرها بمرادف تمهيدًا لترجمتها.

© دار الياس العصرية للطباعة والنشر ١٩٩٥، ٩٩، ٢٠٠١، ٠٢، ٠٣، ٠٥، ٠٦، ٠٧، ٠٨، ١٠

١ شارع كنيسة الروم الكاثوليك. الظاهر. القاهرة. ج.م.ع.
ت: ٢٥٩٠٣٧٥٦ - ٢٥٩٣٩٥٤٤ (٢٠٢) فاكس: ٢٥٨٨٠٠٩١ (٢٠٢)
www.eliaspublishing.com

طبع بمطابع دار الياس العصرية للطباعة والنشر
٧٣ - ٧٥ شارع عمان. عين شمس الشرقية
ت: ٢٢٩٨٥٧١٥ - ٢٢٩٨١٧٣٥ (٢٠٢) فاكس: ٢٢٩٨٠٧٣٦ (٢٠٢)

مجلد	غلاف
رقم الإيداع: ١٩٩٥/١٥٥٨	رقم الإيداع: ٢٠٠٦/٢٢٢٤٠
الترقيم الدولى: x-٧١-٥٠٢٨-٩٧٧	الترقيم الدولى: ٠-١٩٨-٣٠٤-٩٧٧

اصطلاحات

المؤنث: لإيضاح مؤنث النعوت والأسماء الفرنسية تركت بياضاً بين أصل الكلمة ومشتقاتها، فالجزء الذى بعد البياض تحل محله، فى حالة التأنيث، الحروف التى بعد الكلمة – كالمثال الآتي:
léger,ère conducteur,rice اى ان مؤنث conducteur هو conductrice و léger مؤنثها légère
وإذا لم يوجد بياض بين الحروف فصيغة التأنيث تكون باضافة الحرف او الحروف التى بعد الشولة « , » مثال:
long,ue long défait,e défait أى أن مؤنث défait هو défaite و long هو longue .

* النجمة تدل على مكان ابتداء المادة وعلى أنها عربية صحيحة مع كل ما يليها من المشتقات.

۵ الأهرام يدل على أن الكلمة التى بعده مصرية دارجة.

○ الدائرة تدل على أن الكلمة التى بعدها معرّبة.

( ) إذا كانت الكلمة العربية داخـــل قوسين بهذا الشكل:
* نار (نور) * نائب (نوب) * اباح (بوح) * لغة (لغو)
فهذا دليل على أنك تجد كلمة نار فى نور ونائب فى نوب وهكذا.

—— الخط المعترض يغنى عن تكرار الكلمة أو الكلمات التى فوقه.

٢–٣ الرقم الذى فوق بعض الكلمات يدل على أن الكلمة المرقومة لها معنى آخر.

س حرف السين الصغير فوق الكلمة يدل على أنها سورية دارجة.

ع حرف العين الصغير فوق الكلمة يدل على أنها عراقية دارجة.

هذه العلامة تكرار الكلمة او الكلمات الأول ـ مثلاً :
أى أن الترجمة ممكن être courtois, e, poli, e, avec
أن تكون être courtois avec او être poli, e avec
ومثال se garnir, *ou* se couvrir, de plumes
المقصود se couvrir de plumes او se garnir de plumes

a	adjectif
f	féminin
m	masculin
pl	pluriel
s	singulier
q	quelque
qc	quelque chose
qn	quelqu'un, e

توخينا فى هذا المعجم الصغير منهج المعجم العصرى فى ترتيب الكلمات ، فلا يكلفك البحث عن كلمة أكثر من أن تطلبها فى أوائل حروفها متعاقبة ، مع بعض التصرف ، والكلمة التى لاتجدها فى الترتيب الابجدى، كما فى المعاجم الاجنبية،وجدت الدليل على مكانها محصوراً بين هلالين هكذا : ✿أمير (أمر) ✿أنشوطة (نشط)

أما الالفاظ التى يمكن أيًا كان أن يعرف كيف يرجعها إلى صيغة فعلها الماضى كـكلمة «حساب» او «كتاب» الخ فانك تطلبها رأساً تحت فعلها الماضي وهو (حسب) او (كتب) .

(ا)

✿ أ : همزة الاستفهام . هل ؟ est-ce que; particule d'interrogation (?)
ألست معكم ؟ ne suis-je pas avec vous ?
أمريض هو ؟ est-ce qu'il est malade ?
○ آب : شهر اغسطس août, m
✿ آب (اوب) ✿ ابٌ (ابو)
✿ أبابة: حنين الى الوطن nostalgie, f; mal du pays, m
✿ أباح (بوح) ✿ اباد (بيد) ✿ ابتاع (بيع)
✿ ابتدع (بدع) ✿ ابتز (بزز) ✿ ابتسر (بسر)
✿ ابتغى (بغى) ✿ ابتكر (بكر) ✿ ابتهل (بهل)
✿ أَبَدَ بمكان : أقام s'arrêter dans un lieu
— الحيوانُ: توحَّش devenir sauvage
أَبَدٌ : دوام éternité, f
الى الابد: دائماً pour toujours; éternellement
أَبداً : دائماً toujours
— : قطعاً jamais
آبِدٌ : بريّ . متوحش sauvage
أَبَدِيّ : دائم perpétuel,le; sans fin
— : ازليّ éternel,le
أَبَدِيَّة éternité; perpétuité, f
مؤبَّد à perpétuité; pour toujours
اشغال شاقة مؤبدة travaux forcés à perpétuité
✿ ابدى (بدو)
✿ أَبَرَ : لدغ . شكّ piquer 
إبرة الخياطة aiguille, f
— حبك الصوف أو التريكو○ aiguille à tricoter, f
— التطريز crochet, m
— الحشرات : حُمَة dard; aiguillon, m
— الملاحين : حُق boussole, f; compas de route, m
— مغنطيسية aiguille aimantée, f
شغل الابرة : تطريز broderie, f
مِئْبَر ∆ ميبر aiguille d'emballage; aiguille à emballer, f
○ أبراميس : سمك نهري brème, m
○ إبريز : ذهب خالص or pur, m
○ إبريسم : حرير soie, f 
✿ إبريق aiguière, f; pot à eau, m
○ أبريل : نيسان avril, m 
إبزيم boucle; agrafe, f
○ إبسيط: حتار العجلة الخارجي jante, f
✿ أُبض . مأبض jarret, f
إباضة: قبقاب الفرملة sabot, m
✿ إبط : ∆ باط . باطن الكتف aisselle, f
تأبَّطَ mettre sous l'aisselle 
✿ ابادية : مزرعة ferme
✿ أَبِقَ : هرب se sauver; fuir; s'enfuir
أَبَق: نبات الكتان lin, m

chameaux, *m.pl* — إِبِل . إِبْل : جمال

diplomatie; administration *ou* gestion adroite, *f* — إِيالة: سياسة أو ادارة

balle, *f*; ballot, *m* — — : Δ بالة . رزمة

contre-plaqué, *m* — ○أبلكاش : خشب مصنع

diable; satan, *m* — ✡إبليس : شيطان

✡ إبن . إبنة (بني)

faire l'éloge d'un mort — ✡أَبَّنَ الميت

nœud, *m* — أُبْنَة : عقدة في خشب . Δ بز

temps, *m*; époque, *f* — إِبان: وقت.اوان

oraison funèbre, *f*; panégyrique d'un mort, *m* — تأبين الميت

ébène, *f* — ○أبنوس : خشب اسود

✡ إبهام (بهم)

somptuosité, *f*; éclat, *m* — ✡أُبَّهَة . أُبْهة

père, *m* — ✡أبو . أبٌ : والد

araignée, *f* — Δ — بيض:عنكبوت

crabe, petit homard, *m* — Δ — جلمبو

papillon, *m* — Δ — دقيق:فراشة

ibis, *m* — Δ — قردان : عنز

bergeronnette, *f*; hochequeue, *m* — Δ — قصاده : ذعرة

châtaigne, *f*; marron, *m* — Δ — فروة

pavot, *m* — Δ — النوم:خشخاش

assafœtida, *f* — Δ — كبير : حلتيت

sphinx, *m* — Δ — الهول

paternité, *f* — أُبُوَّة : صفة الوالد

paternel,le — أَبَوِي : والدي

consanguin,e — — : من ناحية الاب

parents, *m.pl* — أبوان : والدان

abonné,e — ○أبونيه : مشترك

détester; avoir de l'aversion, *ou* du dégoût, pour — ✡أَبَى : عاف

refuser; décliner — — : رفض

répugnance; aversion, *f* — إباء . أُباء : عوف

refus, *m* — — • إباءة : رفض

dédaigneux,se; fier,ère — أَبِيّ : انوف

ânesse, *f* — ✡أتان

tribut; impôt, *m* contribution, *f* — ✡إتاوة : ضريبة

blouse d'enfant, *f*; tablier, *m* — ✡إتب : Δ فوطة المدرسة

✡إتجه (وجه) ✡اتحاد . اتحد (وحد)

✡ اتساع (وسع) ✡ اتصل (وصل)

✡اتضح (وضح) ✡اتفق (وفق) ✡ اتقد (وقد)

✡اتقى (وقى) ✡ اتكأ (وكأ) ✡ اتكل (وكل)

four à chaux, *ou* à briques, *m*; fournaise, *f* — ✡أتون : تنور

venir; arriver — ✡أتى : جاء

amener qn; apporter qc — — به:احضره

accomplir — — الامر : فعله

avoir un rapport sexuel avec — — المرأة : غشيها

آنى : وافق — convenir

تأنّى (عنه ومنه) — aboutir à; s'ensuivre; provenir; dériver de

آتٍ : جاء — qui arrive; qui vient; suivant,e

— : مقبل — à venir; futur

الشهر الآتى — le mois prochain

الجملة الآتية — la phrase suivante

مؤاتٍ : موافق — propice; favorable

☆أثّ (النباتُ او الشعر) — devenir surabondant,e; être bien fourni,e

أثّثَ البيت: فرشه — meubler une maison

أثاثٌ — meuble; mobilier, *m*

مؤثّث : مفروش — meublé,e; garni,e de meubles

☆أثَرَ الحديث: نقله — citer

أثّرَ — impressionner; toucher; émouvoir

— الدواء — agir; faire effet

— عليه — influencer

آثَرَ على — préférer; choisir

تأثّر : اقتفى أثره . تعقبه — filer

— : شعَر — sentir

— من كلام أو فعل — prendre à cœur

ـــت عواطفه — s'émotionner; être impressionné,e, *ou* touché,e

استأثر بكذا — s'approprier; s'emparer de

أثَرٌ قدمٍ او جُرّة — empreinte du pied; piste, *f*; vestige, *m*

— : تأثير — impression, *f*; effet, *m*

— : بقية أو مسحة أو علامة باقية — trace, *f*

— : بناء أثرى. عادىّ — monument ancien; vestige, *m*; antiquité, *f*

— . أثر جُرح أو قرحة — cicatrice, *f*

— سيّء — mauvaise impression, *f*

علم الاثار القديمة — archéologie, *f*

أثَرَة . إستئثار : صلف — égotisme, *m*

— . — : حب الذات — égoïsme, *m*

أثرى (راجع ثروة) — s'enrichir

أثَري :عالم بالآثار القديمة — archéologue, *m*

إيثار : تفضيل — préférence, *f*

تأثُّر — sensibilité, *f*

— : انفعال نفسانى — émotion, *f*

سريع الـــ — sensible

تأثير : نفوذ — influence, *f*

— : أثر — effet, *m*; impression, *f*

عديم الـــ — sans effet; inefficace

مؤثّر فى النفس — impressionnant,e

— فى العواطف — pathétique; émouvant,e

— : ناجع او فعّال — efficace

مأثرة : عمل عظيم — fait mémorable; exploit, *m*; action d'éclat, *f*

— : عمل حميد — bienfait, *m*

مأثور — transmis,e par tradition

قول — — diction; aphorisme, *m*; maxime, *f*

مُتأثّر — touché,e; ému,e

☆أَثَلَ : تأصل — s'enraciner
أَثْل : ∆ عَبَل — tamaris; tamarix, *m*
☆أَثِمَ — pécher; commettre un crime
إِثْم . مأثمة . مأثَم — péché, *m*
أثيم : مذنب — pécheur, *m*; pécheresse, *f*; coupable
— : شرير — malfaiteur, rice; criminel, le
☆أثناء . اثنان . اثنى . (ثنى)
○ أثير — éther
☆أَجَّ . تأجَّجَ — flamber; s'enflammer
أجّج النار — attiser le fen
أُجاج : شديد الملوحة — saumâtre
أجّاج . متأجج — flamboyant,e; ardent,e
☆اجاب (جوب) ☆ اجازة (جوز)
☆إجّاص . إنجاص : كمثرى — poire, *f*
— : برقوق — prune, *f*
☆اجتاز (جوز) ☆ اجتمع (جمع) ☆اجتهد (جهد)
☆أجَرَ : اكرى — louer; donner en location
— : اكترى — louer; prendre en location
— سفينة — fréter; affréter; noliser
∆ — من باطنه — sous-louer
أَجْر : ثواب — récompense, *f*
— . اجرة — rétribution, *f*; salaire, *m*
آجُرّ : طوب . قرميد — tuile; brique cuite, *f*
أُجْرَة . إيجار — loyer, *m*
— : ثمن . قيمة (راجع راتب) — prix, *m*

أجير : خادم — serviteur; domestique
مأجور : شخص مستأجر — salarié,e; mercenaire
مُستأجِر : ساكن — locataire
مؤجَّر — loué,e
للايجار — à louer
مُؤجِر — bailleur, *m*; bailleresse, *f*
☆ اجراء . اجراءات (جرى)
☆ آجرُّوميّة ∆ أجرومية — grammaire, *f*
∆ اجزاجي (أنظر صيدلة) — pharmacien,ne; droguiste
أجزاخانة — pharmacie, *f*
☆أجّلَ : اخّر — ajourner; différer; renvoyer
تأجلت الجلسة اسبوعاً — la séance est renvoyée à huitaine
أجلّ (انظر جلل) — vénérer; honorer
أَجَلْ : نعم — oui
لأجْل — pour
— كذا : بسببه — à cause de
— خاطرك — pour vous être agréable
— ان — afin que
أَجَلٌ : وقت الاستحقاق — échéance, *f*
— : مُدّة — période, *f*; terme fixé, *m*
— : وقت الموت . عمر — mort, *f*; trépas, *m*
لأجَل : ضد نقداً (فى التجارة) — à crédit
آجلا أم عاجلا — tôt ou tard

تأجيل	ajournement; renvoi, *m*
٭أَجَمَة	fourré, *m*; jungle, *f*
٭أجنبي (جنب)	étranger,ère
∆أَبَـنَة: منقر	⟵ciseau à froid, *m*
∆اجيو: خصم	agio; droit de transfert; escompte, *m*
٭آح: بياض البيض	blanc d'œuf

٭احاط (حوط) ٭ احاق (حيق) ٭ احال (حول)
٭احبولة (حبل) ٭ احتاج (حوج) ٭ احتار (حير)
٭احتاط (حوط) ٭ احتال (حيل) ٭احتج (حجج)
٭احتد (حدد) ٭ احترم (حرم) ٭ احتفل (حفل)
٭احتك (حكك) ٭ احتكر (حكر) ٭ احتل (حلل)

٭أُحْجِيَة: لُغز	devinette; énigme, *f*
٭أَحَّدَ (راجع وحد)	unifier
أتحد القوم	s'unir
— الشيئان	fusionner
أَحَدٌ: واحد (راجع وحد)	un,e
— ما	quelqu'un,e
— الاثنين	l'un ou l'autre
—: يوم الاحد	dimanche, *m*
∆— السعف او الشعانين	dimanche des rameaux, *m*
∆— العنصرة (عند النصارى)	pentecôte, *m*
لا —: ولا واحد	personne; pas un
أحدى عشرة (١١)	onze, *m*
حادي عشر	onzième
أَحَدِيَّة: العدد الواحد، أو وحدة	unité, *f*
الآحاد	les unités, *f.pl*

٭احيا (حي) ٭ اخ. اخاه. اخت (اخـــو)
٭ اختار (خير) ٭ اختال (خيل) ٭اخترع (خرع)
٭ اختزل (خزل) ٭اختص (خصص) ٭اختصر (خصر)
٭ اختطَّ (خطط) ٭ اختفى (خفي) ٭اختلج (خلج)
٭ اختلس (خلس) ٭اختلف (خلف) ٭اخدود (خدد)

٭أَخَذَ: تناول. نالَ	prendre; obtenir
— اسماً اي صيتاً	s'acquérir la renommée
— حذره	prendre ses précautions
— علماً	prendre connaissance *ou* acte
— على غرة	surprendre
— رأيه	consulter ; prendre son avis
∆— على خاطره. امتعض	se formaliser ; s'offenser
∆— نَفَسَه: تنفّس	respirer
∆— دماً: فَصَدَ	saigner
∆— عليه: اعتاده (راجع عود)	s'habituer à
∆— عليه وجهاً: استنجد	prendre des libertés avec
آخَذَهُ: عاقبه أو لامه	punir; châtier; blâmer
لا تؤاخذني!	excusez mois; pardonnez-moi!
إتخذ الشيء	adopter : choisir entre autres
اتخذه محلاً مختاراً	élire domicile
أَخْذ	prendre *ou* recevoir ; prise
— وعطاء	négociation, *f*
— وردّ	pourparlers, *m.pl*; discussion, *f*
مأخذ: منبع أو مكان الاخذ	source; prise, *f*
—: طريقة	manière d'agir, *f* ; procédé, *m*

مأخوذ : أخِذَ — pris,e

— : مبهوت. مدهوش — saisi,e ; interdit,e; stupéfait,e

☆أخَّرَ : ضد قدَّم — mettre à la fin

— : أجَّلَ — retarder; remettre; différer

— الساعة — retarder la montre

تأخَّرَ : ابطأ — retarder; tarder; être en retard

— : ضد تقدم — reculer

آخِر : نهاية . ختام — fin, *f*

— : حَدّ — limite; extrême limite, *f*

— الخط او الطريق — terminus, *m*

— : ذيل . طرف — extrémité, *f*

الأخير — dernier,ère

الى آخره — etc. (et cætera)

الآخرة — la vie future; l'autre vie, *f*

آخَر . أُخرى — un autre; une autre

الــ : الثانى — l'autre

أخيراً — enfin; finalement

— . مؤخراً : من عهد قريب — dernièrement

تأخُّر : تعوُّق — retard, *m*

— ، تأخير . تأجيل — renvoi, *m*; remise, *f*

مؤخَّر : خلف — derrière; postérieur, *m* croupe, *f*

— السفينة — poupe, *f*

— الصداق — arriéré de la dot payable par le mari

مؤخرة الجيش — arrière garde, *f*

متأخِّر : ضد مبدر — en retard; tardif,ve; retardataire

— : ضد متقدم — en arrière

— فى الافكار أو العلوم : رجعى — arriéré,e

متأخرات : بقايا الحساب — arrérages, *m. pl*; reliquat, *m*

○أخطبوط : دَوْل — octopus, *m*; pieuvre, *f*

☆ اخلى (خلو)

△ اخنف : اخنّ — nasillard,e

☆أخُو : اخ شقيق — frère, *m*

أخ من الاب — frère (*ou sœur*) consanguin,e

— من الام — frère (*ou* sœur) utérin, e

— من احد الوالدين — demi-frère, *m*

— فى الرضاعة : بزيّ — frère de lait, *m*

— الزوج اوالزوجة : صهر — beau-frère, *m*

كبير الاخوة — l'aîné,e

ثانى الاخوة أو أصغرهم — cadet,te

آخَى — fraterniser; lier amitié avec qn

تأخَّى . توخَّى : قصد — chercher à

أُخت — sœur, *f*

— شقيقه : من الاب والام — sœur germaine, *f*

— الزوج او الزوجة — belle-sœur, *f*

أُخُوَّة . أخاء — fraternité, *f*

أخَوِيّ — fraternel,le

أخَوِيَّة — confraternité, *f*

☆أخور : ○ اسطبل — écurie, étable, *f*

☆ ادار (دور) ☆ ادان (دين)

☆أداة : آلة outil; instrument, *m*

— لغوية article, *m*

أدوات منزلية articles de menage, *m.pl*

— مكتبية fournitures de bureau, *f.pl*

☆أدُبَ : ظرُفَ être poli.e, bien élevé.e

أدَبَ : أولَمَ faire un festin

— : دعى الى وليمة convier à un banquet

أدَّبَ : عاقب corriger; châtier

— : قوَّم أو أصلح discipliner; former

تأدَّب : كان مؤدَّباً être poli.e, décent.e

أدَبٌ : تأدُّب politesse, *f*

— : تهذب éducation, *f*

— : حشمة décence, *f*

— : اخلاق mœurs, *f.pl*

علم الادب les lettres: les belles lettres, *f.pl*; littérature, *f*

قليل الادب impoli.e; grossier.ère

بأدب . بتأدب poliment

آدِب : مضيف hôte, *m*, hôtesse, *f*

أدَبي : يتعلق بالاداب او الاخلاق moral.e

— : مختص بعلوم الاداب littéraire

آداب السلوك bienséance, *f*

أديب : عالم lettré.e; homme de lettres

تأديب punition, *f*; châtiment, *m*

مجلس — conseil de discipline, *m*

تأديبي : تقويمي disciplinaire; correctionnel.le

مَأدُبَة : وليمة banquet; festin, *m*

مؤدَّب poli.e; bien élevé.e

△أدَبْخَانَة : مستراح lieux d'aisance, *m.pl*; cabinet d'aisance, *m*

☆ إدَّخر (دخر) ☆ ادّعى (دعو) ☆ ادلى (دلو)

☆أدْم . إدَام : △غموس ce qu'on mange avec du pain

△إدام : دهن graisse, *f*; gras, *m*

أدَمٌ . أدَمَة peau; épiderme, *f*

آدَم : أبو البشر Adam, *m*

آدَمِيّ : بشري humain,e

أديمٌ : جلد cuir, *m*; peau tannée, *f*

— : قشرة الارض croûte, *ou* surface, de la terre, *f*

☆ ادنى (دنو)

☆أدَّى : وفى acquitter; payer; régler

— الى : أوصل conduire à

— اليمين prêter serment

— الشهادة بـ déposer; témoigner; rendre témoignage de

— الواجب accomplir le devoir

تأدية : وفاء règlement; acquittement, *m*

☆إذْ alors; en cas de

— ذاك donc; conséquemment; alors

٭إذا : لَوْ	si; pourvu que
إذاً . اذن	pour cette raison; dans ce cas-là; alors
○آذار : شهر مارس	mars, *m*
٭ اذاع (ذيع) ٭ أذلّ (ذلل)	
أَذِنَ له : سمح	permettre; autoriser
آذَنَ . أذّن بالصلاة	appeler à la prière
إستأذَنَ على (للدخول)	demander la permission d'entrer
— من (للانصراف)	prendre congé de
إذن	permission; autorisation, *f*
— بريد	mandat-poste, *m*
أُذُن : ∆وذْن	oreille, *f*
— : مسكنة . قبضة	anse; poignée, *f*
بنت الـ : لوز	amygdale, *f*
أذان : الدعاء للصلاة	appel à la prière, *m*
مِئذَنة . مأذنة	minaret, *m*
٭أذِيَ . تأذّى	éprouver un dommage
آذى : أضرّ	nuire à; faire du mal à
لا يؤذى . غير مؤذٍ	inoffensif, ve
أذى . أذِيَّة	dommage; tort; préjudice, *m*
مؤذٍ	nuisible; préjudiciable
٭ اراح (روح) ٭اراد (رود) ٭أراق (روق)	
٭ أرِبَ : صار ماهراً	être, *ou* devenir, habile
أرَبٌ : حاجة	besoin, *m*
— ٠مأرب : غاية	but, *m*
إرباً إرباً	en morceaux; en lambeaux
أُربَة : عقدة أو ○فيونكة	nœud, *m*
أُربية : ∆خُنّ الورك (راجع ربو)	aine, *f*
أريب : ماهر او عاقل	habile; ingénieux, se
٭ أربع . اربعاء (ربع) ٭أربى (ربو)	
٭أُربيان : ∆جمبرى	crevette, *f*
٭ارتجل (رجل) ٭ارتدى (ردى) ٭ارتكب (ركب)	
○ارتوازى	artésien, ne
٭ إرث (انظر ورث)	héritage, *m*
○ارتوذكسى	orthodoxe
٭أرِجَ : فاحَ شذاهُ	sentir bon
أرِيج : شذا	parfum, *m*; senteur, *f*
٭ ارجأ . إرجاء (رجا) ٭ أرجاء (رجو)	
٭أُرْجوان . أُرجواني : لون أحمر قاتم	pourpre, *f*
٭أُرجوحة : ∆مُرجيحة . رُجّاحة	balançoire; escarpolette; bascule, *f*
٭أرّخ الخطاب وغيره	dater
— : كتب تاريخاً	étrire l'histoire de
تاريخ : تعريف الوقت	date, *f*
— : حكاية	histoire; chronique, *f*
— : زمن	époque, *f*; temps, *m*

biographie, *f* تاريخ شخص : ترجمة حياته
histoire, *f* علم الـــ
histoire naturelle, *f* التاريخ الطبيعي
annales, *f.pl* تَوَاريخ . أخبار تاريخية
historique تاريخي
daté,e; portant la date مؤرَّخ : عليه تاريخه
historien; chroniqueur, *m* مؤرِّخ
archipel, *m* ○ ارْخبيل
٭ارخى . ارتخى (رخو)
ardeb, *m* ٭إرْدب : مكيال للحبوب (1,980 hectolitre)
←ardoise, *f* ○اردواز (لوح)
crayon d'ardoise, *m* قلم —
←cèdre, *m* ٭أرْز : شجر عظيم
riz, *m* ٭أُرْز . رُزّ : حب يطبخ
aristocratie, *f* ○ارسطقراطية : عُلوية
terre; terre agricole, *f* ٭أرْض زراعية
sol, *m* — : تربة ، او مايطأه القدم
monde; univers, *m*; terre, *f* — : العالم
globe terrestre; globe, *m*; sphère, *f* الـــ : الكرة الارضية
sous terre; souterrainement تحت الـــ
termite, *m*; fourmis blanches, *f pl* أَرَضَة
terrestre أرْضي
foncier,ère — : عقاري
artichaut, *m* — شوكي : خرشوف

rez-de-chaussée, *m* ∆ دور أرضي
magasinage, *m* ∆ارضية : اجرة التخزين
plancher; parquet, *m* — مخشَّبة ، اوخشب الارضية
fond, *m* — الرسم
orgue, *m* ○ارغن : آلة طرب كالبيانو
←flûte, clarinette, *f* ٭أُرغول : يراعة
perdre le sommeil; passer une nuit blanche ٭أرِقَ : ذهب نومه
insomnie, *f* أَرَق : سهاد
jaunisse, *f* أَرَقان : يرقان
larve, *f* أَرَقة : يرقة (راجع يرقان)
molaires, *f.pl* ٭أُرَّم : اضراس
enseigne, *f* أُرْمَة . ∆أرمة : لافتة
— : شعار الملك او الامارة
←armoiries, *f pl*
souche, racine, *f* أُرُومَة : اصل الشجرة
origine; souche, *f* — : محتد
Arménien,ne, *n*, arménien,ne, *a* ٭أرمني
Albanais,e, *n et a* ○ارناؤط : الباني
lapin,e ٭أرْنَب بيتي : خِرنق
lièvre; lapin de garenne, *m* — برى : خُزَز
bout du nez, *m* — الانف
formule, *f* ∆أرنيك ∆ اورنيك : استمارة
modèle; patron, *m* — : مثال . مسطرة
arien,ne ○ آرى : نسبة الى الجنس الآري

☆أريكة: مقعد أو سرير — divan ou lit, m
— : عرش trône, m
☆ اريج (ارج) ☆ اريحى (روح) ☆ أزّ (أزز)
☆ ازاء (ازي) ☆ ازاح (زيح) ☆ازال (زول)
☆إزب: قصير وسمين trapu,e
مِيزاب. مِئزاب: ∆مزراب gouttière, f; chéneau, m
☆ازداد (زيد) ☆ازدحم (زحم) ☆ ازدرى (زرى)
☆أزَرَ: غطى أو أحاط couvrir; envelopper; entourer
آزَرَ: عاون aider; soutenir
إئتزر. تأزر: لبس الإزار s'envelopper d'un manteau ou caban
أزْر: قوة puissance; force, f
— : ظهر dos, m
شدّ ـه : عضده secourir; fortifier
إزْر. إزار manteau ample, m; voile, f
إزار الحائط: وزرة bordure; plinthe, f
مِئزر. إزار: ∆ فوطة الشغل tablier, m
مؤازرة assistance, f; appui, m
(أزز) أزّ الطبخ على النار produire un bruit en mijotant; bouillonner
أزيز النفس اوالريح اوالقذائف sifflement, m
— الحشرات الطائرة او الاذن bourdonnement, m
— : صوت الفوران effervescence, f
— : صوت الغليان bruit de l'ébullition, m
☆أزِفَ الوقت: دنا approcher; l'heure, ou le temps, approche

☆أزِقَ: ضاق être à l'étroit
مأزِق: مضيق، أو مركز حرج impasse; situation embarrassante, f
☆أزَل. أزَلية: ابدية éternité, f
أزلىّ éternel,le 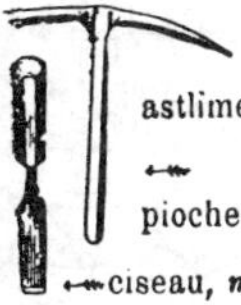
☆أزمة: شدّة crise, f
○— ○ أزما: ربو astlime. m
∆ — : قازمة. حَدَاة pioche f; pic, m
☆إزميل ciseau, m
— الجواهريّ ciselet; cisoir, m
○أزوت: ○ نتروجين azote; nitrogène, m
☆ إس ☆ أس (أسس)
☆ آس: ريحان شامى myrte, m 
— : واحد في النرد وورق اللعب as, m
حب الـــ baie de myrte, f
☆ اسا (اسو) ☆ اساء (سواء) ☆ اساغ (سوغ)
○ إسباني. اسبانيولى Espagnol,e. n, espagnol,e, a
اسبانيا Espagne, f
○ إسبتالية: مستشفى hôpital, m
○أسبستوس: حجر الفتيل ∆ سارى مستره asbeste, m 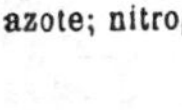
○ اسبلطة épaulette, f
☆ أسبوع (سبع) semaine, f
○اسيداج: بياض الرصاص céruse, f; blanc de plomb, m
☆ است (سته) ☆ استاء (سواء)

٭أُستاذ : معلم — professeur; maître, m; maîtresse, f

— في العلوم — docteur ès science

دفتر الـ : سجل الحساب التجاري — grand livre, m

٭استباح (بوح) ٭ استبد (بدد)

٭إستبرق ∆ مخيش . مقصب بالذهب — brocart doré, m

٭استتبّ (تبب) ٭استجار (جور) ٭استحال (حول)

٭استحق (حقق) ٭ استحم (حمم) ٭ استحيا (حي)

٭استخفّ (خفف) ٭استدعى (دعو) ٭استراح (روح)

٭استسقاء (سقي) ٭استشار (شور) ٭استشاط (شيط)

٭استطاع (طوع) ٭استعاذ (عوذ) ٭استعار (عور)

٭استعاض (عوض) ٭ استعان (عون) ٭استعد (عدد)

٭استعفى (عفو) ٭ استغلّ (غلل) ٭ استفاد (فيد)

٭استفتى (فتو) ٭ استفزّ (فزز) ٭استقال (قيل)

٭استقام (قوم) ٭استقصى (قصو) ٭ استقلّ (قلل)

٭استكان (كون) ٭استلّ (سلل) ∆ استلم (سلم)

∆ استمارة : استئمارة — formulaire

٭استمال (ميل) ٭ استمرّ (مرر) ٭استناخ (نوخ)

٭استهان (هون) ٭استهل (هلل) ٭استيداع (ودع)

○أُستيك : سلسلة حلية — chaîne, f

○أُستيكة : عصا البلياردو — queue de billard, f

٭أَسَد — lion, m

٭أَسَرَ : قيّد — lier

— الرجلَ : سباه — capturer; emmener comme captif ou prisonnier

— الحواسّ : سبى العقل — captiver

إستأسر — se rendre; capituler; se livrer comme captif,ve

أَسْر : سبي — captivité, f

— ٠ إسار : سير . قيد — courroie, f

بأسرهم — tous sans exception

آسِر — captivant,e

أُسْر : احتباس البول — retention d'urine, f

أُسْرة : عائلة — famille, f

أسير : سبي — prisonnier,ère; captif,ve

٭إسرائيلي : يهودي — israélite; juif,ve

○أُسرب — plombagine; mine de plomb, f

٭أسّسَ البناء — jeter les fondements

— : انشأ — fonder; instituer; établir

تأسّسَ : أُنشئ — fondé,e; établi,e

أُسّ : دليل القوة — indice; potentiel, m; puissance, f

— « في الجبر » — exposant, m

أساس : قاعدة البناء — fondations, f.pl; fondement, m

— : أصل — base, f; fond, m

لا — له — sans fondement, sans base

أساسيّ — fondamental,e; essentiel,le

— : رئيسي — principal,e

تأسيس — établissement, m; institution, f

اسهم او حصص — — part de fondateur, f

مؤسِّس : منشئ — fondateur,rice

مؤسَّسة خيرية — fondation, f

○اسطبل الخيل أو مجموعة خيل سباق لمالك واحد écurie, f
— : زريبة الماشية étable, m
○أسطُرلاب : آلة فلكية قديمة astrolabe, m
○أسطوانة : جسم مستدير مستطيل cylindre, m
— الفنوغراف disque, m
اسطواني cylindrique
اساطين : أعمدة piliers, m.pl; colonnes, f.pl
— العلم les sommités de la science, f.pl
☆اسطورة légende; fable, f
أساطير الاقدمين . علم الاساطير mythologie
☆أُسطول flotte; escadre, f
△أسطى : معلم maître, m
— : سائق عربة cocher, m
— دريسه . △ مقدم contremaître, m
☆أسِفَ . تأسَّفَ على regretter
أسَفٌ . تأسُّف regret, m
وا اسفاه . يا اسفاه hélas !
آسِف . أسِيف : حزين peiné, e; affligé, e
— . متأسِّف : نادم repentant, e; plein de regrets
يؤسف له regrettable
○أسفلت asphalte; bitume, m
○ اسفنج éponge, f
اسفنجى spongieux, se
☆ اسفين (سفن) ☆ أسقف ☆ اسكاف (سكف)
○اسكتلندى Ecossais, e, n; écossais, e, a

○إسكربوط : مرض scorbut, m
○إسكلة : ميناء port, m
○إسكندرية Alexandrie, f
○أسكيم : ثوب الرهبان froc, m
○إسكيمو Esquimau
☆أسَّلَ : دبَّب pointer; tailler
أَسَلٌ : △ سمار (نبات) jonc, m
أَسَلَة : شوكة épine, f
أسِيل lisse et allongé, e
مؤسَّل : محدد الطرف pointu, e
☆ اسلوب (سلب) ☆ اسلى (سلو) ☆ اسم (سمو)
○اسمانجونى . سمنجونى azur; bleu d'azur, m
○اسمنت : △ سمنتو ciment, m
☆أسَنَ se gâter; croupir
ماء آسِن eau gâtée, ou croupissante, f
☆أُسوة . إسوَة : قدوة exemple; modèle, m
— بـ à l'exemple de
أسا . أسَّى : عزّى consoler
تأسية . مؤاساة : تعزية condoléances, f.pl
تأسَّى se consoler; supporter avec patience
مأساة tragédie, f
☆أسورة (سور) bracelet, m
☆أسًى : حُزن chagrin, m; tristesse; affliction; peine, f

٭ آسيا : قارة آسيا	Asie, *f*
— الصغرى	Asie Mineure, *f*
اسيويّ	Asiatique, *n*, asiatique, *a*
٭اشار ٭ أشَر ∆ أشرجي (هور) ٭ اشاع (شيع)	
٭اشتاق(شوق) ٭ اشترّ (شرر) ٭ اشترك (شرك)	
٭اشترى(شرى) ٭اشتقّ (شقق)٭اشتكى (شكو)	
٭اشتهر (شهر) ٭ اشتهى (شهو)٭اشرأب(شرب)	
٭اشل (شلل) ٭ اشلاء (شلو) ٭ اشمأز (شمز)	
٭أشنان . إشنان : حُرض	salicorne, *f*; kali, *m*
— : قِلي	potasse, *f*; alcali, *m*
٭اُشنة : نبات طفيلي	mousse, *f*; lichen, *m*
٭أشور : اسم مملكة بائدة	Assyrie, *f*
٭اصاب (صوب) ٭ اصاخ (صوخ)	
○اصحاح : فصل من كتاب	chapitre, *m*
٭اصحى (صحو) ٭ اصر (صرر)	
٭ آصِرَة (والجمع اواصر)	lien, *m*
مأصِر.مأصِرَة: مكان تحصيل المكوس	barrière de péage, *f*
اواصر الصداقة	les liens d'amitié, *m.pl*
٭اصطاد (صيد)٭اصطاف(صيف)٭اصطفى (صفو)	
٭اصطك(صكك) ٭اصطلح(صلح)٭اصطلى (صلى)	
٭أصُلَ : رسخ أصله	s'enraciner
— : كان شريف الاصل	être de race; d'origine noble
أصّل : بيّن الاصل	indiquer l'origine
تأصّل : رسخ	prendre pied *ou* racine
استأصل : اقتلع	déraciner; extirper
— : اباد	exterminer
— النباتات أو الاعشاب الضارة	déroquer
استئصال	extirpation; extermination, *f*
أصْل : جذر	racine, *f*
— : منشأ	origine, *f*
— : نسب	lignage, *m*; race; famille, *f*
— : علة . سبب	cause, *f*
— : أساس	base, *f*
اصله من	originaire de
أصلي : أولي . بدئي	original,e; radical,e; originel,le; primitif,ve
— : حقيق	véritable
— « في الصرف »	radical,e
السكان الاصليون	aborigènes; autochtones, *m.pl*
أصلاً : في الاصل	à l'origine
— : قطعاً . بتاتاً	nullement; point; jamais; aucunement
أَصَلَة : حنش	boa, *m*
أصالة الرأى	perspicacité; sagacité, *f*
بالـأصالة عن نفسي	pour ma part
اصول : قواعد	règles, *f.pl*; règlements, *m.pl*
— : النسخة الاصلية (في الطباعة)	manuscrit, *m*
حسب الاصول . اصولي	réglementaire; en règle
أصيل : ابن اصل	de haut lignage; de race; noble; bien né,e
— : عشيّة	déclin du jour; soir, *m*
حيوان —	de race; pur sang (cheval)

تأصيلة : سلسلة النسب — généalogie; lignée, f

متأصّل : راسخ — enraciné,e; invétéré,e

— : مزمن — chronique

☆أصيص : شالية الزرع ←— pot à fleurs, m

— : ∆ قصرية — pot de chambre, m

☆أضاء (ضوء) ☆اضاع (ضيع) ☆اضاف (ضيف)

☆اضباره: ملف أوراق — dossier; chemise

☆اضطجع(ضجع)☆اضطر(ضرر)☆اضطرب(ضرب)

☆اضطرم (ضرم) ☆ اضطهد (ضهد)

☆إضمحل (ضمحل) ☆ اطاح (طوح)

☆ اطاع (طوع) ☆ أطال (طول)

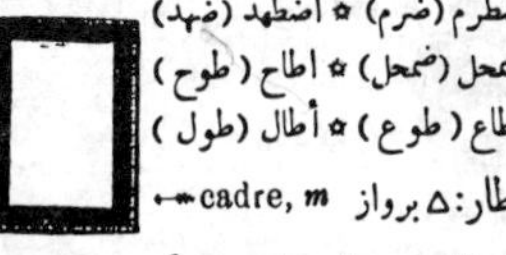

☆إطار: ∆ برواز — ←cadre, m

— العجلة : حتار ∆ ابسيط ○ جَنت — jante, f

— العجلة الخارجى : ∆ طبان — ←pneu, m

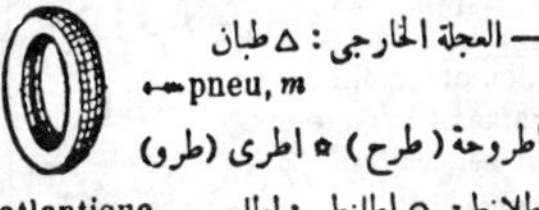

☆ اطروحة (طرح) ☆ اطرى (طرو)

○اطلانطيق ○ اطلنطى : اطلسى — atlantique

☆اطمأن (طمن)

☆أطوم : ناقة البحر — ←dugong; dugon, m

☆اعار (عور) ☆ اعاض (عوض) ☆أعاق (عوق)

☆اعال (عول) ☆ اعان (عون) ☆ اعتاد (عود)

☆اعتبر (عبر) ☆ اعتدّ (عدد) ☆ اعتدى (عدو)

☆اعتذر(عذر)☆اعترض(عرض)☆اعترف(عرف)

☆اعتزّ(عزز) ☆ اعتزل (عزل) ☆اعتصب (عصب)

☆اعتصم (عصم) ☆ اعتقد (عقد) ☆اعتقل (عقل)

☆اعتمد (عمد) ☆ اعتنق (عنق) ☆ اعتنى (عني)

☆أعدّ (عدد) ☆ اعدى (عدو) ☆ اعصار (عصر)

☆اعطا (عطو) ☆ اعفى (عفو) ☆ اعلام (علم)

☆اعلان (علن) ☆ اعلى (علو) ☆ اعيا (عيي)

∆اغا : خصي ، أو ○ لقب تركي — eunuque, m

☆اغاث (غوث) ☆ اغار (غور) ☆ اغاظ (غيظ)

☆اغتال (غول) ☆اغتبط (غبط) ☆اغتصب(غصب)

☆اغتفر (غفر) ☆ اغتنم (غنم) ☆ اغراء (غرى)

☆إغريقي — grec, m; grecque, f

○أغُسطس : آب — août, m

☆اف الاذن،افرازها — cerumen; sécrétion des oreilles

☆افاد (فيد) ☆ افّاق (افق) ☆ افاقَ (فوق)

☆أفاويه : توابل — épices, f.pl; condiments, m pl

☆افتر (فرر) ☆افترى (فري)

☆افرنج : اورويون(انظر اوروبة) — européens

☆افريز (فرز) — corniche, f

☆إفريقة . افريقا — Afrique, f

إفريقي — Africain,e, n, africain,e, a

○إفسنتين:شيح رومي،أو خلاصته — absinthe, f

☆افضى (فضو) ☆ افعى (فعو)

☆أفَفٌ : ضجر — ennui, m

تأفّفَ : تذمر — grogner; se plaindre

☆أفُق . أفْق (الجمع آفاق) — horizon, m

أفْقي : ضد رأسي — horizontal,e

أفاق : جوّاب — vagabond,e; aventurier,ère

☆أفّاك : كذّاب — menteur,se

☆أفَلَ . أفلَت (الشمسُ) : غابت — se coucher

أُفول : غياب — coucher; déclin, *m*

○افلاطون — Platon, *m*

حب افلاطوني اي عذري — amour platonique, *m*

○افندى : سيّد — monsieur, (M. *ou* Mr.)

☆آفة : جائحة — fléau, *m*; épidémie, *f*

— الفواكه والزهور — brouissure, *f*

— الحبوب : البق الدقيق — nielle; rouille, *f*

مَؤُوف : مضروب بآفة — endommagé,e; atteint,e

△افوكاتو : (انظر محامٍ) — avocat,e

○افيون : صمغ الخشخاش — opium, *m*

صبغة الـــ أو خلاصته — laudanum, *m*

☆اقال (قيل) ☆ اقام (قوم) ☆ اقبل (قبل)

☆اقتات (قوت) ☆اقتبس(قبس) ☆ اقتحم (قحم)

☆اقتدى (قدو) ☆ اقترح (قرح) ☆ اقترع (قرع)

☆اقترف (قرف) ☆اقترن (قرن) ☆اقتصد (قصد)

☆اقتضب(قضب) ☆اقتضى (قضي) ☆ اقتنى (قنو)

☆أُقحوان : قحوان — pâquerette; grande marguerite, *f*

☆اقرّ (قرر) — avouer

○أقراباذين — pharmacologie; pharmacie, *f*

— : قانون تركيب الادوية — pharmacopée; formulaire, *f*

علم الـ: مختص بتركيب الادوية — pharmaceutique, *f*

☆اقصى (قصو) ○ إقليم (قلم) ○ اقنوم (قنم)

☆اقنى (قنو)

○أُقّة : △وقة — oke, *f* (1248 grammes)

☆اكترث(كرث) ☆اكتظ(كظظ) ☆اكتنف(كنف)

○اكتوبر : تشرين الاول — octobre, *m*

☆اكّد (وكد)

△أُكرة الباب: سعدانة; — bouton, *m*; poignée de la porte, *f*

○أكزيما : ذميم — éczéma, *m*

○اكسبرس. اكسبريس: قطار سريع — express, *m*

○أكسد — oxyder

تأكسد — s'oxyder

أُكسيد : صدأ — oxyde, *m*; rouille, *f*

— الزنك (الخارصيني) — oxyde de zinc, *m*

○اكسنتريك : لا مركزي — excentrique, *m*

○أُكسجين — oxygène, *m*

☆إكسير — élixir, *m*

☆أكَلَ : تناولَ الطعام — manger

— : قرضَ — ronger

— الجلد : رعى — démanger

△— عقله : لعب بعقله — embobiner; enjôler

△— حقه — usurper

أكّل. آكل: اطعم — donner à manger; faire manger

آكَلَ : أكل مع — manger avec qn

تأكّلَ : تنخّرَ . أكله الصدأ — rongé,e; être mangé,e

— : تسوس — se carier

أَكْل : طعام — le manger, *m*

— فاخر — bonne chère, *f*

— : تناوُل الـ — manger; action de manger

وقت الاكل — heure du repas, f

أَكْلَة : وجبة — repas, m

٥ — قُردیجي أوصیامي — repas maigre, m

آكل . أكّال . أكيل — mangeur,se

— الخضر (الذي لايأكل اللحم) — végétarien,ne

— لحوم البشر — anthropophage; cannibale

— اللحوم — carnivore

— الحشرات — insectivore

آكِلَة : حِكّة ٥ غرغرينا — gangrène, f

أُكالٌ : رعيان — démangeaison, f

تأكُّل : نخر — érosion; corrosion, f

مأكول . مأكل — manger, m; nourriture, f

مأكولات — vivres; comestibles, m.pl victuailles, f.pl

٥ إكليرس : رجال الدين — clergé, m

٥ اكليركي : كهنوتي او كنائسي — clérical,e; ecclésiastique

☆ أَكَمَة : تل — butte; colline, f

٥ اكورديون . موسيقة يد — accordéon, m

☆ اكيد (وكد) ☆ آل (اول)

☆ أل.... : أداة التعريف — le, la, les

ألا تريد — ne voulez-vous pas ?

ألّا — pour ne pas

لئلا — de peur que..ne; afin que..ne

☆ إلّا : عدا — excepté; hormis; si ce n'est

وإلا — ou bien; sinon; autrement

☆ آلاني (اول) ☆ الآن (اون) ☆ الاه (اله)

٥ ألاووط : لولب (راجع قلاووظ) — vis, f

٥ ألاي : فرقة كبيرة من العسكر — régiment, m

☆ أَلَبَ . تألَّبَ : تجمع — s'amasser; se rassembler

☆ البارح . البارحة (برح) — hier

٥ البوم : مجلد لحفظ الصور وغيرها — album, m

☆ التأم (لام) ☆ التمس (لمس)

☆ التهم (لهم) ☆ الـتي (لتي)

☆ الثغ ٥ الدغ (لثغ) ☆ الذي (لذي)

٥ ألتين : قالجين . لفافة الساق — molletière; jambière, f

☆ أَلِفَ الشيء : اعتاده — s'y habituer; se familiariser avec

— : صار اليفاً — s'apprivoiser

أَلَّفَ : صيّر اليفاً — apprivoiser

— بينهم : وفّق — accorder; mettre d'accord

— كتاب : صنّف — composer, ou écrire, un livre

تألّفَ من كذا — être composé,e de

ألف : عشر مئات — mille (1000), a et m

— — millier, m

الاف الاشجار — des milliers d'arbres

إلف . أليف — compagnon, m; compagne, f; camarade

أُلفَة : ايناس — familiarité, f

— : صداقة — amitié; intimité; union, f

○ ألفيَّة : زجاجة خمر كبيرة — tourie; dame-jeanne, f; grand bocal, m
أليف : ضد وحشي — apprivoisé,e
— : انيس — sociable; affable; doux,ce
إئتلاف : وئام — accord, m; concorde, f
— : اتحاد — union; coalition, f
— . تآلف الالحان — harmonie, f
بالتلاف : باتحاد — à l'unisson
تأليف الحيوان — apprivoisement, m
— الكتب — composition des livres, f
— . مؤلَّف : كتاب — ouvrage; livre; recueil, m
مؤلَّف من كذا — composé,e, de
مؤلفات اسكندر دوماس — les œuvres d'Alexandre Dumas
مؤلِّف : كاتب — écrivain; auteur d'un livre, m
مألوف : عادي او دارج — habituel,le ou courant,e
غير — — insolite; inaccoutumé,e, peu ordinaire
☆ الفى : وجد (راجع لفو) — trouver
☆ ألَقَ . تألق — briller; étinceler
ألق . تألُّق — éclat; lustre, m
متألِّق — brillant,e; luisant,e; éclatant,e
○ الكترون : كهيرب — ion; électron, m
☆ الكحول (كحل) ☆ الله (اله) ☆ المّ (لمم)
☆ أَلِمَ . تألم : توجع — souffrir
أَلَّمَ . آلَمَ : أوجع — faire mal; faire souffrir
— . — نفسياً — peiner; affliger

ألَم : وجع — douleur, f; mal, m
— الرأس — mal de tête; mal à la tête, m
— الاسنان — mal aux dents, m; rage de dents, f
اسبوع الآلام — semaine sainte, f
آلام المسيح — la Passion de Jésus-Christ
أليم . مؤلم : موجع — douloureux,se
☆ ألماس : ملس — diamant; brillant, m
○ المانيا — Allemagne, f
ألماني — Allemand,e, n, allemand,e, a
☆ ألَّه : رفعَ لمنزلة الآلهة — diviniser; déifier; apothéoser
تأليه : رفع لمنزلة الآلهة — déification; apothéose, f
أَللّه : رب الكون — Dieu, m
إلاه . إله : معبود — divinité, f; dieu, m
— البحر — Neptune, m
— الحرب — Mars, m
— الخمر — Bacchus, m 
إلاهة : معبودة — déesse; divinité, f
— الجمال والعشق — Vénus, f
— الشعر — Muse, f
أُلوهة . أُلوهيَّة — divinité, f
إلاهي — divin,e
لله درّك — bravo!; très bien
علم الالاهيات : اللاهوت — théologie, f
☆ آلة . آليّ (اول) ☆ ألهى (لهو)

(الو) آلا في الأمر: قصّر — manquer; faillir
لم يألُ جهداً — faire tout son possible; faire de son mieux
✿ إلى : حرف جر بمعنى لـ . أو عند ; تكتب en امام اسماء الممالك — jusqu' à; vers; chez
— متى — jusques à quand
— أن — jusqu' à ce que
الي . اليك . اليه — à moi, à toi; à lui
✿ آلى (أول)
✿ أليَة : ٥ لِيّة . ذيل الغنم — queue grasse de moutons châtrés, f
✿ أم : أو — ou; ou bien
✿ أمْ . أُم . إمّا ✿ امام (أمم) ✿ امارة (امر)
✿ اماط (ميط) ✿ امال (ميل) ✿ امانة (امن)
○ امبراطور — empereur, m; impératrice, f
امبراطورية — empire, m
✿ امتاز (ميز) ✿ امتثل (مثل) ✿ امتحن (محن)
✿ امتشق (مشق) ✿ امتص (مصص) ✿ امتطى (مطو)
✿ امتعض (معض) ✿ امتقع (مقع) ✿ امتهن (مهن)
✿ أمَد : غاية — limite; borne, f
✿ أمَرَ — commander; ordonner
أمَّرَ — investir qn du pouvoir
تآمروا . ائتمروا: تشاوروا — se consulter; délibérer
— : اتحدوا على شر — conspirer; conniver
تأمَّر : تحكم — être autoritaire
أمْر (جمعها أوامر): فرض — ordre, m; obligation, f
— : سلطة — autorité; pouvoir, m
— : صيغة الأمر في النحو — mode impératif, m
— عال — décret, m

لأمر فلان : له — à l'ordre de
كمبيالة تحت الأمر — billet à ordre
لحين صدور امر جديد — jusqu' à nouvel ordre
تحت امرك — à votre service; à votre disposition
أمْر (جمعها أمور) : مسألة — affaire; question, f
— ما : شيء ما — quelque chose
في آخر الأمر — en fin de compte
آمِر — qui donne les ordres, qui commande
— ٠ أمري : في صيغة الامر — impératif, m
أمّار : محرض — instigateur,rice; incitateur,rice
أمارة : علامة — signe; indice; mot de passe, m
إمارة : ولاية أو رئاسة — principauté, f
٥ محب الـ ـ . (اي التحكّم) — autoritaire
أمير : سليل الملوك — prince, m
— البحر ○ اميرال — amiral, m
— المؤمنين — Calife, m
○ اميرالاي : عميد — colonel, m
أميرة — princesse, f
— النحل : أمّ — mère; reine-abeille, f
أميري ٥ ميري: حكومي — gouvernemental,e; d'état
تامور : غلاف القلب — péricarde, m
إئتمار . مؤامَرَة — délibération; consultation, f
مُؤامَرَة : تواطؤ — complot, m; connivence; conspiration, f

مأمور : الذي أُمِر	commandé,e
∆ — : مندوب	délégué,e
∆ — البوليس	commissaire de police, m
∆ — المركز	préfet, m
∆ — التصفية	syndio, m
مأمورية : مهمة	commission; mission, f
مؤتمر : اجتماع للمشاورة	conférence, f
— : اجتماع لغرض عام او سياسي	congrès, m
☆امرأة . امرؤ (مرأ)	
☆أمس : البارحة	hier
— الأول	avant-hier
— : الماضي . ∆زمان	le temps passé
☆أمعاء (معو)	intestin, m
☆أمَلَ : رجا	espérer
تأمّله : نظر فيه	regarder attentivement
تأمّل الأمر	méditer sur; réfléchir
أمَل : رجاء	espoir, m, espérance, f
قطع الأمل منه	désespérer de
آمِل . مؤمِّل : راجٍ	qui a l'espoir; qui espère
تأمُّل : تروٍ	méditation; réflexion, f
☆املى . املاء (ملو)	
(امم) أمَّ : قصد	se rendre à; aller
— : سار امام	mener; marcher en tête
أمَّمَ الشيء . جعله ملكاً للامة	nationaliser
تأميم	nationalisation, f
أُم : والدة	mère, f
— : قالب السبك	matrice, f
— : محبس	robinet d'arrêt, m
— : مصدر . اصل	source, f
— الملك	reine mère, f
— قويق : بومة صغيرة	chat-huant m; chouette, f
— اربع وأربعين : حَريش	mille pieds, m; scolopendre, f
∆ — الخلول	moule de rivière, f
∆ — الحبر	seiche; sèche, f
أُمّة : شعب	nation, f; peuple, m
الامم المتحدة	les Nations Unies, f pl
أَمَة : جارية	esclave
أُمّي . أُمَّهي : مختص بالأم	maternel,le
— : غير متعلم	illettré,e; ignorant,e
أُمّية . أُمومة : صفة الام	maternité, f
— : جهل	ignorance, f
أمام : قُدّام	devant
— : تجاه	en face de
— : في حضرة	en présence de; par devant
الى الـ	en avant
إمام	chef, m
إمامة : رئاسة	souveraineté, suprématie, f
أُمَمي : متبادل بين الامم	international,e
— : وثني	païen,ne

أمّا : لكن mais
إمّا هذا أو ذاك l'un, e ou l'autre
أَمُنَ : كان أميناً être loyal, e, *ou* honnête
أَمِنَ : اطمأن être en sûreté; se tranquiliser
أمَّنَ : طمأن rassurer
— على الحياة assurer sur la vie
— ضد الحريق assurer contre l'incendie
— على كلامه confirmer ses dires
— على حياته sauvegarder sa vie
— : ائتمن . استأمن على confier qc à qn
ائتمن . استأمن : وثق به avoir de la confiance en
آمَنَ إيماناً avoir la foi; croire
— به : اعتقد croire en, *ou* à
— به : وثق avoir confiance en
أمن . أمان sécurité; sûreté; paix, *f*
— عام sécurité publique, *f*
في الـ : مصون sûr, e; en sûreté; protégé, e
حافظ على الـ maintenir la sécurité, *ou* l'ordre
أُمَنَة : موثوق به digne de confiance; homme de confiance
آمِن : يأمن الناس confiant, e
— : غير خائف paisible; tranquille
أمانة : ولاء loyauté; fidélité, *f*
— : ضد خيانة intégrité; probité, *f*
— : وديعة dépôt, *m*; consignation, *f*
مخزن الامانات (في المحطات) consigne, *f*
أمنية : بغية (في منى) désir; vœu, *m*
أمين : وليّ loyal, e; affidé, e
— . مؤتمن : ثقة digne de confiance
— مأمون : غير خطر sûr, e
— على : حارس gardien, ne
— الصندوق : ٥ صرّاف caissier, ère
— المال trésorier, ère
— المخزن : ٥ مخزنجي magasinier, *m*
— المكتبة العمومية bibliothécaire, *m*
غير — : خائن malhonnête
آمين : فليكن كذلك Amen; ainsi soit-il
إيمان : عقيدة foi; croyance, *f*
إئتمان . إستئمان : وثوق confiance, *f*
— : نسيئة . مداينة crédit, *m*
تأمين : تطمين tranquilisation, *f*
— : رهن nantissement, *m*
— : ضمانة garantie, *f*
— : ٥ سيكورتاه assurance, *f*
— ضد الحوادث assurance contre les accidents
صكّ الـ police d'assurance, *f*
مأمَن : مكان الامن endroit sûr; lieu de sécurité, *m*
في مأمن من à l'abri de
مؤمِّن assureur, *m*
مؤمَّن assuré, e
غير مأمون : خَطِر dangereux, se; peu sûr, e

مؤمن : معتقد . خلاف الكافر croyant,e; fidèle

○ أمنيبوس : حافلة . لمّامه omnibus, m

✿ أمير . أميرال . أميرالاى (أمر)

○ أمريكا Amérique, f

— الجنوبية Amérique de Sud, f

— : الولايات المتحدة les Etats Unis d'Amérique, m.pl

اميركى Américain,e, n, américain,e, a

على الطريقة الاميركية à l'américaine

✿ اميرى (امر) ✿ آن (اون) ✿ انّ (انن)

✿ أن : حرف توكيد ومصدر que

بما — . لأن puisque

على — . حيث — tandis que; vu que

إن : اذا . لو si

— لم : مالم à moins que. . . ne; sinon

إنّما cependant

✿ أنا : ضمير المتكلم je; moi

— هنا je suis ici

— وزوجتى ma femme et moi

أنانيّ : محب لذاته égoïste

أنانيّة : حب الذات égoïsme, m

✿ اناء . اناة (اني) ✿ انار (نور) ✿ اناس (نوس)

✿ أنام : الأنام créatures, f.pl; êtres, m.pl

○ اناناس : فاكهة ananas, m

✿ أنّب : لام وعنّف blâmer; réprimander

— ه ضميره avoir des remords

تأنيب : تعنيف réprimande, f; reproche, m

△ أنباشي : اومباشي . رئيس عشرة caporal, m

✿ انبوب (نبب)

○ إنبيق : حوجلة . جهاز للتقطير cornue, f, alambic, m

✿ أنتَ . أنتِ : ضمير المخاطب والمخاطبة toi, tu, vous (vous انتم . التى تستعمل للمفرد للتكريم)

انتما vous deux

✿ انتحر (نحر) ✿ انتحل (نحل) ✿ انتخب (نخب)

✿ انتقم (نقم) ✿ انتمى (نمى) ✿ انتهز (نهز)

○ أنتيكة : أثر قديم antiquité, f

أنتيكخانة : دار العاديات . متحف musée, m

○ أنتيمون : اثمد antimoine, m

✿ أنثَ : خنث être, ou devenir, efféminé; s'efféminer

✿ أنّثَ : جعله مؤنثاً mettre au féminin; féminiser

أنثى : امرأة femme, f

— الحيوانات femelle, f

أنثوي : نسائي féminin,e

— مؤنث : ضد مذكر féminin, m

أنوثة féminité; féminéité, f

○ انجليزى (راجع انكليزى) anglais,e

✿ إنجيل : بشارة évangile, m

— : كتاب العهد الجديد Nouveau Testament, m

إنجيلي : مختص بالانجيل évangélique

— : ○ بروتستانتي protestant,e

— : بشير . كاتب احد الأناجيل évangéliste, m

☆أَنِسَ: كان انيساً — être sociable; aimer la compagnie

— به واليه — aimer; prendre goût à; s'habituer à qu

آنَسَ : سلّى او نادم — divertir

— : عَلِمَ — apercevoir; apprendre qc

إستأنس: صار أنيساً — devenir sociable

— الحيوان : صار اليفاً — s'apprivoiser

— به واليه : ألِفَه — se familiariser

أُنْس — la bonne compagnie

إنس : بشر — genre humain; homme, *m*

إنسان: رجل . شخص — homme, *m*; personne, *f*

— : بشر — être humain, *m*

— العين : بؤبؤها — prunelle; pupille, *f*

— الغاب — ←orang-outang; chimpanzé, *m*

إنسانى : بشرى — humain,e

— : يحب خير البشر — philanthrope

إنسانية : بشرية — humanité, *f*

آنِسة : فتاة — jeune fille; demoiselle; mademoiselle, *f*

أنيس : لطيف — sociable; affable

— : اليف — apprivoisé,e; pas sauvage

إيناس . مؤانسة — bonne humeur; affabilité, *f*

☆انسلَّ (سلل) ☆انسيابى (سيب) ☆انشوطه (نشط)

☆أنِفَ منه: استنكف — dédaigner; mépriser

إستأنف : بدأ من جديد — recommencer; renouveler; reprendre

— الدعوى — interjeter appel; appeler

أنْف : منخر — nez, *m*

سال ـــه — avoir la roupie

أنفىّ : مختص بالانف — nasal,e; du nez

— (فى الطب) — errhin,e

صوت — (فى الاجرومية) — nasale, *f*

أنَفَة : شمم — dédain; mépris, *m*

آنِفاً : قبلاً — précédemment; antérieurement

مذكور — — susdit,e; susmentionné,e

أنوف : ابيّ — fier,ère; dédaigneux,se; qui se pique d'honneur

إستئناف الدعوى — appel, *m*

عريضة الـــ — acte d'appel, *m*

محكمة الـــ — cour d'appel, *f*

مع حفظ الحق فى الاستئناف — sauf appel; sous réserve d'appel

استئنافى : مختص بالاستئناف — d'appel

مُستأنِف الدعوى — appelant,e

المستأنَف عليه أو ضده — intimé,e

○أنفتيارو : مدرّج — amphithéâtre, *m*

○إنفلونزا: النزلة الوافدة — grippe; influenza, *f*

☆أنِقَ : كان انيقاً — être pimpant,e, soigneux,se, de sa personne

— : كان حسناً — être élégant,e, beau, *m*, belle, *f*

تأنّقَ فى لبسه — s'habiller avec soin, *ou* recherche

أناقة — élégance; grâce, *f*; chic, *m*

أنوق : رخمة vautour d'Egypte, *m*

أنيق : حسن beau, *m*, belle, *f*; élégant,e; chic

— : متقن الترتيب coquet,te; soigné,e

تأنق : تدقيق رائد recherche, *f*

متأنق élégant,e; chic

☆انقض (قضض)

○انكلترة.انجلترا: بلادالانجليز Angleterre, *f*

انجليزى Anglais,e, *n*, anglais,e, *a*

اللغة الانجليزية anglais, *m*; la langue anglaise, *f*

○أنكليس : ثعبان ماء . حنكليس anguille, *f*

☆أنموذج : نموذج . مثال modèle; patron; exemple, *m*

— : نموذج . عيّنة échantillon, *m*

﴿أن﴾ أنَّ : عنَّ . تأوّه gémir; geindre

أنين . أنّة : تأوّه gémissement, *m*; plainte, *f*

☆أنى : دنا approcher; s'approcher de

استأنى.تأنّى: تمهّل prendre son temps; agir posément

تأنّى عليه : امهله patienter avec lui ; lui donner le temps

إناء : وعاء vase; récipient, *m*

آناء الليل واطراف النهار le jour et la nuit

أناة : صبر patience, *f*

تأنٍ : تمهّل lenteur *ou* réflexion, *f*

بـ : بتمهل sans se presser; doucement

متأنٍ : متمهّل lent, e; reflèchi,e; posé,e

☆أنّى : أين ومن أين où; d'où

— : متى quand

— : كيف comment

△أنيطه: طبنة.خبزة يابسة مسحوقة chapelure, *f*

☆ آه . تأوه (اوه) ☆ اهان (هون)

☆أهّب : اعدّ préparer

تأهّب لكذا s'apprêter à; se préparer

أهبة : استعداد préparatifs; apprêts, *m.pl*; dispositions, *f.pl*

على — السفر prêt, e à partir

إهاب : جلد خام cuir non préparé, *m*

تأهّب : استعداد préparation, *f*

متأهّب : مستعد préparé,e; équipé, e

☆ اهتمَّ (همم) ☆ أهتمُ (هتم) ☆اهرام (هرم)

☆أهل المكان : كان عامراً être habité, e

أهّل للأمر : جعله صالحاً له rendre propre, *ou* apte, à

△ — . آهل : زوّج marier

△ — . — . تأهل به : رحّب به faire bon accueil à qn

تأهّل : تزوّج se marier

استأهل : استوجب mériter de

أهل : عائلة . أسرة famille, *f*

— الدار les gens de la maison, *pl*

— لكذا digne de; qui mérite de

△ — خبرة : خبير expert, e

أهلـه : انسباؤه les siens

أهلاً وسهلاً — soyez le bienvenu !
أَهْليّ : عائلي . بيتي — domestique; de famille
— : بلدي — indigène
— : وطني — national, e
قرض — — emprunt national, *m*
حرب أهليّة — guerre civile; guerre intestinale, *f*
أهْلِيَّة : صلاحيّة — aptitude; disposition, *f*
— : صفة مؤهلة — capacité; qualité requise, *f*
ذو — : مؤَهَّل لكذا — capable de; propre à
مؤهّلات — qualités requises; aptitudes, *f.pl*
آهِل . مأهول : عامِر — habité, e; populeux, se
مُستأهِل : مستوجب — digne de; qui mérite
٭ اهليلج (هلج)
٭أو : أم — ou
— : ما لم — sinon
٭ أوان (اون)
٭أوب . إياب : رجوع — retour, *m*
من كل أوب — de tous côtés
آبَ : عاد — retourner
٭ أوباش (وبش)
o أوبرا: دار التمثيل الغنائي أو رواية ملحنة — opéra, *m*
o أوتوبيس : سيارة عامة او لمّامة — autobus, *m*
٭أوْج : قمّة — apogée; faîte; zénith, *m*

بلغ الأوج — arriver au faîte, au comble; être à l'apogée de
٭أوْد . أوْدَة : حِمْل — fardeau, *m*; charge, *f*
Δ أودَة : غرفة — chambre, *f*
مَؤُود : اثقله الحمل — accablé, e
o اورانجوتان — orang-outang, *m*
o أورطة — bataillon, *m*
o أوُرط : الشريان الاورطى . الابهر — aorte; la grande artère, *f*
o اوربا . اوروبة — Europe, *f*
أوروبي : افرنجي — européen, ne
٭أوِزّة : وَزَّة — oie, *f*
فرخ الـــ — oison, *m*
اوزّ العراق . تمّ — cygne, *m*
Δ أوَّز : لمز — se rire de; se moquer de
Δ أوزي : صغير الغنم أو لحمه — agneau, *m*
٭أوَّق . آقَ : اتاه بالشؤم — attirer un malheur sur
أمّ أُوَيق : أم قويق . بومة — chouette, *f*
o اوقيانوس (راجع محيط فى حوط) — océan, *m*
اوقيانوسي — de l'océan; pélagien, ne; océanique
o اوقيّة (١٢ درهم . ٢٨ ١/٣ جرام) — once, *f*
o أوكسيجين : مُصَدِّئ — oxygène, *m*
٭أوَّلَ : فسَّر — interpréter; expliquer

آل الى : عادَ — revenir; retourner à

— الى : انتج — aboutir à; s'ensuivre; résulter

— به الى : اوصل — conduire; mener à

— على نفسه — prendre sur soi; se charger de

— : تحوّل وصار — se réduire à

آلٌ : اهل — famille, *f*

— خبرة — expert,e

آليّ : عُضوىّ — organique

— : ه ميكانيكي — mécanique

آلَة : اداة او عُدَّة — outil; instrument, *m*

— : ه مكنة . دولاب — machine, *f*

— موسيقية — instrument de musique, *m*

— التصوير — appareil photographique, *m*

— حربية — appareil, *ou* engin, de guerre; arme, *m*

— بخارية — machine à vapeur, *f*

الـ الكاتبة — machine à écrire, *f*

ه آلاتى : موسيقىّ — musicien,ne

أوَّل : ضد آخر — premi er,ère

— : بداية — commencement; début, *m*

— درجة : ممتاز — de première classe, *ou* qualité

— البارحة — avant-hier

— الأثمار أو الخضر : باكورة — primeur, *f*

أوّلاً : فى الأول — premièrement; d'abord; en premier lieu

— : اصلاً — primitivement; originairement

أولى (فى ولى) — plus méritant,e

أوّلىّ . أوّل — principal,e; premier,ère

— : اساسى — fondamental,e; essentiel,le

— : بَدائي . كائن قبل غيره — primitif,ve; originel,le; original,e

— : تحضيرى — préliminaire; préparatoire

— : ابتدائى — primaire; élémentaire

أوّليَّة : اسبقيَّة — priorité; antériorité, *f*

— : قضية مسلَّم بها — vérité évidente, *ou* primordiale, *f*; truisme, *m*

— . أولويّة : الحق الأول — primauté, *f*

إيالة : مقاطعة — département, *m*; province, *f*

تأويل : تفسير — interprétation, *f*; commentaire, *m*

مآل : نتيجة — résultat, *m*; issue; conséquence, *f*

٭ أولاء . أولئك : هؤلاء — ceux-là, celles-là

ه أولمبي — olympique; olympien,ne

الالعاب الاولمبية — les Jeux Olympiques, *m.pl*

٭ أولو : ذوو . اصحاب — possesseurs; qui possèdent

— الشهرة والمجد — hommes de grand renom

(أون) أوان . آن : زمن — temps, *m*; saison, *f*

آنَ : حانَ — venir; approcher

آن الأوان — il est temps, *ou* grand temps

فى أوانه: فى وقته — de saison; en son temps

فى — : فى الوقت المناسب — au moment propice, *ou* opportun

فى غير — : فات وقته — hors de saison

الآن — à présent; maintenant

من — فصاعداً — dorénavant; à l'avenir

الى أو لغاية — : للان — jusqu' à présent

∆ **أونطجي** : نصاب — charlatan; resquilleur, *m*

(او) **آهَ . تأوَّهَ** — gémir

تأوُّه : توجُّع — gémissement, *m*

✿ **آوى** المكان — habiter; loger

— : سترَ — abriter; mettre à l'abri

إبن آوى — chacal, *m*

إيواء — logement; hébergement, *m*

إيوان : قاعة كبيرة — hall, *m*

— : سراى — palais, *m*

آية : علامة — signe; indice, *m*

— : معجزة — miracle, *m*

— : شىء عجيب — prodige, *m*; merveille, *f*

مأوى : مسكن — habitation; demeure, *f*

— : ملجأ — refuge; asile; abri, *m*

✿ **أيْ** : يعني — c'est-à-dire (c.a.d.); savoir

أيّ — quel,le; quoi; lequel, laquelle

— شيء — quelle chose ?

— شيء : مهما يكن — n'importe quoi

— كان — n'importe qui; quiconque

على — حال : على كل حال — de toute façon

إيَّاكَ من كذا — gare à toi de ...

○ **أيَّار** : شهر مايو — mai, *m*

✿ إيالة (اول) ✿ ايجاز (وجز) ✿ ايحاء (وحي)

✿ **أيَّدَ** : ساعد — appuyer; soutenir; aider

— : أثبت. عزَّز — confirmer; corroborer

تأييد — corroboration; confirmation, *f*

تأييداً لـ — à l'appui de ..; pour confirmer

تأيَّدَ — se confirmer

○ ايدروجين (هيدروجين) ✿ ايراد (ورد)

✿ **إيران** : بلاد فارس — Iran; Perse, *f*

○ **إيزيس** : الآهة الخصب عند قدماء المصريين — Isis, *f*

✿ **أَيِسَ** منه — désespérer de

∆ **آيَسَ** عليه — risquer; hasarder

✿ **أيضاً** : كذلك — aussi; également

— : بالمثل — pareillement

— : ثانياً. مرة ثانية — encore; de nouveau; une seconde fois

— : غير ذلك — en outre; de plus

✿ ايضاح (وضح)

○ ايطاليا — Italie, *f*

ايطالى — Italien,ne, *n*, italien,ne, *a*

✿ ايعاز (وعز) ✿ ايفاد (وفد) ✿ ايقظ (وقظ)

○أيقونة: نصبة icone, f

☆أيكة: غيضة buisson, m

☆إيَّل. أيِّل ←cerf; daim, m, daine, f

الـ المستأنس: ○رنَّة ←renne, m

○أيلول: شهر سبتمبر septembre, m

☆أيِّم: ارمل او ارملة veuf, m, veuve, f

☆ ايماء (ومأ) ☆ ايمان (امن)

☆ أينَ où ?

الى — où allez vous ?; jusqu'où ?

من — d'où ?

أينما: حيثما partout où; en quelque lieu que ce soit

☆ اية . ايواء . ايوان (اوى)

☆آنَ: حان (اون) approcher, venir

(ب)

☆بـ: حرف جرّ à, avec, en, par, pour, *etc*...

يباع اللحم بالرطل la viande se vend *à* la livre

باعتدال *avec* modération

بالجملة *en* gros

مرّ بباريس il a passé *par* Paris

العين بالعين œil *pour* œil

☆ باء (بوأ) ☆ بائنة (بين) ☆ باب (بوب)

☆بابا: أب papa; père, m

—: الحبر الأعظم Pape; le Saint-père; le Souverain Pontife, m

△قائم الـ: مبدأ درابزين السلّم ←noyau d'escalier, m

باباوي: بابوى papal

باباويَّة papauté, f

بؤبؤ العين prunelle; pupille de l'œil, f

○ بابور . وابور (وبر)

☆بابونج camomille, f

☆ بات (بيت) ○ باتيناج (زحلقة) patinage

○ باتيست . باتيسته batiste, f

○باثولوجيا: علم العلاج pathologie, f

☆ باح (بوح) ☆ باخ (بوخ) ☆ باخرة (بخر)

○ باخوس: الاه الخمر Bacchus, m

☆ باد (بيد) ☆ بادر (بدر)

☆ بادٍ . بادى . بادية (بدو)

○باذنجان △بِتِنجان aubergine, f

☆بأرَ: حفر بئراً creuser (un puits)

بئر puits, m

— السُلَّم cage d'escalier, f

بؤرة: مركز التجمّع foyer, m

— العين pupille de l'œil, f

— فساد pandémonium, m

بؤري: مختصّ ببؤرة focal, e

○ بار: حانة . خمّارة bar, m; buvette, f; [bistrot], m

✿ بارّ (بور) ✿ بارّ (برر) ○ بارافان (برفن)
✿ بارجة (برج) ✿ بارك (برك) ✿ بارود (برد)
○ بارومتر : ميزان ضغط الهواء
barométre, m
✿ باری (بری) ✿ باریء (برأ)
○ باريسيّ Parisien, ne, n, parisien, ne, a
✿ بأز . باز . بازی
faucon, m 
○ بازار : سوق bazar ; marché, m
— : سوق خيرية bazar de charité, m
✿ بأس : قوّة force, f pouvoir, m
— : شجاعة courage, m ; hardiesse ; prouesse, f
ذو — vaillant, e
لا — فی ذلك il n'y a aucun inconvénient à cela ; pas de mal
لا — عليك sois sans crainte
بَئِسَ : كان بائساً être misérable, ou dans la misère
بئس المصير quel triste sort !
بُؤس . بأساء : شقاء misère, f ; malheur, m
بائِس : تعس misérable ; almheureux, se
○ باسابورت ○ باسپور : جواز السفر passeport, m
✿ باسور (بسر) hémorroïdes
△ بَاش : رئيس chef ; premier, m
— : احدى صور ورق اللعب roi, m
باشكاتب : كاتب اول chef comptable

باشمهندس ingénieur en chef, m
باشمفتش inspecteur en chef, m 
△ باشا : لقب عثماني رفيع pacha, m
△ باشجاويش sergent, m
✿ باشر (بشر) 
✿ باشق : صقر صيد épervier, m
○ باشلّوس : أنبوبيات bacille, m
✿ باشورة (بشر) ✿ باضت (بيض) △ باط (ابط)
✿ باطية (بطي) ✿ باعُ (بوع) ✿ باعَ (يبع)
△ باغة : ○ خـلـيود celluloïde, m
✿ باقة (بوق) ✿ بالَ . بالُ (بول) ✿ بالغ (بلغ)
○ بالة . ابالة balle, f ; ballot, m 
○ بالّو : مَرقَص bal, m
✿ بالوعة (بلع)
○ بالون (راجع منطاد فی طود) ballon, m
✿ بالی (بلی)
△ باميا . بامية gambo, m ; [corne grecque, f]
✿ بانَ (بين) ✿ بانُ . بانة (بون) 
○ بانيو : حوض الاستحمام baignoire, f
✿ بأه للأمر : فطن remarquer
✿ باهُ (بوه) ✿ باهِ (بهی) ✿ باهر (بهر)
✿ باهظ (بهظ)
△ بايخ : لاطعم له fade ; insipide
عمل — un geste bête ou déplacé 
✿ بَبْر : نمر مخطط tigre, m ; tigresse, f

☆ ببغاء perroquet, *m* perruche, *f*

☆ بَتَّ : قَرَّرَ وفصل décider; régler

— في الامر trancher la question

بَتّ : تقرير décision, *f*

بَتِّي . باتّ décisif, ve; catégorique

بَتَّةً . البَتَّةَ : قطعاً pas du tout; pas le moins du monde; jamais

بتاتاً irrévocablement; définitivement

☆ بَتَرَ : قطع وفصل trancher; retrancher; couper; amputer

بَتْر : قطع amputation, *f*

بَتَّار : قاطع tranchant, e; coupant, e

أَبْتَر : بلا ذيل sans queue; courtaud, e

فقرة مبتورة passage estropié

○ بِتْرول pétrole, *m*

☆ بَتَع : حيل puissance, *f*

○ بَتْسفورة : حمّالة قوارب النجاة ←bossoir, *m*

☆ بَتَلَ . تبتَّلَ : ترك الزواج vivre dans le célibat; se vouer au célibat

بَتُول : عذراء vierge; fille; pucelle, *f*

بَتولي : بكر أو عُذْري virginal, e; vierge

بَتُولا : اسم شجرة bouleau. *m*

بَتُولية virginité, *f*; [pucelage, *m*]

△ بِتِيَّة : اناء للغسيل او الاستحمام cuve, *f*

☆ بَثَّ : ارسل envoyer; dépêcher; faire partir

— مبدأ أو تعليماً propager; répandre; divulguer

بَثّ propagation; diffusion; divulgation, *f*

☆ بَثِرَ . تبثَّرَ être couvert, e de boutons, *ou* de pustules

بَثْرَة : دُمَّل صغير bouton, *m*; pustule, *f*

☆ بَثَق : شقّ وخرج déborder; percer

إنْبَثَقَ : انفجر وخرج jaillir

— منه : صدر provenir; procéder de

— الفجر l'aube apparaît, *ou* pointe

إنْبِثاق : صُدور émergence, *f*; jaillissement, *m*

مُنْبَثِق émergent, e; jaillissant, e

△ بَجح : تبجَّح être insolent, e; agir avec effronterie

☆ بَجِرَ : عَظُمَ بطنه avoir un gros ventre; être ventru, e

أَبْجر : كبير البطن ventru, e; pansu, e; obèse

☆ بَجَسَ . بَجَّسَ الماء : فجره faire jaillir, *ou* faire couler, (l'eau)

إنبَجَسَ . تبجَّس jaillir; déborder; couler

☆ بَجَع ←pélican, *m*

☆ بَجَّلَ : عظَّمَ أو كرَّم honorer; vénérer

مُبَجَّل vénérable; honoré, e

٭ بَجَّنَ المسمار : ٥ برشمه — river
٭ بَحْبَحَ . تَبَحْبَحَ : رَغُدَ عيشه — être dans l'aisance, ou dans l'abondance
٥ بَحْبُوح : مَحْبُور — gai,e; joyeux,se
بُحْبُوحَة : وسَط — milieu; centre, m
— : رَغَد . سَعَة — aisance; commodité, f; bien être, m
مُبَحْبَح : ضد ضيِّق — ample; large
بَحْت : صِرْف — pur,e
٥ بَحْتَرَ — dissiper ou éparpiller
٭ بَحَثَ الأمر : درسه — examiner; étudier
— عن الشيء — chercher; rechercher
بَاحَثَهُ . تَبَاحَثَ معه فى الأمر — discuter
بَحْث : تفتيش — recherche, f
— : فحص — examen, m; investigation; enquête, f
بَحَّاث . باحِث — investigat eur, rice
مَبْحَث : موضوع — thème; sujet, m
مباحَثة — discussion f; débats, m.pl
٭ بَحْثَرَ : بَعْثَر — disperser; répandre
— : بدَّدَ — dissiper
٭ بَحَّ . أَبَحَّ — enrouer
بَحَّ الصوت — s'enrouer; être enroué,e
— البط : بَطْبَطَ — faire coin-coin
بُحَّة الصوت — enrouement; enroûment, m

٭ بَحِرَ : بُهِتَ — s'étonner; s'épouvanter
أَبْحَرَ : سافر بحراً — voyager sur mer; naviguer
— ت السفينة — appareiller; faire voile
تَبَحَّرَ فى الدرس أو العلم — étudier à fond; approfondir
بَحْر : ضد يابسة — mer, f
— الروم : البحر الابيض المتوسط — Méditerranée, f
فى — كذا — dans le courant de; durant
برغوث الـ — : (انظر برغث) — crevette, f
حشيشة الـ — : أُشنة — lichen, m
حشيش او حمول الـ — — algue, f
شاطئ الـ — المنبسط ٥ بلاج — plage, f
عَرض الـ — : طَمْطام — le large, m
بَحْرِيّ : مختص بالبحر — marin,e; de mer
— : مختص بسلك البحر — maritime
— : مختص بالسفن والملاحة — nautique
— : شمالى — nord, m et a; septentrional,e
— : بَحَّار . ملّاح — marin; matelot, m
بَحَّارة المركب . طاقم — équipage, m
بُحار : دُوار البحر — mal de mer, m
بَحْرِيَّة — marine, f
بُحْران : هذيان المرض — délire, m
بُحَيْرَة — lac, m
مُتَبَحِّر — très versé,e, ou calé,e
٭ بَخْت : حظ — chance; fortune, f
فَتْح الـ — — dire la bonne aventure

فأتح البخت: عرّاف diseur, se de bonne aventure

قليل البخت malheureux, se; malchanceux, se; [guignard, e]

بَخِيت Δ مُبْخت fortuné, e; heureux, se [veinard, e; chançard, e]

Δ بَخْتَك رِزْقَك à la fortune du pot; au hasard

✡ بَخْتَرَ. تَبَخْتَرَ se dandiner; se balancer; se pavaner

(بخخ) بَخَّ الماء : بَقَّه lancer (l'eau), *ou* asperger, par la bouche, *ou* avec un vaporisateur; pulvériser

Δ بُخَيْخَة : مِضَخَّة صغيرة seringue, *f*

Δ — العطور وخلافه vaporisateur; pulvérisateur, *m*

بَخَّت السماء : امطرت رذاذاً bruiner

✡ بَخِرَ الفمُ avoir mauvaise haleine

بَخَرَ الماء والقدر s'évaporer; fumer

بَخَّرَ : حوّل الى بخار vaporiser

— : طَهَّر بالتبخير fumiger; désinfecter par la vapeur

— : عطّر بالبخور encenser; brûler de l'encens

— : عرّض للبخار أو طبخ بالبخار passer, *ou* cuire, à la vapeur

تَبَخَّرَ s'évaporer: se vaporiser

بَخَر mauvaise haleine, *f*

بُخار : دخان السوائل vapeur, *f*

ماسورة الـ tuyaux à vapeur, *f* tuyaux de prise de vapeur

ميزان ضغط الـ manomètre, *m*

بُخاري : بالبخار à la vapeur

— : مشبع بالبخار vaporeux, se

حمّام — bain de vapeur ; bain turc, *m*

وابور — : آلة بخارية machine à vapeur, *f*

باخِرَة : سفينة بخارية bateau, *ou* navire, à vapeur; vapeur, *m*

أبخر qui a l'haleine fétide

بَخور encens, *m*

— مريم cyclamen, *m*; oreille de lièvre, *f*

تَبَخُّر. تَبخير évaporisation, *f*

تبخير ٢ : تطهير بالبخار fumigation, *f*

— بالبخور encensement, *m*

مِبْخَرَة : مجمرة البخور encensoir, *m*

✡ بَخَسَ : نقَصَ القيمة déprécier; rabaisser le prix, *ou* la valeur

— ه حقّه : ظلمه léser; être injuste envers

بَخْس : واطىء bas, se

بأبخس الأثمان à vil prix; [pour rien]

Δ بخشيش (بقشيش) pourboire, *m*

✡ بَخِلَ : كان بخيلاً être avare

بُخْل : تقتير avarice; parcimonie, *f*

— : حُب حشد المال cupidité; avidité, *f*

بَخِيل — avare; parcimonieu x, se; cupide; [chiche]

٭ بُخْنُق : ∆ بُشْنيقة — guimpe, *f*

٭ بُدّ (بدد) ٭ بَدا (بدو)

٭ بدأ . ابتدأ — commencer; débuter

— . — الحديث — entamer la conversation

— . — العمل — entrer en fonctions

بَدَّأ على : فضّل . قدّم — donner la priorité, *ou* la préférence, à

بادأ : كان البادىء — commencer le premier

ـهُ بالكلام — accoster; aborder

بَدْء . بداءة . ابتداء — commencement; début, *m*

بادىء : مبتدىء — commençant,e; débutant,e; novice

بَدائي : اوّلي — primitif, ve; primordial,e; initial,e

إبتدائي : أوّلي — primaire; élémentaire

— : تحضيري — préliminaire

ابتداء من — à partir de

محكمة ابتدائية — tribunal de première instance, *m*

مدرسة ابتدائية — école primaire, *f*

شهادة ابتدائية — certificat d'études primaires, *m*

مَبْدأ : مكان البدء — point de départ, *m*

— : اصل . قاعدة — principe, *m*

صاحبُ — — qui a de bons principes

لا — له — sans principes

مبادىء العلم — les notions, *f.pl*, *ou* les éléments, *m.pl*, de la science

مَبْدأيّ : أساسيّ — principal,e ; fondamental,e

مبدئياً — en principe; par principe

مُبتدأ الجملة . الفاعل — le sujet, *m*

مُبادأة — commencement, *m*

— بالشر : اعتداء — agression, *f* commencement de l'hostilité, *m*

٭ بَدَّد : شتّت — disperser; répandre; éparpiller

— : بعزق — dissiper; gaspiller

— أمانة : تصرف فيها — détourner

تبدّد — être dispersé,e, répandu,e, *ou* dissipé,e

مُبَدِّد : مسرف — gaspilleur, se

تبديد — gaspillage *ou* détournement, *m*

إستبدّ : كان مستبداً — être despote, *ou* tyrannique

— به : تحكّم — dominer; tyranniser

— بفكرة — être opiniâtre, *ou* obstiné,e

بُدّ : مناص — fuite; échappatoire, *f*; expédient, *m*

لا — : من كل بد — de toute nécessité; sans faute

لا — من حضورك — ta présence est indispensable

لا — منه : محتّم — inévitable; infaillible

إستبداد : جور — tyrannie, *f*; despotisme, *m*

— بالرأي — entêtement, *m*; obstination, *f*

استبدادي — tyranique; arbitraire

مُستَبِدّ — despote; tyran, *m*; *ou* entêté,e

☆ بَدَرَ . بادَرَ : ضد تأخّر — être matinal, e; venir tôt
بَادَرَ الى : اسرع — s'empresser; se hâter; se dépêcher
— . ابتدر الى : سبق — devancer
بَدْر : قمر كامل — pleine lune; lune, *f*
△ بدري : مبدّر . باكراً — de bonne heure; tôt
بَدْرَة — grande somme d'argent *ou* le sac qui la contient
△ بَـدَارَة : فرخة صغيرة — poularde, *f*; poulet, *m*
بَيْدَر الحنطة — aire, *f*
بادِرَة : مايبدر من حدة الانسان في الغضب — geste, *ou* parole, dénotant la colère
△ بدروم △ بدرون — sous-sol, *m*
☆ بَدَعَ . ابتدَعَ — créer; inventer; innover
أَبْدَعَ : اتى عملاً بديعاً △ بدّع — faire qc de beau (*ou* de bien); exceller
بِدْع : اختراع — invention; création, *f*
بِدْعَة : شيء جديد — innovation; nouveauté, *f*
— : مذهب جديد — doctrine nouvelle, *f*
— دينية — hérésie, *f*
بَدِيع : عجيب — merveilleux, se
— . مُبْدِع : مُوجِد — créateur, rice; novateur, rice
علم الـ — rhétorique, *f*
☆ بَدَلَ . بَدَّلَ . ابدَلَ : غيّر — changer; remplacer une chose par une autre; substituer
— . — : ناوب — relayer; faire succéder tour à tour

— . — ريشه — muer; changer de plumes
— . — اسنانه — perdre ses dents de lait
△ بدّل : ادار عجلة البسكليت — pédaler
بادَلَ : قايضَ — échanger; troquer
تَبَدَّلَ — être changé, e, *ou* échangé, e
— في — se relayer
تَبَادلوا — faire échange; permuter
— الآراء — discuter; échanger les avis
— العروض (اى السلع) — permuter (l'un avec l'autre); troquer
إستَبْدَلَ — échanger; changer une chose par une autre
— : استعاض — remplacer; suppléer
بَدَل . إبدال . تَبدِيل — échange, *m*; alternation, *f*
— . — استِبدَال — changement, *m*; commutation, *f*
— . — : استعاضة — remplacement, *m*; substitution, *f*
استبدال ٢ الحكم أو المعاش أو الوظيفة — rachat, *m*; commutation; permutation, *f*
بَدَل . بَدِيل — remplaçant, e; substitut, *m*
— : شيء بدل آخر — tout ce qui est donné, *ou* reçu, en échange
— : △ غيار — rechange, *m*
△ — سفريّة — indemnité de séjour; allocation de voyage, *f*
اسم الـ — apposition, *f* de deux noms au même cas
بَدَلاً من — en change de; à la place de

بدل أن — au lieu de

△ بدلة ثياب: بِذْلة (راجع بذل) — costume; complet, *m*

— القُدّاس — chasuble, *f*

△ بدليّة — rachat du service militaire, *m*

بَدّال: بقّال — épicier, ère

△ بدّالة: أردبّة (فى الرى) — conduit souterrain, *m*

تبادُل. مُبادَلة: مقايضة — échange; troc, *m*; permutation, *f*

— . — : معاوضة — réciprocité, *f*

— الخواطر — télépathie, *f*

متبادِل: مشترك — réciproque; mutuel, le

☆ بَدَن: جسد — corps, *m*

— : جذع — tronc, *m*

— : جذع (فى فن النحت) — torse, *m*

— العمود — fût, *m*

بَدَنى — physique

عقوبة بدنيّة — peine, *ou* punition, corporelle, *f*

بَدَنة: عشيرة — clan; tribu, *m*

بَدانة — corpulence; obésité, *f*; embonpoint, *m*

بَدين — gros, se; corpulent, e; replet, ète

بَدَهَ: فاجأ — surprendre

إبتدهَ: ارتجل — improviser

بَداهة. بديهة — intuition; improvisation, *f*

بَداهةً: بالبداهة — par intuition; intuitivement; d'intuition

بَدَهي: لا يحتاج الى التفكير — intuitif, ve

— . بديهيّ: غنى عن البيان — évident, e; clair, e

بَديهيّة — axiome, *m*

☆ بَدْو: خلاف الحضر — vie errante; vie du désert

— : أهل البادية — bédouins; nomades, *m.pl*

بَدَوىّ — bédouin, e; nomade

بَدا: ظهر — apparaître; se montrer

— : لاحَ — sembler; paraître

بَادَى: أظهر — montrer; révéler; manifester

— بالعداوة — commencer les hostilités

أبْدَى: أظهرَ — manifester; révéler; faire voir

بادٍ: ظاهر — clair, e; manifeste; [qui saute aux yeux]

بَداوة — vie errante, *ou* nomade; vie du désert, *f*

بادِية: صحراء — désert, *m*

☆ بديهة (بده) ☆ بذّ (بذذ)

☆بَذِئ: قبيح — obscène; grossier, ère; débauché, e; de mauvaises mœurs

— اللسان — sale langue

بَذاءة: قباحة — mauvaise vie; vie de dissolution, *f*

— اللسان — obscénité, *f*

☆ بَذَخ: عيشة المليين — grand train de vie, *m*; vie du grand monde, *f*; [high-life, *m*]

باذِخ : مرتفع — élevé,e; haut,e
(بذذ) بَذَّ : غلب — l'emporter sur; battre; vaincre
بَذَّ . باذَّ : رث الهيئة — déguenillé,e; miteux,se
٭بَذَرَ الحبَّ (في الأرض) — semer; ensemencer
— : بثَّ . نثر — répandre; disséminer
بَذَّرَ : بدَّدَ — gaspiller; dissiper; dilapider
∆— : ظهرت بذوره — monter en graine; grener
بَذْر : زرع البذر — ensemencement, m
— : ∆ تقاوي (راجع بزر) — semence, f
اوانُ الـ — temps des semailles, m
بَذْرَة الثمرة أو الخضر أو القطن — graine, f
تَبْذِير : تبديد — dissipation; dilapidation, f
— : إسراف — gaspillage, m; prodigalité, f
مُبَذِّر : مُبَدِّد — gaspilleur,se
— : مُسرف — dépensier,ère; prodigue
٭بَذَلَ : انفق — dépenser; donner généreusement
— نفسهُ — se sacrifier; se dévouer pour
— وسعهُ — faire tout son possible; faire de son mieux
— . ابتذل — maltraiter; traiter avec mépris
بَذْل : انفاق أو إعطاء — dépense; donation, f
— الذات — dévouement, m; abnégation, f

بِذْلة ثياب: ∆ بَدْلة ∆ طقم — costume; complet, m
— رسميَّة (او عسكرية) — uniforme, m
— السهرة — habit de soirée, m
— العمل أو الشغل ∆ عفريته — salopette, f; pantalon de travail, m
في الـ الرسمية — en grande tenue; en uniforme
مُبْتَذَل : مُمْتَهن أو قديم — banal,e, ou démodé,e; usé,e
٭بَرَأَ : خَلَقَ — créer
بَرِئَ المريضُ — se rétablir; guérir; se relever
— الجُرح — se cicatriser
بَرَّأَهُ من التهمة — acquitter de l'accusation; innocenter
— من الخطيئة — absoudre de
— . أبْرَأَ من كذا : حلَّ — décharger de; affrauchir
أبْرَأَ المريضَ والجريح : شفاه — guérir
تَبَرَّأَ من التهمة — être acquitté,e
— من: نفض يديه — s'en laver les mains; n'avoir plus rien à y voir
بَرْء : خلق — création, f
بَرَاءة : تخلص — affranchissement; acquittement, m
— : طهارة ذيل — innocence, f
— : إجازة — permis; brevet; diplôme, m; patente, f
بَرِيء من التهمة — innocent,e
بَرِيَّة : خليقة — créature, f
بارِئ : خالق — créateur,rice

إبراء . تبرئة : حلّ — affranchissement; acquittement, m; libération, f

○ برافو : △ عفارم . مرحى — bravo !

☆ بَرّاني (برر) — externe; extérieur,e

☆ بَرْبَخ : اردبّة △ سحّاره — rigole, f

☆ بَرْبَرَ : تَمْتَم △ برجم — grommeler; grogner; murmurer

بَرْبَري : همجيّ — barbare; sauvage

— : واحد البربر — berbère

— : نوبي — nubien,ne; barbarin,e

بَرْبَريّة : همجيّة — barbarie, f

△ بربط في الماء — patauger (dans l'eau)

△ بَرْبوني : سمك بحرى — rouget, m

بَرْبى : هيكل قديم — ancien temple en ruine

— : تيه . متاهة — labyrinthe, m

○ بُرتغالي — Portugais,e, n; portugais,e, a

☆ بُرْتُقال △ برتقان — orange, f

شراب الـ — orangeade,f; sirop d'orange,m

☆ بُرْثُن الطائر — ←serre; griffe, f

☆ بُرْج : حصن . قصر — tour, f

— في اعلى البناء — ←pinacle, m; tourelle, f

— الحمام — pigeonnier; colombier, m

— النغم — gamme, f

— (في علم الفلك) — constellation, f

بروج الأفلاك — signes du zodiaque

منطقة البروج — zodiaque, m

△ بروجي . بوّاق — clairon, m

بارِجة — vaisseau de guerre; cuirassé, m

تَبَرَّجَت المرأة — se parer ou se farder

△ برجل : بركار . بيكار — compas, m

— داير — ←compas d'épaisseur, m

برجل : ازعج وشوّش — déconcerter; troubler

☆ بُرْجُمة : عقدة الأصابع — jointure; articulation, f (des doigts)

☆ بَرِحَ . بارَحَ : زايل — partir; quitter; cesser

ما — : ما زال — n'a pas cessé de

بَرَّحَ به الأمر — fatiguer; ennuyer ou torturer

بَراح : ارض فضاء — espace vide, m

— : سعة — amplitude; largeur, f

بارِح : واسع — vaste; large; ample; spacieux,se

الـ . البارحة — hier

مُبَرِّح : شديد — sévère; fort,e; violent,e

ألم — — douleur aiguë, ou vive

٭بَرَدَ . بَرُدَ : صار بارداً — se refroidir; être froid, e

— : شعر بالبرد — avoir froid; sentir le froid

∆ — : اصيب بالزكام — s'enrhumer

— : أخذ برداً — attraper froid

— : فتر — tiédir; s'apaiser; s'attiédir

— بالمبرد — limer

بَرَّدَ — refroidir; rafraichir *ou* apaiser

— الهمّة — décourager

— المأكولات — frigorifier; réfrigérer

لحوم محفوظة بالبرودة — viandes frigorifiées, *f.pl*

∆ شخص بَرّيد — frileux, se

أبردت السماء — grêler

تَبَرَّدَ : بَرَّدَ نفسهُ — se rafraichir

بَرْد : ضد حرّ — froid, *m*

بَرَد : حبُّ الغمام — grêle, *f*

بَرَدَة : حبّة بَرَد — grêlon, *m*

بَرْدِيَّة . بُرَداء : بردُ الحمى — frisson, *m*

بَرَّاد : الذي يركّب الآلات الحديدية — ajusteur, *m*

برَّادة (انظر ثلاجة) — frigidaire, *m*

— : ∆ قلة كبيرة — grande gargoulette, *f*

∆ برّاد شاي — théière, *f*

بُرادة : سُقاطة المبرد — limaille, *f*

بَرُود : كُحل — collyre sec, *m*

∆ — . بارود المفرقعات — poudre, *f*

مصنع البارود — poudrerie, *f*

بُرُودة : ضد حرارة — froideur; frigidité; fraicheur, *f*

بَرُودة . بارودة : بندقية — fusil, *m*

بَرِيد : رسول — courrier; messager, *m*

— : ○ بوستة — courrier, *m*; poste, *f*

— جوّي — courrier aérien, *m*; poste aérienne, *f*

ساعي — — facteur, *m*

طابع الـ — timbre-poste, *m*

صندوق الـ — boite postale, *f*

ختم الـ : سمته — cachet de la poste, *m*

مكتب الـ — bureau de poste, *m*; la poste

يحفظ بشباك الـ — poste restante, *f*

برجوع الـ — par retour du courrier

خالص أجرة الـ — affranchi, e; franco

أجرة الـ — port; frais de poste, *m*

بريديّ : مختص بالبريد — postal, e; de poste

بارد : ضد حارّ — froid, e

— : بليد — lourdaud, e

— الطبع — calme; froid, e; flegmatique

∆ — : كليل . ثالم — émoussé, e

دخان (تبغ) — — tabac doux, *m*

أَبْرَد : نمر أرقط — léopard, *m*, luberne, *f*

تَبْرِيد : ضد تسخين — réfrigération, *f*

— الألم — adoucissement, *m*

مِبْرَدُ الحدّاد والأظافر	lime, *f*
— النجّار . — خشن	râpe, *f*
مُبَرِّد	réfrigératif, ve; frigorifique
— : منعش	rafraîchissant, e
خزّان التبريد فى السيارة	radiateur, *m*
∆ بَردَخ ∆ (صقل)	brunir
∆ بردقوش: مردقوش	marjolaine, *f*
☆ بَرْدي : نبات	papyrus; jonc, *m*
☆ بَرْذَعَة : ∆ بَردَعة	bât, *m*
براذعيّ	bâtier, *m*
☆ برذَون : حصان جَر أو حَمل	cheval de charge, *ou* de somme, *m*
☆ بَرَّرَ : زكّى أو حلّ	justifier *ou* absoudre
يُبرَّر : يمكن تبريره	justifiable
تبرير	justification, *f*
بَرَّ فى قوله	tenir sa parole
بُرّ : حنطة	froment, *m*
بِرّ : صلاح	piété; vertu; bonté, *f*
— : احسان	bienfaisance, *f*
بَرّ : ضد بحر	terre; terre ferme, *f*
— • بارّ	juste; fidèle à ses devoirs
بَرّاً : على البرّ	par terre
بَرّاً : خارجاً	dehors; à l'extérieur
∆ بلاد — : الخارج	l'étranger, *m*
بَرّانى : ضد جوّانى	extérieur, e; de dehors
∆ — : زَيف	faux, sse
بَرّي : ضد أهلى من الحيوان وبستانى من النبات	sauvage
— : ضد بحريّ	terrestre
بَرّيّة : قَفر	désert, *m*
مَبَرَّة	œuvre pie *ou* œuvre de charité, *f*
☆ بَرَزَ	se projeter; saillir; bomber; ressortir; surgir *ou* sortir
بارَزَ	se battre en duel
أبرَزَ : اظهر. جاء به	montrer; présenter
تبَرَّزَ : تغوّط	aller à la selle
بِراز الانسان : غائط	excréments humains, *m.pl*; garde-robes, *f.pl*
— الحيوان	fiente, *f*; excréments des animaux, *m.pl*
— • مبارَزة : ثِقافة	duel, *m*
بروز : نتوء	saillie, *f*
∆ بَرْوَزَ : احاط بأطار (فى أطر)	encadrer
بارِز : ناتئ	saillant, e
— : نافِر	en relief
إبراز : تقديم	présentation; exhibition, *f*
مُبارِز	duelliste, *m*
☆ بَرْزَخ : ارض بين بحرين	isthme, *m*

٭ بِرْسيم : نَفَل — luzerne, f; trèfle des près, m

٭ بُرْش : ممسحة الأرجُل — paillasson, m

بَرَشٌ : برقشة — bigarrure, f

أبرَشيَّة — paroisse, f; diocèse, m

∆ بِرِشْت : نيمرشت (بيض مسلوق قليلاً) — œufs à la coque, ou mollets, m.pl

∆ بَرْشَمَ : ختَمَ — cacheter; sceller

— المسمار : بَجَّنَه — river; riveter

بُرشام . بُرشان الأكل (راجع قربان) — gaufre, f; plaisir des dames, m

— الأدوية — cachet, m

— : مسمار البرشمة — rivet; clou à river, m

آلة البرشمة — machine à river, f

٥ بَرَشُوت . باراشوت : مظلَّة واقية مهبَطة — parachute, m

بَرَشوتي : جُنْدِي المظلَّة — parachutiste

٭ بَرَص : مرض خبيث — lèpre; ladrerie, f

بَرْص ∆ بُرْص ∆ ابو بريص — gecko, m

أبرص :مصاب بالبَرَص — lépreux,se; malade de la lèpre

∆ — : احسب. ابيض الشعر والبشرة — albinos, m

مستشفى البرص — léproserie, f

∆ بُرصُل القماش:حاشيته — lisière, f; liséré; bord (de la toile), m

٭ بَرْطَلَ : رشا — graisser la patte à qn; suborner; soudoyer; séduire par des présents

٥ بُرْطُل :تاج الأسقف — mitre, f

بَرْطَلَة : ارشاء أو ارتشاء — subornation; corruption, f

برطيل : (راجع رشوة) — pot-de-vin, m

مُبَرطَل — (qn) gagné,e par des présents; concussionnaire; corrompu,e

٭ بَرْطَمَ : انتفخ غضباً — s'emporter; s'irriter

∆ — : دمدمَ — grogner

∆ بَرطَمان : وعاء — pot; bocal, m

٭ بَرَعَ : كان بارعاً — exceller

تبرَّعَ — faire un don

بارِع — expert,e; adroit,e; versé,e; habile

بارعة الجمال — très belle; une beauté

براعة — habilité; adresse, f

تبَرُّع : هبة — don, m; donation; aumône, f

مُتبَرِّع — donateur, rice

٭ بَرْعَمَ النباتُ — bourgeonner; boutonner

بُرْعُم . بُرْعُوم — bouton; bourgeon, m

٭ بَرْغَش :بعوض — moucheron; cousin, m

∆ بُرْغُل : حنطة الطبخ — froment (ou blé) concassé, m

٭ بُرْغُوث : حشرة معروفة — puce, f

— البحر : ∆ جنبري — crevette, f

△ بُرْغي : لولب vis; vrille, *f*

مسمار — vis, *f*; clou à vis, *m*

○ بَرَقان : دَرِيشَة △ دروة paravent, *m*

*برَقَ (راجع ومَضَ) éclairer; étinceler

— : لمَع briller; luire; reluire

ـت وابرقت السماء il éclaire; il fait des éclairs

أبرَق : ارسل تلغرافاً (راجع تلغراف) télégraphier; câbler

ـت اسرته sa figure s'illumina

بَرْق : وميضُ السحاب élair, *m*

— : ○ تلغراف télégraphe, *m*

— الزركشة : △ تِـرْتِـرْ paillette, *f*

بَرقيَّة : ○ رسالة تلغرافيَّة dépêche, *f*; télégramme, *m*

بُرَّاق : فرس مجنَّح Pégase, *m*

بَرَّاق scintillant,e; rayonnant,e

بارِقة امل un rayon, *ou* une lueur, d'espérance

إبريق : اناء للشرب carafe; cruche, *f*; pot à eau, *m*

— الشاي théière, *f*

— القهوة cafetière, *f*

*برقَشَ (انظر برش) barioler; bigarrer

مُبَرقَش panaché, e; bigarré,e; bariolé, e; moucheté,e

*برقعَ الوجه voiler (la figure)

بُرقُع : نقاب voile, *m*; voilette, *f*

— الستارة baldaquin, *m*

*برقوق prune, *f*

*برَكَ : استناخ s'agenouiller

برَكَ الماءُ فى الأرض former des flaques, *ou* des cloaques (l'eau)

— . أبركَ الجملَ faire agenouiller

تبَرَّكَ له وفيه وعليه bénir

△ — له : هنَّأهُ féliciter

تبرَّكَ . تبارَكَ به tirer bon augure de

بِرْكة : مكان تجمع الماء étang, *m*; mare, *f*

بَرَكة bénédiction, *f*

حبَّةُ الـ — fenouil grec, *m*; nigelle, *f*

△ بَروكة : مجلبة البركة porte-bonheur, *m*; amulette, *f*

مبارَك béni, e; bénit, e *ou* prospère

*بِركار . بيكار (أنظر برجل) compas, *m*

*بُركان : جبل النار volcan, *m*

— ثائر volcan en éruption, *m*

بُركانيّ volcanique

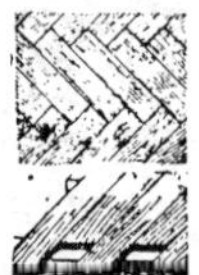

○ بَـرْكِيه : خشب الارضية — parquet; bois du plancher, *m*

○ بَـرْلَمَان — parlement, *m*

بَـرلماني — parlementaire

☆ بَرَمَ . أبْرَمَ الحبلَ : فتله — entortiller; enrouler ; tordre

— . — : عَقَدَ الاتفاق — conclure

△ — : لفَّ من مكان لآخر — tournoyer

بَرِمَ . تَبَرَّمَ : سَئِمَ وتضجَّر — s'ennuyer

بَرْم . إبرام : فَتل — torsion, *f*; entortillage; tors, *m*

— . — الاتفاق : عَقْدُه — conclusion, *f*

بُرْمة : △ حَلَّة فخار . برام — fait-tout en grès, *m*; terrine; marmite, *f*

مسمار — (انظر بُرغي) — vis, *f*; clou à vis, *m*

بَرِيم : △ قيطان — cordon; cordonnet, *m*

△ برّيمة : خرّامة — vrille, *f*; foret, *m*

△ — : فتّاحة . بِزال — tire-bouchon, *m*

تَبَرُّم : مَلَل — ennui, *m*; lassitude, *f*

قضاء مُبْرَم — destin inévitable, *m*

مَبروم: مفتول — tors, e; tordu, e; en spirale

△ بَرمَقُ الدرابزين — balustres, *m.pl*

— العجلة — rais, *ou* rayon, de roue, *m*

☆ بِرْمِيل — baril, *m*

— كبير — tonneau, *m*; tine, *f*

— نبيذ — pièce, barrique, *f*, tonneau, fût, *m*, de vin

صانع الـ — tonnelier, *m*

○ برنامج (الجمع برامج): بيان — programme, *m*

— : فهرس. قائمة — catalogue, *m*; liste, *f*

○ بُرُنْز : مزيج نحاسي — bronze, *m*

○ بُرْنُس — manteau à capuchon; caban; burnous, *m*

○ برنس : امير — prince, sse

○ بُرْنيطة: قبَّعة — chapeau, *m*

— اللمبة : كمَّة المصباح — abat-jour; globe, *m*

— الشباك أو الباب : حلية ○ فرنتون — fronton, *m*

○ برَهما : الاقنوم الاول في الثالوث الهندوسي — Brahma, *m*

☆ بُرهة — instant; moment *ou* espace de temps, *m*

بُرْهي — instantané,e; momentané,e

☆ بَرْهَنَ — prouve.; démontrer

بُرْهَان — preuve, *f*

مُبَرْهَنٌ عليه — prouvé, e; démontré, e

△ بروَاز : (راجع إطار في أطر) — cadre, *m*

○ بروتستانتي — protestant, e

○ بروتستو : اقامة الحجة — protêt, *m*

— سحب عليه — faire un protêt; protester une traite

○ پروتوبلازم: المادة الحية في الخلية — protoplasma, *m*

○ پروتوكول: عرف سياسي : ضبطة سياسية — protocole, *m*

○ پروستاتا: غُدَّة تحت القناة البولية — prostate, *f*

○ بروش: دبّوس صَدر — broche, *f*

○ بروفة: مسودة الطبع — épreuve, *f*

△ بَرْوَة الصابون — le reste du savon, *m*

— اللجام — mors; frein; bridon, *m*

✿ بَرَى القلم وغيره — tailler

— بالحك — rogner; user par le frottement

بارَى — rivaliser; concourir; rivaliser avec

إنبرى له: اعترض — s'opposer à; se mettre sur le chemin de qn

مِبْرَاة: مَطواة △ مطوى — taille-crayon; canif, *m*

مُباراة: مسابقة — concours: tournoi; match, *m*

✿ برّى. برّيّة (برر) ✿ برية (برأ) ✿ بريم (برم)

○ بَريتون: غلاف الامعاء المخاطي — péritoine, *m*

—: صوت بين تخين ورفيع والمغنى صاحبه — baryton, *m*

✿ بريد (برد) — poste, *f*

△ بَرِيزَة: مأخذ مياه. بربخ — prise d'eau, *f*

— : مأخذ تيار كهربائي — prise éléctrique

○ بريطاني: نسبة الى بريطانيا — britannique, *a*

△ بزبوز: صنبور. بُلْبُلة — bec; bout; nez; tuyau, *m*

✿ بَزَرَ الحبَّ: زرعه — semer

بِزْر: △ تقاوي (راجع بذر) — semence; graine, *f*

— الكتّان — graine de lin, *f*

بَزَّر — grener

بِزْرة: حبّة — grain, *m*

— : جرثومة — germe, *m*

— الثمرة — pépin, *m*

بلا — — sans pépin

بَزّار △ بزوراتي — grainier, ère; grainetier, ère

ابْزار. اٰبازير: حبوب تطييب الطعام — aromates; condiments, *m.pl*

مُبَزَّر — monté, e en graine; plein, e de graines

△ بَزْرَميط: مجنس او مولّد — métis, se

(بزز) بَزَّ . إبتَزَّ : سلب — ravir; frustrer; dérober; soutirer

بَزّ: ثياب القطن والكتان — toile de lin, ou de coton, *f*

بُزّ: انثى الحيوان: ضَرعها — tétine, *f*; pis, *m*; mamelle, *f*

— المرأة: ثديها — sein; teton, *m*; mamelle, *f*

△ بز الخشب: أُبنة — noeud, *m*

△ — الرجل — astragale, *m*

بِزَّة: ثياب — vêtement; habillement, *m*; parure, *f*

— : هيئة — figure, *f*; aspect, *m*

بَزّاز: تاجر الأقمشة — drapier, *m*; marchand, e d'étoffes

بزّازة الأطفال: رضّاعة — biberon, *m*

إبتزاز: سَلْب — usurpation; extorsion, *f*; ravissement, *m*

△ مُبَزَّز: معقّد — noueux, se

✿ بَزَغَ: طلع — poindre; commencer à poindre

— : انبثق — émerger; jaillir; se projeter

بُزُوغ الشمس lever du soleil, *m*
— : انبثاق émergence; projection, *f*
☆بَزَقَ : بَصَقَ cracher
بُزَاق : بُصاق crachat, *m*
بَزَّاقة : قوقعة limace, *f*; limaçon; escargot, *m*
— : مبصقة crachoir, *m*
☆بَزَلَ : ثَقَبَ trouer
— البرميل percer; mettre en perce
— المريض بالاستسقاء faire l'opération de la ponction, *ou* de la paracentèse
بَزْل : استخراج الماء من البطن ponction; paracentèse, *f*
بُزَال : حنفيَّة برميل robinet en bois du baril *ou* du tonneau, *m*
مِبْزَل : آلة البزل الطبي trocart, *m*
○ بِزْمُوت : اسم معدن bismuth, *m*
☆ بَزِي : اخ في الرضاعة frère de lait, *m*
△ بساريه : سمك صغير goujon; fretin, *m*
☆ بُسْتَان : حديقة jardin; verger, *m*
بُستاني : جنايني jardinier, ère
○ بَسْتِلَّة : نصف برميل tinette, *f*
○ بستور : مكتشف التعقيم ودواء الكلب Pasteur, *m*
△ بَستوني (في ورق اللعب) pique, *m*
○ بَسْتِيلية : أقراص سكريَّة pastille, *f*; boubon, *m*

☆ بَسَرَ . إبتسر الخبر: ذكره قبل وقته anticiper; dire une chose avant son temps
☆ بُسْر : البلح قبل ان ينضج dattes qui commencent à mûrir, *f.pl*
باسُور (جمعهُ بواسير) hémorroïdes, *f.pl*
مُبْتَسَر : قبل أوانه prématuré, e; avant son temps, *ou* sa maturité
(بسس) بَسّ . بَسَّة . قِط chat, te
△ بَسْ : حَسْبُ . كفى assez; c'est assez
△ — : فقط seulement
☆ بَسَطَ : وسَّعَ △ فرَدَ élargir; étendre
— المائدة mettre la table
— : نَشَرَ . فرش déplier; déployer
— ذراعهُ : مدَّها allonger, *ou* étendre, le bras
— يدهُ : فتحها ouvrir sa main
— الرجلَ : سَرَّهُ contenter; égayer
— . بَسَّطَ الحديد وغيره : طرقهُ aplatir
بَسَّطَ الأمر: جعله بسيطاً وسهلاً simplifier
انبسطَ : تمدَّد s'étendre; s'allonger
— : سُرَّ être content, e; se plaire; s'égayer
بَسْط . انبساط : سرور gaîté; joie, *f*; plaisir, *m*
— . — : مَدّ allongement, *m*; extensien; expansion, *f*
— : نشر déploiement; étalage, *m*
— الكسر : صورته numérateur, *m*
△ بَسْطة السُّلَّم palier d'escalier, *m*
△ — : فطيرة صغيرة gateau, *m*

بِسَاط : سجادة . طنفسة (انظر سجاد فى سجد) — tapis, m; carpette, f

∆ — الرَّحمة — poêle, m

على — البحث — sous examen; sur le tapis

بَسَاطَة : سذاجة — simplicité; naïveté, f

بَسِيط : ساذج — naïf,ve; ingénu,e

∆ — : سهل — simple; facile

بَسِيطَة . البسيطة : الأرض — terre, f

مَبْسُوط : مسرور او فى صحة جيدة — content,e ou bien portant

— : ممتد أو منشور — dilaté,e ou étendu,e

∆ — : فى سعة — aisé,e

☆ بَسَقَ : طالَ وارتفع — s'élever

بَاسِق : مُرتفِع . عال — élevé,e; haut,e

○ بسكليت (راجع دراجة فى درج) — bicyclette, f

○ بسكوت ○ بسكويت : كعك — biscuit, m

☆ بَسُلَ : كان باسلاً — être brave, courageux,se, vaillant,e

إِسْتَبْسَلَ : إستقتل — braver la mort; affronter le danger

بَسَالة : جراءة — intrépidité; courage; vaillance; héroïsme, f

بَاسِل : جرئ — courageux,se; vaillant,e; intrépide

∆ بسِلَّة : بقلة تُطبخ — pois, m

— خضراء — petit pois; pois vert, m

— ناشفة — pois cassés, ou secs, m.pl

— مفرطة — pois écossés, m.pl

زهر الـ البرّية — pois de senteur, m

☆ بَسَمَ . ابْتَسَمَ . تَبَسَّمَ — sourire

باسِم . مُبْتَسِم — souriant,e

إبْتِسام . تَبَسُّم — sourire; souris, m

∆ مَبسَم السجارة : فُمّ — fume-cigarettes, m

☆ بَسْمَلَ — dire "au nom de Dieu"

☆ بَشَّ : ابتسم — sourire

— له — lui sourire; être affable avec

بَشَاشَة — enjouement, m; bonne humeur; douceur, f

بَشُوش — souriant,e; enjoué,e

∆ بَشْبَشَ : مشّ . نقع فى الماء — macérer; baigner dans l'eau

— : (كالخبز فى المرق) — tremper

☆ بَشَرَ (كالجبن وجوز الهند وغيرهما) — râper; gratter; racler

بَشَّرَ : بلَّغ البشرى — annoncer une bonne nouvelle

— بكلام الله — prêcher

بَاشَرَ الأمر — mener; diriger; exercer

إستَبْشَرَ — avoir un bon pressentiment

بِشْر : سرور — gaîté; bonne humeur, f

بَشَر : انسان — homme; genre humain, m

بَشَرَة : ادمة . ظاهر الجلد — épiderme, m; peau, f

بُشْرَى : بِشارة — bonne nouvelle, f

بَشَرِيّ : انسانى — humain,e

بَشَرِيَّة humanité, *f*
بِشَارَة: خبر سارّ bonne nouvelle, *f*
— : ○ إنجيل évangile, *m*
— خير : فأل حسن bon augure, *m*
عيد الـ (عند النصارى) Annonciation, *f*
Δ بَشُورة : سدادة حشوة العيار النارى bourre, *f*
بَشِير : نذير précurseur, *m*
باشُورَة : شُرفة في حصن bastion, *m*
تَبْشِير : ابلاغ الخبر السارّ annonce de bonnes nouvelles, *f*
— بكلام الله prédication de l'évangile; action de prêcher, *f*
تَبَاشِير : أوائل primeur, *f*
مُبَشِّر : كارز (راجع رسول) évangéliste; prédicateur, *m*
— : بشير qui annonce une bonne nouvelle
مِبْشَرَة : محكّة ←râpe, *f*
مَبْشُور (كالجبن مثلاً) râpé, e
Δ مُباشِر : رأسي direct, e
Δ مُباشَرَةً : رأساً directement; sans intermédiaire
Δ بَشْرف موسيقى : استهلال ouverture, *f*; prélude, *m*
○ بَشْرُوش: نُحام ←flamant, *m*
☆ بَشِع : صار بَشِعاً s'enlaidir
إسْتَبْشَعَ : استقبح trouver laid, e
بَشِع . بَشِيع affreux, se; laid, e; hideux, se

بَشَاعَة laideur extrême; hideur, *f*
Δ بَشْكُور : محراك النار . مِسعر tissonnier; attisoir; fourgon, *m*
— الفرن râble; fourgon, *m*
Δ بَشْكِير : قطيلة ←serviette, *f*
— الحمّام serviette de bain, *f*
○ بَشِلُّوس : حيوان مكرسكوبي (انظر البوب) bacille, *m*
☆ بَشِمَ من الطعام manger à satiété
— من الأمر en avoir assez de
أَبْشَمَ : تخّم rassasier de; soûler; blaser sur
بَشَم : تخمة وسآمة satiété, *f*
○ بَشنوقة ○ بُشنيقة (انظر بخنق) guimpe, *f*
○ بَشْنين : عرائس النيل . اسم نبات ←lotus, *m*
☆ بَصَّ : برق briller
Δ — : نظرَ regarder; voir
بَصيص : بريق lueur, *f*; éclat, *m*
— من الأمل une lueur d'espoir/ *ou* d'espérance
Δ بصّاص: مخبر agent secret; détective, *m*
☆ بَصْبَصَ: بَصَّص الكلبُ بذنبه remuer la queue
Δ — بعينه : هجل se rincer l'œil *ou* faire de l'œil
☆ بَصَرَ . أَبْصَرَ : رأى voir; regarder; distinguer
تَبَصَّرَ في الأمر réfléchir; méditer
بَصَر : حاسّةُ النظر vue, *f*
قصير الـ myope
على مدى الـ à perte de vue

بَصَرِيّ : مختص بالبصر — optique

علم البصريّات — optique, *f*

بَصِير : فطِن — avisé,e; perspicace; circonspect,e; prévoyant,e

بَصِيرة : فطنة . بصر — discernement; jugement, *m*

تَبَصُّر : تروّ — consideration; réflexion, *f*

مُباصَرة: رؤية القاصي: ○تلفزة — télévision *f*

☆ بَصَقَ : تَفَلَ — cracher

بُصاق : تُفال — crachat, *m*

مِبْصَقة — crachoir, *m*

☆ بَصَل : نبات معروف — oignon *ou* ognon, *m*

— طليانى او احمر — ognon de madère rond, *m*

— اخضر — oignon vert, *m*; ciboule, *f*

بَصَلِيّ: ذو بصلات أو كالبصل — bulbeu x,se

☆ بَصَمَ : وسم — estampiller; timbrer; empreindre

— بالختم : ختم — cacheter; sceller

بَصْمَة : وَسْم — estampille; empreinte, *f*; timbre, *m*

— الأصبع — empreinte digitale, *f*

☆ بَصْوَة : جمرة — brandon; tison, *m*

☆ بَضّ أوتارَ العود — accorder

بَضّ : ناعم الجلد — ayant la peau lisse

☆ بَضَع : شَرَحَ — disséquer; autopsier *ou* amputer

△ بَضَّع . تَبَضَّعَ : تسوّق — faire des emplettes

بَضْع : قَطْع — amputation, *f*

بِضع . بِضعة — quelque

بِضاعة: مال التجارة — marchandise, *f*

— حاضرة — marchandise disponible, *ou* sur place, *f*

△ — دون — camelote, *f*

مِبْضَع الجرّاح : مِشرط — bistouri, *m* ←

☆ بَطَّ : شقّ — percer; inciser

— البطن : اخرج الأمعاء — éventrer

— الدجاجة: أخرج أمعاءها — vider

بَطّ : ذكر البط — canard, *m*

بَطّة — cane, *f*

△ — الرِجْل : رَبْلَة الساق — mollet ; gras de la jambe, *m*

☆ بُطْء — lenteur, *f*

ببطء : فى مَهل — lentement

بَطِيء — lent,e; trainard, *m*

— : متوان — nonchalant,e; indolent,e

بَطُؤَ . أبْطَأ : تأخَّرَ — tarder; retarder

— . تباطأ : توانى — être lent,e; s'attarder; trainer

استبطاء — trouver lent

☆ بطارخ . بَطْرَخ السمك — œufs de poisson, *m.pl*

— . — : ○خيارى — caviar, *m*

○ بطّارِيَّة كهربية batterie, f
— حربيّة batterie, f
— كلوانيــة ← pile galvanique, f
← — جيب lampe de poche; batterie, f
○ بَطَاطا ○ بطاطِس pomme de terre, f
— حُلْوة patate, f 
☆ بِطاقة : رقعة العنوان ← étiquette, f
— الزيارة carte de visite, f
— التموين carte d'approvisionnement, f
— الشخصية او الهوية carte d'identité, f
☆ بطانة . بطانيــة (بطن)
☆ بَطَحَ étendre; ou renverser qn la face contre terre
△ — : جرح الرأس blesser à la tête
إنبطاح . تبطُّح او بَطح état d'une personne étendue à plat ventre; prosternement, m
مُنبطِح étendu,e à plat ventre ou prosterné,e
☆ بَطِرَ النعمةَ وبها déprécier (une grâce); être ingrat,e
أبطرَ : جعله يبطر gâter
بَطَر : الاستخفاف بالنعمة mécontentement ou ingratitude, m
بَيْطَرة : تطبيب الدواب maréchalerie, f; art du maréchal ferrant, m
— : الطب البيطري médecine vétérinaire, f
بَيْطَري : مختص بمعالجة الحيوان vétérinaire

بَيْطار : طبيب بيطري vétérinaire, m
— . مُبَيْطِر : △ مطبق الدواب maréchal ferrant, m
○ بَطرَشيل ○ بطرشين : هرار ع ← étole, f
○ بَطْرَك . بَطْرِيرك patriarche, m
بطريركية patriarcat, m
○ بِطريق : قنجل. اسم طائر ← pingouin, m
☆ بَطَشَ به assaillir; assommer; commettre des voies de fait sur
بَطْش prouesse; violence, f
△ بَطَّطَ : بَسَطَ aplatir
☆ بَطَلَ : صار مُلغى être aboli,e, ou nul,le
— استعماله non-usité; hors d'usage; désuet,ète
— . △ بَطَّلَ : كان بلا عمل être sans travail; chômer
بَطَّلَ ٢ . أبطَلَ : ألغى abolir; annuler; révoquer ou résilier
بَطَل : شجاع héros, m, héroïne, f; brave; vaillant,e
— في ألعاب الرياضة وماشابه champion,ne; as, m
بطلة الرواية héroïne de roman, f
بُطْل . بُطْلان : كذب أو لغو fausseté ou nullité, f
— . — : عدم فائدة inutilité; futilité, f
باطِل : ضدّ حقّ mensonge, m
— : كاذب faux,sse; mensonger,ère
— : عديم القيمة أو عبث inutile; futile

باطلاً : عبثاً en vain
بَطَّال : لا عمل لديهِ chômeur, se; sans travail
△ — : رديء mauvais e
بَطالَة . بُطُولة : شجاعة bravoure, f; héroïsme, m
بُطُولة ٢ role principale par
بِطالة : عُطلة . △ مسامحة congé, m
— مدرسية vacances, f.pl
— : ضد شُغلٌ chômage, m
إبْطال : إلغاء abolition; suppression; abrogation, f
○ بطليموس: عالم فلكي اسكندرى Ptolémée, m
☆ بُطْم : شجر التربنتينا térébinthe, m
☆ بَطُنَ : خفي être caché,e, latent,e
بَطِنَ : عظُمَ بطنهُ avoir gros ventre; être ventru,e ou obèse
بَطَّنَ الثوبَ وغيرهُ doubler; garnir
بَطْن : مأنة ventre, m; panse, f 
— : جوف le fond; le dedans; l'intérieur, m
— الرِّجل : اخمص القدم ⟵ plante (du pied), f
— الأرض les entrailles de la terre, f.pl
△ — : وَلدة couche; naissance, f
△ — : وَلْدة (للحيوانات) portée; ventrée, f
ولدت ثلاثة في بطن واحدة elle a eu trois enfants d'une seule (ou en une) couche
بَطنيّ : مختص بالبطن abdominal,e; qui a rapport au ventre
التكلم الـ : مَقمقة ventriloquie, f

بِطنة : شَرَه gourmandise; gloutonnerie, f
بِطان : حزام بطن الدابة sous-ventrière, f
بِطانة الثوب : خلاف ظِهارته doublure, f
— الأمير: حاشيته suite, f; courtisans, m.pl
△ بَطَّانيَّة : حِرام . دثار couverture, f
بَطين : كبير البطن او شره ventru,e; pansu,e; gourmand,e; glouton,ne
باطِن . بطن ٢ : داخل fond; intérieur, m
— : خفيّ caché,e; intime
بواطن الأمر les dessous d'une affaire, m.pl
باطِنيّ : داخلي . جوّانى interne; intérieur,e
أمراض باطنية maladies internes, f.pl 
☆ بطِّيخ أحمر : جَبَس pastèque, f
— اصفر: شمَّام ⟵ melon, m
△ بطيخة العَجَلة : قَبّ moyeu, m
△ بَظّ : انبجس saillir; jaillir 
☆ بَظْر الأنثى clitoris, m
☆ △ بُعْبُع : تخويفة ⟵ épouvantail; spectre, m
☆ بَعَثَ : أرسلَ envoyer
— : أوفدَ déléguer
— على : دفعَ pousser à; inciter; exciter à
إنْبَعَثَ أو بعث من الموت ressusciter
— من : انبثق émaner de; jaillir de
بَعْث : قيامة الأموات résurrection, f
— : ارسال expédition, f; envoi, m; (l'action d'envoyer)

بَعْث ٢. بَعْثة: ارساليَّة . قوم مرسلون لغرض ما — mission, *f*
— . — حربية او اكتشافية — expédition; entreprise de guerre, *f*
بَاعِث : مُرسِل — expéditeur; rice; qui envoie
— : سبب — motif; mobile, *m*; raison; cause, *f*
مَبْعُوث : مُرسَل — expédié,e; envoyé,e
— : رسول. نائب — envoyé, *m*; délégué,e
٭ بَعْثَرَ — répandre; éparpiller
مُبَعْثَر — dispersé,e; éparpillé,e; jeté,e pêle-mêle
٭ بَعَجَ البطن : شقَّهُ — éventrer: fendre le ventre
— : جعل فيه نقرة — denteler; bossuer; bosseler
بَعجة : نُقْرة — dent; entaille; bosselure, *f*
٭ بَعُدَ : ضد قربَ — être loin, *ou* éloigné,e
— : ابتعد — s'éloigner
بَعَّدَ . أَبْعَدَ ١ : اقصى — éloigner *ou* bannir
أَبْعَدَ ٢: عَزَلَ — isoler; séparer; écarter
— . اسْتَبْعَدَ ١ : استثنى — exclure
استبعد ٢: حذَف — éliminer; écarter
— الأمر: ظنه بعيد الاحتمال — considérer comme improbable, *ou* invraisemblable
— الشيء: ظنَّهُ بعيداً — trouver éloigné,e
إِبْتَعَدَ . تباعَدَ عن: تجنَّب — s'éloigner de; éviter
— . — عن : فارق — se séparer de

بُعْد : ضد قُرب — éloignement, *m*; distance, *f*
— : مسافة — distance, *f*
عن — : من بعيد — de loin; au loin
متساوى الأبعاد — à égale distance; équidistant,e
بَعْدُ : ضد قَبْلُ — après
— : ثم — ensuite; puis
— : للآن — encore; jusqu'à présent
— الآن : في ما — — plus tard
بَعْدَ ما : من بَعدِ ان — après que
بَعِيد : ضد قريب — loin; lointain,e
— : قاصٍ — éloigné,e; très loin; reculé,e
ابْعَدُ : اكثر بُعداً — plus loin; plus éloigné,e
إِبْعاد: عزل — éloignement; isolement, *m*; séparation, *f*
— : نَقْل — déplacement; enlèvement, *m*
— . استبعاد : حَذْف — élimination, *f*
△ أَبْعاديَّة : مَزرعة — ferme, *f*
٭ بَعَرَ الحيوان : اخرج بعرَهُ — fienter; rendre les excréments
بَعْر الحيوان — bouse, *f*; fiente; crotte; fumier, *m* 
بَعِير : جمل — chameau, *m*; chamelle, *f*
٭ بَعْزَقَ : بدَّدَ — dissiper; gaspiller
مُبَعْزِق △ بِعْزاق — gaspilleur,se; dépensier,ère
٭ بَعْض الشيء: جزء منه — partie; portion, *f*; quelque
— الشيء : قليل منه — un peu
بعضنا (او بعضكم او بعضهم) بعضاً — les uns les autres

☆ بَعُوضَة : ناموسة moustique; moucheron; cousin, m

☆ بَعْكُوكَة الناس: مجتمعهم lieu de réunion, ou de rendez-vous, m

☆ بَعْل : زَوج mari; époux, m

— : اسم معبود الفينيقيين Baal, m

بَعلي : جزوي . ضد مسقوي qui n'est pas arrosé,e, ou qui n'est arrosé,e que par la pluie

○ بَعلزبول: الاه الشر Belzébuth; démon, m

بُغادَة : ماء القلي او الرماد lessive; cendre de lessive, f

☆ بَغَتَ . بَاغَتَ : فاجأ surprendre, prendre qn au dépourvu

انبغَتَ : فُوجئ être pris,e à l'improviste, ou surpris,e

بَغْتَة . مُبَاغَتَة : مُفاجأة surprise; l'action de surprendre, f

بغتة : فجأة à l'improviste; tout à coup

☆ بَغْدَاد : عاصمة مملكة العراق Bagdad, m

△ بُغدادلي (بناء) lattis plâtré, m

☆ بَغَشَت السماء : أمطرت قليلاً bruiner; tomber en petites gouttes

بَغْشَة : رذاذ △ ندع pluie fine, f

☆ بَغُضَ : صار مبغوضاً se faire détester; être haï,e

أبْغَضَ : كَرِهَ détester; haïr

بُغْض . بِغْضَة . بَغْضَاء haine; exécration, f

مُبْغِض . بَغِيض : كريه détestable; exécrable

— . مَبْغُوض: مكروه détesté,e; haï,e

☆ بَغْل : دابة بين الحصان والحمار mulet, m; mule, f

بَغَّال : صاحب او سائق بغال muletier, m

△ بَغلة القنطرة pile d'un pont, f

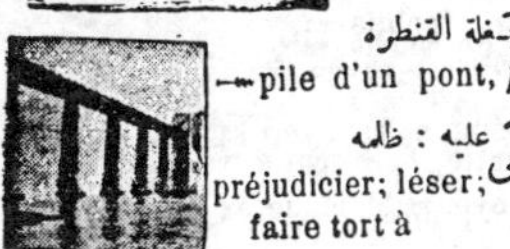

☆ بَغَى عليه : ظلمه préjudicier; léser; faire tort à

— . ابتغى: رغب في souhaiter; désirer

يَنْبَغي : يلزَم il faut; il doit

— عليه أن il faut qu'il (ou qu'elle)

بَغْي : ظُلم injustice; iniquité, f; tort, m

— . بغاء[1] : زنى adultère, m; prostitution, f

بَغِيّ : زانية prostituée; femme adultère, f

بُغاء[2] . ابْتِغاء : رَغْب désir; souhait, m

بُغْيَة : مَرام objet de désir; vœu, m

بَاغٍ : ظالم او عاتٍ injuste ou tyran

△ بفتا . بفتة : نسيج من القُطن calicot m

بفتة سمراء calicot non blanchi, m

○ بِفتيك bifteck, m

☆ بَقّ (بقق) ☆ بقّال (بقل)

☆ بَقْبَقَ الماء faire glouglou; bouillonner

△ بُقْجَة : صرّة paquet, m

☆ بَقدونس : بقلة معروفة persil, m

☆ بَقَرَ : شقّ وفتح — fendre

بَقَر : جنس البقر — bœuf, *m*; race bovine, *f*

بَقَرَة : انثى الثور — vache; génisse, *f*

بَقَرِي — bovine

لبن (او لحم) — — lait de vache, *m*

○ بَقْس : شجر وخشبه — buis, *m*

△ بُقسُماط — biscotte, *f*; biscotin, *m*

△ بَقْشَشَ : اعطى حلواناً — donner un pourboire

بَقْشِيش : نفحة — pourboire, *m*; gratification, *f*

☆ بَقَعَ الثوبَ — tacher; tacheter

تَبَقَّعَ : اصابهُ بُقَع — se tacher

بُقْعَة : لطخة — tache; souillure, *f*

— : مكان — endroit; lieu, *m*; contrée, *f*

— جميلة — site pittoresque, *m*

أبقع اللون : ابرش — bigarré, e; tacheté, e; moucheté, e

☆ بَقَّ البيتُ : كثر بقّه — abonder en punaises; être plein, e, *ou* infesté, e, de punaises

بَقَّ الماء من فيه : △ بخّه — lancer l'eau par la bouche

△ بُقّ : فَم — bouche, *f*

— : جرعة صغيرة — gorgée, *f*; un doigt de

بَقّ (واحدته بَقَّة) : حشرة — punaise, *f*

☆ بَقْل (الجمع بقول[1]) : خُضَر — légume; herbe, *m*; verdure, *f*

بُقول[2] قطانى. حبوب الطبخ — légumes, *m.pl*; plantes légumineuses, *f.pl*

بَقْلة حمقاء : رجلة — pourpier, *m*

بَقّال : خضّار . خُضَري — marchand, e de légumes

△ — : بدّال. بائع مأكولات ومشروبات — épicier, ère

△ بَقْلاوة : عجين مرقوق — mille-feuille à l'orientale

△ بقْلولة : فُقّاعة — bulle d'air, *f*

☆ بَقَّم : نوع من الخشب — bois de Brésil, *ou* de sapin, *m*

△ بُقسوطي: قوطة. سَلّة — petit panier, *m*

☆ بَقِيَ — durer *ou* rester; demeurer

— تَبَقَّى : فَضَلَ — rester *ou* être de reste

أبْقَى : حَجَز . حفظ — retenir; garder

— على حياته (مثلاً) — épargner (sa vie)

بَقِيَّة : جُزء باقٍ — reste; restant; résidu, *m*

بقايا : فضلات — restes, *m.pl*

باقٍ : رصيد (في الحساب) — solde; reliquat, *m*

— : مستمرّ — continu, e; permanent, e

— . متبق : فاضِل — restant, e; qui reste

— بعد موت آخر — survivant, e

— على ارضه: غير محصود — non récolté, e; sur pied; pendant par racine

بَقَاء : دوام — continuation; durée, *f*

— : خُلود — immortalité; éternité, *f*

الباقي . المتبقي — le reste; le restant, *m*

إبقاء . استبقاء : حِفظ — conservation; préservation, *f*

مُستَبقى . مُبقيّ عليه — épargné, e; conservé, e

∆ بيك (لقب) bey, *m*

✿ بكارة (فى بكر)

○ بكاسين { شُنقب ←

○ بكاشين bécassine, *f*

○ بكالوريا . بكلورية baccalauréat; [bachot], *m*

بكلوريوس: حائز البكلورية bachelier, ère

— علوم bachelier-ès-sciences

— أدب (قسم أدبى) bachelier-ès-lettres

∆ بكباشى : مقدم lieutenant-colonel, *m*

✿ بكَّتَ : لامَ gronder; réprimander; reprocher

تبكيت : لوم reproche; blâme, *m*

— الضمير remords, *m*

○ بَكتيريا : راجيَّات bactérie, *f*

✿ بكَرَ . بكَّرَ : بدَّر venir tôt, *ou* de bonne heure; être matinal, e

— . — : قام مبكّراً se lever tôt

إبتكرَ : استنبطَ créer; inventer

بَكْر : جمل صغير jeune chameau, *m*

بِكْر : اول مولود premier-né, *m*

— : عذراء vierge, *f*

— : جديد neuf, ve

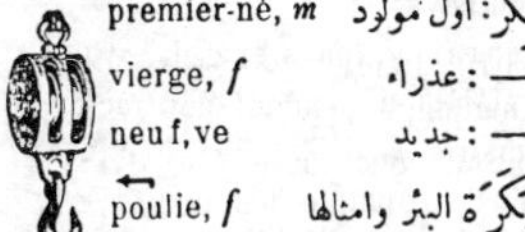

بَكَرَة البئر وامثالها ← poulie, *f*

— الخيط ← bobine; pelotte, *f*

على بَكْرة ابيهم tous sans exception

بُكْرَة . بَاكِراً : غداً demain

— . — . مُبكِّراً : غُدوة tôt dans la matinée; de bon matin

بِكْرِىّ (أو بِكرية): اوَّل الاخوة l'aîné, e

بَكَارَة : عُذْرَة virginité, *f*

بكورية: حق البكر او صفته droit d'ainesse, *m*; primogéniture, *f*

باكورة الشيء : اوَّله primeur, *f*; prémices, *f.pl*

بَكِير . مُبَكِّر : قبل اوانه précoce; prématuré, e

∆ بكْرَج : غلاية الماء ← bouilloire, *f*

○ بَكَلَ ○ بَكَّلَ : شدَّ بالابزيم boucler

بُكْلَة : ○ ابزيم ← boucle, *f*

∆ بكلاَ : سمك البقلاه من نوع القد ← morue, *f*; cabillaud, *m*

— مُقدَّد morue salée, *ou* sèche, *f*

✿ بَكِمَ : خرِسَ se taire

بَكَم : خرَس mutisme, l'état d'une personne muette, *m*

أبكَم : اخرس muet, te

✿ بَكَى pleurer; larmoyer; verser des larmes

— بحرقة pleurer à chaudes larmes

— الميت: ناح عليه pleurer un mort

بَكَّى . أبكَى : جعله يبكى faire pleurer

بُكاء . بُكًى : نُواح pleurs; larmes, *f.pl.* l'action de pleurer

باكٍ : فى حالة البكاء pleurant, e; en train de pleurer

pilule, *f* ∆ بَلْبوعَة : حَبَّة

poindre; luire (le matin *ou* l'aurore) ☆بَلَجَ . إنبَلَجَ . تَبَلَّجَ الصبحُ

jaillir بَلِجَ الحقُّ : ظهر

Belgique, *f* ○ بلجيكا

Belge, *n*, belge, *a* بلجيكي

dattes, *f.pl* ☆بَلَح : (واحدته بَلَحة) ثمرُ النخل

une datte, *f* بَلَحَة

moule, *f* بلح البحر : حيوان رخو صدفي

être stupide, *ou* lourdaud,e ☆بَلُدَ . بَلِدَ ١ : كان بليداً

acclimater; accoutumer qn à un pays بَلَّدَ ٢ : عوَّده مناخ البلد

devenir stupide, *ou* lourdaud,e تَبَلَّدَ : صار بليداً

se montrer stupide *ou* paresser تَبالَدَ : اظهر البلادة

pays, *m*; contrée; région, *f* بَلَد : كل مكان من الأرض

ville, *f* — . بَلْدة : مدينة

indigène; du pays بَلَدِيّ : مختص بالبلد . وطني

compatriote; [pays,e] — فلان : وطنيّه

municipalité; . mairie, *f* بَلَدِيَّة : بلدة لها مجلس بلدي

stupidité; apathie; lenteur, *f*; hébétement, *m* بَلادَة

stupide; apathique; lourdaud,e; hébété,e بَلِيد

acclimatation, *f* تَبْليد : تعويد المناخ

vase; boue; bourbe; fange, *f*; limon, *m* (بلز) إبْلِيز : طينُ النيل . طمي

éploré,e; pleureur, se; celui (*ou* celle) qui pleure باكٍ ٢ : نائح

pleurnicher; feindre de pleurer تباكى : ∆ شنهف او تظاهر بالبكاء

qui fait pleurer; triste; pathétique مُبْكٍ . مُبَكٍّ

pleuré,e; déploré,e; regretté,e مَبْكِيّ (او عليه)

mais; cependant; plutôt ☆بَلْ : لكن

☆بلّ (بلل) ☆ بَلا (بلو) ☆ بَلاء (بلى)

sans ☆بلا : بدون . من دون

platine, *m* ○بلاتين : معدن ابيض أمتن وأثقل من الذهب

plage, *f* ○بلاج : شاطئ . بحر رملي

☆ بلادة (بلد)

gratuit,e; gratis; [à l'œil] ∆ بلاش : بلاشيء

☆ بلاّص (بلص) ☆ بلاّن (بلن) ☆ بلاهة (بله)

inquiéter *ou* troubler ☆بَلْبَلَ : اقلقَ او شوَّش

être embrouillé,e; demeurer confus, e تَبَلْبَلَ

بُلْبُل : طائر مغرِّد ←rossignol; bulbul, *m*

— الشّعير : طائر ortolan, *m*

toupie, *f* — ٣ : دُوامة (انظر نحلة)

bout; nez, *m*; buse, *f* بُلْبُلَة : صُنبور ∆ بزبوز

souci, *m*; *ou* confusion, *f*; embarras, *m* بَلْبَلَة . بِلْبال : قَلَق او اختلاط

inquiet,ète مُبَلْبَل : قَلِق

confus,e; troublé,e — : مُشوَّش

☆بَلْسَم — baume, m

بَلسَمِيّ : كالبلسم او منه — balsamique

○بَلْشَفَهُ : صيَّره بُلشفياً — bolcheviser

بُلشفيّ : روسي جديد — bolchevick; bolcheviste

بُلشفيَّة : شيوعية روسية — bolchevisme, m

شارة البلاشفة — insigne bolchevique, m

△ بَلَشون (انظر بيوضي في بيض) — héron, m

☆بَلَصَ : أخذ عنوةً — extorquer; pressurer

— بالتهديد بالفضيحة — faire chanter

بَلْص : اغتصاب الاموال — extorsion, f

△ بَلاّص : وعاء لنقل الماء — jarre de terre, f

☆بَلَّطَ : فرَّش بالبلاط — paver (avec des dalles); daller *ou* carreler

— : أعيا . كلَّ — s'effondrer; s'épuiser

△ — وجهه — avoir du toupet, *ou* un front d'airain

△ بَلْطَة : فأس — hache, f

△ بَلْطَجي : △فتوَّة او وسيط شر — (qn) sans profession honnête; chenapan *ou* maquereau, m

بَلاط : حجَرُ التبليط — dalle, f

— الملك : مجلسه — cour, f

— قاشاني (قيشاني) — faïence, f

— أسمنت — carreaux en en ciment, m.pl

بلاطة : تربيعة بلاط — brique; tuile, f; carreau, m

بَلُّوط : اسم شجر او خشبه — chêne, m

تَبْليط : رصف — pavage *ou* pavement; carrelage, m

مُبَلِّط — paveur; carreleur, m

مُبَلَّط : مرصوف — pavé,e; carrelé,e

○ بَلْطو : مِعْطف (في عطف) — pardessus, m

— فرو — manteau de fourrure, m

☆بُلْطي : مُشْط — bulti; tilapia nilotica

☆ بَلِعَ . ابْتَلَعَ : ازدرد — avaler; engloutir; gober

بَلَّعَ . أَبْلَعَ : جعله يبلع — faire avaler

بَلْع . ابْتلاع : ازدراد — engloutissement, m; déglutition; l'action d'avaler, f

بَلاَّعة . بالوعة : مصرف الماء القذر — évier; égout; cloaque, m

— . — : مستودع الماء القذر — puisard, m; fosse, f

ثقبُ الـ — : بيْسب — trou d'un évier, m

☆بُلْعُم . بُلْعوم : مزرد — pharynx; gosier, m

بَلْعَمَة (جمعها بلاعم) : خلية الدم البيضاء — phagocyte, f

☆بَلَغَ : ادركَ . وصل الى — arriver à; atteindre; parvenir à

— الولدُ : أدْرك — arriver à l'âge de puberté

— سنّ الرشد — devenir majeur,e

— المقدار كذا — s'élever à

ـه كذا : علم به — apprendre

بَلَّغَ . أَبْلَغَ الخبرَ : أوصلهُ	communiquer
—.—:اخبر	informer; faire connaître
—.— عنهُ : وشَى به	dénoncer
بالَغَ : غالَى	exagérer; outrer; forcer la dose
تَبَلَّغَ بالشيء : اكتفَى	se contenter de; vivre de
بَلاغ : خَبر	renseignement, *m.pl*; communication, *f*
— : اعلان	proclamation; annonce, *f*
— : انذار	avertissement; avis, *m*
— أخير أو نهائي	ultimatum, *m*
— كاذب	fausse dénonciation, *f*
بَلاغَة : فصاحة	éloquence, *f*
عِلمُ الـــ	rhétorique, *f*
بالِغ : ضدّ قاصر	majeur, e
— : مراهق	adulte; adolescent, e
— : تامّ النموّ	mûr, e
بُلوغ : تمام النموّ	maturité, *f*
— : ادراك الغرض	atteinte, *f*; avoir touché le but
— : ادراك سن الرُشد	majorité, *f*
— : مراهقة	adolescence, *f*
بَليغ : فصيح	éloquent, e; beau parleur
جُرْح —	blessure grave, *f*
خطاب —	discours éloquent, *m*
مَبْلَغ : قَدْر . كميَّة	montant, *m*; somme, *f*
— : حدّ الشيء ونهايته	limite, *f*; terme, *m*
مُبَلِّغ : مخبر او واشٍ	dénonciateur, rice; rapporteur, se
مُبالِغ : مغالٍ	exagérateur, rice; qui exagère
مُبالَغَة : مغالاة	exagération, *f*
☆بَلْغَم : نُخامة الصدر	flegme; phlegme, *m*
بَلغمي المزاج	flegmatique
△ بَلْغَة	←babouche, *f*
△ بَلَفَ: أوهمَ وخدع	bluffer; duper; tromper
بَلْف : ايهام. خداع	bluff, *m*; duperie, *f*
— : صِمام (انظر صمم)	valve; soupape, *f*
﴿ بلق ﴾ أَبْلَق: في لونه بياض وسواد	pie
☆بَلْقَع : ارض قفر	terre vague, *ou* désolée; lande, *f*
○ بَلْكُون : شُرفة	←balcon, *m*; terrasse, *f*
— مغطاة	véranda, *f*
☆بَلَّ . بلَّ بالماء	mouiller; tremper; humecter
أَبَلَّ من مرض	se rétablir; recouvrer la santé
إبتَلَّ . تَبلَّلَ بالماء	se mouiller
بلل . تبلُّل	humidité, *f*
بَليل : ندىً بارد	brise fraîche, *f*
مُبَلَّل . مُبْتَلّ . مَبْلول	mouillé, e
△ بَلاَّن : خادِم الحمَّام	garçon de bain
△ بَلَنْجَة الشريط الحديدي	←éclisse, *f*

△ بَلَنك: تصليبة مقص — grue en forme de ciseaux; lisse, *f*

☆ بَلِهَ: كان أبله — être idiot,e, imbécile

بَلَه . بلاهة : ضعف العقل — idiotie; imbécilité, *f*

أبله : ضعيف العقل — idiot,e; faible d'esprit

○ بِلْهَرْسِيه : بَقيري — bilharzie, *f*

☆ بَلْوَرَ : جعلهُ كالبلّور — cristalliser

تَبَلَّرَ . تبَلْوَرَ — se cristalliser

بَلُّور . بِلَّوْر — cristal, *m*

بلّوري . متبلّر او كالبلّور — cristallin,e

△ بَلُوزَه : هُلام . فالوذج — gelée, *f*

مطبعة — — polycopie, *f*

○ بُلُوزَه : بُلْكَه . صِدار — blouse, *f*

☆ بَلّوط (انظر بلط) — chêne, *m*

△ بُلوك : جماعة △ بلُك — compagnie, *f*

— امين — officier, *ou* homme, de quart, *m*

○ بَلُون: لعبة او مُنطاد (انظر طود) — ballon; aérostat, *m*

☆ بَلِيَ الشيء: نخِرَ اوفسد — pourrir; moisir; se gâter

— الثوبُ: صار رثًّا — s'user

بُلِيَ . ابْتُلِيَ ببليّة — avoir un malheur

إبْتَلَى . بَلَا : جرّب — éprouver

أبْلَى — user

بَالَى بِهِ : اكترث — faire attention à; avoir soin de

بَلَاء . بَلْوَى . بَلِيَّة : مِحْنة — malheur, *m*; affliction; calamité, *f*

بَالٍ : رَثّ — en loques; usé,e; dépenaillé,e

— : ناخِر . مسوَّس — rongé,e; carié,e

— : فاسد . متعفن — pourri,e; gâté,e; moisi,e

مُبالٍ : مُكترِث — attentif,ve; qui se donne la peine

مُبَالاة : اكتراث — attention, *f*; égard, *m*

○ بِلْيَتْشُو: بُهلول — bouffon; paillasse; baladin; clown, *m*

☆ بليد (بلد)

○ بِلْيَاردو — billard, *m*

عصا الـ : △ سنكه — queue, *f*

○ بَلّين ○ بَلّينة: عظم الحوت — fanon de baleine, *m*

○ بَلْيورا : غشاء الرئة — plèvre, *f*

— . التهاب الـ : ذاتُ الجنبِ — pleurésie, *f*

○ بَلْيون: الف مليون — milliard; billion, *m*

○ بُمْبَه: قنبلة — bombe, *f*; obus; boulet, *m*

△ بَمْبَه . بَمْبِي : احمر فاتح — rose

☆ بنُ (بنى) ☆ بُنّ . بنان (بنن) ☆ بنت (بنى)

○ بَنْتُفْلي : خُف — pantoufle; mule, *f*

○ بنتوميم : تمثيل صامت — pantomime, *f*

☆ بَنَّجَ : نوّم بالبنج — chloroformiser; chloroformer

— : خدّر — insensibiliser; anesthésier

بَنْج : نبات مخدّر سامّ — jusquiame, *f*

△ — ○ : كلوروفرم . منوّم — chloroforme, *m*

تبليج موضعي anesthésie locale, f

o بِنْج بُنْج : تنس المائدة ping-pong, m

△ بَنْجر : شَمَنْدر betterave, f

o بند : مادّة (من قانون او مشارطة) clause, f; article; chapitre, m

o بَنْدَنِيف : مِجْوَل (حلية) pendentif, m

* بَنْدَر : مدينة تجارية centre (m), ou ville (f), de commerce

— : مدينة مركزية chef-lieu, m; ville centrale, f

* بُنْدُق : واحدة البندق noisette, f

بُنْدُقة : رَصاصة كروية balle, f

ذَهب بندق (عيار ٢٤ قيراط) or 24 carats, m

بُنْدُقية : بارودة fusil, m

— رَشّ : جِفْتَه fusil de chasse, m

— هواء fusil à air comprimé, m

— سريعة الطلقات fusil à répétition, m

o بندورة : طماطم . قوطه tomate, f

o بَنْدُول : رقّاص الساعة وغيرها balancier; pendule, m

o بنديره bannière; flamme, f

△ بَنْزَهير : ليمون صغير citron, m; petits citrons, m.pl

o بَنْزِين : سائل سريع الاشتعال essence, benzine, f

o بِنْسَة شعر pince à cheveux, f

o بَنْسيه : زهرة الثالوث pensée, f

* بِنْصِر : (الاصبع بين الخنصر والوسطى) annulaire, m

△ بنط (في العاب الورق والطباعة وخلافه) point, m

o بَنْطُغراف pantographe, m

o بَنْطلون : سروال افرنكي pantalon, m

— قصير (للرُكبة) short, m; culotte courte, f

— الركوب culotte, f

△ بنطة مثقاب mèche, f

* بَنَفْسَج violette, f

بنفسجي violet, te

اللون الـــ violet, m

o بَنْك : مقعد . مصطبة banc; siège, m; banquette, f

— : مَصْرِف مالي banque, f

— الرهونات mont-de-piété, m

— الرهونات العقارية banque hypothécaire, f

o بَنْكرياس : غدة البنقراس pancréas, m

o بنكنوت: عملة ورقية billet de banque, m

o بَنْكير banquier, ère; financier, ère

* بَنَّن الشاةَ : ارتبطها ليسمّنها nourrir à l'étable

بُنّ : حبٌ او قهوة café, m

— : حَب القهوة grain de café, m

— مسحون café moulu, m

بُنّي اللون brun, e; couleur de café

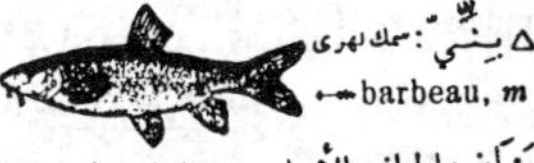

٥ بِنّي : سمك نهرى barbeau, m

بَنَان : اطراف الأصابع — bouts des doigts

طوع ــــه — être à la disposition de qn

٥ بَنْوار : خلوة (فى مسرح) — baignoire, f

٭ بَنَى . إبْتَنَى : شيّد — construire; bâtir; édifier

تبنّى : اتّخذ ابناً — adopter (qn pour fils)

بَنُ فلان : ابنه — fils de . . . , m

بَنُو فلان : ابناؤه — les enfants de

بَنون : أبناء . اولاد — enfants, pl

بُنُوّة : حالة او صفة الابن — qualité de fils

بُنَوِي . ابني : مختص بالابن — filial,e; appartenant au fils

إبْن : الولد الذكر — fils; garçon, m

— الشرق (مثلاً) — fils d'Orient, m

— غير شرعي : ابن حرام — enfant naturel

— بالتبني . مُتبَنّى — fils adoptif; adopté

— الأخ او الاخت — neveu, m

— العم او الخال او العمة او الخالة — cousin, m

— الزوج او الزوجة : ربيب — beau-fils, m

— الوز عوّام — enfant de la balle

إبْنَة : بنت — fille, f

— الأخ او الاخت — nièce, f

— العمّ او الخال او العمة او الخالة — cousine, f

— الزوج او الزوجة : ربيبة — belle-fille, f

بِنْت : ابنة . صبيّة — fille; jeune fille, f

— : فى ورق اللعب — dame, f

— الودْن : لوزة الحلق — amygdale, f

بِنَاء . بُنْيان [١] : تشييد — construction; édification, f

— . — . بِنَايَة : عمارة — immeuble; édifice, m: bâtisse, f

— : صناعة البناء . معمار — maçonnerie, f

— : نوع البناء . تركيب — construction; structure, f

— بغدادلى — construction en lattis, f

بناءً على — selon; suivant; conformément

— عليه — par conséquent; d'après cela

— على طلب . . . — à la demande de; à la requête de

شجرة البُنيان [٢] — figuier d'Adam, m

بنائى : تركيبي — de stucture

بَنّاء : معمارىّ — maçon, m

— . بانٍ : الذى بنىَ او يبنى — constructeur, m; qui construit

— حُر : ماسونى — franc-maçon, m

بُنْيَة الجسم : تركيبه — constitution, f

— الكلمة : صيغتها ومادتها — construction; syntaxe, f

تَبَنٍّ : إتخاذ كابن — adoption, f

مَبْنِيّ : مشيّد — bâti,e ; construit,e; élevé,e

— : لا ينصرف (فى النحو) — indéclinable

٥ بَنْيو : حوض الاستحمام — baignoire, f

٭ بهاء (بهي) ٭ بهار (بهر) ٭ بهاق (بهق)

☆ بَهَتَ . بُهِتَ : دَهِشَ — s'étonner; s'ébahir

— . — : سكت متحيراً — rester interdit,e; s'estomaquer; rester bouche bée

٥ بَهَتَ اللونُ : ذهبَ . نقصَ — se faner; se ternir; passer ou décolorer

بُهْت . بُهْتَان — mensonge, *m*; fausseté *ou* calomnie, *f*

٥ باهِت : ناقص (لون) — terne

☆ بَهَجَ . أَبْهَجَ : فرّح — égayer; mettre d'entrain; réjouir

بَهِجَ . إِبْتَهَجَ به — se réjouir de

بَهْجة : رونق — splendeur, *f*

— . ابتهاج : سرور — joie; gaité, réjouissance, *f*

بَهِج . بَهِيج . مُبْهِج ١ — charmant, e; agréable

مُبْهِج ٢ — qui égaye, qui réjouit

مُبْتَهِج — joyeux, se; réjoui,e; content,e

٥ بهدل — malmener; injurier

بهدلة — avanie, *f*

☆ بَهَرَ النظرَ — éblouir

بُهِرَ بصرُهُ — être ébloui,e; s'éblouir

— . إنْبَهرَ نَفَسُهُ — s'essoufler; haleter

باهِر : يَبْهَرُ النَّظر — éblouissant,e

نجاح — — succès éclatant, *m*

٥ بَهْوَرَ الجرحَ : جَعَّهُ — élargir une blessure

بُهْر : انقطاع النفس من الاعياء — essoufflement, *m*

بُهار : قطن محلوج — coton égrené, *m*

بَهار : تابل — épice, *f*; condiment, *m*

أَبْهَر : الشريان الاورطى — aorte; artère, *f*

مَبْهُور : لاهث — essoufflé,e; poussif,ve

☆ بَهْرَجَ : زوّق — orner pompeusement, *ou* avec faste; parer d'une manière voyante

تَبَهْرَجَت المرأة : تزيّنت — se parer; s'attifer; se farder

بَهْرَج : باطل أو زائف — vain,e; faux,sse; futile

☆ بَهَظَ . أَبْهَظَ : اثقلَ على — surcharger; accabler

باهِظ : ثقيل الاحتمال — accablant,e; lourd,e; onéreux,se

— : زائد عن الحدّ — excessif,ve; exorbitant,e

☆ بَهَق ٥ بُهاق : مرض جلدى (غير البرص) — vitiligo, *m*

(بهل) إبْتَهَلَ — implorer; supplier

إبْتِهال — supplication; prière, *f*

مُبْتَهِل — suppliant,e; qui implore

على البهلى : بلا حياء — sans honte, impudemment

٥ بَهلوان : اللاعب على الحبل — danseur, se de corde; acrobate

عصا الــ — balancier, *m*

☆ بُهْلُول : ٥ بلياتشو — bouffon; clown; paillasse, *m*

☆ بَهْم . بِهام : اولاد المعز والبقر والضأن — les petits de la vache, de la chèvre *ou* de la brebis

أبْهَمَ الكلام — parler d'une manière équivoque

— إسْتَبْهَمَ عليه الكلام — trouver ambigu,ë

بَهِيم : أسود حالك — noir,e; jais

حائط — : (لا فتحة فيه) — mur orbe; mur sans baies, *m*

بَهِيمة : حيوان — bête, *f*

بَهِيميّ : حيوانى — bestial,e

بَهِيميّة : حيوانيّة — bestialité, *f*

٥ بهائم المزرعة: مواش — bétail, *m*; bestiaux, *m.pl*

إبْهام : التباس او غموض — ambiguïté; obscurité, *f*

— اليد — ←pouce, *m*

— الرِّجل — ←orteil, *m*

مُبْهَم : ملتبس — confus,e. abstrus,e; vague; équivoque

عدد — (فى الحساب) — nombre abstrait, *m*

٥ بَهْو : ردهة بَيت — salon *ou* vestibule, *m*

باهَى . تباهَى : فاخرَ — s'enorgueillir, se vanter; être fier,ère de

بَهِيّ . باهٍ : زاهٍ(لون) — vif,ve; éclatant,e

باهٍ : فاخِر — radieux,se *ou* splendide

بَهاء — beauté; élégance; splendeur, *f*; éclat; rayonnement, *m*

تَباهٍ . مُباهاة — vanterie; vantardise, *f*

(بوأ) تبوّأ العرش — succéder, *ou* accéder, au trône

باءَ : رجع — revenir; rentrer

— به — ramener

بِيئة : مُحيط.وسَط — entourage; milieu; environnement, *m*

— : مقام — situation; position, *f*

تَبَوُّؤ العرش — avènement, *m*

٥ بَوَاء : حيّة عظيمة غير سامّة — ←boa, *m*

٭ بواب (بوب) ٭ بواسير (بسر)

٥ بَواكى : سوابيط — ←arcade, *f*

بَاكية : عقد — voûte; arche, *f*

٭ بَوَّبَ الكتاب : قسمه فصولا — diviser en chapitres

— الاشياء : رتبها — classer; trier

باب : مدخل — ←porte; entrée, *f*

— من كتاب:فصل — chapitre, *m*

— أرضى أو سقفى — trappe, *f*

— دوّار — tourniquet, *m*

من — اولى — plutôt; à plus forte raison

بَوّاب : حارس الباب — portier,ère; concierge

— المعدة : فتحتها البوّابيّة — pylore, *m*

بَوّابة : رتاج — ←grande porte; porte cochère, *f*; portail, *m*

— القنطرة — vanne, *f*

٭ بؤبؤ العين (بأبأ)

٥ بوتاسة : قِلى — potasse, *f*

— كاوية — potasse caustique, *f*

○ بُوتَقَة : بوطة — creuset, m

☆ بَوْح . إباحة ١ — révélation, f

إباحَة ٢ : إجازة — action de permettre; tolérance, f

إباحِيّ : وجودي — existentialiste

— : فوضوي . عدمي — nihiliste

باحَ السرَّ — révéler; divulguer

— اليه بالسرّ — lui confier le secret

أباحَ الشيء : عدّه ملكاً للجميع — mettre en commun

— : أجاز — permettre; autoriser

إستباحَ العمل : عدّه مباحاً — considérer comme licite, ou permis,e; se permettre de faire qc.

باحَة : ساحة — cour, f; terrain vague, m

إستِباحَة الدم او الأموال — proscription, f

مُباح : جائز او محلّل — permis,e ou licite

— : عمومي — libre

○ بودْرَة : غُمْنَة . مسحوق الزينة — poudre; poudre de toilette, f

علبة الـــ — poudrier, m; poudrière, f

فورشة الـــ — houppette; houppe, f

○ بُوذَا : مؤسس الديانة البوذية الهندية — ←Bouddha, m

بُوذِيّ — bouddhiste

بُوذِيَّة : دين بوذا (في الهند) — bouddhisme, m

☆ بُور : ارض متروكة بلا زرع — terre en friche, ou en jachère, inculte

Δ ارض — — terre incultivable; friche, f

بَوَّرَ الأرض — laisser la terre en jachère, en friche, ou inculte

بارَ — rater; échouer ou se gâter

—ت السلعة — être invendable, rabiot, rossignol

بَوار : خراب — destruction; ruine, f

☆ بُؤرة (في بأر) : مركز — foyer, m

○ بُورصَة : مَصْفَق — bourse, f

— الأوراق المالية — bourse des valeurs, f

— البضاعة — bourse des marchandises, f

☆ بَوْرَق . بُورَق : ضرب من النطرون — borax, m

— ارمني — soude, f

☆ بُورِيّ : سمك بحري — muge; mulet, m

Δ — الصائغ : ما ينفخ به على النار — chalumeau, m

Δ — — : نفير — ←clairon, m

○ بوريه — ←commode, f

— : خضر او بقول مهروسة — pureé, f

Δ بَوَّزَ : تجهَّم — bouder; faire la moue

Δ بوز ابريق وأمثاله — bec; bout; goulot, m

— الحذاء او الجورب — bout, m; carre, f

— الحيوان : فمه وانفه معاً . خَطْم — museau, m

— الخنزير — groin, m

Δ — الطير : منقار (في نقر) — bec, m

— الانسان : فمه — bouche; [gueule], f

— س : Δ دندرمه . حليب مثلّج — glace, f

○ بوز : وضع — pose, f

Δ بوزه : جعة مصرية — zythum; zython, m; bière égyptienne, f

☆ بَوْس : تقبيل — action d'embrasser; embrassade, *f*

بَاسَ : قبَّل. لثم — embrasser; baiser; [bequeter]

بَوْسَة : قُبلة — baiser; bécot, *m*

☆ بُؤس (بأس)

○ بُوسْتو : مِشَدّ الخصر — corset, *m*

☆ بوسته ○ بوسطة: بريد — poste, *f*; courrier, *m*

☆ بَوْش وأَوْباش : رعاع — racaille, *f*; rebut de la société, *m*

△ بُوشُ القماش: مايكون عليه قبل غسله — poudre de blanchiment, *f*

△ بَوَّشَ الشيئ: نقَّعه — tremper; imbiber

☆ بُوص : نسيج من حرير أو كتّان — tissu en soie, *ou* en lin, *m*

△ — : قصب — roseau; typha, *m*; canne, *f*

△ — لمص المشروبات — chalumeau, *m*

○ بوصة: ١/١٢ من القدم — pouce, *m* (2,24 cm.)

○ بُوصْلة: إبرة الملاّحين — boussole, *f*; compas *m*

(بوع) بَاعٌ : قدر مدُّ اليدين — brasse, *f*

طويل الـ : مقتدر — puissant,e; qui a le bras long

△ بُوغادة : ماء الرماد — lessive, *f*; cendre de lessive, *m*

○ بوغاز : مضيق مائي بين بحرين — détroit, *m*

○ بُوفيه : مِقصف — buffet, *m*

— : خزانة ادوات المائدة — dressoir; buffet, *m*

☆ بَوَّقَ : نفخ في البوق — trompeter

بُوق: نفير — trompette; cor, *m*

— السيارة الكهربائي — klakson *ou* claxon, *m*

باقة : حُزمة — paquet, *m*

— زهور — bouquet, *m*; corbeille de fleurs, *f*

○ پوكر : لعبة ورق معروفة — poker, *m*

☆ بَوَّلَ. بَالَ : شخَّ — uriner; pisser

بال : قيطس △ حوت — baleine, *f*

— : عقل — esprit, *m*; âme; pensée, *f*

مرتاح او هادىء الـ — tranquille; qui a la tête tranquille

منشغل الـ — tracassé,e; inquiet,ète

اعطى بالهُ الى — faire attention à

بَالَة : قارورة الطيب — fiole, *f*

○ — ○ إبَّالة: حزمة بضائع — balle, *f*; ballot, *m*

بَوْل : ماء المثانة — urine; pisse, *f*

بُوال . مرض الـ السكرى — diabète, *m*

بولىّ : من البول ○ بوليك — urique

— : مختصّ بالبول او مثله — urinaire

تَبَوُّل — urination, *f*

مُبالاة : اكتراث — attention, *f*

عدم — : عدم اكتراث — indifférence, *f*

مِبْوَلَة : وعاء التبويل △ قصرية — pot de chambre; vase de nuit, *m*

— : مكان لأجل التبويل — urinoir; pissoir; lieu d'aisances, *m*; toilette, *f*

مُبَوِّلة : مُدرّ للبول — diurétique, *a et m*

○ بوليس: ضبط. شِحنة — police, *f*

— : شُرطى — agent (de police); policier; gendarme, *m*

— سرّى △ مخبر — police secrète, *f*

بوليس الآداب police de mœurs, *f*

○ بوليسة . بُوليصَة : صَك police, *f*

— التأمين police d'assurance, *f*

— الشحن بالبحر bulletin d'expédition, *ou* de chargement, *m*

— الشحن بـكونا لـيد connaissement, *m*; police de chargement, *f*

✿ بُوْم . بومة : طائر الظلام hibou, *m*

○ بُومادة: دهان للشعر والبشرة pommade; crème, *f*

✿ بَوْن : مسافة . بُعد distance, *f*

— : فَرْق différence, *f*; contraste, *m*

بَانٌ : شَجرُ اليسار saule, *m*

(بوه) بَاه : نطفة الذَّكَر semence, *f*

مُقوٍّ للباهِ : ناعوظ aphrodisiaque, *a et m*

△ بُوْيه peinture; teinture, *f*; cirage, *m*

بُويَجى : مسَّاح الأحذية cireur, se

— : نقّاش peintre; décorateur

✿ بيئة (بوأ)

△ بِيَادَه : «عساكر» المُشاة infanterie, *f*

بيادى: «جندى» راجِل. ماشٍ fantassin, *m*

✿ بيان (بين)

○ بيان ○ بيانو piano, *m*

العازف على الـــ pianiste

✿ بَيَّتَ : فعل أو دبَّر ليلاً faire, *ou* combiner, la nuit

△ — . أبات loger la nuit

△ — . باتَ : أقام الليل passer la nuit

△ — فى الصف (فى المدرسة) doubler la classe

△ — السيفَ وامثاله فى قرابه rengainer; mettre dans le fourreau

بَيْت : مسكن . دار maison; demeure; habitation, *f*

— : أسرة famille, *f*

— : قراب étui; fourreau, *m*; gaine, *f*

— الطاعة domicile conjugal, *m*

— شِعْر couplet, *m*; strophe, *f*

— الخلاء او الراحة lieux d'aisances, *m.pl*

— تجارى maison de commerce, *f*

— الولد: الرحم utérus, *m*; matrice, *f*

بيتى: عائلى familial; de famille; intime

— : داجن domestique; apprivoisé, e

— : مصنوع في البيت (ضد سوق) fait, e à la maison

△ بايت: قديم (ضد صابح) rassis, e (pain); de la veille

△ — فى الصَّف : مُعيد qui a doublé sa classe

مَبيت : مكان البيات logement; gîte, *m*

✿ بَيْدَ أنْ : غير ان mais; cependant; pourtant

بَادَ : هَلك périr

أبادَ détruire; anéantir *ou* extirper

بَيْدَاء : فَلاة grand désert; désert périlleux, *m*

بائِد : مُنقرض éteint, e; disparu, e

إبادَة : افناء extermination; destruction, *f*; anéantissement, *m*

مُبيد destructeur, rice; qui fait périr

○ بيداجوجيا : فنّ التعليم pédagogie, *f*

✿ بَيْدَرُ الغلال : جُرْن aire *ou* grange, *f*

☆ بَيْدَق الشطرنج pion, *m*; pièce d'échecs, *f*

△ بِيْر . بِئْر (بأر)

○ بِيْرا ○ بِيْرَة : جِعَة bière, *f*

— : حانة شُرب الجعة او مصنعها brasserie, *f*

○ بَيْرَق : علَم drapeau; étendard, *m*

○ بِيزَنْطِيّ : منسوب الى بوزنطية byzantin,e

○ بِيْش : خانق الذئب (نبات) aconit, *m*

☆ بَيَّضَ الشيء : جعله ابيض blanchir

— الحائط والبيتَ badigeonner; blanchir à la chaux

— القماش : قصره blanchir

— الآنية النحاسيّة بالقصدير étamer

— المكتوبَ copier; écrire au net

— الوجهَ faire bonne figure

بَاضَت الدَّجاجةُ pondre

إِبْيَضَّ الشَّعرُ وغيره : صار ابيض blanchir; devenir chenu,e

— الوجه والنبات واللون devenir blanc,he; pâlir

بَيْضٌ انثى الطيور وغيرها (الواحدة بيضة) œufs, *m.pl*

△ — بِرِشْت œufs à la coque

△ — جامد (مسلوق) œufs durs

△ — مقلي œufs sur le plat

ظرف أكل الـ coquetier, *m*

△ ابو — : رُتَيْلاء tarentule, *f*

بَيْضَة : (واحدة البيض) un œuf, *m*

— : خُصْيَة testicule, *m*

— : خوذة (انظر خوذة) casque, *m*

— رَفْو الجوارب œuf à repriser, *m*

بَيْضِيّ الشكل ovale; elliptique

شكل — ellipse, *f*; ovale, *m*

بَيُوض . بائض pondeuse

بَيُوضِيّ : طائر ثمين الريش aigrette, *f*

أَبْيَض : ضدّ اسود blanc, he

— او اسمَر blond,e ou brun,e

بَيَاض : ضدّ سواد blancheur, *f*

— البيض blanc d'œuf, *m*

— العين blanc de l'œil, *m*; cornée, *f*

— اليوم toute la journée

— الحائط : ما تبيّضه به lait, *ou* blanc, de chaux, *m*

— : اسم سمك merlan, *m*

△ على — : أبيض . غير مكتوب en blanc

تَبْيِيض : ضد تسويد blanchissage, *m*

— النحاس étamage, *m*

— الجدران badigeonnage, *m*

— المكتوب mettre au propre

△ تبيضة . مُبَيَّضَة : ضد مسوَّدة copie au net, *f*; bel exemplaire, *m*

مُبَيِّض الجدران (الحيطان) badigeonneur, *m*

— النحاس étameur, *m*

— الأقمشة : قصّار curandier, *m*; blanchisseur, se

مَبْيَض الأنثى ovaire, *m*

☆ بيطار . بيطر . بيطرة (بطر)

٭ بيَّعَ : جعله يبيع	faire vendre; pousser qn à vendre
بَاعَ : ضد اشترى (وبمعنى خانَ عهْده)	vendre
— بالمناداة	colporter
— بالمزاد	vendre aux enchères
— العرض	se prostituer
بايَعَ	proclamer qn comme chef, ou roi
أباعَ : عرَض للبيع	mettre en vente
بِيعَ . انباعَ . مُباع : نفقَ	vendu,e
ابْتاع : اشترى	acheter
بَيْع . مبيع	vente, f; débit, m
— وديّ . بطريقة ودية	vente à l'amiable
— جبرى	vente forcée, f
— علنى	vente aux enchères publiques
— بالمناداة	colportage, m
للبيع . للمبيع	à vendre
بَيْعَة : عمليّة بيع	vente; une vente, f
Δ — (او شروة) رابحة	une occasion, f
Δ على الـ : علاوة	par-dessus le marché
بِيعة (النصارى) : كنيسة	église, f
بيّاع . بائع	vendeur,se
— . — اشياء تافهة Δ متسبب . سرّيح	camelot
ابتياع : شراء	achat, m
مُبْتاع : مُشترٍ	acheteur,se
٥ بيكار : بركار : Δ برجل	←compas, m
— الزوايا	fausse équerre, f ←
٥ بيكربونات	bicarbonate, m
Δ بيكة النور الكهربى	←ampoule, f
Δ بيليَة : كرة صغيرة	bille, f
٭ بَيَّنَ : أظهرَ	démontrer; montrer
— . أبانَ : أوضح	expliquer; rendre clair; éclaircir
بانَ : ظهرَ	paraître; être visible, ou clair,e
باينَ : خالف او ناقض	être différent,e de; différer de; être opposé,e à
— : هجرَ	abandonner; quitter
تبيَّنَ الأمرَ	s'assurer de qc; vérifier
— الأمرُ : اتضح	être clair,e, évident,e
بائن . بيِّن : ظاهر او واضح	visible; apparent,e; évident,e
بائنة : Δ دوطا	dot, f
بَيْنَ « الشيئين »	entre (les deux); au milieu de
— الأشياء أو الجماعة	parmi
— . من بين (كقولك مرّ من بينهم)	à travers
— يديه : معه	entre ses mains
بينَ بينَ	passable; [comme ci comme ça]
بينما . بينا : اثناء	pendent que; tandis que
بَيْن : فُرقة	séparation, f
بَيان . تبْيان : اظهار	démonstration; manifestation, f
— . — : ايضاح	compte rendu, m; explication, f
— : شرح	détail, m; description, f
— : تصريح	déclaration, f; manifeste, m
— : تقرير	rapport, m

بيان ٢: لائحة programme; prospectus, *m*
— رسمي : بلاغ proclamation, *f*; communiqué, *m*
عِلمُ الـ : الالقاء élocution, *f*
حُسنُ الـ : فصاحة éloquence, *f*
عَطف الـ (في النحو) apposition, *f*
غنيٌّ عن الـ cela va sans dire; il est évident que
بياني : ايضاحي explicatif,ve
بَيِّنَة : برهان (او شاهد) preuve évidente; évidence, *f*; témoignage, *m*
— ظرفيَّة preuve circonstancielle, *f*
تَبايُن · بون : اختلاف différence; divergence; distinction, *f*
— : تناقض contraste, *m*; contradiction, *f*
تبايُني : خِلافي différentiel,le
مُبِين : ظاهر évident,e; clair,e
مُتباين: مختلف différent,e; dissemblable

(ت)

٭ تاب (توب) ٭ تابل (تيل)

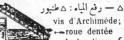

٭ تابُوت : صُندوق coffre, *m*; caisse, *f*
— الجثث المحنطة sarcophage, *m*
— العهد arche d'alliance, *f*
— الموتى : خَشَبة cercueil, *m*; bière, *f*
∆ — رفع المياه : ∆ طنبور vis d'Archimède; roue dentée hydraulique, *f*

٭ تاجٌ (توج) ٭ تاجر (تجر) ٭ تاخم (تخم)
٭ تارَةً : مرةً او احياناً une fois; quelquefois; tantôt
٭ تاريخ (ارخ) ∆ تاريع (ترع) ٭ تأسية (اسو)
٭ تافه (تفه) ٭ تاق (توق) ٭ تال (تلو)
(تأم) أتأمت : ولدت توأمين faire des jumeaux; mettre au monde des jumeaux
تَوْأَم أو توأمة: واحد التوأمين jumeau, *m*; jumelle, *f*
٭ تآمر ٭ تامور (امر) ٭ تاه (تيه) ٭ تباهى (بهى)
٭ تَبَّ : هلك او قطع périr *ou* trancher
تبّاً له maudit, *ou* honni, soit il; malheur à lui!
إستَتَبَّ الأمر se régler; s'est arrangé,e; la situation s'est stabilisée; l'ordre fut rétabli
إستِتْباب stabilisation, *f*; établissement, *m*
٭ تِبرُ الذهبِ paillette *ou* poudre d'or, *f*
٭ تَبِعَ · اتَّبَعَ : لحِقَ اواتى بعد suivre *ou* succéder à
— · — : انقادَ الى écouter qn; obéir à
تابَعَ : وافقَ او تتبع se conformer *ou* pourchasser; filer
تَتابَعَ : توالى arriver successivement; se succéder
تَبَع · اتّباع · تَتَبُّع : لحاق poursuite; filature, *f*; filage, *m*
تِباعاً · بالتتابع successivement; consécutivement
تابِع ١ : لاحِق suivant,e
— : مرؤوس subalterne

تابع ٢: تلميذ — partisan; disciple; adepte, *m*

—: خادم — serviteur; domestique; suivant, e

— : تحت اختصاص — ressortissant, e

— لكذا — dépendant de; sujet de

توابع — satellites, *m.pl*

— (فى الأجرومية) — les appositifs

تبعية — nationalité *ou* appartenance, *f*

تابِعَة. تَبِعَة : نتيجة — résultat, *m*; suite; conséquence, *f*

— . —: مسئولية — responsabilité; charge, *f*

— : الاهَةُ الشعر (توجيه الى الشعراء) — Muse, *f*

تَتابُع : توالٍ — succession, *f*

مُتتابِع — successif, ve; suivi, e; consécutif, ve

يُتْبَع : له بقية — à suivre

☆ تِبِغ . تَبْغ . تِمْغ : دُخان — tabac, *m*

☆ تَبَّلَ . توبلَ الطعام — assaisonner; épicer

تابل — condiment, *m*; épice, *f*

مُتَبَّل — assaisonné, e; épicé, e

☆ تِبْن : (عصافة القمح والشعير لعلفه الدواب) — paille, *f*; foin, *m*

تَبَّان : بيَّاع التبن △ علاّف — pailleur, se; marchand, e de paille

تُبَّان: سراويل قصيرة — short, *m*; culotte courte, *f*

☆ تَبَنَّى (بنو) ☆ تبوأ (بوأ)

☆ تَتَر . تتار: (قوم مقامهم بين الصين وبحر الخزر) — Tatars *ou* Tartares

☆ تَتْرَى (أصلها وَتْرى) — l'un après l'autre; un à un

△ تَتك : ضابطُ او غمّاز الزناد — détente, *f*

○ تُتُن: تبغ المضغ — tabac à chiquer, *m*

○ تَتَنُوس : كُزازٌ — tétanos, *m*

☆ تاءب (ثئب) ☆ تثنية (ثنى) ☆ تجاه (وجه)

☆ تَجَرَ . تاجَرَ . اتَّجَرَ : تعاطى التجارة — faire le comemerce; commercer

— . — فى أشياء ممنوعة أوحقيرة — trafiquer

تِجارَة . مَتْجَر ١ — commerce; négoce, *m*

— محرّمة او مشينة — trafic, *m*; contrebande, *f*

تجاريّ . مَتْجَرِيّ : مختص بالتجارة — commercial, e

—: مختص بالتجار ومعاملاتهم — marchand, e; mercantile

بيت — . مَتْجَر ٢ — maison de commerce, *f*; fonds de commerce, *m*

شارع — — rue commerçante, *f*

تاجِر — commerçant, e; négociant; marchand, e

— الجملة — grossiste; négociant en gros

— المفرق او △ القطاعي — détaillant, e; débitant, e; revendeur, se

☆ تجشأ (جشأ) ☆ تجلّى (جلو) ☆ تجوّل (جول)

☆ تَحْتَ الشيء: ضد فوقه — sous; au-dessous

— كذا: أقلّ منه — moins; au dessous de; inférieur, e à

— : أسفل (او الى اسفل) — en bas

— الأرض — sous-terre

— سطح البحر — sous-marin, e

— الجلد — sous-cutané, e

△ من — لتحت : خِفْيَةً — en dessous

تَحْتانيّ: ضدفوقاني — de dessous; placé,e au-dessous

ملابس تحتانية — sous-vêtements: les dessous, *m.pl*; linge de corps, *m*

☆ تُحْفَة: شيء فاخر ثمين — objet d'art, *m*; objet rare, *ou* précieux

— : هدية — cadeau; présent, *m*

أَتْحَفَهُ الشيء وبه — faire cadeau à qn de qc; offrir à qn qc

مُتْحَف: دار الآثار — musée, *m*

☆ تحِبّة (حبى)

☆ تَخّ العجين: Δ حمّض — rancir; s'acidifier; se gâter

Δ — · تختخ: تعفن بالبلل — moisir; pourrir

○ تخت الرقاد: سرير او مصطبة او مقعد — lit *ou* banc; siège, *m*

— الثياب: (انظر خزانة) — garde-robe, *f*

Δ — طرب — orchestre, *m*

تختروان: رجازة — litière, *f*; palanquin, *m*

تَخْتة الكتابة: مكتبة — pupitre; bureau, *m*

— · صبورة: لوح الطباشير — tableau; tableau noir, *m*

☆ تَخَّمَ: حدَّ — confiner; limiter; border; mettre une borne à

تَخِمَ · اتَّخَمَ: أصيب بتخمة — avoir une indigestion, *f*

— · — : ثقل عليه الاكل — se bourrer

أَتْخَمَ Δ تَخَّم ٢ — bourrer du manger; causer une indigestion à qn

تاخَمَ — être limitrophe, contigu,ë à

مُتاخِم — limitrophe

تُخْم (الجمع تُخوم): حدّ — limite; frontière; borne, *f*; confins, *m.pl*

تُخْمَة: سوء الهضم — indigestion, *f*

مُتْخوم — souffrant,e d'une indigestion

☆ تداول (دول)

○ تَدْرُج: طائر — faisan, *m*

☆ تدلى (دلو)

☆ تذكرة (ذكر) ☆ تراب (ترب) ☆ تراث (ورث)

☆ تراخ (رخو) ☆ ترافع (رفع) ☆ تراكم (ركم)

○ ترام ○ ترامواى — tram; tramway, *m*

☆ تراوح (روح) ☆ تراءى (رأى)

☆ تَرِبَ المكانُ: كثر ترابه — être poussiéreux,se

تَرَّبَ · أَتْرَبَ: غبَّر — couvrir de poussière; poudroyer

تارَبَهُ: كان تِربَهُ — être son égal,e; égaler

تَتَرَّبَ: تغبّر — être couvert,e de poussière; poussiéreux,se

تُراب · تُرْب: غُبار — poussière, *f*

تُرْبَة: أرض — sol, *m*; terre, *f*

— : مقبرة — cimetière; tombeau, *m*

تُرَبِي: خادم المقبرة — fossoyeur; gardien du cimetière, *m*

تِرْب : نِدّ égal,e; pareil,le
— : زميل camarade; collègue
— : معاصر contemporain,e
تَرِب مُتْرِب : عليه التراب او كالتراب poussiéreux,se; pulvérulent,e
— . تُرابي : من التراب terreux,se
∆ تربس الباب : ضبّبهُ verrouiller; barrer
∆ تِرْبَاس : مِتراس verrou; loquet, m; barre, f
☆ تربّص (ربص) ☆ تربّع ☆ تربيعة (ربع)
○ تَرْبَنَ الجمجمة trépaner
تَرْبَنة : عملية فتح الجمجمة trépanation, f
○ تَرَبَنْتينا : راتينج البطم térébenthine, f
○ ترابيزة . منضدة: خِوان table, f
∆ تِرْتِر : بَرْق . خضض paillettes, f.pl
زركش بالترتر pailleter; orner de paillettes
☆ ترجّل (رجل) ☆ ترجمة (رجم) ☆ ترجّى (رجو)
☆ تَرِحَ . تترّحَ : حزن se désoler; s'affliger
تَرَح : حُزن وهمّ peine; affliction, f; chagrin, m
∆ تَرْزِيّ : خيّاط tailleur, m
☆ تُرْس : درع bouclier, m
تُرْس ○ طربوط . مبرد turbot, m
∆ تِرْس . سِنّ دولاب (عجلة) dent de roue, f; alluchon, m
∆ عجلة بتروس roue dentée, f

∆ تَرْسانة : مستودع او مصنع أسلحة arsenal, m; manufacture d'armes, f
∆ — : مستودع او مصنع السفن arsenal maritime, m

∆ تِرسة : سلحفاة البحر tortue, tortue de mer, f
مِتْرَس . مِتْراس : حصن rempart, m; tranchée; barricade, f
— . — : (انظر ∆ ترباس في تربس) verrou, m
☆ تَرِعَ : امتلأ être rempli,e; se remplir
أتْرَعَ : ملأ remplir
تُرْعة : قناة . نهر مصنوع canal, m
∆ تاريع : مساحة الاراضي cadastre, m
☆ تُرْغُلَّة : يمامة ramier, m; tourterelle, f
☆ تَرِفَ . تترّفَ : تنعّم mener la bonne vie; vivre dans le luxe
تَرَف . تُرْفَة : رغد العيش opulence, f; luxe; bien-être, m
مُتْرَف : مُتنعّم adonné,e au luxe
☆ تَرْقُوَة : عظم أعلى الصدر clavicule, f
☆ تَرَكَ : سيّب أو أقلع عن laisser; quitter ou abandonner
— : تخلّى abandonner; se désister de
— الطعامَ أو المائدة se lever (de table)
— هُ : سمح له lui permettre
تارَكَ : هادَنَ accorder une trêve; suspendre les hostilités

تَرْك : ضد أخْذ او اغفال — abandon; délaissement, *m* ou omission, *f*

تَرِكَة المتوفى : تُراث — legs, *m*; succession, *f*

تُرْكيّ — Turc, *m*, Turque, *f*; turc, turque, *a*

تُرْكِيَّا : بلاد الترك — Turquie, *f*

تَرِيْسَكَة : امرأة لم تتزوّج — vieille fille, *f*

مَتْرُوك : (اسم المفعول) — abandonné, e; laissé, e; omis, e

مُتارَكة : هدنة — trêve, *f*; armistice, *m*

☆ تُرْمُس : حَبّ مُرّ الطعم — lupin, *m*

○ تِيرمُس : كظيمة (انظر كظم) — thermos, *f*

○ تِيرموديِنَميكا : علم القوة الحرارية — thermodynamique, *f*

○ تِيرموغراف : مِرسَمَة الحرارة — thermographe, *m*

○ تِيرْمومِتْر : ميزان الحرارة — thermomètre, *m*

○ تُرُنْج ○ أتْرُجّ . ٥ تفاح ماهي — cédrat, *m*

☆ تَرِه : وقع في الأباطيل — s'occuper de choses futiles

تُرَّهَة (الجمع تُرّهات) : أمر باطل — chose futile, ou mensongère; bagatelle, *f*

○ تِرُولي : ٥ عربة مكسّحة — trolley; tombereau, *m*

○ تِرْياق : دواء يدفع السموم — thériaque, *f*; antidote, *m*

☆ تريّض (روض) ☆ تسرّب (سرب)

☆ تُسْع : جزء من تسعة (١/٩) — neuviéme, 9e

تِسْعَة : ثلاث ثلاثات (٩) — neuf

— عشر (١٩) — dix-neuf

تُساعيّة . تسعوية — neuvaine, *f*

تِسْعونَ (٩٠) — quatre-vingt-dix

الـ — quatre-vingt-dixième

تاسعاً — neuvièmement

☆ تسلّى (سلو) ☆ تسوّل (سأل) ☆ تشاءم (شأم)

○ تِشْرين الاول : اكتوبر. الشهر الميلادى العاشر — octobre, *m*

— الثاني: نوفمبر. الشهر الميلادى الحادى عشر — novembre, *m*

○ تشيكوسلوفاكيا — Tchécoslovaquie, *f*

☆ تصبى (صبو) ☆ تضاءل (ضأل) ☆ تعادل (عدل)

☆ تعاطى (عطى) ☆ تعافى (عفو) ☆ تعاقب (عقب)

☆ تعالَ ☆ تعالى (علو) ☆ تعاون (عون)

☆ تَعِبَ : ضدّ استراح — se fatiguer; peiner

أتْعَبَ : أكلّ — fatiguer; harasser; lasser

تَعَب تَعْب : كلال او كدّ — fatigue; lassitude; ou peine, *f*; labeur, *m*

— : ثِقْلة — dérangement; ennui, *m*

تَعِبٌ . تَعْبان : مُتعَب — fatigué, e; las, se

لا يتعَب : لا يكلّ — infatigable

أتْعابُ المحامى والطبيب — honoraires, *m.pl*

مُتْعِب : ضد مُريح او مضايق — fatigant, e ou ennuyeux, se

☆ تَعْتَعَ : قَلقل . تلتل — remuer; bouger; déloger

— في الكلام : ٥ تهته — bégayer

تَتَعْتَع : تزحزح — s'ébranler; bouger

☆ تعداد ☆ تعدد (عدد) ☆ تعدّى (عدو)

☆ تَعِس : كان تعيساً — être misérable, ou malheureux, se

تَعَس: أتْعَس — rendre malheureux, se

تَعْس . تَعاسَة : شقاء misère; infortune, f; malheur, m

تَعِس . تَعِيس malheureux, se; infortuné, e; misérable

✿تعشّى (عشو) ✿تعويذة (عوذ) ✿تغاضى (غضى)

✿تغدّى (غدو)

✿تُفّاح pomme, f

شَراب الـــ cidre, m

تُفاحة آدم: عقدة الحُنجور pomme d'Adam, f

تُفَيْفِحَة . تفاحيّ : طائر صغير linot; chardonneret, m; linotte, f

✿تفاوت (فوت)

○تَفْتا: حرير رفيع مموّج الصقلة taffetas, m

△تِفْتة : صباغ. ○انيلين aniline, f

✿تَفّف الأظافر se soigner les ongles; [faire manicure]

△تَفّ: تَفَلَ . بَزَقَ cracher

✿تفل : بَزَق cracher

تَفْل . تُفال : بصاق crachat, m

△تِفل: ثُفل sédiment; résidu, m; lie, f

✿تفِه : كان زهيداً être insignifiant, e, une bagatelle

تَفِهٌ . تافِه : بلا طعم أو ركيك insipide; fade ou banal, e

—. — : بسيط . زهيد insignifiant, e; minime; bagatelle

تَفاهَة . تَفَه . تُفُوه : خِسّة أو سماخة insignifance ou insipidité, f

تُفّه : عَناق الأرض caracal; lynx d'Afrique, m

○تقاوى : بَذر semences; graines, f.pl

✿تقصّى (قصو) △تقل (ثقل) ✿تقمص (قمص)

✿ △تَقَنَ . أتْقَنَ perfectionner; maîtriser

إتقان . تَقانَة : إحكام perfectionnement, m; précision, f

بإتقان à perfection; parfaitement

مُتْقَن parfait, e; perfectionné, e

✿تقوى (وقى) ✿ تقويم (قوم) ✿ تقّ (وقى)

✿ تَكْتَكَت الساعة وغيرها: دقّت faire tic-tac; battre

△تكتك الطبيخ: كتّ bouillir doucement; mijoter

تَكْتَكَة : دقة خفيفة tic-tac, m

✿ تَكَّكَ : △دكّك passer le lacet dans; lacer

تَكّ: داسَ على fouler; appuyer dessus

○تكّ . تَيْك : خشب وشجر الساج teck, m

تِكّة : △دِكّة lacet du pantalon, ou du caleçon, m

مِتَكّ : △دَكّاكة passe-lacet, m

✿ تُكَيّة (وكأ) ✿ تَلا (تلو) ✿ تلاشى (لشو)

✿تُلْد . تَليد . تالِد : ضد طارف de possession ancienne; hérité, e

○تلسكوب: منظار مقرّب. مِقراب télescope, m

○تِلِغْراف : برق . موصل برق télégraphe, f

— : رسالة برقيّة dépêche, f; télégramme, m

— لاسلكيّ télégraphie sans fil; f, T.S.F.

عمود الـــ poteau télégraphique, m

غمّاز التلغراف

←manipulateur, m

تلغرف : أبرق — télégraphier; câbler

تلغرافى : برقىّ — télégraphique

عامل التلغراف — télégraphiste

☆تلف : تعطّب — se gâter

أتلف — gâter; corrompre

تلف : ضرر — dommage; ravage; dégât, m; détérioration, f

— جزئى (فى أشياء مؤمّن عليها) — menue avarie; avarie simple, ou partielle, f

— بالبحر — avarie, f

إتلاف : افساد — détérioration; destruction, f

تالف . مُتلَف . متلوف — gâté,e; avarié,e; endommagé,e

مُتلِف : مفسد او مؤذ — qui gâte; corrupteur, rice; nuisible

فى حال التلف — dans un état désespéré

○ تلفزة . تليفزيون : مُباصرة — télévision, f

○ تليفون : مسرّة — téléphone, m

خاطب بالتليفون — téléphoner

مخابرة تليفونية — communication téléphonique, f

☆تلقاء (لقى) ☆تلكأ . تلكّع (لكأ)

☆تِلكَ : اسم اشارة — cette; celle-ci, celle-là

(تلل) تلّ : أكمة — colline, f

Δ تُلّ : قماش الناموسيات — filet pour moustiquaire, m

Δ — حرير : شفّ — tulle, f; gaze, m

☆تلَم : شق المحراث — sillon, m

Δ تِلِيم . تالم (فى ثلم) — émoussé,e

Δ تلامة : سلاطة — effronterie, f; toupet, m

☆تلمذ : اتخذه تلميذاً — faire de qn son élève, son apprenti,e, ou son disciple

☆تتلمذ : صار تلميذاً — être disciple de qn, élève, étudiant,e

تلمذة : دراسة — études, f.pl; période scolaire, f

— : تمرين على عمل — apprentissage, m

تِلميذ : طالبُ علم — étudiant,e; élève

— : فى التمرين — apprenti,e

— : مُرشّح . فى التجربة — stagiaire

— : حوارى (احد تلاميذ المسيح) — disciple, m

— فى مدرسة حربية — cadet, m élève d'une école militaire

— خارجىّ — externe

— داخلىّ — pensionnaire; interne

☆تلمود اليهود : كتاب دينيّ لهم — Talmud, m

☆تُلوّ : تتبع — suite; succession; subséquence, f

تلو : مايتبع الشىء — subséquent,e

تلا : سرد او قرأ — narrer; réciter; raconter ou lire

— : تبع — suivre; venir après

— : تبع . نشأ عن — s'ensuivre; résulter

تالٍ : تابع — suivant,e

تلاوة : سرد أو قراءة — récitation; narration, ou lecture, f

Δ تلّى : بهرج — cliquant; oripeau, m

☆تليد (تلد) ○ تليفون (تلفون) ☆ تمّ (تمم)

*تَمْتَمَ : دَمْدَمَ — balbutier; marmonner

* تمثال * تمثيل (مثل) * تمدّد (مدد)

*تمر : بَلَح يابس — dattes sèches, *f.pl*

—حنّا (راجع حنأ) — fleur de la henné, *f*

— هِنْدِي — tamarin, *m*

△ تَمْرَة الذَّكَر : حَشَفَة القضيب — gland, *m*

△ تَمَرْجِي : ممرِّض — garde-malade; infirmier,ère

*تِمساح — crocodile, *m*

— أميركا — alligator; caïman, *m*

*تَمَّ . أَتَمَّ : أنجزَ — compléter; achever

تَمَّ : نجز — complété,e; achevé,e; fini,e

تُمّ : وَزّ غِيْراق (انظر أوز) — cygne, *m*

تَمام : كمال — perfection, *f*

— . تامّ : كامل — complet,ète; parfait,e

تماماً : كليةً — entièrement; complètement

— : بالتمام . بالضبط — parfaitement

تميمة : طِلَسْم — amulette, *f*; talisman, *m*

— لجلب الحظ — mascotte, *f*; fétiche; porte-bonheur, *m*

تام . مُتَمَّم : مُنْجَز — complété,e; achevé,e

إتمام : إنجاز — accomplissement, *m*; exécution, *f*

— . تتميم : نهو — complètement, *m*; action de compléter, d'achever, *ou* de verifier

تَتِمَّة . تمامة : تكملة — complément, *m*; suite, *f*

مُتَمِّم : تكميلي — complémentaire

○ تَمُّوز : يوليو — juillet, *m*

* تناوب (نوب) * تناول (نول) * تنبأ (نبأ)

○ تُنْباك : تبغ عجمي — tombac *ou* tombac de perse; tombac pour narguilé, *m*

* تنحّى (نحو) * تنخّم (نخم)

△ تَنْدة : مظلّة — tente; banne; bâche, *f*

○ تَنِس ○ تنيس — tennis, *m*

— الطاولة — ping pong, *m*

مضرب — : طبطابة (راجع طرب) — raquette, *f*

ملعب — — court de tennis, *m*

○ تَنَك ○ تِنكار: مزيج معدني — étain; fer-blanc, *m*

△ تنكة قهوة — cafetière, *f*

تِنَكاري △ سَمكري — ferblantier; étameur, *m*

* تَنُّوب: شجر — sapin, *m*

* تَنُّور : اتون او فُرن — four; fourneau, *m*

△ تَنُّورة : نُقبة تحتانيّة — jupon, *m*

— فوقانية (اى برّانية) — jupe, *f*

* تِنِّين : حية الاساطير الهائلة — dragon, *m*

— برّي : حية الصخر — python, *m*

* تهامل (همل) * تهامة (تهم) * تهاون (هون)

△ تَهْتَهَ : تأتأ . هتهت — bégayer; balbutier

* تهجّى (هجو) * تهكّم (هكم)

* تَهِمَ : انتن — puer; sentir mauvais

٥ تَـهَمَ. إتَّـهَمَ ٭ تُـهمة (وهم) ٭ تَـوّ ٭ تَـوًّا (توو)
٭ تواتر (وتر) ٭ توارى (ورى) ٭ توازى (وزى)
٭ تواضع (وضع) ٭ تواطأ (وطأ) ٭ توالى (ولى)
٭ توأم (تأم) ٭ توانى (ونى)

٭ تَوَّبَ : جعله يتوب — faire repentir qn

تَابَ — se repentir *ou* renoncer à

تَوْبَة : ندامة — pénitence, *f*; repentir, *m*

تَائِب : نادم — repentant,e; pénitent,e

٥ توبوجرافى : وصف الأماكن — topographie, *f*

٭ تُوت : فِرصاد — mûre, *f*

— العليق — framboise, *f*

— افرنجى : ٥ فَراوْله — fraise, *f*

٥ توتيا : خارصين ٥ زنك — zinc; oxyde de zinc, *m*; tutie, *f*

— حمراء : سُلفاة الرصاص — sulfate de plomb, *f*

— البحر : قُنفذ البحر ٥ ريتسا — oursin; hérisson de mer, *m*

حجر الـ : كربونات الزنك الخام — calamine, *f*; silicate hydraté de zinc

٭ تَوَّجَ : ألبسَ التاج — couronner

تَتَوَّجَ : ألبِسَ التاج — être couronné,e

تاج : اكليل — couronne, *f*; diadème, *m*

— العمود — chapiteau, *m*

— الأسقف (انظر بُرطل) — mitre, *f*

التاج المصرى الثنائى : سخِنْت — pschent, *m*

تاجىّ الشكل — mitral,e; conique; en onglet

تُوَيْج الزهرة — corolle, *f*

تَتْوِيج : الباسُ التاج — couronnement, *m*

مُتَوَّج — couronné,e

٭ توح . تاح (تيح) ٭ تؤدة (وأد)

٭ تَوْرَاة : العهد القديم من كتاب الله — bible, *f*; ancien testament, *m*

— : اسفار موسى الخمسة — Pentateuque, *m*

الـ والانجيل — Bible, *f*; l'Ancien et le Nouveau Testament

٥ تُورْبِيد ٥ طُرْبِيد : مقذوف نارى — torpille, *f*

٭ تُوفّى (راجع وفى) — mourir

تَوْق . تَوَقَان : شَوق — désir ardent, *m*

تاقَ الى : اشتهى — désirer; soupirer après

تَائِق : مُشتاق — désireux,se; qui a grande envie de

٥ توم (نوم) ٭ توَّه (تيه) — égarer

٥ تُونَة : تَن . سمك كبير او لحمه — thon, *m*

(توو) تَوًّا : قاصداً لا يعرّجه شىء — directement

— : حالاً — immédiatement; à l'instant

٥ تياترو . ملعب . دار التمثيل — théâtre, *m*

مسرح الـ (راجع سرح) — scène, *f*

أعلى التياترو — galerie, *f*; [poulailler, *m*]

٭ تَيَّار : مجرى — courant, *m*

— هواء — courant d'air, *m*

— كهربائى — électrique

ضِدّ التيار — contre le courant

مَعَ التيار — à vau l'eau

سار مع التيار — aller en aval

☆تيحان . تيّاح : من يدخل في مالا يعنيه — fureteur,se

أتاحَ لهُ : قَدَّرَ — destiner

— له: هيّأ — permettre; donner l'occasion, ou la chance

مُتاح . مِتْياح : مقدَّر — prédestiné,e; déterminé,e

☆تَيْس : ذكَرُ المَعز — bouc, m

— جبليّ : وعْل (حيوان بين المعز والظبا) — antilope, f

○ تَيْفود ○ تِيفوئيد — typhoïde; fièvre typhoïde, f

○ تَيْفوس : الحُمّى المحرقة — typhus, m

△ تِيل: نسيج الكتّان — toile; toile de lin, f

— الفَرْش — toile pour matelas, f; coutil, m

تِيلَة : مِشْظَة — goupille; clavette, f

— : سَوط الجِلْد — fouet, m

— القطن: △ عِرْقه — soie; fibre, f

قطن قصير الـ — coton à soie courte, ou à courte fibre, m

☆تَيْم مُتَيَّم : مُستعبَد — réduit,e à l'esclavage

○ تِيم: جماعة اللاعبين بالكرة — équipe, f

☆تِين: فاكهة معروفة واحدة التين — figue, f

— شوكي : صُبَّير — figue de barbarie, f

تينة: شجرة التين — figuier, m

عُصفور التين : ○ بَكَفيج — becfigue, m

☆تَيَهَ . تَوَّهَ . أتاه : أضلّ . حيّر — égarer ou confondre

تاهَ : ضَلَّ — s'égarer; se perdre

— عُجْباً — se glorifier de; se pavaner

— الفكرُ : شتّ — s'égarer (esprit)

— منه كذا : أضاعه — perdre; égarer

تَيْه . تَيَهان : ضلال — égarement, m

تيه : كِبَر — arrogance, f; orgueil, m

— . متاهَة : بَرِّيّ — labyrinthe ou dédale, m

تائِهٌ . تَيْهان : ضالّ او مفقود — errant,e; égaré,e; perdu,e

— الفِكر — distrait,e; [dans la lune]

(ث)

☆ثَأَبَ . تَثاءَبَ : △ تاوب — bâyer; bâiller

تَثاؤب — bâillement, m

☆ثأرَ . أثأرَ : انتقم — venger; se venger

ثأر . إثآر : انتقام — vengeance, f; représailles, f.pl

ثائِر : آخذ الثأر — vengeur, m, vengeresse, f

— : هائج (في ثور) — agité,e

ثأري — vindicatif,ve; de représailles

☆ ثاب (توب) ☆ ثابر (ثبر) ☆ ثار (ثور)

☆ ثان ☆ ثانوي (ثانياً) ☆ ثانيــة (ثني)

☆ثَبَتَ كان ثابتاً être ferme, ou stable
— : على كذا tenir bon; persévérer
— : تحقق être prouvé,e, ou établi,e
ثَبَّتَ : مكّن او وطّد ; consolider; fixer; rafermir ou stabiliser
— العامل فى مركزه le nommer à titre définitif, ou permanent
— . أَثْبَتَ : أيّد confirmer; corroborer
— . — بالبرهان établir; prouver
— . — الذنب على déclarer coupable
— . — الذاتيّة او الشخصيّة identifier
تَثَبَّتَ من كذا : تحققه s'assurer de; être fixé,e sur
— فى كذا être confirmé,e dans (un poste)
ثَبات : استقرار fermeté; stabilité, f
— : مثابرة persévérance, f
— : مقاومة résistance, f
— . ثبوت : تحقق vérification; constatation, f
ثابِت : راسخ fixe; stable; ferme; solide
— : ضدّ متحرّك او منقول immobile; stationnaire
— : دائم permanent,e
— : مقرر confirmé,e; établi,e
— القدم de pied ferme
لون — bon teint, m; couleur fixe, f
إثبات confirmation; attestation; ou affirmation, f
— : دليل . برهان preuve; évidence, f
— الذاتية او الهويّة identification, f

اثباتيّ : ضد نفيى affirmatif,ve
تَثَبُّت : تحقق vérification; constatation, f
تَثْبِيت : توطيد confirmation, f
— : تمكين consolidation, f
مُثَبَّت : ممكّن ferme; bien établi,e; ou fixe,e
مَثْبُوت . مُثْبَت prouvé,e; confirmé,e

☆ثَمْجَ الكلامَ parler inintelligiblement
— الخطَّ écrire illisiblement; griffonner
ثَمْج : كتابة غير واضحة griffonnage, m; écriture illisible, f
— : وسط او معظم centre, m

(ثبر) ثابَرَ على persévérer; être assidu,e
مُثابِر persévérant,e; assidu,e
مُثابَرة persévérance; persistance; assiduité, f

☆ثَبَطَ . ثَبَّطَ عن كذا entraver; empêcher
— . — العزمَ décourager; démoraliser

☆ثَبَنَ : طوى حاقة الثوب وخاطه coudre la lisière (du vêtement)
ثِبان : حِجْر giron, m
مَثْبَنَة : كيس زينة المرأة sac à main; réticule, m

☆ثَخُنَ : غَلُظَ épaissir; grossir; s'épaissir
ثَخَن . ثخانة . ثخونة épaisseur; grosseur; densité, f
ثَخين : غليظ épais,se; compact,e; gros,se; dense
ثَخَّنَ بالجراح couvrir de blessures

٭ثَدْي . ثَدَى : نهد — sein; téton; [nichon], m

— الحيوان : ضرع — mamelle; tétine, f

ثَدِيّ : مختص بالثدى — mammaire

— : من ذوات الثدى — mammifère

الثدييات:الحيوانات اللبونة — mammifères, m pl

٭ثَرْب : غلاف الأمعاء المخاطى — péritoine, m

تَثْرِيب : لوم — blâme; reproche, m; critique, f

٭ثَرْثَرَ : اكثر الكلام — babiller; jaser; bavarder

ثَرْثَرَة — babillage; caquet, m

ثَرْثار — bavard,e; babillard,e

٭ثَرَدَ الخبز : فتّه فى المرق — faire mitonner; tremper dans la bouillon

ثَرِيد : فَتيت ٥ فتّه — pain mittoné; pain trempé dans la soupe, m

٭ثَرْوَة . ثَراء : غِنى — richesse; fortune, f

ثَرِيّ . مُثرٍ : غني — riche

ثَرِيَ . أثْرَى الرجل — s'enrichir

ثُرَيّا : ٥ نجفة — lustre, m

الـ (فى الفلك) — pléiades, f.pl

ثَرَى : تراب ندىّ — terre humide, f

— : خير . رخاء — abondance, f

٭ثُعْبان : حيّة — serpent, m

— الماء : جرّيث — anguille, f

مَثْعَب : محبس روائح المجارير ٥ سيفون — siphon, m

٭ثَعْلَب : حيوان معروف — renard,e

٭ثَغَرَ : فتح ثغرة — faire une brèche à

ثَغْر : فم — bouche, f

— : ميناء — port, m

ثُغْرَة : فتحة — ouverture; crevasse; brèche, f

٭ثَغا الخروف والشاةُ : صوّت — bêler

٭ثُفْل : راسب . عكر — lie, f; marc; dépôt; sédiment, m

٭ثَقَبَ : خرق — percer; forer; trouer

تَثَقَّبَ . إنثقب — être percé,e, troué,e, perforé,e

ثَقْب : خرق — percement, m; perforation, f. ou trou, m

ثِقاب : نَبْخَة ٥ كبريتة — allumette, f

ثاقِب : نافذ — qui perce; pénétrant,e

— الفكر — perspicace; subtil,e

مِثْقَب : ٥ مثقاب — vilebrequin; foret, m; vrille, f

٭ثَقُفَ : كان حاذقاً — être sagace, subtil,e

ثَقَّفَ : هذّب — éduquer; instruire

ثاقَفَ : لاعب بالسيف — tirer des armes; escrimer; faire de l'escrime avec

ثَقافة . تثقيف : تهذيب — culture; éducation, f

مُثَقَّف : مُهذّب — cultivé,e; raffiné,e; éduqué,e

مُثاقَفَة escrime, f
ثقافى culturel, le
٭ ثَقُلَ: ضد خفَّ s'alourdir
ثَقِلَ المريضُ: اشتد مرضه l'état du malade s'est aggravé, *ou* a empiré
ثَقَّلَ: صيَّره ثقيلاً alourdir; appesantir; surcharger
— وتثاقل [1] على incommoder; accabler; importuner *ou* surcharger
تَثاقل [2]: صار ثقيلاً s'alourdir; s'appesantir
— : تباطأ devenir indolent, e; paresser
ثِقْل: وزن poids; pesant, m; lourdeur; pesanteur, f
الـ النوعى densité, f; poids spécifique, m
ميزان الـ النوعى densimètre, m
ثقلة . ثَقَلَة: تعب importunité; gêne, f; embarras; dérangement, m
ثَقِيل: ضد خفيف lourd, e; pesant, e
— : مضايق agaçant, e; incommode
— الدم antipathique; patapouf
— السمع dur, e d'oreille
— الفهم borné, e
— الهضم indigeste; lourd, e
بثقل pesamment
مُثْقَل: محمّل surchargé, e; accablé, e sous le poids
مِثْقال: عيار او وزن poids (servant à peser)
٭ ثِقة (وثق)

٭ ثَكِلَ ابنَهُ perdre son enfant
أَثْكَلَ الأمَّ ولدها priver (la mère) de son enfant
ثَكْلَى . ثاكل privé, e de son enfant
٭ ثُكْنَة الجنود: ٥ قشلاق caserne, f
٭ ثَلَّ: هدَمَ miner; détruire *ou* renverser
ثُلَّة: جماعة ٥ شلّة troupe de gens; compagnie, f; groupe, m
— اصحاب bande d'amis, f
٭ ثَلَبَ: سبَّ dénigrer; calomnier; médire de qn
ثَلْب médisance; calomnie; diffamation, f
ثالِب . ثَلِبّي diffamatoire; calomnieux, se
٭ ثَلَّثَ: جعله ثلاثة أضعاف tripler
— المساحة: قسّمها الى مثلثات rendre triangulaire; diviser en triangles
ثُلْث: جزء من ثلاثة أجزاء ($\frac{1}{3}$) tiers, m
ثلاث . ثلاثة (٣) trois
— وـ أضعاف triple, a et m
— عشرة . ثلاثة عشر (١٣) treize
على — نسخ en triplicata; en trois exemplaires
ثلاثاء . يوم الـ mardi, m
ثلاثون (٣٠) trente
ثُلاثى [1]: مؤلف من ثلاثة triple; trio, m
— الحروف: مؤلف من ثلاثة أحرف trilittère

ثُلاثى ٢ الزوايا triangulaire
— المقاطع trisyllabe, *m et a*
— السطوح او الأضلاع trilatéral,e
— الأرجل: ٥ سِيبه trépied, *m*
— الورقات (نبات) trifolié,e
— الألوان tricolore
— الألسن او اللغات trilingue
ثُلث: خط ثُلث grosse écriture arabe
ثالِث: واقع بعد الثانى troisième; tiers,ce
ثالثاً troisièmement
ثالوث (فى اللاهوت) trinité, *f*
— : اتحاد ثلاثة أشخاص triade, *f*
زهرة الـ — : ٥ بنسيه pensée, *f*
تثليث الشيء: جعله ذا ثلاثة أركان أو أضعاف triplement, *m*
المساحة التثليثية triangulation, *f*
مُثلّث: مؤلف من ثلاثة. مثلوث triple, *m*
— (فى الهندسة) triangle, *m*
— متساوى الساقين isocèle
— مختلف الاضلاع scalène
— الرسّام équerre, *f*
حساب المثلثات trigonométrie, *f*
☆ ثَلَّجَ: برّد او جمّد بالثلج glacer; geler; congeler
ثلجت وأثلجت السماء neiger
أثلج صدره réjouir; contenter
مثلجات glaces, *f.pl*
ثَلْج رَخو: خَشَف neige, *f*
— جامد: جَمَد (خصوصاً الصناعى) glace, *f*
ندفة — : خشيفة flocon de neige, *m*

ثلجى: كالثلج او منه glacial,e
العصر الثلجى époque glaciaire, *f*
ثَلِجٌ. مُثْلَج. مَثْلوج glacé,e
ثلاّج: بائع الثلج vendeur de glace
ثلاّجة: صندوق الثلج (للتبريد بالثلج) glacière, *f*
— : خزانة التبريد الكيمى او الغازى او الكهربى ٥ فريجيدير frigidaire; réfrigérateur, *m*
☆ ثَلَمَ الصيت او السمعة diffamer; calomnier
— . ثلّم: شقّ pratiquer une brèche
— . — : ٥ ثلّم ébrécher; émousser
تثلّم. تثلّم être ébréché,e, émoussé,e
ثلم. ثلمة: خلل brèche; fissure; fente, *f*
ثالِم: كليل ٥ ثالم ébréché,e; émoussé,e (*ou* qui ébrèche)
مُنثلِم الصيت de mauvaise réputation
☆ ثَمَّ: حينئذٍ alors; sur ce
— : بعدئذٍ puis; ensuite
من ثَمّ: لذلك dès lors; partant; c'est pourquoi
☆ ثَمَرَ. أثمر donner des fruits; porter fruit
ثمّرَ. استثمر المالَ (فى كذا) placer; investir; fructifier
ثَمَر: محصول. نتاج produit; rendement; rapport, *m*
— : حمل النبات او غيره fruit, *m*
— . ثمرة: ربح profit; gain; bénéfice, *m*
— . — : نتيجة effet; résultat, *m*

إستثمار : استغلال placement, m; exploitation, f
مُثْمِر :منتج productif, ve; fructueux, se; lucratif, ve
☆ ثَمِلَ : سكِرَ s'enivrer; se soûler; se griser
أثْمَلَ :أسكرَ enivrer; soûler; griser
ثَمَل : سُكْر ivresse; ébriété, f
ثَمِل : سكران ivre; gris, e; soûl, e ou saoul, e
ثُمَالَة : راسب أو رغوة sédiment; dépôt, m; lie ou écume, f
☆ ثَمَّنَ الشيء :حدَّد لهُ ثمناً fixer le prix; coter; tarifer
— الشيء : قدَّر ثمنه estimer; évaluer
ثُمْن : جزء من ثمانية أجزاء ($\frac{1}{8}$) huitième, m
ثَمَن : سِعْر . عِوَض المبيع prix; coût, m; cote, f
— أصلي (بلا ربح). ثمن التكلفة prix coûtant; prix de revient, m
— اساسي: معيّن أي أسمي pair, m; valeur nominale, f
أزيد من الـ الأساسي à prime; en prime; au-dessus du pair
أقل من الـ الأساسي au-dessous du pair
ثمان . ثمانية (٨) huit
ثماني عشرة . ثمانية عشر (١٨) dix huit
ثمانون (٨٠) quatre-vignt
ثمين . مثمن précieux, se; prisé, e; de prix
ثامن : واقع بعد السابع huitième
تثمين: تقويم estimation; évaluation, f
مُثَمِّن : مُقَوِّم estimateur; commissaire-priseur, m
مُثَمَّن: مُقوَّم estimé, e; prisé, e
— الزوايا octogonal, e
— السطوح octaèdre, m
☆ ثُنَّة الدابّة: الشعرات الخلفية فوق الحافر fanon, m
☆ ثَنَى : طوى او عطف plier; ployer; courber
— . أثْنَى[1] عن كذا : صرفَ détourner qn de qc; dissuader
ثَنَّى[1] العددَ : ضعّفهُ doubler, m
— الثوب : كشكشه plisser
— الثوب : جعّده chiffonner; froisser
— . أثْنَى[2] على : مدحَ louer
إنثنى : انعطف se courber; se plier; être courbé, e
— عن : انصرف se détourner de
إستثنى : أخرج من حكم عام faire une exception; excepter; exclure
— فلاناً: اخرجه من حكم غيره exempter; dispenser; exonérer de
ثَنْي : عَطف courbement, m; inclination, f
— عن عزم : صَرْف dissuasion, f
ثِني . ثَنْيَة : جعدة faux pli, m; froissure; ride, f
— . — : طيّة pli; repli, m
ثَنِيَّة (جمعها ثنايا) : سنّ قاطعة incisive; dent incisive, f
ثَناء : مَدْح louange, f; éloge, m
ثَنائي : مديحي louangeur, se; d'éloge; élogieux, se; laudatif, ve

ثُنائى ١ : مزدوج (راجع اثنان)	double
— الزوايا	à deux angles
ثانٍ . ثانية (للمؤنث) : واقع بعد الأول	second,e ; deuxième
ثانى عشر : بعد الحادى عشر	douzième
ثانياً . ثانية ١	deuxièmement
— . — : أيضاً	encore; de nouveau
ثانية ٢ : ١/٦٠ من الدقيقة	seconde, *f*
ثانَوى	secondaire
مدرسة ثانوية	école secondaire
أثناء . فى أثناء	pendant; durant
فى — ذلك	entre temps
إثْنا عَشر . إثْنَتا عشرة (١٢)	douze
الـ عَشَرىّ (اول الامعاء)	duodénum, *m*
إثنان . إثنَتان (٢)	deux
— : زوجان ٥ زَوْج ٥ جوز	paire, *f*; couple, *m*
— : يوم الاثنين	lundi, *m*
— . ثنائى ٢ (فى الغناء)	duo, *m*
إستثناء : اخراج من حكم عامّ	exception; exclusion, *f*
— : اعفاء من حكم الغير	exemption, *f*
استثنائى	exceptionnel,le
استثنائياً : بوجه الاستثناء	à titre exceptionnel; exceptionnellement
تَثْنِيَة : تطوية	pliage, *m*
— : تطوية (فى السكّ)	plissage, *m*
مُثَنًّى : مزدوج	double; au double
— : مؤلف من اثنين (فى النحو وغيره)	duel, *m*
مَثْنَى . ثُناء : اثنان اثنان	deux à deux
مَثْنِيّ : مَطوىّ	plié,e
مُسْتَثْنَى	excepté,e; exclu,e
٥ ثَوَّبَ . أثاب : جازى	récompenser
ثابَ اليه رشده	reprendre ses sens
ثَوْب : رداء	vêtement; habit, *m*
ثِياب : ملابس	habillement, *m*; vêtements, *mp.l*
ثَواب . مَثُوبَة : جزاء	récompense, *f*
بمثابة	en guise de
٥ ثَوْر : ذكر البَقر	taureau; bœuf, *m*
ثَوْرَة : هياج	révolution; insurrection; révolte, *f*; soulèvement, *m*
ثَوَران : هيجان	désordre, *m*; agitation, *f*
— البركان وأمثاله	éruption, *f*
ثَوْرِي . ثائِر ١ . ٥ ثَوْروىّ : مُثير الفتن	révolutionnaire
أثارَ : هيَّجَ	exciter; pousser; soulever; révolutionner
ثارَ : هاجَ	s'agiter; s'exciter; se soulever
— الجند : تمرَّد	s'insurger; se mutiner
— الشعبُ : قامَ	se révolter; s'élever contre
— الغبار : قامَ	être soulevée et répandue dans l'air; se lever en l'air
ثائِر ٢ : أحد الثوّار	rebelle; révolté,e; insurgé,e
— : هائج	agité,e; excité,e; furieux,se
— : غضبٌ	fureur; colère, *f*
إثارَة : تهييج	excitation, *f*; attisage, *m*

مُثِير : مُحَرِّك — instigateur, rice; agitateur, rice
— : مهيِّج — excitant, e; émouvant, e
☆ثُؤْلُول ∆ ثؤلولة : نتوء جلدى صلب — verrue; végétation, f; poireau, m
☆ثَوْل : قفير أو جماعة النحل — essaim, m
☆ثُوم : ∆ تُوم — ail, m
☆ثَوَى . أَثْوَى[1] المكانَ وفيه وبه — habiter
أَثْوى[2] صاحبه : أضافه — caser; loger
ثَوِيَ : دُفِنَ — être enterré, e
ثُوَّة : ما يُنصب على الطريق ليهتدى به — indicateur; écriteau, m
مَثْوَى : منزل — demeure; habitation, f
— : نُزل ○ بنسيون — pension, f
☆ثَيِّب : نقيض البكر من النساء — femme non vierge
— : ارملة او مطلّقة — veuve ou divorcée, f
☆ثَيْتَل : حيوان كالوعل — bubale ou bubalis, m

(ج)

☆جَأَرَ الثورُ : صاح — mugir; beugler
— : زأرَ ∆ جَمَّرَ — rugir
جَأْر . جُؤَار — beuglement; mugissement; rugissement, m
☆جَأْش : اضطراب — émotion, f; trouble, m
رابط الـ — qui a du sang froid; calme

☆جاء (جيأ) ☆ جائحة (جوح) ☆ جائزة (جوز)
☆جاب (جوب وجيب) ☆جادَ (جود) ☆ جار (جوز)
☆جارِ ☆ جارى ☆ جارية (جرى) ☆جازَ (جوز)
○جاز : الزنجية — jazz, m
☆جازف (جزف) ☆جازى (جزى)
☆جاسَ (جوس) ☆جال (جول)
○جالون : مكيال انكليزى يسع ١٠ ارطال (4 litres 54) — gallon, m
☆جالية (جلو)
☆ جامّ (جوم) ☆ جامع (جمع) ☆ جامل (جمل)
☆جاموس (جمس) ☆ جانّ (جنن) ☆ جانِ (جنى)
☆جاه : مكانة — rang; honneur, m; dignité, f
عريض الـ — grand personnage; notable; magnat; [gros bonnet], m
☆جاهر (جهر) ☆جاوب (جوب) ☆ جاور (جور)
○جاوَرْس : نبات وحبّه — grand millet d'Afrique, m.pl
∆ جاوِيش — sergent, m
☆ جاوى (جوى) ☆جائزة (جوز) ☆ جبّار (جبر)
☆جَبَّ : قطع — trancher; tailler; couper
جُبّ : بئر عميقة — puits, m; fosse, f
— : سجن تحت الأرض — cachot, m
جُبَّة : رداء معروف — manteau d'homme comme la soutane, m
∆ جَبْخانة : ذخيرة — munitions (de guerre), f.pl
☆جَبَرَ المكسور : أصلحه — réparer; raccommoder
∆ — ○جَبَّرَ العظم : أصلحه — rebouter; remettre une foulure, ou un os
— الخاطرَ : أرضى — concilier; apaiser
— على . أَجْبَرَ : ألزم — contraindre; forcer

تَجَبَّرَ : تكبر — être hautain,e; fier,ère orgueilleux,se

— : طغا . عتا — tyranniser; opprimer

جَبْر . إِجْبار : قَهْر — contrainte; coercition, f

— . جِبارَة . تَجْبير العظام — reboutage, m

— : عِلم الجبر (فى الرياضة) — algèbre, f

جَبراً . بالجبر : قَهْراً — par force; forcé,e

جَبرىّ : مختص بعلم الجبر — algébrique

— : إجبارى — obligatoire; de rigueur

جَبَرُوت : قُدرة — puissance; force, f; pouvoir, m

جَبَرية : الاعتقاد بالجبر الالهى — déterminisme; fatalisme, m

جَبّار : هائل القوّة أو الجسم أو الحجم — géant; colosse, m

جَبِيرَة العظام — éclisse, f; bandage, m

وضع فى — — éclisser

مُجبَر . مَجْبُور : مُلزَم — contraint,e; forcé,e

مُجَبِّر . جابِر العظام — rebouteur,se; renoueur,se

☆جَبَّسَ الحائط : طلاهُ بالجبس — plâtrer

— العضو المريض — mettre dans le plâtre

☆جِبْس : تراب كالجص (راجع مصيص) — plâtre; gypse, m

جَبَّاسَة — plâtrière, f

☆جَبَلَ : صوَّرَ . صاغَ — former; modeler; façonner

— : عجَنَ — pétrir; mêler

جَبْل : عَجْن وصوغ — moulage; façonnement, m; formation, f

جَبَل : طُور — montagne, f

— سينا (مثلاً) — Mont-Sinaï, m

— جَليد : كسيفة جمَد — montagne (f), ou banc (m), de glace; iceberg, m

جَبَلِىّ : مختص بالجبال أو منها — de montagne; appartenant,e à la montagne

— : كثير الجبال — montagneux,se

— . ∆ جبلاوى : من سكان الجبال — montagnard,e

∆ جبلاية : مغارة فى جَبَل مصنوع — grotte, f

جِبِلَّة . جِبِلَّة : خلقة — tempérament, m; nature; constitution, f

☆جَبُنَ : ضَعُفَ قلبه — être poltron,ne, ou lâche; perdre courage

جَبَّنَ الحليبَ : صيرهُ جبناً — cailler; coaguler

∆ — . تجبَّنَ الحليب — se cailler; se coaguler

جُبْن [1] . جُبْنَة — fromage, m

— . — بيضاء او حالوم — fromage blanc, m

دودة الـــ — asticot, m

ماء الـــ : ∆ شِرْش — petit-lait, m

جُبْن [2] . جَبانة : ضد شجاعة — pusillanimité; lâcheté; poltronnerie, f

جَبان . جَبِين [1] : ضد شجاع — poltron,ne; peureux,se; froussard,e

جَبين [2] : جَبْهَة — front, m

جَبَّان : صانع او بائع الجبن — crémier,ère; marchand,e de fromage

— . جَبَّانة : مقبرة — cimetière, m

☆جَبَهَ ∆ جابَهَ : استقبل . واجهَ — confronter; affronter; faire face à

جَبْهَة : جبين ∆ أوره — front, m

☆جَبَى الضرائب او الأموال — percevoir (les impôts)

perception, *f*; (des impôts); recouvrement, *m* — جِبَاية الأموال : تحصيل

receveur, se; percepteur; encaisseur — جَابٍ : محصّل الضرائب

arracher; déraciner; extirper — ٭جَثَّ . اجتَثَّ : اقتلع

cadavre, *m* — جُثَّة الميت

carcasse, *f* — — الميت (خصوصاً الحيوان)

ramper; s'accroupir — ٭جَثَمَ : تلبّد بالأرض

se coucher le visage contre terre — — : انطرح بصدره على الأرض

cauchemar, *m* — جُثام . جاثوم : كابوس

dépouille mortelle, *f*; corps, *m* — جُثمان الميت

juchoir; perchoir, *m* — مَجْثِمُ الطائر: محطّه

agenouillement, *ou* accroupissement, *m* — ٭جُثُوّ : ركوع

tumulus, *m* — جُثْوَة : كومة تراب فوق قبر

s'agenouiller; se mettre à genoux — جَثَا : رَكَعَ

agenouillé,e; à genoux — جاثٍ : راكِع

paillasson; agenouilloir, *m* — مِجْثًى : وسادة او كرسي الركوع

nier; méconnaître; désavouer — ٭جَحَدَ : أنكرَ

blasphémer; ne pas croire — — : كفرَ

dénier *ou* renier (le droit de qn) — — حقّهُ : أنكرهُ

méconnaissance; négation, *f*; reniement, *m* — جَحْد . جُحُود : انكار

impiété; incrédulité, *f* — — . — : كُفر

ingratitude, *f* — — . — المعروف

qui nie; qui renie; ingrat,e — جاحِد : ناكِر

repaire; antre, *m*; trou (d'un reptile), *m* — ٭جُحْر الحيوان : وَجار

ânon; bourriquet, *m* — ٭جَحْش : ولد الحمارُ

tréteau, *m* — ٥ — خشب

bourrique; petite ânesse, *f* — جَحشة : انثى الجحش

écarquiller les yeux; avoir la cornée saillante — ٭جَحَظَتْ عينه

exophtalmie, *f* (sortie de l'œil hors de son orbite) — جُحُوظ العين

prendre son parti; incliner vers — ٭جَحَفَ معهُ : مال

hockey, *m* — جَحْفَة : لعبة الهُكي

préjudicier — أجْحَفَ بهِ: جار عليهِ

injustice, *f*; tort, *m* — إجْحاف : جور

injuste; préjudiciable — مُجْحِف : جائر

torrent dévastateur, *m* — سَيل جُحاف

armée considérable; foule, *f* — ٭جَحْفَل: جيش عظيم

regarder fixement — ٭جَحَمَ: أحدَّ النظرَ الى

enfer; feu d'enfer, *m*; flammes éternelles, *f pl* — جَحيم: نار جهنم

٭جدّ (جدد) ٭جدار ٭جدارة (جدر) ٭جدال (جدل)

être *ou* devenir stérile, *ou* aride — ٭جَدُبَ . أجْدَبَ المكان

souffrir de la disette — اجدب القوم: افتقروا

stérilité; aridité, *f* — جَدْب : مَحْل

disette, *f* — — : قَحْط

stérile; aride — — . جَدِيب . مُجْدِب

*جَدَث: تُربة . قَبر — tombeau, m

*جُنْجُد: صرّار الليل — grillon; cri-cri, m

*جَدَّدَ . أَجَدَّ: جعله جديداً — renouveler; remettre à neuf

— : أعاد من جديد — refaire; réitérer; revenir à la charge

— الشبابَ — rajeunir

جَدَّ: كان جديداً — être nouveau, (nouvelle), ou récent,e

— : كان عظيماً — être important,e

— : حصل حديثاً — arriver ou se passer dernièrement, ou récemment

— : اجتهدَ — s'efforcer; s'appliquer sérieusement

تَجَدَّدَ — être renouvelé,e; remis,e à neuf

جَدّ : سَلَف — aïeul; ancêtre, m

— : أبو الأب او الأُمّ — grand-père, m

جَدَّة: أمّ الأب أو الأمّ — grand'mère, f

جِدّ : اجتهاد — diligence, f; effort, m

— : ضدّ هَزْل — sérieux, m

من — . جِدّى : ضد هزلى — sérieusement

جِدّاً: للغاية — beaucoup; à l'extrême; excessivement; très

جِدَّة: حَداثة أو مُستحدث — nouveauté, f

جَدِيد: ضد قديم — neuf, ve; nouveau, lle

— : حديث — nouveau; récent, e; neuf, ve; moderne, a et m

من — — de nouveau; derechef

جادّ: ضد هازل — sérieux, se

جادَّة الطريق — le milieu, ou la partie centrale, de la route

تجديد . تجدُّد — renouvellement, m; rénovation, f

— . — الشباب — rajeunissement, m

— . — القوى — rétablissement, m

— القيد — renouvellement de l'inscription

مَجْدُود : ذو حَظ — fortuné,e; veinard,e

*جُدِرَ . جُدِّرَ ∆جَدَّرَ — avoir la petite vérole; être couvert,e de pustules, vérolé,e

∆جَدَّرَ ٢: جذَّر — prendre racine; bourgeonner

جَدُرَ بكذا : كان أهلاً له — être apte à, digne ou capable de

جَدْر . جِدار: حائط — mur; muraille, m

— . جِذْر: ∆طرطوفة (نبات) — topinambour, m

∆ جِذْر ١: (راجع جذْر) — racine, f

∆ جَدار : أساس — fondations, f.pl

جِداريّ : حائطي — pariétal, e; mural, e

جُدَرِيّ : مرض نقاطيّ آدمي — petite vérole; variole, f

— البقر — variole des vaches; vaccine, f

جُدَيْرِيّ: جدري الماء والدجاج — petite vérole volante; varicelle, f

جَدارة : أهليَّة — compétence; aptitude, f

جَدير بكذا — digne de; méritant,e

أَجْدر: أحرى — plus digne; plus convenable

مِجْدار: فزاعة ∆ابو رياح — épouvantail, m

مَجْدُور: مصاب بالجدري — atteint,e de la petite vérole

— ∆مجدَّر: محفّر ببثور الجدري — variolé, e; grêlé, e

☆جَدَعَ : قَطَعَ mutiler; amputer
— عُضواً (من جسم) estropier; mutiler
٥ جَدَعَ: ماهِر capable; adroit,e; habile
أَجْدَع. مَجْدوع: مقطوع الأنف او اليد او الأصابع الخ estropié,e; mutilé,e
☆جَدَّفَ (على الله) blasphémer
— : جذّف . سيّر بالمجداف ramer; aller à l'aviron
تجديف: تجذيف action de ramer 
— على الله blasphème, m
تجديفي : كُفري blasphématoire
مُجَدِّف blasphémateur, rice
مِجْداف : مِجذاف rame, f; aviron, m 
بيت الـ: ٥ شكرْمو toletière, f
☆جَدَلَ الحَبْلَ filer; retordre; cordonner
— . جَدَلَ الشعر والخوص وغيرهما tresser
جادَلَ : حاجَّ discuter; débattre
جَدَل . جِدال . مجادلة discussion; controverse, f
لا يقبل الـ indiscutable
فرض جَدَلاً à supposer que
جَدَلي polémique
جَدْوَل : نهر صغير ruisseau, m
— : بيان . قائمة liste, f; bilan; tableau; état, m
— : عمود ٥ خانة colonne, f
— الضَّرب table de multiplication, f

— تحويل (النقود والموازين) table de conversion, f
— القضايا اى الدعاوى (المعروضة) rôle, m
جَدِيلَة : ضفيرة tresse, f 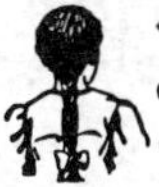
جَدَّال . مِجْدال chicaneur,se
مَجْدول : محبوك tressé,e
٥ جِدون الدرّاجة : موجّه guidon, m 
☆جَدْوَى : فائدة utilité, f; profit; avantage, m
بلا — : بلا فائدة inutilement; en vain
جَدا . استجدى : استعطى demander un don; mendier
أَجْدى : أفادَ être utile; servir
هذا لا يجديك cela ne vous servira à rien
☆جَدْي : وَلد المَعز chevreau; cabri, m
مدار الـ (علم الفلك) capricorne, m
☆ جديد (جدد) ☆ جدير (جدر) ☆ جُذام (جذم)
☆جَذَبَ . اجتَذَبَ: ضدّ دفعَ attirer; tirer; entrainer
جَذْب . اجتِذاب action de tirer, ou d'attirer
— . جاذِبيَّة ١: القوة الجاذبة attraction; force d'attraction, f
— (عند الصوفية) ٥ جلالة extase, f
جاذبية ٢: انجذاب او تجاذب المادة gravitation, f
— الثِقَل: الجاذبيّة الارضية pesanteur; gravité, f
جاذبيّة ٣ الالتصاق cohésion, f
— جنسيّة: ميل جنسيّ attrait sexuel, m
جاذِب . جَذَّاب : يجذب magnétique; qui attire
— . — : خلاب attirant,e; séduisant,e
— (جمع جواذب): منظر خارجي خلّاب attrait, m

مَجذُوب . مُنجَذِب — tiré,e; attiré,e
△ — : مجنون — fou, m, folle, f
△ مستشفى المجاذيب — hôpital des aliénés, ou des fous, m
(جذ) جَذَّ : قطع — couper
جُذاذة : فِيشة . بطاقة — étiquette; fiche, f
جُذاذات — coupures; rognures; bandes, f.pl
☆ جَذَرَ . جذّر : اقتلع — déraciner; extirper
— العددَ — chercher la racine carrée, ou cubique, d'un nombre
— : مدَّ جذراً — prendre racine
جَذْر : أصل (أو جذر العدد) — racine, f
— تربيعي — racine carrée, ou cubique, f
تَجذِير : استخراج الجذور — extraction de la racine (d'un nombre)
☆ جِذْع الشجرة والحيوان والانسان — tronc, m
— التماثيل — torse, f
☆ جَذَف (انظر جدف) — ramer
☆ جَذِلَ : فَرِح — exulter; se réjouir; se dérider
جَذَل : فَرَح — joie; félicité, f; bonheur, m
جَذِل . جذلان : فرحان — joyeux,se; gai,e
جِذْل الشجرة — tronc, m
☆ جَذَمَ : قطع — mutiler; amputer; couper; trancher
جُذِمَ : اصابه داء الجذام — être atteint,e de la lèpre
جُذام : داء الأسد — lèpre, f

جُذامة النبات : المتروك منه عند الحصاد — chaume, m; éteule; glane, f
أجذم : مقطوع اليد اوالأصابع الخ — mutilé,e; estropié,e
— . مَجذُوم : مصاب بالجذام أو متعلق به — lépreux,se; ladre,sse
☆ جُذمور الشجرة وغيرها : الباقي بعد قطعها — tronçon; tronc; moignon; chicot, m
☆ جُذوة : جمرة — tison, m
☆ جرأ : شجّع — enhardir; encourager
جَرُؤ . إجترأ — oser; avoir la hardiesse
جُرأة . جَراءة : جسارة — hardiesse; audace, f; courage, m
— . — : وقاحة — effronterie, f; toupet, m
جَرِيء : جسور — audacieux,se; hardi,e
☆ جراب (جرب) ☆ جراد (جرد) ☆ جرّار (جرر)
○ جرام : وحدة الوزن المترى — gramme, m
○ جرانيت : حَجَر أعبل ، محبّب — granit, m
☆ جراية (فى جرى) — ration, f
☆ جَرِبَ : أصيب بالجرب — avoir la gale
△ — : ذهب او تغيّر لونه — fader; passer; perdre sa couleur; virer
جَرَّبَ : اختبر — essayer; expérimenter; éprouver; tâcher
— : أغرى — tenter; entrainer à; inciter
جَرَب : مرض جلدى — gale, f
— الخيل والكلاب — rouvieux, m; gale, f
جَرِب . جَربان . أجرب — galeux,se
△ جربان ۲ (اللون) — passé,e

جِراب : غلاف — sac; sac de peau, *m*
— السَّيْف : غِمْد . قِراب — gaine, *f*; fourreau du glaive, *m* 
— : وعاء من جلد — sacoche, *f*
— القَرْد — étui, *m*
— : خُرْج — besace, *f*; bissac, *m*
— الجندي : ٥ جربندية — haversac, *m* 
جَوْرَب : ٥ شُرَاب قَصير — socquette, *f*
— رجالي — chaussette, *f*
— طويل (كلسات) — bas, *m*
تَجرِبَة . تَجْرِيب : اختبار — essai, *m*; expérience, *f*
— . — : مِحنَة — tribulation; épreuve, *f*
— . — : اغواء — tentation, *f*
— : ٥ بروفة — épreuve, *f*
— : خِبرَة — expérience; pratique, *f*
— : سَعْي — tentative, *f*; effort, *m*
في (تحت) الـــ — à l'essai
مُجرَّب : مُخْتَبَر — éprouvé, e; essayé, e
— : مُخْتَبِر . ذو خبرة — expérimenté, e
مُجرِّب : فاحِص — vérificateur, rice; examinateur, rice
— : مُغْرٍ — tentateur, rice 
٥ جَراج . جاراج — garage, *m*
جَرَّج — garer 
٥ جَرْبُوع : يربوع — gerboise, *f*
٭جُرْثومة : بزرة — germe, *m*
— : أصل — origine; racine, *f*; principe, *m*

٭جَرْجَرَ : ردَّد صوتهُ — résonner; retentir; gronder (tonnerre)
٥ — : جرَّر — trainer
٥ — نفسه او رجليه — se trainer
جَرْجار : جَرْجير — roquette, *f*; cresson, *m*
٭جَرَحَ : كَلَمَ — blesser
— الاحساسات — choquer; offenser; blesser qn dans son amour propre
— الشهادة — annuler, infirmer, *ou* dénigrer, un témoignage
جُرْح : كَلْم — blessure; coupure; plaie, *f*
جَرَّاح : طبيب جرَّاح — chirurgien, ne; opérateur, rice
جِراحة : عمليّة جراحيّة — opération chirurgicale, *f*
— : صناعة الجرَّاح او عمله — chirurgie, *f*
جراحيّ : مختص بالجراحة — chirurgical, e; chirurgique; opératoire
غرفة العمليات الجراحية — salle d'opérations, *f*
جَرِيح . مَجْرُوح — blessé, e
جارِح . مُجْرِح : قاطع — tranchant, e; blessant, e
— : (حيوان) مفترس — carnassier, ère; vorace; rapace; oiseau de proie
انتقاد — — observation piquante; remarque blessante, *f*; sarcasme, *m*
جارِحَة : عُضْو . طرف — les mains et les pieds; membre du corps
٭جَرَدَ . جَرَّدَ : نزع القشر — écorcer; peler; éplucher
— . — من كذا: اخذهُ منهُ — dépouiller de
٥ — البضائع او الموجودات — faire l'inventaire de; inventorier

جرّد٢ السيف: سلّه — dégainer (la sabre); tirer (l'épée)
— من الرتب — dégrader
— « « العسكريّة — casser
— من السلاح — désarmer; démanteler
— من الملك — déposséder de; exproprier
تجرّد من كذا — être dépouillé de; mis à nu
Δ جرْد (الأشياء أو البضائع أو قائمة الجرد) — inventaire, m
جَراد (الواحدة جرادة) — ←sauterelles, f.pl
— البحر: سرطان الماء — homard, m; ←écrevisse de mer, f 
جَريدة: صحيفة — journal, m
— يوميّة — quotidien, m
— :سجل الأراضي لترتيب الضريبة عليها — registre du cadastre, m 
بائع الجرائد — vendeur de journaux; camelot
جريدة النخل — pétiole,(m), ou queue, (f), de palmier
Δ لِعب الجريد برجاس — joute, f
أجْرَد. أجْرودΔ — : بلا شعر — imberbe; sans cheveux; sans poils
أرض جرداء: لانبت فيها — champ nu ou sans végétations
تجريد: نزع الجلد وغيره — dépouillement; écorchement, m
Δ — او تنويع العَقْد — extrados, m
— من الرُتب — dégradation, f
— من السلاح والمعدات الحربية — désarmement, m

تجريدة: حملة حربيّة — expédition, f 
مِجْرَد الأسنان: Δ فرشة — brosse à dents, f
مُجرّد: ضد مزيد (في الصرف) — abstrait,e
— من كذا — dépourvu,e; dénué,e; exempt,e de
— : ضدّ مركّب — simple
— : صِرْف — absolu,e
— : معطّل (من الالات أو الأثاثات) — démantelé,e
— : عُريان — nu,e; [à poil]
بالعين المجرّدة — à l'œil nu
بِمُجرّد ما — à peine; aussitôt 
Δ جَرْدَل: سَطْل. دلْو — ←seau, m
Δ جُرَذ (واحد الجرذان): فأر كبير — ←rat; gros rat, m
Δ جَرّ: Δ جرجر — traîner, mener en tirant
جَرّ: سحَبَ — tirer
— المركبَ: Δ قطَرَ — remorquer; haler
— على: جَلَبَ — attirer à qn qc; causer
أجَرّ. إجترّ: Δ اشترّ — ruminer; remâcher
إنجرّ: انسحب — être tiré,e, traîné,e, remorqué,e
— مع التيار (مثلاً) — aller à la dérive
جَرّ: سحب — tirage, m
— : Δ قطر — traction, f; remorquage, m 
جَرّة: أناء فخاري — ←cruche; jarre, f; bocal, m
— قلم — trait de plume, m
Δ جُرّة: أثَرُ المرور — piste; trace; voie; traînée, f

وَهَلُمَّ جَرًّا etc (et cætera); et le reste; et ainsi de suite
جَرَّار : جيش جرَّار une grande armée, *f*
△ جَرَّارة العربة trait, *m*
△ — : آلة جَرّ tracteur, *m*
△ — المراكب remorqueur, *m*
جارّ : ساحِب traînant,e; tirant,e
جَارُورٌ ٣ : دُرْج tiroir, *m*
جَرِيرَة : اثم péché; délit, *m*; faute; offense, *f*
△ إنجِراريّة : قطار المراكب او أجرته remorque, *f*; remorquage; halage, *m*
مَجَرّة (فى الفلك) voie lactée, *f*
مُجْتَرّ : △ مُشْتَرّ ruminant, *m*
مَجْرُور ١ : مسحوب tiré,e; halé,e; entraîné,e
— (فى النحو) complément, *m*; mot terminé par une kesra
△ — المنزل : مصرف égout; drain, *m*
△ منزل او مدخل الـ — . △ بَكَبُورت bouche, *ou* regard, d'égout
△ مجارير ٢ : نظامُ الصرف drains; égouts, *m.pl*; système de drainage, *m*
☆ جَرَسَ بِهِ : هتكه discréditer; décrier; médire; faire un esclandre
جَرَس : آلة تُقرع cloche, *f*
— صغير : جُلْجُل grelot, *m*; clochette; sonnette, *f*
— الخطر او التنبيه cloche, *ou* sonnette d'alarme, *f*
— الموت glas, *m*
— كهربى sonnerie, électrique, *f*
دقّة — sonnerie, *f*

دقة جَرَس التنبيه او الخطر tocsin, *m*
ذات الأجراس : قرطال serpent à sonnettes, *m*
جَرَسِيّ : بشكل الجرس en cloche; campanulé,e
△ جُرْسَة : هتيكة scandale, *m*
☆ جَرَشَ : جشّ △ دشّ concasser; écraser; moudre
△ جَرِش : أجشّ rauque; voix rauque
جَرِيش . مَجْرُوش : △ مدشوش concassé,e; pilé,e grossièrement
— : △ دشيشة blé concassé, *m*
جَارُوشَة : رحى moulin à bras en pierre, *m*
☆ جَرِعَ . اجترع : شرب boire à longs traits; avaler [flûter]
تَجَرَّعَ : ابتلع boire d'un trait
جُرْعة : شربة gorgée, *f*; coup; trait, *m*
— دوائيّة dose; potion, *f*
☆ جَرَفَ . اجترف herser; balayer; *ou* emporter; entraîner
جُرْف : عرض الجبل falaise, *f*; rocher escarpé, *m*
— النهر والحفرة وغيرهما berge, *f*; bord, *m*
△ جَرَّافة الفلّاح : مسلفة herse, *f*; râteau, *m*
جَرُوف . مِجْرَفة : مجرود ٣ pelle, *f*
☆ جَرَمَ . أجْرَمَ . اجْتَرَمَ commettre un crime
جُرْم . جَرِيمة : ذنب délit; crime; péché, *m*
جِرْم : جِسْم corps, *m*
— فلكي او سماوي corps céleste, *m*

٥ جِرم.جريم : كبير الحجم — volumineux,se; corpulent,e
جَرِيمة ٢ : جناية — crime, m
مُجْرِم : جانٍ — criminel,le; coupable
٭ جرَّن الحصيدَ : كوَّمهُ — entasser; mettre en tas
جُرْن : حوض — bassin; (gourn), m
— المعموديَّة — fonts batismaux, m.pl
— : هاون — mortier, m
— ٠ جرين : بَيْدر — auge; aire, m
٭ جُرَّة (جرر)
٭ جَرْو الكلب — petit du chien; jeune chien, m
— الذئب — louveteau, m
٭ جَرَى : ركض او سال — courir *ou* couler
— : حدث — se passer, arriver, avoir lieu
جرَّى . أجْرَى — faire courir; faire couler
جَارَى : ساير — abonder dans le sens de qn
— فى الأمر — être d'accord
جَرْي . جَرَيان — course; action de courir, f
جَرَّاء : ركَّاض — coureur,se
٥ جِراية العساكر : تعيين . راتب — ration, f
جارٍ : راكض — qui court
— : دارج — courant,e
جارِيَة : أمة — esclave, f
٥ — : امرأة زنجية — négresse, f

إجْراء : انفاذ — exécutien, f
— قانونى: تصرُّف — procédé, m; mesure, f
اجراءات قانونيّة او قضائية — procédure, f; formalités légales, f.pl
— شديدة — mesures drastiques, f.pl
مَجْرَى — cours; canal, m; voie, f
— البول : احليل — urètre, m
— الماء — cours d'eau, m
— الهواء — courant d'air, m
— الأحوال — cours des évènements, m
٭ جرىء (جرأ) ٭ جريد ٭ جريدة (فى جرد)
٭ جريرة (جرر) ٭ جريمة (جرم) ٭ جزّ (جزز)
٭ جزَّأ : قسَّم — diviser; partager
لايتجزَّأ . لا يقسم — indivisible
جُزْء : قِسْم — partie; part *ou* section, f
جُزْئي : ضدّ كلي — partiel,le
جُزْئيًّا : ضدّ كليًّا — en partie
جزاء (فى جزى)
أجْزائى ٥ أجزاجي: صيدلي — pharmacien,ne: droguiste
٥ أجْزاخانة : صيدليّة — pharmacie, f
— : مخزن ادوية — droguerie, f
تَجْزِئة : تقسيم — division, f; lotissement, m
٭ جَزَرَ البحرُ : ضدّ مدَّ — refluer
جَزْر: ذَبْح — égorgement, m; boucherie, f
— البحر — reflux, m; marée déscendante, f
— البحر ومَدّه — marée, f; flux et reflux de la mer, m

جَزَر: نباتجذره يؤكل	←carotte, f
جَزَّار: ذبّاح أو لحّام (بائع لحم)	boucher, ère
جزارة: صناعة الجزار	boucherie, f
جَزِيرَة: ارض يكتنفها الماء	île, f
الجزائر (في شمال افريقية)	Algérie, f
جزائري: نسبة الى بلاد الجزائر	Algérien, ne, n; algérien, ne, a
—: من أهل الجُزُر	insulaire
مَجْزِر: مَذبَح △ سلخانة	abattoir, m
مَجْزَرَة: مَذبَحَة	massacre, m; boucherie, f
(جزز) جَزَّ الصوف او غيره	tondre; couper
جِزَّةالغنم: صوفها المجزوز	toison; tonte, f
جَزَّاز: قصّاص الصوف	tondeur, se
جُزازة: قطعة مجزوزة	rognure; tonte, f
مِجَزّ: مقصّ الجزّاز	cisailles, f.pl; gros ciseaux, m.pl
✩جَزِعَ: ضد صَبَر	s'impatienter ou s'inquiéter
—: حزن	se désoler; se chagriner
جَزَع	impatience ou inquiétude; anxiété, f
جَزِع. جازِع. جَزُوع	impatient, e ou inquiet, ète
✩جَزَفَ. جازَفَ	se hasarder; risquer; agir à la légère
جُزاف	hasard, m; aventure, f
جُزافاً	forfaitairement; témérairement
تكلم —.	parler à tort et à travers
مُجازِف	téméraire; insouciant, e; imprudent, e
مُجازَفَة	témérité; aventure, f
✩جَزُلَ	être abondant, e; abonder
أجْزَلَ لهُ العطاء	donner généreusement ou largement; être libéral, e avec
جَزْل. جَزِيل[1]: وافِر	abondant, e; en abondance
جزيل[2] الاحترام	très vénérable, ou respectable
شكر جزيل	chaleureux remerciements
جَزْلة: قطعة. شرحة	tranche, f
جَزالَة: وفرة	abondance, f
— المنطق	éloquence, f
جَوْزَل الحمام	pigeonneau, m
△ جُزلان النقود	←porte-monnaie, m; bourse, f
✩جَزَمَ الأمر	décider; se résoudre à
— عليه الأمرَ	incomber ou imposer à
جَزْم: بَتّ	décision; résolution, f
جَزْمة (راجع حذاء في حذو)	chaussuree, f; soulier, m
△ — برباط	←chaussure, ou bottine, à lacets, f
△ — لمّاعه	chaussure vernie, f
△ جِزماتي: اسكاف	cordonni er, ère
جازِم: باتّ	décisif, ve; positif, ve
مَجزوم فيه	décidé, e; réglé, e
○ جزويتي: يسوعي	jésuite

☆جَزَى . جازَى : كافأ — récompenser; rémunérer
— . — : عاقب — punir; châtier
جَزاء . مُجازاة : مكافأة — récompense; rémunération, f
— : قصاص — punition, f, châtiment, m
جِزائيّ : قصاصي : عقوبي — pénal,e
جِزْيَة : فريضة يؤديها التابع للمتبوع — tribut, m; capitation, f
☆ جزيرة (جزر) ☆جزيل (جزل) ☆جسّ (جسس)
☆جَسَد : جسم — corps, m
الـ : خلاف الروح — chair, f
جسدي : بدني — corporel, le
— : خلاف روحي — charnel, le
تجسّد : صار ذا جسد — s'incarner; prendre corps
تجسّد (في اللاهوت) — incarnation, f
مُتجسّد : ذو جسد — incarné,e
☆جسّر : شجّع — encourager; enhardir
△— . جسّر ¹ : أقام جسراً — faire une digue, ou une levée à
جسر ² على . تجاسر — oser
جِسْر △ كوبري — pont, m
— عائم (مؤلف من مراكب) — ponton, m
— معلّق — pont suspendu, m
— النهر — bord, m; levée; chaussée, f
— سكة الحديد — terrassement, m
— الحمار — pont aux ânes, m
جَسارة : — audace; hardiesse, f; courage, m

جَسُور — hardi,e; courageux,se; audacieux,se
(جسس) جَسّ . اجتسّ : مسّ — sentir; toucher; palper
— : سبر — souder; tâter
— نبضه (حقيقياً ومجازياً) — tâter le pouls
— . تجسّس على — espionner
جاسوس : مستطلع الأحوال — espion,ne
جاسوسيّة وتجسّس — espionnage, m
مِجَسّ : مِسبر — sonde, f
☆جَسّم : عظّم — grossir; exagérer; grandir
جَسُم : عظُم — être gros,se, grand,e
تجسّم — prendre corps; acquérir du volume, ou une forme
— الخطرُ — s'aggraver
جِسْم . جُثمان : بدن ، او كل ماله طول وعرض وعمق — corps, m
— : مادّة — matière; substance, f
— : كتلة — masse, f; amas; tas, m
جسمي : جسماني — corporel,le; charnel,le
جَسيم : عظيم — grand,e; énorme
— : ضخم . كبير الحجم — volumineux,se
جَسامة : عِظَم — grandeur; gravité; énormité, f
☆جشأ . تجشّأ : تدشّى — roter
جُشاءة . جُشاء — rot, m; éructation, f
(جنش) جَشّ الحنطة : △دشّ — concasser; écraser

جَشِيش . مَجْشُوش concassé,e; écrasé,e
— : طحين خشن gruau, m (d'avoine); farine grosse, f
أَجَشّ : أبحّ (صوت) enroué,e
☆جَشَع cupidité; avidité, f
جَشِع : طمَّاع cupide; avide
☆جَصَّصَ : طلى بالجص plâtrer
جِصّ : ○ جبس gypse; plâtre de Paris, m
جَصَّاصَة : مصنع (قين) الجص plâtrerie, f
☆جَعْبَة : كِنانة carquois, m; giberne, f
أفرغ — كلامه dire ce qu'on a à dire
☆جَعْجَعَ : أجلب faire du tapage; crier
جَعْجَعَة : جلبة tapage; fracas; bruit, m
جَعْجاع tapageur,se; bruyant,e
☆جَعَّدَ الجلد والثوب وغيرهما rider; froisser; froncer; chiffonner
— الشَّعر friser; boucler; onduler
جَعُدَ . تَجَعَّدَ الشَّعرُ، تموَّجَ se friser
— . — الجلدُ والثوب se rider
جَعْدَة : شَعْر boucle, f
— في جلد أو ثوب ride, f; pli, m
جَعْدِيّ . أجْعَد frisé,e; crépu,e
☆جَعَلَ : صَنَعَ : صيَّر faire ou rendre
— : وَضَعَ placer; mettre
— يفعل كذا se mettre à faire
— له مبلغاً من المال او ايراد assigner à qn une somme, ou un revenu

جُعْل . جِعالَة : اجرة salaire; paye, f; honoraires, m.pl
جُعَل (والجمع جِعلان) : ابو جعران ←scarabée, m
☆جِعَة : ○ بيرة : خَمْر الشعير bière, f
☆جُغرافيا . جغرافية géographie, f
— طبيعيَّة géographie physique, f
جغرافيّ géographique
☆جفّ (جفف) ☆ جفا ☆ جفاء (جفو)
Δ جِفت ←pincette, f; pincettes f.pl
○ جَفْر ○ جَفْرَة : كتابة سريَّة chiffre; code, m
قرأ كتابة الـــ : حلّها déchiffrer
☆جَفَّفَ : يبَّس dessécher; sécher; rendre sec, ou sèche
— : ازال العنصر المائي من déshydrater
— المساق او مجاري المياه drainer
جَفَّ : يبس sécher
— الماء والبئرُ tarir
جَفاف sécheresse; aridité, f
جافّ : يابس sec, a.m; sèche, a.f; aride
تجفيف dessèchement, m; dessication; déshydratation, f
مُجفَّف desséché,e; séché,e; déshydraté,e
مجفِّف الألوان والحبر siccatif, m
☆جَفَلَ . أجفَلَ : نفر وشرد tressaillir; s'effaroucher
جَفَّلَ . أجفَلَ ٢ : نفَّر وهرَّب effaroucher; effrayer; faire fuir

جَفَل . جفول — ombrageux (cheval); farouche
☆جَفْن : غطاء العين — paupière, *f*
☆جَفْو . جَفْوَة . جَفاء : إعراض — éloignement, *m*; aliénation, *f*
جَفاء ٢ . جَفاءة : غلاظة — dureté; rudesse, *f*
جَفا . جافى . تجافى : صدّ واصل — éviter; esquiver
جَفّاه : جعله يجفو — aliéner; éloigner de
جافٍ : خشن — rude; sévère; dur,e; rustre
☆ جلا ☆ جلاء (جلو) ☆ جلاد (جلد) ☆ جلال (جلل)
☆جَلَبَ : أحضرَ — apporter; faire venir
— عليه : سبّب — causer; occasionner
— الجرح : ربّى جلبة — se cicatriser
— النظرَ : جذبه — attirer les regards
— . أَجْلَبَ : تكسّب — soutenir sa famille; gagner la vie des siens
— . — القوم : ضجّوا — être bruyants, *ou* tumultueux
— . — الدم : يبس . تخثر — se coaguler
— . اجْتلب . اسْتجْلَبَ — importer
جَلْب : احضار — apport, *m*; obtention; acquisition, *f*
— : تسبيب — cause, *f*
— . استجلاب : استيراد — importation, *f*
جَلَب . جَلِيب . مَجْلُوب — importé,e; apporté,e
— . جَلَبَة : ضوضاء — brouhaha; tumulte; fracas; bruit, *m*
جُلْبة : قشرة الجرح عند البرء — croûte, *f* (d'une plaie qui guérit)
△ جلبة : △ وردة — rondelle, *f*
— : وصلة بين ماسورتين — raccord, *m*

جَلَبا : نبات طبيّ مسهل — jalap, *m*
جُلُبّان : نبات وحبّه — pois de brebis, *m*; gesse, *f*
جَلّاب : تاجر — importateur,rice; commerçant,e
— العبيد : نخاس — négrier, *m*
جالِب : مُحضِر — porteur,se; importateur,rice
☆جِلْباب : جلابية . ثوب واسع — robe ample de dessus, *f*
☆جَلْجَلَ الصوت : دوى — résonner; retentir; tonner
جُلْجُل : جرس صغير — grelot, *m*; clochettes, *f.pl*
جَلجلة ٢ : ردد الصوت — résonance, *f*; retentissement, *m*
جُلْجُلان : سمسم أو كزبرة — grain de coriandre, *ou* de sésame, *m*
مُجَلْجَل : مطرب فيه رَوْكاء — résonnant,e
☆جَلِحَ (راجع صلع) — devenir chauve; perdre ses cheveux
أَجْلَح △ أزلح — chauve
☆جَلَخَ . جلخ الموسى — aiguiser; affiler; repasser
جَلْخ : مسنّ الزيت (راجع سنّ) — pierre à l'huile; pierre à aiguiser, *f*
☆جَلُدَ : كان جلداً — être fort,e, patient,e
جَلَدَ بالسوط — fouetter; cravacher
جَلِدَ . أُجْلِدَ : تجمّد بالبرودة — se geler; se congeler
جَلَّدَ . أَجْلَدَ : جمّد بالبرودة — geler; glacer; congeler
— الكتابَ — relier
جالَدَ : صارعَ — lutter *ou* se battre avec qn

تَجَلَّدَ: صبر على الشدّةِ	tolérer; supporter; endurer
جَلَدٌ: احتمال وصبر	endurance; patience; tolérance, *f*
الجَلَد ٢: القبّة الزرقاء	firmament; ciel, *m*
جِلْد: غشاء جسم كل حيوان أو نبات	peau, *f*
— الانسان	peau, *f*; épiderme, *m*
— مدبوغ	cuir tanné, *ou* apprêté, *m*
— البقر	peau de vache, *f*
— غزال	peau de daim, *f*; chamois, *m*
جِلْدة: قطعة جلد	une peau; un morceau de peau
△ — : عمولة	pourcentage, *m*; pourmission, *f*
جَلْد: الضربُ بالسياط	flagellation; fustigation, *f*
— عُمَيرة	masturbation, *f*
جَلْدة: ضربة سوط	coup de fouet; coup d'étrivière, *m*
جَلّاد: تاجر جلود	marchand,e de cuir; peaussier, *m*
— : منفذ حكم الاعدام	bourreau, *m*
جَلِيد: ماء متجمّد بالبرودة (راجع ثلج)	glace, *f*
جليديّ: مختص بالجليد او مثله	glacial,e
تجليد الماء او السوائل	congélation, *f*
— الكتبِ	reliure, *f*
مُجَلَّد: محبوك (كتاب)	relié,e
— : كتاب او جزء منه	volume; livre, *m*
مُجَلِّد الكتب	relieur,se
مُجَالدة: مصارعة	lutte, *f*; combat; duel, *m*

☆جَلَسَ: قَعَدَ	s'asseoir
جالَسَ: قعد مع	s'asseoir avec; tenir compagnie à
أَجْلَسَ: أقعدَ	asseoire; faire asseoir *ou* placer
جَلْسة. جُلُوس. مَجْلِس ١	séance, *f*
— : طريقة الجلوس	manière de s'asseoir; posture; position, *f*
— رسمية أو قضائية	audience; session, *f*; assises, *f.pl*
— . مجلس ٢: اجتماع	assemblée; réunion; séance, *f*
مجلس ٣: موضع الجلوس	siège, *m*; chaise, *f*
— الادارة	conseil d'administration, *m*
— الوزراء	conseil des ministres, *m*
— العموم (في انكلترا)	Chambre des Communes, *f*; Communes, *f.pl*
— الشيوخ	Sénat, *m*
— النوّاب	Chambre des Députés, *f*
— النواب الأميركي	Congrès (américain), *m*
— بلدي	conseil municipal, *m*
— عسكري	conseil de guerre, *m*; cour martiale, *f*
△ — المديريّة	conseil provincial, *m*
— تأديب	conseil de discipline, *m*
— مِلّي	conseil de la communauté, *m*
△ — ٤: المرة من خروج البطن	selle, *f*
☆جَلَطَ الجلد: سحجَ	écorcher; érafler
— الرأس: حَلَقَ	se raser la tête à ras
جَلْط: سحج	écorchure; éraflure, *f*
جُلطة دموية: تخثر جزءة من الدم في وريد	thrombus, *m*
مَجْلوط	écorché,e; éraillé,e

☆جلف : فظ — rustre; grossier,ère

☆جَلْفَطَ السفينة : Δ قلفطها — calfater

جلفطة . جِلفاط — calfatage, m

☆جَلَّلَ . أجَلَّ ١ — honorer; vénérer

اجَلَّ ٢ عن كذا: نزّه — considérer au dessus de

جَلَّ قدرُهُ — être illustre, révéré,e, *ou* grand personnage

— او جُلَّة ١ الشيء : معظمه — la majeure partie; la plupart

جلال : سناء — splendeur; magnificence, *f*

جَلالَة : عَظَمَة — majesté; grandeur, *f*

صاحبُ الـــ — Sa Majesté; (S.M.)

أخذته الــ — être en transes, *ou* extase

جَلَل : هامّ — important,e; sérieux,se

جُلَّة ٢ . جِلَّة الحيوان — fiente, *f*; fumier: crottin, *m*

جَليل : عظيم — important,e; grave

— : محترَم — vénérable; honorable

تَجِلَّة : إكرام — considération; estime; vénération, *f*

مَجَلَّة : صحيفة دورية — revue, *f*; magazine, *m*

☆جَلْمَد . جُلْمُود : صَخْر — rocher, *m*

☆جَلْو . جَلْي : صَقْل — polissage; brunissage, *m*

جلا . جَلَى : صقلَ — polir; brunir; fourbir

— . جلّى الأمرَ : أوضحه — élucider; éclaircir; mettre au clair

— . أجلى عن — partir; évacuer; refouler *ou* faire sortir

— . انجلى ١ . تجلّى ١ : اتضح — s'éclaircir

انجلى ٢ عن كذا : انتهى بكذا — aboutir à; se terminer en; finir par

— : انصقل — être poli,e, fourbi,e; se polir

تجلّى ٢ : ظهرَ وانكشف — se révéler

جَلاء : رونق — clarté; netteté, *f*

— : رحيل — départ, *m*; évacuation, *f*

جَلِيّ : واضِح — clair,e; net,te; évident,e

جليًّا : بوضوح — clairement; nettement

جالِيَة : جماعة الغرباء المستوطنين — colonie, *f*

تَجَلٍّ : ظهور — révélation, *f*

تجلّي السيد المسيح — Transfiguration, *f*

○جلوكوز: سكر الفواكه — glucose, *f*

☆ جليد (جلد) ☆ جليل (جلل)

☆ جمّ (جمم) ☆ جماح (جمح)

☆ جمال (جمل) ☆ جمان (جمن)

Δ جَمْبَرى: اربيان — crevette, *f*

○ جَمْبُون : فخذ الخنزير مملح ومجفف — jambon, *m*

☆جُمْجُمَة — crâne, *m*

جمجميّ : قِحفيّ — cranien,ne

علم الجمجمة — cranologie; phrénologie, *f*

☆جَمَحَ الحِصانُ : تغلب على راكبه وركض — s'emporter

— الرجلُ: ركب هواهُ — suivre son caprice

كبح جماحه — réprimer; contenir; brider

جامِح . جَمُوح — mutin,e; rétif,ve

☆جَمَدَ : يبّس — endurcir; durcir

— بالبرودة — congeler

جَمُدَ : يبس — s'endurcir; se raidir; raidir

— . تَجَمَّدَ : تيبّس بالبرودة — se congeler; se geler

— . — الدمُ : تخثّرَ . قرتَ — se coaguler

— . — المزيج السائلُ : عقَد — se figer

جَماد : غير الحيوان والنبات — minéral, m; substance inorganique, f

— : لا حياة له — inanimé,e; sans vie

جَامِد : ضد ليّن أو سائل — dur,e; ferme; solide

— : لا ينصرف (في النحو) — inflexible

جُمُود : عدم حركة — immobilité; inaction, f

— . جُمُودَة — solidité, f

تَجَمُّد بالبرودة — congélation, f

— : تخثر . قَرت — coagulation, f

تجميد المال ، منع التصرف به — congélation, f

مُتَجَمِّد بالبرودة — gelé,e; glacé,e; figé,e; congelé,e

— : خاثر أو مُختثر . قارت — coagulé,e

المنطقة المتجمدة الشمالية او الجنوبية — cercle polaire arctique, ou antarctique, m

☆ جَمْر : نار متقدة — braise, f

جَمْرَة : بصوة نار — tison; brandon, m

— خبيثة: فرخ جمر — anthrax; charbon, m

على أحر من الجمر — être sur le gril

مُجَمَّر : ٥ مقمّر — grillé,e

جمّار النخل — spadice de la palme, m

مِجْمَرة النار : مُوقِد — braisier; bracero, m

٥ جُمْرُك : دار المكوس — douane, f

رسوم جُمركيَّة — droits de douane, m.pl

(جس) جاموس — buffle, m

☆ جَمَسْت — améthyste, f

☆ جَمَعَ : لمَّ . ضمّ — cueillir; ramasser; amasser; assembler ou unir

— : حصد — moissonner; récolter

— الأرقامَ — additionner

— الحروف — composer

— : جعل في صيغة الجمع — mettre au pluriel

— . جَمَّعَ : حشدَ — entasser; accumuler

— . — الناسَ والأشياء — assembler; réunir

أَجْمَعَ على الأمر : عزم — se résoudre à

— وا على : اتفقوا — tomber d'accord

اجْتَمَعَ . تَجَمَّعَ : انضمّ — s'assembler; s'amonceler

— به : قابله — rencontrer

— ت الجمعيَّة — s'assembler; se réunir

جَمْع : لمّ . ضمّ — rassemblement, m

— الأرقام — addition, f

— سالم (في النحو) — pluriel régulier, m

— التكسير — pluriel irrégulier, m

— . جَمْعِيَّة١ : قوم مجتمعون — réunion, f; assemblement, m

جمعيَّة٢ : اتحاد جماعة — société; compagnie; ligue; association, f

— خيرية — société de bienfaisance, f

— عموميَّة — assemblée générale, f

جُمْعَة : اسبوع — semaine, f

— . يوم الـ — vendredi, m

الـ الحزينة — Vendredi Saint, m

coït, *m*; rapports sexuels, *m.pl* — جماع: وطء
copulation, *f*; accouplement, *m* — — الحيوانات
compagnie; partie [clique], *f* — جماعة: زُمرة
tout; tous — جميع: كل (راجع كل فى كلل)
la totalité — جميعاً: الكل
mosquée, *f* — جامع: مسجد
collecteur; receveur, se — —: الذى يجمع
qui amasse, *ou* accumule — —: حاشد
étendu, e — — : شامل
compositeur, rice — — حروف الطباعة: جمّيع
ligue; association, *f*; lien, *m* — جامعة: رابطة
université, *f* — — : مدرسة عالية
totalement; entièrement — أجمع
unanimité, *f* — إجماع: اتفاق الآراء
à l'unanimité; unanimement — بالـ: باتحاد الآراء
unanime — اجماعى: بإجماع الآراء
rencontre; entrevue, *f* — اجتماع: مقابلة
sociologie, *f* — علم الـ
social, e — اجتماعى: مختص بالهيئة الاجتماعية
l'ordre social, *m* — النظام الاجتماعى
assemblée; réunion, *f* — مجمع: جمعية. اجتماع
académie, *f* — — علمى
académique — مجمعى
accumulateur, *m* — مجمّع: جامع. حاشد (راجع ركم)
total; montant, *m*; addition, *f* — مجموع: جملة (فى الحساب)
produit d'une collecte, *m* — — اللمّة

collection, *f*; assortiment, *m* — مجموعة
assemblée; réunion, *f* — مجتمع: اجتماع [1]
lieu de la réunion, *m* — —: مكان الاجتماع
la société; le monde — الـ [2]
parer; embellir — ✿ جمّل: زيّن
généraliser — جمّل. أجمل: ذكر إجمالاً
être courtois, e *ou* poli, e avec — جامل: صنع جميلاً مع
chameau, *m*, chamelle, *f* — جَمَل: بعير
dromadaire, *m* — — بسنام واحد
pignon, *m* — —: ∆ جملون (انظر جلون)
phrase, *f* — جملة: عبارة
proposition, *f* — — خبرية
total; addition, *f* — —: مجموع
plusieurs — —: عدة
en bloc *ou* entièrement — جملة. بالجملة [1]
en gros — بالجملة [2] (فى التجارة)
beauté; grâce, *f*; charme, *m* — جمال: حسن
chamélier, *m* — جمّال
beau, bel, *a.m*; belle, *a.f*; jolie — جميل: حسن
faveur; grâce; bonne action, *f* — —: فضل
gratitude; reconnaissance, *f* — معرفة الـ
addition, *f*; *ou* résumé, *m* — إجمال
en somme; au total; à tout prendre; en général — اجمالاً. بوجه الاجمال [2]
général, e — إجمالى: عمومى
bénéfice brut, *m* — — الربح

مُجْمَل : خلاصة résumé; sommaire; abbrégé; précis, m
مُجاملَة courtoisie; politesse; civilité, f
على سبيل الـ par politesse; par courtoisie
○جَمَلَكه: محلول اللّك laque; vernis, m; gomme laque, f
△ جمَلون: جَمَل ←pignon; gable, m
سقف — ←toit à deux égouts, m
لوح شُرفة الـ faîte, m
☆ جَمَّ المكيالَ: ملأه remplir jusqu'au bord
اسْتجمَّ الماء être en abondance
— عافيته récuperer ses forces
جَمّ : الكثير من كل شيء abondance; ou multitude, f
— النشاط : كثيره énergique; actif, ve
إستجمام العافية récupération (des forces)
(جن) جُمان : لؤلؤ perles, f.pl
— : فتير △ مسمار بطاسة ←clou à grosse tête, m
☆ جَمْهَرَ : جَمَع rassembler; amasser; assembler
— . تجمهر القومُ accourir en foule; affluer; se presser
جُمْهُور : حشد foule, f; rassemblement, m
الـ : افراد الشعب le public; peuple, m
جُمهورى républicain, e
جُمهورية : حكومة الشعب république, f
☆جُمَّيز : شجر و ثمره sycomore; érable blanc, m
☆ جناح (جنح) ☆جناية (جنى) ☆جنائنى (جنن)

☆جَنْبٌ . جانِب[1] côté; flanc, m
اجتنب . تجنَّب . تجانَب éviter
جنباً لجنب côte à côte
بجنب . بجانب : بالقرب من tout près; à côté
ذات الجنب . جُناب : برسام pleurésie, f
على جنب : على حدة de côté; à part; à l'écart
جانِب[2] (مقدار) عظيم beaucoup; très
متعدد الجوانب (فى الهندسه) polyèdre, m
جَنبي . جانبيّ : من جنب latéral, e
جَنُوب : ضد الشمال △ قِبلي sud, m
— شرق sud-est, m
جنوباً : نحو الجنوب vers le sud; au sud
جنوبى du sud; méridional, e
— : من جنوب فرنسا du Midi (de France)
أجنبيّ : غريب étranger, ère
اجتناب . تجنُّب . مجانبة évitement, m
مُجانِب : محاذٍ collatéral, le; parallèle à
△ جُنباز: رياضة بدنية gymnastique, f
☆جنَّح الطائرَ frapper, ou blesser, à l'aile
— . أجنح اليه : مال incliner; pencher vers
— ت السفينة échouer
جنَّح الشيء : جعل له جناحاً garnir d'ailes
جُنْح . جَناح[1] . جانح : ناحية côté; flanc, m
جَناح[2] الطائر △ جنح[1] ←aile
— . جِنْح[2] : حماية . كنف protection, f
— الجيش وغيره flanc, m
— فى فندق suite de chambres, f

جِنْح ٣ من الليل — une partie de la nuit
تحت — الظلام — sous le couvert, de la nuit, *ou* de l'obscurité
جُنْحَة : جريمة بين الجناية والمخالفة — délit, **m**
مُجَنَّح : ذو أجنحة — ailé,e
☆جَنَّدَ العساكرَ — recruter; lever
تَجَنَّدَ الرجلُ — s'engager; s'enrôler
جُنْد : عَسْكر — troupes, *f.pl*
جُنْدِىّ : واحد الجنود — soldat, **m**
تَجْنِيد : جمعُ الجنود — recrutement; enrôlement, **m**; levée de nouveaux soldats, *f*
— اجبارى — conscription, *f*
— اختيارى — engagement; enrôlement, **m**
— العمال — réquisition (des ouvriers), *f*
☆جُنْدُب . جُنْدَب — cigale, *f*
△ جندفلى : محار — huitre, *f*
☆جَنْدَلَ : صرع — terrasser
جنادل النيل — cataractes du Nil, *f.pl*
☆جَنَّزَ الميتَ — dire l'office des morts
جَنَاز : صلاة او حفلة الدفن — funérailles ; obsèques, *f.pl*; office des morts, **m**
△ جَنازة : حفلة الدفن — convoi funèbre; enterrement, **m**
△ جَنْزَبيل : زَنجبيل — gingembre, **m**
كعك الـــ — pain d'épice, **m**
△ جنزر النحاس : زنجر — se couvrir de vert-de-gris; être vert-de-grisé, e

جِنْزار △ جنزارة : زنجار النحاس — vert-de-gris; oxyde de zinc, **m**
جِنْزِير : زِنْجير. سلسلة — chaine, *f*
طارة او ترس الـــ — pignon, **m**
☆جَنَّسَ : ادخل فى الجنسية — naturaliser
جَانَسَ : ماثل — être assorti,e; être de même qualité, *ou* nature
جِنْس : نوع — sorte; nature, *f*; genre, **m**
— : فصيلة — espèce; race, *f*
— : صفة التذكير أو التأنيث : شِقّ — sexe, **m**
— (فى النحو) — genre, **m**
— . جنسية : قوميَّة — nationalité, *f*
اسم الجنس (فى النحو) — nom générique, **m**
الجنس البشرىّ — genre humain, **m**; race humaine; l'humanité, *f*
جنسى : نوعى — générique; distinctif,ve
تَجانُس . مجانَسة : مماثلة — similitude; similarité; ressemblance, *f*
مُجانِس : مماثل — semblable; pareil,le
مُجَنَّس : مختلط الجنس — métis,se; croisé,e (animal)
مُتجانِس : من ذات النوع — homogène
☆جَنَّنَ . أجَنَّ — rendre fou (*f.* folle); affoler
جَنَّ الليلُ : أظلم — faire nuit; la nuit tombe
جُنَّ . تَجَنَّنَ — devenir fou (*f.* folle); perdre la raison
اسْتَجَنَّ : استتر — s'abriter *ou* se cacher
△ — الرجلَ : عده مجنوناً — considérer comme fou (*f.* folle); traiter qn de fou

جِنّ . جان génie; démon; djinn; esprit, m
جَنان : قلب cœur, m; âme, f
ثابت الـ courageux, se; inébranlable
جنائى . جنايني : بُستاني jardinier, ère
جَنَّة : فردوس paradis; ciel, m
جِنَّة . جُنون[١] folie; démence; aliénation mentale, f
— به possédé, e; démoniaque
جُنون[٢] : حماقة folie; sottise, f
— : سيطرة امر واحد على العقل monomanie, f
جِنّى[٣] : منسوب الى الجن diabolique
جَنين : الولد مادام فى الرحم embryon; fœtus, m
جُنَيْنة : حديقة jardin, m
جِنّيّة : سعلاة fée, f; ou démon, m
مَجْنون : ذاهب العقل fou (f. folle); dément, e
☆جَنَى : حصد récolter; moissonner
— جناية perpétrer, ou commettre, un crime
تَجنّى على : اتّهم incriminer; accuser
جِناية : اقتراف perpétration (d'un crime), f
— : ما فوق الجنحة من الجرائم crime, m
جنائى : مختص بالجنايات criminel, le
جانٍ : مُقترف criminel, le
— : مذنب . أثيم coupable
— : حاصد moissonneur, se
مَجْنىّ عليه victime, f

○جُنَيْه مصرى = ١٠٠ قرش livre egyptienne, (ج.م), f
— انجليزى (ورق) livre sterling, (L), f
— انجليزى (ذهب) souverain, m
☆جِهْبِذ (جمعه جهابذة) : ناقد عارف sagace; sensé, e
☆جَهَدَ . أجهد outrer; forcer; contraindre
— . اجتهد : جدّ s'efforcer; s'évertuer; tâcher de
— . جاهد[١] : ناضل lutter
جاهد[٢] : حارب combattre; guerroyer; se battre
— : ضادّ . قاوم . ناضل militer; résister
جَهْد : مشقّة grand effort; effort pénible, m
— : جدّ effort, m
جُهْد . مَجْهود : طاقة moyens, m.pl; potentiel, m; portée; capacité, f
جِهاد : قتال combat, m
— فى سبيل الدين guerre sainte, f
— . مُجاهدة : نِضال lutte, f
جهادىّ : حربى . عسكرى militaire; guerrier, ère
إجْهاد surmenage, m
اجْتِهاد application; diligence, f
مُجاهِد : محارب guerrier, ère combattant, e; militant, e
مُجتهِد : كدود assidu, e; diligent, e; appliqué, e; laborieux, se
☆جَهَرَ الأمر وبه : أعلنه proclamer
— صوته وبه : رفعه élever la voix

جاهرَ بكذا : déclarer ouvertement; proclamer; annoncer

جَهراً . جهرة . جهاراً : علانية : ouvertement; publiquement; en public

جَهْري : عَلَني : public, que

جَهْوَرِيّ . مُجْهِر . جهير : عالٍ : sonore; haute (voix)

جَوْهَر : مادة : élément, m; substance, f

الـ الفَرْد : atome, m

جَوهرة : حجر كريم : joyau; bijou, m; pierre précieuse, f

جَهير أول (موسيق) : barytone

جوهريّ : ضد عرَضي : substantiel,le

— : ضروري : essentiel,le

—. ∆جواهرجي : bijoutier,ère; joailler,m

جَواهِر ∆مُجوهَرات : bijoux, m.pl

أَجْهَر : لا يرى في الشمس : nyctalope; qui ne voit pas au soleil

∆— : قريب الشوف : myope

اجهوري : ورد جوري : rose incarnate, f

تجَوْهُر (في الكيمياء والطبيعة) : efflorescence, f

مِجْهار : مكبّر الصوت : ←haut-parleur; amplificateur de son, m

مُجْهِر : ○ مكرسكوب : ←microscope, m

مُجْهَري : مكرسكوبي : microscopique

☆ جَهَزَ . أَجْهَزَ على الجريح : achever; donner le coup de grace

جَهَّزَ : أعدّ : préparer; mettre sur pied; monter

— العروس والمسافر وغيرهما : donner, ou faire, le trousseau; équiper; apprêter

تَجَهَّزَ : استعد . تهيأ : être prêt,e, équipé,e; se préparer; s'apprêter

جِهاز المسافر : nécessaire; équipement, m

— العروس : trousseau, m

— : عُدَّة : appareil; attirail, m

— : نظام . تركيب : système, m

— صحيّ (مثلاً) : installation sanitaire, f

— الهضم (مثلاً) : appareil digestif, m

جاهِز (كالملابس الجاهزة) : confection, f; tout,e fait,e; prêt,e (vêtement)

— . مُجهَّز : مُعَدّ : prêt,e; préparé,e

تَجْهيز : إعداد : préparation, f

تجهيزي : إعدادي : préparatoire

مدرسة تجهيزية أو اعدادية : école préparatoire, f

(جهش) أَجْهَش بالبكاء : être sur le point de pleurer; avoir les larmes aux yeux

☆ جِهْض . جَهيض . مُجْهَض : مولود قبل وقته : avorton; né,e avant terme

جَهْض . إجهاض : اسقاط الحمل : avortement, m

أَجْهَضَت المرأة أو الدابة : أسقطت : avorter

☆ جَهِلَ : ضد عَلِم : ignorer *ou* être ignorant,e

تَجاهَل الأمرَ : ignorer; méconnaître

— : ادَّعى الجهل : faire l'ignorant,e; feindre d'ignorer

استَجْهَلَ : عَدّه جاهلاً : considérer qn comme ignorant

جَهْل . جَهالَة : ضد علم : ignorance, f

جاهل : ضد عالم أو دار أو متعلم ignorant,e
— : أمّي illettré,e; sans instruction
جاهِلية العرب époque de l'idolâtrie chez les Arabes; époque préislamique, *f*
مجاهِل pays inexplorés *ou* inconnus
مَجْهُول : ضد معلوم inconnu,e
صيغة الـــ (في النحو) voix passive, *f*
☆جهم . تجهم : عَبس se renfrogner; avoir l'air rébarbatif
جَهْم . مُتَجَهِّم : عابس renfrogné,e; refrogné,e
☆جَهَنَّم : جحيم enfer, *m*
جهنّمي : جحيمي infernal,e; diabolique
آلة جهنمية (مثلاً) machine infernale, *f*
Δجهنيّة : نبات متسلق bougainvillée, *f*
☆ جهة (وجه) ☆ جهوري (جهر)
☆ جَهَّى الجرحَ élargir (une plaie)
أجهَى : لاسقف له Δ سَماوي sans toit; à ciel ouvert
☆جوّ (جوو) ☆ جواب (جوب) ☆ جواد (جود)
☆ جوار (جور) ☆ جواز (جوز)
o جوافة : فاكهة وشجرها goyave, *f*
Δجوال . شوال ☆جُوالق : غرارَة (راجع كيس) sac, *m*
Δجوانتي : قفّاز gant, *m*
— صوف gant de laine, *m*
لابس — ganté,e
☆ جَوْب : رَوْد exploration, *f*

جَوَاب . اجابة : رَدّ réponse; réplique, *f*
Δ — : خطاب . مكتوب lettre, *f*
جَوَّاب : كثير الجولان explorateur, rice; voyageur, se; touriste
جابَ . اجتاب البلادَ parcourir; explorer
جاوَبَ . أجابَ : ردَّ الجوابَ répondre; répliquer
اسْتَجابَ : لَبّى exaucer; agréer; accorder; acquiescer
اسْتَجْوَبَ الشاهد أو المتهم interroger; questionner
— الشاهد في مواجهة الخصم confronter
— الوزير او الحكومة (في البرلمان) interpeller
إجابَة . استجابة : تلبية agrément d'une demande; acquiescement, *m*
اجابةً لـ faisant suite à votre...
إستِجْواب الشهود interrogatoire, *m*
— (في المجالس النيابيّة) interpellation, *f*
o جُوبيتَر (كبير آلهة الرومان او النجم المشترى) Jupiter, *m*
o جوت : الياف القنّب الهندي jute, *m*
(جوح) جاحَ . اجتاحَ : استأصل anéantir; détruire
جائِحة : كارثة calamité, *f*; désastre; malheur, *m*
— : آفة . ضَرْبَة peste; plaie, *f*
☆جُؤجُؤ السفينة : صدرها avant, *m* (de navire)
— السفينة : مقدَّمها proue, *f* (de navire)
☆ جُوخ : نَسيج معروف drap, *m*

☆جوَّدَ: حسَّن — améliorer; perfectionner

— القارىء — entonner; moduler

جادَ: تحسَّن — s'améliorer

— عليه: تكرَّم — faire des libéralités à qn

أجادَ: اتى بالجيِّد — exceller

جُودة: طيبة الصنف — bonne qualité; excellence, *f*

— : نوع — excellence; qualité, *f*

— : طيبة الأخلاق — bonté, *f*

جَواد: حصان كريم — coursier, *m*

جُود: كرَم — générosité, *f*

جَوَاد. جيِّد[1]: سخيّ — généreux, se; libéral, e

جيِّد[2]: طيِّب — bon, ne; excellent, e; bien

جيِّداً: حَسناً — bien; d'une manière satisfaisante

تَجْويد: تحسين — amélioration, *f*

— في القراءة — intonation; modulation, *f*

☆جَوْر: ظُلم — tyrannie; despotisme, *m*

جارَ على: ظلم — faire du tort à; léser; commettre une injustice

جاوَرَ: كان جاراً لهُ — avoisiner

أجارَ: أغاث وأنقذ — secourir; aider; protéger

استَجارَ بهِ: استغاث — demander secours; recourir à qn

— منه — demander secours contre qn

جار: الأقرب الى مسكنك — voisin, e

جِوار. جيرة. مجاورة — voisinage, *m*; proximité, *f*

جائِر: ظالم — injuste; inéquitable

— : باغٍ. معتدٍ — despote; tyran, *m*

Δ جايِر: قالب صنع الأحذية — forme, *f*

مُجاوِر: في جوار — voisinant, e; proche; à proximité

— في جامعة — étudiant, e

مُجِير: مُغيث — qui aide *ou* qui vient au secours de qn

☆جَوْرَب: Δ شراب طويل نسائي — bas, *m*

— قصير — chaussette, *f*

— قصير للنساء — socquette, *f*

Δ حَمّالة الـ — jarretelle, *f*

☆جَوَّزَ. أجازَ: سمح — permettre; autoriser

Δ — : زوّج — marier; unir

جازَ: كان غير ممنوع — être permis, e, *ou* admis, e

— . اجتازَ[1]: قطع — traverser; franchir; passer

— . — الامتحان — passer l'examen

جاوَزَ. تجاوزَ — dépasser; surpasser; excéder

— . — عن: صفحَ او ترك — passer outre; fermer les yeux sur; *ou* se désister de

جَوْز: ثمر — noix, *f*

— : شجر أو خشبه — noyer, *m*

— البلوط وأمثاله — gland, *m*

— هندي — noix de coco, *f*

— الطيب — muscade, *f*

— القزّ: فيلجة — cocon, *m*

— مقيّئ — noix vomique, *f*

جوزي: بلون الجوز — marron; noyer (couleur)

الجَوْزاء: التوأمان les Gémeaux, *m.pl*
جَواز: سماح permission; tolérance, *f*
— السَّفر passeport; laissez-passer, *m*
—. إجازَة[1]: إذن permission, *f*; permis, *m*
إجازَة[2]: غياب congé, *m*
—: موافقة ratification, *f*
— مرضيَّة congé de maladie, *m*
— علمية diplôme, *m*
Δ جاز: نِفط kérosène; pétrole, *f*
Δ لَمْبَة — lampe à pétrole, *f*
جائِز: مسموح بهِ أو محتمل permis.e; autorisé.e; admissible; *ou* possible
جائِزة: مكافأة prix, *m*; récompense, *f*
اجتياز: مرور traversée, *f*; passage; transit, *m*
تَجاوُز. مُجاوَزَة: تخط dépassement; excès, *m*
— و — الحدود: تَعدّ empiètement, *m*
— السلطة détournement de pouvoir, *m*
مَجاز بيانيّ métaphore; figure de réthorique, *f*
على سبيل الـ— au figuré
مجازى. استعارى figuratif, ve; allégorique; métaphorique
☆ جَوْس. اجتياس: رَوْد exploration, *f*
جاس. اجتاس: رادَ explorer
☆ جَوَّعَ. أجاعَ affamer
جاعَ avoir faim

جُوْع: ضد شبع faim, *m*
— كاذب: سُعار boulimie, *f*
—. مَجاعَة disette; famine, *f*
جوْعان. جائِع: ضدّ شبعان affamé, e
☆ جَوَّفَ الشيء creuser; évider
جَوْف: داخل الشيء. بطنه intérieur, *m*
—: بَطْن. مأنة ventre; abdomen, *m*; panse, *f*
— الأرض les entrailles de la terre, *f.pl*
أجْوَف. مُجَوَّف creux, se
☆ جَوْق. جَوْقة: جماعة clique. bande; compagnie, *f*
—.—: فرقة تمثيلية troupe, *f*
—.—: فرقة موسيق bande, *f*
☆ جَوْل. جَوَلان: تطواف tournée, *f*
جَوْلَة: سَفرة voyage, *m*; excursion; tournée, *f*
—: شَوْط (فى الملاكمة round) tour, *m*
جالَ: طاف faire un tour; parcourir
جَوَّال. Δ مُتجوِّل[1]: متنقل voyageur, se; nomade
—.— (كالتاجر) vayageur, se *ou* colporteur, se
— تجارى commis voyageur, *m*
—: كثير التنقل globetrotter, *m*
Δ بيّاع متجوّل[2] colporteur, se; marchand, e ambulant, e
جوّالة motocycle, *m*; motocyclette, *f*
تجوال. جوَلان: تنقّل déplacement, *m*

مَجَال: مدى — champ, m
— حيوى — espace vital, m
٥ جُوْنلَة تحتانية: نُقبة — jupon; cotillon, m
— فوقانية: نطاق — jupe, f
☆ جوهر ☆جوهرة☆جوهرى (جهر)
(جوو) جَوّ: ماحول الارض من الهواء — atmosphère, f
— : جَلَد — ciel, m
٥ — : مُناخ — climat, m
جَوّاً ٥ جُوّا: ضد خارجاً او برّاً — à l'intérieur; dedans
جوّى: هوائى — atmosphérique; aérien,ne
— : سمائى — du ciel; éthéré,e
— : مختص بالظواهر الجويّة — météorique
علم الجَوّيّات — météorologie, f
محطة الارصاد الجوية — station météorologique, f
جَوانىّ: ضد برّانى — intérieur,e; interne
☆ جَوِيَ: اكتوى بالحب او بالحزن — être affligé,e
جَوًى: شدّة الوجد من حب أو حزن — passion, f
جاوِيّ: صمغ البخور — benjoin, m
(جيأ) جيئة . مَجِيء[١]: حضور — arrivée; venue, f
جاء: أتى — arriver; venir
— وأجاء به: أحضره — apporter qc; chercher, ou amener, qu
مجيء[٢]: حضور (راجع وصول) — arrivage, m
☆ جَيْب (فى الهندسة وحساب المثلثات) — sinus, m
— الثوب او ما يشبهه — poche, f

جَيْبي . للجيب — de poche
جابَ البلاد: قطعها — traverser; explorer; voyager
☆ جِيد: عُنُق — cou, m
☆ جيّد ☆ جيّداً (فى جود) — bien
☆ جِبْر: جصّ (راجع ٥ كلس) — chaux, f
— مُطفَأ — chaux éteinte, f
— حيّ . جَيّار[١]: نُورة — chaux vive, f
ماء الـ . — eau de chaux, f
جيّار[٢]: صانع الجير — chaufournier, m
جيّارة: قين الجير — four à chaux, m 
جيري: كلسى — calcaire
٥ جيروسكوب: دوّام — gyroscope, m
☆ جَيَّشَ: جمع جيشاً — mobiliser; lever une armée
جاش: غلى وفار — bouillonner; déborder
— ت نفسه — avoir la nausée, ou mal au cœur
جَيْش — armée, f
جَيَشان: اضطراب — ébullition: agitation, f
— : زخور . ارتفاع — soulèvement; levée
— النفس — nausées, f.pl; mal au cœur, m
جائش النَّفْس — qui a la nausée
☆ جِيفَة: جُثة منتنة — charogne, f
☆ جِيل: صنف من الناس — race, f
— : عصر — époque, ère; génération, f

○جيلاتي : لَبن مثلوج . بوزا ت glace, *f*
○جيلاتين : ∆ بلوظه gélatine; gelée, *f*
○جيولوجية : علم الأرض géologie, *f*
جيولوجي : هَلَكيّ géologique

(ح)

☆حائط (حوط) ☆حابى (حبو) ☆حاجّ (حجج)
☆حاجة (حوج) ☆حاخام (حخم) ☆ حادَ (حيد)
☆حادّ (حدد) ☆حادث (حدث) ∆حادق (حدق)
☆حادي عشر(احد) ☆حاذق(حذق) ☆حاذى(حذو)
☆حارَ (حير) ☆حارّ (حرر) ☆حارة (حور)
☆حاز (حوز) ☆حاش (حوش) ☆حاشا (حشى)
☆حاشية (حشى) ☆حاص (فى حوص وحيص)
☆حاصَّ (حصص) ☆حاضت(حيض) ☆حافُ (حفف)
☆حاف (حفي) ☆حافر (حفر) ☆ حافة (حفف)
☆حاق (حيق) ☆حاك (حوك) ☆ حاكى (حكى)
☆حالُ ☆حالا ☆حالما ☆ حالة (حول) ☆حامَ (حوم)
☆حامِ (حمي) ☆حامز (حمز) ☆حامى (حمى)
☆حانَ ☆حانة(حين) ☆حانوت(حنت) ☆حاور(حور)
☆حاول (حول) ☆حبا (حبو) ☆حبارى (حبر)

☆حبَّبَ الى : جعله محبوباً rendre aimable
— : صار كالحَبّ se granuler
أحَبَّ . حَبَّ : هويَ aimer; s'amouracher de
— . — : استحسن trouver bien, *ou* à son goût
تحبَّبَ اليهِ : تودَّدَ amadouer; se faire aimer de; courtiser
تحابُّوا s'aimer les uns les autres

حُبّ : مَحَبة amour, *m*; affection, *f*
— أو — الذات égoïsme, *m*
— لغاية amour intéressé, *m*
— بنوي amour filial, *m*
— عزري أو افلاطوني amour platonique, *m*
حُبّي : غرامي amoureux, se; d'amour
— : ودّي amical, e affectueux, se
حُبيًّا : وديًّا amicalement
حَبّ : بِزْر grains, *m.pl*; semence, *f*
— الآس baie de myrte, *f*
— الصبا : دُهنيَّة acné; couperose, *f*
— العزيز souchet comestible, *m*
— الهال : ∆حَبّهان cardamome
حَبَّة : بذرة graine, *f*; grain, *m*
— دوائية pilule, *f*
— : بَثرة bouton, *m*; pistule, *f*
— : قليل un peu; un brin; peu de
— العين : انسانها pupille; prunelle, *f*
— البَركة grain de nielle; cumin noir, *m*
حُبُوب : غلال céréales, *f.pl*
حُبَيْبة : حبّة صغيرة granule, *m*
حُبَيْبيّ (مرض) granulé, e; granulaire
مُحِبّ : عاشِق amoureux, se
— لكذا qui aime; qui raffole de; passionné, e pour
مَحَبَّة : حُبّ . هوًى amour, *m*; affection, *f*
مَحبوب : حبيب أو مَعْشوق amant, e; aimé, e; chéri, e
— : يُحَبّ digne d'être aimé, e; aimable; desirable

✿ حَبَّذَ العَمَلَ : استصوبه	approuver; louer
— الرجلَ	applaudir; acclamer
حَبَّذا : نِعْمَ . حسناً	bravo ! vivat ! hurrah !
✿ حَبْر : رئيس كهنة	pontife; grand prêtre, *m*
الـ الأعظم	le Pape; le Souverain Pontife
حِبْر : مداد	encre, *f*
— لتعليم الملابس وما شابه	encre indélébile, *f*
— سِرّي	encre sympathique, *f*
— الشين	encre de chine, *f*
حَبّار ٥ ام الحبر	←seiche, *f*
حُبُور : سرور	joie; gaîté, *f*; entrain, *m*
حُبارَى : طائر	←outarde, *f*
مِحْبَرَة : دواة	encrier, *m*
✿ حَبَسَ	emprisonner; enfermer; détenir
— عن	retenir *ou* bloquer; fermer
حَبْس : سَجْن	emprisonnement, *m*; détention, *f*
— : سِجْن	prison; geôle, *f*
— احتياطى	prison préventive, *f*
احْتِباس : توقف	obstruction, *f*; *ou* encombrement, *m*
— البول : أُسْر	rétention d'urine, *f*
٥ مِحْبَس الماء (في الأنابيب)	robinet d'arrêt, *m*
٥ — جزرة	canelle; canette, *f*
مَحْبُوس . حَبِيس	emprisonné,e; arrêté,e
✿ حَبَش : بلاد الحَبَشة	Abyssinie; Ethiopie, *f*
دجاج الـ	dindon, *m*; dinde, *f*
حَبَشِي	Abyssinien,ne; Abyssin,e, *n*; abyssinien,ne, abyssin,e, *a*
٥ تحبيشة	garniture, *f*; ornement, *m*
✿ حَبِطَ : أخفقَ	échouer; rater; manquer; faillir
أَحْبَطَ : خيّبَ	faire manquer, *ou* perdre
حُبُوط : خيبة . اخفاق	insuccès; échec, *m*
✿ حَبَق : ٥ فُلَيَّة	pouliot, *m*; véronique d'eau, *f*
✿ حَبَكَ الثوب ، احتَبَكَه	tisser avec soin
— الحبلَ أو الشعر	corder; tresser; tordre
— الجواربَ الصوف وأمثالها	tricoter
— حَبَّكَ : شدَّ وأحكم	serrer; resserrer; lier fortement
حبكة الرواية	intrigue; trame, *f*
مَحْبُوك : مُحكم الحياكة	étroitement tissé,e
✿ حَبَلَ . احْتَبَلَ : صادَ بأحبولة	prendre au filet
— ت المرأة	concevoir; devenir enceinte
حَبَّلَ . أَحْبَلَ : لقَّح	féconder
حَبْل : كل ما يربط به	corde, *f*; cordage, *m*
— الغسيل	corde de lessive, *f*
— غليظ : قَلْس	câble, *m*
الـ السُّرّي	cordon ombilical, *m*
الـ الشوكيّ	moelle épinière, *f*
الـ المنويّ	corde séminale, *f*

ألقى الحبل على الغارب — abandonner les rênes à; donner libre cours à

حَبَّال : صانعُ الحبال — cordier, *m*

مصنع الـــ — corderie, *f*

حَبَل : حَمْل — grossesse; conception, *f*

حَبْلان : مُمْتَلِىء — rempli,e; comblé,e; gros,se de

حُبْلى . حبلانة : حامل — enceinte; grosse; en position

أُحبُولة . حِبالة : شرك — filet; piège; lacet; lacs, *m*

∆ حَبَّهان — graines de cardamome, *f.pl*

✿ حَبْو : زحف على اليدين والبطن — rampement, *m*

حَبا : زحفَ على يديهِ وبطنه — ramper; se traîner à terre

— على يديه وركبتيه — marcher à quatre pattes

ـــه بكذا : أهداهُ — présenter; faire cadeau de qc à qu

حابى : مالأ — favoriser

محابٍ : ممالىء — partial e; injuste

مُحاباة — parti pris; favoritisme, *m*; partialité, *f*.

✿ حبور (حبر)

✿ حتار : اطار — cadre, *m*

✿ حَتَت : مرض يصيب الأشجار — chancre, *m*

حَتَّ : حكَّ وازالَ — gratter; râcler

— : اكل — ronger; éroder

حَتّى : الى ان أو لغاية أو لمتى — jusqu' à ce que; jusqu' à; jusques à quand

— : ايضاً (كقولك حتى انت) — même; aussi

— : كي . لكي — afin que; pour que

✿ حَتِدَ : كان خالص الأصل — être de race pure

مَحْتِد : أصل — origine; lignée; race, *f*; lignage, *m*

كريم الـ — de race; d'origine noble

✿ حُتْرَة : ∆ حِتّة — morceau; bout; brin, *m*; pièce, *f*

✿ حَتْف : موت — mort, *f*; trépas; décès, *m*

لقي ـــه — trouver la mort

✿ حَتَمَ ∆ حَتَّمَ على : أوجبَ — imposer; exiger; rendre obligatoire

تَحَتَّمَ : وجب — être obligatoire; incomber

حَتْم ∆ تحتيم (راجع جزم) — imposition, *f*

حَتْماً — irrévocablement

حَتْمي — positif, ve; décisif, ve

مُحَتَّم . مَحتوم : لابدَّ منهُ — inévitable

— عليه — qui lui incombe de rigueur

حَتْمِيَّة — déterminisme, *m*

✿ حَثَّ . استحثَّ : حضَّ — exhorter; hâter

— . — : استفز — provoquer; inciter

حَثّ . استحثاث — incitation; instigation; excitation, *f*

محثوث . مُسْتَحَث — poussé,e; pressé,e

✿ حُثالة : ثُفل — sédiment; dépôt; rebut (de toute chose), *m*; lie, *f*

✿ حَجَبَ : ستر — voiler; cacher; masquer

— من الارث — déshériter

احتجبَ : اختفى — se dérober; se soustraire: disparaître

ـــت الجريدة الخ — cesser de paraître

تَحَجَّبَ : تستر — se voiler; être caché,e, *ou* dérobé,e aux regards

حِجاب : سِتر — voile; *ou* rideau, *m*; portière, *f*; paravent, *m*

— : حرز — amulette, *f*; talisman, *m*

— حاجز (في التشريح) — diaphragme, *m*

حاجِب : ساتِر — masquant,e; voilant,e

— : خادم يستقبل القادمين — huissier, *m*

— العين — sourcil, *m*

مُحجَّب . مَحْجوب : مستور — voilé,e; caché,e aux regards

☆ حَجَّجَ : ارسلهُ ليحجّ — envoyer en pèlerinage

حَجَّ : زار الأماكن المقدسة — aller en pèlerinage; visiter les lieux saints

حاجَّ : جادَل — discuter; débattre

إحتَجَّ بكذا — alléguer; donner comme prétexte

— على الأمر — protester contre

حَجّ . حِجة : زيارة الأماكن المقدسة — pèlerinage, *m*

حُجة : برهان — preuve, *f*; argument, *m*

— : عُذر — prétexte, *m*; excuse, *f*

— : وثيقة الملكية — titre; titre de propriété, *m*

بحجة كذا — sous prétexte

حَجاج العين — arcade sourcilière, *f*

حِجاج . مُحاجة : جدال — discussion; argumentation, *f*

حاجّ : زائر الأماكن المقدسة — pèlerin,e

احتِجاج : اقامة الحجة — protestation, *f*

مَحَجّة الطريق — centre, *ou* milieu, de la route, *m*

— الصواب — le droit chemin, *m*

مُحتَجّ : مقيم الحجة أو معترض — protestataire

☆ حَجَرَ عليه — interdire

حَجَّر الشيء — pétrifier; rendre dur,e

تحجَّر . استَحجَرَ : صار كالحجر — se pétrifier; durcir

— بين طبقات الأرض كالحيوان والنبات — se fossiliser

حَجَر — pierre, *f*

— جهنّم — nitrate d'argent, *m*; pierre infernale, *f*

— الخفّان — pierre ponce, *f*

— شطرنج وطاولة وماشابه : بيدق — pion, *m*

— الطاحون — meule; pierre meulière, *f*

— كريم — pierre précieuse, *f*

— الهدم : دبش — mœlon, *m*

— نقود — argent comptant, *m*; espèces numéraires, *f.pl*

حَجْر : مَنع . حرم — interdiction; défense, *f*

— صحي — quarantaine, *f*

حِجْر : فرس . أنثى الخيل — jument, *f*

— : بين الركبتين واعلى الفخذين — giron, *m*

حُجْرة : مخدع — chambre, *f*; cabinet, *m*

حَجَري : كالحجر أو منه — pierreux,se

حَجّار — tailleur de pierres, *m*

تحجُّر — pétrification, *f*

مَحْجِر العين : حاجر — orbite, *f*
٥ —: مقلع الحجارة — carrière de pierres, *f*
مُتَحَجِّر . مُسْتَحْجِر — pétrifié,e
حيوان او نبات متحجّر : أحفور — fossile
٭ حَجَزَ : عاق — empêcher; arrêter; retenir; contenir
— : سدّ — bloquer; barrer; boucher
— على راتبه (مثلاً) — saisir; pratiquer une saisie sur
— الشيء أو المكانَ — réserver; retenir; engager
حَجْز : حبس — détention, *f*
— الأموال — saisie, *f*
— تحفظي — saisie-conservatoire
— تنفيذي — saisie-exécutoire
— ما للمدين لدى الغير — saisie arrêt
— المؤجر — saisie gagerie
— على المنقول — saisie exécution
— على المحصولات — saisie-brandon
حاجِز : عائق — entrave, *f*; obstacle, *m*
— : ٥مُوقِع الحجز — saisissant,e
— : فاصل — barrière; séparation, *f*
مَحْجوز (عليه) — saisi,e
— : محفوظ — retenu,e; réservé,e
— : مُعاق — retenu,e; empêché,e
٭ حَجَلَ : مشى على رِجْل واحدة — sauter à cloche pied
— الحصانُ وغيره — se cabrer; gambader; caracoler
حَجَل . حَجَلَة — perdreau, *m*; perdrix, *f*

٭ حَجَمَ : أخرج دماً بالمحجم — saigner *ou* appliquer des ventouses
أَحْجَمَ عن كذا — s'abstenir de; reculer
حَجْم : جِرْم — dimension; taille, *f*; volume, *m*
حِجامة : سحبُ الدم بالكأس — scarification; application des ventouses, *f*
إحْجام : ضد اقدام — recul, *m*; retraite, *f*
— : امتناع — abstention, *f*
مِحْجَم . مِحْجَمَة : كأس الحجامة — ventouse, *f*
٭ حَجَنَ : عقَفَ — courber; rendre crochu,e
أَحْجَن : معقوف — courbé,e; crochu,e; recourbé,e
(حجو) حاجَى : تكلّم بالأحاجي — parler énigmatiquemant
حِجا : عقل — raison; intelligence, *f*
أُحْجِيَّة : لغز — devinette; énigme, *f*
٥ حَخام . حاخامُ اليهود — rabbin, *m*
٭ حدّ ٭ حداد (حدو)
٭ حِدَأة ٥ حِدَايَة — milan, *m*
٭ حَدَبَ : حنى — courber
— : ضدّ قعّر — bomber; rendre convexe
احْدَوْدَبَ . تَحَدَّبَ . حَدِبَ — se voûter; être bossu,e
حَدِب . أَحْدَب — boussu,e; voûté,e
— . مُحَدَّب : ضد مقعّر — convexe; bombé,e

حَدَبَة الظهر (او سنام الجمل)	bosse, *f*
تَحَدُّب: ضد تقعُّر	convexité, *f*
✿ حَدَثَ: جرَى	arriver; advenir; se passer; avoir lieu
حَدُثَ: كان حديثاً	être neuf, ve, nouveau, lle
حَدَّثَ: روَى	raconter; narrer; conter
ـهُ قلبه	avoir le, *ou* un, pressentiment
حادَثَ	causer; converser; avoir une conversation avec qn
أَحْدَثَ: سبَّب	causer; ocassionner; être cause de
تَحَدَّثَ بهِ وعنهُ	parler, *ou* causer, de
حَدَثٌ: بدعة	innovation; nouveauté, *f*
—: شابٌّ	jouvenceau; jeune homme, *m*
حَداثَة	nouveauté (d'une chose), *f*
— السنّ	jeune âge, *m*; jeunesse; minorité, *f*
حُدُوث	survenance, *f*
حَدِيْث: جديد	neuf, ve; nouveau, lle; récent, e
— ٠ محادَثَة	entretien, *m*; conversation, *f*
— السنّ	jeune
حديثاً: من عهد قريب	dernièrement; nouvellement; récemment
حادِث. حادِثة: واقعة	incident; événement, *m*
— ٠ —: كارثة	accident, *m*
كثير الحوادث او الوقائع	plein, e d'événements; *ou* accidenté, e

أُحْدُوثَة	sujet de conversation; propos, *m*
—: ∆حَدّوتَة	conte, *m*
أصبح —	defrayer la chronique
مُحَدِّث: حاكٍ	conteur, se; diseur, se; narrateur, rice
مُحْدَث: حديثُ نعمة	parvenu, e; nouveau riche
مُسْتَحْدَث: جديد	nouveau, *m*; nouveauté, *f*
✿ حَدَجَ ببصره	regarder fixement; lancer des regards perçants
✿ حَدَّدَ: عيَّن	fixer; limiter; définir
— التاجر الأثمان	fixer les prix
ـت الحكومة الأسعار	tarifer les articles
— ٠ حَدَّ[1]: حصر	restreindre; limiter
— ٠ — المكان: أقام له حداً	aborner; circonscrire par des limites; poser des bornes
حَدَّ[2] وأحد[1] عليه: لبس الحداد	porter le deuil de
أَحَدَّ[2] اليه النظر	regarder fixement
إِحْتَدَّ	s'échauffer; s'emporter
حَدّ: منتهى. آخر	limite, *f*; bornes, *f.pl*; terme; bout, *m*
— المملكة او البلاد	frontière, *f*
— السكين او السيف وغيرهما	fil; tranchant, *m*
— (في الرياضة وغيرها)	terme, *m*
الـ الأدنى	minimum, *m*
الـ الأقصى	maximum, *m*
ذو حدّين	à double tranchant
حِدَّة: غضب	emportement, *m*; colère, *f*
—: مَضاء	tranchant, *m*; acuité, *f*
—: سورة	véhémence; violence, *f*
— الطبع	pétulance; irritabilité, *f*
بحِدَّة	avec colère

☆ حِداد : حُزن — deuil, m

شارة الـ (انظر شور) — brassard noir, m

حَدّاد — forgeron; taillandier, m

حِدادة — art du forgeron, ou du taillandier

حَديد : المعدن المعروف — fer, m

— صب او ظهر — fonte, f

— قراضة ∆خرده — ferraille, f

مصنع الـ — forge; ferronnerie, f

حَديدة : قطعة حديد — un morceau de fer

— المحراث — coutre; soc de la charrue, m

حادّ : ماض (حقيقياً ومجازياً) — aigu,ë; tranchant,e; mordant,e

— البصر — qui a la vue perçante; aux yeux de lynx

— الذهن او الفؤاد — esprit pénétrant

— الطبع — irascible; violent,e

— على: حزنان — en deuil; qui porte le deuil

آلة حادّة — instrument tranchant, m

تَحْديد : تقييد . حَصْر — restriction; limitation, f

— : تعريف — définition, f

— : اقامة الحدود — démarcation; délimitation, f

مُحَدَّد : مَسْنون — affilé,e; aiguisé,e

مَحْدود : محصور — limité,e; circonscrit,e; borné,e

— : معيَّن — déterminé,e; défini,e

غير — — illimité; infini,e; indeterminé

مُحتَدّ : غاضب — irrité,e; fâché,e; courroucé,e

☆ حَدَّر : جعله منحدراً — incliner; mettre en pente

تَحَدَّر . انْحَدَر : نزل — descendre; aller de haut en bas

— . — : كان منحدراً — aller en pente, ou talus; être oblique

حُدُور . تَحَدُّر . انْحِدار — biaisement; talus, m; inclinaison, f

واقف الانحدار — escarpé, e; à pic

أُحْدُور . مُنْحَدَر : ∆دُحديرة — rampe; pente; déclivité, f; talus, m

مُنْحَدِر . مُتَحَدِّر . بانحدار — en pente; en talus; incliné,e

☆ حَدْس — conjecture; induction; hypothèse, f

☆ حَدَق . أَحْدَقَ بهِ — entourer; cerner; encercler

— وحَدَّق اليه — regarder fixement

حَدَقَة العين — prunelle, ou pupille, de l'œil, f

حَديقة : جُنينة — jardin, m

∆حادِق الطعم : حاذق — aigre; âcre; acide

مُحْدِق : مكتنِف — environnant,e

خطر — . — danger imminent

∆حَدَل : مهّد بالمحدلة — passer au rouleau

حدلت العجلة : حرجلت — vaciller; branler; aller en zigzag

مِحْدَلة : مدحاة — rouleau, ou cylindre en pierre, m

— بخاريّة: ∆وابور زلط (ف و ر) — rouleau compresseur, m

(حدم) احْتَدَم غيظاً — se mettre en colère

— ت النار: مُتَّقِد — flamber; flamboyer

مُحْتَدِم : مُتَّقِد — flambant, e; flamboyant, e
— غيظاً — furibond, e; furieux, se
☆حِدَة (وحد) ☆حِدَّة (حدد)
△حِذْوَة الفَرس — fer à cheval, m
حَذا على كذا : دفع — pousser; inciter
(حدى) تَحَدَّى : بارى — rivaliser avec
— الرجلَ : ناهضه — défier
☆حديث (حدث) ☆حديد (حدد) ☆حديقة (حدق)
☆ حَذِرَ . حاذَرَ . تَحَذَّرَ . احتَذَرَ — prendre garde
حَذَّرَ : نَبَّه — avertir; mettre sur ses gardes
حَذارِ من كذا — prenez garde!; gardez vous de; méfier vous de
حَذَرٌ . حِذر — précaution; circonspection, f
حَذِرٌ . حاذِر — prudent, e; circonspect, e
تَحذير — avertissement, m
مَحْذور — ce qu'on doit éviter; danger à éviter
☆حَذَفَ من — ôter; retrancher; enlever ou déduire
— : القى — laisser tomber; jeter
— كلمة : شطبها — rayer; biffer; effacer
— بالشيء — lancer; flanquer; jeter loin
حَذف — élision; suppression, f; retranchement, m
بحذافيره — tout entier; entièrement
☆حَذِقَ : كان ماهراً — être habile; très versé, e dans
حِذق . حَذاقة : مهارة — habileté, f

حاذِق : ماهر — habile; adroit, e
— : شديد الحموضة — aigre; acide; sûr, e
☆حَذْلَقَ . تَحَذْلَقَ — faire le pédant
حذلقة . تَحَذْلُق — pédanterie, f; pédantisme, m
مُتَحَذْلِق : مُدّعي العلم — pédant, e
☆ حَذْوَ . حذاء[1] . محاذِيَه : ازاء — en face ou vis-à-vis de
حذا حذوه . احتَذَى[1] به : اقتدى — imiter; suivre
حاذَى . محاذاة — être en face, ou vis-à-vis, de; faire face à
احتذى[2] الحذاء — se chausser
تحاذَيا — être en face les uns des autres; étc face à face; être parallèle
حِذاء[2] : △جزمة — chaussure, f; soulier, m
— عالي — bottine; chaussure montante, f
— طويل — ←botte, f
☆حرّ (حرر) ☆حراج (حرج) ☆حرارة (حرر)
☆حرام ☆حرامي (حرم) ☆حرّان (حرر)
☆ حَرْب : قتال — guerre, f
— اهلية — geurre civile ou intestinale
— خاطفة — guerre éclair
في حالة — — en guerre; en état de guerre
حارَبَ العدو — combattre; faire la guerre
حربي : عسكري (راجع عسكر) — militaire; martial, e; de guerre
مدرسة حربية — école militaire, f
حِرْباء . حِرباءة — ←caméléon, m

حَرْبَة: رأس الرمح — pointe (f), ou fer (m), de lance
— البندقيّة — baïonnette, f
— : رُمْح — lance, f
مِحْرَاب المعبد — sanctuaire, m
— المسجد — niche, f 
— الكنيسة: مذبح — autel, m
مُحَارِب — combattant, e; guerrier, ère
☆ حَرَثَ الأرض: فلحها — labourer; cultiver
حَرْث . حِراثة — culture, f; labourage, m
حَرَّاث . حارِث — laboureur (de la terre); cultivateur, rice
مِحْرَاث : آلة الحرث — charrue, f
— بخاري — charrue à vapeur, ou mécanique
☆ حَرِجَ : ضاقَ — être serré, e, rétreci, e, ou à l'étroit
— صدره — avoir le cœur contrit, gros
حَرَّجَ وأحرَجَ [1] عليه الأمر: حرّمه — interdire; défendre de
أحرَجَ: [2] اضطر — contraindre; forcer
— مركزه — acculer; mettre au pied du mur, ou dans une situation critique
حَرِج . ضيِّق — étroit, e; serré, e
مركز حرج — impasse; situation critique, f
حرج : تحريم — interdiction; défense, f
— . حَرَجة : ٥حِرْش — bois; pays boisé, m; forêt, f
— . حِرْج : إثم — crime; délit, m
لا — — pas d'objection
حدث ولا — — ne craignez pas de dire que

☆ حَرْجَلَ : مشى يُمنة ويُسرة — zigzaguer
☆ حَرِدَ — se fâcher; être en colère
حارِد . حرْدان — boudeur, se; de mauvaise humeur 
☆ حِرْذَوْن — lézard, m
☆ حَرَّرَ : صيّره حُرًّا — affranchir; délivrer; émanciper
— العقل — éclairer; affranchir
— الصحيفة: أعدها للطبع — rédiger
تَحَرَّرَ — s'affranchir; devenir libre; s'émanciper
— من — se libérer de
حُرّ : طليق — libre
— : ضدّ عبد — affranchi, e
— : مستقل — indépendant, e
— : خالص او أصلي — pur, e ou véritable
— العقيدة — libre-penseur
— التصرف : ليس تحت وصاية — libre; libre de tout engagement
حُرِّيَّة : ضد تقييد — liberté, f
خذ حريتك — soyez à l'aise
حَرّ . حرارة : ضد برد وبرودة — chaleur, f 
حرارة [2] : غيرة — ardeur, f; zèle, m
٥ — : طفح جلدي — éruption, f
الـ الجوية او البدنية — température, f
مقياس الـ : مِحَرّ — thermomètre, m
الـ للالات وغيرها — calorimètre, m
حَرارِيّ — thermal, e
وحدة حرارية — calorie, f

حَرَّان : شديد العطش — altéré,e
∆ —— : ضد بَردان — qui a chaud
حَرِير : نسيج معروف — soie, *f*
حريريّ : كالحرير — soyeux, se
—— : من الحرير — de soie
حارّ : ضد بارد — chaud,e
—— : حرّيف ∆حرّاق — piquant,e
فوّارة ماء حار (حمّة في حمم) — geyser, *m*
تَحْرِير : ضد تقييد — libération, *f*
—— الارقّاء — affranchissement, *m*
—— الصحف والكُتُب — rédaction; composition, *f*
مُحَرِّر : مُخَلِّص — libérateur, rice
—— الجريدة — rédacteur, rice
☆حَرُزَ : كان حريزاً — être inaccessible
أَحْرَزَ : نال او حاز فوزاً — acquérir; obtenir *ou* remporter une victoire
—— شهرة — se faire une réputation
إِحْتَرَزَ. تحرَّزَ منهُ — se garder; se prémunir contre
حِرْز : حصن — place forte; forteresse, *f*
—— : عوذة — amulette, *f*; talisman, *m*
حَرِيز — inaccessible; inexpugnable
إِحْرَاز : نَيْل أو حيازة — acquisition, *f*
☆حَرَسَ الشيء : قام بحراسته — garder ; surveiller; veiller sur
إحترسَ. تحرّسَ — se tenir sur ses gardes; être prudent,e
احترِسْ من : حذار — faites attention à; gardez vous de !

حَرَس. حُرّاس — gardes, *m.pl*; escorte, *f*; gardiens, *m.pl* (*f.pl* gardiennes)
حِراسة : رعاية — garde; surveillance; conservation; veille, *f*
—— قضائية — séquestration; garde judiciaire, *f*
حارِس — gardien,ne; surveillant,e; tutélaire; garde
—— : ∆ديدبان. ناطور — sentinelle, *f*; factionnaire, *m*
—— قضائي — garde judiciaire; *ou* séquestre, *m*
إحتِراس — précaution; attention, *f*
باحتراس : بحذر — prudemment; avec attention
مُحْتَرِس — prudent,e
☆حَرَّشَ : حرّك على شرّ — inciter; exciter; pousser à; provoquer
تَحَرَّشَ بهِ للخصام — chercher querelle à; provoquer qn
∆حِرْش : حَرَجة — bois, *m*
حَرِيش : أم أربع وأربعين — mille-pieds; scolopendre, *f*
تَحَرُّش : تعرُّض — immixion dans les affaires d'autrui
∆ تحريش المعدة (بالمأكولات الخشنة) — raclage de l'estomac, *m*
☆حَرْشَفَ السمك : قشرهُ — écaille, *f*
☆حَرِصَ — convoiter; désirer ardemment, *ou* avidement
حِرْص — avidité; cupidité; avarice, *f*
حَرِيص — avide; cupide; avare
☆حَرَّضَ — exciter; exhorter; pousser à

تَحْرِيض excitation; instigation; provocation, *f*
مُحَرَّض poussé,e; provoqué,e
محرِّض (على شر) fauteur,rice; instigateur,rice; provocateur,rice
٭حرَّف. حَرَّفَ incliner; rendre oblique; faire biaiser
— الكلام أو المعنى interpréter mal; dénaturer; intervertir
انحَرَفَ. تحرّفَ biaiser; s'incliner
— عن dévier; s'écarter de; se détourner de
— الى اليمين tourner à droite
احترفَ كذا exercer un métier pour gagner sa vie; faire profession de
حَرْف : حافة bord, *m*; bordure, *f*
— : حدّ ∆ سِن fil; tranchant, *m*
— : أحد حروف الهجاء lettre, *f*
— : اداة (فى النحو) particule, *f*
— جَرّ préposition, *f*
— حَلْق lettre gutturale, *f*
— صفير lettre sifflante, *f*
— ساكن أو صامت consonne, *f*
— صوتى أو متحرّك او علة voyelle, *f*
— عَطْف conjonction, *f*
— نِداء interjection, *f*
— مطبعى caractère, *m*
حَرفىّ (راجع ترجم فى رجم) littéral,e
حرفياً: بالحرف littéralement; à la lettre
حُرْف : رشاد بَرّى cresson; cresson de fontaine, *m*

حِرْفة : مهنة profession, *f*
— يدوية métier, *m*
— حرّة profession libérale, *f*
حَرافَة المذاق aigreur; âcreté, *f*
حِرِّيف : لذّاع ∆ حَرّاق piquant,e
∆ حَرِّيف : ذو خبرة expert,e
إنحِراف : مَيل déviation *ou* obliquité, *f*
— المزاج indisposition, *f*
— : شذوذ digression, *f*
احْتِراف حِرفة exercice d'une profession
تَحْرِيف الكلام fausse interprétation; déformation (de sens)
— الكلمة (فى الأجروميَّة) métathèse, *f*
مُحْتَرِف : ضدّ هاوٍ professionel,le
مُنْحَرِف oblique; de biais; en pente
— المزاج او متوعّك indisposé,e
٭حَرَقَ. أَحْرَقَ بالنار brûler
— بسائل حار. سمط échauder
— اللسان : لذع piquer
— وحَرَّقَ اسنانَهُ grincer les dents
احترَقَ. تحرّقَ : دبّت فيه النار brûler; prendre feu
— : حرقته النار brûler; se consumer
حُرْق brûlure; trace de brûlure, *f*
حُرْقَة : حرارة ardeur; véhémence, *f*
حَرْق. حَرِيق. إحراق brûlure; combustion, *f*
— عَمْديّ incendie volontaire, *m*
— الأموات : ترميد crémation incinération, *f*

incendie; feu, *m*	حَرِيق ٢ . حَرِيقة
vésicatoire, *m*	Δ حُرَّاقة : مُنَفِّطة
torpilleur, *m*	حَرَّاقة : سفينة حربيّة
incendiaire	حارق متعمّد
combustion, *f*	إحتراق : اشتعال (اواحراق)
inflammable; combustible	سريع أو قابل الـ
saison de bas étiage du Nil	تحاريق النيل
brûlant, e	مُحْرِق : يحرق
brûlé, e	محروق
holocauste, *m*	مُحْرَقَة : صعيدة
pomme d'Adam, *f*	٥ حَرْقَدَة الرقبة
ischion; os innominé; sommet du fémur, *m*	٥ حَرْقَفَة
secouer; ébranler; déloger	٥ حَرَّكَ: زحزح أو هزّ
mettre en mouvement; remuer; mouvoir	— : جعله يتحرك
remuer; agiter	— الطبخ او السائل
toucher; émouvoir	— العواطفَ
vocaliser	— الحرفَ أو الكلمة
bouger; se remuer; se mettre en mouvement	تحرّك
mouvement, *m*	حَرَكَة . حَرَاك: ضد سكون
geste, *m*	— : ايماء
accent, *m*	— : شَكْلة
kinésie, *f*	علم الـ المجرّدة
film mouvementé, e	فيلم سريع الحركة وكثيرها
vif, ve	حَرِك : يحب الحركة
garrot, *m*	حارك الحصان : أعلى كاهله

remuement; mouvement, *m*	تَحْرِيك . تَحَرُّك
moteur, *m*	مُحَرِّك : يسبّب الحركة
moteur, rice	— : سبب الحركة
mobile; motif, *m*	— : باعث
agitateur, rice, instigateur, rice	— القلاقل
moteur électrique	— كهربى (انظر دينامو)
mouvant, e; mobile	مُتَحَرِّك : ضدّ ساكن
mobile	— : يُنقل
voyelle, *f*	— : ضد الساكن من الحروف
priver de	٥ حَرَمَ فلاناً الشيء
déshériter; exhéréder	— الابنَ الوراثة
excommunier	— الكاهنَ (راجع شلح)
être défendu, e, *ou*, illicite	حَرُمَ عليه الأمرُ: امتنع
interdire; rendre tabou; déclarer, illicite, *ou* sacré, e	حَرَّمَ الشيء : جعله حراماً
respecter	احْتَرَمَ : رعى حرمتهُ
considérer comme illicite, *ou* défendu, e	اسْتَحْرَمَ: عدّهُ حراماً
interdit, e; prohibé, e; tabou	حَرَم . حَرَام ۱ . محرَّم : ممنوع
sacré, e; inviolable	— : لايُنتهك
sanctuaire; autel, *m*	— المعبد او الهيكل
excommunication, *f*; anathème; interdit, *m*	Δ حِرْم كنائسي
défense; interdiction, *f*	حُرْمَة . تحريم : منع
inviolabilité; sainteté, *f*	— : قداسة
épouse; femme, *f*	— الرجُل : زوجته

حَرام ٢ : ضدّ حلال — illicite

شقّة — (بين بلادين) — zone neutre, *f*

بالـ : بكيفية محرَّمة — illicitement; illégalement

∆ حِرام . حَرِيم ١ : ∆ بطّانية — couverture, *f*

∆ حَرامىّ : لصّ — voleur, se; brigand, *m*

حِرْمان : مَنْع — privation; prohibition, *f*

حَرِيم ٢ : نساء الدار — les femmes de la maison

احْتِرام : اعتبار — respect; estime, *m*

∆ مَحْرَمَة : منديل (فى ندل) — mouchoir, *m*

مَحروم من كذا — privé, e de

مُحْتَرَم : موقّر — respectable; vénérable; honorable; respectueu x, se

الـ : الموقر (لرجال الدين) — révérend, e; très révérend, e

✿ حَرْمَل : نبات وحبه كالسمسم — rue sauvage; rue, *f*

∆ حَرْمَلَة : غطاء للأكتاف ← — pélerine; cape, *f*

✿ حَرُنَ الحصانُ — s'acculer; être rétif

حَرُون : عنيد — têtu, e; entêté, e; obstiné, e; mutin, e; rétif

✿ حروة : حرقة فى الحلق او الصدر — aigreurs, *f.pl*

✿ حَرِيّ بهِ : جدير — digne de (lui)

أحْرَى بهِ أن — il est préférable, *ou* plus convenable, pour lui de

بالأحرى — plutôt; mieux; à plus forte raison

تَحَرَّى الأمر — faire une enquête sur

تَحَرٍّ : تقصٍ — investigation; enquête; recherche, *f*

✿ حريِر (حرر) ✿ حريز (حرز) ✿ حرّيف (حرف)
✿ حريم (حرم) ✿ حرّيّة (حرر) ✿ حَزّ (حزز)

✿ حَزَّبَ : جمع حزباً — former un parti

حازَبَهُ : صار من حزبه — être partisan de; se coaliser avec; se joindre, *ou* adhérer, à un parti

— ∆ تحزَّب له : نصره — appuyer; se mettre de son côté; prendre son parti

حِزْب : جماعة — parti, *m*

تحزُّب : مشايعة — parti-pris, *m*; partialité, *f*

مُتَحَزِّب : مشايع — partial, e *ou* partisan; adepte

حَيْزَبُون : عجوز شَمْطاء — vieille; vieille femme; vieille sorcière; chipie, *f*

✿ حَزَرَ : قدَّرَ وخمَّن — deviner; conjecturer

حَزْر : تخمين — conjecture; présomption, *f*

∆ حَزُّورَة : أُحجية — devinette, *f*

∆ حَزِيران : يونيو . الشهر الميلادى السادس — juin, *m*

✿ حَزَّ . حزّ . احْتَزّ : فرضَ — entailler; faire une coche à; inciser

حَزّ . مَحَزّ : فرض — entaille; ← coche; incision, *f*

حَزَّة : وجع فى القلب — douleur de cœur

— : حرقة فى فم المعدة — aigreurs, *f.pl*

حَزاز : قشرة الرأس — pellicules, *f.pl*

— : قوبا — impétigo, *m*

حَزازة فى القلب (من غيظ) او ضغينة — rancune, *f*

☆ حَزَقَ : ضَغَط — forcer; tendre trop

☆ حَزَمَ : صرَّ . رَزَمَ او رَبَط — emballer; empaqueter; envelopper; lier avec des cordes

— امتعته (لأجل الرحيل) — faire ses valises, ou ses bagages

حَزَّمَ : مَنطق — ceindre; entourer de ceinture; ceinturer

حَزُمَ : كان حازماً — être ferme, ou résolu,e

تَحَزَّمَ . احْتَزَمَ : لبس الحزام — se ceindre la taille; mettre la ceinture

حَزْم : رَزْم — emballage, m

— : عَزْم — fermeté; décision, f

— : حصافة — discernement, m

حُزْمَة : رِزْمة — colis; ballot; paquet, m

حِزَام : زنار — ceinture, f

— السرج : ولَم — sangle, f

— الفَتْق : حفاظ — bandage herniaire, m

— النجاة من الغرق — ceinture de sauvetage, f

حازِم : حصيف الرأى — sagace; avisé,e

☆ حَزَنَ . حَزَّنَ . أحزَنَ — attrister; chagriner

حَزِنَ لهُ وعليهِ : ضد فرح — se chagriner ou se désoler pour

— عليهِ : حدَّ — porter le deuil de; se mettre en deuil pour

حُزْن.حَزَن : ضد فرح — tristesse; affliction, f; chagrin, m

— : حِداد (راجع حدد) — deuil, m

حَزْن : أرض غليظة — sol dur et inégal, m

حَزِين . حَزْنان . مَحْزون — triste; chagriné,e; affligé,e

—.— : حادّ — en deuil

حَزَايِنى . مُحْزِن [1] (كالنغم وغيره) — triste; morose; mélancolique

مُحْزِن [2] : مكدر — attristant,e; affligeant,e

○حزيران(حزر) ☆حساء حساء(حسو) ☆حسام(حسم)

☆ حَسِبَ : ظنَّ — croire; penser; supposer

حَسَبَ : عدَّ — considérer; estimer; juger

— : احصَى — compter; calculer

— عليه — débiter de; passer au débit de

— لهُ — créditer; porter au crédit de

حاسَبَهُ : تحاسب معه — régler un compte, ou débattre les comptes, avec qn

إحتَسَبَ : اعتدّ — tenir compte de; prendre en considération

— به اكتفى — se satisfaire; se suffir de

— ولداً : فقدهُ — perdre un fils

حَسْب . حُسْبان : عدّ . احصاء — calcul; compte, m

حَسْبُ : كفى — assez; il suffit !

فحسْبُ : فقط — seulement

وحسبي كذا (مثلا) : يكفيني — il me suffit de

حَسَب : مفاخِرُ الاباء — haute extraction, ou ascendance, f

بحسب : بموجب — selon; d'après

بحسب شرعة .. — en vertu de la loi de..

حِسْبَة : عمليّة حسابيّة — problème; compte, m

△ — بُرما — compte d'apothicaire, m

حِساب: عَدّ calcul, *m*; estimation, *f*
— :محاسبة ١. مسك الدفاتر comptabilité, *f*
— : ما بين المتعاملين compte, *m*
— التفاضُل calcul différentiel, *m*
— التمام والتكامُل calcul intégral, *m*
— المثلثات trigonométrie, *f*
— جار compte courant, *m*
على الـــ : بالدَّين à crédit
على — فلان au compte; sur le compte de
لـ فلان pour le compte de
عِلم الـ arithmétique, *f*
يوم الـ jour du jugement dernier, *m*
حَسيب noble
حاسِب : عادّ qui compte; calculat eur, rice
— Δ مُحاسِب ١ comptable; teneur de livres
آلة حاسبة machine comptable, *ou* à calculer, *f*
مُحاسِب ٢ قانوني : مراجع حسابات expert-comptable
مُحاسَبة ٢ عملُ الحساب établissement, *ou* épurement, des comptes
Δ مَحسوبيّة favoritisme, *m*
✩حَسَدَ : تمنّى ما لغيره envier; jalouser
Δ — : اصاب بالعين donner le mauvais œil
حَسَد : اشتهاء ما للغير envie; jalousie, *f*
حَسُود envieu x, se; jalou x, se
✩حَسَرَ : كشف découvrir; dévoiler
— بصرهُ : ضَعُفَ وكلّ avoir la vue faible, *ou* fatiguée

حَسَّرَ : جعلهُ يتحسَّر affliger; attrister
حَسِرَ . تَحَسَّرَ على soupirer sur; regretter
حَسْرَة : لهف affliction; peine; amertume, *f*
حاسِر البصر qui a la vue faible
— الرأس. عاري الرأس qui a la tête nue
واحَسْرتاه hélas ! quel dommage !
(حسس) حَسَّ . أَحَسَّ : شعر sentir
— الحصان Δ طمره étriller
Δ حَسَّسَ : تلمَّس tâter; tâtonner
حِسّ : صوت (عموماً) son; bruit, *m*
— الانسان أو الحيوان : صوت voix, *f*
— . حَسّ . إحساس ١ :شعور toucher, *m*; action de sentir, *f*
حاسَّة . احساس ٢ : قابلية التأثر sensibilité; susceptibilité, *f*; sentiment, *m*
— : احدى الحواسّ الخمس sens, *m*
عديم او فاقد الاحساس insensible
حسّي: مختص بالحسّ des sens; sensuel, le
حَسَّاس: ذو شعور sensible; susceptible
نقطة حساسة point sensible, *m*
مَحَسَّة الخيل étrille, *f*
محسُوس . مُحَسّ palpable; senti, e; *ou* sensible, *f*
غير — intangible; impalpable 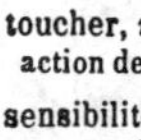
✩حَسَك (الواحدة حسكة) : شوك ←épine, *f*
— السمك arête, *f*
— السنبلة barbe; arête, *f*

☆ حَسَمَ : بَتّ — décider; arrêter; résoudre; trancher

حَسْم : بَتّ — règlement, m; décision; solution, f

حُسام : سَيْف — épée, f; sabre, m

حاسِم : باتّ — décisif, ve; concluant,e, m

☆ حَسُنَ : كان حسناً — être beau (f. belle)

حَسَّنَ : صيره أحسن مما كان — améliorer; rendre meilleur,e

أَحْسَنَ : فعلَ الحسَن — bien faire, *ou* agir

— اليه : أعطاهُ الحسَنة — faire l'aumône à

— اليه وبه : عمل معه حسناً — faire du bien à

تَحَسَّنَ (راجع تقدم) — s'améliorer

إِسْتَحْسَنَ — trouver bien; approuver

حُسْن : جمال — beauté, f; charme, m

— الابتداء (في البديع) — exorde, m

— الانتهاء (في البديع) — péroraison, f

— التعبير (في البيان) — euphémisme, m

بِحُسْنِ قصد او نيَّة — de bonne foi

حَسَن : جميل — beau (*a.f.* belle); joli,e

— : جيِّد — bien; bon,ne

حَسَناً : جيِّداً — bien ! très bien !

حَسْناء : امرأة جميلة — une beauté; belle, f

مَحاسِن : صفات حسنة — excellents trais, *m.pl*; bonnes qualités, *f.pl*

حَسَنَة . إِحْسان — aumône; charité; bienfaisance, f

— : عمل حسن — bienfait, m; bonne action, f

Δ — : وحمة — grain de beauté, m

بالــ — amicalement

الاسماء الــ — les attributs de Dieu, *m.pl*

حَسُّون — chardonneret, m

أَحْسَن : أفضل — meilleur,e

إِسْتِحْسان — appréciation; approbation, f

تحسُّن او تحسين — amélioration, f

مُحْسِن : خيِّر — bienfaiteur, rice; charitable

☆ حَسْو . حَساء : Δ شوربة — soupe, f; potage; bouillon, m

حَسْوَة : مَصَّة — petit coup, m; gorgée, f

حَسا . تَحَسَّى . احتَسَى : مصّ — siroter; buvoter; boire par petites gorgées

☆ حَشَّ العُشْب — faucher; couper

حَشّ : قطع العشب او البرسيم (مثلاً) — fauchage, m

حَشِيش : عُشْب ضارّ — mauvaise herbe, f

— : عُشْب (عموماً) — herbe; verdure, f

— التخدير — *hachich ou hashisch*; suc du chanvre indien, m

— . حش: مولود ميتاً — mort-né; avorton, m

— الهر (نبات) — valérian, f

— البحر » — lichen, m

ـــة الدينار » — houblon, m

حَشَّاش — qui fait usage, *ou* fumeur, de haschisch; hachash

حُشاش . حُشاشة — dernier souffle de vie, m

مِحَشّ : منجل كبير (انظر نجل) — faux, m

☆حَشَد الجيش mobiliser
— : جمع rassembler; assembler
احْتَشَدَ. تَحَشَّدَ : تجمّع s'assembler; se réunir
حَشْد : جمع rassemblement, *m*
— الجنودِ : ضد تسريحها mobilisation, *f*
☆ حَشَرَ : جمّع entasser; serrer
— : دسّ fourrer; insérer
حَشْر : زَحْم encombrement; rassemblement, *m*
— : دسّ action de fourrer; insertion; interpolation, *f*
يوم الـــ le jugement dernier, *m*
محشور serré,e; entassé,e *ou* fourré,e
حَشَرَة insecte, *m*
☆ حَشْرَجَ عند الموت râler
حَشْرَجَة râle de la mort; râlement, *m*
☆حشفة القضيب gland de la verge, *m*
متحشّف : لا يعتني بهندامه débraillé,e
☆حَشَم : حاشية entourage, *m*; escorte; suite de qn, *f*
حِشْمَة . احتشام décence; bienséance, *f*
حَشِم . مُحْتَشِم : حيى modeste; honteux, se; timide
تَحَشَّم . احْتَشَم : استحيا avoir honte; être timide
☆حَشْو ۵ حَشْوَة : مايحشى به (عموماً) bourre, *f*
— . —— السن plombage, *m*
— . —— من لحم مفروم ، مفرى farce, *f*
— . تحشِيَة الكلام interpolation, *f*

حَشَا : ملأ بحشوة (عموماً) bourrer; farcir; remplir; rembourrer
— السلاح النارى : ۵ عمَّرهُ charger
— الدجاجة او غيرها لطبخها farcir
— السنَّ plomber
حَشًا . أحْشاء entrailles, *f.pl*; viscère; intestin, *m*
مَحْشُوّ ۵ محشى farci,e; rembourré,e
— : ۵ معمَّر (كالسلاح النارى) chargé,e
حَشَّى الشيء والثوب ourler; border; mettre une bordure, *ou* un ourlet
— الكتابَ mettre une glose marginale
— فى النصّ الأصلى interpoler; insérer; apostiller
— بين الأسطر écrire entre les lignes; intercaler
تحاشى عن كذا éviter; se garder de
حاشا : سوى excepté
حاشِيَة : تعليق على الهامش glose marginale; glose; apostille, *f*
— : حرف bord, *m*; bordure, *f*
— : حَشَم suite, *f*
— القماش : ۵ بُرْصُل lisière, *f*
— المنديل والثوب ourlet; ajouré; bord, *m*
— الكتاب او الصفحة marge, *f*
— فى خطاب postscriptum, (P.S.), *m*; apostille, *f*
☆حَصالُبان : اكليل الجبل (نبات) romarin, *m*
☆حصان (حصن) ☆ حصَّالة (حصل) ☆ حصاة (حصو)
☆حَصَبَ . حصَّبَ الأرض macadamiser
حُصِبَ ۵ حَصَبَ : اصيب بمرض الحصبة être atteint,e de rougeole; avoir la rougeole

حَصَب.حَصْباء : ∆ زلَط cailloutis, m; petits cailloux, m.pl

حَصْبَة : مرض معروف rougeole, f

☆ حَصَدَ الزرعَ وغيره : قطعه faucher

— : جنى récolter; moissonner

حَصْد. حِصاد : جَنْيٌ récolte, f; moissonnage, m

— الزرع وغيره : قطعه fauchage, m

حِصاد[2] : أوانُ الحصْدِ temps de la moisson, m

حَصِيد. حَصِيدَة : الزرع المحصود récolte; moisson, f

حاصِد. حَصّاد[1] : الذى يحصد الزرع moissonneur, se

حَصّادَة . مِحْصَدَة : آلة الحصد moissonneuse, f

مُحْصَد. مَحْصُود moissonné, e; récolté, e

☆ حَصَرَ : أحاط به entourer; environner; circonscrire

— : حدَّدَ limiter; restreindre

— كلمةأوعبارة mettre entre parenthèses

— . حاصَرَ المكانَ assiéger; bloquer; cerner

حُصْر : إمساك البطن constipation, f

حَصْر : إحداق بالشيء action d'entourer; environnement

— . حصار : محاصرة siège; blocage, m

— : تقييد restriction; limitation, f

— البول rétention d'urine, f

رفع الـــ lever le siège, ou le blocus

علامة الـــ : هلالان ( ) parenthèse, f

علامة الـــ هذه : عضادتان [ ] crochet, m

يفوق الـــ outre mesure; démesuré, e

حَصِير . حَصيرة natte, f; paillasson, m

مَحْصُور. مُحاصَر assiégé, e; bloqué, e

— : مقيَّد او ضيِّق limité, e ou serré, e

محاصِر assiégeant, e

☆ حِصْرِم العنب raisin vert, m

☆ حَصْحَصَ . حَصْحَصَ الحقُ se manifester; se faire jour; se révéler

حَصَّهُ كذا échoir à qn (lot, portion)

حاصَّ : قاسمَ partager; diviser avec

أحَصَّ : قسَّم حصصاً répartir

— : عين حصته assigner à qn sa part

حِصَّة : نصيب part; portion, f; lot, m

— دراسيَّة cours, m

— نسبية quote-part, f

— تأسيس part de fondateur, f

مُحاصّة : تقسيم الحصص répartition, f

— : مقاسمة partage, m; participation, f

— شركة société en commandite, f (simple ou par actions)

☆ حَصُفَ : كان جيد الرأى avoir l'esprit juste, ou un bon jugement

حَصِفٌ. حَصِيف : محكم العقل sagace; avisé, e; perspicace

حَصافَة : جودةالرأى sagesse; solidité de jugement; perspicacité, f

☆ حَصَلَ : جرى. حدث avoir lieu; arriver

— لهُ كذا arriver à qn de; survenir à

— على . حَصَّلَ[1] : نالَ obtenir; acquérir

— على او — الدَّيْنَ recouvrer

حصّل ٢: ادرك — attraper; rattraper; atteindre; arriver à
△ حُصّالة النقود : كنزيّة — tirelire, f
حاصل : نتيجة — résultat, m
— الجمع (فى الرياضة) — total, m
— الضرب — produit, m
— : شونة — grange, f; entrepôt; grenier; silo, m
△ — : سجن — prison, f; [violon], m
—.مَحْصُول : غلّة — produit; rendement; rapport, m
محصولات : منتجات — produits, m.pl
تحصيل : نيل — acquisition, f
— : جمع — recouvrement; encaissement, m
— الضرائب — perception, f
△ تحصيلجى .مُحَصِّل — receveur,se; encaisseur; ou percepteur, m
✲ حَصُنَ المكانُ : كان حصيناً — être fort,e, ou bien fortifié,e
حَصُنَت المرأة — être chaste, ou vertueuse
حَصَّنَ : أحصنَ : منّع — fortifier
— ضدّ المرض أو العقاب الخ — immuniser; rendre réfactaire à une maladie
تحصّن : تقوّى وتمنع — se fortiifer; ou s'immuniser
حِصْن : معقل — fort, m; citadelle; forteresse, f
حِصان : ذكر الخيل — cheval, m
— الجرّ : كديش س — cheval de charette, ou de trait
— الركوب : جواد — cheval de selle

— السباق — cheval de course
— بخارى: مقياس القوة — cheval-vapeur, m
حصانة ضد مرض او عقاب — immunité, f
حَصِين : قوى.منيع — fort,e; invincible; imprenable
تحصين : تقوية — fortification, f
تحصينات : استحكامات — fortifications, f.pl
مُحَصَّن — fortifié,e; ou immunisé,e
✲ حصّة (فى حصص) — part, f; lot, m
(حَصَى) أَحْصَى : عدّ — compter; calculer
— : عدّد — énumérer
لا يحصى : لا يُعدّ — innombrable
حَصاة △ حَصْوَة — cailou; petit cailou, m
— بولية — calcul, m; pierre (dans la vessie), f
إحصاء : عدّ — action de compter; énumération, f; dénombrement, m
— النفوس : تعداد — recensement, m
— . إحصائيّة — statistique, f
احصائى : تعدادى — statistique
✲حصير(حصر)✲حصيف(حصف)✲حضارة(حضر)
✲ حَضَرَ : جاء — arriver; venir
— : ضدّ غاب — être présent,e
— المجلس — se trouver dans; assister à
— أمام المحكمة — comparaître, ou se présenter, devant
— . تحضّر ١-٢ : أقام بالحضر — vivre dans un pays civilisé

préparer; apprêter; tenir prêt,e — حَضَّرَ : أعدَّ
civiliser; moderniser — — : مدَّن
apporter; amener — ـــ . أحْضَرَ : جاء بهِ
discourir; prononcer un discours; faire une conférence — حاضَرَ : ألقى محاضرة
convoquer; faire venir qn en sa présence — إستحْضَرَ : استدعى
devenir civilisé,e — تحضَّرَ ٢ : تمدَّن
être prêt,e — — : تهيَّأ
civilisation, f — حَضَر . حَضارة : ضد البداوة
citadin,e — حَضَرىّ : مدنى
présence, f — حَضْرَة . حُضُور ١ : وجود
en présence de; devant — فى — . بحضور : أمام
arrivée, f — حضور ٢ : قدوم
présence; assistance, f — — الاجتماع
présence d'esprit, f — — الذهن
présent,e — حاضِر : ضد غائب
prêt,e; préparé,e — — : متأهب (او معدّ)
à présent; présentement — فى الوقت الـــ
capitale; métropole, f — حاضِرَة : عاصمة
spiritisme, m — إستحضار الأرواح
préparation, f — تحْضِير
préparatoire — تحضيرى : اعدادى
huissier, m — مُحْضِر المحكمة
procès-verbal, m — ٥ مَحضَر : تقرير كتابى عن واقعة
compte rendu; procès-verbal d'audience, m — ٥ — وقائع الجلسة

possédé,e; démoniaque — مَحْضُور . مُحتَضَر : شخص به شيطان
hanté,e — — . — : مكان مسكون بالجنّ
conférencier; ère — مُحاضِر : مُلقى المحاضرة
conférence, causerie, f — مُحاضَرَة
moribond,e; mourant,e — مُحْتَضِر : على وشك الموت
exciter; exhorter; pousser à — ☆حَضْحَضَ . حَضَّ على كذا : حثّ
instigation; exhortation; incitation, f — حَضّ : حَثّ
terre basse, f ou pied d'une montagne, m — حَضِيض : أرض أو طامن غيرها
périgée, m — — : ضد اوج
descendre au plus bas — بلغ الـــ
étreindre; serrer dans les bras — ☆حضَن . احتَضَن
élever — — . — : ربّى
couver — — الطيرُ بيضهُ
étreinte, f; embrassement, m — حَضْن
couvée, f — حَضْنَة : ماتحضنه الدجاجة ليفقس
sein, m — حِضْن : مابين العضدين
éducation, f — حِضانة : تربية
garde, f — — (فى الشريعة)
incubation, f — — البيض والجراثيم وغيرها
nourrice, f — حاضِنة : مربية
placer; poser; mettre; déposer — ☆حطّ ١ . احتطّ : وضع
s'abattre; se poser; percher — — الطائرُ
camper; faire halte — — الرّحال
dégrader; déshonorer; dénigrer — — من قدره

dépréciér; avilir — حَطّ[٢] من قيمته
descendre; tomber — — . انحطّ: نزل
atterrir — ـت الطائرة: نزلت على الأرض
pose; action de mettre, ou placer, f — حَطّ: وضع
affront; outrage; déshonneur, m — حِطّة
escompte, m; remise, f — حَطِيطة: خصم
inférieur,e à — أحَطّ: أوطأ. أقل درجة
décadence; chute, f; ou abbaissement, m — انحطاط: تأخر او نزول
infériorité, f — —: كونه أحط من غيره
station; étape, f; arrêt, m — محطّ. محطّة[١]: موقف
finale; cadence, f — — النغم
point de mire, m — — الأنظار
arrêt facultatif, m — محطّة[٢] اختياريّة
station, m — — سكة الحديد
aérodrome, m — — طيران: مطار
terminus, m — آخر — فى الخط
bas, se; vil, e; infâme — منحطّ: واطئ. سافل
ramasser du bois à brûler — ☆ حطَب. احتطب
fagot; rondin; bois à brûler, m — حطَب: خشب الحريق
marchand, e de bois à brûler — حطّاب: الذى يبيع الحطب
bûcheron, ne — —: الذى يجمع الحطب
casser; briser en morceaux — ☆ حطَم. حطّم
se casser en morceaux; se briser — تحطّم. انحطم
faire naufrage — ـت السفينة

morceaux brisés; fragments; éclats; débris, m.pl — حُطام
vanités de ce monde, f.pl — — الدنيا
épaves, f.pl; débris du naufrage, m.pl — — السفينة
avoir la chance; être chançard, e — ☆ حظّ. أحظّ
chance; fortune, f; sort, m — حَظّ: بخت
bonne chance; veine, f — —: سعد
gaité, f; plaisir, m — Δ —: سرور
viveur, se; noceur, se — ابن —
heureusement — لحسن الـ
malheureux, se; infortuné, e; guignard, e — سيّئ الـ
fortuné, e; veinard, e; chançard, e — حظيظ. محظوظ
obtenir; atteindre; remporter — حَظِي بالشيء
avoir le privilège d'assister à — — بالحضور او بالمثول
haute estime; considération; faveur, f — حُظوة: مكانة
trouver grâce, ou estime, auprès de qn; jouir de son estime — نال حظوة
maîtresse; concubine; amie; ou favorite, f — حَظِيّة Δ محظيّة
interdire; défendre — ☆ حظَر عليه الشيء
parquer; enfermer — — المواشى
interdiction; défense, f — حَظر
embargo, m — — دخول السفن الأجنبية الى موانئ البلاد والخروج منها
enceinte; cour; cloture, f — حظيرة: حَوْش
enclos pour les bestiaux; parc, m; étable, f — — البهائم: زريبة

مَحظور : ممنوع interdit,e; défendu,e
خالٍ من الموانع والمحظورات non grévé,e; libre (terrain); exempt de toute entrave *ou* charge légale
٭ حَفَرَ . احْتَفَرَ فى الأرض creuser; excaver
— الكتابة وامثالها : نقشَ graver
— بِئراً creuser un puit
حَفْرُ الأرض creusement, *m*; excavation, *f*
— : نَقْش gravure, *f*
اشغال الـ والتمهيد terrassement, *m*; travaux de terrassement, *m.pl*
حُفْرَة trou; creux, *m*; fosse; cavité; ornière, *f*
حَفّار : الذى يحفر الأرض personne qui creuse, *ou* bêche; terrassier
— القبور fossoyeur, *m*
—: نقاش (على المعادن او الأحجار) graveur, *m*
حفريات أثرية fouilles archéologiques, *f.pl* 
أُحْفور (حيوانى او نباتى) fossile, *a* et *m*
حافِر الدابّة ←sabot, *m*
(حفز) تحفّز للعمل être prêt,e à agir; se ramasser; s'apprêter
حَفِظَ : صان conserver; préserver
— : استظهر apprendre par cœur
— المأكولات وغيرها conserver.
— الدعوى classer l'affaire
— . حافَظَ على : راعى se conformer *ou* acquiescer à; obtempérer
— . — على : اعتنى به prendre soin de
— . احتفظَ[١] به : صان conserver; garder
احتفظ[٢] الشىء وبه لنفسه garder pour soi
تَحَفَّظَ : احترز . احتاط se prémunir contre; se garder de; être sur ses gardes
حِفْظ : وقاية conservation; préservation, *f*
— : استظهار action d'apprendre par cœur
حِفاظ الحيض : حفاض serviette hygiénique, *f*
حَفيظَة : حقد rancune, *f*
حافِظ : واق préservatif,ve; gardien,ne; conserva eur,rice
حافظه : بيان بالمستندات المقدمة bordereau, *m*
تَحَفُّظ : احتياط précaution; réserve, *f*
بكل تحفّظ sous toutes réserves
بلا تحفظ sans réserve
تحفّظى provisionnel,le; subsidiaire
مُحافظ على التقاليد conservateur,rice; un collet monté
—على المواعيد poctuel,le; exact,e
∆ — المدينة : حاكمها gouverneur, *m*
مُحافَظَة : حِفْظ garde; conservation; préservation, *f*
∆ — : ديوان المحافظ ودائرة اختصاصه gouvernorat, *m*
مَحفَظَة : غلاف réceptacle, *m*; capsule, *f* 
— الجيب portefeuille, *m*
مَحفوظ فى الذاكرة su e par cœur; gravé,e dans la mémoire

— : مَصُون — conserve, e: préservé, e; gardé, e

مأكولات محفوظة اى فى العلب — conserve, *f*

٭حَفَّ. حَفَّ. احتَفَّ به وحوله — entourer; encercler

حَفَّ ٢: قشَرَ بالفرك — écorcer par frottement

— : قصَّ طرف الشيء — rogner

— الشجرُ — frémir; bruire

— الثوب — frou-frouter; faire frou-frou

حَفِيف الشجر وغيره — bruissement, *m*

حافّ. خبز حاف — pain sec, *m*

٭حافة: حَرْف أو جرف — bord, *m*

— السكين وما شابه — fil, *m*

— الشيء المستدير: حتار. كفاف — jante, *f*

حَفَلَ بهِ: اهتمَّ — faire attention à; s'occuper de

إحتَفَلَ القوم بعيد — fêter

△ — بالرجل: احتفى — faire bon accueil à; bien recevoir qn

حَفْل ١: جمع — foule, *f*

حَفْلة. محفل ١ — réunion; assemblée, *f*

— الشاي — thé, *m*

— لهو (△ حظ) — partie de plaisir, *f*

— : محفل العرس — mariage, *m*; noce, *f*

— . احتفال ١. حفل ٢ — célébration; solennité d'une fête, *f*

احتفال ٢: موكب △ زفّة — procession, *f*

حافِل: ملآن — plein, e; rempli, e

مَحفِل ٢ ماسوني — loge maçonique, *f*

٭حُفْنَة: مِلْء الكفّين — double poignée, *f*

٭حَفِيَ. احتفى به — faire bon accueil à; bien recevoir; fêter

— : مشى حافياً — marcher nu-pieds

حفاء — nudité des pieds, *f*

حَفاوة. احتِفاء — bon accueil, *m*

حافٍ: عاري القدمين — nu-pieds; déchaussé, e

٭حَفِيد: وَلَدُ الوَلَدِ — petit fils, *m*

حفيدة: بنت الابن او الابنة — petite fille, *f*

٭حنيف (حنف) ٭ حقّ (حقق)

٭حُقْب: ثمانون سنة — espace de quatre-vingts ans

— : دهر — siècle; âge; longues années

احقاب خالية — temps immémoriaux, *m.pl*

حِقْبة: مُدّة — durée, *f*

حقيبة — valise; malle, *f*; portemanteau, *m*

— يد — ←malette; trousse; sacoche, *f*

— للسيدات: مثبنة — sac; sac à main, *m*

— دبلوماسية — valise diplomatique

٭حَقَدَ على — nourrir une haine, *ou* garder de la rancune, contre qn

أحقد — envenimer; exciter à la haine, *f*

حِقْد. حقيدة — rancune; haine, *f*

حاقِد. حقود — rancunier, ère; vindicatif, ve; haineux, se

٥ حَقَرَ . احتقر . استحقر	mépriser; dédaigner
حَقَّرَ : أذلّ	humilier
— : عاب	dénigrer; avilir; déprécier
حَقارة	bassesse; vilenie, *f*
حَقير : زهيد او دنيء	mesquin, e; insignifiant, e *ou* vil, e; bas, se
— : وضيع	de basse extraction
إحتقار	mépris, *m*
تحقير	abaissement, *m*; humiliation; mortification, *f*
مُحتقر : مزدرى	méprisé, e; dédaigné, e
— : يستحق الازدراء	méprisable
٥ حقّقَ : أثبت	confirmer; certifier; assurer
— الأمر والدعوى	instruire; enquêter; vérifier
— الأملَ	réaliser
تحقّقَ الخبرُ او الأمر	être confirmé, e *ou* se realiser
— الأمرَ والخبر تيقّنه	s'assurer de; vérifier; savoir avec certitude
إستحقّ : استوجب	mériter; être digne de
— الدينُ : حان أجلهُ	échoir
يستحقّ الدفع	dû, *a.m*, due, *a.f*; payable
— الاهتمام او الذكر	qui vaut la peine
حُقّ . حُقّة : وعاء	pot, *m*
— : نُقْرة . تجويف (في التشريح)	cavité, *f*
— حرقفي	acétabule, *m*
حَقّ : صواب	juste; exact, e; vrai, e
— : امتياز	droit; titre; privilège, *m*
— عَينيّ	droit réel, *m*
— الاستعمال	usus; droit d'user
— الانتفاع	usufruit; usus fructus
— التقسيم	bénéfice de division, *m*
— ثابت	droit certain, *m*
— الرقابة او الاشراف	" de contrôle, *m*
— الاستغلال	" de jouissance
— الاولوية او التقدم	" de préférence
— الرؤية او المطل	" de prospect
— قابل للتنفيذ	" exécutoire
— الصرف	servitude d'écoulement d'eau
الـ عليك	vous avez tort
الـ معك	vous avez raison
— . حقيقة[1] : صِدْق	vérité; réalité; authenticité, *f*
حقيقة[2] : ضد مجاز	sens propre (d'un mot)
حقيقة[3] : فعلاً او حقاً	réellement; en effet; vraiment; en vérité
أحقّ بِـ	méritant plus qu'un autre
الأحقّ : الاكثر استحقاقاً	le plus méritant, *ou* méritoire
حقيقي : صحيح . ضدّ باطل	réel, le; vrai, e; exact, e
— : اصلي	authentique; véritable
استحقاق : أهليّة	mérite, *m*; valeur, *f*
— : ما يستحقهُ الانسان	dû, *m*
— دفع الدين	échéance, *f*
تاريخ الـ	date de l'échéance, *f*
عن —	à juste titre; mérité, e
بلا —	immérité, e
تحقُّق . تحقيق[1] : تأكد	constatation; vérification, *f*

تحقيق ٢ : ادراك realisation, f
— : فحص examen, m; investigation, f
— قضائى enquête; instruction, f
— الذاتيّة identification, f
مُحَقِّق : فاحِص investigateur, rice; examinateur, rice
— : قاضى التحقيق juge d'instruction, m
٥ مَحْقوق : عليهِ الحق fautif, ve
مُتَحقِّق : على يقين. محقَّق certain, e; sûr, e
مُستَحِق : مستأهل qui mérite; digne de
— : منتفع (بحقّ) bénéficiaire
٭ حَقْل : غيْط champ, m
— من صحيفة : عمود colonne, f
حاقَلَ : اشترى الزرع فى حقله acheter la culture sur pied
٭ حَقَن بالمحقنة الشرجية donner un lavement
— بالمحقنة الجلدية piquer; faire une piqûre
— دمهُ : ابق عليهِ épargner sa vie
إحتَقَنَ : حُقِن faire, ou prendre, un lavement, ou une piqûre
— الدم وغيره : تجمع congestionner; s'engorger
حَقْنُ السائل بالحُقنة injection; piqûre, f
حُقْنَة : سائل الحقن ٥ امبولة ⟵ ampoule; piqûre, f; injection (de)
— : سائل الحقن الشرجية lavement; clystère, m
— . مِحقَنة : آلة الحقن ⟵ seringue, m

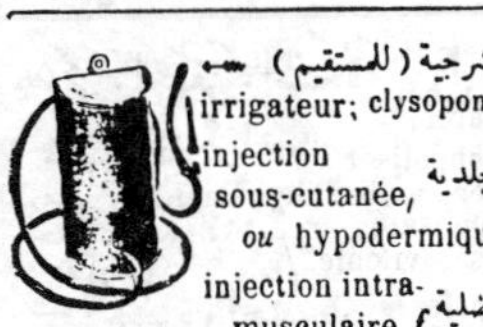

— شرجية (للمستقيم) ⟵ irrigateur; clysopompe, m
— جلدية injection sous-cutanée, ou hypodermique
— عضلية injection intra-musculaire, f
— وريدية injection intra-veineuse, f
إحتِقان : تجمُّع وازدحام congestion, f
محتَقِن : متجمّع ومزدحم congestionné, e
٭ حَقْو : أسفل الخصر aine, f; reins; lombes, m.pl
٭ حقيبة (حقب) ٭ حقيقة (حقق) ٭ حك (حكك)
٭ حكَّ : فرك frotter; frictionner; racler
— جلده : ٥ هرش se gratter
احتكَّ بالحائط مثلاً se frotter contre (le mur)
أحَكَّ . استحَكَّ الجلدُ : اكل ٥ رعى démanger; avoir des démangeaisons
تحكَّكَ بهِ : تحرَّش للشر provoquer; chercher querelle
حَكّ : فرك frottement; grattage ou grattement, m
— : ٥ هرش démangeaison, f
— . احتكاك friction, f; frottement, m
حِكَّة : مرض كالجربِ démangeaison, f; prurigo; prurit, m
مِحَكّ : حَجَرُ فحص المعادن pierre de touche; éprouvette, f
— : امتحان . فحص essai, m; preuve, f

∆ محكة الخيل : محسّة — étrille, *f*

٭ حَكَرَ . إحتَكَرَ الشئ — accaparer; monopoliser

حُكر . حَكِر : محتكَر — monopolisé, e

— . حُكرة . احتِكار — monopole, *m*

∆ حِكر : اجرة ارض البِناء — rente foncière, *ou* agraire, *f*; hekr, *m*

∆ — : مُقام على أرض الغير — superficie, *f*

∆ مالك بالـ — bénéficiaire d'un droit de hekr; superficiaire

٭ حَكَمَ البلادَ والناس : تولّى امرهم — gouverner; régir

— : أمر — commander; ordonner

— : قضى وفصل — juger; prononcer un jugement

— بينهما — juger entre parties

— على — condamner; prononcer un arrêt contre

— لهُ (لمصلحته) — rendre un jugement en faveur de

— بالبراءة — acquitter

— برفض الدعوى — débouter

حُكِمَ عليه بكذا — être condamné, e à

— عليه بغرامة — être condamné, e à une amende

حَكَّمَ في الأمر : أقامه حكماً — soumettre à son arbitrage

— : أقام حاكماً — nommer comme gouvernant, *ou* gouverneur

حاكَمَ : قاضى — poursuivre en justice

— امام مجلس عسكرى — traduire devant un conseil de guerre

أحكَمَ : قوّى — fortifier; affermir; renforcer

— العملَ : أتقنهُ — perfectionner

تحكّمَ . احتكم ١ في الامر : تصرف وفق مشيئته — agir à sa guise; faire à sa volonté

— فيهم : استبدّ — commander en despote

— في السوق — dominer, *ou* contrôler, le marché

∆ احتكم ٢ على كذا : امتلك — avoir; posséder

حُكمُ البلادِ : ادارتها — gouvernement; pouvoir, *m*; administration, *f*

— : مُدة الحكم او المُلك ونوعه — règne, *m*

— الارهاب (مثلا) — le règne de la terreur

— : سيطرة — autorité; influence; juridiction, *f*

— بالادانة او العقوبة — condamnation, *f*

— أو قرار المحلفين — verdict, *m*

— : قَضاء — jugement; arrêt, *m*; sentence, *f*

— بالافلاس — déclaration de faillite, *f*

— حُضورى — jugement contradictoire, *m*

— غيابى — jugement par défaut, *ou* par contumace, *m*

— يشمل التنفيذ — jugement exécutoire

— موقوف التنفيذ — jugement conditionnel, *m*

— وظيفته (مثلاً) — en vertu de; de par sa fonction

— العادة او الظروف — par la force de l'habitude, *ou* des circonstances

∆ حِكِمدار البوليس — commandant de police, *m*

حكمة اللجام : شكيمة — gourmette de bride, *f*

— الآلة : منظّم (راجع نظم) — régulateur, *m*

حِكْمَة sagesse; sagacité, *f*
— : قول حكيم maxime, *f*; adage, *m*
٥ — : طِب médecine, *f*
حُكومَة gouvernement; état, *m*
— دستورية gouvernement constitutionnel, *m*
— الفرد autocratie; dictature, *f*
— ملكيّة monarchie, *f*
— نيابيّة gouvernement parlementaire, *m*
حكوى: اميرىّ gouvernemental, e; d'état
حَكيم : عاقل sage; avisé, e; sagace; *ou* philosophe, *m*
٥ — : طبيب médecin; docteur, *m*, doctoresse, *f*
حاكِم : والٍ gouverneur; gouvernant
— : قاضٍ juge; magistrat, *m*
— بأمره (مطلق السلطة) dictateur, *m*
إحْكام : اتقان précision; exactitude, *f*
إستحْكام : حصن fort, *m*; place forte; fortification, *f*
تحكُّم : استبداد (فى بدد) despotisme, *m*
تحكيم المحكمين arbitrage, *m*
مُحكَّم . حَكَم arbitre, *m*
مُحْكَم : مضبوط . مُتقن exacte, e; précis, e; bien fait, e
مَحْكَمَة ابتدائية tribunal de première instance, *m*
— جزئيّة tribunal sommaire, *m*
— المواد الجزئية tribunal de justice sommaire, *m*
— الجُنَح tribunal corrctionnel, *m*
— المخالفات tribunal des contravention
— مختلطة (سابقاً) tribunal mixte, *m*
— عسكرية conseil de guerre, *m*
— الجنايات cour d'assises, *f*
— الاستئناف cour d'appel, *f*
— النقض والابرام cour de cassation, *f*
— العدل الدولية cour iuternationale de justice, *f*
— الاحوال الشخصية tribunal du statut personnel, *m*
مُحاكَمَة : نظر الدعوى poursuite, *f*; procès, *m*
قدّم للـ— passer en jugement
٥ حَكى rapporter; relater *ou* parler; raconter
— . حاكى : شابه ressembler
حِكايَة الاخبار: نقلها narration; relation (d'une nouvelle)
— : قصّة conte; récit, *m*; histoire, *f*
حاكٍ : ناقل الخبر conteur, se; narrateur, rice
— : ٥ فونُغراف phonographe, *m*
مُحاكاة : مشابهة ressemblance; similarité; similitude, *f*
٥ حل ٥ حلال (فى حلل) ٥ حلاوة (فى حلو)
٥ حَلَبَ . استحْلَبَ[١] . احتلَبَ البقرة traire
استحلب[٢] الشيء : استدره pressurer
— اللوز والزيت وغيرهما préparer une émulsion de
حَلْب : استدرار اللبن أو حلبه traite, *f*
حُلْبَة : نبات وحبه fenouil grec, *m*
حَلبَة سباق الخيل champ de course, *m*; hippodrome, *f*

حلاّب : الذى يحلب trayeur, se
△حلاّبة. حَلُوب. حَلُوبَة vache laitière
حَلِيب : لَبَن lait, m
بائع الـ laitier, ère
حلبلاب : △ لبلاب lierre, m
حالِب: قناة البول بين الكلوة والمثانة urètre, m
مُسْتَحْلَب émulsion, f
— اللوز ، الخ lait d'amandes, m
٭حِلْتِيت : △ ابو كبير assa fœtida, f
٭حَلَجَ القطنَ égrener le coton
حَلْج. حِلاجة. حَلِيج القطن égrenage, m
حلاّج القطن égreneur
مَحْلَج القطن: مصنع حليج usine d'égrenage, f
مِحْلَج. مِحْلَجة: آلة الحلج égreneuse ou machine à égrener (le coton), f
٭حَلْحَلَ : زحزح déloger; déplacer
٭حَلَزُون : قوقعة . بَزّاقة limaçon; escargot, m 
حَلَزونى: لولبى spiral, e; tournant, e; à vis
سُلَّم — escalier tournant, ou en colimaçon, m 
٭حَلَفَ بكذا : اقسمَ (راجع قسم) jurer par; déclarer sous la foi du serment
— : ادّى اليمين prêter serment
— كذباً se parjurer

حَلَّفَ . استَحْلَفَ : جعله يحلف faire prêter serment; assermenter
— . — : ناشَدَ conjurer; adjurer
حالَفَ : عاهدَ وناصرَ s'allier; se liguer
حَلْف △ حِلفان : يمين serment, m; prestatation de serment, f
— كاذب parjure; faux serment, m
حِلْف. حَلِيف. مُحالِف allié, e; confédéré, e
— : اتحاد alliance; fédération, f; pacte, m
حَلْفاء . حَلَفة alfa; sparte, m 
△حَلّوف (راجع خنزير) porc; cochon; pourceau, m
مُحَلَّف: احد أعضاء لجنة التحليف juré, m
هيئة المحلّفين . لجنة التّحْلِيف أو التحكيم فى معرض jury, m
مُحالَفة. تحالُف: معاهَدة alliance; ligue, f; traité d'alliance, m
٭حَلَقَ الشعر: أزالهُ بالموسى raser ou se raser
حَلَّقَ الطائرُ planer sur; voltiger
حَلْقُ الشعر action de raser
— : بُلعوم . مَزْرَد gosier, m; gorge, f
حَلْقى : بُلعومى palatal, e; guttural, e
△ حَلَق : قُرط boucle d'oreille, f
حَلْقَة (جمعها حَلَق وحَلَقات) anneau, m; rondelle; bague, f
— من الناس : جماعة cercle, m
— من رواية épisode; feuilleton, m

—من سلسلة: ٥ زردة chainon; anneau d'une chaine, m
— القطن او السمك: سوقه marché de...
— الملاكمة enceinte, f, ring, m
الـ المفقودة le chainon perdu
حَلَق: مستدير annulaire; annelé,e; en rond
حَلّاق: مزين coiffeur, se; barbier, m
٥ — صحي chirurgien-barbier, m
حِلاقة: عمل الحلاق action de raser
فورشة — blaireau, m
ماكينة — rasoir de sûreté, m
حَلِيق: محلوق اللحية rasé,e
حالِق: منيف. مرتفع élevé,e; haut,e
مُحلِّق: مرتفع في طيرانه vol à haute altitude, m
مِحلاق النبات: عنم. سلك يتعشق به cirre, m; vrille, f
☆ حُلقوم: حَلْق gorge, f; pharynx, m
راحة الـ: ٥ ملبن loucoum, m
☆ حَلِك. حالِك السواد très noir,e; noir foncé
—— الظلام ténébreux, se
☆ حَلَّلَ الأمر: اجازه légitimer; sanctionner; déclarer permis,e
—الكلام والشيء: رده الى عناصره analyser
—البول او الدم analyser (l'urine, etc)
—· حل من ذنب absoudre; acquitter
— الذرة (اوالنواة): فكك اجزاءها désintégrer l'atome
—او صرف الورم résoudre une tumeur

حَلّ العقدة dénouer; défaire; délier
—: ضد لف وركب décomposer
—: اذاب dissoudre; fondre; résoudre
— المسئلة او اللغز الخ résoudre
— الرمز او الجفر déchiffrer
— الشركة او المجلس dissoudre
— بالمكان: نزل او اقام habiter un lieu; séjourner; se fixer
— به الأمر: أصابه survenir à qn; arriver à
— الشيء: كان حلالاً être permis,e ou licite
— محل كذا remplacer; supplanter
— الشتاء او الصيف commencer
— من كذا: أطلق dégager; relâcher
أَحَلَّ: أنزل fixer qn dans un lieu
إحتلَّ المكان: نزل فيه وشغله occuper
إنحلَّ: تفكك se défaire; être délié,e, ou dénoué,e
—: انفضَّ se dissoudre; disperser
—· تحلَّل ١: تفككت اجزاؤه se décomposer
تحلل ٢ من يمينه être délié,e, relevé,e, absous,te, d'un serment
إستحلَّ: عدَّهُ حلالاً juger, ou trouver, licite; considérer comme licite
حَلّ: فكّ action de dénouer, ou de défaire; dénouement; desserrage, m; [desserre], f
—: تدبير او تفسير solution, f
—: اطلاق libération, f
— الشركة dissolution, f

حِل . تحلّة ∆ حِلة ١ . مُسْتحل . ماتنحل به اليمين — dispense, *f*

حِلة ٢ : محلّة — camp; hameau, *m*; halte, *f*

حُلة : ثوب — vêtement, *m*

∆ حلة : قِدر الطبخ — marmite; ⊹ cocotte, *f*; fait-tout, *m*

حَلال : ضدّ حرام — licite; légal, e; légitime

حُلول : نزول — descente, *f*; séjour, *m*; *ou* arrivée, *f*

— شخص محل آخر (كدائن) — subrogation, *f*

حَليل : زوج — mari; époux, *m*

حَليلة : زوجة — femme; épouse, *f*

إحليل : مَجْرى البول في القضيب — urètre, *m*

إحْتِلال : إشغال — occupation, *f*

إنحِلال . تحلّل : تفكك — dissolution; décomposition, *f*

— . — النور — dispersion, *f*

— : ضعف — débilité; décrépitude; décadence, *f*; affaiblissement, *m*

— الظهر : عُنّة — impotence; impuissance, *f*

تَحْليل : حَلّ — dissolution; décomposition, *f*

— الورَم — résolution, *f*

— الكلام او الشيء — analyse, *f*

— طَيْفي — analyse spectrale, *f*

مَحَلّ : مكان — endroit; lieu, *m*; place, *f*

محلّي : موضعي — local, e

في محلّه : مناسب — opportun, e; à propos

في غير — — déplacé, e

مُحَلِّل : مفكك . مُذيب — dissolvant, e, *a* et *m*

— الأورام — résolutif, ve

— : مُبرِّر — qui dispense; qui accorde les dispenses

مَحْلول : مفكوك — défait, e; dénoué, e

— : مُذاب — fondu, e; dissous, te

— : الشيء المذاب — solution, *f*

✩ حَلَم بكذا: رآهُ في النوم — rêver de; voir en songe

— . احْتلَم ١ : ادرك — devenir pubère

حَلُمَ : كان حليماً — être clément, e, indulgent, e, doux, ce

احتلم ٢ . تَحَلّم : تنوّم — avoir une pollution nocturne

حُلْم : منام — rêve; songe, *m*

— : ادراك «سِنّ الرجال والنساء» — puberté, *f*

حالم — rêveur, se

حِلْم : صبر واناة — clémence, *f*

حَلَمة الثدي وغيره — tétin; bout de sein; mamelon, *m*

— الاذن : شحمتها — lobe de l'oreille, *m*

حَليم : طويل الاناة — patient, e; clément, e

✩ حَلُوَ . حَلا . حَلِي : كان حُلواً — être doux, ce, délicieux, se

حَلّى : صيّر حلواً (راجع حلى) — sucrer

— : صيّر جميلاً — embellir

استحلى : وَجَدَهُ حُلواً — trouver doux, ce, *ou* délicieux, se

حُلو : ضد مرّ او مالح او حامض — doux, ce; sucré, e

— : جميل — beau, *a.m.* belle, *a.f*

— : لذيذ — délicieux, se; savoureux, se

حُلوا . حَلوَى ∆ حَلاوة ١ sucrerie; friandise; douceur, f

حَلاوَة ٢ : كون الشيء حلواً douceur, f

∆ حلاوات : الغدة الحُلْوة pancréas, m

حُلوان ∆ بقشيش pourboire; cadeau, m

حَلْوانيّ : حَلْوائي : صانع الحلاوى وبائعها confiseur, se; pâtissier, ère

—: محل الحلوى confiserie; pâtisserie, f

☆ حَلَّى : زَيَّن (راجع حلو) orner; parer; décorer

حَلْي . حُليّ : مصوغ ∆ مصاغ bijoux, m.pl

حِلْيَة : شيء للزينة ornement, m; décoration; parure, f

☆ حليب (حلب) ☆ حليف (حلف) ☆ حليل (حلل)

☆ حَمَّ . أَحَمَّ : احْتَمَى chauffer

حَمَّم : غَسَّل ∆ حَمَّى laver; donner un bain à

حُمَّ الرجلُ: أصابته الحمى avoir la fièvre

إستحمَّ . تحمَّمَ : اغتسل prendre un bain; se baigner

حُمَم : مقذوفات البركان larve, f

حَمام (والواحدة حمامة) ← pigeon, m; colombe, f

— صغير pigeonneau, m; colombelle, f

— برى او جبلى biset; pigeon de roche, m

— الزاجل او الرسائلي ← pigeon voyageur, m

— مطوق ramier, m

حَمَّام (الجمع حمَّامات) bain, m

—: مكان الاستحمام bain, m; salle de bain, f

— . حوض الاستحمام ∆ بانيو baignoire, f

— بخار bain de vapeur; bain turc, m

— جاف (شمس) bain de soleil, m

— بحر bain de mer, m

— سباحة piscine, f

— نصفي ← bain de siège, m

حِمام . حِمَّة : موت mort, f; trépas, m

حَمَّة : عين ماء حارّ thermes, m.pl

حُمَّة : سواد noirceur, f

— . حُمَّى ١ : ∆ سخونة fièvre, f

حُمَّى ٢ راجعة " récurrente

— قلاعية (للحيوانات) " aphteuse, stomatite des bestiaux, f

— مردم (مطبقة او مستديمة) " continue

— متقطعة " intermittente

— خبيثة " pernicieuse

— النفاس " puerpérale

— قرمزية " scarlatine

— عفنة " septique

— تيفويد " typhoïde

ضد الـ— fébrifuge; antifébrile, m

حُمّي : مختص بالحمى fébrile; fiévreux, se

حَمِيم : قريب intime

اسْتحمام baignade; action de se baigner

مِحَمّ : ∆ قزان chaudière; bouilloire, f

مَحْمُوم fiévreux, se; qui a la fièvre

☆ حَمأ البئر والترعة وغيرها : ∆ طهرها curer; draguer

حَمَاة : طِين	boue; vase, f
٭ حمٌ . حما . حماة (حمو) ٭ حمار (حمر)	
٭ حَمِدَ : اثنى على او شكر	louer ou remercier
حَمْد : ثناء	louange, f; éloge, m
— : شُكر	remerciement, m
الحمدُ لله	grâce à Dieu
حَمِيد . مَحْمُود : يستحق الحمد	louable; digne d'éloges
— : سليم العاقبة (مرض)	bénin, a.m, bénigne, a f
حامِد . حَمُود : شاكِر	reconnaissant,e
٭ حَمَّرَ : صبغ بلون أحمر	rougir; teindre en rouge
△ — اللحم وغيره : قلاه	frire
إحْمَرَّ : صار احمر	rougir; devenir rouge
حُمْرَة . إحْمِيرار	rougeur, f
— : مرض النار الفارسية	érysipèle, m
حُمَر : نوع من القار الأسود	asphalt, m
حِمار	âne, m, ânesse, f
— الوحش : عَيْر	âne sauvage; onagre, m
— الزرد	zèbre, m
حَمَّار : صاحب الحمار	ânier, m
حَمَارَّة القيظ او الحرّ	canicule; chaleur intense, f
أَحْمَر (المؤنث حمراء)	rouge, a et m
— . △ حمرة : دمام للوجه او الشفتين	rouge, m
— كالدم (للعيون)	éraillé; injecté de sang
— قانٍ	rouge sanguin
— الوجه (شخص)	rougeaud,e
— الشعر	roux,sse
ضارب الى الحمرة . △ مِحْمِير	rougeâtre
△ مُحَمَّر : مقلوّ بالسمن او بالزيت	frit,e
△ حمْرق فى اللعب او الاتفاق وغيره	chicaner
٭ حَمَزَ اللسانَ : لذعهُ	piquer, ou picoter, la langue
حامِز : يلذع اللسان	piquant,e; âcre
٭ حَمَّسَ : هيَّج	exciter; irriter
حَمِسَ . تحمَّسَ : غارَ	s'enthousiasmer; être zélé,e
حَمِس . أحمَس	enthousiaste; ou vif, ve; zélé,e; agile
حَماس . حَماسَة : غيرة	enthousiasme; zèle, m; ardeur, f
حماسيّ . مُحَمِّس : يهيج الحواس	émouvant,e; entraînant,e; saisissant,e
مُتَحَمِّس : هائج الحواس	excité,e; irrité,e ou enthousiaste
٭ حَمَصَ الخبز وغيره	faire griller; griller; torréfier
— : شوى	rôtir
حِمْص . حِمَّص △ حُمُّص	pois chiche, m
حُمُّصة (فى الطب)	cautère, m
مُحَمَّص : مشويّ	rôti,e; grillé,e; torréfié,e
مِحْمَصَة البنّ	torréfacteur, m
٭ حَمُضَ : كان او صار حامضاً	s'aigrir; être aigre, ou acide
حَمَّضَ . أحمَضَ : صيره حامضاً	aigrir; acidifier; rendre aigre
— فيلم الصورة الضوئية	développer
△ — اللبنُ وغيره	tourner

△ حِمْض : حامض — acide, *m*

حامض ٢ : ماضِر — aigre; acide; sur,e

— س : ليمون — citron, *m*

— . مُحَمَّض — tourné,e; aigri,e

حُمُوضة — acidité; aigreur, *f*

حُمّاض . حُمَّيْض : نبات — oseille, *f*

حُمَيْض : حامض قليلاً . مُزّ — acidulé,e; aigrelet,te

☆ حَمُقَ : فسُد رأيه — être bête, sot,te, nigaud,e

△ انحمق : حمي — se fâcher; s'emporter

حَمَّقَ : نسب الى الحمق — attribuer qc à la sottise; taxer qn de sottise; trouver ridicule

حُمْق . حَماقة — bêtise; stupidité, *f*

حُماق : جدرى الدجاج او الماء — varicelle, *f*

أحْمَق : اخرق — sot, te; stupide; nigaud,e

☆ حَمَلَ الشيء : شال به . رفعه — porter

— على الأمر : دفعه — pousser; inciter

— عليهم : هجم — attaquer; charger

ــت الانثى : حَبِلت — concevoir; devenir enceinte

حَمَّلَ : △ وسق — charger

— فوق الطاقة — surcharger; accabler

إحتمل . تحَمَّلَ : اطاق — endurer; supporter; tolérer

— . — △ استحمل (كقماش الخ) — durer

تحامَلَ على : جار — persécuter; peser sur

يُحتَمَل : مُحْتَمَل . يطاق — supportable

— . — : غير يقين — possible; probable

— أن — il se peut que

لا يُحتمل : لا يطاق — insupportable

حَمْل : رَفْع — port, *m*; action de porter

— : حَبَل — grossesse, *f*

حَمَل : خَروف صغير — agneau, *m*

حِمْل : ما يُحْمَل — charge; cargaison, *f*

— ثقيل : ثقلة — fardeau, *m*; charge, *f*

حَمْلَة : كَرَّة — charge; incursion; attaque, *f*; raid, *m*

— حربية : تجريدة — expédition militaire, *f*

— حربيّة او كلامية او دعاية — campagne, *f*

حَمَّال : △ شيّال — portefaix, *m*

حِمالَة △ حَمَّالة : شِمار — bretelles, *f.pl*

— △ — الوعاء — support; socle; piédestal, *m*

— القنطرة (انظر بغل) — pile, *f* (d'un pont)

حَمُول البحر — algue, *f*

حُمُولَة : وسق — chargement, *m*; cargaison, *f*

حَمِيل : ولد فى بطن أمّه — fœtus, *m*

حامِل : رافِع او صاحب الشيء — porteur, se *ou* détenteur, rice

— : حُبْلى — enceinte; grosse

حاملة الطائرات — porte-avion, *m*

احتِمال: أمر محتمل — probabilité; possibilité, *f*
— . تحمُّل: اطاقة — tolérance; endurance, *f*
— . — : مَتانة — durabilité, *f*
△ تحميلة المهبل: صوفة. فرزجة — pessaire, *m*
△ — المستقيم: △ لبوس — suppositoire, *m*
مَحمل: محفّة — civière, *f*; palanquin, *m*
△ الـ الشريف — Tapis Sacré; Mehmel, *m*
مُحمَّل: مثقل او موسوق — surchargé, e *ou* chargé, e
مَحمول: مَرفوع — porté, e; soulevé, e
— المركب: حمولته — tonnage; jaugeage, *m*; capacité, *f*
— (فى المنطق) — prédicat, *m*
☆ حملق فيه: △ بحلق — écarquiller les yeux; ouvrir de grands yeux
حِملاق العين: باطن جفنها — conjonctive, *f*; intérieur des paupières
☆ حمو. حَم. حما: ابو الزوج او الزوجة — beau-père, *m*
△ — النيل: حصَف — hammonil; lichen vésiculaire, *m*
حَماة: امّ الزوج أو الزوجة — belle-mère, *f*
☆ حمى: وقى — protéger; défendre
حَمِي: صار حارًّا — se chauffer; s'échauffer
حمّى . أحمى: سخّن — chauffer *ou* attiser; échauffer
△ — : حمّم. غسل — baigner; laver
حامى عن: دافع او عضّد — défendre; protéger *ou* soutenir; appuyer

إحتمى منه: اتّقاه — se réfugier, *ou* chercher protection, contre
— . تحمّى المريض (فى طعامه) — être au régime, *ou* à la diète
تحامى الشيء والأمر: اجتنبه — éviter; se garder de qc
حُمة النحلة وغيرها: ابرتها او شوكتها — aiguillon; dard, *m*
حُميّا: سَورة — fougue; ardeur; chaleur, *f*
— : حِدّة — véhémence; impétuosité, *f*
حميّة: حماس — zèle, *m*; ardeur; ferveur, *f*
حِمية. طعام الحِمية: تدبير غذائى — régime, *m*; diète, *f*
حِماية . حِمىً : وقاية — protection; garde, *f*
— دولية — protectorat, *m*
حامٍ : حارس — protecteur, rice; gardien, ne
— : سُخن — chaud, e
— : حارّ . لاذع — piquant, e
— : قوي (كقولك تبغ حامٍ) — fort, e
حامية: حرس الحصن وغيره — garnison, *f*
مُحامٍ : مُدافع — défendeur, *m*; protecteur, rice
— : ○ افوكاتو — avocat, e
محامى الدفاع — avocat, e de la défense, *f*
مُحاماة : دِفاع — défense, *f*
☆ حنأ △ حنّى: خضّب بالحِنّاء — teindre au henné
حِنّاء : نبات يتّخذ ورقه للخضاب — henné, *m*
☆ حنبلي : مدقق فى أمور الدين وغيره — puritain, e; méticuleux, se

(حنت) حانوت: دكان — boutique, *f*; débit; magasin, *m*
حانوتى : صاحب دكان — boutiquier, ère
Δ — : سَبّاء . متعهد الدفن — entrepreneur de pompes funèbres
☆ حَنِثَ فى يمينه — parjurer; violer son serment
حِنث أو حانث — parjure, *m*
☆ حَنْجَرَة . حُنْجُور — larynx, *m*
☆ حَنْدَقُوق بُستانى : نبات عطرى — trèfle odorant
Δ حَنَّسَ : كايَدَ — taquiner; agacer
☆ حَنَش : افعى — vipère, *f*; serpent, *m*
☆ حَنَّطَ الجثّة : حفظها من التعفُّن — embaumer
— (على طريقة قدماء المصريين) — momifier
— الحيوانات او الطيور وغيرها — empailler
حِنطَة : قَمح — froment; blé, *m*
حِنطى اللون — tanné, e; hâlé, e; bronzé, e
تحنيط — embaumement, *m*; momification, *f*
— الحيوانات والطيور : تصبير — taxidermie, *f*; empaillement, *m*
☆ حَنظَل : نبات مُرّ — coloquinte, *f*
☆ حَنَفِيَّة : صُنبور — robinet, *m*
— حريق — bouche d'incendie, *f*
أحنَف : مُعوج الأرجُل — pied bot, *m*
حَنيف : مستقيم الرأى — juste; orthodoxe
☆ حَنِقَ منهُ وعليه — se fâcher contre qn

أحنَقَ : اغضب . أغاظ — fâcher; enrager
حَنَق : غيظ وغضب — colère, *f*; courroux; emportement, *f*
حَنِق . حانِق : مغتاظ — fâché, e; en colère; courroucé, e
☆ حَنَكَ . حَنَّكَ . أحنَكَهُ الدهر — avoir de l'expérience; acquérir l'expérience
حَنَك : اعلى باطن الفم — palais, *m*
Δ — : فم — bouche, *f*
حُنك . حُنكة : خِبرة — expérience, *f*
حِناك : قمّاطة القصاص (فى قط) — pilori, *m*
مُحنَّك : مختبر — expérimenté, e 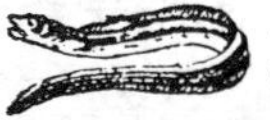
○ حَنكليس : جِرِّى . ثعبان الماء — anguille, *f*
☆ Δ حَنَّنَ القلبَ — apitoyer; attendrir
حَنَّ الى : اشتاق — soupirer après; désirer ardemment
— . تحنَّنَ على — s'apitoyer; compatir; sympathiser avec
حَنان . حَنَّة Δ حِنِّيَّة — compassion; pitié, *f*
حَنون . حَنّان : شَفيق — tendre; compatissant, e
— : شجى — touchant, e; plaintif, ve doux, ce
الأم الحنون (فى التشريح) — pie-mère, *f*
حَنين : شوق . صَبْو — désir ardent; envie, *m*
— الى الوطن — nostalgie, *f*
☆ حُنُوّ : عطف — tendresse; compassion, *f*

حَنا (حَنواً). حَنَى (حَنياً) : عطف ولوى — courber; plier
إنحنَى : مالَ — pencher; incliner
— احتراماً — se courber; s'incliner; se baisser
حَنْى. حَنْو : عطف — inclinaison; courbure, f
حَنِيَّة. حَنِيَة : قوس — courbe; voûte, f; pli, m
حانَة : خمّارة — buvette, f; bar; débit de vin, m
إنحناء : تقوّس — courbure, f
مُنْحَنٍ : متقوّس — courbé, e; voûté, e
— : مائل — incliné, e; penché, e
☆ حَوّاء : اسم ام البشر — Eve, f
☆حُوت (راجع بال). سمك كبير — baleine, f 
— سليمان — saumon, m
☆حَوج. حاجة[1]. احتياج : لزوم — besoin, m; nécessité, f
— . — : فقر — indigence; misère; pauvreté, f
حاجة[2] : ما يُحتاج اليه — chose requise, f; objet nécessaire, m
— : غرض أو أمر — désir, but, m; affaire; requête, f
— : شيء — chose, f; objet, m.
قضى حاجته — arriver à son but
حاجيات : لوازم — necessaire, m; commodités, f.pl
احوَجَ الى : اعوزَ. الزم — contraindre; obliger; forcer de
— هُ : جعلهُ محتاجاً — appauvrir; réduire à la misère

مُحتاج : معوز. فقير — pauvre; indigent, e; nécessiteux, se
— الى كذا : يعوزه كذا — avoir besoin de
☆ حود ☆ حودة (فى حيد)
☆حُوذي : سائق العربة — cocher, ère
استحوذ على : استولى — s'approprier; posséder
☆حوّر : عدّل — modifier; changer
— حارَ[1] القماش : بيّضه — blanchir
حارَ[2]. تحيّر (راجع حير) — s'embarrasser; être interdit, e; perplexe
حاوَر : جادَل — discuter; argumenter
٥— : حاوَط ولاعب — ruser; biaiser
حَوَر ٥حُوَر : جلد الغنم الدبوغ — basane, f
— ٥— حَوْر : شجر — peuplier, m
حُورِيّة : امرأة خياليّة جبلة — nymphe; houri, f
— الجراد : دباة — jeune locuste, f
— الماء — sirène, f
حِوار : ردّ — réponse; réplique, f
— : محاورة — discussion; débat, m
حَوارِيّ : رسول المسيح — disciple; apôtre, m
حارَة : زقاق — ruelle, f; passage, m
٥— البخار : ممرّ النفس المحرّك — tuyau de vapeur, m
مِحْوَر الخبّاز : ٥ شوبك — rouleau, m
— : قطب — pivot, m
— : مدار — axe, m 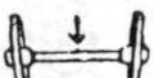
— : مركز. وسط — centre; milieu, m
— العجلة : ٥دنجل — essieu, m

مَحار : اصداف — coquillage, m; crustacés, m.pl

—. مَحارَة¹ : صَدَفَة — coquille; écaille d'huître, f

مَحارَة² البنّاء : مالج — truelle, f

مُحاوَرَة : مجادلة — discussion; controverse, f; colloque; débat, m

—: محادثة — conversation, f; entretien, m

٭ حَوْز . حِيازَة : استيلاء — possession; détention, f

— . — : نَيْل — obtention, f

— (فى الشريعة) — jouissance; possession, f

—: ∆هويس الاقنية والأنهر — écluse, f

فى حوزة يده — en sa possession; en son pouvoir

حَيِّز : المكان الذى يشغله الجسم — espace qu'occupe un corps; place, f

فى — الامكان — possible

حازَ . إحتازَ : استولى على — posséder; s'emparer de

— : نَال — obtenir; acquérir

— : وَسِعَ — tenir; contenir

إنحازَ . تحيَّزَ اليه وله — favoriser; pencher vers; se joindre à

تَحَوَّزَ كالأفعى : تحوّى — se replier; s'enroler; se tordre

حائِز : مُستَوْلٍ — détenteur, rice; titulaire; possesseur

تَحَيُّز : تعصّب — parti-pris, m; partialité, f

مُتَحَيِّز : ∆مغرض — partial, e; interessé, e

٭ حَوَّشَ : جَمَّعَ — amasser; collectionner; rassembler

∆—: ادّخر — économiser; mettre de côté

∆حاش: منع — empêcher; faire obstacle à

حَوْش : حظيرة — enceinte, f; enclos, m

— الدار — cour, f

— الدجاج — basse-cour, f

حُواشة . قرابة الحواشى — parenté collatérale, f

حُوشِيّ : غريب — baroque; bizarre; étranger, ère

∆تحويش: ادّخار — épargne; économie, f

٭ حَوَّصَ . حِياصَة : خياطة متباعدة ∆سراجة — faufilure; couture à longs points, f

حاصَ : ∆سرج — faufiler; bâtir

حاوَصَ : نظر بمؤخّر عينه — lorgner; régarder du coin de l'œil

٭ حَوْصَل . حَوْصَلَة¹ الطائر — jabot; gésier, m

حوصلة² : مثانة — vessie, f

حُوَيصِلَة (فى التشريح) — vésicule, f

٭ حَوَّضَ الأرض : قسّمها أحواضاً — diviser la terre en bassins, carrés, *ou* planches

حَوْض : مكان اجتماع الماء عموماً — bassin, m

—: صهريج — citerne; cuve, f; réservoir, m

— التشطيف — lavabo; évier, m

— لشرب الدواب — abreuvoir, m

— السفن — arsenal, m

— زرع (فى حديقة) — carreau; carré, m, planche, f

— (فى التشريح) — bassin; pelvis, m

حوضيّ (فى التشريح) — pelvien, ne

*حَوَّطَ : سوّر — entourer d'un mur, ou d'une cloison; murer

حاط. تحوّطَ الشيء : حفظه وتعهده — veiller sur; avoir soin de

— . أحاطَ به : أحدق — entourer; cerner

أحاط به علماً — connaître à fond

— علماً — porter à la connaissance

إحتاطَ للأمر : اخذ الحيطة — prendre ses précautions

حاوَطَهُ : Δ حاوره . داوره — houspiller; chicaner; ruser

حائِط : جدار — mur, m; muraille, f

— مشترك (بين جارين) — mur mitoyen, m

إحتياط . حيطة : تحفظ او حذر — prudence; circonspection; prévoyance; précaution, f

على سبيل الـ — par précaution; par prudence

احتياطيّ — préventif, ve; en réserve

حجز — — saisie-conservatoire; saisie-gagerie, f

مال — — réserve, f; fond de réserve, m

مُحَوَّط : مسوّر — muré, e; clos, e; ceint, e

مُحيط الدائرة : حدّها — circonférence, f

— : بيئة — entourage; cercle; milieu, m

— الجسم : سطحه — périphérie, f

الـ (راجع ○ اوقيانوس) — océan, m

متحوّط : حذر — prudent, e; circonspect, e

*حَوْك . حياكة الجوارب وغيرها — tricotage; tissage, m

آلة الـ — tricoteuse; machine à tricoter, f

حاكَ Δ حَبَّكَ : نسج — tricoter; tisser

حائِك : نسّاج — tricoteur, se; tisserand, e

خمر محوكة — boisson alcoolique chaude et épicée

*حَوِلَ : كان بعينه حوَل — loucher

حَوَلُ العين — strabisme, m; loucherie, f

أحول العين — loucheur, se

حَوَّلَ : نقل من موضع إلى آخر — déplacer; transférer; transporter

— : غيّر — changer; transformer

— عن : صرف — détourner de

— الصك : ظهّره — endosser

— نقوداً : ارسلها — remettre

— الى نقود — réaliser

— من حساب لآخر — virer

حالَ بينهما : حجز — intervenir; s'interposer

حاوَلَ امراً : عالجه . جرّبه — entreprendre; essayer

— : راوغ — esquiver; chicaner

أحالَ على — référer; renvoyer, ou adresser, à

— الدين على — transférer; céder

— على المعاش — mettre à la retraite

إحتالَ . تحايلَ : اتى بالحيلة — ruser; briguer

— عليه : خدعه — tromper; décevoir; duper

استحالَ . تحوّلَ . حالَ : تغيّر — se transformer; changer

— الأمرُ : صار محالاً — devenir impossible

حالٌ . حالة : كينة . صفة وكيفية — condition; circonstance, f; état; cas, m

على كل حال — en tout cas; de toute façon
فى حالة كذا — en cas de; en fait de
والحالة هذه — dans ces circonstances; dans ce cas.
حالة استثنائية — cas exceptionnel
بحسب الـــ — selon les circonstances
فى — جيدة — en bon état
احوال الالتزام — modalités de l'obligation
دفتر الأحوال (فى البوليس) — livre de police, *m*
حالاً : فى الحال — maintenant; à présent
— : سريعاً — vite; rapidement
حالما : عندما — aussitôt; dès que
حالىّ : حاضر. راهن — présent,e; actuel,le
الشهر الحالىّ — le mois courant
△ حالاتى : إمّعة. انتهازي — opportuniste
حَوْلٌ. حَيْلٌ : قدرة — puissance; force, *f*; pouvour, *m*
— : سنة — année, *f*
حَوْلَ. حَوالَىْ : نحو — vers; environ
—. من حَوْل — autour; à l'entour
حَوْلىّ : ابن سنة — âgé,e d'un an; antenois,e
— : حَمَل △ أوزي — agneau, *m*
حِوال. حائل : مانع — obstacle; empêchement, *m*
حَوالة. تحويل مالى : صَكّ — chèque; mandat; effet, *m*
— مالية (بالبريد) — mandat-poste; chèque postal; bon de poste, *m*
△ حَيْل الدمّل : دبل — bubon, *m*; glande lymphatique enflammée, *f*
حِيلَة : تدبير — expédient, *m*; ruse; combinaison, *f*
—. تحايل — ruse; astuce; brigue, *f*

ما باليد حيلة — on n'y peut rien; rien à faire
حيليّات. علم الحيل (ميكانيكا) — mécanique, *f*
حِيالَ : ازاء. امام — devant; vis-à-vis; en face
— : تلقاء — en considération de; vu
حيول انثى البهائم — chaleur, *f*
إحتيال. تحايل : استعمال الحيلة — ruse; astuce; brigue, *f*
—. — : خداع — tromperie; supercherie; tricherie, *f*
احتيالىّ. تحايلىّ : تدليسى — frauduleux,se
استحالة. تحوُّل. حُؤُول : تغيُّر — changement, *m*; transformation; transmutation, *f*
— : عدم امكان — impossibilité, *f*
تَحْويل : نَقْل — transfert, *m*
— : سفتجة — lettre de change; traite, *f*
— : صكّ. شيك — chèque; bon; mandat, *m*
— : ابدال — conversion; transmutation, *f*
— النقود : ارسالها — remise, *f*; envoi de fonds, *m*
— الصكوك : تظهيرها — endossement, *m*
— الحق او الدين — cession de créance
جدول — النقود والأوزان الخ — table de conversion, *f*
قابل الـــ (كالصكوك) — négociable
مُحال. مستحيل : غير ممكن — impossible
— اليه (فى القانون) — cessionnaire
طلب الـــ — demander l'impossible
مَحالة : مدحاة — rouleau; rouleau de jardin, *m*
لا — منه : لا بُدّ — inévitable

مُحاوَلَة : مراوَغة — subterfuge; faux-fuyant, *m*
—: معالجة. تجربة — essai, *m*; tentative, *f*
مُحتال . حِيَلي : نصَّاب — aigrefin; escroc; filou, *m*
Δ مُحَوِّل ١ . مُحيل السالك : مُظهِر — endosseur,se *ou* cédant, *m*
Δ — . —: صاحب الحوالة الماليَّة — tireur, *m*
مُحَوِّلَة : مفتاح تحويل خطّ السير — aiguille, *f*
Δ مِحولجِي : مُحَوِّل ٢ — aiguilleur, *m*
Δ محوَّل عليه : مسحوب عليه — tiré, *m*
Δ — له. مُحال ٣: المظهر لاسمه — endossataire
مُحال اليه (فى القانون) — cédé
٭ حَوْم . حَوَمان — voltigement, *m*
حامَ على الشيء وحوله — rôder; voltiger; papillonner
— الطائر: حلّق فى الجوّ — planer; prendre son essor
حَوْمة الوغَى : موضع القتال — champ de bataille, *ou* d'honneur, *m*
٭ حَوَى . إحتَوَى الشيء : اشتمل عليه — contenir; renfermer
— . — على : تضمَّن — comprendre; inclure; embrasser
تَحَوَّى : تقبَّض واستدار — s'enrouler; se replier
حاوٍ . مُحتوٍ : شامل — contenant,e; renfermant,e
— . حاوي الحيّات — charmeur de serpents, *m*
— Δ افرنكي : مُشعوذ (انظر سحر) — prestidigitateur, *m*; magicien,ne
مُحتويات : مُشتملات — contenu, *m*

٭ حويصلة (حوصل) ٭ حيّ ٭ حيّا ٭ حياء (حي)
٭ حياصة (حوص) ٭ حياكة (حوك) ٭ حياة (حي)
٭ حَيْثُ : اين — où; là où
بحيثُ — de sorte que; si bien que
من حيثُ : بما ان — vu que; attendu que
من حيث : من اين — d'où
حَيْثُما : اينما — n'importe où; en quelque lieu que ce soit
— اتَّفق — comme ça vient; au hasard
حَيْثيَّة : اعتبار — égards, *m.pl*; prestige; rang, *m*
حيثيّات الحكم — attendus, *m.pl*
٭ حَيَّد الشيء: جعله على حِيدة — mettre à part; tenir de côté
حادَ عن كذا : مال — s'écarter; vier de; bifurquer
حَيْد . حَيَدان . مَحيد ١ — écart, *m*; déviation, *f*
لا مَحيد ٢ عنه — inévitable
على حيدة : على جنب — à part; de côté; en dehors
حِياد . مُحايَدة — neutralité, *f*
Δ حَوَّد : مال . انعطف — tourner; virer
Δ حَوْدة : عطفة — tournant; détour, *m*
٭ حَيَّر : اوقع فى الحيرة — embarrasser; intriguer
حارَ . احتار . تحيَّر — être embarrassé,e; *ou* perplexe
حَيْرة . تحيُّر : ارتباك — embarras, *m*; perplexité; confusion, *f*
— . مُتحيِّر فى — perplexe, penaud,e; interdit,e; irrésolu,e

مُحَيِّر: مُرْبِك embarrassant, e

٭حَيِّز ٭ تحيَّز (حوز) ٭حَيْزَبُون (حزب)

(حيص) في حيص بيص être dans l'embarras

مَحِيص: مهرب échappatoire, *f*; faux-fuyant, *m*

٭ حَيْض: طمث règles; menstrues, *f.pl*

حاضت. تحيَّضت الانثى avoir ses règles

حائِض. حائِضَة qui a ses règles

٭ حيط ٭ حيطة (في حوط)

٭حَيْف: جور وظُلْم injustice; iniquité, *f*

حافَ عليه: جار être injuste envers qn

٭∆حَيَّقَ الطعام: املحه وتبله assaisonner; relever le goût de

حاقَ و∆حَوَّق فيه: أثَّر agir, *ou* influer, sur

— ٠ أحاق به: احاط entourer; cerner; environner

٭ حيك (حوك) ٭ حيل ٭ حيلة (حول)

٭حَيَّنَ الامرَ: جعل له حيناً fixer le temps, *ou* l'époque

حانَ الوقتُ: حلَّ il est grand temps de

تَحَيَّنَ واسْتَحْيَنَ الفرصة attendre le moment favorable; saisir l'occasion

تَحَيُّنُ الفُرَص opportunisme, *m*

حِين: وقت. زمن temps; moment, *m*; époque, *f*

الى — : لمدَّة قصيرة temporairement; provisoirement

في حينه à propos; à temps; en temps opportun

أحياناً. من حين لحين de temps en temps

— ٠ بعض الأحيان parfois; quelquefois

حِينَمَا: لَمَّا او بينما quand *ou* lorsque

٭ حِينَئِذٍ: اذ ذاك alors; pour lors

٭ حانٌ. حانَة bar, *m*; taverne; buvette, *f*

∆ مِتْحَيِّن cossu, e; (être) en fonds

٭حيَّة ٭حيوان ٭حيوى (حي) ٭ حيول (حول)

٭ حَيِيَ: عاش. ضد مات vivre; exister

— منه: اسْتَحَى. استحيا avoir honte de

حَيَّا: سَلَّمَ على saluer

أَحْيا: أعطى الحياة vivifier; donner la vie à; ressuciter

— : انعَشَ animer; raviver

— حفلة donner une réception

— الذكر commémorer; conserver, *ou* célébrer, la mémoire de qn

حَيّ: على قيد الحياة vivante, e; en vie

— : ذو حياة. ضد جامد animé, e

— : خُطّ. قسم من بلدة quartier, *m*

∆ — العَلَم (نبات) joubarbe, *f*

حَيَهوائى aerobie

حياء: خَجَل timidité; honte; pudeur, *f*

— : خَفَر modestie; réserve, *f*

قليل الحياء ehontée

حَياة (الجمع حَيَوات): ضد موت vie; existence, *f*

— : ضد جمود animation; vie, *f*

علم الـ او الأحياء biologie, *f*

حَيَّة: أفْعَى serpent, *m*; vipère, *f*

حَيَوان : كل ما فيه حياة ظاهرة — animal, *m*
— : بهيم — bête, *f*
عِلْمُ الـ : زولوجيا — zoologie, *f*
حديقة الحيوان — jardin zoologique, *m*
حَيَوانيّ : مختصّ بالحيوان — animal,e; d'animal
— : متعلق بعلم الحيوان — zoologique
حَيَوانية — animalité *ou* bestialité, *f*
حُيَيْوين : حيوان صغير جداً — animalcule, *m*
حَيَوِيّ : لازم للحياة — vital,e; essentiel,le à la vie
حَيَوِيَّة . القوّة الحيويّة — vitalité, *f*
الأعضاء الحيَويَّة — organes vitaux, *m.pl*
حَيِيّ : خَجُول — pudique; timide
تَحِيَّة : سلام — salutations; amitiés, *f.pl*; compliments, *m.pl*
مُحَيّا : وَجْه — physionomie; figure, *f*; visage, *m*
مُسْتَحٍ : خجلان — qui a honte; honteux,se

(خ)

☆خابَ (خيب) ☆خابر ☆خابور (خبر) ☆خابِيَة (خبأ)
☆ خاتم (ختم) ☆ خادن (خدن) ☆ خار (خور)
☆خارطة (خرط) ☆خازوق (خزق) ☆خاصّ (خصص)
☆خاصم (خصم) ☆خاصيّة (خصص) ☆خاض (خوض)
☆ خاط (خيط) ☆ خاطب (خطب) ☆ خاطر (خطر)
☆خاف (خوف) ☆خافت (خفت) ☆خافقي (خفق)
☆خالٌ ، اخو الأم (خول) ☆خالٌ ، شامة
☆خالَ ، ظن (خيل) ☆خالٍ (خلو) ☆خالف (خلف)
☆خامٌ (خيم) ☆ خامٌّ (خمم) ☆ خامر (خمر)
☆خان ☆خانة (خون) ☆خاوٍ (خوى) ☆خاوَى (اخو)

☆خِباء : خيمة — tente, *f*; pavillon, *m*
خبت النار : خمدت — s'éteindre
☆ خَبَأَ . خَبَّأَ — cacher
— . — أشياء مسروقة — recéler
اِخْتَبَأَ . تَخَبَّأَ — se cacher
خَبْءٌ . خَبِيئَة : ما خُبِّئَ — chose cachée
خابِيَة : وعاء كبير — cuve, *f*; cuvier, *m*
إخْتِباء أو تَخْبِئَة — action de cacher, *ou* de se cacher; dissimulation, *f*
مَخْبأ : موضع الاختباء أو التخبئة — cachette, *f*
— : مكان الوقاية والاحتماء — abri, *m*
مُخْتَبِئ — caché,e
☆ خَبَّ . خَبِيبُ الحصان — amble; trot, *m*
خَبَّ . إخْتَبَّ الحصانُ — aller au trot; trottiner
— في الرمل أو الطين — s'enfoncer dans
☆خَبُثَ : كان كريهاً او رديئاً — être mauvais,e, pernicieux,se
— : كان شريراً — être méchant,e, fourbe
خُبْث . خَباثة : شر — méchanceté; malice; malveillance, *f*
— . — : رداءة — mauvaise qualité
خَبَث : ما لا خير فيه — rebut, *m*; lie, *f*
— المعادن المذابة وغيرها — rouille; scorie, *f*

خبيث: شرير — perfide; fourbe; malveillant, e ou mauvaise, e
— (كفلوك مرض او خراج خبيث) pernicieux, se; malin, a.m, maligne, a.f
— الرائحة: نتين — puant, e; qui pue
٭خبّرَ. أخبرَ: أعلم. أنبأ — informer; renseigner ou annoncer
خابرَ: راسلَ. كاتبَ — correspondre avec qn
— • تخابرَ مع: تفاوض — communiquer; se mettre en relation, ou rapport, avec
إختبرَ أو خبرَ الأمر — expérimenter; faire l'expérience de
— الرجل والشيء: جرّبه — essayer; éprouver
استخبرَ. تخبّرَ — s'informer; se renseigner sur
خَبَر: نبأ — nouvelle; information, f
— جديد — dernière nouvelle, f
— شؤم أو سوء — mauvaise nouvelle, f
— كاذب — fausse nouvelle, f; canard; faux rapport, m
— الجملة: غير مبتدأها — attribut; prédicat, m
—٥خبرية: شائعة — rumeur, f; bruit qui court, m
اخبار تاريخية. تاريخ سنوي — annales, f.pl
وكالة الـــ — agence d'informations, f
خِبرَة ١. اختبار: دُربة — expérience, f
اختبار ٢: تجربة — épreuve, f; essai, m
— : فحص — examen, m
عدم او قلة اختبار — inexpérience, f
خبير: أهل خبرة ٢ — expert, e; connaisseur, se
— • مُختبِر: مُجرِّب — expérimenté, e
— بالأمر: عالِم به — au courant de

٥خابور: وتد — cheville; patère, f
٥— : اسفين — ←coin, m 
٥— توصيل: مشظ — clavette, f
مُخبِر. مُخبّر: مُبلِّغ الخبر — raconteur, se; conteur, se; informateur, rice
— : ناقل الاخبار (كمخبري الجرائد) — reporter; rapporteur; journaliste; nouvelliste
٥— : بوليس سرّي. مرشد — agent secret de police; détective, m; [mouche], f
مُخابَرَة: مراسلة — correspondance, f
— : مفاوضة — négociation, f
مُختبَر علمي: مَعْمَل — laboratoire, m
٭ خبَزَ. إختبزَ العجين — boulanger
خَبْز: تحويل العجين الى خُبز — boulange; boulangerie, f
خُبْز: عَيش — pain, m
خَبْزة: كيّة المخبوز — fournée, f
خبّاز: صانع الخبز. فرّان — boulanger, ère
خِبازة: عمل الخبّاز او محلّه — boulangerie, f
خُبّازة. خُبازَى. خُبيزة — mauve, f
— • — افرنكية — géranium, m
مَخبَز. مَخبَزة: فُرن — boulangerie, f; four, m
٭ خبَصَ — brouiller; mêler confusément
٥— بينهم: أفسد — mettre des intrigues
خَبيص. خَبيصة: خليط — mélange confus, m; ripopée, f
— • — : عصيدة — bouillie, f

* خَبَطَ : ضرَبَ — battre; taper; cogner; frapper
— الباب: طرقه — frapper (à la porte)
إِخْتَبَطَ . تَخَبَّطَ : تصرف على غير هُدى — tâtonner maladroitement; tourner autour du pot
خَبْط : ضرب — action de frapper; frappement; battement, *m*
— عَشْواء — au hasard; comme ça vient
خَبْطَة : ضرْبة — coup, *m*
* خَبَلَ . خَبَّلَ : حيَّر — intriguer; embarrasser
— . — : جنن — affoler; détraquer
— . — : عرقل . عقَّد — empêtrer
خَبِلَ : اختلّ عقله — devenir fou (*f.* folle); perdre la raison
خَبْل . خَبَل : ارتباك — embarras, *m*; confusion, *f*
— . — : جنون — démence; folie, *f*
مُخَبَّل : مرتبك — embarrassé, e; gauche
— . (كالخيط أو الشعر) — enchevêtré, e
* خَتَلَ : خدَع . ختَر — tromper; décevoir
خَتْل . مُخاتلة — tromperie; fourberie, *f*
خاتِل — fourbe; trompeur, se
* خَتَمَ الشيء وعليه — cacheter; estampiller; timbrer
— بالشمع أو الرصاص — sceller *ou* cacheter avec la cire, *ou* le plomb
— بالشمع (في القضاء) — apposer les scellés
△ — الجرحُ : اندمل — se cicatriser
اِخْتَتَمَ : ختم، ضد افتتح — achever; finir; conclure
خَتْم : وضعُ الختم — cachetage; scellement; timbrage, *m*
— : بَصْمَة الختم — cachet; sceau, *m*
— البريد (في برد) — cachet de la poste
△ — كاوتش — timbre en caoutchouc
— . خاتَم [1] : ما يُختم به — cachet; timbre; sceau, *m*; griffe, *f*
خاتِم [2] : حَلْيُ الاصبع — bague, *f*
— الزواج — alliance, *f*
خِتام . خاتِمَة : نهاية — fin; clôture, *f*
— . — الكتاب : ضد فاتحة — épilogue, *m*
— . — موسيقيَّة — finale, *m*
خِتامي : نهائي . أخير — final, e
△ خَتَّامَة : جبَّارة الختم — tampon, *m*
مَخْتُوم : عليه علامة الختم — cacheté, e
— : مُقفَل بالختم او بغيره — scellé, e
المختوم بختمي — portant mon cachet
* خَتَنَ : △ طاهَرَ — circoncire
خَتْن . خِتان . خِتانَة — circoncision, *f*
خَتَن : زوجُ الابنة — gendre; beau-fils, *m*
خَتين . مَخْتُون : مقطوع القلفة — circoncis, e
خاتُون : سيِّدة — dame noble
* خَثِرَ . تخثَّرَ الدَّمُ وغيرهُ : قرت — se grumeler; se coaguler
— . — السائلُ : عقد — s'épaissir
— . — اللبنَ : راب — se cailler; se figer
خَثَّرَ . أخثَرَ : عقَّدَ — coaguler; épaissir; figer
— اللبنَ : روَّبه — cailler; faire cailler

خثارة : حثالة sédiment; dépôt, m

خاثر . مخثر coagulé, e; figé, e; épaissi, e ou caillé, e

☆ خجل منه : استحى avoir honte de

خجّل . أخجل : جعله يخجل faire rougir qu

— . — : خزى faire honte à

خجل : حياء timidité; pudeur, f

— : خزي honte, f; opprobre, m

خجل . خجلان . مخجول honteux, se; qui a honte

خجول : حيي timide; honteux, se

مخجل : مخز honteux, se; infâme; choquant, e

☆ خدّ الارض : ٥ خططها بالمحراث وغيره sillonner la terre

— . تخدّد الجلد وغيره : تكرّش se rider; être ratatiné, e

خدّ : وجنة joue, f

— . خدّة . أخدود sillon, m

مخدّة : وسادة coussin, m

— السرير (للنوم) oreiller, m

☆ خدر : ٥ خدل s'engourdir; être engourdi, e

خدّر العضو : افقده الحس anesthésier

— . أخدر . خدّر البنت : الزمها الخدر cloitrer; cacher des hommes

خدر boudoir, m; retraite, f

خدر . خدرة : خدل engourdissement, m; torpeur, f

— : فقدان الحس anesthésie; insensibilité, f

— : تنمّل ٥ تنميل formication, f; picotement, m

خدر . مخدّر : ٥ خدلان engourdi, e

تخدير : اعدام الحس anesthésie; action d'anesthésier; insensibilisation, f

— : تنويم . اعدام الوعي chloroformisation; éthérisation; anesthésie totale, f

مخدّر : يعدم الحس anesthésique, m et a

— : مغيب عن الصواب narcotique; soporifique, m et a

مكتب المخدرات bureau de narcotiques

مخدّرة : مصونة femme gardée loin du regard des hommes; femme cloîtrée

☆ خدش . خدّش : خمش égratigner; griffer

— السمعة dénigrer; diffamer; souiller la réputation de qn

خدش : خمش égratignure, f

☆ خدع . خادع décevoir; tromper

انخدع se laisser tromper; être dupe

خدعة : حيلة ruse, f; tour, m

خديعة . خداع [1] tromperie; duperie; supercherie, f

خداع [2] الحواس déception; illusion, f

— البصر illusion d'optique, f

خدّاع . مخادع imposteur, m; trompeur, se

— . خداعي décevant, e; trompeur, se

مخدع : حجرة chambre, f; cabinet, m

مخدوع dupe; trompé, e

servir qn; être au service de qn ☆ خَدَمَ : عَمِلَ لهُ
labourer; cultiver — الأرضَ
employer; engager; donner de l'emploi à qn ∆ خَدَّمَ . اسْتَخْدَمَ[1]
unir; affleurer ∆ — الخشبَ : سوّاه
se servir de; employer; utiliser اسْتَخْدَمَ[2] : استعملَ
être engagé, e; entrer au service de qn ∆ — : أُلتحقَ بخدمة
domesticité, f; serviteurs, m.pl خَدَمٌ . خُدَّام : جملة الخدم
soins, m.pl; service, m خِدْمَةٌ : القيام على خدمة
service, m — : مساعدة
emploi, m — : شُغْل . عمَل
domestique خَدَّام . خادِم (للذكر والأنثى)
servante; bonne, f خدَّامة . خادِمة : صانعة
servitude; domesticité, f خادِميّة : حالة الخادم
emploi, m إسْتِخْدام : استعمال او وظيفة
affleuré, e; uni, e ∆ مُخَدَّم : مُسَوّى (في النجارة)
placeur, se ∆ مُخَدِّم : وسيط بين الخادم والمخدوم
bureau de placement, m مكتب —
patron, ne; employeur, se; maître, sse مَخْدُوم : آجِر
ami, e intime; confident, e ☆ خِدْن . خَدِين : صديق
lier amitié avec qn; traiter en ami, e خادَنَ : صادق
Khédive ∆ خديو . خديوى : والٍ
toupie d'Allemagne, f ☆ خُذْرُوف : ∆ نَضّارة . خرّارة[3]

tribiné, e; en toupie خُذْرُوفِيُّ الشكل
abandonner; désappointer ☆ خَذَلَ . خاذَلَ : تخلّى عن
échouer; être, ou se trouver, délaissé, e إنْخَذَلَ . خُذِلَ
abandonné, e; vaincu, e مَخْذُول
murmurer; ou faire glouglou ☆ خَرَّ الماء
tomber — : سقطَ
ronfler — النائم : غطَّ . شخَرَ
couler: dégoutter ∆ — : سالَ
murmure (de l'eau en coulant), m خَرِير الماء
glouglou, m — : بقبقة
merde, f; excrément, m ☆ خِراء . خُرْء : غائط
aller à la selle; [chier] خَرِيَء : تغوّط
ruiner; démolir; dévaster ☆ خَرَبَ . خَرَّبَ : ضد عمَّر
être ruiné, e; se ruiner خَرِبَ : ضد عَمِرَ
tomber en ruine — . تخرَّبَ : تهدَّم
acétabule, m خُرْب . خُرْبة : نقرة راس الورك
en ruine; en ruines خَرِب . مُخَرَّب : متهدّم
détraqué, e; dérangé, e; délabré, e ∆ خربان : يحتاج الى اصلاح —
ruine; dévastation, f خَراب : ضد عمار
chute des reins, f ∆ خُربة[4] الظهر : صَلا
ruines, f.pl; lieu dévasté خَرْبة . خَرِبة . خَرابة ∆ موضع الخراب
caroube, f خَرُّوب : خرنوب
dévastateur, rice; destructeur, rice خارِب . مُخَرِّب[1] : ضد معمّر . مُتلف

تَخْرِيب : ضد تعمير — dévastation; destruction; ruine, f
— احتجاجي او عدوانى — sabotage, m
مُخْرِيب ٢ . مُخَرِّب — destructif, ve
— . — : (شخص) — saboteur, se, m
٭ خَرْبَشَ : كتب بلا اعتناء — griffonner; gribouiller
٥ — : خدش — griffer; égratigner
٥ خرتيت : كركدن — rhinocéros, m
٭ خَرَجَ : ضد دخل (راجع برز) — sortir
٥ — الزهور والخمر : استقطرها — distiller
خَرَّجَ . أخْرَجَ ١ : ضدّ ادخل — faire sortir; mettre dehors; ou expulser
— . — : استثنى — exclure; excepter
— . — : درّب وعلّم — élever; former; faire l'éducation de
أخرَجَ ٢ : قذفَ . بعثَ — émettre; lancer
— لسانه — sortir sa langue
— ريحاً — péter; lâcher un vent
تَخَرَّجَ فى مدرسة .... — être gradué,e de ....
متخرج او مقبول ، معتمد — agré,e
إستَخرَجَ : سحبَ — tirer; extraire
خُرج — sacoche, f
خَرج : ضد دخل . نفقة — dépense, f; frais, m.pl
٥ — لملابس النساء : كَشكش — garniture, f
٥ — : هُداب — frange, f
— الجندى : ٥ جراية — ration, f

— . خَرَاج ١ : مال ضريبة — impot, f; tribut, m; taxe, f
خَرَاج ٢ : مالُ الارض — impôt foncier, m
خَرْجَة : بُروز — saillie, f
٥ — حفلة الدفن — convoi funèbre, m; funérailles, f.pl
خُرَاج : دُمَّل ٥ طلوع — abcès: furoncle, m; tumeur, f
خُروج : ضد دخول — sortie, f
سفر الـ (الثانى من التوراة) — Exode, m
خارج : ضد داخل — sortant,e; qui sort
— : الجهة الخارجيّة — dehors; extérieur, m
— القسمة (فى الحساب) — quotient, m
فى الـ (اى خارج البلاد) — à l'étranger
خارِجاً : فى الخارج ٥ بَرّاً — dehors; à l'extérieur
خارجى : ضدّ داخلى — extérieur,e; externe
مَخْرَج : ضد مدخل — sortie, ou issue, f
— لتصريف البضائع — débouché, m
— : مَخلَص . مَهرَب — faux-fuyant, m
مُخرِج سينمائى — metteur en scène, m
— : مُنتج — producteur, rice
٭ خَرِدَت البنتُ : كانت بكراً — être vierge
خريده : لؤلؤة لم تثقب — perle non percée
٥ خُرْدَة : ٥ حديد قراضة — ferraille, f
٥ خُردوات : ما صغر من السلع المدنية — quincaillerie, f
٥ — : السلَع اللازمة للنساء — mercerie, f
٥ خردجى : بائع السلع الصغيرة — quincailler. ère
— : بائع سلع النساء الصغيرة — mercier, ère

٥خُرْدُق ٣٠:٥ رَش الصيد grain de plomb; menu plomb, *m*

٥خَرْدَل moutard, *f*

٥خَرَز ٣٠: مايُنظَم (يلضم) في خيط verroterie, *f*; grains de collier, *ou* de chapelet, *m.pl*

خَرَزَة البئر: حاجز ←margelle, *f*

— الظهر: فقرة vertèbre, *f*

مِخْرَز. مِخْراز: مِثقَب ←alène, *f*; poinçon, *m*

٥خَرِسَ: بكم. صمت devenir muet, te

— : سكت se taire

— : انعقد لسانه عن الكلام avoir le filet

أخْرَسَ: اسكت réduire au silence; faire taire

— : أبكم rendre muet,te; *ou* aphone

خَرَس: صَمْت mutisme, *m*

خَرَسان. خَرَسانة béton, *m*

خَرسانة مُسَلَّحَة béton armé, *m*

أخْرَس: لا صوت له insonore; aphone

— : ابكم muet,te

٥خَرْشَنَة: خطاف البحر sterne, *m*

٥خُرْشُوف artichaut, *m*

٥خَرَطَ الخشب والمعدن بالمخرطة tourner; travailler au tour

٥ — : فرَّط. قطَّع hacher; couper fin

— ٣٠: فاخر كذباً se vanter

٥ — المغلي: استخلصه بالنقع infuser

مِخْرَطَة: آلة خرط الخشب والمعدن ←tour, *m*

إسْتَخْرَطَ في البكاء pleurer à chaudes larmes

إنْخَرَطَ في سلك كذا joindre; s'unir à

خَرْط. خِرَاطَة عمل الخراط art du tourneur

خرّاطُ الخشب أو المعدن tourneur, *m*

— : فشّاخ fanfaron,ne; vantard,e

٥ خرّاطَة: قرّاطَة ←hachoir, *m*

خَرِيطَة. خارطة: مُصوّر جغرافي carte; carte géographique, *f*; plan, *m*

— : قِمَطْر المسافر والجندي havresac, *m*

— : كيس. جراب sac, *m*

— فك الزمام plan cadastral, *m*

خَراطين: ديدان حمر vers de terre, *m.pl*

مَخْرُوط (في الهندسة) ←cône, *m*

— بآلة الخرط tourné,e; façonné,e au tour

مخروطي الشكل cônique

٥خَرطوش (خرطوشة) ←cartouche, *f*

٥ — : مسودة (دفتر تجاري) brouillard, *m*

٥ — : كتابة هيروغليفيه cartouche, *m*

٭خُرْطوم الفيل وغيره — trompe, f; groin (du cochon), m
٥ — : انبوب مرن — tuyau caoutchouc, m
٭خَرِعَ : استرخى — avoir les membres flasques *ou* être débile
إخْتَرَعَ : استنبط — inventer; créer
خَرِع . خَرِيع ٥خسيع : — qui a la jambe flasque, sans nerf
خِرْوَع : نبات الخروع — ricin, m; palma christi
إختِراع : استنباط — invention; création, f
مُخْتَرِع : مستنبط — inventeur, rice
٭ خَرِفَ ٥ خَرَّفَ الشيخُ : أهتر — radoter
— المريض : ٥ خطرف . هذى — délirer
خَرَفٌ : هتر — radotage, m; seconde enfance, f
خَرِفٌ ٥خرفان — radoteur, se
خُرافة : اعتقاد سخيف باطل — superstition, f
— : أسطورة.خُزَعبلة — légende; fable, f
خُرافي : منسوب الى معتقد باطل — légendaire
— : أساطيري . خزعبلي — fabuleux, se
خَرُوف : حمَل ٥أوزي — agneau, m
— : ذكرُ الغنم الكبير — mouton, m
— البحر : ام زُبَيْبَة — lamantin, m
خَرِيف : بين الصيف والشتاء — automne, f
خريفي — automnal, e; d'automne
٥خَرفوشة (في ورق اللعب) — écart, m
٭ خَرِقَ : حمق — être sot, te, stupide, gauche

خَرَقَ . خَرَّقَ الثوب : مزقه — déchirer
— . اخترقَ الشيء — pénétrer; percer; passer au travers de
خُرق : حماقة — stupidité; sottise; maladresse, f
خَرْق : ثقب — trou; orifice, m; brèche, f
خِرْقَة : خلقة — lambeau; loque, f; haillon; chiffon m
خِرَق : قطعُ الأقمشة البالية — friperie, f
جامعُ الـ — أو بائعها — chiffonnier, ère
خارق : نافذ . ناقب — perçant, e; pénétrant, e
— الطبيعة — surnaturel, le; miraculeux, se
— العادة — extraordinaire
أخْرَق : أحمق — sot, te; stupide; maladroit, e
إختِراق : نفوذ — pénétration, f
٭خَرَمَ . خَرَّمَ¹ : ثقبَ — percer; trouer; forer
٥خَرَّمَ² : اختزن الطريق — prendre un raccourci
خَرْم . تخريم : ثقب — perforation, f; percement, m
خُرْم : ثقب — trou, m
خَرمان : أبو منقار — brochet, m
خَرّامة : مثقب — perforateur; foret, m
٥ تخريمة : طريق مُستعجلة — raccourci, m
مُخرَّم: مثقَّب — troué, e; perforé, e; percé, e
٭خِرْنِق : أرنب صغير — levraut; levrau, m

٭خروع (خرع) ٭خروف (خرف) ٭خريدة (خرد)
٭خريطة (خرط) ٭خريف (خرف)

٭ خَزَّ . إخْتَزَّ : ٥ غزَّ . شكَّ piquer
خَزّ : نسيج من صوف وحرير ; popeline, f; tissu de soie et de la laine
٭ خَزَرَ : نظر بمؤخر عينه lorgner; regarder de travers, ou du coin de l'œil
خَيْزُران : قصب هندى rotin; bambou; jonc, m
خيزرانة : عصا من الخيزران canne de bambou, f
٭ خُزَعْبِل . خُزَعْبِلَة . خُزَعْبَل fable; farce; facétie, f; conte de fée, m
خُزَعْبلى imaginaire; fabuleux, se
٭ خَزَف : فَخَّار صينى porcelaine, f
خزفى ١ : من الخزف porcelainier, ère
آنية خزفيّة objet de poterie; article en porcelaine, m; porcelaine, f
خَزَّاف : بائع الأوانى الخزفية marchand, e de porcelaine
— . خزفى ٢ : صانع الأوانى الخزفية potier, m
٭ خَزَقَ الشىء فى الشىء pénétrer dans; traverser
٥ — : خَزَّقَ : مزَّق déchirer; lacérer
٥ خَوْزَق : ورَّط mettre dans le pétrin
خازُوق : آلة اعدام قديمة pal, m
(خزل) إخْتَزَلَ الكلام : اختصره abréger
— الكسر : حطَّه réduire une fracture
إخْتِزال : اختصار abrègement; raccourcissement, m
— . كتابة الاختزال sténographie, f
كاتب — sténographe; sténo
كتبَ بالاختزال sténographier
٭ خَزَمَ الأنفَ passer une boucle aux narines
— المريضَ passer un séton à travers la peau
خِزام الأنف anneau pour le nez, m
— : خلال (فى الطب القديم) séton, m
خُزام : سنبل برّى hyacinthe; jacinthe, f
خُزامي : ٥ لوَنده lavande, f
٭ خَزَنَ . خزَّنَ . اختزنَ ١ : ادخر entasser; thésauriser
— . — : وَضَعَ فى مخزن emmagasiner
— . اختزن ٢ الطريق : اختصره prendre un raccourci
خزّنَ القطار والسيارة garer
خَزْن . تخزِين : حفظ فى مخزن emmagasinage, m
— . — : اخفاء وادّخار thésaurisation, f
أجرة الـ — أو التخزين magasinage, m
خَزْنة . خِزانة placard, m
— . — الثياب garde-robe, f; armoire, m
— . — الكتب bibliothèque, f
— . — حديد coffre; coffre-fort, m
خَزِينَة : بيت المال trésorerie, f
خَزّان المياه : حبس réservoir; barrage, m; digue, f
— : صهريج . حوض citerne, f; réservoir d'eau, m

خازن البندق : اسم طائر رحّال — sittelle, f
— . مَخزَنجي: امين المخزن — magasinier, m
مَخْزَن: موضع الخزن — dépôt; entrepot, m
— : مستودع بضائع . دكان — magasin, m
٥ خَزِيَ : استحيا — avoir honte; se confondre
خَزَى . أخزَى : اخجَل — confondre
— . — : فضح — disgracier; déshonorer
خِزْي : عار — honte; disgrâce, f; déshonneur, m
— : خَجَل — timidité; honte, f
خَزْيان . مَخزِيّ — honteux, se; qui a honte; confondu, e
مُخزٍ : مُخجِل — honteux, se
٥ خَسْئاً لك ٥ إخس عليك — fi donc!
٥ خَسِرَ : تلفَ — se gâter; s'abîmer
— : ضد ربح (وبمعنى فَقَد واضاع) — perdre
خَسَّرَ . أخْسَرَ : جعله يخسر — faire perdre
— : أتلفَ — abîmer; gâter; endommager
إستَخسَرَ فيه الشيء — envier à
خُسْر . خسارة . خُسْران : ضد ربح — perte, f
— . — . — : تلف أو ضرر — dégât; dommage; préjudice, m
٥ خسْروان — selle de femme, f
خاسِر ٥ خسران : ضد رابح — perdant, e
مُخسِر : يعبث بالمصلحة — désavantageux, se; préjudiciable
٥ خَسَّ . خَسَّ : نَقَص — diminuer; abaisser; amoindrir

خَسَّ : نَقَص أو رَفَع — diminuer, décroître ou maigrir
خَسّ : بَقْلة معروفة — laitue, f
خِسَّة . خَساسَة — bassesse; vilenie, f; avilissement, m
خَسيس : سافل — vil, e; vilain, e; ignoble
٥ خَسَفَ . انخَسَفَ : غارَ . هبط — s'affaisser; s'enfoncer
— . — القمرُ — s'éclipser
خَسْف : ذُلّ — humiliation, f 
خُسُوف ١ القمر : احتجابه — éclipse, f
خُسُوف ٢ الكواكب — occultation (d'une étoile ou d'une planète)
٥ خَشّ : دخَل — entrer; s'engager dans
خَشاش : هوام الأرض — vermines, f
٥ خَشُبَ ٥ تخَشَّب . اخْشَوْشَبَ — se lignifier; se convertir en bois
٥ — : حوّل الى خَشَب — convertir en bois
تخَشَّب ٢ : تيبّس — s'endurcir; durcir; se raidir
خَشَب : ما تشقَّقُ من الشجر (عموماً) — bois, m
— البناء (او الخام) — bois de construction, m
— متفحم — lignite; charbon fossile, m
خشبيّ : من الخشب — de bois; en bois
— (في علم النبات) — ligneux, se
خَشَبة : قطعة خشب — morceau de bois, m
— نقل الموتى : نعش — bière, f; cercueil, m
خَشَبين : المادّة الخشبيّة في النبات — lignine, f
خَشّاب : بائع الخشب — marchand, e de bois

تَخَشَّبَ : تيبّس raidissement, m; rigidité; catalepsie, f

— رِمَّى (الموتى) : نُـزوز rigidité cadavérique, f

∆ تَخشيبة : تجيرة . مَظلة خَشَبية hangar en bois, m

— : سِجْن موقت prison provisoire, f

مُتَخَشِّب : متيبّس raide; rigide; dur,e

☆ خَشْخَشَ : صَلَّ . حفْحَفَ tinter; résonner

— الثوبُ الجديد : حفَّ froufrouter

خَشْخَشَة : ∆ شَخْشَخَة . قعقعة cliquetis; tintement, m

— : حَفيف bruissement; frou-frou (de vêtement), m

خَشْخاش : ∆ابو النوم pavot, m

خَشْخِيشَة : ∆ شُخشيخة . العوبة hochet; grelot, m

∆ خَشخَنَ الماسَ وغيره facetter ou polir

— السلاح النارى rayer

خُشخان : ∆ تقوير (فى المعمار) cannelure (en creux), f

— السلاح النارى rayage, m

مُخَشخَن facetté,e; cannelé,e; rayé,e

☆ خَشَعَ : خضع se soumettre; se résigner

تَخَشَّعَ : اظهرَ الخشوع او الخضوع porter de respect, ou révérence, à qn

خُشُوع : احترام respect, m; vénération, f

— : خضوع soumission; humilité, f

☆ خِشْف : ولد الظبى faon; petit de la gazelle, m

∆ خَشكريشة : غنيئة القرحة escarre; exfoliation gangréneuse, f

☆ خَشَمَهُ : كسر خيشومه briser son nez

خَيْشُوم ∆ خَشم : انف nez, m

— السمك : ∆ نخشوش branchies; ouïes, f.pl

☆ خَشُنَ : ضدّ نعم être rêche, ou rugueux,se

خَشَّنَ : صيَّر خشناً rendre rêche, rugueux,se, rude

خَشِن : ضد ملس rêche; rugueux,se; inégal,e

— : ضدّ ناعم او دقيق rude; ou gros,se

— الأخلاق brusque; brutal,e; rude

خُشُونَة . خَشانَة rudesse; rugosité; aspérité; grossièreté, f

☆ خَشِيَ : خاف (راجع خوف) craindre; redouter; avoir peur de

∆ اختَشَى : خجل avoir honte

خَشِيّ ∆ مُختَشٍ timide; modeste

∆ خشو ∆ اختشاء timidité; honte, f

خَشْيَة . خَشْي : خوف peur; crainte; appréhension, f

خشية ان : لئلا de peur, de crainte, que

☆ خصّ ☆خصاص (خصص) ☆ خصام (خصم)

☆ خَصِبَ . أخصب : كان خصباً être fertile, ou fécond,e

∆ خَصَّبَ . اخصب ٢ : صيره خصباً fertiliser; rendre fertile

خِصْب : كثرة الانتاج او الخير fertilité, ou abondance, f

خصِبٌ . خَصيب fertile; prolifique

☆ خَصْر : وسط taille; ceinture, f

خاصِرَة : جنب — côté; flanc, *m*; hanche, *f*

خاصَرَ المرأة فى الرقص — enlacer (par la taille)

إختَصَرَ : اوجز — abréger; raccourcir

إختِصار : ايجاز — abréviation; action d'abréger, *f*

بالاختصار — bref; en un mot

مُختَصَر : موجَز — abrégé,e; résumé,e

— : وجيز — concis,e; laconique

— : خلاصة — sommaire; précis; résumé; épitomé, *m*

ه خَصَّصَ : ضدّ عمَّمَ — spécifier; particulariser

— : عيَّن لغرض خاصّ — spécialiser

— : أفرَدَ — mettre à part; désigner

خَصَّ . اختصَّ فلاناً بكذا — distinguer; attribuer exclusivement à qn

— . — بهِ : كان من اختصاصه — concerner; regarder; être de la compétence de

— . — لنفسه — s'approprier; se réserver pour soi

ـهُ كذا : حصّه — être sa part; revenir à

تَخَصَّصَ . اختصّ ٢ بكذا : انفرد — avoir en propre

— فى — se spécialiser dans

خُصّ : ٥ عُشّة — hutte, *f*

خُصُوص : صدَد — rapport; égard, *m*

من — (وبخصوص) كذا — au sujet de; par rapport à

من هذا الخصوص — à cet égard; en cela

خُصوصِيّ . خاصّ ١ : ضدّ عمومى — spécial,e; particulier,ère

— . — : شخصى — personnel,le; privé,e

خاصّ ٢ : نوعىّ — spécifique; caractéristique

خاصَّة : صفة مميزة — propre; caractère; trait caractéristique, *m*; vertu; particularité, *f*

خواص : خلاصة — essence, *f*

خاصَّةً . خصوصاً : بالأخص — spécialement; surtout;

الخاصَّة: ضدّ العامَّة. الأعيان — l'aristocratie, *f*; les notables

إختِصاص : دائرة النفوذ والسلطة — juridiction, *f*

— المحكمة او القاضى — compétence, *f*

عدم — المحكمة — incompétence, *f*

الدّفع بعدم الـ — soulever l'incompétence

اختصاصى . إخصائى . متخصص — spécialiste

تَخصِيص : ضدّ تعميم — spécification, *f*

— : تعيين لغرض مخصوص — spécialisation, *f*

— للزينة — destination somptueuse, *f*

مَخصُوص : خاصّ — particulier,re; spécial,e; propre

٥ — : عَمْداً — exprès

قِطار — — train spécial, *m*

مُتَخصِّص فى كذا — spécialisé,e dans

خصوصية . خاصة . اختصاص — spécialité, *f*

ه خُصْلَة : حزمة صغيرة — bouquet; baquet, *m*

— شَعر — touffe; mèche; boucle, *f*

خَصْلَة : خلّة — habitude; manie; nature, *f*

☆خَصَمَ : اسقط. طرح — déduire; défalquer
△ — من الثمن : حَطّ — rabattre; faire un escompte, ou une remise
△ — كمبيالة (سُفتجة) — escompter
خاصَمَ . تخاصَمَ — se disputer; se quereller avec qn
خَصْم . خَصِيم . مُخاصِم : غريم — adversaire; antagoniste
— : احدُ الفريقين المتقاضيين — litigant,e; partie en cause; adversaire
△ — : اسقاط . حَطّ — déduction; diminution, *f*
△ — من الثمن: سماح — remise, *f*; escompte; rabais, *m*
△ — الكمبيالات : قطع — escompte, *m*
خِصام . خُصومة : نزاع — litige, *m*; dispute; querelle, *f*
☆خَصَى : △طوّش — châtrer; [couper]
— الحصان — castrer; hongrer
خِصاء : △تطويش — castration, *f*
خَصِيّ : △ طواشى △ اغا — eunuque; castrat, *m*
— . مَخْصِيّ (للحيوان عموماً) — châtré,e; coupé,e; hongré,e
خُصْيَة الذَّكَر : بيضة — testicule, *m*
△خَضَّ : خضخض . رَجَّ — secouer; cahoter
△ — : افزَعَ — effrayer; épouvanter
△ — اللبنَ : مَخَضَهُ — baratter; battre
△ خَضَّة : فزعة — frayeur, *f*; effroi; choc, *m*
☆خَضَبَ . خَضَّبَ : صبغ أو زيّن — teindre ou farder

خِضاب : ما يخضب به — teinture; matière tinctoriale, *f*
— التجميل — fard, *m*
☆خَضْخَضَ : هزّ وحرّك — cahoter; secouer
خَضْخَضَة : هزّ . اهتزاز △خضّ — cahotage; secouement, *m*;
☆خَضِرَ . إخضَرّ — verdir; verdoyer
خَضَّرَهُ : صيّره اخضرَ اللون — verdir; rendre vert,e
خُضْرَة △ خَضار[1] : لونُ الاخضر — couleur verte; verdure, *f*
خَضار[2] △ خُضار . خَضراوات — légumes, *m.pl*
— الطبخ (كالبقدونس والشبت) — herbes potagères, *f.pl*; verdure, *f*
خَضّار △خُضَرِيّ : بيّاع الخضر — marchand,e de légumes
خُضارِيّ : بط برّي — canard sauvage *ou* malart, *m*
خُضَيْرِيّ . اخضر : اسم طائر — verdier, *m*
أخضَر[1] : بلون الزرع (او غير ناضج) — vert,e
☆خَضَعَ : اذعن وانقادَ — se soumettre; se résigner
خَضَّعَ . أخْضَعَ — subjuguer; soumettre
خُضُوع : اذعان — soumission; résignation, *f*
خاضِع . خَضُوع : مُذعِن — soumis,e; obéissant,e
— لكذا : تحت حكم كذا — assujetti,e, *ou* soumis,e, à
— للقانون أو لقانون — soumis,e à la loi

إخضاع subjugation; conquête, *f*

٭ خَضَلَ . أخضَلَ : بلّلَ humecter; mouiller

٭ خِضَمّ : بحر عظيم mer immense, *f*

٭ خط (فى خطط) ٭ خطا (فى خطو)

٭ خَطَّأَ : غلّط trouver à redire; accuser qn d'erreur

خَطِئَ . أخطأ[1] : ضدّ اصابَ se tromper; se méprendre

— . — : أذنب pécher; fauter

أخطأ[2] بين الشيئين confondre entre deux choses

— التقدير أو الحساب mal calculer

— الغرض manquer le but

— الفهم mal comprendre; comprendre mal

— فى النقل (أى الترجمة) mal interpréter

خَطَأ . خَطَاء : غلط erreur; faute; bévue, *f*

— عمد faute intentionelle, *f*

— . — : غير صحيح erroné,e; inexact,e; faux,sse

— لفظىّ lapsus linguæ, *m*

— مطبعىّ erreur d'impression, *f*

— وصواب errata, *m*

خطأ . بالخطاء par mégarde; par erreur

خطيئة . خطيّة : إثم péché; crime; vice, *m*; faute, *f*

— عرضيّة péché véniel, *m*

خاطئ : مُذنب pécheur, *m*, pécheresse, *f*; coupable

— . مُخْطِئ : غالط fautif,ve

٭ خَطَبَ : ألقى خُطبة faire un discours, *ou* une conférence; prononcer une allocation; haranguer (la foule)

— الفتاة : عقد خطبتهُ عليها fiancer

خاطَبَ . تخاطَبَ مع parler, causer, s'entretenir, avec; adresser la parole à qn

تخاطبا . تحادثا converser; s'entretenir

— : تكاتبا correspondre

خَطْب : امر مكروه calamité, *f*; malheur, *m*

خُطبة . خِطابة : كلام الخطيب discours, *m*

— . — دينيّة : موعظة sermon, *m*

— فى حشد كبير harangue; allocution, *f*

فنّ الخطابة rhétorique, *f*

خِطابى oratoire

خِطْبة ∆ خطوبة fiançailles, *f.pl*

خِطاب : رسالة lettre; missive, *f*

— اعتماد lettre de crédit, *f*

— توصية lettre de recommandation

— العرش discours du trône, *m*

خَطيب : مُلقى الخطبة conférencier,ère; orateur, *m*

∆ — . خاطب : طالب الزواج prétendant, *m*

∆ — او مخطوب : المرتبط للتزوج fiancé,e

خاطِب او خاطبة : وسيط الزواج marieur,se

مخاطَب (فى النحو) : الشخص الثانى deuxième personne

— : الموجّه اليه الكلام interlocuteur,rice; celui à qui l'on parle

٭ خَطَرَ : تذبذبَ . ترجّحَ se balancer; osciller; vibrer

— الأمرُ له : سنح — se présenter à la pensée ; passer par la tête
خَطُرَ : كان خطيراً — être sérieux, se, grave, important, e
خاطَرَ : راهَنَ — parier
△ — : بازَف — risquer
— بكذا: عرّضه للخطر — exposer au danger
أخطَرَ : أعلمَ ونبّه — prévenir ; avertir
خَطَرَ : ما يُراهن عليه — pari ; enjeu, *m* ;
— : اشراف على تهلكة — péril ; danger, *m*
— مؤمن عليه — risque assuré
— مُحدِق — danger, ou péril, imminent
أخطار مستبعدة — risques exclus
— على الصحة — menace, *ou* danger, à la santé
تحت الـ . في — — en danger
خَطِر : مُخطِر — dangereux, se ; périlleux, se
خَطَرَان △ تخطُّر : تذبذُب — balancement, *m* ; oscillation ; vibration, *f*
خطّارُ الساعة : ○ بَنْدول — ←balancier, *m*
خُطورة : اهميّة — gravité ; importance, *f*
خَطِير : هامّ — sérieux, se ; grave ; important, e
خاطِر : فِكر — idée ; pensée, *f* ; ce qui vient à l'esprit
△ — : كُرمة . كرمان — égard ; bon plaisir
لأجل خاطري — pour me faire plaisir
تبادُل الخواطر — télépathie, *f*
عن طيب خاطر — volontiers ; de bon gré
△ اخذ على خاطرهُ : تكدَّر — se formaliser

خاطرك : في حفظ الله — adieu
إخطَار : إنذار — avis ; avertissement, *m* ; notification, *f*
مُخْطِر : خَطِر — dangereux, se ; périlleux, se
مُخاطِر : مراهِن (راجع رهن) — parieur, se
△ — : مجازف — audacieux, se
△ خطرَف المريض : هَذَى — radoter ; délirer
خطرفَة : هَذَيان — radotage ; délire, *m*
☆ خَطَّطَ : سطَّرَ — régler ; tirer des lignes
— الأرض : مَسَحها . قاسها — arpenter ; lever le plan de
— الأرض بالمحراث : خدَّها — sillonner
— القماشَ وغيره : △ قلَّمهُ — rayer ; bigarrer ; strier
— الحواجبَ : زججها — passer au rimel les sourcils
خَطَّ : كتب — écrire
— تحت الجملة خطاً (لاظهار اهميتها) — souligner
— . اختَطَّ خطةً : رسمها — projeter ; former le dessein de faire une chose
— . — الشاربُ : طلع — se dessiner ; commencer à pousser
خَطٌّ : سطر — ligne, *f* ; trait, *m*
— (بلون مختلف) : سَيْح △ قلَم — raie, *f*
— : كتابة — écriture, *f*
— . عِلم الخط — calligraphie, *f*
— : أخدُود . تَلْم — sillon, *m*
— (في الزراعة) — ligne, *f*
— الاستواء (في الجغرافيا) — équateur

— العوم : ligne de flottaison, *f*

— سكة الحديد : voie ferrée; ligne de chemin de fer, *f*

— مستقيم : ligne droite, *f*

في — مستقيم : à vol d'oiseau

خُطّ : حيّ . قسم من بلدة : quartier, *m*

خُطّة : طريقة : plan ; système, *m*

خَطّاط : كاتب : calligraphe

تخطيط الأراضي : مساحتها : arpentage, *m*

— (في الرسم وما شابه) : esquisse, *f*

مُخَطَّط : مزيَّح △مقلم : strié, e ; rayé, e

٭خَطَفَ . إختطف : arracher vivement; happer

— . — البصر : بهر : éblouir

— . — ولداً أو انساناً : enlever qn par force

خَطْف . اختطاف : enlèvement; rapt, *m*

خَطّاف : كُلاّب △هِلب : crochet; crampon, *m*; ancre, *f*

— . خُطَّف : △عصفور الجنة : hirondelle, *f*

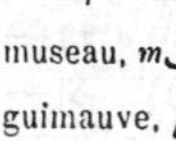

— جَبَلي : عُوّار : martinet, *m*

— البحر : (انظر خرشنة) : sterne, *m*

٭خَطْل : △كلام فارغ : propos incohérents, *m.pl*; coq-à-l'âne, *m*; sottises, *f.pl*

٭خطم . مَخطم : مقدم الفم والأنف : museau, *m*

خِطْمي . خِطميَّة : نبات : guimauve, *f*

٭خطوة : نقلة الرِّجل : pas, *m*

خطوة : فَشْخة . ما بين القدمين : enjambée, *f*; grand pas, *m*

خَطا . اختطى : نقل رجله : faire un pas; marcher

تخطّى : جاوز : dépasser

خَطِيَّة : خطيئة : péché, *m*; faute, *f*

٭خفّ (خفف) ٭خفاء (خفي) ٭خفّاش (خفش)

٭خَفَتَ الصوتُ : سكن : s'abaisser; baisser

خافت : ضعيف : faible; imperceptible

٭خَفَرَ . خَفَّرَ : حرس : garder; veiller sur

خَفَر : حياء : pudeur; timidité, *f*

خَفِر : حيي : timide; pudique; pudibond, e

خِفارة : حِراسة : garde, *f*; guet, *m*

خَفير : حارس . ناطور : garde, *m*; gardien, ne

٭خَفَسَ : هدم : effondrer; affaisser; abattre; détruire

٭خَفَش : عمى نهاري : nyctalopie, *f*

خُفّاش : وطواط : chauve-souris, *f*

أخفش : لا يرى في النهار : nyctalope; qui ne voit que la nuit

٭خَفَضَ : ضد رفع : baisser; descendre; abaisser

— . خفّض : نقّص : réduire; diminuer

اسعار مخفضة : prix réduits

انخفض . تخفّض — être abaissé, e, *ou* diminué, e; décroître

خُفض . تخفيض : ضدّ رفع — réduction, *f*; abaissement, *m*

— العيش : سهولته — aisance, *f*

مُنخفِض . واطىء — bas, se

— . مخفوض : ضدّ مرفوع — baissé, e; abaissé, e

٭خفّف : ضدّ ثقّل — alléger; réduire

— : سكّن — calmer; adoucir; mitiger

— عن : أراح — soulager; alléger

— العقوبة — commuer

— كثافة المزيج : أمرخه — délayer; diluer

خَفّ : ضد ثقل — s'alléger; devenir léger, ère

— : اسرع — se presser; se dépêcher; s'empresser

△— الزرع — éclaircir

إستخفّ بالامر : استهان — traiter légèrement; prendre à la légère

— ه الفرحُ — être transporté, e de joie

خُفّ : حذاء قصير — escarpin, *m*; bottine, *f*

— الجمل والنعامة — sabot, *m*

خِفّة : ضدّ ثقل — légèreté, *f*

— : طيش — frivolité; étourderie, *f*

— الحركة — agilité; sveltesse; vivacité, *f*

— اليد — déxtérité, *f*

خفيف : ضدّ ثقيل — léger, ère

— الروح — sympathique; gai, e

— العقل — étourdi, e

— اليد (في العمل) — expéditif, ve; adroit, e

— اليد (في السرقة) — qui a les doigts crochus

تخفيف : ضدّ تثقيل — allègement, *m*

— : تلطيف — adoucissement, *m*, atténuation, *f*

— الضرائب — réduction, *ou* diminution, des impôts, *f*

— المزيج والعجين والزرع الخ — délayage; délayement, *m*

— العقوبة — mitigation, *f*

إستخفاف : استهانة — dédain; mépris, *m*

مُخفّف — mitigeant, e; adoucissant, e

مُستخِفّ : مُستهين — dédaigneux, se

٭خفق القلبُ — battre; palpiter

△— البيضَ وغيرهُ : دافه — fouetter; battre

— . أخفق الطائر — battre des ailes; se trémousser

— . — العلَمُ — flotter

— . — برأسه : تنوّد △فقّر — incliner, *ou* agiter, la tête

أخفق ٢ : حبط — échouer; manquer [faire fiasco]

خفق وخفقان القلب — battement, *m*; palpitation, *f*

الخوافق — les quatre points cardinaux, *m.pl*

△خافقي : طلاء الحيطان — stuc, *m*

إخفاق — insuccès; échec, *m*; non-réussite, *f*

△مخفقة البيض : مخوص — fouet à blancs d'œufs, *m*

٭خفي . اختفى : ضد ظهر — disparaître

خَفَى . أَخْفَى	cacher; dissimuler; dérober; soustraire
اخفى ٢ المسروقات	receler
تَخَفَّى : تستر	se cacher; garder l'incognito
— : تنكَّر	se déguiser; se masquer
خَفِيّ . خافٍ . مُخْتَفٍ	caché, e; latent, e
— . — : غير منظور	occulte; invisible
خافِيَة : سِرّ	secret; mystère, m
خُفْيَةً . في الخَفَاء	en cachette; secrètement
إخْفَاء : ضدّ اظهار	dissimulation; action de cacher, f
إخْتِفَاء : ضدّ ظهور	disparition, f
تَخَفٍّ . إسْتِخْفَاء : تنكّر	déguisement; travestissement, m
مُتَخَفٍّ : متنكّر	déguisé, e; incognito

ه خفير (خفر) ه خفيف (خفف) ه خلّ (خلل)
ه خــلاء ه خــلاء (خلو) ه خلاسي (خلس)
ه خلافة (خلف) ه خلال (خلل)

ه خَلَبَ : مسك بمخلب	griffer; saisir avec les serres
— العقلَ	fasciner; charmer; séduire
خَلَّاب . خالِب	captivant, e; attrayant, e
مِخْلَب الحيوان	griffe, f
— الطائر : برثن	serre, f
ه خَلَجَ . خالَجَ . اختلج الفكر	préoccuper
خالجه ٢ شكّ	concevoir, ou avoir, des doutes
اختلج ٢ : انتفض	trembler; frissonner; trémousser
خِلاج . خالِج . خالِجة : هاجس	scrupule, m; doute, f
خَلِيج : شرم من البحر	baie, f; golfe, m
ه خَلْخَلَ : حرّك وقلقل	ébranler; bouger en secouant
خَلْخال . خَلْخَل	bracelet, ou anneau, de cheville, m
△ — الرِّجْل : المفصل بين القدم والساق	cheville, f
ه خَلَدَ : دام	s'éterniser; durer à l'infini
— . خَلَّدَ . أَخْلَدَ الى وبالمكان	séjourner dans un lieu
خلّد ٢ . أخلد ٢ : ادام	éterniser; perpétuer
— الذكر	rendre immortel, le; perpétuer le souvenir de
اخلد ٣ الى	se pencher vers
خُلْد (جمعه مناجذ) حيوان وفرائه	taupe, f
— . خُلود : عدم الموت	immortalité, f
خَلَد : البال والقلب	âme; pensée, f; esprit, m
— . خالِد : دائم . باقٍ	éternel, le; ou immortel, le
ه خَلَسَ . اخْتَلَسَ	dérober; détourner; soustraire frauduleusement
خلسة : خِفْيَة	furtivement; en cachette; clandestinement
إخْتِلاس	détournement de fonds, m
خِلاسِي : ابن أبوين اسود وأبيض	mulâtre, m; mulâtresse, f
مُخْتَلِس	auteur d'un détournement

خَلَصَ : صَفَا — être pur, e; se clarifier; s'éclaircir
△ —: انتهى — finir; se terminer
—. تخلَّصَ: نجا — s'échapper; se sauver *ou* être sauvé, e
— . — منه : انعتق — se débarrasser, *ou* se dégager, de
خَلَّصَ : انقذ ونجَّى — sauver; tirer d'embarras
△ — : أنهى — terminer; finir; achever
△ — على البضائع : استخلصها — dédouaner
△ — على الخطاب أو الطرد — affranchir
استخلَصَ ٢ : اختار — choisir; sélectionner
△تَخالصَ مع — liquider un compte avec
خَلاص : انقاذ — sauvetage, *m*; délivrance, *f*
— : افتداء — salut, *m*; rédemption, *f*
△ — الجنين : عَذَب — placenta, *m*
خُلاصَة : زبْدة — quintessence, *f*; fond; extrait, *m*
— : مُلَخص — sommaire; résumé; précis, *m*
خالِص : نقي — pur, e; net, te; clair, e; épuré, e
— : حُرّ — libre
— في المعاملة — quitte
— الاجرة والمصاريف — franco
إخلاص — franchise; sincérité, *f*
مَخْلَص — échappatoire, *f*; faux-fuyant, *m*
مُخْلِص : صادِق — loyal, e; honnête; sincère
الـ — votre dévoué, e
△مُخالصة — quittance, *f*

مُخَلِّص : مُنجٍ — sauveur; libérateur, rice
— الأنس — rédempteur, rice
خَلَطَ . خَلَّطَ — mélanger; mêler
— . — في الكلام — parler à tort et à travers; bafouiller
خالَطَ : عاشَرَ — fréquenter
خُولِطَ في، أو اختلَطَ عقله — avoir l'esprit détraqué; devenir fou (*f.* folle)
اختلَطَ ٢ : امتزج — se mélanger; se mêler
خَلْط : مَزْج — mélange, *m*
خِلْط . خَلِيط : مزيج — mixture; combinaison, *f*
خليط ٢ (من أشياء متنافرة) — pot pourri; mélange, *m*
أخلاط الجسد — humeurs, *f.pl*
— الناس — la racaille; ramassis de gens
إختِلاط : امتزاج — mélange, *m*; combinaison, *f*
— : تشويش — confusion, *f*; désordre, *m*
— العقل — aliénation mentale; folie, *f*
—. مُخالطة : معاشرة — fréquentation; association, *f*
مُختَلط . مَخلُوط — mélangé, e; mêlé, e; mixte
خَلَعَ الرداء والحذاء — ôter; enlever
— ثيابه : تعرَّى — se déshabiller; se dévêtir; [se mettre à poil]
△— سِنًّا : اقتلعه — arracher
— : عزَلَ — révoquer; renvoyer; destituer
— المفصل : مَلَخ — disloquer; démettre; disjoindre

تخلُّف défaillance, *f*; manquement, *m*
خَلَف خَلِيف . خَلِيفَة successeur, *m*
— : ذرّيّة progéniture, *f*; rejeton, *m*; descendants
— : بدَل remplaçant, e; suppléant, e substitut, *m*
خَلْف : ظهْر dos; derrière, *m*
— : ضدّ امام . وراء derrière
الـــ : المتلقي ayant-cause
الى — . à reculons; en arrière
من — من وراء par derrière
خلفيّ : ضد امامي arrière
خِلاف . إخْتِلَاف : فرْق différence; dissemblance, *f*
— . — : ضدّ وفاق désaccord, *m*
اختلاف الآراء divergence de vues, *f*
بخلاف : عدا en dehors de; outre
خلافه un autre que lui
وخِلافه : وغير ذلك . الخ (etc. (et cætera)
خِلافَة : الاتيان بعد succession, *f*
— : إمامة califat, *m*; dignité de calife
مُخَالِف : مناقض contraire à; incompatible avec
— القوانين violateur, rice ; contrevenant, e
— . مُخْتَلِف : مغاير différent, e; dissemblable
مختلف ٢ : متنوّع varié, e
— عن différent, e de; dissemblable à
مُخَالَفَة : ضدّ موافقة désaccord, *m*
— : مناقضة contradiction, *f*; contraste, *m*

— العذَارَ se dévergonder
— القلبَ consterner; terrifier
تخلّعَ : تفكّكَ être disloqué, e, démis, e, disjoint, e
خَلْع الثيابِ : نزع enlèvement des habits; dévêtemnet, *m*; action de déshabiller, *ou* de se déshabiller
— : عزْل destitution; déposition, *f*; renvoi, *m*
— المفصل luxation; dislocation, *f*
خِلْعَة robe de cérémonie, *f*; habit de gala, *m*
خَلَاعَة libertinage, *m*; débauche, *f*
خَلِيع : متهتك libertin, e; débauché, e
مَخلوع disloqué, e; déboîté, e; disjoint, e
٭ خَلَفَ : أتى بعد succéder à; suivre
— : حلّ محلّ se substituer à; remplacer
خَلَّفَ الشيء : تركه وراءه laisser derrière soi
— : تركَ ارثاً laisser une succession; léguer; laisser en heritage
— : ولدَ enfanter; engendrer
خالَفَ : ضد وافق contrarier; contredire
— : نقضَ violer; enfreindre; empiéter sur
— : عصي désobéir
— . إخْتَلَفَ عن différer de; être différent, e, *ou* dissemblable à
اختلفا ٢ . تخالفا : ضدّ اتفقا ne pas s'accorder
أخْلَفَ وعدَه manquer à sa parole, *ou* à sa promesse
تخَلَّفَ : تأخّر rester en arrière

— : عصيان désobéissance; infraction, f
— : تعدٍّ violation; transgression, f
— : أخفّ من الجنحة contravention, f
•خَلَقَ : بَرَأَ créer; faire naître
— • إِخْتَلَقَ : استنبط inventer
اختلق ٢ كذباً inventer, ou monter, un mensonge
خَلُقَ الثوبُ s'user
تخلّقَ بغير خلقه affecter, ou adopter, les manières d'un autre
خُلْق: سجية وطبع caractère, m; humeur, f
△— : غضب colère, f
△طالع —ه en colère; de mauvaise humeur
سيّئ الخلق d'un mauvais caractère
أخلاق : آداب mœurs, f.pl
درس في الأخلاق étude de mœurs, f
الفلسفة الأخلاقية . علم الأخلاق morale; éthique
خَلْق. خِلْقَة : إيجاد . بَرْء création, f
— : ناس monde, m; gens, m.pl
خِلْقَه ٢ : هيئة mine; contenance; figure, f
— : فطرة naturel, m; nature; constitution, f
خِلْقي: طبيعي naturel, le
— : فطري inné, e
عَيْب — . défaut, ou vice, naturel ou de constitution, m
مرض — . maladie congénitale, f
خَلَقٌ: بالٍ en loque, usé, e; râpé, e

خَلَقَة: خرقة بالية chiffon, m; loque, f
خَلِيق : جدير apte; digne; convenable
— به digne de
خَلِيقَة : ماخلقه الله créatures; f.pl; création, f; l'univers, m
خلائق . مخلوقات êtres, m pl; créatures, f.pl
خالِق : بارِئ créateur, rice
مُخْتَلَق: غير حقيق faux, sse; fictif, ve
•خَلَّلَ : صار خلا أو كالخل s'acétifier; aigrir
— : كبس بالخل أو الملح mariner; confire au vinaigre
— العصير: صيّره خلا acidifier; aciduler
— الأسنانَ se curer les dents
△خلَّ الزرعَ : خففه éclaircir
خالَلَ امرأة prendre une maîtresse, concubine, ou une amie
أخلّ بالنظام déranger l'ordre
— بالعهد وغيره violer, ou fausser, son serment; manquer à sa parole
تخلَّلَ : نفذ se faufiler; pénétrer; passer à travers
— : وقع بين شيئين s'interposer; se trouver entre; s'immiscer dans
إختلّ : وهن être défectueux, se, vicieux, se, détraqué, e
— النظام être dérangé, e, ou troublé, e
— عقله se détraquer; perdre la raison
خلّ : ما حمض من العصير vinaigre, m
△ — (في الزراعة) : تخفيف éclaircissement, m

٥خلات : ملح الحامض الخلّي acétate, *m*
خِلّ : خَلِيل ami, e intime; intime, *m* [copain, *m*, copine, *f*]
خَلِيلة maîtresse; amie ; concubine, *f*
خُلّة : صَداقة amitié; intimité, *f*
خِلال : سفود broche ; brochette, *f*
— • خِلالَةُ الأسنان ∆ خِلّة cure-dents, *m*
في — ذلك dans l'intervalle; sur ces entrefaits; entre-temps
خَلَل : عَيْب défaut; vice, *m*
خَلّة : خاصيّة apanage, *m*; propriété; nature; vertu, *f*
— : خصلة habitude. *f*
∆ خِلّة : بَشام ammi, *m*; rosée du soleil, *f*
أمّ الخلول: حيوان صدف moule de rivière, *f*
إخلال بالأمن délit contre l'ordre public; atteinte à l'ordre public
— بالعهد manquement à la parole, *m*
مُختَلّ : بهِ خلل détraqué, e, défectueux, se; dérangé, e
— : مشوّش désordonné, e
— العقل ∆ مخلول déséquilibré, e; détraqué, e
مُخلّل : مكبوس بالخلّ أو الملح mariné, e; conservé, e dans le vinaigre et le sel
— : ∆ طُرشي conserve au vinaigre, *f*
٥خُلُوّ (راجع خوي وفرغ) vide, *m*; vacuité· vacance, *f*
∆ — رِجْل pas de porte, bonne sortie.
— من absence de

خَلا : فَرَغ se vider; être vacant, e
— عن ومن كذا • تجرّد être libre de
∆ — به : خذله laisser tomber qn
— • إخْتَلى به وإليه être en tête-à-tête avec
أخْلى المكانَ évacuer
— مكاناً faire place
— سبيله libérer
تخلّى عن : تَرك abandonner; laisser tomber
تخلّي عن السفينة délaissement du navire
خَلا . ماخلا : سوى excepté; hormis; sauf
خَلاء : فَضاء vide; espace vide
— : رِيف campagne, *f*
في الــ en plein air; à la belle étoile
خَلْوَة : مكان الاختلاء retraite, *f*; lieu solitaire, *m*
— المتعبّد ermitage, *m*; cellule, *f*
— الملهى (التياترو) : ∆ لوج loge; ou baignoire, *f*
— • إختِلاء solitude; retraite, *f*
في — en tête à tête
خَلَوي : ريفي champêtre; rustique; rural, e
بيت خلوي maison de campagne, *f*
خالٍ : فارغ (راجع خوى) vide; vacant, e; inoccupé, e
— : حرّ • غير مرتبط libre; disponible
— من أو عن الغرض désintéressé, e
— من جميع الجهات dégagé, e; libre de tous côtés

— من (عيب أو دين الخ) libre de

— من كذا : مجرّد منه exempt, e de; sans

— من العمل chômeur, se; sans travail

عصور خالية époque préhistorique, *f*; temps passés, *m.pl*

خَلِيّ : خالٍ vide; vacant, e;

— وخالي البال sans souci

خَلِيّةُ النحل ruche; alvéole, *f*; essaim, *m*

— : احدى خلايا الجسم وما شابه cellule, *f*

إخلاء évacuation, *f*

(خلي) مِخْلاةَ الدابة musette, *f*

○ خلى (في خلو) ○ خليج (في خلج)

○ خايل (في خلل) ○ خليّة (في خلو)

○ خمّ (في خمم) ○ خِمار ○ خمّارة (في خمر)

○ خَمَدَ s'apaiser; se calmer

— ت النار s'éteindre; cesser de flamber

أَخْمَدَ : أسكت réduire au silence; étouffer

— : هدّأ apaiser; calmer

— النارَ éteindre

— الثورة réprimer; maîtriser; étouffer

— الهمّة décourager; rebuter

خُمود : سكوت calme, *m*; tranquilité; immobilité, *f*

خامِد : ساكت calme; tranquille; immobile

○ خَمَرَ . خَمَّرَ : جعله يختمر faire fermenter

— ـه : حجب voiler; couvrir

— . — العجين faire lever/ ou fermenter (la pâte)

خامَرَ ـه شكّ soupçonner

إختمر . تخمّر العجين fermenter; lever (la pâte)

تخامروا : تواطأوا conspirer; comploter

خَمْر . خَمْرة boisson alcoolique, *f*

خِمار : قناع voile, *m*: voilette; mouche, *f*

خَمّار △ خمورجي bistro, *m*; cabaretier, ère; marchand, e de vin

خَمّارة : محل بيع الخمر bar; débit de vin: [bistro], *m*; buvette; taverne, *f*

خَمير : ضد فطير pain au levain, *m*

خَميرة levain; ferment, *m*; levure, *f*

△ — البيرا levure de bière *f*

مرض الخميرة (في النبات) charbon, *m*; nielle, *f*

إختمار . تخمّر . تخمير fermentation, *f*

تخمير العجين action de faire lever la pâte

— الخمور brassage, *m*

مُختمر . مُخمّر fermenté, e

مَخمور gris, e ; ivre

○ خمّس العددَ : ضربه في خمسة quintupler

خُمْس (١/٥) le cinquième; la cinquième partie

خَمْسة (٥) cinq

— أضعاف cinq fois; quintuple

— عشر (١٥) quinze

خَمْسُون (٥٠) cinquante
— او نحوها cinquantaine
خُمَاسِيّ : مؤلف من خمسة quintuple, m
— الزوايا à cinq angles
— الزوايا والأضلاع pentagone, m
— السطوح pentaèdre, m et a
— البتلات (ورق الزهرة) pentapétale
خَمِيس . يوم الخميس jeudi, m
خامِس : بعد الرابع cinquième
— عشر : بعد الرابع عشر quinzième
٭خَمَشَ : خدشَ égratigner; griffer
٭خَمَصَ البطن : فرغَ se vider
أَخْمَص القَدَم plante du pied, f
٭خَمَلَ ذكره être obscur, e, sans célébrité, inconnu, e
خَمْل . خَمْلَة : زِئْبَر ∆ وَبَر duvet, m
خُمُول الذِّكْر obscurité, f
∆ — : فتور الهمة indolence; apathie; nonchalance
خامِلُ الذِّكر obscur, e; inconnu, e; sans renommé
مُخْمَل : قطيفة velours, m
(خمّ) خَمَّ ∆ خَمْخَمَ rancir; sentir le moisi
خُمُّ الدجاج : ∆ خُنّ poulailler, m
خَمَّة : رائحة التعفن relent; rance, m; rancissure; puanteur, f
خامّ . مُخِمّ qui sent le moisi, le renfermé, le rance
٭خَمَّنَ deviner; conjecturer
تَخْمِين conjecture; estimation, f
٭خميلة (خمل) ٭ خنّ (خنن) ٭ خنا (خنى)
٭خَنِثَ . مُخَنَّث efféminé
خُنْثَى hermaphrodite, m
٭خَنْجَر : مُدْيَة poignard, m; dague, f
طعن بـ— poignarder
ابو — (نبات) capucine, f
٭خَنْخَنَ : ∆ خَنْفَر renâcler
٭خَنْدَق tranchée, f; fossé, m
خَنْدَقَ : تحصّن في خندق se retrancher
٭خِنْزِير : حيوان معروف porc; pourceau; cochon, m
— : ذكر الخنزير
— بري : هِلَّوْف sanglier, m
لحم الخنزير porc, m; charcuterie, f
شحم الخنزير lard, m
محل بيع لحم الخنزير المقدد charcuterie, f
خِنْزِيرَة : انثى الخنازير truie, f
خَنَازِيرِي : داء الخنازير scrofule, f; écrouelles, f.pl
٭خِنْشَار : سَرْخَس fougère, f
(خنص) خِنَّوْص : ولدُ الخنزير cochon de lait; goret, m

٭خِنْصِر auriculaire; petit doigt, m

٭خَنَعَ : خضعَ وذل se soumettre; s'humilier

خُنوع : خضوع وذلّة servilité, f

△خَنْـف : خَنْـخَنَ (راجع خَنّ) nasiller; parler du nez

أخْنَف : أخنّ nasillard, e; nasilleur, se

خُنفُس : الواحدة خُنفساء وخنفسة blatte, f; scarabée noir, m

٭خَنَق : شد على حلقه حتى يموت étrangler

— : حبس التنفس étouffer; suffoquer; asphyxier

خنقته العبرات avoir les yeux noyés de larmes

إختَنَق. إنخَنَق s'étrangler; s'étouffer

— بهواء فاسد s'asphyxier; suffoquer

خَنْق étranglement; étouffement, m; asphyxie, f

خُناق △خانوق : ٥ دفتيريا diphtérie, f

— او — الطيور (وباء يصيب الدجاج) pépie, f

خِناق : عنق collet, m

ضيَّق الـ على acculer

△خِناقة : عِراك querelle; rixe, f

إختِناق suffocation, asphyxie, f étranglement, m

— (في الطب) étranglement, m; strangulation, f

فَتْق مختنق hernie étranglée, f

خانق : الذي يخنق étrangleur, se

— : الكلب (نبات) colchique, m

(خنن) خَنَّ : △خنف nasaliser

△خُنّ الدجاج : قُن poulailler, m

△— الورك : أُربية aine, f

خَنَّة. خَنين : △خَنَف nasalité, f; nasillement, m

٭خَنَى : كلام قبيح langage obscène, ou licencieux, m; gravelure, f

أخنى ٢ عليه الدهر être accablé, e par les malheurs

٭خَواء (في خوى) ٭ خوان (في خون)

٭خَواجا. خَواجه : سيِّد monsieur (*abrév.* M. *ou* Mr.)

٭خُوجَة : مُعلِّم maître, sse; instituteur, rice

٭خَوْخ : دُرّاقن س pêche, f

— س : △برقوق prune, f

خَوْخَة السقف : △منْوَر lucarne, f

— : باب صغير في باب كبير vasistas, m

٭خُوذَة casque, m

٭خَور : خليج صغير petit bras de mer; goulet, m

خارَ البقرُ beugler; mugir

- عزمهُ perdre courage; faiblir

خُوار : صياحُ البقر beuglement; mugissement, m

خَوارُ العَزْم défaillance, f; manque de cœur, m

— القوى épuisement, m; faiblesse, f

خَوَّار : خائر العزم poltron, ne

○خوري : كاهن prêtre; ecclésiastique, m

△خوشق : ورق أسمر اللون papier gris, m

٭خَوَّصَ : لبّس بقشرة معدنيّة plaquer

خاوصَ بعينه : اغمضها قليلاً وحدّق regarder en fermant les paupières à demi

خُوص النخل ←palmes, f.pl

٭خَوَّضَ. خاضَ الماء guéer; passer à gué; marcher dans l'eau

خاضَ ٣ في الموضوع s'engager dans la conversation; parler de

مخاضة النهر gué, m

٭خَوَّفَ. أخاف effrayer; épouvanter; faire peur

خافَ. تخوَّفَ الرجلَ ومنه craindre; redouter; se méfier de

— على craindre pour; appréhender

خَوْف : ضدّ أمْن peur; crainte, f

خوفاً من كذا de crainte que; par peur de

خَوَّاف. خويف: ضد شجاع froussard, e; peureux, se; [poule mouillée]

خائِف : ضدّ آمِن (من) avoir peur de

— على être inquiet, ète pour

إخافة. تخويف intimidation. f

مُخيف : مريع épouvantable; effrayant, e

٭خَوَّلَ حقّاً donner droit à; investir; intituler

خالٌ : اخو الامّ oncle; oncle maternel

— : شامة (في خيل) grain de beauté, m

خالة : أخت الام tante maternelle, f

— الأب او الامّ grand'tante, f

خَوَلِيّ : قهرمان gérant, e; contremaitre, sse

٭خَوَّنَ : نسب اليه الخيانة accuser qn de malhonnêteté, ou de traitrise

△إستخونَ: شك في امانته — soupçonner qn; douter, ou se méfier, de qn

خانَ : كان خائناً être malhonnête, ou traître

— الرجُل: غدر به trahir; tromper

— العهدَ violer un pacte; manquer à sa promesse

خانٌ : فُندُق hôtel, m; auberge, f

△خانة : عمود. حقل. نهر colonne, f

△ — : مُرَبّع case, f; carré, m

خِوَان: مائدة table; table à manger, f

— مستدير ←table ronde, f

خِيانة: ضدّ أمانة malhonnêteté; déloyauté, f

— : غدر perfidie; traitrise, f

— : ائتمار trahison, f

— عُظمى : خيانة الدولة haute trahison, f

— العهود manquement à la parole, m

— الزوجية infidélité, f

خائن: ضدّ أمين malhonnête; déloyal, e; infidèle

— . خَوُون . خَوّان traitre, sse; perfide

٭خَوِيَ . خَوَى : خَلَا être vide, *ou* vacant, e; se vider

خَوًى . خَوَاء vide, *m*; vacuité, *f*

خاوٍ : خالٍ . فارغ vide; vacant, e

٭خَيَّبَ : رَدَّهُ خائباً désappointer; rebuter

خابَ : فشل échouer; ne pas réussir

— : ضد اصاب manquer

— أملُهُ être déçu, e

خَيْبَة : فَشَل insuccès, échec; mécompte, *m*

— الأمل déception, *f*; désappointement, *m*

٭خَيَّرَ . خايَرَ : جعله يختار donner à choisir; donner le choix

— على : فَضَّلَ préférer; aimer mieux

خارَ . إختارَ . تخيَّرَ choisir; élire

اختَرْ لنفسك ما يحلو faites votre choix

خَيْر : ضدّ شَرّ bien, *m*

— : فائدة avantage; profit, *m*

— : مال fortune; prospérité; richesse, *f*

فِعْلُ الـ . bienfaisance; charité, *f*

على الـ والشرّ vaille que vaille

△كَتَّرَ الله خيرك merci

خيراً : حَسَناً bien; bon

خَيِّر : مُحْسِن bienfaiteur, rice; charitable; philanthrope

خَيْرِيّ : لأجل نفع الغير de bienfaisance; philanthropique; bénévole

خِيرَة . خِيَار : أفضل الشيء la crème; de choix

— القوم l'élite, *f*

خِيار ¹ : نبات وثمره كالقِثاء concombre, *m*

△— فَتَه (صغير للتخليل) cornichon, *m*

— شنبر : خروب هندي cassier, *m*

خِيَار . إختِيار choix, *m*; sélection, *f*

— : حرِيَّة الاختيار libre choix, *m*; option, *f*

اختياراً : طوعاً volontairement

اختياري : طوعي volontaire; libre; spontané, e

محطة أو موقف — arrêt facultatif, *m*

مُختار : مُنتخَب choisi, e; élu, e

— س :△شيخ بلد maire, *m*

٭خيزُران (في خزر) bambou; jonc, *m*

٭خَيْش : نسيج خشِن grosse toile à sac, *f*; jute, *m*

△ خَيَّشَ بالقصب passementer

خَيْشَة : غرارة sac (de jute), *m*

△مُخَيَّش : استبرق brocart, *m*

٭خيشوم (في خشم)

٭خَيْط . خاطَ الثوبَ وغيره coudre

— الشق او الجرح : رتقه faire un point de suture; suturer

خَيْط :△فَتْلَة fil, *m*

— البنّاء ←fil a plomb, *m*

— • خَيْط : لِيفة fibre; filament, m

بَكَرة — • bobine (de fil), f

خِيَاط • مِخْيَط aiguille, f

خَيَّاط • خائط tailleur; couturier, m

خَيَّاطة • خائطة couturière, f

خِيَاطَةُ الملابس couture, f

مكنة — (الطرآلة) machine à coudre, f

مَخِيط • مَخْيوط ∆ مخيَّط cousu, e

{خيف} اخوة اخياف ، من ناحية الام frères utérins, m.pl

٭ اخيَل : رَمَحَ بالحصان galoper

∆ خَيَّل : حَيَّر النظر éblouir

خَالَ : ظنَّ croire; penser étourdir

تخيَّل : تصوَّر s'imaginer; se figurer

إختال • تخايل se pavaner; se carrer

خَالٌ : شامة الخدّ grain de beauté, m

— : اخو الام (في خول) oncle (maternel), m

خَيْل : جماعة الافراس chevaux, m.pl

بائع الـ — maquignon, m

خيلي : مختص بالخيول chevaline; hippique

خُيَلاء : عُجب arrogance; vanité; fierté, f

خَيَّال cavalier, ère; écuyer, ère

خيّالة : فرسان cavalerie, f

خَيَال : طَيف fantôme; spectre; revenant, m

— : ضد حقيقة imagination, f

— : ظِلّ ombre, f

— الظل guignol, m; marionnettes; ombres chinoises, f.pl

خيالي : تصوري imaginaire

— : ضد حقيقي idéal, e; irréel, le

تَخَيُّل : تصوُّر imagination; illusion; conception, f

تخيُّلي : تصوُّري fantastique; imaginatif, ve

مُخَيِّلة • خيَاليَّة imagination, f

مُخْتَال : معجب بذاته prétentieux, se; enflé, e de vanité

٭ خَيَّمَ • تخيَّم camper

— عليه (الظلام الخ) obscurcir; jeter dans l'ombre; voiler

خَيْمَة tente, f; pavillon, m

— الاجتماع tabernacle, m

خِيَام • خِيَمي fabricant de tentes, m

خَام : ∆ بَفْتَة calicot, m; toile de coton, f

— : ∆ غشيم • ساذج novice; inexpérimenté, e

— : غير مدبوغ (جلد) non tanné, e

— : غير مصقول dépoli, e; non poli, e

— : غير مشغول brut, e; non travaillé, e

خامات : مواد اوليَّة matières premières, f.pl

مُخَيَّم : مَضْرَب خيام camp; campement, m

(د)

•دَأَبَ في كذا persévérer à; s'appliquer à
— (في الشرّ) s'adonner à; être adonné,e à
دَاب . دَأْب . دُؤُوب persévérance; assiduité, f
— : عادة مستحكمة habitude, f
• دالا (في دوأ) • دائرة (دور) • دابر (دبر)
○ داتُورَة : △ تَشُوره datura: (stramonium), m; pomme épineuse, f
• داجن (دجن) • داحس (دحس) • داخ (دوخ)
△ داده ، حاضنه (حضن) •دارَ • دارٌ (دور) • دار
• دارَى (دري) • داس (دوس) • داعٍ (دعو)
• داعب (دعب) • داعر (دعر) • داعى (دعو)
• داغ (دوغ) • دافَ (دوف) • دالية (دلو) • دام
○ داما (دوم) • دان • دانة (دين) • داهية (دهى)
• داوم (دوم) • داوى • داوية (دوى)
○ دايل التلفون . قرص cadran, m
△ داية : قابلة sage femme, f
•دَبَّ : زَحَفَ ramper
— : حبَا se traîner sur les pieds et les mains, ou à quatre pattes
— في الشيء : سرى s'étendre; s'insinuer dans; se répandre
— فيه الفساد pourrir; se gâter
دُبّ : حيوان ours,e
— صغير . ولد الدب ourson, m
الـ الاصغر (في الفلك) la Petite Ourse; Ursa Minor

دُبِّي : مختص بالأدباب oursin,e; d'ours
دَبَّابَة : آلة حرب tank, m
— : حيوان زاحف reptile, m
دَابّ : زاحف rampant,e; qui se traîne par terre
دَابَّة : ماشية bête de somme, f; quadrupède, m
دَوَابّ : مواش bétail, m; bestiaux, m.pl
دُوَيبَّة : حشرة animalcule; insecte, m; petite bête, f
•دَبَجَ . دَبَّجَ orner; embellir
دِيبَاج étoffe en pure soie, f
دِيبَاجَة : مقدّمة avant propos, m; préface; introduction, f
— الحكم intitulé du jugement, m
مُدَبَّج : مزيَّن orné,e de dessins
مُدَبِّج (رسام) coloriste, n
•دَبْدَبَ برجله frapper du pied
△ — : دبَّب affiler, ou aiguiser, la pointe
دَبْدَبَة : وقع الاقدام bruit de pas, m
•دَبَّرَ : رتَّب arranger; disposer
— : أوجد وقدَّم pourvoir; fournir; procurer
— : ساس diriger; gérer; conduire
— : إقتصد économiser
— خطّة projeter; tracer un plan
— مكيدة comploter; machiner; tramer; conspirer

دَبَرَ . أَدْبَرَ passer; s'écouler

أَدْبَرَ ٢ . ولّى الادبار rebrousser chemin; fuir; revenir sur ses pas

تَدَبَّرَ الأمرَ envisager

دُبْر : مقعدة postérieur; derrière, *m*

— : مؤخّر arrière, *m*

دَبْرَة . دَبُور : نعَرة frelon, *m*; guêpe, *f*

دبّورة (في العسكرية) étoile; décoration, *f*

دابِر : آخر extrémité, *f*; extrême, *m*

— : أصل racine; souche, *f*

— : ماضٍ écoulé, e; passé, e

قطعَ دابره exterminer; extirper

△دُوبارة : خيط القنب ficelle, *f*

تَدْبير : ترتيب arrangement; aménagement, *m*; disposition, *f*

— : سياسة maniement, *m*; administration; direction, *f*

— : اقتصاد économie, *f*

— المنزل économie domestique, *f*; art ménager, *m*

— مكايد machination, *f*

مُدَبَّر : مرتّب arrangé, e; préparé, e

مُدَبِّر : مرتّب ordonnateur, rice; distributeur, rice; qui conduit une affaire

— : مقتصِد économe

— مكايد comploteur, se; intrigant, e; machinateur, rice

٭ دِبس : عسل العنب والتمر mélasse, *f*; raisiné, *m*

△دَبّوس épingle, *f*

△— انكليزي épingle de nourrice, *f*

△— رَسْم punaise, *f*

△— شَعر : △فورشينه épingle à cheveux, *f*

△— صدر broche, *f*

△دَبْش : سقط الحجارة moellon, *m*

٭ دَبَغَ الجلدَ tanner

دبّاغ الجلودِ tanneur; corroyeur, *m*

— : △ أكّيل gros mangeur

دباغة الجلود tannage, *m*

مَدْبَغة الجلود tannerie, *f*

مَدْبوغ tanné, e

٭ دَبِقَ به : لصق s'attacher: s'agglutiner; se coller à

دَبّق : تلزّج être gluant, e, *ou* visqueux, se

دِبْق لصيد العصافير glu, *f*; gluau, *m*

دَبِق : لزج collant, e; gluant, e; visqueux, se

٭ △دِبْلَة : خاتم بلا فص anneau, *m*

دُبال : سماد engrais; fumier, *m*

٭ دبور (دبر) △دبوس (دبس)

٭ دَثَرَ . إندثَرَ être effacé, e, éteint, e, extinct, e

دَثَرَ : محى — effacer; oblitérer
— : غطى — couvrir, ou envelopper, d'une couverture
تَدَثَّرَ — s'envelopper dans ses vêtements, ou une couverture
دِثار : غِطاء — couverture, f; ou vêtement de dessous, m

٭ دَجَّجَ بالسلاح — armer de pied-en-cap 
دُجّ — grive, f
دُجَّة : دجنة — grande obscurité, f; ténèbres, f.pl
دُجاج : طيور داجنة — volaille, f; oiseaux de basse-cour, m.pl
— الهند او الحبش — dinde, f; dindon, m
دجاجة : △ فرخة — poule, f
— صغيرة : △ بدارة — poulet, m
بائع الدجاج — marchand, e de volaille
مُدَجَّج بالسلاح — armé, e jusqu'aux dents

٭ دَجَلَ : طلى — enduire de
— : طلى بماء الذهب — dorer
△ — عليه : خدعه — tromper; rouler; décevoir
△ — : ادعى السحر أو النبوغ — faire le charlatan
دَجّال : كذّاب — imposteur
— : عرّاف — charlatan; empirique; fumiste
دَجال : ماء الذهب — or liquide, en feuille, en poudre, m

٭ دَجَنَ : ألف واستأنس — s'apprivoiser
— . أَدْجَنَ الليلُ : اسودّ — être sombre; s'obscurcir
دُجْنَة : ظلمة — obscurité, f; temps sombre, m
دَاجِن : بيتيّ . اليف — apprivoisé, e; domestique
حيوانات داجنة — animaux domestiques, ou apprivoisés, m.pl
٭ دُجًى . دُجْيَة : ظلام — obscurité, f
دَجِيّ . داجٍ : أدجن . مظلم — sombre; obscur, e
دَجا : أظلم — s'assombrir; s'obscurcir; devenir très sombre
مُداجاة — adulation; flagornerie; hypocrisie, f
△ دَحدوره : احدورة (في حدر) — pente, f
٭ دَحَرَ : هزم — mettre en déroute; battre; refouler
مَدْحُور : مغلوب — battu, e; vaincu, e
٭ دَحْرَجَ الشيء أو تَدَحْرَجَ الشيء — rouler; se rouler; dégringoler
٭ دَحِسَ الاصبع : اصابه الداحوس — avoir un panaris
دَاحِس . داحُوس — panaris, m
△ دَحَشَ : حشر — fourrer; insérer; interpoler
٭ دَحَضَ . دَحَّضَ . أَدْحَضَ الحجة — réfuter
دَحْض : تفنيد وابطال — réfutation, f

لايُدحض: لا يُنقض irréfutable
✡دُخَس: ○درفيل dauphin, m
✡دَخَلَ: ضدّ خرج entrer
— : حلّ. ابتدأ commencer
— ضمن كذا être compris, e, ou inclus, e, dans
— الجمعيَّة se joindre à; devenir membre
— بزوجته consommer le mariage
دخله الشك avoir des doutes; soupçonner
دُخِلَ في عقله devenir fou (f. folle)
دَخَّلَ. أَدْخَلَ: ضد أخرج faire entrer
إدخال في الدعوى او الخصومة mise en cause
تدَاخَلَ ٢: دخل بعضه في بعض entrer l'un dans l'autre; s'entrelacer
— بينهم. تدخَّل: توسَّط intervenir; s'entremettre
— : حشر نفسه. تحشَّر s'immiscer
دَخْل. دَخَل: فساد العقل aliénation mentale; démence, f
— ○مَدْخول ○ايراد revenu, m
دُخول entrée; action d'entrer, f
○دُخوليَّة: مكس octroi; droit, m
دَخِيل: غريب étranger, ère; intrus, e
دَخِيلَة المرء: باطنه ونيّته dessein, m; pensée; intention secrète, f
— الأمر: سرّه secret, fond, tréfonds, (d'une affaire)
دَاخِل: ضد خارج entrant, e; qui entre
— الشيء: ضدّ خارجه intérieur, m
من الداخل à l'intérieur; de l'intérieur
داخِلي: ضدّ خارجي interne; intérieur, e
— : خصوصي privé, e; intime
قرض — emprunt national, m
داخلية البلاد intérieur, m
مدرسة — pensionnat; internat, m
داخليًّا: في الداخل intérieurement
تَداخُل. تدخُّل ○مُداخَلَة ingérence; intervention, f
مذهب التدخل (الحكومى) interventionnisme, m
متداخل في ما لا يعنيه importun, e
مَدْخَل: ضد مخرج entrée; porte, f; vestibule, m
✡دَخِنَ. دَخَنَ: علق به الدخان أو رائحته être enfumé, e; sentir la fumée
ـت وـت وأدخنت النارُ fumer
دَخَّنَ ٢: صَيَّرَ الدخانَ يعلوه fumiger; enfumer
— التبغ fumer (du tabac)
دُخْن: نبات وحَبُّهُ يُطحن mil; millet, m
دَخَن. دُخَان. دُخَّان fumée, f
دُخان ٢: تَبْغ. طباق tabac, m
دَاخِنَة. مَدْخَنَة cheminée, m
دُخْنَة: لون الدخان noir de fumée, m
○دخاخني: بائع التبغ وتوابعه marchand, e de tabac
تَدخين action de fumer
ممنوع الــ défense de fumer
مُدَخِّن التبغ fumeur, se

٭ دَدَن : لَهْوٌ ولعب — badinage; jeu, *m*; folâtrerie, *f*

دَيْدَن : دأب — habitude, *f*

٭ دَرأ : دفع . صدَّ — parer; repousser; refouler

دَرِيئَة : هَدَف — cible, *f*

— : ٨دِرْوَة . حظار — écran; paravent, *m*

٭ دَرَابْزُون . دَرابْزِين — grille, *f*

— السلّم . — rampe; balustrade, *f*

٭ درّاج ٭ دَرّاجة (في درج) ٭ دراية (في دري)

٭ دَرَّبَ في الأمر وعليه — accoutumer; dresser; exercer; entraîner

دَرِبَ به : تَدَرَّبَ عليه — s'entraîner à; pratiquer

دَرْب : طريق — sentier; défilé; chemin, *m*; route, *f*

٨— : زُقاق — ruelle, *f*; passage, *m*

دُرْبَة : تمرُّن وخبرة — pratique; expérience, *f*

تَدْرِيب : تمرين — entraînement; exercice, *m*

مُدَرَّب . مُتَدَرِّب : متمرّن — entraîné, e; exercé, e

مُدَرِّب — entraîneur, *m*

٭ دِرْبَاس : كلب عقور — chien de garde; dogue; mâtin, *m*

٭ دَرَجَ : مَشى — marcher; aller

— الأمرُ : انتشر — se répandre; être courant, e

دَرَّجَ الى كذا — faire arriver qn par degrés à

٨— : قسّم الى درجات — graduer

— الشيءَ : اداله — faire circuler; rendre courant, e; donner cours (à une monnaie)

أَدْرَجَ الشيءَ في الشيء : أدخله ضمن — comprendre; insérer dans

دَرِجَ . تدرَّجَ — arriver par degrés, *ou* graduellement

إنْدَرَجَ في كذا : دخل — être compris, e, *ou* inclus, e, dans

إسْتَدْرَجَ الى — amener qn par degrés à

— الى الاقرار بالحقيقة — amener à avouer, *ou* à dire la vérité

دَرْج : طومار — rôle; rouleau, *m*

دَرَج — escaliers, *m.pl*

ذَهَبَ ادراجَ الرياح — s'en aller en fumée

رجعَ ادراجَه — revenir sur ses pas

دُرْج : جارور س — tiroir, *m*

دَرَجَة : سُلَّمَة (راجع سلم)

— (في القياس والجغرافيا والفلك الخ) — degré, *m*

— : رُتبة . منزلة — grade; rang, *m*

— أولى — première classe, *f*

أوّل — . — de premier ordre

دُرّاج : ٨ابو ضَبَّة (طائر) — francolin, *m*; gelinotte, *f*

دَرّاجة : ٨عجلة — bicyclette; bécane, *f*; vélo, *m*

دَارِج : متداول — courant, e; usité, e

— : على الزي المألوف à la mode; de mode; en vogue

— : عادي ordinaire; commun, e

— : مألوف familier, ère; couru, e

٥تذرج : تَـذْرو (طائر) faisan, m

تَـدرُّج. تدريج gradation; progression, f

تدريجاً. بالتدريج graduellement; progressivement; par degrés

مُدرَّج : انفتياتر amphithéâtre, m; bâtisse en gradin, f

— موسيقى portée, f

٥دَرِدَ : ذهبت اسنانه perdre les dents; s'édenter

أَدْرَد : ٥أهتم édenté, e

دُرْدِيّ : عكر sédiment; marc, m; lie, f

دَردار : شجر كبير orme; frêne, m

٥دَرْدَشة : هذر bavardage, m

(درر) دَرَّ الحليبُ والعرقُ والبول couler en abondance

إستَدَرَّ : اسال faire couler; provoquer la sécrétion, ou l'écoulement

دُرّ (واحدته دُرَّة) : جوهرة bijou; joyau, m; pierre précieuse, f

دُرَّة [2] : لؤلؤة perle, f

٥— : ببغاء صغير perruche, f

دِرَّة : ضرع pis, m; mamelle, f

لله دَرُّه bravo !

مُدِرّ للبول diurétique, m et a

— للعرق diaphorétique; sudorifique

مِدْرار : غزير السيلان qui coule en abondance

دمع —. chaudes larmes, f.pl

مطر — averse; pluie torrentielle, f

٥دَرَزَ : خاط خياطة متلززة repriser

— الجرّاحُ الجرحَ suturer

دَرْزة : غرزة point, m; maille, f

دُرْزِيّ : واحد دروز لبنان وسوريا Druse ou Druze

تَدْريز الجروح : خياطتها suture, f

٥دَرَسَ : مَحى effacer; oblitérer; faire disparaitre

— الحنطة battre; egrener ou egrainer

— العلم أو الكتابَ أو الموضوعَ étudier

دَرَّس. أدرَس : علّم enseigner; professer; faire étudier

إندَرَسَ : إمّحى s'effacer; être effacé, e; disparaitre

دَرْس. دُرُوس : مَحْو oblitération; rature, f

— (الجمع دروس) : ماتتعلمه. أمثولة leçon, f

— . دِراسة : مطالعة أو فحص étude, f

— . دِراسُ الحنطة battage; égrenage, m

دِرْواس : كلب كبير الرأس bouledogue; dogue; chien à grosse tête, m

دَرَّامَة : نورج batteuse, *f*

دَرِيس : برسيم مجفف foin, *m*

∆اسطى دريسه chef d'escouade; contre-maitre, *m*

مُدَرِّس : معلّم maître, sse; instituteur, rice; professeur

مَدْرَسَة : مكان التعليم école; institution scolaire, *f*

— عالية أو كليّة collège, *m*; école supérieure; faculté, *f*

مَدْرَسِي scolaire; scolastique

كتاب — مدرسي livre scolaire, *m*

☆دَرَّعَ : البس الدرع cuirasser; revêtir d'une cuirasse

دِرْع : قميص من زرد الحديد armure; cuirasse; cotte de mailles, *f*

دَارِع . مُدَرَّع : عليه دِرع cuirassé, e; blindé, e

دارعة . مدرَّعة cuirassé, *m*

سيّارة مدرّعة auto blindé, *m*

∆دَرَفَة الباب او الشباك : دفة battant d'une porte, *ou* d'une fenêtre, *m*

٥دَرْفِيل : دُخَس dauphin, *m*

☆دَرَقَة : ترس من جلد bouclier en cuir, *m*

الغدّة الدرقيّة thyroïde

دُرَّاق . دُرّاقن : ∆خوخ pêche, *f*

دَوْرَق : اناء للماء carafe; jarre, *f*

☆دَرَّكَ المطر : تابع قطرهُ tomber sans cesse

أَدْرَكَ الثمرُ : نضج mûrir

— : بلغَ atteindre; parvenir à

— : فهم comprendre; saisir le sens

— : لحق atteindre; rattraper

— الولدُ : ناهز البلوغ être, *ou* devenir, pubère

— الشابُّ : بلغ سن الرشد atteindre sa majorité

— القطارَ attraper le train

لا يُدرك : بعيد المنال inaccessible

تَدَارَكَ الأمرَ : أصلحه réparer; arranger; corriger

تدارك [٢] : تلاحق se suivre l'un l'autre

دَرَك : لحاق rattrapage, *m*

— : قعرُ الشيء fond, *m*

— الخفير أو البوليس : منطقة عمله ronde, *f*

إدراك : بلوغ obtention, *f*

— : حسي perception, *f*

— : عقل intelligence; raison, *f*

— : فهم compréhension; faculté de comprendre, *f*

— : نضج maturité, *f*

— : بلوغ الرشد majorité *ou* puberté, *f*

إسْتِدْرَاك (في اللغة) restriction, *f*

— : اصلاح ما فات rétractation; rectification, *f*

مُدْرِك : مميز . عاقل raisonnable; sensé, e; qui comprend

— : بالغ سن الرشد majeur, e

*دَرِمَ : ذهبت اسنانه devenir édenté, e
دَرَّمَ اظافيره faire manicure ; égaliser, *ou* arrondir, ses ongles
تَدْرِيم الأظافير manicure ; manucure, *m*
دَرِنَ . ادْرَنَ : اتّسخ être crasseux, se, *ou* sale
دَرَن : وَسَخ saleté ; crasse, *f*
△ — (واحدته) دَرنة : بَجْرة tubercule, *m*
△دَرِني △تدرُّني tuberculeux, se
△تدرُّن : سُلّ (راجع سلل) tuberculisation, *f*
— رئوي tuberculose, *f*
△مُتَدرِّن : متحجّر tubéreux, se ; tuberculeux, se
*دُرَّة (في درر)
*دِرْهَم : $\frac{1}{12}$ من الاوقيّة dirhem, *m*
دراهم : نقود argent, *m* ; monnaie, *f*
*دَرْوِيش : متعبد وزاهد derviche ; dervis ; marabout ; ascète oriental, *m*
△ — : متحشف débraillé, e ; mal vêtu, e
*دَرَى بالأمر apprendre qc ; comprendre ; savoir
△درَّى . أدْرَى بكذا faire connaître ; faire part de qc à qn
△ — : ذرّى بالمذراة vanner
دارَى : لاطف cajoler ; flatter
△ — : ستر voiler ; pallier
دِرَايَة : عِلْم connaissance, *f* ; savoir, *m*
دارٍ بالأمر instruit, e ; informé, e ; au courant

△مِدْرَاة : مِذرَى ←fourche, *f*
△— المراكبي : مُرْدِيّ perche, *f*
*دَسْتُ الوزارة cabinet ; conseil des ministres, *m*
△ — : مِرجل chaudière ; bouilloire, *f*
△دَسْتَة : اثنا عشر douzaine, *f*
*دُسْتُور : قانون او نظام اساسي statut ; code, *m* ; loi, *f* ; règles, *f.pl*
— : نظام الحُكْم constitution, *f*
قانون دستوري loi constitutionnelle, *f*
دُستوري : نظامي constitutionnel, le
*دَسَرَ : دفع وسيّر pousser en avant ; mouvoir
دَاسِر : △رفّاس hélice à propulseur, *f*
*دَسَّسَ . دَسَّ : أدخل وأخفى fourrer ; glisser dans
— الدسائس ourdir ; tramer ; comploter
— أو حشر أنفه في الأمر fourrer le nez dans
إندَسَّ في كذا se glisser, *ou* se fourrer, dans
— بينهم se fourrer parmi eux ; se mêler subrepticement à
دَسَّاس : مدبّر المكايد intrigant, e
دَسِيسَة : مكيدة complot, *m* ; trame, *f*
*دَسْكَرَة : قرية صغيرة village ; hameau, *m*
*دَسِمٌ . أدْسَم : كثير الدسم gras, se
دَسَم . دُسُومَة graisse, *f* ; qualité d'un aliment gras

* دَشَّ القمح والفول — concasser; écraser; piler

دَشِيش : طعام من البرّ المجشوش — brouet de froment pilé, m

○ دُش : منضح . مِشَنّ — douche, f

^ دَشْت : نابية — rebut; rabiot, m

○ دَشَّنَ : كرّس وخصص — consacrer; dédier

— المكانَ : افتتحه رسميًّا — inaugurer, m

تدشين — inauguration, f

○ دعْ (في ودع) * دعا ○ دعاءٌ (في دعو)

* دعارة (في دعر) * دعامة (في دعم)

* دَعَبَ . داعَبَ : لاعب ومازح — badiner; folâtrer; plaisanter

دَعِبٌ . دعّاب . داعِب — badin, e; enjoué, e; espiègle

دُعابة . مُداعبة — plaisanterie; facétie; espièglerie, f

* دَعِرَ : كان فاسقاً — être libertin, e, *ou* débauché, e

دَعَرٌ . دَعارة — débauche, f; libertinage, m

بيت الدعارة — [bordel], m; maison de tolérance, f

دَعِرٌ . داعِر — libertin, e; débauché, e; polisson, ne

* دَعَسَ : ^ دهس . داس — fouler aux pieds; marcher sur

* دَعَكَ : مسح وفرك ونظف (راجع دلك) — frotter; écurer; nettoyer

* دَعْكَسَة : رقصة الحلقة — ronde; danse en ronde, f

* دَعَمَ : سَنَدَ — soutenir; retenir; étayer

إدَّعَمَ على : استندَ — être étayé, e sur; s'appuyer sur

دِعامة : سند — soutien; appui; support; étai, m

— : الخشب المنصوب للتعريش وغيره — étai; étançon, m

— القوم : سيدهم — chef, pilier; soutien, m

○ دعة (في ودع)

* دَعْوَة . دَعْوَى : قضية — procès, m; action; poursuite, f

دعوى الصورية — **action en simulation**

— الحيازة (وضع اليد) — » **possessoire**

— الاستحقاق او الملكية — » **de revendication**

— : ^ عزومة — invitation, f; faire part, m

استدعاء — convocation; invocation, f

دعوى ٢ : ادعاء . زعم — prétention, f

دُعاء : نداء — appel, m

— . دَعْوَة ٢ : طلبة — invocation; prière; requête, f

— . — بالشرّ — malédiction; imprécation, f

دَعا : نادى — appeler

— : أسمى . سمّى — nommer; appeler qn d'un nom

— : استدعى — invoquer

— الى جلسة — convoquer

— الى : سبّب — causer; occasionner

— الى وليمة (مثلاً) — inviter; convier

— عليه : طلب له الشرّ — maudire; invoquer Dieu contre qn

— له : طلب له الخير — benir; faire des vœux pour qn

داعَى : قاضى	poursuivre en justice; intenter un procès contre
— : حاجج	discuter
إدَّعَى الأمر	prétendre; alléguer; prétexter
— بكذا : تظاهر به	feindre; simuler; affecter
— عليه بكذا : اتهمه	accuser qn de; imputer à qn qc
إستَدْعَى : ارسل في طلبه	envoyer chercher; convoquer; faire venir qn
— : استلزم	exiger; réclamer; nécessiter
— الى المحكمة	citer; assigner
تَداعَى : آل الى السقوط	menacer ruine
دَعِيّ : مدَّعٍ	prétendant, e; soi-disant
داعٍ . داعِيَة	motif; mobile, m; cause déterminante, f
إدّعاء : زَعْم	prétention; allégation, f
— : اظهار	simulation; feinte, f
— : تهمة	accusation; charge, f
دِعايَة . دَعاوَة : نشرُ الدعوى	propagande, f
مُدَّعٍ : دَعِيّ . زاعِم	prétentieux, se; prétendu, e
— : رافعُ الدعوى	plaignant, e; requérant, e; poursuivant, e
— : مطالب	réclamant, e
مُدَّعَى عليه (مدنياً)	intimé, e (en appel); défendeur, resse
— عليه جنائيا	inculpé, e; accusé, e
المدعي العامّ	procureur général; ministère public, m
مدعي العلم	pédant, e
٭دَغْدَغَ : زغزغ	chatouiller; titiller
△ — : فَدغَ . كسَّر	broyer; mettre en miettes; écraser
△ — اللقمة : مَنغمغ	mâcher
△دغري : مستقيم . رأساً	droit, e; direct, e
٭دَغَش . دُغَيشَة	tombée de la nuit, f
٭دَغَلٌ : فَساد	corruption, f; vice, m
— : شجر كثير مُلتفّ	buisson; fourré; taillis, m
دَغِلٌ . داغِل : فاسد	pourri, e; corrompu, e
— . مُدْغل : كثيرالشجر	buissonneux, se; touffu, e
٭دَغَمَ . أدْغَمَ . ادَّغَمَ الشيء في الشيء	incorporer; fusionner
— : ضمّ . وحّد	unifier; fusionner
إدْغام : ادماج	incorporation; insertion; fusion, f
٭دَفَأَ . أدْفَأ	chauffer; réchauffer
دَفِيَ . دَفُؤَ	avoir chaud
إدَّفأ . تَدَفَّأ . اسْتَدْفأ	se chauffer; se réchauffer
دِفْء . دَفاءة	chaleur, f
دَفِي . دَفْآن △ دافي	chaud, e
دِفَاء △ دَفَّايَة . مِدفأة	poêle, m

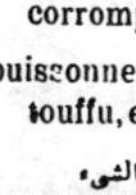

مُدَفّأ réchauffé, e
مِدفأ : مصطلى cheminée, *f*
* دَفْتَر : كُرَّاسة cahier, *m*
— كبير لقيد الحسابات : سِجِلّ registre, *m*
— اليوميَّة journal; livre-journal, *m*
— الاستاذ grand-livre, *m*
— الصندوق livre de caisse, *m*
سلّم أو قدّم دفاتره (الى المحكمة) déposer son bilan, *ou* ses livres
○ دَفتيريا : خانوق . خُناق diphtérie, *f*
* دَفِرَ : خبُثت رائحته puer; sentir mauvais
دَفِرٌ : △زفِر . خبيث الرائحة puant, e
دَفَر : رائحة خبيثة △زَفَر puanteur; fétidité; mauvaise odeur, *f*
△دَفَسَ : دفنَ واخفى enfouir; cacher
* دَفَعَ : ردَّ وابعدَ repousser; refouler
— : △ زقَّ . صدَّ pousser
— الى كذا : حمل على pousser à
— الى : بعثه على inciter à; déterminer à
— القول : ابطله بالحجة réfuter
— عنه الاذى protéger
— المالَ اليه وله : أدَّى payer; régler
— . دافعَ : قاوم résister
دافع ٢ عنه : حامى défendre; soutenir
— عن : ترافع plaider pour; défendre
إندفعَ في الأمر se précipiter; s'embarquer sur une affaire témérairement

تدافعَ القومُ se ruer; se pousser
دَفْع : صدّ . ردّ repoussement; éloignement, *m*
— : ضدّ جذب répulsion; expulsion; action de rebuter, *f*
— . اداء payement; règlement, *m*
— المدعي او المدعَى عليه défense, *f*; point de défense, *m*
— فرعي أو شكلي exception, *f*
— بعدم الاختصاص exception d'incompétence, *f*
دَفْعة : صَدّة △زقّة poussée, *f*; coup, *m*
— . دُفْعَة : قسط versement; acompte; payement, *m*
— . دُفعة ٢ : دُفقة . مرّة une fois; un coup
دُفعتان : دُفقتان . مرّتان deux fois
دِفاع . مدافعة : ضد هجوم défense, *f*
— (في القضاء) : مرافعة plaidoyer, *m*; plaidoirie; défense, *f*
— عن النفس légitime défense, *f*
خط الدفاع retranchement, *m*; ligne de défense, *f*
محامي الدفاع avocat, e de la défense
دفاعي : ضد هجوميّ défensif, ve
دافِع : صادّ . رادّ répulsif, ve; qui repousse
— : ضدّ جاذب expulseur; répulsif, ve; rebutant, e; repoussant, e
— : باعِث motif; mobile; essor, *m*; incitant, e
— المال : مؤدّ payeur, se; remettant
— الضرائب contribuable
قوّة دافعة force centrifuge, *f*

إندِفاع : تطوُّح — témérité ; précipitation, *f*

مِدفَع : آلة الحرب المعروفة — canon, *m*

△ — : وسادة مستطيلة — traversin, *m*

مِدفعيَّة : △طوبجيَّة — artillerie, *f*

مدفوع : مؤدًّى (كالمال) — payé, e

— اليه — bénéficiaire

— على أمر او عمل — poussé, e ; incité, e

مُدافِع : ضدّ مُهاجم — défenseur, *m*

— : مدعى عليه — défendeur, *m*, défenderesse, *f*

•دَفَّفَ الرجلُ : اسرع — se dépêcher

دُفّ : بَنْدير △طار — tambour ; ←tambour de basque, *m*

دَفّ . دَفَّة : جنب — flanc ; côté, *m*

— و — البرميل : ضِلْع — douve, *f*

دَفَّة ٢ المركب : سُكَّان — ←gouvernail, *m*

— الباب او الشباك △درفة — battant, *m*

ادار الـ — gouverner ; manœuvrer

•دَفَقَ : صَبَّ . سكب — faire sortir ; expulser ; verser

— . تدَفَّق . اندَفَق — jaillir ; affluer

دَفْق . اندِفاق . تدَفُّق — effusion, *f*

صندوق الـ — ←siphon, *m*

دُفْقَة : دُفعة واحدة (راجع دفع) — une fois

متدفّق : منهمر — il pleut à verse

•دِفْل . دِفْلَى : نبات — oléandre ; laurier rose, *m*

•دَفَنَ : قبرَ . طمَر — enterrer ; ensevelir ; enfouir ; inhumer

دَفْن : طَمْر — enterrement : ensevelissement, *m* ; inhumation, *f*

دَفِين : مدفون — enfoui, e ; dissimulé, e

— : خفي — caché, e ; latent, e

دفينة : كنز مدفون — trésor ; trésor enseveli, *m*

مَدْفَن : جبَّانة — cimetière, *m*

مَدْفون — enterré, e ; enseveli, e ; inhumé, e ; enfoui, e

•دَقَّ . أدَقَّ : دقَّ ناعماً — piler ; pulvériser

— النظر في الأمر — scruter ; examiner à fond

— في عمله — être strict, e, *ou* rigoureux, se

— . دَاقَّ : تتبع الشيء الزهيد — être très méticuleux, se, *ou* scrupuleux, se à l'excès ; pointiller

دَقّ . استَدَقّ : ضدّ غلُظ — être fin, e, mince, fluet, te, ténu, e

— : سحقَ — piler ; pulvériser

— الباب : طرقه — frapper à la porte

— الجرس : قرعَهُ — sonner ; tinter

— المسمار — enfoncer un clou

△ — : طعَّم بمصل الجدري — vacciner

△ — على جلده : وشَمَ — tatouer

دَقّ : سحق . سحن — pilage ; broiement, *m* ; pulvérisation, *f*

— : طَرْق — frappement, *m* action de frapper

— : قرْع — action de sonner

△ — : وشم — tatouage, *m*

△ — : تطعيم بمصل الجدري vaccination; vaccine, *f*

دَقّـة : خبطة . قرعَة coup, *m*; tape, *f*

△ —بدقّـة : واحدةبواحدة un prêté pour un rendu

△ — قديمة vieux-jeu; ganache

دِقّة : ضد غِلظ finesse; ténuité, *f*

— . تدْقيق : احكام précision; exactitude, *f*

بدقّـة . بتدقيق minutieusement; rigoureusement; exactement

دُقّة . دُقاق : مسحوق . تراب poudre, *f*

دُقّاق : الذي يدق البزور وغيرها

دقّـاقةالباب heurtoir; marteau, *m*

ساعة دقّـاقة horloge, *f*

دَقيق . دِق : رقيق . ضد سميك mince; ténu, e

— : ضد غليظ أو خشن fin, e

— : صغير جداً menu, e; minuscule; exigu, ë

— : لا يرى بالعين المجردة microscopique

— : طحين الحنطة farine, *f*

— : البطاطس والذرة وخلافهما fécule, *f*

— : حَرِج critique

— : مُحكَم exact, e; juste; précis, e

— . مُدقِّق في عمله strict, e; ponctuel, le; rigoureu x, se

تجارة الدقيق meunerie, *f*

△أبو دقيق : فراشة papillon, *m*

المعى الدقيق : عِفـج intestin grêle, *m*

دقيقة : ذرّة particule; molécule, *f*; atome, *m*

— (من الوقت) : ١/٦٠ من الساعة minute, *f*

دقيّ : كالطحين farineu x, se

△مِدَق : طريق القدم voie, *f*; sentier, *m*

مِدقّة ٢ : يدُ الجرن او الهاون pilon, *m*

— المنعلة ←fléau, *m*

مَدْقوق : مسحون pilé, e; broyé, e; pulvérisé, e

△دُقْـمَاق : مدقـة خشبيـة maillet, *m*; batte, *f*

٭ دُكّان ٢ : حانوت magasin, m

○دكْـتاتور : حاكم بأمره . طلْـقـدة dictateur, *m*

○دكتور : حائز على درجة علمية عالية docteur; Dr.

— في الحقوق docteur en droit

— في العلوم docteur ès sciences

— في الطب médecin; docteur, *m*, doctoresse, *f*

△دَكَر : ذكر الحيوان mâle, *m*

— : نَجْـران . مدار . عقب cheville ouvrière, *f*

— وتَنَايه : ذكر وأنثى (انظر ذكر) tenon (*m*) et mortaise (*f*)

△دَكّك : استك التِكـة passer un lacet dans la côte, *ou* l'ourlet

دَكّ : هدَمَ وخرّب démolir; détruire

— : كبَس presser; tasser

— الأرض : مهّدها aplanir; niveler

دَكّ : هَدْم démolition, *f*

— : كبْس pressage, *m*

— الأرض damage; tassement, *m*

دَكّةُ الطريق والأساس : ballast, *m*

△دِكّة . مقعد : ← banc, *m*

مِدَكّ الأرض : مندالة : ← demoiselle; hie, *f*

△دِكُلتيه: واسع الطوق (ثوب) : décolleté, e

٭دَكِنَ . أَدْكَنُ: لونه مائل الى الاسود : noirâtre; brun foncé

٭دلّ ٭ دلال (في دلل) ٭ دلاية (في دلو)

٭دُلْب : صِنار : platane oriental, *m*

دُولاب : آلة : machine, *f*

—: △ عجلة : ← roue, *f*

△ —: خزانة : armoire, *f*; placard, *m*

△ — كتب : bibliothèque, *f*

٭دِلْتا مصرَ أو النيل : Delta, *f*

٭دَلْدَلَ الشيء : دَلّاهُ : laisser pendre; suspendre

دُلْدُل . دُلْدُول : قنفذ كبير : porc-épic, *m*

تَدَلْدَلَ : تدلّى : pendiller; pendre

دُلْدُولَة: شيء معلّق : breloque; pendeloque, *f*

مُدَلْدَل . مُتَدَلْدِل : معلّق : pendant, e; suspendu, e; pendu, e

٭دَلَسَ : غشّ : tricher; frauder; [mettre dedans]

تَدْلِيس :غشّ : supercherie; tromperie; fraude, *f*; dol, *m*

بالـ . تدليسيّ : غِشّي : frauduleux, se

٭دَلَعَ لسانه : أخرجهُ : laisser pendre, *ou* tirer, la langue

إندَلَعَ اللسانُ: خرجَ : pendre; sortir de la bouche

— لسانُ اللهب وغيره : se lancer; jaillir

△دَلَّعَ : دلّل : dorloter; caresser

△يدلّع النفس : nauséabond, e; fadasse

△مُدَلَّع : مدلّل : choyé, e

△ — : فاسد التربية . جالع : gâté, e; mal élevé, e

٭دَلَفَ : مشى بخطوات قصيرة : trottiner; marcher à petits pas

△دَلَقَ : أراقَ : répandre; verser

٭دلكَ : دعك : frotter

— . دلَّكَ: مسّدَ ومرّخ : frictionner, *ou*, frotter, avec un liquide médicinal

دَلّكَ ٢ : مرسَ △ كيّس : masser; faire du massage

دَلُوك : ما يُتَدلّكُ به : onguent, *m*; embrocation, *f*

تَدليك صحّي : △ تكييس : massage, *m*

٭دَلَّلَ : رفّهَ △دلّع : choyer; dorloter; gâter

△ — على الشيء : باعه بالدلالة : vendre aux enchères

دَلّ على : أظهرَ : montrer; indiquer; faire voir

— : أرشدَ : diriger; conduire; piloter

— . تَدَلَّلَ : تغنّج : user de coquetterie; faire des coquetteries

أدَلّ عليه : اجترأ : prendre des libertés avec

إستَدَلَّ : طلب الارشاد — aller aux renseignements; s'informer de

△ — عليه : أُرشِدَ — être informé, e de

دَلال : غُنج — coquetterie, *f*

دَلّال : وسيط △سِمسار — courtier, ère

— المزادات — commissaire-priseur, *m*

دَلالَة : ارشاد — conduite; direction, *f*; gouverne; pilotage, *m*

دِلالَة : عمولة — commission, *f*; courtage, *m*

— : عملُ الدلّال او حرفته — courtage, *m*

— : △مزاد . حَراج — enchère; adjudication; criée, *f*

— . دَليل : △علامة — indice; signe, *m*; indication; marque, *f*

دليل : مرشد — guide; indicateur, rice

— السفن والطيارات — pilote, *m*

— : بُرهان — preuve; évidence, *f*; *ou* témoignage, *m*

— : علامة — signe; indice, *m*; marque, *f*

— : كتاب يُسترشَدُ به — indicateur; itinéraire, *m*

— بلد : كتاب فيه اسماء السكان وعناوينهم — annuaire; almanach des adresses; bottin, *m*

أقام الـــ . — démontrer; prouver

أدلة : اثباتات — preuves, *f.pl*

دَالّ : مُرشِد — indicateur, rice; qui indique

دَالّة : جُرأة — liberté; familiarité; licence, *f*

إستدلال : استنتاج — déduction, *f*

مُدَلَّل : △مدلّع — choyé, e; dorloté, e; gâté, e

◦دَلِهَ . تدلّه — être éperdu, e, *ou* interdit, e (d'amour *ou* de chagrin)

مُدَلَّه : ذاهب العقل من الهوى — féru, e d'amour

◦دَلْهَمَ : اسود — très obscur, e; très sombre

ادلَهَمَّ الليلُ — être très noire (nuit)

مُدْلَهِمّ : اسود — très noir, e, *ou* sombre

◦دَلْو : △جَردَل — seau, *m*

△دلاّيَة القلادة — pendant, *m*; pendeloque, *f*

◦داليا : نبات مزهر — dahlia, *m*

دَالِيَة : شجرة الكرم — vigne, *f*; cep de vigne, *m*

— : △ساقية . ناعورة — noria; roue à irrigation, *f*

◦دَلّى . أدْلَى : علّقَ وأرسَلَ (راجع دلدل) — suspendre; pendiller

أدلى بحجّتهِ — fournir ses preuves

— بشهادته — témoigner; déposer

تَدَلّى : تعلّق واسترسل — se pendiller; être suspendu, e à qc

مُدَلّى . متدل — suspendu, e; pendant, e

◦ دليل (دلل) ◦ دَمٌ (دَمي) ◦ دمٌّ (دمم)

◦ دماغ (دمغ) ◦ دمام (دمم) △دمان (دمن)

◦دَمَّثَ : ليَّن — amollir; ramollir; adoucir

دَمِثُ الخُلق — gentil, le; aimable; bon, ne

دَماثة الأخلاق — douceur; amabilité; bonté, e, *f*

☆ دَمَجَ . إندَمَجَ في كذا : s'engrener dans; s'allier; s'incorporer; se fusionner

أدمَجَ الحَبْلَ : أجاد فتله : bien tresser

— الشيء في الشيء : incorporer; fusionner; allier; combiner

إندِماج : انضمام واتحاد : fusion; incorporation; amalgamation, f

مُدْمَج : compact, e

مُنْدَمِج : incorporé, e; fusionné, e; ajusté, e

△ دَمَجانة : وعاء زجاجي كبير : dame-jeanne; tourie, f

☆ دَمْدَمَ : تَمْتَمَ بغضب : grogner; grommeler

☆ دَمَّرَ : خرَّبَ : dévaster; détruire

دَمار : خراب : ruine; dévastation, f

مُدَمِّرة : سفينة حربية : contre-torpilleur, m

☆ دَمَسَ . دَمَّسَ : غطّى ودفن : ensevelir; enterrer

— الطبخ : étuver; cuire à l'étouffée

دِمْس : تراب الفرن . مَلّة : cendres, f.pl

دامِس : شديد الظلام : très noir, e ou sombre

△ دَمْسِيس △ دَمْسِيسة (نبات) : ambrosie; absinthe bâtarde, f

△ فول مدمّس : fèves sèches cuites à l'étouffée

دَيامِيس الاموات : catacombes, f.pl

☆ دِمَشْق : حاضرة الشام : Damas, f

☆ دَمْع : ماء العين : larmes, f.pl; pleurs, m.pl

دَمِعَت العين : larmoyer; pleurer

دَمْعَة : عَبْرَة : larme, f

دموع الرياء : larmes de crocodile, f.pl

△ دِمْعَة : مرق اللحم المحمَّر : jus; suc de viande, m; sauce, f

دَمِعٌ . دَمّاع . دَمُوع : سريع البكاء أو كثير الدمع : pleureur, se

مُدْمِع : مُسيل الدمع : lacrymogène

☆ دَمَغَ الحجة : أبطلها : anéantir; détruire

△ — : وَسَمَ : poinçonner

△ — الذهب او الفضة : contrôler; estampiller

△ دَمْغَة : وسْم : sceau; cachet; poinçon, m; marque; estampille, f

△ — الذهب أو الفضة : contrôle, m

△ ورق — . : papier timbré, m

دِماغ : عقل أو مخ : cerveau, m; cervelle, f

أم الـ — : اغشية سِحائية : méninge, f

حجّة دامِغة : argument irréfutable, m; raison concluante, f

☆ دِمَقْس : نسيج حريري او كتاني مشجر : damas, m; étoffe de soie à fleurs, f

☆ دَمَكَ : فَتَلَ : bien tresser

مِدْماك : عِرْقَة : rangée de pierres dans une muraille, f

مُدْمَك △ مَدْموك : مُلَزَّز : compact, e; entassé, e; serré, e

☆ دَمِلَ . إندَمَلَ الجرح : se cicatriser; guérir

دُمَّل : خُراج : furoncle; abcès; clou, m; tumeur, f

— صغير : بَثْرة : bouton, m; pustule, f

☆ دُمْلُج : سوار الذراع أو القدم — brassard : grand bracelet, *m*

☆ دَمَّمَ . دَمَّ : طلى — peindre ; oindre

— : طلى الوجه — farder ; maquiller

دَمٌّ . دِمَام : طلاء — peinture ; couleur, *f*

دَمٌ (في دمي) — sang, *m*

دمام الوجهِ : △ حُمْرة — rouge ; fard, *m*

دَمِيم : قبيح الصورة او قَزْم ؛ — laid, e, *m* ; nain, e ; nabot, e ; pygmée, *m*

☆ دمن : سَمَّدَ — engraisser ; fumer, *m*

أَدْمَنَ على — s'adonner à ; être adonné, e à

دِمْن . دِمَان : سماد — fumier ; engrais, *m*

△ دُمان △ دومان : مِقبض الدفة — barre du gouvernail, *f*

إِدْمان : ملازمة — attachement, *m* ; habitude invétérée ; action de s'adonner à

مُدْمِن كذا — adonné, e à

— خمر — ivrogne invétéré, e

— مخدرات — toxicomane

☆ دَمِيَ الجرحُ : خرج منه الدَّمُ — saigner

دَمَّى . أَدْمَى : أسالَ الدمَ — saigner ; faire couler le sang

دَمٌ : سائل حيوي معروف — sang, *m*

من — واحد — consanguin, e

دَمٍ . دَامٍ : يسيل منه الدم — saignant, e ; sanglant, e ; ensanglanté, e

دَمَوِيّ . دَمِيٌّ : مختص بالدم — sanguin, e ; de sang

— المزاج — sanguin, e

معركة دمويّة — combat sanguinaire, *m*

دُمْيَة : △ عروسة — poupée, *f*

☆ دنٌ (دنن) ☆ دنا (دنو)

☆ دَنَأَ . دَنُؤَ : كان دنيئاً (راجع دنو) — être vil, e, bas, se, *ou* de qualité inférieure

دَنَاءة : خِسَّة . دناوة — bassesse ; vilenie, *f*

— النوع أو الصنف أو المرتبة — infériorité, *f*

دَنِيء : خسيس سافل — bas, se ; ignoble ; vil, e

— النوع او الصنف — médiocre ; de qualité inférieure

أدنأ من كذا — inférieur, e à ; plus bas, se

○ دَنْتِيلاّ : مخرَّم — dentelle, *f*

دَنْج ○ دَنْجة (حمّى) : △ ابو الركب — dengue, *f*

△ دُنْجُل العَجَلَة : جُزْع — essieu, *m*

△ دُنْدُرْمَه : بُوظ — glace, *f*

☆ دَنْدَنَ : زَنَّ أو طَنَّ — bourdonner

— المُغَنِّي : غنى بصوت منخفض — fredonner ; chantonner

△ دِنْدِيّ : ديك رومي أو حَبَش — dindon, *m* ; dinde, *f*

(دنر) دِينار : نقد رومي وعربي قديم من الذهب — dinar, *m*

حشيشة الـــ — houblon, *m*

دنانير (جمع دينار) : دراهم — argent, *m*

△ ديناري (ورق اللعب) — carreau, *m*

☆ دَنَّسَ : نجَّس — souiller ; polluer

— العِرضَ — déshonorer ; flétrir

— شيئاً مقدساً profaner

دَنِسَ. تَدَنَّسَ: اتّسخ se salir; se souiller

دَنَس: قذارة souillure; saleté; immondicité; impureté, *f*

بلا —: طاهر immaculé, e; pur, e

دَنِسٌ souillé, e; impur, e; immonde

تَدْنيس pollution; souillure, *f*

— العِرض déshonneur, *m*

— الأشياء المقدسة sacrilège, *m*

☆دَنِفَ. أَدْنَفَ المريض être gravement malade

☆دَنَّقَ الوجهُ: ضعُف من همّ او مرض avoir mauvaise mine

—: كان شحيحاً être avare, chiche, regardant, e

دَنِقَ بَرْداً: هلك mourir de froid

☆دَنَّنَ. دَنَّ: طنّ bourdonner

دَنٌّ. دَنين: طنين bourdonnement, *m*

—: وعاء كبير كالبرميل touneau, *m*

☆دُنُوّ. دَناوَة: قُرْب proximité, *f*

—من: اقتراب approche, *f*

دَنا. أدنى. إِدَّنى منهُ واليه s'approcher; être près de

دَنِيَ: صار دنيًّا être vil, e, bas, se, méprisé, e

دَنَّى. دانى أدنى: قَرَّبَ rapprocher; faire venir plus près

△— نفسه s'abaisser; s'humilier; se ravaler

تَدَنَّى. تدانى: دنا قليلا فقليلاً approcher, *ou* s'approcher, peu à peu

لا يُدانى sans pareil; inégalé, e

دَنِيّ. دَنيء: سافِل vil, e; méprisable; bas, se

—. دانٍ: قريب proche; près

دُنيا: عالَم monde, *m*

الــ: الأرض. الكرة الأرضية la terre; le monde

دُنيَوِيّ. دُنياوِيّ: عالمي du monde; terrestre; mondain, e

—. —: زمنيّ temporel, le; séculier, ère

أَدْنى: ضدّ أقصى plus proche; plus près; proche

— من: أحطّ plus vil, e; plus bas, se; inférieur à

△ أدناهُ: في ما يلي ci-après; plus loin; ci-bas

△دُنيبا: ذُنَيْبة panic pied de coq, *m*

☆دهاء (في دهي)

☆دَهْر: زمان طويل siècle; temps, *m*

دَهْرِيّ المذهب: طبيعيّ libre penseur; sceptique, *m*; athée

—: زمني temporel, le; temporal, e; séculaire

△دَهَسَ: داسَ. دَعَسَ fouler aux pieds; piétiner; marcher sur

△— (القطار أو السيارة) فلاناً écraser; passer sur

☆دُهِشَ من s'étonner de

دَهَّشَ. أدهَش étonner; surprendre; stupéfier; ébahir

دَهْشة étonnement, *m*; stupeur; stupéfaction, *f*

مُدْهِش — étonnant, e ; surprenant, e ; épatant, e
مَدْهُوش △ مُنْدهِش — étonné, e ; ébahi, e ; stupéfait, e
٭ دَهَقَ : △ دَلَقَ . صَبَّ — verser ; répandre ; couler
— . أدْهَقَ : ملأ للحافة — remplir jusqu'au bord
دَهَقٌ : آلة تعذيب — bloc, *m*
٭ دَهَكَ : △ دَعَكَ — broyer ; pressurer
٭ دِهْلِيز : ممشى مستطيل — corridor ; couloir, *m*
٭ دَهِمَ : فاجأ — arriver à l'improviste ; surprendre
دُهْمَة : سَواد — noirceur, *f*
دَهْمَاء : السّوقة — gens du peuple, *pl* ; racaille, *f*
أَدْهَم : أسْوَد حالك — noir, e ; très noir, e
٭ دَهَنَ : طلي بِلَوْن — peindre
— . دَهَّنَ : طلي بدهن أو غيره — oindre ; enduire
داهَنَ : مَلَّق — flatter ; cajoler
دُهْن الشيء : زيته — huile ; graisse ; essence, *f* ; suif ; oing, *m*
— اللحم : شحمه — gras, *m* ; graisse, *f*
دُهْني — graisseux, se ; huileux, se
غدّة دهنية — glande sébacée, *f*
دِهَان : ما يُدهَن به — pommade, *f*
— : طِلاء ملوّن — enduit, *m* ; couleur ; peinture, *f*
— : مروخ — onguent, *m*
مُدْهِن : به مادة زيتية — gras, se ; huileux, se
— : سمين (كاللحم) — gras, se

مُداهِن : متملّق — adulateur, rice ; flagorneur, se
مُداهَنَة : تمليق — adulation ; flagornerie ; caresse servile, *f*
٭ دَهْوَرَ : أوقعَ — faire rouler ; dégringoler ; culbuter
تَدَهْوَر : وقع في مهواةٍ — s'écrouler, dégringoler ; culbuter ; être précipité, e
٭ دَهَى . دَهَّى : اصابَ بداهية — frapper, *ou* atteindre d'un malheur
دَهاء : جودة الراي — finesse d'esprit ; sagacité, *f*
— : احتيال — astuce ; ruse ; ingéniosité, *f*
ذو — . دَاهٍ . داهِية — ingénieux, se ; astucieux, se ; rusé, e ; subtil, e
دَاهية [٢] : مُصيبة — calamité, *f* ; malheur, *m*
(دوأ) داءٌ : عِلّة — maladie, *f*
— الملوك — la goutte, *f*
٭ دَوَاء (دوي) ٭ دوار (دور) ٭ دواة (دوى)
△ دَوَّبَ : ذوّب . اذابَ — fondre ; dissoudre
— الثوبَ وأمثاله : أبلى بالاستعمال — user
دَاب : ذاب — fondre ; se fondre
△ دُوبَارَة : خيط المصّيص — ficelle, *f*
○ دُوبيا : الحساب التجارى المزدوج — comptabilité en partie double, *f*
○ دُوتّا : بائنة — dot, *f*
٭ دَوْحَة : شجرة عظيمة — futaie, *f* ; grand arbre, *m*
٭ دَوَّخَ . داخَ البلادَ — subjuguer ; vaincre ; assujettir
— الرأسَ : اداره — étourdir ; donner le vertige

دَاخَ ٢ : خضع — se soumettre
△ — : مادَ . دارت رأسه — avoir la tête qui tourne, *ou* le mal de mer
△ — من البحر — avoir le mal de mer
△ دَوْخَة : دوار الرأس (انظر دوار في دور) — vertige; étourdissement, *m*
△ دَائِخ : مائد — étourdi, e; qui a le vertige
٭ دَوَّدَ : صارَ فيه الدود — être véreux, se, *ou* rempli, e de vers
دُودَة : واحدة الدود . حشرة — ver, *m*; larve, *f*
— صغيرة — vermisseau, *m*
— الحرير او القزّ — ver-à-soie, *m*
— العلق : عَلَقَة — sangsue, *f*
— القِرمز — cochenille, *f*
— القطن — ver de coton, *m*
دُودِي : كالدود — vermiforme; vermiculaire
التهاب الزائدة الدوديّة — appendicite, *f*
قاتِلٌ للديدان — vermicide, *m*
مَدُود . مُدَوَّد : به دود — plein, e de vers
— . — : نخره الدود — vermoulu, e
٭ دَوَّرَ : جعل مدوّراً أو مستديراً — arrondir
— أدارَ : جعله يدور — faire tourner, *ou* marcher
— . — : قَلَبَ . عكسَ — tourner à l'envers; renverser
— . — الشيء على القوم : دارَ به عليهم — passer; faire le tour de
— . — الرأسَ — donner le vertige; faire tourner la tête

— . — العملَ أو حركته — diriger
— . — الآلة : جعلها تشتغل — mettre en marche; faire marcher
△ — على الشيء : فتش عنهُ — chercher
دارَ : تحرّكَ على محوره — tourner autour; tourner
— : تحوّل — virer; tourner; changer de direction
— : تجوّل . تنقل — aller d'un endroit à un autre
— الحديث على — rouler, *ou* tourner, sur
△ — الوابور والآلة : اشتغل — marcher; tourner; se mettre en marche
إستَدَارَ . تَدَوَّرَ — être rond, e, *ou* circulaire
دَارٌ — habitation; demeure; maison, *f*
— الآثار : متحف — musée, *m*
— التمثيل — théâtre; opéra, *m*
— صيني : قرفة — cannelle, *f*
— علماء : اكادميه . مَجمَع — académie, *f*
— الكتُب — bibliothèque nationale, *f*
— الضرب أو المسكوكات — hôtel des monnaies, *m*
دَارَة القمر : هالته — halo, *m*
دائِر : متحرك في دائرة — tournant, e; qui tourne
— : مستدير — rond, e; circulaire
— (كالآلة) — en marche
— على محوره أو مركزه — rotatif, ve
دائِرَة — cercle, *m*; ←circonférence, *f*
— : منطقة — sphère; enceinte; circonscription, *f*
— : حلقة — anneau; cercle, *m*

— : منطقة (في الجغرافيا والفلك وغيرهما) zone, f
— معارف encyclopédie, f
— (في القضاء) chambre, f
دائري circulaire
دَوْر : مرَّة tour, m
— : وقت période, f
— (في الزراعة والري) : نوبة rotation, f
— : نوبة مرض accès, m
— موسيقى morceau, m
— تشخيصي (حقيقيًّا ومجازيًّا) rôle, m
— من منزل : طابِق étage, m
— ثانوي un rôle de second plan
بالدور : مناوبة à tour de rôle
دَوْرَة : ∆لفَّة tour, m; révolution, f
— : جولة tour, m; tournée, f
— اقتصادية cycle économique
∆ — المياه: مُطهرة cabinet de toilette, m; dépendances; latrines, f.pl
دُوْرِيّ : عصفور moineau, m
دَوْرِيّ : يقع في أوقات معينة périodique
∆دوريَّة : عَسَس patrouille; ronde, f
نشرة او مطبوعة — périodique, m
دُوَارُ الرأس vertige; étourdissement, m
— البحر : بُحَار mal de mer, m
— الهواء (الطيران): هُدام mal de l'air, m
∆دَوّار : حوشُ المزرعة cour de ferme; grange, f
— : مُتَنَقِّل ambulant, e
بائع — colporteur, se; vendeur, se ambulant, e

دَوَّارة الماء: ∆دوَّامة tourbillon; tournant d'eau, m
— الريح : دليل اتجاهه girouette, f 
دَيْر الرهبان او الراهبات couvent; cloître, m
— رهبان monastère, m
دَيْرِيّ: مختص بالأديرة ومعيشتها monastique
إدارة. تدوير fonctionnement, m; action de tourner, de diriger, de faire marcher
— . — الآلات mise en marche, f
— العمل direction; gérance; gestion, f
رئيس — . administrat eur, rice
مجلس الـ. conseil d'administration, m
مركز الـ. bureau central; siège, m
اداريّ administrati f, ve
إستدارة rondeur; rotondité, f
مَدار: مِحوَر. قطب pivot, m; axe, f
— . مُستَدار: فَلَك orbe, m; orbite, f
— (في علم الفلك والجغرافيا) tropique, m
— الحديث او البحث sujet, m; matière, f
على — السنة pendant toute l'année
مُداور : يدور مع الظروف girouette, f
مُدير عمل. direct eur, rice; gérant, e; chef d'entreprise
— مديرية gouverneur; chef d'un département, m; *Moudir*
∆مديرية : اقليم يحكمه مدير province, f; département, m
مُستَدير. مدوَّر. دائر rond, e; circulaire; arrondi, e

∆دَوْرَق : اناء للماء وغيره؛ carafe, f
←carafon, m

*دَوْزَنَ آلة الطرب الوترية accorder

دُوزان ∆دَوزنة : بَضّ accordage, m

*دَوس : وَطْء piétinement, m

دَاسَ الطريق والأرضَ fouler (le sol); marcher sur

— القِطارُ والعربة فلاناً : دعَس écraser; passer sur

دِيسَة : غابة متلبّدة taillis; fourré; bosquet; jungle, m

مُداس. مَدُوس: موطوء بالقدم battu, e; foulé, e

مَدَاس : حذاء chaussure, f

مِدْوَس. مِدْواس. دوّاسة
←pédale, f

○دوسِنطاريا : زُحار dysenterie, f

○دُوسْييه: ملَف اوراق. إضبارة dossier, m; chemise, f

∆دَوْشَة : ضوضاء brouhaha; bruit; tapage, m

*دَوْف : ∆خَفْق fouettement; battage, m

﴿دوق﴾ دَاقَ الطعامَ : ذاقَهُ goûter

○ دُوق : امير duc, m, duchesse, f

○ دُوكَار
←tilbury, m

*دَوْلَة: حكومة Etat, m

— : العائلة الحاكمة dynastie, f

— : مملكة puissance, f; royaume, m

— تحت الوصاية état sous tutelle

— تابعة état vassal

— تحت الانتداب sous mandat „

الدول العظمى les Grandes Puissances, f.pl

دُوَليّ : متبادل بين الدول international, e

دَوْليّ : مختصّ بالدولة national, e

دوالي : انتفاخ العروق varice, f

دَوَاليكَ alternativement; à tour de rôle

وهكذا — : الى آخره et ainsi de suite; etc (et cætera)

دَالَ : تغيَّرَ. دار changer; tourner

— : رَاجَ circuler; être courant, e; avoir cours

دَاوَلَ. أدَالَ : جعله متداولاً mettre en circulation; donner cours à

تَدَاوَلوا الشيء s'en servir couramment

— : تشاوروا se consulter; délibérer

تداولته الأيدي passer de main en main

— الألسن être dans toutes les bouches

تَـدَاوُل : رواج vogue, f; cours, m

تَـدْويل : ترويج vulgarisation; propagation, f

— ملكية الأراضى nationalisation du sol

مُدَاوَلَة : مفاوضة أو مخابرة او مشاورة négociation; ou délibération, f

مُتَدَاوَل : دارج courant, e; usité, e

*دولاب (في دلب)

*دَوْم: شجر كالنخل وثمره doum, m

— دَوَام : استمرار continuation; durée, f

دَامَ . دَوْمَ ۲: دار على نفسه pirouetter; tournoyer; pivoter
—. دَاوَمَ : ظل durer; continuer
دَاوَمَ ۲ على persévérer dans
أَدَامَ : بيلهُ دائماً perpétuer; faire durer
إِسْتَدَامَ: استمرّ وامتدّ durer; continuer
دَوْماً . على الدوام pour toujours
دَوَّامَة : △ نحلة . بُلبُل toupie, f
△ — الماء : دُرْدُور tourbillon (d'eau), m
دَائِم . مُسْتَدِيم continuel, le
— . —: ماكِد(في الريّ والزراعة) pérenne; vivace; qui dure l'année
— : لا نهاية له perpétuel, le
—: ضدّ وقتي permanent, e; constant, e
دَائِماً . دَوَاماً : على الدوام toujours
دَوَام . إِسْتِدَامَة durée; permanence; continuation, f
مَا دَامَ: طالما tant que; aussi longtemps que
دَامَا: اسم لعبة jeu de dames, m
لَوحة الـــ damier: échiquier, m
حَجَرُ الـــ dame, f; pion, m
مُدَام . مُدَامَة : خَمر vin, m; boisson alcoolique, f
مُدَاوَمَة : استمرار continuation; f
△ دُومَان المركب roue, ou ←barre, du gouvernail, m

دُومَانجي: موجّه . مدير الدفّة timonier, m
△ دُومس المركب sentine, f
٥ دُومِينو : اسم لعبة dominos, m.pl
حَجَر الـــ ←domino, m
٥ دَوَّنَ: كَتَبَ وسَجَّلَ enregistrer; inscrire dans un registre; consigner
— : قيّد écrire; noter; inscrire
— شرطاً stipuler; mettre une condition; convenir de
مُدَوَّن inscrit, e
دُوْن : حقير . سافِل vil, e; bas, se
بضاعة دون marchandise inférieure; camelote, f
دُونَ : أحطّ من inférieur, e à; plus bas, se
— : امام devant; avant
— . من — ان : من غير ان sans
حال —: اعترض intervenir; s'interposer; empêcher
دِيوَانُ شِعر recueil de poésies, m
— المحاسبة cour des comptes
—: مركز الادارة bureau, m; administration, f
— : أريكة ←canapé; divan, m
٥ دَوَّى . دَوَى : أصدى résonner; retentir; faire écho
دَاوَى المرض أو المريض soigner; traiter
دَوَاء: ما يستعمل لمقاومة المرض médicament, m
— : عِلاج remède, m; cure, f
دَوَائي médicinal, e

دَوَاة ∆ دوايَة . محبرة — encrier, *m*
دَوِيُّ الصوت : صداه — écho ; résonnement, *m*
مُدَاوَاة : معالجة — traitement, *m* ; médication, *f*
∆ دِيبٌ (في ذأب) ٭ ديباج ٭ ديباجة (في دبج)
(ديث) دَيُّوث : قوَّاد — entremetteur, se ; [maquereau, lle]
الـ : دُخلة . طائر — fauvette, *f*
٭ دَيْدَبَان . دَيْدَب : حارس — sentinelle, *f* ; factionnaire, *m*
٭ دَيْدَن (ددن) ٭ دَيْر (دور) ٭ ديسة (دوس)
○ دِيسمبر : كانون الأول — décembre, *m*
٭ دِيك : ذكر الدجاج خصوصاً والطيور عموماً — coq, *m*
— رومي — dindon; coq d'Inde, *m*; dinde, *f*
○ دِيكريتو : امرٌ عالٍ — décret, *m*
○ ديمُقْراطيّ : شعبي — démocratique
ديمُقْراطيَّة — démocratie, *f*
٭ دَيْن : قرض مؤجَّل او ذمَّة — dette ; créance, *f* ; passif, *m*
— شرف — dette d'honneur, *f*
— غير قابل للحوالة اوالتنازل — " incessible
— غير قابل للحجز — " insaisissable
— هالك : ضِمارٌ — créance douteuse, *f*
بالـ : على الحساب — à crédit ; à terme
ديون الشركة — passif social, *m*
دِين : مُعتقد — religion ; foi ; croyance, *f*
— : تقوى . وَرَع — piété, *f*
دِينيّ : مختصّ بالدين — religieux, se
دَيْنونة : الحساب الأخير — jugement dernier, *m*

يوم الـ — jour du jugement dernier, *m*
دَيِّن . مُتَدَيِّن : متمسّك بدينه — pieux, se ; dévot, e
دَانَ . أَدَانَ : اقرض — faire crédit ; prêter de l'argent
— : حَكَمَ على — juger ; condamner
— : اطاع . ذلّ — se soumettre ; obéir
— . تَدَيَّنَ بكذا — professer (une croyance)
— . إسْتَدَانَ : استقرض — emprunter ; s'endetter
استدان ٢ : اشترى بالدين — acheter à crédit
إدانة — conviction ; condamnation, *f*
دائن — créancier, ère
— مرتهن لعقار — créancier antichrésiste
— : له (في الحسابات) — crédit ; avoir, *m*
تَدَيُّن — religion ; piété ; dévotion, *f*
شدة التديُّن — bigoterie ; religiosité, *f*
مُدَان : مُذنب — coupable ; fautif, ve
مَدِين . مَدْيُون — débiteur, rice
مدين بالرصيد . مَدِين بالباقي — reliquata
— : منه (في الحسابات) — doit ; débit, *m*
— . — بفضلٍ أو حقّ أو مالٍ — endetté, e
مَدْيُونيَّة — dettes, *f.pl* ; obligation, *f* ; état de dette, *m*
اقر بمديونيته — se reconnaître débiteur, rice
٭ دينار ٭ ديناري (في دنر)
○ دِيناميت — dynamite, *f*
○ دينمو : مُولِّد كهربي — dynamo, *m*
٭ دِيَة (ودي) ٭ ديوان (دون) ٭ ديّوث (ديث)

(ذ)

٭ذا : اسم بمعنى صاحب (راجع ذو)

٭ذَا : هذا (جمعه أولاء) — ce, cet, cette (*pl.* ces); ceci; celui-ci

ذَاكَ : ذلك (جمعه أولئك) — cela; celui-là

اذ — : حينئذٍ — alors

مَاذَا ؟ — quoi ?; qu'est-ce que ?

لماذا ؟ — pourquoi ?; pourquoi donc ?

٭ذِئْب — ← loup, *m*; louve, *f*

ذُؤَابَة : قُصَّة شعر — mèche; touffe; boucle, *f*

— الأسد والحصان — crinière, *f*

٭ذاب (ذوب) ٭ ذات (ذو) ٭ ذاد (ذود)

٭ذاع (ذيع) ٭ ذاق (ذوق) ٭ ذاك (ذا)

٭ذَبَّ عن : دافَعَ — défendre

ذُبَابَة : واحدة الذُّباب او الذبان — ← mouche, *f*

— الخيل : نُعَرة — taon, *m*

ذباب هنديّ : ذرّاح — mouche à vésicatoire; cantharide, *f*

△ذبّانة البندقيّة : موجّه — guidon, *m*; mire, *f*

مِذَبَّة الذبّان : △منشة — chasse-mouches, *m*

٭ذَبَحَ : جزر — égorger; abattre; tuer; juguler; massacrer

— : قدّم ذبيحة — immoler; sacrifier

ذُبْحة صدريّة — angine de poitrine, *f*

ذبّاح : جزار — boucher, ère

ذَبِيح . ذَبِيحَة : الحيوان المذبوح — animal égorgé, e, *ou* tué, e

ذَبِيحَة ٢ : ضحيّة — sacrifice, *m*; offrande, *f*

مَذْبَح : مجزر — abattoir, *m*

— الهيكل : محراب — autel, *m*

مَذْبَحَة : مجزرة — massacre; carnage, *m*; boucherie, *f*

مَذْبُوح — égorgé, e; abattu, e; tué, e

٭ذَبْذَبَ . تَذَبْذَبَ : خطر — osciller; se balancer; se dandiner

— (في اللاسلكي) — vibrer

تَذَبْذَبَ ٢ : تردَّد — vaciller; hésiter

ذَبْذَبَة . تَذَبْذُب : خطران — oscillation, *f*; dandinement; balancement, *m*

— (في اللاسلكي) — vibration, *f*

— ٢ : تردُّد — indécision; hésitation, *f*

مُذَبْذَب : متردِّد — indécis, e; irrésolu, e

مُتَذَبْذِب : متخطّر — ballant, e; oscillant, e

٭ذَبُلَ : ذَوَى — se faner; flétrir

ذَبْل : قشرة السلحفاة — carapace, *f*; test, *m* (de tortue)

ذَابِل : ذاوٍ — fané, e; flétri, e

عينٌ ذابلة : فاترة الجفون — yeux langoureux, *ou* languissants

ذُبُول — flétrissure, *f*

٭ذَخَرَ . اِدَّخَرَ : خبّأ لوقت الحاجة — faire des épargnes; mettre de côté; conserver; thésauriser

ذَخِيرَة . ذُخْر : ما ذُخِرَ — réserve; provision; épargne, *f*

— الحرب : △جبخانة — munitions (de guerre), *f.pl*

— مقدّسة — relique, *f*

إذّخار . إدّخار épargne ; économie, *f*
— التثمير epargne créatrice, *f*
*ذَرَبُ البطن : اسهالٌ diarrhée, *f*
*ذُرَّاح (والجمع ذراريح) : ذباب هندي cantharides, *f.pl*
(ذرر) ذَرَّ : رَشَّ . نَشَرَ répandre ; asperger ; saupoudrer
— الرمادَ في الاعْيُن jeter de la poudre aux yeux
ذَرٌّ : رشٌّ . نَشْر aspersion ; saupoudrage ; action de répandre
— : صغار النمل (واحدته ذَرَّة) petites fourmis
ذَرَّة ٢ : أصغر جزء من المادة atome, *m*
— : هَبَاءة corpuscule, *m*
— كهربيَّة : دالِف . طليق ion, *m*
مقدار — . iota ; rien, *m*
ذَرّي atomique
قنبلة ذرية bombe atomique, *f*
ذَرُور : مسحوق . تراب poudre, *f*
ذرِّيَّة : نَسْل progéniture, *f* ; enfants ; descendants, *m.pl*
*ذَرَعَ الطريق battre le pavé
تَذَرَّعَ بذريعة user d'un moyen pour arriver à qc
ضاق ذَرْعاً être au dessus de ses forces
ذِراع : ساعِد ←bras, *m*
— : مقياس طولي coudée, *f*
— هنداَزة aune, *f*
ذَرِيع : سريع foudroyant, e ; rapide
— : شفيع médiateur, rice ;
ذَرِيعَة : وسيلة moyen, *m*

*ذَرَفَ الدمعُ verser des larmes ; larmoyer ; fondre en larmes
*ذَرَقَ . أَذْرَقَ الطائرُ : رمى بسلحه fienter
ذَرَق الطيور fiente, *f* ; excréments des oiseaux, *m.pl*
*ذرة (ذري) * ذرّة * ذرور (ذرر)
*ذَرَّى . ذَرا الحنطةَ vanner
— . — الريحُ الترابَ soulever la poussière
أَذْرَى : ألقى jeter ; jeter bas
تذرَّى الجبلَ monter ; gravir ; escalader
— به : استتر se réfugier
إستَذْرَى به : التجأ demander la protection de
ذُرَة شاميَّة أو صفراء maïs, *m*
— عويجه او صيفية millet ; mil, *m*
ذُرْوَة : قِمَّة sommet, *m* ; cime, *f*
— : أَوج faîte ; comble ; apogée, *m*
ذَرًى : حِمًى protection, *f*
مِذْرًى . مِذْراة ←fourche, *f* ; tarare, *m*
*ذريعة (في ذرع) * ذرّيَّة (في ذرر)
*ذعر . أَذْعَرَ : أفزع effrayer ; faire peur
ذُعِرَ انذعر s'effrayer ; avoir peur
ذُعْر . ذَعَر : فَزَع panique, *f* ; effroi, *m*
ذُعَرَة : ٥ ابو فصادة
س فتّاح
سكَكَم ع
bergeronette, *f*

{ذعف} مَوْتٌ ذُعاف mort subite, *f*

*ذَعِنَ. أَذْعَنَ لهُ obéir; se soumettre à; céder à

إذعان: انقياد soumission; obéissance, *f*

مُذْعِن: منقاد docile; soumis, e

*ذَفِر: رائحة كريهة rance, *m*; puanteur; mauvaise odeur, *f*

*ذَقَنٌ. ذِقْن: مجتمع اللحيين من أسفلهما menton, *m*

△ذَقْن: لحية barbe, *f*

*ذكاء (في ذكي)

*ذَكَرَ الخبرَ أو الحديثَ citer; mentionner; parler de

— الشيء: سمّاه désigner; nommer

—. تذكّرَ. استذكرَ: حفظ retenir qc; songer, *ou* penser à

—. —: فطن الى △افتكر se rappeler; se souvenir de

ذاكرَ درسَه: طالعه ودرسه étudier; apprendre

ذكّرَ. أذكرَ: △فكّرَ rappeler; faire penser à

ذَكَرُ الحيوان: ضدّ أنثى mâle, *m*

—: قضيب pénis; membre viril, *m*; verge, *f*

— وأنثى: △نقر ولسان tenon, *m*; et mortaise, *f*

— وانثى mâle et femelle

ذِكر. ذِكرة: صيت renommée; réputation, *f*; renom, *m*

—. ذِكرى. تذكُّر souvenir; rappel, *m*; réminiscence, *f*

—: إيراد mention; citation, *f*

إحياء الـ — commémoration, *f*

سالفُ الـ — précité, e; susmentionné, e

ذكريات réminiscences, *f.pl*; souvenirs, *m.pl*

يُذكَر: يستحق الذكر qui vaille; qui vaut la peine d'être mentionné, e

ذاكرة: حافظة. بالٌ mémoire, *f*

تذكار. تذكِرة aide-mémoire; mémento, *m*; note, *f*

—: ماتحفظه للذكرى souvenir, *m*

تذكرة[2]: ورقة السفر او الدخول الخ billet, *m*

— بريد carte postale, *f*

— ذهاب واياب billet d'aller et retour, *m*

— مرور: فسح passeport; laisser-passer, *m*

— طبية: وصفة طبيب ordonnance; prescription, *f*

تذكَرجي: عامل صرف التذاكر guichetier

مكان صرف التذاكر guichet, *m*

تذكير: △تفكير rappel au souvenir, *m*

مُذكَّر: ضدّ مؤنث masculin, e

مُذكِّر: مفكِّر aide-mémoire, *m*

مُذكِّرة: △مفكِّرة mémento; mémorandum, *m*; note, *f*

— △: تفكرة (دفتر) calepin; carnet de notes, *m*

— المحامي (في القضية المنظورة) conclusions, *f.pl*; note, *f*; mémoire, *m*

مَذكور: ذُكير cité, e; mentionné, e

— سابقاً ci-dessus mentionné, e

— ادناه او اعلاه — ci-après mentionné, e

مُذَاكَرَة : دَرسٌ وحفظ — étude, *f*

☆ ذَكَّى . ذَكَى : قدَّم ذبيحة — immoler; offrir en sacrifice

— . أَذكَى : أَلْهَبَ — attiser; embraser; faire flamber; enflammer

ذَكَاء : سُرعةُ الفهم — intelligence, *f*

ذَكِيٌّ : سريع الفهم — intelligent, e

— الرائحة — odorant, e; qui sent bon

☆ ذَلِقَ اللسان . ذليق — loquace; éloquent, e

ذَلاقَةُ اللسان : فصاحة — loquacité; volubilité; éloquence, *f*

☆ ذَلِكَ : ذاكَ (راجع ذا) — cela; celui-la

بعد — . — ensuite; puis

☆ ذَلَّلَ : تغلَّب على — surmonter; vaincre

أَذَلَّ . استذلَّ : اخضعَ — soumettre; subjuguer; maitriser

— . — : حقَّر — abaisser; humilier

ذَلَّ : ضدّ عزَّ — être avili, e, *ou* méprisé, e

تذلَّل : تمسكن — s'humilier; s'abaisser

ذُلّ : ضد عِز — humiliation, *f*; abaissement; avilissement, *m*

ذَلِيل : حقير — humble; servile

☆ ذِمار : شرف — honneur, *m*

تذمَّر : تضجَّر — grommeler; se plaindre; grogner; murmurer

☆ ذمم . ذمَّ : ضدّ مَدَحَ — blâmer; médire

ذَمٌّ : ضد مدح — blâme, *m*; réprimande; animadversion, *f*

— : انتقاد — critique; censure, *f*

ذِمَّة : ضمان أو أمان — garantie; caution; *ou* sûreté, *f*

— : دَين (الجمع ذمامات) — dette; créance, *f*

— : ضمير (الجمع ذمم) — conscience, *f*

— مالية — patrimoine

عديم الـ — sans conscience; sans scrupule

من اهل الـ . — étranger, ère (dans un pays musulman)

△ ذمَّتلي : ذو ذمّة — consciencieux, se

ذَميم . مَذموم : ضدّ ممدوح — blâmé, e; critiqué, e; censuré, e; condamné, e

— : يستحق الذم — condamnable; blâmable

☆ ذَنْب : إثم — crime; forfait, *m*; offense, *f*

— : خطيئة — péché, *m*

ذَنَب : ذَيل (راجع ذيل) — queue, *f*

— الفار : نبات — barbou; andropogan, *m*

ذُنيب (في النبات) — pétiole, *m*

ذَنَبِيّ : ذيلي — caudal, e

ذَنَّبَ : جعل له ذنباً — faire une queue à qc

△ — : عاقب — punir; châtier

أَذْنَبَ : ارتكب ذنباً — commettre un crime, *ou* une offense

— : أخطأ — fauter; pécher

مُذْنِب : أثيم — criminel, le; coupable

—: ضد بريء délinquant, e; coupable; fautif, ve

— : خاطئ pécheur, m, pécheresse, f

مُذَنَّب : لهُ ذَيل à queue; pourvu, e de queue

— : نجمة بذيل ←comète, f

*ذَهَبَ: ضدّ آتى s'en aller; partir

— بالشيء: أخذهُ ومضى emporter

— بالشخص emmener

ذهَّبَ: موَّهَ بالذهب dorer; plaquer d'or

أذهَبَ: جعلهُ يذهب faire partir; renvoyer; laisser partir

تمذهَبَ بالمذهب الفلاني embrasser, *ou* adopter, une croyance

ذَهَبٌ: المعدن الثمين المعروف or, *m*

— أبيض: ٥ بلاتين platine, *m*

ذهبيّ: كالذهب أو منه d'or; en or

ذَهاب: مضيّ aller; départ, *m*

مَذهَب: مُعتقد او عقيدة croyance; foi; rite, *ou* doctrine, *f*

— (فى الموسيقى) chœur, *m*

— اللذة hédonisme, *m*

مُذَهَّب: مموَّه بالذهب doré, e; *ou* plaqué, e d'or

*ذَهَلَ عن الأمر oublier; omettre; laisser échapper

ذَهِلَ. انذهَلَ être distrait, e

أذهَلَ étourdir; distraire; détourner qn de qc; faire oublier qc à qn

ذُهول distraction; stupéfaction; confusion, *f*

ذاهِل مُنذهِل distrait, e; oublieux, se; hébété, e

*ذِهْن : عقل intelligence; faculté intellectuelle, *f*

ذِهْنيّ mental, e; intellectuel, le

*ذُو : اسم بمعنى صاحب possesseur, *m*; qui a; qui est pourvu, e de

— صحة bien portant; qui a une bonne santé

ذَوُو : جمع كلمة «ذو» possesseurs; qui possèdent

— الرجُل: اقاربهُ ses parents; les siens

ذاتَ : مؤنث «ذو»

ذات : نفس . عين même; soi-même

— الشيء la même chose; identique

—: جوهر الشيء ، حقيقته او ماهيته essence

— مقاطع شتى polysyllabe

— يوم : يوماً ما un jour

ذاتكَ . بذاتِكَ : بعينكَ vous-même; toi-même

في ذاته . في حدّ ذاته en soi

من — de soi; de lui-même

احترام الذات amour-propre, *m*

انكار الـ— abnégation de soi-même, *f*

مناقض ذاته contradictoire; qui se contredit

ذاتيّ : شخصي personnel, le; particulier, ère; propre

— من تلقاء الذات : انبعاثي spontané, e

ذَوات البلد : الأعيان notables; grands personnages; [gros bonnets]

— الأربع: سائمة . بهائم quadrupèdes, *m.pl*

△ اولاد الـ .	les fils à papa, *m.pl*; la jeunesse dorée, *f*
٭ ذؤابة (في ذأب)	
٭ ذَوْب . أذابَ : حلّ	fondre; dissoudre; faire fondre
ذابَ : انحلّ	fondre; se fondre; se résoudre; se dissoudre
— اسى او هماً	languir; dépérir
ذائِب : مُنحلّ	dissous, te; fondu, e: décomposé, e
تذويب . إذابة	fonte; fusion; dissolution; liquéfaction, *f*
مُذيب : مُحلّل	dissolvant, *m*; dissolvant, e, *a*
٭ ذَوْد : دِفاع	défense; protection, *f*
ذادَ عنهُ : دافَعَ	défendre; protéger
مِذْوَد : معتلفُ الدواب	auge; crèche; mangeoire, *f*
٭ ذوْق . ذائقة : حاسّة الذوق	goût, *m*
— . ذَوَاق : هوى . ميل	prédilection, *f*; goût; penchant, *m*
— : لياقة	bon goût, *m*
△ — : مؤدب	courtois, e; poli, e; comme il faut; galant, e
قليل الـ .	discourtois, e
حسن الذوق	de bon goût
ذاقَ الطعامَ وغيرهُ	goûter
أذاقَ : جعله يذوق	faire goûter
تذوّق : ذاق تدريجاً	savourer; déguster
٭ ذوِيَ . ذوَى : ذبُلَ	se flétrir; se ternir; se faner

ذاوٍ : ذابلٌ	fané, e; terne; flétri, e
(ذيع) ذاعَ الخبرُ : انتشر	se propager; se répandre; circuler
أذاعَ : نشَرَ	promulguer; diffuser; publier officiellement
— مبدأً : نشره ودعا اليه	propager
— السرَّ	révéler; divulguer
— باللاسلكي	radiodiffuser; émettre
ذائع : منتشر	répandu, e; courant, e
— الصيت	renommé, e; célèbre; très connu, e
إذاعةُ (باللاسلكي)	émission; radiodiffusion, *f*
محطة — لاسلكية	poste de *T.S.F*; poste de radiodiffusion, *m*
مُذيع : ناشر	propagateur, rice; propagandiste
— (في الراديو)	speaker, *m*
مِذْياع كهربي : جهاز	microphone, *m*
— : ○ راديو (انظر راديو)	radio, *f*
٭ ذيّلَ الكتابَ	ajouter un appendice à un ouvrage
— الخطابَ	apostiller; ajouter un postscriptum
ذَيْل : ذَنَب (راجع ذنب)	queue, *f*
— : طرف	extrémité, *f*; bout, *m*
— الثوبِ : رفل	queue, *f*; pan, *m*
— الصحيفة من الكتاب	bas d'une page, *m*
— . تذييل : ملحق	appendice; supplément, *m*

٭ رئة (رأى) ٭ رائحة (روح) ٭ رائع (روع)
٭ راب (روب وريب) ٭ رابٌ (ربب) ٭ رابية (ربي)
٭ راتينج (رتج) ٭ راث (روث) ٭ راج (روج)
٭ راجٍ (رجو) ٭ راح ٭ راحة (روح) ٭ رادَ (رود)

○ رادار — radar, m
○ راديكالي : حُرّ متطرّف — radical, e
○ راديو : لاسلكي — radio; *T.S.F.*, *f*
—: جهاز التقاط اذاعة لاسلكية. مذياع — appareil de *T.S.F.*, *ou* de radio; récepteur; poste, *ou* appareil, récepteur, *m*
راديوغراف: صورة بالاشعة النافذة — radiographie, *f*
○ راديوم — radium, *m*
٭ رأس. ترأّس. إرتأس القومَ — se mettre à la tête de; présider; conduire
—. — العملَ — surveiller; diriger
—. — الجمعية أو الاحتفال — présider
رأّس. △ ريّس. جعله رئيساً — mettre à la tête de; élire comme chef
△ روّس المقالة أو الكتابَ — mettre l'en-tête; intituler
رأس : ما فوق الرقبة — tête, *f*
—: قِمّة — cime, *f*; sommet, *m*
—: أوّل — commencement, *m*; origine, *f*
— : طرف — bout, *m*; pointe, *f*
— الجسر : حصنه — tête de pont, *m*
— (في الجغرافيا) — cap, *m*
— السنة — jour de l'an, *m*
— مال △ رسمال — capital; fonds, *m*

— ماليّ — capitaliste
— ماليّة — capitalisme, *m*
— العمود — chapiteau, *m*
على — عدد كذا من الرجال — à la tête de
عشرون رأساً من كذا — vingt têtes de
رأساً : مباشرة — directement; de première main
— على عقب — sens dessus dessous
رسملة الفوائد — capitalisation des intérêts
رأسيّ : عموديّ — vertical, e; perpendiculaire
رئيس — chef, *m*; patron, ne
—: مدير — directeur, rice; gérant, e
— : مقدّم — contremaître, sse
— : ضد مرؤوس — supérieur, e; chef
— ادارة أو مكتب — chef de bureau, *m*
— جلسة أو لجنة أو محكمة أو جمهوريّة — président, e
— الوزراء — premier ministre, *m*
— الأساقفة — archevêque; primat, *m*
— عصابة : زعيمها — chef de bande, *m*
△ — جارسونات — maître d'hôtel, *m*
رئيسيّ: أوّلي — en chef; principal, e
الأعضاء الرئيسية أي الحيويّة — parties vitales, *f.pl*; organes vitaux, *m*
رئاسة : رياسة — présidence; dignité de chef, *f*
△ ترويسة الكتاب أو المقالة — titre; en-tête, *m*
مرؤوس : ضد رئيس — subalterne; subordonné, e

٭ راشن (رشن) ٭ راضٍ (رضى) ٭ راضَ (روض)
٭ راعَ (روع) ٭ راعي (رعي) ٭ راغَ (روغ)

٭رَأَف. رَؤُف. ترَأَّف بهِ	avoir pitié de; être clément, e envers
رَأْفَة	pitié; compassion; clémence, f
رَؤُوف	clément, e; indulgent, e; compatissant, e
٭رافق (رفق) ٭راقَ (روق) ٭راق (رقي)	
٭راقب (رقب) ٭رَال (رول) ٭رامَ (روم)	
٭راهب (رهب) ٭راهن (رهن) ٭راود(رود)	
٭رَاوَنْد. رِوَنْد	rhubarbe, f
٭رَأَى : أبصرَ	voir; apercevoir
— : أدْرَكَ	s'apercevoir
أَرَى : جعلهُ يرى	montrer; faire voir
إِرْتَأَى رأياً	suggérer; proposer
تراءَى له : ظهرَ	apparaître à paraître
يُرَى : منظور	visible; clair, e
رَأْي	idée; opinion; proposition, f; avis, m
الـ العامّ	l'opinion publique, f
من رأيهِ أن	il est d'avis que
رُؤْيَا : ما تراهُ في المنام	rêve; songe, m; vision, f
— الإلهيّة	apparition; révélation divine, f
رُؤْيَة : نظر العين أو القلب	vision; vue, f
— : امكانيّة المشاهدة	visibilité, f
رِئَاء. رِيَاء : تصنع . نفاق	hypocrisie; affectation, f
رِئة. رِيَة : مِنفاخ الصدر	poumon, m
ذات الـ : اسم مرض	pneumonie, f
رِئَوِيّ : مختص بالرئة	pulmonaire
مُرَاءٍ : منافق	hypocrite
مُراءاة . رياء	hypocrisie, f
مِرآة (الجمع مرايا) ٥مِرَايَة	miroir, m
مَرْئِيّ : منظور	visible
٥رَاي : سمك	sardine, f
٭راية (في ربي)	
٭ربأ على : اشرف	dominer le paysage; avoir vue sur
رَبَأتُ بنفسي عن عمل كذا	je suis au dessus d'une telle action
٭رَبَّ. رَبَّبَ. تَرَبَّبَ الولد. ربَّاهُ	élever un enfant
رَبّ : سيّد	seigneur; maître
— : إله	dieu, m
— العائلة أو البيت	chef de la famille
— العمل . المعلم . المخدوم	patron; maître
— عائلة	père de famille, m
رَبَّة : سيّدة	maîtresse, f
رُبّ : عصير الثمار المختثر بالطبخ	rob; suc, m
— سوس	réglisse, f
— الورق : عجينته	pâte; bouillie, f
— : مُرَبِّي (راجع ربو)	confiture, f
رُبَّ . رُبَّمَا	peut-être; probablement
رَبَاب . ربابة : آلة طرب وترية	reoec, m
رُبَّان السفينة الكبيرة	capitaine de navire (ou vaisseau)
رابّ : زوج الامّ	beau-père, m
رابَّة : زوجة الأب	marâtre; belle-mère, f

رَبِيب : ابن الزوج أو الزوجة beau-fils, m
— : زوج المرأة لها ولد père nourricier, m
رَبِيبة : بنت الزوج او الزوجة belle-fille, f
٭ربا (ربو) ٭ رباب (ربب) ٭ ربّان (ربب)
٭رَبَتَ الصبيّ : △طبطب له caresser, ou flatter, avec la main
٭رَبِحَ : ضد خسر gagner; profiter; bénéficier
رَبَّحَ . أَرْبَحَ : جعله يربح faire gagner, ou profiter, qn
رِبْح : ضدّ خسارة profit; gain; bénéfice, m
— المال : فائدته intérêt, m; intérêts, pl
— السهم . ربيحة dividende, m
— مركَّب intérêt composé, m
— صافٍ bénéfice net, m
رابح . مُرْبِح profitable; lucratif. ve; rémunérateur. rice
رُبَّاح : قردوح . ميمون babouin. m
٭رَبَصَ . تَرَبَّصَ : كمن وانتظر guetter; épier
رَوْبَصَة . تَرَوْبُص : يقظة النوم somnambulisme, m
٭رَبَضَ : برك se mettre à genoux; coucher les jambes ployées
رَبَض . مَرْبِض : مأوى الغنم bercail, m; bergerie, f
٭رَبَطَ : ضدّ حلّ lier
— الجرحَ : عصّبه bander une plaie
رابَطَ الجيشُ caserner
رَبْط : ضد حلّ action de lier
— . ترابُط association, f
رِباط : ما يُربط به lien, m; attache, f
— : عصابة bandeau; bandage, m
— : قيد fers, m.pl; chaînes, f.pl
— الحذاء : شراك lacet, m
— الرقبة cravate, f
— الجورب jarretelle; jarretière, f
رَبْطَة : حزمة paquet; ballot, m
رابِط . يَرْبُط qui oblige, attache, lie, astreint
— (في القضاء) commissoire; obligatoire
— الجأش calme; qui a du sang-froid
رابِطَة . إرْتِباط : صِلَة liaison; connexion, f
ارتباط[2] : تعهّد engagement, m
— : علاقة . صلة rapport, m; relation, f
مَرْبِط الدوابّ étable, f
— الخيل écurie, f
مَرْبُوط . مُرْتَبِط lié, e; attaché, e
مُرتبط[2] بموعد أو عهد engagé, e; tenu, e de
٭رَبَعَ . △ربّع . إرتبع الحصانُ : اكل الربيع paître librement au printemps: brouter la flouve
رَبَّعَ[2] العددَ : ضربه في مثله carrer
تَرَبَّعَ . إستربع في جلوسه s'accroupir; se tapir; s'asseoir les jambes croisées
رُبْع ($\frac{1}{4}$) quart, m
— دائرة quadrant. m

رَبْع : دار بها عدَّة مساكن grand immeuble de rapport; bloc d'immeubles, m

— △ رِبيع . رَبْع . رَبعة القامة de taille moyenne

رَبيع . فصلُ الربيع printemps, m

زهرة الــ : اذان الدبّ ←primevère, f

ربيعي printanier, ère; du printemps

— للنبات vernal, e

رُباعيّ (في الجبر والهندسة) quadratique

— الاحرف (مقطع أو كلمة) quadrilitère

— الاضلاع أو الجوانب quadrilatère, a et m

رَابِع : واقع بعد الثالث quatrième

— عشر : بعد الثالث عشر quatorzième

رابعاً quatrièmement

أَرْبع . أَربعَة (٤) quatre

— عشرة : أربعة عشر (١٤) quatorze

أربعة أضعاف quadruple, a et m

ذواتُ الاربع quadrupèdes, m.pl

يوم الاربع . الأربعاء mercredi, m

أَربَعون (٤٠) quarante

تربيع الدائرة quadrature du cercle, f

تَرْبيعَة . مُرَبَّع : △خانة carré, m

مُربَّع ٢ (شكلاً أو عدداً) carré, e

— قائم الزاوية rectangle, m

شبه — . ←trapèze, m

يَرْبُوع (جربوع) gerboise, f

*رَبَك : عَرقل embrouiller; compliquer

رَبِكَ . ارْتَبَكَ s'embrouiller; s'empêtrer

رَبْكٌ . إرْتباك embarras, m; confusion, f

رَبِكٌ . مُرْتَبِك confus, e; embarrassé, e

مُرْتبك ٢ : معقَّد enchevêtré, e; embrouillé; e; compliqué, e

مُرْبِك embarrassant, e

*رَبِلَ . رَبيل : ممتلىء لحماً dodu, e; potelé, e; replet, ète; charnu, e

رَبْل : △ربّه regain, m

رَبَلة الساق : △سمّانة الرجل mollet, m

رَبالة : امتلاء الجسم embonpoint, m; rondeur; obésité, f

* رُبَّما ٥ رِبَّة (في ربب)

*رَبْو : مَرَض صَدريّ asthme, m

رُبْوَة . رَابِية : أَكمَة butte; colline, f: monticule; tertre, m

رِبْوَة ٢ : عشرة آلاف myriade, f (dix mille)

رِبا . رِباء : فائدة المال (المحرَّمة) usure, f

رَبَا : زاد ونما croître; augmenter; pousser

رَبَّى الولدَ : غذّاه ورعاه élever; nourrir

— : هَذَّب faire l'éducation de; instruire

— الماشية faire l'élevage; élever

△ — ذقنه : أطلقها laisser pousser la barbe, ou la moustache

رابَى : أعطى ماله بالربا prêter à usure

أَرْبَى : جعله يزيد augmenter; multiplier; accroître; fructifier

— عليه : زادَ	dépasser; excéder
تربّى : نشأ أو تهذّبَ	être élevé, e
أُرْبِيَة : ∆خُنُ الوِرك	aine, f
تَرْبِيَة الاولاد	éducation, f
— الحيوانات وغيرها	élevage, m
— الميكروبات والنباتات	culture, f
قليل التربية	mal élevé, e
تَرْبَوِيّ : مختصّ بالتربية	éducatif, ve
مُرَبٍّ : مهذّب	précepteur, rice; instituteur, rice
مربية : قهرمانة	gouvernante, f
— أطفال : دادة	bonne d'enfants, f
مُرَبّى . مُتَرَبٍّ	élevé, e; grandi, e
— . — : مهذّب	bien élevé, e
— : كُلّ ثمر مطبوخ بالسكّر	confiture; marmelade; compote, f
مُراب : ∆فايظجي	usurier, ère

☆ ربيب (ربب) ☆ ربيع (ربع) ☆ ربيل (ربل)

☆ رتَّبَ : نظّم	mettre en ordre; classer; ordonner
— : دبّر . اعدّ	préparer; apprêter
تَرَتَّبَ : صار مُرتَّباً	être mis, e en ordre, ou rangé, e
— على كذا	résulter; s'ensuivre; être la conséquence de, en conséquence de
رُتْبَة . مَرْتَبَة	classe; catégorie, f ordre, m
— السفينة	cote de navire
— شرف	grade; titre, m
راتب ∆مُرَتَّب : ∆ماهيَّة	salaire, m; appointements, m.pl
— عمري	rente viagère, f
— . — الخدم	gages, m.pl
— . رَتيب : على نسق واحد	routinier, ère; monotone
تَرْتيب : تنظيم	disposition; organisation, f
— : نظام	ordre, m
— : تدبير . إعداد	préparation, f
— : فرز	classification, f
بترتيب : بانتظام	régulièrement; en bon ordre
مُرَتَّب ٢ : منتظم	en ordre; bien arrangé, e
— : مُعَدّ	préparé, e; apprêté, e
∆مَرتَبة ٢ : حشيَّة	matelas, m
☆ رَتَجَ : أغلق	fermer; barrer
رِتاج : بوّابة . باب عظيم (انظر بوابة)	porte cochère; grille, f; portail, m
راتِينَج : صمغ الصنوبر	résine; colophane, f
☆ رَتَعَ : عاش في خصب	vivre dans l'aisance; mener la bonne vie
— ت الماشية : رَعَت	paître; brouter librement
مَرْتَع : مرعى خصيب	pâturage abondant; lieu où tout abonde
— الرذيلة او الشرّ الخ	foyer du vice, etc.
☆ رَتَقَ الثوبَ : أصلحه	raccommoder; rapiécer
(رتك) مَرْتَك : اكسيد الرصاص المتبلور	litharge, f
☆ رَتَّلَ : تَرَنَّمَ	chanter; psalmodier
رَتَل : صفّ ∆طابور	rangée; file; ligne; queue, f

رُتَيْلاء : عنكبوت مؤذٍ — tarentule, f

تَرْتيل : ترنيم — chant, m

تَرْتيلة : ترنيمة — hymne; cantique, m

مُرَتِّل القدّاس — chantre, m; choriste

٥رَتِينة مصباح الغاز (النفَس) — ←manchon incandescent

٭رَثَّ الثوبُ — s'user

رَثٌّ . رَثيث — usé, e; râpé, e

— — الهيئة — délabré, e; déguenillé, e

رَثاثة — délabrement; déguenillement, m

٭رَثَى . رثا الميتَ — pleurer; se lamenter sur; déplorer

رثاهُ بمرثاةٍ — faire l'éloge d'un mort

يُرثَى له — pitoyable; digne de pitié

رَثْي . رِثاء : ندب — lamentation; plainte, f

مَرثاة . مَرثِية — élégie; oraison funèbre, f

٭رجّ (في رجج) ٭رجاء رجاء (في رجو)

(رجأ) أَرْجأ الامرَ — ajourner; remettre; différer; renvoyer

إرجاء : تأخير — ajournement; renvoi, m

(رجج) رَجَّ : هزّ وخضخض — secouer; agiter; remuer

رَجّ : هزّ — ébranlement; secouage, m; agitation, f

إرتجاج : اهتزاز — tremblement; tressaillement, m

— المخّ — commotion cérébrale, f

مُرتَجّ — secoué, e; agité, e

صوت — أو مترجرج — voix chevrotante, f

٭رَجَحَ . تَرَجَّحَ الميزانُ والرأيُ والقوةُ الخ : غَلَبَ — surpasser en poids; avoir la prépondérance

— الشيء بيده : وزنهُ — soupeser

رَجَّحَ . أَرجَحَ : جعله راجحاً — faire pencher le plateau de la balance

— على : فضّل — préférer à; aimer mieux

إرتجح . ترجّح ٢ ۵ تمرجح — se balancer

۵ مَرجَحَ : هزّ الارجوحة — faire balancer

رُجْحان . أَرْجَحيّة — prépondérance, f

رُجّاحة . أُرجوحة ۵ مُرجيحة — balançoire; escarpolette; bascule, f

راجح : غالب — dominant, e; prépondérant, e

— . أَرجح : مفضّل — préférable; plus probable

أُرجوحة ٢ الطفل — berceau suspendu, m; ←berceuse, f

٭رَجرَجَ . تَرَجرَجَ : اهتز واضطرب — trembler; frissonner

٭ رِجْز : دَنَس — souillure; impureté; immondice, f

رَجَز : بحر من ابحر الشعر — ïambe, m

أُرجوزة : من بحر الرجز — poème ïambique, m; ïambes, m.pl

٭رَجُسَ : اتى عملاً قبيحاً — commettre une action infâme

رَجَس . رِجْس : قَذَر — saleté; ordure; immondice, f

رِجْسٌ ٢ : عمل قبيح — action infâme; turpitude, *f*
رَجِسٌ : دَنِس — souillé, e; sale; impur, e
٭رَجَعَ : عاد — retourner; revenir; rentrer
— الى الامر — reprendre; recommencer
— اليه في الامر — recourir; avoir recours à
— عن الامر — se désister; renoncer à
— في كلامه — se rétracter; se dédire; désavouer
— عليه : طالبه — réclamer de; revendiquer
رَجَّعَ . أَرجَعَ : رَدَّ — rendre; retourner; restituer; renvoyer
راجَعَ : فحص — examiner; réviser
— الحسابات — vérifier; pointer; apurer (les comptes)
△ — : ردع — réprimer; contenir
تَراجَعَ : ارتدّ — reculer; rétrograder
إِسْتَرْجَعَ : استردّ — recouvrer; reprendre; rentrer dans (ses droits)
— ما ضاع — recouvrer; regagner; rattraper; récupérer
رَجْع . رُجوع : عَوْد — retour, *m*
رجوع : عدول — rétraction; révocation, *f*
رجوع في الوكالة — révocation du mandat
— . رجوع في الهبة — " de la donation, *f*
— الحائز — recours du tiers détenteur
رُجْعَة : وَصْل . مستند — récépisse; reçu, *m*; quittance, *f*
— : سند التخزين — warrant agricole
رَجْعَة : العود الى الاصل الخلق — atavisme, *m*
— : عودة الى الحياة — anabiose, *f*
رَجْعي : متمسك بالقديم — arriéré, e

— : للوراء — rétrospectif, ve; rétrograde
— : يسرى على الماضي — rétroactif, ve
قانون — . — loi rétroactive, *f*
إِسْتِرْجاع : سحب . استرداد — rétrocession, *f*
— : استعادة — recouvrement, *m*
تَراجُع : ارتداد — retraite, *f*; recul, *m*
مَرْجِع : مستند — autorité; source, *f*; recours; refuge, *m*
— (في الكتب والبحث) — référence, *f*
الـ — الاخير — dernier ressort, *m*
مُراجِع : فاحص — vérificateur, rice
— الحسابات — expert comptable; vérificateur, *m*
مُراجَعَة : اعادة . تكرار — répétition, *f*
— : اعادة النظر — révision, *f*
— الحسابات — apurement, *m*; vérification de comptes, *f*
مُتَراجِع : متقهقر — rétrograde; en arrière
٭رَجَفَ . إِرْتَجَفَ — frémir; frissonner; trembler; tressaillir
— . — من البرد — grelotter; frissonner
أَرْجَفَ : نشر أخباراً مزعجة — faire courir des bruits séditeux
رَجْفَة : رَعدة . هزّة أو رعشة — secousse, *f*; tremblement; frisson, *m*
أَراجِيف : اخبار مهيّجة — propos séditeux, *m.pl*
— : اشاعات (في البورصه) — agiotage, *m*
٭رَجِلَ : سار على رجليه — marcher; aller à pied
تَرَجَّلَ : نزل عن ركوبته — descendre; mettre pied à terre

ـــت المرأة : صارت كالرجُل — ressembler à un homme; avoir l'allure masculine

إرتجلَ الكلامَ — improviser

رَجُل : انسان — homme, *m*

رَجْل . رَاجِل : ضدّ راكبٌ — piéton, *m*; qui va à pied

جُندي راجل : ماشٍ — fantassin, *m*

رِجل : قدَم — pied, *m*

— : ساق او قائمة — jambe, *f*

— فرخة — patte *ou* cuisse, *f*

— من النحل أو الجراد — essaim, *m*

— : حركة مرور — va et vient, *m*

رِجْلَة : نبات معروف — pourpier, *m*; mache; doucette, *f*

رُجُولَة . رُجُولِيَّة : كمالُ الرجُل — virilité, *f*; âge viril, *m*

— . — : شجاعة — bravoure, *f*; caractère viril, *ou* mâle, *m*

إرتِجَال — improvisation, *f*

ارتجالي . مرتجَل — improvisé, e; impromptu, e; sans préparation

مِرجَل : الآلة البخاريّة : خلقين — chaudière, *f*; bouilleur, *m*

✿رَجَمَ : رمى بالحجارة — lapider; poursuivre à coups de pierres

— . رَجَّمَ : تكلّم بالظن — deviner; conjecturer

تَرْجَمَ : فسّر بلسانٍ آخر — traduire

— : فسّر . شرح — interpréter; expliquer

رَجْم : رَمْي بالحجارة — lapidation, *f*

— بالغيب — conjecture; prédiction, *f*

— (والجمع رُجُوم) : حجر جوّي — aérolithe, *m*

رُجْمَة : حجارة تنصب على قبر — tumulus; cairn, *m*; pierre sépulcrale, *f*

رَجِيم : لَعِين — maudit, e

تَرْجَمَة : نقل من لغة الى اخرى — traduction, *f*

— : تفسير — interprétation, *f*

— انسانٍ : تاريخ حياته — biographie, *f*

— حرفية — traduction littérale; métaphrase, *f*

— تفسيرية — paraphrase, *f*

تَرجمان . مُتَرجِم — drogman, *m*; interprète

مُتَرْجِم [2] — traducteur, rice

مُتَرْجَم — traduit, e

(رجو) رَجَا : ضدّ يئسَ — espérer; aimer à croire; souhaiter

△ — △ — : توسّل — supplier; conjurer

أَرْجَى : ارجأ . أخّر — différer; ajourner; renvoyer

رَجا . رَجاء (الجمع أرجاء) : ناحية — côté, *m*

رَجَاء [2] . رَجَاة . مَرجَاة : أمل — espérance, *f*; espoir, *m*

تَرَجَّى . إرتجى : توسّل — sollicitation; prière, *f*

رَاجٍ : آمِل — qui espère; qui est dans l'attente, *ou* l'expectative

✿رجولة (رجل) ✿ رجيم (رجم) ✿ رجاية (رحى)

✿رَحُبَ المكان : كان متسعاً — être spacieux, se, *ou* large

رَحَّبَ . تَرَحَّبَ به — faire bon accueil à; recevoir bien

رَحْب . رَحِيب : واسع — spacieux, se; ample; vaste

رَحْبَة : ساحة — place; esplanade, *f* [square], *m*

تَرحاب : حسن الملاقاة — bon accueil, *m*; bienvenue; gracieuse réception, *f*

بترحاب — à bras ouverts; avec plaisir

مَرْحَباً بك — soyez le (*ou* la bienvenu, e

﴿رحض﴾ مِرحاض: مستراح — toilette, *f*; latrines, *f.pl*; cabinet d'aisance, *m*; lieux d'aisance, *m.pl*

﴿رحق﴾ رَحِيق. رُحاق — nectar; vin fin, *ou* généreux, *m*

٭رَحَلَ . إرْتَحَلَ : انتقل وذهب — partir; quitter

رَحَّلَ : صيَّرهُ يرحل — faire partir; *ou* expédier

△ — الأقلام الحِسابيَّة — porter au grand livre

رَحْل : سَرج البعير او أمتعة المسافر — selle, *f*; *ou* bagage, *m*

رِحْلَة : سَفْرَة — voyage, *m*

— قصيرة للنزهة — excursion, *f*

رَحَّال . رَحَّالَة : كثير التنقُّل — voyageur, se; nomade

— . — : سائح . كثير الترحال — touriste; voyageur, se

راحِل : ذاهِب — partant, *m*; qui part

— : نازح . مهاجر — émigrant, e; émigré, e

رَحِيل . إرتحال : ذهاب — départ, *m*

— . — : مهاجرة — émigration, *f*

△ تَرحيل : نَقْل — transport; transfert, *m*

△ — الحسابات — inscription au grand livre, *f*

— الرصيد — report à nouveau, *m*

مَرْحَلة : ما يقطعهُ المسافر في يومه — parcours d'une journée, *m*; étape, *f*

٭رَحِمَ — compatir à; avoir pitié de

رَحَمَ وتَرَحَّمَ على — prier pour le repos de l'âme de

إستَرحَمَ — demander grâce

لا يَرحَم : عديم الرحمة — impitoyable; sans merci

رَحِم . رَحْم : △ بيتُ الولد — matrice, *f*; utérus, *m*

قَرابَة — : من الام — parenté utérine, *f*

رَحْمَة . مَرحَمَة — miséricorde; merci; clémence, *f*

تحت — كذا — à la merci de; à la discrétion de

رَحُوم . رَحِيم — clément, e; indulgent, e; compatissant, e

الرحمن او الرحمان الرحيم — le Miséricordieux

مَرحُوم : مُتَوفَّى — défunt, e; décédé, e

٭رُخّ : طائر خرافي كبير — rouc; rock, *m*

△ رَخَّة مطر : نخَّة — ondée; giboulée, *f*

٭ رخاء (رخو) ٭ رخام (رخم) ٭ رخرخ (رخو)

٭رَخُصَ : ضد غَلَا — baisser de prix; devenir meilleur marché

— : لانَ وطري — être mou (*a.f.* molle), tendre, souple

رخّص . أرْخَص : جعله رخيصاً — baisser, *ou* faire baisser, le prix

— لهُ بكذا : أجاز — autoriser; permettre

استَرخَصَ الشيء — trouver à bon marché

رَخْص . رَخِيص : ليِّن — tendre; mou, *a.m.* molle, *a.f*; souple

رَخِيص ٢ : ضدّ غالٍ — bon marché
رُخْصَة : إذْن — permission; autorisation, f
— : △ تصريح . براءة — permis, m; licence, f
رُخْص — bon marché, m
٭ رَخُمَ (الصوتُ) — être mélodieux, se; s'adoucir
رَخَمَت الدجاجة على البيض — couver
رَخَّمَ الصوتَ — adoucir, ou amollir, la voix
— (في النحو) — élider
رَخَم . رَخَمَة — vautour égyptien, m
رَخْم . إرْخام البيض — incubation, f
رُخام : حَجَر معروف — marbre, m
رَخِيم . رَخِم — doux, ce; mélodieux, se; harmonieux, se; euphonique
تَرخيم الصوت — euphémisme, m; euphonie, f
— (في النحو) — élision, f
مُرَخَّم : على شكل الرخام — marbré, e
٭ رَخُوَ . رَخِيَ : △ ترخرخ — se relâcher; se détendre; se ramollir
— . رخا العيش — être aisé, e (vie)
رَخَّى . أرْخَى : سدَل — baisser
△ — . — : حلّ △ رخرخ — relâcher
تَراخَى : توانى — se relâcher; se ralentir; paresser
إرْتَخَى . استرخَى : صارَ رخواً — se ramollir; devenir flasque
رَخاء : يُسْر — abondance; prospérité, f
رَخْو : لَيِّن — mou, a.m, molle, a.f; flasque

إرتخاء . إسترخاء — relâchement, m; détente; mollesse, f
— . — : كلال — lassitude; langueur, f
مُتَراخٍ : متوانٍ — nonchalant, e; négligent, e; lent, e
٭ رخيم (رخم) ٭ ردّ (ردد) ٭ رداءة (ردي)
٭ رَداءة : ضدّ جودة — infériorité; mauvaise qualité, f; mauvais état, m
— : شرّ — méchanceté, f
رَدُؤَ (رداءةً) : كان رديئاً — être mauvais, e
أرْدأ : صيّره رديئاً — empirer; gâter
رَدِيء : ضدّ جيّد — mauvais, e
— : شرّير — méchant, e; canaille
أرْدأ من — pire; plus mauvais, e
٭ رَدَح : مُدّة طويلة — longue durée, f; long espace de temps, m
رَدْح △ إمعان في السبّ — verte réprimande, f; [savon], m; injures, f.pl
٭ رَدَّدَ : كرَّرَ — répéter; réitérer
رَدَّ : أرجَع . أعادَ — retourner; rendre; renvoyer; restituer
— على : أجاب — répondre; répliquer
— الدَّيْن — rembourser
— الشيء الى مكانه — replacer; remettre en place
— الزيارة — rendre la visite
— التهمة: دفعها — réfuter
— : دَرأ — parer; éviter
— الى مركزه — réintégrer; rétablir
— اعتبار المحكوم جنائياً — réhabiliter
— الطالقة الى عصمته — se remarier avec sa divorcée

— ما دفع بلا حق restitution de l'indû
تَرَدَّدَ في الجواب: توقف قليلاً hésiter
— في الأمر: ارتاب فيه فلم يتثبت douter; appréhender
— في الكلام: تلجلج balbutier; bégayer
— الى المكان fréquenter
إرتَدَّ: رجع. تقهقر se retirer; reculer
— راجعاً الى se replier sur
إستَرَدَّ: استرجع recouvrer; reprendre; répéter (une somme)
— خسارة: استعاضها se rattraper; se dédommager
— الشيء: سأله أن يردّه réclamer; revendiquer
رَدٌّ: ارجاع renvoi; retour, m; restitution, f
—: اجابة. جواب réponse; réplique, f
— الدين remboursement, m
—: دفع. صدّ répulsion, f
—: تفنيد. دحض réfutation, f
— الاعتبار أو الشرف réhabilitation, f
— الحقّ restitution, f
— الحيازة réintégration; rentrée en possession, f
— الفعل او تأثيره: ارتكاس réaction, f
— فعل الصدمة contre-coup, m
ردّاً على en réponse à
طلب ردّ القاضي récusation, f
△رَدَّة: نخالة son, m
رَدَّة: صدى الصوت écho, m
—: الارتداد الى الاصل الخلقي. نكسة atavisme, m

إرتِداد: تراجع recul, m; rétrogradation; retraite, f
— عن الدين او العقيدة: مروق apostasie, f
إستِردَاد: استرجاع recouvrement, m; restitution, f
—: سحب retrait, m
— (في الحقوق) revendication, f
—: طلب الردّ réclamation, f
— الحيازة réintégration, f
دعوى — الحيازة action en réintégrande
— التوكيل retrait de la procuration
تَرَدُّد: توقّف لريبة hésitation, f
تَرداد: تكرار répétition; réitération, f
مُرَدِّد: مكرِّر rediseur, se; répétiteur, rice
مَردود: منقوض. ينتقض réfutable
مُرتَدّ: متقهقر en retraite; qui se retire
— عن الدين apostat, m; renégat, e
مُتَرَدِّد indécis, e; irrésolu, e
٭رَدَعَ: صدّ réprimer; repousser; arrêter; restreindre
إرتَدَعَ عن: كفّ وارتدّ se restreindre; se contenir; se refréner
رَادِع contrainte, f; frein, m
٭رَدِفَ: تبع suivre; succéder à
—: ركب وراءه monter derrière
تَرادَفت الكلمات: تشابهت في المعنى être synonyme: avoir le même sens
ترادفوا[2]: تتابعوا se suivre; se succéder
—: ساروا خلف بعض être à la file

رِدْف : خلف . وراء — postérieur; derrière, m
— : عَجُز — hanche, f; croupion, m
— . رِداف الدابة: — كَفَل — croupe, f
ارداف مستعارة : عجازة — tournure, f
رَدِيف (في الجيش) — réserve; armée de réserve, f
جندي — : يُطلب عند الحاجة — réserviste, m
ترادُف الكلام: تشابُه المعنى — synonymie, f
مُتَرادِف : متشابه المعنى — synonyme
مترادفة: كلمة تشابه غيرها في المعنى — synonyme, m
٭ رَدَمَ الحُفْرَةَ — combler; remblayer
رَدْم : ضدّ حفر — comblement; remblayage, m
— : انقاض الهدم — déblais; décombres, m.pl
٭ رَدَنَ : غزل على المردن — filer; filer à la quenouille
رُدْن : كُمّ — manche, f
مِردن : مغزل — fuseau, m
— وعِرناس — fuseau (m) et quenouille (f)
△ رَدَّة (في ردد) : نُخالة — son, f
٭ رَدْهَة الدار : اوسع محلّ فيها — hall; m; grande salle, f
٭ رَدَى . رَدِيَ : سقط او هلك — périr
رَدَّى . أرْدَى: صرع — terrasser; assommer; faire tomber
— . — : قتل — abattre; tuer

تَرَدَّى . إرْتَدَى: لبس — s'habiller; porter: s'envelopper de
— في كذا : سقط — tomber daus
رِداء : عباءة — manteau d'homme, m
— : ثوب — vêtement; habit, m
٭ ردي (في ردأ)
○ رَدْيَتور — radiateur, m
٭ رَذَّت . أرَذَّت السماء — bruiner
رَذاذ: مطر خفيف — pluie fine; bruine, f
٭ رَذُلَ : كان رذيلا — être bas, se, vil, e, ignoble, abject, e
رَذْل . رَذِيل : سافل — vil, e; vilain, e; iguoble
رَذالة : سفالة — bassesse; vilénie; abjection, f
رَذِيلة : ضد فضيلة — vice: mal, m; dépravation, f
٭ رُزْء . رَزِيئة . رَزِيَّة: مصيبة — malheur, m; calamité, f
٭ رُزّ . أرُزّ — riz, m
— بلَبَن — riz au lait, m
عُصفور الـ — bruant, m
△ رزّة مسمار بحلقة . لَزّ — piton, m
مسمار — . — crampon de fer, m
△ رَزْبيت : احتياطي — en réserve; de rechange
٭ رَزَحَ تحت حمله — succomber; plier sous le joug, ou le poids; être accablé, e sous un fardeau
٭ رَزَقَ : اوصل الرزق الى — pourvoir à sa subsistance
رُزِقَ : نال الرزق — recevoir qc (de Dieu)

— بالبنين : avoir des enfants

إرتزق : gagner sa vie

إسترزق : طلب الرزق : chercher son gagne-pain

رِزْق : كل ما تنتفع به : gagne-pain; moyen de vivre, *m*; ressources

— : حظ أو خير : fortune, *f*

مرزوق : حسن الحظ : fortuné, e; chancard, e

مسترزقة : جنود مأجورون : mercenaires, *m.pl*

٭رزم : حزم : emballer; empaqueter

رِزْمة : حُزمة : paquet; ballot, *m*; liasse, *f*

— كبيرة : ∆ بالة . إبّاله : balle, *f*

∆— ورق (٥٠٠ فرخ) : rame, *f*

٭رزن . ترزّن : كان رزيناً : être sérieux, se, grave, posé, e

رزن الشيء : قدّر وزنه : soupeser

رزانة : رصانة : sérieux, calme, *m*; gravité, *f*

برزانة : posément

رزين : رصين : sérieux, se; pondéré, e réfléchi, e

٭رزّة (رزز) ٭رزيئة (رزأ) ٭رسا (رسو)

٭رسب : سقط الى الأسفل : déposer; reposer; aller au fond (d'un liquide)

— في الامتحان : اخفق : échouer

رسّب : faire déposer; précipiter

راسب . رسوب : ثُفل : sédiment : dépôt; résidu, *m*; lie, *f*

— (في الكيميا) : précipité, *m*

٭رسخ : ثبت : être ferme, solide, établi, e, fixé, e, enraciné, e

أرسخ ∆ رسّخ : raffermir; rendre solide

— في الذهن : inculquer; graver dans la mémoire, *ou* l'esprit

رسوخ : ثبات : fixité; stabilité, *f*

راسخ : ثابت أو متأصل : fixe; stable; ferme; enraciné, e

— في كذا : متمكّن : bien versé, e dans

٭رُسْغ اليد : poignet, *m*

— الرجل : cheville, *f*

٭رسف : مشى مقيداً : marcher avec des entraves, *ou* des chaines, aux pieds

٭رسل . إسترسل الشعر وأمثاله : pendiller; avoir les cheveux dénoués et flottants

راسل . تراسل مع : كاتب : correspondre; communiquer avec

أرسل الشيء وبه : بعث : envoyer; expédier

— نقوداً : faire un envoi de fonds

إسترسل في الكلام : parler couramment; s'étendre dans (le discours): discourir

رَسْل : سهل : aisé, e; facile

— . مسترسل . سبط (شعر) : flottant, e; dénoué, e; pendant, e (chevelure)

رسالة : خطاب : lettre; missive; épître, *f*; message, *m*

— غرامية : billet doux, *m*; lettre d'amour, *f*

— : كراسة : livret, *m*; brochure, *f*

— : مقالة . نبذة : article, *m*

— دكتوراه (مثلا) thèse de doctorat, *f*
— : مهمّة mission, *f*
— ∆ إرساليّة : شيء مُرسَل envoi, *m*
— . — : بَعثَة mission; délégation; légation, *f*
رَسُول ∆ مِرسَال messager, ère
— سرّي او خاص émissaire, *m*; envoyé, e spécial, e; délégué, e
— : افراز الغُدد الصُم hormone, *f*
— : نذير précurseur; avant coureur, *m*
— : حواري apôtre, *m*
رَسُولي apostolique
مُرسَل ٢ (للتبشير بالدين) missionnaire, *m*
— اليهِ : المستلم destinataire
مُرسِل ∆ راسل : الذي يرسل destinateur, rice; expéditeur, rice; envoyeur, se
مراسِل : مكاتِب correspondant, e
مُراسَلة : مكاتبة correspondance, *f*
∆ — : خادم جُنديّ ordonnance, *f*
* رَسَم : صوَّرَ dessiner; esquisser; ébaucher
— : خطط tracer
— بالألوان peindre
— الشيء : صنع صورته faire le portrait de
— له كذا : امره به prescrire; enjoindre
— : كرّس ordonner; conférer un ordre sacré à
رَسْم : تصوير او صورة dessin, *m*
— : صورة image, *m*
— : وصف description, *f*
— تمهيدي او ايجازي carton, *m*
— مجمل ملون ébauche, *f*
— دراسي étude, *f*
— مجمَل : ∆ كروكي croquis, *m*; esquisse, *f*
— هزلي : مسخ caricature, *f* 
— بالألوان peinture, *f*
— : شعيرة . طقس cérémonie, *f*
— : عادة رسميّة formalité, *f*
∆ — : (راجع ضريبة) droit, *m*; taxe, *f*
قلم — . tire-ligne, *m*
وَرَق — papier à dessin, *m*
وَرَق ترشّم : شفاف papier calque, *m*
رَسْمِيّ : ذو صفة رسمية او حكومية officiel, le
— : اصولي . قانونيّ légal, e; régulier, ère
— : مختص بالرسميّات cérémonial, e; protocolaire
∆ — : مُتكلّف cérémonieux, se; formaliste
ثوب — . grande toilette, *f*; habit habillé, *ou* de cérémonie, *m*
شبه — . semi-officiel, le
غير — . inofficiel, le; officieux, se
رَسميّات سخيفة formalisme, *m*; routine, *f*
مَلابس رَسميّة grande tenue, *f*; habit officiel; grand uniforme, *m*
رَسميًّا : اصوليًّا officiellement
رَسَّام : واضع الرسوم dessinateur, rice (industriel, le)
— : مصوِّر peintre; dessinateur, rice
مَرسم : محترف الرسّام studio; atelier, *m*

مَرْسُوم : مصوَّر illustré, e; dessiné, e
— : مدبَّر combiné, e; tracé, e
— : معيَّن ordonné, e; prescrit, e
— : أمر عال décret, m
— بقانون : امر عال décret-loi, m
مَراسيم الجنازة cérémonies funèbres, f.pl
☆ رَسَنُ الدابة : قياد ←licou; licol, m; muserolle, f
☆ رَسْو. رُسُوّ المركب amarrage; mouillage, m
— عارض relâche, f
رَسَا المركبُ mouiller, ou jeter l'ancre; être à l'ancre
— المركبُ او راكبه على البرّ débarquer
—: ثبُتَ être stable, ou ferme; se fixer
△ — المزاد او العطاء être adjugé, e
رست الطائرة atterir
أرْسَى السفينة mouiller; ancrer
راسٍ : واقف في المرسى ancré, e; mouillé, e; amarré, e
— : ثابت ferme; stable; fixé, e
مِرْساة المركب ←ancre, f
مَرْسَى السفن : مرفأ port, m
☆ رسول (رسل) ☆ رشّ (رشش) ☆ رشا (رشو)
☆ رَشَحَ. إرْتَشَحَ الماء : تحلّب filtrer; transsuder; suinter
— . — الاناء: وكَف. نضَح couler; fuir
رَشَّحَ : اهَّلَ لأمرٍ ما former; rendre apte à
— الرجلَ لمنصب أو للانتخابات : ذكر اسمهُ proposer, ou présenter, la candidature de qn
△ — الماء : قطَّره filtrer
△ — : زُكِمَ s'enrhumer
تَرَشَّحَ لمنصب être proposé, e, ou candidat, à
رَشْح △ تَرْشيح: وكْف. نضح suintement; coulage, m
— △ — : تحلّب filtration, f
△ — : زُكام rhume; rhume de cerveau, m
تَرْشيح ٢ لمنصب candidature, f
مُرَشَّح لمنصب او للنيابة candidat, e
△ مُرَشِّح الماء . راشِح : راووق filtre, m
☆ رَشَدَ : أفاق reprendre ses sens; revenir à la raison
— : اهتدى être dans son bon sens, ou dans la bonne voie
△ — : بلغ رشدهُ او سنّ الرُشْد atteindre sa majorité; devenir majeur, e
أرْشَدَ : علَّم enseigner; instruire
— . رَشَّدَ : دلّ وهَدَى indiquer; diriger
اسْتَرْشَدَ : طلَبَ الارشاد demander conseil; consulter
رُشْد : عقل. صَواب bon sens, m; raison, f
— . رَشَد. رَشاد : يقظة conscience; connaissance, f
فَقَدَ رُشْدَهُ perdre connaissance, ou la raison
سِنُّ الرُّشد · ارشديّة: بلوغ majorité, f
رَشاد ٢ (نبات) cresson, m
رَاشِد. رَشيد: يقظ. صاح éveillé, e; conscient, e

— — : عاقل ؛ رَشِيد: raisonnable; réfléchi, e; sensé, e

△ — : بالغ . ضدّ قاصر majeur, e

إرْشاد : دلالة direction; conduite; gouverne, f

— : مشورة conseil; avis, m

مُرْشِد : دَليل guide, m

— : معلّم instituteur, rice; guide spirituel, m

﴿ رشش ﴾ رَشّ الماء وغيره répandre; asperger

— الأرضَ بالماء arroser

— الحائط بالجير (جصّ) badigeonner; blanchir

— الشجرَ بالماء وغيره (انظر بخخ) asperger

— دقيقاً اوسكّراً عَلَى: ندّغ saupoudrer

— ت . أرشّت السماء bruiner

رَشّ: الاسم من رشّ arrosage; aspersion; badigeonnage; etc

△ — الصيد : خُرْدُق . رصاص صغير plomb, m; grains de plomb, m.pl

رَشّةُ مطر ondée; bruine; giboulée, f

△ — : خردقه . حبّة رصاص boulette, f; plomb, m

رَشّاشَة: اداة مُثَقّبة لرش الماء. منضحة pomme d'arrosoir, f

— الحدائق : مِرشّة ←arrosoir, m

— (الرصاص) : بندقيّة آليّة mitrailleuse, f

— الروائح العطرية : △ بخّيخة ←vaporisateur, m

— الدقيق والسكر والملح الخ saupoudroir, m

— الماء المقدس goupillon, m

*رَشَفَ . إرْتَشَفَ : مصّ sucer; siroter; buvoter; ou vider

*رَشَقَ بحجر jeter, ou lancer, une pierre sur

رَشُقَ : كان حسن القدّ être élancé, e, ou svelte; avoir la taille bien prise

رَشَاقَةُ القوام sveltesse; grâce; élégance, f

— : سُرعة وَخِفّة agilité; vivacité, f

تَراشقوا بالسباب s'invectiver

رَشِيقُ القوام élancé, e; svelte

﴿ رشن ﴾ راشِن △ بقشيش pourboire, m

رَوْشَن : كوّة السقف lucarne, f

— : مِشكاة ←niche, f

*رَشْو . إرْشاء : برطلة corruption; subornation, f

رَشْوة : برطيل pot-de-vin; présent; appât, m

رَشا . برطل suborner; corrompre; graisser la patte; acheter

إرْتَشَى : قبل الرشوة se laisser gagner par des présents

رَاشي : مُبَرطِل suborneur, se, n et a

*رَصّ * رصاص (رصص) * رصانة (رصن)

*رَصَدَ : رَقَبَ observer; épier

— . تَرَصّدَ له : تَرَبّصَ guetter; dresser un guet-apens, ou une embuscade, à

△ رصد الحساب: وزنه وقفله arrêter le compte

أرْصَدَ له شيئاً : أعدّه pourvoir; préparer

رَصْدٌ : مراقبة surveillance; observation, *f*; aguets, *m.pl*

— . مِرصاد : كمين embuscade, *f*; guet-apens, *m*

△ رَصِيدُ الحساب : باقيه solde; reliquat, *m*

— الذهب او الاحتياطي الذهبي encaisse-or

مِرْصَد . مِرصاد [2] فلكي : مَرقب observatoire, *m*

مِرْصَدَة : مِرقب ←longue vue; lunette d'approche, *f*

مِلْك مُرْصَد bien de mainmorte; *Wakf*, *m*; propriété ou bien, inaliénable

☆ رَصَّ : كبسَ ودكَّ tasser: presser et serrer fort

رَصّ البضائع في السفينة arrimage, *m*

رَصَّ [2] : نضَّ △ستَّفَ entasser; arrimer

△ — : رَتَّبَ ranger; arranger; mettre en ordre

رَصاص : معدن ثقيل plomb, *m*

— اسود : أُسْرُب mine de plomb; plombagine, *f*; graphite, *m*

قلم — ←crayon, *m*

ميزان أو خيط الـ — fil à plomb; ←plomb, *m*

رَصاصة البندقيَّة balle, *f*

رَصاصِيّ : من الرصاص أو ثقيل كالرصاص de plomb

رَصِيص . مَرْصُوص : مكبوس serré, e étroitement; comprimé, e; pressé, e

أرَصوصة : قلنسوة كالبطيخة casque, *m*

☆ رَصَّعَ بالجواهر monter; enchâsser; incruster de pierreries

مُرَصَّع بكذا monté, e; enchâssé, e; incrusté de

— (الجمع مراصيع) : ○مداليون ← médaillon, *m*

☆ رَصَفَ الطريقَ paver; macadamiser

رَصْفُ الطرُق pavage; macadamisage, *m*

رَصَفٌ . رَصِيف : الطريق المرصوفة pavé, *m*; chaussée, *f*

رَصيف الشارع : طوار . مَمشى trottoir, *m*

△ — المحطة والميناء quai, *m*

△ — : منصَّة plate-forme, *f*

△ — الأمواج : مرطم jetée, *f*; môle, *m*

△ رَسْم او عوايد الرصيف droit de quai; quayage, *m*

رَصِيف collègue; confrère; émule

☆ رَصُنَ : كان ثابتاً رزيناً être posé, e, calme, pondéré, e

رَصَانة calme; sérieux; caractère posé, *m*

رَصِين : ثابِت . حازِم d'un caractère égal; réfléchi, e; posé, e

☆ رصيف (رصف) ☆ رضّ (رضض) ☆ رضاء (رضي)

☆ رُضاب : لُعاب . ريق salive, *f*

☆ رَضَخَ : كسَرَ briser; broyer; casser

— : أذعَنَ او لانَ se soumettre; obéir; fléchir; céder

رَضْخ . رَضيخة : العطاء القليل don mesquin, *m*

رُضُوخ : إذعان soumission; reddition, *f*

مِرْضَخ : △كسّارة (الجوز واللوز) ←casse-noisettes, m

(رضض) رَضّ : رضرض . جَرَش écraser; broyer

△ — العضوَ : كدَم contusionner

رَضّ contusion, f

رَضِيض . مَرْضُوض contusionné, e; meurtri, e

☆رَضِعَ : إمتصّ الثديَ téter

أَرْضَعَ △رَضَّعَ allaiter; donner à téter; donner le sein à

رَضْع . رَضَاع . رِضَاعَة allaitement, m

رضاعة ٢ : امتصاص الثدي succion, f; téter, m

إرْضاع △تَرْضيع allaitement, m (d'un bébé)

△رَضّاعَة : زجاجة الارضاع الصناعي biberon, m

رَضِيع : ما زال يَرضع nourrisson; enfant à la mamelle, m

— : طفل bébé; poupon; petit enfant

— : بزيّ . أخ بالرضاعة frère de lait, m

مُرضِع . مُرْضِعَة : المرأة التي تُرضِع nourrice, f

— — : أمّ في الرضاعة mère-nourrice; nourricière, f

☆رَضْفَة الركبة rotule, f

☆رَضِيَ . إرْتَضَى الشيء accepter; agréer

— — الشيء : قنع به se contenter de

— الله عنه que Dieu garde son âme !

رَاضَى . تَرَضَّى . إسْتَرْضَى se concilier les bonnes grâces de; chercher à contenter

أَرْضَى satisfaire; contenter

رِضًى . رِضْوان . مَرْضَاة : قبول assentiment; consentement, m

— . — : قناعة contentement, m; satisfaction, f

راضٍ : قابِل وقانِع content, e; satisfait, e

عيشة رَاضِيَة vie douce, paisible, aisée

تَرْضِيَة : تعويض réparation; satisfaction, f

تَرَاضٍ : تبادُل المراضاة accord mutuel, m; convention réciproque, f

مُرْضٍ : مقنع او سارّ satisfaisant, e; ou agréable

☆رَطِبَ : نديَ . ابتلّ s'humecter; s'imbiber; être humide

رَطَّبَ . أَرْطَبَ : ندّى . بلّل humecter; mouiller légèrement

— البلح : صار رُطَباً devenir blet, te; mûrir

△ — : سكّن apaiser; calmer

رَطْب . رَطِيب : نديان humide; moite

— . — : بليل frais, a.m, fraîche, a.f

— . — : ضد يابس tendre; mou, lle; souple

رُطَب : بلَح ناضج dattes blettes, f.pl

رُطُوبَة : ضدّ جفاف humidité; moiteur, f

مُرَطِّب : مُنعِش rafraîchissant, e, m et a

— الالتهاب émollient, e, m et a

مُرَطِّبات : مشروبات منعشة rafraîchissements, m.pl

☆رَطْل livre, f; rotoli, m

✱رَطَمَ . إرتطَمَ المركبُ : echouer; jeter à la cote

إرتطَمَ : وَحِلَ — s'embourber

مَرْطَم : رَصيف الأمواج — brise-lames, *m*; jetée, *f*

✱رَطَنَ : تكلم بلغة غريبة — jargonner; parler dans une langue étrangère

رِطَانَة : لغة غريبة — jargon, *m*; langue étrangère, *f*

رُطَيْنَى : كلام غير مفهوم — jargon; baragouin, *m*

✱رعاع (رعع) ✱ رعاف (رعف) ✱ رعاية (رعي)

✱رَعَبَ . أرْعَبَ — épouvanter; effrayer; faire peur

إرْتعَبَ : فزِعَ — s'épouvanter; avoir grand peur; être effrayé, e

رُعْب : فَزَع — effroi, *m*; épouvante; frayeur, *f*

مُرْعِب : مخيف — épouvantable; effroyable

✱رَعَدَ السحابُ — tonner

إرتعَدَ — trembler; tressaillir

رَعْد : صوتُ السحاب (حقيقة ومجازاً) — tonnerre, *f*

رَعْدَة — secousse, *f*; tremblement, *m*

رِعْديد : جَبَان — poltron, ne; peureux, se

رَعَّاد : سَمك — ←torpille, *f*

✱رَعْرَع . رَعْراع : نامٍ وناضر — florissant, e

تَرَعْرَعَ . نشأ وشبَّ — être florissant, e;

✱رَعَشَ . إرتعَشَ — trembler; tressaillir

— . بردًا أو خوفًا — grelotter; frissonner

أرْعَشَ Δرَعَّشَ : جعله يرتجف — faire trembler; faire frémir qn

رَعْش . إرتعاش : إرتجاف — tremblement; frissonnement; frisson, *m*

إرتعاش شيخوخي — tremblement sénile, *m*

رَعشة الجِماع — orgasme, *m*

— الحمى — frissons, *m.pl*

✱رَعَصَ . ترعَّصَ : تلوّى وانتفض — frétiller; se tortiller; se débattre; se tordre

(رعع) رَعَاع : سفلة الناس — le bas peuple, *m*; racaille; populace, *f*

✱رَعِفَ أنفُه — saigner du nez

رُعَاف : Δ فصدُ الأنف — saignement du nez, *m*

✱رُعْلَة زهور — ←guirlande; couronne, *f*

✱رَعُنَ : كان أرعناً — être sot, te, étourdi, e, écervelé, e

رَعَنَتْه الشمس : Δضربته — avoir un coup de soleil; attraper une insolation

رَعْن : Δضربة شمس — coup de soleil, *m*; insolation, *f*

رُعُونَة : طيش ونزق — insouciance; étourderie, *f*

أرْعَن : طائش — étourdi, e; écervelé, e

(رعو) رَعَا . ارْعَوَى عن جهل — se repentir; revenir de son erreur; s'amender; faire amende honorable

✱رَعَى . ارتعى : كلأ — paitre; brouter

Δ — الجلدُ والرأسُ : أكل — démanger; avoir des démangeaisons

—.— الأمر : حافظ عليه observer; se conformer à
—.— الأمر : عمل حسابه prendre en considération
رَاعَى ٢ خاطره avoir des égards pour
راعِنَهُ وأرْعَنَهُ سَمْعِي écouter, ou prêter l'oreille, à qn
اِسترعَى الالتفات attirer l'attention de qn
رِعَايَة . مُراعاة ١ : التفات considération; attention, f; égard, m
—.— : حِفظ garde; charge, f; soin, m
— : تعضيد protection, f; auspice, m
تحت (في) رعاية. . . sous le patronage, ou les auspices, de
رَعَوِيَّة : تبعيَّة . جنسيَّة nationalité, f
رَعِيَّة : قطيع عليه راع troupeau, m
— : القومُ عليهم حاكم sujets, m.pl
— الحكومة المحلية : تابع لها sujet local, m
رَاعٍ : الذي يرعى الغنم (او الشعب) pasteur; berger, ère; pâtre
راعي المَعز : معَّاز chevrier, ère
— البقر vacher, ère
— الكنيسة pasteur; prêtre, m
شُرابة الـ— : نبات houx, m
مَرعًى : مرتع pâturage, m
مَرعِيّ ٢ : مُلتفت اليه أو معمول به suivi, e; observé, e; en vigueur
مُراعٍ : ملتفِت attentif, ve; circonspect, e
مُراعي المواعيد : محافظ عليها ponctuel, le; exact, e

مُراعاة ٢ الخواطر favoritisme, m; égards, m.pl
— الواجبات observation des devoirs, f
مراعاة لكذا par égard pour
*رَغِبَ فيه convoiter; souhaiter; désirer
— عنه éviter; ne pas vouloir
رَغَّبَ . أرْغَبَ faire désirer; inspirer à qn le désir de qc
رَغْبَة désir, m; envie, f
رَغِيبَة : الشيء المرغوب فيه chose désirée, ou convoitée, f; desideratum, m
رَاغِب désireux, se; qui désire
مُرَغِّب : يحمل على الرغبة tentant, e; attirant, e
مَرغُوب فيه : مطلوب désirable; recherché, e
*رَغِدَ العيشُ : كان رغداً être aisée, ou facile (vie)
رَغْد . رَغِيد aisé, e; commode
*رَغَمَ . أرْغَمَ contraindre; forcer; obliger
رَغْم . إرْغَام contrainte; coercition, f
على الرغم من . رغماً عن malgré; en dépit de
(رغو) رَغَا . رَغَّى . أرغَى : أزبَدَ écumer
∆ رغَّى ٢ . ∆ أرغَى ٢ الصابونُ mousser
∆ رغَّى : هَذرَمَ bavarder; jaser; caqueter; parler à tort et à travers
رَغْوَة . رُغَاوَة : زَبد écume; mousse, f
— المعادن المذابة scorie, f
— الصابون او الشراب او ∆ ريمة mousse, f

△رَغْي . كلام مُرْغِيّ : هَذرمة babil; babillage; caquetage; coq-à-l'âne, m

مِرْغاة : مطفحة △مَقْصوصَة الطبّاخ ←écumoire, f

☆رَغِيف : خُبْز pain, m

☆رَفأ الخرقَ : رتقهُ فلم يظهر stopper; rentraire

— الجوارب وأمثالها repriser; raccommoder

— السفينة: أدناها من الشطّ faire atterir

رِفَاءٌ : إتفاق ووفاق paix; concorde, f; accord, m

رَفّاءٌ: △رَفّى stoppeur, se; rentrayeur, se

مَرْفَأ : مرسَى المراكب port; havre, m

△☆رفت : عَزَل renvoyer; congédier

△رَفْت . عَزْل renvoi; congé, m; destitution, f

△رَفْتِيَّة △شهادة خلوّ الطرف certificat de décharge, m

△— الجرك acquit, m

رُفات: جُثّة الميت dépouille mortelle, f; cadavre, m; restes des morts, m.pl

☆رَفَدَ . أرفَدَ : دَعم soutenir; maintenir; étayer

رِفْد . رافِدَة : دعامة appui; étai; support; soutien, m

رِفادَة : عصابة الجرح bandage, m; bande, f

☆رَفْرَف الطائر: حرّك جناحيه trémousser de l'aile; battre des ailes

△— العينَ : عَصَبها bander les yeux

رَفْرَف العين bandeau, m

△— العجلة : غطاؤها garde-boue, m

△— البناء : طنف ← auvent; larmier; bord du toit, m

☆رَفَسَ : ضرب بالرجل donner un coup de pied

△— الحمار أو الحصان ruer; regimber

رَفسة: لبطة . دَفْسَة بالرجْل coup de pied, m

△رفّاس: زورق بخاري canot automobile, m; chaloupe, f

△— قطر المراكب remorqueur, m

☆رَفَض: ضدّ قبل refuser; décliner; rejeter

— الدَّعْوَى القضائية débouter; rejeter la demande

إرفَضَّ الناسُ : ذهبُوا se disperser

— : زال se passer; s'écouler; passer

△ترَفّض: تعصّب se montrer fanatique

رَفْض : ضد قبول rejet; refus, m

△رَفَضِي: متعصّب fanatique; cagot, e; bigot, e

△—. رافِضِيّ: مرتد (عن الدين وغيره.) transfuge; apostat, m; renégat, e

تَرَفُّض: تعصّب fanatisme, m; bigoterie; intolérance, f

رَفِيض. مَرْفُوض : ضد مقبول rejeté, e; refusé, e; renvoyé, e

☆رَفَعَ : ضدّ وضع hausser; soulever; hisser

— : أزال enlever; ôter

— السعر augmenter; élever; hausser

— العَلَمَ : نشرهُ hisser; arborer
— الى : عرضَ على soumettre
— عنه : خفّف alléger; soulager
— الدعوى على poursuivre, *ou* actionner en justice; intenter une action
— الغطاء : كشف découvrir
— صوته élever sa voix
تَرَفَّعَ عن كذا : تعالى se montrer au dessus de
— عنهم : تكبّر être fier, ère, *ou* hautain, e avec
تَرَافَعَ الخصمان الى الحاكم faire appel, *ou* s'adresser, au juge *ou* au gouvernant
△— (المحامي امام المحكمة) : دافع plaider
إِرتفعَ : طلع . صعد s'élever; monter; se hausser
— : زادَ augmenter; s'accroître
— : زال être enlevé, e; disparaître
رَفْع : ضِدُّ وَضْع élévation, f; enlèvement, m
— المال (اي الضرائب) dégrèvement, m
— اليد أو الحجز mainlevée, f
— اوكف يد المفلس dessaisissement, m
— الاختام la levée des scellés
حالة الـ. (في النحو) nominatif, m 
علامة الـ (في الموسيقى) dièse, m
△رِفاع . مَرفع : عيد الصيام عند النصارى carnaval, m
رَفِيع . مُرتَفِع : عالٍ haut, e; élevé, e
— القدر éminent, e; haut placé
△— : ضدّ غليظ mince; fin, e; maigre
صاحب المقام الـ Son Excellence
رافعة : مُخْل . عَتَلة levier, m

إِرتِفاع: صعود ascension, f
— : إزدياد augmentation, f; accroissement, m
— : علوّ hauteur; élévation, f
— الأسعار hausse, f
تَرَفُّع : إستكبار arrogance; dédain, m; fierté, f
بِتَرَفُّع avec dédain; d'une manière hautaine
△ثلاثاء المرافع mardi gras, m
مَرْفُوع . رُفِيع élevé, e
— (في النحو) au nominatif
△مُرَافَعَة المحامي : دِفاع plaidoirie, f; débats, m.pl
جَلْسة — . audience des plaidoiries, f
△قانون المرافعات code de procédure, m
اوراق المرافعات actes de procedures
مُرتَفِع : عالٍ haut, e; élevé, e
— : في صعود en hausse; ascendant, e
مُتَرَفِّع : مستكبر hautain, e; fier, ère; dédaigneux, se
(رفف) رَفَّ القلبُ battre; palpiter
— العينُ : اختلجت cligner; clignoter
رَفّ : اختلاج palpitation; crispation, f 
—:△ صُفّة étagère; rayon, m; planche, f
رَفَقَ . أرفَقَ : نفع وافاد servir; profiter à
△أرفق ٢ بكذا : ألحق joindre; attacher à
رَفَقَ به وعليه وله . تَرَفَّقَ به être bon, ne, *ou* doux, ce, envers qn

رَافَقَ: صاحَبَ وعاشَرَ fréquenter; tenir compagnie
—: سَارَ مع accompagner
رِفْق: لِين douceur; indulgence, *f*
رُفْقَة: صُحْبَة compagnie; société, *f*
رَفِيق: ذُو رِفْق bon, ne; bienveillant, e
—: مصاحب compagnon; cavalier, *m*
—: زَميل (راجع زميل في زمل) camarade
—: شريك partenaire; associé, e
—: عشيق amant, e; ami, e
إِرْتِفَاق: انتفاع utilité; serviabilité, *f*
— (في التشريع) symphyse, *f*
حق الـ (في القانون) servitude, *f*; droit de servitude, *m*

مِرْفَق: ٥ كوع coude, *m*
مَرَافِقُ الدار offices; dépendances, *f.pl*
— عامة services d'utilité publique, *m.pl*
مرفقات annexes, *f.pl*
مُرْفَق بهذا: ملحق به ci-joint, e; ci-inclus, e; annexé, e; attaché, e
مِرْفَقَة المكتب tampon buvard, *m*

مُرْتَفَق: متَّكأ soutien; appui; [accoudoir], *m*
٥ —: بيت الراحة latrines, *f.pl*
*رَفَلَ: جرَّ ذيله وتبختر traîner; mouvoir majestueusement
رِفْلُ الثوب: ذيله traîne; queue, *f*

*رَفُهَ. تَرَفَّهَ: لانَ عيشُهُ وطَابَ être dans l'aisance
رَفُهَ العيشُ: لانَ وطاب s'écouler dans le bien-être; être aisée (vie)
رَفَّهَ divertir; choyer; récréer
— عن نفسه se distraire; se divertir
رفاه. رفاهة. رفاهية bien-être; luxe, *m*; aisance, *f*
تَرْفيه عن النفس divertissement; amusement, *m*; récréation, *f*
(رفو) رَفَا: رفأ (راجع رفأ) stopper
*رقّ (رقق) * رقا (رقي) * رقاق (رقق)
*مرقاءة: ضاغطة الشرايين tourniquet, *m*
*رَقَبَ النجم وغيره observer; surveiller
—: حاذر veiller; être sur ses gardes
—. رَاقَبَ: حرس surveiller; garder
—. — العملَ: ناظره surveiller
—. تَرَقَّبَ: إنتظر attendre; être dans l'expectative
—. —: تربّص guetter; être à l'affût
رَقَبَة: عنق (راجع عنق) cou, *m*
— اللحم (في الجزارة) collet, *m*
٥ رُباط الـ: ١٠ربة cravate, *f*
حق الـ. la nu-propriété.
رَقابة. مُراقبة contrôle, *m*; surveillance, *f*
—. — المطبوعات censure, *f*
— الصرف contrôle des changes
الـ او الـ القضائية surveillance judiciaire, *f*

رُقُوب . تَرَقُّب : إنتظار	attente; expectative, *f*
∆رَقُوبَة : بيضة القن	nichet, *m*
رَقِيب . مُراقِب : حارس	gardien, ne; surveillant, e
— . — : راصِد	observateur, rice
مُراقِب ٢ : مشرف	surveillant, e; contrôleur, se
— (في البحرية)	vigie, *f*
— التعليم	inspecteur, rice
— . رقيب المطبوعات وغيرها	censeur, *m*
مَرْقَب . مَرْقَبَة : مكان مرتفع للرقيب	guérite; tour d'observation, *f*
— : مرصد . مكان الرصد	observatoire, *m*
مِرْقَب فلكي : ○ تلسكوب	←téléscope, *m*
مُتَرَقَّب : مُنتظَر	attendu, e
٭ رَقَدَ : نام	dormir
— : دخل سريره لينام	se mettre au lit
— : إضطجع	s'allonger; coucher; s'étendre
— الحرُّ او الريحُ	s'abaisser; se calmer
— لمرضٍ اصابه	s'aliter; garder le lit
ـــت السوقُ : كسدت	croupir; être stagnant, *ou* calme (le marché)
ـــت الدجاجة على بيضها	couver
رَقَّدَ . أَرْقَدَ : جعله ينام	endormir; faire dormir
— : جعله يرقد	faire coucher; étendre
— الدجاجة على البيض	faire couver
— النبات (في الزراعة)	planter des brins, *ou* des boutures
— فرع من شجرة	marcotter; provigner
رُقَاد . رُقُود : نَوْم	sommeil, *m*
— . — : إضطجاع	position couchée, *f*
رقود السوق	marasme, *m*
رَاقِد : مضطجع	couché, e; étendu, e; allongé, e
∆ تَرْقِيدُ النبات	marcottage; bouturage, *m*
— البيض	ponte, *f*
∆ تَرْقِيدَة : عكيس (في النبات)	bouture; marcotte, *f*; rejeton, *m*
مَرْقَد : مضجع	couche, *f*; lit, *m*
٭ رَقْرَقَ الخمرَ : مَزجها بماء	couper (le vin)
تَرَقْرَقَت العينُ بالدموع	être gros de larmes; larmoyer
رقاريق : غير عميق	peu profond, e
٭ رَقَشَ . رَقَّشَ : نقشَ	barioler; bigarrer; tacheter orner
أَرْقَش : أَرْقَط . منقَّط	tacheté, e; bigarré, e
رقش على الطيور أو بقع في الخشب	maillure, *f*
٭ رَقَصَ	danser
— فرحاً أو طرباً	sauter de joie
رَقَّصَ . أَرْقَصَ	faire danser
رَاقَصَ : رقصَ مع	danser avec
تَرَقَّصَ : تذبذبَ . خطرَ	se balancer; sautiller
رَقْص	←danse, *f*
— سَنجي	chorée; danse de St. Guy, *f*
— توقيعي	danse rythmique

— البطن danse du ventre, *f*
عِلم الـ. chorégraphie, *f*
معلم الـ professeur de danse
قاعة الـ. مرقص salle de bal, *ou* de danse, *f*
رَقصَة une danse
رَقَّاص : الذي يرقص danseur, se
— الساعة الكبيرة balancier, *m*
رقّاصة . راقصة danseuse, *f*
مَرقَص: △ بالّو bal, *m*
☼ رَقَطَ : رَقَّش tacheter; moucheter; tigrer
أَرقَط : منقّط tacheté, e; moucheté, e
— : نَمِر léopard, *m*; panthère, *f*
☼ رَقَعَ . رَقَّعَ الثوبَ rapiécer; rapetasser; ravauder; raccommoder
△ — : ضرَبَ frapper; cogner
△ — البابَ: صفقه claquer
رَقَعَ ٢ الزرْعَ ressemer; réensemencer
رَقُعَ الرجل être impertinent, e, *ou* effronté, e
رَقيع : قليل الحياء أو أحمق impertinent, e; effronté, e; *ou* sot, te
رُقعَة : ما يُرقع به pièce, *f*; morceau pour rapetasser, *m*
— العنوان : بطاقة carte; étiquette, *f*; billet, *m*
خَط — . caractères cursifs, *m*; écriture cursive, *f*
رَقاعَة : قلّة حياء impertinence; impudence, *f*

تَرقيع الثياب وأمثالها rapiéçage; racommodage; ravaudage, *m*
جراحَة تَرقيعيّة chirurgie plastique, *f*
مُرقّع rapiécé, e; rapetassé, e; rapiécété, e
مُرقّعة : صفيحة الـعلام pochoir, *m*
☼ رَقّق . أرقّ : جعله رقيقاً amincir; laminer
— . — قوام الشيء raréfier; atténuer
رَقّ ٢: ضد غلُظ وثخن être, *ou* devenir, mince; s'aplatir
— وترقّق له : رحمه s'apitoyer; compatir; avoir pitié de
إسترقّ العبدَ : ملكه asservir
رَقّ : سُلحفاة البحر tortue de mer, *f*
رِقّ . إسترقاق : عبُودية esclavage; servage, *m*
— : جلد يكتب عليه parchemin; vélin, *m*
△ — : دُف △ طار tambour de Basque; tambourin, *m*
— التصوير الشمسي pellicule, *f*; film, *m*
— : عبد esclave
رِقّة : ضد غلَظ أو كثافة أو ثخانة finesse; ténuité; minceur, *f*
— الجسم: نحول maigreur; sveltesse, *f*
— الشعور أو الاحساس sensibilité; délicatesse, *f*
— القلب : حنو tendresse, *f*
رُقاق : عجين مرقوق pâte feuilletée, *f*

رَقيق : رقٌّ . عَبْد esclave
— : ضِد ثخين او كَثيف fin,e; mince
— الجانب doux,ce
— الحال nécessiteux,se; indigent,e
— الشعور sensible; délicat,e
— القلب tendre; au cœur tendre
تاجرُ الـ : نخّاس négrier; marchand d'esclaves, m
تجارة الـ : نخاسة traite; traite des nègres, f
تجارة الـ الأبيض traite des blanches, f
رَقيقة : صَفيحة lame; plaque mince, f
∆ — (في طباعة الأحرف) interligne, f
مِرْقاقُ العجين: ∆ شوبَك rouleau, m
٭ رقَمَ : كتب écrire
— رَقَّمَ الكتاب ponctuer: marquer des points diacritiques
—. — الحصانَ : كواهُ ووسمهُ marquer au fer rouge
—. — : ∆ نمَّرَ numéroter
رَقْم : عدَد nombre, m
— : أحدُ الأرقام الهندية (٠٩٨٧٦٥٤٣٢١) chiffre, m
— : نمرة (كرقم التليفون) numéro, m
أرقام قياسية nombres indices
رُقيم : كتاب lettre, f; message, m
ترقيم : تمير numérotage, m
مِرقم : آلة رقم الأعداد numéroteur, m

٭ رقّة (رقق) ٭ رقوبة (رقب)
٭ رَقِيَ . اِرتَقَى : صَعد monter; gravir; escalader
—. — تَرَقَّى : تقدَّمَ avancer; obtenir de l'avancement
تَرَقَّى ٢ (في عمل شيء) faire des progrès dans; progresser
رَقَى : اِستعمل الرُّقية charmer; jeter un sort; ensorceler
— : طارد الأرواح الشريرة بالرقية exorciser
— : زَوّد برقية munir qn d'une amulette
رَقَّى : قدَّمَ ورفعَ avancer; élever; promouvoir
— : حسَّن وأصلح améliorer: faire progresser
— : هذَّب raffiner
رُقِيّ avancement, m; promotion, f
رُقْيَة charme; sort, m; incantation; amulette, f
رَاقٍ . رَقَّاء : الذي يرقي charmeur; sorcier,ère
— : عالٍ . سامٍ élevé,e; sublime
مُرتَقٍ : مهذَّب distingué,e; raffiné,e; cultivé,e; bien élevé,e
إرتِقاء : صعُود ascension; montée, f
تَرقِيَة promotion, f; avancement, m
— الكميّة (في الرياضة) élévation à une puissance, f 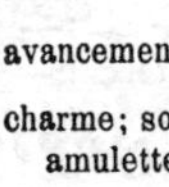
مِرْقاة : مَصْرج . سُلّم نقال بركيزة ← échelle double, f
— : دَرَجَة marche, f

— . مرقى: سلم عربة وما شابه marchepied, *m*
٭ رقيع (رقع) ٭ رقيق (رقق) ٭ رك ٭ ركاكة (ركك)
٭ رَكِبَ: إمتطى . علا monter
— الفرس monter à cheval
— السفينة s'embarquer sur
— القطار والترام والعربة prendre le train, le tram, une voiture, etc.
— الأهوال braver, *ou* défier, le danger
— البحر: سافر فيه voyager sur mer; naviguer
— الهواء: طار voler; prendre l'avion
— هواهُ: إنقاد له agir à sa fantaisie
— وارتكبَ الذنب: إقترفه commettre une faute, *ou* un crime
— و — الفحشاء commettre l'adultère
ركّبَ . أركبَ faire monter
— : ضد فكك monter; assembler
— الشيء: وضع بعضه على بعض construire
— الفص في الخاتم monter; enchâsser
— الدواء préparer
تركّبَ من كذا être composé, e de; se composer de; consister en
رَكْب . رُكبان: قافلة convoi, *m*; caravane, *f*
رُكبة: ما بين الفخذ والساق genou, *m*
△ أبو الركب: حمّى الدنج dengue, *f*
رِكابُ السرج étrier, *m*
— الأمير escorte, *f*
رَكّابُ الخيل cavalier, ère; écuyer, ère
— خيل السباق jockey, *m*

رُكوب: إمتطاء action de monter
— البحر voyage sur mer, *m*; navigation, *f*
— الهواء: طيران vol, *m*
— الخيل équitation, *f*
رَكوبة: مطيّة monture, *f*
— (في السباق) monte, *f* (du jockey)
راكِب: ضد ماش monté, e
— : مسافر . واحد الركّاب voyageur, se
— في باخرة أو طائرة passager, ère (à bord de)
تركيب: بناء construction, *f*
— آلة montage, *m*
— الدواء préparation, *f*
إرتكاب perpétration; commission, *f*
مَركَب: سفينة bateau; navire; vaisseau, *m*
— شراعي voilier; bateau à voile, *m*
— بخاري: لنش canot (*m*), *ou* chaloupe (*f*), à vapeur
مَركَبة voiture, *f*; fiacre; véhicule, *m*
— الجليد traineau, *m*
مُركّب: ضد بسيط composé, e
— من كذا composé, e de; consistant, e en
— النقص: شعور بالحطّة complexe, *ou* sentiment, d'infériorité, *m*
ربح — . intérêt composé, *m*
عدد — (صحيح وكسر) nombre composé, *m*

مَرْكُوب : ممتطى monté, e
△— : حذاء chaussure, f
مُرتَكِب : مقترف auteur d'un crime
☆ رَكَدَ : سكن أو وقفت حركته être stagnant, e, croupir; s'immobiliser
رُكُود : سكون الحركة stagnation; immobilité, f
رَاكِد : ساكن الحركة immobile; stagnant, e
ماء — eau dormante, ou stagnante, f
☆ رَكَزَ. رَكَّزَ : غرز في الأرض fixer au sol, ou en terre
— . — على : إستند s'appuyer sur; s'adosser contre
△— . — : إستقرّ se fixer; s'établir
رَكَزَ ٢ المعدنُ contenir du minerai
△— △أرْكَزَ : ثبّت fixer
△— : حصر في نقطة واحدة concentrer
△— : عقّل assagir
رَكْزَة : وقفة قصيرة pause, f
رِكَاز veine d'or, ou d'argent, f; trésor enfoui, m
رَكِيزَة . مُرتكز étai; pilastre; support, m
△— : قائمة poteau; pilier, m
△تَركيز : ترسيب أو توحيد المركز concentration, f
مَرْكَز : محور . وسط الدائرة centre; milieu, m
— الثقل (في الطبيعة) centre de gravité, m
— الجذب (في الطبيعة) centre d'attraction, m
— : مكان أو حالة situation; position, f
— : منزلة . مقام rang, m; position, f
— : منصب poste; emploi, m; place, f
△— : قسم من مديريّة district, m
△— البوليس : ضبطيّة poste, ou commissariat, de police, m
— الادارة bureau central; siège, m; direction, f
— الشركة siège social, m
— تليفونات central téléphonique
مركزيّ : متوسّط central, e
لا — excentrique
القوّة المركزيّة الجاذبة force centripète, f
القوّة المركزيّة الطاردة (الدافعة) force centrifuge, f
مُتَراكِز : متّحد المركز concentrique
مُرَكَّز concentré, e
☆ رَكَضَ : عدا courir
رَاكَضَ : بارى في الركض courir avec; rivaliser de vitesse;
رَكْض : عَدْو course; action de courir
رَكَّاض . رَكُوض : جرّاء coureur, se
☆ رَكَعَ : انحنى احتراماً se courber; s'incliner profondément
△— : جثا s'agenouiller; se mettre à genoux
△رُكُوع : جثو agenouillement, m
(ركك) رَكَّ : كان ركيكاً maigrir; être chétif, ve
طِبُّ الرُّكّة (راجع طب) médecine (f),
رُكاك . رَكِيك débile; maladif, ve; ou médiocre; défectueux, se
اسلوب — style faible; mauvais style, m
رَكَاكَة faiblesse; ou médiocrité; défectuosité, f

٭رَكَلَ : لَبَطَ △رفس — frapper du pied; donner un coup de pied
٭رَكَمَ : جمَّعَ وكوَّمَ — entasser; accumuler; amonceler
تَراكَمَ . اِرْتَكَمَ — s'entasser; s'accumuler; s'amonceler
تَراكُمُ العَراقيل — involution, *f*
رَكْمٌ . رُكام : كومة — tas; amas; monceau, *m*
مِرْكَم كَهْرَبي : جَمّاعة — accumulateur, *m*
٭رَكَنَ وأَرْكَنَ إليه — se fier à; avoir confiance en
— — إليه : إعتمدَ على — compter sur
أَرْكَنَ ٢ إلى الفرار — se sauver; prendre la fuite
— و△اِرتكن على : اِستَنَد — s'appuyer sur
يُرْكَنُ اليه — digne de confiance
رُكْن : زاوية . ظِئْر — coin, *m*; encoignure, *f*
— : سَنَد . عِماد — soutien; appui; étai, *m*
— : جُزْء أصلي — élément, *m*
رُكُون . إرْكان : وثوق — confiance, *f*
△أركان حَرب (في الحربيَّة) — officier d'état-major
أركان العقد — éléments du contrat
٭ركيك (ركك) ٭ رماد (رمد) ٭ رمان (رمن)
٭رَمَثٌ : △ رومس . طوف — rameau, *m*
٭رُمْح : عود طويل في رأسه حربة — lance, *f*; javelot; épieu, *m*
رَمَّاح : حامل الرُمح — lancier, *m*
٭رَمِدَ . أَرْمَدَ الرجل — avoir mal aux yeux, *ou* une opthalmie
رَمَّدَ الشيء : وضعهُ في الرماد — mettre dans la cendre

— النارَ : غطّاها بالرماد — couvrir le feu par des cendres
رَمَدُ العين — ophtalmie; lippitude, *f*
— حُبَيْبي — trachome, *m*; conjonctive granuleuse, *f*
رَمَدِيّ : طبيبُ العيون — oculiste, *m*
— : متعلق بالرمد — ophtalmique
رَمِدٌ . رَمْدان . أرمد — atteint, e d'ophtalmie
رَماد : تُراب النار — cendre, *f*
رَمادي : بلون الرماد — grisâtre; cendré, e; gris cendré, e
تَرْميد الموتى — incinération; crémation, *f*
٭رَمَزَ إلى : أشار وأومأ — faire signe à
— : كَنَّى — symboliser; signifier
رَمْز : إشارة . دَليل — signe, *m*; indication; allusion, *f*
— : كِنايَة — allégorie; figure, *f*; emblème; symbole, *m*
رَمْزِيّ — symbolique; allégorique
٭رَمَسَ : دَفَن — enterrer; ensevelir; inhumer
اِرْتَمَسَ في الماء — être immergé, e dans l'eau
رَمْس . رَامُوس : قَبْر — tombe; fosse, *f*; tombeau, *m*
٭رَمَشَ : تناول بأطراف الأصابع — prendre avec les bouts des doigts
△ — بعينه : طرَف — cligner; clignoter
رَمَش : اِلتهاب الجفن — conjonctivite; inflammation des paupières, *f*
△رِمْش : هُدب العين — cil, *m*
٭رَمَصٌ : △عُماص — chassie, *f*

٭رَمْضاء : شدّة الحرّ — chaleur intense, *ou* torride, *f*

٭رَمَقَ : لحظَ بالعين — jeter un regard, *ou* un coup d'œil, sur

—. رَمَّقَ اليهِ : أطال النظر — regarder fixement; contempler

رَمَّقَ ٢ العملَ : لم يتقنه △طصلق — bâcler; bousiller; [brocher]

رَمَقٌ : بقيَّة الحياة — étincelle, *ou* lueur, de la vie

الـ الأخير — dernier souffle de la vie, *m*

على آخر — (من الحياة) — à l'article de la mort

تَرْمِيق : △طصْلَقَة — bousillage; bâclage, *m*

٭رَمَلَ : رشَّ عليه رملاً — sabler; couvrir de sable

أرْمَلَ. تَرَمَّلَ الرجُل (أو المرأة) — devenir veuf, ve

رَمْل — sable, *m*

زمّار الـ : طيطوى — bécasseau, *m*

عِلْمُ او ضربُ الـ. — géomancie, *f*

رَمْلي. مُرمِل — sableux, se; de sable

— : كثير الرمال — sablonneux, se

مغطى بالرمال — sablé, e; couvert, e de sable

أرْمَل (أو أرملة) : أيِّم — veuf, *m*, veuve, *f*

تَرمُّل الزوج أو الزوجة — veuvage, *m*

رَمْلة — grève, *f*; sol couvert de sable, *m*

٭رَمَّمَ. رَمَّ : أصلح — réparer; restaurer

— أسفل المراكب — caréner

ترميمات ايجارية — réparations locatives

رَمَّ ٢. أرَمَّ العظمُ : بَلِيَ — se carier; se gâter

رَمٌّ. تَرميم. مَرَمَّة — réparation, *f*

رِمَّة : قطعة بالية من العظام — os carié, *m*

△ — : جيفة (الانسان أو الحيوان) — charogne, *f*

△ — : جيفة (الحيوان) — çarcasse, *f*

برُمَّتِهِ : بجملته — entièrement; tout entier, ère

رَمِيم. رُمَام : بالٍ — carié, e; rongé, e

{رمن} رُمَّان (واحدته رمَّانة) — grenade, *f*

رُمَّانة ٢ : شجرة الرمان — grenadier, *m*

△ — : عُجرَة — pomme, *f*

أرْمَنِي — Arménien, ne, *n* arménien, ne, *a*

أرْمِينيَة : بلاد الأرمن — Arménie, *f*

٭رَمَى : طَرح — jeter

— بكلامهِ الى كذا — insinuer; donner à entendre

إرْتَمَى : مطاوع رمى — être jeté, e, *ou* lancé, e

— على الأرض — se jeter par terre; tomber par terre

— على قدميْ فلان — se jeter aux pieds de

رَمْيَة — jet; coup, *m*

— من غير رام — coup heureux, *m*

رَام : سديد الرماية — bon, ne tireur, se

— : مُلْقٍ — qui jette, *ou* lance; lanceur, se

الرامي (في الفلك) — Sagittaire, *m*

مَرْمًى: مدى الرّمي portée; étendue, *f*

— النظر portée de la vue, *f*

— المدفع portée de canon, *f*

— غرض intention; visée, *f*; but, *m*

○رِنْجة: ○رِنْكة ←hareng, *m*

☆رَنَّحَ: أمالَ incliner; pencher

تَرَنَّحَ: تمايلَ chanceler; vaciller

مَرْنَحة السفينة: مقدمها ← proue, *f*

مُتَرَنِّح: متمايل chancelant, e

— : نشوان gris, e; éméché, e; ivre

☆رَنَّقَ النظر اليه: أطاله regarder fixement; fixer

— بالمكان: △رنّخ demeurer longtemps dans un lieu

رَوْنَق splendeur, *f*; éclat, *m*

☆رَنَّمَ. تَرَنَّمَ: غنّى chanter

تَرْنيمة: أغنية. ترتيلة chant; cantique, *m*

(رنّ) رَنَّ: طنّ sonner; résonner; retentir

رَنَّة. رَنين: طنين tintement; retentissement, *m*

— . — : دوي son; écho, *m*; vibration; résonnance, *f*

رَنَّة: الايّل المستأنس renne, *m*

رَنَّان: طنّان. داوٍ résonnant, e; sonnant, e; retentissant, e

(رنو) رَنا اليه jeter ses regards sur; tourner le regard vers

☆ رها (في رهو) ☆ رهان (في رهن)

☆رَهِبَ: خافَ redouter; craindre

رَهَّبَ. أَرْهَبَ effrayer; intimider; faire peur; frapper de terreur

تَرَهَّبَ الرجل △ترهبن se faire moine; entrer dans les ordres

— ت المرأة: صارت راهبة prendre le voile; entrer en religion

رَهْبَة. رُهْبَى: خَوْف frayeur; crainte; terreur, *f*

رَهِيب: مخيف épouvantable; effrayant, e; redoutable

— : مؤثر imposant, e

رَهْبَنَة. رَهْبانيَّة. تَرَهُّب: نسك monachisme, *m*

عيشة الـ— vie monacale, *ou* claustrale

رَاهِب: ناسك. ناذر العفة moine; religieux, *m*

رَاهبة: ناذرة العفة ←nonne; religieuse; sœur, *f*

إرْهاب intimidation; menace, *f*; terrorisme, *m*

إرْهابي: تهديدي comminatoire; menaçant, e

— : رَجُل فَوْضَوي terroriste, *m*

☆رَهَجٌ: فِتْنة وَشَغَب émeute, *f*

أَرْهَجَ soulever la poussière

☆رَهَطَ: أكل أكلاً شديداً manger goulûment, *ou* gloutonnement; dévorer

رَهْط . رَهَط : جماعة groupe, *m*; compagnie, *f*

*رَهَفَ . أرْهَفَ : رَقَّق amincir

— و — السيف والذهنَ affiler

أرهفَ ٢ اذنيه dresser les oreilles; écouter attentivement

رَهُفَ : رَقّ être mince; fluet, te; s'amincir

رَهِفٌ . رَهِيف : رَقيق fin, e

رَهِيف ٢ : نحيل mince; svelte; élancé, e

— . مُرْهَف : محدَّد affilé, e; tranchant, e

— . — الاحساس hypersensible

*رَهِقَ . أرْهَقَ : ظلم opprimer; accabler; tyranniser

راهَقَ الغلامُ : قاربَ الحُلُم approcher la puberté; toucher à sa puberté

مُراهِق : بالغ حدَّ الرجال adolescent, e

مُراهَقة : بلوغ سنّ الرجال adolescence, *f*

مُرْهَق accablé, e; fatigué, e

*رَهِلَ . تَرَهَّلَ : إسترخى être flasque; avoir les chairs molles

رَهِلٌ . مُتَرَهِّل : رَخو flasque; mollasse

*رِهْمَة : مطر خفيف bruine; pluie fine

مِرْهَم : دهان onguent, *m*; pommade

*رَهَنَ . أرْهَنَ : أوْدَعَ كرَهْن engager; nantir; mettre en gage

— عقاراً hypothéquer

أرْهَنَ ٢ الشيء : جعلهُ رهناً engager; mettre en gage

راهَنَ على كذا : خاطَرَ parier; gager; faire un pari

إرْتَهَنَ الشيء : أخذه رهناً tenir en gage; prendre en gage

— بالأمر : تقيَّد s'assujettir; se soumettre à; être lié, e à

رَهْن . رَهِينَة : ما يوضع تأميناً للدين gage; nantissement, *m*

— . — : شخص محبوس كرَهْن otage, *m*

— عقاريّ أو رَسْميّ : △رَهْنِيَّة hypothèque, *f*; gage immobilier, *m*

— المنقولات engagement; nantissement, *m*

— الغلات الزراعية warrant agricole

— أثاث الفنادق warrant hôtelier, *m*

— اشارته être aux ordres, *ou* à la disposition, de

رِهَان : مخاطرة pari, *m*; action de parier; gageure, *f*

— : مايُراهن عليه enjeu, *m*; mise; gageure, *f*

رَهِين بأعماله : مأخوذ بها responsable; solidaire de

— . مَرْهُون . مُرتَهن engagé, e; en gage; hypothéqué, e

راهِن : ثابت . دائم fixe; permanent, e

— : مودِع الرهن gageur, se; emprunteur, se sur gage

— العقار débiteur, rice sur hypothèque; débiteur hypothécaire, *m*

الحالة الراهنة le statu quo

بحالته الراهنة tel, le quel, le; dans l'état où il (*ou* elle) est

مرتهِن : آخِذُ الرهن créancier, ère hypothécaire, *ou* nanti, e d'un gage

— المنقولات : prêteur, se sur gage

* رَهْنَامَج : سجلّ السفينة : journal de bord

* رَهْو : كُرْكِيّ (طائر) : grue, *f*

* رَهْوَان : haquenée; jument qui va l'amble, *f*

رَهَا الحصانُ △ تَرَهْوَن : هَمْلَجَ : aller l'amble; trottiner

رواية (في روى) : roman

* رَوَّبَ . أَرَابَ اللبنَ : خثّره : cailler; coaguler

رَابَ اللبنُ : se cailler; se figer

○ رُوب : رداء رسميّ : robe, *f*

رَوْب : لبن رائب او حامض : lait caillé, *m*

رَائِب . مُرَوَّب : مُخثَّر : caillé, e; figé, e

روبة : présure, *f*; caille-lait, *m*

○ روبوط : إنسان (عَبْد) آليّ : robot, *m*

○ رُوبِيَّة : نَقْد هِنْدِي : roupie, *f*

* رَوْثُ الحيوان : fiente, *f*; fumier; crottin, *m*

رَاثَ الحيوانُ : fienter; rendre les excréments

* رَوَّجَ الأمرَ والخبرَ : répandre; propager

— العملة : mettre en circulation; émettre

— السلعة : جعلها تروج : pousser la vente de; donner du débit à

رَاجَ الأمرُ والعُملة : دالَ : être courant, e, *ou* couru, e; circuler; avoir cours

— الخبرُ او الاشاعة . ذاعَ : se propager; se répandre

— ت السلعةُ : être de bonne vente, *ou* d'un débit facile

— ت السوقُ : être actif, ve, *ou* animé, e

رَائِج : مطلوب : couru, e; de vente facile; demandée (marchandise)

— : متداوَل : courant, e; mis, e en circulation

رَوَاج : تداوُل : circulation, *f*

— : كثرة الطلب : débit; facilité de vente, *m*

تَرْوِيج : تدْوِيل : mise en circulation, *f*; placement, *m*

مُرَوِّج : وَسيط بين التاجر والزبون : placier, *m*; courtier, ère

— : محرِّك : promoteur, rice; propagandiste; lanceur d'affaires

* رَوَّحَ . أَرَاحَ △ رَيَّحَ : alléger; faire reposer; apaiser

— عن نفسه : se distraire; se divertir; se récréer

△ — . تَرَوَّحَ بالمروحة : s'éventer

△ — : ذَهَبَ الى بيته : rentrer (à la maison)

أراح ٢ الأرض : laisser reposer la terre; laisser la terre en jachère

△ رَيَّحَ ٢ البناء : tasser; se tasser

رَاوَحَ بين : alterner

أَرْوَحَ . تَرَوَّحَ ٢ الماء : انْتَنَ : croupir; sentir mauvais

رَاحَ : ذَهَبَ . مَضَى : s'en aller; partir

إرْتَاحَ للأمر واليه : être content, e, *ou* satisfait, e de

△ — . إسْتَرَاحَ : se reposer; reposer

رَاح : خمر : vin, *m*; boisson alcoolique, *f*

راحة . رَوَاح repos, m
— اليدِ : باطنها paume, f
— البال quiétude, f
— اسبوعية repos hebdomadaire
△ بيتُ الـ : مُسْتراح cabinets, ou lieux, d'aisances, m.pl
بالـ : بسهولة facilement; aisément
بالـ : على هَون à l'aise; à sa convenance
رائحة . رِيحَة (ذكية أو خبيثة) odeur, f
— . — ذكيَّة parfum, m; bonne odeur, f
— . — خبيثة mauvaise odeur; puanteur, f; relent, m
ذكيّ الـ parfumé, e; odoriférant, e; odorant, e
خبيث الـ puant, e
عديم الـ inodore; sans odeur
رُوح : نفس âme, f; esprit; souffle (de la vie), m
△ — : خلاصة essence, f
— : كائن غير منظور (انظر بعبع) fantôme; spectre; esprit, m
— شرّير mauvais génie, m
الـ القدُس le Saint Esprit, m
خفيف الـ sympathique
إستحضار او مخاطبة الأرواح spiritisme, m
رُوحِيّ . رُوحَانيّ : غير ماديّ spirituel, le
— . — : دينيّ religieux, se; sacré, e
مشروبات روحية spiritueux, m.pl
رِيح : هواء متحرّك vent, m
— البطن flatuosité, f; vent (dans le corps)

أخرَجَ ريحاً péter
تحت الـ sous le vent; avec le vent
فوق الـ : عُلاوتها au vent; contre le vent
طاحون الـ moulin à vent, m
دوّارة الـ : دليل اتجاه الريح girouette, f
△ أبو رِياح : خَرّاعَة épouvantail, m
رَيِّح : شَديد الريح venteux, se
رَيحَان : كل نبات طيّب الرائحة plante aromatique, f
— : صَعتر هندي basilic, m
— شاميّ : آس myrte, m
△ رَيّاح : جدوَل مياه canal d'irrigation, ou d'alimentation, m
إرَاحَة △ تَرْييح : ضِدّ اتْعاب allégement; soulagement, m
إرْتياح : رضًى satisfaction, f; contentement, m
أرْيَحِيّ : وَاسِع الخُلق magnanime
أرْيَحيَّة : حُبّ الافعال الحميدة وبذل العطايا magnanimité; libéralité
تَرويح : تهوية ventilation; aération, f
— القلب أو النفس récréation, f; divertissement, m
△ تربيع ٢ البناء tassement, m
△ إسْتِراحة : غرفة انتظار salle d'attente, f
مرِيح : ضِدّ مُتعب reposant, e; commode
مُرْيح : ينفخ البطن venteux, se; flatueux, se
مرتاح . مُستَريح : ضِدّ تَعبان reposé, e
— . — البال tranquille
مروحَة : مِهْواة éventail, m

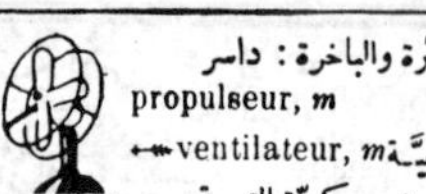

— الطائرة والباخرة : داسر propulseur, m

— كهربيَّة ventilateur, m

— : منفس . كوَّة التهوية soupirail, m

مُسْتَراح : كنيف latrines, f.pl; lieux d'aisances; cabinets, m.pl

٭رَوْد : جَوْب exploration, f

رَادَ البلاد : طافها للاستكشاف explorer; aller en éclaireur

— الشيء : طلبهُ chercher; rechercher

رَاوَدَ : خادَعَ tromper; décevoir; abuser

— المرأةَ séduire; cajoler

أرَادَ : شاء souhaiter; désirer

— : قصد avoir l'intention de; vouloir

— أو لم يُرِدْ bon gré mal gré

رُوَيْداً : مهلاً lentement; doucement

رائِد : كشَّاف éclaireur, m

— : جاسوس espion, ne

— : دَليل conducteur, rice; guide

— : الذي يجوب البلاد أو يكشف المجاهل explorateur, rice; pionnier, m

إرادَة : مشيئة volonté, f; désir, m

— ضعيفة او غير ثابتة velléité, f

بارادة الله : بمشيئة الله si Dieu le veux;

إرادِي : إختياري volontaire; libre

مُراد : قصد . نيَّة intention, f; but; dessein, m

مِرْوَدُ العين crayon de noir, m

— : مِحْوَر ∆ بَنْز pivot, m

— مِحْوَري tourniquet, m

(روز) رِيازة : هندسة المعمار architecture, f

∆رُوزْنامَة : إدارة المعاشات service des pensions

— : تقويم السنة almanach; agenda, m

∆رُوَّس وَترويسة (في راس)

٥رُوسيا : بلاد المسكوب Russie, f

رُوسي Russe, n; russe, a

٭رَوَّضَ . رَاضَ المُهْرَ : ذلَّله وعلَّمه السير dresser

— . — الحيوان البرّي : طبَّعه apprivoiser; dompter

رَاوَضَ : خاتَلَ enjôler; séduire; cajoler; tromper

رَائِض . مُرَوِّض الخيل écuyer; dresseur de chevaux, m; trainer, m

رَوْضَة : ارض مخضرة pré, m; prairie, f

— : حديقة jardin, m

— أطفال jardin d'enfants, m

تَرَيَّضَ : تنزَّه se promener

رِياضة : تمرين culture physique; exercice, f

— رَوْحيَّة retraite, f

— . الرياضيَّات : العلوم الرياضيَّة mathématiques, f.pl

— : ألعاب رياضيَّة . لعب sport, m

رياضِيّ : مختص بالعلوم الرياضيَّة mathématique; de mathématique

— : عالمٌ في الرياضيات mathématicien, ne; professeur de sciences mathématiques

— : يحب الألعاب الرياضية sportif, ve

الألعاب الرياضيَّة : ∆ جنباز gymnastique, f

٭رَوَّعَ. وَاعَ. أَرَاعَ: أَفْزَعَ — effrayer; alarmer; faire peur

—. —. —: هزَّ المشاعِر — émouvoir; exciter

—. —. —: أَعْجَبَ — enchanter; plaire

رَاعَ ٢. اِرتاعَ منه — craindre; avoir peur; s'effrayer

رَوْع. رَوْعَة — effroi; émoi, *m*; épouvante; frayeur, *f*

رَوْعَة ٢: هزَّة عاطفيَّة — saisissement, *m*; émotion, *f*

رَوْع: جَمال — charme, *m*; splendeur, *f*

رَائِع: مُعْجِب — admirable

في رائعة النهار — au grand jour

مُرِيع — épouvantable; affreux, se; terrible

مُرَوَّع. مُرتَاع — effrayé, e; saisi, e; épouvanté, e

٭رَوَغَان. مُرَاوَغَة: تَمَلُّص — moyen évasif; machiavélisme, *m*

— (في الكلام) — équivoque

رَوَاغ. رُوَيْغَة — tour; ruse, *f*; détour; biais, *m*

رَوَّاغ. مُرَاوِغ — tergiversateur, rice; rusé, e; chicaneur, se

رَاوَغَ: خَادَعَ — faire des tours; chicaner; biaiser

— (في الكلام) — équivoquer; répondre évasivement

مُرَاوِغ — astucieux, se; chicaneur, se; machiavélique

٭رَوَّقَ: صفَّى — clarifier; éclaircir

—: ∆رشَّحَ — filtrer

رَاقَ: صَفَا — s'éclaircir; se clarifier; se dissiper

ـــهُ الأمرُ: أعجبهُ او لاءمه — plaire; contenter; *ou* convenir

أَرَاقَ: سَكَبَ — verser; répandre

∆ رَاقٌ: طَبَقَة — couche, *f*; lit, *m*

رُوَاق. رِوَاق: سقف في مقدم البيت — entrée, *f*; porche; vestibule, *m*

رواقيَّة: نسبة الى مذهب زينون الاغريقي — stoïcisme, *m*

رَائِق: صافٍ — clair, e; limpide

رَاوُوق. مُرَوِّق: مُصَفٍّ — couloire, *f*

— : ∆مرشَّح (انظر رشح) — filtre, *m*

تَرْوِيقَة ٣: فطور. اكلة الصباح — déjeuner; petit-déjeuner, *m*

∆رَوْك: عمومي. مشاع — en commun; à l'indivis

٭رَوَّلَ. رالَ (راجع ريل) — baver

○رُول: جدول قيد القضايا — rôle (d'audience), m

٭رَوْم. مَرَام: بُغْيَة — désir; vouloir, *m*

مَرَام — souhait; vœu; but, *m* intention, *f*

رُوم. أَرْوَام — Grec, *m*, Grecque, *f*

○ —: مشروب مسكر — rhum, *m*

بحر الـــ — la Méditerranée, *f*

رُومي. رُوماني — Romain, e, *n*, romain, e, *a*

—: يوناني — Grec, Greque, *n*; grec, *a.m*, greque, *a.f*

دجاج — أو حبشي — dindon, *m*; dinde, *f*

اللغة الـــ — le grec; la langue grecque

رَامَ: اِبْتَغَى — souhaiter; désirer

○رُوماتزم: رَثْيَة. داء المفاصل — rhumatisme, *m*

مصاب بالـ rhumatisant, e
رومازمي rhumatismal, e; rhumatique
☆ رونق (رنق) ☆ رؤوف (رأف)
رَوَى : قص . حكى raconter; narrer; conter
— عنهُ : نقل وذكر rapporter; citer
△ — . أَرْوَى : سقى arroser; irriguer; abreuver
△ — . — : كسر العطش désaltérer; étancher la soif
رَوِيَ . إرْتَوَى الحقل être arrosé, e, ou irrigué, e
— . — الانسانُ والحيوان se désaltérer
تَرَوَّى : تفكر réfléchir; méditer; délibérer
رُوَاء : حُسْن المنظر beauté, f; charme, m
رِوَايَة : خبرٌ أو إشاعة bruit; ouï-dire, m; rumeur, f
— : قصة او حكاية conte; récit, m; histoire, f
— هزلية غنائية . ٥ اوبريت operette, f
— غنائية . ٥ اوبرا opera, m
— : بيان exposé; énoncé; compte rendu, m
— بوليسية roman policier, m
— تمثيلية pièce de théâtre, f; drame, m
— هزلية : مَهْزَلَة comédie, f
— محزنة : مأساة tragédie, f
— مسلسلة roman feuilleton, m
رَوِيَّة : تفكير réflexion; méditation, f
رَاوٍ . راوية : حاكٍ narrateur, rice; conteur, se
رَيّ . إرْوَاء : سقي arrosage, m; irrigation, f

— بالراحة irrigation naturelle, f
— بالآلات irrigation artificielle, f
— صيفي irrigation d'été, f
— سنوي irrigation pérenne, f
— الأحواض irrigation par bassin, f
رَيَّان . مُرْتَوٍ : ضد عطشان arrosé, e
— : غض frais, che; succulent, e
رِئَة : رئة poumon, m
تَرَوٍّ . رَوِيَّة : تفكُّر délibération; réflexion; méditation, f
بتَرَوٍّ : بتفكُّر après mûre réflexion; mûrement
☆ رؤيا (رأى) ☆ رويداً (رود) ☆ رياء (رأى)
☆ ريازة (روز) ☆ رياسة (رأس) ☆ رياضة (روض)
☆ ريال و △ ريالة (ريل) ☆ ريان (روي)
☆ رَيْب . رِيبَة . إرتياب doute; soupçon, m; incertitude, f
بلا — sans doute; sans aucun doute
لا — فيه hors de doute; indubitable
رَابَ . أَرَابَ jeter dans le doute; inspirer des doutes, ou des craintes
إرْتَابَ في : شكَّ douter; se défier de; soupçonner
مُرْتَاب : شاكّ défiant, e; soupçonneux, se
— في عقيدة : مُلحِد sceptique
مُرِيب suspect, e; équivoque
☆ رَيْثَمَا : وقتما . طالما pendant que; tant que; tandis que
رَاثَ . تَرَيَّثَ : تمهَّل prendre son temps
☆ ريح ☆ ريحان (روح) ☆ ريِّس (رأس)

*رَيَّشَ . رَاشَ الطائرُ : نبت ريشهُ — se garnir, ou se couvrir, de plumes

— . — : لزَّق عليه الريش — emplumer; garnir de plumes

رَاشَ ٢ . تَرَيَّشَ : جمع مالاً — s'enrichir; faire fortune

رِيش : كساء الطائر — plumage, m

— كساء الطيور الجارحة — pennage, m

— . رِيَاش : مفروشات — mobilier, m; meubles, m.pl

رِيشَة : واحدة الريش — plume, f

△ — الكتابة : قلمٌ ○ بِنَّه — porte-plume, m

△ — الكتابة : طرف القلم المعدني — plume, f; bec d'une plume, m

△ — المصوّر — pinceau, m

△ — الجرّاح : مشرط (انظر شرط) — bistouri, m; lancette, f

△ — العزف : زَخْمَة . مِضراب — plectre, m

△ — المحراث : مِقْوَم — manche de charrue, m

وزن الـ — poids plume, m

ريشيّ : النسبة إلى الريش — de plume; plumeux, se

△ رَايش : حافة معدنية خشنة — bavure, f

*رَيَّعَ المالَ : ثمَّره وأنماهُ — placer; fructifier

رَاعَ . ارتاعَ (راجع روع) — s'effrayer; craindre

رَيْع : غلَّة . محصول — produit, m

— : حَصِيلة — rente, f; revenu, m

— . رَيْعَان : أوَّل وأفضل — meilleure partie; fleur; crème d'une chose, f

△ تاريع : سجل الأراضي الزراعية — cadastre, m

△ — : مساحة الأراضي — arpentage, m

*رِيف : أرض فيها زرع — champs, m.pl; terre cultivée, ou plantée, f

△ — : خلاء — campagne, f

رِيفي : خلويّ . فِلحي — champêtre; rural, e; rustique

*رِيق : لُعاب — salive, f

على الـ : قبل الأكل صباحاً — à jeun

أجرى الـ — faire venir l'eau à la bouche

أراق : سكب (راجع روق) — verser; répandre

رائق : صاف (راجع روق) — limpide; clair, e

(ريل) رالَ △ رَيَّلَ : سال لعابهُ — baver

رِيال △ رِيَالَة : رُوال — salive, f

— : سكّة تساوي ٢٠٠ مليم — talari, m; pièce de 20 piastres, f

— اميركاني : ○ دُلَر — dollar, m

— مجيدي — couronne turque, f

مَرْيُول الطفل △ مَرْيَلَة — bavette, f

— : وزرة . إتْب (لوقاية الثياب) — tablier, m

*رِيم . رِئم : غزال ابيض — addax, m

△ رِيمَة : طُفاوة القدر — écume; mousse, f

*رئة : ريَة (رأى وروى) — poumon, m

(ريي) رايَة : علَم — drapeau; étendard, m; bannière, f

— (في البحرية) — pavillon, m

(ز)

٭زِئْبِر : زغبر او خمل — duvet, *m*; poils, *f.pl*

زَأْبَق : طلى بالزئبق — enduire de mercure

زِئْبَق : فرَّار — mercure; vif-argent, *m*

— حلو : ٥ كلومل — calomel, *m*

زِئْبِقِي — mercuriel, le

٭زَأَرَ : زَمْجَرَ — rugir; gronder; mugir; beugler

زَئِير : زمجرة الأسد — rugissement, *m*

٭زاجٌ (زوج) ٭ زاح (زوح) ٭ زادَ (زيد)

٭ زادٌ (زود) ٭ زار (زور) ٭ زاغ (زيغ)

٭ زال (زول) ٭ زام (زوم) ٭ زان (زين)

٭ زاهٍ (زهو) ٭ زاول (زول) ٭ زاوية (زوى)

٭ زايل (زيل) ٭ زبَّال (زبل) ٭ زبان (زبن)

٭ زَبَّبَ العنبَ : جفّفهُ — laisser sécher, *ou* faire sécher, le raisin

زَبِيب : ما جُفف من العنب — raisin sec, *m*

— بناتي : كشمش — raisins de Corinthe *ou* de Damas, *m.pl*

أَزَبّ : كثير الشعر — velu, e; poilu, e; chevelu, e

زَبَدَ اللبنَ او القشدة : مخضَ — baratter; battre (le lait *ou* le beurre)

زَبَّدَ اللبنُ : علاهُ الزَّبَدُ — crémer

زَبَّدَ : أخرجَ الزَّبَدَ — écumer; mousser

— : فارَ غضبهُ — écumer de rage, *ou* de colère

زُبْدَة . زُبْد الحليب — beurre, *m*

— الشيء : أفضلهُ — crème; fleur, *f*; choix, *m*

— الشيء : خلاصته — essence, *f*; fond, *m*; partie essentielle, *f*

زَبَد : رَغْوَة — écume; mousse, *f*

— : خبث — scorie; crasse, *f*; rebut, *m*

زِبْدِيَّة : سُلطانية — bol, *m*

زَباد : نوع من الطيوب والقطط — civette, *f*

△لبن زَبادي : لَبَن حامض — lait caillé, *m*

٭زِبْر . الزَّبُور : مزامير داوود — livre de psaumes, *m*

٥ زِبْرا : حمار الزرد (انظر زرد) — zèbre, *m*

٭زِبْرِج : حِلْيَة — ornement, *m*; parure, *f*

٭زَبَرْجَد : حجر كريم — chrysolithe; topaze, *f*; béryl, *m*

٭زَبَطَ البط : صاحَ — faire coin-coin

△زَبَط : وحْل — boue; fange, *f*

△زُباطة بلح : قُرط . عذق — régime de dattes, *m*

٭زِبْل . زِبْلَة : سرجين — fumier, *m*; fiente, *f*

— الطيور (سماد) — guano, *m*

△زَبَّال : كنَّاس — balayeur, se; boueur, *m*

△زُبالَة : كناسة . قُمامة — ordures; balayures, *f.pl*

△صندوق الزبالة — poubelle, *f*

مجرفة الزبالة : مِقْحَفَة — pelle; pelle à ordures, *f*

زِنْبِيل : قُفَّة — couffe, *f*; couffin; cabas, *m*

مَزْبَلَة — cloaque; tas d'ordures, *ou* de fumier, *m*

(زبن) زَبَانَى △زبان : شوكة . حُمَة — dard; aiguillon, m

زُبانَيا العقرب: قرناها — pinces du scorpion

زُبانِيَة جهنّم — anges de la justice divine, m.pl

زَبُون : غبيّ — sot, te; idiot, e; bête

حَرْب — : شديدة — bataille terrible; guerre acharnée, f

△زُبُون : عميل — client, e

△زِبانَة : جُملة العملاء — clientèle, f

○ زبُور (زبر) ○ زبيب (زب)

○ زَجَّجَ الحاجبَ — passer le crayon noir sur les sourcils

△ — : حوّل إلى زجاج — vitrifier

زَجَّ : رمى — lancer; jeter

زُجّ العصا : كعْب معدني — virole, f

زُجاج : △قِزاز — verre, m

— النوافذ وماشابه — vitre, m

مَصْنَع — أو أدوات زجاجية — verrerie, f

زُجاجَة : قِنِّينة — bouteille; fiole, f; flacon, m

— : كسرة زجاج — éclat, ou morceau, de verre, m

زُجاجيّ : كالزجاج أو منه — vitreux, se

—. زجّاج : △ قِمراتي — vitrier, ère

○ زَجَرَ : منع ونهى — réprimer; arrêter; empêcher de

— : انتهر — gronder; rabrouer; rebuter

إزْدَجَرَ . إنْزَجَرَ — être empêché, e, ou arrêté, e; être grondé, e, ou rebuté, e

زَجْر : مَنْع ونَهْي — empêchement, m; interdiction, f

— : انتهار — réprimande; rebuffade, f

زاجِر : مانِع . رادع — qui empêche, ou réfrène; frein, m

— : ضمير — scrupule, m; conscience, f

○ زَجَل △ جمل زجل : رَجز — ïambe, m

حمام الزَّاجِل — pigeon voyageur, m

○ زَجَى: زَجا أزْجَى : ساقَ — pousser devant, ou en avant

أزجى ٢ التحية او الشكر — présenter ses hommages, ses civilités, ses respects; saluer ou remercier

○ زَحَرَ : أخرَجَ الصوت بأنين — gémir

زُحار . زَحِير : أنين — gémissement, m

— . — : △ تعَنِّي (اسهال مؤلم) — dysenterie, f

○ زَحْزَحَ — bouger; déloger; ôter de sa place

تَزَحْزَحَ عن مكانه — être délogé, e, ou bougé, e

○ زَحَفَ : حَبا — marcher à quatre pattes; se traîner à terre

— : دَبّ — ramper; se traîner

— الجيشُ : سارَ — s'ébranler; marcher; avancer

△ زَحَّفَ الأرض : سلفها — niveler; herser

زَحَّافَة : دَبّابة (حيوان) — reptile, m

△ — الأرض : مَلّاقة — herse, f

زاحِف . زَحَّاف : داب — rampant, e

○ زُحَل : اسم كوكب — Saturne, m

٭زَحْلَقَ : دَحْرَجَ rouler
— : جعلهُ يزلق faire glisse
— الموضعَ : زَلَّقه rendre glissant, e
تَزَحْلَقَ : تزلَّجَ (انظر زلج) glisser; rouler
— : زلِق وزلَّ (راجع زلق) glisser; faire un faux-pas
زَحْلَقَة . تَزَحْلُق glissement, m; glissade, f
— . — بقبقاب الزحلقة patinage, m
قبقاب الـ patins, m.pl
مَركوب الـ على الثلج (مستطيل) ski, m
زَحْلُوقَة : مَزلقة glissoire; glissade, f
٭زَحَمَ . زاحَمَ presser; serrer; bousculer; encombrer
زَاحَمَ ٢ : نافسَ . ناظرَ rivaliser; disputer
إزْدَحَمَ بكذا bonder; abonder; grouiller; fourmiller;
تزاحموا se presser les uns sur les autres; se presser en foule
زَحْمَة . زِحَام . إزْدِحام foule; cohue; affluence, f
مُزَاحِم : منافس . خصم concurrent, e; rival, e
مُزَاحَمَة : منافسة concurrence; rivalité, f
مُزْدَحِم : مُمْتَلِئ bondé, e
٭زَخَرَ . تَزَخَّرَ البحرُ : طمى grossir; gonfler; monter; déborder
زَاخِر : ملآن وطافِح débordant, e; comble; regorgeant, e
٭زَخْرَفَ : زوَّقَ . زيَّنَ orner; embellir; décorer
زُخْرُف : زينة ornement, m; décoration, f
زخارف الدنيا vanités, f.pl; plaisirs de ce monde, m.pl
زخرفيّ : زِينِيّ décoratif, ve; ornemental, e
٭زَخَمَ : دفع بشدَّة bousculer; pousser avec violence
زَخِمَ اللحمُ : ∆فوَّح sentir mauvais; se faisander; puer
زَخِمٌ . أَزْخَمُ (اللحم) faisandé, e; qui sent mauvais; puant, e
زَخْم : قوة الدفع impulsion; force impulsive; poussée, f
زَخْمَة : رائحة كريهة mauvaise odeur; puanteur, f
٭زرّ (زرر) ٭ زرافة (زرف) ٭زراق (زرق)
٭زَرَبَ المواشي parquer; enfermer; faire entrer les bestiaux dans un enclos
زَرِبَ الماء : سال couler
∆زرْبَة : سُرْبَة troupeau, m; foule, f
زَرِيبَة parc; enclos, m; étable, f
— الخنازير porcherie, f
مُزَرَّب : موضوع في زريبة parqué, e; enfermé, e
مِزْراب : مِيزاب السطح gouttière: gargouille, f; chéneau, m
∆مُزَرْبِن : متجهم boudeur, se; maussade; de mauvaise humeur
∆ — : حانق énervé, e; fâché, e
٭زَرِدَ . إزْدَرَدَ avaler; gober; ingurgiter

زَرَدٌ : درع مزرودة maille; cotte de mailles, f

حمار الـــ ← zèbre, m

زَرَدَة : حلقة maille, f; anneau; chaînon, m

△زَرَدِيَّة : △كَسْمَايَة pinces, f.pl

مَزْرَد : الحلق والبلعوم gosier, m; gorge, f

☆زَرَّ . زَرَّ القميصَ boutonner

زَرَّ عينه : ضيّقها faire les petits yeux

زِرّ : ما يدخل في العروة bouton, m

— كُمّ القميص bouton de manchette

— الزهرة : برعم bouton; bourgeon, m

— وَرْد bouton de rose, m

△— الطربوش وغيره: عذبة. شرّابة ← gland, m; houppe, f

△— العين : نتوء مرضي فيها staphylome, m

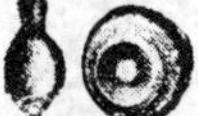

△— الجرس الكهربي bouton (de sonnerie électrique), m

☆زُرْزُر . زُرْزُور étourneau; sansonnet, m

زَرْزَرة العصفور gazouillement; ramage; chant, m

☆زَرَعَ : طرح البذر في الأرض semer; ensemencer

— الحبوب طرحاً باليد semer à la volée

— الأرض cultiver; planter

زَرْع : زراعة النبات والأرض plantage; ensemencement, m; culture, f

— : النبات المزروع semis, m; plante, f

قابِل للـــ . يُزْرَع arable; cultivable

زِرَاعَة : فلاحة agriculture; culture, f

— البساتين horticulture, f

△—. زَرِيعة: الشيء المزروع culture; récolte, f

زراعيّ: مختصّ بالزراعة agricole; aratoire

خَبِير — . agronome, f

أرض زراعيّة terre agricole, ou cultivée, f; terrain de culture, m

زَرَّاع . زَارِع : من يزرع الأرض cultivateur, rice

— . — الشجر planteur, m

مَزْرَعَة : موضع الزرع △عِزبة plantation; ferme, f; domaine; semis, m

— قمح un champ de blé

مَزْروع planté, e; cultivé, e; ensemencé, e

مزارعة amodiation, f

— : مقاسمة غلة الأرض métayage, m

مُزَارِع fermier, ère; agriculteur, m; cultivateur, rice

(زرف) زَرَافَة ← girafe, f

زرافات: جماعات groupe, m; bande; foule, f

☆زَرَقَ الطائر : رمى بسَلْحِه fienter

زَرِقَ . إزْرَقّ : صار ازرق bleuir; devenir bleu, e

زُرْقَة . زَرَق △زَرَاق couleur bleu, f; bleu; azur, m

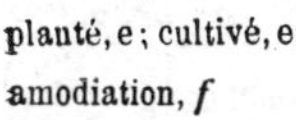

زِرِّيقا genette, f

زَوْرَق chaloupe; barque, f; esquif, m

أزرق — bleu, e; bleuâtre

— سماوي : △لبني — bleu ciel

القبّة الزرقاء : السماء — ciel, m

مِزراق : رُمح صغير — lance, f; javelot, m

☼ زَرْقون : △سلاقون — minium; vermillon, m

☼ زَرْكَش : زَخرف — orner; décorer; passementer

زَرْكَش ـه . نسيج الحرير وخيوط الفضة — brocart, m; passementerie, f

☼ زِرْنيخ : عقّار سامّ — arsenic, m

☼ زرى . تزرّى : عاب — reprocher; reprendre; trouver à redire

أزرى به : حقّره — dénigrer; humilier; rabaisser

— بالأمر : إستخفّ — sous estimer;

إزدرى . إستزرى به — mépriser; dédaigner

زريّ : يستحق الازدراء — méprisable

— : زهيد — insignifiant, e

إزدراء — dédain; mépris, m

مُزدرٍ — dédaigneux, se; contempteur, rice

مُزرٍ — dérogatoire; dénigrant, e; humiliant, e

☼ زَعبَر ـس : شعوذ — charlataner; duper; mystifier

مزعبراتي : مشعوذ (انظر شعذ) — charlatan; mystificateur, rice

△ زَعبوبة : زوبعة — tourbillon; cyclone, m

☼ زَعَج . أزعَج — troubler; déranger

إنزَعَج — se déranger; ou s'inquiéter

زَعَج ـه . إنزِعاج — dérangement, m; inquiétude, f

مُزعِج — ennuyeux, se; agaçant, e; ou inquiétant, e

☼ زَعِر . أزعَر : خفيف الشعر — qui a les cheveux clairsemés, ou rares

△ أزعر ٢ : بلا ذيل — sans queue; courtaud, e

☼ زُعرور : سريع الغضب — grincheux, se; hargneux, se; acariâtre

— ـس : تُفاح برّي — néflier; azérolier, m

— الأودية — aubépine, f

☼ زَعزَع : هزّ . قلقل — ébranler

زَعزَع . زَعزَعان : ريح شديدة — ouragan, m

△ زَعزوع : طويل الأرجل — à jambes de fuseau

مُزعزَع . مُتزعزِع : مقلقل — branlant, e; précaire; chancelant, e

☼ زَعَف : قتَل حالاً — tuer sur le coup

△ زعّف البيت — faire le grand nettoyage

△ زَعَفة : سعفة — ←palme, f

سُمّ زُعاف أو مُزعِف — poison mortel, m

△ تزعيف : تنظيف شامل — grand nettoyage, m

☼ زَعفران : نبات أصفر الزهر — safran, m

☼ زَعَق : صرَخ — crier; gueuler; jeter les hauts cris

زَعق . زَعيق : صياح — cris perçants, m.p

ماء زُعاق . مالح ومُرّ لا يُشرب — eau saumâtre ou non potable, f

☆ زَعِلَ : ضَجِرَ واضطربَ s'embêter; s'ennuyer
△ — : تكدَّر se fâcher; se contrarier
أَزْعَلَ : △ زَعَّلَ agacer; ennuyer fâcher; offenser; vexer
زَعِلٌ . زَعْلان fâché, e; ennuyé, e; triste
△ — △ — من أو على être en colère contre qn
زَعَلٌ : ضجر ennui; embêtement, *m*; tracasserie, *f*
△ — : كدرٌ tristesse, *f*; chagrin, *m*
☆ زَعَمَ : ادَّعَى prétendre
زعم : إدعاء prétention; allégation, *f*
زَعامة : رئاسة souveraineté; suprématie, *f*; commandement, *m*
زَعِيم : رئيس chef; *leader*, *m*
— ج : △ اميرالاي colonel, *m*
— عِصابة meneur; chef de bande, *m*
☆ زِعْنِفَة (جمعها زعانف) : عوّام nageoire, *f*
— الحوت أو عجل البحر anon, *m*
زعانف ٢ القوم: الرعاع populace; canaille, *f*
☆ زَغَبٌ : صغار الريش أو الشعر duvet; poil follet, *m*
زَغِبٌ . أَزْغَب : له زغبٌ duveté, e; velu, e; couvert, e de duvet
زُغْبة : الفارة النوّامة loir, *m*
△ زَغَدَ : ضرب ضربة صامتة cogner
△ زَغَرَ اليه : شزرَ اليه regarder fixement, *ou* d'un air terrible
△ زَغْزَغ : زكزكَ ٣. دَغْدَغ chatouiller; titiller

△ زَغَط : ازْدَرَدَ gober; avaler; engloutir
△ زُغُطة : فُواق hoquet, *m*
☆ زَغَلَ . أزْغَلَ : صبَّ verser
△ — : غشَّ . زيَّف falsifier; frelater; adultérer
مَزْغَل : كوَّة لاطلاق الأسلحة منها meurtrière, *f*
△ زَغْلَلَ النظرَ : خطف البصر éblouir
☆ زُغْلول : طفلٌ bébé, *m*; poupon, ne
△ — الحمام : جَوْزَل pigeonneau, *m*
☆ زف ☆ زفاف (في زفف)
☆ زَفَّتَ : طلى بالزفت poisser; enduire de poix
زِفْت poix, *f*
☆ زَفَرَ : ضِدّ شَهَقَ exhaler; expirer
△ زفَّرَ : وسَّخ بمادة دهنية barbouiller de graisse
△ تزفَّر manger du gras, *ou* du laitage
△ زَفِرٌ : دَفِرُ الرائحة rance
△ شَبَّة زَفِرَة alun cristallisé, *m*
△ اليوميَّة الزفرة : △ الخرطوش brouillard; livre-brouillard, *m*
△ زَفَر gras, *m*; nourriture défendue en carême, *f*
زَفْرَة : ضِدّ شهْقة (profond) soupir, *m*
زَفِير : ضِدّ شهيق exhalation; expiration, *f*
(زفف) زَفَّ الطائرُ : بسط جناحيه étendre les ailes
— العروسَ الى زوجها conduire la mariée

زَفَّة : مَوْكِب cortège, *m*; procession, *f*
— العُرس cortège nuptial, *m* 
زِفاف : عُرس noce, *f*
مِزَفّ : عربة العرس وخلافه voiture de gala, *f*
* زَقْزَقَ الطائرُ فرخَهُ : أطعمه بمنقاره donner la becquée; abecquer
— الطائر : صوى gazouiller; pépier 
زَقْزاق : طائر pluvier, *m*
(زقق) زَقَّ الطائرُ : رمى بسلحه fienter
— الطائر فرخَهُ ∆زقّقه abecquer 
∆ — : دَفَعَ pousser
زِقّ الماء : قِرْبة ←outre, *f*
زُقاق : طريق ضيّق ruelle, *f*; passage, *m*
∆ زَقَّمَ . أزقمَ : بلّع faire avaler; abecquer (oiseau)
∆ — الكتاب arrondir les coins
زَقّوم : اسم نبات olivier de Bohême; chalef, *m* 
* زُقَيْقيّة : طائر صغير linotte, *f*
* زكاء * زكاة (زكي)
* زَكَمَ : سبّب له الزكام enrhumer; faire attraper froid
زُكِمَ : اصابه الزكام s'enrhumer; prendre froid
زُكام . زُكْمة : ∆رشح rhume; rhume de cerveau, *m*
* زَكّى : برّر disculper; justifier

— : طهّر purifier; épurer; expurger
— الشهادة confirmer; affermir
— المال payer la dîme
زَكاة : طهارة pureté; sainteté, *f*
— : صَدَقة aumône, *f*
— المال : عُشور dîme, *f*
زَكِيّ : بارّ vertueux, se; pur, e; immaculé, e
∆ زَكِيبة : غرارة (انظر غرر) sac, *m*
* زلّ * زلال (في زلل)
* زَلابية : عَجين مَقلوّ beignet, *m*; crêpe, *f*
* زَلَجَ البابَ : أغلقهُ بالمزلاج verrouiller; barrer
زَلِجَ . تَزَلَّجَ : زلق glisser
— . — بقبقاب الزلج أو الانزلاق patiner
زَلِجٌ . زَلِيج : زلق glissant, e
زِلاج : ∆سقّاطة الباب loquet, *m*  
مِزْلَج : قبقاب الزلج ←patin, *m*
مِزْلاج الباب : ∆تِرباس ← verrou, *m* 
مَزْلَجة : مكان الانزلاق patinage
(زلح) ∆أزلح : أجلح chauve
* زُلَّخة : ألم عصبي ○لمباغو lumbago, *m*
* زَلْزَلَ : هزّ secouer; ébranler; faire trembler
زَلْزَلة . زِلْزال الأرض tremblement de terre; séisme, *m*
∆ زلطَ : سرط . بلع

△ زلَّطَ الأرض : حصَبها — macadamiser
تَزَلَّطَ : تعرى — se mettre à poil
زَلَط : زلَّة . حصباء — cailloux, m.pl
△ — لرصف الطرق — empierrement; cailloutis, m
△ وابور الـ : مرداس — ←rouleau compresseur, m
△ زَلطة : حصبة — caillou, m
تَزليط — gravellage; pavage, m
△ زَلعة : دِنّ — ←jarre; cruche, f
△ زَلعوم : حُلقوم — gosier; gorge, f
✱ زَلَفَ . تزلَّفَ اليه — flatter; cajoler; câliner
زَلْفٌ . زُلْفَى . تَزَلُّف — basse flatterie; caresse servile; flagornerie, f
مُتَزَلِّف — flatteur, se; cajoleur, se
✱ زَلِقَ : زلَّ — glisser; faire faux pas
زَلَّقَ : زلَّج — rendre glissant, e
انزلاق — glissement; ou patinage, m
زَلِقٌ : زلج — glissant, e
زَلْقة : زلَّة — faux pas, m; glissade, f
زَلاقة △ مَزلقة — nature glissante; état ou qualité de ce qui est glissant
مَزلَق . مَزلقة٢ : △ زحلوقة ; — glissoire, f; endroit glissant, m
مِزْلَقة : مركبة الجليد — traîneau, m
△ مَزْلقان في سكة الحديد — passage a niveau, m

✱ زَلَل : خطأ — faute; erreur, f
زَلَّ : زلق وسقط (حقيقيًّا ومعنويًّا) — glisser; trébucher; faire un faux pas
— : أخطأ — se tromper; commettre une faute
أزلَّ : جعله يزلّ — faire trébucher, ou glisser qu
زَلَّة : زلقة أو هَفوة — chute; ou bévue, f
— لسان — *lapsus linguae*, m
زُلَال . ماء زلال — eau douce, fraiche, potable, f
— البيض : بياضه — blanc d'œuf; albumen, m
مَرَض البول الزلالي — albuminurie, f
△ زَلومة : مُلملمة — ←trompe, f
✱ زمّ ✱ زمام (زمم)
✱ زمان (زمن)
✱ زَمُتَ . تَزمَّتَ : كان جليلا ووقوراً — avoir un maintien grave; être posé, e
زَمِيت . زِمّيت △ قنِط — sérieux, se; grave; posé, e
✱ زُمَّج الماء : △ نُورس — mouette, f; plongeon, m
✱ زمجر : زأر — rugir; mugir
✱ زمَرَ . زمَّرَ — jouer du chalumeau, de la flûte, d'un instrument à vent
— : صفر — siffler
زَمْر . زَمِير . تزمير — action, ou art, de jouer d'un instrument à vent
زُمْرة : جماعة — bande; compagnie, f; groupe, m

زَمَّار . زَامِر	flûteur, se ; joueur, se d'un instrument à vent
— الرمل : طائر (انظر رمل)	bécasseau, m
زَمَّارة . مِزْمار	chalumeau, m ; flûte, f
— الرعاة	pipeau ; fifre, m
△ — الزور : حنجرة	larynx, m
مِزمار ٢ : ماصول . زَمْخَر	clarinette, f
— القربة	cornemuse ; musette, f
لسان الـ : لَهاة	épiglotte, f
زِمّير : △ زَقْزوق (سمك)	épinoche, f
△ زُمَّير : هرطمان	avoine, f
مَزْمور : واحد مزامير داود	cantique ; psaume de David, m
✩ زُمُرُّد : حَجَر كريم	émeraude, f
✩ زَمْزَمِيَّة : اناء لحمل ماء الشرب	gourde, f
— : آنية تحفظ درجة حرارة ما فيها	thermos, m ; bouteille thermos, f
△ زَمَطَ : أفلت وهرب	s'échapper ; s'évader ; se faufiler
✩ زَمَعَ . أزمع على : عزم	être résolu, e à, ou déterminé, e
مُزْمِع : عازم	déterminé, e ; résolu, e
— : قريب الحدوث	imminent, e
✩ زَمَلَ △ زَامَلَ : رافق	accompagner
زَمِيل : رفيق (راجع رفق)	compagnon, m ; camarade

— في صناعة أو منصب أو مهنة	collègue
زِمَالة : رفقة	compagnie, f
إزْمِيل : مِنْحَت	ciseau, m
— الصائغ	cisoir, m
— المعادن : مِنْقاش	burin, m
(زمم) زَمَّ : رَبَطَ وشدّ	lier fortement ; entortiller
زِمَام : مِقْوَد	bride ; rêne ; longe f
— : رباط	lien, m
△ — : حَدّ	limite, f ; bornes, f.pl
✩ زَمَنٌ . زَمان : وَقْت	temps, m ; période ; saison, f
— . — : عَصْر	époque ; ère, f ; âge, m
— الفعل (في النحو)	temps, m
تصاريف الزمان	vicissitudes de la vie, f.pl
أزْمَنَ : طال عليه الزمان	durer depuis longtemps
— المرضُ : تأصَّلَ واستعصَى	être, ou devenir, chronique
زَمَنِيّ : دنيويّ . عالميّ	temporel, le ; séculier, ère
السلطة الزمنية	pouvoir temporel, m
مُزْمِن : طال عليه الزمن	qui a duré longtemps
— : راسخ بطول الاستمرار	invétéré, e
— : متأصل (مَرَض)	chronique
✩ زَمْهَرَ . إزْمَهَرَّ : احمرّ	rougir
زَمْهَرِير : بَرْد شديد	froid rigoureux ; froid de loup, m

✩ زميل (زمل) ✩ زنّ (زنن)

٭زَنَأَ بَوْلَه : حَصَرَهُ — retenir l'urine

زَنَّأَ عليه : ضَيَّق — mettre à l'étroit; restreindre, ou confiner, à

زَنَاْة البول : حُصْر — rétention d'urine, f

٭زُنْبُرُك : زنبلك — ressort, m

٭زَنبق : نبات وزهره — lis blanc, m

△زُنْبَة : خرّامة — emporte-pièce; poinçon; perforateur, m

٭زُنْبور : دَبور — guêpe, f; frelon, m

٭ زنبيل (في زبل)

٭زَنج : زُنوج . الواحد زنجيّ — nègre, sse

٭زَنجبيل : △جنزبيل — gingembre, m

كعك الــ . — pain d'épice, m

٭زَنْجَرَ المسكوكات — estamper

زِنْجار النحاس : صداء . △ جنزار — vert-de-gris, m

زِنجير : سِلسِلة . △ جنزير — chaine, f

حساب الــ : △دوبيا — comptabilité en partie double, f

٭زَنِخَ △زَنَخ الجوز او الزيت — rancir; moisir; se gâter

زَنِخٌ : زَهِم . خَمّ — rance; moisi, e

زَنَخ : زهومة — rancissure; rancidité; moisissure, f; relent, m

٭زَنْد : موصل الذراع في الكف — poignet, m

△ — : ساعِد — avant-bras, m

— . زِناد — fusil à pierre, m

— و — البندقيّة — chien, m

عظم الــ السفلي : ذِراع — cubitus; os cubital, m

٭زَنْدَقَة : التظاهر بالايمان — dévotion affectée, f; air de sainteté, m

— : كُفْر — athéisme, m

زِنْديق : كافر — athée, a et n

— : متظاهر بالتقوى — cagot, e; faux, sse dévot, e

تَزَنْدَقَ — professer l'athéisme; être infidèle

(زنر) زُنَّار : حِزام — ceinture, f

△زِنْزانَة : غرفة السجن — cellule, f; [violon], m

△زَنْزَلَخْت : أزدَرَخْت — margousier; azédarac, m

٭زَنَق . زَنَّق : ضَيَّق — serrer: tendre; resserrer

○زِنْك : توتيا . خارصين — zinc, m

(زنم) زَنيم . مُزَنَّم : لئيم — ignoble; bas, se

(زن) △زَنّ : طَنَّ — bourdonner; fredonner

△زَنّ : طنين — bourdonnement; fredonnement, m

△زَنوبيا : سيجارة سوداء كبيرة — cigare, m

٭زَنَى : فسق — commettre l'adultère; forniquer

زِنًى . زِناء : فِسْق — adultère, m

— . — : بيع العرض . بغاء — prostitution, f

ابن — : نَغْل — bâtard, e; enfant naturel

زانٍ : فاسق — adultère

زانِيَة : فاسقة — femme adultère, f

○زها ٭ زُهاء (في زهو)

✿زَهِدَ فيه وعنه : رغب عنه وتركه délaisser; abandonner; renoncer à
— فيه : لم يبال به être indifférent, e à; faire peu cas de
— في الدنيا: تزهّد se dévouer au culte de Dieu; vivre en ermite
زُهْد : نُسْك piété; dévotion, f; ascétisme, m
— : عدم اهتمام indifférence, f
زَهِيد:طفيف insignifiant, e; modique
زَاهِد : ناسِك ermite, m; reclus, e; ascète
— في الشيء indifférent, e à
✿زَهَرَ . ازْدَهَرَ : أشرقَ rayonner; resplendir
أزْهَرَ △زَهَّرَ : نـوَّرَ s'epanouir; fleurir; être en fleurs
زَهرَة : نُـوّارة fleur, f
△— الغسيل bleu de lessive, m
زَهْر. زَهَر: نوْر النبات fleurs, f.pl
— البرتقال fleur d'oranger, f
— النردِ dé; dé à jouer, m
ماء الزَّهْر eau de fleur d'oranger, f
الزُهَرَة : كوكب Vénus, f
— : ربّة الحسْن والحب Vénus, f
زُهَرِي : حُلاق ✡ سِفلس syphilis, f
زَهْرِية : وعاء الزهور vase; pot à fleurs, m
زاهِر : زاهٍ florissant, e; coloré, e; vif, ve
— . مُزْهِر fleuri, e; en fleurs; fleurissant, e

زَهْرَاوي : يحب الضحك gai, e
أزْهَرُ : نَيِّر brillant, e
تَزْهِير: تَنوّر floraison ou fleuraison, f; épanouissement, m
✿زَهَقَتْ نفسُهُ : خرجت expirer; mourir; rendre l'âme
△زهق منهُ : تضايق se fatiguer de; se lasser de; se dégoûter de
— الشيء : اضمحل disparaître; périr
أزْهَقَ : لاشى détruire; exterminer; anéantir
△زَهقان : متضايق qui a le cafard, ou le spleen
△— منه en avoir assez de; [souper de]
✿زُهْم. زُهْمَة. زُهُومَة fétidité; odeur nauséabonde, f
زَهِمٌ : △زَنِخ. سَنِخ fétide; puant, e; nauséabond, e
✿زَهْو: تيهٌ وكِبْر ostentation, f; faste; étalage, m
— : رَوْنَق splendeur, f; éclat, m
زَهَا:أشرقَ وازدهر rayonner; resplendir; s'épanouir
— . أزْهَى : نما être florissant, e
— . — : تكبَّر s'enorgueillir
زُهَاء : مقدار quantité; somme, f
— : نحو environ; vers
زَاهٍ : بَهي brillant, e; lumineux, se
لَوْن — . زَهِي : ضِدّ قاتم (couleur) éclatante, vive, criarde, f
✿زهيد (زهد)
✿ زُؤَام : سَريع mort foudroyante, ou subite, f
مَوْت — : كريه malemort; mort violente, ou tragique

☆ زُؤَان : زوّان — ivraie; vesce, *f*

☆ زَوْبَعَة : هَيَجان الأرياح وتصاعدها — tourbillon; cyclone

— مع مطر ورعد — orage, *m*

☆ زَوَّجَ فلاناً إمرأة وبامرأة — marier qn à; donner en mariage

تَزَوَّجَ امرأةً — se marier; prendre pour femme; épouser

— قريبته — il a épousé sa parente

تزاوجُوا : اختلطوا بالتزاوج — se marier les uns avec les autres

زَوْج : قَرِين — mari; époux, *m*

— . زوجة : قرينة — femme; épouse, *f*

— شرعية — femme légitime, *f*

△ — . زوجان : اثنان — couple, *m*

△ — جوارب — paire de chaussettes, *f*

— الابنة — gendre; beau-fils, *m*

— الاخت — beau-frère, *m*

— الخالة او العمّة — oncle, *m*

— الام : رابٌ — beau-père, *m*

كل من الزوجين اي الزوج او الزوجة — conjoint, *m*

زَوْجَة الأب : رابّة — belle-mère; marâtre, *f*

— الابن — bru; belle-fille, *f*

— الأخ — belle-sœur, *f*

— الخال أو العم — tante, *f*

زَوْجيّ . عَدَد زَوْجي — pair, e

زَوَاج . زِيجَة : قران — mariage, *m*

— غير شرعي — concubinage, *m*; cohabitation, *f*

— الاعتبارات — mariage de raison

شهادة او كتاب الـ — contrat de mariage

صالح او صالحة للـ — mariable

كراهة الـ — misogamie, *f*

وحْدة الـ — monogamie, *f*

تعدد الأزواج — polyandrie, *f*

تعدُّد الزوجات او الأزواج — polygamie, *f*

جريمة التزوج بامرأتين (أو رجلين) في آن وَاحد — bigamie, *f*

زَاجٌ : ملح أخضر يُصْبغ به — couperose, *f*

— ازرق : سلفات النحاس — vitriol bleu, *m*

زيت الـ — acide sulfurique; vitriol, *m*

زَوْجِيّ : مختصّ بالزواج — conjugal, e; matrimonial, e

مُزَوَّج . مُتَزَوِّج : متأهّل — marié, e

مُزْدَوِج : مؤلف من اثنين — double

☆ زَوْح . إزاحة : نَقْل (راجع زيح) — déplacement, *m*

زَاحَ . انْزاحَ : تباعدَ وذهب — partir; quitter; s'en aller

أزاحَ : نَقَلَ ونَحّى — déplacer; déloger

☆ زَوَّدَ بكذا : أعطاهُ له — fournir; pourvoir/*ou* munir, de

— . أزادَ : أعطاهُ الزاد . مَوَّنَ — ravitailler; approvisionner

△ — : زادَ (في زيد) — augmenter; accroître

زَادٌ △ زُوَّادَة : مُؤْنَة — provisions, *f.pl*

مِزْوَد : جراب طعام المسافر ← havresac; sac à provisions de voyage, *m*

☆ زَوَّرَ : زَيَّفَ — forger; contrefaire; falsifier

— : لفّق — controver; créer de toutes pièces; fabriquer

△ زَوِرَ بالطعام : غصّ — s'engorger; étouffer

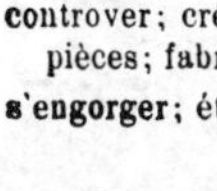

زارَ : عادَ visiter; rendre visite à

تزاوَروا : تبادلوا الزيارات se faire des visites; se visiter

زَوْر : أعلى وسَط الصدر haut de la poitrine; pharynx; œsophage, *m*

△ — : مرْ رَد حلق gorge, *f*; gosier, *m*

زُور : كاذب mensonger, ère; faux, sse

— : كذب. بهتان mensonge, *m*; fausseté, *f*

△ بالـ : غصباً . قسْراً par force

زائر : الذي يزور visiteur, se

— : ضيف convive; invité, e

عندنا زوار (△ ناس) nous avons du monde

زيارَة : الاسم من «زارَ» visite, *f*

تزوير : تزْيف أو تقليد falsification; contrefaçon, *f*

— : تدليس fraude, *f*

مزار : ما يُزار من الأماكن sanctuaire; tombeau; lieu visité, *m*

— ولي mosquée sepulcrale, *f*; marabout, *m*

مُزَوَّر : زَيَّف أو مقلَّد falsifié, e; contrefait, e; faux, sse

مُزَوِّر faussaire; contrefacteur, *m*

٭ زورق (زرق) ٭ زوغ (زيغ)

٭ زَوْفُ الطائرة roulement, *m*; action de rouler, *f*

زافت الحمامة والطائرة rouler

٭ زُوفاء . زُوفى : ثغام . نبات عطري hysope, *f*

٭ زوَّق : زخرف وزيَّن parer; embellir; orner; décorer

△ زُوَّيقة : ورقة لعب مصوَّرة ← figure, *f*

مُزَوَّق : مزخرف embelli, e; décoré, e; orné, e

— : جميل الظاهر فقط voyant, e; d'emprunt; farde, e

٭ زَوْل : شخص une personne; un individu; quelqu'un, e

زالَ : تلاشى واضمحل se dissiper; cesser

— : ذهب وانقضى s'écouler; se passer

ـت الشمس : مالت للغروب se coucher; décliner

ما زال . ولم يزل (في زيل) encore

زاوَلَ : حاول . عالج essayer; tâcher de; s'employer à

— : مارسَ . تعاطى pratiquer; exercer

أزالَ : أبعَدَ enlever; éliminer; supprimer

— الأثر : طمس . محا oblitérer; effacer

△ — الضرورة : بالَ pisser; uriner

زَوال : إنقضاء cessation; extinction, *f*

— : تلاش disparition, *f*

— اليد او الحيازة dépossession, *f*

زائل : سريع الزوال éphémère

— . عابر passager, ère; transitoire

إزالة : إبعاد élimination, *f*; enlèvement, *m*

مِزْوَل : ٥ دايل التلفون الاتمتيكي cadran, *m* (انظر دايل)

مِزْوَلة : ساعة شمسيَّة ← cadran solaire, *m*

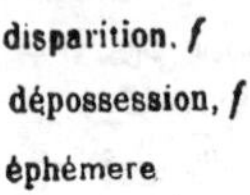

— : آلة الربع — quadrant, *m*

مزاولة : ممارسة — pratique, *f*; usage; exercice, *m*

زُولُوجِيَا : علم الحيوان — zoologie, *f*

زولوجي : مختصّ بعلم الحيوان — zoologique

(زوم) زامَ الكلبُ : هَرَّ . عَرَّ — grogner; gronder; montrer les dents

*زَوَى ما بين عينيه — froncer les sourcils

— وجهه : عَبَسَ — faire la grimace

زَاوِيَة : رُكْن — coin, *m*; encoignure, *f*

— (في الهندسة) — angle, *m*

— خارجة — angle saillant, *m*

— داخلة — angle rentrant, *m*

— عوجاء : كوس — fausse équerre, *f*

— النجار والنحات وغيرهما — équerre, *f*

— قائمة — angle droit, *m*

— حادّة — angle aigu, *m*

— منفرجة — angle obtus, *m*

— الانعكاس — angle de réflexion, *m*

— زوجيّة — angle dièdre, *m*

— الوقوع — angle d'incidence, *m*

— : مكان صغير للصلاة — petite mosquée, *f*

حادّ الـ — acutangle

قائم الـ — rectangle; rectangulaire

متساوي الزوايا — équiangle

متعدّد الزوايا — polygonal, e

مِزْوَاة : مقياس الأبعاد — théodolite, *m*

*زيّ (زي) *زيادة (زيد) *زيارة (زور)

*زِئْبَق : زئبق (راجع زأبق) — mercure; vif argent, *m*

*زَيَّتَ . زَاتَ الآلةَ — huiler; lubrifier; graisser

زَيْت : عَصِير الزيتون (وغيره) — huile, *f*

— حار : زيت بزر الكتّان — huile de lin, *f*

— خروع — huile de ricin, *f*

— الزيتون ∆ — طيّب — huile d'olive, *f*

— السمسم : سيرج — huile de sésame, *f*

— السمك . — كبد الحوت — huile de foie de morue, *f*

— الاستصباح : نفط — kérosène; pétrole, *f*

— الخشخاش — huile d'œillette, *f*

— البطم — essence de térébenthine, *f*

— معدني — huile minérale, *f*

بالـ — à l'huile

معصرة الـ — huilerie, *f*

زَيْتِي : كالزيت أو منه — huileux, se

— : يخرج زَيْتاً — oléagineux, se

زَيَّات : بائع الزيوت — marchand, e d'huile

مِزْيَتَة : وعاء تزييت الآلات — burette, *f*

— : وعاء الزيت والخلّ — huilier, *m*

*زَيْتُون : ثمر شجر معروف — olive, *f*

زَيْتُونَة : شجرة الزيتون — olivier, *m*

زَيْتُونِي : بلون الزيتون الأخضر — olivâtre

*زِيج : تقويم فلكي — éphémérides, *f pl*; calendrier astronomique, *m*

— البنّاء : تَرّ — fil à plomb, *m*

○ زيجة ○ زيجي (في زوج)

(زيح) زاحَ : ذهب وتباعدَ (راجع زوح) — partir; s'éloigner

ـــ . أزاحَ : نقل ونحّى — déloger; déplacer; *ou* enlever

ـــ . ـــ اللثام عن — dévoiler; démasquer

زياح : زفّة دينية — procession religieuse, *f*

(زيد) زادَ . ازدادَ : ضدّ نقص — s'augmenter; croître; s'accroître

ـــ . زيّدَ △ زوّدَ — augmenter; accroître; grossir

ـــ عَن : جاوَز — dépasser; surpasser

زايدَ : قدّمَ ثمناً أزيد — enchérir

ـــ فلاناً : قدّمَ ثمناً أزيد مما عرض — surenchérir

تزيّدَ السعرُ : غلا — hausser; monter; s'élever; renchérir; augmenter

زيادة : ضدّ نقص — augmentation, *f*; accroissement, *m*

ـــ : علاوة — allocation, *f*; extra, *m*

ـــ : فضلة — surplus; excédent, *m*

ـــ عن : أزيد — en sus; plus que, *ou* de

ـــ على : بخلاف هذا — outre; en plus

ـــ في القيمة — plus value, *f*

ـــ . زائد : إضافي — additionnel, le; à titre supplémentaire

زائد [2] : مفرط — immodéré, e; excessif, ve

ـــ : فائض — surabondant, e

ـــ : غير لازم — superflu, e; de trop

ـــ عن العدد المقرر — en surnombre

زائدة جلدية — verrue, *f*; poireau, *m*

التهاب الـــ الدودية — appendicite, *f*

△ مزاد : حراج — enchère, *f*; enchères, *f.pl*

بيع بالـــ — vente aux enchères, *f*

طرح بالـــ — vendre à l'enchère; mettre aux enchères

مزايد (في البيع بالمزاد) — enchérisseur, *m*

مزايدة : ضدّ مناقصة — enchère, *f*

متزايد : ضدّ متناقص — en augmentation; croissant, e

○ زيرُ الماء : دنّ . حُبّ — grande jarre, *f*

ـــ : يحب مجالسة النساء — coureur; galant; don juan, *m*

زيار : △ لوّاشة البيطار — morailles, *f.pl*

زيارة (في زور)

○ زيزُ الحصاد (الجمع زيزان) — cigale, *f*

○ زيزفون — tilleul, *m*

○ زيّطَ . زاطَ : أجلبَ — crier; faire du tapage

زيّاط : كثير الصخب — criard, e; bruyant, e; tapageur, se; turbulent, e

△ زيطة : ضوضاء — brouhaha; tintamarre; tapage, *m*

○ زيغ . زيغان : انحراف — déviation; inclinaison, *f*

ـــ . ـــ النور — diffraction, *f*

زاغَ : انحرف ومال — dévier; virer; s'écarter

ـــ النورُ (راجع زوغ) — décliner; dévier

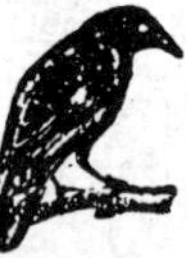

ـــ : ضلّ — s'égarer

زاغ : غراب الزرع — ←choucas, *m*

زائغ : منحرف — qui dévie; divergent, e

○ زيّفَ . زافَ الدراهمَ — falsifier; contrefaire

زَيف . زَائِف : مَغشوش contrefait, e ; faux, sse
— . مزيَّف : غيرحقيقي fictif, ve ; factice : artificiel, le ; forgé, e de toutes pièces
عُملة زائفة fausse monnaie, f
تَزييف (راجع غِشّ) contrefaçon ; falsification, f
* زِيقُ الثوب : ما أحاطمنهُ بالعنق collet d'un habit, m
Δ — : سِيْخ ، خطّ عريض raie ; barre, f
Δ زيَّق الباب وغيره : صرف craquer ; crier
Δ — صدره : أزّ siffler en respirant
* زَيَّلَ : فرّق disperser ; éparpiller
زايَلَ : فارقَ se séparer de ; quitter ; partir
زَالَ : برحَ cesser ; discontinuer
ما — . لم يزل encore
مازلت أفعل je n'ai pas cessé de faire
○ زيلفون : الخشبية (آلة موسيقية) xylophone, m
* زَيَّنَ . زَانَ : زخرف décorer ; parer ; orner
— . — : صيَّرهُ جميلاً embellir
— بالأنوار illuminer
تَزَيَّنَ : حلق أو قصّ شعره se raser, ou se faire couper les cheveux
— بالمساحيق se farder
— . إزْدانَ : تحلَّى se faire beau, lle
زَان . خشبُ زان hêtre, m
زَيْن . زَيَّان : جميل beau, a.m ; belle, a.f ; charmant, e

زِينَة . زِيَان : زخرُف ornement, m ; décoration, f
— بالأنوار illumination, f
خوان الــ : تسريحه table à toilette, f
لأجل الــ : زينيّ décoratif, ve ; ornemental, e
تَزْيِين : زَخْرفة embellissement, m ; décoration, f
مُزَيَّن : مُزْدَان paré, e ; orné, e ; embelli, e
مُزَيِّن : حَلَّاق coiffeur, se ; barbier, m

(زيي) زِيّ طراز ○ مُودَه mode, f ; style, m
— : لباس mise, f ; habillement ; habit, m
— : هيئة aspect, m ; tournure ; présentation, f
على الــ الجديد à la mode ; dernier cri
Δ زَيّ : مثل comme ; pareil, le ; même
— بعضه : على حدّ سوى c'est la même chose ; c'est égal
زَيَّا : ألبس habiller ; vêtir
تَزَيَّا : لبس s'habiller

•••○○•••

(س)

△ساسأ : سَقسَغ — tremper; inbiber

— : نضَحَ (كالشواء بالدهن) — arroser

*سأل : طلب — demander, solliciter

— عن : إستخبر — s'informer de; demander des nouvelles de

— سؤالاً — poser une question; questionner

— △ تَسَوَّلَ : استعطى — mendier

سَلْ : فِعل أمرٍ من « سألَ » — demandez

سُؤال : طَلَب — demande; requête, f

— : استفهام — question; interrogation, f

△ تَسَوُّل : استعطاء — mendicité, f

سَؤول : كثير السؤال — questionneur, se

سائِل : طالِب — demandeur, se; requérant, e; solliciteur, se

— : ضدّ جامد (في سيل) — liquide, m

△ مُتسوّل : مُستعط — mendiant, e

مَسْئَلَة : حاجة — demande; requête, f

— يُطلب حلّها — problème, m

— : أمر — affaire; question, f; objet d'une discussion, m

— فيها نظر — question discutable, f

— علميّة — théorème, m; proposition, f

مَسْئول — responsable

مَسْئوليّة : تَبِعة — responsabilité, f

على — صاحبه — à ses risques et périls

*سَئِمَ كذا : ملّه — se lasser de; se dégoûter de

أسأمَ : جعله يملّ — ennuyer; assommer

سَأم . سآمة : مَلَل — ennui; dégoût, m; lassitude, f

* ساء (سوأ) * سائر (سير) * سائل (سيل وسأل)
* سابَ (سيب) * ساج (سوج) * ساح (سيح)
* ساحل (سحل) * ساحة (سوح) * سادة (سود)
* ساذج (سذج) * سارَ (سير) * سارّ (سرر)
* سارية (سري) * ساس (سوس) * ساطور (سطر)
* ساع (وسع) * ساعِ (سعى) * ساعد (سعد)
* ساعة (سوع) * ساغ (سوغ) * سافَ (سيف)
* ساف (سوف) * ساق * ساقية (سوق وسقي)
* سال (سيل) * سامَ (سوم) * سامّ (سمم)
* سامِ (سمو) * سامح (سمح) * ساهِ (سهو)
* ساور (سور) * ساوم (سوم) * ساوى (سوي)

○سَبانخ ○إسبانخ : خضار يُطبخ — épinards, m.pl

*سَبَّبَ الأمرَ : أحدثه — occasionner; motiver; causer

— : جَلَبَ على — amener, ou attirer, sur

سَبَّ : شتمَ (راجع شتم وقذف) — insulter; injurier

— الدينَ — blasphémer

تَسَبَّبَ بالأمر : كان سبباً له — être cause de

سَبّ : شَتْم — insulte; injure, f

— : قَذْف — diffamation; calomnie, f

— الدين — blasphème, m

— علني — injure publique, f

سَبَب : عِلّة — cause; raison, f

— : باعِث — motif; mobile, m

— قهري — force majeure, f

— واهٍ — raison frivole, f

بسبب كذا — à cause de

أسباب الحكم motifs; considérants; attendus, *m.pl*

سَبَّابة ←index, *m*

مُسبِّب auteur, *m*; cause, *f*

△ مُتَسبِّب: متعاطي الاسباب; détaillant, e; petit, e marchand, e

سَبْت. يوم السبت samedi, *m*

— النور (عيد مسيحي) Samedi Saint, *m*

△ سَبَتٌ: سَفَط. سلّة ← panier, *m*; corbeille, *f*

سُبَات: غيبوبة léthargie, *f*; coma; sommeil léthargique, *m*

الشريان السُّباتي carotide, *f*

△ سِباتي (في ورق اللعب) ←trèfle, *m*

مُسْبِت: في حالة جمود وغيبوبة en léthargie; comateux, se

○ سِبْتِمْبر: ايلول septembre, *m*

* سَبَحَ: عام (راجع عوم) nager

سَبَّحَ: مَجَّد glorifier; louer; exalter Dieu

سُبْح. تسبيح louange de Dieu, *f*

سُبْحة. مِسْبَحة الصلاة chapelet; rosaire, *m*

سِبَاحة. سَبْح: عَوْم natation; nage, *f*

سَبَّاح: عوّام nageur, se; bon, ne nageur, se

سابِح: عائم qui nage; nageant, e

تَسْبِحة. تَسْبيحة: ترنيمة cantique; hymne, *m*

* سَبَخَ. سَبَّخَ: نام نوماً عميقاً dormir profondément

△ — الأرضَ: سَمَّدها engraisser; fumer

سَبْخَة: أرض ذات نزّ وملح marais, *m*

△ سَبَخ △ سِبَاخ: سماد engrais, *m*

△ — △ — بلدي fumier, *m*

△ — △ — كيماوي engrais chimique, *m*

△ — △ — عضوي engrais organique, *m*

△ تَسْبيخ الأرض engraissement; fumage, *m*

* سَبَرَ: جَسَّ sonder; tâter

سَبْر: جَسّ sondage, *m*

سَبُّورَة: △ باشتختة ← tableau noir, *m*

مِسْبَر. مِسْبَار: مِجَسّ sonde, *f*

○ سِبِرتو: كحول alcool, *m*

△ وابور — ← lampe à alcool, *f*

* سَبُطَ الشعرُ: استرسل être flottants (cheveux)

سِبْط: عشيرة tribu (chez les Israélites)

سَبْط: ضدّ جَعْد non crépus; lisses; plats (cheveux)

* سَبُع: كل حيوان مفترس bête féroce, *ou* carnassière, *f*

△ — : أسد (الطراسد) lion, ne

— البحر otarie, *f*; ←lion marin, *m*

— الجَبَل: بُهْمَة ←puma, *m*

— . سبعة (٧) sept

— عشرة. سبعة عشر (١٧) dix-sept

سُبْع : جُزْء مِن سَبْعة ($\frac{1}{٧}$) septième, m

سَبْعة أضعاف septuple

سَبْعون (٧٠) soixante-dix

الـ soixante-dixième

سَبْعوني : ابن سَبْعين سَنَة septuagenaire

سابِع : ما بين السادس والثامن septième

الـ عشر dix-septième

أُسْبوع : سبعة أيام semaine, f

— الآلام (عند النصارى) semaine sainte, f

اسبوعان : ١٤ يوماً quinzaine, f

أُسْبوعي واسبوعيًّا hebdomadaire

٭ سَبَغَ . أَسْبَغَ عليه الخيرات combler qn de biens

٭ سَبَقَ إلى : تقدَّم على précéder; devancer

△ سَبَّقَ : فعل الأمر قبل موعده aller au devant; devancer les évènements; prendre les devants

سابَقَ : غالب في السباق lutter de vitesse; courir avec

— : باري . زاحم rivaliser avec; concourir

تَسابقوا . استبقوا courir

سَبْق . أَسْبَقِيَّة : تقدم antériorité; priorité, f

△ — . سِباق : مباراة course, f

سِباق ٢ : مسابقة . مزاحمة compétition, f; concours, m

— المراكب régate, f

— الخيل course des chevaux, f

حِصان السباق cheval de course, m

حَلْبة أو ميدان السباق champ de course, m

مِقْوَس السباق poteau de départ, m

سابِق : متقدِّم précédent, e

— : ضد لاحق antécédent, e; antérieur, e à, préalable

— أوانه prématuré, e

△ صحيفة او كَشْف سَوابق casir judiciaire; bulletin judiciaire, m

قَلَم السوابق service de l'identité judiciaire, m

سابِقاً : قبلاً antérieurement; dejà

سابِقة antécédent; précédent, m

يُعْتَبر كـ considéré, e comme précédent, ou antécédent

مَسْبُوق devancé, e; dépassé, e

غير مَسْبوق . ليس له سابقة sans précédent

مُسابِق : مزاحِم concurrent, e; rival, e; compétiteur, rice

مُسابَقة : منافسة compétition; rivalité; concurrence, f; concours, m

٭ سَبَكَ . سَبَّكَ : أذاب وصب في قالب mouler; fondre

سَبَّكَ ٢ الطبخ mijoter

سَبْكُ المعادن fonte, f; moulage; coulage, m

سَبَّاكُ المعادن fondeur, m

△ — : △ سَمْكَري . رصاص plombier, m (مشتغل بتركيب الأنابيب والأدوات الصحية)

سَبيكة (من الفضه أو الذهب أو غيرهما) lingot, m

مَسْبَك : مكان السبك fonderie, f

٭ سَبَّلَ المالَ consacrer qc à un usage pieux

أسبَلَ السترَ على voiler; couvrir
— الدمع verser des larmes
— الزرعُ : سنبلَ monter en épi
شَعْر اسْبَل : سَبْط cheveux plats, ou souples, m.pl
سَبَل الذرة : △شواشي style ou stigmate de maïs, m
سَبلة : سنبلة (انظر سنبل) épi, m
— : مقدم اللحية barbiche, f
△سَبْلة : سِماد الاصطبلات fumier, m
سَبِيل : طَرِيق chemin, m; route; voie, f
△ — : مكان عمومي لشرب الماء fontaine publique, f
أخلى سبيله : أطلق سراحه élargir: libérer; relâcher
في سَبيل الله pour la cause de Dieu
على — كذا à titre de
△سِبنسة القطار : عوّاقة frein; wagon à frein, m
❊ سَبَى . اسْتَبَى العدوَّ : أسرهُ capturer; faire prisonnier, ère
— . — العقلَ enchanter; captiver; séduire
سَبِيّ : أسير captif, ve; prisonnier, ère de guerre
سَبْيٌ : أسر أو غُربة captivité, f; ou exil, m
سابٍ captivant, e
❊ سِبِيداج . إسبيداج céruse, f
○سَبيونة الشباك او باب البلكون espagnolette, f
○ستال : مقعد في ملهى stalle, f; fauteuil d'orchestre, m

(ستّ) سِتٌّ . سِتّة (٦) six
— عشرة . ستة عشر (١٦) seize
—: سيدة . خاتون dame; maîtresse
— الحُسن : نَبات belladone, f
△الست المُسْتَحيَة : نبات mimosa, m
ستة ٢ اضعاف sextuple; six fois
سِتُّون (٦٠) soixante
الـ — : الواقع بعد التاسع والخمسين soixantième
ستوني : ابن ستين سنة sexagénaire
❊ سَتَرَ . ستّر : غطى وخبّأ couvrir; cacher
— . — : حَجب voiler
— . — : حمى protéger; abriter
تستّر . إستتر : تحجّب وتخفى se cacher; se dérober aux regards
— على مجرم recéler un criminel
سِتْر . سِتار : غِطاء voile; rideau, m; couverture, f
— . — : ما تستتر به للحماية abri, m; égide; protection, f
سِتار ٢ △سِتارة rideau, m
— . — الباب portière, f
— △— الشباك rideau de fenêtre, m
— المسرح الخارجي : سَدِيل rideau, m
— السينما . الستار الفضي écran, m
— من دخان أو غيره barrage; écran, m
سُتْرة △سِترة . سُتْري veston, m; jaquette, f
تستّر dissimulation, f; recel, m

٭سَجَلَ : دَوَّنَ . قيدَ	enregistrer; inscrire; consigner dans un registre
— العقدَ والحجّةَ وغيرها	transcrire: inscrire; enregistrer
— الاختراعَ	prendre un brevet
— خطاباً بالبريد	recommander une lettre
— التوقيع	légaliser la signature
ساجَلَ : بارَى	rivaliser avec; concourir
سِجِلّ : دفتر التسجيل	registre de transcription, ou
— : دفتر	registre, m
— تجاري	registre de commerce, m
سِجِلّات : ∆قيودات	archives, f.pl
تَسْجِيل : تدوين	enregistrement, m
— العقود	transcription; inscription, f; enregistrement, m
— الخطابات	recommandation, f
— تاريخ رسمي	date certaine, f
مكتب — العقود	greffe; bureau de transcription, m
مُسَجِّل العقود الرسميّة	notaire, m
مُسَجَّل : مدوَّن في السجلّ	transcrit, e; inscrit, e; enregistré, e
خطاب — .	lettre recommandée, f
مُساجَلَة : مباراة	concours, m; compétition, f
— كلاميّة	débats, m.pl; discussion; controverse, f
— كتابيّة	polémique, f
٭سَجَمَ . أَسْجَمَ : سكبَ	verser
— ٭ إنْسَجَمَ : سالَ	couler
— . — : تلاءَمَ وتوافقَ	s'harmoniser; se mettre en harmonie
مُسْتَتِر . مَسْتُور : خَفي	voilé, e; caché, e
— . — : كامِن . ضد ظاهِر	latent, e; caché, e
— : مُضمَر	sous-entendu, e; tacite
∆سَتَّفَ : رصَّ . دكَّنَ	arranger; mettre en place; arrimer
تَسْتيف البضائع : تدكين	mise en place, f
— البضائع في المراكب	arrimage, m
سَتّيفاتي السفن التجارية : دَكّان	arrimeur, m
٭ستة (في ستت)	
∆سَتِيْنيه ∆ساتينيه : نسيج قطني	satinette, f
— حَرير	satin, m
٭سَجَدَ : إنحنى خضوعاً	se prosterner; s'incliner jusqu' à terre
∆— : جثا	se mettre à genoux; s'agenouiller
سُجُود	prosternation, f; prosternement, m
— : عبادة	adoration, f; culte, m
سَجّادة : طنفسة	tapis, m; carpette, f
— عجمي	tapis persan, m
مَسْجِد : مكان العبادة	mosquée, f; temple, m
٭سَجَعَ . سجعَ الحمامُ	roucouler
— . — الكلامَ	rimer; faire des bouts rimés
سَجْعُ الحمام	roucoulement, m
— : كلام مُقفّى	prose rimée, f; bouts rimés, m.pl; assonance
٭سِجْف . سِجاف : ستار	rideau, m
∆سُجُق : سجا . مقانق	saucisse, f; saucisson, m

إنسجام الكلام: élégance, ou harmonie, de langage, f
— الاصوات والاشياء : توافقها: harmonie, f
مُنسجِم: harmonieux, se
☆ سَجَنَ : حبس في سجن: emprisonner
سِجْن : مكان الحبس: prison, f
سَجْن : حَبْس (راجع حبس): détention, f; emprisonnement, m
— مؤبَّد: emprisonnement à vie, m
— إحتياطي قبل الحكم: prison préventive, f
سَجَّان : حارس السجن: geôlier, m
سَجِين . مَسجُون: emprisonné, e; détenu, e; incarcéré, e
— سياسي: prisonnier, ère d'état, ou politique
☆ سَجِيَّة : طَبْع . خُلْق: nature, f; caractère; naturel, m
☆ سَحَبَ : جَرّ: tirer; trainer
△ — : استرجع . استردّ: retirer; reprendre; rappeler
— نقوداً من البنك: retirer de l'argent de
إنسحَبَ : إنجَرَّ: être tiré, e; se trainer
— : تقهقر . ارتدّ: se retirer
سَحْب : جَرّ: tirage, m
— : إسترداد: retrait; rappel, m; récupération, f
سحاب : غيم: nuage, m; nue, f
— الصيف : قلَع: cumulus, m; nuee, f
ساحب : جار او ساحب التحويل: tireur, se
إنسحاب : إرتداد: retrait, m
— : تقهقر: retraite, f

قابلٌ الـ — (كالمعدن يُسحبُ اسلاكاً): ductile
مَسْحُوب : مجرور: tiré, e
— عليه : مطلوب منه دفع التحويل المالي: tiré, m
☆ سُحْت : مُقتنىً بالحرام: mal acquis, e; illicite
☆ سَحَجَ الجلدَ : جَلَطه: érafler; égratigner; écorcher la peau
مِسْحَاج : مِسْحَل كبير △ فارة: varlope; plane, f
مَسْحُوج : مجلوط: écorché, e; égratigné, e
(سحح) سَحَّ الماء : سال: couler; jaillir
— : وكَفَ △ شرّ: fuir; couler
—ت عينه : بكى: verser des larmes; larmoyer
عَيْن سَحّاحَة: larmoyant (œil)
سَحِيّ الدمع : بكّاء: larmoyant, e
☆ سَحَرَ: ensorceler
— : سَلَبَ قلبه: charmer; engouer; fasciner
سِحْر: magie; sorcellerie, f
— : سَلْبُ القَلْب: enchantement; charme; engouement, m
سِحْريّ : مختص بعمل السحر: magique
اللمبة السحرية : صمصامة: valve cathodique, f
سَحَر : فجْر: aube; aurore, f; point de jour, m
سَحَّار . ساحِر: magicien, ne; sorcier, ère
— أفرنكي: jongleur, se; prestidigitateur, m
△ سَحَّارَة : صندوق: caisse, f
△ — : أردبة (في الري): rigole, f
سَحُور : طعام السَحَر: repas de l'aube (pendant le jeûne), m

* سَحَقَ : دقَّ — broyer; écraser
— : سَحَنَ — pulvériser
سَحُقَ : كان بعيداً — être lointain, e, ou éloigné, e
إنْسَحَقَ : إندَقَّ — être écrasé, e, ou broyé, e
سَحْق : دقّ — broiement; écrasement, m
— : ثوبٌ بالٍ — guenille, f; haillon, m
سُحْق : بُعد — éloignement, m
سِحاق : لياطة الأنثى للأنثى — amour lesbien, m
سَحيق : بعيد — éloigné, e; lointain, e
إنسحاق القلبْ (ندماً) — contrition; pénitence, f
ساحِقٌ . يَسْحَقُ — écrasant, e
اكثرية ساحقة — majorité écrasante, f
مَسْحُوق . مُنْسَحِق : مُنْدَقّ — broyé, e; écrasé, e
— : مسحون — pulvérisé, e; réduit, e en poudre: en poudre
— : تراب كل شيء سُحِقَ — poudre, f
* سَحَلَ بالمِسْحَل — raboter

△ سِحْلِيَة : سقّاية
←lézard, m

△ — (من أدوات المطابع) — coin, m
ساحِل البحر : شاطىء — côte; plage, f; rivage; bord de la mer, m
ساحِليّ . سَواحِلي : مختص بساحل البحر — littoral, e

مِسْحَل النجار : △ فارة
↑ rabot, m; varlope, f
— الحداد : مبرد
←lime, f

* سَحَنَ : دقّ — triturer; piler; pulvériser
سَحْن : دَقّ — pilage; broyage, m; trituration; pulvérisation, f
سَحْنَة : سيماء — physionomie; mine, f
مِسْحَنَة : مدقّة — pilon; triturateur, m
(سحو) سِحاية (والجمع) سَحايا : ام الراس — méninge, f
الالتهاب السحائي : سِرسام — méningite, f
* سخاء (في سخي) * سخافة (في سخف)
△ سخْتِيان : نوع من الجلد المدبوغ — maroquin, m
* سَخَرَ . سَخَّرَ : كلَّفه عملاً بلا اجرة — exploiter; imposer une corvée
مُسَخَّر — prête-nom
سَخِرَ به ومنه : △ تمسخر عليه — se moquer, ou se railler, de qn
سُخْرة . سُخْرِيَة : اضحوكة — risée, f; objet de risée, ou de raillerie, m
— : عمل بلا أجرة — corvée, f; travail non rétribué; [travail à l'œil], m
سُخْرِيّ . مَسْخَرة — ironique; cynique
سُخْرِيَة : هزء — moquerie, f; ridicule, m
△ مَسْخَرة : المرافع — carnaval, m; mascarade, f
ثياب الـــ (للتهريج)
←travesti; costume de fantaisie, ou de travestissement, m
△ سَخْسَخَ : أغمي عليه — s'évanouir; défaillir
* سَخِطَ على : غضب — s'emporter; s'irriter contre qn

أَسْخَطَ : كدَّر وأغاظ — fâcher; mettre en colère; *ou* contrarier; vexer

سُخْط . سَخَطٌ : غَضَب — indignation; colère, *f*

— : ضِدّ رضى — mécontentement, *m*

ساخِط : غاضِب — indigné, e; fâché, e; mécontent, e

☆ سَخُفَ : كان سَخِيفاً — être faible, débile

— عقلهُ — être faible d'esprit

سُخْف . سَخَافَة : رَكاكة — mesquinerie; faiblesse; pauvreté, *f*

— . — العقل — imbécilité; étroitesse d'esprit, *f*

— . — : عَدَم المعقوليَّة — absurdité, *f*

— . — : رِقَّة — légèreté; ténuité, *f*

سَخِيف : غير معقول — absurde

— العقل — imbécile; sot, te

اسلوب — — style pauvre, *m*

☆ سَخَّمَ : سوَّدَ بالسخام — noircir de suie

سَخَم . سُخْمَة : سواد — noirceur, *f*

سُخَام : سواد القدر . △ هِباب — suie, *f*; noir; noir de fumée, *m*

☆ سَخُنَ : كان حارًّا — être chaud, e; chauffer

△ — : مرض بالحمّى . حُمّ — avoir la fièvre

سَخَّنَ . أَسْخَنَ — chauffer; échauffer

سُخْن . ساخِن : حارّ

△ — △ — : محموم — fiévreux, se

سَخَّان مِسخَن : جهاز تسخين الماء — chauffe-bain, *m*

سُخُونة . سَخَانَة : حَرارة — chaleur, *f*

— : حُمَّى — fièvre, *f*

☆ سَخِيَ . سَخا : كان سخيًّا — être généreux, se

تَسَخَّى : تكلّف السخاء — affecter la générosité

سَخاء . سَخَاوَة : جُودَة — générosité; libéralité, *f*

سَخِيّ : كَرِيم — généreux, se; libéral, e

△ — : رَخْص — souple

☆ سخيف (سخف) ☆ سدّ (سدد) ☆ سداة (سدي)

△ سَدَب : شذاب — rue, *f*

سِدَابَة : سدادة — bouchon; tampon, *m*

— خشب : شقّة — morceau (*m*), *ou* bande (*f*), de bois

☆ سَدَّدَ : أرشدَ إلى الصواب — diriger qn vers le droit chemin, le bien

— نحو : صوَّب — viser; braquer; pointer

△ — حساباً — régler; solder; acquitter

سَدَّ : ضِدّ فتح — boucher; fermer

— : عاق — bloquer; obstruer; entraver

— بسدادة — boucher

— فراغاً : ملأه — combler

— مَسَدَّهُ — remplacer

△ — النفقات : وفاها — couvrir les dépenses

— . أَسَدَّ : كان سديداً — viser juste

سَدّ : ضدّ فتح — fermeture; obstruction, *f*

— : حاجز — entrave, *f*; obstacle, *m*

— في نهر : حبْس — digue, *f*; barrage, *m*

طريق — : رَدْب . لا منفذ له — impasse, *f*; cul-de-sac, *m*

طَريق مَسْدُود (وقتياً) route barrée, *f*

مُحْكَم الـ : مَتِينُه hermétiquement fermé, e, *ou* obstrué, e

سَدَاد : إحكام justesse, *f*

بـ : بإحكام juste; à propos; à point

△سَداداً لـكذا en règlement de

سِدادة : ما يُسَدُّ به . سُبَد tampon; bouchon, *m*; cheville, *f*

— الزجاجة bouchon, *m*

سَدِيد : مُحكَم juste; à point; approprié, e

— الرماية bon, ne tireur, se

جَواب — . réponse appropriée, *f*

سُدَّة : باب seuil, *m*; porte, *f*

— : منبر أو عرش trône, *m*; chaire, *f*

— بابويّة أو رسولية Saint-Siège, *m*

تَسْدِيد : تصويب pointage; braquement; visé, *m*

△— : إيفاء règlement; paiement, *m*

△تحت الـ أو السداد en suspens; dû, e

٭ سَدِرَ بَصَرُهُ : زَغْلَل être ébloui, e; s'éblouir

سِدْر . سِدْرة : شَجَرة النبق *Nabca*; épine du Christ, *f*

٭ سَدَّسَ العَدَدَ sextupler

سُدْس sixième; (١/٦) sixième partie

آلة الـ : جهاز تحقيق الموقع sextant, *m*

سُداسِيّ الحروف composé, e de six lettres

— أو مُسدَّس ١ الأركان hexagone, *m*

مُسدَّس ٢ : △فَرْد بساقية revolver, *m*

△— البُوبَة pistolet, *m*

سادِس : بعد الخامس sixième

— عشر : بعد الخامس عشر seizième

سادساً sixièmement

٭ سَدَف . سُدْفة : نور الغسق والسَّحَر crépuscule, *m*

٭ سَدَلَ . سَدَّلَ . أَسْدَلَ الشعرَ وغيرَهُ : أرخاه laisser tomber

— . أسْدَلَ السِّتارَ : أسبله baisser le rideau

سُدْل : سِتْر (راجع ستار) rideau, *m*

(سَدِيم) سَدِيم : ضباب brouillard, *m*

— (في الفلك والجمع سُدُم) nébuleuse, *f*

سَديمِيّ (في الفلك) nébuleux, se

سادوم وعاموره Sodome et Gomorrhe

٭ سَدَّى . أَسْدَى إليه faire du bien à; faire profiter qn; rendre service à qn

سُدًى : باطلاً en vain; en pure perte; inutilement

سَداةُ النسيج : خلاف لحمته chaîne (d'un tissu), *f*

— : عضو التذكير في النبات ←étamine, *f*

٭ سديد (سدد) ٭ سديم (سدم)

٭ سَذاجة : بساطة naïveté; *ou* simplicité, *f*

ساذِج : بسيط △ساده simple; uni, e (étoffe)

— : سليم النيّة . بسيط ingénu, e; candide; naïf, ve

٭ سراب (سرب) ٭سراج (سرج) ٭ سراح (سرح) ٭سرادق (سردق) ٭سراط (سرط) ٭ سراى (سري)

٭ سَرِبَ . تَسَرَّبَ : سالَ — couler; fuir
— ٠ — الدخان أو البخار — s'échapper
— ٠ — : خرج خلسة — s'esquiver; se retirer furtivement
تَسَرَّبَ٢ في الشيء — s'infiltrer, *ou* pénétrer, dans
— الخبرُ — s'ébruiter; s'éventer
سَرَّبَ : أرسل قليلاً فقليلاً وخفية — faire échapper, *ou* faire partir, subrepticement
سَرَبٌ : نفق — tunnel; ⟵souterrain, *m* 
سِرْب . سُرْبَة : قطيع — troupeau; essaim (d'abeilles), *m*
— ٠ — : عدد عظيم — foule: multitude, *f* 
— طيور — ⟵vol, *m*; nuée; volée, *f*
— طائرات — escadre, *f*
قائد — ٠ — capitaine aviateur, *m*
سراب : خَيْدَع — mirage, *m*
∆ — : أقذارُ المراحيض — eau d'égout; gadoue, *f*; immondices des égouts, *f.pl*
أُسْرُب : رصاص أسود — mine de plomb, *f*
مَسْرَب : مَصْرَف . مجرى الماء — égout; fossé d'écoulement, *m*; rigole, *f*
٭ سَرْبَلَ : ألبس — habiller; vêtir.
تَسَرْبَلَ : لبس — s'habiller; se vêtir
سِرْبال : كلّ ما يُلبَس — vêtement, *m*

٭ سَرَّجَ . سَرَجَ : ضَفَرَ — tresser (les cheveux); natter
— : شَرَّجَ . خاط خياطة متباعدة — faufiler
∆ — ٠ أسْرجَ الحصانَ — seller 
سَرْج : برذعة الخيل — ⟵selle, *f*
سَرَّاج ∆ سُروجيّ : صانع السروج — sellier, *m*
سِرَاج : مصباح صغير — veilleuse; lampe, *f* 
— الليل : حُباحِب — ver luisant, *m*
سِراجة ∆ سُروجيّة : صناعة السروج — sellerie, *f*
∆ — : شِراجَة . خياطة متباعدة — faufilure; couture à points espacés, *f*
سِيرَج : زيت (دهن) السمسم — huile de sésame, *f*
∆ سيرجة : معصرة السيرج وغيره — huilerie, *f*
٭ سَرَحَ : ذَهَبَ يرعَى — s'en aller au pâturage
∆ — العقلُ : شرد — s'égarer; être distrait, e; errer
سَرِحَ الرجُل : خرج في اموره — vaquer à ses affaires
سَرَّحَ القَوْمَ : صرفهم — renvoyer
— الجيشَ : صرفه — démobiliser
— الشعر : مشّطه — peigner; se coiffer
∆ سَرَحان الفِكر : شروده — distraction, *f*
سَراح : إطلاق أو صَرْف — répudiation, *f*; renvoi, *m*
أطْلَقَ — هُ : صرفه — relâcher; libérer
مُطْلَق الـ — en liberté; libre
∆ سَرِّيح : بائع متجوّل — colporteur; marchand, e ambulant, e
∆ — بالخضر والفاكهة — marchand, e des quatre saisons

سارحُ الفكر : شارد العقل distrait, e
تَسريح congédiement
تَسْريح الجيوش démobilisation, f
△ تَسريحَة : ترتيب الشعر coiffure, f
△ — : خوان الزينة coiffeuse; table à toilette, f
مَسرح : théâtre, m
خشبة الـ. scène, f; [planches], f.pl
مسرحي théâtral, e
○ سَرخَس: خِنشار. نبات fougère, f
☆ سَرَدَ . سرَّدَ: ثقبَ percer; perforer
— الحديثَ: ساقهُ entretenir une conversation
— تفاصيل الموضوع narrer, ou exposer, en détail; détailler
سَرْد : ذِكر . ايراد citation; énumération; récitation, f
— : متتابع بانتظام suite continue; série, f
△ سِرْداب : سَرَبٌ . نَفق tunnel; souterrain, m
— أرضيّ: دَيْماس مخبأ تحت الأرض crypte, f; caveau, m
△ سِرْدار : قائد الجيش généralissime, m
☆ سَرْدَقَ المكانَ: نصب السرادق عليه couvrir d'un dais, ou une tente
○ سَرْدِين : صَحْناة sardine, f
☆ سَرَّ . سَرَّ . أسَرَّ réjouir; égayer; dérider
△ — . سارَّ . أسَرَّ إليه السرَّ confier un secret à qn, (lui chuchoter qc à l'oreille)
أسَرَّ السِرَّ : كَتَمَه garder un secret
سُرَّ بكذا : فرح se réjouir; être content, e de
تَسَرَّرَ . إستَسَرَّ : إتخذ سُرِّيَّة prendre une maitresse, ou une concubine
سِرّ : ما يُكتَم . خافية . دخيلة secret, m
— غامض أو خفي mystère, m
— المهنة secret professionnel, m
— الليل : كلمة السرّ mot d'ordre, ou de passe, m
الـ المقدّس sacrement, m
△ سكرتير : كاتم او كاتب الـ secrétaire
يكتم الـ : كَتُوم discret, ète
لا يكتم الـ. indiscret, ète
أتعَبَ سِرَّهُ tracasser; tourmenter
سِرًّا : ضدّ علانية secrètement; en secret; en cachette
— : باطناً . قلبيًّا intérieurement; intimement
سِرّي : ضدّ علَني secret, ète; clandestin, e
— : خفيّ . غامض mystérieux, se
— : خصوصي privé, e; confidentiel, le
بُوليس — limier; agent de la police secrète, m; [mouche], f
بَيت — : بيت دعارة سرية maison de tolérance, ou de passe, f; [bordel], m
حِبر — . encre sympathique, f
محاكمة سرية (مثلاً) jugement à huis clos, m
مصاريف سرية (حكومية) fonds secrets, m.pl
سُرّ. سَرَر. الحبل السُرّي cordon ombilical, m

سُرّة البطن — nombril, m

— البلد — centre de la ville, m

— الطارة أو العَجلة : قُبّ — moyeu, m

△ — : حُزمة — paquet, m

بُرتقال أبو — — orange à nombril, f

سَرّاء : ضِدّ ضرّاء — prospérité, f; bien-être; bonheur, m

في الـ — والضرّاء — dans la prospérité et l'adversité

سَرَر • سِرار: خطوط الكف أو الجبهة — lignes de la main et du front, f.pl

أسارير ٢ الوجه — traits (du visage), m.pl

سرور: مسرّة • فرَح — joie, f; contentement, m

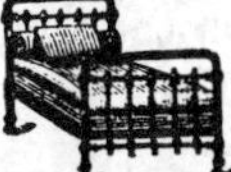

سَرير: مَضجَع — lit, m

— يُطوى — lit cage, m

— الملك: عرش — trône, m

سَريرة : نيّة — pensée intime, ou secrète; âme, f

سُرّيّة : حظيّة — maitresse; concubine, f

سارّ : مُفرِح — réjouissant, e; gai, e; joyeux, se

— خبَر — bonne nouvelle, f

تَسَرٍّ • إستِسرار : إتخاذ الحظايا — concubinage, m

مَسَرّة : سُرور — joie, f; plaisir; agrément, m

مِسَرّة : انبوبة التخاطب بين غرفتين — tube acoustique, m

مَسرور : فرحان — content, e; joyeux, se

سِرسام : خوف المرض — hypocondrie, f

— : التهاب سِحائي — méningite, f

مُسَرسَب : مُسَرسَم — hypocondrique

سَرَط • إستَرط الأكل — gober; avaler sans mastiquer

سِراط : سَبيل — chemin, m; voie, f

سَرَطان : حَيَوان بحري — crabe

— : إسم مرض (والبرج الفلكي الرابع) — cancer, m

— : وَرَم سرطاني (خبيث) — carcinome, m

سَرَطاني: منسوب لمرض السرطان — cancéreux, se

سَرُعَ • أسرع — se hâter; se presser; se dépêcher

سارَعَ • تَسارَعَ • تَسرَّعَ اليه — courir vers; s'empresser

أسرَعَ : عَجَّلَ • حَثّ — accélérer

△ تَسرَّعَ ٢ في عمله : اندفع — agir à la hâte, ou hâtivement

سُرُعُ اللجام : زمام — bride; rêne, f

سُرعة — vitesse; vélocité; rapidité, f

بسُرعة : بعجلة — en vitesse; rapidement

سَريع : ضِدّ بطيء — rapide; vite

— : معجَّل — expéditif, ve; accéléré, e

— التأثر — sensible; susceptible

— الخاطر — qui a l'esprit vif, ou

— الزوال — fugitif, ve

— العطب — fragile; frêle; délicat, e

سَريعاً : حالاً — vite; de suite

أُسروع • يُسروع — chenille, f

— : طَيش — témérité, f

تَسَرُّع : عجلة hâte; précipitation, *f*
مُتَسَرِّع : عجول téméraire; irréfléchi, e
☆ سُرْفة : يَسرقانة larve, *f*
أَسْرَفَ فى كذا exagérer; dépasser les bornes
— المال gaspiller
إسْراف : تبذير dissipation; profusion; prodigalité, *f*; gaspillage, *m*
مُسْرِف : مبذّر gaspilleur, se; dépensier, ère
☆ سَرَقَ : أخذ مال الغير خفية voler; dérober
— شيئاً قليلاً chiper; filouter; escamoter
— مؤلّفاً : انتحله لنفسه plagier
سارَقَهُ النظر regarder qn à la dérobée
إسْتَرَقَ السمع : استمع مستخفياً écouter à la dérobée, *ou* aux portes
سَرِقَة : أو الشيء المسروق vol; larcin, *m*
— باكراه vol avec violence, *m*
— الأشخاص (كالأولاد وغيرهم) enlèvement; rapt, *m*
— المنازل cambriolage, *m*
— الزراعة maraudage, *m*
— مع ظروف مشددة vol qualifié, *m*
جُنونُ الـــ cleptomanie, *f*
سارِق. سَرَّاق : لصّ voleur, se
— المؤلفات plagiaire, *m*
Δ سَرَّاق ٢ : Δ منشار تمساح scie à main; scie à refendre, *f*
☆ سرقين : زبل fumier, *m*
○ سيرك : ملعب الخيل والحيوانات cirque, *m*

Δ سَرْكى : إذن صرف feuille de paye, *f*
— تسليم : كتاب التسليم باليد bon de livraison, *m*
☆ سُرْم : طرف المعى المستقيم rectum, *m*
☆ سَرْمَدِيّ : لا أول له ولا آخر éternel, le
☆ سَرْو : شجر الحياة cyprès, *m*
— جبلى : عرعر genévrier; genièvre, *m*
سُرِّيَ وانسرى عنه ses soucis furent dissipés
سَرِيّ : صاحب الحيثية magnanime; *ou* personnage, *m*
تَسَرَّى : اتخذ سُرِّيّة prendre une maîtresse, *ou* une concubine
☆ سُرور (فى سرر)
☆ سَروفيم : رؤساء الملائكة séraphins, *m.pl*
☆ سِرْوال : لباس caleçon, *m*; culotte, *f*
— : Δ بنطلون (خارجى) pantalon, *m*
— فضفاض : Δ شروال pantalon très large, *m*
☆ سَرَى : دار أو جرى circuler; se propager *ou* couler
— مفعوله : اثر faire effet; agir
— على الماضى avoir un effet rétroactif
— الأمر : عمل به entrer en vigueur
سَرَّى عنه : كشف عنه الهم délivrer qn de ses soucis
سِرّيّ (سرر) ☆ سَرِيّ (سرو) ☆ سُرِّيّة (سرر)
سَرِيّة : قطعة من جيش détachement; corps, *m*
سَراى . سَرايَة : صرح palais, *m*

سُرْيَانِيّ * syriaque

سرو * سروة (سرو) * سطا (سطو)

(سطب) مِسْطَبَة : مِصطبة estrade; banquette basse, f

Δ أَسْطُبَّة : نسالة الكتان filasse; étoupe, f

* سَطَحَ . سَطَّحَ : سَوَّى niveler; aplanir

— . — : أضجع faire coucher à plat

تَسَطَّحَ : إستلقى على ظهره s'étendre, ou s'allonger, sur le dos

— على الماء faire la planche

سَطْح : أعلى الشيء . وجه surface, f

— مستوٍ (في الهندسة) plan, m

— مائل (في الهندسه) plan incliné, m

— البيت (ج. سُطوح) toit, m; terrasse, f

حديقة الـ — jardin suspendu; *roof garden, m*

سَطحيّ : خارجي externe; extérieur, e

— : غير عميق superficiel, le; peu profond, e

معرفة سطحية simple connaissance, f

سطحيًّا superficiellement

سُطّاح : ما افترش من النبات plante rampante, f

مَسْطُوح . مُسَطَّح plat, e; plan, e

مُسَطَّح ٢ : مساحة سطحية superficie, f

* سَطَرَ . سَطَّرَ : كتب écrire

— Δ — بالمسطرة régler; rayer

سَيْطَرَ . تسيطر على gouverner; contrôler; diriger

سَطْر : خط (أو صف) ligne, f; trait, m

ساطور : سكين كبير couperet; fendoir, m

سَيْطَرَة : سُلْطَة contrôle; pouvoir; empire, m; autorité, f

— : تسلط domination, f

أُسْطُورَة : حكاية fable; légende: histoire, f

أساطير الأقدمين. علم الأساطير mythologie, f

مُسَطَّر : عليه أسطر réglé, e

مِسْطَرَة : مِخطاط règle, f

— : نموذج Δ عيّنة échantillon; spécimen, m

مِسْطار . Δ مَسْطَرين truelle, f

مُسَيْطِر : مراقب ومتسلط أو حاكم contrôleur, se; dirigeant, e; *ou* gouvernant, e

* سَطَعَ النورُ : أضاء briller; luire; rayonner

سَطْع . سُطُوع النور resplendissement; éclat; rayonnement, m

سَطَع : صوت الرمية bruit sourd; bruit d'une chute, m

ساطِع : مضيء بشدة éclatant, e; rayonnant, e; resplendissant, e; radieux, se

— . ظاهر . واضح clair, e; manifeste; patent, e

* سَطَلَ : أسكر enivrer

إِنْسَطَلَ s'enivrer

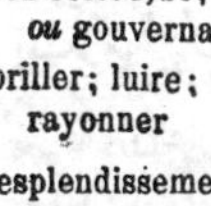

أُسْطُول : عمارة بحرية flotte, f

مَسْطُول : سكران enivré, e; ivre

سَطْل : △ جَردَل — seau; baquet, *m*

☆ سَطَمَ : سَدَّ — boucher; fermer; [tamponner]

سِطَام : سِدادة — tampon; bouchon, *m*; cheville, *f*

— : مِحراك النار — tisonnier; fourgon, *m*

△ إسْطامة الباب : قائم — montant, *m*

قُفل داخل الــ. — serrure, *f*

☆ سَطْو : هجوم — assaut, *m*; attaque, *f*

— لأجل السرقة — cambriolage, *m*

سَطْوة : نفوذ . سلطة — influence; autorité, *f*

سَطا على المكان : دخله عنوة — envahir

— عليه وبه — assaillir; attaquer

☆ سَعْتَر : صَعْتَر — thym, *m*

☆ سَعُدَ : ضِدّ شقي — être heureux,se, *ou* fortuné,e

ساعَدَ : عاوَن — aider; assister

— : مدَّ يد المساعدة — donner la main, *ou* un coup de main, à

— على : أفضى إلى — contribuer à; conduire à

أسْعَدَ : جعله سعيداً — rendre qn heureux,se

سَعْد : ضِدّ نَحْس — bonne chance, *f*

سَعادة : ضِدّ شَقاء — bonheur, *m*; félicité, *f*

صاحب الــ. — Son Excellence

سَعِيد . △ مَسْعَد . مَسْعود — heureux,se; fortuné,e

— : حَسَنُ الطالع — de bon augure

سِعْدان [س] : قِرْد كبير — singe, *m*

سَعْدانة الباب : △ أُكرة — bouton fixe; bouton de porte, *m*

ساعِد : ما بين المرفق والكف — avant-bras, *m*

ساعِدة : نهر يصب في أكبر منه — affluent d'un fleuve, *m*

مُساعِد : معاون — aide; assistant,e; adjoint,e

مُساعَدة : معاوَنة — assistance; aide, *f*; secours, *m*

— : تعضيد — appui; soutien, *m*

بلا مساعد او مساعدة — sans aide; seul,e

☆ سَعَرَ . سَعَّرَ . أسْعَرَ النارَ — enflammer; allumer et attiser le feu

سَعَّرَ [٢] السلعة — tarifer; régler, *ou* fixer, le prix

سُعِرَ . اِنْسَعَرَ الكلبُ — devenir enragé,e

تَسَعَّرَ . إسْتَعَرَ : إشْتَعَل — s'embraser; flamber

سِعْر : ثَمَن (راجع ثمن) — prix; taux, *m*

— (في البورصة) — cote, *f*

— الخصم اي القطع — taux d'escompte, *m*

— التبادُل : الكمبيو — cours, *m*

— السوق — cours du marché; prix courant, *m*

— الاقفال — cours de clôture

الــ الأحسن — au mieux

بسعر « كذا » : بالثمن الفلاني — à (P.T. *ou* L.E.)

بسعر التعادُل (اصطلاح مالي) — au pair

△ سِعْر [٢] : مَرَض وافد — épidémie, *f*

سُعْر : جنون — démence; folie, *f*

— : كَلَب — rage; hydrophobie, *f*

سُعار : ضَوَر boulimie; faim de loup, *f*

سَعيرُ النار : التهابها flamboiement; embrasement, *m*

تَسْعير : تثمين tarification; fixation de prix; évaluation; estimation, *f*

مِسْعَر . مِسْعار : محراكُ النار tisonnier; pique-feu, *m*

مَسْعُور : كَلِبٌ enragé, e

(سعط) إسْتَعَطَ السعوطَ : تَنَشَّقَهُ priser du tabac

سَعُوط : نشوق tabac à priser, *m*

مِسْعَط : عُلبة النشوق tabatière, *f*

☆ سَعَفَ . أسْعَفَ : انجَدَ secourir; aider; relever

— . — بحاجته : قضاها له accorder sa requête

سَعَفٌ : جريد النخل palme, *f*; ←rameaux du palmier, *m.pl*

△ أحَدُ الـ (عيد مسيحي) dimanche des Rameaux, *m*

سَعَفَة : سَلْعَة ulcère, *m*; tumeur enkystée, *f*

سَعْف . إسعاف : نَجْدَة secours, *m*; aide, *f*

☆ سَعَلَ : أحَّ △ كَحَّ tousser

سُعْلَة . سُعال : △ كُحَّه toux, *f*

السُعال الديكي coqueluche, *f*

سِعْلاة . سِعْلَى : أنثى الغول ogresse, *f*

☆ سُعْن . أبُوسُعْن : طائر ← marabout, *m*

☆ سعة (وسع) ☆ سعوط (سعط)

☆ سَعَى : سارَ أو مشى aller

سَعْي . مَسْعَى effort, *m*; démarche, *f*

مَساعٍ ودية bons offices

سِعاية : وشاية médisance; détraction; calomnie, *f*

ساعٍ : واشٍ . نمَّام calomniateur, rice; médisant, e

— : رسول courrier, *m*; messager, ère

ساعي البريد facteur, *m*

☆ سَغْسَغَ : △ سأسأ tremper; baigner

☆ سف (سفف) ☆ سفارة (سفر) ☆ سفاهة (سفه)

○ سُفْتَجَة : حوالة ماليّة billet; effet, *m*; lettre de change; traite, *f*

☆ سَفَحَ الدمَ أو الدمعَ : أراقه verser; répandre

سافَحَ . تَسافَحَا : زنيا forniquer

سَفْحُ الجبل pied d'une montagne, *m*

سِفاح : زِنىً adultère, *m*; fornication,

سَفّاح : مُريق الدماء sanguinaire

☆ سَفَدَ . سافَدَ الذكرُ أنثاهُ s'accoupler

سَفَدَ اللحمَ : شكَّهُ في السَّفود embrocher la viande

سَفود : سِيخ broche, *f*

☆ سَفَرَ . سَفَّرَ . سَفَّرَ : جعله يُسافر faire voyager qn

— . — البضائع والبريد expédier; envoyer

— . أسْفَرَ : كشف عن وجهه se dévoiler; se découvrir le visage

— . — الصبح والوجه rayonner; luire

أسْفَرَ ٢ عن كذا : انتج aboutir à

سَافَرَ voyager; partir en voyage

سَفَرٌ : رحيل voyage; départ; déplacement, m

سِفْرٌ : كتاب livre; ouvrage, m

الاسفار المنزلة Ecriture Sainte, f

سَفْرَةٌ : المرة من السفر un voyage, m

سُفْرَةٌ : طعام المسافر provision, f; viatique, m; vivres, m.pl

— : مائدة الاكل ← table à manger, f

— الجندي: جرايته ration, f

△ سُفرجي: نديل (الجمع ندل) ← garçon, m; serveur, se

سِفَارَة : مركز السفير ambassade, f

سُفُورٌ : كشف الوجه dévoilement du visage, m

سَفِيرٌ : رسول مصلح بين القوم médiateur, rice; envoyé, e

— دوليّ ambassadeur, rice

— بابويّ légat; délégué papal, m

سَافِرٌ : كاشف الوَجْه dévoilée; qui a le visage découvert (femme)

مُسَافِرٌ voyageur, se

☼ سَفَرْجَل : شجر cognassier, m

— : ثمر ←coing, m

☼ سَفْسَطَة : مغالطة منطقية sophisme, m

سفسطيّ sophiste, n, sophistique, a

☼ سَفَطَ السمكَ : قشر سفطه écailler

سَفَطٌ : قشر السمك écailles, f.pl

سَفَطٌ : △ سَبَتٌ . سَلَّة panier, m

☼ سَفَعَ الحرُّ وجهه : لفحه. لوّحه hâler; basaner

سُفْعَة : بُقعة سوداء tache noire, f

اسْفَعُ اللون. مسفوع basané, e; hâlé, e; tanné, e; bronzé, e

(سفف) سَفَّ . إستفَّ الترابَ avaler qc en poudre, ou en grain

سَفَّ . اسَفَّ الخوصَ : جدله tresser

— . — الطائرُ : مرّ على وجه الارض raser le sol en volant

سَفُوف : ما تتعاطاه سفاً . قميحة poudre, f

☼ سَفَقَ الباب: ردّه بصدمة claquer la porte

☼ سَفَكَ : أراق أو صبّ répandre; ou verser

سَفْك الدماء effusion de sang, f

☼ سَفِلَ : ضد علا être bas, se; s'abaisser

— : كان نذلاً être vil, e, ou méprisable

تَسَفَّلَ : تدانى s'abaisser; s'avilir; se ravaler

سُفْل : ضد علو profondeur, f

— . سُفالة الشيء : أسفله le fond, ou la partie basse, de qc; le dessous

△ سِفل الحائط plinthe; bandeau, m

سُفليّ : ضد علويّ bas, se; inférieur, e

سَفالة : دناءة bassesse; abjection; vilenie, f

سَافِل : واطيء أو دنيء bas, se; ou vil, e; inférieur, e

أَسْفَل : قاع — fond; bas, *m*; base, *f*

— من: أوطأ. تحت — sous; en dessous de; plus bas, se

○ سِفْلِس : مَرَض الزُّهرى — syphilis, *f*

△ سَفلقة: تطفُّل — écorniflerie; resquille, *f*

☆ سَفَن : △ صنفرة — émeri, *m*

— : لِيَا . وَرَنك — raie, *f*

سِفْنة: قشرة كقشرة الفول والحمّص — cosse, *f*

سَفِينَة : مركب — navire; bateau; vaisseau, *m*

— تجاريّة — navire marchand; *cargo boat*, *m*

— حربيّة — cuirassé; bateau, *ou* navire, de guerre; vaisseau, *m*

△ — الدجاجة : صدرها — blanc de volaille, *m*

— خطية اى لها خط سير مرسوم — *liner*, *m*

مسافنة — transbordement, *m*

سَفَّان : صانع السفُن — constructeur de vaisseaux, *m*

صاحب السفن — armateur, *m*

مكان بناء السفن — chantier maritime, *m*

سِفَانَة: صناعة بناء السفن — construction de vaisseaux, *f*

إِسْفِين . سِفِين : وشيظ — coin, *m*

الخطّ الاسفينيّ أو المسماري — écriture cunéiforme, *f*

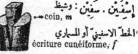

☆ سِفِنج . اسْفَنج — éponge, *f*

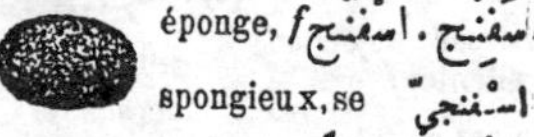

اسْفنجيّ — spongieux, se

☆ سَفِه : كان سفيهاً — être impertinent, e, insolent, e, effronté, e, éhonté, e

سَفِهَ : كان جاهلاً رديء الخلق — être sot, te, *ou* insensé, e

سَفَّه الرجلَ او الرأيَ — ridiculiser

— نفسه — se rendre ridicule

سَفَه . سَفَاهة: حماقة — sottise; stupidité, *f*

— . — : اسراف — prodigalité, *f*; gaspillage, *m*

— . — : وقاحة — insolence; impertinence, *f*

سَفِيه : أحمق — sot, te; stupide

— : بذيء اللسان — insolent, e; grossier, ère

— (في القضاء) — prodigue

☆ سفود (سفد) ☆ سفير (سفر) ○ سقالة (صقل)

☆ سَقَطَ : وقع — tomber; s'écrouler; choir

— في الامتحان — échouer

— من عيني : لم أعد اعتبره — perdre mon estime, *ou* ma considération

سُقِطَ وأُسْقِطَ في يده — être au bout de son latin; ne savoir que faire

أَسْقَطَ : أوقع — faire, *ou* laisser, tomber

— من الحساب: طرح — déduire; soustraire

— (او اضاعَ) حقاً — forfaire: perdre

— الدعوى : △ أوقف السير فيها — se désister d'un procès

— الدعوى العمومية — éteindre l'action publique

— إمرأة حُبلي △ سَقَّطها — faire avorter; procurer, *ou* causer, un avortement

اسقطت المرأةُ : أجهضت — faire une fausse couche; avorter

— الدابّة : طرحت — avorter

تَساقَطَ : تتابع سقوطه — tomber une à une, *ou* successivement

سَقَطٌ : معطل △ شرك — défectueux, se; vicieux, se

— : سلبٌ . أحشاء وأكارع الذبيحة — abattis, m

— المتاع — camelote, f; [rossignol], m

سِقْط : ولادة لغير تمام مدة الحمل — fausse couche, f

— : غيض ناقص الخلق — avorton; fœtus, m

سَقْطَة : وَقعة — chute, f

— : زَلّة — erreur; faute; bévue, f; faux pas, m

△ — : سنٌّ يضبط ترساً — dent d'engrenage, f

△ سُقَاطَة الباب مزلاج — loquet, m

سُقُوط : وقوع — chute, f

— القيد — péremption de l'inscription

— : خراب — décadence; ruine, f

— الحقّ — perte (d'un droit), f

— الدعوى — extinction (de l'action), f

سَاقِط : واقع — tombé, e; tombant, e

— : سافلٌ . دَنِيء — dégradé, e; vil, e

إِسْقَاط : ايقاع — renversement, m

— : حَذْف . طرح — soustraction; déduction, f

— الحق — forfaiture, f

— الجنين — avortement, m

△ تَسْقِيط الخيل: مرض يصيب أرجلها — vertigo, m

مَسْقَط : محل السقوط — lieu, ou point, de chute, m

— الرأس : مكان المولِد — pays natal, m

— مياه — chute d'eau; cascade, f

— رأسي (في الهندسة) — élévation, f

فَلْيَسْقُط فلان — à bas ...!

☆ سَقَفَ . سَقَّفَ البيتَ — couvrir d'un toit

△ سَقَّفَ بيديه : صفَّق — taper, ou battre, des mains; claquer

سَقْف : سَمْك . المقابل للأرض — plafond, m

— خارجي : سطح — toit, m; terrasse, f

— الحلق — palais, m

مِصباح الــ — plafonnier, m

سَقِيفَة △ تَسْقِيفَة : مظلّة — hangar, m

— : ما تركّب منه السقف — toiture, f

أُسْقُف : فوق القسيس — évêque, m

صولجان الــ — crosse épiscopale, f

اسقفي — épiscopal, e

أُسقفيّة : مركز الاسقف — évêché; épiscopat, m

☆ سَقِمَ : مَرِضَ — être, ou tomber, malade; s'étioler

سَقَّمَ . أَسْقَمَ : أعلّ — rendre malade

— . — : ضايق — ennuyer; assommer; dégoûter

سُقْم . سَقَم . سَقَام : مرض — maladie, f

△ — △ — : نحول الجسم — étiolement, m; maigreur; émaciation; langueur, f

سَقِيم : عليل أو هزيل — malade; maladif, ve; maigre; émacié, e; languissant, e

لُغَة سقيمة — mauvais style; style pauvre

○ سُقُمري ○ اسقمريّ — maquereau, m

○ سَقَنقور : تمساح برّيّ — scinque, m

* سَقَى. أَسْقَى الرجلَ: أعطاه ليشرب — donner à boire
— الأرض والزرع — arroser; irriguer
— الحدَّادُ المعدنَ — tremper
سَاقَى: شرب معهُ — boire avec qn

إِسْتَقَى الخبرَ — cueillir, ou se procurer, les (ou des) nouvelles
—: طلب ما يشربه — demander à boire
سَقَّاء △ سَقَّا: نَاقِلُ الماء ←porteur, se d'eau
سَقْي: رَيّ. إِرواء — arrosage, m; irrigation, f
— • اِسْتِسْقَاء: مرض — hydropisie, f
سَاقٍ: مُقَدِّمُ الشراب — échanson, m; sommelier, ère
سَاقِيَة: خادمة الحانة — serveuse; fille de comptoir; barmaid, f
△ —: ناعورة، دالية يديرها الماء — roue hydraulique; noria, f
△ —: دالية تديرها الدواب ←noria d'Egypte; sakieh, f
—: نهر صغير — ruisseau, m
— △ مِسْقَى: △ مروى — canal d'irrigation, m
مَسْقِيّ: مروي — arrosé, e; irrigué, e
— (للمعادن) — trempé, e
* سقيم (في سقم) * سك (في سكك)
* سَكَبَ: صَبَّ — verser
إِنسَكَبَ: انصب — être versé, e, ou répandu, e; couler
إِنسِكَاب: اِنصباب — effusion, f; écoulement, m
— دَمَوي — épanchement sanguin, m
مُنسَكِب: مُنصَبّ — versé, e; répandu, e
* سَكَتَ: صَمَتَ — se taire; garder le silence
سُكِتَ: اصابته السكتة — être frappé, e d'apoplexie
سَكَّتَ. أَسْكَتَ — faire taire; imposer le silence à qn
سَكْتٌ. سَكَات. سُكُوت — silence, m
سَكْتَة: نقطة — apoplexie; embolie, f
△ بِسُكُوت. على السكت — silencieusement
سَكُوت. سِكِّيت: كثير السكات — taciturne
△ سُكَّيت: بعوض صغير — cousin; moucheron, m
سَاكِت: صامت — silencieux, se; muet, te
—: سَاكِن — calme; tranquille
مُسْكِت — concluant, e; qui impose le silence
* سَكِرَ: ضاع صوابه — s'enivrer; se soûler
سَكَرَ. سَكَّرَ البابَ: سدَّه — verrouiller; fermer à clef
△ — • أَسْكَرَ: جعله يسكر — soûler; enivrer
△ سَكَّرَ ٢: حلَّى بالسكر — sucrer
△ — الفاكهةَ: طبخها بالسكر — confire
سُكْر: مصدر «سكِر» — ivresse; ébriété: ivrognerie, f
سُكَّر: مادة التحلية المعروفة — sucre, m
— خام (غير مكرر) — cassonade, f; sucre brut, m

— العنب والنشاء والنحل glucose; glycose, f
— نبات sucre candi, m
مِلقطة الــ pinces à sucre, f.pl
فاكهة مسكرة fruits confits, m.pl
سُكَّرِيّ: نسبة الى السكر sucré, e; saccharinė, e; de sucre
مرض البول الــ diabète, m
سَكَرٌ. مُسْكِر: شراب مسكر liqueur enivrante; boisson alcoolique; capiteux, se
سَكْرَة: المرَّة من « سَكِرَ » soûlerie; soûlade; orgie. f
— الموت: نَزْع agonie; angoisse de la mort, f
سَكْرَان: ثَمِل ivre; soûl, e
— طينة ivre-mort, e
— قليلًا: ∆مشعشع gris, e; éméché, e
○سَكَّرِين: مادة كيميَّة saccharine, f
∆سُكَّرِيَّة: وعاء السُّكَّر sucrier, m
سِكِّير ivrogne, sse; [poivrot]
سَكْرَان. سُيْكران: نبات jusquiame, f
○سكرتير: كاتِب السرّ secrétaire
سكرتارية: وظيفة كاتب السر أو ديوانه secrétariat, m
✲سُكْسُكَة: نمنِمة

←roitelet, m
∆سَكْسُوكة: عُثنون barbiche, f
○سَكْسُونِي الجنس Saxon, ne
✲سَكَعَ. تَسَكَّعَ: مشى على غير هداية faire le trottoir; errer; rôder; déambuler
تَسَكَّعَ: تحسَّسَ tâtonner; tâter

(سكف) أُسْكُفَّة الباب: عتبة الباب seuil; pas, m
سَكَّاف. إِسْكَاف: ∆جزماتي cordonnier, m
— . —: صرماتي savetier, m
سِكَافَة: حرفة السكاف أو دكانه cordonnerie, f
(سكك) سَكَّ الباب: اغلقه fermer la porte à clef; verrouiller
— النقودَ: ضربها battre monnaie
سَكُّ النقودِ: ضَربها la frappe de la monnaie, f; monnayage, m
سِكَّة: عُملة مسكوكة monnaie; pièce de monnaie, f
— المسكوكات coin, m
—: طريق chemin, m; route; rue, f
— الحديد ←chemin de fer, m
— المحراث coutre, m
باب ذو — . porte à coulisse, f
سُتَّكاك: طبقة الجوّ العليا stratosphère, f
✲سَكَنَ: اِنقطع عن الحركة s'immobiliser; rester immobile
—: هَدَأَ se calmer; s'apaiser
— الدارَ habiter; demeurer
— اليهِ: ارتاح se fier à; avoir confiance en
سَكَّنَ: هَدَّأَ calmer; adoucir
— الجوعَ والشهوة والغضب apaiser; calmer
— الحِدَّة والألم soulager; alléger

— الحرفَ rendre la lettre, *ou* la syllable, muette
— الروعَ rassurer
— . أَسْكَنَ الدارَ loger
ساكَنَ : سكن مع cohabiter; habiter, *ou* vivre, avec qn
تَمَسْكَنَ : ادَّعى الفقر simuler, *ou* affecter, la pauvreté
سَكَنٌ . سُكْنَى habitation, *f*
— : مسكِن demeure; résidence, *f* 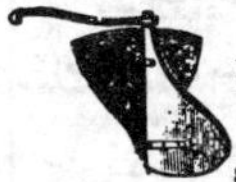
يُسكَن : قابل السكَن habitable
سُكَّان المركب : دفَّة gouvernail, *m*
— : جمع ساكن habitants, *m.pl*
— : مستأجرين locataires, *m.pl*
— : أهل البلد habitants, *m.pl*; population, *f*
كثير الـ : عامر populeux, se 
سَكّان . سَكاكيني : صانع السكاكين coutelier, *m*
سُكُون : هُدوء أو سكوت calme, *m*; quiétude; inaction, *f*; *ou* silence, *m*
سِكِّين . سِكِّينة couteau, *m*
سَكِينة tranquillité, *f*
ساكِن : ضد متحرك tranquille; immobile
— كذا : مقيم فيه domicilié, e, habitant, e, demeurant, e, résidant, e, à
حَرْف — lettre muette, *f*
مَسكَن : بَيت maison; habitation; demeure, *f*; logis, *m*
— شرعي أو رسمي domicile, *m*
مُسَكِّن : مرطِّب مهدِّئ calmant, e; sédatif, ve, *m* et *a*
مَسْكُون : بهِ سُكّان habité, e
— بالجنّ (مكان) hanté, e (par des revenants)
— بالجن (انسان) possédé, e
مَسْكَنة : فَقْر pauvreté ; indigence, *f*
مِسْكين : فقير pauvre; indigent, e; nécessiteux, se
— : ذليل مقهور malheureux, se; misérable
مُساكَنة : زيجة غير شرعية cohabitation, *f*; concubinage, *m*

٭ سكة (سكك) ٭ سكّين (سكن) ٭ سلْ (سأل)
٭ سَلّ (سلل) ٭ سلاطة (سلط) ٭ سلافة (سلف)
٭ سلافون ٭ سلاقي (سلق) ٭ سلالة (سلل)

٭ سَلَبَ . استلَبَ ravir; dépouiller; piller; usurper; saccager
سَلْب : ما يُسْلَب butin, *m*
— : نهب vol; pillage, *m*; mise à sac, *f*
— : نفي . ضدّ ايجاب négation, *f*
سَلْبيّ . سالب [1] : ضدّ موجب négatif, ve
— : نفي . انكاري négatoire
عبارة ما سلبيه أو نافيه négative, *f*
سَلَب : △ سقَط الذبيحة abats, *m.pl*; abatis, *m*
سَلَبة : قِلْس haussière; grosse corde, *f*
سِلاب : ثيابُ الحداد habits de deuil, *m.pl*
سَلّاب . سالب [2] : مغتصب مال الغير pillard, e; ravisseur; usurpateur; rice

أُسْلُوب : كيفية — manière d'agir; façon; méthode; mode, *f*
—: نمط — style; genre, *m*
٭ سَلَتَ : سلّ . سحب — extraire; tirer
إِنْسَلَتَ : انسحب خلسة — s'esquiver; [filer en douce]; se dérober sans bruit
— منهُ : هرب — fausser compagnie à qn
٭ سَلْجَم : لِفْت — navet, *m*
٭ سَلَحَ الطائرُ : رمى بسلحه — fienter
سَلَّحَ : جهّز بالسلاح — armer
سَلْحُ الطيور : نجوها — fiente, *f*
سِلاح : آلة قتال — arme, *f*
— الدفاع : درع — armure; cuirasse, *f*
△ — المطوى او السكين : نصل — lame, *f*
△ — من الجيش : قسم منه — corps, *m*
△ تحت الـــ : في الخدمة العسكرية — sous les armes
سلم سلاحه — rendre les armes; se rendre
أسلحة ناريّة — armes à feu, *f.pl*
تسلّح — s'armer
سِلاحي . مُسَلِّح — armurier, *m*
مُسَلَّح : مجهّز بالسلاح — armé, e
٭ سُلَحْفَاة البرّ : لجأة — tortue, *f*
— البحر : رَقّ (الطرَّقق) — tortue de mer, *f*
٭ سَلَخَ الذبيحة : نزع جلدها — écorcher
— البشرة : سحج . جلط — égratigner; écorcher
— الثعبانُ . إِنْسَلَخَ من قشره — changer de peau

— . انسلخ الشهر : مضى — s'écouler; passer
مَسْلَخ : نزعُ الجلد — écorchement; dépouillement, *m*
— الحيّة : قشرها — peau de serpent, *f*
مَسْلُوخ . مُنْسَلِخ — écorché, e
سَلْخانة . مَسْلَخ . مَذْبَح — abattoir, *m*
تَسَلُّخ : سحج △ جلط — écorchure, *f*
٭ سَلِسَ : كان ليناً منقاداً — être doux, ce; maniable; docile
سَلَسٌ : عدم استمساك البول — incontinence d'urine, *f*
سَلِس : مطواع — maniable; docile; doux, ce
كلام — — belles paroles, *f.pl*; langage coulant, *ou* facile
— القيادة — facile à conduire
سَلاسة : ليونة — docilité; souplesse, *f*
٭ سَلْسَبِيل : شراب اهل الجنّة — nectar, *m*
٭ سَلْسَلَ الشيء بالشيء — joindre; lier une chose à une autre
— : ربط بسلسلة — enchaîner; attacher avec une chaîne
— النسب الى — faire remonter la génération de qn à
تَسَلْسَلَ الماء — ruisseler; couler doucement
سَلْسَلٌ : شلّال صغير — cascade, *f*
سِلْسِلَة : زنجير — chaîne *f*
— : سياق . اشياء متتابعة — série; suite, *f*
— اكاذيب — un tissu de mensonges, *m*
— جبال — chaîne de montagnes, *f*
— المسّاح (لقياس الأرض) — chaîne d'arpenteur

— النسب (راجع نسب) généalogie, f
— الظهر colonne vertébrale, f
تَسَلْسُل : تتابع suite; succession; rotation, f
بالـ : بالتتابُع successivement; tour à tour
مُسَلْسَل : مَرْبوط بسلسلة enchaîné, e
سَلْسَلَة enchaînement, m
مُتَسَلْسِل : متتابع consécutif, ve; en série
رقم — . nombre consécutif, m
☼ سَلُطَ : كان طويل اللسان حديده avoir la langue bien affilée, ou pendue
سَلَّطَ على : أطلق له السلطة rendre qn maître de; donner à qu pouvoir sur
△ — على : حَرَّض exciter; inciter; pousser
تَسَلَّطَ على : تغلَّبَ maîtriser; triompher de
— على : حَكَمَ gouverner; avoir l'empire sur
سُلْطان : حاكم *sultan*; empereur; monarque, m
— . سُلْطَة : قوَّة pouvoir, m; empire; puissance, f
— . — : حُكم commandement, m; autorité, f
— . — : نُفوذ influence; autorité, f
— ابراهيم : △ بَرْبوني ←rouget, m
سُلطة التشريع pouvoir législatif, m
— القضاء judicature, f; pouvoir judiciaire, m
— دينية pouvoir ecclésiastique, m
— مُطلقة (أي تامّة) pouvoir absolu, m

الـ التشريعية autorité législative, f
الـ العسكرية autorité militaire, f
الـ المحليَّة autorité locale, f
سَلْطَنَة : مملكة empire; ou royaume, m
٥ سَلَطَة : كايخ salade, f
— خضار salade verte, f
سُلْطانة : زوجة السلطان *sultane*; impératrice, f
سُلْطاني : نسبة الى السُّلطان impérial, e
△ سُلْطانيَّة الشوربة أو الصُّبَّة ←soupière, f
△ — المستراح cuvette pour les cabinets (W.C.)
سَلاطَة : وقاحة effronterie; impudence; impertinence, f
سليط : وقح impertinent, e; insolent, e
تَسَلُّط : تغلُّب prédominance, f; ascendant sur qn
— : حُكم autorité; influence, f
مُتَسَلِّط prédominant, e; dominant, e; régnant, e
(سلطح) سُلاطِح △ مُسَلْطَح : ضدّ غويط peu profond, e; plat, e
△ صَحْن مسلطح assiette plate, f
٥ سَلْطَعون : سرطان بحري ← crabe, m; écrevisse, f
☼ سِلْعة : بضاعة marchandise; denrée, f; article, m
— كاسدة rossignol, m
☼ سَلَفَ . أسلَفَ الأرضَ : سوّاها herser; niveler
— : تقدَّم وسبق précéder
— : مضى passer; s'écouler; se passer

سَلَّفَ . أَسلَفَ ٢ : أقرضَ prêter

تَسَلَّفَ.إِسْتَلَفَ : اِقترض emprunter à, ou de

سَلَف : من تقدمك من آبائك ancêtres; aïeux, m.pl

— : ضِدّ الخَلَف prédécesseur, m; devancier, ère

— : قرض بلا فائدة prêt sans intérêts

سِلْف : زوج أخت الزوجة beau-frère, m

△ — : أخو الزوج beau-frère, m

سِلفة: زوجة أخي الزوج أو زوجة الأخ belle-sœur, f

سُلْفَة : قرض بفائدة prêt, m; avance, f

سَلَفاً : مُقدَّماً d'avance; à l'avance

— (كقولك والشكر لكم سلفاً) anticipé, e

سالِف: متقدّم précédent, e; antérieur, e; antécédent, e

— الذِّكر susmentionné, e; susdit, e; précité, e

في — الزمان jadis; dans le temps

سالِفاً : سابقاً précédemment; auparavant

مِسْلَفَة : اداة لتمهيد الأرض بعد حرثها herse, f

○سُلْفَات ○سُلفاة : ○كبريتات sulfate, f

— الصودا sulfate de soude, f

— النشادر sulfate d'ammoniaque, f

○سُلْفِيد : ○كبريتور sulfure, m

☆ سَلَقَ اللحم وغيره : اغلاه وطبخه bouillir

— : سمط . أحرق بماء حارّ échauder

— الحرُّ النبات brûler; brouir; dessécher

تَسَلَّقَ grimper; escalader; monter sur

مَسْلَق : مصدر « سَلَقَ » ébullition, f; bouillonnement, m

△ — . سِلْق : نبات يُطبخ blette; bette; poirée, f

سَلاقة اللسان : بذاءة grossièreté; indécence de langage, f

△ سَلاقون . سَلْقون : △ زَرْقون minium, m

سِلاقيّ . سَلوقي : كَلْب lévrier, m, levrette, f

سَلِيقَة . △ مسلوقة soupe, f; ou bouilli, m

— : طبيعة instinct, m; intuition, f

تَسَلُّق escalade; ascension, f

مَسْلُوق bouilli, e; cuit, e à l'eau

مُتَسَلِّق grimpant, e

☆ سَلَكَ الطريق prendre un chemin; suivre une route, ou une voie

— : سارَ . تصرَّف se comporter; se conduire

سَلَّكَ الخيطَ : حلّ عُقَده démêler; dévider

— الأمر المعقّد débrouiller; tirer au clair

— الأسنان . خلّلها se curer les dents

سِلْك : خيط fil, m

— معدِنيّ fil de fer; fil de métal, m

— نباتيّ : اظفور vrille, f; cirre, m

— شائك fil barbelé, m

لاسلكيّ : بلا أسلاك sans fil

اشارة لاسلكية communication par sans fil, f

رسالة لاسلكية télégramme sans fil, m

جهاز التقاط لاسلكي ←poste de réception, *m*

عامِل اللاسلكي opérateur, rice de *T.S.F.*

سَلْك — البحرِ : ملاحة navigation, *f*

— الهواء : طيران navigation aérienne; aéronautique, *f*

△سلاَّكة الاسنان : خِلالة cure-dents, *m*

سُلُوك : تصرُّف . سير conduite; manière d'agir, *f*

آداب أو عِلم الـ. étiquette, *f*

سوء الـ inconduite; mauvaise conduite, *f*

سَالِك : غير مسدود او معرقل libre; non obstrué, e; sans obstacle

(سلل) سَلَّ . استَلَّ : انتزع برفق tirer; extraire doucement

اِستلَّ سيفاً أو سكيناً dégainer; tirer

سُلَّ △إنسَلَّ : مرضَ بالسُّل être poitrinaire, tuberculeux, se, phtisique

إنسلَّ . تسلَّل : اِنسحب خفية s'esquiver; se dérober

— . — إلى المكان se faufiler; entrer furtivement

سُلّ : هُزال (مرض) phtisie; maladie de poitrine, *f*

— تدرُّني tuberculose, *f*

— رئوي phtisie pulmonaire, *f*

— مستعجل phtisie galopante, *f*

△سَلّ . سَلّة : سَبَت panier, *m*; corbeille, *f*

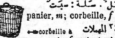

سلة المهملات ←corbeille à papier, *f*; panier à rebut, *m*

لعبة كرة الـ. ←basket ball, *m*

سَلاَّل : صانع أو بائع السلال vannier; fabricant, e, *ou* vendeur, se, de paniers

سُلاَلَة : نَسل ; descendants; enfants, *m.pl*; progéniture, *f*

— : أصل . جنس race; souche; lignée, *f*

— : أصل النسب généalogie, *f*

— ملكيَّة dynastie, *f*

عِلْم السلالات البشرية ومميزاتها ethnologie, *f*

سَلِيل : من نسل descendant, e; enfant, *m*

— . مَسلول : مصاب بالسلّ tuberculeux, se; poitrinaire; phtisique

— . — . مُستَلّ (كالسيف) tiré, e; dégainé, e; nu, e

مِسَلَّة : ابرة كبيرة aiguille d'emballage, *f*

— فرعون ←obélisque, *m*

*سَلِمَ من خطرٍ : نجا échapper au danger

— من عَيْب être exempt, e, *ou* libre, de défauts *ou* vices

سَلَّمَ على : حيّا saluer

— الى : ناول remettre; livrer à

— إعلاناً قضائياً signifier, *ou* notifier, une assignation *ou* un exploit judiciaire

— الأمر الى s'en remettre à

— أمره الى الله se résigner

— : إنقاد وأذعن céder; se rendre

— إلى العدوّ se rendre; se livrer; capituler
— من خطر sauver; préserver de
— سيفه أو سلاحه rendre les armes
سَلِّمْ (لي) عليه saluez-le (ou la) de ma part
سالَمَ : صالح se réconcilier avec; faire la paix
أسْلَمَ إلى : إنقادَ se soumettre à
— الروحَ rendre le dernier soupir
— : تديَّن بالاسلام embrasser l'Islamisme
تَسَلَّمَ △ اِستَلم : تناول recevoir; prendre livraison
تَسلَّمتُ خطابك (مثلاً) j'ai reçu, ou je suis en possession, de votre lettre
اِستَسْلَمَ se rendre; se livrer; se soumettre
— لغضبه (مثلاً) donner libre cours à
سُلَّم . سُلَّمة : دَرَجة marche, f; gradin; degré, m
— سلالم البيت escalier, m
— مُتَنقِّل : معراج échelle, f
— العربة أو الترام وأمثالها plate-forme, f
— الخدم escalier de service, m
— : وَسيلة . آلة moyen; instrument, m
سِلْم . سَلام paix; tranquillité; quiétude; sérénité, f
— . — . سَلامَة : امن sécurité, f
سِلْمِيّ pacifique
سلامة من العيوب perfection, f; bon état

△ — : نوع من المقانق saucisson, m
بِسلامة نية de bonne foi
(مصحوباً) بالسلامة à la grâce de Dieu
سَلام ٢ : تحية salutation, f; salut, m
— عسكري salut militaire, m
△ — : نشيد وطني hymne national, m
السلامُ عليكم ! salut; paix sur vous !
سُلامَى . سُلامِيَّة : عظمة الأصبع phalange (des doigts), f
△ سَلاملك : قاعة الضيافة salle de réception, f
سَلِيم . سالِم : ليس به أذى sauf, ve; intact, e; indemne
— و — البنية bien portant, e
— و — العقل sain, e d'esprit
— العاقبة (مرض) bénin, a.m, bénigne, a.f
ذوق — . bon goût, m
جَمع سالم أو صحيح pluriel parfait, m
سُلَيمان : اسم رجل Salomon, m
حوت —
ه سَلمون saumon, m
سُلَيماني : عَقّار سامّ sublimé corrosif, m
الاسلام : الدين الاسلامي islam; islamisme, m; la religion musulmane, f
△ — . المسلمون . أهل الاسلام musulmans, m.pl
△ اِستِلام . تَسَلُّم : أخذ réception, f
اِستِسْلام . إسْلام : اِنقياد résignation; soumission, f
تَسْلِيم : قبول ورضى acquiescement; assentiment, m; acceptation, f

— : مناوَلة — livraison; remise, f
— : إلقاء التحيّة — salutation, f
— إلى العدوّ — reddition; capitulation, f
— المجرمين الى حكوماتهم — extradition, f
مُسْلِم : مُحَمَّديّ — musulman, e; mohamétan, e
مُسلَّم — livré, e; remis, e
— بهِ : مقبول — admis, e; accordé, e
مسلمات عقلية — données rationnelles, f.pl
مُسالِم : مُحِبّ السِلم — paisible; pacifique
مُستَلِم : آخِذ — destinataire; celui (ou celle) qui reçoit
✩ سَلْو . سُلْوان . سَلْوى : نسيان — oubli, m
— . — . — : عزاء — consolation, f; soulagement, m
سُلْوَة . تَسْلِيَة : لَهْو — distraction; récréation, f; divertissement; amusement, m
— . — : قطع وقت — passe-temps, m
سَلوى ٢ : سُمَّن (طائر) — caille, f
سَلِيَ . سَلاَ الشيءَ وعنه — oublier; se consoler (de la perte) d'une chose
سَلَّى . أسْلَى : ألْهى — distraire; amuser; divertir; recréer
تَسَلَّى : تلهّى — se distraire; se divertir
مُسَلٍّ : مُلهٍ — amusant, e; divertissant, e
△ مَسْلي : سِيلاء . سَمْن — beurre de cuisine, m
✩ سلّى (سلو) ✩ سليقة (سلق) ✩ سليل (سلل)
○ سليولود : خَليود △ بَاغة — celluloïde, f

✩ سمّ (سمم) ✩ سَمَا ✩ سَماء (سمو)
✩ سِماط (سمط) ✩ سماق (سمق) ✩ سماك (سمك)
✩ سَمْت : طريق — chemin, m; voie; route, f
— الرأس (فلك) — zénith, m
— : وازى — être parallèle
✩ سَمِج . سَمِيج : قبيح — grossier, ère
سَماجَة : قبح — grossièrcté; laideur, f
✩ سَمُح : كان سميحًا — être généroux, se
سَمَح بكذا : جادَ — accorder; donner
— بكذا : أذِنَ — permettre
لا — الله — à Dieu ne plaise
سَامَحَ : صفح عن — pardonner
تَسامَحَ : تساهل — être indulgent, e, ou clément, e; passer outre
△ استَسمح : طلب الصفح — demander pardon
سَمْح . سماحَة : جُود — générosité; libéralité, f
سَمِح الوجه — affable; avenant, e
سماح . مُسامَحَة : صَفح — pardon, m
△ مسامحة ٢ : عُطلة (راجع عطلة في عطل) — congé, m
— : اجازة — permission, f
تَسامُح : تَساهُل — indulgence, f; esprit de conciliation, m
مَسْمُوحٌ بهِ : جائز . مباح — permis, e; admis, e; accordé, e
✩ سِمْحاق : نسيج غشائي — tissu, m
— العظام : غشاء العظم — périoste, m
✩ سَمَّدَ الأرضَ — engraisser; fumer

سَمَاد: △سباخ — engrais; fumier, m
☆سَمَّرَ: شدَّ بمسمار — clouer
سَمُرَ. إسْمَرَّ: صار أسمر — brunir
سامَرَ. تسامروا — passer la soirée à faire la causette
سَمَر: الحديث في الليل — veillée, f
سُمْرَة اللون △سَمَار — couleur brune, f
سَمَار ٢: نبات كالحلفاء — jonc, m
سَمُّور (حيوان اوفروه) — martre; zibeline, f
سَمِير. مُسامِر — compagnon jovial; joyeux compère, m
أسْمَر اللون: بين الابيض والاسود — brun, e
— البشرة او الشعر — brun, e
إمرأة سَمْراء — brune; brunette, f
مِسْمَار: وَتَد التسمير — clou, m
△— ابرة — pointe de Paris, f
△— رَزَّة — piton, m
△— صنّارة — clou à crochet, m
△— بطاسة: جُمان — caboche, f
△— قباقيبي — semence; broquette, f
△— لولبي △— بُرمة — vis, f
△— بصمولة — boulon, m
△— البرشمة — rivet, m
△— القدم: ثؤلولة في القدم — cor, m
تَسَمَّر — être cloué, e, ou rivé, e
مصنع المسامير وتجارتها — clouterie, f

☆سَمْسَرَ: تَوَسَّط بين البائع والشاري — faire l'intermédiaire, ou le courtier
سَمْسَرة: عمل السمسار أو اجرته — courtage, m
سِمْسَار: دَلَّال. وَسيط — courtier, ère; intermédiaire
— بورصة (الأوراق المالية) — agent de change, m
☆سِمْسِم: جُلْجُلان. حب زيت السيرج — sésame, m
☆سَمَطَ بالماء الحار — échauder
سِمَاط: مائدة الأكل — table à manger, f
— : ما يُبسط ليوضع عليه الطعام — nappe, f
△سَمِيط — pain de semoule, m
☆سَمِعَ: أدرك بالأذن — entendre; ouïr
— بكذا: بلغهُ خبرهُ — apprendre
سَمَّعَ. أسمع: جعله يسمع — faire entendre
△— الدرسَ: تلاه — réciter
إستمع. تسمَّع اليه: أصغى — écouter
— خلسةً △تسمَّع ٢: تصنّت — écouter aux portes; être aux écoutes
سَمْع. سَمَاع — audition; ouïe, f
— . مِسْمَع: حاسة السمع — sens de l'ouïe, m; ouïe, f
سماع ٢ الشهود — audition des témoins, f
شاهدُ سَمْعٍ: غير شاهد العيان — témoin auriculaire, ou par ouïe-dire
شهادة سَماع — témoignage de commune renommée, ou par ouïe-dire, m
ثَقُلَ سمعُهُ — être dur, e d'oreille
سَمْعي: مختص بالسمع أو الصوت — auditif, ve; acoustique
عِلْم السمعيّات — acoustique, f

سُمْعَة: شُهْرَة . صيت réputation: renommée, *f*; renom, *m*
— حَمِيدَة bonne réputation, *f*
— رَدِيئة mauvaise réputation, *f*
رَدِيء الـ mal famé, e; de mauvaise réputation
سَمَاع: خلاف القياس fondé sur l'usage, usuel (langage)
مقصور على الـ limité, e par ouï-dire (aux dépositions)
سَماعي: مأخوذ بالسماع admis, e par l'usage
— : نَقلي traditionnel, le; transmis, e oralement
Δ سَمَّاعة تليفون récepteur; écouteur, *m*
— فُنغراف diaphragme, *m*
سَامِع . سَمِيع . مُستَمِع auditeur, rice
السامعون . المستمعون auditoire, *m*
تَسَمُّع . إسْتِمَاع action d'écouter, *ou* d'entendre
فحص القلب أو الرئتين بالتسمع auscultation, *f*
مَسْمَع : مَدَى السمع portée de l'ouïe, *f*
على — من devant; en présence de
مِسْمَع . مِسْمَاع Δ سَمَّاعة الصدر stéthoscope, *m*
مَسْمُوع . يُسْمَع intelligible; perceptible
غير — : خافت imperceptible
☆ سَمَقَ : علا وطال planer; s'élever (au dessus de)
سُمَّاق : نبات عطري ثمره حامض sumac, *m*
سَامِق: طويل مرتفع élevé, e (comme une tour)

☆ سَمُكَ : كان سميكاً être épais, se; s'épaissir
سَمَّكَ : ضِدّ رقّقَ épaissir; grossir
سُمْك . سَماكة : ضِدّ رِقّة épaisseur, *f*
— السوائل consistance, *f*
سَمْك : سَقف plafond; toit, *m*
سَمَك : كُل حيوان مائي poisson, *m*
— بحري poisson de mer, *m*
— نهري poisson d'eau douce, *m*
تَرْبِية الـ pisciculture, *f*
صيد الـ pêche, *f*
سفينة صيد الـ bateau pêcheur, *ou* de pêche, *m*
سَمَّاك : بائع سَمك poissonnier, ère
— : صَائِد سَمَك pêcheur, se
سَمِيك : ضدّ رقيق épais, se
مَسْمَكة: حوض تربية الأحياء المائية aquarium, *m*
Δ سَمْكَرِي ○ تَنَكاري ferblantier; plombier, *m*
مِكْواة الـ (انظر كوي) fer à souder; soudoir, *m*
☆ سَمَلَ . أَسْمَلَ الثوب s'user; être rapé, e
سَمَل (إسْمال) : ثوب خَلَق بالٍ habit usé, *ou* rapé, *m*
☆ سَمَّمَ . سَمَّ الرجُلَ أوطعامَهُ empoisonner
— الجرحَ : أنغله gangrener; envenimer
تَسَمَّمَ الرجلُ s'empoisonner
— الجرحُ se gangrener
سَمّ : قِشْب poison; venin, *m*
— : ثَقْب trou, *m*

— الفأر : شكّ — mort aux rats, *m*
— قتّال — poison virulent, *m*
— نوعي : فيروس — virus, *m*
سَمامة : سنونو — hirondelle, *f*
سَمُوم : ريح حارّة — simoun; vent brûlant, *m*
سامّ △ مُسِم — toxique, *a* et *n*; vénéneux, se
حيوان سامّ — animal venimeux, *m*
نبات سامّ — plante vénéneuse, *f*
— أبرص : أبو بريص ← gecko, *m*
تسمُّم — empoisonnement, *m*; intoxication, *f*
— بولي — urémie, *f*
أعراض — . symptômes d'intoxication
مَسامّ الجِلْد : ثقوبه — pores, *m.pl*
مَسْموم — empoisonné, e; intoxiqué, e
مضاد للسموم — contrepoison; antidote, *m*
☆ سَمِنَ : كثر شحمه — engraisser; être gras, se, replet, ète, dodu, e
— : زادَ وزنه — prendre de l'embonpoint
سَمَّنَ : صيّره سميناً — engraisser
— العِجْلَ : علّفه — nourrir (un veau) à l'étable, *ou* au fourrage
سَمْن : سلاء △ مَسْلي — beurre fondu; beurre de cuisine, *m*
سِمَن △ سِمْنة : كثرة الشحم على البدن — embonpoint, *m*
— مفرط — obésité, *f*
سُمَّن . سَلوى △ سُمَّان — grive; caille, *f*
سَمّان : بائع السمن — crémier, ère
△ سِمّانة الرِّجْل : رَبْلَة الساق — mollet, *m*

سَمِين : شحيم (أو مُدْهِن كاللحم) — gras, se
— : بدين — gros, se; replet, ète; dodu, e
مُسَمَّن — engraissé, e
○ سَمِنْتو : ○ أسْمَنْت . ترابة س — ciment, *m*
☆ سَمَنْجُوني : بلون السماء — azuré, e, bleu de ciel, *a*
☆ سَمَنْدَر . سَمَنْدَل : عروس الشتاء — salamandre, *f*
— الماء ← triton, *m*
☆ سِمَة (في وسم) — signe, *m*
☆ سَمْهَرِيّ : معتدل القامة — élancé, e; droit, e
☆ سُمُوّ : علو — hauteur, *m*; élévation, *f*
— : رفعة . عَظَمَة — grandeur; distinction; éminence, *f*
— (الأمير او الأميرة) — Son Altesse
سَمَّى . أسْمَى . سَمَا — nommer; appeler
— . — الكتابَ — intituler; donner un titre à
سَمَا [2] : علا وارتفع — s'élever; être haut, e, *ou* élevé, e
— به . أسْمَاه [2] : رفعه وأعلاه — élever; exhausser
سَمَتْ نفسهُ إلى — aspirer à
تَسَمَّى — se nommer; s'appeler
سَمَاء : ما يحيط بالأرض من الفضاء — ciel; atmosphère, *m*
— : جَلَد — firmament, *m*
— : جنّة — paradis; ciel, *m*
سَمائي . سَماويّ : علوي — céleste
— . — : روحي — spirituel, le; divin, e
— . — : بلون السماء — bleu de ciel; azur, *m*

سَمِيّ فلان — homonyme, *m* et *a*

— . سَام : عالٍ — haut, e ; élevé, e; sublime

أَسْمَى : أَرفَع . فوق — au-dessus de; de beaucoup supérieur, e à

سَامِيّ — sémitique

إِسْم : لفظ موضوع لتعيين شيء — nom, *m*

— : صيت . شهرة — réputation; renommée, *f*

— الكتاب وغيره : عنوان — titre, *m*

— العائلة — nom de famille; nom, *m*

— شخصي . اسم المولد (الاسم الصغير) — prénom; petit nom; nom de baptême, *m*

— مُستَعار — nom de guerre, *m*

— كاذب أو مصطنع — faux nom, *m*

— مُنتَحَل (للتأليف) — nom de plume; pseudonyme, *m*

— عَلَم — nom propre, *m*

— : كنية . لقب — surnom, *m*

— (في النحو) — substantif; nom, *m*

— الاشارَة — pronom démonstratif, *m*

— التصغير — diminutif, *m*

— الفاعِل (في النحو) — participe présent, *m*

— المفعول — participe passé, *m*

— الكثرة — nom collectif, *m*

— معنًى — nom abstrait, *m*

— نكِرَة — nom commun, *m*

باسم فلان — au nom de

إسمي : بالاسم فقط — nominal, e; de nom

— : مختص بالأسماء (في النحو) — nominatif, ve

تسمية علمية — nomenclature, *f*

— : لَقَب — dénomination, *f*

مُسَمًّى : مَدْعوّ — appelé, e; nommé, e

○ سموكن : بدلة السهرة — *smoking*, *m*

☼ سميك (سمك) ☼ سمين (سمن)

☼ سِنّ (سنن) ☼ سناء (سني)

☼ سناج (سنج) ☼ سنام (سنم)

○ سَنَامَكِّي : نبات ورقه مسهل — séné, *m*

☼ سُنْبَاذَج : △ حجر الصنفرة أو مسحوقه — émeri, *m*; poudre d'émeri, *f*

☼ سُنْبُك : طرف الحافر — pince, *f*

△ — لبرشمة المسامير — rivoir; poinçon, *m*

☼ سَنْبَلَ الزرعُ : أسبل — monter en épi

سُنْبُل . الواحدة سُنْبُلَة : سَبَلَة — épi, *m*

— بَرّي — tulipe sauvage, *f*

— هِندي . — الطيب — nard, *m*

بُرْج السنبلة (في الفلك) — la Vierge, *f*

○ سَنبوسَق △ سَنبوسَك : مُعَين — losange, *m*

△ — : فطيرة نصف مستديرة محشوّة — chausson, *m*

☼ سُنبوق : زَوْرق صَغير — canot; esquif, *m*; pirogue, *f*

○ سنتيجراد . سَنتيكراد : مِئَوِيّ — centigrade

○ سَنْتيمتر : جزء من مئة من المتر — centimètre, *m*

(سنج) سِناج : △ شُحْوار — suie, *f*

△ سَنْجَة الميزان : عيار — poids, *m*

△ — : حربة البندقية (انظر حرب) — baïonnette, *f*

☼ سِنْجاب (حَيَوان) — écureuil, *m*

سِنجابي اللون — cendré, e

☼ سَنَح : عرض . خطر — se présenter à l'esprit

ـــت الفرصة — l'occasion se présenta
عندما تسنح الفرصة — à la première occasion
△ سَنَخَ عن : أغضى — fermer les yeux sur
△ —عنه : لم يلتفت اليه — ne faire aucun cas de
سانِحة : فرصة — occasion, *f*
☼ سَنِخ : زَنِخ — rance
سَنَخ . سَناخة : زناخة — odeur fétide; rancissure, *f*
سِنْخ : أصْل — racine, *f*
— السنّ : مَنبتُه — alvéole, *m*
☼ سَنَدَ واستَنَدَ إلى كذا : إتكأ عليه — s'appuyer sur
— . — اليه : إعتمد عليه — compter sur
△ — . سَنَّد : دَعَمَ — soutenir; étayer
أسْنَدَ اليه الأمرَ أو الكلامَ — attribuer à ; imputer à
ـــهُ الى كذا — faire appuyer sur
سَنَدٌ : دِعامة — appui; soutien; étai; support, *m*
△ — : صَكّ بدَيْن — traite, *f*; effet; billet, *m*
△ — : سَهْم . حِصَّة — action, *ou* obligation (au porteur), *f*
△ — △ مستند : وثيقة — titre; document, *m*; pièce justificative, *f*
— تنفيذي — titre exécutoire, *m*
— لحامله — billet au porteur
— إذني . — لأمر — billet à ordre
△ سَنَدات مالية — rentes, *f.pl*; titres, *m.pl*
△ — حكومة — fonds d'état; fonds publics, *m.pl*

إسْناد : عَزْو — attribution; imputation, *f*
مُسنَد (في علوم اللغة) — attribut; prédicat, *m*
— اليه — sujet, *m*
مُستَنِد إلى : مُتّكئ — appuyé,e sur
مِسْنَد : مرفق . مِتّكأ — accoudoir, *m*
مُستَنَد ٢ الملكيَّة — titre; titre de propriété, *m*
☼ سِنْدان △ سِنْدال ← enclume, *f*
△ سَنْدَرة — soupente, *f*; grenier, *m*
☼ سَنْدَرُوس . سَنْدَلوس — sandaraque, *f*
☼ سُنْدُس : حَرير رقيق — florence; taffetas, *m*
○ سَنْدَويش : شَطِيرة ← sandwich, *m*
☼ سِنْديان : بَلّوط — chêne vert, *m*; yeuse, *f*
سِنْدِياني : من خشب السنديان — de chêne
○ سِنْدِيك : مأمور التصفية — syndic, *m*
(سنر) سِنَّور : هِرّ . قِط — chat,te; felis
○ سَنسكريتيَّة : اللغة الهندية الفصحى — sanscrit, *m*
☼ سَنْط : اقاقيا . شجر شائك — acacia d'Arabie, *m*
خشب الـــ — bois d'acacia, *m*
☼ سِنْطِير . سَنْطُور : آلة طرب كالقانون ← tympanon, *m*
☼ سِنْف . سِنْفة النبات ← gousse; cosse; capsule, *f*
△ سَنْفَرة : سَفَن — émeri, *m*
ورق — — papier en émeri, *ou* émerisé

(سنم) تَسَنَّمَ : عَلا s'élever
سَنَامُ الجمل : حَدَبَته bosses, f
△ تَسْلِيمَة السقف faîte, m
○ سنما : الصور المتحركة cinéma, m
※ سَنَمَكِي . سَنَامِكَة : نبات مسهل séné, m
△ سَنْمُورَة : سمك مملّح anchois salé, m
※ سَنَّ . سَنَّ السكين aiguiser; affiler
سَنَّ ۲ سُنَّةً : وَضَعَها établir (une loi ou un usage)
△ سَنَّن ۲ الولدُ . أَسَنَّ : نبتت أسنانه faire ses dents
أَسَنَّ ۲ : تقدَّم في السن avancer en âge; vieillir
سَنٌّ : شَحْذ affilage; aiguisage; repassage, m
— الشرائع établissement ou confection des lois; légifération, f
سِنٌّ : واحِدُ الأسنان dent, f
— : مقدار العُمْر âge, m
— : شُعبة fourchon, m; dent, f; [croc]
△ — : جريش الطحين recoupe, f
— الأسد : اسم نبات pissenlit, m; dent-de-lion, f
— الثعبان : نابه السامّة crochet, m
— الدولاب: △ تِرس dent, f; engrenage, m
— الرُشد : البلوغ majorité, f
— الفيل أو الخنزير البرّي وأمثالهما défense, f
— الفيل : عاج ivoire, m
— القلم أو المسمار او الابرة الخ pointe, f
— الريشة bec, m
— اللبن: اول مايظهر من الاسنان dent de lait, f
— اللولب : حَزّ filet, m
— المحراث soc de la charrue, m
— المنجل: قرقف mésange, f
— طاحِن : ضِرْس molaire, f
— قاطِع : ثنيّة incisive, f
— صناعي △ عيرة fausse dent, f
صغير الـ — jeune
أكبر سِنًّا من plus âgé, e que
ألَمُ أو وَجَعُ السنّ mal de dents, m
طقم أسنان dentier, m
مختص بالأسنان dentaire; des dents
طبيب الأسنان dentiste
سَنُون : مسحوقُ الأسنان dentifrice, m
سِنانُ الرمح : نصله pointe, (f) ou fer, (m) de lance
سُنَّة : فَرْض précepte; commandement, m
— : شريعة loi; règle, f
— الطبيعة la loi de la nature, f
— (في الدين الاسلامي sunna, f (préceptes tirés des pratiques du Prophète)
※ سَنَة (سنو) ※ سِنَة (وسن)
سَنّان السكاكين émouleur; repasseur, m
تَسْنِين : طلوع الأسنان dentition, f
مِسَنّ : مِشْحَذ . دولاب سن السكاكين affiloir, m
— : حجرُ السن meule; pierre à aiguiser, f
— الاسكاف pierre à battre, f
— الموسى (الجلد) : △ قايش cuir à repasser, ou à rasoir, m
مُسِنّ : متقدّم في السن âgé, e; avancé, e en âge

dentelé, e — مُسَنَّن : مشرشر
denté, e — ـــ : ذو اسنان
pointu, e; acéré, e — ـــ : مؤسَّل
affilé, e; aiguisé, e — مَسْنُون : مُشْحَذ
étinceler, éclater — (سنو) سنا البرقُ : أضاء
an, m; année, f — سَنَة : عام . حَول
année solaire, f — ـــ شمسيَّة
année lunaire, f — ـــ قمريَّة
année bissextile, f — ـــ كبيس
année fiscale, ou financière, f; exercice financier, m — ـــ ماليَّة
l'an du Seigneur, m — ـــ ميلاديَّة
année de l'hégire, f — ـــ هجريَّة
année scolaire, f — ـــ مدرسيَّة
somme; sommeil, m — سِنَة (في وسن)
annuel, le — سَنَوِيّ : عامِيّ . حوليّ
par an, ou année — سَنَوِيّاً : في السنة . عن السنة
annuellement — ـــ : كل سنة
semestre, m — نصف سنة
semestriel, le — نصف سنوي
synode, m — ○سُنُودِس : مجمع رؤساء مذهب دينيّ
hirondelle, f — ☆سنونو : سَمامة
faciliter — ☆سَنَّى . سَنَّى : يسَّر . سهَّل
être possible, ou facile — تَسَنَّى : تيسَّر
sublimité; grandeur, f; éclat, m — سَنَاء : رفعة
resplendissant, e; brillant, e — سَنِيّ : بهيّ

sublime; majestueux, se — ـــ : رفيع
☆سها (سهو) ☆ سهاد (سهد) ☆ سهاف (سهف)
s'étendre, ou discourir, sur — (سهب) أسهبَ في الكلام عن
prolixité, f — إسهاب
détaillé, e; prolixe; diffus, e — مُسْهَب : مُطوَّل
veiller; perdre le sommeil; avoir une insomnie — ☆سَهِدَ : أرِقَ
faire veiller qn — سَهَّد : أرَّقَ △ سَهَّر
insomnie; veille, f — سُهْد . سُهَاد : أرَق
veiller; passer une nuit blanche — ☆سَهِرَ : لم ينم ليلاً
veiller — ـــ : بقي ساهراً
rester éveillé, e, ou réveillé, e — ـــ : بقي متيقظاً
veiller sur; surveiller — ـــ على : رَاقَبَ
veille, f — سَهَر : عدم النوم ليلاً
soirée, f — سَهْرَة
tenue de soirée, f; habit (homme), m; robe de soirée; grande toilette (femme), f — لِباسُ الـــ
veilleuse, f — مِصباح سَهَّاري
éveillé, e — ساهِر . سَهْرَان : صاحٍ
vigilant, e; en éveil — ـــ . ـــ : يَقِظ
être facile, ou aisé, e — ☆سَهُلَ الأمرُ : ضدّ عَسُرَ
faciliter; rendre facile — سَهَّلَ عليه : هوَّنَ
aplanir — ـــ : مَهَّدَ
être indulgent, e, ou coulant, e avec — ساهَلَه . تَساهَلَ معه

تَسَهَّلَ الأمرُ: صار سهلاً — être facilité, e; devenir facile, *ou* aisé, e
أَسْهَلَ البطنَ: ألانها — lâcher le ventre
أُسْهِلَ: انطلق بطنه — avoir un dévoiement, *ou* une diarrhée
سَهْل: يسير. هيّن — facile; aisé, e
— : مُمَهَّد — égal, e; aplani, e; uni, e
— : أرض منبسطة — plaine, *f*
— الاستعمال — commode; pratique
— الهضم — facilement digestible; léger, ère
سُهُولة: هَوْن — facilité; aisance, *f*
بسُهُولة: بلا عناء — facilement
إِسْهَال البطن — diarrhée, *f*; relâchement; dévoiement, *m*
تَسَاهُل: تسامح — indulgence; tolérance, *f*
مُسْهَل. مَسْهول البطن — relâché, e; qui a la diarrhée
مُسْهِل: مَشُو △ شَرْبَة — purge, *f*; purgatif, *m*
— : يُطلق البطن — purgatif, ve
— خفيف: مليّن — laxatif, ve; *m* et *a*
مُتَساهِل: ملاين — accommodant, e
*سَهْم: نَبلة — flèche, *f*; trait, *m*
— يدوي: حَظوة — dard; trait, *m*
— : حصّة — part; portion, *f*; titre, *m*
— ناري: △صاروخ — fusée, *f*

أسهم نارية — feu d'artifice, *m*
— مالية — actions, *f.pl*; titres, *m.pl*
— أو حصص التأسيس — parts de fondateurs, *f.pl*
حملة الأسهم — actionnaires
سَهْمِيّ: كالسهم — sagittal, e
ساهَمَ: قارع — tirer au sort
أَسْهَمَ له في كذا: جعلَ له سهماً فيه — faire participer qn dans
مُساهِم: حامِل السهم المالي — actionnaire
شركة مساهمة — société anonyme, *f*
*سَهْو: عدم إنتباه — inattention; inadvertance, *f*
— : نسيان — omission, *f*; oubli, *m*
— : سَرحان الفكر — distraction, *f*
ماعدا الغلط أو السهو — sauf erreur ou omission
سهواً — par mégarde; distraitement
سَها عن: غَفَل — oublier; perdre le souvenir de
ساهٍ. سَهْوان. سهيان — inattentif, ve; étourdi, e; distrait, e
*سُوء: شرّ — mal, *m*
— : أذى — tort; dommage; malheur, *m*
— الادارة — mauvaise gestion, *ou* administration, *f*
— الاستعمال — mauvais usage; abus, *m*
— الحظ — guigne; mauvaise fortune, *f*
— الخلق — mauvaise humeur, *f*; mauvais caractère, *m*
— السلوك — inconduite; mauvaise conduite, *f*
— الظن — méfiance; défiance, *f*
— تفاهم — malentendu, *m*
بسوء نيّة — de mauvaise foi
لسوء الحظ — malheureusement; par malheur

سواء (في سوي)

ساء : قَبُحَ — être mauvais,e, ou méchant,e

— الخبرُ فلاناً: أحزنهُ — affliger; attrister

أساء اليه : ضدّ أحسنَ — faire du tort à ; maltraiter; commettre une injustice envers ; contrarier

— اليه : كدَّرَه — offenser; contrarier

— استعمال الشيء — mésuser; abuser de

— التصرّف — se conduire mal

— الفهم — mal comprendre

— الظن بـ — penser mal de

إستاء منه — se fâcher de

— من العمل أو الأمر: استنكره — s'indigner de

مُسيءٌ : رديء — mauvais,e; mal,e

— التربية — mal élevé,e

— الحظ — malheureux,se; guignard,e

سَيِّئة . إساءة : ذنب — mal, *m*; offense; ignominie, *f*

جعله أسوأ أو زاد سوءاً — empirer

إستياء : كدر — mécontentement; déplaisir, *m*

مُسيء : مكدِّر — contrariant,e; déplaisant,e; fâcheux,se

— : مؤذٍ — injurieux,se; nuisible

مُستاء : متكدِّر — fâché,e; mécontent,e

— من أمرٍ أو شخص — être contrarié,e par, *ou* de

(سوج) ساجٌ : شجر أو خشب — teck, *m*

△ ساجات : صَنج — castagnettes, *f.pl*

(سوح) ساحة : فناء — cour, *f*

— : رَحَبة. ميدان — place, esplanade *f*; square, *m*

— القتال — champs de bataille, *m*

— الألعاب : ملعب — cour de récréation, *f*; stade, *m*

— الألعاب أو المصارعات (قديماً) — arène, *f*

* سَوِدَ . اسوَدَّ : صار اسود — noircir

سوَّدَ الشيء : صيّره اسود — noircir

— الرجلَ : جعله سيّداً — mettre à la tête

△ — المكتوبَ : كتبَ مسوَّدته — écrire un brouillon

سادَ قومه : صار سيدهم — être, *ou* devenir, chef *ou* maitre

— : تسلط على — commander; dominer

— : عمَّ — prévaloir; régner

— السكون — le silence (*ou* la confusion) régna

سادة : جمع سيّد — chefs; maitres; seigneurs, *m.pl*

△ — : بسيط (ساذَج) — simple

△ قهوة — : بلا سكَّر — café sans sucre, *m*

△ لون — : مُصْمَت — couleur unie, *f*

سائد : متغلب — dominant,e; régnant,e

— : سيِّد . رئيس — chef; maître, *m*

سَوْداء . سُوَيْداء : داء الماليخوليا — mélancolie; hypocondrie, *f*

— . — : خلط من أخلاط الجسد — bile noire, *f*

الحبّة السوداء — nigelle, *f*; cumin noir, *m*

سُويداء القلب : حبته — le fond du cœur

سَوداوي — mélancolique; hypocondriaque; atrabilaire

سُودان: الجنس الأسود من البشر nègres; noirs, *m.pl*; la race noire, *f*
بلاد الـ: Soudan, *m*
سُودانيّ: نسبة إلى بلاد السودان; Soudanais, e; Soudanien, ne, *n*, soudanais, e, soudanien, ne; du Soudan, *a*
فول ـ: cacahuètes, *f.pl*
سُؤدد: سيادة souveraineté, *f*: pouvoir, *m*
سَوَاد: ضدّ بياض noirceur, *f*
ـ: اكثريّة majorité; la plupart, *f*
ـ العين: حدقتها pupille; prunelle, *f*
ـ الناس: عامتهم populace, *f*
سَيِّد: رئيس chef; maître, *m*
ـ: مَولى seigneur, *m*
ـ (والجمع سادة) monsieur; sieur, *m*
△ ـ قشطه: برنيق hippopotame, *m* 
السيّدة: قِشّة (حشرة) coccinelle; bête à bon Dieu, *f*
سيدي. ياسيدي monsieur, *m*
سيّدتي. يا سيّدتي madame, *m*
سيداتي، سادتي mesdames et messieurs
سِيادَة: تسلط empire; pouvoir, *m*; domination, *f*
ـ: سلطة الدولة souveraineté, *f*
ـ: تغلب prédominance, *f*; ascendant, *m*
ـ: لقب احترام لكبار القساوسة Monseigneur; Sa Grandeur; Son Eminence
أسود: ضدّ أبيض noir, e
ـ فاحم (△ غطيس) très noir, e; noir comme du jais

مُسْوَدّ: مُشرب أو ضارب إلى السواد noirâtre; tirant sur le noir
مُسَوَّدة المكتوب: ضدّ مبيّضة brouillon, *m*; minute, *f*
ـ الطبع: △ بروفة épreuve, *f*
*سَوَّرَ الحديقةَ وغيرها enclore; grillager; mettre une clôture, *ou* une enceinte, à
سارَ: ذهب (في سير) s'en aller; partir
ساوَرَ: هاجم fondre sur; assaillir
ساوره الشرابُ والأفكار monter à la tête 
سُور: حائط. جدار mur, *m*; barrière, *f*
ـ: سياج clôture; balustrade; palissade, *f*
ـ: سياج حديدي grille, *f*; treillis, *m*
ـ من اسلاك شائكة barrière, *ou* clôture, en barbelé, *f*
ـ: حاجز تحصين (كأسوار المدن القديمة) muraille, *f*; rempart; mur, *m*.
سُورَة: فصل من كتاب chapitre, *m*; section, *f*
ـ من القرآن verset; *Sura* (du Coran)
سَوْرَة: حِدّة violence; force; véhémence, *f*
ـ البرد: شدته la rigueur du froid
سُورِيّا. سورية: بلاد الشام Syrie, *f*
سُوريّ: شاميّ Syrien, ne, *n*, syrien, ne, *a*
سِوار. أسْوار (الجمع أسورة وأساور) bracelet, *m*
ـ الذراع bracelet; brassard, *m*
△ سَوارِيّ: جندي راكب cavalier
△ ـ: خيّالة cavalerie, *f*

مُسَوَّر : محاط بسور؛ enclos, e; clôturé, e; entouré, e d'un mur

٭سُورِنجان : ∆لحلاح colchique d'automne; campanette, f

٭سَوَّسَ . سَوِسَ . تَسَوَّسَ ; se vermouler; être vermoulu, e

— . — . — السنُّ أو العظم se carier

سَاسَ الدوابَّ : راضها soigner; avoir soin de

— القومَ : دبَّرهم régir; gouverner

سُوس (واحدته سُوسة) : عُثّ teigne; gerce, f

— الحبوبِ calandre, f; charançon, m

رُبّ — . rob de réglisse, m

عِرق — . réglisse, m

منقوع العرقسوس : شرابهُ jus de réglisse, m

سياسة : إدارة administration; gérance, f

— : خطّة . تدبير politique, f

— حُسن الجوار politique de bon voisinage

الـ الدوليّة diplomatie, f

سياسيّ : مختص بالأمور السياسيّة politique

— : مختص بالسياسة الدوليّة diplomatique

— : مشتغل بالأمور السياسيّة diplomate; politicien, ne

— : حكيم fin, e; avisé, e; sagace

سجين — . prisonnier, ère d'état, *ou* politique

علم الاقتصاد السياسي économie politique, f

سائس الدوابّ palefrenier; valet d'écurie, m

مُسَوَّس vermoulu, e; rongé, e par les vers

٭سَوْسَن : نبات وزهره lis, m

— الوادي muguet, m

— مُمَشَّم tulipe, f

٭سَوْط : ∆كرباج fouet, m; cravache; verge, f

— : زائدة كالذيل flagellum, m

سَاطَ : ضرب بالسوطِ fouetter; flageller; fustiger

(سوع) سَاعَة : ستّون دقيقة heure, f

ساعة ٢ : محددة الوقت montre, f

— سباق montre à arrêt, f

— حائط horloge; pendule, f

— يد montre-bracelet, f

— ضبط الوقت بدقة : ٥كرونومتر chronomètre, m

— رمليّة sablier, m

— شمسيّة cadran solaire, m

منذ ساعة il y a une heure

بعد أو في مدة — dans une heure

ساعاتي : بائع الساعات أو مصلحها horloger, ère

∆ساعَ الشيء (في وسع) tenir

٭سَوَّغَ : جوَّز permettre; admettre; autoriser justifier

ساغَ الأمرُ être permis, e, *ou* licite

— الشرابُ être agréable à boire, *ou* de facile déglutation

أساغ : سهّل البلع بالماء — arroser le manger
سائغ : جائز . مباح — permis, e; licite
— : لذيذ التعاطي — de bon goût; savoureux, se
لقمة سائغة — morceau de choix, *m*; friandise, *f*
○ ساغو : نشاء من جمّار النخل الهندي — sagou, *m*
مُسوِّغ : سَبَب مجيز — bonne raison, *f*
* سوّفَ : ماطلَ — tournoyer; atermoyer; remettre de jour en jour; traîner en longueur; temporiser
سَوْفَ : حَرْفُ إستقبال — particule indiquant le futur, *f*
— ترى — tu verras; (vous verrez) !
ساف . سافة : طبقة — couche, *f*; lit, *m*
تَسْويف : مَطل — remise; temporisation, *f*; retardement, *m*
مسافة : بُعْد . مَدى . بَوْن — distance, *f*; espace, *m*
* سوّقَ النبتُ : صار له ساق — se dresser sur sa tige
ساقَ . إستاقَ : سيّر . ضد قادَ — conduire; chauffer
— . — : حثّ — activer; pousser en avant
— الى : ادّى — mener à; conduire à
— الحديثَ — mener, *ou* entretenir, la conversation
— الخبرَ — énoncer; ébruiter; publier
تَسوّقَ : باع واشترى — exercer le petit commerce
△ — : اشترى △ تبضّع — faire des emplettes, *ou* des achats

ساقٌ : رِجْل — jambe, *f*
— الطير والحشرة — patte, *f*
— الحمام : نبات طبي — colombine; églantine, *f*
— الشجرة : جذعها — tronc, *m*
— النبات والورقة — tige; queue, *f*
عَظمُ الــ — tibia; (os de la jambe), *m*
سُوْق : مكان البيع والشراء — marché; bazar, *m*; halle, *f*
— خيريّة — bazar de charité, *m*
— دوريّة — foire, *f*
— راقدة — marché calme, *ou* plat, *m*
سِعْرُ الــ — cours du marché, *m*
في الــ — sur la place
سُوقيّ : عامّي — vulgaire; commun, e
سُوْقة : عامّة الناس — populace, *f*; public; peuple, *m*
سوّاق . سائِق — conducteur, rice
— . — سيارة أو قطار — chauffeur, se
سُوَيْق : دقيق الحنطة الناعم — farine fine, *f*
سِيَاق : تتابُع — suite, succession, *f*
— الحديث : مجراه — le cours de la conversation
— الجملة — texte; contexte (d'une phrase), *m*
* سوّكَ الأسنان : نظّفها — curer; nettoyer les dents
سِواك . مِسْواكُ الأسنان — brosse à dents, *f*
○ سَوْكَرَ : أمّنَ على (راجع تأمين) — assurer
— : ضمِين — garantir; se porter garant, e de
— خطاباً (راجع سجل) — recommander

سِيكُرْتاه : تأمين (في أمن) — assurance, *f*

— ضدّ أخطار الحرب — assurance contre les risques de guerre, *f*

— ضدّ أخطار البحر — assurance maritime, *f*

مُسَوْكَر : مؤمَّن عليه — assuré, e

— : مضمون — garanti, e; sûr, e

قُفل — . — serrure de sûreté, *f*

٭ سَوَّلَ لهُ : أغوى وزيَّن — tenter

٭ سَوَّمَهُ . سامَهُ الأمرَ : كلّفه إيَّاه — imposer; forcer à; charger

سامَهُ خَسْفاً : أذلّه — humilier; abaisser

ساوَمَ . تَساوَمَ بالبضائع — marchander

∆ سِيْم . سِيماء . سِيمة : علامة — signe, *m*; marque, *f*

سيماء ٢ . سيمة ٢ : هيئة — air, *m*; mine; physionomie, *f*

سِيَّما . ولا سِيَّما (في سوى) — surtout

سِيميا . سِيمِياء : غير الحقيقي من السحر — prestidigitation; magie blanche; mystification, *f*

— : ٥ سِينِما ٥ سينماتغراف — cinématographe

مُساوَمَة : ∆ فِصال . مشارطة — marchandage, *m*

∆ سُونكي : ∆ سِينْجه (انظر سنج) — baïonnette, *f*

٭ سَوِيَ : استقام أمرُهُ — devenir, *ou* être, droit, e

— . ساوى كذا — valoir; être équivalent, e à

سَوَّى الارض : جعلها مستوية — égaliser; aplanir; niveler

— وساوى ٢ هذا بذلك — égaliser; égaler

— . — : أصلحَ — réparer; combler; compléter; accommoder; régler

— . — : عدَّل — ajuster; arranger

— . — بينهما : وفّق — réconcilier; mettre d'accord

∆ — . — : رتَّبَ — arranger; ranger

∆ — : أنضجَ — mûrir; faire mûrir

∆ — : طَبَخَ — cuire; cuisiner

∆ — الطبخ نِصف سوى — cuire à moitié

إستَوَى : إعتدَلَ — se tenir droit, e, *ou* raide

— هذا بذلك : صار مثلهُ — égaler; valoir autant que

— على : جلس — s'asseoir sur

∆ — الثمرُ وغيره : نضج — mûrir

∆ — الطبخُ : نضج — être cuit, e à point

سَواء . سِوى : عَدْل — équité; justice, *f*

— . — : مِثْل — égalité, *f*

— . — : مُستوٍ . ممهّد — égal, e; uni, e

— السبيل : ما استقام منه — le droit chemin

سِوى ٢ : غير — excepté; hormis; sauf

على حدٍّ سواء ٢ : بالمثل — pareillement

على حدٍّ سواء : سِيّان — c'est tout de même

سِيَّان عندي — cela m'est égal

ولا سِيَّمَا : خصوصاً — surtout

إستِواء : إعتدال — rectitude, *f*

— : سهولة — égalité; uniformité, *f*

— : تشابُه — égalité; similitude; identité, *f*

خط الــ . (في الجغرافيا) — équateur, *m*

سِوى : طبخ — cuisson, *f*

اِستوائيّ: مختص بخط الاستواء équatorial, e
— : مختص بالمنطقة الاستوائيّة tropical, e
المنطقة الاستوائية zone tropicale, f
تَسوِيَة : تمهيد nivellement; aplanissement, m
— : تعديل وترتيب aménagement; arrangement, m
— : توفيق ونَهْو règlement, m
— : حَلّ موفق compromis, m
△ — الطبخ cuisson, m
△ تحتُ الـ en suspens; non réglé, e
تَساوٍ : مُساواة . معادلة égalité, f
بالتساوي: بالمثل également; pareillement
مساوٍ : مماثل . مثل égal, e; semblable; pareil, le
— : معادِل équivalent, e
مُساوَاة ٢ : تَساوٍ égalité; uniformité, f
— تجاريّة مع الدائنين concordat, m
متساوي الأبعاد équidistant, e
— أو متشابه الأجزاء : نَظير isomère
— الأضلاع équilatéral, e
— الحرارة isotherme
— الزوايا équiangle
مثلث — الساقين triangle isocèle, m
مُستوٍ : معتدل droit, e
— : مُمَهَّد uni, e; égal, e; aplani, e
△ — : ناضج mûr, e
△ — : مطبوخ cuit, e
مُستَوًى niveau, m
رفعَ الـ relever le niveau
* سيىء . * سيئة (سوأ) * سياسة (سوس)

* سياق (سوق) * سيَّان (سوي)
* سيَّبَ △ سابَ : ترك laisser
— △ — abandonner ou négliger
— △ — : أرخى relâcher; détendre
— △ — : أطلقَ libérer; relâcher; dégager
— △ — الشيء من يده lâcher
سابَ ٢ . اِنسابَ الماء: جرى couler; s'écouler
— . — الثعبانُ ramper; glisser
△ سِيبان. صِيبان: بيض القمل والبرغوث lente, f
△ سِيبَة : ركيزة بثلاث قوائم trépied, m
سائِب : متروك laissé, e; abandonné, e
— : حُرّ او فالت libre; ou en liberté
— : محلول défait, e; détaché, e; délié, e
ضلع — . côte flottante, f
دولاب (عجلة) — . roue libre, f
إنسِيابِيّ : مَشيق aérodynamique
* سيَّجَ الكرمَ: أحاطه بسياج clôturer; entourer d'une haie
سِياج : سُور (انظر سور) clôture; haie, f
مُسيَّج : محاط بسياج clôturé, e; entouré, e d'une clôture
○ سيجار زنوبيا : دُخْنَة cigare, m
سِيجارة : دُخَينة cigarette, f
* سيَّحَ . أساحَ الماء : أجراه faire couler
△ — : أذاب fondre; dissoudre; liquéfier

ساحَ الماء : جَرَى — écouler; couler; fluer
— : تجوَّل في البلاد — voyager; tourner
△— الثلجُ والمعدن : ذاب — fondre
سَيَّاح : كثير السياحة — grand, e voyageur, se
سِيَاحَة : رِحلة — voyage; tour, *m*: excursion, *f*
سائِح : جارٍ — coulant, e
△— : ذائب — fondu, e; dissous, te
— . سَيَّاح △ سوَّاح — touriste; voyageur, se
△ تسييح : اذابة — fonte; fusion; liquéfaction, *f*
△ مُسيَّح : مُذاب بالحرارة — fondu, e
(سيخ) ساخَ : غاصَ — s'enfoncer
سِيخ : سفود الشَّيّ — broche; brochette, *f*
△ — حديد او صُلْب — barre, *f*
٭سيّد ٭ سيّدة (في سود)
٭سَيَّرَ . أسارَ : جعله يسير — faire marcher
— : أرسلَ — envoyer; expédier
— : خطَّطَ △ زيَّحَ — strier
— عمله أو اموره — faire marcher ses affaires
سارَ : تحرَّك — se mettre en mouvement, *ou* en marche
— : اشتغل — fonctionner
— : درَج — être courant, e
— : ذهَبَ — s'en aller; partir
— : مشى — marcher
— : سلك . تصرَّف — agir; se comporter
— بمقتضى كذا — agir d'après; suivre
— به : قادهُ — conduire; diriger

— الجيش على — marcher, *ou* avancer, sur
— وراء : تبعَ — suivre
سايَرَ : جارى — marcher de front, *ou* de pair, avec
— الظروف — s'adapter aux circonstances
— : لاطف وداري — complaire à; ménager
سَيْر : مَشْي — marche, *f*
— : قدَّة من جلد مستطيلة — lanière; sangle, *f*
— الآلات (لادارتها) — courroie, *f*
— : حزام — ceinture, *f*
△— . سِيرَة : سلوك — conduite, *f*; maintien, *m*
سِيرَة ٢ : ذِكر . سُمعة — réputation; renommée, *f*
— : قصَّة — histoire, *f*; récit, *m*
سَيَّار : كثيرُ السير — grand, e marcheur, se
— . سَيَّارة: كوكب يسير حول الشمس — planète, *f*
سَيَّارة ٢ : قافلة — caravane, *f*
— : ٥ أُتُمبيل — automobile, *f*
سائر: متحرِّك — en marche; mouvant, e; mobile
— على الأقدام — à pied
— : متداوَل . جارٍ — courant, e; en cours
— : جميع . كل — tout, e
— الشيء : باقيه — le restant
مُسيَّر : مخطط — strié, e

مُنطاد — dirigeable, *m*

مَسِيرَة : مسافَة — distance, *f*

∆ سِيْرج : زيت السمسم huile de sésame, f
☆ سَيْسَبان : اسم شجر sesbane; sesbanie, f
∆ سِيِسي : مُسَلْك . حصان صغير الجسم poney: bidet; petit cheval, m
☆ سيطر وتسيطر (سطر)
☆ سَيْف : حُسام épée, f; sabre, m
— المبارزة : مِغْوَل fleuret, m
— الحصاد : مِقضاب faux, f
سبق السيف العَذَل trop tard 
سَيَّاف sabreur; homme d'épée, m
— : جلاّد bourreau, m
— البحر. سيف. أبو سيف espadon, m
سِيف ٢ : ساحل البحر bord de la mer; rivage, m
ساف الرجُلَ sabrer 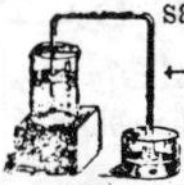
○ سِيْفون: مَمَص siphon, m
— : صندوق سيفون المراحيض réservoir de chasse, m  
— المجارير : مَثْعَب siphon, m
☆ سَيَّل . أسالَ : أجرى laisser couler (un liquide)
— . — : أذابَ liquéfier; fondre
— . — الدمعَ faire pleurer, ou larmoyer
— . — اللعابَ faire venir l'eau à la bouche
سال : جرى couler; s'écouler
— : ذاب se liquéfier; fondre
— : رشح fuir; couler
— أنفه couler
— الدمع fondre (en larmes)
سَيْل : ماء كثير déluge, m; inondation, f
— جارف torrent, m
سَيَلان : جرَيان écoulement, m; effusion, f
— : ترشيح fuite, f
— : مرض blennorragie; gonorrhée, f
سِيلان : حجرٌ كريم grenat, m
سِيلة : مسيلُ ماء cours d'eau, m
سَيَّال : جارٍ courant, e; coulant, e
— مغنطيسي fluide magnétique, m
— كهربي fluide électrique, m
سُيُولة : ضدّ جمودة liquidité; fluidité, f
سائل : ضدّ جامد liquide; fluide, a et m 
مِسْيَل مقياس الثقل النوعي للسوائل aéromètre; densimètre, m
مُسيل الدموع lacrymal, e
غاز — الدموع gaz lacrymogène, m
☆ سيم (سوم) ☆ سِيَما (سوي) ☆ سيماء (سوم)
○ سيمافور : ملوِّح sémaphore, m
☆ سيمونية : المتاجرة بالدين simonie, f 
☆ سِيْنا : جَبَل Sinaï, m
ابن — : فيلسوف أطباء العرب Avicenne
○ سينما تُغْراف : الصور المتحركة cinémographe; cinéma, m
○ سِيْنُودِس : مجمع رؤساء مذهب ديني synode m

(ش)

٭شَأْفَة : أصْل — racine, *f*

استأصل شأفته — déraciner; extirper

٭شَأَمَ الرجُلَ : جرَّ عليه الشُؤم — porter malheur à qn

تَشاءَمَ . إِسْتَشْأَمَ : ضدّ تفاءل — augurer mal de; présager mal; considérer comme néfaste

شَأْم . شَام : سورية (انظر سوريا في سور) — Syrie, *f*

شائِم . أشْأَم : يأتي بالشؤم — porte-malheur; néfaste

شخص شؤم — oiseau de malheur, *m*

شُؤْم △شُؤْم : ضدّ يُمن — guigne; infortune, *f*

شَأْمَة . علامة شؤم ج — mauvais augure, *m*

شامة (في شيم) — grain de beauté, *m*

شِيمَة . شِئْمَة : الخلق والطبيعة — naturel; caractère, *m*; nature, *f*

— . — : عادة — coutume; habitude, *f*

مَشْؤُوم △مَشْؤُوم . مَيْشوم ع — de mauvais augure; sinistre

٭شَأْن : حاجة . أمر أو دخل — affaire, *f*; intérêt, *m*

— : حال — état, *m*; condition, *f*

— : علاقة . صلة — rapport, *m*; relation, *f*

— : منزلة — rang, *m*; position, *f*

— : أهمية — importance, *f*

ذو — : هام — important, e

بشأن — au sujet de; concernant

أنتَ وشأنك : كما تريد — comme bon vous semblera

مَاشأنك : ماذا تريد — que voulez-vous ? de quoi vous mêlez-vous ?

٭شَأْو : غاية — but; dessein, *m*; visée, *f*

٭ شاء (شيأ) ٭شائبة (شوب) ٭شائق (شوق) ٭ شائك(شوك) ٭ شائن (شين) ٭ شابَ (شيب و شوب) ٭ شابّ (شبب) ٭ شابه (شبه) △شابورة (شبر) ٭شاجر (شجر) ٭شاحب(شحب) ٭ شاخ (شيخ)٭ شاد (شيد) ٭ شادر (شدر) ٭ شادوف (شدف)٭ شاذّ (شذذ) ٭ شارّ (شرر) ٭ شارَ (شور) ٭ شار (شري)٭شارك (شرك) ٭ شارة (شور) ٭ شاسع (شسع)

٭شاسِي الأتُمبيل : القاعدة بما فيها الالات — châssis, *m*

△شاش (شوش) ٭ شاط(شيط) ٭ شاطر (شطر) ٭ شاطئ (شطأ) ٭ شاعَ (شيع) ٭ شاف(شوف) ٭شاق(شقق)△شاكوش(شكش) ٭ شال وشالية(شول)٭شامة(شيم) ٭ شان(شين) ٭شاه وشاة (شوه)٭شاهق(شهق) ٭ شاور(شور) △شاويش(شوش)٭شاي (شي)

٭شَبَّبَ . تَشَبَّبَ بالفتاة — louer; chanter les mérites de

شَبَّ : صار فتيًا — devenir adolescent, e grandir

— : إرتفع — se soulever; se lever

— الحصان حَرَنًا — se cabrer

— الحصان مَرَحًا — bondir gaiement

— ت النارُ والحرب — éclater

— ت فيه النار — prendre feu

شَبّ ٭ ∆ شَبَّة : حجرُ الشبّ — alun, m
— الليل (نبات) — belle-de-nuit, f
∆ — • شَابّ : فتى — jeune homme, m
∆ — • شَبَب : عجل كبير — bouvillon, m
شابّة : فتاة — jeune fille; ou jeune femme, f
شَبَاب • شَبِيبَة[1] — jeunesse, f
جدّد أو تجدّد شبابه — rajeunir
شبابي : مختصّ بالشباب — juvénile
شَبِيبَة[2] : جملة الشبّان — jeunesse, f; jeunes gens, m.pl
شُبُوب : ثوران — déchaînement, m
تَشَبُّب : تجديد او تجدد الشباب — rajeunissement, m
∆ شِبِت : شِبِث . اسم نبات — aneth; fenouil, m
أبو — : رُتَيلاء — tarentule, f
٭ شَبِثَ • تَشَبَّثَ بكذا : تعلق به — se cramponner à; se tenir à
تَشَبُّث : تمسّك — ténacité; opiniâtreté, f
مُتَشَبِّث — tenace; entêté, e; obstiné, e

٭ شَبَح • شَبْح — ombre, f
— • — : خيال — fantôme, m
— : سلهوطة — silhouette, f
— الحرب — l'ombre de la guerre, f
شبحيّة : عدسة إيجابية — objectif, m
تَشْبِيح : عمل حركات مع الكلام — gesticulation, f
مِشْبَاح : مِجْسَاد (انظر جسد) — stéréoscope, m
٭ شَبَرَ • شَبَّرَ : قاس بالشبر — mesurer par empan; mesurer de la main

∆ شَبَّر : شوّر بيديه وأتى بحركات ايمائية — gesticuler; faire des gestes
شِبْر : ما بين طرف الابهام وطرف الخنصر ممتدين — empan; palme, m
∆ شَبُّورَة : ضباب . غطيطة — brouillard, m; brume; brouée, f
∆ شَبَرْقَة : مصروف الجيب — argent de poche, m

فطير الشبارق — vol-au-vent, m
∆ شِبْشِب : خفّ — pantoufle; mule, f; chausson, m
∆ شَبَّطَ فيه : شَبِثَ به — se cramponner à
شُبَاط : فبراير . الشهر الميلادى الثانى — février, m
شَبُّوط : سَمَك — meunier; chabot; turbot, m; carpe, f

٭ شَبِعَ : اكتفى — se rassasier
— منه : امتلا وتضايق — être dégoûté, e de
شَبَّعَ • أشْبَعَ : جعلهُ يشبع — rassasier
∆ — • — الشهيّة او الحواسّ — satisfaire
∆ — • — : شرّب — saturer
تَشَبَّعَ : تشرّب — être saturé, e
— برأي أو فكرة — être obsédé, e par
شِبْع — rassasiement; assouvissement, m; satiété, f
شَبْعَان : ضد جائع — rassasié, e
إشْبَاع — satisfaction, f; rassasiement, m; action de rassasier
مُشْبِع : كاف — satisfaisant, e; substantiel, le; suffisant, e
— : مغذٍّ — substantiel, le; rassasiant, e

مُشَبَّع بالماء : متشرّب saturé, e (d'eau)
— بالهواء aéré, e
٭ شَبِقَ : غَلِمَ être lubrique
شَبَق : غُلْمَة lubricité ; luxure, f
شَبِق : شهواني lascif, ve, libidineux, se ; luxurieux, se
٭ شَبَكَ . شَبَّكَ : عقّدَ △ شربك empêtrer ; embrouiller ; emmêler ; compliquer
— الشيء بغيره : وصلهُ به joindre ; attacher ; agrafer ; lier
△ — الفتاة : خطبها fiancer
إشتبكَ . تَشَبَّكَ s'enchevêtrer ; s'emmêler ; se mêler
ـت الطيارة (مثلاً) في الشجرة s'attraper dans
إشتبكوا في عراك en venir aux prises
شُبُك : غليون التدخين ○ بيبَة pipe, f
— : قصبة التدخين chibouk, m
△ شبكَة : هدية الخطبة cadeau de fiançailles, m
شَبَكة filet ; reseau ; panneau ; lacis, m
— السمك . شُبَّاك ١ filet, m ; rets, m. pl
— الشعر : سَكَبَة filet, m ; résille, f
— سِلك toile (f), ou filet (m), métallique
شُبَّاك ٢ : نافذة fenêtre ; croisée, f
— في سقف مائل ←← mansarde ; lucarne, f
شبكيّة العين rétine, f

△ شَوْبَك : مِطلَمة ←← rouleau, m
مِشْبَك : ابزيم fermoir, m ; ←← agrafe, f
— صَدر ←← broche, f
— غسيل ←← épingle à lessive, f
— الورق attache ←← papier ; attache, f
مُشَبَّك : متداخل في بعضه entrelacé, e, f
٭ شِبْل : ولدُ الأسد lionceau, m
△ شَبين △ إشبينُ العريس garçon d'honneur, m
△ — المُعمَّد : عرّاب س parrain, m
△ شبينَة △ اشبينة العروس demoiselle, ou fille, d'honneur, f
△ — المُعمَّد : عرّابَة س marraine, f
٭ شَبَّهَ بكذا : مثّله به comparer à
شُبِّهَ عليه الأمر : أُبهِمَ être ambiguë (chose)
شَابَهَ . أشبَهَ والده (مثلاً) ressembler à
تَشَبَّهَ به imiter ; suivre ; copier
إشتَبَهَ في الأمر : ارتاب douter ; soupçonner ; concevoir des doutes sur
— في أمره أو فيه : شكّ suspecter
يُشتَبَه في أمره douteux, se ; suspect, e
شِبْه . شَبَه . تشابه : مماثلة ressemblance ; similitude, f
— . — : صورة apparence, f ; portrait, m
— . شَبيه : مثيل semblable ; pareil, le ; ressemblant, e
— جزيرة presqu'île ; péninsule, f

— معيَّن (في الهندسة) 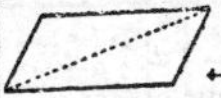 rhomboïde, *m*

— رسْمي semi-officiel, le

شبه حق الملكيّة quasi usufruit

— منحرف (في الهندسة) 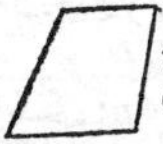 trapézoïde; trapézoïdal, e

شُبْهة. إشْتِباه doute; soupçon, *m*

تحت الـ. مشبوه به suspect, e; soupçonné, e

أوقع في (تحت) الشبهة compromettre

تَشْبيه: تمثيل comparaison; assimilation, *f*

٭ مشبورة (شبر) ٭ شبيبة (شبب) ٭ شتاء (شتو)

٭ شَتَّتَ. أَشَتَّ: فرَّق disperser; séparer; éparpiller

شَتَّ. تَشَتَّتَ se disperser; se répandre; s'éparpiller

شَتٌّ. شَتَات dispersé, e; séparé, e; épars, e; éparpillé, e

شَتَّانَ بينهما il y a une grande différence, *ou* il y a loin, entre eux deux

شَتَّى divers, e; différent, e

أشياء — diverses choses; choses diverses, *f.pl*

أخبار — faits divers, *m.pl*

مصاريف — faux frais; divers, *m.pl*

تَشْتِيت: تفريق dispersion; séparation, *f*; éparpillement, *m*

مُشَتَّت: متفرق épars, e; dispersé, e

△ شَتَلَ الزرعَ: نقله transplanter

شَتْلة: غرسة أو مَشْتَل pépinière, *f*

٭ شَتَمَ: سبَّ insulter; injurier; outrager; abreuver d'injures

شَتِيم. مَشْتُوم insulté, e; outragé, e; injurié, e

شَتِيمة: سَبّ insulte; injure, *f*; outrage, *m*

(شتو) شَتا. شَتَّى. تَشَتَّى بالمكان: أقام به شتاء hiverner; passer l'hiver à

△ شَتَّت٢ الدُنيا: أمطرت il pleuvait; il a plu

شِتاء: ضد صيف hiver, *m*

△ —: مطر pluie, *f*

شتوي: مختص بالشتاء d'hiver; hivernal, e; hiémal, e

مَشْتًى: مكان الاقامة في الشتاء ville d'hivernage; résidence d'hiver, *f*

٭ شتّى ٭ شتيت (شتت) ٭ شجّ (شجج)

٭ شَجَبَ. أَشْجَبَ: أحزنَ (انظر شجن) attrister; affliger; navrer

مِشْجَب: △ شمّاعة هدوم  portemanteau, *m*

(شجج) شَجَّ: كسر briser; fracturer; casser

—: شقَّ fendre; fêler

شَجَّة: كسر في الرأس fracture du crâne, *f*

٭ شَجِرَ. أَشْجَرَ. مُشْجِر boisé, e; garni, e d'arbres

○ شَجْران: نوع من الجلد peau de chagrin, *f*

شاجَرَ. تشاجَرَ مع se disputer, se quereller; se battre avec

شَجَرة: واحدة الشجر أو الأشجار arbre, *m*

— النسب arbre généalogique, *m*

— فاكهة arbre fruitier, *m*

شجيرة: تصغير شجرة arbrisseau; arbuste, *m*

شِجار: △ ترباس 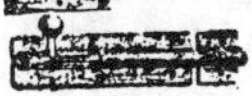 verrou, *m*

— . مُشَاجَرَة : عراك querelle; bagarre; dispute, f
مُشَجَّر . مُزيَّن برسوم كالشجر fleuri, e; à fleurs; orné, e de ramages
☆ شَجُعَ : كان شُجاعاً être courageux, se; brave; vaillant, e
شَجَّعَ : جرَّأ encourager; enhardir
تَشَجَّعَ prendre courage; s'enhardir
شُجاع courageux, se; hardi, e; brave; vaillant, e
شَجَاعة courage, m; bravoure; hardiesse, f
تَشْجِيع encouragement, m
☆ شَجَنَ . شَجِنَ . أَشْجَنَ : أحزَنَ affliger; attrister
شَجَن . شُجُون chagrin, m; affliction; peine, f
مُثير الشجون pathétique; émouvant, e, touchant, e
☆ شَجْو . شَجًا : هَمّ souci, m; anxiété; sollicitude, f
شجويّ : محزن triste; mélancolique
شَجِي . شَجٍ : مشغول البال soucieux, se; inquiet, ète
شَجِيَ : حزنَ s'attrister; se désoler
شَجَا . أَشْجَى : أطرب enchanter
شَوْحَط : سِدر جبلي if commun, m
☆ شَحُمَ . △ شَحَّمَ كثر شحمه engraisser; prendre de l'embonpoint
△ شَحَّمَ[2] العَجَل graisser; enduire de graisse
شَحْم : دُهْن gras, m; graisse, f
— مُذاب (كالمستعمل في الصناعة) suif, m
— الخنزير saindoux; lard, m
— الثمر : لُبّه chair; pulpe, f

شَحمة : قطعة الشحم un morceau de graisse
— الاذن : حلَمَتها lobe de l'oreille, m
— الأرض : كَمأة truffe, f
— العين : مقلتها globe de l'œil, m
شَحِم . مُشْحِم : كثير اللبّ pulpeux, se
شَحِيم . مُشَحَّم : بين gras, se; chargé, e de graisse
شَحْمِيّ : دهني sébacé, e; ou graisseux, se
☆ شَحَنَ السفينة : وسقها charger
— البضائع : أرسل بها بحراً embarquer des marchandises; expédier par mer
— . أَشحَنَ : ملأ remplir
— . — : طرد وأبعد chasser
— البطارية الكهربية charger la batterie
شَحِنَ عليه : حقد avoir de la rancune contre qn; en vouloir à qn
شَاحَنَ : خاصم se disputer, ou se brouiller, avec
تَشَاحَنُوا se chamailler ensemble; se querellèrent
شَحْن . شِحْنة : وسْق chargement; fret, m; charge, f
ابلاغ الشحن déclaration d'aliment, f
شحنة السفينة cargaison, f; chargement, m
— كهربيّة charge électrique, f
—: الشرطة ٥ البوليس police; gendarmerie, f
بوليسة الشحن connaissement, m
شحّان chargeur, m
شَحْنَاء . مُشَاحَنَة : عداوة وحقد inimitié; haine; rancune; malice, f
△ مشاحنة[2] : مخاصمة dispute; querelle, f
شاحِن . مَشحون : موسوق chargé, e; affrété, e
△ شعور (شعر) ☆ شحيح (شحح) ☆ شخّ (شخخ)

△شخبط في الكتابة : ثبّج — griffonner
(شخخ) شخّ : بالَ — uriner; pisser
△— : غاط — aller à la selle
شخّ △شُخاخ : بَول — urine, f; pissat, m
☼شخَرَ : غطّ — ronfler
△— : زنخر △خنفر — renâcler; renifler
شخير : غطيط — ronflement, m
☼شخشخ السلاحُ وغيره — résonner; claquer; retentir
شُخْشِيخة : خُشْخِيشة — hochet; grelot, m
☼شخص : صعد . طلع — s'élever
— النجمُ : طلع — apparaître; luire
— بصرهُ وببصره : رفعه — lever les yeux
— ببصره الى — regarder fixement
شخّص: عيّن — désigner; nommer
— : مثّل — représenter; personnifier
— رواية تمثيلية — jouer (au théâtre)
— الطبيبُ المرضَ — diagnostiquer
شخص : إنسان — personne, f; individu, m
— أوّل : المتكلم — première personne, f
شخص مُرضى (اي موافق) — persona grata
شخصي : ذاتي — personnel, le
— : خصوصي — privé, e
شخصيًا : بالذات — personnellement; en personne
شخصية : ذاتية — personnalité, f
— : حقيقة الشخص — identité, f
— بارزة — perssonage, m

تحقيق الشخصيّة — identification, f
شاخص : محملق — qui regarde fixement
△— المهندس — perche (5m, 02911), f
تشخيص المرض — diagnostic, m
— : تمثيل — personnification, f
— روائي: تمثيل — représentation, f; jeu, m
تشخيصي : تمثيلي — théâtral, e; dramatique
مُشخّص : ممثّل — acteur, rice; artiste
△شخط — crier; gronder; [gueuler]
○شخطوره: ○جندول — gondole, f 
△شُخليلة الدفّ — grelot, m; clochette, f

☼ شدّ (شدد) ☼ شدا (شدو)
☼شدخ . شدّخ : شرخ — fêler; fendre
☼شدّد على: ضيّق — serrer; presser; resserrer
— : قوّى — affermir; fortifier; renforcer
— على : أكّد — insister
— الصوتَ — accentuer; appuyer sur
شدّ : ربط — attacher; lier
— على : اكّد — insister
— الصوتَ — accentuer; appuyer sur
شدّ : ربط — attacher; lier
— : جرّ — tirer; traîner
— : ضد أرخى — tendre; étirer
— أزره — soutenir; appuyer
إشتدّ . تشدّد : تقوّى . قوي — se fortifier; s'affermir; se consolider
— : ازداد شدة — s'intensifier; s'amplifier

شَدٌّ : رَبْط — liage, m; action de lier
— : جَرٌّ — tirage, m
△ لعبة — الحبل — lutte à la corde, f
شَدَّة : نَبْرَة — accent, m
— : جَرَّة — trait, m
△ — ورق اللعب — jeu de carte, m
شِدَّة : قوة — force; vigueur; intensité, f
— : عُنف — violence; sévérité, f
— : صَلابة — rigidité; dureté, f
— : بليَّة — adversité; calamité; gêne, f
وَقْتُ الـ ـ — moment critique, m
من — كذا — à force de
△ شَدَّادُ السقف او الجلون — entrait; tirant, m
شَدِيد : قوي — fort, e; puissant, e
— : حادّ — violent, e; vif, ve; intense
— : عنيف — sévère; dur, e
احتياطات شديدة — mesures sévères, *f.pl*
أَشَدُّ : أقوى — plus fort, e; plus puissant, e
تَشْدِيد : ضغط أو إصرار — pression; *ou* insistance, *f*
— : تقوية — renforcement, *m*
مِشَدّ : △ بُوستو — corset, *m*
مُشَدَّد : مؤكَّد — emphatique
حَرْف — : عليه شدَّة — double lettre, *f*
مَشْدود : متوتّر — tiré, e
مُشَادَّة كلامية — controverse; discussion chaude, *ou* animée, *f*
(شدر) شَادِرخشب — chantier de bois, *m*

☆ شِدْق : باطنُ الخد — intérieur de la joue, *m*; abajoue, *f* (animaux)
△ — : عظم الفكّ السفلي — mandibule, *f*
تَشَدَّق بكلامه — traîner ses paroles
☆ شَدَهَ : أدهشَ وحيّر — ahurir; dérouter
☆ شَدْو : غناءٌ أو تغريد — chant; ramage, *m*
شَدَا : غنّى — chanter
— الطائرُ : غرَّد — chanter; gazouiller
☆ شذ (في شذذ) ☆ شذا (في شذو)
☆ شَذَبَ . شَذَّبَ : قطع — rogner; tailler
— . — الشجرة : △ قلَّمها — élaguer; émonder
شَذْب . تَشْذِيب الشجر — élagage; émondage, *m*; taille, *f*
☆ شَذَّذَ : جعله يشذّ — rendre irrégulier, ère, *ou* anormal, e
شَذَّ : خالف القياس — être irrégulier, ère, *ou* anormal, e
— : إنفرد عمَّا في بابه — faire exception
— عن : إنحرف وتباعد — dévier; s'écarter de
شَذٌّ . شُذُوذ : مخالفة القاعدة — irrégularité
شَاذّ : غير قياسي أو مخالف القاعدة — irrégulier, ère; *ou* anormal, e
— : غير عادي — inaccoutumé, e; extra-ordinaire; baroque
— : إستثنائي — exceptionnel, le
— : نادِر — rare; singulier, ère
— : مستهجَن — déplacé, e
— الطبع أو الأطوار : فُويْت — excentrique
أَمْر أو شيء — — excentricité; anomalie, *f*
لكل قاعدة شَواذّ — à toute règle une exception

(شذو) شَذّا: عطّر parfumer; embaumer
شَذًا: قوة ذكاء الرائحة parfum, m; senteur; odeur suave, f
* شرّ (شرر) * شراء (شرى) * شرار (شرر)
* شَرِبَ: جرع boire
— نخب فلان boire à la santé de
△ — الدخان: دخّن التبغ fumer (du tabac)
شَرَّبَ. أَشْرَبَ: سَقَى faire boire; donner à boire; abreuver
— . — : لقَّنَ inculquer; instiller
— . — بسائل وغيره: شبَّع saturer; imbiber; imprégner
شَارَبَ: شرب مع boire en compagnie de qn
إشْرَأَبَّ للشيء: مدَّ عنقه لينظر اليه allonger le cou pour voir
تَشَرَّبَ: إمتصَّ absorber; être imbibé, e de; s'imprégner de
شُرْب: جَرْع boire, m: action de boire
— . تَشَرُّب: إمتصاص absorption, f
شَرْبَات: شراب حلو sirop; sorbet, m
شَرْبَة: جَرْعَة trait, m; gorgée; lampée, f
— دواء potion; dose, f
△ — △شوربا: صُبَّة. حساء soupe, f; bouillon; consommé, f
— داخلها شيء يؤكل potage, m
△شَرْبة[٢]: مَشْو purge, f; purgatif, m
شَرَاب. مَشْرُوب boisson, f
— : خمر vin, m; boisson alcoolique, f

△شُرّاب: جَورَب (قصير) chaussette, f
△ — : جَوْرَب (طويل) bas, m
شُرّابَة: عذَبَة houppe, f; gland, m
— الراعي: آس برّي houx, m
شِرِّيب: كثير الشرب grand, e buveur, se; biberon, ne
شَرِيب. يُشْرَب: صالح للشرب potable, buvable
شَارِب: الذي يشرب buveur, se
— (وجمعها شوارب): △شَنَب moustache, f
مَشْرَب: مَيْل ذوق penchant; goût, m; inclinaison, f
مشروبات روحية boissons alcooliques, f.pl; spiritueux, m.pl
△شَرْبَكَ: شبَّك emmêler; embrouiller; empêtrer
*شَرْبِين: ارز لبنان cèdre du Liban, m
*شَرِثَ: △تَقَشَّف gercer; se gercer; crevasser
شَرَث: △قشف gerçure; crevasse, f
— : تورم اليد او القدم من البرد engelure, f
*شَرَجَ. شَرَّجَ: △سرّج faufiler; bâtir
شَرَج: △باب البدن anus, m
شَيْرَج: دهْن (زيت) السمسم △سيرج huile de sésame, f
*شَرَحَ: بيَّن expliquer; exposer
— : وصف dépeindre; décrire
— الخاطر: سرّ enchanter; ravir; récréer; égayer

— . شَرَّحَ الشيء: قطعه شرائحاً couper par tranches, ou en filets
شَرَّحَ ٢ (لغرض طبي او علمي) disséquer; découper
— الجثة: لمعرفة سبب الوفاة faire l'autopsie
إنشرح: إتسع s'étendre
— صدره s'égayer; s'enchanter
شَرْح: تفسير explication, f
— : وَصف description, f
شَرحي: تفسيري explicatif, ve
△شرح: طلق المنظر والهواء dégagé, e
شرحة: شريحة: قطعة مستطيلة tranche, f
شريحة ٢: قِدَة △ورقة lame; bande, f
— الايراد fraction de revenu 
△ — الشباك الخشبية volet, m
△ — الشبّاك الزجاجية châssis (de fenêtre), m
شَرْحَة: كما تقدم idem; ditto
شارِح: مفسّر exposeur, m; explicateur, rice
— الكتاب annotateur; commentateur, rice
تشريح (لغرض علمي او طبي) dissection, f
— المقابلة . — الحيوانات zootomie, f
— الجثة (لمعرفة سبب الموت) autopsie, f
عِلم الـ . anatomie, f
تشريحي: مختص بعلم التشريح anatomique
مَشرَحة: غرفة التشريح salle d'autopsie, f
*شَرْخ: شدخ fêler; fendre; gercer
شَرْخ الصبا أو الشباب fleur, ou force, de l'âge, f
△ — : شدخ fêlure; fente; crevasse, f

*شَرَدَ: نفر وهرب décamper; filer; s'enfuir
— : ضلّ s'égarer; errer; dévier
— الفكر s'égarer
شَرَّدَ . أشرَدَ : هرَّبَ faire fuir; effaroucher
— : فَرَّق وبدّد disperser; éparpiller
تَشَرَّد: عار vagabonder; errer
— القوم: تبدّدوا se disperser
△شرد: ريح حارة siroco; vent brûlant, m
شُرود الفِكر distraction; divagation, f; égarement, m
شَرِيد . مُتَشرِّد ١ : تائه vagabond, e; errant, e
شارد: هارب fugitif, ve
— : ضالّ . تائه égaré, e
— الفكر distrait, e
شوارد اللغة exceptions; anomalies du langage, f.pl
تَشرُّد: عَيْر vagabondage, m
مُتَشرِّد ٢ vagabond, e; errant, e
△ تشردق: شرق s'étrangler; s'engorger
*شِرذِمة : جماعة قليلة groupe, m; bande, f
*شَرَرَة . شرارة (الجمع شرَر) étincelle, f
شَرَّ: كان شِريراً être mauvais, e, ou méchant, e
△ — : ثَرَّ . قَطَر couler; fuir
شَرّ: ضدّ خير mal, m
— : إثم méchanceté; malice, f
— . أشرّ: أكثر شرّاً pire

△ شرَاني: نُفَطة. سريع الغضب hargneux, se
△ شِرو: اسم طائر cocorli, m
شِرِّير méchant, e; mauvais sujet, m
* شَرِسَ: ساء خلقه devenir méchant, e
شَرِسٌ: سيّىء الخلق grincheux, se; méchant, e
شَرَسٌ. شَرَاسَة mauvais naturel, m
* شُرْسُوف: طرف الضلع cartilage costal, m
شراسيفي épigastrique
△ شَرَّشَ: مدَّ جذراً s'enraciner; prendre racine
شِرْش: جذر racine, f
— اللبن: مَصْله petit-lait, m
مُشَرَّش: ممتدّ الجذور enraciné, e
* شَرْشَرَ: سنَّنَ denteler
△ — : △ شرّ . ثرّ fuir; couler
شِرْشِر: نجيل (نبات) chiendent, m
شَرْشَرَة: تسنين dentelure, f
شُرْشُور: أبو براقش évêque, m
△ شَرشِير: حذَف sarcelle, f
مُشَرْشَر: مُسنَّن dentelé, e
* شَرْشَف: ملاءة السرير drap de lit, m
* شَرَطَ. اِشْتَرَطَ stipuler; convenir de
— . شَرَّطَ الجلد (لسَحْب الدم) scarifier
شَارَطَ signer une convention; conclure un accord

△ تَشرَّط عليه: اثقل شروطه poser des conditions lourdes, ou léonines
شَرْط. إِشْتِراط: تعيين الشروط dresse des clauses et conditions; stipulation; convention, f
— : واحدُ الشروط condition, f
— التحكيم clause compromissoire
— فاسخ condition résolutoire
— الايلولة clause de réversibilité
تخلّف الـ défaillance de la condition
△ — : مَزْق مستطيل coupure, f
— جزائي clause pénale, f
بلا — او قيد sans condition ni réserve
بـ — ان pourvu que; à condition que
قائمة الشروط cahier des charges, m
شروط الاتفاق clauses et conditions du contrat, f.pl
شَرطي. اشتراطيّ conditionnel, le
شُرَطيّ: ○بوليس policier; agent; gendarme, m
شُرْطَة: ضابطة. شِحْنة police:
△ شَرْطَة: خَطّة (—) trait, m
△ — قصيرة: وُصْلة (-) trait d'union
△ شرْطِية. شروط: تعاقد contrat; acte, m
الصيغة الـ (في النحو) mode subjonctif, ou conditionnel, m
شَرِيط: حَبْل منبسط ruban, m
— (كالمستعمل للاربطة) lacet, cordon, m
— زِيني soutache, f; galon; brandebourg, m
— المصباح mèche, f
— الآلة الكاتبة ruban de machine à écrire, m

— تمييز رتبة الجندي ← galon ; chevron, *m*

— الأنباء film d'actualités; journal parlé

— السينما تُغراف film, *m*; pellicule, *f*

— سكة الحديد voie, *ou* ligne, ← ferrée, *f*

— القياس mesure en ruban, *f*

دودة الـــ ver solitaire, *m*

تَشْرِيط الجلد scarification, *f*

مِشْرَطُ الجرّاح bistouri, *m*; ← lancette, *f*

☆ شَرَعَ . إِشْتَرَعَ (راجع قنن) légiférer; faire des lois

— : بدأ commencer; débuter; se mettre à

— • شَرَعَ . أَشْرَعَ عليه : صوّب braquer; viser

شَرْع . شَرِيعَة : قانون loi, *f*

شَرعيّ : قانوني légal, e

— : حَلال licite; légitime

— : فقهي doctrinal, e

وَلَد — • enfant légitime

إبن غير — • bâtard, e; fils (*ou* fille) illégitime

وَارِث — • héritier, ère; légal, e

طِبّ — • médecine légale, *f*

المالك الشرعي propriétaire légitime

شَرعيّة : قانونيّة légalement; légitimement; juridiquement

شِرَاعُ المركب : قِلع voile, *f*

سفينة شراعية barque (*f*), *ou* bateau (*m*), à voile

طيّارة شراعية : سابحة (انظر سبح) planeur, *m*

△ شرّاعة الباب والشباك ← imposte, *f*

شُرُوع : بَدء commencement, *m*

— في سرقة أو قتل أو أي عمل tentative, *f*

شَرِيعَة : قانون loi, *f*; droit, *m*

— البلاد loi locale, *ou* du pays, *f*

— الغاب la raison du plus fort

الـــ الغرّاء (السمحة) loi musulmane, *f*

الـــ الموسويّة loi mosaïque, *f*

صاحبُ الـــ législateur, rice

عِلمُ الـــ l'étude des lois, *f*

شارِع : سانّ الشريعة législateur, rice

— : طريق عموميّة rue, *f*

تَشْرِيع : سنّ القوانين législation, *f*

— العمل — ouvrière

الـــ الصناعي — industrielle

سُلطة الـــ l'autorité législative, *f*

تشريعي : مختصّ بالتشريع législatif, ve

جَمْعيّة تشريعية assemblée législative, *f*

سُلطة تشريعيّة pouvoir législatif, *m*

هيئة تشريعية législature, *f*

مَشروع : خُطّة projet; plan; dessein, *m*

— : عمل . استحداث entreprise, *f*

— : شرعي légitime; licite

— قانون projet de loi, *m*

— كهربة خزّان أسوان (مثلاً) projet hydro-électrique du réservoir d'Assouan

غير — • illicite; illégitime

مُتَشَرِّع . مُشرِّع jurisconsulte; légiste, *m* *ou* avocat, e; législateur

* شَرُفَ : كان ذا شرفٍ — être noble, honorable

شَرَّفَ : كرّمه أو رفع مقامه — honorer; glorifier; anoblir

شَارَفَ : فاخرَ في الشرف — ivaliser de gloire avec qn

— . أشرَفَ عَلَى العمَل : ناظر — surveiller; contrôler

— . — عَلَى المكانِ : أطلّ — donner sur; dominer (un lieu)

أشرفَ ٢ على الموت (مثلاً) — être sur le point de mourir

— على الهلاك أو الافلاس — être à deux doigts de sa perte, *ou* sur le penchant de sa ruine

تَشرَّفَ : نال شرفاً — s'honorer; avoir l'honneur

شَرَفٌ : فخْر — honneur, *m*

— : علوُّ الحسَبِ — noblesse, *f*

— : كرامَة — dignité, *f*

عضوٌ — . — membre honoraire, *m*

كلمَة — . عهدشرف — parole d'honneur, *f*

شرفيّ : فخري . اكراميّ — honoraire; honorifique

شَرفَة القصر — créneau, *m*

— الصمام — pointe de la soupape, *f*

شُرفَة . مُشرَف : ○ بلكون — balcon, *m*; *ou* terrasse, *f*

شَرِيف : نبيل — noble

— : أمين — honnête

الأشراف : الأعيان — les nobles; la noblesse

إشراف : مناظرة . مراقبة — surveillance, *f*

تشريفة : حفلة رسمية — cérémonie officielle, *f*

△ تشريفاتي : رئيس الحفلات الرسميّة — maître des cérémonies, *m*

مُشرِف على العمل — surveillant, e de travail

— على المكان — donnant, e sur; dominant, e

— على الموت — moribond, e; à l'article de la mort

مَشارف المدينة — alentours; faubourgs; environs, *m.pl*

* شَرَقَ . أشرَقَ : طلع — s'élever; se lever

— . — : أضاء — luire; rayonner; briller

أشرَقَ ٢ وجهه بشراً — sa figure s'illumina; son visage rayonna de joie

شَرِقَ : △ تشردق — avaler de travers

شَرْق . مَشرِق : جهة شروق الشمس — est; orient; levant, *m*

— . — : البلاد الشرقيّة — l'Orient, *m*

— البحر الأبيض المتوسط — Levant, *m*

الـ — الأدنى — Proche-Orient, *m*

الـ — الأقصى — Extrême-Orient, *m*

شرقاً : نحو الشرق — vers l'est; à l'est; vers l'orient; à l'orient

شرقي : من جهة أو من بلاد الشرق — oriental, e; d'orient; de l'est

— : نسبة الى شرق البحر الأبيض المتوسط — levantin, e

— . مشرقيّ : نسبة إلى بلاد الشرق — oriental, e

△ شِراق : خشب سريع الالتهاب — fagot; menu bois, *m*

شُرُوق : بزوغ الشمس — lever du soleil, *m*

إشراق: ضياء rayonnement; éclat; lustre, *m*
مُشْرِق: مضيء rayonnant, e; radieux, se
مُسْتَشْرِق orientaliste
٭ شَرِكَ. شَارَكَ فلاناً être l'associé, e de
شارك. اِشترك. تشارك معه s'associer avec
ـــه. ـــ معه: كانت له حصّة participer à; avoir un intérêt dans; avoir part à
ـــهُ. ـــ معه في العمل prendre part à
ـــهُ. ـــ معه في العواطف sympathiser avec; compatir à
اِشترك[2] في جريدة أو قطار الخ s'abonner; prendre un abonnement
ـــ في اكتتاب او عَمَل souscrire; contribuer
ـــ في انجاز عمل collaborer; concourir
ـــ في مصروف cotiser; se cotiser
أشرَكَ: جعله شريكاً associer
ـــ: جعل له حصّة faire participer
ـــ بالله: عبد غيره معه être polythéiste
شَرَك: شبكة panneau; lacis; réseau; filet, *m*
ـــ: احبولة piège; traquenard, *m*; trappe, *f*
أوقع في ـــ. prendre au piège; faire tomber dans le panneau
∆ شُرُك: غير سليم défectueux, se; vicié, e
شِرْك: تعدُّد الآلهة polythéisme, *m*
شِرْكة. شَرِكة: جمعية association; compagnie; société, *f*
ـــ تجارية maison de commerce, *f*
ـــ مساهمة société anonyme, *f* (S. A.)
ـــ محاصّة société en participation, *f*
ـــ توصية société en commandite, *f*
ـــ تضامن société en nom collectif, *f*
ـــ مياه القاهرة compagnie des Eaux du Caire, *f*
ـــ محدودة المسئولية société à responsabilité limitée
المشتركات res communes
شَرِيك. مُشارِك (في أي أمر) associé, e
ـــ: صاحب حصّة. مساهم actionnaire
ـــ موصٍ (غير عامل) commanditaire
ـــ في جريمة complice
إشْتِراك. مُشارَكة association, *f*
ـــ. ـــ: محاصّة. مقاسمة participation, *f*
ـــ: اِكتتاب souscription, *f*
ـــ في جريدة أو قطار وما شابه abonnement, *m*
ـــ في مصروف cotisation, *f*
ـــ في العشاء الرباني communion, *f*
بالـــ: بالاتحاد conjointement; de concert
إشتراكي: تابع لمذهب الاشتراكية socialiste
ـــ متطرّف: شيوعي (في شيع) communiste
اشتراكية: مذهب الاشتراكيين socialisme, *m*
مُشْتَرَك: متبادل réciproque; mutuel, le
ـــ: شائع indivis; commun, e; en commun
ـــ: متحد uni, e; joint, e; combiné, e
مُشْتَرِك (في جريدة مثلا) abonné, e
٭ شَرَمَ: شقّ fendre; couper en longueur
شَرْم: شَقّ fente, *f*
ـــ: خليج baie, *f*; golfe, *m*
أشرم: مشقوق الشفة العليا bec de lièvre, *m*
∆ ـــ: عديم الترتيب débraillé, e; désordonné, e

٭ شَرْنَقَةُ الدودة : فَيلجة ←cocon, *m*
شرانيق الحيّة peau de serpent, *f*
△— : حبّ الحشيش graines de chanvre indien, *f.pl*
٭ شَرِهَ : نَهِمَ manger goulûment; dévorer
— : إشتدَّ حرصه être avide, *ou* cupide
شَرَهٌ . شَرَاهة: نَهَم gloutonnerie; gourmandise, *f*
— . — : جَشَع cupidité; avidité, *f*
شَرِهٌ : نَهِم او جَشِع glouton, ne; goulu, e; *ou* cupide
٭ شَرْو : عَسَل النحْل miel, *m*
٭ شَرَى . إشْترَى : إبتاع acheter
شِرَى . شِراء : إبتياع achat, *m*
— : بثور مائيّة urticaire, *f*
△شَروَة : صَفقَة achat, *m*; emplette, *f*
△— : صفقة رابحة occasion; bonne affaire, *f*
شَرْيَان : عِرق نابض artère, *f* 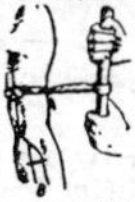
مرقأة أو ضاغطة الشرايين tourniquet, *m*
شَرْيانيّ : مختص بالشرايين artériel, le
تصلب الشرايين artériosclérose, *f*
شارٍ . مُشْتَرٍ : مُبتاع acheteur, se
شاري الصواعق paratonnerre, *m*
المُشتَرِي : إسم أكبر السيارات Jupiter, *m*
٭ شرير (في شرر) ٭ شريط (في شرط)
٭ شَزَرَ : نظر اليه شزراً regarder de travers
شَزْراً : بجانب العين du coin de l'œil
٭ شَسَعَ : بَعُدَ être loin, *ou* éloigné, e
شاسِع : بَعيد المدَى éloigné, e; lointain, e
فرق — grande différence, *f*
△شِيشْم : كحل أبيض oxyde de zinc en poudre, *m*
△شِيشمة: بَيت الأدب lieux d'aisances, *m.pl*
△شِشْنِي : مثال . نموذج échantillon; modèle, *m*
شَشْنجي: فاحص المعادن الثمينة essayeur, se
٭ شِص : صِنَّارَة ←hameçon, *m*
٭ شَطَبَ : شَقّ (بالطول) fendre
△— : محا biffer; effacer; rayer
△— الكلمة: لَطَسها △ ضرب عليها bâtonner (une phrase)
△— اسمهُ (مثلاً) rayer
△— الدعوَى rayer l'action, *ou* l'instance
شَطَّبَ الشيء : شرّحه . عمله شرائح couper en tranches
— الجلد : شرّطهُ scarifier la peau
△— : أنهَى achever; terminer; finir
△— : إنتهَى être fini, e; se terminer
△— الحسابَ : رصده balancer; régler
شَطْب : قطع مستطيل fente, *f*
△— : مَحْو rature; effaçure, *f*; bâtonnement, *m*
— الدعوَى radiation de l'affaire
تَشْطِيبُ الجلد scarification, *f*
△— : نَهْو finissage (du travail), *m*; *ou* clôture, *f*

☆ شَطَرَ: قَسَمَ — diviser; partager
— الجيشَ — couper
— . شَطَّرَ: نصَّفَ — partager en deux; pourfendre
مشاطرة المتنازع فيه — pacte de quota létis
△ تشطَّرَ: أظهر المهارة — faire montre d'habileté
شَاطَرَ: قاسم مناصفة — partager par moitié avec qn
ــــهُ الحزنَ أو المصاب — sympathiser; compatir à la douleur de qn
شَطْر: قَطْع — division, *f*; sectionnement, *m*
— : نِصْف — moitié, *f*; demi, *m*
— : قِسم — partie; portion; part, *f*
شَطَارَة: دهاء وَخُبْث — malice; ruse; astuce, *f*
△ — : مهارَة — adresse; habileté; capacité, *f*
شَطيرة: سَندويش (انظر سندويتش) — sandwich, *m*
شَاطِر: منصِّف — qui sectionne, *ou* coupe en deux
— : خبيث — malin, e; rusé, e
△ — : ماهر — habile; adroit, e; capable
مَشطُور: مقسوم — divisé, e; sectionné, e
☆ شِطْرَنج: لعبة معروفة — échecs, *m.pl*
بيادق الــ — pions, *m.pl*
لوحة الــ — échiquier, *m*
☆ شَطَط: مجاوزة الحد — excès, *m*; exagération, *f*
شَطّ: بَعُدَ — aller trop loin; dépasser, *ou* excéder, les limites
— عن: تباعَدَ وانحرف — dévier
— عن الموضوع — s'écarter, s'égarer, sortir (du sujet)

شَطّ . شطء: شاطئ — bord, *m*
— النهر — rive, *f*
— البحر — côte; plage, *f*; bord; rivage, *m*
على الشاطئ — sur le bord, *ou* la côte
△ شَطَّة △ شطيطة: فلفل حار — poivre rouge, *m*
☆ شَطَفَ: غَسَلَ — rincer; laver
△ — الحافة: جعلها مائلة — biseauter
شُطْفَة: شظيَّة — éclat; fragment, *m*
تَشْطِيف: غَسْل — débarbouillage; rinçage, *m*
حوض — : مَغْسَل — lavabo; évier, *m*
△ مَشْطُوف: مشطوب الحافه — biseauté, e; chanfreiné, e
△ حافة مشطوفة — biseau; chanfrein, *m*
☆ شَطَنَ: △ شَمْطَ . ربط بحبل — lier; attacher avec une corde
تَشَيْطَنَ: △ تعفرتَ — s'endiabler
شَيْطَان: إبليس (راجع عفريت) — satan; diable; démon, *m*
به — : △ عليه عفريت (انسان) — possédé, e; énergumène
به — : △ مسكون بالجن (مكان) — hanté, e
فَرَس الــ : أبو حبيب — secrétaire; serpentaire, *m*
شيطاني: ابليسي — diabolique
△ — : بَرّي (نبات) — sauvage
☆ شَظَفَ: طوّش — châtrer; castrer; couper
شَظَف: شدّة . عُسْر — dureté; privation; difficulté, *f*
عَيْش — — vie difficile, *f*
☆ شَظيَّة: فلقة △ شطفة — éclat; fragment, *m*
— : صُغرى عَظمتي الساق — perone, *m*

٭ شعّ ٭ شعاع (في شعع) △ شعانين (في شعن)

٭ شعَّبَ : فرّع — diviser en tranches; subdiviser

تَشعَّبَ — se ramifier; se développer en branches

شَعْب : قَوْم — peuple, m; nation, f

الـ : الجمهور — le peuple

عامّة الـ : الطبقة العاملة — prolétariat, m; les prolétaires

شعبي : قَوْمي — national, e

أغاني شعبيّة — chansons populaires, f.pl

شِعْب : طريق في جبل — passage dans la montagne; sentier, m; passe, f

△ — البحر — récif, m

شُعبة : فرع — branche, f

— المشط وشوكة الأكل وأمثالهما : سنّ — dent, f; fourchon, m

— : غُصن — brindille; ramille; branchette, f

شُعَب الرئة — bronches, f.pl

شُعَبي : مختص بشعب الرئة — bronchique

التهاب الشُعب الرئويّة : نزلة شُعبية — bronchite, f

تشعّب — ramification; subdivision, f

٭ شَعْبَذَ : شعوذ (راجع شعوذ) — escamoter

٭ شَعِثَ الشَعْرُ — être échevelé, e; avoir les cheveux en désordre

شَعَّثَ : فرّق وشوّش — mettre en désordre

لَمَّ شَعَثَه — se rallier; se rassembler

شَعِث . أشعث — échevelé, e; ébouriffé, e; hirsute

(شعذ) شَعْوَذَ — escamoter; faire des tours de passe-passe

شَعْوَذَة : ألعاب خفة اليد وما شابه — prestidigitation; ou mystification, f

مُشَعْوِذ (راجع ساحر في سحر) — escamoteur, se; prestidigitateur; jongleur, se; ou mystificateur, rice

٭ شَعَرَ : أحسّ أو أدرك — sentir; se sentir; ou comprendre

— معه — compatir, ou sympathiser, avec

أشْعَرَه الأمرَ وبه : أخبره — avertir; mettre qn au courant de

إستَشْعَرَ : أحسّ أو حدّثته نفسه — sentir; ou pressentir

شَعْر (واحدته شَعْرَة) — cheveux, m.pl; chevelure, f

— الجسم — poil, m

— خشن (كشعر الخلوف) — poil; crin, m; soie, f

— عاريّة أي مستعار — perruque, f

— الخيل — crin, m

شَعْرة العين (مرض التواء الرموش) — trichiasis, m

— : واحد الشعر — un cheveu, m

شَعْري : كالشعر أو منه — capillaire

△ شَعريّة الشبّاك — grillage; treillage; treillis, m

— الأكل △ شِعريّة : إطريّة — vermicelle, m

شِعْر : كلامٌ مقفّى — poésie, f

بيت — — vers, m

عروس الـ — muse, f

نَظْم الـ — versification, f

شِعري : منظوم — poétique

كوكب الشِعْرى — Canicule, f; Sirius, m

شَعْراني . أشْعَر △ مُشْعَراني . مُشَعَّرع — velu, e; poilu, e; chevelu, e
شِعَار : علامة . عُنوان — devise, f
— : رَمْز — emblème; symbole, m
— : شارة — marque, f; signe, m
— : صوف ○ فانلا — flanelle, f
— تجاري : ○ ماركة تجارية — marque déposée, f
شُعُور : إدراك — discernement, m; perception, f
— : إحساس — sensation, f
— : عاطفة — sentiment, m
— : قابليّة التأثر — sensibilité, f
— داخليّ : وجدان — conscience, f
دِقّة الـ — susceptibilité, f
عديم الـ — insensible; apathique
فاقد الـ : مغميّ عليه — sans connaissance; évanoui, e
شَعِير — orge, f
— مُنبَّت (لصنع الوسكي او البيرا) — malt, m
— لؤلؤي — orge perlée, f
بُلْبُل الـ : طائر لذيذ اللحم — ortolan, m
شَعِيرة : حَبّة شعير — grain d'orge, m
— الجَفْن : شحّاذ العين — orgelet; [compère-loriot], m
— (جمعها شعائر) : رسمٌ دينيّ — rite, m; cérémonie religieuse, f
شعيريّة △ شعريّة : اطريّة — vermicelle, m
شَاعِر : حاسّ — qui sent; qui a la sensation de; sentant, e
— : ناظم الشِّعر — poète, m
شُوَيْعِر . شُعرور : شاعر ركيك — rimailleur

إشْعَار : بلاغ — avertissement; avis, m; notification; information, f
مَشْعَر (جمعها مشاعر) — sens, m
*شَعْشَعَ الشرابَ : مزجه بماء — étendre d'eau; délayer; diluer
△— : تلألأ — rayonner
△مُشَعْشَع : نَشوان — à moitié ivre; gris, e; émoustillé, e
△شعط △ شعوط : شيّط — roussir; flamber
شَعْطَة : حرقة في الحلق او الصدر . حروة — aigreurs, f.pl; cardialgie, f
(شعع) شَعَّ . تَشَعْشَعَ : إنتشر — rayonner
أشَعَّ : نشر — répandre; diffuser
— الكوكبُ — rayonner; briller
شَعٌّ : بيت العنكبوت — toile d'araignée, f
— . شُعَاع (الجمع أشعّة) — rayon, m; raie, f
أشعّة الشمس — rayon de soleil, m
إشْعاع . تَشَعُّع : إنتشار — radiation; diffusion, f
تصوير شعاعي — radiographie, f
*شَعَلَ . أشْعَلَ . شَعَّلَ : ألهبَ — enflammer; embraser
— — النارَ فيه : أضرمَ — mettre le feu à
— — سيجارة — allumer (une cigarette, etc)
إشْتَعَلَ : التهب — s'enflammer; s'embraser
— : إتّقد — prendre feu; flamboyer
— رأسه شيباً — grisonner; devenir chenu, e
شُعْلة : لهبة . لهيب — flamme, f; ou flambeau, m

شُعَيلة △ شُعْلَيلة feu de joie, *m*

إشعال : إلهاب inflammation; ignition, *f*

— : ايقاد allumage, *m*

إشتعال : إلتهاب inflammation; ignition; combustion, *f*

قابل الـ : ملتهب inflammable; combustible

مَشْعَل flambeau, *m*; torche, *f*

مَشَاعِلِيّ : حامل المشعل porte-flambeau

مُشْتَعِل : ملتهب en flammes; en feu; allumé, e

△ شَعْلَقَ : شبكَ وعلّق suspendre; pendre

تشعلق : إشتبك وتعلّق s'accrocher à; se suspendre

☆ شَعواء : منتشرة étendu, e; répandu, e

☆ شعوذ (شعذ) ☆ شعوط (شعط) ☆ شعير (شعر)

☆ شَغَبَ : هيّج الشرّ agiter; exciter; causer du trouble

شَغَّبَ : أحدث شغباً faire, *ou* soulever, une émeute, *ou* des désordres

شاغَبَ : شارّ △ شاكل chercher querelle

شَغَب : إضطراب trouble; désordres; tumulte, *m*

— : الاخلال بالأمن émeute; sédition, *f*

شَغَّاب . مُشاغِب émeutier, ère; séditieux, se; mutin, e

☆ شَغَرَ المكانُ : خلا être, *ou* devenir, vacant, e

شَاغِر : خالٍ vacant, e

شاغور[٣] : شلاّل (انظر شلل) cascade, *f*

☆ شُغِفَ △ إنْشَغَفَ بهِ s'amouracher de; raffoler; être épris, e de, *ou* follement amoureux, se de

شَغَفَ amouracher; enamourer

شَغَفٌ amour ardent, *m*; passion, *f*

— : شَغاف القلب : غلافه الخارجي péricarde, *m*

مَشْغُوف بهِ féru, e d'amour; amouraché, e; follement épris, e de

☆ شَغَلَ . شَغَّلَ : أعطاه عملاً employer qn; occuper qn à

— . — : جعله يشتغل faire travailler

— . أشغَلَ المكان أو الوقت occuper

— . — البالَ inquiéter

— . شاغَلَ : ألهى distraire

شَغَّلَ[٢] : إستعمل employer; utiliser

— : أدارَ (كالآلة مثلاً) faire marcher; faire fonctionner

— المالَ placer; investir

إشْتَغَلَ وتَشَاغَلَ بهِ s'occuper de

— : عمل عملاً travailler

— : دار (كالآلة مثلاً) tourner; marcher; fonctionner

شُغْل : صنعة métier, *m*; occupation; profession, *f*

— : عَمل travail, *m*

— : شأن affaire, *f*

— : خدمة emploi, *m*; fonction, *f*

— شاقّ labeur; travail pénible, *m*

△ — يدٍ : مصنوع باليد fait, e, *ou* travaillé, e, à la main

أشغال شاقّة travaux forcés, *m.pl*

sucer; absorber ∆ شَفط : إمتص
siroter; buvoter — : رَشَفَ
tablier; rideau, m شَفَّاطة المدخنة
intervenir, ou intercéder, en faveur de qn ✿ شَفَعَ . تَشَفَّعَ له أو فيه إلى فلان
préempter — : إشترى بالشفعة
diplopie, f شَفَعٌ : إزدواج البصر (مرض)
double, m شَفْع : زَوْج
aliquote, a et f شَفعي : (في الرياضة)
nombre pair, m عدد — : خلاف وتري
préemption, f شُفْعَة : حقّ الابتياع قبل الغير
intercession; médiation; intervention, f شَفَاعَة : وساطة
préempteur, se شَفِيع . شَافِع : صاحب حقّ الشفعة
intercesseur, m; médiateur, rice — : وسيط
patron, ne saint, e; saint, e patron, ne — : قدّيس
par intercession, ou médiation شَفاعي
éclaircir: amincir ✿ شَفّ . شَفّ : رقّق
être transparent, e شَفّ ٢ : كان شفّافاً
calquage, m شَفّ . ترميم . نقل الرسم بورق شفاف
vider; إشتفّ الاناء : شرب كل ما فيه
gaze, f شَفّ : نسيج رقيق ∆ شاش
transparent, e شَفَّاف : لا يحجب ما خلفه
très fin, e, ou mince; diaphane — : رقيق (كالنسيج)
transparence, f شَفَّافية . شُفُوف . شَفَف
translucide; demi-transparent شَافّ . شَفِيف : يحجب الأشباح لا النور

ouvrier, ère; artisan, m شَغَّال : عامِل
qui travaille; en marche — . مُشْتَغِل : ضدّ بطّال
laborieux, se; actif, ve; diligent, e — : مجتهد
claqueurs, m.pl ∆ شغلتيّة : محسّنو المغنّي
bouline, f شاغول : حبل القلع
occupation, f أشغولة . مَشْغَلة
ouvroir, m مَشْغَل : دارُ تشغيل الفقراء
affairé, e; occupé, e مَشْغُول : لديه شغل كثير
occupé, e — : غير شاغر
travaillé, e; ouvragé, e — : ضدّ خام
inquiet, ète; préoccupé, e — البال
surabonder; fourmiller, ou regorger, de ∆ شغى (يشغى) : تنغّش . اكتظّ
✿ شفّ (شفف) ✿ شفا (شفو) ✿ شفاء (شفي)
∆ شِفت : مِنْتاش
←pincettes, f.pl
pince, f ∆ — : مِلْقَط . كُلّاب
filigrane, m ∆ شِفتِشي : مصوغات مخرّمة
bord de la paupière, m ✿ شَفْر . شَفير الجفن
bord, m — . — : حدّ . حرف (راجع حرف)
sur le penchant, ou la veille, (de sa ruine) على شفير الافلاس (مثلاً)
lame, f شَفْرَة : نَصْل
coutelas; grand couteau, m — : سكين كبيرة
chiffre; code, m ∆ شِفْرَة : كتابة سريّة
carafe, f; carafon, m ∆ شَفشق : كراز

* شَفِقَ . أَشْفَقَ عليه : عطف — avoir pitié de; s'apitoyer sur
شَفَق : ضوء الشمس بعد الغروب — crépuscule, *m*
— : سَدَف . ضوء الفجر — aurore, *f*
الـ الشمالي — aurore boréale, *f*
شَفَقَة — pitié; compassion, *f*
عديم الشفقة — impitoyable; sans pitié
△ شَفوق . شَفيق — bon,ne; compassionnant,e
* شَفْنِين : ورنك ← raie, *f*
* شَفَة △ شِفَّة : شفرُ الفم والاناء — lèvre, *f*
شَفَهِيّ . شَفَوِيّ : بالفم — oral, e; verbal, e
— . — : مختص بالشفة — labial, e
شفهيّاً . شفاهاً . مُشافهة — verbalement; oralement
شَافَهَ : خاطب فاهُ الى فيهِ — parler de vive voix
(شفو) شَفَا : حرف (راجع شفير) — bord, *m*; lisière, *f*
* شَفَى من مرض : أبرأ — guérir; rétablir (la santé)
شُفِيَ : برِئ — se rétablir; guérir; se remettre; recouvrer la santé
— الجرح : إندمل — se cicatriser; se guérir
أشفى على كذا : أشرف — être sur le point de
تَشَفَّى من خصمه : انتقم — se venger de
إستشفى : تعالج — se faire soigner
شِفَاء : بُرء — guérison, *f*; rétablissement; recouvrement de la santé, *m*
— : عِلاج — remède, *m*; cure, *f*
قابلٌ للـ — guérissable

شَافٍ . شِفَائي : علاجيّ — curatif, ve
— : قاطع . بَاتّ — décisif, ve; tranchant, e
جواب — — réponse péremptoire, *f*
△ شَفَخانة — hôpital pour les animaux, *m*
اشفى : مخراز الجلد ← alène, *f*
مُسْتَشْفَى : △ اسبتالية — hôpital, *m*
— : مَصَحَّة — sanatorium, *m*
— الأمراض العفنة (المعدية) — hôpital des maladies infectieuses, *m*
— الأمراض العقلية — asile des aliénés; hopital des maladies mentales, *m*
— ميدان (حربي) — ambulance, *f*
* شق (شقق) * شقاء (شقي) * شقاق (شقق)
* شَقِرَ : كان أشقر البشرة — être blond, e
أشْقَر (والانثى) شَقْرَاء — blond, e; blondinet, te
شَعر — — cheveux blonds, *m.pl*
شَقَر . شُقْرَة — blancheur (teint); couleur blonde (cheveux)
* شَقْشَقَ : زقزق △ صوى — gazouiller
△ — النهارُ : انشقّ . لاحَ — le jour pointe
شَقْشَقَةُ لسان — babillage; coq-à-l'âne, *m*
△ — النهار : بزوغ الصباح — point du jour, *m*
* شَقَفٌ △ شُقافة : كِسَرُ الخزف — tesson, *m*
* شَقَّقَ . شَقَّ . فلق — fendre
شَقَّ ثوبه : مزّقه — déchirer; fendre
— الأرضَ : حرثها — labourer
— الطريقَ — frayer un chemin

—. شِقُ الشيء : نصفه moitié, *f*; demi, *m*

شِقٌ ٢ الرجُل : شبيه sosie, *m*

شِقَّة . مَشَقَّة : صعوبة difficulté, *f*

شُقَّة : سفر شاقّ voyage fatigant, *ou* pénible

Δ شقّة : جزء من بيت appartement, *m*

شِقاق : ضِدّ اتِّحاد désunion, *f*; désaccord, *m*

ألقى الـ بينهم semer la discorde entre, *ou* parmi, eux

شَقِيق : أخ frère, *m*

أخ — frère germain, *m*

شَقِيقة : اخت sœur, *f*

— : صُداع شِق الرأس migraine semi faciale, *f*

شَقَائِقُ النعمان : نبات وزهره anémone rouge, *f*

شاقٌ : مُتعِب fatigant, e; pénible

— : عسير dur, e; difficile; ardu, e

إنشقاق : إنفصال dissension; sécession; zizanie; désunion, *f*

إشتقاق dérivation, *f*

علم الـ étymologie, *f*

مَشَقَّة : صعوبة difficulté; peine; dureté, *f*; labeur, *m*

Δ شَقلَبَ : سقلب . قلبَ culbuter; renverser

تشقلب : تسقلب culbuter; faire la culbute

شَقلبة : سقلبة culbute, *f*; saut périlleux, *m*

* شَقِيَ : ضِدّ سَعِدَ être malheureux, se

شَقِي : ضِدّ سعيد malheureux, se; misérable

Δ — : شرير mauvais garnement; malfaiteur, rice

وَلَد — . Δ وَلَد عفريت un petit diable; enfant coquin

شَقَّى . أشقى : جعله شقياً rendre malheureux, se

شَقَاوة . شَقَاء : تعاسة misère, *f*; malheur, *m*

Δ — : عربدة malice; *ou* diablerie, *f*

* شكّ (في شكك) * شكا (في شكو)

* شَكَرَ الرجُلَ . تَشَكَّرَ له : حمِدَهُ remercier

شُكر : حَمْد remerciement, *m*

شكراً لك merci; je vous remercie

شَكور . شَكِير : حامِد reconnaissant, e

شوكران . شيكران : نبات سامّ ciguë, *f*

Δ شكارة : مشواة ←gril, *m*

— : جوال sac, *m*

* شَكُسَ : كان شرساً être grincheux, se; avoir mauvais caractère

شاكَسَ : خاصَمَ chercher dispute, *ou* noise, à

شَكِس : سيء الخُلق grincheux, se; bourru, e; revêche

شَكاسة caractère hargneux, *m*; humeur bourrue, *f*; emportement, *m*

(شكش) Δ شَكوش Δ شاكوش : مطرقة ←marteau, *m*

— الساعة ←échappement à ancre, *m*

* شَكَّكَ : جعلهُ يشكّ faire douter

Δ — : اعطى أو أخذ بالدين donner, *ou* prendre, à crédit: faire crédit

شَكَّ : وَخَزَ — piquer
— بالمهماز — éperonner; aiguillonner
— في الأمر — douter
— في الرجل — soupçonner; se méfier de
شَكٌّ : ضد يقين — doute, *m*
— : ريبة — soupçon, *m*
شَكَّة : وَخزة — piqûre, *f*
شَاكٌّ : مرتاب — soupçonneux, se; douteur, se; qui doute, *ou* soupçonne
— السلاح — armé, e
— السلاح : على اهبة القتال — les armes à la main
△ شُكُك : بالدَّين . نسيئة — à crédit
مَشكوكٌ فيه : غير محقق — douteux, se; incertain, e
— في أمره — suspect, e; louche
☼ شَكَلَ . شَكَّلَ . أَشْكَلَ الأمرُ : التبس — être ambigu, e
— . — الكتابَ — accentuer; vocaliser; mettre les accents
شَكَّلَ [2] : صوَّرَ — façonner; modeler; former
— : نوَّعَ — varier; diversifier
— وزارة : ألّفها — former le ministère
شَاكَلَ : ماثل — ressembler à
△ — : شاكس — chercher querelle, *ou* noise, à
شَكْل : صورة — image, *f*
— : هيئة — forme; figure; tournure, *f*
— : كيفيّة — manière, *f*
— الكلام : حركاته — accentuation, *f*

— . شَاكلة [1] : نوع — genre, *m*; espèce; sorte, *f*
شَكْلِي — de forme
شكلاً : صورةً — pour la forme
شاكلة [2] : خاصرة — flanc; côté, *m*
على شاكلته : من طينته — de la même trempe
شِكِل : دلال — coquetterie; folâtrerie, *f*
شُكَيْلَة : ذات دلال — coquette; espiègle
إشكال التنفيذ — difficulté d'exécution, *f*
△ شُكْلِيّ : شكس — querelleur, se; batailleur
شِكَال : قَيْد — liens; fers, *m pl*; chaînes, *f.pl*
تَشْكيل : تنويع — variation; diversité, *f*
△ تشكيلة : أشياء متنوعة — assortiment, *m*
مُشْكِل : ملتبس — ambigu, e; confus, e; *ou* compliqué, e
— . مشكلة : معضلة — problème; dilemme, *m*
— . — : ورطة — difficulté; passe difficile, *f*; embarras, *m*
مُشَكَّل : متنوع — assorti, e; varié, e; divers, e
— : محرَّك — accentué, e
مُشاكلة : مماثلة — similitude; ressemblance, *f*
☼ شَكَمَ الدابّة : وقَمَ — brider
△ — : زجر . شهَمَ — réprimer
شَكِيمَة اللجام — bride, *f*
— : أَنَفة — dédain; mépris, *m*
شديد الـ — inflexible
☼ شَكْوَة . شَكْوَى . شِكاية . شكيّة — plainte; réclamation, *f*; grief, *m*

شَكا . إشتكَى . تَشَكّى إليه من كذا — se plaindre à qn
— الأمر — formuler une plainte
شَاكٍ . مُشتكٍ — plaignant, e

شاكٍ أو شاكي السلاح — armé, e
مِشكاة: كوة غير نافذة — niche, f
مَشكُوّ ومنه — dénoncé, e
مُشتكى عليه — accusé, e
○شكوريا : △ سريس — chicorée, f
△شكوش: مطرقة (راجع شكش) — marteau, m
○شكولاته — chocolat, m
☼ شكيمة (شكم) ☼ شلّ ☼ شلاّل (شلل)
☼ شِلْبَة : نوع من السمك — ←brème, f
△ شَلَبي : متأنق . ظريف — élégant, e; dandy, m
△ شَلَتَ : رفسَ — ruer
شَلْتَة : حشيّة رقيقة — matelas mince, m; paillasse eu coton, f
☼شَلْجَم: نبات كاللفت — navette, f; colza, m
☼شَلَّحَ : عرَّى — déshabiller; dévêtir
— : سَلَبَ — dépouiller de
△ شَلَحَ ثيابه : خلعها — se déshabiller; se dévêtir
△— الكاهنَ أو الراهب — défroquer
مُشَلَّح : غرفة اللبس — cabinet de toilette, m
☼ شَلْشَلَ : قطَرَ — dégoutter; tomber en gouttes
☼ شَلَل : فالج (مرض) — paralysie, f
— رجْفي — paralysie tremblante, f
— نصفي — hémiplégie, f
— الأطفال — paralysie infantile, f
شَلَّلَ . شَلَّ: خاطَ خياطة واسعة — bâtir; faufiler
شَلَّ . أشَلَّ : عطّل — paralyser
لا شُلَّت يداك — bravo !
△شلّة خيط : سيخة — ←écheveau de fil, m
△ — : زمرة — groupe, m; baude: clique, f
شَلاّل : موضع هبوط الماء — chute d'eau; cascade, f; rapide, m
— : منحدر النهر — cataracte, f
شِلالة : خياطة متباعدة — faufilure, f
أشَلّ . مَشلول: معطّل الحركة — paralysé, e
— . — : مصاب بالشلل — paralytique
(شلم) شَيلَم . شَولَم : زؤان — ivraie, f
△ — (في الطباعة) — ←accolade, f
○شِلِن : عُملة انكليزية — shilling; schelling, m
☼شِلْو (جمعها أشلاء) : عضو — membre (délabré *ou* mort), m
△ شُلَيك : △فراولة — ←fraise, f
☼ شم وشمّام (شمم) ☼ شماس (شمس) ☼ شمال (شمل)
○شِمبانزي : غول . بَعام — ←chimpanzé, m
○شمبانيا : مشروب فاخر — champague, m
☼ شَمِتَ به — se réjouir du malheur d'autrui
شَمَّتَ : خَيَّبَ — désillusionner

شَمَاتَة malveillance; réjouissance du malheur d'autrui, *f*

شَامِت malveillant, e

☼ شَمَخَ : عَلا planer; dominer; s'élever

— بأنفه avoir le nez dans l'air; [renifler sur]

تَشَامَخ : تكبَّر s'enorgueillir; se glorifier

شَامِخ : عالٍ haut, e ; élevé, e

— . مُتَشَامِخ : متكبّر fier, ère ; hautain, e ; orgueilleu x, se

تَشَامُخ : تكبُّر orgueil; dédain, *m* ; fierté; arrogance, *f*

☼ شَمَرَ . شَمَّرَ كُمَّهُ retrousser, trousser, relever, les manches de sa chemise

شَمَر . شُمْرَة . شَمَار : نبات وحبه معروف fenouil; anet doux, *m*

△ شَمْرُوخ : عُود baton fait d'une grosse branche, *m*

☼ شَمَزَ . اشمأزَّ منه : نفر كراهة répugner; se dégoûter

— منه : إستاء se froisser; être choqué, e, *ou* blessé, e de

إشْمِئْزَاز répugnance; aversion, *f*; dégoût, *m*

مُشْمَئِزّ : كاره dégoûté, e de

☼ شَمَسَ : حَرَن être mutin, e, réfractaire,

شَمِسَ . أَشْمَسَ اليوم être ensoleillé, e; faire beau, *ou* du soleil

شَمَّسَ : عَرَّضَ للشمس exposer au soleil

تَشَمَّسَ : تدفأ في الشمس se chauffer au soleil

شَمْس : النيّر الأعظم soleil, *m*

ضَرْبَة — : رَعَن coup de soleil *m*

ضوء الـ . clarté, *ou* lumière, du soleil, *f*

عَبَّادُ الـ : (زهرة) ← tournesol; hélianthe, *m*

عابِدُ الـ . adorat eur, rice du soleil

شَمْسِيّ solaire; du soleil

التصوير الشمسي photographie

صورة شمسيّة photo; photographie, *f*

شَمْسِيَّة ٢ : مِظَلَّة ombrelle, *f*; ← parasol, *m*

— المطر : عالة parapluie, *m*

△ — الشباك persienne, *f* ←

شَمَّاس : جُلاذيّ . خادم الكنيسة sacristain, *m*

شَامِس . شَمُوس : حَرُون réfractaire

مَشْمَسَة : مكان الاستمتاع بضوء الشمس solarium, *m*

△ شَمْشَمَ : تَشَمَّمَ renifler

☼ شَمِطَ شعره devenir chenu, e; avoir les cheveux grisonnants, *ou* gris

أَشْمَط (المؤنث شمطاء) chenu, e

☼ شَمَّعَ : طَلَى بالشمع cirer; recouvrir de cire

شَمْع (إسكندراني) : موم العسل cire, *f*

— الختم . — أحمر : خِتام cire à cacheter, *f*

متحف الشمع musée de cire, *m*

شَمْعَة : bougie; chandelle, *f*

شَمْعِيّ : كالشمع أو منه cireux, se; de cire

شَمْعَدَان : مائلة chandelier; ← bougeoir, *m*

شَمَّاع : صانع الشمع أو بائعه — cirier

△ شمّاعة الملابس : شجاب ← patère, f

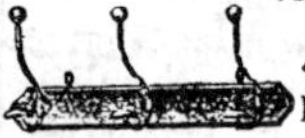

△ — مَدخل — porte-manteau, m

مُشَمَّع : عليه شمع — ciré, e

△ — الفَرش — toile cirée, f

△ — الأرض — linoléum, m

△ — طِبّي — taffetas gommé, ou d'Angleterre; ruban adhésif, m

☆ شَمِلَ : عَمَّ — prévaloir; régner

— . إشتَمَلَ عَلَى : حَوَى — comprendre; contenir

إشتمل ٢ على : تألّف من — consister en

شَمْل : اتحاد — union, f

جمع الـ — réunion, f

شَمْلَة : كساء واسع — toge, f; manteau, m

شِمال : مقابل الجنوب — nord, m

— شرقي — nord-est, m

شِمال ٢ : يَسار — gauche, f; côté gauche, m

— : △ شِمار ← soutien-gorge, m; brassière, f

اليد الـ : اليسرى — main gauche, f

شمالاً : نحو الشمال — vers le nord; au nord

شِمالي : من الشمال أو مختصّ به — du nord; septentrional, e

شامِل : عامّ — général, e; universel, le

— (كالوصف أو المعنى) — compréhensif, ve

تأمين — — assurance intégrale

— . مشتمل على : حاوٍ — contenant, e; renfermant, e; comprenant, e

مُشتَمَلات : مُحتويات — contenu, m

مَشمول : مُحتَوى — compris, e; inclus, e

— برعاية — sous le patronage de

△ مَشمَلة : شجر وثمره — nèfle du Japon, f

△ شِمْلول : خفيف الحركة — agile

☆ شَمَّمَ . أشَمَّ : جعله يشم — faire sentir

شَمَّ . اِشتَمَّ — sentir; flairer

تَشَمَّمَ : △ شمشم — renifler

— الأخبار — flairer les nouvelles

شَمّ : اِستنشاق الرائحة — action de sentir; odoration, f

— . شامّة : حاسة الـ — odorat, m

شَمَم : أنفة — fierté, f; dédain, m

شَمّام : بطّيخ أصفر — melon, m

△ — مصباح الغاز ← bec de gaz, m

أشَمّ (والجمع شُمّ) : أنوف — fier, ère

مَشموم : إسم المفعول من شمّ — senti, e

☆ شَمَندَر . شَمَندور . △ بَنجر — betterave, f

△ شَمَندورة : عوّامة التحذير ← bouée, f

△ — : منطقة النجاة من الغرق — bouée de sauvetage, f

○ شَمْواه : حيوان كالغزال ← chamois, m

جلد — — chamois, m; peau du chamois, f

☆ شنّ (شنن) ☆ شنار (شنر) ☆ شناعة (شنع)

△ شَلَبٌ : شارب — moustache, *f*
△ شَنْبَر : إطار — jante, *f*; boudin, *m*
— النظارة — monture, *f*
△ شِنْتيان : سراويل — larges pantalons, *m.pl*
☆ شَنَجَ . تَشَنَّجَ : تقبَّضَ وتَقلّص — se contracter; se crisper
— . — : اصيب بالتشنج — se convulser; tomber en convulsions
تَشَنُّج : تقبُّض وتقلّص — contraction; crispation, *f*
— : تقلُّص عضلي — convulsion, *f*
— رعشي — spasme, *m*
☆ شَنَرَ عليه : عابه — calomnier; médire de
شَنَار : اقبح العار — honte; disgrâce, *f*; déshonneur, *m*
شُنَارَى : فهد الثلوج (حيوان) — once, *f*
☆ شِنْشِنَة : عادة أو خلق — habitude; *ou* disposition; nature, *f*
△ شَنْطَة : حقيبة — valise; malette, *f*
— الكتب : قمطر — gibecière, *f*
— يد (انظر مثبنة فى ثبنة) — sac à main, *m*
شِلِيطة : أنشوطة — nœud coulant, *m*
☆ شَنُعَ : كان شنيعاً — être laid, e, *ou* affreux, se
شَنَّعَ عليه : ذكره بالقبيح — calomnier; médire; diffamer
شَنِعٌ . شَنِيع : قبيح المنظر — laid, e
— . — : بشع — hideux, se; affreux, se
شُنْعَة . شَنَاعة — laideur; hideur, *f*

☆ شَنَّفَ الآذان : أطربها — charmer l'oreille
☆ شَنَقَ : أعدم شنقاً (أو بمعنى علّق) — pendre
شَنْق : الاعدام شنقاً — pendaison, *f*
مِشْنَقَة : آلة الشنق — gibet, *m*; potence, *f*
☆ شُنْقُب . شِنْقاب △ بكاشين — bécassine, *f*
△ شَنْكَلَ : أعثر — faire trébucher; donner un croc-en-jambe
شنكل الباب أو النافذة — accrocher
شنكل التعليق : كُلّاب — croc; crochet; crampon, *m*
(شنن) شَنَّ . أَشَنَّ الغارة على — assaillir; lancer une attaque
☆ شَهَبٌ . شُهْبَة : بياض يخالطه سواد — grison; gris, *m*; couleur grise, *f*
شِهَاب : نيزك — météore, *m*; étoile filante, *f*
— : كوكب — étoile, *f*; astre, *m*
— : سهم ناري — fusée, *f*; feu d'artifice, *m*
أَشْهَب : لونه بين الأبيض والأسود — gris, e; grison, ne
☆ شَهِدَ المجلس : حضره — assister, *ou* prendre part, à une réunion
— : كان شاهداً — témoigner; déposer
— بكذا : قرّره (كتابة) — certifier; attester
— له بكذا : أقرَّ — reconnaitre à qn qc
— لفلان — témoigner en faveur de qn
— على فلان — témoigner contre qn
— على العقد أو الصك — être témoin, *ou* témoigner, dans un acte

— . شَاهَدَ : اطَّلعَ على | voir; assister; être témoin de
أشهَدَه . إستَشهَدَه : سأله أن يشهد | appeler en témoignage; prendre à témoin
إستَشهَد ٢ بقول : ذكره | citer
أُشهِدَ . استُشهِدَ : مات كشهيد | mourir en martyr, *ou* pour la bonne cause; souffrir le martyre
شَهد : عَسَل النحل | miel d'abeille, *m*
شَهادَة : إقرار | témoignage, *m*; déposition, *f*
— : بيّنة . ما يقرره الشاهد | déposition, *f*
— (مكتوبة) | certificat, *m*
— حسن السير والسلوك | certificat de bonne vie et mœurs, *m*
— خلو الطرف | certificat de décharge, *m*
— فقر | certificat d'indigence, *m*
— عالية : اجازة ○ دبلوما | diplôme, *m*
— إثبات | témoignage à charge, *m*
— نَفي | témoignage à décharge, *ou* de la défense, *m*
— ميلاد ، وفاة ، زواج | acte, *m*
— السفينة | acte de francisation
— صحيه (للسفينة) | patente de santé
— او براءة اختراع | brevet d'invention
— . إستشهاد : الموت لأجل المبدأ | martyre, *m*
إستِشهاد : إقتباس | citation d'une preuve, *f*
إشهاد | acte devant le tribunal; *ishhad*, *m*
— شهرة | acte de notoriété, *m*
شَهيد | martyr, e

شَاهِد : مؤدّي الشهادة ○ راءٍ او شاهد المبارزة | témoin, *m*
— إثبات | témoin à charge, *m*
— نَفي | témoin à décharge, *m*
— المَلِك | témoin du Roi, *m*
— عَين (أو نظَر) | témoin oculaire, *m*
— : إقتباس | citation, *f*
— : صورة المكتوب | copie, *f*
شاهِدَة : بلاطة الضريح | pierre tombale, sépulcrale, tumulaire, *f*
الـ — : ○ دفتر الكوبيا (صور الخطابات الصادرة) | copie-lettres, *f*
وَرَق الـ — : △ كربون | papier carbon, *m*
مُشاهَدة | vision; vue, *f*
مَشْهَد : مجتمع الناس | assemblée; réunion, *f*
— : موكب | procession, *f*; cortège, *m*
— : مَنظَر △ فُرْجَة | spectacle, *m*
مُشاهِد : راءٍ | spectateur, rice
مُشاهَد : مَنظور | visible
مَشهود : يستحق الذكر | mémorable
* شَهَرَ . شَهَّرَ ١ . أشهَرَ : جعله شهيراً | rendre célèbre
— . — . — : أذاعَ | répandre; divulguer; faire connaître
— الحربَ | déclarer la guerre
— السيفَ : سلّه | tirer; dégainer (le sabre)
— العقد | transcrire un acte
مصلحة الشهر العقارى | administration de la publicité immobilière, *f*
شَهَّرَ ٢ به : ندّد | diffamer; dénigrer
إشتهَرَ : صار شهيراً | devenir connu, e, *ou* célèbre

شَهْرٌ من السنة mois, m

— . إِشْهار : إعلان publication; déclaration, f

— العَسَل: أوائل أيام الزواج lune de miel, f

— . إِشْهار العقد transcription de l'acte; publicité donnée à l'acte, f

رَأْسُ — . nouvelle lune, f

الـ الجاري أي الحاليّ le mois courant

الـ المقبل اي القادم le mois prochain

الـ الماضي le mois dernier *ou* passé, m

شهريّ : كل شهر mensuel, le

شهريًّا : مُشاهرة au mois; par mois

شُهْرَة . إشتهار : سُمْعَة renommée; réputation; renom, m

— المحل achalandage, m

شَهِير . مَشْهور : ذائع الصيت connu, e; célèbre

— . — : معروف لدى الجمهور populaire

على المشهور : كالمتعارف de commune réputation

إِشْهار : إعلان déclaration; proclamation, f

— الافلاس déclaration de faillite, f

مُشاهَرَة : بالشهر au mois

* شَهِقَ الحمارُ : نَهَقَ braire

— : ضد زفر (في التنفس) aspirer

شَهْقَة : صيحة huée, f; cri, m

△ — : السعال الديكي coqueluche, f

شَهِيق : ضدّ زفير aspiration, f

— الحمار : نهيق braiement, m

شَاهِق : عالٍ haut, e; élevé, e

* شُهْلَة : زرقة العينين couleur bleue foncée, f

△ شَهَّلَ : عجّل dépêcher; faire vite

أَشْهَل : أزرق العينين aux yeux bleus

* شَهْم : نبيل noble; vaillant, e

شَهَامَة: نخوة vaillance; galanterie; noblesse, f

* شَهْوَة . شَهِيَّة : قابليّة (للطعام و لغيره) appétit, m

— . — : رغبة désir, m; envie, f

— : ميل شديد passion, f

— : غُلْمَة appétit, *ou* désir, charnel, m

— بهيميّة bestialité; libidinosité, f

إماتة الشهوات mortification, f

شَهَا . إِشْتَهَى . تَشَهَّى : تاق الى désirer; avoir bien, *ou* grande, envie de

— . — ما لغيره envier; convoiter

شَهَّى : حرّض الشهيّة ouvrir l'appétit; donner envie

△ — : △ حمّر faire sauter (sur la poêle)

شَهْوان . شهواني : غلّيم lascif, ve; sensuel, le; libidineux, se

شَهِيّ . مُشْتَهًى : مرغوب فيه désirable; appétissant, e

— . — : مقبول agréable

المشتهى ٢ : المرام . المرغوب désiderata, m

مُشْتَهٍ : تائق désireux, se

— ما لغيره : حسود envieux, se; convoiteur, se

مُشَهٍّ : جالب الشهية appétissant, e; apéritif, ve, a; apéritif, m

* شهيد (شهد) * شهير (شهر) * شهيق (شهق)

* شَوْب : خليط mélange, m
Δ — : ريح حارّة sirocco; vent chaud. m
شابَ : خَلَط mélanger; mêler
— : أفسد gâter
شابَ الشعرُ (في شيب) blanchir
شائِبَة : عيب tache; tare; flétrissure, f; défaut, m
مَشوب : مخلوط mélangé, e; adultéré, e
○ شَوْبَق Δ شوبك : مِطْلَمَة rouleau, m
Δ شَوَّحَ اللحم على النار griller la viande
شُوح : تنّوب sapin; pin, m
* شَوَرَ . أشارَ اليه . Δ شاور désigner; montrer du doigt
— . — : ابلغ بالاشارات signaler; transmettre par signaux
شارَ العسلَ : اجتناهُ ramasser le miel
تأشيرات (إشارات) annotations
أشارَ ٢ إلى: دلَّ على indiquer; montrer
— اليه : Δ شاور ٢ لهُ faire signe à
— الى : ذكره تلميحاً faire allusion à
— عليه : نصحه conseiller qn
شاوَرَ ٣ . إستشارَ . تشاوَرَ مع consulter qn; prendre l'avis de qn; se concerter avec qn
— نفسه réfléchir à la chose
شارَة : علامة marque; cocarde, f; signe; indice; insigne, m
— الذراع brassard, m
شُورَى . مَشْوَرَة conseil; avis, m

إشارات ضوئية signaux phoniques
مجلس شورى القوانين Conseil Législatif, m
شُورِيّ . إستشاري consultatif, ve
إشارَة : دليل signe; indice, m; marque; indication, f
— : مايُنتَّم به عن بُعد signal; signe, m
— : أمر ordre; appel, m; instructions, f.pl.
— : مَشورة : نصيحة avis; conseil, m
— برقيَّة (للفرافيَّة) dépêche, f; télégramme, m
اسم الاشارة pronom démonstratif, m
رهن اشارته à son entière disposition
Δ أشرجيّ : ملوِّح . عامل الاشارات signaliste
إستشارَة : أخذ الرأي consultation, f
Δ مِشْوار : سَرْبَة . رحلة قصيرة course, f
مُشير : دالٌّ . دليل indicateur, rice
— إلى : دالٌّ على indiquant, e; démontrant, e
— : ناصح conseiller, ère
Δ — : أعلى رتبة عسكرية maréchal, m
— . مُستشار conseiller, ère; conseil, m
مُستشار ٢ ملكي conseiller royal, m
— مالي conseiller financier, m
○ شُورَبَة . شوربا : صُبَّة soupe, f
* شَوَّشَ الأمرَ : خلطه confondre; brouiller
— : أربك compliquer; embarrasser
Δ شاشت نفسه : جاشت avoir mal au cœur
تَشَوَّشَ عليه الأمر s'embrouiller; se confondre

∆— : اصيب بمرض الزهري contracter, ou attraper, la syphilis

∆شاش: نسيج رقيق mousseline; gaze, f

الشاشة البيضاء: لوحة عرض الصور المتحركة écran, m

شاويش : قائد عشرة sergent, m

∆شُوشَة : قزيعة touffe; houpe; crête, f

∆للشوشة: إلى قِمَّة الرأس par dessus les oreilles

∆شَواشي الذرة stigmates de maïs, m.pl

تَشْوِيش: اضطراب أو ارتباك confusion, f; embarras, m

∆— : المرض الزهري syphilis, f

مُشَوَّش : مُضطرب troublé, e; embrouillé, e; confus, e

∆— : مَريض بالزُهري syphilitique

∆شَوْشَرَة: ضَوضاء brouhaha; tumulte, m

*شَوْط : غاية but; objet, m

— : مسافة distance, f

— في العَلْبة course, f; tour, m

∆شَوْطَة : وباء épidémie, f

*شُوفان : هُرطمان avoine, f

طحين الــ gruau d'avoine, m

*شَوَّقَ . شَاقَ الى faire envier qc; remplir qn du désir de qc

إشتاق الشيء واليه : تاق briller d'envie; désirer ardemment

— الى : حنَّ او صبا الى soupirer après

شَوْق . إشتياق désir ardent, m

شائق : شهي désirable; agréable

شَيِّق . مُشْتَاق qui désire ardemment

*شَوَّكَ الشجرُ : كان شائكاً avoir des épines

∆— . شاكَ . أشاكَ piquer

— الحائطَ : جعل عليه الشوك garnir, ou hérisser, d'épines

شَوْك : واحدته شوكة épines, f.pl

— اليهود : كنكر acanthe, f

شَوْكَة : واحدة الشوك épine, f

— : شُعْبَة . سِن croc; fourchon, m; dent, f

— : قوة pouvoir, m; puissance; force, f

∆— الاكل او المائدة fourchette, f

— السمك : حسكة arête de poisson, f

— العقرب : حُمَة dard; aiguillon, m

— القنفذ piquant, m

شائك : ذو شوك أو كالشوك épineux, se

سلك — . fil barbelé, m

مسئلة شائكة affaire épineuse, f

أرضي — . artichaut, m

التين الــ : صُبَّير figue de barbarie, f

*شَوْلَة : فاصلة كلام وعلامتها [،] virgule, f

∆شِوال : جُوالق sac; grand sac, m

شَوَّالة : (طائر) fauvette, f

شَالَ الذنب وكفة الميزان : ارتفع se redresser (queue); s'élever; se lever

— بالشيء . أشالَهُ : رفعه soulever

— بالشيء ∆شالَه : حمله porter

griller; rôtir ٭شوَى اللحم وغيره
grillade, *f*; rôti, *m* شُوِيّ.مَشْوِيّ: لَحْم مَشْوِيّ
grillé, e; roti, e مشوي
cuir chevelu, *m* شَواة : جلدة الرأس
△شوَّايَة . مِشْوَاة△شيكارة (انظر شكر)
gril, *m*; rôtissoire, *f*
grillage; rôtissage, *m* شَيّ△شَوْي
chose, *f*; quelque chose ٭شَيْء : أَمْر
quelque chose — ما . أَمْرٌ ما
rien; nul, le لا شَيْء
petit à petit; peu à peu شيئاً فشيئاً : قليلاً فقليلاً
vouloir; désirer شَاءَ : أرادَ
s'il plait à Dieu إن — الله: بمشيئته تعالى
pour toujours; à tout jamais إلى ما — الله
un peu شُيَيْء . △شوَيَّة : شيء صغير
volonté, *f*; désir, *m* مَشِيئَة : إرادَة
blanchir; faire blanchir les cheveux à qn ٭شَيَّبَ.أَشَابَ: جعلهُ يشيب
devenir chenu, e; blanchir (cheveux); grisonner شَابَ : ابيضَّ شعرهُ
blancheur de cheveux, *f* شَيْب . مَشِيب
évernie, *f* شَيْبَة : △خمير(نبات)
cheveux blancs شَائِب . أَشْيَب(شعر)
grisonnant, e; chenu, e — . —(انسان)
toile de coton peinte; chite, *f* △شِيت : نسيج ملوَّن

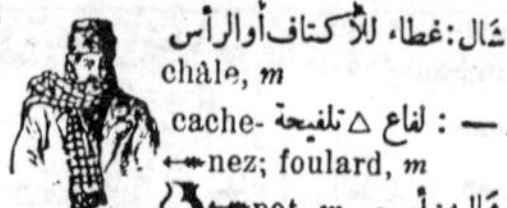

△شال: غطاء للأكتاف أو الرأس châle, *m*
△ — : لفاع △تلفيحة cache-nez; foulard, *m*
△شاليه: أُصيص pot, *m*

△ — زرع: أُصيص الرياحين pot à fleur, *m* سنداية
△شَيْلة : حِمْل charge, *f*; fardeau, *m*
△شَيَّال: حمَّال. عتَّال portefaix; porteur, se
△شيالَة . مَشَال : أجرة الحمل port; factage; portage, *m*
△أَشْوَل: أَعْسَر gaucher, ère
٭شوم (في شأم)
٭شُونَة: مخزن الغلة grenier, *m*; grange, *f*
— غلال : هري (ج اهراء) silo, *m*
△شَوَّن الغلال : خزنها في شونة engranger; emmagasiner
٭شَوَّهَ : مسخ défigurer; déformer; gâter
شَوِهَ . تَشَوَّهَ se déformer; se défigurer
شَوَه . تَشَوُّه : مسخ difformité; défiguration, *f*
أَشْوَه . مُشَوَّه : ممسوخ défiguré, e; difforme; déformé, e
شاه العجم Schah *ou* Chah, *m*
شَاهْبَلُّوط : △أبو فروة châtaigne, *f*
شَاة: الواحدة من الغنم brebis, *f*; mouton, *m*

△ — : نعجة agnelle, *f*

☆ شِيحٌ : نبات مرّ الطعم — absinthe, *f*

— خراساني — santonine, *f*

أَشَاحَ عنه وجهه : أعرض متكرّهاً — détourner la tête de qn

☆ شَيَّخَ . شَاخَ : صار شيخاً — vieillir

△ — △ — النباتُ أو ثمره — monter en graine

شَيْخٌ : متقدم في العمر — vieillard ; vieux, *m*

—: رئيس — chef; maître; recteur; doyen, *m*

— بلد — maire, *m*

— قبيلة — chef de tribut ; *sheikh*, *m*

شَيْخَة : كبيرة العمر — matrone ; vieille, *f*

شَيْخُوخَة — vieillesse, *f*

شَيْخُوخي : مختص بالشيخوخة — sénile

اِرتعاش — . — tremblement sénile, *m*

△ شايخ : ضِدّ غض أو رَخْص — grenu, e ; grené, e

☆ شَيَّدَ . شَادَ : بَنَى — ériger; bâtir; élever; édifier

أَشَادَ بذكره — exalter; louer; vanter

شِيْد : ما يُطْلَى به الحائط من الجص — plâtre, *m* ; couche de plâtre, *f*

تَشْيِيد — construction ; érection ; édification, *f*

مَشِيْد . مُشَيَّد — érigé, e ; élevé, e ; bâti, e ; construit, e

△ شِيْش : سيفُ الوخز . مغول — fleuret, *m*

— أو شعريّة الشبّاك — jalousie, *f*

△ شِيشَة التدخين : ارجيلة س — narguilé, *m*

☆ شَيَّطَ . أَشَاطَ — flamber; brûler légèrement

شَاطَ . تَشَيَّطَ — roussir

— ت القدرُ (△ الحلّة) او الطبيخُ — fumer

إِسْتَشَاطَ غضباً — s'emporter

شياط — odeur de brûlé, *f* ; graillon, *m*

☆ شيطان (في شطن)

☆ شَيَّعَ : ودَّعَ — voir qn partir ; dire adieu à qn

شاعَ الخبر — s'ébruiter; se répandre; se propager

— . أَشَاعَ الخبرَ : أذاعه — diffuser; ébruiter; répandre; propager

شَايَعَ : تابَعَ ووالى — suivre

— . تَشَيَّعَ له : تحزَّب — se ranger avec ; prendre le parti de qn

شِيْعَة : طائفة . فرقة — secte, *f* ; parti, *m*

— الرجل : أتباعه — partisans ; disciples ; adhérents

شيعيّ : طائفي — sectaire

— : غير السُنّي . متاولي س — *chiite*

شُيُوع : إنتشار — circulation ; propagation, *f*

على الــ — △ بالمشاع — en commun ; par indivis ; à l'indivis

شُيُوعي : واحد الشيوعيين — communiste

شُيُوعية : مبدأ اشتراكي متطرف — communisme, *m*

— دوليّة (روسيّة) — cominform ; communisme international, *m*

شائع . مُشاع : ذائع — répandu, e ; propagé, e ; notoire

— . — : عامّ — public, que ; général, e

—. — : مشترك commun, e ; indivis, e
ملك — او مشاع ٢ propriété à l'indivis, ou commune ; co-propriété, f
إشاعة : إذاعة propagation ; diffusion ; circulation, f
— : خبر شائع rumeur, f ; bruit, m
انتشرت اشاعة le bruit court
تشيع . مشايعة : تحزّب partialité, f ; parti-pris, m
مُشايع . مُتشيّع partial, e
مُشتاع : ∆ شريك على الشيوع co-propriétaire par indivis ; indivisaire
٭شيك : صك chèque, m
∆ شيك : أنيق chic ; élégant, e
شياكة : اناقة élégance, f ; chic, m
∆ شيكارة (شكر) ٭ شيلم (شلم) ٭شيلة (شول)
٭شيمة : عادة habitude ; coutume, f
— : خُلق . سجيّة caractère ; naturel, m
الشّام : سورية Syrie, f
شامة الخد : نقطة عنبر grain de beauté, m ; marque de naissance ; mole, f
مشيمة الجنين : ∆ خلاص placenta, m
٭شين : عار honte, f ; opprobre, m ; disgrâce, f ; déshonneur, m
— : ضد زين mauvais, e
شان : عاب déshonorer ; disgrâcier ; discréditer
شائن : مُعيب honteux, se ; infâme, scandaleux, se
{ شي } شاي : نبات معروف او غلايته. (مشروبه) thé, m

{ ص }

٭صئبان (الواحدة صؤابة) : ∆ سيبان . بيض القمل lente, f
٭صأى الفرخ : ∆ صاح ∆ صوصو piauler ; pépier (oiseau)
٭ صاب (صوب) ٭صابئة (صبأ) ٭ صابون (صبن)
∆ صاج : حديد مصفّح tôle, f
∆ — مموّج tôle ondulée, f
٭ صاح (صبح) ٭ياصاح (صحب) ٭ صاحٍ (صحو)
٭ صاد (صيد) ٭صادر (صدر) ٭صادف (صدف)
٭ صار (صير) ٭صارم (صرم) ٭صاروخ (صرخ)
٭ صاري (صري) ٭ صاع (صوع) ٭صاغ (صوغ)
٭ صافٍ (صفو) ٭صافح (صفح) ٭صاقورة (صقر)
٭صالة ٭صالون : بهو salon, m
— رقص salle de danse, f
٭صام (صوم) ∆ صامولة (صمل) ٭صان (صون)
٭صبب : انحدار pente ; rampe ; inclinaison, f ; penchant, m
صبّ : سكب verser ; répandre
— في القالب jeter en moule ; mouler ; mettre au moule
— نقمته على assouvir sa vengeance sur
— النهر في البحر (مثلا) se jeter dans la mer
إنصبّ : إنسكب s'écouler ; couler
— على : لزم s'appliquer ; s'adonner à
صبّ : سكب effusion, f ; action de verser
— : سبك moulage, m
— : مغرم amoureux, se ; passionné, e

صَبَابَة: شوق شديد désir, *ou* amour, ardent, *m*
صُبِيْب. مَصْبُوب: مَسْكوب versé, e; répandu, e
— : دَمٌ او عَرَق sang, *m*; *ou* sueur, *f*
مَصَبُّ النهر embouchure, *f*
✡ صَبَّحَ : اتى صباحاً venir le matin
— : حيّى بالسلام صَباحاً souhaiter le bonjour
أَصبَح : صارَ devenir; commencer à être
— غنيًا s'enrichir; devenir riche
— وحيداً se trouver seul, e
صُبْح . صَبَاح : نقيض المساء matin, *m*
عِمْ صباحاً . صباحُ الخير bonjour
صباحاً dans la matinée; au matin
صُبْحَة: طعام الصباح petit déjeuner, *m*
صَبوح . صَبِيْح : جميل souriant, e; radieux, se; avenant, e
صَبِيْحَة : ضُحى. ضَحْوة avant midi, *m*
△ صابح: جديد △ طازه frais, *a.m*; fraiche, *a.f* 
مِصْبَاح : △ لَمْبَه ←lampe, *f*
— كهربيّ lampe électrique, *f*
✡ صَبَرَ. اِصْطَبَرَ. تَصَبَّرَ patienter; prendre patience
— على : احتمل tolérer; endurer
صَبَّرَ : طلب منه أن يصبر faire patienter
— السفينة : وضع فيها الصابورة lester
△ — الميتَ : حنَّطَ embaumer
— جثة الحيوان empailler
△ — بطنَه: تلمَّجَ casser la croûte; manger un morceau (sur le pouce)

صَبر. اِصْطِبَار : جَلَد patience; endurance, *f*
قِلَّة — impatience, *f*
قليل الـ — impatient, e
صُبَّار : بطّيخ شوكي ← cactus, *m*
— . صُبَّير : تين شوكي (الظر شوك) figue de barbarie, *f*
— . صَبَّارة . صَبِر ←aloès, *m* 
صَبُور . صابِر patient, e
صَابُورة المركب lest, *m*
✡ صَبَعَ عليهِ : أشار اليه بأصبعه montrer du doigt
أُصْبُع . إصْبَع △ صُبَاع اليد doigt, *m* 
— . — △ — القدم doigt du pied; orteil, *m*
— طباشير وأمثاله bâton, *m* (de craie, etc)
— احمر الشفاه bâton de rouge, *m*
مُصَبَّع : △ شكاره gril, *m*; ←rôtissoire, *f* 
✡ صَبَغَ teindre
— : لوَّنَ colorer; teinter ou peindre
صَبْغ : تلوين . صِباغة teinture, *f*
صِبْغ . صِبغَة. صِبَاغ: مايصبغ به teinture, *f*
— . صبغة متينة (لا تتغير) bon teint, *m*
صِبْغَة ٢ : نوع . شكل genre; cachet, *m*; forme, *f*
— : خلاصة (في الطب) teinture, *f*
— الأفيون teinture d'opium, *f*; laudanum, *m*
صِبْغي : مادة لنقل الصفات الوراثية chromosome

صَبَّاغ • صابغ teinturier, ère
مواد صباغة matières tinctoriales, f.pl
مَصْبَغَة : محل الصباغة teinturerie, f
مصبوغ teint,e
✿ صَبَّنَ : غسلَ بالصابون savonner
صَبَّنَ المقامرُ السكعبين piper les dés
صَبَّان : صانع الصابون fabricant,e de savon; savonnier,ère
صَابُون : فاسول savon, m
صابونة: قطعة صابون savonnette, f; pain de savon, m
△ — الرِّجْل : داغصة rotule, f
صابونيّ : كالصابون أو منه savonneux, se
صَابونيَّة : نبات saponaire, f
مَصْبَنَة : مَصْنَع الصابون savonnerie, f
صُبُوّ . صَبْوَة . صِبًا : حَنين وشوق désir ardent, m; envie, f
صُبُوَّة . صَبَاء . صِبا : شباب jeunesse, f
صَبِيّ : وَلَد . غلام gamin; garçon; [gosse], m
— : في التمرين • تلميذ apprenti, e
صَبِيَّة : بنت gamine; fille; fillette, f
— : فتاة jeune fille; demoiselle, f
صِبيانيّ enfantin, e; juvénile
صَبَا الى : حَنَّ واشتاق soupirer après : désirer ardemment
— الى : مالَ être enclin, ou porté, à
صَبِيَ . تَصابَى . اسْتَصْبَى : فعلَ فعلَ الصبيان commettre des enfantillages
△ تصابَى △ تَصَبَّى : تجدد شبابه se rajeunir

✿ صُبَيْدَج : أم الحِبْر (انظر امم) sèche, f
✿ صبير (صبر) ✿ صح (صحح) ✿ صحا (صحو)
✿ صَحِبَ . صَاحَبَ : رافق accompagner
— . — • تصاحَبَ مع: عاشر او اتخذهُ صاحباً fréquenter ou se lier d'amitié avec
إصطحبَ الرجلَ: رافقه tenir compagnie à
إستَصْحَبَ : جعلهُ في رفقته choisir qn comme compagnon
صُحْبَة: رفقة compagnie; société, f
—: رفاق compagnons; camarades, m.pl
— : صداقة amitié; camaraderie, f
△ — زهور : باقة bouquet, m ✿ مجموعة
بصحبة فلان en compagnie d'un tel
صَاحِب : رَفيق ami, e; camarade; [copain, copine]
— الشيء : مالكه propriétaire; possesseur
— الأمر patron, ne; maître, sse
— الدَّين : دائن créancier, ère
—العزَّة أو السعادة او المعالي Son Excellence
— السموّ Son Altesse (S.A.)
— العظمة او الجلاله Sa Majesté (S.M.)
الصحابة : رفاق النبى (عليه السلام) les Compagnons du Prophète, m.pl
مَصْحُوب . مُصْطَحَب accompagné, e
مُصَاحَبَة . إصطحاب (وفي الموسيقى أيضاً) accompagnement, m
✿ صَحَّحَ المريضَ: شفاهُ guérir
— الكتابَ: ضبطه corriger; rectifier; réviser
— الخطأ أو العيبَ rectifier: reprendre
— المبلغ arrondir la somme

صَحَّ . إِستَصَحَّ : شُفي — se rétablir; guérir; se remettre
— الخبرُ : ثبت — se confirmer; être vrai, e
صَحٌّ : صَحيح . مَضْبوط — exact, e; juste; correct, e
صِحَّة : ضِدّ خطأ — exactitude; justesse, f
— : صِدْق — véracité; authenticité, f
— : حقيقة — vérité; réalité, f
— : صلاحيَّة . شرعيَّة — validité, f
— : عافية — santé, f
حِفظ الـ — conservation de la santé, f
قانون حفظ الـ — hygiène, f
△وزارة الـ — Ministère de l'Hygiène Publique, m
إنحطت صِحته — il dépérit; sa santé est mauvaise
صِحّيّ : مختص بالأمور الصحيَّة — sanitaire
— : مختص بقواعد حفظ الصحة — hygiénique
— . مَصَحَّة : نَجيع — salubre; salutaire
— . — (كالطعام او الشراب) — sain, e
غير صِحّي — malsain, e
صَحيح : كامِل . تامّ — entier, ère; intact, e
— : حَقيقي — réel, le; vrai, e; véritable
— : سليم — sain, e; en bon état
— : صَحّ . مضبوط — correct, e; juste; exact, e
— : قانوني — valide; légal, e
— الجسم — bien portant, e; valide
عَدَد — (بلا كسر) — nombre entier, m

إِصْحَاح : فصل من كتاب — chapitre, m; section des livres saints, f
تصحيح — correction; rectification, f
— الحسابات — redressement des comptes
مَصَحَّة . مَصَحّ : مستشفى النقاهة — maison de santé, f; sanatorium, m
مُصَحِّح مسودات الطبع — correcteur, rice
☆صَحْراء — désert, m
☆صَحَّفَ الكلمة : أخطأ في قراءتها — prononcer mal
— الخبر : حرَّفه — fausser; dénaturer; déformer; interpréter mal
تَصَحَّفَ — être écrit, e, ou lu, e, incorrectement
صَحْفَة : صَحن كبير — grand plat, m
صَحِيفَة : وجه — figure; face, f; visage, m
— : صفحة — page, f
— : ورقة من كتاب — feuillet, m
— من دفتر حسابات: صحيفتان متقابلتان — folio, m
— الدعوى — assignation; citation, f; exploit introductif d'instance, m
— أخبار : جريدة — journal, m; gazette, f
صِحافة : ادارة الجرائد وتحريرها — journalisme, m
عالم الـ — la presse, f
صُحفي . صَحافيّ : مشتغل بالجرائد — journaliste
المصحف الشريف — le Coran; Koran, m
☆صَحْنُ الأكل : طَبَق — assiette, f; plat, m
— طعام : صنف منه — plat, m
— الفنجال : فِنْجة (انظر فنجل) — soucoupe, f

— الدار — cour, *f*
— المحكمة — enceinte du tribunal, *f*
— صحن اليوم (في المطاعم) — plat du jour, *m*
△ بالصحن — au plat
صحون ولوازم الأكل — vaisselle, *f* 
☼ صَحْناة : ○ سَرْدين — sardine, *f*
☼ صحّة (في صحح)
☼ صَحْو : يقظة — réveil, *m*
— . صَحْوَة : رُشْد — connaissance; lucidité, *f*
— . صاحٍ : خالٍ من الغيوم — sans nuages; beau; serein (temps)
صاحٍ ٢ (من نوم) : مستيقظ — réveillé, e
— : يقظان . متيقظ — éveillé, e; vif, ve
صَحَا . صَحِيَ : إستيقظ — se réveiller; s'éveiller
— . — : أفاق — reprendre connaissance
— . أصحى اليومُ : صفا — faire beau
أصحى ٢ △ صحّى : أيقظ — réveiller; éveiller
☼ صِحّي وصحيح (في صحح) ☼ صحيفة (في صحف)
☼ صَخِبَ : صاح شديداً — vociférer; crier
صَخَب : صياح — vocifération; clameur, *f*; vacarme, *m*; cris, *m.pl*
صَخِبٌ . صَخّاب : صيّاح — bruyant, e; criard, e
☼ صَخْر : حجر صلب — rocher, *m*; roche, *f*
صَخْرَة (الجمع صَخْر وصخور) — un rocher
صَخِرٌ . صَخْرِيّ : كثير الصخر — rocheux, se
☼ صَدَأ : ما يعلو المعادن بسبب الرطوبة وغيرها — rouille, *f*
أكلهُ الـ — rouiller; se coroder; être rongé, e par la rouille

صَدِئ ٢ . مُصْدَأ △ مصدّي — rouillé, e
صَدِئَ . صدُؤ △ صدّى — rouiller; s'oxyder
مُصْدِئ : ○ اكسجين — oxygène, *m*
☼ صَدَحَ : غنّى — chanter
طائر صدّاح : مغرّد — oiseau chanteur, *m*
☼ صَدَّدَ . أَصَدَّ الجرح : تقيّح — suppurer
صَدَّ : منع او أعاق — arrêter; *ou* empêcher
— : قاوم — opposer; résister; s'opposer à
— : ردّ — repousser; rebuter; faire éprouver un échec
— عنه : أعرض — se détourner de
صَدّ : منع — empêchement, *m*; contrainte, *f*
— : مقاومة — résistance; opposition, *f*
— : ردّ . دفع — répulsion, *f*
صَدَد : △ خصوص — rapport; égard; sujet, *m*
— : قصد . شأن — but; objet, *m*
— : تجاه . امام — en face; vis-à-vis
صَدِيد : قيح — pus, *m*; matière purulente, *f*
صَدِيدي : قيحي — purulent, e; suppuratif, ve
☼ صَدَرَ : حدث — arriver; advenir
— : نشأ — provenir; émaner; naître de
— منه كذا — il a fait, *ou* dit, telle chose
صُدِرَ : شكا صدره — souffrir de la poitrine
صدّر ٣ الكتاب : افتتحه — faire une préface à; présenter le livre
△ — . أصْدَرَ : أرسل — expédier; envoyer

exporter ∆ — — البضائع الى الخارج
donner un ordre, *ou* des instructions; édicter أَصْدَرَ ٢ أمراً
rendre, *ou* prononcer, un jugement — حُكْماً
promulguer une loi — قانوناً
éditer — الكتابَ : نشرهُ
émission, *f* اصدار
confisquer صَادَرَ المالَ: استباحهُ للحكومة
présider تَصَدَّرَ ٢ المجلسَ : رأسهُ
occuper la première place — الحفلة : جلس في الصدر
poitrine, *f* صَدْر : ما بين العنق والبطن
seins, *m.pl* — : نُهُود
cœur; sein, *m* — : فؤاد
plastron; devant, *m* — القميص
front; le devant, *m* — الشي والمكان: اوَّله
premier hémistiche, *m* — بيت الشعر
maladie de poitrine, *f* ذات الـ : عِلَّة فيه
sincère; cordial, e; de grand-cœur رَحْب الـ.
déprimé, e; triste منقبض الـ.
croisé, e ∆ بصدرين (سترة أو مِعْطف)
gilet, *m* صُدْرَة ∆ صديري
chemisette, *f* صِدَار: ∆ عنتري
pectoral, e; thoracique صَدْرِيّ : مختص بالصدر
cage, *ou* cavité, thoracique, *f* التجويف الـ
soutien-gorge, *m*; *ou* brassière, *f* ∆ صدرية : شِمال (انظر شمل)
exporté, e صَادِر : ضِدّ وارد
émanant, e, *ou* provenant, e, de — عن : ناشيء
exportations, *f.pl* الصادرات: ضدّ الواردات
exportation, *f* تَصْدِير البضائع
origine; provenance; source, *f* مَصْدَر : مَنْشأ
ressource, *f* — الرزق
racine, *f*; radical, *m* — الكلمة
infinitif, *m* صيغة المصدر
poitrinaire مَصْدُور : مُصاب بالسل
fêler; fendre; casser ٭ صَدَعَ : شقّ أو كسر
avoir la migraine, *ou* un mal de tête صُدِعَ . اصابهُ الصُّداع
contrarier; agacer; ennuyer ∆ صَدَّعَ الخاطر : كدَّر
craquer; se fendre تَصَدَّعَ . إنْصَدَعَ : إنشق
fente; crevasse; fêlure; fissure, *f* صَدْع : شَقّ
migraine, *f*; mal de tête, *m* صُدَاع
fendu, e; fêlé, e; fendillé, e مَصْدُوع : مشقوق
tempe, *f* ٭ صُدْغ : مابين العين والاذن من الرأس
favoris, *m.pl* — : قصَّة الصدغ ∆ مقصوص
impudent, e; importun, e ∆ صَدِغ : وقح الوجه
coquillage, *m* ٭ صَدَفٌ : مَحار
coquille; conque, *f* صَدَفَة
palier, *m* ∆ — السلّم : المسطح من الدرج في مستوى الطابق
arriver par hasard ∆ صادف: حدث مصادفة
rencontrer صادَفَ ٢ : قابَل

شُغل الصَّدَفِ	ouvrage en coquillage, *m*
عِلم الأصداف	conchologie, *f*
△ صُدْفة: مُصادَفة	hasard, *m*; chance, *f*
بالصُدفة . مصَادَفة	par hasard; fortuitement; accidentellement
△ — △ — : نادراً	rarement
٭ صَدَقَ : ضِدّ كَذَبَ	dire la vérité
— قوله او ظنّه	s'avérer juste
— في وعده	tenir sa parole, *ou* sa promesse
ـــهُ النصحَ أو الحب	être sincère
يصدق عليه كذا	s'applique à lui
صَدَّقَ الخبرَ والكلامَ	croire; ajouter foi à
يُصَدَّقُ : يمكن تصديقه	digne de foi
لا يُصَدَّقُ : لا يمكن تصديقه	incroyable
صَادَقَ : صاحَبَ	prendre comme ami, e; se lier d'amitié avec
— على : وافق	approuver; consentir à
— على : أجازَ	sanctionner; autoriser
أصْدَقَ ابنته : مَهَرها	désigner la dot
تصدَّقَ : أعْطَى صَدقة	faire, *ou* donner, l'aumône
صِدْق : حقٌ أو حقيقة	vérité, *f*
— : أمانَة	probité; sincérité, *f*
صَدَقَة : إحسان	aumône, *f*
صَدَاق : مَهْر	dot, *f*
صَدَاقَة : صُحْبَة	amitié, *f*
صَدِيق : صاحِب	ami, e; camarade; [copain, *m*, copine, *f*]
صِدِّيق : بارّ	juste; droit, e; loyal, e
صَادِق . صَدُوق : ضد كذوب	honnête; homme de parole
— : حَقيقي	véridique
— . — : مُخلِص	sincère
تَصْدِيق : قبول	croyance; acceptation, *f*
— : مصادقة	confirmation; approbation, *f*
سُرعة الـ .	crédulité, *f*
سَريع الـ : ميقان	crédule
مُصَادَقَة	sanction; ratification, *f*
— بالاعتماد على جواز سفر	visa, *m*
٭ صَدَمَ . صَادَمَ	heurter
إصْطَدَمَ . تَصَادَمَ القطاران (مثلاً)	entrer en collision
— . — الرأيان (مثلاً)	se heurter; s'entrechoquer; être en conflit
صَدْمَة : المرة من صدم	choc; coup; heurt, *m*
— : رَجَّة	choc, *m*; commotion; secousse, *f*
— عَصَبِيَّة	choc nerveux, *m*
إصْطِدَام . تَصَادُم	collision, *f*
— . — الآراء أو المصالح	conflit (des intérêts, des idées, etc), *m*
△ — △ — : مِصَدّ (لتخفيف أثر التصادم)	butoir; amortisseur, *m*
△ — △ — السيَّاره	pare-choc, *m*
٭ صَدَى الصوتِ : رَجْعُهُ	écho, *m*
أصدَى : أجابَ بالصَّدَى	faire écho; retentir
تَصَدَّى له	s'opposer à; se mettre sur le chemin de

٭ صديد (صدد) ٭ صرّ (صرر) ٭ صراط (صرط)

٭صَرُحَ . إنصَرَحَ : كان صريحاً être franc, he
صَرَّحَ . صَرَحَ . اصرح : جعله صريحاً éclaircir; mettre au clair
— : جاهرَ déclarer; faire connaître
— : خلاف عرَّض ولمح parler clairement, ou ouvertement
— . صارَحَ بما عندهُ : أبداهُ avouer; reconnaître
△ — : أجاز permettre; approuver; autoriser
△ — : رَخَّص autoriser; ou patenter; breveter; accorder une licence,
صَرْح : قصر أو بناء عالٍ château; palais; ou édifice élevé, m
صَراحة : صفاء clarté; netteté; pureté, f
— النية : إخلاص franchise; sincérité, f
صَراحةً : بصراحة : بوضوح expressément; clairement; nettement
— . — : △ بالمفتوح franchement
صَرِيح . صُراح : واضح clair, e; explicite; net, te
— . — : ظاهر . جليّ évident, e; manifeste
— بذاتهِ évident en, ou de, soi
جواب — . réponse explicite, f
رأي — . opinion franche, f
بصريح العبارة en termes explicites, ou exprès
تَصْرِيح : بيان déclaration, f
— : اعتراف . اقرار aveu, m
△ — : اذن permission; autorisation, f
△ — : اجازة △ رُخْصة permis, m; licence; patente, f
— مرور passe, f

٭صَرَخَ crier; pousser des cris
صَرْخة : صيحة cri, m
صُراخ . صَرِيخ : صياح cris, m.pl
صَرَّاخ . صارِخ : صيَّاح criard, e; qui crie
لَوْن صارخ couleur criarde, ou voyante, f
صَارُوخ : قذيفة جويّة fusée, f
— : سَهْم ناري feu d'artifice, m
٭صِرّ . صَرْد : بَرْد قارس froid de loup, ou rigoureux
صُرَّاد . صُرَّيْد : غيم رقيق لا ماء فيه cirrus, m
٭صَرَّرَ . صَرَّ اذنه : نصبها للاستماع dresser les oreilles
صَرَّ : حزم empaqueter; faire un paquet de; rouler; envelopper; enrouler
— البابُ : صرف △ زيَّق grincer; crier; craquer
— على أسنانه : حرَّقها grincer des dents
أَصَرَّ على الأمر : ثبت عليه persister; persévérer dans
— على الأمر : عزم عليه résoudre à; décider; déterminer
△ — على : شدَّد . لجّ insister
صَرّ . صَرِير الباب : صريف grincement; craquement, m
— . — الأسنان grincement, m
صِرّ : ○ كناري . عصفور مغرّد canari, m; serin, e
صُرّة : ما يُصَرُّ فيه emballage, m; enveloppe, f

—— : حزمة — paquet; colis, *m*

——نقود . صَرِيْر/ — bourse, *f*

صَرَّار الليل : صُرصُر • جُدجد — grillon; criquet; ⟵cri-cri, *m*

إصرار : تثبت — persistance, opiniâtreté, *f*

سبْق الـ : تصميم سابق — préméditation, *f*

مُصِر : متشبث — persistant, e; tenace

—— : عاقد النية — résolu, e; décidé, e

*صَرْصَرَ — vociférer; crier à tue-tête

صُرْصُور ∆ صِرْصَار — cafard, *m*; ⟵blatte, *f*

∆ صَرصُور الاذن : وَتد — tragus, *m*

مُصَرْصِر : ∆ مصرصع (صوت حادّ) — aigu, e; perçant, e; strident, e; voix grêle

(صرط) صِرَاط : طريق — chemin, *m*

الـ المستقيم — le droit chemin

*صَرَعَ : طرح على الارض — terrasser; renverser

∆ —— : أفزع — effrayer; faire peur: épouvanter

صُرِعَ : أصابه الصَرع — avoir une attaque d'épilepsie

—— • انصَرَعَ : سَقَط — être terrassé, e

∆ إنْصَرَعَ ٢ : كَلِبَ — enrager

صَارَعَ : حاول صَرْعه — lutter contre

صَرْع : مَرَض عصبي تشنجي — épilepsie, *f*

—— • مَصْرَع : سقوط — chute; ruine; *ou* mort, *f*

∆ صَرَع : داء الكَلَب — rage, *f*

∆ صُرع : عنان — ⟵rêne; bride, *f*

صَرِيع . مَصْرُوع : مُصاب بداء الصرع — épileptique

—— : طريح (الأرض) — gisant, e; abattu, e; renversé, e

مَصْرَع ٢ : مكان السقوط — lieu de la chute, *ou* de la lutte, *ou* de la mort

مِصْرَاعُ الباب : إحدى دَفتَيه — battant, *m*

—— الشِعْر — hémistiche, *m*

∆ مَصْروع : كَلِب — enragé, e

∆ —— : مُفْزَع — effrayé, e; apeuré, e

مُصَارِع : مغالِب ⟵ — lutteur, se

—— محترف : مجالد (قديما) — gladiateur, *m*

مُصَارَعَة ٢ : مغالبة — lutte, *f*

*صَرَفَ : سرَّح أو فض أو ابعد — renvoyer; *ou* expédier

—— عَن رَأي — dissuader; éloigner de; détourner de

—— النظر عن — ne pas faire cas, *ou* tenir compte de

—— الباب : صَرَّ ∆ زيّق — grincer; craquer

—— ت الأسنان : صَرَّت — grincer

∆ —— : أنفق — dépenser

∆ —— : استنفد — épuiser

—— • صَرَفَ النقود : بدلها — changer

—— • —— الكلمة — décliner

—— • —— الفعل — conjuguer

صَرَّفَ ٢ في الأمر : فوّضه — donner carte blanche à qn; charger qn de qc

—— : باع — écouler; vendre; disposer de

— المـاء	faire écouler l'eau
— الماء (في الزراعة)	drainer
△ — الدمّل أو الورم	résoudre
تَصرَّفَ	se conduire; agir
إنصَرَفَ : ذهب	partir; s'en aller
— عن كذا	renoncer à; abandonner
صَرفُ النقود : تبديلها	change, *m*
— غير ملائم	change défavorable, *m*
— : فضٌ او ابعاد	renvoi, *m*
△ — : انفاق	dépense, *f*; action de dépenser
— . تصريف . الكلام	déclinaison, *f*
— . — الفِعل	conjugaison, *f*
علم الـ.	étymologie, *f*
ممنوع من الـ (كلام)	indéclinable
بصرف النظر عن	indépendamment de; sans égards pour
صروف الدهر	vicissitudes du temps, *f.pl*
صِرف : خالص	pur, e
صرّاف : أمين الصندوق	caissier, ère
— النقود . صَيْرَفي	changeur, *m*
صريف : صرير △ تزييق	craquement; grincement, *m*
— الأسنان	grincement, *m*
إنصِراف : ذهاب	départ, *m*
تَصرُّف : تدبير	faculté d'agir à son gré; disposition, *f*
— : سلوك	conduite; manière d'agir, *f*
مُطلَق الـ.	ayant plein pouvoir
تحت تصرّفه	à sa disposition
بتَصرف	librement
تصريف ٢ : بيع	vente; disposition, *f*; écoulement, *m*
— الأمور المستعجلة	l'expédition des affaires urgentes
— الورم	résolution, *f*
△ تحت الـ : برسم البيع او الرجوع	en consignation
مَصرِف الماء : مَسرَب . مشْبرة	drain; puisard; fossé d'écoulement, *m*
— ماليّ : بَنْك	banque, *f*
— او مخرج للبضاعة	débouché, *m*
△ مَصرُوف : أُنفِقَ	dépensé, e
△ — : نَفَقَة	dépense, *f*; frais, *m.pl*
△ — الجيب : △ شبرقة	argent de poche, *m*
△ مَصاريف الدعوى	dépens, *ou* frais (judiciaires), *m.pl*
△ حُكم عليه بمئة قرش والمصاريف	il est condamné à 100 piastres d'amende et aux dépens
△ وفى المصاريف	couvrir, *ou* payer, les frais
مُتَصرِّف س : حاكم	gouverneur, *m*
٭ صَرَمَ . صَرَّمَ : قطع او هجر	trancher; disjoindre; *ou* délaisser
صَرُمَ : كان ماضياً	être tranchant, e, *ou* affilé, e
— : كان شديد المراس	être sévère, implacable, austère
صُرِمَ . إنصَرَمَ أجله : ماتَ	mourir
إنصرم ٢ : إنقضى	s'écouler; passer
△ صُرْم : سُرْم . طرف المعى المستقيم	rectum, *m*
صَرْم : قطع	tranchement, *m*; séparation, *f*
صِرم △ صَرْمَة . صرماية س : حذاء	soulier, *m*

صَرَامَة: مَضَاءٌ أو شدة — acuité; *ou* rigueur; sévérité; dureté, *f*

صَارِم : قَاطِع — rude; violent, e; sévère; dur, e

— : عَنيف — tranchant, e

مُنْصَرِم : ماضٍ — écoulé, e ; passé, e

﴿ صرى ﴾ صارِي المركب — mât, *m*; mâts, *m.pl*

— • صاريَة : قائمة — perche; flèche, *f*

— • — العَلَم — lance, *ou* hampe, du drapeau, *f*

△ — الشبّاك — meneau, *m*

﴿ صطب ﴾ مِصْطَبَة — banc (*m*), *ou* estrade (*f*), de pierre

✿ صَعُبَ : كان صعباً — être difficile, *ou* dur, e

△ — عليه من — se formaliser; s'offenser

صَعَّبَ . تَصَعَّبَ الأمرَ : جعله صعباً — rendre difficile

△ تصعَّب ٢ . تصاعَبَ: ضدّ تساهل — se montrer difficile

إستَصْعَبَ : وجَدَهُ صعباً — trouver difficile

صَعْبٌ : شاقّ — difficile; ardu, e; dur, e

— الإحتمال — insupportable; intenable; intolérable

— الارضاء — difficile (à contenter)

— المراس — réfractaire; récalcitrant, e

صُعُوبَة : ضدّ سهولة — difficulté; peine, *f*

✿ صَعْتَر: سَعْتَر △ زَعْتَر — thym, *m*

— بَرّي : نَضَف (نبات) — serpolet, *m*

✿ صَعِدَ: ارتفع . زادَ — monter; s'élever

— : طلع — monter

صَعَّدَ الزفرات — pousser de profonds soupirs

أصْعَدَ : جعله يصعد — faire monter

صُعُود: ضدّ نزول — montée; ascension, *f*; action de monter

في — — en hausse

عيد — المسيح (عندالنصارى) — l'Ascension, *f*

صاعِد : طالع — montant, e: ascendant, e; qui monte, *ou* s'élève

من الآن فصاعداً — dorénavant; désormais

صُعَدَاء : تَنَفَّسَ الـ — pousser un soupir de soulagement

صَعِيد : ما ارتفع من الأرض — haute terre; élévation, *f*; plateau, *m*

— مصرَ: △ الوجه القبلي — Haute Egypte, *f*

مَصعد: قطب ايجابي (في الكهربا) — pôle positif, *m*

Ascenseur مصعد

مِصْعَدَة . مصعد آليّة أوكهربية — ascenseur, *m*

تصاعدات . وسواس . سوداء — vapeurs, *f.pl*

✿ صَعَرَ وجهه : التوى — avoir la figure de travers, *ou* tordue

△ إنصَعَر : كَلِبَ — devenir enragé, e

△ صَعْران : كَلِب — enragé, e

صُعْرُور: ماجمد من ماء الشجر كالصمغ — gomme élastique, *f*; caoutchouc, *m*

✿ صَعَقَ . أَصْعَقَ : ضرب بصاعقة — foudroyer

— • — : اعدمَ الوعي — étourdir

صاعِقَة — foudre, *f*

مانعة الصواعق — paratonnerre, *m*

صَعِق : مَصْعُوق — foudroyé, e

٭صَفِيَ . صَفَا : مالَ — incliner; pencher
أَصْغَى : استمعَ — écouter; prêter l'attention
— اليه : مال اليه بسمعه — être attentif, ve à
اصغَ (فعل أمر) — écoutez !, écoutes !
صاغٍ . مُصْغٍ : مستمع — auditeur, rice; qui écoute
— . — : مُنتبه — attentif, ve
إِصْغاء : استماع — ouie; audition, f
— : انتباه — attention, f
٭ صفّ (صفف) ٭ صفاء (صفو) ٭ صفاد (صفد)
٭ صفار (صفر) ٭ صفاق (صفق) ٭ صفّاية (صفو)
٭صَفَحَ عنه : سامحه — pardonner; faire grâce
— . صَفَّحَ : بسط . رقق — laminer; aplatir; battre en feuilles
— . — : طَلَى بقشرة معدنيّة — plaquer
— . — : درّع — blinder; cuirasser
صَافَحَ — serrer la main; ←échanger une poignée de main
تصَفَّحَ الأمرَ : نظر فيه مليًّا — scruter; examiner à fond
— الكتابَ : قرأه — lire; parcourir
إِستصفحَ : إستغفر — demander pardon
صَفْح : عَفْو — pardon, m; grâce; clémence; rémission, f
— : جانب — côté; flanc, m
ضرب عنه صفحاً — ne pas considérer; passer sous silence
صَفْحَة : وَجْه — face; surface, f
— الكتاب — page, f
— السجلّ التجاري (اودفتر الاستاذ) — folio, m; feuille, f

٭صُعْلُوك : فقير وحقير — gueux, se; pauvre, sse; misérable
٭صَغُرَ : ضدّ كبُر — diminuer; décroître
صَغِرَ : كان صغيراً — être petit, e, *ou* menu, e
صَغِرَ فلاناً : كان أصغر منه — être moins âgé, e que
صَغَّرَ : جعله صغيراً — diminuer; réduire; faire décroître
— : انتقص قيمته — avilir; abaisser
إِسْتصغَرَ : عدّهُ صغيراً — trouver trop jeune, trop peu, trop petit, e
— : إستحقر — mépriser; déprécier
— نفسه — se sentir petit
تصَاغَرَ : تحاقَرَ — s'abaisser; faire des bassesses
صِغَر : ضدّ كبر — petitesse; ténuité; exiguïté, f
— السنّ — bas-âge; jeune âge, m; jeunesse, f
صِغْرة البنين : اصغرهم — benjamin; le plus petit
— الاخوة او الأصحاب — puîné, e; le plus jeune
صَغِير : ضد كبير — petit, e
— : دقيق — menu, e; fin, e
— السنّ — jeune
— النفْس — bas, se; lâche
النهاية الصغرى — minimum, m
صَاغِر : راضٍ بالضيم — résigné, e; soumis, e
تَصْغِير : ضدّ تكبير — diminution, f; amoindrissement, m
اسم الـ (في النحو) — diminutif, m
أصغر — plus jeune; plus petit, e

صَفَّاح . صَفُوح : غَفُور — clément,e; miséricordieux,se; indulgent,e

صَفِيح : وَجْه كل شيء عريض — côté large d'une chose, m

△ — : ألواح معدنيّة رقيقة — fer-blanc, m

△ صَفِيحَة : عُلْبَة من الصفيح — bidon, m

— : رقيقة معدنيّة — plaque, ou feuille, de métal, f

تَصْفِيح : تغشية بصفائح معدنية — placage en métal, m

مُصَفَّح : مغشّى بصفائح معدنية — plaqué,e

— : مدرّع — cuirassé,e; blindé,e

— : مرقّق — feuillé,e

السيارات المصفحة — les autos blindées, f.pl

* صَفَدَ . صَفَّدَ . أَصْفَدَ — enchaîner; garrotter

صَفْد . صِفَاد : قَيْد — fers; liens, m.pl; chaînes, f.pl

* صَفِرَ : خلا — être vide; devenir vacant,e

صَفَرَ . صَفَّرَ بالنفخ من شفتيه — siffler

صَفَّرَ ٢ : صبغ بلون أصفر — jaunir; teindre en jaune

إِصْفَرَّ — jaunir; blêmir; pâlir; devenir jaune

صَفْر . صَفِير . تَصْفِير أو صوت الصفارة — sifflement, m

صِفْر . صُفْر : خالٍ — vide; vacant,e

— اليدين — les mains vides, f pl

صِفْر ٢ : نقطة — zéro; point, m

— : لا شيء — néant; rien, m

صَفْرَاء : ما تفرزه المرارة — bile, f; fiel, m

قناة الصفراء — conduit biliaire, m

صَفْراوي المزاج — bilieux,se

△ ضحكة صفراويّة : هِناف — rire jaune, m

صُفْرَة . صَفَار . اِصْفِرار — couleur, ou teinte, jaunâtre, f

— . — . — : شحوب اللون — pâleur, f

صَفَار ٢ او صُفْر البيض : مُحّ — jaune d'œuf, m

صَفَّارَة : النداء (اوصوتها) — ←sifflet, m

— الانذار او التحذير — sirène, f

— الطرب او الموسيق — fifre, m

صُفَارِيَة : طائر أصفر — loriot, m

صَافِر . مُصَفِّر — siffleur,se; qui siffle

أَصْفَر : لونه الصُّفْرَة — jaune; jaunâtre

— : شاحب اللون — pâle; blême; blafard,e

مِصْفَار . صفّارة الرعاة ← flûte du pan, f

* صَفْصَف : ارض مستوية — plaine, f

صَفْصَاف : شجر ← saule; osier, m

* صَفَعَ : لَطَمَ — taper; ou gifler

صَفْعَة : لطمة — tape; claque, f

— على الوجه — soufflet, m; gifle; claque, f

* صَفَّفَ . صَفَّ الشيء : رتّبه صفوفاً — aligner; ranger

صَفَّ ٢ : رتّب — arranger; mettre en ordre

— : رصّ △ ستّف (في البواخر) — arrimer

— الأحرف : جمعها — composer

تصافّوا. اِصطفّوا s'aligner; se mettre en ligne

صَفٌّ : سطر مستو ligne, f

— : مرتبة rang; ordre, m

— : رَصٌّ (او أجرة ذلك) arrimage, m

— مدرسي (في مدرسة) classe, f

— جانبي (اشياء بجانب بعضها) rangée, f

— طولي (أشياء أو اناس وراء بعضها) file; queue, f

△— ضابط (في الجيش) sous-officier, m

△من صَفّي : مَعي de mon côté

صُفّة : رَفّ rayon, m; étagère; planche, f

مصفّ الأحرف (في الطباعة) compositeur, m

٭صَفَقَ الباب : ردَّه بصوت claquer; fermer la porte avec violence

— : ضربَ taper; frapper

— . صَفّقَ بيديه claquer, ou battre des mains

— . — بجناحيه battre des ailes

— . — له اعجابا applaudir

— الدمَ : نقله من جسم الى آخر transfuser

صَفُقَ النسيج : كان سميكاً être épais, se

صَفق. تصفيق الأيدي battement des mains; applaudissement, m

صفقة : عملية او شروة affaire, f; marché, m

— خاسرة une mauvaise affaire, f

— رابحة une bonne affaire; occasion, f

— واحدة : جُمْلة en un seul lot

— آجلة marché à terme

— ضدية او مضادة للاولى contre-opération

صِفَاق : الجلد الأسفل peau intérieure, f; derme, m

— : الغشاء تحت الجلد وبين العضلات fascia, m; aponévrose, f

صَفِيق : سميك épais, se

— الوجه : وقح effronté, e; [culotté, e]; impudent, e

إصفاق : نقل الدم transfusion du sang, f

مِصْفَق : ٥ بورصة bourse, f

مُصَفِّق applaudisseur, se

— بالأجرة claqueur, se

٭صَفَنٌ : وعاء الخصية. كِيس bourses, f. pl; scrotum, m

△صَفَنَ : سكت مفكّراً méditer

صافِن : عرق في أسفل الساق veine saphène, f

٭ صفة (في وصف)

٭صَفو. صَفاء : رَوَاق pureté; netteté; limpidité; sérénité, f

— . — : اخلاص sincérité, f

— و — العيش félicité, f; bonheur, m

صَفْوَة : خيار élite, f; choix, m

— : زُبدة crème; fleur, f

صَفِي. صِفْوَة : صديق ami, e intime

— . صاف : رائق clair, e; pur, e; net, te

صاف [٢] : ضدّ قائم (في الوزن) net, te

صافي النيّة : مخلص sincère; franc, he

— الربح bénéfice net, m

صَفَا : رَاقَ s'éclaircir

صَفّى : رَوّق clarifier; épurer

— : قطر △رشح — filtrer
— : إستنزف — épuiser; saigner
— بمصفاة — passer
△ — الحساب (أو الأشغال) — regler; liquider
أصفى له . صافاه : أخلص له — être sincère envers qn
إصطفى . استصفى : اختار — choisir; élire
تصفية : تروبق — clarification, *f*
— الأشغال — liquidation, *f*
— المنازعات — vidé des contestation
△مأمور الـ . مُصَفٍّ — liquidateur, *m*
مأمورالـ (في التفاليس) — syndic; liquidateur, *m*
مُصَفٍّ ٢ : مُرَوِّق — clarificat eur, rice
— التركة — liquidateur de la succession, *m* ; curateur
مِصْفاة △مَصفة ← passoire, *f*
مُصطفى : مختار — choisi, e; élu, e; sélectionné, e
* صفيح (صفح) * صقالة (صقل)
* صَقر : طائر معروف ← épervier; faucon, *m*
صاقور : قازمة △أزمة ← pioche, *f*; pic, *m*
* صُقِعَ : أصابه الصقيع — se geler
* صُقْع : اقليم — région; contrée, *f*
△صَقَّعَ : بَرُدَ جداً — faire très froid
△صَقْعَة : بَرْد قارس — froid rigoureux, *m*
△صَقيع : جليد — gelée; *ou* glace, *f*
مِصقع : بليغ — éloquent, e

* صَقَلَ : جلى — polir; brunir; fourbir
صَقْل : جَلْي — polissage; brunissage, *m*
صَقلية . صقالية : جزيرة في بحرالروم — Sicile, *f*
صَقيل : لامع — lustré, e; glacé, e; brillant, e; luisant, e
— . مَصْقول : مجلو — poli, e; fourbi, e; cati, e
○ صقالة المركب ← passerelle, *f*
— البناء — échafaudage; échafaud, *m*
△مِنشار —○ ← scie de long, *f*
مِصقلة : ما يُصقل به — polissoir; brunissoir, *m*
* صَقلبي . صَقلابي : ○سلافي — slave
* صَكَّ الباب : أغلقه — fermer la porte à clef
إصطكّ : إرتجف — trembler; trembloter
صَكّ : مُستَنَد — document; titre, *m*; pièce, *f*
— الملكيّة : حُجّة — acte; titre, *m*
— ماليّ : ○شيك — chèque *ou* mandat, *m*
إصطكاك الأسنان — claquement des dents, *m*
* صلّ (في صلل) * صلاة (في صلو)
* صَلَبَ : عَلَّقَ على الصليب — crucifier
△ — △صَلَّبَ : دعم — soutenir; étayer
صَلَّبَ ٢ : قسّى — durcir; rendre dur, e; raidir
— : رسم اشارة الصليب — se signer; faire le signe de la croix

صَلُبَ : ضِدّ لانَ durcir

تَصَلَّبَ durcir; s'endurcir; devenir dur, e, ou raide

— معهُ : ضدّ لاينهُ être difficile avec

صَلْب : تعليق على الصليب crucifiement, m; crucifixion, f

△ صَلْبَة : دعامة étai; étançon; support, m

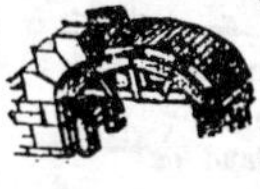

△ — او △ تصلية ← العَقْد (للبناء عليها) cintre; cintrage, m

صُلْب : عظم الظهر épine dorsale, f

— : متن . حقْو reins; lombes, m pl

— الرأي او الرقبة tête dure, f; obstiné, e

△ — : فولاذ . بولاد acier, m

— . صَلِيْب : قاسٍ dur, e; solide

صَلِيْب ٢ ← croix, f

— اعقف croix gammée, f

عود الـ : عود الريح . نبات مزهر pivoine, f

اشارة الصليب le signe de la croix, m

الحروب الصليبيّة croisades, f.pl

صَلَابَة : ضدّ ليونة dureté; raideur; fermeté; solidité, f

— : قساوة endurcissement du cœur, m

تَصَلُّب : تيبُّس durcissement; raidissement, m; callosité, f

— (في الطب) induration, f

— الشرايين artériosclérose, f

مُصَلَّب : مَدعوم étayé, e; étançonné, e

قبوات مصلّبة (متقاطعة) voûtes croisées

مَصْلُوب : مُعلَّق على الصليب crucifié, e

☆ صُلَّجَة : فَيلجة القزّ ← cocon, m

صَوْلَجان السُّلطة ← sceptre, m

— السلطة الدينية ← crosse, f

لعبُ الـ ← crosse, f; cricket, m

☆ صَلَحَ : كان صالحاً être bon, ne

— لكذا : وافق convenir

— △ إنصلح : تحسَّن s'améliorer

هذا يَصْلح لكَ cela fera ton affaire; cela vous conviendra

△ صَلَّحَ . أصْلَحَ : ضدّ أفسَدَ réparer

△ — . — : حَسَّن améliorer; perfectionner

△ — . — : قوَّم réformer; amender

△ — . — استصلح الأراضي défricher, amender, cultiver un terrain

△ — . — : صحَّح corriger; rectifier

△ — المسئلة : سوَّاها arranger l'affaire

أصْلَحَ ٢ بينهم . صالحهم réconcilier; concilier; raccommoder

صَالَحَ ٢ : ضِدّ خاصم faire la paix avec

تصالحوا . اصطلحوا : ضد تخاصموا se réconcilier; faire la paix

إصْطَلَحَ ٢ على كذا conveuir; adopter; tomber d'accord sur

إستَصْلَحَ : وجدهُ صالحاً trouver qc convenable, ou bon, ne

صُلْح : ضِدّ خصام paix, f

— : وفاق réconciliation; pacification, f

— مع الابراء concordat de remise
— (في التجارة) concordat, *m*
قاضي الـ. juge de paix, *m*
صَلَاح: جودة bonté; probité, *f*
— : بِرّ . وَرَع piété, *f*
. صَلَاحِية: موافقة convenance; conformité, *f*; accord, *m*
صالِح: جيِّد bon, ne; en bon état
— : بارّ vertueux, se; pieux, se; bon, ne
— : موافق convenable; approprié, e
△ — : مَصْلَحة . منفعة intérêt, *m*
إصلاح : ضدّ افساد réparation, *f*; raccommodage, *m*
— : تحسين amélioration, *f*
— : تقويم réformation; réforme, *f*
— الأراضي mise en culture, *f*; défrichement, *m*
— الخطأ: تصويب . تصحيح correction, *f*
لا يمكن اصلاحه (اي ترميمه) irréparable
لا يمكن اصلاحه (اي تقويمه) incorrigible
اصلاحية: سجن الاصلاح maison de correction, *f*
إصطلاح : عُرف usage, *m*; coutume; pratique, *f*
— : تعبير خاصّ idiome, *m*
— فنّي (خاصّ بأهل الفنّ) terme technique, *m*
— للمراسلة التلغرافية code; chiffre, *m*
اصطلاحي: مصطلح عليه conventionnel, le; de convention
— : مصطلح عليه في اللغة idiomatique; conforme au génie de la langue
— : فنّي . مختصّ بفنّ technique

علم المُصْطَلَحات الفنيّة technologie, *f*
مُصْلِح : مقوِّم réformateur, rice
— . مُصالِح: مزيل الخصام pacificateur, rice; médiateur, rice
مَصْلَحة : فائدة intérêt; avantage, *m*
△ — : ادارة حكوميّة administration, *f*
لـ فلان en faveur de; au profit de; dans l'intérêt de
له مصلحة intéressé, e
* صَلْصَلَ : صَلَّ (راجع صلل) résonner; retentir
صَلْصال : طين خزفي argile, *f*
△ صَلْصَة : مَرَق sauce, *f*; jus; suc de viande, *m*
— التوابل sauce piquante, *f*
△ قارب الـ saucière, *f*
(صلطح) △ مُصلطح: قليل العمق peu profond, e
* صَلِع : سقط شعر مقدم رأسه être chauve sur le devant de la tête
صَلَع الرأس calvitie, *f*
أصلع الرأس chauve
* صَاف . تَصلَّف : تمدح بما ليس فيه se vanter; faire le rodomont, *ou* le fanfaron
صَلَف : تمدُّح باطل fanfaronnade; vanterie; rodomontade, *f*
— : انانيّة égotisme; égoïsme, *m*
صَلِف : مدَّعٍ أو أناني fanfaron, ne; vantard, e; *ou* égoïste
(صلل) صَلَّ السلاح retentir; résonner
صِلّ : حيّة سامّة aspic, *m*

— مصري : ناشِر ← cobra, m

صَلِيل السلاح cliquetis; choc, m

٭ صَلَمَ ٣ الاذنَ وغيرها

٭ صِلَة (في وَصل)

(صلو) صَلَّى : أقام الصلاة prier; faire la prière

صَلا : △ خرْبَة الظهر milieu du dos, m; croupe, f

صَلاة . صَلوة : إبتهال prière, f

الـ الربانيّة pater, m

كتاب — : قنداق . شَبيَّة ٣ missel; livre de prières, m

مُصلٍّ : مقيم الصلاة prieur; qui prie

مُصَلًّى : مكان للصلاة oratoire, m; chapelle, f

٭ صَلَى : شوى griller; rôtir; torréfier

صَلَّى . أَصْلَى : أحمَى chauffer; échauffer

— : أقام الصلاة (راجع صلو) prier

أَصلاهُ ٢ النارَ : أدخلهُ فيها mettre au feu

إصْطَلَى . تَصَلَّى : استدفأ se chauffer

صَلايَة : هاون . مِدَق ← mortier, m

مُصْطَلَى : مدفأ ← cheminée, f

٭ صليل (صلل) ٭ صم (صمم)

٭ صِماخ (صمخ) ٭ صِمام (صمم)

٭ صَمَتَ : سكت se taire

صَمَّتَ . أَصْمَتَ : أَسكَتَ réduire au silence; faire taire

صَمْت . صُموت : سكوت silence, m

صَمِيت . صَموت : ملازم الصمت taciturne; silencieux, se

صَامِت : لا صَوْتَ له silencieux, se

— : سَاكِت muet, te; silencieux, se; aphone

مُصْمَت : لا جوف له massif, ve; solide

حائط — (بَهيم) : لا نافذة فيه mur blanc

٭ صَمَخَ اذنه blesser qn à la cavité de l'oreille

صِمَاخُ الأُذُن canal de l'ouie; conduit ou canal, auditif, m

٭ صَمَدَ . صَمَدَ له : ثبت résister

— . — الزجاجة : سدَّها boucher

صَمَّدَ ٢ ٣ : حوَّش économiser; mettre de côté

صَمَد : دائم éternel, le; perpétuel, le

٭ صَمَغَ : لزق أو طلى بصمغ gommer

صَمْغ : ما يتجمَّد من ماء الشجر gomme, f

— عربي gomme arabique, f

— اللَّك gomme laque, f

— الصنوبر résine, f

— البُطمة : قلفونية colophane, f

— هندي أو مرن : صُمرور gomme élastique, f; caoutchouc, m

— سائل : محلول الصمغ mucilage, m

صمغي : كالصمغ أو منه gommeux, se

٭ صَمَلَ : تجلَّدَ résister; endurer

△ — : بقي واستمر durer; subsister

△ صَمُولة △ صَامُولة écrou, m

△ مسمار بصمولة boulon à vis, *m*
△ مفتاح صمولة clé à boulon, *ou* à vis, *f*
☼ صِمْلاخُ الأذن: إفرازها cérumen, *m*; cire d'oreilles, *f*
☼ صَمَّمَ على الأمر décider; se proposer fermement
— . أصَمَّ: صَيَّرَهُ أصمّ rendre sourd, e; assourdir
— هُ الدرسَ faire apprendre par cœur
صَمَّ . أصَمَّ: طرش devenir sourd, e
△ — الدرسَ: استظهرهُ apprendre par cœur
يَصُمُّ الآذان assourdissant, e
تصامَّ عن الحديث faire la sourde oreille
صَمٌّ: إستظهار action d'apprendre par cœur
— : تكرار الكلام دون فهم معناه routine, *f*
صِمام . صِمَّة: سِدادة bouchon, *m*
— حاكم: △ باب النفس soupape d'arrêt, *f*
— : ٥ بلف soupape; valve, *f*; clapet, *m*
— الأمن soupape de sûreté, *f*
— اللاسلكي valve, *f* 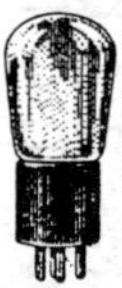
صَمَم: طَرَش surdité, *f*
— : لُبّ . قلب partie vitale, *ou* essentielle d'une chose; quintessence, *f*
صَميم: خالص vrai, e; réel, le; véritable
من — الفؤاد de tout cœur
أصَمّ: أطرش sourd, e
— أبكم sourd-muet, te
— أصْلَخ sourd, e comme un pot
— : لاصوت له sourd, e; silencieux, se aphone
— : غير أجوف massif, ve; solide
جذر — (في الجبر) racine irrationnelle, *f*
حرف — : لا يُلفظ consonne sourde, *f*
صَمَّاء: مؤنث أصَمّ sourde
آلة — . instrument, *m*
تَصْمِيم: عزم résolution, *f*
△ — : خُطَّة plan; projet, *m*
☼ صمولة (في صمل) ☼ صنان (في صنن)
☼ صِنَّارة: شِصّ hameçon, *m* 
☼ صُنْبُور: حنفية robinet; bec, *m* 
صَنَوْبَر: شجر دائم الاخضرار pin
حَبّ الـ — pomme de pin, *f*
الغدة الصنوبرية glande pinéale, *f*
☼ صَنْج . صُنُوج: صَحنان cymbale, *f* 
صَنَّاجات (انظر سوج) castagnettes, *f.pl*
صَنْجَة (في المعمار. انظر عقد) voussoir, *m*
(صندد) صِنْدِيد: شديد أو شُجاع vaillant, e; brave
(صندق) صُنْدُوق caisse, *f*; coffre; coffret, *m* 
— الملابس (صغير الحجم) malle, *f*
— الدفق: سيفون chasse *ou* chasse d'eau, *f* 
— السرعة (الاتمبيل) boite de vitesse, *f*
— الميت cercueil, *m*; bière, *f*
— النقود cassette; caisse, *f*

— التوفير caisse d'épargne, *f*
أمين الــ. trésorier, ère
△ دفتر الــ. livre de caisse, *m*
* صَنْدَل : مركب نقل نهري chaland, *m*
— : نعل . غِرفة sandale; espadrille, *f*
خَشَب الــ. santal (bois), *m*
* صنع : عَمِلَ faire
— : جَبَلَ façonner; former; créer
— : انتج بالصناعة fabriquer
— إليه معروفاً rendre service, *ou* faire du bien, à
صَانَعَ : داهَنَ او رشى flatter; cajoler; *ou* graisser la patte à
إصطنَعَ الشيء : اوصَى بصنعهِ commander
تَصَنَّعَ : اظهر عن نفسه ماليس فيه affecter
— : تزيَّقَ . تزيَّنَ se farder
صُنْع : عَمَل confection; fabrication, *f*
— يَدٍ : مصنوع باليدِ fait, e à la main
— مصر fabrication Egyptienne, *f*; produit Egyptien, *m*
صَنْعَة : عَمَلُ الصانع façon; main-d'œuvre, *f*; ouvrage; travail, *m*
△ — . صِنَاعَة الرجل : حرفته métier, *m*; profession, *f*
صناعة ٢ : الأعمال الصناعيّة industrie, *f*
— يَدَوِيَّة travail manuel, *m*
الــ المنزلية (أى مايصنع فى البيت) industrie à domicile, *f*
صِناعي : غير طبيعي artificiel, le
— : مختصّ بالأعمال الصناعية industriel, le
حَرير — soie artificielle, *ou* synthétique; rayonne, *f*

أصحاب الصنائع والحرف artisans; [ouvriers], *m.pl*
صَنِيع : عَمَل action, *f*; œuvre, *m*
— . صَنِيعَة . صُنْع : إحسان . مَعروف bienfait; service, *m*; faveur, *f*
صَانِع : فاعل créateur, rice; fabricant, e; qui fait
△ — صنايعي : عامل ouvrier, ère; artisan
— س : أجير (راجع خادم في خدم) domestique, *m*
طبقة الصُنَّاع la classe ouvrière, *f*
تَصَنُّع : إظهار أو رياء affectation; *ou* dissimulation, *f*
مَصْنَع manufacture; fabrique; usine, *f*
— : △ وَرشَة atelier, *m*
صاحب المصانع industriel, *m*
△ مَصنعيَّة : أجرة الصُنع main d'œuvre, *f*
مُصْطَنَع : صناعي artificiel, le
— : كاذِب factice; faux, sse
* صَنَّفَ : ميَّز عن بعض classer; trier; assortir
— الكتابَ : ألَّفَهُ composer; faire
صِنْف : نوع genre, *m*; sorte; qualité; espèce, *f*
— : طبقة . مرتبة catégorie; classe, *f*
صِنْفاً : عيناً en nature
تَصْنِيف : تنويع وتمييز triage, *m*
— الأنواع : ترتيب . تنسيق classification, *f*
— : تأليف composition littéraire, *f*
△ تصنيفة : △ تشكيلة assortiment, *m*
مُصَنَّف : كتاب ouvrage littéraire, *m*

مُصنِّف : مؤلِّف — auteur, *m*

△صنْفر : سَفَّن — passer à l'émeri

صَنْفرة : سَفَن — émeri, *m*

وَرَق — — papier d'émeri; papier sable; papier-émeri, *m*

✿صَنِقَ : أخرجَ رائحة كريهة — puer; sentir mauvais; exhaler une mauvaise odeur

صَنَق : رائحة كريهة — mauvaise odeur; puanteur, *f*; relent, *m*

✿صَنَم : تمثال او صورة تُعْبَد — idole, *f*

عِبادة الأصنام — paganisme, *m*; idolâtrie, *f*

✿△صَنَّن . أصَنّ : أخْرَجَ رائحة كريهة — puer; sentir mauvais

صُنان : رائحة كريهة — odeur fétide; mauvaise odeur, *f*

△ — : رائحة البول — odeur de l'urine, *f*

✿صِنْو : أخ شقيق — frère germain, *m*

— : واحد التوأمين — jumeau, *m*, jumelle, *f*; compair, *m*

✿صَهْ : اُسكتْ — silence !; chut!

✿صَهْباء : خمر — vin, *m*

أصهب : أحمر الشعر — roux; rousseau, *m*; rousse, *f*

✿صَهَدَ الحرُّ وجهَهُ — roussir; brûler

صَهْدُ النارِ : حرارتها — chaleur, *ou* ardeur, du feu, *f*

صَهِيد : شدّة الحرّ — chaleur brûlante, *f*

✿صَهَرَ : أذابَ (بحرارة النار) — fondre

صاهَرَ : صار لهم صِهراً — devenir gendre, *ou* beau-frère; s'allier

صَهْر : اذابة — fonte des métaux; fusion, *f*

صِهْر : زوج الابنة — gendre; beau-fils, *m*

— : زوج الأخت — beau-frère, *m*

أصهار — alliés

صَهِير . مَصْهور : مذاب — fondu, e

صَيْهور : △درْوار — dressoir, *m*

مُصاهَرة : قرابة زواج — alliance; affinité par mariage, *f*

✿صِهْرِيج : حوض الماء — citerne, *f*; réservoir, *m*

— القاطرة — tender, *m*

عَرَبَة — (لنقل الماء والسوائل) — wagon, *ou* camion, citerne, *m*

✿صَهَلَ الحصانُ : حَمْحَم — hennir

صَهِيل — hennissement, *m*

✿صَهْوَة الحصان : ظهره — dos du cheval, *m*

△صَهْيَن : أغفى عن — fermer les yeux sur; passer sur

✿صِهْيَوْن — Sion, *f*

صِهْيَوْني — sioniste

الصهيونيّة — sionisme, *m*

✿صَوَّبَ (السهمَ) اليه — viser; pointer

— : وَجَّهَ — diriger

— إليه : أشرع عليه — braquer

— الخطأ : اصلحه — corriger une faute; redresser une erreur

— واستصوب الرأي والعمل — approuver

صَابَ . أصابَ الغرضَ — toucher, *ou* atteindre, le but

— و — المحز — toucher le point sensible

—و— بالعين	donner le mauvais œil
أصاب ٢: ضدّ أخطأ	avoir raison
— في عمله: فعل الصواب	bien faire
أصابت (المصيبة) فلاناً	frapper, ou atteindre, qn
أُصيبَ بمرض	tomber malade; être atteint, e de
صَوْب: جهة . ناحية	côté, m; direction, f
—: نحو	vers
— . صَوَاب: ضد خطأ	juste; correct, e; exact, e
صَوَاب ٢: عقل	raison, f
—: رُشْد	connaissance, f
خطأ وصَواب: بيان بأخطاء الكتاب	errata, m
أضاعَ صَوابه	perdre la raison
غابَ عن صَوابه	perdre connaissance
غائبٌ عن صَوابه	sans connaissance
صائب . مُصِيب: ضدّ مخطئ	juste; correct, e
— . —: سَدِيد	juste; qui vise juste
اصابة مرَضيَّة	cas, m
اصابات العمل	accidents du travail
أصْوَب: اصحّ . أصلح	plus recommandable
أصْوَبيَّة	opportunité, f
إستِصواب: استحسان	approbation, f
مُصاب: أُصيبَ	touché, e; atteint, e
—: جريح	blessé, e
— . مُصيبة: بلية	malheur; désastre, m; calamité, f
☆صَوَّتَ . صَاتَ: احدث صوتاً	rendre un son
— . —: صاحَ	crier; pousser un cri
—: اعطى صوته فى انتخاب	voter

صَوْت: كل ما يُسمَع	bruit; son, m
— الانسان او الحيوان	voix, f
— في انتخاب	vote, m; voix, f
بِصَوْتٍ عالٍ	à haute voix
— مسموع	intelligiblement
— واطىء	à voix basse, ou étouffée
صَوْتي: له صوت	sonore
حرف صَوْتي: غير الصامت من الأحرف	voyelle, f
لا صَوْت له	aphone, a
صِيت: سُمْعة	réputation, f; renom, m
— حَسَن	bonne réputation; renommée, f
بُعْدُ الــ: شُهْرة	célébrité; renommée, f
ذائع الــ . △متصيت	célèbre; renommé, e; bien connu, e; réputé, e
تَصويت: صياح	cris, m.pl; (action de crier)
— للانتخاب	vote; scrutin; suffrage, m
مُصَوِّت: له صوت في انتخاب	votant, e
(صوخ) صَاخ في كذا: دخل	s'enfoncer; pénétrer, ou se plonger, dans
أصاخ له: أصغى	écouter; prêter l'oreille
٥صَوْدَا: قِلْي	soude, f
— كاوية	soude caustique, f
ماء الــ	soda, m; eau de seltz, f
☆صَوَّرَ الرجلَ: رسم صورته	peindre; faire le portrait de
—: رَسَمَ	dessiner
— الكتابَ: أوضحهُ بالرسوم	illustrer
— بالفتغرافية	photographier
—: وَصَفَ	décrire; dépeindre
—: جعَلَ لهُ شكلاً	façonner; former

تَصَوَّرَ الشيء: تخيَّلَهُ imaginer
صُور: قرنٌ يُنفخ فيه . بوق cor, m
— : مزمار البَمّ ←basse, f
صُورَة: شبه ressemblance; image; figure, f; portrait, m
— . تَصْوِيرَة: رَسْم image; peinture, f; tableau, m
— شخص: رسمه portrait, m
— : شَكل forme; figure, f
— : كيفية aspect, m; manière; façon, f
— : نُسْخَة copie, f
— طِبق الأصل copie conforme, f
— رسميّة copie officielle, f
— شمسيّة photographie; photo, f
— ملوّنة او زيتية peinture, f; tableau, m
— الكسْر: بَسط numérateur, m
— منقولة عن اخرى reproduction, f
الصُوَر المتحركة cinéma; cinématographe, m
صُورَةً: شكلاً en apparence
صُوري: بالشكل فقط pour la forme
— : كاذب faux, se; fictif, ve; postiche
كمبيالة (سُفتجة) صوريّة billet, ou effet, fictif
معركة صورية combat simulé; simulacre de combat, m
تَصَوُّر: تخيل imagination; conception; représentation, f
لا يتصوَّره العقل inimaginable
تَصَوري: تخيُّلي imaginaire
تَصْوِير: رَسْم dessin, m; peinture, f
— : ايضاح بالرسوم illustration, f
— : وصف description, f; portrait, m

الـ الشمسي أو الضوئي photographie, f
آلة الـ الضوئي appareil ←photographique, m

مُصَوَّر: مَرْسوم dessiné, e; peint, e
— : موضح او مزيَّن بالصور illustré, e
— جغرافي: اطلس atlas, m
مُصَوِّر: الذي يرسم الصورة بيده peintre, m
— شمسي: فتغرافي photographe
لَوْحَة المصوِّر ←palette, f
△صَوْصَوالكتكوت: صأى الفرخ piper; piotter; piauler
صُوص: △ كتكوت poussin, m

☆صَوْغ . صَاغ: مكان ممهد للعب cour de récréation; terrain de sport, ou de jeu, m

إنْصَاعَ: أطاعَ obéir; se soumettre
صَاع: مكيال mesure de capacité, m
صاعاً بصاع un prêté pour un rendu
☆صَوْغ . صِيغَة: تهيئة على مثال façon: formation, f
صَاغَ: هيَّأ على مثال façonner; former; modeler
— الذهب والفضة travailler l'or et l'argent
— الكلمة: بناها من غيرها forger des mots
صَائِغ: صانع الحُلي bijoutier, ère; orfèvre; joaillier, ère
△صَاغ: سَليم sain et sauf
△— : رُتْبة عسكرية major, m
△عُملة — . titre légal, m
△قرش — . piastre au tarif (P.T.), f
صِيغَة: شَكل forme; figure, f

— : أصل origin, *f*
— الفعل : صورته voix, *f*; mode, *m*
— شرطيّة subjonctif, *m*
— (الفعل) المجهول passif, *m*
— (الفعل) المعلوم actif, *m*
— قانونية forme légale, *f*
— تنفيذية formule exécutoire
△ — . مَصاغ : حُلِيّ bijoux, *m.pl*
صياغة orfèvrerie, *f*
☆ صُوف : شعر الغنم والجمال laine, *f*
— : نسيج من الصوف drap, *m*; flanelle, *f*
— مغزول laine filée, *f*
صُوفيّ : من الصوف de laine
الصُوفيّة : مذهب الصوفيين *Soufisme*; mysticisme, *m*
صُوفان : حُراق amadou, *m*
صَوّاف : تاجر الصوف marchand, e de laine
— : تاجر الأقمشة الصوفيّة drapier; marchand, e de draps *ou* de lainages
أقمشة صوفية lainage, *m*; lainages, *m.pl*
△ صَوَّف الخبزُ : كَرِج moisir; se gâter
☆ صَوَّلَ الذهب وغيره laver
صَالَ : وثَبَ bondir; sauter
— عليه : سطا assaillir; attaquer
△ صُول : جندي بين النَفَر والملازم sous-officier, *m*
△ — تعيين quartier-maître, *m* 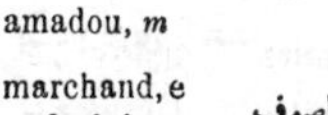
○ — : سمك موسى ←sole, *f*

صَوْلَة : سَطْوة pouvoir, *m*; puissance; influence, *f*
— : جولة او حملة tournoi; assaut, *m*
☆ صَوَّمَ : جعله يصوم faire jeûner qn
صَامَ عن كذا se priver de; s'abstenir de
— عن الطعام jeûner; *ou* faire carême
صَوْم. صِيام عن الطعام والشراب (أو بعضه) jeûne, *m*
— . — : امساك (عن أي أمر) abstinence, *f*
الـ — الكبير (عند النصارى) carême, *m*
△ صِياميّ : قاطِع . بلا لحم أو دُهن maigre
صَائِم : منقطع عن الطعام jeûneur, se
☆ صَوْمَعَة المتعبّد : منسك ermitage, *m*; cellule, *f*
— غِلال : هُري (الجمع اهراء) silo, *m*
☆ صَوْن . صِيانة : حفظ conservation; garde; préservation, *f*
— . — : حماية protection, *f*
— . — : وقاية entretien; maintien, *m*
صِوَان : خِزانة △ دولاب (عموماً) (راجع خزانة في خزن) armoire, *f*; placard, *m*
— : صُندوق caisse, *f*; coffret, *m*
— : خيمة grande tente; marquise, *f*
— الاذن pavillon de l'oreille, *m*
صَوَّان . صَوَّانة : حَجَر شديد الصلابة caillou; silex; quartz, *m*
أدوات صوّانيّة outils de pierres, *m.pl*
صَانَ : حفظ garder; conserver
— : حمى protéger
— : حافظ على préserver; entretenir

صَائِن : حافظ gardien, ne; conservateur, rice

— : واقٍ . لأجل الوقاية préservatif, ve

صيانة garde, f

مَصُون : مَحفوظ gardé, e; préservé, e; conservé, e; protégé, e

☆صُوَّة : مَعْلَم poteau indicateur, m

○صُويا . فول الصويا soya; graines de soya

☆ صيت (في صوت)

☆ صَاحَ : صرخ crier

— : هتف s'écrier

— الديك chanter

صَيْح . صياح cris, m.pl

صِيَاح ² الديك chant du coq, m

صَيَّاح : كثير الصياح criard, e

صَيْحة : صرخة أو زعقة cri, m

— فرح un cri de joie, m

— احتِجاج huée, f

☆ صَيْد : قنص chasse, f

— السمك pêche, f

— . مَصِيْد : ما يصاد او لحمه gibier, m

صَادَ . إصطادَ الطير او الحيوان chasser

— . — سمكاً pêcher

— . — بفخ prendre au filet; ou dans une trappe

صَيَّاد . صائد chasseur, se; (chasseresse, f; en poésie)

— . — سمك pêcheur, se

— السمك : قرلي . اسم طائر martin-pêcheur, m

صَيَّادة ع : △ نِبْلة fronde, f; chasse-pierres, m

مِصْيَدة : فخ trappe, f; piège; traquenard; panneau, m

مَصيدة السمك : مكان صيده pêcherie, f

☆صَيْدَلة : تركيب الأدوية pharmacologie; pharmacie, f

— : كتاب تركيب الأدوية pharmacopée, f

صَيْدَليّ pharmacien; ou droguiste, m

صَيدليّة : △ أجزاخانه pharmacie, f

— : مخزن أدوية droguerie, f

☆صَيَّر : جَعَلَ faire devenir; rendre (tel ou tel)

صَارَ : إنتقل من حالة إلى أخرى devenir; se changer en

— : جرَى . حدَث advenir; arriver; se passer; avoir lieu

— يفعل كذا se mettre à

— الى كذا : انتهى إليه finir par

— به الى كذا : قاده اليه conduire; mener à

صِيْر : شق fissure; crevasse; fente; lézarde, f

— : ○ سَرْدِين sardine, f

صَيْرورة . مَصِير : تحول action de devenir (tel ou tel)

— . — : منتهى الأمر وعاقبته fin; issue, f

قرَّر مصيره décider son sort

☆صِيْصَة المخلب : دابيرة éperon, m

(صيع) صاعَ : فرّق disperser

△ صايع : لا عمل له chômeur, se

* صَيَّفَ . تَصَيَّفَ . إِصْطَافَ — estiver; passer l'été

صَيْف : عكس الشتاء — été, *m*

أيامُ الـــ — jours d'été, *m pl*

صَيْفِيّ : كالصيف أو مختص به — d'été; estival, e

تَصْيِيف . إصْطِياف — estivage, *m*

مَصِيف : مسكن الصيف — résidence d'été, *f*

* صِين . بلاد الـــ — Chine, *f*

صِيْنِيّ : نسبة الى الصين — chinois, e, *a*

— : واحد الصينيِّين — Chinois, e, *n*

— : نوع من الفخّار — porcelaine, *f*

△ صِينِيَّة : فاثُور — plateau, *m*

△ — (في سكة الحديد) — plaque tournante, *f*

•••ooo•••

(ض)

* ضَآلَة . ضُؤولة . تَضاؤل : ضعف — diminution, *f*; dépérissement, *m*

— . — : قلّة — exiguïté; petitesse; mesquinerie, *f*

ضَؤُلَ . تَضاءَلَ : ضَمُرَ — diminuer; se réduire

— . — : ضَعُفَ — dépérir

— . — : تناقص — décroître; baisser

ضَئِيل : ضعيف — faible; fluet, te; chétif, ve

— : صغير . قليل — miniscule; menu, e; exigu, ë; petit, e; mesquin, e; minime

* ضَأْنٌ (المفرد ضائن) : غنم — mouton, *m*; brebis, *f*

ضَأْنِيّ △ ضاني : لحم الغنم — de mouton

فخذ ضاني مطبوخ — gigot, *m*

* ضاجع (ضجع) * ضاحية (ضحى) * ضادّ (ضدد)

* ضارّ (ضرر) * ضارَ (ضور) * ضارٍ (ضرو)

* ضارع (ضرع) * ضاع (ضيع) * ضافَ (ضيف)

* ضافٍ (ضفو) * ضاق (ضيق) * ضالّ (ضلل)

* ضامَ (ضيم) * ضاهى (ضهى)

* ضَبَّبَ وَضَبَّ على الشيء : حرص عليه — garder jalousement

— . — على الشيء : اقفل — fermer à clef

أَضَبَّ اليوم : صار ذا ضباب — être brumeux, se; faire du brouillard

ضَبٌّ : حيوانٌ كفرخ التمساح — lézard, *m*

△ — : مقدم الأسنان — dents incisives, *f.pl*

ضَبَّة الباب : ترباس — verrou, loquet, *m*; cadole, *f*

* إِضْبارة . اضْبُورة : ملف أوراق — dossier, *m*; chemise, *f*

* ضَبَطَ : قَبَضَ على — saisir; tenir

— : ألقى القبض على — arrêter

— : صَحَّحَ — corriger; rectifier

— : رَتَّبَ . عَدَّلَ — régler; ajuster

— : كَبَحَ — réprimer; contrôler; maitriser

— : أتقن — faire bien; perfectionner

— : حجز او منع أو صادرَ — saisir; mettre l'embargo sur; confisquer

ضَبْط : حَجْز — saisie, *f*

— : تصْحيح — correction; rectification, *f*

— : صحّة — exactitude; justesse, *f*

précision; perfection, *f* — : احكام . اتقان

arrestation, *f* — : إلقاء القبض

confiscation, *f* △ — الأموال : إستباحتها

empire; contrôle; frein, *m* — : كبح

sang-froid, *m*; retenue, *f* — النفس

au juste; précisément — بالضبط : بالتمام

commissariat; poste de police, *m* — △ضَبْطِيَّة : مركز الضابطة

officier, *m* — ضَابِط : قائد

police, *f* — ضَابِطَة : △ بوليس

régulateur, *m* — مُوازِنة (انظر حكمة)

ambidextre — أَضْبَط : اعْسَر يَسَر

protocole, *m* — △ مَضْبَطَة : ٥ پروتوكول . إتفاقية

procès-verbal de la séance, *m* — مجلس النواب (مثلا)

saisi, e; retenu, e; détenu, e — مَضْبُوط : محجوز

juste; correct, e; exact, e — : صحيح

parfait, e; précis, e — : مُتْقَن . محكم

incorrect, e; inexact, e — غير مضبوط : غير صحيح

☆ ضَبْع : حيوان معروف ←hyène, *f*

crier; hurler; vociférer — ☆ ضَجَّ . أَضَجَّ

bruit; vacarme, *m*; clameur, *f* — ضَجَّة . ضَجِيج

bruyant, e; tumultueux, se; criard, e — ضَجَّاج . ضَجُوج

s'ennuyer; s'impatienter — ☆ ضَجِرَ . تَضَجَّرَ : قلق وتبرم

tracasser; embêter; ennuyer; harceler — أَضْجَرَ : ضايق

impatience; agitation — ضَجَر : تبرم

impatient, e; ennuyé, e; agité, e — ضَجِرٌ : مُتَضَجِّر

ennuyant, e; agaçant, e; exaspérant, e — مُضْجِر : مضايق

☆ ضَجَعَ . انضَجَعَ . اضَّجَعَ . اضْطَجَعَ

se coucher; s'étendre

coucher avec une femme — ضَاجَعَ إمرأةً

coucher, *m* — ضُجُوع . إضْطِجَاع : رقاد

lit, *m*; couche; couchette, *f* — مَضْجَع . مُضْطَجَع : سرير

chambre à coucher, *f* — : غرفة النوم

couché, e; étendu, e — مُضْطَجِع : راقد

peu profond, e — ☆ ضَحْضَاح : قليل الغور

rire — ☆ ضَحِكَ : ضد بكى

se moquer de; rire de; railler — — منهُ وعليه : هزأ وسخر

rouler; duper — △ — عليه : خدعه

plaisanter, *ou* [rigouler], avec — △ — معهُ : هزل

rire sous cape — △ — في عبّه : غت ضحكه

faire rire — △ ضحّك . أضحك : جعله يضحك

ridiculiser — △ — عليه : جعله أضحوكة

rire, *m* — ضِحْك . ضحك

plaisanterie; [rigolade], *f* — △ — : هزل

un rire, *m* — ضِحْكَة

ris sardonique; ricanement, *m* — △ — صفراوية

rire étouffé, *m* — △ — مكتومة

ضُحْكَة . أُضْحُوكَة . مَضْحَكَة

risée, *f*; plastron; le dindon de la farce, *m*

ضَحَّاك . ضَحُوك : كثير الضحك jovial, e; rieur, se

— . مُضْحِك : بَهْلول bouffon, ne; pitre; paillasse

مُضْحِك : باعث على الضحك risible; [rigolo, tte]; comique

— : سخري ridicule

*ضَحْل : ضدّ عميق peu profond, e

*ضَحَّى بالشاةِ : قدمها ذبيحة sacrifier; immoler

أَضْحَى الشيء : أظهره révéler; montrer

— يفعل كذا se mettre à faire

— : صار devenir

ضَحْوَة . ضُحَى . ضَحِيَّة matinée, f; matin, m

ضَحِيَّة . أُضْحِيَّة : ذبيحة sacrifice, m; offrande, f

— : فريسة . مجنيّ عليه victime, f

عِيدُ الأَضْحَى Courban Bairam, m

ضَاحِيَة المدينة : ما حولها من الأماكن (ضواح) banlieue, f; faubourg, m; alentours; environs, m.pl

*ضَخَّ الماء : △بخ faire jaillir

مِضَخَّة : △بُخَيْخَة seringue, f; jet, m

— : △طلمبة pompe, f

— الحرائق pompe à incendie, f

*ضَخُمَ : عظم جرمه grossir

تَضَخَّمَ : كبر enfler: s'enfler; gonfler; s'hypertrophier

ضَخْم : كبير الجرم volumineux, se

— : كبير المقدار grand, e; considérable

— الجسم corpulent, e

ضَخَامَة : كبر الجرم énormité, f

— الجسم corpulence, f

تَضَخُّم : ازدياد الحَجْم gonflement, m

— الانتاج surproduction, f

— مرضيّ : ضدّ ضمور hypertrophie, f

— مالي : إنتفاخ inflation, f

*ضَدَّ : غَلَبَ vaincre

ضادَّ : خالفَ contrarier; contrecarrer

ضِدّ : خصم adversaire; antagoniste, m

— كذا contre; contraire; opposé, e à

ورقة الـ . السند المضاد contre-lettre, f

تَضَادّ . مُضَادَّة : مخالفة contradiction; opposition, f

*ضر (ضرر) * ضراء (ضرر) * ضراوة (ضرو)

*ضَرَبَ : خبط frapper; tapper; battre; cogner

— : تحرّك se mouvoir; bouger

— العِرقُ والقلبُ palpiter; battre

△— على الكلمة : شطبها raturer; bâtonner; biffer

— الجرسَ (الناقوس) sonner

— الخيمة : نصبها tendre, ou dresser, la tente

— الجذرُ أو— اطنابه : سَرى s'enraciner

— الموعدَ fixer un rendez-vous

— البيضَ : داقَهُ fouetter; battre

— الارزَّ : قشره monder

— البابَ : قرعه frapper; cogner à

— أخماساً لأسداس se morfondre; hésiter
— بآفة infester
— الآلة الموسيقيّة jouer
— عدداً في آخر multiplier; ×
— عنهُ صفحاً passer outre; ne pas considérer
— ضريبة : فرضها imposer; taxer
— النقود: سكّها frapper (la monnaie)
— طوباً : صنعهُ fabriquer des briques
— عنقه : قطع رأسه décapiter
— بالمدفع او القنابل bombarder
— مثلاً : اوضح بمثل démontrer par un exemple; donner un exemple
△ — تلغرافاً : ابرقَ télégraphier
△ — تلفوناً téléphoner
ـــت الطيرُ : ذهبت تبتغي الرزق émigrer; passer
ضرّبَ اللحاف piquer un édredon
— الشيء بالشيء mélanger; mêler
ضَارَبَ الرجلَ. تضَارَبا se battre
— في المال وبه : أتجرَ spéculer
— : زاحم faire concurrence; rivaliser
تَضَارَبَ القولان: تناقضا être en contradiction; se contredire
أضربَ العاملَ عن العمل faire grève; se mettre en grève
— عنهُ: أعرض abandonner; renoncer à
إضطَربَ : تحرّك وماج s'agiter; se troubler
— : إختَلَّ se confondre; s'embrouiller
— الرجلُ : إرتبك s'embarrasser; se déconcerter

ضَرْبٌ : خَبْط frappement; frappage, *m*; coups, *m.pl*
— : نوع. صنف genre, *m*; sorte; espèce, *f*
— : مِثْل pareil, le; égal, e
— العرق أو القلب palpitation, *f*; battement, *m*
— الضرائب taxation; imposition, *f*
— الأعداد: عملية الضرب multiplication, *f*
— النقود frappe, *f*; monnayage, *m*
△ ضربخانَـة : دَارُ ضرب النقود hôtel des monnaies, *m*
ضَرْبَة : خَبطة coup, *m*
— : بَليّة désastre, *m*; calamité, *f*
— : آفة plaie, *f*; fléau, *m*
— شَمْس : رَعَن coup de soleil, *m*
— قاضية coup de grâce; coup mortel, *m*
ضَارِب : خابط frappeur, se; que frappe
— : مضرب عن العمل gréviste
— الى الحمرة او الصفرة (مثلاً) rouge*âtre*; jaun*âtre*, etc.
طير — : قاطع migrateur, rice (oiseau)
ضَرِيبة : رَسْم impôt, *m*; taxe; contribution, *f*
— الأمان (يدفعها التابع للمتبوع) : جزية tribut, *m*
— الأطيان والعقار: خراج impôt foncier, *m*
— التركات impôt sur les successions, *m*
— الدخل impôt sur le revenu, *m*
— الانتاج المحلي impôt indirect, *m*; accise, *f*
— الأرباح الاستثنائية impôt sur les bénéfices exceptionnels, *m*

— إضافية : impôt additionnel, *m*; surtaxe, *f*
— نوعية : impôt réel
— كسب العمل : impôt sur le revenu du travail
— نوعية : impôt cédulaire, *m*
— تصاعديَّة : impôt progressif, *m*
مصلحة الضرائب : administration des Impôts, *f*; fisc, *m*
إضراب العمّال عن العمل : △اعتصاب : grève, *f*
إضطِراب : اختلال او شغَب : confusion, *f*; désordres, *m.pl*; trouble, *m*
— : ارتباك : embarras, *m*
تَضَارُب : تناقُض : contradiction, *f*
— : تصادُم : conflit; heurt, *m*
مِضْرَبُ الكرة : ميجار : crosse, *f*
— • مِضْرابُ التنيس : raquette, *f*
— خيام : camp, *m*
— : فسطاط : grande tente, *f*
مُضَرَّب (كاللحاف) : piqué, e
مَضْرُوب : اسم المفعول به (من ضرب) : battu, e; frappé, e
— (في الحساب) : multiplicande, *m*
— فيه : ضارب (في الحساب) : multiplicateur, *m*
مُضَارِب مالي : مشتغل بالمضاربات الماليّة : spéculateur, rice
— تجاري : مُزاحِم : concurrent, e
— على الصعود (مشترى) : spéculateur à la hausse
— على النزول (بائع) : spéculateur à la baisse; baissier
مُضارَبة ماليّة : spéculation, *f*
— تجاريّة : مزاحمة : concurrence, *f*
مضاربات مفتعلة : manipulations, *f.pl*

مُضْطَرِب : مختل. مشوش او هائج : troublé, e; confus, e; *ou* agité, e
مُتَضَارِب : مُتناقض : contradictoire
✡ضَرِجَ . ضَرَّجَ بالدم : tacher de sang
مُضَرَّج • اليدين • بعملته : pris, e sur le fait, *ou* la main dans le sac
✡ضَرَحَ القبرَ : حفرَه : creuser
ضَرِيح : لَحْد : tombe, *f*; tombeau, *m*
✡ضَرَّرَ • ضَرَّ كثيراً : causer un grand dégât, *ou* un grave préjudice
ضَرَّ . أضَرَّ : ضِدّ نَفَع : causer du tort; nuire à
أضَرَّ على . إضطَرَّ إلى : contraindre; forcer à
— الرجُل : تزوج على ضَرَّة : être polygame
إضْطُرَّ : أُجْبِيء : être forcé, e, obligé, e, contraint, e
— إلى كذا : إحتاج إليه : avoir besoin de
تَضَرَّرَ △إنضر : أصابه ضَرَر : subir un préjudice, *ou* dommage
△— : شكا الضرر : se plaindre (de)
ضَرَر . ضُرّ : خسارة : dommage; préjudice; tort, *m*
— : تظلّم : grief, *m*
ضِرّ : تعَدُّد الزوجات : polygamie, *f*
ضَرَّة المرأة : امرأة زوجها : co-épouse, *f*
ضَرَّاء : ضِدّ سرّاء : adversité, *f*
ضَرُورة : اقتضاء . لزوم : nécessité, *f*; besoin, *m*
عند الـ : au besoin; en cas de nécessité
الضرورة : par nécessité; par force
الضرورة احكام : nécessité fait loi

ضروري ، لازم nécessaire
— : لاغنى عنه indispensable
— : لا مناص منه inévitable
ضروريات : لوازم nécessités, *f.pl*
ضرير : أعمى aveugle
إضطرار : شدة اللزوم nécessité, *f*; besoin urgent, *m*
— : إلزام contrainte; cœrcition, *f*
إضطراري : جبري obligatoire; coercitif, ve
ضار . مضر : ضد نافع nuisible: malsain, e; malfaisant, e
— . — : مخسر préjudiciable; désavantageux, se
مضرة : ضد منفعة mal; dommage; tort; préjudice, *m*
مضرور : أصابه ضرر victime, *f*
مضطر : ملزم forcé, e; obligé, e; contraint, e
٭ ضرس : عض بشدة mordre à belles dents
ضرست الأسنان s'agacer (les dents)
△ ضرس . أضرس الاسنان agacer les dents
ضرس ←dent molaire, *f*
— العقل : ناجذ dent de sagesse, *f*
ضرس الأسنان agacement des dents, *m*
ضروس : شديد . مهلك destructeur, rice; ruineux, se; pernicieux, se
تضاريس جغرافية carte en relief, *f*
٭ ضرط : أخرج ريحاً من بطنه péter
ضرط . ضراط : ريح البطن pet, *m*

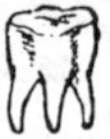

٭ ضرع . تضرع إليه : تذلل أو ابتهل s'humilier; s'abaisser; *ou* supplier
ضارع : شابه ressembler *ou* égaler
ضرع : ثدي الحيوان mamelle, *f*; pis, *m*
ضراعة . تضرع : إبتهال supplication; prière, *f*
ضرع . مضارع : مثل semblable à; à l'égal de
صيغة المضارع[٢] (في النحو) présent, *m*
مضارعة : مماثلة ressemblance; similitude; équivalence;
٭ ضرم . إضطرم : إشتعل s'embraser; être embrasé, e
ضرم . أضرم : أشعل allumer; mettre le feu; embraser
ضرام . إضطرام : إتقاد ignition; combustion, *f*
إضرام : إشعال brûlement, *m*; inflammation, *f*; l'action de mettre le feu
مضطرم : متقد embrasé, e; allumé, e
مضطرم فيه النار en feu
٭ ضرو : كلب الصيد chien de chasse, *m*
ضار carnassier, ère
حيوان — : مفترس bête carnassière, *f*
ضراوة voracité; férocité, *f*
٭ ضرورة (ضرر) ٭ ضريبة (ضرب) ٭ ضريح (ضرح)
٭ ضرر (ضرر)
٭ ضعضع : هدم ébranler; ruiner; délabrer
— : أضعف affaiblir; débiliter

تَضَعْضَعَ : تهدَّم أو ضعُفَ — tomber en ruine; ou s'affaiblir
مُتَضَعْضِع : متهدِّم — en ruine; délabré,e
— : ضعيف — faible ou débile
☆ضَعُفَ : ضِدّ قويَ — faiblir; s'affaiblir; languir
ضَعَفَ . ضَعَّفَ . ضَاعَفَ — doubler; redoubler
△ — . أضْعَفَ : صيَّره ضعيفاً — affaiblir
أضعف الأرض — effriter
أضْعَفَ ٢ : خفَّفَ — atténuer
تَضَاعَفَ : صار ضعف ما كان — être doublé, e; se doubler
ضُعْف : ضِدّ قوَّة — faiblesse, *f*
— الارادة — manque de volonté, *m*
ضِعْف الشيء — le double, *m*
ثلاثة أو أربعة أضعاف — triple *ou* quadruple
أضْعَافُ الكتاب: اثناء سطوره — interligne, *m*
ضَعِيف : ضِدّ قَوي — faible; débile; chétif, ve
— : واهن — exténué, e; à bout de force
— الارادة — sans volonté
— العقل — faible d'esprit
— : متداع — caduc, que, *a*
إضعاف — affaiblissement, *m*; atténuation, *f*
مُضعَّف . مُضَاعَف — doublé, e; porté, e au double
مُضاعفات المرض وغيره — complications, *f.pl*
صحة ضعيفة ☆ ضِعَة (وضع) — petite santé, *f*
☆ضَغَثَ : خَلَطَ — mêler; mettre de la confusion
ضِغْث : حزمة صغيرة — botte, *f*; faisceau, *m*
— على إبالة — de mal en pis

أضْغَاثُ أحْلَام : آمال وهميَّة — châteaux en Espagne, *m.pl*
☆ضَغَطَ : كَبَسَ أو عَصَرَ — comprimer; serrer; presser; *ou* pressurer
— عَلَى : غصب — contraindre; forcer; presser
ضَغْط : كَبْس — pression; compression, *f*
— : إجبار . إكراه — contrainte, *f*
إنْضغاط (في الطبيعيات) — compressibilité, *f*
يقبل الضغط — comprimable; compressible
ضاغوط : كابوس — cauchemar, *m*
☆ضَغَنَ عليه : حقدَ — avoir de la haine contre qn; garder rancune à
ضِغْن . ضَغِينَة : حِقْد — haine; rancune, *f*
ضَغِن : حَقُود — rancunier, ère; rancuneux, se
☆ ضَفّ ☆ ضَفَّة (في ضفف)
☆ضِفْدِع (ضفدعة والجمع ضفادع وضفادى) — grenouille, *f*
☆ضَفَرَ . ضَفَّرَ الشعر وغيره — tresser
ضَافَر : عاوَن — aider; assister
ضَفْر : جَدْل — plissement; tressage, *m*
— . ضِفَار : حزام السرج — sangle; sous-ventrière, *f*
ضَفِيرَة : جديلة — tresse; natte, *f*
— (في التشريح) — plexus, *m*
مَضْفُور : مجدول — tressé, e
☆ ضَفَّة . ضِفَّة النهر — bord; rivage; côté, *m*
☆ضَفْوَة العيش — abondance de biens, *f*

ضفا الاناء : فاض من امتلائه déborder

ضافٍ : فائض surabondant, e; débordant, e

أضفى عليه : عكس وردّ refléter sur

*ضَلُعَ : كان قويًّا être robuste, ou fort, e

ضَلِعَ : اعوجّ être courbé, e, ou voûté, e

ضَلَّعَ : عوَّجَ وثنّى courber; ou incliner; onduler

تَضَلَّعَ من العلم posséder à fond une science; être bien versé, e en la matière

ضِلْع من ضلوع الجنب côte, f

— هندسيّ côté, m

△ — : △خيزرانة (في المعمار) astragale, m

— (○كُستليته) côtelette; côte, f

— ورقة النبات : عَيْر nervure médiane, f

— البرميل : دفّ douve, f

له — في الأمر il est pour qc dans

متوازي الأضلاع parallélogramme, m

ضَلِيع : قويّ الجسم robuste

مُضَلَّع : له ضلوع او مايشبهها côtelé, e; à côtes; rayé, e; strié, e

*ضَلَّلَ . أَضَلَّ : نَبَّه égarer; fourvoyer

— . — : صيَّر الى الضلال أو خدع induire en erreur; ou tromper

— . — : أخفى camoufler; camouflager

ضَلَّ : ضِدّ اهتدى s'égarer; se fourvoyer

— الطريقَ وعنهُ perdre la route

ضَلال . ضَلالة : ضِدّ هُدى erreur, f; égarement, m

ضَالّ : ضدّ مهتدٍ . مخطئ dans l'erreur; errant, e; égaré, e

— عن الدين وغيره perverti, e

— : تائه égaré, e

— : ضائع (حيوان) bête épave, ou égarée, f

تَضْلِيل : تَتْيِيه égarement, m

— : خدْع tromperie; déception, f

مُضِلّ . مُضَلِّل : متيه أو خدّاع qui égare; trompeur, se; décevant, e

*ضمّ (في ضمم)

(ضمحل) إضْمَحَلَّ : تلاشى disparaître; s'évanouir; se dissiper

مُضْمَحِلّ : مُتلاشٍ disparaissant, e; qui disparaît,

*ضَمَخَ . ضَمَّخَ بالطيب oindre; parfumer; enduire (le corps) d'onguent

*ضَمَدَ . ضَمَّدَ الجرحَ panser

ضِمْد : خليل الزوجة amant; ami, m

ضِماد . ضِمادة او تضميد الجروح bandage; bandeau, ou pansement, m

— : تعدّد الرجال الأزواج polyandrie, f

*ضَمُرَ : هزلَ être mince, maigre, émacié, e; s'amincir

△ — : صغرَ حجمه se contracter; se rétrécir

△ — : ضدّ تضخّم (في الطب) s'atrophier

أَضْمَرَ : أخفى cacher; dissimuler

— له كذا avoir une arrière-pensée

— في نفسه concevoir qc dans son esprit

— . ضَمَّرَ : هَزَلَ amincir; amaigrir

— . — : روض فرس السباق entraîner

إنْضَمَرَ : ذَبُلَ se dessécher

ضَمْر . ضُمُور : هُزال — maigreur; émaciation, *f*
Δ ضمور ٢ في حجر كريم : تمش — paille; tache, *f*
Δ — مرضيّ : ضدّ تضخّم — atrophie, *f*
تضمير خيل السباق — entraînement, *m*
ضِمار : دَيْن هالِك — créance douteuse, *f*
ضامِر : هَزيل — chétif, ve; mince; émacié, e
— : ضِدّ متضخّم (في الطب) — atrophié, e
ضَمِير : باطِنُ الانسان — pensée intime, *f*
— : ذِمَّة — conscience, *f*
— (في النحو) — pronom, *m*
— إشاريّ — pronom démonstratif, *m*
— شَخْصِيّ — pronom personnel, *m*
تأنيب أو تقريع الـ — remords, *m*; componction, *f*
حَيُّ الـ — consciencieux, se
فاقد الـ — sans scrupules
إضْمار : إخفاء — arrière-pensée, *f*
— (في النحو) — ellipse, *f*
مُضْمَر : مفهوم ضمناً — tacite; implicite; sous-entendu, e
— : مَخْفِيّ — caché, e; latent, e
مِضْمار السبق — hippodrome; champ de course, *m*
(ضمم) ضَمَّ : جَمَع — rassembler, réunir
— : حَصَد — moissonner; récolter; recueillir
— : وَحَّدَ . دغم — unir; unifier; amalgamer
— الى : اضاف — ajouter
— الى : وَصَل . الحقَ — annexer; joindre

— اليه أو إلى صدره — étreindre; embrasser
تَضامَّ القومُ : اِتّحدوا — s'unir; se réunir
إنضمَّ إلى : اِتَّحدَ مع — s'unir; se joindre à; s'affilier
ضَمّ : جَمْع — rassemblement; ramassage, *m*; réunion, *f*
— : حَصْد — moisson; récolte, *f*; moissonnage, *m*
— : إضافة — addition, *f*
— : عناق . حضن — embrassade, *f*
— : الحاق — annexion, *f*
— (في القانون) — adjonction, *f*
ضِمام : مشبك ورق — attache *ou* attache papier, *f*
ضَمِنَ : كفل — garantir; cautionner; répondre pour
ضَمَّنَ الشيء الوعاء : جعله فيه — renfermer dans
— : عدّه ضامناً — rendre qn garant, e
تَضَمَّنَ : إشتمل على — renfermer; contenir; comprendre
ضِمْنُ : داخِل — à l'intérieur, *ou* au milieu, de qc
— : بين أو مع — parmi; *ou* inclus, e
ضِمْنًا : مع غيره — inclusivement
مَفهُوم ضمناً : مُضَمَّن . ضِمنِيّ — implicite; tacite; sous-entendu, e
ضَمان Δ ضَمانة : كفالة — garantie; caution, *f*
— : إلتزام — responsabilité, *f*; engagement, *m*
ضَمانُه عليّ — je réponds pour lui
ضامِن . ضَمِين : كَفيل — garant, e; pleige; caution, *f*; répondant, e
— إحتياطي (للكمبيالة) — donneur d'aval
تَضامُن : إلتزام مشترك — solidarité, *f*

بالـ : بالاشتراك solidairement

ضمان اقتدار (يسار) المدين garantie de la solvabilité du débiteur

مضمن tacite; implicite

مَضْمُون : مَكْفُول garanti, e; assuré, e

— : مؤتمن sûr, e; de confiance

— : معنى. فحوى contenu, m; teneur, f

ه ضمير (في ضمر) ه ضنّ (في ضنن)

ه ضَنُكَ : ضَعُفَ faiblir; être faible; s'affaiblir

— عيشه être gêné, e

ضَنْك : ضيق gêne; difficulté; pauvreté, f; embarras, m

عَيْش — vie difficile, dure, gênée, f

(ضنن) ضَنَّ بالشيء être avare de qc

ضَنِين : بخيل avare; chiche; pingre; mesquin, e

ه ضَنِيَ : ضعف وهزل dépérir; languir

أضنى : أنهك user; affaiblir; consumer; exténuer

— : هزل amaigrir; émacier; maigrir

ضَنًى : نَهْك langueur; exténuation, f

△ — . ضَنْو : أولاد enfants, m.pl

ضَنٍ . مُضْنًى : مُنْهَك languissant, e; épuisé, e

ه ضَهَدَ . اضطهد : آذى وعذّب persécuter; tourmenter

— . — : جار على maltraiter; opprimer

إضْطِهَاد : إيذاء وتعذيب persécution, f

— : جور oppression, f; mauvais traitement, m

مُضْطَهَد persécuté, e; opprimé, e

مُضْطَهِد persécuteur, rice; oppresseur, m et a

ه ضَهِيّ : شبيه semblable; pareil, le

ضَاهَى : شابَهَ ressembler à

△ — الشيء بغيره : قابل comparer

مُضَاهَاة : مشابهة ressemblance; conformité; similitude, f

△ — : مقابلة comparaison, f

ه ضَوَّأَ . أضاء المصباحَ والبيتَ allumer (lampe); éclairer (maison)

أضاء ۲ . ضاء القمرُ rayonner

— عليهم éclairer

إستضاء به : إستنار s'éclairer par

ضُوْء . ضِيَاء : نور (راجع نور) lumière; clarté, f

— القمر clair de lune, m

— النهار jour, m

على — كذا à la lumière de

إضاءة éclairage, m; ou illumination, f

مُضِيء : مُنِير lumineux, se

ه ضَوْر : سُعار faim canine, de loup, violente, f

ضَار : جاع جداً mourir de faim

تَضَوَّرَ : تلوّى من ألم se tordre de douleur

ه ضَوْضَاء . ضَوْضَى : أصوات الناس في الزحام tumulte, f; tapage, m

ه ضَوْع . تَضَوُّع الرائحة exhalation; émanation, f

ضَاعَ . تَضَوَّعَ المسك se répandre; s'exhaler

٭ضياء (في ضوأ) ٭ ضيافة (في ضيف)

٭ضَيْر : ضَرر préjudice; dommage; tort, *m*

ضَارَ : أضرَّ به (راجع ضور) nuire; faire du tort à

٭ضَيَّعَ . أضَاعَ . ضَاعَ منه : فقد او خسر perdre; égarer

— . — حقّه être déchu, e de; perdre son droit à

— . — : أفْنَى (كالمال أو القوى) dissiper; consumer

ضَاعَ [2] : فُقِد être perdu, e, *ou* égaré, e

— : هلكَ périr

ضَيْع . ضَيَاع : فُقْدان perte, *f*

ضَيْعَة : الأرض المغلّة ferme; plantation, *f*

— : عَقار propriété; terre, *f*; bienfonds, *m*

— : قرية صَغيرة hameau; petit village, *m*

ضَائِع : فاقِد perdu, e; égaré, e

مُضَيِّع . مِضْياع dépensier, ère; dissipateur, rice;

٭ضَيَّفَ . أضَافَ : قبل كضيف donner l'hospitalité à qn

أضَافَ [2] △ضَاف : ضَمَّ ajouter; joindre; annexer

إنضاف إليه : إنضمَّ être joint, e, *ou* annexé, e à; se joindre à

ضَيْف : نَزِيل hôte, sse; convive

— : زَائر visiteur, se

ضِيافة hospitalité, *f*

إضَافَة : ضَمّ adjonction; annexion, *f*

— : زِيادة addition; augmentation, *f*

إضافي : مَزيد additionnel, le; supplémentaire

مُضَاف ajouté, e

— إليه (في النحو) complément d'un nom, *m*

مُضِيف : صاحب الضيافة hôte, sse

مُضيفة الطائرات hôtesse de l'air, *f*

مَضِيف . مَضِيفَة : قاعة الضيوف chambre d'ami, *f*

مِضْيَاف : مِقْرَاء hospitalier, ère

٭ضَيَّقَ : ضِدّ وَسَّعَ rendre étroit, e; étrécir

— : ضِدّ مدَّ وبسّط resserrer; rétrécir

— على : ضَغَطَ presser; contraindre

— عَلَى : شَدَّدَ عَلَى être sévère envers qn

ضَايَقَ : عاسَرَ traiter avec rigueur

— : ازعج وَكدَّرَ ennuyer; déranger

ضَاقَ : ضد اِتسع أو عرض devenir étroit, e; se rétrécir

— بالناس être comble, *ou* plein, e de monde

تَضَايَقَ : اِنْزعجَ وتكدَّر être gêné, e, *ou* ennuyé, e

— منه : سَئِمَ avoir assez de

ضِيق : ضِدّ اِتساع أو عرض étroitesse, *f*

— : هَمّ chagrin; ennui, *m*

— : شِدّة . عُسْر gêne, *f*; embarras, *m*

ضِيْقَة . ضائقة : سوء الحال او الفقر gène pécuniaire; [débine], *f*

ضائقة [2] ماليّة crise financière, *f*

ضَيِّق : ضِدّ عريض أو واسع أو متسع étroit, e

— (للثياب او الأربطة) : ضِدّ واسع serré, e; juste; collant, e

— : محصور — restreint,e; borné,e; limité,e

— العقل — borné, e

— الخُلق — maussade; bourru,e; irritable

تضييق فيه تزييج — rétrécissement, m

— : ضَغْط — pression, f; serrement, m

— الرباط — serrement, m

مُضَايِق : مزعج. متعب — ennuyant,e

مَضِيق : ممرٌّ ضيِّق — gorge, f; passage étroit, m

— : بوغاز — détroit, m

— : ممرّ بين الجبال — défilé; col, m; passe, f

مُتَضَايِق — ennuyé,e; ou à l'étroit

☆ ضَيْم : ظُلْم (راجع ظلم) — injustice; oppression, f

ضَامَ : ظَلَم — opprimer; léser

(ط)

☆ طَأْطَأَ رأسه : خفضهُ — baisser la tête; pencher

☆ طائفة (طوف) ☆ طائل (طول) ☆ طاب (طيب)
☆ طابة (طيب) △ طابور (طبر) ☆ طابية (طي)
☆ طاجن (طجن) ☆ طارَ (طير) ☆ طارٌ ☆ طارة (طور)
△ طازه (طزج) ☆ طاسٌ (طوس) ☆ طاشَ (طيش)
☆ طاع (طوع) ☆ طاعون (طعن) ☆ طافَ (طوف)
☆ طافٍ (طفو) ☆ طاق (طوق) ☆ طاقم (طقم)
☆ طاقة ☆ طاقية (طوق) ☆ طال ☆ طالما (طول)
☆ طامّة (طمم) ☆ طاهٍ (طهو) ☆ طاووس (طوس)

☆ طَبَّ . طَبَّبَ : داوى — soigner; traiter; médeciner

△ — : اكبَّ . وقع أو انخفض — tomber

تَطَبَّبَ : تداوى — se soigner; se faire traiter

طِبٌّ : علاج الجسم — soins médicaux, m.pl

— : علم الطب — médecine, f

— الآذان — otologie, f

— الأسنان — dentisterie, f

— العيون — ophtalmologie, f

— العقول أو أمراض النفس — psychiatrie, f

— شرعي — médecine légale, f

طِبّي : مختصّ بالطب — médical,e

طَبِيب : △ حكيم — médecin, m; docteur, m, doctoresse, f

— الأسنان — dentiste, m

— العيون : رَمَدي — oculiste, m

— بيطري — vétérinaire, m

— الأمراض الجلدية — dermatologiste, m

— الأمراض العصبيّة — neurologue, m

— الأمراض العقلية — médecin aliéniste, m

— أمراض النساء — gynécologue, m

— شرعي — médecin légiste, m

— جرّاح — chirurgien, m

— نفساني — psychiâtre, m

— مقيم (يقيم في المستشفى) — interne

طبيبة : △ حكيمة — doctoresse, f

△ طَبّة : مسند (لتخفيف الضغط) — coussinet, m

△ مَطبّ هوائي : فجوة هوائية — trou d'air, m

☆ طَبَخَ الطعامَ — cuire; faire cuire; faire la cuisine

إنطبخ . طُبِخَ — être cuit,e, ou cuisiné,e

طَبْخُ الطعامِ — cuisson, m

صِناعة الـ طِباخَة: حِرْفة الطبّاخ — cuisine, f; art culinaire, m
طَبْخِي. طباخي. لأجل الطبْخ — culinaire
طَبَّاخ: طاهٍ — cuisinier, ère
— ماهر — cordon-bleu, m
رئيس الطبّاخين — chef, m
طَبِيْخ: ماطبخ من الطعام — mets cuits, m.pl
مَطْبَخ: مكان الطبخ — cuisine, f
△ — : مَطعم — restaurant, m
مِطْبَخ: وابور الطبخ — cuisinière, f
مَطْبُوخ: مُنضج — cuit, e
— : مدبّر — combiné, e
✲ طَبَر: فأسُ الحرْب — hache, f
△ طابور: تابور. قسم من الجيش — bataillon, m; légion, f
الـ الخامس — la cinquième colonne, f
△ طبّش في الماء وغيره: تخبّط — patauger
○ طَبَشِير. طَبَاشِير: حوّارى — craie, f
طباشيري — crayeux, se; crétacé, e
✲ طَبْطَبَ الماءُ: اسمع صوت خريره — murmurer; bruire
△ — عليه: ربتَه — taper; tapoter
طَبطابَة: مضرب الكرة (انظر ضرب) — crosse; ou raquette, f
✲ طَبَعَ الكِتابَ وغيره — imprimer
— : بصم — estampiller; empreindre
طُبِعَ على كذا — être de nature (nerveux, se, avare, etc)
— . إنطبع — être imprimé, e; ou être empreint, e de
طَبَّعَ الحيوانَ: روّضه — dresser
△ — : عوّد — habituer
تَطَبَّعَ (بطباع أبيه مثلاً) — prendre les habitudes, ou le caractère de qn
طَبْعُ الكتب — impression, f
— : بَصْم — estampille; empreinte, f
— الحجَر — lithographie, f
— الأحرف — typographie, f
إعادة الـ . — réimpression, f
تحت الـ : جارٍ طبْعُه — sous presse
وَرَق الـ . — papier d'impression, m
صِناعة الـ . طِباعَة — imprimerie, f
طَبْع ٢. طَبِيعة ١: سجيّة — caractère; naturel, m; ou disposition naturelle, f
— . — : مِزاج — tempérament, m
طبعاً. بالطبْع — naturellement
طَبْعَة: المطبُوع من الكِتاب في المرّة — édition, f
نَفِدَت طبعتُه — épuisé, e
طَبِيعة ٢: القوّة المكوّنة للعالم المادي — nature, f
علوم الطبيعة — sciences naturelles, f.pl
الـ البشريّة — nature humaine, f
عِلْم الـ . — physique, f
فَوْق الـ . — surnaturel, le
طَبيعيّ: مَنْسُوب إلى الطبيعة — naturel, le
— : ضِدّ مصطنع — naturel, le
— : مختص بعلم الطبيعيات — physique
— : من ينسب كل شيء إلى قوة الطبيعة — naturaliste

— : من يمارس عِلْم الطبيعيّات physicien, ne

عِلْم الطبيعيات : فلسفة طبيعيّة sciences physiques, f.pl

جغرافيا طبيعيّة géographie physique; géophysique, f

تاريخ طبيعي : علم المواليد histoire naturelle, f

طابع △ طبّاع △ مَطْبَعْجي imprimeur, se

— بريد : △ ورقة بوستة timbre-poste, m

— : ختم cachet; sceau, m

— الحُسْن grain de beauté, m

مَطْبَع . مَطْبَعَة : مكان الطبْع amprimerie, f

مِطبعة : آلة الطبْع presse d'imprimerie, f

غَلْطَة مَطْبَعِيَّة faute d'impression, f

مُطَبَّع : مروَّض dompté, e; dressé, e

مَطْبُوع : طُبع imprimé, e; ou empreint, e

مَطْبُوعَات imprimés, m pl

△ قَلَم الـ . Bureau de la Presse, m

☆ طَبِقَ : ضِدّ اِنفتح être fermé, e; se fermer

طَبَّقَ الشيء : عَمّ se répandre

— . اطبق : غطّى couvrir

— (في الهندسة) superposer

— قاعدةً على appliquer à

△ — : طوي plier

△ — الحصانَ : نَعَلَه ferrer un cheval

طَبَّقَ . أطْبَقَ : أقْفَلَ fermer; clore

أطبقوا على الأمر : أجْمعوا عليه s'accorder sur

طابَقَ : وافَقَ correspondre; être conforme à, ou en rapport avec; s'adapter à

إنطبَقَ . تطبَّقَ : صار مطبقاً être fermé, e, ou clos, e; fermer

— على كذا s'appliquer à

طَبِق . مَطْبُوق : مُقْفَل fermé, e; clos, e

طَبَق : غطاء couvercle, m

— : صَحن (راجع صحن) assiette, f; plat, m

— الفنجان : فيخة (انظر فنجال) soucoupe, f

— : فاثور △ صينيّة (انظر صين) plateau, m

طِبْق : وفق conforme à

— : موافق compatible avec; adapté, e à

— المرام à souhait

صورة — الأصل copie conforme à l'original, f

طبقاً لرغبة كذا suivant le désir de

طَبَقَة : مرتبة catégorie; classe, f; ordre, m

— : سافَة △ راق couche, f

— النغَم : مقامه ton; diapason, m

— من الناس classe, f

عِلْم طبقات الأرض : عِلْم الهَلَك géologie, f

طابَق من بيت étage, m

تَطبيق : توْفيق adaptation, f

— الشيء على غيره application, f

تطبيقي appliqué, e

مُطْبِق : سجن تحت الأرض cachot, m; oubliette, f

— : كلّي absolu, e; entier, ère

مُطابِق : مُوافِق conforme; compatible
مُطابَقَة : مُوافَقة conformité; concordance, f; accord, m
— . تطابق (في الرياضة) congruence, f
✡ طَبَلَ . طَبَّلَ : ضرب الطبل battre le tambour 
طَبْل : صَوْت الطبول batterie de tambour, f
— . طَبْلة : آلة التطبيل ←tambour, m; caisse, f 
طَبْلة كَبيرة grosse caisse, f
— الإذن tympan, m
— الفنغراف ←diaphragme, m
زَخمة الطبل : △مَلْوونة baguette, f
△طَبْليَّة الاكل table basse, f 
△ — العمود : كَشْفَة abaque; tailloir, m
△ — (في سكة الحديد) plaque ournante, f
طَبَّال tambour; timbalier, m
تَطَبُّل البطن flatulence; tympanite, f
✡ طَبَن النارَ : دفنها كي لا تُطفأ couvrir le feu
△طَبُونة △طابونة : مخبز boulangerie, f
△طَبَنْجَة : سِلاح ناري ←pistolet, m 
✡ طَبْي : حَلَمة tétin; mamelon, m
طابِيَة : حِصْن صَغير fortin, m
✡ طبيب ✡ طِبي (طبب) ✡ طبيعة (في طبع)
✡ طَجَنَ : قَلَى frire
طَاجِن : مقلاة poêle (à frire), f
— فخارى terrine, f

✡ (طحل) طِحَال △طُحَال rate, f
طِحَاليّ : مختص بالطحال splénique
△طِحْل : ثـفـل marc, m; lie, f
✡ طُحْلُب . طِحْلِب mousse verte, f
✡ طَحَنَ الغلة moudre
طَحَّان : الذي يَطحن أو صاحب المطحنة meunier, ère
حِرْفة الطَّحْن . طحانة meunerie, f
طَحِين : دَقِيق farine, f
△طَحِينة : ثـفل السمسم المعصور la lie de l'huile de sésame, f
طَاحِنَة △طاحِن : ضرس dent molaire, f
طَاحُون . طَاحُونة . مِطْحَنَة moulin, m 
— البن moulin à café, m
— . مَطحنة : مكان الطحْن moulin à farine, m
طَاحُونة الهواء moulin à vent, m 
— الماء (تديرها المياه المنحدرة) roue hydraulique, f
✡ طرّ (في طرر) ✡ طرًّا (في طرر)
✡ طَرَأ عليهم : جاءهم فجأة surrvenir; arriver inopinément, ou à l'improviste
— : حدث على غير انتظار advenir
أطْرَأ : بالغ في المدح combler d'éloges
طارِئ : عارض fortuit, e; accidentel, le; casuel, le
— : غريب étranger, ère
— : غير منتظر inattendu, e; imprévu, e

طارئة : أمْر غير منتظر — imprévu, *m*; conjoncture, *f*

— : داهية — malheur, *m*

*طَرِبَ : إهتزّ فرحاً — se réjouir; être transporté,e de joie

— . إضطرب — se troubler; être ému,e

طَرَّبَ . أطرَبَ : فرَّح — réjouir; transporter de joie; enchanter

طَرَبٌ : فرحٌ — réjouissance, *f*

آلة — . — instrument de musique, *m*

هزّة الـ — transport; ravissement, *m*; extase, *f*

طربٌ : مهتزّ فرحاً — ravi, e; réjoui, e; enchanté, e; en extase

طَرُوب : كثير الطرب — gai, e; joyeux, se; jovial, e

مُطْرِب : يحمل على الطرب — enchanteur, se; ravissant, e

— : مُغَنٍّ — chanteur, se

صَوت — . — voix (*f*), son, ton (*m*), mélodieux, se

△طَرْبوش — *tarbouch ou tarbouche, m*

— مغربي — fez, *m*

*طُرْبيد: صاروخة. نسّاف — torpille, *f*

*طَرَحَ الشيء وبه : ألقاهُ — jeter

— : أسقط عدداً من أكبر منه — soustraire

— عليه سؤالا : ألقاهُ — poser une question à

— عليه مسئلة: عرضها — soumettre; exposer

— عنه (او جانباً) : نبذ — rejeter; écarter

— ت الحُبلى (راجع سقط) — avorter

طارَحَهُ الأسئلة — converser; s'entretenir avec

طَرْح : إلقاء أو نبذ — jet; *ou* rejet, *m*

— (في الحساب) — soustraction, déduction, *f*

— الجنين : إسقاط — avortement, *m*

طِرْح : سقط — fausse couche, *f*; avortement, *m*

△طَرحة: غطاء الرأس — voile; chaperon, *m*; chapeline, *f*

طَرِيح . مَطْرُوح . مُنْطَرِح — rejeté, e; jeté, e.

— الفراش — alité, e

△بالطريحة: △بالحِتَّة أو بالمقاولة — à la pièce

أُطْرُوحَة : بحث لنيل درجة علمية — thèse, *f*

△مَطْرَح : مكان . موضع — lieu; endroit; emplacement, *m*; place, *f*

مَطْرُوح : ملقى — jeté, e

○طَرْخون : نبات — estragon, *m*

*طَرَدَ : أبعدَ أو أخرجَ — éloigner; bannir; *ou* chasser; expulser

— من خدمة — renvoyer; licencier

— هُ من حضرته — mettre à la porte; congédier

طَرَّدَ . طارَدَ : تعقَّبَ — poursuivre; chasser; traquer

إطّرَدَ الأمرُ : تبع بعضهُ بعضاً — se suivre

طَرْد : إبعاد — éloignement; bannissement, *m*

— : إخراج — expulsion, *f*

— من خدمة: رفت — renvoi; licenciement, *m*

— : رزمة — colis; ballot, *m*

طرّاد : سفينة حربية للمطاردة — croiseur, *m*

طَرِيد . مَطْرُود : مُبْعَد — chassé,e; banni,e; proscrit,e
— . — : مَنْبُوذ — paria, m
— : هَارِب — fugitif,ve; fuyard,e
— العدالة: محروم من حماية القانون — proscrit,e
طَرِيدَة: ماطردت من الصيد — bête traquée, f
طَارِد : مُبْعِد — qui chasse, ou repousse
— الريح (من البطن) — carminatif,ve, a et n.m
إطِّرَاد : تتابُع — suite ininterrompue, ou consécutive, f
إستطراد — digression; divagation, f
مُطَّرِد : متتابع — consécutif,ve
— : متوالٍ — incessant,e; continuel,le
— النسق او النغم — monotone
قاعدة — — règle générale, f
مُطَارَدَة : ملاحقة — poursuite; chasse, f
(طرر) طَرَّ السكينَ : سنّه — aiguiser
— الشاربُ والشعرُ — pousser
طُرًّا : جميعاً — tous sans exception
طُرَّة : جبين — front, m
△ — : طغراء — monogramme
△ — ام ياظ؟ — pile ou face?
٭طَرَّزَ الثوبَ : وشّاه — broder
طَرْز : طريقة . نسق — façon, f
— . طِرَاز : نَمَط — mode, f; style, m
من — حديث . جديد الطراز — de nouvelle mode; à la mode

من — قديم . قديم الطراز — démodé,e
آخر — — dernier cri, m; dernière mode, f
تَطْرِيز : وَشْي — broderie, f
مُطَرَّز : موشّى — brodé,e
طرّاز . مطرّز — brodeur,se
٭طَرِشَ : ذهب سمعه — être, ou devenir, sourd,e
△طَرَشَ : قاء — vomir; rendre
طَرَّشَ : أصَمَّ — assourdir
△— : قَيَّأ — faire rendre, ou vomir
طَرَش . طُرْشَة : صَمَم — surdité, f
△طَرْشي : مخلل — cornichon, m; légumes marinés, ou confits, m.pl
أَطْرَش : أصمّ — sourd,e
△مُطَرِّش : مُقَيِّئ — vomitif,ve, a et m
٭طرْطر : فاخر وصلف — se vanter
طُرْطُور : يسروع — chenille, f
طُرْطُور (كالذي يلبسه المهرجون) — bonnet d'âne, m; marotte, f
— المعطف وامثاله — capuchon, m
△طَرْطَش : رَشّ — éclabousser
— البنّاءُ الحائط — crépir; hourder
طَرْطَشة الحائط — crépissage, m
طرطشة — jachis, m
△طرطق أذنيه : نصبها — dresser les oreilles
△طَرْطوفة : نبات — topinambour, m
٭طَرْطر : صامور (او قلع الأسنان) — tartre, m

☆ طَرَفَ بعينه : △رمَش	cligner (de l'œil)
— عينه : أصابها بشيءٍ فدمعت	faire mal à l'œil; *ou* faire larmoyer l'œil
طَرَّفَ : جعله في الطرف	mettre au bout
ـــه بكذا : اتحفه به	présenter, *ou* offrir à
تَطَرَّفَ : جاوز حدّ الاعتدال أو أفرط	dépasser les limites; *ou* être excessif, ve
طَرْف : عَيْن	œil, *m*
— . طَرَف : حدّ	pointe, *f*; bord, *m*
— . — : منتهى	limite; extrémité, *f*; bout, *m*
طرف ٢ جنون او حمى الخ	touche, *f*
طَرَف ٣ : فَرِيْق	partie, *f*
— : ناحية . جهة	côté, *m*
— : عُضْو . جارحة	membre, *m*
△ بـ فلان : عنده . معه	chez; auprès de; avec
طرف فلان (للرسائل)	aux bons soins de
طرفا الخصومة (في القضاء)	les deux parties en cause
△أخلى طرفه : عزله	renvoyer; congédier
△أخلى طرفه : برّأه	acquitter; décharger de; libérer
أطرافُ البَدَن	les extrêmités du corps, *f.pl*
طَرْفاء : عَبَل (نبات)	tamaris, *m*
طُرْفَة . طرِيفة : مُلْحَة	anecdote, *f*; bon mot; mot salé; trait d'esprit, *m*
— : تحفة	bibelot, *m*; rareté; nouveauté, *f*
في طَرْفة عين : كارتداد الطرف	en un clin d'œil
طَرِيف طَارِف : مكتسب حديثاً	nouvellement acquis, e
— : حديث نعمة	parvenu, e; nouveau riche
— : غريب . نادر	rare
تَطَرُّف : مجاوزة الحدّ	excès, *m*; exagération, *f*
مُتطَرِّف : متجاوز حدّ الاعتدال	excessif, ve, exagéré, e
— : ضدّ معتدل	immodéré, e; outrancier, ère
☆ طَرَقَ : ضرب بالمطرقة	marteler; battre
— الطريق : داسه	marcher sur une route
— بالبال : خطر	venir à l'esprit; passer par la tête
— البابَ	frapper (à la porte)
— الموضوع	approcher la question
— اذنه	frapper son oreille
— اسواقاً جديدة	essayer de nouveaux débouchés
أَطْرَقَ : سكت	se taire
تَطرَّقَ اليه : تخلله	pénétrer dans
طَرْق : الضربُ بالمطرقة	martelage, *m*
— المعادن : مَطْل	malléation, *f*
يمكن طرقه (اي مَطله)	malléable
طَرْقة : مَرَّة	un coup; une fois
— : دقّة . قرعة	coup, *m*; tappe, *f*
طَرِيق . طُرْقة : سبيل أو ممرّ	route; voie, *f*; chemin; *ou* passage, *m*
— عموميّة	voie publique, *f*
عن — كذا	*via*; par la voie de; par
قطعَ الـ على : كمن له في الطريق	guetter au passage
قاطِعُ الطريق	voleur de grand chemin; brigand, *m*

عابر — . : passant, e ; voyageur, se

طَرِيقَة (الجمع طرائق) : كيفيّة : manière ; façon ; sorte, *f*

— : اسلوب : méthode, *f* ; système, *m*

— : واسطة : moyen, *m* ; voie, *f*

— : مذهب : croyance ; foi, *f* ; rite, *m*

شيخ — . : chef d'une secte religieuse/ *ou* d'un rite religieux, *m*

طَارِق : قادمٌ ليلاً : visiteur, se de nuit

جَبَل — . : Gibraltar (détroit de), *m*

طارقة : داهية : malheur, *m* ; calamité, *f*

مِطْرَق . مِطرقة (انظر شكش) : maillet ; marteau ; martelet ; battant, *m*

مطرقة ٢ آلية : marteau ←pilon, *m*

— الباب : دقّاقة (انظر دقق) : marteau de la porte, *m*

مَطْرُوق : مطول : battu, e ; martelé, e

— : (طريق) مَدوس : battu, e ; frayé, e

— : (مكان) يتردد اليه الناس : fréquenté, e

شارع — . : rue passante, *f*

قابلية الانطراق : malléabilité, *f*

(طرم) طارمة : بيت من خشب ← ٥ كبين : cabine, *f*

∆طُرُمْبة : مضخة (انظر ضخخ) : pompe, *f*

✲ طَرْمَذَة : vanterie ; fanfaronnade, *f*

طِرْمَاذ : fanfaron, ne ; vantard, e

✲ طُرَّة (في طرر)

✲ طَرُوَ . طَرِيَ : كان غضّاً ليناً : être tendre, *ou* mou, *a.m*, molle, *a.f*

طَرَّى : ليّن : assouplir ; amollir ; ramollir

أَطْرَى : أحسن الثناء على : prodiguer les éloges à qn

طَرِيّ : ليّن : tendre ; mou, *a.m*, molle, *a.f* ; souple

— : جديد ∆طازه او بليل : frais, *a.m*, fraiche, *a.f*

طَرَاوَة : ليونة : mollesse ; souplesse, *f*

∆ — : هواء بارد . نسيم : fraicheur ; brise, *f*

إطْرَاء : ثناء : louange, *f* ; éloge, *m*

إطريَة : ∆كنافه : vermicelle, *f*

✲ طرف (في طرف) ✲ طريق (في طرق)

(طزج) طَازَج : ∆طازه : frais, *a.m*, fraiche, *a.f*

∆طُزْلق : ران . مسماة : jambière, *f*

✲ طِشْت : ∆طِشْت : bassine ; cuvette ; écuelle, *f*

— الغسيل : cuvier, *m*

∆طصلق العمل : رمّقه : bâcler ; rafistoler

طصلقة : ترميق : bâclage, *m*

✲ طَعِمَ . تطعَّمَ : ذاقَ : goûter ; déguster

طعّمَ الشجرَ أو الغصن : greffer

— (في الطب) : لقّحَ : inoculer

— بلقاح الجدري : vacciner

— الخشب او المعدن بالصدف او الفضة : incruster de

— الصنارة : amorcer

أَطعَمَ : قَاتَ : nourrir

إستَطعَمَ : ذاق الطعم : goûter ; déguster (le vin)

طَعْم : مَذَاق — goût, *m*; saveur, *f*
له — كذا — avoir le goût de; sentir le
لا — له — sans goût; insipide
طُعْمُ النبات — greffe; ente, *f*
— طبّي : لقاح — vaccin, *m*
△ — : مَغواة (للسمك وغيره) — amorce, *f*; appât, *m*
طَعِيم : طيّب المذاق — savoureux, se; ragoûtant, e; délicieux, se
طَعَام : قُوت — aliment; manger; vivre, *m*; nourriture; victuaille, *f*
— : أصناف المأكولات المعدة للأكل — mets, *m.pl*
— المرضى : غذاء الحمية — régime, *m*; diète, *f*
تَطْعِيم النبات — greffe, *f*: greffage, *m*
— : تلقيح — vaccination; vaccine, *f*
مَطْعَم : △ لوكاندا : أكل — restaurant, *m*
مُطعَّم — greffé, e; vacciné, e; amorcé, e; incrusté, e, etc.
☆ طَعَنَ بالسكين أو الرمح — poignarder; donner un coup de couteau
— فيه وعليه — calomnier; médire de qn
— في الحكم — former un pourvoi contre un jugement
— في قوله : دحضه — réfuter
— في انتخاب — contester
طَعْن : وَخْز — piqûre, *f*
— : قَدْح — diffamation, *f*; propos calomnieux, *m.pl*
طاعن في السن — très âgé, e
طاعُون : مرض وافد — peste, *f*
— المواشي : مُوتان — peste bovine, *f*

مَطعُون : مضروب بسكّين — poignardé, e
— : مصاب بالطاعون — atteint, e de la peste
كلام — فيه — réfutable; contestable
☆ طُغْرَاء . طُغْرَى : △ طُرَّة (انظر طرر) — monogramme, *m*
☆ طُغْمَة : زُمْرَة — groupe, *m*; bande; faction, *f*
— الاكليرُس — hiérarchie, *f*
طَغَامُ الناس : الأوغاد — populace; racaille, *f*
(طغو) طَغَا : هاجَ — se déchaîner; faire rage; être en fureur
— السيل : ارتفع وفاض — déborder; inonder
— : جاوز الحدّ (انظر طغى) — dépasser les bornes
☆ طَغَى : طَغَا . جاوز الحدّ — excéder; outrepasser; empiéter sur
— : فاض — se déverser
— الرجُل : عَتا وتجبَّر — tyranniser; opprimer
طاغٍ . طاغِيَة : عاتٍ . جبَّار — tyran; oppresseur, *m*
— : فائض — débordant, e; submergeant, e
طُغْيَان : عُتُوّ — tyrannie; oppression, *f*
☆ طَفِئَت . انطفأت النارُ أو النورُ — s'éteindre
△ طفأ . أطفأ النارَ والمصباح والجير — éteindre
△ — . — العطش او الغليل — étancher
إطفاء النار — extinction, *f*
طافئ . مُطفئ : مُخمِد — qui éteint
— . مُطفأ . مَطفي : خامد — éteint, e
مُطفأ ٢ △ مَطفي ٢ : غير لامع — mat, e

مِطْفَأَة ٥ طَفَّايَة : آلة الاطفاء — extincteur; éteignoir, m; pompe à incendie

إطْفائي : طفّاء الحرائق — pompier, m

طَفَحَ* : امتلا وفاض — déborder; regorger; être trop plein de

٥ — منه : تضايق — avoir assez de; être dégoûté, e de

طَفَّحَ . أطْفَحَ — remplir jusqu'au bord

اطفحَ ٢ : نزع الرغوة — écumer

طَفْح . طُفُوح : زيادة الامتلاء — débordement; trop-plein, m

— جلدي — éruption, f; exanthème, m

طَافِح . طَفْحان — trop plein, e; débordant, e; exubérant, e

— بشراً — de bonne humeur; exultant, e

كَيْل — . — bonne mesure, f

طُفاحَة : ٥ رغوة . ريمة — écume, f

مِطْفَحَة : مِرغاة ٥ مَقْصوصة — écumoire, f

طَفَرَ* : وَثَبَ — sauter; bondir; faire un soubresaut

طَفْر : وَثْب — saut; soubresaut; bondissement, m

٥ طَفَر : ثَفَر . حزام السرج الخلفي — croupière, f

٥ طَفَشَ : هرب — prendre la fuite; fuir

٥ طفاشة : آلة فتح الأقفال — rossignol; crochet, m; pince monseigneur, f

طَفَّفَ* المكيال — ne pas remplir entièrement

طَفِيف : زهيد — insignifiant, e; de peu d'importance; incomplet, ète

طَافِيَة : قطعة جليد (رقيقة) عائمة — glaçon flottant, m

— : جبل جليد عائم — montagne de glace, f; iceberg, m

— : خمر من كحول قصب السكر . خمر صناعي — tafia, m

طَفِقَ* يَفْعَل كذا — commencer, ou se mettre, à faire qc

طَفَّلَ* . تطفّلَ : كان طفيليًا — resquiller; être parasite, ou intrus, e; vivre aux dépens des autres

— و — على : ورش — importuner

طَفْل : رَخْص — tendre

٥ — . طُفال : طين خزفي — argile; glaise, f

طِفْل : المولود الصغير — bébé; petit; nourrisson; enfant en bas âge, m

طَفَل . طُفُولة . طُفُوليّة — enfance, f; bas âge, m

طُفُولي . طِفْلي — enfantin, e

روضة الأطفال : مدارس الحضانة — jardin d'enfants, m

طُفَيْلِي : يعيش على غيره او وارش — parasite; intrus, e; resquilleur, se

نَبات — . — plante parasite, f

طَفْو* : عَوْم — flottement, m

طَفَا : علا فوق الماء — surnager; flotter

٥ — : اطفأ (راجع طفأ) — éteindre

طَقْس* : حالة الجو — temps; climat, m; atmosphère, f

— : طريقة — manière; façon, f; usage, m

— دينى — rite, m; liturgie; cérémonie religieuse, f

طَقْطَقَ* — craquer; crépiter

— (كالملح في النار) — décrépiter; pétiller

طَقْطَقَة — crépitement; craquement, m

٥ طَقْطوقة : أغنية — chansonnette, f

٥ — السجاير : منفضة (انظر نفض) — cendrier, m

△ طَقَّقَ: جعله يفقع — faire crever, *ou* peter
طَقَّ: أخرج صوتاً شديداً — craquer
— : فقعَ . فرقع — peter; éclater; crever
△ طقُّ حنك: ثرثرة — bavardage; coq-à-l'âne, *m*
△ طقَّم الحصانَ: شدّ عليه عدته — harnacher
طقم أو طاقم ثياب — complet; habillement complet, *m*
— : مجموعة اشياء — ensemble; trousseau, *m*; série, *f*
— اسنان — dentier, *m*
— سُفْرة (أدوات المائدة) — service de table, *m*
— شاي (أدوات شرب الشاي) — service à thé, *m*
— الحصان: عدته — harnais, *m*
☆ طلّ (طلل) ☆ طلاء (طلي) ☆ طلاوة (طلو)
☆ طَلَبَ الشيء: حاول وجوده — chercher; rechercher
— الشيء: حاول أخذه — demander
— : استدعى — convoquer; faire venir
— اليه: التمس — prier; supplier
— المحال — demander l'impossible
— الزواج — demander qn en mariage
طَالَبَ: طلب ردّ الحق — réclamer
△ انطلبَ . طُلِبَ — être recherché, e, *ou* demandé, e
تَطَلَّبَ: استلزم . اقتضى — exiger; nécessiter
طَلَبٌ: تَنشُّد — recherche, *f*
— : سؤال او إقبال — demande, *f*
— : التماس — requête; pétition, *f*
— : استدعاء — appel, *m*; convocation, *f*
— : مُطَالَبة — réclamation, *f*
— بضاعة — commande, *f*
بالطلب (بضاعة غير حاضرة) — sur commande
تحت الطلب . بالطلب — commandé, e
تحت طلبه او امره — à sa disposition
عند الطلب — sur demande
طِلْبَة: ما يُطْلَب — demande; requête; prière, *f*
طَالِب: ناشد — chercheur, se; qui recherche
— : ملتمس . مقدم الطلب — requérant, e; demandeur, se; solliciteur, se; pétitionnaire
— : متقدِّم (لتَنَيُّل مركز او غيره) — candidat, e; postulant, e
— عِلْم: تلميذ — étudiant, e
— الزواج: خاطب — prétendant, *m*
— . مُطَالِب: مُدَّعي الحق — réclamant, e; prétendant, e
مَطْلَب: غرض — requête; demande, *f*
— : موضوع . مسألة — sujet, *m*; question; affaire, *f*
اختتم بسائر المطالب — conclure à toutes fins
مَطْلُوب: منشود أو مرغوب فيه — désiré, e; recherché, e; *desideratum, m*
— : لازم — demandé, e; requis, e; nécessaire
— : عليه اقبال — couru, e; recherché, e; demandé, e
— : مستحقّ الاداء — dû, *a.m*, due, *a.f*
— منه كذا: عليه كذا — il doit
△ مطلوبات التاجر: ديونه . ما عليه — passif, *m*
مُطَالَب: مسئول — responsable
مُطَالَبَة: طلب الردّ — revendication; réclamation, *f*

٭ طَلَحَ : خِلاف صَلُحَ	être vilain, e, *ou* mauvais, e
طَالِح : ضِدّ صالح	méchant, e; vilain, e
طَلِحَة من ورق : رزمة	rame de papier, *f*
٭ طَلَسَ : محا	oblitérer; biffer; effacer
طَلْس : مَحْو	oblitération; rature, *f*; effaçage, *m*
طِلْس : مَمْحُو	effacé, e; oblitéré, e
— : غير مقروء	illisible
طَيْلسان : ثوب اخضر	manteau persan, *m*
أَطْلَس : نسيج من الحرير	satin, *m*
— : مصوّر جغرافي	atlas, *m*
المحيط الأطلسي	océan Atlantique, *m*
٭ طِلَسْم . طِلَّسْم : كتابة سحريَّة	talisman; charme, *m*
٭ طَلَعَ : ظهر . بزغ	se lever; paraître; apparaître
— . طَلِع : ضِدّ نزل	monter
— . — من المكان	sortir
— . — : انطلق (كالعيار الناري)	partir
— . — على الأمر : علمه	prendre connaissance de
∆ — على باله	il lui vint à l'esprit
∆ — خُلْقه	s'emporter; se mettre en colère
— . أَطْلَعَ النباتُ والسنُّ	pousser
أَطْلَعَ على : أرى	montrer; faire voir
ـهُ على الأمر	mettre au courant de; instruire de; faire connaître
ـهُ على السرّ	dévoiler le secret à
طَلَّعَ : أخرج	faire sortir; renvoyer
∆ — : اصعد	faire monter
طَالَعَ الكتابَ : قرأهُ	lire; parcourir
إِطَّلَعَ على الشيء : رآه	voir
— على الأمر : علمه	être au courant de; savoir; avoir connaissance de
إِستَطْلَعَ فلاناً رأيه	consulter; prendre l'avis de qn
تَطَلَّعَ اليهِ : نظرَ	porter ses regards sur
∆ طلعُ النبات : لقاح	pollen, *m*
طَلْعَة : منظر	apparence, *f*; aspect; visage, *m*
طُلُوع : المصدر من طلع	action de monter
— : ظهور	apparition, *f*
— : ضد نزول	montée, *f*
∆ — : خرَاج	clou; furoncle, *m*
طَلِيعَةُ الجيش	avant-garde, *f*; éclaireurs, *m.pl*
طَالِعُ المولود	horoscope, *m*
— : ما يُتفاءل به من السعد او النحس	auspice, *m*
— : صاعد	qui s'élève; qui monte; montant
عِلْم الطوالِع	astrologie; science occulte, *f*
إِطِّلَاع : عِلْم	connaissance, *f*
— : تَنظُر	vue, *f*
عند الـ (اصطلاح مالي)	à vue
مَطْلَع : سُلَّم	escalier, *m*; échelle, *f*
— : فاتحة	introduction; préface, *f*
— : تباشير أو دلائل المستقبل	perspective, *f*; aspect, *m*
— القصيدة او الدور الموسيقى	prélude, *m*

مُطَّلِع على : عالم به au courant de
مُطالِع : قارئ lecteur, rice
٭ طَلُقَ : انحلَّ من عقاله se libérer
ـــت المرأةُ : انحلت من الزواج être divorcée
طَلُقَ ٢ وجهُهُ avoir le sourire
طُلِقَت الحبلى : اتاها الطلق être en travail d'enfant; avoir les douleurs de l'enfantement
طَلَّقَ . أَطْلَقَ : ترك laisser; lâcher
ـــ . ـــ الرجل زوجته والمرأة زوجها divorcer
أَطلَقَ ٢ : حلَّ . فكَّ libérer
ـــ سبيلهُ mettre en liberté
ـــ يده (في الأمر) donner carte blanche
ـــ بطنه relâcher, *ou* lâcher, le ventre
ـــ لحيته laisser pousser la barbe
ـــ له العنانَ lâcher la bride à
ـــ البخورَ brûler l'encens; encenser
ـــ النار او الرصاص على tirer; faire partir
ـــ المدفعَ على bombarder
إنطَلَقَ : ذهب . خرج partir; s'en aller
ـــ وجهه s'épanouir; se dérider
ـــ : خرج (كالعيار الناري) partir
طَلْق : وجع الولادة douleurs de l'enfantement, *f pl*
ـــ . طَلِق . طَلَق : حُر libre
ـــ . ـــ . ـــ المحيَّا avenant, e; serein, e
ـــ . ـــ . ـــ اللسان loquace; éloquent, e
ـــ . بيت maison dégagée, *f*
طَلْق ٢ : كوكب الارض ٥ تَلْك talc, *m*

طَلَق ٢ : حشوة السلاح الناري charge, *f*
ـــ ناريّ coup de feu, *m*
طلاق . تطليق divorce, *m*; répudiation, *f*
ـــ بالثلاثة répudiation définitive, *f*
كتاب او ورقة الـــ certificat de divorce, *m*
طَلاَقة اللسان loquacité; volubilité; facilité de parole, *f*
ـــ الوجه sérénité de visage, *f*
△ طَلُوقة : فحل الخيل étalon, *m*
إِطلاق : تحرير . حلّ élargissement *m*; libération, *f*
ـــ : تعميم généralisation, *f*
على الـــ : عموماً en général; généralement
مُطلَق : سائب او طليق libre
ـــ : عامّ général, e; commun, e
ـــ : غير محدود absolu, e; plénier, ère
مُطْلَقاً : أبداً jamais; pas du tout
طالق : مُطَلَّق divorcé, e
٭ طَلَل : واحد الاطلال وهي بقايا مرتفعة من دار ruines, *f.pl*; vestige, *m*
△ طَلَّ على : زارَ visiter; passer chez
ـــت السماء : انزلت الطلّ bruiner
أَطَلَّ على : أشرَفَ avoir vue sur; commander; donner sur; dominer
ـــ (من النافذة) regarder (par la fenêtre)
طَلّ : مطر خفيف او ندَى كثيف bruine; *ou* brume, *f*
مُطِلّ على donnant sur; commandant
△ طَلْمَس : طَمَس défigurer
(طلو) طَلاَوَة : بهجة . رونق agrément, *m*; beauté; grâce; élégance, *f*

*طلى : دَهَنَ enduire; oindre
— : موَّهَ . غشّى plaquer; couvrir de
— بالذهب dorer
إنطَلَتْ عليهِ الحيلة gober le morceau; être mis,e dedans
طِلاء enduit, m; couche, f
*طَمْث : دم الحيض règles; menstrues, f.pl
طَمِثَتِ المرأة : حاضت avoir ses règles
*طَمَحَ الى aspirer à; ambitionner
طُموح : حُبّ الرفعة ambition; aspiration, f
طَامح . طَمَّاح . طَموح ambitieux,se
مَطْمَح : غرض but, m; aspiration; ambition, f
*طمر . طَمَّر : دفن enfouir; enterrer
△طَمَّر ٢ الحصان : حسّهُ étriller
طِمْر : واحدُ الأطمار (الثياب البالية) haillon; vêtement usé, m
مِطمَر : ميزان البناء fil à plomb, m
مَطْمُور : مدفون enterré,e; enfoui, e
*طَمَس : محا raturer; oblitérer, effacer les traces
— . انطمس . امّحى être oblitéré,, effacé,e, raturé,e
— — بصره : عمي devenir aveugle
طَمْس : مَحْو oblitération; rature, f; effacement, m
*طُمطام : عرض البحر pleine, ou haute, mer, f; le large, m

○طماطِم △قوطة . بندورة —tomate, f
*طَمِعَ فيه وبه : convoiter: appéter; envier;
طَمِعَ : كان كثير الطمع être gourmand,e, avide, insatiable
طَمَّعَ . أَطْمَعَ : جعله يطمع rendre qn avide de qc
△— : جرّأ enhardir; encourager
طَمَع avidité; convoitise; cupidité, f
طَمَّاع : حريص cupide; avide; convoiteux,se
مَطْمَع : ما يُطمع فيه objet de convoitise; objet désiré, ou convoité, m
(طمق) طِماق : مِسْماة guêtre, f
(طمم) طَمَّ الماء : غمر déborder
طامَّة : داهية عظيمة calamité; catastrophe, f; grand malheur, m
*طَمَنَ . طَمْأَنَ rassurer; tranquilliser
إطْمأنَّ : ذهب خوفه se rassurer; se tranquilliser
— اليه avoir confiance en
طُمأنينة . إطْمِئْنان . △طمان : سكون الروع tranquillité; sécurité, f
مُطْمَئِنّ : مرتاح البال tranquille; en paix; calme
— : ضدّ خائف rassuré,e; confiant,e
*طَمَى . طَمَا : فاض déborder: submerger
طَام : فائض gonflé,e; débordant,e
طَمَى ماء الأنهر : غرين limon, m; alluvion, f

* طُنُب : حَبْلُ الخيمة cordage de la tente, *m*
— : عَصَب . وترُ العضلة tendon, *m*
أَطْنَبَ في الوصف او المدح : بالغ outrer; exagérer
إِطْنَاب : مغالاة prolixité; exagération, *f*
* طِنْبار . طُنْبور : آلة طرب guitare, *f*
△ طنبور ٢ آلة الطبع cylindre, *m*
△ — الري : △ تابوت vis d'archimède, *m*
△ طُنْبوشه المدخنة capote, *f*; ←champignon, *m*
* طَنْجَرة : قدر من نحاس . كفت marmite; casserole; cocotte, *f*
△ طنَّش : لم يصغ الى faire la sourde oreille à
* طَنْطَنَ (كالجرس) résonner; retentir; tinter
طَنْطَنَة الأجراس : (راجع طنين) tintement; retentissement, *m*; sonnerie, *f*
* طُنُف . طَنَف : رأس pic, *m*; cime, *f*
— . — : افريز السطح ←auvent, *m*; bords du toit, *m pl*; bordure en saillie; corniche, *f*
* طَنفَسة . طِنفِسة : بساط ← tapis, *m*
* طَنَّ . طن الجرس : résonner; retentir; sonner
طن ٢ الذبابُ او الاذنُ bourdonner
طُن : حُزمة . جُرزة ←gerbe; botte, *f*
△ — : △ طولوناته . وَسْق tonne, *f*
طنان : △ رنان résonnant, e; sonore
طَنِين : △ رنين résonnement; tintement; retentissement, *m*
— النحل والذباب bourdonnement, *m*
* طَهُرَ : كان طاهراً être pur, e
طَهَّرَ : نظَّف purifier; écurer
— : △ عقَّم désinfecter; stériliser
— مجاري الماء : كراها draguer
△ — △ طاهر : ختَّن circoncire
— . تطهَّر se purifier; être purifié, e
طُهْر . طَهَارَة : ضِدّ نجاسة pureté; propreté, *f*
— . — : عفَّة chasteté; vertu, *f*
△ طهارة ٢ △ طُهور : ختان circoncision, *f*
— الذيل probité; innocence, *f*
طَاهِر : ضِدّ نجس pur, e; immaculé, e
— : عُذْرِيّ chaste; platonique
— الذيل irréprochable; innocent, e
حُب — : هَوى عُذري amour platonique, *m*
مَطْهَر : الاعراف . مكان تطهير أنفس الأموات purgatoire, *m*
مُطَهِّر : مُنَقٍّ purifiant, e; purificateur, rice
— : مُنَظِّف détersif, ve; détergent, e; dépuratif, ve
— : مضادّ الفساد désinfectant, e; antiseptique, *a* et *m*
* طَهِقَ منه : تضايق être las, se de
(طهم) مُطَهَّم : سمين جيل grassouillet, te; potelé, e; dodu, e
* طَهْو . طَهَايَة : طبخ (راجع طبخ) cuisine, *f*: art culinaire, *m*

طَاهٍ : طَبَّاخ cuisinier, ère
طَهَا : طَبَخَ cuire
*طُوب : آجُرّ briques, f.pl
— أحمر briques cuites, f.pl
— نِيّ : لِبْن briques crues, f.pl
طَوَّبَ : غَبَطَ (في طيب) bénir; béatifier
طَوَّاب : صَانِع الطُّوب fabricant de briques; briquetier, m
Δطُوبْجِيّ : مِدْفَعِيّ artilleur; cannonier, m
طُوبْجِيَّة : مِدْفَعِيَّة artillerie, f
○طُوبُوغْرَافِيَا : عِلْم وَصْف الأَمَاكِن topographie, f
*طَوَّحَ بِهِ : حَمَلَهُ على رُكُوب المَهَالِك exposer au danger
— بِهِ : أَلْقَاهُ lancer; jeter loin
أَطَاحَ : قَطَعَ trancher; couper
— بِهِ : أَهْلَكَهُ faire périr
Δ تَرَنَّحَ chanceler; tituber
*طَوْد : جَبَل montagne, f
مُنْطَاد : ○بَلُّون كَبِير ballon; aérostat, m
— مُسَيَّر (انظر سير) dirigeable, m
— مُقَيَّد ballon captif, m
*طَوْر : حَدّ وَقَدْر limite; borne, f
— : مَرْحَلَة او دَرَجَة étape, f; ou degré, m
— : حَال condition, f; état, m
— : مَرَّة fois, f
طَوْراً بَعْدَ — une fois après l'autre
غَرِيبُ الأَطْوَار drôle
طُوار : رَصِيف trottoir, m

طُور : طَوْد . جَبَل montagne, f
— سِينَا Mont Sinaï, m
طَار . طَارَة : دُفّ tambour de basque, m
Δ — Δ — التطريز tambour; métier à broder, m
Δ — المُنْخُل وأمثاله (راجع طوق) cerceau; cercle, m
طَارَةُ المَرْكَبِ البُخَارِيّ roue; roue à aubes, f
— طَاحُونَة الماء roue hydraulique, f
تَطَوَّرَ : تَحَوَّلَ من حالٍ إلى حال évoluer; se développer
تَطَوُّر : تَحَوُّل évolution, f
نَظَرِيَّة أو مَذْهَب الـ — évolutionisme, m
○طُورْبِيد : طُورْبِيد (انظر طربيد) torpille, f
سَفِينَة — : نَسَّافَة torpilleur, m
*طَوَّسَ : زَيَّنَ orner; parer
طَاس Δ طَاسَة : اناء يُشْرَب فيه tasse, f; gobelet, m
— Δ — : سُلْطَانِيَّة bol, m; écuelle, f
Δ طَاسَة التَّصَادُم : مِصَدّ tampon, m
طَاوُوس : طائر جميل الريش paon
*طَوَّشَ : خَصَى châtrer; couper; hongrer; castrer
طَوَاشِيّ : خَصِيّ eunuque, m
مُطَوَّش : مَخْصِيّ châtré; castré; coupé; hongré

*طوَّعَ: جعله يطيع soumettre à; réduire à l'obéissance; rendre soumis, e

طَاعَ. اِنْطاعَ. أطاعَ Δ طاوَعَ: انقاد له أو وافقه obéir; *ou* consentir

تَطَوَّعَ بالعمل أو في الجنديَّة s'engager comme volontaire

إسْتَطاعَ: قدر على pouvoir

طَاعَة: انقياد obéissance; docilité; soumission, *f*

طوعُ العنان: سهل docile; facile

طوعاً: اختياراً spontanément; de gré

— أو كرهاً bon gré mal gré

إسْتِطَاعَة: مقدرة أو امكانية pouvoir, *m*: *ou* possibilité, *f*

تَطَوُّع volontariat, *m*

مُطيع. مِطواع. مُطاوِع. طائع obéissant,e; soumis.e

فعل — (في النحو) verbe mis au passif, *m*

مُتَطَوِّع volontaire

مُسْتَطاع: ممكن possible

*طوَّفَ. طَافَ بهِ: جال به faire faire un tour à qn; promener qn

طَافَ[2] بالمكان وحوله: دار tourner autour de qc; faire le tour de

—: جال parcourir; déambuler

طُوف: Δ دوس radeau, *m*

—: عسس Δ دوريَّة patrouille; ronde, *f*

طُوفَان: سيل مُغْرِق inondation, *f*

— (خصوصاً طوفان نوح) déluge, *m*

طائفي: مذهبي de secte; sectaire

طَوَفان. طَوَاف: جولان voyage; tour, *m*; excursion; déambulation, *f*; action de parcourir

طَائف. طَوَّاف: متنقل ambulant, e

طَوَّاف[2] تجاري placier; commis voyageur, *m*

مُطَوِّف guide des lieux saints

طائفة: جماعة partie, *f*; groupe, *m*

—: أبناء المذهب الواحد secte, *f*

*طَوَّقَ: أحاط به entourer; ceindre; encercler

—: ألبس الطوق mettre un collier au cou de qn

—ه بذراعيه étreindre; embrasser; serrer dans les bras

— البرميل وغيره cercler

طَاقَ الشيء وعليه: قدر على supporter; tolérer; pouvoir faire qc

لا يطاق: لا يحتمل intolérable; insupportable

طَاق: قوس (في المعمار) arche; arcade, *f*

Δ —: طبقة couche, *f*

طَاقَة. طَوْق. إطَاقَة: قدرة puissance; force; capacité, *f*

— . — . —: إحتمال endurance, *f*

—: حُزمة botte, *f*

Δ —: نافذة fenêtre; croisée, *f*

الـ — الذرية (راجع ذرر) énergie atomique, *f*

Δ طاقيَّة: لباس للرأس bonnet, *m*

Δ — النوم bonnet de nuit, *m*

طَوْق[2]: كل ما يحيط بالعنق collier, *m*

— الثوب: Δ قبّة collet, *m*

— البرميل وغيره cerceau; cercle, *m*

— المطبعة : châssis, *m*

— التريّض : cerceau, *m*

شب من الطوق : grandir

مُطاق : محتمل : supportable; tolérable

مُطوّق : محاط : encerclé, e; cerné, e; entouré, e; ceint, e

*طوّل له : أمهله : accorder un délai à

Δ — باله على : صبر : patienter avec

— . أطال : ضدّ قصّر : allonger; prolonger; étendre

طال . استطال : ضدّ قصر : s'allonger; être *ou* devenir, long, ue

— : إمتدّ طولا : s'allonger; se prolonger

طاول : ماطل أو أبطأ : différer; remettre; *ou* traîner; tarder

تطاول على : إعتدى : lever la main sur; être grossier, ère avec

طالما فعل كذا : depuis longtemps il fait ça

طُول : ضدّ قصر أو عرض : longueur, *f*

— : إرتفاع : hauteur, *f*

— القامة : علوّ : grandeur; haute taille, *f*

— الاناة : صبر : longanimité; patience, *f*

— البصر . الطرح : hypermétropie, *f*

— اليوم : كل اليوم : toute la journée

Δ — ما : طالما : tant que

خط الـ — (في الجغرافيا) : longitude, *f*

Δ على — : رأساً : tout droit; directement

Δ على — : بلاانقطاع : sans arrêt; d'un trait

طولاً . بالطول : en long; en longueur

طُوَل : أبو ساق : échasse, *f*

طُوّالة : ارجل خشبيّة طويلة . Δ مشّاية (انظر مشى) : échasses, *f.pl*

طَوِيل : ضدّ قصير أو عريض : long, ue

— : مطوّل : allongé, e; prolongé, e

— الاناة او الروح : patient, e

— الباع : puissant, e; capable

— العرق أو الفتلة (كالقطن) : longue-soie, *f*; brin long, *m*

— العمر : qui a la vie dure

— القامة : مديدها : grand, e; de haute taille, *f*

— اللسان : insolent, e; grossier, ère

وقت — : مدة طويلة : longtemps

طائل : نفع . فائدة : avantage; profit, *m*; utilité, *f*

— . طائلة : قدرة : puissance *f*; pouvoir, *m*; moyens, *m.pl*

لا — فيه أو تحته : inutile; de nul profit

أموال طائلة : sommes considérables, *f.pl*

ο طاولة : خوان (انظر خون) : table, *f*

Δ لعبة الـ — : trictrac; jacquet, *m*

Δ حجارة الـ — : pions, *m.pl*; dames, *f.pl*

طيلة كذا : tout le long de

إطالة . تطويل : ضدّ تقصير : allongement; prolongement, *m*; extension, *f*

— . — : مدّ : prorogation; prolongation, *f*

أطول : أكثر طولاً : plus long, ue

تطويلة : rallonge, *f*

مُطَوَّل: طويل جداً long, ue; très long, ue
— : ضِدّ مقصَّر allongé, e
— : مُمْتَدّ prolongé, e
خِطاب — discours prolixe, m
مُسْتَطِيل oblong, ue
٥طُولوناتـه : وَسْق (نحو ألفيّ رطل) tonne, f
٭ طومار ←rouleau; parchemin, m
٭ طَوَى : ضِدّ نَشَر plier; rouler
— البلادَ : قطعها traverser
— الحديثَ : كتمه tenir secret
— القلوع carguer
طَوِيَ . أطْوَى : جاعَ avoir faim
تَطَوَّى الثعبانُ : تحوَّى se replier; s'enrouler
طَوًى : جوع faim, f
على الـ : بلا أكل à jeun
طَوِيَّة : ضمير أو نيَّة conscience, f; *ou* dessein, m
سليم الـ ingénu, e; candide
∆طَوَّايَة : مقلاة ←poêle, f
طَيّ : ثَنْي (راجع ثني) pliage, m
في — هذا : ضمنه ci-inclus, e
طِيَّة : ثَنْيَة pli, m
مَطْوِيّ : ضد منشور plié, e; roulé, e; ployé, e; enroulé, e
مِطْوَى . مِطواة : مِبراة ←canif, m

٭ طَيَّبَ : عَطَّرَ parfumer; embaumer
— الطعامَ épicer
— خاطِرَهُ apaiser; calmer; réconforter
∆ — للمُغَنِّي applaudir
∆ — : شفَى guérir
— . أطَابَ : جعله طيّباً rendre bon, ne; abonnir
طَابَ : كان أو صار طيّباً être bon, ne; devenir bon, ne
— : لَذَّ être agréable
— له : راق له lui plaire
∆ — المريضُ : ثابَ . شُفي se rétablir; guérir; se relever
— قلبه وـــت نفسهُ : انسرّ il s'en trouve bien
— عيشهُ mener une vie heureuse
إسْتَطْيَبَ الشيءَ : وجده طيّباً trouver bon, ne
طَوَّبَ : غَبَّطَ bénir; béatifier
طُوبَى : غِبْطَة félicité; béatitude; bénédiction, f; bonheur, m
∆ طابَة : مضرب الكرة bat, m; raquette; crosse, f
طِيْب : عِطْر parfum, m
جوزة الـ muscade; noix muscade, f
عن — خاطر avec plaisir; volontiers
طيوب : روائح عطرية parfumerie, f
اطايب : اشياء طيّبة friandises, f.pl
طَيِّب : جيّد او حَسَن او طيب الخلق او القلب bon, ne
— : حسن (عن الحال او الكيفيّة) bien
∆ — : معافى bien portant
— الرائحة qui sent bon; odorant, e

طيبة : بلدة أثرية شهيرة في الصعيد Thèbes
طِيبَة : جودة الصنف bonne qualité, f
— الخلق bonté; bonhomie, f
△ مطيّباتي : △ شَغلتي claqueur, m
مطيّب parfumé, e; ou épicé, e
* طَيَّحَ : ضيَّعَ perdre
* طَيَّرَ . أطارَ faire voler
طارَ : سَبَحَ في الهواء voler; s'envoler
— عقله : فقد صوابه perdre la tête
— إليه : أسرع s'envoler, ou s'élancer, vers
— ت الطيّارة : قامت décoller; s'envoler
طارٌ * طارَة (في طور)
تطيَّرَ بالشيء ، ومنه : تشاءم tirer un mauvais augure de
تطايَرَ . استطارَ : تفرّقَ se disperser; s'éparpiller
طَيْر . طائر : كل ذي جناح من الحيوان oiseau, m
△ — : ذباب mouches, f.pl
طيور داجنة volaille, f
طَيَران : ركوب الهواء vol, m; aviation, f
— : سلك الهواء navigation aérienne, f
— : السير في الهواء volée, f; vol, m
طِيَرَة : علامة شؤم mauvais augure; présage de malheur, m
— : واحدة الطيور oiseau femelle, m
△ — : ذبابة mouche, f
طَيّار : الذي يطيّر الطيّارة pilote, m; aviateur, rice
— : متبخّر . متصعّد volatil, e

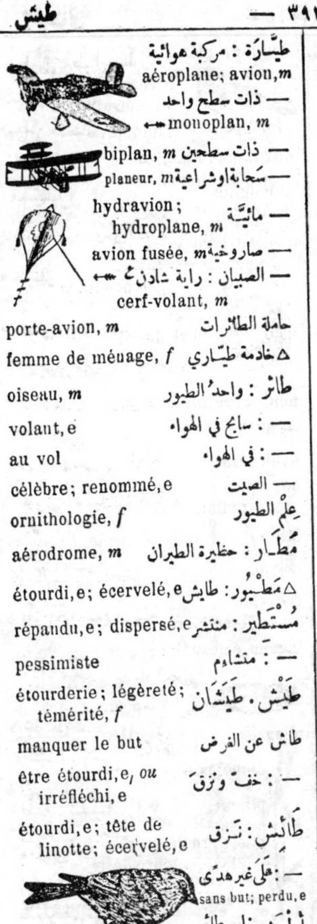

طيّارَة : مركبة هوائية aéroplane; avion, m
— ذات سطح واحد monoplan, m
— ذات سطحين biplan, m
— سَحابة او شراعية planeur, m
— مائيّة hydravion; hydroplane, m
— صاروخية avion fusée, m
— الصبيان : راية شادن cerf-volant, m
حاملة الطائرات porte-avion, m
△ خادمة طيّاري femme de ménage, f
طائر : واحد الطيور oiseau, m
— : سابح في الهواء volant, e
— : في الهواء au vol
— الصيت célèbre; renommé, e
عِلْم الطيور ornithologie, f
مَطار : حظيرة الطيران aérodrome, m
△ مَطْيُور : طايش étourdi, e; écervelé, e
مُستَطير : منتشر répandu, e; dispersé, e
— : متشائم pessimiste
طَيْش . طَيَشان étourderie; légèreté; témérité, f
طاش عن الغرض manquer le but
— : خفّ ونزق être étourdi, e, ou irréfléchi, e
طائش : نَزِق étourdi, e; tête de linotte; écervelé, e
— : على غير هدى sans but; perdu, e
أطَيْش : اسم طائر linotte, f

٭طِيطَوَى: اسم طائر bécasse, f; ⟵chevalier, m

٭طَيْف: خَيال fantôme; spectre, m

— شمسي spectre solaire, m

الرقب الطيفي. مِطياف spectroscope, m

طاف خياله: جاء في النوم apparaître en songes

٭طَيَّنَ الحائط: طلاه بالطين plâtrer

— : لطّخ بالطين enduire de boue

طِين: تراب ممزوج بماء boue, f

— : ملاط △مونة mortier; ou plâtre, m

— خزفي argile; glaise, f

△ — العقد: تنفيخ ⟵intrados, m

△ — : أرض terre agricole, f

زاد في الـ بلّة aller de mal en pis

٭طَيهوج: طائر ⟵ coq de bruyère, m

(ظ)

△ظابط وظبط (في ضبط)

△ظَبَط: وحل fange; boue, f

٭ظبي: غزال daim; cerf, m

— عربي: اعفر gazelle, f

— : ذكر الغزال daim chevreuil, m

ظَبْيَة: أنثى الغزال daine; chevrette, f

— : فتاة jeune fille, f

٭ظَرِبَان: عِرسة منتنة putois, m

٭ظُرَر. ظِرّ: حجر كالصوّان (أو هو) silex; ou caillou, m

٭ظَرُفَ: كان ذكيّا être intelligent, e, fin, e, habile

— : كان كيّسا être gracieux, se, ou coquet, te

ظرّفَ: زيّن embellir; parer

△ — : غلّفَ envelopper

تَظرّفَ. تظارَفَ faire le beau: affecter l'élégance

إستظرَفَ: عدّه ظريفا trouver beau (f. belle), ou gracieux, se

ظَرْف: وعاء récipient, m

— : غلاف ⟵enveloppe, f

△ — أو كاس البيض coquetier, m

— : △خرطوشة cartouche, f

— : حالة circonstance; condition, f

— زمان أو مكان (في النحو) adverbe, m

— . ظَرافة: كياسة grâce; élégance, f

ظُروف مخففة circonstances atténuantes, f.pl

— مشدّدة circonstances aggravantes, f.pl

ظَرْفي: مختص بظرف الزمان أو المكان adverbial, e

— ٠ بيّنة أو دليل preuve muette, ou indirecte, f

ظَرِيف: كيّس gracieux, se; gentil, le; accort, e

٭ظَفِرَ به وعليه remporter; vaincre; avoir le dessus de

— بمطلوبه : فاز atteindre ; obtenir
ظَفَّرَ . أظْفَرَ rendre victorieux, se
ظُفْر . أظْفُور الأصبع ongle, m
— الطير أو الحيوان serre ; greffe ; patte, f
ظَفَر : نصْر . غلبة victoire, f ; triomphe ; succès, m
ظَفِر . ظافِر . مُظَفَّر victorieux, se ; triomphant, e
أظْفُور نَباتي : سلك نباتي vrille, f ; cirre, m
☆ ظلّ (في ظلل) ☆ ظلام (في ظلم)
☆ ظِلف : ظفر الحيوان المجترّ corne, f ; ongle, m
من ذوات الأظلاف bisulque ; bisulce
☆ ظَلَّل . أظَلَّ : ألقى عليه ظلّه ombrager ; étendre son ombre sur
— . — : ستر abriter
— الرسم ombrer
تَظَلَّلَ . إستظَلَّ بالشيء se mettre à l'ombre de
ظَلَّ : دام durer ; rester
ظِلّ الشيء : خياله ombre, f
— : فيء ombre, f ; ombrage, m
— هندسي tangente, f
ظَلِيل . مُظِلّ . مُظَلَّل ombragé, e ; ombreux, se
ظُلَّة : تَندة auvent, m ; tente ; marquise, f

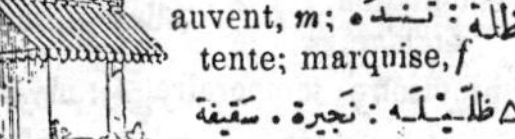

△ ظلّيلة : تخيرة . سقيفة appentis ; hangar, m

مَظَلَّة : شمسيّة ombrelle, f ; parapluie [pépin], m
عيد الـ (عند اليهود) fête du tabernacle, f
— واقية : مِهبطة parachute, m
جندي الـ parachutiste, m
☆ ظَلَم : أساء إلى faire du tort à ; porter préjudice à
— : جار على opprimer ; léser
ظَلِمَ . أظلم s'assombrir ; s'obscurcir
تَظَلَّمَ : شكا (من ظلم) se plaindre de
إنظَلَم : وقع عليه الظلم souffrir, *ou* subir, une injustice
ظُلْم : ضِدّ عَدْل أو إساءة injustice ; iniquité, f ; *ou* tort, m
— : عسف oppression ; tyrannie, f
ظلْماً : جوراً injustement ; à tort
ظالِم : ضِدّ عادل injuste ; inéquitable
— : عاتٍ tyran ; oppresseur, m
ظُلْمة . ظَلام : ضِدّ نور obscurité, f ; ténèbres, f.pl
بَحْر الظُلمات : المحيط الأطلسي l'Atlantique
ظُلامة . مَظلِمة : ظلم واقع injustice, f
△ — . — : شكوى من ظلم plainte, f ; grief, m
ظَلِيم : ذكر النعام le mâle de l'autruche, m
— . مَظْلُوم lésé, e ; victime d'une injustice ; opprimé, e
مُظْلِم : ضِدّ مُنير sombre ; obscur, e ; ténébreux, se

*ظَمَأ . ظَمَاء : عَطَش — soif, *f*
ظَمِيَ . ظَمْآن . ظَامِئ : عطشان — altéré, e; assoifé, e
ظَمِيَ : عطش — avoir soif;
*ظَنَّ : إفتكر أو حسب — croire; penser; *ou* s'imaginer; supposer
— به . ظنّه . أظنّه : إتّهمه — soupçonner
ظَنّ : فكر — opinion; idée, *f*
— : تخمين — supposition; présomption, *f*
ظِنّة . مَظِنّة : ريبة . شك — soupçon; doute, *m*
ظَنُون : سيّئ الظن — soupçonneux, se; défiant, e
*ظَهَرَ : بانَ — paraître; apparaître
— : بدا . لاحَ — paraître; sembler
— : اتّضحَ — il appert; se manifester
— : خرج — émerger; surgir; sortir
— المرضُ : فشا — se déclarer; éclater; sevir
— عليه : غلبه — avoir le dessus sur; vaincre
△ظهّرَ الصكّ المالي — endosser
ظَاهَرَ : عاون — aider; assister; venir en aide de
أَظْهَرَ : كشف — divulguer; révéler; mettre à jour
— : بيّنَ — faire voir; montrer
— : أبدى — montrer; manifester; exhiber
— : أعلن — proclamer; déclarer
— : أوضح — exposer; expliquer; éclaircir

تظاهر بالأمر : أظهره — manifester
— القومُ : تعاونوا — il se sont secourus
— بكذا : ادّعاه — feindre; simuler; affecter
— بالشجاعة — craner
تظاهروا : قاموا بمظاهرة — faire une manifestation
إستظهر على — avoir le dessus sur; surmonter
— به : إستعان — demander, *ou* recevoir, l'aide de
— الدرسَ — apprendre par cœur
ظَهْر : ما يقابل البَطْن — dos, *m*
— الشيء : سطحه — surface, *f*; dessus, *m*
— الشيء : قفاه — revers; inverse; envers; dos; derrière, *m*
— الصفحة — verso, *m*
— المركب : سطحه — pont, *m*
△ — : حديد مسكوب — foute, *f*
على — القلب او اللسان — de mémoire; par cœur
ظهراً لبطن — sens dessus dessous
بين ظهرانيهم — au milieu d'eux; parmi eux
ظُهْر . ظُهَيْرة : منتصف النهار — midi, *m*
بعد الـــ — après-midi, *m*; (*p.m*)
قبل الـــ — avant-midi, *m*; (*a.m*)
ظِهَارَة الثوب : غير بطانته — extérieur d'un habit, *m*
ظُهُور : ضدّ إختفاء أو غياب — apparition; manifestation, *f*
حُبّ الـــ أو التظاهر — ostentation, *f*; étalage, *m*
△ظهورات : وقتي — provisoire; temporaire
ظَهِير : معين — soutien; aide, *m*

— (في كرة القدم) arrière, *m*

ظاهِر: ضدّ داخِل أو باطِن extérieur; dehors, *m*; face, *f*

— : واضِح manifeste; évident, e; clair, e

— : خلاف الحقيقي ostensible

— : بادٍ apparent, e; visible

في الـ . على ما يظهر en apparence

في الـ . ظاهراً ostensiblement; apparemment

من الـ : من الخارج extérieurement; de dehors

ظاهري : خارجي extérieur, e; externe

— : سَطْحي externe; superficiel, le

ظاهِرة : منظر. صورة phénomène, *m*

— جوية météore; météore atmosphérique, *m*

ظواهر الكهرباء les phénomènes de l'électricité

عِلم الظواهر الجويّة météorologie, *f*

إظْهار: كَشْف révélation; manifestation; divulgation, *f*

— : ضِدّ إخفاء démonstration; exposition, *f*

— : عَرض exhibition, *f*; étalage; déploiement, *m*

— : إعلان déclaration, *f*

△ تظهير الصكوك المالية endos; endossement, *m*

مَظْهَر apparence, *f*; aspect; air, *m*

مُظاهَرة : معاونة appui; soutien, *m*

— : اجتماع احتجاجي manifestation; démonstration, *f*

•••ooo•••

(ع)

∘ عائلة (عيل) ∘ عاب (عيب) ∘ عاتٍ (عتو)
∘ عاتق (عتق) ∘ عاث (عيث) ∘ عاج (عوج)
∘ عادَ (عود) ∘ عادٍ (عدو) ∘ عادة (عود)
∘ عارٌ ∘ عارَ (عير) ∘ عارٍ و عارية (عرى)
∘ عارض (عرض) ∘ عارك (عرك) ∘ عارية (عور)
∘ عاز (عوز) ∘ عازب (عزب) ∘ عاس (عوس)
∘ عاش (عيش) ∘ عاشر (عشر) ∘ عاصفة (عصف)
∘ عاصمة (عصم) ∘ عافَ (عيف) ∘ عافاك و
∘ عافية (عفو) ∘ عاق (عوق) ∘ عاقٌّ (عقق)
∘ عاقب (عقب) ∘ عالَ (عول) ∘ عالٍ (علو)
∘ عالة (عول) ∘ عالج (علج) ∘ عامَ ∘ عامٌ (عوم)
∘ عامّ (عمم) ∘ عامل (عمل) ∘ عانة (عون)
∘ عانى (عنى) ∘ عاهد (عهد) ∘ عاهر (عهر)
∘ عاهل (عهل) ∘ عاهة (عوه) ∘ عاون (عون)
∘ عايق (عوق) ∘ عاين (عين) ∘ عبّ (عبب)

∘ عبّأ الجيش : حَشَدَه وجهّزه mobiliser

△ — : ملأ remplir

لا يُعبأ به sans importance, *ou* conséquence; négligeable

عِبْء : حمل fardeau, *m*; charge, *f*

— الاثبات la charge de la preuve

عَباءة : رداء شرقي معروف surtout; manteau oriental ample, *m*

تَعبئة الجيش mobilisation, *f*

(عبب) عبّ الماء : △ قَبّه lamper; boire à longs traits

عُباب . يَعْبوب : معظم السيل torrent, *m*

*عَبَثَ : خَلَطَ mélanger ; mêler
عَبِثَ : لَعِبَ وهزل badiner
— بالشيء se jouer de; s'amuser avec
عَبَثٌ : لعبٌ وهزل badinage, m
— : باطل frivolité, niaiserie, f
عبثاً : سُدًى en pure perte; inutilement
*عَبَدَ اللهَ (او غيره) adorer
عَبَّدَ . إِسْتَعْبَدَ asservir; assujettir
— الطريقَ : مَهَّدَه paver
تَعَبَّدَ : تَفَرَّغ للعبادة se vouer au culte
عَبْد : ضدّ حُرّ esclave
Δ — : زنجيّ nègre, m; négresse, f 
عَبَّاد الشمس : نبات وزهره tournesol; hélianthe, m
عِبَاد . العباد : الناس l'humanité, f; le genre humain, m; les hommes; les humains, m.pl
عِبَادَة adoration, f; culte, m
— الأوثان idolâtrie, f
— الحيوانات zoolâtrie, f
عَابِد : مقدّم العبادة adorateur, rice
— وثن païen, ne; idolâtre
عُبُودَة . عُبُودِيَّة : ضدّ حرية esclavage, m; servitude, f
إِسْتِعْبَاد asservissement, m; servitude, f
تَعَبُّد dévotion, f

مَعْبَد (كنيسة ، جامع ، كنيس ، الخ) établissement du culte, m; (église, mosquee, temple)
— اليهود synagogue, f; temple, m
مُعَبَّد : ممهّد pavé, e; frayé, e
مَعْبُود adoré, e
— : الاه dieu, m; idole; divinité, f
*عَبَرَ النهر وغيره : قطعه وجازه traverser; passer; franchir
— : مرَّ . فات passer par
— . عَبَّرَ : فسَّر expliquer; interpréter
— . — : قَدَّرَ faire cas de
عَبَّرَ عمّا في نفسه s'exprimer
إِعْتَبَرَ : عدَّ . حسب considérer, ou regarder, comme; estimer
— الرجلَ : إعتدّ به وأكرمه estimer; respecter; faire cas
— به : إتّعظ prendre comme leçon
عَبْر : مرور passage, m
— النهر à travers la rivière
عِبْرَانِي . عِبْرِي hébreu, a.m; hébraïque
اللغة العبرية l'hébreu, m; la langue hébraïque, f
عَبْرَة : دمعة larme, f
عِبْرَة : عظة leçon, f; exemple; avertissement, m
عِبَارَة : تعبير . شَرْح explication, f; éclaircissement, m
— : بيان . اسلوب التعبير style, m; diction, f
— : جُملة صغيرة دالة على معنى locution; phrase, f
— (في الجبر) terme, m

عبارة عن كذا c'est; cela est; c.a.d

عُبُور : إجتياز. قطع passage, m; traversée, f

— البضائع ترانسيت transit, m

عَبِير : رائحة طيبة أو نكهة parfum; bouquet, m; bonne odeur, f; ou arome, m

عَابِرٌ : مجتاز (بضاعة) en transit

— : مارٌّ passager, ère; passant, e

إعتِبَار : إحترام أو إعتداد respect; égard, m; estime; considération, f

△ — : خصوص rapport; égard, m

يستحق الـ △ معتبر respectable

رَدُّ الاعتبار (في القضاء) réhabilitation, f

تعبير : شرح explication, f

— : ابانة expression; manifestation, f

وبتعبير آخر en d'autres termes

مِعْبَرة : مَعْدِيّة bac, m

☆عَبَسَ : قطّب وجهه froncer les sourcils; se renfrogner; se refrogner

عَبْس. عُبُوس. عبوسة renfrognement; air refrogné, m; grise mine, f

عَبُوس. عَابِس refrogné, é; rechigné, e; rébarbatif, ve; austère

☆عَبَطَ . إعتَبَطَ الأمرَ : فعله إعتباطاً faire qc au hasard

△ — : حضن étreindre; serrer entre les bras, ou dans ses bras

△ عَبِيط : هبيت idiot, te; sot, te; bête

إعتِبَاطاً : عفواً par hasard;

☆عَبِقَ المكانُ بالطيب او الدخان sentir (le parfum, la fumée, etc); être imprégné, e de

— الطيبُ به : لزق adhérer à

عَبِقٌ . عَابِق : فائح odorant, e; odoriférant, e

عَبَق. عَبَاقَة. عَبِيق senteur, f; parfum, m

△ عَبْقَة صدرٍ oppression, f

— : كتمة الهواء lourdeur, f

☆عَبْقَرِيٌّ : نابغ ingénieux, se; doué, e; talentueux, se

إنسان — او عبقريّة génie; talent, m

△ عَبَك : نسيج صوفي رخيص camelot, m

☆ عَبْلٌ : ضخم grand, e

△ عَبَل : اثْل (نبات) tamaris; tamarisc, m

عَبَّال : وَرْد جبلي églantine, f

أعْبَل . حَجَر اعبل : جرانيت granit, m

☆عَبَّى الجيشَ : عبأه mobiliser

△ — : حشى farcir; charger; fourrer; bourrer

عَبَايَة . عَبَاءَة manteau oriental d'homme, m

△ عُبُوَّة : ملء charge, f; plein, m

عبء الضريبة fardeau fiscal, m

△ — العقد : تصلية خشبية يُبنى عليها cintre, m

☆ عبير (عبر) ☆ عبيط (عبط) ☆ عتّال (عتل)

☆عَتَبَ (على) . عَاتَبَ : لام reprocher à; blâmer

△ عَتَّبَ بَاباً : دخله franchir un seuil

عَتْب . عِتَاب . مُعَاتَبَة reproche; blâme, m

تعاتبا se faire mutuellement des reproches

△عَتَب البناء : عارضة تحمل حائطاً poitrail; sommier, *m*

عَتَبة الباب السفلى seuil; pas, *m*

— الباب العليا linteau, *m*

— سلّمة marche, *f*; pas, *m*

☆عَتُدَ : عَتاد : ما أُعِدّ لأمرٍ ما équipement; outillage, *m*

عَتيد : حاضر . مهيّأ prêt, e; préparé, e

— : قريب الحدوث imminent, e; prochain, e

☆عَتَقَ . عَتُقَ : صار عتيقاً vieillir; devenir vieux (*f.* vieille)

— ت و — ت الخمر mûrir

△— . أعتَقَ : حرّر libérer; émanciper; délivrer de; affranchir

عَتَّقَ الخمرَ laisser vieillir le vin

عِتْق : تحرير émancipation; libération, *f*; affranchissement, *m*

— . عَتاقة : قدم ancienneté; vétusté; antiquité; vieillesse, *f*

عَتيق : قديم vieux (*a.f.* vieille); ancien, ne; antique

— . مُعْتَق . مَعْتوق libre; libéré, e; affranchi, e

عتيقة . مُعتَّقة (خمر) vieux (vin)

عاتِق : كتف épaule, *f*

— الجملون poinçon, *m*

ألقى على عاتقه rendre qn responsable de

أخذ على عاتقه se charger de

△عُتقيّ : إسكاف savetier, *m*

☆عَتَلَ : حمل porter

عَتَلة pince monseigneur, *f*; levier, *m*

عَتّال : حمّال △شيّال portefaix, *m*; porteur, se

عِتالة port; portage; factage, *m*

☆عتَمَ . عَتَّمَ . أعتَمَ : أبطأ tarder

△عتّم [٢] : أظلم s'obscurcir; s'assombrir

عُتْمة : شجرة زيتون برّي olivier sauvage, *m*

عَتْمة : ظُلْمة obscurité, *f*; ténèbres, *f.pl*

عَتامة : ضدّ شفوف opacité, *f*

مُعْتِم : مُظلم sombre; obscur, e

☆عُتِهَ : نقص عقله devenir fou (*f.* folle), insensé, e, idiot, e

عُتْه . عته . عَتاهة idiotie; imbécillité; démence, *f*

مَعْتوه : ناقص العقل idiot, e; imbécile; sot, te

☆عُتُوّ . عُتِيّ : إستكبار arrogance; insolence; présomption, *f*

عَتا être arrogant, e, *ou* insolent, e

عاتٍ : مستكبر insolent, e; arrogant, e; présomptueux, se

— : قوي . شديد violent, e; despote

بلغ من العمر عتياً atteindre un âge avancé

☆عتيد (في عتد) ☆ عتيق (في عتق)

☆عُثّ : سوس (واحدته عثّة) teigne; mite; gerce, *f*

مَعْثوث : فيه عثّ mité, e; rongé, e des mites

☆عَثَرَ : زلّ وسقط trébucher; faire un faux pas

— على : إكتشف trouver; découvrir

عَثَّرَ. أَعْثَرَ: جعله يعثر faire trébucher qn
عَثْرَة: سقطة chute, f
— : زلّة faux pas, m
حَجَر — . عِثار pierre d'achoppement, f; écueil, m
حظّ عاثِر guigne; malchance, f
☆ عُثْماني ottoman, e
☆ عَثَى. عَثا: ارتكب commettre des crimes; faire le mal; perpétrer
☆ عَجِبَ له ومنه. تَعَجَّبَ واسْتَعْجَبَ منه être étonné, e de; s'étonner de
أَعْجَبَ. عَجَّبَ étonner; surprendre
— : سرّ وأرضى plaire
أُعْجِبَ به admirer
— بنفسه être infatué, e de soi-même
عُجْب: زهو وكبر infatuation; fatuité; vanité, f
يتيه عُجباً بكذا il est fier de; s'enorgueillir
عجَب. تعجُّب surprise, f; étonnement, m
عَجيب. عُجاب: مدهش surprenant, e; étonnant, e
— : يدعو إلى الاعجاب merveilleux, se; admirable
— . عجائبي: يأتي بالمعجزات miraculeux, se
عجيبة: معجزة miracle, m; ou merveille, f
معْجب بذاته أو بنفسه fat, m; vaniteux, se
☆ عَجَّجَ البيت من الدخان remplir de fumée
عَجَّ: صاح ورفع صوته gueuler; crier; vociférer
— المكان بكذا fourmiller de

عَجٌّ. عَجيج: صياح vocifération; clameur, f; cris, m.pl
عَجاج. عَجاجَة: دخان أو غبار fumée; ou poussière soulevée, f
عَجّاج: صيّاح criard, e; bruyant, e
عُجّة البيض omelette, f
☆ عَجَرٌ: نتوء protubérance; saillie, f
△ عَجْر: لم ينضج vert, e; non mûr, e
عُجْرَة: عقدة nœud, m; bosse; pomme, f
— : درنة tubercule, m
△ عَجُّور: فقّوس melon vert, m
☆ عجرفة: تكبّر arrogance; fierté, f; orgueil, m
تَعَجْرَفَ: تَكَبَّر être arrogant, e, hautain, e orgueilleux, se,
مُتَعَجْرِف: متكبّر hautain, e; altier, ère; arrogant, e; fier, ère
☆ عَجَزَ عن كذا être incapable de, ou impuissant, e à
— : كانَ ضعيفاً être trop faible pour
عَجُزَ. عَجَزَ: صار أو صيّر عجوزاً vieillir
— . أَعْجَزَ: صيّره عاجزاً rendre incapable; estropier
△ — : نقص avoir un déficit
أعجز في القول faire des merveilles d'éloquence
عَجْز: ضعف incapacité; faiblesse, f
— : قصور faiblesse, f
△ — : نَقْص déficit; manquant, m
— . عَجُز: مؤخر الشيء أو الجسم postérieur; derrière; croupion, m

—وــ بيت الشِّعر dernier mot d'un vers, m

△عَجزٌ. عُجُوز: كبر السن vieillesse, f

عِجازَة: أرداف مستعارة ←tournure, f

عَجُوز: إمراة مُسِنَّة vieille; vieille femme, f

— : رَجُل كبير السن vieux; vieillard, m

عَاجِز: ضَعيف faible; incapable; impuissant, e

— : مُقعَد invalide; impotent, e; perclus, e; estropié, e

— عن كذا incapable de; inapte à

△ — : أعمَى. ضَرير aveugle

مُعْجِز: عجيب miraculeux, se

مُعْجِزَة: أعجوبة miracle, m

إعجاز éloquence d'un discours, f

☆عَجَّلَ. عَجِلَ. تَعجَّلَ △إستَعجَلَ se hâter; s'empresser

—. إستَعجَلَ ٢. أعجَلَ: إستحثّ presser; accélérer; hâter; dépêcher; pousser; précipiter

عَاجَلَ: سَبَق devancer; aller au devant

عَجِلٌ: مُسْرِع rapide; accéléré, e

عِجْل: ولد البقرة (او الجاموسة) veau, m; génisse, f

— كبير △جندوس bouvillon, m

— البحر phoque; veau marin, m

عَجَل. عَجَلة. إستعجال: سُرعَة hâte; diligence; vitesse, f

عَجَلة ٢: تَسَرُّع précipitation, f

— : دولاب ←roue, f

— : دَرَّاجة (انظر درج) bicyclette, f; [vélo], m

— : عربة charrette; voiture, f

△ — موبيليا ←roulette, f

عَلَى عَجَل. بِعَجَلة vite; rapidement; en vitesse; précipitamment

△عَجَّالي: لحم العِجول △كندوس او لبَّاني de veau; veau

عَجُول: متسرّع téméraire

—. عَجِيل: مسْرِع vite; rapide; expéditif, ve

عَاجِل: ضد آجل présent, e; immédiat, e; prompt, e

عاجلاً: حالاً présentement; immédiatement

عاجلاً أم آجلاً tôt au tard

عَاجِلَة: △قطار الاكسبرس express; train express, m

مُعَجَّل △ مستعجل: يستلزم السرعة urgent, e; pressé, e

— : ضِدّ مؤجَّل d'avance; en avance

△مستعجل ٢: مُسْرِع pressé, e

معَجِّل: مسرع. هذَّاف accélérateur, m

☆عَجَمَ: امتحن واختبر essayer; éprouver

أعجَمَ: فسَّر expliquer; éclaircir

عَجَم: فُرْس Persans; Iraniens, m.pl; Persanes; Iraniennes, f.pl

—. عُجْم: خِلاف العرب étrangers, m.pl

عَجَمٌ : فُرْس; Persans; Iraniens, *m.pl*; Persanes; Iraniennes, *f.pl*

— عُجْم : خِلاف العرب étrangers, *m.pl*

بلادالـ — : ايران la Perse, *f*; Iran, *m*

عَجْماء : بهيمة bête; brute, *f*

عُجْمَة: ابهام وعدم افصاح اولكنة barbarisme; galimatias; accent étranger, *m*; ambiguïté, *f*

عَجَمِيٌّ : منسوب إلى العجم persan, e; de perse; persique; iranien, ne

أعْجَمِيٌّ : غَرِيب étranger, ère

أعجَم . أعجَميٌّ ٢ : ليس بعربي non arabe

— : اخرس muet, te

— : غير عاقل non pensant, e

مُعْجَم : مُبْهَم obscur, e; ambigu, ë

— : قاموس dictionnaire; lexique, *m*

* عَجَنَ . إعتَجَنَ الطحين pétrir

عِجَان (في التشريح) périnée, *m*

عَجِين . عَجِينَة pâte, *f*

مِعجَن : ما يُعجن فيه pétrin, *m*

△ مَعجَنَ الثقبَ : ملأه بالمعجون mastiquer

مُعَجَّنَات : فطائر patisserie, *f*

مَعجُون : مَجْبُول pétri, e

△ — : لِيقَة (لسد ثقوب الخشب وغيره) mastic, *m*

— الأسنان (لتنظيفها) dentifrice, *m* et *a*

* عجَّة (في عجج)

* عجوة : تَمْر مَكبُوس dattes comprimées, *f.pl*

* عدٌّ (في عدد) * عدا (في عدو)

* عَدَّدَ الميتَ : عدَّ مناقبه . ابَّنَهُ faire le panégyrique d'un mort

— : أحْصَى énumérer; nombrer

عددتُهُ صادقاً je l'ai cru sincère

أعَدَّ : هَيَّأ préparer; apprêter; disposer pour

معدَّات préparatifs; apprêts, *m.pl*

عَدَّ : حَسَبَ compter; calculer

— : ظن . حسب considérer; juger; croire

تعدَّدَ : كثر عدده être nombreux, se; *ou* se multiplier

إعتَدَّ بنفسه être confiant, e en soi-même

لا يُعْتَدُّ به insignifiant, e; minime

إستَعَدَّ : تهيَّأ se préparer; s'apprêter; être préparé, e, *ou* prêt, e

عَدٌّ : حَسْب compte; calcul, *m*; action de compter

— . عَدَدٌ : إحصاء énumération, *f*

عَدَدٌ ٢ : رقم nombre; chiffre, *f*

— : △ نمرة numéro, *m*

— اصلي دال على الكمية nombre cardinal, *m*

— اصم . مسمى nombre concret, *m*

— اوّلي nombre premier, *m*

— زوجي nombre pair, *m*

— فردي nombre impair, *m*

— صحيح nombre entier, *m*

— مُبْهَم nombre abstrait, *m*

— ترتيبي : مشتق nombre ordinal, *m*

— قانوني quorum, *m*

— خاص (من جريدة) un numéro spécial

عَدَدي : رقمي numéral, e; numérique
عُدَّة : إستعداد préparation; disposition, f
— : جهاز . عتاد trousse, f; attirail; équipement, m
عِدَّة : جملة plusieurs
△ — : آلة △ مَكِنَة machine, f
△ — : أداة instrument; outil, m
△ — الحصان وغيره selle, f
عِدَاد : قِرْن pareil, le; égal, e
في عدادهم : واحد منهم l'un d'eux
△عدّاد . عادّ (أو آلة العَدّ) compteur, m
عَدِيد : معدود compté, e
— . متعدِّد : اكثر من واحد plusieurs
— : كثير العدد nombreux, se; multiple
عَدَدِيَّة . عُشرِيَّة algorithme, m
إعْداد : تهيئة . تحضير préparation; disposition, f; apprêtement, m
إعداديّ : تحضيريّ préparatoire
إستِعداد : أهبة préparation, f; état de préparation, m
— : ميل . قابلية tendance; aptitude; disposition, f
— لمرض أو غيره prédisposition, f
تعدُّد : كثرة العدد multitude, f; grand nombre, m multiplicité
— الأزواج الرجال : ضِماد polyandrie, f
— الزوجات : ضِرّ polygamie, f
— الآلهة : شِرك polythéisme, m
— التُهم pluralité des infractions, f
تعداد : إحصاء calcul; compte; dénombrement, m
— الأنفس : إحصاء السكان recensement, m

مُعَدّ : مُهَيّأ préparé, e; prêt, e; apprêté, e
مُعَدِّدة : رثّاية pleureuse professionnelle, f
مُعتد بنفسه présomptueux, se; fier, ère; suffisant, e
متعدد ٢ : كثير العدد nombreux, se
— الأشكال multiforme; polymorphe
— الأضلاع : مضلع polygone, m
— الألوان multicolore; polychrome
— الجوانب أو السطوح polyèdre
— المقاطع (لفظ أو كلمة) polysyllabe
مُستَعِدّ : حاضر . متأهب prêt, e; préparé, e; disposé, e
— لمرض أو غيره prédisposé, e à
٭عَدَس : نبات وحبّه (واحدته عدسة) lentilles, f.pl
عَدَسَة ٢ . عَدَسِيَّة (زجاجيّة) lentille, f
— مكبّرة loupe, f
٭عَدَلَ . عدّلَ . أعْدَلَ : قوّم redresser; rendre droit, e
— : أنصف être juste; prononcer un arrêt équitable
— عن رأيه renoncer; changer d'avis
عَدَّلَ ٢ : سَوّى égaliser; ajuster; équilibrer; redresser
— الحكم commuer
عَدُلَ être juste, *ou* équitable
عَادَلَ : وازن contre-balancer; faire équilibrer
— : ساوى égaler; égaliser

إِعْتَدَلَ : استقام — être droit, e; se redresser
— : تَوَسَّطَ بين حالين — être modéré, e, ou tempéré, e
عَدْل: تعديل . تَقْوِيم — redressement, m
—. عَدَالَة : ضِدّ ظُلْم — justice; équité, f
—. عَادِل : ضِدّ ظالم — juste; équitable
بِـ. عدلا — équitablement 
عِدْل : غرارة — sac, m
—. عَدِيل . معادل : نظير . مثيل — égal, e; pareil, le
△عَدِيل ٢ : سِلْف — beau-frère, m
إعتدال : إستقامة. ضِدّ إعوجاج — rectitude, f
— : تَوَسُّط بين حالين — modération, f
— الخلق — droiture, f
— المناخ (الطقس) — état tempéré, m; douceur du climat, f
— القوام — sveltesse, f
زَمن الـ الشمسي — équinoxe, m
تَعديل . تَقْوِيم — égalisation, f
— : تحوير . تحويل — modification, f
— : تسوية — ajustement; nivellement, m
— الأحكام وغيرها — commutation, f
— الضرائب — réimposition, f
— وزاري — remaniement ministériel, m
تَعادُل . مُعادَلة : تناسُب — proportion; symétrie, f; rapport, m
—. — : تساوٍ — égalité; équivalence, f
—. — : توازن — équilibre, m
مُعادلة ٢ جبريّة — équation, f

مُعَدَّل : مقوَّم — redressé, e
— : محوَّر — modifié, e
— : متوسّط — moyen, ne
△ — : نسبة — proportion, f; taux, m
— : نصف قطر العمود — module, m
مُعتَدِل : مستقيم . غير معوج — droit, e
— : ضِدّ متطرّف — modéré, e; tempéré, e; normal, e
المنطقة المعتدلة — zone tempérée, f
مُتَعادِل : مُتساوٍ — égal, e
✡عَدِمَ الشيءَ : فقدهُ — perdre qc; être privé, e, ou dénué, e de
عُدِمَ △إنعدَمَ : فُقِدَ — manquer; disparaître
أَعْدَمَ : افتقر — tomber dans la misère
ـــهُ الشيءَ : افقدهُ اياهُ — priver de
ـــهُ الحياة : اماته — faire mourir
— : اباد — anéantir; détruire, annihiler
عَدَمٌ : ما لا وجود له — néant; rien, m; inexistence; non-existence; absence totale, f
—. عُدْم : فقدان — perte, f; manque; défaut, m
△رجل — . — un homme nul
عَدَمِي : لا شيئي — nihiliste, n et a
عدميّة: لاشيئيّة ○نِيهِلِستيّة — nihilisme, m
عَدِيم كذا : مجرَّد منه — privé, e de; dépourvu, e de; démuni, e de
— الحياة — inanimé, e; sans vie
— الخوف — sans peur
— القوّة — impuissant, e; sans force

∆عادِم : غير مَوْجُود — inexistant,e

∆ — : ضائع . تالِف — perdu,e

∆ — : لايمكن تحصيله (كَدَيْن) — irrécouvrable

إعْدَام : إفناء — annihilation; destruction, f; anéantissement, m

— : قَتْل — meurtre; massacre, m

الحكم بالـ — peine de mort: peine capitale, f

تنفيذ حكم الـ . — exécution; mise à mort, f

مَعْدُوم : غير موجود — inexistant,e; non-existant,e

— : فاقد — perdu,e; manquant,e

☆عَدَنَ : استخرج المعادن من الأرض — exploitet, ou travailler dans une mine

عَدْن : جنّة عدن — Eden; paradis, m

تَعْدِين : إستخراج المعادن من منابتها — exploitation des mines, f

مَعْدِن : منبت الجواهر المعدنيّة . منجم — mine, f

— : منبت . اصل — source; origine, f

— (كالحديد والنحاس والذهب) : فِلِز — métal, m

— : ما ليس بحيوان او نبات — minéral, m

مَعْدِني : من معدن — métallique

— : غير نباتي او حيواني — minéral,e

زيت او ماء — . — huile, ou eau, minérale

عِلم المعادن — minéralogie, f

عِلم استخراج المعادن وتحضيرها — métallurgie, f

مُعَدِّن : مستخرج المعادن من منابتها — mineur, m

☆عِدَّة (في عدد)

☆عَدْو : رَكْض — course, f

عَدُوّ : مُعاد — ennemi,e

عُدْوان : ظُلْم — injustice; oppression, f

عَدْوَى : انتقال المرض وامثاله — contagion; contamination, f

— وبائية (تنتقل بالماء او الهواء) — infection, f

عَدَا : جَرَى — courir; se mettre à courir

∆ — . أعدى : أصاب بالعدوَى — infecter; empester; contaminer

عَدَّى الفعلَ : جعله متعدياً — donner à un verbe une signification transitive

∆ — : فات . اجتاز — passer; traverser

عَادَى فلاناً — devenir l'ennemi,e de

تَعَدَّى : جاوز الحدّ — dépasser (les bornes ou les limites); transgresser

— : خالف (القوانين والشرائع) — violer; enfreindre; contrevenir à

— عَلَى حقه — empiéter sur les droits de qu

— واعتدَى عَلَى : ظلم — léser; faire tort; maltraiter

— . — عَلَى : بادأ بالشرّ — attaquer

إعتدَى عَلَى حياة فلان — attenter à la vie de

إنْعَدَى بِكذا — attraper (un rhume); être contaminé,e

— منه — contracter (une maladie) de qn

عَدَا . ماعَدَا : ما خلا — excepté,e; hormis; hors, sauf

عَداء . عداوة : خصومة — inimitié; animosité; hostilité; haine, f

عدائي — hostile; agressif,ve; inamical,e

عَدَّاء : جَرَّاء — coureur,se

عادٍ : راكض — qui court; courant,e

إعْتِدَاء . تعدٍّ : مبادأة بالشرّ — agression; attaque, f

تَعدٍّ : مخالفة الشرع contravention à la loi

— : مجاوزة الحدّ transgression, *f*; empiétement, *m*

مُعْدٍ : ينتقل بالعَدْوَى contagieux, se

مُعْتَدٍ . مُتَعَدٍ : بادئٌ بالشرّ agresseur, *m*

مُتَعَدٍّ : ضد لازم (في النحو) transitif (verbe)

مُعَدِّية : معبر النهر bac; bachot, *m*; chaloupe, *f*

اجرة الـــ bachotage; pontonage, *m*

☆ عَذُبَ : كان حُلواً être doux, ce, *ou* agréable

عَذَّبَ : أوقع به العذاب tourmenter; faire souffrir; torturer

تَعَذَّبَ : تألّم souffrir; être au supplice; endurer

عَذْب : حُلو doux, ce

عَذَبَة : رساعة △ شُرّابة ←— houppe, *f*; gland, *m*

عَذاب : ألم souffrance; torture, *f*; tourment; supplice, *m*

عُذُوبة : حلاوة douceur, *f*; délice, *m*

تعذيب : إيلام torture, *f*; action de tourmenter, *ou* de faire souffrir

☆ عَذَرَ . أعذر : رفع عنه اللوم excuser

— . — : ختن circoncire

تَعَذَّرَ : تعسّر أو امتنع être difficile, *ou* impossible

إعْتَذَرَ demander pardon; s'excuser; faire des excuses

عُذْر . مَعْذِرة : حُجّة يُعتذر بها excuse, *f*; *ou* prétexte, *m*

عَذْرَاء : بِكْر . بَتول vierge; pucelle, *f*

— : خادرة الحشرة في طورها الثالث nymphe, *f*

مَرْيَم الـــ : أم المسيح (عليه السلام) la Vierge Marie; la Sainte Vierge, *f*

عُذْرة : بَكارة virginité, *f*

عُذْرِيّ : بتوليّ virginal, e; chaste; pur, e

الهوى الـــ amour platonique, *m*

عِذار : حياء timidité; honte; modestie; pudeur, *f*

— : خدّ joue, *f*

خَلَعَ ـــه se dévergonder; devenir effronté, e; il a rejeté toute honte

خالِع الـــ débauché, e; libertin, e

مَعْذِرَة : صَفْح pardon, *m*; grâce, *f*

مُتَعذِّر : عَسِر أو ممتنع difficile; *ou* impossible

تعذُّر difficulté, *ou* impossibilité, *f*

معذور excusé, e; excusable

☆ عِذْق : بَرْمة . شمروخ ←— régime, *m*

☆ عَذَلَ . عَذَّلَ : لامَ blâmer; reprocher;

عَذْل . عَذَل : ملامة blâme, *f*; reproche, *m*

عَذول . عاذِل censeur; critique, *m*; désapprobateur, rice

☆ عرٌّ (عرر) ☆ عراء (عري) ☆ عرّاب (عرب)

☆ عَرُبَ : كان عربيّاً être d'origine arabe (homme); être de bon arabe (langage)

عَرَّبَ : نقل الى اللغة العربية traduire en arabe

— . أَعْرَبَ اللفظ الأعجمي : صيّره عربيًّا — donner une forme arabe (à une expression); arabiser

— . — عن حاجته : عبَّر — s'exprimer; exprimer (son désir)

— . — الجملة : حلّلها — analyser

تَعَرَّبَ . اسْتَعْرَبَ : تشبه بالعرب — adopter les mœurs arabes

عَرَب . عُرْب : سكان بلاد العرب — Arabes

عَرَبِيّ : نسبة الى بلاد العرب — Arabe

— : نسبة الى العرب اولغتهم — arabe; arabique

— : اللغة العربيَّة — l'arabe, *m* : la langue arabe, *f*

— . اعرابيّ : بدويّ — arabe nomade; bédouin, e

تعبير عربي — arabisme, *m*

الجامعة العربية — Ligue Arabe, *f*

عَرَبَة : مركبة — voiture, *f*; fiacre, *m*

— العُرس : مِزفّة (انظر زفف) — voiture de gala, *f*

— سكة الحديد — wagon, *m*

— نقل البضائع : △كارّو — charrette, *f*

— كبيرة لنقل البضائع — camion, *m*

— مستشفى — ambulance, *f*

— نقل الموتى — corbillard; char funèbre, *m*

— نوم (من قطار حديدي) — wagon-lit, *m*

— السجن — voiture cellulaire, *f*

— يد — voiture à bras, *f*

— يد بعجلة واحدة — brouette, *f*

— نقل المواد البرازية — voiture de vidange, *f*

— : عَجَلة : كل ما يسير على دواليب — véhicule, *m*

— الأطفال — voiture d'enfant, *f*

△عَرَبْجي : حوذي — cocher, *m*

△— كارّو — charretier, ère

عَرَّاب : كفيل المعتمد △شبين — parrain, *m*

عرّابة : كفيلة المعتمد — marraine, *f*

إعراب — syntaxe désinentielle, *f*

— : تعبير — expression; énonciation, *f*

— الكلام (في النحو) — analyse (grammaticale) *f*

تَعْرِيب : ترجمة — traduction en langue arabe, *f*

— الكلمة الأعجمية : اعتبارها عربية — introduction d'un mot dans la langue arabe; arabisation, *f*

مُعَرَّب : مقبول كعربي في لغة العرب — arabisé, e

— : مترجم — traduit, e

مُعَرِّب : ناقل . مترجم — traducteur, rice

☆عَرْبَدَ : ساء خلقه — être querelleur, se

— : أحدث شغباً — faire du tumulte, *ou* du vacarme

عَرْبَدَة : مشاغبة — tumulte, *m*; *ou* querelle, *f*

عِرْبِيد . مُعَرْبِد : مشاغب — querelleur, se; tapageur, se; mutin, e

☆عَرْبَنَ : قدّم العربون — donner des arrhes

عُرْبُون . عَرَبُون — arrhes, *f.pl*; gage, *m*

☆عَرَجَ . عَرِجَ — boiter; clocher; clopiner

— : ارتقى — monter

عَرَّجَ: وقف ولبث — faire halte; s'arrêter (dans un lieu)
— على عينه (مثلاً): مال ٥ حود — tourner; virer
— الخط: لوّاه — onduler; zigzaguer
٥ — . أعرج: صيره أعرج — rendre boiteux,se
إنعرجَ: انعطف . مال — s'incliner
عَرَج . عَرَجان: مشية الأعرج — boitement; clochement, m
أعرج — boiteux,se
الـ — (في ورق اللعب) — valet, m
تعريج: انحناء — flexion; courbure, f
مِعرَج . مِعراج: سُلّم نقّال — échelle, f
مُتعرِّج: معوج — zigzagué,e; en zigzag
—: متموّج — tortueux,se; courbé,e; ondulé,e; crochu,e
تعرُّج: تموّج — sinuosité, f
☆ عَرّ . مَعَرّة: عيب أو إثم — déshonneur, m; honte, f
عَرَّ: جلبَ العارَ على — déshonorer; avilir; faire honte à
☆ عُرس: زفاف — mariage, m
وليمة الـ — noce, f; festin de noce, m
ابن — . ٥ عِرسة: كلكسة — furet, m; belette, f
عَروس . عَروسة[1] — nouvelle mariée; la mariée, f
عَروسة[2]: دُمية — poupée, f
عَريس — le marié; le nouveau marié, m

☆ عَرَش ٥ عرّش بالمكان: أقام — demeurer; rester; se fixer
— ٥ — الكرمَ — treillisser; faire un treillis pour la vigne
عَرَّش[2] الكرمُ — grimper sur un treillis
عَرش: سرير الملك — trône, m
—: سَقف — toit, m; toiture, f
— . ٥ تعريشه: ٥ تكعيبة — treillis; treillage, m
أجلسَ على العرش — introniser; mettre sur le trône; couronner
أنزلَ عن العرش — détrôner
٥ عريش[2] العربة: مَيْسِ — timon, m
مُعرَّش . مَعروش — soutenu,e par un treillage
نبات مُعَرِّش — plante grimpante, f
☆ عَرصة الدار: ساحتها — cour; enceinte, f
٥ مُعَرِّص: قوّاد الزاني — entremetteur,se; souteneur; [maquereau], m
☆ عَرَضَ: أظهر — exposer; révéler; mettre au clair
—: بَسَطَ — déployer; étaler; exhiber; exposer
— . طلبَ — proposer
—: قدّم — soumettre; offrir; présenter
— الأمرَ عليه — soumettre à; déférer à
— الشيءَ عليه: أراهُ إياه — montrer; faire voir
— القضيةَ على: أحالها — soumettre l'affaire à ...; renvoyer par devant ...
— رأياً: اقترح — suggérer
— الجندَ — passer en revue
— له كذا: أصابه — arriver; survenir; échoir à

— له فكر : بدا	venir à l'esprit, ou à l'idée
عَرُضَ : ضِدّ طال	s'élargir; être large
عَرَّضَ : جعله عريضاً	élargir
— هُ لكذا : جعله عرضة له	exposer à
— به وله : ذكر ولم يصرّح	insinuer; faire allusion à
عَارَضَ : قاوم اوخالف	opposer; résister à; s'opposer à
— الشيء بالشيء : قابله به	comparer
— : ناقضَ	contredire; démentir; contrecarrer
أعْرَضَ عنه : اجتنبه	éviter; fuir; esquiver
— عن : نبذ	écarter; laisser tomber
— عن الأمر : عدل	abandonner
إعْتَرَضَ لهُ : منعه	empêcher; prévenir être, ou se mettre, en travers de qn
— عَلَى : مانَع	s'opposer à
— عَلَى : اِحتج	protester contre; remontrer
تَعَرَّضَ لكذا : كان عرضة له	s'exposer à; être sujet à
— الأمر وله : تصدّى	s'opposer à
— للأمر : تداخل فيه	intervenir; se mêler de
تَعَارَضَ مَعَ : تصادم	se heurter; être en opposition avec
إسْتَعْرَضَ	passer en revue
عَرْض : تقديم	présentation; proposition, f
— : بَسْط	exposition, f; étalage; déploiement, m
— : ضِدّ طول	largeur, f
— : متاع	biens mobiliers; effets personnels, m pl
خَط الـ (في الجغرافيا)	latitude, f
بالـ . عَرْضاً	en travers; en large
∆ في عَرْضك : لوجه الله	pour l'amour de Dieu
عُرْض : جانب أو ناحية	côté, m
— البحر	pleine mer; haute mer, f; large, m
عِرْض : شرف	honneur, m
بيع الـ : بغاء	prostitution,
عَرَضٌ : صفة ، خاصيَّة	propriété; qualité propre, f
— : لادوام له	transitoire; passag er,ère; temporaire
— : اتفاق	coincidence, f; hasard, m
— (في الطب)	symptôme; indice, m
عَرَضِيّ : غير جوهري	accidentel, le; fortuit, e; casuel, le
عَرَضاً : اتفاقاً	par hasard; fortuitement
عُرْضَة : غرض	intention, f; but; dessein, m
— لكذا : معرَّض له	sujet à; sujette à; exposé,e à
عَرُوض : ميزان الشعر	prosodie; mesure du vers, f
عَرِيض : ضِدّ طويل	large
— الجاه	illustre
∆ عَرِيضَة ∆ عَرْضحال	pétition; requête, f
— الدعوَى	assignation, f; acte introductif d'instance, m
— الاستئناف	acte, ou exploit, d'appel, m

مقدّم الـ. : pétitionnaire; suppliant,e;
عَارِض : حادث. اصابة accident, m
— : مانع empêchement; obstacle, m
— : ليس جوهريًّا او اصليًّا accidentel,le; fortuit,e
. عَارِضَه : صفحة الخد côte de la joue, m
— البضائع في واجهة الدكاكين étalagiste, m
عارضة أزياء mannequin, m
عَارضة ٢ : رَافِده traverse; solive; longrine, f
إعراض : مجانبة evitement, m ; action d'éviter
إعتراض. مُعَارَضَة : ممانعة objection, f
— . — : مقاومة opposition; résistance, f
تَعَرُّض exposition; ou intervention, f
تَعْرِيض : الماع (في علم البيان) prétérition, f
تعارُض الآراء conflit d'opinions, ou de points de vue, m; incompatibilité, f
إسْتِعْرَاضُ الجند : عَرْضه revue; parade, f
مَعرِض : مكان عرض الأشياء exposition, f
مَعْرُوضات étalage, m; produits exposés, m.pl
مُعارِض. مُعْتَرِض : ممانع antagoniste; opposant,e
— : مناقض contradicteur, m
— . — : خصم adversaire, m ; partie adverse, f
معترض . مستعرض : بين شيئين transverse; transversal,e; oblique
عبارة معترضة phrase intercalée, ou explicative, f

مُعَارَضَة : مقاومة opposition; résistance, f
— . (في القضاء) opposition, f
مَعْرُوض offert,e; ou exposé,e
*عَرْعَر : سَرْو جبلي genévrier; genièvre, m
*عَرَفَ : عَلِمَ savoir; connaître
عَرَّفَ : أَعْلَمَ . أَخبرَ faire savoir, ou connaître; informer; faire part de
— : حَدَّدَ déterminer; définir
— الرجلَ بالرجلِ présenter
— الكاهنُ الرجلَ confesser
إعْتَرَفَ بالأمرِ : اقرَّ reconnaître; avouer; confesser
— إلى الكاهن Δ إستعرفَ se confesser
— (في القضاء) faire des aveux; avouer
— بابنه (مثلاً) : قَبِلَه reconnaître
تَعَرَّفَ الأمرُ : تحدّدَ se définir
— الأمرَ : بحث عنه s'informer; s'enquérir de
— الشيءَ : عرفه identifier
— إليه faire la connaissance de
عُرْف : جود acte de bienveillance; bienfait, m 
— الديك Δ أوشوشه crête, f
— الديك : نبات célosie à crête, f 
— . معرفة الفرس والأسد crinière, f
— : ما ألفته النفوس. عادة مَرعية usage, m; convention, f
— : إصطلاح usage, m; pratique; coutume, f

الـ التجاري usage commercial, *m*
الـ السياسي protocole, *m*
عُرْفيّ : اِصْطلاحي d'usage; admis, e et consacré, e par l'usage
حُكم — . (عسكري) loi martiale, *f*
عقد — . sous seing privé, *m*
قانون — . droit coutumier, *m*
محكمة عرفيَّة (عسكريَّة) conseil de guerre, *m*
عَرْف : رَائحة طيّبة parfum, *m*; bonne odeur, *f*
عَرّاف : بَصَّار devin, eresse; diseur, se de bonne aventure
عِرَافة : حِرْفة أو عَمَل العرّاف prédiction de l'avenir, *f*; art divinatoire, *m*
عَرِيف : مساعد الرئيس أو المعلم moniteur, *m*
— : معلّم instituteur, rice
— : اومباشي caporal, *m*
عارِف au courant de; instruit, e de
أعْرَف : له عُرف crêté, e; crinifère
الأعراف : مَطْهَر الأموات purgatoire, *m*
إعتراف : إقرار confession, *f*
كرسي الـ (عند بعض النصارى) confessional, *m*
معلّم — . confesseur, *m*
اِعترافاً بكذا en reconnaissance de
تَعْرِيف : تحديد définition, *f*
— الرجل بغيره présentation, *f*
اداة الـ (الـ) article défini (le, la, les)
تَعْرِفة : بيان الأثمان وغيرها tarif, *m*
— الأثمان prix courants, *m.pl*

— : نصف قرش صاغ une petite piastre
مَعْرِفة : عِلْم . دراية connaissances, *f.pl*; savoir, *m*
— : واحد معارف الرجل connaissance, *f*
مَعَارِفُ الوَجْه traits, *m.pl*
مَعْرُوف : معلوم connu, e
— : إحسان . فضل service, *m*; faveur; bonne action, *f*; bon procédé, *m*
بالـ : بالحسنى amicalement
ناكر الـ : جاحد ingrat, e
٥عَرِقَ : تَرَشَّحَ جلده transpirer; suer
عَرَّقَ : جعله يعرق faire transpirer, *ou* suer
△ — : رَسم عليه عروقاً marbrer
△ — . استفاد مالياً tirer profit; profiter
— . أعرَق . تعرّق : تأصّل s'enraciner; prendre racine
— . — . — الخمر couper d'eau
تعرّق العظم : اكل ما عليه من اللحم ronger un os
عَرَقُ الجلد sueur; transpiration, *f*
— : إفرازُ العرق transpiration, *f*
△ عَرَقيّ : خمرٌ شرقيّة معروفة arack; arac, *m*; eau-de-vie d'anis, *f*
عِرْق : أصل . جذر racine, *f*
— ساكن : وَرِيد veine, *f*
— : قوّة تماسك الخيط brin, *m*; soie (du coton), *f*
— الذهب : نبات طبي ipécacuana; ipéca, *m*
— النسا : اسم مرض sciatique, *f*

— حلاوة: saponaire, f

Δ — خشب poutre, f

— (في منجم) filou, m; veine, f

— السوس Δ عِرقسوس réglisse, f

جمهورية العراق Irak, m, Mésopotamie, f

أوز عراقي cygne, m

عرّاقية calotte, f

عَرِيق invétéré, e; enraciné, e

— النسب de haute naissance; noble

مُعرِق sudorifique, m et a

مُعرَّق : مجزع marbré, e; veiné, e

✲ عَرقَبَ : قطع العرقوب couper les jarrets

عُرقوب : وتر المأبض tendon du jarret, m

✲ عَرقَلَ : صعّب · ربك entraver; gêner; compliquer; embrouiller

تَعرقَلَ الأمر : تصعّب وتشوّش devenir difficile; se compliquer; s embrouiller

عَراقيل complications; difficultés, f.pl; obstacles; entraves; embarras, m.pl

خالٍ من الـ والمحظورات sans encombre

سباق الـ course de haies, ou d'obstacles, f

✲ عَرَكَ : دعك frotter; frictionner; racler

ـهُ الدهر : حنكهُ être expérimenté, e

عارَكَ : قاتل combattre; disputer

تعارك واعترك القومُ se livrer bataille

عِراك Δ عَرْكة . مُعاركة dispute; querelle, f

عريكة : خُلُق nature, f; caractère; naturel tempéramment, m

ليّن الـ docile; complaisant, e

مَعْرَكة : قتال bataille, f; combat, m

Δ عَرَّمَ : كوَّمَ entasser; amonceler

✲ عَرَمْرَم : شديد fort, e; violent, e; dur, e

— : متدفق torrentiel, le

— : جيش كبير grande armée, f

(عرن) عَرِين . عَرينة السباع repaire; antre, m

✲ عِرْناس : Δ لَقّاطة الغزل fuseau, m

Δ — : (انظرعنم) . محلاق vrille, f

✲ عُرْوة الزر boutonnière, f

— الابريق والجرّة ونحوهما : أذنه anse, f; manche; poignet, m

عَرَا . إعترى : ألمّ به arriver à; survenir à

ـهُ كذا : اصابه être frappé, e, ou atteint, e, de

عرته دهشة être frappé, e d'étonnement

✲ عروس (في عرس)

✲ عَرِيَ . تعرّى من ثيابه se déshabiller; se dévêtir

عَرّى : جرّد من الكساء déshabiller

— : صيره عُريانًا dénuder; mettre à poil

— : كشف découvrir

— من : جرّد dépouiller de; dégarnir

عُرْي . عُرْية التجرّد من اللباس nudité, f

عُرْيان . عار : لا كساء عليه — nu, e ; [à poil] ; dénudé, e
— . — : مكشوف — découvert, e
عارٍ ٢ : مجرَّد — dépouillé, e
— من كذا : مجرَّد منه — dépourvu, e de
— من كذا : خالٍ منه — exempt, e de
عاري الأقدام — nu-pieds ; pieds nus
— الرأس — nu-tête
عَارِيَة : قرض بلا فائدة — prêt sans intérêts, m
— . △عِيْرَة : مستعار — faux, sse ; artificiel, le
عَرَاء : فضاء أو خلاء — le grand air ; plein air, m
في الـــ — en plein air
☆ عريس (عرس) ☆ عريش (عرش) ☆ عريكة (عرك)
☆ عرين (عرن) ☆ عزّ (عزز) ☆ عزا ☆ عزاء (عزو)
☆ عَزَبَ . أعزب : بَعُدَ — être loin ; s'éloigner
— : لم يتزوّج — garder le célibat
عَزَبٌ . أعزب . عَازِب — garçon, *m* ; célibataire
△عازبة : امرأة غير متزوجة — vieille fille, *f*
عُزُوبَة . عُزْبَة △عُزوبيَّة — célibat, *m*
△عِزْبة : مزرعة . حانوت س — ferme, *f*
☆ عَزَرَ . عزَّرَ : لامَ — blâmer ; censurer ; reprendre ; reprocher
عَزْر . تعزير : لَوْم — reproche, *m* ; réprimande, *f*
☆ عِزْرائيل : ملاك الموت — Ezraël ; Azraël, *m*
☆ عَزَّزَ : أيَّدَ — soutenir ; maintenir ; appuyer
— : أثبتَ — confirmer ; corroborer

— : قوّى — fortifier ; renforcer
— : أمدَّ بقوَّة جديدة — renforcer
— : عَظَّم — amplifier
— . أعَزَّ : صيَّره قويّاً — rendre qn fort, e, *ou* puissant, e
— . — : جعله أو عدَّه عزيزاً — tenir à
أعزّ ٢ : أحبَّ — aimer ; chérir
عَزَّ : قوي — devenir fort e ; se fortifier
— : قلَّ وجوده — être, *ou* devenir, rare ; se raréfier
— عليه : كان محبوباً عنده — être cher (*ou* chère) à
يعزُّ عليَّ أن — il m'est pénible de...
إعتزَّ وتعزَّز به : تشرَّف — s'enorgueillir de ; être fier, ère de
— . — : صار قويّاً — devenir puissant, e, *ou* fort, e
تعزَّز ٢ : تقوّى — se renforcer
△ — : أظهر الرفض وهو راضٍ — faire le précieux, *ou* le difficile
إستعزَّ عليه : غلبه — terrasser ; vaincre
△ — بالشيء — tenir à qc *ou* qn
عِزّ : مجد . رفعة — gloire, *f* ; honneur, *m*
— : مكانة — puissance, *f* ; pouvoir, *m*
△ — : شدَّة — intensité ; force, *f* ; comble, *m*
△ — الشتاء : معمعانه — cœur, *ou* fort, de l'hiver, *m*
△ — الصيف — plein été, *m*
△ في — غناه — au sommet de sa puissance
△ في — صباه — dans la fleur de l'âge
في — المعركة — au plus fort de la mêlée

مِعْزَقَة : فأس △طوريَّة ;—houe; pioche; binette; bêche, f

☆عَزَلَ . عَزَّلَ الشيء عن غيره séparer; isoler; disjoindre; écarter

— : منع الاتصال والتسرُّب isoler

— عن منصب سام : خَلَعَ déposer de; destituer

— : صرف أو △رفتَ congédier; révoquer; renvoyer

△عزَّلَ ٢ : نقل مسكنهُ déménager

إعْتَزَلَ الشيء وعنه se retirer, ou s'éloigner, de

عَزْل : فصْل séparation, f; isolement, m

— : نَقْل . إبعاد déplacement; ou renvoi, m

— :منع الاتصال والتسرُّب isolation, f; isolement, m

— عن منصب سام : خَلْع déposition; destitution, f

— :صرف أو △رفت renvoi; licenciement, m

عَزَل . عُزُل . أعْزَل: بلا سلاح désarmé, e; sans armes; sans défense

عُزْلَة . إعْتِزَال : تنحٍّ retraite, f

— : اِنفراد solitude, f; isolement, m

△عِزَال : نقل المسكن déménagement, m

عَازِل : فاصل isolateur, m

— : مانع الاتصال او التسرُّب tabouret électrique; isoloir, m

مَعْزِل : مكان الاعتزال retraite, f

بـ — عن كذا en dehors de; loin de

عِزَّة النفس amour-propre, m

صَاحِب العِزة Son Excellence

عَزِيز : قوي fort, e; puissant, e

— : محبوب cher, ère; chéri, e; aimé, e

— : نادر الوجود rare

— : ثمين précieux, se; de prix

— المنال inaccessible

— النفس fier, ère; magnanime; noble; qui a de l'amour-propre

حَبُّ العزيز : حَبُّ الزَّلَم souchet comestible, m

خشب عزيزي bois de pin, m

مَعَزَّة amour, m; affection, f

مُعْتَزّ : فخور triomphant, e

— بالشيء qui tient à qc

☆عَزَفَ وعزِفَ (عزفاً) : غنَّى chanter

— على آلة طرب jouer (d'un instrument de musique): exécuter (un morceau)

— ت نفسهُ عن كذا avoir assez de; ne plus vouloir de; se dégoûter de

عزيف : صوْت مستهجَن bruit étrange

— الرعد groudement du tonnerre, m

— الريح bruit, ou murmure, du vent, m

عَازِف:موسيقيّ joueur, se de musique; musicien, ne

مِعْزَف : آلة طرب وتريَّة instrument à cordes, m

☆عزَقَ الأرضَ bêcher, labourer, huer, piocher, la terre

عَزْق △عزيق الأرض sarclage; houage, m

☆ عَزَمَ عَلَى : نَوَى — se décider; se résoudre à; prendre la résolution de

— . عَزَّمَ الراقي : قرأ العزائم — exorciser; conjurer

△ — عَلَى : دعا إلى — inviter à

عَزْم : قَصْد . نِيَّة — résolution; détermination; décision, *f*

— . عَزِيمة : إرادة ثابتة — ferme propos, *m*; fermeté de résolution, *f*

△ — △ — : قوّة — force; volonté, *f*

عَزِيمة٢ : رُقْيَة — charme; sort, *m*; incantation, *f*

△ عَزُومَة : دَعْوَة الى وليمة أو غيرها — invitation, *f*; faire-part, *m*

△ — : وليمة — banquet, *m*; réception, *f*

عَزُوم : قويّ العزم — résolu, e

عَازِم : ناوٍ — décidé, e, *ou* résolu, e, à

☆ عَزْو : نِسْبة . اسناد — attribution; imputation, *f*

— : إتّهام — accusation; imputation, *f*

عَزَا . إعتزى له واليه — se rapporter à

— اليه : نسب — attribuer à; imputer à

عَزَاء : سَلْوَى — consolation, *f*

عِزْوَة : إنتساب — relation; parenté, *f*

☆ عَزَى اليه : نسب (راجع عزو) — faire remonter à; attribuer à

عَزِيَ . تعزّى — se consoler

عَزَّى المُصاب — consoler; réconforter

— أهل المتوفي — offrir, *ou* présenter, ses condoléances à

عَزَاء . تَعْزِيَة — condoléances, *f.pl*

خطاب تَعْزِيَة — lettre de condoléances, *f*

مُعَزّ : مُسَلٍّ — consolateur, rice

☆ عِزْيَز (في عزز) ☆ عس (في عسس)

(عسب) يَعْسُوب : أميرة النحل — reine des abeilles, *f*

— : ذكر النحل — faux bourdon, *m*

— : حشرة كالجراد — libellule; demoiselle, *f*

(عسج) عَوْسَج : نبات شائك — ronce, *f*

☆ عَسُرَ : ضدّ يَسُرَ — être difficile, dur, e, ardu, e

عَسِرَ٢ : كان أعسر — être gaucher, ère

عَسَّرَ الأمرَ — compliquer; rendre difficile; créer des obstacles

— عليه : ضيّق — gêner; contraindre;

أَعْسَرَ : افتقر — être gêné, e; à court d'argent; [fauché, e]

— : أفلس — faire faillite, *ou* banqueroute

تَعَسَّرَ . إستعسر الأمر — être, *ou* devenir, difficile; se compliquer

إستعسر الأمر : وجده عسيراً — trouver difficile

عَسِر . عَسِير : ضدّ سهل — difficile; malaisé, e; pénible

عُسْر : فقر — gêne; indigence, *f*

— الهضم — dyspepsie, *f*

— الطمث — dysménorrhée, *f*

— . عُسْرة . مَعْسَرة — difficulté; détresse, *f*; embarras, *m*

أَعْسَر : △ أشول — gaucher, ère

مُعسِر . مَعسُور	gêné, e ; dans le besoin nécessiteux, se
— (في التجارة)	insolvable
إعسار (في التجارة)	insolvabilité, *f*
٭عَسَسٌ : حُرَّاس الليل	patrouille ; ronde (de nuit), *f*
عَاسٌّ . عَسَّاس : حارس الليل	gardien de nuit, *m*
عَسَّ : طاف ليلاً للحراسة	faire la patrouille ; patrouiller
٭عَسَفَ : ظَلَمَ	opprimer ; tyranniser
— في الأمر : فعله من غير تدبُّر	agir sans réflexion, *ou* à la légère
عَسَّفَ . أعسَفَ : كلَّف بعمل شديد	surcharger
تَعسَّفَ . إعتَسَفَ الأمرَ : فعله بلا رويَّة	agir à la légère
— في رأيه	dogmatiser ; imposer sa volonté
عَسْف : ظُلْم	oppression ; injustice, *f*
تَعَسُّفي	arbitraire ; tyrannique
٭عَسكَرَ القومُ : تجمَّعوا	s'assembler ; se réunir
△— الجندُ : خيَّموا	camper
عَسكَر : جيش	armée ; troupe, *f*
△عَسْكَرِيٌّ : جُندي	soldat, *m*
△— : حَربي	militaire, *m* et *a*
حاكِم —	gouverneur militaire
حُكْم —	loi martiale, *f*
مجلس —	cour martiale, *f*
موسيقى عسكرية	musique militaire, *f*
مُعَسْكَر : موضع تجمُّع الجيش	camp, *m*
٭عَسَّلَ . عَسَلَ : خلط بالعسل	mêler avec du miel ; emmieller
— . — : حَلَّى	sucrer
△— ت عينُهُ : تهو	s'assoupir
عَسَلُ النحل	miel ; miel d'abeilles, *m*
— قصب السكر . عسل اسود	mélasse, *f*
شهر الـ —	lune de miel, *f*
عَسَلي : بلون العسل	mielleux, se ; couleur de miel
عَسَّالَة . مَعسَلَة : خليَّة النحل	ruche, *f*
△تَعْسِيلَة : تهويمة . اغفاءة	somme, *m*
مَعسُول : مُحلَّى بالعسل	miellé, e ; emmiellé, e
كلام —	paroles mielleuses, *f.pl*
٭عُسْلُج . عُسْلُوج : غصن ليِّن	ramille ; brindille, *f* ; jet ; rejeton, *m*
٭عَسَى : لعلَّ	peut-être
٭عشّ (عشش) ٭ عشاء ٭ عشاوة (عشو)	
٭عَشِبَ . عَشَّبَ المكانُ	être herbeux, se ; couvert, e d'herbe
عُشْب : كلأ رَطب	verdure, *f* ; herbage ; gazon, *m*
— . عُشْبَة : نبات △ حشيش	herbe verte, *f* ; herbage, *m*
عُشْبة [2] مغربيَّة	salsepareille, *f*
عُشْبي : نباتي	herbacé, e ; des herbes
عَشِب . مُعشِب : كثير العشب	herbeux, se ; couvert, e d'herbe verte
عَشَّاب : عالم بالأعشاب الطبية أو متاجر بها	herboriste
عَاشِب : حيوان يعيش على الأعشاب	herbivore, *m* et *a*

☆ عَشَرَ . عَشَرَ المالَ — dîmer

عَشَرَت ٢ الدابة — être prise, grosse, enceinte

عَاشَرَ : خالط وصاحب — fréquenter

تَعَاشَرُوا — se fréquenter

عُشْر . مِعْشَار : جزء من عشرة أجزاء ($\frac{1}{10}$) — dixième, m ; dixième partie, f ; un dixième

— أو عُشور المال — dîme, f

عُشْرِيّ . أعشارِيّ — décimal, e

كَسْر — او — . — fraction décimale ; décimale, f

عَشْر . عَشْرَة (١٠) — dix

عشرة أضعاف — décuple, m et a

حوالي عشرة — une dizaine

عِشْرون (٢٠) — vingt

الـ : الواقع بعد التاسع عشر — vingtième

عِشْرَة . مُعاشَرة : صحبة — société ; fréquentation ; compagnie, f

— . — : مخالطة — commerce intime, m

△عِشْرِي : يحب صحبة الناس — sociable

عَشّار : جابي العشور — dîmeur ; percepteur, m

△عِشار . عُشَراء : حُبلَى (للبهائم) — pleine

عَشِير . مُعَاشِر : صاحب — compagnon ; camarade ; ami, e

عَشِيرَة : قبيلة — tribu, f ; clan, m

مَعْشَر : جماعة — compagnie ; réunion, f ; monde, m

عاشِر : واقع بعد التاسع — dixième

☆ عَشَّشَ . أعْتَشَ الطائر : اتخذ عُشاً — nicher ; faire un nid

عُشّ : بيتُ الطائر — nid, m ; nichée, f

△عِشَّة : خُصّ — hutte ; chaumière ; baraque, cabane, f

☆ عَشِقَ الشيء — se passionner pour ; aimer passionnément ou ardemment

△عَشَّقَ الشيئين ببعضهما — emboîter

تَعَشَّقَ : غازل — témoigner de l'amour à ; courtiser ; flirter

عِشْق : فرط الحبّ — passion, f ; amour ardent, ou passionné, m

عَشِيق . مَعْشُوق : محبوب — chéri, e ; bien aimé, e ; amant, e

— . — : حبيب — amoureux, se

عَاشِق : مُحِبّ — amoureux, se ; amant, e

△— ومعشوق : فَحل ونثياع ← — tenon (m) et mortaise (f) ; queue d'arronde, f

△لعبة العاشق : لعبة الكعب — osselets, m.pl

△ تَعْشِيق الخشب : وَصْل — assemblage à queue d'aronde ; emboîtage, m

ترس تعشيق ← — roue d'engrenage, f

△ عَشَم : أَمَل — espoir, m ; espérance, f

△عَشَّمَ : جعله يأمل — faire espérer

△تعَشَّمَ : أَمَلَ — espérer ; s'attendre à ; aimer à croire

☆عَشَّى : اطعمه العشاء — donner à souper

— . تعَشَّى : اكل العشاء — dîner ; souper

عَشَاء : طعام المساء — dîner; soupé; souper, m

— . عَشَاوَة : العمى الليلي — héméralopie, f

السـ الربّاني — cène; sainte cène, f

عِشَاء . عَشِيَّة : أول الليل — soir, m

عَشِيَّةً أمس — hier soir

عَشْوَاء . عَشْوَة : ظلمة — obscurité, f; ténèbres, f.pl

خَبْط — . — à l'aveuglette; au hasard

أعشى : لا يَرَى ليلًا — héméralope

— : ضعيف البصر — qui a la vue faible

* عشير (عشر) ٥ عصّ (عصص) ٥ عصا (عصو)

* عَصَبَ : طوى — plier; ployer

— . عَصَّبَ : ربط بعصابة — bander

تَعَصَّبَ : شدّ العصابة — se ceindre la tête d'un bandeau, etc

— له ومعه — prendre le parti de; prendre fait et cause pour

— عليه — s'opposer à; s'acharner contre

— في مذهبه — être fanatique

△ — . اعْتَصَبَ القومُ : صاروا عصبة — se coaliser; se liguer; se confedérer

△ — . — العمّالُ : اضربوا — faire grève; se mettre en grève

عُصْبَة . عِصَابَة : جماعة — bande, [clique], f; groupe, m

— . — . عِصَاب : رباط — bandage; bandeau, m; ligature, f

— الامم — la Société des Nations

عَصَبٌ : خيطٌ (عِرْقٌ) الحسّ — nerf. m

— : طُنُب — tendon; nerf, m

عَصَبِي — nerveux, se

حَرْب العصابات — guerilla, f

△ عصبة . عِصابة الجبين — bandeau; fronteau, m

△ قُصْبَجي : عربيد . ابَضايَه — fier-à-bras; matamore, m

يوم عَصِيب : شديد الحرّ — jour brûlant, m

وقت — . — temps critique, ou difficile, m

عَصَبِيَّة . تَعَصُّب : △ تحزب — esprit de parti, m

— : قرابة — parenté (de côté paternel), f

تَعَصُّب : حماس . غيرة — zèle; acharnement, m

— دِينِي أو مذهبي — fanatisme, m

إعتصابُ العمال : إضراب — grève, f

— أصحاب المصانع (ضد العمّال) — lock-out, m

مَعْصَب . معصوب — bandé, e; ou ceint, e d'un bandeau

مُتَعَصِّب : غيور — zélé, e; enthousiaste pour qc

— لمذهب — fanatique; bigot, te; cagot

(عصد) عَصِيدَة — bouillie; trempée, f

* عَصَرَ الشيءَ — presser

— الغسيل — tordre

— الحبوب : استخرج زيتها — pressurer

عَاصَرَ فلانًا — être contemporain, e de

تَعَصَّرَ . اِنْعَصَرَ — être pressé, e, ou pressuré, e, être foulé, e (fruits)

عَصْر : استخراج الماء وغيره — pressage *ou* pressurage, *m*
— : آخر النهار . بعد الظهر — après-midi *m*
— . عُصُر : زمن — époque; ère, *f*; siècle; temps, *m*
عَصْرِيّ : حديث — moderne
عُصَارَة . عَصِير . عَصِيرة — jus; suc, *m*
— النبات أي مائه أو دمه — sève, *f*
— القصب — jus de canne-à-sucre, *m*
كثير الـ — juteux, se
عصارة . مِعْصَرَة : آلة العصر — presse, *f*; pressoir, *m*
— و — الزيوت — huilerie, *f*
— . — قصب السكر — pressoir à cannes à sucre, *m*
— الغسيل — essoreuse à linge, *f*
إعصار : ريح ترتفع وتستدير — tourbillon; cyclone; typhon, *m*
مُعَاصِر — contemporain, e
معصور — pressé, e; pressuré, e
* عُصْعُص . عُصْعُوص : عظم الذنب — coccyx; os caudal; os de la queue, *m*
— . — الطيور : زمكى — croupion, *m*
عَصْعَصَ : عَصَّ — durcir; devenir dur, e
* عَصَفَت الريحُ — faire de l'orage
عَصْف : هبوب — sifflement du vent, *m*
عَصْفة ريح — un coup (*m*), *ou* une bouffée, de vent; rafale, *f*
عُصَافة : تِبْن — paille; menue paille, *f*; brins des épis; *m.pl*

عَاصِف : تعصف فيه الريح — venteux, se; orageux, se. *a*
عَاصِفَة : ريح شديدة — orage; ouragan, *m*
— في البحر — tempête, *f*
* عُصْفُر : نبات أو صباغ يستخرج منه — carthame; safran bâtard, *m*
مادة صباغة مستخرجة من العصفر — carthamine, *f*
عُصْفُور : طائر — oiseau; passereau, *m*
— الجنّة — hirondelle, *f*
— دوري — moineau, *m*
— الشوك — fauvette d'hiver, *ou* des haies, *f*
△ صَمولة بعُصْفورة — écrou à oreilles, *m*
* عَصَمَ : مَنَعَ — empêcher; prévenir
— : حفظ . وقى — préserver; garder; conserver
△ — البطنَ : قبض الأمعاء — constiper
— . أعْصَم : ربط — serrer; lier
إعْتَصَمَ واستَعْصَمَ به : التجأ — se réfugier; recourir à; prendre refuge auprès de
— و — بالصبر — patienter; prendre patience
— و — بالصمت — garder le silence; se taire
عَصْم . عِصْمَة : مَنْع — empêchement, *m*
— . — : حفظ . وقاية — protection; garde, *f*
عِصمة ٢ : تنزُّه عن الخطأ — infaillibilité, *f*
امرأة في عِصمة رجل — femme en puissance de mari
في عِصمة فلان — mariée à ...

عِصامِيّ : مرتقٍ بجدّه — fils de ses œuvres; un homme arrivé par lui-même

عَاصِمَة : قاعدة البلاد — capitale; métropole, *f*

مِعْصَم : موضع السوار من اليد — poignet, *m*

مَعْصُوم : محفوظ — préservé,e; protégé,e; gardé,e

— : منزّهٌ عن الخطأ — infaillible; impeccable

△ — البطن — constipé,e

(عصو) عَصًا △عصاية : قضيب — canne, *f*; bâton, *m*; [trique], *f*

— : عُود — tige, *f*

شقّ الـ— : خالف جماعته — faire schisme; différer

شقّ — الطاعة — se révolter

ألقى — الترحال : أقام — s'établir; se fixer

٭عَصَى . عَصًا : ضدّ أطاع — désobéir

— . عاصَى . إستَعْصَى على : تمرّد — se révolter: *ou* résister à

إستعصى . تعصّى . إعتَصَى الأمرُ — être difficile

— . — المرضُ — être incurable

عِصْيان . معصية : ضدّ طاعة — insubordination; désobéissance, *f*

— : تمرّد — rébellion; révolte; insurrection, *f*

عاصٍ : ضدّ طائع — désobéissant, e; insubordonné, e

— : متمرد — rebelle; révolté,e; insurgé,e

مُتَعَصٍّ . مُستَعْصٍ : صعب — difficile; malaisé,e

— . — : عضال — incurable

٭عصيب (عصب) ٭عصيدة (عصد) ٭عضّ (عضض)

٭عَضَدَ . عَاضَدَ : عاون — aider; assister

تَعَاضَدُوا : تعاونوا — s'entr'aider; s'assister

عَضْد . تَعْضِيد : معاونة — aide, *f*; soutien; appui, *m*

— . مُعَضِّد : معين — auxiliaire

عَضُد : ساعد — bras; haut du bras, *m*

عظم الـ— — humérus, *m*

٭عَضْعَضَ : △عضمض . عضّ كثيراً — mordiller; *ou* mordre fort

عَضَّ : أمسك بأسنانه وشدّ — mordre; *ou* saisir avec les dents

— الزمانُ : اشتدّ عليه — le temps l'a éprouvé

عَضّ — morsure, *f*; action de mordre

عَضَّة — une morsure, *f*; un coup de dents, *m*

عَضَّاض . عَضُوض — porté,e à mordre

مَعْضُوض — mordu,e

٭عَضِلَ : كبر عضله — être musculeux,se; avoir des muscles

أَعْضَلَ الأمرُ : استغلق — être difficile, *ou* compliqué,e

— . تَعَضَّلَ الداءُ الأطبّاءَ — la maladie a défié, *ou* dérouté, les médecins

عَضِلٌ : قوي العضل — musculeux,se; robuste

عَضَلَة : واحدة عضل الجسم — muscle, *m*

— قابضة أو عاصرة — fléchisseur, *m*

عضليّ : مختص بالعضل أو مكوّن منه — musculaire

عُضَال : مُعْيٍ — opiniâtre; difficile; obstiné,e

مُعْضِل : مشكل أو محيّر	problématique, difficile, embarrassant, e
مُعْضِلَة : مشكلة	problème, m; difficulté, f
☆ عُضْو (جزء من جسم أو واحد من جماعة)	membre, m
— : آلة	organe, m
— عامل	membre actif, m
— مجلس نوّاب	membre du parlement
أعضاء التناسل	organes sexuels, m.pl
عُضْوِيّ : آلي	organique
عضويّة (في جمعية)	affiliation; qualité de membre, f
☆ عطاء (عطو) ☆عطار (عطر) ☆عُطارد (عطرد)	
☆ عَطِبَ . اِعْتَطَبَ : تلف أو هلك	se gâter; se détruire; périr
△ عَطَّبَ . أعطب : أتلف	gâter; détériorer
عَطَّبَ الشرابَ : طيَّبه	bonifier, ou épicer, le vin
△ —ت الفاكهة	être meurtri, ou coti (fruit)
عَطَبٌ : تلف أو هلاك	dommage; dégât, m; ou ruine; destruction, f
سريع الـ (التلف)	fragile; délicat, e
△ مُعطب . مَعْطُوب	coti, e; meurtri, e; endommagé, e
☆ عَطَّرَ : طيَّبَ	parfumer; embaumer; imprégner d'odeurs
— الفمَ	se parfumer la bouche
عَطِر : كان طيّب الرائحة	sentir bon
— . تعطَّرَ : تطيَّبَ	se parfumer
تعطرت البنت : لم تتزوج	devenir vieille fille
عِطْر : طِيْب	parfum, m; bonne odeur, f; arome, m
— : خلاصة عطريّة	essence, f; extrait, m
— الورد	ottar; essence de roses, f
عطِر . عِطْرِي : زكي الرائحة	aromatique; odoriférant, e; odorant, e
معطر : مطيَّب	parfumé, e
عَطَّار : بائع الطيوب	parfumeur, se
— : بائع العقاقير . دَبْتوس س	herboriste; droguiste, m
عِطارَة : روائح عطريّة	parfumerie, f
— : عقاقير طبيّة	droguerie, f; herbes médicinales, f.pl
☆ (عطرد) عُطارِد : سيَّار	Mercure
☆ عَطَس △ عطس : أتته العطسة	éternuer
عَطَّسَ ٢ : جعله يعطس	faire éternuer
عَطْس . عطاس	éternûment, m
عَطْسَة	un éternûment
عَاطُوس : نشوق	tabac à priser, m; poudre sternutatoire, f
☆ عَطِشَ : ضدّ روي	avoir soif; être assoiffé, e ou altéré, e
عَطَّشَ . أعْطَشَ	altérer; donner soif; exciter la soif
عَطَشٌ : ظمأ	soif; altération, f
عَطِشٌ . عَطْشَان . عَاطِش	altéré, e; assoiffé, e;
☆ عَطَفَ إلى : مال	pencher; s'incliner vers
— كلمة على اخرى	joindre un mot à un autre
— عنه : اِنصرف	s'éloigner de

— الشيء: أماله incliner; faire pencher; courber

—. عَطَّفَ: ثنَّى plier

— وتَعَطَّفَ على sympathiser; avoir de la sympathie pour qn

إِعْتَطَفَ وتعطف: لبس العطاف s'envelopper de son manteau; mettre, ou endosser, le manteau

إِنعطَفَ: إنثنى être incliné,e, penché,e, courbé,e, plié,e

إِستَعطَفَ supplier; implorer la bienveillance de qn

عَطْف: إمالة inclination, *f*

—. إنعطاف: مَيْل inclinaison; pente; inclination, *f*

— . —: حنوّ. شفقة affection; bienveillance; bonté; sympathie, *f*

اداة أو حرف عطف (في النحو) conjonction, *f*

عَطفة. مُنعطَف: ∆حَوْدَة tournant; détour; virage, *m*

∆ —: زُقاق ruelle, *f*; passage, *m*

عِطَاف: مِعْطَف pardessus; ←paletot, *m*

معطف نساء manteau; paletot, *m*

—. عَطوف: شفيق affectueux,se; bon,ne

عَاطِفَة: شعور او شفقة sentiment, *m*; sensibilité; *ou* sympathie; bienveillance, *f*

عاطفي. عَواطفي sentimental,e

عاطفية sentimentalité, *f*

☆عَطِلَ من كذا: خلا منهُ être dénué,e, dépourvu,e, privé,e,

عَطَّلَ: نَزَعَ الحلي dépouiller de ses ornements

— : اعجَزَ عن العمل mettre hors d'état; rendre incapable de; paralyser

∆ — : عاق retarder; gêner; entraver

تَعَطَّلَ: بَقيَ بلا عمل chômer; rester inactif,ve, *ou* sans rien faire

—ت المدرسة les cours sont suspendus, *ou* ont pris fin

∆—ت الآلة: فسدت se détraquer

∆ —: تعوّق tarder

عُطْل. عاطل من كذا: خالٍ منه dépourvu,e, *ou* dénué,e, de

∆الـ والضرر dommages et intérêts, *m.pl*

∆التعويض عن العطل والضرر préjudice; dommage, *m*

عُطْلَة: البقاء بلا عمل inaction, *f*; désoeuvrement; chômage, *m*

— : وقت الفراغ من العمل loisir, *m*

— مدرسيَّة vacances, *f.pl*

—(كعطلة المحاكم والبرلمان) vacations (judiciaires)

عَاطِل: بدون عمل sans travail; chômeur

—: لا يعمل شيء oisif,ve; désœuvré,e

تَعْطِيل: إرجاء. تأجيل retardement; renvoi, *m*; prorogation, *f*

مِعطال ∆عواطلي: معتاد البطالة fainéant,e; [caguard,e]; flâneur,se

☆عطَن. عَطَّنَ الجلدَ أو الكتانَ macérer

—. — القنب والخشب rouir

∆—: تعفَّن pourrir; moisir; se gâter

مَعْطَنة rouissoir *ou* routoir, *m*

عطن . تعطين : macération, f
تعطين ٢ القنّب : rouissage, m
(عطو) أعطى : ضد اخذ : donner
— : قدّم : offrir; présenter accorder
— مثلاً : prêcher d'exemple
تعاطى : تناول أو إستعمل : prendre: se servir de
— الأمر : قام به : poursuivre; s'occuper de
— الصناعة : مارسها : exercer; pratiquer
تعطّى . إستعطى : تسوّل : mendier; demander la charité
عطا . عطاء . عطيّة : هِبَة : don; présent; cadeau, m
△ — △ — : ثمن معروض : offre, f
△ مقدّم الـ . : soumissionnaire
إستعطاء : تسوّل : mendicité, f
مُعطٍ : ضدّ آخذ : donneur, se; donateur, rice; dispensateur, rice
مُستعطٍ : متسول : mendiant, e
☆ عِظلم : وسْمه . وردالنيل : guède, f; pastel des teinturiers, m
☆ عَظُمَ : ضدّ صغر : grandir; être, ou devenir, grand, e
— الأمرُ عليه : trouver pénible
عظّمَ : فخّم وبجّل : agrandir; exalter; grossir; magnifier
أعظم ٢ الأمرَ : عدّه عظيماً : donner trop d'importance à
تعظّمَ . تعاظمَ . إستعظمَ : تكبّر : être fier, ère; s'enorgueillir
△ — : تحوّل إلى عظم : s'ossifier

تعاظم ٢ الأمرُ : صارَ عظيماً : être, ou devenir, important, e; prendre des proportions, ou de l'importance
عَظْم : قصبُ الحيوان : os, m
عظمي : كالعظم أو منه أو مختص به : osseux, se; d'os
هيكل — : squelette, m; ossements, m.pl
عِظَم . عُظْم : ضد صغر : grandeur, f
— . — : اهمّية : importance, f
عَظَمَة : جلال : majesté; grandeur; sublimité; éminence, f
— : كِبْر : fierté, f
صاحب الـ . : Sa Majesté
عَظْمَة : قطعة من العظم : un os
عظيم : جلل أو ضدّ صغير : grand, e ou important, e; grave
— : فاخر : magnifique; splendide
— النفس أو الأخلاق : magnanime
عظيمة : مصيبة شديدة : grand malheur, m
أعظم : أكبر : plus grand, e
— : أهمّ : plus important, e; plus grave
تعظّم : ossification, f
تعاظم : تفاخر . تكبّر : vanterie; fanfaronnade
تعظيم : تفخيم : glorification; exaltation, f
△ — : تحيّة عسكرية : salut militaire, m
مُعظم : اكثر : la plupart; la majeure partie
— : غاية . أقصى : maximum, m

مُعَظَّم : مكبَّر grossi, e; agrandi, e
Δ — : هزيل . وهيش décharné, e
مُتَعظِّم : متكبّر orgueilleu x, se
* عِظَاءَة . عِظَاية Δ سحلية ←lézard, m
* عظة (وعظ) * عنا (عفو) * عفاف (عفف)
* عَفَرَ . عَفَّرَ : ترَّب faire de la poussière; couvrir de poussière (ou de poudre insecticide)
Δ — : التقط فضلات الحصَّادين glaner; grappiller
عَفَرٌ Δ عُفَار : تراب poussière, f
عُفْرة الأسد والخيل : مَعْرَفة crinière; f
Δ عَفارة المساحيق vaporisateur, m
أعفر : لون اسمر نحاسي basané, e
* عفريت : شيطان diable, sse; démon; lutin, m
— : الصبي الكثير اللعب diablotin; petit diable. polisson, ne; espiègle
— : (في ورق اللعب) le joker, m
Δ — العِلْبة ←boite à surprise, f
Δ عليه — : محضور possédé, e; démoniaque
Δ مكان فيه — : مَسكون بالجن hanté, e
Δ عفريتة رفع : Δ كريك ←cric, m
عَفْرَتة : شيطنة diablerie, f
تَعَفْرَتَ : تشيطن faire le diable à quatre

* Δ عَفش . عُفاشة : مالا خير فيه rebut, m; camelotte, f
Δ — المسافر : أمتعته bagages; effets, m.pl
Δ — المنزل : أثاثه meubles, m.pl; ameublement, m
* عَفْصٌ البلوط noix de galle, f
عَفِصٌ : مُرٌّ قابض astringent, e; styptique
عِفَاصُ الزجاجة (القِنّينة) capsule, f
عُفُوصَة : مرارة وقبض astringence; âcreté; amertume, f
(عفف) عَفَّ . تَعَفَّفَ : امتنع عما لا يحل être vertueu x, se
عِفَّة . عَفَاف : طهارة vertu; chasteté; pureté, f
— . — : نزاهة intégrité; probité, f
عَفٌّ . عَفِيف : طاهر vertueu x, se; chaste
— . — : نزيه probe; intègre; honnête
* عَفِنَ Δ عَفَّنَ . تَعَفَّنَ : فسدَ pourrir; se putréfier; se décomposer; se gâter
Δ — Δ — : كرج moisir; se moisit
عَفَن . عُفونة : فساد او كرج pourriture; putridité; ou moisissure, f
عَفِن . مُعفّن . مُتعفّن pourri, e; gâté, e; putréfié, e; moisi, e
مَرَض عَفِن maladie septique, f
مستشفى الأمراض العفنة hôpital des maladies infectieuses, m
تعفّن : اِنفساد putréfaction, f
* عَفْو . عَفَاء : محو effacement, m; oblitération, f

عَفْو : صفح pardon, *m*; grâce, *f*
— عامّ (عن المجرمين السياسيين) amnistie, *f*
— الخاطر أو الساعة sous l'impulsion du moment
عَفْواً : أرجو صفحكم je vous demande pardon; pardonnez, *ou* excusez, moi
— : من تلقاء ذاته spontanément
— : اعتباطاً par hasard
عَفَاء [2] : تراب poussière, *f*
عَفَا عنه أو عن ذنبه pardonner; gracier; faire grâce
— عن الشيء : أمسك عنه s'abstenir de
عَافَى . أعْفَى : شَفَى guérir
أعفى من الخدمة العسكرية exonérer de service militaire
Δ — . — من الأمر exempter; dispenser de
تَعَافَى : شُفِيَ se guérir; reprendre ses forces
Δ إستعفى : إستقال من خدمة démissionner
Δ عَفِيّ : قوي fort, e; robuste; gaillard, e
عَافٍ . مُعْفٍ : منطمس effacé, e; oblitéré, e
عَافِيَة : صحة تامة bonne santé, *f*
Δ — : قوة force, *f*
إعْفَاء Δ مُعافاة exemption; dispense; exonération, *f*
— من الخدمة العسكرية exemption (du service militaire), *f*
Δ إستعفاء من منصب : استقالة démission, *f*
* عفيف (عفف) * عقّ (عقق) * عقار (عقر)

* عَقَبَ . أعْقَبَ : جاء بعد succéder à; suivre;
أعْقَبَ : خلّف laisser une postérité
— الأمرُ : حسنت عاقبته réussir; avoir une bonne fin, *ou* une fin heureuse
عَقَّبَ عليه : ندّد به critiquer
— على الحادث commenter
عَاقَبَ بذنبه وعليه punir
— : ناوب alterner; se relayer
تَعَقَّبَ : تتبّع suivre; filer; talonner; être aux trousses de qn
— : لاحق وطارد poursuivre; pourchasser
تَعَاقَبَ : تتابع se succéder
عَقِبَ : تابع . لاحق subséquent à; suivant
— . عَقِب : مؤخّر القدم talon, *m* 
— . — : ولد fils, *m*; fille, *f*; enfant, *m*
— . — : ولدُ الولد descendance, *f*; petite-fille, *f*; petit-fils, *m*
جاء عقيبَه وبعقبه suivre immédiatement
رجع على عقبه أو أعقابه revenir sur ses pas; rebrousser chemin
رأساً على عقب sens dessus dessous
عُقْب . عُقبَى . عاقِبَة : آخر fin, *f*; terme, *m*
— . — . — : نتيجة suite; conséquence, *f*; résultat, *m*
كانت عاقبته كذا il eut pour résultat
Δ عُقْب [2] السيجارة mégot, *m*
Δ — دفتر الوصولات وأمثاله talon, *m*; souche, *f*

عَقَبَة : عائق obstacle: empêchement, *m*

— : الطريق في الجبال sentier, *m*

عُقَاب : كاسِر ∆ نِسْر aigle, *m*

بُرْج الـ (في الفلك) l'Aigle, *m*

عُقابي: مختص بالعقبان aquilin, e

أنف — nez aquilin, *m*

عُقَيْب: فرخ العقاب aiglon, *m*

عِقاب . عُقُوبَة : قصاص châtiment, *m*; punition; peine, *f*

عِقابي . عُقُوبي punitif, ve; pénal, e

قانون العقوبات code pénal, *m*; loi penale, *f*

عَقِيْب : تال suivant, e; subséquent, e postérieur, e

— ذلك ensuite; à la suite de cela

تَعَقُّب : تَتَبُّع poursuite; filature, *f*

— : ملاحقة ومطاردة chasse, *f*

∆ تعقيبة : مرض السيلان gonorrhée; blennoragie, *f*

تَعَاقُب : تتابع succession; suite, *f*

بالـ . على الـ : بالتتابع successivement

بالـ : بالتوالي alternativement; tour à tour

مُعَاقِب: موقع القصاص châtieur, se; punisseur, se

— : متناوب à tour de rôle; tour à tour

— : آتٍ بعد suivant, e

مُعَاقَبَة : ايقاع القصاص punition: correction; sanction, *f*; châtiment, *m*

مُتَعَاقِب : متتابع successif, ve: consécutif, ve

— : متوالٍ alternatif, ve; alterné, e

يَعْقُوب : إسم عَلَم Jacob, *m*

— : ذكر الحجل perdrix mâle, *m*

*عَقَدَ : ضد حلَّ nouer; lier

— البناء voûter; cintrer

— البيعَ والعهدَ conclure

— الصفقةَ conclure un marché

— النيّةَ أو العزم se décider; se résoudre à

— على المرأة épouser

— جَلْسَةً tenir une assemblée, *ou* une audience

— قرضاً contracter un prêt

— لسانه : أسكته confondre; interdire

∆ — . عَقَّدَ : كثف بالغلي lier; épaissir; ébouilli

—وا الخناصر joindre les mains

عقّدَ الخيط emmêler; empêtrer; enchevêtrer

— الأمرَ compliquer

— الكلامَ parler ambiguement

عَقَدَ لسانَهُ : إحتبس avoir la langue liée

تَعَقَّدَ . إنعقد الشرابُ واللبنُ أو الصلصة épaissir; s'épaissir; se figer

— . — : ضدّ انحلّ être noué, e

— . — الأمرُ se compliquer; s'embrouiller; s'empêtrer

إنعقدَ المجلسُ s'assembler

تعاقَدَ مع contracter; conclure un acte

إعتَقَدَ : صدَّقَ croire

عَقْد : ضدّ حَلّ — action de nouer, ou de lier

— : اتفاق مدوّن — contrat; acte; accord

— : صَك . مستنَد — titre; document, m

— : حلْقة — cycle, m

— إيجار — bail; contrat de location, m

— بَيْع — acte de vente, m

— الزواج — certificat, ou acte, de mariage, m

— الملكيّة : حجّة — titre; titre de propriété, m

— رَسْمي — acte notarié, m

— عُرْفي — sous-seing-privé, m

— من السنين — décade, f

عقد[2] من بناء : قوس — arche; voûte, f

Δ— نِصف دائري — demi-circulaire

— : قبو (انظر قبو) — voûte, f

Δ— مُستقيم — arche, ou voûte, plate, f

Δ— قوطي — ogive, f

Δ— مَرْجوني — arche elliptique, f

Δ— مخموس — arche en ogive, ou en lancette, f

Δ تجريد الــ : مُنحنيه الخارجي (انظر جرد) — extrados, m

مفتاح الــ : Δغلق — clé de voûte, f

Δ تنفيخ الــ : منحنيه الداخلي — intrados, m

صَنْجَة او حجر الــ — voussoir; vousseau, m

كاتب العقود الرسميّة — notaire, m

عِقْد : قلادة — collier, m

عُقْدَة : موضع العقد من حبل — nœud, m

— شراعيّة أو افقيّة — nœud plat, m

— سائبة — nœud coulant, m

— التقصير — jambe de chien f

— منفرجة — rosette, f

— نَفيسيّة — complexe

— : غدّة — glande, f

— في خشب — nœud, m

— : ميل بحري — nœud, m

— : مشكلة — difficulté, f; embarras, dilemme, m

— في قصبة : Δعُقلة — jointure, f

عَقَّاد : حائك الأشرطة — passementier; fabricant, e, ou marchand, e, de cordons

عَقيد : قائمقام — colonel, m

عَقيد . مُعاقِد . متعاقِد : معاهد — contractant, e

— : مختثر بالغلي — épaissi, e; ébouilli, e

عَقيدة الانسان : مذهب — foi; croyance, f

عُنقود : عذق . قِطْف س — grappe, f

— عِنَب — grappe de raisin, f

عُنقودي — acinus, m, aciniforme, a

إعتِقاد : تَصْديق — croyance; confiance; [créance], f

— : إيمان — conviction; foi, f

— مُعتَقَد — dogme; principe, m; doctrine; opinion, f

مُعْتَقِد : مصدِّق croyant, e

مُعقَّد : مشبَّك embrouillé, e ; mêlé, e

— : ذو عُقَد noueux, se

مِعْقَد : غدة البَنكرياس pancréas, *m*

مَعْقُود : مَرْبُوط lié, e ; noué, e ; attaché, e

— اللسان qui a le filet, *ou* la langue liée

— (كقولك بِناءٌ معقود) voûté, e

المتعاقدون les contractants ; les parties contractantes, *f.pl*

✱عَقَرَ : جَرح أو عض blesser *ou* mordre

عَقَرَت الانثى : كانت عاقراً être stérile

عاقَرَ الشيء : لازمهُ وأدمن عليه être adonné, e à ; s'adonner à

عُقْر . عَقَارَة : عقم stérilité, *f*

— الدار le milieu, *ou* le centre, de la maison

— . عاقِر : عَقِيم stérile ; infécond, e

إمرأة عاقِر femme stérile, *ou* sans enfants

عُقْر ٢ القصب وأمثاله من النبات

عَقار : ملك ثابت immeuble ; propriété immobilière ; bien foncier

عَقاري foncier, ère

ملك — . bien-fonds ; immeuble, *m*

رَهْن — . hypothèque, *f*

عَقَّار (الجمع عقاقير) : دواء drogue, *f* ; médicament, *m* ; plante médicinale, *f*

عَقُور : عضّاض mordant, e ; qui mord

عَقِيرَة : صوت voix, *f*

رفع —ه élever sa voix

✱عَقْرَب : دويبة سامّة scorpion, *m*

— الساعة aiguille, *f*

عقرب الساعات petite aiguille

مُعَقْرَب : معوج crochu, e recourbe, e ; tortueux, se

✱عَقَصَ : ضفر tresser ; natter

عَقِيصَة : ضفيرة شعر tresse ; natte ; soutache, *f*

✱عَقْعَق : طائر pie, *f*

✱عَقَفَ . عَقَّفَ courber ; tortuer

أعقف . مَعْقُوف courbé, e ; crochu, e ; tortueux, se

الصليب المعقوف croix gammée ; svastika, *f*

(عقق) عَقَّ الولدُ والده manquer à ses devoirs envers ses parents

عَقّ . عاقّ : عاص . ضد بارّ désobéissant, e ; irrespectueux, se

عَقِيق : خرز أحمر cornaline, *f*

— يماني agate, *f*

— : وادٍ ضيّق ravin ; défilé, *m*

✱عَقَلَ : ربط attacher ; lier

— الدواء بطنهُ constiper

— الشيء : فهمه comprendre

— : ٥ كَعْبَل . اعثر renverser d'un croc-en-jambe

عَقَّلَ : صَيَّرَهُ عاقلاً — assagir; amener à la raison

تَعَقَّلَ : تفكّر — raisonner; réfléchir

إِعْتَقَلَ الرجلَ : حجزه في مُعْتَقَل — interner

أُعْتُقِلَ لسانُهُ — avoir le filet; avoir la langue liée

إِسْتَعْقَلَ : ظنّهُ عاقلاً — prendre qu pour sage, *ou* intelligent, e

عَقْل : مركز أو قوّة الادراك — raison, *f*; esprit; cerveau, *m*

— : إدراك — raisonnement; bon sens

— : فهم — intelligence; compréhension, *f*

— : القوّة العاقلة — rationalité; sagesse, *f*

— : رَبْط — action d'attacher, de lier

— : ديةُ القتيل . ثمن الدم — prix du sang, *m*

عَقْل باطِن — **sub-conscient, *m***

مختلّ الـ — aliéné, e; fou (*f.* folle)

Δ من عقله : بلا إستشارة — de sa tête

عَقْليّ : ذهني — mental, e; intellectuel, le

Δ عُقْلة : عقدة في قصبة — joint

Δ — التريُّض — trapèze, *m*

عاقِل : له عقل — raisonnable; raisonné, e; rationnel, le

— : حكيم — sage

عِقالُ الدابة : قَيْد — entraves, *f pl*; fers, *m.pl*

— : ما يشدّ على الرأس — cordon dont on se ceint la tête, *m*

عَقُول : مُدْرِك — intelligent, e

— : دواء يعقل البطن — astringent

عَقِيلَة : كريمة مخدّرة — dame, *f*

— : زوجة — épouse; femme, *f*

إِعتِقال : حجز أو حبس — internement, *m*

مَعْقِل : حِصْن — fort; château fort, *m*; forteresse, *f*

مَعْقُول : يُدركه العقل — compréhensible; plausible; raisonnable

غير — : لايدركه العقل — incompréhensible

غير — : لا يقبله العقل — irrationnel, le; absurde

عِلْم العَقْليات أو المعقولات : ما وراء الطبيعة — métaphysique, *f*

٭ عَقِمَ . عَقُمَ : كان عقيما — être stérile

— . عَقَّمَ . أعقم — rendre infructueux, se, *ou* stérile

عَقَّمَ ٢ : طَهَّر — stériliser; désinfecter

عُقْم . عَقْم . عُقْمَة — stérilité, *f*

عَقِيم : لا يَلِد — stérile

— : عديم الثمرة — infructueux, se; sans fruit

تَعْقِيم : إبادة الجراثيم المرَضية — stérilisation, *f*

مُعَقِّم : مبيد الجراثيم — stérilisateur; stérilisant, e

٭ عقوق (عقق) ٭ عقيدة (عقد) ٭ عقيرة (عقر)

٭ عقيق (عقق) ٭ عقيلة (عقل) ٭ عكّ (عكك)

٭ عَكِرَ : ضد صفا — être trouble, *ou* troublé, e

عَكَّرَ : ضدّ روّق — troubler

عَكَر : ضد صفاء أو رواق — état trouble, *ou* bourbeux, se

— Δ عَكَارة — lie, *f*; sédiment, *m*; effondrilles, *f.pl*

عَكِرٌ. مُعْكَرٌ : كدِر trouble; bourbeux, se fangeux, se

*عَكَزَ. تعكَّزَ على s'appuyer sur un bâton

عُكَّاز. عُكَّازة : عصا bâton, m

— الأعرج béquille, f

— الراعي houlette de berger, f

— الأسقف crosse d'évêque, f

*عَكَسَ : قَلَبَ intervertir; renverser; mettre en sens inverse, ou à rebours

— النورَ أو الحرارة أو الصورة refléter; réfléchir

عاكَسَ : خالفَ opposer; contrarier

△ — : ضايق vexer; taquiner; agacer

تعاكَسَ . إنعكسَ : إنقلبَ être retourné, e, renversé, e, mis, e à rebours

— . — : إرتدَّ (كالنور والحرارة) se refléter; se réfléchir

بالعَكْس à l'inverse; à l'envers; à rebours

عَكْس : قلْب inversion; interversion, f; intervertissement de l'ordre, m

— كذا l'opposé; le contraire de

والـ بالعكس vice versa; au contraire

عَكِيس : △ تَرقيدة marcotte, f

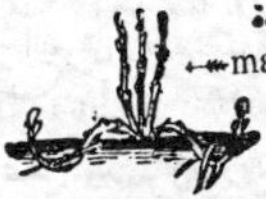

عاكِس : قالِب qui renverse

— : رادّ réflecteur, rice; qui reflète, ou réfléchit

عاكسة النور أو الحرارة réflecteur, m

إنعِكاس النور والحرارة réflexion, f; reflet, m

مُعاكِس : ضد موافق adverse; opposé, e a

مَعْكُوس ، مُنْعَكِس renversé, e; inverse; interverti, e

— . — (كالنور والحرارة والصورة) réfléchi, e; reflété, e

— معنًى contresens; sens contraire, m

*عَكِشَ الشَّعْرُ والنبتُ : التوَى وتلبَّدَ être échevelé, e: s'enchevêtrer

عُكاشة : بيت العنكبوت toile d'araignée

مَعْكُوش : △ منكوش enchevêtré, e; hirsute; échevelé, e

*عَكَفَ على كذا : لازمه se livrer à; s'adonner à

— . عكفَ عن : منع retenir de

— تعكَّفَ . إعتكفَ في المكان s'enfermer dans; se retirer; s'isoler

— . — . — عن الناس vivre en réclusion, ou en retraite; vivre solitaire

إعتكفَ في غرفته garder la chambre

عاكِف على كذا : ملازم له adonné, e à; assidu, e

— ومُعتكِف عن الناس solitaire

*عكمَ : جمع وصرَّ أو ركم empaqueter; ou amonceler; entasser

△عَكْنَنَ : ضايق ennuyer; vexer

مُعَكْنَن : منحرف الصحة indisposé, e

* عل (علل) * علا (علو) * علاته (علل)
* علان * علانية (علن) * علاة * علاوة (علو)

☆عَلَّبَ : عبأ في عُلبة — mettre en boîte

عُلبَة اللبن — pot à (*ou* au) ←lait, *m*

— : اناء من خشب أو معدن أو ورق مثوى الخ — boîte, *f*

△ — : صندوق صغير — coffret, *m*; boîte, *f*

△ — سجاير (لحمل السجاير) — étui à cigarette, *m*

△ — (سجائر مملوءة بالسجائر) — boîte de cigarettes, *f*

△ — كبريت — boîte d'allumettes, *f*

△ — نشوق (لأجل النشوق) — tabatière, *f*

△ — سردين أو غيره ← — boîte de sardine, *f*

أطعمة معلّبة (محفوظة في عُلَب) — conserve, *f*

☆عِلج : كافر — infidèle; impie

عَالَجَ المريضَ : داواه — soigner; traiter

— الأمرَ : مارسه — manier; manipuler; conduire

— الحديد أو الفولاذ : سَقاه — tremper

— الموضوع — traiter (un sujet); discourir sur

تَعَالَجَ المريضُ — se soigner; se traiter

عِلاج. مُعالَجَة : مداواة — traitement, *m*; soins médicaux, *m.pl*

— : دواء. طِباب — remède, *m*; cure, *f*

— كهربي — électrothérapie, *f*

— مائي — hydrothérapie; cure d'eau, *f*

☆عَلَفَ الدابة : أطعمها — faire paître; donner à manger

— وسمَّنَ : بَتَّنَ — nourrir à l'étable

عَلَفٌ. عَلُوفَة — fourrage; foin, *m*; pâture, *f*

عَلّاف : بائع العلف — marchand,e de fourrage

مِعْلَف : موضع العلف — crèche; auge; mangeoire, *f*

مَعْلُوف : مُسَمَّن — engraissé,e

☆عَلِقَ وتَعَلَّقَ به : استمسك — se cramponner, *ou* s'accrocher, à

— و— قلبُه به : أحبّه — s'attacher à; s'amouracher de; raffoler de

— و— بالحبالة — donner dans le piège

—ت الانثى : حبلت — concevoir; devenir enceinte

تَعَلَّقَ ٢ : تدلّى — se suspendre; se pendre; pendiller

— به : خصّه — appartenir à; être à

— به : ارتبط امره به — dépendre de

عَلَّقَ الأمرَ : أرجأه — suspendre; tenir en suspens

— به : ربط — accrocher; pendre; attacher

— أهمية عظيمة على — attacher de l'importance à

— : شرح — commenter; annoter

— . أعلَقَ : دلّى — suspendre; accrocher

عَلَق (الواحدة عَلَقة) : دود يمتص الدم — ←sangsue, *f*

— البعوض وغيره : يَرَق — larve, *f*

عِلْق : نفيس — précieux,se

△ — : △خَوَل — [tapette]; pédéraste passif, *m*

△عَلْقَة | raclée; rossée, f 
عَلَاقَة : صلة | relation, f; rapport; lien, m
— : ارتباط | liaison; connexion, f 
عَلّاقَة الثياب | cintre, m
عَلِيقُ الدواب : علف | fourrage, m
عُلَيْق . عُلَيقى : نبات | ronce, f
عُلَيقة | buisson; taillis; fourré, m
تَعَلُّق : ارتباط | relation; connexion; dépendance, f; lien, m
— : حُبّ . ارتباط القلوب | attachement, m
تعليق : تدلية او إرجاء | suspension, f; action de suspendre
— على كتاب | commentaire, m; annotation, f
مُعَلَّق : مدلّى | suspendu, e; pendu, e; accroché, e à
— : موقوف | en suspens; pendant
— في المحكمة | pendant, e (par devant le tribunal)
— بكذا أو عليه | dépendant de; qui dépend de
جِسْر — | pont suspendu, m
حساب — | compte en suspens, m
مِعلاق : لسان | langue, f
△ — : قلب وكبد ورئة الذبيحة | fressure, f
☼عَلْقَم : حَنْظَل | coloquinte, f
☼عَلَكَ : مضغ ولاك | mâcher
— التبغ | chiquer
عِلْك : كل صمغ يُمضغ | gomme à mâcher, f

☼عَلَّلَ : بيّن السبب | expliquer; justifier; rendre compte de
— بكذا : شغله | occuper qn par
إعتَلّ . عُلَّ : مَرِضَ | tomber malade
— بكذا . تَعَلَّلَ : التمس عذراً | prétexter; chercher excuse; alléguer des prétextes
تعلّل[٢] بكذا : تشاغل | s'occuper de, ou à
عَلَّ . لَعَلَّ : عسى | peut-être
عِلَّة : مرض | maladie, f
— : عيب | défaut; vice, m
— : سبب | cause; raison, f; motif, m
— : مصدر . اصل | origine, f
— : حجّة . عذر | excuse, f; prétexte, m
— (في النحو والصرف) | défectuosité, f
— ومَعْلُول
حَرْف عِلّة | lettre faible, f
على عِلّاته : كما هو | tel, le quel, le
عَلِيل . مُعَلّ . مَعلول[٢] | malade
إعتِلال الصحة | maladie; indisposition, f
تَعْلِيل : ايضاح السبب | explication; justification, f
لا يمكن تعليله | inexplicable
معتلّ الصحّة | malade; maladif, ve
— : فيه حرف علّة (وبمعنى ناقص) | défectueux, se; défectif, ve
☼عَلِمَ الأمرَ : عرفه | savoir; être au courant de
عُلِيمَ لي | j'ai appris que; j'ai su
عَلَّمَ العلم أو الصنعة | enseigner; instruire
— عَلَّمَ : جعل له علامة | marquer

informer; aviser; avertir — أَعْلَمَ الأمرَ وبه

apprendre; s'instruire — تَعَلَّمَ العِلْمَ أو الصنعة وغيرها

étudier; apprendre — ـــ : درس

se renseigner; s'informer (de qc auprès de qn) — إِسْتَعْلَمَ منه عن

drapeau; étendard, m — عَلَمٌ : راية

pavillon, m — ـــ (في البحرية)

borne, f; poteau d'enseigne; poteau indicateur, m — ـــ . أُعلومة : نصب يُهتدى به

chef — ـــ : سيّد القوم

nom propre, m — إسمٌ ـــ .

connaissance, f; savoir, m — عِلْمٌ : دراية

science, f — ـــ : واحد العلوم المبنية على البحث

ornithologie, f — ـــ الطيور

citation; assignation, f — ∆ ـــ طلب : إستدعاء إلى المحكمة

sciemment; en connaissance de cause — عن ـــ .

étudiant,e — طالبُ ـــ : تِلميذ

à son insr — بدون علمه

Dieu seul sait — والعِلْمُ عند الله

marque, f; indice — عَلامَة : سِمَة . اشارة

signe, m; enseigne; indication, f — ـــ : دليل

veuillez prendre note — ليكنْ في علمكم

théorique — عِلْمي : ضِدّ عَمَلِيّ . نظريّ

scientifique — ـــ : مختص بعلم

scolastique — ـــ : مدرسي

société savante, f — جمعية علمية

pourquoi; pour quelle raison? — عَلامَ : على ما ؟

marque déposée, f — ـــ او ∆ ماركة مسجلة

qui sait tout; omniscient,e — عَلّام . عَلِيم

érudit,e; docte; savant,e — عَلّامة . تِعْلامَة

monde; univers, m — عالَم : الخلق كلّه

règne animal, m — ـــ الحيوان

règne végétal, m — ـــ النبات

royaume des rêves, m — ـــ الخيال

mondain,e; laïc — عالَميّ : دنيويّ . زمَنيّ

universel,le; cosmopolite; mondial,e — ـــ : كَوْني

savant,e — عالِم : متعلّم

instruit,e — ـــ : ضد جاهل

au courant de — ـــ بالامر

chanteuse; cantatrice, f — ∆ عالِمة : مغنّية

information; notification, f; avis, m — إعْلام : إخطار

'Ilam charéi, m: décision du juge du statut personnel musulman — ـــ شَرْعي

poteau indicateur, m; borne, f — أُعلومة . مَعْلَم : ما يُنْصَب فيُهتدى به

enquête; demande de renseignements, f — إستعلام : استخبار

bureau de renseignements, m — مكتب إستعلامات

instruction, f; enseignement, m — تَعْليم : تلقين الدرس

éducation, f — ـــ : تهذيب

pédagogie, f — فنّ الـ ـــ .

instructions; indications, f.pl — ∆ تعليمات : إرشادات

تَعْليمي : ترويضي — instructif, ve

معالم الجريمة — indices; fils, *m.pl*

مُعَلَّم : عليه علامة — marqué, e

— . مُتَعَلَّم : مدرَّس — instruit, e; enseigné, e

— . — : مهذَّب — éduqué, e

مُعَلِّم : مدرِّس — instituteur, rice; professeur; pédagogue; maître, sse

— خاصّ (خصوصي) — précepteur, rice

مدرسة المعلمين — école normale primaire, *f*

مَعْلُوم : ضِدّ مجهول — connu, e; notoire

صِيغة المعلوم — voix active, *f*

مَعْلومات : أخبار — informations; nouvelles, *fpl*

مَعْلُومِيَّة : علم — connaissance, *f*; savoir, *m*

مُتَعَلِّم : ضدّ جاهل — instruit, e

٭ عَلَنَ . اعْتَلَنَ — se diffuser; devenir notoire

عالَنَ وأَعْلَنَ الأمرَ وبه — annoncer; déclarer

أعلن ٢ : أذاع — faire connaitre; proclamer

— : أنذر — avertir; notifier; sommer

— الحربَ — déclarer la guerre

— الخبر — diffuser; promulguer

— الحُكْمَ — notifier, *ou* signifier, un jugement

— عن كذا — faire de la publicité, *ou* de la réclame

عَلَنِيّ : جَهْري جِهاري — public, que

بيع — . — vente publique, *f*

عَلَناً : جَهْراً — publiquement; en public

عَلانِيَة : ضِدّ سِرّ — publicité; notoriété, *f*

علانيةً : جِهاراً — publiquement; ouvertement

إعْلان : إظهار — manifestation; déclaration, *f*

— : نَشْر — promulgation; publication, *f*

— : إذاعة الخبر — diffusion; proclamation, *f*

— : خبر مُذاع — annonce; réclame, *f*

— : نَشْرَة — avis, *m*; annonce, *f*

— يُلْصق على الحيطان — placard, *m*; affiche, *f*

— صغير (يوزّع باليد) — prospectus; papillon; tract, *m*

— حضور الى المحكمة — citation; assignation, *f*

شركة الـ. أو الاعلانات — société de publicité, *f*

لوحة عرض الاعلانات — tableau d'affichage, *m*

٭ عِلَّة (في علل)

٭ عُلُوّ . عَلاء : ارتفاع — hauteur; altitude; élévation, *f*

— . عَلاً : رفعة — grandeur; éminence, *f*

عُلْوِيّ : سمائي — céleste; divin, e

— . عُلْوِيّ : فوقاني — supérieur, e; de dessus; d'en haut

عَلا : صار أعلى منه — s'élever au-dessus de

— . عَلِيَ : فاق — surpasser

— . — : كان عالياً — être haut, e, *ou* élevé, e

— . عَلَى . اِعْتَلَى : ارتفع — s'élever; monter; se soulever

— و— المكانَ أو الدابة — monter

عَلَى . أعلَى : رَفَع — élever

— . — : رقّى — faire avancer; élever; promouvoir

تَعَالَ : هَلُمَّ . احْضَرْ ! — venez !, viens !

تَعَالَى . إستَعْلَى : إرتفع — être élevé, e

عَلَاوَة : زيادة — augmentation, *f*; supplément; extra, *m*

— عَلَى — outre; en sus de; de surcroit

— على البيعة — par dessus le marché

عَلِيّ . عَالٍ : مرتفع — haut, e; élevé, e

— : رَفِيع — sublime; illustre; altier, ère

عَلْيَاء : سماء — ciel, *m*; cieux, *m.pl*

عِلِّيَّة . عِلِّيُون : طبقة الأشراف — l'aristocratie; [la haute volée], *f*;

— . عُلْيَا : مؤنث أعلى . خلاف السفلى — supérieur, e

بِصَوْتٍ عالٍ — à haute voix

△ عَالْ : جيّد للغاية أو ممتاز — très bon, ne; excellent, e; *ou* supérieur, e

△ — العال — extra fin, e

أَعْلَى : ضِدّ أسفل — le haut; la partie supérieure

— : ارفع من . فوق — au-dessus de; plus haut, e; plus élevé, e

— (أو أقصى) درجة — maximum, *m*

من — الى اسفل — de haut en bas

اعلاه : آنفاً . قبلاً — ci-dessus; ci-haut

مذكور — . — ci-dessus mentionné, e; susméntionné, e; susdit, e: précité, e

في الأعالي (أو في السماء) — là-haut

تَعْلِيَة : رفع — élévation, *f*

٭عَلْوَنَ الخطابَ : عَنْوَنه — adresser; mettre l'adresse (à une lettre), le titre (à un livre), l'entête (à un article)

عُلْوَانُ الخطابِ : عنوان — adresse, *f*

— الكتاب : اسمه — titre; nom, *m*

٭عَلَى : فوق — sur; dessus

— : لأجل . في سبيل — pour; sur

— (كقولك بذل المال على فقره) — malgré

— (كقولك رفع الدعوى عليه) — contre

— : في حساب القسمة (كقولك ٢ على ٨) — sur; par

— القياس (كقولك ثوب على القياس) — sur mesure

— ذوقه أو عقله (كَيْفه) — à son goût

— يد فلان — par l'entremise de

— حين غفلة — à l'improviste; soudainement

— ضوء كذا — à la lumière de

— عهد فلان — du temps de

— وشك — sur le point de; presque

يكذبُ — صديقه — mentir à son ami

يُغَنِّي — العُودِ — chanter au son de la guitare

عليه أن يفعل كذا — il a à faire; il doit faire

— دين — il est chargé d'une dette

— مبلغ كذا — il doit la somme de

هل علينا أن ننتظر؟ — devons nous attendre?

وعليه . بناء عليه — en conséquence; donc

ما عليك من كذا : △مَعَلِيش — ça ne fait rien

٭ علّى ٭ عليّ ٭ علياء (علو) ٭ عليل (علل)

٭ عليّة ٭ عليون (علو) ٭ عمّ (عمم) ٭ عِمْ (وعم)

٭عَمَدَ إليه	se rendre à; se diriger vers
— الأمرَ وإليه: قصده فعله	avoir le dessein de; se proposer de; se décider à
عَمَّدَ: صبغ ٥ نصَّر	baptiser
تَعَمَّدَ الأمرَ: قصد فعله	faire exprès
— ٠ اِعتَمدَ: قبل المعمودية	être baptisé, e
إعتمد ٢ على: اتَّكل	s'appuyer, ou compter, sur
٥ —: قبل وأجاز	approuver; autoriser
عَمْد: دَعْم ٠ سند	appui; soutien; étayement; étayage, m
— ٠ تَعَمُّد: قصد	détermination; résolution; intention, f
— و — سابق	préméditation, f
عَمْداً ٠ تعمُّداً	à dessein; exprès; de propos délibéré; délibérément
عَمْدي ٠ تعمُّدي	intentionnel, le; délibéré, e; voulu, e

عُمْدَة ٠ عِماد	soutien; pilier; étai, m
— البلد	maire; omden, m
عماد ٢: قبول المعمودية ٠ معمودية	baptême, m
٠ عَمُود: دعامة	←colonne, f; pilier; pilastre, m
عَمُود ٢: قائمة (كعمود التلغراف والمصابيح)	poteau, m

— من بناء أو صحيفة	colonne, f
— القنطرة	←pile, f
الـ الفقري	colonne vertébrale, f
الـ الشوكي	épine dorsale, f
تاج الـ	←chapiteau, m
بدن الـ	←fût, m
عمودي ٠ بشكل العمود	colomnaire; en forme de colonne
—: قائم	perpendiculaire; vertical, e
عَمِيد: رئيس	doyen; chef, m
إِعْتِماد: اتِّكال	confiance, f; appui, m
—: قبول ٠ مصادقة	ratification; sanction approbation, f
—: قرض	crédit, m
— مالي: مبلغ معيَّن لغرض ما	fonds; crédit, m
أوراق — ٠	lettres de créance, f.pl
خطاب إعتماد	lettre de crédit, f
الاعتماد على النفس	confiance en soi-même, f
مُعتَمَد: يُوثَقُ به	homme de confiance, f
—: صحيح أو رسمي	authentique
—: نائب ٠ وكيل	représentant, e
— سياسي: سفير	ambassadeur, rice
—: مقبول (في الحاكم)	agrée, e
مُعتَمِد على	comptant sur; se reposant sur
٭عمر المنزلُ بالناسِ	être habité, e
— المنزلَ: سكنه	habiter; loger dans
— ٠ عمَّرَ: عاش زماناً طويلاً	vivre longtemps
— —: بنى	bâtir; construire
عمَّر ٢ أعمَرَ المكانَ بالسكَّان	peupler
—: ضد خرَّب	rebâtir; reconstruire
٥ — المصباحَ وامثاله ٠ ملأ	remplir; emplir
٥ — السلاح الناري وامثاله	charger

إستعمرَ المكانَ : se fixer; s'établir; coloniser

عُمْر : حياة : vie; existence; durée de la vie, *f*

— : سِنّ : âge, *m*

ما عمرك . كم عُمرك ؟ : quel âge avez vous?

عُمري ثلاثون سنة : j'ai trente ans

Δ نصف عُمر : مستعمَل : d'occasion; de seconde main

عَمرة : منديل رأس : coiffe, *f*; ⟵ voile pour la tête, *m*

عُمران : بنيان : bâtisse; construction, *f*

— : تمدُّن . مدنيّة : civilisation, *f*

عَمْرَة : كل غطاء للرأس : coiffe; coiffure, *f*

Δ — : مرمَّة : réparation; restauration, *f*

عِمارة : بناء : bâtiment; édifice; immeuble, *m*; bâtisse, *f*

— بحريّة : أُسطول ⟶ flotte; escadre, *f*

عامِر . عَمِير . معمُور : آهل بالسكان : populeux, se

— : مَسْكُون : habité, e; peuplé, e

المعمور : العالم : l'univers; le monde, *m*; la terre, *f*

إستعمار : اتخاذ المستعمرات : colonisation, *f*

Δ مِعمار . معماري : بنّاء : maçon, *m*

مهندس — أو معماري : راز : architecte

هندسة الـ — : ريازة : architecture, *f*

نبات معمِّر : pérenne; vivace

مُستعمِر : colon; pionnier, *m*; colonisateur, rice

مُستعمَرة : ما تمتلكه دولة في غير بلادها : colonie; possession, *f*

عَمِشَت عينه : devenir chassieux et faibles (les yeux)

أعْمَش : ضعيف البصر : qui a la vue faible ou qui est chassieux, se

عَمَش : faiblesse de vue, *f*

Δ عَمِصَت عينه : رمِصت : suppurer (œil)

عَمَاص : رَمَص . غَمص : chassie, *f*

عَمُق : كان عميقاً : être profond, e

عمَّق . أعمق : غوَّط : approfondir; rendre profond, e

تعمَّق في الأمر أو البحث : s'approfondir

عُمْق : غور : profondeur, *f*

من أعماق قلبي : du fond du cœur

عَمِيق : بعيد القرار : profond, e

عَمِلَ : صنع : faire

— : أدّى : exécuter

— : اشتغل : travailler

— فيه : أثَّر : opérer; agir, ou influer, sur

— بالأمر : سارَ بموجبه : se comporter conformément à; agir selon l'ordre

Δ عَمِلَ الجرحُ : قاح : suppurer

عامَلَ : تصرَّف معه : traiter

— : أخذ وأعطى مع : traiter avec

إستعمَل : employer; faire usage; utiliser

تعامَلَ القومُ . تعاملوا : faire des affaires ensemble;

تعامُل : relation d'affaires, *f*; affaires; relations, *f.pl*

إعْتَمَلَ ∆ إنعَمَلَ . عُمِلَ être fait, e, ou exécuté, e
عَمَلٌ : فِعْل action, f; acte; fait; œuvre, m
— : صُنْع fabrication, f; travail, m
— : شغل travail, m; affaire; occupation, f
— : ممارسة . اجراء exercice, m
رَجُل — homme d'affaires ou d'action
عَمَلي : إجرائي . ضدّ عِلمي pratique
عَمْلَة : عَمَل رديء mauvaise action, f
بِعَمْلته en flagrant délit; sur le fait
∆ عُمْلَة : نقد . نقود monnaie courante, f; argent, m
— زائفة fausse monnaie, f
— ورقيّة papier-monnaie, m
عُمْلَة ٢ ، عِمالَة : أجرة العمل main-d'œuvre, f
عِمالة ٢ : أجرة العامل salaire de l'ouvrier, m; paye, f
— ∆ عُمُولَة : جُعالة commission, f
عَمَلِيَّة opération; transaction, f
— جراحيّة opération chirurgicale, f
عَمِيل : وكيل agent; représentant, m
— : ∆ زبون client, e
عامِل : فاعل . الذي فعل الأمرَ faiseur, se; celui qui a fait, ou commis
— : صانع . الذي صنع الشيء artisan, m
— : من يعمل بيديه ouvrier, ère
— : ∆ فاعِل manœuvre; journalier, ère
— (في الرياضيات وغيرها) facteur, m
عُمّال les ouvriers; les prolétaires, m.pl
الطبقة العاملة prolétariat, m
إستِعْمال : ممارسة usage, m
— : إستخدام emploi, m; utilisation, f
بطلَ إستعماله inusité, e; hors d'usage; suranné, e
مَعْمَل : مَصْنَع fabrique; usine, f
— كيماوي laboratoire, m
مَعْمُول : مَصْنُوع fabriqué, e; travaillé, e
— : مفعول fait, e
— به : ساري المفعول en vigueur
∆ مُعامِل الرياضة : مُسَمًّى س coefficient, m
مُعامَلَة : تَصَرُّف agissement; traitement, m; manière d'agir, f
— : أخذ وعطاء transactions; relations d'affaires, m.pl
مُسْتَعْمَل : جارٍ استعماله en usage; employé, e
— : سبقَ إستعماله usagé, e; d'occasion
٥ عِمْلاق : مارِد . كَبير مرتفع géant, m
٥ عَمَّمَ : ضِدّ خَصَّصَ généraliser
— : ألبَسَ العمامة coiffer d'un turban
عَمَّ : شَمَل se généraliser; se répandre; régner; s'étendre
— السكوتُ le silence régna
تَعَمَّمَ . إعْتَمَّ : لبس العمامة porter un turban
عَمّ : أخو الأب oncle; oncle paternel, m
ابن العمّ أو ابنة العمّ أو العمة cousin, e

عَمَّة: أخت الأب tante; tante paternelle, f
— الأب أو الأمّ grand' tante, f
عمَّ . عمّا: عن ما؟ de quoi ?
عمّا[2] قريب: بعد وقت قريب sous peu
عمَّن: عن من؟ de qui; desquels, desquelles ?
عِمامة ∆ عِمّة turban, m
عُموم: شمول généralité; prévalence, f
—: كلّ tout; tous; la totalité de
الـ: الجمهور le public, m
عُموماً généralement; en général
عُمومي: غير خصوصي public, que; général, e; commun, e
— . عامّ: شامل général, e
— . —: كلّي universel, le
الأمن العامّ la sécurité publique, f
الرأي العام l'opinion publique, f
الصالح العام intérêt public, ou commun, m
النفع العامّ utilité publique, f
مبدأ عامّ principe général, m
قاعدة عامة règle générale, f
مدير عامّ directeur, rice général, e
مكان عمومي lieu public, m; place publique, f
أشغال عموميّة travaux publics, m.pl
عامّة الناس: عوامّ le commun du peuple; menu peuple; les communs
عامّي: دارج . مألوف commun, e; ordinaire; courant, e
—: من عامّة الناس vulgaire; homme du peuple; plébéien, ne
—: سوقي parlé, e; familier, ère; du langage de la conversation
اللغة العاميّة: لغة السوقة argot; jargon, m
« « : الحكيّة langage de la conversation, m
عَمِيم: شامل général, e
تعْميم: ضدّ تخصيص généralisation, f
مُعمَّم: لابس العمامة coiffé, e du turban
عَمِيَ . تعمَّى perdre la vue; devenir aveugle
— عن كذا ne pas voir (une chose)
— عليه الأمر être obscur, e pour lui
عمَّى: أخفَى obscurcir; rendre mystérieux, se
—: تكلم بالألغاز parler par énigme
—: أخفى عن النظر camoufler
— . أعمَى: صيَّره أعمى aveugler
— . —: أضلّ dérouter; embrouiller
تعامَى: أظهر العمَى simuler, ou feindre, l'aveuglement; faire l'aveugle
— عن كذا fermer les yeux sur
عمَى: ذهاب البصر (حقيقيًّا أو مجازيًّا) aveuglement, m; cécité; perte de vue, f
الـ اللوني daltonisme, m
أعمَى (أو عمياء): ذاهب البصر (حقيقةً ومجازاً) aveugle
ثقة أو طاعة عمياء confiance, ou obéissance, aveugle, f
تعْمِيَة: مغالطة البصر . إخفاء معالم camouflage, m
مُعَمَّى: لُغز énigme, f

☆عَنْ : لأجل (راجع عنّ) . نيابة عن — pour
— : من — de
— : من خصوص — au sujet de; touchant
— : بسبب — à cause de
— : بعد — après; suivant; d'après
— آخرهم — tous; jusqu'au dernier
— قريب . عمَّا قريب — bientôt; sous peu
— إذنك أو إذنكم — avec votre permission
مَاتَ — وَلَد — il mourut laissant un enfant

☆عنْ (عنن) ☆ عنا (عنو) ☆ عناء (عني)
☆ عنَّاب (عنب) ☆ عنان (عنن) ☆ عناية (عني)

☆عَنَّبَ الكَرْمُ — produire du raisin (vigne)
عِنَبٌ : ثَمرُ الكرم — raisin, *m*
— الثعلب — solanum, *m*; parisette, *f*
— الذئب — morelle; busserole, *f*
— النصارى : ريباس — rhubarbe
~ groseille; groseille rouge, *f*
عُنقود — : قُطـف — grappe de raisin, *f*
كَرمُ الـ. — vigne, *f*
عِنَبة : حَبَّة عِنَب — un grain de raisin
— : نتوء (زِرّ) في العين — staphylôme, *m*
عُنّاب — jujube, *m*
على هيئة عِنَبة — aciniforme, *a*
☆ عَنْبَر : طِيب معروف — ambre; ambre gris, *m*
— : حُوت المَنّ — cachalot, *m*
Δ — : انبار . مخزن — entrepôt; dépôt, *m*
Δ — السفينة : انبار . جوف — cale, *f*
Δ — المستشفى او السجن — salle; section, *f*
عَنبَري : مُسكر حلو — liqueur (de menthe *ou* autre), *f*

☆عَنِتَ : لَقِيَ الشدّة — se trouver dans l'embarras
عَنَّتَ : شَدَّدَ على — forcer; contraindre; obliger
أَعْنَتَ : أوقع في أمر شاق — harasser, excéder; jeter dans la difficulté
تَعَنَّتَ الرجل — s'entêter; s'obstiner
—ه : أدخل عليه الأذى — susciter des embarras à qn
—هُ وعليه في السؤال — le harceler par des questions difficiles
إعْنات : تَعَنُّت — vexation; importunité, *f*
مُتَعَنِّت — disputeur, se; obstiné, é; entêté, e
Δ عَنْتَري : صديري — corsage, *ou* cache-corset, *m*

☆عِنْدَ : إسم ظرف للمكان او الزمان — à ; chez
— : حين — lors de
— : لمَّا . متى — quand; lorsque; au moment, où
— ما : متى ما — dès que; sitôt que
جئت من عنده — je viens de chez lui
عِنْدَئذ — alors
عِنْدي : لي . يخصّني — j'ai
— : من رأيي . في نظري — à mon avis
عِنْدَك : قِفْ — arrêtez; halte là !
☆عَنَدَ . إِستَعْنَدَ — s'obstiner; s'entêter
عَانَدَ : عارض — opposer; s'opposer; résister à
عِناد . مُعانَدَة : معارضة أو عصيان — opposition; résistance; opiniâtreté obstination, *f*; entêtement, *m*
عَنِيد . مُعانِد — obstiné, e; têtu, e; entêté, e; opiniâtre

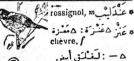

* عَنْدَلِيب — rossignol, m
* عَنْز ٥ عَنْزَة : ٥ مَعْزَة — chèvre, f
٥ — : لَقْلَق أبيض — cigogne, f
(عنس) عَانِس : تَرِيكَة — vieille fille, f
* عُنْصُر : أصل — origine; racine; principe (d'une chose)
— : جنس — race, f
— : مادّة . جوهر — élément; ingrédient, m
عُنْصُرِي : جنسي — de race
عَنْصَرَة : عيد نصراني — Pentecôte, f
* عُنْصُل : بَصَل الفار — scille; oignon marin, m
* عَنَفَ : لامَ بشدّة — réprimander; reprocher; gronder; rudoyer
عُنْف : شدّة — sévérité; rigueur; violence, f
عَنَفَة : ٥ ريشة طارة المروحة — aile; aube, f
عُنْفُوَان الشباب — la force de l'âge; première jeunesse, f
عَنِيف : شديد — dur, e; sévère; violent, e; rude; rigoureux, se
جِهاد — — lutte acharnée, f
تَعْنِيف : لوم شديد — réprimande; [savonnade], f; reproche sévère, m
(عنق) عَانَقَ : طوّق بذراعيه — étreindre; embrasser; [accolader]
إعْتَنَقَ . تعانق الرجلان — s'embrasser; s'accolader

— الدِّينَ — embrasser une religion
عُنْق . عُنُق : رَقَبَة — cou; collet (viande), m
عَنْقَاء : طائر مجهول — griffon, phénix, m
عِنَاق . مُعَانَقَة — embrassement, m; embrassade; étreinte; accolade, f
عَنَاق : أنثى أولاد المعز — petite chèvre; chevrelle, f
— الأرض : تُفَّه (راجع تفه) — caracal, m
خط الـ : ٥ شالِيم — accolade, f
* عَنْقَشَ به : تَعَلَّقَ . تَعَمْشَقَ — s'accrocher à
عِنْقَاش : بَيَّاع متجوّل — colporteur; marchand, e ambulant, e
* عنقود (في عقد)
* عَنْكَب . عَنْكَبُوت — araignée, f
نَسِيج أو بيت الـ — toile d'araignée, f
* عَنَم : محلاق — vrille, f; cirre, m
* عَنَّنَ عنون — adresser mettre l'adresse
عَنَّ له : ظهر — passer par la tête; avoir l'idée
٥ — من تعب : أنَّ زَحَرَ — gémir; geindre
عَنَان : سحاب — nuage, m
عِنَان : سير اللجام ٥ سُرُع — rênes, f.pl; bride, f
أطلق له الـ — lâcher la bride à

أطلق الـ لخياله — donner libre cours à son imagination

عُنَّة : عَنانة — impuissance, *f*

عِنِّين : عاجز تناسليًا — impuissant, e

*عَنْوَة : قَسْر — contrainte; force; violence, *f*

عَنْوَةً : قَسْرًا — par force

عَنا : خضع △أن* — se soumettre; fléchir

ـــه الأمرُ — concerner; regarder; intéresser

*عَنْوَنَ الخطابَ : علونه — adresser

— الكتابَ : اسماه — mettre le titre, *ou* le frontispice

— المقال — mettre l'entête; intituler

عُنوان الخطاب — adresse, *f*

— الكتاب : اسمه — titre, *m*

— المقالة : رأسها — entête; titre, *m*

*عَنَى : أراد . قصد — vouloir; viser; signifier

— به : حفظه — prendre soin de

— الأمرُ فلاناً : اهمه — concerner; intéresser; regarder

هذا لا يعنيك — ça ne vous regarde pas

عَنِيَ : كدّ وتعب — peiner; supporter; s'échiner; [s'esquinter]

عانَى : كابد — endurer; subir; souffrir

إعْتَنَى بالأمر : إهتمّ به — s'occuper de

— به : حافظ عليه — prendre soin de; faire attention à

عَناء . تعب : كدّ — labeur; travail pénible; grand effort, *m*

— : تعب — peine; fatigue, *f*

عِنايَة . إعْتِناء : إهتمام — soin, *m*; solicitude; attention, *f*

الـ الالاهيّة — la providence, *f*

△ تَعَـنّي : زحار — dysenterie, *f*

مَعْنًى : مدلول أو مضمون — signification, *f*; sens, *m*

اسم ـــ — nom abstrait, *m*

علم المعاني — rhétorique, *f*

لا معنى له — vide de sens; sans signification

أَعْني △يَعْني : معناه كذا — c'est à dire (c.a.d.); ça veut dire

مَعْنَوِيّ : دال على معنى — significati,f,ve

— : ضد حسّي — idéal,e; moral,e

— : ضد مادّي — incorporel,le; immatériel,le

الروح المعنوية — le moral, *m*

مُعْتَنٍ : مهتمّ — attentif,ve; plein,e de sollicitude; soucieux,se

*عَهِدَ الشيء : راعاه وتَفَقّده — veiller à; prendre soin de; s'occuper de

— : عَرَف . عَلِم — savoir; connaître

— الوعد : وفاه — tenir sa promesse

— إليه بكذا : أوصاه به — confier à; charger de

عاهَد — s'engager; promettre; convenir; contracter un engagement

تعهّد الشيء : راعاه وتفقده — veiller à; s'occuper de; prendre soin de

△ — بكذا : تكفّل — garantir; assurer; se charger de; s'engager à

إستعهد منه : كتب عليه عهداً — se faire donner une promesse par écrit

عَهْد : وفاء — exécution, *f*, *ou* accomplissement, *m*, d'une promesse

—: وعد أو ضمان promesse; assurance, f; engagement, m
— : ميثاق pacte, m; convention, f
— : زمان ère; temps, m; époque, f
الـ الجديد : الانجيل le Nouveau Testament, m
الـ القديم. التوراة l'Ancien Testament, m
قريب أو حديث الـ récent, e; nouveau, elle
من — قريب récemment; dernièrement
ثابت الـ. constant, e; fidèle
وليّ عهد الملك prince héritier, m
قطع عهداً promettre; donner sa parole
على — فلان du temps de tel
عهدي به فقيراً je l'ai connu pauvre
عُهْدَة : مسئولية responsabilité, f; engagement, m
— : ضمان وكفالة garantie; caution, f
— أمين المخزن consignation, f
على — ته sous sa responsabilité; à ses risques et périls
في — ته à sa charge
عهيد : حليف allié, e
تعهّد : تفقّد surveillance, f
— : ارتباط engagement, m
— : اتفاق contrat; pacte; accord, m; convention, f
استعهاد : تأمين. ضمان ∆ سيكورتاه assurance, f
مَعْهَد : جمعيّة institut, m; institution, f
— الرقص académie de danse, f

مَعْهود : معلوم connu, e; ou stipulé, e
مُعاهَدَة : اتفاق traité; pacte, m; convention, f
— : محالفة alliance, f
∆ مُتعهِّد ∆ متعهد : ∆ مقاول entrepreneur
∆ — توريدات fournisseur; pourvoyeur
متعاهدون: متعاقدون les contractants, m.pl; les parties contractantes, f.pl
∆ عَهَر. عهارة : فِسْق débauche, f; adultère; libertinage, m
— . — : بيع العرض prostitution, f
عاهِر . عَهِر : زانٍ adultère; débauché, e; libertin, e
— . — : مومس prostituée, f
(عهل) عاهِل : ملك أعظم empereur; souverain, m
∆ عواهِن : جرائد النخل اليابسة palmes sèches, f.pl
رمى الكلام على عواهنه parler à tort et à travers
∆ عَوِج . اعْوَجّ . تعوَّج : ضد استقام se courber; plier
عوَّج . ∆ عوَج plier; courber; incliner
عاج : سنّ الفيل ivoire, m
عِوَج . اعوجاج courbure; tortuosité, f
— و — العظام (مرض ارتخاء العظام) rachitis; rachitisme, m
أعوَج . مُعوَجّ : غير مستقيم indirect, e; détourné, ; oblique
— . — : ملتوٍ courbe; courbé, e; crochu, e; tordu, e; tortueux, se; en zig-zag

¤ عَوَّدَ الرجلَ كذا — habituer à
— على مناخ او وسط — acclimater
عَادَ : رجع — retourner ; revenir; rentrer
— : صار — devenir
— : تكرَّرَ — se répéter
— عليه : آل اليه — revenir à; retourner à
— عليه بكذا : نتج عنه — aboutir à
— : زار — visiter; rendre visite à
عَاوَدَ : رجع الى — retourner; revenir à, *ou* vers
عَيَّدَ : احتفل بالعيد — fêter; célébrer une fête
△ — عليه : هنأه بالعيد — souhaiter, la *ou* une, bonne fête; faire, *ou* présenter, des vœux de bonne fête
أَعَادَ : ارجع او ردّ — rendre; renvoyer; retourner
— : كرر — répéter; réitérer
— طبع الكتاب — réimprimer
— النظر في الدعوى — réexaminer le procès
إعتادَ . تَعوَّدَ الامرَ : صار عادة له — s habituer à; se faire à
— . — : اتخذ عادة — prendre l'habitude de; contracter une habitude
إستعادَ طلب الاعادة — faire répéter; bisser
عَادة مَرعيَّة — usage, *m*; coutume, *f*
— . مُستحكمة : شِنْشِنة — habitude, *f*
الـ السريّة — masturbation, *f*; onanisme, *m*
فوق الـ — extraordinaire
إجتماع فوق الـ — assemblée extraordinaire, *f*

عادِيّ : ما جرت به العادة — d'usage
— : مألوف — ordinaire; habituel, le
— : منتظم . طبيعي — normal, e; régulier, ère
— (الجمع عاديّات) : أثر قديم — antiquité, *f*
عائِد : راجع — revenant, e; rentrant, e; retournant, e
— : زائر — visiteur, se
مُجرم — : إعتاد الاجرام — récidiviste; [cheval de retour]
عائدة : منفعة — avantage; profit, *m*
△ عوائد : ضرائب — impôts, *m.pl*; contributions; taxes, *f.pl*
△ — الاملاك : ضريبة العقار — impôts fonciers, *m.pl*
△ — جُمركيّة : مكس — douane, *f*; droits de douane, *m.pl*
عَود . عَودة : رجوع — retour, *m*
— الى امر : الرجوع اليه — reprise, *f*
— الى الاجرام — récidive, *f*
عِيادة . عود : زيارة — visite, *f*
— طبيّة (مكانها) — clinique, *f*
— طبية : زيارة — visite; consultation, *f*
معاد : مكرر — bis
أعِد — encore; bis
عُود : عصا — bâton, *m*; canne, *f*
— : آلة طرب شرقية — luth, *m*
— : خشب عطر — bois d'aloès, *m*
— الثقاب : △ كبريتة — allumette, *f*

عَجَمَ عوده٢ : اِختبره — sonder qn
عِيْد — fête, f
— : موسم . يوم عطلة — jour férié, m
— سَنوي تذكاري — anniversaire, m
— الأضحى — Corban Bairam, m
— القيامة — Pâques, f.pl
— الميلاد — Noël, m
— رأس السنة — jour de l'an, m
— جميع القديسين — la Toussaint, f
عيديّة : هديّة العيد — étrennes, f.pl
إعادَة : ارجاع او رد — retour, m; restitution, f
— : تكرار — répétition, f
— النظر في القضية — réexamen du procès
إعْتِياد . تعوُّد — habitude; accoutumance, f
اعتيادي : جرت به العادة — coutumier,ère; d'usage usuel,le
كسْر — . — fracture ordinaire, f
مُعَوَّد . مُعْتاد . مُتعوِّد — habitué,e à; accoutumé,e; exercé,e
ميعاد . موعد (في وعد) — rendez-vous, m
٥عوَّذ . أعاذ : رَقَى — munir qn d'une amulette
عاذ . تعوَّذ . استعاذ به — solliciter la protection de
عَوْذ . مَعاذ : ملجأ — refuge; abri, m
— . عِياذ : التجاء — recours à un refuge, m
العياذ بالله . اعوذ بالله — à Dieu ne plaise
عُوذَة . تَعويذة : رُقية — sort; charme, m
— . — : حجاب — amulette, f; talisman, m

٥عَوَّرَ : صيّره أعور — rendre qn borgne [aborgner]
٥— . عارَ : اتلف — endommager; blesser; détruire
عَوِرَ : صار أعور — devenir borgne; perdre un œil
أعارَ : أقرضَ — prêter
إستَعارَ : إقترَضَ — emprunter
عارِيَة . عاريّة : قرض — prêt; emprunt, m
عارٍ وعارية (في عري) — nu,e
عَوْرَة : الأعضاء المخجلة — parties génitales, f.pl
— . عِوار : عيب — défaut; vice, m
إعارَة : إقراض — prêt, m; action de prêter
أعْوَر : بعين واحدة — borgne
الـ . المعى الأعور — cæcum; appendice, m
إستِعارَة : إقتراض — emprunt, m
— (في علم البيان) — métaphore, f
إستعاري — figuré,e; métaphorique; emprunté,e
مُعير : مقرض — prêteur,se
مُستَعار . مُعار : مقترض — emprunté,e; prêté,e; d'emprunt
— : كاذب — faux,sse, m et a; postiche
إسم — للكتابة — pseudonyme, a et m
مُستَعير : مقترض — emprunteur,se
٥عوِزَ . أعْوَزَ : افتقر — s'appauvrir; tomber dans la misère
عازَه — : إحتاج إلى — avoir besoin de

عَوَز. إعْوَاز : إحتياج — besoin, m; nécessité, f
إعْوَاز٢. عَوَز ∆ عَازَة : فقر — misère; indigence, f; besoin, m
✡ عَوْسَج : نبات شائك — nerprun, m
✡ عَوِص الكلام : صَعُبَ فهمه — être abstrus, e, ou difficile à comprendre
عَوِيص : صَعْب — difficile; ardu, e; abstrus, e
✡ عَوَّض . عَاوَضَ . أعَاضَ — donner en échange
— : كافأ — récompenser; compenser
— . اعاض٢ عن الضرر — dédommager; indemniser
إعْتَاضَ . تَعَوَّضَ — recevoir en échange
عِوَض : بَدَل — suppléant, e; substitut; remplaçant, e
— . تَعْوِيض : مكافأة — indemnité; compensation, f; dédommagement, m
عوضاً عن أو من — au lieu de; à la place de
لا يُعَوَّض — irréparable; irremplaçable
تَعْوِيض٢ : ردّ (في علم الأحياء) — remplacement, m
✡ عَوَّقَ . عَاقَ . أعَاقَ — retarder; retenir; empêcher
تَعَوَّقَ : تأخر — tarder; être en retard
— : مُنِع — être empêché, e, ou retenu, e
عَوْق . إعَاقَة : تأخير أو منع — retardement; ou empêchement, m
عَائِق . عَائِقَة : مانع — obstacle; empêchement, m; entrave, f
∆ — ∆ عَيُّوق — gandin; coquet, te

العَيُّوق٢ : اسم نجم — la Chèvre, f
∆ طَابْقَة : صاحبة الماخور — tenancière; (d'une maison mal famée); proxénète; [matrone], f
عَوَّافة القطار : ∆ سِبِنْسَة — wagon-frein, m
✡ عَوَّلَ . أعْوَلَ : رفع صوته بالبكاء — gémir; se lamenter; pleurer
— على : اعتمد — se fier à; compter sur
∆ — : عزم — se décider à
عَالَ : جارَ ومالَ عن الحق — être injuste
— : ثقل على — encombrer; être une charge pour; surcharger
— عياله أو غيرهم — subvenir aux besoins de sa famille
— نفسه — se suffire
— . عِيلَ صبره (راجع عيل) — sa patience est à bout
عَوْل . عَيْل : جوْر — injustice, f
— . عِيَالَة : كفاية المعاش — entretien; pourvoi aux besoins; soutien d'une famille, m
— . عائل . مُعِيل العائلة — le soutien de la famille
— . عَوِيل : نواح — lamentation; plainte, f; gémissement, m
عِوَل ∆ تَعْوِيل . مُعَوَّل : اتكال واعتماد — confiance, f
عَالَة : ∆ شَمْسِيَّة مَطر — parapluie, m
— : ثقلة — charge, f; encombrement; fardeau, m
∆ عَوِيل . عِيَالَة٢ على غيره — intrus, e; parasite, m
عَائِل . عائلة (في عيل)

عَيَّلُ الرجل (الجمع عِيَال) : اهل بيته famille, *f*; les siens, *m.pl*;
∆ — : ولد صغير gosse; gamin, e
مِعْوَل : فأس pioche, *f*; pic, *m*
☼ عَوْم : سباحة natation; nage, *f*
لباس الـ— costume de bain, *m*
خطّ الـ— ligne de charge, *ou* de flottaison, *f*
عَوَّمَ السفينة mettre à flot; lancer; faire flotter
عَامَ : سبح (او ضدّ غطس) nager
— : طفا. ضدّ غطس flotter; surnager
عائم : سابح nageant, e
— : طافٍ. ضدّ غاطس flottant, e
عَامٌ : سَنَة année, *f*; an, *m*
عامّة وعوامّ (في عمم) le commun du peuple; le public
عَوَّام : الذى يعوم nageur, se
عوّامة : ∆ شمندورة bouée, *f*
— النجاة من الغرق bouée de sauvetage, *f*
— صنّارة السمك وامثالها flotte, *f*; flotteur, *m*
— صندوق دفق المستراح flotteur, *m*
عوماً : بالعوم à la nage
☼ عَوَنَ. عَاوَنَ. أعان على aider; secourir; assister
تعَاوَنَ القوم s'entr'aider; coopérer; se prêter mutuellement secours, *ou* aide
إستعان الرجلَ وبه avoir recours à

عَوْن . إعانة . مَعُونَة : مساعدة aide; assistance, *f*
— . — . — : نجدة secours, *m*
— . مُعِين : مساعد aide; auxiliaire; assistant, e
اعانة مالية subside, *m*; subvention, *f*
— دراسية bourse, *f*
— : اشتراك في عمل contribution; coopération, *f*
عَونَة : سُخرة corvée, *f*
عَانَة : أسفل البطن أو شعره pubis, *m*
تعَاوُن : الاشتراك في العمل concours, *m*; coopération, *f*
تعاوني coopératif, ve; mutuel, le
إستعانة : طلب المعونة demande de secours, *f*; appel au secours, *m*
مُعَاوِن : مساعد assistant, e; aide; adjoint
☼ عَوَّهَ النباتَ : ضربه بعاهة nieller; brouir; flétrir
— الانسانَ : أصابه بعاهة estropier; mutiler
عَاهَة نباتية : آفة brouissure; nielle; rouille, *f*
— : مرض infirmité; difformité, *f*
— دائمة (مستديمة) infirmité permanente, *f*
مَعُوه . مَعيوه : مصاب بعاهة infirme; difforme; perclus, e
☼ عَوَى الكلب والذئب وغيرهما aboyer; japper; hurler; glapir
عُوَاء : وَعْوَعَة aboiement; jappement; hurlement, *m*

٭ عويص (عوص) ٭ عويل (عول) ٭ عيّ ٭ عياء (عي)
٭ عيادة (عود) ٭ عيار (عير) ٭ عيال (عيل)

٭ عَيَّبَ . عابَ : نسب اليه العيب — critiquer; censurer; condamner

— . — : جعله ذا عيب — gâter; défigurer

△ — عليه : سخر به — railler; [chiner]

عاب ٢ في حقه — dénigrer; discréditer

عَيْب . مَعَابَة : شائبة — défaut; vice, *m*; tache; flétrissure, *f*

— . — : نقيصة (خلقيّة) — faiblesse; anomalie, *f*; défaut, *m*

△ — عليك — vous n'avez pas honte !

عَيَّاب — critiqueur; critique, *m*; épilogueur, se; frondeur, se

مَعِيب . مَعْيُوب : به عيب — défectueux, se; défectif, ve; vicié, e

مُعِيب : شائن — honteux, se: infâme

٭ عَيَّثَ . عاثَ : أفسد — ravager

٭ عيد (في عود)

عَيَّرَ △ عايَر : شنّع عليه فعله — railler; reprocher à

عاير ٢ : فاخر — se vanter; se glorifier de

— : فحص — vérifier; examiner

— : كالَ . قاس — mesurer (poids, mesure, etc.)

عارٌ : عيب — disgrâce; honte, *f*; déshonneur; opprobre, *m*

عَيْر : حمار وحشيّ — ←onagre; âne sauvage, *m*

△ عِيرَة . مُستعار — faux, sse

△ — : غير ثابت أو أصلي — détaché, e; volant, e; postiche

أسنان — — fausses dents, *f pl*

عِيار : مقياس — étalon; type; titre légal; (pour la monnaie), *m*; mesure, *f*

— البندقيّة أو المدفع — calibre, *m*

△ — ناري — coup de feu, *m*

△ — : مثقال — ←poids, *m*

△ عَيَّار : رافعة — ←grue, *f*

مِعْيَار : إمام — critérium; étalon; type, *m*

مُعايَرَة — mesurage, *m* (capacité, étalon, poids, titre légal, etc.)

△ — : تَعْيِير — persiflage, *m*; raillerie, *f*

٭ عِيسَى : السيد يسوع (عليه السلام) — Jésus-Christ, *m*

٭ عَيَّشَ . أعاشَ : جعله يعيش أو قاتَ — faire vivre; *ou* nourrir

عاشَ : حيّ — vivre; exister; subsister

— على كذا : اقتات به — vivre sur; se nourrir de

— : تحمّل — durer

عَايَشَ : عاش مع أو ساكن — vivre avec; *ou* cohabiter

تَعَيَّشَ — gagner son pain; se suffire

عائِش : حيّ — vivant, e; en vie

عَيْش . عيشة : حياة — vie; subsistance; existence, *f*

— : خُبز — pain, *m*

△ — بايت : خبز مُحَبيب — pain rassis, *m*

— : طعام — nourriture, *f*; manger, *m*

△ — الغراب : فُطر — ←champignon, *m*

— . عِيشَة : حالة الانسان في حياته — vie, *f*

عيشة راضية — vie paisible, *ou* agréable, *f*

عَيَّاش : بائع العيش boulanger, ère

مَعَاش . مَعِيشَة : ما تعيش به gagne-pain ; moyen d'existence, *m*

— : راتب salaire, *m* ; paye, *f*

— : عَوْل pension ; rente viagère, *f*

— التقاعُد pension de retraite, *f*

ذو — . من أرباب المعاشات à la retraite ; retraité, e

أحالَ على الـ mettre à la retraite

☆ عَيَّطَ : صاحَ crier

△ — : بكى pleurer

△ عَيَّاط : بَكَّاء pleurnicheur, se ; pleurard, e

عِيَاط : صِيَاح أو نِدَاء cris, *m.pl* ; vociférations, *f.pl*

△ — : بكاء pleurs, *m.pl*

☆ عَيْف . عَيَفَان : اشمئزاز dégoût, *m* ; aversion ; répugnance, *f*

عَافَ الشيء détester ; abhorer ; avoir du dégoût, *ou* de l'aversion, pour

— على planer au dessus de

تعافه النفس dégoûtant, e ; répugnant, e

☆ عَيَلَ عياله : كفاهم معاشهم subvenir aux besoins de sa famille

عِيلَ صبرهُ perdre patience ; être à bout de patience

△ عَيِّل : ولد . طفل gamin, e ; enfant ; gosse

عَالَ : افتقر tomber dans la misère

عَيْلَة . عائلة : أهل famille, *f*

ابن — . fils de famille, *m*

ربّ — . père de famille, *m*

عائلي : اهلي . بيتي familial, e ; intime

عائل : فقير (راجع عول) pauvre ; indigent, e

عِيَالَة : عَوْل soutien ; entretien, *m*

☆ عَيَّنَ : خَصَّصَ spécifier ; affecter

— : افرَدَ nommer ; désigner

— : حدَّد fixer

— : حصر وحدَّد limiter ; borner ; fixer

— : قرَّر décider ; stipuler

— في مركز nommer (à un poste)

— الشيء لفلان affecter ; assigner à qn

اعان (في عون) aider

عَايَنَ . تَمَيَّنَ : رأى regarder ; voir de ses propres yeux

— : تفحَّص examiner ; inspecter ; faire le, *ou* un, constat

تَعَيَّنَ عليه كذا il lui incombe de

عَيْن : عضو البصر œil, *m* (*pl.* yeux)

— : ثقب trou, *m*

— : نقد (خلاف الورق) argent comptant ; numéraire, *m*

— الشيء : خياره le choix ; la crème

— (الجمع اعيان) سيّد chef, *m* ; notable

— : بَيت . قِسم compartiment, *m*

— : نوع . صنف genre, *m*

— : ذات . نفس même

— . عَين لامَّة (او نجيئة) mauvais œil, *m*

— الماء : source, *f*
— القَنْطرة : écluse, *f*
— الهِرّ : اسم حَجَر كريم : œil-de-chat, *m*
△ — الجمل : جوز : noix, *f*
△ — سمكة : ثؤلول القدم : cor, *m*
شاهدُ — . témoin oculaire, *m*
كأس الـ . œillère, *f*
عين بعين . العينُ بالعينِ : œil pour œil (et dent pour dent)
بعينيَّ رأسي : avec mes propres yeux ; de visu
عينيٌّ : بصري : oculaire ; optique
— : ثابت . ماديّ : réel, le
حَق — . droit réel, *m*
مِلك — . biens immeubles, *m.pl*
اموال عينيَّة او ماديَّة : biens réels, corporels, matériels, *m.pl*
عَيْناً : صنفاً. من ذات الصنف : en nature
عَيِّنة : مثال . مسْطرة : échantillon ; spécimen, *m*
عِيَان : مشاهدة : vue ; vision, *f*
بادي الـ . visible ; en vue ; apparent, e
△ عُوَيْنات : نظّارة : ←lunettes, *f.pl*
عُيَيْنة : عين صغيرة او ثقب صغير : œillet ; petit trou, *m*
تَعْيين : désignation ; spécification, *f*
— الجندي او غيره : جراية : ration, *f*
— في وظيفة : nomination, *f*
مَعْيون . مَعِين : ماء — . △ مُعَيِّن : eau de source, *f*

— : مُصاب بعين شريرة : atteint, e du mauvais œil
مُعَيَّن ٢ : مخصَّص : spécifié, e ; déterminé, e ; fixé, e ; désigné, e
— في وظيفة : nommé, e à un poste
في اوقات معينة : à des moments fixes
مُعَيَّن : (في الهندسة) ←rhombe ; losange, *m* 
— منحرف : ←trapèze, *m* 
شبيه بالـ ← rhomboïde, *a* et *m*
مُعَايِن : مشاهد : spectateur, rice
مُعايَنة : مشاهدة او فحص : constat ; examen, *m* ; inspection, *f*

☆ عيوق (في عوق)

☆ عَيِيَ عَيَّ : عجز : être incapable de ; impuissant, e à
△ — : مرض : tomber malade
— في الكلام : avoir la parole difficile ; bégayer ; balbutier
أعْيا : تعب وكلَّ : être fatigué, e
— : أتعبَ : fatiguer ; épuiser ; lasser
عِيّ . عَيَاء : تعب : fatigue ; lassitude, *f* ; épuisement, *m*
— . — : عجز : incapacité ; impuissance, *f*
داء عَيَاء ٢ : maladie incurable, *f*
△ عَياء ٣ △ عَيا : مَرَض : maladie, *f*
عَيَّان . مُعْيىً : كالّ : fatigué, e ; las, se ; épuisé, e
△ — : مريض : malade

(غ)

٥ غاب (غيب) ٥ غابر (غبر) ٥ غابة (غيب)
٥ غاث (غوث) ٥ غادة (غيد) ٥ غارٌ (غور)
٥ غارَ - من وعلى (غير) ٥ غارة (غور) ٥ غاز (غوز)
٥ غازٍ (غزى) ٥ غاص (غوص) ٥ غاط (غوط)
٥ غاظ (غيظ) ٥ غالٍ (غلو) ٥ غالب (غلب)
٥ غالط (غلط) ٥ غالى (غلو) ٥ غامر (غمر)
٥ غاير (غير) ٥ غاية (غيي) ٥ غباوة (غبي)

٥ غَبَبُ البقر وأمثاله : ∆ لـغد — fanon, m

— الطيور (خاصّةً) : غبغب ←barbe, f

غَبَّ : اتاهُ يوماً وتركه يوماً — visiter par intervalles

∆ — الماء : عَبَّهُ — boire à longs traits, en humant, copieusement; [lamper]

أَغَبَّتْهُ الحمى وعليه: أتتهُ يوماً وتركته يوماً — saisir qn tous les deux jours (fièvre)

غِبٌّ . مَغَبَّة : عاقبة — suite; conséquence, f

غِبَّ ∆ غَبّ ٢ : بعدَ — après

٥ غَبَرَ : مضى — passer; s'écouler; se passer

غَبَّرَ . أغبر : لطخ بالغبار — couvrir, ou salir, de poussière; poudroyer

— : اثار الغبار — soulever la poussière; faire de la poussière

تغبَّرَ : علاهُ الغبار — se couvrir de poussière

غبراء : الأرض — la terre, f

غُبْرة . غَبَرَة . غُبَار : تراب — poussière; poudrette, f

— : لون الغُبار — couleur terne, f

لا غبار ٢ عليه — irréprochable

غَابِر : ماضٍ — passé, m

الأزمان الغابرة — les temps passés, ou reculés, m.pl

أَغْبَر : بلون التراب او شبهه — cendré, e, de couleur terne; poussiéreux, se

غَبَشٌ : ظلمة آخر الليل — crépuscule, m

غَبِشٌ . أَغْبَش ∆ مُغَبَّش — opaque; mat, e

زجاج أَغْبَش — verre dépoli, m

غَبَاشَة : عتامة — opacité; brume, f

— على العَيْن — nuage (sur l'œil ou la cornée), m

٥ غَبَطَ الرجلَ : تمنى مثل حاله — envier le sort de qn

إِغْتَبَطَ . أغتبِطَ — être content, e; se réjouir; exulter

غِبْطَة — félicité; joie; allégresse, f

— البطريك أو المطران — sa Béatitude

مَغْبُوط : سعيد — heureux, se; fortuné, e; content, e

٥ غَبَنَ الثوبَ : ثناه ليضيق أو يقصر — replier; froncer; plisser

— : خدع أو ظلمَ — tromper; léser; [mettre dedans]

غَبْن : حيف — injustice; lésion, f

غَبْنَة في ثوب — pli, m; fronce, f

مَغْبُون — lésé, e; victime d'une lésion, ou d'un dol, f

٥ غَبِيَ الشيء وعنه : جهلهُ — ignorer

غَبَاوَة : جهل أو غفلة — ignorance; ou bêtise, f

✩غَسَقٌ : ظلمة أوّل الليل — crépuscule, m: brume, f

✩غَسَلَ : نظّف بالماء — laver

غسّل الميتَ — laver le mort

إغتَسَلَ : ∆ تشطف — se laver; se débarbouiller

غَسْل ∆غسِيل : الاسم من «غسل» — blanchissage; lavage, m

غَسِيل٢ : مغسول — lavé, e

∆ —: الثياب المغسولة او المعدة للغسل — lessive, f

— المعدة — lavage d'estomac, m

∆حَبل الـ : حبل التنشير — corde à lessive, f

∆مِشبك الـ . — épingle à lessive, f

∆مَكنة الـ — lessiveuse, f

∆يوم الـ — jour de lessive, m

غَسول٢ : دواء لغسل القروح وغيرها — lotion, f; détergent, m

— : ∆عرق الحلاوة . نبات — saponaire, f

غسّالة كهربية — laveuse électrique, f

غاسُول : صابون — savon, m

غسّال : الذى يغسل الثياب — laveur, se; blanchisseur, se; lavandière, f

غُسالة : ماء غُسل به — eau de blanchissage; lavure, f

مَغسِل : مكان الغسْل — buanderie, f; lavoir, m

مُغتسَل : مكان الاغتسال — cabinet de toilette, m

مِغسَل :حوض تشطيف(انظر حوض) — lavabo; évier, m

— : ∆طشت غسيل — bassin, m; cuvette, f

مَغسَلة : ∆ لَفومانو — toilette, f; lavabo, m

✩غشاوة (في غشو)

✩غَشَّ . غِشّ : خدع — tromper; décevoir; duper

غَشّ الشيء : زيّفه — frelater; falsifier; adultérer

ـــه : مكر به — se jouer de

∆غَشْشَت٢ عينه : تغطشت — avoir la vue trouble

إغتَشّ ∆ إنْغش : دخل عليه الغش — être dupe, ou trompé, e

غِشّ : خَدْع او خِداع — tromperie; supercherie; duplicité

— : خيانة — falsification, f

غَشّاش : مخادع — escroc; filou; imposteur, m; trompeur, se

—: يخدع . خدّاع — trompeur, se; illusoire; décevant, e

مَغشوش : مُنخدع — trompé, e

— : مزيّف — falsifié, e; frelaté, e; adultéré, e

✩غَشَمَ : ظلم — faire du tort à; léser; être injuste envers

∆إستَغشَم — prendre qn pour ignorant, e

غَشُوم . غاشِم . ظالم . جائر — injuste; arbitraire; tyran, m

∆غَشيم : عديم الخبرة — inexpérimenté, e; novice

∆ — : غير ماهر — maladroit, e; inhabile

∆ — : غير مدرّب — non entraîné, e

—ـ : غفل . خام (silk) brut, e; grège (soie

* غُشْوَة . غَشَاوَة : غطاء voile; masque, m

غشاوة ٢ على العين taie, f

غَشَا : غطّى couvrir; recouvrir

* غَشِيَ : غطّى (أو حلَّ به) couvrir; envelopper (*ou* aborder)

— المكان : أتاهُ venir à un endroit

— المرأة coucher avec une femme

— الحصانُ الفرسَ couvrir; saillir; s'accoupler

— وأغْشَى الليلُ : أظلم s'obscurcir; s'assombrir; se faire sombre

أغشى ٢ على بصره bander les yeux; empêcher de voir

غُشِيَ عليه : اغمي عليه s'évanouir; se trouver mal; défaillir

غَشَّى : غطّى couvrir: recouvrir

— : طلى enduire

غِشاء : غلاف enveloppe; couverture, *f*; voile, *m*

— : جلد tégument, *m*; peau, *f*

— : جلد رقيق . قُوف pellicule; tunique, *f*

— (في الحيوان والنبات) membrane, *f*

— مخاطي membrane muqueuse, *f*

— البكارة hymen, *m*

مغشى عليه évanoui, e

غشائي membraneux, se

غشي . غشية . غشيان évanouissement, *m*; défaillance, *f*

غاشِيَة : قميصُ القلب péricarde, *m*

* غَصَبَ : أجبَرَ contraindre; obliger; forcer à *ou* de

— . إغتَصَبَ : أخذ قهراً prendre par force

— . — المالَ extorquer; frustrer

— . — المرأة violer

— . — حقاً أو منصباً أو ملكاً usurper

غَصْب : جَبْر contrainte; cœrcition, *f*

غَصْباً : جبراً par contrainte; par force

— عن malgré; en dépit de

إغتِصَاب : الأخذ عنوة extorsion; exaction, *f*

— النساء viol, *m*

— الحقوق في السيادة أو المناصب usurpation, *f*

مَغْصُوب : مُجْبَر forcé, e; contraint, e; obligé, e

مُغتَصَب : مأخوذ بالقوة arraché, e de force; extorqué, e

* غَصَص : اعتراض الطعام أو الشراب في الحلق engorgement, *m*

غَصَّ الرجلُ بالطعام أو الشراب s'engorger, *ou* s'étouffer, par qc

— . إغتَصَّ المكانُ être bondé, e, *ou* comble; regorger; être rempli, e de monde

أغَصَّ : جعله يغص étouffer; suffoquer; engorger

غُصَّة : الهمُّ والحزن angoisse; détresse; peine, *f*

— : ما اعترض في الحلق ce qui cause l'étouffement, *ou* l'engorgement

غاصٌّ بكذا bondé, e; comble; plein, e, *ou* rempli, e, de

* غَصَّنَ . أغصَنَ الشجر — pousser; pousser des branches
غُصْنُ الشجرِ — branche, f; rameau, m
غُصْنَة . غُصَيْن — jet; rejeton, m; pousse, f
* غَضَّ طرفه : خفضه — baisser les yeux
— الطرف او النظر عن — fermer les yeux sur; passer sur
— من فلان : حطّ من قدره — dénigrer; rabaisser; abaisser
— النباتُ : نضر وطرؤَ — être tendre, ou luxuriante
غَضٌّ : خفض — abaissement, m
— . غَضِيض : طَري او ناضر — tendre; luxuriant,e; doux,ce
— الطرف — tolérance, f; le fait de laisser passer
بغض النظر عن — indépendamment de; sans tenir compte de; sans se soucier de
غُضّة . غَضَاضَة : ذلة ومنقصة — flétrissure, f; défaut; dénigrement, m
غَضَاضَة ٢ . غُضُوضَة : طراوة — tendresse; mollesse, f
* غَضِبَ . تغضَّبَ عليه — se fâcher, ou s'irriter, contre
أغضَبَ . غاضَبَ — fâcher; mettre en colère
غَضَبٌ — colère, f; emportement; courroux, m
غَضِبٌ . غَضْبان : حانق — en colère; fâché,e; furieux,se
— . غُضابِيّ : زعلان — boudeur,se; morose
غَضُوب : سريع الغضب — colèreux,se; grincheux,se; hargneux,se
إغضَاب : اثارة الغضب — provocation, f
مَغْضُوب عليه — en disgrâce; banni,e
* غَضَر عنه : عدل — renoncer à
Δ — عليه : غضب وتوعد — montrer les dents à qn
غَضِرَ : اخصبَ — être luxuriante (végétation)
غَضِرٌ . غَضِير : خصِيب — verdoyant,e
غَضَارَة : خصب . نضارة — exubérance; luxuriance; surabondance, f
* غُضْرُوف : عظم مَرِن — cartilage, m
* غَضَنَ : تثنّى وجعّد — rider; froncer; plier
غَاضَنَ المرأة : غازلها بمكاسرة العين — faire de l'œil à
تَغَضَّنَ : تجعّد — se rider
غَضْن . غَضَن : تجعّد — ride, f; pli, m
غُضُون : تجعدات — plis, m pl
في — ذلك : في اثنائه — entretemps; sur ces entrefaites
مُغاضَنة : مكاسرة النظر — œillade, f; les yeux doux, f.pl
مُغضَّن . متغضِّن : مجعّد — ridé,e; fripé,e
(غضى) أغضَى عينه — fermer les yeux sur
— . تغاضَى عَن — passer sur; tolérer; laisser passer
إغضَاء أو تَغاضٍ — pardon, m; ou tolérance, f
* غط (في غطط) * غطاء (في غطى)
* غَطْرس . تغطْرس : تكبر — être insolent,e, arrogant,e, despote

تغطرس ٢ : تبختر كِبْراً — se pavaner; avoir une démarche fière

غَطْرَسَة : تكبر — insolence; arrogance; fatuité, *f*; orgueil, *m*

غِطْرِيس متكبر — arrogant, e; hautain,e; altier, ère

△غَطْرَشَ : غضّ الطرف — passer sur

☼غَطَسَ في الماء : إنغمس — plonger dans l'eau

△— : غاص . ضدّ عام — aller au fond ; sombrer; s'enfoncer dans l'eau

—غَطَّسَ : غمس — plonger dans; tremper

غَطْس : انغماس — plongement; plongeon, *m*; action de plonger, *f*

— . تَغْطِيس : غمس — immersion, *f*

غطسة — plongeon, *m* ; une plongée, *f*

غِطَاس : عيد الدِنح ع — Epiphanie, *f*

غَطَّاس : غوّاص — plongeur, se; scaphandrier, *m*

مِغْطَس : حوض الاستحمام — baignoire, *f*

مَغطس : حمام الغطس — bassin de plongeon, *m*

(غطط) غَطَّ النائمُ : شخر — ronfler

— . أَغطَّ في الماء — plonger; immerger

غطّ : غمس — immersion, *f*

غطيط النائم : شخير — ronflement, *m*

غُطَيطة : ضباب — brouillard, *m*

☼غطى . غطا : ستر — couvrir; recouvrir

تغطّى . اغتطى — se couvrir; être couvert, e

غِطاء الآنية والأوعية ← couvercle, *m*

— الصحون وما شابه — cloche, *f*

— : كل ما يُغطّى به — couverture; enveloppe, *f*

— السرير ← couverture, *f*

— المائدة — nappe, *f*

— مالي — couverture, *f*

☼غفر . اغتفر له الذنب — pardonner; faire grâce de

يُغفَر . يُغتفر — pardonnable; rémissible

لا — . لا — — impardonnable; irrémissible

غفر : غطّى — couvrir

△— على : حرس — garder

إستغفر الذنب ومن الذنب — demander pardon

غَفرة . غِفارة : غطاء — couverture, *f*

غُفران . غَفير . مَغفِرة : صفح — pardon, *m*; grâce; miséricorde, *f*

— الخطايا — absolution; rémission, *f*

△غفير ٢ : خفير . حارس — garde; gardien de nuit; veilleur, *m*

— جَمّ — grande foule, *f*; [un monde fou]

غفّار . غفور : كثير المغفرة — miséricordieux, se; clément, e

غِفارة : حبرية (ثوب كهنوتي) ← chape, *f*

☼غَفَلَ عن : سها عن — omettre; oublier de; négliger

△— ت عينه : نام — s'assoupir; s'endormir

غَافَلَ. تَغَفَّلَ. استَغفَلَ : تحيَّن غفلته profiter de l'inattention de qn

— : فاجأ surprendre; prendre au dépourvu

أَغفَلَ : ترك واهمل omettre; négliger

تَغافَلَ : تظاهر بالغفلة faire semblant d'être distrait, e; [ou bête]

غُفْل : لا علامة فيه sans marque; non marqué, e

— : بلا كتابة △ على بياض en blanc

— من التاريخ sans date

— من التوقيع anonyme; non-signé, e

غَفَل. غَفلَة inadvertance; inattention; distraction, f

غفلة (في الأهلية او الأحوال الشخصية) imbécilité, f

على حين غفلة subitement; à l'improviste

غَفلان · غافِل distrait, e; inattentif, ve

إغفَال : ترك واهمال أو عدم مراعاة omission; négligence; inadvertance; inobservation, f

مُغَفَّل : لا فطنة imbécile; sot, te; niais; nigaud; [poire]

٭غَفوَة : نومة خفيفة somme; léger sommeil, m

غَفَا. غَفِيَ. أَغفَى : نام نومة خفيفة faire un somme; sommeiller; s'assoupir

٭ غلّ (غلل) ٭ غلا ٭ غلاء (غلو) ٭ غلام (غلم)

٭ غَلَبَ : ظفر عليه وبه vaincre; avoir le dessus

— : ساد dominer

— . تغلَّب على venir à bout de; triompher de

غَالَبَ : تلزم se démener; lutter s'efforcer de

غَلْب : فوز conquête, f

— . غَلَبَة : ظفر او فوز victoire, f

△غَلَبة۲ : ثرثرة babil; caquet; bavardage, m

△غلباوي : ثرثار bavard, e; babillard, e

△غَلبان : غلبه الزمان misérable; malheureux, se; [pauvre diable]

غَالِب : قاهر vainqueur; conquérant, e

— : سائد dominant, e; régnant, e

غالباً. في الغالب le plus souvent; en général

أَغلَب : مُعظَم la plupart

أغلبيّة majorité, f

مَغلُوب vaincu, e; battu, e

مُغالَبة : منازعة lutte, f; conflit; débat, m

٭غَلصَمة الحلق épiglotte, f; larynx, m

٭غَلِط : أخطأ se tromper; faire erreur; commettre une faute

غَلَّطَ △إستغلط : نسب الى الغلط accuser qn d'une erreur

— . غَالَطَ : جعله يغلط induire qn en erreur; faire tromper

△غالط۲ : غشّ tromper

— بالكلام ergoter; équivoquer; chicaner sur les mots

غَلَط : الوقوع في الخطأ erreur; faute; bévue, f

— : غير صحيح erroné, e

غَلطة erreur; faute, f

— هجائيّة erreur d'orthographe, f

— مطبعيّة erreur d'impression, f

غالِط △غلطان fautif, ve

تَغْلِيط : النسبة إلى الغلط — incitation à l'erreur

ـــ ٤ : مقلَّد — contrefait, e ; forgé, e

مُغَالَطَة — tromperie, *f*

ـــ كلاميَّة — équivoque; tergiversation, *f*

ـــ منطقيَّة — sophisme, *m*

☆ غَلُظَ — épaissir; s'épaissir; devenir épais, se

غَلَّظَ : جعله غليظاً — épaissir; rendre épais, se

ـــ اليمينَ — jurer ses grands dieux

أَغْلَظ له القول او في القول — parler rudement, *ou* grossièrement; rudoyer

غِلَظ . غِلاَظَة : ضدّ رقّة — épaisseur ; grosseur, *m*; consistance, *f*

ـــ . ـــ : خشونة — rudesse; grossièreté, *f*

غَلِيظ : ضدّ رقيق — épais, se; gros, se

ـــ : فظ أو خشن — grossier, ère; rude

يمين ـــة أو مُغَلَّظة — serment solennel, *m*

المعى الغليظ (انظر معى) — gros intestin, *m*

☆ غَلْغَلَ . تغَلْغَل في : دخل — pénétrer dans; se faufiler dans, *ou* à travers; s'insinuer

☆ غَلَفَ . غَلَّفَ : غطّى . غشّى — couvrir; envelopper

ـــ . ـــ : جعله في غلاف — mettre sous enveloppe

غُلْفَة الذكر — prépuce; gland, *m*

غِلاف : ظرف (انظر ظرف) — couverture; enveloppe, *f*

مُغَلَّف . موضوع في غلاف — empaqueté, e; enveloppé, e; emballé, e

☆ غَلِقَ الرهنُ — être non rachetée, *ou* non remboursée (hypothèque)

أَغلقَ . غَلَقَ . غَلَّقَ الباب : ضدّ فتح — fermer; clore

ـــ . ـــ الرهن — ne pas rembourser, *ou* racheter

أُغْلِقَ عليه الأمر — être ambigu, ë

إنغَلَقَ البابُ — être fermée, *ou* close (porte)

إستَغْلَقَ الأمرُ — être difficile, *ou* compliqué, e

غَلَق . مِغْلاَق : △ كَلُون — serrure, *f*

△ ـــ : مِفتاحُ العقد (انظر عقد) — clé de voûte, *f*

△ ـــ : قُفَّة — panier, *m*

غَلِقٌ . مُغْلَق : صَعْب الفهم — ambigu, ë; compliqué, e; obscur, e

مُغْلَق ٢ : ضدّ مفتوح — fermé, e; clos, e

△ مَغْلَة . خشب — chantier, *m*

إغلاق : ضدّ فتح — fermeture, *f*

ـــ : إفلاس — faillite; insolvabilité, *f*

ـــ الرهن — forclusion, *f*

☆ غَلَّ . غَلَّ يديه — emmenotter; mettre des menottes; garrotter

ـــ : أدخل — insérer; introduire dans

ـــ صدرهُ — envenimer; aigrir; irriter

غُلَّ : إشتدّ عطشه — être altéré, e, *ou* très assoiffé, e

أَغَلَّت △ غَلَّت الأرض — produire des récoltes

تَغَلَّلَ . إنغَلَّ في الشيء — pénétrer, *ou* glisser, **dans; se faufiler**

إستغَلَّ المالَ investir; placer; fructifier; employer
— الأرضَ أوغيرها exploiter; fructifier
غُلّ : قيد menottes, f.pl; carcan, m 
— . غُلَّة . غَلِيل : عطش شديد soif violente, f
غِلّ . غَلِيل ٢ : حقد rancune; haine, f; fiel, m
أروى غليله (عطشه) étancher sa soif
شفى غليله (حقده) assouvir sa haine
غَلَّة : دخل revenu, m; fruits, m.pl
— : نتاج produit, m
— الأرض : محصول récoltes, f.pl
△ — △ غِلال : حبوب denrées; céréales, f.pl
△ تاجر — : قمّاح commercant en denrées, ou céréales
غِلالَة : قشرة رقيقة membrane, f; tégument, m; pellicule; tunique, f
— : ثوب تحتاني sous-vêtement, m
— المرأة : قميصها الرقيق chemise légère, ou diaphane, f
إستِغْلال : استثمار exploitation; fructification, f; investissement; placement, m
مُغِل : حقود vindicatif, ve; rancunier, ère; haineux, se
— : مثمر fructueux, se; productif, ve
مَغْلول : عاطش جداً altéré, e de soif
— . مُغَلَّل : مقيَّد enchaîné, e; chargé, e de chaînes; emmenotté, e
مُسْتَغِل : مستثمر exploitant, e

•غَلِمَ . إغتَلَمَ : كان منقاداً للشهوة être lascif, ve, ou lubrique
غُلْمَة . غُلُومَة : شهوة libido; désir charnel, m; luxure; lubricité; lascivité, f
غُلام : فتى adolescent, m
غَلِم . غَلِيم : شهواني lascif, ve; lubrique
•غُلُوّ . غُلَوَاء . مُغالاة : مجاوزة الحدّ excès, m; extravagance, f
— . — . — : مبالغة exagération, f
غَلا السعرُ : كان غالياً être cher, ère, ou coûteux, se
— : زاد وارتفع hausser; s'élever; augmenter; enchérir
غالَى : بالغ exagérer; aller trop loin
أغلَى △ غَلّى السعرَ : رفعه augmenter; hausser; élever (le prix)
إستغلى الشيء trouver cher, ère
غَلاء : ارتفاع الثمن cherté, f; prix élevé, m
— المعيشة vie chère, f
غالٍ . غَلي : غالي الثمن او كثير الكلفة cher, ère; ou coûteux, se
— : عزيز cher, ère; précieux, se
أغلى : أعلى ثمناً من plus cher, ère que
•غَلَى : جاشَ بقوة الحرارة bouillir
— : فار bouillonner; monter
— . غَلَّى . أغلَى : جعله يغلي faire bouillir
غَلْي . غَلَيان bouillonnement, m; ébullition, f
غَلّايَة . اناء الغلي △ قزان bouilloire; chaudière, f; chaudron, m

— الغسيل (انظر غسل) lessiveuse, *f*
مُغْلى . غُلي bouilli, e 
— الأعشاب وغيرها infusion; décoction, *f*
٥غَلْيُون التدخين ←pipe, *f*
— : سفينة كبيرة (تسير بالقلوع والمجاذيف) galion, *m*
٥غمّ (غمم) ٥ غماء (غمي) ٥ غمامة (غمم)
٭غمَدَ . أغمَدَ : ادخل في الغمد mettre, *ou* remettre, dans le fourreau
— • —: أدخل (السيف أو الخنجر مثلاً) fourrer
— • غمّدَ . تغمّدَ: ستر couvrir; abriter; cacher
غِمْد : قراب fourreau; étui, *m*; gaine, *f*
٭غمرَ المكانَ بالماء inonder; submerger; noyer
— المكانَ او السوق inonder; submerger
— ه بـ combler de (cadeaux, bienfaits)
غمُرَ : كثر être abondant, e
غامَرَ : عرّض للخطر risquer; hasarder
غَمْر débordement, *m*; submersion, *f*
— : ماء كثير inondation; crue, *f*
— : معظم البحر le large; la pleine mer
غَمْرَة : شدّة agonie; angoisse, *f*
غَمرات الموت agonie de la mort, *f*
مُغامِر [casse-cou], *m*; aventurier, ère; hasardeur, se; téméraire
مُغامَرَة aventure, *f*

مَغمور: خامل الذكر. ضدّ مشهور obscur, e; inconnu, e
— بالماء أو غيره inondé, e; submergé, e
— بالدَيْن criblé, e de dettes
٭غمزَ : جَسّ tâter; palper; toucher; sentir
— بالعين أو بالحاجب clignoter; cligner l'œil; faire signe de l'œil
— به وعليه : طعن عليه calomnier
تَغامَزوا se faire des signes avec les yeux
غَمْز : الاشارة بالعين clignement; clignotement; signe de l'œil, *m* 
غَمْزَة un clin, *ou* un signe, de l'œil, *m*
غَمّاز السلاح الناري ↑détente, *f*
△غَمّازة الخدّ: نُونة fossette, *f*
مَغْمَز: عيب vice; défaut, *m*; faiblesse, *f*
٭غمسَ . غمّسَ : غطّ tremper; plonger
إنغمسَ . إغتمسَ في كذا se plonger; être trempé, e dans
— في الملذات أو الشرّ se vautrer dans
غَمْس : غطّ plongement; plongeon, *m*; immersion, *f*
٭غمُضَ الكلام : خفي معناه être obscur, e, *ou* ambigu, ë
غمّضَ . أغْمَضَ عينيه fermer les yeux
— • — الكلامَ parler ambigument
أغمضَ عن كذا fermer les yeux sur
في غَمْضَة عين en un clin d'œil
غُموض . غموضة: ابهام ambiguïté; obscurité, *f*

غَامِض : مُبْهَم — obscur, e; ambigu, ë; abstrait, e; abstrus, e

— : خفي — secret, ète; mystérieux, se : caché, e

سِرّ غامض — secret difficile à déceler, m

غامِضَة : خافية — mystère, m

غـمَيْضاء : △استغماية — collin-maillard, m

☆غَمَطَ النعمة — être ingrat, e

— : احتقر — mépriser; dédaigner

☆غَمْغَمَ الكلام — marmotter; mâchonner; parler indistinctement

☆△غَمَّقَ : عمَّق — approfondir; creuser profondément

— اللون — foncer; rendre plus foncé, e

△غُمْق : عمق — profondeur, f

△غَمِيق : عميق — profond, e

△غامِق : قاتم — foncé, e; sombre

△غَمَّم عينيه : غطاها — bander les yeux

☆غَمَّ : غطّى — couvrir; recouvrir

— . أغَمَّ : أحزن — chagriner; attrister; affliger

اغمّت السماء — se couvrir

اغتمّ . انغمّ : حزن — se chagriner; se désoler; s'attrister

غَمّ . غُمَّة : حُزْن — chagrin, m; peine; affliction, f

— . غَامّ . مُغِمّ : شديد الحرّ — étouffant, e; accablant, e; lourd, e

غام[2] . مغم[2] : محزن — triste; affligeant, e

— . — : كثير الغيوم — nuageux, se;

غَمَام : سحاب (راجع سحب) — nuages, m.pl; nue, f

حَبّ الـ : بَرَد — grêle, f

غَمَامَة : سحابة — un nuage, m

غُمَامَة : غطاء للأعين — bandeau, m; visière, f

— الخيل — œillère, f

مَغْمُوم . مُغْتَمّ : حزين — triste; désolé, e

غُمْنَة : ٥بُودرَة . مسحوق الزينة — poudre; poudre de toilette, f

☆غُمِيَ . أُغْمِيَ عليه — s'évanouir; se trouver mal

△غَمَّى : غطّى عينيه — bander les yeux

غَشْي . إغماء : غشيان — évanouissement, m; syncope; défaillance, f

△غَمْيان . مُغْمًى عليه — évanoui, e; sans connaissance

☆غن (في غنن) ☆ غناء (في غنى)

☆غَنِجَ . تغنَّج : تدلل — faire le coquet, la coquette, des coquetteries

غَنْج : دلال — coquetterie, f

غَنِجَة △غنوجة . غنّاجة — coquette, f

△غَنْدَرَ : زيّن — embellir; farder; attifer

△غَنْدُور : متأنق في ملابسه — gandin; dandy; tiré, e à quatre épingles

٥غَنْغرينا : نَغَل . ذَرَب — gangrène, f

△غَنْفَرَة : تعشيق

assemblage à (ou en) queue d'aronde

☆غَنِمَ الشيء : فاز به — prendre comme butin

غَنَّمَ . أغْنَمَ : منح — donner; conférer; accorder

إغْتَنَمَ الفرصة : انتهزها — profiter de l'occasion; saisir l'occasion

غُنْم . غَنِيمَة . مَغْنَم : مايؤخذ عنوة butin, m
— : مكسب gain; profit; bénéfice, m
غنيمه باردة proie facile, f
غَنَم : شاءٌ (والواحدة شاة) brebis, f; mouton, m
غَنَّام : رَاعِي غَنَم berger, ère; pâtre; pasteur
٭ غَنِيَ : كان غنيًّا être riche; avoir de la fortune
اِسْتَغْنَى ، اِغْتَنَى : صار غنيًّا s'enrichir; devenir riche
— عنه se passer de; se dispenser
غَنَّى . تغَنَّى : تَرَنَّم chanter
— . — به أو بمدحه louer; chanter la gloire de qu
أَغْنَى : جعله غنيًّا enrichir
— : كفى suffire; satisfaire
— من كذا compenser; remplacer
غِنًى . غنَا : يسار richesse; opulence, f; richesses, f.pl
لا غنى عنه : لا يُستغنى عنه indispensable
غَنِيّ : ضد فقير riche
— عن البيان évident, e en soi; (il va de soi que; il est évident que)
غِناء : تَرْنيم chant, m
غانِيـة : امرأة جميلة belle; beauté, f
أُغْنِيَة : تَرْنيمة chant, m; chanson, f
— دينية cantique, m
مُغَنٍّ : مُنْشِد chanteur, se
مُغَنِّية : قينة cantatrice; chanteuse, f
(غهب) غَيْهَب (الجمع غياهِب) : ظلام ténèbres, f.pl; obscurité, f
٭ غَوْث . غِيَاث . إغاثَة secours, m; aide; assistance, f
— . اِسْتِغاثة : استعانة appel au secours, m; demande de secours, f
الغَـوْث ! (نداء الاستغاثة باللاسلكي) S.O.S.
— . اغيثوني ! au secours !
غَاثَ : أغاثَ secourir; aider; assister
إِسْتَغَاثَ الرجلَ وبه chercher, *ou* demander, aide *ou* secours de
٭ غَوَرَ . غَارَ في الشيء : غاص s'enfoncer; aller au fond
أغارَ على : هجمَ envahir; attaquer
∆ غُور : الى حيث القت ! allez au diable !
غَار : كهف caverne; grotte, f; antre; souterrain, m
— : اسم شجر أو ورقه laurier, m
غَارَة . هجوم raid, m; invasion; incursion; *razzia*, f; envahissement, m
— جوية raid aérien, m
شنَّ الـ على assaillir; attaquer
غَوْر : قرار fond, m
— : عُمق profondeur, f
سَبَرَ غوره sonder
غائِر : منخفض enfoncé, e; creux, se
— العينين aux yeux creux, m.pl
مغار . مغارَة : كهف caverne; grotte, f
مِغْوار : جَرِيء intrépide; audacieux, se

٥غُورِلّى : قرد كبير ← gorille, m

٥غاز : جوهر هوائي قابل للضغط gaz, m

— : ∆جاز ٥بترول pétrole; kérosène

— ضحّاك (منوّم خفيف) gaz hilarant, m

— سامّ gaz asphyxiants, m.pl

قناع الغازات السامّة : صقاع masque à gaz, m

مقياس ضغط الغازات والسوائل manomètre. m

غازي : كالغاز أو منه gazeux, se

مشروب — : فوّار boisson gazeuse, f

☆غوّصَ : جعله يغوص faire plonger; plonger qn

غاصَ في الماء وغيره plonger; s'enfoncer dans

غوْص : غطْس plongement; plongeon, m

جهاز الـ — أو الغوّاصين scaphandre, m

غوّاص : غطّاس plongeur, se

— بالجهاز scaphandrier, m

غوّاصة : سفينة تسير تحت سطح الماء sous-marin, m

مَغاص اللؤلؤ pêche des perles, f

☆غوّط : عمّق approfoudir

تغوّطَ : قضى الحاجة aller à la selle; [chier]

غائط : براز matière fécale; selle, f; excrément, m

غوْط : عُمق profondeur, f

غويط : عميق profond, e

— : ∆غويص difficile à comprendre; profond, e

٥غُوطي : قوطيّ. جرماني قديم gothique

خطّ — . ← abcdefghijklmn 𝔄𝔅ℭ𝔇𝔈𝔉𝔊ℌ écriture gothique

☆غَوْغاء . غاغة : سفلة الناس racaille; plèbe; populace; canaille; foule, f

∆غوغة ∆— : ضوضاء brouhaha; bruit; tumulte, m

☆غُول : حيوان وهمي مخيف ogre, sse; goule, f

— : (انظر غورلى) . قرد كبير gorille, m

غائلة : داهية calamité, f; désastre; malheur, m

غيلة . إغتيال : خداع fourberie; supercherie; fraude, f

إغتيال ٢ : قتل assassinat, m

غالَ . إغتالَ : أتاه من حيث لا يدرى prendre au dépourvu, ou à la sourdine

— . — : قتل غدراً assassiner

مِغوَل : سيف الوخز ←rapière, f

— المناقفة : ∆شيش (انظر شيش) fleuret, m

☆غوَى . غوِيَ : ضلّ s'égarer; errer

∆— : هوِيَ prendre du goût pour

— . أغوى séduire; induire en erreur

غيّ . إغواء séduction, f

— . غية . غواية erreur, f; péché; égarement, m

غِيّة . غويّة marotte, f

غـاوٍ : مضلل . خدّاع — séducteur, rice; trompeur, se

△ غاوي التصوير أو الموسيقى مثلاً (غير محترف) — amateur

أُغْوِيَة . مَغْوَاة : مَهْلَكة — piège, *m*; attrape, *f*

△ غُوَيْشَة : سوار من معدن أو زجاج — bracelet, *m*

☆ غَيَّبَ : أبْعَدَ — éloigner

غَابَ : غربَ . أفلَ — disparaître; coucher (soleil)

— . تَغَيَّبَ : ضِدّ حضر — s'absenter

— عن البال — oublier

— عن صوابه : أُغمي عليه — perdre connaissance; s'évanouir

— الشيء في الشيء : استتر — se cacher

— . اغتابَ : وشى به — médire de; jaser; calomnier qn

△ — : أبطأ — tarder

غَيْب : مُسْتَتِر — caché, e; invisible; occulte

— . غَيْبَة . غِيَاب . مَغِيب — absence, *f*

عِلْم الغيب — science occulte; divination; prédiction, *f*

عالَم الغيب — l'inconnu; l'invisible, *m*

غَيْباً : عن ظهر القلب — par cœur; de mémoire

حُكم غيابي — jugement de défaut, *m*

غَيْبُوبَة : ذهول — catalepsie, *f*

— الموت — coma, *m*; léthargie, *f*

غَاب . غابات — forêt, *f*; bois, *m*

— هندي — bambou, *m*

△ — : قصب △ بُوص — roseau, *m*; canne, *f*

إنسان الـ — orang-outang, *m*

△ غابَة : أَجَمَة — fourré; taillis; buisson; bosquet, *m*; jungle, *f*

△ — : قصبة (لمص المشروبات) — chalumeau, *m*

زراعة الغابات — boisement, *m*; afforestation; conversion en forêt, *f*

غائِب : ضدّ حاضر — absent, e

الـ (في النحو) — la troisième personne

مَغيب أو غياب الشمس — coucher du soleil, *m*

△ مُغَيِّبات : مخدرات — stupéfiants, *m.pl*

مُغْتاب : واشٍ — médisant, e

☆ غَيْث : مَطَر — pluie, *f*

☆ غَيَد : نعومة — souplesse; tendresse; douceur, *f*

غادَة : صبيّة — jeune femme; *ou* fille, *f*

☆ غَيَّرَ : بدّل — changer; modifier

— ملابسه — changer ses vêtements (*ou* ses linges)

△ — على الجرح — panser; changer le pansement

△ — . أغارَ : جعله يغير — rendre jaloux, se; exciter la jalousie

غارَ منه — jalouser; envier qn

— عليه — être jaloux, se de, *ou* pour

غايَرَ : خالفَ — différer de *ou* permuter

تغيَّرَ : تبدّل — changer; être changé, e

— اللون — virer; changer de nuances

قطع غيار — pièces de rechange, *f.pl*

تغايرت الأشياء : اختلفت أو تنوّعت — être différents, divers, dissemblables, hétérogènes

غَيْرُ : سوى — excepté; sauf
— : ليس — non pas
— : آخر — autre; différent,e; à part
— صاف (مثلا) — non pur, e
— موجود او كائن — inexistant, e; absent, e
— هذا وذلك — autre chose que cela
و — ذلك — etc. (et cætera)
لا — : فقط — seulement
من — : بلا — sans
غَيْرَة : الاسم من «غار يغار أو بغير» — jalousie, *f*
— : نخوة . حماس — zèle; enthousiasme, *m*; émulation, *f*
غَيُور . غَيْرَان . غَيْرَى — jaloux, se
— : ذو نخوة . حَمِس — zélé, e; enthousiaste
تَغَيُّر : تبدّل — changement, *m*
— ● تغيير ٢ . تَغَايُر — variation, *f*
تغيير معالم — camouflage, *m*
△ تَغْيِيرة ملابس داخلية — linge de rechange
مُتَغَيِّر : متبدّل — changeant, e
لا يتغيّر — invariable
مُتَغَايِر : متنوّع — hétérogène; divers
● غَيْض : سِقْط لم يتمّ خلقه — fœtus non formé, *m*
غَيْضَة : اجمة — bosquet; fourré, *m*; jungle, *f*
غَاضَ الماءُ : غارَ أو نقص أو نضبَ — diminuer; décroître
● غَيْط : حَقْل — champ, *m*
غَيْطاني : صاحب الغيط — fermier, ère
● غَيْظ . غاظَ : أغاظَ — fâcher; enrager; irriter

تَغَيَّظَ . اغتاظ . انغاظ — se fâcher; rager; se mettre en colère
غَيْظ . إغتياظ — colère; rage, *f*; courroux, *m*
مغيظ . مُغْتاظ : حانِق — fâché, e; enragé, e; furieux, se; irrité, e
● غَيْل . لبَن الغَيْل — lait d'une femme enceinte, *m*
غِيلَة : خديعة (راجع غول) — subterfuge, *m*; ruse; trahison, *f*
غَالَ : قُفْل . مغلاق — cadenas, *m*; serrure, *f*
إغْتَالَ : قتل على غِرّة — assassiner; tuer par trahison
— الأموالَ — voler; dépouiller
● غَيَّمَت . غامَت السماء — être nuageux: *ou* se couvrir de nuages (ciel)
غَيْم : سحاب (راجع سحب) — nuages, *m.pl*
غَيْمَة : سحابة — nuage, *m*; nue, *f*
● غَيّ ● غية (غوي) ● غَيْهَب (غهب) ● غيور (غير)
(غي) غيّا الراية : نصبها — arborer; hisser; planter
غَايَة : مدى . طرف — étendue; portée; limite, *f*
— : غرض — objet; but; dessein, *m*
— : منتهى — bout; comble; terme, *m*
لـ — كذا : لحدّ كذا — jusqu'à
لـ — مبلغ كذا — jusqu'à concurrence de
أدرك غايته — arriver à ses fins
لـ — ما : إلى أن — jusqu'à ce que, *ou* tant que
للغاية : جدًّا — extrêmement; au plus haut degré

(ف)

*فَ . . . : ثمَّ — alors; ensuite; puis
يوماً فيوماً — jour par jour
سنة فسنة — une année après l'autre; année par année
*فأدَ : كسر قلبه — briser le cœur; démoraliser qn
فؤاد : قلب — cœur, m
من صميم الـ — de tout mon cœur
*فأرُ البيت — souris, f
— كبير — rat, m
— الغيط — rat de champ; campagnol; mulot, m
— الجبل : ○مرموط — marmotte, f
△فأرة النجّار — rabot, m; varlope, f
الـ العمياء — rat taupe; spalax, m
*فأس . فاس : اداة قطع الخشب وغيره — hache, f
— . — : معزقة △طوريّة — houe; binette, f
*فأل : ضدّ شؤم — bon augure, ou présage, m
تفاءل : ضدّ تشاءم — bien augurer; présager bien de qc
— : أحسن الظن — être optimiste
تفاؤل : ضدّ تشاؤم أو تطيُّر — optimisme, m
متفائل : ضد متشائم — optimiste
فِئة : طائفة أو جماعة — groupe, m

△— △فِيَّة : سِعْر — taux; prix m
*فائدة (فيد) *فات (فوت) △فاتورة (فتر)
*فاجأ (فجأ) *فاح (فوح وفيح) *فاد (فيد)
*فارَ (فور) *فارٌ (فأر) *فارق (فرق)
○فارنهيت : مقياس انكليزي للحرارة — Farenheit
*فاسوخ (فسخ) *فاش (فيش) *فاصوليا (فصل)
*فاضَ (فيض) *فاضي (فضو) *فاكهة (فكه)
○فانلّة ○فنيلة — flanelle, f
*فانوس (فنس) *فاه (فوه) *فاوض (فوض)
△فايظ : رباء — intérêt, m; usure, f
فايظجي : مُراب — usurier, ère
○فبراير : شباط . الشهر الميلادى الثانى — février, m
○فبريقة : مصنع — fabrique; usine, f
*فتئَ عن : انكفّ — cesser; discontinuer
ما — . ما فتئ يفعل — il n'a pas cessé de faire
*فتاة (في فتى)
*فتَّ . فتَتَ : كسّر — écraser; émietter; broyer; émier
— في ساعده — décourager; ou affaiblir
△— ورق اللعب : فرّقه — donner les cartes
تفتَّتَ . إنفتّ : تحطّم — s'émietter; se broyer; tomber en miettes
فِتات . فتيتة : △فتافيت . حُطامة — miette, f
△فتّة : خبز ملتوت في المرق — trempée, f
*فتح : ضدّ اغلق — ouvrir
— زجاجة — déboucher
— البخت : بصّر — dire la bonne aventure
— . إفتتح : بدأ — commencer
— . — البلادَ — conquérir; prendre
— الموضوعَ — entamer le sujet
— . — المكان (باحتفال) — inaugurer

فَتَحَ الزهر éclore; s'épanouir

فاتَحَ: بادأ entamer la conversation; faire des ouvertures

تَفَتَّحَ . إنفَتَحَ s'ouvrir

إستَفتَحَ : بدأ commencer; faire sa première opération de la journée

إستِفتاح étrenne, f

فَتْح: ضدّ إغلاق ouverture, f

— : نصر victoire, f

— البَخت divination; bonne aventure

— البلاد conquête, f

فتوحات: ما فتح من البلدان بالحرب conquêtes, f.pl; pays conquis, m.pl

فُتحة : فرجة ouverture; brèche, f

— في ثوب أو غيره : فرجة fente, f

فاتِح . فتّاح ¹ : الذي يفتح ouvreur, se

— البُلدان conquérant, e; vainqueur, m

Δ— : ضدّ قاتم (لون) clair, e

Δ فتّاحة ² قزايز (زجاجات) ←tire-bouchon, m

— عِلَب ouvre-boîtes, m

فاتِحة: أوّل prologue; commencement; préambule, m

— الكتاب وغيره : مقدمة introduction;

الفاتحة premier chapitre du Koran, m

إفتِتاح : إبتداء ouverture, f; début; commencement, m

— رسمي باحتفال: تدشين inauguration, f

— (في الموسيقى) : تمهيد prélude, m

افتتاحي : ابتدائي introductif, ve; préliminaire

مقالة إفتتاحيّة article de fond, m

مِفتاح : اداة فتح الاقفال (وبمعنى دليل) ←clef; clé, f

— لعدة أقفال passe-partout, m

— انكليزي ←clé à vis; clef anglaise, f

— : (في السكة الحديد) aiguille, f

— العقد : قفل clef de voûte, f

— صَمُولة ←clef à boulon, f

Δ مِفتاحجي: محوّل aiguilleur, m

مَفتوح: ضدّ مُغلَق ouvert, e

• فتَر . تَفتَّر : هدأ s'apaiser; se calmer; tomber

— • الماء attiédir; refroidir; tiédir

— عن العمل se ralentir; mollir; languir

فتّر . أفتَرَ الماء attiédir; tiédir faire tiédir

— • — : هدّأ apaiser; calmer; adoucir

— • — : أضعف affaiblir

إفتَرَ ثغره عن ابتسامة un sourire s'épanouit sur ses lèvres

فَترَة : هدنة intervalle; pause; trêve, f

في فترات متقطعة par intervalles

فُتور : توسط درجة الحرارة tiédeur, f

— الجسم : توصيم langueur, f

— الودّ او العلاقات frigidité; froideur, f

— الهمة nonchalance, f; abattement, m

فاتِر الهمّة languissant, e; abattu, e; nonchalant, e

— : بين الحارّ والبارد tiède

Δ فاتورة فاتور: بيان المطلوب facture; note, f

— صورية proforma

☆ فَتَشَ . فَتّشَ المكان : fouiller; perquisitionner
— . — : فحص : inspecter; examiner
— — عن : chercher; rechercher
△ — السرّ : أفشاه : divulguer, ou révéler, un secret
تَفْتِيش . — : recherche; perquisition; fouille, f
— : فحص : inspection, f
— (في الجمارك) : visite, f
△ — الري (مثلاً) : cercle d'irrigation, m
ديوان الـــ : مركز المفتش : bureau d'inspection, m
ديوان الـــ : محكمة دينية قديمة : Inquisition, f
مُفَتِّش : مُراقِب : inspecteur, rice
— عامّ : inspecteur, rice général, e
— أوَّل △ باشمفتش : inspecteur, rice en chef
— ثانٍ : inspecteur adjoint; sous-inspecteur
فُتُغْرافيا : تصوير ضوئيّ : photographie, f
— : آلة التصوير الضوئي : appareil photographique, m
صُورة فُتُغْرافية : une photographie; photo, f
☆ فَتَفَتَ إليه بسرٍّ : s'ouvrir à lui
△ — : فتّت : émietter
△ فَتْفُوتَة : فُتاتة : miette, f
☆ فَتَقَ . فَتَّقَ الثوبَ : نقض خياطته : découdre
△ — : كشف : découvrir; mettre à jour
تَفَتَّقَ . إنْفَتَقَ : se fendre
— . — (في الخياطة) : se découdre
فَتْق : شَقّ : fente; déchirure; ouverture, f
△ — : فِتاق : شق في الصفاق : hernie; rupture, f

— حزام — : bandage herniaire; suspensoir, m
فَتِيق . مَفْتُوق : مَشْقُوق : fendu, e; ou décousu, e
— . — الصفاق : △ مفتّق : hernieux, se
☆ فَتَكَ به : بَطَش : assaillir; assommer
— به : قتله : assassiner; massacrer
فَتْك : قَتْل : assassinat, m
فَتّاك : قتّال : meurtrier, ère
☆ فَتَلَ . فتّل : بَرَمَ : tordre; retordre; tresser (corde)
— القطن والصوف : غزله : filer
تَفَتَّلَ . إنفتل : s'enrouler; s'entrelacer
فَتْل : بَرْم : tordage; tortillement; tors, m; torsion; contorsion, f
فَتْلَة : المرّة من « فَتَل » : tors, m
△ — : خَيْط : fil, m
فَتّال : الذي يفتل : tordeur, se; cordier, ère
فَتِيل . فتيلة المصباح والجروح وغيرهما : mèche, f
— . مَفْتُول : مَبْرُوم : tordu, e
حَجَر الفتيل : غَزْل السعالي : amiante; asbeste, m
مَفْتُول ٢ العَضَل : musclé, e; costaud, e
☆ فَتَنَ . أفتَنَ : سَبى العقل : fasciner; enchanter; engouer; captiver
△ — عليه : وشى به . بَلَّغ : rapporter; dénoncer
فُتِنَ . افْتَتَنَ به : جُنّ : s'engouer; s'enticher; perdre la tête pour; être séduit, e
أَفْتَنَ : أوقع في الفتنة : induire en erreur; fourvoyer; égarer

فِتْنة . إفتِتان : خبَل . دهَش séduction; infatuation, f
— : سحر الجمال fascination, f; charme; enchantement, m
— : كُفْر impiété, f; manque de foi, m
— : شَغَب insurrection; sédition; émeute, f; soulèvement, m
Δ — : تبليغ الأخبار rapportage; cancan, m
فُتْنَة : زهرة السنط fleur d'acacia, f
فَتَّان . فاتِن : خلَّاب séduisant, e; fascinant, e; enchanteur, se; captivant, e
— . — : مغرٍ tentateur, rice
Δ — : مبلّغ . وقّاع rapporteur, se; mauvaise langue, f
فَتِين . مَفْتُون : مَسْلوب العقل séduit, e; fasciné, e; captivé, e
☆فُتُوَّة : سخاء وكرم magnanimité; largesse, f
— . فَتاء : شباب jeunesse; adolescence, f
Δ — : عربيد fier-à-bras; matamore, m
فَتْوَى : رأي قانوني opinion légale, ou juridique; fetwa, f
— : حيلة شرعيّة interprétation légale, f
— : تحلّه Δ مُسْتَحَل دِيني dispense, f
أفْتَى في المسئلة donner une opinion légale, ou juridique
إستَفْتَى : طلب الفتوى solliciter une opinion légale
— : طلب رأيه demander l'avis de qn; consulter
فَتِيَ : كان فتى être jeune
فَتى : شاب jeune homme; adolescent, m
فَتاة : شابّة jeune fille; jeune femme, f
— : صبية fille, f

مُفْتٍ : الذي يعطي الفتوى Mufti; conseiller légal pour la loi musulmane
إستِفْتاء consultation, f
— الناخبين référendum, m
— عامّ (الشعب) plébiscite, m
☆فَجّ . فجاج : طريق بين جبلين col; défilé, m
فِجّ : غير ناضج cru, e; vert, e; non mûr, e
Δ فجَّت الرائحة s'exhaler; se répandre
☆فَجَأ . فاجأ : باغت surprendre; prendre au dépourvu
فَجْأة . فُجاءة soudain; subitement
فُجائي . مُفاجئ subit, e; soudain, e; imprévu, e
☆فَجَر . فجّر الماء وغيره faire jaillir, ou éclater; donner une issue à
— . أفْجَر : ركب المعاصي vivre dans la débauche
إنفَجَر . تفجّر الماء وغيره jaillir
— : تفرقع exploser
فَجْر : طلوع النهار aube; aurore, f; point du jour, m
فُجُور : دعارة débauche; licence, f libertinage, m;
فاجِر : داعر libertin, e; débauché, e; licencieux, se
Δ — : وقح impertinent, e; effronté, e
فاجرة : زانية femme adultère, f
إنفِجار explosion, f
إنفِجاري . مُتفجّر explosif, ve
☆فَجَع . فجّع : أوجع وأحزن peiner; affliger; accabler
فُجِع في غيره éprouver des pertes; être frappé, e d'un malheur dans; perdre qn ou qc
Δ تفجعن : أكل بنهم bâfrer; goinfrer

∆فَجْعَة : نهم gloutonnerie; gourmandise, *f*
∆فَجْمان gourmand, e ; glouton, ne ; goinfre
فَجُوع . فاجِع : مؤلم محزن désolant, e; pénible; affligeant, e
فاجِعَة : رزيئة malheur ; désastre, *m*;
☆فجل : اسم نبات radis, *m*
☆فَجْوَة : فرجة . فتحة ouverture; breche, *f*; intersuce
— هوائية : مطب هوائي trou d'air, *m*
☆فَحَّ الثعبانُ : نفخ siffler
فَحِيحُ الأفعى sifflement, *m*
∆فَحَتَ : حفر creuser
فَحُشَ الأمرُ : جاوز الحدّ être excessif, ve, *ou* exorbitant, e
— ت المرأة se dévergonder
أفْحَشَ . تَفاحَشَ في الكلام tenir des propos obscènes
فُحْش : قباحة abomination; atrocité; ribaudecie, *f*
— القول indécence; grossièreté de langage, *f*
فَحْشاء . فاحِشَة : فِسق adultère, *m*; *ou* action immorale, *f*
إرتكبَ الـ commettre l'adultère
فاحشة : عاهرة prostituée; [putain]; ribaude, *f*
فاحِش : متجاوز الحد excessif, ve; exorbitant, e
— : بذيء obscène; indécent, e;
☆فَحَصَ : إمتحن . إختبر examiner; scruter
— الأرض بقدمه gratter la terre avec le pied
— من جديد recoler

— الحسابات vérifier (les comptes)
تفحَّصَ : بحث faire des investigations; enquêter
فَحْص : امتحان examen; essai, *m*
— : بحث investigation; enquête; recherche, *f*
— الحسابات او الدفاتر التجارية : مراجعة vérification, *f*
☆فَحْل : ذكَرُ الحيوان taureau mâle, *m*
— الخيل : ∆طلوقة étalon, *m*
فحلة : إمرأة مَرجلانيّة virago, *f*
فحول العلماء sommités, *f.pl*
إستفحل الأمرُ : تفاقم s'aggraver
☆فَحَمَ : لم يستطع جوابا ne pouvoir répondre
— . فَحِمَ . أُفْحِمَ بالبكاء suffoquer à force de pleurer; être étranglé, e par les larmes
— . — : صَمت être réduit, e au silence
فَحُمَ . فَحَّمَ : اسودّ أو سوَّدَ noircir
∆ — : صَيَّره فحماً carboniser; réduire en charbon
أفْحَمَ : أسكت بالحجة réduire qn au silence
فَحْم نباتي charbon de bois; charcoal, *m*
— عضوي : ○كربُون carbone, *m*
— مَعْدَني charbon (de terre), *m*; houille, *f*
قلم — . (للرسم) fusain, *m*
مَنْجَم — . mine de charbon, *ou* de houille; houillère, *f*
فَحْمَة : قطعة فحم un charbon
فَحميّ : اسود jais; noir comme du jais
جَمْرَة خبيثة (مرَض) anthrax, *m*
فحّام : بائع الفحم charbonnier, ère

مُفْحِم: مسكت convaincant, e; concluant, e
هذا يفحمك [ça te la coupe]; cela te convaincra

☆ فَحْوَى. فُحْوَاء: معنى sens, m; signification, f
— : مغزى portée; teneur, f; but, m
أفحاء: ما اخضرّ من الابزار herbe potagère, f

☆ فَخّ : مِصْيَدَة trappe, f; traquenard; piège, m
صَادَ بفخّ prendre au piège
وقع في فخّ donner dans le panneau

☆ فَخْذ. فَخِذ : ما بين الركبة والورك cuisse, f 
عظم الـ fémur; os de la cuisse, m
△ فَخْذة لحم ضاني gigot, m
△ — لحم خنزير مملحة jambon, m
△ — لحم طير cuisse, f
فَخْذي : مختصّ بالفخذ fémoral, e

☆ فَخَرَ. اِفْتَخَرَ : باهى se glorifier; se faire gloire de; s'enorgueillir; être fier, ère de
اِفْتَخَرَ. تفاخر بكذا: فاخر se vanter de
فَخِرَ. تفخّر: تكبّر être fier, ère, ou orgueilleux, se
فاخَرَ: غالب في الفخر rivaliser de gloire avec un autre
فَخْر. فُخْرَة : شرف gloire, f; honneur, m
اكليل الـ auréole de gloire, f
فَخْريّ honoraire; honorifique
فَخُور. فَخِير fier, ère
فَخّار: خزف poterie; faïence; terre cuite, f; argile, m
أوانٍ فَخّارية vaisselle de terre; poterie, f
فَخّاريّ △ فَخراني. فاخوريّ potier, m
فاخِر. مُفْتَخَر superbe; magnifique; somptueux, se; riche
فاخُورَة : مصنع الفخّار poterie, f
مَفْخَرَة : أمر يفتخر به action d'éclat, f; exploit glorieux, m

☆ فَخْفَخَ : فاخر بالباطل être vantard, e
فَخْفَخَة ostentation, f; faste; étalage, m

☆ فَخَّمَ : عَظَّمَ magnifier; célébrer les louanges de
فَخُمَ être magnifique, chic, riche, luxueux, se, somptueux, se
فَخْم magnifique; riche; chic; luxueux, se; somptueux, se
فخامة : عَظَمَة magnificence; splendeur, f; éclat, m
— : لقب تعظيم Son Excellence
تفخيم الكلام emphase; redondance, f
مُفَخَّم : معظّم très honoré, e, ou estimé, e

△ فدّان feddan (environ 4200 m²), m

☆ فدح : بَهَظَ accabler; opprimer
فادِح accablant, e; désastreux, se; ou exorbitant, e
خسارة فادِحة lourde, ou grande, perte, f

☆ فَدَخَ : كسر. شدخ casser; fracturer; briser

☆ فَدَّنَ : سَمَّنَ engraisser
فَدّان بَقَر pair (f), ou attelage (m), de deux boeufs

فادِن: ميزان البنّاء fil à plomb, m

* فَدَى. إِفْتَدَى racheter; rançonner

تَفَادَى من كذا: تحاماه أو تجنبه se garder de; s'abstenir de; ou éviter

فِدًى. وفِدْيَة. فِدَاء: خلاص rédemption, f

فِدية ٢. فداء ٢: ما يُعطى عوض المفدى rançon, f

فِدائي: جندي متطوع لخطر الموت commando

فادٍ: مُنْقِذ rédempteur, rice; sauveur

* فَذّ: فَرْد unique; seul, e

* فَذْلَكَة: خلاصة résumé; sommaire; précis; abrégé, m; récapitulation, f

* فرّ (فرر) * فرّاء (فرو) * فرّان (فرن)

○ فراولة: توت أفرنكي fraise, f

* فَرَجَ. فَرَّجَ بين الشيئين mettre un espace entre

— . — الهمّ dissiper, ou chasser, l'ennui ou le souci

— . — عنه: أراح soulager

△ فَرَّجَ ٢: أرى montrer; faire voir

أفرج عنه: أطلق سراحه élargir; libérer

تفرّج: إنفتح s'ouvrir; s'écarter

— . — الغمّ se dissiper

△ — على: شاهد regarder

إنفرج ٢: إتسع s'élargir; diverger

فَرَج: ضد ضيق soulagement, m; délivrance,

فَرْجُ الأنثى: حَيَا vulve, f

— . فُرْجَة: فتحة ouverture; fente f interstice, m

△ فُرْجَة ٢: مشهد spectacle, m

△ فرارجي: بائع الدجاج marchand, e de volaille

فَرُّوج: فرخ الدجاجة poulet, m; poularde, f

△ مُتَفَرِّج: مُشاهد spectateur, rice

مُنْفَرِج: مُتَّسِع divergent, e élargi, e; obtus, e

* فِرْجار: △ بَرْجل. دوّارة compas, m

* فَرِحَ: ضد حزن se réjouir

فَرَّحَ. أفرح réjouir; égayer

فَرِح. فَرْحان content, e; heureux, se joyeux, se; gai, e

فَرَح: سرور joie; allégresse; gaité, f

△ —: عُرس mariage, m; noce, f; noces, f.pl

مُفْرِح: سارّ égayant, e; réjouissant, e

* فَرَّخَ. أفرخ النبات bourgeonner; pousser; germer

— . — الطائر avoir des poussins

— . — البيض éclore

— البيضَ (أو الجراثيم) couver; incuber

فَرْخُ الطائر poussin, m

— النباتِ jet; rejeton, m; pousse, f

△ — ورق: طليحة س feuille, f

△ — جَمْر: بَنجة السبع ع anthrax; charbon, m

△ — نهري perche, f

فَرْخَة: دجاجة poule, f

△ — رومي dinde, f

△ فِراخ مطبوخة أو للطبخ poulet, m

△ — : الطيور الداجنة volaille, f

تَفْرِيخُ البيض أو الجراثيم incubation, *f*
— النبات germination, *f*
معمل او جهاز الـ— couvoir; four d'incubation, *m*; couveuse, *f*
* فَرُدَ: كان فرداً être seul, e, *ou* unique
△ فَرَدَ: مَدَّ étendre; allonger
— القلع déployer les voiles
أَفْرَدَ: عزَلَ isoler; séparer; écarter
تَفَرَّدَ. اِنفَرَدَ بالأمر: عمله وحده s'occuper seul à *ou* de
—. —: كان فرداً (لا نظير له) être unique dans son genre
إِستفرده: وجده وحده trouver qn seul, e
فَرْد: واحِد seul, e; un
—: شخص particulier; individu, *m*
—. فَرْدَة: نصف الزوج (الشفع) un de la paire, *ou* du couple
—. فَريد: لا نظير له unique; sans pareil, le
—. مفرد (في النحو) singulier, *m*
△ —: سلاح ناري
←pistolet, *m*
△ — مسدس ←revolver, *m*
فرداً فرداً: واحداً واحداً un à un; individuellement
عدد فرد أو فردي impair
الجوهر الفرد: ذرة روحية monade, *f*
فَرِيد. مُنفرد: وحيد seul, e; solitaire
△ فَرِيدَة ورق: ٢٤ فرخ (طلحيَّة) main de papier, *f*
إنفراد: عزلة solitude, *f*; isolement, *m*
على — isolément

مُفْرَد: واحد (أو بمفرده) seul, e
—: ضدّ جمع nombre singulier, *m*
مُفْرَدات: كلمات mots, *m.pl*
— اللغة vocabulaire, *m*
—: منفصلات. تفاصيل détails, *m.pl*
مُنْفَرِد: منفصل عن غيره isolé, e; séparé, e
سِجْن — أو اِنفرادي emprisonnement cellulaire, *m*
* فِرْدَوْس: جنَّة (عدْن) paradis, *m*
فِرْدوسي paradisiaque
(فرر) فَرَّ: هرِبَ. ابق fuir; s'enfuir; se sauver
— هارباً il a pris la fuite
أَفَرَّ △ فَرْفَرَ: جعله يهرب faire fuir
إفْتَرَّ: اِبتسَمَ sourire
— ثغره sa figure s'illumina
فِرار: هروب fuite, *f*
فَرَّار. فارّ: هارب fuyard, e; fugitif, ve
فارّ: آبق (من الجندية) déserteur, *m*
△ فُرَّيرَة: فرص دوّام ←toupie, *f*
مَفَرّ: مهرب fuite; évasion, *f*; refuge; *ou* subterfuge, *m*
لا — منه inévitable; inéluctable
* فَرَزَ. أفرز: عزل mettre à part; séparer; isoler
—. —: نقد trier
—. — العرق وغيره sécréter
—. — مادّة (كالخراج) suppurer
فَرْز: عَزْل وفصل écartement; isolement, *m*; séparation, *f*

— : نَقْد — triage, m

— ٠ فِرزان الشطرنج — reine, f

فَرّاز — trieur, se

Δ فَرّازة الحليب — baratte, f; ←séparateur, m

فَيْرُوز . فيروزَج : حَجَر كريم — turquoise, f

إفراز : مايخرجه الجسد كالعرق — exsudation, f

— الغُدَد — sécrétion, f

إفريز : Δ بَحْر (في المعمار) — frise; corniche, f

مَفْرُوز : مَعْزول — séparé, e; écarté, e;

— : مَنْقود — trié, e

☆ فَرَسَ . إفترس : اِصطاد — dévorer; déchirer (sa proie)

— ٠ — : قتل — tuer; abattre

— فِراسة — observer et étudier la physionomie de qn

ـه . تَفَرَّسَ فيه — regarder fixement

فَرَس : حيوان أهلي معروف (للذكر والانثى) — cheval, m

Δ — : حِجر . أنثى الخيل — jument; cavale, f

— أصيل — pur sang; cheval de race, m

— النهر أو البحر — ←hippopotame, m

— رهان — cheval de course, m

Δ — النبي : أبو صلاح — ←mante, f

فُرْس : عَجَم — Persans; Iraniens, m.pl

بلاد الـ— : بلاد ايران — la Perse, f; Iran, m

فارسي : نسبة إلى بلاد فارس — persan, e; de Perse

اللغة الفارسية — le persan, m; la langue persane, f

فارس ٢ : خَيّال — ←cavalier, ère; écuyer, ère

Δ — : بطل — chevalier; héros, m

فَرَاسة . فُرُوسة . فُرُوسِيَّة — équitation, f

فِراسة : معرفة الأخلاق من الملامح — physionomie, f

فراسة الدماغ — phrénologie, f

فِراسة اليد — chiromancie, f

فَرِيسة — victime; proie, f

فِرِّيسي : واحد الفريسيين اليهود — Pharisien, ne

مُفْتَرِس : ضارٍ — vorace; rapace; carnassier, ère

حيوان — ٠ — bête féroce, f; animal carnassier, m

o فَرْسَخ — lieue; parasange, f

o فَرَشَ . إفترش : بَسَط — étendre; déployer; déplier

— المنزل : أثّثه — meubler; garnir

— ٠ فرّش الأرض : بلّطها — paver

Δ فرّش ٢ الثياب — brosser

فَرْش : المفروش للرقاد من متاع البيت — literie, f

— البيت : أثاث — meubles, m.pl; mobilier, m

Δ — الحذاء : سَلْفة Δ ضَبّان — semelle intérieure, f

Δ فَرْشة . فِراش : حشيّة — ←matelas, m

Δ — قَش : Δ طَرّاحة — paillasse, f

فِراش — lit, m

— الموت — lit de mort, m

طريح الفراش alité, e

△فُرْشَة △فُرشاة . فرجون brosse, f

— الثياب،الأسنان،الشعر،الأظافير،الحلاقة،الأرضية brosse à habits, à dents, à cheveux, à ongles, à barbe, à parquets

— البُدْرَة: houppette, f

— البويه ←pinceau, m

— ريش للتنفيض plumeau, m

— التزعيف △راس العبد tête de loup, f

△فرّاش: خادم garçon de bureau; domestique; valet, m

△ — :مؤجر لوازم الحفلات entrepreneur des fêtes, banquets, etc; loueur de mobilier

فَرَاشَة papillon, m

△مِفرَش السفرة: سماط nappe, f

△ — السرير: غطاوة

tapis de table, m

مَفْرَشة: غطاء السرج housse, f

مَفْرُوش: منبسط étendu, e

— : مؤثث meuble, e; garni, e

— بالبُسُط مثلاً (للأرض) tapissé, e

مَفْرُوشَات: متاع البيت . اثاث mobilier, m; meubles, m.pl

☆فَرْشَحَ △فَرشخ écarter les jambes

فَرْشَحة écartement des jambes, m

مُفَرْشَح à califourchon

△ فَرْشِينَة : دَبّوس شعر épingle à cheveux, f

☆فُرْصَة: نهزة occasion; chance; opportunité, f

أعطاه — . donner, ou accorder, une chance

اِنتهز الــ . saisir l'occasion; profiter de l'occasion

اِرتعدت فريصته أو فرائصه trembler de tous ses membres

مِفْراص: △زرّدية قاطعة ←pinces (tranchantes), f.pl

☆فَرَضَ: قدّر présumer; supposer

— فرضاً عليّاً faire une hypothèse

— . فَرَضَ: حَزّ entailler

— . إفترض: أوجب exiger; imposer

— . — الأحكام: سنّها établir; décréter; édicter; [passer]

فَرْض . اِفتراض: تقدير supposition; hypothèse; conjecture; présomption, f

— رياضي datum, m

— مدرسي devoir, m

— . فَرْضَة : حَزّ ←entaille; incision; coche, f

— . فريضَة : واجب devoir, m; obligation, f

— . — دينيّة ordonnance; loi; obligation, f

على فَرض . بالفرض à supposer; supposons; en supposant que

فَرضيّ: تقديري par supposition, ou hypothèse

مَفْروض : مقدّر supposé, e

— : موجب imposé, e; prescrit, e

فُرضة ٢ : ثلمة. فتحة ouverture; brèche, f

— بحرية port, m

☆فَرَطَ منه : ذهب وضاع se dissiper; perdre

— منه القول او الأمر échapper

— : حَلّ défaire; désenfiler; défiler

فَرَّطَ : ضَيَّع gaspiller; perdre; dissiper
— في الشيء : أساء إستعماله abuser; mésuser
— في : قصَّر négliger
— . أفرَطَ : جاوز الحد dépasser les bornes; exagérer, excéder
إنفرطَ : إنحلَّ se désenfiler; se dissoudre
— عقد الاجتماع être dissous, te
فَرْط : مجاوزة الحد excès, m; exagération, f
— : شدَّة intensité; outrance, f
— الاحساس hypersensibilité, f
△ — △ مفرَّط : سائب détaché, e
△ فَرْط : فائدة المال intérêt, m
إفراط . تفريط : ضدّ اعتدال excès, m
مُفْرط : متجاوز الحد excessif, ve; qui depasse les bornes; exagéré, e
مُفَرِّط : مبذر prodigue
* فَرْطَحَ : بَسَطَ aplatir; aplanir
مُفَرْطَح aplati, e; plat, e
* فَرَّعَ المسائلَ من الأصل subdiviser; diviser; brancher
△ — الشجرُ ramifier; pousser des branches, des tiges, des rameaux
تفرَّعَ : تشعَّب (راجع شعب) se ramifier
متفرِّع : مُشتق dérivé, e; déduit, e
فَرْعُ الشجرةِ branche, f; rameau, m
— محل تجاري succursale; branche, f
— من نهر confluent, m
— . : قِسْم section; division, f

فَرْعِيّ : جزئي accessoire; incident, e
دَفْع — . (في القانون) exception incidente, f
دَعْوَى فَرْعِيَّة action, ou demande, incidente, f
فارِع : طويل élancé, e, haut, e
فِرْعَون : واحد ملوك مصر القدماء Pharaon, m
* فَرِغَ : خلا être vide, libre, vacant, e; se vider
— من شغله : أتمَّه achever; finir
— الشي : نفد s'épuiser; se tarir
— الصَّبْرُ (أو صبره) perdre patience
فَرَّغَ . أفرَغَ : أخلى vider
— . — الشحنة décharger
— . — الماء أو السائل verser
— . — في قالب : سبك couler
— . — . إستفرغ : إستنفد épuiser; tarir
إستفرغ ٢ : تقيَّأ rendre; vomir; expectorer
تفرَّغ : تخلى من العمل se libérer du travail; être de loisir, ou libre
— للأمر se consacrer à; se vouer, ou se dévouer, à
فِرغ . فَرَاغ : خلوّ vide; néant, m; lacune; vacance, f
فراغ ٢ : مكان خالٍ place vacante, ou vide
— من العمل : عُطلة vacances; vacations, f.pl
وقت الفراغ من العمل loisir, m; loisirs, m.pl
فَرِغٌ . فارِغ : ضد ملآن vide
الفارغ ٢ (في القبانة) tare, f
كلام فارغ paroles vides de sens, f.pl

إِفراغ. تَفريغ: إِخلاء dechargement; vidage, m

— . — . استفراغ: استنفاد épuisement, m

إِستفراغ ٢: قيء vomissement, m

☆ فَرفَرَ: اِنتفض se trémousser; battre des ailes

△ — الصوف carder

فَرفوري: خزف الصين porcelaine de chine, f

فُرفيرة س: دوّامة △ نحلة toupie, f; sabot, m

△ فَرفَشَ: أنعَشَ égayer; mettre de l'entrain

△ مِفَرفَش: جَذِل joyeux, se; gai, e

☆ فَرَقَ بينَ: ميَّز discerner; distinguer

— : فصلَ séparer; diviser

فَرِقَ: فَزِعَ avoir peur

فَرَّقَ: خوَّف effrayer; faire peur; terrifier

— : وزَّع distribuer

— عليهم partager; répartir entre

— : ضِدّ جمع séparer; désunir

— بينهم: أوقع الشقاق mettre le désaccord entre eux; diviser; semer la zizanie

— : بَدَّدَ dissiper; disperser

فارَقَ: اِنفصل عن quitter; se séparer de

تَفَرَّقَ: ضِدّ تجمَّع se disperser; se diviser; se séparer

إِفتَرقوا ٢: ضِدّ اِجتمعوا ils se séparèrent

فَرْق: اختلاف différence, f

— : ميزة distinction, f

— : باقٍ reste; restant; reliquat, m

— في شعر الرأس raie, f

— . تَفريق: فصل séparation, f

فَرَقٌ: فزع effroi, m; épouvante; frayeur; peur, f

فَرِقٌ. فَروق. فاروق: شديد الفزع épeuré, e; apeuré, e; [froussard, e]

فِرْق: قطيع troupeau, m

فِرْقة: طائفة. جماعة compagnie; partie; troupe; bande; clique, f

— عسكرية détachement, m; division, f

— موسيقية bande, f; orchestre, m

— ممثلين troupe, f

فُرْقة. فِراق. اِفْتِراق séparation; désunion, f

فِراق ٢: رحيل départ; éloignement, m

فَريق: جماعة (وبمعنى △ طَرَف) parti, m; partie, f

— (في الألعاب الرياضية) équipe, f

△ — ع: رُتبة عسكرية رفيعة genéral de division, m

فارِق: فاصل separation; partition, f

— : مميِّز distinctif, ve

تَفَرُّق: تشتت dispersion, f

تَفريق: فصل Separation; division, f

— : توزيع distribution; répartition, f

— : تشتيت dispersion, f; éparpillement, m

— : تمييز distinction; différenciation, f

بالتفريق: اجزاء en parties

— . بالتفاريق: △ بالقطّاعي (ضِدّ بالجملة) au détail

مَفْرِق : نقطة الانفصال — point de séparation, ou de départ, m

— الطرق — carrefour; croisement, m; croisée de chemins, f

— الطرق △ مزلقان — passage à niveau, m

☆ فَرْقَعَ : فَقَّعَ (راجع فقع) — éclater; craquer; péter

△ — △ تفرقع : إنفجر — éclater; faire explosion; crever avec bruit

△ فُرقع لوز — ↑taupin; grillon, m

فَرْقَعَة : طقطقة — craquement; claquement; cliquetis, m

— : إنفجار (أو صوته) — explosion, f

مفرقعات : مواد انفجارية — explosifs, m.pl

☆ فَرَكَ : دَلَكَ وحَكَّ — frotter; frictionner; gratter

تَفَرَّكَ . إنْفَرَكَ — être frotté, e

○ فَرَاك △ سُترة فراك — frac, m

فَرِيك . مَفْرُوك — frotté, e; frictionné, e; égrugé, e; égrainé, e

— : حنطة الطبخ — froment concassé, m

فركش — faire trébucher, ou embrouiller

△ فَرَمَ اللحم : هرَّمه . قطعه قطعاً صغيرة — hacher

فَرَّامَة اللحم — hache-viande, m ←

△ مَفْرُوم . مُفَرَّم : مهرَّم — haché, e; coupé, e menu

لحم — — hachis de viande, m

○ فَرْمَان : أمر عالٍ — firman; décret; édit, m

○ فَرَمْبُواز : (انظر توت) — framboise, f

△ فَرْمَلَة : ضابطة العربة . كمّاحة — frein, m

دوّع — mettre un —

كمح . فرمل ○ خفض السرعة — freiner, v

△ قبقاب الفرملة : اباضة — ←garde-frein, m

☆ فُرْن : تَنُّور يُخبَز فيه — four; fourneau, m

— : مخبز — boulangerie, f

فَرَّان : خَبَّاز — boulanger, ère; fournier, ère

○ فرنتون : حلية واجهة — ←fronton, m

○ فَرْنَجَ القومَ : صيَّرهم كالافرنج — européaniser

تَفَرْنَجَ : صار كالافرنج — s'européaniser

إفْرَنْج : اوربِيُّون — européens, m.pl

افرنجي : اوربي — européen, ne

○ فرنسا . فرنسه — France, f

فرنسيّ — Français, e, n; français, e, a

اللغة الفرنسية — la langue francaise, f; le français, m

○ فَرَنْك : وحدة النَّقْد الافرنسي — franc, m

☆ فَرْو (الواحد فَرْوة والجمع فِراء) — fourrure; pelisse, f

فَرْوَة ٢ : جلدة الرأس بشعرها — cuir chevelu, m

— لليدين — manchon, m

△ أبو — : قَسْطَل — marron, m; châtaigne, f

فَرَّاء : تاجر الفراء ومجهِّزها — pelletier, ère; fourreur, m

— . فَرْوَجي : تاجر جلود الفرو — peaussier, m

ذوات الفِراء (من الحيوانات) — bêtes à fourrure, f.pl

☆ فرّوج (في فرج)

☆ فَرَى . افترى عليه الكذب — fabriquer, ou forger, un mensonge contre

— . — عليه : سعى به — médire de

فِري ᵔ : سُمَّن (انظر سمن) caille, f
فِرية. إفتِراء: كذب mensonge, m; imposture, f
— . — : سِعاية calomnie; médisance, f
إفترائي calomnieux, se; diffamatoire; diffamant, e
مُفترٍ : واش calomniateur, rice
فريجيدير (ثلج) ✲فريسة (فرس) ✲فريق (فرق)
✲فَزَّ : وثب faire un bond; sauter
— : اضطرب sursauter
— . أفزّ . استفزّ effarer; effrayer
استفزّ ٢ : أثار provoquer; exciter
فزّة : وثبة bond; saut; sursaut, m
✲فَزَرَ : شقّ faire éclater; crever
— . تفزّر . انفزر éclater; crever; péter
✲فَزِعَ : خاف avoir peur; être effrayé, e, ou apeuré, e
فزّع . أفزع : خوّف épouvanter; effrayer; faire peur
فَزَع : خوف effroi, m; frayeur; épouvante, f
فزِع . مفزوع △ فزعان : خائف épeuré, e; effrayé, e; épouvanté, e
فزّاعة : △ أبورياح . مجدار épouvantail, m
مُفزع : مخيف effroyable; épouvantable; affreux, se
✲فساء (في فسو)
△ فُستان : ثوب المرأة الخارجي robe, f
— السهرة robe de soirée, f

✲فُستُق pistache, f
شجرة الـــ pistachier, m
فستقي اللون vert de mer, m
○فستون : حبل زينة . زركشة بتعرّج feston, m
✲فَسَحَ . فسّح له مكاناً faire place à
— المكان : وسّعه élargir
△ — (ولده) خذه للنزهة promener (son fils)
△ — : تنزّه se promener
△ — : تغوّط aller à la selle; [chier]
فَسْح : جواز السفر passe, f; passeport; laisser-passer; sauf-conduit, m
فُسحة △ فسح : اتساع largeur, f
— : فضاء espace vide, m
△ — : نزهة promenade, f
△ — خلويّة : △ سيران ᵔ excursion, f
△ — في عربة أو سيارة ballade, f
△ — بين ساعات الدرس récréation, f
△ — : عطلة vacances, f.pl; congé, m
△ — : المرة من خروج البطن selle, f
△ فسحة : ردهة الدار hall, m; entrée, f
فسيح : متّسع vaste; spacieux, se; large
✲فسخ فسّخ ١ : نقض annuler, résilier
△ — . — : شقّ fendre; pourfendre
— : △ ملخ . وثأ démettre; disloquer
△ — اللون : زال أو تغيّر se décolorer; passer; virer
— : أبطل تأثيره . كسر حدّته neutraliser
فسّخ ٢ : هرأ . مزّق déchiqueter; lacérer: couper par bandes

تَفَسَّخَ: تساقط قطعاً être disjoint, e, *ou* lacéré, e

إِنفَسَخَ العقد أو الأمر être annulé, e, *ou* résilié, e

—ت الخطبة les fiançailles sont rompues

فَسْخ: نقض annulation; résiliation; abrogation, *f*

فَسْخَة: قطعة مما فسخ bande, *f*; chiquet; lambeau, *m*

فَسِيخ: سمك مملح poisson salé, *m*

☆ فَسَدَ. إِنفَسَدَ se gâter; s'altérer; se corrompre; se détériorer

أَفسَدَ. فَسَّدَ: ضد أصلح gâter; corrompre

— — الآداب dépraver; corrompre

—: خيَّبَ. أحبط déjouer; faire échouer

— (في القضاء) vicier

— بينهم mettre la discorde entre

— تأثيره أو قوته infirmer; déclarer de nul effet; neutraliser

فَساد: تلف détérioration, *f*

—: تعفن décomposition; putréfaction, *f*

—: بطلان invalidité, *f*

— الأخلاق corruption; dépravation; dégradation *f*

فاسِد: تالِف gâté, e; abîmé, e; corrompu, e

—: متعفن pourri, e; gâté, e; carié, e

— باطل nul, le; vicié, e; de nul effet

— الأخلاق dépravé, e; corrompu, e

إِفْساد corruption, *f*

☆ فَسَّرَ (تفسيراً): أوضح expliquer; démontrer

—: شرح commenter

—: أوّل أو ترجم interpréter; définir

فَسَّرَ (تفسرة) البول: فحصه analyser, *ou* examiner, l'urine

إِستَفسَرَ s'informer de; se renseigner; demander des renseignements

—: طلب الايضاح demander une explication; demander des éclaircissements sur

تَفسِير: إيضاح explication, *f*; éclaircissement, *m*

—: تأويل أو ترجمة interprétation, *f*

لا يمكن تفسيره inexplicable

تفسيري: ايضاحي explicatif, ve

☆ فُسطاط: خيمة pavillon, *m*; tente, *f*

○ فُسفات: فصفاة phosphate, *m*

☆ فُسَيفِساء ← mosaïque, *f*

○ فُسفور: فصفور phosphore, *m*

فُسفوري phosphorique; phosphoreux, se

—: يلمع في الظلام phosphorescent, e

△ فُسفوسة: دمّلة صغيرة bouton, *m*; pustule, *f*

☆ فَسَقَ: فجر vivre dans la débauche

فِسْق: فجور débauche, *f*; libertinage, *m*

—: زنى adultère, *m*

— باكراه viol, *m*

فاسِق: فاجر libertin, e; débauché, e; vicieux, se

☆ فَسقِيّة الماء: مِطفرة △ نَفورة ← fontaine, *f*; jet d'eau, *m*

☆ فَسْو. فُساء: ريح البطن petit vent; pet, *m*

فَسا: أخرج ريحاً péter

○ فِسيولوجية: علم وظائف الأعضاء physiologie, *f*

☆ فَشَخَ : لطم — fendre; briser

△ — : فشّج . فرج بين رجليه — faire un grand pas; écarteler

△ فَشْخَة : خطوة — grand pas, *m*

△ فشَرَ : فرَش . كذب — se vanter

فَشْر : فَشر — vanterie; forfanterie; fanfaronnade, *f*

فشّار : لجفاج — fanfaron, ne; vantard, e

○ فشيزم . فاشيّة : مبدأ سياسي ايطالي • دكتاتورية — fascisme, *m*

فاشيّ . فاشستي — fasciste

☆ فَشَّ . فَشّ الورمَ — réduire; faire désenfler

فَشّ [2] الورمُ . إنفَشّ — désenfler; être réduit, e

△ — غلّه فيه : نقع غلّة قلبه — décharger sa colère sur

— القُفلَ : فتحه بغير مفتاحه — crocheter

△ فشّة : رئة — mou, *m*; poumons (d'un animal), *m.pl*

فَشّاشة الأقفال : △ طفشانة — pince monseigneur, *f*

○ فشكة : ○ خرطوشة — cartouche, *f*

☆ فَشِلَ : خارَ عزمه — perdre courage; défaillir

△ — . تفشّلَ : خاب — échouer; faillir

فَشِل : جبان — poltron, ne; peureux, se

فَشَل : خيبة — insuccès; échec, *m*

☆ فَشْو . فشيّ — propagation; extension, *f*

فَشا : إنتشر — se propager; se répandre; être diffusé, e

— السرُّ — être divulgué, e, *ou* révélé, e

△ — . أفشى : نشر — divulguer, *ou* révéler, le secret

فاشٍ . متفشّ : منتشر — répandu, e; propagé, e

☆ فَصُحَ : كان فصيحاً — être éloquent, e

أفصح : بيّن مراده — s'exprimer clairement, *ou* avec netteté

— : تكلم بفصاحة — employer le langage pur

تفصّح . تفاصح — affecter l'éloquence

فِصْح (عيد) — Pâques, *f.pl*; paque, *f*

فَصْح . فَصيح : كلام خالٍ من العُجمة — pur, e; littéraire; classique

فصيح [2] : طلق اللسان — éloquent, e; disert, e

اسلوب — . — style pur, classique, littéraire, *m*

اللغة الفُصحى — langue classique, *f*

فَصاحة : طلاقة اللسان — éloquence, *f*

مُفصِح : واضح — clair, e

☆ فَصَدَ : أخرج دماً — saigner

△ —ت . إنفصدت أنفه — il saigne du nez

فَصْد . فِصاد — saignée, *f*; saignement, *m*

△ — الأنف : رُعاف — hémorragie nasale, *f*

فِصادة : فتح الوريد — phlépotomie; saignée, *f*

△ أبو فصادة : ذُعَرة — bergeronnette, *f*; hochequeue, *m*

مِفْصَد : مِبْضَع — lancette, f; — bistouri, m

* فَصَّصَ الفول وأمثاله : أخرجه من قشرته — décortiquer; écosser

فَصُّ الخاتم — pierre, f

— الثوم وأمثاله : سِن — gousse, f

△ — : نصف عمود مربّع (لاصق بالحائط) — pilastre, m

مُفَصَّص : مفلق — lobé, e

△ — : منزوعة قشرته — écossé, e; épluché, e

* فِصْفِصَة : بِرسيم حجازي — alfa, m; luzerne, f

* فَصَلَ : فرّق — séparer; diviser

— : قطع — trancher; couper

— : أبعدَ — isoler; écarter

— في الأمر — décider; régler; trancher

△ — الشيء : عرض ثمناً له — faire une offre

فَصَّلَ : بيّن — éclaircir

— : ضدّ أجمل — détailler

— الشيء : جعله قطعاً متمايزة — diviser

— الثوبَ — couper; confectionner

△ فاصَلَ : ساوَمَ — marchander

— . اِنفَصَلَ عن — se séparer de; se scinder

اِنفَصَلَ ٢ : ضدّ إتصل — être disjoint, e, ou séparé, e

— عن : ابتعد — se retirer de; se séparer

— عن الشركة — se retirer de la société

فَصْل : تفريق — séparation; division, f

— : قطع — sectionnement; coupage, m

— : قِسم (مدرسي) — classe, f

— من كتاب : باب . جزء — chapitre, m; section, f

— من السنة (وبمعنى أوان) — saison, f

— من رواية تمثيلية — acte, m

— في الخصومات — jugement; vidé, m; décision, f

— الخطاب — décision finale, f

△ — بارد — gaffe, f

فَصِيلَة : نوع — espèce; sorte; gent, f; genre, m

— عسكرية — détachemet, m

فاصِل : حاجز — séparation; cloison, f

— : باتّ — décisi f, ve

فاصِلَة : شولة (وعلامتها [،]) — virgule, f

— : علامة الوقف في القراءة — signe de ponctuation, m

فَيْصَل — arbitre, m

اِنفِصال — séparation; sécession; désunion; disjonction, f

تَفْصِيل : ضدّ اجمال — détail, m

△ — الثياب : قطعها لأجل خياطتها — coupe; façon, f

△ ثياب — . — sur mesure

بالتفصيل . تفصيلاً : ضد اجمالاً — en détail; minutieusement

تفاصيل : مفردات — détails, m.pl

مَفْصِل : كل ملتقى عظمتين من الجسد — articulation; jointure, f

داء المفاصل : رَثْيَة — rhumatisme, m

التهاب المفاصل : داء النِقرِس — arthrite, f

مَفْصِليّ : مختص بالمفاصل — articulaire; arthritique

— : ذو مفاصل — articulé, e

مُفَصَّل : مذكور بالتفصيل détaillé, e
مِفْصَلة ∆ مِفْصَلة charnière, f; gond, m 
مَفْصُول. مُنْفَصِل séparé, e; détaché, e
* قَصَمَ : قطعَ séparer; couper; trancher
قَصْم : قطع disjonction, f; sectionnement; coupage, m; coupe, f 
○ فَصُولياء. فاصولية: ضرب من القطاني ← haricot vert, m
— بيضاء haricot blanc, m
* فضّ (في فضض) ○ فضاء (في فضو)
* فَضَحَ : كشف مساوئه démasquer; montrer qn sous ses vraies couleurs
— : جلب عليه العار déshonorer
— : كشف. أظهر révéler; divulguer
إِفْتَضَحَ الأمرُ : إشتهر être divulgué, e, révélé, e, connu, e, découvert, e
— . إنفضح : إنكشفت مساوئه être couvert, e de honte, ou d'opprobre
فَضِيحَة : إنكشاف المساوىء honte, f; déshonneur, m
— : عار scandale; esclandre, m
فاضِح : شائن honteux, se; scandaleux, se
* فَضَّضَ : موّه بالفضة argenter
فَضَّ : فتح ouvrir; rompre; trouer
— : فرّق disperser
— الاجتماع dissoudre
— الختم décacheter; lever les scellés
— وافتضَّ البكارة dépuceler

إِنْفَضَّ : إنفتح s'ouvrir
— . تفضَّضَ : تفرّقَ se disperser
تفضّض: تموّه أو ترصّع بالفضة être argenté, e
فَضّ : فتح ouverture, f
— : تفريق dispersion, f
— وافتضاض البكارة dépucelage, m
فِضَّة : لجين argent, m
فِضّي . كالفضة . مُفَضَّض argenté, e
— : من فضّة d'argent
الميدال للزواج (٢٥ سنة) noces d'argent, f.pl
فِضِّيات . أوان فضية argenterie, f
تفضيض argenture, f
* فَضْفَاض : واسع ∆ مبحبح ample; large
* فَضَلَ : بَقِيَ rester; être de reste
فَضَّلَ على préférer; aimer mieux
أَفْضَلَ . تفضَّلَ على obliger; faire plaisir à; accorder une faveur à
تفضَّلْ : ارجوك je vous prie; veuillez
— وخُذْ servez-vous
فَضْل : إحسان faveur; grâce; bonté, f; bienfait, m
— : إستحقاق mérite, m; mérites, m.pl
من فضلك : إذا سمحت s'il vous plait
الفضل (في كذا) عائد على grâce à
فضلاً عن كذا de plus; d'ailleurs; en outre
فَضْلَة . فُضالَة : بقيّة reste; restant, m
— . — : ما يزيد excédent; surplus, m
— . — : نفاية rebut; résidu, m
— : قطعة من بقايا الأقمشة ○ كوبون coupon, m

فُضول الجسم: مفرزات sécrétions, *f.pl*
— : تحرّش indiscrétion, *f*
فُضولِيٌّ : متعرض لامور غيره curieux, se; indiscret, ète; fureteur, se
فَضِيلَة : ضد رذيلة ونقيصة vertu, *f*
— : مزيّة avantage, *m*; supériorité, *f*
— : لقب احترام Son Eminence (S.Em.)
فاضِل . باقٍ أو بقيّة restant *ou* reste
— : متبقي من بضائع solde, *m*
— : ذو فضل méritant, e
— : ذو فضيلة vertueux, se
أفضَل : أحسن meilleur, e
— : أميز préférable
الأفضل: الأحسن le meilleur, la meilleure
أفضَلِيَّة: امتياز avantage; privilège, *m*
تفضِيل : تمييز préférence, *f*
— : محاباة partialité, *f*; favoritisme, *m*
مِفضَل . مِفضال : كثير الفضل très obligeant, e
— . مِفضَلة : ثوب البيت déshabillé, *m*; *ou* robe de chambre, *f*
مِفضَلات: △ ياضات اللبس والفرش lingerie, *f*
مِفضَلاتي : بائع الياضات linger, ère
مُفضَل : مُميَّز préféré, e
(فضو) فَضَا المكانُ : اتسع être vaste, spacieux, se, grand, e
أفضَى إلى : أدّى mener; conduire à; parvenir
— بسرّه révéler, dévoiler, divulguer, son secret à

△ فَضِيَ : فرغ être vide, vacant, e, libre
△ فَضَّى : أخلَى . افرغ vider; évacuer
تفَضَّى : تفرّغ se consacrer à
فَضاء : فسحة espace libre, *m*
— الأرض terrain vague, *m*
— : فراغ vide; néant, *m*; vacuité, *f*
△ فاضٍ : فارغ . خالٍ vide; vacant, e
△ — : غير مرتبط بعمل libre
☆ فَطاحِل العلماء sommités, *f.pl*; grands savants, *m.pl*
☆ فطَرَ : خلق . أنشأ créer; façonner; faire
— : شقّ fendre; pourfendre; fêler
— . أفطَرَ الصائم rompre, *ou* casser, le jeûne
— . — : تناول طعام الصباح prendre le petit déjeuner
إنفطَرَ . تفطَّرَ : انشق se fendre; se briser
فُطْر : فَقْش الغراب ←champignon, *m*
فِطْر : كسر الصوم rupture du jeûne, *f*
عيد الـ (عند المسلمين) Corban Baïram, *m*
فِطْرَة : صفة طبيعية instinct; naturel, *m*; nature, *f*
على الـ à l'état primitif; sauvage
فِطْرِيّ : طبيعي naturel, le; inné, e; instinctif, ve
فَطُور . فُطُور : اكل الصباح petit déjeuner, *m*
فَطِير : خبز غير مختمر pain sans levain, *ou* non levé; azyme, *m*
— : خام . غير مشغول brut, e

∆ — : عجين مرقوق pâté, *m*; pâtisserie, *f*

— الشبارق (أو طيّار) vol-au-vent, *m*

∆ فطيرة : قُرصة crêpe; galette, *f*; gâteau, *m*

فطائري ∆ فطاطري : صانع الفطائر pâtissier, ère

مُفطِر : كاسر الصوم qui rompt le jeûne

* فَطَسَ : مات expirer; mourir

∆ — : اختنق suffoquer; étouffer

فطّسَ : أمات tuer; faire mourir

∆ — : خنق étouffer; suffoquer; asphyxier

∆ فطيس : مخنوق suffoqué, e; étouffé, e

فِطّيسة : مشفر ذوات الخف groin; museau, *m*

أفطس الأنف camard, e; au nez camus, *ou* aplati

∆ فطفط اليه بسره : فتفت s'épancher dans; s'ouvrir à; ouvrir son cœur à

* فَطَمَ : فصل عن الرضاع sevrer

فِطام sevrage, *m*

فطيم . مفطوم sevré, e; en sevrage

* فَطِنَ للأمر واليه : ادركه saisir; comprendre

— : كان فطيناً être intelligent, e, *ou* perspicace

∆ — إلى : تذكر se rappeler; se souvenir

فطّنَ : أفهم faire comprendre

— : ذكّر rappeler; faire penser à

فَطِنٌ . فطين : ذكي intelligent, e; fin, e; perspicace

فِطنة : ذكاء intelligence; sagacité, *f*

— : فهم perspicacité; compréhension, *f*

فطور وفطير (في فطر)

* فَظّ : غليظ grossier, ère; brutal, e; brusque

— : فيل البحر morse, *m*

فظاظة grossièreté; rudesse, *f*

* فَظُعَ : كان فظيعاً être affreux, se, *ou* horrible

إستفظع : عدّه فظيعاً trouver horrible, affreux, se, atroce

فظاعة : شناعة horreur; atrocité;

فَظِع . فظيع . مُفظع horrible; affreux, se; atroce

— إثم أو عمل infamie; action infâme; atrocité, *f*

∆ فَعَصَ : معس . فصع écraser

* فَعَلَ : عمل faire; agir; exécuter

إنفعل : تأثر être impressionné, e, *ou* affecté, e

∆ — : اغتاظ وتهيّج se fâcher; s'énerver

إفتعل : اختلق fabriquer; inventer

— : زوّر forger

فِعل أو فِعلة : عمل action, *f*; acte; fait, *m*; œuvre, *f*

— : تأثير effet, *m*

— (في النحو والصرف) verbe, *m*

— لازم verbe intransitif, *m*

— متعدٍ verbe transitif, *m*

— معلوم verbe actif *m*

— مَجهول	verbe passif, *m*
— ناقِص	verbe défectif, *m*
— شاذّ	verbe irrégulier, *m*
— قياسي	verbe régulier, *m*
فِعلاً . بالفعل	en effet; en fait
فِعلي : عملي	pratique
— : واقعي	vécu, e; actuel, le
— : مشتقّ من الفِعل	verbal, e
فَعّال : مؤثّر	effectif, ve; efficace
— : يعمل به	valable; en vigueur
فَاعِل : عامل	faiseur, se; celui (*ou* celle) qui fait
— : مقترف	auteur (d'un crime)
△— : اجير . عامل	manœuvre; homme de peine, *m*; ouvrier, ère
— (في النحو)	sujet; agent, *m*
اسم الفاعل	participe présent, *m*
فاعليّة : تأثير	efficacité, *f*; effet, *m*
إنفِعال : التأثّر بالفعل	impression, *f*
— نفساني	émotion; surexcitation, *f*
تفاعُل	réaction, *f*
مفعول : تأثير	effet, *m*
— : معمول . عُمل	fait, e; exécuté, e
— به (في النحو)	complément direct, *m*
اسم المفعول	participe passé, *m*
يسري مفعوله	entrer en vigueur; avoir effet
△مُفتَعل : مزوّر	faux, sse; altéré, e
△مُنفعِل : محتدّ . متهيّج	énervé, e; agité, e; surexcité, e
☆ فَعَمَ . أفعَمَ : ملأ جداً	remplir; combler
مُفعَم : ملآن . طافِح	être rempli, e
(فمو) أُفموان ، أفعَى	vipère, *f*; serpent, *m*
☆ فَغَرَ فَه : فتحه	ouvrir tout grand la bouche; rester bouche bée
مَفغَرة الوادى	entrée (de la vallée), *f*
فاغر	béat, e, *a et n*
فم فاغر	bouche béante, *ou* grande ouverte
☆ فَغفوري : △فَرفوري . خزف الصين	porcelaine chinoise, *f*
☆ فَقَأ الدمّل : شقّه	percer, *ou* ouvrir, un abcès
— العين	crever l'œil
☆ فَقَد : اضاعَ	perdre
— الشيء . △إستفقد	manquer; regretter l'absence de
أفقَدَهُ الشيء : أعدمه إيّاه	faire perdre; priver qn de
تفقّد . إفتقد	chercher *ou* visiter
فَقد . فُقدان : ضياع	perte; *ou* privation, *f*
فَقيد . مَفقود △فاقِد : ضائع	perdu, e; manquant, e
الـ : المتوفّى	défunt, e; décédé, e; mort, e; regretté, e
فاقد ٢ : مضيّع	perdant, e; qui a perdu
— الشعور	inconscient, e; insensible
إفتِقاد . تفقّد	recherche, *f*
△فقّر . أفقر : ضدّ أغنى	appauvrir
△فقّر ٢ : تنوّد	balancer la tête
فَقُر . اِفتقر : صار فقيراً	s'appauvrir; tomber dans la misère
اِفتقر ٢ الى	manquer de; avoir besoin de

فَقْر : ضِدّ غنى pauvreté; indigence; misère, f
ـــ مدقع misère noire, f
فِقْرَة : جُمْلَة paragraphe, m; phrase; clause, f
ـــ • فَقْرَة : خرزة الظهر vertèbre, f
فقري • فقاري : ذو فقرات vertébral, e
فَقِير : ضِدّ غَنِيّ pauvre; indigent, e
○ ـــ : ناسك هندي fakir, m
☆ فَقَس الطائرُ بيضَهُ couver; ou faire éclore
فَقْسُ البيض éclosion, f
فَقُّوس sorte de concombre ou melon vert
☆ فَقَش : كَسَر briser; casser
☆ فَقَط (اصلها قَطْ) : لا غير seulement
△ فَقَّط الحسابَ écrire les chiffres en toutes lettres
☆ فَقَعَ اللونُ : اشتدت صفرته devenir d'un jaune vif
△ ـــ : فَقَأ crever; éclater
فَقَّعَ : فرقع faire péter ou sauter
ـــ اصابعه : فرقعها claquer ses doigts
فُقَاعة : نُفَاخة تعلو الماء bulle d'air, f
فاقِع : فاتح زاهٍ (لون) vif, ve; voyant, e; clair, e
△ فَقْفُوقَة : مَكْيَة pustule, f
☆ فَقُمَ • تفاقم الأمر s'aggraver; devenir très sérieux, se
فُقْمَة : كلب أو عجل البحر phoque; veau marin, m

☆ فَقِهَ • تفقّه : فهم comprendre; saisir
فَقَّهَ • أفقه : علَّم enseigner; instruire
فِقْه : عِلْم • فَهْم savoir, m
ـــ : علم الأحكام الشرعيَّة doctrine, f
ـــ اللغة philologie, f
فِقْهِيّ doctrinal, e
فَقِيه : عالم بالفقه juriste; jurisconsulte, m
△ ـــ • فِقِي : معلّم maître d'école, m
△ ـــ △ ـــ : قارىء القرآن liseur du Coran, m
☆ فكّ (في فكك) ☆ فكاهي (في فكه)
☆ فَكَر • فَكَّرَ • تفكّر • افتكر réfléchir; penser
△ فكَّر ٢ : ذكَّر rappeler; rappeler au souvenir; remémorer
△ افتكر ٢ : تذكّر se rappeler qc; se souvenir de
فِكْر • فِكْرَة : خاطِر pensée; idée, f
ـــ : رأي opinion, f
ـــ : شاغل • هَمّ souci, m
△ على فكرة : قبلما أنسى à propos
بعد إمعان الفكرة après mûre réflexion
فِكِّير : كثير التفكّر pensif, ve; méditatif, ve; penseur
تفكُّر : تأمُّل réflexion; considération; méditation, f
مُفَكِّرَة : مذكِّرة note, f; mémorandum, m
ـــ جيب calepin, m
ـــ يوميَّة agenda; journal, m

Δ فَكَّشَ démettre; déboiter (un membre)

• فَكَّكَ . فكّ : ضِدّ ركّب démonter; défaire

فكّ ٢ : فصل disjoindre; séparer

— : ضِدّ ربط détacher; dénouer délier; défaire

— الأزرار déboutonner

— الأسير libérer; délivrer

— الخط déchiffrer (l'écriture)

— المسمار اللولبي dévisser

Δ — النقودَ : بدّلها changer; faire de la monnaie

— . إفتكّ الرهنَ dégager; retirer

— آلة démonter, *v*

إنفكّ : مطاوع «فك» بكل معانيها السابقة se défaire; se disjoindre; se dénouer, etc

ما — يفعل كذا il n'as pas cessé de...

Δ — من se dégager de

تَفَكَّكَ : مطاوع «فكّك» être mis, e en pièces

فكّ : ضدّ ربط dénouement; démontage, *m*; disjonction, *f*

— وإفتكاكُ الرهن mainlevée de gage

— : العظم الذي عليه الأسنان mâchoire, *f*

Δ فَكّةُ النقود monnaie; petite monnaie, *f*

Δ مِفَكّ البراغي ←tournevis. *m*

مَفْكوك : محلول défait, e; dévissé, e; détaché, e

• فَكِهَ : كان طيب النفس ضحوكاً être gai, e, enjoué, e, jovial, e

فكِه . فاكِه : ضحوك enjoué, e; gai, e;

Δ — : قدي . لذيذ الطعم savoureux, se; délicieux, se

jouir de

فُكاهة . تفكيه : مزاح plaisanterie, *f*; badinage, *m*

فُكاهي humoristique; gai, e

فاكِهَة fruit, *m*

فاكهاني : بائع الفواكه . فاكهي fruitier, ère

• فل (في فلل) • فلان (في فلن) • فلاة (في فلو)

• فَلَتَ . أفلَتَ : أطلق relâcher; libérer; lâcher; laisser

— . — . انفلَتَ : إنطلق se dégager; s'affranchir

— . — : تخلّص s'évader; se sauver; s'échapper; s'enfuir

فَلْتٌ . إفلات : تخلّص fuite; évasion; délivrance, *f*

فَلْتَة : هفوة bévue; erreur, *f*: oubli, *m*

— قلم : زلّة *lapsus calami*

— لسان *lapsus linguæ*; (la langue a fourché)

فلتةً : من غير تدبُّر involontairement

Δ فَلاتي : داعِر débauché, e; libertin, e

فالِت : سائب libre; détaché, e; échappé, e

○ فِلْتَر : راووق . راشح filtre, *m*←

• فُلِجَ Δ إنفلجَ : اصيب بالفالج être frappé, e de paralysie

فَلْج : شقّ fente; fissure; crevasse, *f*; interstice, *m*

فالج : اسم مرض paralysie, *f*

— نصف وجهي paralysie faciale, *f*

— نصفي hémiplégie, *f*

فَلَجة : شرنقة ←cocon, *m*

مَفْلوج paralytique; paralysé, e

• فَلَحَ الأرض labourer; cultiver (la terre)

△ — أفلَحَ : نجح — réussir
فَلْح . فلاحة الأرض — labourage, *m*; culture, *f*
فِلاحة ٢ : زراعة — culture; exploitation agricole, *f*
— البساتين — horticulture, *f*
فَلّاح : مزارع — cultivateur, rice; agriculteur; laboureur, *m*
— : قروي — campagnard,e; provincial,e; paysan, ne; rustre, *m*
فَلَاح : نجاح — réussite, *f*; succès, *m*
فلح : ريف — campagne, *f*
فلحي : △ ريفيّ — champêtre; rural,e; provincial,e; rustique
فالح . مُفلِح — qui réussit
☆ فِلْذة : قطعة — morceau, *m*; pièce, *f*
فُولاذ : △ صُلْب . بُولاد س — acier, *m*
فِلِز : جوهر من جواهر الأرض — minerai, *m*
☆ فَلَّسَ التاجرَ : أشهر افلاسه — faire faillite
△ — أفلَسَ : عجز عن ايفاء ما عليه — être en faillite
△ — . — : عدم ماله — se décaver
فُلوس السمك : قشره — écailles, *f.pl*
— : دراهم . مَصاري س — argent, *m*
إفلاس . تَفْليس — banqueroute; faillite, *f*
— . — بالتدليس — banqueroute frauduleuse, *f*
— . — بالتقصير — banqueroute simple, *f*
تفليسة — faillite

مُفْلِس : مُعْسِر — en faillite; failli,e; banqueroutier,ère; insolvable
△ — مفلّس : عديم المال — sans argent; fauché,e
☆ فِلَسطين — Palestine, *f*
فلسطيني — Palestinien,ne, *m*, palestinien,ne, *a*
☆ فَلْسَفَ . تَفَلْسَفَ — philosopher
فَلسفة : حِكمة — philosophie, *f*
— أدبيّة — philosophie morale, *f*
— طبيعيّة — physique, *f*
فَلسفيّ — philosophique
فَيْلَسوف : حكيم . محبّ الحكمة — philosophe
مُتَفَلسِف : مدعي الحكمة — qui se prétend philosophe
☆ فَلْطَحَ : بسط وعرّض — aplatir
مُفَلْطَح . فِلْطاح — plat,e
☆ فَلْفَلَ الطعامَ — poivrer
فُلْفُل . فِلْفِل — poivre; piment, *m*
فُلفُلي . مُفَلْفَل — poivré,e; pimenté,e
△ رُزّ مفلفل ٢ : تِمَّن ع — pilaf; pilaw, *m*
☆ فَلَقَ . فَلَّقَ — fendre; pourfendre; briser en deux
إنفلق . تَفَلَّقَ — se fendre; se briser en deux
فَلْق : شَقّ (راجع شقق) — fente; fissure; crevasse, *f*
فِلْقة : نصف الشيء المفلوق — tranche; *ou* la moitié de l'objet fendu en deux
فلقة (في النبات) — cotylédon, *m*

△ فَلَقَة bastonnade, *f*
فَيلَق: جيش عظيم corps d'armée, *m*
انفلاق. تَفلُّق fission, *f*
مُنفلِق fendu, e
☆ فُلك: سفينة navire; bateau; bâtiment, *m*
— نوح l'arche de Noé, *f*
فَلَك: مدار orbite; sphère céleste, *f*
عِلم الـ: علم الهيئة astronomie, *f*
فَلَكي: مختص بعلم الفلك astronomique
—: مشتغل بعلم الفلك astronome, *m*
—: منجّم astrologue,
△ فُلُوكَة: زورق barque; *felouque, f* 
☆ فَلَّ. فَلَّ: ثَلَم ébrécher; faire une coche
فَلّ: كَسر في حدّ السيف او امثاله brèche, *f*
فِل. فُلّ: نبات زهره ابيض عطر nard, *m* 
○ فِلم: رَقّ. شريط تصوير pellicule, *f*; film, *m*
○ فلمنكي: من اهل فلندرة Flamand, e, *n*, flamand, e, *a*
(فلن) فُلان (او فلان الفلاني) un tel, une telle
△ فَلَنكة: عارضة عليها القضبان (في سكة الحديد) traverse; longuerine, *f*
(فلو) فَلاة désert, *m*
☆ فلوس (في فلس) ○ فلوكة (في فلك)

☆ فَلَى. فَلَى القمل épouiller
— —: نقّى trier
فُلَيَا. فُلَيّة: فليحا. نعناع فلفلي menthe poivrée, *f*
△ فلّين: خشب وخوليّن liège, *m*
فلّينة △ فِلة الزجاجة un bouchon de liège
○ فَلْيُون: ابن المعاد (عند النصارى) filleul, *m*, filleule, *f*
☆ فَم. فُم bouche, *f*
— السيجارة: △ مَبْسَم fume-cigarette, *m*
— المعدة creux de l'estomac, *m*
— النهر embouchure, *f*
— الحيوانات الكاسرة أو المدفع gueule, *f*
مِلء الفم bouchée, *f*
☆ فنّ (فنن) ☆ فناء (فني) ☆ فنار (فنر) 
☆ فِنجال. فِنجان tasse, *f*
صحن الـ soucoupe, *f*
△ فَنجَرَ عينيه ouvrir de grands yeux
فَنجري: سخي prodigue; dépensier, ère
☆ فَنَّدَ. أفنَدَ: كذّب أو خطّأ réfuter *ou* démentir
△ —: فصّل détailler 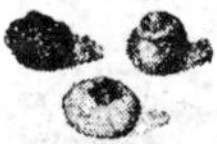
تَفنيد réfutation, *f*
○ فُندان: اقراص من السكر والطحين fondant, *m* 
☆ فُندُق: نُزُل hôtel, *m*; hôtellerie, *f*
○ فَنار: منارة phare, *m*

(فنس) فانوس lanterne, f; phanal, m
— سِحْري lanterne magique, f
— زيني lanterne chinoise, ou vénitienne
— السيارات phare, m
☆ فِنْطاس : حوض réservoir, m; citerne; cuve, f
☆ فِنْطِيسة الخنزير : خطم groin, m
○ فُنُغْراف : حاكٍ phonographe, m

اسطوانة الـــ disque, m
طبلة الـــ diaphragme, m
○ فَنَلَّة : نسيج صوفي flanelle, f
☆ فَنَّنَ : نوّع varier; nuancer; diversifier
تَفَنَّنَ (في الحديث مثلاً) mettre de la variété dans le discours; s'ingénier
△ — : إخترع inventer; imaginer
فَنٌّ : نوع genre, m; espèce; variété, f
— : عِلْم عَمَلي art, m; science; technique, f
الفنون الجميلة les beaux arts, m.pl
فَنّي : مختص بالفن professionnel, le; artistique
— : إصطلاحي technique
فنّان : مُفَنّن artiste
فَنَنٌ (جمعا أفنان) : غصن branche, f
مُفِنّ . مُتَفَنِّن : مستنبط ingénieux, se; inventif, ve

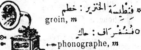

☆ فَنَى . فَنِيَ : باد périr; disparaître
أفنى : أباد anéantir; exterminer
— : إستنفد épuiser; consumer; consommer
فَناء : هلاك أو موت destruction; ou mort. extinction, f
— : زوال disparition; évanescence, f
فِناء الدار cour, f
فانٍ : يفنى . ينتهي périssable
— : مُضْمَحِلّ . مُتلاش transitoire; fugitif, ve
— : مائت mortel, le
— : هَرِم décrépit, e; caduc, que; usé, e par le temps
لا يفنى : لا يتلاشى أو يزول impérissable
لا يفنى : لا ينفد أو ينتهي inépuisable
○ فِنيك : حامض كربوليّ acide phénique; phénol, m
☆ فَهْد : حيوان ضار guépard, m; panthère, f
☆ فِهْرِس : دليل الكتاب table des matières, f; index, m
— : بيان . قائمة ○ كتالوج catalogue, m; liste, f
☆ فَهْقَة : أول الفقار . حاملة الرأس atlas, m
فَهَقَة : فَهَكة diodon; ou tétrodon, m
☆ فَهِمَ : أدرك comprendre; saisir
فهّم . أفهم faire comprendre
تفاهموا s'entendre; se comprendre

إستفهم منه عن s'informer (de qc auprès de qu)
فَهْم: إدراك compréhension; intelligence, *f*; entendement, *m*
—: ذكاء perspicacité; intelligence, *f*
فَهِيم intelligent, ou sagace
تفاهُم entente, *f*
حُسْن التفاهم bonne entente, *f*
سُوء التفاهم malentendu, *m*; méprise, *f*
إستفهام information; interrogation, *f*
علامة الـــ (؟) point (*m*), ou particule (*f*), d'interrogation
إستفهامي interrogatif, ve
مَفهوم . فُهِم compris, e; entendu, e
— . يُفهَم: سهل الفهم compréhensible; intelligible
— ضمناً implicite; tacite, *a*; sous-entendu, *m*
غير — : لا يمكن فهمه incompréhensible; inintelligible

٭ فؤاد (في فأد) ٭ فواق (في فوق)

٭فَوْت . فَوات : مضِيّ écoulement; passage, *m*
— . — : ضياع perte, *f*; manque, *m*
فَاتَ : مضى . إنتهى passer; s'écouler
— : مرَّ passer
— : جاوز dépasser; devancer; doubler
△ — : ترك laisser
ـه أن (يفعل كذا) il a omis de (faire..)
ـه القطار il a manqué, ou raté, le train
ـته الفرصة il a manqué l'occasion
△ والذي فات مات oublions le passé

△فَوَّتَ . أفَاتَ : أمرَّ faire passer
△ — . — : أضاع faire manquer, ou perdre
إفات : اختلق controuver; inventer; créer de toutes pièces
تَفاوُت : اختلاف أو فرق différence, *f*; ou écart, *m*
△فايِت : مارٌّ . عابر passant, e
٭فُوتوغرافية (انظر فُتغرافيا) photographie, *f*
٭فَوْج : جماعة groupe, *m*; bande; partie, *f*
أفواجاً en foule
٭فَوحان . فَوْحَة : إنتشار الرائحة émanation; exhalaison, *f*
فاحَ الزهرُ : انتشرت رائحته répandre son odeur, ou parfum; exhaler
ـت الرائحة : انتشرت s'exhaler; émaner
△مفوَّح : منتن قليلاً faisandé, e
٭فَور . فَوَران : غَلَيان ébullition, *f*; bouillonnement, *m*
— . — : جَيَشان effervescence, *f*
مِن فَوْرِه . على الفور tout de suite; sur le champ
△فَوْراً : نقداً argent comptant, *m*
فَوْرَة دَم coup de sang, *m*
فارَ : غلى وجاش bouillonner
— : جاش être en effervescence
— الماء من النبع jaillir
△فَوَّر . أفار : جعله يفور faire bouillonner
فائِر : جائش بالغليان en ébullition; e bouillonnant, e
— : جائش effervescent, e en effervescence

فَوَّار . يَفُور : يجيش — effervescent, e
مَشْروبات فَوّارة — boissons gazeuses, f.pl
فَوَّارة ٢ : ∆ نوفرة — jet d'eau, m; fontaine, f
* فورشة (فرش) ○ فورمه (فرم)
* فَوْز : ظَفَر — triomphe, m; victoire, f
— : نجاح — succès, m
فَازَ بِهِ : ناله — remporter; gagner
فائِز : ظافِر — triomphant, e; victorieux, se
— بجائزة — lauréat, e
مفازة : فلاة لا ماء فيها — désert, m
○ فُوسفات : فسْفاة . فوصفاة — phosphate, m
○ فوصفور : (راجع فصفور) — phosphore, m
* فَوَّضَ : اعطاه تفويضاً — autoriser; conférer les pleins pouvoirs; donner procuration; charger
فاوَضَ في الأمر — discuter; débattre
تَفاوَضُوا — négocier; entrer en pourparler
فَوْضَوِيّ : إشتراكي متطرف — anarchiste
فَوْضَوِيَّة — anarchisme, m
فَوْضَى : ضد نظام — anarchie; confusion, f; désordre, m
تَفْوِيض — mandat, m; autorisation; procuration; option; délégation, f
— شرعي أو رسمي — procuration authentique, f
— مُطلق — procuration générale et absolue, f; plein pouvoir, m
مُفاوَضَة : مخابرة . مداولة — négociation, f; pourparler, m

مفوَّض — mandaté, e; délégué, e
— سياسي رسمي — plénipotentiaire, m
وزير مفوض — ministre plénipotentiaire, m
* فُوطَة الأيدي — essuie-main, m; serviette, f
— الوجه : قطيلة — serviette de toilette; serviette éponge, f
— الحمّام : ∆ بشكير — serviette de bain, f
— صحون — torchon, m
— المدرسة (للبنات) — tablier, m; blouse d'écolier, f
— لوقاية الثياب — tablier, m
* فَوْق : ضِدّ تحت — en haut; là-haut; au dessus
— : على — sur
— : أزيد أو أكثر من — plus; plus de
— الكل : يفوقهم — par dessus tout
— العادة — extraordinaire
∆ — البيعة — par dessus le marché
فا — . — en plus
∆ فوَّق : أصحى من نوم — réveiller; éveiller
∆ — : أصحى من اغماء — ranimer
فاقَ : علا — surpasser; exceller; l'emporter sur
— فُواقاً : ∆ حزّق ∆ زغّط — hoqueter
— هم عدداً — surpasser en nombre
أفاقَ . إستَفاقَ من نوم — se réveiller; s'éveiller; se lever
— . — من اغماء — reprendre connaissance
فُواق ٢ : ∆ زغطه ∆ حزّوقه — hoquet, m
فَوْقاني : ضِدّ تحتاني — supérieur, e; haut, e; dessus
∆ — تحتاني : رأساً على عقب — sens dessus-dessous

فَاقَة : حاجَة — indigence; pauvreté, *f*; besoin, *m*

فَائِق — supérieur, e; éminent, e

— الحدّ — illimitée; démesuré, e; infini, e

— الحصْر — illimité, e; incommensurable

— الطبيعة — surnaturel, le

— الجمال — beau à ravir

Δ — مُفِيق . مُسْتَفِيق — éveillé, e; vigilant, e

إفَاقَة — reprise des sens

تَفَوُّق : سُمُوّ — supériorité; éminence, *f*

متفوّق : غالب — dominant, e; prédominant, e

✲ فُول — fève, *f*

— سوداني — arachide, *f*

— سوداني محمص — cacahuète, *f*

فَوَّال: بائع الفول — vendeur, se de fèves

✲ فولاذ (في فلذ) ○ فولت — volt

○ فُولْتير: فيلسوف فرنسي شهير — Voltaire

Δ فُونية السلاح الناري : فالية — cheminée, *f*

✲ فُوه . فاه . فِيه : فَم — bouche, *f*

فُوَّة . فُوه : عروق الصبّاغين — alizari, *m*; garance, *f*

فُوهَة : فم . فتحة — ouverture, *f*; orifice, *m*

— البركان — cratère, *m*

فَاهَ . تفوَّه بكلمة — proférer, prononcer, dire, un mot; parler

أفْوَاه . جمع أفاويَة : تَوابل — épice, *f*; épices, *f.pl*

مُفَوَّه : بليغ — éloquent, e; disert, e

○ فُوَيْنَة: بِطانة الحجارة الكريمة — monture, *f*

✲ في : حرف جرّ — à; dans; en; par; sur; pour; etc.

— البيت — à la maison

— الجيب — dans la poche

— سنة كذا — en telle année

— ثلاثة اجزاء — en trois volumes

— سبيل الله — pour Dieu

— طريقي — sur mon chemin

— حياتي — durant, *ou* pendant, ma vie

— : بمعنى عن أو بخصوص — au sujet de; sur

— (في الحساب كقولك) ٥ في ١٠ — cinq multiplié par dix

— (في القياس كقولك) خمسة أمتار في عشرة — cinq mètres sur dix

✲ فَيَّأَ الشجرُ : ظَلَّل — ombrager

تَفَيَّأَ (الشجرةَ) : استظلَّ بها — se mettre à l'ombre (d'un arbre)

فَيْء : ظِلّ — ombre, *f*; ombrage, *m*

✲ فَيْحاء : واسعة — vaste; étendu, e

فَاحَ: اتّسَع وانتشر — s'étendre; se répandre; se déployer

— ت الرائحة — se répandre; s'exhaler

(فيد) أفادَ : نفع — faire profiter; rendre service; être utile

— : دلّ على . عنى — montrer; dénoter; indiquer; signifier

— عرّف . اخبر — faire savoir; informer

Δ — اِسْتَفَاد من — profiter de

فَائِدَة : منفعة — avantage; intérêt, *m*

— : نَفْع — utilité, *f*; service, *m*

— : طائل . ثَمَرة — fruit; bénéfice, *m*

— : ربح — gain; profit; bénéfice, m
— المال — intérêt, m
— مركّبة — intérêt composé, m
لـ فلان — dans l'intérêt de
عديم الـ. — inutile
△ إفادة: خطاب . رسالة — lettre; missive, f
الرجا إفادتنا — veuillez nous faire savoir
مَفَادُ الكلام — signification, f; sens, m
مُفِيد : نافع — utile
— : مربح — profitable; avantageux,se
مُستَفِيد : منتفع — bénéficiaire
* فَيرُوز . فَيرُوزَج : حجر كريم — turquoise, f
○ فَيرُوس : سُمّ نَوعي — virus, m
○ فيسيولوجيا — physiologie, f
(فيش) فَاشَ : انتفش وفار — s'enfler; gonfler
△ فاش: قمل الطيور — vermine des oiseaux, f 
△ فِيشَة الكهرباء — prise (de courant), f
— ألعاب القمار — jeton, m; marque; fiche, f
* فَيض : كثرة . وفرة — abondance; profusion; exubérance, f
— . فَيَّاض: كثير — abondant,e; profus,e
— . فَيضان : طوفان — inondation, f; débordement, m
فَاضَ : إمتلأ وطفح — déborder; se répandre
— : كثر — abonder en; regorger de
— بمكنون صدره — s'épancher; s'ouvrir à
△ — : بقي — rester; être en surplus
ـت كأسه — déborder

أفاضَ الدمعَ والماء : سكبهُ — verser; faire couler; faire répandre
— الاناء : طفّحه — faire déborder
— بكلمة — proférer: prononcer
— في الحديث — parler profusément
فائض : جار — coulant,e
— : وَافِر . كثير — abondant,e; en abondance
△ — : مفرط — de trop; excessif,ve 
△ — المفتاح : قصبته — tige, f
△ — : زائد عن الحاجة — de reste; de réserve
* فيف: ج فياف (راجع مهمه) — domaine
○ فيكونت — vicomte, sse 
* فِيل : حيوان ضخم — éléphant, m
— البحر: فظ (انظر فظظ) — morse, m
داء الـ. — éléphantiasis, f
فَيَّال : صاحب الفيل — cornac, m
○ فِيلّا ○ فِيلّة (الجمع فِيلّات) — villa, f 
* فَيلَجَةُ الدودة : شرنقة — cocon, m
* فَيلَسوف (راجع فلسف) — philosophe
* فيلق (في فلق) ○ فيلم (في فلم)
○ فيلولوجيا : علم اللغة (أو فقه اللغة) — philologie; linguistique, f
* فَينَة : حين وساعة — temps; moment, m; heure, f
بين الـ والفينة — de temps en temps 
* فِيه : (في فوه) △ فيه (في فأي)
△ فيونكة: أربة — nœud, m

(ق)

٭ قاء (قيأ) ∆ قائقام ٭ قائمة (قوم) قابَ (قوب)
٭ قابل ٭ قابلية (قبل) ٭ قات (قوت) ٭ قاح (قيح)
٭ قاد (قود) ٭ قادوس (قدس) ٭ قادوم (قدم)
٭ قارَ (قور) ٭ قارُ (قير) ٭ قارَّة ٭ قارورة (قرر)
٭ قارية (قرى) ٭ قاسَ (قيس) ٭ قاس (قسو)
٭ قاشاني (قيشاني) ٭ قاصّ (قصص) ٭ قاصٍ (قصو)
٭ قاضٍ ٭ قاضى (قضى) ٭ قاعٌ ٭ قاعة (قوع)
٭ قافلة (قفل) ٭ قافية (قفو) ٭ قاق (قوق)
٭ قاقم (ققم) ٭ قالَ (قول وقيل) ٭ قالب (قلب)
٭ قامَ (قوم) ٭ قامر (قمر) ٭ قامة (قوم)
٭ قاموس (قمس) ٭ قانٍ (قنو) ٭ قانون (قنن)
٭ قاوم (قوم) ٭ قاوند (قند) ٭ قاووق (قوق)
٭ قاوون (قون) ٭ قايش (قوش) ٭ قايض (قيض)

٭ قَبَّبَ . قَبَّ : بَنَى قُبَّة — construire une coupole

— : حدَّبَ أو قبب — rendre convexe, *ou* bombé,e

قبَّ [2] : اِرتفع — se bomber

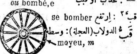

قَبٌّ الدولاب (العجلة) : وسطه — moyeu, *m*

— الدولاب : الثقب يجري فيه المحور — trou de l'axe d'une poulie; boîte d'essieu

— الميزان : القائمة التي تعلق بها كفّتاه — fléau; bâton de la balance, *m*

— الميزان : ذراعه المدرّج — levier, *m*

قِبٌّ : أصل الذَنَب — coccyx, *m*

قُبَّة : سقف مستدير مقعّر — coupole, *f*; dôme, *m*

— الجرس — clocher, *m*

الـــ الزرقاء — la voûte du ciel, *f*

∆ قُبَّة الثوب : طوقه — le col (de la robe), *m*

مُقَبَّب : له قُبَّة — surmonté,e d'une coupole; *ou* bombé,e

— : محدَّب — convexe

٭ قَبَج : طائر كالحجل — perdrix, *f*

٭ قَبُحَ : كان قبيحاً — être laid,e

قَبَّحَ : صيَّره قبيحاً — enlaidir; rendre laid,e

— عليه فعلَه — reprocher; faire grief;

∆ — عليه : تسافه — insulter

إستقبح : عدّه قبيحاً — trouver laid,e, vilain,e, détestable

— : ضد استحسن — désapprouver; détester

قُبْح . قَباحة [1] — laideur, *f*

قَبِيح — laid,e; repoussant,e

— : شائن — vilain,e; honteux,se; détestable

— : بَذيء — obscène; indécent,e

∆ — : سفيه — insolent,e

قَبِيحَة : عمل قبيح — mauvaise action; vilenie; turpitude, *f*

٭ قَبَرَ : دفن — enterrer; ensevelir

قَبْر : مدفن — tombe, *f*; tombeau; sépulcre, *m*

— رمزي (كقبر الجندي المجهول) — cénotaphe, *m*

— : دَفْن — enterrement, *m*; inhumation, *f*

قُبَّرَة. قُنْبَرَة: طائر alouette, f

مَقْبَر. مَقْبَرَة cimetière, m

☆ قُبْرُس: جزيرة في بحر الروم Chypre, m

قبرسي. قبرصي Chypriote, n; chypriote, a

قَبَسَ. اِقْتَبَسَ العلم s'instruire; apprendre

اِقتبس ٢ عبارة: نقلها emprunter des passages à; citer

مقتبس عن adapté,e de

قِبْس: أصل origine; source, f

قَبَس brandon; tison embrasé, m

إقتباس citation, m

☆ قَبَصَ: تناول بأطراف الأصابع prendre avec le bout des doigts

قُبْصَة نشوق مثلاً pincée, ou prise, de tabac, f

☆ قَبَضَ الشيء وعليه وبه saisir; empoigner

—. قبّضَ: قلّص contracter; resserrer

— البطنَ constiper

— الصدرَ déprimer; rendre triste

— المالَ encaisser; toucher

— عليه. القى القبض arrêter

قبّض ٢ المالَ فلاناً payer de la main à la main

تَقَبَّضَ. اِنْقَبَضَ: تقلّص se contracter; se serrer; se crisper; se recroqueviller

—. — البطنُ être constipé,e

إنقبض ٢ صدره être triste, ou déprimé,e

قَبْض: مَسْك prise; saisie, f

— البطن: إمساك constipation, f

— المال encaissement, m; perception, f

يوم الـ (قَبْض الاجور) jour de paye, m

قبضة: مَسْكة étreinte; prise; poigne, f

— : مِلءُ الكفّ poignée, f

— اليد: جمع اليد ←poing, m

قَبْضَة ٢. مِقْبَض poignée, f; manche, m

و— السيف والخنجر garde; ←poignée, f

—. — المحراث: الجزء الذي يمسكه الحرّاث mancheron, m

— △اذن. ممسك الدلو أو السبت anse, f

في قبضته: في ملكه en sa possession

قابض: مُتسلّم receveur,se

— على: ماسك empoignant,e; détenteur,rice

—. دواء قابض astringent,e, a et m

— : يمسك البطن constipant,e

إنقباض: تقلص contraction; crispation; convulsion, f

— البطن constipation, f

— الصدر serrement de cœur, m

مَقْبَض ٢. مِقْبَض: قبضة manche; ←manivelle; manette, f

مُنْقَبِض. مُتَقَبِّض contracté,e; resserré,e

— الصدر △مقبوض triste; déprimé,e

مَقْبُوض ٢: مستلَم encaissé,e; reçu,e

— عليه arrêté,e

* قِبْط. أقباط: نصارى مصر — coptes
قِبطي: واحد الأقباط — un, *ou* une, copte
— : منسوب إلى الأقباط (أو اللغة القبطية) — copte
° قبطان. قَبطان — capitaine
* قَبَعَ الخنزير والفيل: صوّت — grogner (cochon); barrir (éléphant)
— القنفذ وأمثاله — cacher sa tête dans sa peau
— في بيته أو مكانه — se caser; garder la maison
قُبَّعة: بُرنيطة (انظر برنيطة) — chapeau, *m*
— عالية للرسميات — gibus, *m*
بائع أو صانع القبعات للرجال — chapelier, *m*
» » » للنساء — modiste, *f*
* قَبْقاب: حِذاء خشبي — socque; sabot, *m*
△ — القرملة: اباضة (الطرابيش) — sabot, *m*
— الزحلقة أو التزلج بعجل — patin, *m*
— الزحلقة على الثلج — ski; *ou* patin, *m*
△ قَبْقَب: إنتفخ وارتفع — se bomber; s'enfler
* قَبِلَ. تقبَّل: أخذ — accepter; recevoir; accueillir
— الأمر: رضي به — gréer; accepter
قَبَلَ ٢. أقبل الوقت — le temps approche
أقبل ٢ إليه: أتى — se diriger, *ou* venir, vers lui
— على الأمر — entreprendre, s'appliquer à
— المحصول: كثر — être abondante (récolte)
قَبَّلَ: باس — embrasser; baiser (la main); donner un baiser

△ — : سار جنوباً — aller vers le sud
قابَلَ. تقابل: واجه — affronter
— : لاقى — rencontrer
— : كان امامه — être en face de, *ou* vis-à-vis
— كذا بكذا: عارضه به ليرى أوجه التماثل والتخالف بينهما — comparer; confronter; collationner (un écrit)
— الفعل بمثله — rendre la pareille
تَقَبَّلَ: أخذ — accepter; agréer; recevoir
تقابل (الرجلان) — se rencontrer
إستقبل: لاقى — recevoir
— : واجه — affronter; *ou* faire face à
قَبْلَ كذا: ضد بعده — avant
— ذلك. قبلئذ — auparavant; avant cela
ما قبله (في الحسابات) — report, *m*
قِبَل: مقدرة. طاقة — pouvoir, *m*
لي — ه دين — il me doit
من — — de la part de
قُبُل: ضد مؤخر — le devant, *m*; partie antérieure, *f*
قَبَل: حَول متقارب — strabisme convergent, *m*
قُبلة: بوسة — baiser; [bécot], *m*
قِبلة المصلّي — Kiblah (le côté vers lequel les Musulmans se tournent au moment de la prière)
— الأنظار — point de mire, *m*
△ قِبلي: جهة الجنوب — sud, *m*
△ — : جنوبي — méridional, e
△ الوجه الـ — : صعيد مصر — la Haute-Egypte, *f*

قُبالَةُ : تجاه — devant; en face; vis-à-vis

قَبالَة : عقد • اتفاق — contrat; engagement; marché, *m*

قِبالة : صناعة التوليد — obstétrique, *f*

قَبُول : ضِدّ رفض — acceptation, *f*; agrément, *m*

— : رضى — consentement; acquiescement, *m*

— : إستعداد — disposition, *f*

قَبيل : ضامن — garant, *m*; caution, *f*

من — كذا — à titre de; comme

من هذا الـــ — de ce côté là; de cette part; pareil, le à

قَبِيلَة : عشيرة — tribu, *f*

قابِل : ضدّ رافض — qui accepte; accepteur; acceptant,e (en droit)

— : قادم • آتٍ — arrivant,e; qui vient

— لكذا : عُرْضة له — susceptible de

— للكسر — fragile

— : مولِّد — accoucheur; obstétricien

قابلة : مولِّدة • داية — sage-femme; accoucheuse, *f*

قابليّة : إستعداد أو ميل — disposition; aptitude, *f*; *ou* penchant, *m*

— : شهيّة — appétit, *m*

— التأثّر — susceptibilité; sensibilité, *f*

إقبال : مجيء — arrivée; venue, *f*

— : اقتراب — approche, *f*

— : يُسْر — prospérité, *f*

— : رواج • طَلَب — demande, *f*

عليه — : رائج • مطلوب — couru,e; très demandé,e, *ou* recherché,e

إستقبال : لقاء — réception, *f*

— : مقابلة بين جرمين سماويين — opposition, *f*

غُرفة الـــ — salle de réception, *f*; salon, *m*

يوم الـــ — jour de réception, *m*

مُقْبِل : قادِم • آتٍ — arrivant,e; qui vient, *ou* arrive

مَقْبُول : قَبِل — accepté,e; agréé,e; accueilli,e

— : يُقْبَل — acceptable; passable

— : مرضٍ — agréable; raisonnable

عُذْر — — excuse plausible, *f*

في مقتبل الشباب — en pleine jeunesse

مُقابِل : امام • تجاه — en face; vis-à-vis de

— : بَدَل — au lieu de; à la place de

— الوفاء (في الحقوق) — provision, *f*

في — ذلك — en retour; en compensation de

مُقابَلَة : ملاقاة — rencontre, *f*; *ou* rendez-vous, *m*

— : معارضة أو مضاهات — comparaison; opposition, *f*; collationnement, *m*

مُقْتَبَل الشباب — prime jeunesse, *f*

مُسْتَقْبِل : الزمنُ بعد الحاضر — futur; avenir, *m*

— : الذي يستقبل — qui reçoit

قَبَّنَ : وَزَنَ بالقبّان — peser avec une romaine

قَبّان : ميزان القبّاني — romaine; ←bascule, *f*

قِبانة : اجرة الوزن — droits de pesage, *m.pl*

— : عمل القبّاني — pesage, *m*

قَبَّاني · مُقَبِّن peseur, se

✿ قُبَّة (في قبب)

✿ قَبْو : سقف معقود البناء ←voûte, f; caveau, m

△ قُبَيْوَة : قَبْو صغير petite voûte, f

قَبَّا السقفَ : عقده voûter (un plafond)

— : قوَّس rendre bombé, e; bomber

قَبَاء : ثوب خارجيّ un vêtement externe; surtout, m

△ قَتَب : حدبة الظهر ←bosse, f

△ مقتوب : أحدب bossu, e; voûté, e

✿ قَتَّ : قتَّ الكلام mentir; interpréter faussement

إقتَتَّ : إستأصل déraciner; arracher

✿ قَتَرَ وقتّر وأقتر على عياله être parcimonieux avec sa famille

أقتَرَ ٢ : قلَّ ماله être réduit, e à la misère

قَتْر · تقتير parcimonie; avarice, f

قَتِير : △ مسمار بطاسة ←caboche, f

قاتر · مُقتِر parcimonieux, se; regardant, e; chiche

✿ قَتَلَ : أمات tuer; mettre à mort

— : فتك به assassiner; massacrer

— الوقتَ passer le temps

— نفسه : إنتحر se suicider

قَاتَلَ فلاناً combattre qu

تقاتلوا · إقتتلوا combattre les uns contre les autres

إستقتل : عرض نفسه للموت s'exposer à la mort

— (في العراك مثلاً) combattre désespérément

قَتْل : إعدام الحياة mort; action de tuer, f

— : فتك assassinat; massacre; homicide; meurtre, m

— بلا تعمُّد (أو خطأ) homicide involontaire, m

— الأطفال infanticide, m

— الوالد أو الوالدة أو الجد الخ patricide, m

قِتَال : معركة أو حرب combat, m; bataille; ou guerre f

قَتَّال · قَتُول mortel, le

قَتِيل · مَقتُول tué, e; assassiné, e

قَاتِل tueur, se; qui tue

— : مميت meurtrier, ère; fatal, e

— متعمد assassin

— الحشرات insecticide, m

مَقتَل : عضو حيوي organe vital, m; parties vitales, f.pl (endroit du corps où la blessure est mortelle)

مُقتتَل : موضع الاقتتال champ de bataille

مُقَاتِل guerrier, ère; combattant, e

مُستَقتِل désespéré, e

إقتَمَّ : إسودَّ être de couleur foncée

قُتْمَة · قَتَمَة · قَتَام : ظلام obscurité, f; ténèbres, f.pl

— · — · — : سواد noirceur, f

قاتم : مظلم foncé, e; sombre; noirâtre

— · أسود noir foncé, m

٭ قَثَّ . اِقْتَثَّ : إستأصل — déraciner

قِثَّاء : △ قَثَّة . خيار حرش طويل — variété de grand concombre

٭ قُحٌّ : صميم — pur, e; vrai, e

٭ قَحْبَة : فاجرة . بَغِيّ — [putain]; prostituée, *f*

٭ قَحَطَ المطرُ : اِحتبس — être sans pluie

— . قُحِطَ . أَقْحَطَ — être affligé, e de la sécheresse

△ قَحَطَ ٢ △ قَحَّطَ : كشط — gratter

قَحْط : اِمتناع المطر — sécheresse; absence de pluie, *f*

— : جدب — aridité; pénurie; stérilité, *f*

— : مجاعة — disette; famine, *f*

٭ قَحَفَ . اِقْتَحَفَ ما في الاناء — boire, *ou* vider, entièrement

قِحْفُ الرأس — crâne, *m*

قُحَاف : سيل جارف — torrent impétueux, *m*

٭ قَحِلَ . قَحُلَ . تَقَحَّلَ : يبس — se dessécher

قَحَل . قُحُولَة — aridité; sécheresse, *f*

قَحِلٌ . قاحِل — stérile; aride

٭ قَحَمَ . أَقْحَمَ في الأمر : دفع — pousser, *ou* lancer, dans

اِقْتَحَمَ الأمرَ والشيء — se précipiter; s'immiscer dans

— المكانَ — se ruer vers; s'introduire; précipitamment; enfoncer (porte)

مِقْحَام : خوّاضُ الشدائد — téméraire; audacieux, se; intrépide

٭ قُحْوان . أُقْحوان — margnerite; pâquerette, *f*

— . — اصفر : بابونج — camomille, *f*

٭ قَدْ (كقولك «قد قام الآن») — il vient de (se lever)

— (كقولك «قد يحضر اليوم») — il viendrait, *ou* il pourrait venir, aujourd'hui

— كقولك «قد جاء المسيح» — le Messie est venu

٭ قَدَحَ فيه : ذَمَّهُ — parler mal de; médire de; dénigrer; [débiner]

— في عرضه — calomnier; diffamer; jaser

— السوسُ في العظم أو الشجر — ronger

— واقْتَدَحَ النارَ بالزند — battre le briquet

— . — شرراً — étinceler; jeter des étincelles

— . — القريحة — se creuser le cerveau

قَدْح : ذَمّ — médisance; censure, *f*; blâme, *m*

قَدَح : كأس — coupe, *f*; verre; gobelet, *m*

قَدَّاح : قَدَّاحَة — silex, *m*; pierre à fusil, *f*

قَدَّاحَة ولاعة السجاير — briquet, *m*

قادِحَة : سُوسَة القِدح — ver rongeur, *m*; chenille, *f*

٭ قَدَّ . قَدَّ . اقْتَدَّ : قطع مستأصلاً أو شطر — extirper; *ou* pourfendre

— اللحمَ والسمك — saler; sécher

قَدٌّ : قامة . قوام — taille, *f*

— : قدر أو حجم — mesure, *f*

△ — إنه — combien ?

على قَدِّهِ — à sa taille; à sa mesure

قِدّ : سَيْر من جلد lanière; courroie, f

قِدّة: شريحة خشب أو معدن. ∆ ورقة bande, f

قُدّ : سمك القد morue, f

قَديد: لحم مقدّد viande salée et desséchée

٭ قَدَرَ. اِقْتَدَرَ: استطاع avoir la force de; pouvoir; être à même de, ou à la hauteur de

قَدَّرَ: ثَمَّنَ. عرف قيمته reconnaître la valeur d'une chose

— الثمنَ estimer; évaluer

— الضرائب وأمثالها taxer; imposer; fixer

— قيمة الشيء: عرفها apprécier; priser

∆ — : حَسِبَ compter; estimer

أَقْدَرَ على: مكَّن mettre à même de

لا — (سَمَحَ) اللهُ à Dieu ne plaise

تَقَدَّرَ: تعيَّن être assigné, e, ou déterminé, e; être écrit, e, ou décrété, e, par Dieu

قَدْر: كميّة quantité, f; degré, m

— : مبلغ somme, f; montant, m

— : قيمة valeur, f

— : مقام rang; grade, m

على — كذا: بالنسبة إليه en proportion de

قَدَر: قضاء الله destin; sort, m; prédestination; providence; destinée; fatalité, f

بالقضاء والقدر par l'effet du destin, ou de la fatalité; par cas fortuit

قَدَرِيّ : يؤمن بالقضاء والقدر fataliste

قَدَرِية: المذهب القدري fatalisme, m

قِدْر: بُرْمة الطبخ pot, m; marmite; terrine, f

قدرة ∆ قِدْرَة: وعاء فخاري marmite en terre cuite, ou grès

قُدْرَة: مَقدرة puissance; force, f; pouvoir, m

قادِر: له قدرة capable; apte à

— . قَدِير: قوي puissant, e

قَدِير ٢: قادر على كل شيء tout puissant

اِقْتِدار: قوة أو غنى puissance; ou richesse, f

— : كفاءة capacité; habilité; aptitude, f

باقتدار habilement; puissamment

تَقْدِير القيمة évaluation; estimation; prisée, f

— : تخمين supposition; conjecture, f

— الضرائب fixation; estimation; évaluation, f

يستحق الـ — méritoire (chose); méritant, e (personne)

تقديري estimatif, ve; discrétionnaire; forfaitaire

تقديراً: على سبيل الفرض hypothétiquement; par hypothèse

— لفضله (مثلاً) en reconnaissance de...

مُقَدَّر: مُضْمَر implicite

— عليه destiné, e; réglé, e par le destin

— بكذا estimé, e, ou évalué, e à

— . مَقْدُور écrit, e; prédestiné, e

مُقَدِّر: مقوِّم priseur; estimateur, rice; évaluateur, rice

مَقْدُرَة: اِستطاعة capacité; force, f; pouvoir, m

مِقدار : قياس — mesure; portée; étendue, *f*; point, *m*
— : كمّية — quantité, *f*
بمقدار ما : على قدر ما — autant que
لمقدار كذا — jusqu' à concurrence de
بهذا المقدار — à ce point
مُقتَدِر : قويّ أو غنيّ — puissant, e; *ou* riche
☆ قَدُسَ : كان طاهراً أو قديساً — être pur, e, *ou* saint, e
قَدَّسَ : جعله مقدّساً — sanctifier; bénir
— : كرّس — consacrer; dédier à
— : مجّد — louer; glorifier (Dieu)
— الميت : جعله من القديسين — canoniser
△ — الكاهنُ : أقام القدّاس — célébrer, *ou* dire, la messe
قُدْس . مَقدس : مكان مقدّس — sanctuaire, *m*
— الأقداس — le saint des saints; le sanctuaire, *m*
الـ : بيت المقدس . اورشليم — Jérusalem, *m*
△ مُقَدِّس : حاج — pélerin, e chrétien, ne
قُدّاس . صلاة القداس — messe, *f*
بدلة الـ — chasuble, *f*
قَدَاسة — sainteté, *f*
— الحبر الأعظم
قُدُّوس . قِدّيس : طاهِر — saint, e; sacré, e
قِدّيس ٢ : وليّ — saint, e
قادُوس : طائر بحري — albatros, *m*
△ — الساقية : عصفور — godet, *m*
— إناء لأكل أو شرب العصافير — auget, *m*

△ — الطاحونة : خرّ — entonnoir de moulin, *m*
تَقدِيس : تطهير — sanctification; purification, *f*
— : تكريس — consécration (eucharistique)
مُقَدَّس . مُتَقَدِّس — sanctifié, e; béni, e; bénit, e
— : طاهر — sacré, e; saint, e
الكتاب الـ — la Bible; le livre saint
☆ قَدِمَ : أتى . جاء — venir; arriver
قَدُمَ : صار قديماً — vieillir; devenir ancien, ne, *ou* antique
قَدَّمَ : ضِدّ أخّرَ — avancer; faire avancer
— : أورد . ذكر — présenter; fournir; avancer
— : رَقّى — promouvoir; avancer; donner de l'avancement à
— : أعطى أو أهدى — offrir; présenter
— : عرضَ — proposer
— : رفع إليه — soumettre à
— طلباً أو شكوى — présenter (une plainte, requête, etc.)
— خدمةً — rendre service
— شخصاً إلى آخر — présenter (qu à un autre)
— شخصاً للمحاكمة — traduire en justice
— هُ على سواه — préférer à; donner la préférence à
— ثمناً : عرضه — faire une offre
— لهُ كذا : أمدّهُ به — pourvoir; munir de; fournir qc à qn
— الساعةَ — avancer la montre
— ت الساعةُ — la montre avance
يُقدّم رجلاً ويُؤخّر أخرى — hésiter

قَدَمَ . أقدَمَ على : اجترأ — s'aventurer; risquer; oser
— على الأمر — entreprendre
قدَمَ . تقدَّمَ القومَ — marcher en tête, ou devant; précéder
تقدَّمَ ٢ — s'avancer; être en tête de
— : نجح أو تحسن — progresser; avancer; faire des progrès
— على : سبق — surpasser; devancer
— بين يديه — se présenter devant
إستقدَمَ : طلب حضوره — faire venir; convoquer
قَدَم : رِجل — pied, m
— : خطوة — pas, m
— : مقياس إنكليزي يساوي ١/٢ ٣٠ سنتيمتر — pied, m
— الطيور والزواحف والحشرات — patte, f
على — وساق — sur pied
عِلاج (أو طبّ) الأقدام — pédicure, f
مُنذ القِدَم — depuis l'éternité
△قَدَمة : سِفل (في المعمار) — plinthe, f
قِدَم : ضِدّ حَداثة — antériorité; préexistence; préséance, f
— : عَتاقة — ancienneté; antiquité, f
— . قِدم . قُدْمة — ancien temps, m; siècles écoulés, m.pl
قُدُم . قُدْم : شجاع — intrépide; brave;
قُدّام : ضِدّ الخلف — devant, m; partie antérieure, f
— : ضِدّ بعد — avant
— : تجاه . امام — devant; en face de
قُدُوم : مجيء . حضور — arrivée, f
مقدمات : تمهيد — préambule; prélude, m

قَدُوم النجّار — herminette; doloire, f
قَدِيم : ضِدّ جديد — vieux, a.m; vieille, a.f
— : عتيق — ancien, ne; antique
قديماً ٢ : منذ زمن بعيد — dans le temps; autrefois; jadis
قادِم : آتٍ . مُقبل . حاضر — arrivant,e; qui arrive
الشهر الـ — le mois prochain
قوادمُ الطير : ـــه كبار ريش جناحه — pennes primaires, f.pl
أقْدَمُ : أكثر قدماً — plus ancien,ne; plus vieux,ille
— مركزاً أو مقاماً — doyen,ne
الأقدمون . القُدَماء — les anciens, m.pl
أقدَميَّة : أسبقية — âge, m; doyenneté; ancienneté, f
إقْدام : بسالة وهمّة — bravoure; intrépidité, f; courage, m
تَقَدُّم : ضِدّ تأخُّر — avancement; progrès, m
— : أسبقيَّة — priorité; prééminence, f
تَقْدِمَة : هَدية — présent; cadeau, m
— : تكريس . اهداء — dédicace, f
— : قُربان — offrande; oblation, f
تَقْدِيم : ضِدّ تأخير — avancement, m
— : اهداء — présentation; offre, f
تَقادُم العهد : قِدَم — ancienneté, f
— : مضي المدة . تقادم مُسقط للحق — prescription, f
— مُكسِب (للملكية أو الحق) — usucapion; prescription acquisitive, f
تعلق بالقديم — misonéisme, m

مَقْدِم : قدوم . مَجيء — arrivée, f
مُقَدَّم السفينة : حَيْزوم — proue, f; avant, m
مُقَدِّم : الذي يقدّم — donneur, se; présentateur, rice
△ — عُمَّال : وهين — contremaître, sse
مُقَدَّماً — d'avance; à l'avance; anticipé, e
مُقَدَّمَة . مُقَدِّمَة : صدر . جبهة — devant, m; partie antérieure, f
— الجيش — avant-garde, f
— الكتاب : فاتحة — préface; introduction, f; avant-propos, m
مِقدام — intrépide; courageux, se
مُتَقَدِّم : ضدّ متأخّر — avancé, e; en avant; évolué, e
— : متحسّن — en progrès
— : امامي — en tête; en avant
الـ في العمر — avancé, e en âge; âgé, e
الـ ذكره — susmentionné, e; susdit, e
☆ قُدْوَة : مثال يُحتذى — exemple; modèle, m
إقْتَدَى به — imiter; suivre son exemple
إقْتِداء — imitation, f; exemple, m
قَدِيّ : طيّب الطعم — savoureux, se; délicieux, se
☆ قَذُرَ : كان وسخاً — être sale, ou malpropre
قَذَّرَ — salir
إسْتَقْذَرَ — trouver sale, ou dégoûtant, e
قَذَر : وسخ — saleté; ordure, f malpropreté

قَذِر — sale; malpropre
☆ قَذَفَ الشيءَ وبه : رَمَى به — lancer; flanquer; jeter
— : أخرج المني — éjaculer
— الرجلَ وفي حقه — diffamer; calomnier
△○ — قَذَّفَ : جذَّفَ — ramer
تَقَاذَفُوا — se jeter mutuellement qc..
تقاذفته الأمواج — être ballotté, e par les vagues
قَذْف : رَمْي — lancement; jet, m
— : سَبّ — injure; diffamation, f
— عَلَنيّ (بالنشر) — diffamation; injure publique, f
قَذْفِيّ — diffamatoire; diffamant, e
قاذفة اللهب — lance-flammes, m
قَذِيفَة . مَقْذُوف — projectile, m
مِقْذَف : مِقْذاف — rame, f; aviron, m
بيت الـ : △ اشكَرْمَه — toletière; dame, f; porte rame, m
☆ قَذَى . أقْذَى عينه — jeter un fétu dans l'œil de qn
قَذًى . قَذَاة — fétu; brin de paille, m
☆ قَرَأ : طالع — lire; parcourir
— : تلا — réciter
أقرأه السلام : حيّاه — saluer
△ — قَرَّأ : جعله يقرأ — faire lire
إستقرأ فلاناً الكتاب — demander à qn de lire
قِراءة . قُرْآن ١ : مطالعة — lecture, f
— ○ — : تلاوة — récitation, f

قَرَّائي : يهودي متمسك بحرفيَّة التوراة Caraïte *ou* Karaïte

القُرْآن² الشريف le Coran, *m*

قارِئ : مطالع lect eur, rice; qui lit

— : مُمَثِّل récitat eur, rice

مِقْرَأ : مسند القراءة pupitre; ←lutrin, *m*

مَقْرُوء . مَقْرِيّ : قَرِيّ lu, e

— : واضح أو يقرأ lisible

غير مقروء : طِلَّس illisible

مُقْرِئ القرآن chanteur, *ou* recitateur, du Coran

☆ قراح (قرح) ☆ قراد (قرد) ☆ قراصيا (قرص)

☆ قِران (في قرن) ☆ قرآن (في قرأ)

☆ قَرُبَ : كان قريباً être proche, *ou* près

— هُ ومنهُ . إقترَبَ منه s'approcher; venir près de

— واقترب² الوقتُ approcher

قَرَّبَ : أدنى approcher; faire approcher; rapprocher

— القربان offrir un sacrifice

△ — . إقترب . قَرُبَ approcher; être imminent, e

△ — على . قارَبَ : ناهز être voisin, e, *ou* proche de; approcher de

△ — على : إوشك être sur le point de

قارَب² : دانى se rapprocher de

إستقرب : ضدّ استبعد trouver proche

△ — : أتى من أقرب الطرق prendre un raccourci

تقرَّبَ اليه : إقترب منه s'approcher, *ou* se rapprocher de

— اليه : حاول نَيْل رضاه chercher à entrer dans les bonnes grâces de

قُرْب proximité, *f*; voisinage, *m*

بقربِ . بالقربِ من . قريب منه près de; à côté de

عَن قُرْب de près

قُرْبان : تَقْدِمة offrande, *f*; sacrifice, *m*

الـ المقدَّس : الافخارستيا eucharistie, *f*

قِرْبَة الماء : زِقّ ←outre, *f*

قِراب : غِمد gaine, *f*; fourreau, étui, *m*

— السيف والخنجر fourreau, *m*

— الفَرْد (المتصل بالحزام) fonte, *f* ←

قَرابة . قُرْبَى parenté, *f*

— رَحِم parenté utérine, *f*

— عَصَب parenté consanguine; consanguinité, *f*

— الحواشي parenté collatérale, *f*

دَرَجة القرابة degré de parenté, *m*

صِلة قرابة lien de parenté, *m*

قَرَّابة : عِزازة بِتسوجل △ دمجانة ←dame-jeanne; tourie, *f*

قَريب : ضدّ بعيد près; proche; voisin, e

— : نَسيب parent, e

— من جهة الأب parent, e consanguin, e

— من جهة الأم parent, e utérin, e

— ملازم . △ — لَزَم parent, e proche

— من درجة بعيدة parent, e lointain, e

— العهد récent, e; nouveau, lle

قريباً. عن قريب — bientôt
— : منذ عهد قريب — dernièrement; récemment
قارِب : زورق — barque; chaloupe, f; canot, m
— بخاري — canot automobile, m
أقرَب — plus près, ou proche
أقرباء. أقارِب — parents; proches, m.pl
تَقَرُّب — rapprochement, m
تقريباً: بالتقريب — à peu près; approximativement
—: نحو ذلك أو ما يقرب منه — environ; dans les
تَقريبيّ — approximatif, ve
مَقْرَب. مَقْرَبة: طريق مختصر — raccourci, m
مُقارِب : وَسَط — à peu près; entre-deux; moyen, ne
* قَرَتَ الدمُ: جمدَ. تخثّرَ — se coaguler
قَرَتٌ: غير المصل — caillot; coagulum, m
حيوان قارت : يأكل كل شيء — omnivore
* قَرِحَ △قرّحَ . تَقَرَّحَ — ulcérer
إقترَحَ : ارتجلَ — improviser
— عليه كذا أو بكذا — enjoindre; commander
— رأياً : عرضه — suggérer; proposer
قَرِحٌ : متقرح — ulcéré,e
قُرْحة — ulcère, m; plaie, f
— الفِراش: ناقبة — eschare au sacrum, f
— زُهْريّة — chancre, m
— المعدة — ulcère stomacal, m
قَراح. قَريح : صافٍ — pur,e; limpide

قَرِيحة : غريزة — intuition, f
— : عَقْل — génie; talent naturel, m
قارِح : ماشقٌ نابُه من ذي الحافر — formé,e; qui a toute sa croissance
إقتِراح: إرتجال أو إختراع — improvisation; ou invention, f
—: رأي معروض — suggestion; proposition, f
—: عَرْضُ رأي — proposition; motion, f
مُقَرَّح. مُتَقَرِّح — ulcéré,e
قِرْد : سعدان^س . شادي^ع — singe, m
قردة — guenon, f
أبو قِردان — ibis, m
قُرْد. قُراد الكلاب (الجمع قردان والواحدة قرادة) — tique, f
قَرّاد △ قُرداتي — dresseur de singes
△قرَّدَ . أقْرَدَ الكلبُ: أصيب بالقراد — être infesté,e de tiques
* قَرَّرَ الرجلَ: جعله يقر — faire avouer
— : ذكرَ — déclarer; exposer
— : عيّن وحدد — stipuler
— : صمم على — décider; se résoudre à
— الشيءُ مصيرَه — décider de son sort
— . أقرَّ: وطّدَ. ثبّتَ — établir; fixer
أقرَّ ٢ عينَه — enchanter; réjouir
— بخطئه أو بالحقّ : أذعن — reconnaître
— △قرَّ: إعترفَ — avouer; confesser
قَرَّ ٣ اليوم : كان بارداً — faire très froid
△ ـت بطنه : قرقرت — grouiller
△ — الهر : قرقر. دندن — ronronner

— . إستَقَرَّ في المكان : s'établir; se fixer; rester
— . — : ثبتَ : se stabiliser; se fixer
— . — : سكن : être tranquille; se reposer; se calmer
— . — رأيه على كذا : décider; se décider; s'arrêter à
— . — الرأيُ على كذا : il a été décidé de
تَقَرَّرَ : ثبتَ : être établi,e, ou fixé,e
قَرَّ . قارّ : بارد : froid,e
قُرَّة : جرجير الماء : cresson, m; cardamine, f
— العين : prunelle de l'œil; ou chéri,e
قَرّار : نصّاب . نقّاق : grognon,ne
قَرار : قاع : fond, m
— : أبعد مكان للداخل : recoin, m
— : ثبات : stabilité; fixité, f
— وزاري : arrêté ministériel, m
— في مسألة : décision; résolution, f
— في الموسيقى : refrain, m
قريرُ العين : réjoui,e; content,e
قارَّة : يَبْس (في الجغرافية) : continent, m
قارُورَة : fiole, f; flacon, m
إقْرار : إعتراف : aveu, m; confession; déclaration, f
— : تسليم . قبول : reconnaissance; acceptation, f
— . تقرير : تثبيت : établissement, m; fixation, f
تقرير ٢ : بيان : rapport m
— رسمي أو حكوميّ : bulletin, m

قدَّم تقريراً عن المسئلة : faire uu rapport sur
مَقَرّ . مُستقَرّ . قرار : demeure; résidence, f
مُستَقِرّ : ثابت : stable; ferme; établi,e; constant,e
مُقَرَّر : ثابت : arrêté,e; établi,e; institué,e; constant,e
حقيقة مقررة : verité établie, f
الأموال المقررة (اصطلاح حكومي) : contributions directes, f.pl
الأموال غير المقررة : contributions indirectes, f.pl
* قَرِسَ البردُ : كان قارساً : être rigoureux (froid)
قَرَّسَ . أقرَسَ البردُ أصابعه : engourdir (les doigts)
قَرْس . قَرِيس . قارس : بردشديد : froid intense
△ قَرُوس : سمك : bar, m
قارِس : شديد البرد : très froid,e; glacial,e; rigoureux,se
* قَرَشَ : قطع : couper
△ — △ قَرقَشَ . مضغ بصوت : croquer
قِرْش : نَقد عثماني مصري : piastre, (P.T.), f
△ — تعريفة : petite piastre, f
— . قُرَيْش : كوسج . لَخْم : requin, m
* قَرَصَ لحمه أو اذنه : pincer
— : لذعَ : piquer
△ — زهر النردِ : صَبَّنَ : piper
— . قَرَّصَ العجين : faire des pains plats et ronds avec la pâte

قُرْص : كل شيء مستدير ومنبسط — disque (du soleil, etc), m

— ميكانيكي — réa; rouet, m

— . قُرْصَة: رغيف — pain rond, m

— دوائي — tablette; pastille, f

— النحل — rayon de miel, m

قَرْصَة بالأصابع وأمثالها — pince, f

— (النحلة وأمثالها): لذعة — piqûre, f

△ — : مخل — monseigneur, m; pince monseigneur, f

أثر الـ — pinçon, m

قُرَّاص : نبات على ورقه وبَر يقرص — ortie, f

قراصيا — pruneau, m; prune sèche, f

— ع : كرز — cerise, f

△ قروصة (١٢ دستة) — grosse, f

قَارِص : مؤلم — mordant, e; piquant, e

— : نقرس ع . ذبابة لاسعة — simulie, f

قَرْصَنَة : سرقة البحار والمؤلفات — piraterie, f

قُرْصَان: لص البحر — pirate; corsaire, m

☆ قَرَضَ الشِّعرَ — versifier; poétiser

— : قصّ — ronger; rogner; grignoter; couper

— الحصانُ اللجامَ — ronger son frein

— . قَرَّضَ: نخر — corroder

أَقْرَضَ: أعارَ — prêter

إقترَضَ : إستعار — emprunter

إنقرَضَ: بادَ — s'éteindre; disparaître; être exterminé, e

إستقرض — demander, ou solliciter, un emprunt

قِرْض : △ سُلْفَة — emprunt; prêt, m

△ قَرَض: قرظ (انظر قرظ) — fruit de l'acacia, m

قَرْضَة . قرَاضَة : حشرة — teigne; gerce, f

قُرَاضَة : قصاصة — coupures; rognures, f.pl

△ حديد — . — ferraille, f

قَرِيض : شِعر — poésie, f; poème, m

قَارِض — rongeur, se; corrodant, e; corrosif, ve

حيوان قارض — rongeur, m

إقراض : إعارة — prêt, m

إقتراض : إستعارة — emprunt, m

إنقراض — extinction; extermination, f

مُقْرِض : معير — prêteur, se; bailleur, resse de fonds

ابن مِقرض — furet, m

مِقرَاض . مِقراضان : مقص . مجز — ciseaux, m.pl

مُقترِض : مستعير — emprunteur, se

مُنقرِض : بائد — éteint, e; exterminé, e; disparu, e

☆ قَرَطَ . قرّط : خرّط . فرم — hacher menu

△ — △ — : قرص — pincer

قرّط ٢ الشمعة والفتيلة — moucher une chandelle

— عليه : أعطاه قليلاً قليلا — être regardant à l'égard de qn; être chiche avec; ou serrer

قُرْط : ∆حَلَق . حلية الاذن boucle d'oreilles, *f*; pendants d'oreilles, *m.pl*

— : برسيم trèfle, *m*

قِيرَاط : عرضُ الاصبع (٢½ سنتيمتر) pouce, *f*

— : (١/٢٤ من أي شيء) *kirat, m*; la vingt-quatrième partie d'une chose

٭قَرْطَس . قِرْطَاس : ورقة feuille de papier, *f*; feuillet, *m*

∆قُرطَاس ٢ ورق وغيره : قمع ←cornet, *m*

القراطيس المالية titres, *m.pl*; actions, *f.pl*

قِرطاسية : أدوات الكتابة papeterie, *f*

٭قِرطال : الحيّة ذات الأجراس serpent à sonnette, *m*

٭قَرْطَمَ : قطع الأطراف rogner; tailler; couper le bout

قُرْطُم . قِرْطِم : حَبُّ العصفر graine de carthame, *ou* de safran bâtard, *f*

٭قُرْطُوم الحذاء : ∆بُنْطيطة ←empeigne, *f*

٭قَرَّظَ : مَدَحَ louer; faire l'éloge de

— الكتابَ critiquer; faire la critique

قَرِيظ . تَقْرِيظ : مدح éloge; panégyrique, *m*

تَقريظ ٢ الكتب critique; revue, *f*

٭قَرَعَ البابَ frapper à la porte

— الجرسَ sonner

— الطبلَ battre le tambour

— سِنَّهُ grincer les dents

قَرِعَ الرجلُ : سقط شعر رأسه être, *ou* devenir, chauve

قَرَّعَ : عَنَّفَ gronder; gourmander

قَارَعَ . تقارعا : ضارب . تضاربا se battre

تقارعوا ٢ واقترعوا على tirer au sort; jeter au sort

قَرْع : دَقّ battement; battage, *m*; coups, *m.pl*; percussion, *f*

— الطبول batterie de tambour, *f*

∆— مغربي أوروبي : ضرب من اليقطين ←courge; citrouille; calebasse, *f*

قَرَعُ الرأس : صلع calvitie, *f*

— : تقرُّح جلدة الرأس pelade; teigne, *f*

قَرْعَة : دَقَّة coup, *m*

— : واحدة القَرْع une courge, *f*

— الرأس crâne, *f*

قُرْعَة : سَهْم . نصيب lot; sor part, *f*

— : ماتلقيه لتعيين النصيب boule, *f*; *ou* bulletin, *m*

القى الــ tirer au sort

مجلس الــ العسكرية bureau de recrutement, *m*

قَارِع : طارِق frappeur, se; qui frappe (à la porte)

قَارِعَة : داهية calamité, *f*; malheur, *m*

— الطريق milieu, *ou* centre, de la rue, *m*

أَقْرَع : مُصاب بمرض القَرَع teigneux, se; pelé, e

— : أصلع ←chauve

— : مجرَّد . أجرد nu, e

إقتراع tirage au sort, *m*

تَقريع réprimande; gronderie, *f*

مِقْرَعَة : سوط — fouet, m; férule, f

— الباب — heurtoir; marteau de porte, m

* قَرَفَ . قَرَّفَ : أثار المعدة للقيء — dégoûter; exciter le dégoût

△ قَرِفَ : عافَ — avoir de la répugnance, *ou* du dégoût, pour qc

إِقْتَرَفَ الذنبَ — commettre un crime

△ قَرْف : عَوْف — dégoût, *m*; répugnance; horreur, *f*

قِرْفَة الجرح أو القرحة : جُلبة — croûte, *f*

— : نوع من البهار — cannelle, *f*

△ قَرْفان : عائف . كاره — dégoûté, e

قَرَافَة : جَبَّانة — cimetière, *m*

إِقْتِراف — perpétration; action de commettre; commission, *f*

△ مُقْرِف : يجيش النفس — dégoûtant, e; nauséabond, e

△ مُقْرِيف : مضطرب المزاج — mal en train

مُقْتَرِف : مرتكب الذنب — auteur d'un crime; délinquant, e; coupable

* قَرْفَصَ : قعد القرفصاء — s'accroupir

قُرْفُصَى . قُرْفُصَاء — accroupissement, *m*

* قَرْقُ الدجاجةِ — gloussement, *m*

قَرَقَت الدجاجةُ — glousser

* قَرْقَذان : سنجاب — écureuil, *m*

* قَرْقَرَ الحمامُ — roucouler

— الرجلُ في ضحكه — rire aux éclats

— البطنُ — grouiller

قَرْقَرَة البطن — grouillement; borborygme, *m*

△ قَرْقَشَ : مضغ بصوت — croquer; grignoter

قَرْقوشة : كعكة هشة — biscuit; croquant; croquet, *m*

— الاذن : وَتَرة — cartilage, *m*

عيش مقرقش — pain rôti, *m*

△ قَرقوز : قره قوز — guignol; jeu de marionnettes, *m*

△ قرقول : △ قِسم . ضبطية — poste de police, *m*

* قِرِلّي : أبوالرقص (طائر) — martin-pêcheur, *m*

قَرَمَ الطعامَ : أكله قليلا فقليلا — mordiller; grignoter; manger du

△ — : كَدَمَ . عَضَّ — mordre, *ou* couper, avec les dents

بلاد القِرْم — Crimée, *f*

△ قُرْمَة خشب : △ زُنْد — bûche, *f*

△ — الشجرة : جذل — tronçon; chicot, *m*; souche, *f*

قَرْمَدَ الحائطَ : طلاه بالقرمد — badigeonner; plâtrer

— السقفَ : غطّاه بالقرميد — tuiler; couvrir, *ou* paver, de (*ou* en) tuiles

قِرْميد : طوب أحمر — tuile; brique rouge, *f*

— . قَرْمَد : طلاء الحائط وغيره — plâtre; badigeon, *m*

* قِرْمِز : صبغ أحمر — cramoisi; incarnat, *m*

دودة الـ : لَعل — cochenille, *f*; kermès, *m*

قِرْمِزي — cramoisi, e

∆ قَرمَشَ الخبزَ: عيَّره مُقَرمَشاً rendre croquant, e
عيش (خُبز) مقرمش pain croquant, biscuité, rôti
* قَرمُوط: سمك نهري barbillon, m
* قَرَنَ الشيء بالشيء joindre une chose à une autre
— الثورين: جمعهما في نير واحد (انظر مقرن) atteler deux bêtes; accoupler
∆ قَرَّنَ الفول produire des cosses
قارَنَ: صاحب se lier à; lier société avec qn; accompagner
∆ — : ∆ قابل بين شيئين comparer
إقْتَرَنَ بالشيء être joint, e, uni, e, associé, e, attelé, e, à
— بالمرأة épouser; se marier avec
قَرْنُ الحيوان corne, f
— الحشرة: ملمس antenne, f
— لادخال القدم في الحذاء chausse-pied, m; corne, f
— الفول وامثاله cosse; gousse, f
— : مائة سنة siècle, m
ابو — : بوقير calas; buceros
وحيد القرن rhinocéros, m
قَرني: كالقرن او منه corné, e; de corne
— : من الفصيلة القرنية (في النبات) légumineux, se
قَرنيّةُ العين cornée, f
قِرْن: نظير égal, e; pair; émule; contemporain, e

قُرْنَة: ناصية coin; angle saillant, m
قِرَان. إقْتِرَان: زَوَاج mariage, m
— . — : اتصال شديد union étroite, ou intime, f
— . — الكواكب conjonction, f
قَرِين: مقرون بآخر joint, e à; uni, e; lié, e; accouplé, e
— : مصاحب compagnon, m; compagne, f
— : زوج. بَعْل mari; époux, m
قَرينة: زوجة femme; épouse, f
— الكلام: ما يصاحبه ويدل على المراد به contexte; sens, m
— : صلة. علاقة rapport, m; relation, f
— : بيّنة ظرفية preuve indirecte, ou par induction, f
— حال présomption, f
قَارُون: إسم ملك ليديا الشهير بغناه Crésus, m
أقرَن: له قرن أو قرون cornu, e
— الحواجب qui a les sourcils joints
حيّة قرناء serpent à cornes, m
مِقْرَن: نِير joug, m
مَقْرُون. مُقتَرِن: متَّصِل joint, e; uni, e; relié, e; lié, e
مقترن ٢ : متزوّج marié, e
مُقَارَنَة: مقابلة. تنظير comparaison f
∆ قَرنَبِيط: (انظر قُنَّبِيط) chou-fleur, m
* قَرَنفُل: نبات بستاني وزهره œillet, m; giroflée, f
— : شجرة القرنفل giroflier, m
— . — كَبْش او سِن clou de girofle, m

٭ قَزَحَ ٭ △ تَبَّل assaisonner

قَوْسُ قُزَح : قوس السحاب arc-en-ciel, m

قَزَحيَّة العين iris de l'œil, m

قِزْح : التابل كالكمون والكزبرة : aromates, m.pl ; épices; graines aromatiques, f.pl

مِقْزَحَة : اناء الخل والزيت huilier, m

٭ قَزَم . △ قُزعة : صغير الجسم nabot, e; nain, e; pygmée, m

○ قَزْمَة : أزمة . صاقور bêche; pioche, f; pic, m

△ قُزْمُغرافية : علم نظام الكون وتركيبه cosmographie, f

(قزن) △ قَزَان : مرجل bouilloire, f

— الالة البخارية chaudière, f

٭ قسّ (في قسس) ٭ قسا ٭ قساوة (في قسو)

٭ قَسَر . اقْتَسَرَ على الأمر : ارغم contraindre; forcer

قَسْر : ارغام contrainte; violence; coercition; coaction, f

قَسْراً : كرهاً par contrainte, force, violence

— : الزاماً de rigueur; obligatoire

٭ قَسَّ . تقسَّسَ : تتبّع filer; suivre la trace, ou la piste

— قسوسة : صار قسًّا devenir prêtre

قَسّ . قِسِّيس : كاهن prêtre, m

قُسُوسَة sacerdoce, m; prêtrise, f

قَسَّاس : نمّام détracteur, rice; médisant, e; calomniateur, rice; mauvaise langue, f

٭ قَسَطَ . أقْسَطَ : عدل agir avec justice; être équitable

△ قَرْنَصَ من البرد transir de froid

△ قَرْو : خشب شجر البلوط chêne, m

△ قَروصة (في قرص) grosse, f

٭ قَرْيَة : ضيعة village; hameau, m

— النمل : مجتمع ترابها fourmillière, f

٭ قَرَوي : من سكان القرى villageois, e; campagnard, e; provincial, e

قارِيَة : وروار (طائر) guêpier, m

— وقَرِيَّة المركب grande vergue, f

مِقْرًى . مِقْرَاء : مضياف hospitalier, ère

٭ قريحة (في قرح)

٭ قُرَيْدِس . △ جَمْبَري (انظر جمبرى) crevette, f

٭ قَزّ : تقزّز △ قرف avoir des nausées

△ قَزَّز : ركّب الزجاج vitrer

△ — : حوّل الى زجاج vitrifier

قَزّ : حرير soie, f

قَزَّاز : بائع الحرير marchand, e de soie, ou de soierie

△ — : حائك . نسّاج tisserand, e; tisseur, se

△ قِزاز : زجاج verre, m; vitre, f

△ قِزازة : زجاجة . قنّينة bouteille, f

قازوزة : زجاجة صغيرة flacon, m; fiole, f

△ — : △ كازوزة gazeuse, f

تَقَزُّز : غثيان nausée, f; soulèvement du cœur, m

— : اشمئزاز dégoût, m

قَسَّطَ : فرَّق — distribuer
— الدينَ : نجمه — payer par termes, ou par tempérament
قِسْط: عَدْل — justice; équité, f
— : عادل — équitable; juste
— : مقدار — quantité, f
— : نجم . دفعة — acompte; terme, m
— تأمين وغيره — prime, f
— : نصيب — part; portion, f
△ — لبن (حليب) : بِدْلجة — pot à lait, m
تَقْسيط — à tempérament; à terme
○ قَسْطَرَة : انبوب القسطرة — cathéter, m; algalie, f
○ — : إستقطار البول — cathétérisme, m
قُسْطاس: قسطعنه — critérium, m de
— : ميزان — balance, f
☆ قَسْطَل : أنبوب الماء — tuyau d'eau, m
☆ قَسَمَ . قَسَّمَ : جزَّأ — diviser; partager
— . — عليهم: فرَّق — distribuer entre; départir; partager
— . — الأرض : أحصَّ — lotir
— : شقَّ . نصَّفَ — fendre; pourfendre
— الله عليه كذا — être destiné, e à; être prédestiné, e à
△ قَسَّمَ على — exorciser un possédé
△ على ما قُسِم : عجْلة . كيفما اتفق — à la fortune du pot
قاسَمَ . اِقْتَسَمَ . تقاسَمَ — se partager (qc avec qn)
قاسَمَهُ على كذا — se lier par serment
أقسَمَ : حلف — jurer; prêter serment
— بالله — jurer par le nom de Dieu
— على الخمر أو الدخان (مثلا) — jurer de ne plus boire, fumer, etc.
إنقَسَمَ . تقَسَّمَ — être divisé, e
قِسْم : جُزْء — part; partie; division, f
— : فَرْع من إدارة — section, f; département, m
— : فَرْع من مَتْجَر — rayon, m
— من بلاد — département, m
— : فَصْل . باب — section, f
△ — : مَركز الضابطة (البوليس) — poste, ou commissariat, de police, m
△ — تقسيمة : عَيْن — compartiment, m
قَسَم : يَمين — serment, m
قَسَماً بشرفي — parole d'honneur, f
قَسَمَةُ الوجه — traits du visage, m.pl; face, f; visage, m
قِسْمَة : تَقْسيم — division; répartition f; partage, m
— : نصيب — lot; destin, m
— . عمليَّة القسمة (في الحساب) — division, f
خارجُ الـ . — quotient, m
قابليَّة القِسْمة (اي الانقسام) — divisibilité, f
قَسام . قَسامَة : حُسْن — beauté; élégance, f
△ قسيمة الدفتر: شُقَّة — souche, f; talon, m
قاسِم : مجزِّيء — distributeur, rice
— (في الحساب) : مقسوم عليه — diviseur, m

إنقسام — scission, f

تَقسِيم : تجزئة — partage, m; répartition, f

— : تفريق . توزيع — distribution, f

— : △ تعزيم — exorcisme, m

— (في الموسيقى) — prélude, m

مُقَسَّم . مَقسوم : مجزَّأ — divisé, e; partagé, e; loti, e

مُقَسِّم : الذي يقسم — répartiteur; dispensateur, rice; distributeur, rice; qui partage

مَقسوم ٢ (في الحساب) — dividende, m

— عليه : قاسم — diviseur, m

مُقَاسِم : مشارك — participant, e; copartageant, e

مُقَاسَمة : مشاركة — participation, f; partage, m

☆ قَسوَة . قَسَاوَة — cruauté; dureté de cœur, f

قَسَا : صَلُبَ — être dur, e

— معه وعليه — être dur, e avec; sans pitié pour; traiter sévèrement

قَسَّى . أقسى : صَلَّبَ — endurcir

قاسَى : كابَدَ — souffrir; endurer; supporter

قاسٍ . قَسِيّ : صلب — dur, e

— : شديد . عنيف — rude; âpre; sévère; austère; rigoureux, se

قاسي القلب — cruel, le; impitoyable

شُروط قاسِيَة — conditions sévères,

مُقاساة : مكابدة — endurance, f

☆ قَشَبَ . قِشْب : سُمّ — venin; poison, m

قِشْب : صدأ الحديد — rouille, f

قَشِيب : جديد — flambant neuf; nouveau, lle; neuf, ve

— : نظيف — propre

☆ قَشَدَ : قَشَطَ — écumer; écrémer (lait)

قِشْدَة الحليب : كثأة △ قِشطة — crème, f

— : نبات وثمر — anone, f; cœur de bœuf, m

☆ قَشَرَ . قَشَّرَ : نزع القشر — éplucher; peler; écorcer; décortiquer

— . — الخضروات : أخرج الحب — égrener; écosser

— . — التفاحة وامثالها — peler

— . — الوز وأبو فروة والبيض وأمثالها — écaler

— السمك والحيوانات الصدفية — écailler

تَقَشَّرَ . إنقشر — être pelé, e, écorcé, e, écalé, e, écaillé, e, épluché, e, égrené, e, décortiqué, e, etc.

— الجلدُ وغيره — se peler

— الطلاء — s'écailler

قِشْرُ الثمر — écorce; coque; peau, f

— الجوز والحمص والفول والبيض — coque, f

— الحبوب والذرة الخ — écale; pelure, f

— العود والشجر : لِحاء — écorce, f

— الرغيف وامثاله : △ قِشفة — croûte, f

— الجرح او القرحة : جُلبة — escarre *ou* eschare; [croûte], f

— الرأس : هِبْرِية — pellicule, f

— السمك وامثاله : حرشف — écaille, f

— من خشب ثمين △ قِشرة (في النجارة) — feuille à plaquer, f

— : غلاف — enveloppe, f

△ — بَيَاض : صُفرخ نيلي — perche du Nil, f

بِيقِشْرِهِ : غير مقشَّر non épluché,e, écorcé,e, émondé,e, etc.

مُقَشَّر. مَقْشُور . اُقْشُر épluché; écossé,e; pelé; décortiqué, e. etc.

شَعِير — . orge mondé, m

☆ قَشَّش . قَشّ : اكل من هنا وهناك ramasser ça et là des morceaux

قَشّ ٢ : جَمَع . لَمّ rafler; ramasser tout

△ قَشّ : وَقَشِش brins de paille, m.pl; chaume, m; paille, f

△ — البحر : حمول البحر algue, f; varech, m

△ كرسي — . chaise cannée, f

كرسي — (من عيدان الصفصاف) ←← chaise en osier, f

△ قَشَّة : وَقَشَشَة un brin; un fétu, m; une paille, f

قَشَّة : أبو العيد/ ←← coccinelle, f

قَشِيش حَفِيف bruissement; froufrou, m

— . قُشَاشَى : لقاطة الحقل chaume, m; glanure; glane, f

— . — : كناسة balayure

△ قَشَاشِيَّة : عِيزارة . قَرَّابة ع ←← dame-jeanne, f

△ مِقَشَّة : مكنسة . مِخَمَّة ←← balai, m

☆ قَشَطَ عنه كذا : نزعه enlever; ôter; dépouiller de

— القشدة وامثالها écrémer

△ — : كشط gratter; racler

قِشْطَة اللبن وامثاله : قشدة crème, f

△ — : فاكهة ←← anone, f; cœur de bœuf, m

△ سَيِّد — : جاموس او فرس النهر ←← hippopotame, m

△ قُشاط : إسار من جلد courroie, f

△ — الطاولة : حجر pior, m

مِقْشَط الكتابة ←← grattoir; canif, m

☆ قَشَعَ . بدد وكشف dissiper disperser; disséminer

— الضباب او الظلام او الغيم se dissiper

☆△ قَشْعَرَ . إقْشَعَرَّ برداً grelotter, ou trembler, de froid

△ — . — بدنه او جلده frémir; frissonner

△ — بَدَنَه : جعله يقشعر horripiler; faire frémir; donner la chair de poule à

قُشَعْرِيرَة : إرتعاد frisson; frémissement, m

— : تقبّض الجلد برداً أو خوفاً chair de poule; ou horripilation, f

☆ قَشِفَ . تَقَشَّفَ : ساءت حاله végéter; vivoter péniblement; vivre dans les privations

— . — : قذر جلده se couvrir de crasse (peau); avoir la peau sale

تَقَشَّفَ ٢ : ضد تنعّم se mortifier; se macérer

△ قَشَفَ الجلد : شرث gercer; crevasser

قَشَف . تَقَشُّف : ضد تنعم sobriété; mortification; abstinence; frugalité; macération, f

Δ — اليدِ : شرث . شأف gerçure; engelure; crevasse, *f*

Δ قِشفةُ الرغيف : قشرته croûte, *f*

تَقَشُّف : زُهدٌ في ملذات الحياة ascétisme, *m*

مُتَقَشِّف : زاهِد في نعيم الحياة ascète; ermite

— : متعفف . عيوف sobre; abstinent, e

Δ — Δ مقشّف : اشترث gercé, e

☆ قَشْلَة Δ قشلاق : ثكنة الجنود caserne, *f*

☆ قص (قصص) ☆ قصا (قصو) Δ قصاج (قصج)

☆ قَصَبَ الذبيحة dépecer; couper

قَصَّبَ الشَّعْرَ : جعّده friser (cheveux)

Δ — الثوبَ : زركشه بالقصب brocher; passementer

قَصَبٌ : يَراع . نبات roseau, *m*

Δ — : خيوط الذهب والفضة fil d'or, ou d'argent, *m*

— السكّر canne à sucre, *f*

قَصَبَة : يَراعَة roseau; chalumeau, *m*; canne, *f*

— الأنف os du nez, *m*

— البلاد capitale; métropole, *f*

— الرئة trachée-artère, *f*; [sifflet], *m*

— الرِجْل tibia; os de la jambe, *m*

— المريء gosier; œsophage, *m*

— مزمار الراعي pipeau; chalumeau, *m*; flûte, *f*

Δ — : مقياس مصري *kassaba* (mesure égyptienne de 3m., 55)

— . قَصّابَة : انبوبة tube; tuyau, *m*

قَصّاب : جزّار . لحّام boucher, ère

قَصابَة : جزارة boucherie, *f*

Δ مُقَصَّب : مزركش بالقصب broché, e de brocart; passementé, e

☆ قَصَدَ الرجلَ واليه se diriger vers

— : نوى se proposer; avoir l'intention de

— : عني . اراد signifier; vouloir

— . إقتصدَ في économiser

— . — . أقْصَدَ : نظم composer des poèmes; versifier

Δ تقصّدَه : تشدّد في معاملته persécuter; être toujours après

قَصْد . مَقْصَد : نيّة intention; visée, *f*; dessein; but, *m*

— : ضد افراط frugalité; modération, *f*

— خفي but secret, *m*; intention cachée, *f*

بحسن — . de bonne foi

بسوء — . de mauvaise foi

بغير — . involontairement; par inadvertance

عن — : قصداً de propos délibéré; intentionnellement

قصديّ : مقصود exprès

قَصْدَكَ Δ قصادك : امامك en face de vous (ou de toi); devant vous

بيت القصيد but principal; fond; essentiel, *m*; visée, *f*

قَصِيدَة poème, *m*

قاصِد : الذي يقصد qui a l'intention de; qui entend faire; qui se dirige vers, etc.

— رسولي délégué apostolique, *m*

طريق — : مستوٍ chemin facile, *m*

إقْتِصَاد : ضِدّ تفريط économie, f

— : تدبير النفقة modération; sobriété, f

عِلْمُ الاقتصاد économique, f

علم الاقتصاد السياسي économie politique, f

إقتصاديّ économique

— • مُقْتَصِد : مدبّر économe; ménager, ère

— • ملم بعلم الاقتصاد économiste

مَقْصَد : مكان القصد destination, f

مَقْصُود voulu, e; intentionné, e

☆ قَصْدِير (للحشم وطلاء المعادن) étain, m

☆ قَصُرَ : ضدّ طال être, ou devenir, court, e; raccourcir

قَصَّرَ • قَصَرَ عن الهدف manquer; ne pas atteindre le but

— • — في الأمر négliger; faillir (à son devoir)

— • — النسيج : بيّضه blanchir

— • — • أقصر : ضد أطال accourcir; raccourcir; écourter

— • — • — الكلامَ : اختصره abréger;

قَصَرَ ٢ : حبَس confiner

△ — : منَع retenir; ou empêcher

— على كذا limiter; borner; restreindre à

إقْتَصَرَ على كذا : اكتفى به se contenter de

— على كذا : لم يتعدّه se borner; se restreindre; se limiter à

إسْتَقْصَرَ : عدّه قصيراً trouver, ou considérer, court, e

قَصْر : منزل كبير palais; château, m

— • قِصَر : خلاف الطول petitesse (taille); brièveté, f (discours)

— • قَصَر • قُصُور ١ : كَسَل paresse; indolence, f

— • — • — : تقصير négligence, f

— • قُصَار • قُصَارى extrême, ou dernière, limite, f; terme; maximum, m

قصارى ٣ الأمر bref; en un mot; en résumé

قُصُور ٢ : سنّ القصور minorité, f

— : عدم كفاية insuffisance; incapacité, f

القصور الذاتي (في الطبيعة) inertie, f

قَصَّار الأقمشة foulon, m; blanchisseur, se

قِصَارَة الأقمشة blanchiment, m

قَصِير : ضِدّ طويل court, e

قَاصِر : خلاف الراشد mineur, e

— اليد : قصيرها impuissant, e

△ قَصْرِيَّة الزرع : اصيص ←pot de fleurs, m

△ — : مبولة . خدّامة ←pot de chambre, m

قيصر : عاهل . امبراطور . ملك اعظم empereur, m, impératrice, f

— الرومان (قديماً) César

قَيصريَّة : قيساريَّة bazar; marché couvert, m

العمليَّة الـ — : بَقر hystérotomie; opération césarienne, f

تَقْصِير : ضِدّ تطويل raccourcissement, m

— : إهمال négligence; nonchalance, f

— : نقص . عيب défaut, m

— في واجب prévarication, f

عُقدة الـــ jambe de chien, f
مُقَصِّر: مهمل négligent, e; nonchalant, e
مَقصور . مُقصَّر: ضِدّ مطوَّل raccourci, e
— : محدود borné, e; restreint, e;
نسيج — . blanchi, e
مَقصورة: حُجرة cabinet (particulier), m; chambre, f
— الملاهي (المسارح): خَلْوَة loge; baignoire, f
مُقتَصَر: مختصر abrégé, e; bref, ève; succinct, e; concis, e; résumé, e
△ قُصْر مُل المونة (للبناء) cendres (de four)
٭ قَصَصَ: قَطَعَ couper; rogner
قَصّ: قطع بالمقص couper
— الصوفَ من الغنم والزِئبر من المخمل tondre
— . اِقتَصَّ الخبرَ raconter; narrer; relater; rapporter
— . — . تقصَّص الأثرَ filer; dépister; suivre les traces
اِقتَصَّ منه . قاصَّهُ: عاقبه punir; châtier
قاصَّهُ بما كان له عنده compenser
ـــه: جازاه وفعل به مثلما فعل payer de retour;
قَصّ: قَطْع بالمقصّ coupe; taille, f
— الأخبار narration, f; rapportage, m
— الشعْر coupe de cheveux, f
— الصوف: جزّ tonte; toudaison, f
— : عظم الصدر sternum, m
— . قُصاصة coupures; rognures; bribes, f.pl

قِصاص: عقاب châtiment, m; punition; correction, f
— : جزاء talion, m; représailles, f.pl
△ قَصّاص الغنم والدواب: جزّاز tondeur, se
— او مقتصّ الأثر fileur
— او قاصّ الأخبار narrateur, rice; conteur, se
قَصّاصة الشعر tondeuse, f
قَصَصِيّ: مؤلّف قِصَص romancier, ère
قِصَّة: حكاية histoire, f; conte; récit, m
— خرافيّة fable, f
— خياليّة roman, m
— مسلسلة في جريدة roman-feuilleton, m
△ — قَصّة: نوع القصّ coupe; taille, f
△ — : قاطع ○ بَتْرون patron; modèle, m
قُصَّة: شعر الناصية toupet, m
— الصدغ: △ مقصوص favoris, m.pl; accroche-cœur, m
— : خصلة شعر mèche de cheveux, f
مِقَصّ: آلة القص ciseaux, m.pl
— الغنم والدواب: مجزّ forces, f.pl; grands ciseaux à tondre, m.pl
— تقليم الشجر sécateur, m; cisailles, f.pl
△ — : تصلية خشبية chèvre, f; faisceau, m
ابو — : حشرة الاذن forficule, f; perce-oreille, m
△ مِقصدار: مفصّل الثياب coupeur, se

مَقصوص : إنقص — tondu, e

قُصَّة — coupe,

△مَقصوصة : مطفحة . مِرغاة — écumoire, f

مقاصّة (في الحقوق) — compensation, f

— (في حساب المصارف) — virement, m

☆قَصَعَ المفصلَ : وثأ — fouler

قَصْعَة — grande écuelle, f

— المفصل — entorse; foulure, f

△— المركب : هيكل — coque, f

☆قَصَفَ الرعدُ — gronder; retentir

— : كسر — briser; rompre

— : أقام في أكل وشرب ولهو — faire bombance, ou ripaille; [faire la bombe]

— . إنقَصَفَ : انكسر — se briser; se casser par le milieu; se rompre

قَصِفَ العودُ : كان سريع الكسر — être cassant, e, ou fragile

قَصْف : كسر — bris; brisement, m; fracture; rupture, f

— : دويّ — retentissement; grondement, m

— الرعد — grondement du tonnerre, m

— . قُصوف : اكل وشرب ولهو — bombance; bonne chère; ripaille, f

قَصِف . قَصِيف : سريع الانقصاف — cassant, e; fragile

قاصف : شديد الصوت — retentissant, e; étourdissant, e

مَقصَف : △ بوفيه — buffet, m

☆تَقَصْقَصَ : كسر — briser

△— الشيء : قصّ طرفه — rogner

☆قَصَلَ . اِقْتَصَلَ : قطع أو حصد — faucher, ou couper (le blé)

قَصَل . قَصَل . قُصالة — chaume, m; paille, f; débris; rebuts du vannage, m.pl

مِقصَلة : آلة ضرب الأعناق — guillotine, f

☆قَصَمَ : كسر — rompre; briser

تَقَصَّمَ . إنقصم — être rompu, e, ou brisé, e, se casser

قَصِم . قَصِيم : سريع الانكسار — frêle; fragile; cassant, e

قُصَيْبَة : ٥باسيل — bacille, m

☆قَصُوَ . قَصَاء : بُعد — distance, f; éloignement, m

قَصِيّ . قاصٍ — distant, e; éloigné, e; lointain, e

قَصِيَ . قَصَا : بَعُد — être éloigné, e, loin, lointain, e

— . تَقَصَّى عنهم : ابتعد — s'éloigner de; s'en aller loin

تَقَصَّى ۲ . اِستقصى الأمرَ : بلغ الغاية في البحث عنه — examiner à fond; scruter

اِستقصى ۲ عن : إستعلم — se renseigner sur

أَقصى : ابعد — éloigner

أَقصى : ابعد — plus éloigné, e

— : آخر . نهاية — extrême limite; fin, f; terme, m

— : معظم . أعلى درجة maximum; summum, m
— أمانيهم leur plus grand désir
— درجة le plus haut point, ou degré
الأقصى : الأبعد le (ou la) plus éloigné, e
الغاية القصوى l'ultime fin;
الضرورة القصوى necessité absolue, ou extrême, f
أقاصي الأرض les extrémités de la terre, f.pl; les confins de la terre, m.pl
تقصٍّ . إستقصاء investigation; recherche, f

* قصيدة (قصد) * قصّ (قضض) * قضاء (قضو)

* قضبَ . قضّبَ الشجرة tailler; couper; élaguer
إقتضبَ : قطع trancher; retrancher
— : اختصر écourter; diminuer; amoindrir
قضب : تقضيبُ الشجر élagage, m
قُضابة : قُلامة rognure, f
قضيب : غصن مقطوع . عُود baguette; verge, f 
— : عصا bâton, m; trique, f
— الذكر : عضو الذكورة pénis, m
— سكة الحديد rail, m
إقتضاب : ارتجال improvisation, f 
— : اختصار abrègement, m
مِقضب : سكّين التقليم serpette, f
— : مقص التقليم sécateur, m
مقتضب : مرتجل improvisé, e

△ — : مختصر concis, e; bref, ève; résumé, e
* قضض . قضّ . قضة : كسارة الحصى gravier; caillou; moellon, m
قضّ : ثقبَ percer; forer
— : كسّر broyer; briser
— : هدم démolir; abattre; renverser
— : قلع arracher
— . أقضّ المضجعُ : خشن être dur, e, ou rêche
إنقضّ الطائرُ : هوى . نزل s'abattre
— عليهم : هجم fondre, foncer, se précipiter, sur
* قضم : قطع بأطراف الأسنان grignoter; mordiller
قضمة coup de dent, m; ou bouchée, f
قضيم : سيف أو سن منكسر الحد ébréché, e
— : جلد أبيض يكتب فيه vélin; parchemin, m
* قضى . قضّى العملَ : انجزه exécuter; accomplir; achever; régler
— الواجبَ accomplir le devoir; remplir une obligation
— حاجته satisfaire un besoin
— الحاجة : تغوّط aller à la selle; [chier]
— الوقتَ : صرفه . قطعه passer le temps
— المدّةَ : وفاها terminer
— على : اباد exterminer
— على الشيء : انهاه finir; mettre fin à
— عليه : قتله tuer
— عليه : اوجب nécessiter; obliger

— له: حكم له	prononcer une sentence en sa faveur
— بين الخصمين	juger
— بكذا	statuer; juger; ordonner
قُضِيَ : إنقضى	être terminé,e, exécuté,e, fini,e, etc.
— الأمر : نفذ السهم	le sort en est jeté
قَاضَى فلاناً الى الحاكم	citer qn en justice
— : أقام قضية على	poursuivre en justice; intenter un procès contre
قَضَى : قُضِي	être accompli,e, ou achevé,e
— : مرّ. فات	s'écouler; passer
— الأجل (الموعد)	expirer
إِقْتَضَى : تطلَّب. إحتاج إلى	exiger; nécessiter
قَضَاء : إنجاز	exécution, f; accomplissement, m
— . قَضَى : حُكم	sentence, f; arrêt; jugement, m
— . — : محاكمة	justice, f
— : شريعة. احكام الحاكم	jurisprudence, f
— المخالفات	juridiction de simple police, f
— مستعجل	justice de référé
— وقَدَر	destin; sort, m; fatalité, f
قضاءً وقدراً : صدفةً	accidentellement; fortuitement
الاعتقاد (القَول) بالقضاء والقدر	fatalisme, m
قضائي : مختص بالقضاء	judiciaire
حارس — .	séquestre, m
قَضَاء ٢ (الجمع أقضِيَة)	district, m; province; région, f
قَضِيَّة : دعوى قضائية	procès, m; instance; action, f
— : مسئلة . أمر	affaire, f; cas, m
— جنائية	instance, ou action, pénale
— عارضة (في الرياضيات والمنطق)	lemme, m
— علمية	proposition, f; théorème, m
— فَرعية	action incidente, f
— مَدَنية	action civile, f
مصاريف الـ	frais judiciaires, f pl
حفظ الـ	classer l'affaire
شَطْب الـ	rayer l'instance, ou l'action
عاد النظر في الـ	réexaminer l'affaire
اوقف الـ	ordonner le sursis; surseoir à l'action
قضيتا القياس (في المنطق)	prémisses, f.pl
قلم القضايا	contentieux, m
قاضٍ	juge; magistrat, m
— الأمور المستعجلة	juge des référés, m
— التحقيق	juge d'instruction, m
— الصُلْح	juge de paix, m
— القضاة	grand juge; juge suprême, m
— عُرفي	arbitre, m
△ لُقمة القاضي : زلابية س	pêt-de-nonne, m
ضَربة قاضية	coup de grâce, m
إقتضاء : لزوم	exigence; nécessité, f; besoin, m
عند الـ	en cas de besoin
إنقضاء : انتهاء	fin; expiration, f
— التعهدات (في الحقوق)	extinction des obligations, f
مَقْضِيّ : مُنجَز	accompli,e; consommé,e; achevé,e
— : محكوم فيه	jugé,e
— : مقدَّر	destiné,e
— عليه	condamné,e

مُقْتَضى : لازم exigé, e; nécessaire
بـــ كذا conformément à; en vertu de
بـــ الحال selon les circonstances
مُقتضيات : مستلزمات exigences, f.pl
مُقاضاة : مداعاة litige, m; poursuite; instance, f
مُتَقاضون justiciables, m.pl; parties en cause, f.pl

☆ قضيب (قضب) ☆ قط (قطط) ☆ قطاة (قطو)

☆ قَطَب . قَطَّبَ جبينه أو وجهه froncer les sourcils; rider le front; se refrogner
△ — △ — : رتَق recoudre
إستَقطَبَ (في علم الطبيعة) polariser
قُطْب : محور axe, m
— : مَدار △دُنْجُل essieu; pivot, m
— : سيِّد القوم chef; magnat; [gros bonnet], m
— الأرض (واحد قطبَيْها) pôle, m
— سالب : مهبط pôle négatif, m
— موجب : مصعد pôle positif, m
الــ الشمالي pôle nord, m
أقطاب السياسة les magnats de la politique, m.pl
قطبيّ : مختصّ بقطب الأرض polaire
△قطبة خياطة point (de couture), m
قُطُوب . قاطِب : متجهّم refrogné, e; fronçant les sourcils
قاطبةً en totalité; tous sans exception
تَقْطِيب : عبوسة froncement des sourcils; renfrognement, m
— . إستِقطاب (في علم الطبيعة) polarité, f

☆ قَطَرَ : طلى بالقطران goudronner; enduire de goudron
△ — المركبَ : جرّه remorquer; haler; touer
— . قَطَّرَ : صفّ aligner
— . — الماء : اساله قطرة قطرة égoutter; laisser dégoutter; distiller;
— . تقطَّرَ الماء : سال قطرة قطرة dégoutter; tomber goutte à goutte
قَطَّرَ ٢ الماء : صفّاهُ filtrer; clarifier
إستقطَرَ الخمور والعطور وغيرها distiller
تَقاطَرَ القومُ affluer; venir par groupes; s'attrouper
قَطْر : تنقيط action de dégoutter
△ — : قِطارُ سكة الحديد train; chemin de fer, m
△ — و — الركاب train de voyageurs, m
△ — و — سريع train express; rapide, m
△ — و — البحر train de mer
△ — و — البضائع train de marchandises, m
△ — : سكّر محلول للتحلية sirop;
△ — المراكب remorquage, m; remorque, f
△ رَفّاص لقطر المراكب remorqueur, m
قِطار ٢ من الابل file (de chameaux), f
قُطْر : اقليم région; contrée, f
— الدائرة diamètre, m
— المربع أو المستطيل diagonale, f
— . قُطْر : عود التبخير bois d'aloès, m
نصف قطر الدائرة rayon, m

قَطْرة : نُقطة goutte, *f*
— ندى: نقطة منه une goutte de rosée, *f*
△ — العين: ما تقطره فيها من دواء collyre, *m*
قَطْرَان : دُجالة goudron, *m*, résine, *f*
قَطَّارَة : نَقَّاطة ↔ compte-gouttes, *m*
قاطِرَة : △ وابور ↔ locomotive, *f*
تَقْطِير . إسْتِقْطَار distillation, *f*
— : △ تكرير . تصفية
مقطرة التعذيب ↔ bloc, *m*
٭ قُطْرُب : ذباب منير mouche à feu, *f*
٭ قَطْرَنَ : طَلَى بالقطران goudronner; enduire de goudron
قَطْرَان goudron, *m*
٭ قَطَطَ الخرّاط الخشبة: سوّاها بالمخرطة tourner; façonner
— . قَطَّ : نَحَتَ sculpter; graver
قَطَّ . قَطِطَ الشعر être crépus *ou* frisés (cheveux)
— . اقْتَطَّ القلمَ tailler
— حافر الدابة : سوّاه égaliser le sabot
— الأظافير والشعر وغيرها couper; rogner
قَطْ : حَسْبُ assez
قَطُّ : ابداً jamais; pas du tout; ne... point
قَطٌّ : شديد الجعودة crépus; courts et frisés (cheveux)

قِطٌّ : سنّور chat, te; ↔ minet, *m*
— بَرّي chat sauvage, *m*
— الزباد civette, *f*
حشيشة القطة ↔ valériane, *f*
نِطاط: مثال يُحتذى عليه modèle, *m*
قَطَّاط : خرّاط tourneur, *m*
— : حفّار graveur, *m*
٭ قَطَعَ : فصل او قسّم couper; trancher; diviser
— : بتر amputer
— : عبر . اجتاز traverser
— التيار او المواصلات couper (le courant, etc)
— الرجاء من désespérer de; perdre espoir
— المسافة couvrir la distance
— الوقت passer le temps
— كلامَه او خطابه interrompre
— الطريق على: كمن له guetter; s'embusquer
— الطائرُ émigrer; passer
— الرأسَ décapiter
— ورق اللعب couper les cartes
— دابرهُ exterminer; extirper
— من الكنيسة : فصل excommunier
— في القول : جزمَ affirmer; assurer
△ — تذكرةً prendre, *ou* acheter, un billet
△ — الكمبيالة : خصمها escompter
△ — اللبنُ : إلهاجَ le lait a tourné
قَطَّعَ : قطع قطعةً قطعةً couper en morceaux; morceler
— : مزّقَ déchirer

قاطَعَ . أقْطَعَ عنه : باينه — se séparer de qn
— الكلام والعمل — interrompre
— في المعاملة التجاريّة — boycotter
اقطعه الأرضَ — fieffer; assigner à qn la terre à titre de fief
— معاشاً — accorder, *ou* octroyer, une pension à qn
قُطِعَ . اِنقطَعَ (مطاوع قطع بكل معانيها) — être coupé, e, rompu, e, interrompu, e, etc.
اِنقطع المطرُ والصوتُ الخ — finir; cesser; s'arrêter
— عن كذا : كفَّ — cesser; abandonner
— إلى كذا — s'appliquer à; se concentrer sur; s'adonner à
اِقتَطَعَ من : أخذ قطعة — couper une tranche, *ou* une portion de
اِستَقطَعَ أرضاً — demander un fief
△— : خصَمَ — déduire; retenir; retrancher
△ — للمعاش — retenir, *ou* opérer une retenue, pour la pension
تقاطَعَ الخطّان — se croiser; s'entre-croiser
—ا : ضدّ تواصلا — être divisé, e, *ou* séparé, e
قَطْع : تقطيع — découpage *m*
— : مكان القطع (وبمعنى جُرْح) — coupure, *f*
— : بَتْر — amputation, *f*
— : حَجْم . قياس — format, *m*; dimension, *f*
— الحوالات المالية — escompte, *m*
— الرأس — décapitation, *f*
— الرجاء او الأمل — désespoir, *m*
— الطرق — brigandage; vol de grand chemin, *m*
— العلائق — rupture des relations, *f*
— قِطع (في الهندسة) — section; coupe, *f*
— . — مكافئ : شلجمي — parabole, *f*
— . — ناقص : اهليلجي — ellipse, *f*
سعر القطع — cours de change, *m*
بقطع النظر عن — sans égard pour; indépendamment de
قطعاً : دون ريب — assurément; sans doute
— : مطلقاً . ابداً — jamais du tout
قطعيّ : نهائي — définitif, ve; positif, ve
— : بَتّي — décisif, ve; formel, le; catégorique
قاطِع : حادّ — tranchant, e
— : مُقنِع — concluant, e; convaincant, e
— : باتّ — décisif, ve; péremptoire
— : فاصِل △ قطوع — séparation, *f*
— : خطّ يقطع قوساً — sécant, e, *a* et *f* 
— الطرق — brigand; voleur de grands chemins, *m*
— . سِنّ قاطع — incisive, *f*
طعام — △ صيامي — manger maigre
طير — : القواطع — migrateur, rice; voyageur, se
قُطاعُ الدائرة — secteur, *m*
قطّاع : الذي يقطع — coupeur, se

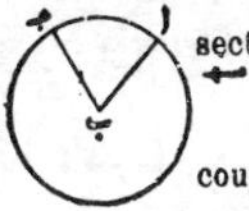

△ قَطَّاعي : مفرّق — détail, *m*
△ بالـ : بالمفرّق . كسراً — en détail
△ باع بالـ : أختَّى — détailler
△ تاجر الـ : سِلعي . تاجر الاختاء — détaillant, e
قِطْعة : حصّة — portion; partie, *f*
— : جُزء — pièce, *f*; morceau, *m*
— الدائرة — ⟵ segment, *m* 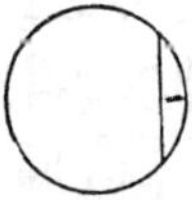
— سكّر — morceau de sucre, *m*
— خبز — tranche de pain, *f*
شُغل بالـ — travail à la pièce, *m*
قُطْعَة : ما قُطِع — tranche, *f*; morceau, *m*
— : بقعة أرض مفروزة — parcelle de terrain, *f*
△ فات عليه قطوع — il l'a échappé belle
△ قَطوع : قاطع يفصل بين مكانين — partition, *f*
قَطِيع من الحيوانات — troupeau, *m*
قَطِيعَة : هجران — abandon; éloignement, *m*
— . إقْطَاعَة — fief, *m*
إنْقِطَاع : ضدّ اتصال — interruption; scission; séparation; rupture, *f*
— : توقُّف — arrêt, *m*; cessation; interruption, *f*
— البول — rétention d'urine, *f*
بلا — . — sans cesse; sans interruption
تَقْطِيع : قَطْع — coupage; découpage, *m*
— : قَدّ وقامة — taille; stature, *f*
تَقاطِيع الوجه — traits, *m.pl*
تَقاطُع الخطوط — intersection, *f*; croisement, *m*
خط الـ — ligne sécante, *f*

نُقطة الـ — point de jonction, *ou* d'intersection, *m*
نُقطة التقاطع في سكة الحديد — embranchement, *m*
مَقْطَعُ النهر : مكان إجتيازه — gué (d'un fleuve), *m*
— الطرق والخطوط — croisée, *f*; croisement; carrefour, *m*
— هجائي — syllabe, *f*
مِقْطَع : آلة القطع — instrument tranchant, *m*
— ورق (أو الرؤوس) — ⟵ guillotine, *f* 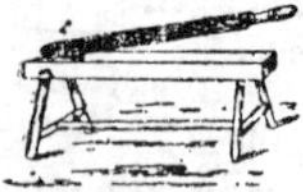
مُقَطَّع : تَقَطَّع — coupé, e; en morceaux
— : ممزّق — déchiré, e; en lambeaux
مَقْطوع : قُطِع — coupé, e; retranché, e; séparé, e; interrompu, e
△ مَقطوعيَّة (في التجارة وغيرها) — consommation, *f*
مُقاطَعَة : إيالة . إقليم — district; département, *m*; province, *f*
— : مباينة — abandon, *m*
— الكلام والعمل — interruption, *f*
— تجاريّة — boycottage, *m*
مُنقَطِع : غير متّصل — interrompu, e
— . مقطوع : مفصول — séparé, e; détaché, e
— لكذا — dévoué, e à
— النظير — sans égal
غير — . — incessant, e; continu, e
قَطَفَ . قَطَّفَ . اقتطَفَ الثمر والزهر — cueillir
قِطْفٌ : عنقود (انظر عقد) — grappe, *f*
— . تَقْطِيف . اقتطاف — cueillette; récolte, *f*

قَطْف . ثمار مقطوفة fruits cueillis, *m.pl*

قِطاف: أوان قطف الثمر: vendange, *f* (raisin); temps de la cueillette, *m*

قَطِيفَة : مُخْمَل (من الحرير) velours, *m*

— : مُخمل (من القطن) velours de coton, *m*;

— المفروشات peluche, *f*

— : عُرف الديك célosie, *f*

مِقْطَف : منجل يُقطف به serpette, *f*

مَقْطَف: قُفَّة couffin; panier; cabas, *m*; corbeille, *f*

مُقتطفات علمية : منتخبات sélections, *f.pl*

✡ قَطْقاط : زقزاق pluvier, *m*

✡ قطم قَطَمَ: قضم mordre, ou saisir, du bout des dents

— : قطع △ قرطم grignoter

✡ قطن في المكان وبه habiter; résider

قَطَن région lombaire, *f*

قُطْن coton, *m*

— خام (ببذره لم يحلج) coton non égrené, *m*

— طِبّي ouate, *f*

△ — سكارتو bourre de coton, *f*

بذرة الــ graine de coton, *f*

دودة الــ ver du coton, *m*

شجرة الــ cotonnier, *m*

محلج الــ usine d'égrenage, *f*

قُطْني cotonni er, ère

قُطْنِيّة (الجمع قطاني) grains farineux, *m.pl*; plantes légumineuses, *f.pl*

قاطِن habitant, e; demeurant, e

△ قِيطان : بَرِيم cordon; cordonnet, *m*; corde; ganse, *f*

مَقْطَنَة : مزرعة قطن cotonnerie, *f*

يَقْطِين : قرع مستدير courge allongée, *f*

(قطون) قطا الخطو : ثقل مشيه marcher à petits pas

قَطا . الواحدة قطاة ganga, *m*

△ قطونا: حشيشة البراغيث herbe aux puces, *f*

✡ قَطِيلَة : △ بشكير serviette, *f*

✡ قَعَدَ : جَلَس s'asseoir

— : بقي قاعداً rester assis, e

— عن : كفَّ cesser de faire

△ — الطعام على المعدة : ثقل rester sur l'estomac

— . أقْعَدَ بالمكان : بقي . أقام rester; démeurer

— به . ـــهُ : اجلسه faire asseoir qn

— به . ـــه: ثبَّط عزمه décourager

— بهِ وـــهُ وقعدهُ عن: منعه empêcher de

تقعَّدَ . تقاعدَ عن كذا: ترك طلبه se désister de; renoncer à

تقاعَدَ عن الأمر: توقف وامتنع s'abstenir; se retenir de; s'empêcher de

— : إعتزل الأعمال se retirer (des affaires)

قَعَدَه : الذين لا يذهبون الى الحرب embusqués; poltrons; esquiveurs, *m.pl*

— : خوارج dissidents, es; séparatistes

قَعْدَة : جلسة séance; session, *f*

Δ — : وضع — posture; manière de s'asseoir; position, *f*

Δ — : مَقعدَة . سافلة — postérieur; derrière, *m*; fesses, *f.pl*

— • مقعدة السروال — fond (du pantalon *ou* de culotte), *m*

قُعَدَة . قُعَدِيّ . قُعُود ١ . ملازم الجلوس — sédentaire

— • — : مِكسال — paresseu x, se; fainéant, e

قُعُود : جلوس — action de s'asseoir

حياة الـ — vie sédentaire, *f*

قَاعِد : جالس — assis, e; sur son séant

قاعِدَة : مرتكز — base, *f*

— العمارة : اساس — fondation; base, *f*; fondement, *m*

— : ركيزة — piédestal, *m*

— : قانون — règle, *f*

— : مَبْدأ — principe, *m*

— : مثال يُحتذى Δ مَشق — modèle, *m*

— : نسق — méthode; manière, *f*

تَقاعُد : إعتزال الأعمال — retraite; mise à la retraite, *f*

سِنّ — الشيخوخة — âge de la mise à la retraite, *m*; la limite d'âge, *f*

معاش الـ — pension de retraite, *f*

معاش — الشيخوخة — pension de vieillesse, *f*

مَقعَد : مكان الجلوس — siège, *m*

— : كرسي — chaise, *f*; *ou* fauteuil, *m*

— : متكا . ديوان — canapé; sofa; divan, *m*

مُقعَد — infirme; perclus, e; cul-de-jatte, *m*

مَقعَدة السروال — fond de culotte, *m*

مُتَقاعِد : معتزل الأعمال — retiré, e; retraité, e; en retraite

— : محال على المعاش — à la retraite

☆قَعُرَ : كان قعيراً — être profond, e, *ou* creu x, se

قَعَرَ . قَعَّرَ . أَقْعَرَ : عمَّق — creuser; *ou* approfondir

— • تَقَعَّرَ في الكلام — parler du gosier

تَقَعَّرَ ٢ : تَعَمَّق — pénétrer profondément dans

قَعْر : قاع — fond, *m*

— : تجويف — cavité, *f*; creux, *m*

قَعْر : عقل تامّ — sagacité; intelligence, *f*

قَعُور . قَعِير . مُقَعَّر : عميق — profond, e

تَقَعُّر : ضدّ تحدُّب — concavité, *f*

مُقَعَّر الـ — plan-concave

مُقَعَّر ٢ : ضدّ محدَّب — concave

☆قَعِسَ . إِقْعَنْسَسَ : ضدّ حَدِبَ — avoir la poitrine saillante (*ou* bombée) et le dos rentré

تَقَاعَسَ عَنِ الأَمر : تأخَّر — se désister de; traîner

— : امتنع — s'abstenir de

أَقْعَس : ضد احدب — bossu, e par devant

☆قَعْقَعَ السلاحُ او الرعد — retentir; résonner

قُعْقُع : عَقْعَق — pie, *f*

قَعْقَعَةُ السلاح — cliquetis des armes, *m*

— : Δ قرقعة — craquement; craquètement, *m*

☆قعى — : أشرفت أرنبة أنفه ومالت الى فوق، فهو أقعى camard,e; camus,e

☆قف (قفف) ☆ قفا (قفو) ☆ قفاز (قفز)

☆قفر . إقتفر الأثر pister; suivre les traces de

أقفر المكان être désert,e, dépeuplé,e, inhabité,e

— المكان : جعله قفراً dévaster; dépeupler

— العظم : عركه △ مصمصه ronger (l'os)

قفر . قفرة désert, m; lande, f

— . قفار (أرض) désert,e (terre)

خبز — وقفار : غير مأدوم △ حاف pain sec, m

قفير النحل : خلية ruche (d'abeilles), f

— الدبابير والنحل البري : عش nid, m

إقفار désolation, f

مقفر désert,e; désolé,e

☆قفز : وثب bondir; sauter; faire un saut

تقفز : لبس القفاز se ganter

قفز : وثب saut, m

قفزة saut; bond, m

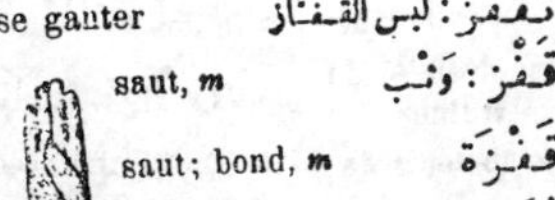

قفاز △ جونتي gant, m

△ تقفيز : لسان الكلون pène, m

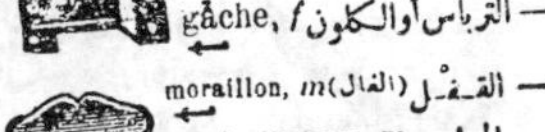

— الترباس أو الكلون gâche, f

— القفل (الغال) moraillon, m

— المواسير crampon, m

حلقة بقفيز fermoir, m

قفيزى : حصان خشبي يتقافزون عليه cheval de bois, m

☆قفش : أخذ وجمع ramasser; recueillir

△ — : ضبث saisir; attraper

☆قفص : محبس الطير أو الحيوان cage, f

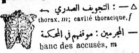

— الدجاج mue; cage à poulets, f

△ — : التجويف الصدري thorax, m; cavité thoracique, f

— المجرمين : موقفهم في المحكمة banc des accusés, m

حبس في قفص encager; mettre en cage

△ تقفيصة الدجاج : بيتها poulailler, m

☆قفطان : ثوب شرقي caftan; surtout, m

☆قفع : أيبس وقبض ratatiner; contracter; faire recoquiller

قفع être contracté,e,se. ratatiné,e

(قفف) قف : يبس sécher; se dessécher

— الشعر dresser; se hérisser

تقفقف من البرد : قفقف grelotter; frissonner; transir

قفة : مقطف couffin; panier; cabas, m

قفة . قفوف : قشعريرة frisson; frissonnement, m

قفوف الشعر أو الجلد horripilation, f

☆قفقف . تقفقف من البرد grelotter; transir; trembler de froid

قفقفة البرد tremblement; frisson, m

* قَفَلَ : رَجَعَ . عَادَ retourner; revenir
Δ — . أَقْفَلَ : ضِدّ فتح fermer; clore
Δ — النور الكهربي couper le courant; éteindre
قَفَّلَ . أَقْفَلَ : جعل عليه قُفلاً fermer à clef; cadenasser
قُفْل : غال cadenas, m
— : Δ كَلون serrure, f
قَفَّال : Δ كوالينى serrurier, m
قافِل : راجع de retour; qui revient
قافِلَة caravane, f; convoi, m
مُقْفَل fermé, e; clos, e
* قَفْو واقتفاء الأثر filature, f; pistage, m
قفا . اقتفى أثره filer; pister; suivre les traces de
قَفَّى الكلامَ faire rimer; rimer
قَفا . قَفاء : مؤخر العنق nuque, f
— و— الرأس : قذال occiput, m
— : ظهر . خلاف الوجه dos, m
— الثوب revers, m
— القماش envers, m
قافية : سَجْع rime, f
Δ — : تورية jeu de mots; calembour, m
بالقفا وبالوجه à l'envers et à l'endroit
تقفية : سَجْع assonance, f
مُقَفًّى : مسجَّع assonant, e
شعر — . vers rimés, m.pl
كلام — . prose rimée, f

(قتم) ٥ قاقُم . قاقوم hermine, f
* قلّ (قلل) * قلا (قلو)
Δ قلاوظ (قلظ)
* قَلَبَ . قَلَّبَ : حول عن وجهه أو حالته tourner; retourner; renverser
— . — : جعل باطنه ظاهره mettre à l'envers, ou à rebours; retourner
— . — الأكل revenir
— . — الأرض bêcher la terre
— : حوّل transformer
— : غيَّر changer; modifier
— : جعل أعلاه أسفله renverser; intervertir
— السلطة retourner la salade
— : رمى . كبّ faire chavirer; ou verser; renverser
— المعدة soulever le cœur
— الدنيا remuer ciel et terre
قلّب من جميع الوجوه tourner en tous sens
— صفحات الكتاب feuilleter; parcourir; tourner les pages
إنقلب (مطاوع قلب) être tourné, e, retourné, e, renversé, e
— : إنكبّ se renverser; capoter
— عليه se tourner contre; tourner sur
تقلّب : تغيّر être changé, e, ou modifié, e
— المريض على الفراش se tourner et se retourner
— الشعر fluctuer; varier; flotter
— في أحواله أو رأيه être inconstant, e
قَلْب : تغيير . تحويل transformation; conversion, f; changement; revirement, m
— : عكس inversion, f; renversement, m

— (والجمع قلوب) : فؤاد وبكل معانيه المجازيّة ←cœur, *m*

— : لُبّ fond, *m*; essence; quintessence, *f*

— : شجاعة أو قوّة bravoure, *f*; courage, *m*

— : باطن . جَوْف intérieur, *m*

— : وسط centre; milieu, *m*

يكسرُ الـــ navrant, e; déchirant, e

يقوّي الـــ cardiaque; stimulant, e, *a et m*

إنقباض الـــ serrement de cœur, *m*; dépression, *f*

من كل ـــه de tout cœur

على ظاهر الـــ par cœur

△ في قَلْب بعض أو بعضه l'un dans l'autre

قَلبيّ : مختص بالقلب cardiaque

— : من القلب cordial, e; *ou* intime

— الشكل ←cordé, e

قلبيًّا : باطنًا intérieurement; au fond

△ قَلْبَة صدر الثوب ←revers, *m*

قُلْبُ النخلة : جُمّار moelle du palmier *f*

قَلَب . قَلُوب . قَلّاب : كثير التقلب inconstant, e; capricieux, se; versatile; [girouette], *f*

عربة قلّابة (لتفريغ محولها) camion, (*m*) *ou* charrette, (*f*) à bascule

قَالِبُ السَّبْك وغيره moule, *m*; matrice; forme *f*

— الأحذية (لصنعها) ←forme, *f*

— الأحذية (لحفظها) ←embauchoir, *m*

إنقِلاب : تغيُّر changement; renversement; revirement, *m*; inversion, *f*

— إجتماعي révolution, *f*

تَقَلُّب : تحوُّل من جانب لجانب changement de position, *m*

— : تغيُّر changement, *m*:

— : عدم ثبات inconstance; versatilité, *f*

— الأسعار fluctuation; variation, *f*

تقلبات الدهر vicissitudes du temps, *f.pl*

— الطقس caprice (*m*), *ou* variation (*f*), de la température

△ مَقْلَب : مكيدة mauvais tour, *m*; intrigue, *f*

مَقْلُوب : معكوس الوضع tourné, e; retourné, e; renversé, e

△ بالمقلوب : فوقاني تحتاني sens dessus dessous

— (كقولك لبس الثوب بالمقلوب) à l'envers

— : بالعكس en sens inverse; à rebours

مُتَقَلِّب changeant, e; versatile

— الأطوار inconstant, e; capricieux, se

مُنقَلَب : (في الجغرافيا والفلك) : مدار tropique, *m*

☆ قَلَح . قُلاحُ الأسنان tartre, *m*

☆ قَلَّد : وضع قلادة في عنقه mettre un collier au cou de

ـــهُ السيفَ ceindre l'épée à

ـــهُ منصباً أو رتبة donner à qn l'investiture; conférer une dignité à qn

ـــه الأمرَ : فوّضه إليه confier; charger

ـــه في كذا : تبعه من غير تأمل copier; singer; imiter; mimer

△ — : زَيَّف . زوَّر contrefaire; imiter; forger

تَقَلَّدَ : لبسَ القلادة — porter, *ou* se mettre, un collier

— الأمرَ — se charger de; s'occuper de

— السيفَ — ceindre l'épée

— السلاحَ — porter les armes

— بفُلان — imiter

قِلادة : عِقد — collier, *m*

قَليد.مَقلود : مَفتول — tressé, e

تَقليد : اِتِّباع — imitation, *f*

— : الأخبار او التعاليم أو السنن المنقولة بالسماع — tradition, *f*

— سلطة — investitur , *f*

△ — : شيء مقلَّد — imitation, *f*

△ — : صُوْري. كاذب — faux, sse; postiche

△ — . مُقلَّد : مزيَّف — contrefait, e; faux, sse

تقليدي : نقلي. مأخوذ بالسماع — traditionel, le

مقاليد الأمور — direction des affaires, *f*

ألقى إليَّ مقاليد أموره — il m'a confié le soin de ses affaires

☆ قَلَسَ : رقص في غناء — danser en chantant

— : خرج من بطنه إلى فمه طعام أو شراب — avoir des renvois d'estomac

قَلَّسَ لهُ : انحنى احتراماً — s'incliner devant

△ — عليه : نَقَسَ. تهكم — se moquer de

قَلْس : حَبْل ضخم — câble, *m*; grosse corde, *f*

△ تَقاليس : نَقَس : تهكُّم — raillerie, *f*; sarcasme, *m*

☆ قَلَش : حسَّر . بدَّل صوفه او ريشه — muer

تَقليش : تبديل الصوف أو الريش — mue, *f*

○ قالوش : حذاء المطر — galoche; claque, *f*

☆ قَلْشين : لفافة الساق — molletière; jambière, *f*

☆ قَلَصَ وتقلَّصَ الظلُّ — s'évanouir; diminuer; se retirer

— . — ظلّه — passer à, *ou* tomber dans, l'ombre; s'éclipser

— . — الثوبُ — se rétrécir; se contracter

قَلَّصَ : شمَّرَ — relever; retrousser

— : قبَّض — contracter

تَقَلُّص : ضِدّ تمدد — contraction, *f*; rétrécissement, *m*

تَقَلُّصي : انكماشي — rétractif, ve; constricteur

☆ قَلَطٌ : أدرة — hernie inguinale, *f*

قيليط △ مقليط : مأدور. آدر — hernieux, se

(قلظ) △ قلاووظ. قَلاووزع : لولب — vis, *f*

△ مسمار — — clou à vis, *m*.

☆ قَلَعَ . قَلَّعَ . اِقْتَلَعَ : استأصل — extirper; déraciner

— . — . — : اِنتزع — arracher

— ثوبه : نزعه — ôter; enlever; se dépouiller de

— ثيابه : خلعها . تعرَّى — se déshabiller

أقْلَعَ المركبُ — faire voile; naviguer

— عن كذا — cesser de

قِلْعُ السفينة — voile, *f*

قَلْع . اِقْتِلاع — extraction, *f*; arrachement; arrachage, *m*

قَلْعَة : حصن كبير — citadelle; forteresse, *f*

— : رُخّ (في الشطرنج) tour, *f*
— طائرة forteresse volante, *f*
قُلاع (الواحدة قلاعة) : بثرات في جلدة الفم أو اللسان aphtes, *m pl*; pustules à la bouche, *f.pl*
△ تَقْليعة : بِدْعة innovation, *f*
مَقْلَع الحجارة carrière (de pierres), *f*
مِقْلاع : مِعكام . مِعجان fronde, *f* 
— : آلة حرب قديمة catapulte, *f*
☆ قَلْعَطَة : شدَّة جعودة الشعر frisure, *f*; état des cheveux crépus
☆ قَلَفَ الشجرة : نزعَ قشرها écorcer
— القلفَةَ circoncire
— وقَلَّفَ السفينة : △ قَلفطها calfater
قِلْفٌ وقُلافَةُ الشجر écorce, *f*
قَلَفة . قُلْفَة : غُرْلة prépuce, *m*
قِلافَة المراكب calfatage, *m*
أقْلَف : غير مختون incirconcis, e
△ قَلْفَطَ العملَ : رمَّقَه bâcler; rafistoler
— المركبَ : قَلْفَه calfater un navire
○ قَلَفُونِيَّة : △ لُبانة شامي colophane; résine, *f*
☆ قَلِقَ : انزعج واضطرب être troublé, e, agité, e, ému, e, inquiet, ète
△ — : أرِقَ avoir une insomnie
أقْلَقَ : أزعجَ troubler; inquiéter
قَلَقٌ : اضطراب trouble, *m*; agitation, *f*
— : مَلَل impatience *f*
— الفكر inquiétude, *f*

قَلِقٌ : مُضطرب troublé, e; agité, e; ému, e
— الفكر inquiet, ète; mal à l'aise
△ — قَلُوق : قليل الصبر impatient, e
△ قُلْقاس : نبات جذوره كالبطاطا الضخمة تطبخ colocasia, *f*
☆ قَلْقَلَ : حرَّك وزحزح remuer: bouger
تَقَلْقَلَ être remué, e, secoué, e, agité, e, ébranlé, e, s'agiter; se remuer
قَلْقَلَة : تحرُّك . عدم ثبات agitation; instabilité, *f*
— : اضطراب trouble, *m*
مُقلقَل . مُتقَلْقِل ébranlé, e; instable
مركز — : غير ثابت أو مأمون situation précaire, *f*
☆ قلَّلَ . أقلَّ : نقَّصَ diminuer; amoindrir
أقَلَّ الشيء : حمله porter
قَلَّ : ضِدّ كثُر وزاد être, *ou* devenir, peu; diminuer
— : كان قليلاً être modique, en petite quantité, en petit nombre
— : ندرَ être rare; se raréfier
— عن : نقص être inférieur, e à
قَلَّما (قلّ ما) à peine; guère; rarement
إستَقَلَّ : رفع وحمل soulever; porter; s'élever: *ou* monter
— الشيء : عدَّه قليلاً trouver modique, *f*
— الشيء : استخفَّ به faire peu de cas de
— : كان مُستقلاً être indépendant, e
— عَرَبة أو قطاراً أو مطية monter; monter en voiture; prendre une voiture, *ou* un train

قِلّ : قِلّة . ضدّ كثرة — le peu; petit nombre, *m*; modicité; petitesse; rareté, *f*

قُلّة : قِمّة — cime, *f* faîte; sommet, *m*;

— : جَرّة كبيرة — cruche, *f*

△ — الماء — gargoulette, *f*

قَلْءة : انتعاش من مرض او فقر — retour à la santé, *ou* à l'aisance; rétablissement, *m*

قِلّة . قُلّ : ضِدّ كثرة — modicité; rareté; petite quantité, *f*; le peu; petit nombre, *m*

— : نقص — manque; défaut, *m*; insuffisance, *f*

— وجود : نُدْرة — rareté, *f*

قِلّيّة : صومعة (راجع قلي) — cellule, *f*

قَلِيل : ضِدّ كثير (كمية او قدر) — peu

— : غير كافٍ — insuffisant, e; trop peu

— الأدب — impoli, e; discourtois, e

— الحياء — éhonté, e; effronté, e

— العدد — peu nombreux, se

بعد — (من الوقت) — sous peu

عدد — من — peu de

كمية قليلة من — un peu de

قليلاً : ضدّ كثيراً او نادراً — peu; rarement

— قليلاً — peu à peu; petit à petit

أَقَلّ : ضِدّ اكثر او اكبر — moindre; moins nombreux, se; *ou* moins grand, e

— : احطّ — inférieur, e à

— الأقل — le moindre; le minimum

على الـ — au moins

اقلّية : ضِدّ اكثرية — minorité, *f*

إستقلال : حُرّيّة — indépendance, *f*

— سياسي — autonomie, *f*

تَقْلِيل — diminution, *f*; amoindrissement, *m*

مُسْتَقِلّ — indépendant, e

قَلَّمَ . قَلَمَ الأظافير والحوافر ٥ — rogner *ou* couper

— . — القصبَ : شذّب — tailler

△ — : خطّط (انظر خطط) — strier; rayer

٥أقلم : عوّده المناخ — acclimater

قَلَم : يَراعة — plume, *f*

△ — اردواز . — حَجَر — crayon d'ardoise, *m*

△ — رصاص — crayon, *m*

△ — كوبْيَه — crayon copiatif, *m*

△ — حِبْر — stylo; porte-plume réservoir, *m*

△ — جَدْوَل : مِسْطار — tire-ligne, *m*

— : اسلوب الكتابة — style, *m*; plume, *f*

△ — : نَفْدة حسابيّة — inscription, *f*; article, *m*

△ — : صَفْعة — gifle, *f*; soufflet, *m*

△ — : مكتب (راجع مكتب في كتب) — bureau; greffe, *m* (tribunal)

△ — الحسابات — service, *ou* bureau, de la comptabilité, *m*

△ — المراجعة — le contrôle; bureau de contrôle, *m*

△ — قضايا — contentieux, *m*

△ اقلام فتح الدفاتر التجارية — articles (*m.pl*), *ou* inscriptions (*f pl*), d'ouverture

قُلامَة الأظافير — rognures d'ongles, *f.pl*

إقليم : منطقة — province; contrée; région, *f*; district, *m*
مجلس اقليمي — conseil provincial, *m*
تقليم الأظافير والحوافر — rognage; rognement, *m*; coupe, *f*
— الشجر — élagage; émondage, *m*; taille, *f*
مُقلَّم . مَقلوم (الشجر) — taillé,e; élagué,e; coupé,e; émondé,e
— (للاظافير والحوافر) — coupé,e; rogné,e
△ — : مخطط . مسيّح — strié,e; rayé,e;
مِقلمة : وعاء الأقلام — plumier, *m*
☆ قلنسوة — bonnet, *m*
☆ قلى . قلا اللحم والبيض — frire; rôtir
قَلْي . قلو — friture, *f*; rôtissage, *m*,
قِلْي . قِلَى . قِلْو : اشنان — alcali, *m*; potasse, *f*
قِلْوي : له خصائص قلويّة — alcalin,e
△ قلاية . قِلّيّة : صومعة — cellule, *f*; ermitage, *m*
△ — . — : مسكن الأسقف — évêché, *m*
مِقلى . مِقلاة — poêle à frire, *f*
مَقليّ . مُقلّى . مقلوّ — frit,e; *ou* rôti,e
☆ قليل (قلل) ☆ قم (قمم) ☆ قمار (قمر)
☆ قماش (في قمش) ☆ قامة (في قوم)
☆ قمّح : △ قسّط — verser un acompte; payer par tempérament
قمح : حنطة . بُرّ — blé; froment, *m*
سُنبلة — . — épi, *m* (de blé)
قمحة : حبّة قمح — un grain de blé, *m*

— : وزن ٠٦٤٨ من الجرام — grain, *m* (poids)
☆ قمر . قامر : لعب الميسر — jouer (à un jeu de hasard)
△ قمّر الخبز : جمّره — rôtir; griller
أقمر الليل — il y a clair de lune
تقامروا — jouer ensemble (à un jeu de hasard)
قمر : تحيّر البصر من الثلج — niphablepsie, *f*; éblouissement, *m*
— : الكوكب النيّر المعروف — lune, *f*
— : كل نجيم يدور حول سيّار — satellite, *m*
△ — الدين : معجون المشمش — pâte d'abricots, *f*
ضوء القمر . قمراء — clair de lune, *m*
ليلة قمرة ومقمرة — éclairée par la lune
قمري : متعلق بالقمر — lunaire, *m*
شهر — — mois lunaire, *m*
△ قُمري الواحدة قمريّة — tourterelle, *f*
△ قمرة △ قمريّة : منور — lucarne, *f*
○ — : حجرة في سفينة — cabine, *f*
△ قمرياتي : زجّاج — vitrier, *m*
قِمار . مقامرة — jeu; jeu de hasard, *m*
قمير . مقامر △ قمرتي — joueur, se
△ مُقمّر : (خبز) مُجمّر . محمّص — pain rôti, *ou* grillé, *m*
☆ قمز : أخذ بأطراف الأصابع — prendre avec le bout des doigts
△ — : وثب بخفّة — sautiller; sursauter
☆ قمس . قاموس : مُعجم — dictionnaire; lexique, *m*
— جغرافي — dictionnaire géographique, *m*

☆ قَمَشَ. قَمَّش ramasser des rebuts
قُمَاش : نسيج étoffe, f; tissu, m
قماش كتان محبوك coutil, m
قَمَّاش : تاجر أقمشة drapier, m; marchand,e de draps
خيّاط وتاجر أقمشة marchand tailleur, m
☆ قَمَصَ. △ قَمَّص: ركض galoper
تقمّصت الروح transmigrer
قَمْص : ركض galopade, f
قُمّص archiprêtre, m
قَمِيص chemise; tunique, f
— النوم chemise de nuit, f
تقمّص الأرواح métempsycose; transmigration des âmes, f
☆ قَمَطَ. قَمَّطَ : لفّ بالقماط emmailloter
△ — : عصّب garrotter; bander
△ قَمْطَة النجّار ←crampon, m
قِمَاط الصبي maillot, m; langes, m.pl
قَمَّاطَة : حِناك pilori; ←carcan, m
مُقَمَّط emmailloté,e
☆ قِمَطْر : خزانة الكتب bibliothèque, f
— : △ شنطة الكتب cartable, m; gibecière, f
— المسافر sac de voyage, m
☆ قَمَعَ. أقمع : صرفه عما يريد subjuguer; soumettre dompter
— . — : قهر ، اخمد maîtriser

— . — الثورة réprimer, ou étouffer, la rébellion
— الشرّ في مهده tuer dans l'œuf
قَمْع : كَبْح répression; suppression, f
— الشهوات mortification, f
قَمْع △ قُمع ←entonnoir, m
— . — الثمرة pétiole; capitule, f
— . — الخياطة dé (à coudre), m ←
— . — السيكارة mégot, m
— . — سكّر pain de sucre, m
△ قمع ٢ △ مُتَقَمِّع : وضيع متعاظم poseur, se; snob, m
☆ قُمْقُم : آنية العطر flacon de parfums, ou d'odeurs, m
☆ قَمِلَ. قَمَّلَ رأسه être pouilleux,se
قَمْل : حشرة معروفة poux, m.pl (un pou)
— العانة morpion, m
— النبات puceron, m
قَمَل . تقمّل phtiriase; maladie pédiculaire; pouillerie, f
قَمِل . مُقَمَّل pouilleux,se
مِقْمَل : استغنى بعد فقر parvenu, e
☆ قِمَّة sommet, m; cime, f (montagne); faîte; haut, m (édifice ou arbre)
— الرأس sommet, ou haut, de la tête, m
— : ذروة comble; faîte; zénith, m
— الحائط couronnement, m
قُمامة : كناسة balayures; ordures, f.pl
☆ قَمِين . قَمِينَة : اتون four, m
— . — الجير (الكلس) four à chaux, m

○ قُنال : قَناة canal, m

☆ قناة (قنن) ☆ قناة (قنو)

☆ قَنَبُ الزهرة (انظر كأس وكم) calice, m

قِنَّب : نبات الكتان ← chanvre; lin, m

خيطالـ ـس: △دوبارة/ ficelle, f

قِنَّبي de chanvre

قنابة . قُنَّيبة : ورقة زهرية involucre, m

☆ قُنبُر . الواحدة قُنبُرة alouette, f

قُنبُرة ٢ huppe, f

☆ قُنبُلَةُ المدفع obus, m; bombe, f

— طائرة bombe d'avion, f

— اليد : قذاف grenade, f

— لم تنفجر raté, m

— ذرّيّة bombe atomique, f

— ايدروجينية bombe hydrogénique, f

☆ قُنَّبيط : △قَرنبيط ← chou-fleur, m

☆ قَنْد : عسل قصب السكر اذا جمد sucre candi, m

☆ قُنْدُز . قُنْدُس : (كلب الماء) ← castor, m

○ قُنْداق البارودة : △كرنافه ← crosse de fusil, f

قِنْداق : كتاب الصلاة missel; rituel; ← livre de prière bréviaire, m

○ قَنْدَلَفْت : واهف sacristain, m

☆ قُنْدُول : رَتَم △وزّال ajonc; ← genêt épineux, m

☆ قِنْدِيل : مصباح lampe, f

— المعابد chandelier; candelabre, m

— : △نوّاصة lampion, m; ← veilleuse, f

— البحر : اسم سمك méduse, f

△ قَنْزَح △ تَقَنْزَح faire des manières

☆ قَنَص . إقْتَنَص chasser

قَنْص . إقْتِناص chasse, f

قَنَص . قَنِيص gibier, m; proie, f

قَنَّاص . قانِص chasseur, se

قانِصَة الطير △قَونَصَة gésier, m

○ قُنْصُل : وكيل دولة consul, m

نائب — vice-consul, m

قُنْصُلي : مختص بقناصل الدول consulaire

قُنْصُلِيّة ○ قُنْصُلاتو : بيت القنصل consulat, m

☆ قَنِطَ désespérer de; se décourager; perdre tout espoir

قَنَّطَ jeter qn dans le désespoir; décourager

قَنْط : قُنوط désespoir; découragement, m

△ قَنِيطة : خبزة الملاحين biscotte, f

قانِط : مقطوع الرجاء désespéré, e; découragé, e; sans espoir

☆ قَنْطَرَ البناء : عقده voûter; cintrer

قَنْطَرَة : جسر معقود ← pont; viaduc, m

— : بنـاء مرتفع grand édifice, m

— : عقد ← voûte; arche; arcade, f; cintre, m

Δ — : Δكوبري صغير petit pont, m

عين أو باب القنطرة (لحجز الماء) ← écluse; vanne, f

قناطر البناء : Δبواكي ← arcades, f.pl

Δالقناطر الخيرية (في مصر) Barrages, m.pl

قِنْطَار : ١١٢ (رطل مصري تقريباً او ٩٣ر٤٤ كيلو جرام) *cantar*; quintal, *m*

قِنْطَارِيّ : صاحب مليون فأكثر millionnaire

قِنْطريون : حشيشة مُرَّة الطعم centaurée, *f*

مُقَنْطَر voûté, e

☆ قَنِعَ . اقتنع بكذا : رضيَ se contenter de; être satisfait, e de

— . — : أذعن être persuadé, e, *ou* convaincu, e

قَنَّعَ الوجهَ : حجبه بالقناع voiler; masquer

أقنع : أرضى satisfaire;

Δ — . — : حمل على القبول persuader; convaincre

تقنَّع بالقناع : لبسه للتنكر se masquer

—ت المرأة se voiler

قَنِع . قَنُوع . قانِع satisfait, e; content, e

قَنَع . قناعة contentement, *m*; satisfaction, *f*

قِناع التنكر : وجه مستعار ← masque, *m*

— التستر : بُرقع . خِمار voile, *m*

— الوقاية من الغازات : صقاع ← masque à gaz, *m*

كشف القناع démasquer; dévoiler

إِقناع : الحمل على القبول persuasion; conviction, *f*

إِقتناع : قَنَع contentement, *m*; satisfaction, *f*

— : تصديق . إيمان conviction, *f*

مُقْنِع : كافٍ satisfaisant, e; suffisant, e

— : يحمل على الاقتناع convaincant, e

مُقَنَّع masqué, e *ou* voilé, e

☆ قُنفُد . قُنفَذ : قَبَاع ← hérisson, *m*

— . — كبير : نيص ← porc-épic, *m*

— البحر : Δرتسة oursin, *m*

☆ قِنقِن . قُناقِن : دليل بصير بالماء والمعدن تحت سطح الأرض sourcier, ère

☆ قَنِمَ الزيتُ : فسد Δ قنن rancir; devenir gâtée

قَنُّومة : سمك نيلي mormyre; ↓rume, *m*

أُقْنُوم لاهوتي personne; hypostase, *f*

☆ قَنَّنَ القوانين : سَنَّ codifier

Δ — الزيتُ rancir; sentir le rance

قِنّ : عبد الارض serf, ve; esclave

△ بَياضيّة و △ قِينَان ←ove, *m*
قُنَّة الجبل cime, *f*; sommet, *m*
قُنُونَة. قَنانَة: عبودة servage, *m*
قِنِّينَة : زجاجة ←bouteille, *f* 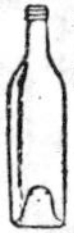
— : زجاجة صغيرة flacon, *m*; fiole, *f*
— للشراب ←burette, *f* 
قانُون : شريعة (راجع شرع) loi, *f*; droit; statut; code, *m*
— : نظام متَّبع règle, *f*
— الأحوال الشخصية code du statut personnel, *m*
— البلاد loi nationale, *f*
— تجاري code de commerce, *m*
— جِنائي أو قانون العقوبات code pénal, *m*
— تحقيق الجنايات code d'instruction criminelle, *m*
— دُوليّ droit international, *m*
— كنائسي droit canon, *m*
— نظامي loi organique, *f*
— وضْعِي loi positive, *f*
— مدَني code civil, *m*
— نابوليون code Napoléon, *m*
— المرافعات code de procédure, *m*
مَشروع — . projet de loi, *m*
واضع الـ législateur, *m*
جَمْع القوانين codification, *f*
قانوني : شَرْعِي légal, e; licite; légitime
— : صحيح . نافذ valide; valable
— : منتظم régulier, ère
قانونيّة légalité; légitimité, *f*

○ قَنو . قُنوَة . اِقْتِناء acquisition, *f*
قِنْو البلح: عِذْق △ زباطه régime de dattes, *m*
قُنْيِة : ما تقتنيه acquisition, *f*
قَنَى . قنا . اِقْتَنَى : حصل على acquérir
— . اِقْتَنَى ٢ : إمتلك posséder
قَناة : انبوب . مجرى tube; conduit; tuyau, *m*
— : ○ قنال . ترعة canal, *m*
— تمرُّ على قناطر (انظر قنطرة في قنطر) aqueduc, *m*
— △ قَنايَة : مجرى ماء صغير ruisseau, *m*
— البُخار (في الآلات) tuyau de vapeur, *m*
— السويس canal de Suez, *m*
الـ البولية urètre, *m*
الـ الدمعيَّة canal lacrymal, *m*
الـ المَنَوِيَّة conduit spermatique; canal déférent, *m*
قانٍ : أحمر — . sanguin, e; rouge foncé, *m*
— . مُقْتَنٍ possesseur, *m*; propriétaire
مُقْتَنًى acquis, e; possédé, e
— بالحرام : سُحْت mal acquis
○ قَهَر : أخضع conquérir; vaincre; subjuguer; dompter
— : أجبَر contraindre; forcer
△ — : أحزَن affliger; peiner; navrer
قَهْر : إخضاع conquête; victoire, *f*
△ — : حُزْن affliction; peine, *f*
— الجسد (لخلاص النفس) mortification, *f*; ascétisme, *m*
— . قَهْرَة : إجبار contrainte; cœrcition, *f*

par force; par cœrcition — قَهْراً
force majeure, *f* — سَبَب قَهْرِي
conquérant,e; vainqueur, *m* — قاهِر : غالب
le Caire, *m* — القاهِرَة : عاصمة مِصْر
invincible — لا يُقْهَر
conquis,e; vaincu,e; [battu, e] — مَقْهُور : مُخْضَع
forcé,e; contraint,e — — : مُجْبَر
navré,e; affligé,e — △ — : حزين
femme de charge; intendante, *f* — ☆ قَهْرَمانة : △ لَوكَنْجِيَّة
gouvernante, *f* — — : معلّمة أولاد العائلة
se retirer; battre en retraite — ☆ قَهْقَرَ . تَقَهْقَرَ : تراجع
décliner; baisser; rétrograder — تقهقر ٢ : تأخر . انحط
retraite, *f*; recul, *m* — قَهْقَرَى . قهقرة . تقهقُر : تراجُع
déclin, *m*; rétrogression, *f* — — . — : تأخر . انحطاط
rire à gorge déployée; rire aux éclats — ☆ قَهْقَهَ
éclats de rire, *m.pl*; gros rire, *m* — قهقهة
café, *m* (graines *ou* boisson) — ☆ قَهْوَة : بُنّ او شرابه
café, *m* (établissement) — △ — . مقهى : مشرب القهوة
cafetière, *f* — △ تَنَكة قهوة
cafetier, ère — △ قَهْوَجي
creuser; vider — ☆ قَوَّبَ . قابَ : قَوَّر
éclore — تَقَوَّبت . انْقابَت البيضة
mesure; distance; *ou* quantité, *f* — قاب : مقدار
à portée de trait — على — قوس

poussin, *m* — قُوب : فَرْخ △ كتكوت
dartre, *f*; herpès, *m* — قُوباء . قُوبَة
zona, *m* — — منطقيّة : مرض جلدي مؤلم
nourriture, *f*; vivre, *m* — ☆ قُوت . قِيت . قِيتَة : طعام
nourriture, *f*; aliment, *m* — — . — . — : غذاء
nourrir; alimenter — قات . أقات △ قَوَّتَ : اطعم
soutenir; entretenir; faire vivre — — . — : عال
se nourrir de; vivre de — إقتات . تقوّت الشيء : اتخذه قوتاً
manger — — . — بالشيء : اكله
suppurer — (قوح) قاح ٢ . تقوّح الجرح : تورّم
s'obstiner; insister; s'entêter — △ قاوح : قاول . كابر
guider — ☆ قَوَدَ . قادَ . اقتادَ
être mené,e, *ou* conduit,e — إنقاد . إقتاد ٢ : مطاوع قاد
obéir; se laisser conduire — — له : أذعن
quantité; mesure, *f* — قِيد . قاد : قَدْر
distance, *f* — — : مسافة
pouce, *m* — — اصبع
iota; rien, *m* — — انملة
docile; maniable — سَلِس القياد
conduite; direction, *f* — قِيادة . قَوْد : ارشاد
commandement, *m* — — . — : عمل القائد
proxénétisme; [maquerellage], *m* — قَوْد ٢ : عمل القوّاد
proxénète; entremetteur, se; [maquereau, lle] — قَوَّاد ٢ : ديّوث

قائد : مُرشد conducteur, rice ; guide, m
— : رئيس . زعيم chef; leader, m
— الجيش commandant, m
— الاسطول amiral, m
قَوِدَ . أقْوَد : سهل الانقياد docile; soumis, e
قادة الامة les dirigéants, m.pl
إنقياد : اذعان soumission; obéissance, f
مِقْوَد . قِياد licou; licol, m الحصان والبهائم
— الكلب laisse, f
مَقُود . مُنْقاد conduit, e; mené, e ; guidé, e
*قَوَّرَ . إقْتَوَرَ الشيء : ثقبه من وسطه trouer au milieu; échancrer
— . — الخيارة مثلاً vider
تَقَوَّرَت الحيَّة : تثنّت والتفّت se replier; s'enrouler
قار : زفت goudron, m; poix liquide, f
قارَّة (في قرر) continent, m
△قَوْرَة : جبهة front, m
△تَقوير : حلية معمارية cannelure, f
△— : △نحْر cavet, m
تقويرة الثوب échancrure, f
مُقَوَّر : مجوَّف بالمقورة évidé, e; vidé, e
— : مطليّ بالقار goudronné, e
ثوب — : واسع الطوق decolleté, e
قَوَّارة . مِقْوَرة évidoir, m; gouge, f
○قوزاق : شعب روسي شهير بالفروسية Cosaques
△قوزي : حَمَل أو لحمه agneau, m
*قَوِسَ . قوِس . تقوَّس : انحنى arquer; se courber
— الشيخ : انحنى ظهره se voûter

△— . قَوَّسَ : حني courber
—س : اطلق النار على tirer
قاس َ اقتاس *وقِيس *(قيس)
قَوْس (الجمع اقواس وقِسِي) arc, m
— النصر arc de triomphe, m
— القنطرة او العقد arche; voûte, f
— قزح arc-en-ciel, m
— الندف : كِربال arc de cardeur, m
قوسان : هلالا الحصر (...) parenthèses, f.pl
قَوَّاس : الرامي بالأقواس archer
— : صَيّاد tireur, se
— : مقوس السباق poteau de départ, m
△ — : △ يسقجي kawas; janissaire, m
△قيَّش الموس passer sur le cuir
قايش الموسى : مِشحذة cuir à repasser
*قَوَّض . قاض البناء والصحة saper; démolir; miner
تَقَوَّض . إنقاض البناء s'affaisser; tomber en ruine
*قَوْطة : △بقوطي panier; cabas, m
△قوطة : ○ طماطم tomate, f
△قَوْطة كرز القدس : فقّيش alkékenge, f; coqueret, m
△ حرنكش
△قوّط عليه : خدعه frustrer; [rouler]
(قوع) قاع : △ قعر fond, m
△ — النهر lit, m

قـاعـة الدار : باحتها salon, *m*

△ — : غُرفة chambre; salle, *f*; cabinet, *m*

☆ قَوْقَتَ. قاقَتْ. قَوْقَأَتِ الدجاجة caqueter

قُوق. قاق cormoran, *m*

قُوقَة: أم قويق effraie, *f*

△ قَوْقع : وَدَع coquillage, *m*; coquille, *f*

قَوْقَعَة: حلزونة. بَزَّاقة escargot; limaçon, *m*

☆ قَوَّلَ. أَقْوَلَ: نسب اليه ما لم يقل attribuer à qn de faux propos

قالَ : تكلَّم dire; parler

— بكذا prêcher; professer

— فيه وعليه parler contre; calomnier

يُقالُ : يُذكر on dit

قاوَلَ : ساوم marchander

△ — : عاقَدَ traiter; faire un marché

△ — : اتفق على ثمن s'accorder sur un prix

تقوَّل عليه jaser; inventer un mensonge sur le compte de qn

القال والقيل cancans ; commérages, *m pl*; potin ; caquet; dit-on, *m*

قَوْل : كلام mots, *m pl*; dire, *m*: parole, *f*

— شَرَف parole d'honneur, *f*

— مأثور dicton; aphorisme; adage, *m*

قائِل diseur, se; qui dit

تَقَوُّلات on-dit, *m*

مَقُول dit,e

مَقَالَة article, *m*

— افتتاحيه article de fond, *m*

△ مُقَاوِل: ملتزم. مكافِل entrepreneur, *m*

مُقاوَلة : جدال discussion, *f*

△ — على عمل : إتفاق contrat; accord, *m*

△ بالـ : التزاماً à forfait; à l'entreprise

△ شُغْل بالـ travail à forfait, *m*

○ قَوْلون : قسم من المعى الغليظ côlon, *m*

☆ قَوَّمَ الشيء : عَدَّله redresser; rendre droit,e

— الأخلاق corriger; réformer

— : قدَّرَ القيمة évaluer; estimer

△ — . أقامَ . جعله يقوم relever; dresser

لا يُقَوَّم بثمن inestimable; inappréciable

قامَ : ضِدّ قَعَدَ se lever; se relever

— : إنتصبَ se dresser; se redresser

— : سافر partir

— : شرع commencer

— العجينُ monter (pâte)

— الميتُ ressusciter; revenir à la vie

— من نومه: نهض se lever; se réveiller

— الهواء se soulever; se lever

ـت الباخرة lever l'ancre

ـت الطائرة décoller; s'envoler

— على : ثار s'insurger contre; se soulever

— على عياله pourvoir à l'entretien de sa famille

— بالأمر : تولاه se charger de l'affaire

— بالعمل : اجراه exécuter; accomplir

— بالواجب عليه faire son devoir
— بالوعد: أنجزه tenir sa promesse
— بالمصاريف: غطاها couvrir les frais
— مقامه remplacer
قاموا بظاهرة faire une manifestation
قاوَمَ s'opposer; résister; tenir tête à
أقام: شيَّدَ installer; édifier; ériger; élever
— : رفع soulever
— : نصَّبَ . عيَّن nommer à; désigner pour
— :مكث rester; demeurer; habiter
— الحجّة remontrer; argumenter
— الدعوَى على poursuivre en justice
— الدليل prouver
— الدنيا واقعدها remuer ciel et terre
— الصلاة célébrer un service religieux; prier
— العدل administrer la justice
— الميت ressusciter
— على كذا: ثبت tenir à; s'en tenir à
— له وزناً prendre en considération
إستقام: اعتدل se redresser; devenir droit, e
قَوْم: شعب peuple, m; nation, f
قَوْميّ: شعبي . وطني national, e populaire
قوميّة: شعبيّة. وطنيّة nationalisme, m
قَوْمة: نهضة renaissance, f; réveil, m
قِوام الشيء: كثافته consistance, f
— : أساس وقوة énergie; force vitale, f

— : قامة الانسان stature; taille, f
— مُعتدل. قامَة ١ معتدله taille moyenne, ou élancée, f
قِوام العائلة soutien de la famille, m
قَويم: معتدل droit, e
الدين الـ orthodoxe, ou vraie, religion, f
قامَة ٢: قياس يساوي ستّ أقدام (اومقياس القامة) toise, f
— : البكرة وادواتها poulie de palan, f
قائم: ناهض. منتصب. واقف debout; droit, e; en érection; qui se lève
— : عموديّ perpendiculaire
△ — البابَا : مبدأ درابزين السلم noyau (d'escalier), m
— الزاوية rectangulaire
△ — : ضدصاف (في الوزن) poids brut; (gros), m
— الباب dormant; jambage, m
— مقام كذا suppléant, e; remplaçant, e
— مقام. قائمقام: رُتبة تحت اميرالاي colonel, m
قائمة: عمود colonne, f; poteau; pilier, m
— : سنادة (في المعمار) étai; étançon, m
— : فهرس catalogue, m
— : بيان △ كشف liste, f; état, m
— المشتروات: △ فاتورة facture; note, f
— الحساب état de compte, m; ou note, f
— الأسعار prix courants, m.pl; tarif, m
— الجرد inventaire, m
— المأكولات menu, m

— الدّابة والمائدة والكرسي الخ pied, m
— المزادأوشروط البيع cahier des charges, m
△ — السلّمة contremarche, f
زاوية قائمة angle droit, m
قَيِّم: مستقيم . قويم droit, e
— : على المحجور عليه وغيره curateur, rice
△ — : ذو قيمة عظيمة de valeur
كتب قيّمة أي ثنيه livres de valeur, m.pl
قِيمَة الشيء: مايساويه valeur, f
— : مقدار quantité; somme, f
— إسمية valeur nominale, f
الـ الحاليّة la valeur actuelle, f
لا — له sans valeur
قِيَام : نُهوض lever, m
— التسبيح chaine, f
قِيَامَة: وصاية curatelle, f
— الأموات : بَعْث résurrection, f
عيد الـ: عيد الفصح Pâques, m
يوم الـ jour du jugement dernier, m
إقَامَة: إنشاء أو تأسيس établissement, m; institution; fondation, f
— : رَفْع élévation, f; relèvement, m
— : نَصْب élévation, édification;
— موقتة : مكوث . نزول séjour, m
— : سكن habitation; résidence, f; domicile, m
— شعائر الدين célébration d'un service religieux, f
محل الـ : مَسْكن demeure; habitation, f; domicile, m
إستقامة: إنتصاب érection; rectitude, f

— : اعتدال droiture, f
— الأخلاق probité; intégrité, f
تَقْويم : تهذيب réforme; correction; rectification, f
— : تقدير القيمة évaluation; estimation, f
— البلدان guide; annuaire, m
— فلكي almanach, m
— السنة : △ نتيجة (راجع مفكرة في فكر ودليل في دلل) calendrier, m
مُقَام : موضع situation; position, f
مَقام : منزلة rang, m; position, f
— : كرامة . إعتبار dignité; considération, f
— النغم: طبقة ton; diapason, m; gamme; échelle, f
— الكسر : مخرج (في الحساب) dénominateur, m
ضريح tombeau; sépulcre, m
مِقْوَم المحراث : قبضة mancheron, m
مُقَوِّم : مقدّر القيمة estimateur, m; priseur, se
مُقَوِّمات: الأشياء الثمينة objets précieux, m pl
مُقَوِّمات الحياة ressources, f.pl; moyens de subsistance, m.pl
مُقِيم : سَاكِن habitant, e; demeurant, e
— : دائم durable; permanent, f
— بواجباته fidèle à ses devoirs
المقيم العام Résident Général, m
مقاوِم résistant, e
— : خصم adversaire; opposé, e; antagoniste
مُقاوَمَة résistance; opposition, f

مُسْتَقِيم : معتدل — droit,e; direct,e
— الاخلاق — de bonne conduite, *ou* mœurs
الـــ : منتهى القناة الهضمية — rectum, *m*
ضِدُّهُ على خطٍّ — . — diamétralement opposé,e
مستقيميّ : مختص بالمعى المستقيم — rectal,e
○ قومِسَّار : رئيس ادارة حكومية روسية — commissaire
○ قومسيون : △ عُمولة — commission, *f*
قومسيونجي : وكيل اشغال — commissionnaire, *m*
○ قُومندان : قائد — commandant, *m*
— البوليس — commandant de la police, *m*
* قاوون : نوع من الشمّام — cantaloup; melon musqué, *m*
* قَوِيَ : ضدّ ضعُف — se fortifier; être, *ou* devenir, fort,e
— على المرض والمصاعب : تغلب — surmonter
— الشكُّ — augmenter
قَوَّى : ضدّ أضعف — fortifier; renforcer
— العزمَ — encourager
— : أيَّد — corroborer; confirmer
— : ثبَّت — raffermir; affermir
— : نبَّه — stimuler
قاوَى : غالبَ — se mesurer avec; lutter avec
تَقَوَّى. إستقوى — être, *ou* devenir, fort,e *ou* robuste; se fortifier
— : تشجع — prendre courage
قَواء. قَوِيَ الأرض : قَفْر — désert; vide, *m*
قُوَّة : عكس ضعف (وللآلات) — force, *f*
— : مقدرة — pouvoir, *m*; puissance, *f*
— : شدة — vigueur, *f*
— : عنف — violence, *f*
— : قوام، احتمال — endurance; résistance, *f*
— الجسم : طاقة — force; robustesse, *f*
— القلب : شجاعة — bravoure; hardiesse, *f*
— الاستمرار : القصور الذاتي — inertie, *f*
— دافعة أو محركة — force impulsive; impulsion, *f*; essor, *m*
— مركزية — force centrale, *f*
— مركزية جاذبة : جذب مركزي — force centripète, *f*
— مركزية طاردة : دفع مركزي — force centrifuge, *f*
— العادة — force de l'habitude, *f*
— الارادة — fermeté de caractère, *f*
— عاقلة : عقل — raison, *f*
— قاهرة — force majeure, *f*
— معنويّة — moral, *m*
بالـــ : عنوة — par force
قَوِيّ : ضدّ ضعيف — fort,e
— : شديد — sévère; violent,e
إقواء : إقفار — dépeuplement; vide, *m*
تقوية : ضدّ إضعاف — renforcement, *m*
مقوٍّ : ضدّ مضعف — fortifiant,e
— : منبّه — stimulant,e; tonique
— للشهوة الجنسية — aphrodisiaque, *a* et *m*
— القلب : دواء لعلاج القلب — cardiaque; cordial,e, *a* et *m*
— للقلب : مشجّع — encourageant,e
وَرَق مُقَوًّى — carton, *m*
قَيَّأ . أقاء — faire vomir
قاء . تَقَيَّأ — vomir; rendre
قَيْء . قُياء — vomissement, *m*
— : ما يخرج بالقيء — matières vomies, *f.pl*

مُقَيِّئ — vomitif, ve, *a* et *m*

٭ قيادة (قود) ٭ قياس (قيس)

٭ قيافة (قيف) ٭ قيامة (قوم)

٭ قِيثار ← cithare; guiture, *f*

قِيثارة : آلة طرب اغريقية ← lyre, *f*

٭ قَيَّحَ . قاحَ . تَقَيَّحَ — suppurer

قَيْح : صَدِيد — pus, *m*; matière, *f*

تَقَيُّح — suppuration, *f*

— اللثة — pyorrhée, *f*

مُتَقَيِّح — purulent, e

٭ قَيَّدَ : جعل القيد في رجله — garrotter; enchaîner; entraver; ligoter; lier

— : حصَر — restreintre; confiner; limiter

— : سجَّل — enregistrer; inscrire *ou* transcrire (une affectation, une hypothèque, etc.)

— : كتب — écrire; inscrire

— عليه — débiter; porter au débit de

— له (في الحساب) — créditer qn de qc

قَيْد : وثاق ← entraves; chaînes, *f.pl*; fers, *m.pl*

— : رباط — lien, *m*; attache, *f*

— لليدين : صفاد ← menottes, *f.pl*

— : شرط — sitpulation; restriction; condition, *f*

— (في التشريح) — frein; filet; ligament, *m*

— . قِيْد : قَدْر — quantité; mesure, *f*

— . — : مسافة — distance, *f*; espace, *m*

على — الحياة — en vie; vivant, e

قِياد . مِقْوَد (في قود) — licou, *m*; laisse, *f*

تَقْيِيدُ الأرجل — enchaînement, *m*

— : حصر — restriction; limitation, *f*

— : ربط — ligotage; liage, *m*

تَقْيِيدي : تضييق — restrictif, ve

مُقَيَّد : مكبَّل — enchaîné, e; ligoté, e

— : مربوط أو مرتبط — lié, e; attaché, e

— : محصور — limité, e; restreint, e

— : مُدَوَّن — enregistré, e; inscrit, e

٭ قَيَّرَ : طَلَى بالقار — goudronner; bitumer

قِير . قار : حُمَر — bitume; goudron, *m*; poix, *f*

٭ قيراط (في قرط)

٭ قَيْرَوان : قافلة — caravane, *f*

٭ قِياس [2] : معايرة . كَيْل — mesurage, *m*

— : مكيال . عيار — mesure, *f*

— : تناسُب — comparaison, *f*

— : قاعدة — règle, *f*

— منطقي — syllogisme, *m*; analogie; logique, *f*

— فاسد — fausseté, *f*; paralogisme; sophisme, *m*

متناسب الــ — proportionné, e

على الــ — sur mesure

قِياسي : ضد شاذ — régulier, ère

— : نسبي — relatif, ve; comparatif, ve

قِيَاس الأراضي: ∆ مسّاح arpenteur, *m*
مِقْيَاس mesure; éprouvette, *f*
— الحرارة thermomètre, *m*
— الزلازل sismographe, *m*
— النيل nilomètre, *m*
— المطر pluviomètre; ombromètre, *m*
— ضغط الهواء والطقس baromètre, *m*
— الطول toise, *f*
— الزوايا: منقلة rapporteur, *m*
مُقَايَسَة : تقدير évaluation;
∆ — : وصف تفصيلي لعمل ∆ مواصفة spécification, *f*
قَاسَ (قَيْساً) : تبختر se dandiner
— (قياساً) إقْتَاسَ mesurer; prendre la mesure de
— الثوبَ : لبسه وجرّب قياسه essayer
وَقِسْ عليه et ainsi de suite
قَايَسَ بين الشيئين comparer
✲ قَيْسَارِيَّة bazar; marché couvert, *m*
∆ قيسون (آلة دك الأساس) hie; dame, *f*
∆ قيّشَ الموس (انظر قوش) passer sur le cuir
✲ قِيشاني . قاشاني : زليج carreaux en faïence, *m.pl*
— : ∆ خزف فرفوري faïence, *f*
✲ قَيْضانة : سمك poisson-lune, *m*
✲ قيصر قيصرية (في قصر)
✲ قَيَّضَ الله له كذا : قدّر destiner à qu qc (Dieu)

قَاضَ الشيء من الشيء faire un échange; échanger qc contre une autre
قَايَضَ بكذا : بادل échanger; troquer
تَقَيَّضَ . إنْقاضَ الحائطُ : تهدّم وانهال tomber en ruine; chanceler
قَيْض pareil,le; semblable; égal,e
— . مُقَايَضَة بِدال échange; troc, *m*
✲ قِيطان (في قطن)
✲ قَيْظ : شدّة الحرّ les fortes chaleurs d'été, *f.pl*
— : إبّان الصيف cœur de l'été, *m*; canicule, *f*
∆ — : إمتناع المطر sécheresse, *f*
قاظ اليوم être brûlant *ou* très chaud (jour)
✲ قَيَّفَ أثرَه : تتبّعه filer; pister; poursuivre
قِيافَةُ الأثر: تتبّع filature, *f*; filage; pistage, *m*
∆ — : حسن اللباس chic; élégant,e
∆ — : حسن الهيئة de belle prestance
✲ قَيْقَب : اسفندان س . شجر érable, *m*
✲ قَيْل : رئيس (دون الملك الأعلى والجمع أقيال) chef; roitelet, *m*
— هندي maharajah, *m*
قِيلَة مائيّة hydrocèle, *f*
✲ قَيْلُولَة . قائلة: نوم الظهيرة sieste; méridienne, *f*
قائلة ∆ قيّالة : ظهيرة midi, *m*
قَالَ . تَقَيَّلَ ∆ قَيَّلَ faire la sieste
— : تكلم (في قول) dire
أقالَ البيع : فسخه résilier; annuler
— العثرة أو من عثرة relever d'une chute

— من المنصب révoquer; destituer; déposer; démettre

إستقال البيع : طلب فسخه demander la résiliation (d'un contrat ou d'une vente)

— : طلب أن يُقال démissionner; présenter sa démission

— الخدمة résilier ses fonctions

إقالة : عزل destitution, f; renvoi, m

— : فسخ annulation; résiliation, f

إستقالة من الخدمة démission, f

٭ قيّم ٭ قيمة (في قوم)

قَينة : مغنية أو سريّة chanteuse; cantatrice; ou esclave

— . مقينة : ماشطة femme de chambre, f

قايين : اسم علم (قايل أخو هايل) Caïn, m

(ك)

٭ ك : حرف تشبيه بمعنى « مثل » comme; ainsi que

كهذا comme cela

— : ضمير المخاطب toi; à toi; te; ton; ta; tes

قلمك ، أقلامك ton crayon; tes crayons

٭ كئب . إكتأب être triste, affligé, e, désolé, e, déprimé, e

أكأب attrister; déprimer; affliger

كأب . كآبة . كأبة tristesse, f

كئب . كئيب : مغم triste; morose; affligé, e

— . — المنظر laid, e; disgracieux, se; lugubre

— . مكتئب : حزين chagrin, e; maussade; morne

— . — اللون lugubre; terne

٭ كأداء : حزن tristesse, f

عقبة — وكؤود obstacle insurmontable, m

٭ كأس : قدح ←verre, m; coupe, f

— القربان ciboire; calice, m

— الزهرة والثمرة كمّ ←calice, m

— الحجامة أو الهواء ventouse, f

— العين : حمّام العين œillère, f; ←bassin oculaire, m

— البيض : ظرف البيض coquetier, m

٭ كآن (كون) ٭ كابل △ كابولي (كبل)

○ كاتدرائية : كنيسة كبيرة cathédrale, f

○ كاثوليكي ○ كاثوليكي catholique

٭ كاحل (في كحل) ٭ كاد (في كيد وكود)

٭ كار (في كور) ٭ كارّة (في كرر)

○ كارت : بطاقة الزيارة carte de visite, f

— بوستال carte postale, f

○ كاروبيم : كروبون chérubin, m

٭ كارثة (في كرث) catastrophe, f

○ كازينو : مقهى casino, m

٭ كافأ (كفأ) ٭ كافح (كفح) ٭ كافّة (كفف)

٭ كافور camphre, m

○ كافيئين : جوهر (روح) القهوة caféine, f

○ كاكاو : اسم النبات او شرابه cacao, m

٭ كال (كيل) ٭ كالّ (كلل) ٭ كالح (كلح)

○ كاميو (كميو) ٭ كان (في كون)

٭ كَأَنَّ . كَأَنْ (مُرَكَّبة مِنْ كَ وأَنَّ) comme

∆ كَانَة مشرشرة بصولة ←cheville barbelée, f

٭ كانون (كنن) ٭ كاهل (كهل) ٭ كاهن (كهن)

٥ كاوتشوك : مَطَّاط caoutchouc, m

عَجَلة — ←pneu, m

٭ كَبَّبَ : كتَّل pelotonner; rouler (en boule)

كَبَّ : قَلَبَ culbuter; renverser

— عَلَى وجهه : أَكَبَّهُ renverser (face contre terre)

∆ — كبا : دهق ∆ دلق répandre;

∆ — : صَبَّ verser

أَكَبَّ ٢ . إنكبَّ عَلَى وجهه être renversé, e; tomber face contre terre

— . — على أمر s'appliquer à

∆ إنكبَّ ٢ السائل : إندهق être répandu, e, ou versé, e

كَبّ : قَلْب renversement, m

— (في عِلْمِ وظائف الأعضاء) : ضِدّ بطح pronation, f

— : سَكْب versage, m; action de répandre ou verser

كُبَّة الغزل : كرة pelote, f

كِبَّة . كُبْنِيَّة : أَكْلة سورية viande battue et mêlée avec du gruau

كَبَاب : شواء grillade; viande grillée en broche, f *kabab*

كَبَابَة : نوع من البهار cubèbe, m

— صيني poivre de la jamaïque, m

∆ كُبَّاية : كوب verre, m

بالـ — (كقولك بيرا بالكباية) au verre; à la chope (bière)

مِكَبُّ الخيط : بكرة bobine, f; peloton; dévidoir, m

مُكِبّ ومُنْكَبّ عَلَى appliqué, e à

مُكَبَّب : مكتَّل congloméré, e; conglobé, e

كَبَتَ غيظه في جوفه dissimuler, contenir, réprimer, sa colère

∆ كَبُّوت : مِعطف capote, f; capot, m

∆ — العربة ←capote, f

∆ — : غطاء القضيب capote anglaise, f; préservatif, m

٭ كَبَحَ الدابَّة باللجام tirer, ou retenir, par les rênes

— : ردع réprimer; empêcher; freiner

كَبْح contrainte; retenue; répression, f

كابِح restrictif, ve; qui retient

٭ كَبِد . كِبْد foie, m

— : جوف cœur; intérieur, m; entrailles, f.pl; cavité du ventre, f

— : وسط milieu, ou centre, d'une chose, m

كَبِد وكُبَيْداء السماء milieu du ciel, m

كُبَاد : مَرَض الكبد cirrhose; maladie du foie, f

كابِد . مُكابِد patient, e; victime; souffrant, e; qui endure

مُكابَدة souffrance; endurance, f

كابَدَ . تَكَبَّدَ : قاسى — endurer; supporter;
— الأهوال أو الخسائر — essuyer; subir; éprouver
تَكَبَّدَ ٢ المكانَ — arriver au milieu
— تِ الشمسُ — passer au méridien; être au milieu du ciel
* كَبِرَ في السن — avancer en âge; vieillir
كَبَرَ فلاناً : كان اكبر منه — être plus âgé,e que
كَبُرَ : ضِدّ صغر — grandir; grossir; augmenter; s'agrandir
— عليه الأمر — se ressentir de
كَبَّرَ : ضِدّ صغَّر — agrandir; grosssir; élargir; accroître; augmenter
— : عَظَّمَ — magnifier
— الأمرَ : بالغ فيه — exagérer
— الجرمَ أو الأمر : ضِدّ خفف — aggraver
كابَرَ : عانَدَ — s'entêter avec acharnement; discuter opiniâtrement
أكبَرَ الأمرَ : رآه كبيراً — estimer, ou juger, qc grand,e ou grave
— الرجلَ : عظّمه — exalter
تَكَبَّرَ . تكابَرَ . اِستَكبَرَ : تعظّم — s'enorgueillir; devenir fier, ère
— عليه — être trop fier,ère, orgueilleux,se, hautain,e avec
اِستكبر ٢ الأمر — donner trop d'importance
كِبْر . كِبْرِياء : تجبّر — orgueil, m; insolence; arrogance; présomption, f
— . — : عظمة — fierté, f; orgueil, m
كِبَر . كَبْرة . كبر السن — vieillesse, f; grand âge; âge avancé, m
— . كُبْر : ضِدّ صغر — grandeur; grosseur; étendue, f

كَبَر : نبات — câprier, m; câpre, f
△ كَبُوريا : سَلَطعون (س) — crabe, m 
كَبِير : ضِدّ صغير — grand,e
— : عظيم القدر — supérieur,e; haut placé
— السن أي العمر — âgé,e
△ أبو — : حَلْتيت — assa-fœtida, f
إثمٌ — . كَبِيرَة — énormité, f; grand crime, m
أكْبَر — plus grand,e
— سناً (من) — plus âgé,e (que)
الله أكبر — Dieu est grand
الكبار والصغار — grands et petits, m pl
△ الأكابر — les grands; les nobles, m.pl
— والأعيان — les notables, m.pl
تكبُّر : كبرياء — orgueil, m; arrogance, f
تَكبير : ضِدّ تصغير — agrandissement; grossissement, m
مُكَبِّر : معظّم — grossissant,e 
— الصوت — haut parleur, m
نظّارة مُكَبِّرَة — loupe, f; verre grossissant, m 
مُكابِر — têtu,e; entêté,e; esprit opiniâtre, m
مُتكبِّر — arrogant,e; hautain,e; fier,ère; orgueilleux,se
△ كُبْري : جسر (راجع جسر) — pont, m
△ — عائم — ponton, m

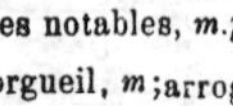

☆ كَبْرَتَ: طلى بالكبريت — soufrer; enduire de soufre

كِبْرِيت: معدن أصفر شديد الاشتعال — soufre, *m*

— عَمود — soufre en canon, *m*

زهرة الـــ — fleur de soufre, *f*

كِبْرِيتَة: شَخَّاطة — une allumette

كِبْرِيتِيّ: من الكبريت أو مختص به — sulfurique

حامض — acide sulfurique, *m*

كِبْرِيتات . كبريتاة: ○ سُلفات — sulfate, *m*

كبريتور: ○ سُلفور — sulfure; sulfite, *m*

مُكَبْرَت — soufré, e

☆ كَبَسَ على: شدّ عليه وضغط — presser; comprimer

— المكانَ: هجمَ عليه فجأة — envahir par surprise; faire une descente (dans un établissement)

— بالخلّ والملح — mariner

— بالسكر — confire

كَبَّسَ: دلّك — masser

كَبْس: ضغط — pression, *f*

○ كَبْسُ الكهرباء: ○ قابس — coupe-circuit; fusible, *m*

كَبْسَة: هجوم المفاجأة — descente de police; rafle; attaque inopinée, *f*

كَبِيس: إضافي . زائد — intercalaire

سَنَة كَبِيسة — année bissextile, *ou* intercalaire, *f*

كابوس: جُثام — cauchemar, *m*

كَبَّاس . كابِس — pressureur; compresseur, *m*

— ○ مِكْبَس: آلة الكبس — presse, *f*; pressoir, *m*

— ○ — الطلمبة — piston, *m*

— — ○: مدكّ — hie; demoiselle, *f*

مِكْبَس [2] القطن — presse à coton, *f*

— الخطابات — presse à copier, *f*

— مائي — presse hydraulique, *f*

تكبيس علاجي — massage, *m*

مَكْبُوس . [2] مُكَبَّس: مضغوط — pressé, e; comprimé, e

— . كَبِيس بالخلّ والملح — mariné, e; conservé, e, *ou* confit, e, dans du vinaigre, sel, etc

— بالسكر — confit, e (dans du sucre)

○ كَبْسُولَة البندقية — capsule; amorce, *f*

— المفرقعات — détonateur, *m*

— الثياب — bouton-pression, *m*

☆ كَبَشَ: تناول بجُمْع كفّه — prendre une poignée de; *ou* empoigner

كَبْش: ضأن — bélier, *m*

— قرنفل — clou de girofle, *m*

كُبْشَة: ملء اليد — poignée, *f*

△ كُبْشَة الثياب — agrafe, *f*

△ كَبَّاشَة: كلاب — grappin, *m*

△ —: مِحْوجن . ملمّ — rateau, *m*

☆ كَبْكَبَ: كبَّ — culbuter; renverser

△ —: دهق △ دلق أو سكب — répandre *ou* verser

☆ كَبَلَ . كَبَّلَ: قيّد — charger de fers

كَبْل: قيد (انظر قيد) — menottes, *f.pl*

— حبل غليظ أو سلك — cable, *m*

∆ كَبُّولي : دعامة applique, f 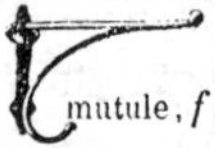
∆ — مِعْبَرة (في المعمار) mutule, f
∆ — بحر التكنة triglyphe, m
مُكَبَّل menotté, e; enchaîné, e; charge, e d'entraves
☆ كَبْوَة : عَثْرة . وَقْعَة faux pas, m; chute, f
كَبَا . اِنْكَبَى لوجهه . إنكبَّ على وجهه tomber le visage contre terre
— ه — : عثر وسقط trébucher
— النورُ : إظلمّ s'assombrir; devenir blafard, e
— اللونُ ternir; pâlir
— ٠ أكبَى الزنْدُ rater
☆ كبوت (كبت) ∆ كَبوريا (كبر) ☆ كتّان (كتن)
☆ كَتَبَ : سطّر . خطّ écrire; mettre par écrit
— وصيّة أو عقداً rédiger; dresser
— اليه بكذا écrire au sujet de
— له : اوصى له léguer
— الله عليه هذا cela lui était destiné
— كتابه على se marier à
كَتَّبَ ٠ إستكتب : جعله يكتب prier qn d'écrire; faire écrire
— الجنودَ former (en escadrons)
— ٠ أكتَبَ : املى على dicter à
كاتَبَ : راسل écrire à; être en correspondance, ou correspondre, avec qn
إكتَتَبَ في كذا souscrire à
تكاتَبوا être en correspondance

إكتِتاب souscription, f
كِتَاب : سِفر livre; [bouquin], m
— : خطاب . رسالة lettre; missive, f
— مدرسي livre scolaire, m
— مُطالعة livre de lecture, m
الـ المقدّس les Ecritures Saintes, f.pl
اهل الـ peuples qui ont un livre sacré
دار الكُتُب bibliothèque, f
كتابي : متعلق بالكتابة اوالكاتب bureaucrate; de bureau
عَمَل — travail de bureau, m
غلطة كتابيّة erreur de copie, f
بيّنة كتابيّة preuve écrite, ou authentique, f
كُتَّاب : مدرسة école primaire, f
إستكتاب dictée, f
كِتابة : خطّ écriture; calligraphie, f
— : نقش inscription, f 
مائدة الـ (راجع مكتب) pupître; bureau, m
ورق الـ papier à écrire, m
ادوات الـ : قرطاسيّة papeterie, f
بائع أدوات الـ : قرطاسي papetier, ère
بلا — : ∆ على بياض blanc, he; en blanc
كُتُبي : بائع الكتب libraire
كُتَيِّب : كتاب صغير livret, m; brochure, f
كَتيبة عسكرية escadron, m (cavalerie); compagnie (infanterie); batterie (artillerie), f

كاتِب : محرِّر . الذي كتَبَ écrivain; auteur, *m*

— المحكمة greffier, *m*

— المحامي clerc, *m*

— عمومي écrivain public, *m*

— : مَن عمله الكتابة في المكاتب commis, e aux écritures; expéditionnaire

— : نسَّاخ scribe, *m*; copiste

— حسابات comptable, *m*

— العقود الرسمية: موثِّق العقود notaire, *m*

— على آلة الكتابة dactylo; dactylographe

في حضرة — (موثق) العقود par devant notaire

الـ — : أبو حبيب ← secrétaire

كاتِبَة : اديبة femme de lettres; femme écrivain, *f*

△ مَكتَب: مكان ادارة العمل bureau; cabinet, *m*

△ — التلغراف bureau de télégraphe, *m*

△ — الاستعلامات bureau de renseignements, *m*

— مسجل أو محرر العقود الشرعي أو محامٍ étude, *f*

— : خوان الكتابة bureau; secrétaire, *m*

— اميركاني بحصيرة ← bureau à rideau, *m*

مكتبَة : دار الكتب او خزانة الكتب bibliothèque, *f*

— : محل بيع الكتب librairie, *f*

مكتَاب : آلة كاتبة ← machine à écrire, *f*

مَكتُوب : مدوَّن . مسطَّر écrit, e

— : رسالة . خطاب lettre; missive, *f*

— عليه : مُقدَّر écrit, e; destiné, e

غير — : منقول. سماعي oral, e; traditionnel, le

مُكاتِب : مُراسِل correspondant, e

مُكاتبَة : مُراسلَة correspondance, *f*

☆ كَتَّ القِدرُ : غلَتْ وازَّت bouillotter; mijoter; bouillir doucement

كَتٌّ . كَتِيت son du bouillonnement, *m*

٥ كَتَمركَتة العيون : سَدٌّ cataracte, *f*

△ كُتشِينه : ورق اللعب cartes à jouer, *f.pl*; un jeu de cartes, *m*

لعبة الـ — une partie de cartes, *f*

(كتع) أكتَع اليدِ estropié, e des doigts; qui a les doigts contournés, *ou* mutilés

△ — : بذراع واحدة manchot, e; estropié, e du bras

☆ كَتَفَ . كتَّفَ : شدَّ يديه إلى خلف lier les mains derrière le dos

— . — الطائرَ lier les ailes à

— . — : ربط garrotter; lier les bras

تَكتَّفَ △ إستَكتَفَ : ضم يديه إلى صدره croiser les bras

كَتِف . كِتْف : عاتِق épaule, *f*

— . — : عظم اللوح omoplate, *f*

△ — (في المعمار) : دعامة مبنيَّة contrefort, *m*

كِتَاف : قيد التكتيف liens, *m.pl*; menottes, *f.pl*

مَكتُوف . مُكتَّف qui a les bras liés derrière le dos

مُتَكتِّف que a les bras croisés

☆ كَتكَتَ : ضحك في فتور . اهنف ricaner; rire à demi

△كتكوت : فَرُّوج . صُوص

← poussin, *m*

△شَعْر مُكَتْكَت : مفلفل — cheveux cotonnés, crépus, frisés, *m.pl*

✱ كَتَلَ . كَتَّلَ — conglober; agglomérer; réunir en masse

تَكَتَّلَ — être entassé,e, *ou* congloméré,e

كُتْلَة — tas; monceau, *m*; masse; boule; conglomération, *f*; *ou* bloc, *m*

△— خشب — poutre, *f*

مُكَتَّل — en tas; en mottes; en masse

✱ كَتَمَ . كَتَّمَ . اكْتَتَمَ : celer; cacher — garder, cacher, taire, un secret

— نَفَسَه : لم يتنفّس — retenir sa respiration

— النار او الاشاعة — étouffer

— الغضب — contenir; réprimer; refouler

— الصوت — assourdir; étouffer

△— البطنَ : امسكه — constiper

لا يكتم السرّ — indiscret,ète; bavard,e

كاتَمَهُ السرَّ — cacher un secret à

إستكتمه السرّ — confier le secret à

كَتْم . كِتْمان — discrétion, *f*; action de cacher *ou* de taire qc

△انكتام البطن : امساك — constipation, *f*

كاتِمُ السرّ . كتوم — discret,ète; réservé,e; confident,e;

— السرّ : ○ سكرتير — secrétaire

كَتِيم : لا ينفذه شيء . مسيك — imperméable; sans fissure; étanche

— : محكم السدّ — hermétiquement fermé,e

تَكَتُّم : كتمان السرّ — discrétion, *f*; secret, *m*

مكتوم — caché,e; tenu secret,ète

△— البطن : مُمْسَك — constipé,e

صوت — — voix étouffée, *f*; son assourdi, *m*

✱ كَتَّنَ . كَتِنَ — couvrir de suie; noircir

كَتَن : سِناج △ هِباب — noir de fumée, *m*; suie, *f*

كَتّان : نبات التيل — lin, *m*

بِزر الـ — graine de lin, *f*

زَيْت بزر الـ : △زيت حار — huile de lin, *f*

خيوط اونسيج الـ : △تِيل — toile de lin, *f*

نُسالة الـ — peluche de lin; charpie, *f*

كَتّانيّ . من الكتّان — de lin

○ كَتُّونة الكاهن: ثوب ابيض من كتّان — aube, *f*

△كَتِينة الساعة : سلسلة — chaîne, *f*

✱ كَثَب : قُرب — proximité, *f*; voisinage, *m*

عن او من — — de près; à bout portant

كَثِيب (الجمع كُثُب وكثبان) — dune de sable, *f*

✱ كَثَث : كثافة — épaisseur; densité, *f*

كَثّ الشعر — être épais, *ou* drus (cheveux)

كَثّ . كَثِيث : كثيف — dense; épais,se; compact,e; dru,e

✱ كَثُرَ : ضدّ قَلّ — être nombreux,se; foisonner; pulluler; abonder

— عن : زاد — dépasser; excéder

— حدوثه (مثلا) — avoir lieu, *ou* arriver, souvent *ou* fréquemment

— . تكاثر — se multiplier; s'accroître

كَثَرَ . كاثَرَ : غلب في الكثرة — surpasser en nombre; excéder

كَثُرَ . أَكْثَرَ : جعله كثيراً multiplier; accroître
△ — . — من الفعل : اتاه كثيراً faire souvent
△ — . — في الكلام parler beaucoup, trop, de trop
△ — الله خيرك : اشكرك je vous remercie
إِسْتَكْثَرَ trouver, ou considérer, qc beaucoup ou trop
△ — بخيره : شكره remercier; se confondre en remerciements
كَثْرَة . كُثْر grand nombre, m; grande quantité; fréquence; multitude, f
— : ضدّ قلّة multiplicité; grande quantité, f
— : وفرة profusion; abondance; foison, f
— العدد grand nombre, m; multitude, f
جمع الـ . (في النحو العربي) pluriel de multitude, m
كَثِير : وافر abondant, e
— العدد nombreux, se
— المقدار beaucoup; en grande quantité
— الحدوث fréquent, e
بكثير de loin; de beaucoup
كثيراً ما souvent; fréquemment
كَثِيرَاء . صمغ الكثيراء gomme adragante, f
أَكْثَر من plus que
— عدداً plus nombreux, se
— فأكثر de plus en plus
— : معظم . أغلب la plupart
على الـ au plus; tout au plus
أَكْثَرِيَّة majorité, f
تَكَاثُر accroissement, m; multiplication; fréquence, f

✲ كَثُفَ . تكاثف s'épaissir; être épais, se, ou touffu, e
كَثَّفَ épaissir; rendre épais, se
— بالتبخير : خثّر . عقّد lier; épaissir
كَثَافَة : غِلَظ épaisseur; densité, f
— القوام consistance, f
كَثِيف : غليظ épais, se; dense; touffu, e
✲ كُثْبَة : ضفيرة زهور مستديرة guirlande; ←couronne, f
○ كَثُولِيكي ○ كاثوليكي catholique
△ كَحَّ : سعل . احّ tousser
كُحَّة : سُعال toux, f
△ كَحَتَ . كحّت : كشط وحك gratter
كحت . تكحيت : كشط grattage, m
عَمَلِيَّة — او — (الرحم) curetage, m
ملعقة — او — . curette, f
△ كَحْكَحَ : سعل سعلة منقطعة toussoter
✲ كَحَلَ . كحّل العين enduire, ou teindre, les cils ou les paupières, de kohl
تكحّل . إكتحل passer du kohl sur les cils (ou les paupières)
كَحَل : سواد الجفون noir au coin des paupières, m
كُحْل . كِحَال : مسحوق يكتحل به collyre sec, m
— لتسويد الجفون khôl; kohl; kohol, m
حجر الـ . : اثميد antimoine, m
△ كَحْلَة او تكحيل البناء jointoiement, m
كُحْلِيّ : ازرق قاتم (لون) bleu marine, m

كَحِلٌ. كَحِيل. كَحِيلَة — œil (paupières et cils) noir, *m*
△ كاحِلُ القدم : كَعْب — astragale, *m*
كُحُول. الكحول — alcool, *m*
كُحُولِيّ — alcoolique
مُكْحُل. مِكْحَال — crayon de noir, *m*
كَدَّ : تَعِبَ — peiner; se lasser; se fatiguer; trimer (s'esquinter)
— : اتعب — fatiguer; lasser; harasser
كَدّ — peine, *f*; labeur; travail dur; effort pénible; harassement, *m*
كَدُود — laborieux,se; travailleur,se; diligent,e
☆ كَدَحَ : اجهد نفسه — peiner; trimer; se démener; turbiner];
كَدْح — peine; fatigue, *f*; labeur; effort, *m*
☆ كَدُرَ : ضدّ صفا — être trouble, *ou* troublé,e
كَدَّرَ : عكّر — troubler
— : اغمّ — affliger; navrer: ennuyer
— : اغضب — fâcher, contrarier
تَكَدَّرَ : تعكّر — être troublé,e, *ou* trouble; se ternir
— : غضب او استاء — se fâcher
كَدَر. كُدْرَة : عكر — état trouble, *ou* bourbeux,se; défaut de limpidité, *m*
— : غمّ — trouble; ennui; chagrin, *m*
كُدْرَةُ اللون — couleur terne, sombre, mate, *f*
كَدِرٌ : عَكِر — trouble; troublé,e
— : غير شفّاف — diaphane; opaque

مُكَدِّر — ennuyeux,se
مُكَدَّر : معكّر — troublé,e; agité,e
مُتَكَدِّر (من) — contrarié,e; fâché,e de
☆ كَدَّسَ. كدَسَ — entasser; amonceler; empiler
تَكَدَّسَ — être entassé,e
كُدْس : كَوْمة — tas; amas, *m*; pile, *f*
مُكَدَّس — empilé,e; entassé,e
☆ كَدَمَ : عضّ بمقدّم فه — mordre du bout des dents; donner une bourrade (chien)
△ — : كَدَّمَ. رضّ — contusionner
△ كدمة — contusion, *f*
☆ كَدَى. أَكْدَى في العطاء : بخل — donner chichement
اكدى ٢: لم يظفر بحاجته — manquer; faillir à
كَدَّى : استجدى — mendier; demander l'aumône
كُدْيَة : استجداء — mendicité, *f*
△ — : عتلة — levier, *m*; pince, *f*
△ كَدِيش : برذون — cheval de trait, de train, de charge; sommier, *m*
☆ كَذَا : كذلك. هكذا — ainsi
— وكذا — tel et tel
☆ كَذَبَ : ضدّ صدق — mentir
— عليه — lui mentir
—تْ عينيّ — mes yeux m'ont trompé
كَذَّبَ : نسبه الى الكذب — démentir; accuser qn de mensonge
— القولَ : نَقَضه — réfuter; nier
— نفسه — se démentir

اكذب : حمل على الكذب — faire mentir qn

ـــه : بيّن كذبه — donner un démenti à qn

كِذْب . كَذِب — mensonge, *m*; imposture, *f*

كِذْبَة . أُكْذُوبَة — un mensonge

△ — ابريل — poisson d'Avril, *m*

— بسيطة (لا يُقصد بها شر) — petit mensonge, *m*

كاذِب : ضدّ صادق — faux, sse

— . كَذّاب . كذوب — menteur, se; trompeur, se

* كذلك : هكذا . كذا — ainsi; de cette manière

— : ايضاً — aussi; également

* كراء (كرى) * كراجة (كرج)

○ كرافتّة : رباط الرقبة — cravate, *f*

△ كرّاكة (كرك) * كراكي (كرك)

* كَرَبَ : ضايق — affliger; peiner; attrister

— الدابة وغيرها : اوقرها — surcharger

إكْتَرَبَ . إنْكَرَبَ — être triste, *ou* en peine

كَرْب : همّ — tristesse; affliction; peine; humeur noire, *f*

— : غصّة — angoisse; torture; agonie, *f*

○ كَرْب : شبّوط △ مبروك — carpe, *f*

مَكْرُوب : متضايق — triste; affligé, e; peiné, e

○ مِيكْرُوب : جُرثومة — microbe, *m*

△ كُرْباج : سَوْط — fouet, *m*; cravache, *f*

ذيل او رَخْوال — mèche du fouet, *f*

* كِربال : مندف △ قوس — arçon du cardeur, *m*

○ كربون : فحم — carbone, *m*

ورق — : ورق منحّم — papier carbone, *m*

كربونات الصودا — carbonate de soude, *m*

كربونيك : فحميك — carbonique

○ كَرْتَن عليه : حجر — mettre en quarantaine

○ كَرْتُون : ورق مقوّى — carton, *m*

* كَرَثَ . أَكْرَثَ الغمُّ فلاناً — être oppressé, e *ou* affligé, e

إكترث للأمر — se préoccuper de; faire attention à

كُرّاث : △ كُرّات أبو شوشة — poireau, *m*

كارثة : نكبة — catastrophe; calamité, *f*; désastre, *m*

إكتراث — attention, *f*; soin, *m*

* كَرِجَ : تعفّن — moisir

بلاد الكرج جيل من نصارى القوقاز — Géorgie, *f*

△ كَرْخانة : بيت العاهرات . ماخور — bordel, *m*

— س : مصنع — fabrique, *f*; *ou* atelier, *m*

* كُرْد . اكراد — Kurdes, *m.pl*

بلاد الـ كردستان — Kurdistan *ou* Kourdistan, *m*

△ كِرْدان : قلادة — collier, *m*

— الانسميل — arbre de transmission, *m*

○ كَرْدينال (الجمع كرادنة او كرادلة) — cardinal, *m*

* كَرَّرَ : اعاد — répéter; réitérer

△ — : قطّر أو صفّى — raffiner; clarifier

△ — : حلّل — analyser

كَرَّ : عاد — se répéter; revenir

— : رجع الى الوراء — se replier

— على العدوّ — revenir à la charge

— صدره — faire entendre un râlement

— عائداً — revenir sur ses pas

تَكَرَّرَ se répéter; être répété,e

— بالتقطير او التصفية être distillé,e, raffiné,e, clarifié,e

كَرٌّ . كَرَّة : هجوم charge; attaque, f

كرَّة ٢ : مرة . دور coup, m; fois, f

— . △ كورة (في كرو) balle, f; ballon, m

كَرّ السفينة ←hauban, m

△ كَرار : بيت المؤونة cellier; office, m; dépense; cave, f

△ كَرارجي dépensier,ère; cellerier,ère

△ كُرّارية دوبارة ←pelote de ficelle, f

كُرور : رجوع . عودة retour; recul; repli, m

— : تعاقب succession, f

كَرير الصدر râlement; râle, m

تَكْرار . تَكَرُّر . تَكْرِير répétition; réitération, f

تَكْراراً fréquemment; à plusieurs, ou à maintes, reprises

تكرير ٢ : تنقية . تصفية raffinage, m

△ معمل — السكر (مثلاً) raffinerie, f

مُكَرَّر . مُتَكَرِّر répété,e; réitéré,e

— العدد (في الحساب) multiple, m

△ — : منقّى . مُصفّى raffiné,e; affiné,e

رقم ٩ مكرر (مثلاً) No. 9 bis

مُتَكَرِّر ٢ الحدوث fréquent,e

* كَرَزَ بالانجيل prêcher

كَرَز . كُرُوز ← cerise, f

كِرْز . كِرازة : وعظ prédication, f

○ كرزوت : خلاصة القطران créosote, f

* كَرَّسَ البناء : وضع اساسه jeter les fondements d'un édifice

— : قدَّسَ sanctifier

— : خصَّص (لخدمة الله وغيره) consacrer; dédier

— : لقَّح . احتفل بقبوله كعضو في جمعية initier

كُرْسِي : مقعد chaise, f; siège, m

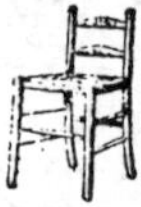

— قش chaise à fond de paille, ←ou de jonc, f

— الملك : عرش trône, m

— الاسقف siège épiscopal, m

— قاش ←chaise pliante, f

— طويل للتمدد chaise longue, f

— الاعتراف confessionnal, f

— الحوذي siège du cocher, m

— بمساند ←fauteuil, m

○ — بِلْي coussinet à billes, m

— بلا ظهر : △ اسكملة ←escabeau; tabouret, m

— اسطوانات tambour; cylindre, m

— قش ٢ (صفصاف) ←fauteuil en rotin, m

— رافع coussinet de suspension, m

— هزاز chaise ←à bascule, f

— خيزران ←chaise cannée, ou de canne, f

— العمود او التمثال : قاعدة piédestal, m
∆ — بيانو او موسيقى tabouret de piano, m
— فى (جامعة) . استاذية علم chaire, f
∆ — بلكون (فى دور الملاهى) fauteuil balcon, m
∆ — ستال » » stalle, f
∆ —: كرياس : كنيف cuvette, f
كُرَّاس . كُرَّاسَة : دفتر cahier, m
— . — : جزء من كتاب . ملزمة fascicule, m; livraison (d'un livre), f
— . — : رسالة brochure, f
تَكرِيس : تدشين consécration; dédicace, f
— مَلِك او مطران sacre, m
— : تلقيح . احتفال بقبول شخص فى جمعية initiation; cérémonie d'admission, f
مُكَرَّس dédié, e; consacré, e
* كُرسُوع os extérieur du poignet, m
* كَرسَفَ الدابة : قطع عرقوبها couper les jarrets
* كِرسِنَّة : نبات وحَبّه vesce noire, f; ers, m
○ كُرسيه : مِشَدّ corset, m
* كَرِش . تَكَرَّش : تقبَّض se ratatiner; se rider; se froncer
كَرَّشَ : ∆ كشَّر se renfrogner
∆ — . إستكرش الرجُل faire du ventre
كِرش : المعدة الاولى للمجترات panse, f, ou rumen, m
∆ — : بطن ventre, m
— الطبخ ∆ كِرشَه : قَنيمِيّ tripe, f
∆ كُرشيه : صنّارة او ابرة الحياكة crochet, m

∆ كُرَيشَة : نسيج دقيق crêpe, m
∆ — سوداء (للحزن) crêpe; crêpe noir, m
أكرش ∆ مُكرش : كبير البطن ventru, e
∆ كَرشُوني arabe écrit en lettres syriaques
* كَرَعَ في الماء siroter; sucer; humer, ou aspirer, l'eau
∆ تكَرَّعَ : تجشَّأ roter
كُرَاع (الجمع اكارع) ∆ كلوع (الجمع كوارع) pied de moutons et de bœufs, m
* كَرَفس céleri, m
(كرك) كُركِي : رَهو . طائر (الطر رَهو) grue, f
كَراكي : ∆ بَلَيطَة brochet, m
∆ كَرّاكة (لتطهير مجارى المياه) (bateau) dragueur, m
∆ كَركَة : جهاز التقطير alambic; distillateur, m
∆ كروكي : رسم مُجمل croquis, m
∆ كُرِيك : مجرفة pelle, f
∆ — : رافعة cric, m
∆ كَركَبَ : شوّش créer la confusion; [chambarder]
— : قرقع craquer; craqueter
كَركَبَة : تشويش désordre, m; confusion, f
— : قرقعة craquement, m
— المصارين : قرقرة borborygme; grouillement, m
كَراكيب : سَقَط المتاع vieilleries, f.pl; rebut; fatras, m

٭ كَرْكَدَّن
rhinocéros, m

— البحر : حيوان مائي narval, m; licorne de mer, f

٭ كَرْكَرَ في الضحك rire aux éclats

كَرْكَر : طائر مائي كالنورس mouette, f; goéland, m

٭ كُرْكُم : اسم النبات curcuma, m

— : مسحوق جذور الكركم safran des Indes, m

٭ كَرْكَنْد : ياقوت جمري rubis, m; spinelle, f

— الماء العذب écrevisse, f

△ كَرَكُوز guignol, m marionnette, f; pantin, m

٭ كَرُمَ : عزّ وكان نفيساً être précieux, se

— : كان كريماً être généreux, se, ou noble

كَرَّمَ . أكْرَمَ : حيّى به honorer; faire, ou rendre, honneur à

△ ـه في الثمن faire un prix spécial pour

تَكَرَّمَ : تكلف الكرم feindre la générosité

— : سخي se montrer libéral, e

— : تفضّل avoir la bienveillance de

— عليه بكذا il a bien voulu lui donner

هل تتكرم علي veuillez; voulez-vous avoir l'obligeance de

كَرَم : سخاء générosité; magnanimité; libéralité, f

— الأخلاق noblesse de caractère, f

— المحتد (الأصل) noble souche, f

— : فَضْل faveur, f; service, m

△ كَرَماً : فضلاً à titre de faveur

كَرْم : بُستان jardin; verger, m

— : عِنَب raisin, m

— العنب vignoble, m; vigne, f

قلعة الـ او الكرمة او الكروم vendange, f

كَرْمَة[٢] العنب : داليَة une vigne, f; un cep de vigne, m

زراعة الكروم viticulture, f

كَرَّام : صاحب الكرم viticulteur, m; vigneron, ne

كَرَامَة : شرف égards, m pl; considération, f; respect; estime, m

— : هيبة . اعتبار dignité, f; prestige, m

— : كَرَم . جود générosité; libéralité, f

حُبّاً وكرامة avec plaisir; volontiers

كَرِيم : ذوالكرم أومضياف généreux, se; ou hospitalier, ère

— الأخلاق magnanime

— جَوَاد pur sang; cheval de race, m

— حَجَر أو معدن . pierre précieuse, f

المعادن الكريمة métaux précieux, m.pl

كريمة فلان la fille de...

أكْرَم : اكثر كرماً plus généreux, se

إكْرام déférence, f; témoignage de vénération; bon accueil

— الضيف : إقراء hospitalité, f

إكراماً لخاطر « فلان » par égard, ou déférence pour

— لوجوده (مثلاً) en l'honneur de sa présence

اكرامي honoraire; honorific
تكريم témoignage d'honneur, m; action d'honorer, f,
مُكَرَّم : مبجَّل . معظم respecté, e; considéré, e; vénéré, e; honoré, e; ou honorable
△ — △ مكرُوم favorisé, e
مَكرُمة geste noble, m; action généreuse, f
○ كَرَمْبُولا carambolage, m
△ كَرْمَشَ △ تكَرْمش : كرش . تغضّن se rider; se ratatiner
كَرْمشة : غضْن rides; plis, m.pl
○ كَرملّة : حلوى من السكر المحروق caramel, m
كُرناف البندقيّة △ كُرنافة : قندق ← bois, fût (m), crosse, monture (f), de fusil
✱ كُرُنب : مَلفُوف ← chou, m
○ كُرنتينة (راجع كرتن) quarantaine, f; service quarantenaire, m
○ كَرنك : مرفق الآلة ← coude, m
○ كُرنيش : افريز زخرف corniche, f
✱ طريق خارجي أو دائري مُعَبّد
△ — مقصّ fronton, m
✱ كَرِهَ : ضد أحبّ détester; haïr
كَرُهَ : كان كريهاً être haïssable, odieux, se, détestable; inspirer du dégoût
كَرّهَ فلاناً الشيءَ واليه faire haïr; dégoûter de
أكرَهَ على : ارغم forcer; contraindre
تكَرّهَ واستكرَهَ الشيءَ avoir de l'aversion pour; répugner à; prendre en aversion

كُره . كَراهة . كَراهِيَة répugnance; aversion; phobie, f; dégoût, m
— . — : بغض haine, f
— . — الزواج أو النساء misogamie ou misogynie, f
— . — الأجانب xénophobie, f
كُرهاً . على كُره à contre-cœur
كَرِهٌ . كَرِيه : لا يُحَبّ désagréable; déplaisant, e
— . — : بَغيض haïssable; détestable
— . — : تعافه النفس dégoûtant, e; répugnant, e
كريه الرائحة puant, e
— الطعم de mauvais goût
كَرِيهة : داهية malheur, m; adversité; chose désagréable, f
كارِه : ضدراض contraire ou opposé, e à; ennemi, e de; qui ne veut pas
— في كذا avoir en horreur; abhorrer
إكْرَاه : إرغام contrainte; cœrcition, f
— : استعمال العنف violence, f
بِتَكَرُّه malgré soi; à contre-cœur
مُتَكَرِّه malgré lui
مَكرُوه : ضدّ محبوب détestable; indésirable
— : مُبغض détesté, e; abhorré, e
— : شدّة calamité, f; malheur, m
(كرو) كُرَة : جسم مستدير sphère; boule, f; globe, m
— القدم football; ← ballon rond, m
— اللعب balle, f

— الأرض . الـــ الأرضية	globe terrestre, *m*
—الكواكب(فلكية)	corps sphérique, *m*; sphère céleste, *f*
لعبة — القدم	jeu de football, *m*
لعبة —السلّة(انظر سلل)	basket-ball, *m*
كَرَوِي . كُرِي : مستدير	sphérique; rond, e; globeux, se
نصف —	hémisphère, *m*
كُرَيَّة : كرة صغيرة	globule, *m*; bille, *f*
— : ذرّة . جُسيمة	corpuscule, *m*
٭ كَرَوان : طائر مُغَرِّد	courlieu; courlis, *m*
٥كروم : مادّة ملوّنة	chrome, *m*
٥كرونة : رُعْلة (انظر رعلة)	couronne, *f*
△كروكي : رسم تخطيطي . مجمل	croquis, *m*
٥كْروكيه : لعبة كرات تضرب بمطرقة	croquet, *m*
٭كَرَوْيا : كمّون أرمني	carvi; cumin des prés, *m*
٭كَرِي : نعس	sommeilier
كَرَى النهرَ : عمّقه △ طهّره	draguer
كارَى أكْرَى : أجّر	louer; donner en location
إكْتَرَى . إستكْرَى : إستأجر	louer; prendre en location
— . — خادماً	engager; employer
كَرَى : نُعاس	sommeil, *m*; somnolence, *f*
كِراء : أجْرة	louage; prix de louage, *ou* de location, *m*
— الأرض أو البيت	loyer, *m*
— العامل	gages, *m.pl*; salaire, *m*
إكتراء : تأجير	location, *f*
إكتراء : إستئجار	louage, *m*
مُكْرٍ . مُكار : مؤجّر	locateur, rice; bailleur, resse; loueur, se
مُسْتكْرٍ : مُستأجر (راجع اجر)	locataire
مُكاري : بَغّال . صاحب البغل	muletier, *m*
— : حمّار	ânier, *m*
كَري : توليفة توابل	cari, *m*
△كريز (كرز) △ كريك (كرك)	
٥كريكت : جَحْفة	cricket, *m*
٥كريوزوت : خلاصة القطران	créosote, *f*
٭ كُزْبرة : جلجلان	coriandre; adiante, *f*
— البئر	capillaire, *m*
— خضراء	cerfeuil, *m*
٭كَزَّ : بَخِل	avarice, *f*
كَزّ : يابس	sec (*a.m*); sèche (*a.f*); desséché, e; aride
— : منقبض	contracté, e
كُزاز . كُزّاز : قصَر (مرض)	tétanos, *m*
كَزَّ : ضيّق	rétrécir
— : إنقبض ويبس	se dessécher; se contracter
△ — على أسنانه	serrer les dents; grincer des dents
كُزَّ : أصابه الكزاز	atteint, e de tétanos
٥كسا ٥كساء (في كسو)	
٭كَسَبَ . اكتسب : ربح	gagner; bénéficier; profiter
— سباقاً : فاز	remporter (la victoire)
— . كسَّبَ . أكسب	faire gagner, profiter, acquérir
— . — حقّاً	donner droit à

كَسَبَ . إكتِسَاب — gain, *m*; acquisition, *f*

— : رِبْح — bénéfice; gain; profit, *m*

△ كُسْب . كُسْبة : ثُفل الزيوت — tourteau, *m*

كَاسِب : رابح — gagnant, e; qui gagne

مَكْسَب — gain; profit, *m*

مُكْسِب — profitable; lucratif, ve

مُكْتَسَب . مَكْسُوب — gagné, e; acquis, e

— : اكتسابي — acquis, e; obtenu, e

☼ كُسْبُرَة (راجع كزبرة) — coriandre, *f*

△ كُسْتُبان : قمع الخياطة — dé, *m*

○ كُسْتُلِيتَة : ضلع بما حوله من لحم — côtelette, *f*

○ كَسْتَنا : △ ابو فَروَة — châtaigne, *f*

— مسكَّرة : ○ مَرون جلاسيه — marron glacé

لون كَسْتَنِي — châtain, e; marron

(كسج) كَوْسَج : قرش . كلب البحر — requin; squale, *m*

☼ كَسَحَ : كنس — balayer

— البئرَ : △ نَزَحها — curer

كَسِحَ △ تَكَسَّحَ — être estropié, e des jambes, rachitique, [noué, e]

إكتَسَحَ — balayer; emporter

كَسَح . كُساح — faiblesse des jambes, *f*

كُساح الأطفال : ارتخاء العظام — rachitis; rachitisme, *m*

— : فالج الأطفال — paralysie infantile; polyomiélite, *f*

كُسَاحَة : كُنَاسة — balayures; ordures, *f.pl*

— المراحيض — immondices, *f.pl*; gadone

كَسِيح . أكسَح △ مُكَسَّح — noué, e; paralysé, e des jambes; paralytique

كاسِحة الألغام (سفينة) — dragueur de mines, *m*

☼ كَسَدَ الشيء : لم ينفق — rester sur les bras

ـت . أكسَدَت السوق — être calme ou stagnant, e

كَسَاد : ضِدّ رواج — stagnation, *f*; marasme; manque de débit, *m*

كاسِد . كَسِيد : ضِدّ رائج — mort; plat; calme; languissant (marché)

بضاعة او سِلعة كاسدة — rossignol, *m*; marchandise invendable, *ou sans débit, f*

☼ كَسَرَ العودَ والذراعَ — casser; rompre; briser

— : نقضَ . خالفَ — enfreindre; violer

— البابَ : فتحه بعد كسره — enfoncer la porte

— الجيشَ : غلبه — battre; mettre en déroute

— النورَ : حرّفه عن خط سيره — réfracter

— خاطره — désappointer; désoler

— شوكة الغضب الخ — apaiser; atténuer

— من طرفه — baisser les yeux

— . كَسَّرَ : حطّم — briser; mettre en pièces; casser en petits morceaux

تَكَسَّرَ — se casser (en morceaux)

إنكَسَرَ — être cassé, e, brisé, e, battu, e, apaisé, e

كَسْر . تَكسِير — bris, *m*; casse; rupture; fracture, *f*

— : نَقض . مخالفة — violation; infraction, *f*

— (في عود أو حائط) — cassure, *f*

— (في عظم) fracture, *f*
— (في الحساب) fraction, *f*
— اعتيادي fraction ordinaire, *f*
— عشري أو اعشاري fraction décimale, *f*
بَسْط أو صورة الـ س numérateur, *m*
△ مقام او مخرج س الـ dénominateur, *m*
△ كُسور : زائد de reste; de surplus; de plus
△ جنيه و — (مثلاً) une livre et fraction
كَسْرَة : هزيمة défaite; déroute, *f*
كِسْرَة : جزء من الشيء المكسور fragment; morceau, *m*; fraction, *f*
— خبز tranche (*f*), *ou* morceau (*m*), de pain
△ كسّارة الجوز واللوز ←casse-noisettes, *m*
كَسِير : مكسور cassé, e
— الخاطر abattu, e; découragé, e; démoralisé, e
كاسِر : حاطم casseur, se; briseur, se
— العِظام : النسر الملتحي ←gypaète, *m*
طير — oiseau de proie, *m*
△ كاسُور : خنزرة ←hache de pierre, *f*
○ إكسير : روح. خلاصة élixir, *m*
إنكِسار : تحطّم bris, *m*
— : إنهزام défaite, *f*
— النور أو الاشعة réfraction, *f*
تكسُّر الجِسم : فُتور وتوصيم malaise, *m*

تَكْسِير cassement, *m*; cassure, *f*
جمع الـ — (في النحو العربي) pluriel irrégulier, *m*
مُكَسَّر cassé e; brisé, e; en morceaux; en pièces
مَكْسُور . مُنْكَسِر cassé, e; brisé, e
— : مغلوب أو منهزم battu, e
— الخاطر déprimé, e; découragé, e
○ كَسَرُولة ←casserole, *f*
☆ كَسَفَ (كَسْفاً) الشمس أو القمر éclipser
△ — : خزى . اخجل faire un affront à; faire rougir
△ — : رده خائباً désappointer
— ت . إنكسفت الشمس s'éclipser
△ انكسف ٢ : خجل rougir; avoir honte
كُسُوف وانكساف الشمس أو القمر ←éclipse, *f*
و — الكواكب occultation, *f*
كاسِفُ البال mélancolique; triste
— الوجه sombre; lugubre; maussade
مَكْسُوف . مُنْكَسِف éclipsé, e
△ — : خجلان honteux, se
△ كَسْكَس : تراجع reculer; aller à reculons
☆ كَسِلَ . تكاسَل paresser; fainéanter; [avoir la flème]
أكسَل . كسَّل rendre qn paresseux
كَسَلٌ . تكاسُل paresse; fainéantise; indolence, *f*
كَسِلٌ . كسلان . كسول paresseux, se; fainéant, e

∆ كَسْم: شكل	figure; forme; tournure, *f*; contour, *m*
∆ مُكَسَّم	bien fait, e, *ou* formé, e
* كُسْوَة : لباس	habit; vêtement, *m*
— رسمية	uniforme; habit de cérémonie, *m*
كِساء : ثوب	habit; costume, *m*; parure *f*
الـ والغذاء	vêtement (*m*) et nourriture (*f*)
كَسا . أكْسَى	habiller; vêtir
إكْتَسَى . تَكَسَّى	s'habiller; se vêtir; être vêtu, e
∆ تكْسِية الحيطان	revêtement, *m*
مُكْسِي	habillé, e
— (بالقطيفة)	couvert, e (de velours)
* كَشَحَ : اشقع . طرد	chasser
إنْكَشَحَ القومُ : تفرقوا	se disperser se dissiper
كَشْح : مابين السرَّة ووسط الظهر	région lombaire, *f*; hypocondres, *m.pl*
طَوى ـــه على الأمر	tenir secret
كَشَاحَة : عداوة مضمرة	haine secrète; rancune; rancœur, *f*
كاشِح : عَدوٌّ باطن العداوة	rancunier, ère
* كَشَرَ . كَشَّرَ عن اسنانه	montrer ses dents; grimacer
∆ — : كرَّش . تجهَّم	se refrogner
كَشْرَة	grimace; action de montrer les dents, *f*
∆ مُكَشِّر : عابس	refrogné, e; maussade
(كشش) كَشَّ الثعبانُ	bruire
∆ — : تقلَّص	rétrécir; se rétrécir; s'étrécir
* كَشَطَ الرغوة	écumer
— : حتَّ او محا	gratter; racler; décrotter
— الجلدَ : سحجه	écorcher
— القشطة	écrémer
مِكْشَط : عُقَّابية	grattoir, *m*
* كَشَعَ : ذهب	s'éloigner de; quitter
* كَشَفَ . كَشَّفَ : ضدّ غطّى	découvrir
— : أظهر	révéler; mettre à jour
— : عرَّى	dénuder; mettre à nu
— السّتر او القناع	dévoiler; démasquer
∆ — عليه طبيًا : فحصه	ausculter
كاشَفَ بكذا	révéler qc à qn
ـــه بالعداوة	manifester de l'inimitié à qn
إنْكَشَفَ . تَكَشَّفَ : ضِدّ تغطى	se découvrir
— : ظَهَرَ	être mis, e à nu; apparaître
— : افتضح	se manifester; être divulgué, e
إكْتَشَفَ . كشَفَ : وجد	découvrir
إسْتَكْشَفَ الأمرَ : طلب أن يُكشف له	chercher à découvrir
— : استطلع	faire une reconnaissance
كَشْف : ضدّ تغطية	découvrement, *m*
— : إظهار	exposition; révélation, *f*
∆ — : بيان	état; exposé; énoncé, *m*
∆ — حساب	relevé de compte, *m* facture, *f*
∆ — طبي	examen médical, *m*

△ كُشْفَةُ الصفحة : abaque; tailloir, m

كَشَّاف : كاشف — découvreur, se; révélateur, rice; qui découvre

— : طليعة . مستطلع — éclaireur; scout, m

مَركَب — — vedette, f

النور (المصباح) الـــ — projecteur, m

الكشافة : النهضة — les scouts; les éclaireurs, m.pl

كِشَافَة : عمل الكشّاف — scoutisme, m

كاشف . كاشفة (في الكيميا) — réactif, m

إكْتِشَاف : كشف — découverte, f

— △ استكشاف — reconnaissance, f

طائرة اكتشاف ٢ — avion de reconnaissance, m

مَكْشُوف : ضدّ مغطّى — découvert, e

— الراس — nu-tête; tête nue

مكان مكشوف : لا سقف له . اجهى — à ciel ouvert; sans toit

△ يشتري على المكشوف — acheter à découvert

البيع على الـــ — vente à découvert, f

مُكْتَشِف — auteur d'une découverte; découvreur, se

— △ مستكشف : رائد — explorateur, rice

△ كشك : جوسق — kiosque, m

— التلفون — cabine, f

— الديدبان — guérite, f

— الاشارات (في سكة الحديد) — poste des sémaphores, m

— الموسيق — tribune, ou estrade, de musiciens, f

— بحري . طرمة ٥ كبينة — cabine, f

△ كِيشك الماز (قوش قنماز) : هليوز — asperge, f

△ كُشْكار : طحين خشن — ebran, m

△ كَشْكَش — plisser; froncer

△ كَشْكَشة : تثنية — plissage, m; fronces, f.pl

✲ كَشْكُول : جراب المتسول — besace, f; sac de mendiant, m

— : دفتر تلصق فيه قصاصات الجرائد وغيرها — album, m

✲ كِشْمِش : △ زبيب بناتي — raisin de Damas; Sultana, m

✲ كَشْمِير : نسيج من صوف ثمين — cachemire, f

✲ كَظَّ : افعم — bouder; regorger; encombrer à l'excès

— الطعامُ الرجلَ — rassasier

—٠ إكْتَظَّ بكذا : امتلا — être archi plein; être encombré, e de;

اكتظ ٢ المكان بالناس — se gorger du monde

— من الطعام — manger à satiété; être repu, e de; se gorger

كِظَّة — rassasiement, m; replétion; indigestion; surcharge, f

كَظِيظ . مَكْظُوظ : مفعم — surchargé, e

مُكْتَظّ : ممتلىء — trop plein, e; archi comble

✲ كَظَمَ غيظه : حبسه — contenir, réprimer, étouffer, sa colère ou son indignation

— على : سكت — se taire

كَظِيمَة : ٥ ترمس — thermos, m

✲ كَعَبَ الثدي : نهد — avoir les seins formés ou développés

ـــت الصبيّة : ارتفع صدرها — être formés ou développés (seins)

كَعَّبَ: جعله مكعَّباً rendre cubique; cuber
— العدد cuber; élever à la troisième puissance
كَعْبٌ: عقدة في القصب jointure, f; joint, m
— : العظم الناشز فوق القدم astragale; cou-de-pied, m
— : شرف honneur, m
△ — الرجل: عَقِب talon, m
△ — الحذاء او القسيمة talon, m
△ — : كاحِل cheville, f
△ — العصا : زُجّ virole, f
△ — دفتر الوصولات أو الشيكات souche, f
— : مكعَّب . جسم هندسي cube, m
— النرد : △ زَهْرُ الطاولة dé à jouer, m
أبو كعيب: اسم مرض oreillons, m.pl
لعبة الكعابِ : لعبة العاشِق osselets, m.pl
كاعِب : مرتفع formé, e; développé, e (sein, mamelle)
تكعيبُ الأعداد cubage, m
△ تكعيبة: مسماك . عريش treillis, m
△ — العنب treillis de vigne, m
مُكَعَّب: جسم هندسي cube, m
— : تكعيبي cube; cubique
— الشكل cubique; en cube
٭ كُعْبُرة . كُعْبُورة : عقدة nœud, m; nodosité, f; os saillant, m
— : عظم الزند العلوي radius, m
كُعبريّ (في التشريح) radial, e
مُكعبر : معقَّد noueux, se
△ كَعْبَلَ : عقَّلَ . اوقع faire trébucher; renverser

٭ كَعْك والواحدة (كعكة) gâteaux, m.pl
٭ كفّ (في كفف)
٭ كَفَأَ . أَكْفأَ الاناء : قلبه renverser
— : عن . انثنى عن renoncer à
كافأ : جازى récompenser; rétribuer
— : ساوى égaliser
تكافأوا être égaux; correspondre les uns aux autres
إنكفأ : رجع او تقهقر retourner; reculer
— اللونُ : تغيَّر se fader; virer: se changer
— الاناء △ انكفى : انقلب se renverser
△ — : كبى culbuter; dégringoler
كَفاء . كفاءة: مساواة égalité; parité, f
— : اهلية capacité; aptitude; compétence, f
كُفْء . كُفُوٌ لكذا à la hauteur; de force; capable de
مُكافأة récompense; rétribution, f
— عن خدمة gratification; indemnité, f
مُكافِئ : الذي يكافئ rémunérateur, rice
— : مساوٍ égal, e; équivalent, e
٭ كفاف (كفف) ٭ كفالة (كفل) كفاية ٭ (كفى)
△ كُفْتة boulette, f
٭ كَفَحَ . كافحَ العدو confronter; faire face à; aborder
كافح : ناضل lutter; contester
— عنه lutter pour; défendre
كِفاح . مكافحة lutte; contention, f; effort; débat; combat, m
لقيته كفاحاً je l'ai rencontré face à face

☆ كَفَرَ : صاركافراً devenir impie, ou infidèle
— بالله être incrédule, ou infidèle
— بالنعمة être ingrat, e
كَفَّرَ ٢ عن ذنبه expier; s'amender; se racheter
— . أكْفَرَ : حمله على الكفر ébranler la croyance de qn
— . — : صيّره كافراً rendre qn impie
— . — : نسبه الى الكفر qualifier qn d'infidèle; accuser qn d'impiété
— له الذنبَ : صفح pardonner; absoudre
كَفْر : قرية صغيرة hameau; petit village, m
كُفْر . كُفْران : ضد إيمان impiété, f
— و — بالله athéisme, m
— و — : نكران النعمة ingratitude, f
△ — : تجديف blasphème, m
كَفَّارَة sacrifice expiatoire, m; ce qui expie les crimes comme le jeûne, l'aumône, etc.
— . تكْفِير expiation, f
كافِر : ضدّ مؤمن infidèle; mécréant, e; impie
— : ناكر النعمة ingrat, e
— بالله athée
○ كافُور camphre, m
زيت الـــ . huile camphrée, f
شجرة الـــ . camphrier; eucalyptus, m
☆ كَفِسَ . اِنْكَفَسَتْ رجله avoir les pieds contournés
أَكْفَس qui a les pieds contournés

☆ كَفَفٌ . كَفاف من الرزق aisance, f
△ كَفَّفَ . كَفَّفَ الثوبَ ourler; border
كَفَّ ٢ . اِنْكَفَّ عن كذا : اقلع cesser; s'abstenir de;
△ — يده (في مزاد مثلاً) se retirer
— الاناء remplir trop
— وكُفَّ بصره devenir aveugle
تكفَّفَ . استكفَّ الناس mendier; tendre la main
استكفَّ ٢ : ظلّل عينيه بيده couvrir, ou ombrager, ses yeux avec la main
ـــت الحيّة : استدارت s'enrouler
كُفَّ : قِفْ ! arrêtez ! stop ! halte-là !
كَفٌّ : امتناع cessation, f
— : راحة اليد مع الاصابع paume, f
— : قفّاز (انظر قفز) gant, m
— الحيوان patte, f
△ — : صَفْعَة soufflet, m; gifle, f
— الأجذم أو ابراهيم : نبات agnus castus; gattilier, m
عِلم قراءة الـــ . chiromancie, f
كِفَّة الميزان bassin; plateau, m (de la balance)
△ كَفَّة تقليم الحوافر boutoir; paroir, f
كُفَّة . كِفاف : حاشية bord; ourlet, m; bordure, f
كِفاف ٢ : حَدّ lisière; bordure, f
كَفَفٌ من الرزق : ما اغنى عن الناس maigre pitance, f; le strict minimum pour vivre, m

كِفَافَة : خياطة الحاشية — ourlage; bordage, m

كَفِيف . مَكْفُوف البصر — aveugle

كَافَّة — tout; tous

مُكَفَّف الأصابع: من ذوات الوترة — palmipède

☆ كَفْكَفَ الدمعَ : حبسه — refouler, ou retenir, ses larmes

— دمعهُ : مسحه — essuyer ses larmes

☆ كَفَلَ : ضمن (راجع ضمن) — garantir; répondre pour

— الكفيلُ المُتَّهمَ — se porter garant pour; fournir caution pour

— . كفَلَ عيالَهُ — avoir soin de; prendre à sa charge; se charger de

كَفَّلَ . أَكْفَلَ القاضي المتهم — admettre à fournir caution

— . — : جعله يكفله — tenir qn responsable pour un autre

تَكَفَّلَ له بكذا : ضمنه — se porter caution pour; garantir; être garant, e de

— بكذا : أخذهُ على عهدته — prendre à sa charge

كَفَل : ردف — croupion, m; fesse, f

— الحصان — croupe, f

كَفَالَة : ضمان المتهم لاخراجه من السجن — caution, f; cautionnement, m

— : ضمان — garantie, f; nantissement, m

بكَفَالة (كفولك افرج عنه بكفالة) — sous caution

△ كَفُولَة الأطفال : حِفاظ — maillot;

كَفِيل . كافِل : ضامن المتهم — garant, e; répondant, e de qn

— اليتيم : القائم بأمره — tuteur, rice

— : ضامن — caution, f

يكفل الـ المتهم — se porter garant de qn

تَكَافُل — solidarité, f

△ بوجه الـ والتضامن — conjointement et solidairement

مَكْفُول — garanti, e; sous caution

☆ كَفَنَ . كَفَّنَ الميتَ — ensevelir; envelopper dans un linceul, ou un suaire

كَفَن — drap mortuaire: suaire; m

كَفْن : لا ملح فيه △ مادرب — sans sel

مُكَفَّن . مَكْفُون — enseveli, e

(كفهر) إكفَهَرَّ الليلُ — devenir très obscur, e; s'assombrir

— وجهه — se refrogner; être hagard, e

—ت السماء — être couvert, ou couvert de nuages menaçants (ciel)

مُكْفَهِرّ : مظلم أو عابس — sombre

☆ كُفْو : نظير (راجع كفأ) — égal, e; pareil, le

△ كفولة الطفل — lange; maillot, m

☆ كَفَى — suffire

— : حَسْبُ . بَسّ — assez! suffit!

كفاهُ الشرّ — préserver du malheur

كَفِي لكذا — être suffisant, e pour

كَافَى : كافأ . جازى — rétribuer; récompenser

إكتفَى بكذا — se contenter ou se satisfaire de

كِفاية : إغناء — suffisance, f

— . كافٍ . كَفِيّ — suffisant, e

إكْتِفاء — satisfaction, f; contentement, m

مُكْتَفٍ — content, e; satisfait, e

△ خادم مكتفي — nourri, e à ses propres frais

مُكافأة : مكافاة — rémunération: récompense, f

☆ كَكَم : طائر — coucou, m

☆ كلّ ☆ كلا ☆ كلّة (في كلل)

☆ كَلأ : حرس — préserver du mal; veiller sur

كَلأ : عُشب — herbage; pâturage; fourrage, m

كَلْء . كِلاء . كِلاءة — garde; sauvegarde, f

كَلُوء العين — qui ne dort pas

☆ كِلا وكِلتا وكلاهما (في كلي)

☆ كَلِبَ . اسْتَكْلَبَ — devenir enragé, e; avoir la rage

— . — على الأمر — convoiter; désirer ardemment

— و△ كَلَّبَ في كذا — saisir avidement

تكالبوا على كذا — se ruer sur

كَلْب — chien, ne

— سلوقي — lévrier; ←levrette

— بوليسي — chien policier, m

△ — البحر: فقمة. اطوم — phoque, m

— البحر : قرش — requin, m

— الماء — ←loutre, f

الـ الأصغر (في الفلك) — le Petit Chien, m

بَيت الكلاب — niche; cabane, f

كَلَب : اسم مرض — rage; hydrophobie, f

— : عَطَش شديد — soif ardente, f

△ كَلْبة . كَلْبتان : △ كمّاشة — ←tenailles, f.pl

كَلْبيّ : مختص بالكلاب — canine, e; de chien

— : زاهد في اللذة — cénobite, m

كَلِب . كَلِيب △ مَكْلُوب — enragé, e; hydrophobe

— : شديد الحرص — avide

كُلّاب . كَلُّوب : هَوْجَل — crochet; crampon; grappin: harpon, m; cremaillère, f

△ كُلّابة خلع الأسنان — ←davier, m

△ كَلَبْش (انظر كبل) — menottes, f.pl

☆ كَلَحَ . أكْلَحَ . تَكَلَّحَ وجهه — froncer les sourcils; avoir un air austère ou maussade

كالِح : عابس — sombre; sévère; dur, e; austère; maussade

لون كالح — couleur terne, f

كَلَحَة : الفم وما حوله — museau; groin (porc), m

☆ كَلَخ : لزاقُ الذهب — gomme ammoniaque, f

△ — المواقد والافران — escarbilles; cendres, f.pl; fraisil, m

☆ كلداني . اللغة الكلدانية — chaldéen, m

○ كَلَّسَ . تَكَلَّسَ : حوّل أو تحوّل الى كلس — calcifier

كِلْس : ∆ جِير chaux, *f*
كِلْسِي calcaire
تَكَلُّس calcification; calcination, *f*
كلسات (انظر جوارب في جرب) chaussette, *f*
∘ كَلْسِيُوم calcium, *m*
∘ كَلِفَ الوَجْهُ avoir la figure tachetée, *ou* pleine de taches de rousseur
— بالشيء raffoler; affectionner; être épris,e de; avoir de l'affection pour
— بالمرأة tomber amoureux de
كَلَّفَ بالأمر charger qn d'une affaire
∆ — كذا : كانت نفقته كذا coûter...
∆ — خاطره : اتعب نفسه prendre, *ou* se donner, la peine de
تَكَلَّفَ الامر : تجشّمه se charger d'une affaire
— العمل faire une chose à contre cœur
— الابتسام : أهلس minauder
∆ — : تمسك بالرسميات être cérémonieux, se, *ou* formaliste
كَلَف . كُلْفَة [1] : لون الحمرة الكدرة rouge brun; fauve, *m*
— الجلد : نَمَش taches de rousseur, *f.pl*
— الشمس taches du soleil, *f.pl*
— : حب شديد amour ardent, *m*; passion, *f*
كُلْفَة [2] : مشقّة peine, *f*; dérangement, *m*
∆ — : نفقة coût, *m*; frais, *m pl*; dépense, *f*
∆ — الملابس : ∆ خرج passementerie, *f*; ornement, *m* 
∆ — الثوب garniture, *f*
∆ اظهر الـ faire des cérémonies, *ou* des manières

كُلْفَة : بُقْعة tache, *f*
أكلف البشرة tacheté,e
∆ تَكَلُّف : تصنّع affectation, *f*
تَكْلِيف charge; tâche; imposition, *f*
∆ — : تمسك بالرسميات cérémonies; façons, *f.pl*
∆ بلا — sans façon; sans cérémonie
مُكَلَّف : مسئول responsable; tenu,e de
∆ — باسم inscrit,e au *taklif* (registre foncier) de
∆ مُكَلَّفة : سجل الأراضي الزراعية registre foncier, *m*; *moukallafa*, *f*
∆ كَلْفَتَ العملَ : رمّقه bâcler; bousiller
∆ كَلْكُوعَة : كعبرة caillot; grumeau, *m*
∘ كَلْكَلَت اليد او القدم من العمل : كَنِبَت devenir calleux, se
∘ كَلَّلَ : تَوَّجَ couronner
∆ — على : عقد له على marier à
— . كَلَّ [1] : ثلم devenir émoussé, e
كَلَّ [2] : تعِب se lasser; se fatiguer; [s'esquinter]
لا يكلّ : لا يتعب infatigable
أكَلَّ : اتعب exténuer; lasser; excéder de fatigue
— النظر troubler, *ou* fatiguer, la vue
تَكَلَّلَ : لبس الاكليل être couronné, e; porter une couronne
∆ — عليها : تزوّجها se marier
كُلّ : جميع tous; tout; toute; la totalité de
— شخص او كتاب (مثلا) chaque personne, *ou* livre

— منهم	chacun d'eux
— واحد (على حدة)	chacun, e
— انسان (جميع الناس)	tout le monde
— شيء	tout, *m*; toute chose, *f*; tout ce que
— مكان	partout
— مَن	qui que ce soit; quiconque
الـ : الجميع	la totalité; le tout; l'ensemble; tout le monde
الـ بلا استثناء	tous sans exception
كلّما : عندما	quand; dès que; sitôt que; toutes les fois; lorsque
كُلّهم : جميعهم	tous
كُلّي : تام	complet, ète; entier, ère; intégral, e; parfait, e
— : عامّ. شامل	général, e; universel, le
— : مُطلَق	absolu, e
جُنون أو خراب — .	folie, *ou* ruine, complète, *f*
رَفض أو إنكار — .	refus net, *ou* catégorique, *m*
كُلّية : عمومية	généralité; totalité, *f*
مَدرَسة — .	faculté, *f*
كُلّيةً . بالكُلّيّة : قطعاً	absolument
بكلّيته : اجمع	totalement; entièrement; intégralement
كَلّ . كَلال . كَلالة : اعياء	fatigue; lassitude, *f*
— . كَليل	faible
— . — البصر	qui a la vue trouble
— . — الفهم	borné, e; stupide;
— . — . كال : ثالم . غير حادّ	émoussé, e
كلّا	pas du tout; point du tout
ومع كُلّاً : مع ذلك	néanmoins; cependant
كِلّة : ناموسيّة	moustiquaire, *m*; cousinière, *f*
كالّ . كَليل : مُعْيي	las, se; fatigué, e; exténué, e; languissant, e
إكليل : تاج	couronne, *f*; diadème, *m*
— من زهور او اغصان وغيرها : كُشْنة	guirlande; couronne, *f*
— غار	couronne de laurier, *f*
— شُعاعي او نوراني	nimbe; halo, *m*
— الجبل : حصالبان	romarin, *m*
— القمر أو الشمس	halo, *m*
— الزهرة	corolle, *f*
٥ — : صلاة الزواج المسيحي	bénédiction nuptiale, *f*
اكليلي	de couronne; en couronne; coronal, e
العظم الاكليلي (في التشريح)	os frontal, *m*
مُكلَّل : متوّج	couronné, e
كَلَمَ . كلّم : جرح	blesser
كلّم . كالم : حادث	parler, s'entretenir, causer, avec
تكلّم : فاهَ . حكى	parler; causer
— كلمة او بكلمة	proférer un mot
— عن شخص او امر	parler au sujet de, *ou* à propos de
كَلْم : جُرح	blessure; balafre; estafilade; coupure, *f*

كَلِمَة . كِلْمَة : mot, m; parole, f

— فكلمة : حرفياً mot pour mot; mot à mot

كِلْمَانِيّ : فصيح الكلام disert,e; beau parleur; éloquent,e

كَلَام : حديث . حَكْي discours; langage; propos, m; parole, f

— : أقوال mots, m.pl

— : محادثة conversation; causerie, f; propos, m

— الاغنية paroles, f.pl

— فارغ sottise; bêtise; absurdité, f

بالـــ de vive voix; verbalement

كثير الـــ bavard, e

علم الـــ : الالاهيات rhétorique, f

كَلِيم . مَكْلُوم : مجروح blessé,e

— : متكلم بالنيابة عن غيره porte-parole;

مُكَالَمَة : محادثة conversation, f; colloque; entretien, m

مُتَكَلِّم parleur,se; qui parle

— : الشخص الأول (في النحو) la première personne

⁕ كَلَّة : ناموسيّة (في كلل) moustiquaire, m

٥ كلُوب : نادٍ (راجع ندو) club; cercle, m

— : مصباح تنفس lampe à gaz ←surpressé, f

٥ كلور . كلورين . غاز الكلور chlore, m

٥ كلوروز : انيميا خضراء . رُماع chlorose, f

٥ كلوروفرم : بَنْج chloroforme, m

٥ كلوريد . كلورور chlorure, m

٥ كَلُومِل : زئبق حلو calomel, m

△ كلون : قفل (انظر قفل) serrure, f

— داخل الاسطامة serrure ←encastrée, f

٥ بطارية كلوانية pile galvanique, ←ou de volta, f

⁕ كُلِيَ . كَلِيَ : مرض بالكلى avoir mal aux reins;

كُلْيَة . كُلْوَة (الجمع كُلًى) rein, m

— الحيوان rognon, m

التهاب الكلى néphrite, f

كُلْوِيّ : مختص بالكلى rénal,e; néphrétique

كِلَا . كلتا . كلاهما الخ tout les deux; toutes les deux; les deux

٥ كليشيه : روشم cliché, m

٥ كلّي ⁕ كُلِّيَة (في كلل) ⁕ كُمّ (في كمم)

⁕ كَمْ : اي عدد ؟ combien ?

— : كثيراً combien

— بالحري à plus forte raison; tiori; combien plus

⁕ كَمْء (والجمع كَمْأَة) : جُدَري الأرض ←truffe, f

⁕ كَمَا comme; ainsi que; de même que

— لو كان حاضراً comme s'il était present

— هو comme il est; tel,le qu'il est; tel quel

— يجب أو ينبغي أو يليق comme il faut

⁕ كماشة (كمش) ٥ كامة (كمم) كمان (كمن)

△ كمبيالة : سفتجة traite, f; effet; billet, m; lettre de change, f

— صورية effet, ou billet, de complaisance

— تدفع عند الاطلاع effet, ou billet, à vue

٥ كَمْبْيُو : مصارفة change, m

سعر الـــ cours du change, m

* كَمَتَ غيظه: كظمه — réprimer, étouffer, refouler, sa colère

كُمَيْت: لون بين الأسود والأحمر — bai, e; brun, e; rouan, ne

* كُمَّثْرَى: انجاص س — poires, *f.pl*

كُمَّثْرَاة ∆ كُمَّثْرايه — une poire, *f*

* كَمَحَ وَأَكْمَحَ الحصانَ — retenir, *ou* arrêter, un cheval

كمّاحة القطار والمركبة: ∆ فَرْمَلَة — frein, *m*

* كَمَخَ وَأَكْمَخَ بأنفه — être fier, ère, *ou* vaniteux, se

∆ كَمَّخ: غَمَّن — envelopper dans des serviettes chaudes

كامِخ: مخلل — pickles; condiments conservés au vinaigre, *ou* au sel, *m.pl*; cornichon, *m*

* كَمِدَ اللونُ: كان قاتماً — être terne, *ou* sombre

— الرجل: اغتمّ — être triste, *ou* chagriné, e

كَمَدَ. أَكْمَدَ العضوَ: وضع عليه الكمادة — fomenter; chauffer avec des compresses chaudes

أَكْمَدَ ٢: غَمَّ — attrister; chagriner

كَمَد — chagrin, *m*; tristesse, *f*

— . كُمْدَة اللون — teinte sombre, *f*; étiolement, *m*

كَمِد. كَمِيد. كامِد — triste; mélancolique; sombre

أَكْمَدُ اللون — sombre; foncé, e; terne

كِماد. تَكْمِيد — fomentation, *f*; réchauffement d'un membre, *m*

— . كِمادة. مِكْمَدة — compresse chaude, *f*

∆ كُمُدينو — commode, *f*

∆ كَمَر: حزام. زُنّار — ceinture à poche, *f*; ceinturon, *m*

∆ كَمَرة حديد — traverse; longrine; poutre en fer, *f*

— التصوير الضوئي — camera, *f*; appareil photographique, *m*

∆ كُمْساري الترام أو القطار — receveur, se

* كَمَّشَ: شَمَّر — relever; retrousser

كَمَشَ: مسك بقبضته — empoigner

∆ — : تقلّص (أوخاف) — se contracter

إنكمش. تكمّش الجلدُ: تقبّض — se rider; se ratatiner

— . —: تقلّص — rétrécir; se contracter; se resserrer

∆ كَمّاشة النجار: منتاش — tenailles, *f.pl*

* كَمُلَ. اكتمل. تكامل: تمّ — être au complet; être complet, ète

كَمَّلَ. أَكْمَلَ: أتمّ — compléter; parfaire

— . —: أنجز — achever; finir; conclure

∆ — عليه: اجهز — achever qn

كَمال — perfection, *f*

بكماله. بأكمله أو بالكامل — entièrement; en entier; au complet; in extenso

∆ كِمالة (١) عدد: غير لازم — surnombre, *m*

∆ — وَزْن — complément de poids, *m*

كامِل: تامّ — complet, ète; entier, ère; parfait, e; intégral, e

— : مُطْلَق — absolu, e; plein, e

— الحرية او مطلق — pleine liberté, *f*

— : متمّم. منجز — achevé, e; terminé, e

△ كمالة ٢ . تكملة appoint; complément, *m*

تكميل . إكمال : اتمام achèvement; accomplissement, *m*

مُكمَّل : متمَّم complété,e; achevé,e; terminé, e

٭ كَمَّ . كَمَّ فَمَهُ museler

— أكمَّ القميص munir de manches

كَمٌّ . تكميم muselage, *m*

— . كَمِّيَّة : مقدار quantité, *f*

كَمِّي : يختص بالكمية اى المقدار quantitatif, ve

كُمّ : غطاء الذراع من الثوب manche, *f*

— القميص (الافرنكي) : قُنّ manchette, *f*; poignet, *m*

كِمٌّ . كِمامة ١ الزهرة calice, *m*

ورقة كِمّيّة sépale, *m*

كُمّة المصباح abat-jour, *m*

كمامة ٢ . كِمام الفم muselière, *f*

— الوقاية من الغازات : صقاع (الظرصقع) masque à gaz, *m*

مُكمَّم . مَكموم muselé,e

٭ كَمَنَ . إستكمن : اختبأ se cacher; se tenir caché, e se dérober aux regards

— وتكمَّن له guetter; se tenir en embuscade pour

— . أكمن غيظ couver (sa haine)

كَمَهُ : ظلمة بصرية amaurose, *f*; obscurcissement de la vue, *m*

— إلتهاب الجفون conjonctivite, *f*

△ كمان : أيضاً encore; aussi; de même

— . كمنجة violon, *m*

كُمون état de ce qui est latent, *ou* caché

كَمّون cumin, *m*

— حلو : △ يانسون . آنيسون anis, *m*; graine d'anis, *f*

— ارمني : كراويا carvi, *m*

كمين . كامِن : خفي caché,e; latent,e

— . مَكْمَن embuscade; embûche, *f*; guet-apens, *m*

٭ كمنجة : كمان violon, *m*

قوس الـ— archet, *m*

٭ كَمَهٌ : عمى cécité de naissance, *f*

أكمه aveugle de naissance

٭ كمية (كمم) ٭ كنّ (كنن) ٭ كُنْ (كون)

△ كنار : محيط كل مسطح bordure, *f*; bord, *m*

— القماش : حاشية bordure, *f*; liseré, *m*

○ كناري ○ كناريا : صيرٌ . طائر مغرّد canari, *m*

△ كنافة (كنف) ٭ كنانة (كنن) ○ كناية (كني)

٭ كَنِبَتْ اليدُ أو القدم : △ كلكلت devenir calleux, se; durcir

كَنَب : △ كلكلة callosité, *f*; cal

كَنِب . مُكْنِب : مكلكل calleux, se; endurci, e

△ كَنَبة △ كنبيه : مُتَّكأ canapé; divan, *m*

∆ كُنْتراتو (راجع عقد) contrat, m

○ كَنْجَر kangourou, m

* كَنَدَ النعمة : كفرها méconnaître (les bienfaits reçus); être ingrat, e

كَنُود . كَنَّاد ingrat, e

○ كَنَدَا : بلاد في شمال اميركا Canada, m

* كُنْدُر : ∆ لُبان ذَكَر encens, m

○ كُنْدَنْسة : مُكَثِّف condensateur, m

○ كَنْدُور : نَسْر فَحّاح condor, m

* كَنَزَ : جمع وادّخر thésauriser; amasser

— : دفن في الأرض enfouir; enterrer

اِكْتَنَزَ اللحم être ferme

كَنْز : جَمْع وادّخار thésaurisation, f

— : ذخيرة trésor, m

كَنِز . كَنِيز . مُكْتَنِز compact, e; dur, e; ferme

∆ — : ضَيِّق . ضد عريض étroit, e

كُنوز enfoui, e; conservé, e; enterré, e

○ كَنَسَ الأرضَ او الترابَ balayer

كَنْس balayage, m

كَنَّاس كانِس balayeur, se

— الطرق boueur, m

كُنَاسَة : قمامة balayures, f.pl

كَنِيس : مخلاة العلف musette; mangeoire, f

— . كَنِيسَة : معبد اليهود synagogue, f; temple, m

كَنِيسَة ٢ : معبد النصارى église, f

كَنَسِي . كنائسي ecclésiastique

مِكْنَسَة : مقشّة balai, m

— شفاطة aspirateur, m; balayeuse, f

مَكْنُوس balayé, e

○ كُنْصُول console, f

* كَنَفَ : صانَ وحفظ abriter; protéger; garder

إكْتَنَفَ الشيءَ : احاط به entourer; cerner; environner

كَنَف : جانب او ناحية côté; flanc, m

— : حماية égide; protection, f

— : جناح aile, f

— : ظلّ ombre, f

— : حِضْن sein, m

∆ كِنَافَة : إطرية gâteau oriental de vermicelle, m

كَنِيف : حظيرة enclos, m

— : مرحاض cabinets, m.pl; latrines, f.pl

* كَنْكَنَ : قعد في بيته garder la maison

∆ كَنْكَة قهوة : بُلْبُلَة cafetière, f

* كَنَّ : هدّأ calmer apaiser

∆ كَنَّ ٢ : هَدأ . سكن se calmer; s'apaiser

إسْتَكَنَّ . إكْتَنَّ : استتر se cacher; se tapir; être latent, e

— : ∆ كنكن se blottir

كِنّ : وكر — nid, m

— : بيت — maison, f

— . كِنّة . كِنان — abri, m; couverture, f

— . — (في حديقة) — tonnelle, f

كَنّة ٥ كِنّة : امرأة الابن — bru; belle-fille, f

— ٥ — : امرأة الاخ — belle-sœur, f

كُنّة الباب — porche; portique, m

كِنانة : جعبة — carquois, m

كَنين . مكنون — caché,e; dissimulé,e; latent,e

كانون : موقد — poêle, f; fourneau; brasero; réchaud, m

— الاول : ديسمبر — décembre, m

٭ كُنه الشيء : جوهره — fond, m; entité; substance; essence d'une chose, f

— : صفة — nature, f

— : قدر — mesure; quantité, f

ادرك كنهه — sonder; pénétrer

لا يُدرك كنهه — insondable; impénétrable

٭ كَنى . كَنا به عن كذا — mentionner métaphoriquement; faire allusion à qc par; vouloir dire

— . كَنّى : لقّب — surnommer; donner un sobriquet à qn

تكنّى . إكتنى بكذا — être connu,e par; être surnommé,e; être appelé,e d'un sobriquet *ou* d'un surnom

كُنْية . كُنْوة : لقب نعتي — surnom; sobriquet, m

كِناية — métaphore; métonymie, f

— عن : اي — cela veut dire; c'est pour dire

— عن : بدلاً من — au lieu de; à la place de

مُكَنّى : ملقّب — surnommé,e

٭ كنيسة (في كنس) ٭ كنيف (في كنف)

٭ كَهرَب — électriser

تَكَهرَب — s'électriser

كَهرَب . كُهَيرِب : ومضة كهربية — électron; ion, m

كهربة . تكهرُب — électrisation; électrification, f

كَهرَبا : كهرمان — ambre jaune, m

— . كهربيّة — électricité, f

— احتكاكية او ساكنة — électricité statique

— مغنطيسية — électromagnétisme, m

— كيميّة — électro-chimie, f

طلى بالكهربا — appliquer une couche de.. par galvanoplastie *ou* par électrolyse

كَهرَبي : مختص بالكهربا — électrique

— . مشتغل بالكهربا — électricien, ne

اعدام — (اي بالكهربا) — électrocution, f

تحليل — . — électrolyse, f

تيّار — — courant électrique, m

جرس — — sonnerie électrique, f

دافع — . — force motrice électrique, f

محرّك — . — moteur électrique, m

— علاج électrothérapie, f
— كاشِف électroscope, m
— سالِب électronégatif, ve
— موجِب électropositif, ve
— . مولِّد dynamo, f
— نور lumière électrique, f
مُكَهْرَب électrisé, e
— : معدوم بالكهرباء électrocuté, e
○ كَهْرَطيس : كهرب مغنطيسي électro-aimant, m
كَهْرَطيسي : كهربا مغنطيسيّة électromagnétique
كَهْرَطيسيَّة électromagnétisme, m
○ كَهْرَكيمي : كهربي كيمي électro-chimique
* كَهْرَمان : كهربا ambre, m
* كَهْف : مغارة caverne; grotte, f; antre, m
— : تجويف . نُقرة cavité, f; creux, m
اصحاب (او اهل) الـ— les sept dormants
* كَهَل . إكْتَهَل arriver à l'âge mûr
كَهْل entre deux âges; d'âge mur
كُهُولَة . كُهُوليَّة maturité d'âge, f
كاهِل : أعلى الظهر haut du dos, m
— الفرس garrot, m
* كَهَنَ . تَكَهَّنَ : حدَّث بالغيب deviner; prédire; présager; prophétiser
كَهُنَ : صار كاهنا devenir prêtre; entrer dans les ordres

كَهانة : علم الغيب divination; prédiction, f
— . كَهَنُوت prêtrise, f; sacerdoce; clergé, m انظر (قس)
كَهنوتي sacerdotal; clérical, e
كاهِن prêtre; pasteur (protestant), m
— . مُتَكَهِّن : عَرَّاف devin, m; devineresse, f
△ كَهْنَة : قديم لا يُرمَّم en loques; décrépit, e; délabré, e
△ — : خِرق بالية chiffons, m.pl
△ كَهْنَجي chiffonnier, ère
△ كَوالِيني : صانع الأقفال. قَفَّال serrurier, m
* كُوب . △ كُبَّاية verre, m
كُوبَة : مدقّة pilon, m
△ — : (في ورق اللعب) cœur, m
△ كُوبْرى : جسر (انظر جسر) pont, m
○ كوبِيَّة chaperon, m; crête, f
○ كُوبون السند المالي coupon, m
— الاقمشة coupon, m
○ كوبيا : صورة طبق الأصل copie, f
— : قلم النقل crayon copiatif, m
* كَوْثَر : كثير abondant, e; copieux, se
* كَوْثَل : مؤخّر السفينة △ قِيش poupe, f; arrière, m
* كُوخ hutte; baraque; chaumière; cabane, f
* كُوْدَة : كومة tas; monceau; amas, m
كادَ : قارَبَ . أوشك être sur le point de
ما — يفعل كذا à peine a-t-il fait... que; il a à peine fait...

* كَوَّرَ العمامة . لفّها وادارها rouler; enrouler; replier
كُورُ الحدّاد forge, f
— : رحل الجمل selle, f
△ — . كِير : منفاخ soufflet, m
* كورة : بلدة صغيرة région; contrée f
△ كُورَة : كرة (في كرو) balle, f
كار : صناعة . حرفة profession, f; métier, m
△ ارباب الكارات artisans, m.pl
△ كَوْرَجَة un tas
○ كوردون : شريط cordon, m
— صحّي : نطاق صحي cordon sanitaire, m
○ كورنتينا : حَجْر او حجر صحّي quarantaine, f; service quarantenaire, m
كورو . تقليد مَصاغ imitation, f
* كُوز لغرف الماء gobelet, m; timbale, f
△ — الذرة panouil, m; ou panouille, f; épi de maïs, m
△ — الصنوبر cône de pin, m
* كُوس : طبل tambour, m; caisse f
— النجار fausse-équerre, f
— : مثلث الرسم équerre, f
كاس : كأس (راجع كأس) verre, m; tasse; coupe, f
△ كُوسَا . كُوسى courgette, f
* كوسج : قِرش requin, m
△ كُوشَة : مُتَّكأ canapé; divan, m

* كُوع . كاع : طرف الزند الذي يلي الابهام apophyse styloïde, f
△ — : مرفق coude, m
△ — الماسورة coude, m
△ كَوَّعَ : رقد s'accouder
* كُوفي : الخط الكوفي cufique; coufique
كوفيّة : منديل يلف به الراس mouchoir de tête; cache-nez, m
○ كُوك : فحم كُوك coke, m
* كَوْكَب . كَوْكَبَة : نَجْم planète; étoile, f; astre, m
— : سيّد chef, m
— : نقطة بيضاء تحدث في العين albugo; leucoma, m; albugine, f
— الأرض : حَجَر بَرّاق talc, m
الكواكب الثابتة étoiles, f.pl; astres, m.pl
الكواكب السيّارة planètes, f.pl
كوكبة : جماعة groupe, m
— : مجموعة نجوم . صُورة نجوميّة constellation, f; astérisme, m
— : زَخيخ . وهج éclat, m; incandescence, f
كوكبي : نجمي astral, e; étoilé, e
— : عالمي cosmopolite
* كَوْلان . كُولان : نبات البردي papyrus, m
○ كولونيا eau de Cologne, f
○ كُوليرا : وباء . الهواء الاصفر choléra, m
○ كوليس او كواليس المسرح coulisse, f
اي دهاليز او اروقة

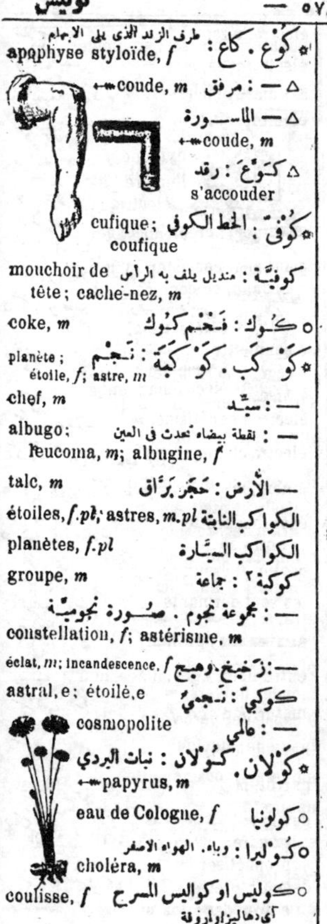

٭ كَوَّمَ — amasser; entasser; accumuler
كُوْمَة ٥ كوم — tas; amas; monceau, m
٥ بالكوم : بكثرة — à profusion
٥ كُومُودِينو — table de nuit, f
٭ كَوَّنَ : أوجدَ — former; constituer; créer; façonner
تكوَّن من كذا — se former; consister en, ou dans; se composer de
— : وُجِد — se former
إستكانَ : ذلَّ وخضع — se soumettre; céder; se résigner
كانَ (يكونُ) : وُجِد — être; exister
— مرةً — il y avait une fois
كان ياما كان
— له بيت — il avait une maison
— يَقْرأ — il lisait; il était en train de lire
أيُّ من — . — n'importe qui
كما لو — هنا — comme s'il était ici
كَوْن . كِيان . كَيْنُونة — être, m; existence; entité, f
— : حالة — état, m
الــ : عالم الوجود — monde; univers, m
لــ : بسبب — à cause de; parce que
مع ـــه — bien que; quoique
كَوْني : عالمي — universel; cosmopolite
كِيان ٢ : طبيعة — nature, f
كائِن : حادث . موجود — existant, e
— حقيقي — réel, le
— حَيّ — être vivant, m
— في مكان كذا (مثلاً) — sis, e; situé, e à

الكائنات — l'univers, m; la création, f; toutes choses crées, f.pl
إستكانة — passivité; résignation; soumission passive, f
تَكوين : خَلْق — création; formation, f
سِفْر الــ (من التوراة) — Genèse, f
مَكان موضع — place, f; endroit; emplacement, m
— : بدلاً من — au lieu; à la place de
ليس له — . — il n'y a pas de place pour lui
ظَرْف — . — adverbe de lieu, m
مَكانة : منزلة — position, f; rang, m.
مُكَوِّن : مُوجِد — créateur, rice; auteur; faiseur, se
٥ كونت : قومس لقب شرف — comte, sse
٥ كونكرداة : تسوية تجارية — compromis; concordat, m
٥ كونياك — cognac, m
٭ كُوَّة : نافذة — petite fenêtre; lucarne; croisée, f
٭ كَوَى بالنار (حقيقيًا ومجازياً) — brûler
— الطبيبُ المريضَ — cautériser
— الملابسَ — repasser
— : وسمَ بالمكواة — marquer au fer chaud
إكْتَوَى — brûler; être brûlé, e, cautérisé, e, repassé, e
كَيّ ٥ كَوْي — brûlure; cautérisation, f; repassage, m
— . كَيَّة : موضع الكيّ — une brûlure, f
— . — : وَسْم ٥ داغ — marque, f
كاوٍ : مُحْرِق — brûlant, e
— : أكّال — caustique

كوّاء الملابس: △ مَكْوَجي repasseur, se
— وغسّال blanchisseur, se
مِكْواة الملابس △ مَكْوى fer; fer à repasser, *m*
— : ميسم fer à marquer; fer chaud, *m*
— الطبيب (الجرّاح) cautère, *m*
— لِحام (السمكري) soudoir; fer à souder, *m*
— الشعر fer à friser, *m*
مَكْوِيّ . مُكْتوٍ brûlé, e; cautérisé, e; repassé, e, etc.
△ كوَيِّس : كَيِّس bon; bien
☆ كَيْ . كَيْمَا . لِكَي . لِكَيْمَا pour; pour que; afin que
— لا . لكيلا : حتى لا pour que... ne pas
— لا . لكي لا : لئلا de crainte que
☆ كَيْتَ وكَيْتَ : كذا وكذا telle et telle (chose)
☆ كَيْد : مَكْر . خداع ruse; astuce, *f*
△ — : غيظ ressentiment, *m*; colère, *f*
— . مَكِيدَة : خَديعة stratagème; artifice, *m*; machination, *f*
مكيدة ٢ : دسيسة intrigue, *f*; complot, *m*
△ كَيْدي vexatoire
كادَ . كايَدَ : خدع décevoir; tromper
— △ — : اغاظ vexer; fâcher
— له : دس عليه tramer; comploter; conspirer contre
— (بمعنى قارب أو أوشك « في كود »)

☆ كَيِسَ . كَيَاسَة : عَقْل intelligence, *f*
— . — : ظَرْف grâce; élégance, *f*
كِيس : غرارة △ زَكيبة sac, *f*
— الخصيتين : صفن scrotum, *m*; bourses, *f.pl*
— : حوصلة (في التشريح) kyste, *m*
— التبغ blague à tabac, *f*
— الدراهم gousset, *m*; bourse, *f*; réticule, *m*
— المرتبة (الحشيّة) coutil, *m*; toile à matelas, *f*
— الوسادة taie d'oreiller, *f*
△ على — : على نفقته à ses frais
كَيِّس : فَطِن subtil, e; fin, e; rusé, e
— : ظريف gracieux, se; élégant, e
كاسَ : كان كيِّساً être fin, e, subtil, e, élégant, e, etc.
△ كَيَّسَ المستحمَّ : دلّكه masser
أكْيَسُ △ أكوس : أحسن plus beau (*f.* belle); meilleur, e; supérieur, e à
☆ كَيَّفَ : جعل له كيفية معلومة qualifier
— : شَكَّل façonner; former
△ — : سَرَّ charmer; enchanter
تَكَيَّفَ : اتخذ كيفية se former; se moduler
△ — : انسرّ être enchanté, e; trouver du plaisir
كَيْفَ comment?
— حالك (أو أنت) comment allez-vous?
— (الشرطية) . كَيْفَما ١ : كما comme

كَيْف . كَيْفِيَّة état, m ; condition, f
△ — : مزاج humeur; disposition, f
△ — : هوى fantaisie; toquade, f; caprice, m
△ — : ارداة grès, m ; volonté, f
△ على ـــك : كما تريد comme vous voulez; à votre gré
△ على ـــك : أنت وشأنك comme bon vous semble
△ ليس له ـــ il n'est pas dans son assiette
كيفما [2] كان : بأية كيفية d'une manière ou d'une autre
ـــ كان . ـــ اتفق n'importe comment
ـــ كان : على اي حال de toute façon;
ـــ : صفة qualité, f
ـــ : صورة manière; façon, f; genre, m
تكييف conditionnement, m
مكيّف الهواء air conditionné
△ كيكة : حاورني يا كيكة cache-cache, m
☆ كَيْل . كَالَ : قاس mesurer
ـــ . ـــ الشيء بالشيء mesurer à l'aide de
كايَلَ : قابل المثل بالمثل rendre la pareille
كَيْل mesure, f
△ كَيْلة : ١/١٢ من الأردب *kela*; mesure de céréales, f
كيّال الحبوب mesureur, m
مِكيَال . مِكيَل mesure de capacité, f
△ كيلار : بيت المؤنة office; cave, f; grenier; cellier

○ كيلو : ألف جرام kilo; kilogramme, m
○ كَيْلُوس : مستحلب الطعام المهضوم chyle, m
○ كيلومتر : ألف متر kilomètre, m
☆ كَيْمَا (كي ما) : لكي pour; afin que 
○ كَيْمُوس : الطعام في الأمعاء الدقاق chyme, m
○ كيمونو : ثوب ياباني (للنساء) kimono, m
☆ كِيميا . كِيمْيَاء : علم طبائع وخاصيات الأجسام chimie, f
ـــ : محاولة تحويل المعادن الى ذهب alchimie, f
ـــ حيوية (المواد الحية) biochimie; chimie biologique, f
ـــ صناعية chimie industrielle, f
كيميائي . كيماوي : مشتغل بالكيميا الحديثة chimiste
ـــ . ـــ : مشتغل بالكيميا القديمة alchimiste
ـــ . كِيمِي : مختص بالكيميا chimique
سباخ كيماوي engrais chimique, m
مستحضرات كيماوية produits chimiques, m pl
☆ كين . إستكانة (راجع كون) sommission passive; passivité, f
كانَ (يكين) . إستكان : خضع se soumettre
○ كينا : دواء الحمى quinine, f
خشب الـــ quinquina, m
△ كينار : حرف . حاشية bord ; liséré, m ; lisière, f
☆ كينونة (في كون)

(ل)

ل : بمعنى لأجل — pour; afin de; afin que; à
الحمد لله — Gloire à Dieu
لك، له، لكم، الخ — à toi; à lui; à vous, etc.
لألأ . تلألأ — luire; reluire; briller; étinceler
— الكلبُ بذنبهِ — remuer la queue
لألأة : لمعان — éclat; lustre; brillant, *m*
لؤلؤ . لآلئ — perles, *f.pl*
عِرْق الـ — nacre, *f*
محارة او صَدَفة الـ — huître perlière, *f*
مغاص الـ — pêche des perles, *f*
زهرة الـ : اسم زهرة — pâquerette; marguerite, *f*
لؤلؤة : واحدة اللؤلؤ — une perle, *f*
لؤلؤي : كاللؤلؤ — perlé, e
متلألئ — brillant, e; éclatant, e; étincelant, e
لأم الجرحَ : ضمّه وشدّه — panser
— لاءم : أصلح — raccommoder; réparer
— المعدن : لحمه بالاحماء والطرق — souder
لاءم بينهم : أصلح — faire la paix entre
— بين الأمرين — harmoniser; concilier
— ـه الشيء : وافقه — convenir; aller à; s'accorder avec
لؤم : كان غير كريم — être bas, se, vil, e, méprisable, canaille
إلتأم . تلاءم : اصطلح — se raccommoder; s'arranger; être réparé, e
— : انضمّ والتصق — être soudé, e; adhérer
— الشتات : اتفق — se joindre et s'adapter
— الشتات : اتحد — se fondre; fusionner
— الجرحُ : اندمل — guérir; se cicatriser
— القومُ : اجتمعوا — se rassembler; s'assembler
— المجلس : انعقد — être tenu, e; se réunir
ألأم ∆ تلاءم — agir sordidement, *ou* ignoblement
لئم . تلاؤم — concorde, *f*; accord, *m*
لؤم : دناءة أو بخل — bassesse; vilenie; *ou* avarice, *f*
— : خداع — fourberie, *f*
لئيم — canaille; fourbe; vilain, e; ladre
ملائم : مناسب — convenable; conforme à; approprié, e à
ملاءمة : موافقة — convenance; conformité, *f*; accord, *m*
— : مطابقة . اتفاق — concorde; harmonie, *f*
ملتئم : مجتمع — assemblé, e; réuni e rassemblé, e
— : منعقد (اجتماع) — tenu, e
— : منصلح — raccommodé, e; réparé, e
— : مندمل (جرح) — cicatrisé, e
— : ملتحم او متّحد — cohérent, e; adhérent, e; soudé, e; coalescent, e
لا : ضدّ نعم — non
— : ليس — ne... pas; non; pas; non pas
— شيء — rien
— تخفه — n'ayez pas peur de lui
— تصدقها — ne la croyez pas
— يخرج اليوم — il ne sortira pas aujourd'hui
— سلكي : بلا سلك . شعاعي — sans fil

ولا : ni; pas même

— في مصر و — في غيرها : ni en Egypte, ni ailleurs

— هذا ولا ذاك : ni l'un ni l'autre

لا ادري : لا اعرف : je ne sais pas

لا اراديّ : involontaire

لايلين : عديم الرحمة : inflexible; inexorable

لايهدأ : غير منقطع : incessant,e, soutenu,e

٭ لائحة : مظهر : apparence, *f*; extérieur, *m*

△ — : بيان : programme, *m*

△ لوائح الحكومة : règlements, *m.pl*

٭ لائق (ليق)

○ لاتينيّ : Latin, e, *n*; latin, e, *a*

اللغة اللاتينيّة : le latin; la langue latine

٭ لاح (لوح) ٭ لادن (لدن) ٭ لاذ (لوذ)

٭ لازَوَرْد : lapis lazuli; lazuli, *m*

لازَوَرْديّ : azuré,e; céruléen,ne

٭ لاشى : أباد . اعدم : détruire; anéantir; exterminer

تلاشى : بادَ : périr; disparaître; s'évanouir; être anéanti,e

— في كذا : اضمحلّ : être absorbé,e dans

لا يتلاشى : لا ينعدم : indestructible

تلاشٍ . مُلاشاة : اضمحلال : extermination; disparition, *f*; anéantissement, *m*

مُتلاشٍ : يتلاشى : évanescent,e; qui disparaît, *ou* s'évanouit

٭ لاصَ (لوص) ٭ لاطَ (لوط) ٭ لاعَ (لوع)

٭ لافَ (لوف) ٭ لاقَ (لوق وليق) ٭ لاقَ (لق)

٭ لامَ (لوم) ٭ لان (لين) ٭ لاهِ (لهو)

○ لامَا . لامة : جمل اميركا : lama, *m*

٭ لاهُوت : الوهيّة : divinité; nature divine, *f*

عِلم الـ— : théologie, *f*

لاهوتيّ : مختص بعلم اللاهوت : théologique

— : عالم باللاهوت : théologien, *m*

٭ لبَّ ٭ لباب (لبب) ٭ لبّاد (لبد) ٭ لبان (لبن)

٭ لَبَّبَ الحب والجوز واللوز : صار له لب : se former en grain; donner, *ou* avoir, des graines

لَبَّ اللوزة او الجوزة : استخرج لبها : écaler (une noix)

تَلَبَّبَ للقتال او العمل : se préparer pour

لُبّ . لُباب : خالص كل شيء : quintessence; substance, *f*; fond, *m*

— . — : قلب النواة : amande, *f*; noyau, *m*

— . — الثمر : شحمته : pulpe; chair, *f*

— . — الخبز : قلبه : mie, *f*

— : عقل : intelligence; tête, *f*; esprit, *m*

— : قلب : cœur; trognon, *m*

— البطيخ والخيار وامثالها : △ لِبّ : pépin, *m*; graine, *f*

لَبَّة . لَبَب : موضع القلادة : gorge, *f*

△ — : طعام للأطفال : bouillie, *f*

△ لِبّة : قلادة : collier en or, *m*

△ نُصّ (نصف) — : ناقص : imparfait,e

لَبيب : عاقل : intelligent,e

تَلْبيب (والجمع تلابيب) : طوق : collet, *m*

أخذ بتلابيبه : colleter; saisir au collet

لَبَّيك : me voilà! à vos ordres!

٭ لَبِثَ وتَلَبَّثَ بالمكان : مكث واقام فيه : rester; s'arrêter; séjourner; demeurer

ما — أن فعل | il n'a pas tardé à faire
لَبِثَ . لُبْث | séjour prolongé; attardement, *m*
لُبْثَة : توقف يسير | court séjour, *m*; pause; halte, *f*
☆ لَبَخ : شجر معروف في مصر | acacia, *m*
△ لَبَّخَ الدمّل او القرحة | appliquer un cataplasme
△ لَبْخَة : وضيعة ساخنة | cataplasme, *m*
☆ لَبَدَ بالمكان او الشيء | se coller; s'attacher à; se tapir
— بالأرض | être collé,e, *ou* attaché,e, au sol
—. لَبَّدَ الصوفَ | feutrer; coller ensemble
لَبِدَ ٢. تَلَبَّدَ الشعر والصوف الخ | se coller ensemble; se feutrer
تَلَبَّدَ ٢ واَلْبَدَ بالأرض | se cramponner au sol
—ت السماء بالغيوم | se couvrir de nuages
لِبْد . لِبَد : صوف متلبّد | laine, *f*; crin; poil foulé et agglutiné, *m*
— △ لِبَّاد ١ | feutre, *m*
— △ لَبَّادَة : ما يوضع تحت السرج | housse de cheval, *f*
△ لِبْدَة . لَبَّادَة : قبّعة من اللبد | calotte en feutre, *f*
— ولُبدَة الأسد | crinière du lion, *f*
لَبَّاد ٢ : صانع اللبود | feutrier, ère
لَبِيد . مُتَلَبِّد | agglutiné,e; collé,e
لابِد | collé, e; blotti,e
☆ لَبَسَ عليه الأمر | confondre
لَبِسَ الثوبَ : ارتداه | mettre; porter
— ثيابه | s'habiller
لَبَّسَ عليه الامر | rendre confus,e; embrouiller; obscurcir
△ —. أَلْبَسَ : جعله يلبس | habiller; revêtir
△ —. — : غطّى | couvrir; recouvrir
△ — . — بطبقة من طلاء | revêtir; enduire
△ — الخشب بالعاج (مثلا) : كفّته | marqueter; incruster
لابَسَ : خالط | se mêler à (*ou* dans); s'ingérer dans
ملابسات (الظروف) | conjonctures, *f.pl*
تَلَبَّسَ بالأمر : اختلط به | être mêlé,e dans
—والتَبَسَ عليه الأمر | être embrouillé,e, *ou* ambigu,ë, pour confondre
إلتبس ٢ الشيء بالشيء | se confondre
لُبْس. إلتِبَاس | confusion; ambiguïté; obscurité; équivoque, *f*
لِبْس. لِبَاس ١. لِبْسَة : زيّ | façon; forme; mode, *f*
لُبْس . — : كساء | vêtement; habit, *m*
لباس رَسْمي | grande tenue, *f*; habit de cérémonie; uniforme, *m*
— غريب او سخيف | accoutrement, *m*
— السهرة | habit, *m*
— السهرة للسيدات | grande toilette; robe du soir, *f*
△ — المرأة | pantalon, *m*; culotte, *f*
△ — الرجل | caleçon, *m*
△ لَبَّيسَة الحذاء | chausse-pied, *m*
لابِس كذا | habillé,e en

تَلْبِيس . إلباس habillage; habillement, *m*

Δ — بطبقة خارجيّة : طلاء recouvrage; incrustage, *m*

Δ — الخشب بالعاج : تَكفيت incrustage, *m*

Δ تلبيسة المستقيم. Δ قمع دوائي suppositoire, *m*

Δ — المهبل : Δ صوفة pessaire, *m*

مَلْبَس : لِباس habillement; vêtement; habit, *m*

Δ مُلبَّس: لوز ونحوه يلبس بالسكر dragées *f.pl*

Δ — بالعاج أو الفضة: مُكَفَّت incrusté, e; marqueté, e

مَلْبُوس . لَبِيس usé, e; *ou* porté, e

Δ — بالجِنّ : محضور possédé, e

مَلابس . ألبسة : ثياب habits; vêtements, *m.pl*; habillement, *m*

— تحتانيّة sous-vêtements, *m.pl*; parure, *f*

الحضور بملابس السهرة l'habit est de rigueur

تاجر ملابس أو ملبوسات marchand, e de confections

مُلْتَبِس : مُبهم confus, e; ambigu, ë; équivoque

مُتَلَبِّساً بالامر compromis, e, *ou* impliqué, e, dans

— بالجرم en flagrant délit; sur le fait; la main dans le sac

Δ لَبَّش : حيّر وربَك interdire; confondre; embarrasser

Δ لِبْشة قصب botte de cannes à sucre, *f*

* لَبَط برجله : رفَس frapper du pied; donner un coup de pied

Δ لَبَّط في الماء patauger dans l'eau; barboter

* لَبِق : ظرف être fin, e, *ou* accort, e; avoir des manières raffinées

— : حذق être adroit, e, *ou* habile

— به : لاقَ convenir; aller bien à

Δ لَبَّق : وفّق ajuster; accommoder

لَبِق : لائق . موافق juste; seyant, e

— . لَبِيق : ظريف fin, e; raffiné, e; accort, e

لَبَق . لَبَاقة : لياقة tact, *m*; bienséance, *f*

— . — : حذق adresse; habileté; finesse, *f*

* لَبَكَ . لَبَّكَ : خلط mélanger; mêler

— . — : شوّش او ربك déranger; embrouiller; troubler; créer la confusion

لَبِكَ . التَبَكَ . تَلَبَّكَ : اختلط s'embrouiller; s'enchevêtrer; se confondre

لَبْك . لَبْكَة : شيء مخلوط fouillis; mélange confus, *m*

— . — : اختلاط confusion, *f*; désordre; imbroglio, *m*

تَلَبُّك المعدة embarras gastrique, *m*; dyspepsie, *f*

مَلْبُوك . مُلْتَبِك embrouillé, e; confus, e

* لَبْلاب ←lierre; liseron, *m*

Δ لَبْلوب : عُسْلوج brin, *m*; première pousse; ramille; brindille tendre, *f*

— : والبة rejeton, *m*

* لَبَّنَ : ضرَبَ طوباً faire des briques

لَبَن : حليب (راجع حلب) lait, *m*

— النبات sève, *f*; latex, *m*

— علب: محفوظ في عُلب lait condensé, *m*

لبن مبستر (أي معقم) — lait pasteurisé
— حامض — lait aigre, *m*
— رائب — lait caillé, *m*
— الحَضّ : خيط — babeurre, *m*
مصل الـ : ∆ شرش — petit lait, *m*
ابريق الـ — pichet, *ou* pot, à lait, *m*
سنّ الـ : اول ظهور الأسنان — dent de lait, *f*
ميزان الـ — lactomètre; pèse-lait, *m*
إفراز الـ — lactation, *f*
لِبْن . لِبِن : ∆ طوب نَيّ — briques crues, *ou* séchées au soleil, *f.pl*
لِبْنه : طوبة — une brique, *f*
لُبْنَة : لُقمة — bouchée, *f*
لَبِنات . لبناة : ٥ لكتات . لكتاة — lactate, *m*
لبنيّ : كاللبن — laiteux, se; lacté, e
— : مختص باللبن — lactique
الحامض اللبنيّ — acide lactique, *m*
لون لبنيّ — bleu ciel, *m*
لُبان ∆ لِبان ∆ لِبانة — oliban, *m*; gomme à macher, *f*
— ذكر : كُندر — encens, *m*
∆ لِبان المركب : حبل القطر (الجرّ) كَبل — câble de remorque, *m*
لَبّان : ضارب الطوب (اللبن) — briquetier, *m*
— : بائع الحليب — laitier, ère
لِبانة ٢ — laiterie, *f*
∆ — شاميّة : قلفونية — résine; colophane, *f*
لُبانة : حاجة — désir, *m*; demande: affaire, *f*
قضى — ه — atteindre son but; satisfaire son désir

لَبِنَة . لَبُون . لَبُونَة : حلوب — laitière; bonne laitière, *f*
لُبْنان — Liban, *m*
لُبْناني — Libanais, e, *n*, libanais, e, *a*
مِلْبَن : مصفاة اللبن — écrémoire, *m*
— : قالب الطوب — moule à briques, *m*
∆ مَلْبَن : حلوى من السكر المعقود — loucoum, *m*
مَلْبَنة : مصنع الألبان ومستخرجاتها — laiterie, *f*
*لَبْوَة : أنثى الأسد — lionne, *f*
*لَبَّى : استجاب — répondre à; accéder à; exaucer
لَبَّيْكَ — me voilà! à votre service! à vos ordres
تَلْبِيَة : استجابة — exaucement, *m*; réponse; exécution, *f*
*لبيب (في لب) — intelligent, e
*لَتّ : سَحَق — pulvériser; broyer pétrir
— الدقيق : بلّه بشيء من الماء — empâter la farine
∆ لَتّ : ثرثرة — bavardage; babil, *m*
∆ لتّات : ثرثار — bavard, e; jaseur, se
٥ لِتْر : مكيال السوائل — litre, *m*
(لتي) ألّتي : تأنيث الذي (راجع لذي) — qui; laquelle
بعد اللتيّا والتي — après d'âpres discussions
بالتي هي أحسن — amicalement; à l'amiable
اللاتي . اللواتي : جمع التي — lesquelles, *f.pl*
*لَثّ : ∆ مدبّق بالعرق او القذارة — visqueux, se; collant, e
لثة الأسنان — gencive, *f*

٭لَثِغَ : كان بلسانه لُثْغة zézayer; grasseyer

لَثَغٌ . لُثْغَة اللسان : ∆ لَـدْغة zézaiement; grasseyement, m

— . — : ثقل اللسان في الكلام bégayement, m

أَلْثَغ : ∆ الدغ grasseyeur, se; personne qui zézaie

— : ثقيل اللسان bègue

لَثَمَ : قبَّل embrasser; baiser

— . لَثَّمَ . تَلَثَّمَ . الْتَثَمَ voiler la figure

لَثْم : تقبيل embrassement; baiser, m; embrassade, f

لَثْمَة : قُبْلَة un baiser, m

لِثَام : بُرْقُع ←voile; cache-nez, m

ازاح الـ . dévoiler,

مُلَثَّم . مُتَلَثِّم : مبرقع voilé, e; masqué, e

٭لَجَأَ . لَجِئَ . الْتَجَأَ الى : استتر واعتصم به se réfugier chez; chercher refuge, ou asile, auprès de

— . — الى : لاذ avoir recours à

لَجَّأَ . أَلْجَأَ الى : اضطر contraindre; forcer; obliger à

أَلجأ ۲ : عصم défendre; protéger

لَجَأَة : سلحفاة البر ←tortue, f

لُجُوء . إلتجاء : recours;

لاجئ . مُلتَجِئ réfugié, e; qui se réfugie à, ou en, ou auprès de

مَلْجَأ : ملاذ refuge; asile, m

— الأيتام : ميتم orphelinat, m

— العميان institution pour les aveugles, f

— العجزة (اي المقعدين او المرضى) asile de vieillards, m

٭لَجِبَ القوم : هاجوا واجلبوا faire du bruit, ou du vacarme

— البحر grondor

لَجِبٌ : شديد الجَلَب bruyant, e; tumultueux, se

لَجَب : ضوضاء tumulte; [brouhaha], m

٭لَجَج . لَجَاجَة importunité; instance; insistance; persistance, f

لَجَّ في الخصومة : عَنَد insister sur; être entêté, e (dans la dispute)

لُجّ . لُجَّة : معظم الماء le large (de la mer), m; pleine mer, f

لَجَّة : جلبة bruit confus; tumulte, m

لَجُوج . لاجّ : ملحاح persistant, e; pressant, e; importun, e

— . — : مثابر persévérant, e

٭لَجْلَجَ . تَلَجْلَجَ : تلعثم bégayer; bredouiller; balbutier

لَجْلَجَة bégayement; balbutiement; bredouillement, m

لَجْلاج bègue

∆ لجم لَجَّمَ . أَلْجَمَ الحصان brider

لِجام الدابة ←bride, f; mors, m

مُلْجَم . مَلْجُوم bridé, e

٭لَجِنَ به : علق adhérer à; se coller à

لَجْنَة comité, m; commission, f

— تحقيق (مثلا) commission d'enquête, f

— مُسْتَدِيمة comité ou commission permanent, e

لُجَيْن : فضة argent, m

☆ لحّ : لاصق النسب △ لزم — proche parent, *m*; *ou* proche parente, *f*

ابن عمي لحاً — mon cousin germain; ma cousine germaine

ألحّ في السؤال — insister sur

— في المطالبة بدين . عاسر — importuner; presser

إلحاح — insistance; instance; demande pressante, *f*

مُلحّ . مِلحاح — importun,e; pressant,e; [crampon]

☆ لحد . ألحد : دفن — ensevelir; enterrer (un mort)

— . — . التحد عن الدين — devenir hérétique

— والتحد ٢ الى : مال الى — dévier vers

لحد : قبر — tombeau, *m*; tombe, *f*

لحّاد : حفّار القبور — fossoyeur, *m*

إلحاد : كفر — hérésie; hétérodoxie; apostasie, *f*

مُلحِد : كافر — hérétique; hétérodoxe; apostat

☆ لحس : اكل ، مسح بلسانه — lécher

لحس : لعق — laper

لحس — lèchement; lèchage, lapement, *m*

لحسة — larme, *f*; brin; soupçon, *m*

ملحوس . لحيس — léché,e

△ — : خفيف العقل — sot,te; toqué,e

☆ لحظ : نظر — observer; percevoir; regarder; voir

— . لاحظ : راقب — remarquer; faire attention à

— . — : رمق — s'apercevoir de

— . — : رأى — voir; observer

— . — : راعى — observer

△ لاحظ ٢ العمل : شارفه — surveiller

— : قدّم ملاحظة — faire une remarque, *ou* une observation

لحظ العين : باطنها — intérieur de l'œil, *m*; conjonctive, *f*

— . لحظان — observation, *f*

لحظة : نظرة — coup d'œil, *m*; œillade, *f*; regard furtif, *m*

△ — : برهة قصيرة — instant; moment, *m*

△ في — — à l'instant; en un clin d'œil

لحظي : برهي — instantané, e

لحاظ : مؤخّر العين — coin extérieur de l'œil, *m*

مُلاحِظ : مراقب — observateur, rice; attentif, ve

△ — العمل : عريف — surveillant, e; contremaître, sse

△ — بوليس — commissaire de police, *m*

مُلاحظة : اشراف أو مراقبة — surveillance; observation, *f*

△ ملحوظة — remarque; observation, *f*

— : تعليق — commentaire, *m*

☆ لحف . ألحف : غطّى — couvrir, *ou* envelopper, d'une couverture

ألحف ٢ في الطلب — insister; persister dans sa demande

التحف . تلحّف — s'envelopper d'une couverture

لحف الجبل : اصله — pied d'une montagne, *m*

لحاف . مِلحف . مِلحفة : غطاء — couverture, *f*

— السرير — édredon; couvre-pied, *m*

☆ لَحِقَ فلاناً وبه : أدركه atteindre; attraper
— : ضدّ سبق. تبع suivre; succéder à
—هُ : لزمهُ. وجَبَ عليه il lui incombe de
—تهُ خسارة subir une perte
لاحَقَ : تتبع : تابعَ poursuivre; pourchasser; importuner
ألْحَقَ كذا بكذا joindre; attacher ensemble
— : اضاف او ضمَّ annexer; adjoindre
تلاحَقَ se suivre; se succéder
إلْتحَقَ بهم : انضمَّ اليهم se joindre à; s'affilier à
— به : ادركه rejoindre; attraper
— بكذا : اتَّصل être attaché, e à
— بالخدمة prendre, ou entrer en, service
لَحْق . لَحاق : ادراك action d'atteindre, ou de rejoindre
لَحَقٌ . لاحِق : ضدّ سابق suivant, e
لاحِق [2] : مدرك qui attrape, atteint, rejoint; qui se rattache à
إلْحاق annexion; adjonction; ou affiliation, f
إلحاقاً بخطابنا faisant suite à notre lettre
مُلْحَق : اضافي annexe; supplémentaire; additionnel, le
— : مُضاف adjoint, e; ajouté, e; annexé, e
— : تابع appendice, m; apostille, f
— الكتاب والجريدة supplément, m
— في سِفارة او وفد attaché, m
— عسكري attaché militaire, m
امتحان — examen de 2ème session, m
☆ مُلاحَقة poursuite, f

☆ لَخلَخ △ تَلَخْلَخ : ابتعد s'éloigner; s'en aller
△ لِخْلاح : حَسَك. شوك الجمل chardon, m
△ مُلَخْلَخ : مِقدام dégourdi, e
☆ لَحَمَ : لأمَ raffermir; consolider
— بالقصدير وغيره souder
— . إلْتَحَمَ الجرحُ se cicatriser
لَحِمَ بالمكانِ : لزمه ne pas quitter une place
— . لَحُمَ . كان كثير اللحم être charnu, e
لاحَمَ . ألْحَمَ : ألْصَقَ joindre; souder
تَلاحَمَ القوم : تقاتلوا combattre corps à corps
— . إلْتَحَمَ [2] به : إلْتصق adhérer; se joindre
التحمت [2] الحرب بينهم la bataille fit rage entre eux
لَحْم ولِحام المعادن soudure, f
— بالاوكسيجين soudure à l'oxygène, ou autogène, f
— بالكهرباء soudure électrique
لَحْم : خلاف العَظْم من الجسم chaire, f
— الأكل △ لَحْمَة viande, f
— أبيض (كلحم الطيور والسمك) viande blanche
— بقري ، ضاني ، عجالي viande de bœuf, de mouton, de veau, f, etc.
— الخنزير المالح بالملح والتدخين lard, m
— الخنزير المالح بالسلق : ○ جَمبون jambon, m
— الصَيْد venaison, f; gibier, m
— محفوظ viande de conserve, f
— احمر: هَبْر viande maigre, sans gras
— الثمرة : ما بين قشرتها ونواتها pulpe f

لبسَ الثوبَ على اللحم — porter la chemise à même la peau

لَحِمٌ . لَحِيم : كثير اللحم — charnu, e

لَحْمَة : لُحْمَة النسيج — trame d'un tissu, f

لُحْمَة ٢ : قرابة — parenté, f

— الرواية : حبكتها — trame, f

لَحْمِيَّة العين — conjonctive, f

— الأنف : سُداد — végétations, f.pl

لِحام ٢ : ما يُلحَم به المعدن كالقصدير — soudure, f

△ — مَرْقَد (في المعمار) — joint, m

△ وابور لحام — lampe à souder, f

لَحَّام : بائع اللحم △ جزّار — boucher, ère

لَحامة : امتلاء الجسم — embonpoint, m; corpulence, f

إلتِحام : اِلتصاق — adhérence; adhésion, f

— الجراح — cicatrisation; guérison, f

— العظام — soudure (des os), f

مَلْحَمَة : موقعة عظيمة القتل في الحرب — carnage, m; boucherie; bataille féroce, f

لواحم : آكلة اللحوم — carnivores; carnassiers, m.pl

☆ لَحَنَ : اخطأ في الاعراب — commettre une erreur grammaticale

لَحَّنَ في القراءة — chantonner; entonner; psalmodier; chanter

لَحْن : نَغْمة — air, m

— : قطعة موسيقية — mélodie, f; air, m

— : لهجة — ton; accent, m

— : خطأ في الاعراب — solécisme; barbarisme, m

— الكلام : فحواه — sens, (m), ou valeur (f), des mots

صناعة الألحان : الموسيقى — musique, f

لَحِنٌ : فطن — intelligent, e

تَلْحِين : تنغيم — psalmodie; modulation; *ou* mise en musique, f

☆ لِحْيَة : شعر الخدين والذقن — barbe, f

— صغيرة : عُثْنون — barbiche, f

لِحاء : قشر العود او الشجر — écorce, f

لَحَى . لحا الشجرةَ : نزع قشرها — écorcer

إلتحى : أرخى لحيته — laisser pousser la barbe

مُلْتَحٍ : ذو لحية — barbu, e

△ لَخْبَطَ : خلط — mêler; mélanger; enchevêtrer

☆ لَخَّصَ الكلامَ : اختصره — abréger; résumer

— القولَ : بيّنه — expliquer

— الشيءَ : أخذ خلاصته — extraire l'essence de, *ou* la partie la plus pure (d'une chose)

تَلْخِيص — abrégement, m; abréviation, f

مُلَخَّص : خلاصة — extrait, m; essence; quintessence, f

— الكلام — résumé; sommaire, m; courte analyse, f

— : مختصر — abrégé, e; résumé, e

△ لَخْلَخَ : لَصْلَص، حرّكه ليخلعه — ébranler

△ لَخَمَ : ربك — embarrasser; encombrer

لَخِمَة △ لَخْمَة : (رجل) ثقيل — gauche

△ لَخْمَة — embarras, m

☆ لَدَد : خصومة شديدة — dispute violente, f

لَدُود . أَلَدّ : خصم شديد الخصومة — grand, e disputeur, se

عدوّ — و — . — ennemi, e mortel, le

☆ لَدَغَ الثعبانُ : عَضَّ mordre
ـــت العقربُ : لسعت piquer
ـــه بكلمة piquer, ou blesser, qn par une parole
△ ـــ : لثغ zézayer; grasseyer
لَدْغَة : عضَّة أو لسعة morsure, ou piqûre, f
لَدِيغ . مَلْدُوغ piqué, e; mordu, e
☆ لَدُنَ : كان لَيِّناً être tendre, souple, flexible, doux, ce
لَدَّنَ : لَيَّنَ attendrir; assouplir
△ ـــ الخبزَ : جففه قليلاً sécher le pain
لَدْن : لَيِّن souple; tendre
ـــ : يُجْبَل plastique
لَدُنْ . لَدُنْ : عند chez; auprès de; par
من ـــ : من عند de la part de
لَدَانَة . لُدُونَة souplesse; flexibilité; mollesse, f
△ لادن : عِلك اللبان gomme à macher, f
☆ لِدَة : ترب (فى ولد)
☆ لَدَى : عِنْدَ chez; à; par; auprès de
ـــ : امام devant; en présence de
لديك auprès de vous
☆ لَذَّذَ : جعله يتلذذ faire jouir qn; délecter
لَذَّ : كان لذيذاً être délicieux, se, savoureux, se, délectable
إِلْتَذَّ . تَلَذَّذَ به savourer; jouir de; déguster; se délecter de
ـــ . إِسْتَلَذَّ الشئ trouver qc savoureux, se ou délicieux, se

لَذَّة . مَلَذَّة jouissance; volupté, f; délice; plaisir, m; délices, pl
لَذِيذ délicieux, se; savoureux, se; suave; agréable; délectable
لَذَعَ : أحرق brûler
ـــ . كَوَى . وَسَم marquer au fer rouge; stigmatiser
ـــ بلسانه blesser; piquer
لَذْع : حَرْق brûlement; brûlage, m; action de brûler
لَذَّاع . لَاذِع : مُحْرِق brûlant, e; en feu
ـــ . ـــ : قارص mordant, e
ـــ : حارّ △ حرّاق piquant, e
لذعة brûlure, f
لَوْذَع . لَوْذَعِيّ : ذكي ingénieux, se; sagace; intelligent, e
لَوْذَعِيَّة génie, m; sagacité; finesse; pénétration, f
☆ لَذِيَ به : علق se coller; coller; s'attacher à
أَلَّذِي qui; lequel (singulier)
اللَّذان (للمثنى) . الذين (للجمع) qui; lesquels (pluriel)
لَزِبَ الشيء : دخل بعضه فى بعض s'unir; s'amalgamer
لَزْب . عَزَب لَزَب célibataire endurci
لَازِب : ثابت fixe; ferme
ضربة ـــ : لازم nécessaire; indispensable
☆ لَزِجَ . تَلَزَّجَ : كان لزجاً être gluant, e, collant, e; visqueux, se
ـــ بأصبعه : لمق se coller; s'agglutiner à

لَزِج collant,e; gluant,e; visqueux, se
لَزُوجَة viscosité; nature gluante, f
✪ لَزَّ : جعله ملزوزاً serrer ensemble; presser; condenser
لَزَّ الشيء بالشيء : coller fortement
ـــهُ بالرمح : طعنه harponner
إلْتَزَّ به : التصق attacher; se coller à
لُزَّة . لَزَّة : △ رزَّة piton, m
ملزّز △ مدموك compact,e; ferme; dense
✪ لَزِقَ . إلْتَزَقَ به : لصق se coller; adhérer à
△ لَزَّقَ . أَلْزَقَ : الصق coller; attacher
لِزْق : لِصق contiguïté; ou adhérence, f
لَزِق : لصيق collant,e; adhésif,ve; gluant,e
لِزَاق : كل ما يُلصق به colle; glu, f; mastic; ciment, m, etc.
△ لَزْقة علاجيّة . لَزُوق . لازوق cataplasme; emplâtre, m
△ — اميركانيّة emplâtre poreux, m
△ — خردل sinapisme, m
△ — . لُزَقة : لامفرّ منه . يدفع فيرجع crampon, m
✪ لَزِمَ الشيء être nécessaire, obligatoire, indispensable
— بيتَـهُ garder la maison; rester à la maison
— المريض فراشه s'aliter
— الصمتَ garder le silence
ـــهُ كذا : احتاج اليه avoir besoin de
ـــهُ الشيء : كان ملزماً به être responsable de qc
ـــهُ الامرُ : وجب عليه incomber à
— . لازَمَ : لم يفارقه être toujours près de; se cramponner à; être inséparable
— . — الامر : استمرَّ فيه persévérer dans
أَلْزَمَ : اجبر forcer; obliger; contraindre
ـــهُ المالَ وبه tenir responsable pour
— المصاريف (في المحاكم) condamner aux frais
— بالعمل : اوجبه عليه imposer
إلْتَزَمَ : اضطرَّ être contraint,e, forcé,e, obligé,e
— : كان ملزماً être responsable de (ou pour)
— : ارتبط s'obliger; s'engager
— العمل : اخذه على عهدته se charger de; répondre pour; prendre à sa charge
— العمل والتجارة : احتكر monopoliser
إسْتَلْزَمَ : عدَّهُ لازماً trouver nécessaire; se faire un devoir de
— : اقتضى nécessiter; avoir besoin de
△ لَزْم : لحاً (راجع لحح) proche
لُزُوم : اقتضاء besoin, m; nécessité; obligation, f
— : فائدة . حاجة utilité, f
عند الـ au besoin; en cas de besoin, ou de nécessité
لازِم : ضروري nécessaire; indispensable; essentiel, le
— : محتَّم . لازب inévitable
— : واجب obligatoire
— : مطلوب requis,e; nécessaire
فِعْل — : غير متعدّ verbe intransitif, m
شيء — . chose nécessaire, f; le nécessaire, m
غير — . inutile; non demandé,e

كالـ comme il faut; proprement
لوازم : حاجيّات nécessaires; commodités, *m.pl*
إلزام : اجبار imposition; contrainte, *f*
الزامي : جَبْري obligatoire; forcé, e
إلْتِزام : اضطرار nécessité, *f*
— : واجب devoir, *m*; obligation, *f*
— : احتكار monopole, *m*
— : امتياز (تمنحه الحكومة) concession, *f*
— : مسئولية responsabilité, *f* 
— : ارتباط obligation, *f*; engagement, *m*
التزاماً : △ بالمقاولة à forfait
△ مَلْزَمَة : مَنْكَنَة étau, *m*
△ — من كتاب fascicule, *m*; section, *f*
مُلازِم : لا يفارق inséparable
— : تابع aide; assistant, e
— بيته casanier, ère; qui garde la maison
— الصمت taciturne; réservé, e; réticent, e
— الفراش alité, e
△ — اول : رتبة عسكرية lieutenant, *m*
△ — ثان sous-lieutenant
△ — ثان (في البحرية) enseigne de vaisseau, *m*
مُلازَمَة : عدم مفارقة inséparabilité, *f*; accompagnement, *m*
— : تعلّق dépendance, *f*
— : متابعة . ملاحقة poursuite, *f*
— : مثابرة persévérance; assiduité; application, *f*

مُلْتَزَم . مَلْزُوم obligé, e; forcé, e; contraint, e
— . — : مسئول responsable
مُلْتَزِم : عهيد △ مُقاول △ متعهّد entrepreneur, se
— : صاحب الامتياز concessionnaire
٭ لسان (في لسن) langue, *f*
٭ لَسْتِيك : مطاط . مُغَيِّط élastique, *f*; caoutchouc, *m*
٭ لَسَعَ : ابَر . لدَغ piquer
△ — فمه بالفلفل : لذع avoir la bouche irritée [*ou* emportée]
△ لَسْوَع بالسَّوْط fouetter légèrement
لَسْعَة piqûre; morsure; chiquenaude, *f*; picotement, *m*
لَسِيع . مَلْسُوع piqué, e; mordu, e
لاسِع : يلسع . لاذع mordant, e; piquant, e
— : حارّ △ حَرّاق piquant, e
٭ لَسِنَ : كان لسناً être éloquent, e, disert, e, beau parleur, se;
لَسِنٌ . أَلْسَن disert, e; éloquent, e 
لِسانُ الفم (أو مايشبهه) langue, *f*
△ — تعشيق الخشب languette, *f*
△ — (في النجارة) tenon, *m*
△ — وتَقْر : ذكر وأنثى ←tenon (*m*) et mortaise (*f*) 
— : لغة langage, *m*; langue, *f*
— أرض (في الجغرافيا) cap, *m*
— بحر baie, *f*; petit bras de mer, *m*
— القوم : المتكلم عنهم porte-parole; organe, *m*; interprète

— القُفل pêne, m

— المِفتاح pauneton, m

— المزمار (في التشريح) épiglotte, f

— الميزان languette de la balance, f

— النار : شعلتها flamme, f

— الحذاء oreille, f

— الغزال : اسم نبات lunaire, f

— الكلب : اسم نبات cynoglose, f

△ — العصفور nouillettes, f.pl

طلقُ الـ éloquent,e; disert,e

طلاقة الـ éloquence, f

معقود الـ qui a le filet, *ou* la langue liée

باللسان : بالكلام de vive voix

دائرٌ على الألسنة : تقوّلات ouï-dire, m

لِسانيّ : مختص باللسان او الكلام lingual,e

* لَصَّ البنيانَ : رصصه consolider

لَصَّ الأمرَ : فعله مستتراً faire qc en cachette, *ou* en catimini

تَلَصَّص : صار لصًّا se faire voleur, se

— عليهم épier; espionner

لِصّ : حَرامي voleur, se; brigand

— البحر : قرصان (انظر قرص) pirate, m

لُصُوصِيَّة vol; brigandage, m

* لَصَفَ : برق وتلألأ ملوَّنة fluorescence, f; scintillement, m

مِلْصاف : مِنظار الألوان fluoroscope, m

* لَصِقَ . اِلتَصَقَ به se coller, s'attacher; adhérer à

لاصَقَ voisiner; être contigu,ë à; être adjacent,e à

أَلْصَقَ coller; attacher

لَصُوق : △ لَزقه (علاجيَّة) emplâtre, m

إلتِصاق . تَلاصُق adhérence, f

مَلْصَق collé,e

مُلاصِق . مُتلاصِق attenant,e à; contigu,ë à; voisin,e de

مُلاصَقة : مجاورة contiguïté, f; voisinage, m

— : جاذبيَّة الملاصقة أو الالتصاق cohésion, f

* لَصْلَص : △ لخلخ . خلخله ليخلعه ébranler

△ لَصَمَ : رمَّق . رهيأ rafistoler; bâcler; brocher

△ لَضَمَ الابرة او السبحة enfiler

مَلْضوم : منظوم enfilé,e

* لَطَخَ . لَطَّخَ salir; tacher; souiller; éclabousser; barbouiller

تَلَطَّخ se salir; être taché,e, éclaboussé,e, souillé,e

— بالوَحْل s'éclabousser

لَطْخَة tache; éclaboussure; souillure, f

لطخة . لَطيخ . △ لَطّخ sot,te; benêt; lourdeau

* لَطَس : لَطَمَ frapper; cogner

مِلْطاس : كاسور casse-pierre, m

△ لَطَش : وطش . لطث taper; souffleter

لَطّاشة الذباب tue-mouches, m

* لَطُفَ به : رفق être gentil,le avec; se montrer bon,ne, *ou* gracieu x,se envers qn

لَطُفَ : ضد كثف être fin,e, mince, délicat,e, mignon,ne

لَطَّفَ: خفف الشدة — adoucir; apaiser; mitiger; tempérer
— الألم — apaiser; consoler
— وقع الخبر السيء — adoucir; informer avec ménagement
— القول أو الذنب — atténuer
— الحكم — commuer; atténuer; adoucir
لاطَفَ: رفق به — être aimable, ou gentil, le, avec
ـه: داراه. سايره — ménager
— المرأة — caresser
تَلَطَّفَ: تلاطف — se montrer aimable, ou gracieux,se, envers qn
إستلطف — sympathiser; trouver gentil, le, mignon,ne, sympathique
لُطف. لَطَافَة: رفق — gentillesse; amabilité; douceur; bonté; bonhomie; délicatesse, *f*
— . —: دماثة. كياسة — civilité; amabilité, *f*
— . —: رقّة — élégance; grâce; douceur, *f*
لَطَافَة ٢: ضد كثافة — finesse; ténuité; subtilité, *f*
بِلُطف — gentiment; avec courtoisie
لَطيف: ذو اللطف — gentil,le; aimable; bon,ne; gracieux,se
—: ظريف. مليح — joli,e; mignon,ne; gentil,le
—: ضد كثيف — fin,e; délicat,e; subtil,e
الجنس الـ — le beau sexe; le sexe faible
لطيفة: مُلحة — bon mot; trait d'esprit, *m*
تَلَطُّف — gentillesse; courtoisie; bienveillance; amabilité, *f*
مُلَطِّف: مخفف — mitigeant, e; palliatif, ve

—: مسكّن — calmant,e, *a* et *m*
مُلاطَفَة — manières douces; cajoleries; caresses, *f.pl*
☆لَطَمَ: صفع. لدم — gifler; souffleter
△ـت النساء في المأتم: التدمت — se lamenter en se frappant le visage
تَلاطَمَت والتطمت الأمواج — se heurter; s'entre-choquer
ـوا: تضاربوا — en venir aux mains
لَطْمَة — gifle, *f*; soufflet; *ou* coup, *m*
☆لَظِيَ. تلظّى. اِلتظى — écumer de rage
لَظى: لهيب. نار — flamme, *f*; feu qui flambe, *m*
☆لَعَبَ: سال لعابه — baver; écumer
لَعِبَ ٢. لَعَّبَ: لها. عبث — jouer; s'amuser; badiner
—: هزل. مزح — plaisanter
— القمار — jouer
— الموسيقى — jouer d'un instrument de musique
— عليه — jouer un tour à qn
— بالنار — jouer avec le feu
— دور كذا — jouer le rôle de
— بعقله — embobiner; tourner la tête
ـت الخمر بعقله — monter à la tête
ـت به الرياح أو الهموم — en proie à
لَعَّبَ ٢. أَلْعَبَ: جعله يلعب — faire jouer qn
△ — ذيله: حرّكه — remuer la queue
△ — وجهه اشمئزازا: اختلج بوجهه — grimacer
△ — حواجبه — remuer les sourcils
لاعَبَ: لعب مع — jouer avec

∆ تلاعب في الأمر agir frauduleusement
تلاعُب manoeuvre frauduleuse ; tromperie, f
لَعِب. لِعْب : لَهْو jeu; amusement; divertissement; badinage, m
— . — : مزح plaisanterie, f
∆ — القمار : مَيْسِر jeu; jeu de hasard, m
ألعاب رياضية sport, m; jeux sportifs, m.pl
— سحرية prestidigitation ; jonglerie, f; escamotage, m
— نارية feu d'artifice, m

لُعْبة. ألعوبة : مايلعب به jouet; joujou, m
— . — : مايُسخر به plastron, m; risée, f
— . لِعْبَة : نوع اللعب un jeu, m
— و— ورق (مثلاً) une partie de cartes, f
لعوب. ألعُبان ∆ لِعَبي folâtre; enjoué, e; badin, e
لُعَبَة. لعّاب. لعِّيب : كثير اللعب grand, e joueur, se
لَعِّيب : ماهر في اللعب bon, ne joueur, se
لُعاب : ريق salive, f
لُعابي : مختص باللعاب salivaire
— : كاللعاب او بقوامه. لزج mucilagineux, se
لاعِب : الذي يلعب joueur, se
∆ مَلْعوب : خُدْعة tour; truc, m; niche: ruse, f
مَلْعَبَة : ألعوبة amusette, f; jouet, m
pantin, m
مُلاعِب : رفيق اللعب partenaire, ou compagnon, ne, de jeu
∆ — : مخادع trompeur, se; tricheur, se; chicaneur, se

مَلْعَب : ساحة اللعب cour de récréation, f
— : ساحة الالعاب الرياضية stade; gymnase, m; arène, f
— الخيل وغيرها : ○ قرق cirque, m
— : ملهى théâtre, m
— أو مسرح العرائس guignol; jeu de pantins, m
∘ لعثم. تلعثم bégayer; balbutier; la langue lui a fourché
لعثمة. تلعثم balbutiement; bégaiement, m
∘ لعج : آلم واحرق brûler; causer une douleur cuisante
لاعجه الأمر : اشتدّ عليه consumer
لاعج : حبّ محرق amour ardent, ou douloureux, m
لواعج الحب les souffrances de l'amour
لَعِق : لحس lécher; laper
لُعْقة : ملء ملعقة cuillerée, f
لَعُوق : دواء يُلعق électuaire, m
مِلْعَقة cuillère; cuiller, f
— حلو cuiller à dessert, f
— شاي أو قهوة cuiller à café, f
— شوربة cuiller à soupe, f
∆ — . ملء — : لُعقة cuillerée
ابو — : ملاعق spatule, f
∘ لَعْل : بَلَخْش حجر كريم كالياقوت rubis, m
— : مادة دودة القرمز carmin, m
أحمر لعلي rouge vif; carmin, m

☆ لَعَلَّ : علَّ . ربما . عسى — peut-être ; il se peu que

لعلّكم بخير — j'espère que vous vous portez bien

☆ لَعلَعَ الرعدُ — gronder ; retentir

— وتَلعلَعَ السرابُ : تلألأ — scintiller ; luire ; briller ; étinceler

تلعلع ٢ جوعاً : تضوّر — se tordre de faim

— الكلبُ : دلع لسانه عطشاً — tirer la langue de soif

☆ لَعَنَ . دعا عليه — maudire ; jurer ; proférer des malédictions

لَعْن : استنزال اللعنات — malédiction, *f*

لَعْنَة — malédiction ; imprécation, *f*

لُعْنَة . لَعِين . مَلعُون — maudit, e ; exécré, e

لعين ٢ : رديء — exécrable ; mauvais, e

☆ لَعْوَة : سواد حول حلمة الثدي — aréole (autour du mamelon), *f*

△ لَعيان النفْس : غثيان (راجع غثى) — nausée, *f*

☆ لُغْد . لُغْدُود : ما أطاف بأقصى الفم الى الحلق من اللحم — chair au fond du palais, *f*

△ — الطيور الخ : غبغب — fanon, *m* ; caroncule, *f*

△ — الانسان — double menton, *m*

☆ لَغَزَ . لاغَزَ . أَلْغَزَ في الكلام — parler énigmatiquement

لُغْز : معمّى — énigme, *f* ; dilemme, *m*

— : سِرّ عميق — mystère, *m*

مُلْغَز : ملتبس — énigmatique ; ambigu, ë

☆ لَغَطَ . لَغَّطَ . أَلْغَطَ — faire du bruit

— . — بالخبر — colporter ; ébruiter

لَغْط — bruit confus ; vacarme, *m*

☆ لَغَمَ البعيرُ : ازبَدَ — éoumer

△ — △ أَلغَمَ المكانَ : وضع تحته لغماً — miner

△ — △ — : قوّض — saper

△ — △ — : نسفَ — faire sauter

△ أَلغَمَ ٢ . مَلْغَم : خلط بالزئبق — amalgamer

△ لَغَم : مِنْسَف — mine, *f*

لُغَام : زَبَد — salive écumante ; écume, *f*

△ لَغَمْجِي : △ طبردار . من فرقة المهندسين — mineur ; sapeur, *m*

△ لغمط (انظر لطخ) ☆ لُغَة (في لغو)

☆ لَغْو . لَغاً : هُراء — sottise, *f* ; coq-à-l'âne, *m*

— . — : كثرة الكلام — loquacité, *f* ; bavardage, *m*

— . — : خطأ — erreur ; bévue, *f*

— . — : لغة غير صحيحة — langage erroné, *m*

— . — : باطل — nul, le ; vain, e ; futile

△ — : الغاء — annulation, *f*

لَغَا الشيء : بطل — être annulé, e, *ou* aboli, e

— . لَغِيَ : تكلم من غير تفكر — parler à tort et à travers

— . — : أخطأ في الكلام — se tromper en parlant

لَغِيَ ٢ بالأمر : لهج به — bavarder beaucoup sur qc

أَلْغَى : أبطل — annuler ; abolir ; supprimer

لُغَة : لسان — langue, *f*

— حيّة — langue vivante, *f*

— : اصطلاح — idiome, *m*

— خصوصيّة : لَهْجَة △ لَغْوَة — dialecte ; argot ; langage parlé ; patois, *m*

— المولد — langue maternelle, *f*

عِلْم الـ (الألفاظ ومعانيها واشتقاقها) lexicologie; philologie, *f*

عِلْم قواعد الـ. étymologie, *f*

كتب الـ : المعاجم lexiques; dictionnaires, *m.pl*

لُغَوِيّ : مختصّ باللغة linguistique; lexicologique

— : بموجب قواعد اللغة étymologique

— : عالم بلغات كثيرة linguiste

— : عالم بمفردات اللغة واوضاعها lexicologue; philologue

لاغٍ : باطل nul; de nul effet; nul et non avenu

— : مُلغًى aboli, e; annulé, e

وصية لاغية legs caduc, *m*

إلغاء : ابطال suppression; annulation; abolition, *f*

مُلغًى aboli, e; annulé, e

٭ لَفَتَ . لَفَّتَ : امال . ادار tourner

— . — عن détourner de

— نظره الى attirer l'attention sur

إلْتَفَتَ . تَلَفَّتَ الى tourner la face du côté de; se tourner vers

— و— يمنة ويسرة se retourner à droite et à gauche

— الى : انتبه الى faire attention à

— الى : اهتمّ به avoir, *ou* prendre, soin de

— الى : راعى se soucier de; prendre en considération; considérer; avoir égard

لِفْت : سَلْجَم . نبات ←navet, *m*; rave, *f*

لَفْتة . إلتِفاتة : ادارة النظر regard; geste, *m*

— . — : نظرة جانبية œillade, *f*

— . — : نظرة عاجلة coup d'œil, *m*

— : عَطْفة . حَوْدة virage; tournant, *m*

أَلْفَتُ : اعسر gaucher, ère

إلتِفات : انتباه attention, *f*

— : رعاية considération, *f*; égards, *m.pl*

عدم الـ. inadvertance; inattention, *f*

بلا الـ الى sans égard pour (*ou* à)

مُلْتَفِت attentif, ve; vigilant, e

غير — . inattentif, ve; insouciant, e

٭ لَفَحَ : ضرب frapper; battre

— : احرق roussir; brûler

△ تَلَفَّحَ بكذا : تلفّع s'envelopper, *ou* s'enrouler dans

لَفُوح . لافِح : محرق brûlant, e; ardent, e

لُفَّاح : تُفّاح الجنّ . نبات مخدّر mandragore, *f*

△ تَلْفيحة : لِفاع (انظر لفع) cache-nez, *m*; écharpe, *f*

مَلْفُوح brûlé, e; roussi, e

مُتَلَفِّح بـ enveloppé, e avec

٭ لَفَظَ الشيء : رمى به rejeter; émettre

— كلمة prononcer; articuler; proférer (un mot)

— النفَسَ الأخير rendre le dernier soupir

— . تَلَفَّظَ : نَطَق parler; prononcer

لَفْظ . تَلَفُّظ : نطق prononciation; articulation; diction, *f*

لَفْظي : نُطْقي de prononciation

— : غير المعنوي littéral, e

— : بالكلام de vive voix; verbal,e; oral,e

لَفْظَة : كلمة expression; parole, f; mot, m

لَفِظ. مَلْفُوظ : مرميٌّ به éjecté, e; expectoré,e; émis,e; écarté,e

— . — : منطوق به prononcé,e

لُفَاظَة rebut; ramassis, m

☆ لَفَعَ . لَفَعَ الشيب رأسه grisonner; être chenu,e

اِلْتَفَعَ تلفَّعَ بكذا : لَفَّ نفسه به s'envelopper dans; se couvrir de

لِفَاع : △ تلفيعة cache-nez, m; écharpe, f

☆ لَفَفَ . لَفَّ : طوى enrouler; rouler; replier; couvrir

— الخيط على البكرة enrouler; dévider

△ — المكانَ : طاف به faire le tour de

— : حزم envelopper; empaqueter

— . اِلْتَفَّ : دار tourner; virer

اِلتفَّ عليه القوم s'assembler autour; entourer

— النبات أو الثعبان على العود s'enrouler autour de

— . تَلَفَّفَ في كذا s'envelopper dans

— النباتُ : نشب ببعضه s'entrelacer

—وا حول قائدهم se rangèrent, *ou* se rallièrent, autour de leur chef

لَفٌّ : ضدّ نَشْر emballage; pliage, m

لَفَّة : دَوْرَة tour, m

— : حيلة détour, m

— : حويَّة rouleau, m

△ — : حُزمة paquet, m

△ — △ حوده virage; tournant, m

لَفَّاف : دَوَّار tournant,e

باب — porte tournante

لِفَافَة : ما يُلَفّ به enveloppe; couverture, f

— : عِصابة . رباط bandeau; bandage, m; bande, f

— الطفل : قماط langes,m.pl; maillot, m

— تبغ : سيجارة cigarette, f

— الساق او الرِجْل : △ قلشين molletière, f

△ — (في المعمار) volute, f

لَفِيف : مجموع ramassé,e; réuni,e; rassemblé,e

— من الناس foule de gens de toute espèce, f

تَلَافيف الدماغ circonvolutions (du cerveau), f.pl

مِلَفّ أوراق dossier, m; chemise, f

△ — : حَوْدَة . عطفة tournant; virage, m

مُلْتَفّ . مَلْفُوف enveloppé, e; empaqueté, e

— على بعضه entrelacé, e

— بشكل حويَّة roulé, é; enroulé, e

ملفوف ٢ (بلغة سوريا) : كُرُنْب chou, m

— باليد roulé,e a la main

قوام — taille svelte, *ou* bien prise, f

☆ لَفَقَ : خاط لِفْقَتَيْ surjeter; faire un surjet; coudre bout à bout; ourler

لَفَقَ الحديثَ : زوَّقه

△ — الكلامَ: اختلقه fabriquer; inventer
△ — التهمةَ: دبَّرها forger; machiner
لَفْق: خياطة surjet, m
تَلفيق: حديث ملفَّق histoire montée, f
△ — : اختلاق tissu de mensonges; mensonge, m; invention, f
△ تَلْفِيقه: حكاية مختلقة faux récit; mensonge, m
مُلَفَّق: مموَّه بالباطل mensonger, ère; tissé, e de mensonges
△ — : مختلق inventé, e; fabriqué, e de toutes pièces
(لفو) أَلْفَى: وَجدَ trouver
تَلافَى: تدارك arranger; réparer;
— الخسارة suppléer; compenser; combler
تلافي الشرّ قبل إستفحاله tuer le mal dans l'œuf
* لَقَّبَ فلاناً بكذا: جعله لقباً له surnommer
تَلَقَّبَ بكذا porter le surnom de
لَقَب: اسم ثانٍ surnom; nom de famille, m
— : كنية وصفية épithète, f
— : اسم مستعار pseudonyme; nom de plume, m
— تهكُّمي او ودادي: نَبْز sobriquet, m
— شَرف titre, m
مُلَقَّب بكذا appelé, e, surnommé, e; connu, e par (ou sous) le nom de; portant un surnom
* لَقَّحَ. لَقَحَ. أَلْقَحَ انثى الحيوان أو النبات féconder
— — بلقاح مرض معد vacciner; inoculer
— △ عليه: تهكّم railler; gouailler

لَقْح. تَلْقِيحُ الانثى fécondation, f
لِقَاح: مادة التلقيح في ذكور الحيوان sperme, m; semence, f
— النبات. لَقاح: طَلْع pollen, m
— : مصل (في الطب) ○ فيروس virus, m
— الجدري vaccin, m
تَلْقِيحٌ[2] النبات pollinisation, f
— (في الطب) inoculation, f
— بمصل الجدري vaccination; vaccine, f
* لقس: △ تلقّس على se moquer de
* لقط. إلتقط. تلقّط ramasser
إلتقط اللاقط (فضلات الحصاد): △ عفّر glaner; grappiller
لُقْطَة. لَقَط. لُقاطَة objet ramassé, ou recueilli, e
— △ لقيه: trouvaille, f; objet trouvé, m
△ — : ما تشتريه رخيصاً occasion; bonne affaire, f
لُقاطٌ. لُقاطَة[3] الحصاد: glanage, m; glanure; glane, f
لَقِيط: طِفل منبوذ enfant trouvé, ou abandonné
مِلْقَط الشعر وغيره pince, f; ←brucelles, f.pl
— النار: ماشه pincettes, f.pl
— السكر ←pince à sucre, f
مُلتَقَط. مَلْقوط ramassé, e par terre;
* لقع الشيء: رمى به △ لقّحه jeter; lancer
* لقف. تلقّف. التقف الشيء saisir au vol
△ مَلْقَف هواء: مهواة courant d'air, m

☆ لَقْلَقَ : أخرج لسانه pendre la langue

— : △ لخلخ ébranler

لَقْلَقُ : أبو حديج cigogne, f

لقلقة الكلام cancans, m. pl

△ لِقْلاَق : نمّام mauvaise langue, f; rapporteur, se

☆ لَقَمَ : سدّ فمه fermer la bouche

لَقِمَ الشيء : اخذه بفمه prendre, ou saisir, avec la bouche

لَقَّمَ . ألْقَمَ الطعامَ abecquer; faire avaler

△ — القهوة mettre le café dans l'eau bouillante

لُقْمَة من طعام bouchée, f; morceau, m

△ — الشُبّاك وغيره : قالب coin, m

△ — المثقاب mèche, f

△ — المفتاح : لسانه panneton, m

△ — الفارة (المسحاج) ciseau du rabot, m

△ — القاضي : زلابية pet-de-nonne, m

تَلْقيم الطعام donner à la cuillère

☆ لَقِنَ . تلقّنَ من : اخذ عن apprendre de; apprendre

لَقَّنَ : املى على dicter; suggérer

— : علّم enseigner; instruire

— الممثل او الخطيبَ souffler

لَقانة . لَقانِيَة : سرعة الفهم intelligence vive: perspicacité, f

مُلَقِّن الممثل souffleur, se

△ كعبوشة الـ trou du souffleur, m

☆ لَقْوَة : شَلَل وجني . ضوّط paralysie faciale, f

△ مَلْقُوّ : مَلْوُوق الفم qui a la bouche de travers, ou tordue

☆ لَقِيَ . إلْتَقَى : وجد أو قابل trouver; ou rencontrer

لاَقَى . تَلَقَّى : استقبل recevoir

— مصاعب جَمَّة rencontrer, se buter à, se heurter à (des difficultés)

تَلَقَّى ٢ عنه apprendre qc de

— عنه recevoir ses ordres

تلقّاه ٢ بصدر رحيب recevoir à bras ouverts

أَلْقَى : طَرَحَ jeter: lancer

— عنه déposer se débarrasser de

— عليه سؤالاً poser une question; questionner

— على عاتقه mettre à sa charge

— الحبل على الغارب lâcher la bride; donner libre cours à

— القبض على arrêter

— المسئولية على rejeter la responsabilité sur

— عليه مسئوليّة كذا tenir qn responsable de

— خطبةً prononcer un discours

— قُرعة tirer au sort

— الدرسَ donner, ou réciter, la leçon

— عليه درساً donner une leçon à

— اليه jeter, ou lancer, à qn qc

— بنفسه في كذا se jeter dans

تلاقوا . إلتقوا ils se rencontrèrent

إسْتَلْقى : اضطجع — s'étendre; se coucher

— على قفاه او ظهره — s'allonger; être couché, e sur le dos

لِقاء . لُقيان . لُقىً . لُقى — rencontre, f

لُقىً . لُقية ∆ لُقَيْقة — trouvaille, f; objet trouvé, m

إلقاء : طرح — lancement, m

— : كيفية إلقاء الكلام — diction, f

— الكلام او الخطب — débit, m; diction, f

— الشيء المحفوظ : ∆ تسميع — récitation; déclamation, f

عِلْم الـــ — élocution, f

إستِلْقاء — position couchée, f

تِلْقاء : ازاء — vers; du côté de

— : تجاه — en face; devant

من — نفسه — spontanément; de lui-même; de son propre gré

تِلقائي — spontané, e

تَلاقٍ . مُلاقاة . مُلتقى — rencontre; réception, f

مَلْقىً . مُلْتقىً : مكان اللقاء — lieu de rendez-vous, *ou* de rencontre, m

— و — الخطوط والفروع : نقطة اجتماعها — jonction, f; confluent, m

— و — الطرق — croisement; carrefour, m

الى الملتقى — au revoir

مُلقىً : مطروح — jeté, e

مُستلقٍ — couché, e; étendu, e; allongé, e

☆ لكَ : لأجلك أو اليك — pour vous; *ou* à vous (*ou* toi)

لَكّ : صبغ أحمر — laque; gomme laque, f

☆ لَكَأ : ضرب — frapper; battre

تَلَكَّأَ : تباطأ ∆ تلكّع — traîner, flâner; s'attarder; [lambiner]

لَكّاءة : متباطئ — lent, e; traînard, e; lourdaud, e

c لَكْتات : ∆ لبنات — lactate, m

☆ لَكَزَ : لكم — boxer; dauber; donner un coup de poing

لِكاز : ∆ خابور — cheville, f; coin, m

☆ لَكَمَ : ضرب بجمع اليد — boxer; donner un coup de poing

لاكَمَ : ضارب بجمع اليد — faire de la boxe; ←frapper du poing

لَكْمَة — coup de poing, m

مِلْكَمة : قفاز الملاكمة — gant bourré; gant de boxe, m

— : ∆ بُنْيَة حديد — coup de poing américain, m

مَلْكَمَة : كرة او كيس التمرن على الملاكمة — punching-ball; ↙sac, m

مُلاكِم — boxeur, se; pugiliste

مُلاكَمة — boxe, f; pugilat, m

☆ لَكِنَ : ثقل لسانه — bégayer; balbutier

لَكَن : ∆ طشْت — cuvette en cuivre, f

لكِنْ . لكِنَّ (أصلها لاكن) — mais; cependant; néanmoins

لُكْنة : لهجة — accent, m

ألكن : ثقيل اللسان — bègue; bredouilleur, se

☆ لِكَيْ . لِكَيْما — afin que; pour que

☆ لَمْ يأكُل — il n'a pas mangé
ان — . ما — . — à moins que; excepté que; si ce n'est que
لِمَ . لِمَا . لِمَاذَا (لِمَ ذا) — pourquoi? à cause de quoi?
أَلَمْ . أفَلَمْ . أوَلَمْ يكن — n'est ce pas?
— و — و — اقل لك — ne vous ai je pas dit?; ne vous disais-je pas?
☆ لَمَّا : حينما . عندما — quand; lorsque
— حضر — lorsqu'il est venu
○ لَمْباغو : زُلْخَة . مرض — lumbago, *m*
○ لَمْبَة : مصباح — lampe, *f*
— كهرباء — ampoule, *f*
☆ لَمَجَ الشيء : أكله بأطراف فه — goûter qc
تَلَمَّجَ : △صَبَّر بطنه — manger qc sur le pouce; manger un morceau; casser la croûte
لُمْجَة : △تصبيرة . لُهْنَة — morceau sur le pouce; morceau, *m*
☆ لَمَحَ . أَلْمَحَ الشيء واليه : أبصره بنظر خفيف — entrevoir; jeter un coup d'œil furtif sur
— : لمع — briller; luire
لَمَّحَ الى : اشار — faire allusion à; insinuer
لَامَحَ : خالسَ البصر — regarder à la dérobée
لَمْح : نظر سريع — regard rapide, *ou* furtif; regard jeté à la dérobée
كَلَمْحِ البصر — en un clin d'œil
لَمْحَة : نظرة خفيفة — œillade; lueur, *f*; coup d'œil; regard rapide, *m*
— : واحدة ملامح الوجه — trait (de ressemblance)
— البرق — éclair, *m*

— مُوسيقية — double croche, *f*
فيه — (وملامح) من ابيه — il ressemble à son père
تَلْمِيح — allusion; insinuation, *f*; sous-entendu, *m*
مَلَامِح الوجه : تقاطيعه — traits; traits caractéristiques, *m.pl*
— الوجه : مشابهه — les points, *ou* traits, de ressemblance, *m.pl*
☆ لَمَزَ بالكلام : عاب — diffamer; insinuer; dénigrer
— بالعين — désigner par un signe des yeux; faire de l'œil
لَمَّاز . لُمَزَة : عيَّاب للناس — médisant, e; diffamateur, rice; dénigreur
○ لِيمُوزين : سيارة مقفلة — limousine, *f*
☆ لَمَسَ : مسّ أو حسّ — toucher; sentir; palper
— الشيء : طلبه — chercher, *ou* demander, qc
لَامَسَ : ماس — être en contact, *ou* en rapport, avec
تَلَمَّسَ الشيء : تطلّبه — chercher; demander; requérir
— : تطلب على غير هدى — tâtonner; tâter
— عُذراً — chercher une excuse
— طريقه — chercher son chemin en tâtonnant
إِلْتَمَسَ : طلب — solliciter; demander; briguer; supplier
لَمْس : مَسّ — contact; toucher; attouchement, *m*
حاسّة الـ — toucher, *m*
لَمْسي . مَلْمَسي : مختص باللمس — tactile
لَمْسَة : مَسّة — une touche, *f*; un attouchement, *m*

إِلتِماس: طَلَبٌ sollicitation; instance; requête; demande; supplication, *f*
— إعادة النظر في الحكم requête civile, *f*
مَلْمَس : مَوْضع اللمس endroit qu'on touche
— الحشرات : عضو الحس palpe; antenne, *f*; tentacule, *m*
مُلامَسَة : تماس attouchement: contact, *m*
مَلْموس: يشعر به . محسوس palpable; tangible; perceptible
— : لَموس touché, e; palpé, e
☆ لَمَظَ . تلمظ △ تلمّض se lécher les lèvres; se pourlécher
لُمْظَة : لحسة un lèchement des lèvres, *m*
لماظة : طلاقة اللسان loquacité, *f*
☆ لَمَعَ : أضاء، برق briller; luire; étinceler; miroiter; scintiller
— وألمَعَ بيده : أشار faire un signe de la main
ألمع إلى : أشار أو لمّح faire allusion à; insinuer
لَمَّعَ : لوّن بألوان مختلفة donner diverses couleurs
△ — : صقل lustrer; glacer; vernir
— : صقل النسيج catir
لَمْعَة . لمعان : بريق éclat; lustre; brillant, *m*
— : صقلة lustre; poli; vernis, *m*
لَمّاع: صَقيل lustré, e; poli, e; glacé, e
— : برّاق luisant, e; brillant, e
△ جلد — أو لمّيع cuir vernis, *m*
لامِع : برّاق luisant, e; étincelant, e; reluisant, e; brillant, e

أَلْمَع . أَلْمَعِي : ذكيّ متوقّد sage; ingénieux, se; intelligent, e
أَلْمَعِيَّة : ذكاء sagacité; pénétration; finesse, *f*; esprit vif, *m*
لميعة الأقمشة cati, *m*
تلميع miroitement; lustrage, *m*
☆ لِمْفاوي : لِنفاوي . بلغمي lymphatique
☆ لَمْلَمَ : جَمَع ramasser; cueillir
مُلَمْلَمَة الفيل : △ زلّومة trompe de l'éléphant, *f*
☆ لَمَم : جنون خفيف folie légère, *f*; grain de folie; dérangement d'esprit, *m*
— : نزعة غريبة lubie; toquade, *f*
لَمَّ : جَمَع ramasser
— شعثهم rallier; rassembler; réunir
لُمَّ : أصابه مَسّ من الجنون être atteint, e de folie légère
أَلَمَّ بكذا : عرفه connaitre à fond
— به كذا : حدث له arrriver; survenir; échoir à
— به مرض tomber malade
— بالمعنى saisir le sens
لَمّ : جَمْع rassemblement, *m*; foule, *f*
لَمّا : حينما quand; lorsque; au moment où
لُمّا : سَفَن . (سمك) raie, *f*
لُمَّة : كل ما جُمع أو اجتمع collection, *f*; assemblage; rassemblement, *m*
— : ما يجمع لغرض خيري أو ديني quête; collecte, *f*
— : جمعية . اجتماع réunion; foule, *f*
— مُلِمَّة: شِدَّة malheur, *m*; calamité, *f*
لامَّة : عين مُصيبة بسوء mauvais œil, *m*

△لَمَّام : نبات عطري — menthe verte, f
لماماً : من حين لآخر — de temps en temps
إِلْمام : دراية — connaissance profonde; expérience, f
مِلَمّ : هَوْجَن △ شوكة — râteau, m
مُلِمّ : ناهز البلوغ — adolescent, e
— بكذا — au courant de
مَلموم : به مسّ من الجنون — toqué, e; timbré, e; détraqué, e
— : مجموع — ramassé, e; cueilli, e
☆لَنْ : لا — jamais; ne... point
— يُؤَجَّل — ne sera point renvoyé, e
△لَنْج : قشيب — tout neuf, ve; battant neuf
○لَنْجُسْت : سرطان نهري — جمبري ضخم — langouste, f
○لُنْدره △ لندن: عاصمة بلاد الانكليز — Londres, m
☆لَها △ لَهاة (في لهو)
☆لَهِبَ . اِلْتَهَبَ . تَلَهَّبَ : اشتعل — flamber; s'enflammer; flamboyer
اِلتهب ٢ . تلهّب ٢ . عطشاً أو غيظاً — être brûlé, e par la soif; s'enflammer de colère
— : دبّت فيه النار — prendre feu
— العضو او الجرح — être enflammé
لَهَّبَ . أَلْهَبَ : اشعل — enflammer; allumer
— . — : هيّج — exciter; attiser
لَهَبة : △ لَهْلوبة — flamme, f
لَهَب . لَهِيب . لُهاب — flammes, f.pl; ardeur du feu, f
إِلْهاب : إشعال — inflammation, f; allumage, m

إِلتهاب — inflammation; fluxion, f
— الرئة — pneumonie, f
— غشاء الصدر — pleurésie, f
قابلُ الـ — inflammable
اِلتهابي — inflammatoire
مُلْتَهِب : مشتعل — enflammé, e; en flammes
— : مشتعل أو متهيّج — enflammé, e; flambant, e; en feu; flamboyant, e
☆لَهَثَ : أخرج لسانه من التعب أو العطش — pendre, *ou* tirer, la langue
— : △ لَهَدَ △ نَهَجَ — haleter; être essoufflé, e
لَهْثان . لاهِث : مبهور △ لاهِد — haletant, e; essoufflé, e
☆لَهِجَ . أَلْهَجَ بالشيء : ثابر عليه — persévérer; persister dans
— . — بالشيء : اولع به — être adonné, e à, *ou* épris, e de
— بذكره — parler souvent, *ou* constament, de lui
△ — عليه : لعب عليه — duper; [rouler; embobiner]
لَهْجة : لغة خصوصيّة — dialecte; langage; parler, m
— : لغة الانسان التي جبل عليها — langue maternelle, f
— : اسلوب اللفظ — ton; accent; parler, m
△ — : كلام مُزَيَّف — flagornerie; spéciosité; sornette, f; boniment, m
☆لَهَطَ : ضرب بالكف — taper du plat de la main
△ — : زهط . التهم — dévorer; avaler gloutonnement
☆لَهِفَ وتَلَهَّفَ على : تحسّر — regretter; soupirer après
— . — على: تاق الى — désirer ardemment; être avide de

لَهِفَ. لَهْفة : حَسْرة — regret, *m*; peine; affliction, *f*

— . — : تَوق. توقان — désir ardent, *m*; aspiration, *f*

يا لَهْفَ. يا لَهْفاه. يا لَهْفي — hélas !

لَهْفان. لاهِف. مَلْهوف: متحسر — affligé,e; qui regrette

— . مُتَلَهِّف عَلَى : تائق — soupirant,e après; avide de

☆لَهِمَ. اِلْتَهَمَ. تَلَهَّمَ — dévorer; bâfrer; avaler goulûment

أَلْهَمَ : اوحى الى — inspirer à

إسْتَلْهَمَ : طلب الالهام — chercher l'inspiration

لَهِم. لَهُوم: أكول — glouton,ne; vorace; bâfreur,se

إلْهام : وَحْي إلاهيّ — inspiration, *f*

مُلْهِم : مُوحٍ — inspirateur,rice; inspirant,e; muse, *f*

مُلْهَم : موحًى إليه — inspiré,e

☆لَهْو: تسلية — plaisir; divertissement, *m*; distraction, *f*; passe-temps; amusement, *m*

أماكن الـــ — lieux de plaisirs, *m.pl*

لَهاةُ الحَلْق : طُلاطِلَة — luette, *f* ←

لاهٍ : غافل — étourdi,e; inattentif,ve; insouciant,e

لَهَا : لعبَ — se divertir; s'amuser; badiner

— ولَهِيَ بهِ : أحبه وأولع به — s'enticher de; aimer; s'attacher à qc

— و — عنه : سلا عنه — se distraire de

لَهّى. ألْهى عن كذا : شغل — distraire de; occuper; détourner de

— ∆لاهَى — occuper; retenir l'attention

تَلَهّى. تلاهَى. اِلْتهى بكذا: تسلّى — s'amuser, *ou* jouer, avec (*ou* à); se divertir à qc

مُلْهٍ : مسلٍّ — amusant,e; distrayant,e; divertissant,e

مَلْهًى : تسلية — amusement; divertissement; passe-temps, *m*; distraction, *f*

— : مكان اللهو — lieu de divertissement, *m*; redoute, *f*; cabaret, *m*

— : ملعب ∆ تياترو — théâtre, *m*; salle de spectacle, *f*

☆لَهْوَجَ العمل : لم يحكمه — bousiller; savater; faire qc sans soin

☆لَهْوَقَ. تَلَهْوَقَ : تزلّف — aduler; flagorner; s'insinuer dans les bonnes grâces de

لَهْوَقة : تزلف — adulation; flagornerie, *f*; sycophantisme, *m*

☆لَوْ : إذا — si

— (كان) جاء لأرجعته — s'il était venu, je l'aurais renvoyé

لولاَ — n'était ce

ولو — quoique; bien que

☆لِواء (لوو) ∆لواشة — morailles, *f.pl*

○لُوباء. لُوبياء. لوبيا — flageolet; mange-tout, *m*

☆لُوت : سَمَك — ← sciène

○لوتارية : يانصيب — loterie, *f*

☆لَوَّثَ. لاثَ : وسَّخ — salir; polluer; tacher

— : لَطَّخ — éclabousser; souiller

إلتاث الأمرُ : تعقّد — se brouiller; s'embrouiller

لَوْثة : لَطخة — tache; souillure, *f*

○لُوج : خلوة في مَلْهًى — loge; baignoire, *f*

— ماسوني : محفل ماسوني — loge maçonnique, *f*

ﻫ أَلْوَحَ اليه : اشار (من بعيد) faire signe; signaler
— وألاحَ بسيفه أو عصاه أو منديله brandir (épée); lever (bâton); agiter (mouchoir)
— الشيبُ رأسَهُ devenir chenu,e; grisonner
△ — الأرضَ: غطاها بألواح الخشب parqueter; planchéier
— الشيء بالنار roussir
— ولاحَ السفرُ فلاناً hâler
لاحَ ۲. ألاحَ ۲: بَدَا se dessiner; paraître; apparaître
— الفجر والنهارُ poindre; paraître
يلوحُ لي كذا il me semble
لوحُ خشبٍ planche, *f*
— زجاج carreau, *m*
— اردواز (حَجر) ardoise, *f*
— معدني : صفيحة plaque, *f*
— : عظم الاوح omoplate, *f*
— . لوحة (للرسم أو الكتابة) tablette à inscription, *f*
و — الاسم (على الباب) plaque de porte, *f*
— الكتابة : △ بَشْتَخته tableau noir, *m*
لوحة ۲ ألوان التصوير palette, *f*
— فنية tableau artistique, *m*
△ لاحَة: شبه ressemblance, *f*
تَلْوِيح باليد أو السيف oroforme, gesticulation, *f*; brandissement, *m*
مُلْتَاح: متغير لونه من الشمس hâlé,e

مُلَوِّحة : ○سيمافور sémaphore, *m*
○لَوْدَنُم : صبغة الأفيون laudanum, *m*
ﻫ لَوْذ . لِوَاذ recours, *m*
لاذَ به : استتر . إلتجأ se refugier; prendre refuge; se mettre sous la protection de
— به : اتَّصل être en relation avec, *ou* allié,e à
لائذ : مُلتجيء réfugié,e
مَلاذ : ملجأ refuge; abri, *m*
ﻫ لوذعي (في لذع) ingénieux,se
○ لورد : سَيِّد lord, *m*
ﻫ لَوَّزَ التمرَ وخلافه : حشاه باللوز farcir d'amandes
△ — القطنُ: عقدلوزاً monter en graine
لازَ منه : هرب échapper; fuir de
— اليه : التجأ به se réfugier chez, *ou* auprès de
— الى الكذب (مثلاً) avoir recours au mensonge
لَوْز : ثمر شجرة اللوز amande, *f*
— محمّص ومسكر praliné, *m*; praline, *f*
— مر amande amère, *f*
— القطن : عُفاز capsule (du coton), *f*
دودة الـ. (لوز القطن) ver de coton, *m*
زيت (دهن) الـ. huile d'amandes, *f*
شجرة الـ : لوزة amandier, *m*
لوزة ۲ : واحدة اللوز une amande
— الحلق : △ بنت الاذن amygdale, *f*

اِلتهاب اللوزتين البسيط amygdalite, f

اِلتهاب اللوزتين التقيّحي cynancie; esquinancie, f

لوزيّ : بشكل اللوزة en forme d'amande

○لُوِيزا : فرفحين س: نبات عطري verveine f

٭لَوْص : مُسارقة النظر action de regarder furtivement

لَاصَ . لَاوَصَ : لمح من ثقب regarder en dessous, à la dérobée

لَاوَصَ ٢ : نظر كأنه يروم أمراً fixer du regard

— : خادع chercher à tromper

٭لَوْط : مَلْط △ تبييض plâtrage; lutation; enduit, m

لُوط : اسم عَلَم Loth, m

لُوطيّ : مضاجع الذكور pédéraste; homosexuel, m

لِوَاطَة : مضاجعة الذكور sodomie; homosexualité, f

لِيَاط : ملاط △ بياض plâtrage, m

لَاطَ الحوضَ والحائط plâtrer ; enduire ; luter

○لُوطُس : عرائس النيل . بشنين ←lotus, m

٭لَوَعَ : عَذَّبَ tourmenter; torturer; consumer

— الحبُّ فلاناً être malade d'amour

لَاعَ : جزعَ s'impatienter; être inquiet, ète

— : مرضَ tomber malade

—ت الشمسُ وجهه hâler

اِلتَاعَ قلبهُ : احترق être affecté, e, affligé, e, torturé, e, angoissé, e, embrasé, e d'amour

لَوْعَة : حرقة angoisse, f

— الحبّ mal d'amour, m

△ملاوع : ملاوص chicaneur, se; louvoyeur, se; tergiversateur, rice

مُلتاع . مَلُوع malade d'amour; torturé, e par l'amour

○لُوغَارِتْمَا : الانساب (في الرياضة) logarithme, m

٭لُوف : نبات وثمره luffa, f

△لافَ عليه : ائتلف به fréquenter; s'unir avec

٭لَوَّقَ الطعامَ : اصلحه بالزبدة mettre du beurre dans le manger

— الخُبزة بالزبدة beurrer

مِلْوَق الصيدلي ←spatule, f

٭لَوْك : مَضْغ mastication, f

لَاكَ : مَضَغَ mâcher

— التبغ chiquer

○لوكانده○لوكندة : فندق . نُزُل hôtel, m

— أكل : مُطْعَم restaurant, m

٭لَوْلَا n'était-ce; si ce n'était

○لَوْلَب : △ بُرْغي vis, f; écrou, m; vrille, f

لَوْلَبِيّ spiral, e; en forme de vrille

زنبرك — : △ سُسْتَه ←ressort, m

مسمار — ←vis f

○لُؤلُؤة (في لألأ) une perle, f

○لَوْم : لَامَ كثيراً blâmer; réprimander; admonester

اِلتَامَ △ اِنلامَ être blâmé, e, reprimandé, e, repris, e

تَلَاوَموا se reprocher mutuellement

اِسْتَلَامَ : استحقّ اللوم mériter des reproches ou un blâme

لَوْم . لَائِمَة . مَلَام . مَلَامَة blâme; reproche, m; réprimande; critique, f

لُؤْم (في لأم) bassesse, f

تَلَوُّن variation, *f*; changement, *m*
متلوّن ٢ : متقلّب changeant,e; inconstant,e; versatile
— : يتغير لونه باختلاف حالة النور changeant,e
حرير — soie changeante, *ou* gorge de pigeon, *f*
٥ لَوَنْدَه : خُزامى ←lavande, *f*
٥ لَوِيَ . التَوَى : اعوجّ être courbe, cambré,e courbé,e, tordu,e,
— ت المعدة : كان بها ألم se tordre de douleur
— ت الحيّة : انطوت se rouler; se replier sur soi-même
لِوَاء : عَلَم étendard; ←drapeau, *m*
△ — : قِسْم من الجيش brigade, *f*
△ — : رتبة عسكرية général de brigade, *m*
△ — مَحَلّي brigadier, *m*
لَوَّاء: أبو لُوَيّ . طائر torcol, *m*←
لَوَى الحَبْلَ: فتله (راجع لوو) tordre; retordre; tortiller
— : عوّج . برم courber; plier
△ — قدمه se fouler le pied
لَوَّى : عوّص . عقّد enchevêtrer; entortiller; embrouiller
— ذيله : رعّصه remuer; agiter
— . أَلْوَى : عوّج tordre; plier; courber
تَلَوَّى . التوى se tordre; se plier; se courber

لُومَة . لُوَّام . لائِم censeur; critique; réprobateur, rice
مَلُوم . مُلِيم: يستحق اللوم أو مخطئ blâmable; *ou* fautif,ve
لاميّ : بشكل قوس hyoïde
٥ لُومَان : سجن الأشغال الشاقة bagne, *m*; galères, *f.pl*
٥ لَوَّنَ : جعله ذا ألوان colorer; colorier; enluminer
— : صبغ teindre
تَلَوَّنَ: صار ذا لون se colorer; être colorié,e
— : تبدّل لونه changer de couleur
— : اختلفت ألوانه être de diverses couleurs; être nuancé,e *ou* bigarré,e
— في كلامه être ondoyant,e, *ou* versatile
لَوْن couleur; teinte, *f*; coloris, *m*
— : نوع . صنف genre, *m*; sorte; espèce, *f*
— طعام : صنف منه plat, *m*
— : صباغ او بشرة الانسان teint, *m*
— فاتح couleur claire, *f*
— زاهٍ couleur gaie, voyante, vive, *f*
— قاتم △ — غامق •couleur foncée, *f*
بلا — . لا — له incolore; sans couleur
لوني : مختص بالألوان chromatique
العمى الـ — daltonisme, *m*
تَلْوِين coloration; teinture; enluminure, *f*
مُلَوَّن . مُتَلَوِّن coloré,e; colorié,e; enluminé,e
— : بالألوان en couleurs

—ـــ : تضوَّر — se tordre
— الثعبان : استدار — se rouler
التوى عليه الامر — être compliquée, *ou* embrouillée (affaire)
لَيٌّ ∆ لوى — tordage; tortillement, *m*
∆ — الشيشة : زبيش — tube, *ou* tuyau, flexible du narguilé, *m*
لَيَّة : موجة — courbe; pli, *m*; volute, *f*
∆ لِيَّة الخروف: أليَة — graisse du mouton, *f*
اِلْتِواء : اعوجاج — courbure; torsion; sinuosité, *f*
— الظهر : لَوَى — déviation de l'épine dorsale, *f*
— العُنق : قصَر . اسم مرض — torticolis, *m*
— : تَمَرُّد — travers, *m*; perversité, *f*
مَلْوِيّ . مُلتَوٍ — tordu, e; courbé, e; recourbé, e; contourné, e
مِلْوَى العود والكمان — cheville, *f*
— ∆ مَلوية: رَحَوِيَّة — cabestan, *m*
مَلوية ٢ الطبلة : زَخْمة — baguette de tambour, *f*
∆ — : ٥ وِنْش — treuil, *m*
مُلتَو : مُعوجّ — tortueux, se; sinueux, se
٥ لِيٌّ ٥ لِيَّة (لوى) ٥ لِيَاء (لي) ٥ لياقة (ليق)
٥ لَيْتَ . يا لَيْتَ — si; s'il était possible
— الشباب يعود — plût à Dieu que jeunesse revienne!

— ني كنت اقدر . ليت شعري — si je pouvais; si je savais
— ني مُتُّ لأجلك — que ne suis-je mort pour vous
— ك تقدر أن تذهب — si vous pouviez partir
— ه كان هنا — s'il était ici!; dommage qu'il ne soit pas là!
٥ لَيْث : أسد (انظر أسد) — lion, *m*
٥ لِيبرا : ∆ جُنَيْه — livre, *f*
— ايطالية — lire (italienne), *f*
٥ لَيْس — ne... pas
— في مكان ما — nulle part
— الا : فقط — seulement; uniquement
∆ لَيَّسَ الحائط — plâtrer; crépir
٥ لِيفُ النَّخْل — fibre de palme, *f*
لِيفَة : خيط ليفيّ — fibre, *f*
∆ — الاستحمام: لوفة — luffa; éponge végétale, *f*
لِيفيّ . ليفانيّ — fibreux, se; filamenteux, se
تَلَيُّف (في الطب) : خَفَع — fibrome, *m*
٥ لَيْق . لِيَاقة : مناسبة — convenance; propriété, *f*
لِياقة ٢ : حُسْن الذوق — tact; bon goût, *m*
لاقَ به : ناسَبَه — convenir à; aller à; être seyant, e *ou* digne de
هذا امر لا يليق بك — ce n'est pas digne de vous
لِيقة : ∆ معجون لسد الثقوب وخلافه — mastic, *m*
لائِق — convenable; seyant, e; bienséant, e; approprié, e à
غير — — malséant, e; inconvenant, e
٥ لَيْل : ضدّ نهار — nuit, *f*
شبّ او نوّار او ورد الليل — belle-de-nuit, *f*

لَيْلَة : واحدة الليالي — une nuit; un soir
— : مساء او سَهْرة — soirée, *f*
الليلة — ce soir; cette nuit
لَيْليّ : ضِدّ نهاري — nocturne
☆لِيم : مَثيل الشخص — un autre lui-même; sosie, *m*
△لِيمْفاوي المزاج : بلغميّه — lymphatique
○لِيمُور: قِرْد مدغشقر — ←lémur, *m*
☆ليمون (أضاليا) : حامض س — citron; limon, *m*
— بَنزهير : حامض س — limon, *m*; lime, *f*
— حُلْو — citron doux, *m*
شراب الـ . ليموناده — citronnade; limonade, *f*
☆لَيَّنَ . أَلانَ — amollir; ramollir; assouplir; attendrir
— . — البطنَ — relâcher le ventre
لانَ: ضِدّ صَلُبَ — se ramollir; s'amollir; s'adoucir; être tendre
— : رضخ — céder; fléchir
لا يلين (حقيقياً ومجازيًّا) — inflexible
لَيِّن . لَيْن : ضِدّ قاس — tendre; mou (*a.f.* molle)
— . — : مرن — souple; flexible; pliant, e
لِين . ليونة — flexibilité; tendresse; souplesse; mollesse, *f*
— : اسهالُ البطن — relâchement, *m*; facilité de selle, *f*
— : تساهل . رفق — douceur; gentillesse; indulgence, *f*
مُلَيِّن — adoucissant,e; amollissant,e
— البَطْن — laxatif, ve; émollient, e, *n* et *a*

(م)

☆ مئبر (أبر) ☆ مأبض (ابض) ☆ مأبون (ابن)
☆ مأتم (اتم) ☆ مأثرة (اثر) ☆ مأدبة (ادب)
☆ مئذنة ☆ مأذنة (اذن) ☆ مأرب (أرب)
☆ مأزق (ازق) ☆ مأساة (أسو)
☆مَأْق أو مُوق العين : △مِيق — coin intérieur de l'œil, *m*
☆مَأْمَأ الخروف : ثغى — bêler
☆ مأمون (في أمن)
☆مَأَنَ : مَوَّن . امتار — approvisionner de vivres
مَأْنَة : السُرّة وما حولها من البطن — région ombilicale, *f*
مُؤْنَة . مَؤُونَة : قوت — denrées; provisions de bouches, *f.pl*; approvisionnements; vivres, *m.pl*
☆مِئَة . مائة — cent
خَمْسُ — رَجُل — cinq cents hommes
في الـ . — pour cent, %
مِئَوِيّ — centenaire
حوالي مئة — une centaine
☆مَا : ماذا — qu'est-ce que; que; quoi; quelle chose ?
— فَعَل — qu'a-t-il fait ?
— دُمْتُ حيًّا — tant que je vis, *ou* vivrai
— اجمله — comme il est beau !
اعطنى — أخذته — donnez-moi ce que vous avez pris
جاء لأمر — . — il est venu pour qc
مالم — à moins que; à moins de
☆ ماء (موأ) ☆ ماءَ (موه) ☆ مائدة (ميد)

٭ماتع (سيع) ٭مات (موت) ٭مأتم (اتم)
٭ماج(موج) ٭مابوريات(جري) ٭ماحك(محك)
٭ماخور (مخر) ٭مادَ (ميد) ٭مادة (مدد)
٭ماذا (ذا) ٭مارس (مرس) ٭مارستان(مرس)
○مَارْش : لَحْن السير marche, *f*
○مَارْكَه : علامة . سِمَة marque, *f*
— تجاريَّة marque de fabrique, *f*
— العاب الميسر او الجارسونات : ○ فِيشَة jeton, *m*; fiche, *f*
○ماروني (في مرن) maronite
○مازوت : زيت غشيم أو وسخ mazout, *m*
٭مازور(مزر) ٭ماس(موس) ٭ماسَ (ميس)
٭ مأساة tragedie, *f*
△ ماسُورة △مَسورة: أنبوب tuyau ; conduit ←tube, *m*
— البندقيَّة canon (du fusil), *m*
○ماسون(مسن) ٭ ماش : حَبّ يُطبخ pois , chiches, *m.p*
△ماشه : ماشة . ملقطة النار pincettes, *f.pl*
٭ماشِية(والجمع مَوَاشِ) bétail, *m*; bestiaux, *m.pl*
٭ ماصُول : مزمار كبير ←clarinette, *f*
٭ماعُون: وعاء ustensile; récipient; réceptacle, *m*
— ورق : △رزمة ورق rame, *f*
△ — : مركب نقل chaland, *m*; allège, *f*
○ماكينه (مكن) ٭ مآل (اول) ٭مال (مول)
٭ مالَ (ميل)
٭ مَالَج : △مَسطَرين ←truelle, *f*
○مالنخوليا: سوداء mélancolie ; neurasthénie, *f*
مصاب بالماليخوليا mélancolique

٭ مان (مين ومون) ٭مأن (مأن) ٭ ماهية (موه)
○مايو : ايار . الشهر الميلادي الخامس mai, *m*
٭ مباح (بوح) ٭ مباراة (برى) ٭ مبال (بلي وبول)
٭ مبتسر (بسر) ٭مبرد (برد) ٭ مبلغ (بلغ)
٭ مبهم (بهم) ٭ متّ (منت) ٭ متاع (متع)
٭ متاولي (ولي) ٭ متباين (بين)
(متت) مَتَّ اليه بِصلة s'allier à qn par affinité, *ou* parenté
٭ متجر (تجر) ٭ متحف (تحف) ٭متداع (دعو)
○مِتْر : مقياس طولي معروف mètre, *m*
مِتْري : منسوب الى المتر métrique
٭ متراس (في ترس)
○مِترونوم : مِسْرَع . الرقّاص الموسيقي métronome, *m*
٭ متساهل(سهل)متساو (سوى)
٭ متسع(وسع)٭متّسق(وسق)
٭ متشائم(شأم) ٭ متشرع (شرع)
٭ متضع (وضع) ٭ متضلع (ضلع)
٭ متطوع (طوع)
٭مَتَّعَ . أمتَعَ : جعله يتمتع faire jouir
تَمَتَّعَ . إستَمْتَعَ به jouir de
مُتْعة . تمتع . إستِمْتَاع jouissance, *f*
مَتَاع والجمع (أمْتِعَة) effets; biens, *m.pl*
— وامتعة البيت meubles, *m.pl*
— وامتعة المسافر bagages, *m pl*
سَقَط المتاع rebut; déchet, *m*
٭ متعصب(عصب) ٭ متفاوت(فوت) ٭ متقد(وقد)
٭ متكأ (وكأ) ٭ متائه (تله)

٭ مَتُنَ : كان متيناً être solide, *ou* ferme

مَتَّنَ له (في اللعب أو المباراة) : △ باع handicaper; donner de l'avance dans la course

— : صَيَّره متيناً fortifier; raffermir; renforcer

مَتْن : ظهر dos, *m*

— الطريق milieu de la route, *m*

— الكتاب texte (d'un livre), *m*

— ٠ مَتِين : ثابت . قوي solide

تَمْتِين المسابقات : △ بَيْع handicap, *m*

مَتَانَة solidité; résistance, *f*

٭ متناهٍ (نهى) ٭ متناوب (نوب) ٭ متّهم (وهم)

٭ متهوّر (هور) ٭ متواتر (وتر) ٭ متواز (وزى)

٭ متوالٍ ٭ متوالي (ولي) ٭ متوانٍ (ونى)

٭ مَتَى quand ?; à quelle époque ?

— : لما . حينما lorsque; dès que; quand

٭ متياح (تيح) ٭ متيقظ (يقظ) ٭ مثابة (ثوب)

٭ مثانة (متن) ٭ مُثْرٍ (ثرو) ٭ مثقال (ثقل)

٭ مَثَلَ . ماثَلَ : شابَه ressembler à

— : ظَهَر paraître; apparaître; se montrer

— ومَثَلَ وتمثّلَ بين يديه comparaître devant; se présenter à

— ٠ مَثَّلَ . ماثل ٢ به : شبّهه به comparer à

— ٠ — به : نكّل infliger un châtiment exemplaire à

— ٠ — به : شوّهه mutiler; défigurer

تَمَثَّل ٢ به : تشبّه imiter; suivre l'exemple de

— الشيء (و — له الشيءُ) s'imaginer se figurer

— بالشيء : ضرب به مثلاً donner en exemple

مَثَّلَ له : صوَّرهُ له représenter; dépeindre

— : ناب عَن représenter

— : أعطى مثَلاً donner un exemple

— : ضَرَبَ مثلاً employer une parabole, *ou* une allégorie

— روايةً jouer

تَماثَلَ الشيئان : تشابها se ressembler

— العليل من مرَضه sortir, *ou* se lever, de maladie; être en convalescence

إمْتَثَلَ : أطاع أو خضع obéir; céder à; obtempérer à

مِثْل . مَثَل : شِبْه pareil, le; égal, e; analogue

— ٠ — ٠ كَمِثْل : شبيه semblable; similaire

بالمِثْل : كذلك aussi bien que; de même

مثلما : كما comme; ainsi que

مقابلة المِثْل بالمثل : ذَحْل . إثْآر talion, *m*

مَثَلٌ : عِبْرة exemple, *m*

— : قول ممثّل بمَضْرِبه proverbe, *m*

— : قول مأثور parabole; allégorie; maxime, *f*; adage, *m*

— أعلَى : مثال الكمال idéal, *m*

مَثَلاً par exemple

سِفْر الأمثال Le Livre des Proverbes, *m*

الطريقة المُثْلَى le moyen idéal, *m*; la façon idéale, *f*

مِثَال : عِبْرة exemple; châtiment (*m*), *ou* punition (*f*), exemplaire

— : نموذج modèle; type; protoype, m
مِثالي : نمـوذجي typique
— : تخيُّلي idéaliste
— : عِبري . للعبرة exemplaire
المذهب الـ (التصوُّري) idéalisme, m
مَثّال : صانع التماثيل sculpteur, rice
مَثالَة : فضل supériorité; excellence; distinction, f
مَاثِلة : △ نجفة lustre, m
مَثِيل : شبيه similaire; semblable; analogue
— الشخص : ليِمْ pair; compair, m
— : نظير pareil, le; egal, e
— : فاضل illustre; distingué, e
ليس له — . sans égal; sans pareil; inoui, e; unique
أمثل : افضل le plus distingué
رجل — وامرأة مُثلى l'homme idéal, m; femme idéale, f
أمثولة : مَثل exemple ou proverbe, m
— : درس leçon, f
إمتِثال: طاعة obéissance; soumission, f
تِمثال : صورة image, f; portrait, m; figure, f
— : صورة مجسّمة statue; effigie, f
— يُعبد : صنم idole, f
— لعرض ازياء الملابس عليه : دُمْية mannequin, m
تَمثيل : ضرب الامثال démonstration, ou explication par des exemples

— : تشخيص (اونيابة) représentation, f
— المسارح représentation théâtrale, f
دار الـ théâtre, m
تمثيلي : ○ تياتري théâtral, e; dramatique
تَمَثُّل الطعام assimilation, f
تماثُل : تشابُه ressemblance; similitude; similarité, f
— من المرض convalescence, f
مُمَثِّل : نائب représentant, e
— الروايات acteur, rice; artiste; comédien, ne
مُماثِل : مشابه . مقابل semblable; pareil, le à; analogue; correspondant, e
مُماثَلة : مقابلة analogie; comparaison, f; rapport, m
— : مشابهة ressemblance, f
مُمتَثِل : طائع obéissant, e; soumis, e
○مَثَن : التهاب المثانة cystite, f
مَثانة : كيس البول وغيره vessie, f
○مَثوى (ثوى) ○ مجّ (مجج) ○ مجاز (جوز)
○مجال (جول) ○ مجاناً (مجن)
○مجَّج الثمرُ : طاب mûrir
مَجّ الشيء : رماه من فه cracher; rejeter de la bouche
— الشيء : رمى به rejeter; renvoyer
ممجوج rejeté, e; craché, e
○مجُد : كان ذا مجد être glorieux, se, ou illustre
مجّد . أمجَد : عظّم glorifier; exalter; honorer; louer

تَمَجَّد — être glorifié,e, ou exalté,e; s'honorer

مَجْد : عِز — gloire, f; honneur, m; illustration, f

مَجيد — glorieux,se; illustre; noble

ماجِد : ذو المجد — noble; illustre

تمجيد — glorification; louange, f

أمجد — plus glorieux,se, noble, illustre

☆ مجدار (جدر) ☆ مجدال (جدل) ☆ مجذاف (جذف)

○ مَجَر : بِلاد المجر — Hongrie, f

مَجَرِيّ — Hongrois,e, n; hongrois,e, a

☆ مجرم (جرم) ☆ مجرّة ☆ مجرور (جر ر) ☆ مجلس (جلس)

☆ مَجَلَة : نَفْطة △ فَقْفُوقة — ampoule, f; vésicatoire, m

☆ مَجَلَّة (في جلل) — revue, f; magazine, m

☆ مَجمَج في الكتابة : △ شَخبَط — griffonner; barbouiller

— في كلامه : مَغمَغ — bredouiller; parler entre ses dents; balbutier

مُمَجمَج : غير مَقروء — illisible; indistinct,e

☆ مَجَن . تَمَجَّن : مزح وقلّ حياؤه — plaisanter effrontément;

مُجون : مزاح — plaisanterie; raillerie; grivoiserie, f

— : مزاح سَمِج — mauvaise plaisanterie, f

مَجّان . ماجِن : قليل الحياء — effronté, e; impudent,e

— . — : مازح — railleur,se; farceur,se; plaisant

— . مَجّاني : بلا مقابل — gratuit,e; gratis

مَجّانًا — gratuitement; gratis; pour rien; [à l'œil]

☆ مجنون (جن) ☆ مجهر (جهر)

☆ مَجوس — mages, m.pl

مَجوسيّ : واحد المجوس — mage, m

☆ مخ : خالص كل شيء — la crème; la quintessence, f; le meilleur d'une chose, m

— البيض — jaune d'œuf, m

☆ محا (محو) ☆ محابي (حبو) ☆ محار (حور)

☆ محال (حول) ☆ محامٍ (حمي) ☆ محتار (حير)

☆ محتاج (حوج) ☆ محتال (حول) ☆ محتد (حتد)

☆ مَحتِد (حتد) ☆ محتشم (حشم) ☆ محجر (حجر)

☆ محجة (حجج) ☆ محراب (حرب) ☆ محرمة (حرم)

☆ محسن (حسن) ☆ محسّة (حسس) — étrille, f

☆ مَحَص . مَحَّص : نقّى — clarifier; épurer; purifier

— : ابتلى واختبر — éprouver; essayer

أمحص . تمحّص : ظهر بعد خفاء — reparaître; réapparaître

تَمَحَّص . انمحص : تنقّى — se clarifier; s'épurer

مَحْص . تمحيص — épurement, m; épuration; clarification, f

مَحِيص : مهرب — fuite; échappatoire, f

☆ محصول (في حصل) — moisson; récolte, f

☆ مَحُض : كان خالصًا — être pur,e

مَحَض . أمحض فلانًا النصح او الود — porter à qn une affection sincère

ـــه الثناء — louer; faire son éloge

مَحْض : خالص . صريح — pur,e; absolu,e; vrai,e

عربي — . — arabe pur,e

☆ محضر (حضر) ☆ محطة (حطط) ☆ محظور (حظر)

☆ محظية (حظي) ☆ محفل (حفل) ☆ محفة (حنف)

* مَحَقَ َ: اهلكَ . ازال — détruire; exterminer; anéantir
— : محى . أبطل — effacer; rayer, faire disparaître
أمحَقَ المالُ : هلك — se détruire; se perdre
— القمرُ — diminuer; décroître
إنمحَقَ . إمّحقَ . إمتحقَ . تمحّقَ — périr; être anéanti,e, détruit,e, effacé,e
مُحْق : ابادة — perdition; destruction; ruine, f; anéantissement, m
* مَحَكَ َ . أمحكَ . تمحّكَ : شارّ ونازع في الكلام — se chamailler; se quereller
△ تمحّكَ ٢ : حاول . راوغ — chicaner; ergoter
مَاحَكَ : خاصم — chercher dispute, *ou* querelle, à
مَحِكٌ . مماحك — disputeur, se; querelleur,se; chamailleur,se; *ou* chicaneur,se
مُماحَكة — dispute; altercation; chamaillerie; querelle; *ou* chicane, f
* محك (في حكك) * محكمة (في حكم)
* مَحُلَ . أمحَلَ المكانُ : أجدبَ — être stérile
أمحلَ ٢ الأرضَ : جعلها محلةً — rendre stérile
تمحّلَ الشيءَ : احتال في طلبه — ruser; agir avec astuce
— العُذْرَ — chercher excuse; prétexter
مَحْل : جدب — stérilité, f
— : خديعة — ruse; astuce, f
مَحَل (في حلل) — lace, f
مَحَال (والمفرد) مَحَالَة : بَكَرة ←poulie, f

مَحالة ٢ : △ صقالة ←échafaud, m
لا مَحالة : لابدّ ولا حيلة — inéluctablement
ماحِل . مُمْحِل — stérile
* مَحَنَ . إمتحَنَ : جرّب واختبر — éprouver; essayer; examiner
مِحْنَة : تجربة . بليّة — grande épreuve, f; malheur, m
إمتِحَان : إختبار . تجربة — essai, m; épreuve; expérience, f
— : فحص — examen, m
مُمتَحَن — examiné,e; essayé,e; éprouvé,e
الـ — : المتقدم للامتحان (للفحص) — candidat,e à l'examen
مُمتَحِن — examinateur, rice
* مَحْو : طَمْس — rature; oblitération, f; effacement, m
مَحَا . مَحَى الكتابةَ — effacer; biffer
— . — : طمَسَ . أزال الأثر — oblitérer; effacer; faire disparaître la trace
— . إمّحى . امتحى . تمحّى — être effacé,e, *ou* oblitéré,e: disparaître
لا يمحى : ثابت — ineffaçable
— (كالحبر) — indélébile
مِمحاة △ مَحّاية : △ مسّاحة — gomme à effacer, f
مَمْحُوّ . مَمْحِيّ — effacé,e; oblitéré,e
* محور (حور) * محوّلة (حول) * محيّا (حيي)
* محيص (حيص) * محيط (حوط) * مخّ (مخخ)
* مخاض (مخض) مخاضة (خوض) △ مخّاضة (مخض)

٭ مختار (خير) ٭ مختال (خيل) ٭ مخترع (خرع)
٭ مختصر (خصر) ٭ مختلّ (خلل) ٭ مختلٍ (خلو)
٭ مَخَّخَ . إمْتَخَّ العظم : اخرج مخه — sucer la mœlle d'un os
مُخّ العظمِ : نُخاع — mœlle, *f*
— : دماغ — cerveau, *m*; cervelle, *f*
— (في التشريح) : مقدّم الدماغ — frontal, *m*
مُخَيْخ (في التشريح) — cervelet, *m*
عَظمٌ مُمَخِّخ : فيه مخّ — os à mœlle, *m*
٭ مخدع (في خدع) ٭ مخدّة (في خدد)
٭ مَخَرَ : شقّ — sillonner; fendre
— ت السفينةُ — fendre l'eau
مَاخِرَة : سفينة — navire; bateau, *m*
مَاخُور : بيت الدعارة — [bordel], *m*; maison de tolérance, *f*; mauvais lieux, *m.pl*
٭ مخزن (خزن) ٭ مخصوص (خصص) ٭ مخصي (خصى)
٭ مَخَضَ اللبنَ : استخرج زبدته — baratter
— الشيء : حركه بشدة — secouer violemment
— الرأيَ : قلبه وتدبر عواقبه — examiner en tous sens
مُخِضَت وتَمَخَّضَت الحاملُ — être en couches; éprouver les douleurs de l'accouchement, *ou* la parturition
إمْتَخَضَ . وتمخّض ٢ الجنينُ : تحرك في البطن — remuer; bouger; s'agiter
— و — اللبنُ — être baratté (lait)
مَخَاض : طَلْق الولادة — travail d'enfant, *m*; douleurs de l'enfantement, *f pl*
مَاخِض : اخذها الطلْق — parturiente, *f*

مَخِيض : ∆ لبن الخض — babeurre; lait du beurre, *m*
مِمْخَض اللبن ∆ مَخاضة — baratte, *f*; séparateur, *m*
مِمْخَضَة : ∆ فَرّازة — écrémeuse, *f*
٭ مَخَطَ . تَمَخَّطَ : ∆ نَفَّ — moucher le nez
مَخَّطَ الولدَ : مسح أنفه — moucher
مُخَاط : مايسيل من الأنف — roupie; morve; glaire, *f*
مخاطي — muqueux,se
— القوام — visqueux,se; morveux,se; roupieux,se
مادّة مخاطيّة — muqueuse; membrane muqueuse; mucosité, *f*; mucus, *m*
∆ مُخَيِّط : دبق لصيد العصافير — glu, *f*
٭ مُخْل : ∆ عتلة — levier, *m*; bascule, *f*
— ذو دارك : ∆ قرصه — pince, *f*
مِخلة . مِخلاة : كيس — havresac, *m*
∆ — الدواب — musette, *f*
٭ مخل (في نخل) ٭ مخيلة (خيل) ٭ مداد (مدد)
٭ مدار (دور) ٭ مداس (دوس)
٭ ميدالية : نَوط — médaille, *f*
٭ مداليون : رصيعة — médaillon, *m*
٭ مُدام ٭ مُدامة (في دوم)
٭ مَدَحَ . مَدَّحَ . امتدحَ — louer; faire l'éloge de; vanter
تَمَدَّحَ : افتخر — se vanter; se glorifier
مَدْح . مَدِيح — éloge, *m*; louange, *f*

مَدْحِيّ . مديحيّ laudatif, ve; louangeur, se; élogieux, se
مَدِيح . أُمْدُوحَة panégyrique, m
مَادِح : مُثْنٍ élogiste; panégyriste; louangeur, se; distributeur, rice d'éloges
مُمَدَّح Δ ممدوح loué, e; comblé, e d'éloges
* مدخنة (في دخن) cheminée, f
* مَدَّ . مَدَّ : بَسَطَ étendre; dilater
— . — : اطال allonger; prolonger
Δ — . — . امَدَّ الجرحُ suppurer
امدَّهُ ٢ بكذا pourvoir de; fournir
مدَّ ٢ . امدَّ ٤ : اعان aider; secourir; assister
— . — : امهل ajourner; atermoyer
— . — الجُنْدَ renforcer
— يده او عنقهُ allonger (la main ou le cou); tendre (la main)
— مائدة (سِماطاً) mettre la table
— النهرُ أو البحر s'élever; monter; fluer
— القلمَ prendre de l'encre
— جذوراً (في الارض) prendre racine
— في المشي: مطا marcher à grands pas; marcher à grandes enjambées
إِمْتَدَّ . تَمَدَّدَ : انبسط s'étendre; s'allonger; se déployer
— الى s'étendre vers, ou à
تمدَّد ٢ : ضدّ تقلّص se dilater; se détendre
— : استلق s'allonger; s'étendre
استمدّ منه : تلقّى recevoir; prendre de
مَدّ : بَسْط extension; expansion, f
— : اطالة prolongement, m; prolongation, f
— الاجَل prorogation, f; atermoiement, m
— البحر: خلاف الجزر marée montante, f; flux, m
— كامل grande marée, f
— وجَزْر flux et reflux, ou jusant, m
Δ مَدَّة ٢ النسيج: أَمِدَّة trame; chaîne, f
مَدَد . امْداد : تَجْدَة renforcement; renfort, m
— : عون secours, m; assistance; aide, f
مُدَّة (من الزمان) période; durée, f; temps, m
— : اجل . امد espace de temps, m
— قصيرة court espace de temps, m
في — كذا dans l'espace de
لـ — : الى حين pour un certain temps
امتلاك بمضي الـ — : مضي الوقت prescription acquisitive, f; usucapion, m
سقوط الحق بمضي الـ — prescription extinctive, f
مِدَّة : قَيْح pus, m; matière; sanie, f
مِدَاد : حِبْر encre, f
— : سَماد . مُخصب fumier; engrais, m
مَدَّاد . مَادّ : سُطَّاح . ما افترش من النبات rampante, ou grimpante (plante)
مَدِيد : طويل long, ue; prolongé, e; allongé, e
— . عُمْر grand âge, m
مَادَّة : هَيُولَى matière; substance, f
— : ما يتركب منه الشيء matière, f
— : عُنْصر élément; ingrédient, m
— : Δ بَنْد . نبذة article, m; clause, f
— : شرط condition; stipulation, f

المادَّة الحيويَّة : جِبْلَة protoplasma, *m*
مَوادّ : جمع مادَّة matières, *f.pl*
— البناء matériaux de construction, *m.pl*
— خام matière première, *ou* brute, *f*
— غذائية denrées, *f.pl*
— الاتفاق (العقد) articles, *m pl*; clauses, *f.pl*
ماديّ : ضدّ معنوي matériel, le ; substantiel, le
— : لا يؤمن بالروحيّات matérialiste
ماديًّا matériellement
إمْدَاد : اعانة أو نجدة assistance ; aide, *f*; secours ; renforcement, *m*
إمْتِداد : مَدَى étendue ; portée, *f*
— : طول longueur, *f*
— العمر longévité, *f*
تمَدُّد : ضِدّ تقلّص dilatation ; distension, *f*
— : انبساط extension, *f*; allongement, *m*
— الحدقة أو المعدة dilatation, *f*
قابليَّة الـ expansibilité ; dilatabilité ; extensibilité, *f*
مُمتدّ . مَمْدود : منبسط étendu, e ; allongé, e
— . — : مستطيل prolongé, e ; allongé, e
— : متّسع étendu, e ; large
☆مَدَر : طين علك argile ; boue sèche et tenace ; glaise, *f*; loam, *m*
☆ مدرسة (درس) ☆ مِدرة (دري) ☆ مُدَّع (دعو)
☆ مدفع (دفع) ☆ مدماك (دمك) ☆ مُدمِن (دمن)
☆مَدَّن المدائن : بناها fonder des cités, *ou* des villes
— : حضَّر civiliser
تمَدَّنَ se civiliser ; se raffiner
مَدَني : حَضَريّ civilisé, e
— : من أهل المدن citadin, e ; citoyen, ne
— : △ ملكي . غير عسكري civil, e
— : غير جنائي (في الحقوق) civil, e
تعويض — . dommages-intérêts civils
القانون الـ . droit civil, *m*
دعوى ـة action civile, *f*
مدّعٍ بالحق الـ . partie civile, *f*
مَدِينَة : بلدة كبيرة ville ; cité, *f*
مَدَنيَّة . تمَدُّن حضاره civilisation, *f*
☆مدَّة (في مدد) période, *f*
☆مَدَى : مجال étendue ; portée ; enceinte ; sphère, *f*; champ ; rayon, *m*
— : مسافة distance ; portée, *f*
— : غاية . مُنتهى bout ; terme, *m*; limite ; extrémité, *f*
— البصَر portée de la vue, *f*
— الصَّوْت étendue ; portée, *f*
بَعيد المدى à longue portée
مُدْيَة : سِكّين couteau ; coutelas, *m*
مَدَويّ : صانع الآلات القاطعة coutelier, ère
مَادَى . أمْدَى : امهل donner un répit à ; accorder un délai
تمَادَى في الأمر : دام على فعله persévérer dans ; continuer à
— في الأمر : بلغ غايته pousser à l'extrême
— : ذهب بعيداً aller loin
☆ مديد (مدد) ☆ مُدير (دور) ☆ مدين (دين)
☆ مدينة (مدن) ☆ مُذ (منذ) ☆ مذاق (ذوق)
☆مَذِرَ وتَمَذَّرَ البيضُ : △ مَشَّش être gâté ; devenir couvi (œuf)
مَذَّرَ : شتت disperser
مَذِرٌ . مَاذِر gâté, e ; pourri, e ; couvi (œuf)

polir; lisser; unir; rendre glabre, *ou* lisse ٭مَرَتَ : ملَّسَ
amollir; assouplir △ — : مرث . ليَّن
٭مرتاب(ريب) ٭مرتاح (روح) ٭ مرتبة(رتب)
△مُرْتَدِلا : △سَلامة
mortadelle, *f*; gros saucisson, *m*
٭ مرنك (في رنك)
amollir; ramollir; assouplir ٭مَرَثَ : ليَّن
sucer; absorber — : مص
brasser; broyer; réduire en pàte; *ou* en bouilli — : دهك ولين △مرتَ
macérer — الشيء في الماء : نقعه فيه
٭ مرثاة (في رثى)
laisser paître librement ٭مَرَجَ الدابَّة : أرسلها لترعى
pâturage, *m* مَرْجٌ : مَرْعًى
pré, *m*. prairie, *f* — : روضة
agitation; confusion, *f*; — . مَرَجٌ : إضطراب
cohue, *f*; [chambardement], *m* هَرَجٌ و — .
corail, *m* مَرْجان: عروق حُمْر تنبت في قاع البحر
— : فرِّيدي س . سمك
dorade, *f*
corallin, e; de corail مَرْجانيّ: من المرجان أو متعلّق به
٭ مرجع(رجع) ٭مرجل(رجل) ٭مرجيحة(رجح)
être joyeux, se, jovial, e, allègre; exulter; se réjouir ٭مَرِحَ : إشتد فرحه
gambader — المُهْر : طفر
joie; allégresse; gaîté; pétulauce, *f*; entrain, *m* مَرَحٌ : شدة الفرح

s'éparpiller; se disperser dans toutes les directions تفرقوا شذَرَ مَذَرَ
٭مذري ٭ مذراة (في ذرو)
couper, *ou* mêler, d'eau ٭مَذَقَ الشرابَ : مزجه بالماء
mouiller le lait *ou* le vin — اللبن أو النبيذ
coupé, e; mêlé, e, *ou* étendu, e, d'eau مَذِقٌ . مَذِيق
mémorandum, *m* ٭ مذكرة (في ذكر)
٭ مذنب (ذنب) ٭ مذهب (ذهب) ٭ مذود (ذود)
être bon, ne, savoureux, se, agréable; délectable ٭مرأ . مرُؤَ . مَرِئَ (مَرَاءةً) الطعامُ
être humain, e, bon, ne, chevaleresque مرُؤَ٢ (مُرُوءةً) : صار ذا مُروءة
être sain, e, *ou* salubre — (مَراءةً) المكانُ : حسُن هواؤه
savourer; déguster; trouver bon, ne إستمرأَ الطعامَ
homme, *m* مَرْءٌ . أمرُؤٌ . إمرِئٌ : إنسان
femme, *f* مَرْأة . إمرَأة (الجمع نساء)
épouse; femme, *f* امرأة٢ : عقيلة . زوجة
bravoure; chevalerie; noblesse; bonté; *ou* virilité, *f* مروءة . مروَّة : نخوة أو رجولية
œsophage : gosier, *m* : gorge, *f* مَرِيءٌ : مجري الطعام من الحلقوم الى المعدة
bon appétit ! هنيئاً مَريئاً
٭ مُراء (رأى) ٭ مراب (ربو) ٭ مراد (رود)
souvent ٭مراراً (في مرر)
Maroc, *m* ٭ مراكش : بلاد المغرب
٭ مرام (روم) ٭ مرآة (رأى) ٭ مراهق (رهق)

مَرِحَ . مَرِحٌ : طروب — joyeux, se; gai, e; jovial, e; enjoué, e

☆ مرحاض (في رحض) — latrines, *f.pl*

مرحباً (راجع رحب) ☆ مرحلة (في رحل)

☆ مَرَخَ . مَرَّخَ : دلك — huiler; oindre; masser, frotter, frictionner

مَرَّخَ ٢ . أَمْرَخَ العجينَ : أكثر ماءه حتى رق — amollir la pâte

تَمَرَّخَ : تدلك — s'oindre de; se frotter, *ou* se frictionner

مَرِخٌ : ليِّن △ مِرِق — mou (*a.f.* molle); mollet; flasque

مَرُوخ : دلوك — onguent; liniment, *m*; embrocation, *f*

مِرِّيخ : سيَّار أحمر الضوء — Mars, *m*

☆ مَرَدَ الغصنَ : جرَّده — dépouiller une branche de ses feuilles

مرُدَ . تَمَرَّدَ : عتَى وعصَى — se révolter; s'insurger; se mutiner; se soulever

—: جاوز أمثاله — être colosse, *ou* géant, e

تَمَرَّدَ ٢ : إستكبرَ — devenir insolent, e

مُرْدِيّ المراكبي : △مِدرة — barre; perche, *f*

— السمَّاك : حَربته لصيد الحيتان — harpon, *m*; gaffe, *f*

مُراد (في رود)

مَارِد : عِمْلاق — géant, e; colosse, *m*

— : مرتفع . عالٍ — haut, e; élevé, e

— . مَرِيد . مُتَمَرِّد : عاص — rebelle; révolté, e; insurgé, e; mutin, e

أَمْرَد : بلا لحية — imberbe; glabre; sans barbe

مَرْداء : شجرة لا ورق عليها — arbre sans feuilles, *m*

تَمَرُّد : عصيان — rébellion; révolte; désobéissance, *f*

— (خصوصاً بين رجال البحرية) — mutinerie, *f*

تِمْراد : بُرج الحمام — nid de pigeons, *m*

☆ مَرْدَقوش : مَرزنجوش △ بَردقوش — marjolaine, *f*

☆ مرر — مَرَّرَ : جعله مُرًّا (وبمعنى نفَّس راجع نفس) — rendre amer, ère

مَرَّ : فات — passer

— : ذهبَ — s'en aller

— : إنقضَى — s'écouler; passer

— : جاز . قطع . عبر — traverser; franchir

— : جاز (الامتحان) — passer l'examen

— به وعليه — croiser; passer par

— . أَمَرَّ : صار مُرًّا — être, *ou* devenir, amer, ère

أَمَرَّ ٢ : جعله يَمُرّ — faire, *ou* laisser, passer

إستمرَّ : دامَ . بقى — continuer; durer

مَرٌّ . مُرُور : عبور — passage, *m*; traversée, *f*

— و — الوقت أو الأيام — écoulement; cours, *m*; succession, *f* (des jours, etc.)

مرور البضائع ٥ ترانسيت — transit, *m*

مُرّ : ضِدّ حُلو — amer, ère

— مكّة . — مكّاوي — myrrhe, *f*

— الصحاري: حنظل — coloquinte, *f*

خشب الـ — — quassia, *m*

العشبة المُرّة : ٥جنطيانا — gentiane, *f*

مَرَّة — une fois, *f*
— اخرى — une autre fois
△ — وخلاص — une fois pour toutes
△ بالـــ : ابداً . قطعاً — aucunement; point; du tout
△ بالـــ : في ذات الوقت — en même temps
كم — . — combien de fois ?
هذه الـــ. — cette fois-ci
مرّة بعد — . — à plusieurs reprises; itérativement; bien des fois
مرّتان في الاسبوع — deux fois par semaine
مِراراً : مرات عديدة — maintes fois; souvent
مُرَّار △ مُرَيْر : دَرْدَريَّة — chardon étoilé, *m*
مِرَّة △ مَرارة : صَفراء — bile, *f*; amer; fiel, *m*
مرارة ٢ الحوصلة المرارية او الصفراوية — vésicule biliaire, *f*
— : ضد حلاوة — amertume; aigreur, *f*
بمرارة : بحُرقة — amèrement
مُرور : ١ عبور او اجتياز — passage, *m*; traversée, *f*
— الزمن : تملك بوضع اليد مدة طويلة — usucapion, *m*; prescription acquisitive, *f*
— الوقت او الايام — cours, *m*; marche; suite du temps, *f*
— : اجتياز ○ ترانسيت — transit, *m*
△ — : تفتيش — inspection, *f*
تذكرة — . — passe, *f*; laisser-passer, *m*
حركة الـــ. — circulation, *f*; trafic, *m*
مَرِير . مَرِيرَة : عزم وشدّة — fermeté; constance, *f*
مَرِيرَة : حلقة في طرف حبل — boucle, *f*
مارّ — passant,e; traversant,e

المارُّ ذكره — susmentionné,e; précité,e
أمَرُّ : أكثر مرارة — plus amer,ère
إستِمرار : دوام — continuation; continuité; durée, *f*
باستمرار : دواماً — continuellement
قوة الـــ : القصور الذاتي (في الطبيعة) — inertie, *f*
مستَمِرّ : دائم — continuel,le; continu,e
— : غير منقطع — ininterrompu,e
مَمَرّ — passage; accès; chemin, *m*
○مَرَسَ : نقعه في الماء حتى يتحلل — tremper; baigner; macérer
مارَسَ الأمرَ او العمل — exercer; pratiquer
تمرَّس بالشيء : احتك به — se frotter contre (*ou* avec)
مَرِسَ ه . مُمارِس : مجرَّب — expérimenté,e; exercé,e; rompu,e aux affaires
مِراسة (الجمع مَرس وامراس) : حبل غليظ . كبل — câble, *m*; grosse corde, *f*
مَرسِين : ريحان شامي — myrte, *m*
مِراس . مَراسة : قوة — force; vigueur, *f*
سهل المراس — maniable; docile
صعب المراس — indocile; rétif, ve; rebelle
○مارس : آذار . الشهر الميلادي — mars, *m*
○— : الاه الحرب عند الرومان — Mars, *m*
△ مارستان : مستشفى الامراض العقلية — asile des aliénés, *m*
△ مَريسة : مِزْر — *marissa*; bière d'orge soudanaise, *f*
مُمارَسة : مزاولة — pratique, *f*; exercice; usage, *m*
△ بالـــ. (كالبيع) — de gré à gré
بالـــ : بالمزاولة — par pratique

☆ مرسال (رسل) ☆ مرساة (رسو) ☆ مرسع (رسع)

○ مَرْشال : ∆ مُشير — maréchal

☆ مَرِضَ : سَقِمَ — tomber malade

مَرَّضَ المريضَ — soigner un malade

— . أَمْرَضَ : صيّره مريضاً — rendre malade

تَمَارَضَ : اظهر انه مريض — feindre la maladie; faire le malade

مَرَضٌ : عِلّة . داء — maladie, *f*; mal, *m*

— بَسيط : انحراف المزاج — indisposition, *f*

— مستوطن — maladie endémique, *f*

— مُعْدٍ — maladie contagieuse, *f*

— وبائي — épidémie; maladie epidémique, *f*

فِراش الـ . — lit de douleur, *m*

عِلم الأمراض (وطبائعها) — pathologie, *f*

عِلم ترتيب الأمراض — nosologie, *f*

مُرْضٍ (في رضي) — satisfaisant, e

مَرَضِيّ — morbide; qui a rapport à la maladie

حالة مرضية — état maladif, *ou* morbide

مَرِيض : عَليل — malade; indisposé, e

— : (في الجراحة) — patient, e

تَمَارُض : ادعاء المرض — maladie feinte, *f*

مُمَرِّض أو مُمَرِّضة : ∆ تُمَرجي — garde-malade

— في مستشفى — infirmier, ère

مِمْراض . مُتَمَرِّض : كثير المرض — maladif, ve; malingre; valétudinaire

☆ مَرَطَ . مَرَّطَ : نَتَفَ — arracher (poils, plumes); tirer

— . — الشَّعْرَ : ازاله — dépiler; épiler

مَرِيط . أَمْرَط : لا شعر عليه — glabre

∆ مَرْطَبان : كَفْت — bocal, *m*

☆ مَرَّغَ بالدهن : مسح — oindre; enduire; pommader

∆ — : افسد ، اتلف — gâter; corrompre

مَرْعى : كلأ (راجع رعى) — pâturage, *m*

مُرْغَة : شحم . دسم — graisse, *f*

مَرِيع : خصيب — fertile; riche

مُرِيع (في روع) — atroce

☆ مَرَّغَ الشيء في التراب — rouler dans la poussière

— رأسه : أشبعه دهناً — frotter la tête d'huile

— الشخص ∆ مرمغ — faire mordre la poussière

— . أَمْرَغَ عرضه : دنّسه — souiller; flétrir; entacher

تَمَرَّغَ في الوحل او التراب — se rouler, *ou* se vautrer, dans la poussière *ou* la boue

— في الفراش : تضور — tourner et retourner

○ مَرْغَرين — margarine, *f*

☆ مرفأ (رفأ) ☆ مرفع (رفع) ☆ مرفق (رفق)

○ مُرْفين : مادة مخدرة — morphine, *f*

☆ مَرَقَ منه : نفذ فيه — passer au travers, *ou* à travers qc; traverser; transpercer

— من الدين — renier, *ou* abjurer, sa religion

مَرَق . مَرَقة : ∆ مسلوقة — bouillon; consommé, *m*

— . — الطبيخ : ∆ دمعة — sauce, *f*; jus, *m*

∆ تارب الـ — saucière, *f*

مَارِق عن الدين renégat,e; apostat; hérétique; relaps,e
— : ضالّ égaré,e; errant,e
مُرُوق : ضلال égarement, m
— عن الدين apostasie, f
☆ مرقاة (رق) ☆ مركبة (ركب) ☆ مركز (ركز)
○ مَرْكِيز : لقب شرف marquis,e.
خاتم مركيز marquise, f
☆ مَرِمَرَ : غضب se fâcher
△ — : مَرَّ . صار مُرًّا devenir amer,ère
△ — عَيْشَهُ : نغّصه causer de l'amertume à; abreuver d'amertume
تَمَرْمَرَ الرملُ : ماج واضطرب être agité
— : تذمّر grommeler; grogner
مَرْمَر : نوع من الرخام albâtre; marbre blanc, m
△ مَرْمطون : مساعد الطباخ marmiton, m
☆ مِرْمِيس : كركدن . وحيد القرن rhinocéros, m
☆ مَرَنَ : لانَ في صلابة être, ou devenir, élastique
— . تمرّن على الشيء : اعتاده s'habituer à
مرّن على : درّب exercer; dresser; former; ou accoutumer
— جسده . تَمَرَّنَ : تريض بحركات مخصوصة s'exercer; faire de l'exercice, ou de la gymnastique
تمرّن ٢ على : تدرّب s'exercer à; pratiquer; s'entraîner
مَرِن : ليّن يلتوي élastique; souple; flexible f
ممرّن خيل السباق entraîneur. m

مُرُونة . مَرَانة élasticité; flexibilité, f
△ ميرون : الزيت المقدس saint chrême, m
مِران . تمرُّن . تَمْرين exercice, m; pratique, f
— . — جسدي culture physique, f
☞ او — على عمل : تلمذة apprentissage, m
— على المحاماة stage, m
في (تحت) التمرين : تلميذ في صناعة apprenti,e
تحت التمرين (في المحاماة) stagiaire
أدّى مدة التمرين faire son apprentissage, ou son stage
مُمرَّن . مُتَمَرِّن exercé,e; entraîné,e; expérimenté,e; aguerri,e
☆ مَرّة (مرر) ☆ مرهم (رهم) ☆ مَروءة (مرأ)
☆ مرود (رود) ☆ مروحة (روح) ☆ مريء (مرأ)
☆ مريخ (مرخ) ☆ مريع (روع) ☆ مريلة (ريل)
☆ مَرْيَم : اسم امرأة Marie, f
بخور — : اذان الأرنب. نبات cyclamen, m
☆ مَرْيَمِيّة : نبات sauge, f
△ مُرينة خشب poutre, f
○ مَرِينوس : نوع من غنم أسبانيا أو صوفها mérinos, m
☆ مريوق (يرقان) ☆ مريول (رول) ☆ مزّ (مزز)
☆ مزاج (مزج) ☆ مزاد (زيد) ☆ مزبلة (زبل)
☆ مَزَجَ : خلط mélanger; mêler
مَازَجَ : خالط fréquenter
△ — : لاطف ménager; chercher à plaire
إِمْتَزَجَ به se mélanger, ou se mêler, avec; être mêlé,e à; se confondre
مَزْج : خَلْط mélange, m

— الأدوية mixtion, f
حساب الـــ والخلط règle d'alliage, f
مِزَاج: ما اسس عليه البدن من الطبائع tempérament, m; disposition, f
— : △كيف humeur; disposition, f
— دَموي tempérament sanguin, m
— سوداوي tempérament (m), ou nature(f), mélancolique
— صفراوي tempérament bilieux, ou colérique, m
— لمفاوي : بلغمي tempérament lymphatique, m
منحرف الـــ : موعوك indisposé, e
مَزِيج : شيء ممزوج mélange, m
— : تركيب composition; mixture, f
— : خليط mélange m; mixture, f
— زئبقي amalgame, m
— معدني alliage, m
إمتزاج fusionnement; mélange, m
ممزوج . مُمتزِج mélangé, e; mêlé, e
☆مزح : هزل plaisanter; badiner
مَازَحَ : داعب plaisanter avec
مَزْح . مِزَاح . مُزاحة plaisanterie, f; badinage, m
مَزَّاح . مازِح plaisant; farceur, se; badin, e
☆مزدوج (في زوج)
☆ مَزَرَ اللبنَ: حساهُ للذوق △مزمز déguster
مازُور : صياد السمك ↑martin-pecheur, m

مِزْر: △مريسة (في مرس) bière d'orge, f
☆مزراب(زرب)☆مزراق(زرق)△مزربن(زرب)
(مزز) مَزَّ (مَزازة ومُزوزة) être acidulé, e, ou acide
— : مصّ siroter; sucer; buvoter
مُزّ △مِزّ : بين الحايض والحلو acidulé, e; acide
△مَزّة mézé; hors d'œuvre présenté avec la boisson, m
☆مزع : مشي سريعاً marcher vite
△— : مزّق déchirer; tirer
مَزَّع القطنَ: نفشه بأصبعه séparer avec les doigts
مُزعة : قطعه lambeau; morceau, m; tranche, f
☆مَزَقَ : خرق . شق déchirer; lacérer
مَزَّقَ : خَرَّق mettre, ou couper, en morceaux
— شَمْلَهُم disperser
تمزَّقَ : تخرَّق se déchirer; être déchiré, e
يُمَزِّق القلب déchirant, e; navrant, e
مَزْق : شق déchirure, f
— في ثوب accroc, m
— : تمزيق déchirement, m
مُزَقَة : عندليب. أبوهارون ←rossignol, m
مُمَزَّق déchiré, e; en lambeaux; en morceaux
☆ مزمور ☆ مزمار (في زمر)
☆ مُزْن: سحاب ذو ماء nuages pluvieux, m.pl; nimbus, m
حَبّ الـــ مُزْنة : بَرَدة grêlon, m
مُزنة ٣ : مطرة بَرَد grêle, f

☆مزولة (في زول) ☆مزيد (في زيد)

مَزِيَّة. مازِيَة: إمتياز. فَضْل avantage; privilège, m

—. —: فضيلة mérite, m; qualité, f

☆ مسّ (مسس) ☆ مسْؤوليَّة (سأل) ☆مساءٌ (مسو)

☆ مساحة (مسح) ☆ مسافة (سوف) ☆ مسامّ (سمم)

☆ مسبحه (سبح) ☆ مستأمن (امن) ☆ مستأهل (اهل)

☆ مستاءُ (سوأ) ☆ مستبدّ (بدد) ☆ مستبيح (بوح)

☆ مستعجل (حول) ☆ مستراح (روح) ☆ مستشار (شور)

☆ مستشق (شق) ☆ مستطاع (طوع) ☆ مستعار (عور)

☆ مستعد (عدد) ☆ مستعمرة (عمر) ☆ مستعمل (عمل)

☆ مستقبل (قبل) ☆ مستقل (قلل) ☆ مستقيم (قوم)

☆ مستلق (لق) ☆ مستمر (مرر) ☆ مستند (سند)

☆ مستنقع (نقع) ☆ مستهجن (هجن) ☆ مستو (سوى)

☆ مستودع (ودع) ☆ مستوقد (وقد) ☆ مسجد (سجد)

☆مَسَحَ . مَسَّحَ: جفَّف بالمسح أو نظَّف essuyer; nettoyer

—. —: محَى effacer; oblitérer

— الحذاء وغيره: نظّفه cirer les chaussures; décrotter

— الخشب (بالفارة) raboter; dégauchir

— بالزيت أو الدهن oindre

— المريض بالمسحة donner l'extrême-onction

— الأرضَ: قاسها arpenter

— الأرض: نظّفها بالماء laver le parterre

مَسْح essuyage; nettoiement. m

— بالدهن onction, f

— الأرض: قياسها arpentage, m

—: مَحْو effacement; effaçage, m

مِسْح ٢: نسيج خشن toile à sac; haire, f; cilice, m

مَسْحَة: اثر خفيف ظاهر trace; marque, f; trait, m

— المائت (راجع مشح) extrême-onction, f

—: شيء قليل idée, f; soupçon, m

عليه — التهكُّم (مثلاً) avec un trait de raillerie (par exemple)

مَسَّاحُ الأراضي arpenteur, m

— الأحذية décrotteur, m; cireur, se de chaussures

مِزْواة — الأراضي théodolite, m

مِساحَة الأرض: جملة قياسها étendue; superficie; surface, f

—: عِلْم المساحة géodésie, f

— الأراضي: قياسها arpentage; levé, m

— تثليثيّة arpentage trigronométrique, m

— السطح superficie, f

△ — الخشب: سقاطة المِسحاج copeaux, m.pl

△ مَصلحة المساحة administration de l'Arpentage, f

△ مَسَّاحَة (انظر محو) gomme à effacer, f

مَسِيح. مَمْسُوح بالدهن oint, e

—. السيد المسيح le Christ; le Messie

درهم — أو مَمْسُوح ٢ pièce de monnaie usée, f

مَسِيحيّ: نصراني chrétien, ne

الدين الـ المسيحيّة christianisme, m

البلاد المسيحيّة. المسيحية chrétienté, f

مِمْسَحَة الأرض balai à laver, m

—: قطيلة. خرقة torchon; chiffon, m

— الأرجل (من ليف وغيره) paillasson; essuie-pieds, m

— الأحذية : أداة من حديد لتنظيف الأحذية ←— décrottoir, *m*

مَمْسُوخ ٢ أو مضول الخ effacé, e; essuyé, e ; lavé, e; oint, e, etc

تِمْساح (في تجارة الأبواب) (راجع تمساح) panneau, *m* —←

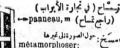

☆ مَسَخَ : حوّل الصورة الى غيرها métamorphoser; caricaturer; transformer

— صورته : شوّهها défigurer; déformer

— الطعام : اذهب طعمه rendre le manger sans goût, fade, insipide, sans saveur

مَسْخ : قلبُ الصورة métamorphose; transformation; caricature, *f*

— : تشويه déformation; défiguration, *f*; enlaidissement, *m*

— : انتقال روح الانسان الى حيوان يناسبه métempsychose, *f*

مِسْخ métamorphosé, e en animal

Δ مُسخة : مُهرج comique; ←— bouffon, *m*

مَسِيخ Δ مايخ : لاطعم له fade; insipide; sans goût

— . مَمْسُوخ défiguré, e; difforme; *ou* métamorphosé, e

صورة ممسوخة (اي هزلية) caricature, *f*

☆ مسخرة (في سخر) mascarade, *f*

☆ مَسَدَ الشيء وعليه: امرَّ يده عليه masser, *ou* frotter, avec la main ; faire un massage

— الجسد du corps; masser

تَمْسِيد massage, *m*

(مسر) ماسُورة Δ مَسورة : انبوب tuyau ; conduit; ←— tube, *m*

— البندقيّة canon (du fusil), *m*

☆ مسرّة (في سرر) ☆ مسرح (سرح)

(مس) مَسَّ : لمسَ toucher; tâter

— : اصابَ atteindre

— ت (الحاجة) الى : الجأت nécessiter; obliger; contraindre

ماسَّ : لامس toucher; faire contact

تَمَاسَّ الشيئان se toucher; être en contact

مَسّ . مَسِيس . مِساس . مُمَاسَّة toucher; contact; attouchement, *m*

— : جنون aliénation; folie, *f*

مَسَّة : لَمْسَة touche, *f*

ماس . ألماس(موس) diamant; brillant, *m*

ماسّ : لامِس en contact; qui touche

Δ — (في الكهرباء) court-circuit, *m*

حاجة ماسّة besoin urgent, *ou* pressant, *m*

مَسُوس: (ماء) بين العذب والملح saumâtre

تَمَاسّ : ملامسة toucher; contact, *m*

مُمَاسّ (في الهندسة) ←— tangente, *f*

مماسّي tangentiel, le

مُمَاسَّة contact, *m*; tangence, *f*

مَمْسُوس : مَلْمُوس أو محسوس touché, e; *ou* tangible; palpable

☆ مسطرة ☆ مسطرين (سطر) ☆ مسمر (سمر)

☆ مَسَّكَ : طيّب بالمسك musquer; embaumer; parfumer (avec du musc)

Δ — : جعله يمسك faire tenir

مَسَكَ . أَمْسَكَ الشيءَ وبهِ : قبضه tenir; empoigner; retenir

— . — الكرة والعصفور وكل متحرك attraper; saisir

— ه و— ه وهو يسرق il l'a attrapé en train de voler ; il l'a pincé ; il l'a pris sur le fait

— و— لسانه: صمت garder le silence

△ — و— البطنَ constiper

— . — . إِسْتَمْسَكَ به : تعلق أو تشبث به se cramponner à; s'accrocher à; s'en tenir à

— الحسابَ tenir des livres

— نفسه : تمالك نفسه se contenir

△ — او قرص زَهْر النَّردِ piper les dés

△ — يَدَهُ: اقتصد، قرَّط regarder à la dépense; être parcimonieux, se

أمسك ٢ واستمسك ٢ عن s'abstenir de; se priver de; se refuser

— و — عن الضحك se retenir de

— الله الغيث retenir (la pluie)

تماسكَ الشيئان se tenir ensemble; adhérer

مَسْك : قبْض prise; étreinte, f; empoignement, m

— الدفاتر التجارية tenue des livres, f

— الحسابات comptabilité, f

مِسْك : طيب معروف أو غزال المسك musc, m

قندس أو نِمْس الـ ← vison, m

△ مِسكة: روث المواشي fiente, f; crottin (de chevaux), m

△ — : جِلَّة الوقود galette de crottin ou de fiente, f

مَسْكة : مقبض poignet, m; prise, f

مِسْكي △ مُسكاتي (عنب) muscat, m

مَسِيك لا ينضح étanche; imperméable

— : لا تنفذه الرطوبة hydrofuge

إِمْساك : بُخل avarice; mesquinerie, f

— النَّفْس continence; abstinence, f

— : قَبْض الأمعاء constipation, f

تَمَسُّك attachement, m

تَماسُك ténacité; cohésion, f

مُتَمَسِّك . مُتَماسِك tenace; ferme

— بحقهِ qui tient à ses droits

مُمَسَّك musqué, e

صابون — savon parfumé, m

٭ مسكين (سكن) ٭ مسلة ٭ مسلول (سلل)

△ مسلي (سلو) ٭ مسم (سمم) ٭ مسمار (سمر)

٭ مسن (سنن) ٭ مسند (سند)

(مسو) مَسَّى الرجلَ أو △ عليه souhaiter le (ou un) bonsoir à qn

أَمْسَى : خلاف أصبح se trouver au soir

— : صار devenir; se trouver

مَسَاء : عَشِيَّة (او سَهْرة) soir, m; soirée, f

— الخير bonsoir !

— امس hier soir

٭ مسواك (في سوك) ٭ مسورة (في مسر)

○ مَسُونِي ○ ماسُونِي : منسوب الى الماسونية maçonnique

— . — : بنَّاء حُرّ franc-maçon, m

الماسونيَّة. الأخويَّة الماسونية la Franc-Maçonnerie

☆ مسبع (مسح) ☆ مشاع (شيع)
☆ مشبوه (شبه) ☆ مشتاق (شوق)
☆ مشترك (شرك) ☆ مُشتَه (شهو)
☆ مشد ☆ كُرسِيه corset, m
☆ مَشَّ العَظْمَ sucer la mœlle
△ مشِ البَيْضُ : مَذِر se gâter; devenir couvi (œuf)
مَشَّ ٢ : نَقَع في الماء △ بَشْبَش macérer; délayer; tremper
△ مِيش : ماء الجبن petit-lait du fromage, m
△ مُمَشَّش : ماذِر gâté,e; pourri,e; couvi
☆ مَشَطَ . مَشَّطَ الشعر peigner; coiffer
إمتشَطَ . تمشَّطَ se peigner; se coiffer
مُشْط النساج أو بعض الحشرات أو الأصداف peigne, m
— التسريح peigne, m
— الكمنجة أو العود chevalet, m (du violon etc.)
— الرِجْل : عصب القدم métatarse; cou-de-pied, m
ماشِط : مزيِّن coiffeur, se
مَشيط . مَمْشوط △ مُمَشَّط peigné, e
☆ مِشْظ . مشظة (راجع وشظ):
△ تيلة goupille, f
☆ مَشَعَ : مضغ بصوت mâcher avec bruit
— القطن : نَفَشه carder

☆ مَشَقَ الشعرَ وغيره : مشطه peigner
— الكتانَ : مدَّه étirer; carder
— : مزَّق déchirer
— وأمشَقَ بالسوطِ : ضرب fustiger; fouetter
إمتشقَ : إختطف happer; enlever vivement; saisir brusquement
— السيفَ : إستلَّه tirer l'épée
مَشْق : مُغْرة . تراب أحمر ocre rouge, f
— : مثال . قاعدة modèle; patron, m
مِشق . مَشيق . مَمْشوق القوام élancé, e; svelte; de taille fine
— . — : انسيابي aérodynamique
مُشْقة . مُشاقة الكتان étoupe; filasse de chanvre; bourre de soie, f; rebut de laine cardée, m
△ مَشْقَبيَّة : عمود - محور fuseau; pivot; essieu, m
— الخرطة axe; arbre (du tour), m
☆ مشكاة (شكو) ☆ مشكلة (شكل) ☆ مشمئز (شمز)
☆ مِشْلَوْز : مشمش لوزيّ النوى (حمويّ) abricot à amande douce, m
☆ مِشْمِش abricots, m.pl
△ بُكْرة في الـ ـــ quand les poules auront des dents
مِشْمِشة un abricot *ou* un abricotier
☆ مُشْمُلا . مَشْمَلا nèfle, f; nèflier (arbre), m
△ مِشَنَّة (في شنن) cabas, m
☆ مَشْو : دَواء مسهل purgatif *ou* laxatif, m

أمْشَاهُ الدواء : اطلق بطنه faire aller à la selle; donner la diarrhée

∆ مِشْوار ☆ مشورة (شور) ☆ مشؤوم (شأم)

☆ مَشَى . تَمَشَّى : سار على رجليه marcher; aller à pied; cheminer

— بَطْنه avoir la diarrhée; relâcher le ventre

تَمَشَّى : تَرَيَّض ماشياً se promener à pied

— مع كذا : جارى.ساير marcher de pair avec; suivre

مَشَّى . أمْشَى faire marcher

مَشْي : السير على الأقدام marche, f

مِشْيَة : هيئة المشي démarche ; allure ; manière de marcher, f; air, m

مَشِيئَة : مشيئة (راجع شيأ) volonté, f; désir, m

مَاشٍ : رَاجِل piéton; marcheur, m

— : على رجليه à pied

— : خلاف الخيّال ∆ بياده fantassin, m

المشاة : خلاف الخيّالة (من الجيش) infanterie, f

مَاشِيَة (والجمع مواشٍ) bétail, m; bestiaux, m.pl

∆ مَشَّايَة : نَخّ . بساط طويل marchepied, m

∆ — الأطفال : حال trotteuse, f

∆ — : طريق المشي sentier, m

∆ — ∆ — : دهليز corridor; couloir, m; galerie, f

☆ مشيئة (شيأ) ☆ مشير (شور) ☆ مشيمة (شيم)

☆ مص (مصص) ☆ مصاغ (صوغ) ☆ مصباح (صبح

☆ مصح (صحح) ☆ مصدر ☆ مصدور (صدر)

☆ مَصَّرُوا المكانَ : سكنوه coloniser

تمصّر المكانُ : صار مصراً devenir habité, e

∆ — : صار مِصْرِياً devenir égyptien, ne; être égyptianisé, e

مُصير (في صرر) persistant, e

☆ مِصْر : مدينة ville; cité, f

— : مكان معمور contrée, ou région, habitée, f

— : الدولة المصرية Egypte, f

مِصْرِيّ : مَنْسُوب إلى مِصْر Egyptien, ne, n; égyptien, ne, a

مُصْرَان . مَصِير (والجمع مصارين) : مِعْى intestin, m

— أعور appendicite, f

— . مصارين (والمفرد مصير) boyau, m

مَصِير (في صير) destination, f

مَصَارِيّ : نقود ∆ فلوس argent, m

تَمْصِير البُلْدان colonisation, f

(مصص) مَصَّ . امْتَصَّ : تشرَّب absorber; imbiber; boire

— . — الثدي téter

— و — دمه sucer; humer

— و — الهواء aspirer l'air

— . — . تمصمص : رشف siroter

يمتص الاسفنج الماء l'éponge absorbe l'eau

مَصّ . إمتِصَاص : تَشَرُّب aspiration; absorption, f

— : رَشْف succion, f

مَصَّة : رَشْفَة une succion, f

مَصَّاص : حجّام poseur, se de ventouses

— . مُمْتَص : يمتص السوائل absorbant, e

— . الوطواط المصّاص vampire, m

مُصَاصة : ما يُمَص — sucette, f; ce qui se suce

— القصب : ما يبقى منه بعد عصره أو مصه — rebut de canne à sucre, m

△ مَصَّاصة : بومة صغيرة — jeune hibou, m

مُصيِّص : نديّ — humide; humecté, e

△ مَصيص : تراب لبياض الجدران — plâtre fin, m

خيط — س : مقياط △ دوبارة — ficelle, f

إمتِصاص : تشرُّب — aspiration; absorption; succion, f

مِمَصّ : انبوبة المص — chalumeau, m

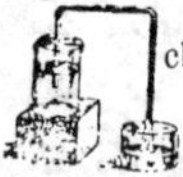

— : ○ سيفون — siphon, m

— الحشرات — suçoir, m

مَمْصُوص (اسم المفعول من مَص) — sucé, e

— : مهزول — émacié, e; amaigri, e

○ مصطبة (في صطب) ○ مصطفى (في صفو)

○ مُصْطَكا . مُصْطَكَى — mastic, m

شجرة الـ — lentisque, m

○ مَصَل اللبنُ — cailler

— اللبنَ : صفّاه — passer; filtrer

مَصْل اللبن — petit-lait, m

— الدم — sérum du sang; plasma, m

مَصْليّ : مائي — séreux, se

مَصْلِيَّة : مائيَّة — sérosité, f

○ مُصَل (صلو) ○ مصلح ○ مصلحة (صلح)

△ مُصَلْطَح : مفرْطح — plat, e

○ مَصْمَصَ : لحَسَ — lécher; sucer

— : مضمَض — se rincer la bouche

△ — العظم : مص مخاعه . مشّه — sucer un os

△ — العظمَ : أنقره . أكل ما عليه — ronger un os

○ مصنع (صنع) ○ مصيبة (صوب) ○ مصيدة (صيد)

○ مصير (صير) ○ مضارب (ضرب) ○ مضارع (ضرع)

○ مضاف (ضيف) ○ مضجع (ضجع) ○ مضخة (ضخخ)

○ مَضَرَ : حَمُض — s'aigrir

مَضِر . ماضِر — aigre; acide

○ مُضِر (في ضرر) — préjudiciable; nuisible

○ مَضَض : ألم — peine; affliction; douleur, f

— : كُرْه — aversion; répugnance, f

— : ابن حامض — lait aigre, m

على — . — à contre-cœur

مَض : اليم — douloureux, se; pénible

مُضاض : ماء شديد الملوحة — eau très salée, f

○ مضطجع (في ضجع) ○ مضطر (في ضرر)

○ مضطرب (في ضرب) ○ مضطهد (في ضهد)

○ مَضَغ : لاك — mâcher; ruminer

— التبغ — chiquer

△ — الكلام — mâchonner; marmotter

مَضْغ : لَوْك — mastication, f

مُضغة . مُضَاغة : ما يُمْضغ — gomme à mâcher, f; ou morceau que l'on mâche, m

— : لُقْمة — morceau, m; bouchée, f

○ مِضْمار ○ مُضْمَر (في ضمر)

○ مَضْمَض الماء في فه — se rincer la bouche

— الثوب : غسله △ شطفه — rincer

○ مُضْنَى (في ضني) — extenué, e

☆مضى : ذهبَ aller; s'en aller; partir
—: فات. إنتهى. إنقضى passer; s'écouler; avoir lieu; expirer
— وقته أو أوانه suranné, e; vieilli, e; caduc, que
— على الأمر. أمضاه: أتمّه mener à bonne fin; exécuter; accomplir
△— . أمضى ٢ الصك أو الرسالة (بتوقيعها) signer; souscrire
—(مضاء)السيف: كان ماضياً être tranchant, e, ou affilé, e
فيما (في ما) مضى autrefois; jadis; auparavant
مُضِيّ . مُضُوّ : ذهاب aller; départ, m
—.—: فوات écoulement; passage, m
— الوقت أو المدة cours; laps de temps, m; prescription, f
مَضَاء : حِدّة tranchant, m; pointe, f
مَاضٍ : حاد tranchant, e; affilé, e; aiguisé, e
— : ذاهب partant; s'en allant
— : سالف. سابق précédent, e; passé, e; dernier, ère
الزمن الماضي (في النحو) le passé; le temps passé, m
الشهر الماضي le mois dernier, ou écoulé
الفعل الـ— prétérit, m
في الـ— : سابقاً dans le temps; par le passé; autrefois
يسري على الـ— (قانون او حكم) rétroactif, ve
إمْضَاء : إتمام. إنجاز exécution, f; accomplissement, m
— . إمضاءة : توقيع signature, f
مُمْضٍ : مُوقِّع signataire; souscripteur, rice
ممضوّ عليه: موقع عليه signé, e; souscrit, e

☆مطّ (مطط) ☆ مطابقة (طبق) ☆ مطار (طير) ☆ مطبعة (طبع) ☆ مطبق (طبق)
☆مَطَرَت. أمْطَرَت السماء: نزل مطرها pleuvoir; (il pleut, il pleuvait)
—تهم . —تهم السماء il a plu sur eux
مَطَر : غيث pluie, f
— خفيف : رذاذ pluie fine; ondée, f
قَطرة —. goutte de pluie, f
مطرة △مطرة : الدفعة من المطر averse, f
مَطِر . مَاطِر . مُمْطِر pluvieux, se
الطقس ممطر le temps est à la pluie
مَطَرِيّة : ظالة . شمسيّة مَطَر parapluie; [pépin], m
مِمْطَر . مِمْطَرَة : رداء المطر imperméable, m
○مُطْران: فوق الأسقف ودون البطرك archevêque; métropolitain; évêque, m
△مَطْرَيطة: آلة صنع البُرغي (اللولب) filière, f
☆مُطّرد (في طرد)
☆مطط : مَطّ مطّاً شديداً étirer fort; tendre trop; forcer; outrer
مَطّ: مدّ étendre; tendre; déployer
— شفتيه faire la moue
تَمَطّطَ : تمدّد وتلزّج être visqueux, se, filant, e, gluant, e
— : تمدّد s'étirer; s'étendre; s'allonger; se dilater
مَطّ : مَدّ tension; distension; extension, f; élargissement, m
خاصة الـ— أو التمطط élasticité, f

مَطَّاط : لزج . متفتّل filant, e; visqueux, se; gluant, e
— : يتمدد ويتقلّص . مَرِن élastique
— : مُغَيط caoutchouc, m
— . زُنبرك ressort, m
☆ مطعم (في طعم) restaurant, m
☆ مَطَلَ الحديدَ : سبكه forger
— الحبلَ : مدّه tendre, ou allonger, une corde
— الحديدَ : طرقه ومده aplatir; marteler; étendre
— . مَاطَلَ بحقّه différer; remettre; atermoyer
مَطْل . مُمَاطَلَة retardement; atermoiement, m; remise; tergiversation, f
— المعادن : طرقها malléation, f; étirage, m
مَطُول . مُمَاطِل retardataire; temporisateur, rice
مَطِيل : يقبل المَطْل (كالحديد وغيره) ductile
مَطِيلَة : حديدة مطروقة tôle, f; fer battu, m
مَمْطُول : مَطْرُوق allongé; étendu; battu (fer)
— : مسوّف différé, e; atermoyé, e
△ مَطوة . مطواة : مبراة (في طوى) canif, m
☆ مَطِيَّة : ركوبة monture, f
مَطَا : أسرع في المشي △ مَدّ presser le pas; marcher vite
إمتطى . أمطى الدابة : ركبها monter
تمطّى : △ تمطّع s'étendre, ou dégourdir, les membres; s'étirer
مُمْتَطٍ : راكب monté, e; à cheval; monté, e sur sa monture

☆ مظاهرة (ظهر) ☆ مظلم (ظلم) ☆ مظهر (ظهر)
☆ مَعَ . مَعْ (بمعنى الاجتماع أو المصاحبة) avec
— ان quoique; bien que; malgré
— ذلك pourtant; cependant; toutefois
— الوقت avec le temps
— كونه غنيًّا (مثلا) tout riche qu'il est
مَعاً : سوية ensemble
— : في نفس الوقت simultanément
مَعِي : بصحبتي avec moi
مَعِيَّة : مصاحبة compagnie, f; entourage, m
△ — الملك : بلاط cour; cour royale, f
△ — : حاشية suite; escorte, f; cortège, m
في مَعِيَّتِه en compagnie de
☆ مظلة (ظلل) ☆ مَعاد (عود) ☆ مُعادٍ (عدو)
☆ معادلة (عدل) ☆ معاذ (عوذ) ☆ معاش (عيش)
☆ معاق (دفو) ☆ معاوية (عوى) ☆ معتبر (عبر)
☆ معتدل (عدل) ☆ معتقد (عقد) ☆ مُعتل (علل)
☆ معتمد (عمد) ☆ مُعتن (عنى) ☆ معتنق (عنق)
☆ تَمَعَّجَ الثعبان أو السيل : تلوى وتثنى في مروره serpenter; aller en serpentant, ou en zigzags
مُتَمَعِّج sinueux, se; tortueux, se
☆ معجزة (في عجز) ☆ معجم (في عجم)
☆ مُعِدَ : وجعته معدته avoir mal à l'estomac
مَعِدَة . مِعْدَة estomac, m
— المجترات panse, f
مرض الـ dyspepsie, f
التهاب غشاء الـ gastrite, f

معدي : مختص بالمعدة — gastrique
— : مفيد لتقوية المعدة — stomachique; stomacal, e
الحمّى المعدية — fièvre typhoïde, *f*
العصير المعدي — suc gastrique, *m*
☆ مُعْدٍ (عدو) ☆ معدّ (عدد) ☆ معدن (عدن)
☆ مَعِرَ . تمعَّرَ الشعرُ : تساقط — tomber
△ مَعَّرَ : فاخر كذباً — se vanter; blaguer
△ مَعَّار : فجفاج — fanfaron, ne; blagueur, se
☆ مَعْز . مِعْزى . مَعِيز — chèvre, *f*; bouc, *m*; race caprine, *f*
مَاعِز △ مِعْزى : واحد المعز — chèvre, *f*
مَعَّاز : رَاعِي المعيز — chevrier, ère
لبن المعيز — lait de chèvres, *m*
☆ مَعَس : △ فعص — écraser
☆ معشر (عشر) ☆ معصم ☆ معصوم (عصم)
☆ مَعِضَ . اِمْتَعَضَ من الأمر — s'indigner de; s'offenser de
إمتِعَاض — indignation; irritation, *f*; ressentiment, *m*
☆ معضلة (في عضل) — problème, *m*
☆ مَعَطَ : نَتَفَ — épiler; peler; déplumer (plumes)
مَعِطٌ . أمْعَط : لا شعر له — pelé, e; glabre; sans poil
☆ معطف (عطف) ☆ معظم (عظم) ☆ معقل (عقل)
○ مَعْكَرُونَة △ مكرونة : macaroni, *m*
☆ معلاق (علق) ☆ معلم (علم) ☆ معمار (عمر)
☆ مَعْمَعَة : صوت الحريق — crépitement; pétillement, *m*
— : صوت الحرب — tumulte; vacarme, *m*

المعامعُ : الحروب — combats, *m.pl*; guerres, *f.pl*
مَعْمَعَانُ الشتاء — au cœur de l'hiver
— الصيف — au plus fort de l'été
— الزوبعة — au fort de la tempête
— : △ عزّ — au fort de; en plein, e
مَعْمَعِيّ : إمَّعَة . مُساير الجهتين — opportuniste; complaisant, e; qui est de l'avis de chacun
(معن) أمْعَنَ في كذا — agir énergiquement; *ou* être assidu, e dans
— النظر في الأمر . تمعّن فيه — réfléchir sur; bien considérer; méditer sur
إمْعَان النظر . تَمَعُّن — examen approfondi, *m*
— في العمل — assiduité; application, *f*
بعد — النظر — après mûre reflexion; réflexion faite
مَعِين : جارٍ — courant, e; coulant, e
مَاعُون : وعاء — ustensile; récipient; réceptacle, *m*
— ورق : △ رزمة ورق — rame, *f*
△ — : مركب نقل — chaland, *m*; allège, *f*
☆ معنى (عني) ☆ معول (عول) ☆ معونة (عون)
☆ مِعًى . مَعْي . مِعَاء (انظر مصارين) — intestin, *m*
الـ الاثني عشري — duodénum, *m*
الـ الدقيق : عفج — intestin grêle, *m*
الـ الغليظ : الأعور — le gros intestin, *m*
أمعاء . أمعية — intestins; boyaux, *m.pl*; entrailles, *f.pl*
مِعَوِيّ : مختص بالأمعاء — intestinal, e; entérique
نزلة معويّة . التهاب الأمعاء — entérite, *f*
☆ مُعْيٍ (عي) ☆ مُعيد (عود) ☆ مُعيل (عول وعيل)
☆ مُعين (عون وعين) ☆ مَعِيَّة (مع)

☆ مُغاث . △ مُغات grenadier sauvage, *m*

☆ مغارة (غور) ☆ مغبّة (غبب) ☆ مغذّ (غذو)

☆ مَغَّرَ : صبغ بالمغرة teindre avec l'ocre rouge

مَغَر . مُغْرَة . لَوْن أمْغَر roussâtre; brun rouge, *m*

مَغَرَة . مغرة : تُراب أحمر ocre rouge; terre rouge, *f*

أمْغَر : بلون المغرة . خَمْرِي ougeâtre; roux, sse

☆ مغرب (غرب) ☆ مغرم (غرم) ☆ مغزى (غزو)

☆ مُغِصَ . تمغّص △ اِنْمَغَصَ avoir des coliques, la colique, mal au ventre

أمْغَصَ △ مَغَصَ : سَبَّب له مغصاً donner la colique à

مَغْص . مغَص △ مَغِيص colique, *f*; mal au ventre, *m*

— كَبديّ colique hépatique, *f*

— كَلويّ colique néphrétique, *f*

مَمْغُوص qui a la colique

☆ مَغْمَغَ : خلط mêler; mélanger; brouiller

— الكلامَ : لم يبيّنه bafouiller; bredouiller; parler entre ses dents, *ou* confusément

○ مَغْنَطَ الشيء : أكسبه خواص المغنطيس aimanter; magnétiser

مَغْنَطِيس : جاذب الحديد aimant, *m*

— : جَذْب magnétisme, *m*

— كَهْرَبي magnéto, *f*; électro-aimant, *m*

حَجَرُ الـ . magnétite, *f*; oxyde de fer magnétique, *m*

عِلم الـ . science du magnétisme, *f*

مَغْنَطَة . تَمَغْنُط . تمغْطُس magnétisation, *f*; magnétisme, *m*

— التقارُب magnétisme attractif, *m*

مَغْنَطِيسي : جَاذِب . جَذّاب magnétique; aimanté, e

اِنحراف — . déclinaison magnétique, *f*

إبرة الانحراف — . boussole, *ou* aiguille, d'inclinaison, *f*

جَذْب — . attraction magnétique, *f*

القطب الـ . pôle magnétique, *m*

حقل (مجال) — . champ magnétique, *m*

سَيَّال — . fluide magnétique, *m*

خط الاستواء الـ . équateur magnétique

الشمال الـ . nord magnétique, *m*

تَنَافُر — . répulsion magnétique, *f*

تَنْويم — : استهواء (راجع نوم) hypnotisme, *m*

علاج بالتنويم المغنطيسي mesmérisme, *m*

مُنَوِّم مغنطيسي hypnotiseur

مَغْنَطِيسية : جَذْب مغنطيسي magnétisme, *m*

إبرة — : ابرة الحقّ aiguille aimantée, *f*

بَطّارية — . accumulateur (*m*), *ou* pile (*f*), magnétique

حِدْوة — . fer magnétique, *m*

زَوْبعة — . tempête magnétique, *f*

كَهربا — . électro-magnétique, *f*

مِقْياس الـ : ○ مَنْيِتومتر magnétomètre, *m*

مُمَغْنَط aimanté, e; magnétisé, e

مُمَغْنِط magnétiseur, *m*

☆ مَغْيَطُ : صَمْغ مَرِن . مَطّاط gutta-percha, *f*; caoutchouc, *m*

مُتَمَغِّط : لَزِج visqueux, se; glutineux, se

○ مُغْنَى . خَشَب المغنى : نِبْشْ acajou, m

○ مَغْنِيسيا : عنصر معدني أبيض magnésium, m

— : ○ مَنِيزة magnésie, f

✡ مفاد (فيد) ✡ مفتاح (فتح) ✡ مفتر (فرى)

✡ مفترس (فرس) ✡ مفرد (فرد) ✡ مفعم (فعم)

✡ مفك (فكك) ✡ مفلطح (فلطح) ✡ مفيد (فيد)

✡ مقابل (قبل) ✡ مقاصة (قصص) ✡ مقاطعة (قطع)

✡ مقالة (قول) ✡ مقام (قوم) ✡ مقامر (قمر)

△ مَقَانِق : لقانق (راجع سُجق) saucisse, f

✡ مقاول (قول) ✡ مقاومة (قوم) ✡ مقايسة (قيس)

✡ مقت مَقْتَ : أبغض للغاية détester ; haïr ; exécrer ; avoir en horreur

△ — : هزل maigrir

مَقَّتَ إلى : جعله يبغضه rendre odieux, se, ou détestable à

مَقُتَ : كان كريهاً être odieux, se, ou détestable

مَقْت : كراهة exécration ; aversion ; horreur ; haine, f

مَمْقُوت . مَقِيت : كريه détestable ; exécrable ; haïssable ; odieux, se

— : مكروه . مُبغَض détesté, e ; haï, e ; abhorré, e ; exécré, e

△ — : هزيل maigre ; émacié, e ; chétif, ve

✡ مقتبل (قبل) ✡ مقتدر (قدر) ✡ مقتصد (قصد)

✡ مقتضب (قضب) ✡ مقتضى (قضى) ✡ مقدار (قدر)

✡ مقدام (قدم) ✡ مقدونس (بقدونس) ✡ مقر (قرر)

✡ مقر . أمقر السمكة : نقعها في الخل أو الملح mariner ; macérer

✡ مقشة (قشش) ✡ مقص (قصص) ✡ مقطف (قطف)

✡ مقع الشرابَ : شربه كله boire avec avidité

أُمْتُقِعَ : تغيّر لونه pâlir ; changer de couleur ; blêmir

مُمْتَقَع blême ; pâle ; étiolé, e ; blafard, e

✡ مقلة : عين œil, m

— العين prunelle ; pupille, f

تخطّر مقلة العين nystagmus, m

✡ مقلاع (قلع) ✡ مقلاة (قلي) ✡ مقوّ (قوى)

✡ مقود (قود) ✡ مقيء (قيأ) ✡ مقياس (قيس)

✡ مقيم (قوم) ✡ مكابدة (كبد) ✡ مكابر (كبر)

✡ مكافأة (كفأ) ✡ مكان (مكن وكون)

✡ مكبّ (كبب) ✡ مكتئب (كأب) ✡ مكتظ (كظظ)

✡ مَكَثَ بالمكان : أقام demeurer ; habiter

— : لبث . بقي rester : séjourner

مَكْث . مُكُوث séjour, m

— أو — قصير المدّة court séjour, m ; halte, f

○ مَكَدام : △ دكّة خرسان macadam, m

رَصَفَ الطريقَ بالمكدام macadamiser

✡ مَكَرَ به : خدعه tromper ; décevoir ; abuser ; ruser avec

مَكْر : خِداع ruse ; malice ; astuce, f

مَكْرَة : حيلة . خدعة une ruse, f ; un stratagème ou subterfuge ; [truc], m

مَكَّار . مَكُور : مخادع fourbe ; trompeur, se ; [canaille]

— . ماكر : حِيَلي malin, e ; rusé, e

○ مكرسكوب : مُجهِر microscope, m

مكرسكوبي : مجهري microscopique

○مِكْرُوب (الجمع مكروبات ومكاريب): جُرثومة microbe, *m*

مكْروبي: حُيَيْويني . جُرثومي microbien,ne

○مكروفون: مِجهار كهربي microphone, *m*

○مَكرُونَة: معكرونة macaroni, *m*

❋ مَكْس: ضريبة إستعمال الطرق للمرور أو للتجارة octroi; péage; droit, *m*

دارُ المكُوس bureau de péage, *ou* de l'octroi, *m*

❋ مكعب (في كعب) ❋ مكفهر (في كفهر)

(مكك) مكَّ. إمتَكَّ العظمَ: مَصَّ مُخَّه sucer la mœlle d'un os

△مَكُّوك الخياطة أو الحياكة: مُوم navette (de tisserand *ou* de machine à coudre), *f*

❋ مَكُنَ: كان أو صار قويّاً être, *ou* devenir, fort,e *ou* ferme

مَكَّنَ: ثَبَّتَ fortifier; raffermir; renforcer; consolider

ـه. أمكنه من كذا mettre à même de; donner à qn le pouvoir *ou* la possibilité de; permettre

أمكن الأمرُ: كان ممكناً être possible, *ou* faisable

إذا — . إن — si possible

ـه: استطاع il pouvait; il a pu

لا يمكنه أن (يقرأ) il ne peut pas (lire)

يمكن: ربَّما peut-être

— أن il est probable que; il se peut que

لا —: مُستحيل il est impossible

اقلّ ما — . le moins possible

تمكَّن عنده: صار ذا مكانة devenir influent,e, *ou* puissant,e

—: رسخ être solidement établi,e; être raffermi,e, *ou* fixé,e

— . واستمكن من الأمر: قوي عليه être, *ou* se rendre, maître,sse de; dominer (les évènements)

— و — من علم posséder à fond; passer maître dans; être maître dans la science de

— من كذا: قدر عليه avoir le pouvoir de; être à même de, *ou* capable de

لم أتمكن من الحضور je n'ai pas pu venir

○ مَكِينَه: آلة machine, *f*

○— خياطة (انظر خيط) machine à coudre, *f*

△— قَصّ شَعْر tondeuse, *f*

○مِيكَنِيكا: علم الحيليّات أو الآلات mécanique, *f*

○مِيكَنيكي: مَنسوب إلى الآلة mécanique

○ —: عامل mécanicien,ne

○مهندس — . ingénieur-mécanicien

مَكَان: موضع . محلّ (راجع كون) place, *f*; lieu; endroit, *m*

—: فَراغ . حَيِّز espace, *m*

—: مركز position; place, *f*

—: موقع emplacement, *m*; situation, *f*

— . في مكان: بَدلاً من à la place de

— عمومي (كالفنادق والحانات) établissement, *ou* endroit, public, *m*

ليس لك — . il n'y a pas de place pour vous

لو كنت في مكانك si j'étais à votre place
في هذا الـــ. dans cet endroit
المائدة تشغل مكاناً كبيراً la table occupe beaucoup de place
اخلي مكاناً faire place
مَكَانَة : منزلة rang, *m*; condition, *f*
— : رفعة الشأن haute position; *f*; rang élevé, *m*
—: نفوذ influence, *f*; crédit; pouvoir, *m*
ذو — . influent,e; puissant, e
مَكِين . مَاكِن : راسخ solidement établi,e; consolidé,e
— . — : وثيق ferme; solide
إمْكَان : مَقْدرة capacité, *f*; pouvoir, *m*
— . إمكانيّة : استطاعة possibilité, *f*
— : احتمال probabilité, *f*
صيغة الـــ. (في النحو) potentiel, *m*
عند الـــ. si possible
على قدر الـــ. autant que possible
مُمْكِن : مُستطاع أو محتمل possible; *ou* probable
غير — : مستحيل impossible
مُمْكنات . إمكانيات possibilités, *f.pl*
متمكّن: راسخ enraciné, e; solidement fixé,e, *ou* établi,e
— : متثبّت raffermi,e; consolidé, e
○ مَكَّة المكرمة : عاصمة الحجاز Mecque, *f*
○ مكوك (في مكك)
○ مَكْياج : تمويه مسرحي . تصنيع maquillage, *m*
○ مكيال (كيل) ○ مكيدة (كيد) ○ ملّ (ملل)

○ مَلَأَ الاناء : شحنه remplir; emplir; bourrer
— : أشغَلَ occuper
ـــهُ وـــهُ : مال معه se mettre de son côté; prendre son parti
مَلِئَ . إمتلأ من كذا se remplir; s'emplir; être plein,e de
تمالأوا على être de connivence contre qn
مِلْءُ الاناء : ما يملأه △ مَلْو le contenu (d'un verre, etc.), *m*
— كذا le plein de, *m*
— ملعقة cuillerée, *f*
— طبق assiettée, *f*
— كوبة un verre plein, *m*
— اختياره de son plein gré
— اليد أو الكف une poignée, *f*; autant que la main peut contenir
— بطنه plein le ventre
اكل — بطنه se rassasier; s'empiffrer
مَلأ : جماعة foule; multitude, *f*
مُلاءة △ ميلاية النساء voile extérieur noir (dont s'enveloppent les femmes arabes), *m*
△ — السرير : شرشف drap; drap de lit, *m*
مَلآن . مُمْتَلِئ : ضد فارغ plein,e; rempli,e
— . — : كامل bondé, e; complet,ète
— و — الجسم corpulent,e; replet,ète
△ مَلانة : حمّص أخضر pois-chiche vert, *m*

إمْتِلاء | replétion; plénitude; abondance; surabondance, *f*
— . مَلْءٌ : △تعبية | remplissage; bourrage, *m*
مُمَالِيء | partial,e
مُمَالاة | partialité, *f*
✿ ملائم (لأم) ✿ ملاحظة (لحظ) ✿ ملاذ (لوذ)
○ملاريا : تصعّدات اجاميّة | malaria, *f*
✿ ملازم (لزم) ✿ ملاط (ملط) ✿ ملاك (ملك)
✿ ملامح (لمح) ✿ ملامة (لوم) ✿ ملبن (لبن)
✿ مَلَجَ . إمْتَلَجَ مافي الثدي | têter
مَالَجٌ : △مَسْطَرِين | truelle, *f*
✿ ملجأ (في لجأ)
✿ مَلُحَ . أمْلَحَ الماءُ : صار مِلْحاً | devenir du sel; être salé, e
— : كان مَليحاً | être bien, *ou* joli, e
مَلَّحَ . مَلَحَ[2] الطعامَ | saler
— السمكَ ونحوه | mariner; conserver dans la saumure
— اللحمَ : قدّده | sécher; saler
مِلْح △مالح : بَحْر | mer, *f*; océan, *m*
— الطعام | sel, *m*
— خشن △رَشيدي | gros sel, *m*
— انكليزي | sel anglais, *m*
— البارود : نترات البوتاسا | salpêtre, *m*
— الليمون | citrate, *m*
— النشادر | sel ammoniac; chlorhydrate d'ammonium, *m*
— طيّار | sel volatile, *f*
— . مالِح[2] الطعْم | salé, e

مِلْحِيّ | salin, e
أمْلَحُ العينِ (والمرأة مَلحاء) | vairon, *a.m*
مَلّاح : نُوتي | marin; matelot, *m*
مَلّاحو السفينة أو الطائرة | équipage, *m*
مَلاحَة : حُسْن | grâce; beauté, *f*
— . مُلُوحَة | salure, *f*
مِلاحَة : سلك البحر | navigation, *f*
مَلّاحَة . مَمْلَحَة : مَوْضع إستخراج الملح | saline, *f*; marais salant, *m*; saunerie, *f*
△ — . مِمْلَحَة : وعاء الملح | salière, *f*
مَليح : حسن أو جميل | bon, ne; avenant, e; gracieux, se; joli, e; beau, lle
— . مُمَلَّح . مَمْلُوح : مَمْقور | salé, e; saumuré, e
سمك أو لحم مُمَلَّح[2] | poisson, *m* *ou* viande, *f*, salé, e *ou* saumuré, e; salaison, *f*
مُلّاح △مُلَيح : نبات ينمو في الأرض الملحية | anserine, *f*
تَمْليح : كبس في الملح | salaison, *f*
مَوالِح | agrumes, *m.pl*
✿ مَلَخَ المفصل : فسخه | disloquer; luxer; fouler; détacher
△ مَلْخ . ملخة | luxation; dislocation, *f*
مُلوخيّة : نبات يُطْبَخ | *mélochie*; plante potagère, *f*; corète potagère
مَليخ : لاطعم له . مَسيخ | insipide; sans goût; fade
✿ ملزمة (في لزم)

٭ مَلِسَ: كان ملساً — être lisse, poli,e, uni,e

مَلَّسَ: صيَّره أملس — lisser; polir; dégauchir

— : زلَّق — lubrifier; rendre glissant,e

مَلِسٌ. أملس: ضِدّ خَشِن — lisse; poli,e; uni,e

— . — : زَلِق — glissant,e

— . — (كالشعر) — soyeux,se; lisse

مَلاسَة — poli, *m*

○ مَلِيسَا: ○ باذرنجبويه. درنبوا — mélisse, *f*; sureau, *m*

— . ماء الـ — eau de mélisse, *f*

٭ مَلِصَ. تَمَلَّصَ. إنملص: افلت — fuir; s'échapper; s'esquiver

تَمَلَّصَ ٢ من واجب — se dérober; fuir un devoir

مَلِصٌ. مَلِيص: زلق — glissant,e; lisse

تَمَلُّص: افلات — fuite, *f*; échappement, *m*

٭ مَلَطَ. مَلَّطَ الحائطَ — plâtrer; crépir

— الشَّعرَ: ازاله — épiler; dépiler

خِلْط مِلْط — pêle-mêle

△ مَلْط: عُرْيان مَرْط (كلِّية) — à poil; complètement nu,e

△ قلع — : تَعَرَّى — se mettre à poil, *ou* nu,e

مِلاط الحائط: △ بياض — crépi; plâtre; enduit, *m*

مالطة: جزيرة في بحر الروم — Malte, *f*

مالطي — Maltais,e, *n*, maltais,e, *a*

مَليط. أملط: لا شعر له — glabre; saus poil

٭ ملعقة (لعق) ٭ ملغم (لغم) ٭ ملفوف (لفف)

٭ مَلِقَ الرجلَ △ مَلَّقَه. مالَقَه. تَمَلَّقَه — enjoler; flatter; aduler; faire des boniments à; amadouer

مَلَّقَ ٢: ملَّس — polir; aplanir; dégauchir

أملَقَ: افتقر — tomber dans la misère

مَلِقٌ. مَلَّاق. مِمْلاق — adulateur, rice; flatteur,se

مَلَقٌ. تَمَلُّق. تَمْلِيق — adulation; flatterie; cajolerie, *f*; patelinage, *m*

△ — : مَلأ. المتسع من الأرض — plaine, *f*

مَلَّاقة. مِمْلَقة: اداة لتسوية الأرض — rouleau, *ou* cylindre, applatisseur, *m*

إملاق: شِدَّة الفقر — grande pauvreté; misère noire; indigence; [dèche], *f*

٭ مَلَكَ. تَمَلَّكَ. امتلك — posséder; être propriétaire de

— و— عَلَى: حكم — régner sur

— نفسه أو حواسّه — se contenir; se retenir; être maitre de soi

تَمَلَّكَ عَلَى ٢ △ إستملك ٢: وضع يده — s'approprier

— ته العادة — contracter, *ou* prendre, une habitude

مَلَّكَ. أملَكَ فلاناً الشيء — mettre qn en possession de

— . — عَلَى: جعله ملكاً — faire qn roi de; faire régner sur

△ إستملك ٢ منه: تمكَّن — maitriser; se saisir de

تَمَالَكَ عن كذا : ملك نفسه — se maîtriser

ما — عن — il ne put pas s'empêcher de

مِلْك : ما يملكه الانسان — propriété, *f*; bien, *m*; biens, *m.pl*

— ثابت — propriété, *f*

— الرقبة . حق الرقبة — nue-propriété, *f*

— محبوس او مُرصَد او موقوف — bien wakf, *ou* de mainmorte, *m*

— منقول — effets mobiliers; biens meubles, *m.pl*

— فلان — propriété de; appartenant,e à

من ذوي الاملاك — propriétaire

مِلْكي : لي . خاصّتي — à moi; ma propriété; mon bien

ملكيّ . تَمَلُّكيّ : دالّ على الملك — relatif,ve à la propriété; indicatif,ve de la propriété

— . — : خاص بالتملك — pétitoire

مُلْك : حُكم . سلطة — règne, *m*; souveraineté, *f*; pouvoir suprême, *m*

— : ملكوت — royauté; dignité royale, *f*

مَلِك . مَلْك : صاحب السلطة على امة او بلاد — roi; souverain, *m*

مَلِكَة : صاحبة السلطة او زوجة الملك — reine; souveraine, *f*

— : ارملة الملك — reine douairière, *f*

والدة الملكة او الملك — reine-mère, *f*

زوج الملكة الحاكمة — prince-consort, *m*

داء الملوك : نِقرِس — goutte, *f*

مَلَكيّ . مُلوكيّ — royal,e; de roi

— : غير عسكري . مَدَني — civil,e

— : من حزب الملك — royaliste

امر — . — rescrit, *ou* édit, royal, *m*

Δ مَرسوم — — décret royal, *m*

ثوب او بَدلة ملكيّة — habit civil, *m*

حكومة ملكيّة — monarchie, *f*

مُستشار مَلَكي — conseiller royal, *m*

موظَّف ملكي — fonctionnaire civil

مَلَك . مَلاك : كائن سماويّ — ange, *m*

ملاك ٢ الموت — ange de la mort, *m*

— الحُبّ — cupidon, *m*

الـ الحارس — l'ange gardien, *m*

مَلَكيّ . ملائكي — angélique

مَلَكَة : صفة راسخة في النفس — caractère, *m*

— : سليقة — intuition, *f*

— : عادة — habitude, *f*

— : قريحة — génie; talent, *m*

— الشعر والتصوير — génie (de la poésie, etc)

مَلَكوت : المُلك العظيم — royaume; empire, *m*

— السموات — royaume des cieux, *m*

مِلكيّة . إمتِلاك — propriété, *f*

مِلاكي : خصوصي — privé,e

انتقال الملكية — transfert de propriété, *m*

مَليك : مَلِك — roi; souverain, *m*

مَلَكيّة — royauté, *f*

مالِك : صاحب اي شيء — propriétaire

— الارض الزراعية — propriétaire foncier

— : حاكم على : régnant,e sur; dominant,e

— الحزين : ∆ بَلَشون : héron, m

الـ المعروف (بالاشتهار) : le propriétaire apparent, m

صغار المُلّاك : petits propriétaires, m.pl

طبقة المُلّاك : la classe des propriétaires, f

إمْتلاك[1]. تملُّك : حيازة : le fait d'avoir la propriété de qc; détention, f

مَمْلَكة : ماتحت امر الملك من البلاد : royaume; empire, m

مَمْلوك . مُمْتَلَك : possedé,e; propriété de

— : عَبْد : esclave

— : واحد مماليك مصر : mamelouk, m

ملكة (او مليك) النحل : reine des abeilles, f

مُملَّك : mis en possession; ou créé roi

(ملل) ملّ الثوب : شرّجه ∆ سرّجه : faufiler (un habit)

— : اصابه الملال : s'ennuyer; être à bout; en avoir assez; [en avoir marre]

— الشيء ومنهُ : سئمه : se lasser de; en avoir assez de; [souper de]

— وأملّ عليه الامرُ : طال وضايق : être fatigant,e, ou ennuyeux,se (travail; affaire, etc.)

لا يَمَلّ : infatigable

أملّ[2] : جعله يَملّ : ennuyer; lasser; excéder; harasser

ـه (اوعليه) الكتابَ : القاه عليه ليكتبه : dicter

تململ : تبرّم : s'agiter; se remuer d'impatience; frétiller

مَلّ : مَلول : las, se; ennuyé,e; fatigué,e; qui s'ennuie

مَلَل . مَلال : ضجر . سآمة : ennui, m; lassititude, f

مُلّة الخياطة : شراجة ∆ سراجة : faufilure, f

∆ — السرير : sommier, m

مَلّة : رماد حارّ : cendre chaude; braise, f; cendres (ou escarbilles) chaudes, f.pl

مِلّة : طريقة في الدين : croyance; profession de foi, f; culte, m; doctrine religieuse, f

— : طائفة : communauté; secte, f

ملّي : طائفي : communautaire

مَلول : ذو مَلَل : las, se; ennuyé,e; fatigué, e

— : عديم الصبر : impatient,e

مَلّي : خبز المَلّة : cuit sous la cendre (pain); cuite dans la braise (viande)

مُمِلّ . مَليل : ennuyeux,se; fatiguant,e; [assommant, e]

تَمَلْمَلَ : se tremousser; s'agiter; se remuer

∆ مِلنخوليا : سوداء : mélancolie; bile noire, f

∆ ملهى (لهو) ∆ ملهاة : vaudeville, f

∆ مَلِي . أملى الله عمره : اطاله : avoir la vie prolongée par Dieu

— و— عليه : استكتبه : dicter à

مَلا : ∆ مَلَق . المتسع من الارض : plaine, f

— : صحراء : désert, m

مَليّا : زمنا طويلا : longtemps

إِمْلاَء : تـلقين او استكتاب dictée, *f*

٭ ملوخيّة (ملخ) ٭ يلوق (لوق) ٭ مَلوم (لوم)

٭ ملوى △ملوينه (لوى) ٭ ملّـى ٭ مليّـا (ملو)

○ مِلْيار : الف مليون milliard, *m*

○ مِلّيجرام : جزء من الف من الجرام milligramme, *m*

٭ مليح (ملح) ٭ مليخ (ملخ) ٭ مليسا (ملس)

○ مِلّيمتر : جزء من الف من المتر millimètre, *m*

○ مَلْيون : رِبْـوة . رَبوَة . الف الف million, *m*

مِـلْيُـونير : قِـنطاري millionnaire

٭ مِمَّ . مِمَّا (من ما) : من اي شيء (راجع من) de quoi; de ce que

مِمَّن : من أي شخص de qui; de celui, *ou* de ceux, qui

٭ مماحك (محك) ٭ مماس (مسس) ٭ ممالئ (ملا)

٭ ممتاز (ميز) ممرض (مرض) ٭ ممكن (مكن)

٭ مملكة (ملك) ٭ ممنون (من) ٭ مميت (موت)

٭ مِن : حرف جرّ de; que; à; par

— : مُنذ depuis

— الآن فصاعداً désormais; dorénavant

— كل الجهات de tous côtés

— كل بد sans faute

افلت — مطارديه il a échappé à ses poursuivants

خرج — الباب il est sorti par la porte

مرضَ — يوم الجمعة il est malade depuis vendredi

اخرجْ — هنا sortez d'ici

جاء — ساعته il est venu tout de suite

اخذتهُ منه je l'ai pris de lui

هو واحد منهم il est l'un d'eux

هو افضل مني il est mieux que moi

اقتربَ مني il s'est approché de moi

لـها ولـد منه elle a un enfant de lui

٭ مَنْ : الذي . اواسم استفهام، اواسم موصول مشترك que

— هي quelle est-elle

— يعمل الخير يجز به celui qui fait le bien en sera récompensé

٭ مَنّ (منن) ٭ مناجاة (نجو) ٭ مناحة (نوح)

٭ مناخ (نوخ) ٭ مناخير (نخر) ٭ مناداة (ندى)

٭ منارة (نور) ٭ مناسب (نسب) ٭ مناص (نوص)

٭ منافسة (نفس) ٭ منافق (نفق) ٭ مناقشة (نقش)

٭ مناقصة (نقص) ٭ منال (نيل) ٭ منام (نوم)

٭ منّـان (منن) ٭ مناوبة (نوب) ٭ مناورة (نور)

٭ مناوشة △مناويشي (نوش) △مُنبار ٭ منبر (نبر)

٭ منبع (نبع) ٭ منتخب (نخب) ٭ منتزه (نزه)

٭ منتشر (نشر) ٭منتصف (نصف) ٭منتظر (نظر)

٭ منتظم (نظم) ٭ منتعش (نعش) ٭ منتهى (نهى)

٭ منثور (نثر) ٭ منجد (نجد) منجل (نجل)

٭ منجلة (نجل) ٭ منجم (نجم)

٭ مَنْجَنِيق : آلة حرب قديمة ترمى بها الحجارة baliste; catapulte, *f*

△ — المستراح cuvette de latrines, *f*

○ مَنْجُـو △مَنْجَـه : عَنْبَـه . أَنْبَـة mangue, *f*

٭ مَنَحَ : اعطى . وهب conférer; donner; accorder

مَنْح dispensation, *f*

مِنْحة don; présent, *m*; gratification; donation; prime; libéralité, *f*

— دراسيّـة bourse, *f*

— ملكيّـة don royal, *m*

مَانِحٌ : واهب — donateur, rice; donneur, se (de sang)

☆ منحرف (حرف) ☆ منخر (نخر) ☆ منخل (نخل)

○ مَنَدة : جوهر فرد حي — monade, f

△ مندالة ☆ مَنْدل (ندل) ☆ مندوب (ندب)

☆ مندوحة (ندح) ○ مندولين ☆ منديل (ندل)

☆ مُنْذُ — depuis

— ذلك الوقت — depuis ce temps; depuis lors

— زمان — il y a, *ou* depuis, longtemps

— عهد قريب — dernièrement

— الآن — dès à présent; d'ores et déjà

○ مِنَرفا : الاهة الحكمة ورمز الاعتدال عند الاغريق — Minerve, *f*

☆ منزل (نزل) ☆ منسج (نسج) ☆ منسجم (سجم)

☆ منسم (نسم) ☆ منسون (نسو) ☆ منشار (نشر)

☆ منشة (نشش) ☆ منشور (نشر) ☆ منصب (نصب)

☆ منصف (نصف) ☆ منصة (نصص) ☆ مُنطاد (طود)

☆ منطقة (نطق) ☆ منطل (نطل) ☆ منظار ☆ منظر (نظر)

☆ مَنَعَ : عاق . حال بين — empêcher; détourner de; prévenir

ـــه الشيء او عنه او منه : كفه ونهاه عنه — interdire; défendre; prohiber

ـــه الشيء او منه : حرمه اياه — priver de

ـــه الشيء او عنه او منه . رفضه اياه — refuser à qn qc

مَنُعَ : كان منيعاً — être invincible, *ou* inaccessible

— : قوي واشتدّ — se fortifier; se raffermir

△ مَنَّعَ : قوّى — fortifier

△ — ضدّ المرض : حصَّن — immuniser contre

مانَعَ : عارضَ — s'opposer à; objecter

إمْتَنَعَ . تَمَنَّعَ عن كذا — se retenir de; se refuser à; éviter; s'abstenir de

— . — : رفض . أبى — refuser; décliner

— . — الشيء : تعذر — être impossible

تَمَنَّعَ ٢ بكذا : احتمى به — se retrancher derrière

— : تقوّى — se fortifier

مَنْع : نَهْي — défense; interdiction; prohibition, *f*

— : اعاقة — empêchement, *m*

مَنَعة : قوّة — puissance; force, *f*

— . مَناعة : حرازة — invincibilité, *f*

مناعة ٢ (ضد المرض) : حصانة — immunité, *f*

مَنِيعٌ : حريز — invincible; imprenable; inexpugnable

— : قوي — puissant, e; fort, e

— : حصين — immunisé, e

حصن — . — forteresse inexpugnable, *f*

جيش — . — armée invincible, *f*

مانِع : معيق — prohibitif, ve; qui empêche

— : عائق — obstacle; empêchement, *m*; entrave, *f*

— : واقٍ — préventif, ve; préservatif, ve

إمْتِناع : تعذر — impossibilité, *f*

— . تمنُّع : رفض — refus, *m*

مَمْنُوع : منهي عنه — interdit, e; défendu, e; prohibé, e

— الدخول (الى المكان) — défense d'entrer

بَضائع مَمنوعة marchandises prohibées, *f.pl*

تجارة الممنوعات commerce interlope, *m*

ممتنع ٢ : متعذّر impossible

— : رافض récalcitrant,e; qui refuse

مُمَانعة : معارضة résistance; objection; opposition, *f*

٥ منعش (نعش) ٥ منعم (نعم) ٥ منغص (نغص)

٥ منفاخ (نفخ) ٥ منفحة (نفح) ٥ منفرد (فرد)

٥ مَنِيفِسْتو : بيان شحنة السفينة manifeste, *m*

٥ منقار (نقر) ٥ منقبة (نقب) ٥ منقذ (نقذ)

مَنِيكان : تمثال او شخص لعرض الملابس mannequin, *m*

٥ منكب (في نكب)

٥ منكر (في نكر)

(منّ) مَنَّ . أَمَنَّ : اضعف fatiguer; affaiblir

— عليه بكذا : انعم donner; accorder; conférer

— عليه : صنع معه جميلًا obliger qn; être bienveillant,e pour, *ou* envers, qn

— عليه بمِنَّة . تَمَنَّنَهُ بها rappeler et reprocher à qn un bienfait

مَنّ : كل ما يُنْعَم به don, *m*; donation, *f*

— النبات : الندوة العسلية miellat, *m*

— بني اسرائيل . مَنّ السماء manne, *f*

سُكّر الـ ـ mannite, *f*

بِمَنِّهِ تعالى par la grâce de Dieu

مِنّة : معروف . فضل bienfait, *m*; faveur; grâce, *f*

— : إحسان libéralité, *f*; don; bienfait, *m*

مَنّان . مَنُون : مُحْسِن bienveillant,e; bienfaiteur, rice; serviable

مَنُون ٢ : موت mort, *f*

إمْتِنان obligation; reconnaissance; dette de reconnaissance, *f*

Δ ممنون . مُمْتَنّ : كثير الامتنان très obligé,e *ou* reconnaissant,e

Δ — . — له obligé,e envers qn

Δ ممنونية . إمتنان obligation; reconnaissance, *f*

٥ منهاج (نهج) ٥ منهك (نهك)

٥ منهمك (همك) ٥ منوال (نول)

٥ مَنوليا : مَغْنوليا magnolia, *m*

٥ مَنَى (منيًا) . مَنًا (مَنْوًا) : ابتلى واختبر éprouver; essayer; mettre à l'épreuve

مُنِيَ بخسارة éprouver, *ou* subir, (une perte)

مَنَّى الرجلَ الشيءَ او به : جعله يتمنّاه faire désirer qc par qn

— . امنى الرجلُ : انزل منيَّه éjaculer

تَمَنَّى الشيءَ : اراده ورغب فيه désirer; souhaiter; vouloir

إستمنى : حاول اخراج منيه بغير جماع se masturber; pratiquer l'onanisme

مَنِيّ . مَنِي : ماء الذكر sperme, *m*

مَنَوِيّ spermatique

الحبل الـ ـ cordon spermatique, *m*

السيلان الـ ـ : مَذْي spermatorrhée, *f*

الغدّة المنويّة glande spermatique, *f*

الحيوانات المنوية spermatozoides, *m.pl*

مَنًى . مَنِيَّة : قدر الله او موت destin, *m*; *ou* mort, *f*

مُنْيَة (والجمع مُنًى) : بُغية — désir; souhait; vœu, *m*

أُمْنِيَّة (والجمع أماني وأمان) — chose désirée, *f*; espoir; desideratum, *m*

تَمَنٍّ : ابتغاء — vœu; désir; souhait, *m*

صِيغَةُ التمنّي (في علم اللغة) — optatif, *f*

إِسْتِمْنَاء : جلد عميرة — masturbation, *f*; onanisme, *m*

مُتَمَنٍّ : مُبْتَغٍ — désireux, se; qui désire

☆ منير (نور) ☆ منيع (منع) ☆ منيف (نوف)

○ مَنيفاتورة — articles de manufacture, *m.pl*; marchandises manufacturées, *f.pl*

☆ مهابة (هيب) ☆ مهاة (مهو) ☆ مهبل (هبل)

☆ مهتَر (هتر) ☆ مهترئ (هرأ) ☆ مهتمّ (همم)

☆ مُهْجَة : قلب — cœur, *m*

— : دَم — sang, *m*

— : روح — âme; vie, *f*; esprit, *m*

☆ مَهَّدَ . مَهَدَ : سَوّى . بَسَطَ — aplanir; niveler; mettre de niveau

— . — : وطّأ — préparer; aplanir; faciliter; paver; dégauchir

— السبيل لكذا — préparer le terrain pour; faciliter

— الطريق : رصفه — paver; macadamiser

— الامر : سوّاه واصلحه — arranger; régler

— الفراش وغيره : سوّاه — faire le lit

مَهْد . مِهَاد : فِراش — lit, *m*

— الطفل — berceau, *m*

قضى على الشرّ في مهده : تلافاه قبل استفحاله — détruire dans son germe

تَمْهِيد : تَوْطِئَة — préparation, *f*; nivellement; aplanissement, *m*

— : مقدمة — introduction; présentation; préface, *f*; prélude, *m*

تَمْهِيدي — préliminaire; préparatoire; introductif, ve

شَرْح — — exposé (*m*), *ou* explication (*f*), préliminaire

قرار او حُكم — — décision (*f*), *ou* jugement (*m*), interlocutoire

اجراءات تمهيدية — préparatifs, *m.pl*; formalités préliminaires, *f.pl*

مُمَهَّد — aplani, e; pavé, e; nivelé, e; préparé, e; facilité, e

☆ مُمَهْدَل (في هدل)

☆ مَهَرَ : كان ماهراً — être habile, adroit, e, ingénieux, se

— الخطابَ والصكَّ : امضاه — signer; apposer sa signature

— وأَمْهَرَ المرأةَ — doter; donner une dot (à la femme)

مَاهَرَ : غالب في المهارة — lutter d'habileté avec qn

مَهْر : صداق المرأة — dot donnée à la femme, *f*

— : ٥ دوتـا . بائنة — dot, *f*

مُهْر : خَتْم — cachet; sceau, *m*

— : ولد الفرس — poulain, *m*

مُهْرَة : انثى المُهر — pouliche, *f*

مَهَارَة — habileté; adresse, *f*

بِمَهارة : بحذق — habilement; adroitement

مَاهِر — habile; adroit, e

— في كذا — expert, e en; habile à

٥ مِهْرَجان: عِيد gala, m; kermesse; fête champêtre, f
— الكشّافة jamboree, m
٥ مَهَكَ: سَحَقَ. هَرَس broyer; écraser; piler
مِهْكَة: اداة طباخة presse-purée, m
٥ مَهَلَ. تمهَّل: لم يعجل ralentir; se ralentir; agir avec lenteur
٥ — . أمهَلَ: لم يعاجله accorder un délai à
استمهل solliciter un délai
مَهْل. مَهَل. مُهْلة: رفق aise; convenance, f; loisir, m
— . — : تأنٍ ralenti, m; lenteur, f
على — . مهلاً. رويداً à loisir; doucement; peu à peu; à l'aise
على مَهْلك doucement; prends ton temps!
مُهْلة ٢ répit; délai, m; relâche, f
— (في القضاء) sursis, m; remise, f
الـ القانونيّة (في التجارة) délai légal, m
إمهال concession d'un délai, f
تمهُّل lenteur; délibération, f
مُتمهِّل lent, e; délibéré, e
٥ مُهِمّ (في همم) important, e
٥ مَهْما quoi que; quel que soit; quelque... que.
— تفعل افعل quoi que vous fassiez je le ferai
— كانوا quels qu'ils soient
— كنت ماهراً quelque habile que vous soyez

٥ مهماز (همز) ٥ مُهْمَل (همل) ٥ مُهِمّة (همم)
٥ مَهُنَ: كان حقيراً être méprisable, vil, e
مَهَنَ الرجل: خدمه servir qn
— . ماهَنَ: مارس صناعته exercer; manier
— . إمتهن: ابتذل user; avilir par l'usage
امتهن ٢ : احتقر mépriser; dédaigner
مِهْنة: شُغل travail, m
— : خدمة service; emploi, m; occupation, f
— شريفة (كالطب والمحاماة) profession, f
— يدويّة (كالحدادة والنجارة) métier, m
— حُرّة profession libérale, f
سِرّ الـ . (راجع سرر) secret professionnel, m
مَهِين. مُهان. مُمتهَن: محتقَر méprisé, e; avili, e
— . — : حقير méprisable; banal, e
مُمتهَن ٢ : مبتذَل rebattu, e; trivial, e; banal, e; vulgaire
إمتهان: ابتذال abus; mauvais emploi, *ou* usage; avilissement, m
٥ مهندس (في هندس) ingénieur, m
٥ مَهُوَ اللبنُ: رق وكثر ماؤه être clair, aqueux, mouillé (lait)
— : مخلوط او مخفّف بالماء délayé, e; étendu e d'eau
مَهاة: البقرة الوحشية antilope d'Arabie, f; oryx, m
٥ مُواء السنور miaulement, m
مَاء السنّور miauler
٥ مواساة (اسو) ٥ مواش (مشى) ٥ مواظب (وظب)
٥ موافق (وفق) ٥ موالٍ (ولى) ٥ مؤامرة (أمر)
٥ مؤبّد (ابد) ٥ مُوبقة (وبق)

☆ مَوَّتَ . أَمَاتَ : جعله يموت — tuer; faire mourir; mettre à mort
— و — : كان سبب موته — causer la mort de; être la cause de la mort de
— و — نفسه: انتحر — se donner la mort
امات شهواته: قهرها — vaincre ses passions; se mortifier; dompter ses instincts charnels
— جوعاً — faire crever de faim
أُمِيتَت الكلمة بطل استعمالها — n'être plus en usage, usité, employé (mot)
مَاتَ (موتاً): حل به الموت — mourir; rendre l'âme; expirer; trépasser
— الحيوان — crever
— جوعاً — crever, *ou* mourir, de faim
— برداً او خوفاً — mourir de froid, *ou* d'épouvante
— بالسيف — mourir par l'épée
— : سقطت شهرته — tomber
— موتاً طبيعياً — mourir de mort naturelle, de sa belle mort, dans son lit
تَمَاوَتَ: تظاهر انه مات — faire le mort; feindre la mort; feindre d'être mort
— : اظهر الضعف — feindre la faiblesse
— في عمله — traîner; être indolent,e
إستماتَ : طلب الموت — chercher la mort
— : استقتل — s'exposer à la mort 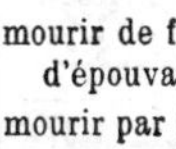
مَوْت . مَوْتَة : زوال كل حياة ←mort, *f*; trépas, *m*
— : وفاة — décès, *m*
— : فناء — mortalité, *f*
— ابيض : طبيعي — mort naturelle, *f*
— احمر: الموت قتلاً — mort par le glaive, *f*
— على أثر حادث — mort violente, *f*
— زؤام : سريع — mort subite, *f*
— زؤام : كريه — mort pénible, *f*
— . مِيتَة △ مَوْتة ٢: حالة الموت او نوعه — genre de mort, *m*; mort, *f*
فراش الــ — lit de mort, *m*
مَيْتَة : الحيوان الميت بلا ذبح — cadavre, *m*
مَوَات : حالة فقدان الحياة عموماً — absence (*f*), *ou* manque (*m*), de vie
— : ارض قاحلة — terrain inculte, *ou* abandonné, *m*
— : ما لا روح فيه — chose inanimée, *f*
مُوْتَان: موت او طاعون المواشي — épizootie, *f*
مَائِت : محتضر — mourant,e; agonisant,e; moribond,e
مَيْت . مَيِّت — mort,e; inanimé,e; sans vie
إِمَاتَة : اعدام الحياة — action de faire mourir
— الشهوات — mortification, *f*
مُمَات: مهجور . بطل استعماله — désuet, te; caduc, que; inusité,e
مُمِيت : قتَّال — fatal, e; mortel, le
خطيئة مميتة — péché mortel, *m*
مُستَمِيت — qui s'expose à la mort
☆ مؤتمر (أمر) ☆ مؤتمن (أمن) ○موتور (موطر) 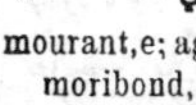
○مُوتُوسِيكل : جوَّالة ←motocyclette, *f*
☆مَوْج او أمواج البحر — vagues, *f.pl*; flo[ts], *m*; lame, *f*

مَوْجَةُ حر — une vague de chaleur, f

— شعر — boucle; bouclette, f

مَاجَ. تموَّج البحر — s'élever; se soulever; s'agiter

تَمَوَّجَ : تحرك بحركة الموج — ondoyer; onduler

تَمَوُّج — ondulation, f

مائج. متموِّج : هائج ومضطرب — houleux,se; agité,e

مُمَوَّج — ondulé, e ; frisé,e

☆ موجب (وجب) ☆موجز (وجز) ☆مؤخّرة (أخر)

○مُودَة : زِيّ — mode, f

آخر — — dernier cri, m

☆ مودّة (ودد) ☆ مؤذٍ (اذى) ☆ مؤذّن (اذن)

(مور) مَارَ. تَمَوَّرَ — aller et venir; aller de long en large

حركة تَمَوُّرِيَّة — mouvement de va et vient, m

○موراتوريوم : تأجيل دفع الديون المستحقة — moratorium, m

☆مؤرخ (أرخ) ☆ مورد ☆ موردة (ورد)

○مُورفين: خلاصة الافيون المخدرة — morphine, f

△مُورِينَة خشب — poutre, f

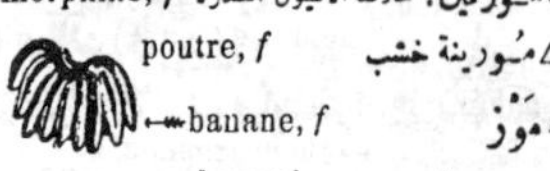

☆ مَوْز — banane, f

شجرة الـ. — bananier, m

موزة (في الجزارة) — le muscle de l'épaule; carré, m

○مَوْز : ايّل اميركي كبير — élan, m

☆ موس. موسى : سكين الحلاقة — rasoir, m

— الأمن — rasoir de sûreté, m

مُوسى ٢ : اسم رجل — Moïse, m

سمك — : △صول (انظر صول) — sole, f

موسوي: نسبة الى موسى النبي — mosaïque

مَاس △الماس — diamant; brillant, m

○الـ ورده ○ — رُوزَه — rose, f; diamant rose, m

ماسة القمراتي (زَجّاج) — diamant du vitrier, m

☆ موسر (يسر) △ مُوسّل (اسل) ☆موسم (وسم)

☆ مُوسِيقى : الغناء والطرب (او اسم الفن) — musique; harmonie, f

موسيقيّ : مختص بالموسيقى — musical, e

— ٠ موسيقار: مشتغل بالموسيقى — musicien,ne

آلة موسيقية : آلة طرب — instrument de musique, m

○موسلين: نوع من الشفّ (الشاش) — mousseline, f

☆ موشّح (وشح) ☆موشور (وشر)

☆ موصول (وصل) ☆موضوع (وضع)

○موطُر . موطير : محرّك كهربي — moteur, m

☆ موطئ (وطأ) ☆ موعد (وعد) ☆ موعوك (وعك)

☆ موفور (وفر) ☆ مؤقت (وقت) ☆ موقد (وقد)

☆موقع ☆موقعة (وقع) ☆موقف (وقف) ☆موقن (يقن)

☆ موكب (وكب) ☆ مؤكد (وكد) ☆ موكل (وكل)

☆ مَوَّلَ . مَالَ : اعطى المال اللازم لعمل — financer; commanditer; fournir les fonds

— : اغنى — enrichir

مال٢. تموّل : كثر ماله s'enrichir
— : ضدّ استقام (في ميل) s'incliner; pencher
تموّل٢ : اخذ المال اللازم se procurer les fonds; se financer
مَال : رزق bien, *m*; propriété; fortune, *f*; partimoine, *m*
— : نقود argent, *m*
— الحرام : سُحْت bien mal acquis, *m*
△ — الحكومة : ضريبة (راجع ضرب) impôts, *m.pl*
△ — العقارات (المسقّفات س) impôt sur la propriété bâtie, *m*
الـ — الاحتياطي fonds de réserve, *m*
رأس — △رسمال capital, *m*
بيت الـ — Trésor, *m*; trésorerie, *f*
امين الـ — : امين الصندوق trésorier, *m*
ماليّ : نقدي monétaire; pécuniaire
— : متعلق او مشتغل بالامور المالية financier, ère
— : مختص بماليّة الحكومة budgétaire
نظام — . système financier, *m*
ماليّ٢ . مموّل . متموّل : صاحب راس المال bailleur, resse de fonds; capitaliste
△ماليّة٢ : مال finance, *f*; finances, *f.pl*
سنة — . exercice financier, *m*; année financière, *f*; exercice, *m*
عقوبة مالية sanction pécuniaire, *f*
غرامة مالية amende, *f*
وزارة الـ — ministère des Finances, *m*
△موّال : أغنية romance; cantate; balade; chanson, *f*

☆ مولد (ولد) ☆ مولع (ولع) ○ مؤلم (ألم)
☆ مولى (ولى) ○ مومس (ومس) ☆ مومن (امن)

○ موميا : جثة محنطة momie, *f*
☆ موّن . مان : قدم المؤنة approvisionner de; fournir; ravitailler
مُمَوَّن . ممون approvisionné, e; ravitaillé, e
مَوَّان △موَرِّد pourvoyeur, se; approvisionneur, se; fournisseur, *m*
مواد التموين les articles de l'approvisionnement, *m.pl*
تموَّن s'approvisionner; se ravitailler
تَموِين : ميرة س ravitaillement; approvisionnement, *m*
بطاقة — carte d'approvisionnement, *f*
وزارة الـ — . ministère de l'approvisionnement, *m*
مؤنة : مؤنة . قوت vivres; comestibles, *m.pl*; denrées, *f.pl*; provision de bouche, *f*
△ — : ملاط البناء mortier, *m*
○ مونتاج : ترتيب المناظر السينمائية . اعداد (سينما) montage, *m*
☆ مؤنث (في انث) féminin, e
○ مونغرام . مونوغرام : طغراء monogramme, *m*
☆ مَوّه بكذا : طلي . غشّى enduire; plaquer; revêtir
— بماء الذهب او الفضة dorer *ou* argenter
— عليه الخبرَ والامرَ altérer; dénaturer;
— الحقائق : حجبها . اخفاها camoufler les faits; masquer la vérité
ماه٢ . أماه : خلط بالماء délayer; mêler d'eau; mouiller (lait, vin)

ماء (اصله مَوَهٌ) ∆ مَيّه . مَي — eau, *f*
— : عصير — jus; suc, *m*
— البحر — eau de mer, *f*
— الذهب — dorure, *f*
— الزهر — eau de fleurs d'oranger, *f*
— الشباب: رونقه — éclat de la jeunesse, *m*
∆ — الكذّاب: حامض نيتري — eau forte, *f*; acide nitrique, *m*
— النار : حامض ايدرُ كلوريك — acide chlorhydrique; [vitriol]; *ou* acide sulfurique, *m*
— الرصاص — eau blanche, *ou* de plomb, *f*
— الوجه٢ : الحياء — pudeur, *f*
— الورد — eau de rose, *f*
الـ الازرق (مرض في العين) — cataracte, *f*
المياه المعدنيّة — eaux minérales, *f.pl*
عربة الـ — wagon, *ou* camion, citerne, *m*
مائيّ : مختص بالماء او منه او يعيش فيه — aquatique
— : سائل — liquide; fluide
— : مختص بالسوائل المتحركة — hydraulique
مكبس — . — marteau-pilon, *m*; presse hydraulique, *f*
تصوير — : بالماء بدل الزيت — aquarelle, *f*
نباتات مائيّة — plantes aquatiques, *f.pl*
مائية٢ النبات : ماؤه — sève, *f*
ماهيّة الشيء : حقيقته — essence; entité; nature d'une chose, *f*
∆ — : راتب — traitement, *m*; appointements; émoluments, *m.pl*

∆ — الضابط — solde, *f*
∆ — الخادم — gages, *m.pl*; salaire, *m*
تمويه : طلاء — placage; revêtement, *m*; couverture, *f*
— الاخبار او الحقائق — dénaturation, *ou* altération, des faits, *f*
مُموَّه : مُفشّى — plaqué, e; émaillé, e, etc.
تَمَيُّؤ . تَمَوُّه — hydrolyse, *f*
☆ موهبة (وهب) ☆ مؤونة (مأن) ∆ موى (مواه)
☆ مَيّ (موه) ∆ ميبر (ابر) ☆ ميت (موت)
☆ ميثاق (وثق) ☆ ميثرة (وثر) ☆ ميجار (وجر)
☆ مَيَّحَ . تَمَيَّحَ . تَمَايَحَ المركب والسكران : تمايل — se balancer; vaciller; trébucher; zigzaguer
إمتاحَ . امتماح : طلب فضله — solliciter une faveur, *ou* un service
استميح عفوكم — je vous demande pardon
— مرافقتكم لي — je sollicite la faveur de votre compagnie
— قبولكم لكذا — je vous prie d'accepter, *ou* d'agréer
مُستميح — solliciteur, se
☆ مَيْد . ميدان : تمايُل — balancement, *m*; oscillation, *f*
ميداء الشيء : مبلغه وقياسه وبعده — quantité; mesure; longueur, *f*
ميدان : ساحة — place, *f*; square; rond-point, *m*
— : مجال — champ, *m*
— الحرب : ساحته — théâtre de la guerre, *m*
— القتال — champ de bataille, *m*
— السباق (سباق الخيل) — champ de courses; hippodrome, *m*
— المباراة — stade, *m*; arène; piste, *f*; carrousel, *m*

مائد : ٥دائخ — étourdi, e; qui a le vertige

مائدة . ميدة : الخوان عليه الطعام — table servie; table, *f*

— الأكل والطعام — table à manger, *f*

— اللعب — table de jeu, *f*

— الكتابة — bureau; secrétaire, *m*

مَادَ . تمايد . تميَّد : اهتز واضطرب — vaciller; chanceler; se balancer

— : دارَ رأسه ٥داخ — la tête lui tourne; avoir le vertige

٥مِيرٌ . مِيرَة : مؤونة — approvisionnement, *m*; provisions, *f.pl*

مِيريّ : اميري . حكومي — public, que; d'état; gouvernemental, e

ميّار : متعهد توريد المؤونة (راجع موّان) — pourvoyeur, se; fournisseur

مَارَ . أمارَ عياله : اتاهم بالطعام — pourvoir à la nourriture de ses enfants

٥مَيْرُون : الزيت المقدس (عند بعض النصارى) — saint chrême, *m*

٥مَيَّزَ . أمازَ الشيء : فضله على غيره — donner l'avantage, *ou* la préférence à

— بينهم — faire une distinction entre

— الشيء : فرزه عن غيره — séparer; distinguer de

— : فرق . ادرك الفرق — distinguer; discerner; discriminer; faire une discrimination

— الواحد من الآخر — distinguer entre

— الرجلَ : جعله ممتازاً على غيره — privilégier; avantager

تَمَيَّزَ . امتازَ من — se distinguer; être préféré, e, distingué, e, séparé, e

— غيظاً — crever de colère; s'emporter; rager

مِيزَة : صفة مميزة — caractéristique, *f*; trait caractéristique, *ou* distinctif, *m*

— . إمتياز : فضل . افضلية — avantage; mérite, *m*

امتياز ٢ : فرق — distinction; différence, *f*

— : حقّ ممتاز او خاص — privilège, *m*

— : رخصة رسمية بادارة عمل — concession, *f*

حقّ الـ . (باختراع او سواه) — brevet, *m*

حق الـ . (في القانون) — privilège, *m*

صاحب — (تجارياً) — détenteur, rice d'un brevet

الامتيازات الاجنبية — capitulations, *f.pl*

أميَز من — préférable à

تَمْيِيز . فرق (او ادراك الفرق) — distinction; discrimination, *f*

— : ادراك — discernement, *m*

— : تفضيل — préférence, *f*

— : تفضيل (وبمعنى محاباة) — partialité, *f*

— : حصافة — bon sens, *m*

سِن الـ او الادراك — âge de raison, *m*

مُمَيِّز : فارق — distinctif, ve

— : عاقل — raisonné, e; raisonnable

مُمَيَّز : ممتاز — distingué, e; privilégié, e; préféré, e

عدد — . — nombre concret, *m*

— ممتاز من جريدة — numéro spécial, *m*

ديون ممتازة — dettes privilégiées, *f.pl*

٥ ميزاب (في ازب و وزب) ٥ ميزان (في وزن)

٥مِيس : ٥عريش العربة — timon, *m*

— : نشم ابيض . شجر — micocoulier, *m*

٥ميْس: هدف cible, *f*

٥ — ٥بوفيه للعسكر (كانتين) cantine, *f*; mess, *m*

مَاسَ. تَمَيَّسَ: تبختر se dandiner; se pavaner; se balancer

مَيَّاس. مَائس: مُتَمايل chancelant, e; se dandinant; se balançant

— قَدّ taille fine, svelte, élancée, effilée

٥ ميسر (يسر) ٥ ميسم (وسم) ٥ ميضأة (وضأ)

(ميط) مَاطَ. أَمَاطَ عن: تَنحَّى se retirer; s'écarter de

اماط اللثام عن dévoiler; découvrir

٥ميْع. مَيْعَة ٥مياعة: سُيُولة liquidité; fluidité, *f*

مَيْعَة: صمغ يُتَبخَّر به encens; baume; styrax, *m*

— الشيء: اوله commencement, *m*

— الصبا او الشباب fleur de l'âge; prime jeunesse, *f*

مَاعَ: سال وانتشر couler; se répandre

—. انْمَاعَ. تَمَيَّعَ: ذاب وسال fondre; se liquéfier

أَمَاعَ: اذاب fondre; liquéfier

— ٥مَيَّع: مَوَّه amincir; délayer

مَائِع: سائل fluide; liquide, *m*

—: مرقَّق. مخفَّف aminci, e; délayé, e

— : لا سائل ولا جامد ٥مِرِق filant, e

إمَاعَة: اذابة liquéfaction; fonte, *f*

٥ ميعاد (وعد) ٥ميْق (موق) ٥ميقات ٥ميقاتي (وقت)

٥ ميقعة (وقع) ٥ مِيكانيكا (مكن)

٥ ميكروب ٥ ميكروسكوب (مكروب)

مِيكَعَة الانسان: عظم داخلي بين ثقبي الانف vomer, *m*

—: سكّة (سلاح) المحراث soc de la charrue, *m*

٥مَيِلَ: كان مائلاً être penché, e, *ou* incliné, e

مَيَّلَ. أَمَالَ: حنى pencher; faire pencher; incliner

—. — الى او نحو pencher; incliner vers

—. — عن indisposer contre; détourner de

—. — العربة لتفريغها faire basculer

مالَ (ميلاً وميلاناً): ضد استقام se courber; baisser; être incliné, e

— : تحدَّر aller en pente; incliner

— الى: كان ميَّالاً اليه être disposé, e, *ou* enclin à; pencher vers

— الى: احبَّ sympathiser; avoir un faible, *ou* du penchant, pour

— عن: حادَ dévier; s'écarter de

— عن: انصرف se détourner de

— على الحائط: انحنى واستند الى s'appuyer; s'adosser contre (un mur, etc.)

— مع: كان من صفّه se ranger du côté de; prendre parti pour

— الحاكمُ juger avec partialité

— (ميولاً) النهار او الليل: دنا من المضي décliner

— اللون إلى (الحمرة مثلاً) tirer sur (le rouge)

— ت الشمس: قاربت الغياب se coucher

تَمَايَلَ. تَمَيَّلَ: تخطّر se dandiner; se pavaner

—. — : ترنّح chanceler; vaciller; se balancer

إستمَالَ : جعله يميل (حقيقيًا ومجازيًا) faire pencher; incliner

— الى entraîner vers; gagner à; faire passer du côté de

— : اجتذب attirer

— قلبه gagner son affection

مَيْل : ضدّ استقامة inclinaison, *f*; biais, *m*

— : انحدار pente; inclinaison, *f*

— : انحراف déviation, *f*

— : اتجاه penchant, *m*; disposition, *f*

— طبيعي . استعداد vocation, *f*

— : رغبة inclination, *f*; goût; penchant, *m*

— : محاباة partialité, *f*

— . مَيَلان : درجة ميل الانحدار pente; inclinaison, *f*

مِيل : مِرْوَد العين crayon de noir, *m*

— الجرّاح : مِسْبَر sonde, *f*; stylet, *m*

— : نصبة الاميال pierre milliaire, *f*

— بَرّي : قياس طولي (١٦٠٩ متر) mille, *m*

— بحري (١٨٥٢ متر) mille marin, *m*

ميّال الى enclin, e à; penché, e vers; ayant tendance à

مائل : ضدّ مستقيم courbé, e; incliné, e

— : منحدر penché, e; en pente

السطح الـ (في الهندسة) plan incliné, *m*

تَمَايُل : تخطّر balancement, *m*; oscillation, *f*

— : ترنّح vacillation, *f*; chancellement, *m*

☆ ميلاد (في ولد) ☆ ميمون (في يمن)

☆ مَيْن : كذب mensonge, *m*

☆ مِينَا . مِينَاء : طلاء زجاجي ملوّن émail, *m*

— . — السفن : مرفأ port; havre, *m*

— . — الساعة : وجهها cadran, *m*

— . — جوّي : محطة طيران aérodrome, *m*

طلى الشيء بالـ émailler

☆ مَيُّوه : لباس العوم maillot; costume de bain, *m*

(ن)

☆ نأى . إنتأى عن : بَعُدَ s'éloigner, *ou* être loin de

نَأى عنه الشرّ éloigner (le mal) de qn

أنأى : ابعد éloigner; éliminer; expulser

نَأْي . مَنْأَى [1] : بُعد . نوى éloignement, *m*

— . نُؤْي : خندق fosse; rigole; tranchée, *f*; fossé, *m*

نَاءٍ : بعيد . قاصٍ éloigné, e; lointain, e

نَاي △ ناي : مِصفار من القاب المثقّب flûte; clarinette, *f*

بِمَنْأى [2] عن كذا hors la portée de

☆ نائب ☆ نائبة ☆ نابَ (نوب) ☆ نابٌ (نيب)

☆ ناجذ (نجذ) ☆ ناجز (نجز) ☆ ناجى (نجو)

☆ ناحَ (نوح) ☆ ناحية (نحو) ☆ ناخب (نخب)

☆ نادِ (ندو) ☆ نادى (ندو) ☆ نارٌ (نوز)

☆ نارَجِيلٌ : جوزهِند (الواحدة نارجيلة) noix de coco, *f*; coco, *m*

نارجيله ٢ س : ∆ شيشه
←narguilé, m

٭ ناردين (راجع نردين) ٭ نارنج (راجع نرنج) ٭ نازع (نزع)

∆ نازلي: سمك بحري
←merlus, m

○ نازيّ : اشتراكي وطني الماني nazi, m

نازيّة: الاشتراكية الوطنية الالمانية nazisme, m

٭ ناسّ (نوس) ٭ ناسب (نسب) ٭ ناسك (نسك)

٭ ناسوت : الطبيعة البشرية nature humaine, f

٭ ناسور (نسر) ٭ ناشد (نشد) ٭ ناصع (نصع)

٭ ناصية (نصو) ٭ ناضل (نضل) ٭ ناط (نوط)

٭ ناطور (نطر) ٭ ناع (نعو) ٭ ناعم (نعم)

٭ ناعورة (نعر) ٭ ناغى (نغو) ٭ ناف (نوف)

٭ نافذة (نفذ) ٭ نافس (نفس) ٭ نافوخ (نفخ)

∆ نافورة (نفر) ٭ ناقش (نقش) ٭ ناقة (نوق)

٭ ناقوس (نقس) ٭ نالَ (نيل) ٭ نامَ (نوم)

٭ نام (نمو) ٭ ناموس (نمس) ٭ ناهزَ (نهز)

٭ ناوأ (نوأ) ٭ ناوب (نوب) ٭ ناوش (نوش)

٭ ناول (نول) ٭ناووس (نوس) ٭ ناي (نأى ونيي)

٭ نبّ (نبب) ٭ نبا (نبو)

٭ نَبَأ : ارتفع être haut,e ou élevé,e

— عن : تجافى وتباعد se révolter contre; reculer

نَبَّأ . أنبأ : خبّر informer; avertir; apprendre

— . — : بلّغ الخبر annoncer

تنبّأ : تكلّم بالنبوءة prédire; prophétiser

— : ادّعى النبوة se faire passer pour prophète

إستنبأ : سأل عن الأنباء demander des nouvelles; s'informer de

نَبَأ : خبر nouvelle; information; annonce, f

— : حادث . خبر (جديد) nouvelles, f.pl

نبيّ . نبيء ٭ prophète, m; prophétesse, f

— العرب (عليه السلام) le Prophète, m

فرس الـ . ←mante, f

نابي haut,e; élevé,e; proéminent,e

نبوّة . نبوءة : اخبار عن الغيب والمستقبل prophétie; prédiction, f

نبويّ prophétique; de prophète

٭ نبب : نبّب النباتُ : صارت له انابيب se nouer; faire des nœuds

أنبوب . أنبوبة tube; tuyau, m

— الغاز pipe-line, m

— مَرن : نبريج ∆ خرطوم tuyau; boyau, m

— الرئة : قصبتها trachée-artère, f; [sifflet], m

انبوبة ٢ : وعاء ←tube, m

أنبوبيّ tubulaire

انبوبيات: ○ باشلوس bacille, m ←

٭ نبت : نَبَتَ النباتُ والشعرُ : نما pousser; croître

— الحبُّ في الأرض : انتشّ pousser; germer; bourgeonner

ـت . أنبتت الأرضُ النباتَ végéter; produire des plantes

نَبَتَ الشجرَ : زرعه planter
— الحبَّ : بلّه كي يفرخ germer; faire germer
△— الخياطة piquer
نبت . نَبْتَة : ما نبت من الزرع pousse, f; germe, m
— . نَبات : كل ما تنبت الأرض plante; végétation, f
نَبات² : زرع plante, f; végétal, m
— . عُشب herbe, f
علم الـ. botanique, f
نَباتيّ : آكِل الـ : عاشِب herbivore
— : مختص بالنباتات végétal, e
— : مختصّ بعلم النبات botanique
— : مشتغل بعلم النبات botaniste
— : انسان يعيش على الأطعمة النباتية végétarien, ne; légumiste
المملكة النباتيّة le règne végétal, m
نَبُّوت : عَصا طويلة . شومة gourdin; rondin; gros bâton, m
— (قصير) : هِراوة △زقليّة bâton, m; massue, f
نابِت : نامٍ qui germe; qui pousse
△منبّت : مستفرخ germé, e
تنبيت البذور : انتاش germination, f

مَنبت : مكان النبت germoir, m
— : منبع . اصل origine; source, f
— . مُستنبت : مشتل pépinière, f
○نَبْتون : سيّار (اله البحر عند الرومان) ←Neptune, m

○نَبَحَ الكلبُ على aboyer, ou japper, contre
نَبْح . نُباح . نَبيح الكلب وغيره jappement, m; aboiement
نَبّاح : كثير النباح aboyeur, se
△— : أبو طيْط ←vanneau, m
○ نَبْخَة : △كبريتة allumette, f
○ نَبَذَ . نَبّذ : طرحه لقلة الاعتداد به répudier; rejeter; repousser
— : ترك . اقلع عن abandonner; laisser
— الأمرَ والشيء : اهمله se désister de; délaisser; négliger
— العهدَ : نقضه renier; violer; rompre (engagement, parole, promesse)
— الطاعة se révolter contre; s'insurger
نَبْذ : ترك renoncement; abandon; désistement, m
— : طرح rejet, m
— : شيء قليل يسير une bagatelle; un rien; un soupçon
— الطاعة rébellion; insubordination, f
أنباذ الناس : الأوباش la racaille; la populace, f
نُبْذَة : جُزء partie; part; section, f
— : رسالة في موضوع opuscule, m; brochure, f
— : فقرة passage, m
— . مقالة article; entrefilet, m
نَبِيذ : خمر (المائدة) vin, m
— أبيض أو أحمر vin blanc ou rouge, m

— . منبوذ : délaissé, e; banni, e; dédaigné, e; paria, m (personne)

منبوذ ٢ : لقيط abandonné, e; enfant trouvé

امرٌ — : غير مرعيّ : مهمل négligé, e, mis, e de côté; abandonné, e

☆ نَبَرَ : رفَعَ او كبّر élever; hausser; exhausser; *ou* grandir

— الكلمةَ : نطق بها برفع صوته appuyer sur; accentuer

إنتبرَ الجرحُ : تورّم enfler; s'enfler

— الخطيبُ : ارتفع فوق المنبر monter en chaire

نَبْرُ الصوت accentuation, *f*

نِبْرٌ . أنبار : مخزن التاجر dépôt, *m*

— : ذُباب الخيل والغنم œstre; taon, *m*

نَبْرَة : ورم enflure: tumeur, *f*

— : رفع الصوتِ بعد خفضه élévation de la voix, *f*

مِنْبَر : منصّة الخطيب chaire; estrade; tribune, *f*

Δ مُنْبار : مصران يُحْشى ويطبخ —boyau, *m*

Δ — محشي saucisse, *f*; saucisson, *m*

☆ نِبْرَاس : مصباح (عموماً) lampe *ou* lanterne, *f*

☆ نِبْرِيج : انبوب من جلد رقيق tuyau élastique; boyau, *m*

نَبَزَ . نَبَّزَ : لقّب بلقب تهكمي donner un sobriquet à; appeler qn d'un surnom injurieux

نَبَز : لقب تهكمي sobriquet; surnom injurieux, *m*

☆ نَبَسَ . نَبَّسَ : نَطَقَ prononcer; proférer; articuler

☆ نَبَشَ المدفونَ : اخرجه déterrer; exhumer (un cadavre)

— السرَّ découvrir (un secret)

— قبراً او بئراً : حفَره creuser

— القبرَ : سرق ما فيه piller; saccager

— الكنزَ من الأرض déterrer

Δ نبّش : فتّش fouiller; chercher; compulser

نَبْش : حفر . تنقيب fouille; excavation, *f*; creusement; terrassement, *m*

— القبور pillage des tombes, *m*

نَبّاشُ القبور déterreur

نَبِيش . مَنْبُوش déterré, e; excavé; exhumé, e

Δ مَنْبوش ٢ : اشعث (كالشعر) échevelé, e; en désordre; hirsute

☆ نَبَضَ العِرقُ : ضرب battre; palpiter; vibrer

— الماء : سال jaillir; rejaillir; sourdre

أنبضَ — الوترَ : جذبه ليرن pincer; faire résonner la corde de l'arc

نَبْض . نَبَضان pulsation (de l'artère); vibration (de cordes), *f*

— : حركة القلب او الشرايين pouls, *m*

— عالٍ او منخفض pouls élevé *ou* faible, *m*

جسّ —ه (حقيقياً ومجازياً) tâter le pouls

نَبْضة un battement; une pulsation

نابض : ضارب (كالقلب والعرق) pulsatif, ve; vibrant, e; vif, ve

— : متحرك palpitant, e

— : Δ زنبرك كمكي —ressort, *m*

— السلاح الناريّ :
△ تَمْشَاز ← détente, f
مَنْبِض : موضع جس النبض point où l'on observe le pouls, m
☆ نَبَطَ الماء : نَبَعَ sourdre; jaillir; couler; sortir; découler
— . نَبَّطَ . أَنْبَطَ . إستنبط الماء tirer (l'eau, etc.); extraire
△ نَبَّطَ على : تَندَّبه railler; se moquer de
استنبط : اكتشف mettre au jour; découvrir
— : اخترع inventer
نَبَطيّ : عاميّ plébéien, ne; commun, e
إستنباط : اكتشاف او اختراع découverte; ou invention, f
— : استخراج extraction, f
△ تنبيط : تنديد raillerie, f; sarcasme, m
مُستنبط inventeur, rice
☆ نبع الماء : خرج من العين jaillir; sourdre; saillir
— النهرُ découler de; dériver de
أَنْبَعَ الماء faire sourdre, ou couler
نَبْع . نبوع . نَبَعان الماء jaillissement, m; effusion, f
— . يَنْبوع . مَنْبَع : عين الماء (او منشأ) source, f
☆ نَبَغَ : فاقَ غيره exceller; surpasser; se distinguer
— في الرياضيات (مثلا) exceller en
— : فشا وانتشر se répandre
نَبْغ . نبوغ : تفوُّق supériorité. f
نبوغ : نجابة génie; talent; don, m
نابغة : عظيم الشأن distingué, e; illustre; éminent, e

— : نجيب doué, e; génie; talentueux, se
☆ نبق الشيء : خرج وظهر sortir; jaillir; saillir
نَبْق . نَبَق : ثمر شجر السدر fruit du lotus, m
☆ نَبُلَ الرجلُ : كان نبيلا être noble, ou magnanime
— عن كذا : ترفع s'abstenir de; être au dessus de
نَبْل (نِبال وأنبال) : سهام ← flèche, f; dard; trait, m
△ نَبْلة : صيادة ← fronde, f
نُبْل . نَبالة noblesse; magnanimité; grandeur
نَبَل . نبيل noble; gentilhomme; magnanime 
نَبَّال . نابِل : رامي النبال ← archer; tireur
○ أَنْبُولة (الجمع انابيل) :
قارورة صغيرة من زجاج تحوي دواء يحقن ← ampoule, f
☆ نَبِهَ : اشتهر être connu, e, célèbre, renommé, e
نَبِهَ . تَنَبَّهَ . انتبه للأمر s'apercevoir de; remarquer; noter; faire attention à
— . — من نومه s'éveiller; se réveiller
نَبَّهَ على او الى الأمر attirer, ou appeler, l'attention sur
ـــه الى الامر : ذكّره به rappeller
ـــه الى خطأ او خطر الخ avertir; mettre en garde; précautionner
— : أيقظ éveiller; réveiller
— : حرّك . نشّط stimuler; exciter

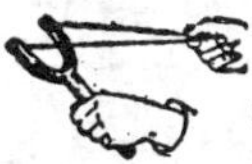

نُبْه . نَبَاهَة : فِطنة intelligence; sagacité, *f*

نَبَاهة ٢ : شُهرة célébrité; renommée, *f*; renom, *m*

نَبِهٌ . نَبِيه . نابه : فَطِن intelligent, e

— . — . — : شريف noble; illustre

إنْتِبَاه : التفات . حذر attention; circonspection, *f*

— : يقظة vigilance, *f*; éveil, *m*

بانتباه attentivement

تَنْبِيه : ايقاظ éveil; réveil, *m*; l'action d'éveiller

— : تحذير avertissement; avis; alarme, *m*

— : تَنشيط . تحريك stimulation, *f*

مُنَبِّه : مُحَذِّر avertisseur, *m*

— : مُنَشِّط stimulant, e, *a* et *m*

△ — : ساعة منبِّهة réveille-matin, *m*

مُنْتَبِه . مُتَنَبِّه : يقظان éveillé, e; vigilant, e

— : ملتفت attentif, ve

— : حذر prudent, e; précautionneux, se

☆ نَبو . نُبُوّ : تَقصير défaillance, *f*

نَبَا السهمُ عن الهدف manquer le but; *ou* rebondir

— الطبعُ عن كذا : لم يقبله répugner à

— المكانُ به : لم يوافقه ne pas convenir à

نابٍ : في غير موضعه déplacé, e; impropre

— : نافر . شاذّ discordant, e

ناب : سن (الظرليب) dent de l'œil, canine, *f*

☆ نبوت (نبت) ☆ نبوة (نبأ) ☆ نبيّ (نبأ) ☆ نبيذ (نبذ) ☆ نبيل (نبل) ☆ نبيه (نبه)

☆ نَتَأ : ارتفع عما حوله saillir; se projeter; être en saillie

— : ارتفع وانتفخ enfler; gonfler; s'enfler

نُتُوء saillie; proéminence; protubérance, *f*; ressaut, *m*

نَاتِئ . ناتي : بارز saillant, e; en saillie

— . — : نافر enflé, e; proéminent, e; protubérant, e

☆ نَتَجَ من كذا provenir de; résulter; procéder de; naître de

— عنه كذا aboutir à

ـت وأُنتجت البهيمة : ولدت mettre bas

انتج ٢ : اعطى غلّة produire

— : اوجد . سبب causer; amener à

إستنتج : استخرج نتيجة من المقدمات déduire de; induire; conclure; inférer

نِتَاج : غلّة . محصول produit, *m*

— المواشي les petits (de l'animal), *m.pl*

— المصنع rendement, *m*

نَتِيجَة : حاصل résultat, *m*

— : عاقبة conséquence; suite, *f*

— : تأثير او فائدة effet, *m*; *ou* utilité, *f*

— : ما تستخرجه من المقدمات conclusion; déduction, *f*

△ — : تقويم السنة calendrier, *m*; éphéméride, *f*

كانت نتيجته كذا : ادّى الى كذا il a eu pour résultat

نَاتِج : حاصل résultant, e; émanant, e de

— : ناجم résultant de

٭نَتُنَ . أنْتَنَ : خبثت رائحته puer; sentir mauvais
ـــ . ـــ . نَتِنَ : دبَّ فيه الفساد pourrir; se putréfier; se gâter
نَتَّنَ الشيء rendre puant,e; infecter
نَتْن . نَتانَة : تعفُّن putréfaction; pourriture; décomposition, f
ـــ . ـــ : رائحة خبيثة puanteur; mauvaise odeur, f
نَتِن . مُنْتِن : خبيث الرائحة puant,e; infect,e
ـــ . ـــ . مُنَتَّن : متعفن pourri,e; putrifié,e; gâté,e
٭نَثَرَ . نَثَّرَ الشيء : رماه متفرقاً répandre; joncher; parsemer; éparpiller; disséminer
ـــ عليه كذا (كالزهور) couvrir de
ـــ الرملَ او السكر saupoudrer
ـــ : أتى بالنثر في كلامه parler en prose
إنتَثَرَ . تَناثَرَ tre dispersé,e, dissiminé,e, jonché,e, éparpillé,e, saupoudré,e
ـــ . ـــ : تساقط tomber
ـــ . اسْتَنْثَرَ insuffler l'eau par le nez
نَثْر : بَعْثَرة action de répandre
ـــ : خلاف النَّظْم prose, f
نَثْرِيّ . مَنْثُور : خلاف المنظوم en prose
ـــ : شتيت menu,e
مصاريف نثرية menus frais; faux frais, m.pl
نثريات : مُنَوعات divers, m.pl
نِثار : وَرَق رفيع يُنثر في الحفلات confetti, m

ـــ عن كذا à cause de; dû à; par suite de
ـــ . مُنْتِج . مُسْتَنْتِج producteur,rice
إنْتاج production, f
قوة الـــ potentiel (de production), m
إسْتِنْتاج conclusion; déduction; supputation, f
○ نِترات . نتراة : ○ ازوتات nitrate; azotate, m
ـــ البوتاسا : ملح البارود nitrate de potasse, m
ـــ الجير (اي الكلس) nitrate de chaux, m
ـــ الصودا nitrate de soude, m
ـــ الفضة : حجر جهنم nitrate d'argent, m
○ نِيتْروجين : ○ ازوت nitrogène; azote, m
○ نِيتْرُغليسرين nitroglycérine, f
○ نِيتْريك . حامض نتريك : ماء العقد . ماء الكذّاب acide nitrique, m
٭نَتَشَ الشعرَ والشوكة tirer; arracher
△ ـــ : سرق [chiper]; subtiliser
إنتاش البذور : تَنْبيت germination, f
مِنْتاش . ملقط الشعر brucelles, f.pl; مِنتاف pince à épiler, f
٭نَتَعَ الدم من الجرح او الماء من العين : △ نَـزَ suinter; transsuder; s'écouler
△ ـــ : رفع soulever
△ ـــ : انقذ sauver; délivrer
٭نَتَفَ . نَتَّفَ الريش او الشعر plumer; déplumer (plumes); épiler (poils)
نُتْفَة : ما تأخذه بين أصابعك pincée, f
ـــ : شيء قليل un peu
نَتْف épilation; ou plumée, f
نَتيف . مَنْتوف épilé,e; ou plumé,e

نَثِير . مَنْثُور ٢ : مبعثر éparpillé,e; dispersé,e; répandu,e; saupoudré,e; disséminé,e

نَاثِر : خلاف الناظم prosateur, m

منثور ٢ : اسم نبات وزهر matthiole, f; violier, m

٭ نجا (نجو) ٭ نجار (نجر) ٭ نجاة (نجو)

٭ نَجُبَ . أَنْجَبَ : كان محمود الصفات être noble, généreux,se, digne d'éloges

أَنْجَبَ : خَلَّفَ engendrer

نَجِيب . نُجَبَة : كريم généreux,se; magnanime

نَجَابَة : نفاسة excellence, f

نَجِيب : نفيس excellent,e

— : اصيل racé,e; de belle race

△ — : ذكيّ intelligent,e

٭ نَجَحَ : افلح réussir

نَجَّحَ . أَنْجَحَ faire réussir, ou prospérer

نُجْح . نَجَاح réussite, f; succès, m

نَاجِح : مُفْلِح qui réussit; heureux,se; couronné,e de succès; prospère

٭ نَجَدَ . نَاجَدَ . أَنْجَدَ secourir; aider

نُجِدَ : عَرِقَ . تَرشح جلده transpirer; suer

نَجَّدَ الفرش tapisser

— القطن : ندفه carder; battre le coton

إِسْتَنْجَدَ فلاناً او به : استعان appeler aux secours; recourir à qn

نَجْد : ما ارتفع من الارض plateau; terrain élevé, m; élévation; haute terre, f

— : بلاد الوهابيين Nedjd ou Nedjed, m

نَجْدَة : عون secours, m; aide, f

نِجَادَةُ الفرش tapisserie, f

نَجَّاد . مُنَجِّد (△افرنكي) tapissier,ère

— . — (△ بلدي) matelassier,ère; cardeur,se

مِنْجَدَة : مِنْدَف . قوس المنجد ←arc du cardeur, m

تَنْجِيد : ضرب القطن cardage; rebattement, m

٭ نَجَذَ : الحّ على importuner

نَاجِذ : ضِرْس العقل ← dent de sagesse, f

٭ نَجَرَ الخشبَ : نحته وسواه raboter; replanir; tailler; dégauchir

△ نَجَّرَ : عمل كالنجار menuiser; faire le travail de menuisier

△ نَجَّار menuisier, m

— اثاثات (موبيليا) ébéniste, m

— البناء charpentier, m

△ تَزْجة الـ ←établi, m

نُجَارَة : مساحة الخشب copeaux; éclats de bois, m.pl

نِجَارَة : عمل النجار او حرفته menuiserie; charpenterie; ébénisterie, f

أَنْجَر . أَنْجَرَة ←ancre, f

منجور : بكرة poulie, f

٥ —البيت : اخشابه charpente; boiserie d'une maison, f

٭ نجز العمل : تم s'achever; s'accomplir; se terminer

نجز . نجز . أنجز : تمّم achever; accomplir; compléter; exécuter

أنجز ٢ الوعد وغيره tenir sa parole

— على الجريح : اجهز achever (un blessé)

ناجز : غالب . نازل lutter; se battre avec

تنجز . استنجز demander l'exécution de

نجز . نجاز . إنجاز exécution, f; accomplissement; achèvement, m

ناجز . منجز achevé, e; accompli, e; exécuté, e

تناجز . مناجزة lutte, f; combat, m

٭ نجس : كان نجساً être impur, e, pollué, e, souillé, e, immonde

نجس . أنجس polluer; souiller; rendre impur, e

— الأشياء المقدسة profaner

تنجس être souillé, e, ou pollué, e; se souiller; devenir impur, e

نجس impur, e; immonde; souillé, e; pollué, e

نجس . نجاسة souillure; impureté, f

تنجيس souillure; pollution, f

٭ نجش : ٥ نكش . حرك attiser

نجاشي : لقب ملوك الحبشة Négus, m

٭ نجع . نجع . أنجع : افاد ونفع profiter à; être utile à;

نجع : قرية صغيرة hameau; petit village, m

نجيع . ناجع : مفيد bienfaisant, e; utile; salutaire

— . — : مؤثر او مفيد efficace

— : صحي sain, e; salubre

٭ نجف . نجفة : تل . اكمة colline: butte, f

٥ نجفة ٢ : ثريا lustre, m

٭ نجل : ابن fils; enfant, m

نجيل : اسم نبات chiendent, m

أنجل (والانثى نجلاء) qui a de grands et beaux yeux

إنجيل : بشارة évangile, m

الـ — العهد الجديد Nouveau Testament, m

انجيلي : مختص بالانجيل évangélique

— : بشير (وبمعنى تابع لطائفة الانجيلية) évangéliste

منجل : سيف الحصاد faux; faucille; serpette, f

— (صغير) : شرشرة faucille, f

٥ منجلة : ملزمة : منكنة ع étau, m

٭ نجم . أنجم : ظهر apparaître; se montrer

— عنه : نتج résulter de; aboutir a; découler de

نَجَّمَ ٢ . تَنَجَّمَ prédire les évènements d'après la position des astres

نَجْم : قِسْط terme; tempérament, m; échéance, f

— : نبات على غير ساق plante sans tige, f; arbuste; arbrisseau, m

— . نَجْمَة : كوكب étoile, f; ←astre, m

— او — القطب étoile polaire, f

— بذنب comète, f

Δ — : طالع horoscope, m

حسب الـ. tirer un horoscope

النَّجْم : الثريّا pléiades, f.pl

نَجْمَة ٢ (في الطباعة) [٭] astérique, m; étoile, f

علم النجوم : علم الفلك astronomie, f

عبادة النجوم astrolâtrie, f

نَجْميّ : كالنجم étoilé,e

— : مختص بالنجوم astral,e; sidéral,e; stellaire

نُجَيْم : تصغير نجم astéroïde, m

ناجِم : ناجٍ provenant de; résultant de

تَنْجِيم : علم التنجيم astrologie, f

مَنْجَم : منبع . اصل source; origine, f

— : منبت المعادن mine, f

— ذهب (الخ) mine d'or, f

حَفْرُ المناجم : تعدين exploitation des mines, f

مِنْجَم : حديدة الميزان فيها اللسان fléau, m

مُنَجِّم . نَجَّام astrologue, m

☆ نَجْو : مايخرج من البطن excréments, m.pl

— . نَجْوَى : سِرّ secret, m

نَجْوَى ٢ : مناجاة communions des âmes, f; confidences, f.pl

نَجْوَة : ما ارتفع من الارض plateau, m

نَجِيّ : من تفاوضه بسرك confident,e; ami,e de cœur, ou ami,e intime

نَجَّى . أنْجَى : انقذ sauver; secourir; délivrer

نَجَا : خلص être sauvé,e, ou délivré,e de; échapper à

— (من الموت) باعجوبة il a échappé (à la mort) par miracle; l'échapper belle

— وناجَى صديقه épancher son cœur; faire des confidences à

— و — نفسه soliloquer; se parler à soi-même

تَنَاجَى الصديقان s'épancher le cœur mutuellement; se faire des confidences

حوض الاستنجاء : ٥ بيديه ←bidet, m

نَجَاة . نَجَا . نَجْو ٢ : خلاص sauvetage, m; délivrance, f

— : سلامة salut, m

طوق الـ من الغرق bouée de ←sauvetage, f

ناجٍ rescapé, e

تَنْجِيَة : انقاذ sauvetage, m; délivrance, f

مُنْجٍ : منقذ sauveur; sauveteur, m; libérateur,rice

مَنْجَاة : مَهْرَب salut; moyen de salut, m

مُنَاجَاة : تبادل الأسرار والعواطف échange de confidences; épanchement de cœur, m

— الارواح spiritisme, *m*
— الانسان لنفسه soliloque, *m*
— الانسان لنفسه على المسرح aparté, *m*
٭ نحيب (نحب) ٭ نحا (نحو) ٭ نحاس (نحس)
٭ نَحَبَ . انتَحَبَ sangloter
نَحْب . نَحِيب pleurs; sanglots, *m.pl*
قضى نحبه mourir; il est mort
٭ نَحَتَ الحجرَ وغيره tailler; dégauchir (pierre); façonner; travailler (bois)
— التمثال وغيره sculpter
— كلمة : صاغها faire, *ou* forger, un mot
نَحْت coupe; taille, *f*; dégauchissage, *m*
— الكلام création, forgeage, forgement, des mots
— التماثيل sculpture, *f*
نَحَّاتُ الحجر tailleur de pierre, *m*
— التماثيل sculpteur, *m*
نُحَاتَة copeaux; éclats (de pierre, de bois, etc.), *m.pl*
نَحِيت . مَنْحوت : مسوّى taillé,e; poli,e; dégauchi,e
— . — : محفور sculpté,e; gravé,e
مِنحت : ∆ ازميل ciseau de ←sculpteur, *m*
— المعادن burin, *m*
٭ نحرَ : ذبح égorger
إنتَحَرَ : قتلَ نفسه se suicider; se donner la mort
نَحْر : ذَبْح abattage; égorgement, *m*
— : أسفل العنق nuque, *f*; le haut de la poitrine, *m*
∆ — : تَقوير (حِليةمعمارية) ←cavet, *m*
نِحْر . نِحْرِير ingénieux,se; [calé,e]
نَحِير . مَنْحُور égorgé,e; abattu,e
إنتِحَار : قتلُ الذات suicide, *m*
مَنْحَر : رقبة gorge, *f*
مُنْتَحِر suicidé,e
٭ نَحِسَ : ضد سَعُدَ être guignard,e, malheureux,se, infortuné,e; jouer de malheur
∆ نَحَّسَ : اتى بالنحس على apporter la guigne
نَحَّسَ : طلى بالنحاس cuivrer
نَحْس : ضد سعد déveine; malchance; guigne; [poisse], *f*
— . نَحِس . منحوس malheureux,se; infortuné,e; [guignard,e]
— . — : سيئ الطالع de mauvais présage; de mauvais augure
— . — : جالب للنوائب funeste; néfaste; désastreux,se; sinistre; porte-malheur, *m*
نُحَاس اصفر (او منه) cuivre, *m*
نُحَاسي cuivré,e; cuivreux,se
نَحَّاس chaudronnier,ère; marchand,e de cuivre
تَنْحِيس cuivrage, *m*
٭ نحف : كان نحيفاً être mince; maigre; fluet,te
— : هزل maigrir
أنحَفَ : صيّره نحيفاً amaigrir; faire maigrir

نَحافَة ∆ نُحْف : دقة الجسم sveltesse; finesse; ténuité, f
— . — : هزال maigreur; minceur, f
نَحِيف . مَنْحُوف maigre; efflanqué, e; grêle; émacié, e
— القوام mince; effilé, e; svelte
∘ نَحُلَ الجسمُ : صار نحيلا (راجع نحف) maigrir; devenir maigre, émacié, e, fluet, te
∆ نَحَلَ الثوبُ : تنسّر s'user
∆ — الصوفُ او الشعر : تساقط tomber
إنتحل مذهباً : اعتنقه embrasser, ou adopter, une religion
— وتنحّل التأليفَ : ادعاه لنفسه plagier; être plagiaire; faire un plagiat
— : اغتصب s'arroger; s'attribuer
نَحْل : ذباب العسل abeilles, f.pl
— طنّان bourdon, m
خلية او قفير الـ : عسّالة ruche, f; essaim, m
نَحْلَة : واحدة النحل une abeille, f
∆ — : دوّامة . فرّيرة ∆ . بربصاع toupie, f; sabot, m
نِحْلَة : مذهب ديني secte religieuse, f
نحّال apiculteur, m; éleveur, se d'abeilles
نُحُول : سقم maigreur; émaciation, f; dépérissement, m
نَحِيل . ناحِل : سقيم maigre; chétif, ve; amaigri, e; efflanqué, e
— القوام mince; effilé, e; élancé, e

إنتِحال : اعتناق adoption, f (d'une religion)
— المؤلفات plagiat; vol littéraire, m
مَنْحول الوبر usé, e; rebattu, e
(نعم) نُحام : ∆ بشروش flamant, m
∘ نَحْنُ nous
∘ نَحْنَحَ . تَنَحْنَحَ (faire hem); toussoter
نَحْنَحة toussotement, m
∘ نَحْو : جهة او جانب côté, m; direction; (contrée), f
— : طريقة manière; tendance, f
— : اتجاه direction, f
علم الـ grammaire; syntaxe, f
نحويّ : مختص بعلم النحو grammatical, e de grammaire
— . نَاحٍ : عالم بالنحو grammairien
غلطة نحوية erreur grammaticale, f
نَحْوَ : مثل . كقولك comme; par exemple
— مائة environ, ou à peu près, cent
— : زهاء environ; près de
— : لجهة . صوب vers; du côté de
— ذلك à peu près
ونحوه : وقس عليه et ainsi de suite
من نحوي : من جهتي de mon côté; de ma part
من نحوي : من خصوصي quant à moi
ناحِيَة : جهة . جانب côté, m; direction, f
— : جهة . صُقْع endroit, m; région; contrée, f
في كل انحاء العالم de par le monde; partout
نَحا : قصد aller, ou se diriger, vers

— : مالَ	s'incliner; se pencher
— نحوه : اِقتفى أثره	suivre son exemple
— . نَحَّى عن : صرَف	renvoyer; congédier
— . — : نقل وابعد	déplacer au loin; éloigner; écarter
أنحى على: اقبل عليه مهاجماً	assaillir; se jeter sur
— عليه لوماً	se mettre à lui faire des reproches; apostropher
— بصره عنه	détourner son regard de
تنحّى عن موضعه	céder, *ou* abandonner, sa place; s'écarter
— عنه : تخلى عنه	délaisser; laisser tomber; se désister de; abandonner
٭ نحول (نحل) ٭ نحيف (نحف) ٭ نحيل (نحل)	
٭ نَخّ ∆ نَخنخَ الجمل	faire agenouiller (le chameau)
∆ — الجملُ: استناخ (نوخ)	s'agenouiller; s'incliner; se baisser
نُخّ ٢. نُخاخة: مُخ ∆ نخاع. نيقي	mœlle, *f*
٭ نُخاع : الحبل الشوكي	corde, *ou* mœlle, épinière, *f*
∆ — العظم : نيقي	mœlle, *f*
نُخاعة (راجع نخامة)	glaire; morve, *f*
تنخّع : تنخّم	expectorer
٭ نخاسة (نخس) ٭ نخالة (نخل) ٭ نخامة (نخم)	
٭ نَخَبَ . إنتخبَ : انتقى	choisir; faire un choix, *ou* une sélection
— . — لمنصب او عضوية مجلس الخ	élire
نَخْب : ماتشربه لصحة صديق	toast; vin d'honneur, *m*
شرب — فلان	boire à la santé de; [trinquer]

نُخبة : خيرة . صفوة	choix, *m*; élite; sélection, *f*
ناخِب في الانتخابات العموميه	électeur, rice
نَخْب. إنتخاب: اختيار	sélection, *f*; choix, *m*
انتخاب تزاوجي	sélection sexuelle, *f*
انتخاب الاخطار	sélection des risques
الـ الطبيعي	sélection naturelle, *f*
لائق للـ	éligible
غير لائق للـ	inéligible
الانتخابات العموميه	les élections, *f.pl*
انتخابي: مختص بالانتخابات العمومية	électoral,e
دائرة انتخاب . دائرة انتخابية	circonscription électorale, *f*
مُنتخَب : مختار	choisi,e; trié,e
— (في انتخاب عمومي)	élu,e
مُنتخِب : الذي يختار	sélectif,ve; qui choisit
٭ نخر : ∆ خنفر	ronfler; renifler
— الشيء : ثقبه	perforer; ronger
نخِرَ : بلي وتفتت	être carié (os), usé,e, troué,e; tomber en poussière
نَخَر : بلاء وتفتت	carrie, pourriture, *f*
— العظام : تفتتها	carie; nécrose, *f*
— . نخير : ∆ خنفرة	ronflement; reniflement, *m*
نَخِرٌ . ناخِر : بال متفتت	carié,e; rongé,e; usé,e
مِنخَر . مِنخِر . مُنخُر ∆ مناخير	nez, *m*; *ou* narine, *f*
٭ نخز : وخز او ثقب	piquer; aiguillonner; *ou* percer

☆ نَخَسَ : وخز piquer; aiguillonner

نَخْسَة : وَخْزَة piqûre, f; aiguillon; un coup de pointe, m

نِخاس : ∆ وردل . جلدة بين الفرعة والنعل يخرزان عليها ← trépointe, f

نَخَّاس : تاجر الرقيق ∆ يَسِرجي négrier; marchand d'esclaves, m

— : تاجر المواشي maquignon; marchand de bestiaux, m

نِخَاسَة : تجارة الدواب (المواشي) commerce du bétail, ou des bestiaux, m

— : تجارة الرقيق traite; traite des noirs, f

مِنْخَس pointe, f; aiguillon; éperon; piquant, m

∆ نَخْشُوشُ السمك : خيشوم ← branchies; ouïes, f.pl

☆ نَخَلَ الطحين tamiser; bluter; sasser; cribler

نَخْلُ الطحين وغيره tamisage; sassement, m

— . نَخِيل : شجر البلح palmier; dattier, m

نَخْلَة : واحدة النخل ← un palmier, m

نُخَالَة الطحين : ∆ رَدَّة الدقيق son; bran, m

مُنْخُل tamis; sas; ← blutoir; crible, m

☆ نَخِمَ . تنخَّم expectorer

نُخَامَة glaire; morve; pituitaire, f

☆ نَخْوَة : مروءة . شهامة magnanimité; galanterie; vaillance. f

— : عزة نفس amour-propre; orgueil, m; fierté, f

ذو — . galant,e; chevaleresque: magnanime

☆ ندّ (فى ندد) ☆ نيداكه (فى ندو)

☆ نَدَبَ الميتَ : رثاه faire l'éloge, ou l'oraison funèbre, d'un mort

— الميتَ : بكاه pleurer un mort

— حظّه se lamenter

— . انْتَدَبَ إلى الأمر وله déléguer; mandater; députer pour; charger de

نَدِبَ . أنْدَبَ الجرحُ se cicatriser; guérir

نَدَبٌ . نَدْبَة : اثر الجرح cicatrice, f

نَدْب : رثاء الميت lamentation; plainte, f

نُدْبَة : مرثاة oraison funèbre; élégie, f; panégyrique, m

نَادِب . نَدَّاب pleureur, se

نادبة ∆ نَدَّابة pleureuse professionnelle, f

إنتداب délégation, f

— سياسى أو دولى mandat, m

مَنْدَبَة conclamation, f

مَنْدُوب : نائب délégué, e; représentant, e; député, é

— : مَرْثِيّ pleuré, e; regretté, e

— مفوَّض plénipotentiaire

— سامٍ haut-commissaire, m

☆ نَدَحَ : وسّع élargir; étendre

مَنْدُوحة . مُنْتَدَح choix, *m*; option; alternative, *f*
لا — عنه inévitable
☼ نَدَّدَ الشيء : شهره faire connaître
— بفلان: صرح بعيوبه diffamer; dénigrer
نَدَّ : شَذَّ . شرد errer; s'égarer; se disperser
نِدّ . نَدِيد : نظير égal, e; pair; pareil, le
ماله — او — . sans pair; sans pareil, le
△ من نِدّه : لِدَته . من عُمره de son âge
نَدّ : نجد colline, *f*; monticule, *m*
نِدّ ٢ : عود البخور bois d'aloès, *m*
تَنْديد critique, *f*; dénigrement, *m*
☼ نَدَرَ الشيء : قَلَّ وجودُه être rare
△ — : نذر (انظر نذر) faire un vœux
نَدْر . نادِر : قليل الوجود rare
في النادر . نادراً rarement
نُدْرَة : قِلّة وجود rareté, *f*
نَادِرَة : شيء نادر chose rare; rareté, *f*
△ — : قصة غريبة anecdote; historiette, *f*; récit piquant, *m*
△ نَدَعَت السماء : رَذَّت tomber à petites gouttes 
☼ نَدَغَ العجينَ: رش عليه طحيناً او سكراً saupoudrer de
نَدّاغة saupoudroir, *m*
☼ نَدَفَ القطنَ او الصوف arçonner; carder
نَدّافُ القطن : △ لبودي arçonneur, se; cardeur, se 
نَدِيف . مَنْدُوف cardé, e; arçonné, e
مِنْدَف : منجدة △ قوس المنجد arçon, *ou* arc, de l'arçonneur *ou* du cardeur, *m* 
☼ نُدُل والواحد نادل. نُدُول: خدمُ الضيافة △ سُفرجية serviteurs de tables; garçons, *m.pl*; serveuse, *f.pl* 
مِنْدَل seconde, *ou* double, vue, *f*
فاتح الـ — voyant, e
△ مِنْدالة : مِبْطَدَة . مرصافة hie; demoiselle, *f*
○ مَنْدُولين : آلة موسيقية mandoline, *f* 
مِنْدِيل : مَحْرَمَة mouchoir, *m*
— او بُرقع الجنين coiffe, *f*
☼ نَدِمَ . تَنَدَّمَ على se repentir de qc; regretter qc
نَادَمَ : شارب boire avec qn; être le commensal, e de
نَدَم . نَدَامة . تَنَدُّم . مَنْدَم repentir; regret, *m*; contrition, *f*
نَدِيم . مُنَادِم على الشرب commensal, e; compagnon, *m*
— . — : رفيق . جَليس joyeux compère, *m*
نَادِم . نَدْمان . مُتَنَدِّم repentant, e; contrit, e

le pousser au repentir أندمه : △ندّمه

appeler △نَدَهَ : نادى (في ندو)

humidité; moiteur, f ٭نُدُوَّة. نَدَاوَة. نَدَى: بلل

réunion; assemblée, f; cercle, m نَدْوَة : جمعيّة . جماعة

club; cercle; lieu de réunion, m — . نَادٍ : منتدى

cercle littéraire; cénacle, m —علمية

miellat, m △ — عسلية (تصبيب النباتات)

aphis, m △دودة الندوة العسلية

appel, m نِدَاء : مناداة

particule du vocatif, f حرفُ الـ —

rosée; rosée du matin, f نَدَى: طلّ الليل

libéralité; générosité, f —: جُود. فضل

humide; humecté, e; moite; ou couvert, e de rosée نَدِي. نَدٍ. نَدْيَان: مبتلّ

humecter; mouiller légèrement نَدَّى. أَنْدَى : بلّ قليلاً

être humecté, e, mouillé, e, ou couvert, e de rosée نَدِيَ: ابتلّ

appeler نَادَى : △ندهه . صاح به

s'écrier; crier — : صاح

ils l'ont proclamé roi نادوا به ملكاً

être généreux, se أندى ٢ . تندّى : كان كريماً

se réunir dans un club إنتدى. تنادى القوم : اجتمعوا في النادي

crieur; crieur public, m مُنَادٍ

appel, m; cris, m.pl; acclamation, f مُنَادَاة

vouer; dédier; consacrer qc à Dieu ٭نَذَرَ لله

faire un vœu — . إنتذر كذا (أو على نفسه كذا)

faire vœu de chasteté — العفة

prévenir de; avertir de, précautionner contre أَنْذَرَ: اعلم وحذّر

aviser — : اعلم . اعلن

sommer; faire une sommation — (في القانون)

vœu, m نَذْر

ex-voto, m; chose promise à Dieu, f — . نَذِيرَة : ما يُعطى نذراً

signe précurseur; avant-coureur, m نَذِير : مُنذِر

indice; indicateur, rice — : دليل

voué, e, ou consacré, e, à Dieu — : منذور

qui a fait un vœu نَاذِر

avertissement; avis, m إِنْذَار : تحذير

sommation, f — قضائي

ultimatum — نهائي

prognostique انذاري (في الطب)

avertisseur, a et m مُنْذِر : مُحَذِّر

être vil, e, méprisable, canaille ٭نَذُلَ : كان نذلا

vil, e; méprisable; canaille نَذْل. نَذِيل : سافل

vilenie; bassesse; couardise, f نَذَالَة أو جبانه

narcisse, m ○نَرْجِس : عَبْهَر

dé; dé à jouer, m ○نَرْد : △زهر الطاولة

trictrac; jaquet, m لعبة الـ — : △لعبة الطاولة

○ نَرْدِين. نارَدِين: سُنْبل رومي — nard, *m*; lavande, *f*

○ نَرْكُتِين: مادّة مخدّرة — narcotine, *f*

* نَرَنج. نارَنج — bigarade; orange amère, *f*

* نزّ (نزز) * نزا (نزو) * نزاهة (نزه)

* نَزَحَ: بَعُدَ — être éloigné,e, *ou* distant,e

— . أنزَحَ البئرَ: نزفَ ماءها — épuiser un puits

— . — الماء من السفينة — vider l'eau de

— المجارير — vidanger; curer

نَزَحٌ: ماءٌ كدِر — eau trouble, *ou* bourbeuse, *f*

نُزُوح عن الوطن — émigration; expatriation, *f*

نَزُوح. نَزِيح. نازِح: بعيد جداً — très éloigné,e; lointain,e

نازِح[2] عن وطنه — émigrant,e

— المجارير: ∆ صَرَباتي — vidangeur, *m*

* نَزُرَ. نَزِرَ: يَسِير — être modique, *ou* minime; être en petit nombre, *ou* petite quantité

(نزز) نَزَّ. أنزَّ: رشح ∆ نشع — suinter; filtrer; s'écouler

— . — الوترُ: اهتزّ واضطرب — vibrer

نَزٌّ. نُزَازَة ∆ نزز ∆ ماء النشع — filtration, *f*; suintement, *m*

نَزِز: شهوان — sensuel,le; voluptueux,se

نَزَّة: شهوة جنسية شديدة — désir ardent, *m*; passion; lubie, *f*

* نَزَعَ. انتزعَ. نَزَعَ الشيء: ازاله — ôter; enlever

— ثيابه: خلعها — se déshabiller

— عن غيره ثيابه — déshabiller

— منه كذا: جرّدهُ منه — dépouiller de; dégarnir

— منه املاكه اوحقوقه اوشهرته الخ — priver de

— منه ملكه — déposséder; exproprier; dessaisir de

— ملكية العقار — exproprier (un immeuble)

— القشر: قشر — écorcer; éplucher

— السلاحَ — désarmer

— . نازَعَ المريضُ — agoniser; être à l'agonie

— . — الى: اشتاق — avoir grande envie de; désirer qc

نازَعَ[3]: خاصم — se disputer; se quereller avec

— : جاهدَ — lutter

— في الشيء — contester

— أمام القضاء — être en procès; intenter un procès

تنازَعَ القومُ: تخاصموا — ils se sont disputés ensemble; ils se querellèrent

— على شيء — se disputer qc

نَزْع: خلع — enlèvement; arrachage; arrachement, *m*

— السلاح — désarmement, *m*

— الملكيّة — expropriation, *f*

— او نِزَاعُ الموت — agonie, *f*

نِزَاع: منازعة — dispute; contestation, *f*; litige, *m*

بلا — . — sans contestation, *ou* litige

لا — فيه — incontestable; indiscutable

عليه — . — litigieux,se; disputé,e

مَثار الـ — pomme de discorde, *f*; objet du litige, *m*

نَزْعَة : مَيْل — penchant, *m*; tendance, *f*
نَزِيع . نازِع : غريب — étranger, ère
مَنْزُوع — ôté,e; arraché,e; enlevé,e
— او مَنزوعة ملكيته — exproprié,e
مُنَازَعَة : نِزاع — dispute; discussion; contestation, *f*; litige, *m*
مُتنازَع عليه — en litige; contesté,e; litigieux,se
* نَزَفَ . أَنْزَفَ . إسْتَنْزَفَ الماء وغيره — épuiser entièrement
— . — الدمَ — saigner
— . — نُزِفَ الماءُ وغيره — être épuisé,e entièrement; être tari,e
— . — . — دمُه — perdre du sang; avoir une hémorragie
نَزْف : إفراغ — épuisement; vidage; tarissement, *m*
— الدم Δ نزيف — hémorragie, *f*; flux du sang, *m*
نَزَّافَة : وطواط مصّاص — vampire, *m*
نَزِيف ٢ . مَنْزُوف — épuisé,e; tari,e; saigné,e à blanc
* نَزِقَ : طاش — être téméraire, irréfléchi,e, étourdi,e
نَزَق : طيش — légèreté; irréflexion; étourderie; frivolité, *f*
نَزِق : عجول في جهل — téméraire; irréfléchi,e; étourdi,e
— : خفيف العقل — écervelé,e; frivole
* نَزَلَ : ضدّ صعد — descendre
— : سقط (كالثمن وغيره) — tomber; baisser
— الطائر على الشجرة : حطّ — s'abattre sur
— عن حقّ — renoncer à son droit; se démettre de

— من المركب او الطائرة الى البر — débarquer
— الى الميدان — se mettre en campagne
— على : هاجم — tomber sur; attaquer
— على رأيه : وافقه — se ranger à l'avis de
— به الامرُ : حلّ — survenir; arriver à
— في الفندق — descendre à l'hôtel
—ت الطائرة : حطّت — atterrir
نُزِلَ : اصابه زكام — attraper un rhume
نَزَّلَ . أَنْزَلَ : جعله ينزل — faire descendre
— . — : ضدّ رفع — baisser; abaisser
— . — السِّعْر — réduire; baisser le prix
— . — درجته — dégrader
— . — عن عرش — détrôner; déposer
— . — الله كلامه على — révéler Sa parole à
— . — الضيفَ — donner l'hospitalité à; loger qn
Δ — Δ — عدداً من آخر — soustraire; déduire
Δ — (كالفضة في الخشب او النحاس) — incruster
انزل ٢ به العقاب — infliger un châtiment
نَازَلَ — se mesurer avec; rencontrer; être opposé,e à qn
تَنَازَلَ . تنزَّلَ عن حقه — abandonner; se désister de; renoncer à
— عن حقه : حوّله — céder (son droit)
— : تعطّف — condescendre à; daigner; se montrer accommodant,e, *ou* conciliant,e
— عن العرش — abdiquer
— له عن ملك — céder; se désister de qc au profit de
إستنزل عن — demander à qn de se désister

— : طرح . خصم — déduire

— اللعنات — maudire; charger d'imprécations

نُزُل . نُزْل : فندق — hôtel, *m*; *ou* pension, *f*

نَزْلَة ∆ نُزُول [١] : مرض كالزكام — fluxion, *f*; rhume, *m*

— شُعَيبيّة أو صدرية — bronchite, *f*

— معدية — gastrite *f*

— وافِدة — influenza, *f*

— : المرّة من النزول — une descente, *f*

نِزَال : قتال — combat, *m*; lutte, *f*

نُزُول [٢] : ضد صعود — descente, *f*; action de descendre

— : هبوط — baisse, *f*

— : حلول — séjour, *m*; halte, *f*

نَزِيل : ضَيف — hôte,sse; invité,e

— : ساكن — habitant,e

نِزَالة — colonie; étrangers habitants une ville

نازِل : ضدّ صاعِد — descendant,e

— : منحدر — en pente

نازلة : مصيبة — calamité, *f*; malheur, *m*

إنْزال . تَنْزِيل : ضدّ رفع — abaissement, *m*

— . — : افراغ — déchargement, *m*

تنزيل [٢] : طرح — déduction; soustraction, *f*

— : خَصْم . حَسْم — escompte, *m*

— المقام او الدرجة — dégradation, *f*

— : خفض — réduction, *f*

∆ — بالعاج او خلافه — incrustation, *f*; marquetage, *m*

تَنَازُل : تحويل او تَرْك — cession, *f*; désistement, *m*

— : تَعَطُّف — condescendance; complaisance, *f*

— للغير عن حَقّ — cession, *f*; transfert, *m*

عَقْد الـ— — acte de cession, *ou* de désistement, *m*

مَنْزِل : دارٌ . بيتٌ — maison; habitation, *f*; domicile, *m*

— : مسكن — demeure, *f*; logis; logement, *m*

اهل الـ— — famille; maison; [maisonnée], *f*

عِلم تدبير الـ— — art ménager, *m*

مَنْزِلَة : مقام . رتبة — position, *f*; degré; rang, *m*; place, *f*

— : مقام . اعتبار — rang, *m*; dignité, *f*

بمنزلة كذا : يعادله — pareil,le; égal,e à

مُنْزَل : موحى به — révélé,e

كلام — : لاشك فيه — paroles révélées, *f.pl*

الكتب المنزلة — les Ecritures, *f.pl*

∆ مُنَزَّل بالعاج او الفضة : مكفّت — incrusté,e

∆ مَنْزُول المرحاض وامثاله — regard, *m*; cuvette, *f*

∆ — : نوع من المخدرات — genre de narcotique, *m*

مُتَنَازِل (في الحقوق) — cédant,e

مُتَنَازَل اليه — cessionnaire

∆ نَزْنَزَ الولدَ : ∆ هَشْكَهُ — faire sautiller, dodiner, dorloter, l'enfant

∆ نَزُهَ . تَنَزَّهَ عن : تباعد — se tenir loin de; s'éloigner de

— . — عن فعل دنيء — s'abstenir de tout ce qui est bas, *ou* impur

— : كان عفيفاً — être vertueux, se, chaste, honnête

تَنَزَّهَ ٢ : خرج للنزهة — se promener; [se balader]; déambuler

نَزَّهَ الرجلَ عن: اعتبره منزهاً عنه — considérer qn incapable de commettre une vilaine action

نَزِهَ. نَزِيهٌ: شريف — intègre; honnête: incorruptible

— : عفيف — chaste; vertueux, se

نُزْهَة : ٥ فُسحة — promenade; récréation; [balade], f

— : ٥ شَمُّ هواء — excursion, f

— في عربة أو على ظهر حصان الخ — promenade en voiture, à cheval, à pied, etc., f

— خلوية (في مكان خلويّ جيد) : سيران س — pique-nique, m

أماكن الـ . — lieux de promenade, m.pl

نَزَاهَة. نَزَه: التنزُّه عن السُّوء — intégrité; probité; honnêteté; pureté d'ame, f

مُنَزَّه عن الخطأ : معصوم — infaillible; sûr,e

مُنتَزَه. مُتَنَزَّه — jardin public; parc, m; promenade, f

٭ نَزْو. نُزُوّ. نَزَوَان : وثب — saut; élan, m

—. نِزَاء لفحل الحيوان — copulation, f

—. — الحيوانات — chaleur, f

نَزَوَان ٢ : سورة وحدة — accès, m; saute d'humeur: impétuosité, f

نَزْوَة — saut; élan; bond, m

— الفكر — trait d'esprit, m; boutade, f

— الشباب — écart de jeunesse, m

نَزَا : وثب — sauter; bondir

— الفحلُ (على الشاة) — couvrir (sa femelle)

— به قلبه إلى — aspirer, ou soupirer, vers

٭ نزيز (في نزز) ٥ نزيه (في نزه)

٭ نَسَأَ. أَنْسَأَ في البيع — vendré à crédit: faire crédit

نَسَاء : طول العمر — longévité, f

نِسَاء : جمع إمرأة (في نسو) — femmes, f.pl

نَسَأَة. نَسِيئَة: تأخير الدفع — délai accordé à un débiteur: atermoiement; crédit, m

نَسِيئَةً ٢ : بالدَّيْن — à crédit

٭ نَسَبَ إلى : عزى — attribuer à

— إليه كذا : اتهمه به — accuser de

نَاسَبَ: وافق — convenir à; s'adapter à; aller à; être adapté, e à

— : ماثل وشاكل — s'accorder; harmoniser avec

— : صاهرَ — s'apparenter; être apparenté à

تَنَاسَبَ الشيئان — se correspondre; se convenir

إِنْتَسَبَ إلى — appartenir à

إِسْتَنْسَبَ الرجلُ: ذكر نسبه — dénombrer ses ancêtres, ou sa généalogie

٥ — : استصوب — approuver; trouver convenable, ou mieux

نَسَب. نَسَابَة : مصاهرة — alliance; affinité, f

—. — : قرابة — parenté, f; lien de famille, m

— رياضي : ٥ لوغارتما — logarithme, m

أساس الـ — table de logarithme, f

سلسلة الـــ — généalogie; lignée, f
عريق الـــ — noble; de haute naissance
شجرة الـــ — arbre généalogique, m
نُسْبة. نسَب : عزْو — imputation; attribution, f
—: قرابة — parenté; alliance; filiation, f
— : تناسُب — proportion; symétrie, f
— : معدّل — taux, m
—: تعلّق وارتباط — rapport, m; rélation, f
—: تماثل بين العلاقات — affinité; harmonie;
الـــ المئوية — pourcentage, m
بالنسبة الى كذا — par rapport à
بالنسبة — au prorata de
علم الانساب الرياضية — les logarithmes, m.pl
نِسْبِيّ : مُتناسِب — proportionnel, le; relatif, ve
النظرية النِّسبيَّة — théorie de la relativité, f
النيابة النسبية (في الانتخابات) — représentation proportionnelle, f
نَسِيب : قريب — parent, e
— : صهر — allié, e; ou beau-frère
تناسُب: تَعلُّق وارتباط — rapport, m; relation, f
— : تماثُل (بين العلاقات) — proportion; réciprocité, f
— : تعادُل — symétrie; harmonie, f
بلا ـــ . غير متناسب — disproportionné, e
مناسِب: موافق — convenable; homogène; propice; opportun, e; adéquat, e; assorti, e; seyant, e
غير ـــ . — inopportun, e; impropre à; intempestif, ve

الوسط الـــ — milieu convenable, m
الوقت الـــ — le moment propice, m
مُناسَبة : موافقة — convenance; opportunité, f
— : تناسب — proportion, f
— : سَبَب — cause; raison, f; motif, m
—: خصوص، ارتباط — rapport, m; connexion, f
بهذه الـــ — à cette occasion; à ce propos
مِنْسَاب : △ بَرْجَل تَناسُب — compas de proportion, m
مَنْسُوب الى كذا : معزوّ — attribué, e à; imputé, e à
— اليه كذا : متَّهم به — accusé, e de
— الى : ينتسب اليه — relatif, ve à
— (في النحو) — adjectif relatif, m
— : معدَّل — taux, m; proportion, f
△ — الماء — niveau de l'eau, m
أنسب — plus convenable; plus conforme
مُتَناسِب — proportionné, e; symétrique
(نست) ناسُوت: الطبيعة البشرية — humanité, f
* نَسَجَ : حاكَ — tisser
إنْتَسَجَ : حِيكَ — être tissé, e, ou tissu, e
نَسْج او نساجة : حياكة — tissage, m
— مِصْر (مثلاً) — tissé, e en Egypte
نِساجة : حرفة النسّاج — tisseranderie, f
نَسّاج. ناسِج — tisserand, e; tisseur, se
نَسِيج : قماش منسوج — tissu; textile, m; toiie, f
— : كيفية النسج او تركيبه — tissure; texture, f; tissu, m

— : قماش (او غشاء) tissu, m

— العنكبوت toile d'araignée, f

مِنْسَج: آلة نسج الأقمشة métier à tisser, ou de tisserand; jacquard, m

— آلي métier mécanique, m; machine de tissage, f

— التطريز métier à broder, m

مَنْسِج: مصنع النسج usine de tissage, f; tissage; atelier du tisserand, m

مَنْسُوج . نَسِيج tissé,e

مَنْسُوجات : اقمشة textiles; tissus, m.pl

*نَسَخَ . انْتَسَخَ: ابطلَ abroger; abolir; annuler

—. — الكتابَ: نقله copier; transcrire

تَناسَخَ: تتابع se succéder; se suivre

— الأرواح transmigrer

نَسْخ : إبطال abrogation; abolition; annulation, f

— : نَقْل transcription; copie, f

خط — . الخط النسخي écriture arabe ordinaire, f

نُسْخة : صورة منقولة exemplaire, m; copie, f

— ثانية : شاهدة duplicata; double, m

— خطيّة manuscrit, m

— طبق الأصل copie conforme, f; fac-similé, m

ناسِخ . نَسَّاخ : ناقِل المكتوب copiste

— : في المحاكم rôliste

تَناسُخ الأرواح: تقمّص métempsycose; transmigration des âmes, f

— : تتابع succession, f

مِنْساخ : ٥بَنْطُغراف pantographe, m

مَنْسُوخ . مُنْتَسَخ : أبطل aboli,e; abrogé,e; annulé,e

— . —:منقول copié,e; transcrit,e

*نَسَرَ . نَسَّرَ : مزَّقَ lacérer; déchirer en morceaux

—. — : ٥نَسَلَ effiler; défaire; détordre; délier

٥نَوسَرَ الجرحُ: اصابه الناسور ulcérer; former une fistule

تَنَسَّرَ الثوبُ se déchirer

نَسْر :اكبرالطيور vautour; aigle, m

— الحافر : لحمة في باطنه fourchette, f

الـ الطائر (في الفلك) constellation de l'Aigle, f

الـ الفحّاح condor, m

نُسْرَة : قطعة bande, f; lambeau, m

— خشب: قطعة صغيرة éclat de bois, m; écharde, f

نَسْرِين : نبات كالنرجس jonquille, f

نُسارِيَّة : عُقاب aigle, m

٥نَاسُور fistule, f

devenir ermite, ou ascète نَسُكَ : صار ناسكاً
ascétisme, m; vie d'ermite, f نُسْكٌ . نُسُكٌ
ermite; ascète, m ناسِك
ermitage, m; cellule, f مَنْسِك : صومعة
rites du pèlerinage, m.pl مَناسِكُ الحج
procréer; enfanter; engendrer ✱نَسَلَ . أنسلَ : ولدَ
muer; perdre (ses plumes, etc.) — . — صوفهُ او ريشهُ او جلده
effiler; détordre; détortiller; effilocher — . — ∆ نسَّلَ : حلَّ
se multiplier; engendrer: procréer تَناسَلَ القومُ
descendre de — من فلان
descendance; progéniture; postérité; lignée; race, f نَسْلٌ : ذُرِّيَّة
descendant, e de من — : سليل
extinction des descendants, f انقراض الـــ
détorsion, f; effilage, m نَسْلٌ ٢ . تنسيل : حلّ
laine(f), poils(m.pl), plumes(f.pl), etc., qui tombent à la mue نُسَال . نُسَالة . نَسِيل
charpie; peluche, f نُسالة ٢ الكتان
effilure, f — الحبال وأمثالها
effiloche; effiloque, f — الحرير
bétail pour la reproduction m نَسُولة : تُقتنى للنسل
eproduction; génération successive, f تَناسُل
organes sexuels, m.pl, parties génitales, f.pl أعضاء الـــ

fistule anale, f — اسق او شرجي
bec, m مِنْسَر الطائر
bande, ou clique, de voleurs, f ∆ مَنْسَر : عصابة لصوص
sève, f ✱ نُسْغ النبات : لَبَنُهُ
raser; démolir de fond en comble ✱ نَسَفَ . إنتَسَفَ - البناء
faire sauter — . — بالبارود او الديناميت
passer au crible; vanner — بالمِنسَف : غربَل
résidu du vannage, m نُسافة المِنسَف
torpilleur m نَسَّافة : سفينة حربية
torpille, f قذيفة — : ∘ طُرّيد
van; crible, m مِنسَف . مِنسَفة : غربال كبير
mettre en ordre; coordonner; arranger avec symétrie; ranger ✱ نَسَقَ . نَسَّقَ : رتَّبَ
disposer en ordre — . — : نظم
étalager — الواجهات ∘ فترينات
coordonner (les classes) — الدرجات
être rangé, e, ou disposé, e, en ordre ou avec symétrie إنتسَقَ . تناسَقَ . تنَسَّقَ
ordre; rythme, m; symétrie; ordonnance, f نَسَقٌ . تناسُق : ترتيب
coordination; ordonnance, f نَسْق . تنسِيق
symétrique; bien coordonné, e نَسِيق . مُنَسَّق . مُتَناسِق الترتيب
se consacrer à la piété, ou à la pratique de la vertu ✱ نَسَكَ . تنسَّكَ : تزهّد وتعبّد

تَناسُلي : génital,e; sexuel,le; procréateur,rice

مَرَض — . : maladie vénérienne, f

(نسم) نَسَمَت ∆ نَسَّمَت . تَنَسَّمَت الريحُ : souffler doucement

تَنَسَّم ٢ : تنفَّس : respirer

— المكانُ بالطيب : sentir le parfum, ou l'encens

— الخبرَ : تشمّمه : aller aux informations

نَسَم (الواحدة نَسَمَة) : souffle de la vie, m

نَسَمة ٢ : انسان : homme, m; personne, f

— : مخلوق حيّ : être vivant, m

— هَواء : souffle, m

نَسيم : ريح ليِّنة : brise, f; zéphyr, m

مَنْسِمُ البعير : خُفّ : plante du pied du chameau, f; coussinet plantaire, m

∆ نَسْنَاس : سعدان ٣ : singe, m; guenon, f

☆ نُسْوَة . نِسْوان . نِساء : جمع امرأة : femmes, f.pl

نَسَا : عرق من الورك الى الكعب : nerf sciatique, m

∆ مرض عِرق النَّسا : sciatique, f

نُسْويّ . نِسائي : féminin,e: de femme

حزب نِسائي : parti féministe, m

الحركة النسائية : féminisme; mouvement féministe, m

∆ مُنَسْوَن : مُتَشبّه بالنساء : efféminé,e

☆ نَسِيَ : ضدّ تذكّر : oublier; omettre

— نفسَه او ذاته : s'oublier

نَسَّى . أَنْسَى : حمل على النسيان : faire oublier

تَناسَى : تظاهر بالنسيان : faire semblant d'oublier

— : حاول أن ينسى : chercher l'oubli, ou à oublier

نَسْي . نِسْيان : oubli, m

ايام الـــ (١١ يوماً) : épacte, f

نسيان (مرض النَّسْي) : amnésie, f

اصبح في زوايا النسيان : tomber dans l'oubli

نَسّاء . نَسِيّ . نَسْيان : oublieux,se; distrait,e

مَنْسِيّ : oublié,e; omis,e

☆ نسيئة (نسأ) ☆ نسيم (نسم) ☆ نش (نشش)

☆ نَشَأَ . نَشْوءٌ : حدث : arriver; se produire

— . — : نما : grandir; croitre

— . — : بدأ : commencer; naitre

— . — : نتج : s'ensuivre; résulter

— . — من كذا : provenir de; venir de

— . — الولدُ : grandir; être élevé,e

نَشَّأَ . أَنْشَأَ الولدَ : élever un enfant

أَنْشَأَ ٢ : اوجد . احدث : créer; produire

— : اسس : fonder

— : بنى : construire; faire bâtir

— الحديثَ : أَلَّفه : composer

إستنشأ الاخبارَ : s'informer de

نَشْءٌ . نُشوء . نَشْأَة : حدوث : survenance; arrivée, f

— . — : تولد : croissance, f

— . — : نموّ : développement, m; évolution, f

نظرية النشوء والارتقاء evolutionnisme, *m*
نَشأة ٢ : شبيبة jeunesse, *f*
الـ الحديثة la nouvelle génération, *f*
النَشء ٢ : النسلُ descendance; progéniture, *f*
نَاشيء : حادث qui survient, *ou* arrive
— : نامٍ grandissant, e
— من كذا : ناتج émanant, e de; provenant, e de
إنشَاء : احداث . ايجاد création, *f*
— : بناء . تركيب construction, érection, *f*
— : تأليف rédaction, *f*
— : موضوع انشائي composition, *f*
— : نص . اسلوب التأليف style, *m*
— المراسلات art de rédiger les lettres, *m*; rédaction, *f*
مقالة انشائيَّة (في جريدة) article de fond, *m*
مَنْشَأ : مَصْدر origine; source, *f*
— : مكان النشوء patrie d'origine, *f*
مُنْشِيء : موجد auteur; créateur, rice
— : مؤسس fondateur, rice
— : محرر . مؤلف auteur; rédacteur, rice
مُنشأة : مؤسَّسة établissement, *m*; entreprise; fondation; œuvre; institution, *f*
* نشا ، * نشاءٌ (نشو) △ نشانجي (نشن)
* نُشادِر . نُوشادِر ammoniaque, *f*
سُلفات الـ sulphate d'ammoniaque, *m*
ملح الـ العطري : خضَّاضة sels, *m.pl*

* نَشِبَ فيه : علق s'attacher; se coller; s'accrocher à
ـت الحرب بينهم la guerre éclata entre eux
نَشَّبَ . أَنْشَبَ ficher; fixer: insérer dans
— . — أظافره في planter ses ongles dans
تَنَشَّبَ فيه : تعلق s'accrocher à; être attaché, e à
نُشَّاب (الواحدة نُشَّابة) : سهم flèche, *f*
نُشَّابة الفطائري : △ شوبك طويل rouleau, *m*
— صيد الحيتان harpon, *m*
— عجلة timon de voiture, *m*
ظفر ناشب ongle incarné, *m*
* نَشَجَ : غُصَّ بالبكاء sangloter; être étouffé, e par les sanglots
نَشِيج sanglots, *m.pl*
* نَشَدَ . أَنْشَدَ : طلب . بحث عن chercher; rechercher
ـهُ . ناشَدَهُ الله وبالله : استحلفه adjurer qn au nom de Dieu
أنشده ٢ الشعرَ réciter des vers à qn
— : غنّى chanter
نَشْد . نِشْدان : طلب recherche; poursuite, *f*
نَشِيد . أُنشودة chant; hymne; morceau de déclamation, *m*
— الانشاد le Cantique des Cantiques
— ديني cantique; psaume, *m*
— وَطني hymne national, *m*
مُنْشِد chanteur, se
مُناشَدَة adjuration, *f*

* نَشَرَ. نَشَّرَ: بسط. مدّ : étaler; déployer; étendre
— . — : ضدّ طوى : déployer; déplier
— . — الغسيل : étendre le linge
— : اذاعَ : annoncer; publier
— كالرائحة او الاشعة : ارسل : répandre
— العلم : diffuser
— الخبر، الكتاب، الاعلان : publier; divulguer
— اعلاناً عن : insérer une annonce sur
— ديناً أو مبدأً : اذاعهُ وعلّم به : propager
— الخشبَ : قطعه بالمنشار : scier
— . أَنْشَرَ اللهُ الموتى : احياهم : ressusciter; rappeler à la vie
إِنْتَشَرَ. تَنَشَّرَ : s'étendre; se propager; se disperser; se répandre
— الخبرُ : se répandre; se propager
نَشْر الأخبار وغيرها : promulgation; publication; diffusion, *f*
— الكتب او الاخبار او الاعلانات : édition; publication, *f*
— الدعوة : propagande, *f*
— الخشب : sciage, *m*
— • نُشور: قيامة الأموات : résurrection, *f*
يوم الـ : jour du jugement dernier, *m*
نَشْرَة : اعلان : annonce, *f*
— : مَنْشور : circulaire, *f*
— يوميّة او اسبوعية : bulletin, *ou* feuille, quotidien *ou* hebdomadaire, *m*
— رسميّة : bulletin officiel, *m*
نَشَّار الخشب : scieur, *m*

نُشارَة الخشب : تراب النشر : sciure; sciure de bois, *f*
ناشِر : propagateur, rice; divulgateur, rice
— : الصلّ المصري : ←cobra, *m*
— الأخبار الكاذبة : semeur, se de faux bruits 
— الكتب أو الاخبار : éditeur, rice
إِنْتِشار : propagation; extension; dispersion, *f*
— المرض : propagation, *f*
نَشِير : °رُوب دِشَمْبِر : ← robe de chambre, *f*
مِنْشار : آلة النشر : ←scie, *f*
Δ — حلية أو دوران : scie circulaire, *f* 
Δ — شريط : scie à ruban, *f*
Δ — صقالة : scie de long, *f*; ←(passe-partout), *m*
— الجمجمة : °تربان : trépan, *m*
Δ — تِمْساح : ←scie à main, *f*
مَنْشُور : مقطوع بالمنشار : scié, e
— (كالغسيل) : étalé, e; étendu, e
— : منتشر : répandu, e
— : نَشْرة : circulaire, *f* 
— تجاري : prospectus, *m*
— من ملك او حاكم : ordonnance; proclamation, *f*; édit, *m*
— : موشور. جسم هندسي : ←prisme, *m*
مَنْشوريّ : موشوري : prismatique

سوق — marché animé, m

أُنْشُوطَة nœud; nœud coulant, m

تَنْشِيط stimulation, f

△ نَشَعَ الماءُ : نَزَّ . نَتَّ s'infiltrer; suinter; filtrer; découler

△ نَشْع : نَزازة infiltration d'eau, f

☆ نَشَفَ . تَنَشَّفَ الثوبُ العَرقَ absorber

— الماءُ والبئرُ être à sec

△ — المبتل : جفّ se dessécher; sécher; devenir sec (a.f sèche)

نَشَّفَ ٢ . نَشَّفَ الماء او الحبر sécher

— و — يديه او وجهه بمنشفة s'essuyer avec une serviette

△ نَشَّف ٢ : جَفَّفَ sécher; assécher

— الغسيل essorer

تَنَشَّفَ ٢ : مسح الماء عن جسده s'essuyer le corps

نَشَف . نُشُوفَة : نضوب الماء dessèchement, m; sécheresse; aridité, f

نَشَّاف . وَرَق نشّاف buvard; papier buvard, m

نَشَّافَة الحبر tampon-buvard, m

— مكتب : مِرفقة sous-main; buvard, m

نَاشِف : جَافّ sec (a.f. sèche); desséché, e

△ — : صلب dur, e

تَنْشِيف essuyage; séchage; dessèchement; essorage, m

مُنْتَشِر : ممتد étendu, e au loin

— : شائع . ذائع répandu, e; propagé, e

محل نشر الخشب scierie, f

☆ نَشَزَ : ارتفع être proéminent, e, en saillie, élevé, e

— ت المرأة بزوجها ومنه وعليه (راجع نشز) être rebelle à son mari

نَشَز : مكان مرتفع éminence; élévation, f; tertre, m

نَاشِز . نَشَاز : ناتئ protubérant, e; en saillie; proéminent, e

﴿ نشش ﴾ نَشَّ : أزَّ faire glouglou; bouillonner

△ — الذباب chasser les mouches

ورق نَشَاش : △ ورق نشّاف buvard; papier-buvard, m

△ مِنَشَّة الذبّان : مذبّة chasse-mouches, m

☆ نَشِطَ . تَنَشَّطَ : طابت نفسه être dispos, e, vif, ve, [en forme]

— في عمله être zélé, e, énergique

نَشَطَ . نَشَّطَ الحبلَ : عقده nouer la corde

نَشَّطَ ٢ . أَنْشَطَ : صيّره نشيطاً animer; raviver; rendre qn dispos, e, ou actif, ve

— . — : قوّى عزمه encourager

نَشَاط animation; activité; vivacité; ardeur, f; entrain, m

— إشعاعي radio-activité, f

نَشِيط . نَاشِط الى عمله énergique; actif, ve

— : خفيف الحركة agile; vif, ve; dégourdi, e; allègre

منشفة الوجه: قطيلة serviette, f
— الحمام serviette de bain, f

☆ نَشِقَ. تَنَشَّقَ. اسْتَنْشَقَ الهواء او الرائحة aspirer; inhaler; respirer; humer

نَشَّقَ ٢. اِسْتَنْشَقَ ٢ الماء والسعوط aspirer (eau); priser (tabac)

أَنْشَقَ ∆ نشّق faire une inhalation; faire flairer

نُشُوق: سُعوط tabac à priser, m

نَشْق. تَنَشُّق. اِسْتِنْشَاق inhalation; inspiration, f

∆ تَنْشِيقَة: قبصة نشوق prise de tabac, f

☆ نَشَلَ. اِنْتَشَلَ: نزع وخطف tirer avec rapidité; happer

— . —: خلّص tirer d'affaire; sauver

∆ —: سلب dérober; [chiper]; subtiliser

∆ نَشْل: سرقة الجيوب larcin; vol à la tire, m

∆ نَشّال: سارق الجيوب voleur,se à la tire; pickpocket; filou, m

☆ نَشِمَ اللحمُ être faisandée (viande)

∆ نَشَنَ: صوّب نحو viser; pointer; braquer vers

نِشَان. نِيشَان: تصويب visée, f; braquement, m

— . —: هدف cible, f

— . —: وسام décoration; médaille, f

نَشَنْجِي. نَشَانْجِي: هدّاف bon,ne tireur,se

نشنكاه: مُوَجِّه السلاح الناري mire, f

☆ نَشَا. نَشْوَة: سكر étourdissement causé par la boisson; enivrement, m

نَشْوَة ٢: اول السكر griserie, f

— الطرب extase, f; transport de joie, m; exaltation, f

نَشْوَان grisé,e; enivré,e; étourdi,e

—: طروب exalté,e; en extase; transporté,e de joie

نَشِيَ. انتشى: سَكِرَ se griser

∆ نَشَّى القماش amidonner

نَشَا. نَشَاء amidon, m

نَشَوِي d'amidon

مُنَشّى (كالقميص وغيره) amidonné,e

☆ نشوة (في نشأ) ☆ نصّ (في نصص)

☆ نَصَبَ: رفع. اقام dresser; ériger; ficher en terre

— الخيمة: ضربها dresser une tente

— شبكة او شركاً tendre un filet ou piège

— معسكراً asseoir, ou établir, un camp

— ه المرض أو الهم faire souffrir; fatiguer

∆ — عليه: غشّه escroquer; rouler; [mettre dedans]

ناصبه الحربَ déclarer la guerre à

نَاصَبَ ٢: عادى وقاوم manifester de la haine à; tenir contre; résister à

نَصَبَ ٣. نَصَّبَ: ولّى منصباً élever qn (à une dignité)

نصّبوه ٢ ملكاً عليهم proclamer roi

نصّب اذنيه: ارهفهما dresser les oreilles

نَصِبَ: جدّ واجتهد s'appliquer; se démener

—: تعب واعيا être las,se; s'échiner

أَنْصَبَ : اتعب fatiguer; lasser
— : جعل له نصيباً allouer à qn qc; donner une part à qn
إِنْتَصَبَ : قامَ se dresser; se lever
نَصْب : اقامة ، رَفْع élévation; érection, *f*
— : داء ، مَرَض maladie, *f*
△ — : احتيال للسرقة escroquerie; [flouerie], *f*
— . نُصْب : الشيء المنصوب ce qui est élevé, e, *ou* dressé, e
نُصْبٌ ٢ : تمثال . صنَم statue, *f*
— تذكاري monument; cromlech; dolmen, *m*
— عيني devant mes yeux
وضع الأمر — عينه ne pas perdre de vue
نَصَبٌ : كدٌّ fatigue; peine, *f*
— : عَلَم منصوب étendard levé, *m* 
نُصْبَة : مَعْلم الطريق poteau indicateur, *m*
— الأميال او الكيلومترات borne kilométrique, *f*
نِصَاب : اصل origine; source, *f*; principe, *m* 
— السكّين او السيف manche; poignée, *f*
ردّ كذا الى — rétablir; réintégrer
△ نَصَّاب : محتال للسرقة escroc; filou, *m*
△ — : دجّال charlatan, *m*
نَصِيب : حِصّة part; portion, *f*; lot, *m*; quote-part, *f*
— : حظّ . بخت chance; fortune, *f*

△ يا — : ○لوتاريَّة loterie, *f*
ورقة يا — billet de loterie, *m*
إِنْتِصاب érection, *f*
— القامة redressement de la taille, *m*
مناصِب adversaire; antagoniste
مَنْصِب : مقام او وظيفة rang, *m*; dignité; place, *f*
— : وظيفة poste, *m*; fonction, *f*
ارباب المناصب العالية hauts-fonctionnaires 
مِنْصَب : △وابور الطبخ cuisinière, *f*; fourneau de cuisine, *m*
مَنْصُوب : مُقام dressé, e; élevé, e; érigé, e
مُنْتَصِب redressé, e
☆ نَصَتَ وأَنْصَتَ له : اصغى écouter; prêter l'oreille à; écouter en silence
تَنَصَّتَ : تسمَّع خفية △ تصنَّت être aux écoutes
نَصْت . نُصْتَة : تسمُّع action d'écouter
تَنَصُّت : △ تصنُّت action d'écouter aux portes
مُتَنَصِّت écouteur, se aux portes
☆ نَصَحَ الرجلَ وله : قدّم له نصيحة conseiller; donner à qn un conseil
— الرجلَ وله المودة : اخلصها être sincère
إِنْتَصَحَ : قبل النصح suivre le conseil
إِسْتَنْصَحَ : طلب نصيحة demander conseil à
نُصْح . نَصِيحَة conseil; avis, *m*
نَصِيح : مقدّم النصيحة bon conseiller
☆ نَصَرَ . نَاصَرَ : اعان aider; assister; secourir

ـــه من عدوه . نجّاهُ منه delivrer qn de
ـــه على عدوه aider qn contre; soutenir
ـــ اللهُ فلاناً donner la victoire
نَصَّرَ : جعلهُ نصرانيًّا faire embrasser à qn la religion chrétienne
△ ـــ . عمَّدَ baptiser
تَنَصَّرَ : صار نصرانيًّا embrasser la religion chrétienne; se faire chrétien, ne
تَنَاصَرُوا : تعاونوا se prêter un secours mutuel
إِنْتَصَرَ avoir le dessus sur; triompher de; vaincre
نَصْر . إِنْتِصَار : ظفر victoire, f; triomphe, m
عُقِدَ له النصر avoir la victoire
نَصْرَانِيّ : مسيحي chrétien, ne
النَّصرانية chrétienté, f; christianisme, m
نَصِير . نَاصِر auxiliaire; aide; défenseur; champion, m
نَاصُور نَاسُور (راجع نسر) fistule, f
△ تَنْصِير : عِماد baptême, m
△ مَنْصَر : عصابة لصوص bande, ou clique, de malfaiteurs ou voleurs, f
مَنْصُور . مُنْتَصِر victorieux, se; vainqueur; triomphant, e
☆ نَصَّصَ . نَصَّ . △ رصَّ arrimer (navire); entasser; empiler
نَصَّ ٢ الحديثَ : اسندهُ الى قائله attribuer à
ـــ الكلام او الرسالة : هذَّبهُ وسطَّرهُ rédiger; composer en bonne forme
ـــ على : عيَّن . حدَّد indiquer; stipuler; déterminer

نَصّ : تحديد المعنى définition, f
ـــ الكتاب : مَتْن . خلاف الشرح texte, m; teneur, f
ـــ : شَرط terme, m; stipulation; condition, f
ـــ : عبارة . اسلوب التعبير diction; expression, f; style, m
△ نُصّ : نِصف (½) (راجع نصف) demi, e; moitié, f
△ ـــ على نُص : بَين بين comme ci comme ça
نُصَّة : قُصَّة شعر . ناصية toupet, m; mèche de cheveux, f
مِنَصَّةُ العروس siège, ou trône, de la nouvelle mariée, m 
ـــ الخطابة chaire; tribune; estrade, f
ـــ التصوير chevalet, m
ـــ القضاء tribunal, m
مَنْصُوص عليه : معيَّن indiqué, e
☆ نَصَعَ الأمر والحق : وضح être clair, e, ou évident, e
نَاصِع . نَصِيع : واضح clair, e; évident, e
ـــ . ـــ : خالص pur, e; sans mélange
ـــ البياض d'un blanc pur; d'une blancheur éclatante
حقّ ـــ . vérité manifeste, ou éclatante, f
دليل ـــ . preuve évidente, ou manifeste, f
☆ نَصَفَ : بلغ النصفَ arriver à la moitié de
ـــ الشيء : أخذ نصفه prendre la moitié de

— الشيء : قسمه نصفين diviser par moitié
٥ — . انصفَ الرجلَ : عامله بالعدل faire justice à; traiter avec équité
٥ — . — الرجلُ : كان عادلاً être juste
تَنَصَّفَ ٢ . انْتَصَفَ ٢ . اسْتَنْصَفَ : طلب الانصاف demander justice
— . — منه : انتقمَ se venger de
ناصَفَ : اقتسم مناصفة partager par moitié
نِصْف : متوسط moyen, ne
— : احد قسمي الشيء (والجمع انصاف) moitié, *f*
— : منتصف وسط milieu, *m*
— دائرة demi-cercle, *m*
— شَهري semi-mensuel
— قُطر ←rayon, *m*
— او منتصف النهار midi, *m*
— او — الليل minuit, *m*
— الشتاء او الصيف milieu, *ou* cœur, de l'hiver *ou* l'été, *m*
— او — الطريق milieu du chemin, *m*
— اجرة (في القطار مثلا) demi-place, *f*
— ساعة une demi-heure, *f*
ساعة و — une heure et demie
في — المسافة à mi, *ou* à moitié, chemin
٥ — سِوا : مُهَضَّب . مطبوخ قليلاً à moitié cuit, e ; demi-cuit, e
٥ — عُمْر : مُسْتَعْمَل de seconde main ; d'occasion
إنْصاف . نَصَف : عَدل équité ; justice, *f*
انصافاً لكذا pour rendre justice à
بانصاف équitablement ; justement
تَنصيف : شَطْر partage en deux, *m* ; bissection, *f*
مُنَاصَفَة en deux
مُنَصِّف الزاوية bisecteur, *m*
مُنْصِف : عادل juste ; équitable
مُنْتَصَف كذا milieu de, *m*
— الساعة العاشرة neuf heures et demie
☆ نَصَلَ . تَنَصَّلَ من كذا : تخلص se dérober à ; se soustraire à
— اللونُ : تغيَّر ٥ بَهَت virer ; passer ; se faner ; perdre son éclat
تَنَصَّلَ ٢ من : تَبَرَّأ se laver les mains de
— من المسئولية éluder sa responsabilité
نَصْلُ الرمح : سِنانه fer de lance, *ou* de flèche, *m*
— السهم : سِنانه pointe de flèche, *f*
— الريشة barbe d'une plume, *f*
— السكين والسيف وامثالهما lame, *f*
☆ نُصُمَة : صورة تُعبد icône, *f*
(نصو) ناصِيَة : شعر مقدم الرأس toupet, *m*
ناصية : مقدّم الرأس devant de la tête, *m*
٥ — : رُكن coin, *m* ; encoignure, *f*
٥ حجر الناصية ←coin, *m*
قبض على ناصية السوق او الحالة tenir en mains, *ou* sous la main
☆ نصيب (في نصب) ☆ نضال (في نضل)

٭ نَضَبَ الماء : غار في الأرض s'infiltrer dans le sol; être absorbé, e par le sol

— النهرُ : ذهب ماؤه sécher; tarir

— الشيء : نَفَدَ s'épuiser

لا ينضب : لايفرغ inépuisable; intarissable

نُضُوب : نَفاد tarissement; épuisement, m; déplétion, f

ناضِب: لاماءاوخيرفيه sec (a.f sèche); aride; tari, e

— : غير مثمر او منتج stérile; improductif, ve

٭ نَضِجَ الثمر والرأي والأمر الخ mûrir; venir à maturité

— الطبخُ être cuit, e

— الأمرُ او المشروع mûrir

أنضج الثمر mûrir; faire arriver à maturité

— الطبخ cuire (à point)

نُضْج maturité; coction; cuisson (manger), f

ناضِج. نَضِيج (للثمر والحبوب وغيرها) mûr, e

— . — (للطبخ) cuit, e à point

— . — (للدمّل) mûr (abcès)

— و — الرأي d'esprit mûr

٭ نَضَحَ بالماء : رشّ asperger; arroser (d'eau)

— بالماء : بَلَّلَ mouiller; humecter

— الزرعَ : سقاه رشًّا asperger

— الشواء بالدهن (مثلاً) : سَأْسَأَهُ arroser

— الاناءُ : رشح suinter; découler; filtrer

— العرقَ وكل سائل : خرج exsuder; sécréter

نَضْح : رَشّ aspersion, f; arrosement, m

— : رشح suintement, m; exsudation; fuite, f

نَضَّاحة. مِنْضَحة. مِرَشَّة aspersoir, m

— . — : ٥رشاشة goupillon, m

مِنْضَحة الزرع arrosoir, m

مِنْضَح : ٥دوش douche, f

٭ نَضَدَ. نَضَّدَ : ركم empiler; arrimer; entasser

— . — : نسّق mettre en ordre

نَضَد. مِنْضَدة : سرير الرقاد lit, m

نَضِيدة : حشيّة ٥فرشة matelas, m

— : وسادة coussin, m

مِنْضَدة كتُب bibliothèque, f

نَضِيد superposé, e; disposé, e par couches

٭ نَضَرَ. أنضر الوجه والنباتُ briller; avoir de l'éclat

— . — الشجرُ: اخضرّ ورقه verdoyer

— . — اللونُ : زها être éclatant, e; luisant, e

نَضِر. نَضِير. ناضِر verdoyant, e; florissant, e; luxuriant, e

ناضِر : ناعم او حسن frais (a.f fraîche)

لَوْن — : شديد vif, ve; brillant, e

نَضْرة. نَضارة éclat, m; fraîcheur, f

نَضارة الشباب l'éclat de la jeunesse, m

* نَضَّضَ : حرَّكَ — agiter; secouer; remuer

نَضَّ الماءُ : رشح — suinter; découler

نَضّ : نَقْد — espèce sonnante; monnaie; au comptant

نضا . نضى عنه الثوب — ôter ses habits

* نَضَفَ . إنتَضَفَ ماق الضرع : رضع كل ما فيه — épuiser le lait de sa mère

نَضِفَ . نَضِيف : عكس نظيف — sale; impur,e

△ نَضِيف ٢ : نَظِيف — propre

* نَضَلَ : غَلَبَ — vaincre

ناضَلَ : بارى — lutter

— عنه — prendre la défense de

تَناضَلوا — rivaliser; concourir

نِضال : مُناضَلَة — lutte; contention; dispute; rivalité, *f*

* نطّ (في نطط) * نطاق (في نطق)

* نَطَحَ : ضرب بقرنه او برأسه — frapper de la corne, *ou* de la tête

إنتطحَ وتناطحَ الكبشان — cosser; combattre à coups de corne

نَطْح — coup de tête; coup de corne, *m*

نطّاح — qui frappe de la tête

ناطِحَة السحاب : صَرح — ←gratte-ciel, *m*

* نَطَرَ : حرَس (راجع حرس) — garder; surveiller

ناطِر . ناطور — garde; gardien,ne

نُطّار : فَزّاعَة . خَرّاعَة — ←épouvantail, *m*

* نَطْرُون — natron; natrum, *m*

* نَطْس . نَطُس . نَطاسِيّ : عالِم — savant,e; érudit,e

نَطاسِيّ (والجمع نُطُس) : طبيب حاذق — sommité, *f*; médecin habile, *m*

(نطط) نَطَّ : وثَبَ — sauter; bondir

— الحبل (كالبنات في لعبهم) — ↑sauter à la corde

△ — على : سَفَدَ — couvrir

△ نَطَّطَ : جعله يثب — faire sauter

تَنَطَّطَ : تَقَمَّزَ — gambader; sautiller

نَطَّة : وثبة — saut; bond, *m*

△ لعبة الـ : دُبّاخ — ←saute-mouton, *m*

نَطّاط : وثّاب — sauteur,se

△ نَطْع : جلف — muffle; rustre; grossier

* نَطَفَ : سال قليلاً قليلاً — ruisseler; dégoutter lentement

نُطْفَة : ماءٌ صافٍ — eau pure; *ou* une goutte d'eau, *f*

— : ماء الذكر أو الانثى — sperme, *m*; semence, *f*

* نَطَقَ : تكَلَّمَ — parler; prononcer

— بالحكم — prononcer un jugement

نَطَّقَ . أنطَقَ : جعله ينطق — faire parler

— : حَزَّم : ceindre; mettre une ceinture à

△ — الطبيخ : حرَّكه : faire sauter

تَنَطَّقَ . تَمَنْطَقَ : se ceindre de qc; mettre une ceinture

إستَنْطَقَ الشاهد : faire subir un interrogatoire à qn

△ — : قاء : vomir; rendre

نُطْق : كلام : parole, *f*

— خارجيّ : لفظ : prononciation; articulation, *f*

فاقِدُ الـ . : privé,e de la parole; aphone *ou* évanoui,e

نِطَاق . مِنطَق : زنّار . حزام ← ceinture, *f*

— : حدّ . تخم : limite; borne, *f*

— : نُقْبة △ تَنُّورة ← jupe, *f*

— : دائرة . منطقة : zone; sphère, *f*

— صحي : cordon sanitaire, *m*

نَاطِق : يتكلم : doué,e de la parole

△ فيلْم سينمائي — . : film parlant, *m*

صورة ناطقة : portrait vivant, *m*

إسْتِنطَاق : إستجواب : interrogatoire, *m*

مَنطِق : parole, *f*; langage, *m*

علم الـ . : logique, *f*

مَنطقيّ : عقليّ (او مختص بعلم المنطق) : logique

— : عالم بالمنطق : logicien,ne

مِنْطَقة : دائرة : zone, *f*

— : إقليم : région, *f*; district, *m*

— النجاة (من الغرق) ← ceinture de sauvetage, *f*

— حرام (محرَّم دخولها) : zone interdite, *f*

— نفوذ : sphère, *ou* zone, d'influence, *f*

— البروج : zodiaque, *m*

الـ . الحارة اي الاستوائيّة ← zone torride, *f*

المنطقتان المتدلتان : zones tempérées, *f.pl*

مِنطَقيّ : مختص بمنطقة : zonier, ère

مَنْطُوق : خلاف المفهوم : dit,e; énoncé,e

— الحكم : dispositif du jugement, *m*

— الكلمة : signification propre, *f*

مُسْتَنْطِق : inquisiteur; enquêteur, se

*نَطَلَ . نَطَّلَ : عصر : presser; exprimer (le jus de)

— ه — : صبّ النطول على : fomenter; mouiller dans une décoction

△ — الماء من : دلج . نزح : vider; écoper

نَطُول : fomentation médicale, *f*

مِنطَل : مِنضَح (انظر نضح) : douche, *f*

*نَظَرَ : رأى : regarder; voir; apercevoir

— الى : رمق : lorgner; observer

— في الأمر : فحصه وفكر فيه : examiner; considérer

— بينهم : حكم : intervenir comme arbitre entre

— الدعوى : connaître de l'affaire; examiner une affaire

نَاظَرَ : صار نظيراً له : égaliser

△ — العمل : شارفه : surveiller

تناظرا : تجادلا : discuter ensemble; débattre

تَنَظَّرَ . إِنْتَظَرَ . إِسْتَنْظَرَ : تأمَّل — examiner attentivement
— . — . — : تأنّي على — patienter avec
إِنتظر ٢ . إستنظر ٢ : توقَّع — s'attendre à
— . — : ترقَّب . تطلع الى — attendre
— . — : صبر — patienter; prendre patience
نَظَر : بصر — regard; coup d'œil, *m*; vue, *f*
— : بَصيرة — perspicacité; sagacité, *f*
— : رعاية او اعتبار — considération, *f*; égard, *m*
— : التفات. ملاحظة — attention; remarque, *f*
— الدعوى — examen de l'affaire, *m*
بعيد او طويل الـ . — presbyte; *ou* clairvoyant, e
قصير الـ . — myope; *ou* borné, e; imprévoyant, e
مسئلة فيها — . — c'est une question discutable
تحت الـ . — à l'examen; sous examen
بصرف الـ عن — sans égard à
في نَظري (أي تقديري) — d'après moi; à mon avis
نظراً الى . بالنظر الى — vu; vu que; en raison de; étant donné
نَظَري : مختص بالنظر — optique; visuel, le
— : ضدّ عملي — théorique
نَظريًّا : ضدّ عمليًّا — théoriquement
نَظْرَة : المرّة من « نظر » — un regard; un coup d'œil, *m*
— : رحمة — bienveillance, *f*
— الى الماضي — rétrospection, *f*
نَظَرِيَّة : قضية تحتاج الى برهان — théorème, *m*
— : رأي . مذهب — théorie, *f*

نَظَّارَة : متفرجون — spectateurs, rices 
— : Δ عوينات — lunettes, *f.pl* 
— (راكبة) الأنف — pince-nez; lorgnon, *m*  
— لعين واحدة — monocle, *m*
— المسارح — binocle, *m*
— معظِّمة — loupe, *f*; verre grossissant, *m*
— حربيّة — jumelle, *f*
— الرَّصْد الفلكي — télescope, *m*
— مقرِّبة : مِقراب — longue-vue; lunette d'approche, *f*
— مكبرة : (انظر جهر) — microscope, *m* 
Δ — الخيل — œillère, *f*
اطار الـ . — monture (de lunettes), *f*
نِظَارَة : ادارة — direction; gérance; administration, *f*
ناظِر : راءٍ — spectateur, rice; qui regarde
Δ — : مُدير — directeur, rice; gérant, e
Δ — مزرعة (اي عزبة او ابعادية) — gérant, *ou* régisseur, de ferme; intendant, *ou* surveillant de culture, *m*
Δ — محطة (سكة الحديد) — chef de gare, *m*
Δ — مدرسة — proviseur; directeur, *m*
Δ — وقف — *nazir*, *m*, *nazira*, *f*
ناظِرَة : رئيسة — directrice, *f*

نَظِير : مَثِيل أو مِثْل — égal, e; ou semblable; pareil, le
الـ — السمت (في الفلك) — Nadir, m
إنتِظَار . إِسْتِنْظَار : توقُّع — attente, f
غرفة الـ — salle d'attente, f
على غير — à l'improviste; inopinément
مَنْظَر : مَشْهد — vue, f; spectacle, m
— : طلعة — perspective, f; aspect, m
— طبيعي — paysage, m
— عامّ . مَنْظَرَة — panorama, m; physionomie, f
— . — : مكان مرتفع تنظر منه — belvédère, m
— من علٍ (مكان مرتفع) — vue (f), ou plan (m), à vol d'oiseau
عِلْم المناظر : لمعرفة مقادير الاشياء باعتبار قربها او بعدها من الناظر — perspectif, m
مَنظَرَة ٢ : ∆ مَنْدَرة . غرفة استقبال الضيوف — antichambre; salle d'attente, f
مِنظَار . مِنْظَار : نظّارة — lunettes, f pl; télescope; microscope, m; jumelle, f, etc.
مِنظار طبّي (وبمعنى مرآة معدنيّة) — spéculum, m
— آلة التصوير — viseur, m
مَنظُور : يُرَى — visible
— : مُصابٌ بالعين — atteint, e par le mauvais œil
— : مُنتظَر — en vue; attendu, e
— امثل — perspective idéale, f
— جوّي — perspective aérienne, f
— جانبي — profil, m; vue de profil, ou de côté, f
رسم الـ . رسم نَظَري — dessin de perspective, m
غير — . — invisible

مُناظِر : مِثْل — semblable; pareil, le
— : مُنافِس — concurrent, e; rival, e
مُناظَرَة : منافسة — concurrence, f
— : جدال — controverse, f; débat, m
مُنتَظَر : متوقَّع — attendu, e; en perspective; en vue
غير — . — imprévu, e; inattendu, e
☆نَظُفَ : كان نظيفاً — être propre
نَظَّفَ : طهَّر — nettoyer; curer; déterger; purifier
تَنَظَّفَ — se nettoyer
نظافة : ضدّ وساخة — propreté, f
نَظِيف : ضدّ وسخ — propre
تَنْظِيف : تطهير — nettoyage; nettoiement; curage, m; désinfection, f
مُنَظِّف — nettoyeur, se; cureur
— داخلي — dépuratif; détersif; détergent, m
☆نَظَمَ . نَظَّمَ : رَتَّبَ — ordonner; arranger; disposer en ordre; organiser
— . — اللؤلؤ في خيط — enfiler
— . — الأمرَ : اقامه — régler; arranger
— . — الشِّعْر — composer des vers; versifier
إنْتَظَمَ . تَنَظَّمَ . تناظَمَ : ترتَّب — être mis, e en ordre, organisé, e, ordonné, e
— . — . — الأمرُ — être réglé, ou arrangé
— في سلك الجمعيّة — s'affilier; adhérer à
نَظْم . تَنْظِيم — organisation, f; arrangement, m
— : شِعْر — poésie, f
— الشِّعْر : تأليفه — versification, f

نِظَام : ترتيب	organisation, f; ordre, m
— سياسي او صحي او غذائي	régime, m
— : نسق	ordre, m; méthode, f
— : تعليم . تهذيب	règle de conduite; discipline, f
— نقابي	corporatisme, m
— الزوجية	regime matrimonial, f
الـ الشمسي	système solaire, m
الـ العسكري	discipline (f), ou régime (m), militaire
نظامي : مرتّب	réguli er, ère; en ordre; réglé, e
جَيْش — .	troupes régulières, f.pl
عسكري — .	soldat régulier, m
نَاظِم : شاعِر	poète, m
— . مُنَظِّم : مدبّر	organisateur, rice
إِنْتِظَام	régularité, f
تَنْظِيم	organisation, f
∆ خط الـ . (في الحربية)	alignement, f
∆ مصلحة الـ .	le Tanzim, m; l'administration édilitaire, f
مُنظَّم . مَنْظوم	bien ordonné, e, ou coordonné, e
منظمة	organisation, f
مَنظوم ٢ : خلاف الكلام المنثور	en vers; en poésie
مُنظِّم . ناظِم : مرتّب او مدبّر	organisateur, rice
— الآلة : حكمة	régulateur. m
مُنتَظِم	réguli er, ère; méthodique
غير —	irréguli er, ère
٥ نظير (في نظر) ٥ نعام (في نعم)	
٥ نعب الغرابُ	croasser
— : انذر بالبين	présager les malheurs
نَعْب . نَعِيب	plainte, f; gémissement; croassement, m
نَعَّاب : ∆ قرّار ∆ نقاق	grognon, ne
٥ نَعَتَ : وصَفَ	décrire; qualifier
نَعْت : وصْف	description; qualification, f
— : صِفَة	attribut, m; épithète, f
— (في النحو)	adjectif, m
— عددي	adjectif numéral, m
— وصْفي	adjectif qualificatif, m
نَعْتي	descripti f, ve; qualificati f, ve
٥ نَعْجَة : انثى الضأن	brebis, f
٥ نعر : صاح وصوّت بأنفه	faire entendre un son par le nez; nasiller
∆ — الثورُ : جأرَ	beugler; mugir
نَعْرَة : صوت من الأنف	nasillement; son émis par le nez, m
نُعَرَة : ذبابة الخيل او الحمير او الغنم	œstre; taon, m; hippobosque; mouche verte, f
— : خيشوم	cartillages du nez, m.pl
نُعَرَة : كِبْر وخيلاء	orgueil, m; arrogance, f
— قوميّة	chauvinisme, m; patriotisme exagéré, m
نَعَّار : صيّاح	criard, e
— : طائر حسن الصوت	serin, m

∆ نَعَّارة : خُذروف مصوِّت ← toupie d'Allemagne, *f*

نَعِير : صراخ . صياح cris, *m.pl*; vacarme, *m*; clameur, *f*

∆ نعير الثيران : جُؤار beuglement, mugissement, *m*

نَاعِرَة : دولاب طاحون الماء ← roue à augets, *f*

نَاعُورَة : سانية noria: roue ←d'irrigation, *f*

* نَعَسَ : اخذته فترة في حواسه فقارب النوم somnoler; être somnolent,e; s'assoupir

∆ — : نامَ dormir

انْعَسَ ∆ نعّسَ assoupir; endormir

نُعَاس somnolence, *f*; assoupissement, *m*; envie de dormir, *f*

نَعْسَان . نَاعِس somnolent,e; assoupi,e

مُنْعِس (راجع نوم) assoupissant,e

* نَعَشَ . نَعَّشَ . أنعَشَ : أحيى ranimer

— . — . — : نشّط animer; vivifier

إنتعشَ من سقطة او مرض se relever (d'une chute, maladie, etc)

— : نشط se ranimer; se dégourdir

نَعْش : تابوت (صندوق) الموتى bière, *f*; cercueil, *m*

إنعاش ravivage; rafraîchissement, *m*

إنتعاش ranimation, *f*

مُنْعِش rafraîchissant,e ; ravivant,e

— طَقْس . temps frais, *m*

* نَعَظَ القضيبُ se dresser; être en érection

إنعاظ orgasme, *m*

* نَعَقَ الغرابُ (راجع نَعَبَ) croasser

— البومُ hululer; huer; ululer

نَعْق . نَعِيقُ البوم hululement; ululément, *m*; hululation; ululation, *f*

— . — الغراب croassement, *m*

* نَعَلَ . نَعَّلَ . أنعلَ : ألبسه نعلاً chausser

— . — . — الحصانَ ferrer

نَعِلَ . تَنَعَّلَ . إنتعلَ se chausser (homme); être ferré (cheval, âne, etc.)

نَعْل : حِذاء chaussure; *ou* sandale; espadrille, *f*

— الحذاء ←semelle, *f*

— الفرس : ∆ حدوة ← fer à cheval, *m*

— : خُرفة . صندل ←sandale, *f*

ناعِل . مُنْتَعِل : ذو نعل chaussé, e (homme); ferré, e (monture)

* نَعِمَ الرجلُ : رَفُهَ vivre dans l'aisance

— عيشه : رَفُهَ avoir une vie aisée, facile, large

— به عيناً se réjouir de

نَعِمَ [٢] العودُ : نَضِرَ être vert,e et tendre

— المسحوقُ être fin,e, *ou* en poudre

نَعِمَ [٣] : لانَ مَلْمَسه être lisse, poli,e, doux,ce au toucher

نَعَّمَ : ملَّس — unir; lisser; polir; dégauchir

— : رفَّه — procurer à qn une vie aisée, ou de bien-être

Δ — المسحوقَ — pulvériser; réduire en poudre

انْعَمَ النظرَ في الأمر — considérer attentivement

— على — accorder; conférer

— اللهُ صباحك أو عِمْ صباحاً — bonjour !

تَنَعَّمَ : ترفَّه — mener une vie facile; jouir de la vie; vivre dans l'aisance

نِعْمَ الرجلُ زيدٌ — X est un excellent homme

— ما فعلت — vous avez bien fait

نَعَمْ : بَلَى — oui

— : حقّاً — certes; certainement; assurément

نَعَمٌ . أنعام : مواشٍ — bétail, *m*; bestiaux, *m.pl*

نُعم . نَعمة : خلاف بؤس — prospérité; aisance; fortune, *f*

نِعمة : مِنَّة — grâce; faveur, *f* bienfait, *m*

— الله — la grâce de Dieu

حَديث — — parvenu,e; nouveau riche, *m*

نِعَمُ الحياة: اطايبها — les bonnes choses, *ou* les douceurs, de la vie

شقائق النُّعمان: نبات مزهر — anémone, *f*

نعام (الواحدة نعامة) — autruche, *f*

نعامة الدماغ — membrane du cerveau, *f*

— القَدَم : Δ بطن الرجل — cou-de-pied, *m*

نُعومة : ليِّن الملمس — douceur; mollesse, *f*; velouté, *m*

منذ — اظفاره — dès son jeune âge

نَعيم : رغد العيش — aisance; vie de bien-être, *f*

— : سعادة — délices, *m.pl*; félicité, *f*; bonheur, *m*

— : فردوس — paradis, *m*

ناعِم : ليِّن الملمس — lisse; doux,ce; velouté,e

Δ — : ضد خشن — fin,e; en poudre, *m*

— البال — tranquille; sans souci, *ou* tracas; en paix

— اللسان — au doux parler; mielleux,se

Δ سُكَّر — . — sucre en poudre, *m*

شعر — . — cheveux souples, *m.pl*

عَيش — . — aisance; vie facile, *f*

بشرة — — peau lisse, *f*

تَنَعُّم — jouissance, *f*; bien-être, *m*

إنعام : عطيَّة — faveur, *f*; acte de bienfaisance, *m*; largesse; grâce, *f*

— النظر : امعان — mûre réflexion; méditation, *f*

مُنعِم — bienfaiteur,rice; donateur,rice

مُنعَم . مُتنعِّم — dans l'aisance; aisé,e

Δ نَعنَشَ : انعشَ (راجع نعش) — vivifier; ranimer; raviver; dérider

* نَعنَع . نَعناع — menthe, *f*

أقراص نعناع — pastilles de menthe, *f.pl*

☆ نَعَى فلاناً : خبّر بوفاته — annoncer la mort de

— الأصحابَ : دعاهم الى دفن ميتهِ — inviter qn à l'enterrement, ou aux funérailles de

— عليه عمله — reprocher à qn (ses fautes)

△ — : بكى — se plaindre ; se lamenter

نَعِيّ . نَاعٍ : مُخبِر بوفاة — qui annonce la mort de qn

— . نَعْي . نُعْيَان — annonce, *ou* nouvelle, de la mort de qn, *f*

☆ نعيم (في نعم)

☆ نَغَزَ : نزغ . وخز — piquer

△ عنده نـغـزة « في عقله » — être toqué, e

☆ نَغَشَ . تنغّشَ : تحرك واضطرب — être agité, e; remuer

△ نَاغَشَ : داعب . لعب مع — folâtrer ; badiner

△ — : غازَلَ وداعب . ناغى — flirter ; courtiser ; faire la cour à ; taquiner

△ نَغيشة : شموع — coquette; flirteuse, *f*

نُغاش . نُغاشي : ○ قُـزعة — nain; pygmée, *m*

△ مناغشة : مغازلة غراميّة — flirt, *m*; cour, *f*

☆ نَغَّصَ . أنغصَ عيشه — troubler, *ou* abreuver d'amertume, la vie de qn

— لذّة عيشه — empoisonner sa vie

تنغّصَ عيشه — être troublée *ou* rendue amère (vie)

☆ نَغِلَ الجرحُ : △ عمّل . اغذ — suppurer; s'ulcérer; s'envenimer

— قلبه على : ضغن — en vouloir à ; avoir de la rancune contre qn

نَغْل . نَغِيل : ولد الزنى — enfant illégitime, *ou* naturel ; bâtard, e

نُغُولة — bâtardise, *f*

☆ نَغَمَ . نغِم . تنغّم — fredonner

نَغْم . نَغَم — symphonie; harmonie, *f*

نَغْمة . نَغَمة — mélodie, *f*; air; son; ton, *m*

☆ نَغْو . نَغْي : كلام — parler doux, *m*

نَاغَى الصبيَّ : كلّمه بما يعجبه — cajoler

△ — الصبيُّ — babiller

☆ نَفَّ الأرضَ : بذرها — ensemencer la terre

△ — : مخّط — se moucher

☆ نفاس (نفس) ☆ نفاق (نفق) ☆ نفاية (نفى)

○ نَفْتَالين — naphtaline, *f*

☆ نَفَثَ المصدورُ : رمى بالنفاثة — expectorer; cracher

— الثعبانُ السمَّ — jeter son venin

— غلّه على — vider son fiel sur

نَفْث . نُفَاثة — expectoration, *f*; crachat, *m*

طائرة نفّاثة — avion à réaction, *m*

مُنَفِّث : يطرد البلغم من الصدر — expectorant, e, *a* et *m*

(نفج) نَفّاج △ فشّار — vantard, e; fanfaron, ne; présomptueux, se

☆ نَفَحَ الطيبُ : انتشرت رائحته — répandre (parfum); être répandue (odeur)

— ت الريحُ : هبّت — souffler

— ه بكذا : اعطاه ايّاه — conférer ; donner

نَفْحَةُ الطيبِ : رائحته — bouquet; arôme, *m*; odeur agréable, *f*

— الريح : هبّته — souffle, *m*; bouffée d'air, *f*

— : عطيّة — don; présent, *m*; gratification, *f*

إنفِحة. إنْفَحّة. مِنْفحةُ التجبين — présure, *f*

— : المعدة الرابعة للمجترات — caillette, *f*

* نَفَخَ. نَفَّخَ بفمه — souffler

— البوقَ او فيه — sonner

— الشيء : ملأه بالهواء (كالاطار) — gonfler

— فيه (من روحه) — insuffler

— : فخّمَ — enfler, *ou* gonfler, de flatterie; flatter

— شِدقيه. إنتفخَ : تعظّم وتكبر — se bouffir, *ou* se gonfler, d'orgueil

— ت اوداجه (من الغضب) — bouffer de colère

إنتَفَخَ : امتلأ بالهواء — se gonfler; être gonflé,e

— : ورم او ارتفع — s'enfler; se boursoufler

نَفْخ : المصدر من « نفخ » — soufflage; souffle, *m*

— : ملءٌ بالهواء — gonflement, *m*

— Δ نفخة : كِبر — orgueil, *m*; vanité, *f*

نَفخة : المرّة من « نفخ » — un souffle

— من الفم — bouffée, *f*

— ريح — coup de vent, *m*

— البطن — flatulence, *f*

نَفّاخ. نافخ : مِرياح — venteux,se; flatueux,se

نفّاخة : فقّاعة ماء — bulle, *f*

— السمك : عوّامة — vésicule du poisson, *f*

نافخ : الذي ينفخ — souffleur,se

Δ نافوخ الطفل : يافوخ — fontanelle, *f*; crâne, *m*

Δ — : قمّة الرأس — sommet de la tête, *m*

إنتفاخ. تنفيخ : وَرَم — enflure; bouffissure; boursouflure, *f*

— : الامتلاء بالهواء — gonflement, *m*; inflation, *f*

— البطن — flatulence, *f*

Δ تنفيخ العقد : ← طِبن العقد — intrados, *m*

مِنفاخ. مِنفخ — soufflet, *m*

— اطارات العجلات : Δ طرمبة ← pompe, *f*

— الصائغ : تِلام Δ بوري — chalumeau, *m*

منفوخ. منتفخ : ممتلئ بالهواء — gonflé,e

— : وارم — enflé,e; boursouflé,e

* نَفِدَ : فرغ. فني — être épuisé,e, dépensé,e, consommé,e

— ت طبعة الكتاب — être épuisé,e

أنفَدَ. إستنفد — épuiser; dépenser

نفدة حسابية — entrée, *f*

نفاد — épuisement, *m*

إستنفاد — consommation, *f*; épuisement, *m*

* نَفَذَ في الشيء ومنه : اخترق — transpercer; passer de part en part, *ou* à travers; pénétrer

— الأمر او القول : جرى وتمّ — être exécuté,e

— المنزل الى الطريق : اتصل به — donner sur; avoir accès à, *ou* sur

— « : اَدّى اليه — communiquer avec
— السهمُ : قُضي الامرُ — le sort en est jeté
نَفَذَ . أَنْفَذَ : جعله يخترق — faire pénétrer, *ou* passer à travers
— . — الى : بعث به اليه — faire parvenir, *ou* envoyer à qn qc
— . — الأمرَ — exécuter
لا ينفذهُ الرصاص — blindé,e; à l'épreuve des balles
لا ينفذه الماء — imperméable
نَفاذ . نُفوذ : اختراق — pénétration, *f*
— . — : اجراء — exécution, *f*
نُفوذ[٢] : سُلطة — influence, *f*; pouvoir, *m*
ذو — . — influent,e
نافِذ : معمول به — en vigueur
— : ثاقب — perçant,e
— المفعول : مؤثر — efficace
امر — او مشمول بالنفاذ — exécutoire (ordonnance, jugement)
طريق — : سالك او مطروق — (chemin) battu, frayé, non obstrué
نافِذَة : خرق في حائط او غيره — ouverture, *f*
— : شُبّاك — ←fenêtre, *f*
إنفاذ : ارسال — expédition, *f*; envoi, *m*
— . تنفيذ : اجراء — envoi, *m*; exécution, *f*
ايقاف التنفيذ[٢] — sursis, *m*
تنفيذي : اجرائي — exécutif, ve; exécutoire
الهيئة او السلطة التنفيذية — l'exécutif; pouvoir exécutif, *m*
مَنْفَذ : مَجاز — passage, *m*
— : مخرج — issue, *f*

— : خرق — ouverture, *f*: orifice, *m*
مُنَفِّذ : مُنجز — exécuteur,rice
— الحكم بالاعدام — bourreau, *m*
☆نَفَرَ منه : جزع منه وتباعد عنه — s'effaroucher; s'enfuir
— : نتأ — saillir: jaillir *ou* s'enfler
— منه : كرهه — avoir de l'aversion pour
— عنه : تباعد . اعرض — éviter:
△ — الدمُ : نَهَرَ — jaillir; ruisseler
نَفَّرَ . أنْفَرَ : أجزع وأبعد — effaroucher; faire fuir
— منه : جعله يكرهه — aliéner; indisposer contre
نافَرَهُ . تنافَروا — ne pas se sentir; avoir une aversion mutuelle
نَفَر . نفير : جماعة — groupe, *m*; petite troupe de gens, *f*
— : شخص — personne, *f*; homme; individu; particulier, *m*
△ — : جندي بسيط — simple soldat; soldat
△ — قُرعة — conscrit, *m*; recrue, *f*
نُفور : هروب — fuite; frayeur, *f*
— : كراهة — aversion; phobie; répulsion: horreur: antipathie, *f*
— : بروز — protubérance; saillie, *f*; relief, *m*
نَفور : هيّاب — farouche; timide; ombrageux,se
○نفير : بوق — cor; clairon, *m*; ←trompette, *f*
نافِر منه : كاره فيه — qui a de l'aversion pour
— : بارز — en saillie; en relief; protubérant,e
△نافورة △نوفرة : فسقية ← — fontaine, *f*; jet d'eau, *m*

تَنَافُرٌ : عدم مطابقة او موافقة — incompatibilité; antipathie, *f*

— : خصام — dissension, *f*; désaccord, *m*

مُتَنَافِر : متباين — incongru,e; incompatible

○نِيفُرالجيا : الم عصبى — névralgie, *f*

☆ نَفُسَ : كان نفيساً — être précieux, se, rare, recherché,e

نُفِسَت △نَفَّسَت المرأة : صارت نُفساء — relever des (*ou* de ses) couches

نَفَّسَ ٢ الكربة : فرَّجها — dissiper le chagrin; dérider

△ بـ — الشيء المنفوخ — se dégonfler

نَافَسَ : بارى — rivaliser avec

تَنَفَّسَ : تنسَّم — respirer

— الصُعداء (أى تنفساً عميقاً) — pousser un long soupir; souffler (de répit)

— الصعداء : استراح من هم او حمل — respirer; reprendre haleine

تنافس الرجلان — rivaliser; se disputer qc

نَفَس (الجمع انفاس) : نَسمة — souffle, *m*; haleine, *f*

△ — : بخار الماء الغالي — vapeur; fumée, *f*

△ — دخان — bouffée (de cigarette, etc.) *f*

ـــاً واحداً : جرعة واحدة — d'un trait

△ بـــ واحد : بصوت واحد — à l'unisson

△ اخذ ـــه : تنفس — respirer

△ اخذ نَفَساً من السيجارة — prendre une bouffée de; bouffarder

△ بلب النفس : صمام حاكم — soupape d'arrêt, *f*

△ شمّ ـــه : قوي — se remettre; reprendre ses forces

طويل الـــ — de longue haleine

قصير الـــ — de courte haleine

حصان قصير الـــ — cheval poussif, *m*

لفظ الـــ الأخير — rendre le dernier soupir

نَفْس (الجمع انفُس ونفوس) : روح — âme, *f*; esprit, *m*

— : شخص — individu; particulier, *m*; personne, *f*

— : مراد . ارادة — intention, *f*; désir, *m*

— : ذات . عين — le même; la même

— الشيء : عينه — la chose elle-même

— الرجل : هو ذاته — lui-même; elle-même

صغير الـــ — vil,e; bas,se

ترويح الـــ — récréation, *f*; divertissement, *m*

ضبط الـــ (راجع ضبط) — empire sur soi-même, *m*

طِبّ الـــ — psychiatrie, *f*

عِلْمُ الـــ . ○نَفسُلوجيا — psychologie, *f*

△ لعبت او قلبت ـــه — avoir un haut-le-cœur

△ ليس له — . — il n'a pas envie, *ou* d'appétit

△ — : شهيَّة . قابلية — apétit, *m*; envie, *f*

△ فتح ـــه : شهاه — mettre en appétit

△ شايف ـــه : غِرّ — fat; orgueilleux,se

△ كسر — : فَلّ من غربه — humilier; mortifier

△ بيا كل ـــه من الغيظ — il se morfond de

جاء لى هو نفسه أو بنفسه — il est venu en personne, *ou* lui-même

△ جاء من نفسه — il est venu de lui-même

في نفسى ان — j'ai envie de

نفسية — sycologie, *f*

نَفْسِي . نَفْسَانِيّ : روحي spirituel, le; moral, e
— . — : عقلي psychique
— . — : يختص بالنفس العاقلة psychologique
تحليل — او — . psychanalyse, f
طبيب — او — . psychiatre
نفسيًّا : روحيًّا moralement
نُفْسَة : مُهلة répit: délai, m; relâche, f
نفساء ∆ نَفْسَة en couches; qui vient d'accoucher
نِفَاس: ولادة couches, f.pl; accouchement; enfantement, m
— : حالة النفساء femme en couches, f
— : السائل النفاسيّ lochies, f.pl
نفاسيّ puerpéral, e
نَفَاسَة haute valeur; richesse, f
نَفِيس précieux, se; de valeur
تَنَفُّس respiration, f
— لاهوائي respiration anaérobique, f
المسالك التنفسيَّة voies respiratoires, f.pl
∆ تنفيس : هروب الهواء من المنفوخ fuite, f; échappement, m
مُنَافِس concurrent, e; rival, e
مُنَافَسَة : مزاحمة concurrence; rivalité, f
— أدبيَّة أو رياضية compétition, f
مُتَنَفِّس . يتنفس qui respire; respirant, e
☆ نَفَشَ . نفش القطن carder
(كالحَبّ المبتل)
∆ — تَنَفَّشَ se gonfler; se renfler
∆ — الطائر ريشه . تَنَفَّشَ se hérisser; hérisser

∆ — الشعر se hérisser
نفَّاش: نوع من الليمون الكبير orange amère, f
إِنْتِفَاش hérissement, m
مُنْتَفِش . مُتَنَفِّش منفوش ; منفوخ . hérissé, e enflé, e; boursouflé, e
شعر — : اشعث cheveux (ou poils) hérissés, m.pl; tête échevelée, f
☆ نَفَضَ الثوبُ : ذهب لونه virer; passer; perdre sa couleur
— . نفض الثوبَ : هزه ليزول عنه التراب secouer
— . — الترابَ brosser; épousseter
— . — عنه الكسل secouer la paresse
— يده من الأمر se laver les mains de
—ته الحمى frissonner de fièvre
— . أَنْفَضَ القومُ : ذهب مالهم tomber dans la gêne, ou la misère
انتفض الرجلَ عنه se débarrasser de qn
— الاجتماع la réunion prit fin
إِنْتَفَضَ : ارتعد وارتعش frissonner: frémir; trembler
— . تَنَفَّضَ من التراب être secoué, e, épousseté, e, brossé, e
نَفَض . نُفَاض . نُفَاضَة ce qui tombe d'un objet secoué

نَفَضَة . نَفِيضَة : كشافة éclaireurs, m.pl
نِفَاض ٢ : ميدعه blouse, f; tablier d'enfant, m
تَنْفِيض époussetage; époussètement, m; action de secouer

مِنْفَضة السجائر ceudrier, m
— رِيْش plumeau, m
☆نَفِطَ . تَنَفَّطَ : تقرح être couvert, e d'ampoules
نِفْط : سائل طيار سريع الالتهاب naphte; bitume, m
— : ○ بترول pétrole, m
نَفْطة : بَثرة ملأى ماء ampoule; cloche; vésicule; bulle; pustule, f
نُفَطَة : سريع الغضب coléreux, se
مُنَفِّط : دواء يُخرج بثوراً vésicant, e; vésicatoire, a et m
☆نَفَعَ : افاد être utile à; servir à
لا يَنْفَع inutile
△ نَفَّعَ الشيء : طلب نفعه (جعله نافعاً) utiliser
△ — شخصاً faire profiter qn
إنتفَعَ به ومنه : افادَ profiter de; tirer parti, ou profit, de
— به ومنه : استعمله لنفعه utiliser; employer; tirer avantage de
نَفع . مَنفَعة : فائدة . عائدة utilité, f; avantage; intérêt, m
— : ربح profit; bénéfice; gain, m
— : خَير bien, m
الـ العامّ او المنفعة العامة utilité publique, f
نَافِع utile; profitable; avantageux, se
إنتِفاع : استفادة jouissance; utilisation, f; profit; emploi, m
— : ربح avantage; profit; bénéfice; intérêt, m
حق الـ : استغلال (مدى الحياة) usufruit, m
لـ فلان au profit de; dans l'intérêt de
منفعيّ : يرى ان النفع غاية الفضيلة profiteur, se; utilitaire
منافع الدار : مرافقها les dépendances, f.pl
مُنْتَفِع بالريع usufruitier, ère
— : مُستفيد bénéficiaire
☆نَفِقَ الشيء : نَفِدَ être épuisé, e, ou consommé, e
— الحيوانُ : مات crever
—ت البضاعة s'épuiser
نَافَقَ : اظهر خلاف ما يبطن faire l'hypocrite; feindre; [cafarder]
أنفق : افتقر s'appauvrir
— : صَرَفَ dépenser
نَفَق : سَرَب tunnel, m 
نَفَقَة : خَرْج . مصروف dépense, f; frais, m.pl; dépenses, f.pl
— : انفاق dépense, f; débour-sement; débours, m
— : ما يلزم من المال للمعيشة moyens de subsistance, m.pl; entretien, m
— المَعِيشة coût de la vie, m
— الزوجة (المطلّقة او المنفصلة) pension alimentaire, f
على — فلان aux frais de; au dépens de
نِفَاق . مُنَافَقة hypocrisie; [cafardise]; feinte; simulation, f
نَافِق : ضدّ كاسِد vendable; demandé, e; qui à du débit
إنْفَاق dépense, f; action de dépenser
مِنْفَاق dépensier, ère; prodigue

منَافِق hypocrite; trompeur, se; simulateur, rice; faux, sse

* نَفْلٌ : زائد عن المطلوب superflu, e; surérogatoire; redondant, e

— : عملٌ ليس واجباً œuvre surérogatoire, f

— : نوع من البرسيم mélilot, m

— الماء : برسيم الماء trèfle, m

إنتفَلَ . تنفّلَ : فعل اكثر من الواجب faire plus que son devoir

* نَفَى . نفَا : ضد أثبتَ réfuter; prouver le contraire de

— . — : انكر nier; démentir; désavouer; dénier

— . — . ابعد . نحّى expulser; éloigner

— الرجلَ من البلد bannir; proscrire qu

— الرجلَ من بلده exiler; expatrier; déporter

هذا يُنافي ذاك être incompatible, *ou* opposé, e à

إنتفَى : ضدّ ثبت être nié, e, réfuté, contredit, e

— : تساقَطَ tomber

٥ استنفى: عدّهُ نفاية considérer comme rebut

تَنافَتْ : تبايَنت être inconséquent, e, *ou* contradictoire

نُفاء . نفاة . نُفَاية . نفاوة rebut, m

نَفْيٌ : ضد اثبات dénégation; réfutation; négation, f

— : انكار désaveu; déni; démenti, m

— : ابعاد . اقصاء expulsion, f; bannissement, m

— من البلد exil, m; déportation; proscription; expatriation, f

حرف — particule négative, f

شاهِد — . témoin à décharge, m

شهادة — . témoignage à décharge, m

نفيي : سلبي négatif, ve

نَفِي . مَنفِيّ : منبوذ rejeté, e; mis, e de côté; écarté, e; mis, e à l'écart; proscrit, e

— . — : مُبعد chassé, e; expulsé, e

— . — من بلده déporté, e; exilé, e; expatrié, e

تناف . مُنافاة incompatibilité; incongruité, f; désaccord, m

مَنفًى exil; lieu d'exil, m

* نفير (نفر) * نفيس (نفس) * نقاة (نقى)

* نِقاب : قِناع (انظر لثام وبرقع) voile, m

نِقابة تجارية syndicat, m

— تعاونية coopérative, f

— عمّال syndicat ouvrier, m

عضو — . syndiqué, e

نَقَبَ الحائطَ او غيره percer; trouer

— الأرضَ : حفرها défoncer; creuser

— . نقّبَ في الأرض faire des recherches, *ou* des fouilles; explorer; parcourir (un pays)

— . — . تنقّبَ عن كذا : بحث عنه chercher; rechercher

— . — . — : فحص examiner

تنقّبت . إنتقبت المرأة : لبست النقاب se voiler le visage

نقِبَ ٥ تنقّبَ : تخرّق être troué, e et usé, e

نَقِيب : رئيس président, e; chef; doyen, ne
— لسان الميزان: aiguille de la balance, f
— كُلّية او جامعة doyen, ne
— الاشراف doyen des descendants du Prophète; *Nakeeb El Achraf*, m
— المحامين bâtonnier (de l'Ordre des avocats)
نَقْب : حَفر creusement, m; excavation; fouille, f
— : ثَقب percement, m; perforation, f
— . ثُقب trou, m; brèche, f
نُقْبة : △تنورة jupon; cotillon, m; jupe, f
نَقْبَة : أثر trace, f
نَقِيبة : نفس او طبيعة intelligence; âme, f; ou naturel, m
ناقِب . ناقِبَة : قرحة الفراش eschare au sacrum, f
تَنْقِيب exploration; recherche; excavation, f; examen, m
مَنْقَب . مَنْقَبَة : طريق في الجبل défilé; passage, m
— . مِنْقَبة : اداة النقب perforateur, m
مَنْقَبَة : مَحْمَدة vertu; qualité, f
مناقب الرجل : محامده qualités, f.pl
✡ نَقَحَ . نَقَّحَ : شذّب élaguer; tailler; émonder; ajuster
نَقَّحَ . أنقح الكتابَ : هذبه واصلحه reviser; revoir; corriger
تَنْقِيح revision ou révision; correction, f
مُنَقَّح revisé, e ou révisé, e

✡ نَقَدَ الشيء : فحصه ليعرف جيده من رديئه trier
— ه بنظره : اختلس النظر اليه regarder à la dérobée, ou en dessous
— ه الثمنَ payer comptant, ou au comptant
— . إنْتَقَدَ الكلام أو الفعل critiquer
— الثمن : قبضه نقداً encaisser
نَقِدَ الضرسُ : تَخِير se carier
نَقْد . انْتِقاد : فَحْص critique, f
— △نقديّة : دراهم argent; argent comptant, m; espèces, f pl
— (نقود) : مسكوكات espèces, f.pl; numéraire, m
ورق الـ billets de banque, m pl; banknotes, f.pl
حساب الـ او الصندوق compte de caisse, m
المَبيعُ بالـ vente au comptant, f
نُقود ٢ △نقدية ٢ : مال . دراهم argent, m
نَقداً : نَضّاً comptant, m et *adv.*
— . بالنقد : خلاف بالدين au comptant
نَقْدِيّ : مالي monétaire; pécuniaire
نَقَّاد . ناقِد . مُنْتَقِد critique; censeur, m
إنْتِقاد : ضد استحسان critique; désapprobation; improbation, f
△مَنْقَد : مَوْقِد brasier; brasero, m
مُنْتَقَد : يُعاب critiquable
✡ نَقَذَ . أنقذ . استنقذ من كذا sauver; délivrer de
نَقِذَ : نجا وسلم être sauvé, e, délivré, e
نَقْذ . إنقاذ délivrance, f; salut; sauvetage, m

مُنْقِذ sauveur, m

— من الغرق sauveteur, m

☆نَقَرَ : فرك الوسطى على الابهام فأحدث صوتاً faire claquer les doigts

— بظفر الأصبع الوسطى : نَقَفَ chiquenauder; croquignoler; donner une chiquenaude

— الحجرَ او الخشب : حفره sculpter; tailler; couper; ciseler

— في الحجر: كتب حفراً graver; sculpter

— الطائرُ : ضرب بمنقره . نقره picoter

— الطائرُ الحبَّ : لقطه becqueter (des grains), picorer

— : ضربَ او قرع frapper; tapper

— . نقّرَ : حفّر creuser; faire des trous dans

ناقرَ : حاجّ controverser; débattre

— : هاتر contredire; ou chicaner

نَقْر . حَفْر (راجع حفر وحز) excavation; gravure; sculpture, f

— الأصابع claquement des doigts, m

— : ثقب creux; trou, m; cavité, f

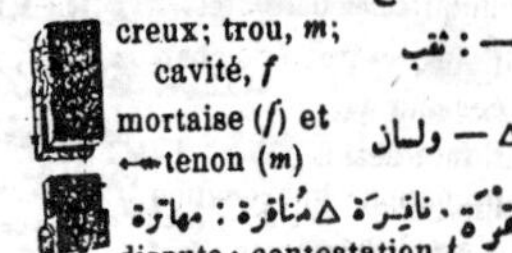

Δ — ولسان mortaise (f) et ←tenon (m)

نِقْرَة . ناقِرَة Δ مُناقرة : مهاترة dispute; contestation, f

نُقْرَة : حفرة . تجويف creux, m; cavité; excavation, f

— العين : تجويفها orbite de l'œil, f

— الكف creux de la main, m

نَقّار الخشب ←pivet; pic, m

Δ نُقّارِيَّة . نَقْرَزَان ←timbale, f

نَقِير : اصل origine; race, f

— المونه . حوض auge, f

مِنْقار الطائر bec d'oiseau, m

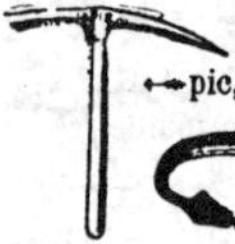

— . مِنقر : معول . صاقور ←pic, m; pioche, f

أبو — : خرمان← orphie, f

☆نِقْرِس : مَرَض goutte, f

— . نِقْرِيس : طبيب ماهر médecin habile

☆نَقَزَ : وَثَبَ bondir; sauter; sursauter; sautiller; s'élancer

نَقْزَة bond; saut; sursaut, m

☆ناقوس : الموسيقية ←triangle, m

— : جَرَس ←cloche, f

— : طبق معدن يقرعونه للتنبيه ←gong, m

☆نَقَشَ . نَقّشَ : زيّن بألوان barioler; peindre

— الفصَّ : حفره graver

— التمثالَ : نحته sculpter

— . انتقش الشوكة او الشعرة : استخرجها tirer; extraire

ناقَشَ : جادل discuter; argumenter

— ه الحسابَ : طلب منه البيان demander un débattement de comptes

نَقْش : تلوين أو تزيين peinture, *f*
— : حفر sculpture, *f*
— : صورة ملونة gravure; figure peinte; estampe; image, *f*
— : صورة او كتابة محفورة gravure; inscription, *f*
نِقَاش : محاجّة . جدال discussion; controverse, *f*
نَقَّاش : الجدران (الحيطان) والبيوت peintre; décorat eur, rice
— : حفّار أحجار وألواح معدنية graveur
نِقَاشة : حِرفة النقاش peinture; sculpture; gravure, *f*, etc.
مِنْقَش . مِنْقَاش : حفر المعادن ←burin, *m*
مَنْقُوش : ملوّن peint, e
— : محفور gravé, e; sculpté, e
مُنَاقَشة : جدال discussion; controverse, *f*; débat, *m*
— برلمانية débats, *m.pl*
— حادّة discussion animée, *ou* chaude
☆ نَقَص : ضد زاد او كثر (و بمعنى قل او هبط) diminuer; baisser
— : صغر . ضد كبر décroître; déchoir; rapetisser
— . نقّص . انتقص : قلّل diminuer; amoindrir; réduire
— الثمن او الدرجة او الحجم baisser; réduire
— . — الرجل قدره dénigrer; déprécier
— . كذا : عازه manquer de; avoir besoin de
— عن : قلّ عن . لم يضارع ne pas atteindre
تَنَاقَص diminuer; décroître peu à peu
— القمر وامثاله : أمحق . تضاءل décroître

اِسْتَنْقَص الثمن : طلب تنقيصه demander une réduction
— الشيء : وجده ناقصاً او قليلاً trouver une chose manquante, *ou* insuffisante, *ou* minime
نَقْص . نُقْصان : ضد زيادة diminution; décroissance; lacune, *f*
— . — : فَقد Δ عجز déficit, *m*
— . — : ضد كمال manquement, *m*; insuffisance, *f*
— . نَقِيصَة : عَيْب défaut; vice, *m*; imperfection, *f*
مُرَكَّب الـ. complexe d'infériorité, *m*
نَاقِص : ضدّ كامل incompl et, ète; imparfait, e
— : غير موجود . مفقود manquant, e
— : به نقص اي عيب défectueu x, se; vicié, e
— كذا : ينقص منه كذا il lui manque
— كذا : مطروح منه كذا (في الحساب) moins
— عن : اقلّ من inférieur, e à
— . مُنَقَّص diminué, e; réduit, e; amoindri, e
فعل — (في علم النحو) verbe défectif, *m*
مخروط — ←tronc de cône, *m*
أَنْقَص : اقل moindre que; inférieur à
إِنْقَاص . تَنْقِيص : تقليل diminution, *f*; amoindrissement, *m*
— . — : تنزيل réduction, *f*
مُنَاقَصَة : ضد مُزايدة adjudication, *f*
مُتَنَاقِص : آخِذ في النقصان en décroissance; décroissant, e
— : مُتضائل . مُمْحِق en décadence; sur son déclin

٭ نَقَضَ: حلّ أو فكّ أو ألغى أو أفسد — défaire
— الأمرَ: ألغاهُ أو أبطله — annuler; rompre; abroger
— البناء: هدمهُ — démolir
— التهمة: ابطلها — invalider; réfuter; infirmer
— الشريعة — violer; enfreindre
— البرهان او الحجّة: فنّد — réfuter
— العقدَ — annuler; vicier; résilier
— العهد — violer une promesse
— الولاء — renier; désavouer
— حكم المحكمة — infirmer; casser
نَاقَضَ [٢]: خالف — être contraire; *ou* opposé,e à
تَنَاقَضَ القولان: تعارضا — se contredire; être contradictoire, *ou* en opposition; être en conflit
—. تَنَقَّضَ. انْتَقَضَ: انحلّ او انكسر او ابطل — être défait,e, cassé,e, réfuté,e, etc.
إِنْتَقَضَ [٢] الشعب على الحكومة — s'insurger, *ou* se révolter, contre
— : انحلّ وتخرّب — s'effondrer; s'écrouler
نَقْض — dissolution; destruction; violation; résiliation; réfutation, *f*
— الحكم — annulation; infirmation; cassation, *f* (du jugement)
لا يُنْقَض — irréfragable; irréfutable
نُقْض. انقاض ∆ نُقَاضَة — décombres; débris, *m.pl*
نَقِيض: ضدّ مقابل. عكس — opposé,e; contraire; qui forme un contraste
على طرفَي — — diamétralement opposés

تَنَاقُض — contraste, *m*; contradiction; opposition, *f*
— ظاهري — paradoxe, *m*
مُنَاقِض. مُتَنَاقِض — contradictoire
— ذاته — qui se contredit
— في التوزيع — contredisant,e
مُنَاقَضَة — contradiction, *f*
— (في التوزيع) — un contredit, *m*
مَنْقُوض: اسم مفعول من «نقض» — démoli,e; résilié,e; réfuté,e; vicié,e; cassé,e, etc.
— : يُنْقَض — réfutable
٭ نَقَطَ. نَقَّطَ الحرفَ: جعل له نُقَطاً — mettre les points sur
— . — الكلام: فصله بعلامات الوقف — ponctuer
نَقَّطَ [٢] بنقط — moucheter; pointiller
∆ — الماء: قطرَ — dégoutter; tomber goutte à goutte
∆ — الماء: جعله يقطر — égoutter; faire dégoutter
∆ — العروسَ: أعطاها هدية — donner un cadeau à la mariée
∆ نُقَط: سلمون مرقط — truite, *f*
نقيطة (انيطة) — chapelure, *f*
نُقْطَة على الحرف أو تحته — point, *m*
— : مكان. بُقْعة — place, *f*; endroit, *m*
— : أمر. مسئلة — point, *m*; matière, *f*
— : مادّة تفصيلية — détail, *m*
— الخلاف — point de divergence, *m*
— الضعف — le point faible, *m*

— الدائرة : مركزها centre de la circonférence, *m*

— الذَنَب (في الفلك) aphélie, *m*

— عنبر : شامة grain de beauté, *m*

△— العين : كوكب albugo; leucoma, *m*

△— الخفير او الشُرطي ronde, *f*

△— العرس: «هدية» cadeau de mariage

△— : سكتة دماغية apoplexie, *f*

△— : قطرة une goutte, *f*

△نَـقَّاطة: قَطَّارَة compte-gouttes, *m*

مَنقُوط . مُنَقَّط moucheté, e; tacheté, e; *ou* ponctué, e; pointillé, e

☆نقع . أنقع الشيء في الماء: اقره فيه tremper

— : △بَشْبَش . مَشّ macérer

— (كالاعشاب الطبية لاستخراج خواصها) infuser

— العطشَ او الغلّة couper; étancher (soif); assouvir (haine, etc.)

— الخبز في الحساء △سقّى mitonner

أنقع . اِستنقعَ الماء : اسَن croupir; être en stagnation

نَقْع : المصدر من « نَقع » macération; infusion; imbibition, *f*; trempage, *m*

نُقاعَة . نَقِيع . مَنْقُوع une infusion (de)

مَنقوع في trempé, e dans

نَقُوع . مُنقَع (كالزبيب والتمر والتين المجفف) fruit sec, *m*

مُستنقَع mare d'eau stagnante, *f*; étang; marais, *m*

☆نَقَفَ : ضرب بخفّة tapoter

— البيضة والرمانة: كسرها fendre; briser

—ه بأصبعه donner une chiquenaude

نَقْف : △كَتْكُوت poussin, *m*

— دودة الشريط : راسها tête du ténia, *f*

نَـقْفَـة chiquenaude, *f*

(نقق) نَقّ الضفدعُ وغيره coasser

—ت الدجاجةُ glousser

نَقّـاق: كثير التشكي grognon; grognard, e

△نَـقّ △نقيق : تذمُّر plaintes, *f.pl*

نَـقيق[1] الضفادع وامثالها coassement, *m*

☆نقَلَ الشيء : حوّله من مكان الى آخر transférer

— : اوصل وسلّمَ livrer; transmettre

— : حَمَل porter; transporter

— : حرّك bouger

— : غيّر مسكنه △عَزّل déménager; changer de domicile

— : نسخ copier; transcrire

— عن فلان : رَوَى عنه rapporter; raconter d'après qn

— الحسابَ (التجاري) porter au grand livre; faire une passation; passer (une écriture)

— من لغة الى أخرى traduire; adapter

— الخبرَ او المرضَ communiquer

— الزرعَ : شتله transplanter

— ملكية الشيء transférer la propriété

نَقَّلَ : نَـقَل كثيراً déplacer, *ou* se déplacer, souvent

— الأشياء : بدّل مواضعها déplacer

— : املى على dicter

إنتَقَلَ . تنقّل être transféré, e, transporté, e, déplacé, e

— الى المكان الفلاني | aller d'un endroit à un autre
— من مالك الى آخر | la propriété changea de mains
— الى رحمة ربه | décéder; passer à trépas
تَناقَلَتْه الألسن | passer de bouche en bouche
— الأيدي | changer de mains
— الجرائد | paraître, *ou* être publié, dans les journaux
نَقْل: تحويل من موضع الى آخر | transfert, *m*; translation, *f*
— : حمل من مكان الى آخر | transport, *m*
— بالعربة او سيارة | charroi; camionnage, *m*
— : ايصال | transmission; communication, *f*
— : نَسْخ | transcription; copie, *f*
— النقدات الحسابية | passation (comptable), *f*
— ملكية الشي | transfert de propriété, *m*.
أجرة الـــ | frais de transport, *m.pl*; port, *m*
عملية ـــ الدم: اصفاق | transfusion de sang, *f*
△نُقْل: قلوب. الجوز واللوز والبندق △مكسّرات | noix, *m.pl*; noisettes; amandes, *f.pl*
△كسّارة الـــ | casse-noisettes, *m*
نَقَل: صغار الحجارة △دَبْش | mœllon, *m*
— : عُقبة. الفاكهة والحلوى بعد الطعام | dessert, *m*
نَقْلي: سماعي | traditionnel, le
المذهب النقلي | traditionalisme, *m*
نُقَلي: △بائع النُقل. جوّاز | marchand, e de noix et noisettes

ناقِل: حامل | porteur, se; transporteur, *m*
— : مُترجِم | traducteur, rice
— : ناسِخ | copiste
— : موصّل | transmetteur; communicateur, rice
— الحركة (في الاتمبيل) | arbre de transmission, *m*
△نقالة المرضى والجرحى | brancard, *m*; civière, *f*
△— : عربة لنقل المرضى والجرحى | ambulance, *f*
△ — : سَفينة نَقْل الجنود | transport, *m*
إنتِقال من مكان الى آخر | transfert; déplacement, *m*
— : تحوّل. تغيّر من حال الى غيره | transition, *f*
إنتقالي | transitoire
تَنَقّل | déplacement fréquent, *ou* continu, *m*
تَنقيل: تبديل الموضع | échange; changement de place, *m*
مِنقَل: مقياس زوايا الأجسام | goniomètre, *m*
△مَنقلة: مقياس زوايا السطوح | rapporteur, *m*
— : لعبة شرقية | jeu comme le jeu de dames, *m*
— : يُنقَل | portatif, ve
منقول: نَقيل | transporté, e; transféré, e
— : مَنسوخ | copié, e; transcrit, e

— • منقولات : خلاف الثابت من الاملاك meubles; biens meubles; effets; mobiliers, *m.pl*: bien mobilier, *m*

ناقلة البترول petrolier, *m*

منقولات ٢ المنزل : اثاثه meubles, *m.pl*: mobilier; ameublement, *m*

مَنْقوليَّة transmissibilité, *f*

مُتَنَقِّل : غير ثابت في مكان معين ambulant, e; nomade; sans demeure fixe

— : متجوِّل ambulant, e; itinérant, e: voyageur, se

— : رحَّال migrateur, rice

☆ نَقِمَ . انْتَقَمَ لنفسه منه se venger de; punir; châtier

— . — لدم ابنه (مثلاً) venger

— عليه : حقد garder rancune à; nourrir une haine contre

نِقْمة . انْتِقام : ثأر vengeance; revanche, *f*

— : غضب courroux, *m*; colère, *f*

ناقِم على : حاقد rancunier, ère envers; qui en veut à

— على الحياة aigri, e; maussade

— . مُنْتَقِم : الذي ينتقم vengeur (*m*), vengeresse (*f*)

منتقِم ٢ : طالب الانتقام vindicatif, ve

☆ نَقْنَقَ الضفدعُ coasser

△ — في الأكل : لمج grignoter; mordiller

☆ نَقِهَ . انْتَقَهَ . من مرضه entrer en convalescence; se relever d'une maladie

نَقَهٌ . نُقوه . نَقَهَة △ نقاهة convalescence, *f*; relèvement de maladie, *m*

نَقِهٌ . ناقِه convalescent, e

☆ نَقِيَ (نَقَاءً ونَقَاوَةً) . نظف être pur, e, propre, clair, e

نَقَّى . أَنْقَى : جعله نقيًّا purifier; nettoyer; clarifier

— . انْتَقَى : اختار trier; choisir; sélectionner

— القمحَ (مثلاً) nettoyer; extraire les impuretés

نَقاء . نُقَاوَة pureté; propreté; exemption de souillure,

نُقَاوَة ٢ . نُقَايَة الشيء : خياره sélection, *f*; premier choix, *m*; de choix; sélectionné, e

△ نَقَايَة : نواة الثمرة noyau, *m*

نَقِيٌّ : صافٍ . نظيف pur, e; propre; sans mélange; trié, e

أَنْقَى : اكثر نقاء plus pur, e, propre, etc.

اِنْتِقَاء : اختيار sélection, *f*; choix, *m*

تَنْقِيَة nettoyage; triage, *m*; purification; épuration, *f*

☆ نَقيب (نقب) ☆ نقير (نقر) ☆ نقيق (نقق)

☆ نَكَبَ : اصاب بنكبة affliger; causer un malheur, *ou* une calamité

— . نَكَّبَ . تَنَكَّبَ عن : حادَ dévier; s'écarter de

— . — . — عن : عدل renoncer à

تَنَكَّبَ ٢ عنه : تجنَّبه واعتزله éviter; se retirer; s'écarter de

نَكْب . نَكْبَة désastre; malheur, *m*; catastrophe; calamité, *f*

مَنْكِب : عاتِق او كتف épaule, *f*

مَنْكُوب : مصاب بنكبة affligé,e; sinistré,e; victime; atteint,e d'un malheur

٭ نَكَتَ : نَقَرَ gratter; creuser; fouiller

— الرجلَ : القاهُ على رأسهِ renverser qn la tête en bas

نَكَّتَ في كلامهِ : جاء بالنكت faire de l'esprit, *ou* un jeu de mots

△ — على : مازَح railler; taquiner qn

نُكْتَة : نُقطة point, *m*; tache, *f*

— : مُلْحة saillie; facétie; anecdote, *f*; trait d'esprit; bon mot, *m*

نَكَّات : ابو نَعْت ←avocette, *f*

△ نُكَتِي : بجيء بالنكت في كلامه humoriste; facétieux, se

△ تنكيت : الاتيان بالنكت raillerie; critique humoristique, *f*

— : نَمْنَمَة pointillage; ←pointillé; pointillement, *m*

٭ نَكَثَ : نقض enfreindre; manquer à; rompre; violer

إِنْتَكَثَ être rompu,e, *ou* violé,e

نَكْث violation, *f*; manquement à, *m*

— العهد او العهود violation des engagements, *f*; manquement à la parole, *m*; perfidie, *f*

— العهد بالزواج rupture de promesse, *f*

نَاكِثُ العهد perfide; qui manque à ses engagements

٭ نَكَحَ المرأة : تزوجها épouser; marier

أَنْكَحَ : زوَّج marier qn à

نِكَاح : زواج mariage, *m*

٭ نَكِدَ العيشُ être malheureuse, *ou* misérable (vie); mener une vie pénible

نَكَّدَ عيشه rendre qn malheureux

نَكَد : كدر ennui; tracas, *m*; tracasserie, *f*

نَكِدٌ bourru,e; acariâtre; tracassier,ère; hargneux,se

أَنْكَد . مَنْكُود الحظ infortuné,e; malheureux,se

٭ نَكِرَ الأمرَ او الرجلَ : جهله iguorer, *ou* méconnaître, qn

نَكَّرَ : اخفى déguiser; travestir; masquer

— : غيَّر معالم الشيء camoufler

— الاسم: جعله نكرة rendre indéterminé

△ تَنَكَّرَ . انكرَ nier; dénier; désavouer; refuser de reconnaître

انكرَ ٢ ابنهُ (مثلاً) renier; désavouer

— عليه الأمرَ : إستنكره désapprouver

تَنَكَّرَ : تخفَّى se déguiser; se travestir

—ـهُ : لقيه لقاء بشعاً faire un accueil hostile à qn; recevoir qn mal

نُكْر . نُكْرَان . إِنْكَار désaveu; déni, *m*

انكار ٢ او نكران ٢ الجميل ingratitude, *f*

— الذات abnégation de soi-même, *f*

ناكِرُ الجميل ingrat,e

△ — ونكير anges des sépulcres, *m.pl*

نَكِرَة indéterminué,e

تَنَكُّر déguisement; travestissement, m

قِناع الــ masque, m

لباس التنكر او التهريج travesti, m

حَفلة رَقص تنكريَّة bal masqué, ou travesti, m

مُنْكَر : غير معترف به nié,e; renié,e; dénié,e; désapprouvé,e

مُنكرات mauvaises actions, *f.pl*; le mal, *m*; actions illicites, *ou* blamables, *f.pl*

مُنَكَّر : غير معرَّف indéterminué,e

مُتَنَكِّر : متخفٍّ déguisé,e

— : بصفة غير رسميَّة او حقيقيَّة incognito

✡ نَكَزَ : وخز piquer; aiguillonner

✡ نَكَسَ . نَكَّسَ رأسه : طأطأه incliner, *ou* baisser, la tête

Δ نَكَّسَ العَلَم mettre le drapeau en berne

نُكِسَ . انتكَسَ المريض avoir une rechute

تنكّس : انحطَّ عن اصله الطيب dégénérer

نُكس . نَكْسَة . اِنتكاس rechute, *f*

تَنَكُّس : انفساد الأصل الطيب dégénération, *f*

مُنَكَّس . مَنكوس : مقلوب renversé,e; inversé,e; en berne (drapeau)

✡ نَكَشَ . حرَّك remuer; fourgonuer

Δ — : نجش . فتَّش farfouiller: [trifouiller]; fureter

Δ — : شعَّث écheveler; décheveler

مِنْكاش : كرَّاءة . آلة تطهير الآبار والترع dragueur, *m*

Δ — النار : مِسعَر tisonnier; fourgon, *m*

Δ مَنكوش : اشعث échevelé,e; ébouriffé,e

✡ نَكَصَ عن كذا : احجم reculer; fléchir; ne pas oser

— على عقبيه . انتكَصَ : تراجع reculer; battre en retraite; se retirer

نَكَّصَ : جعله يتراجع faire reculer

✡ نَكَفَ منه وعنه : الف منه وامتنع dédaigner; mépriser; décliner

— دمعته : مسحها essuyer une larme

ناكَفَهُ الكلام : قابله بمثله riposter; répliquer

Δ — : نازع contester; chicaner

Δ — في الشراء او البيع marchander

إستنكف من كذا dédaigner

— : استكبر être fier, ère, orgueilleux, se, altier, ère, hautain,e

نَكَفَة : غدَّة نكفية (بجوار الاذن) parotide, *f*

نَكَف : التهاب الغدَّة النكفيَّة parotidite, *f*

— : أبو كعيب . مرض oreillons, *m.pl*

Δ مُناكفة : منازعة chicane; contestation, *f*

✡ نَكَلَ عن او من كذا reculer devant qn *ou* qc

نَكَلَ . نَكَّلَ به : مثَّل faire de qn un exemple; infliger à qn un châtiment exemplaire

نِكْل : قيد شديد — lien solide, m; forte entrave, f

— : حديدة اللجام — mors; frein, m

○لـ — ○نيكل: فلز معدن ابيض — nickel, m

نَكال : ما يجعل عبرة للغير — punition, ou correction, exemplaire, f

☆ نَكْهَة : رائحة الفم — odeur de l'haleine, f

△ — : طَعْم — saveur, f; goût, m

☆ نَكَى : اغاظ أو قهر — vexer: contrarier; ou écraser; battre à plate couture

نِكاية : اغاظة. كَيْد — vexation; taquinerie, f

نِكايةً فيه — par esprit de vexation

☆ نمّ (في نمم) ☆ نمّام (في نمم)

☆ نَمِرَ . نَمَّرَ . تَنَمَّرَ : غضب — se fâcher

○ نَمَّرَ : رَقَّمَ — numéroter

نَمِر . نِمْر : حيوان — léopard, m; panthère, f

الـ المخطط : الاسد الهندى . ببر (انظر ببر) — tigre, sse

— أميركا : ○جَغْوار — jaguar, m

نُمْرَة : نُقطة. رقطة — tache, f; point, m

○ — ○ نِمْرَة : رقم — numéro, m

○ — واحد — de première qualité

○ نَمّارة : مرقم — numéroteur, m

○ تَنْمير : ترقيم — numérotage, m

مُنَمَّر . أَنْمَر : مرقّط — tigré, e; tacheté, e; moucheté, e

○ — : مرقَّم — numéroté, e

△ نُمْرُبي : خزّاف — marchand, e d'articles en porcelaine

☆ نِمْس : جُرَيدي النخل — ichneumon, m; mangouste, f

— مسكي (انظر مسك) — vison, m

ناموس : شريعة — loi, f; code; statut, m

— : قاعدة — règle, f

— (والواحدة ناموسة) : بعوض — moustiques, m.pl

ناموسيّة : كِلّة — moustiquaire, cousinière, f

○ نِمْسا : بلاد النمسا — Autriche, f

نِمْساوي — Autrichien, ne; autrichien, ne

☆ نَمِش الجلدُ او الوجه — avoir la peau marquée de taches de rousseur ou autres

△ نَمَّش : نَكَّت (انظر نكت) — pointiller; pointer

نَمَش الجلد — taches de rousseur; éphélides, f.pl

— الحجارة الكريمة : △ضمور — glace, f

نَمِش . أنمش — couvert, e de rousseurs

○ نَمَط : طراز (راجع طراز) — manière; mode; façon, f

حديث الـ — dernière mode; dernier cri

عتيق الـ — ancienne mode; [vieux jeu]

على هذا الـ — de cette manière; à ce train

☆ نَمَّقَ : دبّج — embellir

مُنَمَّق — orné, e; fardé, e; embelli, e

كلام —َ . — langage fleuri, m

☆ نَمِلَتْ ∆ تَنَمَّلَتْ الرجلُ : خدرت — être engourdi, e; fourmiller

تَنمِيل ٢ ∆ نَمَّل ٢ الجلد والجسد — fourmiller

نَمْل (والواحدة نَمْلَة) : حشرة معروفة — fourmi, f

الـ الاعمى : الارَضَة — termites, m.pl

الحامض الـ (او النمليك) — acide formique, m

نَمْلِيَّة : خزانة لحفظ الطعام من الهوام والحشرات — garde-manger, m

نَمِلٌ : خفيف الحركة — agile; preste; allègre

—ٌ . ∆ مُتَنَمِّل — engourdi, e

نَمَلٌ : تَنْمِيل — fourmillement; picotement, m

أنمَلة . أُنمُلة (الجمع أنامِل) : رأس الاصبع — bout du doigt, m

قيد — . — iota; brin; un rien, m

(نمّ) نَمَّ الحديثَ : اظهره بالوشاية — rapporter (des propos) pour nuire à qn

— على : اظهر — révéler; démontrer

— الحديثُ : ظهر — s'avérer; paraitre

— بينهم : افسد — semer la discorde entre eux

نَمٌّ : نميمة — calomnie; médisance, f

— . نَمَّام — calomniateur, rice; rapporteur, se; mauvaise langue; médisant, e

نَمَّام ٢ : نبات عطري — serpolet, m

نِمْنَة : قمله ∆ نمنمة — un pou, m

نَمِيمَة : وشاية — calomnie; médisance, f; rapports malveillants, m.pl

نَامَّة : حركة او حياة — mouvement, m; ou vie, f

☆ نَمْنَمَ : نقش وزيّن وزخرف — enjoliver;

مُنَمْنَم : صغير ولطيف — mignon, ne

☆ نُمُوّ (راجع نمي) : كبر او ازدياد او تكاثر — croissance; pousse, f; accroissement, m

نَمَا (نُمُوًّا) : كبر او كثر او ازداد — croitre; grandir; pousser

☆ نَمُوذَج . انموذج : مثال — modèle; exemple, m

— : ∆ عيّنة . مسطرة ٣ — échantillon, m

— : مِعْيار — critérium, m

نَموذجي : مثالي — modèle, m

☆ نَمَى (نمي ونماء ونُمِيّ) : كَبُرَ — croitre; grandir; pousser

— : ازداد — augmenter

— الحديثَ الى : عزاهُ اليه — attribuer à; imputer à

— الخبرُ الى : بلغهُ — être rapporté, e à qn (récit); parvenir aux oreilles de qu

نَمَّى . أنمى : كبَّر — faire croitre; faire grandir

— . — : زادَ — augmenter; croitre

انتمى الى : انتسب — faire remonter son origine à; être apparenté, e à

نَمَاء . نَمِيّ : نُمُوّ — croissance, f; développement; accroissement, m

نامٍ croissant,e; qui croît; en progrès

نامية : قوّة النمو faculté de croître, *f*

— مَرَضيَّة croissance morbide, *f*

* نيمة (نمم) ٥ نهار (نهر) * نهاية (نهى)

* نَهَبَ pillerr dépouiller; voler; dévaliser; saccager

— • تناهب الأرضَ عدواً courir très vite

نَهْب : سَلْب pillage; vol, *m*; rapine, *f*; brigandage; maraudage, *m*

— : جري سريع galop, *m*; galopade; course rapide, *f*

نُهْبة • نُهْبى • نُهَيْبى ٥ نُهبية butin, *m*; proie, *f*

نَهَّاب pillard,e; déprédateur,rice; ravisseur,se; voleur,se; brigand,*m*

مَنْهُوب pillé,e; ravi,e; volé,e

* نَهَجَ : تتابع نَفَسه . لهث haleter; perdre l'haleine; être essoufflé,e, *ou* pantelant,e

— السبيلَ suivre un chemin

— . أَنْهَجَ الأمرَ والطريقَ : أوضحه tracer (route); eclaircir (affaire)

— • — الأمرُ والطريقُ être distinct,e, tracé,e, frayé,e, clair,e

أَنْهج ٢ ٥ نَهَّجَ : جعله يلهث essouffler qn

انتهج الطريقَ : سلكه suivre un chemin

— • إستنهج سبيله : سلك مسلكه suivre les pas, la voie, la manière de

نَهَج • نَهِيج : لُهاث essoufflement, *m*; respiration difficile, *f*; halètement, *m*

نَهْج . ناهِج : طريق واضح chemin bien tracé, *m*; route tracée, *f*

— : مَخْرِفَة . طريق عريض avenue, *f*

— : اسلوب . خطّة manière d'agir, *f*; plan; projet; système, *m*

مِنْهَج • مِنْهاج : طريق واضح route facile, aisée, aplanie, *f*

— • — : اسلوب manière, *f*; plan, *m*

— • — : خُطّة programme, *m*

— • — التعليم cours; cours d'études, *m*

* نَهَدَ الثديُ : برز être formé, *ou* développé (sein); se gonfler; s'arrondir

ناهَدَ : ناهضَ en venir aux mains avec qn; résister à; se quereller *ou* défier

تَنَهَّدَ : تنفّس طويلاً soupirer; gémir

— تنهداً عميقاً pousser un long soupir

تَناهَدَ الأصحاب : تشاركوا على نفقة الطعام se cotiser pour les dépenses

—وا الشيء : تناولوه بينهم partager; avoir qc en commun

ناهِد : بارز (للثدي) sein arrondi, developpé, formé, gonflé

— : امرأة نَهْدَ ثديها qui a les seins développés

نَهْد : شيء مرتفع élevation; proéminence, *f*; tertre, *m*

— : ثَدْي sein; sein bien développé, *ou* bien formé, *m*

نِهْد : ما تُخرجه الرفقة من النفقة بالسويّة cotisation, *f*

تَنَهُّد soupir; gémissement, *m*

مناهدة : مخاصمة	dispute; contestation, f
☆نَهَرَ الدمُ : سالَ بشدّة ∆نعـر	couler; jaillir; couler à flots
— . انتهرَ : زجر	chasser; rebuter; rembarrer; brusquer
— . — : صاحَ متوعداً	vociférer contre; crier après
نَهْر : مجرى الماء الكبير	fleuve, m; rivière, f
— من جريدة: عمود	colonne (d'un journal), f
نَهْري : مختص بالانهر	fluvial, e
ساكن على — .	riverain, e
سفن نهرية	bateaux fluviaux, m.pl
نهار : ضد ليل	jour, m; journée, f
طلوع الـ .	aube; aurore, f
نهاري	du jour: de jour
نُهَيْر : نهر صغير	ruisseau, m
نَهِير : كثير . وافر	abondant, e; copieux, se
إنتهار : زجر	grondrie: rebuffade; ou répulsion, f
☆نَهَزَ : دفع	repousser; pousser
ناهزَ : قارب . دانى	s'approcher de; être proche de
— البلوغ	toucher à l'adolescence
— الخمسين (من عمره) : دنا منها	approcher la cinquantaine
— وانتهزَ الفرصة	saisir l'occasion
إنتهزَ فرصة كذا	profiter de, tirer avantage de
نهّاز الفرص	profiteur, se; opportuniste
إنتهاز الفرص	opportunisme, m
☆نَهَشَ : عضّ	ronger; mordre
☆نَهَضَ . إنتهضَ : قام	se lever; se dresser
— للأمر : قام وشرع فيه	se mettre à
— على : قام ضدّ	se révolter contre; s'insurger
ناهَضَ : قاوم او تحدى	résister à; combattre; ou défier
أنهضَ : أقام (وبكل معانيها المجازية)	relever; faire lever
— . استنهضَ : استفزّ	exciter; reveiller
نَهْض . نهوض : قيام (بكل معانيها المجازية)	lever; relèvement, m; action de se lever
نَهْضة . — : انتعاش او تحرّك	reveil, m; renaissance, f
— : حركة نحو التقدّم	mouvement en avant, m
الـ العلمية	la Renaissance, f
ناهِض : قائم	debout; levé, e; relevé, e
مناهَضة : مقاومة	résistance; lutte, f
∆نهشة : مُلحة	trait d'esprit; bon mot, m
☆نَهَقَ الحمارُ	braire
نَهْق . نُهاق . نَهيق	braiement, m
☆نَهَكَ الثوبَ وغيره : استعمله حتى بلى	user (un habit à force de le porter)
— عِرْضَه	diffamer; calomnier
— . انتهكَ : اضنى	fatiguer; exténuer
انتهك الحرمة	violer; abuser de; profaner
— الرجلَ	diffamer qn; médire de
انهاك الشيخوخة	lassitude de la vieillesse

أَنْهَكَ : عذّب او قوّض tourmenter; torturer; ou saper; miner

لا يُنتَهك : حَصين. حَرِم inviolable; sacré,e

نَهْك. إنتهاك: استنفاد épuisement, m; consomption, f

— — : سُوء الاستعمال abus, m

انتهاك الحُرمة violation; profanation, f

— حُرمة المعابد والاشياء المقدّسة sacrilège, m

مُنْهِك : مُتعِب epuisant,e; [esquintant,e]

مَنْهوك épuisé,e; à bout de force; ou abattu,e

•نَهِلَ : شرب boire; [lamper]

مَنْهَل : موضع الشرب fontaine; source, f; abreuvoir, m

○نِيهِلِستيّ : فوضوي متطرف. عدميّ nihiliste

نِهِلستيَّة : عدمية. فوضوية متطرفة nihilisme, m

•نَهِمَ : اكل كثيراً وبِنَهَم dévorer; goinfrer; manger voracement

نَهِمَ في الأكل nanger goulûment; [bâfrer]

نَهَم : بِطْنة gourmandise; gloutonnerie, f

— : شَراهة convoitise; avidité, f

نَهِم. نَهِيم : ∆ جعان goulu,e; glouton,ne; gourmand,e; goinfre

— . — : شَرِه insatiable; avide

•نَهَى (نَهْيًا). نَها (نَهْوًا) عن défendre; interdire; prohiber

— . نُهِيَ . انتهى اليه الخبرُ : بلغ parvenir jusqu à; arriver à

نَهَّى . أنهى اليه الخبرَ : أبلغه communiquer; informer; faire parvenir

أَنْهَى ٢ : أَتَمَّ achever; terminer; mener à bonne fin; conclure

انْتَهَى ٢ : تَمَّ être fini,e, terminé,e, achevé,e; arriver au terme

— : زالَ . انقطع cesser

— الامرُ se terminer

— أمرُهُ c'en est fait de lui

— الاجل أو للوعد expirer

— بكذا finir par; aboutir à

— إليه الخبرُ arriver à sa connaissance

— به الى كذا mener à; conduire à

— . تناهَى الوقت le temps a passé, ou est expiré

— . — عن كذا s'abstenir de

نَهْو . إنهاء : إنجاز achèvement; accomplissement, m

— . نَهْي : منع prohibition; défense; interdiction, f

نُهًى : عَقل raison; intelligence; sagesse, f

نِهاء : رُخام شَفيف albâtre, m

نِهاية : مُنتهى . اقصى extrême, m; limite extrême; fin, f

— : حَدّ limite, f

— الطريق terminus, m

الـ الصغرى minimum, m

الـ الكبرى او القصوى maximum, m

الى الـ : الى الآخر jusqu' à la fin

الى ما لا — . à l'infini

لا — له . ليس له — infini, e; sans fin

في الـ . à la fin; enfin

نِهائي : اخير final, e; ultime

— : باتّ conclusif, ve; définitif, ve

حُكم — . jugement définitif, m

ناهٍ : مانع — prohibitif, ve; inhibitif, ve; inhibitoire
— : آمِر بالامتناع — qui défend *ou* interdit
ناهيكَ من (رجل) — quel (homme) merveilleux !
إنهاء : انجاز . اتمام — conclusion, *f*; accomplissement; achèvement, *m*
انتهاء : آخر — fin, *f*; terme; bout; *m*
— : انقضاء — expiration, *f*; achèvement, *m*
— : زوال . انقطاع — cessation, *f*
حسن الـ ـ . (في البديع) — péroraison, *f*
مُتَناهٍ : الغاية — extrême
غير — : لا آخر له — sans terme; interminable
مَنْهِيّ عنه : محرَّم — défendu, e; prohibé, e; tabou, e; interdit, e
مُنتَهٍ : مُنجَز . تامّ — fini, e; accompli, e; conclu, e; exécuté, e
— : منقضٍ — terminé, e; expiré, e
— : لم يبق منه شيء ٥ خالص — épuisé, e
مُنتَهًى : آخر — fin, *f*; terme, *m*; extrémité, *f*
— : غاية — dernière extrémité, *f*
— : أقصى — le comble; le maximum, *m*; le (*ou* la) plus grand, e, haut, e, etc.
— الجموع (في النحو) — dernières formes du pluriel, *f.pl*
☆ نَوْء ٥ نَوّ : اضطراب البحر — tempête, *f*
— : مطر — pluie, *f*
طائر الـ ـ : بُطرسي — ←pétrel, *m*
ناءَ : سقط — succomber
— بالحمل : نهض به مثقلا — soulever avec peine
— به او أناءه الحِملُ : أثقله — écraser sous le poids; accabler; surcharger; peser sur
— ٥ نأى : بَعُدَ — être lointain, e, distant, e, éloigné, e, loin
مِنْوَاة : مسجِّلة التقلبات الجوّية — météorographe, *m*
مُناوَأة . نِواء — opposition; résistance, *f*
☆ نَواة (في نوى) — noyau, *m*
☆ نَوْبٌ . نِيَاب : مَنْاب — substitution, *f*
نابَ عنه : قامَ مقامه — suppléer à; remplacer
— منابه او عنه : كان نائباً عنه — représenter
٥ ـــهُ كذا : نالهُ — il lui revient
٥ ـــهُ كذا : خصَّه — sa part est de...
ـــهُ . إنتابَهُ امرٌ : وقع له — arriver à; survenir
أنابَ . نوَّبَ : وكَّل — déléguer; députer; commettre qn
ناوَبَ : داولَ — se remplacer à tour de rôle; se relayer
تَناوبَ : تعاقب . تبادل — alterner; se succéder
ـــوا العملَ وعليه : قاموا به مناوبةً — se relayer; agir à tour de rôle; se remplacer tour à tour
ـــوا على الماء — puiser l'eau à tour de rôle
تناوبته الخطوب — ses malheurs se succédèrent
نَوْبَة : دور — tour; tour de rôle; service, *m*
— : فرصة — occasion, *f*
٥ — : مرّة — fois, *f*; coup, *m*
— مرضية (او ما يشبهها) — accès (de fièvre), *m*

— زراعيّة (مثلاً) : دورة rotation des récoltes, *f*; assolement, *m*
∆— تمام (في الحربية) retraite, *f*
بالـ. مناوبة : بالدور à tour de rôle
∆نُوبَتْجي : في الخدمة de service
ضابط منوّب officier de service, *m*
بلادُ النوبة Nubie, *f*
نُوبيّ : من بلاد النوبة Nubien, ne
نِيابَة : وكالة représentation; délégation, *f*
الـ العامة (في المحاكم) le Parquet Général; le Ministère Public, *m*
الـ. Parquet, *m*
رئيس —. le chef du Parquet, *m*
وكيل —. le substitut du Parquet, *m*
بالـ عن : بالوكالة de la part de
نيابةً عن : بدلاً من aux lieu et place de; en remplacement de
نيابي : بالوكالة représentatif, ve
— : مختص بالمجالس النيابية parlementaire
حكومة نيابيّة gouvernement à régime parlementaire, *m*
مجلس نيابي: مجلس النواب le Parlement, *m*; chambre des députés, *f*
نائِب substitut, *m*; délégué, e; remplaçant, e; suppléant, e
— : عضو مجلس نوّاب député
— الرئيس vice-président, e
— القنصل vice-consul, *m*
— الملك vice-roi, *m*
— (قاصد) رسولي vicaire apostolique; légat, *m*
— الفاعل (في النحو) le sujet d'un verbe passif, *m*
الـ العامّ le Procureur Général, *m*

نُوّاب : وكلاء مفوضون délégués; députés; représentants mandatés, *m.pl*
مجلس — امبركا (راجع جلس) Congrès, *m*
رئيس مجلس النواب président de la Chambre des Députés, *m*
∆نَايِب : حِصَّة part, *f*
نائِبَة. نُوْبَة : مصيبة calamité, *f*; malheur; accident, *m*
إنابَة : ابدال substitution; subrogation; suppléance, *f*
— : ايفاد النائب délégation, *f*
مَناب : بَدَل remplaçant, e; substitut, *m*
— : نَوب . نياب remplacement, *m*; substitution, *f*
نابَ ـه : قام مقامه représenter
مُناوَبَة . تَناوُب : تعاقُب . تداول alternation, *f*; tour; service, *m*
∆— (في الريّ وغيره) rotation, *f*
بالـ . بالتَناوب : بالدور à tour de rôle
مُتَناوِب : متعاقب alternatif, ve; alterné, e; l'un après l'autre
☼نُوتِيّ : ملّاح marin; matelot; marinier; nautonier, *m*
نَواتيّ السفينة équipage, *m*
☼نَوْح. نُوَاح . نِياح pleurs, *m.pl*; lamentations, *f.pl*; gémissements, *m.pl*
— . — الحمام roucoulement, *m*
نُوح : اسم صاحب الفُلك Noé, *m*
غراب نوحي corneille, *f*; freux, *m*
نَوّاح . نائِح pleureur, se; qui pleure;
نوّاحة. نائحة pleureuse (professionnelle)

مَناحة lieu où l'on pleure un mort, *m*; conclamation, *f*

ناحَ : بكى بصياح وعويل pleurer; se lamenter; gémir

— على pleurer qn; pousser des cris et des lamentations à la mort de qn

— الحمامُ roucouler

تَنَوَّحَ : تحرَّك وهو متدلٍّ osciller; pendiller

(نوخ) أناخَ الجملَ : ابركه faire agenouiller un chameau

— بالمكان : اقام habiter; séjourner

إستناخَ : برك s'agenouiller

مُناخ : محل الاقامة station; halte; demeure, *f*; séjour, *m*

— : ∆ طقس . حالة هواء المكان climat, *m*

* نَوْد . نَوَدان : تمايُل balancement, *m*; oscillation, *f*

— . — : تنكيس الرأس نعاساً ∆ تنقير dodelinement, *m*

نادَ . تنوَّدَ : تمايَلَ dodeliner; se balancer

* نَوَّرَ النباتُ fleurir; être en fleurs

— : جعل له نوراً éclairer

— . أنار الشيءُ : اضاء luire; reluire; étinceler; briller

— . — : اضاء faire de la lumière; éclairer; illuminer

— . — المصباح : اشعله allumer la lampe

أنارَ ٢ المسئلة : اوضحها éclaircir; élucider

— العقلَ éclairer

تَنَوَّرَ المكانُ : اضاء être éclairé, e, *ou* illuminé, e

— : تَطَلَّى بالنورة employer un dépilatoire

اِستنارَ بكذا : استمد نوره tirer, *ou* emprunter, la lumière de qn

نارٌ : جوهر مُحرق معروف (وبمعنى حريقة) feu, *m*

الـــ الفارسية érysipèle, *m*

جبل الـــ : بركان volcan, *m*

الـــ : جهنَّم enfer, *m*

بين نارين entre deux feux

ناريٌّ : من نار او يحتوي او يشبه ناراً de feu

اسهُم ناريَّة : فتَّيش (انظر سهم) feu d'artifice, *m*; fusées, *f.pl*

نُوْر (والجمع أنوار ونيران) : ضوء lumière; lueur; clarté, *f*; jour, *m*

— كهربيٌّ lumière électrique, *f*

— الزينة illumination, *f*

○ — الغاز (راجع ضوءا) lumière du gaz, *f*; gaz, éclairage au gaz, *m*

○ — نيون néon, *m*; fluorescent, e

نَوَر (الواحد نَوَرِيّ) Bohémiens; tziganes, *m.pl*

نَوَريّ ٢ : واحد النَوَر bohémien, ne; tzigane

∆ — : محتال vagabond, e; coquin, e; fripon, ne; filou, *m*

— : منير lumineux, se

سَنة نوريَّة (بقياس سرعة سير النور) année lumière, *f*

نُورَة : كِلْس chaux; poix-liquide, *f*

— : مزيج لازالة الشعر . جَبيش dépilatoire, *m*

∆ نُوَرِيَّة : ورقة الزهرة ○ بتلة pétale, *m*

نُوَّار (والجمع نَوَاوير والواحدة نُوَّارة) . نَوْر : زهر fleurs, *f.pl*

نَيِّر : منير lumineux, se; fluorescent, e

— ∆ نُور : ضد مظلم — clair,e

— : ساطع النور — brillant,e ; éclatant,e

عقل — . — esprit éclairé, *m*

إنارة . تنوير : اضاءة — éclairage, *m*; illumination, *f*

— . — العقول — éclaircissement, *m*

تنوير ٢ الزهور — efflorescence; floraison; fleuraison, *f*

مَنار . مَنارَة : موضع النور — foyer, *ou* centre de la lumière, *m*

منارة ٢ المسجد : مئذنة — minaret, *m*

— : ∆ فنار — phare, *m*

∆ منوَر البيت — cour, *f*

∆ — السقف : جلي — lucarne, *f*

ο مُناوَرَة : محاوتة . محاولة — manœuvre, *f*

ο — حربيّة : عرض حربي — manœuvres militaires, *f.pl*

ο — (في سكة الحديد) — garage, *m*

مِنوار : مِصباح الشارع — réverbère, *m*

مُنير : مضيء — qui éclaire, lumineux,se; brillant,e

— : ساطع او مشرق — éclatant,e; luisant,e

مُتنوِّر — éclairé,e

* نَوْرَج : دراسة — batteuse, *f*

* نَوْرَس : زُمَّج الماء — mouette, *f*

ο نورَستينيا : خبلع مرض عصبي — neurasthénie, *f*

* نَوْس : ذبذبة — oscillation, *f*; balancement, *m*

ناوُوس . ناؤوس : تابوت حجري — sarcophage, *m*

ناس ~ . أُناس (والمفرد انسان) — hommes; gens, *m pl*

ناسَ : تذبذبَ متدلياً — osciller; pendiller

ο نَوْسر الجرح (في نَسر)

∆ نُوشة : حمّى تيفودية (معوية) — fièvre typhoïde, *f*

ناوَش العدوّ — escarmoucher; combattre par escarmouches

مُناوَشة : نِزال — escarmouche, *f*

* نَوْص . مَناص . مَنيص : مفرّ — fuite; évasion, *f*

لامناص ٢ منه — inévitable

∆ نوّاصة : قنديل — veilleuse, *f*

إنتاص ∆ ناص المصباح : ضعف نوره — s'éteindre doucement; faiblir (lumière)

ناصَ : هرب وتنحّى عن — fuir; éviter; se soustraire à; éluder

* نَوْط : كل شيء معلّق — pendant; pendentif, *m*; pendeloque, *f*

— : وسام — décoration; médaille, *f*; ordre, *m*

نَوَّط . ناط . أناط : علّق — pendre; suspendre

— . — . — به الأمر : كلفه به — charger de; confier à

— . — . — عليه الأمرَ : علقه عليه — faire dépendre de

نِيطَ بهِ الأمرُ — être confié,e à

— عليه : عُلِّق عليه — dépendre de

تنوّط . تنوّط : اسم طائر — tisserin, *m*

نِيَاطُ القَلْب — fibres du cœur, *f.pl*

مَنُوط به : معلّق — suspendu,e à; dépendant,e, de

٭ نَوَّعَ : جعلهُ انواعاً — diviser en plusieurs espèces

— : عدد الأشكال — diversifier; nuancer; varier

تَنَوَّعَ — être varié,e, *ou* de plusieurs espèces

نَوْع : جنس — genre, *m*; espèce; variété; sorte, *f*

— : صنف — qualité, *f*; article, *m*

— العمل — nature, *f*; genre, *m*

نَوْعاً . بنوع ما — plus *ou* moins

نَوْعِيّ — spécifique; en l'espèce

دفع من نفس النوع ∆ منه فيه — payer en nature

تَنَوُّع : تعدُّد الانواع — variété; variation; diversification, *f*

مُتَنَوِّع — varié,e; divers,e; assorti,e; nuancé,e

٭ نَوْف : ارتفاع — hauteur; élévation, *f*

نافَ : ارتفعَ واشرف — être élevé,e; *ou* haut,e

نَيَّفَ وَأَنافَ عَلى : زاد او اشرف — dépasser; excéder; *ou* dominer; surplomber,

عشرون ونيِّف او وَنَيْف (مثلاً) — vingt et plus

منذ اربعون سنة ونيف — Il y a plus de 40 ans (*ou* d'une quarantaine d'années)

∆ نِيافَة . إنافة الكردينال او المطران — Son Eminence (cardinal, évêque)

— البطريرك — Sa Béatitude

مُنيف — dominant,e; élevé,e; haut,e

∆ نَوفَرة (انظر نفر) — jet d'eau, *m*

نوفمبر : تشرين الثاني — novembre, *m*

٭ نُوق . نياق . ناقات . أَنْوُق (جمع ناقة) — chamelles, *f.pl*

ناقَة : انثى الجمل — une chamelle, *f*

— البحر : أطَمة — dugong, *m*

لا — لي فيها ولا جمل — je n'y ai rien à voir

تَنَوَّقَ . تَنَيَّقَ في ملبسه ومطعمه او اموره — être recherché,e dans sa mise, etc.

٭ نَوَّلَ . أنالَ . نالَ : اعطى — donner; accorder; faire obtenir

نالَ ٢ : حصل على (في نيل) — obtenir

ناوَلَ : سلّم الى او اعطى — consigner; remettre; livrer; *ou* donner

∆ — : اعطى القربان — donner la Ste. Communion, *ou* l'eucharistie

تَناوَلَ : اخذ — prendre; recevoir

— القهوة او الطعام الخ — prendre le café, le thé, le repas, etc

— هُ — affecter; atteindre

∆ — : اقتبل القربان — communier

نَوْل . نَوال (راجع نيل) — action de donner

∆ — ○ نَوْلون : اجرة الشحن — frêt; nolis, *m*

— . مِنْوَلُ الحائك : مِنْسج (انظر نسج) — métier à tisser, *m*

مِنْوال : اسلوب . نسق — façon; manière; méthode; mode, *f*

— واحد — monotone; non varié,e

على هذا الـ — de cette manière; ainsi

مُناوِل — transmission, *f*

مُناوَلة : تسليم livraison; délivrance; consignation, *f*
Δ — : تناول القربان Ste. Communion, *f*
☆ نَوَّمَ. أنامَ Δ نيَّم : جعله ينام faire dormir; endormir
— الولدَ : ادخله سريره لينام mettre au lit
— : خدَّر anesthésier
— بالكاورُفرم endormir à l'éther, au chloroforme, etc.
— تنوياً مغنطيسيًّا hypnotiser
نامَ : ضدّ استيقظ . هَـفَـا dormir; sommeiller
— : رقد . دخل سريره لينام se coucher; coucher
— البحرُ (او الريح) : هدأ se calmer
ـت الرجلُ : خدرت être engourdi, e
ـت السوق : كسدت être calme, plat, inactif (marché)
— واستنامَ وتناوَمَ اليه : اطمأن se confier à; faire confiance à
تَناوَمَ[2] : تظاهر بالنوم faire semblant de dormir
تَنوَّمَ Δ إستنوَمَ : احتلم avoir une pollution nocturne
نَوم. نُوامٌ[1] : ضدّ يَـقَـظة sommeil, *m*
— وأكل logement (*m*) et nourriture (*f*)
— مغنطيسي hypnotisme, *m*; hypnose, *f*
Δ أبو الــ : خشخاش pavot, *m*
بزر أبو النوم : Δ شَنارِق . جنارك graine de pavot, *f*
قميص الــ : نيم chemise de nuit, *f*
نَوْميّ : مختصّ بالنوم qui a rapport au sommeil

الكلام الــ somniloquence, *f*
اليقظة النومية : التروبُص somnabulisme, *m*
نَوُوم. نومَة. نَويم Δ نـوَّام grand, e dormeur, se
الفارة النوّامَة[2] loir, *m*
نَوْمة : المرّة من «نام» un somme; un sommeil, *m*
نُوام[2] : مرض النوم الخطر maladie du sommeil, *f*
نِيم . مَنامة : ثوب النوم chemise de nuit, *f*
نائِم : ضد مستيقظ dormant, e; couché, e; qui dort
— (كالرجل او اليد) : مخدَّر engourdi, e
Δ نائِمة السلَّمة : خلاف القائمة giron (d'une marche d'escalier), *m*
تَنوِيم action d'endormir
— بالكلورُفرم éthérisation, *f*; action d'endormir au chloroforme, etc.
— مغنطيسي (راجع مغنط) hypnotisme, *m*
مَنام : نَـوْم sommeil, *m*
— : حُلْم songe; rêve, *m*
— . مَنامَة : موضع او فراش النوم lit, *m*; couche, *f*
— . — : غرفة النوم chambre à coucher, *f*
— . — : غرفة النوم في المدارس dortoir, *m*
مُنوِّم. مُنَوِّمَة : يجلب النعاس somnifère; soporifique; soporatif, ve, *m* et *a*
— : مخدِّر (راجع خدر) narcotique, *m* et *a*

* نُون : بال . حوت كبير — baleine, f
نُونة : نقرة الذقن fossette, f
* نَوَّه به : ذكره mentionner; parler de
— به : مدحهُ وعظّمه louer; exalter; vanter; élever aux nues
△ — من او الى كذا : لمّح او اشار faire allusion à; se référer à
تَنوِيه : ذكر mention, f
— : مدح louange, f
مُنَوَّه به : مذكور mentionné, e
— عنه susmentionné, e
* نَوَى . إنتوى : عقد النية se proposer de; se résoudre; se déterminer à
— . — : قصد avoir l'intention de
— : تباعد s'éloigner
△ — △ نَوَّى السنورُ : ماء miauler
نَوَّى ٢ : عقدَ النَّوى avoir son noyau formé
ناوَى : عادى s'opposer à; résister à
نَوًى : بُعد (راجع نأى) éloignement, m
— : ما يقصده المسافر destination, f
— . نَوَيات (جمع نواة) noyaux, m.pl
نَواة البلح وامثاله : عَجَمة noyau, m
— : جزء مركزي noyau; nucleus, m
نَوَوِيّ nucléaire
له نواة او اكثر nucléé, e
(مادة) النواة الذرية nucléon, m
نِيَّة : عزم résolution; détermination, f
— : قصد intention, f; dessein; but, m

سليم الـ — sincère; de bonne foi; crédule
سلامة او حُسن الـ — la bonne foi; sincérité, f
بسلامة — de bonne foi; sans malice
بسوء — de mauvaise foi
△ على نيّاته : خُدْعة candide; bonasse; simple
والأعمال بالنيّات c'est l'intention qui compte
* نَيَّأَ الأمرَ : لم يحكمه faire qc imparfaitement, ou à moitié;
ناء : لم ينضج être cru, e
— بحمله (في نوء) plier sous le fardeau
نِيء * △ نَيّ : لم يُطبخ cru, e
△ — — : ناقص النضج pas assez cuit, e
△ — — : فجّ vert, e
* نيابة (نوب) * نياط (نوط) ◦ نيافة (نوف)
* نَيَّبَ : عضّ بالأنياب mordre avec les dents (canines)
نابٌ : السن خلف الرباعية dent canine
— الحيّة وكل حيوان مفترس crochet, m
— الخنزير البري او الفيل وامثالها défense, f
— الكلب croc, m
كَشَّرَ عن انيابه montrer les dents; menacer
◦ نيتروجين : ◦ أزوت nitrogène; azote, m
◦ نِير : △ ناف joug, m
◦ نَيِّر (في نور) lumineux, se
△ نِيرَة الأسنان : لِثَة gencive, f
◦ نَيْرُوز : رأس السنة القبطية jour de l'an copte, m

٥ نيرون : طاغية روماني حارق روما Néron
* نَيْزَك : رُمْح قصير lance courte; pique, f
— : شهاب étoile filante, f
— كبير : كرة ناريّة bolide, m
جسم او حجر نيزكي météorite, aérolithe, m
٥ نيسان : ابريل . الشهر الميلادي الرابع avril, m
٥ نيشان (نشن) ٥ نيف (نوف) ٥ نيّق (نوق)
٥ نيكل . نيكل : فلاذ : معدن ابيض nickel, m
٥ نيكوتين : خلاصة التبغ ٥ جُباظ nicotine, f
* نِيل : نبات يُصبغ به ازرق indigotier, m
— ٥ نيلة : صباغ ازرق indigo, m
كرة الـ (للغسيل) : ٥ زَهْرة bleu de lessive, m
عرائس الـ : اسم نبات lotus, m
نهر الـ le Nil, m
نِيلي : مختص بنهر النيل nilotique; du Nil
نَيْل . مَنَال ٥ نَوَال : ادراك obtention; acquisition, f
صعب المنال difficile à obtenir, ou à atteindre
سهل المنال facile à obtenir, à la portée de
نَالَ مطلوبه : اصابه . حصل عليه obtenir
— : ادرك atteindre; parvenir à
— منه : اثّر فيه agir, ou influer, sur
— جائزة gagner, ou remporter, un prix; devenir lauréat, e
— رضاه او حظوة لديه être en grâce auprès de; entrer dans les bonnes grâces de
— من عرضه : سبّه calomnier; diffamer
— كذا : وصله . حصل عليه recevoir

—، أَنالَ : جعله ينال faire obtenir
نائِل : الذي ينال qui obtient; gagnant, e; lauréat, e
٥ تنْبيل (الزراعة والريّ) colmatage, m
٥ مَنْيل : مقياس النيل nilomètre, m
٥ نيلوفر : بَشْنين nénuphar, m
* نيم (نوم) ٥ نِيّة (نوى)
٥ نِيوترون : دقيقة كهربيّة محايدة neutron, m
(ني) ناي : مزمار من القاب flûte, f

(٥)

* هاها : قهقه rire aux éclats
* ها : بمعنى خُذْ voici !; prends !; prenez !
* هائل (هول) ٥ هابَ (هيب)
* هات : اعطني donne !; donnez !; apporte ou apportez ici
* هاجَ (هيج) ٥ هاجِ (هجو) ٥ هاجر (هجر)
* هاجس (هجس) ٥ هاجم (هجم) ٥ هادَ (هود)
* هادِ (هدى) ٥ هادئ (هدأ) ٥ هاذِ (هذى)
٥ هاراكيري : طريقة انتحار يابانية بشق البطن hara-kiri, m
* هاشَ (هوش) ٥ هاصَ (هيص) ٥ هاضَ (هيض)
* هاعَ : تكلّف القيء ٥ تبوّع faire des efforts pour vomir
* هالة (هول) ٥ هامَ (هيم) ٥ هامّ (همم)
* هلمش (همش) ٥ هامَة (هوم) ٥ هامّة (همم)
٥ هانِم : سيدة : خاتون dame, f
* هاود (هود) ٥ هاوية (هوى) ٥ هباء (هبو)

٭ هَبَّبَ : خرَّق. قطَّع déchirer; lacérer
٥ — : سخَّمَ. سوَّدَ noircir de suie
هَبَّ بفعل كذا : طفِقَ se mettre à faire
— من نومه s'éveiller, ou se réveiller, en sursaut
ــت الرِّيحُ : ثارت souffler
ــت العاصفة se déchaîner
ــت النارُ éclater
٥ هَبَّ فيه الكلب sauter, ou bondir, sur
كلٌّ من هبَّ ودبَّ le premier venu; n'importe qui
تَهَبَّبَ : بَلِيَ. تقطع être usé,e, en loques, en lambeaux
هَبْ : لنَفترِضْ supposons; admettons
هَبَّةُ ريح un souffle de vent, m
هِبَة (في وهب) don, m; donation, f
هَباب : هَباءة poussière fine, f
٥ هِباب الدخان : كُتَن suie, f
— المصباح : سُخام. سِناج noir de fumée, m
هُبوبُ الريح souffle du vent, m
هَبوب : ريح مثيرة للغبرة vent chargé de poussière, m
مَهَبُّ الريح côté du vent; lieu où souffle le vent, m
٭ هَبَتَ : ضربَ ٥ هبدَ frapper; cogner
٥ هَبَدَ الولدَ : رماهُ jeter par terre avec un bruit sourd
هَبْدَة : هَدَّة. صوت الشيء الثقيل الساقط على الارض bruit, ou coup, sourd, m
— : سقطة chute lourde, f
٭ هَبَرَ اللحمَ : قطعه قطعاً كبيرة couper la viande en gros morceaux
هبر : لحم بلا عظم viande sans os, f

٥ — : شرِق. لحم احمر (بلا دهن) viande maigre, ou sans gras, f
هَبْرَة : قطعة لحم un morceau de viande, m
هِبْرِيَة. هُبارِيَة : قشرة الرأس pityriasis, m; crasse de la tête, f
٥ هَبَشَ باليد او بالمخلب saisir; empoigner
٭ هَبَطَ (هُبُوطاً) : نزل descendre; baisser; fléchir
— : سقط او نزل tomber; s'affaisser
— قلبه avoir un affaissement du cœur
— الثمن baisser; diminuer
— الى الأرض descendre à terre
— السقفُ s'affaisser; s'écrouler
— البناء : ٥ ربَّخ se tasser
ــت الريحُ او الحمى tomber
ــت الأسعار : تدهورت dégringoler
ــت الطائرة او الطيّارة atterrir
٥ — جسمه من المرض s'affaiblir; maigrir; se débiliter
— المكانَ : اتاهُ arriver; descendre à
أهبطَ : انزل faire descendre; faire tomber
— الثمنَ وغيره : خفضه réduire, ou baisser, le prix; faire baisser; dévaluer
هَبْط. إهباط : تنزيل baisse, f; abaissement, m
— : نُقصان diminution; décroissance, f
هَبْطَة : نَزلة une descente, f
— : وهدة ٥ مطَبّ dépression, f
هُبوط : نزول او سقوط descente; chute, f
— : تناقص baisse; diminution; réduction, f

— الاسعار: تدهور . كساد dévaluation; dégringolade; débâcle, f

— المقعدة: ضُمْبِلَة chute du rectum, f; prolapsus ani, m

— صِحِّي abattement, m; faiblesse, f

هابِط : نازل descendant, e; tombant, e

الهابطون بالمظلات : parachutistes

مَهْبَط : موضع الهبوط terrain d'atterrissage; lieu où l'on descend, m

— الطائرات . مطار aérodrome, m

— الطائرات التجارية aéroport, m

اشعة المَهْبِط rayons cathodiques, m.pl

مُهْبِط الحرارة réfrigérant, e

مِهْبَطَة : مظلّة واقية ←parachute, m

∆هَبَّل : اذهب عقله affoler; troubler l'esprit

∆— الطبخ : طبخه بالبخار cuire à la vapeur

∆أهْبَل : ابله idiot, e; sot, te; imbécile

هَبَل : بَلَه idiotie, f

هَبَلَة : بخار vapeur, f

مَهْبِل المرأة: مسلك الرحم vagin, m

مِنظار الـــ ←speculum, m

مَهْبِليّ : مختص بالمهبل vaginal, e

*هِبَة (في وهب) don, m; donation, f

∆ هبهب الكلب . نَبَح abover; japper

هَبْهَاب : سَراب mirage, m

*هُبُوّ الغبار : سطوعه soulèvement de la poussière, m

هبا الغبارُ : سطع s'élever dans l'air (poussière)

هَبَاء: غبار poussière qui voltige dans les airs, f; atome de poussière, m

هَبَاءة : ذرّة تراب un atome, ou une particule, (de poussière)

*هَبِيت : ∆هَبِيط او جبان idiot, e; ou poltron, ne

∆هَبْهَاب: واحد وواحد في نردين ←besas; beset; ambesas, m

*هَتَر السكر فلاناً : افقده عقله troubler l'esprit de qu (vieillesse); [rendre gaga]

هَاتَر : شاتم s'injurier

أُهْتِر. أَهْتَر الرجل: خرف déraisonner; avoir l'esprit troublé; tomber en enfance [devenir gaga]

— . — : هذى délirer; divaguer

إِسْتَهْتَر: اتبع هواه suivre ses désirs; se livrer à ses désirs

∆ — بالأمر : استخف به ne pas faire cas de; faire peu cas de; dédaigner

تهاتر الرجلان se disputer; se quereller

— ت الشهادات: تعارضت être contradictoires

هُتْر : خرف déraison; démence, f; délire, m; divagation, f

هِتْر: السقط من الكلام betise; absurdité, f; discours futil, m

— : كذب mensonge, m

مُهْتَر : خرف [gaga]; divagant, e; déséquilibré, e; détraqué, e

— : هاذ délirant, e

مُهاتَرة : مشادّة altercation; dispute, f

مُسْتَهْتَر بالشيء : مولع engoué, e de

مُسْتَهْتِر insouciant, e

٭ هَتَفَ : صاحَ — crier; vociférer

— الحَمامُ : صاتَ — roucouler

— به : ناداهُ — appeler

— به او بذكره : مدحه — louer qn ; exalter; vanter

هُتاف . صياح — cri, *m*; vocifération, *f*

الاستحسان — applaudissement, *m*; acclamation, *f*

— الاحتجاج او عدم الرضا — clameur; huée, *f*

— الحرب او عدائي — cri de guerre; cri hostile, *m*

— السرور — cri de joie, *m*

هاتِف : صائح — crieur, se; qui crie

— : صائح غير منظور — une voix; personne dont on entend la voix et qu'on ne voit pas, *f*

— : تلفون ٥ — téléphone, *m*

٭ هَتَكَ . هَتَكَ السترَ وغيره : خرقه او شقّه — déchirer; fendre

— السترَ : جذبه فقطعه من موضعه — arracher

— : جرّس به. فضحه — calomnier; diffamer

— ستره : جلب عليه العار — couvrir de honte

— عرض امرأة — déshonorer; *ou* violer

تَهَتَّكَ . انهتكَ : تمزّق — être déchiré,e

— : افتضح — être déshonoré,e, *ou* couvert,e de honte

— : انكشف — être dévoilé, e, *ou* divulgué, e

— في سلوكه — se dévergonder

هَتْكٌ او هُتْكَةُ السترِ — divulgation, *f*; dévoilement,

— العرض (عرض المرأة) — viol, *m*

هَتيكة : فضيحة — esclandre; scandale; *ou* déshonneur, *m*; honte; ignominie, *f*

تَهَتُّك : عدم حياء — dévergondage, *m*

— : تمزّق. تقطّع — déchirement, *m*; lacération, *f*

مُتَهَتِّك . مُسْتَهْتِك — dévergondé,e; effronté,e; impudent,e; éhonté,e

٭ هَتَمَ . أَهْتَمَ الرجلَ : كسر مقدم اسنانه — briser les dents de devant de qn

هَتِمَ الرجلُ : كان اهتم — être édenté,e, *ou* brèche dent

هُتامة : كسرة — fragment (de chose brisée), *m*

أَهْتَم : اثرم. سقطت ثناياه — brèche-dent

— : ادرد . لا أسنان له — édenté,e

٭ هَتْن : مطر متتابع — averse; pluie ininterrompue, *f*

هَتُون . هاتِن . هتّان — copieux,se; abondant,e

هَتَنَت السماءُ : تتابع انصباب مطرها — pleuvoir sans cesse, *ou* à verse

٭ هجّ (في هجج) ٭ هجا . تهجّأ (في هجو)

٭ هَجَأ جوعُه : سكن وذهب — se calmer; s'apaiser (faim)

٭ هَجَجَ النارَ : اشعلها — allumer, *ou* attiser, le feu

هَجَت النارُ : اجّت ٥ وجّت — flamber; flamboyer

٥ هَجّ : وجَّ . هرب — fuir loin de

٭ هَجَرَ الشيءَ : تركه واعرض عنه — abandonner; délaisser

هاجَرَ من البلد — émigrer; s'expatrier

تَهاجَرُوا: تقاطعوا rompre ensemble; se séparer l'un de l'autre

هُجْر. هُجْراء. هاجِرة [1]: كلام قبيح propos indécents, *m pl*; ribauderie, *f*; paroles grossières, *f.pl*

هَجْر: تَرْك abandon; délaissement, *m*

— . هَجِيرَة. هاجِرَة: نصف النهار midi; méridien, *m*

— . — . — : شدَّة الحَرّ canicule, *f*

هاجرة مغنطيسية méridien magnétique, *m*

هاجِريّ: مختص بنصف النهار méridional, e

— : حضريّ civil, e; de la cité; citadin, e

هِجْرَة: ترك المكان بسرعة fuite; rupture; cessation de rapports, *f*; départ hâtif, *m*

— . هُجْرَة: مهاجرة émigration, *f*

الـ النبوية l'Hégire, *f* ère (des musulmans) commençant de l'année 622 chrétienne, *f*

السنة الهجرية l'année de l'Hégire, *m*

مَهْجَر: موضع الهجرة lieu d'émigration, *m*

مَهْجُور: متروك abandonné, e

— : بطل استعماله inusité, e; tombé, e en désuétude

— لقِدَمِهِ (كلام) archaïque; suranné, e

مُهاجِر émigrant, e; émigré, e

مُهاجَرَة émigration, *f*

— الطيور migration (des oiseaux), *f*

☆ هَجَسَ في صدره: خطر بباله se présenter, *ou* venir, à l'esprit

△ هَجَّسَ في كلامه radoter; dire des sottises

هَجْس: كلام تسمعه ولا تفهمه baliverne; sottise, *f*

— . هاجِس: خاطِر idée, *f*

هاجِس [2]: بلبال anxiété; inquiétude; crainte, *f*; souci, *m*

— : خالج prédiction, *f*; présage; pressentiment, *m*

الاستغراق في الهواجس rêverie, *f*

△ هَجَّاس: مدَّع fanfaron, ne; charlatan

☆ هَجَعَ: نامَ dormir; sommeiller; s'assoupir

— : استكنَّ s'apaiser; se calmer

— . أَهْجَعَ: هَدَّأ calmer; apaiser

هُجُوع: نوم sommeil, *m*

— : همود. سكون quiétude, *f*; calme, *m*

— العاصفة وما يشبهها accalmie, *f*

هَجِيع من الليل: هزيع partie de la nuit, *f*

هاجِع: راقد dormant, e; endormi, e

☆ هَجَلَ بعينه: △ بَصْبَصَ faire de l'œil; lorgner

☆ هَجَمَ على. هاجَمَ: انقضَّ على assaillir; attaquer; fondre, *ou* foncer, sur

— على وهاجم المكان: كبسه faire une rafle, *ou* une descente

— على وهاجم المدينة: حمل عليها prendre d'assaut

— الشتاء: اسرع دخوله arriver inopinément, *ou* brusquement

هَجَّمَ. أَهْجَمَ: جعله يهجم pousser à l'attaque, *ou* à attaquer

تَهاجَمَا: هجم احدهما على الآخر fondre l'un sur l'autre

هَجْمَة . هُجُوم : assaut; coup de main, m; charge; attaque, f

— . بوليس ٥ كَبْسَة : descente; rafle, f

هُجُوم . مُهَاجَمَة : attaque f; assaut, m

— . هجومي : ضدّ دفاعي : offensif, ve

مُهاجِم : ضد مدافع : assaillant, e

٭ هَجُنَ : كان فيه عيب : être défectueux, se; incorrect, e; vicié, e

إِسْتَهْجَنَ : استقبح : désapprouver; juger une action vile

هُجْنَة : عَيْب : défaut; vice, m; faute, f

٥ هِجْنَة : غرابة : bizarrerie; étrangeté, f

هَجِين : لئيم : vil, e; bas, se

— : غير اصيل : métis, se; ou bâtard, e; de basse souche

٥ — . هِجان : جَمَل سَرِيع : dromadaire, m

حيوان — : مختلط الأبوين : hybride; métis, se

٥ هَجَّان : صاحب الجمل : chamelier; méhariste, m

٥ فِرْقة الهجّانة (في الجيش المصري) : corps des Méharistes, m

إِسْتِهْجان : désapprobation; réprobation, f

مُسْتَهْجَن : désapprouvé, e; blâmée: critiqué, e

٭ هَجْو . هِجاء : ذِكْرُ المعايب : diffamation; médisance, f; dénigrement, m

— عَلَني (بالنشر) : satire, f; libelle injurieux, ou diffamatoire; pamphlet, m

هَجْوِيّ : diffamatoire; diffamant, e; calomnieux, se

حُرُوف الهجاء : alphabet, m; lettres de l'alphabet, f.pl

علم الـــ : orthographe, f

هِجائي : alphabétique

هَجَا الرَجُلَ : عدّد معايبه : attaquer la réputation de qn; calomnier; diffamer

— بقصيدة : écrire une satire contre qn

— . هَجَّى . تَهَجَّى الكلمة : épeler

هَاجٍ : الذي يهجو : satirique (poète); libelliste; calomniateur, rice

أُهْجُوَّة . أُهْجِيَّة : satire, f; libelle; pamphlet, m

تَهَجٍّ . تَهْجِيَة . هِجاء : épellation, f

مَهْجُوّ : diffamé, e; qui est l'objet d'une satire ou d'un pamphlet

٭ هجيرة (هجر) ٭ هجين (هجن) ٭ هدّ (هدد)

٭ هَدَأَ . هَدْءًا : سكن : se calmer; s'apaiser

— البرد والحمى والعاصفة : se calmer; tomber

— . أَهْدَأَ الطفل : ربته لينام : caresser un enfant pour l'endormir

هَدَّأَ . أَهْدَأَ : سَكَّنَ : calmer; apaiser; adoucir; modérer

— . — السُّرعة : ralentir

— . — باله : tranquilliser calmer

— روعه : rassurer

هَدِّئْ روعك : calmez-vous; rassurez-vous

هَدْء . هُدُوء : سكون : calme, m; tranquillité, f; repos, m

هُدوء الروع : sérénité, f

بِهُدوء : tranquillement; calmement

هادِئ : calme; tranquille

المحيط الـــ : l'océan Pacifique, *m*

تَهْدِئَة : apaisement, *f*

— الخواطر : pacification, *f*

— الروع : rassurance, *f*

☆ هَدَّبَ الثوبَ : جعل له هدباً : garnir de franges, *ou* de crépines; franger

هَدِبَت العينُ : طال هدبها : avoir de longs cils

هُدْب : شَعْر اشفار العين : cils, *m,pl*

— الثوب : خمله : le poil, *ou* le velouté, du tissu

— . هُدَّاب الثوب : حاشيته : ←franges; crépines, *f pl*; effilé, *m*

هَدِب . أهْدَب : طويل الأهداب : qui a de longs cils

شجرة هَدباء : متدلية الأغصان : qui a de longues branches pendillantes (arbre)

☆ هَدَجَ : مشى كالشيخ : trembloter; marcher d'un pas tremblant

تَهَدَّج الصوتُ : تقطع فى ارتعاش : chevroter; trembloter

هَوْدَج : litière, *f*; palanquin, *m*

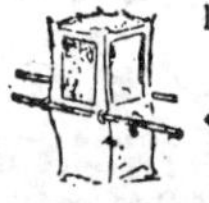

— : رجازة : ←chaise à porteurs, *f*

☆ هَدَدَ . هَدَّدَ : توعد : menacer

— : خوّف : épouvanter; intimider; effrayer

هَدَّ : هدم : démolir; abattre

— : ضعضع : abattre

— : كسر : briser; casser

— : صات عند وقوعه : crouler avec fracas

— صحته : ruiner, *ou* ébranler, sa santé

— قوّته : ébranler ses forces; s'affaiblir

إنْهَدَّ : انهدم : crouler; s'écrouler; être démoli, e, *ou* abattu, e

ـــ صحته او قواه : sa santé est ruinée; ses forces sont ébranlées

هَدّ △هَدَد : هدم : démolition; destruction, *f*

— . هَدَّة : △هَبْدة : coup sourd, *m*

— : كسر : cassure, *f*; bris, *m*

هَدَّة ۲ : △هَبْدة . وقعة لها صوت غليظ : bruit sourd; bruit de la chute d'un corps lourd, *m*

هَدَاد : رفق وتأنٍ : douceur, *f*

تَهْدِيد . تَهَدُّد : تَوَعُّد : menace, *f*

— . — : ارهاب : intimidation, *f*; terrorisme, *m*

تَهْدِيدي : de menace

مُهَدِّد : menaçant, e

مُهَدَّد : menacé, e

☆ هَدَرَ الحمامُ : سجع : roucouler

— الأسدُ والثور والريح والبحر : rugir (lion); mugir (bœuf); bruire; gronder (vent, mer)

— : غلى (غلياً) : bouillonner

— الدمَ : سفكه هدراً : verser impunément

— صحته او ماله : dépenser inutilement, *ou* en vain; gaspiller

هَدَر . هَدْر : هباً : inutile; vain, e

هدراً inutilement; vainement
ذهب سَعيه هدراً ses efforts ont été vains
Δهَدْر : وقعة chute, f
هَدِيرُ الأسد والبحر والرعد وغيرها rugissement; mugissement; bruissement; grondement, m
مَهْدُور dépensé,e en pure perte
دَمٌ — . versé impunément (sang)
✡هَدَفَ . أَهْدَفَ : قارب être proche de; approcher de
— . — الى كذا : قصدَ viser; avoir pour but
إستهدفَ s'exposer; être exposé,e (aux attaques, au péril, etc.)
هَدَفٌ : دريئة ←cible, f
— : غرض . مَطْمَح dessein; but, m; visée, vue, f
جعلهُ هدفاً لكذا exposer à
هَدّاف : Δنشانجي bon,ne tireur,se
مُسْتَهْدِف لكذا exposé,e à
✡أهْدَلَ : ارخى baisser; abaisser
— الحمَامُ : هَدَرَ roucouler
هَدِلَ . تَهَدَّلَ : تدلّى واسترخى pendiller
أهدل . مُهَدَّل : مسترسل pendant,e; flottant,e
— : متدلّ ومسترخ tombant,e; pendillant,e
✡هَدَمَ . هَدَّمَ : ضِدّ بَنَى démolir; abattre
— . — : خَرَّبَ détruire; ruiner
هُدِمَ : اصابهُ الدوار avoir le mal de mer

إنْهَدَمَ . تَهَدَّمَ : انهدَّ crouler; être démoli,e, ou abattu,e
— . — : تخرَّبَ être ruiné,e, ou détruit,e, tomber en ruine
هَدْم : هَدّ . ضِدّ بِنَاء démolition; destruction, f
— : تخريب ruine, f
هِدْم : ثوب بالٍ vieux habits, m pl
Δهُدوم : ملابس habits; vêtements, m.pl
Δدولاب — . ←armoire, f
هُدام : دُوار البحر mal de mer, m
هادِم démolisseur,se; destructeur,rice; destructif,ve
تَهْدِيم : تخريب démolition: destruction, f
مُهَدَّم . متهدّم écroulé,e; éboulé,e; en ruine
مَهْدُوم démoli,e; détruit,e
✡هَدَنَ : سكن se calmer; se radoucir; s'apaiser
هادَنَ : اوقف القتال suspendre les hostilités; conclure un armistice, ou une trève
هُدْنَة . هُدُون : سكون tranquillité, f; calme; repos, m
— : فترة وقوف trêve, f
— . هِدَانة . مُهادنة : متاركة armistice, m; cessation des hostilités, f
✡هَدْهَدَ الطفل : هزّه لينام bercer, ou dodeliner, un bébé
هُدْهُد : طائر ←huppe, f

* هَدَى : ارشد — guider; diriger vers le droit chemin
— الى : دلّ على — indiquer; montrer
— الى الايمان — convertir
— . أَهْدَى له او اليه — offrir; présenter; faire cadeau
— . — العروس الى زوجها — conduire la nouvelle mariée à son époux
هَادَى . تَهَادَوْا : تبادلوا الهدايا — échanger des présents
تَهَادَى ٢ في مشيته : تمايل — dandiner; se dandiner; se pavaner
إِهْتَدَى الى كذا : عرفه — trouver; découvrir
— الى الطريق — trouver son chemin
— الى الايمان او من شرّ — se convertir
إِسْتَهْدَى . تَهَدَّى : طلب الارشاد — demander à être dirigé, e
هُدَى . هِدَايَة : ارشاد — conduite; indication; gouverne, *f*
— . — : تجدُّد القلب — régénération, *f*
— : ضدّ ضلال — le droit, *ou* le bon, chemin, *m*
على غير — . — au hasard; à l'aventure
هداية (السفن) — **lamanage, *m***
هَدِيَّة : تقدمة — cadeau; présent, *m*; étrenne; offrande, *f*
— الزواج — cadeau de mariage, *m*
هادٍ : مُرشد — guide; conducteur, rice; indicateur, rice (de la police)
إِهْدَاء — présentation; action d'offrir; offrande, *f*
إِهْتِدَاء : الوصول الى الغرض — découverte, *f*

مَهْدِيّ . مُهْدًى : مقدَّم كهدية — offert, e; présenté, e
— . مُهْتَدٍ : ضدّ ضالّ — bien guidé, e; dans le bon chemin
— . — الى دين او عقيدة — converti, e
* هٰذا . هٰذِهِ (والجمع هؤلاء) — ceci, celui-ci; celle-ci (*pl.m* ceux-ci; *pl.f* celles-ci)
لهذا السبب — pour ce motif
مع هذا — ci-joint, e
* هَذَّبَ . هَذَبَ الشجرَ وغيره — tailler; émonder; élaguer
— . — : طهّره مما يعيبه — polir; raffiner
— : صحّح وقوّم — rectifier; corriger; retoucher
— : نقّح — châtier; polir (son style)
— : علّم واصلح — instruire
— الولد : علّمه وربّاه — élever; éduquer; former un enfant
تَهَذَّبَ — être bien élevé, e (personne); être bien arrangé, e, ajusté, e, etc. (chose)
هَذْب . تَهْذِيب : اصلاح — retouche; correction; rectification, *f*
تَهْذِيب ٢ : تعليم — instruction, *f*
— : تثقيف . تربية — éducation; formation; culture, *f*
— : تقويم — correction; réctification, *f*
— : تنقيح — révision; retouche, *f*
تَهْذِيبيّ : تربويّ — éducatif, ve
مُهَذَّب . مُتَهَذِّب : متثقّف — éduqué, e; instruit, e; raffiné, e; émérite; distingué, e
— . — : مؤدَّب . مربّى — bien élevé, e

— : منقّح. مصحّح — révisé,e; recuité,e; revu,e; ajusté,e

مُهَذِّب — instructeur; éducateur,rice

٭هَذَرَ : تكلّم بما لا ينبغي — divaguer; radoter

∆هذر مع — plaisanter, *ou* badiner, avec

هَذْر : ∆دردشة — bavardage; radotage, *m*; jacasserie, *f*

هَذِر. مِهذار — radoteur,se; plaisant,e

∆هِذار : هَزْل — plaisanterie; badinage; humour,*m*

٭هَذرَمَ : أكثر الكلام — bavarder; parler trop; jacasser; [jaboter]

٭هَذَى : تكلّم بغير معقول — divaguer; délirer; déraisonner

هَذْي. هَذَيان. هُذاء : ∆خطرفة — divagation, *f*; propos insensés, *m.pl*

— . — الحمّى : بُحران — délire, *m*

هاذٍ — divaguant,e; délirant,e

٭هرّ القط : قرقر — ronronner

— الدواء بطنه : اطلقها — relâcher, *ou* lâcher, le ventre

هِرّ : قِطّ — chat,te

عين الـ : حجر كريم — œil-de-chat, *m*

حشيشة الـ (او القطة انظر قطط) — valériane, *f*

هرير الكلب — hurlement, *m*

— الهرّ : خريره في نومه — ronron, *m*

٭هرأ. هرّأ. أهرأ اللحم : انضجه جداً — réduire la viande en charpie par la cuisson

ـه و ـه البردُ — transir de froid

— في كلامه — parler à tort et à travers

— ∆هرّى : مزّق — lacérer; réduire en pièces

— ∆— الثوبَ : ابلاه — user un habit

هَرِئ. تهرّأ اللحمُ بالطبخ : ∆اهترى — être réduite en charpie par la cuisson

— . — : تمزّق — tomber en loques

— . — : بَلِي — être usé,e

هُراء : كلام فارغ — sottise; fadaise, blague, *f*; coq-à-l'âne, *m*

مُهتَرِئ بالطبخ — réduit,e en charpie par la cuisson

— : ممزّق — déchiré,e; lacéré,e; en lambeaux

— : بالٍ — usé,e

٭هِراوة : عصاً غليظة وقصيرة — gourdin; gros bâton, *m*

٭هَرَبَ : فرّ — fuir; s'enfuir; déguerpir; se sauver

— من كذا : افلت ونجا — échapper à; s'enfuir de; s'évader

— من الجنديّة — déserter

— مع امرأة او هربت مع رجل — enlever; *ou* se faire enlever

— من المدرسة — faire l'école buissonnière

هرّبَ. أهربَ : جعله يهرب — faire fuir; faciliter la fuite

— : اضطرّه الى الهرب — mettre en fuite

— : ساعد على الهرب — aider à fuir, *ou* à s'évader

— الاشياء المحجوزة — passer qc en contre-bande *ou* clandestinement

— البضائع من الجرك passer en contrebande, *ou* en fraude

— المحظورات او تاجر فيها faire la contrebande

هَرَّبَ s'esquiver; éviter; éluder; [finasser]

— من واجب او غيره se soustraire à

هَرَبٌ . هُرُوبٌ . هَرَبان fuite; évasion, *f*

— . — من السجن évasion, *f*

— . — من الجنديّة désertion; *f*

هِراب السفينة : قاعتها ∆أنْرابيل quille; carème, *f*

هارب ∆هَرْبان fuyard, e; fugitif, ve

∆— — من الجنديّة déserteur, *m*

تَهْرِيب : تخليص délivrance, *f*

— من الجرك المحظورات contrebande; fraude, *f*

مَهْرَب : ملاذ refuge, *m*; retraite, *f*

— : مخلص salut; subterfuge, *m*; échappatoire, *f*

مُهَرِّب المحظورات الجركيّة contrebandier

∆هَرْبَدَ : هرتَ . هرأ . مزّق déchiqueter; mettre en pièces

☼هَرَجَ الناسُ : وقعوا فى اضطراب se soulever; s'agiter

— فى الحديث : خلط فيه parler confusément

هَرَّجَ فى الحديث : مزح وأتى بالمضحك plaisanter

هَرْج troubles, *m.pl*; tumulte, *m*; confusion, *f*

— ومرج tumulte; brouhaha, *m*

مُهَرِّج : مضحك bouffon, ne; comique

☼هَرْجَلَ : اختلط مشيه marcher gauchement; avoir une démarche embarrassée

—: مشى بخطوات متباعدة (واسعة) marcher à grands pas

∆— : عمل بلا تدبّر agir avec insouciance, *ou* négligemment

∆هَرْجَلة : عدم انتظام confusion, *f*; chaos; désordre, *m*

∆مُهَرْجَل : غير منتظم désordonné, e; déréglé, e

∆هَرْدَبَشْت : لا قيمة له rebut, *m*; camelote, *f*

☼هَرَسَ : دقّ . سحق piler; broyer; écraser

— : كالاصبع بالمطرقة contusionner; meurtrir

هَرْس écrasement; pilage; broiement; broyage, *m*

هَرّاسة البطاطس وغيره presse-purée, *m*

مَهْرُوس : مهوك réduit, e en purée

مِهْراس : ∆جُرن الدق mortier (à piler), *m*

∆هَرَشَ جلده : حرش . حك se gratter; gratter

∆هَرْش : حك grattage, *m*

∆— : الاستهلاك بالاستعمال usure, *f*

∆— عدّة : استهلاك الآلات dépréciation, *f*

هِراش . مُهارَشة : خصام rixe; dispute bagarre, *f*

☆ هَرْطَقَ : ضلّ في الدين — devenir hérétique

هَرْطَقَة : بِدْعَة (تسبّب الشقاق) — hérésie, f

هَرْطُوقيّ : مبتدع . من أهل البدع — hérétique

☆ هُرْطَان : شوفان — avoine, f

☆ هَرَعَ اليه : ذهب اليه مسرعاً — se dépêcher, ou s'empresser, vers

أَهْرَعَ : اسرع — presser le pas; se hâter

هَرَعٌ . هُرَاع — pas rapide et tremblant, ou gauche

☆ هَرَقَ . أَهْرَقَ الماء : صبّه — verser; répandre

— الدمَ والدمعَ — verser le sang, des larmes

هَرْق . إِهْرَاق — effusion, f; épanchement, m

مُهْرَق . مُهْرَاق — répandu, e; versé, e

☆ هِرَقْل . هِرَقِل اسم رجل قوي — hercule, m

☆ هَرِمَ : ∆ بلغ اقصى العمر وضعف — être décrépit, e, caduc, que, cassé, e

هَرَّمَ : ∆ هَرَم — hacher

ـــه . أهرمه الدهر : جعله هرماً — rendre décrépit, e, ou caduc, que

هَرْم . تهريم : ∆ فَرْم — hachage; hachement, m; action de hacher

هَرَم : ضعف الشيخوخة — décrépitude, caducité, f

— : شكلٌ هرمي — pyramide, f

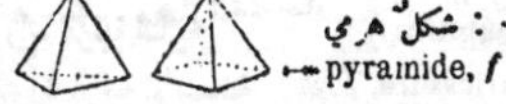

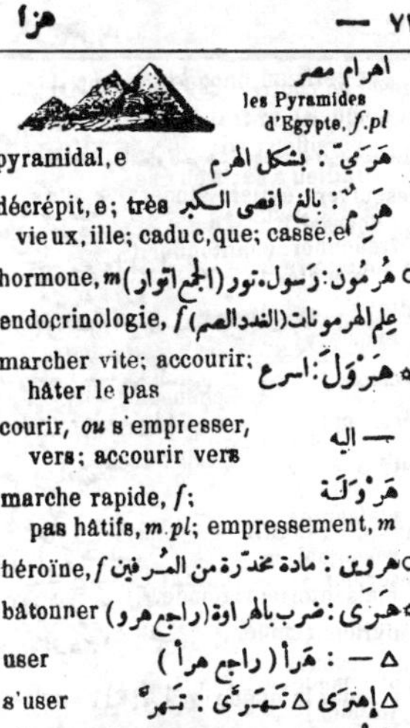

اهرام مصر — les Pyramides d'Egypte, f.pl

هَرَمِيّ : بشكل الهرم — pyramidal, e

هَرِم : بالغ اقصى الكبر — décrépit, e; très vieux, ille; caduc, que; cassé, e

☆ هُرْمُون : رَسُول . تور (الجمع اتوار) — hormone, m

عِلم الهرمونات (الغدد الصم) — endocrinologie, f

☆ هَرْوَلَ : اسرع — marcher vite; accourir; hâter le pas

— اليه — courir, ou s'empresser, vers; accourir vers

هَرْوَلَة — marche rapide, f; pas hâtifs, m.pl; empressement, m

☆ هِروين : مادة مخدّرة من المُرفين — héroïne, f

☆ هَرَى : ضرب بالهراوة (راجع هرو) — bâtonner

∆ — : هَرَأ (راجع هرأ) — user

∆ إهترى ∆ تهرّى : تهرّأ — s'user

هُرْي : شونة . مخزن الغلة — silo; grenier, m; grange, f

☆ هرير (في هرر) ☆ هزّ (في هزز)

☆ هَزَأَ . هَزِئَ . اسْتَهْزَأَ به او منه : سخر — se moquer de; ridiculiser; railler; narguer; persifler; tourner qn en ridicule

— — به : لم يبال به — dédaigner; ne faire aucun cas de; méconnaître

هُزْء . اسْتِهزاء . مَهْزَأة — moquerie, f; persiflage, m; raillerie; dérision, f

هُزْأَة : يُهزأ منه — objet de dérision, ou de raillerie; plastron, m

هُزْئيّ . استهزائي — moqueur, se; railleur, se; dérisoire

par dérision; moqueusement باستهزاء
moqueur,se; persifleur,se; railleur,se; rieur,se هازِئ . مستهزِئ
هَزَجَ . هَزّجَ : ترنّم في غنائه او قراءته fredonner; chantonner; moduler la voix
هازجة : شوّالة طائر fauvette, f
أُهزوجة : اغنية chanson populaire, f
☆هَزَرَ : ضحك rire
△هَزَّرَ : هزل plaisanter
هَزار : عندليب rossignol, m
△هِزار : هَزْل plaisanterie; rigolade, f
☆هَزَّ . هَزَّ : حرّك agiter; remuer; secouer
— . — ذنبه اي ذيله remuer la queue
— . — رأسه hocher, ou secouer, la tête
— . — الرمح والسيف : لوّح به brandir
هَزَّه من عطفه : استحثّه émouvoir
— يده serrer la main
— اكتافه hausser les épaules
— الارجوحة balancer; remuer
— ت الزلزلة الارض trembler (terre)
— الطفل bercer un bébé
إهتزّ . تَهَزْهَزَ : تحرّك être secoué,e, agité,e, remué,e, branlé,e
— . — : ترجّح se balancer; osciller
— : ارتجف . ارتجّ trembler; vibrer; s'agiter; frissonner
هَزّ . هَزْهَز : تحريك secouage; ébranlement, m; agitation, f

هَزّة : المرّة من «هزّ» secousse; commotion; vibration; saccade, f
— : رجفة . رجّة tremblement, m; trépidation, f; frisson, m
— ارضية : زلزلة tremblement de terre, m
— الجماع orgasme, m
— الطرب او السرور transport de joie; tressaillement; trémoussement, m
هَزّاز : يهتزّ remuant,e; mouvant,e; secouant,e; mobile; vibrant,e
كرسي — chaise à bascule, f
حمام — pigeon grosse-gorge; boulant, m
إهتزاز tremblement, m; vibration, f; ballotement, m
△مِهَزّة : مِنسف . غربال كبير crible, m
مُهتزّ : مرتجّ remué, e; secoué, e
— طرباً او فرحاً en extase; transporté,e de joie; ravi.e
☆هَزَلَ . هُزِلَ △إنهزل maigrir; s'émacier; dépérir; s'atrophier
— في كلامه : ضدّ جدّ plaisanter; badiner
— . هَزَّلَ . أهزل amaigrir; exténuer; atrophier
هَزْل . هُزْل : مزاح plaisanterie: raillerie
هَزْلي comique; badin; humoristique; bouffon, ne
رواية هزلية comédie, f
رواية هزلية غنائية opérette, f
صورة هزلية او مسخية caricature, f

هَزِل . هازِل . هزّال — plaisant; badin,e

هُزال: ضوى — amaigrissement, m; maigreur; atrophie, f

هزيل . مهزول — maigre; mince; atrophié,e; exténué,e

مَهزَلة: مَسْلاة . رواية هزلية — comédie, f

✲هزم العدوّ: غلبه — battre, ou défaire, l'ennemi

— الجيش: كسره — mettre en déroute

— . تهزّم الوتر — résonner

هُزِم . انهزم — être battu,e, vaincu,e, mis,e en déroute

هَزْم — action de battre, ou vaincre

هَزيم: رعد — tonnerre, m

— الرعد — roulement du tonnerre, m

هزيمة . انهزام — défaite; déroute, f

نصير الـ — : قَعَدي — défaitiste

✲هزّ هزًّا: حرّك — agiter; secouer; remuer

تهزهز: اهتز — s'agiter; se mouvoir; vibrer

✲هزيع من الليل — partie de la nuit, f

الـ الاخير من الليل — les dernières heures de la nuit, f.pl

✲هسيس: كلام خفيّ — chuchotement; murmure, m

Δهس!: اصمت — silence !

○هستيريا: مرض عصبي نسائي — hystérie, f

✲هَسْهَس: بعوض صغير Δ شكّيت — cousin; moucheron, m

✲هشّ (هُشوشة): كان هشًّا — être tendre, friable

— (هَشاشة): تبسّم — être affable, accort,e, souriant,e, complaisant,e

— له وبه — être affable, courtois,e, avec qn

Δ — الذباب والطير — chasser les mouches

هَشّ . هَشاش . هَشيش: سريع الكسر — tendre; friable; fragile

— : سهل السحق — friable

— : Δمقرمش (كالخبز والكعك) — croquant,e; cassant,e

— الوجه: طلق المحيّا — gracieux,se; avenant,e; affable; engageant,e

هَشاشة — affabilité; bonne humeur; douceur; amabilité, f

هُشوشة — friabilité, f

Δهشّك الطفل: رقّصه — faire sauter, ou dorloter, un enfant

✲هشم . هشّم — briser; mettre en pièces; casser en morceaux

— الذرّة: فكّكها — désintégrer (l'atome)

تهشّم . انهشم — être cassé,e, brisé,e; se briser; se casser en morceaux

هَشْم . تهشيم — bris; brisement, m

هَشيم: النبات اليابس — plantes sèches, f pl

— : ضعيف — faible; chétif,ve; débile

مُهشَّم — brisé,e; cassé,e; en pièces

هصر الغصن: عطفه وكسره — plier et casser

انهصر — être ployé,e, ou plié,e et brisé,e

☆ هَضْبَة : ما ارتفع من الأرض colline, f; monticule; tertre, m

☆ هَضَمَ الطعامَ digérer

— اهتَضَمَ الرجلَ : ظلمه léser; être injuste envers, ou avec, qn; porter préjudice à qn

إنهضَمَ être digéré,e

هَضْم digestion, f

سَهْلُ الـ digestible; léger,ère

سُوء الـ : تخمة indigestion, f

عُسْرُ الـ dyspepsie, f

عَسِرُ الـ indigeste; difficile à digérer

هَضْمِى : مختص بالهضم digestif, ve

الجهاز الـ appareil digestif, m

القناة الهضمية tube digestif, m

هَاضِم . هَضُوم : يساعد على الهضم digestif, ve, m et a

إنهضام digestibilité, f

مهضوم : ينهضم digestible

— . هَضِيم : هضمته المعدة digéré,e

☆ هطل المطر tomber à verse

هَطِل . هَطَلاَنُ المطر pluie continue, f

☆ هفَّ : مَرَّ بسرعة passer comme un éclair

— ت الريح فسمع صوت هبوبها siffler

— ت الرائحة : فاحت l'odeur flotta, ou se répandit

△ — ت نفسه على كذا : تاق اليه avoir de l'envie de

△ — الهواء بخفة une brise se leva

△ — على البال passer par la tête

هِفٌّ . مَهفوف : خفيف العقل léger, ère; écervelé, e; étourdi, e; sot, te

هَفَّاف : برّاق éclatant, e; étincelant, e

— : △ مهفهف flottant, e (en l'air)

— . — : رقيق شفاف diaphane

△ مِهَفَّة ريش : منفضة plumeau, m

☆ هَفَتَ : تكلَّم بلا رويَّة parler à tort et à travers

△ — : هَفَا . جاع وضعف tomber de faim, ou d'inanition; avoir l'estomac creux

تهافَتَ على : تساقط عليه se précipiter sur, ou vers

— الفراشُ على (النار) se jeter sur

— وا على الشيء affluer; se précipiter, ou se ruer, sur; s'arracher qc

△ هَفْتَان : هاف . جائع affamé, e

هَفِيتة : جماعة اقتحمتهم الجماعة foule affamée, f

تهافُت ruée; affluence; précipitation, f

△ — عصبى épuisement nerveux, m

☆ هَفْهَفَ . تهفهف : مُشِيق بدنه être mince de taille, élancé, e, effilé, e; avoir une taille fine

△ — : تطاير لخفته voltiger; flotter dans l'air

هَفْهاف △ مُهَفْهَف : نحيف القوام effilée; svelte; mince (taille)

☆ هفوة : زلَّة faute; erreur; bévue, f

هَفَا : زلَّ faire une faute; faillir; se tromper; glisser

— : جاع ∆ هفت avoir bien faim; avoir l'estomac creux

هفتتْ اليه نفسه avoir envie de

ـــتْ الريشة في الهواء flotter; voltiger

هافٍ : ∆ هفتان . جائع affamé, e

☆ هَكَذا ainsi; de cette manière; comme ça

و — دواليك ainsi de suite

☆ هَكَمَ : غنّى chanter

تَهَكَّمَ على persifler; se moquer de; railler qn; accabler qn de sarcasme

تَهَكُّم : ∆ تريقة . سُخرية sarcasme; persiflage, m; ironie; moquerie. f

تهكّمي sarcastique; ironique; moqueur, se

بِتَهَكُّم avec sarcasme; ironiquement; d'un air narquois

متَهَكِّم : مستهزئ moqueur, se; railleur, se

○ هُكي : جحفة . لعبة التجاحُف بالكرة ←hockey, m

☆ هَلْ : حرف استفهام est-ce-que ?

— هو غني ؟ est-il riche ?

— انت هنا ؟ êtes-vous ici ?

— هم يقرأون ؟ lisent-ils ?

— ابي هنا ؟ mon père est-il ici ?

— كتبتَ هذا ؟ avez vous écrit cela ?

☆ هَلَّ ☆ هلال (في هلل) ☆ هلام (في هلم)

☆ هَلِبَ : كثُر شعره être velu, e, chevelu, e, poilu, e, hirsute

— ذَنَبَ الفرس : جزّه écourter

هُلْب (والواحدة هُلبة) : شعر خشن crin, m (de cheval); soie, f (de porc)

∆ هِلْب : مرساة السفينة ←ancre, f

∆ — : كُلاّب crochet; ←grappin, m

هَلِبٌ . أَهْلَب : خشن الشعر couvert, e de poils raides; hérissé, e

∆ مُهلبية : فالوذج gelée, f; blanc-manger. m

مَهْلوب الذَنَب : مجزوز الذيل ← écourté, e; courtaud, e

☆ هَلْج : خبر غير يقين nouvelles non vérifiées, ou non confirmées, f.pl

— : كلام فارغ sottise; baliverne, f; bêtises, f.pl

هَلِيلَج . إهْلِيلِج : نبات وثمره myrobolan, m

— . — (في الهندسة) ←ellipse, f

اهليلجي elliptique

☆ هَلَسَ . أَهْلَسَ المرضُ الرجلَ : هزله consumer; faire dépérir; amaigrir

أَهْلَسَ : ضحك في فتور ricaner; rire du bout des lèvres

هَلَسَ : هزل maigrir; se consumer

∆ — (في الكلام) : خلط dire des bêtises, ou des riens

∆ هَلْوَسَ : تهوّس délirer; tomber dans l'hallucination

هَلْس . هُلاس : مرض السل phtisie; étisie, f

∆ — : كلام فارغ sottise, f

∆ — : فجور débauche, f

∆هَلْوَسَة : هذيان délire, m

∆— : تخَيُّلات hallucination, f

☆هَلِعَ : جزِعَ être impatient, e, ou inquiet, ète

— قلبه: فزِعَ être apeuré, e; avoir peur

هَلَعٌ : جَزَعٌ impatience; inquiétude, f

— : فَزَعٌ crainte; [frousse], f

هَلِعٌ . هَلُوعٌ impatient, e; inquiet, ète

مُنْهلِع القلب craintif, ve; apeuré, e; [froussard, e]; poltron, ne

☆هَلَكَ : ماتَ او فنى périr; mourir; ou être damné, e

— جوعاً mourir [ou crever] de faim

— . هلّكَ . أهْلَكَ: جعله يهلك faire périr; damner

∆يهلِّك من الضحك hilarant, e; [crevant, e; marrant, e]

إنهلَكَ . اِهتَلَكَ: رمى نفسه في المهالك se jeter dans les périls

تَهالَكَ . اسْتَهلَكَ في الأمر s'appliquer à

— على الشيء : حرص convoiter: appéter

— على (المضجع) se jeter sur (un lit)

—وا على الشيء : رموا انفسهم في المهالك لأجله lutter désespérément pour; s'acharner à

إسْتهلَكَ ٢ : افنى consommer; user; dépenser

— الدَيْنَ amortir

— السندات الماليّة الحكومية racheter

هَلاك . هُلْك . هَلَكَة perdition; perte; ruine, f

— : موت mort, f

هالِك : قابلُ الفناء périssable

— : فنِي péri, e

—: مقدَّر له الهلاك damné, e; réprouvé, e

دين — : لايمكن تحصيله créance douteuse, f

هَلُكَة ٢ . تَهلُكَة : خطر péril; danger, m

اوقع في تَهلكة mettre en péril; exposer au danger

إسْتِهْلاك consommation, f

— الدين amortissement, m

— سندات الحكومة rachat, m

— الاشياء بالاستعمال usure, f

مالُ الـ— : ∆قَروقة fonds d'amortissement, m

مُهْلِك : مُبيد destructeur, rice; destructif, ve

— : مُميت meurtrier, ère

مَهْلَكَة : موضع الهلاك lieu périlleux, ou dangereux

مُسْتَهْلِك : ضد مستنتج consommateur, rice

☆هَلَّلَ : سَبَّحَ louer Dieu

— له : اثنى عليه بالهتاف او التصفيق وغيرهما applaudir; acclamer

هَلَّ . أهَلَّ : ظهر apparaître

— الشهرُ : بَدأ commencer (mois lunaire)

— . انْهَلَّ المطر: اشتدَّ انصبابه tomber dru, ou à verse (pluie)

تَهلَّلَ الوجهُ: تلألأ s'illuminer; resplendir

— وجههُ سروراً avoir le visage riant, ou épanoui

— : ابتهج se réjouir; jubiler; exulter

إستهلّ المتكلم: رفع صوته — élever, ou hausser, la voix

— العملَ: شرع فيه — commencer

هِلال: غرَّة القمر — croissant, m

— : قمر اوائل الشهر — nouvelle lune, f

— الحصر: واحد هلالي الحصر — parenthèse, f

كلمة او عبارة بين هلالين — entre parenthèses

هِلاليّ: قمري — lunaire

— : بشكل الهلال — en forme de croissant

شهر — . — mois lunaire, m

هَلَل: فَزَع وَخوف — frayeur; peur, f

هَلِّلُويَّا: سبِّحوا الرب — alléluia, m

هالّ: على وشك الظهور — sur le point d'apparaître

تَهَلُّل: ابتهاج — réjouissance; jubilation; allégresse; exultation, f

تَهْلِيل: هُتاف السرور — acclamation, f; applaudissement, m

إستِهْلال: افتتاح — exorde (d'un discours), m

— موسيقي: موشَّح — ouverture, f; prélude, m

استهلاليّ — initiatif, ve; introductif, ve

مُتَهَلِّل الوجه — radieux, se

— : مسرور — jubilant, e; exultant, e; joyeux, se

مُسْتَهَلّ: اول — début; commencement, m

☆هَلُمَّ: تعالَ — viens ici! venez ici!

— بِنا: فلنذهب — allons

و — جرّاً — etc. (et cætera)

هَلِيم: لاصق — adhérent, e; collant, e

هُلام: ∆ بَلُوظة — gélatine, f

هُلاميّ: كالهلام — gélatineux, se

هُلاميّات: حيوانات رخوة — mollusques, m.pl

☆هَلْهَلَ النسيجَ: نسجه نسجاً سخيفاً — tisser d'une manière claire, lâche, grossière

∆ — : مَزَّق — lacérer; mettre en pièces

هَلْهَل. هَلاهِل: رقيق سخيف — tissu clair, léger, ou grossier

∆هَلْهُولة: خرقة — haillon; chiffon, m; guenille, f

مُهَلْهَل: سخيف. رقيق — clair, e; léger, ère

∆ — : ممزق — déguenillé, e; en haillons

∆هُلَيْهِلي: طَروب — gai, e: joyeux, se

∆هلوسة (في هلس) — délire, m

☆هِلَوْف: عظيم اللحية — barbu, e; qui a une barbe épaisse

— : ∆ حَلُّوف — ←sanglier, m

○ هليوم: غاز المناطيد. عنصر غازي — hélium, m

☆هِلْيَوْن: ∆كشك الملز — asparge, f

☆هُم: ضمير الغائبين الذكور — eux

☆هَمّ (في همم) ☆ همام (في همم)

☆هَمَج. هَمَجة: الرعاع من الناس — canaille; racaille, f

— . — : المتوحشون — sauvages; non civilisés; barbares

— : ذباب صغير — moucherons, m.pl

هَمَجيّ — sauvage; incivilisé, e; barbare

هَمَجيَّة: تَوَحُّش — barbarie; sauvagerie, f

☆ هَمَدَ الغضبُ والحمّى والألم والعاصفة : s'éteindre; tomber; s'apaiser; se calmer

ـــت النارُ (او الصوت) : s'éteindre

ـــت همته : قنط : se décourager

ـــت الهمّة : بَرُدت : se refroidir

هَمَّدَ . أَهْمَدَ : هدّأ : calmer; apaiser; rabattre

— . — الهمّة : décourager

— . — النارَ : éteindre

— . — الغضب : apaiser; calmer

هُمُود : سكون : calme; apaisement, *m*

— : خُمود . هجوع : accalmie, *f*

— : انطفاء : extinction, *f*

هامِد : ساكن : calme; tranquille

— : منطفئ : éteint,e

△ تهميد : توصيم : malaise, *m*

△ مُهَمَّد : موصّم : abattu,e; fatigué,e

☆ هَمَرَ : صبّ : verser; répandre

— . انْهَمَرَ : انصبّ : se répandre; être versé,e, *ou* répandu,e

— △ هَمْهَرَ : زمجر : grommeler

هَمْرة من المطر : هَتْن : ondée ; averse, *f*

☆ هَمَزَ : نخس : éperonner

— : ضرب : frapper

هَمْز : éperonnement; aiguillonnement, *m*

هُمَزة . هَمّاز : مغتاب . عيّاب : détracteur, rice; médisant,e

همزات الشيطان : tentations, *f.pl*

مِهْمَز : مِهْماز : éperon; aiguillon; fouet, *m*

شوكة المهماز : molette, *f*

☆ هَمَسَ الصوتَ : أخفاه : marmotter

— اليه : وشوشه : murmurer; chuchoter; susurrer; parler bas à qn

— كلامه : parler à l'oreille

— الكلام : parler entre ses dents

تهامسوا عليه : murmurer contre qn

هَمْس : وشوشة : murmure; chuchotement, *m*

هَمْساً : tout bas

تكلّم همساً : chuchoter; parler tout bas

حَرْف مَهْموس : lettre faiblement articulée, *f*

☆ هَمَشَ : عضّ : mordre

هامِش الكتاب او الصحيفة : حاشية : marge, *f*

حاشية او شرح على الهامش : apostille; note marginale, *f*

هامشيّ : على الهامش : marginal,e

☆ هَمَكَ في الأمر : لجّ : talonner; presser

إنْهَمَكَ في الأمر : جدّ ولجّ : être tout entier à; s'absorber dans

— (في الملذات) : s'adonner aux plaisirs

إنْهِماك : absorbement, *m*; absorbation, *f*

مُنْهَمِك في كذا : عاكف عليه : absorbé,e dans

— في (شهواته مثلاً) : adonné,e aux plaisirs

○ هَمَك : سرير مُعلّق : hamac, *m*

☆ هَمَلَتْ . إِنْهَمَلَتْ عينهُ : فاضت دموعها — être baignés de larmes (les yeux); couler

— . — السماء : دام مطرها — pleuvoir continuellement

هَمَلَ ٢ الشيء . أَهْمَلَ : تَرَكَ سُدًى — être négligé,e, abandonné,e, laissé,e sans emploi

أَهْمَلَ — omettre; négliger; abandonner; laisser de côté

△ تهامل في عمله : قصّر — être négligent,e

إِهمال △ تهامُل : تَوانٍ — négligence; incurie, *f*; laisser-aller, *m*

— : عدم مراعاة — inobservation; inobservance, *f*

باهمال — négligemment

مُهْمِل — négligent,e; nonchalant,e

مُهْمَل . مهمول : متروك — négligé,e; omis,e

— . — : غير مرعي — inobservé,e; non respectée (loi)

— . — : مهجور . غير مستعمل — inusité,e

— التاريخ — sans date

— التوقيع — non signé,e; anonyme

سلّة للمهملات — ←corbeille à papier, *f*

☆ هَمْلَجَ الحصان: △ ترهون — aller l'amble

☆ هَمْهَمَتْ للطفل لينام: △ هننت — fredonner pour endormir l'enfant

هَمَّ . أَهَمَّ الامرُ فلاناً : اقلقه — préoccuper; tracasser

— . — : احزن — attrister; affliger

— . — : عنا — intéresser; toucher

لا يُهِمّ — ça ne fait rien; d'aucune importance

هذا لا يهمّني — ça ne m'intéresse pas

هَمَّ ٢ بالعمل: نواه وعزم عليه — se résoudre à; décider de; être déterminé,e à

△ — بالعمل : شرع فيه — se mettre à; entreprendre

إِهْتَمَّ : اغتمّ — être chagriné,e, peiné,e, attristé,e

— به : بالى به — s'occuper de; se soucier de

— بالامر — s'intéresser à

— بعمله : كدّ وتعب — se dévouer à

— لمرضه : انشغل باله — s'inquiéter de; se préoccuper

هَمّ : قلق — préoccupation; inquiétude, *f*; souci, *m*; sollicitude, *f*

— : حُزن . غَمّ — chagrin, *m*; peine, *f*

— : قصد — dessein; propos, *m*; intention, *f*

صَرَفَ ـــه الى — sollicitude, *f*; soin, *m*; attention, *f*

مُضنًى بالهموم — rongé,e par le chagrin; soucieux,se

هِمَّة ٢ : عزم — dessein, *m*; résolution; détermination, *f*

— : نشاط — énergie; activité, *f*; zèle, *m*

— : غيرة — ardeur, *f*; zèle, *m*

بَرَّدَ الــ — décourager

هَمَّام : ماضي العزم — énergique; actif,ve

هُمام : شجاع . سخيّ — vaillant,e; magnanime

— : بطل — héros (*m*), héroïne (*f*); brave

هامّ : عظيم . خطير — important,e; grave; sérieux,se

— : يستوجب الاهتمام — intéressant,e
هامة (والجمعُ هَوَامّ) — insectes, m.pl; vermines, f.pl; reptiles venimeux, m.pl
هامة (في هوم)
أَهَمُّ من : اكثر أهمية — plus important,e; plus grave
أَهَمِّيَّة — importance, f
عديم الـ — sans importance
إهتِمام : قَلَق — sollicitude; préoccupation, f; souci, m
— : هَمّ — peine, f
— : مبالاة — intérêt; soin, m; attention, f
عدم او قِلّة — — nonchalance; indifférence, f
تَهْمِيم : ∆هَنْنَهة — bercement en chantant, m
تَهْمِيمة : ∆هَنْهُونة — berceuse, f
مُهِمّ : خطير. عظيم — important,e; sérieux,se; grave
— : يستوجب الاهتمام — intéressant,e
الـ في الأمر : بيت القصيد — l'essentiel
مُهِمّة : مأموريّة. رسالة — mission; commission, f
مُهِمّات : امور هامّة — choses importantes, f.pl
∆ — : عتاد — équipement, m
∆ — : مؤن — munitions; provisions, f.pl
∆ — البناء : موادّه — matériaux de construction, m pl
مَهْمُوم : قَلِيقُ البال — préoccupé,e; soucieux,se; accablé,e de soucis
— : مُغتمّ — affligé e; en peine
مُهتمّ — intéressé, e; attentif,ve

☆هَمْهَمَ : دمدم — grogner; marmotter; parler entre ses dents; grommeler (animal)
☆هَنَأَ الطعامُ او الشرابُ : كان هنيئاً — être sain,e, salubre, salutaire
— ، هَنَّأ بكذا : ضدّ عزّى — féliciter
— . — : اثنى على ومدح — complimenter de
— . — بالعيد — présenter ses souhaits, ou vœux, de bonne fête
هَنَّأ ٢ ∆هَنّى : اسعد — rendre heureux,se
هَنِيَ وَتَهَنَّأ به : فَرِح — se trouver bien; se réjouir de
هَناء : سُرور. سعادة — bonheur, m; joie; félicité, f: délice, m
هِناء : قَطران — goudron, m
هَنِيء. هَنِيّ : سارّ او بلا مشقّة — plaisant,e; agréable; ou aisé,e
هَنيئاً لك بهِ — grand bien vous fasse
— مَرِيئاً — bon appétit !
تَهْنِئة : ضدّ تعزية — félicitations, f.pl; compliments, m.pl
☆هُنا. هَهُنا — ici; par ici
الى — . لهنا — jusqu'ici
من — — d'ici; de là
هُناكَ. هُنالِكَ — là; là bas; par là
الى — — jusque là
من — — de là; de là oas
الى آخر ما هنالك — et ainsi de suite; et le reste; etc. (et cætera)
☆هِنْد : بلاد الهند — l'Inde, f; les Indes, f.pl
جزائر الـ الغربيّة — Indonésie, f
سكان جزائر الـ الغربية — indonésiens,nes

هِنْدِيّ . هِنْدُوانِي : النسبة الى هند آسيا
Indien, ne ; indien, ne
— : اللغة الهندية (خصوصا لغة شمال الهند)
l'hindou; l'hindoustani, *m*
— اميركي (اصلي) peau-rouge
الأرقام الهندية chiffres arabes, *m.pl*
*هِنْدَب. هِنْدِباء . خضار سلطة endive, *f*
٥هَنْدَز : رتَّبَ arranger
هِنْدازة : مقياس للأقمشة (في الشرق) pic, *m*
*هَنْدَسَ faire le travail d'ingénieur
هَنْدَسة عملية génie; travail d'ingénieur, *m*
— علميّة (أو عِلْم الهندسة) géométrie, *f*
— حربية génie militaire, *m*
— المعمار او البناء : رِيَازة architecture, *f*
— الزراعة: رِزْدقة. زرْدقة agronomie, *f*
— تحليليّة géométrie analytique, *f*
— المثلثات trigonometrie, *f*
— السطوح géometrie plane, *f*
— فراغيّة géométrie dans l'espace, *f*
— ميكانيكيّة technique, *f*; génie mécanique, *m*
— وصفيّة géométrie descriptive, *ou* projective, *f*
هَنْدَسيّ géométrique
شكل — . figure géométrique, *f*
مُهَنْدِس عَمَلي ingénieur, *m*
— رَيّ ingénieur d'irrigation
— زراعي ingénieur agronome

— رياضيّ : صاحب علم الهندسة geomètre
— معماريّ : رازٍ . رائز architecte
— الطرق والكباري ingénieur des ponts et chausséss
— مباني ingénieur civil
— ميكانيكي ingénieur-mécanicien
*هِنْدُستاني hindou, e; de l'Hindoustan
*هَنْدَمَ : سَوّى ajuster; arranger
— : ظَرَّفَ enjoliver; parer; attifer
تَهَنْدَمَ : اصلحَ هندامه se bichonner; s'attifer; se parer; s'endimancher
هِنْدام . هَنْدَمة bonne mise; mise soignée; élégance, *f*; soin, *m*
مُهَنْدَم bien mis, e; soigné, e; élégant, e; bien arrangé, e
*هَنَفَ : اسرع se hâter; se dépêcher
أهْنَفَ. تَهانَفَ. هانَفَ: ضحك باستهزاء ricaner
— . — : تهيّأ للبكاء être sur le point de pleurer
— . — : ٥ شَنْهَفَ pleurnicher; sangloter
هِناف . إهْناف : ٥ضحكة صفراويّة rire jaune, moqueur, sardonique, *m*
٥هَنْك[ترْديد]. صدى(في الموسيق) écho, *m*
*هَنَم : تَمْر dattes desséchées, *f.pl*
٥هَنْهَنَتْ الطفل لينام : هَمَّمَت bercer l'enfant en chantant
*هُنَيْهة : وقت قصير quelque temps; peu de temps; un moment

٭هُوَ : ضمير الغائب (للمذكر العاقل المفرد) il; lui
أنا — . c'est moi
هوَ — . c'est lui-même
كما — . comme il est; tel, le quel, le
هُوِيَّة : حقيقة مطلقة (راجع هوى) identité; entité, f
تذكرة — : ∆ بطاقة شخصية carte d'identité, f
هواء (هوى) ٭هوام (همم) ٭ هوان (هون)
هَوِجَ : كان طويلاً في حمق être grand, e et sot, te
هَوْجاء : ريح دوّامة ouragan; cyclone; tourbillon, m
أهْوَج : ∆ اوهج . احمق متسرع étourdi, e; irréfléchi, e; insouciant, e
— : جريء بطيش téméraire
٥هُوجُو (فيكتور) ←Hugo (Victor)
٭هَوَّدَ : مشى رويداً marcher lentement
— : اسكر enivrer
— في الكلام : قاله بتأنٍ ورفق parler doucement, ou lentement
∆ — الثمن : خفضه قليلا baisser légèrement le prix
هاوَدَ : سايرَ complaire à; ménager
— : صالح se réconcilier avec
— : وادع وتساهل مع être indulgent, e envers; être facile avec
∆ — : اطاعَ obéir à; écouter
∆ — : قبل ثمناً معتدلا accepter, ou faire, un prix modéré
اسعار متهاودة prix modérés, m.pl
هَوادَة : رفق douceur; indulgence, f
— : رحمة quartier, m; grâce; merci, f
حَرب بلا — guerre à outrance, ou sans merci, f
هُود . يَهُود : اسرائيليون juifs, m.pl
شوك اليهود : كنكر ←acanthe, f
يَهوديّ : اسرائيليّ juif, ve; israélite
اليهوديَّة : اورشليم وما يليها la Judée, f
— : دِين اليهود judaïsme, m
٭هودج (في هدج) palanquin, m
٭هُوَذا : هو هنا le voici
ها — : انظر tenez ! voyez ! voilà !
٭هَوَّرَ : اوقع في تهلكة exposer au danger; risquer
هارَ ٢ . اِنهار . تَهَوَّرَ : اِنهدم s'effondrer; crouler; s'écrouler; tomber en ruine
تَهَوَّرَ ٢ : اِندفع بلا مبالاة se précipiter imprudemment dans; s'emballer; se lancer tête baissée
— في الكلام parler sans réfléchir; aller loin
هَوْر : بحيرة مفلطحة واسعة lagune, f
هَوّارة . الواحد هَوّاري : عساكر غير منظمة irrégulier (soldat), m
هارٍ . هائر : آيل للسقوط faible; caduc, que, éboulé, e
إنهِيار : اِنهدام effondrement; éboulement; écroulement, m; chute, f
— عصبي épuisement nerveux, m

هَوْشَة : فتنة désordre, m; agitation, f
— : اضطراب remue-ménage, m
* هَوَّعَ : قَيَّأ faire vomir
هاعَ : تكلّف القيء ∆ تبوّع faire des efforts pour vomir
* هَوَّلَ الأمرَ : شنّعه décrier ; mentionner qc d'une manière choquante; discréditer
— الأمر : بالغ فيه exagérer
— عليه بكذا : تهدده به menacer de
هالَ الأمر فلاناً : أفزعه effrayer; terrifier
ـه الأمرُ : عظم عليه trouver qc pénible, douloureux,se, effrayant,e
هَوْل terreur, f; effroi, m
أبو الـــ Sphinx, m.
هَوْلَة : شيء مفزع chose effrayante, f; épouvantail, m
هالٌ : سَراب mirage, m
حَبُّ الـــ cardamome, m
هالَة : دارة القمر halo, m
— (حول رأس قديس) nimbe, m
— ذهبية auréole, f
هائِل . مَهُول formidable; terrible
— الحجم enorme; immense; colossal,e
تَهويل : إرهاب intimidation, f
— : مغالاة exagération, f
تَهاويل : ألوان مختلفة diversité de couleurs, f

تَهَوُّر : اندفاع وتسرُّع audace aveugle; témérité, f
— : تطرُّف outrance, f; extrémisme, m
مُتَهَوِّر : مندفع étourdi,e; irréfléchi,e; emballé,e
— : متطرف extrémiste
○ هُورَس : معبود فرعوني Horus
* هَوِسَ الرجلُ : تحيّر واضطرب être aux abois, au bout de son rouleau, au comble de la perplexité
— : كان به هَوَس devenir halluciné,e, ou à moitié fou
∆ هَوَّسَ : حيَّر ahurir; déconcerter
∆ — : جنَّن affoler; halluciner
تَهَوَّسَ ∆ إنهَوَسَ s'engouer; s'affoler
هَوَس : افتتان . خَبَل engouement, m; sottise; passion, f
— : ∆ هلوسة : هذيان délire, m; hallucination, f
هَوِيس : فِكر pensée intime, f
∆ — الترع والانهر : حَوْز écluse, f
أهْوَس ∆ مَهْوُوس engoué,e; extravagant,e; qui a un grain de folie
* هَوِشَ . هاشَ القومُ : هاجوا واضطربوا s'agiter; faire du tumulte; se déchaîner
هَوَّشَ القومَ : ألقى بينهم الفتنة والخلاف mettre le trouble parmi
∆ — : اثار exciter; agiter; provoquer
∆ — الكلبَ على الرجل exciter un chien contre qn

○هُولَنْدَة Hollande, f; Pays-Bas, mpl
هولنديّ Hollandais,e, hollandais,e
*هوَّمَ. تَهوَّمَ : نام قليلاً s'assoupir
— . — : هزّ رأسه من النعاس dodeliner la tête de sommeil
هَامَة : رأس tête, f
— الرأس sommet de la tête, m
هامّة (في همّ) vermine, f
*هُنَّ elles, f.pl
*هوَّنَ : سهَّل faciliter; rendre facile
هوِّنْ عليك ne vous tourmentez pas; [ne vous en faites pas]
هانَ الأمرُ عليه : سَهُلَ être facile pour qn
△ — عليه ان : طاوعه قلبه il a eu le cœur, ou le courage, de
— الرجلُ : ذلَّ وحقر être méprisable
أهانَ : حقّر بالشتم او غيره injurier; insulter; humilier
تَهاوَنَ . إستهان بالأمر : إستسهله trouver facile; considérer qc facile
— . — به : استحقره واستخفّ به mépriser
— بعمله : لم يعتن به négliger
لا يُستهان به non méprisable; non négligeable; assez important
هَوْن . هَوان : ذلّ وخزي honte; disgrâce, f; opprobre, m
— . — : احتقار mépris; dédain, m
— : سهولة facilité; aise, f
على هَوْن doucement
هاوُون △هَوْن : صَلاية (انظر مهراس) mortier, m
يدُ الهُون : فِهر pilon, m
مدفع الهون mortier, m 
هُوَيْنا : تُؤدة ورفق douceur; lenteur, f
هَيْن . هيِّن : سهل aisé,e; facile; léger,ère; facile à faire, ou à supporter
هَينَة : سُهولة aise; facilité; commodité; aisance, f
إهانَة affront; outrage, m; offense; injure; insulte, f
أهْوَن : اسهل plus facile, commode, aisé,e
— الشرّين le moindre des deux maux
تَهاوُن . اْستِهانَة : استخفاف dédain; mépris, m
— : اهمال négligence; incurie, f
مُهان offensé,e; injurié,e; méprisé,e; outragé,e
مَهانَة : خِزي honte; disgrâce, f; opprobre, m
— : ذلّ humiliation, f
مُهين outrageant,e; humiliant,e; injuriant,e; offensant,e
مُتَهاوِن négligent,e; nonchalant,e
*هُوَّة : وهدة عميقة précipice, m; vallée profonde, f; gouffre, m
*هوَى : هَبط . سقط tomber
— الطائر : انقضّ s'abattre sur
هوِيَ : احبّ aimer; s'éprendre de; désirer
هوَّى الغرفة او الشيء : جدّد هواءها ventiler; aérer

△ — بروحة : روّح — s'éventer

△ — الشيء : عرّضه للهواء — aérer; éventer; exposer à l'air

△ — : شبّع او مزج بالهواء — saturer d'air

هاوى : لاطف . ساير — flatter; cajoler; être complaisant,e avec

أهوى . إنهوى : سقط — tomber

— بيده : مدّها — étendre la main vers

— بيده على (خده مثلا) — abattre sa main sur

إستهوى : اغرى . استمال — inspirer à qn une passion; enamourer

— : ذهب بعقله او حيّره — captiver; fasciner; charmer; ravir

— : جعله في حالة ذهول — plonger dans un sommeil léthargique; hypnotiser

△ — : اصابه الزكام — attraper froid

هَوَاء : المادة المالئة للفضاء — air, m

— : جوّ . لوح — atmosphère, f

— : ريح — vent, m

— : مُناخ — climat, m

— مضغوط — air comprimé, m

— سائل — air liquide, m

△الـ الأصفر : وباء — choléra, m

الـ الطلق — plein air, m

منفاخ — . — pompe à air, f

علم سلك الـ — aéronautique; navigation aérienne, f

تجديد الـ. — ventilation; aération, f

تكييف الـ. — conditionnement d'air, m

بندقية — . — fusil à air comprimé, m

علم الـ او طبقات الـ. — aérologie, f

هَوائي : مختص بالهواء — aérien,ne

— : كالهواء او الغاز — aériforme

— : يشتغل بقوة الهواء او فيه — pneumatique

— : △آريَة. السلك او الشبكة اللاقطة للصوت اللاسلكي — antenne, f

△هوائي ٢ . هَوِي : متقلّب الأطوار والأهواء — capricieux,se; fantasque

ضغط — . — pression atmosphérique, f

تنفّس — . — respiration aérobique, f

حيوان — . — animal aérobique, m

مكروب — : (يعيش بالهواء) — aérobie, m

△مَطبّ — . لجوة هوائية — trou d'air, m

مضخة هوائية — moulin à vent, m

سِلك الهوائي — câble aérien, m

هَوَى : حُبّ — amour, m; vive affection; passion, f

— : مَيل — penchant, m; inclination, f

— : مزاج △كيف — caprice; désir, m; [lubie], f

بِنتُ الهوى — fille de joie, f

في الـ سوى — logé,e à la même enseigne

على هَواه : كما يريد — comme bon lui semble; à son gré

هَوِيّ : دويّ في الاذن — bourdonnement; tintement (dans l'oreille), m

هَوِيّة : بئر عميقة — crevasse, ou fosse, profonde, f; gouffre, m

△ — : هويّة △غيّة — marotte, f

هُوِيّة (في هُو) — identité; entité, f

هَاوٍ : ساقط . هابط — dégringolant,e; tombant,e; qui tombe

— : محبّ — aimant,e; amoureux,se de

— ٠ هَوِي : Δ غاوي amateur, rice

هاوِيَة . أَهْوِيَة : جَوّ atmosphère, f

— ٠ — : وهدة عميقة abîme; gouffre, m

Δ تَهْوِيَة : تجديد الهواء aération; ventilation, f

مِهْوَاة : اداة لتجديد الهواء ventilateur, m

☆ هويس (في هوس) ☆ هوية (في هو وفي هوي)

☆ هِيَ : ضمير الغائبة (للعاقل) elle, f

☆ هَيّ ☆ هيئا (في هي)

☆ هيّأ : اعدّ préparer; disposer

— : رتّب arranger; mettre en ordre

Δ — : جعل له رونقاً embellir

ـــهُ لكذا disposer à; préparer à

هاءَ . هيُؤَ : صار حسن الهيئة devenir présentable, *ou* bien mis, e

تهيّأ لكذا : استعد له être disposé, e, *ou* préparé, e à

— له الأمرُ : امكنه la chose lui a été possible

Δ — له : تصوّر se figurer; s'imaginer

Δ — : تهندم se faire beau; s'endimancher

Δ كما يتهيّأ لهم selon leur bon plaisir

هَيْئَة . هِيَاءَة : شكل forme extérieure, f; aspect, m

— ٠ — : كيفية manière; façon, f

— ٠ — : صورة mine; apparence; physionomie, f; maintien; port, m

— ٠ — : جماعة منظمة organisation, f; corps, m

— المحكمة le tribunal, m

— الامم المتحدة (حاليا) l'O.N.U.(UNESCO)

— الموظفين le personnel, m

Δ — ٠ هَيِّيء : حسن الهيئة présentable; bien mis, e; chic

الـ — الاجتماعية la société, f

الـ — الحاكمة les autorités, f.pl

الـ — السياسية corps diplomatique, m

علم الـ — (الفلك) astronomie; cosmographie, f

تَهْيِئَة . تَهْيِيء : اعداد préparation; disposition, f

مُهَيَّأ : مُعَدّ préparé, e; servie (table)

— (للقماش والجلد) apprêté, e

مُهَيِّيء : مُعِدّ qui prépare; préparateur, rice

☆ هيّبه اليه : جعله مهيباً عنده rendre redoutable; faire craindre qn; imposer le respect à

هابَ . اهتابَ . تهيّب[2] الرجل او الشيء craindre; redouter; éprouver un respect mêlé de crainte

— ٠ — ٠ — : وقّر واحترم respecter; vénérer

تهيّب[3] : اخاف . افزع inspirer la crainte; faire craindre; imposer à

أهابَ به : صاح appeler; crier

هَيْبٌ : عَتَلة ←levier, m

هَيْبَة . مهابة : خوف crainte, f

— ٠ — : خشوع respect mêlé de crainte, m

— ٠ — : احترام . اعتبار respect, m; vénération, f

— . — : وقار dignité; gravité, *f*; air imposant, *m*

— . — : كرامة prestige, *m*

هَيُوب . هَيَّاب . هائب : يخاف الناس timide; farouche; timoré, e

— . مَهِيب : يخافه الناس redoutable; redouté, e; à craindre

مهوب[٢] . مهيب[٢] : وقور imposant, e; grave; digne

— . — : محترم vénérable; respectable

☆ هَيَّتَ به : صاح به appeler; *ou* crier après

هاتِ : اعطني donne !; donnez !; apporte *ou* apportez ici

☆ هَيَّجَ . هاجَ : أثار exciter; provoquer; inciter *ou* troubler

— . — الدمَ : △ فوَّرهُ tourner le sang

— . — الشهوة : حركها ouvrir l'appétit

— . — العينَ : الهبها irriter l'œil

— . — الغضبَ : اثارهُ mettre en colère

هاجَ . تَهَيَّجَ . اهتاجَ être excité, e, troublé, e, agité, e, irrité, e, soulevé, e, etc.

— هائجُهُ : نار ثائره sa colère a éclaté; être dans ses états

— البحرُ وغيره être démontée (mer); être déchainée (tempête, etc.)

هَيْج . هَيْجا . هَيْجاء : قتال . حرب guerre; bataille, *f*; combat, *m*

— . هِياج . هَيَجان : تحرك واضطراب effervescence; excitation, *f*

هياج[٢] . هَيَجان[٢] : اضطراب . شغب insurrection, *f*; soulèvement; trouble, *m*; émeute, *f*

— . — : غضب colère; fureur; furie, *f*

هائِج[٢] : مُضطرب excité, e; agité, e

— : مضطرب (كالبحر) démonté, e; agité, e; déchainé, e

— : غاضب furieux, se; en colère

تَهَيُّج excitation; agitation; furie, *f*

تَهْيِيج : إثارة excitation, *f*

— : إلهاب inflammation; irritation, *f*

— (في الكهربا) induction, *f*

مَهاج السيارة : دافِع . داسر démarreur, *m*

مُهَيِّج : مُثير excitant, e; émouvant, e; stimulant, e

— : مثير الاضطراب émeutier; brandon de désordre, *m*; provocateur, rice

— : مُلْهِب irritant, e

مُتَهَيِّج : هائج excité, e; nerveux, se; agité, e; furieux, se

○ هَيْدروجين : ○ هِدْرُوجين hydrogène, *m*

○ هيدرولوجيا : علم خصائص المياه hydrologie, *f*

○ هَيْروغليفيّ : بَرْباويّ hiéroglyphe, *m*

الكتابة الهيروغليفية : [hieroglyphs] الخط البرباوي l'écriture hiéroglyphique, *f*; hiéroglyphe, *m*

△ هَيْص △ هاصَ : مرحَ وطرب se réjouir; [faire la bombe]

△ هَيْصَة : هَيْط . ضجيج وجلبة brouhaha; tumulte; remue-ménage; fracas, *m*

☆ هَيْضَة : انطلاق البطن . اسهال diarrhée, *f*

— : عودة المرض . نكسة rechute, *f*

△ —اسيويّة: هواء اصفر ○ كولرا cholera, m choléra, m
هَيْفي diarrhéique; cholérique
هاضَ المريض: نكس causer une rechute
— : كسّر casser; fracturer; briser
— : كسّر وفتت pulvériser; broyer
— العظم: كسره بعد الجبور casser un os cicatrisé ; casser à nouveau
مَهيض: مكسور brisé, e; brisé, e de nouveau
— الجناح faible ; impuissant, e
☆هَيِفَ. هافَ: كان نحيلاً être mince de taille, svelte
هَيْف: ريح شديدة الحرارة vent brûlant, m
△هائِف: سخيف mesquin, e ; insignifiant, e
أهْيَف: ضامر البطن رقيق الحصر mince (de taille)
☆هَيْكَل البناء وغيره squelette, m ; charpente; carcasse, f
— : معبد temple, m
— الكنيسة: محراب. مذبح autel, m
الـ العظمى squelette, m ; ⟵ossature, f
هَيْكلي squelettique
☆هَيَلَ. وهالَ عليه التراب répandre, jeter, verser, sur
إنهال التراب tomber ; être répandu, e
انهالوا عليه بالضرب او الشتم assaillir qn (avec des coups, injures, etc.
هَيُولَى. هَيولى: المادة الاولى matière première des choses, f; l'élément base composant la matière d'une chose, m
هَيُولي. هَيُولانيّ matériel, le; de la matière
○هليكُبْتَر: (طائرة) حَوّامة ⟵hélicoptère, m
☆هَيَّمَ: تيّه وحيّر dérouter
— ـه الحبُّ: جعله ذا هُيام tourner la tête ; enticher; engouer; [éberluer]
هامَ به: احبّه aimer éperdûment; se passionner pour; s'enticher de; s'amouracher de
— على وجهه errer çà et là comme un fou
أستَهْيَم: ذهب فؤاده وخُلب عقله s'engouer; être captivé, e par
— في الحب être amoureux, se, enamouré, e
هُيام: عطش شديد soif violente, f
— : عشق شديد amour ardent, m; passion, f
هائِم. هَيوم: متحيّر affolé, e; dérouté, e; embarrassé, e
— . هَيْمان: شديد الحب éperdu, e
— على وجهه errant, e
— . مُسْتَهام malade d'amour
☆هَيْمَنَ على كذا: صار رقيباً عليه وحافظاً surveiller; contrôler; superviser
هَيْمَنة: زعامة direction; hégémonie, f
مُهَيْمِن surveillant, e; contrôleur, se
☆هين (في هون) ☆ هيولي (في هيل)
☆هَيْهاتَ (ان اصبح غنياً) loin de (moi la possibilité d'être riche)
(هي) هَيَّ. هَيّا هَيّا: اسرع allons ! en avant ! faites vite !

(و)

*وَ . . . . (حرف عطف) — et; aussi

وَ . . . (الحاليّة) — pendant; durant

ذهبَ ونحن نيام — il est parti pendant que nous dormions

وصل والقطار يتحرك — il est arrivé au moment où le train se mettait en marche

وَ . . . (القسَم) — par

والله — par Dieu

و . . . (المعيّة) — avec

مالي واياكم — qu'ai-je à faire avec vous

*وَأَدَ بنتَهُ : دفنها حيّة — enterrer vivante sa fille

وَأْدُ البنات . . . — coutume préislamique d'enterrer vivantes les filles, f

إتَّأَدَ . تَوَأَّدَ في الأمر : تمهل — aller, ou agir, lentement

تُؤَدَة : تأنٍ — lenteur; gravité, f

على — : وئيداً — doucement; lentement

*وَاءَمَ : وافق — s'accorder; s'harmoniser avec; se conformer

وِئام . مُوَاءَمَة — harmonie; concorde, f

○وابور : كل آلة بخارية او كهربية — machine, f

— بُخاريّ — machine à vapeur, f

— : قاطرة — locomotive, f

— الحريقة او المطافي — pompe à incendie, f

— الحليج — égreneuse de coton; machine à égrener; usine d'égrenage, f

— الزلط : هَرّاسة — rouleau compresseur, m

— الري — machine d'irrigation, f

— الطحين : مطحن — moulin à farine, m

— سبيرتو (انظر سبيرتو) — lampe à alcool, f

— بريموس — réchaud à gaz, m

— بحر : باخرة — bateau; navire; vapeur, m

△ — لِحام — lampe à souder, f

*واجب (وجب) *واحد (وحد وأحد)

*△واح وَاحَة : ارض خصيبة في صحراء قاحلة — oasis, f

*وادٍ . وادِي (والجمع أَوْدِيَة) — vallée, f; vallon, m

وادي النيل — la Vallée du Nil, f

وادٍ ضيِّق : عقيق — ravin, m; gorge, f

* وارش (ورش) * وارى (وري) * وازى (وزي)

*واسطة (وسط) * واسع (وسع) * واسى (اسو)

* واش (وشى) * واطئ (وطأ) * واظب (وظب

△واغش : هَوام — vermine, f

* واف (وفى) * وافر (وفر) * وافق (وفق)

* واق (وقى) * والٍ (ولى) * واه (وهى)

*وَاوِيّ : ابن آوى — chacal, m

* وَبِيَ . وُبِيَ . أَوْبَأَ المكانُ — être ravagé,e par une épidémie

وَبَأ . وَبَاء : مَرَض عام — épidémie, f

— : ○كوليرا او طاعون — choléra, m; ou peste, f

— مستوطن endémie, *f*
— وافد épidémie, *f*
وَبائيّ : منتشر . عامّ épidémique
— مستوطن endémique
— : كالوباء أو مختص به أو مسبب له pestilentiel, le
أبخرة — émanations pestilentielles, *f.pl*
علم الاوبئة épidémiologie, *f*
وَبِئ . وَبِيء . مَوْبُوء ravagé, e par une épidémie
☆وبّخ : لام وعيّر blâmer; réprimander; apostropher
تَوْبِيخ blâme, *m*; réprimande; remontrance, *f*
حكم عليه بال— le tribunal inflige un blâme à
☆وَبِرَ . أوْبَرَ : كان كثير الوبر être très velu, e, *ou* duveté, e; avoir beaucoup de poils
وَبْر : أرنب رومي ←lapin, e 
وَبَر : صوف الجمل والأرنب ونحوهما poil, *m*
— : زغب او زئبر duvet, *m*
وَبِر . أوْبَر : له شعر poilu, e; velu, e; floche
— . — : له زغب او وبر velouté, e; duveté, e; floche
☆وَبَش : واحدُ الأوباش apache; voyou; rufian, *m*
— الكلام : رديئه ribauderie, *f*; saletés, *f.pl*
أبَاشة . أوْبَاش : رعاع الناس ramassis de gens, *m*; lie du peuple; racaille, *f*

☆وَبِقَ : هلك périr
مَوْبِق : موضع الهلاك lieu de perdition, *m*
مُوبِقَة : معصية offense; atteinte, *f*; crime contre la morale, *m*
— : فاحشة abomination, *f*; crime de la chair, *m*
يركب الموبقات (المهالك) affronter les périls
يفعل الموبقات (المعاصي) commettre des actes immoraux
☆وَبُلَ المكانُ : وخم être malsain, e, *ou* insalubre
— : اشتدّ être lourd, e, *ou* pesant, e
وَبَلَتِ السماء pleuvoir à verse
وَبْل . وَابِل : مطر شديد averse, *f* 
وَابِل من الرصاص une rafale, *ou* une pluie, de balles
وَابِلَة : طرف عظم الفخذ او العضد ←rotule, *f*; condyle, *m*
وَبَال : وخامة insalubrité, *f*
— : أذى dommage; tort; préjudice; mal, *m*
— : سوء العاقبة mauvais effets, *m.pl*; mauvaises conséquences; conséquences néfastes, *f.pl*
وبِيلَة : حُزمة حطب faisceau; ←fagot (de bois), *m*
وَبِيل : سيّئ العاقبة qui a des conséquences néfastes
— : وخيم insalubre; malsain, e
— : مؤذ nuisible
☆وَبِهَ . لا يُوبَهُ به أو له insignifiant, e; sans importance

وَتَدَ. وَتِدَ : ثبت ✲ enfoncer fortement; ficher; affermir

— . — الوتدَ : ثبّته ficher un pieu en terre

وَتِدٌ : Δ خابور pieu; piquet; jalon; pilot, m

وَتَرَ . أَوْتَرَ القوسَ: جعل لها وتراً ✲ mettre la corde à (un arc, etc)

أَوْتَرَ ٢ . وَتَّرَ الحبلَ : شدّه tendre

واتَرَ العملَ faire suivre par intervalles; mettre un intervalle entre (des actions)

تَوَتَّرَ : اشتدّ وصلب être tendue, dure, rigide (corde, veine)

—ت العلائق être tendues (relations)

تَوَاتَرَ : تتابع se suivre; se succéder (à peu d'intervalle)

عدد وَتْري chiffre impair, m

وَتَرٌ : حَبْل (أو خَيْط) أو عصب corde, f; ou tendon, m

— القوس (في الهندسة) corde, f

— الآلة الموسيقية corde, f

— العضلة tendon; nerf, m

وَتَري à corde

فرقة موسيق وترية orchestre d'instruments à cordes, m

وَتَرَةٌ : غضروف الاذن cartilage de l'oreille, m

— : الجلدة بين الأصابع membrane palmaire, f

من ذوات الـ— : مكفف الأرجُل palmipède, m

— : عَصَبة تحت اللسان frein; muscle de la langue, m

— . وَتِيرة الأنف: الفاصل بين المنخرين isthme du nez, m

وَتِيرَة : طريقة manière, f

— : عقد العشرة décade (période de dix ans); dizaine, f; groupe de dix, m

على — واحدة uniformément; d'une manière uniforme

تَتْرَى (اصلها وَتْرى) un à un; l'un après l'autre; successivement

تَوَتُّر tension, f

— العلائق la tension des relations, f

تَوَاتُر succession, f

على الـ— successivement

مُتَوَتِّر : ضد مرتخ tendu, e; rigide; raide

مُتَوَاتِر répété, e à courts intervalles; successif, ve

وَثَأَ . أَوْثَأَ اليدَ : صدعها دون أن يكسرها ✲ léser; meurtrir; fouler (sans briser l'os)

— يدهُ : Δ قصعها se fouler la main; se donner une entorse à

— يده : Δ ملخها . فسخها disloquer; démettre; luxer

وَثِيءَ اللحمُ: أصابه صدع être contusionné, e; avoir une entorse

وَثْءٌ . وَثَاءَة : صَدْع meurtrissure; lésion; contusion, f

— : Δ فصع . فكش س entorse; foulure, f

وَثَبَ : قفز (انظر قفز) ✲ sauter; bondir; faire un saut, ou un bond

— فوق الحاجز sauter par dessus

— عليه: انقضّ fondre sur; se jeter sur

وَثَبَ . أَوْثَبَ : جعله يثب faire sauter
وَثْب . وُثُوب saut; bond, *m*
وَثْبَة un bond; saut, *m*
— حُرُوبَة : ∆ شقلبية culbute, *f*, saut périlleux, *m*
— عالية saut en hauteur, *m*
— بعيدة saut en longueur, *m*
وَثَّاب : نطّاط sauteur, se
☆ وَثُرَ الفِراشُ : لانَ être moelleux, se, mollet, te
وَثَرَ . وَثَّرَ الفراشَ : مهّده faire le lit
وَثَر : ∆ بنطلون قصير ←short, *m*
وَثِر . وَثِير mollet, te; mœlleux, se; tendre
وِثار : فراش ليّن lit (*ou* tapis) mœlleux, *m*
مِيثَرَة : وسادة ←coussin; *ou* traversin, *m*
☆ وَثِقَ به : ائتمنه avoir confiance en; se fier à; faire confiance à
— بكلامه : صدّقه croire aux paroles de qn
يُوثَق به digne de confiance
وَثُقَ . تَوَثَّقَ : كان وثيقاً être ferme
— الرجلُ : كان ذا ثقة être un homme de confiance
— من كذا être sûr, *ou* certain, e, de
وَثَّقَ : أحكم raffermir; consolider; serrer
واثَقَ : عاهدَ lier qn par un pacte
أَوْثَقَ : شدّ بالوثاق lier; serrer
تَوَثَّقَ في الأمر agir en toute confiance
إستَوْثَقَ منه s'assurer de
ثِقَة : يُعتمد عليه digne de confiance
— . وُثُوق : ائتمان او اعتماد confiance; *ou* assurance, *f*
عدمُ الـ — méfiance, *f*; manque de confiance, *m*
على — : واثق sûr, e; certain, e
بلغه من أعظم — il a appris de source certaine, *ou* digne de foi
وِثاق : رباط lien, *m*; attache; corde; chaîne, *f*
وَثِيق : محكم ferme; solide; serré, e
اتصال — rapport étroit, *m*; étroite relation, *ou* liaison avec, *f*
وَثِيقَة : مستنَد document; titre; écrit, *m*
— الزواج acte de mariage, *m*
— الملكيّة : حجّة titre de propriété, *m*
— التأمين l'olice d'assurance, *f*
واثق : على يقين confiant, e; sûr, e; certain, e
مَوْثِق . مِيثاق : عهد pacte, *m*; alliance, *f*
ميثاق[2] الدول المتحدة charte des Nations Unies, *f*
مُوَثِّق : كاتب العقود الرسمية notaire
☆ وَثْل . وَثِيل : حبل من الليف أو القنب corde de chanvre, *ou* de fibre, *f*
☆ وَثَن : صنم . تمثال يُعبد ← idole, *f*

وَثَنِيّ: عابدُ الأوثان idolâtre
adorateur, rice des idoles
— : امميّ païen, ne
الوَثَنِيَّة : عبادة الأوثان
idolâtrie, f; paganisme, m
٥ وثير (وثر) ٥ وثيق (وثق) ٥ وج
☆ وجاق ٥ وُجَاق . أُوجاق :
منصب النار (المدفأة) —
poêle; foyer, m
أُوجاق الطبخ
← cuisinière, f
☆ وَجاهة (وجه)
☆ وَجَبَ (وجوباً) الأمرُ: لزم être néces-
saire, obligatoire,
de rigueur, indispensable
— الأمرُ عليه : تحتّم être obligatoire
pour qn; être obligé,e de faire qc
وَجَّبَ . اوجبَ الأمرَ عليه : ألزمه به obliger
qn à; imposer à qn qc;
rendre une chose obligatoire
٥ — الضيفَ: قام بضيافته régaler son hôte;
faire les honneurs à un invité
أوجبَ له حقه : راعاه respecter le droit de qn
— . واجَبَ : ألزم imposer à; exiger;
obliger qn à
إستوجَبَ : إستحق mériter
— : عدَّهُ واجباً considérer comme
nécessaire
يَجِبُ : يلزم il faut; il est nécessaire;
falloir; devoir
— عليه أن يذهب (مثلاً) il doit partir
كما — : كاللازم comme il faut
وَجْبة : أَكلة repas, m
— ٣ : طقم أسنان ← dentier, m

واجِب : لازم nécessaire
— : محتَّم indispensable; de rigueur
— عليه : مفروض . لازم obligatoire
— : فَرضٌ devoir, m; obligation, f
إيجَاب : الزام . ضد اختيار obligation, f
— : ضدّ سلب (نَفْي) affirmation, f
ايجابي: ضد سلبي positif, ve; affirmatif, ve
كمّيّة ايجابيّة quantité positive, f
ايجابيّاً : بالايجاب affirmativement
مُوجَب (من الكلام): ما لايكون نفياً ولا نهياً ولا استفهاماً forme positive, f
— : ضد سالب affirmatif, ve
وجوب : لزوم nécessité, f
مُوجِب : باعث . داعٍ cause, f; mobile;
motif, m
— : اقتضاء nécessité, f; besoin, m
بـ — : بحسب selon; suivant; aux termes de
مُوجَبة : ضدّ سالبة (في المنطق) proposition
affirmative, f
مُستَوجِب digne de; passible de;
qui mérite
☆ وَجَدَ المطلوبَ : اصابه وأدركه trouver
— ما فقده retrouver
وَجَدَ ٢ عليه : غضب se fâcher contre
وَجِدَ ٢ وتَوَجَّدَ به : أحبَّهُ حبَّاً شديداً
être épris, e, ou amoureux, se,
follement de; s'enamourer
— . توجّدله : حزن عليه être affligé, e pour
وُجِدَ ٥ إنوجَدَ ٥ تواجَدَ être trouvé, e,
ou retrouvé, e
— : كان وحصل (فهو موجود) exister

تَواجَدَ ٢ : تظاهر بالحب — prétendre être amoureux, se de; feindre l'amour

أَوْجَدَ : جعله موجوداً — créer; fonder

— : سبَّب — causer; provoquer; créer

—ه مطلوبه: أظفره به — faire obtenir qc à qn

وَجْد : شدة الحب — passion; infatuation, f; engouement, m

— . جِدة . وِجْدان ١ : غضب — colère; fureur, f

— . وُجْد ٢ : محبة — amour, m; joie, f

وُجُود ١ . وِجْدان ٢ . وَجْد ٢ — action de trouver

— . — : كيان — existence, f

وحدة الـ (الطبيعة هي الله) — panthéisme, m

علم الوجود — ontologie, f

وجوديه.مذهب إباحي — existentialisme, m

وِجْدان ٣ : النفس وقواها الباطنة — intuition, f; sentiment intime, m

الوجدان الباطن — le subconscient, m

وجْدانيات — choses que l'on perçoit par intuition, f.pl

وُجود ٢ : ضد غياب أو عدم — présence; existence, f

كُلّي الـ : موجود في كل مكان — omniprésent

△ غابَ عن الـ : غاب عن صوابه — perdre conscience, ou connaissance

وَاجِد : مَن يجد — trouveur, se

إيجاد — création; production, f

مُوجِد — créateur, rice; auteur, m; cause, f

مَوْجِدَة : حقد — rancune; haine, f

مَوْجُود : وُجِد — trouvé, e

— : حاضر . ضد غائب — présent, e

— : كائن — existant, e

— : في اليد — en main; disponible

— : بضاعة حاضرة (اي في المخزن) — en stock

الموجودات : الكائنات — choses existantes, f.pl

△ — (في التجارة) : خلاف المطلوبات — actif, m

✿ وَجْر : كهف — cave; caverne, f; antre, m

وَجْرَة : حفرة للصيد — trappe, f

وِجار الأرانب وأمثالها : جحر — terrier; clapier, m

ميجار : مضرب الكرة — bat, m

— : مضرب كرة التنس — raquette,

✿ وَجَزَ . أَوْجَزَ الكلام أو فيه : جعله وجيزاً — être bref, ève, ou concis, e, dans ses paroles

أَوْجَزَ ٢ . استوجز : اختصر — abréger; rendre concis, e

— . وَجُزَ الكلامُ : كان وَجيزاً — être bref, court, concis, succinct (discours)

وَجْز . وَجيز . مُوجَز : مختصر — bref, ève; laconique

وَجيز ٢ : مختصر مفيد — concis, e; succinct, e

إيجاز — abréviation; brièveté; concision, f

بالايجاز — brièvement; en peu de mots

✿ وَجَسَ : فزع مما سمعه أو وقع في قلبه — concevoir de la crainte; avoir une appréhension

أَوْجَسَ. تَوَجَّسَ شراً: أحسّ به présager; pressentir; appréhender

تَوَجَّسَ الصوتَ: سمعه وهو خائف ecouter avec appréhension

— الطعام أو الشراب: تذوّقه قليلاً قليلاً déguster lentement

وَجْس: قلق وخوف appréhension; anxiété; inquiétude, *f*

وَاجِس: هاجِس ce qui préoccupe l'esprit

—. مُتَوَجِّس appréhensif, ve

☆وَجِعَ: تألّم souffrir; éprouver une douleur

وَجِعَ فلاناً رأسُه il a mal à la tête

ماذا يوجعك de quoi souffrez-vous ?

أَوْجَعَ: آلم faire mal à; faire du mal; faire souffrir

تَوَجَّعَ: تألّم éprouver de la douleur; souffrir

—: تشكّى se plaindre d'un mal

— له: رثى له compatir aux maux de qn

وَجَع: ألم douleur; souffrance, *f*

— الاذن، الرأس، البطن، السن mal d'oreille, de tête, au ventre, aux dents, *m*

وَجِيع. مُوجِع: مؤلم douloureux, se

☆وَجَفَ: اضطرب être agité, e, *ou* troublé, e

أَوْجَفَ faire trembler de peur

إستَوْجَفَ الحبُّ فؤاده ravir, *ou* captiver, son cœur (amour)

وَاجِف: مضطرب (قلب) palpitant (cœur), troublé, e

☆وَجِلَ: استشعر بالخوف être apeuré, e, craintif, ve, saisi, e de peur

وَجِل: خائف peureux, se; craintif, ve; apeuré, e

وَجَل: خوف appréhension; crainte; peur, *f*

☆وَجَمَ (وَجماً ووجوماً): سكت se taire

— : عجز عن الكلام من شدة الغيظ او الخوف être interloqué, e, *ou* abasourdi, e; avoir le filet

— : عبس وجهه وأطرق être maussade, morose, bourru, e, chagrin, e

وَجِمٌ. واجِم: ساكت taciturne; silencieux, se

—. — : عابس مطرق morose et les yeux baissés

وَجْم. وجُوم maussaderie; morosité, *f*

☆وُجنَة: خدّ joue, *f*

العظم الوجنيّ pommette, *f*

☆وَجُهَ: كان وجيهاً être considéré, e, honoré, e, noble, notable

وَجَّهَ إلى: توجّه. ذهب aller; se diriger vers; se rendre à

— ه الى: أرسله اليه envoyer; adresser à

— الشيء الى: ادراه نحوه diriger, *ou* guider, vers

— التفاته الى: حوّله نحو attirer son attention sur

— التفاته الى: انتبه اليه faire attention à

— كلامه اليه adresser la parole à

— اليه سؤالاً poser une question à

— سلاحه الى: صوّبه braquer sur; viser

واجَهَ: قابله وجهاً بوجه affronter; se trouver face à face avec

— : اجتمع به. قابله avoir une entrevue avec

— : كان مواجهاً — être en face de
— الخصوم بعضهم ببعض — confronter les parties (*ou* les inculpés) avec ..., *ou* entre eux
— (عقبات) كثيرة — faire face à
ـــه بالأدلة على — opposer à qn des preuves, etc.
تَوَجَّهَ الى : ذهب — s'en aller; se rendre à
تَوَاجَهَ الرجلان : تقابلا وجهاً لوجه — se rencontrer face à face
— المنزلان — être vis-à-vis, *ou* face à face
إتَّجَهَ الى : أدار وجهه نحو — se tourner, *ou* se diriger, vers
— الى : مال — incliner, *ou* pencher, vers
جِهَة : ناحية — endroit; pays, *m*; contrée; région, *f*
— : جانب . ناحية — côté, *m*; direction, *f*
الى — كذا : نحو — vers; en direction de
من — : من خصوص — concernant, e; par rapport à; au sujet de
من — الشمال (مثلاً) — du côte nord
من كل — . — de tous côtés
من الـ الاخرى — de l'autre côté
من جهتي : من خصوصي او نحوي — de mon côté; quant à moi
من جهتي : من صفي . معي — de mon côté
وُجْه : جانب . ناحية — côté, *m*
وَجْه : مُحيّا ∆وش (راجع وشش) — visage, *m*; face; [figure], *f*
— : ما يبدو للناظر من أي شيء — extérieur; faciès; aspect; air, *m*; mine; apparence, *f*
— : جِهَة . ناحية — côté, *m*; direction, *f*
— : مَمْشى — sens, *m*

— : قَصْد — intention, *f*; but, *m*
— : طريقة . سبيل — manière; façon; sorte, *f*
— : سَبَب — raison, *f*; motif, *m*
— : سَطْح — face; surface, *f*
— : الجهة الأمامية — front, *m*; partie avant, *f*
— : طلاء — couche, *f*; enduit, *m*
— : وَجيه . ذو جاه — notable; magnat, *m*
— الشبه — point de ressemblance, *m*
— الثوب : ضد بطانته — l'endroit; le bon côté, *m*
— القدم : عسيب — coup-de-pied, *m*
— الساعة وأمثالها — cadran, *m*
— السكة (المسكوكات) — face, *f*
— الورقة — recto, *m*
— القوم — chef, *m*
— مُستعار — masque, *m*
∆ — من الكتاب : صحيفة منه — page, *f*
∆الـ البحري — Basse-Egypte, *f*
∆الـ القبلي : صعيد مصر — Haute-Egypte, *f*
بـ الاجمال — en somme; somme toute
بـ التقريب — approximativement; à peu près
بـ ما . بـ من الوجوه — d'une manière ou d'une autre
لـ الله : لمرضاته تعالى — pour plaire à Dieu
لـ الله : مجاناً — pour rien; gratuitement
في ـــه : امام عينيه — devant, *ou* sous, ses yeux; en sa présence
اختلج ـــهُ — faire des grimaces
بَيَّضَ ـــهُ — faire bonne figure
اسودَّ ـــهُ — faire mauvaise figure
على هذا الـ . — de cette manière

من كل — ٠ : à tous les points de vue
٥أخذ وجهاً عليه : استنجد عليه : prendre des libertés avec
وَجهاً لوجهٍ . وَجْهاً بوجه : face à face
بوجهين : مُراء : hypocrite; à double face
لهذا القول وجهان : cela a un double sens
قول ذو وجهين : expression à double sens, *f*
يحتمل الوجهين : équivoque; à double sens
وجهيّ : مختصّ بالوجه : facial, e
وِجْهَة : جهة : direction, *f*; côté, *m*
— : الجهة المقابلة : aspect, *m*; face, *f*
— : قصْد . ما تقصده : but; dessein, *m*; intention; visée, *f*
— : خصوص : respect, *m*
— النظر : point de vue, *m*
الـ التاريخية : côté, *ou* aspect, historique
من الـ العلمية (مثلاً) : du point de vue scientifique
وكانت وجهتنا الجنوب : nous nous dirigions vers le sud
وَجاهة : considération; *ou* noblesse, *f*
ذو — ٠ وَجيه : notable
سَبَب وَجيه٢ : motif sérieux, *m*
٥واجِهة : مستقبل الشيء : face; partie avant, *f*; front, *m*
— البناء وغيره : façade, *f*
تِجاهَ : تلقاء . ازاء : en face de; devant; face à
إتِّجاه : وجهة : direction, *f*
— : مَيل : inclinaison; disposition; tendance à; vocation, *f*

تَوْجيه : direction; conduite; gouverne, *f*
عجلة الـ : ٥دومان : roue du gouvernail, *f*
مُوَجِّه : ٥دومانجي : homme de barre; barreur, *m*
— او قوَّاد السيارة : direction, *f*
مُواجَهة : entrevue; interview, *f*
— الخصوم : confrontation, *f*
مواجهةً : وجهاً بوجه : face à face
— (صورة) : de face // ٥ وجيز (في وجز)
٭وَحُدَ . وَحَدَ : انفرد (انظر أحد) : être seul, e, *ou* solitaire
وَحَّدَ : جعلهم واحداً : unifier
— : ضمَّ . دعَمَ : fusionner
— بينهم : ربط والَّف : unir; concilier
— الله : آمن به وحده : croire en un seul Dieu
— الديونَ أو الجيوش : unifier
— المركز : centraliser
تَوَحَّدَ : عاش وحده : vivre solitaire; s'isoler
ـت الأشياء : s'unifier; se fusionner
ـت الديونُ أو الجيوش : être unifié, e
إتَّحَدَ الشيئان : صارا شيئاً واحداً : s'unir; s'unifier; être réunis en un seul
— القوم : اتفقوا : se concerter; se mettre d'accord sur
ـت الآراء : s'accorder; être d'accord sur
حِدَة : انفراد : solitude, *f*
على — : على انفراد : en tête à tête; en privé; à part; séparément
على — : على جنب : à part
على — : منفصلاً . على انفراد : séparément

وَحْدَهُ: منفرداً بلا رفيق أو شريك — seul,e;
الواحد (الله) — l'Un (Dieu)
وَحْدَة: انفراد. عزلة — solitude, f; isolement, m
— . وحدانية: ضد كثرة — unicité; unité, f
— : اتحاد — union; concorde, f
— القياس (والحساب) — unité, f
— الزواج: ضدّ تعدده — monogamie, f
الـ العربيّة — Union Arabe, f
وَحْدَانِي: منفرد بنفسه. وحيد — seul,e; solitaire
— : غير متزوّج — célibataire
△ابن — : وحيد — fils (ou fille) unique
وَحْدَانيَّة: حالة المتوحّد — solitude, f
وَحِيْد: مُفرد — seul,e
— : فَرِيد — unique
— : منفرد — solitaire; isolé,e; tout,e seul,e
— الجنس (حيوان او نبات) — unisexuel,le; ou unisexué,e
— الخليّة — unicellulaire
— القرن: كركدن — rhinocéros, m
— النسق او النمط — uniforme; homogène
— الورقة (في النبات) — unifolié,e
الفرض الـ — le seul but, m
وَاحِد (والانثى واحِدة): أول العدد — un, e
— : فَرْد — un; seul; unique
— : شخص ما — quelqu'un,e
— : لا نظير له — unique
— وعشرون (مثلاً) — vingt et un

— قومه — un personnage important
— كهذا — un tel, une telle
ولا — . — pas un,e; personne
كل — . — chaque personne; chacun,e
واحداً واحداً. واحداً بعد الآخر — un à un
واحِدة بواحدة: صاعاً بصاع — donnant donnant; à bon chat bon rat; œil pour œil dent pour dent
واحدة الموسيقى — mesure, f
أَحَد: واحِد — un,e
— . اوحد: وَحيد. فَرِيد — unique
— الناس — quelqu'un,e
يومُ الـ . — dimanche, m
لم أرَ احداً — je n'ai vu personne
خانة او مرتبة الآحاد (في الحساب) — la colonne des unités, f
إتّحاد: وفاق. الفة — union; réunion; harmonie, f
— الذمّة (في التجارة) — confusion, f
— الاتجاه — convergence, f
— الآراء — unanimité, f
بالـ : معاً. بالاشتراك — de concert; ensemble; conjointement
اتحاديّ — unioniste; unitaire
تَوَحُّد: عزلة — solitude; retraite
تَوحِيد: جَعْلُ الشيء واحداً وتوحيد الديون — unification, f
— النمط — standardisation, f
الـ: الاعتقاد بواحدانية الله — monothéisme; culte du Dieu unique, m
الـ: انكار عقيدة تثليث الأقانيم — unitarisme, m
مُوَحِّد: الذي يوحّد الأشياء — unificat eur, rice

— : يعتقد بواحدانية الله monothéiste
— : يُنكر عقيدة تثليث الأقانيم unitaire
مُوَحَّد unifié,e
مُتَّحِد : متضامّ uni,e
— الاتجاه convergent,e
الامم المتحدة les Nations Unies, *f.pl*
الولايات المتّحدة les Etats-Unis (d'Amérique), *m.pl*
△وَحَسَ : وَرط (راجع ورط) embarrasser; acculer; empêtrer
☆وَحْش : حَيَوانُ البَرِّ bête féroce, *ou* sauvage, *f*; fauve, *m* 
△ — : هولة. شيء مخيف monstre, *m*
حمار — . الحمارُ الوحشي onagre, *m*
وَحْشِيّ : بَرِّي . آبِد sauvage; farouche
— : ضارٍ . مفترس féroce
— : قاسٍ . بربري sauvage; barbare
— : ضدّ انسيّ (في التشريح) extérieur,e
كلام — : مهجور. غير مألوف barbarisme, *m*
وَحْشِيَّة : توحُّش sauvagerie; férocité, *f*; barbarisme; état sauvage, *m*
△وِحِش : وَحْش . قبيح laid,e; mauvais,e; *ou* méchant,e
△وَحَشَه الشيء : تاقَ اليه (telle chose) lui manque
△وَحَشْتَني vous me manquez
أوْحَشَ المكان : هجره الناس être desert,e, désolé,e, dépeuplé,e
تَوَحَّشَ : صار كالوحش devenir sauvage, farouche, féroce

اسْتَوحَشَ : ضدّ استأنس se sentir seul,e
— منه : لم يأنس به avoir de la répugnance pour
مُوحِش : مقفر désert,e; désolé,e
— : كئيب triste; morose
مُتَوَحِّش : على الفطرة . بَرّي sauvage
— : غير متمدّن non civilisé,e; barbare
اهالي كذا المتوحشون les sauvages de, *m.pl*
☆وَحِلَ : وقع في الوحل s'enfoncer dans la boue, *ou* la fange; s'embourber; s'embouer
△ — : تورّط (راجع ورّط) s'empêtrer
△وَحَّلَ : ورّط acculer; empêtrer
△وَحَّلَ : لوّث بالوحل embourber; crotter
△ — . تَوَحَّلَ . إستَوْحَلَ devenir fangeux,se, *ou* boueux,se
وَحَل : رَدْغَة △ظَبَط . طين رخو fange; boue; bourbe, *f*
وَحِلٌ . مُوحِل : فيه وحل boueux,se; fangeux,se; bourbeux,se
△مُوَحَّل : متلطخ بالوحل couvert,e de boue; crotté,e
☆وَحِمَ الشيء : اشتهاه désirer
— ت الحبلى . تَوَحَّمَت avoir des envies
وَحَمٌ . وِحام envie (d'une femme enceinte), *f*
△وَحْمَة : أَثَرُ الوحام في الولد envie, *f*
وَحْمَى qui a des envies
☆وَحْوَحَ من البرد أو الألم grelotter; frissonner
— : نفخ في يديه من شدة البرد chauffer ses mains en soufflant dessus

☆وَحَى . أَوْحَى اليه : اخبرهُ بسرّ révéler; communiquer son secret à

— في قلبه كذا . اوحى اليه بكذا : الهمه به inspirer à qn qc

اوحى ٢ اليه : اوعز suggérer; insinuer

وَحي إلهي : إلهام révélation divine, f

— . إيحاء : ايعاز suggestion; inspiration, f

إيحاء ٢ ذاتي autosuggestion, f

مُوحَى به inspiré,e; suggéré,e

☆وحيد (في وحد) ٥وخري (في اخر)

☆وَخَزَ : نخز piquer; percer

ــهُ ضميره sa conscience le tourmente; avoir le remords

وَخز piqûre, f

— الضمير scrupule; remords, m; componction, f

وَخزة une piqure; pointe, f

وَخّاز : مؤلم piquant,e

ألم — . élancement, m; douleur cuisante, f

☆وَخَطَهُ الشيبُ grisonner; blanchir; devenir chenu,e

☆وَخُمَ المكانُ : كان رديء الهواء être malsain,e, ou insalubre

— الطعامُ : كان مضراً بالصحة être indigeste, f

وَخِمَ . اتّخَمَ من كذا : اصابته منه تخمة avoir une indigestion de

٥وَخَمَ : شعر بثقل ونعاس se sentir lourd,e; sentir sa tête lourde

أتخمَ ٥تخّمَ : ضايق المعدة causer une indigestion; fatiguer l'estomac

وَخمٌ . وَخيم : ثقيل الهضم indigeste; lourd,e

— . — : مضرّ بالصحة malsain,e; insalubre

وَخيم ٢ : ضارّ facheux,se; nuisible

— العاقبة de conséquences facheuse

تخمة : مضايقة المعدة satiété; réplétion, f; excès, m (de table)

— : سوء الهضم indigestion, f

٥وخم : الشعور بالميل الى الكسل والنوم apathie; lourdeur; indolence; torpeur, f; appésantissement, m

٥وخمان ٥موخّم lourd,e; engourdi,e; apathique; indolent,e

☆وَخَى . وَخَى . توخَّى : قصد se proposer de faire qc; avoir l'intention de

توخّى رضاه chercher à lui plaire

وآخى فلاناً : آخاهُ (راجع اخو) fraterniser avec

وَخي : قصد intention, f; but, m

مواخاة : مؤاخاة fraternisation, f

☆وَدَّ : احبّ aimer; se complaire avec

— : اراد vouloir; désirer

اودّ ان اذهب لو امكنني je voudrais partir si possible

وَدِدتُ لو كنت غنيًّا j'aurais voulu être riche

٥أودّ ما عليّ mon seul désir est de...; je ne demande pas mieux que de...

تَوَدَّدَ فلاناً : طلب مودته rechercher l'amitié de qn

— اليه : تحبّب temoigner de l'affection à; courtiser

تَوادَّ الرجلان — etre bien ensemble; être en bons termes

وُدّ . وُداد : مودّة — amitié; affection, f; attachement, m

— . وَدُود . وَدِيد : مُحبّ — affectueux,se

— . — : انيس . يحب المعاشرة — sociable

وُدّي . وُدادِي : حُبّي — amical,e

علاقات وُدّيّة — relations amicales, f.pl

ودّيًّا — à l'amiable

تَوادّ : تَحابّ — affection mutuelle, f

*وَدَج . وِداج : اسم وريد العنق — veine jugulaire, f

*وَدَعَ الشيءَ : تركه وديعة — mettre en dépôt

— مالَهُ في المصرف — déposer son argent à la banque

— البضائع في المخزن — entreposer les marchandises

دَعْ : خَلِّ (قل استعمال ماضي ومصدر هذا الفعل) — laisse (ou laissez) moi

دعْهُ يذهب (مثلاً) — laisse-le partir

وَدَعَ ٢ . وَدُعَ : كان وديعاً — être doux,ce, gentil,le, paisible

وَدَّعَ الذاهبَ أصحابَه — faire ses adieux à; dire adieu à

— الأصحابُ الذاهبَ — souhaiter bon voyage à; assister au départ de

أَوْدَعَ . اسْتَوْدَعَ الرجلَ الشيءَ : تركه عنده وديعة — déposer; mettre en dépôt; charger qn d'un dépôt; confier à

— ه — ه السرَّ — confier un secret à

— التأمينَ — effectuer un dépôt

دَعَة . وَداعة — douceur; mansuétude, f

وَدَع . وَدْع (الواحدة وَدَعة) — coquillage, m

وَدْع ٢ . إيداع — dépôt, m

وَداع . تَوْدِيع — adieu, m (pl. des adieux)

الـ . استودعكم الله — adieu !

حفلة الـ — banquet, m, ou réunion, f, d'adieu

خُطبة الـ — discours d'adieu, m

نَظرة الـ — dernier regard, m

وَداعة : دَعَة — douceur, f

وَدِيع — débonnaire; doux,ce

وَدِيعة : ما اودع . امانة — dépôt, m

— : عربون — arrhes, f.pl

قلم الودائع والأمانات — greffe des dépôts et consignations, m

وادِع . مُودِع . مستودِع — déposant, m

المُودَع لديه — dépositaire

إيداع — dépôt, m

△إستيداع (في الجيش) — disponibilité; réserve, f

△ضابط في الـ — officier de réserve, m

مُستودَع : مخزن — entrepot; dépôt, m

مِيدَعة : إتْب ، مَريول — blouse, f; tablier, m

☆ وَدَكٌ : دَسَم — graisse, *f*
△ وِدْن : اذن (راجع اذن) — oreille, *f*
△ — الحذاء : تَرَنتي — patte, *f*
△ — الفنجال — anse, *f*
△ وِدْنة : نبات — cotylédon, *m*; vulnéraire, *f*
△ وِدَنيّ : سريع التغيُّر — changeant, e
☆ وَدَى القاتلُ القتيلَ : اعطى ديته — payer le prix du sang d'une personne assassinée
△ وَدَّى : بَعَث — envoyer; conduire
أَوْدَى : هلك — périr; se perdre
— به : اعدمه — tuer; faire mourir
— بصحته — affecter, *ou* ruiner, sa santé
— بماله — faire perdre sa fortune
دِيَة القتيل △ دِيّة — prix du sang, *m*
☆ وراء : خَلْف — derrière
— : ابعد من — au-delà
الى الـ — à reculons; à rebours; en arrière; à la renverse
☆ وَرَّبَ عنه : ورّى — équivoquer; user d'équivoque
△ وَرَّبَ : جعله منحرفاً — rendre oblique, *ou* biais, e
△ — البابَ : فتحه قليلاً — laisser une porte entre-bâillée, *ou* entr'ouverte
وارَبَ الرجلَ : خاتله — tromper; circonvenir
وَرْب . وِراب : انحراف — obliquité, *f*; biais, *m*
△ بالـ : بانحراف — obliquement; de travers; en biais

△ مُوَرْوَب : منحرف — oblique; biais; de travers; transversal, e
☆ وَرِثَ المالَ وغيرَه — hériter
وَرَّثَ : ترك له ارثاً — laisser un (*ou* en) héritage à qn
— . أَوْرَثَ : جعله وارثاً — nommer, *ou* constituer, qn héritier, ère
— . — بوصيّة — léguer; laisser par testament
تَوارَثوا الشيء — se transmettre par héritage
إِرْث . وِراثة . تُراث △ وِرْثة — succession, *f*; patrimoine, *m*; hérédité, *f*; héritage, *m*
— متروك بوصيّة : تَرِكة — legs, *m*
حق الـ — droit d'hérédité, *m*
وراثيّ — héréditaire
مرض — — maladie héréditaire, *f*
وارث △ وَرِيث — héritier, ère
— شرعي — héritier, ère légitime
— فرض — héritier, ère réservatataire
— بمقتضى وصيّة — héritier, ère testamentaire
مُوَرِّث : تارك الارث — testateur, rice
مُوَرِّثة : جرثومة التوريث — gène, *m*
مَوْروث — hérité, e; transmis, e par héritage
ميراث △ وِرثة — héritage, *m*
☆ وَرَدَ المكانَ : بلغه — arriver à; parvenir à; venir à

— : حضَر arriver
— عليه كذا : وصله recevoir
وَرَدَ الشجر fleurir
— : حمَّر rougir; teindre en rose
Δ — . أورد : احضر وقدّم fournir
Δ — . — : دفع payer; verser
أوْرَدَ ٢ : قادَ الى amener; conduire à
— الكلامَ او البرهان : ذكره avancer; citer; exposer
تَوَرَّدَ : احمرَّ rougir
تَوَارَدُوا: حضروا الواحد بعد الآخر arriver l'un après l'autre; se succéder
— ت الاشياء arriver continuellement, ou successivement
— ت الخواطر coincider; concourir
إستَورَدَ الأشياء: جلبها من الخارج importer
وَرْد (الواحدة وَرْدَة) ←roses, f.pl
— : زهْر fleurs, f.pl
شجرة الـ . rosier, m
وردة ٢: واحدة الورد une rose
Δ — : حلية معمارية rosace, f
Δ — (صامولة) écrou, m
Δ — : عَرَقَة ←rondelle, f
وَرْدِيّ : بلون الورد rose; rosé, e
لون — : وُردة couleur rose, f
وِرْد : صلوة قصيرة تكرر collecte, f
Δ — : بيان ماتدفعه من الضرائب (على الاملاك) cédule d'impôt, f; wird, m
وَرْدِيَّة : Δ شوك الورد . مرض نفاطي roséole, f
Δ — : نوبة relève, f
Δ — او Δ عليه الـ : في النَّوبة de service; de garde; de faction (sentinelle)
وُرُود : بُلوغ . حضور arrivée, f
وَرِيد : غير الشريان من العروق veine, f
— . حَبْلُ الوريد veine jugulaire, f
التهاب وريدي phlébite, f
وَارِد : حاضر . آت arrivant, e
— : مجلوب . ضدّ صادر importé, e
الواردات والصادرات importations et exportations, f.pl
واردات جديدة nouveaux arrivages, m.pl
إيراد : تقديم production, f
— : ذِكْر citation, f
Δ — : مَحصول Δ دخل rente, f; revenu, m
Δ ايرادات : متحصلات recettes, f.pl
إستيراد : جلب importation, f
تَوارُد arrivée successive, f
— الخواطر concours, m, ou coïncidence, f, d'idées
مَوْرِد : مَجنى ressource; source, f
— . مَوْرِدَة : مكان ورود الماء source, f; lieu de fourniture d'eau, m
مُوَرَّد : احمر بلون الورد en rose; rose; rosé, e
مُوَرِّد : مستعهد fournisseur, m
مُسْتَوْرِد : جَلاّب importateur, rice

☆وَرَشَ عليهم : حضر بلا دعوة — être écornifleur, se, ou parasite; écornifler; resquiller

وَرَّشَ بينهم : حرّش — mettre la discorde entre

وَرِشٌ : نشيط : خفيف — agile; vif, ve; alerte

○وَرْشَة : مصنع — atelier, m

وَارِش : طفيلي — écornifleur; resquilleur; parasite

☆وَرَّطَ . أَوْرَطَ : أوقع في ورطة — empêtrer; [mettre qn dans le pétrin]; mettre dans l'embarras

تَوَرَّطَ . اسْتَوْرَطَ : وقع في ورطة — s'empêtrer; tomber dans l'embarras; s'engager dans une mauvaise affaire

وَرْطَة — pétrin, m; difficulté; situation critique, ou délicate, f

مُوَرَّط . مَوْرُوط — empêtré, e; embarrassé, e; en difficulté; dans l'embarras

☆وَرُعَ : كان ورعاً — être pieux, se

تَوَرَّعَ عن كذا : تجنّبه وتعفّف عنه — s'abstenir (de ce qui est défendu)

وَرَع : تقوى — piété; crainte de Dieu, f

وَرِع : تقي — pieux, se; dévot, e; qui craint Dieu

☆وَرَفَ وَرَّفَ . أَوْرَفَ النبات : نضر — verdoyer; être verdoyant, e

— . — الظلّ : امتدّ — s'étendre (ombre)

وَارِف : نضير — verdoyant, e

— : ظليل — ombrageant, e

☆وَرَقَ . وَرَّقَ . أَوْرَقَ الشجرُ : ظهر ورقه — feuiller; produire des feuilles

— . — الشجرَ : اخذ ورقه — effeuiller

٥وَرَّقَ ٢ الحائط : كساه بالورق — tapisser les murs (de papier peint)

وَرَق . قِرطاس . كاغِد — papier, m

— الشجر — feuille, f; feuillage, m

— طبع — papier d'impression, m

— خطابات — papier à lettre, m

— كتابة — papier à écrire, m

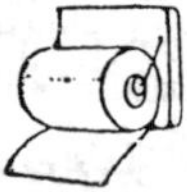

— مُستراح — papier hygiénique, m

— نشاف او نشّاش — papier buvard; buvard, m

— رسم — papier à dessin, m

— مقوّي — carton ou bristol, m

— مسطّر — papier réglé, m

— اللعب او الشدّة — cartes à jouer, f.pl

— مالي: عملة ورقية — billet de banque; papier-monnaie, m

— حيطان — papier peint, m

— ذِبّان (لصيد الذباب) — papier tue-mouches, m

— يانصيب — billets de loterie, m.pl

— لفّ — papier d'emballage, m

— شفّاف (للرسم) — papier calque, m

— لمّاع — papier couché, ou glacé, m

وَرَقَة : قطعة ورق — un papier, m

— نبات (او من كتاب او دفتر) — feuille, f

— معدنيّة — plaque, f

— الزهرة : نـوريـّـة pétale, m

— الاتـّهام réquisitoire; acte d'accusation, m

— : مستند document, m; pièce, f

— تجارية effet de Commerce, m

اوراق اعتماد lettres de créances, f.pl

— ماليـّة valeurs mobilières, f.pl; titres, m.pl

وَرِقٌ . وَارِق . مُوْرِق : ذو ورق feuillu, e; touffu, e

— . — : اخضر ناضر verdoyant, e

وَرّاق : صانع الورق fabricant, e de papier

☆وِرك . وَرْك : ما فوق الفخذ hanche, f

△ — : فَخْذ cuisse, f

☆وَرِمَ . تَوَرَّمَ s'enfler; se tuméfier; être enflé, e

وَرَّمَ faire enfler; tuméfier

وَرَم enflure; tumeur, f

— غددي adénome, m

— ليفي fibrome, m

— متحجر squirre; squirrhe, m

وَارِم . مُوَرَّم enflé, e; tuméfié, e

○وَرْنك : سَفَن . سمك raie, f

○وَرْنِيش : بَرْنيق . صِقال vernis, m

△ — جزم (احذية) cirage, m

دَهن بالـ : بَرْنَق vernir; astiquer; cirer

○وَرْنِيَة : مقياس السُّمْك vernier, m

للقَدَمَة ذات الورنية compas d'épaisseur, m

☆وَرْوار guêpier, m

△وَرَّى ٢ △أوْرى : أرى faire voir; montrer; exposer

— وَارَى : أخفى cacher; dissimuler

— عن كذا : اراده واظهر غيره dissimuler; déguiser; feindre

— في كلامه équivoquer

وَارَى الميتَ التراب enterrer

تَوَارَى . تَـوَرَّى : تخفّى se cacher; se soustraire aux regards

— عن الأنظار : إختفى disparaître

الوَرَى : الخلق le genre humain; l'univers; le monde, m

تَوْرِيَة : اظهار خلاف المقصود dissimulation; feinte, f

△ — : اظهار exposition; action de montrer, f

☆وريد (ورد) ☆ وزّ (وزز) ☆ وزارة (وزر)

☆وَزَرَ : ارتكب اثماً commettre une faute, ou un crime

وَزَرَ : حمل حملاً porter un fardeau.

وَازَرَ . آزَرَ : عاون aider; assister

تَوَزَّرَ : صار وزيراً devenir ministre

إتَّزَرَ بكذا : لبسهُ mettre; porter

— : ركب اثماً pécher; commettre un crime

وِزْر : إثم péché, m; faute, f

— : حمل ثقيل fardeau, m; charge, f

وِزْرَة : غطاء الحقوين pagne, m

٥وَزَرَةُ الحائط : إزار plinthe; bordure, *f*

وِزَارَة : جمعة الوزراء le Ministère; le Cabinet, *m*

—: رتبة الوزير وولايته ministère; portefeuille, *m*

وزارة الاشغال ministère des Travaux Publics, *m*

— الشئون البلدية والقروية ministère des Affaires Municipales et Rurales, *m*

— التموين ministère de l'Approvisionnement, *m*

— الحربيّة ministère de la Guerre

— الخزانة ministère du Tresor

— العدل ministère de la Justice, *m*

— الخارجيّة ministère des Affaires Etrangères, *m*

— الداخليّة ministère de l'Intérieur, *m*

— الزراعة ministère de l'Agriculture

— المواصلات ministère des Communications, *m*

— الصناعة ministère de l'Industrie

— التجارة ministère du Commerce

— التربية والتعليم ministère de l'Education et Enseignement

— الارشاد القومى ministère de l'Orientation Nationale

رئيس — . Premier; Premier Ministre; le Président du Conseil

وكيل — . Sous-Secrétaire d'Etat

وزاري ministériel, le

وَزِير ministre

— دولة : بلا وزارة معينة ministre d'Etat; ministre sans portefeuille

— الشطرنج: فرزان reine; dame, *f*

— مفوض ministre pleinipotentiaire

مجلس الوزراء le Cabinet; Conseil des Ministres, *m*

(وزز) وَزّ . إوَزّ (واحدة وزّة) ← oie, *f*

وَزّ ٢ عراقي : تَمّ ← cygne, *m*

٥وَزَّ عليه : وزّع به dénoncer

٭وَزَّعَ : قَسَّمَ أو فَرَّقَ distribuer; partager; répartir

٥ — : هرَّب faire partir en douce

تَوَزَّعَ : تفرّق être distribué, e, réparti, e, divisé, e

وَزِيعَة : حصّة lot, *m*; part, *f*

وَازِع : زَاجِر coercitif, ve; restrictif, ve

تَوْزِيع : تفريق distribution, *f*

٥وَزَل . وَزّال : رَتَم . قُندول ← ajonc; genêt épineux, *m*

٥وَزَنَ الشيء peser

— الحساب وغيره faire balancer un compte

— الشعر scander, mesurer, cadencer, un vers

— الحائط او البناء plomber un mur

وَزُنَ الرجل: كان راجح الرأي avoir un bon raisonnement

وَازَنَ : ساوى في الوزن contre-balancer; équilibrer; régler

— بين comparer

تَوازَنَ: تعادل في الوزن — être égal,e, ou équivalent,e

وَزْن . زِنَة: تقدير الثقل — pesage, m; pesée, f

— ·: ثقل (وبمعنى اهمية) — poids, m

— صافٍ — poids net, m

— قائم — poids brut, m

— الشِعْر — mesure, f

له —: يُوزَن (في الطبيعة وغيرها) — pondérable

عديم الــ . لا وزن له — impondérable

اقام له وزناً — prendre en considération

وَزْنة — une pesée, f

—: ما تزن به △ سنجة — poids, m

وَزَّان: قبّان — peseur, m

وزانَ كذا: على وزنه اي قافيته — rimer avec

تَوازُن . إتّزان: موازنة — équilibre, m

علم توازن القوى: علم السكون — statique, f

علم — الموائع (السوائل) — hydrostatique, f

مُوازِن: معادل لكذا — égal,e; équivalent,e à

—: ضابط الموازنة — stabilisateur; régulateur, m

مُوازَنة: تَوازُن — équilibre, m; balance, f

— سعر الصرف — arbitrage du change, m

مَوْزُون . مُتَوازِن — en équilibre; équilibré,e

—: وُزِنَ — pesé,e

—: منظوم — rimé,e; métrique

△ —: وزين الرأي — (homme ou femme) de bon raisonnement ou jugement

△ كلام — — propos délibérés, m.pl; paroles sages, ou pesées, f.pl

مِيزان: آلة الوزن — balance, f

○ — روبرفال (افرنكي) — balance Roberval, f

△ — طبليّة — bascule, f

— الثقل النوعي — densimètre, m

— ثقل الهواء — baromètre, m

— الحائط: فادن — fil à plomb, m

— (في علم الحساب) — preuve, f

— الرطوبة — hygromètre, m

— حرارة: مِحَرّ — thermomètre, m

— النَظْم: مقياس — mesure, f

— ضغط البخار — manomètre, m

— اللبن (لمعرفة كثافته) — lactomètre, m

— الماء: شاقول — niveau à bulle d'air, m

— البقّالين ○ اوتوماتيكي — balance automatique, f

— القبّان — romaine, f

△ ميزانيّة (في الحساب التجاري) — bilan, m

△ — مالية (خصوصاً الحكومية) — budget, m

٥ــِ : اتزان	équilibre, m
٥وزَى : تقبّضَ	se contracter; se resserrer
وَازَى : قابل وحاذَى	être parallèle à, ou vis à vis
— : ساوى	égaler; être égal, e à
تَوازَى الشيئان	être en face l'un de l'autre
تَوازٍ . مُوازاة	parallélisme, m; équivalence, f
مُوازٍ . مُتوازٍ	parallèle (à)
مُتـوازي² الأضلاع	parallélogramme, m
— السطوح	parallélépipède, m
— المغنطيسيّة	paramagnétique
المتوازيان	barres parallèles, f.pl

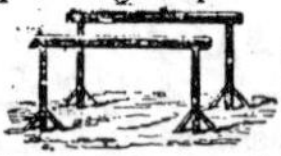

٥وزِير (وزر) ٥ وسادة (وسد) ٥ وسام (وسم)

٥وَسِخَ . اتَّسَخَ . تَوسَّخَ	se salir; être sale, ou malpropre
وَسَّخَ . أوسَخَ	salir
— اسْمَهُ (مثلاً)	ternir, ou salir, sa réputation
وَسَخ : أيّ شيء قذر	saleté; ordure, f
٥وساخة : قذارة	saleté: malpropreté, f
وَسِخٌ : قَذِر	sale; malpropre; crasseux, se
— . مُتَّسِخ : ملوَّث	sali, e
٥وَسَّدَ : وضع وسادة تحت رأسه	mettre un oreiller sous la tête de qn
تَوَسَّدَ : جعل رأسه على وسادة	se servir d'un oreiller; poser sa tête sur un oreiller, ou un coussin
وِسَادَة السرير : مخدّة	oreiller; traversin (long), m
— وِسَادَ المقاعد : نُمرقة	coussin, m
٥وَسَطَ القومَ : كان في وسطهم	être au centre, ou au milieu de
— المكان	être au centre
وَسَّطَ . ٥ وَسْطَنَ : جعله في الوسط	placer au centre, ou au milieu
— : جعله وسيطاً	rendre qn médiateur entre; charger qn de médiation entre; faire intercéder qn
تَوَسَّطَ المكانَ أو القوم : جلس في وسطهم	s'asseoir au milieu d'eux
— بينهم	intervenir; se faire médiateur, rice entre
وَسَط . وَسْط : منتصف	milieu: centre, m
— : بين بين	moyen; entre deux; médiocre
— : كائن بين شيئين	intermédiaire; mitoyen, ne
— : بيئة . محيط	milieu; entourage, m
— . — : قلب	centre; milieu, m
— . — : خصر	taille; ceinture, f
— و — الشتاء	au cœur de l'hiver
— و — الطريق	mi-chemin
— . وسطاني : متوسط	central, e; du centre; du milieu
الـ — المناسب (في الرياضة)	moyenne, f
— . حجم —	dimension, ou force, moyenne, f
في — كذا	au milieu, ou au centre de
في — الظلام (مثلاً)	en pleine obscurité
في — الليل	au milieu de la nuit

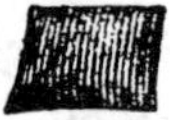

في وسطنا (او وسطهم الخ) parmi nous; dans notre milieu

وِساطَة (بين متخاصمين) médiation; intercession, *f*

وَسِيط (بين متخاصمين) médiateur, rice; intercesseur; intermédiaire

— : سمسار courtier, *m*

— بين التاجر او الصانع والزبون placier, *m*

— بالعمولة ∆ قومسيونجي commissionnaire

وَسِيطَة : وسيلة moyen; expédient, *m*

— : وسيط . شفيع médiateur, rice

بِـ au moyen de; par l'entremise de

بهذه الـ par ce moyen

أَوسَط : متوسط moyen, ne

الشَّرقُ الـ le Moyen Orient, *m*

العصور الوسطى le moyen âge, *m*

توسط : انتصف tenir le juste milieu

تَوَسُّط : الوجود في الوسط le fait d'être au milieu

— : تداخُل médiation; intervention, *f*

مُتَوَسِّط : في الوسط mitoyen, ne; intermédiaire

— : معدّل (في الحساب) moyenne, *f*

— : مركزي central, e

— الحجم dimension, *ou* taille, moyenne

— العمر entre deux âges; d'âge moyen

— القامة de taille moyenne

— النوع qualité moyenne; médiocre

البحر الـ la Méditerranée, *f*

¤ وَسُعَ : كان واسعاً être large, spacieux, se, ample, vaste

وَسِعَ ∆ سَاعَ الشيء contenir

— : احاط به entourer

— : قدر على pouvoir

لا يسعك ان تفعل كذا : لا تقدر vous ne pouvez pas faire cela

لا يسعني الذهاب الى je ne puis pas partir

هذه الزجاجة تسع لترين cette bouteille contient 2 litres (*ou* est de la contenance de...)

وَسَّعَ . أَوسَعَ : ضِدّ ضَيَّق élargir; étendre; rendre large, *ou* spacieux, se

— و — له مكاناً faire place à

— . — الخرقَ élargir le trou

— . — الخرقَ في المعدن : ∆ خَوَّشَ aléser

تَوَسَّعَ في اشغاله développer, *ou* étendre, ses affaires; donner de l'extension à ses affaires

— في الكلام : اسهَبَ s'étendre sur (un sujet)

— في النفقة multiplier les dépenses

إتَّسَعَ . إستَوسَعَ : ضِدّ ضاق s'élargir; s'étendre

استوسع المكانَ : وجده واسعاً trouver large

وُسْع : طاقة capacité; force, *f*; pouvoir, *m*

ليس في ـــه ان يفعل هذا il ne peut pas faire ça

بذلَ ـــه il a fait de son mieux

وسع السفينة jauge, *f*; jaugeage, *m*

∆ وسْع . إتِّساع : مكان واسع place, *f*

سَعَة . وُسْعَة : اتساع ampleur; amplitude; étendue; largeur, *f*

— . — : امتداد : étendue; extension, *f*

— . — : وفرة : abondance, *f*

— : يسار : fortune; aise, *f*

ذو — . : aisé, e; riche

على الرحب والسَعة : soyez le (*ou* la) bienvenu, e !

وُسْعة ٢ من الوقت او المال : suffisant, e (temps, argent, fortune)

وَاسِعٌ . وَسِيعٌ : فسيح : large; ample; spacieux, se; vaste

ثوب — . : habit large, *ou* ample, *m*

رجل — الحيلة : un homme de ressources

شارع (طريق) — . : rue large, *f*

غرفة ـــة : chambre large, *ou* spacieuse, *f*

أوسَعُ : اكثر اتساعا : plus large

إتِّساع : largeur; étendue; amplitude, *f*

— . تَوَسُّع : expansion; extension, *f*

مُتَّسِع : واسع : large; ample

مُتَّسَع : فسحة (من الوقت أو غيره) : (temps, espace, fortune) suffisant, e

مُوَسِّعة الحذاء : ←forme, *f* (à forcer)

— الكفوف : ←baguette, *f*

مَوْسُوعة علمية : دائرة معارف : encyclopédie, *f*

٭وَسَقَ . أَوْسَقَ : حمَّل او شحن : charger

— اكثر من اللازم : surcharger

مُتَّسِق : منتظم : en ordre; ordonné, e

إتَّسَقَ الأمرُ (راجع نسق) : انتظم : être bien arrangé, e, coordonné, e, ordonné, e

وَسْق : حمل ٥ حمولة : charge, *f*

— المركب : شحنة : chargement (d'un bateau); fret, *m*; cargaison, *f*

مَوْسُوق : chargé, e

٥ وِسْكِي : مُسْكِر معروف : whisky, *m*

٭وَسَلَ وتَوَسَّلَ اليه : تقرب اليه : demander un service à

تَوَسَّلَ اليه : إلتمس منه : supplier de; conjurer; adjurer; solliciter

وَسِيلة : واسطة : moyen; instrument, *m*

تَوَسُّل : instance; sollicitation; supplication, *f*

٭وَسَمَ (بعلامة ثابتة) : marquer; stygmatiser

تَوَسَّمَ الشيء : تفرسه : scruter; examiner attentivement

— فيه الخير : lire dans ses traits la bonté

إتَّسَمَ : être marqué, e, *ou* stigmatisé, e

وَسْم : وضعُ العلامة : marquage, *m*; stigmatisation, *f*

— . سِمَة : علامة : marque, *f*; signe, *m*

سِمَة ٢ : بصمة : empreinte; marque; impression, *f*

وِسَام : ٥ نيشان : décoration; ←médaille, *f*

— الاستحقاق : Ordre du Mérite, *m*

— جوقة الشرف : la Légion d'honneur, *f*

حامل او صاحب — كذا : décoré, e de

وَسَامة : حُسن : grâce; beauté du visage, *f*

وَسِيم : حسن الوجه beau (a.f belle); gracieux,se; avenant,e
مَوْسِم : سوق دورية foire, f
— : اوان . فصل saison, f; temps, m
— الحصاد (مثلا) temps de la moisson, m
— الحجّ saison du pèlerinage, f
— : عيد كبير fête, f; jour de fête, f
ايام المواسم والأعياد jours fériés, m.pl
مَوْسِمي de saison; saisonnier, ère
الريح الموسميّة mousson, f
مَوْسُوم stigmatisé, e; marqué, e
الــ بختمي portant mon cachet
مِيسَم : مكواة الوسم fer à marquer; fer chaud, m
— : الجزء العلوي من المتأبّر stigmate, m
وَسِنَ : اَخَذَهُ النُّعَاسُ dormir; sommeiller
وَسَن . سِنَة : نوم sommeil, m
وَسْوَسَ لَهُ واليه : وشوشه chuchoter; parler à l'oreille
— له واليه : حدّثه بشرّ inspirer, ou suggérer, à qn une mauvaise action
Δ — القطنُ : بَرعَم bourgeonner; boutonner
Δ — تَوَسْوَسَ : اصابته الوساوس avoir des scrupules; être perplexe,
Δ تَوَسْوَسَ : ارتاب avoir des doutes; soupçonner, ou douter, de qn ou qc
وِسْوَاس . وَسْوَسَة soupçon; doute; scrupule, m; instigation; suspicion; tentation, f
— : فكر شرير mauvaise pensée, f
— : ٥ ماليخوليا hypocondrie, f
— : جنون في امر واحد idée fixe; monomanie, f
Δ — القطن : برعم capsules de coton, f.pl
الــ : الشيطانُ Satan, m
وَسْوَسَة : هَمْس chuchotement; susurrement, m; susurration, f
Δ — : ريبَة soupçon; doute, m
مُوَسْوَس : مصاب بالماليخوليا hypocondre
— : ظنون soupçonneux, se; méfiant, e
٭ وسيط (في وسط) ٭ وسيلة (في وسل)
Δ وِش : وجه (انظر وجه) face; [figure], f
— : صفحة page, f
— دهان : طبقة طلاء couche, f
— الحذاء empeigne, f
Δ وشّة un grain de folie
وَشّ الاذان : هَوِي tintement de l'oreille; bourdonnement. m
وَشّت الاذنُ : طَنّت tinter; bourdonner
٭ وَشَجَتْ . تَواشَجَتِ الأغصان : تشابكت s'entrelacer
٭ وَشَّحَ : أَلبسَ الوشاح mettre, ou ceindre, une écharpe à qn
تَوَشَّحَ . اِتَّشَحَ بكذا : لبسه endosser; mettre
— بسيفه . تَقَلَّدَه ceindre l'épée
وِشاح : شبه قلادة من نسيج عريض écharpe; ou ceinture, f
Δ تَوشيح Δ مُوَشَّح موسيقي ouverture, f; prélude, m
تَواشيح دينية chansons religieuses; prières chantées, f.pl

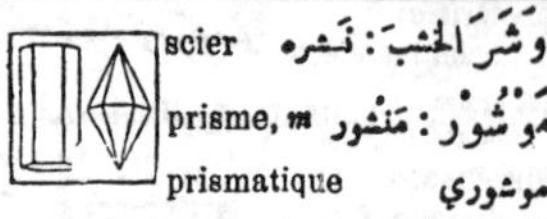

٭وشَرَ الخشبَ: نَشره scier

مَوْشُور: مَنْشور prisme, *m*

مَوْشوري prismatique

٭وشَظَ الفأسَ: ضيّق خرقها بخشب coincer; serrer avec des coins

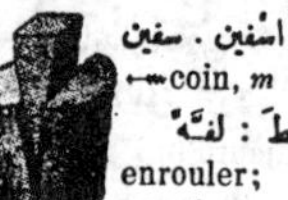

وَشِيظ. وشيظة: اسْفين. سفين coin, *m*

٭وشَعَ. وشَّعَ الخيطَ: لفّه enrouler; peloter; rouler; dévider

وَشِيع: سياج من الشوك ونحوه haie, *f*

وَشِيعة النسّاج bobine, navette, *f*, dévidoir, *m*, (de tisserand)

— : لفيفة ٥ بكَرة bobine, *f*

٭وشَقَ اللحمَ: شرّحه وقدّده découper et sécher la viande

وَشَق: حيوان lynx, *m*

٭وَشُكَ. وشَكَ: سَرُع se hâter; faire vite

أوشكَ أن être sur le point de

على وُشْك sur le point de

وَشِيك الوقوع (اي الحدوث) imminent, e

وَشِيكاً: عمّا قريب très bientôt

٭وشَمَ. وشّمَ اليدَ: ٥دقّ عليها tatouer

وَشْم: ٥دقّ tatouage, *m*

٥ وَشْنَة: كرز اسود جاف cerise sèche, *f*

٭وَشْوَشَ فلاناً: همس اليه parler à l'oreille; chuchoter; susurrer

تَوَشْوَشُوا عليه: تهامسوا ils se chuchotèrent

وَشْوَشَة: همس chuchotement; susurrement, *m*; susurration, *f*

٭وَشَى. وشّى: زيّن embellir; orner; parer

— — : زين بالتطريز broder; festonner

— به: بَلّغ عنه dénoncer

— به الى: سعى به calomnier; médire

وَشْي. وِشاية: سعاية médisance: calomnie, *f*

— . تَوْشِيَة: تزيين بالنقوش embellissement, *m*; ornementation, *f*

— . — : تزيين بالتطريز broderie; tapisserie, *f*

واش: نمّام dénonciateur, rice; calomniateur, rice

مُوَشّى brodé, e; embelli, e

٭ وشيع ٭ وشيعة (وشع) ٭ وشيك (وشك)

٭وَصِبَ. وصَّبَ. أوصَبَ être malade

وَصَب: مَرَض دائم maladie permanente, *f*

٭وَصَدَ: سدّ ونبت barrer; obstruer; bloquer

أوْصَدَ البابَ: اغلقه fermer la porte

مُوْصَد: مُغلق fermé, e; clos, e

٭وِصْر (والجمع أواصِر): عَهد lien; engagement, *m*; obligation, *f*

أواصر الصداقة او القرابة les liens d'amitié, *ou* de parenté, *m.pl*

٭وَصَفَ: نعته بما فيه décrire; dépeindre

— له وصفة prescrire (un remède)

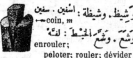

إتّصفَ بكذا être qualifié, e de; être connu, e, caractérisé, e, distingué, e, par
صفة : ما يقوم بالموصوف qualité, f; attribut, m; épithète, f
— : ما يُعرف به الموصوف description, f; signalement, m
— : نعت (في الآجرومية) adjectif, f
— خصوصيّة particularité, f; trait spécial, m
— ذاتية attributs essentiels, m.pl
— مؤهّلة qualité requise; qualification, f; mérite, m
— مميّزة signe, ou trait, caractéristique; caractère distinctif, m
بصفة كذا comme; à titre de
بصفة رسميّة officiellement; à titre officiel
بصفة غير رسميّة inofficiellement; officieusement
وَصفُ الشيء : ذكرُ صفاته description, f
— شخص signalement, m
لا يمكن — ه : لا يوصف indescriptible
فرح لا يوصف joie ineffable, f
وَصفة : ما يصفهُ الطبيب أوغيره prescription; ordonnance, f
— مكتوبة : △ نسخة formule, f
وَصفيّ qualificatif, ve; descriptif, ve
وَصيف : خادم خُصوصي valet; serviteur, m
وصيفة : فتاة . جارية femme de chambre; servante, f
— الملكة او الأميرة dame d'honneur, ou de compagnie, f
مَوْصُوف : مذكورة اوصافه dépeint, e; décrit, e; qualifié, e
— : مذكور كوصفة prescrit, e; recommandé, e
△ مُواصفات العمل : وصف تفصيلي cahier des charges, m
مُسْتَوْصِف طبّي dispensaire, m; clinique, f
☆ وَصَلَ المكانَ واليه : بلغه arriver à; parvenir à
— الى المقدار الفلاني atteindre
— الشيء : اتى . ورد arriver
— ت اليوم je suis arrivé aujourd'hui
— . وَصَّلَ الشيء بالشيء joindre; unir; coller; attacher; relier
— ه الشيء : استلمهُ recevoir
— ني خطابك j'ai reçu votre lettre
قبلما يصلك هذا الخطاب avant de recevoir cette lettre
كل ماوصلت اليه يده tout ce qu'il a pu avoir sous la main
وصّلَ ٢ . أوْصَلَ الى : ادّى الى conduire à; mener à
— . — : نقل transmettre; communiquer
— . — : (في علم الطبيعة) conduire
— . — : رافق accompagner
— . — : ارشد وقاد conduire; diriger
— . — الشيء الى faire parvenir qc à qn
وَاصَلَ : ضدّ هجر وصارَمَ entretenir des relations intimes avec; être en contact
— الحبيبُ حبيبه avoir de relations intimes avec
— العمل وفيه : داوم أو واظب عليه persévérer dans; continuer; persister
— الجيشُ التقدّمَ l'armée a continué a avancer (ou a continué son avance)

تَوَصَّلَ الى كذا — parvenir à

إِتَّصَلَ بالشيء: ارتبط — se joindre à; se lier à

— به الخبرُ: علمه — apprendre; arriver à sa connaissance

— به: كان ملاصقاً له — confiner; être contigu, ë à

— بفلان — communiquer avec qn; être en contact avec

— (العملُ): استدام — être continu,e, ou sans interruption

— الى العائلة الفلانية: انتسب — être allié,e à telle famille

وَصْل: ربط او الحاق — jonction; conjonction, f; assemblage, m

— : ارتباط — liaison; connexion, f

Δ — : اقرار كتابي بالاستلام — reçu, m; quittance, f

قوس الـ — : رابطة موسيقية — liaison, f; coulé, m

وُصْل (والجمع اوصال): عضو — membre, m

اوصـال² : مفاصل — articulations; jointures, f.pl

حَلَّ أوصاله — démembrer

وَصْلة : اتصال — rapport, m; liaison; suite, f

— : حلقة الاتصال — lien; joint, m; attache, f

— بين كلمتين: علامة وصل (-) — trait d'union, m

Δ — برشام — jointure rivetée, f

Δ — النمس على النمس — alaise; alèse, f

صِلة : علاقة . ارتباط — rapport, m

— : رابطة — lien, m; liaison; attache, f

— : عطية . منحة — don, m

— قرابة — parenté, f

حسن الصلات — bons rapports, m.pl; bonnes relations, f.pl

وِصَال : مواصلة — jonction; union, f; contact, m

وُصُول : مجيء. اتيان — arrivée; venue, f; arrivage, m

— : استلام — réception, f

— : في السباق — arrivée, f

مكان الـ — destination, f

خطاب موصى عليه مع علم الـ — lettre recommandée avec accusé de réception

وَاصِل : قادم . آت — arrivant, e; qui arrive

— : الذي يوصل بين شيئين — attache, f; lien, m

— : رابط — connectif, ve; unitif, ve

إِتِّصال : ارتباط — liaison; jonction; union, f

— : استمرار . ضد انقطاع — continuité, f

— : مواصلة — contact, m; communication, f

ضابط — — officier de liaison, m

على — بكذا — en contact, ou relation, avec

إِيصال. تَوْصِيل : وصل — jonction, f

— . — : نقل — transmission, f

Δ — : مستند. رجعة — reçu; récépissé, m

Δ مسمار توصيل² (في الميكانيكا) — goujon, m

Δ تَوْصِيلة : اجرة ركوبه — prix; prix de la course, m

Δ — الصندوق — manchon d'accouplement, m

Δ علبة الـ الفرقية (في الميكانيكا) — boîte du différentiel, f

إيصاليَّة . تَوْصيليَّة — conductibilité, f

مُوَصِّل . مُوْصِل الى: مؤدٍّ — conduisant, e à; communicant, e avec

— . — : رابط — qui joint, unit, lie

— (في علم الطبيعة) conducteur, *m*
— جيّد bon, ne conducteur, rice
مَوْصول . مُتَّصِل lié, e; joint, e; en contact
مُتَّصِل ٢ . مُتَواصِل continu, e; ininterrompu, e
— بكذا : جاور أو ملاصق له . بالقرب منه attenir à; confiner à; être contigu, ë à
مُواصَلة : تبادل الاتصال relations, *f.pl*; rapports, *m.pl*; communication, *f*
— : استمرار continuité; non interruption, *f*
∆— : نقطة اتصال الطرق carrefour; croisement, *m*
طرق المواصلات les communications; les voies de communication, *f.pl*
٭وَصَمَ : عابَ avilir; entacher l'honneur de qn; déshonorer
وَصِمَ . تَوَصَّمَ : شعر بفتور وتعب être abattu, e, souffrant, e, languisant, e, indisposé, e
وَصْمة . وَصْم : عار flétrissure, *f*; stigmate, *m*; tache, *f*; déshonneur, *m*; marque d'infamie, *f*
— . تَوْصيم الجسم malaise, *m*; torpeur; lassitude, *f*
— : عيب défaut, *m*; imperfection, *f*
٭وَصْوَصَ : نظر من ثقب regarder par un trou; regarder furtivement
وَصْوَص ٢ . وَصْواص : نقب على قدر العين judas, *m*
٭وَصَّى . أَوْصَى فلاناً بكذا : عهد اليه به confier à; charger qn de
— — بعمل : طلب صنعه أو احضاره commander
— — بفلان recommander qn
— . — له بكذا : جعله ميراثاً له léguer; laisser par testament

ـــهُ . ـــهُ بكذا : اشار به conseiller; recommander à qn
وَصِيّ : مُنَفِّذ الوصية exécuteur, rice testamentaire
— : وليّ امر (شرعي) tuteur, rice
— على تركة او على المحجور عليهم curateur, rice
— الملك régent, e
وَصِيَّة . وِصاية . توصية : امر ordre; commandement, *m*
— . — : نصيحة recommandation, *f*; conseil, *m*
— الانسان بما يتركه لورثته testament, *m*
تركة بلا — . succession ab intestat, *f*
ماتَ ولم يكتب وصيَّة mourir intestat
جرح (ابطلَ) الوصيَّة invalider; infirmer; casser
الوصايا العَشر décalogue, *m*; les dix commandements, *m.pl*
وِصاية ٢ : ولاية امر التركة curatelle d'une succession, *f*
— (ولاية) شرعيَّة tutelle (d'un mineur)
تَوصية recommandation, *f*
— بصُنع شيء او احضاره commande, *f*
— بميراث legs, *m*
مصنوع بالـ ــ sur commande
خطابُ — . lettre de recommandation, *f*
شركة — . société en commandite, *f*
مُوصٍ . مُوَصٍّ : الذي يوصي qui recommande, *ou* prescrit
— . — : صاحب الوصيَّة testateur, rice
مُوصًى به : مُشار به (او مسجل) recommandé, e
— به : مورَّث بالوصيَّة laissé, e par testament; légué, e
— له او اليه légataire

وَضَاءة . وُضُوء : نظافة netteté; propreté, *f*; éclat, *m*

وُضُوء . تَوَضُّؤ : الاغتسال قبل الصلاة ablutions, *f.pl*

وَضُوء : الماء الذي يُتَوَضَّأ به les eaux des ablutions, *f.pl*

وَضُوَ : كان نظيفا être propre, pur,e, net, te

تَوَضَّأ : اغتسل faire ses ablutions

مِيضَاة . مِيضَاءة ۵ مِيضَة lieu des ablutions, *m*

۵ وَضَّب : رتَّب . جَهَّز mettre en ordre; arranger; préparer

— ورق اللعب (ليغش به) arranger les cartes

تَوْضِيب : ترتيب arrangement; ordre, *m*; mise en ordre, *f*

— : اعداد . تجهيز préparation, *f*

وَضَحَ . تَوَضَّحَ . اتَّضَحَ : بان وانكشف être clair,e, évident,e, patent,e

— . — . — : انجلى devenir distinct,e, *ou* clair,e; s'éclaircir

وَضَّحَ . أَوْضَحَ : جعله واضحاً rendre évident,e, *ou* clair,e

— . — : فَسَّر expliquer; éclaircir; élucider

— . — : بَيَّن démontrer; exposer; déterminer

— . — : عبَّر عن exprimer

إسْتَوْضَحَ : طلب الايضاح demander des éclaircissements, *ou* explications

— عن الأمر : بحث عنه enquêter sur; rechercher; faire des investigations au sujet de

وَضَّاح éclatant,e; rayonnant,e; très clair,e

وُضُوح : اتّضاح : جلاء évidence; clarté; netteté, *f*

— : ظهور apparition; manifestation, *f*

بوضوح . بجلاء clairement, nettement; distinctement

واضِح : جلي manifeste; clair,e; évident,e

إيضاح . تَوْضيح : تفسير éclaircissement, *m*; explication; élucidation, *f*

— : اظهار manifestation; expression, *f*

إيضاحي explicatif, ve

إتّضاح : وضوح . ظهور apparition; manifestation, *f*

— : جلاء évidence; clarté; netteté, *f*

وَضَر : قذارة . وساخة saleté; crasse, *f*

وَضَعَ : اذلّ humilier; abaisser

— نفسه : اذلها s'humilier; s'abaisser

— منه : حطّ من قدره dénigrer; détracter

— الشيء في مكان : حطّه placer; poser

— الشيء بيده mettre qc de sa propre main

— الكتابَ : ألّفه composer un livre

— ضريبة imposer une taxe

— نصب عينيه : تذكر mettre devant ses yeux; avoir pour but

— ثقته في placer sa confiance dans

— حداً للأمر en finir avec; mettre fin à

— الأساسَ او المشروع former le projet

— ختماً على apposer un cachet, *ou* sceau

— يده على prendre possession de

— على جنب mettre de côté, *ou* à l'écart

— على حدة mettre à part

mal placer — الشيء في غير موضعه
accoucher; mettre au monde ـــت الحُبلى
être vil,e, ou bas,se وضع : ذلّ. كان خسيساً
piquer (un édredon, etc.) وَضَّع اللحافَ او الجُبَّة : Δضرَّبه
être humble, ou modeste; s'abaisser إتّضع. تَوَاضَعَ
convenir de; تواضعوا ٢ على امر : اتفقوا
pose, f وَضْع : حَطّ
position; tenue; attitude, f —. وِضْعَة : مركز
posture, f —. — : حالة الوضع
accouchement; enfantement, m — : ولادة
possession; occupation, f — اليد: تملّك
usurpation, f — اليد بلا حق
droit de propriété par usucapion, ou par la possession longi temporis, m حقّ التملّك بوضع اليد
loi positive, f قانون وضعيّ
bas,se; vil,e وَضِيع : دنيء. حقير
humble — : ضد الرفيع
de basse souche, ou extraction من اصل —.
en couches (femme) وَاضِع Δوَاضِعَة : والدة
auteur — الكتاب وغيره
possesseur, m; occupant,e — اليد
bassesse; humiliation, f; abaissement, m ضِعَة. وضاعة : ذلّ النفس
humilité; modestie, f تَوَاضُع. إتِّضاع : ضد تكبُّر
humble; modeste مُتَّضِع. مُتَوَاضِع

endroit; lieu; emplacement, m; place; situation, f مَوْضِع : مكان. محل
déplacé,e; qui n'est pas à sa place في غير موضعه
local,e مَوْضِعيّ
placé,e; posé,e; établi,e مَوْضُوع: وُضِع. محطوط
monté,e de toutes pièces — مختلق
question, f; sujet; objet, m — : مسئلة
sujet; point, m — الكلام او الكتاب الخ
une question délicate, f — دقيق
qui fait partie du sujet في او داخل الـــ
qui n'a plus sa raison d'être غير ذات —
hors du sujet خارج عن الـــ
billot, m ٥ وَضَم : خشبة الجزار
٥ وضوء (في وضاءة)
watt, m ٥ وَط. وَطْيَّة : وحدة قياس القوّة الكهربية
égaliser; aplanir; faciliter; niveler ٥ وطا. وَطَّأ : سهّل ومهد
préparer le lit —. — الفراشَ: هيّأه
abaisser; déprimer; —. وطّى الوضع : جعله وطيئاً
fouler; marcher sur وَطِئ. وَطأ الطريقَ او الأرض : مشى عليها
piétiner; fouler aux pieds —. — الشيء : داسه
monter — الفرسَ : ركبه
avoir des rapports sexuels avec; [coucher avec] — المرأة : جامعها
non foulé,e لم تَطأه قَدَم
être de connivence avec وَاطَأ. تَوَاطَأ الرجل على: وافقه عليه

تواطأوا ٢ على امر: توافقوا عليه — être d'intelligence avec; agir de concert

ـــوا على شرّ — agir collusoirement; conspirer contre; comploter

ـــوا على قتله — comploter sa mort

وَطْءٌ : دَوْس — foulage, m

— : جِماع — coït; accouplement, m

— . وِطاء : ارض منخفضة — bas-fond; terrain déprimé, m; terre basse, f

وَطْأة : ضغط — pression; violence, f

شديد الـ . — dur,e; cruel,le

وَطِيءٌ . وَاطِي : منخفض — bas, se

اوطأ من — plus bas,se que

تَوطِئة . توطية : خَفْض — abaissement; enfoncement, m

— : اعداد. تمهيد — introduction; explication préliminaire; préparation, f

تَواطُؤ . مُواطاة — collusion, f

دعوى بالـ . (بين المتخاصمين) — action collusoire, f

مَوْطِئ . مَوطَأ القدم: مُرتكزها — place, ou lieu, où se pose le pied

مَوْطُوء : مدوس — frayé,e; foulé,e; battu,e

☆وَطَدَ . وطّد : ثبّت — affermir; consolider; raffermir; renforcer

— . — له : اعدّ — aplanir; preparer le chemin

— . — ثقته فيه — se fier à; avoir confiance en

— . — عزمه على — se fixer sur; se déterminer à; se décider à

— . — سلطته — renforcer, ou affermir, son autorité

تَوطّد — être raffermi,e, ou consolidé,e

وَطِيد — ferme; solide; stable

مِيطَدة : △مِندالة — hie; ←demoiselle, f

☆وَطَر : بُغية . غاية — but; désir, m

قضى منه وطره — il a atteint son but; en venir à ses fins

☆وَطَس : ضرب △طَس — frapper à plat

وَطِيس : تنّور — four, m; fournaise, f

— : معركة — combat, m; bataille, f

حمي الـ : اشتدت المعركة — la bataille fit rage

☆وَطَن بالمكان: اقام به — séjourner; se fixer; résider; habiter (dans un lieu)

وطّن . توطّن . إستوطن المكان : اتخذه وطناً — s'établir

— نفسه على — se décider; prendre son parti; s'arrêter à une décision

وَطَن — patrie, f; pays natal, m

حُبّ الـ : وَطَنيّة — patriotisme; amour de la patrie, m

وَطَنيّ : مختص بالوطن — indigène; natif,ve

— : ابن البلاد — indigène; citoyen,ne

— : قومي . اهلي — national,e

— : محبّ لوطنه — patriote

— : مختص بحبّ الوطن — patriotique

وَطنيّة ٢ : قَوميّة — nationalisme, m

حقوق — — droits civiques, m.pl

مصنوعات — — fabrication locale, f

إستيطان — résidence, ou habitation, dans un pays: colonisation, f

مَوْطِن (والجمع مَواطِن) : مُقام ، مقرّ — demeure, *f*; domicile fixe, *m*; patrie, *f*

الـ— الحقيقي (في القانون) — domicile réel, *m*

الـ— المختار (في القانون) — domicile élu, *m*

— الحيوان او النبات — habitat, *m*

مُواطِنُ الانسان : بلديّه — compatriote; citoyen, ne [pays, e]

مُستوطِن : مقيم — habitant, e; colon, *m*

مَرَض —: خاص بمكان — maladie endémique

٭وَطْوَاط : خُفّاش — chauve-souris, *f*

٭وطّي (في وطأ)

٭وَاظَبَ على عمله : ثابر — persévérer, *ou* persister, dans

— على حضور الصلاة (مثلاً) — assister régulièrement à la prière

مُوَاظِب : مثابر — persévérant, e; assidu, e à

— على الحضور — réguli er, ère; (dans sa présence)

مُواظبة : مثابرة — persévérance; application; assiduité, *f*

— على الحضور — présence régulière; régularité dans la présence, *f*

٭وَظَّفَ الرجل : وَلّاهُ منصباً — donner un emploi à qn; nommer à

△ — المالَ : اثّله . ثمّرَه — placer; investir

تَوَظَّفَ : تعيّن — être nommé, e à un poste, *ou* à un emploi

وَظِيفُ الحصان وامثاله — canon du cheval, *m*

وَظِيفَة : جراية — ration, *f*

— : راتب — salaire, *m*; paie *ou* paye, *f*

— : خدمة — emploi, *m*; fonction, *f*

— : منصب — poste, *m*

— العضو : عمله — office; emploi, *m*

أدّى وَظيفته — remplir ses fonctions

وظائف الاعضاء — les fonctions des organes, *f.pl*

علمُ الوظائف (وظائف الأعضاء) — physiologie, *f*

وظائفيّ : ٥ فِـزيولوجي — physiologique

تَوْظِيف : تعيين — nomination, *f*

△ — المال : تأثيل . تشغيل . تثمير — placement; investissement, *m*

مُوَظَّف : معيّن — nommé, e *ou* placé, e

— : عامل △ مستخدم — employé, e

— حكومة — fonctionnaire

٭وِعاء (في وعي)

٭وَعَبَ . أَوْعَبَ . اسْتَوْعَبَ الشيءَ : اخذه كله — assimiler; prendre (une chose) tout entière; englober

أَوْعَبَ ٢ الشيء في الشيء : ادخله فيه — insérer une chose dans une autre

استوعب ٢ : استأصل — extirper

— الوعاء الشيءَ : وسعه — contenir

— الحديث : فهمه — concevoir; comprendre

— الموضوع — étudier à fond

٭وَعْثَاء : مشقة وتعب — fatigue; difficulté, *f*

٭وَعَدَ . أَوْعَدَ كذا او به — promettre; faire des promesses à qn

ـت الأرضُ : رُجي خيرها — promettre

ـه . اوعده ٢ بشرّ . تَوَعَّدَه — menacer

وَاعَدَهُ . تواعَدَا : وعد كل منهما الآخر — se faire des promesses réciproques

— . — : اتفقا على موعد — se donner, *ou* fixer, un rendez-vous

وَعْدُ شَرَف parole d'honneur, *f*

أخلفَ بوعده manquer à sa parole; faillir à sa promesse

وَعِيد . تَوَعُّد : ما تهدد به menaces, *f.pl*

تَوَعُّد ٢ . إيعاد : تهديد menace, *f*; le fait de menacer

وعيدي . توعُّدي menaçant,e; de menace

واعِد : معطي الوعد qui promet

— : مَرجُوّ المستقبل promettant,e; prometteur,se

مَوْعِد : وعد ، عهد promesse, *f*; engagement, *m*

— . ميعاد . مُواعَدَة : اتفاق على مقابلة rendez-vous, *m*

ميعاد ٢ : وقت معيّن délai, *m*

حضر في الـ. il est venu à l'heure; il est exact au rendez-vous

بيان مواعيد قطارات سكة الحديد horaires, *m.pl*; indicateur (des trains), *m*

محافظ على المواعيد . مراعي الميعاد ponctuel,le

مَوْعود promis,e

* وَعِرَ . تَوَعَّرَ : كان وعراً être dur,e, ardu,e, raboteux,se

وَعْر . واعِر inégal,e; rude; abrupt,e ; effroyable

* وَعْس . ميعاس : رمل تسوخ فيه الأقدام sable mouvant, *m*

* وَعَزَ وأَوْعَزَ اليه بكذا insinuer; suggérer; faire entendre

إيعاز insinuation; suggestion, *f*

ايعازي insinuatif,ve; suggestif,ve

مُوعِز insinuateur,rice; inspirateur,rice; qui suggère

مقالة — بها un article suggéré, *ou* inspiré, *m*

* وَعْس . ميعاس : رمل تسوخ فيه الأقدام sable mouvant, *m*

* وَعَظَ : نصح له exhorter; conseiller

—: ألقى موعظة prêcher; faire un sermon

إتَّعَظَ : قبل النصيحة accepter les conseils de qn; écouter l'avis de qu

— بكذا tirer une leçon de

وَعْظ exhortation, *f* (au bien)

عِظَة . مَوْعِظَة . وَعْظَة sermon, *m*

— . — : ما يتعظ به avertissement; enseignement; exemple, *m*; leçon, *f*

واعِظ : الذي يعظ prédicateur,rice

* وَعِكَ . مَوْعوك . مُتَوَعِّك indisposé,e, exténué,e; abattu,e

تَوَعَّكَ : انحرفت صحته être indisposé,e; [n'être pas dans son assiette]

وَعْكَة . توعك المزاج indisposition, *f*; malaise, *m*

— : اشتداد الحرّ مع سكون الريح chaleur étouffante, *f*

* وَعْل : نوع من المعز الجبلي ← bouquetin, *m*

* وَعْوَعَ : عوى aboyer; hurler; glapir

وَعْوَع : ابن آوى ← chacal, *m*

* وَعَى : حوى contenir; comprendre

— الحديثَ : قبله وحفظه retenir; comprendre

٥ — الكلامَ او اليه : التفت اليه faire attention à; écouter

△ — الامرَ : ادركه savoir; avoir conscience de; saisir

أَوْعَى ٢ . إستَوْعَى الشيء : اخذه كله retirer tout; prendre tout

— الشيء : جعله في وعاء mettre dans un récipient, ou en vase

△ وَعَّى من : حذَّر mettre qn sur ses gardes; prémunir; mettre en garde

△ تَوَعَّى منه : احترز منه se mettre en garde contre; prendre garde;

△ وَعْي : انتباه attention; prudence, f

△ — : ادراك . يقظة conscience; connaissance, f

△ واعٍ : ملتفت او حريص attentif,ve; ou prudent,e; précautionné,e; circonspect,e

△ — : يَقِظ éveillé,e; sur ses gardes

△ — : مدرك conscient,e; vigilant,e

وِعَاء : اناء vase; récipient, m

— دَمَوِيّ vaisseau sanguin, m

وعائي vasculaire

٭ وعيد (في وعد)

٭ وَغْد : احمق imbécile; sot,te; bûche, f

— : دنيء vil,e; vilain,e; bas,se

٭ وَغَرَ عليه صدره . تَوَغَّرَ : توقد غيظاً être irrité,e contre qn; s'enflammer de colère contre qn

— عليه صدره : حقد عليه garder rancune à qn

وَغَّرَ . أوْغَرَ صدره على échauffer, ou irriter, qn contre

وَغْر . وَغَر : عداوة . حِقد haine; inimitié; malveillance; rancune; hostilité, f

٭ وَغَلَ . أَوْغَلَ . تَوَغَّلَ في كذا aller loin; s'enfoncer dans

— على القوم : اتاهم بلا دعوة écornifler; être un,e intrus,e

اوغل ٢ في السير : اسرع presser le pas

— في الكلام : بالغ aller loin; exagérer

ـــهُ في كذا : ادخله فيه plonger dans; pousser dans

وَغْل : طفيلي intrus,e; parasite; écornifleur,se

٭ وَغِي . وَغًى : حرب bataille, f; combat, m

٭ وفاء ٭ وفاة (في وفي)

(ونض) خالي الوفاض les poches vides

٭ وَفَدَ على أو إلى : قدم venir; arriver

وَفَّدَ . أَوْفَدَ : ارسل faire parvenir; envoyer

— . — : ارسله بصفة وكيل اومندوب déléguer

تَوَافَدوا عليه : تواردوا affluer; arriver en foule

وَفْد : نُوَّاب مبعوثون délégation; députation, f

— . وُفُود . وِفَادَة : قدوم arrivée; venue, f

احسن وفادته bien accueillir, ou recevoir; recevoir avec tous les honneurs

وَافِد : قادِم arrivant,e; qui arrive

— : رسول . مبعوث messager,ère; envoyé,e; délégué,e

مرض — : △ سِفْر دايِر épidémie, f

٭ وَفَرَ . وَفُرَ . تَوَافَرَ : كثر augmenter; accroître; multiplier; abonder

— . — . — : كان وافراً être abondant,e, ou copieux,se

— له الشيء. وَفَرَ . أوْفَرَ الشيء : كثّره rendre abondant,e
Δوَفَّر ٢ : اقتصد économiser; épargner
Δ— عليه التعب épargner de la peine à qn
تَوَفَّرَ على كذا ne rien épargner pour; se consacrer entièrement à
—ت فيه الشروط remplir les conditions
Δ— : لم يُنفَق être épargné,e, *ou* économisé,e
Δوَفْر Δتَوْفير : اقتصاد épargne; économie, *f*
Δ— : المال المقتصَد économies, *f.pl*
Δ— في المصروف المقدر boni; bénéfice; [rabiot], *m*
Δرُفِتَ بالــ licenciement par mesure d'économie, *m*
وَفْرَة : كثرة abondance, *f*
صندوق التوفير : صندوق الادخار caisse d'épargne, *f*
وَافِر . مُتَوافِر : كثير abondant,e; copieux,se
—ُ العدد nombreux,se
أوْفَر : اكثر plus abondant,e
Δ— : اكثر اقتصاداً . اقل نفقة plus économique
النصيب الــ la majeure partie de
Δمُوفَّر : مقتصد économisé,e; épargné,e
مُوَفِّر économe; qui fait des économies
*وَفَّقَ الأمر : جعله موافقاً régler; arranger; rendre qc convenable, *ou* apte
— بين النقيضين concilier
— بينهم : صالحهم réconcilier; mettre d'accord
— اللهُ فلاناً que Dieu lui accorde le succès

وُفِّقَ لكذا : صادفه ولقيه réussir à trouver; [tomber sur]
وَافَقَ الشيءُ الرجلَ : ناسبه convenir à qn; faire son affaire; venir à propos
— : لاءَم s'accorder avec; convenir à; être en harmonie avec
— : طابق correspondre à; être conforme à
— : لم يتعارض مع se conformer à; s'accommoder à
— بين الشيئين : وَفَّقَ adapter qc à l'autre; accommoder à
—هُ الثوبُ aller à; s'adapter à
—هُ الشيءُ : استحسنه approuver; trouver bon
—هُ في او على الأمر : ضد خالفه être d'accord; consentir; être de son avis
اتَّفَقَ معَ : وافق se mettre d'accord avec
— الرجلان : ضِدّ اختلفا s'accorder; être, demeurer, tomber, d'accord; convenir de
— له كذا : حصل arriver; avoir lieu; survenir
—وا s'accorder sur; tomber d'accord sur
— كيفما inconsidérément; au hasard; [comme ça vient]
تَوَفَّقَ : نجحَ réussir; tomber bien
وَفْقَ او وفقاً أو وفاقاً لكذا en harmonie avec; conformément à
وِفَاق ٢ . إتِّفَاق : ضِدّ خِلاف accord, *m*; entente; harmonie;
—— مُعلَّم accord paraphé
إتفاق ٢ . تَوافُق : مطابقة conformité, *f*
— : مصادفة coïncidence, *f*; hasard, *m*
— : عقد ○ كُنتراتو contrat; accord, *m*

— الآراء : اجماع unanimité, *f*; de commun accord
— . إتِّفاقيَّة : معاهدة convention, *f*; arrangement; accord; accommodement, *m*
اتـفاقاً : مصادفة par hasard; accidentellement; fortuitement
اتفاقي : عرضي accidentel,le; fortuit,e
— : مُتـفـق عليه . عُرفي conventionnel,le; convenu,e
تَوفيق : المصدر من «وفـّق» adaptation; réconciliation, *f*; arrangement, *m*
— : تسويـة . مصالحة compromis, *m*
— : نجاح succès, *m*; réussite, *f*
— : حظّ chance; veine; fortune, *f*
إتـفقنا d'accord
مُوفَّق . مُتوفِّق heureux, se; fortuné,e; prospère
مُوافِق : مناسب convenable; compatible; conforme; convenant,e
— : مؤاتٍ favorable; propice; approprié,e
غير — . impropre
مُوافقة : قبول . مصادقة approbation, *f*; consentement; acquiescement, *m*
— : مناسبة convenance; conformité, *f*; à propos
مُتفق عليه : مقبول convenu,e; agréé,e; concerté,e
— عليه : عُرفي conventionnel,le
*وَفَى (وَفاء) . أوفى ¹ (إيفاء) بالوعد : اتمّه accomplir; exécuter; tenir (promesse, engagement)
— . — بالوعد : حافظ عليه tenir parole
— . — بالحاجة combler; satisfaire
— . — بعهده s'acquitter de
— . — النذرَ accomplir (un vœu)
— . — الدينَ acquitter; payer; régler
هذا بِي بذاك couvrir; l'un couvre l'autre
أوْفَى ² . وَفَّى الرجلَ حَقّـه : اعطاهُ ايـاه تامًّا payer à qn tout son dû
— : اتمّ compléter
وافَى الرجلَ : فاجأه surprendre; arriver à l'improviste
وافاه : اتاهُ venir; arriver
تَوَفَّى . اِسْتَوْفَى حقـه : اخذه كاملا toucher tout son dû; toucher l'intégralité de sa créance
تَوفّاه اللهُ . تُوُفِّيَ : مات mourir; décéder
وَفاء الوعد exécution (*f*), *ou* accomplissement (*m*), d'une promesse
— الدين règlement, *ou* acquittement, de la dette, *m*
— جزئي paiement partiel
— العدة *Edda*; délai obligatoire avant la contraction d'un nouveau mariage
— الشيء : تمامه achèvement, *m*
— : حفظ العهد . امانة loyauté; fidélité, *f*
△ بيع الـ . △ بيع وفائي vente à réméré, *f*
وفاء لكذا en règlement; en exécution
وَفاة : موت mort, *f*; décès; trépas, *m*
بعد الـ posthume; post-mortem
مختص بالوَفيات nécrologique
وَفِيّ : صادق الوعد homme de parole
— : امين . مخلص loyal,e; fidèle
— . مِيفاء : قادر على ايفاء ديونه solvable
وافٍ . وَفِيّ : تامّ complet,ète; parfait,e
— : كافٍ suffisant,e; abondant,e

إيفاء : وفاء : acquittement; payement; règlement (dette); accomplissement (devoir, promesse), *m*; exécution, *f*
عدم — أو وفاء الوعد أو العهد inaccomplissement, *m*; inexécution, *f*
عدم — أو وفاء الدين non-payement; défaut de paiement, *m*
متوفى : ميت décédé,e; défunt,e; mort,e
☆ وَقْب . وَقْبَة : نقرة . تجويف creux; trou, *m*
☆ وَقَتَ . وَقَّتَ : حدد وقتاً fixer le temps/*ou* l'époque
— . — : نظّم وقته régler son temps
وَقْت temps, *m*; époque; période, *f*
— الأكل heure des repas, *f*
— فضاء (الفراغ من العمل) loisir, *m*
— اضافي (زائد عن المقرر للعمل) heures supplémentaires, *f.pl*; overtime, *m*
من — لآخر de temps en temps
فات —ه (اي زمنه او اوانه) hors de saison
في —ه : في حينه en temps opportun; en son temps
في —ه : في الوقت المناسب او اللازم; opportun,e; à temps; à propos; opportunément
في —ه : في الوقت المحدد à l'heure
في غير —ه mal à propos; inopportunément; intempestif,ve
قتل الـ— tuer *ou* passer le temps
مع الـ— à la longue; avec le temps
في وقتنا هذا : في هذا الزمن de nos jours; aujourd'hui
△ من وقتها : من ذلك الوقت depuis ce temps
وَقْتِيّ . مُوَقَّت : لحين فقط passage, ère; provisoire; temporaire
— : قصير المدّة momentané,e
وَقْتِيّاً temporairement
وَقْتَئِذٍ en ce temps; alors
مُؤَقَّت . مَوْقُوت : محدود fixé,e; déterminé,e
— . — لحين فقط intérimaire; par intérim
مُوَقِّت : حاسب الوقت للعمّال contrôleur,se
مَوْقِت . مِيقات : الوقت المضروب temps fixé, *m*
— : مكان او زمان محدد لأمر ما rendez-vous, *m*
☆ وَقُحَ . تَوَقَّحَ : قل حياؤه être éhonté,e/ impudent,e, insolent,e/ effronté,e
تَوَقَّحَ ٢ △ تـواقـح عليه être insolent,e envers qn
تَـواقَـحَ ٢ : تظاهر بالوقاحة se montrer impudent,e, insolent,e/ éhonté,e
وَقِح . وَقِيح : قليل الحياء impudent,e; insolent,e; effronté,e
وَقَاحَة . قِحَة : قلة حياء impudence; effronterie; insolence, *f*
☆ وَقَدَ . اتَّقَدَ . تَوَقَّدَ : اشتعل s'embraser; prendre feu
اتّقد ٢ غضباً rager; s'enflammer de colère
وَقَّدَ . أَوْقَدَ . تَوَقَّدَ ٢ . اسْتَوْقَدَ النار allumer
اوقد ٢ فيه النارَ mettre le feu à
— المصباحَ : اشعله allumer la lampe
وَقْد . وُقُود . إِيقاد . تَوَقُّد : اشتعال brûlement; brûlage, *m*; combustion, *f*
△ — . وَقُود . وَقِيد combustible, *m*

وَقَّاد الآلات البخارية أَطشجي chauffeur, *m*

إِيقاد : اشعال allumage, *m*; inflammation, *f*

مَوْقِد . مُسْتَوْقَد : موضع نار التدفئة

cheminée, *f*; foyer, *m*

— . — : اتون fourneau, *m*

— : ∆منقد ∆وجاق

poêle, *m*; grille, *f*

مَوْقُود . مُتَّقِد : مُشْعَل allumé, e; embrasé, e

مُتَوَقِّد الذهن eveillé,e; vif,ve; sagace

☆وَقُرَ : كان ذا وقار être grave, digne, respectable; avoir une tenue digne

وَقَرَ العظمَ : صدعه fracturer un os

— ت اذنه devenir sourde (oreille)

وقَّرته الأسفار : صلّبته endurcir; aguerrir

وقَّرَ الشيخَ : بجّله honorer; vénérer; révérer; respecter qn

أَوْقَرَ الدابّة : اثقل حملها accabler; surcharger

— الشجرُ : كثر حمله être surchargé de fruits (arbre)

وِقْر : حمل ثقيل charge lourde, *f*; lourd faix, *m*

وَقار : هيبة واحترام respect, *m*: dignité; vénération; révérence, *f*

— : رزانة وحلم gravité; dignité; tenue grave, *f*

وَقُور grave; sérieux, se; vénérable

مُوَقَّر vénéré,e; honoré,e; respecté,e

☆وَقَش : ∆قَش (انظر قشش) paille, *f*

☆وَقَعَ : سَقَطَ tomber

— الأمرُ : حصل . حدث arriver; avoir lieu; survenir; advenir

— له امرٌ il lui est arrivé un accident

— تحت كذا : دخل ضمن كذا tomber sous

— عنده موقع الرضى plaire à qn

— الطائرُ على : حطّ s'abattre sur

— الكلامُ في نفسه le discours lui fit impression

— الحقُّ عليه être reconnu,e coupable, *ou* fautif,ve

∆— بلسانه او في كلامه sa langue l'a trahi

∆ — واقفاً (سالماً) tomber debout

— ت بينهم معركة une rixe, *ou* querelle, éclata entre eux

∆— وَقَعَ في الرجُل : اغتابه médire de qn

— زَرْعْ بَصَل piquer une tête

وَقَّعَ الخطابَ او الصك signer; souscrire

∆— بينهم semer la discorde entre eux

∆— حجزاً على saisir; partiquer une saisie

∆— . أوقَعَ : جعله يقع faire tomber

∆— . — نفسه se commettre; se compromettre

∆— عليه قصاصاً infliger une punition à

اوقَعَ في تهلكة mettre en danger

— في فخ faire tomber dans un piège

— تحت الشبهة compromettre

وَاقَعَ المرأة copuler; [coucher avec]

تَوَقَّعَ. اِسْتَوْقَعَ الأمرَ: انتظره s'attendre à; anticiper
وَقْعٌ . وُقُوعٌ : سقوط chute, f
— . — : حدوث arrivée; survenance, f
— الأقدام pas, m
— الكلام: تأثيره effet, m; impression, f
وَقْعٌ . وِقاعٌ : جماع coït, m; copulation, f
وَقْعَةٌ : سقطة une chute, f
— : وجبة . اكلة repas, m
وَقّاعٌ ∆ موقـعـاتي intrigant, e
واقِعٌ : ساقط tombant, e; qui tombe
— : كائن actuel, le
— في شارع كذا sis, e à la rue
امر — او واقعيّ fait, m
∆ في الـ— en fait; en effet; en réalité
واقعيّ : طبق الواقع effectif, ve
المذهب الـ— surréalisme; réalisme, m; actualisme, m (في الجيولوجية)
وَاقِعَةٌ : حادثة événement, m
— : امر مفروض وقوعه fait, m
— : نازلة. مصيبة accident; malheur, m
— : معركة bataille, f; combat, m
— الحال état de choses, m
وقائع الدعوى les faits de la cause
∆ — الجلسة procédure d'audience, f
∆ محضر — الجلسة procès-verbal d'audience, m
∆ دفتر — الجلسات registre des procès-verbaux; le plumitif d'audience, m

وَقِيعَةٌ : اغتياب الناس médisance, f
— : مجثم الطائر juchoir; perchoir, m
— : قتال او صدمة الحرب rencontre, f; combat, m
— : خرقة يُمسَح بها القلم essuie-plume, m
إيقاعٌ ∆ تـوقيـعٌ : اسقاط action de faire tomber
∆ — العقاب infliction, f (d'un châtiment)
— (في الموسيقى) harmonie, f; accord, m rythme, m
تَوَقُّعٌ : انتظار perspective; attente, f
تَوْقِيعُ الخطابات او الصكوك: امضاء apposition de la signature, f
— : امضاء signature, f
مُهْمَل الـ— : بلا امضاء non signé, e; anonyme
توقيعات ~~ : ترقيات avancements, m.pl
تَوقيعي rythmique
الرقص الـ— danse rythmique, f
مُوَقَّعٌ عليه : ممضيّ signé, e
مُوَقِّعٌ : صاحب التوقيع أي الامضاء signataire
الـ— ادناه le (ou la) soussigné, e
مَوْقِعٌ : مكان emplacement; site, m
قائد الـ— commandant de place, m
مَوْقِعَةٌ : معركة bataille; rencontre, f
— الحرب. مواقع الحرب champ de bataille, m
ميقعة ٢ : مِسَنّ (في سنة) affiloir, m
مُواقَعَةٌ جنسيّة coït, m; copulation, f
ه وَقَفَ : ثبت في مكانه (وضدّ "استمرّ") s'arrêter

— : قام . انتصب se lever; se tenir debout; se redresser
— امامه: صدّهُ . قاومه se dresser devant
— على الأمر : فهمه comprendre; connaitre
— الأمرَ على كذا : علّقه عليه faire dépendre qc de
ـه عن كذا: منعه عنه empêcher; retenir de
△ — شعر رأسه : قفَّ se dresser; se hérisser
— . أوقَفَ . وَقّفَ : جعله يقف mettre debout; faire lever
— . — : عاق . منع . صدَّ arrêter
— . — على: أطلعَ على informer; mettre au courant de
— مالاً constituer en biens de mainmorte, ou en *wakf*
— . — مالاً: حبسه في سبيل الخير faire un legs pieux en faveur de
— . — وقته (وغير ذلك) على : كرّسه له dévouer; consacrer; dédier (son temps à)
اوقف ٢ نموّ (النبات و الحيوان) : عجّزه arrêter dans sa croissance; empêcher de croître; rabougrir
— الجريدة أو العامل suspendre
— العمل: عطّله interrompre; suspendre
— العمل: ابطله arrêter; cesser le travail
— النزف: أرقأ الدمَ étancher; arrêter
— تنفيذ الحكم: اجّله surseoir à l'exécution;
تَوَقّفَ في المكان faire halte; s'arrêter; s'attarder dans
— عن كذا: تمنّع وكفّ surseoir à; s'abstenir de
— التاجر عن الدفع cesser ses payements
— الأمرُ على كذا: تعلّق به dépendre de; reposer sur

— في الأمر : تردد hésiter
إستوقفَ: طلب منه الوقوف prier qn de s'arrêter, ou de se tenir debout
وَقْفٌ . وُقُوفٌ . تَوَقُّفٌ arrêt, *m*
— و — الحال أو حركة الأعمال marasme, *m*
— . إيقاف القتال suspension des hostilités, ou d'armes, *f*
— . — الجلسة suspension d'audience, *f*
— الاجراءات suspension (*f*), ou sursis (*m*), des poursuites
— : مالٌ موقوف *wakf*; bien de main-morte, ou inaliénable, *m*
— على عمل خيري legs pieux, *m*
ناظر الـ *nazir, m (nazira, f) du wakf*
مُوقَف mis,e aux arrêts; suspendu,e
وَقْفَة arrêt, *m*; halte; pause; station, *f*
— عرفات la halte sur le mont Arafât
— العيد la veille de la fête; *la wakfa*
△ وَقفِيّة acte constitutif de wakf, *m*; *hodjeh*; *wakfia, f*
وُقُوف ٢ : قيام . ضِدّ جلوس action de se tenir debout
ممنوع — (السيارات) défense de stationner
واقِف : منتصب . ضِدّ جالِس debout
— : ضِدّ متحرك arrêté,e; qui s'arrête
— على informé,e de; au courant de
— الوقف constituant,e du wakf
إيقاف . تَوْقِيف : رفع . اقامة érection; élévation, *f*
— : منع السير . تعطيل . اعاقة empêchement; obstacle, *m*

— : ارجاء او تعطيل sursis; renvoi, m; suspension, f
— التنفيذ sursis à l'exécution, m
— الحكم sursis au jugement, m
— الدعوى suspension de l'instance, f
— الدفع (في التجارة) cessation de paiement, f
— العمل suspension du travail, f
— الوظف suspension de fonctions, f
— التقادم suspension de prescription
مَوْقِف : مركز. حالة situation; position; place; attitude, f
— : محطة arrêt, m; station, m
— حَرِج situation critique, f
— عربات او مركبات parc d'autos, etc; lieu de stationnement, m
— الشاهد في المحكمة banc des témoins, m
مَوْقُوف arrêté, e; suspendu, e
— عن عمله suspendu, e de ses fonctions
— : محبوس (مُلك او مال) mainmorte; inaliénable; *wakf*
— او مُتَوَقِّف على dépendant, e de
حساب — او معلق compte en suspens, m
عقار او ملك — constitué, e en wakf
∆ وِقَّة : أُقَّة (٢ ¾ رطل مصري او نصف رطل سوري) oke, f ($1^1/_4$ kgs.)
☼ وَقْوَقَ الكلبُ والطائر : صوَّت aboyer
وَقْوَق . وَقْوَاق : طائر ←coucou, m
☼ وَقَى . وَقَّى : صان وستر عن الاذى préserver; protéger; conserver

تَوَقَّى . اتَّقى كذا : حذره وخافه se garder de; se préserver de; se prémunir contre
— . — الله : خافه craindre Dieu
وَقْي . وِقَايَة . تَوْقِيَة : دفع الأذى préservation; protection, f
وِقَايَة ٢ : حذر واحتياط précaution, f
— . وُقَايَة . وِقَاء protection; conservation; préservation, f
وَاقٍ . وَقِيّ : حامٍ protecteur, rice
— : لأجلِ الوقاية préservatif, ve
تُقًى . تَقْوَى : مخافة الله crainte de Dieu, f
— . — : تديُّن piété, f
تَقِيّ . مُتَّقٍ : يخاف الله pieux, se; craignant, e Dieu
☼ وَقِيَّة . أُوقِيَّة (١/١٢ من الرطل المصري) once, f
{ وكأ } إتَّكَأَ . تَوَكَّأَ على : استند على s'appuyer sur (sa canne, etc.) s'adosser contre (un mur)
— على السرير s'étendre sur le lit
إتِّكَاء . تَوَكُّؤ action de s'appuyer
تُكَأَة . مُتَّكَأ : ما يُتَّكأ عليه . عكاز bâton, m; ou béquille, f
تَكِيَّة : ملجأ العجزة hospice, m; maison de charité, f
مُتَّكَأ ٢ : موضع الاتكاء ←lit de repos, m
مُتَّكِيء على : appuyé, e sur; adossé, e contre
☼ وَكَبَ : مشى متمهلاً avancer lentement;
واكَبَ الوكبَ : سار معه accompagner un cortège

مَوْكِب cortège, *m*; procession, *f*

٭وَكَّدَ . أَكَّدَ . أَوْكَدَ affirmer; certifier

تَوَكَّدَ . تَأَكَّدَ : تَوَثَّقَ être confirmé, e, raffermi, e, consolidé, e

— و — من s'assurer de; avoir la certitude; être sûr, e de

وَكْد : سَعْي وجُهْد effort, *m*; application, *f*

أَكِيد . مُؤَكَّد . وَكِيد sûr, e; certain, e

تَأْكِيد . تَوْكِيد affirmation; confirmation, *f*; *ou* raffermissement, *m*

— و — (في المنطق) pléonasme, *m*; emphase, *f*

بالـ . اكيداً . من المؤكد certainement; pour sûr; sûrement; assurément

تأكيديّ . توكيديّ : لأجل التأكيد affirmatif, ve

مُتَأَكِّد . مُتَوَكِّد sûr, e; certain, e

٭وَكْر . وَكْرَة : عُشّ الطائر عموماً nid (d'oiseau); gîte, *m*

٭وَكَزَ : ضرب بجمع الكفّ donner un coup de poing à; boxer

— ه بالرمح percer avec la lance

٭وَكَسَ . وَكَّسَ : بخّس قيمته diminuer; amoindrir; déprécier

وَكْس : تنقيص القيمة dévaluation; dépréciation; diminution de prix, *ou* de valeur, *f*

— : خسارة perte, *f*; préjudice; détriment, *m*

باع بالـ vendre avec perte

٭وَكَفَ : سالَ قليلاً قليلا dégoutter; couler lentement; fuir

وَكْف . وَكَفَان fuite; perte, *f*

٭وَكَلَ اليه الأمرَ : سلمه اياه وفوّضه اليه confier (l'affaire) à qu; charger qu de

وَكَّلَ فلاناً : جعله وكيلاً constituer qu son agent, *ou* représentant; donner mandat, *ou* procuration, à qu

Δ — : اطعم donner à manger

تَوَكَّلَ : صار وكيلا être nommé, e agent, *ou* mandataire

— في بيع البيت (مثلاً) se charger de

— . إتَّكَلَ على : اعتمد عليه compter sur; avoir confiance en;

— . — على الله se confier à Dieu

وَكِيل agent; mandataire; fondé de pouvoir, *m*; représentant, e

— قنصل vice-consul, *m*

— مُدير sous-direct eur, rice

— مديرية sous-gouverneur, *m*

— وزارة sous-secrétaire d'Etat

مُوَكِّل mandant

وكيل الوكيل substitué

وِكَالَة : حالة او وظيفة الوكيل agence; représentation, *f*

Δ — : منزل مقسم لعدة مساكن immeuble; maison d'habitation, *f*

Δ — : فندق رخيص . نُزل caravansérail, *m*

تَوْكِيل : تعيين الوكيل nomination comme agent, *ou* mandataire, *f*

— : تفويض procuration, *f*; mandat, *m*

إتِّكَال . تَوَكُّل : وثوق confiance, *f*

على التَوَكُّل sur parole

تواكُل : الاتكال على الغير confiance en autrui, *f*
مَوْكُول الى confié,e à
مُتَّكِل على confiant en; se confiant,e
٥ وَكَنَ الطائرُ على بَيْضه couver ses œufs
٥ وكيل (في وكل) ٥ ولاء ٥ ولايَة (في ولي)
٥ وَلَجَ. تَوَلَّجَ : دخل entrer; pénétrer dans
أَوْلَجَ : أدخل faire entrer; introduire; insérer
وُلُوج . لِجَة : دُخول entrée; pénétration, *f*
إيلاج : ادخال (في المسائل الجنسيَّة) intromission, *f*
وَلِيجَة : صديق لصيق familier, ère; ami, e intime
٥ وَلَدَ : أتى بنسل enfanter; engendrer; procréer
ـــتْ الحبلى accoucher; mettre au monde
ـــتْ انثى الحيوان mettre bas
ـــتْ الكلبة ، البقرة والجاموسة ، الفرس chienner; vêler; pouliner
وَلَّدَ : سَبَّب causer; engendrer
ـــت القابلةُ الحبلى faire accoucher;
وُلِدَ ∆ إنْوَلَدَ naître; être né,e
تَوَلَّدَ من : نشأ عن naître; sortir de; être produit de
— من : نتج découler de; dériver de
تَوالدوا ils se sont multipliés par la génération
وُلْد . وَلَد : المولود (ذكر ام انثى) enfant, *m*
— . — : اولاد . بنون enfants, *m.pl*
— : صبيّ (وبمعنى ابن) garçon; (fils), *m*

∆ بيتُ الولد : الرحم matrice, *f*
وَلْدَة : مَرَّةُ الولادة un accouchement, *m*
— : ∆ بطن (الحيوانات الولودة خاصَّة) portée, *f*
ولدتْ اثنين في وَلدة elle a eu des jumeaux
وِلادَة : وَضْع accouchement, enfantement, *m*; parturition, *f*
— : بدايَة . ظهور naissance; apparition, *f*
— طبيعيَّة accouchement (*m*), *ou* naissance (*f*), normal,e
— معجَّلة accouchement, *ou* naissance, avant terme
— قيصريَّة (بفتح البطن) opération césarienne, *f*;
— سَهْلة accouchement facile, *m*
عِلم الـــ : قبالة obstétrique, *f*
وَلَّادَة . وَلُود fécond, e; prolifique
وُلُودِيَّة ∆ وَلْدَنَة enfantillage, *m*
وَلِيد . وُلَيْد : مَولود . طفل bébé, *m*
والِد : ابٌ père, *f*
والدة : أُمّ mère, *f*
الوالدان : الأب والأُم parents, *m.pl*
والديّ : مختص بالأم maternel, le
— : ابويّ . مختصّ بالأب paternel, le
لِدَة : تِرْب contemporain,e; né,e à la même époque; du même âge
تُلْد . تَلِيد . تالِد : ضد طارف hérité,e
تَلِيدِيَّة : ٥ كلاسيَّة classique
تَوَلُّد : تناسُل naissance; génération; procréation, *f*
تَوْلِيد : مساعدة الوالدة assistance à l'accouchement, *f*
— الكهرباء production du courant électrique, *f*

مَوْلِد : ولادة naissance; nativité, f

— : مكان الولادة . مَسقط الرأس lieu de naissance; pays d'origine, m

— : وقت الولادة. ميلاد jour de naissance; anniversaire de la naissance, m

لُغة الـ ـ . langue maternelle, f

مَوْلديّ natal, e

△مُولِد : عيد تنعقد فيه سوق دورية foire, m

مُوَلَّد : مختلط الوالدين métis, se

— : من والدين احدهما أسوَد والآخر أبيض mulâtre, sse

— (خصوصاً للحيوانات) demi-sang (cheval); croisé, e; métis, se

كَلام — . néologisme, m

مُوَلِّد : قابل accoucheur, se

— القوة الكهربية générateur d'énergie éléctrique, m

مُوَلِّدة : قابلة △داية sage-femme; accoucheuse, f

مَوْلود : طفل bébé, m; nouveau-né, e

— : وَلِيد né, e; engendré, e

— ميتاً : خَشيش mort-né; mort-née

— ثانية : متجدد régénéré, e

مَواليد ووفيات naissances (f.pl) et décès (m.pl)

عِلم الـ ـ : التاريخ الطبيعي histoire naturelle, f

مِيلاد : وقت الولادة jour de naissance; anniversaire, m

عيد الـ ـ : (مولد المسيح) Noël, m

سَنة ميلادية an de grâce; an du Seigneur, m

٥وَلَسَ . وَالَسَ : خدع وخادع tromper

وَالَسَ ٢ بالحديث altérer un récit

وَلْس . مُوالَسَة : △غِشّ tromperie; fraude, f

٥وَلْط : ڤولت . وحدة القوة الكهربية الحركيّة volt, m

وَلْطمِيتر : مقياس وَلطي ←voltamètre, m

وَلطيّ : حَرَكيّ voltaïque

٥وَلِعَ . أُولِعَ . تولَّعَ به : احبّه جداً s'engouer; s'enticher; s'infatuer de; se passionner pour

△— : اشتعل s'allumer

وَلَّعَ . أَوْلَعَ فلاناً بكذا : جعله يولع به envoûter; enticher; rendre qn avide de

△— : اشعل allumer

وَلِع . وَلُوع amoureux, se (de)

وَلَع . وُلُوع . تولُّع engouement; lubie, f; amour violent, m; passion ardente, f

△ولْعَة : بصوة نار feu, m

△وَلاّعَة سجاير : قَدّاحة ←briquet, m

△والِع : مشتعل allumé, e; en feu

مُولَع بكذا passionné, e pour; entiché, e de; engoué, e

٥وَلَغَ الكلب laper

٥وَلْف . وَليف . مُوالِف : إِلْف . صاحب intime (ami, e); familier, m; compagnon

وَالَفَ الرجلَ : ألِفهُ واتصل به être ami, e, *ou* familier, de qn; vivre dans l'intimité de qn

٥ولَّفَ : خلط ومزج mélanger; mêler
٥تولّيفة : مزيج مؤتلف mélange, *m*; mixture, *f*
٥وَلْم . وَلَمٌ : حزام السَّرْج sangle, *f*
أَوْلَمَ : صنع وليمة donner un banquet, *ou* festin
وَلِيمَة : مأدُبة banquet; festin, *m*
— : حفلة réception, *m*
— العُرس noces, *f.pl*; repas de noce, *m*
٥وَلِهَ . تَوَلَّه : تحير من شدة الوجد او الحزن s'engouer; se troubler; [perdre la tête]
وَلَّهَ . أَوْلَه troubler; envoûter
وَلَه confusion, *f*; trouble; *ou* envoûtement; engouement, *m*
وَلْهَان . وَالِه troublé, e; confus, e; *ou* féru, e d'amour; engoué, e; passionné, e; abasourdi, e
٥وَلْوَلَ : اعول pousser des cris perçants; vociférer; gémir
وَلْوَلَة lamentations, *f.pl*; gémissements; cris des pleureuses, *m.pl*
٥وَلِيَ . وَلِيَ : دنا منه وقرب être proche de; s'approcher de
— الشيء وعليه contrôler; diriger
— البلدَ : تسلَّط عليه gouverner; administrer
وَلَّى ٢ فلاناً : اقامه والياً conférer à qn l'administration de; nommer gouverneur
— فلاناً الأمرَ confier l'affaire à qn; charger qn de
— هارباً : ادبرَ fuir; s'enfuir
— الشيء وعنه : اعرض وابتعد se détourner de; s'éloigner de

وَلاه ظهرَه tourner le dos à
وَالَى : ناصرَ soutenir; patronner; favoriser; seconder; aider
— العملَ : تابعه poursuivre
أَوْلاه ٢ معروفاً faire un bienfait à
— ه ثِقتَه placer sa confiance en; se fier à
تَوَلَّى الأمر : قام به se charger (d'une affaire)
— الحكم être investi, e du pouvoir, *ou* de l'autorité
تَوَالَى : تتابع se suivre sans interruption; se succéder
إستَوْلَى على : تملك s'emparer; se rendre maître de
— على الشيء (الفرض حربي) réquisitionner
وَلاء : محبّة وصداقة amitié, *f*
— : امانة loyauté; allégeance; fidélité, *f*
— : قرابة proximité, *f*
وِلاء : تَتابُع succession; suite;
وِلاية : حكم . سلطان administration, *f*; gouvernement, *m*; souveraineté, *f*
— شرعيَّة puissance patrernelle, *f*
— : البلاد التى يتسلط عليها الوالى province, *f*
— : دولة صغيرة . امّة petit Etat, *m*
الولايات المتحدة (الأميركية) les Etats-Unis d'Amérique, *m.pl*
وَلِي : نَصِير défenseur; champion; soutien, *m*
— : قِدّيس saint, e; marabout, *m* (musulman)
— : قديس حارس protecteur, rice; patron, ne
— شرعي : قيِّم celui qui a (*ou* qui exerce) la puissance paternelle
— الله ami, e de Dieu

— الدم : اقرب اقارب المقتول le vengeur du sang
— العهد héritier, ère du trône
— النعمة bienfaiteur, rice
اولياء الأمر : الحكام les autorités, f.pl
وَلِيَّة : قديسة sainte, f
△ — : امرأة femme sans soutien, f
وَالٍ : حاكم gouverneur; préfet d'un département, m
أَوْلَى : أحق (راجع اول) plus méritant, e; plus apte
— له : اجدر له . احرى به plus digne de; plus convenable à
بالــ à plus forte raison: à fortiori
إستيلاء appropriation, f
— على شيء لغرض حربي réquisition, f
تَوَالٍ : تتابع succession non interrompue, f
عَلَى التوالي : باستمرار continuellement
عَلَى التوالي : بالتتابع successivement; consécutivement
في ما يلي plus loin; ci-après
تولية الحكم investiture; nomination à une charge, f
مَوْلَى : سيد maître, sse; patron, ne
— : منعم bienfaiteur, rice
△مَوَّال . مواليا cantate: romance; chanson, f
مُوالٍ : تابع vassal, e
— : نصير défenseur; partisan, e
مُتَوَلٍّ أمرَ كذا chargé, e de;
مُتَوَالٍ : متتابع consécutif, ve; successif, ve

— : مستمر continuel, le; incessant, e
متوالية هندسيَّة progression géométrique, f
٭وليجة (في ولج) ٭ وليمة (في ولم)
٭وَمَأَ . أَوْمَأَ الى : اشار faire signe à
أومأ[2] إلى : دلَّ على indiquer
المُومَأ اليه : المشار اليه indiqué, e
— اليه : المذكور mentionné, e; dit, e
{ ومس } مُومِس . مُومِسَة prostituée; [putain], f
٭وَمَضَ . أَوْمَضَ البرقُ وغيره briller; luire
اومض[2] بعينه : سارق النظر regarder furtivement
— : اشار خفيَة faire un signe discret; faire signe de l'œil
وَمْض . وَمِيض : تألــق . بريق éclat, m
— . — البرق éclair, m
— . — فصفوري : ألقة phosphorescence, f 
△وَنَّس : رافق tenir compagnie
وَنَس : بَط ثمين الريش eider, m
○ وِنْش : رافعة الاثقال grue, f
٭وَنِمَة . وَنِيم الذباب : سلحه أو بيضه chiasse de mouche, f
٭وَنَى . وَنِيَ . تَوَانَى : فتر وضعف se lasser; languir; faiblir
تَوَانَى . وَنَى في عمله traîner; être lent, e dans son travail [lambiner]
— : تأخر tarder; traîner
لا يَني : لا يتعب inlassable; infatigable
وَنًى . وَنَاء : تعب او ضعف lassitude; langueur; fatigue, f

وَان : ضعيف faible; languissant,e
تَوَانٍ : تأخر . بطء retard; délai, m; lenteur, f
— : اهمال négligence; nonchalance; incurie, f
مُتَوانٍ traînard,e; lambin,e; paresseux,se
☆وَهَبَ الرجلَ الشيء وله donner; octroyer; faire don de
— : كرَّس . خصص dévouer; consacrer
— : قدّم كهديَّة (لغرض خيري) faire une donation
— حُلواناً donner un pourboire
— ه الله accorder
هَبْ : إفرض supposez; supposons; à supposer que
هِبَة : مِنحَة don; présent, m; gratification, f
— شرعيَّة donation, f
— لغرض خيري acte de donation, m
△وَهْبَة : راشِن . حُلوان pourboire, m
وَاهِب : الذي يهب donateur,rice; qui donne
مَوْهُوب : مُعطًى كهبة donné,e; accordé,e
— عقليًا doué,e
الـ له : قابل الهبة donataire
مَوْهِبَة ٢ (عقلية) : عطيَّة aptitude naturelle, f; don; talent, m
☆وَهِجَ . تَوَهَّجَ être incandescent,e; s'allumer et brûler; briller
أَوْهَجَ : اوقد allumer; embraser
وَهْج . وَهِيج النار او الشمس incandescence; ardeur; chaleur, f
وَهَّاج ardent,e; intense; incandescent,e
نُور — lumière éblouissante, f
☆وَهْدَة : ارض منخفضة terrain bas, ou déprimé, m
— : هُوَّة abîme; précipice, m
☆وَهَّرَ : اوقع في مشكل embarrasser; empêtrer
☆وَهَقَ . أَوْهَقَ الحيوان : امسكه بالوهق prendre au lasso
وَهْق lasso; lacet à nœud coulant, m 
☆وَهِلَ : فزع épeuré,e; effrayé,e; épouvanté,e
وَهَل . وَهْلَة frayeur; terreur; peur, f
اوّل وهْلة ٢ (او وهَلة) dès le début; de prime abord; au premier abord
☆وَهَمَ . تَوَهَّمَ ١ : تصوَّر imaginer; concevoir
— في الشيء : ظنّ خطأ se former une fausse idée de
— وَهِمَ في الأمر : اخطأ فيه se tromper
△— : خوف effrayer; faire peur
وَهَّمَ . أَوْهَمَ : اوقع في الوهم faire accroire à
إِتَّهَمَ . أَتْهَمَ بكذا : ادعى عليه به accuser de; inculper de
— الرجل : شك في أمره او صدقه soupçonner
— الرجل باطلاً : △تبلَّى عليه controuver; forger une accusation contre
تَوَهَّمَ ٢ الأمر : تخيَّل وجوده s'imaginer; croire; s'illusionner
— المرض (مثلاً) s'imaginer être malade
وَهْم : تخيُّل imagination; chimère; utopie, f
— : خوف appréhension; crainte, f

— : خوف المرض	hypocondrie, *f*
— : انخداع	illusion, *f*
أزال الوهم	désillusionner
وَهْمِيٌّ : خياليّ	imaginaire; illusoire
نظريّات وهميَّه	simple conjecture, *f*
واهِم : مخطيء	dans l'erreur
إيهام	imposture; déception, *f*; illusionnisme, *m*
تُهَمَة او اتّهام ١	accusation; inculpation, *f*
— باطلة	fausse accusation, *f*
ورقة أو قرار الاتهام	réquisitoire, *m*
اتِّهامِيّ	accusatif, ve; accusatoire
توهم	soupçon, *m*; suspicion, *f*
تَهِيم . مُتَّهَم : الذي وقعت عليه التهمة	accusé, e; inculpé, e
— . — : مشكوك في امره	suspect, e
مُتَّهِم	accusateur, rice; poursuivant, e
٥وهن . وَهَنَ . أوْهَنَ : اضعف	affaiblir
— و اوهن العزم ٢	décourager
وَهُنَ : ضعف	être faible, *ou* débile
—ت عزيمته	se décourager; perdre courage
—ت قواه	faiblir; perdre ses forces
وَهْن : ضعْف	faiblesse, *f*; abattement, *m*
وَهِين : رئيس فعلة △ مقدَّم	surveillant, e; contremaître, sse
وَاهِن : ضعيف	faible; débile; abattu, e
٥وَهَى . وَهِيَ : ضعف	être faible, *ou* abattu, e
واهٍ : ضعيف . ركيك	faible; débile; caduc, que
— : سخيف	mesquin, e insignifiant, e
— : مسترخي الرباط	lâche (corde, nœud, etc)
سَبَب —	motif (*m*), *ou* raison (*f*), futile
وَاه . واهاً على	hélas !
٥وَيْح . وَيْحَاله . وَيْحَهُ	malheur à lui
٥ وَيْل (أو ويلة) : الشرّ او حلوله	malheur, *m*; calamité, *f*
— لك	malheur à toi (*ou* à vous)
— للمغلوب	malheur au vaincu

(ي)

يأس . يآسة : قنوط	désespoir, *m*
سِنّ الـ.	l'âge critique, *m*
سِنّ الـ (عند المرأة) : انقطاع الطمث	ménopause, *f*; retour d'âge, *m*
يائِس . يَؤُس . يَؤُوس	désespéré, e; sans espoir
يَئِسَ : قطع الرجاء	désespérer; perdre espoir; se désespérer
— منه	désespérer de (lui)
حالة ميئوس منها	un cas désespéré
أيْأَسَ . آيَسَ : أوقع في اليأس	pousser au désespoir
٥يا : حرف نداء (كقولك ، يازيدُ)	O Zeid ! (interjection d'interpellation)
ياله من رجل	Oh, quel homme !
٥يابان : مملكة آسيَوية	Japon, *m*
زهرة الـ : أُرْطَنْسِية	hortensia, *m*
ياباني	Japonais, e, *n*; japonais, e; nippon, ne, *a*

○ ياردة: قياس طولي يساوي ٩١٤ من المتر yard, m
☆ يَسَمِين . ياسَمِين jasmin, m
— حجازي gardénia, m
△ يافطة (بفطه) ☆ يافع (يفع)
يافوخ رأس الطفل: △نافوخ fontanelle, f
— : قمّة الرأس sinciput; sommet de la tête, m
△ ياقة الثوب: طَوْق col, m
— منشاة col amidonné, m
— عِيرة faux-col, m
— واقفة col droit, m
— مقلوبة col cassé, m
☆ ياقوت: حجر كريم corindon, m; hyacinthe, f
— احمر rubis, m
— ازرق : بنفسجي saphir, m
— اصفر topaze, f
— جَمري : كركند améthyste, f
△ ياما : كَمْ وكَمْ combien !
△ يانسون : آنيسون anis, m
△ ياور: رئيس أركان حَرْب aide-de-camp, m
△ ياي: زُنبرك اهليلجي ressort, m
☆ يَبِسَ : جفَّ sécher; se dessécher
يَبَّسَ . أَيْبَسَ : جفف sécher; dessécher; faire sécher
يَبْس . يُبُوسة : جفاف dessèchement, m; sécheresse; siccité, f
— . يابِس : جافّ sec (*a.f.* sèche)
— . يابسة : أرض terre ferme;
☆ يَتِمَ . يَتِمَ : صار يتيماً être, *ou* devenir, orphelin,e

يَتَّمَ . أَيْتَمَ rendre qn orphelin, e
يُتْم . يَتَم : حالة اليتيم état d'orphelin
يَتيم . ميتّم : لَطيم orphelin, e
— الأب او الأم orphelin, e de père *ou* de mère
— : لا نظير له unique; sans pareil, le
دُرَّة يتيمة une perle rare
الجُمعة اليتيمة dernier vendredi du mois Ramadan, m
△ مَيْتَم (في آتم) ☆ يحبور joyeux, se
(بحر) ميحار : صَوْلجان sceptre, m
☆ يَحْمُور : حمار الوحش onagre, m
○ يخت: سفينة نزهة خاصة yacht, m
△ يَخْنَة △ يَخْني ragoût, m
☆ يَد : كفّ (انظر كفف) main, f
— : ذراع bras, m
— الحيوان pied de devant, m
— الشيء : مقبض poignée; manche; anse; manivelle, f; bouton, m
عربة — voiture à bras, f
مصنوع بالـ travaillé, e, *ou* fait, e, à la main
من أو على يد فلان : بواسطته par l'intermédiaire de; par les, *ou* aux, bons soins de
في الـ : مقبوض (وبمعنى تحت الاجراء) en main
تحت الـ : موجود disponible; sous la main
تحت يده (أي سيطرته) sous ses ordres; à sa disposition

أُسقط في يده être dans l'embarras
طَلَب يَد المرأة : خطبها demander la main de
بين يدي : امام devant; en présence de
صاحب الأيدي البيضاء bienfaiteur, rice
يَدِيّ . يَدَوِيّ manuel, le; de la main
شُغل يدوي travail manuel, m
صناعة يدويّة profession manuelle, f
Δ يَدَس : يادَسْت (اسم لعبة) philippine, f
* يَراع . يَراعَة : قَلَم plume, f; roseau, m
— . — : قصب roseau; chalumeau, m; canne, f
— . — : حُباحِب ver luisant, m
يَراعَة ٢ : مزمار clarinette, f
* يَرْبُوع : حيوان كالفار gerboise.
* يَرَقان . ارقان : آفة زراعية nielle, f
— الانسان : صَفَر jaunisse, f
يَرَقَة . يَرَقانة : دودة بين النقف والتفريش larve, f
مَيْروق Δ مَرْيُوق : ما أصابه اليرقان من النبات atteint, e de nielle
— : مصاب بمرض اليرقان (حيوان) atteint, e
Δ يَزَرْجَة Δ يازَرْجَة : علم التنجيم astrologie, f
يزرجي Δ يازرجي : مُنَجِّم astrologue, m
* يَسِرَ . يَسُرَ : سَهُل être facile, ou aisé, e
يَسَّرَ : سَهَّلَ faciliter; rendre facile
أَيْسَرَ . تَيَسَّرَت اموره prospérer
— : اتجه شمالاً aller à gauche
تَيَسَّرَ . اِسْتَيْسَرَ : تَسَهَّل devenir facile
Δ اِسْتَيْسَرَ ٢ : له : استأسر se rendre à lui
يُسْر . يَسَار . مَيْسَرَة : سهولة facilité; aise: aisance, f
— . — . — : غنى richesse, f
— . — . — : نجاح الأعمال prospérité, f
يُسْرَى . اليد اليُسْرَى main gauche, f
الجهة الـ— côté gauche, m
يَسار ٢ : ضِدّ يمين gauche, f
— المركب bâbord, m
عن الـ— . يساراً à gauche; du côté gauche
يَسارِيّ gaucher, ère ou de gauche
يَسِير : قليل peu; modique; minime
— : هَيِّن facile; aisé, e
Δ — : أسير esclave ; prisonnier, ère
أَيْسَر : أهون . أسهل plus facile; plus commode
الجانب الأيسر côté gauche m
مُوسِر . مَيْسَر : ذو اليسار riche; opulent, e
مَيْسِر : قمار jeu; jeu de hasard, m
ميسور ٢ Δ متيسّر : سهل facile; aisé, e
— : سهل النَّيْل à la portée de la main
مَيْسَرَة : نقيض الميمنة côté gauche, m; gauche, f
— الجيش aile gauche, f
اليساريون (اى الأحزاب الشيوعية والاشتراكية المتطرفة) partis gauches
* يَسُوع Jésus, m
— المسيح Jésus-Christ, m
يسوعي : ○جزويتي jésuite, m
* يَشْب : حجر الدم . حجر كريم jaspe, m

* يَشْم : جاجه . حجر كريم jade, *f*
△ يَغْنَمَة : غنيمة butin; pillage, *m*
△ يَفْطة △ يافطة : لافتة . لوحة الاسم écriteau, *m*; enseigne, *f*
— الباب plaque de porte, *f*
— الطرود وأمثالها étiquette, *f*
* يَفَعَ . أَيْفَعَ الغلام : ناهز البلوغ devenir adolescent, e; atteindre la puberté
يَفْع : مناهزة البلوغ adolescence, *f*
يَفْع . يافِع : مناهز البلوغ adolescent, e
* يَقْطِين (في قطن) pâtisson, *m*
* يَقِظَ . اسْتَيْقَظَ : ضد نام se réveiller
— . — : صار يقظاً être éveillé, e
— . — . تَيَقَّظَ : حذر se tenir sur ses gardes; être aux aguets
— . — . — الى : تنبَّه faire attention à; être attentif, ve
— الى : تذكر se souvenir; se rappeler
يَقَّظَ . أَيْقَظَ : أصحى éveiller; réveiller
يَقِظ . يقظان . مُسْتَيْقِظ : صاحٍ éveillé, e
— . — . مُتَيَقِّظ : واعٍ attentif, ve; vigilant, e
يَقَظَة : ضد نوم veille, *f*; réveil, *m*
— . تَيَقُّظ : إنتباه أو حذر vigilance; *ou* prudence, *f*
* يَقَق : جُمَّار النخل وامثاله spadice, *m*
* يَقِنَ . أَيْقَنَ الأمر : تحققه être convaincu, e, *ou* sûr, e de; savoir une chose avec certitude

يَقَن . يَقْن . إيقان conviction; connaissance certaine, *f*
— . يَقِن . يَقَنَة . مِيقان crédule
يَقِين : تحقق certitude, *f*
— : الساع والتصديق conviction, *f*
— . مُوقِن : محقق sûr, e; certain, e
حقّ الـ — vérité sûre, *ou* indubitable, *f*
عِلم الـ — connaissance certaine, *f*
على — من sûr, e de; certain, e de.
اليقينيات axiomes, *m.pl*; vérités évidentes, *f.pl*
يقيناً certainement; sans doute; indubitablement
يَقِيني sûr, e; certain, e; positif, ve
* يَمَّمَ كذا : قصده واتجه اليه se rendre à; se diriger vers
يَمّ : بحر mer, *f*
يَمام . يَمَامَة : حمام بري pigeon sauvage; ramier, *m*
* يَمُنَ : كان ذا يُمْن être heureux, se, *ou* fortuné, e
يَمَّنَ : ذهب نحو اليمين aller à droite
تَيَمَّنَ به être de bon augure pour; tirer bon augure de
يُمْن : بركة félicité, *f*; bonheur; bon augure; aspect favorable
بلاد اليَمَن Yémen, *m*
يَمَني du Yémen; yéménite
بنّ — . café moka, *m*
مَيْمَنَة : خلاف الميسرة côté droit, *m*
— الجيش aile droite, *f*

يَمِين : ضدّ يسار	droite, *f*;
	côté droit, *m*
— : قَسَم	serment, *m*
— المركب	tribord, *m*
— الأمانة أو الطاعة	serment d'allégeance, *m*
— حاسمه	serment décisoire, *m*
— متممة	serment supplétoire, *m*
أدّى الـ — (امام المحكمة)	prêter serment
يُمْنَى : اليد اليمنى	main droite, *f*
الصفحة الـ — من كتاب	recto, *m*
مَيْمُون : ذو اليُمن	fortuné, e; heureux, se
△ — : قرد	babouin; singe, *m*
○ يناير : كانون الثاني	janvier, *m*
☆ يَنَعَ . أَيْنَعَ : أدرك وطاب	venir à maturation; mûrir
يَانِع . يَنِيع	mûr, e
☆ يَهودي (في هود)	juif, ve; israélite
○ يُوبِيل : عيد خمسيني	jubilé, *m*
يُود	iode, *m*
○ يُودور : مزيج اليود بعنصر آخر	iodure, *m*
○ يُورات . يوراة ملح الحامض البولي	urate, *m*
○ يورانيوم : عنصر اشعاعي معدني أبيض	uranium, *m*
○ يُوريا : بولينا . مادة البول الأساسية	urée, *f*
○ يُوريك : بَولي	urique
أسيد — : حامض بَولي	acide urique, *m*
○ يُوريميا : تسمم بَولي	urémie, *f*
△ يُوزباشي بَرّي : نقيب	capitaine, *m*
— بحري	lieutenant de vaisseau, *m*
☆ يُوسُف افندي : يوسفي	mandarine, *f*
○ يُوغا : طائفة صوفية هندية	yoga, *m*
○ يوليه . يوليو : تموز	juillet, *m*
☆ يَوْم : ٢٤ ساعة (او بمعنى نهار)	jour, *m*; journée, *f*
— الجلسة	le jour de l'audience, *m*
— عطلة	jour férié, *m*
اليومُ	aujourd'hui
صحن الـ —	plat du jour, *m*
يَوْماً فيوماً	de jour en jour; jour par jour
يَوْمي : كل يوم	journalier, ère; diurnal, e; diurne
— : لكل يوم	quotidien, ne
كل يوم : يومياً	par jour; chaque jour
يَوْمِية : اجرة اليوم	salaire journalier, *m*
△ — : دفتر أعمال اليوم	agenda; carnet, *m*
— السفينة	livre de bord
△ — التاجر : دفتره الأولي	livre-journal, *m*
يَومياً : كل يوم	journellement
يَوْمَئِذٍ	alors; en ce temps; en ce jour
يَاوَم : عامله بأجرة اليوم	engager qn a la journée
مُيَاوَمَة : باليوم	à la journée
يَوْمي	de jour
☆ اليونان : الشعب اليوناني	la nation grecque, ou hellénique, *f*
بلاد الـ —	Grèce, *f*
يوناني	Grec, que, *n*, grec, que, *a*; Hellène, *n*, hellénique, *a*
☆ يُونُس . سمك	
: خنزير البحر	marsouin, *m*
○ يونيه . يونيو : حزيران	juin, *m*